제25판

[2026년]

행정법론(상)

行 政 法 論 (上)

박균성

박영사

제25판 머리말

이번 개정에서는 2025년 1월 20일 간행된 제24판 이후의 이론 및 판례의 발전과 법령의 개정을 모두 반영하였다. 특히, 그동안 추가·보완하고자 했던 행정법이론 중 상당 부분을 추가·보완하였다.

행정법령이나 행정법이론 및 판례는 사회통념상 타당하면서도 미래지향적인 객관적인 행정법질서를 형성하는 것이어야 한다. 행정법학과 행정법이론은 행정법학자의 철학 및 방법론에 따라 형성되는 것이라는 점에서는 '주관적'일 수밖에 없지만, 행정법학과 행정법이론은 입법, 판례 및 행정실무의 기초가 되므로 행정법학자의 개인적이고 주관적인 법학과 이론이어서는 안 되며 타당한 연구방법론에 따라 공동체의 바람직한 객관적인 법질서를 형성하고자 하는 '객관적'인 행정법학과 이론이어야 한다. 해석론뿐만 아니라 입법론도 그러하여야 한다. 물론 현재의 객관적인 행정법질서를 서술하면서도 행정법의 발전을 위한 합리적인 비판과 대안 제시도 있어야 한다.

마지막으로 편집을 담당해 준 장유나 차장님, 개정작업을 지원해 준 안상준 대표님, 박세기 부장님 등 박영사 관계자 여러분에게 깊이 감사드린다.

2025년 12월 21일
著 者 識

머리말

1999년 5월 행정법총론 초판을 발간하고, 2000년 5월 행정구제법 초판을 발간한 이후 두 권을 합하여 달라는 독자들의 요구가 적지 않았다. 또한, 전문서적으로 저술하려는 의도를 가지고 시작하였지만 교과서적 성격이 강하게 출판되었던 행정구제법을 엄격한 의미의 전문서적으로 개편하여야 한다는 생각이 들었다. 그리하여 이번에 우선 행정법총론과 행정구제법을 통합하여 행정법론(상)을 발간하고 그 다음 과제로 행정구제법을 개편하기로 계획하였다.

행정법론(상)은 행정법총론과 행정구제법을 다소 축소하여 통합하고 일부 보완한 것이므로 저술의도 및 방침은 행정법총론과 행정구제법의 그것과 기본적으로는 다르지 않지만, 독자의 이해를 돕기 위하여 아래에서 행정법론(상)의 저술의도와 방침을 간단히 서술하기로 한다.

최근 '우리나라의 행정법'을 정립하여야 한다는 인식이 확산되고 있다. 저자도 이러한 문제의식하에 기존의 연구를 바탕으로 '우리나라의 행정법'을 써 보려고 노력하였다. 그리하여 이 책에서는 외국의 제도나 법이론은 가급적 간략하게 소개하는 것으로 하였고 외국의 법이론인 것은 그 '국적'을 명시하였으며, 외국의 법이론을 도입할 때에는 우리나라의 법체계와 현실을 고려하여 우리나라의 행정법 이론으로 수용되도록 하였다.

행정법은 타 법 분야와 비교하여 상대적으로 이론이 중요하다. 그렇지만, 성문법을 기본적인 법원으로 하고 있으므로 관계 실정법령이 가장 중요하다고 하지 않을 수 없다. 이 책에서는 관계법령을 고려한 행정법 이론이 되도록 노력하였고 입법론과 해석론을 명확히 구분하여 논하였다. 그리고, 살아 있는 법으로서의 판례의 중요성이 더욱 강조되어야 한다. 다만, 우리나라의 판결은 구체적 사건의 형평성 있는 해결에 치중하며 이론적인 검토가 부족한 경우가 적지 않은 것으로 보인다. 판결의 기본이 사건의 구체적 타당성 있는 해결에 있는 것은 부인할 수 없지만 이론적 기초가 튼튼할 때 판례가 설득력을 갖고 판례의 일관성과 예측가능성이 보장될 수 있다. 그리하여 이 책에서는 판례를 이론적 측면에서 검토하면서 판례와 행정법 이론을 연결하려고 노력하였다.

오랜 권위주의 정부를 겪으면서 자의적인 공권력 행사를 통제하고 국민의 권익을 구제해 주어야 할 필요성이 컸기 때문에 행정법 연구는 행정통제 및 국민의 권리구제에 중점을 두어 왔었다. 그리고 행정법 연구는 규범적인 해석을 중심으로 행하여졌었다. 행정의 원활한 수행 등 행정의 입장을 고려하는 것은 자칫 권위적인 공권력에 협력하는 결과를 가져올 수도 있으므로 극히 자제되었던 것이 사실이다. 그러나, 지금과 같이 정치 및 행정의 민주화가 어느 정도 진행된 상황하에서의 행정법 연구에 있어서는 행정통제 및 권리구제의 요청과 행정의 현실 및 행정의 효율성을 조화시키려는 노력을 기울여야 할 것이다.

학생들은 행정법을 매우 어려운 법 중의 하나로 생각하고 있다. 그 이유는 학생들에게 행정법 문제는 매우 생소하고 행정법 이론의 체계가 덜 잡혀 있고 학설의 대립이 심하기 때문이다. 이 책에서는 행정법 이론의 적용례를 예시하고 관련 판례를 최대한 반영하여 학생들의 이해를 돕도록 노력하였다. 그리고, 행정법을 체계적으로 이해할 수 있도록 행정법총론의 문제와 행정법각론의 문제, 행정작용의 문제와 행정구제의 문제를 종합적으로 고찰하려고 노력하였다. 또한, 학설의 논거를 가능한 한 간결하면서도 빠짐없이 제시하여 행정법을 논리적으로 이해할 수 있도록 하였다.

끝으로 이 책의 출판을 승낙해 주신 博英社 安鍾萬 회장님과 이 책이 잘 출판될 수 있도록 노력해 주신 편집부 홍석태 씨 등 박영사 직원 여러분에게 깊이 감사드린다.

2002년 2월 2일
늦겨울 고황산 연구실에서
著 者 씀

목 차

제 1 편 행정법 서론

제 1 장 행정과 행정법

제 1 절 행정의 의의

제 2 절 행정법

제 3 절 행정법학과 행정학

제 4 절 행정의 일반원리와 행정법의 일반원리

제 5 절 공법과 사법의 구별

제 4 절 불문법원

제 5 절 법원의 단계구조

제 6 절 행정법의 효력

제 7 절 행정법의 해석 및 적용

제 8 절 행정법규정의 흠결과 보충

제 3 장 행정법관계(공법관계)와 사법관계

제 1 절 행정법관계의 의의 및 공법관계와 사법관계의 구별

제 2 절 행정상 법률관계의 종류

제 3 절 행정법관계의 당사자(행정주체와 행정객체)

제 4 절 사인의 공법상 행위

제 5 절 행정법관계의 특질

제 6 절 공　권

제 7 절 특별행정법관계(종전의 특별권력관계)

제 8 절 행정법관계의 변동(발생 · 변경 · 소멸)

제 4 장 기간의 계산 등

제 2 편 일반 행정작용법

제 1 장 행정입법

제 1 절 개 설

제 2 절 법규명령

제 3 절 행정규칙

제 4 절 법규명령형식의 행정규칙과 법규적 성질(효력)을 갖는 행정규칙

제 2 장 행정계획

제 3 장 행정행위

제 1 절 행정행위의 개념

제 2 절 행정행위의 분류

제 7 절 행정행위의 성립요건, 효력발생요건, 적법요건, 유효요건

제 8 절 행정행위의 하자(흠)와 그 효과

제 9 절 행정행위의 취소, 철회와 변경

제10절 행정행위의 실효

제11절 단계적 행정결정

제12절 행정의 자동결정과 자동적 처분

제 4 장 공법상 계약

제 5 장 행정상 사실행위

제 6 장 행정지도

제 7 장 행정조사

제 8 장 행정의 실효성 확보수단

제 1 절 의 의

제 2 절 행정상 강제

제 3 절 행정벌

제 4 절 기타 행정의 실효성 확보수단

제 6 절 복합민원절차

제 7 절 절차의 하자

제 8 절 국민의 참여와 협력

제10장 정보공개와 개인정보의 보호

제 1 절 정보공개제도

제 2 절 개인정보보호제도

제 3 편 행정구제법

제 1 장 행정구제법 개설

제 2 장　행정상 손해전보

제 1 절　개　설

제 2 절　행정상 손해배상

제 4 절 현행 행정상 손해전보제도의 흠결과 보충

제 3 장 행정쟁송

제 1 절 개 설

제 2 절 행정심판

제 3 절 행정소송

제 4 절 행정구제수단으로서의 헌법소송

제 5 절 대체적 분쟁해결수단

제 1 편

행정법 서론

제 1 장　행정과 행정법

제 1 절　행정의 의의

Ⅰ. 행정의 개념

1. 개　　설

행정법(行政法)은 행정을 규율대상으로 하는 법이므로 행정법 연구에 앞서 행정이 무엇인가를 살펴볼 필요가 있다.

행정법에 의해 규율되는 행정이라는 관념은 권력분립의 원칙과 법치주의를 전제로 하여 성립하였다.

서양에서 행정(administration)이란 용어는 공행정뿐만 아니라 사행정도 포함하는 의미로 사용되기도 한다. 사행정이란 사적 부문에서의 행정, 예를 들면 사기업의 관리를 말한다. 우리나라에서는 행정이란 용어는 통상 공행정을 의미하고 기업에 대하여는 관리 또는 경영이라는 개념을 사용하고 있다.

행정학에서 행정의 개념을 이해함에 있어서 행정을 기업경영과 같은 관리작용으로 보는 견해와 행정을 정치와 밀접한 관련이 있는 작용으로 보면서 통치작용으로 정의하는 견해가 있다. 전자의 견해는 사기업의 관리와 공행정의 유사성 그리고 행정학과 경영학의 유사성을 강조하는 입장이고, 후자의 견해는 행정학과 정치학의 관련성을 강조하는 견해이다. 그러나 이들 견해는 일면의 타당성을 갖지만 완벽한 견해는 아니다. 행정은 관리적 측면과 통치적 측면을 아울러 갖는다고 보는 것이 타당하다.

행정의 개념은 네 가지 의미로 사용된다: ① 조직적 의미, ② 실질적 의미, ③ 형식적 의미, ④ 권력분립적 의미와 행정. 조직적 의미의 행정이란 국가행정조직 전체를 지칭한다. 형식적 의미의 행정이란 행정기관에 의하여 행하여지는 모든 활동을 말한다. 실질적 의미의 행정이란 행정은 어떠한 성질을 가지는 국가작용인가를 기준으로 하여 입법 및 사법과 비교하여 정의내린 것이다. 권력분립적 의미의 행정은 헌법상 국가권력의 분립에 의해 행정부(행정기관)에 부여된 작용을 말한다. 헌법상 행정은 권력분립적 의미의 행정을 말한다. 헌법 제66조 제4항의 행정은 권력분립적 의미의 행정을 말한다.

2. 실질적 의미의 행정과 행정의 특질

실질적 의미의 행정(實質的 意味의 行政)을 고찰하는 목적은 행정법의 규율대상인 행정이 어떠한 특질을 가진 것인가를 파악함으로써 이러한 행정을 규율하는 행정법의 특성을 보다 잘 이해하는 데 있다. 조직적 의미의 행정이나 형식적 의미의 행정의 개념 정의에 관하여는 이론(異論)이 없지만 실질적 의미의 행정의 개념 정의에 대하여는 견해가 다양하게 대립하고 있다.

(1) 소극설(공제설)

소극설(消極說)은 행정작용의 다양성에 비추어 행정을 적극적으로 정의하기 어렵다고 보면서 국가작용 중 비교적 적극적으로 정의하기 쉬운 입법과 사법을 우선 정의하고, 행정은 입법과 사법을 제외한 모든 국가작용이라고 정의하는 견해이다. 소극설은 행정의 역사적 형성과정과 행정의 다양성에 비추어 일리가 있는 견해이다. 즉, 행정법에 의해 규율되는 행정은 연혁상 근대입헌국가(近代立憲國家)하에서 군주의 통치작용 중 입법과 사법이 독립되고 남은 국가작용으로 이루어졌다. 그러나, 소극설은 행정을 적극적으로 정의하지 못하고 있는 점과 입법과 사법을 제외한 국가작용 중에는 엄밀한 의미의 행정뿐만 아니라 통치행위도 포함된다는 점에 문제가 있다.

(2) 적극설

적극설(積極說)은 행정의 특질을 파악하여 행정을 적극적으로 정의하는 견해이다. 적극설에도 여러 견해(목적설, 양태설 등)가 있는데 통설은, 구체적 표현은 학자마다 다소 다르지만, 양태설(결과실현설)에 따라 정의한다. 양태설에 의하면 행정이란 "법 아래서 법의 규율을 받으면서 국가목적의 적극적 실현을 위해 행하여지는 전체로서 통일성을 가진 적극적·형성적 국가활동"이라고 정의할 수 있다. 행정기본법에 따르면 행정은 공공의 이익을 위하여 적극적으로 추진되어야 한다(제4조 제1항).

적극설의 문제점은 행정이 매우 다양하기 때문에 적극설에 의한 행정의 정의가 행정의 모든 것을 포함하지 못한다는 데 있다. 그리하여 오늘날의 새로운 견해는 양태설에 따라 행정을 적극적으로 정의하면서도 행정의 다양성에 비추어 볼 때 행정의 개념 정의는 불충분할 수밖에 없기 때문에 행정의 특질을 묘사하는 것이 필요하다고 주장한다. 행정의 중요한 특질은 다음과 같다: 행정은 i) 공익실현을 목적으로 한다(사적 활동과 구별).[1] ii) 적극적이고 형성적인 활동이다(사법과 구별). iii) 구체적인 효과를 가져오는 활동이다(입법과 구별). iv) 상하의 계층체에 의해 행하여지는 통일성을 가진 활동이다(사법과 구별). v) 다양한 행위형식에 의해 행하여진다.

(3) 기관양태설(부정설)

기관양태설(機關樣態說)은 행정작용의 내용상 특성을 고려한 개념 정의는 불가능한 것으로 보면서(이 점에서 부정설이라고도 한다) 행정을 담당기관의 조직양태를 기준으로 정의내리는 견해이다. 이 견해에 의하면 행정은 사법과 같이 법을 집행하는 작용이지만 사법은 병렬적이고 독립된 기관복합체에 의해 수행되는 국가작용임에 반하여 행정은 상명하복(上命下服)의 기관계층체에 의해 행하여지는 국가작용이다.

Ⅱ. 입법 및 사법과 행정의 구별

입법작용은 법을 정립하는 작용이다. 이에 반하여 행정은 사법(司法)과 마찬가지로 법을 집행하는 작용이라 할 수 있는데, 사법과는 다음과 같이 구별된다. 사법작용은 법적 분쟁을 전제로 소송이 제기된 경우에 소극적으로 법을 선언하여 분쟁을 해결하는 재판작용인 데 반하여 행정은 행정목적을 달성하기 위하여 사회질서 및 국민생활을 장래에 향하여 적극적으로 구체적으로 형성하여 가는 국가활동이다. 국가작용의 담당기관의 형태에서 볼 때에도 사법은 병렬적이고 독립된 기관복합체에 의해 수행되는 것에 반하여 행정은 상명하복의 기관계층체에 의해 행하여진다.

Ⅲ. 형식적 의미의 행정, 권력분립적 의미의 행정과 실질적 의미의 행정의 관계

행정부는 국정의 합리적 수행이라는 기술적 이유 및 헌법상 권력분립에 의해 실질적 의미의 행정을 주로 담당하면서도 예외적으로 실질적 의미의 입법(법률안의 작성·제출, 행정입법[2])과 실질적 의미의 사법 엄밀히 말하면 준사법작용(행정심판재결, 재정법상의 통고처분)도 담당한다.

종래 행정입법을 실질적 의미의 입법으로 보고, 행정심판을 실질적 의미의 사법으로 보았지만, **오늘날** 행정입법과 행정심판의 재결은 권력분립의 관점에서는 행정

---

1) 오늘날 다원적 국가에서 공익이라는 개념의 정의는 다양하지만, 공익을 공동체(국가 또는 지방자치단체) 구성원의 전부 또는 일부의 불특정 다수의 이익을 의미하는 것으로 일응 정의할 수 있다.
2) 행정입법의 성질에 관하여 종래 입법작용으로 보았으나 오늘날에는 법률의 제정·개정만을 입법작용으로 보고, 행정입법작용은 입법행위의 특질을 갖지만, 기본적으로는 집행작용(행정작용)으로 보는 견해가 유력하다.

작용으로 보고, 행위의 성질의 관점에서는 행정입법은 행정작용이면서 입법작용의 성질도 갖고, 행정심판은 행정작용이면서 준사법작용의 성질을 함께 갖는 것으로 보는 견해가 유력해지고 있다.

[판례] **수사및소추는 우리 헌법상 본질적으로 행정에 속하는 사무**이므로, 특별한 사정이 없는 한 '대통령을 수반으로 하는 행정부'(헌법 제66조 제4항)에 부여된 '헌법상 권한'이다(헌재 2023. 03. 23, 2022헌라4, 공보 318, 619<법무부장관 등과 국회 간의 권한쟁의 (검사의 수사권 축소 등에 관한 권한쟁의 사건)>). 〈해설〉 이에 대하여 수사와 기소는 본질적으로 사법작용이라는 비판(김성훈, 수사권이 본질적으로 행정권에 속하는지 여부, 법률신문 2023.4.20, 10면)이 있다. 생각건대, 수사 및 소추는 권력분립상으로는 행정권에 속하지만, 행위의 성질상으로는 '준사법작용'으로 보아야 한다.

Ⅳ. 통치행위와 행정의 구분

통치행위(統治行爲)는 정치적 성격이 강하기 때문에 법에 의해 규율되거나 사법심사의 대상이 되는 것이 적당하지 않은 행위를 말한다. 그러므로 통치행위는 행정법의 규율대상이 되는 엄밀한 의미의 행정은 아니다.

Ⅴ. 통치행정과 관리행정의 구분

행정기관의 공행정을 광의의 행정으로 보고, 광의의 행정 중 정치적 성격을 갖는 것을 **통치행정**으로, 정치적 성격을 갖지 않는 관리적 성격의 행정을 **관리행정**(협의의 행정)으로 볼 수도 있다. 국가의 중요한 정책결정이나 행정입법은 통상 통치행정이고, 정책이나 법령을 집행하는 구체적인 행정권 행사는 관리행정에 속한다.

Ⅵ. 행정과 정치의 관계

민주주의는 공권력을 행사하는 행정에서도 실현되어야 하므로 달리 말하면 공권력의 행사인 행정은 민주적 정당성을 가지고 민주적으로 행해져야 하므로 행정은 정치권력에 종속되는 측면이 있다고 할 수 있다. 행정 중 국가적 차원의 정책결정은 정치적 성격이 강하다. 다만, 정책결정의 합리성과 실현가능성을 제고하기 위해 행정전문가인 관료의 정책결정에 대한 참여가 필요하다. 민주행정을 위해 행정에 대한 민주적 통제와 국민에 대한 행정 책임의 확보가 요구된다.

다른 한편으로 행정은 공익을 위해 지속성과 연속성을 가져야 하므로 수시로 변하는 정치로부터 독립하여 공정하고 합리적으로 행해져야 한다. 그리고 이를 위해 행정 특히 관리행정의 전문성과 정치적 독립성(중립성) 보장이 필요하다.

통상 의원내각제에서와 같이 의회의 행정에 대한 우위가 인정되는 정치체제에서는 행정의 정치에 대한 종속의 정도가 강하고, 대통령제에서와 같이 행정부가 의회로부터 독립되고 직업공무원제가 인정되고 있는 정치체제에서는 행정의 정치에 대한 독립의 정도가 높다. 그리고, 고위직일수록 정치적 성격이 강하고, 하위직일수록 정치적 성격이 약하다. 대통령, 국무총리, 장관, 처장 및 청장은 행정공무원이고 행정기관이면서 동시에 정치권력의 성격과 지위를 갖는다. 그 이외의 공무원은 기본적으로 행정기관일뿐 정치권력은 아니지만, 고위직공무원은 어느 정도 정치적 영향을 받는다.

다른 한편으로 행정의 전문성의 장벽과 조직이기주의로 인해 행정을 통한 정치의 실현이 제약을 받기도 한다. 예를 들면, 선거에 의해 창출된 정권의 정책이 관료조직의 저항으로 제대로 집행되지 못하는 경우가 적지 않다.

제 2 절 행정법

Ⅰ. 행정법의 의의

행정법이란 행정의 조직, 작용 및 행정구제에 관한 '국내공법(國內公法)'이다.

행정법은 행정에 관한 공법이다. 행정에 관한 법이 모두 행정법은 아니며 행정에 관한 공법만이 행정법이다. 행정에 관한 사법은 행정법이 아니다.

행정작용 중 행정주체가 공권력의 주체로서 행하는 작용(즉, 법률상 우월한 의사주체로서 행하는 작용(권력작용)과 행정주체가 사인과 대등한 지위에서 하는 활동 중 그 작용이 공익과 밀접한 관련이 있는 작용(관리작용))은 행정법의 규율대상이 되지만, 물품의 구입, 청사의 건설도급계약, 국·공유재산 중 일반재산의 관리·매각과 같이 행정주체가 국고(사법상의 재산권의 주체), 즉 사인으로서 행하는 작용(국고작용)은 사법에 의해 규율된다.

대륙법계는 공법(행정법)과 사법을 성질이 다른 법으로 본다. 대륙법계국가에서 행정법과 민법은 일반법과 특별법의 관계에 있지 않다. 영미법계는 공법과 사법을 구별하지 않는 보통법체계이다. 보통법은 행정법의 일반법이다. 우리나라 행정법은 대륙법계 행정법과 같이 공법의 성질을 갖는다.

공법으로서의 행정법은 대륙법계 국가에서 법치행정의 원칙의 확립과 행정제도의 인정을 전제로 하여 성립하였다. 행정법은 프랑스에서 세계 최초로 성립되었다. 행정제도란 '행정에 특유한 법'의 형성과 '행정재판제도'의 성립을 그 요소로 한다. 대륙법계 국가에서는 행정주체와 사인과의 관계는 사인 상호간의 관계를 규율하는 법과는 다른 성질의 법에 의하여 규율되어야 한다는 법사상이 형성되었고, 이에 따라 공법과 사법의 구별이 행하여졌다. 또한 행정사건은 민사법원이 아닌 별도의 법원의 관할에 속하여야 한다는 관념이 형성되었다. 프랑스에서 최초로 행정사건을 담당하는 행정법원이 형성된 것은 구제도하에서 사법법원이 행정의 개혁에 제동을 거는 등 많은 잘못을 저질렀기 때문에 프랑스대혁명 후 행정에 대한 사법법원의 간섭을 막기 위해 행정사건을 사법법원의 관할에서 배제한 결과 행정사건을 담당하는 행정법원(Conseil d'Etat, 국사원)이 형성될 수밖에 없었다는 프랑스 특유의 역사적 배경을 갖고 있다. 그러나 오늘날에는 프랑스나 독일에서 사법법원과 별도로 행정법원이 존재하고 행정사건은 원칙상 행정법원의 관할로 하고 있는 것은 행정재판의 전문성에서 그 주된 논거를 찾고 있다.

공법과 사법의 구별이 없는 영·미 국가에서도 오늘날 행정에 관한 특수한 법인 행정법이 성립되고 있고 부분적으로 특수한 행정불복절차가 형성되고 있지만, 영·미 국가에서의 행정법은 보통법(common law)의 특별법적인 성격을 갖고, 행정기관의 결정에 대한 재판권도 원칙상 통상의 사법재판소가 갖는다.

우리나라의 행정법은 대륙법(특히 독일법)의 영향을 받아 행정에 특유한 공법으로서의 성격을 갖고 있지만, 행정소송은 통상의 사법재판소에 의해 행하여진다. 즉, 행정사건의 1심 관할법원은 행정법원이지만, 행정법원은 사법(司法)법원으로부터 독립된 법원이 아니고, 사법법원인 특별법원이다. 그리고 행정법원이 설치되지 않은 경우에는 일반 사법법원(1심은 지방법원 본원 합의부, 항소심은 고등법원, 상고심은 대법원)의 관할에 속한다. 다만, 행정소송은 민사소송과는 다른 특수한 소송절차를 정하는 행정소송법 및 행정소송규칙에 의해 규율된다. 따라서 우리나라의 행정법은 기본적으로 대륙법계에 속하지만 행정재판제도에 있어서는 영미법계의 제도를 일부 수용하고 있다고 말할 수 있다.

Ⅱ. 행정법의 분류

1. 일반행정법과 특별행정법(개별행정법)

일반행정법(一般行政法)은 모든 행정분야에 공통적으로 적용되는 법규와 법원칙 전체를 말한다. 현재 행정법에서는 일부 총칙적 사항만이 법으로 정하여져 있고, 민법총칙과 같은 일반적인 행정법총칙은 존재하지 않는다. 일반행정절차를 정하는 행정절차법과 행정법의 일반원칙만이 존재한다.

특별행정법(特別行政法)은 개별행정법(個別行政法)이라고도 하는데, 특별행정분야에 적용하는 행정법을 지칭한다. 예를 들면, 지방자치법, 공용부담법, 공물법, 경찰행정법, 경제행정법, 환경행정법, 도시계획법, 건축법, 도로법, 교육법 등을 들 수 있다.

2. 행정조직법, 행정작용법, 행정구제법

행정법은 행정의 조직, 작용과 구제에 관한 국내공법이라고 정의한다. 행정법 중 행정조직에 관한 법이 행정조직법(行政組織法)이고, 행정작용에 관한 법이 행정작용법(行政作用法)이고, 행정구제에 관한 법이 행정구제법(行政救濟法)이다.

행정조직법은 행정주체의 내부조직에 관한 법을 말한다. 행정주체는 법인격을 갖고 있는 독립된 법주체이지만 실제의 행정활동은 행정기관을 통하여 행한다. 행정주체인 국가와 지방자치단체는 여러 종류의 행정기관으로 구성되어 있고, 행정기관은 또한 공무원으로 구성되어 있다. 행정기관의 조직과 행정기관 상호간의 관계 및 행정기관의 권한은 법에 의해 규율되고 있는데 이 법을 행정조직법이라 한다.

공무원의 권리와 의무 등 공무원과 행정주체와의 관계를 정하는 법도 넓게 보면 행정조직법에 포함시킬 수 있지만 오늘날 이를 공무원법이라는 행정조직법으로부터 독립된 법으로 고찰하는 경향이 있다. 공무원은 행정기관의 구성원이고 이 점에서 행정주체와 공무원의 관계는 내부문제가 될 수 있지만 공무원은 행정기관의 구성원이면서 동시에 독립된 법인격을 가진 인격체이므로 이러한 지위에서 행정주체와 맺는 관계는 행정조직의 내부문제라기보다는 법주체 상호간의 외부문제이며 법문제인 것이다. 즉, 행정주체와 공무원의 관계는 행정조직 내부의 문제를 포함하면서도 공무원의 임명, 징계처분 등 행정주체와 공무원 사이의 외부법 문제를 포함한다.

행정작용법은 행정주체의 국민에 대한 대외적인 활동을 규율하는 법을 말한다. 독립된 법인격주체인 행정주체와 국민간의 관계를 규율하는 법이므로 대외적으로 법적 효과를 가져오는 법이다. 그리하여 행정작용법은 행정법 중에서 가장 중요한 부분이다.

행정구제법은 행정권에 의해 가해진 권익침해에 대한 구제를 규율하는 법이다. 국가배상법, 손실보상에 관한 법(공익사업을 위한 토지 등의 취득 및 보상에 관한 법률(약칭하여 "토지보상법", "공익사업법" 또는 "토지취득보상법" 등이라 한다)), 행정심판법, 행정소송법, 헌법소원에 관한 법(헌법재판소법)이 이에 속한다.

Ⅲ. 행정법의 특수성

행정법의 특수성(特殊性)이라 함은 통상 사인 상호간의 관계를 규율하는 사법에 대한 특수성을 말한다.

1. 형성중의 법

사법인 민법은 법체계가 로마법 이래 이미 확립되어 있지만 행정법은 그 법체계가 아직 확립되어 있지 못하고 형성 중에 있다.

2. 공익목적성

행정법은 사법과 달리 기본적으로 공익의 보호를 목적으로 한다. 그렇지만 행정법이 사익의 보호를 도외시하는 것은 아니며 사익의 보호 내지 침해도 고려하여야 한다. 행정법령 중에는 공익의 보호만을 목적으로 하는 법령이 있는 반면에 제1차적으로 공익의 보호를 목적으로 하면서도 부수적으로 사익(개인적 이익)의 보호도 함께 보호목적으로 하는 법령이 있다.

행정법은 일반적으로 사익에 대한 공익의 우월성을 인정한다. 공익의 사익에 대한 우월성은 일반적인 차원에서 인정되는 것이고, 절대적 우월성은 아니며 개별적인 경우에 공익이 항상 사익에 우월하다는 것을 의미하는 것은 아니다. 행정이 추구하는 공익과 그로 인하여 침해되는 사익은 상호 조정되어야 하며 이익형량을 통해 비례관계가 유지되어야 한다.

3. 행정주체의 우월성

행정법관계에서 행정주체는 사인에 대하여 일반적으로 우월한 지위를 갖는다. 행정주체의 우월성은 선험적이나 절대적으로 인정되는 것은 아니며 실정제도상, 그리고 공익상 필요한 한도 내에서 인정되는 것이다. 행정주체는 일반적으로는 사인에 대하여 우월한 지위를 갖지만, 개별적인 경우에 있어서는 예를 들면 비권력적 공행정작용에서처럼 사인과 대등한 지위를 갖는 경우도 있다.

4. 행정법규정의 강행법규성

행정법규정은 공익목적을 갖는 규정이므로 원칙상 강행규정(당사자의 의사와 관계없이 적용되어야 하는 규정)이다. 그러나, 예외적으로 임의규정(훈시규정)으로 규정되어 있는 경우(예, 행정처리기간 등)도 있다.

[판례] 중개사무소 개설등록에 관한 구 부동산중개업법 관련 규정들은 공인중개사 자격이 없는 자가 중개사무소 개설등록을 하지 아니한 채 부동산중개업을 하면서 체결한 중개수수료 지급약정의 효력을 제한하는 이른바 **강행법규**에 **해당**한다(대판 2010. 12. 23, 2008다75119).

강행규정을 위반한 사법상 행위는 원칙상 무효이다. 강행규정의 적용을 잠탈하기 위한 탈법적인 행위 역시 무효라고 보아야 한다는 것이 판례의 입장이다(대판 2023. 04. 27, 2022다307003: 택시운수종사자가 유류비를 부담하는 약정은 무효라고 한 사례). 그리고, 법률행위의 일부가 강행법규인 효력규정에 위반되어 무효가 되는 경우 그 부분의 무효가 나머지 부분의 유효·무효에 영향을 미치는가의 여부를 판단할 때에는, 개별 법령이 일부 무효의 효력에 관한 규정을 두고 있는 경우에는 그에 따르고, 그러한 규정이 없다면 민법 제137조 본문에서 정한 바에 따라서 원칙적으로 법률행위의 전부가 무효가 된다. 그러나 당사자가 위와 같은 무효를 알았더라면 그 무효의 부분이 없더라도 법률행위를 하였을 것이라고 인정되는 경우에는 같은 조 단서에 따라서 그 무효 부분을 제외한 나머지 부분이 여전히 효력을 가진다. 이때 당사자의 의사는 법률행위의 일부가 무효임을 법률행위 당시에 알았다면 의욕하였을 가정적 효과의사를 가리키는 것이다(대판 2024. 05. 30, 2023다313968, 313975).

Ⅳ. 행정법과 공익

1. 공익의 개념

공익(公益)은 공동체(국가 또는 지방자치단체) 구성원 전체의 이익을 의미한다. 공익은 공동체의 이익이지만, 공동체 자체의 이익만으로는 공익이 될 수 없다. 즉, 국가 또는 지방자치단체의 단순한 재산상 이익은 원칙상 공익이 아니다.[3] 그러나 국가 등의 재정건전성은 공익이다.

공익으로서의 공동체의 이익은 각 개인의 이익의 총합이 아니며 개인의 이익을 초월하는 이익이다. 개인의 이익(사익)의 산술적 총합, 달리 말하면 최대다수의 최대의 행복을 공익으로 보는 공리주의적(功利主義的) 공익 개념은 공법과 사법을 구별하지 않는 영미행정법에서는 채택될 수 있지만, 공법과 사법을 구별하는 우리 행정법에서는 부분적으로만 그 타당성이 인정될 수 있다.

공익개념은 절대적 개념이 아니라 시대의 구체적 상황 속에서 판단되는 상대적 개념이다.

---

3) 행정법상의 공익에 관하여 자세한 것은 최송화, 공익론－공법적 탐구, 서울대학교 출판부, 2002. 참조.

2. 공익의 법적 의의

(1) 행정법의 이념적 기초

① 공익은 행정법의 특수성(일방적 조치권, 공정력, 공권 및 공의무의 특수성, 공법상 계약의 특수성 등)과 행정법상 주요 개념(공권력, 공물 등)의 기초가 된다.

② 공익은 행정작용의 정당화사유가 된다.

③ 법치행정의 원칙상 국민의 기본권 및 권익의 제한은 법률의 근거가 있어야 하지만, 공익이 그 궁극적 근거이다. 기본권 제한사유인 국가안전보장, 질서유지 및 공공복리는 공익이 구체화된 개념이다. 공용수용의 정당화사유가 되는 공공필요는 공익과 비례성을 의미한다.

(2) 공익의 법적 효과

행정법에서 공익은 이념적 기능만 갖는 것은 아니며 일정한 법적 효과를 갖는다.

① 공익은 공법관계와 사법관계의 구별기준 중의 하나이다.

② 공익은 행정통제기능을 수행한다. 행정권은 공익을 추구하여야 하며 사익을 추구하거나 실절적 관련이 없는 다른 공익목적을 추구하면 권한남용이 된다. 행정법이 행정작용의 요건을 규정하지 않은 경우에도 행정권은 공익목적을 위해서만 활동하여야 한다.

③ 공익은 평등원칙의 예외사유이다. 공익상 필요한 경우에는 다른 법적 규율이 가능하다. 공익상 필요한 경우에는 재량준칙과 다른 결정을 할 수 있다.

④ 비례원칙의 적용에 있어서 공익이 이익형량의 요소가 된다. 공익 상호간 및 공익과 사익 상호간, 사익 상호간에 이익이 적절히 조정되어야 한다.

⑤ 권익의 제한에는 법률의 근거가 있어야 하지만, 공익은 일정한 경우에 보충적으로 명문의 법규정이 없는 경우에도 권익 제한의 직접적 근거가 된다. 즉, 판례는 공익상 필요만으로 행정행위의 철회가 가능하고, 재량행위에서 공익을 이유로 특허 등 수익적 행위를 거부할 수 있다고 본다.

⑥ 공익은 공법상 계약에 대한 특수한 공법적 규율의 근거가 된다.

제 3 절 행정법학과 행정학

행정법학(行政法學)과 행정학(行政學)은 공히 행정현상을 연구하는 학문이지만, 연구의 대상과 연구방법에서 차이가 있다. 행정법학은 행정의 당위(Sollen)를 대상으로 법해석학적 방법, 입법론, 법체계론에 의해 연구하는 데 반해 행정학은 행정의 사실적 존재(Sein)를 사회과학적 방법론에 의해 연구한다.

이처럼 행정학과 행정법학은 각각 고유한 연구영역과 방법론을 가지고 있지만 행정법의 연구에 있어서도 행정의 현실과 행정의 효율성을 무시할 수는 없는 것이고, 행정학의 연구에 있어서도 행정의 적법성은 중요한 사항이 된다. 그러므로 행정학과 행정법학은 상호 긴밀한 관계하에서 연구되어야 한다.

제 4 절 행정의 일반원리와 행정법의 일반원리

Ⅰ. 행정의 일반원리

행정의 일반원리라 함은 행정의 기초가 되고 기준이 되는 일반원리(가치 등)를 말한다. 행정의 일반원리는 행정의 기초가 되는 원리인 점에서 행정법의 기초가 되는 원리인 행정법의 일반원리와 구별된다.

행정의 일반원리로는 적정성(합법성, 형평성 및 타당성), 효과성(effectiveness), 능률성(efficiency), 적극성(행정목적(공익 등)의 적극적 실현), 합리성(rationality) 등을 들 수 있다.

거버넌스(Governance)론은 영미국가에서 국정운영 특히 규제의 원리로서 제시된 이론인데, 우리나라에서도 점차 수용되고 있는 이론이다. 그러므로 거버넌스론은 행정의 원리가 될 수 있다.

거버넌스론은 전통적인 경성법(Hard Law)에 의한 국정운영 및 공권력에 의한 일방적 국정운영(Government)의 문제점을 비판하면서 그 한계를 극복하기 위해 제시된 이론이다. 거버넌스론은 공권력에 의한 일방적이고 권력적인 국정운영(Government)을 비판하면서 국정운영에서의 공(公)과 사(私)의 협치, 그리고 경직된 국정운영이 아니라 스마트한(탄력적이고 유연한) 국정운영을 주장하는 견해이다. 거버넌스론은 규제분야에서는 엄격한 의미의 법에 의한 규제가 어렵거나 적절하지 않거나 불충분한 경우(대표적인 예, 인터넷규제)에 규제의 원리로 제시되었다. 또한, 국가의 일방적인 규제만으로는 한계와 문제가 있다는 인식하에 국가규제의 상대방이나 관계자의 협력을 받아야 한다는 인식에 따라 등장하였다. 그리하여 거버넌스론은 국가규제 이외에 자율규제의 인정, 국가규제에 대한 이해관계인 등의 참여, 국가규제의 경직성을 수정하여 규제의 탄력성과 유연성을 증진시키는 것을 포함한다.

우리나라에서는 거버넌스론을 국정운영에서의 관민협치론으로 이해하는 경향이 있지만, 거버넌스론은 국정운영에서의 협치론 이외에도 국정운영의 지배구조(틀) 및 연성법(Soft Law)론을 포함하는 이론으로 보아야 한다. ① 우선 **협치**라 함은 국정운영에 대한 국민의 참여, 공사협의, 공사협력(공사파트너십), 공사합의(예, 주민협약 등) 등을 말한다. 하버마스의 공론장론(공개적 소통을 통한 문제의 해결론)은 협치에 의한 국정운영의 실효성 제고를 위한 이론적 기초의 하나가 된다. 공익을 달성하기 위해 제도화된 공식적 수단뿐만 아니라 제도화되지 않은 비공식적 협치수단(예, 협오시설 운영주체와 인근주민간의 주민협약 등)도 개발하여 사용하여야 한다. ② 또한 경성법(구체적이고 명확하며 법적 구속력을 갖는 법규범)뿐만 아니라 연성법의 필요성도 주장한다. **연성법**은 **협의**로는 탄력적이고 유연한 법규범을 말한다. 예를 들면, 원칙규정, 입법 당시 명확하게 예측하지 못한 사실을 포용하고자 하는 포괄적 입법, 유연한 법규정을 들 수 있다. 협의의 연성법론은 행정법의 원리가 될 수도 있다. **광의**의 연성법은 법규범뿐만 아니라 실제에 있어서 행정의 지침이 되는 것(행정규칙, 행정계획, 가이드라인, 관행 등)을 의미한다. ③ 마지막으로 거버넌스는 **국정운영의 지배구조(틀)**의 문제를 포함한다. 거버넌스론은 엄격한 의미에서의 법치에서 나아가 국정운영의 지침이나 제도 등 실제적인 국정운영의 구조(틀)을 제시하고자 한다. 국정운영의 구조(틀)는 법규의 형식을 취한 법규범뿐만 아니라 법규의 형식을 취하지 않지만 사실상 국정운영의 기준이 되는 지침(행정규칙, 행정계획, 가이드라인, 관행 등)을 포함한다. 따라서, 거버넌스는 국정운영제도라고 할 수도 있다.

Ⅱ. 행정법의 일반원리

행정법의 일반원리라 함은 행정법의 기초가 되는 일반원리를 말한다. 행정법의 일반원리는 행정법의 기초가 되는 원칙인 점에서 행정의 기초가 되는 행정의 일반원리와 구별된다. 행정법의 일반원리는 행정의 기준이 되는 규범이지만 법적 구속력은 없는 점에서 행정법의 일반 법원칙과 구별된다.

행정법의 일반원리로는 합법성(legitimacy), 형평성(equity, 구체적 타당성), 공익목적성, 행정의 계속성, 행정의 보충성, 적극행정의 원칙 등을 들 수 있다.

합법성은 법에 따른 행정의 원칙인 점에서는 법치행정의 원칙과 유사하지만, 법의 준수뿐만 아니라 법의 정신의 실현까지 포함하는 점에서 행정의 일반 법원칙인 법치행정의 원칙보다 넓은 개념이다.

형평성은 행정법 상황의 다양성을 고려하고, 행정 사안의 구체적인 사정을 고려하여 타당한 것을 말한다. 형평성은 구체적 타당성으로서 일반적·추상적 규범인 법의 한계를 보완하는 정의의 원칙이다.

공익목적성이라 함은 행정은 공익목적을 위해 행해져야 하고 정치적 목적이나 사익을 위해 행해져서는 안 된다는 원칙이다. 다만, 공익을 목적으로 하면서 관련되는 사익을 부수적으로 고려하고 보호하는 것은 가능하다.

행정의 계속성이라 함은 행정서비스는 중단 없이 계속 제공되어야 한다는 원리를 말한다. 특히 최소한의 기본적인 행정서비스는 어떠한 경우에도 제공되어야 한다. 행정의 계속성의 원칙으로부터 공무를 위탁하는 행정계약의 수탁자에 의한 계약해지의 제한 및 공행정을 수행하는 공무원의 파업권 행사의 제한이 도출된다.

행정의 보충성이라 함은 국가 등 행정주체는 사인이나 하위의 행정주체가 그들의 임무를 적정하게 수행하는 한 개입할 수 없고, 그 임무를 적정하게 수행하지 못해 공익상 개입할 필요가 있는 경우에 한하여 보충적으로 개입할 수 있다는 원칙을 말한다.

적극행정의 원칙이라 함은 행정은 행정목적의 달성을 위해 적극적으로 노력해야 한다는 원칙을 말한다. 적극행정의 원칙은 행정의 본질과 헌법 제7조의 국민전체에 대한 봉사자로서의 공무원, 국가의 기본권 보장의무로부터 도출되는 원칙이다. 행정기본법 제4조는 적극행정을 원칙으로 선언하지 않고 행정의 책무로 규정하고 있다. 적극행정의 원칙을 구체화한 법령으로 「적극행정운영규정」, 「지방공무원 적극행정운영규정」 등이 있는데, 적극행정의 원칙을 구체화한 법령은 법적 구속력이 있다. 적극행정의 원칙은 법적 구속력이 있는 법원칙은 아니다. 적극행정을 하지 않았다고 위법은 아니다. 행정기본법 제4조 위반을 이유로 처분의 위법을 주장하거나 해당 공무원을 징계하거나 국가배상책임을 물을 수는 없다. 다만, 적극행정을 하지 않은 것이 국가배상법상 손해방지의무 위반이 되면 국가배상법상으로는 위법하다.

행정기본법은 **행정의 효율성**(Efficiency)과 **실효성**(Effectiveness)을 행정 목적의 하나로 규정하고 있다(제1조, 제3조 제2항). **행정의 효율성**은 행정의 목적을 최소의 비용으로 달성하는 것과 투입한 행정자원으로 최대의 효과(성과)를 달성하는 것을 말한다.[4] **행정의 실효성**은 행정목적을 달성하는 정도를 말한다. 행정의 효율성과 실효성의 원칙은 행정 및 행정법의 원칙이지만, 법원칙은 아니다. 행정은 효율성만을 추구하는 것은 아니다. 행정의 임무수행이 효율적이지 않더라도 기본적인 임무는 수행하여야 한다. 따라서 효율성의 원칙에 반하는 것만으로 위법이 되지는 않는다.

---

4) 경제성과 효율성을 구분하여 경제성(Economy)은 특정 목적을 달성하기 위해 가장 적은 비용을 사용하는 것을 말하고, 투입된 자원으로 최대의 효과를 달성하는 것만을 효율성으로 보는 견해도 있다.

다만, 법령상 효율성이 명시적으로 규정되어 있는 경우에는 법적 효력을 갖는다. 비용편익분석은 효율성을 증진하기 위한 방법의 하나인데, 법상 비용편익분석에 따라 행정결정을 하여야 하는 경우에 비용편익분석에 중대한 오류가 있는 것은 행정결정의 하자가 된다. 그리고, 효율성의 원칙은 행정의 합리성의 원칙의 하나이고, 효율성은 그 자체가 공익의 하나이므로 이익형량의 원칙을 매개로 재량통제법리의 하나가 될 수 있다. 즉, 효율성의 원칙에 현저히 반하는 재량권 행사는 재량권의 일탈·남용으로서 위법하게 될 수도 있다.

행정절차법은 **행정의 투명성**을 행정 목적의 하나로 규정하고 있다. 행정의 투명성은 국민주권주의 및 민주주의원칙으로부터 도출된다. 행정의 투명성은 행정과정 및 행정정보의 공개, 행정에 대한 설명책임 등으로 구성된다.

제 5 절 공법과 사법의 구별

Ⅰ. 구별의 의의

우리나라는 대륙법계 국가처럼 공법과 사법을 구별하고 있다. 공법과 사법의 구별은 행정주체와 사인과의 관계는 사인 상호간의 관계와는 다른 법에 의해 규율되어야 한다는 사상으로부터 출발하였다.[5] 공법과 사법의 구별은 선험적인 것은 아니며 각 국가의 실정법제도상의 구별이다.

공법과 사법의 구별은 규율대상의 차이로부터 나온다. 사법의 규율대상은 사인 상호간의 관계인데, 사인 상호간의 관계는 대등한 관계이다. 그리하여 사법은 사적 자치의 원칙을 기본원칙으로 하고 각 개인에게는 자율권이 인정된다. 공법의 규율대상은 행정주체와 사인간의 관계인데, 행정주체와 사인간의 관계는 행정주체에게 우월적인 지위인 공권력이 주어지는 기본적으로 불대등한 관계이다. 공법은 공익 상호간 또는 공익과 사익 상호간의 관계를 규율한다.

행정주체는 후술하는 바와 같이 항상 공권력주체로서 활동하는 것은 아니며 사인과 같은 지위에서 활동하는 경우도 있는데(예를 들면, 물품의 구입 등), 이러한 경우에는 사법이 적용된다. 다만, 이러한 경우에도 행정주체가 법률관계의 한 당사자가 된다는 점에서 사인 상호간의 관계에서와는 다른 특별한 법규정이 두어지는 경우가 적

5) 공법에는 국제법, 형법, 헌법도 포함되지만 여기에서는 주로 행정법과 사법과의 구별을 논하는 것으로 한다.

지 않다(예를 들면, 국가를 당사자로 하는 계약에 관한 법률 등). 그러나, 그 특별한 법규정은 공법규정이 아니며 사법규정이다.

Ⅱ. 구별실익

공법과 사법의 구별에는 어떠한 실익이 있는가. 일반적으로 공법과 사법의 구별과 공법관계와 사법관계의 구별을 함께 논하고 있는데 양 문제는 상호 매우 밀접한 관계(공법관계는 기본적으로 공법에 의해 규율되는 법관계이며 사법관계는 사법에 의해 규율되는 법관계이다)를 가지면서도 상호 구별되어야 하는 문제이다. 마찬가지로 공법과 사법 상호간의 구별의 실익과 공법관계와 사법관계의 구별의 실익은 상호 관련이 있지만 일단 구별되어야 한다.

1. 실체법상 구별실익

① 공법과 사법의 구별은 우선 국가의 법체계를 세우기 위하여 필요하다. 특히 일정한 사항에 대하여 입법할 때 공법적 규율을 할 것인가 사법적 규율을 할 것인가를 정하여야 한다.

② 법의 해석에 있어서 공법과 사법의 구별이 필요하다. 이띠한 법규정을 적용할 때 그 법규정이 공법규정이라면 공법원리에 맞게 해석하여야 한다. 이에 반하여 적용할 법규정이 사법규정이라면 사법원리에 따라 해석하게 된다.

2. 소송법상 구별실익

공법과 사법의 구별은 소송형식을 정하기 위하여 필요하다. 공법상 분쟁은 행정소송의 대상이 되고 사법상 분쟁은 민사소송의 대상이 된다.

Ⅲ. 구별의 기준

법주체를 기준으로 하는 주체설은 사법에 의한 행정이 인정되고 있는 점에 비추어 타당하지 않다. 즉, 주체설은 적어도 한쪽 당사자가 행정주체인 법률관계를 규율하는 법이 공법이고 사인 상호간의 관계를 규율하는 법이 사법이라고 보는 견해인데, 오늘날 행정주체가 사인의 지위에서 활동하는 경우도 적지 않고 이 경우에는 사법이 적용된다는 점에서 이 학설을 주장하는 학자는 없다.

오늘날 주장되는 학설에는 다음과 같은 것이 있다.

1. 이익설

이익설(利益說)은 법이 규율하는 목적을 기준으로 공법과 사법을 구별한다. 공익의 보호를 목적으로 하는 법이 공법이며 사익 상호간의 이익의 조정을 목적으로 하는 법이 사법이라고 본다.

이 학설은 공법과 사법 상호간의 차이에 관하여 중요한 점을 지적하고 있지만 공법과 사법 사이의 완벽한 구별기준이 되지 못한다는 한계를 갖고 있다. 왜냐하면, 사법도 공익에 봉사하는 경우가 있고 공법도 공익의 보호와 함께 사익의 보호도 고려하고 있는 경우가 있기 때문이다. 특히 공익과 함께 사익을 동시에 보호하고 있는 법규범이 적지 않은데 이 경우에 이익설에 따르면 공법과 사법의 구별은 매우 어렵게 된다.

2. 종속설(또는 권력설, 복종설)

법이 규율하는 당사자 사이의 관계를 기준으로 하는 종속설(從屬說)은 법이 규율하는 관계가 불평등한(권력적인) 지배복종관계인 경우가 공법이고, 관계당사자가 대등한 경우가 사법이라고 본다.

이 학설은 독일에서 19세기에 형성되어 오랫동안 지배적인 견해이었으나 기본적으로 비권력관계를 규율하는 급부행정이 발달한 오늘날에는 충분한 이론이 되지 못한다. 사법에서도 친자관계와 같이 종속관계가 있다는 점을 제외한다면 행정주체가 당사자가 되는 권력관계를 규율하는 법은 대체로 공법이라고 볼 수 있는 점에서 권력설은 공법을 인정할 수 있는 효과적인 기준이 된다. 그러나, 공법에도 공법상 계약과 같이 평등한 관계가 있으므로 공법과 사법의 충분한 구별기준이 되지 못한다. 특히, 기본적으로 비권력 행정인 급부행정을 규율하는 법의 구별기준으로는 적절하지 못하다는 문제점을 갖고 있다.

3. 귀속설(신주체설)

법이 규율하는 당사자를 기준으로 하는 귀속설(신주체설)은 독일학자인 Hans. J. Wolff에 의해 주장된 이론인데 그 후의 학설에 의해 일부 수정되었다. 귀속설(歸屬說)은 공권력의 담당자의 지위를 갖는 자에게 권리 또는 의무를 귀속시키는 법이 공법이고 누구에게나 권리 또는 의무를 귀속시키는 법이 사법이라고 본다.

주의할 것은 공법의 인정이 공권력의 담당자에게 배타적으로 권리 또는 의무를 귀속시키는 점에 있는 것이 아니라 공권력의 담당자에게 공권력의 담당자의 자격으로 인하여 권리 또는 의무를 귀속시킨다는 점에 있다는 것이다. 여기에서 공권력은 우월적 지위를 의미하며 권력적 행위만에 의해 발동되는 것은 아니며 계획조치나 기본적으로 비권력적 행위인 급부조치를 통하여도 발동되는 것이다. 이러한 점에서 귀속설은 법주체설과 종속설의 발전된 이론이라고 볼 수도 있다.

귀속설은 오늘날 독일에서 점점 많은 지지를 받고 있는 학설이며 권력관계와 비권력관계를 포함하여 모든 행정부문에 있어서 공법과 사법의 구별기준이 되는 학설이다. 그러나 귀속설에도 문제점은 있다. 귀속설의 문제점은 구체적인 법률관계에서 행정주체가 공권력주체로서의 지위를 가지는지 그렇지 않은지가 불분명한 경우가 있다는 점이다.

4. 결론 : 복수기준설

공법과 사법의 구별기준으로 제시된 이익설, 종속설 및 귀속설은 모두 중요한 구별기준을 제시하고 있지만 공법과 사법의 구별에 관하여 위에서 본 바와 같이 완벽한 이론이 되지 못한다.

결론적으로 말하면 행정활동의 다양성에 비추어 하나의 기준에 의해 공법과 사법을 구별하는 것은 어렵다고 보아야 하고, 위의 세 이론을 종합적으로 고려하여 문제의 법이 공법인지 사법인지를 판단하여야 한다.

개별법률 전체가 공법이거나 사법인 경우도 있지만 경우에 따라서는 하나의 법률에 공법규정과 사법규정이 병존하는 경우도 있다.

행정법학자는 대부분 국가배상법을 공법으로 보지만, 실무는 국가배상법을 사법(私法)으로 본다.

Ⅳ. 공법과 사법의 구별의 문제점

공법과 사법을 구별하는 법체계는 법률관계의 성질에 맞는 법적 규율을 할 수 있는 장점이 있는 반면에 법질서의 통일이라는 측면에서는 문제가 있다.

공법과 사법을 구별하면 공법상으로는 적법하지만 사법상으로는 위법한 경우(예, 적법한 건축허가에 따른 건축이 인근주민에게 수인한도를 넘는 일조 등의 침해를 가하는 경우), 사법상으로는 적법하지만 공법상으로는 위법한 경우(허가를 받아야 함에도 허가를 받지 않고 한 영업행위는 공법상 불법이지만 사법상의 효력은 유효하다)가 있게 된다.

[판례] 건축법 등 관계 법령에 일조방해에 관한 직접적인 단속법규가 있다면 그 법규에 적합한지 여부가 사법상 위법성을 판단함에 있어서 중요한 판단자료가 될 것이지만, 이러한 공법적 규제에 의하여 확보하고자 하는 일조는 원래 사법상 보호되는 일조권을 공법적인 면에서도 가능한 한 보

장하려는 것으로서 특별한 사정이 없는 한 일조권 보호를 위한 최소한도의 기준으로 봄이 상당하고, 구체적인 경우에 있어서는 **어떠한 건물 신축이 건축 당시의 공법적 규제에 형식적으로 적합하다고 하더라도 현실적인 일조방해의 정도가 현저하게 커 사회통념상 수인한도를 넘은 경우에는 (사법상) 위법행위로 평가될 수 있다**(대판 2004. 09. 13, 2003다64602).

Ⅴ. 공법과 사법의 관계

공법과 사법은 구분되면서도 일정한 경우 밀접한 관계를 갖는다. 다음과 같이 공법과 사법은 법적 규율을 위해 상호 결합되기도 하고 상호 협력수단이 되기도 한다. ① 우선 일정한 한계내에서 공법수단과 사법수단간의 선택의 자유가 인정된다. 대표적인 경우는 공법상 계약과 사법상 계약 사이의 선택의 자유이다. 공익목적을 실현하기 위해 공법적 수단을 사용하기도 하고 사법적 수단을 사용하기도 하며 양 수단이 협력적으로 사용되는 경우도 있다. 환경보호나 소비자 보호 등 공익목적을 달성하기 위해 공법적 수단을 사용하기도 하고 사법적 수단을 사용하기도 한다. ② 다음으로 하나의 행정목적을 위한 행정과정에서 공법수단과 사법수단이 결합되어 사용기도 한다. 2단계설에 따른 공법행위와 사법행위의 결합이 대표적인 예이다. ③ 사법형식에 의해 행정활동이 행해지는 행정사법관계는 기본적으로 사법에 의해 규율되지만 공익 보호를 위해 일정한 한도내에서 공법원리가 적용된다는 것이 일반적 견해이다. ④ 마지막으로 행정이 사법조직에 의해 행해지는 경우가 있다. 공기업이 주식회사의 형태로 운영되는 것이 대표적인 예이다. ⑥ 공법수단과 사법수단이 상호 협력보완관계에 있는 경우가 있다. 예를 들면, 일조권의 보호를 위해 공법과 사법이 협력한다.[6)]

최근 공법과 사법의 구분에서 공법과 사법의 통합으로 나아가야 한다는 주장이 제기되고 있다. 공법과 사법의 통합의 필요성 및 그 논거로 다음을 들 수 있다. 국가에는 하나의 법질서만이 존재하고, 국가의 법질서는 통일성을 가져야 하므로 공법질서와 사법질서가 모순을 일으키는 것은 타당하지 않다. 공법과 사법은 법이라는 점에서는 동일성을 갖는다. 공법과 사법을 전면적으로 통합하는 것은 공법과 사법의 구별을 포기하고 영미법과 같이 단일법을 채택하는 것이라서 당장 가능한 것은 아니지만 다음과 같이 부분적으로는 공법과 사법의 통합을 모색할 수는 있을 것이다. ① 신의성실의 원칙이나 권한(권력)남용의 금지의 원칙은 전체 법의 일반원칙으로서 사법의 일반원칙이며 동시에 행정법의 일반원칙이다. 기간계산과 같은 기술적 규정은

6) 박균성, 건축관련이익의 공법적 조정에 관한 연구, 토지공법연구 제24집, 한국토지공법학회, 2004.12, 291쪽 이하.

특별한 사정이 없는 한 공법과 사법에서 다르게 규율할 이유는 없다. ② 공법상 계약에는 특별한 규정이 없는 한 공익상 특수한 규율을 하여야 하는 경우를 제외하고는 널리 사법상 계약에 관한 민법규정이 일반적으로 적용 내지 유추적용된다. 이러한 해결은 공법과 사법의 구별을 전제로 하여 주장되지만, 공법상 계약과 사법상 계약을 통합하여 행정상 계약으로 규율하여야 한다는 주장도 있다. 국가를 당사자로 하는 계약에 관한 법률은 공법상 계약과 사법상 계약을 구분하지 않고 국가가 당사자가 되는 계약을 통일적으로 규율하고 있다. ③ 처분에 대한 항고소송에서 원고는 사권의 침해를 법률상 이익으로 주장할 수 있는 것은 아닌지에 관하여 긍정적인 검토가 행해질 수도 있다.

효력규정이나 강행규정을 위반한 법률행위는 무효이다(대판 2020. 11. 12, 2017다228236). 이와 달리 행정법상 금지규정에 위반한 사법상 행위의 효력은 그에 관한 명문의 정함이 없으면 그 금지규정의 목적과 의미에 비추어 그에 반하는 법률행위의 무효 기타 효력 제한이 요구되는지를 검토하여 이를 정할 것이다(대판 2018. 07. 11, 2017다274758: 여객자동차 운수사업법 제12조의 명의이용 금지규정을 위반하여 지입계약을 체결하였다고 하더라도, 그 지입계약이 무효로 되는 것은 아니라고 한 사례).

[판례] ① [1] 계약 등 법률행위의 당사자에게 일정한 의무를 부과하거나 일정한 행위를 금지하는 **법규에서 금지 규정 등을 위반한 법률행위의 효력에 관하여 명확하게 정하지 않은 경우**에는 그 규정의 입법 배경과 취지, 보호법익, 위반의 중대성, 당사자에게 법규정을 위반하려는 의도가 있었는지 여부, 규정 위반이 법률행위의 당사자나 제3자에게 미치는 영향, 위반 행위에 대한 사회적·경제적·윤리적 가치평가, 이와 유사하거나 밀접한 관련이 있는 행위에 대한 법의 태도 등 여러 사정을 종합적으로 고려해서 그 효력을 판단하여야 한다. [2] 구 독점규제 및 공정거래에 관한 법률 제10조의2 제1항, 제15조를 위반한 채무보증이나 탈법행위도 사법상 유효하다고 한 사례(대판 2019. 01. 17, 2015다227000).

② 문화재수리업자의 명의대여 행위를 금지한 문화재수리법 제21조는 강행규정에 해당하고, 이를 위반한 명의대여 계약이나 이에 기초하여 대가를 정산하여 받기로 하는 이 사건 정산금 약정은 **모두 무효**라고 보아야 한다(대판 2020. 11. 12, 2017다228236).

③ 농지의 임대를 금지한 구 농지법 제23조의 규정은 강행규정이다. 따라서 구 농지법 제23조가 규정한 예외사유에 해당하지 아니함에도 이를 위반하여 농지를 임대하기로 한 임대차계약은 무효이다(대판 2017. 03. 15, 2013다79887, 79894).

제 6 절 행정에 대한 사법의 적용

행정은 공법만에 의해 규율되는 것은 아니다. 행정에 대하여 사법(私法)이 적용될 경우도 적지 않다.

Ⅰ. 국고관계에 대한 사법규정의 적용

같은 성질의 법률관계에는 같은 성질의 법이 적용된다는 원칙에 따라 행정주체가 사인과 같은 지위(국고의 지위)에서 활동할 때(예, 행정에 필요한 물품의 구매)에는 사법만이 적용되고 그와 관련하여 제기되는 분쟁은 민사소송의 관할에 속한다. 어떠한 행위가 사법상 행위이고 어떠한 법률관계가 사법관계(국고관계)인지는 후술하기로 한다.

Ⅱ. 행정법관계에 대한 사법규정의 적용

행정법관계는 행정법(공법)에 의해 규율되는 것이 원칙이지만 행정법(공법)의 흠결이 있는 경우에 그 흠결을 메우기 위하여 사법이 적용될 수 있다.

법의 흠결이 있을 때 우선 다른 행정법규정을 유추적용하고, 유추적용할 행정법규정이 없는 경우에는 헌법규정 및 법의 일반원칙을 적용하고, 공법관계에 적용할 어떠한 공법규정도 존재하지 않는 경우 사법규정의 적용을 검토한다. 사법규정을 적용하는 경우에는 공법관계의 특수성을 고려하여 사법규정을 적용하여야 한다.

그리고, 공법관계에 적용할 어떠한 공법규정이나 사법규정도 없는 경우에는 조리에 의한다.

행정법관계에 대한 사법규정의 적용은 적용대상이 되는 법관계의 성질(권력관계인지 비권력관계인지)과 적용할 사법규정의 성질(일반법원리적 규정인가 아닌가 등)이라는 두 기준에 의해 행해진다.

1. 일반법원리적 규정인 사법규정

사법규정 중에는 신의성실의 원칙, 권리남용금지의 원칙과 같이 모든 법에 공통적으로 적용될 수 있는 법의 일반원칙이 있다. 이와 같은 법의 일반원칙은 모든 법의 일반원칙이 되므로 행정법관계에도 당연히 적용된다. 또한, 기간계산에 관한 규정과 같이 사법상의 기술적인 법규정이 모든 법에 공통적으로 적용될 수 있는 경우에는 공법관계에도 적용될 수 있다.

다만, 사법상의 일반법원리적 규정 중에서 사법적 색채를 띠고 있는 규정의 경우에는 사법적 색채를 제거하고 필요한 경우 공법원리적 요소를 가미하여 그 규정을 공법관계에 유추적용하여야 할 것이다.

일반법원리적 규정은 비권력관계뿐만 아니라 권력관계에도 직접적용 또는 유추적용될 수 있다.

사법규정 중에서 일반법원리적 규정이라고 볼 수 있는 것은 다음과 같다: 신의성실의 원칙, 권리남용금지의 원칙, 의사표시, 대리, 부관, 무효, 취소, 기간, 시효, 불법행위, 사무관리, 부당이득에 관한 규정, 계약에 관한 일부규정 등.

[판례] [1] 광업법에는 기간의 계산에 관하여 특별한 규정을 두고 있지 아니하므로, 광업법 제16조에 정한 출원제한기간을 계산할 때에도 기간계산에 관한 민법의 규정은 그대로 적용된다. [2] 광업권설정 출원제한기간의 기산일인 2007. 7. 28.로부터 6개월의 기간이 경과하는 마지막 날인 2008. 1. 27.이 일요일인 경우, 그 출원제한기간은 민법 제161조의 규정에 따라 그 다음날인 2008. 1. 28. 만료된다고 본 사례(대판 2009. 11. 26, 2009두12907[광업권설정출원서불수리처분취소]).

2. 일반법원리적 규정 이외의 사법규정

일반법원리적 규정이 아닌 사법규정(사익 상호간 이익조절적 규정)은 권력관계에는 적용될 수 없다고 보는 것이 일반적 견해이다. 이러한 사법규정은 대등한 당사자 사이의 자유로운 의사를 전제로 하고 사익 상호간의 이익의 조절을 목적으로 하는 것인데, 권력관계에서는 행정주체의 우월성이 인정되고, 사익과 공익이 대립되므로 권력관계는 그러한 사법규정의 규율대상이 될 수 없다.

그러나, 비권력적 공법관계인 관리관계에 있어서는 공익목적을 달성하기 위하여 특수한 공법적 규율이 행하여져야 하는 경우를 제외하고는 널리 사법규정이 직접적용 또는 유추적용될 수 있다.

Ⅲ. 행정사법분야

행정은 일정한 필요에 따라 공행정을 사법형식에 의해 수행하는 경우가 있다. 이것을 '공행정의 사적 관리' 또는 '사법형식에 의한 공행정'이라 하고 행정사법(行政私法)이라고도 한다. 즉, 활동의 실질은 공행정작용이지만 형식은 사법형식인 경우를 말한다. 예를 들면, 공기업행정 중 전기공급관계는 공행정관계이지만 사법관계(행정사법관계)이다. 다만, 수도공급관계는 공법관계이다.

사법형식에 의한 공행정은 사법형식에 의해 수행되므로 원칙상 사법에 의해 규율된다. 그러나 그 실질은 공익을 추구하는 공행정작용을 수행하는 것이므로 기본권 보장 등 최소한의 공공성을 확보하기 위하여 예외적으로 공법원리의 구속을 받는다. 사법형식에 의한 공행정에 적용되는 공법원리에는 평등의 원칙, 비례의 원칙, 행정계속성의 원칙, 기본권 보장의무 등이 있다. 사법형식에 의한 공행정에서 제기되는 법적 분쟁은 민사법원의 관할에 속한다.

제 7 절 법치행정의 원칙

법치주의(法治主義)란 자의적인 통치를 억제하고 정의를 실현하기 위하여 법에 따라 국가작용이 행하여지도록 하는 국가질서의 원리를 말한다. 입법권 및 사법권과 함께 행정권도 법에 따라 행사되어야 한다.

법치주의는 국가권력 중에서도 특히 행정권에 대한 통제원리이며 따라서 법치주의의 핵심적 내용은 법치행정의 원칙이다. 법치행정의 원리는 행정법의 기본원칙임과 동시에 행정법이 성립하기 위한 전제요건이다. 법치행정의 원칙이란 행정권도 법에 따라서 행하여져야 하며(법의 지배), 만일 행정권에 의하여 국민의 권익이 침해된 경우에는 이의 구제를 위한 제도가 보장되어야 한다는 것(행정통제제도 내지 행정구제제도의 확립)을 의미한다.

행정기본법 제8조는 법률 우위의 원칙과 법률유보의 원칙을 선언하고 있다. 즉, 행정작용은 법률에 위반되어서는 아니 되며, 국민의 권리를 제한하거나 의무를 부과하는 경우와 그 밖에 국민생활에 중요한 영향을 미치는 경우에는 법률에 근거하여야 한다. 전단은 법률 우위의 원칙을, 후단은 법률유보의 원칙을 선언한 것이다.

Ⅰ. 법치주의의 기초

법치주의는 일정한 시대적·정치적 현실하에서 형성된 이념적 기초를 갖고 있다. 근대법치주의의 이념적 기초는 자유주의이지만 오늘날 법치주의는 자유주의와 함께 민주주의와도 밀접한 관계를 가지고 있다.

1. 자유주의적 기초

법치국가이론이 확립·발전된 것은 프랑스 대혁명 이후의 자유주의시대이다. 자유주의시대는 국가의 개입을 공적 생활, 즉 사회공공(社會公共)의 안녕과 질서에 한정시키고, 개인의 인권과 사적 부문에서의 보이지 않는 손에 의한 조화에 큰 가치를 부여하였다. 법치주의는 이러한 자유주의국가의 요청과 부합된다. 즉, 법치주의는 국민의 자유권의 보장과 국가권한을 일정한 부문에 한정시키는 것을 내용으로 하는 법에 의한 국가권력의 제한을 통하여 국민의 자유와 재산을 보호하는 것을 목적으로 한다.

2. 민주주의적 기초

오늘날 민주주의는 대표민주주의를 원칙으로 하고 있다. 국민의 대표기관인 국회가 제정하는 법률은 국민의 '일반의사'(volonté générale)의 표현이며 법률에 의한 통치는 국민에 의한 통치를 실현한다. 따라서 법치주의는 민주주의로부터도 요청되고 있다.

그러나 오늘날 국회의 대표성이 부분적으로 사적 이익집단의 로비와 압력에 의해 훼손되고 있다. 그리하여 오늘날 의회의 절대적인 권한을 제한하고, 행정권의 가치를 재평가하고 있으며 직접민주제도의 도입이 모색되고 있다. 법률에 대한 통제수단으로 합헌성 통제제도가 도입되어 법치주의는 실질적 법치주의로 발전되었다. 그리하여 오늘날의 민주주의는 다수의 지배만을 의미하는 것이 아니라 헌법상의 가치와 인권(특히 소수자의 인권)을 존중하는 것을 포함하게 되었다.

3. 법에 대한 신뢰

법치주의는 국가권력에 대한 불신과 법에 대한 신뢰에도 기인한다. 권력을 법에 의해 통제하고 제한하기 위해 법치주의가 요청된다.

그러나 다른 한편으로 법은 권력의 정당화의 한 요소가 된다. 그리하여 권력이 부패한 경우 법은 부패한 권력을 정당화하는 부작용을 가져온다.

Ⅱ. 법치주의의 역사적 발전

1. 시민적 법치주의

근대 초기의 법치주의를 시민적 법치주의라 한다. 근대 시민적 법치국가에서는 시민의 자유와 재산을 보장하는 것을 이념으로 하였고 국가의 임무는 사회공공의 안녕과 질서유지에 한정되었다.

시민적 법치국가하에서는 법치국가의 형식적 측면이 강조되기는 하였지만 법치주의의 실질적 측면이 무시되었던 것은 아니다. 시민적 법치주의도 국가권력과 실정법률을 인권을 보장하는 수단이라고 보았으며 거기에 국가권력과 실정법률의 정당성의 근거를 두고 있었다.

2. 형식적 법치주의

시간이 지남에 따라 시민적 법치국가의 형식적 측면만이 강조되게 되었다. 즉,

법치주의는 의회가 제정한 법률에 의한 지배만을 의미하게 되었고 법률의 목적이나 내용은 간과하고 문제삼지 않게 되었다. 그리하여 시민적 법치국가는 형식적 법치국가로 변질되게 되었다. 또한 복지국가 사상의 진전에 따라 행정권이 강화되게 되었고 이에 따라 법치주의의 파행이 증폭되었다. 포괄적 수권(골격입법 및 수권법), 독립명령 등의 방식에 의해 행정권에게 광범위한 입법권이 인정되게 되었다. 또한 법의 지배가 미치지 않는 '법으로부터 자유로운 영역'(내부문제, 재량행위, 통치행위, 특별권력관계)이 광범위하게 인정되었다.

법률유보의 원칙에 있어서 침해유보설이 통설이었으므로 국민의 자유와 재산에 대한 침해를 가져오지 않는 영역에 있어서는 행정권이 전권을 갖고 있었다. 입법기관인 국회 또는 행정권의 부패에 의해, 특히 독일에서 나치정권하에서, 프랑스의 경우 비시정권하에서, 정의에 반하는 법이 제정되고 집행되게 되었다. 이러한 상황하에서 법치주의는 부패한 국가권력에 정당성을 부여하여 전제권력에 대한 국민의 복종을 요구하는 기능을 수행하였다. 그럼에도 불구하고 사법적 통제제도 내지 구제제도는 완비되어 있지 못하였다. 행정재판을 담당하는 법원이 행정조직에 속하는 등 행정법원의 독립이 확보되지 못하였고, 행정소송의 대상이 되는 사항이 법률상 열거된 사항에 한정되었다(이를 열기주의라 한다).

3. 실질적 법치주의

형식적 법치주의의 한계를 극복하기 위하여 제2차 세계대전 후 법령의 내용도 통제하는 실질적 법치주의가 등장하였다. 실질적 법치주의는 국민의 기본권을 보장하기 위하여 법률과 명령의 위헌성을 통제하는 위헌법령심사제에 의해 담보되었다. 아울러 포괄적 위임도 금지되게 되었다. 또한 행정통제 내지 국민의 권리구제제도가 강화되었다. 즉, 행정소송사항이 일반적으로 규정되는 개괄주의가 채택되었고,[7] 행정법원의 통제대상이 되는 활동영역이 확대되었다. 통치행위는 최소한으로 제한되고, 종래 내부행위로 보았던 행위도 국민의 법적 지위에 영향을 미치는 것으로 인정되는 경우 사법적 통제의 대상이 되게 되었고, 오늘날 내부행위에 대하여도 절차적 통제가 가해지고 있다. 행정재판기관도 독립된 사법적 기관으로 되었다. 또한 행정에 대한 절차적 통제가 행하여졌다.

법률유보의 범위도 침해유보에서 본질성유보 등으로 확대되었다. 또한 행정을 규율하는 법이 보다 확대되었다. 헌법 및 법의 일반원칙이 법률의 흠결을 보완하여 중요한 행정법의 법원이 되었다. 헌법상 보장되는 기본권이 근대국가의 자유와 재산

---

7) 예를 들면, 우리나라 「행정소송법」 제2조는 항고소송의 대상이 되는 처분 등을 일반적으로 '행정청이 행하는 구체적 사실에 관한 법집행으로서의 공권력의 행사 또는 그 거부와 그 밖에 이에 준하는 행정작용(이하 '처분'이라 한다) 및 행정심판에 대한 재결을 말한다'라고 정의하고 있다. 그리하여 이러한 개념 정의에 해당되는 행정권의 행위는 모두 항고소송의 대상이 된다.

권보다 확대되었고, 법의 일반원칙 특히 비례의 원칙을 통하여 행정활동에 대한 통제밀도가 강화되었다.

재량행위에 대한 통제밀도가 강화되고 있지만 다른 한편으로는 행정에게 보다 넓은 재량이 인정되고 있고 이는 법치행정의 원칙에 한계가 되고 있다. 또한 행정입법의 증대는 오늘날의 실질적 법치국가하에서도 행정입법에 대한 현실의 요청에 의해 막을 수 없는 현상이 되었다.

나아가 **오늘날 실질적 법치주의**는 법의 내용이 정의에 합치하고 합리적이고 현실성 있는 좋은 내용으로 형성되고, 법치가 실질적으로 시행되어 법치주의의 목적과 기능이 실질적으로 실현되는 법치주의를 의미한다. 전자는 좋은 법의 형성이고, 후자는 실효적 법집행을 말한다.

Ⅲ. 법치행정의 원칙의 내용

법률에 의한 행정의 원칙은 '행정에 대한 법의 지배'와 '행정구제제도'의 확립을 그 내용으로 한다. '행정에 대한 법의 지배'는 법률의 법규창조력의 원칙, 법의 우위의 원칙, 법률유보의 원칙을 포함한다.[8]

1. 법률의 법규창조력

법률의 법규창조력(法規創造力)이란 국가작용 중 법규(국민의 권리의무에 관한 새로운 규율)[9]를 정립하는 입법은 원칙상 의회가 행하여야 한다는 원칙을 말한다. 헌법 제40조는 '입법권은 국회에 속한다'고 규정함으로써 국회입법의 원칙을 선언하고 있다. 헌법 제37조 제2항은 국민의 자유와 권리의 제한은 법률로 규정하도록 하고 있다. 위임명령이 기술적인 견지에서 인정되고 있지만, 입법의 명령에의 위임은 구체적으로 범위를 정하여 행해져야만 하고, 즉 포괄적 위임은 인정되지 않고 있고(헌법 제75조), 프랑스법에서 인정되는 독립명령(법률의 위임이 없이 행정기관에 의해 독자적으로 발하여지는 명령)은 인정되고 있지 않으므로 현행법에서 '법률의 법규창조력'은 관철되고 있다고 평가할 수 있다.

8) 이에 대하여 법치행정의 원칙의 내용을 '법률 우위의 원칙'과 '법률 유보의 원칙'이라는 두 요소로 구성되는 것으로 보는 견해도 있다. '법률의 법규창조력의 원칙'을 이 두 요소, 특히 법률유보의 원칙에 포함하여 설명하는 견해(홍준형, 『행정법총론』, 39면)도 있고, 법규를 '고권적·일반적·추상적 규율'로 이해하면서 법률의 법규창조력은 법률적합성의 구성요소로서의 의미를 더 이상 갖지 못하게 되었다고 보는 견해(정하중, 『행정법개론』, 29~30면)도 있다.

9) 이는 실질적 의미의 법규개념이다. 이에 대하여 법규를 형식적 의미로 정의할 때에는 법규를 "법령의 형식에 의해 제정된 일반적·추상적 규범"으로 정의한다.

다만, 예외적으로 위기시에 대통령이 법률의 효력을 가지는 긴급명령 또는 긴급재정·경제명령을 발할 수 있지만(헌법 제76조), 이 경우에도 긴급명령을 발한 대통령은 지체 없이 국회에 이를 보고하여 승인을 얻어야 한다(헌법 제76조 제3항).

2. 법우위의 원칙

(1) 의 의

법우위(法優位)의 원칙은 법은 행정에 우월한 것이며 행정이 법에 위반하여서는 안 된다는 원칙이다. 이에 대하여 법 우위의 원칙을 "법률"의 행정에 대한 우위만을 의미하는 것으로 보는 견해도 있다.

법의 우위의 원칙은 다음의 두 가지 의미를 갖는다.

① 행정은 법을 위반하여서는 안 된다. 법적 행위뿐만 아니라 사실행위도 법에 위반하여서는 안 된다. 행정은 법률뿐만 아니라 헌법, 법률, 명령, 자치법규, 법의 일반원칙 등 모든 법을 위반하여서는 안 된다. 행정기관의 개별적 행위는 하급기관의 법규명령에도 종속된다.

또한 오늘날의 실질적 법치주의하에서는 행정보다 우위에 있는 법은 헌법에 합치하는 합헌적 법이어야 한다. 그리하여 합헌적 법의 우위라는 표현이 보다 적절한 표현이 되었다. 합헌적 법의 우위의 원칙을 확보하기 위하여 위헌법령심사제가 인정되고 있다.

② 법의 우위는 법률의 행정입법에 대한 우위를 포함한다. 법규명령이 법률에 위반되는 경우 위법한 명령이 되며 법원 및 헌법재판소에 의한 직접·간접적 통제의 대상이 된다.

(2) 위반의 법적 효과

행정작용이 법우위의 원칙을 위반하면 위법한 행정작용이 되는데, 위법한 행정작용의 효력은 행정의 행위형식에 따라 다르다. 즉, 행정행위의 경우 그 위법이 중대하고도 명백하면 무효인 행정행위가 되고, 그 위법이 중대하고 명백하지 않은 경우에는 취소할 수 있는 행정행위가 된다. 위법한 법규명령은 후술하는 법규명령의 하자론에 따른 효력을 갖는다. 위법한 공법상 계약은 원칙상 무효이다. 위법한 사실행위에는 공정력이 인정되지 않는다.

위법한 행정작용으로 손해가 발생한 경우 손해배상이 인정될 수 있다.

3. 법률유보의 원칙

(1) 의 의

법률유보의 원칙(法律留保의 原則)은 행정권의 발동에는 법령의 근거가 있어야 하며(보다 정확히 말하면 법률의 직접적 근거 또는 법률의 위임에 근거하여 제정된 명령에 의한 근거가 있어야 하며) 법률의 근거가 없는 경우에는 행정개입의 필요가 있더라도 행정권이 발동될 수 없다는 것을 의미한다.

법률유보의 원칙은 인권보장 및 민주행정의 실현에 그 의의가 있다.

(2) 내 용

법률유보의 원칙이 적용되는 경우 행정상 필요하다는 사실만으로 행정권은 행사될 수 없고, 법적 근거가 있어야 행정권 행사가 가능하다.

[판례] ① 개인택시운송사업자가 음주운전을 하다가 사망한 경우 그 망인에 대하여 음주운전을 이유로 운전면허 취소처분을 하는 것은 불가능하고, 음주운전은 운전면허의 취소사유에 불과할 뿐 개인택시운송사업면허의 취소사유가 될 수는 없으므로, 음주운전을 이유로 한 개인택시운송사업면허의 취소처분은 위법하다고 한 사례(대판 2008. 05. 15, 2007두26001[개인택시운송사업면허취소처분등]). ② (1) 법률의 시행령은 모법인 법률에 의하여 위임받은 사항이나 법률이 규정한 범위 내에서 법률을 현실적으로 집행하는 데 필요한 세부적인 사항만을 규정할 수 있을 뿐, 법률에 의한 위임이 없는 한 법률이 규정한 개인의 권리·의무에 관한 내용을 변경·보충하거나 법률에 규정되지 아니한 새로운 내용을 규정할 수는 없다. (2) '설립신고를 마친 노동조합에 결격사유가 발생한 경우 행정관청은 30일의 기간을 정하여 시정을 요구하되, 시정되지 않는 경우 노동조합법에 의한 노동조합으로 보지 아니함을 통보(법외노조통보)하여야 한다'고 규정하고 있는 노동조합 및 노동관계조정법 **시행령은 법률이 정하고 있지 아니한 사항에 관하여, 법률의 구체적이고 명시적인 위임도 없이** 헌법이 보장하는 **노동3권에 대한** 본질적인 **제한을 규정한 것으로서 법률유보원칙에 반해 무효이다**(대판 전원합의체 2020. 09. 03, 2016두32992).

행정은 모든 경우에 조직법적 근거가 있어야 한다. 즉, 행정은 모든 경우에 소관사무 내에서만 가능하다. 법률유보의 원칙에서 문제되는 것은 조직법적 근거가 아니라 행정의 작용법적 근거이다(대판 2005. 02. 17, 2003두14765). 행정권 행사의 근거가 되는 법(근거규범)은 행정권 행사에 대한 수권법(수권규범)을 말하는데, 원칙상 법률이지만 법률에 근거한 명령일 수도 있다(헌재 2005. 02. 24, 2003헌마289).

법률유보의 원칙상 행정권 행사에 요구되는 작용법적 근거는 원칙상 개별적 근거를 말하는데, 예외적으로 포괄적 근거도 가능하다.

(3) 적용범위

법우위의 원칙은 행정의 모든 분야에서 적용되지만, 법률유보의 원칙에 있어서는 법률유보의 원칙이 적용되는 행정의 범위가 문제된다.

1) 침해유보설

근대국가에서는 침해유보설(侵害留保說)이 통설적인 견해였다. 침해유보설은 국민의 자유와 재산을 침해하는 행정작용은 법률의 근거가 있어야 한다는 견해이다.

침해유보설은 소극적인 질서유지를 위하여 행하여지는 침해행정 내지 질서유지행정이 행정의 대부분을 차지하였던 근대국가에서는 타당하였고 통설적 지위를 누렸지만, 행정작용의 중점이 소극적인 침해행정에서 적극적인 급부행정으로 옮겨지게 되고 행정에 대한 국민의 의존도가 증대된 오늘날의 복지국가하에서는 침해유보설은 타당하지 않게 되었다. 민주주의의 진전도 침해유보설의 부당성을 부각시켰다.

2) 전부유보설

민주주의원칙에 의하면 국민에 의한 행정을 실현하기 위해 모든 행정에는 법률의 근거가 필요하다고 보는 전부유보설(全部留保說)[10]이 요구된다. 그러나 전부유보설에 의하면 법률의 수권이 없는 한 국민에게 필요한 급부를 할 수 없게 되는 문제가 있다. 그리하여 행정필요에 응하여 행정권이 즉각적으로 개입하여야 한다는 행정의 탄력성의 보장의 측면에서 보면 전부유보설은 문제가 없지 않다.

따라서 오늘날 학설은 일반적으로 법률유보의 범위에 있어서 민주주의의 요청과 행정의 탄력성을 조화하는 것을 기준으로 하여 법률유보의 범위를 정하고 있다. 오늘날 주장되는 법률유보의 이론으로는 급부행정유보설, 사회보장행정유보설, 권력행정유보설, 중요사항유보설(본질유보설) 등이 있다.

3) 급부행정유보설

급부행정유보설(給付行政留保說)은 국민의 자유와 재산에 대한 침해행정뿐만 아니라 급부행정에도 원칙상 법률의 근거가 있어야 한다고 주장하는 견해이다. 다만, 급부행정에 있어서의 법률유보의 범위에 관해서는 견해가 다양하다. 급부행정 중 사회보장행정은 법률의 근거를 요한다는 견해도 있다(사회보장행정유보설).

급부행정유보설을 수정하여 주장하는 견해도 있다. 즉, 급부행정에 있어서는 원칙적으로 조직법적인 근거 내지는 예산이나 기타 의회의 의결에 근거를 두면 된다고 보는 견해가 그것이다.[11] 이 견해에 대하여는 조직법상의 수권이나 예산은 매우 일반적으로 정하여지고 있기 때문에 법률로 정하는 경우에 비하여 예측가능성을 확보할 수 없다는 비판이 가해질 수 있다. 또한, 급부행정에서는 다소 포괄적인 근거도

10) 의회는 국민에 의해 직접 선출되는 국민대표기관으로서 민주적 정당성이 가장 크게 인정되는 국가기관이다. 그리고 의회에서의 결정과정에서는 민주성과 공개성이 보장되고 있다.

11) 박윤흔, 『최신 행정법강의(상)』, 47면.

가능하다는 견해도 있다.

급부행정유보설은 오늘날의 사회적 복리국가에서는 급부가 자유와 재산에 버금가는 중요성을 갖는다는 인식에 근거를 두고 있다. 즉, 급부의 거부는 자유와 재산에 대한 침해와 실질적으로 같다고 본다.

급부행정유보설에 대하여는 급부행정에서도 법률의 유보가 있어야 한다면 급부의 필요가 있더라도 법률의 수권이 없는 경우에는 국민에게 급부를 행할 수 없게 되어 부당하다는 비판이 가해지고 있다.

4) 권력행정유보설

침해행정이나 수익행정이거나를 막론하고 모든 권력행정은 법률의 근거를 요한다는 견해이다. 권력행정유보설에 대하여는 침해행정유보설에 대한 비판과 동일한 비판이 가해질 수 있다.

5) 중요사항유보설(본질사항유보설)

가. 의 의 행정기본법은 중요사항유보설을 취하고 있다. 즉, 행정작용은 국민생활에 중요한 영향을 미치는 경우에는 법률에 근거하여야 한다(제8조). 중요사항유보설(重要事項留保說)은 공동체나 시민에게 중요한(본질적인) 행정권의 조치는 침해행정뿐만 아니라 급부행정에 있어서도 법률의 근거를 요하고, 그 중요성의 정도에 비례하여 보다 구체적인(강도 있는) 규율을 하여야 한다는 견해이다. 즉, 중요사항유보설에 의하면 법률유보의 범위와 강도에 여러 단계가 존재한다. 매우 중요한 사항에 대하여는 모든 사항이 법률로만 정하여져야 하고 보다 덜 중요한 사항은 그에 비례하여 행정입법권에게도 입법권이 수권될 수 있고, 중요하지 않은 사항은 법률의 근거를 요하지 않게 된다.

중요사항유보설은 독일의 연방헌법재판소의 판례에 의해 채택된 이론인데 우리나라 헌법재판소도 이를 채택하고 있다.

나. 근 거 중요사항유보설은 공동체나 시민에게 중요한 결정은 입법기관의 의무와 책임에 속한다는 것에 논거를 두고 있다.

다. 의회유보 의회유보(議會留保)설은 "국가공동체와 그 구성원에게 기본적이고도 중요한 의미를 갖는 영역, 특히 국민의 기본권 실현과 관련된 영역에 있어서는 국민의 대표자인 입법자가 그 본질적 사항에 대해서 스스로 결정하여야 한다"(헌재 1999. 05. 27, 98헌바70)는 이론인데, 중요사항유보설은 의회유보론을 포함한다. 의회유보사항은 반드시 입법자가 법률로 정하여야 하고, 행정입법에 대한 수권이 금지되는 사항이다.

국민의 권리·의무에 관련되는 것일 경우에는 적어도 국민의 권리·의무에 관한 기본적이고 본질적인 사항은 국회가 정하여야 한다. 예를 들면, 자격이나 신분 등을 취득 또는 부여할 수 없거나 인가, 허가, 지정, 승인, 영업등록, 신고 수리 등(이하 "인허가"라 한다)을 필요로 하는 영업 또는 사업 등을 할 수 없는 사유(이하 "**결격사유**"라 한다)는 법률로 정한다(행정기본법 제16조 제1항).

[판례] ① 오늘날의 **법률유보원칙은** 단순히 행정작용이 법률에 근거를 두기만 하면 충분한 것이 아니라, 국가공동체와 그 구성원에게 기본적이고도 중요한 의미를 갖는 영역, 특히 국민의 기본권 실현에 관련된 영역에 있어서는 행정에 맡길 것이 아니고 국민의 대표자인 입법자 스스로 그 본질적 사항에 대하여 결정하여야 한다는 요구, 즉 **의회유보원칙까지 내포하는 것**으로 이해되고 있다. 여기서 어떠한 사안이 국회가 형식적 법률로 스스로 규정하여야 하는 **본질적 사항에 해당되는지는**, 구체적 사례에서 관련된 이익 내지 가치의 중요성, 규제 또는 침해의 정도와 방법 등을 고려하여 개별적으로 결정하여야 하지만, 규율대상이 국민의 기본권과 관련한 중요성을 가질수록 그리고 그에 관한 공개적 토론의 필요성 또는 상충하는 이익 사이의 조정 필요성이 클수록, 그것이 국회의 법률에 의하여 직접 규율될 필요성은 더 증대된다. 따라서 **국민의 권리 · 의무에 관한 기본적이고 본질적인 사항은 국회가 정하여야** 하고, 헌법상 보장된 국민의 자유나 권리를 제한할 때에는 적어도 그 **제한의 본질적인 사항에 관하여 국회가 법률로써 스스로 규율하여야** 한다(대판 전원합의체 2020. 09. 03, 2016두32992[법외노조통보처분취소]).

② 조합의 사업시행인가 신청시의 토지 등 소유자의 동의요건이 토지 등 소유자의 재산상 권리 · 의무에 관한 기본적이고 본질적인 사항이라고 볼 수 없다고 한 사례(대판 2007. 10. 12, 2006두14476[주택재개발사업시행인가처분취소]).

③ **텔레비전방송수신료의 금액에 대하여 국회가 스스로 결정하거나 결정에 관여함이 없이 한국방송공사가 결정하여 문화관광부장관의 승인을 얻도록 한 구 한국방송공사법 제36조 제1항이 법률유보원칙에 위반된다**고 한 사례(헌재 1999. 05. 27, 98헌바70[KBS 수신료사건]). **〈해설〉** 이 헌재 결정에 따라 현행 방송법 제65조는 수신료의 결정에 관하여 "수신료의 금액은 한국방송공사 이사회가 심의 · 의결한 후 방송통신위원회를 거쳐 국회의 승인을 얻어 확정"하는 것으로 규정하고 있다.

④ **도시환경정비사업시행인가 신청시 요구되는 토지등소유자의 동의정족수를 정하는 것**은 국민의 권리와 의무의 형성에 관한 **기본적이고 본질적인 사항으로** 법률유보 내지 **의회유보의 원칙이 지켜져야 할 영역**이다. 따라서 **사업시행인가 신청에 필요한 동의정족수를 자치규약에 정하도록 한 이 사건 동의요건조항**(구 도시 및 주거환경정비법 제28조 제5항)은 법률유보 내지 **의회유보원칙에 위배된다**(헌재 2012. 04. 24, 2010헌바1). **〈해설〉** 이 결정에 따라 입법자는 2009. 2. 6. 도시정비법 제28조 제7항을 신설하여 도시환경정비사업을 토지등소유자가 시행하고자 하는 경우 사업시행인가 신청 전에 얻어야 하는 토지등소유자의 동의정족수를 법률에 명문으로 규정하였다.

⑤ <전기요금약관의 인가에 관한 전기사업법 조항 사건> **전기요금의 결정에 관한 내용을 반드시 입법자가 스스로 규율해야 하는 부분이라고 보기 어려우므로,** 심판대상조항(법률에서 전기요금 산정기준이나 전기요금 누진제 등 요금체계 등을 구체적으로 정하지 않고, 전기판매사업자로 하여금 전기요금에 관한 약관(전기요금약관)을 작성하여 산업통상자원부장관의 인가를 받도록 한 전기사업법 제16조 제1항 중 '전기요금'에 관한 부분)은 **의회유보원칙에 위반되지 아니한다**(헌재 2021. 04. 29, 2017헌가25).

⑥ **국가공무원인 교원의 보수에 관한 구체적인 내용**(보수 체계, 보수 내용, 지급 방법 등)까지 반드시 **법률의 형식으로만 정해야 하는 '기본적인 사항'이라고 보기는 어렵고,** 이를 행정부의 하위법령

에 위임하는 것은 불가피하다(대판 2023. 10. 26, 2020두50966).
⑦ 탄소중립기본법 제8조 제1항에서 2031년부터 2049년까지의 **온실가스 감축목표에 관하여 대강의 정량적 수준**도 규정하지 않은 것은 의회유보원칙을 포함하는 법률유보원칙을 위반한 것이다(헌재 2024. 08. 29, 2020헌마389등).

라. 중요사항유보설의 강점과 약점 중요사항유보설은 법률유보의 범위뿐만 아니라 법률유보의 강도(밀도)도 규율하는 이론이며 구체적 타당성 있는 해결을 가능하게 하는 이론인 점에 강점(强點)이 있다.

그러나, 중요사항유보설에는 중요사항이라는 것이 매우 모호하여 구체적인 경우에 있어서 법률유보의 범위와 밀도를 판단함에 있어 어려움이 있다는 약점(弱點)이 있다. 결국 중요사항유보설을 따르는 경우 판례와 학설에 의해 행정분야별로 중요사항유보설의 적용기준이 구체화되어야 한다.

6) 결 론

법률유보의 범위에 관한 어느 견해도 아직은 완벽한 이론이 되지 못하고 어느 정도의 문제점과 약점을 가지고 있다.

일반적으로 말하면 법률유보의 범위는 한 편으로 법률유보의 이론적 기초인 국민의 기본권 보장 및 민주주의의 요청과 다른 한 편으로 행정의 필요(공익의 실현) 및 행정의 탄력성을 조화시키는 것이어야 한다.

일응 중요사항유보설이 타당하다. 공동체나 시민에게 무시할 수 없는 영향을 미치는 것과 국민의 권익에 직·간접으로 무시할 수 없는 영향을 미치는 것은 중요한 것으로 보고, 법률의 근거를 요한다고 보아야 한다. 그리고 이와 같은 법률유보의 범위의 문제에서 나아가 법률유보의 강도도 행정작용의 성질에 따라 논하여야 한다.

법률유보의 범위는 행위형식과 행정유형별(행정분야별)로 개별적으로 검토되어야 한다.

후술하는 바와 같이 극심한 자연재해 또는 전쟁과 같은 예외적 상황하에서는 법률의 근거가 없어도 된다.

(4) 행정유형별 고찰

1) 침해행정

침해행정(侵害行政)은 법률의 유보가 필요하다. 헌법 제37조 제2항도 국민의 기본권에 대한 제한은 법률로 하도록 하고 있다. 또한, 침해행정에서 법률유보의 강도는 다른 행정분야에서 보다 높아야 하며 침해행정의 중요사항이 예측가능하도록 침해의 대상, 내용, 범위 등이 법률에 명확하게 규정되어야 한다. 경찰행정에서는 개괄적 수권이 가능한 것인가가 문제되는데, 이를 긍정하는 것이 타당하다(행정법론(하) 경찰행정법 참조).

2) 급부행정

사회보장행정 등 급부행정(給付行政) 중 중요한 사항은 법률의 근거가 있어야 한다. 다만, 침해행정에서 보다는 법률 유보의 강도(밀도)가 낮을 수 있다. 즉, 포괄적 근거도 가능한 경우가 있다.

이에 대하여 자금지원 등 급부행정에서는 원칙상 법률의 근거가 요구되지 않으며 예산의 근거나 국회의 의결이 있으면 된다는 견해도 있다. 이러한 견해 중에도 급부가 상대방인 국민의 반대급부와 결부되어 있거나 부관이 붙여지는 등 상대방에게 어떠한 부담이나 제한을 과하는 것은 법률의 근거를 요한다고 보는 견해도 있다.

3) 비권력행정

비권력행정(非權力行政)에 있어 상대방의 동의가 있는 경우에는 법률의 근거를 요하지 않는다. 판례와 통설은 공법상 계약과 행정지도는 법률의 근거가 없어도 가능하다고 본다.

그러나, 비권력 행정 중 국민에게 침익적 영향을 가하는 행위 등 중요한 행위는 침익적 영향을 받는 국민의 동의가 없는 한 법률의 근거를 요한다.

4) 법규명령의 제정 · 개정

법규명령(法規命令)이나 법규명령의 효력을 갖는 행정규칙(법령보충적 행정규칙)의 제정 · 개정에는 법령의 수권이 있어야 한다.

[판례] 법률상 근거없이 기본권을 제한하는 구 행정사법 시행령 제4조(행정사의 자격시험)는 법률유보의 원칙에 위반한다고 한 사례(헌재 2010. 04. 29, 2007헌마910).

또한, 법률의 명령에 대한 수권은 일반적이거나 포괄적이어서는 안 되며 구체적이어야 한다. 다만, 자치조례에 대한 수권은 조례의 성질에 비추어 어느 정도 일반적 · 포괄적일 수 있다.

5) 특별권력관계 내에서의 행위

종래 특별권력관계(特別權力關係) 내에서는 법률유보의 원칙이 배제되거나 제한된다고 보았으나 오늘날 특별권력관계에도 법률유보의 원칙이 적용되며 다만, 다소 완화될 수 있다고 보아야 한다(후술 참조).

6) 행정조직법정주의

행정조직 중 기본적인 사항은 법률의 근거가 있어야 한다. 특히 행정기관의 성립 및 권한에 관한 사항은 국민의 권익에 중대한 영향을 미치므로 법률로 정하여야 한다.

(5) 위반의 법적 효과

법률유보의 원칙에 반하는 행정권 행사는 위법한 행위가 된다. 그 법적 효과는 행위형식에 따라 다르다.

Ⅳ. 행정통제제도(행정구제제도)의 확립

위법·부당한 공권력 행사에 의해 국민의 권익이 침해된 경우에는 이 침해된 국민의 권익을 구제해 주는 제도가 보장되어야만 법치행정의 원칙이 실질적으로 실현된다고 말할 수 있다. 행정구제제도는 행정에 대한 통제를 수반하므로 행정구제제도는 행정에 대한 통제제도로서의 성격도 갖는다.

행정구제제도는 사전구제제도와 사후구제제도로 나눌 수 있다. 사전구제제도라 함은 위법·부당한 공권력 행사에 의해 국민의 권익이 침해되기 이전에 위법·부당한 공권력 행사를 사전에 예방하는 제도를 말한다. 행정절차가 그 예이다. 사후구제제도라 함은 공권력 행사로 인하여 국민의 권익이 침해된 경우에 위법·부당한 행정작용을 시정하거나 공권력 행사로 야기된 손해를 전보하여 주는 제도를 말한다. 전자는 행정상 쟁송제도로서 행정심판, 행정소송, 헌법소원을 포함한다. 후자는 행정상 손해전보제도(국가보상제도)인데, 행정상 손해배상(국가배상)과 행정상 손실보상을 포함한다. 또한, 원상회복을 내용으로 하는 공법상 결과제거청구제도의 도입이 학설에서 주장되고 있다. 청원이나 옴부즈맨제도는 사전구제와 사후구제를 모두 포함하는 구제제도이다. 우리나라에는 아직 엄밀한 의미의 옴부즈맨제도가 인정되고 있지 않고, 변형된 형태의 옴부즈맨제도로 볼 수도 있는 국민고충처리제도가 인정되고 있다.

행정구제제도에는 재판적 구제제도와 비재판적 구제제도가 있다. 재판적 구제제도는 전통적 구제제도인데, 행정심판과 행정소송이 있다. 그리고, 현행 헌법은 공권력 행사에 의한 국민의 기본권 침해에 대한 보충적인 구제제도로서 헌법소원을 인정하고 있다. 비재판적 구제로는 행정절차, 청원, 민원처리제도, 국민고충처리제도, 대체적 분쟁해결제도(분쟁조정제도)가 있다.

Ⅴ. 법치행정의 원칙의 내용의 확대

대륙법계 법치주의는 국가작용에 대한 실체법적 규율을 주된 내용으로 하였다. 그러나 대륙법계에서도 영미법계의 영향에 의해 적법절차에 의한 절차적 통제를 인정하게 되었다.

그리고, 고전적인 법치행정의 원칙은 행정에 대하여 금지적이고 소극적인 원칙이었지만 오늘날 행정은 법을 적극적으로 실현할 의무를 진다는 것을 인정하여야 한다. 그 대표적인 예가 행정입법부작위(행정권의 시행명령제정의무 및 위헌·위법인 법령의 개폐의무의 해태), 적극서비스행정(기본권보장의무 등)의 문제이다.

Ⅵ. 법치행정의 원칙의 한계(또는 완화)

1. 입법에 있어서 행정부의 역할의 증대

행정의 전문화, 복잡화 및 사회의 급격한 변화는 의회의 입법능력의 한계를 드러내고 있다. 그리하여 행정입법이 날로 증대하고 있고, 명령에 대한 입법권 위임에 있어서도 어느 정도 포괄적인 위임이 행하여지는 경우도 적지 않다.

또한 법률의 제정에 있어서도 행정부(行政府)의 역할이 매우 크다. 행정부는 법률안을 제출할 수 있고, 실제에 있어서 중요한 법률안은 행정부에서 만들어지는 경우가 많다.

2. 재량행위

행정의 대상은 매우 다양하기 때문에 구체적 타당성을 확보하기 위하여 행정권에게 재량권을 주어야 할 필요가 있는 경우가 있고, 이 경우에 재량권을 가진 행정기관은 재량권의 범위 내에서 선택의 자유를 갖게 된다. 그리고, 일정한 경우에 행정이 매우 전문적이고 복잡하기 때문에 행정권에게 판단의 여지를 인정하는 것이 타당한 경우가 있다.

이와 같이 행정권에게 재량권이 인정되거나 판단의 여지가 인정된 경우에는 법치행정의 원칙이 어느 정도 완화되게 된다. 즉, 재량권과 판단의 여지가 인정되는 경우에는 행정권의 행사는 일정한 한계를 넘지 않는 한 위법한 것으로 되지 않으며 사법적 통제의 대상이 되지 않는다.

법치주의의 강화에 따라 종전보다 재량권이 인정되는 경우가 축소되고 재량권의 한계가 엄격히 인정되고 따라서 법적 통제가 강화되어 왔지만, 다른 한편으로 행정의 전문성과 복잡성의 증대에 따라 재량권이 확대되기도 하였다.

3. 특별권력관계

특별권력관계는 특별한 목적을 달성하기 위하여 특별권력주체에게 포괄적인 지배권이 인정되고 그 상대방인 특별한 신분에 있는 자가 이에 복종하는 관계를 말한다.

특별권력관계이론은 19세기 말 독일의 外見的 입헌군주제하에서 발전된 이론인데 이 이론에 의하면 특별권력관계에서는 법치주의가 배제된다고 보았다.

그러나, 오늘날의 민주주의, 법치국가하에서는 특별권력관계에도 법치주의가 원칙적으로 적용된다고 보고 있다. 따라서 국민의 기본권을 제한하는 경우에는 법률의 근거가 있어야 하고, 특별권력관계 내에서의 행위에 관한 본질적인 사항은 법률로 정하여야 한다고 보고 있다. 또한 특별권력관계 내에서의 행위도 일반시민법질서에 변경을 가할 때에는 사법심사의 대상이 된다고 보고 있다. 그리고, 일부 견해는 특별권력관계이론 자체를 부인하고 종래의 특별권력관계를 일반 행정법관계로 환원시켜야 한다고 주장하고 있다.

그런데, 어떠한 이론을 취하든 실제상 큰 차이는 없다. 왜냐하면, 종래에 특별권력관계가 인정되었던 행정분야에서는 오늘날에도 특별한 행정목적을 달성하도록 하기 위하여 법률의 규정에 의해 공권력주체에게 포괄적인 지배권과 넓은 재량권이 인정되는 경우가 많기 때문이다.

Ⅶ. 법치행정의 원칙의 예외

오늘날에도 일정한 행정활동에는 법치행정의 원칙이 적용되지 않는다. 통치행위와 예외적 상황의 이론이 적용될 수 있는 일정한 경우 및 내부행위가 그러하다.

1. 통치행위

(1) 통치행위의 의의

통치행위(統治行爲)는 정치적 성격이 강하기 때문에 법에 의해 규율되거나 사법심사의 대상이 되는 것이 적당하지 않은 행위를 말한다.

(2) 통치행위의 인정 여부 및 그 근거

법치국가하에서 법적 통제에서 벗어나는 통치행위를 인정할 수 있는가에 대하여 학설은 나누어지고 있다.

1) 부정설

부정설은 현대의 법치국가에서는 법률적 판단의 대상이 될 수 있는 국가작용은 모두 사법심사의 대상이 되어야 한다는 전제에서 판단할 때, 실질적 법치주의가 확립되고 헌법상 재판을 받을 권리와 행정소송제도가 개괄주의를 취하고 있는 상황에서 사법심사가 처음부터 면제되는 통치행위의 관념을 인정할 수 없다는 견해이다.[12)]

---

12) 홍준형, 『행정법총론』, 2001, 49면.

2) 긍정설

통치행위의 긍정설에는 권력분립설, 사법자제설, 재량행위설 등이 있다.

가. 권력분립설 권력분립설(權力分立說)은 사법부는 정치적 성격이 강한 통치행위에 대해서는 사법권의 내재적 한계를 넘으므로 권력분립의 원칙상 심사할 수 없다는 견해이다. 권력분립설은 내재적 한계설이라고 한다.

나. 사법자제설 사법자제설(司法自制說)은 사법부는 법이론적으로는 모든 국가작용을 심사할 수는 있지만 정치문제에 말려들지 않기 위해서 통치행위에 대하여는 사법부 스스로 사법적 심사를 자제하는 것이 타당하다는 견해이다.

다. 재량행위설 재량행위설(裁量行爲說)은 통치행위는 국가최고기관의 정치적 재량행위로서 정치적 합목적성만이 문제되고, 합법성 통제의 대상이 될 수 없으므로 사법심사의 대상이 되지 않는다는 견해이다.

3) 판 례

판례는 통치행위를 인정하고 있는데, 대법원과 헌법재판소는 통치행위의 인정근거에 관하여 다소 다른 입장을 취하고 있다.

헌법재판소는 사법자제설을 취하면서도 국민의 기본권 침해와 직접 관련되는 경우에는 헌법재판소의 심판대상이 된다고 본다(헌재 2004. 04. 29, 2003헌마814[이라크파병결정사건]; 1996. 02. 29, 93헌마186[금융실명제를 규정한 긴급재정명령사건]).

대법원은 기본적으로 사법자제설을 취하면서도 권력분립설에 입각하기도 한다(대판 2004. 03. 26, 2003도7878[대북송금사건]). 사법자제설에 근거한 판례도 있다(대판 전원합의체 2010. 12. 16, 2010도5986[대통령긴급조치위반 · 반공법위반]).

4) 결 어

법치국가하에서 법이론적으로 사법심사의 대상이 되지 않는 국가작용은 인정할 수 없지만, 사법부가 정치문제에 말려들지 않기 위하여 통치행위에 대하여는 사법심사를 자제하여야 한다고 보는 사법자제설이 타당하다.

(3) 통치행위의 범위

통치행위는 이론적 일관성을 갖춘 이론이라기 보다는 시대상황에 따라 경험적으로 인정되는 경향이 있다. 그리하여 통치행위의 범위는 국가마다, 시대에 따라 다양하고 학자에 따라서도 다르다. 결국 통치행위는 구체적 사건마다 법원의 판결을 통하여 인정될 수밖에 없다.

통치행위의 구체적 범위에 관하여는 의견의 대립이 있지만 일반적으로 통치행위가 다음의 경우에 인정된다고 보고 있다.

① 집행권과 입법권 사이의 관계에 관한 것. 그 예로 비상계엄의 선포(대판 1964.

07. 21, 64초4 제1부 裁定), 국민투표의 실시, 법률의 공포와 같은 대통령의 일정한 행위를 들 수 있다.

② 외교적 관계에서의 행위. 그 예로 외교적 권한의 행사, 국제조약의 체결절차, 남북정상회담의 개최(대판 2004. 03. 26, 2003도7878), 이라크파병결정(헌재 2004. 04. 29, 2003헌마814) 등을 들 수 있다.

③ 사면(헌재 2000. 06. 01, 97헌바74) 등 국가원수로서의 행위. 다만, 대통령의 서훈취소행위는 통치행위가 아니다(대판 2015. 04. 23, 2012두26920[독립유공자서훈취소처분의취소]).

(4) 통치행위의 법적 효과

통치행위는 사법심사의 대상이 되지 않는다. 따라서, 통치행위에 대한 소송은 각하된다. 다만, 통치행위가 국민의 기본권 침해와 직접 관련되는 경우에는 헌법소원의 대상이 된다(헌재 1996. 02. 29, 93헌마186).

[판례] **개성공단 전면중단 조치가 고도의 정치적 결단을 요하는 문제이기는 하나**, 조치 결과 개성공단 투자기업인 **청구인들에게 기본권 제한이 발생**하였고, 국민의 기본권 제한과 직접 관련된 공권력의 행사는 고도의 정치적 고려가 필요한 행위라도 헌법과 법률에 따라 결정하고 집행하도록 견제하는 것이 헌법재판소 본연의 임무이므로, **그 한도에서 헌법소원심판의 대상이 될 수 있다**(헌재 2022. 01. 27. 2016헌마364).

국가배상소송은 행위 자체를 다투는 것이 아니므로 통치행위라 하더라도 국가배상청구소송은 가능하다는 견해도 있으나(김남진, 15면), 국가배상을 인정하기 위하여는 통치행위의 위법성을 판단하여야 하므로 통치행위는 국가배상소송의 대상도 되지 않는다고 보는 것이 타당하다. 그런데, 판례는 통치행위인 긴급조치의 발령 및 집행으로 인한 손해에 대한 국가배상책임을 인정하였다(대판 전원합의체 2022. 08. 30, 2018다212610 등).

(5) 통치행위의 한계

1) 손실보상의 인정

통치행위로 인하여 국민에게 특별한 희생이 가하여진 경우에는 평등의 원칙에 비추어 손실보상이 주어져야 할 것이다.

손실보상을 위해서는 적법한 재산권의 제한이 요구되는데, 통치행위의 경우 적법·위법 여부를 판단할 수 없으므로 통치행위로 인한 손실에 대해 손실보상이 인정될 수 없다고 보는 견해가 있다. 그러나, 통치행위의 경우에는 제도상 위법성 통제가 인정되지 않는 것으로 되어 있어 통치행위는 제도상 적법한 행위와 같이 통용되는 것이 되므로 통치행위로 인한 특별한 손실에 대하여도 손실보상을 해주는 것이 이론상 타당하다.

2) 가분행위(可分行爲)의 이론

통치행위로부터 분리될 수 있는 행정작용은 사법심사의 대상이 된다. 예를 들면, 외국대사관을 짓기 위한 건축허가신청에 대한 건축허가 또는 건축허가의 거부는 국제관계로부터 분리될 수 있는 행정작용이다.

[판례] 남북정상회담의 개최는 통치행위이지만, 남북정상회담의 개최과정에서의 현대상선의 자금송금행위는 통치행위가 아니라고 본 사례(대판 2004. 03. 26, 2003도7878).

2. 예외적 상황의 이론

프랑스법에서 인정되는 예외적 상황의 이론은 우리나라에서도 그 도입이 검토될 수 있다. 예외적 상황이란 공권력이 법규정을 준수하는 것을 불가능하게 하는 사회생활의 중대한 혼란을 말하는데 이러한 경우에는 법치주의 원칙에 대한 예외가 인정될 수밖에 없다. 예외적 상황의 예로는 전쟁, 극심한 자연재해 등을 들 수 있다.

예외적 상황의 이론은 행정권에게 법치주의를 배제할 수 있는 길을 열어 줄 수 있는 매우 위험한 이론이지만 현실적 필요가 있는 이론이다. 예를 들면, 극심한 자연재해의 경우 급부행정유보설하에서도 예외적 상황의 이론에 의해 법률의 수권이 없는 경우에도 행정권은 자연재해의 피해자에 대한 급부를 행할 수 있다.[13]

예외적 상황하에서도 법치주의가 완전히 배제되는 것은 아니다. 법치주의의 원칙이 사건의 중대성에 비례하여 완화될 수 있을 뿐이다. 비례의 원칙은 이 경우에도 적용된다.

3. 내부행위

전통적으로 내부행위(內部行爲)는 사법심사의 대상이 되지 않는다고 보고 있다. 오늘날에도 이 원칙에는 변함이 없다. 다만, 오늘날에는 내부행위에 대하여도 협의와 같은 절차적 통제가 가하여지는 경우가 있고, 또한 이 경우에 있어서 절차상의 하자가 그 내부행위를 전제로 하여 취해지는 종국적 처분의 하자로 되어 사법심사의 대상이 되는 경우가 있다.

또한 종래 내부행위로 보았던 것을 처분으로 보는 경우가 점점 늘고 있다. 공시지가의 결정, 지목변경 등의 경우가 그러하다.

---

13) 동지: Maurer, DROIT ADMINISTRATIF ALLEMAND(프랑스 번역서), p. 116.

제 2 장 행정법의 법원

제 1 절 법원의 의의

법원(法源)이란 법의 존재형식을 말한다. 그러므로 행정법의 법원의 문제는 행정법이 어떠한 형식의 법규범으로 이루어져 있는가에 관한 문제이다.

엄격한 의미의 법원이란 엄격한 의미의 법규범, 즉 '법규'만을 대상으로 하는 것이다(법규설). 이에 대하여 행정기준이 되는 구속력 있는 규범을 모두 법원의 대상으로 이해하려는 견해(행정기준설)가 있다. 법규설이 통설이다. 법규설에 의하면 행정규칙의 법원성이 인정될 수 없지만 행정기준설에 의하면 행정규칙의 법원성이 인정된다.

제 2 절 행정법상 법원의 특징

Ⅰ. 성문법주의

법치행정의 원칙의 내용이 되는 법률유보의 원칙 내지는 법률의 법규창조력의 원칙에 비추어 볼 때 행정법은 성문법(成文法)임을 원칙으로 한다. 일반적으로 대륙법계 국가에서는 성문법이 원칙적 법원이며 행정법에 있어서도 그러하다. 다만, 프랑스 행정법의 경우에는 특수한 역사적 이유로 판례법이 행정법의 기본적인 법원이 되고 있다. 다만, 최근에는 프랑스에서도 성문법의 비중이 양적 및 질적으로 커지고 있다.

그런데 행정법에 있어서는 행정법전이나 행정법총칙이 존재하지 않는다. 그리하여 행정법에는 법이 불비(흠결)된 경우가 적지 않다. 이 경우에는 불문법이 적용되는데, 행정법분야에서는 불문법 중에서 법의 일반원칙이 특히 중요한 법원이 되고 있다.

Ⅱ. 법전의 불비 및 행정에 관한 기본법과 일반법

행정법의 규율대상인 행정은 매우 복잡하고 다양하기 때문에 행정에 관한 단일 법전(法典)을 만드는 것이 매우 어렵다. 그리하여 행정법에는 법전이 존재하지 않는다. 행정법은 수많은 성문법령과 불문법원으로 구성된다. 그러나, 행정법총칙, 일반행정작용법, 행정기본법의 성격을 갖는 행정기본법과 행정절차에 관한 일반법인 행정절차법이 제정되어 있다.

행정기본법은 행정법의 일반원칙 등 행정법 총칙을 명문화하고, 행정에 관한 공통사항을 정하고 있다. 따라서, 행정기본법은 **행정법총칙**과 **일반행정작용법의 성격**을 갖는다. 즉, 행정에 관하여 다른 법률에 특별한 규정이 있는 경우를 제외하고는 행정기본법에서 정하는 바에 따른다(제5조 제1항). 또한, 행정기본법은 **기본법으로서의 성격**을 갖는다. 즉, 행정에 관한 다른 법률을 제정하거나 개정하는 경우에는 이 법의 목적과 원칙, 기준 및 취지에 부합되도록 노력하여야 한다(제5조 제2항). 다만, 행정기본법은 완결된 법은 아니다. 행정기본법이 완결된 행정법총칙, 일반행정작용법, 행정기본법이 되기 위해서는 보완해야 할 사항이 적지 않다.

「행정기본법」이 제정됨에 따라, 「행정기본법」과 중복되거나 「행정기본법」보다 국민에게 불리한 규정은 삭제하고, 「행정기본법」과 개별 법률 간의 적용관계를 명하는 규정을 신설하는 등 개별 법률법령들을 행정기본법 합치적으로 일괄 정비하는 사업이 추진되고 있다.

그리고, 행정을 규율하는 법령 중에는 특정 분야에 관한 일반법전으로서의 성격을 갖는 법령이 적지 않다: 정부조직법, 지방자치법, 국가배상법, 경찰관직무집행법, 행정절차법, 민원처리에 관한 법률, 행정조사기본법, 행정대집행법, 국세징수법, 인신보호법, 질서위반행위규제법, 공공기관의 정보공개에 관한 법률, 개인정보보호법, 행정심판법, 행정소송법, 국가공무원법, 국가재정법, 국유재산법, 지방재정법, 공유재산 및 물품관리법, 도시 및 주거환경정비법, 공익사업을 위한 토지 등의 취득 및 보상에 관한 법률, 국토의 계획 및 이용에 관한 법률, 건축법, 부동산 가격공시에 관한 법률, 국세기본법 등이 그것이다.

제 3 절 성문법원

I. 헌 법

헌법(憲法)의 여러 조항이 행정의 조직과 작용에 관하여 규율하고 있다. 이들 헌법조항은 행정법의 법원이 된다. 행정법의 기본적인 사항이 헌법에 의해 정해지고 헌법은 최고의 효력을 갖는 점에서 헌법은 행정법의 중요한 법원이 된다.

1. 행정법의 기본적인 사항의 규율

① 행정조직의 기본원칙이 헌법에 규정되어 있다(헌법 제4장 등).

② 기본권규정 등 헌법규정은 행정권을 포함하여 국가권력을 직접 구속한다. 행정권이 헌법규정을 위반하면 그 행정권 행사는 위법한 행위가 된다.

[판례] 구 국군보안사령부가 군과 관련된 첩보 수집, 특정한 군사법원 관할 범죄의 수사 등 법령에 규정된 직무범위를 벗어나 민간인들을 대상으로 평소의 동향을 감시·파악할 목적으로 지속적으로 개인의 집회·결사에 관한 활동이나 사생활에 관한 정보를 미행, 망원 활용, 탐문채집 등의 방법으로 비밀리에 수집·관리한 경우, 이는 헌법에 의하여 보장된 기본권을 침해한 것으로서 불법행위를 구성한다(대판 1998. 07. 24, 96다42789).

③ 헌법은 지방자치제도를 보장하고 지방자치의 기본원칙을 정하고 있다(헌법 제8장).

④ 헌법은 법규명령의 근거와 한계규정을 두고 있다. 위임명령과 집행명령의 근거가 두어져 있고(헌법 제75조, 제95조), 헌법 제75조는 포괄적 위임을 금지하고 있다.

⑤ 헌법의 일부규정으로부터 행정법의 일반원칙이 도출될 수 있고, 도출된 행정법의 일반원칙은 행정법의 중요한 법원이다.

⑥ 기본권은 일정한 경우 보충적으로 행정법상 개인적 공권으로 인정된다. 구체적 기본권(자유권, 알권리 등)은 직접 행정법상 개인적 공권이 된다. 추상적 성질을 갖는 기본권(환경권, 주거권, 사회권 등)은 법률에 의해 구체화되어야 행정법상 개인적 공권으로 된다. 다만, 추상적 성질을 갖는 기본권도 최소한도의 보장을 청구함에 있어서 또는 침해에 대한 방어권으로서는 구체적 권리성을 갖는 것으로 보아야 하며, 이 경우에 국민은 개인적 공권의 주체가 된다.

[판례] 인간다운 생활을 할 권리로부터는 인간의 존엄에 상응하는 생활에 필요한 "최소한의 물질적인 생활"의 유지에 필요한 급부를 요구할 수 있는 구체적인 권리가 상황에 따라서는 직접 도출

될 수 있다고 할 수는 있어도, 동 기본권이 직접 그 이상의 급부를 내용으로 하는 구체적인 권리를 발생케 한다고는 볼 수 없다고 할 것이다. 이러한 구체적 권리는 국가가 재정형편 등 여러 가지 상황들을 종합적으로 감안하여 법률을 통하여 구체화할 때에 비로소 인정되는 법률적 권리라고 할 것이다(헌재 1995. 07. 21, 93헌가14).

2. 헌법의 효력

헌법은 국내법질서에서 최고의 효력을 갖는 법규범이다. 헌법에 위반되는 여타의 법규범은 위헌이고 위헌통제의 대상이 된다. 법규범의 위헌통제는 법률에 대하여는 헌법재판소가 담당하고 명령·규칙·처분에 대하여는 일반법원에서 담당한다(헌법 제107조). 헌법재판소는 명령에 대한 헌법소원을 통하여 명령의 위헌성을 통제할 수 있다.

또한 헌법은 여타의 법규범의 해석규범이 된다. 법률이 헌법에 합치되는지 여부가 명백하지 않은 경우 헌법에 합치한다는 해석도 가능한 경우에는 가능한 한 법률을 헌법에 합치하는 것으로 해석하여야 한다. 이를 헌법합치적 법률해석(憲法合致的法律解釋)이라 한다. 법률의 규정이 일의적으로 명백한 경우에는 당해 법률규정을 그대로 해석하여야 한다.

3. 헌법과 행정법의 관계

과거 헌법과 행정법의 관계에 관하여 행정법의 기술성을 강조하여 행정법의 정치 내지 헌법구조의 변화에 대한 무감수성을 강조하였다. 그리하여 '헌법은 변하여도 행정법은 존속한다'(오토 마이어)라는 명제가 지배하였다. 그러나 이러한 주장은 헌법의 규범력이 거의 인정되지 않았고 법령의 위헌성 통제가 행하여지지 않았던 형식적 법치주의하에서 주장되던 견해이며 오늘날에는 타당하지 않다. 또한 헌법의 변화에 따른 행정법의 변화는 일정한 시차를 두고 나타난다는 것을 간과한 견해이다.

실질적 법치주의를 취하고 헌법재판제도가 인정되어 헌법의 법적 구속력이 강화되고 있는 오늘날의 헌법하에서는 행정법은 헌법의 변화에 무관심할 수 없게 되었다. 그리하여 행정법은 '구체화된 헌법'이라는 명제가 타당하게 되었다. 행정법은 헌법에서 제시된 국가운영의 기본원칙을 구체화하고 실현하여야 한다.

그러나, 행정법은 기술성을 갖는 법이므로 그 한도 내에서는 헌법의 변화에 크게 영향을 받지 않는 면도 있다는 것을 부인하여서는 안 될 것이다. 또한, 행정법은 헌법의 기계적인 집행법은 아니다. 법률로 헌법을 구체화함에 있어서 입법자는 폭넓은 재량권(입법재량권)을 갖고 있고, 헌법뿐만 아니라 그 시대의 상황을 고려하여 그 시대의 필요에 응하여야 한다. 그리고 행정에는 헌법이나 그 시대의 상황과 어느 정도 독립된 업무와 조직이 존재한다. 이런 점에서도 행정은 헌법과 정치로부터 어느 정도 중립성을 갖고 있다고 말할 수 있다.

[판례] 국가가 국민에게 인간다운 생활을 할 권리를 보장하기 위하여 사회보장수급권에 관한 입법을 할 경우에는 국가의 재정부담 능력, 전체적인 사회보장수준과 국민감정 등 사회정책적인 고려, 상충하는 국민 각 계층의 갖가지 이해관계 등 복잡 다양한 요소를 함께 고려해야 한다. 따라서 이에 관한 기준을 설정하는 데에는 입법부 또는 입법에 의하여 다시 위임을 받은 행정부 등 해당 기관에 상대적으로 광범위한 재량이 있는 것으로 봄이 타당하다(대판 2017. 07. 11, 2015두2864).

Ⅱ. 국제법규

1. 국제법규의 국내법원성

헌법 제6조 제1항은 “헌법에 의하여 체결·공포된 조약과 일반적으로 승인된 국제법규(國際法規)는 국내법(國內法)과 동일한 효력을 갖는다”라고 규정하고 있다. 이 규정에 의해 국제법규가 별도의 입법조치 없이 일반적으로 국내법으로 수용된다. 따라서 국제법규 중 행정에 관한 사항을 규율하고 있는 것은 직접 행정법의 법원이 된다.

2. 국제법규의 행정법관계에 대한 예외적 직접적용가능성

국제법규는 본래 국가간의 관계를 규율하는 것을 직접적인 목적으로 하는 것이므로 국제법규가 국내에서 행정권 행사(행정법관계)에 직접(直接) 법적 구속력(효력)을 갖는 경우는 많지 않다. 달리 말하면 국제법규는 통상 별도의 국내입법조치를 통하여 행정법관계에 대해 직접 구속력을 갖게 된다.

[판례] ① WTO 협정의 일부인 「1994년 관세 및 무역에 관한 일반협정(GATT 1994) 제6조의 이행에 관한 협정」은 국가와 국가 사이의 권리·의무관계를 설정하는 국제협정으로, 그 내용 및 성질에 비추어 이와 관련한 법적 분쟁은 WTO 분쟁해결기구에서 해결하는 것이 원칙이고, 사인(私人)에 대하여는 위 협정의 직접 효력이 미치지 아니한다고 보아야 할 것이므로, 위 협정에 따른 회원국 정부의 반덤핑부과처분이 WTO 협정 위반이라는 이유만으로 사인이 직접 국내 법원에 회원국 정부를 상대로 그 처분의 취소를 구하는 소를 제기하거나 위 협정위반을 처분의 독립된 취소사유로 주장할 수는 없다(대판 2009. 01. 30, 2008두17936[반덤핑관세부과처분취소]). 〈해설〉 WTO 협정의 행정주체와 사인의 법률관계에 대한 직접적용가능성을 부인한 판례이다.
② ‘서비스 무역에 관한 일반협정(General Agreement on Trade in Services, GATS)’ 및 ‘한－유럽연합 자유무역협정(Free Trade Agreement)’의 개별 조항 위반을 주장하여 사인이 직접 국내 법원에 해당 국가의 정부를 상대로 그 처분의 취소를 구하는 소를 제기하거나 **협정위반을 처분(대형마트의 영업제한처분)의 독립된 취소사유로 주장하는 것은 허용되지 아니한다**(대법원 2009. 01. 30. 선고 2008두17936 판결 참조). (대판 전원합의체 2015. 11. 19, 2015두295[영업시간제한등처분취소][대형마트 영업규제 사건]) 〈해설〉 그렇지만, 대형마트의 영업제한에 관한 조례의 이 사건 협정 위반은 조

례의 무효사유가 된다. 또한, 대형마트 영업제한에 관한 초기 조례는 대형마트의 영업제한처분을 기속행위로 규정하여 대형마트 영업제한처분을 재량행위로 정한 유통산업발전법 제12조의2에 위반되었지만, 그 후 조례는 영업제한처분을 재량행위로 규정하여 문제를 해결하였다.

③ 한일청구권협정 제2조 제1항, 제3항 부분 …… 은 당해 사건에 적용되는 법률조항이라고 보기 어려우므로, 재판의 전제성이 없다. 따라서 이들에 대한 심판청구는 모두 부적법하다(헌재 2015. 12. 23, 2009헌바317[대일항쟁기 미수금 피해자에 대한 지원금 사건]). 〈해설〉 한일청구권협정은 기본적으로 국가간의 관계를 규율할 뿐 국민에게는 직접 적용되지 않는다는 것을 명확히 하여야만 헌법재판소의 논지가 타당하다. 그런데, 한일청구권협정 제2조 제1항, 제3항(대한민국과 일본국 간의 재산 및 청구권에 관한 문제의 해결과 경제협력에 관한 협정(1965. 12. 18. 조약 제172호) 제2조 1. 양 체약국은 양 체약국 및 그 국민(법인을 포함함)의 재산, 권리 및 이익과 양 체약국 및 그 국민간의 청구권에 관한 문제가 1951년 9월 8일에 샌프런시스코우시에서 서명된 일본국과의 평화조약 제4조 (a)에 규정된 것을 포함하여 완전히 그리고 최종적으로 해결된 것이 된다는 것을 확인한다. 2. (생략) 3. 2의 규정에 따르는 것을 조건으로 하여 일방체약국 및 그 국민의 재산, 권리 및 이익으로서 본 협정의 서명일에 타방체약국의 관할하에 있는 것에 대한 조치와 일방체약국 및 그 국민의 타방체약국 및 그 국민에 대한 모든 청구권으로서 동일자 이전에 발생한 사유에 기인하는 것에 관하여는 어떠한 주장도 할 수 없는 것으로 한다.)은 문언상으로 대일청구권을 제한하는 것으로 볼 수도 있고, 이렇게 본다면 한일청구권협정 제2조 제1항, 제3항 부분을 당해 사건에 적용되는 법률조항으로 보아 위헌 여부를 판단하는 것이 타당하다.

④ [자유무역협정에 따른 원산지 검증에 관한 사건] 관할 세관장의 관세 및 부가가치세 등을 부과하는 처분을 다투는 소송에서 스위스 관세당국이 각 금괴에 관한 원산지 검증요청에 대하여 회신기간을 준수하지 아니하거나 원산지를 판정할 수 있는 충분한 정보를 제공하지 아니한 데에 자유무역협정에서 정한 '예외적인 경우'에 해당하는 사정이 있었다고 볼 수 없다고 한 사례(대판 2016. 08. 24, 2014두5644[관세등부과처분무효확인등]).

그러나, 예외적으로 국제법규가 국내에서 행정법관계에 직접 적용될 수 있는 성질을 갖는 경우에는 국내에서 행정법관계에 직접적인 법적 구속력을 갖는다. 예를 들면, 관세에 관한 협정, 난민의 지위에 관한 협약, 비자면제협정 등이 그 예이다. 한미FTA의 규정 중 국가의 의무를 정하는 일반적 규정은 행정법관계에 직접 적용할 수 없다. 그렇지만, 한미FTA의 규정 중 개인과 국가의 관계를 구체적으로 규율하는 규정은 국내법률관계에 직접 효력을 갖는 것으로 볼 수 있다. 이 경우 행정작용이 그러한 조약에 위반한 경우 그 행정작용은 위법한 것이 된다.

조약 또는 국내법령이 국제법규 또는 외국법령을 원용하는 것으로 규정하는 경우가 있고, 이 경우에는 국제법규 또는 외국법령이 국내법령으로서 적용된다. 예를 들면, '한－미 FTA' 제8.2조는 한미 양국은 WTO '위생검역협정'(SPS 협정)상의 기존의 권리 및 의무를 확인하였고, 이에 따라 미국산 수입쇠고기에 대한 한국정부의 위생검역조치는, '위생검역협정'이 적용되는 것으로 되었다. 우리의 입법주권을 온전히 하기 위하여는 고도기술분야의 안전확인능력과 입법능력을 키워 독자적인 안전규제

법령을 갖추어야 할 것이다.

3. 국제법규의 법단계상의 효력

국제법규의 법단계상(法段階上)의 효력(效力)은 어떠한가. 헌법은 국제법규는 국내법과 같은 효력이 있다고 규정하고 있을 뿐이다. 통설은 국제법규는 헌법보다는 하위에 있고 경우에 따라 법률 또는 명령과 동일한 효력이 있다고 보고 있다. 즉, 헌법 제60조에 의해 국회의 동의를 받은 조약은 법률과 같은 효력이 있고, 국회의 동의를 받지 않은 조약은 명령과 같은 효력이 있다. 그런데, 법률에서 조약이 국내법과 다른 경우 조약을 우선 적용하는 것으로 규정하고 있는 경우도 있다(특허법 제26조 등).

조약과 국내법의 내용이 충돌할 때에는 특별법우선의 원칙 및 신법우선의 원칙에 의해 그 효력의 우열이 결정될 것이다. 다만, 법률 또는 명령은 그 규정내용이 모호한 경우에는 가능한 한 조약과 조화되도록 해석하여야 할 것이다. 왜냐하면 일반적으로 입법자는 조약에 위반하지 않고자 하는 의사를 가질 것이기 때문이다.

법률의 효력을 갖는 조약에 위반한 명령은 무효라는 것이 일반적 견해이며 판례도 이러한 입장을 취하고 있다.

[판례] 학교급식을 위해 국내 우수농산물을 사용하는 자에게 식재료나 구입비의 일부를 지원하는 것 등을 내용으로 하는 지방자치단체의 조례안이 '1994년 관세 및 무역에 관한 일반협정'(General Agreement on Tariffs and Trade 1994)에 위반되어 그 효력이 없다고 한 사례(대판 2005. 09. 09, 2004추10[전라북도학교급식조례사건]).

한미FTA에 반하는 기존의 법률과 명령은 무효인가 하는 문제가 제기된다. 생각건대, GATT나 AGP는 다자간 협정이며 국제무역규범이므로 그에 반하는 법령의 효력을 절대적으로 무효로 하는 것이 타당하겠지만, 한미FTA는 양자간 조약이며 특히 FTA는 양자간의 협상에 의해 상호간에서만 특혜를 부여하는 것을 정하는 성질이 강한 양자간 조약이므로 국내법상의 효력을 양자간에서만 인정하는 것이 타당하다. 이렇게 되면 한미FTA에 반하는 국내법령이 무효가 되는 것이 아니라 미국 내지 미국 투자자에 대한 관계에서만 상대적으로 무효가 된다고 보는 것이 타당하다.

Ⅲ. 법 률

법률(法律)이란 헌법에서 정해진 절차에 따라 국회에서 제정된 법규범이다. 이는 형식적 의미의 법률개념이다. 권력분립의 원칙의 한 내용인 '국회입법의 원칙'(헌법 제40조) 내지 법치행정의 원칙의 한 내용인 법률의 법규창조력의 원칙 및 법률유보의 원칙에 비추어 볼 때 법률은 행정법의 기본적 법원이 된다.

기본적이거나 중요한 사항은 법률로 정하여야 하고(중요사항유보설, 의회유보설), 국민의 기본권의 제한은 법률로 하여야 한다(헌법 제37조 제2항). 행정권에 포괄적인 위임을 해서는 안 된다(헌법 제75조).

Ⅳ. 명 령

명령(命令)(법규명령)이란 행정권에 의해 정립되는 법을 말한다. 명령은 헌법에서 인정한 것으로 긴급명령과 긴급재정 · 경제명령(헌법 제76조), 대통령령(헌법 제75조), 총리령과 부령(헌법 제95조), 중앙선거관리위원회규칙(헌법 제114조), 국회규칙(헌법 제64조), 대법원규칙(헌법 제108조), 헌법재판소규칙(헌법 제113조)이 있다. 그리고 명령 중에는 법률에서 인정한 감사원규칙(감사원법 제52조), 노동위원회규칙(노동위원회법 제25조)[14]이 있다.

법규명령 중에는 법령보충적 행정규칙(상위법령에 근거하여 제정되는 행정규칙으로서 법규명령의 효력을 갖는 것)도 있다.

그러나, 행정규칙은 행정조직의 내부규범일 뿐 법이 아니므로 엄격한 의미에서의 행정법의 법원(法源)이 아니다.

Ⅴ. 자치법규

자치법규(自治法規)란 자치단체의 기관이 제정하는 자치에 관한 법규범을 말한다.

지방자치단체의 자치법규에는 지방의회가 제정하는 조례와 지방자치단체의 집행기관이 제정하는 규칙이 있다. 규칙에는 일반사무의 집행기관이 제정하는 규칙(지방자치법 제23조)과 교육집행기관이 제정하는 교육규칙이 있다.

조례와 규칙은 넓게 보면 국가법질서의 일부를 이루고 행정입법에 속한다. 그러나 조례는 다른 한편으로 주민의 대표기관인 지방의회가 제정하는 법규범인 점에서 지방자치단체의 자주법으로서 법률에 준하는 성격을 갖는다. 따라서 조례는 행정입법으로서의 성격과 함께 지방자치단체의 자주법으로서의 성격을 아울러 갖는다고 보아야 한다.

국가법질서의 통일을 기하기 위하여 조례와 규칙은 법률과 명령에 위반할 수 없

---

14) '규칙'이라는 명칭은 일반적으로 제정기관이 다소 독립적이고 중립적인 기관이고 행정권으로부터 독립하여 제정되는 명령에 붙여진다.

다. 그러나 조례는 지방자치단체의 자주법이므로 법령에 위반하지 않는 한도 내에서는 법률의 개별적인 수권 없이도 제정될 수 있다. 그러나 현행 지방자치법은 주민의 권리를 제한하거나 의무를 부과하거나 벌칙을 규정함에 있어서는 법률의 위임을 받아야 한다고 규정하고 있다(제22조 단서). 기초자치단체의 조례 및 규칙은 광역자치단체의 조례나 규칙을 위반할 수 없다. 동일 자치단체의 조례와 규칙 상호간에 있어서는 조례가 규칙보다 우월하다.

도시 및 주거환경정비법에 의한 주택재개발 **정비사업조합의 정관**은 해당 조합의 조직, 기관, 활동, 조합원의 권리의무관계 등 단체법적 법률관계를 규율하는 것으로서 공법인인 조합과 조합원에 대하여 구속력을 가지는 자치법규로서 원칙적으로 조합 외부의 제3자를 보호하거나 제3자를 위한 규정이라고 볼 것은 아니다(대판 2019. 10. 31, 2017다282438).

제 4 절 불문법원

Ⅰ. 관습법

1. 의의와 성립

관습법(慣習法)이란 계속적인 관행이 성립되고 그 관행이 법적 요구에 응하는 것이라는 것이 관계당사자의 확신에 의해 인정됨으로써 성립하는 법규범이다(법적 확신설). 관습법의 성립에 있어서 법원에 의한 승인을 요구하는 견해(이 견해를 국가승인설이라 한다)도 있지만, 다수견해는 국가의 승인은 관습법의 성립요건이 아니라고 본다.

2. 인정범위와 효력

관습법은 성문법 및 법의 일반원칙이 존재하지 않거나 불완전한 경우에 보충적으로만 적용된다. 관습법이 성립된 경우에도 그와 모순되는 법이 제정된 경우에는 그 관습법은 효력을 상실하게 된다(대판 전원합의체 2005. 07. 21, 2002다1178).

3. 종 류

행정법상 관습법에는 행정선례법(行政先例法)과 민중적 관습법(民衆的 慣習法)이 있다.

행정선례법이란 행정청이 취급한 선례가 상당히 오랫동안 반복됨으로써 성립되는 관습법이다. 행정선례법의 인정은 행정에 대한 신뢰보호의 관념에 기초를 두고 있다.

행정선례(관행)가 관계당사자의 법적 확신에 의해 인정되는 경우 관습법으로서 법적 구속력을 갖는다. 관계당사자의 법적 확신을 얻지 못한 행정관행은 관습법으로서의 법적 구속력을 갖지 못하지만, 자기구속력이 인정되는 경우가 있다. 또한, 법률로 관행의 법적 구속력을 인정하고 있는 경우가 있다. ① 행정청의 관행이 일반적으로 국민들에게 받아들여진 때에는 행정절차법 제4조 제2항에 의해 법적 구속력을 갖는다. 행정절차법 제4조 제2항은 행정관행의 존중의 한계로 "공익 또는 제3자의 이익을 현저히 해할 우려가 없을 것"으로 규정하고 있는데 그 한계는 결국 이익형량에 의해 판단된다. ② 국세기본법 제18조 제3항은 "세법의 해석 또는 국세행정의 관행이 일반적으로 납세자에게 받아들여진 후에는 그 해석 또는 관행에 의한 행위 또는 계산은 정당한 것으로 보며, 새로운 해석 또는 관행에 의하여 소급하여 과세하지 않는다"고 규정하고 있다.

[판례] ① 국세기본법 제18조 제3항에 정한 비과세관행이 성립하기 위한 요건: 국세기본법 제18조 제3항에 규정된 비과세관행이 성립하려면, 상당한 기간에 걸쳐 과세를 하지 아니한 객관적 사실이 존재할 뿐만 아니라, 과세관청 자신이 그 사항에 관하여 과세할 수 있음을 알면서도 어떤 특별한 사정 때문에 과세하지 않는다는 의사가 있어야 한다. 위와 같은 공적 견해나 의사는 명시적 또는 묵시적으로 표시되어야 하며, 묵시적 표시가 있다고 하기 위하여는 단순한 과세누락과는 달리 과세관청이 상당기간의 불과세 상태에 대하여 과세하지 않겠다는 의사표시를 한 것으로 볼 수 있는 사정이 있어야 한다(대판 2016. 10. 13, 2016두43077[부가가치세등부과처분취소]).
② 4년 동안 과세를 하지 않다가 소급하여 과세한 것을 다투는 소송에서 당해 비과세의 관행을 국세기본법 제18조 제3항의 국세의 관행에 포함되는 것으로 본 사례(대판 전원합의체 1980. 06. 10, 80누6[보세운송면허세사건]).

민중적 관습법은 민중 사이의 오랜 기간의 관행에 의해 성립되는 관습법을 말한다. 그 예로는 관습상 어업권, 관습상 하천수사용권 및 지하수사용권을 들 수 있다.

Ⅱ. 판 례

성문법국가에 있어서 법원(法院)은 법을 집행하는 권한만을 갖고 법을 창설하는 권한은 갖지 못하는 것이 원칙이다. 그런데 실제에 있어서 법원은 법의 흠결시 법을 형성하고 법규정의 의미가 애매한 경우에는 바람직한 해석을 제시하고 법을 구체화하기도 한다.

대륙법계 국가에서처럼 우리나라에서는 영미법계 국가에서와 달리 선례가 법상 구속력을 갖지 않는다. 법원은 기존의 판례를 변경할 수 있다. 하급법원도 이론상 상급법원의 판결에 구속되지 않는다.

법원조직법 제8조는 "상급법원의 판례에 있어서의 판단은 당해 사건에 관하여 하급심을 기속한다"라고 규정하고 있는데, 이는 심급(상급심과 하급심)을 인정함에 따라 당연히 인정되는 것이고, 하급심이 상급심의 판결에 기속당하는 것은 '당해 사건'에 한하는 것이다. 동종의 사건이라도 다른 사건에서는 하급심은 상급심의 판결에 구속당하지 않는다.

그러나, 실제에 있어서 판례는 사실상 구속력을 갖는다. 그 이유는 법원 특히 대법원은 법적 안정성을 위하여 판례를 잘 변경하지 않는 경향이 있고, 하급심이 상급심의 판결을 따르지 않는 경우 하급심의 판결이 상급심에서 파기될 가능성이 높으므로 하급심은 상급심의 판결을 존중하는 경향이 있기 때문이다. 더욱이 법원조직법 제7조 제1항 제3호는 대법원이 종전의 판례를 변경하는 경우에는 대법관 전원의 3분의 2 이상으로 구성되는 전원합의체에서 심판하도록 규정하여 대법원 판례의 변경에 신중을 기하도록 하고 있다. 그리하여 오늘날 판례법의 법원성을 부인하는 견해는 거의 없다.

Ⅲ. 법의 일반원칙

1. 의 의

행정법상 법의 일반원칙이란 현행 행정법질서의 기초를 이룬다고 생각되는 일반 법원칙을 의미한다. 이에는 신의성실의 원칙, 권리·권한남용금지의 원칙, 신뢰보호의 원칙, 평등의 원칙, 비례의 원칙, 부당결부금지의 원칙 등이 있다.

행정법의 법의 일반원칙을 조리법에 포함시켜 논하는 경우가 있는데, 이는 타당하지 않다. 행정법상 법의 일반원칙은 조리와 그 발생연원과 효력에 있어서 차이가 있다. ① 법의 일반원칙은 정의의 관념과 무관하지 않지만 이와 함께 헌법을 포함한 여러 실정법에서 도출되는 것이다. 즉 법의 일반원칙은 헌법, 민법 등 여러 실정법 및 정의의 관념에서 도출된다. 따라서 정의의 관념만으로부터 도출되는 조리와는 그 발생연원이 다르다. ② 행정법상 법의 일반원칙 중 평등의 원칙, 비례의 원칙, 신뢰보호의 원칙 등은 헌법적 효력을 가지는 원칙으로서 법률보다 우위의 효력을 가진다. 법률적 효력을 갖는 법의 일반원칙도 있다. 따라서 법의 흠결시, 즉 성문법, 관습법, 판례법 등이 일절 없는 경우에 최후의 보충적 법원이 되는 조리와는 그 효력면에서도 구별되어야 한다. 다만, 법의 일반원칙이 정의의 관념과 무관하지 않고, 조리가 법해석의 원칙이 되기 때문에 법의 일반원칙과 조리가 함께 판결의 법적 논거가 되는 경우가 적지 않다.

법의 흠결이 있는 경우 행정법에서 법의 일반원칙은 특히 중요한 법원이 된다. 법의 일반원칙은 헌법이나 행정기본법 등 법률에 규정되어 있다고 하더라도 이들 규정은 **불문법**인 법의 일반원칙을 선언한 것에 불과하다고 보아야 한다.

2. 헌법으로부터 도출되는 법의 일반원칙

헌법으로부터 도출되는 행정법의 일반원칙으로는 평등의 원칙, 비례의 원칙, 신뢰보호의 원칙 및 적법절차의 원칙 등이 있으며 이들 원칙은 법률인 행정기본법에 규정되어 있다고 하더라도 헌법적 효력을 갖는다.

(1) 평등원칙

1) 의 의

평등(平等)의 원칙은 불합리한 차별을 하여서는 안 된다는 원칙이다. 합리적인 이유가 있어서 다르게 취급하는 것은 평등원칙의 위반이 아니다. 오히려 합리적인 이유가 있는 경우에는 다르게 취급하는 것이 평등의 원칙에 합치된다. 평등의 원칙은 '같은 것은 같게, 다른 것은 다르게'로 요약될 수 있다.

2) 근거와 성질

평등원칙의 근거(根據)와 성질(性質)에 관하여 평등원칙은 헌법 제11조에 직접 근거하는 성문법원이라고 보는 견해가 있다. 그러나 헌법 제11조는 단지 법 앞의 평등의 원칙만을 규정하고 있을 뿐이다. 평등의 원칙은 법 앞의 평등만을 내용으로 하는 것은 아니며 모든 국가권력을 구속한다. 따라서 평등원칙은 헌법 제11조로부터 도출되는 불문법원칙으로 보는 것이 타당하다.

3) 내 용

오늘날 평등의 원칙은 소극적 원리일 뿐만 아니라 적극적 원칙으로도 이해된다. 예를 들면, 여성할당제와 같은 여성의 우대조치는 과거의 불리한 조치를 벌충하는 의미에서 평등의 원칙에 포함되어 이해되고 있다.

어떠한 행정조치가 평등의 원칙에 반하는 것인가는 차별취급에 합리적인 이유가 있는가의 여부에 달려 있다. 행정청[15]은 합리적 이유 없이 국민을 차별하여서는 아니 된다(행정기본법 제9조).

---

15) 행정기본법에서 "행정청"이란 다음 각 목의 자를 말한다. 가. 행정에 관한 의사를 결정하여 표시하는 국가 또는 지방자치단체의 기관, 나. 그 밖에 법령등에 따라 행정에 관한 의사를 결정하여 표시하는 권한을 가지고 있거나 그 권한을 위임 또는 위탁받은 공공단체 또는 그 기관이나 사인(私人)(행정기본법 제2조 제2호).

합리적 이유없는 차별취급은 두 경우로 나뉜다. 하나는 동일한 사항을 다르게 취급하는 경우이고, 다른 하나는 사정이 달라 차별취급이 정당화될 수는 있지만 비례원칙에 위반하여 과도하게 차별취급을 하는 경우이다. 즉, 평등원칙은 동일한 것 사이에서의 평등뿐만 아니라 상이한 것에 대한 차별의 정도에서의 평등을 포함한다.

평등권의 침해 여부에 대한 심사는 그 심사기준에 따라 자의금지원칙에 의한 심사와 비례의 원칙에 의한 심사로 크게 나누어 볼 수 있다(헌재 2006. 02. 23, 2004헌마675 · 981 · 1022(병합)).

[판례] 행정청의 행정행위가 합리적 이유 없는 차별대우에 해당하여 헌법상 평등원칙을 위반했는지 판단하는 방법: [1] 행정청의 행정행위가 합리적 이유 없는 차별대우에 해당하여 헌법상 평등원칙을 위반하였는지를 확정하기 위해서는 **먼저** 행위의 근거가 된 법규의 의미와 목적을 통해 행정청이 본질적으로 같은 것을 다르게 대우했는지, 즉 다른 대우를 받아 비교되는 **두 집단 사이에 본질적인 동일성이 존재하는지**를 확정해야 한다. **다음으로 그러한 차별대우가 확인되면 비례의 원칙에 따라 행위의 정당성 여부를 심사**하여 헌법상 평등원칙을 위반하였는지를 판단해야 한다. [2] 국민건강보험공단이 직장가입자와 사실상 혼인관계에 있는 사람, 즉 이성 동반자와 달리 동성 동반자인 甲을 피부양자로 인정하지 않고 위 처분((직장가입자를 지역가입자로 변경하는 처분)을 한 것은 합리적 이유 없이 甲에게 불이익을 주어 그를 사실상 혼인관계에 있는 사람과 차별하는 것으로 헌법상 평등원칙을 위반하여 위법하다고 한 사례(반대의견 있음)(대판 전원합의체 2024. 07. 18, 2023두36800[보험료부과처분취소]).

① 합리적 이유없이 동일한 사항을 다르게 취급하는 것은 자의적인 것으로서 평등원칙에 위반된다.

[판례] ① 원고가 당직 근무 대기중 약 25분간 같은 근무조원 3명과 함께 시민 과장실에서 심심풀이로 돈을 걸지 않고 점수따기 화투놀이를 한 사실이 국가공무원법 제78조 1, 3호 규정의 징계사유에 해당한다 할지라도 당직 근무시간이 아닌 그 대기중에 불과 약 25분간 심심풀이로 한 것이고 또 돈을 걸지 아니하고 점수따기를 한 데 불과하며 **원고와 함께 화투놀이를 한 3명(지방공무원)은 부산시 소청심사위원회에서 견책에 처하기로 의결된 사실이 인정되는 점**등 제반 사정을 고려하면 피고가 원고에 대한 징계처분으로 파면을 택한 것은 당직근무 대기자의 실정이나 공평의 원칙상 그 재량의 범위를 벗어난 위법한 것이다(대판 1972. 12. 26, 72누194).

② 같은 정도의 비위를 저지른 자들 사이에 있어서도 그 직무의 특성 등에 비추어, 개전의 정이 있는지 여부에 따라 징계의 종류의 선택과 양정에 있어서 차별적으로 취급하는 것은, 사안의 성질에 따른 합리적 차별로서 이를 자의적 취급이라고 할 수 없는 것이어서 평등원칙 내지 형평에 반하지 아니한다(대판 1999. 08. 20, 99두2611).

③ 공무원시험에서의 군가산점제도는 그 자체가 여성과 장애인들의 평등권과 공무담임권을 침해하는 위헌인 제도라고 한 사례(헌재 1999. 12. 23, 98헌마363).

④ (1) 장애인차별금지법은 그 규제 내지 규율의 대상을 장애인과 비장애인 사이의 차별행위만으로 한정하지 아니한다. 장애인과 장애인 사이에서도 정당한 사유 없는 차별행위는 엄격한 요건으로 규제 및 규율될 필요가 있다. (2) 지체장애인의 장애인콜택시 이용 거부가 장애인차별금지법

제4조 제1항 제3호 및 같은 법 제26조 제1항을 위반한 차별행위에 해당한다고 한 사례(대판 2025. 09. 25, 2024다207923).

② 상대방의 사정이 다른 경우에는 다르게 취급하는 것이 정당화될 수 있지만 비례성을 결여한 과도한 차별취급은 합리적인 차별이 아니므로 평등의 원칙에 반한다.

[판례] ① 이 사건 조항(국가기관이 채용시험에서 국가유공자의 가족에게 10%의 가산점을 부여하는 규정)은 일반 응시자들의 공직취임의 기회를 차별하는 것이며, ... 이 사건 조항의 위헌성은 국가유공자 등과 그 가족에 대한 가산점제도 자체가 입법정책상 전혀 허용될 수 없다는 것이 아니고, 그 차별의 효과가 지나치다는 것에 기인한다(헌재 2006. 02. 23, 2004헌마675 · 981 · 1022(병합)). 〈해설〉 헌법재판소는 종전 결정(헌재 2001. 02. 22, 2000헌마25)을 변경하여 국가기관이 채용시험에서 국가유공자의 가족에게 10%의 가산점을 부여하는 규정이 기본권(평등권과 공무담임권)을 침해한다고 보았다.

② 구 개발제한구역의 지정 및 관리에 관한 특별조치법 시행령 제35조 제1항 제3호에서 집단에너지공급시설에 대한 훼손부담금의 부과율을 전기공급시설 등에 대한 훼손부담금의 부과율인 100분의 20의 다섯 배에 이르는 100분의 100으로 정한 것은, 집단에너지공급시설과 전기공급시설 등의 사이에 그 공급받는 수요자가 다소 다를 수 있음을 감안하더라도, 부과율에 과도한 차등을 둔 것으로서 합리적 근거 없는 차별에 해당하므로 헌법상 평등원칙에 위배되어 무효이다(대판 전원합의체 2007. 10. 29, 2005두14417[개발제한구역훼손부담금부과처분취소]). 〈해설〉 판례는 행정처분 상대방의 사정이 다른 경우에도 과도한 차별취급은 합리적인 차별이 아니므로 평등의 원칙에 반하는 것으로 판시하고 있지만, 판례도 지적하고 있듯이 집단에너지공급시설과 전기공급시설은 개발제한구역훼손부담금의 부과라는 점에서는 달리 취급할 합리적 이유가 전혀 없는 것으로 보는 것이 타당하다.

③ 구 자원의 절약과 재활용촉진에 관한 법률 시행령(2007. 3. 27. 대통령령 제19971호로 개정되기 전의 것) 제11조 [별표 2] 제7호에서 플라스틱제품의 수입업자가 부담하는 폐기물부담금의 산출기준을 아무런 제한 없이 그 수입가만을 기준으로 한 것은, 합성수지 투입량을 기준으로 한 제조업자에 비하여 과도하게 차등을 둔 것으로서 합리적 이유 없는 차별에 해당하므로, 위 조항 중 '수입의 경우 수입가의 0.7%' 부분은 헌법상 평등원칙을 위반한 입법으로서 무효이다(대판 전원합의체 2008. 11. 20, 2007두8287). 〈해설〉 구 자원의 절약과 재활용촉진에 관한 법률 시행령 제11조 [별표 2] 제7호 '수입의 경우 수입가의 0.7%' 부분에 대해 단순 위헌결정을 내리면 수입업자에게는 당해 사안은 물론 위헌결정된 동 시행령이 개정될 때까지는 폐기물부담금을 부과하지 못하는 결과가 되어 역차별의 문제를 야기할 수 있는 문제가 있다. '수입의 경우 수입가의 0.7%' 부분 중 과도한 차별에 해당하는 부분만 위헌이라는 취지의 판결은 불가능한 것인지 검토를 요한다.

③ 헌법 제11조 제1항의 평등은 형식적 의미의 평등이 아니라 실질적 의미의 평등을 의미한다.

[판례] 국립대학교 총장인 피고가 제칠일안식일예수재림교(이하 '재림교') 신자인 원고의 면접일시를 재림교의 안식일인 토요일 오전으로 지정하자, 원고가 토요일 일몰 후(토요일 오후 마지막순번)에 면접에 응시할 수 있게 해달라는 취지의 이의신청을 하였으나 피고가 이를 거부하였고, 원고가 면접에 응시하지 않아 피고가 원고에 대하여 불합격처분을 하자, 원고가 피고를 상대로 이의신청

거부처분과 불합격처분의 취소를 구한 사안에서 1) 입학전형이의신청거부처분 취소청구 부분에 관하여는 불합격처분에 흡수되어 이를 다툴 소의 이익이 없다(피고가 전남대 법전원 입학생을 선발하는 과정에서 면접일정을 지정하고, 그 면접일정에 대한 변경 신청을 거부하는 등의 행위는 모두 전남대 법전원 입학생 선발이라는 종국적 처분에 이르기 위한 단계적인 행위이고, 전남대 법전원 입학시험에 대한 불합격처분이 이루어졌다면, 피고가 이를 위해 앞서 하였던 단계적 행위는 그 종국적인 불합격처분에 흡수되므로 이 사건에서도 이 사건 불합격처분만이 쟁송의 대상이 되고 이 사건 거부행위를 별도로 다툴 소의 이익이 없다)고 판단하고, 2) 불합격처분 취소청구 부분에 관하여는 헌법 제11조 제1항의 평등은 형식적 의미의 평등이 아니라 실질적 의미의 평등을 의미하고, 비례의 원칙에 비추어 전남대학교 법학전문대학원 입시 과정에서 재림교 신자들이 종교적 신념을 이유로 결과적으로 불이익을 받게 되는 경우, 이를 해소하기 위한 조치가 공익이나 제3자의 이익을 다소 제한한다고 하더라도, 그 제한의 정도가 재림교 신자들이 받는 불이익에 비해 현저히 적다고 인정되므로 헌법이 보장하는 실질적 평등을 실현할 의무와 책무를 부담하는 피고(국립대학교 총장)로서는 재림교 신자들의 신청에 따라 그들이 받는 불이익을 해소하기 위한 적극적인 조치를 취할 의무가 있고, 이러한 적극적 조치(예, 면접시간의 변경 등)없이 한 이 사건 불합격처분이 평등원칙을 위반하여 위법하다고 판단한 사례(대판 2024. 04. 04, 2022두56661[입학전형이의신청거부처분 및 불합격처분 취소의 소]).

4) 효 력

평등원칙은 헌법적 효력을 갖는다. 평등원칙에 반하는 행정권 행사 및 법률은 위헌이다.

5) 한 계

불법 앞의 평등 요구는 인정되지 않는다.

6) 적 용 례

가. 재량권 통제원칙 평등원칙은 모든 공권력 행사를 통제하는 법원칙인데, 특히 재량권을 통제하는 원칙이다. 행정청이 재량권을 행사함에 있어 甲에게 어떤 처분을 한 경우에 그 자체로서는 재량권의 일탈 또는 남용인 위법이 아니라고 하더라도 이미 행해진 동종 사안에서의 제3자에 대한 처분과 비교하여 불합리하게 불리한 처분에 해당하는 경우에는 평등원칙에 반하는 위법한 재량권 행사가 된다.

나. 재량준칙과 평등원칙 행정권에게 재량권이 부여된 경우에 재량권 행사의 편의와 재량권 행사의 통일성을 위하여 통상 재량권 행사의 기준을 정하는 재량준칙(裁量準則)을 정하여 두는 것이 행정의 실무이다. 재량준칙은 행정규칙으로서 직접 대외적인 구속력을 갖지는 않지만 평등원칙을 매개로 하여 간접적인 대외적 효력을 갖는다고 보는 것이 다수의 견해이다. 평등원칙은 재량준칙이 대외적 효력을 갖게 하는 전환규범으로서의 기능을 갖는다. 그러나, 평등원칙은 다른 것은 다르게 취급하여야 하는 것을 의미하므로 특별한 사정이 있는 경우에는 재량준칙을 적용하지 않을 수 있고, 오히려 특별한 사정이 있음에도 그것을 고려하지 않고 재량준칙을 그

대로 적용하였다면 그 재량권 행사는 위법하게 된다(후술 재량준칙의 구속력 참조).

다. 행정의 자기구속의 원칙

(가) 의　　의　　행정의 자기구속(自己拘束)의 원칙이란 행정관행이 성립된 경우 행정청은 특별한 사정이 없는 한 같은 사안에서 그 행정관행과 같은 결정을 하여야 한다는 원칙을 말한다. 자기구속의 원칙은 행정의 법률에의 구속 등과 같은 행정의 타자구속과 구별된다.

(나) 근　　거　　행정의 자기구속의 원칙의 근거에 대하여는 신뢰보호의 원칙 및 평등원칙에서 구하는 견해와 평등의 원칙에서 구하는 견해로 나누어져 있다. 판례는 전자의 견해를 취하고 있는 것으로 보인다(대판 2009. 12. 24, 2009두7967).

(다) 적용영역　　이 원칙은 법적합성의 원칙상 기속영역에서는 인정할 수 없고, 재량이 인정되는 영역에서만 적용될 수 있다. 기속행위의 관행이 위법한 경우 법적합성 원칙에 반하여 자기구속의 원칙이 적용될 수 없고 기속행위의 관행이 적법한 경우는 법적합성 원칙상 관행과 같이 행정권이 행사되어야 하는 것이다. 그러므로 기속행위에 자기구속의 원칙을 인정할 실익은 없고 자기구속의 원칙은 재량행위에만 인정된다고 보는 것이 타당하다.

행정의 자기구속의 원칙은 특히 재량준칙에서 중요한 의의를 갖는다. 행정의 자기구속의 원칙은 본래 법규성이 없는 재량준칙을 구속력있는 규범으로 전환시키는 전환규범으로서의 역할을 수행한다. 행정청이 동일한 사안에 대하여 재량준칙에 위반하여 제3자에게 행한 결정과 다른 결정을 한 때에는 행정의 자기구속의 원칙을 위반한 위법행위로서 그 결정을 다툴 수 있다.

(라) 적용요건

① 행정관행이 존재하여야 한다.

i) **재량준칙**이 존재하는 경우 행정의 자기구속의 원칙을 적용함에 있어서 행정선례가 필요한가에 대하여는 선례필요설과 선례불필요설의 대립이 있다. **선례불필요설**은 재량준칙이 존재하는 경우 재량준칙 자체만으로 '미리 정해진 행정관행(선취된 행정관행 또는 예기관행)'이 성립되는 것으로 보고, 자기구속의 원칙을 인정한다.

이에 대하여 **선례필요설**은 재량준칙이 존재하는 경우에 1회의 선례만으로 자기구속의 원칙이 인정될 수도 있다는 견해도 있지만, 대체로 선례가 되풀이 되어 행정관행이 성립된 경우에 한하여 인정된다고 본다.

판례는 재량준칙이 공표된 것만으로는 자기구속의 원칙이 적용될 수 없고, 재량준칙이 되풀이 시행되어 행정관행이 성립한 경우 자기구속의 원칙이 적용될 수 있다고 본다(대판 2009. 12. 24, 2009두7967).

독일의 판례는 행정규칙의 최초적용에 있어서도 '미리 정해진 행정관행'을 인정하여 이 원칙을 긍정하고 있다.

생각건대, 재량준칙이 존재하는 경우에 일정한 행정관행이 예기되기는 하지만 아직 관행이 현실적으로 존재하는 것은 아니며 처분 전에 재량준칙이 변경될 가능성도 있으므로 선례불필요설은 타당하지 않고, 재량준칙이 있는 경우에는 1회의 처분으로 예기된 관행이 현실화된다고 볼 수 있으므로 최소한 1회의 처분이 있어야 한다는 1회선례 충분설이 타당하다. 자기구속의 원칙의 근거를 평등원칙으로 보는 견해에서는 선례불필요설 또는 1회선례충분설을 지지하는 것이 타당하고, 자기구속의 원칙의 근거를 평등원칙과 신뢰보호의 원칙으로 보는 견해에서는 선례필요설이 타당하다.

ii) 재량준칙이 없는 경우에는 동일한 처분이 되풀이 시행되어 행정관행이 성립하였어야 한다. 재량준칙이 없는 경우에는 재량준칙이 있는 경우보다 되풀이 시행된 횟수가 더 많아야 할 것이다.

② 행정관행과 동일한 사안이어야 한다.

③ 그리고 불법에 있어서 평등대우는 인정될 수 없으므로, 명문의 규정이 없는 한 행정관행이 위법한 경우에는 행정청은 자기구속을 당하지 않는다. 행정관행이 위법한 경우에는 신뢰보호의 원칙의 적용여부가 문제될 수 있을 뿐이다.

[판례] [1] 위법한 행정처분이 수차례에 걸쳐 반복적으로 행하여졌다 하더라도 그러한 **처분이 위법한 것인 때에는 행정청에 대하여 자기구속력을 갖게 된다고 할 수 없다.** [2] 날짜가 기재되지 아니한 동의서들을 효력이 없는 것으로 간주한 선례가 있다 하더라도 피고가 참가인 정비조합설립추진위원회에 대하여 승인심사를 할 때에도 그러한 기준을 따라야 할 의무가 없는 점 등에 비추어, 피고가 평등의 원칙이나 신뢰보호의 원칙 또는 자기구속의 원칙 등에 위배하고 재량권을 일탈 남용하여 자의적으로 이 사건 승인처분을 하였다고 볼 수 없다고 한 원심 판단을 인정한 사례(대판 2009. 06. 25, 2008두13132). **〈해설〉** 이 경우 상대방에게 귀책사유가 없는 경우에는 신뢰보호의 원칙의 적용이 고려될 수 있다.

그런데, 국세기본법 제18조 제3항은 "세법의 해석이나 국세행정의 관행이 일반적으로 납세자에게 받아들여진 후에는 그 해석이나 관행에 의한 행위 또는 계산은 정당한 것으로 보며, 새로운 해석이나 관행에 의하여 소급하여 과세되지 아니한다"라고 규정하고 있다.

(마) 한 계 판례는 자기구속의 원칙이 인정되는 경우 행정관행과 다른 처분은 특별한 사정이 없는 한 위법하다고 본다. 그런데 특별한 사정이 무엇인지에 관하여는 자세한 설명이 없다.

사정변경이 없는 경우에도 중대한 공익상 필요가 있는 경우에는 행정관행과 다른 처분을 할 수 있다는 견해도 있지만, 새로운 사정변경 없이 공익상의 이유만으로 행정관행과 다른 처분을 하는 것은 원칙상 자기구속의 원칙에 반한다고 보아야 할 것이다. 다만, 재량준칙을 개정하는 등 행정관행과 다른 처분의 가능성을 미리 예고하고 시차를 두어 공익상 행정관행과 다른 처분을 하는 것은 가능하다고 보아야 할 것이다.

그리고, 새로운 사정변경이 있는 경우에는 행정관행과 다른 처분을 할 공익상 필요가 심히 큰 경우에 한하여 행정관행과 다른 처분을 하는 것이 가능하다고 보아야 할 것이다.

어느 견해를 취하든지 자기구속력이 인정된 재량준칙은 통상의 재량준칙 보다 강한 구속력을 갖는다고 할 수 있다.

[판례] 시장이 농림수산식품부에 의하여 공표된 '2008년도 농림사업시행지침서'에 명시되지 않은 '시·군별 건조저장시설 개소당 논 면적' 기준을 충족하지 못하였다는 이유로 신규 건조저장시설 사업자 인정신청을 반려한 사안에서, **위 지침이 되풀이 시행되어 행정관행이 이루어졌다거나 그 공표만으로 신청인이 보호가치 있는 신뢰를 갖게 되었다고 볼 수 없고,** 쌀 시장 개방화에 대비한 경쟁력 강화 등 우월한 공익상 요청에 따라 위 지침상의 요건 외에 '시·군별 건조저장시설 개소당 논 면적 1,000ha 이상' 요건을 추가할 만한 **특별한 사정을 인정할 수 있어, 그 처분이 행정의 자기구속의 원칙 및 행정규칙에 관련된 신뢰보호의 원칙에 위배되거나 재량권을 일탈·남용한 위법이 없다고 한 사례**(대판 2009. 12. 24, 2009두7967[신규건조저장시설사업자인정신청반려처분취소]).
〈해설〉 (1) 재량준칙의 공표만으로 예기된 자기구속을 위반한 것으로 본 원심을 파기한 판결이다. 판례는 재량준칙이 되풀이 시행되어 행정관행이 이루어진 경우 자기구속의 원칙이 인정된다고 하였다. (2) 판례는 재량준칙의 공표만으로는 신청인이 보호가치 있는 신뢰를 갖게 되었다고 볼 수 없다(신뢰보호의 원칙 위반으로 위법하다고 볼 수 없다)고 하였다(후술 신뢰보호 참조). (3) 판례는 재량준칙이 있지만 행정관행이 성립되지 않은 경우에 있어서 특별한 공익상의 필요가 있을 때에는 재량기준을 추가하여 신청에 대한 거부처분을 할 수 있다고 하였다(후술 재량준칙 참조).

(바) 효 력 자기구속의 원칙은 헌법적 효력을 갖는다. 자기구속의 원칙에 반하는 법령이나 행정권 행사는 위헌·위법한 것이 된다.

라. 불법 앞의 평등 불법(不法) 앞의 평등은 인정되지 않는다. 즉, 평등원칙에 근거하여 불법을 요구할 수는 없다.

(2) 비례의 원칙

1) 의 의

비례(比例)의 원칙이란 과잉조치금지의 원칙이라고도 하는데, 행정작용에 있어서 행정목적과 행정수단 사이에는 합리적인 비례관계가 있어야 한다는 원칙을 말한다.

2) 내 용

광의의 비례원칙은 다음과 같은 세부원칙을 포함한다: 적합성의 원칙, 필요성의 원칙(최소침해의 원칙), 협의의 비례원칙(상당성의 원칙). 즉, 모든 행정작용은 다음 각 호의 원칙에 따라야 한다: 1. 행정목적을 달성하는 데 유효하고 적절할 것(적합성의 원칙), 2. 행정목적을 달성하는 데 필요한 최소한도에 그칠 것(필요성의 원칙), 3. 행정작용으로 인한 국민의 이익 침해가 그 행정작용이 의도하는 공익보다 크지 아니할 것(상당성의 원칙)(행정기본법 제10조).

헌법재판소와 같이 목적의 정당성을 비례원칙의 한 내용으로 보는 견해도 있지만, 목적의 정당성은 목적과 수단간의 이익형량의 문제가 아니므로 이 견해는 타당하지 않다. 목적의 정당성의 원칙은 일반법원칙상 당연히 인정되는 독자적 법원칙이라고 보는 것이 타당하다. 목적의 정당성이라 함은 좁은 의미로는 공권력 행사 목적의 합법성 및 합목적성(공익성)을 말하고, 넓은 의미로는 이와 함께 공권력 행사권한과의 관련성을 포함한다.

가. 적합성의 원칙 적합성(適合性)의 원칙이란 행정은 추구하는 행정목적의 달성에 적합한(적절한) 수단을 선택하여야 한다는 원칙을 말한다.

나. 필요성의 원칙(최소침해의 원칙) 필요성(必要性)의 원칙(최소침해의 원칙)이란 행정목적 달성에 적합한 수단이 여러 가지인 경우에 국민의 권리를 최소한으로 침해하는 수단을 선택하여야 한다는 원칙이다. 예를 들면, 어떤 건물에 붕괴위험이 있는 경우에 적절한 보수로 붕괴위험을 막을 수 있음에도 철거라는 수단을 선택하여 철거명령을 내린 경우에 그 철거명령은 필요성의 원칙에 반하는 위법한 명령이다.

[판례] 원주시장이 2021. 7. 22.경 **코로나바이러스감염증-19(이하 '코로나19'라고 한다)의 확산을 우려하여** '사회적 거리두기 개편 3단계 격상 행정명령'(원주시 공고 제2021-2159호, 이하 '이 사건 행정명령'이라고 한다)을 통해 2021. 7. 23.부터 2021. 8. 1.까지 **'1인 시위 외 집회 금지'를 공고한 것은** 원주시장은 방역활동에 따라 축적된 경험과 정보에 따라 단계별 수칙을 세분하여 집회의 장소, 시간, 규모, 방법 등을 적절히 제한하거나 참여자 간 간격 유지, 구호 제창 금지, 취식 금지 등 코로나19 확산 예방을 위한 **구체적인 조건을 부과하는 방식으로 집회의 자유를 덜 제한하는 방안을 모색할 수 있었다고 보이므로** 이 사건 행정명령이 그러한 충분한 고려 없이 개별적·구체적 사정에 대한 어떠한 예외도 두지 않은 채 원주시 전역에서의 모든 집회를 전면적으로 금지한 것으로서 **침해의 최소성을 갖춘 것으로 보기 어렵다고 한 사례**(대판 2024. 12. 12, 2022도17089).

다. 협의의 비례원칙(상당성의 원칙, 이익형량의 원칙) 협의의 비례원칙(상당성의 원칙)이란 행정조치를 취함에 따른 불이익이 그것에 의해 달성되는 이익보다 큰 경우에는 그 행정조치를 취해서는 안 된다는 원칙을 말한다.

예를 들면, 종전의 대법원 판례는 음주운전을 한 개인택시 운전사에게 음주운전을 이유로 운전면허를 취소한 것은 운전면허의 취소를 통하여 달성하고자 하는 공익(그러한 처분으로 음주운전을 막고 그로 인하여 국민의 안전을 보장한다는 이익)보다 운전면허의 취소로 개인택시 운전사가 받는 불이익(면허의 취소와 그로 인한 생업의 상실 및 개인택시 운전면허의 상실로 인한 불이익)이 크다고 보아 운전면허의 취소처분을 비례원칙 위반으로 위법한 것으로 보아 취소하는 경우가 적지 않았다. 그런데, 그 후 대법원은 동종의 사건에서 판례를 변경하여 음주운전을 이유로 한 운전면허의 취소로 인하여 달성하고자 하는 공익이 개인택시 운전사가 그로 인하여 받는 불이익보다 크다고 보면서 그 운전면허의 취소처분을 적법한 것으로 보는 경향이 있다(대판 1995. 09. 26, 95누606; 1996. 01. 26, 95누16168).

[판례] [1] 운전면허를 받은 사람이 음주운전을 한 경우에 운전면허의 취소 여부는 행정청의 재량행위이나, 음주운전으로 인한 교통사고의 증가와 그 결과의 참혹성 등에 비추어 보면 음주운전으로 인한 교통사고를 방지할 공익상의 필요는 더욱 중시되어야 하고, 운전면허의 취소에서는 일반의 수익적 행정행위의 취소와는 달리 취소로 인하여 입게 될 당사자의 불이익보다는 이를 방지하여야 하는 일반예방적 측면이 더욱 강조되어야 한다. [2] 甲이 혈중알코올농도 0.140%의 주취상태로 배기량 125cc 이륜자동차를 운전하였다는 이유로 관할 지방경찰청장이 甲의 자동차운전면허[제1종 대형, 제1종 보통, 제1종 특수(대형견인 · 구난), 제2종 소형]를 취소하는 처분을 한 사안에서, 위 처분 중 제1종 대형, 제1종 보통, 제1종 특수(대형견인 · 구난) 운전면허를 취소한 부분에 재량권을 일탈 · 남용한 위법이 있다고 본 원심판단에 재량권 일탈 · 남용에 관한 법리 등을 오해한 위법이 있다고 한 사례(대판 2018. 02. 28, 2017두67476; 2019. 01. 17, 2017두59949).

행정심판의 실무에서는 운전면허취소로 인하여 운전자가 받을 불이익을 행정소송에서 보다 크게 고려하고 있다.

협의의 비례원칙을 적용함에 따른 이익형량에 있어서 행정조치로 인하여 달성되는 공익과 사익을 한쪽으로 하고 그로 인하여 침해되는 공익과 사익을 다른 한쪽으로 하여 이익형량을 하여야 할 것이다.

이익형량이 상당한 정도로 균형을 잃은 경우에 재량처분이 위법하게 된다.

[판례] 원주시장이 2021. 7. 22.경 코로나바이러스감염증－19(이하 '코로나19'라고 한다)의 확산을 우려하여 '사회적 거리두기 개편 3단계 격상 행정명령'(원주시 공고 제2021－2159호, 이하 '이 사건 행정명령'이라고 한다)으로 옥외집회를 전면 금지함으로써 달성할 수 있는 추가적인 감염병 확산 방지의 공익은 상대적으로 제한적인 반면에, 이 사건 행정명령은 어떠한 예외도 두지 아니하고 모든 옥외집회를 전면적으로 금지함으로써 피고인들의 집회의 자유를 중대하게 제한한 것이어서, 법익의 균형성을 갖춘 것으로 보기 어렵다고 한 사례(대판 2024. 12. 12, 2022도17089).

협의의 비례의 원칙상 재량처분시 이익형량을 하여야 하고, 이익형량의 전제로서 관련 이익에 대한 조사를 하여야 한다. 그리고, 후술하는 바와 같이 재량권 행사시 관련 이익을 조사하지 않고, 고려하지 않은 것은 재량권의 불행사로서 재량권의 일탈 · 남용(위법)사유가 된다.

3) 근거 및 효력

비례원칙을 명시적으로 규정하는 헌법규정은 없다. 비례의 원칙의 법적 근거를 헌법 제37조 제2항에서 찾는 견해도 있고, 법치국가원리 및 기본권 보장에서 찾기도 하지만, 비례원칙은 헌법상의 기본권 보장규정, 헌법 제37조 제2항 및 법치국가원칙으로부터 도출되는 법원칙으로 보는 것이 타당하다. 그러므로, 비례의 원칙은 평등의 원칙과 마찬가지로 헌법적 효력을 가진다.

비례의 원칙에 반하는 행정권 행사는 위법하고, 비례의 원칙에 반하는 법령은 위헌·무효가 된다.

[판례] 입법자가 임의적(재량적) 규정으로도 법의 목적을 실현할 수 있음에도 여객운송사업자가 지입제 경영을 한 경우 구체적 사안의 개별성과 특수성(해당 사업체의 규모, 지입차량의 비율, 지입의 경위 등)을 전혀 고려하지 않고 **그 사업면허를 필요적으로(기속적으로) 취소하도록 한 여객자동차운송사업법 제76조 제1항 단서 중 제8호 부분이** 비례의 원칙의 요소인 '피해최소성의 원칙' 및 '법익균형성의 원칙'에 반한다고 결정한 사례(헌재 2000. 06. 01, 99헌가11 · 12(병합)).

법령의 비례원칙 위반의 판단시점은 직접적 통제의 경우에는 판단시를 기준으로 하여야 하고, 간접적 통제의 경우에는 처분시를 기준으로 하여야 한다.

4) 적용례

비례의 원칙은 모든 행정분야 및 모든 행정권 행사에 적용된다. 특히 재량권 행사의 한계, 부관의 한계, 경찰권 발동의 한계, 급부행정의 한계가 된다. 비례의 원칙의 파생원칙으로는 수익적 행정행위의 취소·철회의 제한법리(이익형량의 원칙), 형량명령이론, 과잉급부금지의 원칙 등이 있다.

비례의 원칙은 주로 재량행위의 통제법리이며 기속행위의 경우에는 기속행위의 근거가 된 법령에 대한 비례성 통제를 통하여 간접적으로 행해진다.

(3) 신뢰보호의 원칙

1) 의 의

행정법상의 신뢰보호(信賴保護)의 원칙이라 함은 행정기관의 어떠한 언동(말 또는 행동)에 대해 국민이 신뢰를 갖고 행위를 한 경우 그 국민의 신뢰가 보호가치 있는 경우에 그 신뢰를 보호해 주어야 한다는 원칙을 말한다. 판례는 조세소송에서는 신뢰보호의 원칙이라는 용어 대신에 신의성실의 원칙이라는 용어를 사용하는 경우가 많다.

2) 근 거

신뢰보호의 법적 근거로 신의성실의 원칙을 드는 경우도 있지만(신의칙설) 법치국가의 한 내용인 법적 안정성을 드는 것(법적 안정성설)이 일반적 견해이다.

가. 신의칙설 신의칙설(信義則說)은 신뢰보호의 원칙을 신의성실의 원칙의 한 파생원칙으로 본다. 그러나, 신의칙설에 대하여는 신의성실의 원칙은 당사자간에 계약 등 구체적인 일정한 관계가 있을 때에만 적용되는 것이므로 그러한 관계를 전제로 하지 않는 행정작용(행정규칙 또는 행정계획 등)에는 적용하기 어렵다는 비판이 가능하다.

나. 법적 안정성설 법적 안정성설(法的 安定性說)은 신뢰보호의 원칙을 법치국가원리의 한 내용인 법적 안정성으로부터 도출되는 법의 일반원칙으로 본다. 즉, 법치국가의 원리는 합법성의 원칙과 법적 안정성의 원칙을 내용으로 하는데 신뢰보호의 원칙은 후자로부터 도출된다고 본다. 법적 안정성은 한편으로 법규범의 존속과 예측가능성을 내용으로 할 뿐만 아니라 다른 한편으로 법을 집행하는 행정기관의 결정의 존속을 내용으로 한다. 행정법상의 신뢰보호의 원칙은 법을 집행하는 행정기관의 결정에 대한 존속의 보장이라는 요청으로부터 나오는 원칙이다. 이 견해가 타당하다.

행정기본법은 불문법인 신뢰보호의 원칙을 행정법의 일반원칙의 하나로 선언하고 있다. 즉, 행정청은 공익 또는 제3자의 이익을 현저히 해칠 우려가 있는 경우를 제외하고는 행정에 대한 국민의 정당하고 합리적인 신뢰를 보호하여야 한다(제12조 제1항). **행정절차법**은 "행정청은 법령등의 해석 또는 행정청의 관행이 일반적으로 국민들에게 받아들여졌을 때에는 공익 또는 제3자의 정당한 이익을 현저히 해칠 우려가 있는 경우를 제외하고는 새로운 해석 또는 관행에 따라 소급하여 불리하게 처리하여서는 아니 된다."고 규정하고 있다(제4조 제2항).

3) 적용례

신뢰보호의 원칙이 적용되는 경우로는 수익적 행정행위의 취소 또는 철회의 제한, 실권의 법리, 확약의 법적 근거, 행정계획에 있어서 계획보장청구권, 행정의 자기구속의 법리, 신뢰보호의 원칙에 반하는 처분의 취소, 신뢰보호의 원칙 위반을 이유로 한 국가배상청구 등이 있다.

① 실권의 법리의 의의: 실권(失權)의 법리(法理)라 함은 행정청에게 취소권, 영업정지권 또는 철회권 등 권리의 행사의 기회(가능성)가 있음에도 불구하고 행정청이 장기간에 걸쳐 그의 권리를 행사하지 아니하였기 때문에 상대방인 국민이 행정청이 그의 권리를 행사하지 아니할 것으로 신뢰할 만한 정당한 사유가 있게 되는 경우에는 그 권리를 행사할 수 없다는 법리를 말한다. 실효의 법리라고도 한다.

실권의 법리는 신뢰보호원칙의 파생법리이다. 대법원은 실권의 법리를 신의성실의 원칙의 파생원칙으로 본다(대판 1988. 04. 27, 87누915).

② 근거: **행정기본법**은 실권(실효)의 법리를 행정법의 일반원칙의 하나로 선언하

고 있다. 즉, 행정청은 권한 행사의 기회가 있음에도 불구하고 장기간 권한을 행사하지 아니하여 국민이 그 권한이 행사되지 아니할 것으로 믿을 만한 정당한 사유가 있는 경우에는 그 권한을 행사해서는 아니 된다. 다만, 공익 또는 제3자의 이익을 현저히 해칠 우려가 있는 경우는 예외로 한다(제12조 제2항). 실권의 법리는 행정기본법 제23조의 제재처분의 제척기간과 중첩하여 적용될 수 있다.

③ 적용요건: 실권의 법리가 적용되기 위하여는 ① 행정청이 취소사유나 철회사유 등을 앎으로써 권리행사 가능성이 있었어야 한다. 법규 위반행위로 형사처벌을 받았지만 행정적 제재가 오랜 기간 행해지지 않은 경우에 교통법규 위반행위에 대한 운전면허의 취소 또는 정지와 같이 법규 위반행위를 단속한 행정기관과 제재처분행정기관이 동일한 행정조직체(경찰청)에 속하는 경우에는 이 요건을 충족한 것으로 볼 수 있지만, 법규 위반행위를 단속한 행정기관과 제재처분행정기관이 다르고, 법규 위반행위(예, 감정평가업자의 허위감정)를 단속한 행정기관(경찰 또는 검찰)이 제재처분행정기관(예, 국토교통부장관)에게 그 위반사실을 통지하지 않은 경우 통상 이 요건을 충족하지 않은 것으로 보아야 한다. ② 행정권 행사가 가능함에도 불구하고 행정청이 장기간 권리행사를 하지 않았어야 한다. ③ 상대방인 국민이 행정청이 이제는 권리를 행사하지 않을 것으로 신뢰하였고 그에 정당한 사유가 있어야 한다. ④ 공익 또는 제3자의 이익을 현저히 해칠 우려가 있는 경우가 아니어야 한다.

[판례] [1] **실권 또는 실효의 법리는** 법의 일반원리인 신의성실의 원칙에 바탕을 둔 파생원칙인 것이므로 공법관계 가운데 관리관계는 물론이고 권력관계에도 적용되어야 함을 배제할 수는 없다 하겠으나 그것은 본래 권리행사의 기회가 있음에도 불구하고 권리자가 장기간에 걸쳐 그의 권리를 행사하지 아니하였기 때문에 의무자인 상대방은 이미 그의 권리를 행사하지 아니할 것으로 믿을 만한 정당한 사유가 있게 되거나 행사하지 아니할 것으로 추인케 할 경우에 새삼스럽게 그 권리를 행사하는 것이 신의성실의 원칙에 반하는 결과가 될 때 그 권리행사를 허용하지 않는 것을 의미한다. [2] **원고가 허가 받은 때로부터 20년이 다 되어 피고가 그 허가를 취소한 것이기는 하나 피고가 취소사유를 알고서도 그렇게 장기간 취소권을 행사하지 않은 것이 아니고** 1985. 9. 중순에 비로소 위에서 본 취소사유를 알고 그에 관한 법적 처리방안에 관하여 다각도로 연구검토가 행해졌고 그러한 사정은 원고도 알고 있었음이 기록상 명백하여 이로써 본다면 상대방인 원고에게 취소권을 행사하지 않을 것이란 신뢰를 심어 준 것으로 여겨지지 않으니 피고의 처분이 실권의 법리에 저촉된 것이라고 볼 수 있는 것도 아니다. [3] 이 사건에서 행정서사의 허가를 받을 자격이 없는 원고가 행정청의 착오로 그 허가를 받았다가 그 후 그것이 드러나 허가취소됨으로써 입게 되는 불이익보다는 자격 없는 자에게 나간 허가를 취소하여 공정한 법 집행을 함으로써 법질서를 유지시켜야 할 공익상의 필요가 더 크다 할 것이다(대판 1988. 04. 27, 87누915[행정서사허가취소처분취소]). 〈해설〉 (1) 판례는 이 사건에서 실권의 법리의 적용요건이 충족되지 않은 것으로 보고, 취소 또는 철회 제한의 법리인 이익형량의 원칙을 적용하고 있다. 그러나, 신뢰보호의 이익을 보다 적극적으로 고려하고 있지 않은 문제가 있다. (2) 이 사례에서 취소는 자격요건의 결여를 이유로 한 강학상 직권취소이다. (3) 행정서사의 허가를 받을 자격이 없는 원고가 행정청의 착오로 그

허가를 받은 후 20년이 다 되어 그 허가를 취소한 것이 실권의 법리에 저촉되지 않고, 신뢰보호원칙에도 위반되지 않는다고 한 사례이다. (4) 이 사례에서 피고 행정청이 취소사유를 알고서도 장기간 취소권을 행사하지 않은 것은 아니므로 실권의 법리의 적용요건을 충족하지 못하고 있지만, 신뢰보호의 원칙을 적용될 여지는 있다고 보아야 할 것이다. 원고에게 자격요건이 결여된 것은 사실이다. 즉, 구 행정서사법 제2조 제1항 제2호는 '고등학교 이상을 졸업하였거나 문교부장관이 동등 이상의 학력을 가진 것으로 인정하는 시험에 합격한 자로서 행정기관에서 2년 이상 근무한 자'를 행정서사의 자격요건의 하나로 규정하고 있다. 원고는 왜정시대에 군청에서 2년 이상 근무한 사람이지만, 구 행정서사법 제2조 제1항 제2호가 행정서사업 허가자격의 하나로 정하는 "행정기관에서 2년이상 근무한 자"는 아니라는 것이 판례의 입장이다. 행정서사업허가시 처분청이 원고에게 자격이 있다고 착오를 한 것에서 보듯이 원고도 자격이 있다고 믿었고 그 믿음에 정당한 사유가 있다고 할 수 있다. 그리고, 원고는 행정서사업허가에 기초하여 20년 정도를 행정서사업을 해오고 있었다. 이러한 점에 비추어 원고에게 사법서사업허가처분의 위법에 대하여 고의 또는 중대한 과실이 있다고 보기 어려우므로 원고에게 귀책사유가 있다고 할 수 없고, 행정서사업이 취소되지 않을 것이라는 것에 대한 원고의 신뢰는 보호할 가치가 있다고 보아야 한다. 또한, 행정서사업을 취소할 이익 보다 원고의 신뢰이익이 더 크다고 보는 것이 타당하다.

④ 적용효과: 실권의 법리의 적용요건에 해당하는 경우에 행정청이 갖고 있는 제재권은 소멸된다. 취소권뿐만 아니라 정지권도 소멸된다.

⑤ 실권의 법리와 신뢰보호의 원칙: 실권의 법리는 신뢰보호의 원칙의 파생법리인 특별법리이다. 따라서, 실권의 법리가 성립되면 신뢰보호의 원칙 보다 우선 적용된다.

실권의 법리가 성립하지 않는 경우에 신뢰보호의 원칙의 적용요건이 충족되면 신뢰보호의 원칙이 적용된다.

4) 적용요건

신뢰보호의 원칙이 적용되기 위하여는 다음과 같은 요건이 충족되어야 한다(판례).

[판례] ① 일반적으로 행정상의 법률관계에 있어서 행정청의 행위에 대하여 신뢰보호의 원칙이 적용되기 위하여는, **첫째** 행정청이 개인에 대하여 신뢰의 대상이 되는 공적인 견해표명을 하여야 하고, **둘째** 행정청의 견해표명이 정당하다고 신뢰한 데에 대하여 그 개인에게 귀책사유가 없어야 하며, **셋째** 그 개인이 그 견해표명을 신뢰하고 이에 상응하는 어떠한 행위를 하였어야 하고, **넷째** 행정청이 그 견해표명에 반하는 처분을 함으로써 그 견해표명을 신뢰한 개인의 이익이 침해되는 결과가 초래되어야 하며, **마지막으로 위 견해표명에 따른 행정처분을 할 경우 이로 인하여 공익 또는 제3자의 정당한 이익을 현저히 해할 우려가 있는 경우가 아니어야 한다**(대판 2002. 11. 08, 2001두1512[건축선위반건축물시정지시취소]). 〈해설〉 이익형량을 신뢰보호의 소극적 적용요건으로 판시한 사례이다.
② 신뢰보호의 원칙의 적용 요건: 일반적으로 행정상의 법률관계에 있어서 행정청의 행위에 대하여 **신뢰보호의 원칙이 적용되기 위하여는**, **첫째** 행정청이 개인에 대하여 신뢰의 대상이 되는 공적인 견해표명을 하여야 하고, **둘째** 행정청의 견해표명이 정당하다고 신뢰한 데에 대하여 그 개인에게 귀책사유가 없어야 하며, **셋째** 그 개인이 그 견해표명을 신뢰하고 이에 기초하여 어떠한 행위

를 하였어야 하고, **넷째 행정청이 위 견해표명에 반하는 처분을 함으로써 그 견해표명을 신뢰한 개인의 이익이 침해되는 결과가 초래되어야 하는바, 어떠한 행정처분이 이러한 요건을 충족하는 때에는** 공익 또는 제3자의 정당한 이익을 현저히 해할 우려가 있는 경우가 아닌 한 **신뢰보호의 원칙에 반하는 행위**로서 위법하다(대법원 1999. 3. 9. 선고 98두19070 판결, 대법원 2006. 6. 9. 선고 2004두46 판결 등 참조)(대판 2024. 03. 12, 2022두60011). **〈해설〉** 신뢰보호의 원칙의 적용요건(신뢰보호의 원칙에 반하는지 여부)과 이익형량(비례원칙 위반 여부)을 구별하여 판시한 사례이다. 이 판례가 보다 타당하다.

가. 행정권의 행사에 관하여 신뢰를 주는 선행조치 행정권의 행사에 관하여 상대방인 국민에게 신뢰를 주는 선행조치(언동, 공적 견해표명)가 있어야 한다.

① 선행조치(언동)는 적극적 언동뿐만 아니라 소극적 언동일 수도 있다.

적극적 언동의 예로는 주택단지를 건설할 것이라는 것을 알리며 공중목욕탕의 건축을 권고하는 것을 들 수 있고, 소극적 언동의 예로는 장기간 행정처분(조세부과, 법규 위반에 대한 제재조치)을 내리지 않는 경우를 들 수 있다.

[판례] 위반행위 후 3년 동안 제재처분(운전면허취소처분)을 하지 않은 경우를 소극적 언동으로 본 사례(대판 1987. 09. 08, 87누373). **〈해설〉** 이 사례에서 판례는 신뢰보호의 원칙을 적용하였지만, 위반행위(운전면허정지기간중의 운전행위)를 단속한 것도 경찰기관이고, 운전면허취소처분을 하는 것도 경찰기관이므로 행정청이 철회사유를 알 수 있었고, 철회권 행사의 가능성도 있었다고 볼 수 있으므로 실권의 법리의 기타 요건이 충족되는 경우 실권의 법리를 적용하는 것이 타당하다.

일단 행정처분이 행해지면 처분의 존속에 대한 신뢰가 형성된다.

[판례] ① 행정청이 일단 행정처분을 한 경우에는 행정처분을 한 행정청이라도 법령에 규정이 있는 때, 행정처분에 하자가 있는 때, 행정처분의 존속이 공익에 위반되는 때, 또는 상대방의 동의가 있는 때 등의 특별한 사유가 있는 경우를 제외하고는 행정처분을 자의로 취소(철회의 의미를 포함한다)할 수 없다(대판 1990. 02. 23, 89누7061).

② [1] 선행처분인 여수경찰서장의 면허정지처분은 비록 그와 같은 처분이 도로교통법시행규칙 제53조 제1항 [별표 16]에서 정한 행정처분기준에 위배하여 이루어진 것이라 하더라도 그와 같은 사실만으로 곧바로 당해 처분이 위법하게 되는 것은 아닐 뿐더러, **원고로서는 그 면허정지처분이 효력을 발생함으로써 그 처분의 존속에 대한 신뢰가 이미 형성되었다** 할 것이고 또한 그와 같은 처분의 존속이 현저히 공익에 반한다고는 보이지 아니하므로, **동일한 사유에 관하여 보다 무거운 면허취소처분을 하기 위하여 이미 행하여진 가벼운 면허정지처분을 취소하는 것은 선행처분에 대한 당사자의 신뢰 및 법적 안정성을 크게 저해하는 것이** 되어 허용될 수 없다 할 것이다. [2] 운전면허 취소사유에 해당하는 음주운전을 적발한 경찰관의 소속 경찰서장이 사무착오로 위반자에게 운전면허정지처분을 한 상태에서 위반자의 주소지 관할 지방경찰청장이 위반자에게 운전면허취소처분을 한 것은 **선행처분에 대한 당사자의 신뢰 및 법적 안정성을 저해하는 것**으로서 허용될 수 없다고 한 사례(대판 2000. 02. 25, 99두10520). **〈해설〉** 원심은 선행처분인 여수경찰서장의 운전면허정지처분의 취소가 허용되지 않는다고 보아 그 후에 이루어진 이 사건 운전면허취소처분은 동일한 사유에 관한 이중처분으로서 위법하다고 보았다.

② 행정권의 언동은 행정권의 행사에 관한 언동이어야 한다. 구체적인 행정권의 행사와 무관하게 단순히 법령의 해석에 대한 질의에 대하여 회신해 주는 것(그러나 구체적인 사안과 관련된 법령의 질의회신은 그러하지 아니하다) 등 일반적·추상적 견해표명은 신뢰보호원칙의 적용대상이 아니다. 행정청의 견해표명이 신뢰보호의 원칙을 주장하는 구체적인 행정권 행사에 대한 국민의 신뢰와 관련되어 있지 않은 일반적·추상적 견해표명이거나 견해표명에 대해 국민이 갖는 신뢰와 다른 행정권 행사의 가능성이 있으면 구체적인 행정권 행사에 대한 신뢰를 주는 견해표명으로 볼 수 없다.

[판례] ① 취득세 등이 면제되는 구 지방세법(2005. 1. 5. 법률 제7332호로 개정되기 전의 것) 제288조 제2항에 정한 '기술진흥단체'인지 여부에 관한 질의에 대하여 건설교통부장관과 내무부장관이 **비과세 의견으로 회신한 경우**, 공적인 견해표명에 해당한다고 한 사례(대판 2008. 06. 12, 2008두1115).

② 병무청 담당부서의 담당공무원에게 공적 견해의 표명을 구하는 정식의 서면질의 등을 하지 아니한 채 총무과 민원팀장에 불과한 공무원이 **민원봉사차원에서 상담에 응하여 안내한 것**을 신뢰한 경우, 신뢰보호 원칙이 적용되지 아니한다(대판 2003. 12. 26, 2003두1875).

③ 실제의 공원구역과 다르게 경계측량 및 표지를 설치한 **십수년 후 착오를 발견하여 지형도를 수정한 조치**가 신뢰보호의 원칙에 위배되거나 행정의 자기구속의 법리에 반하는 것이라 할 수 없다고 한 사례(대판 1992. 10. 13, 92누2325[국립공원지정처분부존재확인]).

④ 위 **토지거래계약의 허가과정에서 이 사건 토지형질변경이 가능하다는 피고측의 견해표명**은 … 원고에 대하여 종교회관 건축을 위한 이 사건 토지의 형질변경이 가능하다는 공적 견해표명을 한 것이라고 볼 여지가 많다(대판 1997. 09. 12, 96누18380).

⑤ **폐기물처리업 사업계획에 대하여 적정통보를 한 것**만으로 그 사업부지 토지에 대한 국토이용계획변경신청을 승인하여 주겠다는 취지의 공적인 견해표명을 한 것으로 볼 수 없다(대판 2005. 04. 28, 2004두8828).

⑥ **당초 정구장 시설을 설치한다는 도시계획결정을 하였다가 정구장 대신 청소년 수련시설을 설치한다는 도시계획 변경결정 및 지적승인을 한 경우**, 당초의 도시계획결정만으로는 도시계획사업의 시행자 지정을 받게 된다는 공적인 견해를 표명하였다고 할 수 없으므로 그 후의 도시계획 변경결정 및 지적승인이 도시계획사업의 시행자로 지정받을 것을 예상하고 정구장 설계 비용 등을 지출한 자의 신뢰이익을 침해한 것으로 볼 수 없다(대판 2000. 11. 10, 2000두727).

⑦ 개발이익환수에 관한 법률에 정한 개발사업을 시행하기 전에, 행정청이 토지 지상에 예식장 등을 건축하는 것이 관계 법령상 가능한지 여부를 질의하는 **민원예비심사에 대하여 관련부서 의견으로 개발이익환수에 관한 법률에 '저촉사항 없음'이라고 기재**하였다고 하더라도, 이후의 개발부담금 부과처분에 관하여 신뢰보호의 원칙을 적용하기 위한 요건인, 개인에 대하여 신뢰의 대상이 되는 공적인 견해표명을 한 것이라고는 보기 어렵다(대판 2006. 06. 09, 2004두46).

⑧ **행정청이 적법한 대표권이 없는 종중의 대표자를 당사자로 하여 소송을 수행한 경우**, 그 종중의 대표자에게 적법한 대표권이 있는지 여부에 관하여 행정청의 행정행위에 대한 신뢰보호의 원칙이 적용될 수 없다고 한 사례(대판 2010. 05. 27, 2010두2609).

⑨ 피고가 **개발제한구역법령에 따라 수립한 충전소 등 배치계획에 반여농산물도매시장의 주변 도로가 모두 포함되어 있다는 점**을 들어, 피고가 적어도 위 시장에 인접한 장소라는 이유로 충전소 설치 허가를 거부하지는 않겠다는 공적 견해를 표명한 것으로 볼 수 없다고 한 사례(대판 2016.

01. 28, 2015두52432[개발제한구역내 액화석유충전소 사업자지정신청서 반려처분 등 취소]).
⑩ 행정청이 **지구단위계획을 수립하면서 그 권장용도를 판매·위락·숙박시설로 결정하여 고시한 행위**를 당해 지구 내에서는 공익과 무관하게 언제든지 숙박시설에 대한 건축허가가 가능하리라는 공적 견해를 표명한 것이라고 평가할 수는 없다(대판 2005. 11. 25, 2004두6822, 6839, 6846).
⑪ **입법예고를 통해 법령안의 내용을 국민에게 예고**한 적이 있다고 하더라도 그것이 법령으로 확정되지 아니한 이상 국가가 이해관계자들에게 위 법령안에 관련된 사항을 약속하였다고 볼 수 없으며, 이러한 사정만으로 어떠한 신뢰를 부여하였다고 볼 수도 없다(대판 2018. 06. 15, 2017다249769).
⑫ 납세자가 구 자유무역협정의 이행을 위한 관세법의 특례에 관한 법률 제10조에 따라 수입신고 시 또는 그 사후에 협정관세 적용을 신청하여 **세관장이 형식적 심사만으로 수리한 것**을 두고 그에 대해 과세하지 않겠다는 공적인 견해 표명이 있었다고 볼 수 없다(대판 2019. 02. 14, 2017두63726).
⑬ 외교부 소속 전·현직 공무원을 회원으로 하는 비영리 사단법인 甲 법인이 재외공무원 자녀들을 위한 기숙사 건물을 신축하면서, 甲 법인과 외무부장관이 과세관청과 내무부장관에게 취득세 등 지방세 면제 의견을 제출하자, 내무부장관이 '甲 법인이 학술연구단체와 장학단체이고 甲 법인이 직접 사용하기 위하여 취득하는 부동산이라면 취득세가 면제된다'고 회신하였고, 이에 과세관청은 **약 19년 동안** 甲 법인에 대하여 기숙사 건물 등 부동산과 관련한 **취득세·재산세 등을 전혀 부과하지 않았는데**, 그 후 과세관청이 위 부동산이 학술연구단체가 고유업무에 직접 사용하는 부동산에 해당하지 않는다는 등의 이유로 **재산세 등의 부과처분을 한 사안**에서, 위 처분은 신의성실의 원칙에 반하는 것으로서 위법하다고 본 원심판단을 수긍한 사례(대판 2019. 01. 17. 선고 2018두42559).
⑭ 관할 교육지원청 교육장이 교육환경평가승인신청에 대한 보완요청서에서 '휴양 콘도미니엄업이 교육환경법 제9조 제27호에 따른 금지행위 및 시설로 규정되어 있지 않다'는 의견을 밝힌 것은 교육장이 최종적으로 교육환경평가를 승인해 주겠다는 취시의 공적 견해를 표명힌 것이리고 볼 수 없다(대판 2020. 04. 29, 2019두52799).
⑮ 행정청이 공신력 있는 **주민등록번호와 이에 따른 주민등록증을 부여한 행위**는 甲과 乙(법적으로 혼인한 상태가 아닌 대한민국 국적인 부와 중화인민공화국 국적인 모 사이에 출생한 자)에게 대한민국 **국적을 취득하였다는 공적인 견해를 표명한 것**이라고 한 사례(대판 2024. 03. 12, 2022두60011).

③ 행정청의 공적 견해표명이 있었는지의 여부를 판단하는 데 있어 반드시 행정조직상의 형식적인 권한분장에 구애될 것은 아니다. 처분청 자신의 공적인 견해표명이 있어야 하는 것은 아니며 경우에 따라서는 보조기관인 담당공무원의 공적인 견해표명도 신뢰의 대상이 될 수 있다.

[판례] 행정청의 공적인 견해표명의 판단 기준: 행정청의 공적인 견해표명이 있었는지의 여부를 판단함에 있어서는 반드시 행정조직상의 형식적인 권한분배에 구애될 것은 아니고 담당자의 조직상의 지위와 임무, 당해 언동을 하게 된 구체적인 경위 및 그에 대한 상대방의 신뢰가능성에 비추어 실질에 의해 판단하여야 한다(대판 1997. 09. 12, 96누18380; 2024. 03. 12, 2022두60011).

④ 행정청의 공적 견해표명은 특정 개인에 대한 것일 필요는 없으므로 법규명령, 행정규칙 또는 행정계획에 대한 신뢰도 보호하여야 한다. 이에 대하여 행정규칙의 경우 상대방이 행정기관이지 주민이 아니라는 근거로 신뢰보호의 원칙의 적용대

상이 될 수 없다고 보아야 한다는 견해도 있다. 그러나, 이에 반하여 신의성실의 원칙이 적용되기 위하여는 특정 개인에 대한 공적인 견해표명이어야 하지만, 신뢰보호의 원칙의 경우에는 그러하지 아니하고, 행정규칙도 행정의 기준이 되고 내부적인 구속력을 가지므로 행정규칙에 대한 국민의 신뢰도 보호하여야 한다.

[판례] ① 고등훈련기 양산참여권의 포기대가와 관련하여 국내에서 세금이 면제될 수 있도록 협조를 구하는 국방부장관의 질의에 대하여 답변한 재정경제부장관의 검토의견은, 외국법인의 국내원천소득에 대한 재정경제부장관의 **일반론적인 견해표명에 불과하므로** 그에 대하여 (조세법상) **신의성실의 원칙이 적용된다고 할 수 없다**고 한 사례(대판 2010. 04. 29, 2007두19447,19454).
② 재건축조합에서 일단 내부 규범이 정립되면 조합원들은 특별한 사정이 없는 한 그것이 존속하리라는 **신뢰를 가지게 되므로,** 내부 규범 변경을 통해 달성하려는 이익이 종전 내부 규범의 존속을 신뢰한 조합원들의 이익보다 우월해야 한다(대법원 2018. 03. 13. 선고 2016두35281 판결 참조)(대판 2020. 06. 25, 2018두34732).

판례는 재량준칙의 공표만으로는 신청인이 보호가치 있는 신뢰를 갖게 되었다고 볼 수 없다고 하였다(전술 대판 2009. 12. 24, 2009두7967). 그러나, 이 판례를 재량준칙의 공표만으로는 강한 신뢰가 형성되었다고 볼 수 없다는 취지로 이해하는 것이 타당하다. 전술한 바와 같이 재량준칙에 대한 신뢰도 보호대상이 된다고 보아야 한다.

⑤ 행정청이 상대방에게 장차 어떤 처분을 하겠다고 확약 또는 공적인 의사표명을 하였다고 하더라도, 그 자체에서 상대방으로 하여금 언제까지 처분의 발령을 신청하도록 유효기간을 두었는데도 그 기간 내에 상대방의 신청이 없었다거나 확약 또는 공적인 의사표명이 있은 후에 사실적·법률적 상태가 변경되었다면, 그와 같은 확약 또는 공적인 의사표명은 행정청의 별다른 의사표시를 기다리지 않고 실효된다(대판 1996. 08. 20, 95누10877).

[판례] [1] 행정청이 공적인 견해를 표명한 후 사정이 변경됨에 따라 그 견해표명에 반하는 처분을 한 경우, 신뢰보호의 원칙에 위반되는지 여부(원칙적 소극): **신뢰보호의 원칙은 행정청이 공적인 견해를 표명할 당시의 사정이 그대로 유지됨을 전제로 적용되는 것이 원칙**이므로, **사후에 그와 같은 사정이 변경된 경우**에는 그 공적 견해가 더 이상 개인에게 신뢰의 대상이 된다고 보기 어려운 만큼, **특별한 사정이 없는 한** 행정청이 그 견해표명에 반하는 처분을 하더라도 **신뢰보호의 원칙에 위반된다고 할 수 없다**(대법원 2015. 01. 29. 선고 2014두3839 판결 등 참조). [2] 1) 피고 조합이 종전에 표명한 의사에 반하는 총회결의나 정관 변경을 하고 이를 기초로 이 사건 관리처분계획을 수립한 것이 **신뢰보호의 원칙에 위반되어 하자가 있다고 보기 위해서는,** 종전 의사표명 당시의 사정이 처분 당시까지 변경된 바 없음에도 행정청이 합리적 이유 없이 종전 표명 의사와 다른 처분을 하여 상대방의 법률상 이익을 중대하게 침해한 경우여야 한다. 2) 그런데, **피고 조합이** 추진위원회가 약속한 내용에 반하는 총회결의를 하고 종전 정관을 변경하여 이 사건 관리처분계획을 한 것은, **의사표명 당시 확정지분제를 전제로 하였다가 추진과정에서 사업추진방식이 도급제로 변경되었고, 그로 인해 종전 의사표명대로 관리처분계획을 수립하는 것이 일반 조합원들의 이해관계에**

도 막대한 영향을 끼치게 되는 사정변경을 기초로 한 것으로 합리성이 있고, 종전의 의사표명에 반하는 총회결의나 정관 변경에 의해 침해되는 상가 조합원들의 이익이 법률상 관철될 수 있는 중대한 것이라고 할 수 없다고 보아, 이 사건 2015. 12. 27.자 및 2016. 1. 14.자 조합원 총회결의(이 사건 약정 및 그에 따른 종전 정관을 변경)를 기초로 한 이 사건 2016. 1. 20.자 관리처분계획(이 사건 약정에 반하는 내용의 관리처분계획)이 신뢰보호의 원칙에 위반되지 않는다고 판단한 사례(대판 2020. 06. 25, 2018두34732[관리처분계획인가처분취소]). 〈해설〉 아파트재건축에서 상가 조합원들이 신뢰이익의 침해를 주장한 사건이다.

나. 귀책사유 없는 신뢰　　선행조치에 대한 신뢰 상대방(상대방, 수임인 등)의 신뢰에 책임 있는 사유(귀책사유)가 있어서는 안 된다.

귀책사유라 함은 행정청의 견해표명의 하자가 상대방 등 관계자의 사실은폐나 기타 사위의 방법에 의한 신청행위 등 부정행위에 기인한 것이거나 그러한 부정행위가 없다고 하더라도 하자가 있음을 알았거나 중대한 과실로 알지 못한 경우 등을 의미한다고 해석함이 상당하고, 귀책사유의 유무는 상대방과 그로부터 신청행위를 위임받은 수임인(예, 건축설계를 위임받은 건축사) 등 관계자 모두를 기준으로 판단하여야 한다(대판 2002. 11. 08, 2001두1512). 따라서, 귀책사유가 없는 한 위법한 행정조치에 대한 신뢰도 보호된다. 법규 위반에 대한 제재처분에 관한 명확한 법령규정이 있는 경우 이 규정을 잘 알 수 있었던 자는 귀책사유가 있으나, 이 규정을 잘 알 수 없었던 자에게는 귀책사유를 인정할 수 없다.

[판례] ① 택시운송사업자로서는 자동차운수사업법의 내용을 잘 알고 있어 교통사고를 낸 택시에 대하여 운송사업면허가 취소될 가능성을 예상할 수도 있었을 터이니, 자신이 별다른 행정조치가 없을 것으로 믿고 있었다 하여 바로 신뢰의 이익을 주장할 수는 없다고 한 사례(대판 1989. 06. 27, 88누6283).

② 과세관청이 사업자의 신청에 따라 면세사업자용 사업자등록증을 교부한 행위만으로는 과세관청이 부가가치세의 과세에 관하여 어떤 공적인 견해를 표명한 것이라고 할 수 없을 뿐 아니라 과세관청으로부터 부가가치세 면세사업자용 사업자등록증을 교부받은 납세자가 자신이 부가가치세 면세사업자라고 신뢰하였다고 하더라도 납세자가 그와 같이 신뢰한 데에 납세자에게 귀책사유가 없었다고도 할 수 없다(대판 1995. 09. 29, 95누7376).

③ [원고가 자연녹지지역(구 준농림지역)에서 설치가 금지되어 있음에도 2002년 설치가 허가된 '특정대기유해물질 배출시설'(아스콘 공장)에 대하여 2017년 배출검사 결과를 기초로 2018년에 대기오염물질배출시설 폐쇄명령을 한 것이 과잉금지원칙, 행정의 자기구속 법리, 신뢰보호원칙, 실효의 원칙을 위반한 것인지 여부(소극): 이 사건 공장 설립 당시에 원고는 이 사건 공장에서 특정대기유해물질은 배출되지 않고 토석의 저장·혼합 및 연료 사용에 따라 먼지와 배기가스만 배출될 것이라는 전제에서 허위이거나 또는 부실한 배출시설 및 방지시설 설치 계획서를 제출하였다. 따라서 피고가 만연히 원고의 계획서를 그대로 믿은 데에 과실이 있다고 하더라도, 피고 행정청의 착오는 원고가 유발한 것이므로, 이 사건 공장에 대하여 특정대기유해물질 관련 규제가 적용되지 않으리라는 원고의 기대는 보호가치가 있다고 할 수 없다. 원고가 관계법령을 위반하여 이 사건 공장을 설

치·운영한 이상, 피고가 이 사건 공장의 위법 상태를 적시에 인지하지 못하여 결과적으로 원고가 이 사건 공장을 장기간 운영해왔다고 하더라도, 그것이 원고가 이 사건 공장의 존속을 주장할 정당한 사유는 될 수 없다(대판 2020. 04. 09, 2019두51499[폐쇄명령처분취소청구의 소]).

④ 대한민국 국적의 부와 중국 국적의 모 사이의 혼외자로 출생한 원고들이 **국적법 제2조에 따라 출생에 의한 국적을 취득할 수 없는데도, 행정청의 과실로 원고들이 대한민국 국민임을 전제로 주민등록번호가 부여되고 주민등록증이 발급되었는데**, 원고들이 성인이 된 이후 피고에게 **국적보유 판정 신청을 하자** 피고가 원고들이 대한민국 국적 보유자가 아니라는 이유로 **국적비보유 판정을 하였고**, 이에 원고들이 피고를 상대로 **그 판정의 취소를 구한 사안에서** 대법원은, ① 원고들이 대한민국 국적을 취득하였다는 공적 견해표명(즉, 주민등록번호와 이에 따른 주민등록증을 부여한 행위)이 계속 유지되었고, ② 공적 견해표명을 신뢰한 원고들의 행위가 있었으며, ③ 이 사건 판정으로 인해 침해되는 원고들의 이익이 크고, ④ 행정청이 원고들의 부모에 대하여 원고들에 대한 국적취득절차를 밟아야 한다는 점을 안내하였는데도 **원고들의 부모가** 원고들의 대한민국 국적 취득을 신뢰하여 그 절차를 진행하지 않은 **과실이 있으나, 원고들 스스로는** 자신들이 대한민국 국적을 취득하였다고 신뢰한 데에 **귀책사유(고의 또는 중대한 과실)가 있었다고 보기 어렵고**, 원고들의 신뢰에 반하여 이루어진 이 사건 판정은 신뢰보호의 원칙에 위배된다고 한 사례(대판 2024. 03. 12, 2022두60011[국적비보유판정 취소의 소]). **〈해설〉 원심은**, 원고들의 출생신고에 따라 원고들에게 주민등록번호가 부여되고, 가족관계등록부가 작성되었다고 하더라도 **그 후 원고들에 대한 가족관계등록부가 말소되고, 원고들 부의 가족관계등록부에 원고들의 국적이 중국으로 기재되었으며**, 출입국관리 행정청이 **원고들의 부모에게 원고들에 대한 국적 취득 절차를 안내**한 이상, 원고들이 대한민국 국적을 취득하였다는 행정청의 견해표명이 있었다고 하더라도, **그 견해표명이 철회되었거나 그 견해표명이 정당하다고 신뢰한 원고들의 부모에게 귀책사유가 있다는 이유로 이 사건 판정이 신뢰보호의 원칙에 반하지 않는다고 판단하였다.**

다. 신뢰에 입각한 사인의 조치 상대방인 국민이 행정기관의 선행조치(언동)에 대한 신뢰에 입각하여 어떠한 조치(자본투하, 업무수행 등)를 취하였어야 한다.

라. 신뢰에 반하는 행정권 행사 행정기관이 상대방의 신뢰를 저버리는 행정권행사를 하였고 그로 인하여 상대방의 권익이 침해되어야 한다.

마. 인과관계 신뢰를 주는 선행조치와 개인의 조치 또는 권익의 침해 사이에 인과관계(因果關係)가 있어야 한다.

바. 기 타 ① 판례는 '공적 견해표명에 따른 행정권의 행사가 공익 또는 제3자의 정당한 이익을 현저히 해할 우려가 있는 경우가 아니어야 한다는 것'을 신뢰보호의 원칙이 적용되기 위한 소극적 요건으로 보고 있다(대판 1998. 11. 13, 98두7343).

그러나, 공익 또는 제3자의 정당한 이익의 고려는 신뢰보호의 원칙의 소극적 적용요건이 아니라 신뢰보호의 이익과 공익 또는 제3자의 정당한 이익 사이의 이익형량의 문제로 보는 것이 타당하다.

② 신뢰보호의 원칙의 근거를 신의성실의 원칙에서 찾거나 행정에 대한 국민의 신뢰의 보호를 신뢰보호의 원칙이 아니라 신의성실의 원칙에 의해 행하는 견해에 의

하면 행정기관과 국민 사이에 구체적인 신의관계가 형성되어야만 행정에 대한 국민의 신뢰가 보호된다. 이 견해에 의하면 불특정 다수를 대상으로 하는 법령(행정규칙 포함) 등에 대한 신뢰는 보호되지 않는다.

5) 공익(합법성원칙 포함)과의 형량

가. 신뢰보호의 원칙과 합법성 원칙의 충돌과 이익형량 신뢰보호의 원칙과 합법성의 원칙이 충돌하는 경우가 있다. 이 경우에 어떠한 해결이 타당한가에 관하여 법적합성우위설과 동위설이 대립하고 있다.

법적합성우위설(法適合性優位說)은 행정의 합법성의 원칙이 행정의 법적 안정성의 원칙 및 그로부터 도출되는 신뢰보호의 원칙보다 우월하다고 보는 견해이다.

동위설(同位說)(이익형량설)은 법적합성의 원칙과 신뢰보호의 원칙은 다 같이 법치국가원리의 내용을 이루는 것이므로 동일한 효력을 갖는다고 보는 견해이다. 동위설이 타당하다. 동위설에 의하는 경우 합법성의 원칙과 신뢰보호의 원칙이 충돌하는 경우에는 합법성의 원칙에 따른 처분을 통하여 달성하는 공익과 상대방의 신뢰가 침해됨으로써 발생되는 불이익을 이익형량하여 결정하여야 한다.

나. 신뢰보호의 이익과 공익의 충돌과 이익형량 신뢰보호의 이익과 공익이 충돌하는 경우가 있는데 이는 통상 신뢰보호의 원칙에 반하는 재량처분에서 그러하다.

신뢰보호의 이익과 공익 또는 제3자의 이익이 상호 충돌하는 경우에는 이들 상호간에 이익형량을 하여야 한다(대판 2002. 11. 08, 2001두1512).

[판례] ① [1] 종교법인이 도시계획구역 내 생산녹지로 답인 토지에 대하여 종교회관 건립을 이용목적으로 하는 토지거래계약의 허가를 받으면서 담당공무원이 관련 법규상 허용된다 하여 이를 신뢰하고 건축준비를 하였으나 그 후 당해 지방자치단체장이 다른 사유를 들어 토지형질변경허가 신청을 불허가 한 것이 신뢰보호원칙에 반한다. [2] 비록 지방자치단체장이 당해 토지형질변경허가를 하였다가 이를 취소·철회하는 것은 아니라 하더라도 지방자치단체장이 토지형질변경이 가능하다는 공적 견해표명을 함으로써 이를 신뢰하게 된 당해 종교법인에 대하여는 그 신뢰를 보호하여야 한다는 점에서 형질변경허가 후 이를 취소·철회하는 경우를 유추·준용하여 그 형질변경허가의 취소·철회에 상당하는 당해 처분으로써 지방자치단체장이 달성하려는 공익, 즉 당해 토지에 대하여 그 형질변경을 불허하고 이를 우량농지로 보전하려는 공익과 위 형질변경이 가능하리라고 신뢰한 종교법인이 입게 될 불이익을 상호 비교·교량하여 만약 전자가 후자보다 더 큰 것이 아니라면 당해 처분은 비례의 원칙에 위반되는 것으로 재량권을 남용한 위법한 처분이라고 봄이 상당하다(대판 1997. 09. 12, 96누18380).

② 혈중 알콜 농도가 0.15%인 상태에서 음주운전을 한 자에 대해 담당 경찰공무원의 전산입력 착오로 운전면허정지 대상자로 분류되어 100일 운전면허정지처분을 내린 후 운전면허취소처분을 한 것은 당사자의 신뢰 및 법적 안정성을 크게 저해하는 것이 되어 허용될 수 없다(대판 2000. 02. 25, 99두10520).

③ 3년 전의 위반행위를 이유로 한 운전면허취소처분의 위법성을 인정한 사례(대판 1987. 09. 08,

87누373). 〈해설〉 이 사례에서 판례는 신뢰보호의 원칙, 이익형량의 원칙을 적용하였지만, 실권의 법리를 인정할 수도 있는 사례로 보인다. 또한, 이 사례에서 행정청이 원고의 신뢰이익을 고려하여 운전면허정지처분을 내렸다면, 당해 정지처분은 비례의 원칙에 반하지 않는 처분으로 판단될 수도 있다.

(4) 적법절차의 원칙

적법절차(適法節次)의 원칙(原則)이란 개인의 권익을 제한하는 모든 국가작용은 적법절차(due process)에 따라 행하여져야 한다는 원칙이다.

헌법 제12조 제1항에서 규정하고 있는 적법절차의 원칙은 형사소송절차에 국한되지 아니하고 모든 국가작용 전반에 대하여 적용된다(헌재 1992. 12. 24, 92헌가8 결정 등; 대판 2014. 06. 26, 2012두911).

공권력의 행사가 비록 그 실체적 내용에서는 합법이라 하여도 그 공권력 행사의 절차가 적정한 절차를 거치지 않으면 그 공권력 행사는 적법절차의 원칙의 위반으로 절차상 위법한 행위가 된다.

현행 헌법상 적법절차의 원칙을 일반적으로 선언하는 명문의 규정은 없다. 헌법 제12조 제1항 제2문과 제3항은 형사사법분야에서 적법절차의 원칙을 규정하고 있다. 적법절차의 원칙이 행정법상의 일반적인 법원칙으로 인정될 수 있는지에 관하여 견해의 대립이 있지만 후술하는 바와 같이 적법절차의 원칙은 헌법 제12조, 행정절차법에서 확인되고 있으며 법치국가원리, 기본권 보장규정, 정의의 원칙으로부터 도출된다고 보아야 한다. 따라서 행정절차법에 규정이 없는 경우에도 행정권 행사가 적정한 절차에 따라 행해지지 아니한 경우에는 그 행정권 행사는 적법절차의 원칙 위반으로 위헌 · 위법이다.

[판례] (1) **개별 세법에 납세고지에 관한 별도의 규정이 없더라도** 국세징수법이 정한 것과 같은 납세고지의 요건을 갖추지 않으면 안 된다는 것이고, **이는 적법절차의 원칙이 과세처분에도 적용됨에 따른 당연한 귀결**이다. **(2) 가산세 부과처분이라고 하여 그 종류와 세액의 산출근거 등을 전혀 밝히지 않고 가산세의 합계액만을 기재한 경우에는 그 부과처분은 위법함을 면할 수 없다**(대판 전원합의체 2012. 10. 18, 2010두12347[증여세부과처분취소]).

적법절차의 원칙은 절차상의 적법성뿐만 아니라 법률의 구체적 내용도 합리성과 정당성을 갖춘 실체적인 적법성이 있어야 한다는 것을 포함한다(헌재 1992. 12. 24, 92헌가8).

적법절차의 원칙은 헌법원칙이다. 따라서 적법절차에 반하는 법률은 위헌이다.

(5) 자기책임의 원칙(책임주의원칙)

1) 의의

자기책임의 원칙이라 함은 누구든지 자기에게 책임이 있는 경우에 한하여 책임을 지며 불가항력이나 전혀 무관한 제3자의 행위로 인한 것에 대해서는 책임을 지지 않는다는 원칙이다. 자기책임의 원칙은 **책임주의** 또는 **책임주의원칙**이라고도 한다.

자기책임원리는 법치주의에 당연히 내재하는 원리이다.

[판례] 헌법 제10조가 정하고 있는 행복추구권에서 파생되는 자기결정권 내지 일반적 행동자유권은 이성적이고 책임감 있는 사람의 자기 운명에 대한 결정·선택을 존중하되 그에 대한 책임은 스스로 부담함을 전제로 한다. **자기책임원리는** 이와 같이 자기결정권의 한계논리로서 **책임부담의 근거로 기능하는 동시에 자기가 결정하지 않은 것이나 결정할 수 없는 것에 대하여는 책임을 지지 않고 책임부담의 범위도 스스로 결정한 결과 내지 그와 상관관계가 있는 부분에 국한됨을 의미하는 책임의 한정원리로 기능**한다. 이러한 자기책임원리는 인간의 자유와 유책성, 그리고 인간의 존엄성을 진지하게 반영한 원리로 민사법이나 형사법에 국한된 원리라기보다는 근대법의 기본이념으로서 **법치주의에 당연히 내재하는 원리**로 볼 것이다(헌재 2013. 05. 30, 2011헌바360등; 2015. 03. 26, 2012헌바381등).

책임의 원칙 또는 책임주의는 행정법상 처분에도 적용된다는 것이 판례의 입장이다.

[판례] ① 제재를 함에 있어 위반행위의 경중이 전혀 고려되지 않게 되면 책임의 원칙에 부합하지 않게 된다(대판 전원합의체 2019. 02. 21, 2014두12697[부당이득금부과처분취소등]).
② 선불식 할부거래 회사가 위와 같이 '결격사유에 해당하게 된 경우'에도 **책임주의원칙에 비추어** 결격사유의 발생을 회피하는 것을 당사자에게 기대하기 어려운 사정이 있거나 법령상 의무 위반을 비난할 수 없는 정당한 사유가 있는 경우까지 등록취소처분을 할 수 있는 것은 아니라고 보아야 한다(대판 2017. 04. 26, 2016두46175).
③ 이 사건 법률조항에 의한 입찰참가자격의 제한은 **스스로 결정하지 않은 것이나 결정할 수 없는 것에 대하여 책임과 위험부담을 지우는 것이라고 할 수 없어 자기책임의 원칙에 반하지 않는다**(서울고등법원 2015. 08. 18. 선고 2014누61639 판결[입찰참가자격제한처분취소]).

2) 내용 및 효력

자기책임의 원리에 따르면 누구든지 자기가 결정하지 않은 것이나 결정할 수 없는 것에 대하여는 책임을 지지 않고, 책임부담의 범위도 스스로 결정한 결과 내지 그와 상관관계가 있는 부분에 국한된다. 자기책임이 없는데 책임을 지우는 것은 자기책임의 원리 및 법치주의에 반한다. 불가항력이나 전혀 관련 없는 제3자에 의한 침해에 대해 책임지도록 하는 것은 불가능을 요구하는 것으로서 법의 일반원리에 반한다.

그리고, 모든 책임에는 책임자에게 책임사유(귀책사유)가 있어야 한다. 책임사유에는 인과관계와 협의의 귀책사유(고의 또는 과실 또는 위법행위)가 있다. 결과에 대한 책임으로 규정되어 있는 경우에는 결과에 대한 책임자의 원인이 되는 행위 또는 최소한 결과에 대한 일정한 정도의 기여가 있는 경우에 한하여 책임을 지도록 하는 것이 책임의 원리에 합치한다.

행정책임에서 인과관계와 협의의 귀책사유의 의미는 책임의 종류에 따라 다르다. 사법상 책임은 원칙상 고의 또는 과실이라는 주관적 귀책사유를 요구하지만, 공익을 위한 책임인 **행정책임**은 공익과 개인책임의 이익형량에 따라 사법상 책임보다는 엄격한 객관화된 귀책사유가 요구된다. 공익에 대한 영향이 중대할수록, 그리고 공익보장을 위해 행정 상대방의 법준수와 역할이 중요할수록 그에 비례하여 엄격책임(귀책사유의 완화와 책임범위의 확대)을 지워야 한다. 그리고 예외적이기는 하지만, 공익상 필요가 매우 큰 경우에는 법령에 근거하여 결과책임도 인정될 수 있다. **경찰책임**에서의 귀책사유는 행위책임이나 상태책임이 있는 자로서 위험에 직접적인 원인을 제공한 것을 의미한다. 폐기물관리법은 폐기물처리업자에 의해 불법으로 버려진 사업장폐기물에 대한 사업장폐기물배출자의 처리책임에 사업장폐기물배출자의 귀책사유를 요구하고 있다. **제재처분의 경우** 대법원 판례에 따르면 제재처분에는 법위반자의 고의·과실을 요하지 않지만, 법령에서 의무위반만으로 제재처분(영업정지, 과징금 등)을 과할 수 있는 것으로 규정하고 있는 경우에도 의무위반을 탓할 수 없는 정당한 사유가 있는 경우에는 제재처분을 할 수 없다. 종업원의 범죄행위에 대해 선임·감독상의 과실이 없는 사업주도 처벌하도록 규정하고 있는 **양벌규정**은 법치국가의 원리 및 죄형법정주의로부터 도출되는 형벌에 관한 책임주의원칙에 반하므로 위헌이다(헌재 2010. 07. 29, 2009헌가14).

행정책임은 법률유보의 원칙상 법률의 근거가 있어야 한다. 책임사유 및 책임의 범위가 법률로 정해져야 하는데, 책임사유는 인과관계와 협의의 귀책사유를 엄격하게 구분하지 않고 책임사유로 통합하여 규정하는 것도 가능하다.

3. 모든 법의 일반원칙

신의성실의 원칙이나 권리남용금지의 원칙은 민법만의 법원칙은 아니며 행정법을 포함한 모든 법의 일반원칙이다.

(1) 신의성실의 원칙

1) 의 의

신의성실(信義誠實)의 원칙(原則)은 모든 사람은 공동체의 일원으로서 상대방의 신뢰를 헛되이 하지 않도록 성의 있게 행동하여야 한다는 원칙이다.

행정기본법은 불문법인 신의성실의 원칙을 행정법의 일반원칙의 하나로 선언하고 있다. 다만, **성실의무의 원칙**으로 명칭을 달리하여 규정하고 있다. 즉, 행정청은 법령등에 따른 의무를 성실히 수행하여야 한다(행정기본법 제11조 제1항). **행정절차법**은 행정청은 직무를 수행할 때 신의(信義)에 따라 성실히 하여야 한다고 규정하고 있다(제4조 제1항).

2) 적용요건

신의성실의 원칙에 위배된다는 이유로 그 권리의 행사를 부정하기 위하여는 상대방에게 신의를 주었다거나 객관적으로 보아 상대방이 그러한 신의를 가짐이 정당한 상태에 이르러야 하고, 이와 같은 상대방의 신의에 반하여 권리를 행사하는 것이 정의 관념에 비추어 용인될 수 없는 정도의 상태에 이르러야 하고, 일반 행정법률관계에서 관청의 행위에 대하여 신의칙이 적용되기 위해서는 합법성의 원칙을 희생하여서라도 처분의 상대방의 신뢰를 보호함이 정의의 관념에 부합하는 것으로 인정되는 특별한 사정이 있을 경우에 한하여 예외적으로 적용된다(대판 2004. 07. 22, 2002두11233[개발부담금부과처분취소]).

3) 적용례

가. 공권력 행사의 신의칙 위반 행정청이 심히 부당하게 처분을 늦추고, 그 사이에 허가기준을 엄격하게 변경하는 법령개정을 하고 개정된 법령에 근거하여 거부처분을 하는 것은 신의성실의 원칙에 반한다(대판 1984. 05. 22, 84누77).

행정법상 신청을 할 수 없게 한 장애사유를 행정청이 만든 경우에 행정청이 원인이 된 장애사유를 근거로 그러한 신청을 인정하지 않는 것은 신의성실의 원칙에 반하여 허용될 수 없다(대판 2019. 01. 31, 2016두52019 등).

[판례] 훈련과정에 관한 인정제한처분이 소송을 통하여 취소된 경우, 별도의 인정신청이 없었다는 등의 이유만으로 해당기간의 교육훈련비 지급을 거부하는 것은 신의성실의 원칙에 반하여 위법하다고 한 사례(대판 2019. 01. 31, 2016두52019).

다음의 예도 신의성실의 원칙이 직접 적용되는 예가 될 수 있다.

[예] 甲이 건축법령상의 요건에 맞게 4층의 연립주택을 건축하려고 건축허가를 신청한 경우에 인근주민이 반대하는 민원을 제기하였고, 행정기관이 甲에게 민원을 제기한 인근주민과 협의하여 인근주민의 당해 건축에 대한 동의를 받을 것을 권고하며 건축허가를 보류하였고, 이에 따라 甲이 오랜 기간 동안 성의를 다하여 인근주민과 협의를 하였으나 협의에 이르지 못하였고, 그러던 중 건축관계법령이 바뀌어 3층 이하의 연립주택만 지을 수 있게 됨에 따라 행정기관이 처분시의 법령을 적용하여야 한다는 원칙에 따라 건축허가거부처분을 내린 경우에 그 건축허가거부처분은 신의성실의 원칙에 반하는 처분이라고 보아야 한다.

신의성실의 원칙은 당사자간에 계약 등 구체적인 관계가 있을 때에만 적용되는 것으로 보는 것이 일반적 견해이다. 따라서 그러한 관계를 전제로 하지 않는 행정작용(예, 행정규칙 또는 행정계획 등)에는 적용될 수 없다.

나. 소멸시효 주장의 신의칙 위반

[판례] 근로복지공단의 요양불승인처분의 적법 여부는 사실상 근로자의 휴업급여청구권 발생의 전제가 된다고 볼 수 있는 점 등에 비추어, 근로자가 요양불승인에 대한 취소소송의 판결확정시까지 근로복지공단에 휴업급여를 청구하지 않았던 것은 이를 행사할 수 없는 사실상의 장애사유가 있었기 때문이라고 보아야 하므로, 근로복지공단의 소멸시효 항변은 신의성실의 원칙에 반하여 허용될 수 없다(대판 전원합의체 2008. 09. 18, 2007두2173[휴업급여부지급처분취소]). 〈해설〉 이 판례와 배치되는 종전의 판례를 변경한 전원합의체판결이다. 휴업급여청구에 대한 거부는 처분이다.

국가배상청구권의 소멸시효 주장에 관하여는 후술(국가배상) 참조.

다. 행정 상대방의 행위에 대한 신의칙 적용

[판례] ① [1] 지방공무원법상의 정년은 지방공무원의 정년퇴직시 구비서류로 요구되는 가족관계기록사항에 관한 증명서 중 기본증명서에 기재된 실제의 생년월일을 기준으로 산정해야 한다. [2] 지방공무원 임용신청 당시 잘못 기재된 호적상 출생연월일을 생년월일로 기재하고, 이에 근거한 공무원인사기록카드의 생년월일 기재에 대하여 처음 임용된 때부터 약 36년 동안 전혀 이의를 제기하지 않다가, 정년을 1년 3개월 앞두고 호적상 출생연월일을 정정한 후 그 출생연월일을 기준으로 정년의 연장을 요구하는 것이 신의성실의 원칙에 반하지 않는다고 한 사례(대판 2009. 03. 26, 2008두21300[공무원지위확인]). 〈해설〉 원심은 신의성실의 원칙에 위반된다고 하였으나, 대법원은 원심을 배척하였다.

② 원고가 금지금 거래를 함에 있어 그 전에 있은 일련의 거래과정에 매출세액의 포탈을 목적으로 부정거래를 하는 악의적 사업자가 존재하고 그로 인하여 원고에 대한 매입세액의 공제·환급이 다른 조세수입의 감소를 초래한다는 사정을 알았거나 중대한 과실로 알지 못하였음에도 불구하고 그 매입세액의 공제·환급을 구하는 것이라면, 이는 악의적 사업자의 부정거래에 편승한 원고가 매입세액 공제·환급제도를 악용하여 악의적 사업자가 포탈한 매출세액의 일부를 이익으로 분배받고자 하는 것일 뿐만 아니라 전단계세액공제 제도를 취하고 있는 부가가치세 제도 및 전반적 조세 정의의 근간을 훼손하는 것으로서 도저히 용납될 수 없으므로 국세기본법 제15조가 규정하는 신의성실의 원칙에 반하여 허용될 수 없다고 한 사례(대판 전원합의체 2011. 01. 20, 2009두13474[부가가치세등부과처분취소]).

③ 피징계자가 징계처분에 중대하고 명백한 흠이 있음을 알면서도 퇴직시에 지급되는 퇴직금 등 급여를 지급받으면서 그 징계처분에 대하여 위 흠을 들어 항고하였다가 곧 취하하고 그 후 5년 이상이나 그 징계처분의 효력을 일체 다투지 아니하다가 위 비위사실에 대한 공소시효가 완성되어 더이상 형사소추를 당할 우려가 없게 되자 새삼 위 흠을 들어 그 징계처분의 무효확인을 구하는 소를 제기하기에 이르렀고 한편 징계권자로서도 그후 오랜 기간동안 피징계자의 퇴직을 전제로 승진·보직 등 인사를 단행하여 신분관계를 설정하였다면 피징계자가 이제와서 위 흠을 내세워 그 징계처분의 무효확인을 구하는 것은 신의칙에 반한다(대판 1989. 12. 12, 88누8869).

4) 신의성실의 원칙과 적법성 원칙의 충돌과 이익형량

법령에 따른 처분이 신의성실의 원칙에 반하는 경우 위법한 처분이 되는가 하는 것은 구체적인 사안에서의 신의성실의 원칙의 보호가치와 적법성의 원칙의 보호가치를 비교형량하여 판단하여야 할 것이다.

판례는 합법성의 원칙을 우선에 두고, 예외적으로 신의성실의 원칙이 적용되는 것으로 보고 있다.

[판례] 일반 행정법률관계에서 관청의 행위에 대하여 신의칙이 적용되기 위해서는 합법성의 원칙을 희생하여서라도 처분의 상대방의 신뢰를 보호함이 정의의 관념에 부합하는 것으로 인정되는 특별한 사정이 있을 경우에 한하여 예외적으로 적용된다(대판 2004. 07. 22, 2002두11233).

(2) 권한남용금지의 원칙

1) 의 의

행정법상 권한(權限)의 남용(濫用)이란 행정기관의 권한을 법상 정해진 공익 목적에 반하여 행사하는 것을 말한다. 권한남용금지의 원칙은 법치국가원리 내지 법치주의에 기초한 것이다(대판 2016. 12. 15, 2016두47659). 권한남용금지의 원칙은 행정의 목적 및 행정권한을 행사한 행정공무원의 내심의 의도까지 통제하는 원칙이다.

행정기본법은 불문법인 권한남용금지의 원칙을 행정법의 일반원칙의 하나로 선언하고 있다. 즉, 행정청은 행정권한을 남용하거나 그 권한의 범위를 넘어서는 아니 된다(행정기본법 제11조 제2항).

2) 내 용

행정권을 본연의 목적이 아니라 **부정한 목적**(사적 목적, 정치적 목적, 실질적 관련이 없는 다른 공익목적)으로 행사한 경우 외형적으로 행정권한의 범위내의 행사라도 권한남용이 된다.

판례는 세무조사가 과세자료의 수집 또는 신고내용의 정확성 검증이라는 본연의 목적이 아니라 **부정한 목적**을 위하여 행하여진 것이라면 이는 세무조사에 중대한 위법사유가 있는 경우에 해당하고 이러한 세무조사에 의하여 수집된 과세자료를 기초로 한 과세처분 역시 위법하다고 보았다(대판 2016. 12. 15, 2016두47659).

① 행정법상의 권한이 사적 목적으로 행사된 경우에 권한의 남용이 됨은 명백하다. 예를 들면, 공무원이 영업허가의 취소권을 허가취소의 대상이 되는 영업자와 경쟁관계에 있고 본인이 잘 알고 있는 다른 영업자의 이익을 위하여 행사한 것은 권한의 남용이 된다.

② 행정권을 정치적 목적으로 행사하는 것도 권한남용에 해당한다.

③ 논란의 대상이 되는 것은 행정기관의 권한이 법상 정해진 목적이 아닌 다른 공익 목적을 위하여 행사된 경우에 그것이 권한의 남용에 해당하느냐 하는 것이다. 이 문제를 해결함에 있어서는 문제의 권한의 목적과 함께 행정청의 권한의 분배의 의의를 고려하여야 한다.

행정권한이 공익 목적을 달성하기 위하여 행사되는 한 권한의 남용은 아니라고 보는 견해도 있지만 그것은 타당하지 않다. 법치행정의 원칙상 권한은 원칙상 법에 정해진 목적을 위해서만, 보다 정확히 말하면 법에 정해진 목적과 관련이 있는 한도 내에서만 행사되어야 한다. 행정목적을 위하여 행정기관 상호간에 협력할 의무도 있다고 보아야 하므로 행정청의 권한과 실체적 관련이 있는 공익목적을 실현하기 위하여 행사되는 한에서는 권한의 남용에 해당하지 않는다고 보아야 할 것이다.

4. 기타의 행정법상 법의 일반원칙

(1) 부당결부금지의 원칙

1) 의 의

부당결부금지(不當結付禁止)의 원칙(原則)이라 함은 행정기관이 행정권을 행사함에 있어서 그것과 실질적인(실제적인) 관련이 없는 의무를 부과하거나 권익을 제한(급부의 배제 포함)해서는 안 된다는 원칙을 말한다. 부당결부금지의 원칙은 행정권의 자의적인 권한행사를 통제하고 국민의 권리를 보호하는 기능을 한다.

행정기본법은 불문법인 부당결부금지의 원칙을 행정법의 일반원칙의 하나로 선언하고 있다. 즉, 행정청은 행정작용을 할 때 상대방에게 해당 행정작용과 실질적인 관련이 없는 의무를 부과해서는 아니 된다(행정기본법 제13조). 행정기본법은 실질적 관련이 없는 '의무'의 부과만을 금지하는 것으로 규정하고 있지만, 실질적 관련이 없는 권익의 제한(반대급부의 배제 포함)(예, 관허사업허가의 거부, 보조금지급의 거부, 수도나 전기공급의 거부, 관련없는 운전면허의 취소)도 부당결부금지의 원칙상 금지된다고 보아야 한다.

부당결부금지의 원칙은 실질적 관련이 없는 것에 대한 행정권 행사를 통제하는 점에서는 권한남용금지의 원칙과 동일하다. 그러나, 부당결부금지의 원칙은 행정권 행사의 객관적 관련성을 통제하는 반면에 권한남용금지의 원칙은 행정청의 주관적 의사(부정목적, 남용의사)를 통제하는 점에서 차이가 있다. 그리고 부당결부금지의 원칙은 행정기관의 법령상 규정된 권한 범위밖의 권한행사를 실질적 관련성의 한도내로 통제하는 반면에, 권한남용금지의 원칙은 외형적으로 법령상 규정된 권한 범위내이지만 부정한 행정목적(의사)으로 행사하는 것을 통제한다.

2) 내 용

행정권의 행사와 그에 결부된 반대급부나 의무 사이에 실질적 관련성이 있어야 하며 실질적 관련성이 없는 경우에 당해 행정권 행사는 부당결부금지의 원칙에 반한다.

실질적 관련성은 원인적 관련성과 목적적 관련성을 포함하며 이 둘 중 하나를 결여하면 부당결부금지의 원칙에 반한다는 견해가 있다. 즉, **'원인적 관련성'**이라 함은 '수익적 내용의 행정행위를 발령하기 때문에 이와 관련하여 상대방에게 개별적인 부관을 부과하는 것이 가능하게 되는 관계가 될 뿐만 아니라, 수익적 행정행위를 발령하기 때문에 특정부관의 부과가 필요하게 되는 관계일 것'을 말하고(예, 주택사업계획승인처분에 부가된 진입 도로 개설 또는 확장 및 기부채납 부담), **'목적적 관련성'**이라 함은 행정권한의 수권목적의 범위 내에서 반대급부가 부과되는 것을 말한다(예, 위법건축물을 사용하여 행할 영업에 대한 허가거부). 따라서, 행정기관이 다른 목적을 위하여 자신의 권한을 행사하거나 또는 다른 행정기관의 권한영역에 속하는 행정목적을 달성하기 위하여 부관을 부과하는 것은 부당결부금지의 원칙에 반한다.[16]

그러나, 판례는 원인적 관련성과 목적적 관련성을 명확하게 구분하지 않고, 원인과 목적에서 실질적 관련성을 판단하고 있는 것으로 보인다.

3) 적용례

부당결부금지의 원칙은 처분, 공법상 계약, 부관 등 모든 행정작용에 적용된다.

가. 기부채납의무의 부담 수익적 행정행위, 특히 주택사업계획 승인처분을 행하면서 일정한 토지 또는 시설의 기부채납의무(寄附採納義務)를 부담으로 부과하는 것이 부당결부금지의 원칙에 반하는 것인지가 문제된다.

주택사업계획을 승인하면서 진입도로의 개설 또는 확장, 공원부지, 학교부지의 조성과 함께 그의 기부 또는 학교용지부담금의 지급을 개발사업자에게 의무지우는 것은 당해 토지 또는 시설이 대규모주택사업으로 필요하게 된 것이고, 당해 공공시설은 당해 주택사업계획의 승인에 따라 건설된 주택에 입주한 자가 주로 이용하는 시설이므로 주된 이용자가 이들 시설을 부담하는 것이 타당하다. 그러나, 주택사업과 아무런 관련이 없는 토지를 기부채납하라는 부관은 부당결부금지의 원칙에 반하여 위법하다(대판 1997. 03. 11, 96다49650[토지기부채납사건]).

[판례] 정비사업의 시행으로 정비구역 밖에 설치하는 정비기반시설이라 하더라도 사업시행 인가관청이 사업시행인가처분을 하면서 인가조건으로 시설을 설치하도록 하는 부담을 부과하고 사업시행자가 부담의 이행으로써 이를 설치한 때에는, 부관이 다른 법률의 규정에 위반되거나 **부당결부**

---

16) 류지태, 『행정법신론』, 제4판, 46~47면.

금지의 원칙이나 비례의 원칙에 반하여 위법하다고 볼 특별한 사정이 없는 한, 인가조건의 내용에 따라 당해 정비기반시설은 무상으로 또는 정산을 거쳐 시설을 관리할 국가 또는 지방자치단체에 귀속될 수 있다(대판 2014. 02. 21, 2012다78818).

나. 공급거부(구 건축법 제69조 제2항) 위법한 건축물을 시정하도록 하기 위하여 수도나 전기의 공급을 거부하거나 이미 행해지고 있는 수도나 전기의 공급을 중단하는 것이 부당결부금지의 원칙에 반하는 것인지 문제된다. 위법건축물에 대한 수도·전기 등 공급거부 규정인 구 건축법 제69조 제2항은 2005년 건축법 개정으로 삭제되었다.

위법건축물의 시정과 단전 또는 단수조치 사이에 실체적 관련이 있는지에 대하여 실제적 관련성이 없다는 견해와 실제적 관련성이 있다는 견해가 대립한다. 전자의 견해는 위법건축물의 시정목적과 단전 또는 단수조치의 행정목적은 전혀 다른 것이라고 보고, 후자의 견해는 위법건축물에 수도나 전기의 공급을 해 주는 것은 위법건축물을 사용하도록 하는 결과를 가져온다는 점, 행정청의 권한은 공익목적 달성을 위하여 상호 협력하여야 한다는 점 등을 고려하면 부당결부금지의 원칙에 반하는 것은 아니라고 한다.

다. 관허사업의 제한 행정법규의 위반에 대하여 관허사업(官許事業)을 제한(거부)하는 것이 부당결부금지의 원칙에 반하는 것인지가 문제된다. 이 경우에는 행정법규 위반과 당해 관허사업의 제한 사이에 실제적 관련이 있지는 여부가 그 판단기준이 된다(후술 행정의 새로운 실효성 확보수단 참조).

예를 들면, 건축법에 위반하는 건축물을 사용하여 행할 영업에 대한 허가를 거부하는 것은 부당결부금지의 원칙에 반하는 것은 아닐 수 있지만, 당해 위법건축물을 사용하지 않는 다른 영업허가를 거부하는 것은 부당결부금지의 원칙에 반한다.
세금의 체납과 인허가의 거부 또는 인허가 등의 취소 또는 정지 사이에 실제적 관련성이 있는지에 관하여 견해의 대립이 있다. 세금의 체납과 인허가의 거부 또는 인허가 등의 취소 또는 정지는 상호 별개의 행정목적을 갖는 것으로 보며 실제적 관련성을 부정하는 견해와 인허가는 세금이 체납된 사업을 용인하는 결과를 가져온다는 점 및 행정기관은 행정목적의 달성을 위하여 상호 협력하여야 한다는 점에 근거하여 실제적 관련성을 인정하는 견해가 있다. 세금이 체납된 사업과 관련이 있는 사업에 대한 관허사업의 제한은 실제적 관련성이 있지만, 세금이 체납된 사업과 관련이 없는 사업에 대한 관허사업의 제한은 실제적 관련성이 없다는 견해가 타당하다.

라. 기타 적용례

[판례] ① 고속국도 관리청이 고속도로 부지와 접도구역에 송유관 매설을 허가하면서 상대방과 체결한 협약에 따라 송유관 시설을 이전하게 될 경우 그 비용을 상대방에게 부담하도록 한 부관이 부당결부금지의 원칙에 반하지 않는다고 한 사례(대판 2009. 02. 12, 2005다65500).
② 이륜자동차로서 제2종 소형면허를 가진 사람만이 운전할 수 있는 오토바이는 제1종 대형면허

나 보통면허를 가지고서도 이를 운전할 수 없는 것이어서 이와 같은 이륜자동차의 운전은 제1종 대형면허나 보통면허와는 아무런 관련이 없는 것이므로 이륜자동차를 음주운전한 사유만 가지고서는 제1종 대형면허나 보통면허의 취소나 정지를 할 수 없다(대판 1992. 09. 22, 91누8289).

③ 한 사람이 여러 종류의 자동차운전면허를 취득하는 경우뿐 아니라, 이를 취소 또는 정지하는 경우에 있어서도 서로 별개의 것으로 취급하는 것이 원칙이고, 제1종 대형면허를 가진 사람만이 운전할 수 있는 대형승합자동차는 제1종 보통면허를 가지고 운전할 수 없는 것이기는 하지만, 자동차운전면허는 그 성질이 대인적 면허일 뿐만 아니라, 도로교통법시행규칙 제26조 [별표 13의6]에 의하면, 제1종 대형면허 소지자는 제1종 보통면허 소지자가 운전할 수 있는 차량을 모두 운전할 수 있는 것으로 규정하고 있어, **제1종 대형면허**의 취소에는 당연히 **제1종 보통면허**소지자가 운전할 수 있는 차량의 운전까지 금지하는 취지가 포함된 것이어서 **이들 차량의 운전면허는 서로 관련된 것이라고 할 것**이므로, **제1종 대형면허로 운전할 수 있는 차량을 운전면허정지기간 중에 운전한 경우에는 이와 관련된 제1종 보통면허까지 취소할 수 있다**(대판 2005. 03. 11, 2004두12452).

④ (1) 행정처분과 부관 사이에 실제적 관련성이 있다고 볼 수 없는 경우(골프장 사업계획에 붙여진 기부금 지급의 부담) 공무원이 위와 같은 공법상의 제한을 회피할 목적으로 행정처분의 상대방과 사이에 사법상 계약(지방자치단체가 골프장사업계획승인과 관련하여 사업자로부터 기부금을 지급받기로 한 증여계약)을 체결하는 형식을 취하였다면 이는 법치행정의 원리에 반하는 것으로서 위법하다. (2) 이 사건 사업계획승인 자체는 위법·부당한 것이 아니었고 또 그 기부금을 원고가 수행하는 공익적 사업에 사용할 목적이었으며 사용 방법과 절차를 미리 원고의 내부 규정으로 정해 놓았다거나, 당시 피고의 대표이사가 골프장 개발에 따른 막대한 이익을 기대하고 이 사건 증여계약에 응하였다는 등의 원심이 인정한 사정들을 감안한다 하더라도 달리 볼 수는 없다. (3) 지방자치단체가 골프장사업계획승인과 관련하여 사업자로부터 기부금을 지급받기로 한 증여계약은, 공무수행과 결부된 금전적 대가로서 그 소선이나 동기가 사회질서에 반하므로 민법 제103조에 의해 무효라고 본 사례(대판 2009. 12. 10, 2007다63966[약정금]).

⑤ 용인시장은 1999. 12. 30. 구 주택건설촉진법 제33조에 따라 원고에게 주택건설사업계획의 승인을 하면서 "경전철 분담금 부과시 이를 사용검사 전까지 납부할 것"이라는 승인조건(이하 '이 사건 승인조건'이라 한다)을 부가하였고, 이후 이 승인조건에 근거하여 이 사건 분담금을 부과하였다는 것인바, 피고(용인시)의 경전철 사업은 피고 시내에서 시행되는 주택건설사업 등으로 교통수요가 급증함에 따라 이에 효과적으로 대처하고 장기적으로 쾌적한 도시교통체계를 구축하기 위해 피고가 1995.경부터 추진해오던 사업으로서, 피고 시에서 **이 사건 주택건설사업을 시행하는 원고로서는 위와 같은 경전철 사업에 대한 원인자에 해당한다 할 것이므로**, 이 사건 승인조건이 원고의 주택건설사업과 무관하여 부당결부금지원칙에 위배되는 것이라고 볼 수는 없다(대판 2007. 12. 28, 2005다72300[부당이득금반환]).

⑥ 원심은, 그 채용 증거들을 종합하여 서울특별시의 △△아파트지구개발기본계획에 의하여 신설예정인 폭 25m 도로는 이 사건 아파트의 서쪽을 통과하여 북쪽에 있는 주공2단지아파트를 관통한 다음 올림픽도로에 연결되는데, 원고(○○아파트주택재건축정비사업조합)는 2005. 1. 18. 주공2단지조합과 사이에 위 도로의 개설에 필요한 모든 시설물(도로, 반포천 교량, 방음시설 등)의 설치에 관한 비용을 주공2단지조합이 부담하기로 합의하고, 이에 따라 합의서 및 이행각서를 작성한 사실, 이 사건 아파트와 주공2단지아파트의 주민들은 남쪽의 운동로를 통하여 위 도로의 서쪽에 위치한 반포유수지 내의 축구장, 농구장 등의 체육시설을 이용하거나 산책을 하고 있는 사실, 한편 위 도로의 개설로 인하여 위 운동로가 차단되므로 도로횡단으로 인한 교통사고를 예방하고, 위 운동로를 통하여 반포유수지에 통행하기 위해서는 위 도로의 교량 밑으로 간이도로를 만들 필요

가 있고, 이에 따라 피고(서초구청장)는 이 사건 사업시행인가시 운동로의 언더패스(다리 밑을 지나는 도로) 방안이 필요하다는 인가조건 5번을 부가한 사실 등 판시와 같은 사실을 인정한 다음, 이 사건 아파트와 주공2단지아파트 주민들은 위 운동로를 통하여 반포유수지의 운동시설을 이용하거나 산책을 할 수 있는데, 폭 25m 도로의 신설로 위 운동로가 차단되어 이 사건 아파트 주민들을 비롯한 인근 주민들의 불편을 해소하고 교통사고를 예방하기 위해서는 위 운동로의 언더패스 방안이 필요한 점, 위 운동로의 언더패스의 설치가 이 사건 아파트 주민의 편익과 이 사건 아파트의 가치증진에 기여하게 될 것으로 예상되는 점 등을 종합하면, 연접하고 있는 주공2단지아파트 주민들도 위 운동로를 함께 이용하게 된다는 사정만으로는 원고에게 위 운동로의 언더패스 설치의무를 부담시키는 인가조건 5번이 부당결부금지의 원칙을 위반하거나 재량권의 범위를 일탈하여 위법하다고 보기 어렵다(대판 2007. 07. 12, 2007두6663[사업시행인가처분일부취소]).

⑦ 부산광역시 중구청장이 '갑 회사가 영도대교 부재 및 관련 자료를 전시할 수 있는 전시관을 건립할 것' 등의 부관(이하 '이 사건 부관'이라 한다)을 붙여 문화재 현상변경허가에 대해 변경허가처분을 한 사안에서, 이 사건 부관은, 부산광역시가 부담하여야 할 문화재 보존경비를 갑 회사에 추가로 부담시킨 것으로 합리적인 이유 없이 갑 회사의 재산권을 침해하는 것인 점, 실질적인 의미에서 본체가 되는 행정행위인 건축허가처분과 관련성이 없는 전시관 건립의무를 사후에 부과한 것으로 사후부관금지 및 부당결부금지 원칙에 반하는 것인 점, 갑 회사의 부담이 점차 증가하게 된 제반 사정에 비추어 비례원칙 및 평등원칙에 위배되는 것인 점을 고려하면, 이는 재량권을 일탈·남용하여 위법하다고 한 사례(부산고등법원 2011. 10. 28. 선고 2010누6380 판결[시지정문화재허가사항변경허가중전시관건립및비용부담부분취소]). 〈해설〉 이 사건 부관은 현상변경허가 변경처분에 붙여졌으나 실질적으로는 기존의 건축허가처분에 붙여진 것으로 보았다. 원심판결(고등법원판결)은 대법원에서 심리불속행으로 상고가 기각되어 확정되었다(대판 2012. 03. 15, 2011두28448).

4) 근거 및 효력

부당결부금지의 원칙은 어디로부터 도출되며 어떠한 법적 효력을 갖는가.

가. 헌법적 효력설 부당결부금지의 원칙은 법치국가의 원리와 자의금지의 원칙으로부터 도출된다고 보면서 부당결부금지의 원칙은 헌법적 효력을 갖는다는 견해이며 다수견해이다.

나. 법률적 효력설 부당결부금지의 원칙은 법치국가의 원칙과 무관하지 않지만 부당결부금지의 원칙의 직접적 근거는 권한법정주의와 권한남용금지의 원칙에 있다고 보는 것이 타당하므로 부당결부금지의 원칙은 법률적 효력을 갖는 법원칙으로 보는 견해이다. 이 견해가 타당하다.

부당결부금지의 원칙의 효력의 문제는 국세기본법 제7조와 같이 법률에서 행정권의 행사에 있어서 반대급부와 결부시킬 수 있는 것으로 명문으로 규정한 경우에 논할 실익이 있다. 즉, 부당결부금지의 원칙이 법률적 효력을 가지는 원칙이라면 법률에서 정한 반대급부가 행정권 행사와 실제적 관련이 없다고 여겨지는 경우, 따라서 이론상 부당결부금지의 원칙에 반하는 경우에도 당해 법률에 근거한 행정권 행사는 적법하다고 보아야 한다. 다만, 결부된 반대급부가 전혀 공익목적에 기여하지 않는 경우에는 그러한 사항을 정하는 법률규정은 비례원칙 위반으로 위헌이라고 보아야 한다. 만약 부당결부금지의 원칙이 헌법적 효력을 갖는 원칙이라면 부당결부금지의 원칙에 반하는 행정권 행사는 법률에 근거한 것이라도 위법한 것이 된다(관허사업의 제한 참조).

5) 위반의 효과

부당결부금지의 원칙에 반하는 행정권 행사는 위법한데, 무효인가, 취소할 수 있는 행위인가는 중대명백설에 따른다.

행정권의 행사와 결부된 반대급부 사이에 실제적 관련성이 있는지 여부에 대하여 다툼의 여지가 있는 경우에는 당해 행정권 행사가 위법한지 여부가 명백하지 않으므로 당해 행정권 행사는 취소할 수 있는 행위에 불과한 것으로 보아야 할 것이다. 이에 반하여 행정권 행사와 아무런 관련이 없는 급부를 명하는 경우에는 당해 부관은 무효라고 보아야 할 것이다.

'주택사업계획승인에 붙여진 그 주택사업과는 아무런 관련이 없는 토지를 기부채납하도록 하는 부관을 위법하지만 당연무효라고 볼 수 없다'라고 한 대법원 판례가 있는데(대판 1997. 03. 11, 96다49650) 이는 중대명백설에 비추어 타당하지 않다.

행정권 행사에 반대급부를 결부시키는 경우에는 부당결부금지의 원칙 위반 뿐만 아니라 많은 경우에 비례의 원칙 위반도 문제된다.

(2) 공익(목적)의 원칙

공익의 원칙(공익목적의 원칙)이라 함은 행정권은 공익목적을 위해 행사되어야 한다는 원칙이다(대판 2015. 01. 29, 2014두40616). 행정권을 공익목적이 아닌 목적(사적 목적, 정치적 목적)으로 행사하면 권한남용에 해당하여 그것만으로 위법하다. 또한, 재량권 행사에 있어서는 공익의 실현을 고려하여야 하고, 이익형량에서 관련 공익을 고려하여야 한다. 다만, 공익을 목적으로 하면서 관련되는 사익을 부수적으로 고려하고 조정하는 것은 가능하다.

(3) 행정계속성의 원칙

행정계속성(行政繼續性)의 원칙(原則)이라 함은 행정서비스는 중단 없이 계속 제공되어야 한다는 원칙을 말한다. 특히 최소한의 기본적인 행정서비스는 어떠한 경우에도 제공되어야 한다.

이 원칙으로부터 공무를 위탁하는 행정계약의 수탁자에 의한 계약해지의 제한 및 공행정을 수행하는 공무원의 파업권 행사의 제한이 도출된다.

(4) 보충성의 원칙

국가 등 행정주체는 사인이나 하위의 행정주체가 그들의 임무를 적정하게 수행하는 한 개입할 수 없고, 그 임무를 적정하게 수행하지 못해 공익상 개입할 필요가 있는 경우에 한하여 보충적으로 개입할 수 있다는 원칙을 말한다.

Ⅳ. 조 리

조리란 사회 일반의 정의감에서 마땅히 그러하여야 할 것이라고 인정되는 것을 말한다. 조리가 법원이 되는 것은 우리나라와 일본에 특유한 것으로 동양의 관념으로는 '도리', 서양의 관념으로는 '정의 또는 형평'과 동의어라고 할 수 있다. 조리의 법원으로서의 인정은 실정법질서 내에 자연법적 사상의 제한적 수용이라고도 말할 수 있다.

조리는 법원으로서 어떠한 효력을 갖는가. ① 조리는 법해석의 기본원리가 된다. 법령은 가능한 한 조리에 맞도록 해석하여야 한다. ② 조리는 법의 흠결이 있는 경우에 최종적이고 보충적인 법원이 된다. 법원은 적용할 법이 없다는 이유로 재판을 거부할 수 없고 이 경우에는 조리에 따라 재판하여야 한다. 판례는 조리에 기초하여 행정기관의 안전관리의무를 인정하고 있다(후술 국가배상 참조).

제 5 절 법원의 단계구조

Ⅰ. 법원의 상호관계

행정법질서는 위에서 서술한 여러 법원(法源)에 속하는 수많은 법규로 이루어져 있다. 그러나, 행정법에 관한 법규정들은 상하의 효력을 갖는 여러 단계로 나누어져 하나의 체계적이고 통일적인 법질서를 이루고 있다.

우선 행정법의 법원은 다음과 같은 상하의 관계에 있다. 가장 상위의 효력을 갖는 법으로부터 가장 하위의 효력을 갖는 법원의 순서로 열거하면 다음과 같다: 헌법 및 헌법적 효력을 갖는 법의 일반원칙 — 법률, 국회의 승인을 받은 긴급명령 및 법률적 효력을 갖는 법의 일반원칙 — 명령(대통령령－총리령 또는 부령) — 자치법규.

명령은 제정권자의 우열에 따라 다음과 같이 상위법과 하위법의 효력관계에 있다: 대통령령 — 총리령 또는 부령(총리령과 부령은 상하의 관계에 있지 않다). 자치법규는 다음과 같이 상위법과 하위법의 관계에 있다: 광역자치단체의 자치법규(조례－규칙) — 기초자치단체의 자치법규(조례－규칙)(지방자치법 제24조). 동일단계의 자치단체의 조례와 규칙 사이에는 지방의회가 제정하는 조례가 지방자치단체의 장이 제정하는 규칙보다 상위법이다.

동일한 효력을 갖는 법 상호간에 모순이 있는 경우에는 특별법우선(特別法優先)의 원칙과 신법우선(新法優先)의 원칙에 의해 특별법이 일반법보다, 신법이 구법보다 우선한다. 또한, 특별법우선의 원칙이 신법우선의 원칙보다 우월하므로 구법인 특별법이 신법인 일반법보다 우선한다.

Ⅱ. 위헌 · 위법인 법령의 효력과 통제

상위법에 위반되는 하위법규정은 위법한 법규정이 된다.

국가의 법체계는 그 자체로 통일체를 이루고 있으므로 상·하규범 사이의 충돌은 최대한 배제하여야 하고, 또한 규범이 무효라고 선언될 경우에 생길 수 있는 법적 혼란과 불안정 및 새로운 규범이 제정될 때까지의 법적 공백 등으로 인한 폐해를 피하여야 할 필요성에 비추어 보면, 어느 하위법령의 규정이 상위법령에 저촉되는지 여부가 명백하지 아니한 경우에 상위법에 합치한다는 해석도 가능한 경우에는 그 하위법령규정은 상위법령에 합치하는 것으로 해석하여야 한다(대판 2001. 08. 24, 2000두2716; 2016. 06. 10, 2016두33186). 하위 법령의 규정이 상위 법령의 규정에 저촉되는지 여부가 명백하지 않고, 하위법령의 의미를 상위법령에 합치되는 것으로 해석하는 것도 가능한 경우라면, 하위법령이 상위법령에 위반된다는 이유로 쉽게 무효를 선언할 것은 아니다(대판 2016. 12. 15, 2014두44502; 2020. 03. 26, 2017두41351). 이를 **상위법령합치적 법령해석**이라 한다. 그러나 상위법령합치적 법령해석에도 한계가 있다. 판례는 하위법령이 상위법령에 명백히 저촉되는 경우에는 위법한 것으로 판단하여야 한다고 하고 있는데, 하위법령이 상위법령에 저촉되는 경우에는 위법한 것으로 판단할 수 있는 것으로 보는 것이 타당하다.

상위법령(예, 법률)이 그보다 상위의 법(예, 헌법)에 반하여 위법한 경우에는 하위법(명령이나 자치법규)은 최상위의 법에 위반하지 않는 한 위법한 법이 되지 않는다.

위법한 법규정의 효력은 어떠한가. 위헌 또는 위법인 법규정은 "무효"라는 표현을 쓰는 경우가 많은 데, 그러한 표현의 사용에 대하여는 이견도 있고, 그 무효의 의미와 내용에 관하여는 견해가 대립하고 있으며 아래에서 보는 바와 같이 실정법령 및 판례에 의하면 위헌 또는 위법인 법령의 효력은 그 법령의 종류에 따라 동일하지 않고 다양하다.

① 헌법에 위반되는 법률은 법원의 위헌법률심판의 제청에 따라 헌법재판소에 의한 위헌법률심사(違憲法律審査)의 대상이 된다. 헌법재판소의 결정에 의해 위헌판결이 나면 그 법률은 장래에 향하여 효력을 상실한다. 국회의 승인을 받은 긴급명령은 법률과 같은 효력을 가지므로 법률에 준해서 헌법재판소의 위헌법률심사의 대상이 된다. 비형벌조항에 대해 **잠정적용** 헌법불합치결정이 선고되었으나 위헌성이 제거된 개선입법이 이루어지지 않은 채 개정시한이 지남으로써 그 법률조항의 효력이 상실되었다고 하더라도 그 효과는 장래에 향해서만 미칠 뿐이고, 당해 사건이라고 하여 이와 달리 취급할 이유는 없다. 한편 비형벌조항에 대한 **적용중지** 헌법불합치결정이 선고되었으나 위헌성이 제거된 개선입법이 이루어지지 않은 채 개정시한이 지난 때에는 헌법불합치결정 시점과 법률조항의 효력이 상실되는 시점 사이에 아무런 규율도 존재하지 않는 법적 공백을 방지할 필요가 있으므로, 그 법률조항은 헌법불합치결정이 있었던 때로 소급하여 효력을 상실한다. 비형벌조항에 대해 잠정적용 헌법불합치결정이 선고된 경우라도 해당 법률조항의 잠정적용을 명한 부분의 효력이 미치는 사안이 아니라 적용중지 상태에 있는 부분의 효력이 미치는 사안이라면, 그 법률조항 중 적용중지 상태에 있는 부분은 헌법불합치결정이 있었던 때로 소급하여 효력을 상실한다고 보아야 한다(대판 2020. 01. 30, 2018두49154).
② 헌법 및 상위법령에 위반하는 명령 또는 자치법규는 구체적인 사건에서 재판의 전제가 된 경우에 법원의 심사의 대상이 된다. 위헌 또는 위법이 확인된 명령 또는 자치법규는 당연히 효력을 상실하는 것이 아니며 당해 사건에 한하여 적용이 배제된다.
③ 처분적 명령이 무효확인소송의 대상이 되어 무효확인된 경우에는 처음부터 효력이 없었던 것으로 확인된다. 다만, 명령의 처분성을 넓게 보는 경우 당해 처분적 명령에 근거하여 무효확인판결 전에 행해진 처분에 대하여도 소급효가 미치는지에 대하여는 논란의 여지가 있다.
④ 명령에 대한 헌법소원이 인용된 경우 당해 명령의 효력은 결정의 유형(단순위법결정, 불합치결정, 한정위법결정, 한정합법결정)에 따라 다르다.
⑤ 상위법령에 반하는 조례안은 일정한 요건하에 지방자치법상의 기관소송(무효확인소송)의 대상이 된다.
⑥ 헌법재판소의 법률해석에 대법원이나 각급 법원이 구속되는 것은 아니다(대판 2009. 02. 12, 2004두10289[상속세부과처분무효확인등]).

Ⅲ. 행정기관의 법령심사권 및 적용배제권

상위법이 하위법보다 법의 효력에 있어서는 우선하지만 행정기관이 구체적인 사건에 있어서 법을 적용함에 있어서는 하위법이 우선 적용된다. 왜냐하면 하위법이 상위법보다 구체적으로 규율하고 있기 때문이다. 따라서 행정기관은 처분의 법적 근거로 하위법 규정을 제시하여야 한다. 물론 하위법에 구체적인 규정이 없고 상위법이 직접 적용될 수 있는 정도로 구체적인 경우에는 그 보다 상위법 규정을 근거로 할 수 있다.

상위법규정과 하위법규정이 상호 충돌하는 경우에 행정기관은 어떻게 하여야 하는가. 우선 행정기관은 가능한 한 하위법이 상위법에 합치하도록 하위법규정을 해석하여야 한다. 하위법규정이 상위법규정에 반한다고 판단되는 경우에 행정기관은 하위법규정을 적용하지 않아야 하는가 아니면 그럼에도 불구하고 하위법규정을 적용하여야 하는가. 이 문제는 행정기관이 법령심사권을 갖는가하는 문제로 제기된다.

행정기관의 법령심사권 및 적용배제권에 대하여는 다음과 같은 세 가지 견해가 있을 수 있다.

① 부정설: 행정기관은 법령을 집행하는 기관이므로 명문의 규정이 없는 한 행정기관에게는 법령의 위법 여부에 대한 심사권도 없고 위헌 또는 위법이라고 여겨지는 법령의 적용배제권도 없다는 견해이다.

[판례] 행정청이 행정처분 단계에서 당해 처분의 근거가 되는 법률이 위헌이라고 판단하여 그 적용을 거부하는 것은 권력분립의 원칙상 허용될 수 없다(헌재 2008. 04. 24, 2004헌바44).

② 긍정설: 실질적 법치주의의 원칙에 비추어 행정의 법에의 기속은 합헌적 법에의 기속이므로 행정기관은 법령의 위법 여부에 대한 심사권을 갖고 위헌 또는 위법이라고 여겨지는 법령을 적용하여서는 안 된다는 견해이다.

③ 결어(예외적 긍정설): 행정의 법에의 종속과 실질적 법치주의의 원칙의 조화라는 차원에서 명령의 위법성이 명백한 경우에 한하여 행정기관이 그 적용을 배제할 수 있고, 중대한 공익 또는 기본권 보장의 필요가 있는 반면에 명령의 위법성이 명백하고 당해 명령의 개정을 기다릴 시간적 여유가 없는 경우에는 그 위법한 명령의 적용을 배제하여야 할 의무가 있다고 보아야 한다. 특히 명령의 위헌 또는 위법이 대법원에 의해 최종적으로 확인된 경우에는 그 위법이 명백하므로 행정기관은 그 명령을 더 이상 적용하여서는 안 된다고 보아야 한다.

행정기관의 적용배제권을 실효성 있게 하기 위하여는 위헌 또는 위법이 의심스러운 명령에 대하여는 상급기관을 통하여 행정부 내의 유권해석기관에 위법 여부를 심사청구할 수 있도록 하고 그 기관에 의해 위법한 것으로 판단된 경우에는 당해 명령을 적용하지 않도록 하는 제도를 입법하여야 할 것이다.

제 6 절 행정법의 효력

행정법의 효력의 문제는 행정법령이 어느 범위에서 관계자를 구속하는 힘을 가지는가 하는 문제이다.

행정법령은 시간적·장소적·인적 범위 내에서 효력을 갖는다.

Ⅰ. 시간적 효력

1. 효력발생시기

행정법령은 시행일로부터 그 효력을 발생한다. 법령의 제정·개정시 시행일을 규정하는 것이 통례이다. 법령에서 시행일을 규정하지 않은 경우에는 공포한 날로부터 20일을 경과함으로써 그 효력을 발생한다(법령 등 공포에 관한 법률 제13조). 헌법개정·법률·조약·대통령령·총리령 및 부령의 공포는 관보에 게재하여 이를 행하고(동법 제11조 제1항), 국회의장이 법률을 공포하고자 할 때에는 서울특별시에서 발행되는 둘 이상의 일간신문에 게재함으로써 한다(동조 제2항).

법령의 공포일은 그 법령을 게재한 관보(종이관보 또는 전자관보) 또는 신문이 발행된 날로 한다(동법 제12조). 공포일에 관하여는 최초구독가능시설(관보가 관보보급소에 도달되어 이를 일반인이 열람 또는 구독할 수 있는 상태에 놓이게 된 최초의 시기를 공포시점으로 보는 견해)이 통설·판례(대판 1969. 11. 25, 69누129)이다.

관보의 내용 해석 및 적용 시기 등에 대하여 종이관보와 전자관보는 동일한 효력을 가진다(제11조 제4항).

2. 소급적용금지의 원칙

(1) 의 의

소급적용금지(遡及適用禁止)의 원칙(原則)이라 함은 법령은 원칙적으로 그 효력이 생긴 때부터 그 후에 발생한 사실에 대하여서만 적용된다는 원칙을 말한다.

새로운 법령등은 법령등에 특별한 규정이 있는 경우를 제외하고는 그 법령등의 효력 발생 전에 완성되거나 종결된 사실관계 또는 법률관계에 대해서는 적용되지 아니한다(행정기본법 제14조 제1항). 이 규정은 법령의 소급적용을 금지한 규정이다. 이 규정을 소급입법금지의 원칙을 규정을 한 것으로 보는 견해(법제처, 행정기본법 해설서, 154-155면)가 있는데, 엄밀히 말하면 소급입법금지의 원칙과 소급적용금지의 원칙은 다른 것이다. 그리고, 행정기본법은 기본적으로 입법을 규율하는 법이 아니라 행정을 규율하는 법이고, 행정기본법 제14조 제1항의 규정이 "입법"이 아니라 "적용"이라고 규정하고 있으므로 행정기본법 제14조 제1항은 소급입법금지가 아니라 소급적용금지를 규정한 것으로 해석하여야 한다.

[판례] ① (1) 법령은 일반적으로 장래 발생하는 법률관계를 규율하고자 제정되는 것이고 법령의

소급적용은 법치주의의 원리에 반하고 개인의 권리·자유에 부당한 침해를 가하며 법률생활의 안정을 위협하는 것이어서 이를 인정하지 않는 것이 원칙이다(법령불소급의 원칙). (2) 법령이 개정된 경우 **개정 법령의 소급적용 여부와 소급적용의 범위는 입법자의 형성 재량에 맡겨진 사항**이므로, 개정 법령의 입법자가 **개정 법령을 소급적용하도록 특별한 규정을 두지 않은 이상** 법원은 그 개정 전에 발생한 사항에 대하여는 개정 법령이 아니라 **개정 전의 구 법령을 적용하는 것이 원칙**이다(대판 2002. 12. 10, 2001두3228; 2021. 03. 11, 2020두49850[시설부담금청구의소]).
② 법령이 제정되거나 개정되면 그 법령은 장래의 행위에 대하여만 적용되는 것이 원칙이다. 따라서 법령이 제정되거나 개정되기 전에 이루어진 행위는 특별한 사정이 없는 한 그 행위 당시 시행되던 법령에 의하여 규율된다. 이러한 법리는 조세법령의 경우에도 마찬가지이다. 즉 조세법령이 폐지 또는 개정되더라도 그 전에 이미 완성된 과세요건사실에 대하여는 별도의 규정이 없는 한 종전의 법령이 계속 적용되고, 새로 제정되거나 개정된 법령은 **조세법령 불소급의 원칙 또는 소급과세금지의 원칙**에 따라 그 효력 발생 이후에 완성되는 과세요건사실에 대하여만 적용된다(대판 2021. 10. 28, 2019두39635).

(2) 근 거

소급적용금지의 원칙은 법치국가의 원칙인 법적 안정성에 근거하는 법의 일반원칙이다.

(3) 적용범위

소급적용금지의 원칙은 진정소급적용에만 적용되고, 부진정소급적용에는 적용되지 않는다. **법령의 진정소급적용**이라 함은 법령을 이미 종결된 사실관계 또는 법률관계에 적용하는 것을 말한다.

제정 또는 개정 법령의 시행일 이전에 발생하여 동 법령의 시행일에도 종결되지 않고 계속되는 사실관계 또는 법률관계에는 동 제정 또는 개정 법령을 적용하는 것이 원칙인데, 이를 **부진정소급적용**이라 한다.

부진정소급적용은 엄밀한 의미에서 소급적용이 아니므로 가능하다. 다만, 부진정소급적용의 경우에는 개정전의 법령에 대한 국민의 신뢰와 개정된 법령을 적용할 공익을 형량하여 전자가 후자보다 큰 경우에는 개정 전의 법령을 적용하여야 한다(후술 행정행위의 하자 참조).

[판례] ① 법령불소급의 원칙은 법령의 효력발생 전에 완성된 요건 사실에 대하여 당해 법령을 적용할 수 없다는 의미일 뿐, 계속 중인 사실이나 그 이후에 발생한 요건 사실에 대한 법령적용까지를 제한하는 것은 아니다(대판 2014. 04. 24, 2013두26552).
② 행정처분은 그 근거 법령이 개정된 경우에도 경과규정에서 달리 정함이 없는 한 처분 당시 시행되는 개정 법령과 그에서 정한 기준에 의하는 것이 원칙이고, 그 개정 법령이 기존의 사실 또는 법률관계를 적용대상으로 하면서 국민의 재산권과 관련하여 종전보다 불리한 법률효과를 규정하고 있는 경우에도 그러한 사실 또는 법률관계가 개정 법률이 시행되기 이전에 이미 완성 또는 종결된 것이 아니라면 이를 헌법상 금지되는 소급입법에 의한 재산권 침해라고 할 수는 없으며(부진

정소급적용), 그러한 개정 법률의 적용과 관련하여서는 개정 전 법령의 존속에 대한 국민의 신뢰가 개정 법령의 적용에 관한 공익상의 요구보다 더 보호가치가 있다고 인정되는 경우에 그러한 국민의 신뢰보호를 보호하기 위하여 그 적용이 제한될 수 있는 여지가 있을 따름이다(대판 2000. 03. 10, 97누13818).

③ **법률의 개정 시 구법 질서에 대하여 국민이 가지는 기대 내지 신뢰의 보호 여부를 판단하는 방법**: 법률의 개정 시 구법 질서에 대한 당사자의 신뢰가 합리적이고도 정당하며, 법률의 개정으로 야기되는 당사자의 손해가 극심하여 새로운 입법으로 달성하고자 하는 공익적 목적이 당사자의 신뢰의 파괴를 정당화할 수 없다면 새로운 입법은 신뢰보호의 원칙 등에 비추어 허용될 수 없다. 다만 사회환경이나 경제여건의 변화에 따른 필요성에 의하여 법률은 신축적으로 변할 수밖에 없고, 변경된 새로운 법질서와 기존의 법질서 사이에는 이해관계의 상충이 불가피하므로 국민이 가지는 모든 기대 내지 신뢰가 헌법상 권리로서 보호될 것은 아니고, **보호 여부는 기존의 제도를 신뢰한 자의 신뢰를 보호할 필요성과 새로운 제도를 통해 달성하려고 하는 공익을 비교형량하여 판단하여야** 한다(대판 2016. 11. 09, 2014두3228[친일재산확인결정처분취소]).

④ 공무원연금공단이 공무원으로 재직하다가 명예퇴직한 후 재직 중의 범죄사실로 징역형의 집행유예를 선고받고 확정된 甲에게 헌법재판소의 헌법불합치결정에 따라 개정된 공무원연금법(이하 '신법'이라 한다) 시행 직후 **퇴직연금 급여제한처분**을 하였고, 위 처분에 대한 취소소송 계속 중 다시 헌법재판소가 신법의 시행일 및 경과조치에 관한 부칙 규정에 대하여 위헌결정을 한 사안에서, 위 처분은 퇴직연금수급권의 기초가 되는 급여의 사유가 이미 발생한 후에 그 퇴직연금수급권을 대상으로 하지만, **이미 발생하여 이행기에 도달한 퇴직연금수급권의 내용을 변경함이 없이 장래 이행기가 도래하는 퇴직연금수급권의 내용만을 변경하는 것에 불과**하여, 이미 완성 또는 종료된 과거 사실 또는 법률관계에 새로운 법률을 소급적으로 적용하여 과거를 법적으로 새로이 평가하는 것이 아니므로 **소급입법에 의한 재산권 침해가 될 수 없고**, 위 헌법불합치 결정에 따라 개선입법이 이루어질 것을 충분히 예상할 수 있으므로 **개선입법 후 비로소 이행기가 도래하는 퇴직연금수급권에 대해서까지 급여제한처분이 없으리라는 신뢰가 합리적이고 정당한 것이라고 보기 어려워** 甲의 신뢰보호를 위하여 신법의 적용을 제한할 여지가 없음에도, 신법 시행 전에 지급사유가 발생한 퇴직연금수급권에 관해서는 신법 시행 이후에 이행기가 도래하는 부분의 급여에 대하여도 지급을 제한할 수 없다고 보아 위 처분이 위법하다고 본 원심판결에 법리오해의 위법이 있다고 한 사례(대판 2014. 04. 24, 2013두26552[급여제한및환수처분취소])

(4) 예　　외

법령을 소급적용하더라도 일반 국민의 이해에 직접 관계가 없는 경우, 오히려 그 이익을 증진하는 경우, 불이익이나 고통을 제거하는 경우 등의 특별한 사정이 있는 경우에 한하여 예외적으로 법령의 소급적용이 허용된다(대판 2005. 05. 13, 2004다8630).

어떠한 법률조항에 대하여 헌법재판소가 헌법불합치결정을 하여 그 법률조항을 합헌적으로 개정 또는 폐지하는 임무를 입법자의 형성 재량에 맡긴 이상, 그 개선입법의 소급적용 여부와 소급적용의 범위는 원칙적으로 입법자의 재량에 달린 것이다(대판 2008. 01. 17, 2007두21563[과징금부과처분무효확인등]).

그렇지만, 헌법불합치결정에 따른 개선입법이 소급적용되는 범위는 위헌결정에서 소급효가 인정되는 범위와 같으므로, 특별한 사정이 없는 한 헌법불합치결정 당시의 시점까지 소급되는 것이 원칙이다(대판 2024. 07. 25, 2023다316790; 2011. 09. 29, 2008두18885).

[판례] (1) 어떤 법률조항에 대하여 헌법재판소가 **헌법불합치결정**을 하여 입법자에게 그 법률조항을 합헌적으로 개정 또는 폐지하는 임무를 입법자의 형성 재량에 맡긴 이상, **개선입법의 소급적용 여부와 소급적용 범위는 원칙적으로 입법자의 재량에 달린 것이기는 하지만**, 구 군인연금법(2011. 5. 19. 법률 제10649호로 개정되기 전의 것) 제23조 제1항(이하 '구법 조항'이라 한다)에 대한 헌법불합치결정(헌법재판소 2010. 06. 24. 선고 2008헌바128 전원재판부 결정)의 취지나 위헌심판의 구체적 규범통제 실효성 보장이라는 측면을 고려할 때, **적어도 헌법불합치결정을 하게 된 당해 사건 및 헌법불합치결정 당시에 구법 조항의 위헌 여부가 쟁점이 되어 법원에 계속 중인 사건에 대하여는 헌법불합치결정의 소급효가 미친다고 해야 하므로**, 비록 현행 군인연금법 부칙(2011. 5. 19.)에 소급적용에 관한 경과조치를 두고 있지 않더라도 이들 사건에 대하여는 구법 조항을 그대로 적용할 수는 없고, 위헌성이 제거된 현행 군인연금법 규정이 적용되는 것으로 보아야 한다. (2) 해병대 부사관으로 복무하다가 만기 전역한 후 외상후성 정신장애가 발생한 甲이 관할관청에 상이연금 지급청구를 하였으나 구 군인연금법(2011. 5. 19. 법률 제10649호로 개정되기 전의 것) 제23조 제1항에서 정한 '공무상 질병 또는 부상으로 인하여 폐질상태로 되어 퇴직한 때'에 해당하지 않는다는 이유로 거부되자, 법원에 거부처분 취소를 구하는 소송을 제기하는 한편 취소소송 계속 중 위 조항에 대한 위헌확인을 구하는 헌법소원을 제기하여 헌법불합치결정을 받은 사안에서, **이는 '당해 사건'으로서 헌법불합치결정의 소급효가 미치는 경우에 해당**하므로, 비록 현행 군인연금법 부칙(2011. 5. 19.)에 그 소급 적용에 관한 경과규정이 없더라도 법 개정을 통해 위헌성이 제거된 현행 군인연금법의 상이연금 관련 규정이 적용되어야 한다고 한 사례(대판 2011. 09. 29, 2008두18885[상이연금지급거부처분취소]).

또한 헌법불합치결정을 매개로 하지 않았더라도, 법령이 단순한 정책변경에 따라 개정된 것이 아니라 개정 전의 구 법령에 위헌적 요소가 있어서 이를 해소하려는 반성적 고려에서 개정된 것이고 그 개정을 통하여 개정 전의 구 법령보다 행정상대방의 법적 지위를 유리하게 하는 데 그 입법 취지가 있다면, 법원은 마찬가지의 이유에서 예외적으로 위헌성이 제거된 개정 법령을 소급적용하는 것이 타당한 경우가 있다(대판 2007. 02. 22, 2004두12957).

이러한 예외적 사례들에서 입법자가 개정 법령을 소급적용하도록 특별한 규정을 두지 않았는데도 법원이 개정 법령을 소급적용하는 것은 '합헌적 법령해석'이거나 '입법자의 추단적 의사'를 존중하는 것인 경우에 한하여 허용될 수 있는 것으로서, 개정 전의 구 법령이 위헌적이라는 규범적 가치판단이 전제되어 있어야 한다(대판 2021. 03. 11, 2020두49850[시설부담금청구의소]).

[판례] ① 신법을 소급적용할 경우 그로 인해 줄어든 시설부담금 금액을 도시공사가 산업단지 토

지·시설 등의 조성원가에 포함시켜 결과적으로 수분양자들에게 전가할 가능성이 있어 관련 국민들에게 영향을 미칠 수 있기 때문에 도시공사가 도시개발사업구역내 존치 사업자에 대해 산업입지 및 개발에 관한 법률상 시설부담금을 부과할 때에는 시설부담금 액수가 줄어든 신법이 아닌 부과처분 당시의 구법(구 산업입지법 제33조 제3항)을 기준으로 존치시설물 시설부담금을 산정해 부과해야 한다(대판 2021. 03. 11, 2020두49850). 〈해설〉 원심은 개정 산업입지법의 시행일인 2018. 12. 13. 전에 부과가 이루어진 이 사건 시설부담금에 관하여 개정 산업입지법 제33조 제3항을 소급적용하여야 한다고 판단하였다.
② 잠정적용 헌법불합치결정 후 개정된 법률은 헌법불합치결정 당시 구법 조항이 적용되어 재판계속 중이던 원고(이른바 '병행사건')에 적용된다(대판 2021. 06. 10, 2016두54114).
③ [1] 근로복지공단이 잘못 지급한 보험급여를 환수할 권리를 사법상의 채권인 민법상의 부당이득반환청구권에서 국세체납처분의 예에 의하여 강제징수할 수 있는 공법상의 권리로 변경하는 내용의 산업재해보상보험법 제53조 제1항 제3호는 일반 국민의 입장에서 기존의 권리·의무에 직접적이고도 중대한 영향을 미치는 규정이라고 할 것이고, 비록 같은 법 제53조 제1항 제3호를 적용할 경우 공단이 잘못 지급한 보험급여를 반환받는 권리가 같은 법에 의한 징수권에 해당하게 되어 같은 법 제96조 제1항에 의하여 그 소멸시효기간이 3년으로 짧아진다고 하더라도, 이러한 사유만으로 같은 법 제53조 제1항 제3호를 소급적용하더라도 일반 국민의 이해에 직접 관계가 없는 경우, 오히려 그 이익을 증진하는 경우, 불이익이나 고통을 제거하는 경우 등의 특별한 사정이 있는 경우에 해당한다고 볼 수는 없다고 할 것이므로, 달리 그 시행에 관한 경과규정이 없는 같은 법 제53조 제1항 제3호는 개정 법률의 시행일인 2000. 7. 1. 이후에 과오급된 보험급여의 징수에 관해서만 적용된다. [2] 산업재해보상보험법 제53조 제1항 제3호는 그 효력의 발생 이전에 과오급된 보험급여에 대하여 소급적용되지 않으므로 위 과오급된 보험급여를 환수할 권리는 같은 법상의 징수권이 아니라 민법상의 부당이득반환청구권에 해당한다고 할 것이고, 따라서 그 소멸시효기간은 민법상의 일반원칙에 따라 10년이 된다고 한 사례(대판 2005. 05. 13, 2004다8630).

3. 소급입법금지의 원칙

(1) 의 의

소급입법금지(遡及立法禁止)의 원칙(原則)이라 함은 법령을 이미 종결된 사실관계 또는 법률관계에 적용하는 것으로 입법하는 것을 금지하는 헌법원칙이다.

(2) 근 거

소급입법금지의 원칙은 개인의 신뢰보호와 법적 안정성을 내용으로 하는 법치국가원리에 근거한 헌법적 효력을 갖는 법의 일반원칙이다.

기존의 법에 의하여 형성되어 이미 굳어진 개인의 법적 지위를 사후입법을 통하여 박탈하는 것을 내용으로 하는 진정소급입법은 개인의 신뢰보호와 법적 안정성을 내용으로 하는 법치국가원리에 의하여 특단의 사정이 없는 한 헌법적으로 허용되지 아니하는 것이 원칙이다(헌재 1998. 09. 30, 97헌바38).

(3) 부진정소급입법

부진정소급입법이라 함은 과거에 시작되었으나 아직 완성되지 아니하고 현재 진행중에 있는 사실관계 또는 법률관계를 적용대상으로 하는 입법을 말한다.

부진정소급입법(不眞正遡及立法)은 엄밀한 의미의 소급입법이 아니며 원칙적으로 허용되지만, 소급효를 요구하는 공익상의 사유와 신뢰보호의 요청 사이의 교량과정에서 신뢰보호의 관점이 입법자의 형성권에 제한을 가하게 된다(헌재 전원재판부 1999. 07. 22, 97헌바76, 98헌바50 · 51 · 52 · 54 · 55(병합); 대판 2006. 11. 16, 2003두12899). 즉, 부진정소급입법이 신뢰보호의 원칙에 위반되면 위헌이다.

[판례] ① 특수임무수행자 보상에 관한 법률(이하 '특임자보상법'이라 한다) 제2조 및 개정 전 시행령 제2조, 제3조, 제4조 등의 규정들만으로는 바로 특임자보상법상의 보상금 등 지급대상자가 확정된다고 볼 수 없고, **'특수임무수행자 보상심의위원회'의 심의 · 의결을 거쳐 특수임무수행자로 인정되어야만 비로소 보상금 등 지급대상자로 확정될 수 있다.** 이러한 **심의 · 의결에 의하여 특수임무수행자로 인정되기 전에는** 특임자보상법에 의한 보상금수급권은 헌법이 보장하는 재산권이라고 할 수 없고, 심의 · 의결이 있기 전의 신청인의 지위는 **보상금수급권 취득에 대한 기대이익을 가지고 있는 것에 불과하다.** 따라서 2010. 10. 27. 대통령령 제22460호로 개정된 특수임무수행자 보상에 관한 법률 시행령 제4조 제1항 제2호(이하 '개정 시행령조항'이라 한다)가 시행령 개정 전에 이미 보상금을 신청한 자들의 이러한 기대이익을 보장하기 위한 경과규정을 두지 아니함으로써 **보상금수급요건을 엄격히 정한 개정 시행령조항이 그들에 대하여도 적용되게 하였다고 하더라도 헌법상 보장된 재산권을 소급입법에 의하여 박탈하는 것이라고 볼 수는 없다**(대판 2014. 07. 24, 2012두23501). ② [1] **개정 법령이 기존의 사실 또는 법률관계를 적용대상으로 하면서 국민의 재산권과 관련하여 종전보다 불리한 법률효과를 규정하고 있는 경우 소급입법에 의한 재산권 침해인지 여부**: 행정처분은 그 근거 법령이 개정된 경우에도 경과규정에서 달리 정함이 없는 한 처분 당시 시행되는 개정 법령과 그에 정한 기준에 의하는 것이 원칙이고, 그 개정 법령이 기존의 사실 또는 법률관계를 적용대상으로 하면서 국민의 재산권과 관련하여 종전보다 불리한 법률효과를 규정하고 있는 경우에도 그러한 사실 또는 법률관계가 개정 법령이 시행되기 이전에 이미 완성 또는 종결된 것이 아니라면 이를 헌법상 금지되는 소급입법에 의한 재산권 침해라고 할 수는 없으며, 그러한 개정 법령의 적용과 관련하여서는 개정 전 법령의 존속에 대한 국민의 신뢰가 개정 법령의 적용에 관한 공익상의 요구보다 더 보호가치가 있다고 인정되는 경우에 그러한 국민의 신뢰를 보호하기 위하여 그 적용이 제한될 수 있는 여지가 있을 따름이다. 그리고 이러한 신뢰보호의 원칙 위배 여부를 판단하기 위해서는 한편으로는 침해받은 이익의 보호가치, 침해의 중한 정도, 신뢰가 손상된 정도, 신뢰침해의 방법 등과 다른 한편으로는 개정 법령을 통해 실현하고자 하는 공익적 목적을 종합적으로 비교 · 형량하여야 한다(대법원 2006. 11. 16. 선고 2003두12899 전원합의체 판결 등 참조). [2] 행정청이 약제에 대한 요양급여대상 삭제 처분의 근거 법령으로 삼은 **구 국민건강보험 요양급여의 기준에 관한 규칙**(2007. 7. 25. 보건복지부령 제408호로 개정되기 전의 것) 제13조 제4항 제6호가 헌법상 금지되는 **소급입법에 해당한다고 볼 수 없고(부진정소급입법에 해당하고), 개정 전 법령의 존속에 대한 제약회사의 신뢰**가 공익상의 요구와 비교 · 형량하여 더 보호가치 있는 신뢰라고 할 수 없어 경과규정을 두지 않았다고 하여 **신뢰보호의 원칙에 위배된다고 볼 수도 없고,** 따라서 요양급여규칙에서 이 사건 조항에 대하여 개정 이후 2년이 지난 시점부터 적용하기로 하는 경과

규정을 두지 않았다고 하여 이 사건 조항이 신뢰보호의 원칙에 위배된다고 할 수는 없다고 한 사례(대판 2009. 04. 23, 2008두8918[요양급여대상삭제처분취소]). **〈해설〉** 부령인 국민건강보험 요양급여의 기준에 관한 규칙에 따라 최근 2년간 보험급여 청구실적이 없는 약제에 대하여 요양급여대상에서 제외하는 보건복지부 고시인 '약제급여목록 및 급여상한금액표'는 행정소송의 대상이 되는 처분이다. 해당 고시를 법령보충적 행정규칙(고시)로 보는 견해가 다수견해이지만, 구체적 규율임을 이유로 행정입법으로 보지 않고 단순한 처분(일반처분)으로 보는 견해도 있다.

③ 법령의 개정시 입법자가 구 법령의 존속에 대한 당사자의 신뢰를 침해하여 신뢰보호 원칙을 위배하였는지 여부의 판단 기준 및 변리사 제1차 시험을 절대평가제에서 상대평가제로 환원하는 내용의 변리사법 시행령 개정조항을 즉시 시행하도록 정한 부칙 부분이 헌법에 위반되어 무효인지 여부(적극): [다수의견] (가) 법령의 개정에 있어서 구 법령의 존속에 대한 당사자의 신뢰가 합리적이고도 정당하며, 법령의 개정으로 야기되는 당사자의 손해가 극심하여 새로운 법령으로 달성하고자 하는 공익적 목적이 그러한 신뢰의 파괴를 정당화할 수 없다면, 입법자는 경과규정을 두는 등 당사자의 신뢰를 보호할 적절한 조치를 하여야 하며, 이와 같은 적절한 조치 없이 새 법령을 그대로 시행하거나 적용하는 것은 허용될 수 없는바, 이는 헌법의 기본원리인 법치주의의 원리에서 도출되는 신뢰보호의 원칙에 위배되기 때문이다. (나) 규제개혁위원회의 방침에 따라 변리사 등 전문자격사의 인원을 확대하기 위한 일환으로 변리사 제1, 2차 시험을 종전의 '상대평가제'에서 '절대평가제'로 전환하는 내용의 2002. 3. 25. 개정 전 구 변리사법 시행령(2002. 3. 25. 대통령령 제17551호로 개정되기 전의 것, 이하 '개정 전 시행령'이라 한다)이 절대평가제를 도입한 목적과 그 경위, 이전 수년간 상대평가제에 의하여 시행된 제1차 시험의 합격점수, 개정 전 시행령의 공포 후 유예기간, 그 후 제1차 시험을 '절대평가제'에서 '상대평가제'로 환원하는 내용의 2002. 3. 25. 대통령령 제17551호로 개정된 변리사법 시행령(이하 '개정 시행령'이라 한다)의 입법예고와 개정·공포 및 그에 따른 시험공고 등에 관한 일련의 사실관계에 비추어 보면, 합리적이고 정당한 신뢰에 기하여 절대평가제가 요구하는 합격기준에 맞추어 시험준비를 한 수험생들은 제1차 시험 실시를 불과 2개월밖에 남겨놓지 않은 시점에서 개정 시행령의 즉시 시행으로 합격기준이 변경됨으로 인하여 시험준비에 막대한 차질을 입게 되어 위 신뢰가 크게 손상되었고, 특히 절대평가제에 의한 합격기준인 매 과목 40점 및 전과목 평균 60점 이상을 득점하고도 불합격처분을 받은 수험생들의 신뢰이익은 그 침해된 정도가 극심하며, 그 반면 개정 시행령에 의하여 상대평가제를 도입함으로써 거둘 수 있는 공익적 목적은 개정 시행령을 즉시 시행하여 바로 임박해 있는 2002년의 변리사 제1차 시험에 적용하면서까지 이를 실현하여야 할 합리적인 이유가 있다고 보기 어려우므로, 결국 개정 시행령의 즉시 시행으로 인한 수험생들의 신뢰이익 침해는 개정 시행령의 즉시 시행에 의하여 달성하려는 공익적 목적을 고려하더라도 정당화될 수 없을 정도로 과도하다. 나아가 개정 시행령에 따른 시험준비 방법과 기간의 조정이 2002년의 변리사 제1차 시험에 응한 수험생들에게 일률적으로 적용되었다는 이유로 위와 같은 수험생들의 신뢰이익의 침해를 정당화할 수 없으며, 또한 수험생들이 개정 시행령의 내용에 따라 공고된 2002년의 제1차 시험에 응하였다고 하더라도 사회통념상 그것만으로는 개정 전 시행령의 존속에 대한 일체의 신뢰이익을 포기한 것이라고 볼 수도 없다. 따라서 **변리사 제1차 시험의 상대평가제를 규정한 개정 시행령 제4조 제1항을 2002년의 제1차 시험에 시행하는 것은 헌법상 신뢰보호의 원칙에 비추어 허용될 수 없으므로, 개정 시행령 부칙 중 제4조 제1항을 즉시 2002년의 변리사 제1차 시험에 대하여 시행하도록 그 시행시기를 정한 부분은 헌법에 위반되어 무효이다.** (다) 새로운 법령에 의한 신뢰이익의 침해는 새로운 법령이 과거의 사실 또는 법률관계에 소급적용되는 경우에 한하여 문제되는 것은 아니고, 과거에 발생하였지만 완성되지 않고 진행중인 사실 또는 법률관계 등을 새로운 법령이 규율함으로써 종전에

시행되던 법령의 존속에 대한 신뢰이익을 침해하게 되는 경우에도 신뢰보호의 원칙이 적용될 수 있다(대판 전원합의체 2006. 11. 16, 2003두12899[불합격처분취소]).

④ [1] **법령의 개정에 있어서 신뢰보호원칙이 적용되어야 하는 이유는,** 어떤 법령이 장래에도 그대로 존속할 것이라는 합리적이고 정당한 신뢰를 바탕으로 국민이 그 법령에 상응하는 구체적 행위로 나아가 일정한 법적 지위나 생활관계를 형성하여 왔음에도 국가가 이를 전혀 보호하지 않는다면 법질서에 대한 국민의 신뢰는 무너지고 현재의 행위에 대한 장래의 법적 효과를 예견할 수 없게 되어 법적 안정성이 크게 저해되기 때문이라 할 것이고, 이러한 신뢰보호는 절대적이거나 어느 생활영역에서나 균일한 것은 아니고 개개의 사안마다 관련된 자유나 권리, 이익 등에 따라 보호의 정도와 방법이 다를 수 있으며, 새로운 법령을 통하여 실현하고자 하는 공익적 목적이 우월한 때에는 이를 고려하여 제한될 수 있다고 할 것이므로, 이 경우 **신뢰보호 원칙의 위배 여부를 판단하기 위해서는 한편으로는 침해받은 이익의 보호가치, 침해의 중한 정도, 신뢰가 손상된 정도, 신뢰침해의 방법 등과 다른 한편으로는 새 법령을 통해 실현하고자 하는 공익적 목적을 종합적으로 비교·형량하여야 할 것이다.** [2] 한약사 국가시험의 응시자격에 관하여 개정 전의 약사법 시행령 제3조의2에서 '필수 한약관련 과목과 학점을 이수하고 대학을 졸업한 자'로 규정하고 있던 것을 '한약학과를 졸업한 자'로 응시자격을 변경하면서, 그 개정 이전에 이미 한약자원학과에 입학하여 대학에 재학 중인 자에게도 개정 시행령이 적용되게 한 개정 시행령 부칙은 헌법상 신뢰보호의 원칙과 평등의 원칙에 위배되어 허용될 수 없다고 한 사례(대판 2007. 10. 29, 2005두4649[한약사국가시험응시원서접수거부처분취소]).

⑤ 주택재개발 사업시행인가 신청에 필요한 토지 등 소유자의 동의요건을 법률 자체에 정하고 있던 구 도시 및 주거환경정비법 제28조 제4항을 개정하여 그 동의요건을 정관에 위임함으로써 결과적으로 주택재개발 사업시행인가 신청시의 동의요건과 관련된 토지 등 소유자의 지위에 불안을 초래하게 된 것이 부진정 소급입법에서의 신뢰보호의 원칙을 위반한 것이 아니라고 한 사례(대판 2007. 10. 12, 2006두14476[주택재개발사업시행인가처분취소]).

⑥ **2012. 3. 21. 법률 제11406호로 개정된 독점규제 및 공정거래에 관한 법률이 시행(2012. 6. 22.)되기 이전에 위반행위가 종료되었더라도 시행 당시 구 독점규제 및 공정거래에 관한 법률 제49조 제4항의 처분시효가 경과하지 않은 사건에 대하여, 부칙(2012. 3. 21.) 제3조에 따라 구법보다 처분시효를 연장한 현행법 제49조 제4항을 적용하는 것이 헌법상 법률불소급의 원칙에 반하는지 여부(소극) 및 이 경우 신뢰보호원칙에 따라 예외적으로 현행법 제49조 제4항의 적용이 제한되어야 하는지 여부(소극)**: 2012. 3. 21. 법률 제11406호로 개정되어 2012. 6. 22.부터 시행된 독점규제 및 공정거래에 관한 법률(2020. 5. 19. 법률 제17290호로 개정되어 2021. 5. 20.부터 시행되기 전의 것, 이하 '현행법'이라 한다) 제49조 제4항의 내용과 개정취지, 현행법 제49조 제4항의 개정 규정의 적용례를 규정한 현행법 부칙(2012. 3. 21.) 제3조(이하 '부칙조항'이라 한다)의 문언과 체계 등을 종합하면, **법 위반행위가 종료된 이후 공정거래위원회의 시정조치나 과징금 부과의 제재처분이 있기 전에** 현행법 제49조 제4항이 구 독점규제 및 공정거래에 관한 법률(2012. 3. 21. 법률 제11406호로 개정되기 전의 것, 이하 '구법'이라 한다) 제49조 제4항의 **처분시효를 연장하는 내용으로 개정된** 경우, 현행법 시행 이후 공정거래위원회가 현행법 제49조 제1항 또는 제2항에 따라 '최초로 조사하는 사건'에 대해서는 현행법 시행(2012. 6. 22.) 당시 **구법 제49조 제4항의 '위반행위가 종료한 날부터 5년'의 처분시효가 경과하지 않은 이상, 처분 당시의 법령인 현행법 제49조 제4항이 적용된다.** 현행법이 시행된 이후 공정거래위원회가 최초로 조사를 개시하기 전에 **구법 제49조 제4항이 정한 '위반행위가 종료한 날부터 5년'이 경과되는 경우에도,** 현행법은 시행과 동시에 효력이 발생하고, 위 부칙조항이나 현행법 부칙에 위와 같은 경우에 구법 제49조 제4항을 적용한다는

별도의 경과규정은 없으므로, 마찬가지로 **현행법 제49조 제4항이 적용된다.** 이와 같이 현행법이 시행되기 이전에 **위반행위가 종료되었더라도 그 시행 당시 구법 제49조 제4항의 처분시효가 경과하지 않은 사건에 대하여,** 위 부칙조항에 따라 구법에 비하여 **처분시효를 연장한 현행법 제49조 제4항을 적용하는 것은** 현재 진행 중인 사실관계나 법률관계를 대상으로 하는 것으로서 **부진정소급에 해당하고, 헌법상 법률불소급의 원칙에 반하지 않는다.** 나아가 현행법 제49조 제4항의 개정 취지에 비추어 이를 적용할 공익상의 요구가 중대함에 비하여 **구법에 따른 처분시효가 경과하지 않은 상태에서 아직 공정거래위원회의 조사가 개시되지 않았다는 사정만으로는 구법의 존속에 대한 신뢰를 보호할 가치가 크지 않으므로,** 위와 같은 사건의 경우 **신뢰보호원칙에 따라 예외적으로 현행법 제49조 제4항의 적용이 제한되어야 한다고도 볼 수 없다**(대판 2020. 12. 24, 2018두58295). ⑦ 공익사업을 위한 토지 등의 취득 및 보상에 관한 법률 시행규칙 제48조에 따른 영농보상은 수용개시일 이후 편입농지에서 더 이상 영농을 계속할 수 없게 됨에 따라 발생하는 손실에 대하여 장래의 2년간 일실소득을 예측하여 보상하는 것이므로, 수용재결 당시를 기준으로도 영농보상은 아직 발생하지 않은 장래의 손실에 대하여 보상하는 것이다. 따라서 공익사업을 위한 토지 등의 취득 및 보상에 관한 법률 시행규칙 부칙(2013. 4. 25.) 제4조 제1항이 영농보상금액의 구체적인 산정방법 · 기준에 관한 2013. 4. 25. 국토교통부령 제5호로 개정된 공익사업을 위한 토지 등의 취득 및 보상에 관한 법률 시행규칙(이하 '개정 시행규칙'이라 한다) **제48조 제2항 단서 제1호를 개정 시행규칙 시행일 전에 사업인정고시가 이루어졌으나 개정 시행규칙 시행 후 보상계획의 공고 · 통지가 이루어진 공익사업에 대해서도 적용하도록 규정한 것은 진정소급입법에 해당하지 않는다**(대판 2020. 04. 29, 2019두32696).

(4) 소급입법의 예외적 허용

다음과 같은 경우에는 소급입법이 인정된다: 일반적으로 국민이 소급입법을 예상할 수 있었거나 법적 상태가 불확실하고 혼란스러워 보호할 만한 신뢰이익이 적은 경우와 소급입법에 의한 당사자의 손실이 없거나 아주 경미한 경우 그리고 신뢰보호의 요청에 우선하는 심히 중대한 공익상의 사유가 소급입법을 정당화하는 경우 등에는 예외적으로 진정소급입법이 허용된다(헌재 1996. 02. 16, 96헌가2; 1998. 09. 30, 97헌바38). 시혜적 소급입법도 가능하다(헌재 2002. 02. 28, 2000헌바69).

[판례] 친일재산은 취득 · 증여 등 원인행위 시에 국가의 소유로 한다고 정한 '친일반민족행위자 재산의 국가귀속에 관한 특별법' 제3조 제1항 본문이 소급입법이지만 소급입법금지 원칙 등을 위반하여 위헌이라고 할 수 없다고 한 사례(대판 2011. 05. 13, 2009다26831, 26848, 26855, 26862).

(5) 소급입법을 적용한 처분의 효력

소급입법은 위헌이므로 소급입법을 적용하여 한 처분은 위헌인 법령에 근거한 처분으로서 위법하다.

[판례] [1] 소급입법은 새로운 입법을 이미 종료된 사실관계 또는 법률관계에 적용하도록 하는 **진정소급입법**과 현재 진행 중인 사실관계 또는 법률관계에 적용하도록 하는 **부진정소급입법**으로 나눌 수 있다. 이 중에서 기존의 법에 의하여 이미 형성된 개인의 법적 지위를 사후입법을 통하여

박탈하는 것을 내용으로 하는 **진정소급입법은** 개인의 신뢰보호와 법적 안정성을 내용으로 하는 법치국가원리에 의하여 **허용되지 않는 것이 원칙**이다. [2] **진정소급입법은 예외적으로 국민이 소급입법을 예상할 수 있었거나** 신뢰보호의 요청에 우선하는 **심히 중대한 공익상의 사유가 소급입법을 정당화하는 경우 등에만 허용될** 수 있다(대법원 2012. 2. 23. 선고 2010두17557 판결 등 참조). 단지 **법령의 개정이 미리 예정되어 있었다는 사유만으로 소급입법을 허용하는 것은** 헌법 제13조 제2항의 소급입법금지원칙을 형해화시킬 수 있으므로 예외사유에 해당하는지 여부는 **매우 엄격하게 판단하여야** 한다. [3] 폐기물부담금의 부과요건사실은 '제조장 또는 보세구역에서 반출'이므로, 담배가 '제조장 또는 보세구역에서 반출되는 때'에 담배 제조업자의 폐기물부담금 납부의무가 성립한다. 이 사건에서는 원고가 이 사건 제1담배를 이 사건 제조공장에서 이 사건 임시창고로 옮긴 때가 아니라, 이 사건 임시창고에서 이 사건 각 물류센터로 옮긴 때 비로소 제조장에서 반출한 것으로 보아야한다. 이 사건 제2담배는 2015. 1. 1. 이후 제조장에서 반출된 것으로 볼 수 있어 개정법령에 따른 부담금을 부과할 수 있다. [4] 담배 제조업자는 2015. 1. 1.부터 2015. 2. 2.까지 제조장 또는 보세구역에서 반출한 담배에 대해서 각 반출시점에 구 자원의 절약과 재활용촉진에 관한 법률 시행령에 따라 인상되기 전 요율의 폐기물부담금을 납부할 의무를 부담하고 있었는데, **자원의 절약과 재활용촉진에 관한 법률 시행령 부칙(2015. 2. 3.) 제2조**로 인하여 위 기간 동안 제조장 또는 보세구역에서 반출한 담배에 대해서도 소급하여 2015. 2. 3. 대통령령 제26088호로 개정된 자원의 절약과 재활용촉진에 관한 법률 시행령 제11조 [별표 2] 제5호에 따른 인상된 요율의 폐기물부담금을 납부할 의무를 부담하게 되었다. 따라서 **위 부칙규정은** 이미 종결된 폐기물부담금의 부과요건사실(2015. 1. 1.부터 2015. 2. 2.까지 제조장 또는 보세구역에서의 반출)에 대해서까지 소급하여 위 개정규정을 적용하는 것으로서 헌법상 원칙적으로 금지되는 **진정소급입법에 해당**한다. **이 사건 부칙규정은 '예외적으로 허용되는 진정소급입법'에 해당한다고 보기도 어렵다**. 따라서 이 사건 부칙규정 중 이 사건 개정규정을 2015. 1. 1.부터 2015. 2. 2.까지 제조장 또는 보세구역에서 반출된 담배에 대하여도 소급하여 적용하도록 정한 부분은 헌법에 위반되어 무효이다. 즉 정부가 2014. 9.경 '2015. 1. 1.부터 담뱃값을 2,500원에서 4,500원으로 인상하겠다'는 정책안을 발표하고 2015. 1. 1.부터 담배 한 갑당 부과되는 폐기물부담금의 요율을 7원에서 24.4원으로 인상하는 내용의 「자원의 절약과 재활용촉진에 관한 법률 시행령 일부개정령(안)」을 2014. 10. 29.에 **입법예고**함에 따라 그 취지대로 관련 법령이 개정될 것이 미리 예정되어 있었으며, 담뱃세를 구성하는 다른 조세와 부담금에 대해서는 2015. 1. 1.이 되기 전에 **근거규정**이 **개정**되기는 하였다. 그러나 원고가 **기존 폐기물부담금을 인상하는 내용의 개정이 있을 것을 전혀 예상할 수 없었던 것은 아니더라도**, 앞서 본 사정만으로 원고가 폐기물부담금을 인상하는 내용의 이 사건 개정규정이 이 사건 부칙규정을 통하여 2015. 1. 1.부터 제조장 또는 보세구역에서 반출된 담배에 대해서도 **소급적용되어 추가적으로 폐기물부담금을 부담할 것까지 예상하였다고 단정하기는 어렵다**. 그리고 이 사건에서 **공익상의 사유가 진정소급입법으로 인한 원고의 신뢰와 법적 안정성 침해를 정당화할 만큼 심히 중대하거나 압도적이라고 보기 어렵다**. 따라서 폐기물부담금의 경우 위 기간 중에 제조장 또는 보세구역에서 반출된 담배에 대해서는 **이 사건 개정규정이 (소급)적용되어서는 아니 된다**(대판 전원합의체 2024. 05. 23, 2021두35834[폐기물부담금부과처분취소청구등]).

4. 효력의 소멸

(1) 비한시법(非限時法)의 효력소멸

한시법(일정한 유효기간이 명문으로 정해져 있는 법)이 아닌 법령은 다음과 같은 경우

그 효력을 상실한다: ① 당해 법령 또는 동위 또는 상위의 법령에 의해 명시적으로 개폐된 경우, ② 당해 법령과 저촉되는 동위 또는 상위의 법령이 새로이 제정된 경우.

법령의 위반행위에 대해 당해 법령이 소멸된 후에도 처벌하거나 제재처분(예, 영업허가 취소 또는 허가)을 할 수 있는가 하는 것이 문제되는데, 법령은 원칙상 소멸 이전의 사실 또는 법률관계에 적용되는 것으로 보고 이를 긍정하는 것이 타당하다.

[판례] 종전에 허가를 받거나 신고를 하여야만 할 수 있던 행위의 일부를 허가나 신고 없이 할 수 있도록 법령이 개정되었다 하더라도 이는 법률 이념의 변천으로 과거에 범죄로서 처벌하던 일부 행위에 대한 처벌 자체가 부당하다는 반성적 고려에서 비롯된 것이라기보다는 사정의 변천에 따른 규제 범위의 합리적 조정의 필요에 따른 것이라고 보이므로, 위 개발제한구역의 지정 및 관리에 관한 특별조치법과 같은 법 시행규칙의 신설 조항들이 시행되기 전에 이미 범하여진 개발제한구역 내 비닐하우스 설치행위에 대한 가벌성이 소멸하는 것은 아니다(대판 2007. 09. 06, 2007도4197[개발제한구역의 지정 및 관리에 관한 특별조치법 위반]).

(2) 한시법의 효력소멸

한시법(限時法)은 명문으로 정해진 유효기간이 경과하면 당연히 그 효력이 소멸된다.

한시법의 유효기간내의 위반행위에 대하여 한시법이 소멸된 후에도 동 한시법을 적용하여 처벌하거나 제재를 가할 수 있는가 하는 것이 문제된다.

Ⅱ. 지역적 효력

1. 원 칙

행정법령은 당해 행정법령을 제정한 기관의 권한이 미치는 지역 내에서만 효력을 가지는 것이 원칙이다. 즉, 국가의 법령은 대한민국의 영토 전역에 걸쳐 효력을 가지고, 지방자치단체의 조례 · 규칙은 지방자치단체의 구역 내에서만 효력을 가지는 것이 원칙이다.

[판례] 1980. 5. 20. 체결된 '남극해양생물자원 보존에 관한 협약(Convention on the Conservation of Antarctic Marine Living Resources)'과 관련하여, 우리나라가 1985. 3. 29. 가입서를 기탁한 후, 1985. 4. 28. 조약 제860호로 위 협약이 발효되어 우리나라 영토 전체에 그 효력이 미치는 이상, 우리나라 항구에 입항한 어획물 운반선은 그 기국(旗國) 및 어획물 조업선의 기국이 위 협약의 체약국인지 여부와 관계없이, 위 협약 및 그에 따른 남극해양생물자원 보존위원회(Commission for the Conservation of Antarctic Marine Living Resources)의 보존조치(Conservation Measures)에 의한 검색과 양륙 및 전재(轉載) 제한조치의 적용대상이 된다(대판 2007. 12. 27, 2007두11177[전재제한처분무효확인]).

2. 예 외

위의 원칙에는 다음과 같은 예외가 있다.

① 국제법상 치외법권이 인정되는 시설(예, 대사관 영사관) 내에는 국내법령의 효력이 미치지 않는다.

② 국가의 법령이 일부 지역에만 적용되는 경우가 있다(예, 제주국제자유도시특별법 등).

③ 행정법령이 그 제정기관의 권한이 본래 미치는 지역을 넘어 적용되는 경우가 있다. 국가법령이 공해상에 있는 자국의 선박에 적용되고, 지방자치단체가 다른 지방자치단체의 구역 내에 공공시설을 설치한 경우 동 공공시설을 설치한 지방자치단체의 공공시설에 관한 조례는 동 공공시설에 적용된다.

Ⅲ. 대인적 효력

1. 원 칙

행정법령은 속지주의에 따라 원칙적으로 그 영토 또는 구역 내에 있는 모든 인(人)(내국인, 내국법인, 외국인, 외국법인)에게 적용된다.

2. 예 외

위의 원칙에는 다음과 같은 예외가 있다.

① 국제법상 치외법권을 가지는 외국의 국가원수 또는 외교관에 대하여는 국내법령이 적용되지 않는다.

② 국내에 거주하는 미합중국군대 구성원에 대하여는 한미행정협정에 의해 국내법령의 적용이 제한된다.

③ 외국인에 대하여 상호주의가 적용되는 경우가 있고(예, 국가배상책임), 외국인에 대하여 특칙을 두는 경우가 있다.

④ 국외의 자국인에 대하여 국내법령이 적용되는 경우가 있다(예, 여권법).

제 7 절 행정법의 해석 및 적용

Ⅰ. 행정법의 해석

행정법의 해석(解釋)이라 함은 행정법규정의 의미를 명확하게 하고 구체화하는 작업이다. 행정법규의 해석에 있어서는 문리해석(법문언을 어법 및 문법에 맞게 해석하는 것), 논리해석(법개념의 논리적 관계를 모색하는 해석), 체계적 해석(법체계 및 법구조에 합치하는 해석), 목적론적 해석(법규정의 입법목적에 합치하는 해석), 연혁적 해석(입법의사를 중시하는 해석) 등의 방법을 종합적으로 사용하여 행정법규정의 올바른 의미를 찾아야 한다. 그러나, 문언 자체가 비교적 명확한 개념으로 구성되어 있다면 원칙적으로 이러한 해석 방법(입법취지와 목적, 제·개정 연혁, 법질서 전체와의 조화, 다른 법령과의 관계 등을 고려하는 체계적·논리적 해석 방법)은 활용할 필요가 없거나 제한되어야 한다(대판 2022. 12. 16, 2022도10629).

행정해석은 행정기관이 하는 해석을 말한다. 해석권한이 있는 행정기관이 하는 행정해석을 유권해석이라 한다. 행정해석은 법적 구속력을 갖지 않는다. 행정해석보다는 법원의 해석이 우월하다.

[판례] ① **법해석의 방법과 한계**: 법은 원칙적으로 불특정 다수인에 대하여 동일한 구속력을 갖는 사회의 보편타당한 규범이므로 이를 해석함에 있어서는 법의 표준적 의미를 밝혀 객관적 타당성이 있도록 하여야 하고, 가급적 모든 사람이 수긍할 수 있는 일관성을 유지함으로써 법적 안정성이 손상되지 않도록 하여야 한다. 한편 실정법은 보편적이고 전형적인 사안을 염두에 두고 규정되기 마련이므로 사회현실에서 일어나는 다양한 사안에서 그 법을 적용함에 있어서는 구체적 사안에 맞는 가장 타당한 해결이 될 수 있도록 해석할 것도 또한 요구된다. 요컨대 법해석의 목표는 어디까지나 법적 안정성을 저해하지 않는 범위 내에서 구체적 타당성을 찾는 데 두어야 한다. 나아가 그러기 위해서는 가능한 한 법률에 사용된 문언의 통상적인 의미에 충실하게 해석하는 것을 원칙으로 하면서, 법률의 입법 취지와 목적, 그 제·개정 연혁, 법질서 전체와의 조화, 다른 법령과의 관계 등을 고려하는 체계적·논리적 해석방법을 추가적으로 동원함으로써, 위와 같은 법해석의 요청에 부응하는 타당한 해석을 하여야 한다(대판 전원합의체 2013. 01. 17, 2011다83431; 대판 2020. 09. 03, 2020두34070).
② 규정의 문언과 체계, **공동주택관리의 취지** 등을 종합하면, 지방자치단체의 장은 동주택관리법 제93조 제1항에 근거하여 보고나 자료 제출 외에 위반 행위의 시정이나 감독을 위해 필요한 명령을 할 수 있다(대판 2022. 02. 10, 2021마6763).
③ **구 도시정비법의 규정 내용과 그 개정 경과, 입법 취지 등을 고려하면**, 구 도시정비법 제24조 제5항 단서가 정한 '직접 출석'에는 대리인이 출석하여 의결권을 행사하는 경우도 포함된다고 해석함이 타당하다(대판 2022. 05. 12, 2021두56350).

조세나 부담금에 관한 법령의 해석은 원칙적으로 문언대로 해석·적용하여야 하고, 합리적 이유 없이 이를 확장해석하거나 유추해석하는 것은 허용되지 아니한다(대판 2016. 10. 27, 2014두12017).

[판례] ① [1] **조세법규의 해석 원칙 및 조세법규에 관하여 합목적적 해석이 불가피한 경우:** 조세법률주의의 원칙상 조세법규의 해석은 특별한 사정이 없는 한 법문대로 해석하여야 하고 합리적 이유 없이 확장해석하거나 유추해석하는 것은 허용되지 않는다. 그렇지만 법규 상호 간의 해석을 통하여 그 의미를 명백히 할 필요가 있는 경우에는 조세법률주의가 지향하는 법적 안정성 및 예측가능성을 해치지 않는 범위 내에서 입법 취지 및 목적 등을 고려한 합목적적 해석을 하는 것은 불가피하다. [2] 전기통신사업자인 甲 주식회사가 아이엠티이천 서비스는 인지세법 시행령 제4조 제2호에서 말하는 '이동전화 또는 개인휴대통신 역무'에 해당하지 않는다고 주장하면서 국가를 상대로 위 서비스의 가입신청서에 관하여 납부한 인지세 상당의 부당이득반환을 구한 사안에서, 아이엠티이천 서비스는 위 조항의 '이동전화 또는 개인휴대통신 역무'에 해당한다고 한 사례(대판 2017. 10. 12, 2016다212722; 2024. 10. 08, 2024다254820; 2025. 02. 27, 2023두37544).
② **조세나 부과금 등의 부담금에 관한 법률의 해석**에 관하여, **그 부과요건이거나 감면요건을 막론하고** 특별한 사정이 없는 한 법문대로 해석하여야 하고 **합리적 이유 없이 확장해석하거나 유추해석하는 것은 허용되지 않는다**(대법원 2022. 12. 29. 선고 2022다218585 판결 등 참조). 이는 텔레비전수상기(이하 '수상기'라 한다)를 소지한 특정 집단에 대하여 부과되는 특별부담금인 텔레비전방송수신료(이하 '수신료'라 한다)의 부과 및 면제요건을 해석함에 있어서도 마찬가지이다(대판 2023. 09. 21, 2023두39724: '군 영내'에 있는 수상기는 그 사용 목적과는 관계없이 등록의무가 면제되는 수상기로서 이에 대하여는 수신료를 부과할 수 없다고 보아야 한다고 해석한 사례).

침익적 행정처분의 근거가 되는 행정법규는 엄격하게 해석·적용하여야 하고, 행정처분의 상대방에게 불리한 방향으로 지나치게 확장해석하거나 유추해석하여서는 아니되며, 그 행정법규의 입법 취지와 목적 등을 고려한 목적론적 해석이 허용되는 경우에도 그 문언의 통상적인 의미를 벗어나지 아니하여야 한다(대판 2016. 11. 24, 2014두47686; 2022. 01. 27, 2020두39365).

[판례] ① **'침익적 행정처분 근거 규정 엄격해석의 원칙'**이란 단순히 행정실무상의 필요나 입법정책적 필요만을 이유로 문언의 가능한 범위를 벗어나 처분상대방에게 불리한 방향으로 확장해석하거나 유추해석해서는 안 된다는 것이지, 처분상대방에게 불리한 내용의 법령해석은 일체 허용되지 않는다는 취지가 아니다. 문언의 가능한 범위 내라면 체계적 해석과 목적론적 해석은 허용된다(대판 2021. 02. 25, 2020두51587).
② 이러한 국민건강보험법의 입법 목적과 국민건강보험 제도의 특성을 고려하면, 국민건강보험급여 제한사유 중 '중대한 과실'이라는 요건은 되도록 엄격하게 해석·적용하여야 한다(대판 2021. 02. 04, 2020두41429[부당이득금환수고지처분취소]).
③ [입찰참가자격제한처분의 근거규정 해석이 문제된 사건] (1) 구 「국가를 당사자로 하는 계약에 관한 법률 시행령」(2021. 7. 6. 대통령령 제31864호로 개정되기 전의 것) 제76조 제1항 제2호 (가)목에 따라 '입찰공고와 계약서에 명시된 계약의 주요조건 위반'을 이유로 입찰참가자격제한처분을

하려면 입찰공고와 계약서에 미리 계약조건과 그 계약조건을 위반할 경우 입찰참가자격 제한을 받을 수 있다는 사실을 모두 명시해야 한다고 해석한 사례(대판 2021. 11. 11, 2021두43491).

④ 사회복지법인이 용도비지정 후원금을 건물 신축비로 사용한 것은 후원금 사용이 금지된 용도인 토지 · 건물 자산취득비로 사용한 경우에 해당한다고 보기 어렵다는 이유로, 후원금의 용도외 사용에 해당함을 전제로 이에 대한 관할 행정청의 개선명령처분이 적법하다는 원심 판결을 파기한 사례(대판 2017. 06. 29, 2017두33824).

⑤ 여객자동차 운수사업법 제76조, 제85조에서 정하는 과태료처분이나 감차처분 등은 규정 위반자에 대하여 처벌 또는 제재를 가하는 것이므로 같은 법이 정하고 있는 처분대상인 위반행위를 함부로 유추해석하거나 확대해석하여서는 아니 된다(대판 2007. 03. 30, 2004두7665).

⑥ 하수도법 제61조 제2항에 따라 사업시행자에게 부담시킬 수 있는 '타 행위로 인하여 필요하게 된 공공하수도에 관한 공사에 소요되는 비용'에 주민친화시설 설치비용은 포함되지 않는다고 해석된다(대판 2022. 08. 25, 2019두58773).

⑦ (1) 의무교육대상자인 초등학교 · 중학교 학생의 신분적 특성과 학교교육의 목적에 비추어 교육의 담당자인 교원의 학교교육에 관한 폭넓은 재량권을 존중하더라도, **법령상 명문의 규정이 없는 징계처분의 효력을 긍정함에 있어서는** 그 처분 내용의 자발적 수용성, 교육적 · 인격적 측면의 유익성, 헌법적 가치와의 정합성 등을 종합하여 **엄격히 해석**하여야 할 필요가 있다. (2) 이 사건 징계처분 중 '교사에 대한 **사과편지작성 1시간'을 명한 부분은 '학교 내 봉사'의 징계 내용에 당연히 포함되는 것이라고 볼 수 없고,** 달리 이를 허용하는 법령상 근거가 없다(대판 2022. 12. 01, 2022두39185).

⑧ 구 「전자상거래 등에서의 소비자보호에 관한 법률」 제34조 제1항의 '영업정지를 갈음한 과징금' 부과사유에 '회사분할 등으로 영업정지처분이 제재처분으로서 실효성이 없게 된 경우'가 포함하는 것으로 해석하는 것이 유추해석금지의 원칙에 반한다고 한 사례(대판 2025. 11. 13, 2025두33253[시정명령및과징금납부명령취소]).

형벌법규의 해석은 엄격해야 하고 명문규정의 의미를 지나치게 확장해석하거나 유추해석하는 것은 죄형법정주의 원칙에 어긋나는 것으로서 허용되지 않는다. 이러한 형벌법규 해석의 원리는 형벌법규의 적용대상이 행정법규가 규정한 사항을 내용으로 하고 있는 경우에 그 행정법규를 해석할 때에도 마찬가지로 적용된다(대법원 1990. 11. 27. 선고 90도1516 전원합의체 판결 등 참조)(대판 2021. 09. 30, 2017도13182). 그런데, 이렇게 해석하면 행정법규 위반이 형사적 제재와 함께 행정적 제재의 대상도 되는 경우도 많다는 점을 고려하면 행정법규 해석이 너무 엄격해지는 것은 아닌지 의문이 제기된다.

조약은 전문 · 부속서를 포함하는 조약문의 문맥 및 조약의 대상과 목적에 비추어 조약의 문언에 부여되는 통상적인 의미에 따라 성실하게 해석되어야 한다. 여기서 문맥은 조약문(전문 및 부속서를 포함한다) 외에 조약의 체결과 관련하여 당사국 사이에 이루어진 조약에 관한 합의 등을 포함하며, 조약 문언의 의미가 모호하거나 애매한 경우 등에는 조약의 교섭 기록 및 체결 시의 사정 등을 보충적으로 고려하여 의미를 밝혀야 한다(대판 전원합의체 2018. 10. 30, 2013다61381).

〈열거규정을 예시적 열거로 해석한 사례〉

[판례] ① [1] 장애인복지법 시행령 제2조 제1항 [별표 1](15가지 종류의 장애인을 규정한 것)이 보호의 대상인 장애인을 한정적으로 열거한 것으로 새길 수는 없다. [2] 어느 특정한 장애가 장애인복지법 시행령 제2조 제1항 [별표 1]에 명시적으로 규정되어 있지 않다고 하더라도, 그 장애를 가진 사람이 장애인복지법 제2조에서 정한 장애인에 해당함이 분명할 뿐 아니라, 모법과 위 시행령 조항의 내용과 체계에 비추어 볼 때 위 시행령 조항이 그 장애를 장애인복지법 적용대상에서 배제하려는 전제에 서 있다고 새길 수 없고 단순한 행정입법의 미비가 있을 뿐이라고 보이는 경우에는, 행정청은 그 장애가 시행령에 규정되어 있지 않다는 이유만으로 장애인등록신청을 거부할 수 없다. 이 경우 행정청으로서는 위 시행령 조항 중 해당 장애와 가장 유사한 장애의 유형에 관한 규정을 찾아 유추 적용함으로써 위 시행령 조항을 최대한 모법의 취지와 평등원칙에 부합하도록 운용하여야 한다. [3] 초등학교 때 운동 틱과 음성 틱 증상이 모두 나타나는 '뚜렛증후군(Tourette's Disorder)' 진단을 받고 10년 넘게 치료를 받아왔으나 증상이 나아지지 않아 오랫동안 일상 및 사회생활에서 상당한 제약을 받던 갑이 장애인복지법 제32조에 따른 장애인등록신청을 하였으나, 갑이 가진 장애가 장애인복지법 시행령 제2조 제1항 [별표 1]에 규정되지 않았다는 이유로 관할 군수가 갑의 장애인등록신청을 거부하는 처분을 한 사안에서, 위 처분이 위법하다고 한 사례(대판 2019. 10. 31, 2016두50907).
② 산업재해보상보험법 제37조 제1항 제2호, 제5항, 같은 법 시행령 제34조 제3항 [별표 3]의 규정 내용과 형식, 입법 취지를 종합하면, 같은 법 시행령 [별표 3] '업무상 질병에 대한 구체적인 인정 기준'은 같은 법 제37조 제1항 제2호에서 규정하고 있는 '업무상 질병'에 해당하는 경우를 예시적으로 규정한 것이라고 보아야 하고, 그 기준에서 정한 것 외에 업무와 관련하여 발생한 질병을 모두 업무상 질병에서 배제하는 규정으로 볼 수는 없다(대법원 2014. 6. 12. 선고 2012두24214 판결 참조)(대판 2020. 12. 24, 2020두39297).

〈법령 간 모순 · 충돌을 해소하는 법령해석〉

[판례] [다수의견] (1) 관계 법령들 사이에 모순·충돌이 있는 것처럼 보일 때 그러한 모순·충돌을 해소하는 법령해석을 제시하는 것은 법령에 관한 최종적인 해석권한을 부여받은 대법원의 고유한 임무이다. (2) 국가의 법체계는 그 자체로 통일체를 이루고 있으므로 상·하규범 사이의 충돌은 최대한 배제하여야 하고, 또한 규범이 무효라고 선언될 경우에 생길 수 있는 법적 혼란과 불안정 및 새로운 규범이 제정될 때까지의 법적 공백 등으로 인한 폐해를 피하여야 할 필요성에 비추어 보면, 하위법령의 규정이 상위법령의 규정에 저촉되는지 여부가 명백하지 아니한 경우에, 관련 법령의 내용과 입법 취지 및 연혁 등을 종합적으로 살펴 하위법령의 의미를 상위법령에 합치되는 것으로 해석하는 것이 가능한 경우라면, 하위법령이 상위법령에 위반된다는 이유로 쉽게 무효를 선언할 것은 아니다. 마찬가지 이유에서, 어느 하나가 적용우위에 있지 않은 서로 다른 영역의 규범들 사이에서 일견 모순·충돌이 발생하는 것처럼 보이는 경우에도 상호 조화롭게 해석하는 것이 가능하다면 양자의 모순·충돌을 이유로 쉽게 어느 일방 또는 쌍방의 무효를 선언할 것은 아니다. (3) '체육시설법 시행령 무도학원업의 범위 단서 규정'은 성인을 대상으로 국제표준무도를 교습하는 학원이 학원법상 학원의 요건을 갖추어 등록을 마친 경우에는 체육시설법이 별도로 적용되지 않는다는 점을 확인적으로 규정한 것이고, 나아가 '학원법 시행령 댄스학원의 범위 단서 규정'도 성인을 대상으로 국제표준무도를 교습하는 학원이 체육시설법상 무도학원업의 요건을 갖추어 신고를 마친 경우에는 학원법이 별도로 적용되지 않는다는 점을 확인적으로 규정한 것으로 해석함이 타당하다. 따라서 국제표준무도를 교습하는 학원을 설립·운영하려는 자가 체육시설법상 무도

학원업으로 신고하거나 또는 학원법상 평생직업교육학원으로 등록하려고 할 때에, 관할 행정청은 그 학원이 소관 법령에 따른 신고 또는 등록의 요건을 갖춘 이상 신고 또는 등록의 수리를 거부할 수 없다고 보아야 한다(대판 전원합의체 2018. 06. 21, 2015두48655).

누구든지 법령등의 내용에 의문이 있으면 법령을 소관하는 중앙행정기관의 장(이하 "법령소관기관"이라 한다)과 자치법규를 소관하는 지방자치단체의 장에게 법령해석을 요청할 수 있다(행정기본법 제40조 제1항). 법령 소관 행정기관의 법령해석을 **유권해석**이라 한다.

법령소관기관이나 법령소관기관의 해석에 이의가 있는 자는 대통령령으로 정하는 바에 따라 법령해석업무를 전문으로 하는 기관(민사·상사·형사, 행정소송, 국가배상 관계 법령 및 법무부 소관 법령과 다른 법령의 벌칙조항에 대한 해석인 경우에는 법무부, 그 밖의 모든 행정 관계 법령의 해석인 경우에는 법제처(법제업무운영규정 제29조 제1항))에 법령해석을 요청할 수 있다(행정기본법 제40조 제3항).

그 밖에 법령해석에 관한 사항은 법제업무규정(대통령령) 제26조 이하에서 규정하고 있다.

Ⅱ. 해석규정, 상위법령합치적 법령해석 등

1. 해석규정

법령의 해석을 법령으로 구체화하여 규정하는 경우가 있다. 이를 해석법령이라 한다. 해석법령은 무효가 아닌 한 법적 구속력을 갖는다(법규명령의 종류 참조).

법령의 해석을 행정규칙으로 하는 경우가 있는데, 그 행정규칙을 해석규칙이라 한다(행정규칙 참조).

2. 상위법령합치적 법령해석 등

판례는 하위법령을 가급적 상위법령에 합치하는 것으로 해석하여야 한다고 선언하고 있다(법원의 단계구조 참조). 판례는 전통적으로 명령의 위헌·위법을 과감히 선언하기 보다는 입법의 문제점을 해석으로 보완하여 구체적으로 타당한 판결을 내리고자 노력하였다. 이는 긍정적인 측면도 있지만, 입법규정과 명백히 다르거나 상당히 동떨어진 결론을 내림으로써 입법에 대한 예측가능성을 희생하는 결과를 가져오고, 판결의 논리성이 결여될 수밖에 없게 되고, 이는 판결에 대한 신뢰의 상실로 이어질 수 있다. 그런데, 판례는 상위법령합치적 법령해석을 과도하게 적용하여 입법으로 해결하여야 할 것을 해석으로 해결하는 경우가 적지 않다(박균성, 환경영향평가서의 제출시기, 협의요청시기 및 협의완료시기 등, 행정판례연구 XVIII-1, 2013, 349면 이하 참조).

그러나, 상위법령합치적 법령해석에도 일정한 한계가 있어야 한다. 명령의 위헌·위법이 명확한 경우에는 그 위법을 선언함으로써 입법의 문제를 입법을 통하여 해결하도록 하는 것이 정도(正道)라고 할 수 있다. 또한 이렇게 함으로써 실질적 법치행정을 담보할 수 있다. 위헌 또는 위법인 행정입법을 적극 통제하여 합헌적인 행정법질서를 유지하여야 한다. 무엇이 법인가를 선언하여 올바른 법질서를 유지하는 것도 법원의 중요한 임무이다.

Ⅲ. 행정법의 적용

행정법의 적용(適用)이라 함은 행정법을 구체적인 사안에 적용하는 것을 말한다. 달리 말하면 구체적 사안을 행정법규정에 포섭하는 과정을 말한다.

법의 적용은 사실관계를 명확히 하고, 관련법규정을 찾아 그 의미를 명확히 하고, 사실관계를 관련법규정에 포섭하는 과정을 거친다.

일반법 보다 특별법을 우선 적용하고, 특별법에 규정이 없는 사항에 대해서는 일반법을 적용한다.

[판례] **구 항만법과 항만공사법은** 항만시설의 개발과 관리·운영에 관하여 **일반법과 특별법의 관계**에 있다고 보아야 한다. 따라서 항만공사법이 특별히 정하지 않은 사항에 관해서는 일반법인 구 항만법이 적용되어야 한다. 이러한 견지에서 **항만시설 사용료 대납경비청구권에 관한 항만법령과 항만공사법령의 규정**을 살펴보면, 구 항만공사법 시행령 제13조 제3항은 항만공사법에는 규정되어 있지 않은 새로운 제도를 시행령 단계에서 비로소 도입하는 창설적 규정이 아니라 항만공사의 경우에도 구 항만법 제30조 제5항에 따른 항만시설 사용료 대납경비청구권 제도가 당연히 적용된다는 것을 주의적·확인적으로 규정한 것이라고 보는 것이 타당하다(대판 2021. 12. 16, 2018다204114).

법령에 따라 처분을 하려면 처분요건의 충족이 사실로 인정되어야 한다. 처분요건충족사실은 관련서류만으로 인정되는 경우도 있고, 관련서류만으로 인정되지 못하는 경우에는 관련서류와 함께 사실조사를 통해 인정되어야 한다. **처분사실의 존재는** 단순한 가능성만으로는 안 되고 **최소한 개연성**(다만, 제재처분의 경우 고도의 개연성)**이 인정되어야** 한다. 사실조사는 행정조사기본법 등 행정조사에 관한 법령(예, 세무조사에 관한 국세기본법 등)에 따라야 한다. 후술하는 바와 같이 행정조사가 위법하면 그에 따른 처분도 원칙상 위법하다는 것이 판례의 입장이다. 처분 후 처분요건 충족 여부가 재판에서 다투어지는 경우에 원칙상 처분요건 충족사실에 대한 증명책임은 처분청이 진다. 처분의 예외가 되는 사유 등 처분의 장애가 되는 사실(사유)의 인정은 원칙상 원고인 처분의 상대방이 진다. 판결에서는 행정에서 보다 엄격한 입증(민사·행정소송에서는 고도의 개연성의 입증(통상인이라면 의심을 품지 않을 정도의 입증), 형사소송에서는 합리적 의심의 여지가 없을 정도의 입증)이 행해지므로 행정기관은 특별한 사정(고도로 전문적인 사실의 인정 등)이 없는 한 확정판결에 의해 인정된 사실을 따라야 한다.

[판례] [1] 과학적 증거방법이 사실인정에서 상당한 정도의 구속력을 갖기 위한 요건: 과학적 증거방법이 사실인정에 있어서 상당한 정도로 구속력을 갖기 위해서는 감정인이 전문적인 지식·기술·경험을 가지고 공인된 표준 검사기법으로 분석한 후 법원에 제출하였다는 것만으로는 부족하고, 시료의 채취·보관·분석 등 모든 과정에서 시료의 동일성이 인정되고 인위적인 조작·훼손·첨가가 없었음이 담보되어야 하며 각 단계에서 시료에 대한 정확한 인수·인계 절차를 확인할 수 있는 기록이 유지되어야 한다. [2] 피고인이 메트암페타민을 투약하였다고 하여 마약류 관리에 관한 법률 위반(향정)으로 기소되었는데, 공소사실을 부인하고 있고, 투약의 일시, 장소, 방법 등이 명확하지 못하며, 투약 사실에 대한 직접적인 증거로는 피고인의 소변과 머리카락에서 메트암페타민 성분이 검출되었다는 국립과학수사연구원의 감정 결과만 있는 사안에서, 감정물이 피고인으로부터 채취한 것과 동일하다고 단정하기 어려워 그 감정 결과의 증명력은 피고인의 투약 사실을 인정하기에 충분하지 않다고 한 사례(대판 2018. 02. 08, 2017도14222).

그런데, 행정실무에서는 행정법규정을 해석한 행정규칙인 해석규칙이 있는 경우에는 해석규칙을 행정문제에 적용하고, 행정법을 해석한 판례가 있는 경우에는 판례를 행정문제에 적용하여 행정법을 집행한다.

행정법을 적용함에 있어서는 행정의 현실도 고려하여야 한다. 행정법이 예상하지 못한 사정이 있거나 행정법이 예상한 사정과 다른 사정이 있고, 그러한 사정에 행정법을 그대로 적용하는 것이 타당하지 않은 경우에는 행정법의 적용에 신중을 기해 행정법의 적용의 강도를 조절하여야 한다.

행정법의 제정 후 상황의 변화가 있거나 행정법의 제정시 예측하지 못한 사정이 발생하여 행정법을 그대로 적용하는 것이 타당하지 않게 된 경우에는 해당 행정법을 개정하거나 폐지하도록 입법제안(피드백)을 하여야 할 것이다.

제 8 절 행정법규정의 흠결과 보충

Ⅰ. 개 설

행정법의 규율대상은 매우 다양하고 복잡하여 이를 규율하는 개별법규정이 없는 경우가 적지 않다. 또한, 행정법에 있어서는 행정법총칙이 존재하지 않는다. 그리하여 행정법관계에서는 적용할 행정법규정이 없는 경우가 적지 않다.

그런데, 적용할 법규정이 없다는 이유로 재판을 거부할 수는 없다. 법의 흠결(欠缺)이 있는 경우 해석을 통하여 법을 보충(補充)하여야 한다.

Ⅱ. 행정법규정의 유추적용

성문의 행정법규정의 흠결이 있는 경우에는 우선 유사한 행정법규정(공법규정)을 유추적용(類推適用)하여야 한다(대판 1987. 07. 21, 84누126; 2019. 10. 31, 2016두50907). 유추적용이라 함은 적용할 법령이 없는 경우에 유사한 법령규정을 적용하는 것을 말한다. 어느 법령규정의 입법취지를 고려하여 적용할 법령이 없는 다른 사항에 대해 동일한 결과를 인정하는 해석으로 물론해석이 있는데(예, 생명·신체에 대한 특별한 손해에 대한 손실보상 인정) 이는 유추해석의 일종이다.

행정법규정의 유추적용에 있어서는 헌법규정이 함께 고려될 수 있다.

유추적용을 위해서는 법적 규율이 없는 사안과 법적 규율이 있는 사안 사이에 공통점 또는 유사점이 있어야 할 뿐만 아니라, 법규범의 체계, 입법 의도와 목적 등에 비추어 유추적용이 정당하다고 평가되는 경우이어야 한다(대판 전원합의체 2021. 07. 22, 2019다277812; 대판 2023. 08. 18, 2021다294889: 택지개발사업의 시행을 위하여 수용한 토지의 환매권 발생 요건에 관하여 정한 구 택지개발촉진법 제13조 제1항이 택지개발사업의 시행을 위하여 협의취득한 토지의 환매권 발생 요건에 관하여도 유추적용되는 것이 타당하다고 한 사례).

법령상 제외사항이 입법자가 의도한 것인 경우 달리 말하면 법적 규율이 없는 사항이 법적 규율의 대상에서 제외하고자 하는 것이 입법상 명확한 경우에는 유추적용이 인정되지 않는다. 또한, **의도된 입법의 불비**(입법자가 조리에 따른 학설 및 판례에 맡긴 경우. 예, 국가배상에서 공무원의 피해자에 대한 개인배상책임)에는 유추적용이 아니라 조리(학설 및 판례)에 의해 해결하여야 한다.

[판례] ① 구 하천법(1971. 1. 19 법률 제2292호로 개정된 것) 제2조 제1항 제2호, 제3조에 의하면 제외지는 하천구역에 속하는 토지로서 법률의 규정에 의하여 당연히 그 소유권이 국가에 귀속된다고 할 것인바 한편 동법에서는 위 법의 시행으로 인하여 국유화가 된 제외지의 소유자에 대하여 그 손실을 보상한다는 직접적인 보상규정을 둔 바가 없으나 동법 제74조의 손실보상요건에 관한 규정은 보상사유를 제한적으로 열거한 것이라기 보다는 예시적로 열거하고 있으므로 국유로 된 제외지의 소유자에 대하여는 위 법조를 유추적용하여 관리청은 그 손실을 보상하여야 한다(대판 1987. 07. 21, 84누126).

② 공유수면매립사업으로 인하여 수산업협동조합이 관계 법령에 의하여 대상지역에서의 독점적 지위가 부여되어 있던 위탁판매사업을 중단하게 된 경우, 그로 인한 위탁판매수수료 수입 상실에 대하여 구 공공용지의 취득 및 손실보상에 관한 특례법 시행규칙을 유추적용하여 손실보상을 하

여야 한다고 한 사례(대판 1999. 10. 08, 99다27231).
③ [뚜렛증후군을 가진 사람의 장애인등록신청거부 사건] (1) 장애인복지법 시행령 제2조 제1항 [별표 1](이하 '이 사건 시행령 조항'이라 한다)에 규정된 장애인복지법을 적용받는 장애인이 될 수 있는 장애의 종류를 한정적으로 열거한 것으로 새길 수는 없다. (2) 피고가 뚜렛증후군을 가진 원고의 장애인등록신청을 반려한 사건에서, 피고는 원고의 장애가 이 사건 시행령 조항에 규정되어 있지 않다는 이유만을 들어 원고의 장애인등록신청을 거부할 수는 없고, 이 사건 장애인복지법 시행령 조항 중 원고가 가진 장애와 가장 유사한 종류의 장애 유형에 관한 규정을 **유추 적용**하여 원고의 장애등급을 판정함으로써 원고에게 장애등급을 부여하는 등의 조치를 취하여야 한다고 판단하여, 원고에 대한 반려처분이 위법하다고 판단한 원심을 상고기각한 사례(대판 2019. 10. 31, 2016두50907).

Ⅲ. 헌법규정 및 법의 일반원칙의 적용

유추적용할 행정법규정이 없는 경우에는 헌법규정 및 법의 일반원칙을 적용할 수 있다.

Ⅳ. 사법규정의 적용

행정법관계를 규율할 어떠한 공법도 존재하지 않는 경우에는 사법규정(私法規定)을 직접 적용 또는 유추적용할 수 있다. 이에 관하여는 전술하였다.

Ⅴ. 조리의 적용

조리(條理)는 최종적인 법원이다. 행정법관계에 적용할 어떠한 공법이나 사법도 없는 경우 조리를 적용한다. 법원은 적용할 법이 없다는 이유로 재판을 거부할 수 없고, 이 경우에는 조리에 따라 재판하여야 한다.

제 3 장　행정법관계(공법관계)와 사법관계

제 1 절　행정법관계의 의의 및 공법관계와 사법관계의 구별

Ⅰ. 행정법관계의 의의

1. 법률관계

법률관계(法律關係)란 법주체 상호간의 권리의무관계를 말한다. 행정상 성립되는 법률관계에는 행정주체와 국민간에 맺어지는 법률관계와 행정주체와 공무원간에 맺어지는 법률관계, 행정주체 상호간에 맺어지는 법률관계가 있다.

2. 행정상 법률관계와 행정법관계의 구별

행정활동을 기초로 하여 맺어지는 법률관계를 행정상 법률관계라고 말한다. 행정상 법률관계가 모두 행정법관계는 아니다. 행정법관계는 행정상 법률관계 중 공법이 적용되는 법률관계를 말한다. 따라서 행정법관계는 공법관계와 동의어로 사용된다.

Ⅱ. 공법관계(공법행위)와 사법관계(사법행위)의 구별

공법관계(公法關係)와 사법관계(私法關係)의 구별의 문제는 공법행위와 사법행위의 구별의 문제와 같은 실익과 기준을 가지므로 공법관계와 사법관계의 구별의 실익과 기준에 관한 논의는 공법행위와 사법행위의 구별에도 그대로 적용될 수 있다.

1. 공법관계와 사법관계의 구별실익

(1) 적용법규 및 적용법원리의 결정

우선 적용할 법규정과 적용할 법원리를 결정하기 위하여 문제의 법률관계가 공법관계(권력관계 또는 관리관계)인지 사법관계인지 구별할 필요가 있다.

행정상 법률관계가 사법관계(국고관계)로 판정된 경우에는 사법규정 및 사법원리가 적용된다. 다만, 행정사법관계에는 일부 공법원리가 적용된다.

공법관계를 적용대상으로 하는 법은 공법이 되며 공법원리에 맞게 해석되어야 한다. 공법관계에 적용할 법규정이 존재하지 않는 경우에는 우선 공법규정을 유추적용하여야 한다. 유추적용할 공법규정도 없는 경우에는 권력관계에 대하여는 공법원리에 맞게 민법상의 일반법원리적 규정을 유추적용하고, 관리관계에 대하여는 사법이 널리 적용되지만, 공익의 보호를 위하여 필요한 한도 내에서는 사법규정을 수정하여 적용하여야 한다.

(2) 소송형식 및 소송절차의 결정

① 공법관계에 관한 소송은 행정소송으로 제기하여야 하고, 사법관계에 관한 소송은 민사소송으로 제기하여야 한다. 처분에 대하여는 항고소송을 제기하고, 공법상 법률관계에 관한 분쟁에 있어서는 공법상 당사자소송을 제기하여야 한다.

민사소송의 관할법원은 1심이 지방법원 또는 지방법원지원 또는 시군법원이고, 2심이 고등법원이고, 3심이 대법원이다. 행정소송은 1심이 행정법원이 있는 서울에서는 행정법원이고, 행정법원이 없는 지역에서는 지방법원 합의부이고, 2심이 고등법원이고, 3심이 대법원이다.

② 행정소송절차는 민사소송절차와 다른 특별한 소송절차이다.

2. 공법관계와 사법관계의 구별기준

공법관계(공법행위)와 사법관계(사법행위)의 구별은 기본적으로 관련법규정과 법률관계(행위)의 성질을 고려하여 결정하여야 한다.

(1) 제1차적 기준 : 관련법규정

우선 문제의 법률관계를 규율하는 관련법규정이 제1차적 기준이 된다.

① 관련법규가 문제의 법률관계가 공법관계라는 것을 전제로 하고 있는 법규정인 경우에는 그 법률관계는 공법관계이다. 공법에 의해 규율되는 법률관계는 공법관계이다.

즉, 법규가 행정상 강제집행 등 권력적 행위를 규율대상으로 하는 경우에 그 법규는 공법이며 그 대상이 되는 행위는 공법행위가 된다. 그리고 행정상 강제집행을 인정하고 있는 경우 그 대상이 되는 의무는 공법상 의무로 추정된다.
그러나, 행정의 편의를 위하여 사법상의 금전급부의무의 불이행에 대하여 국세징수법 중 체납처분에 관한 규정을 준용하는 경우가 있는데(예, 국유재산법 제38조에 의한 잡종재산의 대부료의 징수), 이 경우에는 당해 사법상 의무는 법에 의해 행정상 강제징수의 대상이 되는 것으로 규정되어 있다고 하더라도 여전히 사법상 의무이며 공법상 의무가 되지 않는다(대판 1993. 12. 21, 93누13735). 그러나, 이 경우에도 체납처분행위는 공법행위이고, 특별한 사정이 없는 한 민사소송의 방법으로 대부료 등의 지급을 구하는 것은 허용되지 아니한다(대판 2014. 09. 04, 2014다203588[건물인도등]). 또한 법적 분쟁에 대하여 행정상 쟁송을 제기하도록 규정하고 있는 경우에 그 규율대상이 되고 있는 행위 또는 권리는 공법행위 또는 공권이라고 추정된다.

[판례] 국유 일반재산의 대부료 등의 징수에 관하여는 국세징수법 규정을 준용한 간이하고 경제적인 특별구제절차가 마련되어 있으므로, 특별한 사정이 없는 한 민사소송의 방법으로 대부료 등의 지급을 구하는 것은 허용되지 아니한다(대판 2014. 09. 04, 2014다203588[건물인도등]). 〈해설〉 국유재산법 제42조 제1항, 제73조 제2항 제2호에 따른 국유 일반재산의 대부료 등의 강제징수는 공법행위인 처분이며 그에 대한 다툼은 항고소송으로 하여야 한다.

② 어떤 법률관계(행정작용)가 사법형식에 의해 규율되고 있는 것이 명백한 경우에 그 법률관계(행정작용)는 사법관계(사법행위)가 된다.

(2) 제2차적 기준 : 법률관계(또는 행위)의 성질

관련법규에 의해 공법관계(공법행위)와 사법관계(사법행위)가 명확하게 구별되지 못하는 경우가 있는데 이 경우에는 관련법규정과 함께 법률관계(또는 행위)의 성질을 기준으로 공법관계와 사법관계를 구별하여야 한다.

법률관계의 성질을 기준으로 한 공법관계와 사법관계의 구별에 관하여 공법과 사법의 구별에 있어서처럼 권력설, 이익설 및 귀속설이 대립되고 있다.

1) 주체설

주체설(主體說)은 적어도 한 쪽 당사자가 행정주체인 법률관계를 공법관계로 보고, 양 당사자 모두 사인인 법률관계를 사법관계라고 보는 견해이다.

한 쪽 당사자가 행정주체라 하더라도 행정주체가 재산권의 주체인 경우에는 사법관계로 보고, 행정주체의 국고행위나 사법형식에 의한 공행정작용은 사법행위(사법관계)로 보아야 하므로 주체설은 타당하지 않다.

오늘날 주체설을 주장하는 학자는 없다.

2) 권력설(종속설, 복종설)

권력설(權力說)은 행정주체에게 우월적 지위가 주어지는 지배복종관계인 법률관계는 공법관계로 보고, 양 당사자가 대등한 법률관계는 사법관계로 본다.

행정주체가 당사자가 되는 권력관계(권력행위)는 공법관계(공법행위)라는 점에서 그 의의가 있다. 그러나, 이 견해는 오늘날 비권력적인 공법관계(행정법관계)가 널리 인정되고 있는 점에서 문제가 있다. 사법관계에도 예외적이기는 하지만 지배복종관계(예, 친자 관계)가 있다.

3) 이익설

이익설(利益說)은 공익의 보호와 관계가 있는 법률관계를 공법관계로 보고 사익에 관한 법률관계를 사법관계로 본다.

공법관계는 권력관계이든 비권력관계이든 모두 공익의 보호와 관련이 있고, 사법관계는 사익에 관한 법률관계인 점에서 이익설은 공법관계와 사법관계의 일반적인 구별기준이 된다는 점에서 그 의의가 있다.

그러나, 공익과 사익의 구별이 상대적이고, 공법관계는 공익의 보호와 함께 사익의 보호와도 관련이 있고, 사법관계도 공익과 관련이 있는 경우가 있다는 점에서 이익설의 한계가 있다. 행정사법관계는 공익과 밀접한 관련이 있지만 기본적으로 사법관계이다.

4) 귀속설(신주체설)

귀속설(歸屬說)은 공권력의 담당자의 지위를 갖는 자에게만 권리 또는 의무를 귀속시키는 법률관계가 공법관계이고, 누구에게나 권리 또는 의무를 귀속시키는 법률관계가 사법관계라고 본다. 여기에서 공권력은 공행정주체 일반에 부여되는 우월적 지위를 의미하며 일방적인 명령강제권을 의미하는 것은 아니다. 귀속설은 법주체설과 종속설의 발전된 이론이라고 볼 수도 있다.

귀속설은 권력관계와 비권력관계를 포함하여 공법관계 일반과 사법관계의 통일적인 구별기준이 된다는 점에 그 의의가 있다.

그러나, 귀속설의 문제점은 구체적인 법률관계에서 행정주체가 공권력주체로서의 지위를 가지는지 그렇지 않은지가 불분명한 경우가 있다는 점 및 공권력의 담당자의 지위는 공법관계를 전제로 해서 인정되는 것이므로 논리순환의 모순에 빠져있다는 점이다.

5) 결어: 복수기준설

가. 복수기준설의 타당성 　공법관계와 사법관계의 구별기준으로 제시된 이익설, 종속설 및 귀속설은 모두 중요한 구별기준을 제시하고 있지만 공법관계와 사법관계의 구별에 관한 완벽한 이론이 되지 못한다. 따라서, 위의 세 이론을 종합적으로 고려하여 문제의 법률관계(행위)가 공법관계(공법행위)인지 사법관계(사법행위)인지를 개별적으로 판단하여야 한다. 이를 복수기준설이라 한다.

복수기준설은 일관성있는 법이론이 되지 못하는 문제점을 갖고 있지만 공법관계와 사법관계의 구별에 관한 이론 중 가장 현실적인 이론이다.

나. 복수기준설의 적용

① 우선 관계법규에 비추어 행정주체에게 우월한 법적 지위를 부여하고 있는

경우에 그 법률관계(행위)는 공법관계(공법행위)인 권력관계(권력행위)일 가능성이 크다.

[판례] 국유재산법 제51조 제1항에 근거한 국유재산의 무단점유자에 대한 변상금부과처분은 행정소송의 대상이 되는 행정처분이다(대판 1988. 02. 23, 87누1046,1047).

또한, 문제의 공법관계(공법행위)가 권력관계(권력행위)인가 비권력관계(비권력적 공법행위)인가를 구별할 필요가 있는 경우(예, 행정행위와 공법상 계약의 구별)가 있는데, 이 경우에 권력설은 중요한 기준이 된다.

② 그리고, 이익설이 보충적인 기준이 될 수 있다. 즉, 공익의 보호가 고려되고 있는 것은 당해 법률관계를 공법관계로 해석하는 데 유리하게 작용한다. 행정주체에게 우월한 법적 지위를 인정하고 있지 않는 경우에도 그 법률관계(행위)의 공공성이 강한 경우에는 공법관계(공법행위)인 관리관계(비권력적 공행정작용)로 된다.

③ 그러나, 그 법률관계(행위)에 공공성이 인정되는 경우에도 그것을 규율하는 법이 명백한 사법규정이라고 판단되는 경우에는 사법형식에 의한 법률관계(또는 행정작용)로 되어 기본적으로 사법관계(사법행위)가 된다(행정사법관계).

④ 법률관계(행정작용)에 공공성이 없는 경우에는 그 법률관계(행정작용)는 사법관계(사법행위)가 된다.

⑤ 문제의 법률관계가 사법관계와 유사하고, 사법관계와 다르게 규율할 필요가 없으면 사법관계이다.

[판례] 국가를 당사자로 하는 계약에 관한 법률 제9조 제3항의 입찰보증금의 국고귀속조치와 같이 외관상 행정권의 일방적 조치라고 보여지는 경우에도 **실질에 있어서 행정주체가 사법상의 재산권의 관리주체로서 행위하는 경우**에는 그 행위는 사법행위에 속한다(대판 1983. 12. 27, 81누366).

⑥ 공법적 행위에 의해 사법적 효과를 발생시키는 경우도 있고(예, 토지수용의 경우 토지소유권변동의 효과를 가져오고, 간접적 효과이기는 하지만 공법상 행위로 인하여 발생하는 국가배상청구권은 판례에 의하면 사권이다), 사법관계가 공법적 행위의 대상이 되는 경우도 있다(예를 들면, 잡종재산(일반재산)의 대부료 납부 의무는 사법상 의무로 볼 수 있는데 행정상 강제징수의 대상이 된다).

다. 지표의 종합적 고려에 의한 구별 관련법규정 및 문제의 법률관계(또는 행위)의 성질에 의해 당해 법률관계(또는 행위)가 공법관계(또는 공법행위)인지 아니면 사법관계(또는 사법행위)인지 명확하지 않을 때, 달리 말하면 문제의 법률관계(또는 행위)가 공법관계(또는 공법행위)와 사법관계(또는 사법행위)의 한계선상에 있을 때에는 관련법규정 및 문제의 법률관계(또는 행위)의 성질 중 문제의 법률 관계(또는 행위)를 공법관계(또는 공법행위)로 보아야 지표들과 문제의 법률관계(또는 행위)를 사법관계(또는 사법행위)로 보아야 할 지표들을 종합적으로 고려하여 개별적으로 판단하여야 한다.

라. 공법관계와 사법관계의 구별에 관한 판결례

(가) 국유재산의 매매 또는 사용 ① 국유(國有) 또는 공유의 잡종재산(일반재산)의 매각이나 대부는 행정처분이 아니며 그 계약은 사법상 계약이다.

[판례] ① 국유잡종재산을 대부하는 행위는 국가가 사경제 주체로서 상대방과 대등한 위치에서 행하는 사법상의 계약이고, ... 국유잡종재산에 관한 대부료의 납부고지 역시 사법상의 이행청구에 해당하고, 이를 행정처분이라고 할 수 없다. 국유재산법 제38조, 제25조의 규정에 의하여 국세징수법의 체납처분에 관한 규정을 준용하여 대부료를 징수할 수 있다고 하더라도 이로 인하여 대부계약의 성질이 달라지는 것은 아니라 할 것이다(대판 2000. 02. 11, 99다61675).
② 한국공항공단(현 한국공항공사)이 정부로부터 무상사용허가를 받은 행정재산을 구 한국공항공단법(2002. 1. 4. 법률 제6607호로 폐지) 제17조(현 한국공항공사법 제11조)에서 정한 바에 따라 전대하는 경우에 미리 그 계획을 작성하여 건설교통부장관에게 제출하고 승인을 얻어야 하는 등 일부 공법적 규율을 받고 있다고 하더라도, 한국공항공단이 그 행정재산의 관리청으로부터 **국유재산관리사무의 위임을 받거나 국유재산관리의 위탁을 받지 않은 이상, 한국공항공단이 무상사용허가를 받은 행정재산에 대하여 하는 전대행위는 통상의 사인간의 임대차와 다를 바가 없고,** 그 임대차계약이 임차인의 사용승인신청과 임대인의 사용승인의 형식으로 이루어졌다고 하여 달리 볼 것은 아니다(대판 2004. 01. 15, 2001다12638).

② 국유 또는 공유재산인 행정재산의 사용허가는 행정행위(특허)이다. 그 행정재산이 기부채납받은 재산이라 하여도 그에 대한 (무상)사용·수익허가의 법적 성질은 행정처분이다(대판 2001. 06. 15, 99두509). 지방자치단체가 기부채납받은 공유재산을 무상으로 기부자에게 사용을 허용하는 행위는 사경제주체로서 상대방과 대등한 입장에서 하는 사법상 행위이므로, 기부자가 기부채납한 부동산을 일정기간 무상사용한 후에 한 사용허가기간 연장신청을 거부한 행정청의 행위도 단순한 사법상의 행위라고 한 과거의 판례가 있으나(대판 1994. 01. 25, 93누7365), 이 판례는 사실상 변경폐기된 것으로 보아야 한다.

그러나, 무상사용허가를 받은 행정재산을 전대하는 행위는 원칙상 사법상의 임대차에 해당한다(대판 2004. 01. 15, 2001다12638).

③ 국유 또는 공유재산(잡종재산(일반재산) 포함)의 무단점유에 대한 변상금부과처분은 행정처분이다(대판 1998. 02. 23, 87누1046, 1047).

(나) 공법상 계약과 사법상 계약 판례는 서울시 시립무용단원의 위촉계약을 공법상 계약으로 보았고(대판 1995. 12. 22, 95누4636), 토지보상법령상 협의취득계약을 사법상 계약으로 보았다(대판 2012. 2. 23, 2010다91206).

(다) 입찰관련행위 ① 판례는 입찰계약을 사법상 계약으로 보고, 입찰보증금의 국고귀속조치를 사법상 행위로 본다(대판 1983. 12. 27, 81누366).

② 법령에 근거한 행정기관(예, 조달청장)의 입찰참가자격정지는 처분이다(대판 1983. 12. 27, 81누366). 국가를 당사로 하는 계약에 관한 법률 제27조는 부정당업자의 입찰참가자격제한을 규정하고 있다.

이에 반하여 계약(공법상 계약 또는 사법상 계약)에 근거한 입찰참가자격제한은 처분이 아니고, 계약상의 의사표시(공법상 의사표시 또는 사법상 의사표시)이다. 입찰참가자격제한의 법적 근거를 규정하고 있지 않았던 구 정부투자기관관리기본법하에서 판례는 정부투자기관이 한 입찰참가자격제한조치를 사법상 효력을 갖는 통지행위에 불과하다고 보았다(대판 1999. 11. 26, 99부3). 그런데, 현재는 정부투자기관관리기본법이 폐지되었고, 공공기관의 운영에 관한 법률 제39조 제2항이 공공기관에 의한 부정당업자의 입찰참가자격 제한의 법적 근거와 입찰참가자격 제한조치의 법적 구속력을 규정하고 있으므로 현행법하에서 공공기관의 장의 입찰참가자격제한조치는 항고소송의 대상이 되는 처분으로 보아야 할 것이다.

(라) 기 타

[판례] 중학교 **의무교육의 위탁관계**는 초·중등교육법 제12조 제3항, 제4항 등 관련 법령에 의하여 정해지는 **공법적 관계**로서, 대등한 당사자 사이의 자유로운 의사를 전제로 사익 상호간의 조정을 목적으로 하는 민법 제688조의 수임인의 비용상환청구권에 관한 규정이 그대로 준용된다고 보기도 어렵다(대판 2015. 01. 29, 2012두7387[지원금교부청구]).

Ⅲ. 개별적 구별

공법관계와 사법관계의 구별은 법률관계 전체에 대해 개괄적으로 하는 것이 아니라 개별적 법률관계마다 개별적으로 행하여진다. 그 이유는 오늘날 하나의 개괄적인 법률관계에 있어서 공법관계와 사법관계가 혼재되어 있는 경우가 적지 않기 때문이다.

Ⅳ. 2단계설

행정상 법률관계가 경우에 따라서는(예, 보조금지급관계) 기본적 결정과 구체화결정(발전적 결정)으로 단계적으로 형성되는 것으로 보면서 기본적 결정(예, 보조금지급결정)은 공법관계이고, 기본적 결정의 구체화결정(발전적 결정)(예, 보조금지급계약)은 사법관계로 보는 견해가 있는데, 이를 2단계설이라 한다.

일반적으로 2단계설은 2단계가 공법관계와 사법관계로 형성되는 경우만을 의미하는 것으로 보고 있는데, 성질이 다른 2개의 공법관계로 형성되는 경우(예, 행정행위인 우선협상대상자의 결정과 공법상 계약인 민자유치계약)도 2단계의 행정결정으로 보는 것이 타당하다.

이에 대하여 2단계설은 행정법관계의 통일적인 규율을 해친다고 비판하면서 2단계설을 부인하는 견해도 있다.

제 2 절 행정상 법률관계의 종류

행정상 법률관계는 공법관계와 사법관계로 구분되고 공법관계는 다시 권력관계와 관리관계(비권력적 공행정관계)로 구분된다. 사법관계에는 엄격한 의미의 사법관계인 국고관계와 사법관계이지만 일부 공법적 규율을 받는 행정사법관계(사법형식에 의한 공행정관계)가 있다.

Ⅰ. 공법관계

공법이 적용되는 법률관계를 공법관계라 한다. 공법관계는 권력관계와 관리관계(비권력적 공행정관계)로 구별된다.

1. 권력관계와 관리관계의 구별

권력관계(權力關係)와 관리관계(管理關係)를 구별하는 이유는 상호 성질이 다르고,[17] 그에 따라 적용되는 공법원리에도 차이가 있기 때문이다.

① 권력관계에는 공정력, 확정력(불가변력과 불가쟁력) 및 강제력 등 행정주체에게 법률상 우월한 힘이 인정되지만, 관리관계는 비권력관계이므로 이러한 효력이 인정되지 않는다.

② 권력관계와 관리관계는 다같이 공법관계이므로 법률에 의한 행정의 원칙의 적용을 받지만, 권력관계는 관리관계와 비교하여 보다 엄격한 법적 규율을 받는다. 권력작용에는 원칙상 법률유보의 원칙이 적용되지만, 관리관계에는 법률유보의 원칙이 적용되는 경우도 있겠지만 일정한 경우에는 법률유보의 원칙이 적용되지 않는다. 즉, 공법상 계약과 행정지도에는 법률의 근거를 요하지 않는다. 관리관계에 법률유보의 원칙이 적용되는 경우에도 권력관계에서보다는 그 적용이 완화될 수 있다. 예를 들면, 비권력적인 급부행위에는 작용법적 근거는 필요하지만, 포괄적 근거만 있으면

17) 전자는 권력관계이고, 후자는 비권력관계이다.

족하다고 보는 견해가 있다.

③ 권력관계와 관리관계를 규율하는 법과 법원리는 상이하며, 전술한 바와 같이 법의 흠결시 사법규정의 적용에 있어서도 차이가 있다.

④ 권력행위를 다투는 소송은 항고소송이지만, 비권력적 공행정작용을 다투거나 관리관계에 관한 소송은 원칙상 공법상 당사자소송으로 제기된다.

2. 권력관계

권력관계라 함은 공권력주체로서의 행정주체가 우월적인 지위에서 국민에 대하여 일방적인 조치(법률행위 또는 사실행위)를 취하는 관계를 말한다. 권력관계의 예로는 권력적 법률행위인 행정행위와 권력적 사실행위인 행정강제가 있다.

권력관계는 사인 상호간의 관계와는 그 성질이 크게 다른 관계이므로 사법과는 다른 공법원리에 의해 규율된다.

3. 관리관계

관리관계(管理關係)라 함은 행정주체가 사인과 대등한 관계에서 공행정을 수행함에 있어서(공익목적을 달성하기 위하여 사업을 수행하거나 재산을 관리함에 있어서) 국민과 맺는 관계를 말한다. 관리관계의 예로는 공법상 계약관계 등을 들 수 있다. 우리나라에서는 관리관계의 예는 많지 않다. 그러나 선진국에서는 '명령강제에 의한 행정'에서 '협의에 의한 행정'으로 나아가고 있기 때문에 관리관계가 널리 인정되고 있다.

관리관계에 있어서 행정주체는 공권력주체가 아니라고 보는 견해가 있으나 이는 타당하지 않다. 왜냐하면 공권력이라는 것은 개별적인 관계에서의 우월적인 권력을 의미하는 것이 아니라 일반적인 관점에서 공익목적상 행정권에게 부여된 특권적 지위를 의미하는 개념이고, 관리관계에 있어서도 예외적이기는 하나 행정주체에게 우월한 특권이 인정되고 있기 때문이다. 또한 일반적으로 관리관계에서의 행정주체를 사업의 경영주체 또는 재산의 관리주체로 보거나 행정주체의 지위를 경제주체의 지위로 보고 있지만 이러한 견해는 타당하지 않다. 사법형식에 의한 공행정이 발달된 오늘날 이러한 지위에서의 행정주체의 활동은 관리관계가 아니라 행정사법관계로 보아야 하기 때문이다.

관리관계는 비권력관계라는 점에서 권력관계와 구별되고 사법관계와 유사하나 사법관계와 달리 공익성이 강하기 때문에 공익목적을 달성하기 위하여 필요한 한도에서는 특수한 공법적 규율이 행하여지는 관계이다. 그 이외에 관리관계에는 사법이 널리 적용된다.

행정사법관계가 발달한 오늘날 관리관계와 행정사법관계의 구별은 매우 어렵다. 종래 공기업이용관계는 관리관계로 규율되었으나, 오늘날에는 행정사법관계로 규율되는 경우가 많다. 달리 말하면 공기업이용관계에는 공법관계인 경우도 있고, 사법관계인 경우도 있다.

Ⅱ. 사법관계

사법관계란 행정주체가 사인과 같은 지위에서 국민과 맺는 관계를 말한다. 오늘날 사법관계를 협의의(엄밀한 의미의) 사법관계인 국고관계와 행정사법관계로 구분하고 있다.

1. 국고관계

국고관계(國庫關係)란 행정주체가 일반 사인과 같은 지위에서(사법상의 재산권의 주체로서) 사법상의 행위를 함에 있어 사인과 맺는 관계를 말한다. 그 예로는 행정에 필요한 물품의 구매계약, 청사·도로·교량의 건설도급계약,[18] 국유재산(잡종재산)의 매각, 수표의 발행, 금전차입을 들 수 있다.

국고관계는 전적으로 사법에 의해 규율된다는 것이 통설의 입장이다. 행정주체의 국고관계에서의 활동에 대하여는 국가를 당사자로 하는 계약에 관한 법률, 국유재산법, 공유재산 및 물품관리법 등에서 특수한 규율을 하고 있는 경우가 있는데 이들 특수한 규정은 공법규정이 아니라 사법규정이다.

판례는 조달계약을 사법상 계약으로 보지만, 조달계약을 그 공익성에 비추어 공법상 계약으로 보아야 한다는 견해와 행정사법으로 보아야 한다는 견해가 있다.

2. 행정사법관계

(1) 의의와 필요성

행정사법관계(行政私法關係)라 함은 행정주체가 사법형식에 의해 공행정(공적 임무)을 수행함에 있어서 국민과 맺는 법률관계를 말한다.

전통적으로 공행정은 공법적 수단에 의해 수행되는 것이 원칙이었으나 오늘날 행정주체가 공법규정하에서의 여러 가지 부담과 제약에서 벗어나 사적 부문의 자율성과 창의성에 기초하여 공행정을 효율적으로 수행할 수 있도록 하기 위하여 일정한

---

18) 사기업에게 도로를 건설하여 관리하도록 위탁하는 계약(민자유치계약)은 행정을 위탁하는 계약이므로 공법상 계약으로 보아야 한다.

경우에 행정주체를 공법적 제약으로부터 해방하여 공행정을 사법형식에 의해 수행하도록 하고 있다.

(2) 행정사법관계의 인정 및 그 범위와 한계

행정사법관계는 법률에 의해 인정될 수 있다. 그리고, 행정사법관계를 인정하는 법률이 존재하지 않는 경우에도 행정청은 공행정을 수행함에 있어서 법령의 한계 내에서 공법형식과 사법형식을 선택할 수 있는 권한을 갖는다.

사법형식에 의한 행정이 행해질 수 있는 대표적인 영역은 급부행정(철도사업, 시영버스사업, 전기, 가스 등 공급사업, 우편사업, 하수도관리사업, 쓰레기처리사업)과 자금 지원행정(보조금의 지급, 융자)이다. 판례는 수돗물 공급관계를 사법관계로 보고 있는 것으로 보인다. 즉, 판례는 일반상수도사업자인 구미시가 2011. 5. 8.부터 2011. 5. 11.까지 광역상수도 사업자인 한국수자원공사로부터 정수를 공급받지 못하였기 때문에 원고들에게 수돗물공급의무를 이행하지 못한 것에 대해 민법 제758조에 따른 손해배상청구를 한 사안에서, 판례는 국가배상책의 문제가 아니라 민법에 따른 손해배상책임(민법 제758조의 공작물의 설치·보존상의 하자로 인한 배상책임)의 문제로 보았는데(대판 2018. 07. 12, 2015다68348), 관련 법령 및 수돗물공급의 공익성에 비추어 수돗물 공급관계는 공법관계로 보고, 수돗물 공급상의 불법행위로 인한 손해배상책임은 국가배상책임으로 보는 것이 타당하다. 다만, 현행법상 수도료 부과징수와 이에 따른 수노료의 납부관계는 공법상 권리의무관계로 규정되어 있다(대판 1977. 02. 22, 76다2517). 공공조달계약도 행정사법작용으로 볼 수 있다.

경찰, 조세 등 고권적 행정과 공익성이 강하게 요구되는 행정은 사법형식에 의한 관리가 인정될 수 없다고 보아야 한다.

(3) 행정사법관계의 법적 규율

행정사법관계를 규율하는 법을 행정사법이라 한다. 행정사법관계는 공법형식의 제약에서 벗어나 사법형식에 의해 규율되는 법률관계이므로 기본적으로 사법관계이며 사법에 의해 규율된다. 그러나, 행정주체가 수행하는 작용의 실질은 공행정이므로 공행정의 공공성을 최소한으로 보장하고, 국민의 기본권을 보장하기 위하여 행정사법관계에는 해석상 일정한 공법원리가 적용된다고 본다. 사법형식에 의한 공행정에 적용되는 공법원리에는 평등의 원칙, 비례의 원칙, 공역무(공행정)계속성의 원칙, 행정권의 기본권 보장의무 등이 있다. 이와 같은 행정사법관계에 대한 일정한 공법원리의 적용은 행정권의 '사법으로의 도피'를 막기 위하여도 필요하다.

(4) 권리구제

행정사법관계는 기본적으로 사법관계이므로 행정사법관계에 관한 법적 분쟁은 민사소송의 대상이 된다.

제 3 절 행정법관계의 당사자(행정주체와 행정객체)

Ⅰ. 행정주체와 행정기관

1. 의 의

행정주체(行政主體)라 함은 행정을 행하는 법주체(法主體)를 말한다. 행정주체에는 국가, 지방자치단체, 공공조합, 영조물법인, 공법상 재단, 공무수탁사인이 있다. 행정을 실제로 행하는 것은 공무수탁사인에 있어서의 일정한 경우(공무수탁사인이 자연인인 경우)를 제외하고는 행정주체가 아니라 행정주체의 기관이다. 그러나 이들 기관의 행위의 법적 효과는 법인격체인 행정주체에게 귀속된다.

행정기관의 예로는 대통령, 국무총리, 장관, 차관, 차관보, 국장, 담당관, 과장, 계장 등이 있는데 이들 행정기관은 상이한 법적 지위를 갖는 여러 종류의 행정기관(예, 행정청, 보조기관, 보좌기관, 지원기관 등)으로 분류될 수 있다. 이 중에서 행정청이 가장 중요한 행정기관이다. 그것은 국민과의 관계에서 행정권의 행사는 원칙상 행정청의 지위를 갖는 행정기관의 결정에 의해 그의 이름으로 행해지기 때문이다. 국가에 있어서는 통상 장관, 청장과 특별지방행정기관의 장이 행정청이 되고 지방자치단체에 있어서는 지방자치단체의 장이 행정청이 된다.

2. 행정주체의 종류

(1) 국 가

국가행정의 주체는 국가가 된다. 국가는 법인격을 가진 법인으로서 행정 법관계의 법주체가 된다. 국가행정기관에는 중앙행정기관과 특별지방행정기관(예, 지방국토관리청, 지방경찰청 등)이 있다.

그런데 국가행정의 일부가 지방자치단체, 공공단체, 사인에게 위임 또는 위탁되어 행하여지는 경우도 있다. 이 경우에도 국가행정으로서의 실질은 그대로 유지한다. 그러나, 그 행정의 법적 효과가 누구에게 귀속되는가는 경우에 따라 국가에 귀속되기도 하고 수임자에게 귀속되기도 한다. 예를 들면, 지방자치단체에 대한 위임 중 단체위임의 경우 그 법적 효과는 지방자치단체에게 귀속되나 기관위임의 경우에는 국가에 귀속된다. 사인에 대한 위탁(광의의)의 경우에 협의의 위탁의 경우에는 그 법적 효과가 사인에게 귀속되고, 대행이나 보조위탁의 경우에는 위임자인 국가 등에 귀속된다.

(2) 공공단체

공공단체(公共團體)는 지방자치단체와 협의의 공공단체를 포함한다.

1) 지방자치단체

지방자치단체(地方自治團體)라 함은 국가의 영토 내에서 일정한 지역 및 그 지역의 주민으로 구성되며 그 지역 내에서 일정한 통치권을 행사하는 법인격을 갖는 공공단체를 말한다.

지방자치단체도 넓은 의미에서는 공공단체에 포함되나 협의의 공공단체와 달리 일정한 지역과 주민을 갖고 있다는 점과 일반적인 행정을 담당한다는 점에서 국가와 유사하며 타 공공단체와 구별된다. 타 공공단체(협의의 공공단체)는 특정한 사업수행만을 담당한다.

지방자치단체에는 보통지방자치단체(서울특별시, 광역시, 도, 시, 군, 자치구)와 특별지방자치난체(지방사치난체조합 등)가 있다. 보통지방자치단체는 광역자치단체(서울특별시, 광역시, 도)와 기초자치단체(시, 군, 자치구)로 구별된다.

지방자치단체는 지방자치단체에 고유한 고유사무와 국가로부터 위임받은 위임사무를 수행한다. 고유사무와 단체위임사무는 지방자치단체의 사무가 되므로 지방자치단체의 행정기관의 활동의 법적 효과는 법주체인 지방자치단체에 귀속된다. 기관위임사무는 지방자치단체 자체가 아니라 지방자치단체의 행정기관(특히 지방자치단체의 장)에게 위임된 사무로 그 사무는 지방자치단체의 사무가 아니라 국가사무 또는 위임기관이 속한 지방자치단체의 사무이다. 그리고, 기관위임사무를 수행하는 지방자치단체의 장은 국가기관위임사무의 경우 국가기관의 지위를 가지고, 시·도지사로부터 기관위임을 받은 경우에는 해당 시·도 기관으로서의 지위를 갖는다. 따라서 그 기관위임사무의 수행의 법적 효과는 그 기관위임사무의 행정주체인 국가 또는 지방자치단체에 귀속된다. 따라서, 지방자치단체의 사무와 기관위임사무를 구별하여야 한다.

2) 협의의 공공단체

협의의 공공단체라 함은 특정한 국가목적을 위하여 설립된 법인격이 부여된 단체를 말한다. 공공단체에는 공공조합, 영조물법인, 공법상 재단이 있다. 협의의 공공단체와 지방자치단체를 포함하여 광의의 공공단체라 한다. 공공단체는 공법상 법인(공법인)이다. **공법인**이라 함은 공익목적사업을 위해 공법에 따라 설립된 법인을 말한다. 국가와 지방자치단체이외의 공법인을 모두 협의의 공공단체로 보는 견해도 있지만, 공법인 중 존립목적인 사업을 공행정작용의 형식으로 수행하지 않고 전적으로 사법작용의 형식으로 수행하는 공법인은 공공단체가 아니라고 보아야 한다.

공공단체는 특정한 행정목적을 수행함에 있어서 필요한 한도 내에서 행정주체의 지위에 서게 되며 그 자체가 행정청이 되고 항고소송의 피고가 된다.

공공단체는 법정의 고유한 행정사무뿐만 아니라 행정기관이 임의로 위탁한 행정사무도 수행한다. 공공단체는 공행정사무뿐만 아니라 사법상 사무도 수행한다.

가. 공공조합 공공조합(公共組合)이라 함은 법정의 자격을 가진 조합원으로 구성된 공법상의 사단법인이다. 공공조합에는 농지개량조합, 토지구획정리조합, 상공회의소, 의료보험조합, 재개발조합, 재건축조합 등이 있다.

판례는 대한변호사협회를 공법인으로 보고, 변호사등록을 공행정사무로 본다.

[판례] ① **대한변호사협회는** 변호사와 지방변호사회의 지도·감독에 관한 사무를 처리하기 위하여 변호사법에 의하여 설립된 **공법인**으로서, **변호사등록은** 피고 대한변호사협회가 변호사법에 의하여 국가로부터 위탁받아 수행하는 **공행정사무에 해당**한다(헌재 2019. 11. 28, 2017헌마759; 대판 2021. 01. 28, 2019다260197).
② (1) 일반 사인인 증권회사를 회원으로 설립된 **한국증권거래소는 민법상 사단법인에 준하는 것**이다. (2) 한국증권거래소의 상장폐지결정 및 상장폐지확정결정은 사법상의 계약관계를 해소하려는 피청구인의 일방적인 의사표시라고 봄이 상당하다고 할 것이고, 따라서, 피청구인의 청구인회사에 대한 이 사건 상장폐지확정결정은 헌법소원의 대상이 되는 공권력의 행사에 해당하지 아니한다(헌재 2005. 02. 24, 2004헌마442).
[**참고논문**] 김용욱, 공공조합의 법적 성격 및 내부관계에 관한 고찰, 행정법연구 제44호, 2016.2, 71면 이하.

나. 영조물법인 영조물법인(營造物法人)이라 함은 행정법상의 영조물에 독립된 법인격이 부여된 것을 말한다. 영조물이라 함은 특정한 행정목적에 제공된 인적·물적 종합시설을 말한다.

영조물은 공익사업을 수행한다는 점에서 공기업과 유사하지만 공기업이 사법상의 경영방식에 의해 수행하는 수익적 사업인 반면에, 영조물은 강한 공공성과 윤리성을 갖는 정신적·문화적·행정적 사업인 점에서 공기업과 구별된다. 그리하여 영조물의 조직과 이용에는 공법이 적용되지만 공기업의 조직이나 이용은 원칙상 사법에 의해 규율된다.

영조물에는 국립도서관, 국공립학교, 한국은행 등이 있다. 그런데 이 중에서 한

국은행과 국립서울대학교는 독립된 법인격이 부여되어 있으므로 영조물법인이며 행정주체이다. 오늘날 한국전력공사나 한국도로공사는 사법상의 경영방식에 의해 공익사업을 수행함으로 영조물법인이 아니라 공기업이라고 보아야 한다. 공기업주체에는 공법인도 있고 사법인도 있다. 한국도로공사는 공법인이지만 한국전력공사는 주식회사에 준하는 형태를 취하고 있으므로 사법인이다.[19)]

[판례] 서울주택도시공사는 지방공기업법에 따라 서울특별시가 전액 출자하여 설립한 공공단체(지방공사)로서, 그 설립행위 등을 통해 서울특별시로부터 서울특별시의 개발사업 시행 권한을 위임받은 행정청으로 볼 수 있다[행정절차법 제2조 제1항 (나)목](대판 2019. 08. 30, 2016다252478).

다. 공법상 재단 공법상 재단(公法上 財團)이라 함은 국가나 지방자치단체가 공공 목적을 위하여 출연한 재산을 관리하기 위하여 설립된 공법상의 재단법인을 말한다. 그 예로는 한국연구재단, 총포·화약안전기술협회가 있다.

(3) 공무수탁사인

1) 의 의

공무수탁사인(公務受託私人)이란 공행정사무를 위탁(협의의 위탁)받아 자신의 이름으로 처리하는 권한을 갖고 있는 행정주체인 사인을 말한다. 공무수탁사인은 처분을 함에 있어서는 행정주체이면서 동시에 행정청의 지위를 갖는다.

사인은 통상 행정주체의 상대방인 행정객체의 지위에 서지만 행정주체로 부터 공행정사무를 위탁받아 처리하는 한도 내에서 행정주체의 지위에 선다. 이에 대하여 공무수탁사인의 법적 지위에 관하여 행정주체가 아니라 행정기관에 불과하다고 보는 견해도 있다.

공무수탁사인은 자연인일 수도 있고 사법인 또는 법인격 없는 단체일 수도 있다.

행정의 민간위탁이 확대됨에 따라 공무수탁사인이 늘고 있다. 행정의 민간위탁은 공무수탁사인뿐만 아니라 행정보조자 및 행정대행자가 행하는 행정업무수행을 포함한다.

사인이 공행정사무를 수행하는 경우에도 행정기관의 보조인에 불과한 경우나 행정을 대행하는 것에 불과한 경우에는 행정주체가 아니므로 공무수탁사인이 아니다. 행정을 대행하는 사인도 공무수탁사인으로 보는 견해도 있으나 이는 타당하지 않다. 행정보조인의 예로는 아르바이트로 우편업무를 수행하는 사인을 들 수 있다.

---

19) 한국전력공사는 「한국전력공사법」이라는 특별한 설립법이 있고, 명칭이 공사이며 정부의 지휘·감독 등 개입이 있다는 점에서 공법인으로 보는 것이 다수의 견해이지만 법상 주식회사에 준하는 형태를 취하고 있으므로 사법인으로 보는 것이 타당하다.

행정대행의 예는 차량등록의 대행, 자동차 검사의 대행을 들 수 있다. 강학상 대행과 실정법령상 대행을 구별하여야 한다. 실정법령상 대행 중에는 강학상 협의의 위탁인 경우도 있고, 강학상 대행인 경우도 있다.

행정보조인과 행정대행자의 차이는 행정보조인은 행정기관에 종속되어 있지만, 행정대행자는 담당행정기관의 감독은 받지만 행정기관에 종속되지는 않는다. 행정보조인과 행정대행자의 공무수행의 법적 효과는 공무를 위탁한 행정주체에게 귀속되고, 그 행정주체가 책임을 지게 되며 공무수탁사인의 공무수행의 법적 효과는 공무수탁사인에게 귀속되고 공무수탁사인이 책임을 진다.

공무수탁사인, 공무대행사인, 행정보조자를 통칭하여 **공무수행사인**이라 한다.

공적 임무의 실현을 위한 공의무를 부담하는 사인을 **공의무부담사인**이라 하는데, 공의무부담사인은 행정권을 수탁받아 행사하는 것이 아닌 점에서 공무수탁사인이 아니다. 공의무부담사인의 예로는 원천징수의무자, 석유비축의무자 등이 있다.

[판례] ① 원천징수의무자를 과세관청과 같은 행정청이라고 보면서도 그의 원천징수행위는 법령에서 규정된 징수 및 납부의무를 이행하기 위한 것에 불과한 것이지, 공권력의 행사로서의 행정처분을 한 경우에 해당되지 아니한다고 본 사례(대판 1990. 03. 22, 89누4789).
② 원천징수의무자를 납세자로 본 사례(대판 1989. 11. 14, 88누6412).

2) 공무수탁사인의 예

공무수탁사인의 예로는 사립대학이 교육법에 의해 학위를 수여하는 경우, 사선(私船)의 선장 또는 해원(海員)이 일정한 경찰사무를 행하는 경우, 민간철도회사의 직원이 철도경찰사무를 수행하는 경우, 사인이 별정우체국의 지정을 받아 체신업무를 경영하는 경우, 사인이 산림 감시 또는 수렵 감시업무를 수행하는 경우, 민영교도소, 사인이 사업시행자로서 토지를 수용하고 이주대책을 수립하는 경우가 있다.[20] 변호사회 등 공공성이 강한 직업단체를 공공단체로 보는 견해가 전통적인 견해[21]이지만, 오늘날 변호사회 등은 공익성이 강한 자율적인 사법상 단체로 보는 것이 타당하다. 변호사의 등록과 변호사에 대한 징계는 처분으로서 행정행위의 성질을 갖지만 이는 사인이 위임을 받은 행정권을 행사하는 것으로 보는 것이 타당하다. 일본에서도 전전에는 변호사회 등 공공성이 강한 직업단체를 공공단체로 보는 견해가 통설이지만, 전후에는 공공성이 강한 자율적인 사적단체로 보는 것이 보다 일반적인 견해이다(현대행정법대계 7 행정조직, 257면, 294면, 322면). 유럽에서는 직업별협회(동업조합)가 공행

20) 독일의 경우 공무수탁사인의 예로 선장, 기장, 수렵감시원 및 지역 굴뚝 청소부 등을 들고 있다.
21) 이상덕, 변호사회의 법적 성질과 소송형식—독일과 한국의 비교를 중심으로—, 행정법연구, 2014. 7, 27면.

정업무를 수행한 역사적 전통이 있기 때문에 직업별협회(동업조합)를 행정주체로 보지만, 우리나라에는 그러한 전통이 존재하지 않는다.

3) 공무수탁의 법적 근거 및 법형식

공무의 사인에 대한 위탁에 있어서는 권한이 이전되므로 법률에 근거가 있어야 한다.

공무의 위탁에 관한 일반적 근거법령은 없다. 위탁은 여러 개별법규정에서 그 근거가 정해지고 있다. 정부조직법 제6조 제3항, 지방자치법 제104조 제3항, 행정권한의 위임 및 위탁에 관한 규정 제11조는 국민의 권리의무와 직접 관련되지 않은 사무만을 민간위탁할 수 있는 것으로 규정하고 있는데, 이들 법규정은 위탁의 일반원칙을 정했을 뿐이며 민간위탁의 직접적 근거법규정은 아니다.

'행정권한의 위임 및 위탁에 관한 규정'상의 위탁 개념은 광의의 위탁 개념이다. 정부조직법 제6조 제3항 및 행정권한의 위임 및 위탁에 관한 규정 제11조 제1항의 "국민의 권리·의무와 직접 관계되지 아니하는 사무"의 민간위탁은 공무수탁사인에 대한 위탁(협의의 위탁)인 경우도 있겠지만 행정보조자 및 행정대행자에 대한 위탁인 경우가 많을 것이다.

사인은 여러 방식에 의해 공무를 수탁받을 수 있다. 법률, 계약, 행정행위가 그것이다. 공무위탁계약은 국가적 공권을 부여하므로 그 법적 성질을 공법상 계약으로 보아야 한다. 공무를 위탁하는 행정행위는 통상 공무수행권을 사인에게 부여하므로 특허라고 보아야 한다.

4) 공무를 위탁한 행정주체와의 관계

공무위탁자는 공무수탁자에 대하여 감독권을 갖는다. 물론 이러한 감독권은 법에 의해 규정될 것이다. 공무수탁사인과 공무를 위탁한 행정주체와는 특별행정법관계의 한 유형인 특별감독관계에 있게 된다.

5) 공무수탁자의 권리

① 수탁자는 공무를 수행할 권리를 갖는다. 공무를 수행할 권리는 특별한 규정이 없는 한 수탁자의 독점적 권리라고 보아야 한다. 따라서 위탁자인 행정주체가 다른 사인에게 동일한 업무를 위탁하는 것은 허용되지 않는다.

② 수탁자에게 공권적 특권이 부여되는 경우가 있다. 예를 들면, 강제징수권, 수용권 등의 부여가 그것이다.

③ 수탁자는 재정상 다음과 같은 권리를 갖는다. i) 제공한 공무 또는 재화에 비례하여 수수료 또는 사용료를 받을 권리가 있다. ii) 행정주체는 통상 공익상 필요한 경우에는 위탁의 조건을 변경할 수 있는 권리를 갖는다. 그러나, 이로 인하여 수탁자

에게 재정상 불이익을 가져오는 경우에는 보상을 하여야 할 것이다. iii) 비정상적이고 예견할 수 없는 성격을 가지며 지나친 계약의 변경을 야기하고 수탁자에게 어떠한 책임도 없는 사건이 발생한 경우에는 수탁자는 행정주체에 대하여 재정적 지원을 하여 줄 것을 청구할 수 있다. 이러한 권리가 인정되는 것은 공무의 계속성을 보장하여야 한다는 원칙에 근거한다. 다만, 그러한 청구권을 인정하기 위하여는 법적 근거가 있어야 한다.

6) 공무수탁자의 의무

① 수탁자는 불가항력의 경우를 제외하고는 공무수행을 중단하여서는 안 된다. 이는 공무계속성의 원칙으로부터 도출된다. 따라서 공무수탁을 행하는 자에게는 법률에 의해 파업권이 부분적으로 제한될 수 있고, 수탁자는 공무수행의 거부의 이유로 행정의 그에 대한 의무불이행을 원용할 수 없다.

② 수탁자는 공무수행에 있어서 평등의 원칙을 준수하여야 한다. 수탁자는 같은 상황에 있는 모든 사람을 동일하게 취급하여야 한다. 다만, 이용자가 동일한 상황에 있지 않는 경우에는 상이한 요금을 부과할 수 있다.

③ 수탁자가 의무를 이행하지 않을 때에는 위탁자에 의해 제재가 가해질 수 있다. 제재로는 금전적 제재, 법정관리와 같은 임시적 조치, 위탁의 취소 또는 해약이 있을 수 있다.

7) 공무수탁자의 공무수행과 권리구제

가. 항고소송 공무수탁자가 일방적 처분을 할 수 있는 경우가 있다. 이 경우 그 처분의 위법을 다투는 항고소송(抗告訴訟)의 제기는 처분청인 공무수탁자를 상대방으로(피고로) 제기하여야 한다(행정소송법 제2조 제2항). 예를 들면, 구 건축법 제69조에 근거한 위법건축물 등에 대한 한국전력공사의 전기공급거부 또는 전기공급중단조치를 사법행위로 보는 견해도 있으나, 행정처분이고 취소소송의 대상이 되는 것으로 보는 것이 타당한데, 이 경우에 피고는 한국전력공사가 된다.[22)]

나. 당사자소송 또는 민사소송 공무수탁자가 계약이라는 법형식을 사용하는 경우에 그 계약은 공법상 계약인 경우도 있고, 사법계약인 경우도 있다. 공법상 계약에 관한 분쟁은 공법상 당사자소송(當事者訴訟)의 대상이 되고, 사법계약에 관한 분쟁은 민사소송(民事訴訟)의 대상이 된다.

다. 손해배상 공무수탁자의 공행정작용으로 인하여 손해가 발생한 경우 배상책임자를 공무수탁사인으로 볼 것인지 아니면 공무위탁기관이 속한 국가 또는 지

---

22) 한국전력공사가 공법인인가 사법인인가 논란이 있는 것은 전술한 바와 같다. 한국전력공사가 공법인이라면 공무수탁자가 되고, 사법인이라면 공무수탁사인이 된다.

방자치단체로 볼 것인지 그리고, 국가배상청구를 하여야 하는지 아니면 민법상 손해배상청구를 하여야 하는지에 관하여 견해가 대립하고 있다.

(가) 배상책임자

가) **공무수탁자라는 견해** 이 견해는 공무수탁사인을 행정주체로 보면서 공행정작용의 법적 효과는 행정주체에게 귀속되므로 공무수탁사인의 공행정작용으로 인한 손해에 대해서 행정주체인 공무수탁사인이 배상책임을 진다고 보는 것이 논리적이라고 한다.[23] 이 견해가 타당하다.

최근 공무를 수탁받은 공공단체(구 한국토지공사)의 직원의 공무수행중 발생한 손해에 대한 배상책임에 있어서 수탁자인 공공단체(구 한국토지공사)를 행정주체로 보면서 행정주체인 공무수탁자(구 한국토지공사)가 행정주체로서 배상책임주체가 된다고 한 대법원 판례(대판 2010. 01. 28, 2007다82950)를 참고할 필요가 있다(국가배상책임 참조).

2009. 10. 21 국가배상법 개정으로 공무를 수탁받은 사인의 공무집행상의 불법행위로 인한 손해에 대해 국가나 지방자치단체가 국가배상책임을 지도록 명문화하였다고 주장하는 견해가 있을 수 있는데, 이러한 주장에는 문제가 있다. 보조위탁의 경우는 이러한 해결이 타당하나 공무를 수탁받은 사인이 행정주체의 지위를 갖는 공무수탁사인의 경우에는 공행정작용의 법적 효과는 행정주체에게 귀속되므로 행정주체인 공무수탁사인이 배상책임자이고, 국가 또는 지방자치단체는 개정 전과 동일하게 감독상의 과실이 있는 경우에 한하여 배상책임을 지는 것으로 보아야 할 것이다. 2009. 10. 21의 국가배상법 개정은 오해를 불러일으키는 개정이며 공무를 수탁받은 사인도 국가배상법상의 공무원이라는 종래의 학설의 입장을 명문화한 것에 불과한 것으로 해석하는 것이 타당하다.[24]

나) **국가나 지방자치단체라는 견해** 이 견해는 공무수탁사인을 행정기관에 불과한 것으로 보면서 공무수탁사인은 행정주체가 아니므로 공무수탁사인의 공행정작용으로 인한 손해에 대해서는 위탁자인 국가나 지방자치단체가 배상책임을 진다고 보는 것이 논리적이라고 한다.

또한 2009. 10. 21. 국가배상법 개정으로 공무를 수탁받은 사인의 공무집행상의 불법행위로 인한 손해에 대해 국가나 지방자치단체가 국가배상책임을 지도록 명문화

---

23) 행정보조자의 공행정작용으로 인한 손해에 대하여는 행정보조자는 국가배상법상 공무원이지만 행정주체가 아니므로 행정보조자가 속한 국가 또는 지방자치단체가 배상책임을 진다.

24) 입법안에 설시된 입법안 제안이유도 다음과 같다: 현행 국가배상법은 공무원의 위법행위에 의하여 손해가 발생한 경우에 국가나 지방자치단체가 손해를 배상할 수 있도록 하고 있음. 공무를 위탁받은 사인에 대해서는 규정하고 있지 않고 있지만 학설과 판례에서는 공무를 위탁받은 사인도 공무원에 포함시키고 있음. 따라서 명문의 규정으로 위탁받은 사인도 공무원에 포함될 수 있도록 규정하기로 함(안 제2조 제1항).

하였다고 주장한다. 그러나, 이러한 주장에는 문제가 있다. 개정 국가배상법 제2조는 공무를 수탁받은 사인을 공무원으로 본 것일 뿐 공무수탁사인의 불법행위에 대해서도 국가나 지방자치단체가 배상책임을 져야 하는 것으로 규정하고 있는 것은 아니다. 광의의 공무위탁 중 보조위탁의 경우는 위탁자인 국가나 지방자치단체가 배상책임주체가 되지만, 공무를 수탁받은 사인이 행정주체의 지위를 갖는 공무수탁사인인 경우에는 공행정작용의 법적 효과는 행정주체에게 귀속되므로 행정주체인 공무수탁사인이 배상책임자이고, 국가 또는 지방자치단체는 개정 전과 동일하게 감독상의 과실이 있는 경우에 한하여 배상책임을 지는 것으로 보아야 한다.

(나) 손해배상의 성질 공무수탁사인의 공무수행상 행위로 손해가 발생한 경우 민법상 손해배상청구를 하여야 한다는 견해와 국가배상청구를 하여야 한다는 견해가 대립된다. 이러한 견해의 대립은 공무수탁사인의 공행정작용으로 인한 손해에 대해서는 이론상 국가배상책임을 인정하는 것이 타당하지만, 현행 국가배상법이 법규정상 국가와 지방자치단체의 배상책임만을 규정하고 있는 것에 기인한다.

가) 민법상 손해배상청구 이 설은 공무수탁사인의 공행정작용으로 인한 손해에 대해서는 공무수탁사인이 배상책임자라고 보면서 이론상 공행정작용으로 인한 손해에 대해서는 국가배상책임을 지도록 하는 것이 타당하지만, 현행 국가배상법이 국가와 지방자치단체의 배상책임만을 규율하고 있으므로 민법에 근거하여 손해배상을 청구하여야 한다고 본다.

민법상 손해배상청구설 중에는 국가배상법을 유추적용하여 공무수탁사인에게 사용자 및 공작물점유자의 면책규정을 적용하지 않는 것으로 하는 것이 타당하다는 견해도 있다.

나) 국가배상청구설

a. 국가배상법적용설 공무수탁사인을 행정기관에 불과한 것으로 보는 견해에 의하면 공무수탁사인은 국가배상법상 공무원이고, 배상책임자는 국가나 지방자치단체이므로 국가배상을 청구하여야 한다고 본다. 이 견해에 대하여는 행정주체인 공무수탁사인을 행정기관에 불과한 것으로 보는 것은 타당하지 않다는 비판이 가능하다.

b. 국가배상법유추적용설 공무수탁사인을 행정주체로 보면 공무수탁사인의 공행정작용으로 인한 손해에 대해서는 행정주체인 공무수탁사인이 배상책임을 지는데, 공무수탁사인이 공행정작용을 수행하고 국가배상법상 공무원이므로, 국가배상법이 국가와 지방자치단체의 배상책임만을 정하고 있지만, 국가배상법을 유추적용하여 국가배상을 청구하여야 한다고 본다.

c. 판례 판례는 공무수탁사인을 배상책임주체로 보면서 민법상 손해배상책

임을 인정한다.

[판례] 사인이 지방자치단체로부터 위탁을 받아 운영하는 수영장에 어린이가 빠져 중상해를 입은 것에 대하여 해당 수영장을 **운영하는 사인에게 손해배상을 청구한 사건**에서 이 사건 수영장에는 하나의 수영조에 성인용 구역과 어린이용 구역을 같이 설치하고 수영조 벽면에 수심표시를 제대로 하지 않는 등 수영장에 설치·보존상의 하자가 존재한다고 하면서 **민법 제758조 제1항에 규정된 '공작물의 설치 또는 보존의 하자'로 인한 책임을 인정한 사례**(대판 2019. 11. 28, 2017다14895).

d. 소결(국가배상법 유추적용설) 국가배상법이 국가와 지방자치단체의 배상책임만을 정하고 있는 것은 입법의 불비이다. 공행정작용으로 인한 손해에 대하여는 성질상 국가배상책임을 인정하는 것이 타당하고, 이것이 피해자에게도 유리하므로 공무수탁사인의 배상책임에도 국가배상법을 유추적용하는 것이 타당하다.

(다) 감독과실로 인한 배상책임의 경우 위탁기관의 감독과실이 있었던 경우 당해 위탁기관이 속한 국가나 지방자치단체에 대하여도 국가배상을 청구할 수 있다.

라. 손실보상 공무수탁사인의 적법한 공권력 행사에 의해 특별한 손해를 받은 자는 공무수탁사인에게 손실보상(損失補償)을 청구할 수 있다.

Ⅱ. 행정객체

행정의 상대방을 행정객체(行政客體)라 한다. 행정객체에는 사인(私人), 공공단체와 지방자치단체가 있다. 공공단체는 행정주체임과 동시에 국가나 다른 공공단체에 대한 관계에서 행정객체가 될 수 있다. 지방자치단체는 국가에 대한 관계에서 행정객체가 될 수 있다. 국가에 대한 수도료의 부과에서와 같이 국가도 예외적이지만 행정객체가 될 수 있다.

종래 국민 또는 주민은 국가 또는 지방자치단체에 대한 관계에서 행정객체로서의 피동적 지위에 있었으나 오늘날 민주주의의 발전에 따라 국민 또는 주민의 행정에 대한 참여가 확대되는 경향이 있다. 이제 국민 또는 주민은 행정의 대상일 뿐만 아니라 행정에 직접 참여하고 또는 협력하는 지위에 있다.

국민이나 주민의 행정참여는 청문이나 공청회를 통한 의견진술, 주민투표, 행정감시, 주민대표나 시민단체의 대표의 위원회나 협의회에 참여, 시민단체를 통한 참여를 통하여 행하여진다. 국민이나 주민의 행정참여를 위한 전제로서 행정의 투명성 확보와 정보공개가 요청된다.

제 4 절 사인의 공법상 행위

Ⅰ. 개 념

사인(私人)**의 공법상 행위**란 사인이 공법상의 권리와 의무로서 하는 행위를 말한다. **사인의 공법행위**는 사인의 공법상 행위 중 법률행위의 성질을 갖는 것만을 지칭하는 것이다. 종래 학설은 사인의 공법행위라는 주제로 사인의 공법상 행위 중 사인의 공법행위만을 논하였다.

사인은 단순히 행정객체의 지위에서 행정의 상대방만이 되는 것은 아니다. 사인은 공법상 여러 행위를 할 권리와 의무를 갖는다.

① 국민은 행정객체이면서도 권리 또는 이익을 실현하기 위하여 행정에 대하여 여러 행위를 한다. 그 예로 이의신청이나 행정심판의 제기, 신청행위 등을 들 수 있다.

② 오늘날 사인의 행정에 대한 참여와 협력이 강조되고 확대되고 있다. 이에 따라 사인은 공익을 위하여 여러 활동을 수행하게 된다. 그 예로 의견진술, 공청회에의 참가, 공법상 계약, 공법상 합동행위, 주민투표, 행정감시, 납세신고, 보고 등이 있다.

③ 오늘날 선진국에서는 국민의 행정참여가 확대되고 일방적 행정은 협의에 의한 행정으로 대체되고 있다. 또한 환경행정에서처럼 행정목적 달성에 있어서 시민이나 시민단체의 협력이 강조되고 있다. 우리나라는 아직 이 분야에서 선진국과 같은 발전을 이루고 있지는 못하지만 그러한 방향으로 나아가고 있는 경향은 부인할 수 없다.

Ⅱ. 사인의 공법상 행위의 종류

사인의 공법상 행위는 여러 기준에 의해 분류할 수 있다.

① 법적 행위인 경우도 있고, 사실행위인 경우도 있다. 사실행위의 예로는 행정감시행위, 쓰레기 분리배출행위 등이 있다. 법적 행위는 다시 다음과 같이 구분될 수 있다. 행위의 성질을 기준으로 단독행위(허가신청, 이의신청, 신청, 신고 등), 공법상 계약(사인 상호간의 토지 수용에 관한 협의), 공법상 합동행위(공공조합 설립행위)로 나누어진다.

② 행위의 효과를 기준으로 그 행위 자체로서 법률효과를 완결하는 자기완결적 공법행위(자기완결적 신고, 사인 상호간의 공법행위, 투표행위)와 행정주체의 어떠한 공법행위의 요건이 되는 데 그치고 그 자체로서 완결된 법률효과를 발생시키지 못하는 행위요건적 공법행위(신청행위, 동의, 승낙, 사직원의 제출)로 나눈다.

③ 행위의 기능상 행정에의 참여행위(의견진술행위, 공청회의 참여행위, 행정감시행위), 협력행위(납세신고, 임의적 공용부담 신청, 쓰레기 분리배출행위, 행정지도에 대한 협력행위), 권리의 실현을 위하여 행하는 행위(신청행위)와 공법상 의무의 이행으로 행하여지는 행위(신고행위)가 있다.

Ⅲ. 사인의 공법상 행위에 대한 법적 규율

사인의 공법상 행위를 규율하는 총칙적 규정은 없다. 각 개별법에서 사인의 공법상 행위를 규율하는 규정을 두고 있는 경우도 있지만 사인의 공법상 행위를 규율하는 법이 없는 경우, 즉 법의 흠결이 있는 경우가 적지 않다.

법의 흠결이 있는 경우에는 사법의 규정을 직접 적용 또는 유추적용한다. 사인의 공법상 행위 특히 사인의 공법행위는 공법적 효과의 발생을 목적으로 행하여지므로 사적 자치의 원칙이 지배하는 사법행위에서 와는 다른 특별한 법적 규율이 행하여질 필요가 있다. 아래에서는 사인의 공법상 행위 중 법적 측면에서 가장 중요한 사인의 공법행위에 대한 법적 검토만을 하기로 한다.

Ⅳ. 사인의 공법행위

1. 개 념

사인(私人)의 공법행위(公法行爲)라 함은 공법적 효과의 발생을 목적으로 하는 사인의 법적 행위를 말한다.

법적 행위인 점에서 사법행위와 동일하나 공법적 효과의 발생을 목적으로 하는 행위인 점에서 사법행위와 구별된다. 사인의 공법행위는 법적 행위인 점에서 공법상 사실행위와 구별된다. 공법행위인 점에서는 행정행위와 같으나 사인의 공법행위인 점에서 행정행위(行政行爲)와 구별된다.

2. 종 류

사인의 공법행위는 행위의 효과를 기준으로 자기완결적 공법행위(自己完結的 公法行爲)와 행위요건적 공법행위(行爲要件的 公法行爲)로 나눌 수 있는데, 전자의 대표적인 예로 자기완결적 신고를 후자의 대표적인 예로 신청을 들 수 있다.

(1) 신 청

1) 신청의 의의

신청(申請)이라 함은 사인이 행정청에 대하여 일정한 조치를 취하여 줄 것을 요구하는 의사표시를 말한다. 신청은 주로 자신에 대한 수익적인 처분을 요구하기 위하여 행해지는데, 인·허가와 같이 자신에 대하여 직접 이익을 부여하는 처분을 요구하는 경우뿐만 아니라 제3자에 대하여 규제조치를 발동할 것을 요구하는 경우도 있다. 신청은 공법상 의사표시이다(대판 2018. 06. 15, 2017두49119).

[판례] 산업재해보상보험법(이하 '산재보험법'이라고 한다)이 규정한 보험급여 지급요건에 해당하여 보험급여를 받을 수 있는 사람이라고 하더라도 그 요건에 해당하는 것만으로 바로 구체적인 급여청구권이 발생하는 것이 아니라, 수급권자의 보험급여 청구에 따라 근로복지공단이 보험급여에 관한 결정을 함으로써 비로소 구체적인 급여청구권이 발생한다. 이러한 점에서 산재보험법 제36조 제2항에 따른 보험급여 청구는 행정청인 근로복지공단을 상대로 보험급여 지급결정을 구하는 공법상 의사표시로 볼 수 있어 민법상 최고와는 법적 성격이 다르다(대판 2018. 06. 15, 2017두49119).

행정절차법은 제17조에서 처분을 구하는 신청의 절차를 규정하고 있다.

신청인의 행정청에 대한 신청의 의사표시는 명시적이고 확정적인 것이어야 한다고 할 것이므로 신청인이 신청에 앞서 행정청의 허가업무 담당자에게 신청서의 내용에 대한 검토를 요청한 것만으로는 다른 특별한 사정이 없는 한 명시적이고 확정적인 신청의 의사표시가 있었다고 하기 어렵다(대판 2004. 09. 24, 2003두13236).

행정청의 허가 등을 목적으로 하는 신청행위를 대상으로 하는 위임계약이 가능하지만, 반사회질서적 성질을 띠면 민법 제103조에 따라 무효가 된다.

[판례] 행정청의 허가 등을 목적으로 하는 신청행위를 대상으로 하는 위임계약이 반사회질서적 성질을 띠고 있어 민법 제103조에 따라 무효인 경우: 어떠한 위임계약이 행정청의 허가 등을 목적으로 하는 신청행위를 대상으로 하는 경우에 신청행위 자체에는 전문성이 크게 요구되지 않고 허가에는 공무원의 재량적 판단이 필요하며, 신청과 관련된 절차에 필수적으로 필요한 비용은 크지 않은 데 반하여 약정보수액은 지나치게 다액으로서, 수임인이 허가를 얻기 위하여 공무원의 직무 관련 사항에 관하여 특별한 청탁을 하면서 뇌물공여 등 로비를 하는 자금이 보수액에 포함되어 있다고 볼 만한 특수한 사정이 있는 때에는 위임계약은 반사회질서적인 조건이 결부됨으로써 반사회질서적 성질을 띠고 있어 민법 제103조에 따라 무효이다(대판 2016. 02. 18, 2015다35560).

2) 신청의 요건

신청의 요건이란 신청이 적법하기 위하여 갖추어야 할 요건을 말한다. 신청의 대상인 처분(예, 허가, 등록)의 요건과는 구별하여야 한다. 신청이 적법하기 위하여는 신청인에게 신청권이 있어야 하며 신청이 법령상 요구되는 구비서류 등의 요건을 갖추어야 한다.

[판례] 공유수면에 대한 점용·사용허가를 신청하는 자가 **위 설계도서 등을 첨부하지 아니한 채 허가신청서를 제출하였다면** 공유수면관리청으로서는 특별한 사정이 없는 한 **허가요건을 충족하지 못한 것으로 보아 거부처분을 할 수 있다.** 〈해설〉 통상 구비서류 요건은 원칙상 신청요건인데, 설계도서 등을 첨부하지 아니한 것을 신청요건의 결여로 보지 않고 허가요건의 결여로 본 사례이다.

가. 신청권의 존재 　신청권은 실정법령에 의해 주어질 수도 있고 조리상 인정될 수도 있다. 신청권은 행정청의 응답을 구하는 권리이며 신청된 대로의 처분을 구하는 권리는 아니다. 신청권은 실체법상의 적극적 청구권과는 구별되는 절차적 권리이다. 신청의 요건으로 신청권을 요구하지 않는 견해도 있다.

나. 법령상 신청요건 　법령상 신청에 구비서류 등 일정한 요건을 요한다. 행정절차법은 행정청에 대하여 처분을 구하는 신청은 원칙상 문서(전자문서 포함)로 하도록 하고 있다(제17조 제1항, 제2항, 민원처리에 관한 법률 제8조). 다만, 기타민원은 구술 또는 전화로 할 수 있다(민원처리에 관한 법률 제8조 단서).

신청기간이 제척기간이고 강행규정인 경우 신청기간을 준수하지 못하였음을 이유로 한 거부처분은 적법하다(대판 전원합의체 2021. 03. 18, 2018두47264).

[판례] ① [1] 구 고용보험법 제70조 제2항에서 정한 육아휴직급여 신청기간은 추상적 권리의 행사에 관한 '제척기간'이라고 봄이 타당하고, 강행규정으로 훈시규정이라고 볼 수 없다(대판 전원합의체 2021. 03. 18, 2018두47264[육아휴직급여 부지급 등 처분 취소]). 위와 같은 다수의견에 대하여, 이 사건 조항을 훈시규정으로 보아야 한다는 대법관 5인의 반대의견이 있다.
② 항만시설 사용료 대납경비 지급 제도의 입법 취지와 관련 규정의 내용과 체제 등을 종합하면, '대납경비를 지급받으려는 자는 매월분의 대납경비를 다음 달 20일까지 공사에 청구하여야 한다.'고 정한 항만공사법 시행규칙 제11조 제2항은 해상화물운송사업자와 항만공사 상호 간의 업무편의를 위해 대납경비를 특별한 사정이 없는 한 1개월마다 정산하도록 하려는 취지이다. 이것이 다음 달 20일이 지나면 해당 월의 대납경비청구권을 더 이상 행사하지 못하도록 제한하려는 것은 아니다(대판 2021. 12. 16, 2018다204114).

여러 개의 신청이 있는 경우 그 신청의 요건 또는 신청사유가 다르면 원칙상 별개의 독립된 신청으로 보아야 한다(대판 2023. 06. 15, 2022두66576[보호조치 기각결정 처분 취소]).

[판례] (1) 공익신고자 보호법에 따른 불이익조치 금지 신청과 보호조치 신청은 그 신청요건이 다르고, 구체적인 불이익조치의 내용에 따라 피고가 취할 수 있는 보호조치의 내용도 다양하므로, **불이익조치 금지 신청과 보호조치 신청은 서로 별개의 독립된 신청**이고, 신청인이 주장하는 **보호조치 신청사유마다 수 개의 보호조치 신청이 있는 것**으로 보아야 한다. 이는 하나의 신청서로 불이익조치 금지 신청과 보호조치 신청이 함께 이루어졌고, 보호조치 신청사유가 여러 개인 경우에

도 마찬가지이다. (2) 원고가 국민권익위원회(피고)를 상대로 공익신고자 보호법에 따른 보호조치 신청 및 불이익조치 금지 신청을 하였으나, 피고는 불이익조치 금지 신청에 대한 판단을 하지 않고, **보호조치 신청사유 중 일부에 대하여만 판단하여 보호조치 기각결정을 하자 원고가 그 기각결정의 취소를 구한 사안**에서 대법원은, 공익신고자 보호법에 따르면 불이익조치 금지신청과 보호조치 신청은 서로 별개의 독립된 신청임은 물론 보호조치 신청사유마다 수 개의 보호조치 신청이 있다고 보아야 한다고 한 사례(대판 2023. 06. 15, 2022두66576[보호조치 기각결정 처분 취소]).

신청에 필요한 서류의 제출의무가 협력의무의 성질을 갖는 경우에는 그 신청서류를 제출하지 않았다고 하여 신청을 거부할 수 없다(판례).

[판례] 구 농어업경영체법에 따른 영농조합법인의 식량작물재배업소득 등에 대해서는 법인세 면제에 관한 구 조특법 제66조 제1항이 적용되고, 면제 신청 절차에 관한 규정인 구 조특법 제66조 제8항 및 조세특례제한법 시행령 제63조 제7항은 납세의무자로 하여금 **면제 신청에 필요한 서류를 관할 세무서장에게 제출하도록 협력의무를 부과한 것**이므로, 영농조합법인이 법인세 면제 신청을 하면서 조세특례제한법 시행령 제63조 제7항이 정한 **농업경영체 등록확인서를 제출하지 않았다고 하여 과세 관청이 해당 법인세 면제를 거부할 수는 없다**(대판 2023. 03. 30, 2019두55972).

3) 신청의 효과

가. 접수의무 행정청은 신청이 있는 때에는 다른 법령 등에 특별한 규정이 있는 경우를 제외하고는 그 접수(接受)를 보류 또는 거부하거나 부당하게 되돌려 보내서는 아니 된다(행정절차법 제17조 제4항). 또한, 「민원 처리에 관한 법률」 제9조 제1항은 "행정기관의 장은 민원사항의 신청이 있는 때에는 다른 법령에 특별한 규정이 있는 경우를 제외하고는 그 접수를 보류하거나 거부할 수 없으며 접수된 민원서류를 부당하게 되돌려 보내서는 아니된다"라고 규정하고 있다. 따라서, 신청이 형식적(절차적) 요건을 갖추어 적법하면 이를 접수하여야 한다.

신청에 따른 처분의 요건에 해당되지 않고, 접수 당시 그 하자를 치유할 방법이 없다는 등의 실체적인 사유를 들어 신청을 접수하지 않는 것은 거부처분이며 신청인의 절차적 신청권을 침해한 것으로 위법하다고 보아야 한다.

[행정심판례] 국적법 제6조 제1항 제1호의 간이 귀화요건인 '대한민국에 3년 이상 계속하여 주소가 있는 자'에 해당되지 않고, 접수 당시 그 하자를 치유할 방법이 없다는 등의 실체적인 사유를 들어 귀화허가신청서 접수 자체를 거부하였는바, 허가신청이 실체적으로 적법한지의 여부는 별론으로 하더라도 피청구인이 접수 자체를 거부한 이 건 처분은 청구인에게 보장된 절차적 신청권을 침해한 것으로 볼 수 있으므로 피청구인의 이 건 처분은 위법·부당하다고 한 사례(국무총리 행정심판 06－08945 귀화허가신청서접수거부처분취소청구, 2007. 2. 26. 의결).

나. 보완조치의무 행정청은 신청에 구비서류의 미비 등 흠이 있는 경우에도 접수를 거부하여서는 안 되며 보완(補完)에 필요한 상당한 기간을 정하여 지체 없이

신청인에게 보완을 요구하여야 한다(행정절차법 제17조 제5항). 신청인이 제5항의 규정에 의한 기간 내에 보완을 하지 아니한 때에는 그 이유를 명시하여 접수된 신청을 되돌려 보낼 수 있다(제6항). 「민원 처리에 관한 법률」도 보완요구에 관한 규정을 두고 있다(제22조). 보완요구는 처분은 아니며 보완하지 아니한 것을 이유로 한 신청서 반려조치는 거부처분으로 항고소송의 대상이 된다.

보완의 대상이 되는 흠은 보완이 가능한 경우이어야 함은 물론이고, 그 내용 또한 형식적·절차적인 요건이어야 하고, 실질적인 요건에 대하여는 원칙상 보완 또는 보정요구를 하여야 하는 것은 아니지만(대판 1996. 10. 25, 95누14244), 실질적인 요건에 관한 흠이 있는 경우라도 그것이 민원인의 단순한 착오나 일시적인 사정 등에 기한 경우 등은 보완의 대상이 된다(대판 2004. 10. 15, 2003두6573).

[판례] ① 행정절차법 제17조가 '구비서류의 미비 등 흠의 보완'과 '신청 내용의 보완'을 분명하게 구분하고 있는 점에 비추어 보면, 행정청으로 하여금 신청에 대하여 거부처분을 하기 전에 반드시 **신청인에게 신청의 내용이나 처분의 실체적 발급요건에 관한 사항까지 보완할 기회를 부여하여야 할 의무를 정한 것은 아니라고 보아야 한다**(대판 2020. 07. 23, 2020두36007).
② 건축불허가처분을 하면서 그 사유의 하나로 소방시설과 관련된 소방서장의 건축부동의 의견(옥내소화전과 3층 피난기구가 누락되어 있고, 전력구 규모가 명시되지 않아 법정 소방시설의 검토가 불가능하다는 이유로 건축부동의함이라는 의견)을 들고 있으나 그 건축부동의 사유의 보완이 가능함에도 보완을 요구하지 아니한 채 곧바로 건축허가신청을 거부한 것은 재량권의 범위를 벗어난 것이다(대판 2004. 10. 15, 2003두6573).

다. 처리의무(응답의무)

적법한 신청이 있는 경우에 행정청은 상당한 기간내에 신청에 대하여 응답(가부(可否)간의 처분 등)을 하여야 한다. 여기에서의 응답의무(應答義務)는 신청된 내용대로 처분할 의무와는 구별되어야 한다.

처분을 구하는 신청행위에 대하여 행정기관은 신청에 따른 행정행위를 하거나 거부처분을 하여야 한다. 신청에 따른 행정청의 처분이 기속행위일 때뿐만 아니라 재량행위인 경우에도 행정청은 신청에 대한 응답의무를 진다.

신청을 받아들이는 처분에는 신청을 전부 받아들이는 처분과 일부 받아들이는 처분이 있다. 경우에 따라서는 신청을 일부 받아들이는 처분을 하여야 하는 경우도 있다.

[판례] 국가보훈처장은 국가유공자 및 그 유족 등의 등록신청을 받으면 국가유공자 또는 지원대상자 및 그 유족 등으로 인정할 수 있는 요건을 확인한 후 그 지위를 정하는 결정을 하여야 한다[구 국가유공자 등 예우 및 지원에 관한 법률(2011. 8. 4. 법률 제11029호로 개정되기 전의 것, 이하 '법'이라 한다) 제6조 참조]. 따라서 처분청으로서는 **국가유공자 등록신청에 대하여 단지 본인의 과실이 경합되어 있다는 등의 사유만이 문제가 된다면 등록신청 전체를 단순 배척할 것이 아니라 그 신청을**

일부 받아들여 지원대상자로 등록하는 처분을 하여야 한다. 그럼에도 행정청이 등록신청을 전부 배척하는 단순 거부처분을 하였다면 이는 위법한 것이니 그 처분은 전부 취소될 수밖에 없다. 그런 점에서 자해행위로 인한 사망의 경우에 교육훈련 또는 직무수행과 사이에 상당인과관계가 인정되는 이상, 국가유공자에 해당하지 않는다고 하여 등록신청을 배척한 단순 거부처분은 그 자해행위를 하게 된 데에 불가피한 사유가 있었는지 여부 등과 상관없이 취소될 수밖에 없는 것이기는 하지만, 그렇다고 하여 그 처분의 취소가 곧바로 국가유공자로 인정되어야 한다는 것을 의미하는 것일 수는 없고, 불가피한 사유의 존부에 따라 국가유공자 또는 지원대상자로 인정될 수 있다는 것을 의미한다(대판 2013. 07. 11, 2013두2402[국가유공자유족등록거부처분취소]).

신청한 내용과 다른 내용으로 행정행위를 행하는 것, 즉 변경허가는 상대방이 이를 받아들이면 그대로 유효하고, 상대방이 받아들이지 않으면 그 변경허가를 거부처분으로 보고 거부처분취소소송 등을 제기하여야 한다.

상당한 기간이 지났음에도 응답하지 않으면 부작위가 된다.

신청기간이나 신청에 대한 처리기간이 정해진 경우 당해 기간규정이 강행규정인지 아니면 훈시규정인지가 문제되는데, 특별한 사정(명문의 규정 또는 제3자의 법적 이해관계 등)이 없는 한 훈시규정으로 보는 것이 타당하다. 강행규정을 위반한 신청이나 처분은 위법이지만, 훈시규정을 위반한 것은 신청이나 처분의 위법사유가 되지 않는다. 처리기간을 넘긴 경우 당연히 부작위가 되는 것은 아니며 부작위의 요소인 '상당한 기간의 경과'의 판단에 있어 하나의 고려사유가 된다.

[판례] ① 경제자유무역법 제9조 제1항 본문의 실시계획을 작성하여 지식경제부장관의 승인을 얻어야 하는 시기에 관한 규정은 훈시규정에 해당한다(대판 2011. 02. 24, 2010두21464[부산 · 진해경제자유구역명지지구개발사업실시계획승인취소]).
② (1) 처분이나 민원의 처리기간을 정하는 것은 신청에 따른 사무를 가능한 한 조속히 처리하도록 하기 위한 것이다. 처리기간에 관한 규정은 훈시규정에 불과할 뿐 강행규정이라고 볼 수 없다. 행정청이 처리기간이 지나 처분을 하였더라도 이를 처분을 취소할 절차상 하자로 볼 수 없다. (2) 보호조치 신청 및 불이익조치 금지 신청에 관한 처리기간을 규정한 공익신고자 보호법 시행령 제16조 제1항, 제18조 제2항은 훈시규정이므로 그 기간이 지나 처분을 했다는 이유만으로 위법하다고 볼 수 없다고 한 사례(대판 2023. 06. 15, 2022두66576[보호조치 기각결정 처분 취소]).

4) 신청내용의 보완 등

신청인은 처분이 있기 전에는 그 신청의 내용을 보완 · 변경하거나 취하할 수 있다. 다만, 다른 법령 등에 특별한 규정이 있거나 당해 신청의 성질상 보완 · 변경하거나 취하할 수 없는 경우(예, 이해관계있는 제3자가 있는 경우)에는 그러하지 아니하다(행정절차법 제17조 제8항). 이 경우의 신청의 보완은 신청의 하자를 전제로 하지 않으며 신청의 내용상의 보완을 의미한다. '그 신청의 성질상 보완 · 변경하거나 취하할 수 없는 경우'란 신청의 내용을 보완 또는 변경하는 것으로 인하여 제3자의 권익에 침해를 가져오는 경우 등을 말한다.

5) 신청과 권리구제

신청에 대한 거부처분에 대하여는 의무이행심판이나 취소심판 또는 취소소송으로, 부작위에 대하여는 의무이행심판 또는 부작위위법확인소송으로 다툴 수 있다.

신청을 받은 날로부터 일정한 처리기간 이내에 인용 여부를 알리지 않은 때에는 그 처리기간이 지난 날의 다음날에 해당 인용처분(예, 승인처분)이 이루어진 것으로 **의제한다는 특별한 규정이 있는 경우**에는 처리기간을 임의로 연장할 수 없고, 처리기간이 지난 날의 다음날에 해당 인용처분(예, 승인처분)이 이루어진 것으로 의제된다(대판 2021. 03. 11, 2020두42569[중소기업창업사업계획 승인불허가처분 취소]).

신청인은 신청에 대한 접수거부 또는 부당하게 보완을 요구하는 신청서의 반려조치를 신청에 대한 거부처분으로 보고 항고소송을 제기할 수 있고, 그로 인하여 손해를 입은 경우에 국가배상을 청구할 수 있다.

적법한 신청에 대해 접수는 하였지만, 반려함이 없이 부당하게 보완명령을 한 경우 보완명령은 처분이 아니므로 당해 보완명령을 다툴 수는 없다. 다만, 신청인은 부작위위법확인소송을 제기하거나 보완명령이 실질적으로 거부처분에 해당하는 경우 거부처분취소소송을 제기할 수 있다.

[판례] [1] **행정청에 대하여 어떠한 처분을 구하는 사인의 문서상 의사표시가 신청행위에 해당하는지 여부의 판단 방법**: 행정청에 대한 신청의 의사표시는 명시적이고 확정적인 것이어야 하고(대법원 2004. 09. 24. 선고 2003두13236 판결 등 참조) 문서로 이루어짐이 원칙이라 할 것인데(행정절차법 제17조 제1항), 사인이 행정청에 대하여 어떠한 처분을 구하는 문서상의 의사표시가 이러한 신청행위에 해당하는지 여부는 그 문서의 내용과 작성 및 제출의 경위와 시점, 취지 등 여러 사정을 종합하여 판단해야 할 것이다. [2] **행정청의 어떠한 조치가 사인의 행정재산 사용·수익허가 신청에 대한 거부처분에 해당한다고 보기 위한 요건**: 행정청의 어떠한 조치가 이와 같이 신청에 대한 거부처분에 해당한다고 보기 위해서는 **행정청의 종국적이고 실질적인 거부의 의사결정이 권한 있는 기관에 의하여 외부로 표시되어 신청인이 이를 알 수 있는 상태에 다다른 것으로 볼 수 있어야 한다**(대법원 1990. 09. 25. 선고 89누4758 판결, 대법원 2005. 08. 19. 선고 2005두425 판결 등 참조). [3] 서울대공원 시설을 기부채납한 사람이 무상사용기간 만료 후 확약 사실에 근거하여 10년 유상사용 등의 허가를 구하는 확정적인 취지의 신청을 한 사안에서, **서울대공원 관리사업소장이 그 신청서를 반려하고 조건부 1년의 임시사용허가처분을 통보한 것은 사실상 거부처분에 해당한다고 한 사례**(대판 2008. 10. 23, 2007두6212,6229[유상사용허가거부처분취소]).

거부처분 취소소송이나 부작위위법확인소송에서 신청권의 존재를 소송요건으로 보는 견해(소송요건설)와 본안의 문제로 보는 견해(본안문제설)가 있다. 전자(소송요건설)에도 신청권의 존재를 소송의 대상(처분이나 부작위)의 문제로 보는 견해와 원고적격의 문제로 보는 견해가 있다.

가. 본안문제설 신청권의 존재를 본안(本案)의 문제로 보는 견해는 신청에 따른 행정행위를 요구할 수 있는 법규상 또는 조리상의 신청권의 존재 여부는 본안의 문제라고 보고, 신청권의 존재를 소송대상의 문제로 보면 행정소송법상의 처분개념을 부당하게 제한함으로써 국민의 권익구제의 길을 부당히 축소시키는 결과를 가져오며 신청권을 소송요건의 문제로 보면 본안문제를 소송요건에서 판단하게 되는 문제가 있다고 한다(홍준형, 행정판례연구회, 2003. 6).

나. 소송요건설 소송요건설(訴訟要件說)에도 신청권을 거부행위의 요건으로 보는 견해와 원고적격의 문제로 보는 견해가 있다.

(가) 거부행위요건설 이 견해는 신청권을 거부행위(拒否行爲)의 요건으로 보는 견해이다. 이 견해의 논거는 다음과 같다. ① 신청권은 신청에 대한 응답의무에 대응하는 형식적 또는 절차적 권리이다(김남진 · 김연태, 682면). ② 현행 행정소송법이 신청권에 대응하는 처분의무를 부작위의 요소로 규정하고 있고(제2조 제2호), 거부처분 개념은 부작위개념과 연결되어 있으므로 현행 행정소송법하에서는 신청권을 거부행위의 요건으로 보는 것이 타당하다. ③ 신청권이 없는 경우에는 본안심리를 함이 없이 각하판결을 할 수 있어 법원의 소송부담을 줄일 수 있다.

(나) 원고적격문제설 이 견해는 신청권을 원고적격(原告適格)의 문제로 보고, 거부행위가 처분에 해당하는가의 여부는 '행정소송법 제2조 제1항 제1호에서 정의한 처분'에 해당하는가의 여부에 따라 판단하는 것이 논리적이라고 한다(홍정선, 1039면).

다. 판 례 판례는 신청권을 소송요건(소송의 대상의 문제)으로 본다. 즉, 법규상 또는 조리상 신청권이 없는 경우 거부행위의 처분성을 인정하지 않고, 부작위를 인정하지 않는다(대판 1989. 11. 28, 89누3892: 행정관청이 노동조합원들의 회의소집권자 지명 요구를 거부한 조치가 처분이 아니라고 한 사례).

라. 결어(거부행위요건설) 다음과 같은 이유에서 소송요건설이 타당하다. 현행 행정소송법은 신청권에 대응하는 처분의무를 부작위의 요소로 규정하고 있고(제2조 제1항 제2호), 거부처분 개념은 부작위개념과 연결되어 있으므로 현행 행정소송법하에서는 신청권을 거부처분의 요건으로 보는 것이 타당하다. 또한, 신청권이 없는 경우 각하판결을 하여 본안심리를 할 필요 없이 소송을 조기에 종결하여 법원의 소송부담을 줄일 수 있는 장점이 있다.

그러나, 행정소송법 개정안은 의무이행소송의 대상이 되는 거부행위나 부작위의 성립요건으로 신청권은 요구되지 않는 것으로 하였다.

(2) 신 고

1) 신고의 의의

신고(申告)라 함은 사인이 행정기관에게 일정한 사항을 알리는 것을 말한다. 협의(엄격한 의미)의 신고는 신고의무에 따른 신고를 말한다. 그런데, 법적으로 신고의무가 없는 신고도 있다. 소방시설 설치 및 관리에 관한 법률(약칭 소방시설법) 제55조 제1항에 따른 위반행위의 신고 등이 그에 해당한다.

본래 등록(**전형적 등록, 공시적 등록**)은 등록사항을 공적 장부인 등록부에 등재하여 공시하는 행정행위(공증행위)의 성질을 갖는다. 전형적 등록은 신청을 전제로 하는 점에서 신고와 구별되고, 항상 금지해제의 효과를 갖는 것은 아닌 점에서 허가와 구별된다. 그런데 실정법령상 전형적 등록과 신고는 명확히 구별되지 않고 있다. 예를 들면, 주민등록은 강학상 등록으로 보아야 하는데, 실정법령상 신고로 규정되어 있다. 등록은 기속행위인 점, 오늘날 신고의 경우에도 신고된 사항을 기재하여 공시하는 경우가 늘어나고 있는 점 등에서 신고와 전형적 등록은 접근해가고 있다. 실정법령상 등록이라는 명칭을 사용하는 경우 중 요건이 완화되었을 뿐 실질은 허가인 경우(예, 석유판매업등록)가 많다. 이러한 등록을 **변형된 등록**(허가적 등록)이라 할 수 있는데, 변형된 등록은 허가 보다 요건이 완화되었을 뿐 실질은 허가라고 보아야 한다.

신고의 대상시설인지 여부는 해당 시설의 설치시를 기준으로 한다.

[판례] ① [1] 이미 배출시설을 설치한 자가 그 설치 당시에 신고대상자가 아니었다면 그 후 법령의 개정에 따라 그 시설이 신고대상에 해당하게 되었다고 하더라도 신고대상자인 '배출시설을 설치하고자 하는 자'에 해당한다고 볼 수 없으며, 이는 법 시행령 부칙(2007. 9. 27.) 제2조 제1항이 "신고대상 배출시설을 설치·운영 중인 자는 2008년 9월 27일까지 법 제11조 제3항에 따른 배출시설의 설치신고를 하여야 한다."고 규정하고 있다고 하여 달리 볼 수 없다. [2] 피고인이 일정 규모 이상의 시설을 갖추고 개(犬)를 사육하면서 관할관청에 가축분뇨 배출시설 설치신고를 하지 아니하였다고 하여 구 가축분뇨의 관리 및 이용에 관한 법률 위반으로 기소된 사안에서, 피고인이 같은 법 제50조 제3호, 제11조 제3항에서 규정한 신고대상자인 '배출시설을 설치하고자 하는 자'에 해당하지 않는다고 본 원심판단을 수긍한 사례(대판 2011. 07. 28, 2009도7776[가축분뇨의관리및이용에관한법률위반]).
② 가설건축물은 건축법상 '건축물'이 아니므로 건축허가나 건축신고 없이 설치할 수 있는 것이 원칙이지만 일정한 가설건축물에 대하여는 건축물에 준하여 위험을 통제하여야 할 필요가 있으므로 신고대상으로 규율하고 있다(대판 2018. 01. 25, 2015두35116[가설건축물존치기간연장신고반려처분취소등]).

2) 신고의 종류

가. 자기완결적 신고와 수리를 요하는 신고

행정기본법은 수리를 요하는 신고를 규정하고 있고(제34조), 행정절차법은 자기완결적 신고를 규정하고 있다(제40조).

(가) 자기완결적 신고

가) 의 의 자기완결적 신고(自己完結的 申告)는 신고의 요건을 갖춘 신고만 하면 신고의무를 이행한 것이 되는 신고를 말한다. 자기완결적 신고는 자족적 신고, 자체완성적 공법행위로서의 신고 등으로도 불린다.

자기완결적 신고의 경우 적법한 신고(신고요건을 충족한 신고)만 있으면 신고의무를 이행한 것이 되고, 신고의 효과가 발생한다. 따라서, 적법한 신고만 있으면 행정청의 수리가 없더라도 신고의 대상이 되는 행위를 적법하게 할 수 있고, 과태료나 벌금의 부과 등 어떠한 불이익도 받지 않는다.

나) 성질과 권리구제 자기완결적 신고의 수리는 단순한 접수행위로서 법적 효과를 발생시키지 않는 사실행위이다. 따라서, 자기완결적 신고의 수리행위나 수리거부행위는 원칙상 항고소송의 대상이 되는 처분이 아니다.

[판례] 구 체육시설의설치·이용에관한법률 제16조, 제34조, 같은법시행령 제16조의 규정을 종합하여 볼 때, 등록체육시설업에 대한 사업계획의 승인을 얻은 자는 규정된 기한 내에 사업시설의 착공계획서를 제출하고 그 수리 여부에 상관없이 설치공사에 착수하면 되는 것이지, 착공계획서가 수리되어야만 비로소 공사에 착수할 수 있다거나 그 밖에 착공계획서 제출 및 수리로 인하여 사업계획의 승인을 얻은 자에게 어떠한 권리를 설정하거나 의무를 부담케 하는 법률효과가 발생하는 것이 아니므로 **행정청이 사업계획의 승인을 얻은 자의 착공계획서를 수리하고 이를 통보한 행위는** 그 착공계획서 제출사실을 확인하는 행정행위에 불과하고 그를 항고소송이나 행정심판의 대상이 되는 **행정처분으로 볼 수 없다**(대판 2001. 05. 29, 99두10292).

다만, 자기완결적 신고 중 신고가 반려될 경우 당해 신고의 대상이 되는 행위를 하면 시정명령, 이행강제금, 벌금의 대상이 되는 등 신고인이 법적 불이익을 받을 위험이 있는 경우(예, 착공신고)에는 위험을 제거할 수 있도록 하기 위하여 신고거부(반려)행위의 처분성을 인정할 필요가 있다. 판례도 이러한 입장을 취하고 있다. 판례가 그 거부의 처분성을 인정한 신고를 판례가 수리를 요하는 신고로 본 것으로 이해하는 견해가 있지만, 이 견해는 타당하지 않다. 이 견해에 따르면 적법한 신고가 있음에도 수리되지 않으면 신고된 행위를 할 수 없게 되는 문제가 있다.

[동지 판례] 착공신고 반려행위가 항고소송의 대상이 되는 행정처분에 해당된다고 본 사례(대판 2011. 06. 10, 2010두7321[착공신고서처리불가처분취소]).

금지해제적 신고의 반려(수리거부)는 금지하명으로서 행정소송법상 처분에 해당한다는 견해(김중권)도 있다.

(나) 수리를 요하는 신고

가) 의 의 수리(受理)를 요하는 신고는 신고가 수리되어야 신고의 효과가 발생하는 신고를 말한다. 수리를 요하는 신고는 행위요건적 신고, 행정요건적 공법행위로서의 신고, 수리행위가 있는 신고 등으로도 불린다. 수리를 요하는 신고는 규제완화를 위해 허가제를 신고제로 바꾸면서 허가와 자기완결적 신고 사이에 규제의 격차가 너무 큰 점에 착안하여 허가와 자기완결적 신고 사이에 위치하는 규제수단이 필요하다는 행정의 필요에서 탄생한 규제수단의 하나이다.

이른바 '수리를 요하는 신고'의 존재를 처음으로 명시적으로 인정한 것은 대법원 2000. 5. 26. 선고 99다37382 판결이었다.

나) 성 질 ① 수리를 요하는 신고에서 신고의 요건을 갖춘 신고가 있었다 하더라도 수리되지 않으면 신고가 되지 않은 것으로 보는 것이 다수설 및 판례의 입장이다.

수리를 요하는 신고의 경우에 수리는 행정행위인 수리행위이고, 수리거부는 거부처분에 해당하며 항고소송의 대상이 된다.

② 수리를 요하는 신고를 실질적으로 허가라고 보는 견해가 다수견해이다. 이에 대하여 수리를 요하는 신고를 실질적으로 등록이라고 보며 다음과 같이 수리를 요하는 신고를 허가와 구별하는 견해가 있다. 즉, 수리를 요하는 신고의 경우에는 요건에 대한 형식적 심사만을 거치지만, 허가의 경우에는 형식적 심사이외에 실질적 심사(안전성심사나 공익성심사)도 거쳐야 한다고 본다.[25] 수리를 요하는 신고를 허가 및 등록과 구별되는 독자적 행위형식으로 보는 견해도 있다.

판례는 수리를 요하는 신고를 허가와 구별하고 있지만(후술 대판 2014. 04. 10, 2011두6998[노동조합설립신고반려처분취소]), 수리를 요하는 신고와 허가가 어떻게 구별되는지에 관하여는 아직 판례가 충분히 형성되어 있지 못하다. 대규모점포의 개설 등록을 이른바 '수리를 요하는 신고'로 본 사례가 있다(대판 전원합의체 2015. 11. 19, 2015두295[영업시간제한등처분취소]). 대규모점포의 개설등록은 '변형된 허가 내지 완화된 허가의 성질을 갖는 등록'인데, 수리를 요하는 신고로 본 것이다. 그런데, 이 판례는 해당 사건의 해결과 무관할 뿐만 아니라 논거의 제시도 없는 점, 수리를 요하는 신고와 허가(변형된 등록)를 구별하여야 하는 점에서 문제가 있다. 따라서 이 판례를 법원의 확립된 판례로 보기는 어렵다.

---

25) 홍정선, 『행정법원론(상)』, 박영사, 2011, 195－196면. 허가나 등록에서는 행정청은 요건에 대한 실질심사를 행하므로 수리를 요하는 신고를 실질적으로 허가나 등록으로 보면서 신고에서는 형식적 심사만 하여야 한다는 것은 논리모순이다.

수리를 요하는 신고와 허가는 다음과 같이 구별된다. ① 수리를 요하는 신고는 신고의 성질에 비추어 신고요건을 충족하면 신고의 대상이 되는 행위를 할 수 있는 것으로 보아야 하므로 예외 없이 기속행위로 보아야 한다(대판 2018. 10. 25, 2018두44302: 의료법이 병원의 개설은 허가제로 하고 의원의 개설은 신고제로 구분하여 규정한 취지는 신고 대상인 의원급 의료기관 개설의 경우 행정청이 법령에서 정하고 있는 요건 이외의 사유를 들어 신고 수리를 반려하는 것을 원칙적으로 배제하여야 한다는 것이라고 한 사례). 다만, 판례는 극히 예외적이기는 하지만, 수리를 요하는 신고에 대해서도 기속재량행위를 인정하고 있는데(예, 납골당설치신고), 이는 신고제의 성격에 비추어 타당하지 않다. 이에 반하여 허가의 경우에는 후술하는 바와 같이 수리를 요하는 신고에서 보다 널리 기속재량(거부재량)이 인정되고 있고, 예외적으로 기속재량(거부재량)을 인정할 법리적 근거도 있다. ② 판례에 의하면 수리를 요하는 신고의 경우 요건 충족 여부에 대해 원칙상 형식적 심사를 행하고, 필요한 경우에 실질적 심사를 한다. 허가의 경우 허가요건의 충족 여부에 대해 원칙상 실질적 심사를 행한다. ③ 판례에 의하면 허가의 경우 허가요건을 충족한 신청의 경우 허가가 거부되었음에도 허가의 대상이 되는 행위를 하는 것은 무허가영업으로 처벌되지만, 수리를 요하는 신고의 경우 후술하는 바와 같이 판례의 입장이 나뉘고 있지만, 적법한 신고(신고요건을 충족한 신고)가 있으면 수리되지 않아도 신고의무를 이행한 것으로 보고, 신고의 대상이 되는 행위를 하여도 미신고 행위(영업)가 되는 것이 아니므로 처벌의 대상에서 제외된다고 보는 판례가 있다.

생각건대, "수리를 요하는 신고"를 "수리행위가 있는 신고"로 보고, 수리를 요하는 신고의 수리행위는 강학상 수리행위의 성질을 갖는 것으로 보는 것이 타당하다. 또한, "수리를 요하는 신고"는 신고의 한 유형으로서 전형적 신고인 자기완결적 신고와 허가 또는 변형된 등록의 중간적인 규제수단으로 보는 것이 타당하다. 신고의 요건으로 실질적 요건이 요구되는 점에서는 허가와 같지만 신고요건은 허가요건 보다 완화되어 있고 수리를 요하는 신고의 수리는 명시적 규정이 없는 한 항상 기속행위로 보는 것이 타당한 점에서 허가와 구별하는 것이 타당하다. 입법자가 신고로 규정한 것을 허가와 유사한 것으로 보는 것은 입법자의 의사에 반하는 것이다.

(다) 자기완결적 신고와 수리를 요하는 신고의 구별

가) 구별기준 ① 개별법률에서 수리를 요하는 신고를 명시한 경우: 행정기본법 제34조에 따르면 자기완결적 신고와 수리를 요하는 신고의 구별기준은 **신고를 규정한 개별법령의 규정** 달리 말하면 **입법자의 의사**이다. 즉, 행정기본법에 따르면 '법률에 신고의 수리가 필요하다고 명시되어 있는 경우(행정기관의 내부 업무 처리 절차로서

수리를 규정한 경우는 제외한다)에 해당 신고'는 '수리를 요하는 신고'이고, 그러한 규정이 없는 신고는 자기완결적 신고이다. 다만, '행정기관의 내부 업무 처리 절차로서 수리를 규정한 경우'(예, 「가족관계의 등록 등에 관한 법률 제21조 출생·사망의 동 경우 신고 등)는 행정기본법 제34조의 수리를 요하는 신고로 보지 않는다. 행정기본법 제34조의 예외가 되는 신고로 노동조합 설립신고, 가족관계등록법 출생신고 등이 있다. 노동관계법상 노동조합 설립신고는 수리를 요하는 신고이지만, 신고증 접수시 신고의 효력이 발생한다. 가족관계등록법 출생신고는 수리규정이 있어도 자기완결적 신고로 보아야 한다(법제처, 행정기본법 해설, 353면).

행정기본법 제34조에 따라 수리를 요하는 신고를 규정하는 개별법률에서는 '**신고의 효력이 발생하기 위해 신고의 수리가 필요하다는 규정**'을 두어야 하는데, 문제는 '신고의 수리가 필요하다'는 규정을 어떠한 문언으로 표현하여 규정할 것인가 하는 것이다. 실제 개별법률에서는 문언상 '신고의 수리가 필요하다'고 규정되어 있지 않다. **법제처의 입장에 따르면** '신고의 수리가 필요하다고 명시된 경우'란 '신고의 수리가 필요하다'라는 문언을 의미하는 것이 아니라 **신고의 수리가 필요하다는 것을 인지할 수 있는 수준의 표현이면 족하다.** 예를 들면, 개별법률에서 '수리여부를 통지하여야 한다', '조건을 붙이거나 유효기간을 정하여 수리할 수 있다', '신고수리 전에'와 같은 문언으로 규정되어 있거나, 신고 수리 간주규정[26]을 두고 있는 경우에는 '신고의 수리가 필요하다'고 규정한 것으로 본다. 즉, 해당 신고를 수리를 요하는 신고로 본다(법제처, 행정기본법 해설서, 350면).

체육시설의 설치 · 이용에 관한 법률 **제20조(체육시설업의 신고)** ① 제10조 제1항 제2호에 따른 체육시설업을 하려는 자는 **제11조에 따른 시설을 갖추어** 문화체육관광부령으로 정하는 바에 따라 특별자치시장·특별자치도지사·시장·군수 또는 구청장에게 신고하여야 한다. ② (생략) ③ 특별자치시장·특별자치도지사·시장·군수 또는 구청장은 제1항에 따른 신고를 받은 경우에는 신고를 받은 날부터 7일 이내에, 제2항에 따른 변경신고를 받은 경우에는 변경신고를 받은 날부터 5일 이내에 **신고수리 여부를 신고인에게 통지하여야 한다.** ④ 특별자치시장·특별자치도지사·시장·군수 또는 구청장이 제3항에서 정한 기간 내에 신고수리 여부나 민원 처리 관련 법령에 따른 처리기간의 연장 여부를 신고인에게 통지하지 아니하면 그 기간이 끝난 날의 다음 날에 **신고를 수리한 것으로 본다.**

26) **수리 간주규정**이란, 법령에서 정한 처리기간 내에 신고수리 여부 또는 처리기간의 연장을 신고인에게 알리지 않으면 신고를 수리한 것으로 보는 것으로 규정하고 있는 규정을 말한다.

그러나, 이러한 문언상의 규정, 특히 '수리 여부를 통지하여야 한다'는 문언이 자기완결적 신고와 수리를 요하는 신고의 구별을 명확하게 하는 기준이 될 수 있는지 의문이 제기될 수 있다. 자기완결적 신고라 할지라도 금지해제적 신고의 경우 신고 상대방에게 수리 여부를 통지하는 것은 절차의 통지로 민원의 투명하고 신속한 처리와 일선 행정기관의 적극행정을 유도할 수 있다는 점에서 바람직하다. 그런데 수리 여부 통지를 자기완결적 신고와 수리를 요하는 신고의 구별기준으로 삼는다면 자기완결적 신고에 대해서는 수리(접수) 통지를 규정할 수 없게 된다는 모순이 발생한다. 따라서 '수리 통지 여부'나 '수리 간주규정'이 수리를 요하는 신고로 보는데 있어 고려사항은 될 수는 있지만 결정적인 근거가 되지는 못한다고 보는 것이 타당하다. 신고수리 여부 통지 규정 및 수리 간주 규정이 있는 경우는 수리를 요하는 신고로 추정하는 것이 타당하다. **입법론**으로는 자기완결적 신고의 경우에는 '신고하여야 하고, 적법한 신고만으로 신고의 효력이 발생한다'라고 규정하고, 수리를 요하는 신고를 규정하는 경우에는 '신고하여야 하고, 신고의 수리가 있어야 신고에 따른 효력이 발생한다.'라고 명시하는 것이 바람직하다.

종래 판례는 건축신고를 자기완결적 신고로 보았는데, 2017.4.18. 건축법 제14조 제3항의 개정으로 수리 여부 통보규정이 두어졌으므로 건축신고는 수리를 요하는 신고가 되었다는 것이 법제처 실무의 입장이지만(법제처, 행정기본법 해설서 348면 각주 342 참조), 이러한 해석에는 전술한 바와 같이 문제가 없지 않다.

현재 판례는 일반 건축신고를 건축허용성 심사 등 실체적 심사가 가능한 수리를 요하는 신고로 본다(후술 참조).

② 개별법률에서 수리를 요하는 신고를 명시하지 못한 경우: 입법의 착오나 결함에 의해 수리를 요하는 신고로 규정하려는 입법의사가 애매한 경우에는 **'신고 요건의 성질 및 신고요건에 대한 심사 방식 등'을 기준으로** 자기완결적 신고와 수리를 요하는 신고를 구별하여야 한다. 즉, 행정절차법 제40조 규정에 비추어 신고요건이 형식적 요건만인 신고는 원칙상 자기완결적 신고로 보아야 한다. 신고요건이 형식적 요건뿐만 아니라 실체적 요건을 포함하는 경우에는 실체적 요건의 충족 여부에 대한 심사(필요한 경우에는 실질적 심사)를 거쳐 수리 여부를 결정하여야 하므로 원칙상 수리를 요하는 신고로 보아야 한다. 다만, 신고의 대상이 되는 활동의 실질적 기준이 규정되어 있고 그 기준을 갖추지 않고 신고의 대상이 되는 활동을 하면 처벌하는 것으로 규정하고 있는 경우에도 해당 기준이 신고요건으로 규정되지 않고 사후규제사유로 규정되어 있어 형식적 요건만 신고요건으로 규정된 것으로 볼 수 있는 경우에는 자기완결적 신고로 보아야 한다.

다음과 같은 경우는 **예외**에 속한다. i) 개별법상 신고요건에 실체적 요건이 포함된 경우에도 적법한 신고만으로 신고의 효력이 발생하는 것으로 규정되어 있는 경우에는 해당 신고를 자기완결적 신고로 보아야 한다.

ii) 신고의 수리가 있어야 구체적인 법적 효과가 발생하는 것으로 규정되어 있는 경우(예, 혼인신고 등)에는 (형식적 심사만 하는 것으로 규정되어 있더라도) 수리를 요하는 신고로 보아야 한다.

[판례] ① 자기완결적 신고로 본 사례: (1) 수산제조업의 신고(대판 1999. 12. 24, 98다57419,57426), (2) 건축법상 건축신고(대판 1999. 04. 27, 97누6780), (3) 체육시설의 설치·이용에 관한 법률 제18조에 의한 골프장이용료변경신고(대결 1993. 07. 06, 93마635), (4) 구 축산물가공처리법(2005. 3. 31. 법률 제7428호로 개정되기 전의 것) 제21조 제1항 제6호, 제24조 제1항 등 **법령에서 규정하는 시설기준을 갖추어 축산물판매업 신고를 하는 경우** 당연히 그 신고를 수리하여야 하고, 적법한 요건을 갖춘 신고의 경우에는 행정관청의 수리처분 등 별단의 조처를 기다릴 필요 없이 **그 접수시에 신고로서의 효력이 발생하는 것**이므로 그 수리가 거부되었다고 하여 미신고 영업이 되는 것은 아니라고 할 것이다(대법원 1985. 04. 23. 선고 84도2953 판결, 대법원 1998. 04. 24. 선고 97도3121 판결 등 참조)(대판 2010. 04.29, 2009다97925[손해배상(기)]). **〈해설〉** 신고요건에 실체적 요건이 포함된 경우에도 자기완결적 신고로 본 사례이다.

② 수리를 요하는 신고로 본 사례: (1) 구 노인복지법상 유료노인복지주택의 설치신고를 받은 행정관청으로서는 그 유료노인복지주택의 시설 및 운영기준이 위 법령에 부합하는지와 아울러 그 유료노인복지주택이 적법한 입소대상자에게 분양되었는지와 설치신고 당시 부적격자들이 입소하고 있지는 않은지 여부까지 심사하여 그 신고의 수리 여부를 결정할 수 있다(대판 2007. 01. 11, 2006두14537[노인주거복지시설설치신고반려처분취소]). **〈해설〉** 신고요건이 형식적 요건 이외에 실질적 요건도 포함하고 있고, 실질적 요건에 대해 실질적 심사를 거쳐 수리여부를 결정하도록 하고 있는 것으로 보아 유료노인복지주택의 설치신고를 수리를 요하는 신고로 본 것으로 해석된다.

(2) 체육시설의 회원을 모집하고자 하는 자의 시·도지사 등에 대한 회원모집계획서 제출(대판 2009. 02. 26, 2006두16243[골프장회원권모집계획승인처분취소]).

(3) 무허가 건축물을 실제 생활의 근거지로 삼아 10년 이상 거주해 온 사람의 주민등록전입신고를 거부한 사안에서, 투기나 이주대책 요구 등을 방지할 목적으로 주민등록전입신고를 거부하는 것은 주민등록법의 입법 목적과 취지 등에 비추어 허용될 수 없다고 한 사례(대판 전원합의체 2009. 06. 18, 2008두10997). **〈해설〉** 주민등록의 대상이 되는 실질적 의미에서의 거주지인지 여부를 심사하기 위하여 주민등록법의 입법목적과 주민등록의 법률상 효과 이외에 지방자치법 및 지방자치의 이념까지도 고려하여야 한다고 판시하였던 대법원 2002. 07. 09, 2002두1748 판결을 위 판결의 견해에 배치되는 범위 내에서 변경한 판례이다.

(4) 판례는 구 체육시설의 설치·이용에 관한 법률 제8조(현행법 제22조)의 규정에 따른 체육시설업(볼링장업)신고(대판 1996. 02. 27, 94누6062), 영업허가명의변경신고(대판 1990. 10. 30, 90누1649), 액화석유가스의 안전 및 사업관리법 제7조 제2항에 의한 사업양수에 의한 지위승계신고(대판 1993. 06. 08, 91누11544), 채석허가수허가자명의변경신고(대판 2005. 12. 23, 2005두3554), 건축물 양수인의 건축대장상의 수리 또는 건축주 명의변경신고(대판 1992. 03. 31, 91누4911), 납골당설치신고(대판 2005. 02. 25, 2004두4031), 수산업법 제44조 소정의 어업신고(대판 2000. 05. 26, 99다37382), 의료기관개설신고(대판 2018. 10. 25, 2018두44302)를 수리를 요하는 신고로 보았다.

iii) 대법원 다수의견은 인·허가의제의 효과를 수반하는 건축신고는 일반적인 건축신고와는 달리, 특별한 사정이 없는 한 행정청이 의제되는 인허가의 실체적 요건에 관한 심사를 한 후 수리 여부를 결정하여야 하므로 '수리를 요하는 신고'로 보는데(대결 전원합의체 2011. 01. 20, 2010두14954), 이에 대하여는 모든 건축신고를 자기완결적 신고로 보아야 한다는 취지의 반대의견과 다수의견에 대한 보충의견이 있었다. 이 문제는 의제되는 신고제의 본질과 적법한 신고자의 권리보호, 실체집중의 문제 및 의제되는 인허가의 실재 여부 그리고, 의제되는 인허가에 대한 불복시 불복대상이 되는 처분의 문제 등과 관련이 있는 문제로서 보다 심도있는 이론적 검토가 필요하다.

iv) **판례**는 영업양도 등의 신고(영업자지위승계신고)를 영업의 종류에 따라 허가영업의 양도·양수의 신고는 허가의 변경신청으로, 등록영업의 양도·양수의 신고는 등록의 변경신청으로, 수리를 요하는 신고영업인 경우에는 수리를 요하는 신고의 변경신고(즉 수리를 요하는 신고)로, 자기완결적 신고영업인 경우에는 자기완결적 신고의 변경신고(즉 자기완결적 신고)로 본다. 이러한 판례의 견해를 지지하는 견해가 적지 않지만, 영업양도 등의 신고(영업자지위승계신고)는 신고로 규정한 입법자의 의사를 존중하여 신고(구별기준에 따라 수리를 요하는 신고 또는 자기완결적 신고)로 보는 것이 타당하다.

[판례] ① 액화석유가스의 안전 및 사업관리법 제7조 제2항에 의한 사업양수에 의한 지위승계신고를 수리하는 허가관청의 행위는 실질에 있어서 양도자의 사업허가를 취소함과 아울러 양수자에게 적법히 사업을 할 수 있는 법규상 권리를 설정하여 주는 행위로서 **사업허가자의 변경이라는 법률효과를 발생시키는 행위이므로** 허가관청이 법 제7조 제2항에 의한 사업양수에 의한 지위승계신고를 수리하는 행위는 행정처분에 해당한다(대판 1993. 06. 08, 91누11544). 〈해설〉 판례는 허가사업양수에 의한 지위승계신고수리의 실질을 허가의 변경처분(양도인에 대한 허가의 취소와 양수인에 대한 허가의 부여)으로 보았다.
② [1] 구 관광진흥법 제8조 제4항에 의한 지위승계신고를 수리하는 허가관청의 행위 및 구 체육시설의 설치·이용에 관한 법률 제20조, 제27조에 의한 영업양수신고나 문화체육관광부령으로 정하는 체육시설업의 시설 기준에 따른 필수시설인수신고를 수리하는 관계 행정청의 행위는 항고소송의 대상이다(대판 2012. 12. 13, 2011두29144[유원시설업허가처분등취소]).
③ 관할관청이 양수인의 **(공중위생)영업자 지위승계신고를 수리**하면 양도인의 기존 영업수행권은 취소되고 양수인에게 새로운 영업수행권이 설정되는 **'공중위생영업자지위 변경'의 공법상 법률효과가 발생**한다. 이러한 관련 규정의 내용 및 체계, 영업자 지위승계신고 수리행위의 법률효과 등을 종합하면 지위승계신고과정에서 제출되는 '영업자의 지위를 승계하였음을 증명할 수 있는 서류'(이하 '**지위승계 증명서류**'라고 한다)(이 사건 협력의무의 이행을 구하는 취지의 소송에 따른 인용판결)는 단순히 양도인과 양수인 사이에 사법적으로 이미 발생한 영업승계 사실을 증명하는 서류로서의 의미만을 갖는 것이 아니라, 양도인의 폐업신고 의사표시를 갈음하는 서면으로서의 성격도 함께 갖는다고 볼 수 있다. 관할관청은 지위승계 증명서류를 통하여 양수인의 영업승계 사실을 확인함과 더불어 양도인의 폐업의사를 인식할 수 있고, 이를 기초로 양수인의 지위승계신고 수리 여부를 결정한다. 이와 같이 **양수인이 실제 영업자 지위승계신고를 마치기 위해서는** '기존 영업자의

폐업신고 의사표시'와 관련하여 양도인의 협력이 필요하다고 볼 수 있다(대판 2022. 01. 27, 2018다259565[영업권양도]).

대물적 영업(사업)허가는 양도양수계약에 의해 이전되므로 **대물적 영업(사업)허가 양도양수신고 및 사업자명의변경신고**는 특별한 사정(예, 안전등의 이유로 대물적 허가의 요건을 행정청이 직접 확인할 필요가 있는 경우 등)이 없는 경우에는 자기완결적 신고(정보제공적 신고)로 입법되는 것이 타당하고(예, 궤도운송법 제9조 참조), 입법의사가 명확하지 않을 때에는 **자기완결적신고**(정보제공적 신고)로 보는 것이 타당하다.

v) 신고의 대상이 되는 활동의 **실체적 기준**(인적 · 물적 기준)이 규정되어 있고 그 기준을 갖추지 않고 신고의 대상이 되는 활동을 하면 처벌하는 것으로 규정하고 있는 경우에도 **해당 기준이 신고요건으로 규정되지 않고 사후규제사항으로 규정**되어 있어 형식적 요건만 신고요건으로 규정된 것으로 볼 수 있는 경우에는 자기완결적 신고로 보아야 한다. 그리고, 이 경우에는 해당 실체적 기준의 결여라는 사유를 이유로 신고의 수리를 거부할 수 없다.

나) 구별실익 ① 신고의 효력 발생시점: 자기완결적 신고의 경우 적법한 신고가 있으면 신고(접수)시 신고의 효력이 발생한다. 수리를 요하는 신고의 경우 적법한 신고가 있더라도 수리행위가 있어야 신고의 효력이 발생한다. 그리하여 수리를 요하는 영업신고에 있어서 신고가 적법하더라도 수리행위가 없는 경우 해당 영업은 불법영업이 된다.

② 신고 수리 및 신고 접수거부의 처분성: 수리를 요하는 신고의 수리는 행정행위이므로 행정절차법이나 행정쟁송법상 처분이다. 자기완결적 신고의 수리나 수리거부는 단순한 사실행위(접수행위)에 불과하므로 원칙상 처분이 아니다. 다만, 자기완결적 신고의 수리나 수리 접수거부가 국민의 권익에 직접 영향을 미치는 경우 즉 처분성을 갖는 경우에는 행정절차법이나 행정쟁송법상 처분이 된다. 전술한 바와 같이 판례는 금지해제적 자기완결적 신고로서 신고의 접수 거부로 신고인이 법적 불이익을 받을 우려가 있는 경우에는 해당 신고 접수거부의 처분성을 인정한다.

③ 신고의 수리가 거부된 경우 신고의무자의 처벌: 자기완결적 신고의 경우 적법한 신고가 있으면 신고가 접수거부되더라도 신고시 신고의 효력이 발생하므로 신고의 대상이 되는 행위를 한 자는 처벌의 대상이 되지 않는다. 수리를 요하는 신고의 경우에 적법한 신고를 하였지만, 수리가 거부되었음에도 신고의 대상이 되는 영업 등 행위를 한 경우 처벌의 대상이 되는지가 문제된다. 이 경우 해당 영업 등 행위는 불법행위이므로 처벌의 대상이 된다는 견해(처벌긍정설)가 있다. 그러나, 통상 처벌실정법령상 '수리 없이'가 아니라 '신고를 하지 아니하고 영업을 한 자'를 처벌의 대상

(구성요건)으로 규정하고 있으므로 수리를 요하는 신고의 경우에도 적법한 신고를 하였다면 수리가 거부된 경우에 신고의 대상이 되는 행위를 하였어도 처벌할 수 없다고 보는 것이 타당하다(처벌부정설).

> 체육시설의 설치 · 이용에 관한 법률
> 제38조(벌칙) ② 다음 각 호의 어느 하나에 해당하는 자는 1년 이하의 징역 또는 1천만원 이하의 벌금에 처한다.
> 1. 제20조 제1항에 따른 신고를 하지 아니하고 체육시설업(문화체육관광부령으로 정하는 소규모 업종은 제외한다)의 영업을 한 자

나. 정보제공적 신고와 금지해제적 신고

(가) 정보제공적 신고(사실파악형신고) 행정청에게 행정의 대상이 되는 사실에 관한 정보를 제공하는 기능을 갖는 신고를 정보제공적 신고(사실파악형신고)라고 한다. 정보제공적 신고의 대상은 금지된 행위가 아니라 본래 자유롭게 할 수 있는 행위이다. 따라서, 정보제공적 신고의 경우에는 신고 없이 행위를 하여도 신고 없이 한 행위 자체는 위법하지 않다. 따라서, 정보제공적 신고에서의 신고의무 위반에 대하여는 논리상 형벌이 아니라 과태료를 부과하여야 한다. 집회신고는 정보제공적 신고인데(대판 전원합의체 2012. 04. 19, 2010도6388[국가공무원법위반 · 집회및시위에관한법률위반]), 그 신고의무 위반에 대해 형벌을 과하는 것으로 규정되어 있다(집회 및 시위에 관한 법률 제21조). 정보제공적 신고는 항상 자기완결적 신고이다.

(나) 금지해제적 신고(규제적 신고) 신고 중에는 정보제공적 기능 이외에 금지된 행위를 해제하는 효력을 갖는 신고가 있는데, 이러한 신고를 규제적 신고 내지 금지해제적 신고(신고유보부 금지)라고 할 수 있다. 금지해제적 신고의 대상은 법상 금지된 행위로서 신고에 의해 그 금지가 해제된다. 금지해제적 신고의 경우에는 신고 없이 한 행위는 법상 금지된 행위로서 위법한 행위가 되므로 행정벌의 대상이 될 수 있으며 시정조치의 대상이 된다.

수리를 요하는 신고는 금지해제적 신고이다. 자기완결적 신고는 정보제공적 신고인 경우도 있고, 건축신고 등과 같이 금지해제적 신고인 경우도 있다. 금지해제적 신고로 해석되는 신고는 일응 정보제공적 신고로서의 성격을 포함한다고 볼 것이다.

다. 행정절차법상의 신고 행정절차법 제40조의 규율대상이 되는 신고는 자기완결적 신고이다. 그러나, 행정절차법 제40조 제3항과 제4항은 수리를 요하는 신고에도 유추적용된다고 보아야 한다.

라. 전형적 신고와 변형된 신고 전형적 신고(典型的 申告)는 자기완결적 신고이다. 수리를 요하는 신고는 규제완화로 인하여 발생한 변형된 신고이다. 수리를 요

하는 신고는 규제완화정책과 함께 등장하였다. 허가제를 신고제로 완화하면서 허가의 실질적 요건을 전면 폐지하지 않고 완화하여 신고의 요건으로 존치시키는 경우가 많았다. 심지어는 허가나 특허의 안전성 요건이나 공익상 요건을 그대로 요구하면서 명칭만 허가제에서 등록제 또는 신고로 바꾸는 예도 있었다. 이러한 상황 하에서 이러한 신고를 전형적인 신고인 자기완결적 신고로 보게 되면 안전성이나 공익성을 담보할 수 없기 때문에 판례는 수리를 요하는 신고라는 행위형식으로 성격규정한 것이고, 학설도 이를 따른 것이다.

수리를 요하는 신고에서 행정청의 수리행위가 있어야 신고의 효과가 발생한다고 보면 수리를 요하는 신고는 실질적으로 신고라고 할 수 없고, 실질적으로는 허가라고 보아야 한다. 이렇게 본다면 수리를 요하는 신고는 허가제를 신고제로 바꾼 입법취지에 반하여 위장된 규제완화 또는 잘못된 규제완화를 합법화시키는 결과를 가져온다. 따라서, 적법한 신고(신고요건을 갖춘 신고)가 있으면 수리를 요하는 신고에서도 신고가 된 것으로 보고, "수리를 요하는 신고"라는 용어를 "수리행위가 있는 신고"로 변경하는 것이 타당하다.

3) 신고요건과 신고요건의 심사

가. 자기완결적 신고의 요건　자기완결적 신고는 행정절차법 제40조 제2항의 신고요건을 갖추어야 한다. 자기완결적 신고의 요건은 원칙상 형식적 요건이다. 형식적 요건에 대한 심사는 신고서류만에 의한 형식적 심사를 행한다.

나. 수리를 요하는 신고의 요건　수리를 요하는 신고는 형식적인 요건 이외에 일정한 실질적 요건을 신고의 요건으로 하고 있다. 예를 들면, 체육시설의 설치·이용에 관한 법률 제22조는 체육시설업의 신고에 일정한 시설기준(동법 제11조 제1항, 동법 시행규칙 제8조 별표 4)을 갖출 것을 요건으로 하고 있다.

판례는 수리를 요하는 신고에서 행정청의 실질적 요건에 관한 심사는 해당법령에 정한 요건만에 한정되는 것이 아니라 관계되는 다른 법령에서 요구하는 실질적 요건도 대상으로 할 수 있고, 이를 충족시키지 못하면 그 신고는 수리할 수 없는 것으로 본다(대판 1993. 04. 27, 93누1374 등).

[판례] [일괄심사 대상인 토지형질변경에 대한 심사 없이 이루어진 건축신고 수리처분의 적법 여부를 다투는 사건] (1) **토지형질변경에 대한 심사 없이 이루어진 건축신고 수리처분이 위법하다고 볼 수 있는 경우: 건축물의 건축은 건축주가 그 부지를 적법하게 확보한 경우에만 허용될 수 있다.** 여기에서 '부지 확보'란 건축주가 건축물을 건축할 토지의 소유권이나 그 밖의 사용권원을 확보하여야 한다는 점 외에도 해당 토지가 건축물의 건축에 적합한 상태로 적법하게 형질변경이 되어 있는 등 건축물의 건축이 허용되는 법적 성질을 지니고 있어야 한다는 점을 포함한다. 이에 수평면에 건축할 것으로 예정된 건물을 경사가 있는 토지 위에 건축하고자 건축신고를 하면서, 그 경

사 있는 토지를 수평으로 만들기 위한 절토나 성토에 대한 토지형질변경허가를 받지 못한 경우에는 건축법에서 정한 '부지 확보' 요건을 완비하지 못한 것이 된다. 따라서 건축행정청이 추후 별도로 국토계획법상 개발행위(토지형질변경)허가를 받을 것을 명시적 조건으로 하거나 또는 묵시적인 전제로 하여 건축주에 대하여 건축법상 건축신고 수리처분을 한다면, 이는 가까운 장래에 '부지 확보' 요건을 갖출 것을 전제로 한 경우이므로 그 건축신고 수리처분이 위법하다고 볼 수는 없지만(대법원 2020. 7. 23. 선고 2019두31839 판결 참조), '부지 확보' 요건을 완비하지 못한 상태에서 건축신고 수리처분이 이루어졌음에도 그 처분 당시 건축주가 장래에도 토지형질변경허가를 받지 않거나 받지 못할 것이 명백하였다면, 그 건축신고 수리처분은 '부지 확보'라는 수리요건이 갖추어지지 않았음이 확정된 상태에서 이루어진 처분으로서 적법하다고 볼 수 없다. (2) 피고보조참가인이 최대 4m의 절토 및 최대 1,211mm의 성토를 하여 대지를 조성한 뒤 그 위에 우사를 건축하겠다는 건축신고를 하면서 토지형질변경에 관한 일괄심사(인허가의제) 신청을 하지 않았고, 이에 피고 행정청이 토지형질변경에 관한 심사 없이 피고보조참가인의 건축신고를 수리한 사안에서 위와 같은 절토 및 성토에 대하여는 건축신고와는 별도로 국토계획법상 토지형질변경 허가를 받아야 하고, 장래에 그와 같은 토지형질변경 허가가 예정되지 않은 채 건축신고 수리처분이 이루어진 것이라면 그 건축신고 수리처분 또한 위법하다고 볼 수 있다고 한 사례(대판 2023. 09. 21, 2022두31143[건축신고수리처분취소]). 〈해설〉 건축신고 수리처분이 '부지 확보'라는 수리요건이 갖추어지지 않았음이 확정된 상태에서 이루어진 경우(예, 그 처분 당시 건축주가 장래에도 토지형질변경허가를 받지 않거나 받지 못할 것이 명백한 경우)에는 위법하다고 한 사례이다.

수리를 요하는 신고의 경우에 행정청이 형식적 심사만을 하는지 아니면 실질적 심사를 하는지에 관하여 견해가 대립하고 있다. 홍정선 교수는 수리를 요하는 신고의 경우에는 요건에 대한 형식적 심사만을 거친다고 보고,[27] 류지태 · 박종수 교수는 수리를 요하는 신고에서는 행정청이 실질심사를 행한다고 본다.[28] 생각건대, 신고요건의 실질 여부와 신고요건에 대한 심사의 실질 여부는 구별하는 것이 타당하다. 심사의 형식, 실질은 심사의 방식에 관한 것이고 요건의 형식, 실질은 요건의 내용의 문제이다. 형식적 심사는 서류만에 의해 신고사항의 진위 여부의 심사만을 행하는 것을 의미하고, 실질적 심사는 신고사항의 진위 여부만이 아니라 안전성이나 공익성의 실질적 충족 여부를 실질적으로 심사하고, 필요한 경우 현장 확인도 행할 수 있는 심사를 말한다고 보는 것이 타당하다. 수리를 요하는 신고에는 신고요건에 실질적 요건이 포함될 뿐만 아니라 행정청이 실질적 심사를 행할 수 있다고 보는 것이 타당하다.

다. 신고요건의 심사 신고수리청은 수리를 요하는 신고의 요건 중 실질적 요건을 충족하는지 여부를 실질적으로 심사할 수 있다. 판례의 입장도 그러하다. 다만, 판례는 노동조합설립신고의 경우에는 허가제와 구별되는 신고제로서의 성격을 고려하여 우선 제출서류 등으로 형식적 심사를 행하고 그 요건에의 해당 여부가 문제된

27) 홍정선, 전게서, 195~196면.
28) 류지태 · 박종수, 전게서, 132면.

다고 볼 만한 객관적인 사정이 있는 경우에 한하여 실질적인 심사를 하는 것이 타당하다는 입장이다.

[판례] 행정관청은 노동조합으로 설립신고를 한 단체가 노동조합법 제2조 제4호 각 목에 해당하는지 여부를 실질적으로 심사할 수 있다. 다만 행정관청은 일단 제출된 설립신고서와 규약의 내용을 기준으로 노동조합법 제2조 제4호 각 목의 해당 여부를 심사하되, 설립신고서를 접수할 당시 그 해당 여부가 문제된다고 볼 만한 객관적인 사정이 있는 경우에 한하여 설립신고서와 규약 내용 외의 사항에 대하여 실질적인 심사를 거쳐 반려 여부를 결정할 수 있다(대판 2014. 04. 10, 2011두6998[노동조합설립신고반려처분취소]).
형식적 요건이라 함은 신고서, 첨부서류 등 신고서류만으로 확인되는 요건을 말한다. 실질적(실체적) 요건이라 함은 안전 등 공익을 보장하기 위하여 요구되는 인적·물적 요건을 말한다.
형식적 심사라 함은 신고요건의 충족 여부를 신고서류만에 의해 행하는 것을 말하고, 실질적 심사라 함은 신고요건의 충족 여부를 심사함에 있어 신고서류를 심사할 뿐만 아니라 필요한 경우 현장조사 등을 통해 실질적으로 행할 수 있는 심사를 말한다.

그리고, 주민들의 거주지 이동에 따른 **주민등록전입신고**에 대하여 행정청이 주민등록지와 전입자의 실제 거주지와 일치 여부(전입신고자가 30일 이상 생활의 근거로서 거주할 목적으로 거주지를 옮기는지 여부)를 심사하여 그 수리를 거부할 수 있으나 전입신고자가 거주의 목적 이외에 다른 이해관계에 관한 의도를 가지고 있는지 여부, 무허가건축물의 관리, 전입신고를 수리함으로써 당해 지방자치단체에 미치는 영향 등과 같은 사유는 주민등록법이 아닌 다른 법률에 의하여 규율되어야 하며, 주민등록전입신고의 수리 여부를 심사하는 단계에서는 고려 대상이 될 수 없다(대판 2009. 07. 09, 2008두19048).

[판례] (1) 주민등록지는 전입자의 실제 거주지와 일치하여야 한다. (2) **시장 등의 주민등록전입신고 수리 여부에 관한 심사의 범위와 대상:** 주민들의 거주지 이동에 따른 주민등록전입신고에 대하여 행정청이 이를 심사하여 그 수리를 거부할 수 있으나 그러한 행위는 자칫 헌법상 보장된 국민의 거주·이전의 자유를 침해하는 결과를 초래할 수도 있으므로, 시장 등의 주민등록전입신고 수리 여부에 대한 심사는 주민등록법의 입법 목적의 범위 내에서 제한적으로 이루어져야 하는바, 그 전입신고자가 30일 이상 생활의 근거로서 거주할 목적으로 거주지를 옮기는지 여부가 심사 대상으로 되어야 한다. 따라서 전입신고자가 거주의 목적 이외에 다른 이해관계에 관한 의도를 가지고 있는지 여부, 무허가건축물의 관리, 전입신고를 수리함으로써 당해 지방자치단체에 미치는 영향 등과 같은 사유는 주민등록법이 아닌 다른 법률에 의하여 규율되어야 하며, 주민등록전입신고의 수리 여부를 심사하는 단계에서는 고려 대상이 될 수 없다(대판 2009. 07. 09, 2008두19048).

4) 적법한 신고의 효과

적법(適法)**한 신고**란 신고요건을 갖춘 신고를 말한다.

[판례] 관련 법령(건축법 시행령 제15조의2 제2항 제2호, 같은 조 제3항(이 사건 준용규정 등)을 종합하여 해석하면, **가설건축물의 존치기간 연장신고**를 하려는 사람은 그 연장신고서에 **배치도 · 평면도 및 대지사용승낙서를 첨부하여 시장 등에게 제출하여야 한다.** 비록 구 건축법 시행규칙 제13조 제5항이 '가설건축물의 존치기간을 연장하고자 하는 자는 가설건축물 존치기간 연장신고서를 시장 등에게 제출하여야 한다'고만 규정하고 있기는 하지만, 하위법령은 그 규정이 상위법령의 규정에 명백히 저촉되어 무효인 경우를 제외하고는 관련 법령의 내용과 입법 취지 및 연혁 등을 종합적으로 살펴 그 의미를 상위법령에 합치되는 것으로 해석해야 하는바, 이 사건 준용규정에도 불구하고 그 하위법령인 구 건축법 시행규칙 제13조 제5항이 '관계서류'를 제외한 가설건축물 존치기간 연장신고서만을 제출서류로 한정하고 있다고 해석하는 것은 타당하지 않다(대판 2025. 05. 15, 2024두33891[가설건축물 존치기간 연장신고 반려처분 취소]).

신고의 효력에는 신고로서의 효력과 신고 및 수리에 따른 법적 효력으로 나누어 볼 수 있다. 신고로서의 효력은 신고의무의 이행을 말하고, 신고 및 수리에 따른 효력은 금지해제의 효과, 신고된 영업자의 지위의 취득 등을 말한다.

가. 자기완결적 신고의 효력 자기완결적 신고의 경우에 적법한 신고가 있으면 행정청의 수리 여부에 관계없이 신고서가 접수기관에 도달한 때에 신고의무가 이행된 것으로 보고(행정절차법 제40조 제2항), 신고의 효력도 발생한다. 따라서, 행정청이 신고서를 접수하지 않고 반려하여도 신고의무는 이행된 것으로 본다. 따라서, 적법한 신고가 있었지만 행정청이 수리를 하지 아니한 경우에 신고의 대상이 되는 행위를 하여도 행정벌의 대상이 되지 않는다.

[과거 판례] ① 신고대상인 건축물의 건축행위를 하고자 할 경우에는 그 관계 법령에 정해진 적법한 요건을 갖춘 (건축)신고만을 하면 그와 같은 건축행위를 할 수 있고, 행정청의 수리처분 등 별단의 조처를 기다릴 필요가 없다고 할 것이다(대판 1999. 04. 27, 97누6780).
② 대판 1999. 12. 24, 98다57419, 57426.

금지해제적 자기완결적 신고의 경우 적법한 신고가 있으면 그것만으로 금지해제의 효과가 발생한다.

형식적 요건만이 신고요건으로 된 신고, 즉 자기완결적 신고에서 행정청은 신고요건으로 규정되지 않은 실체적 사유를 들어 신고 수리를 거부할 수 없다(판례).

[판례] ① (1) 행정청으로서는 신고서 기재사항에 흠결이 없고 정해진 서류가 구비된 때에는 이를 수리하여야 하고, 이러한 형식적 요건을 모두 갖추었음에도 신고대상이 된 교육이나 학습이 공익적 기준에 적합하지 않는다는 등 실체적 사유를 들어 신고 수리를 거부할 수는 없다. (2) 전통 민간요법인 침 · 뜸행위를 온라인을 통해 교육할 목적으로 인터넷 침 · 뜸 학습센터를 설립한 甲이 구 평생교육법(2007. 10. 17. 법률 제8640호로 개정되기 전의 것) 제22조 제2항 등에 따라 평생교육시설로 신고하였으나 관할 행정청이 교육 내용이 의료법에 저촉될 우려가 있다는 등의 사유로 이를 반려하는 처분을 한 사안에서, 관할 행정청은 신고서 기재사항에 흠결이 없고 정해진 서류가 구비된

이상 신고를 수리하여야 하고 형식적 요건이 아닌 신고 내용이 공익적 기준에 적합하지 않다는 등 실체적 사유를 들어 이를 거부할 수 없고, 또한 행정청이 단지 교육과정에서 무면허 의료행위 등 금지된 행위가 있을지 모른다는 막연한 우려만으로 침·뜸에 대한 교육과 학습의 기회제공을 일률적·전면적으로 차단하는 것은 후견주의적 공권력의 과도한 행사일 뿐 아니라 그렇게 해야 할 공익상 필요가 있다고 볼 수 없으므로, 형식적 심사 범위에 속하지 않는 사항을 수리거부사유로 삼았을 뿐만 아니라 처분사유도 인정되지 않는다는 이유로, 위 처분은 위법하다고 한 사례(대판 2011. 07. 28, 2005두11784[원격평생교육신고서반려처분취소]).

② 건축허가를 받은 건축물의 양수인이 건축주 명의변경을 위하여 **건축관계자 변경신고서에 첨부하여야 하는 구 건축법 시행규칙 제11조 제1항에서 정한 '권리관계의 변경사실을 증명할 수 있는 서류'란** 건축할 대지가 아니라 허가대상 건축물에 관한 권리관계의 변경사실을 증명할 수 있는 서류를 의미하고, **그 서류를 첨부하였다면** 이로써 구 건축법 시행규칙에 규정된 **건축주 명의변경신고의 형식적 요건을 갖추었으며,** 허가권자는 양수인에 대하여 **구 건축법 시행규칙 제11조 제1항에서 정한 서류에 포함되지 아니하는 '건축할 대지의 소유 또는 사용에 관한 권리를 증명하는 서류'의 제출을 요구하거나, 양수인에게 이러한 권리가 없다는 실체적인 이유를 들어 신고의 수리를 거부하여서는 아니 된다**(대판 2015.10.29, 2013두11475[건축관계자변경신고서반려처분취소]).

③ 허가대상 건축물의 양수인이 구 건축법 시행규칙에 규정되어 있는 **형식적 요건을 갖추어** 시장·군수 등 행정관청에 **적법하게 건축주의 명의변경을 신고한 때**에는 행정관청은 그 신고를 수리하여야지 **실체적인 이유를 내세워 신고의 수리를 거부할 수는 없다**(대판 2014. 10. 15, 2014두37658).

나. 수리를 요하는 신고 수리를 요하는 신고의 경우에는 행정청이 수리하여야 효력이 발생한다(행정기본법 제34조).

[판례] ① 주민등록은 단순히 주민의 거주관계를 파악하고 인구의 동태를 명확히 하는 것 외에도 주민등록에 따라 공법관계상의 여러 가지 법률상 효과가 발생하므로, **주민등록의 신고**는 행정청에 도달하기만 하면 신고로서의 효력이 발생하는 것이 아니라 **행정청이 수리한 경우에 비로소 신고의 효력이 발생한다**(대판 2009. 01. 30, 2006다17850[주민등록법상 전입신고]). 〈해설〉 다만 주민등록신고를 수리를 요하는 신고로 보는 것이 타당한지는 의문이다. 주민등록은 강학상 등록으로 보는 것이 타당하다.

② 구 장사 등에 관한 법률(2007. 5. 25. 법률 제8489호로 전부 개정되기 전의 것, 이하 '구 장사법'이라 한다) 제14조 제1항, 구 장사 등에 관한 법률 시행규칙(2008. 5. 26. 보건복지가족부령 제15호로 전부 개정되기 전의 것) 제7조 제1항 [별지 제7호 서식]을 종합하면, 납골당설치 신고는 이른바 '수리를 요하는 신고'라 할 것이므로, **납골당설치 신고가 구 장사법 관련 규정의 모든 요건에 맞는 신고라 하더라도 신고인은 곧바로 납골당을 설치할 수는 없고, 이에 대한 행정청의 수리처분이 있어야만 신고한 대로 납골당을 설치할 수 있다.** 한편 수리란 신고를 유효한 것으로 판단하고 법령에 의하여 처리할 의사로 이를 수령하는 수동적 행위이므로 수리행위에 신고필증 교부 등 행위가 꼭 필요한 것은 아니다(대판 2011. 09. 08, 2009두6766[납골당설치신고수리처분이행통지취소]). 〈해설〉 이러한 판례의 입장을 취하면 수리를 요하는 신고에 있어서 신고에서 적법한 신고가 있음에도 불구하고 행정청의 수리행위가 없는 경우 신고의 대상이 되는 행위를 하면 행정형벌을 과할 수 있다는 결론에 이르는 것이 논리적이다. 다만, 이 사건은 형사처벌이 문제되지 않은 행정사건이다.

③ **수산업법 제44조 소정의 어업의 신고는** 행정청의 수리에 의하여 비로소 그 효과가 발생하는 **이른바 '수리를 요하는 신고'라고 할 것이고,** 따라서 설사 관할관청이 어업신고를 수리하면서 공유

수면매립구역을 조업구역에서 제외한 것이 위법하다고 하더라도, 그 제외된 구역에 관하여 관할 관청의 **적법한 수리가 없었던 것이 분명한 이상 그 구역에 관하여는 같은 법 제44조 소정의 적법한 어업신고가 있는 것으로 볼 수 없다**(대판 2000. 05. 26, 99다37382).

다만, **형사판례**는 명확하지는 않지만, 자기완결적 신고와 수리를 요하는 신고를 구별하지 않고, 적법한 신고가 있었던 경우에는 신고의무를 이행한 것으로 보고 무신고행위가 아니므로 수리가 거부되었어도 신고의 대상이 되는 행위를 한 것을 처벌할 수 없는 것으로 보는 경향이 있는 것으로 보인다.

[판례] ① 체육시설의설치·이용에관한법률상의 신고체육시설업에 있어서 신고의 법적 성질과 무신고 영업의 판단 기준: 체육시설의설치·이용에관한법률 제10조, 제11조, 제22조, 같은법시행규칙 제8조 및 제25조의 각 규정에 의하면, 체육시설업은 등록체육시설업과 신고체육시설업으로 나누어지고, **당구장업과 같은 신고체육시설업을 하고자 하는 자는** 체육시설업의 종류별로 같은법시행규칙이 정하는 **해당 시설을 갖추어** 소정의 양식에 따라 신고서를 제출하는 방식으로 시·도지사에 **신고하도록 규정**하고 있으므로, **소정의 시설을 갖추지 못한 체육시설업의 신고는 부적법한 것으로 그 수리가 거부될 수밖에 없고** 그러한 상태(부적법한 신고가 있었고, 수리가 거부된 상태)에서 신고체육시설업의 영업행위를 계속하는 것은 무신고 영업행위에 해당할 것이지만, 이에 반하여 **적법한 요건을 갖춘 신고의 경우에는 행정청의 수리처분 등 별단의 조처를 기다릴 필요 없이 그 접수시에 신고로서의 효력이 발생하는 것**이므로 그 수리가 거부되었다고 하여 **무신고 영업이 되는 것은 아니다**(대판 1998. 04. 24, 97도3121[체육시설의설치·이용에관한법률위반]). **〈해설〉** 이 사건에서 판례는 적법한 신고를 하였으므로 무신고영업이 되는 것은 아니고 처벌할 수 없다고 하였다.
② 행정관청으로서는 위 법령에서 규정하는 시설기준을 갖추어 **축산물판매업 신고**를 하는 경우 당연히 그 신고를 수리하여야 하고, **적법한 요건을 갖춘 신고의 경우에는 행정관청의 수리처분 등 별단의 조처를 기다릴 필요 없이 그 접수시에 신고로서의 효력이 발생하는 것이므로 그 수리가 거부되었다고 하여 미신고 영업이 되는 것은 아니라고 할 것이다.** 따라서 피고시 담당공무원이 위 법령상의 시설기준이 아닌 사유(기존 영업자가 휴업신고만 하고 폐업신고를 하지 않았고, 같은 장소에 대하여 사업자를 달리하는 축산물판매업 중복신고는 허용되지 않는다는 사유)로 축산물판매업 신고 수리를 할 수 없다는 통보를 하고 미신고 영업으로 고발할 수 있다는 통지를 한 것은 위법한 직무집행이라고 할 것이다(대판 2000. 05. 26, 99다37382). **〈해설〉** 구 축산물가공처리법(2005. 3. 31. 법률 제7428호로 개정되기 전의 것)상의 축산물판매업 신고를 판례와 같이 자기완결적 신고로 보는 것은 타당하지 않고 수리를 요하는 신고라고 보아야 한다. 즉 구 축산물가공처리법상 축산물판매업의 시설기준으로 영업장 및 화장실의 시설기준이 정해져 있다. 구 축산물가공법 시행규칙 제35조는 축산물판매업의 신고서에 "영업장의 시설내역 및 배치도"를 제출하도록 규정하고 있고, 동조 별지 제23호 서식인 축산물판매업의 신고서식에는 현장조사 및 시설조사를 신고 처리절차의 한 단계로 규정하고 있다. 이러한 점에 비추어 보면 축산물판매업의 신고의 요건은 실질적 요건(시설기준)을 포함하고 있고, 현장조사 등 실질적 심사가 가능한 것으로 규정하고 있으므로(구 축산물가공처리법령을 대체하여 제정된 현행 축산물위생관리법령도 동일하게 규정하고 있다) 축산물판매업의 신고는 수리를 요하는 신고로 보는 것이 타당하다.

생각건대, 수리를 요하는 신고로 별도의 법적 효력이 발생하는 것으로 규정되어 있는 경우에는 수리를 요하는 신고에 따른 법적 효력은 적법한 신고만으로는 발생하지 않고 수리행위가 있어야 발생하는 것으로 보는 것이 타당하다. 그렇지만, 처벌과 관련하여서는 수리를 요하는 신고도 신고인 점, 실정법령에서 신고를 하지 않은 것에 대한 처벌을 통상 "신고를 하지 아니하고 신고의 대상이 되는 행위를 한 것"으로 규정하고 있는 점 등에 비추어 적법한 신고를 하였지만 수리가 거부된 경우에는 신고대상이 되는 행위를 하여도 처벌할 수 없다고 보는 것이 타당하다.

다. 수리의무 적법한 신고가 있는 경우 행정기관은 그 신고를 '수리'하여야 한다. 즉 신고의 수리는 원칙상 기속행위이다.

[판례] (1) 의료법이 병원의 개설은 허가제로 하고 의원의 개설은 신고제로 구분하여 규정한 취지는 신고 대상인 의원급 의료기관 개설의 경우 행정청이 법령에서 정하고 있는 요건 이외의 사유를 들어 신고 수리를 반려하는 것을 원칙적으로 배제하여야 한다는 것이다. (2) 원고가 법령에 정한 요건을 모두 갖추어 정신과의원 개설신고를 하였음에도, 피고(처분청)가 정신과의원 개설이 해당 건물의 구분소유자 등의 안전과 공동의 이익에 반하고, 건축물의 안전·기능·환경 및 공공복리 증진을 저해하며, 공공복리에 부적합한 재산권의 행사라는 등의 사유를 들어 이 사건 반려처분을 하였는데, 정신과의원 개설신고에 관한 법령상 요건에 해당하지 아니하는 위와 같은 사유만을 들어 그 개설신고의 수리를 거부한 이 사건 반려처분은 위법하다고 한 사례(대판 2018. 10. 25, 2018두44302).

다만, 사설납골(봉안)시설의 설치신고 수리(실무상 설치신고의무 이행사항 통보), 건축신고 수리 등을 기속재량(거부재량)행위로 본 판례가 있다. 즉, 판례는 중대한 공익상 필요가 있는 경우에는 사설납골시설설치신고 등의 수리를 거부할 수 있다고 본다(대판 2010. 09. 09, 2008두22631[납골당설치신고불가처분취소]).

[판례] ① (1) 숙박업을 하고자 하는 자가 법령이 정하는 시설과 설비를 갖추고 행정청에 신고를 하면, 행정청은 공중위생관리법령의 위 규정에 따라 **원칙적으로 이를 수리하여야 한다. 행정청이 법령이 정한 요건 이외의 사유를 들어 수리를 거부하는 것은 위 법령의 목적에 비추어 이를 거부해야 할 중대한 공익상의 필요가 있다는 등 특별한 사정이 있는 경우에 한한다.** (2) 이러한 법리는 이미 다른 사람 명의로 숙박업 신고가 되어 있는 시설 등의 전부 또는 일부에서 새로 숙박업을 하고자 하는 자가 신고를 한 경우에도 마찬가지이다. 기존에 다른 사람이 숙박업 신고를 한 적이 있더라도 새로 숙박업을 하려는 자가 그 시설 등의 소유권 등 정당한 사용권한을 취득하여 법령에서 정한 요건을 갖추어 신고하였다면, 행정청으로서는 특별한 사정이 없는 한 이를 수리하여야 하고, 단지 해당 시설 등에 관한 **기존의 숙박업 신고가 외관상 남아있다는 이유만으로 이를 거부할 수 없다.** (3) 관광숙박업 영업신고가 이루어진 숙박시설의 객실 일부를 매수한 원고가 별도의 숙박업 영업신고를 한 경우, 행정청이 중복신고를 이유로 그 수리를 거부할 수는 없으나, 객실·접객대·로비시설 등을 다른 용도의 시설 등과 분리되도록 갖추어 해당 시설의 영업주체를 분명히 인식할 수 있도록 하지 못하였다는 이유로 그 수리를 거부한 것은 적법하다고 판단한 사례(대판 2017. 05. 30, 2017두34087[숙박업영업신고증교부의무 부작위위법확인]). **〈해설〉** 숙박업 영업신고를

수리를 요하는 신고로 보고 기속재량행위로 본 사례이다.
② [인근주민의 통행로로 사용되고 있는 私소유 토지(사실상 도로)에 대한 건축신고 수리거부처분이 다투어진 사건] (1) 건축허가권자는 건축신고가 건축법, 국토의 계획 및 이용에 관한 법률 등 **관계법령에서 정하는 명시적인 제한에 배치되지 않는 경우에도** 건축을 허용하지 않아야 할 **중대한 공익상 필요가 있는 경우에는 건축신고의 수리를 거부할 수 있다**(대법원 2012. 03. 15. 선고 2011두27322 판결, 대법원 2015. 09. 15. 선고 2014두15504 판결 등 참조). (2) 위 토지에 건물이 신축됨으로써 인근 주민들의 통행을 막지 않도록 하여야 할 중대한 공익상 필요가 인정되고 이러한 공익적 요청이 갑의 재산권 행사보다 훨씬 중요하므로, 구청장이 원심에서 추가한 처분사유는 정당하여 결과적으로 위 처분이 적법한 것으로 볼 여지가 있음에도 이와 달리 본 원심판단에 법리를 오해한 잘못이 있다고 한 사례(대판 2019. 10. 31, 2017두74320: 이 사건 건축신고 수리거부처분이 적법하다고 한 사례). 〈해설〉 판례가 명문의 규정이 없음에도 중대한 공익상 필요가 인정되는 경우 건축신고 수리를 거부할 수 있다고 하는 것은 건축신고가 수리행위가 필요한 신고라는 것을 전제로 한 것으로 볼 수 있다는 견해도 있을 수 있으나 반드시 그렇게 보아야 하는 것은 아니다. 즉, 판례가 건축신고 수리거부를 처분으로 보고, 중대한 공익상 필요가 인정되는 경우 건축신고 수리를 거부할 수 있다고 하는 것이 건축신고가 원칙상 적법한 건축신고로 신고의 효과가 발생하는 자기완결적 신고이고, 다만, 중대한 공익상 필요로 건축신고 수리가 거부된 경우 건축신고의 효력이 인정되지 않는 것으로 보는 것, 달리 말하면 중대한 공익상 필요로 건축신고의 수리가 거부되지 않는 한 적법한 건축신고로 신고의 효과가 발생하는 것으로 보는 것과 반드시 배치되는 것은 아니다. 다만, 건축신고를 자기완결적 신고로 보면서 명문의 규정이 없음에도 중대한 공익상 필요로 건축신고 수리를 거부할 수 있다고 하는 것은 논리적으로는 타당하지 않다.

악취방지법상의 악취배출시설 설치·운영신고를 수리를 요하는 신고로 보고 재량행위로 본 판례(대판 2022. 09. 07, 2020두40327)가 있다.

처리기간 내에 신고의 수리가 이루어지지 않은 경우 신고의 수리가 이루어진 것으로 간주하는 **신고수리간주규정**을 두는 경우가 늘어나고 있다(예, 폐기물관리법 제46조 제4항 등).

라. 신고증명서(신고필증)의 교부 자기완결적 신고의 경우 신고증명서(신고필증)은 신고사실을 단순히 확인하는 것으로서 그 교부의 거부가 항고소송의 대상이 될 수 없다는데 이견이 없다. 판례도 자기완결적 신고의 경우 신고필증의 교부를 법적 효과를 발생시키지 않는 단순한 사실행위로 본다. 신고필증의 교부가 없다 하여 적법한 개설신고의 효력을 부정할 수 없다(대판 1985. 04. 23, 84도2953[의료법위반]).

[판례] 부가가치세법상의 사업자등록은 …… **단순한 사업사실의 신고**로서 사업자가 소관 세무서장에서 소정의 사업자등록신청서를 제출함으로써 성립되는 것이고, **사업자등록증의 교부는 이와 같은 등록사실을 증명하는 증서의 교부행위에 불과한 것**이며, ……사업자등록의 말소 또한 폐업사실의 기재일 뿐 그에 의하여 사업자로서의 지위에 변동을 가져오는 것이 아니라는 점에서 과세관청의 사업자등록 직권말소행위는 불복의 대상이 되는 행정처분으로 볼 수가 없다(대판 2000. 12. 22, 99두6903[사업자등록말소처분취소]; 2025. 07. 03, 2022두33637).

수리를 요하는 신고의 경우에 신고필증을 신고수리를 증명하는 법적 행위로 보고, 신고필증 교부의 거부를 행정소송법상의 처분으로 보는 견해가 있지만, 판례는 수리를 요하는 신고의 경우에도 신고필증의 교부는 신고의 필수요건도 아니고 행정소송법상의 처분도 아니라고 보고 있다. 신고사항 이행통지도 수리처분과 별도로 항고소송 대상이 되는 다른 처분으로 볼 수 없다(대판 2011. 09. 08, 2009두6766).

5) 부적법한 신고의 효과

가. 부적법한 신고의 의의 신고가 신고의 요건을 충족하지 않는 경우에 신고는 부적법(不適法)한 신고가 된다.

판례에 따르면 개별법령상 신고요건을 충족한 신고라도 다른 법령에 의해 신고의 대상이 되는 행위가 금지된 경우 등에는 적법한 신고로 보지 않는다.

[판례] ① (1) 식품위생법에 따른 식품접객업의 영업신고 요건을 갖추었으나, 그 **영업신고를 한 당해 건축물이 무허가 건물일 경우 영업신고가 적법하다고 할 수 없다.** (2) 불법 건축물이라는 이유로 일반음식점 영업신고의 접수가 거부되었음에도 계속하여 일반음식점 영업행위를 한 피고인의 행위는, 식품위생법상 무신고 영업행위로서 정당행위 또는 적법행위에 대한 기대가능성이 없는 경우에 해당하지 아니한다고 한 사례(대판 2009. 04. 23, 2008도6829[식품위생법위반]).
② 식품위생법 제39조 제1항, 제3항에 의한 **영업양도에 따른 지위승계신고시** 양수인은 영업자 지위승계 신고서에 해당 영업장에서 적법하게 영업을 할 수 있는 요건을 모두 갖추었다는 점을 확인할 수 있는 소명자료를 첨부하여 제출하여야 하며(식품위생법 시행규칙 제48조 참조), 그 요건에는 신고 당시를 기준으로 해당 영업의 종류에 사용할 수 있는 **적법한 건축물(점포)의 사용권원을 확보하고** 식품위생법 제36조에서 정한 시설기준을 갖추어야 한다는 점도 포함된다(대판 2020. 03. 26, 2019두38830).
③ **건축물의 건축은 건축주가 그 부지를 적법하게 확보한 경우에만 허용될 수 있다**(대판 2020. 07. 23, 2019두31839).
④ **(1) 비산먼지배출사업을 하고자 하는 사람이 구 대기환경보전법 등에 정한 형식적 요건을 모두 갖춘 사업신고서를 제출한 경우, 행정청이 취해야 할 조치 및 비산먼지배출사업을 하는 것 자체가 다른 법령에 의하여 허용되지 않을 때 행정청이 그 신고의 수리를 거부할 수 있는지 여부(적극):** 구 대기환경보전법이나 그 시행규칙 등은 비산먼지배출사업을 단순한 신고사항으로 규정하고 있을 뿐 행정청으로 하여금 그 신고의 수리 여부를 심사, 결정할 수 있도록 규정하고 있지 않으므로, 행정청은 비산먼지배출사업 신고서가 구 대기환경보전법 제28조 제1항, 같은 법 시행규칙 제62조에서 정한 **형식적 요건을 모두 갖춘 경우에는 특별한 사정이 없는 한 이를 수리하여야 하고,** 만일 비산먼지배출사업을 하는 자가 비산먼지의 발생을 억제하기 위한 시설의 설치 또는 필요한 조치를 하지 않거나 그 시설이나 조치가 적합하지 않다고 인정하는 때에는 필요한 시설의 설치나 조치의 이행 또는 개선을 명하고, 위 명령을 이행하지 않는 경우에는 당해 사업의 중지 또는 시설 등의 사용중지나 사용제한을 명할 수 있을 뿐이다. 그러나 **다른 법령에 의하여 비산먼지배출사업을 하는 것 자체가 허용되지 않는다면** 설령 비산먼지배출사업이 구 대기환경보전법 제28조 제1항, 같은 법 시행규칙 제62조에서 정한 요건을 모두 갖추고 있다고 하더라도, 비산먼지배출사업을 하고자 하는 자가 **적법한 신고를 할 수 없으므로 그 수리거부가 위법하게 되는 것은 아니다. 〈해설〉** 판례는 **형식적 요건을 모두 갖춘 경우에는 특별한 사정이 없는 한 이를 수리하여야 한다고 판시하고 있는**

점에서 비산먼지배출사업 신고는 자기완결적 신고로 보았다고 할 수 있다. 다만, 동 신고는 금지해제적 신고이므로 비산먼지배출사업 신고 수리거부의 처분성을 인정하였다. (2) **국토의 계획 및 이용에 관한 법률상의 제2종지구단위계획구역 안에서 비산먼지발생사업을 하고자 하는 자가 구 대기환경보전법에 정한 요건을 모두 갖추어 비산먼지발생사업신고를 한 경우, 제2종지구단위계획이 수립될 당시 비산먼지발생사업을 예상하지 못하였다고 하여 그 신고를 거부할 수 있는지 여부(소극): 제2종지구단위계획구역 안에서 건축물의 건축이나 그 밖의 행위를 하는 경우 그 행위에 관하여 제2종지구단위계획에서 정하고 있으면 그 계획에 적합하게 하여야 하나, 그 계획에서 정하고 있지 않은 사항에 관하여는 다른 법령에 의하여 제한되지 않는 한 자유롭게 할 수 있으며,** 이는 비산먼지발생사업의 경우에도 마찬가지라 할 것이다. 따라서 제2종지구단위계획구역 안에서 비산먼지발생사업을 하고자 하는 자가 구 대기환경보전법 제28조 제1항과 같은 법 시행규칙 제62조 제1항이 정한 요건을 모두 갖추어 비산먼지발생사업 신고를 한 경우, 그 신고가 제2종지구단위계획에 저촉된다는 이유로 그 신고의 수리를 거부하기 위해서는 제2종지구단위계획에서 신고의 대상이 된 비산먼지발생사업을 제한하거나 금지하고 있어야 하고, **제2종지구단위계획이 수립될 당시 비산먼지발생사업을 예상하지 못하였다는 등의 사정만으로 비산먼지발생사업 신고를 거부할 수는 없다**(대판 2008. 12. 24, 2007두17076[비산먼지발생사업변경신고불가처분취소]).

⑤ 휴업이란 사업자가 일정한 사유에 기하여 그 영업을 일시 중지하는 것을 말하므로, 영업장 소재지 및 영업시설이 모두 양도되어 영업 자체가 불가능하게 되고 그것이 영업허가 취소의 사유가 되는 때에는 휴업신고를 할 수 없다고 할 것이다(대판 2008. 04. 11, 2007두17113[폐기물중간처리업허가취소처분]).

⑥ 골프연습장의 설치에 관하여 체육시설의설치·이용에관한법률이 건축법에 우선하여 배타적으로 적용되는 관계에 있다고는 해석되지 아니하므로 체육시설의설치·이용에관한법률에 따른 **골프연습장의 신고요건을 갖춘 자라고 할지라도** 그 골프연습장을 설치하려고 하는 건물이 건축법 소정의 허가를 받지 아니하여 건축법을 위배하여 건축된 **무허가 건물이라면 적법한 신고를 할 수 없다**(대판 1993. 04. 27, 93누1374).

⑦ [1] 학교보건법과 체육시설의설치이용에관한법률은 그 입법목적, 규정사항, 적용범위 등을 서로 달리 하고 있어서 당구장의 설치에 관하여 체육시설의설치·이용에관한법률이 학교보건법에 우선하여 배타적으로 적용되는 관계에 있다고는 해석되지 아니하므로 **체육시설의설치·이용에관한법률에 따른 당구장업의 신고요건을 갖춘 자라 할지라도 학교보건법 제5조 소정의 학교환경 위생정화구역 내에서는 같은 법 제6조에 의한 별도 요건을 충족하지 아니하는 한 적법한 신고를 할 수 없다**고 보아야 한다. [2] 당구장업소에 대한 체육시설업신고 거부처분 취소소송에서 같은 조건하에 있는 다른 당구장업소에 대하여 체육시설업 신고가 수리된 적이 있다는 진술만 가지고 바로 취소소송의 대상인 거부처분이 재량권의 한계를 넘은 것이라는 주장으로 보기는 어렵다고 한 사례 〈해설〉 불법에 있어서 평등대우는 인정될 수 없다(대판 1991. 07. 12, 90누8350).

나. 신고요건의 보완

행정청은 요건을 갖추지 못한 신고서가 제출된 경우 지체없이 상당한 기간을 정하여 신고인에게 보완을 요구하여야 한다(행정절차법 제40조 제3항). 행정청은 신고인이 보완기간 내에 보완을 하지 아니한 때에는 그 이유를 명시하여 당해 신고서를 되돌려 보내야 한다(제4항).

수리를 요하는 신고에 있어서도 행정절차법 제40조 제3항과 제4항을 유추적용하여 신고의 형식적 요건을 갖추지 않은 경우에는 보완을 명하여야 하며 그럼에도 보완하지 않는 경우에 수리를 거부할 수 있다고 보아야 한다.

다. 부적법한 신고의 수리 및 그 효과 자기완결적 신고의 경우에는 부적법한 신고의 수리(접수)가 있었다고 하더라도 신고의 효력이 발생하지 않고, 신고의 대상이 되는 영업을 하면 무신고의 불법영업으로서 영업장폐쇄조치 등 제재의 대상이 된다고 보는 견해가 있지만, 이는 타당하지 않다. 행정절차법은 부적법한 신고에 대해 보완요구의무를 부여하고 있으므로 부적법한 신고를 수리한 이상 신고인에게 중대한 귀책사유가 없는 한, 신고의무불이행을 이유로 곧바로 제재처분을 할 수는 없고, 신고요건의 보완을 요구한 후 그럼에도 불구하고 보완을 하지 않는 경우에 한하여 신고의무불이행을 이유로 영업장폐쇄조치 또는 과태료나 형벌의 부과 등 제재조치를 할 수 있다고 보아야 한다.

수리를 요하는 신고의 경우 부적법한 신고가 수리되면 하자있는 수리행위가 된다. 수리행위가 무효인 경우에는 신고의 효과가 발생하지 않고, 신고후 영업을 하였다면 무신고로 한 불법영업이다. 그러나 그 수리행위가 취소할 수 있는 행위인 경우, 공정력에 의해 수리행위가 효력을 가지므로 수리가 취소되기까지는 신고된 영업행위로서 불법영업이 아니다. 즉 부적법한 신고를 행정청이 수리한 경우 수리가 무효가 아닌 한 신고의 효과가 발생한다.

다만, 신고가 무효이면 신고수리행위도 당연 무효이다.

[판례] ① (1) 노인장기요양보호법상 장기요양기관의 폐업신고와 노인의료복지시설의 폐지신고는 '수리를 필요로 하는 신고'에 해당한다. (2) 행정청이 그 신고를 수리하였다고 하더라도, 신고서 위조 등의 사유가 있어 신고행위 자체가 효력이 없다면 그 신고행위는 유효한 대상이 없는 것으로서, 수리행위 자체에 중대·명백한 하자가 있는지를 따질 것도 없이 당연히 무효이다(대판 2018. 06. 12, 2018두33593).

② 사업양도·양수에 따른 허가관청의 지위승계신고의 수리는 적법한 사업의 양도·양수가 있었음을 전제로 하는 것이므로 그 **수리대상인 사업양도·양수가 존재하지 아니하거나 무효인 때**에는 수리를 하였다 하더라도 **그 수리는 유효한 대상이 없는 것으로서 당연히 무효라 할 것**이고, 사업의 양도행위가 무효라고 주장하는 양도자는 민사쟁송으로 양도·양수행위의 무효를 구함이 없이 막바로 허가관청을 상대로 하여 행정소송으로 위 신고수리처분의 무효확인을 구할 법률상 이익이 있다(대판 2005. 12. 23, 2005두3554).

③ 구 유통산업발전법에 따른 대규모점포의 개설 등록 및 구 재래시장 및 상점가 육성을 위한 특별법(이하 '구 재래시장법'이라고 한다)에 따른 시장관리자 지정은 행정청이 그 실체적 요건에 관한 심사를 한 후 수리하여야 하는 이른바 **'수리를 요하는 신고'**로서 행정처분에 해당한다(대법원 2015. 11. 19. 선고 2015두295 전원합의체 판결, 대법원 2018. 07. 12. 선고 2017다291517, 291524 판결 등 참조). 그러므로 이러한 행정처분에 당연무효에 이를 정도의 중대하고도 명백한 하자가 존재하거나 그 처분이 적법한 절차에 의하여 취소되지 않는 한 구 유통산업발전법에 따른 대규모점포개설자의 지위 및 구 재래시장법에 따른 시장관리자의 지위는 **공정력을 가진 행정처분에 의하여 유효하게** 유지된다고 봄이 타당하다(대판 2019. 09. 10, 2019다208953).

④ 노동조합의 설립신고가 행정관청에 의하여 형식상 수리되었으나 헌법 제33조 제1항 및 노동조합 및 노동관계조정법 제2조 제4호가 규정한 실질적 요건을 갖추지 못한 경우, 설립이 무효로서 노동조합으로서의 지위를 가지지 않는다고 보아야 한다(대판 2025. 07. 03, 2023다251718).

신고납부행위는 그 위법이 중대하고 명백하지 않으면 무효가 아니고, 중대하고 명백한 하자이면 당연무효가 된다(대판 2001. 08. 24, 2001다13075).

[판례] ① 취득세와 등록세의 신고·납부에 있어서, '무상취득'에 의한 세액만을 신고·납부하면 되는데도 이를 초과하여 '유상취득'임을 전제로 하여 계산된 세액을 신고·납부한 경우, 그 초과 부분에 해당하는 신고·납부행위에는 조세채무의 확정력을 인정하기 어려운 중대하고 명백한 하자가 있어 당연무효에 해당한다(대판 2006. 01. 13, 2004다64340).
② 운수회사의 지입차주에 대한 산재보험료의 신고·납부행위는 그 하자가 중대하기는 하지만 객관적으로 명백하지는 않아 당연 무효가 아니라고 한 사례(대판 2001. 08. 24, 2001다13075).

6) 신고의무의 주체와 신고의무 위반의 효과

법령상 신고의무의 주체인 '영업을 하고자 하는 자'는 영업으로 인한 권리의무의 귀속주체가 되는 영업자를 말한다.

[판례] [공중위생관리법상 네일미용업 신고의 주체가 문제된 사건] **영업신고를 하지 않고 네일미용업을 한 위반행위의 주체가 누구인지 여부**: (1) '영업을 하는 자'라 함은 영업으로 인한 권리의무의 귀속주체가 되는 자를 의미한다. (2) 직접 네일미용시술을 한 개별 행위자들이 근로기준법상 근로자 지위가 인정되지 않는다고 할지라도 행정적으로 관할 관청에 대하여 영업신고의무를 부담할 '영업자'로 취급되어야 하는 것은 아니다. (3) 신고의무 위반행위의 주체를 각 점포에서 직접 네일미용시술을 한 사람들이 아닌, 이 사건 회사의 대표이사로 본 사례(대판 2021. 12. 10, 2021도8993).

신고사항을 신고하지 아니하거나 신고하였더라도 신고요건을 충족하지 않은 부적법한 신고의 경우에는 신고의무를 이행하지 않은 것이 된다.

신고의무가 있음에도 신고 없이(또는 적법한 신고없이) 신고의 대상이 되는 행위를 하면 행정형벌 또는 과태료의 부과대상이 된다.

[판례] 구 가축분뇨의 관리 및 이용에 관한 법률 제50조 제8호에서 정한 '제11조 제3항의 규정에 따른 신고를 하지 아니한 자'에는 배출시설 설치 당시 신고대상이 아니었으나 그 후 법령 개정에 따라 신고대상에 해당하게 된 배출시설을 운영하면서 업무상 과실로 가축분뇨를 공공수역에 유입시킨 자는 포함되지 않는다(대판 2016. 06. 23, 2014도7170).

사실파악형신고의 경우 신고 없이(또는 적법한 신고 없이) 행위를 하여도 원칙상 신고의 대상이 되는 행위 자체가 위법한 것은 아니고 통상 과태료의 부과대상이 되지만, 신고유보부금지와 수리를 요하는 신고의 경우에는 신고없이 행위를 한 경우 위법한 행위가 되며 통상 행정형벌의 부과대상이 되고 시정조치 및 관허사업의 제한의 대상이 되지만, 행정형벌의 행정질서벌화의 정책에 따라 과태료를 부과하는 경우도 있다.

3. 사인의 공법행위에 대한 적용법규

사인(私人)의 공법행위에 대한 일반법은 없다. 다만, 행정절차법은 처분의 신청절차, 신고(자기완결적 신고)절차에 대한 일반적 규정을 두고 있고, 행정기본법에서는 수리를 요하는 신고에 대한 일반적 규정을 두고 있다.

사인의 공법행위에 적용할 법규정이 없는 경우에는 민법상의 법원칙, 의사표시나 법률행위에 관한 규정을 원칙상 적용할 수 있다. 다만, 사인의 공법행위와 사법행위 사이에 성질상의 차이가 있는 경우에는 그 한도 내에서 사법규정을 적용할 수 없거나 수정하여 적용하여야 한다. 즉, 사인의 공법행위는 공법적 효과의 발생을 목적으로 하는 점에서 사법행위와 다르다. 또한 행정의 일환으로 행하여지는 행위이므로 법적 안정성과 행위의 정형화가 요청된다.

(1) 의사능력과 행위능력

특별한 예외규정이 없는 한 민법의 의사능력(意思能力)에 관한 규정은 사인의 공법행위에도 적용된다. 즉, 행위 당시에 의사능력을 결여한 사인의 공법행위는 무효이다.

행위능력(行爲能力)에 관한 민법의 규정도 사인의 공법행위에 원칙상 적용된다. 다만, 민법의 행위능력 규정의 입법취지와 무관한 행정법관계에는 민법의 행위능력에 관한 규정이 적용되지 않을 수도 있다. 민법의 행위능력에 관한 규정은 행위무능력자에 대한 재산법에서의 보호를 위한 규정이다. 따라서, 운전면허나 여권 발급의 신청처럼 재산상의 행위가 아닌 신분법상의 행위는 미성년자가 단독으로 할 수 있다고 볼 수 있다. 또한, 재산상의 행위 중에도 미성년자 단독으로 할 수 있는 경우가 있다. 예를 들면, 납세신고는 재산상의 행위이지만 납세의무는 객관적으로 성립되며 상대방인 세무서장과의 사이에서는 거래의 관념이 법률상 존재하지 않기 때문에 법정대리인의 동의는 필요 없다고 볼 수 있다.[29)]

(2) 대 리

대리(代理)되는 사인의 공법행위가 사인의 인격적 개성과 밀접한 관련을 갖고 있는 경우(예, 사직원의 제출 · 철회, 투표행위)에는 그 행위는 대리에 친하지 않는 행위로서 대리가 인정되지 않는다.

사인의 인격적 개성과 밀접한 관련이 없는 경우는 대리가 가능하며 이 경우에는

---

29) 서원우 · 오세탁 공역, 『일본행정법론』, 268면.

민법상의 대리에 관한 규정이 준용된다.

(3) 행위의 형식

민법에서처럼 명문의 규정이 없는 한 사인의 공법행위는 반드시 서면에 의해 행하여야 하는 것은 아니다. 다만, 행정법관계에서는 행위의 존재 및 내용을 명확히 하여야 할 필요가 많으므로 법령상 명문으로 서면에 의해 할 것을 요구하는 경우가 많고, 명문의 규정이 없는 경우에도 실무상 서면에 의하는 경향이 있다.

(4) 효력발생시기

사인의 공법행위는 민법에서처럼 원칙상 도달주의에 따라 효력이 발생한다. 다만, 예외적으로 명문의 규정에 의해 발신주의를 취하는 경우가 있다.

(5) 의사의 흠결 및 하자 있는 의사표시

사인의 의사표시에 하자(瑕疵)가 있는 경우 사인의 공법행위의 효력은 어떻게 되는가. 원칙상 민법상의 법률행위에 관한 규정을 유추적용하여야 할 것이다. 예를 들면, 강요에 의해 의사능력이 상실된 상태에서 한 사직원의 제출은 무효이고, 강박에 의한 사직원(辭職願)의 제출은 민법 제110조 제1항에 따라 취소될 수 있다. 다만, 의원면직처분 전까지만 취소가 가능하다.

그러나, 행정법관계의 특수성에 비추어 민법의 규정을 적용하는 것이 적절하지 않은 경우도 있다. 즉, 행위의 단체적 성질 또는 정형적 성질이 강하게 요구되는 등 사인과의 거래와는 다른 특수성이 인정되는 경우에는 민법의 규정을 수정 또는 변경하여 적용하여야 한다. 예를 들면, 민법상 비진의 의사표시의 무효에 관한 규정(제107조 제1항 단서)은 그 성질상 영업재개신고나 사직(일괄사직)의 의사표시와 같은 사인의 공법행위에 적용되지 않는다(대판 1978. 07. 25, 76누276; 2001. 08. 24, 99두9971). 투표와 같은 합성행위(合成行爲)는 단체적 성질의 행위이므로 민법상 착오를 주장할 수 없다.

[판례] 여군 단기복무하사관이 **복무연장지원서와 함께 전역지원서를 동시에 제출**한 경우 전역지원의 의사는 **조건부 의사표시(비진의의사표시가 아닌)**로서 유효하다고 한 사례(대판 1994. 01. 11, 93누10057[면역처분취소]).

(6) 부 관

행정법관계의 안정성의 요구에 비추어 사인의 공법행위에는 사법행위에서와 달리 부관(附款)을 붙일 수 없다.

(7) 행위의 철회

사법관계에 있어서는 의사표시가 상대방에게 도달한 경우에는 그것을 철회(撤回)할 수 없다. 그러나, 행정법관계에서는 사인의 공법행위에 근거하여 행정행위가 행하여지기 전에는 아직 법률관계에 변동이 일어난 것이 아니므로 사인의 공법행위는 상대방에 도달되었다고 하더라도 명문으로 금지되거나 성질상 불가능한 경우가 아닌 한 그에 따른 행정행위가 행하여질 때까지 자유로이 철회하거나 보정할 수 있다(대판 2014. 07. 10, 2013두7025).

[판례] ① 사인의 공법상 행위는 명문으로 금지되거나 성질상 불가능한 경우가 아닌 한 그에 따른 행정행위가 행하여질 때까지 자유로이 철회하거나 보정할 수 있으므로 도시계획시설사업의 사업시행자 지정 처분이 행하여질 때까지 토지 소유자는 새로이 동의를 하거나 동의를 철회할 수 있다고 보아야 한다(대판 2014. 07. 10, 2013두7025[도시계획시설사업시행자지정및실시계획인가취소처분취소]). ② 공무원에 의해 제출된 사직원은 그에 터잡은 의원면직처분이 있을 때까지는 철회될 수 있고, 일단 면직처분이 있고 난 이후에는 철회나 취소할 여지가 없다(대판 2001. 08. 24, 99두9971).

(8) 행위시법 적용의 원칙

특별한 규정이 없는 한 사인의 공법행위는 행위시의 법령에 따른다.

[판례] (1) 신고사항이 아니었다가 2003년 시행령 개정으로 변경신고 사항이 된 경우, 2016년에 변경행위를 한 후 변경신고를 하지 않은 채 영업을 계속하면 처벌대상이 된다. (2) 영업장의 면적을 변경하는 행위를 하였음에도 그 당시 법령인 식품위생법 제37조 제4항, 식품위생법 시행령 제26조 제4호에 따라 영업장 면적 변경신고를 하지 않은 채 영업을 계속한다면 처벌대상이 된다고 보아야 하고, 이는 영업장 면적을 변경신고 사항으로 명시한 구 식품위생법 시행령(2003. 4. 22. 대통령령 제17971호로 개정된 것)이 시행되기 이전에 일반음식점 영업신고가 된 경우에도 마찬가지이다(대판 2022. 08. 25, 2020도12944).

4. 사인의 공법행위의 효과

사인의 공법행위 중 자기완결적 공법행위는 사인의 공법행위로 효력이 발생하고 행정청의 별도의 조치가 필요 없다. 그런데, 신청 등 일정한 행위요건적 공법행위에 대하여는 행정청에게 처리의무(응답의무 또는 신청에 따른 처분의무)가 부과된다.

5. 사인의 공법행위의 하자의 효과

(1) 사인의 공법행위의 하자의 효력

사인의 공법행위의 하자의 효력도 원칙상 행정행위의 하자의 효력과 동일하게 중대명백설에 따른다고 보는 것이 타당하다. 다만, 다음의 경우에는 특별한 고찰을 요한다.

1) 의사표시의 하자의 효력

사인의 공법행위가 의사표시인 경우 원칙상 민법의 법률행위에 관한 규정이 유추적용된다. 그러나, 전술한 바와 같이 사인의 공법행위의 성질상 민법상 의사표시의 하자에 관한 규정을 유추적용할 수 없는 경우에는 그러하지 아니하다.

2) 신고의 하자의 효력

자기완결적 신고가 부적법한 경우에는 신고의 효력이 발생하지 않는다. 수리를 요하는 신고의 경우에는 중대명백설에 의하는 것이 타당하다.

납세신고의 경우 원칙상 중대명백설에 의하지만, 예외적으로 명백성보충요건설을 취한 판례도 있다.

[판례] 취득세 신고행위는 납세의무자와 과세관청 사이에 이루어지는 것으로서 취득세 신고행위의 존재를 신뢰하는 제3자의 보호가 특별히 문제되지 않아 그 신고행위를 당연무효로 보더라도 법적 안정성이 크게 저해되지 않는 반면, 과세요건 등에 관한 중대한 하자가 있고 그 법적 구제수단이 국세에 비하여 상대적으로 미비함에도 위법한 결과를 시정하지 않고 납세의무자에게 그 신고행위로 인한 불이익을 감수시키는 것이 과세행정의 안정과 그 원활한 운영의 요청을 참작하더라도 납세의무자의 권익구제 등의 측면에서 현저하게 부당하다고 볼 만한 특별한 사정이 있는 때에는 예외적으로 이와 같은 하자 있는 신고행위가 당연무효라고 함이 타당하다(대판 2009. 02. 12, 2008두11716[취득세부과처분무효확인]).

(2) 사인의 행위요건적 공법행위의 하자의 행정행위에 대한 효력

사인의 공법행위의 흠은 그에 따라 행해진 행정행위의 효력에 어떠한 영향을 미치는가.

① 사인의 공법행위가 행정행위를 행하기 위한 단순한 동기인 경우에는 공법행위의 흠결은 행정행위의 효력에 아무런 영향을 미치지 않는다는 것이 일반적 견해이다.

② 사인의 공법행위가 행정행위의 전제요건인 경우(신청, 동의 등)에는 세 견해가 대립한다.

i) 제1설: 사인의 공법행위가 무효인 경우에 행정행위는 전제요건을 결하게 되어 무효라고 보고, 사인의 공법행위에 단순한 위법사유가 있는 때에는 행정행위는 원칙적으로 유효하다고 보는 것이 다수설의 견해이다.[30)]

ii) 제2설: 사인의 공법행위(신청·동의 등)에 흠이 있는 때에는 그에 의한 행정행위는 원칙상 취소할 수 있는 행정행위라고 보아야 한다는 견해로서 그 논거는 다음과 같다: ① 만일 사인의 공법행위가 행정행위의 효력을 좌우하는 것이 된다면 사인

---

30) 김동희, 전게서, 122면; 류지태, 『행정법신론』, 100면.

이 행정행위를 형성(gestalten)하는 것이 되어 행정청의 일방적 행위로서의 행정행위의 속성과 합치되지 않는다. ② 오늘날과 같이 행정쟁송제도가 잘 정비되어 있는 때에 있어서는 취소의 원칙이 사인의 권리구제에 큰 지장을 주지 않으며 법적 안정성에도 도움을 준다. 다만, 행정행위의 효력발생요건인 상대방의 동의나 신청을 요하는 행정행위에서 동의나 신청이 명백히 결여한 경우 등에는 행정행위는 무효이다.[31)]

iii) 제3설: 신청이나 동의를 요하는 행정행위에서 신청이나 동의가 없거나 신청이나 동의가 무효인 행정행위는 전제요건을 결하는 행정행위이므로 원칙상 무효이다. 사인의 공법행위가 취소할 수 있는 행위인 경우에는 사인은 행정행위가 행해지기 전에는 언제든지 사인의 공법행위를 취소 또는 철회할 수 있고, 행정행위가 행해진 후에는 사인의 공법행위를 취소 또는 철회할 수 없고, 행정행위의 취소를 청구하여야 한다.

iv) 판례: 판례의 입장은 명백하지는 않지만, 제3설을 취하고 있는 것으로 보인다.

[판례] ① 공무원이 한 사직 의사표시의 철회나 취소는 그에 터잡은 의원면직처분이 있을 때까지 할 수 있는 것이고, 일단 면직처분이 있고 난 이후에는 철회나 취소할 여지가 없다(대판 2001. 08. 24, 99두9971[면직무효확인등]).

② **사직서의 제출이 감사기관이나 상급관청 등의 강박에 의한 경우**에는 그 정도가 의사결정의 자유를 박탈할 정도에 이른 것이라면 그 의사표시가 무효로 될 것이고 그렇지 않고 의사결정의 자유를 제한하는 정도에 그친 경우라면 그 성질에 반하지 아니하는 한 의사표시에 관한 민법 제110조의 규정을 준용하여 그 효력을 따져보아야 할 것이나, **감사담당 직원이 당해 공무원에 대한 비리를 조사하는 과정에서 사직하지 아니하면 징계파면이 될 것이고 또한 그렇게 되면 퇴직금 지급상의 불이익을 당하게 될 것이라는 등의 강경한 태도를 취하였다고 할지라도 그 취지가 단지 비리에 따른 객관적 상황을 고지하면서 사직을 권고 · 종용한 것에 지나지 않고 위 공무원이 그 비리로 인하여 징계파면이 될 경우 퇴직금 지급상의 불이익을 당하게 될 것 등 여러 사정을 고려하여 사직서를 제출한 경우**라면 그 의사결정이 의원면직처분의 효력에 영향을 미칠 하자가 있었다고는 볼 수 없다(대판 1997. 12. 12, 97누13962[의원면직처분취소]).

③ 조사기관에 소환당하여 구타당하리라는 공포심에서 조사관의 요구를 거절치 못하고 작성교부한 사직서이라면 이를 본인의 진정한 의사에 의하여 작성한 것이라 할 수 없으므로 그 사직원에 따른 면직처분은 위법이다(대판 1968. 03. 19, 67누164[면직처분취소]).

v) 결어: 다음과 같은 이유에서 제3설이 타당하다. 사인의 공법행위의 하자로 인한 행정행위의 효력은 행정행위의 하자에 관한 일반이론에서와 같이 사인의 권리보호와 행정법관계의 안정의 보장이라는 두 요청을 조화하는 해결을 도모하여야 한다.

31) 김남진, 전게서, 148면.

제 5 절 행정법관계의 특질

행정법관계에 대하여는 사법관계에서와는 다른 여러 특질이 인정되고 있다. 그 주된 이유는 공익목적을 달성하기 위하여 행정주체에게 일정한 우월적인 지위가 부여되어야 한다는 데 있다.

행정주체는 사인과 같은 지위에서 활동하는 경우를 제외하면 공행정을 수행함에 있어서 공권력주체로서 상대방인 국민에 대하여 우월한 지위에 서게 된다.

이러한 행정법관계의 일반적 특질 이외에 행정법관계에서는 행정주체에게 여러 구체적인 특권이 인정되고 있다. 행정주체에게 일방적으로 법질서에 변경을 가져올 수 있는 우월적 지위가 인정된다. 그리고 권력적 행위인 행정행위에 공정력, 존속력(확정력) 및 강제력이라는 우월한 효력이 인정되고 있다. 이러한 행정권의 특권은 권력관계에 대하여 인정되는 것이다.

이 밖에도 행정법관계에 있어서의 권리 또는 의무에 사법상의 그것과는 다른 특수성이 인정되고 있고, 권리구제수단의 특수성이 인정되고 있는데 이들 특수성은 권력관계뿐만 아니라 비권력관계에도 인정된다.

공권력주체로서의 행정주체에게는 특권만이 부여되는 것은 아니다. 공권력주체로서의 행정주체에게는 특별한 부담이 가하여진다. 법에 의한 엄격한 기속과 엄격한 국가배상책임이 인정되고 있다.

Ⅰ. 행정주체의 특권

1. 행정주체의 우월성

전통적으로 행정주체는 공행정을 수행함에 있어서 상대방인 국민에 대하여 우월한 공권력주체로서의 지위를 갖는다고 본다.

그러나, 오늘날 공권력 주체의 우월성에 관한 재검토가 필요하다. 행정주체의 우월성은 태생적인 것은 아니며 공익을 위해 필요하기 때문에 인정되는 것이다. 따라서, 행정주체의 우월성은 공익을 위해 필요한 최소한도에 그쳐야 한다.

나아가 행정주체의 우월성과 행정법의 공익우선성을 행정법의 특질로 강조하는 것이 문제가 있는 것은 아닌지 재검토를 요한다. 행정주체의 우월성은 당연히 인정되는 것은 아니고, 공익상 필요한 경우에 한하여 인정되는 것이다. 그리고 더 이상 공익은 당연히 사익에 우월한 것은 아니며 공익과 사익의 조절을 이익형량의 문제로 보아야 한다. 나아가 공익상 필요에 의해 실정법령에 의해 인정된 행정권의 특권에 대해 적절한 통제가 이루어져야 하고, 권익구제제도가 완비되어야 한다.

2. 일방적 조치권

일방적 조치권은 법률유보의 원칙에 비추어 원칙상 법률의 근거가 있어야 하는데, 법률상 행정주체에게 '행정결정'에 의해 일방적으로 법질서에 변경을 가할 수 있는 권한이 주어지는 경우가 있다. 즉 행정결정에 의해 사인에게 권리가 창설되기도 하고 의무가 부과되기도 한다. 또한 공익상 필요한 경우에 행정주체는 행정행위의 철회에 의해 이미 발생된 권리를 상실시키거나 의무를 소멸시킬 수 있다.

또한 행정주체는 일방적으로 국민의 자유와 재산에 물리력을 행사할 수 있는 권한이 부여된다. 감염병환자를 물리력에 의해 강제격리하거나 화재진압에 장애가 되는 물건을 일방적으로 파괴하는 것을 그 예로 들 수 있다.

공법상 계약의 경우에 행정주체에게는 공익상 필요한 경우에 계약을 철회하거나 계약내용을 일방적으로 변경할 수 있는 권한이 부여되기도 한다.

3. 행정행위의 공정력과 구성요건적 효력

공정력(公定力)이론은 일본 행정법의 공징력이론을 도입한 것이다. 일본의 공정력 개념은 독일 학설의 영향을 받아 형성된 것이다.

프랑스에도 공정력에 대응하는 개념으로 예선적 특권(豫先的 特權)(privilège du préalable)[32] 또는 기결력(旣決力)(autorité de chose décidée)[33]이라는 개념을 사용하고

---

32) 예선적 특권이란 행정결정에 대하여 행정에게 부여된 특권을 말하는데 집행력 있는 행정결정(décision exécutoire)은 사법행위에서와 달리 법원에 의한 확인이 있기 전에는(préalablement) 적법성의 추정을 받으며 상대방에 대하여 구속력을 갖는다는 원칙을 말한다. 상대방이 행정의 주장에 대하여 이의를 제기하기 위하여는 법원이나 행정심판기관에 소송을 제기하여야 하고 법원이나 행정심판기관의 결정이 있기 전에는 행정행위는 구속력을 갖는다는 것이다. 이러한 예선적 특권은 다음과 같은 효력을 포함한다. ① 행정행위가 행해지면 즉시 효력을 가지며 상대방의 동의 없이 상대방에게 권리를 부여하거나 의무를 창설한다. ② 행정행위의 적법성의 추정과 효력을 배제하기 위하여는 권한 있는 법원에 소송을 제기하여야 한다. ③ 행정행위에 대한 소송은 명문의 특별한 규정이 있거나 법원에 의한 집행정지의 결정이 없는 한 정지효를 갖지 않는다. 국민이 행정행위의 위법성을 입증할 책임을 진다. 다만, 행정법원의 심리권에 의해 사인의 입증책임은 완화될 수 있다. ③ 결론적으로 말하면 프랑스법상의 예선적 특권은 행정주체와 국민 사이에서 행정주체에게 인정되는 효력으로서 법원의 판결이 있기 전에도 행정행위는 적법한 것으로 추정되고 행정행위가 상대방인 국민에 대하여 구속력을 갖고 적용된다는 것을 핵심적 내용으로 한다. 여기에서 예선적 특권이라는 용어가 나왔다.

33) 일반적으로 예선적 특권이라는 표현이 사용되지만 Vedel 교수는 기판력(L'autorité de chose jugée)에 대응하여 기결력이라는 표현을 사용한다(DROIT ADMINISTRATIF, 1984, p. 281 et s.). Vedel 교수는 기결력을 기판력과 사인의 단독행위의 효력과 비교하여 설명하면서 기결력은 기판력보다는

있다.

비교법적 관점 및 학설사적 관점에서 볼 때 종래의 공정력에 대한 재검토의 필요성이 제기된다.

① 공정력에 대한 재검토에서 우선 문제가 되는 것은 공정력과 구성요건적 효력의 구별문제이다. 이 문제는 우리나라에서도 최근에 논의의 대상이 되고 있다.

② 다음으로 민사사건과 형사사건에서의 선결문제와 공정력(또는 구성요건적 효력)의 관계의 문제이다. 현재의 학설은 민사사건과 형사사건에서의 선결문제를 공정력(또는 구성요건적 효력)으로 설명을 하고 있는데 과연 이것이 타당한가 하는 문제이다. 민사사건과 형사사건에서의 선결문제는 재판관할권의 문제로 보는 것이 타당하다.

③ 공정력은 행정권의 의사에 우월한 힘을 부여하는 이론으로서 종래에 공정력 이론에 의해 필요 이상의 특권이 행정에 부여되어 왔다. 그 동안 공정력에 근거한 행정권에 부여된 과도한 특권이 적법성의 추정력의 배제 등에서처럼 제거되어 왔지만 아직도 필요 이상의 특권이 부여되고 있지는 않는지 재검토하여야 할 것이다. 이를 위하여 공정력의 근거를 재검토할 필요가 있다.

④ 공정력과 집행력, 집행부정지의 원칙, 불가쟁력, 행정조직상의 권한분배의 원칙, 행정권과 사법권의 분립, 재판관할의 배분 등 관련 이론 및 제도와의 관계를 명확히 할 필요가 있다.

행정행위(처분)의 공정력을 인정하면 행정소송법상 집행부정지원칙을 채택하여야 한다는 견해가 있을 수 있다. 그러나, 공정력은 행정작용법 및 행정실체법상 효력으로서 소송법상 효력인 집행정지효와는 다른 효력이고, 독일에서와 같이 권리구제의 실효성을 위해 집행정지원칙을 채택하더라도 행정의 실효성을 위해 상당한 정도로 집행부정지를 인정할 수밖에 없고, 효력정지가 아니라 절차의 속행이나 처분의 집행의 정지만 되는 경우도 있으므로(행정소송법 제23조 제2항 단서) 집행정지원칙을 채택하는 것이 공정력과 배치되지 않고, 공정력을 인정하면 반드시 집행부정지원칙을 채택하여야 하는 것은 아니다. 집행정지원칙이나 집행부정지원칙은 입법정책의 문제이고, 집행정지와 집행부정지는 집행정지를 통한 권리구제의 실효성 보장과 계쟁처분의 집행을 통한 행정목적의 달성(계쟁처분의 실효성 보장)을 조화시키는 정도로 인정하는 것이 타당하다.

(1) 공정력과 구성요건적 효력의 구별

전통적 견해에 의하면 공정력이라 함은 일단 행정행위가 행하여지면 비록 행정

약하고 사인의 단독행위보다는 강한 효력이라고 결론짓고 있다.

행위에 하자(또는 흠)가 있다 하더라도(위법 또는 부당하더라도) 그 흠이 중대하고 명백하여 무효로 되는 경우를 제외하고는 권한 있는 기관(취소권 있는 행정기관 또는 수소법원)에 의해 취소되기 전까지는 상대방 및 이해관계인뿐만 아니라 다른 행정청 및 법원에 대하여 일단 유효한 것으로 통용되는 힘을 말한다고 정의하고 있다. 즉, 전통적 견해는 공정력을 행정행위의 상대방 및 이해관계인뿐만 아니라 타 국가기관에도 미치는 효력이라고 보고 있다.

그런데, 최근의 유력한 견해는 공정력과 구성요건적 효력(構成要件的 效力)을 구분한다.

공정력과 구성요건적 효력을 구별하는 견해는 효력의 상대방의 차이에 따라 공정력과 구성요건적 효력을 구분하고 있다. 즉, 공정력은 행정행위의 상대방 또는 이해관계인에 대한 구속력이고, 구성요건적 효력은 제3의 국가기관에 대한 구속력(예, 교육공무원임용시 법무부 장관의 귀화허가의 교육부 장관에 대한 구속력)이라고 보고 있다.

이와 같이 공정력과 구성요건적 효력을 구분하는 논거는 공정력과 구성요건적 효력은 아래 대비표에서와 같이 그 효력의 내용과 범위 및 이론적·법적 근거를 달리한다는 점에서 찾고 있다.

	공정력	구성요건적 효력
내용	행정행위가 무효가 아닌 한 상대방 또는 이해관계인은 행정행위가 권한 있는 기관(처분청, 행정심판위원회 또는 수소법원)에 의해 취소되기까지는 그의 효력을 부인할 수 없는 힘	무효가 아닌 행정행위가 존재하는 이상 비록 흠(하자)이 있는 행정행위일지라도, 모든 국가기관(지방자치단체기관을 포함한 행정기관 및 법원 등)은 그의 존재, 유효성 및 내용을 존중하며, 스스로의 판단의 기초 내지는 구성요건으로 삼아야 하는 구속력
범위	상대방 또는 이해관계인에 대한 구속력	모든 국가기관(지방자치단체기관을 포함한 행정기관 및 법원 등)에 대한 구속력
이론적 근거	행정의 안정성과 실효성 확보	권한과 직무 또는 관할을 달리하는 국가기관은 상호 타 기관의 권한을 존중하며 침해해서는 안 된다(국가기관 상호간의 권한존중의 원칙)
실정법상의 근거	행정소송법상의 취소소송에 관한 규정, 직권취소에 관한 규정, 처분의 쟁송기간을 제한하는 규정, 처분의 집행정지제도	행정권과 사법권의 분립규정, 행정기관 상호간의 사무분장규정

이에 반하여 전통적 견해는 공정력과 구성요건적 효력의 구별을 반대하고 있는데, 그 견해의 논거 및 그에 대한 비판은 다음과 같다.

① 구성요건적 효력의 근거 및 내용은 그 상대방에 따라 그 모습이 다를 뿐이며 실질적으로는 공정력의 근거 및 내용과 다르지 않다.[34)]

이에 대하여 구별긍정설은 공정력과 구성요건적 효력은 그 근거 및 효력내용에 차이가 있다고 본다. 그 근거의 상이함은 위의 표에서 보는 바와 같다. 그리고 효력내용의 차이를 보면 공정력은 행정행위의 위법 여부에 관하여 행정기관과 국민 사이에 다툼이 있을 때 분쟁해결기관인 법원의 판결이 있기 전까지 행정기관의 의사에 우월성을 인정하여 행정행위를 잠정적으로 통용시키는 힘으로서 절차적 효력인 반면에, 구성요건적 효력은 행정행위의 존재 및 내용이 타 국가기관을 구속하는 효력으로서 실체적 구속력이다.[35)]

② 구별부정설은 구성요건적 효력도 공정력과 마찬가지로 흠 있는 행정행위라도 일응 구속력이 있는 것으로 통용되는 힘을 갖는다는 것을 의미하는 것이므로 공정력과 구성요건적 효력을 구별할 실익이 없다고 본다. 즉, 공정력과 구성요건적 효력은 구속력의 상대방만이 다르다는 것이다.

그러나 구별긍정설은 구별부정설이 공정력과 구성요건적 효력의 결과의 유사함만을 보고 그 실질이 다르다는 점을 간과하고 있다고 비판한다. 비록 결과가 유사하더라도 실질이 다른 것은 학문상 구별하는 것이 타당하다.

따라서 구별긍정설이 타당하다.

(2) 공정력(행정행위의 잠정적 통용력)

1) 개　　념

공정력(公定力)이라 함은 일단 행정행위가 행하여지면 비록 행정행위에 하자(또는 흠)가 있다 하더라도(위법 또는 부당하더라도) 그 흠이 중대하고 명백하여 무효로 되는 경우를 제외하고는 권한 있는 기관(취소권 있는 행정기관 또는 수소법원)에 의해 취소되기 전까지는 상대방 및 이해관계인에 대하여 일단 유효(有效)한 것으로 통용되는 힘을 말한다. 따라서, 위법한 금전부과처분에 근거하여 금전을 납부한 경우 행정처분이 취소되거나 당연무효가 아닌 이상 공정력이 인정되므로 그 위법한 금전부과처분은 효력이 있고, 납부한 금전은 법률상 원인 없는 이득(부당이득)이라고 할 수 없다.

[판례] (1) 요양기관의 요양급여비용 수령의 법률상 원인에 해당하는 **요양급여비용 지급결정이 취소되지 않았다면, 요양급여비용 지급결정이 당연무효라는 등의 특별한 사정이 없는** 한 그 결정에

34) 박윤흔, 전게서, 125면 이하.

35) 홍정선, "행정행위의 구성요건적 효력,"『양승두 교수 화갑기념논문집』, 495면.

따라 지급된 요양급여비용이 법률상 원인 없는 이득이라고 할 수 없고, 공단의 요양기관에 대한 **요양급여비용 상당 부당이득반환청구권도 성립하지 않는다. (2) 의사소견서 발급비용청구권 역시 요양급여비용청구권과 마찬가지로 공단의 지급결정에 의하여 구체적인 권리가 발생한다고 보아야 한다.** 따라서 앞서 본 요양급여비용과 관련한 법리는 공단이 부당이득을 원인으로 의사소견서 발급비용의 반환을 구하는 경우에도 그대로 적용된다(대판 2023. 10. 12, 2022다276697).

과거에 공정력을 적법성을 추정하는 효력으로 이해하였지만 오늘날에는 공정력은 행정행위의 적법성을 추정하는 효력은 아니며 행정행위가 위법인가 아닌가를 묻지 않고 권한 있는 기관에 의해 취소되기 전까지 잠정적으로 통용되도록 하는 힘에 불과하다고 보고 있다. 이러한 의미에서 공정력은 실체법상의 효력이 아니라 절차법상의 효력이라고 할 수 있다.

공정력이라는 개념은 권위주의적인 개념이므로 다른 개념으로 대체하는 것이 타당하다. 저자는 '행정행위의 잠정적 통용력(暫定的 通用力)'으로 대체할 것을 제안한다.

2) 근 거

가. 이론적 근거 공정력은 왜 인정되어야 하는가. 이에 대하여 오늘날에는 행정정책설(또는 법적 안정성설)이 통설로 되어 있다. 즉, 공정력은 행정의 원활한 수행, 행정법관계의 안정성(행정의 안정성과 행정행위의 상대방이나 제3자의 신뢰보호)을 보장하기 위하여 필요하다.

과거에 독일에서 자기확인설과 국가권위설이 주장되었지만 현재 우리나라에서 이러한 견해를 지지하는 학자는 없다.

나. 실정법적 근거 행정기본법 제15조는 공정력을 명확하게 규정하고 있다. 즉, 처분은 권한이 있는 기관이 취소 또는 철회하거나 기간의 경과 등으로 소멸되기 전까지는 유효한 것으로 통용된다. 다만, 무효인 처분은 처음부터 그 효력이 발생하지 아니한다(행정기본법 제15조).

3) 공정력의 한계

가. 행정행위 이외의 행정작용 공정력은 행정행위 등 처분에 대해 인정되는 효력이다. 즉, 전통적 견해에 의하면 공정력은 강학상 행정행위에 대해 인정되는 효력이지만, 행정쟁송법 및 판례가 쟁송법적 처분 개념을 취하는 현재 공정력은 행정쟁송법상 처분에 대해 발생한다고 보는 것이 타당하다. 행정기본법 제15조도 행정쟁송법상 처분에 대해 공정력이 인정되는 것으로 규정하고 있다. 이론상 사실행위의 경우에는 직접 법적 효과를 발생시키지 않으므로 법적 행위인 행정행위에 한하여 공정력을 인정하는 것이 논리적이라는 것이 전통적 견해이지만, 권력적 사실행위의 경우에도 국민의 권익에 강제력이라는 효력을 미치고 이를 전제로 후속적인 공권력 조

치가 행해지는 경우가 있으므로 그 강제력(사실행위)의 유효와 무효 여부를 논할 필요가 있다.

나. 무효 또는 부존재인 행정행위 행정행위가 무효 또는 부존재인 경우에는 공정력이 인정되지 않는다는 것이 일반적 견해이다.

그러나 행정행위의 무효가 판결에 의해 확정되기 전에는 어떠한 행정행위의 하자가 무효사유인지 취소사유에 불과한지 알 수 없으므로 공정력은 무효인 행정행위에도 미친다는 견해도 있다.

4) 공정력과 입증책임

공정력은 취소소송에서의 입증책임의 분배에 직접 영향을 미치는가?

공정력을 행정행위의 적법성을 추정하는 효력이라고 보는 종래의 견해에 의하면 행정행위의 위법성을 입증할 책임이 행정행위의 취소를 청구하는 국민에게 있다고 본다.

그러나 오늘날에는 공정력은 행위의 적법성을 추정시키는 효력이 아니라 행정행위의 위법 또는 적법 여부와 관계 없이 취소될 때까지 행위를 잠정적으로 통용시키는 힘에 불과하다고 보므로 공정력은 입증책임의 분배와는 관련이 없다고 보는 것이 일반적인 견해이다. 통설에 의하면 항고소송에서도 민사소송에서의 입증책임분배의 원칙인 법률요건분류설이 적용된다.

5) 공정력과 선결문제

공정력과 선결문제(先決問題)의 관계의 문제는 민사법원 또는 형사법원이 선결문제로서 행정행위의 위법 또는 유효 여부를 판단하거나 행정행위의 효력을 부인할 수 있는가 하는 문제, 달리 말하면 민사법원이나 형사법원이 선결문제로서 행정행위의 위법 여부 또는 유효 여부를 확인하거나 효력을 부인하는 것이 공정력에 배치되는가 하는 문제이다. 선결문제란 소송에서 본안판단을 함에 있어서 그 해결이 필수적으로 전제가 되는 법문제를 말한다.

공정력과 선결문제의 관계의 문제는 종래의 통설에 의해 공정력의 대상이 행정행위의 상대방뿐만 아니라 국가기관도 된다고 보는 경우에 제기된다. 따라서 공정력과 구성요건적 효력을 구분하는 견해에 의하면 민사법원과 형사법원에서의 선결문제는 구성요건적 효력과 관련이 있으므로 구성요건적 효력과 관련하여 논하기로 한다.

(3) 구성요건적 효력

1) 개 념

구성요건적 효력(構成要件的 效力)이란 행정행위가 존재하는 이상 비록 흠(하자)이 있는 행정행위일지라도 무효가 아닌 한 제3의 행정기관은 법률에 특별한 규정이 없는 한 그 행정행위의 존재 및 내용을 존중하며, 스스로의 판단의 기초 내지는 구성요건으로 삼아야 하는 구속력을 말한다. 예를 들면, 법무부장관이 甲에게 귀화허가를 해 준 경우 동 귀하허가는 무효가 아닌 한 모든 국가기관을 구속하므로 각부장관은 甲을 국민으로 보고 처분등을 하여야 한다.

앞에서 본 바와 같이 공정력과 구성요건적 효력은 그 효력의 내용과 범위 및 이론적 법적 근거를 달리하고 있다.

2) 근 거

구성요건적 효력을 직접 인정하는 법규정은 없다. 그러나 국가기관 상호간의 권한분배에서 그 근거를 찾을 수 있다. 즉, 법상 국가기관 사이에 권한이 상호 배분되어 있는데 그것은 권력분립의 원칙이나 국가작용의 효율적인 수행에 그 근거를 두고 있다. 그러나 국가는 법인체로서 통일된 의사를 가져야 하므로 국가기관은 특별한 규정이 없는 한 상호간에 타 기관의 권한 및 그 권한의 행사를 존중하여야 한다. 다만, 법률에 의해 권한이 부여된 경우에는 그 한도 내에서 구성요건적 효력이 배제된다.

3) 구성요건적 효력의 범위와 한계

일반적 견해는 행정행위가 무효인 경우에는 구성요건적 효력이 미치지 않는다고 보고 있다.

구성요건적 효력은 법원에 대하여도 미치지만 구성요건적 효력이 법원에 미치는 범위는 법률에 의해 법원의 관할이 어떻게 규정되어 있는가에 따라 정해진다. 달리 말하면 법원에 대한 관계에서 구성요건적 효력은 법원의 재판관할권의 문제와 밀접한 관계를 갖는다. 행정소송법에 행정소송사건의 심리·판단권이 명문으로 규정되어 있으므로 구성요건적 효력은 취소소송의 수소법원에는 미치지 않는다. 문제는 구성요건적 효력이 민사소송이나 형사소송을 담당하는 법원에 미치는가 미친다면 어느 범위에서 미치는가 하는 것이다.

4) 구성요건적 효력과 선결문제

구성요건적 효력이 민사소송이나 형사소송에서의 선결문제에 미치는가 하는 문제가 제기된다. 보다 구체적으로 말하면 행정행위의 위법 여부, 효력 유무 또는 효력 부인이 민사소송이나 형사소송에서 선결문제로 되는 경우에 구성요건적 효력 때문에 민사소송이나 형사소송의 수소법원이 당해 선결문제를 심리·판단할 수 없게 되는가 하는 문제이다.

이 문제의 해결은 우선 구성요건적 효력의 내용과 범위를 어떻게 이해할 것인가와 다음으로 민사소송과 형사소송의 특성이 이 문제에 어떻게 고려될 수 있는가에 따라 달라진다.

이하에서는 민사소송에서의 선결문제와 형사소송에서의 선결문제를 구별하여 구성요건적 효력의 문제를 논하기로 한다.

가. 민사소송에서의 선결문제와 구성요건적 효력 구성요건적 효력은 행정행위의 적법성이 아니라 효력에 미치므로 행정행위의 효력을 부인하는 것이 선결문제인 경우와 행정행위의 위법성을 확인하는 것이 선결문제인 경우를 구분하여야 한다.

민사소송에서의 선결문제와 구성요건적 효력에 관한 논의는 당사자소송에도 그대로 타당하다. 왜냐하면 구성요건적 효력은 취소권이 있는 국가기관(처분청, 재결청, 취소소송의 수소법원) 이외의 국가기관에 대한 구속력이기 때문에 당사자소송의 수소법원에도 미치기 때문이다.

(가) 행정행위의 효력을 부인하는 것이 선결문제인 경우(부당이득반환청구소송의 경우)

행정행위의 효력을 상실시키는(부인하는) 것이 민사소송에서 선결문제가 된 경우에 민사법원은 위법한 행정행위의 효력을 부인할 수 없다.[36] 공정력과 구성요건적 효력을 구분하지 않는 종래의 통설은 이것이 공정력에 반하기 때문이라고 하고, 공정력과 구성요건적 효력을 구별하는 견해는 구성요건적 효력에 반하기 때문이라고 한다.

그러나, 이 문제는 법원의 관할문제로 보는 것이 타당하다. 현행 행정소송법은 위법한 행정행위의 취소는 취소소송을 통해서만 가능하도록 규정하고 있고 취소소송은 민사소송과 다른 소송절차에 따르도록 하고 있으므로 민사법원은 위법한 행정행위의 효력을 부인하는 권한을 갖지 못한다.

(나) 행정행위의 무효를 확인하는 것이 선결문제인 경우(부당이득반환청구소송(예, 조세과오납환급청구소송)의 경우) 구성요건적 효력은 행정행위가 무효인 경우에는 인정되지 않는다. 누구든지 행정행위의 무효를 주장할 수 있고, 어느 법원도 행정행위의 무효를 확인할 수 있다.

행정소송법 제11조도 처분 등의 효력 유무 또는 존재 여부가 민사소송의 선결문제인 경우 민사법원이 이를 심판할 수 있다고 하고 있다.

[판례] ① 국세 등의 부과 및 징수처분 등과 같은 행정처분이 당연무효임을 전제로 하여 민사소송을 제기한 때에는 그 행정처분의 당연무효인지의 여부가 선결문제이므로, 법원은 이를 심사하여

---

36) 예를 들면, 국민이 조세부과처분의 위법을 이유로 이미 납부한 세금의 반환을 청구하는 소송(이 소송을 과오납금환급소송이라고 하는데 그 성질은 부당이득반환청구소송이다)을 제기한 경우에 당해 민사법원은 조세부과처분이 무효가 아닌 한 스스로 조세부과처분을 취소하고 납부된 세금의 반환을 명할 수 없다. 조세부과처분의 취소가 본안문제(납부한 세금이 부당이득인지의 문제)에 대해 선결문제이며 조세부과처분이 취소되지 않는 한 이미 납부한 세금은, 위법하지만 유효한 조세부과처분에 따라 납부된 것이므로, 부당이득이 되지 않는다.

그 행정처분의 하자가 중대하고 명백하여 당연무효라고 인정될 경우에는 이를 전제로 하여 판단할 수 있으나, 그 하자가 단순한 취소사유에 그칠 때에는 법원은 그 효력을 부인할 수 없다 할 것이다(대판 1973. 07. 10, 70다1439).

② 집합건물 중 일부 구분건물의 소유자인 피고인이 관할 소방서장으로부터 소방시설 불량사항에 관한 시정보완명령을 받고도 따르지 아니하였다는 내용으로 기소된 사안에서, 담당 소방공무원이 행정처분인 위 명령을 구술로 고지한 것은 행정절차법 제24조를 위반한 것으로 하자가 중대하고 명백하여 당연 무효이고, 무효인 명령에 따른 의무위반이 생기지 아니하는 이상 피고인에게 명령 위반을 이유로 소방시설 설치유지 및 안전관리에 관한 법률 제48조의2 제1호에 따른 행정형벌을 부과할 수 없는데도, 이와 달리 위 명령이 유효함을 전제로 유죄를 인정한 원심판결에는 행정처분의 무효와 행정형벌의 부과에 관한 법리오해의 위법이 있다고 한 사례(대판 2011. 11. 10, 2011도11109[소방시설설치유지및안전관리에관한법률위반]).

(다) 행정행위의 위법성을 확인하는 것이 선결문제인 경우(국가배상청구소송의 경우)

행정행위의 효력을 부인하는 것이 아니라 행정행위의 위법성을 확인하는 것이 민사소송에서 선결문제가 된 경우[37]에 민사법원은 행정행위의 위법을 확인할 수 있는지에 관하여 견해가 대립되고 있다.

가) 부정설 민사법원이 선결문제로서 행정행위의 위법성을 확인할 수 없다는 부정설은 다음과 같은 논거에 입각하고 있다. 행정행위의 위법은 행정행위의 취소의 전제이고 행정행위의 위법성의 판단은 취소소송의 본질적 내용이므로 취소소송의 수소법원이 아닌 법원은 행정행위의 위법성을 인정할 수 없다.[38]

나) 긍정설 민사법원이 선결문제로서 행정행위의 위법성을 확인할 수 있다는 긍정설은 다음과 같은 논거에 입각하고 있다: 행정행위의 효력 자체를 상실시키는 것이 아니라 행정행위의 위법성을 확인하는 데 그치는 것은 공정력(공정력과 구성요건적 효력을 구별하지 않는 견해) 또는 구성요건적 효력(공정력과 구성요건적 효력을 구별하는 견해)에 반하는 것이 아니다. 왜냐하면 공정력(또는 구성요건적 효력)은 행정행위의 적법성을 추정하는 효력은 아니며 행정행위의 적법 또는 위법을 묻지 않고 잠정적으로 행정행위를 유효한 것으로 보는 힘이기 때문이다.

다) 절충설 이에 대하여 위법한 행정행위로 인한 손해에 대한 국가배상청구가 인정되어도 당해 행정행위의 목적이 방해되지 않는 경우에는 국가배상청구를 인정할 수 있지만, 국가배상청구를 인정하면 당해 행정행위의 목적이 방해를 받는 경우 즉, 실질적으로 행정행위의 효력을 부인하는 것과 같은 결과를 가져오는 경우에

37) 영업허가의 취소에 의해 손해를 입은 자가 국가배상을 청구한 경우에 영업허가의 취소가 위법한지의 여부가 국가배상청구소송에서 선결문제가 된다. 왜냐하면 가해행위(손해를 발생시킨 행위)의 위법이 국가배상의 요건 중의 하나이기 때문이다. 국가배상책임을 인정하기 위하여는 영업허가의 취소의 위법만을 인정하면 되는 것이지 영업허가의 취소를 취소할 필요는 없다.

38) 이상규, 『신행정법신론』, 408면 참조.

는 국가배상청구를 인정할 수 없다는 견해이다(자세한 것은 '재무행정법' 참조).

라) 판례(긍정설) 판례는 민사법원이 행정행위의 위법 여부를 판단할 수 있는 것으로 보고 있다.

[판례] 미리 그 행정처분의 취소판결이 있어야만, 그 행정처분의 위법임을 이유로 한 손해배상 청구를 할 수 있는 것은 아니다(대판 1972. 04. 28, 72다337).

마) 결 어 구성요건적 효력은 적법성을 추정하는 효력은 아니고 행정처분의 위법 여부를 묻지 않고 취소되기 전까지 잠정적으로 유효한 것으로 다른 국가기관을 구속하는 효력이므로 긍정설이 타당하다.

사견에 의하면 선결문제에 대한 민사법원이나 형사법원의 심판권의 문제는 공정력이나 구성요건적 효력에 의해 기계적으로 해결할 것이 아니라 법원의 관할권 분배의 문제로 보아야 한다.

나. 형사소송에서의 선결문제와 구성요건적 효력 형사소송에서도 행정행위의 효력을 부인하는 것이 선결문제인 경우와 행정행위의 위법성을 확인하는 것이 선결문제인 경우를 구분하여야 한다.

일반적 견해는 형사소송에서도 민사소송에서와 동일한 논거에 입각하여 동일한 해결을 하고 있다. 그러나 일부 견해는 형사소송의 특수성(신속한 재판, 인권보장 등)을 들어 공정력(또는 구성요건적 효력)은 형사재판에 미치지 않는다고 보고 있다.

(가) 행정행위의 효력을 부인하는 것이 선결문제인 경우

가) 부정설 행정행위의 효력을 부인하는 것이 형사소송에서 선결문제가 된 경우[39] 형사법원이 행정행위의 하자를 심사하여 행정행위의 효력을 부인하는 것은 민사소송에서처럼 공정력(또는 구성요건적 효력)에 반하므로 인정될 수 없다고 보는 것이 다수의 견해이며 판례의 입장이다.

[판례] ① 대법원은 연령미달의 결격자인 피고인이 소외인(자신의 형)의 이름으로 운전면허시험에 응시하여 합격함으로써 교부받은 운전면허를 가지고 운전한 것에 대해 무면허운전으로 기소된 사건에서 당해 운전면허는 당연무효가 아니고 취소되지 않는 한 유효하므로 무면허운전행위에 해당하지 않는다고 한 사례(대판 1982. 06. 08, 80도2646).
② 하자있는 수입승인에 기초하여 수입면허를 받고 물품을 통관한 경우 당해 수입면허가 당연무효가 아닌 이상 무면허수입죄가 성립되지 않는다고 한 사례(대판 1989. 03. 28, 89도149).

---

39) 영업허가가 취소되었음에도 영업을 계속한 자에 대하여 무허가영업을 한 죄로 기소한 경우에 영업허가의 취소처분의 효력을 부인하여야 무허가영업이 되지 않으므로 영업허가의 취소처분의 효력을 부인하는 것이 선결문제가 되는 경우. 이 사례에서 위법한 행정행위에 따르지 않았다고 하여 처벌하는 것은 타당하지 않다는 입장에서 행정행위의 적법 또는 위법 여부가 선결문제가 된다고 보는 견해도 있다.

이 견해에 의하면 허가취소처분 후 영업을 하면 무허가영업이 되고, 형사법원이 허가취소처분의 효력을 부인할 수 없으므로 형사법원은 당해 허가취소처분이 위법하더라도 유죄판결을 내려야 한다. 만일 형사법원이 판결을 내리기 전에 당해 허가취소처분이 취소소송에서 취소되면 그 허가취소처분은 소급하여 효력을 상실하여 허가취소처분후의 영업행위는 무허가행위가 아닌 것이 되므로 형사법원은 무죄를 선고하여야 한다.

[판례] **① 영업허가취소처분이 행정쟁송절차에 의하여 취소된 경우와 무허가영업:** 영업의 금지를 명한 영업허가취소처분 자체가 나중에 행정쟁송절차에 의하여 취소되었다면 그 영업허가취소처분은 그 처분시에 소급하여 효력을 잃게 되며, 그 영업허가취소처분에 복종할 의무가 원래부터 없었음이 확정되었다고 봄이 타당하고, 영업허가취소처분이 장래에 향하여서만 효력을 잃게 된다고 볼 것은 아니므로 그 영업허가취소처분 이후의 영업행위를 무허가영업이라고 볼 수는 없다(대판 1993. 06. 25, 93도277[식품위생법위반]).
② 운전면허취소처분을 받은 후 자동차를 운전하였으나 위 취소처분이 행정쟁송절차에 의하여 취소된 경우, 무면허운전의 성립 여부(소극)(대판 1999. 02. 05, 98도4239[도로교통법위반]).
③ 피고인 갑이 어업면허를 받아 피고인 을과 동업계약을 맺고 피고인 을의 비용으로 어장시설을 복구 또는 증설하여 어류를 양식하던 중 어업면허가 취소되었으나 피고인 갑이 행정소송을 제기하여 면허취소처분의 효력정지가처분결정을 받은 후 면허취소처분을 취소하는 판결이 확정되었다면, 피고인들간의 거래는 어업권의 임대가 아니며 면허취소 후 판결로 그 처분이 취소되기까지 사이에 어장을 그대로 유지한 행위를 무면허어업행위라고 보아서 처벌할 수는 없다(대판 1991. 05. 14, 91도627).
④ 위법한 행정행위(조세부과처분)의 취소가 유죄판결(조세포탈죄)확정 후에 이루어진 경우에 형사소송법 제420조 제5호 소정의 재심사유에 해당한다고 본 사례(대판 1985. 10. 22, 83도2933).
⑤ 조세의 부과처분을 취소하는 행정판결이 확정된 경우 부과처분의 효력은 처분 시에 소급하여 효력을 잃게 되어 그에 따른 납세의무가 없으므로 확정된 행정판결은 조세포탈에 대한 무죄 내지 원심판결이 인정한 죄보다 경한 죄를 인정할 명백한 증거에 해당한다. 조세심판원이 재조사결정을 하고 그에 따라 과세관청이 후속처분으로 당초 부과처분을 취소하였다면 부과처분은 처분 시에 소급하여 효력을 잃게 되어 원칙적으로 그에 따른 납세의무도 없어지므로, 형사소송법 제420조 제5호에 정한 재심사유에 해당한다(대판 2015.10.29, 2013도14716[특정범죄가중처벌등에관한법률위반(조세)(인정된 죄명: 조세범처벌법위반)·조세범처벌법위반]).

또한, 허가의 취소나 철회를 실질적으로 금지하명으로 보고, 따라서 행정행위의 위법성을 확인하는 것이 선결문제인 경우로 보며 형사법원이 허가의 취소나 철회의 위법성을 확인하여 허가가 취소 또는 철회되었음에도 영업을 한 자에 대하여 무죄판결을 할 수 있다고 보는 견해도 있다.

영업정지기간 중 영업은 허가를 받지 아니하고 한 영업은 아니다.

[판례] 구 담배사업법(2014. 1. 21. 법률 제12269호로 개정되기 전의 것, 이하 '구 담배사업법'이라 한다) 제12조 제2항, 제16조 제1항, 제17조 제1항 제4호, 제2항, 제27조의3 제1호의 내용과 형식, 문언상 의미 등과 함께 형벌법규의 확장해석을 금지하는 죄형법정주의의 일반원칙 등에 비추어 보

면, 구 담배사업법 제27조의3 제1호의 적용대상이 되는 '소매인 지정을 받지 아니한 자'는 처음부터 소매인 지정을 받지 않거나 소매인 지정을 받았으나 이후 소매인 지정이 취소되어 소매인 자격을 상실한 자만을 의미하는 것으로 보아야 하고, 영업정지처분을 받았으나 아직 적법하게 소매인 지정이 취소되지 않은 자는 여기에 해당하지 않는다(대판 2015. 01. 15, 2010도15213[담배사업법위반]). 〈해설〉 이러한 판례의 취지에 비추어 영업정지처분에도 불구하고 행한 영업에 대해 '소매인 지정을 받지 아니한 자'로 처벌할 수는 없다.

나) 긍정설 이 견해는 형사소송에서는 피고인의 인권보장이 고려되어야 하고 신속한 재판을 받을 권리가 보장되어야 한다는 형사소송의 특수성을 이유로 형사재판에는 공정력(또는 구성요건적 효력)이 미치지 않는다고 보는 견해이다.[40)]

다) 결 어 명문의 규정이 없는 한 신속한 재판, 인권보장 등을 위하여 형사법원이 위법한 행정행위의 효력을 부인하고 범죄의 성립을 부인할 수 있는 것으로 보아야 한다.

[판례] 운전면허 취소처분을 받은 사람이 자동차를 운전하였으나 운전면허 취소처분의 원인이 된 교통사고 또는 법규 위반에 대하여 범죄사실의 증명이 없는때에 해당한다는 이유로 무죄판결이 확정된 경우, 취소처분이 취소되지 않았더라도 도로교통법에 규정된 무면허운전의 죄로 처벌할 수 있는지 여부(소극): (1) 자동차 운전면허가 취소된 사람이 그 처분의 원인이 된 교통사고 또는 법규 위반에 대하여 혐의없음 등으로 불기소처분을 받거나 무죄의 확정판결을 받은 경우 지방경찰청장은 구 도로교통법 시행규칙 제91조 제1항 [별표 28] 1. 마.항 본문에 따라 즉시 그 취소처분을 취소하고, 같은 규칙 제93조 제6항에 따라 도로교통공단에 그 내용을 통보하여야 하며, 도로교통공단도 즉시 취소당시의 정기적성검사기간, 운전면허증 갱신기간을 유효기간으로 하는 운전면허증을 새로이 발급하여야 한다. (2) 그리고 행정청의 자동차 운전면허 취소처분이 직권으로 또는 행정쟁송절차에 의하여 취소되면, 운전면허 취소처분은 그 처분 시에 소급하여 효력을 잃고 운전면허 취소처분에 복종할 의무가 원래부터 없었음이 확정되므로, 운전면허 취소처분을 받은 사람이 운전면허 취소처분이 취소되기 전에 자동차를 운전한 행위는 도로교통법에 규정된 무면허운전의 죄에 해당하지 아니한다. (3) 위와 같은 관련 규정 및 법리, 헌법 제12조가 정한 적법절차의 원리, 형벌의 보충성원칙을 고려하면, 자동차 운전면허 취소처분을 받은 사람이 자동차를 운전하였으나 운전면허 취소처분의 원인이 된 교통사고 또는 법규 위반에 대하여 범죄사실의 증명이 없는 때에 해당한다는 이유로 무죄판결이 확정된 경우에는 그 취소처분이 취소되지 않았더라도 도로교통법에 규정된 무면허운전의 죄로 처벌할 수는 없다고 보아야 한다. (4) 피고인은 '이 사건 음주운전'을 이유로 이 사건 취소처분을 받았음에도 2018. 11. 1. 20:20경 도로에서 자동차를 운전하다가 경찰관에게 적발되었다(이하 '이 사건 무면허운전'이라 한다). 검사는 2018. 9. 18. 피고인을 이 사건 음주운전을 이유로 도로교통법 위반(음주운전)으로 기소하고, 2018. 11. 21. 재차 피고인을 이 사건 무면허운전을 이유로 도로교통법 위반(무면허운전)으로 기소하였다. 제1심은 위 두 사건을 병합하여 심리한 후 이 사건 공소사실 중 도로교통법 위반(음주운전) 부분에 대하여는 범죄의 증명이 부족하다는 이유로 무죄로 판단하고, 나머지 도로교통법 위반(무면허운전) 부분에 대하여는 유죄로 판단하였다. 원심은 제1심판결을 그대로 유지하였다. 피고인은 원심판결 중 도로교통법 위반(무면허

40) 박윤흔, 전게서, 131면 이하.

운전) 부분에 대하여 상고를 제기하였으나, **검사는 상고를 제기하지 않아 원심판결 중 도로교통법 위반(음주운전) 부분은 무죄가 확정되었다**. 그러므로, 앞서 살펴본 법리에 따라 **운전면허 취소처분이 취소되지 않았더라도 피고인을 도로교통법 위반(무면허운전)죄로 처벌할 수는 없다**(대판 2021. 09. 16, 2019도11826).

(나) 행정행위의 위법성을 확인하는 것이 선결문제인 경우 행정기관의 하명(예, 시정명령, 철거명령 등)의 위반죄의 경우에는 명문의 규정이 없는 경우(통상 법률은 하명위반죄의 경우 하명의 적법성을 구성요건으로 명시하고 있지 않다)에도 당해 하명이 적법할 것이 범죄구성요건이 된다고 보는 것이 일반적 견해이다. 왜냐하면, 통상 하명처분 위반죄의 보호법익은 당해 하명을 통해 보호하고자 하는 법익이 보호법익이고, 하명의 이행 자체가 보호법익이 아니며[41] 위법한 명령에 따르지 않았다고 하여 처벌하는 것은 법치주의의 원칙 및 기본권보장규정을 위반하는 것이기 때문이다. 이와 같이 행정행위의 위법성을 확인하는 것이 선결문제인 경우[42]에는 형사법원에게 그 선결문제의 판단권이 있는가.

행정행위의 위법 여부가 범죄구성요건의 문제로 되는 경우, 즉 위법한 명령에 따르지 않은 경우에는 범죄가 성립하지 않는다고 보는 경우에는 행정행위의 효력의 부인이 아니라 행정행위의 위법성을 확인하는 것이 형사소송의 선결문제가 된다. 이 경우에 민사소송에서와 동일하게 행정행위의 위법성을 확인하는 것은 행정행위의 효력을 부인하는 것은 아니므로 공정력(또는 구성요건적 효력)에 반하지 않는다고 보는 것이 일반적 견해이다.

[판례] ① 도시계획법 제78조 제1항에 정한 처분이나 조치명령을 받은 자가 이에 위반한 경우 이로 인하여 같은 법 제92조에 정한 처벌을 하기 위하여는 그 처분이나 조치명령이 적법한 것이라야 하고, 그 처분이 당연무효가 아니라 하더라도 그것이 위법한 처분으로 인정되는 한 같은 법 제92조 위반죄가 성립될 수 없다(대판 1992. 08. 18, 90도1709).
② [1] 개발제한구역의 지정 및 관리에 관한 특별조치법(이하 '개발제한구역법'이라 한다) 제30조 제1항에 의하여 행정청으로부터 시정명령을 받은 자가 이를 위반한 경우, 그로 인하여 개발제한구역법 제32조 제2호에 정한 처벌을 하기 위하여는 시정명령이 적법한 것이라야 하고, 시정명령이 당연무효가 아니더라도 위법한 것으로 인정되는 한 개발제한구역법 제32조 제2호 위반죄가 성립될 수 없다. [2] 관할관청이 침해적 행정처분인 시정명령을 하면서 적법한 사전통지를 하거나 의견제출 기회를 부여하지 않았고 이를 정당화할 사유도 없어 시정명령은 절차적 하자가 있어 위법하므로, 피고인 乙에 대하여 같은 법 제32조 제2호 위반죄가 성립하지 않는다고 한 사례(대판 2017. 09. 21, 2017도7321).
③ 시장 등이 한 **자동차관리법상 운행정지명령**을 위반하여 자동차를 운행하였다는 이유로 같은

41) 최계영, 행정처분과 형벌, 261면.
42) 시설개선명령에 따르지 않은 것을 이유로 기소된 경우에 시설개선명령의 위법성 여부가 선결문제가 된다.

법 제82조 제2호의2에 따른 처벌을 하기 위해서는 그 운행정지명령이 적법한 것이어야 하고, **그 운행정지명령이 당연무효는 아니더라도 위법한 처분으로 인정된다면** 같은 법 제82조 제2호의2 위**반죄는 성립할 수 없다**(대판 2023. 04. 27, 2020도17883).

다. 행정행위의 무효를 확인하는 것이 선결문제인 경우　　구성요건적 효력은 행정행위가 무효인 경우에는 인정되지 않으므로 형사법원은 행정행위의 무효를 확인하여 무죄를 선고할 수 있다.

[판례] 소론 법조에 정한 체납범은 정당한 과세에 대하여서만 성립되는 것이고, 과세가 당연히 무효한 경우에 있어서는 체납의 대상이 없어 체납범 성립의 여지가 없다고 볼 것이니, 원심이 같은 취지에서 당연무효의 설시 과세를 설시 체납의 대상에서 제외한 판단은 옳고, 이와는 반대의 견해에서 그러한 과세처분이라고 하더라도 국세심사청구법 제10조에 의한 구제를 못 받은 한 체납범의 대상이 되는 과세로 인정하여야 될 것이라는 취의로 원판결 판단을 비위하는 논지는 채용할 길이 없다(대판 1971. 05. 31, 71도742).

사견으로는 형사소송의 특수성을 고려하되 선결문제에 대한 민사법원이나 형사법원의 심판권의 문제는 공정력이나 구성요건적 효력에 의해 기계적으로 해결할 것이 아니라 법원의 관할권 분배의 문제로 보아야 한다.

(4) 공정력과 행정행위의 기타 효력과의 관계

1) 공정력과 집행력

공정력과 집행력(執行力)은 구별되지만 밀접한 관계가 있다.

① 집행력은 공정력을 전제로 하여 인정된다. 행정행위는 위법하지만 취소되지 않는 한 유효하므로 그에 기초하여 집행력이 인정된다.

② 공정력은 집행부정지의 원칙에 의해 그 효력이 강화된다. 행정소송의 제기로 집행정지가 되는 것이 원칙이라면 취소되기 전까지는 효력을 가지고 상대방을 구속한다는 공정력의 핵심적 내용이 취소소송이 제기된 경우에는 상실되기 때문이다.

2) 공정력과 불가쟁력

공정력과 불가쟁력은 별개의 효력이다. 그러나 공정력은 불복제기기간이 경과하여 행정행위의 불가쟁력이 발생한 경우에는 잠정적인 통용력에서 영구적인 통용력으로 전환된다. 불가쟁력이 발생한 행정행위에 대하여는 위법하더라도 더 이상 다투지 못하고 그 행정행위는 직권취소 또는 철회되지 않는 한 공정력에 의해 유효한 행위로 계속 통용되는 것이다.

4. 구속력

(1) 의 의

행정행위의 구속력(拘束力)이라 함은 유효한 행정행위의 내용상 구속력을 말한다. 행정행위는 효력이 있는 한 처분청 및 관계 행정청 그리고 상대방 및 이해관계인에 대하여 미친다. 무효인 행정행위는 구속력이 없다.

구속력은 공정력과 다르다. 공정력은 위법하더라도 무효가 아닌 한 유효한 행위로 하는 효력이고, 구속력은 적법한 행위 그리고 위법한 행위에서는 공정력을 전제로 유효한 행정행위의 내용상의 구속력이다.

행정행위가 철회되거나 취소되거나 실효되면 행정행위는 효력과 구속력을 상실한다.

(2) 종류 및 한계

행정행위의 구속력은 그 상대방에 따라 자기구속력, 구성요건적 효력, 규준력(선행행위의 후행행위에 대한 구속력)으로 나뉜다.

1) 자기구속력

행정행위가 내용에 따라 처분행정청을 구속하는 힘을 **자기구속력**(自己拘束力)이라 한다. 처분청은 자신이 한 행정행위의 내용에 구속되며 그 내용과 모순되는 결정을 하여서는 안 된다는 효력이다. 자기구속력은 자박력(自縛力)이라고도 한다.

부분허가의 자기구속력에 관하여는 이견이 없지만, 사전결정이 자기구속력을 갖는지에 관하여는 후술하는 바와 같이 긍정설과 부정설이 대립하고 있다. 긍정설에서도 자기구속력의 정도에 관하여 견해의 대립이 있다. 잠정적 행정행위는 자기구속력을 갖지 않는다(단계적 행정결정 참조).

2) 구성요건적 효력

구성요건적 효력은 행정행위가 관계 행정청 및 법원 등 국가기관을 구속하는 효력이다. 이에 관하여는 전술한 바와 같다. 구성요건적 효력은 위법하더라도 무효가 아닌 한 효력을 부인할 수 없게 하는 효력과 그 내용에 따라 관계 행정청 및 법원을 구속하는 효력이다.

3) 규준력

선행행정행위를 전제로 후행행정행위가 행해지는 경우에 선행행정행위(예, 철거명령)가 후행행정행위(예, 대집행)에 미치는 구속력을 규준력(規準力)이라 한다(하자의 승계 참조).

5. 존속력(또는 확정력)

행정행위가 일단 행하여진 경우에는 그 행정행위에 기초하여 법률관계가 계속 형성되므로 그 행정행위의 효력을 가능한 한 존속시키는 것이 법적 안정성을 위하여 필요하다. 그리하여 하자 있는 행정행위라도 일정한 경우(불복제기기간의 경과 또는 특수한 성질의 행정행위)에는 행정행위에 취소될 수 없는 힘이 부여되는데 이것을 존속력(또는 확정력)이라 한다. 존속력에는 불가쟁력과 불가변력이 있다.

(1) 불가쟁력

1) 의 의

불가쟁력(不可爭力)이란 하자 있는 행정행위라 할지라도 그에 대한 불복기간(행정불복제기기간 또는 출소기간)이 경과하거나 쟁송절차가 종료된 경우에는 더 이상 그 행정행위의 효력을 다툴 수 없게 하는 효력을 말한다. 불가쟁력은 형식적 확정력 또는 절차적 확정력이라고도 한다.

위법한 행정행위를 다투고자 하는 자는 법상 정해진 단기의 불복기간 내에 행정심판 또는 행정소송을 제기하여야 하며 그러하지 않으면 더 이상 다툴 수 없게 된다. 만일 불복기간이 넘어 행정심판이나 행정소송을 제기하면 부적법으로 각하된다.

이와 같은 불가쟁력을 인정하는 것은 행정행위의 효력을 신속히 확정하여 행정법관계의 안정성을 확보하기 위한 것이다.

2) 효 력

행정행위의 불가쟁력은 행정행위의 상대방이나 이해관계인이 행정행위의 효력을 더 이상 다투지 못하는 효력이다. 따라서 취소권을 가진 행정청(처분행정청 또는 상급감독청)이 직권으로 불가쟁력이 발생한 행정행위를 취소 또는 철회하는 것은 가능하다. 또한 국가배상청구소송은 처분의 효력을 다투는 것이 아니므로 불가쟁력이 발생한 행정행위로 손해를 입은 국민은 국가배상청구를 할 수 있다. 무효인 행정행위에 대해 무효확인소송을 제기할 수 있는 기간이 제한되고 있지 않으므로 무효인 행정행위에는 불가쟁력이 발생하지 않는다.

[판례] ① [1] 일반적으로 행정처분이나 행정심판 재결이 불복기간의 경과로 확정될 경우 그 확정력은, 처분으로 법률상 이익을 침해받은 자가 당해 처분이나 재결의 효력을 더 이상 다툴 수 없다는 의미일 뿐, 더 나아가 판결과 같은 기판력이 인정되는 것은 아니어서 그 처분의 기초가 된 사실관계나 법률적 판단이 확정되고 당사자들이나 법원이 이에 기속되어 모순되는 주장이나 판단을 할 수 없게 되는 것은 아니다. [2] 피재해자에게 이루어진 요양승인처분이 불복기간의 경과로 확정되었다 하더라도 사업주는 피재해자가 재해발생 당시 자신의 근로자가 아니라는 사정을 들어 보험급여액징수처분의 위법성을 주장할 수 있다고 한 사례(대판 2008. 07. 24, 2006두20808[산재보

험료부과처분취소등]).
② 종전의 산업재해 요양보상급여 취소처분이 불복기간의 경과로 인하여 확정되었더라도 요양급여청구권이 없다는 내용의 법률관계까지 확정된 것은 아니며 소멸시효에 걸리지 아니한 이상 다시 요양급여를 청구할 수 있고 그것이 거부된 경우 이는 새로운 거부처분으로서 위법 여부를 소구할 수 있다(대판 1993. 04. 13, 92누17181).

판례는 거부처분에 대해 불가쟁력이 발생한 경우에 다시 신청을 하고 행정청이 이를 거부하면 당해 거부처분은 새로운 처분이 되므로 새로운 거부처분을 대상으로 취소소송을 제기할 수 있다고 본다(대판 1992. 10. 27, 92누1643).

3) 재심사청구

불가쟁력은 일정한 불복기간이 지난 후에는 더 이상 다툴 수 없게 함으로써 행정법관계의 조속한 안정을 확보할 수 있지만, 개인의 권리구제가 크게 희생되는 문제가 있다. 더욱이 확정판결의 경우에도 일정한 경우에 재심이 인정되는데 일정한 불복기간 내에 불복을 제기하지 않았다고 하여 행정처분에 대한 재심사의 기회를 전혀 주지 않는 것은 타당하지 않다. 이러한 이유로 행정기본법 제37조는 불가쟁력이 발생한 처분에 대한 재심사청구를 인정하고 있다.

그런데, 행정기본법은 광의의 재심사청구를 규정하고 있다. **광의의 재심사**는 불가쟁력이 발생한 처분에 대한 취소 신청뿐만 아니라 철회의 신청에 따른 재심사를 의미한다. 광의의 재심사는 불가쟁력이 발생한 처분에 대해 인정되는 행정절차의 재개로서 일종의 불복절차 이다. 행정기본법은 **철회형재심사**(**제1호**(처분의 근거가 된 사실관계 또는 법률관계가 추후에 당사자에게 유리하게 바뀐 경우)**의 재심사**)와 **취소형재심사**(**제2호**(당사자에게 유리한 결정을 가져다주었을 새로운 증거가 있는 경우) **및 제3호**(민사소송법 제451조에 따른 재심사유에 준하는 사유가 발생한 경우 등 대통령령으로 정하는 경우)**의 재심사**)를 인정하고 있다. 광의의 재심사 중 처분의 위법 또는 부당을 다투는 **취소형재심사만을 엄격한 의미의 재심사**로 보는 것이 타당하다. 철회형재심사는 적법한 행위를 대상으로 하므로 불복절차가 아니라 새로운 처분절차(철회·변경처분절차)에 해당한다. 취소형 재심사청구(엄격한 의미의 재심사청구)는 처분시에 존재하던 위법 또는 부당사유를 이유로 하는 것이고, 그에 따른 취소는 강학상 직권취소·변경에 해당하는데, 철회형재심사는 적법한 처분 후의 후발적 사정을 이유로 하는 재심사로 그에 따른 철회·변경은 학문상 철회·변경에 해당한다.

그리고, 행정기본법에 따르면 행정청의 제18조에 따른 취소와 제19조에 따른 철회는 처분의 재심사에 의하여 영향을 받지 아니한다(제37조 제6항). 따라서, 행정청은 처분의 재심사와 별도로 직권 취소 또는 직권 철회를 할 수 있고, 민원인은 처분의 재심사와 별도로 직권취소 또는 철회를 신청할 수 있다. 취소 또는 철회의 신청을 받은 행정청은 법령상 또는 조리상 신청권에 따른 신청인 경우에는 그 신청에 응답할 의무를 진다.

판례는 원칙상 불가쟁력이 발생한 행정행위의 취소 또는 철회청구권을 인정하지 않지만, 예외적으로 조리상 취소 또는 철회청구권을 인정하고 있다.

[판례] **① 제소기간이 도과하여 불가쟁력이 생긴 행정처분에 대하여 국민에게 그 변경을 구할 신청권이 있는지 여부(원칙적 소극)**: 제소기간이 이미 도과하여 불가쟁력이 생긴 행정처분에 대하여는 개별 법규에서 그 변경을 요구할 신청권을 규정하고 있거나 관계 법령의 해석상 그러한 신청권이 인정될 수 있는 등 **특별한 사정이 없는 한** 국민에게 그 행정처분의 변경을 구할 신청권이 있다 할 수 없다(대판 2007. 04. 26, 2005두11104[주택건설사업계획승인처분일부무효등]).
② 조리상 처분의 취소·철회신청권을 인정한 사례(행정구제편 거부행위의 처분성 참조).

재심사청구와 일반 직권취소·철회는 다음과 같이 구별된다. 재심사청구는 명문의 근거가 필요한 불복절차의 일종이고 재심사청구를 전제로 하는데, 일반 직권취소·철회는 직권 또는 신청에 따라 행해지고, 불복절차가 아니며 명시적인 근거를 요하지 않는다.

(2) 불가변력

1) 의 의

불가변력(不可變力)이라 함은 행정행위의 성질상 인정되는 행정청이 당해 행정행위를 취소 또는 변경할 수 없게 하는 힘을 말한다. 불가변력을 실질적 확정력 또는 실체적 존속력이라고도 부른다.

행정행위의 불가변력은 당해 행정행위에 대하여서만 인정되는 것이고, 동종의 행정행위라 하더라도 그 대상을 달리할 때에는 이를 인정할 수 없다(대판 1974. 12. 10, 73누129).

2) 근 거

불가변력은 법령에 명문의 규정이 없는 경우에도 행정행위의 성질에 비추어 인정되는 효력이다.

3) 인정범위

가. 준사법적 행정행위 등 준사법적 행정행위(準司法的 行政行爲)에 불가변력을 인정하는 것이 일반적 견해이다. 일정한 쟁송절차를 거쳐 행해지는 사법적 성질의 행정행위(예, 행정심판의 재결)는 그 행위의 성질상 법원의 재판행위에서 처럼 법률상 인정된 별도의 불복절차를 통하지 않고는 취소 또는 변경될 수 없는 것으로 하여야 한다. 준사법적 행정행위에는 소송법상의 확정력에 준하는 불가변력이 인정된다.

토지수용재결은 행정심판의 재결이 아니라 원행정행위이지만 사법절차에 준하는 절차에 따라 행해지므로 불가변력을 인정할 필요가 있다.

판례는 과세처분에 관한 이의신청절차도 행정심판절차는 아니지만, 불복절차라는 점 등을 근거로 이의신청에 따른 직권취소에도 특별한 사정이 없는 한 번복할 수 없는 효력(불가변력)을 인정하고 있다(대판 2010. 09. 30, 2009두1020).

나. 확인행위 확인행위(예, 국가시험합격자결정 또는 당선인결정 등)는 쟁송절차를 거쳐 행해지지는 않지만 다툼이 있는 사실 또는 법률관계에 대하여 공적 권위를 가지고 확인하는 행위이므로 성질상 처분청이 스스로 변경할 수 없고, 다만 중대한 공익상 필요가 있거나 상대방에게 귀책사유가 있는 경우 예외적으로 취소할 수 있는 상대적 불가변력이 발생하는 것으로 보는 것이 다수 견해이지만, 취소권이 제한되는 경우로 보는 것이 타당하다.

다. 수익적 행정행위 수익적 행정행위(授益的 行政行爲)도 불가변력이 인정되는 행위로 보는 견해가 있으나, 수익적 행정행위의 취소권이 제한되는 경우로 보는 것이 타당하다. 왜냐하면 수익적 행정행위의 취소가 제한되는 것은 행정행위의 성질상 그러한 것이 아니라 외부사유인 상대방의 신뢰보호나 법률생활의 안정성을 보장하기 위한 것이기 때문이다.

4) 효 력

행정청은 불가변력이 있는 행정행위를 직권으로 취소 또는 철회할 수 없다.

불가변력이 있는 행정행위에 대하여도 그 상대방 또는 이해관계인은 행정불복기간 내에 행정쟁송수단을 통하여 당해 행정행위의 효력을 다툴 수 있다.

6. 강제력

행정결정의 실효성을 확보하기 위하여 행정결정에 강제력(强制力)이라는 우월한 힘이 인정된다. 강제력에는 자력집행력과 제재력이 있다.

(1) 자력집행력

자력집행력(自力執行力)이란 행정법상의 의무를 이행하지 아니할 경우에 행정청이 직접 실력을 행사하여 자력으로 그 의무의 이행을 실현시킬 수 있는 힘을 말한다.

사법관계에서 의무의 이행을 강제하기 위하여는 채권자의 자력에 의해 의무를 이행시키는 것은 인정되지 않고, 우선 법원의 이행판결을 받아 그것을 채무명의로 하여 국가의 집행기관(집행법원 및 집행관)에 의해 강제집행을 하게 된다. 그러나, 국민의 행정법상의 의무불이행에 대하여는 법원에 소송을 제기하여 의무의 존재를 확인받을 필요도 없고 국가의 집행기관을 통하지 않고도 자력으로 의무의 이행을 강제할 수 있도록 되어 있다.

물론 자력집행력이 인정되기 위하여는 법률의 근거가 있어야 한다. 행정대집행법은 대체적 작위의무에 대한 행정상 강제집행의 일반적인 근거법이 되고 국세징수법은 국세납부의무에 대한 강제징수의 근거법이지만 지방세법 등 법률에서 공법상 금전급부의무의 강제징수에 준용하도록 하고 있으므로 그 한도 내에서 국세징수법은 공법상 금전급부의무의 일반적 근거법이 되고 있다. 그 이외에도 행정상 강제집행을 정하는 개별법이 존재한다.

(2) 제재력

행정행위의 상대방이 행정행위에 의해 부과된 의무를 위반하는 경우에는 그에 대한 제재로서 행정벌(행정형벌 또는 행정질서벌)이 과해지는 경우가 많다. 물론 행정벌이 과하여지기 위하여는 명시적인 법률의 근거가 있어야 한다. 행정법상의 의무를 부과하는 행정행위가 위법한 경우에는 특별한 법률의 규정이 없는 한 그 의무의 불이행은 원칙상 행정벌의 대상이 되지 않는 것으로 보아야 한다.

Ⅱ. 공권과 공의무의 특수성

1. 개 설

공법상의 권리 또는 의무는 공익의 실현을 위하여 인정되는 것이므로 공법상의 권리 또는 의무에는 사익만을 위하여 인정되는 사법상의 권리 또는 의무와는 다른 특수성이 인정된다.

① 공법상의 권리는 동시에 의무의 성격을 띠는 상대적 성질을 가진다.

② 공권(公權)과 공의무(公義務)는 이전성과 포기성이 제한되는 경우가 있다. 예를 들면, 공무원연금청구권이나 생활보호를 받을 권리는 양도가 금지된다.

그러나, 공권 중에서도 경제적 가치를 주된 대상으로 하는 것은 사권과 같이 이전성이 인정되는 경우가 있다. 즉, 공무원 봉급청구권은 2분의 1 이하의 한도 내에서 압류의 대상이 된다.

공권의 포기와 불행사는 구별하여야 하며 공권의 포기가 인정되지 않는 경우에도 공권의 불행사는 허용된다.

일신전속적인 공의무는 법령상 또는 이론상 그 포기와 이전이 제한된다.

③ 공권에는 특별한 보호가 행하여지고, 공의무에는 특별한 강제가 가하여진다.

2. 공권과 공의무의 승계

사인이 지는 공의무의 승계(承繼)가 가능한지는 공의무가 일신전속적인가 아니면 대체성이 있는가에 좌우된다. 일신전속적인 공의무는 이전과 승계가 인정되지 않는다. 대체적 공의무는 원칙상 승계가 가능하다. 다만, 대체적 공의무가 공익성이 강한 경우(예, 유해폐기물의 처리의무)에는 승계가 인정되더라고 공의무의 공익성에 비추어 원칙상 법령상 공의무를 지는 자도 여전히 공의무를 지는 것으로 보아야 한다. 다만, 명문의 규정이 있거나 성질상 법령상 공의무를 지는 자에 의한 공의무의 이행이 불가능한 경우(예, 위법건축물 양도시 위법건축물의 철거의무의 이행)에는 양도인의 공의무가 소멸된다.

대물적 하명(예, 철거 명령)에 의해 부과된 공의무(예, 위법건축물의 철거의무)는 승계에 관한 합의나 법률의 근거가 없어도 물건의 승계인에게 자동적으로 승계되지만(대물적 행정행위의 효과의 승계 참조), 대인적 하명에 의해 부과된 공의무는 명문의 규정이 없는 한 이전되지 않는다. 이에 대하여 공의무의 승계는 승계인에게 침익적인 효과를 발생시키므로 법률유보의 원칙상 대물적 하명에 의해 부과된 공의무의 경우에도 법률의 근거가 필요하다는 견해가 있다.

[판례] ① 이행강제금 납부의무는 상속인 기타의 사람에게 승계될 수 없는 일신전속적인 성질의 것이므로 이미 사망한 사람에게 이행강제금을 부과하는 내용의 처분이나 결정은 당연무효이고, 이행강제금을 부과받은 사람의 이의에 의하여 비송사건절차법에 의한 재판절차가 개시된 후에 그 이의한 사람이 사망한 때에는 사건 자체가 목적을 잃고 절차가 종료한다(대판 2006. 12. 08, 2006마470).
② [1] 회사합병이 있는 경우에는 피합병회사의 권리·의무는 사법상의 관계나 공법상의 관계를 불문하고 그의 성질상 이전을 허용하지 않는 것을 제외하고는 모두 합병으로 인하여 존속한 회사에게 승계된다. [2] 감사인지정 및 감사인지정제외와 관련한 공법상의 관계는 감사인의 인적·물적 설비와 위반행위의 태양과 내용 등과 같은 객관적 사정에 기초하여 이루어지는 것으로서 합병으로 존속하는 회계법인에게 승계된다. [3] 손해배상공동기금 및 손해배상공동기금의 추가적립과 관련한 공법상의 관계는 감사인의 감사보수총액과 위반행위의 태양 및 내용 등과 같은 객관적 사정에 기초하여 이루어지는 것으로서 합병으로 존속회계법인에게 승계된다(대판 2004. 07. 08, 2002두1946).
③ (1) 구 산림법령상 채석허가를 받은 자가 사망한 경우, 상속인이 그 지위를 승계한다. (2) 산림을 무단형질변경한 자가 사망한 경우, 당해 토지의 소유권 또는 점유권을 승계한 상속인이 그 복구의무를 부담한다(대판 2005. 08. 19, 2003두9817,9824(병합)).

폐기물관리법(제17조 제6항, 제7항) 등 실정법령에서 공익목적상 공법상 권리·의무의 승계를 규정하고 있는 경우가 적지 않다.

[판례] ① 폐기물관리법 제24조 제5항(현행 제17조 제7항) 후문에 의하면, 민사집행법(구 민사소송

법)에 의한 경매, 파산법에 의한 환가나 국세징수법·관세법 또는 지방세법에 의한 압류재산의 매각 기타 이에 준하는 절차에 따라 **사업장폐기물배출자의 사업을 인수한 자는 당해 사업장폐기물과 관련한 권리·의무를 승계한다고 규정되어 있는바,** ...... 위 승계규정은 방치되는 폐기물의 발생을 예방하기 위하여 오염원인자 책임원칙을 확장한 것으로서 위와 같은 **인수자가 사업장폐기물배출자의 공법상 권리·의무를 승계한다는 취지**일 뿐이고, 이로써 사업장폐기물배출자의 사법상 권리·의무까지 당연히 승계되는 것은 아니라고 보아야 한다(대판 2002. 10. 22, 2002다46331[토지인도]). ② 구 농촌근대화촉진법(제173조)에서 말하는 **'당해 사업에 관한 권리의무'**는 농지개량사업의 시행을 위한 토지에의 출입과 사용, 시설물 설치 등 사업 자체에 관한 **공법상의 권리의무만을 가리킨다고 할 것**이다(대법원 1997. 02. 25. 선고 96다43607 판결 등 참조)(대판 2016. 06. 23, 2016다206369).

Ⅲ. 권리구제수단의 특수성

행정권의 행사에 의해 국민의 권리가 침해된 경우에는 사권의 구제수단과는 다른 특별한 구제수단이 인정되고 있다. 그 주된 이유는 권리침해가 우월한 지위에 있는 공권력주체에 의해 행하여졌다는 점과 국민의 권리구제와 함께 공익의 보장도 고려하여야 한다는 데 있다.

1. 행정상 손해전보

행정상 손해전보(行政上 損害塡補)라 함은 공권력 행사로 야기된 손해를 전보하여 주는 제도를 말한다. 현행 행정상 손해전보제도는 위법한 공권력 행사로 인하여 발생된 손해를 국가나 지방자치단체가 배상하도록 하는 국가배상(행정상 손해배상)과 적법한 공권력 행사로 인하여 발생한 손실을 보상하여 주는 행정상 손실보상으로 나누어진다.

국가배상책임에는 손해의 원인이 되는 행위가 우월한 공권력 행사라는 점 등 사법상의 불법행위책임과는 다른 점이 있기 때문에 사법상의 불법행위책임과는 다르게 규율되고 있다. 즉, 국가배상법은 민법상의 불법행위책임(민법 제750조, 제756조)과 공작물 등의 점유자 또는 소유자의 책임(민법 제758조)과는 다른 특수성을 국가배상책임에 인정하고 있다.

행정상 손실보상은 사법에서는 찾아 볼 수 없는 행정법에 고유한 제도이다. 그 이유는 사법관계에서는 일방 당사자가 강제로 타방의 재산권을 적법하게 침해하는 것이 인정되지 않기 때문이다.

2. 행정쟁송

행정법관계에서 국민의 권리가 침해된 경우에 사법상의 권리구제와는 다른 특수한 구제제도가 인정되고 있다.

행정상 쟁송(爭訟)제도에는 행정심판, 행정소송, 헌법소원이 있다. 행정심판과 행정소송은 전통적인 구제제도이다. 그리고, 현행 헌법은 공권력 행사에 의해 국민의 기본권이 침해된 경우에 그 침해된 기본권의 구제를 위해 전통적인 구제제도의 보충적인 구제제도인 헌법소원을 인정하고 있다.

행정심판은 사법분야에서는 볼 수 없는 구제제도이고, 행정소송법은 행정사건의 특수성에 비추어 민사소송에 대한 여러 가지 특례를 규정하고 있다(출소기간의 제한, 집행부정지의 원칙, 사정판결 등).

Ⅳ. 특별한 부담

1. 법에 의한 엄격한 기속

행정권의 우월적 지위가 잘못 행사되어 국민의 권익을 침해할 수 있다. 따라서 공권력 행사에는 엄격한 법적 규율이 가해진다. 특히 권력관계는 법에 의한 엄격한 기속(羈束)을 받는다.

2. 엄격한 국가배상책임

국가배상책임은 위법한 공권력 행사로 인하여 가해진 손해에 대한 배상책임을 정하는 것이므로 민사상 불법행위책임보다 엄격하게 인정되고 있다.

제 6 절 공 권

Ⅰ. 공법관계와 공권

공법관계는 공법상의 권리의무관계, 즉 공권과 공의무로 이루어지는 관계를 말한다. 공권(公權)이란 공법관계에서 직접 자기를 위하여 일정한 이익을 주장할 수 있는 법률상의 힘을 말한다. 공의무(公義務)라 함은 의무자의 의사에 가하여진 공법상의 구속을 말한다.

공권에는 국가적 공권과 개인적 공권이 있다. **국가적 공권**이라 함은 행정주체가 우월한 의사의 주체로서 행정객체에 대하여 가지는 권리를 말한다. 그 권리의 목적을 기준으로 할 때 조직권, 경찰권, 행정계획권, 공용부담특권, 공기업특권, 조세권,

전매권, 재정권으로 나누어 지고, 권리의 내용을 기준으로 명령권, 강제권, 형성권, 공법상의 물권으로 나누어진다. 국가적 공권은 권한의 성격이 강하다.

개인적 공권(個人的 公權)이란 개인이 직접 자기의 이익을 위하여 행정주체에게 일정한 행위를 할 것을 요구할 수 있는 공법에 의해 주어진 법적인 힘이다. 개인적 공권에 대응하여 행정권에게는 일정한 작위 또는 부작위의 의무가 부과된다. 개인적 공권을 통하여 국민은 행정과의 관계에서 행정객체일 뿐만 아니라 주체로서의 지위도 함께 가진다.

행정법에서 통상 공권이라 함은 개인적 공권을 말한다. 법상 중요한 의미를 갖는 것은 개인적 공권이므로 이하에서는 개인적 공권에 대하여 고찰하기로 한다.

Ⅱ. 개인적 공권의 성립요건

종래에는 개인적 공권(이하 공권이라 한다)의 성립요소로 강행법규에 의한 행정권에 대한 의무의 부과(강행법규성), 법규의 사익보호성, 청구권능부여성을 들었다. 청구권능의 부여는 구체적으로 말하면 재판을 통한 이익의 실현을 의미한다. 즉 공권이란 공법에 의해 보호된 사익으로서 그 이익의 실현을 법상 청구할 수 있는 권능을 말한다.

그런데, 오늘날에는 헌법상 재판을 받을 권리가 보장되고 실정법(행정소송법)상 개괄적으로 권리구제제도가 보장되고 있으므로 공권의 성립요소 중 청구권능의 부여는 별도의 성립요소로 보지 않게 되었다.[43)]

그리하여 오늘날 공권이 성립하기 위하여는 다음의 두 요건을 갖추어야 한다. ① 강행법규(공법)에 의해 행정주체에게 일정한 행위(작위 또는 부작위)를 하여야 할 의무가 부과되고 있어야 한다(강행법규성). 행정주체의 의무에는 기속행위에서의 특정행위를 할 의무뿐만 아니라 재량행위에서의 하자 없이 행정권을 행사할 의무도 포함된다. 즉, 재량행위에서도 공권이 성립될 수 있다. ② 그 법규가 공익의 보호와 함께 사익의 보호를 목적으로 하고 있어야 한다(사익보호성). 일반적으로 공법법규는 공익의 보호를 제1차적 목적으로 한다. 그런데 공법법규가 공익의 보호와 함께 사익의 보호를 목적으로 하는 경우가 있고 이 경우에만 공권이 성립하게 된다.

그런데, 최근 개인의 사익뿐만 아니라 **단체(공익단체 포함)의 존립목적이 되는 이익(공익단체의 존립근거(목적)인 공익 포함)**도 공권의 성립요건인 법적 이익에 포함되는 것으

---

43) 이는 공권의 성립에 청구권능이 필요 없다는 것을 의미하는 것은 아니며 특별히 요구되지 않는다는 것을 의미한다.

로 보아야 한다는 견해가 제기되고 있다. 이 견해에 따르면 공권의 성립요건으로서의 보호이익은 '사익'이 아니라 사익 보다 넓은 개념인 '개인적 이익(개별적 이익)'으로 보아야 한다. 또한 개인의 재산적 이익뿐만 아니라 개인의 인격적 이익, 평온한 생활이익(공익으로서의 평온한 생활이익이 아니라 개인적 이익(사익)으로서의 평온한 생활이익)도 포함되는 것으로 보아야 한다는 견해도 있다. 공익으로서의 평온한 생활이익이 법령에 의해 보호됨으로써 개인이 평온한 생활을 누리는 것은 반사적 이익이다. 평온한 생활이익을 공익으로서 보호할 것인지 아니면 공익뿐만 아니라 개인적 이익(사익)으로도 보호할 것인지는 입법자의 의사에 따른다(이혜진, 민주주의 발전과 주관적 공권의 확대 경향 – 일본의 '평온생활권'을 글감으로 하여 – , 공법연구 제51집 제3호, 2023.2, 79면 이하 참조).

Ⅲ. 공권, 법적 이익 및 반사적 이익의 구별

1. 공권과 법적 이익

종래에는 공권과 법적 이익을 구별하였다. 법에 의해 보호된 이익이라도 재판을 통한 이익의 실현이 보장되지 않는 경우(청구권능이 부여되지 않은 경우)가 있었고 이 경우는 법적 이익(법상 보호된 이익)이지만 권리는 아니라고 보았다.

그러나, 앞에서 보았듯이 오늘날 공권의 성립에 별도의 청구권능의 부여는 요구되지 않게 되었고 공법에 의한 사익의 보호만으로 공권이 성립되는 것으로 되었으므로 공권과 법적 이익의 구별은 없어졌고 법적 이익은 공권에 포섭되었다.

2. 공권(법적 이익)과 반사적 이익의 구별

공권(公權)과 반사적 이익(反射的 利益)은 구별하여야 한다. 반사적 이익이란 공법이 공익을 위하여 행정주체나 그 객체에게 어떠한 작위 또는 부작위의 의무를 부과하거나 또는 행정주체가 어떠한 공공시설을 운영함으로써 결과적으로 개인이 반사적으로 받게 되는 이익을 말한다. 예컨대, 의료법에서 의사에게 환자를 진료할 의무를 부과함으로써 일반인이 반사적으로 진료를 받게 되는 이익이 그 예이다.

(1) 공권과 반사적 이익의 구별실익

반사적 이익은 법에 의해 직접 보호된 이익이 아니므로 그 이익이 침해되어도 재판을 통하여 구제되지 않는다. 공권(법적 이익 포함)은 법에 의해 보호되는 이익이므로 공권이 침해된 자는 재판을 통하여 권익의 구제를 청구할 수 있지만, 반사적 이익이 침해된 자는 재판을 통한 구제를 청구할 수 없고 그 이익의 침해를 감수하여야 한다. 여기에 공권(법적 이익)과 반사적 이익을 구별할 실익이 있다. 달리 말하면 공권이 침해된 자는 행정소송에서 원고적격(소송을 제기할 자격)이 인정되지만, 반사적 이익이 침해된 자는 원고적격이 인정되지 않는다. 원고적격은 소송요건이므로 원고적격이 인정되지 않는 경우는 당해 소송은 부적법 각하된다.

다만, 위와 같은 결론은 원고적격에 관하여 통설 및 판례의 견해인 '법적 이익구제설'을 취하는 견해에 입각할 때 타당하다. 원고적격에 관하여 '소송상 구제할 가치 있는 이익설'을 취하는 견해에 따르면 실체법상의 문제인 법적 이익의 범위의 문제와 소송법적 문제인 원고적격의 문제는 다른 차원의 문제이다. 소송상 구제할 가치 있는 이익설에 의하면 법적 이익이 침해된 경우에는 당연히 원고적격이 인정되고, 법적 이익이 아닌 사실상 이익이 침해된 경우에도 소송상 구제할 가치가 있다고 판단되는 경우에는 원고적격이 인정되게 된다.

국가배상에서 단순한 반사적 이익이 침해된 경우 손해가 발생하였다고 할 수 없다.

(2) 공권과 반사적 이익의 구별기준

공권(법적 이익)은 처분의 근거법규 및 관계법규에 의해 보호된 개인의 이익을 말한다. 보다 정확히 말하면 공익을 보호하는 법규가 개인의 이익도 아울러 보호하고 있는 경우에 그 보호된 개인의 이익이 공권이다. 이에 반하여 실정법규가 공익의 보호만을 목적으로 하고 있고 개인은 그로 인하여 반사적으로 이익을 누리는 경우 그 개인의 이익은 반사적 이익이다. 즉, 공권과 반사적 이익의 구별기준은 처분의 근거 및 관계법규의 목적이 된다.

근거법규란 공익목적을 위하여 행정주체에게 일정한 작위 또는 부작위를 발생시키는 실정법규를 말한다. 근거법규는 처분의 근거법규를 말한다. 다만, 처분의 직접적인 근거법규뿐만 아니라 환경영향평가를 규정하는 환경영향평가법과 같은 관계법규도 처분의 근거법규에 포함된다.[44] 그러한 근거 내지 관계법규가 공익의 보호와 함께 사익의 보호도 그 목적으로 하고 있다고 해석되는 경우에 공권이 성립된다.

근거법규 내지 관계법규에 의해 보호되는 이익은 개인적 이익이어야 한다. 법에 의해 보호되는 공익은 법적 이익(공권)이 아니다. 예를 들면, 이웃의 채광(採光)을 보호하는 건축법의 규정은 주거환경의 보호라는 공익목적과 함께 인근주민의 채광의 이익을 아울러 보호하는 것을 목적으로 하고 있다고 해석되는데, 이 경우 인근주민의 채광의 이익은 공권이다. 이에 반하여 건축물의 색채의 규제는 미관의 보호라는

44) 판례는 환경영향평가를 규정하는 자연공원법령 및 환경영향평가법령은 환경영향평가 대상사업에 해당하는 국립공원 집단시설지구개발사업에 관한 기본설계승인 및 공원사업 시행허가처분의 근거법률이 된다고 판시하고 있다(대판 1998. 04. 24, 97누3286; 1998. 09. 22, 97누19571).

공익목적만을 갖는 규정이므로 건축물 색채의 규제에 따라 주민이 향유하는 미관의 이익은 반사적 이익이다.

생각건대, 근거법규 및 관계법규에 의해 직접 보호된 개인적 이익에서 나아가 그 개인적 이익이 근거법규 및 관계법규에 의해 고려된(보호범위에 포함된) 경우에도 법적 이익으로 보아야 한다.

3. 공권의 범위 : 공권(법적 이익)의 확대

공권은 성립된 이래 계속 확대되어 왔다. 공권의 확대는 자유민주적·사회적 법치국가의 강화를 의미한다. 국민은 공권을 가짐으로써 행정주체에 대하여 독자적인 지위에서 자신의 권익의 보장을 요구할 수 있게 되고 최소한 그의 권익에 관하여 행정주체에게 법의 준수를 요구할 수 있게 된다.

공권의 확대는 여러 측면에서 행하여졌다. 반사적 이익의 보호이익화, 기본권의 공권화, 적극적 청구권, 무하자재량행사청구권 및 절차적 참가권의 인정이 그것이다.

(1) 반사적 이익의 보호이익(공권)화

종래 반사적 이익으로 여겨졌던 것이 법적 이익으로 인정되고 있는 경향이 있다. 그러나, 법적 이익과 반사적 이익의 구별기준이 변경된 것은 아니다. 구별기준은 여전히 근거법규 내지 관계법규의 목적이다. 다만, 근거법규 내지 관계법규의 해석에 있어서 근거법규 내지 관계법규가 공익의 보호뿐만 아니라 개인의 이익을 또한 보호하고 있다는 것을 널리 인정하는 것에 의해 반사적 이익이 공권으로 발전되고 있는 것이다.

이러한 반사적 이익의 공권화는 국가기능의 확대와 헌법상 국민의 기본권의 강화 그리고 이에 따른 입법권에 의한 국민의 권익보호의 강화 및 법원의 해석을 통한 공권의 강화노력에 기인한다.

반사적 이익의 보호이익화는 주로 행정처분에 대하여 이해관계 있는 제3자의 이익(인근주민의 이익 및 경업자의 이익)이 반사적 이익에서 법적 이익으로 발전됨에 따라 이루어지고 있다. 종래 행정처분의 상대방이 아닌 제3자가 갖는 이익은 반사적 이익에 불과하다고 보는 경우가 많았으나 오늘날에는 법적 이익으로 보는 경향이 있다.

(2) 공권과 기본권

관계법령에 의해 보호되는 이익을 침해당하지 않은 자가 헌법상 기본권의 침해를 직접적인 이유로 행정소송을 제기할 수 있는가. 헌법상 기본권을 재판상 주장할 수 있는 행정법상 공권으로 볼 수 있는가 하는 문제는 개인의 이익을 보호하는 관계법률이 존재하지 않는 경우에 보충적으로 제기되는 것으로 보아야 한다.

행정법상 공권은 법적으로 주장할 수 있는 구체적 권리이다. 헌법상의 기본권도 그것이 구체적인 내용을 갖고 있어 법률에 의해 구체화되지 않아도 직접 적용될 수 있는 경우에는 보충적으로 재판상 주장될 수 있는 공권으로 보아야 할 것이다. 자유권, 평등권과 재산권이 그 예이다.

생존권은 원칙상 추상적 권리로서 행정법상 주관적 공권이 아니지만 적극적 공권력 행사에 의해 생존권이 침해된 경우에 그 침해를 배제하기 위하여 당해 공권력 행사의 취소를 청구함에 있어서 또는 최소한도의 보장을 적극적으로 청구함에 있어서는 구체적 권리성을 갖는 것으로 보아야 하며, 이 경우에 국민은 개인적 공권의 주체가 된다고 보아야 한다.

(3) 무하자재량행사청구권

1) 의 의

무하자재량행사청구권(無瑕疵裁量行使請求權)이라 함은 행정청에게 재량권이 부여된 경우에 행정청에 대하여 재량권을 흠 없이 행사하여 줄 것을 청구할 수 있는 권리를 말한다.

행정청에게 재량권이 인정되는 경우에는 행정청이 처분을 함에 있어서 재량권의 한계를 준수하여 줄 것을 청구할 수밖에 없고, 어떤 특정한 행위를 하여 줄 것을 청구하는 권리가 개인에게 주어질 수 없다.

2) 법적 성질

가. 형식적 권리 무하자재량행사청구권은 특정한 내용의 처분을 하여 줄 것을 청구하는 권리가 아니고 재량권을 흠 없이 행사하여 어떠한 처분을 하여 줄 것을 청구하는 권리인 점에서 형식적 권리(形式的 權利)라고 할 수 있다. 이러한 점에서 무하자재량행사청구권을 절차적 권리라고 보는 견해가 있으나(김동희, 96면), 절차적 권리는 통상 행정절차 또는 소송절차상의 권리를 의미하므로 무하자재량행사청구권을 절차적 권리로 보는 것은 타당하지 않다. 무하자재량행사청구권은 형식적 권리인 점에서 특정한 내용의 행위를 청구할 수 있는 실질적 권리와 구별된다.

나. 실체적 권리 특정한 내용의 처분을 구하는 권리를 실체적 청구권으로 보면서 무하자재량행사청구권은 실체적 권리(實體的 權利)가 아니라고 보는 견해가 있으나(김동희, 96면), 실체적 권리라는 개념은 절차적 권리 또는 소송상 권리에 대응하는 개념으로 보는 것이 타당하고 이렇게 본다면 무하자재량행사청구권은 자신의 권익을 위하여 일정한 행정결정을 청구하는 권리이므로 실체적 권리로 보는 것이 타당하다.

다. 무하자재량행사청구권과 신청권 무하자재량행사청구권이 응답신청권으로 전이되었다는 견해도 있지만, 무하자재량행사청구권과 신청권은 다음과 같이 구분되어야 한다. ① 권리의 성격: 일반적으로 청구권은 신청권과 구별되어야 한다. 청구권은 실체적 권리인 반면에 신청권은 절차적 권리의 성격이 강하다. 무하자재량행사청구권은 청구권으로서 주관적 공권이지만, 신청권은 그러하지 아니하다.

② 권리의 내용: 청구권에 대응하여 행정청은 처분의무(특정처분의무 또는 일정처분의무)를 지지만, 신청권에 대응하여 행정청은 응답의무를 진다. 청구권에는 신청권이 당연히 포함된다. 무하자재량행사청구권은 하자없는 재량행사를 구하는 권리가 포함되어 있지만, 신청권에는 그러한 권리가 없다.

③ 행정소송상 구별: 신청권은 행정소송법상 부작위 및 거부행위의 요소가 된다. 따라서 신청권이 없는 경우에 신청에 대한 부작위나 거부는 항고소송의 대상이 되지 않는다(이견 있음). 무하자재량행사청구권이 있는 자에게는 항고소송을 제기할 원고적격이 인정된다. 그리고, 무하자재량행사청구권은 하자없는 재량 행사를 명하는 재결 또는 판결의 실체법상 근거가 된다.

3) 무하자재량행사청구권의 독자성 인정 여부

무하자재량행사청구권을 독자적 권리로 인정할 필요가 있는가에 관하여 견해가 대립하고 있다.

가. 부정설 무하자재량행사청구권의 독자적 의의를 부정하는 견해의 논거는 다음과 같다.[45]: ① 재량권의 하자 있는 행사란 결국 재량권의 위법한 행사를 뜻하는 것이므로 그로 인한 실체면에서의 권리침해를 인정할 수 있고 이 경우에는 취소소송을 통하여 다툴 수가 있고 이를 위하여 특별히 무하자재량행사청구권을 인정할 필요가 없다. ② 만일 하자 없는 재량권의 행사를 청구할 수 있는 추상적인 절차적 권리를 인정하는 것이라면 원고적격을 부당하게 넓혀 실질적으로 민중소송화할 우려가 있다(이상규, 180면). ③ 실체적 권리(법률상 이익)와 독립된 무하자재량행사청구권이라는 독자적이고 개별구체적인 권리를 인정할 수는 없다. 재량행사에 하자가 있으면 재량처분이 위법하여 실체적 권리가 침해되었다는 것을 이유로 재량처분을 행정소송의 대상으로 다투면 된다(홍정선, 156~157면).

나. 긍정설 무하자재량행사청구권의 독자적 존재의의를 긍정하는 견해의 논거는 다음과 같다: ① 소송상 구제 및 구제방법과 관련하여 현행법상 인정실익이 없는 것은 사실이지만,[46] 재량권이 인정되는 경우에도 공권이 인정된다는 점과 인정되는 그 공권의 내용과 의미를 분명히 하기 위하여 인정할 필요가 있다. ② 무하자재량

---

45) 이상규, 전게서, 180면.

46) 독일에서는 경우에 따라 고유한 소송형식인 지령소송(Bescheidungsklage, 적법재량행사명령소송)이 인정되고 있지만 우리나라의 경우에는 그러하지 않다.

행사청구권은 사익보호성이 인정되는 경우에만 인정되므로 민중소송화할 위험은 없다. ③ 무하자재량행사청구권은 의무이행심판에서 적법재량행사를 명하는 재결의 실체법적 근거가 된다. ④ 무하자재량행사청구권은 과거에 사법심사가 부인되었던 재량행정영역에 있어서 원고적격을 인정하였다는데 그 본질적 의의가 있다(정하중, 83~85면).

학자에 따라 논거는 다소 다르지만 다수의 견해는 무하자재량행사청구권을 별도의 독자적인 권리로 인정하고 있다.

다. 판 례 판례는 검사임용거부처분 취소청구사건에서 무하자재량행사청구권이라는 용어를 명시적으로 사용하고 있지는 않지만 무하자재량행사청구권의 개념(재량권의 일탈이나 남용이 없는 적법한 응답을 요구할 권리)을 인정하였다(대판 1991. 02. 12, 90누5825).[47] 그러나, 아직 무하자재량행사청구권은 판례상 보편적으로 사용되는 개념은 아니다.

라. 사 견 무하자재량행사청구권은 재량행위에 대한 항고소송에서 원고적격을 인정하기 위하여는 그 실익이 없으나, 재량행위에서도 공권이 인정될 수 있다는 것과 재량행위에서 인정되는 권리가 어떠한 권리인지를 설명하여 줄 수 있고, 의무이행심판이나 의무이행소송에서 적법재량행사를 명하는 재결이나 판결의 실체법적 근거가 된다는 점에서 그 인정실익이 있다. 따라서 긍정설이 타당하다.

4) 무하자재량행사청구권의 인정범위

무하자재량행사청구권은 재량권이 인정되는 모든 행정권의 행사에 인정된다. 수익적 행정행위뿐만 아니라 부담적 행정행위에도 인정된다. 무하자재량행사청구권은 행정기관이 선택재량을 가지는 경우뿐만 아니라 결정재량만을 가지는 경우에도 인정된다. 또한 행정기관이 선택재량과 함께 결정재량을 가지는 경우도 인정된다.

5) 무하자재량행사청구권의 성립요건

무하자재량행사청구권도 공권이므로 무하자재량행사청구권의 성립요건은 공권의 성립요건과 같다. 즉, ① 행정청에게 강행법규에 의해 재량권을 행사하여 어떠한

---

47) 이 판례가 무하자재량행사청구권을 독자적 권리로 인정하였다고 해석하는 견해도 있지만, 이 판례는 기본적으로 재량행위인 검사임용의 경우에 임용신청자에게 조리상 응답신청권을 인정한 판례이며 무하자재량행사청구권의 개념을 인정하고 검사임용거부의 처분성 인정논거의 하나로 들고 있지만, 이 판례가 무하자재량행사청구권을 독자적 권리로 인정하였다고 해석하는 것은 타당하지 않다. 무하자재량행사청구권이라는 개념의 인정과 무하자재량행사청구권의 독자성 인정은 별개의 문제이다. 또한, 판례가 무하자재량행사청구권과 응답신청권을 동일한 것으로 본 것은 타당하지 않다. 전술한 바와 같이 무하자재량행사청구권과 신청권은 구별되는 개념이다. 이 판례에 대하여는 검사임용신청권은 헌법(제7조, 제25조), 사법시험법, 국가공무원법(제26조, 제33조) 및 검찰청법(제34조) 등 법령으로부터 도출되는 것이지 조리상 인정될 것은 아니라는 비판도 가능하다.

처분을 하여야 할 의무가 부과되어야 한다(처분의무). 행정청의 처분의무는 법령상 인정될 수 있을 뿐만 아니라 조리상 인정될 수도 있다(대판 1991. 02. 12, 90누5825). 여기에서의 행정청의 처분의무는 특정한 내용의 처분의무가 아니라 하자 없이 재량권을 행사하여 어떠한 처분을 해야 할 의무이다. ② 재량권을 부여하는 법규가 공익뿐만 아니라 개인의 이익도 보호하는 것을 목적으로 하여야 한다(사익보호성).

6) 무하자재량행사청구권의 내용

무하자재량행사청구권이 인정되는 경우는 행정청에게 그의 재량권을 올바르게 행사하여 처분할 의무가 있고 이에 대응하여 개인은 재량권의 올바른 행사에 근거한 처분을 받을 권리를 갖게 된다.

재량권이 영으로 수축하는 경우에는 무하자재량행사청구권은 특정한 내용의 처분을 하여 줄 것을 청구할 수 있는 행정행위발급청구권 또는 행정개입청구권으로 전화된다.

7) 재량권의 영으로의 수축

가. 의 의 재량권의 영(零)으로의 수축(收縮)이라 함은 일정한 예외적인 경우에 재량권이 있는 행정청에게 선택의 여지가 없어지고 특정한 내용의 처분을 하여야 할 의무가 생기는 것을 말한다.

나. 판단기준 일반적으로 다음과 같은 경우에 재량권이 영으로 수축된다고 본다: ① 사람의 생명, 신체 및 재산 등 중요한 법익에 급박하고 현저한(중대한) 위험이 존재하고,[48] ② 그러한 위험이 행정권의 발동(예, 시정명령 또는 조업중지명령)에 의해 제거될 수 있는 것으로 판단되며, ③ 피해자의 개인적인 노력으로는 권익침해의 방지가 충분하게 이루어질 수 없다고 인정되는 경우가 그러하다.

다. 효 과 재량권이 영으로 수축하는 경우 행정청은 특정한 내용의 처분을 하여야 할 의무를 진다.

8) 무하자재량행사청구권의 실현수단

재량권이 부담적 행정행위(예, 제재처분, 허가의 취소나 정지처분)에 있어서 인정되고 그 경우에 재량권의 행사가 재량권의 한계를 넘은 경우(선택재량의 하자)에 당사자는 처분의 취소를 구하는 취소심판 또는 취소소송을 제기하여 무하자재량행사청구권을 실현할 수 있다.

재량권이 수익적 행정행위에 있어서 인정되는 경우에 수익적 행정행위의 신청에 대하여 거부를 함에 있어서 재량권이 남용된 경우(결정재량의 하자)에 당사자는 의

48) 그 예로 공장으로부터 배출기준을 초과하는 유해한 폐수가 하천으로 배출되어 식수로 사용하는 인근의 지하수를 오염시키고 있는 경우를 들 수 있다.

무이행심판 또는 거부처분에 대하여 취소소송을 제기하여 무하자재량행사청구권을 실현할 수 있다. 거부처분에 대한 구제수단으로는 의무이행소송이 보다 직접적인 구제수단이지만 현행법상 인정되고 있지 않다. 다만, 현행법은 거부처분의 취소판결의 효력으로서 행정청의 재처분의무와 행정청의 재처분의무의 불이행에 대한 간접강제를 규정하고 있으므로 거부처분의 취소소송은 의무이행소송과 유사한 구제기능을 갖는다.

재량권이 수익적 행정행위에 있어서 인정되는 경우에 수익적 행정행위의 신청에 대하여 행정기관이 그 신청을 방치하므로 부작위가 성립하는 경우에 당사자는 의무이행심판이나 부작위위법확인소송을 제기할 수 있다. 이 경우의 구제수단으로는 의무이행소송이 보다 직접적인 구제수단이지만 현행법상 인정되고 있지 않다.

재량권이 수익적 행위에 있어서 인정되는 경우에 수익적 행정행위의 신청에 대하여 행정기관이 일부 인용의 수익적 처분을 내린 경우 이를 거부처분으로 보고, 취소소송을 제기하여 무하자재량행사청구권을 실현할 수 있다.

행정권 발동의 청구에 대해 행정청이 당해 행정권을 발동하지 않은 경우의 쟁송수단은 재량행위인 수익적 행정행위를 청구한 경우와 같다.

행정소송법 개정에 따라 의무이행소송이 도입되면 무하자재량행사청구권에 대응하여 적법재량행사명령판결이 가능하게 된다.

9) 무하자재량행사청구권과 원고적격의 관계

무하자재량행사청구권은 재량법규가 사익을 보호하는 경우에 인정되는 실체적 권리이므로 무하자재량행사청구권이 인정되는 경우에는 원고적격이 인정된다. 그러나 이에 대하여 무하자재량행사청구권은 하자 없는 재량행사를 요구할 수 있는 권리라는 점에서 결정의 내용을 대상으로 하는 것이기 때문에 그 자체만으로 원고적격을 가져다 줄 수 있는 권리가 아니라는 반론[49]이 있다. 생각건대, 전자의 견해가 타당하나, 원고적격을 인정하기 위해 무하자재량행사청구권이라는 개념이 반드시 필요한 것은 아니다. 원고적격론에 따라 재량처분의 근거법규가 사익을 보호하는 경우 원고적격이 인정되는 것이다. 무하자재량행사청구권이라는 개념을 인정하지 않더라도 원고적격을 인정할 수 있다는 점에서 오늘날 원고적격과 관련하여서는 그 개념인정의 실익은 없다.

(4) 행정권발동청구권

근대 자유국가에서 현대 복지국가로 넘어 오면서 행정권의 적극적인 발동을 요

49) 홍정선, 전게서, 160면.

구하는 권리가 인정될 필요가 커지게 되었다. 또한 오늘날 생명, 신체 및 재산에 대한 사회적 위험의 증대로 위험의 방지를 위한 행정권의 임무 내지 의무가 강조되게 되었다. 이에 따라 국민에게 행정권에 대하여 위해방지조치권의 적극적인 발동을 요구하는 권리가 인정되고 있다.

행정권발동청구권(行政權發動請求權)은 자신의 권익을 위하여 행정권의 적극적 발동을 청구할 수 있는 권리이다. 광의의 행정개입청구권이라고도 한다. 행정권발동청구권은 자신에 대하여 행정권의 발동을 청구하도록 요구하는 권리(행정행위발급청구권)와 제3자에 대한 행정권의 발동을 청구하는 권리(협의의 행정개입청구권)로 나눌 수 있다.

1) 행정행위발급청구권

가. 개 념 행정행위발급청구권(行政行爲發給請求權)이라 함은 개인이 자기의 권익을 위하여 자기에 대하여 특정한 내용의 행정권을 발동하여 줄 것을 청구할 수 있는 권리를 말한다.

나. 성립요건 행정행위발급청구권이 인정되기 위하여는 ① 강행법규가 행정청에게 일정한 행위를 하여야 할 의무를 부과하고 있고(강행법규성, 발급의무), ② 그러한 법규가 공익의 보호뿐만 아니라 개인의 이익도 보호하는 것을 목적으로 하고 있어야 한다(사익보호성).

다. 인정범위 행정행위발급청구권은 원칙적으로 기속행위에 인정되고 재량행위에는 원칙상 인정되지 않는다.

다만, 재량행위의 경우에도 재량권이 영으로 수축되는 경우에는 행정청에게 특정 행정행위를 할 의무가 생기므로 행정행위발급청구권이 인정된다.

라. 실현수단 행정행위발급청구권이 침해된 경우라는 것은 그 권리를 갖는 개인이 행정청에게 특정 내용의 행정권 행사를 하여 줄 것을 청구했음에도 행정청이 거부하거나 방치(부작위)한 경우를 말한다. 이 경우에 권리자는 의무이행심판을 제기한 후 다음과 같은 행정소송을 제기하거나 아니면 의무이행심판을 제기함이 없이 직접 다음과 같은 행정소송을 제기할 수 있다. 행정소송수단으로는 거부처분에 대하여는 거부처분의 취소소송을 제기하고, 부작위에 대하여는 부작위위법확인소송을 제기한다. 취소소송이나 부작위위법확인소송에서 인용판결이 났음에도 행정청이 청구된 행정권의 행사를 계속하지 않는 경우에는 간접강제제도에 의해 그 판결의 이행이 강제된다(행정소송법 제34조, 제38조 제2항).

2) 협의의 행정개입청구권

가. 개 념 협의(狹義)의 행정개입청구권(行政介入請求權)이라 함은 어떠한 행정권의 발동(예, 유해한 폐수를 배출하는 기업에 대한 조업중지명령)이 그 상대방에 대하

여는 침해적이고 제3자(예, 인근 주민)에 대하여는 수익적인 경우에 그 행정권의 발동으로 이익을 받는 제3자가 행정청에게 그 상대방에 대한 행정권의 발동을 청구할 수 있는 권리를 말한다.

나. 인정 여부 종래에는 행정개입청구권을 원칙상 인정하지 않았었다. 그 이유에는 다음의 세 가지가 있었다. ① 행정권의 발동 여부는 행정청의 재량에 속하는 것으로 보았다. ② 행정권의 발동으로 인하여 제3자가 받는 이익은 반사적 이익에 불과하다고 보았다. ③ 행정권이 발동되지 않음으로써 침해된 제3자의 권익의 구제를 위한 효과적인 쟁송수단이 마련되어 있지 않았다.

그러나, 오늘날에는 일정한 경우에 행정개입청구권이 인정되고 있다. ① 행정권의 발동 여부는 일반적으로 행정청의 재량에 속하는 것으로 되어 있지만, 후술하는 바와 같이 재량권이 영으로 수축하는 경우가 있고 이러한 경우에 행정청은 개입할 의무를 지게 된다. ② 오늘날 행정권의 발동으로 제3자가 받는 이익 중에는 법적으로 보호된 이익이라고 보는 경우가 있다. ③ 후술하는 바와 같이 행정권이 발동되지 않음으로써 침해된 제3의 권익구제를 위한 쟁송수단이 마련되어 있다.

다. 성립요건 행정개입청구권이 인정되기 위하여는 ① 행정청에게 개입의무(행정권의 발동의무)가 있어야 하고(강행법규성 및 개입의무), ② 행정권의 발동에 관한 법규가 공익뿐만 아니라 제3자의 사익(私益)을 보호하고 있어야 한다(사익보호성).

(가) 행정청의 개입의무(행정권의 발동의무)의 존재 행정권의 발동 여부는 원칙상 행정청의 재량에 속한다. 왜냐하면, 행정권 발동의 대상이 되는 행정 현실이 매우 다양하며 행정수단이 제약되어 있기 때문이다. 그러나, 법에서 행정권의 발동 여부에 관하여 행정권의 재량을 인정하지 않고 있는 경우가 있고, 법에서 행정권의 발동에 관하여 행정청에게 재량권을 부여하고 있는 경우에도 당해 재량권이 영으로 수축하는 경우와 이익형량상 개입의무가 인정되는 경우에는 행정청에게 개입의무가 존재한다.

[판례] [1] 경찰관직무집행법 제5조는 경찰관은 인명 또는 신체에 위해를 미치거나 재산에 중대한 손해를 끼칠 우려가 있는 위험한 사태가 있을 때에는 그 각 호의 조치를 취할 수 있다고 규정하여 형식상 경찰관에게 재량에 의한 직무수행권한을 부여한 것처럼 되어 있으나, 경찰관에게 그러한 권한을 부여한 취지와 목적에 비추어 볼 때 구체적인 사정에 따라 경찰관이 그 권한을 행사하여 필요한 조치를 취하지 아니하는 것이 현저하게 불합리하다고 인정되는 경우에는 그러한 권한의 불행사는 직무상의 의무를 위반한 것이 되어 위법하게 된다. [2] 경찰관이 농민들의 시위를 진압하고 시위과정에 도로 상에 방치된 트랙터 1대에 대하여 이를 도로 밖으로 옮기거나 후방에 안전표지판을 설치하는 것과 같은 위험발생방지조치를 취하지 아니한 채 그대로 방치하고 철수하여 버린 결과, 야간에 그 도로를 진행하던 운전자가 위 방치된 트랙터를 피하려다가 다른 트랙터에 부딪혀 상해를 입은 사안에서 국가배상책임을 인정한 사례(대판 1998. 08. 25, 98다16890). 〈**해설**〉 이 사례는 개입청구의 거부나 부작위에 대해 직접 다툰 것이 아니라 국가배상사건이어서 개입청

구권문제가 직접 쟁점이 되지는 않았다. 따라서, 이 사례에서 행정기관에게 개입의무를 인정하였지만, 개입청구권을 인정할 것인지(즉, 누구에게 항고소송의 원고적격을 인정할 것인지)는 심판의 대상이 되지 않았다.

(나) 사익보호성 오늘날 행정권의 발동을 규율하는 법규가 공익의 보호뿐만 아니라 개인의 이익도 보호하는 것을 목적으로 하고 있는 경우도 있고 이 경우에 개인이 받는 이익은 법적 이익이 된다.

라. 인정범위 행정개입청구권은 이론적으로는 모든 행정영역에서 인정될 수 있다. 그런데, 행정개입청구권은 주로 행정개입을 청구하는 국민의 생명, 신체 및 재산을 보호하기 위하여 인정되는 것이기 때문에 경찰행정(질서행정)분야에서 주로 인정된다.

행정개입청구권은 기속행위의 경우에는 당연히 인정된다. 재량행위의 경우에는 무하자재량행사청구권이 인정되고 행정개입청구권은 원칙상 인정되지 않지만, 전술한 바와 같이 재량권이 영으로 수축하는 경우와 이익형량상 개입의무가 인정되는 경우에는 무하자재량행사청구권은 행정개입청구권으로 전화되어 행정개입청구권이 인정된다.

마. 실현수단

(가) 행정쟁송 현행 행정쟁송법상 행정권이 발동되지 않음으로써 침해된 제3자(행정권의 발동을 청구한 자)의 권익의 구제를 위한 쟁송수단이 마련되어 있다. 행정심판으로는 의무이행심판이 인정되고 있다. 행정개입청구권의 보장을 위한 가장 적절한 수송수단은 의무이행소송이지만 현행법상 인정되고 있지 않다. 그러나, 행정개입청구권은 거부처분의 취소소송 또는 부작위위법확인소송을 통하여 실현될 수 있다(행정소송법 제34조, 제38조 제2항).

(나) 국가배상 행정권이 발동되지 않음으로써 손해를 입은 경우에는 항고쟁송의 제기와 별도로 국가배상을 청구할 수 있다.

권리침해가 이미 발생하여 항고쟁송의 제기로 구제될 수 있는 이익(소의 이익)이 존재하지 않는 경우에는 국가배상만이 가능하다. 예를 들면, 무장공비가 민가에 침입하여 주민과 격투가 벌어지고 있는 경우에 경찰력의 출동을 요청하였음에도 경찰력이 출동하지 않아 공비와 격투를 벌이던 주민이 사망하게 된 경우에는 국가배상청구만이 가능하다.

(5) 절차적 공권

실체법상의 권리의 확장과 함께 절차법상의 권리가 확대되고 있다. 행정절차상 권리가 확대되고 있고, 소송법상 원고적격이 확대되고 있다.

1) 행정절차상 권리의 확대

적법절차의 원칙이 행정권에도 적용되는 법원칙으로 인정되고 있다. 그리고, 행정절차법이 1998년 1월 1일부터 시행되고 있다. 알 권리가 헌법상 기본권으로 인정되고 있고, 정보공개에 관한 법률(공공기관의 정보공개에 관한 법률)도 1998년 1월 1일부터 시행되고 있다.

2) 원고적격의 확대

반사적 이익의 보호이익화에 따라 행정소송상 원고적격이 확대되고 있다. 또한, 입법론으로는 단체소송이 도입되어야 한다.

절차적 공권의 확대에 관한 자세한 사항은 관련부분에서 후술하기로 한다.

제 7 절 특별행정법관계(종전의 특별권력관계)

Ⅰ. 개 념

특별행정법관계(特別行政法關係)란 특별한 행정목적을 달성하기 위하여 특별권력기관과 특별한 신분을 가진 자와의 사이에 성립되는 특별한 법률관계를 말한다. 특별행정법관계는 행정주체와 일반 국민 사이에 성립되는 일반행정법관계에 대응하는 개념이다. 특별행정법관계의 예로는 군인의 군복무관계, 공무원의 근무관계, 교도소재소관계, 국공립학교의 재학관계 등을 들 수 있다.

특별행정법관계는 특별권력관계라는 개념을 대체하는 개념으로 사용된다. 특별권력관계이론이 오늘날의 법치국가하에서는 더 이상 타당할 수 없다는 점과 특별권력관계라는 개념 자체가 법치주의를 배제하는 인상을 주어 법치국가에서는 적절하지 않은 개념이라는 점에 비추어 특별권력관계라는 개념을 폐기하고 그 대신 특별행정법관계라는 개념을 사용하는 것이 타당하다.

특별행정법관계를 분석하여 설명하면 다음과 같다.

① 특별한 행정목적을 달성하기 위하여 성립된 특별한 행정법관계이다. 특별행정법관계도 공법관계인 점에서 법치주의에 의해 규율된다. 특별행정법관계는 법률에 근거하여야 하며 특별권력기관과 상대방간의 관계는 법에 의해 규율된다.

다만, 존립근거인 특별한 행정목적을 달성할 수 있도록 하기 위하여 일반행정법관계에서와는 다른 특수한 법적 규율이 행하여진다. 즉, 특별권력기관과 상대방 사이에는 국가와 일반 국민 사이의 관계보다 긴밀한 관계가 형성된다. 예를 들면 특별한 행정 목적의 달성에 필요한 한도 내에서 특별권력주체에게 포괄적인 지배권이 부여되고 상대방인 특별한 신분을 가진 자는 이에 복종하게 된다. 특별행정법관계에는 일반행정법관계에서보다 법치주의가 부분적으로 완화되어 적용될 수 있다.

② 특별행정법관계는 특별한 성립원인에 의해 성립된다. 일반행정법관계, 즉 행정주체와 국민과의 관계는 자동적으로 형성되나 특별행정법관계는 특별한 법률원인(예, 법률의 규정, 임명행위, 공법상 계약 등)에 의해 성립된다.

③ 특별행정법관계의 당사자는 특별권력기관(예, 국공립대학, 교도소 등)과 특별한 신분을 가진 자(예, 군인, 공무원, 재소자, 국공립대학 학생)이다.

④ 특별행정법관계도 공법관계이다. 따라서 사법상의 유사한 법관계(예, 사기업에서의 재학 관계 등)와 구별된다.

그러나, 특별권력관계라는 개념과 특별권력관계이론이 아직 전적으로 부정되고 있는 것은 아니고 일부 학자 또는 실무가에 의해 사용되고 적용되고 있기 때문에 이들에 대하여 고찰하여 볼 필요가 있다.

Ⅱ. 특별권력관계이론의 성립, 발전과 소멸(특별행정법관계이론의 등장)

1. 의　　의

특별권력관계(特別權力關係)란 특별한 행정목적을 달성하기 위하여 성립된 관계로서 특별권력주체에게 포괄적인 지배권이 부여되고 상대방인 특별한 신분에 있는 자는 이에 복종하여야 하는 관계를 말한다. 특별권력관계는 일반권력관계에 대응하는 개념이다.

2. 종래의 특별권력관계이론

특별권력관계이론은 19세기 후반 독일에서 성립된 독일법에 특유한 이론이다. 프랑스법에는 특별권력관계이론이 존재하지 않는다. 특별권력관계이론이란 특별권력주체와 상대방은 행정목적의 달성상 필요하므로 국가와 일반 국민 사이의 관계보다는 밀접한 관계에 있다고 보고 나아가 특별권력관계의 상대방은 행정조직에 통합된 것으로 보았다. 따라서 특별권력관계는 행정의 내부관계로 보고 그 결과 법치주의가 적용되지 않는다고 보았다.

특별권력관계는 법률에 의해 규율되어야 하는 것이 아니라 자율적인 내부규칙에 의해 규율될 영역으로 보았고, 특별권력관계의 목적상 필요한 경우에는 법률의 근거 없이도 기본권이 제한될 수 있는 것으로 보았고, 특별권력관계 내에서의 행위는 내부행위이므로 사법심사의 대상이 되지 않는다고 보았다.

3. 오늘날의 특별권력관계이론

법치주의를 위협하는 위와 같은 특별권력관계이론은 많은 비판을 받았다. 특히 제2차 세계대전 후에 법치주의에 입각한 헌법이 제정된 후에는 강력한 비판을 받게 되었다. 그리하여 오늘날 독일에서도 특별권력관계이론을 부정하고 종래 특별권력관계라고 보았던 관계에도 법치주의가 원칙적으로 적용된다고 보는 견해가 많다. 그러나 한편으로는 아직도 특별권력관계이론을 지지하는 견해도 있다.

(1) 특별권력관계 긍정설(제한적 긍정설)

특별권력관계의 근거는 학자에 따라 관습법, 헌법규정 또는 동의에서 찾고 있다.[50)]

오늘날 특별권력관계를 인정하는 견해도 법치주의의 적용을 완전히 배제하지는 않고, 원칙적으로 법치주의가 적용된다고 보면서 특별한 행정목적을 달성함에 필요한 한도 내에서 법치주의가 일부 제한되거나 완화되어 적용될 수 있다고 볼 뿐이다(제한적 긍정설 또는 수정설). 즉, ① 특별권력관계 내에서도 국민의 기본권을 제한하기 위하여는 법률에 근거를 요하고 다만, 특별권력주체가 특별한 행정목적을 효율적으로 달성할 수 있도록 그에 필요한 자유영역을 확보해 주기 위하여 개괄적인 수권도 가능하다고 본다. ② 또한, 특별권력주체는 법령의 범위 내에서 그 구성원과의 관계를 규율하는 법규명령의 효력을 갖는 규칙(특별명령)을 법률의 근거 없이도 자율적으로 정할 수 있다고 본다.[51)] ③ 그리고, 특별권력관계 내에서 취해진 행위 중 기본관계에서의 행위는 사법심사의 대상이 되지만 경영수행관계에서의 행위는 사법심사의 대상이 되지 않는다고 한다.[52)]

(2) 특별권력관계 부정설

특별권력관계 부정설은 오늘날 법치국가하에서는 법치주의의 예외를 인정하는 특별권력관계이론은 인정될 수 없다고 한다.

1) 특별행정법관계설

이 견해는 특별권력관계를 부인하고 그 관계를 특별행정법관계로 보는 견해인데, 특별행정법관계에서는 법치주의가 원칙상 적용된다고 본다. 즉, 법률유보의 원칙

---

50) Maurer, *op. cit.*, pp. 174~175.

51) 독일법에서 특별명령(Sonderverordnung)이란 학설에 의해 만들어진 개념인데 특별권력관계를 규율하기 위하여 집행기관에 의해 발령된 명령을 말한다. 특별명령은 단순한 행정규칙은 아니며 법규명령의 성격을 갖는다. 특별명령의 제정에 법률에 근거가 필요한지에 관하여 견해가 대립하고 있다.

52) 기본관계와 경영수행관계의 구별은 독일 학자 Ule의 분류이다.

이 적용되고, 기본권 규정이 적용되고, 특별권력관계 내의 행위에 대하여도 사법심사가 원칙적으로 인정된다고 본다. 그러나, 특별행정법관계에 대하여는 그 존재근거인 특별한 행정목적의 달성을 위하여 특별한 법적 규율이 행해질 수 있다고 본다.

다만, 이러한 특별규율은 법치주의의 원칙 내에서 인정되는 것이다.

2) 일반행정법관계설

이 견해는 특별권력관계를 부인하면서 그 관계를 일반행정법관계로 편입시키는 견해이다. 이 견해에 의하면 특별권력관계라고 보았던 관계에는 다소 폭넓은 재량권이 인정되기는 하겠지만 그 관계는 전적으로 일반행정법관계에 속하고 법치주의가 전적으로 타당하다고 본다.

(3) 결 어

법치주의를 배제 내지 제한하는 특별권력관계이론은 법치국가하에서는 인정될 수 없다. 다만, 특별한 행정목적을 달성하도록 하기 위하여 특별한 규율이 필요한 법관계가 존재한다. 따라서, 특별행정법관계설이 타당하다.

Ⅲ. 특별행정법관계의 성립

특별행정법관계는 다음과 같은 공법상의 특별한 성립원인에 의해 성립한다.

① 상대방의 동의 없는 법률의 규정에 의한 성립. 특별행정법관계가 법률의 규정에 근거하여 상대방의 동의 없이 성립하는 경우이다. 군입대(병역법 제4장), 수형자의 교도소 수감(행형법 제1조, 제8조), 감염병환자의 강제입원(감염병의 예방 및 관리에 관한 법률 제42조), 공공조합에의 강제가입(산림조합법 제3장, 도시재개발법 제20조) 등이 그 예이다.

② 상대방의 동의에 의한 성립. 특별행정법관계가 상대방의 동의에 근거하여 성립되는 경우이다. 상대방의 동의가 그의 자유로운 의사에 의한 경우(예, 공무원의 임명, 국공립학교에의 입학, 국공립도서관의 이용)와 상대방의 동의가 법률에 의해 강제되는 경우(예, 학령아동의 초등학교에의 취학)가 있다.

Ⅳ. 특별행정법관계의 종류

특별행정법관계는 다음의 네 가지로 분류된다: 공법상의 근무관계(예, 군복무관계, 국가공무원의 근무관계, 지방공무원의 근무관계), 공법상의 영조물이용관계(예, 국공립학교에의 재학관계, 국공립도서관 이용관계, 교도소 재소관계, 감염병환자의 국공립병원에의 입원관계),

공법상 특별감독관계(예, 공공조합, 공무수탁자와 국가와의 특별감독관계), 공법상의 사단관계(예, 공공조합과 그 조합원과의 관계)가 그것이다.

Ⅴ. 특별행정법관계에 있어서의 특별권력

특별행정법관계에 있어서 특별한 행정목적을 달성하기 위하여 행정주체에게 일반권력관계에서와는 다른 특별한 권력 내지 권한이 법령에 의해 또는 법해석상 부여된다. 특별권력에는 포괄적 명령권, 징계권이 있다.

1. 명령권

특별권력의 주체에게는 행정목적을 효율적으로 달성할 수 있도록 하기 위하여 포괄적인 명령권이 부여된다. 명령권은 일반적 · 추상적 형식(예, 공무원관계에서의 훈령 등 행정규칙, 영조물이용관계에서의 영조물규칙, 특별감독관계에서의 특허명령서, 공사단관계에서의 공공조합규약 등) 또는 개별적 · 구체적인 형식(예, 직무명령, 상대방에 대한 명령 등)으로 발동된다.

명령권은 법령을 위반하지 말아야 할 뿐만 아니라 특별행정법관계의 성립목적을 달성하기 위하여 필요한 한도 내에서 행사되어야 한다.

2. 법규명령제정권

특별권력주체에게 고유한 법규명령제정권이 있는가에 관하여 견해의 대립이 있다.

(1) 긍정설

특별권력주체에게는 법규명령의 효력을 갖는 특별명령을 제정하는 권한이 있다는 견해이다. 특별명령은 단순한 행정규칙은 아니며 특히 특별권력주체와 상대방과의 관계를 규율하는 사항을 내용으로 하는 명령으로서 그 상대방의 권리와 의무를 규율하므로 실질에 있어서 법규명령의 성질을 갖는다.

독일에서 이러한 법규적 성질의 특별명령의 제정에 법률에 근거가 필요한지에 관하여 견해가 대립하고 있다. 다음과 같은 세 입장이 대립되고 있다. ① 행정기관에 의한 법령제정권은 반드시 법률에 의하여 근거지워져야 한다는 기본법 제80조 제1항에 의거하여 이를 부정하는 견해가 있다. ② 특별명령은 관습법에 근거하여 제정될 수 있다는 견해가 있다. ③ 특별권력주체에게 특별권력관계 내부에서 적용되는 법규를 제정함에 있어서 고유한 법규제정권이 있다고 보고 특별명령은 그 법규제정권에

근거하여 발령될 수 있다고 보는 견해가 있다.[53)]

(2) 부정설

이 견해는 현행 헌법하에서 법치주의의 원칙(법률의 법규창조력의 원칙 내지 법률유보의 원칙)에 비추어 관습법에 근거한 법규명령이나 행정권에 고유한 법규명령제정권은 인정될 수 없다고 본다. 특별권력주체가 특별권력주체의 상대방의 권리와 의무를 정하는 법규사항을 정하기 위하여는 법령에 근거가 있어야 한다고 본다.

(3) 결 어

오늘날 법치행정의 원칙상 행정권에게 고유한 법규제정권을 인정할 수 없으므로 부정설이 타당하다. 다만, 특별권력주체는 법률의 수권이 있는 경우 법규명령의 효력을 갖는 행정규칙(법령보충적 행정규칙)을 제정할 수 있다고 보는 것이 타당하다(수권설). 이에 대하여 헌법상 법규명령제정권이 없는 자에 의한 법령보충적 행정규칙 제정이 위헌이라는 견해도 있다(법령보충적 행정규칙 참조).

법률에 의한 수권은 다소 포괄적일 수도 있고 명령에 의한 수권도 가능하다고 보아야 한다.

3. 징계권

특별권력주체는 내부의 질서를 유지하기 위하여 징계를 행할 수 있는 권한을 갖는다. 징계가 상대방의 법적 지위와 관계가 없을 때에는 법령에 근거가 없어도 가능하지만 상대방의 법적 지위에 영향을 미칠 때에는 법령에 근거가 있어야 한다.

특별권력주체의 징계에는 한계가 있다. 법령에 위반할 수 없으며 특별행정법관계의 성립목적을 달성하기 위하여 필요한 한도 내에서 행사되어야 한다.

Ⅵ. 특별행정법관계와 법치주의

특별권력관계를 부정하는 견해에 의하면 법치주의가 종전에 특별권력관계라고 보았던 관계에도 전적으로 적용되는 것으로 보아야 한다. 그러나 특별권력관계를 부정하는 견해에도 그러한 관계에는 국가와 일반국민 사이의 관계인 일반행정법관계와는 다른 특별한 법적 규율이 행하여질 수 있다는 것을 인정하는 견해가 있고 이러한 견해는 통상 그러한 관계를 특별행정법관계로 본다. 또한 특별권력관계를 전적으로 부인하고 그 관계를 일반행정법관계로 보는 견해가 있다. 이에 대하여 오늘날에도

53) Maurer, *op. cit.*, pp. 176~177.

아직 수정된 형태의 특별권력관계의 존재를 인정하는 견해가 있다. 이 견해에 의하면 특별권력관계에서는 법치주의가 부분적으로 배제 또는 완화될 수 있다고 본다.

위와 같이 종전의 특별권력관계를 어떠한 성질의 관계로 보는가에 따라 그 관계에 대한 법치주의의 적용에 관하여 다른 견해를 취하게 된다. 이하에서는 법치주의의 적용을 법률유보의 원칙 및 사법심사로 나누어 살펴보기로 한다.

1. 법률유보의 원칙

(1) 수정설

수정설(修正說)에 의하면 특별권력관계의 성립목적인 특별한 행정목적을 달성하기 위하여 필요한 한도 내에서는 법률의 근거 없이 기본권에 대한 제한도 가능하고, 특별권력관계내부에 적용되는 법규적 성질의 명령(학칙 등 특별명령)을 제정할 고유한 법규명령제정권을 갖는다고 본다. 또한 법률의 수권에 있어서도 개괄조항에 의한 수권(포괄적 수권)이 가능하다고 본다.

그러나, 위와 같은 견해는 법치주의 원칙에 반하는 것으로 현행 헌법상 인정될 수 없다.

(2) 특별행정법관계설

특별행정법관계설에 의하면 법률유보의 원칙은 원칙상 그 관계에 적용된다. 즉, 국민의 권리를 제한하거나 의무를 부과하는 명령 또는 강제는 법률에 근거하여야 하고 법규사항을 정하는 특별명령은 법령에 근거가 있어야 제정될 수 있다.

다만, 특별한 행정목적을 효율적으로 달성할 수 있도록 하기 위하여 필요한 한도 내에서는 다소 포괄적인 수권도 가능하다.

(3) 일반행정법관계설

종전의 특별권력관계를 부정하고 일반행정법관계로 편입시키는 견해는 그 관계에 법률유보의 원칙이 일반행정법관계에서와 동일하게 적용된다고 본다. 즉, 행정권 행사에는 원칙상 개별적 수권이 있어야 한다고 본다.

(4) 판 례

판례는 특별행정법관계설에 입각하고 있는 것으로 보인다.

[판례] ① [1] 국방의 목적을 달성하기 위하여 상명하복의 체계적인 구조를 가지고 있는 군조직의 특수성을 감안할 때, **군인의 복무 기타 병영생활 및 정신전력 등과 밀접하게 관련되어 있는 부분은** 행정부에 널리 독자적 재량을 인정할 수 있는 영역이라고 할 것이므로, 이와 같은 영역에 대하여 법률유보원칙을 철저하게 준수할 것을 요구하고, 그와 같은 요구를 따르지 못한 경우 헌법에 위반된다고 판단하는 것은 합리적인 것으로 보기 어렵다. [2] 군인사법 제47조의29(군인의 복무에 관하

여는 이 법에 규정한 것을 제외하고는 따로 대통령령이 정하는 바에 의한다)는 헌법이 대통령에게 부여한 군통수권을 실질적으로 존중한다는 차원에서 군인의 복무에 관한 사항을 규율할 권한을 대통령령에 위임한 것이라 할 수 있고, **대통령령으로 규정될 내용 및 범위에 관한 기본적인 사항을 다소 광범위하게 위임하였다 하더라도 포괄위임금지원칙에 위배된다고 볼 수 없다.** 따라서 이 사건 복무규율조항(군인은 불온유인물·도서·도화 기타 표현물을 제작·복사·소지·운반·전파 또는 취득하여서는 아니 되며, 이를 취득한 때에는 즉시 신고하여야 한다.)은 이와 같은 군인사법 조항의 위임에 의하여 제정된 정당한 위임의 범위 내의 규율이라 할 것이므로 법률유보원칙을 준수한 것이다. [3] 불온도서의 소지·전파 등을 금지하는 군인복무규율(1998. 12. 31. 대통령령 제5954호로 개정된 것) 제16조의2가 명확성원칙, 과잉금지원칙 및 법률유보원칙에 위배되지 않는다고 한 사례(헌재 2010. 10. 28, 2008헌마638[군인사법 제47조의2 위헌확인 등]). 〈해설〉 특별권력관계 또는 특별행정법관계라는 용어를 사용하고 있지는 않다. 그러나, 군복무관계에도 법률유보의 원칙이 적용되지만, 군조직의 특수성을 감안하여 법률유보의 원칙을 완화하여 적용할 수 있다고 본 점에서 특별행정법관계설에 입각하고 있는 것으로 보인다.

② [1] **육군3사관학교 사관생도의 경우 일반 국민보다 기본권이 더 제한될 수 있는지 여부(적극) 및 그 경우 기본권 제한의 한계: 사관생도는** 군 장교를 배출하기 위하여 국가가 모든 재정을 부담하는 특수교육기관인 육군3사관학교의 구성원으로서, 학교에 입학한 날에 육군 사관생도의 병적에 편입하고 준사관에 준하는 대우를 받는 **특수한 신분관계**에 있다(육군3사관학교 설치법 시행령 제3조). 따라서 그 존립 목적을 달성하기 위하여 필요한 한도 내에서 **일반 국민보다 상대적으로 기본권이 더 제한될 수 있으나,** 그러한 경우에도 법률유보원칙, 과잉금지원칙 등 **기본권 제한의 헌법상 원칙들을 지켜야 한다.** [2] 육군3사관학교 설치법 및 시행령, 그 위임에 따른 육군3사관학교 학칙 및 사관생도 행정예규 등에서 육군3사관학교의 설치 목적과 교육 목표를 달성하기 위하여 사관생도가 준수하여야 할 사항을 정하고 이를 위반한 행위에 대하여는 징계를 규정할 수 있고 이러한 규율은 가능한 한 존중되어야 한다. [3] 사관생도인 원고가 4회에 걸쳐 학교 밖에서 음주행위를 하였다는 이유로 퇴학처분을 당한 사안에서, 사관생도의 모든 사적 생활에서까지 예외 없이 금주의무를 이행할 것을 요구하는 것은 **사관생도의 일반적 행동자유권은 물론 사생활의 비밀과 자유를 지나치게 제한**한다고 판단하여, **사관생도 '음주 2회시 퇴학' 예규는 무효**라고 판시하고, 원고에 대한 **퇴학처분은 재량권을 일탈·남용한 위법한 처분**이라고 한 사례(대판 2018. 08. 30, 2016두60591). 〈해설〉 이 사건 예규는 행정규칙의 형식인데, 법령의 위임을 받아 위임된 범위내에서 제정된 경우 법령보충적 행정규칙이고, 위임을 받지 않고 재량권에 근거하여 제정된 경우 재량준칙의 성질을 갖는다.

2. 사법심사의 범위와 한계

(1) 수정설

특별권력관계의 존재를 긍정하는 수정설은 종전과 같이 특별권력관계 내의 행위가 모두 사법심사의 대상이 되지 않는다고 보지는 않지만 특별권력관계를 기본관계와 경영수행관계로 구분하고 기본관계에서의 행위에 대하여는 사법심사가 허용되지만 경영수행관계에서의 행위에 대하여는 사법심사가 인정되지 않는다고 본다. 기본관계와 경영수행관계의 구분은 독일의 학자 Ule에 의해 행해진 것인데, 기본관계라 함은 특별권력관계 자체의 성립, 변경 및 소멸이나 그 밖의 특별권력주체의 상대방의 법적 지위의 본질적 사항에 관련된 법률관계(예, 공무원의 임명, 면직, 정직, 국공립대학학생에 대한 퇴학, 정학 등)를 말하고, 경영수행관계라 함은 특별권력관계의 성립목적을 달성하기 위하여 필요한 내부적 질서유지와 관련된 법률관계(예, 공무원연수, 훈계 등)를 말한다.

(2) 특별행정법관계설

특별권력관계를 부인하고 그 관계를 특별행정법관계로 보는 견해도 그 관계를 일반행정법관계로 보는 견해와 동일하게 문제의 행위가 처분인지에 따라 사법심사의 범위를 정한다. 그런데, 특별행정법관계 내에서의 행위가 외부적·법적 효과를 미치는 처분인가 아니면 순수하게 내부적인 행위로서 처분이 아닌가는 애매한 경우가 있다.

공무원관계를 예로 들면, 공무원의 임명, 해임, 정직, 감봉 및 견책은 처분이다. 이에 반하여 공무원의 훈련이나 그 방법과 관련된 행위, 단순 경고행위는 내부행위로 처분이 아니다. 서면경고는 처분이라고 보아야 한다. 공무원의 승진 또는 승진에서의 탈락도 처분으로 보아야 한다. 공무원에 대한 전보명령이 처분인가에 대하여는 논란이 있다.

(3) 일반행정법관계설

종전의 특별권력관계를 부인하고 그 관계를 일반행정법관계로 보는 견해에 의하면 일반행정법관계와 동일하게 사법심사가 행하여진다. 즉, 상대방의 법적 지위에 영향을 미치는 행위는 '처분'이고 사법심사의 대상이 된다고 본다.

다만, 법령에 의해 특별권력기관에게 폭넓은 재량권이 주어지는 경우가 적지 않은데 이 경우에는 재량행위에 대한 사법심사의 문제가 될 뿐이다.

(4) 판 례

판례는 문제의 행위가 행정소송법상 처분인지에 따라 사법심사의 범위를 정한다. 특별권력관계내에서의 행위는 외부행위(예, 국공립학생에 대한 퇴학처분)가 아닌 한 내부행위(예, 공무원연수, 전보명령)이고, 내부행위는 원칙상 처분이 아니지만, 처분성을 가지는 경우(국민의 권익에 직접 영향을 미치는 경우)가 있고 이 경우 처분이 된다(후술 행정소송의 대상인 처분 참조).

[판례] ① 농지개량조합과 그 직원과의 관계는 사법상의 근로계약관계가 아닌 공법상의 특별권력관계이고, 그 조합의 직원에 대한 징계처분의 취소를 구하는 소송은 행정소송사항에 속한다(대판 1995. 06. 09, 94누10870).

② 국립 교육대학 학생에 대한 퇴학처분은 행정처분이다(대판 1991. 11. 22, 91누2144).

제 8 절 행정법관계의 변동(발생 · 변경 · 소멸)

Ⅰ. 법률요건

법률관계의 발생·변경·소멸의 원인이 되는 것을 법률요건(法律要件)이라 한다. 법률요건은 법률관계의 변동원인이다. 법률요건에는 행위, 사건 등이 있다.

행정법상의 법률관계는 행정주체의 공법행위 또는 사인의 공법행위 및 사건에 의해 발생·변경·소멸된다.

Ⅱ. 행정주체의 행위

행정주체의 공법행위는 매우 다양하다. 행정주체의 공법행위를 성질에 따라 유형화한 것이 행위형식인데, 행정입법, 행정행위, 공법상 계약, 사실행위 등이 이에 속한다. 이에 관하여는 후술한다.

법적 행위만이 법률관계에 변동을 가져오며 사실행위는 법률관계의 변동을 가져오지 않는다.

행정청이 문서에 의하여 처분을 한 경우 처분서의 문언이 불분명하다는 등의 특별한 사정이 없는 한, 문언에 따라 어떤 처분을 하였는지를 확정하여야 하고, 처분서의 문언만으로도 행정청이 어떤 처분을 하였는지가 분명함에도 처분 경위나 처분 이후의 상대방의 태도 등 다른 사정을 고려하여 처분서의 문언과는 달리 다른 처분까지 포함되어 있는 것으로 확대해석하여서는 아니 된다(대판 2005. 07. 28, 2003두469; 대판 2016. 10. 13, 2016두42449: 산지전용허가의 경우 처분서의 문언상으로 목적사업이 '부지 조성'임이 분명함에도, 피고가 목적사업이 '건축물의 건축'에 해당함을 전제로 한 이 사건 처분이 위법하다고 판단한 사례).

Ⅲ. 행정법상 사건

사람의 정신작용과는 관계가 없는 사실로서 법률요건이 되는 것이 사건(事件)이다. 행정법상 사건에는 출생, 사망, 시간의 경과, 물건의 점유, 일정한 장소에의 거주 등이 있다.

1. 기간의 경과

행정상 법률관계가 일정한 기간의 경과에 의해 변동되는 경우가 있다. 예를 들면 허가의 존속기간이 경과하면 허가의 효력은 상실한다.

2. 시 효

시효(時效)는 일정한 사실상태가 오랫동안 계속한 경우에 그 사실상태에 따라 권리관계를 형성(취득 또는 소멸)하는 법률요건이다. 시효에는 소멸시효와 취득시효가 있다.

민법의 시효에 관한 규정은 행정법관계에도 유추적용된다.

(1) 소멸시효

소멸시효(消滅時效)는 권리자가 그의 권리를 행사할 수 있음에도 불구하고 일정한 기간 동안 그 권리를 행사하지 않은 경우 그 권리를 소멸시키는 시효이다.

국가재정법은 금전의 급부를 목적으로 하는 국가의 권리 또는 국가에 대한 권리는 시효에 관하여 다른 법률에 규정이 없는 한 5년간 행사하지 아니할 때에는 시효로 인하여 소멸한다고 규정하고 있다(제96조 제1항, 제2항). 여기서 다른 법률의 규정이라 함은 5년의 소멸시효기간보다 짧은 기간의 소멸시효의 규정이 있는 경우를 가리키는 것으로, 이보다 긴 소멸시효를 규정하고 있는 것은 해당하지 않는다(대판 2001. 04. 24, 2000다57856). 공법상 금전채권뿐만 아니라 사법상 금전채권도 이 규정의 적용대상이 된다. 금전의 급부를 목적으로 하는 국가의 권리 및 국가에 대한 권리의 경우 소멸시효의 중단 · 정지 그 밖의 사항에 관하여 다른 법률의 규정이 없는 때에는 「민법」의 규정을 적용한다(제96조 제3항).

[판례] ① 변상금 부과처분에 대한 취소소송이 진행중이라도 그 부과권자로서는 위법한 처분을 스스로 취소하고 그 하자를 보완하여 다시 적법한 부과처분을 할 수도 있는 것이어서 그 권리행사에 법률상의 장애사유가 있는 경우에 해당한다고 할 수 없으므로, 그 처분에 대한 취소소송이 진행되는 동안에도 그 부과권의 소멸시효가 진행된다(대판 2006. 02. 10, 2003두5686).
② 특별시장등이 거짓이나 부정한 방법으로 화물자동차 유가보조금(이하 '부정수급액'이라 한다)을 교부받은 운송사업자등으로부터 부정수급액을 반환받을 권리에 대해서는 지방재정법 제82조 제1항에서 정한 5년의 소멸시효가 적용된다. 그 소멸시효는 부정수급액을 지급한 때부터 진행하므로, 반환명령일을 기준으로 이미 5년의 소멸시효가 완성된 부정수급액에 대해서는 반환명령이 위법하다(대판 2019. 10. 17, 2019두33897).

소멸시효기간이 지나면 당자자의 주장이 없더라도 권리가 당연히 소멸하지만, 권리를 소멸시키는 소멸시효 항변은 변론주의 원칙에 따라 당사자의 주장이 있어야만 법원의 판단대상이 된다(대판 2017. 03. 22, 2016다258124).

[판례] 소멸시효 완성 후에 한 조세부과처분의 효력(=당연무효): **조세에 관한 소멸시효가 완성되면 국가의 조세부과권과 납세의무자의 납세의무는 당연히 소멸한다** 할 것이므로 소멸시효완성후에 부과된 부과처분은 납세의무 없는 자에 대하여 부과처분을 한 것으로서 그와 같은 하자는 중대하고 명백하여 그 처분의 효력은 당연무효이다(대판 1985. 05. 14, 83누655).

(2) 취득시효

취득시효(取得時效)라 함은 어떤 사람이 권리자인 것과 같이 권리를 행사하고 있는 상태가 일정한 기간 동안 계속한 경우에 처음부터 그 사람이 권리자이었던 것으로 인정하는 제도이다.

민법상 취득시효규정이 공물에도 적용되는지에 관하여 견해의 대립이 있다(행정법론(하) 참조).

국가도 부동산 점유취득시효의 주체가 되며(민법 제245조 제1항), 이 조항은 헌법에 위반되지 아니한다(헌재 2015. 06. 25, 2014헌바404). 국가나 지방자치단체가 취득시효의 완성을 주장하는 토지의 취득절차에 관한 서류를 제출하지 못하고 있다는 사정만으로 자주점유의 추정이 번복되지 않는다(대판 2021. 08. 12, 2021다230991).

[판례] ① 부동산의 점유권원의 성질이 분명하지 않을 때에는 민법 제197조 제1항에 따라 점유자는 소유의 의사로 선의, 평온 및 공연하게 점유한 것으로 추정되며, 이러한 추정은 지적공부 등의 관리주체인 국가나 지방자치단체(이하 통틀어 '국가 등'이라고 한다)가 점유하는 경우에도 마찬가지로 적용된다. 그리고 점유자가 스스로 매매 또는 증여와 같이 자주점유의 권원을 주장하였으나 이것이 인정되지 않는 경우에도 원래 자주점유의 권원에 관한 증명책임이 점유자에게 있지 아니한 이상 그 주장의 점유권원이 인정되지 않는다는 사유만으로 자주점유의 추정이 번복된다거나 또는 점유권원의 성질상 타주점유라고 볼 수 없다. 따라서 국가 등이 취득시효의 완성을 주장하는 토지의 취득절차에 관한 서류를 제출하지 못하고 있더라도, 점유의 경위와 용도, 국가 등이 점유를 개시한 후에 지적공부에 토지의 소유자로 등재된 자가 소유권을 행사하려고 노력하였는지 여부, 함께 분할된 다른 토지의 이용 또는 처분관계 등 여러 가지 사정을 감안할 때 국가 등이 점유개시 당시 공공용 재산의 취득절차를 거쳐서 소유권을 적법하게 취득하였을 가능성을 배제할 수 없는 경우에는, 국가 등의 자주점유의 추정을 부정하여 무단점유로 인정할 것이 아니다(대판 2016. 06. 09, 2014두1369[손실보상금]).

② 일제강점기 분할 전 토지에서 분할되어 도로로 지목이 변경된 이래 현재까지 줄곧 국가 또는 지방자치단체가 도로 부지로 점유·사용해 온 토지들에 관하여 등기부상 소유명의자가 현 점유자인 지방자치단체를 상대로 부당이득 반환을 구하자, 지방자치단체가 반소로 취득시효 완성을 주장한 사안에서, 위 토지들에 관하여 일제강점기에 작성된 등기부 등이 소실되지 않고 남아 있고 지방자치단체가 위 토지들의 취득절차에 관한 서류를 제출하지 못하고 있지만, 위 토지들을 지방자치단체가 점유하게 된 경위나 점유의 용도, 위 토지들 및 그와 함께 분할된 다른 토지들의 처분·이용관계 등을 감안할 때 당시 국가 등에 의하여 위 토지들의 소유권 취득을 위한 적법한 절차를 거쳤을 가능성이 크므로, 위 토지들에 관한 지방자치단체의 점유를 자주점유로 봄이 타당하다고 한 사

례(대판 2014. 03. 27, 2010다94731,94748[부당이득금 · 소유권이전등기]).

3. 제척기간

제척기간(除斥期間)이라 함은 일정한 권리에 관하여 법률이 정한 존속기간이다. 제척기간은 법률관계를 조속히 확정시키는 것을 목적으로 하는 제도이다.

제척기간이 소멸시효와 다른 점은 제척기간의 목적은 법률관계를 속히 확정하려는 데 있으므로 그 기간이 상대적으로 짧고, 중단제도가 없다는 점 등이다.

[판례] ① (1) **제척기간은 권리자로 하여금 권리를 신속하게 행사하도록 함으로써 그 권리를 중심으로 하는 법률관계를 조속하게 확정하려는 데에 그 제도의 취지가 있는 것**으로서, 소멸시효가 일정한 기간의 경과와 권리의 불행사라는 사정에 의하여 그 효과가 발생하는 것과는 달리 관계 법령에 따라 정당한 사유가 인정되는 등 특별한 사정이 없는 한 그 기간의 경과 자체만으로 곧 권리소멸의 효과를 발생시킨다. 따라서 추상적 권리행사에 관한 **제척기간은 권리자의 권리행사 태만 여부를 고려하지 않으며**, 또 당사자의 신청만으로 추상적 권리가 실현되므로 **기간 진행의 중단 · 정지를 상정하기 어렵다**. 이러한 점에서 제척기간은 소멸시효와 근본적인 차이가 있다. (2) 앞서 본 입법 유형 중 **제척기간에 관한 규정과 소멸시효에 관한 규정이 병존하는** 첫째 **유형**이 사회보장수급권의 각 권리행사기간을 잘 구현한 모습이라 할 수 있다. 이 경우 각 규정은 각각 존재 의의가 있고, 서로 충돌하거나 저촉된다고 할 수 없다. 그리고 **제척기간은 종기를 특정일로 하여 정할 수도 있고, 또 시기와 종기를 가진 기간으로 하여 정할 수도 있다**. 앞서 든 「지뢰피해자 지원에 관한 특별법」 제8조 제2항은 추상적 권리 단계의 위로금 청구권(위로금 지급 신청)의 행사기간을 '2021년 5월 31일까지'로, 제16조는 위로금 지급결정이 있은 후 구체적 권리 단계의 위로금 청구권의 행사기간을 '지급결정서 정본 송달일로부터 3년'으로 각 규정하고 있다. **이 경우 전자는** 기간 진행의 중단 · 정지를 상정하기 어려우므로 **제척기간 규정**이라고 보아야 하고, **후자는** 권리자의 구체적 권리 불행사로 인해 권리 소멸이라는 결과를 안게 되는 법문 그대로 **소멸시효 규정**이라고 보아야 한다. (3) **구 고용보험법(2019. 1. 15. 법률 제16269호로 개정되기 전의 것, 이하 같다)**은 육아휴직급여 청구권의 행사에 관하여 제70조 제2항에서는 신청기간을 규정하고, 이와 별도로 제107조 제1항에서는 육아휴직급여 청구권의 소멸시효기간을 규정하고 있다. 제70조 제2항은 통상적인 '제척기간'에 관한 규정 형식을 취하고 있는 반면, 제107조 제1항은 소멸시효에 관한 규정임을 명시하고 있다. 이러한 점으로 볼 때, 제70조 제2항과 제107조 제1항은 사회보장수급권의 권리행사기간에 관한 입법 유형 중 **제척기간에 관한 규정과 소멸시효에 관한 규정이 병존하는 유형에 해당하는 경우**로서, **제70조 제2항에서 정한 신청기간은 추상적 권리의 행사에 관한 '제척기간'**이다. 육아휴직급여 신청기간을 정한 제70조 제2항은 **강행규정**이고, 훈시규정이라고 볼 수 없다(대판 전원합의체 2021. 03. 18, 2018두47264).

② <사회보장수급권(추상적 형태의 권리와 구체적 형태의 권리)의 권리행사기간의 입법> (1) **사회보장수급권은 추상적 형태의 권리와 구체적 형태의 권리로 나뉘고**, 이들 각각의 권리행사는 그 목적과 방법이 서로 다르다. 개별 실정법에서는 그 권리행사의 방법을 다양하게 규정하고 있는데, **각각의 권리행사기간은 입법자가 정책적으로 결정할 사항**이다. 여러 개별 실정법에 나타난 입법형태는 아래와 같이 크게 **4가지 유형**으로 분류할 수 있다. 1) 첫째, **각각의 권리행사기간을 병존적으로 규정한 경우**이다. 일반적으로 행정법 영역에서는 추상적 권리의 행사방법과 구체적 권리의 행사방법이 다르다는 점을 고려하여 추상적 권리의 행사에 관해서는 제척기간을, 구체적 권리의 행

사에 관해서는 소멸시효를 규정하는 경우가 많다(국세기본법 제26조의2, 제27조, 지방세기본법 제38조, 제39조, 질서위반행위규제법 제15조, 제19조 참조). **사회보장수급권의 경우에도 관계 법령에서 달리 규정하지 않은 이상, 수급권자의 관할 행정청에 대한 추상적 권리의 행사(급여 지급 신청)에 관한 기간은 제척기간으로, 관할 행정청의 지급결정이 있은 후 수급권자의 구체적 권리의 행사(청구, 당사자소송 제기)에 관한 기간은 소멸시효로 이해하는 것이 자연스럽다**(「지뢰피해자 지원에 관한 특별법」 제8조 제2항, 제16조 참조). 2) 둘째, **추상적 권리의 행사에 관해서만 기간을 규정한 경우**이다(석면피해구제법 제9조 제4항 참조). 이런 경우에는 추상적 권리의 행사기간에 관해서는 이를 소멸시효로 한다는 명시적인 규정이 없는 이상 제척기간으로 보는 것이 타당하고, 구체적 권리의 행사기간에 관해서는 같은 법률 내에 별도의 규정이 없다고 하더라도 무제한적으로 인정되는 것이 아니라 소멸시효에 관한 일반 조항(국가재정법 제96조 제2항 등)에 따라 소멸시효가 적용된다고 보아야 한다. 3) 셋째, **추상적 권리의 행사에 관하여 아무런 기간을 규정하지 않은 경우**이다(「국가유공자 등 예우 및 지원에 관한 법률」 제9조 제2항, 제15조 등 참조). 이런 경우는 다시 추상적 권리를 구체적 권리로 전환하기 위한 권리행사를 별도의 기간 제한 없이 허용하면서 그 권리행사에 따라 결정되는 구체적 권리를 권리행사 시점부터 장래에 대해서만 인정하는 취지에서 별도로 추상적 권리의 행사기간을 두지 않은 경우와 추상적 권리에 대해서도 그 권리가 발생한 때부터 일반 조항에 따라 소멸시효 규정이 적용되어야 함을 전제로 별도의 기간을 두지 않은 경우로 나눌 수 있다. 어느 경우에 해당하는지는 개별 실정법 규정과 그 권리의 성질에 따라 정할 것이다. 4) 넷째, **각각의 권리 단계를 구분하지 않고 하나의 규정으로 권리행사기간을 규정한 경우**이다(산업재해보상보험법 제112조 제1항 제1호 참조). 이런 경우에는 추상적 권리를 구체적 권리로 전환하기 위한 권리행사와 구체적 권리의 실현을 목적으로 한 권리행사에 대하여 각각의 권리가 발생한 때를 기산점으로 하여 같은 기간 규정을 적용하게 된다. (2) **제척기간은 종기를 특정일로 하여 정할 수도 있고, 또 시기와 종기를 가진 기간으로 하여 정할 수도 있다**(대판 전원합의체 2021. 03. 18, 2018두47264).

제척기간의 예로는 제재처분의 제척기간, 과태료부과의 제척기간, 행정심판제기기간, 행정소송제기기간 등이 있다.

4. 공법상 사무관리

사무관리(事務管理)라 함은 법률상 의무 없이 타인의 사무를 관리하는 행위를 말한다. 공법분야에서도 사무관리가 인정된다는 것이 일반적 견해이다. 사무관리의 예로는 시·군·구의 행려병자의 관리, 자연재해시 빈 상점의 물건의 처분등 관리 등이 있다. 그러나, 경찰관직무집행법상 보호조치 등 법령상 또는 조리상 보호조치의무에 근거한 행위는 사무관리가 아니다.

공법상 사무관리에는 특별한 규정이 없는 한 민법상 사무관리에 관한 규정이 준용된다. 공법상 사무관리를 행한 행정기관은 통지의무를 지고, 비용상환청구권을 갖는다.

[판례] 몰수할 수 있는 압수물에 대한 수사기관의 환가처분은 그 경제적 가치를 보존하기 위한 형

사소송법상의 처분이라고 할지라도 해당 압수물이 그 후의 형사절차에 의하여 몰수되지 아니하는 경우 그 환가처분은 그 물건 소유자를 위한 사무관리에 준하는 행위라 할 것이므로, **검사가 압수물에 대한 환가처분을 하며 소요된 비용은 물건의 소유자에게 상환을 구할 수 있다 할 것**이지만, 압수는 물건의 소유자 등의 점유를 배제하고 수사기관 등이 그 점유를 취득하는 강제처분이고, 환가처분 또한 수사기관 등이 그 권한과 책임하에 본인의 의사 여하를 불문하고 행하는 것이므로, 사무관리자가 본인의 의사에 반하여 관리한 때의 관리비용 상환 범위에 준하여 수사기관 등이 환가처분을 함으로써 압수물 소유자가 지출하지 않아도 되게 된 그 물건의 매각비용의 한도, 즉 현존이익의 한도 내에서 환가처분 비용의 상환을 구할 수 있다(대판 2000. 01. 21, 97다58507).

사인(私人)이 의무 없이 국가의 사무를 처리한 경우 사인이 처리한 국가의 사무가 사인이 국가를 대신하여 처리할 수 있는 성질의 것으로서, 사무 처리의 긴급성 등 국가의 사무에 대한 사인의 개입이 정당화되는 경우에 한하여 사무관리가 성립하고, 사인은 그 범위 내에서 국가에 대하여 국가의 사무를 처리하면서 지출된 필요비 내지 유익비의 상환을 청구할 수 있다(대판 2014. 12. 11, 2012다15602[용역비]). 이 사건은 민사소송으로 처리되었는데, 공법상 사무관리의 문제이므로 공법상 당사자소송으로 처리하는 것이 타당하다.

[판례] 사인(私人)이 의무 없이 국가의 사무를 처리한 경우 사무관리의 성립요건: (1) 사무관리가 성립하기 위하여는 우선 그 사무가 타인의 사무이고 타인을 위하여 사무를 처리하는 의사, 즉 관리의 사실상의 이익을 타인에게 귀속시키려는 의사가 있어야 하며, 나아가 그 사무의 처리가 본인에게 불리하거나 본인의 의사에 반한다는 것이 명백하지 아니할 것을 요한다(대법원 2013. 08. 22. 선고 2013다30882 판결 등 참조). 다만 타인의 사무가 국가의 사무인 경우, 원칙적으로 사인이 법령상의 근거 없이 국가의 사무를 수행할 수 없다는 점을 고려하면, 사인이 처리한 국가의 사무가 사인이 국가를 대신하여 처리할 수 있는 성질의 것으로서, 사무 처리의 긴급성 등 국가의 사무에 대한 사인의 개입이 정당화 되는 경우에 한하여 사무관리가 성립하고, 사인은 그 범위 내에서 국가에 대하여 국가의 사무를 처리하면서 지출된 필요비 내지 유익비의 상환을 청구할 수 있다고 할 것이다. (2) 유출된 기름이 적재되어 있던 선주의 조치만으로는 이 사건 기름 유출사고로 인한 해양오염을 방지하기 곤란할 정도로 긴급방제조치가 필요한 상황이었고, 위와 같은 긴급한 상황에서 이 사건 2007년 12월 7일 충남 태안 앞바다에서의 허베이 스피리트호 기름 유출사고로 인한 피해방지를 위해 원고가 해양경찰의 직접적인 지휘를 받아 보조한 방제작업은 원고(해양방제업체)가 피고(대한민국)를 위해 처리할 수 있는 피고의 의무영역과 이익영역에 속한 사무이고, 원고가 방제작업을 하면서 해양경찰의 지시·통제를 받았던 점 등에 비추어 원고는 피고의 사무를 처리한다는 의사로 방제작업을 한 것으로 볼 수 있어서, 원고는 피고의 사무인 방제작업을 보조함으로써 의무 없이 피고의 사무를 관리하였다고 할 것이므로, 원고가 피고에 대하여 사무관리를 근거로 방제비용을 청구할 수 있다고 판단한 원심을 수긍한 사안(대판 2014. 12. 11, 2012다15602[용역비]).
〈해설〉 해양경찰의 요청에 의해 방제작업을 한 경우에는 경찰비책임자에 대한 경찰권발동의 문제로 보고, 손실보상 또는 부당이득반환의 문제로 보는 것이 타당하다.

5. 공법상 부당이득

(1) 의의 및 법적 규율

부당이득(不當利得)이라 함은 법률상 원인 없이 타인의 재산 또는 노무로 인하여 이익을 얻고 이로 인하여 타인에게 손해를 가하는 것을 말한다. 부당이득은 이를 반환하여야 하는데(민법 제741조), 이를 부당이득반환의 법리라고 한다.

공법상 부당이득이라 함은 공법상 원인(예, 무효인 조세부과처분에 근거한 조세의 납부)에 의하여 발생한 부당이득을 말한다. 공법상 부당이득의 예로는 조세과오납 등이 있다. 처분이 무효 또는 소급 취소된 경우의 무자격자의 기초생활보장금의 수령 등이 있다. 행정주체가 사인의 토지를 무단으로 사용한 경우에는 민법상의 부당이득반환이 문제된다.

공법상 부당이득에 관하여 특별한 규정이 없는 경우에는 민법의 부당이득반환의 법리가 준용된다. 즉, 공법상 부당이득으로 손해를 입은 자는 부당이득반환청구권을 갖는다.

(2) 공법상 부당이득반환청구권의 성질

공법상 원인에 의한 부당이득반환청구권(不當利得返還請求權)이 공권인지 사권인지가 권리구제수단과 관련하여 다투어진다. 부당이득반환청구권을 공권으로 보면 부당이득반환청구소송을 당사자소송을 제기하여야 하고, 사권으로 보면 부당이득반환청구소송을 민사소송으로 제기하여야 한다.

1) 사권설

이 견해는 부당이득의 문제는 법률상 원인이 없는 경우에 생기고 또한 부당이득제도는 순수하게 경제적 견지에서 인정되는 이해조절적 제도이므로 공법상의 원인에 의한 부당이득반환청구권은 사권이라고 한다.

2) 공권설

이 견해는 공법상 원인에 의한 부당이득반환은 공법상 원인에 의하여 발생한 결과를 조정하기 위한 것으로서 공법상 원인의 유무의 탐구와 밀접한 관계가 있으므로 공법상의 원인에 의한 부당이득반환청구권은 공권이라고 한다.

3) 판 례

판례는 공법상 부당이득반환청구권을 사권으로 보고(사권설), 행정상대방이 행정청에 이미 납부한 돈이 민법상 부당이득에 해당한다고 주장하면서 그 반환을 청구하는 것은 민사소송절차를 따라야 한다고 한다(대판 2021. 12. 30, 2018다241458).

4) 결 어

공법상 부당이득반환청구권은 공법상 원인에 의해 발생된 것이고 행정소송법 제3조 제2호의 입법취지에 비추어 볼 때 공법상의 부당이득반환청구권을 공권으로 보고 이에 관한 소송은 공법상 당사자소송에 의하여야 한다고 보는 것이 타당하다.

법무부 및 대법원의 행정소송법 개정안에서도 공법상 부당이득반환청구소송을 당사자소송으로 규정하고 있다.

제 4 장 기간의 계산 등

Ⅰ. 기간의 계산

1. 행정에 관한 기간의 계산

행정에 관한 기간의 계산에 관하여는 법령(행정기본법 또는 다른 법령등)에 특별한 규정이 있는 경우를 제외하고는 「민법」을 준용한다(행정기본법 제6조 제1항). **민법에 따른 기간의 계산**은 다음과 같다. 기간을 일, 주, 월 또는 연으로 정한 때에는 기간의 초일은 산입하지 아니한다. 그러나 그 기간이 오전 영시로부터 시작하는 때에는 그러하지 아니하다(민법 제157조). 기간을 일, 주, 월 또는 연으로 정한 때에는 기간말일의 종료로 기간이 만료한다(제159조). 기간의 말일이 토요일 또는 공휴일에 해당한 때에는 기간은 그 익일로 만료한다(제161조).

법령등 또는 처분에서 국민의 권익을 제한하거나 의무를 부과하는 경우 **권익이 제한되거나**(예, 영업정지기간) **의무가 지속되는 기간**(예, 부작위의무기간)**의 계산은 민법과 달리** 다음 각 호의 기준에 따른다. 다만, 다음 각 호의 기준에 따르는 것이 국민에게 불리한 경우에는 그러하지 아니하다. 1. 기간을 일, 주, 월 또는 연으로 정한 경우에는 기간의 첫날을 산입한다. 2. 기간의 말일이 토요일 또는 공휴일인 경우에도 기간은 그 날로 만료한다(행정기본법 제6조 제2항).

예를 들면, 행정심판 제기기간은 '국민의 권익을 제한하거나 의무를 부과하는 경우'가 아니므로 행정심판 제기기간의 계산에는 행정기본법 제6조 제2항이 아니라 행정기본법 제6조 제1항이 적용된다. 이에 반하여 공법상 의무의 지속기간(예, 부작위의무기간)은 법령등에 의한 것이든 처분(하명)에 의한 것이든 원칙상 행정기본법 제6조 제2항이 적용된다. 그리고, 행정기본법 제6조 제2항 제2호에 따르는 것이 국민에게 불리한 경우의 예로는 공법상 의무 이행기한(예, 시정(개선)명령에 따른 시정(개선)의무 이행기한, 공법상 금전납부기한 등)을 들 수 있다. 그러나, 대기환경보전법령상 초과배출부과금 산정의 기초가 되는 개선기간 만료일(대기환경보전법 시행령 제25조 제1항 제2호)은 행정기본법 제6조 제2항 제2호의 기준에 따르는 것이 국민에게 불리한 경우에 해당하지 않는다.

민원의 처리기간을 5일 이하로 정한 경우에는 민원의 접수시각부터 "시간" 단위로 계산하되, 공휴일과 토요일은 산입(算入)하지 아니한다. 이 경우 1일은 8시간의 근무시간을 기준으로 한다(민원처리법 제19조 제1항). 민원의 처리기간을 6일 이상으로 정한 경우에는 "일" 단위로 계산하고 첫날을 산입하되, 공휴일과 토요일은 산입하지 아니한다(제2항). 민원의 처리기간을 주 · 월 · 연으로 정한 경우에는 첫날을 산입하되, 「민법」 제159조부터 제161조까지의 규정을 준용한다(제3항).

2. 법령등(훈령 · 예규 · 고시 · 지침 등을 포함) 시행일의 기간 계산

법령등(훈령 · 예규 · 고시 · 지침 등을 포함)의 시행일을 정하거나 계산할 때에는 다음 각 호의 기준에 따른다. 1. 법령등(훈령 · 예규 · 고시 · 지침 등을 포함)을 공포한 날부터 시행하는 경우에는 공포한 날(훈령 · 예규 · 고시 · 지침 등은 고시 · 공고 등의 방법으로 발령한 날을 말한다. 이하 이 조에서 같다)을 시행일로 한다. 2. 법령등(훈령 · 예규 · 고시 · 지침 등을 포함)을 공포한 날부터 일정 기간이 경과한 날부터 시행하는 경우 법령등(훈령 · 예규 · 고시 · 지침 등을 포함)을 공포한 날을 첫날에 산입하지 아니한다. 3. 법령등(훈령 · 예규 · 고시 · 지침 등을 포함)을 공포한 날부터 일정 기간이 경과한 날부터 시행하는 경우 그 기간의 말일이 토요일 또는 공휴일인 때에는 민법상의 원칙과 달리 그 말일로 기간이 만료한다(행정기본법 제7조).

법령 등의 공포일 또는 공고일은 해당 법령 등을 게재한 관보 또는 신문이 발행된 날로 한다(법령공포법 제12조).

Ⅱ. 행정에 관한 나이의 계산 및 표시

행정에 관한 나이의 계산은 다른 법령등에 특별한 규정이 있는 경우를 제외하고는 출생일을 산입하여 만(滿) 나이로 계산하고, 연수(年數)로 표시한다. 다만, 1세에 이르지 아니한 경우에는 월수(月數)로 표시할 수 있다(행정기본법 제7조의2).

Ⅲ. 수수료 및 사용료

행정청은 특정인을 위한 행정서비스를 제공받는 자에게 법령으로 정하는 바에 따라 **수수료**를 받을 수 있다(행정기본법 제35조 제1항). 수수료란 행정서비스에 대한 금전적 대가를 말한다. 텔레비전방송수신료는 공영방송사업이라는 특정한 공익사업의 소요경비를 충당하기 위한 것으로서 조세나 수수료가 아니라 특별부담금에 해당한다(헌재 1999. 05. 27, 98헌바70). 수수료부과행위는 행정행위로서 수수료를 부과하려면 법령에 근거를 두어야 한다.

행정청은 공공시설 및 재산 등의 이용 또는 사용에 대하여 사전에 공개된 금액이나 기준에 따라 **사용료**를 받을 수 있다(행정기본법 제35조 제2항). 사용료란 공공시설 또는 공공재산에 대한 사용의 금전적 대가를 말한다. 사용료는 사용료(예, 행정재산 사용료), 이용료(예, 자연휴양림 등의 이용료), 점용료(예, 도로 점용료, 공유수면 점용료), 입장료(예, 자연공원 입장료) 등 다양한 명칭으로 사용되고 있다. 사용료부과행위는 행정행위로서 사용료를 부과하려면 법령에 근거를 두어야 한다. 일반재산(잡종재산) 사용의 대가는 임대차계약으로 결정된다.

제1항 및 제2항에도 불구하고 지방자치단체의 경우에는 「지방자치법」(제153조, 제154조, 제156조)에 따른다(행정기본법 제35조 제3항).

제 2 편

일반 행정작용법

제 1 장 행정입법

제 1 절 개 설

Ⅰ. 의 의

광의의 행정입법(行政立法)이라 함은 행정기관이 일반적·추상적 규범을 정립하는 작용 또는 그에 따라 규정된 규범을 말한다. 행정입법은 실정법상의 개념이 아니라 학문상의 개념이다. 광의의 행정입법은 법규명령과 행정규칙을 포함한다. 법률에 대응하여 사용되는 협의의 행정입법은 법규명령을 의미한다.

Ⅱ. 법규명령과 행정규칙의 비교

1. 유사점

법규명령(法規命令)과 행정규칙(行政規則)은 다같이 일반적·추상적 성질을 갖는 규범으로서 행정의 기준이 되는 규범이라는 점과 행정기관은 이 둘을 모두 준수하여야 할 법적 의무를 진다는 점에서 유사(類似)하다.

2. 상이점

법규명령과 행정규칙은 다음과 같이 상이(相異)하다.

(1) 법규성

법규명령은 행정주체와 국민간의 관계를 규율하는 법규범인 반면에 행정규칙은 행정조직내부에서 적용되기 위하여 제정된 규범이다. 그리하여 법규명령은 양면적 구속력을 갖는 법규(法規)인 반면에 행정규칙은 원칙상 행정기관만을 구속하는 일면적 구속력만을 갖는다. 따라서 행정규칙은 법규가 아니라고 보는 것이 일반적 견해이다.

(2) 근 거

법규명령에는 법률의 법규창조력의 원칙·법률유보의 원칙이 적용된다. 따라서 법규명령의 제정에는 법적 근거가 필요하다. 위임명령의 제정에는 개별적인 법률의 근거가 필요하다. 집행명령에는 개별적인 법적 근거는 필요하지 않지만 헌법에서 포괄적인 근거를 두고 있다.

이에 반하여 행정규칙은 법규가 아니므로 행정규칙의 제정에는 법적 근거가 필요하지 않다. 행정규칙제정권은 상급기관의 감독권(훈령, 통첩의 경우) 또는 행정기관의 처분권(재량준칙의 경우)에 당연히 포함된다.

(3) 대외적 구속력

법규명령은 일반적으로 대외적 구속력을 갖는다. 따라서 법규명령에 반하는 행정권 행사는 위법하다.

이에 반하여 행정규칙은 그 자체로서는 행정기관만을 구속하며 원칙상 대외적 구속력을 갖지 않는다. 따라서 행정권 행사가 행정규칙을 위반한 경우에도 그 위반사실 자체에 의해 그 행정권 행사는 위법한 것으로 판단되지 않는다. 다만, 후술하는 바와 같이 오늘날 학설은 재량준칙 등 일부 행정규칙에는 대외적 구속력이 있는 것으로 인정하고 있다. 판례는 행정규칙의 대외적 구속력을 원칙상 인정하지 않고 있다.

(4) 형 식

법규명령은 법규명령의 형식을 취하고 공포가 효력발생요건이다. 그러나, 행정규칙은 그러하지 아니하며 공표도 의무적인 것이 아니다. 다만, 행정절차법 제20조 제1항에 의해 처분기준이 되는 행정규칙은 公表되어야 한다.

[판례] 2006년 교육공무원 보수업무 등 편람은 법규명령의 성질을 가진 것이라고 볼 수 없다고 한 사례(대판 2010. 12. 09, 2010두16349[호봉정정거부처분취소]).

제2절 법규명령

Ⅰ. 개 념

법규명령(法規命令)이라 함은 행정권이 제정하는 법규를 말한다. 실무에서는 통상 명령이라는 용어를 사용한다.

법규명령은 행정권이 제정하는 법인 점에서 의회가 제정하는 법률과 다르다.

그런데, 법규명령을 넓게 정의할 때에는 법규명령을 법률보다 하위의 효력을 갖는 법규 일체를 지칭하는 것으로 본다. 이에 의하면 중앙선거관리위원회규칙·대법원규칙·국회규칙도 법규명령에 포함된다. 법규명령은 행정권이 제정하는 법인 점에서 행정입법(行政立法)이라고도 부른다.

자치법규가 법규명령(행정입법)에 포함되는가. 자치법규 중 지방자치단체의 장이 제정하는 규칙을 행정입법의 일종으로 보는 데에는 큰 문제가 없다. 문제는 조례를 행정입법의 일종으로 볼 수 있는가 하는 것이다. 조례를 행정입법으로 보는 견해와 조례를 행정입법과는 별개의 독자적인 법형식으로 보는 견해가 있다. 조례는 법률 또는 명령보다 하위의 효력을 갖고 조례를 제정하는 지방의회는 넓게 보면 행정기관으로 볼 수 있으므로 자치법규도 행정입법의 성질을 가지는 것으로 볼 수 있다. 다만, 조례는 주민의 대표기관의 지위를 갖는 지방의회에 의해 제정되는 점에서 국민의 대표기관인 국회에 의해 제정되는 법률에 준하는 성격을 아울러 갖는 것으로 보아야 할 것이다.

법규명령은 법규인 점에서 법규라고 볼 수 없는 행정규칙과 구별된다. 법규명령과 행정규칙의 구별에 대하여는 전술한 바와 같다.

법규명령과 행정행위의 구별은 실질적 기준에 의한 구별과 형식적 기준에 의한 구별로 나뉜다.

① 실질적 기준에 의한 구별: 법규명령은 법률관계의 "일반적·추상적 규율"인 점에서 법률관계의 "구체적 규율"인 행정행위와 실질적으로(성질상) 구별된다. 일반적·구체적 규율인 일반처분도 행정행위로 보는 것이 일반적 견해이다. 추상적인가 구체적인가는 적용대상이 되는 사안의 성격에 관한 것으로 구체적 규율이라는 것은 시간적·공간적으로 특정한 사안을 규율하는 것을 말하고, 추상적 규율이라는 것은 장래의 불특정 사안을 되풀이 하여 규율하는 것을 말한다고 할 수 있다.

개별적·추상적 규율을 행정행위로 보는 견해(김남진·김연태, 178면)도 있지만, 이에 동의할 수 없다. 우선 개별적인 규율에 있어서 추상적인 경우를 상정하기 어렵다고 보아야 한다. 행정청이 어느 공장으로부터 뿜어 나오는 수증기로 인해 도로에 빙판이 생길 때마다 그것을 제거하라는 명령을 발하는 것이 개별적·추상적 규율에 해당한다고 하고 있는데, 이에는 동의할 수 없다. 추상적인가 구체적인가는 규율대상이 되는 사안이 특정되었는가 불특정인가에 달려 있다고 보아야 한다. "특정 공장으로부터 뿜어 나오는 수증기로 인해 도로에 생긴 빙판을 제거하는 것"은 특정된 사안이라고 할 수 있고, 그 제거명령은 구체적 규율에 해당한다고 보아야 한다.

따라서, 법규명령이 실질적으로 행정행위인지는 당해 명령이 구체적 규율인지 추상적 규율인지에 달려 있다. 법규명령 중에서 국민의 권리의무관계를 직접 구체적으로 규율하는 명령, 달리 말하면 직접 국민의 구체적인 권리의무관계에 변동을 가져오는 명령(명령의 처분성에 관한 협의설에 의한 처분적 명령)은 실질적으로는 행정행위라고 할 수 있다.

② 형식적 기준에 의한 구별: 법규명령을 형식적으로 정의하는 형식설에 의하면 법규명령의 형식을 취하면 모두 법규명령에 속한다. 따라서, 처분적 명령도 법규명령에 속하며 행정행위와 구별된다. 그리고, 일반처분은 행정행위이며 법규명령이 아니다.

법규명령과 행정소송법상의 처분과의 관계를 보면 법규명령은 일반적·추상적 규범이므로 원칙상 행정소송법상의 처분이 아니지만, 후술하는 바와 같이 처분적 명령은 행정소송법상의 처분에 해당한다.

Ⅱ. 법규명령의 존재의의 및 근거

1. 법규명령의 존재의의

민주주의와 권력분립을 기본원칙으로 하는 헌법질서하에서 법규는 국민의 대표기관인 의회에서 제정하는 것이 원칙이다. 법치행정의 원칙의 내용인 법률의 법규창조력의 원칙에 의하면 법규는 법률로 제정되어야 한다. 따라서 법이론의 관점에서 엄격히 말하면 행정입법은 인정되어서는 안 된다. 실제로 과거에 입법권비위임(立法權非委任)의 이론(non-delegation doctrine)이 지배하였던 때가 있었다. 입법권비위임의 이론이란 의회는 입법권을 행정권에 위임하여서는 안 된다는 이론이다.

그러나 행정현실은 입법권비위임의 이론의 엄격한 적용을 불가능하게 하였다. 의회가 모든 법규를 제정한다는 것이 현실적으로 어려울 뿐만 아니라, 오늘날에 있어서의 행정의 전문화 및 복잡화 그리고 사회의 급격한 변화는 의회의 입법능력의 한계를 심화시키고 행정입법의 필요성을 증대시키고 있다. 구체적이고 전문적인 사항은 법률보다는 행정입법으로 정하는 것이 보다 능률적이며 행정입법은 법률보다 사회의 변화에 맞추어 보다 신속하게 개정될 수 있다. 행정입법은 이러한 현실적 필요에 의해 인정되게 되었다. 또한, 행정입법을 정당화하는 법이론도 개발되었다. 즉, 행정입법이 법률의 수권에 의해 수권된 범위 내에서 제정되는 것으로 한다면 국회입법의 원칙이 본질적으로 침해되는 것은 아니며 국회입법의 원칙은 유지될 수 있다는 법이론이 형성되었다.

따라서 각국의 행정입법제도는 각국의 헌법제도, 특히 권력분립제도 및 법치국가원칙의 내용과 행정입법의 현실적 필요에 따라 그 내용이 다르다.

2. 법규명령의 근거

(1) 헌법상 근거

우리 헌법은 대부분의 국가에서와 같이 행정입법의 근거를 규정하고 있다. 제76조는 대통령의 긴급명령 및 긴급재정·경제명령의 근거를, 제75조는 대통령령(위임명령과 집행명령)의 근거를, 제95조는 총리령과 부령(위임명령과 집행명령)의 근거를, 제114조는 중앙선거관리위원회규칙의 근거를 규정하고 있다.

(2) 법률에 의한 행정입법 형식의 인정

감사원규칙은 헌법에 근거가 없고 감사원법에 근거하고 있다. 여기에서 헌법에 근거하지 않은 행정입법의 형식을 법률로 인정할 수 있는가 하는 문제가 제기된다.

1) 부정설

부정설의 논거는 다음과 같다: 우리나라의 헌법은 입헌주의헌법으로서 국회입법의 원칙을 채택하고 있고, 그에 대한 예외인 행정입법이라는 형식은 헌법에서 명시적으로 인정된 경우에만 한정적으로 인정해야 한다. 이 견해는 감사원규칙을 행정규칙에 불과한 것으로 본다.

2) 긍정설

긍정설의 논거는 다음과 같다: 헌법에서 인정된 법규명령 제정권자는 한정적·열거적인 것이 아니고, 예시적인 것이며 입법권자인 국회가 스스로 정한 한계 내에서 입법권을 행정기관에게 부여하는 것이므로 헌법(국회입법의 원칙)에 위반되는 것은 아니다.

감사원규칙을 법규명령으로 보고 그 효력을 인정하는 견해가 다수견해이다. 이 견해가 타당하다.

3) 판　　례

판례는 긍정설을 취하고 있다. 국회입법에 의한 수권이 입법기관이 아닌 행정기관에게 법률 등으로 구체적인 범위를 정하여 위임한 사항에 관하여는 당해 행정기관에게 법정립의 권한을 갖게 되고, 입법자가 규율의 형식도 선택할 수도 있다 할 것이므로, 헌법이 인정하고 있는 위임입법의 형식은 예시적인 것으로 보아야 할 것이다(헌재 전원재판부 2004. 10. 28, 99헌바91).

[판례] (1) 구 계엄법 제15조에서 정하고 있는 '제13조의 규정에 의하여 취한 **계엄사령관의 조치**'는 구 계엄법 제13조, 제15조의 내용을 보충하는 기능을 하고 그와 결합하여 대외적으로 구속력이 있는 **법규명령으로서 효력**을 가진다. 그러므로 **법원은** 현행 대한민국헌법(이하 '현행 헌법'이라 한

다) 제107조 제2항에 따라서 위와 같은 특별한 조치로서 이루어진 **이 사건 계엄포고에 대한 위헌 · 위법 여부를 심사할 권한을 가진다.** (2) 이 사건 계엄포고는 헌법과 법률에 위배되어 **무효**이다(대판 2018. 11. 29, 2016도14781; 2018. 12. 13, 2016도1397).

(3) 법규적 성질을 갖는 행정규칙

법률 또는 명령에 근거하여 행정규칙의 형식으로 법규적 성질의 규범을 제정하는 것이 가능한가에 관하여는 후술하는 바와 같이 학설이 나뉘고 있다. 판례는 이러한 행정입법(예, 법령보충적 행정규칙)의 가능성을 인정하고 있다.

(4) 행정의 고유한 법규명령제정권(행정유보설)

명문의 법적 근거가 없는 법규명령이 가능한가.

1) 제한적 긍정설

행정유보설(行政留保說)을 지지하는 경우에 제한된 범위이기는 하지만 행정에 고유한 명령제정권을 인정하게 된다. 행정유보론은 일정한 행정영역(예를 들면, 독립적인 행정조직체에서의 당해 조직체의 조직과 운영에 관한 사항, 특별권력관계에서의 특별권력주체와 상대방과의 관계)에서 법률의 수권이 존재하지 않는 경우에도 행정권에게 독자적인 명령제정권을 인정한다.

행정유보에도 배타적 행정유보(일정한 사항에 대하여는 법률의 개입을 배제하고 행정권에 배타적인 입법권을 인정하는 것. 예, 프랑스의 독립명령사항)와 허용적 행정유보(법률의 부재시에 명령이 제정될 수 있고, 명령이 제정된 경우에도 법률은 언제든지 개입할 수 있다)가 있는 데, 우리나라의 현행 헌법상 허용적 행정유보만이 문제될 수 있다. 왜냐하면 배타적 행정유보는 헌법적 근거가 필요한 데, 현행 헌법은 배타적 행정유보를 허용하고 있지 않기 때문이다.

2) 부정설

우리나라에 있어서는 행정권의 민주적 정당성은 국회에 비하여 크지 못하며 행정입법과정이 공개적 토론절차 등에서 국회에서의 입법과정에 비하여 미비할 뿐만 아니라 실제에 있어서도 행정입법권이 적정하게 행사되지 못하고 있으므로 행정유보론은 시기상조의 이론이라고 보아야 할 것이다.

3) 결 어

부정설이 타당하다. 입헌주의 및 법치주의의 원칙상 법률 또는 상위명령의 근거가 없는 법규명령은 집행명령을 제외하고는 일체 인정될 수 없다고 보아야 한다.

Ⅲ. 법규명령의 법적 성질

법규명령의 성질에 관하여 입법작용이라는 견해, 행정작용이라는 견해 및 양 성질을 다 갖는다는 견해가 있는데, 우리의 전통적 견해는 행정입법의 입법작용으로서의 성질을 강조하였다. 그러나, 행정입법의 성질에 관하여 미국과 프랑스 등의 경우에는 법규명령도 기본적으로 행정작용으로 보고 있고, 법규명령과 행정처분을 동일한 법리에 따라 행정소송의 대상으로 보고 있다. 생각건대, 법규명령도 기본적으로는 행정작용으로 보면서 다만 입법행위의 성질도 함께 갖는 것으로 보는 것이 타당하다.

Ⅳ. 법규명령의 종류

법규명령은 의회입법의 원칙에 대한 예외를 이루는 것이므로 우선 법률과의 관계에 의해 구별되어야 할 것이다. 다음으로 법규명령 상호간의 효력의 우열은 제정권자에 따라 결정되므로 제정권자에 따라 구분될 필요가 있다. 법규명령은 통상 법규명령의 형식으로 제정된다. 그런데, 행정규칙의 형식으로 제정된 규범에 대해 법규명령의 효력을 인정한 판례가 있다.

1. 법률과의 관계에 따른 분류

헌법적 효력을 가지는 계엄조치, 법률과 같은 효력을 갖는 긴급명령 및 긴급재정 · 경제명령, 법률보다 하위의 효력을 갖는 종속명령이 있다.

(1) 계엄조치

유신헌법과 제5공화국 헌법에서는 헌법의 효력을 일시적으로 정지시킬 수 있는 헌법적 효력을 가지는 비상명령(非常命令)을 인정하였다. 그러나, 현행 헌법은 비상명령을 인정하지 않고 있다. 다만, 계엄선포시 헌법의 일부규정에 대한 변경을 가져올 수 있는 특별조치(特別措置)를 인정하고 있다(헌법 제77조 제2항).

특별조치는 법령의 형식에 의해 발해지지는 않지만 헌법 및 명령의 효력을 정지하거나 그에 대한 변경을 가져오므로 그 한도 내에서 법규명령이라 할 수 있다.

(2) 긴급명령, 긴급재정 · 경제명령

긴급명령(緊急命令) 및 긴급재정 · 경제명령(緊急財政 · 經濟命令)은 헌법에 근거를 두는 법률과 같은 효력을 갖는 명령이다. 긴급명령은 헌법 제76조 제2항에 근거하며 긴급재정·경제명령은 헌법 제76조 제1항에 근거한다. '금융실명거래 및 비밀보장에 관한 긴급재정·경제명령'은 긴급재정·경제명령의 예이다.

긴급명령이나 긴급재정·경제명령은 지체 없이 국회의 승인을 받아야 하며 승인을 얻지 못한 때에는 그 명령은 그때부터 효력을 상실한다.

긴급명령, 긴급재정·경제명령은 법률과 같은 효력을 갖는 명령이므로 법률대위명령이라고 하며 법률의 위임이 없어도 제정될 수 있다는 점에서 독립명령의 일종이라고 할 수 있다. 독립명령이라 함은 법률의 근거 없이 행정기관이 독자적으로 제정하는 명령을 말한다. 프랑스에서 인정되고 있는 법령형식인데 우리나라에서는 원칙상 인정되고 있지 않다. 긴급명령 및 긴급재정·경제명령은 법률의 위임 없이 제정될 수 있는 점에서 독립명령과 같으나 사후에 국회의 승인을 받아야 하는 점에서 엄격한 의미의 독립명령은 아니다.

(3) 종속명령

종속명령(從屬命令)이라 함은 법률보다 하위(下位)의 효력을 가지는 명령을 말한다. 종속명령은 새로운 법규사항(국민의 권리의무에 관한 사항)을 정하는지 여부에 따라 위임명령과 집행명령으로 구분된다.

위임명령(委任命令)이라 함은 법률 또는 상위명령의 위임에 의해 제정되는 명령으로서 새로운 법규사항을 정할 수 있다. 우리나라에서는 새로운 법규사항을 정하는 명령은 법률 또는 상위명령의 위임에 의해 제정되어야 한다.

집행명령(執行命令)이라 함은 상위법령의 집행을 위하여 필요한 사항(신고서양식 등)을 법령의 위임(근거) 없이 직권으로 발하는 명령을 말한다. 집행명령에서는 새로운 법규사항을 정할 수 없다.

해석명령(解釋命令)은 집행명령의 일종이라고 할 수 있다. 해석명령규정은 상위법령의 범위를 벗어나지 않은 경우 법적 효력이 있다. 다만, 해석규정이 위임의 한계를 벗어난 것으로 인정될 경우에는 무효이다(대판 전원합의체 2017. 04. 20, 2015두45700).

[판례] ① [1] 법률의 시행령이나 시행규칙은 법률에 의한 위임이 없으면 개인의 권리·의무에 관한 내용을 변경·보충하거나 법률이 규정하지 아니한 새로운 내용을 정할 수는 없지만, 법률의 시행령이나 시행규칙의 내용이 모법의 입법 취지와 관련 조항 전체를 유기적·체계적으로 살펴보아 모법의 해석상 가능한 것을 명시한 것에 지나지 아니하거나 모법 조항의 취지에 근거하여 이를 구체화하기 위한 것인 때에는 모법의 규율 범위를 벗어난 것으로 볼 수 없으므로, 모법에 이에 관하여 직접 위임하는 규정을 두지 아니하였다고 하더라도 이를 무효라고 볼 수는 없다. 이러한 법리는 지방자치단체의 교육감이 제정하는 교육규칙과 모법인 상위 법령의 관계에서도 마찬가지이다. [2] 시교육감이 '중학교 입학자격 검정고시 규칙'에 근거하여 만 12세 이상인 자를 대상으로 하는 '중학교 입학자격 검정고시 시행계획'을 공고하였는데, 초등학교에 재학하다가 취학의무를

유예받아 정원 외로 관리되던 만 9세인 甲이 응시원서를 제출하였다가 응시자격이 없다는 이유로 반려처분을 받은 사안에서, 중학교 입학자격 검정고시 응시자격을 만 12세 이상인 자로 응시연령을 제한하고 있는 위 '중학교 입학자격 검정고시 규칙' 제14조 제2호가 초등학교 취학의무 대상 연령대의 아동에 대하여 중학교 입학자격 검정고시 응시자격을 제한한 것은 구 초·중등교육법(2012. 1. 26. 법률 제11219호로 개정되기 전의 것) 및 구 초·중등교육법 시행령(2012. 10. 29. 대통령령 24148호로 개정되기 전의 것, 이하 '구 초·중등교육법 시행령'이라 한다)의 해석상 가능한 내용을 구체화한 것으로 볼 수 있으므로, 구 초·중등교육법 시행령 제96조 제2항의 위임 범위에서 벗어났다고 볼 수 없다고 한 사례(대판 2014. 08. 20, 2012두19526[중학교입학자격검정고시응시제한처분취소]). 〈해설〉 해석규정인 경우 상위법령의 (위임)범위를 벗어나지 않은 경우 법적 효력이 있는 규정으로 본 판례이다. 해석규정을 일종의 집행명령으로 본 것이 아닌가 생각된다. 명시적 위임 없이도 인정되는 법형성적 해석명령을 통상의 해석명령과 구별하여 입법적 규칙(legislative rule)으로 보는 미국의 입법례를 참조할 필요가 있다.
② 구 지방세법 제35조는 구 지방세법 제20조 제4항의 해석 가능한 것을 명시한 것이거나 이를 구체화한 것으로서 구 지방세법 제20조 제4항이 이에 관하여 직접 위임하는 규정을 두지 않았더라도, 무효라고 볼 수 없다(대판 2020. 10. 15, 2017두47403).

위임명령과 집행명령은 입법실제에 있어서 따로따로 제정되는 예는 거의 없으며 하나의 명령에 함께 제정되고 있다.

2. 제정권자에 따른 분류

대통령이 제정하는 명령을 대통령령(大統領令), 총리가 발하는 명령을 총리령(總理令), 행정각부의 장이 발하는 명령을 부령이라 한다. 입법실제에 있어서 대통령령에는 통상 시행령이라는 이름을 붙이고 총리령과 부령에는 시행규칙(施行規則)이라는 이름을 붙인다. 예외적이기는 하지만, 대통령령 중에는 "규정(規程)이라는 명칭을 붙인 것(예, 보안업무규정)도 있고, 부령에 '규칙'이라는 명칭을 붙이는 경우(예, 건강보험요양급여규칙)도 있다. 독립행정위원회가 제정하는 법규명령에는 "규칙"이라는 명칭을 붙인다(예, 공정거래위원회규칙, 금융위원회규칙, 중앙노동위원회규칙).

행정 각부가 아닌 국무총리 소속의 독립기관(법제처 등)이나 행정 각부 소속의 독립기관(경찰청 등)은 독립하여 명령을 발할 수 없고 총리령이나 부령으로 발하여야 한다.

대통령령은 총리령 및 부령보다 우월한 효력을 갖는다. **총리령과 부령의 관계**에 대하여는 총리령 우위설과 동위설이 있다.

① 총리령 우위설: 총리령 우위설은 총리는 행정 각부를 통할하는 지위에 있으므로 총리령과 부령이 저촉되는 때에는 총리령이 부령보다 우월하다고 한다.

② 동위설: 동위설은 총리령은 행정 각부를 통할하는 상급관청의 지위에서 발하는 것이 아니라 행정 각부의 장과 동일한 지위에서 국무총리 소속기관의 사무에 관

하여 발하는 것이므로 총리령과 부령은 동위의 효력을 갖는다고 본다.

③ 결 어: 통상 총리령과 부령은 규율사항이 다르므로 상호 충돌할 염려는 없다. 따라서 상호간에 우열을 논할 필요가 없다. 총리령은 통상 국무총리 소속기관의 사무에 관하여 제정되고, 부령은 행정 각부의 사무에 관하여 정하여 진다. 총리가 행정 각부의 장에게 명령의 제정을 위임할 권한도 없다. 그러나, 집행명령에 있어서는 총리는 행정 각부를 통할하는 지위에서 명령을 발할 수 있고, 이 경우에는 총리령은 부령이 제정하는 집행명령에 우월하다고 보아야 한다.

중앙선거관리위원회는 중앙선거관리위원회규칙을 발하고, 대법원은 대법원규칙을, 국회는 국회규칙을, 감사원은 감사원규칙을 발한다. 이들 명령은 대통령으로부터 독립되어 있는 기관이 발하는 법규명령이며 규칙이라는 이름을 붙인다.

헌법이 인정하고 있는 위임입법의 형식은 예시적인 것으로 보아야 할 것이다(헌재 2004. 10. 28, 99헌바91).

협의의 학칙(교육에 관한 기본규칙)**의 법적 성질**에 관하여는 행정규칙(재량준칙)으로 보는 견해, 특별명령으로 보는 견해, 법령보충적 행정규칙으로 보는 견해, 자치법규로 보는 견해, 사립학교의 학칙은 약관으로 보는 견해 등이 있으나, 헌법상 교육의 자주성과 대학의 자율성이 보장되고 있으므로(제31조 제4항) 학교를 자치조직으로 보는 것이 타당하고 따라서 학칙을 자치권에 근거한 자치법규로 보는 견해가 타당하다. 따라서, 학칙은 법령의 근거가 없는 경우에도 자율적 조직인 학교의 운영을 규율하기 위하여 제정이 가능하다. 다만, 고등교육법 제6조 및 초중등교육법 제8조는 학칙의 제정 근거를 두고 있다. 학칙은 자치법규이므로 학칙에 대한 포괄적 수권도 가능하다. 그런데, 이론상 학칙은 자치조직인 학교의 의결기관인 이사회가 제정하는 것이 타당함에도 동법은 학칙의 제정주체를 학교의 장이라고 규정함으로써 학칙의 자치법규로서의 성격을 퇴색시키고 있는 문제가 있다(자세한 것은 행정법론(하) 참조).[1)]

판례는 학칙의 양면적 법적 구속력을 인정하고 있다(대판 1991. 11. 22, 91누2144).

3. 법형식에 따른 분류

법규명령의 형식을 취하는 명령을 **형식적 의미의 법규명령**이라 한다.

명령의 형식을 묻지 않고 그 실질이 법규명령의 성질을 가지고 있는 명령을 **실질적 의미의 법규명령**이라 한다.

---

1) 최송화, "학칙의 법적 성격과 국가감독," 『서울대 법학』, 제37권 제1호, 43면 이하; 이경운, "국·공립대학 운영체제의 개선과 자율성 확보," 『공법연구』, 제28집 제4호 제2권, 9면 이하 참조.

Ⅴ. 법규명령의 한계

비상조치나 긴급명령 및 긴급재정·경제명령은 헌법(헌법 제76조 및 제77조)에 정해진 요건과 한계 내에서 제정된다. 이하에서는 위임명령과 집행명령의 한계에 대하여 고찰하기로 한다.

1. 위임명령의 한계

위임명령의 한계는 법률의 명령에 대한 수권의 한계와 수권에 따른 위임명령 제정상의 한계로 나누어진다.

(1) 상위 법령의 위임

위임명령은 상위 법령의 위임(수권)이 있어야 한다.

법률의 위임은 명시적인 것이 원칙이지만, 법률의 취지 및 관련규정에 비추어 묵시적인 것일 수도 있다.

(2) 수권의 한계

법률의 명령에 대한 입법권의 수권(授權)은 국회입법의 원칙이 기본적으로 유지될 수 있는 한도 내에서 인정되어야 한다. 수권의 한계는 다음과 같은 두 가지 내용을 포함한다.

① 법률의 명령에 대한 수권은 일반적이고 포괄적인 수권은 안 되며 구체적인 위임이어야 한다. 현행 헌법 제75조는 법률의 대통령령에 대한 위임은 '구체적으로 범위를 정하여' 위임하도록 하고 있다. 이 규정은 법률의 대통령령에 대한 위임만을 정하고 있고, 법률의 총리령 또는 부령에 대한 위임의 근거가 되는 헌법 제95조는 그러한 위임의 한계규정을 두고 있지 않지만 헌법 제75조의 한계규정은 법률의 명령에 대한 수권의 일반적 한계를 정하는 규정으로 보아야 한다. 또한 수권의 한계를 정함에 있어서는 법률의 법규창조력의 원칙(국회입법의 원칙)과 법률유보의 원칙이 관철되도록 하여야 한다.

② 헌법에서 구체적이고 명시적으로 법률로 정하도록 한 사항과 본질적인 사항(의회유보사항)은 법률로 정하여야 하며 명령에 위임하여서는 안 된다(의회유보론). 본질적인 사항은 명령에 대한 구체적 위임도 안 되며 법률로 정하여야 한다.

1) 일반적·포괄적 위임의 금지

가. 일반원칙 헌법 제75조는 법률의 명령에 대한 수권은 '구체적으로 범위를 정하여' 위임하도록 하고 있다. 그리고 이 규정은 일반적·포괄적인 위임은 금지

되며 구체적인 위임만이 가능하다는 것을 규정한 것으로 해석된다.

그런데 어떠한 위임이 포괄적 위임인지 구체적 위임인지 명확하지 않은 경우가 많다.

나. 일반적 판단기준 ① 위임은 양적·질적으로 구체적이어야 한다. i) 양적인 측면에서 위임의 내용·목적 및 범위가 명확하고 구체적으로 한정되어야 한다. ii) 질적인 측면에서 수권법률은 수권의 근거만 설정하여서는 안 되며 일정한 규율밀도를 가져야 한다(국회입법의 원칙 및 법률유보의 원칙인 중요사항유보설). 즉, 수권법률은 수권을 함에 있어서 수권을 받은 행정기관이 입법을 함에 있어서 준수해야 할 목표·기준 및 기타 고려하여야 할 사항을 적절한 강도로 규정하여야 한다. 위의 두 기준, 즉 양적 한계와 질적 한계가 종합적으로 고려되어야 하는데, 이 두 기준은 상호 보완적 관계에 있다.

그리고, 위임의 구체성을 위임대상의 구체성으로 한정하여서는 안 된다. 위임대상의 구체성은 위임의 구체성 판단의 한 요소가 될 수는 있지만, 위임의 구체성의 필요조건은 아니다. 위임의 구체성과 위임명령의 구체성을 혼동하여서도 안 된다. 위임의 구체성은 위임의 목적, 범위, 내용 및 한계가 명확한지를 의미하는 것으로 해석하여야 한다.

② 또한 위임의 구체성은 상대적인 개념이다.[2)] 구체적인 위임의 범위는 규제하고자 하는 대상의 종류와 성격에 따라 달라진다(대판 2002. 08. 23, 2001두5651; 헌재 1991. 02. 11, 90헌가27). 예를 들면, 규율대상이 다양하고, 변화하는 과정에 있는 경우에는 위임의 명확성이나 구체성이 다소 완화될 수 있다.

③ 구체적인 위임이 되려면 위임명령에 규정될 내용과 범위의 기본사항이 구체적으로 규정되어 있어서 누구라도 해당 법률이나 상위법령으로부터 위임명령에 규정될 내용의 대강을 예측할 수 있어야 한다(대판 2020. 02. 27, 2017두37215; 헌재 1994. 07. 29, 93헌가12; 대판 2007. 10. 26, 2007두9884).

예측가능성의 유무는 당해 위임조항 하나만을 가지고 판단할 것이 아니라 그 위

---

2) 오염물질의 배출허용기준에는 농도기준과 총량기준이 있을 수 있고, 그 기준의 측정방법, 오염방지기술 등의 다양성을 고려할 때 명확한 기준의 제시없이 '오염물질의 배출허용기준을 행정입법으로 정하도록 위임하는 것'이 구체적 위임이 아니라고 볼 수도 있지만, 오염물질의 배출허용기준은 환경의 보호를 위한 것이라는 점, 환경의 보호와 기업의 비용부담은 이익형량되어야 한다는 이익형량의 원칙(비례원칙)을 고려할 때 위임의 구체적인 목적 및 한계가 내재되어 있는 것이므로 구체적 위임이라고 볼 수도 있다. 위임의 명확성을 위해서는 '오염물질의 배출허용기준'의 위임보다는 '환경보호를 위한 오염물질의 배출허용기준'의 위임이라고 명시하는 것이 좋다. 그리고, 가능하다면 오염방지기술의 수준, 비용 등을 고려하여 오염방지기술의 기준을 법률로 정하는 것이 바람직하다.

임조항이 속한 법률이나 상위명령의 전반적인 체계와 취지·목적, 당해 위임조항의 규정형식과 내용 및 관련 법규를 유기적·체계적으로 종합 판단하여야 하고, 나아가 각 규제 대상의 성질에 따라 구체적·개별적으로 검토함을 요한다(대판 2002. 08. 23, 2001두5651; 2020. 02. 27, 2017두37215). 이러한 법리는 조례가 법률로부터 위임받은 사항을 다시 지방자치단체장이 정하는 '규칙' 등에 재위임하는 경우에도 적용된다(대판 2022. 04. 14, 2020추5169).

다. 구체적 판단기준 구체적 위임 여부의 판단은 위에서 언급한 구체적 위임의 일반적 기준과 함께 다음과 같은 보다 구체적인 판단요소들을 고려하여 행하여져야 한다.

① 의회입법의 원칙의 관철과 행정입법의 현실적인 요청을 조화시키도록 하여야 한다. 너무 포괄적인 위임을 하여 의회입법의 원칙이 무시되도록 해서는 안 된다. 다른 한편으로 행정입법의 현실적 요청을 고려하여야 한다. 이를 위하여 의회의 입법능력을 고려하고 행정권에 의한 입법의 필요성을 고려하여야 한다. 전문적이고 기술적인 사항과 상황의 변화에 즉시 적응되어야 할 사항에 있어서는 구체성의 요구가 완화될 수 있다.

헌법재판소도 "다양한 사실관계를 규율하거나 사실관계가 수시로 변화될 것이 예상될 때에는 위임의 명확성의 요건이 완화되어야 한다"고 하면서 "중학교 의무교육의 구체적인 실시 시기와 절차 등을 하위법령에 위임하여 정하도록 함에 있어서는 막대한 재정지출을 수반하는 무상교육의 수익적 성격과 규율대상의 복잡다양성을 고려하여 위임의 명확성의 요구정도를 완화하여 해석할 수 있는 것이다"라고 결정하였다(헌재 1991. 02. 11, 90헌가27).

② 국민의 권익 및 공동체에 미치는 영향이 클수록 위임의 한계가 엄격히 설정되어야 한다.

대법원도 "국민의 기본권을 제한하거나 침해할 소지가 있는 사항에 관한 위임에 있어서는 위와 같은 구체성 내지 명확성이 보다 엄격하게 요구된다"고 판시하고 있고(대판 2000. 10. 19, 98두6265), 헌법재판소도 "기본권침해영역에서는 급부행정영역에서 보다는 구체성의 요구가 강화된다"고 보고 있다(헌재 1991. 02. 11, 90헌가27).

③ 권력성이 강한 행정권의 행사에 관한 사항일수록 그에 비례하여 구체적으로 위임되어야 한다.

④ 이해관계인의 행정입법에의 참가절차의 보장 등 행정입법에 대한 절차적 통제가 잘 되어 있을수록 행정입법의 내용에 대한 수권법률의 규율밀도가 완화될 수 있다.

⑤ 수권의 구체성은 수권규정 자체만에 의해 판단되어야 하는 것은 아니며 수권법률 이외의 다른 규정도 아울러 고려하여 해석에 의해 인정되면 된다(대판 1996. 03. 21, 95누3640).

라. 사 견 이러한 점들을 고려할 때 포괄위임금지의 원칙을 엄격히 적용하는 것은 타당하지 않다. 특히 의회가 위임입법에 대한 동의권을 유보하는 경우에는 더욱 그러하다. 나아가 포괄위임금지의 원칙을 위임의 명확성원칙과 의회의 입법권 보장의 원칙으로 대체하는 것도 고려할 필요가 있다. 그리고 헌법 제75조의 '구체적으로 범위를 정하여'라는 문구가 위임대상의 구체성으로 오해될 소지가 크므로 그 문구를 개정하여 '명령에 대한 위임은 구체적이고 명확하여야 한다' 또는 '명령에 대한 위임을 명확히 하여야 한다'로 하고, 그 의미를 '위임의 목적, 범위, 내용 및 한계가 명확하여야 한다'로 해석하는 것이 타당할 것이다. 또한, 현재와 같이 포괄위임금지의 원칙을 헌법원칙으로 유지하는 것으로 한다면 입법의 현실 및 위임분야의 특성상 다소 포괄적인 위임이 필요한 경우, 의회에 동의권이 유보된 경우 등에서는 제한적으로 그 예외를 인정하는 것이 입법현실에 합치하는 해결방안이다.

마. 유형별 검토 위임의 구체성이라는 기준은 매우 불확정적인 개념이고 구체적인 사건과 관련하여 여러 판단요소를 고려하여 판단되어야 하는 기준이므로 결국은 판례에 의해 구체적인 사안에서 개별적으로 판단되어야 한다. 그러나, 다른 한편으로 사안의 유형별로 그 유형의 특수성을 고려하여 위임의 구체성 여부를 검토할 필요가 있다.

(가) 법률사항 **법률사항**(法律事項)이라 함은 법률로 정하여야 하는 사항을 말한다. 법률사항 중에는 헌법에서 법률로 정하는 것으로 명시적으로 규정한 사항도 있다. 후자를 법률주의사항이라고 부르는 학자도 있다. 법률사항이라 하여 그에 관한 모든 사항을 법률로 정하여야 하는 것은 아니고 헌법 제75조에 따라 구체적 위임은 가능하다고 보는 것이 다수의 견해이다.

법률사항과 구별할 개념으로 법률전속사항(또는 의회유보사항)이라는 개념이 있다. **법률전속사항**(法律專屬事項)은 법률에 의해서만 규정되어야 하며 명령에 대한 위임이 구체적이라도 인정되지 않는 사항을 말한다. 즉, 법률전속사항은 법률사항에 포함되지만 그에 관한 모든 사항이 법률로만 규정될 수 있는 사항(예, 군복무기간)을 말한다. 법률전속사항은 후술하는 바와 같이 의회유보이론 또는 본질성설에 의해 결정된다.

아래에서는 법률사항 중에서 특별한 고찰을 요구하는 처벌법규와 조세에 관한 사항의 위임의 한계를 고찰하기로 한다.

(나) 범죄구성요건과 벌칙의 위임 죄형법정주의(罪刑法定主義)는 범죄와 형벌은

법률로 정하여야 한다는 원칙이다. 달리 말하면 사전에 제정된 법률에 의하지 아니하고는 처벌되지 아니한다는 원칙을 말한다. 죄형법정주의의 취지는 무엇이 처벌될 행위인가를 국민이 예측 가능한 형식으로 정하도록 하여 개인의 법적 안정성을 보호하고, 성문의 형벌법규에 의한 실정법질서를 확립하여 국가형벌권의 자의적 행사로부터 개인의 자유와 권리를 보장하려는 데 있다(헌재 1991. 07. 08, 91헌가4).

처벌법규의 위임은 헌법 제75조에 의한 위임의 일반적 한계와 죄형법정주의에 의해 중첩적으로 제한된다. 그리하여 처벌법규의 위임은 일반 법률사항보다 더욱 제한되고 위임에 있어서 수권법률의 규율밀도가 보다 강하게 요구된다.

죄형법정주의와 일반적 위임입법의 한계에 따른 처벌법규의 위임의 한계는 다음과 같다. ① 형벌법규의 위임은 특히 긴급한 필요가 있거나 미리 법률로써 자세히 정할 수 없는 부득이한 사정이 있는 경우에 한정되어야 한다. ② 범죄의 구성요건은 처벌대상행위가 어떠한 것일 것이라고 이를 예측할 수 있을 정도로 법률에 의해 구체적으로 정하여야 한다. 달리 말하면 범죄구성요건(犯罪構成要件)의 구체적인 기준을 정하여 위임하여야 한다. ③ 형벌의 종류와 상한과 폭을 법률로 명백히 규정하여야 한다(헌재 1995. 10. 26, 93헌바62).

(다) 조세법규의 위임 조세법률주의 원칙은 과세요건 등 국민의 납세의무에 관한 사항을 국민의 대표기관인 국회가 제정한 법률로써 규정하여야 하고, 그 법률을 집행하는 경우에도 이를 엄격하게 해석·적용하여야 하며, 행정편의적인 확장해석이나 유추적용을 허용하지 아니함을 뜻한다(대판 전원합의체 2021. 09. 09, 2019두35695). 조세법률주의는 헌법 제38조 및 헌법 제59조에 의해 선언되고 있다. 특히 헌법 제59조는 "조세의 종목과 세율은 법률로 정한다"라고 규정하고 있다.

조세에 관하여 법률로 정하여야 할 사항은 조세의 종목과 세율 이외에도 조세법률주의의 내용과 취지에 비추어 조세의 납세의무자·납세요건사실·과세표준·행정구제·벌칙 등이 있다. 헌법 제59조에서 법률로 정하도록 규정하고 있는 조세의 종목과 세율을 제외한 조세에 관하여 법률로 정하여야 할 사항은 조세법률주의와 헌법 제75조의 일반적 위임의 한계원리에 따라 구체적인 위임이 되는 한 명령에 위임하는 것이 가능하다는 데 이견이 없다.

문제는 헌법에서 명문의 규정에 의해 법률로 정하고 있는 조세의 종목과 세율에 대하여도 명령에 위임하는 것이 가능한가 하는 것이다. 이에 대하여는 헌법에서 명시적으로 법률로 정하도록 규정하고 있으므로 명령에 대한 위임을 부정하는 견해(부정설)와 헌법 제59조 및 조세법률주의 그리고 헌법 제75조의 일반적 위임의 한계에 비추어 구체적 위임이라고 보는 한 명령에 대한 위임이 가능하다는 견해(긍정설)가 있다. 생각건대, 결론은 헌법 제59조의 취지, 종목과 세율이 모두 법률전속사항인지 여부에 달려 있다. 긍정설이 타당하다.

(라) 기 타

[판례] 전기요금약관의 구체적인 인가기준을 대통령령에 위임하고 있는 것은 포괄위임금지원칙에 위반되지 아니한다고 한 사례(헌재 2021. 04. 29, 2017헌가25).

바. 포괄적 위임 금지의 예외 자치조례 또는 공법적 단체의 정관에 대한 자치법적 사항의 위임에 있어서는 포괄위임금지의 원칙이 적용되지 않으며 포괄적인 위임도 가능하다(대판 2000. 11. 24, 2000추29[단양군공유재산관리조례사건]).

[판례] **법률이 공법적 단체 등의 정관에 자치법적 사항을 위임한 경우에도** 헌법 제75조가 정하는 포괄적인 위임입법의 금지는 원칙적으로 적용되지 않는다(대판 2007. 10. 12, 2006두14476[주택재개발사업시행인가처분취소]: 사업시행인가 신청시의 토지 등 소유자의 동의요건을 사업시행자의 정관에 위임한 도시 및 주거환경정비법 제28조 제4항 본문이 포괄위임입법금지 원칙에 위배되지 않는다고 한 사례).

다만, 공법적 기관의 정관 규율사항이라도 그러한 정관의 제정주체가 사실상 행정부에 해당하거나, 기타 권력분립의 원칙에서 엄격한 위임입법의 한계가 준수될 필요가 있는 경우에는 헌법 제75조, 제95조의 포괄위임입법금지 원칙이 적용되어야 한다(헌재 2001. 04. 26, 2000헌마122).

2) 법률전속사항(의회유보사항)의 위임금지

의회유보론은 일정한 사항은 법률로 정해야 하며 명령에 수권할 수 없다는 이론이다. 의회유보의 문제는 법률에 의해 규율해야 하는 사항과 명령에 위임할 수 있는 사항을 구분하는 것에 관한 것이다. 그리고 법률에 의해 규율해야 하는 사항은 명령에의 위임이 금지되고 이를 위임하는 법률은 위헌인 법률이 된다. 의회유보론의 문제는 법률사항과 명령에 위임할 수 있는 사항의 구분이 어렵다는 데 있다.

법률유보의 원칙에 관하여 본질성설(중요사항유보설)을 취하는 경우 공동체나 국민에게 본질적인 사항은 구체적인 사항이라도 반드시 법률로 정하여야 하며 명령에 위임하여서는 안 된다. 생각건대, 병역복무기간(병역법 제18조 제2항)은 법률전속사항으로 보아야 한다.

3) 수권의 상대방

법률의 명령에 대한 수권은 대통령·총리 또는 행정 각부 장관에게 행해질 수 있는 것으로 헌법상 명문으로 정해져 있다.

문제는 헌법상 법규명령제정자가 아닌 자에게 수권할 수 있는가 하는 점인데,

이에 관하여는 감사원규칙과 관련하여 앞에서 고찰한 바와 같이 긍정설과 부정설이 대립되고 있는데 긍정설이 타당하다.

4) 수권의 한계 위반의 효과

수권의 한계를 넘는 법률은 위헌인 법률이 된다. 수권법률이 헌법재판소의 위헌법률심판에서 위헌으로 결정된 경우에 당해 수권법률에 의해 제정된 명령은 위법한 명령이 된다.

수권의 한계를 넘는 법률에 대해 헌법재판소가 헌법불합치결정을 내리며 신법을 소급적용하는 것으로 결정하는 경우가 있다. 이 경우에는 새로 제정된 법률 및 위임명령에서 종전의 수권에 근거하여 제정된 명령의 내용과 동일한 내용을 규정하는 경우에는 행정청은 종전의 처분과 동일한 처분을 다시 내릴 수 있게 된다.

이와 같이 수권의 한계를 넘는 법률에 대해 헌법불합치결정을 내리며 신법의 소급효를 인정하는 것은 법의 공백을 메우고 법집행의 계속성을 보장하기 위한 것이다. 또한, 수권법률이나 처분의 근거가 된 위임명령이 내용상 위헌·위법인 것이 아니라 수권법률이 형식상 포괄적 위임금지의 원칙에 반하여 위헌이기 때문이다.

특히 수권의 한계를 넘는 조세법률에 대한 헌법불합치결정을 할 때 이러한 유형의 위헌결정이 자주 행해진다.

(3) 위임명령의 제정상 한계

명령으로 새로운 법규사항을 정하기 위하여는 상위 법령의 위임이 있어야 한다. 상위 법령의 위임에 의해 위임명령이 제정될 때에도 다음과 같은 한계가 있다.

① 위임명령은 수권의 범위 내에서 제정되어야 한다. 수권의 범위를 일탈한 명령은 위법한 명령이 된다. 법규명령의 내용이 법률이 예정하고 있는 바를 구체적으로 명확하게 한 것으로 인정되면 법규명령은 무효로 되지 않는다(대판 전원합의체 2020. 06. 18, 2016두43411). 어느 시행령 규정이 모법의 위임 범위를 벗어난 것인지를 판단할 때 중요한 기준 중 하나는 **예측가능성**이다(대판 2021. 07. 29, 2020두39655).

어느 시행령 규정이 모법에 저촉되는지가 명백하지 않은 경우에 모법에 합치된다는 해석(상위법령합치적 법령해석)도 가능한 경우라면 그 규정을 모법 위반으로 무효라고 선언해서는 안 된다(대판 2025. 01. 09, 2022두32382).

시행령 등 법규명령의 내용이 모법의 입법 취지와 관련 조항 전체를 유기적·체계적으로 살펴보아 모법의 해석상 가능한 것을 명시한 것에 지나지 아니하거나 모법 조항의 취지에 근거하여 이를 구체화하기 위한 것인 때에는 모법의 규율 범위를 벗어난 것으로 볼 수 없으므로 모법에 이에 관하여 직접 위임하는 규정을 두지 않았다고 하더라도 이를 무효라고 볼 수 없다(대판 2016. 12. 01, 2014두8650).

그러나, 수권 규정에서 사용하고 있는 용어의 의미를 넘어 그 범위를 확장하거나 축소하여 위임 내용을 구체화하는 단계를 벗어나 새로운 입법을 한 것으로 볼 수 있다면 위임의 한계를 넘은 것이다(대판 2018. 08. 30, 2017두56193).

[판례] ① [1] **법규명령이 법률의 위임 범위를 벗어났는지는** 직접적인 위임 법률조항의 형식과 내용뿐만 아니라 법률의 전반적인 체계와 목적 등도 아울러 고려하여 법률의 위임 범위나 한계를 객관적으로 확정한 다음 법규명령의 내용과 비교해서 판단해야 한다. 법규명령의 내용이 위와 같이 확정된 법률의 위임 범위 내에 있다고 인정되거나 법률이 예정하고 있는 바를 구체적으로 명확하게 한 것으로 인정되면 법규명령은 무효로 되지 않는다(대법원 2020. 6. 18. 선고 2016두43411 전원합의체 판결 등 참조). [2] 이 사건 구 법인세법 시행령(2019. 2. 12. 대통령령 제29529호로 개정되기 전의 것) 제11조 제9호의2 (가)목(이하 '이 사건 시행령 조항'이라 한다)이 모법인 구 법인세법 제15조 제3항의 위임범위 내에 있으므로 유효라고 본 사례(대판 2021. 07. 29, 2020두39655).

② [1] **특정 사안과 관련하여 법률에서 하위 법령에 위임을 한 경우, 하위 법령이 위임의 한계를 준수하고 있는지 판단하는 기준**: 특정 사안과 관련하여 법률에서 하위 법령에 위임을 한 경우 하위 법령이 위임의 한계를 준수하고 있는지를 판단할 때는 법률 규정의 입법 목적과 규정 내용, 규정의 체계, 다른 규정과의 관계 등을 종합적으로 살펴보아야 한다. 위임 규정 자체에서 그 의미 내용을 정확하게 알 수 있는 용어를 사용하여 위임의 한계를 분명히 하고 있는데도 그 문언적 의미의 한계를 벗어났는지, 또한 수권 규정에서 사용하고 있는 용어의 의미를 넘어 그 범위를 확장하거나 축소하여서 위임 내용을 구체화하는 단계를 벗어나 새로운 입법을 하였는지 등도 아울러 고려되어야 한다(대판 2020. 02. 27, 2017두37215). [2] 입찰 참가자격의 제한을 받은 자가 법인이나 단체인 경우 그 대표자에 대해서도 입찰 참가자격을 제한하도록 규정한 구 지방자치단체를 당사자로 하는 계약에 관한 법률 시행령 제92조 제4항이 구 지방자치단체를 당사자로 하는 계약에 관한 법률 제31조 제1항의 위임범위를 벗어나지 않았다고 한 사례(대판 2022. 07. 14, 2022두37141).

③ [1] 법령의 위임에 따라 교부기관이 보조금의 교부 및 사후 감독 등에 관한 업무를 수행할 수 있는 이상, 그 교부결정을 취소하고 보조금을 반환받는 업무도 교부기관의 업무에 포함된다. [2] 직장어린이집 설치비 지원금 지원결정 취소 및 지원금 반환에 관한 구 「직장어린이집 등 설치·운영 규정」(2020. 7. 8. 고용노동부 예규 제173호로 개정되기 전의 것) 제36조 제1항 제3호 및 [별표 3]이 고용보험법 제26조, 같은 법 시행령 제38조 제5항의 위임범위 내에 있다고 한 사례(대판 2023. 08. 18, 2021두41495).

④ 구 화물자동차 운수사업법 시행령 제6조 제1항 [별표 1] 제12호 (가)목에 규정된 '2인 이하가 중상을 입은 때' 중 '1인이 중상을 입은 때' 부분이 모법인 구 화물자동차 운수사업법 제19조 제1항 및 제2항의 위임범위를 벗어나 무효라고 한 사례(대판 전원합의체 2012. 12. 20, 2011두30878[화물자동차운행정지처분취소]).

⑤ 어느 시행령의 규정이 모법의 위임범위를 벗어난 것인지 여부를 판단함에 있어서 중요한 기준 중 하나는 **예측가능성**인바, 이는 당해 시행령의 내용이 이미 모법에서 구체적으로 위임되어 있는 사항을 규정한 것으로서 누구라도 모법 자체로부터 그 위임된 내용의 대강을 예측할 수 있는 범위 내에 속한 것이어야 함을 의미하고, 이러한 예측가능성의 유무는 당해 특정조항 하나만을 가지고 판단할 것은 아니고 법률의 입법 취지 등을 고려하여 관련 법조항 전체를 유기적·체계적으로 종합하여 판단하여야 한다(대판 2013. 05. 23, 2013두1829).

⑥ 고시가 위임의 한계를 준수하고 있는지 판단하는 방법(대판 2016. 08. 17, 2015두51132[유가보조금환수및유가보조금지급정지6개월처분취소].

⑦ **법률의 시행령이** 형사처벌에 관한 사항을 규정하면서 **법률의 명시적인 위임 범위를 벗어나 처벌의 대상을 확장하는** 것은 죄형법정주의의 원칙에도 어긋나는 것이므로, 그러한 시행령은 위임입법의 한계를 벗어난 것으로서 무효이다(대판 전원합의체, 2017. 02. 16, 2015도16014). **〈해설〉** 대법관 이상훈, 대법관 김용덕의 별개의견: "법률의 시행령이 모법으로부터 직접 위임을 받지 아니한 규정을 두었다 하더라도 그 규정을 둔 취지와 구체적인 기능을 살펴 그 내용을 해석하고 그에 따라 그 규정의 모법 위배 내지 적용 가능성을 가려야 한다. 예를 들어 모법에서 어떠한 행위를 하도록 포괄적으로 규정하는 한편 그 법률 규정 위반에 대하여 처벌하도록 정하였는데 시행령에서 모법의 위임 없이 그 행위와 관련된 내용을 규정한 경우에, **모법의 처벌규정을 해석 · 적용할 때에는** 해당 시행령 규정이 모법으로부터 직접 위임을 받지 아니한 것이어서 모법에 의한 처벌은 그 법률 규정 자체의 위반에 그치고 해당 시행령 규정을 모법의 행위규범과 결합한 처벌 근거로 삼아 이를 적용할 수 없다고 하더라도, **모법의 행위규범과 관련하여서는** 그 해석 가능한 범위 내에서 그 내용을 보완하는 규정이 될 수 있고 또한 적어도 그 시행 또는 집행을 위하여 필요한 지침이나 준칙으로서 기능할 수도 있으므로 그 범위 내에서는 유효하여 이를 적용할 수 있다고 보아야 하며, 무조건적으로 법에 위배된다거나 무효라고 단정하여서는 아니 된다."

⑧ [1] '보조금에 대한 교부신청, 교부결정 및 사용 등에 관하여 필요한 사항'을 **조례**에 위임하는 것으로 규정한 구 지방재정법 시행령 제29조 제5항의 문언만 보더라도, '보조금 반환'과 관련한 사항이 여기에 포함되는 것으로 본다고 하여 이 문언의 통상적인 의미에 따른 위임의 한계를 벗어난 것으로 단정할 수 없다. [2] 보조금 환수를 규정한 구 홍성군 보조금 관리조례 제20조가 지방자치단체의 보조금에 대한 교부신청, 교부결정 및 사용 등에 관하여 필요한 사항을 조례로 정하도록 규정한 구 지방재정법 시행령 제29조 제5항의 위임범위를 벗어났다고 할 수 없다(대판 2018. 08. 30, 2017두56193). **〈해설〉** 구 지방재정법 시행령 제29조 제5항이 보조금의 교부신청, 교부결정 및 사용 등에 관한 사항만을 조례에 위임하고 있을 뿐, 보조금 반환에 관한 사항까지는 위임한 것으로 볼 수 없다고 판단한 원심을 파기한 사안이다.

⑨ 계사 건축허가 기준을 정한 금산군 조례가 상위법령인 가축분뇨법의 위임한계를 벗어나지 않았다고 한 사례(대판 2019. 01. 31, 2018두43996).

⑩ 시장이 구 폐기물처리시설 설치촉진 및 주변지역지원 등에 관한 법률(이하 '폐기물시설촉진법'이라 한다) 제6조 등에 따라 폐기물처리시설 설치비용에 해당하는 금액을 납부하기로 한 혁신도시 개발사업 시행자에게 '전주시 폐기물처리시설 설치비용 징수와 기금설치 및 운용에 관한 조례' 규정에 따라 폐기물처리시설 설치비용 산정의 기준이 되는 부지면적에 '관리동'과 '세차동 등 기타시설'의 면적을 포함시켜 부지매입비용을 산정한 폐기물처리시설 설치비용 부담금을 부과한 사안에서, 구 폐기물처리시설 설치촉진 및 주변지역지원 등에 관한 법률 시행령 제4조 제3항 등 **관계 법령이 시설의 설치에 드는 비용의 산정기준에 관하여 상세한 규정을 두면서도 폐기물처리시설의 부지면적에 관하여는 아무런 규정을 두고 있지 않아 지방자치단체에는 장래 폐기물처리시설의 규모, 운영방식, 관리수요 등의 다양한 요소를 예측하여 그에 필요한 '관리동'과 '세차동 등 기타시설'의 규모를 정할 수 있는 재량이 부여된 것으로 보아야 하므로** 조례에서 정한 폐기물처리시설 부지면적의 산정기준이 현저히 불합리하다는 등의 특별한 사정이 없는 한 조례 내용이 무효라고 볼 수는 없는 점, '관리동'과 '세차동 등 기타시설'은 폐기물처리시설 자체는 아니지만 폐기물처리시설의 원활한 관리 · 운영을 위하여 필요한 시설로서 환경보전과 국민 생활의 질적 향상에 이바지함을 목적으로 하는 폐기물시설촉진법의 입법 목적 달성에 기여하는 시설인 점 등을 종합하면, **위 조례 규정 중 '관리동', '세차동 등 기타시설'의 부지면적 산정에 관한 부분은 상위법령을 구체화한 것에 불과**하고 상위법령의 위임의 한계를 벗어나 무효라고 볼 수 없다고 한 사례(대판 2019. 07. 10,

2016두61051).
⑪ '소속 지방법무사회는 법무사 사무원이 법무사 사무원으로서의 업무수행에 지장이 있다고 인정되는 행위를 하였을 경우에는 그 채용승인을 취소하여야 한다'고 규정한 **법무사규칙 제37조 제6항 후단 부분**이 모법인 법무사법 제23조 제4항의 **위임 범위를 일탈한 것이어서 법률유보원칙에 위배되는지** 문제 된 사안에서, 법무사법 제23조 제4항이 변동하는 사회경제 상황에 대처하여 탄력적으로 대응할 수 있도록 법무사 사무원 채용에 관하여 대법원규칙으로 구체화할 사항을 폭넓게 위임하고 있는 점, 위 규칙조항에 다소 추상적인 면이 있더라도 법무사 사무원 채용승인 제도의 입법 목적인 법무사 사무의 공익성·전문성 확보를 위하여 필요하고 법관의 법해석작용을 통하여 그 의미가 구체화·명확화될 수 있는 점 등을 고려하면, **위 규칙조항이 모법의 위임 범위를 일탈한 것으로 볼 수 없다**고 한 사례(대판 2020. 04. 09, 2015다34444).
⑫ 구 국토의 계획 및 이용에 관한 법률 시행령 제71조 제1항 제19호 [별표 20]에서 '계획관리지역 안에서 건축할 수 없는 건축물'의 하나로서 특정수질유해물질이 구 수질 및 수생태계 보전에 관한 법률 시행령 제31조 제1항 제1호에 따른 기준 이상으로 배출되는 공장시설 등을 구체적으로 열거한 것은 모법인 국토계획법이 위와 같이 예정하고 있는 바를 구체화, 명확화한 것이라고 볼 수 있을 뿐, 모법의 위임 범위를 뛰어넘은 것이라고 평가하기는 어렵다(대판 2020. 04. 29, 2019도3795).
⑬ 2016. 2. 5.개정 전 구 상증세법 시행령 제31조 제6항은 모법의 규정취지에 반하고 그 위임범위를 벗어나 무효이다(대판 전원합의체 2021. 09. 09, 2019두35695).
⑭ 입찰 참가자격의 제한을 받은 자가 법인이나 단체인 경우 그 대표자에 대해서도 입찰 참가자격을 제한하도록 규정한 구 지방자치단체를 당사자로 하는 계약에 관한 법률 시행령 제92조 제4항이 구 지방자치단체를 당사자로 하는 계약에 관한 법률 제31조 제1항의 위임범위를 벗어났다고 할 수 없다고 한 사례(대판 2022. 07. 14, 2022두37141).
⑮ 구 항만공사법 시행령 제13조 제3항은 해양수산부령에 대납경비청구권의 내용과 절차를 구체화하도록 수권하는 규정일 뿐, 항만공사에 대납경비 지급 여부에 관한 재량을 부여하는 규정이 아니다(대판 2021. 12. 16, 2018다204114).
⑯ 서초구의회가 의결한 '시가표준액 9억 원 이하의 1가구 1개 주택을 소유한 개인에 대하여 지방세법이 정한 재산세의 세율을 표준세율의 100분의 50으로 감경하는' 내용의 '서울특별시 서초구 구세 조례 일부 개정조례안'에 대하여 서울특별시장이 지방세법 위반의 소지가 있다는 이유로 재의요구를 지시하였으나 구청장이 따르지 않고 공포하자 조례안 의결의 효력 배제를 구하는 무효확인의 소를 제기한 사안에서, 위 조례안이 근거조항의 위임범위의 한계를 일탈하였다거나 조세법률주의, 포괄위임금지 원칙, 조세법률의 명확성 원칙, 지방세특례제한법의 절차, 조세평등주의 등에 위배되어 무효라고 볼 수 없다고 한 사례(대판 2022. 04. 14, 2020추5169).
⑰ 종합부동산세액에서 공제될 재산세액의 계산에 관한 산식을 정하고 있는 구 종합부동산세법 시행령 제4조의2 제1항, 제5조의3 제1항, 제2항이 모법의 위임범위를 벗어난 것이 아니라고 한 사례(대판 2023. 08. 31, 2019두39796).
⑱ 동일한 과세대상에 대하여 종합부동산세의 과세기준금액을 초과하는 영역에 부과되는 재산세액 중 일부만을 공제하도록 한 구 종합부동산세법 시행령 제4조의2 제1항, 제5조의3 제1항, 제2항이 구 종합부동산세법 제9조 제4항과 제14조 제7항의 위임 범위와 한계를 벗어나 무효라고 볼 수 없다고 한 사례(대판 2023. 08. 31, 2019두39796).

② 위임명령은 상위법령(예, 헌법, 법률, 상위의 명령)에 위반하여서는 안 된다.

[판례] 경상남도지사가 '경상남도 업무협약 체결 및 관리에 관한 조례안' 중 도의회가 지방자치법 제48조, 제49조에 따라 자료를 요구할 경우 도지사는 업무협약에 비밀조항을 둔 경우라도 이를 거부할 수 없도록 규정한 제6조 제1항은 공무원의 비밀유지의무를 규정한 지방공무원법 제52조, 공공기관의 정보공개에 관한 법률 제9조 제1항 제7호, 사회기반시설에 대한 민간투자법 제51조의 3 제1항 등에 위반된다(대판 2023. 07. 13, 2022추5149).

③ 재위임의 문제: 법률로부터 위임받은 사항을 재위임(再委任)할 수 있는가. 이론상 재위임이 가능한지에 관하여 긍정설과 부정설이 대립되었다.

부정설은 재위임은 수권법률에 반하는 것이며 재위임을 인정하는 것은 법률에 의한 위임이 아니라 명령에 의한 법규사항의 위임이 되므로 국회입법의 원칙에 반한다는 데 그 논거를 두고 있다.

이에 대하여 긍정설은 위임받은 사항을 백지재위임하는 것은 수권법률에 반하는 것이지만 위임받은 사항에 대하여 대강을 정하고 구체적 사항을 재위임하는 것은 수권법률에 반하는 것이 아니며 재위임에 의한 명령도 궁극적으로는 수권법률에 근거하는 것이므로 국회입법의 원칙에 반하는 것은 아니라고 본다.

그런데, 현행 헌법 제95조는 총리령 또는 부령이 대통령령의 위임을 받아 제정될 수 있는 것으로 규정하고 있는 점에서 현행 헌법은 재위임이 가능한 것으로 보고 있다. 법률에서 위임받은 사항을 전혀 규정하지 않고 재위임하는 것은 복위임금지 원칙에 반할 뿐 아니라 위임명령의 제정 형식에 관한 수권법의 내용을 변경하는 것이 되므로 허용되지 않으나 위임받은 사항에 관하여 대강을 정하고 구체적으로 재위임하는 것은 가능하다(대판 2015. 01. 15, 2013두14238[건축불허가처분취소]; 2013. 03. 28, 2012도16383; 헌재 2002. 10. 31, 2001헌라1). 이러한 법리는 조례가 지방자치법 제22조 단서에 따라 주민의 권리제한 또는 의무부과에 관한 사항을 법률로부터 위임받은 후, 이를 다시 지방자치단체장이 정하는 '규칙'이나 '고시' 등에 재위임하는 경우에도 마찬가지이다(대판 2015. 01. 15, 2013두14238). 그 재위임은 구체적으로 범위를 정한 개별적인 재위임이어야 한다(대판 2022. 04. 14, 2020추5169).

2. 집행명령의 한계

집행명령은 상위법령의 집행에 필요한 절차나 형식을 정하는 데 그쳐야 하며 새로운 법규사항을 정하여서는 안 된다.

집행명령은 새로운 법규사항을 규정하지 않으므로 법령의 수권 없이 제정될 수 있다.

법규명령이 인정기준의 성격을 갖는 해석규정인 경우 그 법규명령은 통상 예시적 규정으로 보는 것이 타당하다.

[판례] 구 산업재해보상보험법 시행령 제34조 제3항 및 [별표 3]이 규정하고 있는 '업무상 질병에 대한 구체적인 인정 기준'은 구 산업재해보상보험법 제37조 제1항 제2호 (가)목이 규정하고 있는 '업무수행 과정에서 유해·위험 요인을 취급하거나 그에 노출되어 발생한 질병'에 해당하는 경우를 **예시적으로 규정한** 것으로 보이고, 그 기준에서 정한 것 외에 업무와 관련하여 발생한 질병을 모두 업무상 질병에서 배제하는 규정으로 볼 수는 없다. 따라서 [별표 3]의 제15호 (나)목에서 정하고 있는 기준을 충족한 경우뿐 아니라, 기준을 충족하지 아니한 경우라도 업무 수행 중 노출된 벤젠으로 인하여 백혈병, 골수형성 이상 증후군 등 조혈기관 계통의 질환이 발생하였거나 적어도 발생을 촉진한 하나의 원인이 되었다고 추단할 수 있으면 업무상 질병으로 인정할 수 있다(대판 2014. 06. 12, 2012두24214[요양불승인처분취소]).

Ⅵ. 법규명령의 성립 · 효력 · 소멸

1. 법규명령의 성립요건

법규명령의 성립요건과 적법요건을 구별하여야 한다. 법규명령의 성립요건이라 함은 법규명령이 외관상 성립하기 위한 최소한의 요건을 말한다. 성립요건을 결한 경우 법규명령은 성립되지 않는 결과가 된다. 이에 반하여 성립요건을 갖추었으나 적법요건을 결한 법규명령은 성립은 되었지만 위법한 명령이 된다.

법규명령은 법규명령제정권자가 제정하여 법규명령의 형식으로 공포함으로써 성립한다.

(1) 제정권자

법규명령은 의회입법의 원칙에 대한 예외이므로 법규명령제정권자는 원칙상 헌법에 의해 인정되어야 한다. 헌법에서 인정된 법규제정권자는 대통령·총리·행정 각부의 장·중앙선거관리위원회 등이다.

감사원규칙에서처럼 법규명령제정권자가 헌법이 아닌 법률에 의해 인정될 수 있는가에 관하여 학설이 대립되고 있으나 전술한 바와 같이 긍정설이 타당하다.

(2) 형식 및 공포

법규명령의 형식을 취하고 관보에 공포되어야 성립한다. 다만, 법규명령으로 정하여야 할 사항을 행정규칙의 형식으로 정한 경우(예, 법령보충적 행정규칙)에 판례는 일정한 경우에 공포없이도 법규명령의 효력을 가지는 것으로 보고 있다.

2. 법규명령의 효력요건

법규명령은 시행됨으로써 효력을 발생한다. 시행일이 정해진 경우에는 그 날부터 효력을 발생하고, 시행일이 정하여지지 않은 경우에는 공포한 날로부터 20일을 경과함으로써 효력을 발생한다(헌법 제53조 제7항).

3. 법규명령의 적법요건과 위법한 명령의 효력

(1) 법규명령의 적법요건

① 위임명령은 상위법령의 수권이 있어야 제정될 수 있으며 수권의 범위 내에서 제정되어야 한다. 집행명령은 위임 없이 직권으로 제정될 수 있다.

어떤 법규명령이 위임의 근거가 없어 무효였더라도 사후에 법개정으로 위임의 근거가 부여되면 그 때부터는 유효한 법규명령이 된다. 그리고 위임에 의한 유효한 법규명령이 법개정으로 위임의 근거가 없어지게 되면 그 때부터 무효인 법규명령이 된다(대판 1995. 06. 30, 93추83; 대판 전원합의체 2017. 04. 20, 2015두45700).

상위 법령의 위임 없는 법규명령은 일반 국민에 대하여 구속력을 가지는 법규명령으로서의 효력은 없고(대판 전원합의체 2015. 06. 25, 2007두4995[노동조합설립신고서반려처분취소]), 행정조직 내에서 적용되는 행정명령의 성격을 지닐 뿐 국민에 대한 대외적 구속력은 없다(판례). 위임의 한계를 벗어난 법규명령도 대외적 효력을 인정할 수 없다(대판 2017. 06. 15, 2016두52378). 법규명령이 개정된 법률에 규정된 내용을 함부로 유추·확장하는 내용의 해석규정이어서 위임의 한계를 벗어난 것으로 인정될 경우에는 그 법규명령은 여전히 무효로 봄이 타당하다(대판 전원합의체 2017. 04. 20, 2015두45700).

[판례] [1] **법령의 위임이 없음에도 법령에 규정된 처분 요건에 해당하는 사항을 부령에서 변경하여 규정한 경우, 부령 규정의 법적 성격:** 법령에서 행정처분의 요건 중 일부 사항을 부령으로 정할 것을 위임한 데 따라 시행규칙 등 부령에서 이를 정한 경우에 그 부령의 규정은 국민에 대해서도 구속력이 있는 법규명령에 해당한다고 할 것이지만, **법령의 위임이 없음에도 법령에 규정된 처분 요건에 해당하는 사항을 부령에서 변경하여 규정한 경우에는 그 부령의 규정은 행정청 내부의 사무처리 기준 등을 정한 것으로서 행정조직 내에서 적용되는 행정명령의 성격을 지닐 뿐 국민에 대한 대외적 구속력은 없다고 보아야 한다.** [2] **공공기관의 운영에 관한 법률 제39조 제3항의 위임에 따라 제정된 기획재정부령인 '공기업·준정부기관 계약사무규칙' 제15조 제1항**에서 위와 같이 처분의 요건을 완화하여 정한 것은 상위법령의 위임 없이 규정한 것이므로 이는 행정기관 내부의 사무처리준칙을 정한 것에 지나지 않는다(대판 2013. 09. 12, 2011두10584[부정당업자제재처분취소]).

② 근거가 되는 상위법령이 위법할 때에는 그에 근거한 명령도 위법하다.

③ 상위법령에 위반되는 명령은 위법하다. 어느 시행령이나 조례의 규정이 모법에 저촉되는지가 명백하지 않은 경우에는 모법과 시행령 또는 조례의 다른 규정들과 그 입법 취지, 연혁 등을 종합적으로 살펴 모법에 합치된다는 해석도 가능한 경우라

면 그 규정을 모법위반으로 무효라고 선언해서는 안 된다(하위규범의 모법합치적 법률해석의 원칙)(대판 2014. 01. 16, 2011두6264[손괴자부담금부과처분취소]).

[판례] 법무법인을 조정반 지정 대상으로 규정하고 있지 않은 법인세법 시행령 제97조의3 제1항, 소득세법 시행령 제131조의3 제1항은 헌법과 법률에 위반되어 무효이다(대판 전원합의체 2021. 09. 09, 2019두53464).

④ 입법예고제 등 행정입법절차를 위반하여서는 안 된다.

(2) 위법한 법규명령의 효력

위법한 법규명령은 어떠한 효력을 갖는가에 대하여 학설상 논란이 되고 있고, 이론상 불명확한 점이 적지 않다.

위법한 법규명령은 다음과 같은 효력을 갖는다.

① 성립요건을 결여하는 경우 법규명령 자체가 성립하지 아니하므로 누구도 구속되지 않는다. 효력요건을 결여한 경우에도 성립한 법규명령이 아직 효력을 발생하지 않았으므로 그 명령은 누구에 대하여도 구속력이 없다.

② 기존의 명령과 배치되는 동위의 명령 또는 상위의 법령이 제정된 경우에 기존의 명령은 폐지된 것이 되고 따라서 누구도 구속되지 않는다.

③ 동일한 사항에 대해 하위법이 상위법에 저촉되는 경우 전부가 무효가 아니라 저촉되는 한도 내에서만 효력이 없다. 하위법이 상위법에 저촉되는 한도 내에서는 상위법을 적용하여야 한다.

[판례] 국도가 아닌 도로의 점용료 산정기준에 관하여 대통령령이 정하는 범위에서 지방자치단체의 조례로 정하도록 규정한 구 도로법(2011. 4. 12. 법률 제10580호로 개정되기 전의 것, 이하 같다) 제41조 제2항 및 구 도로법 시행령(2012. 11. 27 대통령령 제24205호로 개정되기 전의 것, 이하 같다) 제42조 제2항의 위임에 따라 국도 이외 도로의 점용료 산정기준을 정한 구 **'서울특별시 양천구 도로점용허가 및 점용료 징수 조례'**(2011. 12. 20. 조례 제1016호로 개정되기 전의 것, 이하 '구 양천구 조례'라 한다) 규정이 구 도로법 시행령이 개정되었음에도 그에 맞추어 개정되지 않은 채 유지되어 구 도로법 시행령과 불일치하게 된 사안에서, 구 도로법 제41조 제2항의 '대통령령으로 정하는 범위에서'라는 문언상 **대통령령에서 정한 '점용료 산정기준'은 각 지방자치단체 조례가 규정할 수 있는 점용료의 상한을 뜻하는 것**이므로, **구 양천구 조례 규정은 구 도로법 시행령이 정한 산정기준에 따른 점용료 상한의 범위 내에서 유효하고, 이를 벗어날 경우 그 상한이 적용된다는 취지에서 유효하다**고 한 사례(대판 2013. 09. 27, 2012두15234[도로점용료부과처분취소]).

④ 그 이외에 법규명령이 위법한 경우(특히 법규명령이 내용상 상위법령에 저촉되는 경우)에 법규명령의 효력에 관하여는 다음과 같이 견해가 대립된다.

i) 일부 학자는 행정입법의 흠이 중대하고 명백한 경우에는 행정행위에서와 같

이 당연히 무효가 된다고 보고, 흠이 중대하고 명백하지 않은 경우에는 일단 유효하며 헌법 제107조 제2항상의 통제제도에 의해 당해 법규명령에 근거한 처분을 다투는 소송에서 선결문제로서 다툴 수 있다고 본다.[3)]

ii) 무효설: 이에 대하여 일부 견해는 행정행위의 무효이론을 법규명령의 하자론에 도입하는 것에 반대하고 위법한 법규명령은 모든 경우에 무효라고 보아야 한다고 주장하면서 그의 근거를 법규명령에 대한 취소쟁송제도의 부존재에서 찾고 있다.[4)]

iii) 상대적 무효설: 일부 학자는 위법한 행정입법을 '무효(無效)'라고 하면서도 위법확인이 된 경우에도 당해 사건에 한하여 적용되지 않을 뿐 당해 행정입법은 그대로 '유효(有效)'하다고 하고 있다.[5)]

iv) 판 례: 판례는 위법한 법규명령을 무효로 보고 있다. 처분적 명령에 대한 항고소송도 무효확인소송으로 하는 것이 실무이다. 이에 반하여 법규명령의 효력을 갖는 행정규칙에 대한 항고소송은 통상 취소소송으로 하는 것이 실무이다.

그러나, 법규명령과 법규명령의 효력을 갖는 행정규칙은 그 규범력에 관한 한 실질적으로 동일한 것임에도 소송형식과 관련하여 양자를 달리 취급하는 것은 타당하지 않다. 또한, 위법한 법규명령을 무효라고 하면서 재판에서 선결문제로서 대법원에 의해 법규명령의 위법이 최종적으로 확인된 경우에도 일반적으로 효력을 상실하지 않고 당해 사건에 한하여 그 적용이 배제되는 것으로 보는 것은 논리적이지 못하다는 비판을 면할 수 없다. 판례가 말하는 법규명령의 무효는 행정행위의 무효와 다르다. 무효인 법규명령도 일응 효력을 갖고 존재한다.

v) 결어(유효설): 법규명령의 하자론은 행정행위의 하자론과 다르다고 보아야 한다. 법규명령은 법질서를 이루고 있으므로 법질서의 보호를 위하여(법의 공백을 막기 위하여) 위법한 법규명령도 폐지되거나 취소되기 전에는 특별한 규정이 없는 한 효력을 유지한다고 보고, 처분적 명령에 대한 항고소송은 취소소송의 형식으로 제기하도록 하는 것이 타당하다.

⑤ 위법한 명령을 다투는 길은 법원에 의한 통제(항고소송, 부수적 통제)와 헌법소원에 의한 통제가 인정되고 있다. 헌법소원에 의해 위헌이 확인된 경우에는 당해 명령은 효력을 상실한다. 법원에 의해 선결문제에서 위헌 또는 위법이 확인된 경우에는 그 명령은 효력을 상실하는 것은 아니며 당해 사건에 한하여 적용되지 않고, 위법한 처분적 명령에 대한 무효확인소송(취소소송)에서 무효확인(취소)된 경우에는 애초

3) 박윤흔, 전게서, 223면; 석종현, 『일반행정법(상)』, 393면, 418면.
4) 김남진, 전게서, 154면 이하.
5) 김동희, 전게서, 150면.

부터 무효임이 확인된다(원칙상 소급적으로 효력을 상실한다).

⑥ 전술한 바와 같이 행정기관이 위법한 명령을 다툴 수 있는 길이 인정되고 있지 않으므로 행정기관은 명령의 위법성이 명백하지 않는 한 위법한 명령도 집행하여야 한다. 대법원에 의해 위법이 확인된 경우에는 이제는 그 위법이 명백하므로 행정기관은 그 명령을 집행해서는 안 된다. 대법원에 의해 위법이 확인되었음에도 그후 당해 명령을 적용한 처분은 무효라고 보아야 한다.

⑦ 위법한 법규명령의 행정규칙으로의 전환: 법규명령이 형식상 위법 등의 사유로 효력이 없는 경우에 행정규칙으로서의 형식과 실질을 갖고 있으면 행정규칙으로서의 효력을 갖는다고 보아야 한다.

4. 법규명령의 소멸

① 법규명령은 폐지에 의해 소멸된다. 폐지는 그 대상인 명령과 동일한 형식의 법규명령 또는 상위의 법령에 의해 행해진다. 폐지는 명시적으로 행해질 수 있을 뿐만 아니라 당해 법규명령과 내용상 저촉되는 상위의 법령이 후일 제정된 경우에는 상위법우선의 원칙에 따라 종전의 명령은 상위법령과 저촉되는 한도 내에서 폐지된다.

② 한시적 명령의 경우 당해 명령에 붙여진 종기가 도래하면 소멸되고, 해제조건이 붙여진 명령은 해제조건의 성취로 소멸된다.

③ 근거법령의 효력이 상실되면 법규명령은 소멸한다.

④ 집행명령의 경우 상위법령이 폐지된 것이 아니라 단순히 개정됨에 그친 경우에는 그 개정법령과 성질상 모순·저촉되지 아니하고 개정된 상위법령의 시행에 필요한 사항을 규정하고 있는 이상 그 개정법령의 시행을 위한 집행명령이 제정·발효될 때까지는 기존의 집행명령이 그 효력을 유지한다(대판 1989. 09. 12, 88누6962). 예를 들면, 서식의 내용을 변경하는 것으로 법률이 개정되었으나 구체적인 서식양식의 변경에 관한 명령의 규정이 마련되지 않고 있는 경우 기존의 명령에 의한 서식양식을 그대로 사용한다.

⑤ 법령을 일부 개정하면서 개정 법령에 경과규정을 두지 않은 경우, 기존 법령 부칙의 경과규정이 당연히 실효되는 것은 아니다.

[판례] [1] **법령의 전부 개정은** 기존 법령을 폐지하고 새로운 법령을 제정하는 것과 마찬가지여서 특별한 사정이 없는 한 새로운 법령이 효력을 발생한 이후의 행위에 대하여는 기존 법령의 본칙은 물론 부칙의 경과규정도 모두 실효되어 더는 적용할 수 없지만, **법령이 일부 개정된 경우에는** 기존 법령 부칙의 경과규정을 개정 또는 삭제하거나 이를 대체하는 별도의 규정을 두는 등의 특별한 조치가 없는 한 개정 법령에 다시 경과규정을 두지 않았다고 하여 기존 법령 부칙의 경과규정이 당연히 실효되는 것은 아니다. [2] 구 조세특례제한법 부칙(2005. 12. 31.) 제36조 제2항은

2008. 12. 26. 법률 제9272호로 개정된 조세특례제한법이 효력을 발생한 이후에도 실효되지 않고 계속 적용된다(대판 2014. 04. 30, 2011두18229[양도소득세부과처분취소]).

Ⅶ. 행정입법의 통제

행정입법(법규명령)에 대한 통제에는 사전적 통제로서 절차적 통제가 있고, 통제기관에 따라 입법적 통제·행정적 통제·사법적 통제가 있다.

1. 절차적 통제

행정입법에 대한 절차적 통제에 관하여는 행정절차와 관련하여 후술하기로 한다.

2. 의회에 의한 통제

(1) 직접적 통제

의회에 의한 행정입법의 통제방법으로는 의회에의 제출절차와 의회의 동의 또는 승인권의 유보가 있다.

① 행정입법의 의회에의 제출절차라 함은 행정입법이 수권의 범위를 일탈하였는지, 또는 행정입법이 법률을 위반하지는 않았는지를 감시하고 위법하게 제정된 행정입법을 통제하기 위하여 행정입법을 의회에 제출하도록 하는 제도이다.

국회법 제98조의2는 “① 중앙행정기관의 장은 법률에서 위임한 사항이나 법률을 집행하기 위하여 필요한 사항을 규정한 대통령령·총리령·부령 및 훈령·예규·고시 등이 제정·개정 또는 폐지되었을 때에는 10일 이내에 이를 국회 소관 상임위원회에 제출하여야 한다. 다만, 대통령령의 경우에는 입법예고를 할 때(입법예고를 생략하는 경우에는 법제처장에게 심사를 요청할 때를 말한다)에도 그 입법예고안을 10일 이내에 제출하여야 한다. ③ 상임위원회는 위원회 또는 상설소위원회를 정기적으로 개최하여 그 소관중앙행정기관이 제출한 대통령령·총리령 및 부령(이하 이 조에서 ‘대통령령 등’이라 한다)의 법률 위반여부 등을 검토하여야 한다. ④ 상임위원회는 제3항에 따른 검토 결과 당해 대통령령 또는 총리령이 법률의 취지 또는 내용에 합치되지 아니한다고 판단되는 경우에는 검토의 경과와 처리 의견 등을 기재한 검토결과보고서를 의장에게 제출하여야 한다. ⑤ 의장은 제4항에 따라 제출된 검토결과보고서를 본회의에 보고하고, **국회는 본회의 의결로 이를 처리하고 정부에 송부한다.** ⑥ 정부는 제5항에 따라 송부받은 검토결과에 대한 처리 여부를 검토하고 그 **처리결과**(송부받은 검토결과에 따르지 못하는 경우 그 사유를 포함한다)를 국회에 **제출**하여야 한다. ⑦ **상임위원회**는 제3항에 따른 검토 결과 **부령**이 법률의 취지 또는 내용에 합치되지 아니한다고 판단되는 경우에는 소관 중앙행정기관의 장에게 그 내용을 **통보**할 수 있다. ⑧ 제7항에 따라 검토내용을 통보받은 중앙행정기관의 장은 통보받은 내용에 대한 처리 계획과 그 **결과**를 지체 없이 소관 상임위원회에 **보고**하여야 한다(행정입법(행정규칙 포함) 제출, 위법통보(행정규칙 제외) 및 처리결과제출제도).

② 행정절차법은 대통령령에 대한 국회의 적절한 통제수단을 확보하기 위하여 행정청이 입법예고를 하는 경우에는 대통령령안을 국회 소관 상임위원회에 제출하도록 규정하고 있다(제42조 제2항).

③ 의회의 동의 또는 승인권의 유보(留保)라 함은 법규명령의 효력발생 전에 의회의 동의 또는 승인을 받도록 하거나 일단 성립되어 효력을 갖고 있는 법규명령의 효력을 사후적으로 소멸시키는 권한을 의회에 유보시키는 법규명령에 대한 통제방법을 말한다.

구 쌀소득 등의 보전에 관한 법률 제10조상 농림축산식품부장관이 농업인등에게 변동직접지불금을 지급하기 위하여 고시하는 목표가격의 변경에 국회의 동의를 받도록 하고 있는데, 농림축산식품부장관이 고시하는 목표가격은 법령보충적 고시로 볼 수 있으므로 이 고시에 대해 국회의 동의를 받도록 하는 것은 행정입법에 대한 국회의 동의제의 하나라고 할 수 있다. 행정입법에 대한 국회의 동의제(승인권 유보제)가 권력분립 위반인지에 관하여 견해의 대립이 있다.[6] 이는 권력분립의 개념, 행정입법의 법적 성질, 의회유보의 원칙의 인정 여부 등과 관련이 있는 문제이다. 생각건대, 행정입법에 대한 사후적인 수정요구제도와 달리 행정입법에 대한 사전동의제도는 법률의 규정만으로도 도입이 가능하다. 그 이유는 국회가 직접 입법할 수 있음에도 불구하고 행정권에 입법권을 위임을 하면서 위임명령을 사전에 통제하는 것은 기본적으로 입법권을 행사하는 것이며 행정권의 고유한 권한을 제한하는 것이 아니라고 볼 수 있기 때문이다. 다만, 사전동의는 국회 본회의의 의결로 하여야 하고, 그 국회의 의결은 일종의 입법행위이므로 대통령의 거부권의 대상이 된다고 보아야 한다.

그리고 동의권 또는 승인권을 유보하는 위임의 경우에는 포괄적인 위임도 가능하다고 보아야 한다. 포괄적 위임을 인정하더라도 의회가 수임명령안에 대한 동의권이나 승인권을 갖고 있다면 국회의 입법권은 보장될 수 있기 때문이다. 현실적으로도 입법의 대상이 불확실하고 다양하며 변화가능성이 많은 경우 동의권 또는 승인권 유보하에 포괄위임을 할 필요가 있고 선진외국의 입법례에서도 의회의 동의권 또는 승인권 유보하의 위임을 인정하는 나라가 적지 않다. 헌법상 포괄적 위임의 금지는 동의권 또는 승인권을 유보하지 않는 통상의 위임에 적용되는 것으로 해석하는 것이 타당하다.

사전동의제도의 예로는 미국에서의 '의회의 행정입법검토제도(Congressional Review of Agency Rulemaking)'(5 U.S. Code 제801조 이하), 영국의 의회유보제도 등을 들 수 있다.

④ 행정입법에 대한 국회의 수정요구제도 및 수정요청제도: 위헌·위법인 행정

---

6) 김대현, "행정입법에 대한 의회통제에 관한 연구", 『중앙대 박사학위논문』, 2010.

입법에 대한 국회의 구속력 있는 수정요구는 헌법상 권력분립의 원칙 및 헌법이 부여한 행정입법권 등을 침해하는 위헌적인 것으로 보는 것이 타당하다. 반면에 위헌·위법인 행정입법에 대한 국회의 구속력 없는 수정요청은 위헌은 아닌 것으로 보는 것이 타당하다(박균성, 행정입법에 대한 국회의 수정요구제도, 법률신문, 2015. 5. 15).

⑤ 의회는 법규명령과 내용상 저촉되는 법률을 제정하여 위법한 법규명령을 폐지시킬 수 있다.

(2) 간접적 통제

국회는 국정감사 또는 조사권·국무총리 등에 대한 질문권·국무총리 또는 국무위원의 해임건의권 및 대통령에 대한 탄핵소추권 등 행정권에 대한 국정감시권을 행사하여 위법한 법규명령을 간접적으로 통제할 수 있다.

3. 행정적 통제

(1) 상급행정청의 감독권에 의한 통제

상급행정청의 감독권의 대상에는 하급행정청의 행정입법권 행사도 포함된다. 상급행정청은 하급행정청의 행정입법권의 행사의 기준과 방향을 지시할 수 있고, 위법한 법규명령의 폐지를 명할 수 있다.

상급행정청이라도 하급행정청의 법규명령을 스스로 개정 또는 폐지할 수 없다. 다만, 상위명령에 의해 하위명령을 배제할 수 있다.

(2) 법제처 등의 심사

국무회의에 상정될 법령안과 총리령안 및 부령안은 법제처의 심사를 받는다(정부조직법 제24조). 법제처의 법령심사는 법안의 문언·법령 상호간의 모순·상위법령에 대한 위반 여부에 미친다. 다만, 정책의 법적 문제점에 대하여 법제처가 심사권이 있는지에 대하여는 논란이 있다.

중앙행정심판위원회는 심판청구를 심리·재결할 때에 처분 또는 부작위의 근거가 되는 명령 등(대통령령·총리령·부령·훈령·예규·고시·조례·규칙 등을 말한다)이 법령에 근거가 없거나 상위 법령에 위배되거나 국민에게 과도한 부담을 주는 등 크게 불합리하면 관계 행정기관에 그 명령 등의 개정·폐지 등 적절한 시정조치를 요청할 수 있다(행정심판법 제59조 제1항).

4. 사법적 통제

행정입법에 대한 사법적 통제라 함은 사법기관인 법원 및 헌법재판소에 의한 통제를 말한다. 행정입법에 대한 사법적 통제에 있어서는 사법적 통제의 주체·대상·요건 및 효력이 문제된다.

(1) 사법적 통제의 구조에 대한 비교법적 고찰

상위의 법에 위반하는 법에 어떠한 사법적 통제를 가할 것인가는 통제의 대상이 되는 법의 종류 또는 각 국가의 헌법구조에 따라 다르다. 예를 들면, 의회를 주권기관으로 보는 영국에 있어서는 법률에 대한 사후적 재판적 통제가 인정되고 있지 않다. 그러나, 법규명령에 대하여는 모든 나라가 사법적 통제를 인정하고 있다. 다른 한편으로 각 국가의 헌법구조에 따라 위법한 행정입법에 대한 사법적 통제가 다르게 된다. 특히 행정입법에 대한 사법적 통제를 담당하는 사법기관과 통제의 대상이 되는 행정권과의 관계 및 사법기관의 헌법적 지위에 따라 그 통제의 내용이 다르게 될 것이다.

1) 사법적 통제의 주체

행정입법에 대한 사법적 통제는 주로 법원에 의해 행해진다. 그런데, 국가에 따라 행정법원이 있는 프랑스와 같은 나라에서는 행정법원이 통제하게 되며, 행정법원이 없는 우리나라에서는 일반법원이 통제기관이 된다. 우리나라와 같이 헌법재판소가 존재하는 경우에는 일정한 경우에 헌법재판소에 의한 통제가 인정되기도 한다. 우리나라에서는 행정입법에 대한 헌법소원이 인정되고 있다.

2) 추상적 규범통제와 구체적 규범통제

행정입법에 대한 통제제도로는 행정입법의 위헌 또는 위법을 구체적 법적 분쟁을 전제로 하지 않고 공익적 견지에서 직접 다투도록 하는 **추상적 규범통제제도**와 행정입법의 위헌 또는 위법 여부가 구체적 법적 분쟁에 관한 소송에서 다투어지는 경우에 이를 심사하도록 하는 **구체적 규범통제**가 있다.

추상적 규범통제와 구체적 규범통제는 상호 배타적 제도는 아니다. 추상적 규범통제가 인정되는 경우에는 대체로 구체적 규범통제가 함께 인정된다. 입법례에 따라서는 구체적 규범통제만 인정하는 나라도 있다.

추상적 규범통제의 경우에 제소권자는 통상 일정한 국가기관에 한정되는 것이 일반적이다. 추상적 규범통제하에서 위헌성이나 위법성을 선고하는 판결은 대세적 구속력을 가지고 나라에 따라 당해 법령을 장래에 향하여 또는 소급적으로 효력을 상실시킨다.

우리나라의 경우에는 지방자치법 제107조 및 제172조에서 조례(안)에 대한 사전적·추상적 통제가 예외적으로 인정되고 있을 뿐이며, 원칙상 구체적 규범통제가 인정되고 있다.

구체적 규범통제를 간접적 통제의 경우, 즉 법령의 위헌 · 위법 여부가 구체적인 소송사건에서 선결문제가 된 경우에 당해 법령의 위헌 · 위법을 통제하는 경우만을 의미하는 것으로 보고 직접적 통제는 모두 추상적 규범통제로 보는 견해가 많으나, 간접적 통제뿐만 아니라 법규명령에 대한 항고소송이나 헌법소원 등과 같이 국민의 구체적인 권익구제를 위해 인정되는 직접적 통제도 구체적 규범통제로 보는 것이 타당하다.

3) 직접적 통제와 간접적 통제(부수적 통제)

직접적 통제라 함은 행정입법 자체가 직접 소송의 대상이 되어 위법한 경우 그 효력을 상실시키는 제도를 말한다. 법규명령에 대한 헌법소원 및 항고소송은 직접적 통제에 속한다.

미국, 프랑스, 영국 등은 행정입법에 대한 취소소송을 인정하고 있고, 독일에서는 제한적으로 행정입법에 대한 폐지소송을 인정하고 있다. 프랑스 등에서 법규명령을 행정처분과 함께 취소소송의 대상으로 하고 있는 것은 법규명령도 행정처분과 같이 집행권의 작용 내지 행정작용으로 보기 때문이다.

법규명령에 대한 취소소송과 헌법소원은 직접적 통제에 속한다.

간접적 통제라 함은 행정입법 자체를 직접 소송의 대상으로 하는 것이 아니라 다른 구체적인 사건에 관한 재판에서 당해 행징입법의 위법 여부가 선결문제가 되는 경우 당해 행정입법의 위법 여부를 판단하는 제도이다. 간접적 통제는 부수적 통제라고도 한다. 선진각국은 일반적으로 간접적 통제를 인정하고 있다. 우리나라도 이를 인정하고 있다.

4) 사법적 통제의 효력

일반적으로 추상적 규범통제 또는 직접적 통제를 인정하는 경우에는 사법기관에 의해 위법하다고 판단된 행정입법의 효력이 일반적으로 상실되도록 되어 있고, 간접적 구체적 규범통제를 인정하는 제도하에서는 당해 사건에 한하여 위법인 법규범을 적용하지 않는 것으로 한다. 그것은 전자의 경우에는 국민의 권리구제도 목적으로 하지만 그 일차적 목적이 정당한 법질서의 회복 내지 유지에 있기 때문이고, 후자의 경우에는 그 일차적 목적이 국민의 권리구제에 있고, 정당한 법질서의 회복 내지 유지는 부차적인 것으로 보기 때문이다. 구체적규범통제제도하에서 위법으로 인정된 행정입법을 당해 사건에 한하여 적용하지 않는 것으로 하는 것은 행정입법의 효력을 일반적으로 상실시키는 것으로부터 오는 법의 공백상태를 방지하기 위한 것이라고 해석할 수 있다.

(2) 우리나라에서의 행정입법에 대한 사법적 통제

명령에 대한 간접적 통제가 일반적으로 인정된다는 점에 대하여는 이견이 없다. 그런데, 명령에 대한 직접적 통제로서 헌법소원 또는 항고소송이 인정될 수 있는지, 그리고 인정된다면 그 법적 근거(특히 헌법적 근거)가 무엇인지 그리고 그 요건은 어떠한지에 대하여는 견해가 대립되고 있다.

1) 헌법적 근거

헌법 제107조 제2항은 "명령 · 규칙 또는 처분이 헌법이나 법률에 위반되는 여부가 재판의 전제가 된 경우에는 대법원은 이를 최종적으로 심사할 권한을 가진다"고 규정하고 있다. 그런데, 이 헌법규정의 해석에 관하여 두 견해가 대립되고 있다.

① 첫 번째 견해는 이 헌법규정은 명령에 대한 간접적 통제의 근거가 된다고 본다. 명령의 위법 여부가 '재판의 전제가 된 경우'를 명령의 위법 여부가 선결문제가 된 경우를 의미하는 것으로 해석한다. 헌법재판소는 이렇게 해석하고 있고 이것이 종래의 통설이었으며 오늘날에도 다수견해이다.

② 최근에 헌법 제107조 제2항을 법규명령에 대한 간접적 통제뿐만 아니라 법규명령에 대한 직접적 통제의 근거로 보는 견해가 제기되고 있다. 명령의 위법 여부가 '재판의 전제로 된 경우'라는 것은 명령의 위법 여부가 재판에서 직접 또는 선결문제로서 다투어지는 경우를 의미하는 것으로 해석한다.

③ 결 어: 헌법 제107조 제2항은 원칙상 법규명령에 대한 법원의 간접적 통제의 근거로 보고, 법규명령에 대한 직접적 통제로서의 항고소송의 근거는 사법권은 법원에 속한다고 규정하고 있는 헌법 제101조에서 구하는 것이 타당하다.

2) 법원에 의한 통제

법원에 의한 행정입법의 통제로는 간접적 규범통제와 항고소송에 의한 직접적 통제가 있다.

가. 간접적 통제(부수적 통제)

(가) 의의와 근거 간접적 통제라 함은 다른 구체적인 사건에 관한 재판에서 행정입법의 위법 여부가 선결문제가 되는 경우 당해 행정입법의 위법 여부를 통제하는 것을 말한다.

간접적 통제는 헌법 제107조 제2항에 근거한다.

(나) 통제의 대상

가) 명령 · 규칙 헌법은 '명령 · 규칙'이 헌법이나 법률에 위반되는 여부가 재판에서 전제가 된 경우에 법원에 의한 통제의 대상이 된다고 규정하고 있다(제107조 제2항).

여기에서 '명령'이란 법규명령을 의미한다. 위임명령과 집행명령 모두 통제의 대상이 된다. '명령·규칙' 중 '규칙'이란 중앙선거관리위원회규칙, 대법원규칙, 국회규칙과 같이 법규명령인 규칙을 의미한다. 판례는 헌법 제107조 제2항의 '명령·규칙'에는 자치법규인 조례와 규칙도 포함된다고 본다(대판 1995. 08. 22, 94누5694).

국회의 승인을 요하지 않는 유신 헌법상의 긴급조치에 관하여 **대법원**은 유신 헌법에 근거한 긴급조치는 국회의 승인을 받은 것이 아니므로 법률의 효력을 갖더라도 그 실질이 위헌법률심사의 대상이 되는 법률(국회 입법권의 행사)이 아니고, **긴급조치의 위헌 여부의 심사권은 최종적으로 대법원에 속한다**고 보았지만(대판 전원합의체 2010. 12. 26, 2010도5986), **헌법재판소**는 위헌법률심사의 대상이 되는 '법률'인지 여부는 그 제정 형식이나 명칭이 아니라 규범의 효력을 기준으로 판단하여야 한다고 보면서 법률과 동일한 효력을 가지는 유신 헌법상 긴급조치들의 위헌 여부 심사권한은 **헌법재판소에 전속한다**고 보았다(헌재 2013. 03. 21, 2010헌바132 등).

행정규칙 중 법규적 성질을 갖는 것(예, 법령보충적 행정규칙)은 그 행정규칙의 위법 여부가 그에 근거한 처분의 위법 여부를 판단함에 있어서 전제문제가 되므로 헌법 제107조의 구체적 규범통제의 대상이 된다. 그러나, 법규적 효력이 없는 행정규칙은 헌법 제107조의 통제대상이 아니다(대판 1990. 02. 27, 88재누55).

긴급명령의 제정권자는 대통령이지만 국회의 승인을 받고, 그 효력에 있어서 법률적 효력을 가지므로 국회의 승인을 받은 긴급명령은 법률에 준하여 헌법재판소에 의한 위헌법률심사제도에 의해 통제되고, 헌법 제107조 제2항의 통제의 대상이 되지 않는다.

원칙상 명령 전부가 아니라 개별법규정이 통제의 대상이 된다.

법규정 중 일부만 위헌·위법인 경우 그 일부가 분리가능한 경우에는 그 일부만의 무효확인도 가능하다(대판 2012. 12. 20, 2011두30878).

[판례] 구 화물자동차법 시행령 제6조 제1항 [별표 1] 제12호 (가)목에 규정된 '2인 이하가 중상을 입은 때' 중 '1인이 중상을 입은 때' 부분은 모법인 구 화물자동차법 제19조 제1항 및 제2항의 위임범위를 벗어난 것으로서 무효라고 한 사례(대판 전원합의체 2012. 12. 20, 2011두30878[화물자동차운행정지처분취소]).

나) 위헌·위법 행정입법이 헌법이나 법률에 위반한 경우나 상위의 법규명령에 위반한 경우 모두 법원에 의한 통제의 대상이 된다. 행정입법의 헌법 위반 여부도 법원의 통제의 대상이 된다는 점에서 현행 헌법은 법원에게도 일부 헌법재판권을 부여하고 있는 것이 된다. 즉, 피통제규범에 따라 법률인 경우에 위헌성의 통제는 헌법재판소로 하고 행정입법인 경우에 위헌성의 통제는 법원으로 권한 분배를

하고 있다.

(다) **통제의 요건** 행정입법은 그 위법 여부가 재판에서 전제문제(선결문제)로서 다투어지는 경우에 법원의 통제의 대상이 된다. 전제성이 인정되는 명령규정에 한정하지 않고, 명령 전체가 위법하다고 판단한 것은 위법하다(대판 2019. 06. 13, 2017두33985).

[판례] **법원이 구체적 규범통제를 통해 위헌 · 위법으로 선언할 심판대상은,** 해당 규정의 전부가 불가분적으로 결합되어 있어 일부를 무효로 하는 경우 나머지 부분이 유지될 수 없는 결과를 가져오는 특별한 사정이 없는 한, **원칙적으로 해당 규정 중 재판의 전제성이 인정되는 조항에 한정된다**(대판 2019. 06. 13, 2017두33985).

행정처분의 근거가 된 행정입법의 위법이 당사자에 의해 주장되지 않은 경우에도 법원은 직권으로 당해 행정입법의 위법 여부를 심사할 수 있다.

(라) **통제의 주체** 각급 법원이 통제하고, 대법원이 최종적인 심사권을 갖는다. 대법원이 최종적 심사권을 갖는다는 것은 대법원이 위헌 · 위법이라고 판단한 경우에는 당해 명령의 위헌 또는 위법이 확정되며 그 위헌 또는 위법이 명백하게 된다는 것을 의미한다. 따라서, 대법원에 의해 위헌 · 위법이 확정된 이후에 당해 명령을 적용하는 처분은 무효가 된다.

명령 또는 규칙이 헌법 또는 법률에 위반함을 인정하는 경우에는 대법관 전원의 2/3 이상의 합의체에서 심판하여야 한다(법원조직법 제7조 제1항).

(마) **통제의 효력** 행정입법이 위법하다는 판정이 난 경우에 그 판정의 효력은 무엇인가.

① 명령이 위법하다는 법원의 판결이 있는 경우에 당해 명령은 효력을 상실하는 것으로 보는 견해도 있으나, 현재의 일반적인 견해는 당해 행정입법이 일반적으로 효력을 상실하는 것으로 보지 않고 당해 사건에 한하여 적용되지 않는 것으로 보고 있다. 즉, 위법하다는 판정이 난 행정입법도 당해 사건 외에는 폐지되기 전까지는 여전히 유효하다. 후자의 견해가 타당하다. **판례**도 명령이 위법하다는 판결이 난 경우 당해 사건에서만 적용이 배제되는 것으로 보고 있다(대판 1994. 04. 26, 93부32[위법여부심사청구]).

법원에 의해 명령이 위법으로 판정되어도 당해 명령은 효력을 상실하는 것은 아니라고 보는 이유는 위법한 명령이 직접 다투어진 것이 아니고, 명령의 효력이 상실되는 경우 법의 공백상태가 초래되고, 법률의 위헌판결에 대하여는 일반적 효력을 인정하는 명문의 법률규정이 있지만 명령에 대한 위헌 · 위법심사에 대하여는 이와 같은 규정이 없는 점에 있다.

② 다만, 최소한 대법원에 의해 위법이 판정된 경우에 있어서는 명문의 규정이 없다고 하더라도 행정기관은 장래에 향하여서는 당해 행정입법을 적용하여서는 안 된다. 그 이유는 다음과 같다. 헌법 제107조에 비추어 최고법원인 대법원이 행정입법이 위법하다는 판정을 내린 경우에는 그 행정입법은 공식적으로 또한 최종적으로 위법하다는 것이 확인된 것으로 보아야 한다. 따라서 법치행정의 원칙상 위법한 명령을 적용하여서는 안 되는 의무를 부담하는 행정기관은 대법원에 의해 위법이 최종적으로 확인된 명령을 적용하여서는 안 된다.

③ 위법인 법령에 근거한 행정처분은 중대명백설에 의할 때 통상 취소할 수 있는 처분으로 보아야 한다. 왜냐하면 처분근거법령의 위헌·위법은 통상 중대한 하자이나 명백하지 않기 때문이다. 그렇지만 행정기관이 대법원에 의해 위법으로 판정되었음에도 당해 명령을 적용하여 행정처분을 한 경우에는 그 행정처분은 이제는 그 위법이 명백하므로 당연히 無效인 행정처분이 된다고 보아야 한다(대판 2007. 06. 14, 2004두619[청소년유해매체물결정 및 고시처분무효확인]).

④ 법치주의의 원칙상 행정기관은 대법원에 의해 위법하다고 판정된 명령을 개정 또는 폐지하여야 할 의무를 진다고 보아야 한다(이견 있음).

그런데, 행정입법이 위법하다는 대법원의 판결이 행정입법을 제정한 행정기관 또는 행정입법을 집행하는 행정기관에게 잘 전달되지 않을 수도 있고, 위법하다고 판정된 법규명령이 개정 또는 폐지되지 않거나 그대로 적용될 수도 있기 때문에 행정소송법 제6조 제1항 및 제2항은 행정소송에 대한 대법원판결에 의하여 명령·규칙이 헌법 또는 법률에 위반된다는 것이 확정된 경우에는 대법원은 지체 없이 그 사유를 행정안전부장관에게 통보하여야 하고, 통보를 받은 행정안전부장관은 지체 없이 이를 관보에 게재하도록 하고 있다. 행정입법의 위법판정이 관보에 게재된 후에 당해 행정입법을 적용한 공무원에게는 위법한 명령을 적용한 것에 당연히 과실이 인정된다고 보아야 한다.

행정소송규칙 제2조는 대법원은 재판의 전제가 된 명령·규칙이 헌법 또는 법률에 위배된다는 것이 **법원의 판결에 의하여 확정된 경우(하급심의 명령·규칙심사도 포함)**에는 그 취지를 해당 명령·규칙의 소관 행정청에 통보하도록 하여 소관 행정청이 그 명령·규칙을 개정하는데 참고하도록 하고 있다.

⑤ 근거 법령의 위헌으로 처분이 취소된 경우에 판결의 취지에 맞게 법령이 개정된 경우 해당 사건에 대해 행정청이 개정된 법령을 적용하여 새로운 처분을 할 수 있고, 이는 소급적용금지의 원칙 및 기속력에 반하는 것이 아니라고 보아야 할 것이다.

나. 항고소송(직접적 통제)

(가) 법규명령의 처분성 행정입법은 일반적·추상적 규범이므로 원칙상 처분이 아니고, 따라서 항고소송의 대상이 될 수 없다(대판 1987. 03. 24, 86누656).

그러나, 명령(법규명령의 효력을 갖는 행정규칙 포함) 중 처분적 성질을 갖는 명령(처분적 명령)은 항고소송의 대상이 된다는 것이 일반적 견해이다. 다만, 처분적 명령의 인정기준 및 인정범위에 관하여 아래와 같이 견해가 대립한다.

가) 협의설 이 견해는 명령이 별도의 집행행위 없이도 국민에 대하여 직접적이고 구체적인 법적 효과를 미치는 경우, 즉 국민의 권리의무에 직접 변동을 야기하는 경우에 한하여 처분적 명령으로 보는 견해이다. 이 견해는 처분적 명령을 실질적으로는 행정행위와 동일한 것으로 본다.

처분적 법규명령과 집행적 법규명령을 구별하면서 처분적 법규명령만을 항고소송의 대상으로 보아야 한다고 하는 견해도 이에 속한다. 처분적 법규명령은 형식은 법규명령이나 실질적으로는 개별적·구체적 규율로서 행정행위에 해당하는 것이라고 본다. 반면에 집행적 법규명령은 일반적·추상적 규율이기는 하나, 다만 집행행위가 없이 직접 국민의 권리나 의무를 규율하는 법규명령을 의미하며 항고소송의 대상이 되는 처분이 아니라고 본다.[7)]

나) 중간설 이 견해는 **자동집행력을 갖는 법규명령**(별도의 집행행위의 매개 없이 직접 국민의 권리의무를 규율하는 명령)을 항고소송의 대상이 되는 처분적 명령으로 보는 견해이다. 국민의 권리의무에 직접 구체적인 변동을 야기하는 명령(협의의 처분적 법규명령)뿐만 아니라 일반적·추상적 규범이지만 집행행위의 매개 없이 직접 국민의 권리의무를 규율하는 명령(집행적 법규명령)도 항고소송의 대상이 되는 처분적 명령으로 본다.

집행적 법규명령의 예로 일정 영업장소에의 미성년자의 출입금지의무를 규정하고 있는 법규명령을 들 수 있다.

다) 광의설 이 견해는 별도의 집행행위 없이 직접 권리의무관계에 변동을 가져오는 명령을 포함하여 별도의 집행행위 없이 국민의 권익에 직접 영향을 미치는 명령을 처분적 명령으로 보는 견해이다.

이 견해에 의하면 법규명령의 처분성을 법규명령에 의한 적용대상자(수범자)의 개인적 권익에 대한 침해의 직접성·구체성을 기준으로 판단한다.

라) 최광의설 법규명령 일반을 모두 항고소송의 대상으로 본다. 다만, 원고적격으로 법규명령에 대한 항고소송의 제기를 제한한다. 이 견해는 행정소송의 대상을

---

7) 정하중, 집행적 법규명령과 처분적 법규명령의 개념, 법률신문(2006. 8. 17), 14면.

처분으로 한정하는 현행 행정소송법의 해석론으로는 타당하지 않으며 입법론으로는 주장될 수 있다. 프랑스의 입법례가 이에 속한다.

마) 판 례 판례는 법규명령에 관한 한 원칙상 협의설을 취하고 있다. 즉, 명령이 "그 자체로서 국민의 구체적인 권리의무에 직접적인 변동을 초래하는 것"인 경우에 한하여 항고소송의 대상이 된다고 본다.

그렇지만, 판례는 어떠한 **고시**가 일반적·추상적 성격을 가질 때에는 법규명령 또는 행정규칙에 해당할 것이지만, 다른 집행행위의 매개 없이 그 자체로서 직접 국민의 구체적인 권리의무나 법률관계를 규율하는 성격을 가질 때에는 행정처분에 해당한다고 본다(대판 2006. 09. 22, 2005두2506).

[판례] ① 대판 1987. 03. 24, 86누656: [1] 행정소송의 대상이 될 수 있는 것은 구체적인 권리의무에 관한 분쟁이어야 하고 일반적·추상적인 법령 그 자체로서 **국민의 구체적인 권리의무에 직접적인 변동을 초래하는 것이 아닌 것은 그 대상이 될 수 없으므로** 구체적인 권리의무에 관한 분쟁을 떠나서 재무부령 자체의 무효확인을 구하는 청구는 행정소송의 대상이 아닌 사항에 대한 것으로서 부적법하다. [2] 국유재산법시행규칙(1980. 04. 29 재무부령 제1432호) 제58조 제1항이 처분이 아니라고 한 사례.

② [1] 대판 1996. 09. 20, 95누8003: 조례가 집행행위의 개입 없이도 그 자체로서 직접 국민의 구체적인 권리의무나 법적 이익에 영향을 미치는 등의 **법률상 효과를 발생하는 경우** 그 조례는 항고소송의 대상이 되는 행정처분에 해당한다. [2] 두밀분교폐교조례의 처분성을 인정한 사례.

③ 의료기관의 명칭표시판에 진료과목을 함께 표시하는 경우 글자 크기를 제한하고 있는 구 의료법 시행규칙 제31조가 **그 자체로서 국민의 구체적인 권리의무나 법률관계에 직접적인 변동을 초래하지 아니하므로** 항고소송의 대상이 되는 행정처분이라고 할 수 없다고 한 사례(대판 2007. 04. 12, 2005두15168[의료법시행규칙 제31조무효확인등]).

④ 대결 2003. 10. 09, 2003무23: [1] **어떠한 고시**가 일반적·추상적 성격을 가질 때에는 법규명령 또는 행정규칙에 해당할 것이지만, **다른 집행행위의 매개 없이 그 자체로서 직접 국민의 구체적인 권리의무나 법률관계를 규율하는 성격을 가질 때**에는 항고소송의 대상이 되는 행정처분에 해당한다. [2] 항정신병 치료제의 요양급여에 관한 보건복지부 고시가 다른 집행행위의 매개 없이 그 자체로서 제약회사, 요양기관, 환자 및 국민건강보험공단 사이의 법률관계를 직접 규율하는 성격을 가진다는 이유로 항고소송의 대상이 되는 행정처분에 해당한다고 한 사례.

⑤ 대판 2006. 09. 22, 2005두2506[보험약가인하처분취소]: 보건복지부 고시인 약제급여·비급여 목록 및 급여상한금액표(보건복지부 고시 제2002-46호로 개정된 것)는 다른 집행행위의 매개 없이 그 자체로서 국민건강보험가입자, 국민건강보험공단, 요양기관 등의 법률관계를 직접 규율하는 성격을 가지므로 항고소송의 대상이 되는 행정처분에 해당한다고 한 사례. 〈해설〉 이 판례의 해석에 있어 명령 등이 실질적으로 행정행위의 실질을 가질 때 처분으로 보는 것이 판례의 입장이라고 해석하는 견해가 있다. 그러나, 계쟁고시는 요양기관의 직접 구체적인 요양급여청구권의 변동을 가져오는 것은 아니며 기본적으로 국민건강보험공단에게는 상한가 이상의 상환을 금지하고, 요양기관에는 상한가 이상으로 요양급여를 청구할 수 없는 제한을 가하는 규정이다. 즉, 계쟁고시는 협의설에서 말하는 처분적 명령(법령보충적 고시)이라기 보다는 중간설에서 말하는 자동집행적 법규명령에 가까운 것으로 보는 것이 타당하다. 또한, 이 사건 고시는 개별적·구체적 규율의 성격을

가지므로 그 법적 성질이 행정입법(법령보충적 행정규칙)이 아니고 처분(일반처분)이라고 하면서 법규명령의 처분성의 문제로 보아서는 안 된다고 보는 견해도 있다.

바) 결어(광의설) 다음과 같은 이유로 광의설이 타당하다. 명령이 처분성을 갖는 경우에 한하여 항고소송의 대상으로 보는 경우에는 쟁송법상 처분개념설에 따라 기타의 공권력 행사에 있어서와 동일하게 명령의 처분성을 넓히는 것이 타당하다. 법규명령에 있어서만 처분개념을 좁게 보아 법률관계에 변동을 초래하는 경우에만 처분성을 인정하는 것은 논리의 일관성이 없다. 처분의 일반적 인정기준은 모든 행위형식에서 동일하여야 한다. 협의설은 처분개념을 너무 좁게 보는 것이다. 명령도 행정권의 공권력 행사이므로 명령으로 국민의 권익이 직접 구체적으로 침해된(직접 영향을 받은) 경우에는 행정소송을 통한 권리구제의 길을 열어주는 것이 타당하다.

원칙상 명령 전부가 아니라 개별법규정이 통제의 대상이 된다.

(나) 헌법적 근거 전술한 바와 같이 항고소송의 헌법적 근거를 제107조에서 찾는 견해도 있으나 사법권은 법원에 속한다고 규정하고 있는 헌법 제101조에서 찾는 것이 타당하다.

(다) 소송형식 등

가) 취소소송 · 무효확인소송설 처분적 명령에 대한 항고소송은 당해 명령의 위법이 무효인지 취소할 수 있는 위법인지에 따라 취소소송 또는 무효확인소송(통상 법규명령의 위법 여부는 명백하지 않으므로 취소소송)을 제기하여야 한다고 보아야 한다. 대법원 행정소송법 개정안도 이러한 입장을 취하고 있다.

법규명령에 하자가 있는 경우에는 무효이며 '취소할 수 있는 명령'과 같은 것은 존재하지 않는다고 보면서도 처분적 명령에 대하여는 예외적으로 취소쟁송이 가능하다는 견해[8]도 있다.

나) 무효확인소송설 위법한 법규명령은 무효이므로 처분적 명령에 대하여는 항상 무효확인소송을 제기하여야 한다고 본다.

무효확인소송설에 대하여는 법적 안정성 보장의 측면에서 다음과 같은 비판이 가능하다. ① 무효확인소송의 형식을 취하는 경우 위법한 명령은 처음부터 효력이 없는 것이 되고, 그 결과 그 위법한 명령에 근거한 모든 처분은 무효가 된다고 보는 것이 논리적인데, 이는 법적 안정성에 반하며 위법한 명령에 근거한 처분은 원칙상 취소할 수 있는 행위로 보는 판례와 모순된다. ② 무효확인소송설에 의하면 불복기간의 제한이 없다는 결론에 이르게 되는데, 이렇게 되면 법규명령에 대하여는 언제

8) 김남진 · 김연태, 전게서, 151면.

든지 무효확인소송을 제기할 수 있게 되어 법적 안정성을 해치게 된다.

다) 판 례 실무상 법규의 형식을 취하고 있는 명령과 조례에 대한 항고소송은 무효확인소송으로 제기되고 있고, 법규명령의 성질을 갖는 행정규칙(법령보충적 행정규칙)에 대한 항고소송은 취소소송의 형식으로 제기되고 있다.

라) 사견(취소소송설) 법규명령은 위법하더라도 법질서의 공백을 막기 위하여 효력을 유지하므로 항상 취소소송을 제기하여야 한다는 견해(취소소송설)가 타당하다. 다만, 법적 안정성의 보장을 위하여 처분적 명령의 취소판결의 소급효가 제한된다고 보아야 한다. 즉, 취소된 명령에 근거한 처분 중 불가쟁력이 발생한 처분의 효력에는 영향이 없다고 보아야 한다.

법규명령에 대한 취소소송에 있어서 불복제기기간은 어떻게 산정되어야 하는가? 법규명령은 공포되므로 일반 국민은 법규명령을 알고 있는 것으로 보아야 한다. 따라서, 법규명령이 제정되거나 개정되어 공포된 날로부터 90일 이내에 법규명령에 대한 취소소송을 제기하여야 한다고 보아야 한다. 그런데, 법령보충적 행정규칙(고시)은 공표되지 않는 경우가 있다. 법령보충적 고시가 공표된 경우에는 공표된 날로부터 90일 이내에 취소소송을 제기하여야 하고, 공표되지 않은 경우는 처분적 고시를 알 수 없으므로 법령보충적 고시가 제·개정된 날로부터 1년 이내에 제기하여야 한다. 다만, 원고가 법령보충적 고시의 존재를 알지 못한 경우에는 정당한 사유가 있는 경우로 보아야 하므로 제·개정된 날로부터 1년이 지나도 취소소송의 제기가 가능하다고 보아야 한다(행정소송법 제20조 제2항).

불복기간이 지난 경우에 명령 등에 대한 취소소송을 제기할 수는 없지만, 명령 등의 위법 여부가 재판의 전제문제가 되는 경우 언제든지 그 위법성을 주장할 수 있고, 법원은 이를 판단할 수 있다.

(라) 법규명령에 대한 항고소송의 도입(입법론) 현행 행정소송법상으로는 법규명령이 처분성을 갖는 경우에 한하여 항고소송의 대상이 되는 것으로 되어 있어 법규명령이 항고소송의 대상이 되는 것은 예외적일 수밖에 없다.

그런데, 법규명령은 법률과 다르고, 법률의 집행작용으로서 행정작용으로 보는 것이 타당하므로 입법론으로는 법규명령이 직접·구체적으로 국민의 권익에 영향을 미치는 경우에는 일반적으로 행정소송(미국, 프랑스 및 영국과 같이 취소소송 또는 독일과 같이 규범폐지소송)의 대상이 되는 것으로 하는 것이 타당하다. 대법원 행정소송법 개정안은 이와 같이 명령에 대한 취소소송을 인정하고 있다. 이렇게 법규명령에 대한 항고소송이 확대되면 헌법소원의 보충성 원칙에 의해 법규명령에 대한 헌법소원은 축소된다.

(마) 인용판결의 유형과 효력 현재 위헌 · 위법인 처분적 명령에 대해서는 무효확인소송을 제기하고, 계쟁 명령이 무효인 경우 무효확인판결을 내리고 있는데, 위헌 · 위법인 명령을 직접적으로 통제하는 판결의 내용 및 효력을 선진국의 예를 참조하면서 다양하게 인정하는 행정법이론의 발전이 요구된다.

미국에서는 행정입법에 대한 취소소송에서 취소판결(단순취소, 취소하면서 일정기간 집행을 유예하는 방식, 전부취소 또는 일부 취소), 환송판결(취소없는(무효확인 없는) 환송판결 또는 행정기관이 해당 행정입법의 개정 여부를 재검토하도록 하면서 판결을 유예하는 환송판결), 행정입법의 집행금지명령신청과 그에 대한 금지명령판결이 인정되고 있다. 또한, 분리가능성을 기준으로 일부 무효판결이나 일부취소판결이 인정되고 있다. 이러한 다양한 내용의 판결은 법령의 규정에 의해 인정되는 것이 아니라 법원의 재량에 따라 인정된다.

3) 헌법재판소에 의한 통제: 법규명령에 대한 헌법소원의 인정 여부

헌법소원은 공권력의 행사 또는 불행사로 인하여 헌법상 보장된 기본권을 침해받은 자가 헌법재판소에 당해 공권력의 헌법심사를 청구하는 제도이다(헌법재판소법 제68조 제1항). 헌법소원은 기본권의 직접적이고, 구체적인 침해가 있는 경우에 한하여 인정되므로 추상적 규범통제가 아니라 구체적인 규범통제제도로 보는 것이 타당하지만, 추상적 규범통제로 보는 견해도 있다.

현행법상 행정입법에 대한 헌법소원을 인정하는 명문의 규정이 없고, 헌법 제107조가 명령 · 규칙에 대한 위헌 · 위법의 심판권을 법원에게 부여하고 있으므로 과연 현행 헌법상 행정입법에 대한 헌법소원(헌법재판소법 제68조 제1항의 헌법소원)이 가능한가 하는 법해석상의 논의가 있을 수 있고, 실제로 이에 관하여는 적극설과 소극설의 대립이 있다.[9)]

가. 법규명령에 대한 헌법소원의 인정 여부

(가) 소극설(부정설) 부정설의 논거는 다음과 같다.[10)]

① 현행 헌법, 즉 헌법 제107조 제1항과 제107조 제2항은 법률에 대한 위헌심판권은 헌법재판소에 부여하고, 명령 · 규칙에 대한 헌법심판권은 법원에 부여하고 대법원이 최종적으로 갖도록 하고 있으므로 행정입법에 대하여 헌법소원을 인정하는 것은 이와 같은 피통제규범을 기준으로 하여 정해진 헌법상의 관할권의 배분에 위반된다.

② 명령과 규칙이 국민의 권리를 직접 침해할 때에는 그 명령과 규칙에 대하여

9) 김문현, "헌법해석에 있어 헌법재판소와 법원과의 관계," 『琴浪 김철수 교수 화갑 기념논문집』, 101면 이하; 박종보, "법령에 대한 헌법소원," 『서울대 박사학위논문』, 1994, 54면 이하 참조.
10) 법원행정처, "명령 · 규칙에 대한 위헌심판권," 헌법재판연구반 연구보고서, 1990 참조.

행정소송을 제기할 수 있으므로 헌법소원의 보충성의 요건에 비추어 볼 때 헌법소원이 인정될 수 없다.

③ 만일 헌법재판소와 대법원이 동시에 명령·규칙에 대한 위헌심사권을 가진다면 두 기관의 결론이 다를 수 있고 이는 명령·규칙의 적용에 혼란을 가져오게 된다.

(나) 적극설(긍정설) 긍정설의 논거는 다음과 같다.

① 헌법 제107조가 명령·규칙의 위헌 여부에 대한 최종적인 심사권을 대법원에 부여한 것은 명령·규칙의 위헌 여부가 재판에서 전제(선결문제)가 된 경우에 한하는 것인데 명령·규칙에 대한 헌법소원에 있어서는 명령·규칙의 위헌 여부가 직접 다투어지는 것이다. 이와 같이 명령·규칙에 대한 헌법소원은 헌법 제107조와는 무관한 것이므로 헌법소원의 일반원칙에 의해 별도의 집행행위 없이도 직접 기본권을 침해하는 명령·규칙에 대하여는 헌법소원이 인정될 수 있다.

② 헌법소원은 기존의 구제제도에 대한 보충적인 구제제도인데, 현행법상 명령·규칙 그 자체에 의하여 기본권이 직접 침해되었을 때에는 그 명령·규칙의 효력을 직접 다투는 구제제도가 없는 경우가 많다.

(다) 판 례 헌법재판소는 긍정설을 취하고 있다. 헌법재판소는 자동집행력을 갖는 법규명령을 헌법소원의 대상으로 보고 있다.

[판례] ① (1) 입법부·행정부·사법부에서 제정한 규칙이 별도의 집행행위를 기다리지 않고 직접 기본권을 침해하는 것일 때에는 모두 헌법소원심판의 대상이 될 수 있는 것이다. (2) 구 법무사법 시행규칙(현 법무사규칙)의 헌법소원 대상성을 인정한 사례(헌재 1990. 10. 15, 89헌마178).
② 당구장 경영자에게 당구장 출입문에 18세 미만자에 대한 출입금지표시를 하게 하는 이 사건 규정은 법령이 직접적으로 청구인에게 그러한 표시를 하여야 할 법적 의무를 부과하는 사례에 해당하는 경우로서, 그 표시에 의하여 18세 미만자에 대한 당구장 출입을 저지하는 사실상의 규제력을 가지게 되는 것이므로, 모든 당구장 경영자의 직업종사·직업수행의 자유가 제한되어 헌법상 보장되고 있는 직업선택의 자유가 침해된다(헌재 1993. 05. 13, 92헌마80[체육시설의설치·이용에관한법률시행규칙 제5조에 대한 헌법소원]). 〈해설〉 이 사건 규정은 국민 개인의 구체적인 권리의무에 직접 변동을 초래하는 규정(행정행위적 성질의 규정)은 아니고, 집행행위의 매개없이 국민의 권익을 직접 규율하는 규정(자동집행적 법규명령)이다. 헌법재판소는 자동집행력을 갖는 법규명령(자동집행적 법규명령)을 헌법소원의 대상으로 보고 있다.

(라) 결 어 다음과 같은 이유로 긍정설이 타당하다. 명령·규칙에 대한 헌법소원의 인정 여부에 대한 논란은 현행 헌법이 법률에 대한 위헌심판권과 명령에 대한 위헌심판권을 헌법재판소와 법원에 각각 분배하면서도 현행 헌법의 제정시에 이 문제에 관하여 명확히 규정하지 않은 입법상의 잘못에서 기인하는 것이다. 결국 이 문제는 현행법의 해석에 의해 해결하여야 한다. 헌법소원제도의 기본권보장제도로서의 기능을 보장하기 위하여 명령·규칙에 대한 헌법소원을 인정하는 것이 타당하며,

또한 이러한 해결이 헌법 제107조에 정면으로 배치되는 것은 아니다. 명령에 대한 헌법소원의 법적 근거는 헌법소원의 근거규정인 헌법 제111조 제1항 제5호와 헌법소원을 규율하는 헌법재판소법규정이다.

그런데 헌법소원의 요건의 하나로 헌법소원의 보충성이 요구된다. 현재 법원의 판례가 처분적 명령·규칙에 대하여는 취소소송을 제기할 수 있도록 하고 있으므로 처분적 명령·규칙에 의해 기본권이 침해된 경우에는 당해 명령·규칙의 취소소송을 제기하여야 하며 이 경우 헌법소원은 인정될 수 없다.

그러나, 현재 법원의 입장에 서는 한 행정입법의 처분성은 극히 제한적으로만 인정될 것이다. 즉, 법원의 판례에 입각한 행정입법의 처분성은 헌법재판소의 판례에 입각한 권리침해의 직접성보다 매우 제한적인 개념이다. 따라서, 현재로서는 이론상 행정입법에 대한 취소소송의 가능성이 있다 하더라도 명령·규칙에 대한 헌법소원의 보충성 요건은 처분적 명령을 제외하고는 문제 없이 인정될 수 있다. 만일 법원이 명령·규칙의 처분성을 넓게 인정하거나 행정소송법을 개정하여 명령에 대한 일반적 직접적 통제를 인정한다면 그에 비례하여 보충적인 구제제도인 헌법소원이 명령·규칙에 대하여 인정되기 어렵게 될 것이다. 그러나, 이 경우에도 헌법소원이 전혀 불가능한 것은 아니며 보충성요건이 충족되는 한 헌법소원이 인정될 수 있다.

나. 행정입법에 대한 헌법소원의 요건 행정입법에 대한 헌법소원의 경우에도 일반적인 공권력 행사에 대한 헌법소원과 동일하게 헌법소원의 일반적 요건을 갖추어야 한다. 그런데, 행정입법에 대한 헌법소원의 경우에는 이들 요건 중 권리침해의 직접성·현재성 및 자기관련성의 요건과 헌법소원의 보충성 요건의 충족 여부가 특히 논란이 될 수 있다. 보충성 요건상 대법원 판례에 의해 명령의 처분성이 인정된 경우 당해 명령에 대해 헌법소원이 인정될 수 없다. 광의설에 의하면 법규명령의 처분성은 헌법소원의 요건인 기본권 침해의 직접성·구체성·현재성에 접근하겠지만, 헌법소원은 항고소송에 비해 객관소송적 성격이 보다 강한 점 등에 비추어 헌법소원의 요건인 기본권 침해의 직접성·구체성·현재성은 항고소송에서의 처분성 보다 넓을 수 있으므로 법규명령이 처분이 아닌 경우에도 헌법소원의 요건을 충족하는 경우가 있을 수 있다. 헌법재판소는 법령이 집행행위의 매개없이 직접 기본권을 침해하고 있으면 널리 헌법소원을 인정하고 있다(헌재 1993. 05. 13, 92헌마80: 당구장 경영자인 청구인에게 당구장 출입문에 18세 미만자에 대한 출입금지 표시를 하게 하는 심판대상규정에 대한 헌법소원을 인정한 사례 등).

다. 헌법소원제기기간 권리구제형 헌법소원의 심판은 그 사유가 있음을 안 날부터 90일 이내에, 그 사유가 있은 날부터 1년 이내에 청구하여야 한다. 다만, 다른 법률에 의한 구제절차를 거친 헌법소원의 심판은 그 최종결정을 통지받은 날로부터 30일 이내에 청구하여야 한다(헌법재판소법 제69조 제1항).

법령에 대한 헌법소원심판은 법령의 시행과 동시에 기본권의 침해를 받게 되는 경우에는 그 법령이 시행된 사실을 안 날부터 90일 이내에, 그 법령이 시행된 날부터 1년 이내에 청구하여야 하고, 법령이 시행된 후에 비로소 그 법령에 해당하는 사유가 발생하여 기본권의 침해를 받게 된 경우에는 그 사유가 발생하였음을 안 날부터 90일 이내에, 그 사유가 발생한 날부터 1년 이내에 청구하여야 한다(헌재 2007. 10. 04, 2006헌마648).

라. 헌법소원결정의 효력 헌법재판소법에 따르면 제68조 제1항에 따른 헌법소원을 인용할 때에는 헌법재판소는 기본권 침해의 원인이 된 공권력의 행사를 취소하거나 그 불행사가 위헌임을 확인할 수 있다(제75조 제3항). 그런데 헌법재판소는 법규명령에 대한 헌법소원에서 인용결정의 형식으로 통상 단순위헌결정을 내리는데, 이 경우에 당해 행정입법은 장래에 향하여 효력을 상실하게 된다(제75조 제3항).

그러나, 헌법재판소법 제75조 제3항에 따르면 이론상 소급적 취소(무효확인)결정, 단순위헌결정(비소급적 취소(무효확인)결정), 헌법불합치결정, 한정위헌결정 등 다양한 유형의 인용결정을 하는 것이 가능하고, 이는 헌법소원의 대상이 법규명령인 점에 비추어 바람직하다.

헌법소원의 인용결정은 모든 국가기관과 지방자치단체를 기속한다(헌법재판소법 제75조 제1항).

Ⅷ. 행정입법부작위

1. 의 의

행정입법부작위(行政立法不作爲)라 함은 행정권에게 명령을 제정·개정 또는 폐지할 법적 의무가 있음에도 합리적인 이유 없이 지체하여 명령을 제정·개정 또는 폐지하지 않는 것을 말한다.

2. 요 건

행정입법부작위가 인정되기 위하여는 ① 행정권에게 명령을 제정·개폐할 법적 의무가 있어야 하고, ② 상당한 기간이 지났음에도 불구하고, ③ 명령이 제정 또는 개폐되지 않았어야 한다.

(1) 명령제정 · 개폐의무

1) 시행명령제정의무

가. 시행명령제정의무의 인정근거 미국과 프랑스에서는 일정한 요건하에 행정권에게 행정입법제정의무를 부과하고 있다.[11]

현행법상 행정권의 시행명령제정의무(施行命令制定義務)를 규정하는 명시적인 법률규정은 없다. 그러나, 현행 법질서 전체로부터 해석에 의해 행정권의 시행명령제정의무를 도출해 낼 수 있다. 삼권분립의 원칙 · 법치행정의 원칙을 당연한 전제로 하고 있는 헌법하에서 행정권의 시행명령제정의무는 헌법적 의무로 보아야 한다. 법률을 집행하는 것을 임무로 하는 행정권은 법률이 효과적으로 집행되도록 할 의무가 있고, 그 집행을 거절할 권한은 없는 것이다. 법률의 집행은 행정권의 권한이지만 동시에 행정권은 법률을 집행할 헌법적 책무를 진다. 행정권이 법률의 시행에 필요한 행정입법을 하지 아니하여 법률이 시행되지 못하는 것은 행정권에 의하여 입법권이 침해되는 결과가 된다(대판 2007. 11. 29, 2006다3561[임금][군법무관 보수청구 사건]; 헌재 1998. 07. 16, 96헌마246; 2004. 02. 26, 2001헌마718).

법률의 명령에 대한 수권의 대부분은 법률의 구체화를 행정권에 위임하는 것이다. 법률에서 법률의 시행 여부를 행정권의 재량에 맡긴 경우를 제외하고는 행정권은 상위 법령에 위반하지 않는 한도 내에서 시행명령의 구체적인 내용의 결정에 관하여 재량권을 갖지만 시행명령을 제정 또는 개정하지 않을 자유는 없다.[12] 구체적 사항을 하위명령에 위임하는 수권명령은 통상 위임사항에 대해 위임명령을 제정할 권한을 줌과 동시에 위임명령을 제정할 의무도 부여한 것으로 보아야 한다.

나. 인정요건 주의할 것은 행정입법부작위가 인정되기 위해서는 시행명령의 제정이 법률집행의 전제조건이 되어야 한다. 시행명령의 개입 없이 법률의 규정만으로 집행될 수 있는 경우에는 행정권에게 시행명령제정의무는 없다. 시행명령의 개입 없이 법률의 규정만으로 집행될 수 있는 경우라 함은 법률의 규정이 그 내용에 있어

---

11) 졸고, "법치행정의 원칙의 실효성보장을 위한 행정권의 의무," 『행정법연구』, 제2호, 170면 이하 참조.

12) 입법부에 있어서는 입법의 내용을 자유롭게 형성할 수 있을 뿐만 아니라 법률을 제정하여야 할 입법의무가 헌법상 지워져 있는 경우를 제외하고는 어떠한 사항을 규율하는 법률을 제정할 것인지의 여부에 관하여 입법자 자신의 고려를 바탕으로 결정할 自由를 갖는다(김지형, "입법부작위에 관한 헌법문제 — 독일연방헌법재판소 판례이론의 검토와 함께," 『판례월보』, 제260호, 12면). 입법부에게 입법의무가 지워지는 경우는 '헌법에서 기본권보장을 위하여 법률에 명시적인 입법위임을 하였을 때 및 헌법해석상 특정인에게 구체적인 기본권이 생겨 이를 보장하기 위한 국가의 행위의무 내지 보호의무가 발생한 경우'에 입법자에게 헌법상 입법의무가 있게 된다(김지형, 상게논문, 13면 및 註 8)에 인용된 헌법재판소 결정 참조).

서 무조건적이고 충분하게 명확한 경우를 말한다.

[판례] ① [1] 행정입법의 부작위가 위헌·위법이라고 하기 위하여는 **행정청에게 행정입법을 하여야 할 작위의무를 전제로 하는 것이고, 그 작위의무가 인정되기 위하여는 행정입법의 제정이 법률의 집행에 필수불가결한 것이어야 하는바,** 만일 하위 행정입법의 제정 없이 상위 법령의 규정만으로도 집행이 이루어질 수 있는 경우라면 하위 행정입법을 제정하여야 할 작위의무는 인정되지 아니한다고 할 것이다(헌재 2005. 12. 22, 2004헌마66등 참조). [2] **행정자치부장관이 별도의 규정을 제정하지 아니하더라도 사법시험령은 그 시험의 성적을 산출하여 합격자를 결정하는 데 지장이 없을 정도로 충분한 규정을 두고 있고 또한 실제로 그간 제2차시험 성적의 세부산출방법 등에 관한 하위규정 없이도 사법시험이 차질 없이 실시되어 왔다. 따라서** 사법시험령 제15조 제8항이 행정자치부장관에게 제2차시험 성적을 포함하는 종합성적의 세부산출방법 기타 최종합격에 필요한 사항을 정하는 것을 위임하고 있을지라도 **행정자치부장관에게 그와 같은 규정을 제정할 작위의무가 있다고 보기 어렵다 할 것**이므로, 행정자치부장관이 이를 정하지 아니하고 원고에게 불합격처분을 하였다 하더라도, 그 처분이 행정입법부작위로 인하여 위헌 또는 위법하다고 할 수 없다(대판 2007. 01. 11, 2004두10432[사법시험제2차시험불합격처분취소]).
② 건축제한지역을 지정고시하는 조례의 제정없이도 수권법령을 적용할 수 있다고 본 사례(대판 전원합의체 1999. 08. 19, 98두1857[건축허가신청서반려처분취소]). 〈해설〉 반면에 반대의견은 위임조례의 수권에 의해 구체적인 제한지역과 제한대상시설의 범위 등을 정하는 시장의 고시(법령보충적 고시)의 제정없이는 수권법령을 적용할 수 없다고 보았다.

그러나, 입법부가 어떤 법률조항의 시행 여부나 시행 시기까지 행정권에 위임하여 재량권을 부여한 경우에는 행정권에게 행정입법의무가 있다고 볼 수 없다(헌재 1998. 07. 16, 96헌마246; 2023. 10. 26, 2020헌마93).

2) 위법한 명령의 개폐의무(改廢義務)

가. 인정 여부 및 인정근거 법치행정의 원칙상 행정기관은 모든 위법한 명령을 개정 또는 폐지할 법적 의무를 진다. 법치행정의 원칙은 행정은 법에 위반하여서는 안 된다는 소극적 의미만을 갖는 것이 아니라 행정은 또한 위법상태를 종식시킴으로써 적법성을 회복 또는 증진시킬 의무가 있다는 것을 포함하는 적극적 의미를 갖는 원칙이라고 보아야 할 것이다. 이렇게 본다면 행정기관은 위법한 명령을 개정 또는 폐지할 일반적 법적 의무를 지게 된다.

나. 인정범위 법치행정의 원칙에 근거하여 행정기관에 명령을 개정 또는 폐지할 일반적 의무를 인정할 수 있다 하여도 이를 무제한적으로 인정할 수는 없다. 법적 안정성의 원칙, 이해관계인의 이익 및 행정업무의 과중한 부담 등을 고려하여야 하기 때문이다. 명령의 위법 여부는 판단이 쉽지 않고, 명령은 무수하게 많음에도 불구하고 행정기관에게 무조건적인 위법한 명령의 개폐의무를 부과하는 것은 행정업무의 마비를 초래할 우려가 있다.

이와 같이 상반되는 두 요구를 조화하는 선에서 행정기관의 위법한 명령의 개폐의무를 부과하여야 한다. 따라서, 위법한 명령의 철회를 청구하는 것만을 인정하여야 하고 위법한 명령의 효력을 소급적으로 상실시키는 취소의 청구는 인정되지 않는다고 보아야 한다. 위법한 명령의 개폐의무는 이해관계 있는 국민의 신청이 있는 경우에 한하여 인정하는 것이 타당하다. 위법한 명령을 철회할 것인지의 여부는 행정기관의 재량에 속한다. 그러나, 국민의 신청이 있을 때에는 명령이 위법한 경우에 이를 개폐하여야 할 의무가 있다. 명령이 위법함에도 개정 또는 폐지를 거부하는 것은 법치행정의 원칙에 적극적으로 반하는 것이 된다.

행정기본법은 "정부는 권한 있는 기관에 의하여 위헌으로 결정되어 법령이 헌법에 위반되거나 법률에 위반되는 것이 명백한 경우 등 대통령령으로 정하는 경우에는 해당 법령을 개선하여야 한다."고 규정하고 있다(제39조 제1항). 법령의 위헌 · 위법이 명백한 대표적인 경우는 법령의 위헌 · 위법이 헌법재판소나 대법원에 의해 확인된 경우이다.

위법한 명령에 대한 개폐의무를 인정한 판례가 있다. 위법한 명령에 대한 개폐의무의 정당한 이유없는 불이행은 (진정)행정입법부작위로서 위법하다.

[판례] **구 장애인 · 노인 · 임산부 등의 편의증진 보장에 관한 법률 시행령(2022. 4. 27. 대통령령 제32607호로 개정되기 전의 것) 제3조 [별표 1] 제2호 (가)목의 (1)이** 정한 편의시설 설치의무 대상시설의 범위(**바닥면적 합계가 300제곱미터 이상** 1천제곱미터 미만인 **소매점**)가 지나치게 좁아 ...... 그러한 규정은 법률이 보장하고자 한 장애인의 접근권을 침해하거나, 장애인의 접근권을 점진적으로 확대해 나아가고자 한 모법의 위임 취지를 도외시한 것으로 평가될 수 있을 것이다(**위법하다 할 것이다**). **이러한 경우 행정청에는** 장애인을 위한 편의시설 설치가 강제되는 대상시설을 확대하여 장애인의 접근권을 실질적으로 개선하는 형태로 **해당 행정입법을 개정할 구체적인 의무가 발생한다고 할 것이고**, 행정청이 **정당한 이유 없이 그 개선입법의무를 이행하지 않는다면 그 행정입법 부작위는 위법하다**고 할 것이다(대판 전원합의체 2024. 12. 19, 2022다289051). 〈해설〉 이러한 판시는 위법한 명령(부진정 행정입법부작위인 명령 포함)의 개폐의무를 인정한 것으로 볼 수 있다. 그리고, 법률의 위임에 따라 편의시설 설치의무 대상시설의 범위를 정한 위 시행령규정은 불충분 또는 불완전한 규정(입법)으로서 부진정행정입법부작위이다(즉 진정행정입법부작위가 아니다). 일반적으로 말하면 위법한 법령을 개폐하지 않는 것이 헌법이나 법령을 위반하는 경우 위법이다. 달리 말하면 위법한 법령을 개폐하지 않는 것이 헌법이나 법령을 위반하는 경우 개폐의무가 있는 것이고 그 의무를 상당한 기간 이행하지 않은 것은 위법이다.

(2) 상당한 기간의 경과

법률을 시행하는 명령을 제정하기 위하여는 행정권에게 상당한 기간이 필요하다. 시행명령제정권한을 갖는 행정기관은 시행명령제정에 필요한 '합리적인 기간'을 갖는다고 보아야 한다. 얼마간의 기간이 합리적인 기간인가는 법령의 시행을 위한 여건의 마련과 시행명령제정상의 어려움에 따라 각 경우마다 개별적으로 판단되어야 할 것이다.

법률에서 시행일을 별도로 둔 취지가 법률의 집행을 위하여는 시행명령의 제정이나 법률의 집행을 위한 여건의 조성 등이 필요하고 이를 위하여는 법률에서 정한 정도의 기간이 필요하다는 판단하에 시행일을 정한 경우에는 법률에서 정한 시행일은 구속력이 없는 것으로 보는 것이 타당할 것이다. 왜냐하면 입법자가 법률의 집행의 준비를 위하여 필요한 기간을 정확히 계산하여 정했다기보다는 필요한 대강의 기간을 정한 것으로 보는 것이 타당하기 때문이다.

다만, 법률상 정해진 시행일을 넘어 시행명령이 제정되지 않은 경우에는 시행명령제정 지체의 위법이 추정되고, 예외적으로 시행명령제정의 지체에 합리적인 이유가 있는 경우에 한하여 시행명령을 제정하지 않은 것이 위법이 되지 않는다라고 보는 것이 타당하다. 시행명령 제정기간을 지난 지체사유의 정당성은 행정기관이 입증하여야 한다.

[판례] 상위법령을 시행하기 위하여 하위법령을 제정하거나 필요한 조치를 함에 있어서는 상당한 기간을 필요로 하며 합리적인 기간 내의 지체를 위헌적인 부작위로 볼 수 없으나, 이 사건의 경우 현행 규정이 제정된 때(1976. 4. 15)로부터 이미 20년 이상이 경과되었음에도 아직 치과전문의제도의 실시를 위한 구체적 조치를 취하고 있지 아니하고 있으므로 합리적 기간 내의 지체라고 볼 수 없고, 법률의 시행에 반대하는 여론의 압력이나 이익단체의 반대와 같은 사유는 지체를 정당화하는 사유가 될 수 없다(헌재 1998. 07. 16, 96헌마246).

(3) 시행명령의 제정 또는 개폐가 없었을 것

위임법령의 시행을 위해 필요한 시행명령을 전혀 제정하지 않은 것은 행정입법 부작위이다. 시행명령을 제정 또는 개정하였지만 그것이 불충분 또는 불완전하게 된 경우(부진정행정입법부작위)에는 행정입법의 부작위가 아니다. 예를 들면, 구 교통약자법 시행규칙 제6조 제3항 별표 1의2에서 휠체어를 이용하는 장애인을 위한 탑승설비만을 규정하고 휠체어를 탈 수 없고, 누워서 이동할 수 밖에 없는 장애인을 위한 탑승설비에 관한 규정을 두지 않은 것은 부진정행정입법부작위로서 심판대상조항인 그 규정 자체의 위헌·위법 여부를 다투어야 한다(헌재 2023. 05. 25, 2019헌마1234 헌법소원 심판사건: 심판대상조항이 표준휠체어를 이용할 수 있는 장애인과 표준휠체어를 이용할 수 없는 장애인을 합리적 이유없이 차별하여 평등권을 침해하여 위헌이라고 한 사례 참조).

[판례] (1) 국회가 법률로 행정청에 특정한 사항을 위임했음에도 불구하고 행정청이 (행정입법의무를) **정당한 이유 없이 이를 이행하지 않는다면** 권력분립의 원칙과 법치국가 또는 법치행정의 원칙에 위배되는 것(행정입법부작위)으로서 **위법함과 동시에 위헌적인** 것이 되고, 이는 행정청이 법률

에서 대통령령으로 정하도록 위임받은 사항을 전혀 입법하지 않은 경우는 물론 그 법률이 위임한 사항을 불충분하게 규정함으로써 법률이 위임한 행정입법의무를 제대로 이행하지 않은 경우(부진정행정입법부작위)도 마찬가지이다(대판 전원합의체 2024. 12. 19, 2022다289051).

그러나, 시행명령으로 제정될 입법사항이 여럿이 있고 이들이 상호 독립적인 경우에 시행명령이 제정되었지만 입법사항 중 일부는 빠뜨리고 있는 경우에는 그 입법사항에 관하여는 행정입법부작위에 해당한다.[13] 진정 행정입법부작위와 부진정행정입법부작위의 구별을 버리고, 규범발령과 규범통제를 구별하는 체계를 도입하면서 불충분한 행정입법에 대해서는 불충분한 행정입법을 다투는 소송(규범통제) 외에도 행정입법의 부작위 자체를 다투는 소송(규범발령)을 허용하여야 한다는 견해(송시강, 이른바 부진정 행정입법부작위에 대한 사법심사 ―행정입법의 흠결에 관한 법학방법론―, 행정법연구, 2023. 8, 99면 이하)도 있다.

(4) 행정입법의무의 불이행(지체)에 정당한 이유가 없을 것

행정입법의무의 불이행에 정당한 이유가 있다고 인정되는 경우에는 행정입법부작위가 성립하지 않는다.

[판례] ① 행정입법의무의 불이행에 **정당한 이유**가 있다고 인정되기 위해서는 그 위임 입법 자체가 헌법에 위반된다는 것이 누가 보아도 명백하거나, 위임 입법에 따른 행정입법의 제정이나 개정이 당시 실시되고 있는 전체적인 법질서 체계와 조화되지 아니하여 그 위임 입법에 따른 행정입법의무의 이행이 오히려 헌법질서를 파괴하는 결과를 가져옴이 명백할 정도는 되어야 한다(헌재 2004. 02. 26, 2001헌마718).
② '사용종속관계의 정도 등을 고려하여 대통령령으로 정하는 직종에 종사하는 특수형태근로종사자의 경우'에는 예외적으로 사업주가 산재보험료를 전액 부담하도록 하였지만 위 대통령령이 제정되지 않은 사안(헌재 2023. 10. 26, 2020헌마93). 〈의견 1〉 입법부가 행정부에 시행령의 제정이나 개정을 위임하면서 제시하고 있는 기준이 일의적이지 않고 구체적인 시행시기나 그 내용에 대하여 행정부에 광범위한 재량을 부여한 경우에, 행정부가 법의 위임 기준에 따른 행정입법을 이행하려 노력하였으나 이를 이행하는 것이 헌법상의 평등원칙 위반 등의 문제를 야기할 수밖에 없어 행정입법을 지체하고 있다면, 이러한 경우 역시 행정부가 위임 입법에 따른 **시행명령을 제정하지 못한 것에 정당한 이유**가 있다고 할 것이다(헌재 2023. 10. 26, 2020헌마93 재판관 문형배, 재판관 김형두, 재판관 정정미의 기각 의견). 〈의견 2〉 **위임규정에 따른 행정입법의 제정이 입법기술상 원천적으로 불가능한 경우 시행명령을 제정하지 못한 것에 정당한 이유**가 있다고 할 것이지만, **이 사건 위임규정에 따른 행정입법의 제정이 입법기술상 원천적으로 불가능한 것은 아니라고 보아야 한다**(헌재 2023. 10. 26, 2020헌마93 재판관 김기영, 재판관 이미선의 인용 의견).

13) 김지형, 전게논문, 13~15면.

3. 행정입법부작위에 대한 권리구제

행정입법부작위에 의하여 국민의 권익이 침해된 경우에 국민은 어떠한 법적 구제를 받을 수 있는가.

(1) 행정입법부작위에 대한 항고소송의 가능성

행정입법부작위가 부작위위법확인소송(不作爲違法確認訴訟)의 대상이 되는 행정소송법상 "부작위"인가. 현행 행정소송법상의 부작위 개념에 의할 때 행정입법부작위가 부작위위법확인소송의 대상이 된다고 보기 위하여 해결해야 할 가장 큰 문제는 부작위가 성립하기 위하여는 행정청에게 '처분을 하여야 할 법률상 의무'가 있어야 한다는 점이다.

1) 부정설

판례는 다음과 같은 취지로 행정입법부작위는 성질상 부작위위법확인소송의 대상이 되지 않는다고 판시하고 있다: "행정소송은 구체적인 사건에 대한 법률상 분쟁을 법에 의하여 해결함으로써 법적 안정을 기하자는 것이므로 부작위위법확인소송의 대상이 될 수 있는 것은 구체적 권리의무에 관한 분쟁이어야 하고 추상적인 법령에 관하여 제정의 여부 등은 그 자체로서 국민의 구체적인 권리의무에 직접적인 변동을 초래하는 것이 아니어서 행정소송의 대상이 될 수 없다"(대판 1992. 05. 08, 91누11261[14]).

행정입법부작위에 대한 쟁송방법과 관련하여 부정설을 취하면서 행정입법부작위를 이유로 한 거부처분에 대한 취소소송에서 행정입법부작위의 위법성을 거부처분의 위법사유로 주장할 수 있다고 보는 견해가 있지만, 행정입법부작위의 경우에 행정청은 허가처분을 할 수 없는 것으로 보는 것이 논리적이므로 시행명령이 제정되지 않은 것을 이유로 한 거부처분은 적법하다고 할 수밖에 없다.

2) 긍정설

이 견해는 시행명령제정신청에 대한 부작위로 직접 구체적으로 권익침해를 당한 경우 당해 행정입법부작위는 행정소송법상 부작위위법확인소송의 대상이 되는 부작위라고 보고 부작위위법확인소송이 제기될 수 있다고 본다. 처분적 명령이 항고소송의 대상이 되므로 처분성이 있는 행정입법의 부작위도 부작위위법확인소송의 대상

---

14) 안동댐 건설로 손실을 받은 주민들이 적정한 보상을 하여야 한다고 규정한 특정다목적댐법을 시행하는 시행령을 주민들의 입법청구에도 불구하고 제정하지 않아 손실을 보상받지 못하고 있다고 주장하면서 대통령령이 손실보상청구절차 및 방법을 정하지 아니한 것은 행정입법부작위처분에 해당하는 것으로 위법하다고 하면서 부작위위법확인소송을 제기한 사건이다.

이 된다고 보아야 한다. 이 견해가 타당하다. 다만, 시행명령제정을 신청하고 행정권이 이를 거부 또는 보류한 경우에만 그 거부처분이나 부작위에 대하여 항고소송이 인정된다. 행정소송법상 부작위는 신청을 전제로 하여 상당한 기간 내에 일정한 처분을 하지 아니하는 것을 의미하는 것이기 때문이다.

긍정설이 타당하다. 입법론으로는 행정입법부작위를 항고소송의 대상으로 하는 명문의 규정을 두어야 할 것이다.

(2) 부진정입법부작위에 대한 사법적 통제 등

부진정입법부작위는 입법부작위가 아니므로 그 자체가 항고소송이나 헌법소원의 대상이 될 수 없고, 불완전 법령의 위법 여부를 다투어야 한다.

[판례] ① "부진정입법부작위"를 대상으로, 즉 입법의 내용·범위·절차 등의 결함을 이유로 헌법소원을 제기하려면 이 경우에는 **결함이 있는 당해 입법규정 그 자체를 대상으로** 하여 그것이 평등의 원칙에 위배된다는 등 헌법위반을 내세워 적극적인 **헌법소원을 제기하여야 하며,** 이 경우에는 헌법재판소법 소정의 제소기간(청구기간)을 준수하여야 한다(헌재 1996. 10. 31, 94헌마108).
② [1] **구 의료법 제55조등 관련 법률 자체로** 보건복지부장관에게 사실상 전공의 수련과정을 마친 치과의사들에 대한 치과의사전문의 자격시험 응시자격 부여 등 경과조치에 관한 사항과 관련한 **행정입법 의무가 곧바로 도출된다고 보기는 어렵다.** [2] 이는 국민권익위원회가 보건복지부장관에게 그러한 경과조치를 마련하라는 의견표명을 하였더라도 마찬가지이다. [3] 헌법재판소 1998. 7. 16. 선고 96헌마246 결정이 보건복지부장관에게 구 의료법 및 구 전문의 규정의 위임에 따라 치과의사전문의 자격시험제도를 실시하기 위하여 필요한 시행규칙의 개정 등 절차를 마련하여야 할 헌법상 입법의무가 부과되어 있다고 판시하였을 뿐, 사실상 전공의 수련과정을 수료한 치과의사들에게 그 수련경력에 대한 기득권을 인정하는 경과조치를 마련하지 아니한 보건복지부장관의 행정입법부작위가 위헌·위법하다고까지 판시한 것은 아니다. 따라서 이 사건 위헌결정의 기속력이 곧바로 위와 같은 경과조치 마련에 대하여까지 미친다고는 볼 수 없다(대판 2018. 06. 15, 2017다249769).

부진정입법부작위가 **입법재량의 일탈·남용**(수권의 범위 일탈, 상위법령에의 위반 등)**에 해당하면** 그 한도내에서 위법·무효이고, **입법재량의 일탈·남용에 해당하지 않는 입법의 불비에 해당하는 경우**에는 법령의 해석(확대해석, 엄격해석 등) 또는 유추적용을 통해 입법의 불비를 보충할 수 있다.

(3) 행정입법부작위에 대한 당사자소송의 가능성

항고소송의 대상이 되지 않는 행정작용에 대한 국민의 재판을 받을 권리를 보장하기 위하여 행정입법부작위에 대해 규범제정의 이행을 요구하거나 행정입법부작위가 위법하다는 확인을 구하는 당사자소송을 인정하여야 한다는 견해가 있다.[15] 이에

15) 정남철, "행정입법부작위에 대한 사법적 통제: 당사자소송에 의한 규범제정요구소송의 실현가능성을 중심으로", 『저스티스』 통권 제110호, 2009. 4, 194~271면.

대하여는 규범제정과 같은 권력적 행위는 공법상 권리의무관계에 관한 소송인 당사자소송의 대상이 될 수 없다는 비판이 가능하다.

(4) 행정입법부작위에 대한 헌법소원의 가능성

행정입법에 대한 헌법소원을 긍정하는 견해에 의하면 시행명령을 제정할 법적 의무가 있는 경우에 명령제정의 거부나 입법부작위도 '공권력의 행사나 불행사'이므로 헌법소원의 요건을 충족하면 헌법소원의 대상이 된다(헌재 2004. 02. 26, 2001헌마718).

헌법소원의 대상이 되는 불행사란 공권력이 행사될 법적 의무가 있음에도 공권력이 행사되지 않는 것을 말하며 국민의 신청을 전제로 하지 않는다. 따라서, 시행명령제정의 지체가 지나친 경우에는 사전에 시행명령제정의 신청을 할 필요 없이 시행명령제정의 불행사에 대하여 헌법소원을 제기할 수 있다.

입법부작위에 대한 행정소송의 적법 여부에 관하여 대법원은 "행정소송은 구체적 사건에 대한 법률상 분쟁을 법에 의하여 해결함으로써 법적 안정을 기하자는 것이므로 부작위위법확인소송의 대상이 될 수 있는 것은 구체적 권리의무에 관한 분쟁이어야 하고, 추상적인 법령에 관하여 제정의 여부 등은 그 자체로서 국민의 구체적인 권리의무에 직접적 변동을 초래하는 것이 아니어서 행정소송의 대상이 될 수 없다"고 판시하고 있으므로, 피청구인 보건복지부장관에 대한 청구 중 위 시행규칙에 대한 입법부작위 부분은 다른 구제절차가 없는 경우에 해당한다.

행정입법부작위에 대하여 부작위위법확인소송이 제기될 수 있다면 보충성의 원칙에 의해 헌법소원이 인정될 수 없다.

(5) 국가배상청구의 가능성

행정입법부작위로 인하여 손해가 발생한 경우에 과실이 인정되는 경우에는 국가배상청구가 가능하다(대판 2007. 11. 29, 2006다3561[군법무관 보수청구 사건]).

[판례] 구 의료법 제55조등 관련 법률 자체로 **보건복지부장관**에게 사실상 전공의 수련과정을 마친 치과의사들에 대한 치과의사전문의 자격시험 응시자격 부여 등 경과조치에 관한 사항과 관련한 **행정입법 의무가 곧바로 도출된다고 보기는 어렵다.** 그러므로 피고의 행정입법 의무를 전제로 한 원고의 국가배상청구는 인정되지 않는다(대판 2018. 06. 15, 2017다249769).

판례는 **입법재량이 인정되는 행정입법부작위로 인한 손해배상**도 재량권 행사에 따른 행정권한의 불행사로 인한 손해배상에서와 같은 기준에 따라 배상하여야 한다고 보고 있다(대판 전원합의체 2024. 12. 19, 2022다289051).

[판례] 법률이 행정청에 대하여 **행정입법을 할 재량을 부여**하였다 하더라도, 그 재량을 부여한 취지와 목적에 비추어 **행정청이 행정입법의 권한을 행사하지 아니한 것이 현저하게 합리성을 잃어**

사회적 타당성이 없는 경우에는 그 부작위가 **객관적 정당성을 상실**하였다고 볼 수 있고, 객관적 정당성을 상실하였다고 볼 수 있는 경우에는 **특별한 사정이 없으면** 국가배상법 제2조 제1항에서 정한 **공무원의 과실도 인정**된다(대판 2010. 09. 09, 2008다77795; 대판 전원합의체 2024. 12. 19, 2022다289051: 위법한 부진정 행정입법 부작위로 인해 장애인 접근권이 침해되었다고 주장하면서 국가배상으로 위자료를 청구한 사건). **〈해설〉 ①** 이 사건 **구 장애인 · 노인 · 임산부 등의 편의증진 보장에 관한 법률 시행령**(2022. 4. 27. 대통령령 제32607호로 개정되기 전의 것) 제3조[16] [별표 1](편의시설 설치 대상시설(제3조 관련)) **제2호(공공건물 및 공중이용시설) (가)목(제1종 근린생활시설)의 (1)의 법적 성격은 부진정입법부작위의 규정, 즉 위법한 법령이다. ② 재량행위인 행정입법권의 불행사로 인한 국가배상의 문제이다. ③** 위법한 법령을 개폐하지 않는 것이 헌법이나 법령을 위반하는 경우 위법이다. 달리 말하면 위법한 법령을 개폐하지 않는 것이 헌법이나 법령을 위반하는 경우 개폐의무가 있는 것이고 그 의무를 상당한 기간 이행하지 않은 것은 위법이다. 다수의견은 **구 장애인 · 노인 · 임산부 등의 편의증진 보장에 관한 법률 시행령 제3조 [별표 1] 제2호 (가)목의 (1)이 편의시설 설치의무 대상시설의 범위를 바닥면적 합계가 300제곱미터 이상 1천제곱미터 미만인 소매점)으로 지나치게 좁게 규정한 것은 위법이고, 이러한 경우 해당 행정입법을 개정할 구체적인 의무가 발생한다고 할 것이고, 행정청이 정당한 이유 없이 그 개선입법의무를 이행하지 않는다면 그 행정입법 부작위(진정행정입법부작위)는 위법하다고 할 것**이라고 하였다. 이는 위법한 명령(부진정 행정입법부작위인 명령 포함)의 개폐의무를 인정한 것으로 볼 수 있다. **④ 다수의견은** 국가배상책임이 인정되기 위해서는 공무원의 가해행위가 위법하고 과실이 있어야 한다고 보면서 그 위법은 상대적 위법설에 따른 위법(객관적 정당성의 결여), 그 과실은 공무원의 주관적 과실(객관적 주의의무 위반)로 보았다. 다만, 다수의견은 재량행위인 행정권의 불행사로 인한 국가배상에서와 같이 **행정청이 재량권인 행정입법의 권한을 행사하지 아니한 것이 현저하게 합리성을 잃어 사회적 타당성이 없는 경우**에는 그 부작위가 **객관적 정당성을 상실**하였다고 볼 수 있고, 객관적 정당성을 상실하였다고 볼 수 있는 경우에는 **특별한 사정이 없으면** 국가배상법 제2조 제1항에서 정한 **공무원의 과실도 인정**된다고 하였다. 이에 대하여 **별개의견은** 국가배상법상의 위법을 행위위법설에 따른 위법(작위 또는 부작위의 법 위반)으로 보고, 국가배상법상의 과실을 객관적 과실(즉 국가작용의 흠)로 보고 위법이면 과실이 있는 것으로 보아 위법만으로 국가배상책임을 인정하여야 한다고 보았다. ⑤ 다수의견은 현행 법제상 **행정입법의무의 불이행에 대해서는 손쉬운 사법적 권리구제 수단이 마련되어 있지 않아(예, 행정입법의무 불이행에 대한 항고소송이나 당사자소송 불인정) 국가배상청구가 가장 유효**하고 실질적으로 유일한 **규범통제 수단**이라고 보면서 국가배상사건에서 이 점도 아울러 참작하여야 한다고 하였다. ⑥ 판례는 행정입법부작위에 대한 헌법소원이나 항고소송에서의 행정입법부작위는 진정행정입법부작위에 한정하고, 부진정행정입법부작위는 위법한 명령에 대한 헌법소원 또는 무효확인소송의 대상으로 보지만, 국가배상청구에서는 부진정행정입법부작위 중 위법한 명령의 개폐의무가 문제되는 경우에도 진정행정입법부작위와 함께 동일한 기준(즉 행정입법권의 불행사가 현저하게 합리성을 잃어 사회적 타당성이 없는지 여부, 즉 객관적 정당성을 상실하였는지 여부)에 따라 국가배상 여부를 판단하고 있다. 다만, 행정권의 불행사(특히 행정입법권의 불행사)로 인한 국가배상청구의 문제로 본다. 이 판결에서 위법한 명령의 개폐의무를 인정하고 있는데, 향후 행정입법부작위의 전제가 되는 행정입법의무에 기존의 시행명령제정의무뿐만 아니라 위법한 명령의 개폐의무도 포함시키고, 위법한 명령의 개폐의무의 불이행도 행정입법부작위로 보고 헌법소원 또는 부작위위법확인소송을 인정하여야 할 것이다. 헌법소원이나 부작위위법확인소송에서의 행정

---

16) **제3조(대상시설)** 법 제7조 본문의 규정에 의하여 편의시설을 설치하여야 하는 대상시설은 별표 1과 같다.

입법부작위와 국가배상에서의 행정입법부작위 개념을 일치시키기 위해서는 시행명령제정의무뿐만 아니라 위법한 명령에 대한 개폐의무를 일반적으로 인정하여야 할 것이다.

입법재량이 인정되지 않는 행정입법부작위(기속행정입법부작위)의 경우에는 행정입법부작위는 위법할뿐만 아니라 그것만으로 원칙상 과실이 인정된다. 예를 들면 시정명령제정의무가 인정되는데 정당한 사유없이 시정명령을 전혀 제정하지 않은 경우이다. 위의 군법무관사건은 위임법률이 군법무관에게 법관에 준하는 보수를 규정하도록 위임하였음에도 시행명령을 전혀 규정하지 않은 사례이다.

제 3 절 행정규칙

Ⅰ. 행정규칙의 의의

행정규칙(行政規則)이라 함은 행정조직내부에서의 행정의 사무처리기준으로서 제정된 일반적·추상적 규범을 말한다. 실무에서의 훈령·통첩·예규 등이 행정규칙에 해당한다. 행정규칙은 통상 법적 근거 없이 제정되고 법규가 아닌 점에서 법규명령과 구별된다.

행정규칙은 원칙상 직접 대외적인 구속력은 없지만 행정조직 내부에서는 구속력을 가지고 있으므로, 즉 행정공무원은 내부적으로 행정규칙을 따를 의무가 있으므로 행정의 실제에 있어서는 구속력 있는 규범으로 적용되고 있다. 또한, 행정규칙이 법령보다 구체적인 행정사무의 처리기준을 정하기 때문에 행정공무원은 법령보다도 행정규칙에 따라 행정권을 행사하는 경우가 많다. 그리하여 오늘날의 행정을 법에 의한 행정이 아니라 '행정규칙에 의한 행정'이라고 부를 정도로 행정규칙은 행정의 대외적 작용을 규율하는 규범이 되고 있다.

그러나, 행정규칙의 이러한 대외적 구속력은 사실상 구속력이며 엄밀한 의미에서의 법적 구속력은 아니다. 행정규칙이 대외적으로 법적 구속력을 갖는가 하는 문제는 별개의 문제이다. 행정규칙이 법적으로 대외적 구속력이 있다면 행정규칙에 위반한 행정처분이 행정규칙에 위반하였다는 사실로 인하여 위법이 되어야 한다. 달리 말하면 행정규칙이 재판규범이 되어야 한다.

Ⅱ. 행정규칙의 종류

1. 행정규칙의 규율대상 및 내용에 따른 분류

(1) 조직규칙

행정조직 내부에서의 행정기관의 구성 및 권한배분 및 업무처리절차를 정하는 행정규칙을 의미한다. 예를 들면, 전결권을 정하는 직무대리규정은 조직규칙이다.

법령의 범위 내에서 행정조직을 정하는 권한은 행정권에 고유한 권한이다. 그런데, 행정의 조직에 관한 사항은 대부분 법령 및 명령으로 정하여 있으므로 행정규칙으로 행정조직을 정할 수 있는 여지는 크지 않다. 조직규칙은 법률 및 명령으로 규율되지 않은 분야에서만 제정될 수 있다.

(2) 영조물규칙

영조물규칙(營造物規則)이라 함은 영조물의 관리청이 영조물의 조직·관리 및 사용을 규율하기 위하여 제정하는 규칙을 말한다. 영조물규칙은 영조물의 내부조직관계를 규율하는 경우도 있지만 영조물의 사용에 관한 부분은 대외적 관계에 영향을 미친다. 영조물규칙에는 조직규칙, 재량준칙, 해석규칙 등이 있다.

(3) 법령해석규칙

법령해석규칙(法令解釋規則)이라 함은 법령의 해석을 규정한 행정규칙을 말한다. 법령해석규칙은 법령집행기관의 법령해석의 어려움을 덜어 주고 통일적인 법적용을 도모하기 위하여 제정된다.

(4) 재량준칙

재량준칙(裁量準則)이라 함은 재량권 행사의 기준을 제시하는 행정규칙을 말한다.

(5) 법률대체적 규칙

행정권 행사의 기준 및 방법에 관하여 법령에 의한 규율이 없는 영역에서 행정권 행사의 기준을 정하는 행정규칙을 말한다. '행정권 행사의 기준 및 방법에 관하여 법령에 의한 규율이 없는 영역'이라 함은 법률유보의 원칙이 적용되지 않는 영역에서 법률이 전혀 없는 경우, 법률유보의 원칙이 적용되는 경우에도 행정권의 발동근거만 두고 있거나 지나치게 포괄적으로만 규정되어 있어서 행정권의 행사기준에 관하여 구체적인 기준을 두고 있지 않은 영역을 말한다. 이러한 영역은 급부행정이나 행정지도분야에서 많이 존재한다.

예를 들면, 법률이 특정 분야에서 단지 보조금을 지급할 수 있다라고만 규정하고 있는 경우에 제정되는 보조금의 지급기준을 정하는 행정규칙은 법률대체적 규칙이다.

가이드라인은 그 내용이 구체적이고 명확한 경우 법령대체적 행정규칙의 성질을 갖는 것으로 볼 수 있다. 가이드라인은 엄격한 의미의 행정규칙 보다는 정책지침의 성격이 강하고, 특별한 사정이 있는 경우에 다른 규율의 가능성을 행정규칙 보다 더 널리 열어놓고 있는 행정규범으로 볼 수 있다. 다만, 가이드라인이 극히 일반적·추상적이고 모호한 경우에는 행정규칙이 아니라 정책성명(제시)으로 보는 것이 타당하다.

(6) 기술규칙

기술규칙이란 기술의 기준, 표준, 규격 등을 정한 기술규율을 말한다. 기술규칙은 기업이 정하기도 하고, 협회 등 자율규제기관이 정하기도 하고, 행정기관이 정하기도 한다. 기술규칙 중 행정기관이 정한 것은, 고시의 형식으로 정해지는 경우가 많은데, 행정규칙의 성질을 갖는다. 협회 등 자율규제기관이 정한 기술규칙은 자율규제규범의 성질을 갖는다. 기업이 정한 기술규칙은 기업의 내부규범의 성질을 갖는다. 기술규칙 중 법령(예, 식품위생법 제7조)에 근거하여 제정되는 것(예, 식품공전)은 법령보충적 행정규칙의 성질을 갖는다.

인공지능에서의 알고리즘이나 프로그램은 기술규칙에 준하는 것으로 볼 수 있다.

2. 법령상 및 실무상의 분류

행정규칙은 **실무상** 훈령, 예규, 고시, 규정, 규칙, 지시, 지침, 통첩 등의 명칭으로 제정된다. 행정규칙은 **법령상** "훈령·예규 등" 또는 "훈령·예규·고시"라는 명칭으로 표시된다(「훈령·예규 등의 발령 및 관리에 관한 규정」(대통령 훈령) 제2조).

(1) 훈 령

훈령(訓令)이라 함은 상급기관이 하급기관에 대하여 상당히 장기간에 걸쳐서 그 권한의 행사를 지시하기 위하여 발하는 명령을 말한다.

훈령 중 일반적·추상적 성질을 갖는 것만이 행정규칙이다.

(2) 예 규

법규문서 이외의 문서로서 반복적 행정사무의 기준을 제시하는 것을 말한다.

(3) 고 시

고시(告示)가 행정사무의 처리기준이 되는 일반적·추상적 규범의 성질을 갖는 경우 행정규칙이다. 이 행정규칙인 고시는 행정기관이 일정한 사항을 불특정 다수인에게 통지하는 방법인 고시와 구별되어야 한다.

고시가 일반적 · 구체적 성질을 가질 때에는 '일반처분'에 해당하며 고시의 내용이 어떤 물건의 성질 또는 상태를 규율하는 내용을 담고 있을 때에는 물적 행정행위라고 보아야 한다고 한다.[17]

[판례] ① **고시 또는 공고의 법적 성질**은 일률적으로 판단될 것이 아니라 고시에 담겨진 내용에 따라 구체적인 경우마다 달리 결정된다고 보아야 한다. 즉, **고시가 일반 · 추상적 성격을 가질 때는 법규명령 또는 행정규칙에 해당**하지만, **고시가 구체적인 규율의 성격을 갖는다면 행정처분에 해당**한다. 이 사건 국세청고시는 특정 사업자를 납세병마개 제조자로 지정하였다는 행정처분의 내용을 모든 병마개 제조자에게 알리는 **통지수단에 불과**하므로, 청구인의 이 사건 국세청고시에 대한 헌법소원심판청구는 고시 그 자체가 아니라 고시의 실질적 내용을 이루는 국세청장의 위 납세병마개 제조자 지정처분에 대한 것으로 해석함이 타당하다(헌재 1998. 04. 30, 97헌마141).
② 구 청소년보호법(2001. 5. 24. 법률 제6479호로 개정되기 전의 것)에 따른 **청소년유해매체물 결정 및 고시처분은** 당해 유해매체물의 소유자 등 특정인만을 대상으로 한 행정처분이 아니라 일반 불특정 다수인을 상대방으로 하여 일률적으로 표시의무, 포장의무, 청소년에 대한 판매 · 대여 등의 금지의무 등 각종 의무를 발생시키는 **행정처분**으로서, 정보통신윤리위원회가 특정 인터넷 웹사이트를 청소년유해매체물로 결정하고 청소년보호위원회가 효력발생시기를 명시하여 고시함으로써 그 명시된 시점에 효력이 발생하였다고 봄이 상당하고, 정보통신윤리위원회와 청소년보호위원회가 위 처분이 있었음을 위 웹사이트 운영자에게 제대로 통지하지 아니하였다고 하여 그 효력 자체가 발생하지 아니한 것으로 볼 수는 없다(대판 2007. 06. 14, 2004두619[청소년유해매체물결정 및 고시처분 무효확인]).

행정규칙인 고시가 법령의 수권에 의해 법령을 보충하는 사항을 정하는 경우에는 법령보충적 고시로서 근거법령규정과 결합하여 대외적으로 구속력 있는 법규명령의 효력을 갖는다(대판 1999. 11. 26, 97누13474). 법령보충적 고시는 법령(법규명령)이고, 행정규칙이 아니다.

Ⅲ. 행정규칙의 법적 성질 및 구속력

행정규칙의 법적 성질의 문제라 함은 행정규칙이 법규인가 아니면 법규가 아닌가 또는 행정규칙은 준법규인가 하는 행정규칙의 법규성의 문제를 말한다.

행정규칙의 구속력이란 행정규칙이 법적 구속력을 갖는가 하는 문제이다. 행정규칙의 법적 구속력에는 행정조직 내부에서의 구속력(대내적 구속력)과 행정행위의 상대방인 국민 또는 법원에 대한 구속력(대외적 구속력)이 있다.

행정규칙이 대내적 구속력이 있다는 데에는 이견이 없다. 그러나, 행정규칙이 대외적으로 법적 구속력이 있는가 하는 문제에 대하여는 논란의 여지가 있다.

---

17) 김남진, 전게서, 192면.

행정규칙의 법적 성질과 행정규칙의 대외적 구속력의 문제는 상호 밀접한 관계를 가지고 있다. 즉, 행정규칙을 엄격한 의미의 법규라고 보거나 법규적 성질을 갖는 것으로 보면 행정규칙은 당연히 대외적 구속력을 가지고, 행정규칙을 엄격한 의미의 법규가 아니라고 보거나 법규적 성질을 갖지 않는다고 보면 행정규칙은 직접적으로는 대외적 구속력을 갖지 못한다.

다만, 재량준칙에서처럼 평등원칙 등 법원칙을 매개로 간접적으로 대외적 구속력을 갖는 경우가 있다.

또한 행정규칙에는 다양한 유형이 있으므로 유형에 따라 법적 성질 및 대외적 구속력을 다르게 보아야 한다. 따라서 행정규칙의 법적 성질이나 대외적 구속력의 문제를 그 전체에 대하여 일률적으로 논하는 것은 타당하지 않으며 행정규칙의 유형별로 논하여야 할 것이다. 다만, 행정규칙이 법규인가 아닌가의 논의에 있어서 학자들이 사용하는 법규개념이 학자마다 상이함에 따라 동일한 주장임에도 외견상 견해가 대립되는 것으로 보이는 등 혼란을 보이고 있으므로 행정규칙의 법적 성질과 구속력을 논함에 앞서 이 점을 분명히 할 필요가 있다.

[판례] ① 행정기관 내부의 업무처리지침이나 법령의 해석·적용 기준을 정한 **행정규칙은 특별한 사정이 없는 한 대외적으로 국민이나 법원을 구속하는 효력이 없다.** 처분이 행정규칙을 위반하였다고 해서 그러한 사정만으로 곧바로 위법하게 되는 것은 아니고, 처분이 행정규칙을 따른 것이라고 해서 적법성이 보장되는 것도 아니다. **처분이 적법한지는 행정규칙에 적합한지 여부가 아니라 상위법령의 규정과 입법 목적 등에 적합한지 여부에 따라 판단해야 한다**(대판 2019. 07. 11, 2017두38874; 2021. 10. 14, 2021두39362).

② (1) 행정기관이 소속 공무원이나 하급행정기관에 대하여 세부적인 업무처리절차나 법령의 해석·적용 기준을 정해 주는 **'행정규칙'**은 상위법령의 구체적 위임이 있지 않는 한 **조직 내부에서만 효력을 가질 뿐 대외적으로 국민이나 법원을 구속하는 효력이 없다.** (2) **행정규칙이 이를 정한 행정기관의 재량에 속하는 사항에 관한 것인 때에는** 그 규정 내용이 객관적 합리성을 결여하였다는 등의 특별한 사정이 없는 한 법원은 이를 존중하는 것이 바람직하다. (3) 그러나 **행정규칙의 내용이 상위법령이나 법의 일반원칙에 반하는 것이라면 법질서상 당연무효이고, 행정내부적 효력도 인정될 수 없다.** 이러한 경우 법원은 해당 행정규칙이 법질서상 부존재하는 것으로 취급하여 행정기관이 한 조치의 당부를 상위법령의 규정과 입법 목적 등에 따라서 판단하여야 한다. (4) **한국수력원자력 주식회사**가 조달하는 기자재, 용역 및 정비공사, 기기수리의 공급자에 대한 관리업무 절차를 규정함을 목적으로 제정·운용하고 있는 **'공급자관리지침' 중 등록취소 및 그에 따른 일정 기간의 거래제한조치에 관한 규정들**은 공공기관으로서 행정청에 해당하는 한국수력원자력 주식회사가 **상위법령의 구체적 위임 없이 정한 것이어서 대외적 구속력이 없는 행정규칙이다**(대판 2020. 05. 28, 2017두66541).

③ 건강보험심사평가원이 요양급여비용 심사·지급업무 처리기준(2000. 7. 18. 보건복지가족부 고시 제2000-41호) 제4조 제1항 제4호에 근거하여 제정한 **심사지침인 '방광내압 및 요누출압 측정 시 검사방법'**은 법령에서 정한 요양급여의 인정기준을 구체적 진료행위에 적용하도록 마련한 건강보

험심사평가원의 내부적 업무처리 기준으로서 **행정규칙**에 불과하다. 따라서 그 기준에 부합하지 않는다고 하여 반드시 법령상 인정되는 적정한 요양급여에 해당하지 않는 것은 아니고, 다만 그 기준이 국민건강보험법령의 목적이나 취지에 비추어 객관적으로 합리성이 없다고 볼만한 **특별한 사정이 없는 이상 이를 재판절차에서 요양급여의 적정성 여부를 판단하는 세부기준으로 참작할 수 있을 뿐**이다(대판 2017. 07. 11, 2015두2864[과징금부과처분취소]).

1. 행정규칙의 법적 성질과 법규개념

행정법에서 법규라는 개념은 협의로 사용될 때에는 행정주체와 국민의 권리의무에 관한 사항을 정하는 일반적·추상적인 구속력 있는 규범(실질설) 또는 법령의 형식으로 제정된 일반적·추상적 규범(형식설)을 말하며 광의로는 행정사무의 처리기준이 되는 일반적·추상적인 구속력 있는 규범을 말한다.

광의의 법규개념을 취하면 행정규칙을 법규라고 할 수 있다. 그러나, 협의의 법규개념을 취면 행정규칙은 원칙상 법규라고 할 수 없다.

법규라 함은 통상 엄격한 의미의 법규개념을 의미하며 행정규칙의 법규성을 논하는 실익은 행정규칙을 위반한 행정행위의 효력에 있다(이하에서 법규라 함은 협의의 법규를 말한다). 즉, 행정규칙을 협의의 법규라고 보면 행정규칙에 위반하는 행정권의 행사는 위법이 된다. 국민은 행정규칙 위반을 이유로 당해 행위의 위법을 주장할 수 있고, 법원은 행정규칙을 재판규범으로 하여 행정행위의 위법을 확인할 수 있게 된다.

행정규칙이 협의의 법규인가에 관하여는 행정규칙 전체를 법규라고 보는 견해는 없고 일부 행정규칙에 대하여 법규라고 보거나 또는 행정규칙이지만 법규의 성질을 갖는다라고 보는 견해가 있다. 그 경우는 행정권에게 행정규칙의 형식으로 법규를 제정할 수 있는 권한이 인정된 경우이다.

문제는 어떠한 법령의 근거도 없이 행정권에게 고유한 법규제정권이 인정될 수 있는가 하는 것이다. 독일에서의 규범구체화행정규칙이나 특별명령이론은 이와 같은 예에 속한다고 보인다. 우리나라에서도 일부 학자는 이와 같은 독일의 이론을 지지하고 있지만 대다수는 아직 유보적인 입장을 취하고 있다.

2. 행정규칙의 대내적 구속력(효력)

행정규칙은 원칙상 대내적 구속력이 있다. 행정규칙(특히 훈령)은 상급행정기관의 감독권에 근거하여 하급행정기관에 대하여 발해지는 것이므로 행정규칙은 하급행정기관에 대한 상급행정기관의 직무명령의 성격을 아울러 가지므로 하급행정기관은 공무원법상의 복종의무(예, 국가공무원법 제57조)에 따라 행정규칙을 준수할 법적 의무를 진다. 그리하여 하급행정기관이 행정규칙에 따르지 않고 처분을 한 것은 징계사유가 된다.

행정규칙은 행정규칙을 제정한 행정기관에 대하여는 대내적으로 법적 구속력을 갖지 않는다.

3. 행정규칙의 외부적 구속력과 법적 성질

행정규칙의 대외적인 법적 구속력이란 국민이 행정행위가 행정규칙에 위반하였다는 것을 이유로 행정행위의 위법을 주장할 수 있는가 하는 것과 행정규칙이 법원에 대하여 재판규범이 되는가 하는 문제이다. 행정규칙의 대외적 구속력을 인정하면 행정규칙을 위반한 행정작용은 그것만으로 위법하고, 행정규칙에 대외적 구속력을 인정되지 않으면 행정작용이 행정규칙에 위반하였다는 것만으로는 위법하게 되지 않는다.

판례는 원칙상 행정규칙의 대외적 구속력을 부정한다(대판 2013. 05. 23, 2013두3207; 2018. 06. 15, 2015두40248).

[판례] 건강보험심사평가원이 제정한 심사지침인 「방광내압 및 요누출압 측정 시 검사방법」은 법령에서 정한 요양급여의 인정기준을 구체적 진료행위에 적용하도록 마련한 건강보험심사평가원의 내부적 업무처리 기준으로서 행정규칙에 불과하다. 따라서 그 기준에 부합하지 않는다고 하여 반드시 법령상 인정되는 적정한 요양급여에 해당하지 않는 것은 아니고, 다만 그 기준이 국민건강보험법령의 목적이나 취지에 비추어 객관적으로 합리성이 없다고 볼만한 특별한 사정이 없는 이상 이를 재판절차에서 요양급여의 적정성 여부를 판단하는 세부기준으로 참작할 수 있을 뿐이다(대판 2017. 07. 11, 2015두2864).

행정규칙의 외부적 구속력 및 법적 성질은 행정규칙의 유형에 따라 다르다고 보는 것이 타당하므로 행정규칙의 유형별로 이 문제를 검토하기로 한다.

(1) 조직규칙

조직규칙(組織規則)에 대하여 외부적 구속력을 인정할 것인가에 관하여 견해가 대립하고 있다.

1) 긍정설

조직규칙에 대하여 외부적 구속력을 인정하는 견해가 적지 않다.

2) 제한적 긍정설

행정기관의 권한에 관한 사항은 국민과도 무관하지 않고 권한에 관한 조직규칙을 위반하는 행정행위는 위법하다는 주장이 있다.

3) 부정설

부정설의 논거는 다음과 같다. ① 법령에 의해 정해진 조직 내에서의 조직규칙이 정한 조직에 관한 사항은 순수한 내부적인 사항이다. ② 권한의 내부위임 또는 전결권한에 관한 조직규칙을 위반한 권한행사가 위법으로 되는 것은 당해 조직규칙을 위반하여서가 아니라 권한없는 행위이기 때문이다.

4) 판 례

대법원 판결 중 행정관청 내부의 사무처리규정에 불과한 전결규정에 위반하여 원래의 전결권자 아닌 보조기관 등이 처분권자인 행정관청의 이름으로 행정처분을 한 경우 무효가 아니라고 한 사례가 있는데(대판 1998. 02. 27, 97누1105), 이 판례의 해석에 있어서 조직규칙의 하나인 전결규정의 대외적 구속력을 인정한 판례로 보는 견해가 있으나 전결규정에 반하여 한 처분이 위법한 것은 전결규정에 위반하여서가 아니라 권한없는 자의 처분이기 때문이라고 보는 것이 타당하다.

5) 결 어

부정설이 타당하다. 권한의 내부위임 또는 전결권한에 관한 조직규칙을 위반한 권한 행사가 위법으로 되는 것은 당해 조직규칙을 위반하여서가 아니라 일종의 권한 없는 행위이기 때문이다. 다만, 조직규칙인 전결규정을 위반하였어도 처분청의 이름으로 처분을 한 경우에는 당해 위법은 중대·명백한 위법은 아니므로 취소할 수 있는 위법으로 보는 것이 타당하다.

프랑스의 경우에 판례는 행정조직체의 장에게는 법령의 범위 내에서 당해 조직체의 조직과 운영에 관한 사항을 법규명령으로 정할 수 있는 권한이 있다고 보고 있다. 이는 행정조직체의 장에게 일정한 고유한 법규명령권을 인정하는 것에 관한 것이며 조직규칙의 법규성을 인정한 것은 아니다.

(2) 영조물규칙

영조물규칙(예, 학칙, 교도소규칙 등)은 행정규칙의 대외적 효력과 관련하여 그 자체가 특별한 유형의 행정규칙은 아니다. 영조물규칙 중에는 조직규칙인 것도 있고 재량준칙인 것도 있으며 학칙과 같이 법규명령(자치법규)인 것도 있다. 영조물이용규칙을 특별명령으로 보고 법규성을 인정하는 견해도 있다.

(3) 법령해석규칙

1) 원칙상 부정

법령해석규칙(法令解釋規則)은 대외적 구속력을 갖지 않는다. 법령을 해석하는 권한은 최종적으로 법원에 있으므로 행정기관의 법령해석이 법원을 구속할 수 없다. 또한 법령해석이란 법령의 의미를 명확히 하는 것일 뿐 새로운 사항을 정하는 것은 아니므로 법령해석규칙이 독자적인 행위규범이 되지 못한다.

행정권 행사의 위법 여부는 직접 법령의 규정에 비추어 판단되는 것이며 법령해석규칙이 기준이 되지 않는다. 법령해석규칙이 법령을 제대로 해석하고 있는 경우에도 해석규칙에 따라 행해진 처분이 적법하게 되는 것은 법령해석규칙에 따랐기 때문이 아니라 법령에 적합하기 때문이다.

2) 신뢰보호

문제는 법령해석규칙이 위법한 경우에 그 위법한 해석규칙에 의해 행정처분이 반복됨으로써 행정관행이 성립된 경우에 행정의 상대방은 위법한 해석규칙의 계속적인 적용을 주장할 수 있는가 하는 것이다.

① 행정규칙에 의한 해석이 일반적으로 국민들에게 받아들여진 때에는 행정절차법 제4조 제2항이 적용된다.

② 행정규칙에 의한 해석이 일반적으로 국민들에게 받아들여지지 아니한 경우에도 신뢰보호의 원칙의 적용요건에 해당하는 경우 신뢰보호의 원칙이 적용된다.

3) 예외적 판단여지의 인정

법령해석규칙이 불확정개념에 관한 것이고 그 불확정개념의 해석에 있어서 행정청에게 판단여지가 인정되는 경우(예, 원자력 안전규칙)에는 당해 해석규칙은 명백히 불합리하지 않은 이상 존중되어야 한다.

[판례] <국민건강보험공단이 직장가입자의 피부양자로 등록되어 있는 동성동반자인 甲을 국민건강보험공단의 '자격관리 업무지침'(이하 '이 사건 지침'이라 한다)에서 직장가입자의 피부양자로 규정된 '사실상 혼인관계에 있는 사람'으로 해석·적용하지 않고 지역가입자로 변경하여 보험료를 부과하는 처분을 한 것에 대해 취소소송을 제기한 사건> [1] 행정청이 내부준칙을 제정하여 그에 따라 장기간 일정한 방향으로 행정행위를 함으로써 행정관행이 확립된 경우, 그러한 내부준칙이나 확립된 행정관행을 통한 행정행위에 대해서도 헌법상 평등원칙이 적용된다. **〈평석〉** 재량준칙 및 그에 따른 처분이 평등원칙에 위반되는지를 검토할 수 있다. 그러나 해석규칙 및 그에 따른 처분이 평등원칙 위반인지를 논하는 것은 타당하지 않다. 이 경우에는 해석의 대상이 되고 처분의 근거가 된 법령이 평등원칙에 위반하는지를 검토해야 한다. 이러한 점에서 판례가 행정규칙이 재량준칙인지 해석규칙인지를 특정하지 않고, 계쟁처분이 재량처분인지 기속처분인지를 특정하지 않고 평등원칙을 적용할 수 있다고 한 것은 문제가 있다. [2] 갑이 동성인 을과 교제하다가 서로를 동반자로 삼아 함께 생활하기로 합의하고 동거하던 중 결혼식을 올린 뒤 국민건강보험공단에 건강보험 직장가입자인 을의 사실혼 배우자로 피부양자 자격취득 신고를 하여 피부양자 자격을 취득한 것으로 등록되었는데, 이 사실이 언론에 보도되자 국민건강보험공단이 갑을 피부양자로 등록한 것이 '착오 처리'였다며 갑의 피부양자 자격을 소급하여 상실시키고 지역가입자로 갑의 자격을 변경한 후 그동안의 지역가입자로서의 건강보험료 등을 납입할 것을 고지한 사안에서, 위 처분이 행정절차법 제21조(처분의 사전통지) 제1항과 헌법상 평등원칙을 위반하여 위법하다고 한 사례(대판 전원합의체 2024. 07. 18, 2023두36800[보험료부과처분취소]). **〈관련법령〉** 국민건강보험법 제5조는 직장가입자의 "배우자"를 건강보험의 피부양자가 된다고 규정하고 있고(제2항 제1호), 피부

양자 자격의 인정 기준 등은 보건복지부령으로 정한다고 규정하고 있다(제3항). 국민건강보험법 제5조 제3항의 위임을 받은 국민건강보험법 시행규칙 제2조 제1항 제1호 [별표 1]은 피부양자 자격의 인정기준 중 부양요건을, 제2호[별표 1의2]는 소득 및 재산요건을 각각 정하고 있다. 건강보험의 보험자인 국민건강보험공단은 '자격관리 업무지침'(이하 '이 사건 지침'이라 한다)을 마련하여 '사실상 혼인관계에 있는 사람'도 배우자에 준하여 피부양자로 인정하고, 직장가입자와 그 배우자가 혼인의 의사로 부부공동생활을 유지하고 있음을 확인하는 내용의 인우보증서 제출만으로 사실상 혼인관계가 소명되는 것으로 정하고 있다. 〈참고사항〉 국민건강보험법 제5조 제3항이 피부양자 자격의 인정 기준 등은 보건복지부령으로 정한다고 규정하고 있고, 건강보험의 피부양자를 정하는 문제는 건강보험정책상의 문제이므로 보건복지부장관은 법률의 수권의 범위내에서 국민건강보험법 제5조 제2항 제1호(이하 '쟁점 규정'이라 한다)의 '배우자'의 구체적 인정기준을 정하는 점에서 행정입법재량을 갖는다. 그런데, 보건복지부령인 국민건강보험법 시행규칙 제2조 제1항 제1호[별표 1]은 피부양자 자격의 인정기준 중 부양요건 및 제2호 [별표 1의2]는 소득 및 재산요건을 정하고 있을 뿐 '쟁점 규정'인 '배우자'의 구체적 인정기준은 규정하지 않고 있다. 이러한 상황에서 볼 때 **이 사건에서 적용법규정은** 직장가입자의 "배우자"를 건강보험의 피부양자가 된다고 규정하고 있는 **국민건강보험법 제5조 제2항 제1호**이다. 달리 말하면 이 사건에서 동성 동반자인 갑이 국민건강보험법 제5조 제2항 제1호의 배우자에 해당하는지가 문제되고 있다. 그리고, 이 사건 지침 중 직장가입자와 그 배우자가 혼인의 의사로 부부공동생활을 유지하고 있음을 확인하는 내용의 인우보증서 제출만으로 사실상 혼인관계가 소명되는 것으로 정하고 있는 부분은 판례의 다수의견과 달리 피부양자인 배우자의 인정기준이 아니라 피부양자인 배우자라는 사실을 인정하는 방법을 정한 것으로 보는 것이 타당하다. 〈평석〉 ① 국민건강보험공단의 '자격관리 업무지침'(이하 '이 사건 지침'이라 한다) 중 '사실상 혼인관계에 있는 사람'도 배우자에 준하여 피부양자로 인정하는 규정은 행정규칙 중 **해석규칙인가 아니면 재량준칙인가에 관하여 판례는** 명확하지는 않지만, 이 사건 지침을 해석규칙으로 보면서도 '이 사건 지침'과 그에 따른 처분에 평등원칙을 적용한 점에서 이 사건 지침의 재량준칙적 성격도 인정한 것으로 볼 수 있다. **그러나, 생각건대** 국민건강보험관리공단은 정책결정기관이 아니라 집행기관이므로 국민건강보험관리공단의 피부양자로서의 배우자의 해석에 판단여지 내지 재량(정책재량)을 인정하는 것은 타당하지 않다. 피부양자로서의 배우자의 구체적 인정기준을 정하는 권한은 보건복지부장관에게 있다. 그리고, 건강보험 피부양자의 구체적 범위를 정하는 문제는 중요한 입법사항으므로 법령에서 정하여야 한다. 그런데, 현행 법령상 보건복지부령인 국민건강보험법 시행규칙 제2조 제1항 제1호 [별표 1]은 '쟁점 규정'인 '배우자'의 구체적 인정기준은 규정하지 않고 있지 않으므로 이 시건에서 적용법규정은 직장가입자의 "배우자"를 건강보험의 피부양자가 된다고 규정하고 있는 국민건강보험법 제5조 제2항 제1호이다. 그런데, "배우자"라는 개념은 사회통념상 일의적으로 해석할 수 있는 개념이고, 재량개념이나 판단여지가 인정될 성질의 개념이 아니므로 이 사건에서 동성 동반자인 갑이 국민건강보험법 제5조 제2항 제1호의 배우자가 될 수 있는지에 관하여 재량이 인정될 수 없다고 보는 것이 타당하다. ② 이 사건 지침을 해석규칙이라고 본다면 이 사건 지침과 이에 따른 처분에 평등원칙을 적용하는 것은 타당하지 않다. 왜냐하면 법우위의 원칙 및 법원의 최종적 법해석권에 비추어 해석규칙이 법규정에 합치하면(적법하면) 그에 따라야 하고, 해석규칙이 법규정에 합치하지 않으면(위법하면) 그에 따르지 않아야 하고, 불법앞의 평등은 인정되지 않기 때문이다. 다만, 위법한 해석규칙이나 그에 따른 관행에 대한 귀책사유없는 신뢰는 보호하여야 한다. 다만, 법령해석이 고도로 전문적이거나 고도로 정책적인 경우 판단여지를 인정할 수 있다(판단여지도 재량으로 보면 재량을 인정할 수 있다). 따라서, '사실상 혼인관계에 있는 사람' 나아가 동성 동반자도 배우자에 준하여 피부양자로 인정하는 것이 고도로 전문적인 사항이거나 고도로 정책적인 사항이라면 그 행정해석에 판단여지(또는 재량)를 인정할 수 있고, 이 경우 담당행정기관의 그러한 해석기준이나 해석이 합리적이라면 존중하여야 한다(그 해석기준은 평등원칙을 매개로 간접적인 구속력을 갖는다). 따라서, 이 경우에는 평등원칙을 적용할 수 있다. 이와 관련하여 미국 행정법상 쉐브론(Chevron)원칙(법령소관행정기관의 해석에 대한 법원의 존중 원칙), 독일법상 규범구체화행정규칙을 비판적으로 참고할 수 있다(박균성, 미국 행정입법제도의 시사점, 행정법연구 제46호, 2016.8, 87면 이하 참조). 또한, 피부양자인 배우자의 구체적 범위를 결정할 재량권이 국민건강보험공단에 있다고 보면 이 사건 지침은 재량준칙이고 이 사건 지침은 평등원칙을 매개로 대외적인 구속력을 갖는다. 그러나, 다음과 같은 이유에서 피부양자인 배우자의 구체적 범위를 결정할 재량권이 국민건강보험공단에 있다고 볼 수 없고, 따라서, 이 사건 지침은 해석규칙이고, 이 사건 지침과 이에 따른 처분에 평등원칙을 적용할 수 없다. 즉, 피부양자 자격의 인정 기준은 중요한 사항이고 법률에서도 피부양자 자격의 인정 기준을 보건복지부령으로 정하도록 수권하고 있으므로 피부양자인 배우자의 구체적 범위는 보건복지부장관이 정하여야 한다고 보아야 한다. 정책결정기관이 아니고 집행기관인 국민건강보험공단은 '사실상 혼인관계에 있는 사람' 나아가 동성 동반자도 배우자에 준하여 피부양자로 인정할 것인지를 결정함에 있어 재량권을 갖지 못하고, 법원은 국민건강보험공단의 국민건강보험법 제5조 제2항 제1호의 "배우자"의 해석규칙이나 그 적용에 판단여지를 인정하거나 재량을 인정하는 것은 타당하지 않다. 따라서, 해석규칙인 '이 사건 지침' 및 그에 따른 처분에 평등원칙을 적용한 것은 타당하지 않다.

(4) 재량준칙

1) 의 의

재량준칙(裁量準則)이라 함은 재량권 행사의 기준을 정하는 행정규칙을 말한다.

재량준칙은 행정권 행사의 기준을 정하는 일반적 성격의 규범인 점에서 법규명령과 유사하지만, 다음과 같이 법규명령과 구별된다. 즉, 재량준칙은 법규명령과 달리 행정권 행사의 일반적 기준 내지 방침을 제시할 뿐이며 그 자체로서는 국민에게 직접적인 법적 효과를 미치지 않는다. 재량준칙은 기본적으로 행정내부조치이다. 그리고, 법규명령의 경우에는 법규명령 자체에 명문의 규정이 없는 한 그 규정내용과 다른 결정을 할 수 없지만 재량준칙의 경우에는 구체적 사안의 특수성 또는 공익상의 필요에 의해 재량준칙에서 정해진 행정기준과 다른 결정을 할 수 있다.

2) 기 능

재량준칙은 국민에게 법적 안정성을 보장하고, 행정에 일관성을 보장하고, 재량권의 자의적인 행사를 방지하고, 행정권 행사의 편의성을 보장하기 위하여 사용된다. 또한 재량준칙은 재량권 행사의 기준을 국민에게 미리 알려주는 기능도 갖는다.

재량준칙은 상급행정기관으로부터 하급행정기관에 대해 발해지는 경우뿐만 아니라 재량권을 갖는 행정기관 자신이 자신의 재량권 행사를 미리 정하여 두기 위하여 정하는 경우도 있다.

3) 근 거

재량준칙의 제정에는 별도의 법적 근거를 요하지 않는다. 재량준칙은 행정기관의 처분권 및 자율권에 근거하여 자유롭게 제정될 수 있다. 즉, 상급행정기관이 하급행정기관에 발하는 재량준칙은 상급기관의 지휘감독권에 근거하여 발해질 수 있고, 처분청이 자신의 행정권 행사의 기준으로 제정하는 재량준칙은 그 근거가 당해 처분청의 처분권에 있다.

4) 한 계

재량준칙의 제정은 행정청에게 재량권이 인정되는 경우에만 가능하며 행정청이 기속권만을 갖는 경우에는 인정되지 않는다.

재량준칙의 내용은 적용법령이 추구하는 목적에 적합하여야 한다.

재량준칙은 구체적 사안의 특수성에 따른 고려를 배제하는 정도로 엄격히 제정되어서는 안 된다. 달리 말하면 재량준칙이 행정청의 재량권을 기속권한으로 변경하여서는 안 된다. 재량준칙은 기존의 법질서에 새로운 사실을 추가하거나 기존의 법령에 위반하여서는 안 된다.

5) 법적 효력과 성질

가. 내부적 효력

공무원은 상급행정기관이 발한 재량준칙에 복종할 의무가 있고 이에 위반한 경우에는 징계 등의 제재를 받는다.

그런데, 재량준칙은 그 개념상 각 사안의 특수성을 개별적으로 심사하여 그 준칙과 다른 결정을 할 가능성을 유보하고 있다. 사안의 특수성에 대한 심사는 권한이며 의무이다.

재량준칙 제정권자는 재량준칙에 내부적으로 구속되지 않는다.

나. 외부적 효력과 성질

(가) 부정설 　전통적 견해는 재량준칙은 행정조직내부에서의 재량권 행사의 기준을 정한 행정규칙이므로 외부적 구속력이 없다고 본다.

(나) 간접적 · 대외적 구속력설 　재량준칙은 평등원칙을 매개로 하여 간접적으로 대외적인 구속력을 갖는다고 보는 것이 다수의 견해이며 타당하다. 재량준칙은 그 자체가 직접 대외적 구속력을 갖는 것은 아니지만 특별한 사유 없이 특정한 자에게 그 재량준칙을 적용하지 않고 재량준칙의 내용과 다른 처분을 하는 것은 평등원칙에 반하여 위법한 처분이 된다.

그리고, 아직 재량준칙에 따른 재량권 행사가 없었고 재량준칙이 최초로 적용되는 경우에도 재량준칙이 제정된 이상 그에 따른 행정이 행해질 것이 예견되기 때문에 그 재량준칙을 위반한 처분을 평등원칙에 반하는 위법한 처분으로 볼 수 있다.

재량준칙은 평등원칙을 매개로 하여 구속력을 갖는 것이므로 합리적인 이유가 있는 경우, 즉 특별한 사정이 있어서 재량준칙을 적용하지 않는 것이 타당하다고 여겨지는 경우에는 예외적으로 재량준칙을 적용하지 않아도 그러한 행정처분은 위법한 처분이 되지 않는다고 보아야 한다. 이러한 관점에서 재량준칙은 법규보다는 다소 완화된 구속력을 갖는다. 이러한 점을 고려하여 재량준칙의 법적 성질을 준법규로 보는 것이 타당하다.

법규명령은 절대적 구속력을 갖는다. 즉, 법규명령 자체에서 예외를 인정하지 않는 한 법규명령은 절대적으로 구속력을 가지며 행정기관은 당해 법규명령에 예외를 인정하는 처분을 할 수 없다.

(다) **자기구속설** 이 견해는 행정의 자기구속의 법리에 근거하여 재량준칙의 대외적 구속력을 인정하는 견해이다(전술 행정의 자기구속의 법리 참조). 자기구속설은 행정관행의 성립을 전제로 하는 점에서 그것을 요하지 않는 간접적·대외적 구속력설(평등원칙설)과 구별된다.

(라) **법규설** 독일의 오센뷜 교수는 행정권에도 일정한 한도 내에서 고유한 법규제정권이 있다는 전제하에 재량준칙은 행정권이 독자적인 입법권에 근거하여 제정된 법규라고 보고 있다.

다만, 재량준칙은 신축적 구속력을 갖는다고 보면서 엄격한 구속력을 갖는 일반 법규와 구별하고 있다.

(마) **판 례** 대법원 판례는 원칙상 행정규칙에 대해 대외적 구속력을 인정하지 않지만, 재량준칙이 객관적으로 보아 합리적이 아니라거나 타당하지 않다고 볼 만한 특별한 사정이 없는 이상 행정청의 의사는 가능한 한 존중되어야 한다고 하고(대판 2013. 11. 14, 2011두28783[과징금감경결정취소청구]), 이러한 재량준칙에 따른 처분은 적법하다고 본다(대판 2011. 01. 27, 2010두23033[국제멸종위기종용도변경승인신청반려처분취소]). 또한 그러한 재량준칙을 따르지 않은 처분은 특별한 사정이 없는 한 재량권의 일탈·남용에 해당하는 위법한 처분으로 본다(대판 2010. 01. 28, 2009두19137). 이러한 판례의 태도는 평등원칙을 매개로 재량준칙의 간접적인 대외적 구속력을 인정하는 다수설의 견해와 유사하다.

[판례] ① 설정된 재량기준이 객관적으로 합리적이 아니라거나 타당하지 않다고 볼 만한 다른 특별한 사정이 없는 이상 행정청의 의사는 가능한 한 존중되어야 할 것이나, 그 설정된 기준이 객관적으로 합리적이 아니라거나 타당하지 않다고 보이는 경우 또는 그러한 기준을 설정하지 않은 채 구체적이고 합리적인 이유의 제시 없이 사업계획의 부적정 통보를 하거나 사업계획서를 반려하는 경

우에까지 단지 행정청의 재량에 속하는 사항이라는 이유만으로 그 행정청의 의사를 존중하여야 하는 것은 아니고, 이러한 경우의 처분은 **재량권을 남용하거나 그 범위를 일탈한 조치로서 위법**하다(대판 2004. 05. 28, 2004두961).

② [1] 야생동·식물보호법 제16조 제3항에 의한 **용도변경승인**은 **재량행위이고**, 위 법 제16조 제3항이 용도변경이 불가피한 경우에만 용도변경을 할 수 있도록 제한하는 규정을 두면서도 시행규칙 제22조에서 용도변경 신청을 할 수 있는 경우에 대하여만 확정적 규정을 두고 있을 뿐 용도변경이 불가피한 경우에 대하여는 아무런 규정을 두지 아니하여 용도변경 승인을 할 수 있는 용도변경의 불가피성에 대한 판단에 있어 재량의 여지를 남겨 두고 있는 이상, **용도변경을 승인하기 위한 요건으로서의 용도변경의 불가피성에 관한 판단에 필요한 기준을 정하는 것도 역시 행정청의 재량에 속하는 것**이므로, **그 설정된 기준이 객관적으로 합리적이 아니라거나 타당하지 않다고 볼 만한 다른 특별한 사정이 없는 이상 행정청의 의사는 가능한 한 존중되어야 한다.** [2] 곰의 웅지를 추출하여 비누, 화장품 등의 재료로 사용할 목적으로 곰의 용도를 '사육곰'에서 '식·가공품 및 약용 재료'로 변경하겠다는 내용의 국제적멸종위기종의 용도변경 승인신청에 대하여, 한강유역환경청장이 '웅담 등을 약재로 사용하는 경우' 외에는 용도변경을 해줄 수 없다며 위 용도변경신청을 거부한 사안에서, 환경부장관이 지방환경관서의 장에게 보낸 '사육곰 용도변경 시의 유의사항 통보'는 용도변경이 불가피한 경우를 웅담 등을 약재로 사용하는 경우로 제한하는 기준을 제시한 것으로 보이고, 그 설정된 기준이 법의 목적이나 취지에 비추어 객관적으로 합리적이 아니라거나 타당하지 않다고 볼 만한 다른 특별한 사정이 없으므로, 이러한 통보에 따른 위 처분은 적법함에도 이와 달리 본 원심판결에 법리를 오해한 위법이 있다고 한 사례(대판 2011. 01. 27, 2010두23033[국제멸종위기종용도변경승인신청반려처분취소]).

③ 부과과징금 결정단계의 조정사유별 감경률 적용방식에 관하여 구체적인 규정이 없는 상태에서, 공정거래위원회가 과징금 부과처분을 하면서 적용한 **기준(재량준칙)**이 과징금제도와 감경제도의 입법 취지에 반하지 아니하고 **불합리하거나 자의적이지 아니하며**, 나아가 그러한 기준을 적용한 과징금 부과처분에 과징금 부과의 기초가 되는 사실을 오인하였거나 비례·평등원칙에 위배되는 등의 사유가 없다면, **그 과징금 부과처분에 재량권을 일탈·남용한 위법이 있다고 보기 어렵다**(대판 2019. 07. 25, 2017두55077).

판례는 특별한 공익상의 필요가 있을 때에는 재량기준을 추가하여 신청에 대한 거부처분을 할 수 있다고 한다(대판 2009. 12. 24, 2009두7967[18]).

또한, 대법원 판례는 재량준칙이 되풀이 시행되어 행정관행이 성립한 경우 당해 재량준칙에 자기구속력을 인정한다(대판 2009. 12. 24, 2009두7967[신규건조저장시설사업자인정신청반려처분취소]).

헌법재판소도 재량권행사의 준칙인 규칙이 그 정한 바에 따라 되풀이 시행되어 행정관행이 이룩되게 되면, 평등의 원칙이나 신뢰보호의 원칙에 따라 행정기관은 그 상대방에 대한 관계에서 그 규칙에 따라야 할 자기구속을 당하게 되고, 그러한

---

18) 쌀 시장 개방화에 대비한 경쟁력 강화 등 우월한 공익상 요청에 따라 위 지침상의 요건 외에 '시·군별 건조저장시설 개소당 논 면적 1,000ha 이상' 요건을 추가할 만한 특별한 사정을 인정할 수 있어, 그 처분이 행정의 자기구속의 원칙 및 행정규칙에 관련된 신뢰보호의 원칙에 위배되거나 재량권을 일탈·남용한 위법이 없다고 한 사례.

경우에는 대외적인 구속력을 가지게 된다고 본다(헌재 1990. 09. 03, 90헌마13).

또한, 설정된 기준이 그 자체로 객관적으로 합리적이지 않거나 타당하지 않음에도 행정청이 만연히 그에 따라 처분한 경우 또는 기준을 설정하였던 때와 처분 당시를 비교하여 수송 수요와 공급상황이 달라졌는지 등을 전혀 고려하지 않은 채 설정된 기준만을 기계적으로 적용함으로써 휴업을 허가할 것인지를 결정하기 위하여 마땅히 고려하여야 할 사항을 제대로 살피지 아니한 경우 등에까지 단지 행정청의 재량에 속하는 사항이라는 이유만으로 행정청의 의사를 존중하여야 하는 것은 아니며, 이러한 경우의 처분은 재량권을 남용하거나 그 범위를 일탈한 조치로서 위법하다(대판 2018. 02. 28, 2017두51501).

(바) 결 어 평등원칙을 매개로 하여 재량준칙의 간접적 · 대외적 구속력을 인정하는 견해가 타당하다.

재량준칙에 따른 처분은 재량준칙에 의해 설정된 기준이 객관적으로 타당하다고 보이고 당해 재량준칙을 적용해서는 안 될 특별한 사정이 없는 한 위법하다고 할 수 없다. 또한, 공익상 필요 등 특별한 사정이 있는 경우에는 재량준칙과 다른 처분을 하여도 위법하다고 할 수 없다.

단순한 재량준칙이나 재량준칙에 따른 행정관행이 성립된 경우 모두 특별한 사정이 있는 경우(합리적인 이유가 있는 경우) 재량준칙과 다른 처분이 가능하지만, 재량준칙에 따른 행정관행이 성립된 경우에는 전술한 바와 같이 단순한 재량준칙보다 강한 법적 구속력인 자기구속력이 인정된다고 보아야 한다.

6) 재량준칙에 대한 재판적 통제

재량준칙은 그 자체로서는 국민의 법적 지위에 직접적인 영향을 미치지 않는 행정내부조치에 불과하므로 재량준칙 자체는 취소소송의 대상이 되지 않는다. 다만, 예외적으로 재량준칙이라도 국민의 권익에 직접 영향을 미치는 경우에는 행정소송법상 처분이 되며 취소소송의 대상이 된다고 보는 것이 타당하다.

재량준칙에 대한 간접적 통제(부수적 통제)를 인정하지 않는 것이 일반적인 견해이지만, 재량준칙의 간접적 · 대외적 구속력을 인정하는 견해에 선다면 재판에서 전제문제로서 간접적으로 통제된다고 보아야 한다(대판 2019. 10. 31, 2013두20011).

[판례] [국가정보원 소속 계약직공무원으로 계약기간이 만료된 원고들에 대한 퇴직처리가 남녀고용평등과 일 · 가정 양립 지원에 관한 법률에 위반되는지 여부 등이 문제된 사건] (1) **행정규칙이** 이를 정한 행정기관의 **재량에 속하는 사항에 관한 것인 때에는 그 규정 내용이 객관적 합리성을 결여하였다는 등의 특별한 사정이 없는 한 법원은 이를 존중하는 것이 바람직하다.** 그러나 **행정규칙의 내용이 상위법령에 반하는 것이라면** 법치국가원리에서 파생되는 법질서의 통일성과 모순금지 원칙에 따라 그것은 **법질서상 당연무효**이고, **행정내부적 효력도 인정될 수 없다.** 이러한 경우

법원은 해당 행정규칙이 법질서상 부존재하는 것으로 취급하여 행정기관이 한 조치의 당부를 상위법령의 규정과 입법 목적 등에 따라서 판단하여야 한다. (2) '국가정보원 계약직직원규정' 제20조 제2호 및 '국가정보원직원법 시행령 등 개정 관련 후속처리지침'에서는 원고들이 근무한 전산사식 분야의 근무상한연령을 만 43세로 정하거나 만 45세까지 연장할 수 있도록 정하였는데, 원고들이 위 각 규정은 합리적인 이유 없는 성별 차별로서 무효라고 주장하면서 **공무원지위확인을 구한 사안**에서, 국가정보원의 위 각 규정을 행정내부 준칙으로 삼아 재계약 당시 계약기간 또는 계약기간 만료 이후 갱신 여부를 결정할 수 있다고 전제하고 그에 따라 이루어진 국가정보원장의 퇴직조치가 적법하다고 본 원심판결을 법리오해, 심리미진 등의 잘못이 있다는 이유로 파기한 사례(대판 2019. 10. 31, 2013두20011).

7) 법규명령형식의 재량준칙

재량권 행사의 기준이 법규명령의 형식으로 제정된 경우의 법적 성질 및 효력에 관하여는 후술하는 바와 같다.

(5) 법률대체적 규칙

1) 직접적 · 대외적 구속력설

법률대체적 규칙에 직접적 대외적 효력을 인정하는 견해가 있다. 법률의 공백상태에서 행정권에게 잠정적으로 법률을 대신하는 법규를 제정하는 권한을 행정권에 인정하여야 한다고 주장한다.

상기 견해는 법률대체적 규칙을 재량준칙과 구별하고 있고 타당성이 없지 않다. 왜냐하면 법률대체적 규칙은 행정권의 행사를 규율하는 법률이 존재하지 않는 경우에 법률에 대신하여 행정권 행사의 기준을 정하는 것이며 반드시 재량권이 인정될 필요가 있는 영역, 즉 구체적인 상황을 고려하여 구체적 타당성 있는 해결이 필요한 영역에서만 제정되는 것은 아니다. 이에 반하여 재량준칙은 행정권 행사의 기준이 되는 법령이 존재하고 다만 구체적인 행정권 행사에 있어서 구체적인 상황에 맞는 구체적 타당성 있는 해결이 필요하여 재량권이 부여된 영역에서 그 재량권 행사의 기준을 정하는 것이다.

그러나, 행정권에게 고유한 법규제정권을 인정하는 것은 권력분립의 원칙이나 법치주의의 원칙에 비추어 문제가 있다.

2) 간접적 · 대외적 구속력설

현행 헌법상 행정권에게 법규제정권을 부여하는 것은 문제가 있고, 필요한 법률이 존재하지 않는다는 것은 그 한도 내에서 행정권에게 재량권에 유사한 권한이 부여된 것으로 볼 수 있으므로 법률대체적규칙을 재량준칙에 준하는 것으로 볼 수 있을 것이다.

자금교부규칙이 법률대체적 규칙의 대표적인 예로 들어지고 있는데, 자금교부에 있어서 가장 문제가 되는 것이 자의적이고 공평하지 못한 자금의 교부인데 자금교부규칙을 재량준칙으로 보아 평등원칙을 매개로 공평한 자금교부를 보장할 필요가 있다.

또한 법규의 경우에는 그에 반하는 처분이 허용되지 않음에 반하여 자금교부에 있어서는 합리적 이유가 있는 경우에는 자금교부규칙으로부터 벗어나는 것을 인정할 필요가 있는 점에 비추어도 자금교부규칙을 법규와 같은 효력을 갖는 것으로 보기보다는 재량준칙과 같은 효력을 갖는 것으로 보는 것이 타당하다.[19]

법률대체적 행정규칙에 근거한 처분은 법률유보의 원칙 위반으로 위법한 처분이 될 수 있다.

(6) 행정규칙형식의 법규명령

후술하는 바와 같이 판례는 법령의 수권에 의해 법령을 보충하는 사항을 정하는 행정규칙을 법규명령과 같은 효력을 갖는 것으로 보고 있다. 또한, 집행명령으로 정하여야 할 사항을 행정규칙으로 정한 경우에도 법규명령과 같은 효력을 인정하고 있다.

(7) 행정규칙과 국가배상책임

① 행정규칙이 적법한 경우에 당해 행정규칙을 적용하지 않는 행정권의 행사에 의해 국민에게 손해가 가해진 경우에는 그 행정권 행사는 위법한 것이 되며 특별한 사유가 없는 한 공무원에게 과실이 있다고 인정될 수 있다. 예를 들면, 총기의 사용수칙이 정하여진 경우에 그에 위반하여 총기를 사용함으로써 상해를 입힌 경우에 가해경찰관에게 과실이 있다고 보아야 한다.

② 행정규칙이 위법하고 그에 따른 공권력 행사로 손해가 발생한 경우 행정규칙의 위법이 명백하지 않는 한 집행공무원의 과실을 인정할 수는 없지만, 위법한 행정규칙을 제정한 공무원의 과실을 검토할 수 있다.

(8) 결　　론

앞에서 본 바와 같이 행정규칙의 법적 성질과 대외적 구속력을 일률적으로 파악

---

19) 자금교부규칙에 반하여 자금교부가 거부된 경우에 그 처분은 평등원칙에 반하게 되어 위법한 처분이 되지만 거부처분의 취소를 구할 수 있기 위하여는 자금교부신청자에게 침해된 '공권'이 있어야 한다. 법률에서 자금교부에 관한 일반적 수권을 한 경우에는 자금교부에 대한 권리가 인정될 수 있고, 위법한 자금교부의 거부로 이 권리가 침해된 것으로 볼 수 있는데, 자금교부에 관한 법률이 전혀 존재하지 않는 경우에는 자금교부신청자에게 자금교부규칙이 제정된 것만으로는 공권이 성립된 것으로 볼 수 없다. 이 경우에는 헌법상의 권리인 평등권과 영업의 자유권을 행정법상의 공권으로 보아 자금교부거부처분에 대한 취소소송에서 자금교부신청자의 원고적격을 인정하여야 할 것이다. 만일 자금교부규칙이 법규의 효력을 갖는 것이라고 본다면 자금교부규칙에 의해 공권이 성립하는 것으로 볼 수 있을 것이다.

하기 어렵고 행정규칙의 유형에 따라 그에 적절한 법적 성질과 대외적 구속력을 인정하여야 한다.

현행 헌법상 행정권에 고유한 법규제정권은 인정될 수 없다고 보는 것이 타당하므로 행정규칙은 원칙상 법규의 성질과 효력을 갖는 것으로 인정될 수 없다. 다만, 판례에서 인정하고 있는 것처럼 법령의 수권에 의한 법령보충적행정규칙과 집행명령사항을 정한 행정규칙을 예외적으로 법규의 성질과 효력을 갖는 것으로 볼 수 있을 것이다. 재량준칙이나 법률대체적 규칙은 평등원칙을 매개로 대외적 구속력을 갖는 것으로 보고 그 법적 성질은 법규에 준하는 것으로 보는 것이 타당하다. 조직규칙은 대외적 구속력을 갖지 않는 것으로 보는 것이 타당하다.

Ⅳ. 행정규칙의 성립

1. 행정규칙의 근거

행정규칙의 제정에는 법령의 수권을 요하지 않는다. 행정권은 감독권에 근거하여 하급 행정기관에 대하여 행정규칙을 발할 수 있다. 재량권 행사자가 발하는 재량준칙은 처분권에 근거하여 발해진다.

2. 행정규칙의 공표

행정규칙의 일반적 공표의무를 정하는 법규정도 없고, 행정규칙의 공표가 행정규칙의 성립요건이나 효력요건도 아니다.

그런데, 새로 제정된 행정절차법 제20조는 행정청은 필요한 처분기준을 당해 처분의 성질에 비추어 될 수 있는 한 구체적으로 정하여 공표하도록 하고 있다. 따라서 앞으로 행정규칙 중 재량준칙 및 법령해석규칙과 같이 처분의 기준이 되는 규칙은 공표하여야 할 것이다. 행정규칙을 공개하도록 하는 것은 법치주의의 요청인 것이다. 즉, 행정규칙이 공개됨으로써 자의적인 행정을 막고 행정이 공정하게 행해지는 것을 보장할 수 있을 뿐만 아니라 행정의 일관성과 국민의 예측가능성을 높여 법적 안정성을 보장해 준다. 실제에 있어서도 행정규칙은 법제처 법령정보센터 등에서 대부분 공개되고 있다. 다만, 정당한 사유가 있는 경우에 공개되지 않고 있는 경우가 있다.

Ⅴ. 행정규칙의 시행일

행정규칙(훈령 · 예규 · 고시 · 지침 등)은 고시 · 공고 등의 방법으로 발령한 날부터 시행한다(행정기본법 제7조 제1호).

Ⅵ. 위법한 행정규칙의 효력

행정규칙의 내용이 상위법령이나 법의 일반원칙에 반하는 것이라면 법치국가원리에서 파생되는 법질서의 통일성과 모순금지 원칙에 따라 그것은 법질서상 **당연무효**이고, 행정내부적 효력도 인정될 수 없다. 이러한 경우 법원은 해당 행정규칙이 **법질서상 부존재**하는 것으로 취급하여 행정기관이 한 조치의 당부를 상위법령의 규정과 입법 목적 등에 따라서 판단하여야 한다(대판 2020. 05. 28, 2017두66541).

Ⅶ. 행정규칙의 통제

1. 행정적 통제

대통령훈령과 국무총리훈령은 법제처의 사전심사를 받아야 한다(법제업무규정 제23조). 중앙행정기관의 훈령이나 예규에 대해서는 대통령령인 법제업무운영규정에 의해 법제처의 사전검토제(제25조) 및 사후심사·검토제(제25조의2)가 실시되고 있다.

2. 사법적 통제

(1) 법원에 의한 통제

1) 항고소송의 대상

행정규칙에는 원칙상 대외적 효력이 인정되지 않으며 간접적·대외적 효력이 인정되는 경우에도 행정의 기준이 될 뿐 국민의 권리의무에 직접 구체적인 효과를 미치지 않기 때문에 행정규칙은 원칙상 행정소송법상의 처분에 해당하지 않고 따라서 항고소송의 대상이 되지 않는다. 다만, 직접적·대외적 구속력이 있는 행정규칙으로 인하여 직접적·구체적으로 국민의 권익이 침해된 경우에는 그 행정규칙은 처분이 되므로 항고소송의 대상이 된다.

판례는 교육부장관의 내신성적산정지침을 행정조직 내부에서의 내부적 심사기준을 시달한 것에 불과하다고 보고 처분성을 부정하고 있다(대판 1994. 09. 10, 94두33).

2) 간접적 규범통제

위법한 행정규칙에 근거한 행정처분의 취소를 구하는 소송에서 행정규칙의 위법 여부가 법원에 의해 심판될 수 있는가. 행정규칙이 대외적 구속력을 갖지 않는 경우에는 행정처분의 위법 여부를 판단함에 있어서 행정규칙의 위법 여부가 전제문제가 되지 않으므로 법원에 의한 심판대상이 될 수 없을 것이다.

그러나, 자기구속력있는 재량준칙인지 여부가 다투어지는 재량준칙은 법원에 의한 간접적 규범통제의 대상이 된다고 보아야 한다. 그리고, 반대견해도 있지만, 재량준칙과 같이 행정규칙이 대외적 구속력을 갖고 행정처분의 취소소송에서 행정규칙의 위법 여부가 전제문제가 되었을 때에는 법원에 의한 심판대상이 된다고 볼 수 있다.

(2) 헌법재판소에 의한 통제

행정규칙은 대외적인 행위가 아니라 행정조직 내부에서의 행위이므로 원칙상 헌법소원의 대상이 되는 공권력 행사가 아니다(헌재 2001. 05. 31, 99헌마413[학교장초빙제실시학교선정기준위헌확인][20]).

그러나, 행정규칙이 사실상 구속력을 갖고 있어 행정규칙이 직접 국민의 기본권을 침해하게 되는 경우에는 헌법소원의 대상이 된다고 보아야 한다. 헌법재판소는 국립대학의 대학입학고사 주요 요강을 사실상의 준비행위 내지 사전안내로 보고 항고소송의 대상인 처분으로 보지 않으면서도 헌법소원의 대상이 되는 공권력 행사로 보고 있다(헌재 1992. 10. 01, 92헌마68 · 76(병합)). 이에 대하여 입시요강을 확약으로 보는 견해, 행정계획으로 보는 견해, 행정규칙, 법령보충적 행정규칙으로 보는 견해 등이 있다.

그리고, 법규성 또는 대외적 구속력이 인정되는 행정규칙은 헌법소원의 대상이 되는 공권력 행사에 해당한다.

제 4 절 법규명령형식의 행정규칙과 법규적 성질(효력)을 갖는 행정규칙

Ⅰ. 법규명령형식의 행정규칙

1. 의 의

법규명령의 형식을 취하고 있지만 그 내용이 행정규칙의 실질을 가지는 것을 '법규명령형식의 행정규칙'이라 한다.

---

20) 경기도교육청의 1999. 6. 2.자 「학교장 · 교사 초빙제 실시」는 학교장 · 교사 초빙제의 실시에 따른 구체적 시행을 위해 제정한 사무처리지침으로서 행정조직 내부에서만 효력을 가지는 행정상의 운영지침을 정한 것이어서, 국민이나 법원을 구속하는 효력이 없는 행정규칙에 해당하므로 헌법소원의 대상이 되지 않는다고 한 사례.

법규명령형식의 행정규칙은 재량권 행사의 기준(재량준칙, 특히 제재적 처분의 기준)을 법규명령의 형식으로 제정한 경우가 보통이다. 법규명령형식의 행정규칙이 법규명령인가 행정규칙(재량준칙)인가에 관하여 견해가 대립되고 있다.

2. 문제의 전개과정

법규명령형식의 행정규칙의 문제는 본래 행정규칙의 형식으로 제정되어야 할 제재처분의 구체적인 기준을 법규명령의 형식으로 제정함으로써 야기된 것이다. 그 전에 행정청은 제재처분의 기준을 행정규칙으로 정했었는데, 판례가 당해 행정규칙의 대외적 구속력을 인정하지 않았다. 이에 행정청은 당해 행정규칙을 그 형식만 바꾸어 법규명령(부령)으로 제정하였었다. 이에 대하여 판례는 행정규칙의 실질을 가지는 제재처분의 기준을 그 형식만 바꾸어 법규명령으로 정한 점 및 당해 구체적인 제재처분의 기준을 법규명령으로 보아 구속력을 인정하게 되면 행정청의 재량권을 배제하게 되어 그 기준에 따른 제재처분을 재량처분으로 규정한 법률의 규정에 반하게 되는 문제가 있는 점 등을 고려하여 당해 제재처분의 기준이 법규명령의 형식을 취하고 있지만 행정규칙의 성질을 갖는 것으로 본 것이다. 이렇게 함으로써 구체적 타당성 있는 행정도 가능하게 된 것이다. 그런데, 행정청은 제재처분의 기준에 구속력을 인정함으로써 처분청의 자의를 배세하고 신속하고 통일성 있는 행정을 도모하기 위하여 제재처분의 기준을 대통령령의 형식으로 제정하기에 이른 것이다. 그리고, 행정기관이 법률안을 만들 때 법률 자체에 제재처분의 기준을 부령이나 대통령령으로 정하도록 위임하는 명문의 규정을 두게 된 것이다.[21] 이에 판례는 관련 법령 및 행위의 성질 등을 고려하여 대통령령으로 정한 제재처분의 기준을 처음에는 단순히 법규명령으로 보았고, 그 후 법규명령으로 보면서도 제재처분의 최고한도를 정한 것으로 본 것이다.

재량권 행사의 기준을 정하는 최근의 명령은 제재기준을 일률적으로 정하면서도 특별한 사정이 있는 경우 동 제재기준을 2분의 1의 범위 내에서 감경할 수 있다

21) 판례가 재량준칙의 평등원칙을 매개로 한 대외적 구속력을 인정하지 않음으로써 재량준칙의 재량권 행사의 기준으로서의 기능에 장애가 발생하여 처분청의 재량권 행사의 자의를 막기 어렵게 됨에 따라 재량준칙을 법규명령의 형식으로 나아가 대통령령의 형식으로 제정하여 당해 재량준칙의 재량권 행사의 기준으로서의 기능을 강화하고자 한 것으로 보인다. 식품위생법과 동법 시행령의 예를 보면 식품위생법 제58조 제1항은 허가의 취소 또는 영업정지처분을 재량행위로 규정하고 있고, 동조 제4항은 제1항의 규정에 의한 행정처분의 세부적인 기준은 위반행위의 유형과 위반의 정도를 참작하여 보건사회부령으로 정하도록 위임하고 있다. 이 위임에 근거하여 동법 시행규칙 제53조 별표 15는 위반의 유형 및 위반의 정도에 따라 일률적인 제재처분의 기준을 정하면서 다만 처분기준을 감경하여 적용할 수 있다고 규정하고 있다.

는 감경규정을 두는 경우가 많다.

이러한 경과에 비추어 볼 때 법규명령형식의 행정규칙의 문제의 기원은 재량행위인 제재처분의 기준(재량준칙)의 대외적 구속력을 인정하지 않은 법원의 판례와 행정규칙의 실질을 갖는 제재처분의 기준을 법규명령의 형식으로 제정하고 더 나아가 대통령령의 형식으로까지 끌어 올린 행정청의 잘못된 입법에 있다고 할 수 있다.

3. 성질과 효력

(1) 성질(법규명령인가 행정규칙인가)에 관한 학설

학설은 법규명령형식의 행정규칙의 법적 성질과 효력에 관하여 대립하고 있다.

1) 실질설(행정규칙설)

이 견해는 당해 규범의 실질을 중시하여 당해 규범이 일반국민을 구속한다고 보이지 않고 행정기관 내부에서의 사무처리기준만을 정한 것이라고 보는 경우에는 법규명령의 형식을 취하고 있다 하더라도 당해 규범을 행정규칙으로 보아야 한다고 보는 견해이다.

그 논거는 다음과 같다. ① 행정규칙의 실질을 갖는 행정입법이 법규명령의 형식을 취하고 있더라도 행정규칙으로서의 성질은 변하지 않는다고 보는 것이 타당하다. ② 이렇게 보는 것이 구체적으로 타당한 해결을 가능하게 해 준다. ③ 형식설을 취하면 가중·감경규정 없이 재량기준을 획일적으로 정한 경우 법률에서 재량행위로 정한 것을 명령으로 기속행위로 바꾸게 되어 법률의 취지에 반한다. 다만, 가중·감경규정을 둔 경우에는 그러하지 아니하다.

2) 형식설(법규명령설)

이 견해는 규범의 형식을 중시하여 법규의 형식으로 제정된 이상 법규라고 보아야 한다고 보는 견해이다. 형식설이 다수설이다. 그 논거는 다음과 같다. ① 오늘날 법규개념은 형식적 개념으로 사용된다. 헌법이나 법률 등 법규범 중에는 구체성이 없는 일반적인 지침이나 법규가 아닌 사항을 정하는 규정이 적지 않은데 그러한 규정도 법규범이라고 보아야 한다. ② 법규형식은 매우 중요하고 엄숙한 행위형식이기 때문에 법규형식이 존중되어야 한다. ③ 법규사항과 법규가 아닌 사항이 본질적으로 구별되는 것은 아니다.

3) 수권여부기준설

상위법에서 법규명령의 형식에 의한 기준설정의 근거를 부여하고 있는 경우에 이에 근거한 기준설정은 위임입법에 해당하므로 법규명령으로 보아야 하고, 법령의 수권없이 제정된 처분의 기준은 법령의 위임없이 법규사항을 정할 수 없으므로 법

규명령으로 볼 수 없고 행정규칙으로 보아야 한다는 견해이다.[22]

(2) 효력에 관한 학설

1) 실질설에서의 효력

실질설에 의하면 법규명령형식의 행정규칙은 행정규칙(특히 재량준칙)으로서의 효력과 구속력을 가진다.

2) 형식설에서의 효력

형식설에 의하면 법규명령의 형식으로 된 처분의 기준은 법규명령으로서의 효력을 갖는다.

그런데, 형식설을 취하면서도 제재적 처분기준을 정하는 당해 법규명령의 대외적 구속력에 대하여는 엄격한 대외적 구속력을 갖는다는 견해, 신축적인 구속력만을 인정하는 견해(박윤흔, 252면) 및 제재기준인 경우 최고한도로서의 구속력만을 갖는다는 견해로 나뉘고 있다.

가. 엄격한 대외적 구속력을 인정하는 견해와 그 문제점 형식설 중 제재적 처분기준을 정액 등으로 엄격히 정하는 법규명령이 기속규정임에도 엄격한 대외적 구속력을 갖는다는 견해에 의하면 법률의 수권 없이 법규사항인 재량권 행사의 기준을 법규명령의 형식으로 정한 것이므로 당해 법규명령은 상위 수권법령에 반하는 위법한 법규명령이 되고, 법률의 수권이 있는 경우에도 재량권 행사의 기준을 정하는 법규명령이 재량의 여지 없이 재량권 행사의 기준을 정하고 있는 경우[23]에는 재량권 행사의 기준을 정하는 법규는 상위 법령에서 재량행위로 규정한 사항을 기속행위로 규정하는 것이 되어 상위법령에 반하는 위법한 법규명령이 되어 당해 사건에서 적용되지 않게 된다. 이러한 문제점 때문에 최근에는 법규명령의 형식으로 재량권 행사의 기준을 정하면서 특별한 사정을 고려하여 법규명령의 형식으로 정한 재량권 행사의 기준을 가중 또는 특히 감경할 수 있다는 예외규정을 두고 있는 경우가 많다. 재량권 행사의 기준을 정하는 법규명령이 특별한 사정이 있는 경우 가중 또는 감경할 수 있다는 규정을 둔 경우에 당해 법규명령은 문제가 없으나 감경규정만을 둔 경우 당해 법규명령은 가중규정을 두지 않은 한도 내에서는 재량행위로 규정한 수권법률에 위반된다고 보아야 한다고 보는 견해와 감경규정만 두어져도 법률에서 재량행위로 정한 취지와 수권의 취지에 반하지 않는다고 보는 견해가 있다. 사견에 의하면 후

22) 김동희, 전게서, 161면 이하; 강현호, "재량준칙의 법적 성격," 『공법연구』, 제29권 제4호, 288면; 홍정선, 전게서, 204면.

23) 종래 통상 이렇게 정하고 있었다. 가장 대표적인 예는 음주운전에 대한 제재기준을 혈중알콜농도에 따라 정하는 경우이다.

자의 견해가 타당하다.

그리고, 상위법령에서 재량행위로 정한 것을 법규명령형식의 행정규칙에서 기속행위로 규정하면 당해 법규명령형식의 행정규칙은 위법하여 무효라고 보고, 당해 위법한 법규명령형식의 행정규칙에 따른 처분은 취소할 수 있는 처분이라고 보는 견해가 있고, 법규명령형식의 행정규칙이 수권법령인 상위법령규정과 "모순"되는 것이므로 재량행위로 규정한 수권법령규정을 직접 적용하여 처분의 위법 여부를 판단하여야 하는 것으로 보는 것이 타당하고, 재량권의 일탈·남용 여부의 문제가 된다는 견해도 있다. 또한, 법률이 제재적 행정처분에 대한 재량권을 수권하면서 동시에 대통령령이나 부령으로 그 처분의 기준을 정하도록 위임한 경우에는 위임의 한도 내에서 재량권을 제한할 수 있는 여지를 준 것으로 보고 입법자의 위임의사를 존중하여 당해 법규명령의 구속력을 인정하여야 하지만 만일 하위 법규명령이 위임의 한도를 넘어 모법에 의해 부여된 재량권을 사실상 무의미하게 만들 정도로 과도한 제한이 이루어지도록 규정한다면 이는 위임입법의 한계를 넘은 위헌·위법의 법규명령이라고 보는 견해도 있다.[24] 사견에 의하면 재량권행사의 기준을 정한 위법한 법규명령형식의 행정규칙은 상위법령과 모순되므로(상위법령에의 위반과 구별) 그 효력을 배제하고 그것을 재량준칙으로 보고 재량권의 일탈·남용 여부를 논하여야 한다.

나. 신축적 구속력만을 인정하는 견해와 그 문제점 형식설을 취하면서도 제재처분의 기준을 정하는 법규명령에 신축적인 구속력만을 인정하는 견해는 형식설에 따라 재량준칙을 법규명령으로 보면서도 당해 재량준칙에 신축적인 구속력만을 인정함으로써 실질설과 같은 결과를 도출하는 문제가 있다. 또한, 법규명령에서 일의적으로 규정하고 있는 것을 지침 내지 기준의 효력만을 갖는 것으로 해석하는 것은 입법자의 의사를 무시한 것으로 해석의 한계를 넘는 것으로 보아야 한다는 비판이 가능하다.

다. 최고한도로서의 구속력만 인정하는 견해와 그 비판 법규명령형식의 행정규칙에 법규명령의 효력을 인정하면서도 법규명령형식의 행정규칙에 의해 정해진 제재기준은 최고한도를 정한 것이라고 보는 견해가 있다. 이 견해는 재량권 행사의 기준을 정하는 법규명령형식의 행정규칙에 절대적 구속력을 인정하면 당해 법규명령형식의 행정규칙은 제재처분을 재량행위로 규정하고 있는 수권법률에 위반하게 되므로 이 문제를 피할 수 있으면서도 제재처분을 재량행위로 규정한 수권법률의 입법취지에 따라 구체적 타당성이 있는 제재처분을 내리는 것이 가능하게 된다는 데 근거한다.

그러나, 명문의 규정이 없음에도 제재처분의 기준을 최고한도로 해석함으로써

24) 홍준형, 『판례행정법』, 211면.

해석의 한계를 넘는 문제가 있고, 사안에 따라서는 최고한도보다 더 중한 제재처분을 내려야 하는 것이 타당한 경우에도 그러한 가중처분을 하지 못하게 되어 이 한도 내에서는 상위법률에 반하여 구체적 타당성이 있는 행정을 막는 문제가 있다.

(3) 판 례

1) 부령의 형식으로 제정된 경우

가. 제재적 처분기준 등 재량권 행사의 기준을 정한 경우 판례는 부령의 형식(시행규칙)으로 정해진 제재적 처분(영업허가의 취소 또는 정지, 과징금부과 등)기준은 그 규정의 성질과 내용이 행정청 내의 사무처리기준을 규정한 것에 불과하므로 행정규칙(재량준칙)의 성질을 가지며 대외적으로 국민이나 법원을 구속하는 것은 아니라고 본다(대판 1990. 01. 25, 89누3564; 1993. 06. 29, 93누5635; 1995. 03. 28, 94누6925; 1996. 04. 12, 95누10396; 1996. 09. 06, 96누914 등). 즉, 판례는 실질설을 취하고 있다. 제재처분기준이 지방자치단체장의 규칙으로 정해진 경우에도 그러하다(대판 전원합의체 1995. 10. 17, 94누14148). 다만, 판례는 제재적 행정처분의 기준이 부령의 형식으로 규정되어 있는 경우 당해 제재처분기준을 존중하여야 한다고 본다(대판 2007. 09. 20, 2007두6946 [과징금부과처분취소]; 2018. 05. 15, 2016두57984). 달리 말하면 부령 형식으로 규정된 재량처분기준이 그 자체로 헌법 또는 법률에 합치되지 않거나 그 기준을 적용한 결과가 처분사유인 위반행위의 내용 및 관계 법령의 규정과 취지에 비추어 현저히 부낭하다고 인정할 만한 합리적인 이유가 없는 한, 섣불리 그 기준에 따른 처분이 재량권의 범위를 일탈하였다거나 재량권을 남용한 것으로 판단해서는 안 된다(대판 2019. 09. 26, 2017두48406).

[판례] ① 구 식품위생법 시행규칙 제53조 [별표 15] 행정처분기준이 비록 행정청 내부의 사무처리 준칙을 정한 것에 지나지 아니하여 대외적으로 법원이나 국민을 기속하는 효력은 없지만, …… 위 행정처분기준에서 정하고 있는 범위를 벗어나는 처분을 하기 위해서는 그 기준을 준수한 행정처분을 할 경우 공익상 필요와 상대방이 받게 되는 불이익 등과 사이에 현저한 불균형이 발생한다는 등의 특별한 사정이 있어야 한다(대판 2010. 04. 08, 2009두22997[영업정지처분취소]).
② **공기업·준정부기관이 행하는 입찰참가자격 제한처분이 적법한지 판단하는 방법 및 입찰참가자격 제한처분에 관한 공기업·준정부기관 내부의 재량준칙에 반하는 행정처분이 위법하게 되는 경우**: 공공기관의 운영에 관한 법률 제39조 제2항, 제3항에 따라 **입찰참가자격 제한기준을 정하고 있는 구 공기업·준정부기관 계약사무규칙**(2013. 11. 18. 기획재정부령 제375호로 개정되기 전의 것) **제15조 제2항, 국가를 당사자로 하는 계약에 관한 법률 시행규칙 제76조 제1항 [별표 2], 제3항 등은** 비록 **부령의 형식**으로 되어 있으나 규정의 성질과 내용이 공기업·준정부기관(이하 '행정청'이라 한다)이 행하는 입찰참가자격 제한처분에 관한 **행정청 내부의 재량준칙을 정한 것**에 지나지 아니하여 **대외적으로 국민이나 법원을 기속하는 효력이 없으므로, 입찰참가자격 제한처분이 적법한지 여부는** 이러한 규칙에서 정한 기준에 적합한지 여부만에 따라 판단할 것이 아니라 공공기관의

운영에 관한 법률상 입찰참가자격 제한처분에 관한 규정과 그 취지에 적합한지 여부에 따라 판단하여야 한다. **다만** 그 재량준칙이 정한 바에 따라 되풀이 시행되어 행정관행이 이루어지게 되면 평등의 원칙이나 신뢰보호의 원칙에 따라 행정청은 상대방에 대한 관계에서 그 규칙에 따라야 할 **자기구속**을 받게 되므로, 이러한 경우에는 특별한 사정이 없는 한 그에 반하는 처분은 평등의 원칙이나 신뢰보호의 원칙에 어긋나 재량권을 일탈·남용한 위법한 처분이 된다(대판 2014. 11. 27, 2013두18964[부정당업자제재처분취소]).

③ (1) 구 교육공무원 징계양정 규칙(교육부령) 제2조 제1항 [별표]의 징계양정 기준은 비례의 원칙에 어긋나거나 합리성을 갖추지 못하였다고 단정할 수 없다. (2) 따라서 징계권자가 구 징계양정 규칙 제2조 제1항 [별표]에 따른 징계양정 기준을 적용하여 한 이 사건 처분에 대하여 사회통념상 현저하게 타당성을 잃어 징계권자에게 맡겨진 재량권을 남용하였다고 섣불리 판단하여서는 아니 된다. (3) 초등학교 교감인 원고가 회식을 마치고 귀가하던 길에 여성인 택시운전기사를 강제추행하였음을 사유로 피고가 원고에게 해임처분을 내린 사안에서, 원심은 원고에 대한 해임처분이 재량권을 일탈·남용하여 위법하다고 보았으나 대법원은 위와 같은 법리를 토대로 위 해임처분이 재량권을 일탈·남용한 것으로 볼 수 없음을 이유로 원심판결을 파기환송한 사례(대판 2019. 12. 24, 2019두48684). 〈해설〉 구 교육공무원 징계양정 규칙 제2조 제1항 [별표]의 징계양정 기준은 형식은 교육부령이지만, 실질은 재량준칙으로서 판례에 따르면 행정규칙(재량준칙)의 성질을 갖는다고 보아야 한다.

④ 교육환경 보호에 관한 법령 관련 규정들의 체계와 내용, 교육환경평가서 승인제도의 입법 연혁과 취지, 특성 등을 종합하여 볼 때, 교육환경보호구역에서 건축법 제11조 제1항 단서, 건축법 시행령 제8조 제1항에 따른 건축물(층수가 21층 이상이거나 연면적의 합계가 10만㎡ 이상인 경우)을 건축하려는 자가 제출한 교육환경평가서를 심사한 결과 그 내용 중 **교육환경 영향평가 결과와 교육환경 보호를 위한 조치 계획이 교육환경 보호에 관한 법률 시행규칙 제2조 [별표 1]에서 정한 '평가대상별 평가 기준'에 부합**하거나 그 이상이 되도록 할 수 있는 구체적인 방안과 대책 등이 포함되어 있다면, **교육감은 원칙적으로 제출된 교육환경평가서를 승인하여야 하고, 다만** 교육환경 보호를 위하여 추가로 필요한 사항을 사업계획에 반영할 수 있도록 사업시행자에게 권고하는 한편 사업시행으로 인한 교육환경의 피해를 방지하기 위하여 교육환경평가서의 승인 내용과 권고사항의 이행 여부를 계속적으로 관리·감독할 권한과 의무가 있을 뿐이라고 보아야 한다(대판 2020. 10. 15, 2019두45739[교육환경평가심의결과(불승인)통보취소]).

나. 특허 등의 기준을 정한 경우 판례는 재량행위인 특허의 기준을 법령의 위임을 받아 부령으로 정한 경우 법규명령으로 보고 있다.

[판례] **구 여객자동차 운수사업법 시행규칙**(2000. 8. 23. 건설교통부령 제259호로 개정되기 전의 것) **제31조 제2항 제1호, 제2호, 제6호는** 구 여객자동차 운수사업법(2000. 1. 28. 법률 제6240호로 개정되기 전의 것) 제11조 제4항의 위임에 따라 시외버스운송사업의 사업계획변경에 관한 절차, 인가기준 등을 구체적으로 규정한 것으로서, 대외적인 구속력이 있는 **법규명령이라고 할 것**이고, 그것을 행정청 내부의 사무처리준칙을 규정한 행정규칙에 불과하다고 할 수는 없다(대판 2006. 06. 27, 2003두4355). 〈해설〉 이 판결에 대하여는 수권법령에서는 재량행위로 정한 것을 위임명령인 부령이 기속규정으로 정하고 있음에도 법적 구속력이 있는 법규명령으로 보아 문제가 있다는 비판이 가능하다. 이 판례에서 시외버스운송사업의 사업계획변경에 대한 인가는 재량행위라고 보아야 하므로 시외버스운송사업의 사업계획변경 기준은 재량권 행사의 기준으로 볼 수 있다. 이러한 비판에 대하여는 법률의 위임에 의해 부령으로 법규사항을 정하였으므로 법규명령(위임명령)으로 보아야 한다는

반론이 가능하다. 다만, 이 견해에 대하여는 당해 부령이 특허의 기준을 기속규정으로 규정한다면 특허를 재량행위를 규정한 수권법률에 반하게 되어 문제가 있다는 재비판이 가능하다.

2) 대통령령의 형식으로 제정된 경우

가. 성질(법규명령) 대법원은 최근 제재처분의 기준이 대통령령의 형식(시행령)으로 정해진 경우 당해 기준을 법규명령으로 보고 있다(대판 1997. 12. 26, 97누15418; 2001. 03. 09, 99두5207[25])).

대통령령의 형식으로 제정된 재량권 행사의 기준을 법규명령으로 보는 판례의 입장에 대하여는 이를 지지하는 견해와 이를 비판하는 견해가 있다.

(가) 위 판결을 지지하는 견해 이 판결을 지지하는 견해는 법률의 위임을 받아 제정된 점과 대통령령은 부령 등 다른 법규명령과 비교하여 보다 큰 권위를 가진다는 데 근거한다. 그리고, 대통령령은 직접 국민으로부터 민주적 정당성을 가진다는 점 및 대통령령은 국무회의의 심의를 요하나 부령은 그렇지 않다는 등 제정절차상의 상이에도 근거한다.

(나) 위 판결에 대한 비판 ⅰ) 이에 대하여 대통령령과 부령은 법규명령인 점에서는 같으며 양자 사이에 질적인 차이가 있는 것은 아니므로 재량권 행사의 기준이 대통령령의 형식(시행령)으로 제정된 경우에는 법규명령으로 보고 부령의 형식(시행규칙)으로 제정된 경우에는 행정규칙(재량준칙)으로 보는 것은 타당하지 않다는 비판이 가능하다. ⅱ) 법규명령형식의 행정규칙이 법률의 위임에 근거하여 제정된 경우 부령과 대통령령 모두 법률의 위임에 따라 제정된 것인 점에서 동일하다. 이 견해가 타당하다.

법규명령설 중 절대적 구속력을 인정하는 견해는 처분의 근거법률인 주택건설촉진법 제7조 제1항이 등록의 말소 등 제재처분을 재량행위로 규정하고 있는 것(다만, 동 법률 제7조 제2항은 등록 및 영업의 정지처분에 관한 기준은 대통령령에 위임하고 있다)으

---

25) 이 판결에서 대법원은 “시행령 제10조의3의 규정과 같은 조 제1항 [별표 1]의 규정형식이나 체재 또는 문언을 볼 때, 이들 규정들은 영업의 정지처분에 관한 기준을 개개의 사유별로 그에 따른 영업정지기간을 일률적으로 확정하여 규정하는 형식을 취하고 있고 다만 영업정지 사유가 경합되거나(시행령 제10조의3 제2항 제2호) 사업실적미달로 인하여 영업정지처분사유에 해당하게 된 경우(같은 조 제3항)에 한하여 예외적으로 그 정지기간 결정에 재량의 여지를 두고 있을 뿐이므로, 이 사건의 경우와 같이 등록을 마친 주택건설사업자가 ‘법 제38조 제14항의 규정에 의한 하자보수를 정당한 사유 없이 사용검사권자가 지정한 날까지 이행하지 아니하거나 지체한 때’에는 관할 관청으로서는 위 [별표 1]의 제2호 (타)목 (1)의 규정에 의하여 3개월간의 영업정지처분을 하여야 할 뿐 달리 그 정지기간에 관하여 재량의 여지가 없다고 할 것이다”라고 이 사건 제재처분을 기속행위로 보고 있다. 그러나, 이러한 결론은 처분의 근거법률인 주택건설촉진법 제7조 제1항이 등록의 말소 등 제재처분을 재량행위로 규정하고 있는 것(다만, 동 법률 제7조 제2항은 등록 및 영업의 정지처분에 관한 기준은 대통령령에 위임하고 있다)으로 보이므로 법률에서 재량행위로 규정한 것을 시행령에서 기속행위로 바꾼 것을 인정한 것이 되어 타당하지 않다.

로 보이므로 법률에서 재량행위로 규정한 것을 시행령에서 기속행위로 바꾼 것이어서 당해 시행령규정은 수권법률에 반하는 문제가 있다.

나. 효 력 제재처분의 기준을 정한 대통령령이 법규명령으로서 절대적 구속력을 갖는다고 본 과거의 판례가 있었지만, 현재의 판례는 최고한도를 정한 것이라고 본다.

(가) 절대적 구속력을 인정한 판례(과거의 판례) 대법원 97누15418 판결은 제재처분의 기준을 정한 대통령령의 [별표 1]의 절대적 구속력을 인정하고, 이 사건 제재처분(영업정지처분)을 기속행위로 보았다.

(나) 최고한도를 정한 것으로 본 판례(현재의 판례) 99두5207 판결은 대통령령의 형식으로 정해진 제재처분의 기준을 법규명령으로 보면서 재량권 행사의 여지를 인정하기 위하여 처분기준(과징금 처분기준)을 최고한도(최고한도액)를 정한 것으로 보고 있다.

[판례] [1] **구 "청소년보호법**(1999. 2. 5, 법률 제5817호로 개정되기 전의 것) **제49조 제1항, 제2항에 따른 같은 법 시행령(1999. 6. 30, 대통령령 제16461호로 개정되기 전의 것) 제40조 [별표 6]의 위반행위의 종별에 따른 과징금처분기준은** 법규명령이기는 하나 모법의 위임규정의 내용과 취지 및 헌법상의 과잉금지의 원칙과 평등의 원칙 등에 비추어 같은 유형의 위반행위라 하더라도 그 규모나 기간·사회적 비난 정도·위반행위로 인하여 다른 법률에 의하여 처벌받은 다른 사정·행위자의 개인적 사정 및 위반행위로 얻은 불법이익의 규모 등 여러 요소를 종합적으로 고려하여 사안에 따라 적정한 과징금의 액수를 정하여야 할 것이므로 그 수액은 정액이 아니라 **최고한도액이다.** [2] 유흥업소에 청소년 2명을 고용한 것은 결코 가벼운 위반행위는 아니나 그 고용기간이 7일로 비교적 짧고 그로 인하여 얻은 이익이 실제 많지 아니하며, 원고는 동일한 위반행위로 인하여 식품위생법에 따른 15일간의 영업정지처분을 받은 점 등 제반 사정에 비추어 보면 상한액의 2배인 16,000,000원의 과징금을 부과한 이 사건 처분이 재량권의 한계를 일탈한 것으로 위법하다고 한 원심판단을 인정한 사례(대판 2001. 03. 09, 99두5207). **〈해설〉** 이 판결은 대통령령의 형식으로 정해진 제재처분의 기준을 최고한도로 봄으로써 제재처분의 기준을 법규명령으로 봄으로써 야기되는 행정권 행사에 있어서의 구체적 타당성의 결여의 문제 및 당해 과징금부과처분을 재량행위로 규정하고 있는 상위법률에의 위반 문제를 해결하고자 하고 있다. 그러나, 이 판결에 대하여는 대통령령의 형식으로 정해진 제재처분의 기준을 법규명령으로 보면서도 최고한도의 효력만 있다고 보는 것은 법령해석의 범위를 넘어 실질적으로 입법을 하는 것이라는 비판이 가능하다.

(4) 위임을 받아 법규사항을 구체적으로 정한 경우

상위법령의 위임을 받아 재량권 행사의 기준이 아니라 재량권 행사의 기준이 되는 법규사항을 법규명령의 형식으로 구체적으로 정한 경우 법규명령이다.

[판례] ① 공정거래위원회가 입찰담합에 관한 과징금의 기본 산정기준이 되는 '계약금액'을 재량에 따라 결정할 수 있는지 여부(소극): 공정거래위원회는 독점규제 및 공정거래에 관한 **법률**(이하 '공정거래법'이라 한다)상 과징금 상한의 범위 내에서 **과징금 부과 여부 및 과징금 액수를 정할 재량을**

가지고 있다. 그러나 공정거래법 제22조는 공정거래위원회가 부당한 공동행위를 행한 사업자에 대하여 '**대통령령이 정하는 매출액**'에 100분의 10을 곱한 금액(매출액이 없는 경우 등에는 20억 원)을 초과하지 아니하는 한도 내에서 과징금을 부과할 수 있도록 정하고 있고, **그 위임에 따라 구 독점규제 및 공정거래에 관한 법률 시행령 제9조 제1항**은 본문에서 "공정거래법 제22조에서 '**대통령령이 정하는 매출액**'이란 위반사업자가 위반기간 동안 일정한 거래분야에서 판매한 관련 상품이나 용역의 매출액 또는 이에 준하는 금액을 말한다."라고 정하면서, 그 단서에서 "다만 입찰담합 및 이와 유사한 행위인 경우에는 계약금액을 말한다."**라고 정하고 있다.** 따라서 **입찰담합에 관한 과징금의 기본 산정기준이 되는 '계약금액'은 위와 같은 법령의 해석을 통하여 산정되는 것이지 공정거래위원회가 재량에 따라 결정할 수 있는 것이 아니다**(대판 2020. 10. 29, 2019두37233). **〈해설〉** 이 사건 구 독점규제 및 공정거래에 관한 법률 시행령 제9조 제1항은 법규명령형식의 행정규칙(재량준칙)이 아니라 법규명령이다.

② 국토의 계획 및 이용에 관한 법률(이하 '국토계획법'이라 한다) 제124조의2 제1항, 제2항 및 국토의 계획 및 이용에 관한 법률 시행령 제124조의3 제3항이 토지이용에 관한 이행명령의 불이행에 대하여 법령 자체에서 토지이용의무 위반을 유형별로 구분하여 이행강제금을 차별하여 규정하고 있는 등 규정의 체계, 형식 및 내용에 비추어 보면, 국토계획법 및 국토의 계획 및 이용에 관한 법률 **시행령이 정한 이행강제금의 부과기준은 단지 상한을 정한 것에 불과한 것이 아니라, 위반행위 유형별로 계산된 특정 금액을 규정한 것**이므로 행정청에 이와 다른 이행강제금액을 결정할 **재량권이 없다**고 보아야 한다(대판 2014. 11. 27, 2013두8653[이행강제금부과처분취소청구]; 2014. 12. 24, 2011두23580).

(5) 결　　론

결론적으로 말하면 법규명령의 형식으로 규정되어 있는 한 법규명령으로 보아야 하므로 형식설이 타당하다. 그런데, 현행법상 형식설에 의하면 재량권 행사의 기준을 정하는 법규명령에서 특별한 사정이 있는 경우 가중 또는 감경할 수 있다는 규정을 둔 경우를 제외하고는 수권법령에서 재량행위로 정한 것을 기속규정으로 정하였다는 문제가 있다.

문제의 근본적 해결은 판례가 평등원칙을 매개로 한 재량준칙의 간접적인 대외적 구속력을 인정하고, 행정기관은 재량권 행사의 기준을 행정규칙의 형식으로 정하는 것이다. 이렇게 되면 법규명령형식의 행정규칙을 제정할 실익이 없어진다. 법규명령형식의 행정규칙은 대통령령 및 부령을 필요 없이 양산(量産)하는 문제가 있다.

법규명령의 형식으로 재량권 행사의 기준을 정하는 경우에는 가중·감경규정을 두어 재량권 행사가 가능하도록 하여야 할 것이다.

행정법리에 따르면 재량권 행사의 기준은 법규명령의 형식이 아니라 행정규칙의 형식으로 제정하고, 판례는 재량준칙에 대해 평등원칙을 매개로 간접적인 대외적 구속력을 인정하는 것이 타당하다.

Ⅱ. 법규적 성질(효력)을 갖는 행정규칙

1. 의 의

판례는 일정한 경우에 행정규칙의 형식으로 제정되었지만 그 내용이 실질에 있어서 법규적 성질을 갖는 경우에 법규와 같은 효력을 인정하고 있다. 이에 따라 '법규적 성질을 갖는 행정규칙'이라는 개념이 탄생하였다. 이를 '행정규칙형식의 법규명령'으로 부르는 견해도 있다.

2. 법령보충적 행정규칙

(1) 의 의

법령보충적 행정규칙(法令補充的 行政規則)이라 함은 법령의 위임에 의해 법령을 보충하는 법규사항을 정하는 행정규칙을 말한다. 행정기본법은 법령보충적 행정규칙을 행정기본법상 '법령'의 하나로 규정하고 있다(제2조 제1호 가목의 3).

판례는 법령보충적 행정규칙을 수권법령과 결합하여 대외적인 구속력이 있는 법규명령으로서의 효력을 갖는다고 본다(대판 1987. 09. 29, 86누484[26]; 1992. 01. 21, 91누5334; 2008. 03. 27, 2006두3742,3759[27]).

그러나, 법령의 위임을 받은 것(예, 소득금액조정 합계표 작성요령)이어도 행정적 편의를 도모하기 위한 절차적 규정인 경우에는 행정규칙의 성질을 가진다(대판 2003. 09. 05, 2001두403; 1999. 11. 26, 99부3[28]). 또한, 위임근거인 법령이 예시적 규정에 불과한 이상, 그 위임에 따른 고시는 대외적으로 국민과 법원을 구속하는 효력이 있는 규범이라고 볼 수는 없고, 행정내부적으로 업무처리지침이나 법령의 해석·적용 기준을 정해주는 '행정규칙'이라고 보아야 한다고 한 사례도 있다(대판 2020.12.24, 2020두39297).

[판례] ① 산업재해보상보험법 시행령 [별표 3] '업무상 질병에 대한 구체적인 인정 기준'은 '뇌혈관 질병 또는 심장 질병', '근골격계 질병'의 업무상 질병 인정 여부 결정에 필요한 사항은 고용노동부장관이 정하여 고시하도록 위임하고 있다[제1호 (다)목, 제2호 (마)목]. 위임근거인 산업재해보

---

26) 소득세법시행령의 위임을 받아 양도소득세의 실제거래가액이 적용될 부동산투기억제를 위하여 필요하다고 인정되는 거래의 유형을 열거지정한 국세청장의 훈령인 재산제세사무처리규정을 법규명령과 같은 구속력을 갖는 것으로 본 사례.

27) 구 택지개발촉진법 제3조 제4항, 제31조, 같은 법 시행령 제7조 제1항 및 제5항에 따라 건설교통부장관이 정한 '택지개발업무처리지침' 제11조가 법규명령으로서의 효력을 갖는다고 한 사례.

28) 한국전력공사가 입찰참가자격을 제한하는 내용의 부정당업자제재처분의 근거로 삼은 구 정부투자기관회계규정 제245조가 정부투자기관의 회계처리의 기준과 절차에 관한 사항을 재무부장관이 정하도록 규정한 구 정부투자기관관리기본법 제20조에 의하여 제정된 것임은 분명하나 그 점만으로 위 규정이 구 정부투자기관관리기본법 제20조와 결합하여 대외적인 구속력이 있는 법규명령으로서의 효력을 가진다고 할 수도 없다고 한 사례.

상보험법 시행령 [별표 3] '업무상 질병에 대한 구체적인 인정 기준'이 예시적 규정에 불과한 이상, 그 위임에 따른 고용노동부 고시가 대외적으로 국민과 법원을 구속하는 효력이 있는 규범이라고 볼 수는 없고, 상급행정기관이자 감독기관인 고용노동부장관이 그 지도·감독 아래 있는 근로복지공단에 대하여 행정내부적으로 업무처리지침이나 법령의 해석·적용 기준을 정해주는 '행정규칙'이라고 보아야 한다(대판 2020. 12. 24, 2020두39297).
② 건강보험심사평가원이 보건복지부 고시인 **구 요양급여비용 심사·지급업무 처리기준**(법령보충적 고시로 보임) **제4조 제1항 제4호에 근거하여** 2008. 11. 27. **제정한** 심사지침인 **'방광내압 및 요누출압 측정 시 검사방법'은 행정규칙에 불과하다.** 따라서 **그 기준에 부합하지 않는다고 하여 반드시 법령상 인정되는 적정한 요양급여에 해당하지 않는 것은 아니고,** 다만 그 기준이 국민건강보험법령의 목적이나 취지에 비추어 객관적으로 합리성이 없다고 볼만한 **특별한 사정이 없는 이상 이를 재판절차에서 요양급여의 적정성 여부를 판단하는 세부기준으로 참작할 수 있을 뿐이다**(대판 2017. 07. 11, 2015두2864).

또한, 법령의 위임에 따라 행정규칙의 형식으로 재량권 행사의 기준을 정한 경우에도 당해 행정규칙은 재량준칙에 해당한다. 달리 말하면 법령의 위임이 있어도 재량권 행사의 기준을 정하는 형식상 '행정규칙'은 법령보충적 행정규칙이 아니라 행정규칙(재량준칙)이다(판례).

[판례] ① 공정거래법령의 위임에 따라 조사방해를 과징금 가중사유로 규정한 「구 과징금부과 세부기준등에 관한 고시」 IV. 3. 나 (4)항을 재량준칙으로 본 사례(대판 2020. 11. 12, 2017두36212).
② 국토의 계획 및 이용에 관한 법률 시행령(이하 '국토계획법 시행령'이라 한다) **제56조 제1항 [별표 1의2] '개발행위허가기준'**은 국토계획법 제58조 제3항의 위임에 따라 제정된 대외적으로 구속력 있는 **법규명령**에 해당한다. 그러나 **국토계획법 시행령 제56조 제4항은** 국토교통부장관이 제1항의 개발행위허가기준에 대한 **'세부적인 검토기준'을 정할 수 있다고 규정하였을 뿐이므로,** 그에 따라 **국토교통부장관이 국토교통부 훈령으로 정한 '개발행위허가운영지침'은** 국토계획법 시행령 제56조 제4항에 따라 정한 개발행위허가기준에 대한 세부적인 검토기준으로, 상급행정기관인 국토교통부장관이 소속 공무원이나 하급행정기관에 대하여 개발행위허가업무와 관련하여 국토계획법령에 규정된 개발행위허가기준의 해석·적용에 관한 세부 기준을 정하여 둔 **행정규칙(재량준칙)에 불과**하여 대외적 구속력이 없다(대판 2023. 02. 02, 2020두43722).

(2) 인정 여부

현행 헌법상 법규명령의 효력을 갖는 법령보충적 행정규칙이라는 행정입법의 형식을 인정할 수 있는지에 관하여 견해가 대립하고 있다.

1) 부정설(위헌무효설)

이 견해는 법규적 성질을 갖는 행정규칙이라는 입법형식은 새로운 입법형식으로 국회입법의 원칙에 대한 예외인데, 그에 대하여 헌법에 규정이 없으므로 현행 헌법에 반한다는 이유로 그것을 부정한다(류지태, 245면). 법규명령제정권자도 헌법에서 정하여야 하는데, 법령보충적 행정규칙 중에는 법규명령제정권이 없는 자에게 위임되는 경우도 있어 문제가 있다.

2) 긍정설

대부분의 학설은 다음과 같은 근거하에 그러한 행정규칙을 현행 헌법상 가능한 것으로 보고 있다. i) 법령의 위임을 받아 위임을 한 명령을 보충하는 구체적인 사항을 정하는 것이므로 국회입법의 원칙에 반하는 것으로 볼 것은 아니다. ii) 매우 전문적이거나 기술적인 사항 또는 빈번하게 개정되어야 하는 구체적인 사항에 대하여는 법규명령보다 탄력성이 있는 행정규칙의 형식으로 제정할 현실적인 필요도 있다. iii) 법규명령제정권이 없는 청장 등 행정기관의 장에게 제한적인 범위 내이지만 그 업무에 관하여 법규를 제정할 권한을 부여할 필요가 있다.

3) 판 례

판례는 긍정설을 취하고 있다. 대법원 판례는 명시적으로 법령보충적 행정규칙이 헌법상 인정될 수 있는지를 논하고 있지 않지만, 법령보충적 행정규칙에 대해 법규명령의 효력을 인정하므로 법령보충적 행정규칙이 헌법상 인정될 수 있는 것으로 보고 있다고 할 수 있고, 헌법재판소는 다음과 같이 명시적으로 법령보충적 행정규칙을 인정하고 있다.

[판례] (1) **법률이 입법사항을 고시와 같은 행정규칙의 형식으로 위임하는 것이 허용되는지 여부(한정적극)**: 사회적 변화에 대응한 입법수요의 급증과 종래의 형식적 권력분립주의로는 현대사회에 대응할 수 없다는 기능적 권력분립론 등을 감안하여 헌법 제40조와 헌법 제75조, 제95조의 의미를 살펴보면, 의회가 구체적으로 범위를 정하여 위임한 사항에 관하여는 당해 행정기관이 법정립의 권한을 갖게 되고, 이 경우 입법자는 규율의 형식도 선택할 수 있다 할 것이므로, **헌법이 명시하고 있는 법규명령의 형식이 아닌 행정규칙에 위임하더라도 이는 국회입법의 원칙과 상치되지 않는다.** 다만, 행정규칙은 법규명령과 같은 엄격한 제정 및 개정절차를 요하지 아니하므로, 기본권을 제한하는 내용에 대해서는 법규명령에 위임함이 바람직하고, 부득이 **고시와 같은 형식으로 위임을 할 때에는 적어도 전문적 · 기술적 사항이나 경미한 사항으로서 업무의 성질상 위임이 불가피한 사항에 한정된다**(헌재 2016. 02. 25, 2015헌바191).

4) 사견(긍정설)

법령보충적 행정규칙의 현실적 필요성이 있고, 법령의 수권을 받아 제정되는 것이며 독자적으로 법규명령의 효력을 갖는 것이 아니라 수권법령과 결합하여 법규명령의 효력을 갖는 것이므로 국회입법의 원칙에 반하는 것은 아니라고 볼 것이다. 따라서, 긍정설이 타당하다.

(3) 법적 성질

법령보충적 행정규칙의 법적 성질에 대하여는 견해가 대립하고 있다.

1) 규범구체화행정규칙설

일부 견해는 대외적인 법적 구속력이 인정되지만 행정규칙의 형식을 취하고 있으므로 그 법적 성질을 행정규칙으로 보고 있다. 그리고 이를 규범구체화행정규칙(規範具體化行政規則)으로 부른다.

2) 법규명령설

당해 규칙이 법규와 같은 효력을 가지므로 법규명령으로 보아야 한다고 한다.

3) 행정규칙설

법규명령은 의회입법원칙의 예외이므로 그 예외는 헌법 스스로 명문으로 인정하여야 하고, 법규명령의 효력을 갖는 행정규칙은 법규명령의 엄격한 절차 및 형식에 따라 제정되어야 하므로 법규명령의 효력을 갖는 법령보충적 행정규칙은 헌법상 인정될 수 없고, 법령보충적 행정규칙도 행정규칙에 불과하다(김남진 · 김연태, 166면).

4) 수권여부기준설

법규명령사항을 행정규칙의 형식으로 정하는 경우 그 성질은 법령에 근거가 있는 경우와 없는 경우로 구분하여 검토하여야 한다고 보는 견해이다. 즉, 법령의 수권이 없는 경우 침익적 성질의 법규명령사항이 행정규칙의 형식으로 제정되었다면 헌법 제37조 제2항에 비추어 법규명령일 수 없고 행정규칙의 성질을 가질 뿐이고, 수익적 사항의 경우에는 법규성을 가실 수 있다. 그리고, 법령의 위임에 의해 행정규칙의 형식으로 제정되었다면 침익적 사항이든 수익적 사항이든 당해 행정규칙은 법규명령이라고 본다(홍정선, 245면).

그러나, 수권여부기준설은 법령보충적 행정규칙의 성질론이라기보다는 법령보충적 행정규칙의 인정기준론이라고 보아야 할 것이다.

5) 판　　례

대법원 판례는 법령보충적 행정규칙을 행정규칙이지만 법규명령과 같은 효력을 갖는 것으로 본 경우도 있고,[29] 법규명령의 성질 또는 효력을 갖는 것으로 본 경우도 있다.[30]

이에 반하여 **헌법재판소**는 법령보충적 행정규칙도 행정규칙으로 보며 법령보충적 행정규칙은 그 자체로서 직접적 대외적 구속력을 갖는 것이 아니라 상위법령과

---

29) 대판 1987. 09. 29, 86누484; 1993. 11. 23, 93도662[수입선다변화품목의 지정 등에 관한 상공부 고시 제91－21호].

30) 대판 2004. 05. 28, 2002두4716[산업자원부장관이 정한 산업자원부 고시 공장입지기준 제5조]; 1989. 11. 14, 89누5676[소득세법 시행령 제170조 제4항 제2호에 의하여 투기거래를 규정한 재산제세조사사무처리규정]; 1996. 04. 12, 95누7727[보건사회부장관이 정한 1994년도 노인복지사업지침의 법적 성질: 보건사회부장관이 정한 1994년도 노인복지사업지침].

결합하여 상위법령의 일부가 됨으로써 대외적 구속력을 가질 뿐이라고 본다(헌재 2004. 10. 28, 99헌바91).

6) 결어(법규의 효력을 갖는 행정규칙설)

법령보충적 행정규칙에 법규와 같은 효력(구속력)을 인정하더라도 행정규칙의 형식으로 제정되었으므로 그 법적 성질은 행정규칙으로 보는 것이 타당하다. 그 이유는 법치주의의 원칙상 법규명령제정권자는 헌법 또는 최소한 법률에서 정해지지 않는 한 인정될 수 없고, 법규명령의 형식을 취하지 않고 법규명령의 제정절차를 거치지 않은 규범을 법규명령으로 볼 수는 없기 때문이다. 법규명령의 형식과 절차의 엄격성에 비추어 법규명령과 행정규칙은 형식에 따라 구분하는 것이 타당하다. 따라서, 법령보충적 행정규칙은 행정규칙이지만, 수권법령과 결합하여 법규명령의 효력을 갖는 것이다.

법령보충적 행정규칙은 법령의 명시적 수권이 있는 경우에만 인정되고, 고도로 전문적이고 기술적인 분야에 한정하여 인정되는 것이 아니라는 점에서 규범구체화행정규칙과 구별되어야 한다.

(4) 법적 효력

법령보충적 행정규칙은 수권법령 규정과 결합하여 대외적으로 구속력이 있는 법규명령으로서의 효력을 가진다.

(5) 법령보충적 행정규칙의 한계

법령보충적 행정규칙이 제한 없이 일반화되면 국회입법의 원칙 및 법치국가의 원칙에 반한다. 따라서, 법령보충적 행정규칙은 다음과 같이 제한적으로 인정하여야 한다.

① 법령보충적 행정규칙은 정당성이 있어야 한다. 달리 말하면 법규명령의 형식으로 제정되지 않고 행정규칙으로 제정될 현실적인 필요성이 있어야 한다. 즉, 매우 전문적이고 기술적인 사항 및 빈번하게 개정되어야 하는 구체적인 사항 등에 한하여 인정하여야 한다.

② 법령보충적 행정규칙은 법령의 수권에 근거하여야 하고, 그 수권은 포괄위임금지의 원칙상 구체적·개별적으로 한정된 사항에 대하여 행하여져야 한다(헌재 2004. 10. 28, 99헌바91).

행정규제기본법 제4조 제2항 단서는 "법령이 전문적·기술적 사항이나 경미한 사항으로서 업무의 성질상 위임이 불가피한 사항에 관하여 구체적으로 범위를 정하여 위임한 경우에는 고시 등으로 정할 수 있다"라고 법령보충적 행정규칙(고시)의 일반적 근거와 한계를 규정하고 있다. 그 밖에도 개별법령이 법령보충적 행정규칙의 근거를 규정하는 경우가 있다.

[판례] ① '선정기준액'을 법규명령이 아닌 보건복지부장관 고시로 정하도록 위임하는 것이 허용되는지 여부(적극): **'선정기준액'**은 기초연금 수급자가 65세 이상인 사람 중 100분의 70 수준이 되도록 정해야 하는 것으로, 이는 전체 노인가구의 소득·재산 수준과 생활실태를 다양한 자료에 의해 파악한 다음 이를 통계화하여 분석하고 그밖에 물가상승률, 국가재정상황 등도 종합적으로 고려하여 전문적·기술적으로 판단할 수밖에 없는데 그러한 판단을 하려면 **고도의 전문성이 필요하므로**, 이러한 내용을 법규명령이 아닌 **보건복지부 고시에 위임하는 것은 허용된다**(헌재 2016. 02. 25, 2015헌바191).
② 법령의 위임에 따라 정한 고시를 법령보충적 행정규칙으로 본 사례(대판 2021. 01. 14, 2020두38171: 「요양급여의 적용기준 및 방법에 관한 세부사항」(2008. 1. 24. 보건복지부 고시 제2008－5호)을 법령보충적 행정규칙으로 본 사례).

법령을 보충하는 행정규칙이 위임없이 제정된 경우에 단순한 행정규칙에 불과하며 법령보충적 행정규칙이라고 할 수 없다.

법령의 규정이 특정 행정기관에 그 법령 내용의 구체적 사항을 정할 수 있는 권한을 부여하면서 그 권한 행사의 절차나 방법을 특정하고 있지 아니한 관계(법령에서 법규사항 위임시 형식을 지정하지 않고 '장관이 따로 정한다'라고 규정한 경우)로 수임행정기관이 행정규칙의 형식으로 그 법령의 내용이 될 사항을 구체적으로 정하고 있다면 이와 같은 행정규칙은 해당 법령의 위임한계를 벗어나지 않는 한 그것들과 결합하여 대외적인 구속력이 있는 법규명령으로서의 효력을 가진다(대판 2019. 10. 17, 2014두3020, 3037). 그렇지만, 상위법령에서 세부사항 등을 시행규칙으로 정하도록 위임하였음에도 이를 고시 등 행정규칙으로 정한 경우, 대외적 구속력을 가지는 법규명령으로서 효력을 인정할 수 없다(대판 2012. 07. 05, 2010다72076).

[판례] ① 구 주택건설촉진법 제33조의6 제6항의 위임에 의하여 건설교통부장관의 '고시' 형식으로 되어 있는 '주택건설공사 감리비지급기준'이 이를 건설교통부령으로 정하도록 한 구 주택법이 시행된 이후에는 대외적인 구속력이 있는 법규명령으로서 효력을 가지지 못한다고 한 사례(대판 2012. 07. 05, 2010다72076[손해배상(기)등]).
② 호봉정정신청거부처분취소 사건에서, 구 지방공무원법(2014. 11. 19. 법률 제12844호로 개정되기 전의 것) 제45조 제1항의 위임에 따라 제정된 **구 지방공무원 보수규정 [별표 3]에서 구체적인 규범 형식을 지정함이 없이** 연구직공무원의 경력환산율표의 구체적인 내용을 **'안전행정부장관'이 정하도록 규정하고 있는데**, 안전행정부장관이 **행정규칙의 형식으로** 법령의 내용이 될 사항을 구체적으로 정한 구 지방공무원보수업 등 처리지침(2014. 8. 8. 안전행정부 예규 제104호로 개정되기 전의 것) [별표 1] "직종별 경력환산율표 해설"이 정한 민간근무경력의 호봉 산정에 관한 부분의 **적법성을 인정**한 사례(대판 2015. 01. 15, 2013두14238).

③ 법령보충적 행정규칙은 법령의 위임에 따라 법령을 보충하는 기능을 가지는 점에 근거하여 예외적으로 인정되는 것이므로 법령보충적 행정규칙이 법령의 위임의 범위를 벗어난 경우 법규명령으로서의 대외적 구속력이 인정되지 않는다(대판 1999. 11. 26, 97누13474; 2006. 04. 28, 2003마715[31]). 이 경우 당해 법령보충적 행정규칙은 위법한 법규명령의 효력을 갖는 것이 아니라 행정규칙에 불과한 것이 된다고 보아야 한다.

[판례] 병역법령에서 규정한 제외 대상이 아닌 '법무사관후보생 병적에 편입된 사람'을 재병역판정검사 제외 대상에 포함하여 규정한 **구 「재병역판정검사 규정」(2020. 1. 30. 병무청훈령 제1665호로 개정되기 전의 것) 조항이 상위법령의 구체적 위임 없이 정한 것이어서 대외적 구속력이 부정된다**(대판 2023. 08. 18, 2020두53293).

하나의 행정규칙에 법령보충적 행정규칙과 통상의 행정규칙이 함께 규정될 수 있다.

④ 법령보충적 행정규칙은 법규명령의 효력을 가지므로 예측가능성을 보장하기 위하여 최소한 공표되어야 하며 어떠한 방법이든지 공표되지 않은 법령보충적 행정규칙은 효력을 발생하지 않는 것으로 보아야 한다.

판례는 원칙상 법령보충적 행정규칙의 효력발생요건으로 공포나 공표를 요구하고 있지 않지만, 적당한 방법으로 이를 일반인 또는 관계인에게 표시 또는 통보함으로써 그 효력이 발생한다고 한 판례(형사판례)가 있다.

[판례] 수입선다변화품목의 지정 및 그 수입절차 등에 관한 1991. 5. 13.자 상공부 고시 제91-21호는 그 근거가 되는 대외무역법 시행령 제35조의 규정을 보충하는 기능을 가지면서 그와 결합하여 대외적인 구속력이 있는 법규명령으로서의 효력을 가지는 것으로서 그 시행절차에 관하여 대외무역관리규정은 아무런 규정을 두고 있지 않으나, **그 자체가 법령은 아니고 행정규칙에 지나지 않으므로** 적당한 방법으로 **이를 일반인 또는 관계인에게 표시 또는 통보함으로써 그 효력이 발생한다**(대판 1993. 11. 23, 93도662).

입법론으로는 법령보충적 행정규칙을 공포하도록 할 것까지는 없지만, 수범자가 알 수 있게 공표하도록 규정하여야 할 것이다.

⑤ 판례는 법령의 근거없이 법령보충적 행정규칙에서 재위임하는 것도 가능한 것으로 본다(대판 2004. 05. 28, 2002두4716).

(6) 법령보충적 행정규칙의 사법적 통제

법령보충적 행정규칙은 법규명령과 같이 직접적 통제(항고소송 또는 헌법소원)과

31) 농림부고시인 농산물원산지 표시요령 제4조 제2항의 규정 내용이 근거 법령인 구 농수산물품질관리법 시행규칙에 의해 고시로써 정하도록 위임된 사항에 해당한다고 할 수 없어 법규명령으로서 대외적 구속력을 가질 수 없다고 한 사례.

간접적 통제(부수적 통제)의 대상이 된다.

1) 법원에 의한 통제

법령보충적 행정규칙은 법규명령의 효력을 가지므로 법규명령과 같이 재판에서 전제가 된 경우에 법원이 간접적으로 통제하고, 처분성을 갖는 경우 직접 항고소송의 대상이 된다(대결 2003. 10. 09, 2003무23[32]; 대판 2006. 09. 22, 2005두2506[보험약가인하처분취소][33]).

2) 헌법재판소에 의한 통제

법령보충적 행정규칙이 명백히 처분이 아니고(헌법소원의 보충성 원칙) 직접적·구체적으로 국민의 권익을 침해하는 경우에는 헌법소원의 대상이 된다(헌재 1992. 06. 26, 91헌마25).

3. 독일법상의 규범구체화행정규칙

독일에서는 규범구체화행정규칙이 일정한 경우에 법령의 명시적인 수권 없이 제정될 수 있는 것으로 보고 있다. 우리나라에서도 독일에서와 같은 규범구체화행정규칙을 인정할 필요가 있고 인정할 수 있다는 견해가 있다.

(1) 개 념

독일의 규범구체화행정규칙(規範具體化行政規則)이라 함은 고도의 전문성과 기술성을 가진 행정영역에 있어서 입법기관이 규율내용을 구체화하지 못하고 그것을 사실상 행정기관에 맡긴 경우에 행정기관이 법령의 내용을 구체화하는 행정규칙을 말한다.

규범구체화행정규칙과 법령보충적 행정규칙을 동일하게 보는 견해와 양자를 구별하는 견해가 있다. 생각건대, 규범구체화행정규칙은 행정규칙의 형식을 취하지만 법규명령의 효력을 갖는 점에서 법령보충적 행정규칙과 같지만, 법령의 명시적인 위임이 없이도 제정될 수 있고 법률을 구체화하는 것에 그치는 점에서 명문의 위임에 근거하여 법령을 보충하는 새로운 사항을 정하는 법령보충적 행정규칙과 다르다.

규범구체화행정규칙은 법령의 규정이 불충분한 경우에 법령을 구체화하는 규범

---

32) 항정신병 치료제의 요양급여 인정기준에 관한 보건복지부 고시가 다른 집행행위의 매개 없이 그 자체로서 제약회사, 요양기관, 환자 및 국민건강보험공단 사이의 법률관계를 직접 규율한다는 이유로 항고소송의 대상이 되는 행정처분에 해당한다고 한 사례.

33) 보건복지부 고시인 약제급여·비급여목록 및 급여상한금액표(보건복지부 고시 제2002-46호로 개정된 것)는 다른 집행행위의 매개 없이 그 자체로서 국민건강보험가입자, 국민건강보험공단, 요양기관 등의 법률관계를 직접 규율하는 성격을 가지므로 항고소송의 대상이 되는 행정처분에 해당한다고 한 사례.

을 창설하는 것인 점에서 법령의 규율이 최종적으로 이루어진 후 단순히 재량권 행사의 기준을 정하는 재량준칙과 다르다. 법적 효력에 있어서도 규범구체화행정규칙은 그 자체가 직접적인 대외적 구속력을 갖지만 재량준칙은 그 자체가 직접 대외적 구속력을 갖는 것이 아니라 평등원칙을 매개로 하여 간접적으로 대외적 구속력을 갖는다. 또한 규범구체화행정규칙은 그 규정내용대로 예외 없이 구속력을 갖지만 재량준칙은 평등원칙을 매개로 간접적인 대외적 구속력을 갖는 것이므로 특별한 사정이 있는 경우에는 재량준칙을 적용하지 않아도 위법이 되지 않는다.

(2) 인정영역

규범구체화행정규칙이 인정되는 영역은 원자력이나 환경분야와 같이 고도로 전문적이고 기술적인 분야이다.

(3) 인정근거

규범구체화행정규칙은 명문의 수권에 의해 제정되기도 하지만 명문의 수권이 없는 경우에도 다음과 같은 근거에 의해 인정된다. 고도의 과학적 · 기술적 지식을 요하는 사항에 대하여는 법률이 행정기관에게 법률을 구체화하는 권한을 수권한 것으로 볼 수 있다. 또한 규범구체화행정규칙은 고도로 전문적이고 기술적인 불확정개념의 해석에 판단여지가 인정되는 것과 마찬가지로 법률이 행정기관에게 기준화수권을 한 것으로 인정되는 경우에는 기준화여지가 인정된다고 본다.

4. 집행명령의 성질을 갖는 행정규칙

판례는 또한 법률의 집행을 위한 절차와 같이 집행명령으로 정해질 수 있는 사항을 법령의 구체적 위임 없이 행정규칙으로 정한 경우에 그 행정규칙은 법률의 집행을 위한 집행명령으로서의 성질을 갖고 따라서 직접 대외적 구속력을 갖는 것으로 보았다. 즉, 구 「지가공시 및 토지 등의 평가에 관한 법률」 제10조의 집행을 위한 절차를 정하는 개별토지가격합동조사지침(국무총리훈령)을 집행명령으로서 법률보충적인 구실을 하는 법규적 성질을 가진 것으로 보았다(대판 1994. 02. 08, 93누111).

반면에 판례는 일반적인 행정처분절차를 정하는 행정규칙은 대외적 구속력이 없는 것으로 보고 있다. 즉, 판례는 「국민의 권익보호를 위한 행정절차에 관한 훈령」(국무총리 훈령)은 대외적 구속력이 없는 것으로 보았다(대판 1994. 08. 09, 94누3414).

따라서, 행정권 행사의 절차를 정하는 행정규칙이 법규적 효력을 갖기 위하여는 행정청의 판단권을 유보한 단순한 지침에 불과하여서는 안 되며 행정청의 판단을 배제하는 정도의 강한 구속력을 갖도록 규정되어 있어야 한다고 보아야 한다. 달리 말

하면 당해 행정규칙이 실질에 있어서 법규로서의 실질을 갖고 있어야 한다.[34)]

5. 독일법상 특별명령

독일 법상 특별권력주체가 제정하는 특별명령은 행정규칙이지만 법규명령의 효력을 갖는데, 특별명령을 우리나라에서도 인정할 수 있는지에 관하여는 전술한 바와 같이 긍정설과 부정설이 대립하고 있다(특별행정법관계 참조).

34) 상기 93누111판결에 대하여 독일에서 인정되는 규범구체화행정규칙을 인정한 것으로 보는 견해도 있는데, 이에 대하여는 문제의 행정규칙은 독일에서의 규범구체화행정규칙의 요건을 갖추고 있지 못하다는 지적이 있다. 즉, 당해 행정규칙이 전문적·기술적 분야에 관한 것이 아니며 규범을 구체화하는 내용을 담고 있지 않고, 법률이 규범의 구체화를 행정기관에 위임한 것으로 인정되지도 않는다는 지적이 그것이다.

제 2 장 행정계획

Ⅰ. 개 설

행정계획(行政計劃)이라 함은 행정주체 또는 그 기관이 일정한 행정활동을 행함에 있어서 일정한 목표를 설정하고 그 목표를 달성하기 위하여 필요한 수단을 선정하고 그러한 수단들을 조정하고 종합화한 것을 말한다.행정계획의 핵심적 요소는 일반 계획에서처럼 목표의 설정과 수단의 조정과 종합화이다.

오늘날 모든 분야에서 계획이 중요한 활동수단이 되고 있다. 행정의 분야에서도 그러하다. 종래 행정의 기능이 소극적인 질서유지작용에 그칠 때에는 행정계획의 필요성이 크지 않았지만, 오늘날 행정이 바람직한 사회질서의 형성을 위하여 적극 개입하게 되면서 이러한 행정의 임무를 보다 효과적으로 달성하기 위하여 행정계획이라는 수단이 필요하게 되었다. 또한 행정활동과 관련하여 대립되는 이익(공익 상호간·공익과 사익 상호간·사익 상호간)을 조절하고 산재해 있는 행정수단과 역량을 통합하기 위하여도 행정계획이 요청된다. 요약하면 행정이 장기적 비젼을 가지고 계획성 있게 수행되는 것을 보장하기 위하여 행정계획이 필요하다.

행정계획의 예로는 도시관리계획, 경제개발계획, 환경계획 등을 들 수 있다. 전원개발사업계획, 주택개발사업계획 등 사인에 의해 작성·신청된 개발사업계획의 승인을 행정계획으로 보는 견해가 있으나, 공무수탁사인이 공익목적 달성을 위해 수립하는 계획은 행정계획이지만 공무수탁사인이 아닌 사인이 수립하는 개발계획은 사법상 사실행위로 보고, 승인등 신청은 사인의 공법행위이며 행정청이 승인하는 개발계획승인은 행정행위라고 보는 것이 타당하다.

행정계획은 구체화된 행정정책인 점에 비추어 행정계획의 법리는 행정정책에 준용될 수 있다.

Ⅱ. 행정계획의 법적 성질

1. 행정계획의 행위형식으로서의 특수성

행정계획은 행정의 행위형식의 하나이다. 행정계획은 다른 행위형식과는 달리 여러 성질의 행정형식을 포함하고 있다. 행정계획 중에는 법령의 형식을 취하는 것도 있고, 행정행위의 성질을 갖는 것도 있으며, 행정내부에서만 효력을 발생하는 내부지침적 성격의 것도 있다. 행정계획은 행정의 정책수단의 하나이다. 행정계획은 구체화된 행정정책이라고 할 수 있다. 경우에 따라서는 하나의 행정계획 중에도 이질적인 행위형식이 공존하기도 한다. 이러한 의미에서 행정계획을 복합적 행위형식이라고 부를 수 있다.

행정계획을 기존의 다른 행위형식으로 분류할 수 있다고 하여도 행정계획을 독자적인 행위형식으로 볼 필요가 있다. 그것은 행정계획을 법적으로 규율함에 있어서 특별한 법적 고려를 할 필요가 있기 때문이다.

① 행정계획은 행정의 목표를 제시하고 그 목표의 달성을 위한 장래의 행정의 방향을 제시하는 것이기 때문에 행정기관 및 국민에 대하여 활동지침이 된다. 그리하여 행정계획에 있어서는 국민의 행정계획에 대한 신뢰를 보호하여야 한다는 법적 요구가 나온다. 다만, 행정계획은 행정의 자율성과 상황대응성을 침해하지 않도록 하여야 하므로 행정에게 방향이나 지침을 제공하지만, 원칙상 규범의 성질을 갖지는 않는다. 그러나, 행정계획이 구체적인 행정권 행사를 명확하게 규율하는 경우(예, 도시관리계획)에는 규범의 성질을 갖는다고 볼 수 있다.

② 행정계획은 장래에 대한 예측을 전제로 하여 수립된다. 그런데, 장래의 예측이란 어려운 것이어서 계획의 수립 후 장래의 예측이 잘못된 것이었다는 것이 사후에 판명될 수가 있고, 또한 예기치 못한 일로 행정환경이 바뀌게 되는 경우가 적지 않다. 그리하여 행정계획은 이러한 사정의 변경에 따라 변경되거나 폐지될 가능성을 내포하고 있다. 그리고 이러한 가능성이 법적으로 인정되어야 한다. 즉, 행정계획의 변경 또는 철회가 인정되어야 한다.

그런데, 행정계획의 변경과 철회는 행정계획에 대한 국민의 신뢰를 저버리는 것이 되고 국민의 권익을 침해하는 결과를 가져온다. 그리하여 행정계획의 변경 또는 철회와 행정계획에 대한 국민의 신뢰 및 권익의 보호를 조절할 필요가 있다. 계획보장청구권·손실보상청구권의 문제가 그 예이다.

③ 행정계획은 일정한 행정목표를 설정하고 그 목표달성을 위한 수단을 선택하는 것을 내용으로 한다. 그러한 행정계획의 내용은 기본적으로 행정에 의해 결정되어질

수밖에 없다. 그리하여 후술하는 바와 같이 일반 행정행위에서 보다 훨씬 넓은 재량권이 행정권에 부여된다. 일반적으로 행정계획의 확정에 있어서 행정권에게 부여되는 재량을 계획재량이라 하여 일반적인 행정재량과 구분하고 있다.

2. 행정계획의 법적 성질

행정계획의 법적 성질 및 처분성을 논하는 이유는 행정계획에 대해 적정한 규율을 하고, 행정계획이 행정절차법상 처분절차의 적용대상이 될 수 있는지, 행정소송법(행정심판법)상 항고소송(행정심판)의 대상이 될 수 있는지 여부 등을 판단하기 위해 필요하기 때문이다.

(1) 법령 형식의 행정계획의 법적 성질

행정계획이 특정의 법령 형식에 의해 수립된 경우에 당해 행정계획은 그 법령의 성질을 갖는다. 즉, 법률의 형식에 의해 수립되는 행정계획은 법률의 성질을 가지고, 법규명령의 형식에 의해 수립된 행정계획은 법규명령의 성질을 가지며 조례의 형식에 의해 수립되는 계획은 조례의 성질을 갖는다.

(2) 법령의 형식을 취하지 않은 행정계획의 법적 성질

행정계획이 법령의 형식을 취하지 않는 경우에 당해 행정계획은 어떠한 법적 성질을 갖는가 하는 것이 문제된다.

행정계획은 행정의 지침이 되는 점에서 행정규칙과 유사한 성질을 갖는다.

그러나, 행정계획은 다음과 같이 **행정규칙과 구별**된다. i) 행정계획은 행정규칙과 달리 규범의 형식과 성질을 갖지 않는다. ii) 행정규칙은 규범의 성질을 갖고 명확하게 규정되어 있으며 직무명령의 성격도 갖고 있어서 하급기관에 대해 내부적인 법적 구속력을 갖지만, 행정계획은 규범의 성질을 갖지 않고, 고도로 추상적으로 수립되어 있고 상황 변화에 따른 가변성을 전제로 하고 있으며 직무명령의 성격을 갖지 않는 것이므로 하급기관에 대해 내부적인 법적 구속력을 갖지는 않는다. 행정계획은 통상 행정규칙에 비해 가변성과 불확정성이 높다고 할 수 있다. 다만, 행정계획 중에 구체적이고 명확하게 규정되어 있어 행정규칙에 준하는 성격을 갖는 경우에는 행정규칙에 준하는 내부적 구속력을 갖는 것으로 볼 수도 있다.

그리고, 도시관리계획과 같이 대외적 구속력을 갖는 구속적 행정계획은 대외적인 법적 구속력을 갖는다.

(3) 행정계획의 처분성

행정쟁송법(행정절차법)상 처분은 국민의 권익(권리 · 의무)에 직접 구체적인 영향을 미치는 공권력 행사 또는 그 거부이므로 행정계획이 국민의 권익에 직접 구체적인 영향을 미치는지 여부를 기준으로 행정계획의 처분성을 판단하여야 한다.

국민의 권익에 아무런 영향을 미치지 않는 행정계획은 처분이라고 할 수 없다. 국민이나 행정기관에 대해 거의 구속력을 갖지 않거나, 행정기관에 대해 구속력을 갖지만 국민의 권익에 아무런 영향을 미치지 않는 행정계획도 처분으로 볼 수 없다. 또한, 법적 구속력이 있는 행정계획이라 하더라도 일반성과 추상성을 갖고 처분의 매개 없이는 국민의 권익에 직접 구체적인 영향을 미치지 않는 것은 처분이라고 할 수 없다.

그러나, 구속적 행정계획 또는 비구속적인 행정계획이라도 사실상 구속력을 갖는 것으로서 집행처분의 매개 없이 직접 국민의 권익에 구체적인 영향을 미치는 행정계획은 행정쟁송법상 처분으로 볼 수 있다.

(4) 도시·군관리계획의 법적 성질 및 처분성

구 도시계획법 제12조의 도시계획결정(현행 국토의 계획 및 이용에 관한 법률(이하 '국토계획법'이라 한다) 제30조의 도시·군관리계획결정)의 법적 성질이 다투어진 예가 있다(대판 1982. 03. 09, 80누105). 도시관리계획(군관리계획)의 법적 성질 및 처분성에 관하여 다음과 같이 견해가 대립되고 있다.

1) 입법행위설

도시관리계획은 도시계획행정의 기준이 되는 일반적·추상적인 성질의 것이고 도시관리계획 자체만으로는 특정 개인에게 어떤 구체적인 권리침해를 가져오는 것이 아니므로 행정계획은 처분이 아니며 입법행위의 성질을 가진다는 견해이다. 도시관리계획이 결정되면 법령에 근거하여 일정한 권리제한의 효과가 생기게 되지만 이는 법령의 효과이며 도시관리계획은 법령을 보충하는 것으로서 입법행위의 성질을 가진다고 본다.

이 견해에 의하면 도시관리계획이 위법한 경우에 직접 그 도시관리계획의 취소를 청구할 수는 없고, 그 위법한 도시관리계획에 따라 위법한 처분이 행하여져(예, 건축 허가가 거부되어) 국민의 권리가 침해된 때 당해 처분의 취소를 구하는 소송을 제기하여야 한다고 한다.

2) 행정행위설

도시관리계획의 결정이 고시되면 도시관리계획구역 안의 토지나 건물소유자의 토지형질변경, 건축물의 신축·개축 또는 증축 등 권리행사가 일정한 제한을 받게 되는데, 이 점에 비추어 볼 때 당해 도시관리계획결정은 특정 개인의 권리 내지 법률상의 이익을 개별적이고 구체적으로 규제하는 효과를 가져오므로 행정청의 행정행위라 할 수 있고, 따라서 항고소송의 대상이 된다.

3) 독자성설

행정계획은 법규범도 아니고 행정행위도 아닌 독자적인 행위형식이지만 도시관리계획은 국민의 권익에 직접 구체적인 영향을 미치는 점에서 행정행위에 준하여 행정소송의 대상이 된다고 한다.

4) 판 례

구 도시계획법 제12조 소정의 도시계획결정이 고시되면 도시계획구역안의 토지나 건물 소유자의 토지형질변경, 건축물의 신축, 개축 또는 증축 등 권리행사가 일정한 제한을 받게 되는바 이런 점에서 볼 때 고시된 도시계획결정은 특정 개인의 권리 내지 법률상의 이익을 개별적이고 구체적으로 규제하는 효과를 가져오게 하는 행정청의 처분이라 할 것이고, 이는 행정소송의 대상이 되는 것이라 할 것이다(대판 1982. 03. 09, 80누105).

이 대법원의 판결이 당해 도시계획(현행 도시관리계획)을 행정행위로 보았다고 해석하는 견해가 있으나, 대법원의 판결은 당해 도시계획이 입법행위라든가 행정행위라고 판단한 바가 없고 단지 처분성 여부만을 판단하였을 뿐이다.

5) 결 론

① 행정계획은 행정행위나 입법행위와도 다른 독자적인 성질을 갖는 독자적인 행위형식으로 보는 것이 행정계획의 성질에 비추어 타당하다.

행정계획은 행정목표와 그 행정목표를 달성하기 위한 행정활동의 기준을 제시하는 성격의 행위인 점에서 행정행위와는 다르다.

행정계획은 행정활동의 기준을 제시하는 점에서는 입법행위(법규명령 및 행정규칙)와 유사한 성격을 갖지만 다음과 같은 점에서 입법행위와 구별된다. 우선 행정계획은 다음과 같은 점에서 법규명령과 다르다. i) 행정계획은 행정목표와 그를 달성하기 위한 수단을 정하는 것을 기본적 내용으로 하는데 법규명령은 행정권 행사의 요건과 효과를 정하는 것을 기본적 내용으로 한다. ii) 행정계획은 법규명령보다는 사정변경에 즉시 적응할 필요성이 있고 신축성을 가져야 하므로 법규명령의 형식으로 제정되어 있지 않는 경우가 많다. iii) 행정계획은 기본적으로 행정기관 자신의 활동규범이며 법규명령과 같이 국민의 권리와 의무를 정하는 것을 기본적인 내용으로 하지 않는다. 행정계획은 전술한 바와 같이 행정규칙과 다르다.

② 행정계획이 항고소송의 대상이 되는지 여부를 논함에 있어서는 행정계획이 처분성을 갖는지 여부를 논하면 족하고 행정계획이 행정행위인지 입법행위인지까지 논할 필요는 없다.

국토계획법 제30조 소정의 도시관리계획(군관리계획)결정은 다음과 같은 이유에서 처분성을 갖는 것으로 보는 것이 타당하다.

i) 도시관리계획이 결정되면 도시계획 관계법령의 규정에 따라 건축이 제한되는 등 국민의 권리의무에 직접 구체적인 영향을 미치기 때문이다.

ii) 행정계획이 국민의 권리의무에 구체적인 영향을 미치는 경우에는 행정계획의 처분성을 인정하여 항고소송으로 다툴 수 있도록 하는 것이 국민의 권리구제라는 관점에서 타당하다. 도시관리계획이 국민의 권리의무에 구체적인 영향을 미치는 경우인데도 당해 도시관리계획에 근거한 처분이 있은 후에 그 처분의 취소를 구하도록 하는 것보다는 도시관리계획 자체의 처분성을 인정하여 직접 도시관리계획의 취소를 구할 수 있도록 하는 것이 국민의 권리를 조속히 구제해 주는 길이 된다.

Ⅲ. 행정계획과 법률유보

행정계획 중에서 국민의 권리의무에 법적 효과를 미치는 구속적인 행정계획은 법률의 근거가 있어야 한다는 점에 대하여는 이론이 없다.

비구속적 행정계획(국민이나 행정기관에 대하여 구속력을 갖지 않는 행정계획)은 침해유보설이나 권력행정유보설에 의하면 작용법적 근거가 필요하지 않고 다만, 조직법적 근거만 있으면 가능하다고 한다. 그러나, 비구속적 행정계획에 있어서도 중요사항유보설에 따라 공동체 및 국민의 이익에 중요한 영향을 미치는 것이면 법률의 유보가 있어야 하는 것으로 보아야 한다. 또한 구속적인 행정계획일수록 그리고 중요한 행정계획일수록 법률에 의해 강도 있게 규율되어야 한다.

그러나 행정계획의 특성상 법률에 의한 행정계획의 기준의 규율에는 한계가 있고, 폭넓은 계획재량이 인정될 수밖에 없을 것이다. 법률에 의해 규율될 수 있는 행정계획 기준으로는 다음과 같은 사항이 있다. 물론 이와 같은 사항이 반드시 규율되어야 법률유보의 원칙이 충족되는 것은 아니다.

① 법률에서 행정계획을 수립함에 있어서는 일정한 다른 행정계획에 적합하여야 한다고 규정하거나 또는 다른 행정계획을 고려할 것을 규정하는 경우가 있는데 이렇게 하는 것은 국가의 행정이 통일적으로 수행되어야 하기 때문이다. 예를 들면, 지방계획은 국가계획에 적합하여야 한다고 규정하거나 도시계획은 환경계획과 모순되지 않아야 한다고 규정할 수 있다.

② 행정계획의 작성에 있어서 고려하여야 할 사항을 규정하는 경우가 있다. 예를 들면, 도시관리계획의 작성에 있어서 환경의 이익을 고려하도록 규정할 수 있다.

이와 같이 법령에 의해 고려할 사항으로 규정된 사항을 법정고려사항이라 한다. 그러나 그러한 규정이 없다 하더라도 형량원칙에 의해 행정계획의 내용에 비추어 형량하여야 할 모든 공익과 사익을 형량하여야 한다.

③ 법령에서 행정계획의 목표 또는 방향을 규정하는 경우가 있다. 다만, 이 경우에 계획수립자인 행정기관이 행정을 수행함에 있어서 가지는 형성의 자유를 지나치게 제한하는 것이 되어서는 안 될 것이다.

Ⅳ. 행정계획의 종류

1. 계획대상의 종합성 · 개별성에 따른 분류

계획대상이 종합적인 분야인 계획을 종합계획이라 하고, 계획대상이 개별적인 분야인 계획을 부문별계획이라 한다. 국토종합계획이 전자의 예이고, 도시계획이 후자의 예이다.

2. 계획기간에 따른 분류

행정계획은 계획기간에 따라 장기계획, 중기계획 및 연간계획으로 분류할 수 있다.

3. 상하관계에 따른 분류

다른 계획의 기준이 되는 계획을 상위계획이라 하고 기존의 계획의 지침에 따라 제정되어야 하는 계획을 하위계획이라 한다. 상위계획과 하위계획은 상대적 개념이다. 도시기본계획은 도시관리계획의 상위계획이나 국토종합계획에 대하여는 하위계획이다.

국토종합계획, 광역도시계획, 도시기본계획, 도시관리계획은 그 순서대로 상하의 관계에 있다.

4. 구체화의 정도에 따른 분류

계획의 기본원칙이나 기본방향을 정하는 지침적 성격의 계획을 기본계획이라 하며 기본계획을 시행(집행)하기 위한 구체적인 기준을 정하는 계획을 시행계획 또는 집행계획이라 한다. 기본계획은 행정기관이나 국민을 구체적으로 구속하지 않는다. 시행계획(집행계획)은 행정기관이나 국민을 구속한다. 도시기본계획은 전자의 예이고 도시관리계획은 후자의 예이다.

5. 구속력의 유무에 따른 분류

국민이나 행정기관이나 누구에 대하여도 법적 구속력을 갖지 않는 행정계획을 비구속적 행정계획이라 한다. 교육진흥계획·체육진흥계획 등이 그것이다. 그러나, 비구속적 행정계획도 행정에 대하여 지침적 기능을 갖는다.

이에 대하여 국민이나 행정기관에 대하여 구속력을 갖는 행정계획을 구속적 행정계획이라 한다. 이 중 국민에 대하여 구속력이 있는 행정계획을 협의의 구속적 행정계획이라 한다. 도시관리계획, 토지구획정리사업계획, 수도권정비계획, 지역·지구·구역의 지정 또는 변경에 관한 계획 등이 그 예이다. 통상 구속적 행정계획이라 함은 협의의 구속적 행정계획을 말한다. 협의의 구속적 행정계획과 행정기관에 대한 구속적 행정계획을 합하여 광의의 구속적 행정계획이라 한다. 행정기관에 대한 구속적 행정계획의 예로는 국토종합계획·도시기본계획·예산운용계획 등이 있다.

[판례] 이미 고시된 실시계획에 포함된 상세계획으로 관리되는 토지 위의 건물의 용도를 상세계획 승인권자의 변경승인 없이 임의로 판매시설에서 상세계획에 반하는 일반목욕장으로 변경한 사안에서, 그 영업신고를 수리하지 않고 영업소를 폐쇄한 처분은 적법하다고 한 사례(대판 2008. 03. 27, 2006두3742, 3759[목욕장영업신고서처리불가처분취소·영업소폐쇄명령처분취소]). 〈**해설**〉 실시계획에 포함된 상세계획은 대외적으로 구속력있는 계획이므로 이에 반하는 행위는 인정될 수 없다.

Ⅴ. 행정계획수립절차

행정계획의 특질상 행정계획의 내용에 대한 법적 통제나 사법적 통제가 어렵다. 그리하여 행정계획에 있어서는 특히 절차적 통제가 중요한 의미를 갖는다.

행정계획의 절차적 통제의 중점은 크게 보아 행정계획의 적정성의 확보·행정계획의 민주적 통제 및 행정계획에 대한 이해관계인의 절차적 참가에 있다. 행정계획의 적정성을 보장하기 위하여는 행정계획의 책정에 전문지식의 도입장치를 마련하고, 관계기관과의 협의 및 적정한 이익의 조절을 위한 절차의 마련이 필요하다. 행정계획의 민주적 통제를 위하여는 국민 또는 주민의 행정계획의 수립에의 참가가 필요하다. 행정계획에의 이해관계인의 참가는 행정계획에 있어서의 이해관계인의 권리의 사전적 구제제도로서의 성격도 아울러 갖는다.

행정계획의 대상·내용 및 효력이 매우 다양하기 때문에 행정계획의 절차를 일률적으로 규율하기 어렵다. 「행정절차법」 제40조의4는 '행정청은 행정청이 수립하는 계획 중 **국민의 권리·의무에 직접 영향을 미치는 계획**을 수립하거나 변경·폐지할 때에는 관련된 여러 이익을 정당하게 형량하여야 한다.'고 규정하고 있다. 이 규정은

'국민의 권리 · 의무에 직접 영향을 미치는 계획' 즉 처분성이 있는 행정계획에는 **형량명령의 원칙**이 적용된다는 것을 선언한 규정으로 볼 수 있다. 형량명령은 비례원칙(이익형량의 원칙)뿐만 아니라 형량조사를 포함한다. 그런데, 비례의 원칙 내지 이익형량의 원칙은 처분에 한정하여 적용되지 않고, 모든 국가작용에 적용되는 헌법원칙이다. 그러므로 '국민의 권리 · 의무에 간접적으로 영향을 미치는 계획'을 포함하여 국민의 권리 · 의무에 직접 영향을 미치는 계획이 아닌 행정계획을 수립하거나 변경 · 폐지할 때에도 관련 이익 상호간에 갈등이 있는 경우에는 관련 이익을 정당하게 형량하여야 한다. 그리고, 형량의 전제로서 형량조사를 하여야 한다. 그리고, 국민생활에 매우 큰 영향을 주거나 많은 국민의 이해가 상충되는 행정계획은 예고하고 국민의 의견을 수렴하도록 규정하고 있다(제46조, 제47조).

행정계획절차는 행정계획분야에 따라 또한 행정계획의 종류에 따라 매우 다르다. 따라서 모든 행정계획절차를 이곳에서 검토할 수는 없다. 이곳에서는 행정계획의 절차적 통제 중 중요한 사항에 대한 일반적인 고찰에 한정하기로 한다.

1. 심의회 또는 위원회(이하 심의회라 한다)의 심의

심의회제도의 중심은 행정의 민주성의 확보 · 행정의 중립성의 확보 및 전문적 지식의 도입에 있다. 심의회의 종류에 따라 다르지만 행정계획분야에서 심의회제도의 가장 큰 역할은 행정계획에 대한 전문적 지식의 도입에 있다.

이해의 조절과 이해관계인의 의견의 반영이 심의회의 기능이 되는 경우가 있다. 이를 위하여는 이익을 대변할 수 있는 자를 심의회의 구성원으로 참여시켜야 할 것이다. 이익단체나 이익집단이 있는 경우에 그 대표를 참가시킬 수 있고, 그렇지 못한 경우에는 이익대표를 참가시키는 것이 어렵다. 경우에 따라서는 해당 분야의 전문가로 하여금 이익대표의 역할을 하도록 하기도 한다.

행정계획이 여러 행정기관에 이해관계가 있는 경우에 이해관계 있는 행정기관으로 위원회를 구성하여 행정계획을 심의하도록 하는 경우도 있다.

2. 관계기관간의 협의 및 조정

행정계획 중에는 하나의 행정기관에만 이해관계가 있는 경우도 있지만 대부분의 경우에는 다른 행정기관에도 이해관계가 있게 된다. 이 경우에는 행정계획을 수립함에 있어서 관계 행정기관과 협의하도록 하거나 상급행정청의 승인이나 조정을 거치도록 하거나 심의회의 심의를 거치도록 하고 있다. 또한, 중앙행정기관이 책정하는 행정계획에 대하여 지방자치단체에 이해관계가 있는 것은 지방의회의 의견을 듣도록 하고 있다(국토계획법 제15조 제2항, 제28조 제5항).

국정의 기본계획과 정부의 일반정책(헌법 제89조 제1호), 예산·결산·국유재산처분의 기본계획(제4호), 국유재산처분의 기본행정각부간의 권한의 획정(제10호), 정부안의 권한의 위임 및 배정에 관한 기본계획(제11호)과 행정 각부의 중요한 정책의 수립과 조정(제13호) 등이 국무회의의 심의사항으로 되어 있다. 따라서 이들 국무회의의 심의사항을 포함하는 행정계획은 국무회의의 심의를 거쳐야 한다.

3. 국민 또는 주민의 참여

행정계획 중에는 국가사회 전반과 지역사회 전반에 영향을 미치는 경우가 많다. 이 경우에 행정계획에 대한 민주적 통제를 위하여 국민이나 주민의 참여를 보장하여야 한다. 국민 또는 주민의 참여방식에는 공청회의 개최와 의견제출제도가 있다(국토계획법 제14조 제1항, 제28조 제1항).

행정절차법은 국민생활에 매우 큰 영향을 주거나 많은 국민의 이해가 상충되는 행정계획은 예고하고 국민의 의견을 수렴하도록 하고 있다(제46조, 제47조). 그러나, 의견제출에 대한 답신과 같은 피드백장치가 없는 문제가 있다.

4. 이해관계인의 참가

행정계획 중 국민의 권리의무에 대하여 직접 영향을 미치는 구속적 행정계획에 대하여는 이해관계인의 참가를 보장하여야 한다. 행정계획에 있어서 이해관계인의 참가는 사전적 권리구제제도로서 중요한 의미를 갖는다. 왜냐하면 행정계획에 대한 사후적 권리구제가 행정계획의 특질로 인하여 현실적으로 매우 어렵기 때문이다. 이해관계인의 참가방식으로는 의견제출제도와 청문제도가 있다. 이해관계인의 참가가 사전적 권리구제제도가 되기 위하여는 의견제출보다는 정식의 청문이 인정되어야 한다.

5. 행정계획의 공고 또는 고시 및 공람

행정계획 중에서 국민생활에 중요한 영향을 미치는 것은 공고·열람되어야 한다. 국토계획법은 건설교통부장관은 도시관리계획을 결정한 때에는 지체 없이 이를 고시하고 결정된 도시계획도면(지형도면)을 시장 또는 군수에게 송부하여 일반에게 공람시키도록 하고 있다(제30조 제6항, 제32조 제4항). 이 경우에 고시가 있어야 행정계획은 효력을 발생한다.

6. 계획확정절차의 하자의 효과

절차의 하자가 독립된 취소사유가 될 수 있는가에 대하여 견해가 대립되고 있지만 판례는 절차의 하자를 독립된 취소사유로 보고 있다.

계획확정절차의 하자는 하자의 일반이론에 따라 무효사유·취소사유가 된다. 경미한 절차의 하자인 경우와 순수하게 행정 내부적인 절차위반은 취소사유가 되지 않는다.

판례 중에는 도시관리계획의 수립에 있어서 구 도시계획법 제16조 소정의 공청회를 열지 아니하고 한 도시계획결정은 무효사유는 아니고 취소사유가 된다는 판례(대판 1990. 01. 23, 87누947)와 공고 및 공람절차에 하자가 있는 도시계획결정은 위법하다는 판례(대판 2000. 03. 23, 98두2768)가 있다.

Ⅵ. 계획재량과 통제

1. 계획재량의 개념

계획재량(計劃裁量)이라 함은 행정계획을 수립·변경함에 있어서 계획청에게 인정되는 재량을 말한다. 일반적으로 행정계획을 수립함에 있어서 행정권에게 일반 행정결정에서 보다 훨씬 넓은 재량권이 부여된다. 그 이유는 일반 행정결정에 대한 행정계획결정의 특수성에 기인한다. 즉, 행정계획은 일정한 행정목표를 설정하고 그 목표달성을 위한 수단을 선택하는 것을 내용으로 한다. 계획재량은 행정목표의 설정이나 행정목표를 효과적으로 달성할 수 있는 수단의 선택 및 조정에 있어서 인정된다.

그런데, 이러한 행정계획의 내용은 기본적으로 행정에 의해 결정되어질 수밖에 없다. 그 이유는 다음과 같다.

① 행정계획의 목표를 법률로 구체적으로 정하는 것은 불가능하며 행정계획의 목표가 사회상황의 변화에 맞추어 즉시 변동되어야 하는 것이므로 바람직하지도 않다. 행정목표를 달성하는 데 어떠한 수단이 가장 유효적절한 것인가 하는 것도 법령으로 정할 사항은 아니다. 또한 행정계획을 수립함에 있어서는 장래의 예측이라는 어려운 문제가 있고, 행정계획의 수립이라는 것이 전문적이고 기술적인 것이므로 행정계획의 기준을 법률로 구체적으로 정하기에는 국회의 능력에 한계가 있다.

② 또한 행정계획이란 바람직한 사회질서를 형성해 가는 것을 목적으로 하므로 기본적으로 행정의 임무에 속하는 것이며 법률에서 기본적인 사항을 정하는 것은 몰라도 구체적인 사항을 정하는 것은 타당하지 않다.

판례는 개발제한구역지정처분을 그 입안·결정에 관하여 광범위한 형성의 자유를 가지는 계획재량처분으로 보고 있다(대판 1997. 06. 24, 96누1313).

2. 계획재량과 일반 행정재량의 구분

이처럼 계획재량에는 일반적인 행정재량과 비교하여 행정청에게 폭넓은 재량권이 부여되고 있다는 것에 대하여 학설상 이론이 없다. 그런데, 계획재량이 일반의 행정재량과 질적으로 구별되는 것인지에 대하여는 견해가 대립되고 있다.

(1) 양자 사이의 질적인 차이를 인정하는 견해

다수의 견해는 다음과 같은 논거로 양자는 질적으로 다른 것으로 보고 있다.

① 양자는 재량의 내용이 다르다고 본다. 즉, 일반 행정재량의 수권규범은 행위요건과 효과부분으로 구성된 조건프로그램으로 되어 있고 일반 행정재량은 구체적인 사실과 결부되어 행정행위의 요건과 효과에 있어서 인정되는 반면에, 계획재량의 수권규범은 계획목표의 설정과 목표의 달성을 위한 수단과 절차를 규정하는 목적프로그램으로 되어 있고 계획재량은 목표의 설정과 수단의 선택에 있어서 인정된다.

그리하여 일반 행정재량의 경우에는 재량권이 상대적으로 좁게 인정되고 계획재량의 경우에는 그 재량권이 광범위하게 인정된다.

② 계획재량에는 형량명령이라는 특유한 재량하자이론이 존재한다.

(2) 양자 사이의 질적인 차이를 부정하는 견해

최근에 일부 견해는 다음과 같은 이유로 양자는 질적인 면에서는 차이가 없고 양 적인 면에서만 차이가 있을 뿐이라고 보고 있다.

① 양자에 있어서 재량이 인정되는 부분은 다르지만(일반 행정재량의 경우에 있어서는 행위요건 및 효과에 있어서 인정되고, 계획재량에 있어서는 목표설정과 수단의 선택에 있어서 인정되지만) 양자에 있어서 재량의 의미는 다같이 행정청에게 선택의 자유를 인정한다는 것이다. 따라서 양자 사이에 질적인 차이를 인정할 수는 없고 계획재량에 있어서 일반 행정재량에 비하여 재량권이 폭넓게 인정된다는 양적인 차이가 인정될 뿐이다.

② 계획재량의 하자이론으로 제시되는 형량명령은 협의의 비례원칙의 계획재량에 있어서의 적용이론일 뿐이다.

(3) 결　론

계획재량과 일반 행정재량 사이에는 위에서 본 바와 같이 일정한 차이가 존재하므로 계획재량을 별도로 논하는 것은 의미가 있다.

그러나 양자가 다 같이 행정청에게 선택의 자유를 인정하는 것이므로 질적인 면에서 차이가 있다고 보는 것은 타당하지 않다. 계획재량은 일반 행정재량의 한 유형이다.

3. 계획재량의 통제 : 형량명령

(1) 의 의

형량명령(衡量命令)이란 행정계획을 수립·변경함에 있어서 관련된 이익을 정당하게 형량하여야 한다는 원칙을 말한다. 형량명령은 계획재량의 통제를 위하여 형성된 이론이다. 형량명령이론은 독일에서 발전된 이론인데 우리나라의 판례도 형량명령이론을 수용하고 있다(대판 1997. 09. 26, 96누10096).

관련 이익을 형량하기 위해서는 먼저 관련 이익을 조사하여야 한다. 그리하여 형량명령은 비례원칙(이익형량의 원칙)뿐만 아니라 형량조사를 포함한다. 따라서 형량명령이론이 적용되는 경우는 비례의 원칙이 별도로 적용될 필요가 없다.

전술한 바와 같이 행정절차법에 따르면 행정청은 행정청이 수립하는 계획 중 국민의 권리·의무에 직접 영향을 미치는 계획을 수립하거나 변경·폐지할 때에는 관련된 여러 이익을 정당하게 형량하여야 한다(행정절차법 제40조의4).

(2) 내 용

형량명령의 구체적은 내용은 다음과 같다.

① 행정계획과 관련된 이익을 형량하기 위하여 계획청은 우선 행정계획과 관련이 있는 이익을 조사하여야 한다.

② 계획청은 관련된 이익을 이익형량에 모두 포함시켜야 한다. 공익과 사익이 모두 포함되어야 한다. 이익형량은 공익상호간, 공익과 사익 상호간 및 사익 상호간에 행하여진다.

법령에 의해 정해진 고려사항을 법정고려사항이라 한다. 법령에서 고려하도록 규정한 이익뿐만 아니라 법령에 규정되지 않은 이익도 행정계획과 관련이 있으면 모두 고려되어야 한다.

③ 관련된 공익 및 사익의 가치를 제대로 평가하여야 한다. 달리 말하면 개개의 이익이 과소평가되거나 과대평가되어서는 안 된다.

④ 관련되는 이익의 형량은 개개의 이익의 객관적 가치에 비례하여 행하여져야 한다. 또한 목표를 달성할 수 있는 여러 안 중에서 공익과 사익에 대한 침해를 최소화할 수 있는 방안을 선택하여야 한다.

(3) 형량하자와 그 효과

① 행정계획결정이 형량명령의 내용에 반하는 경우에 **형량하자**(衡量瑕疵)가 있게 된다. 그중에서 i) 조사의무를 이행하지 않은 하자를 조사의 결함이라 한다. ii) 고려하여야 할 이익을 빠뜨리는 것을 형량의 흠결(또는 형량의 누락)이라 한다. iii) 관련된 공익 또는 사익의 가치를 잘못 평가한 경우는 평가의 과오라 한다. iv) 형량에 있어 비례성을 결한 것을 형량불비례라 한다.

② **형량하자의 효과**는 다음과 같이 형량하자의 유형별로 논하는 것이 타당하다.

i) 행정계획의 수립 또는 변경에 있어서 이익형량을 전혀 하지 않은 경우(형량의 불행사) 행정계획은 위법하다. 즉, 행정계획과 관련이 있는 이익을 전혀 조사하지 않은 것(조사의 결함)은 위법하다. 조사가 미흡한 경우에는 형량의 결과에 영향을 미칠 정도의 미흡인 경우에 한하여 위법하다.

ii) 고려하여야 할 이익을 빠뜨린 형량의 흠결(형량의 누락)의 경우에는 형량결과에 영향을 미치지 않을 정도의 가치가 적은 이익이 형량에서 고려되지 않은 경우에는 행정계획은 위법하다고 볼 수 없을 것이다. 행정계획이 영향을 미치는 모든 이익의 파악이 쉽지 않고, 그 수도 적지 않을 것임에도 형량의 흠결을 모두 위반사유로 본다면 적법한 행정계획은 많지 않을 것이다.

iii) 평가의 과오는 사소한 이익에 대한 가치평가상의 과오가 아닌 한 위법사유가 된다고 보아야 한다.

iv) 형량불비례(이익형량이 불균형을 잃은 경우)는 위법사유가 된다.

③ 위와 같은 형량하자의 판단에 있어서 법원은 어느 정도로 심사를 행하는가. 원칙상 계획청이 형량명령을 이행함에 있어서 명백한 잘못을 저지른 경우에 한해서 형량의 하자가 있는 것으로 보아야 한다. 법원이 행정청의 판단에 대하여 전면적인 심사를 행할 수 있다면 계획재량을 인정한 취지가 상실되게 된다고 보는 견해가 있다.[35)]

④ 형량하자 중 상기 i)(조사의 결함)과 ii)(형량의 흠결), iii)(평가의 과오)는 행정계획결정의 절차상 하자(형식상 하자)이므로 이를 이유로 취소판결이 나면 처분청은 다시 적법하게 형량하여 동일한 내용의 행정계획결정을 할 수 있지만, iv)(형량불비례)는 행정계획결정의 내용상 하자이므로 이를 이유로 취소판결이 나면 특별한 사정이 없는 한 동일한 내용의 행정계획결정을 할 수 없다. 다만, 경우에 따라서는 부관을 붙여 동일한 내용의 행정계획결정을 할 수는 있다.

---

35) 김연태, "행정결정에 있어서 형량에 대한 사법적 통제,"『심천(心泉) 계희열 박사 화갑기념논문집』, 684면 이하 참조.

[판례] ① 행정주체는 구체적인 행정계획을 입안·결정함에 있어서 비교적 광범위한 형성의 자유를 가지는 것이지만, 행정주체가 가지는 이와 같은 형성의 자유는 무제한적인 것이 아니라 그 행정계획에 관련되는 자들의 이익을 공익과 사익 사이에서는 물론이고 공익 상호간과 사익 상호간에도 정당하게 비교교량하여야 한다는 제한이 있으므로, 행정주체가 행정계획을 입안·결정함에 있어서 이익형량을 전혀 행하지 아니하거나 이익형량의 고려 대상에 마땅히 포함시켜야 할 사항을 누락한 경우 또는 이익형량을 하였으나 정당성과 객관성이 결여된 경우에는 그 행정계획결정은 형량에 하자가 있어 위법하게 된다(대판 2007. 04. 12, 2005두1893[도시계획시설결정취소][원지동 추모공원 사건]). 〈해설〉 판례는 형량의 하자를 ① 이익형량을 전혀 행하지 아니한 경우(형량의 부존재), ② 이익형량의 고려 대상에 마땅히 포함시켜야 할 사항을 누락한 경우(형량의 누락), ③ 이익형량을 하였으나 정당성과 객관성이 결여된 경우(평가의 과오와 형량의 불비례)로 나누고 있다. 다만, 형량의 하자별로 위법의 판단기준을 달리 하여 개별화하지 못하고 있는 점은 미진한 점이다. 즉, 형량의 부존재는 당연히 위법사유가 된다고 본 것은 타당하다. 형량의 누락의 경우에는 중요한 이익고려사항의 누락만을 위법사유로 보는 것이 타당한데, 판례가 이 점을 분명히 하지 않은 점은 아쉬운 점이다. 또한, 평가의 과오와 형량의 불비례를 구분하지 않은 문제가 있다. 평가의 과오와 형량의 불비례의 경우에 판례는 “정당성과 객관성이 결여된 경우”에 위법사유가 된다고 하고 있다.

② 갑 등이 자신들의 토지를 도시계획시설인 완충녹지에서 해제하여 달라는 신청을 하였으나 관할 구청장이 이를 거부하는 처분을 한 사안에서, 위 처분은 행정계획을 입안·결정하면서 이익형량을 전혀 하지 않았거나 이익형량의 정당성·객관성이 결여된 경우에 해당한다고 본 원심판단을 정당하다고 한 사례(대판 2012. 01. 12, 2010두5806[완충녹지지정의해제신청거부처분의취소]). 〈해설〉 이 사안에서 위 토지를 완충녹지로 유지해야 할 공익상 필요성이 소멸되었다고 보고, 위 처분은 갑 등의 재산권 행사를 과도하게 제한한 것이라고 하면서 이익형량의 정당성·객관성이 결여된 경우에 해당한다고 보았다.

③ 대학시설을 유치하기 위한 광역시의 도시계획시설결정이 지역의 교육여건 개선 등의 공익과 지역 내의 토지나 건물 소유자들이 입게 되는 권리행사 제한 등의 사익의 이익형량에 정당성과 객관성을 결여한 하자가 있어 위법하다고 한 사례(대판 2006. 09. 08, 2003두5426[울산도시계획시설(학교)결정취소]).

④ 도시계획시설(도시자연공원) 해제 입안제안 신청에 대한 거부처분에 이익형량의 하자가 있지 않다고 한 사례(대판 2016. 02. 24, 2015두53640[공원용지해제거부처분취소][도시계획시설결정 변경 입안제안 거부처분에 대한 취소청구 사건]).

⑤ (1) 이러한 형량하자의 법리는 산업입지법상 산업단지개발계획 변경권자가 산업단지 입주업체 등의 신청에 따라 산업단지개발계획을 변경할 것인지를 결정하는 경우에도 마찬가지로 적용된다. (2) 울산·미포 국가산업단지에 입주한 폐기물처리(소각)업체인 원고의 폐기물소각시설 증설을 위한 산업단지개발계획 변경신청을 피고가 거부한 것이 현저히 합리성을 결여하였거나 형평이나 비례의 원칙에 뚜렷하게 배치된다고 볼 수 없다고 판단한 사례(대판 2021. 07. 29, 2021두33593[산업단지개발계획변경신청 거부처분 취소청구의 소]).

Ⅶ. 행정계획과 신뢰보호(계획보장청구권)

1. 계획보장청구권의 의의

계획보장청구권(計劃保障請求權)이란 행정계획에 대한 관계국민의 신뢰를 보호하기 위하여 관계국민에 대하여 인정된 행정계획주체에 대한 권리를 총칭하는 개념이다. 계획보장청구권은 행정계획분야에 있어서의 신뢰보호의 원칙의 적용례라고 할 수 있다. 계획보장청구권에 포함되는 권리로는 계획존속청구권, 계획이행청구권, 경과조치청구권, 손해배상청구권 및 손실보상청구권이 들어지고 있다.

행정계획은 장래의 행정의 지침이 되며 행정의 방향을 제시하는 기능을 하기 때문에 국민은 행정계획을 신뢰하고 투자 등 여러 조치를 취하게 된다. 그리하여 행정계획의 변경 또는 폐지에 있어서 행정계획을 신뢰함으로써 받게 되는 불이익을 구제해 줄 필요가 있다. 이를 위하여 형성된 이론이 계획보장청구권리론이다.

그런데, 행정계획은 기존의 일정한 행정여건에 대한 분석과 장래의 행정여건의 변화에 대한 예측에 기초하여 수립되므로 행정계획에는 변경가능성이 내재되어 있다고 본다. 기존의 행정여건에 대한 분석이나 장래의 예측이 잘못된 경우에는 행정계획이 변경될 수 있는 것으로 보아야 한다. 따라서 계획보장청구권의 인정에는 큰 어려움이 있다.

일반적으로 말하면 공익목적을 달성하기 위한 행정계획의 변경의 필요성과 관계국민의 신뢰보호의 가치를 조화시키는 해결을 하여야 할 것이다.

2. 계획존속청구권

계획존속청구권(計劃存續請求權)이라 함은 계획의 변경 또는 폐지에 대하여 계획의 존속을 주장하는 권리를 말한다.

계획존속청구권이 인정되기 위하여는 청구자에게 공권이 인정되어야 하고, 행정청에게는 계획존속의무가 인정되어야 한다. ① 공권성: 계획존속을 청구하는 자의 개인적 이익이 계획관계법령에 의해 보호되어야 한다. ② 계획존속의무: 계획의 변경 또는 폐지로 인한 이익보다 상대방의 신뢰보호의 이익이 훨씬 커야 한다.

일반적으로 말하면 행정계획의 영향범위는 매우 크고 따라서 행정계획의 변경으로 인한 공익이 큰 반면에 계획변경으로 인한 관계국민의 불이익은 개별적인 것이므로 관계국민에게 신뢰보호의 원칙에 근거하여 행정계획의 변경 또는 금지를 저지할 권리가 인정되기는 어려울 것이다. 그러나, 예외적으로 계획의 변경보다 상대방의 신뢰를 보다 보호할 필요가 있는 경우에는 계획존속청구권이 인정될 수 있을 것이다.

예를 들면, 지방자치단체의 특정 공장의 유치계획과 같이 주로 특정 개인에 대해서 효력을 미치는 행정계획의 경우에 계획존속청구권이 인정되는 경우가 있을 수 있다.

행정계획은 본질상 장래를 규율하는 것이므로 진정소급효 있는 행정계획의 변경은 존재하지 않는다.

부진정소급효 있는 행정계획의 폐지·변경에 있어서 이해관계인의 신뢰보호의 가치가 계획 변경의 필요성보다 큰 경우에 계획존속청구권이 인정된다.

행정계획의 폐지에는 행정행위의 철회권 제한의 법리를 준용하여야 할 것이다.

3. 계획준수청구권과 계획집행청구권

계획의 준수와 계획의 집행은 구별하여야 한다. 계획의 준수는 행정기관이 구속적 행정계획을 위반해서는 안 되는 것을 의미하며, 계획의 집행이란 행정기관이 계획의 목표를 달성하기 위하여 계획을 집행하는 것을 말한다.

(1) 계획준수청구권

1) 의 의

계획준수청구권(計劃遵守請求權)이라 함은 행정기관에게 계획을 준수할 것을 청구할 수 있는 권리이다.

2) 요 건

계획준수청구권이 인정되기 위하여는 계획준수를 청구하는 자의 개인적 이익이 계획법규에 의해 보호되고 있어야 하고, 행정청에게 계획을 준수할 의무가 있어야 한다. 구속적 행정계획의 경우 행정청은 계획을 준수할 의무를 진다.

(2) 계획집행청구권

1) 의 의

계획집행청구권(計劃執行請求權)이라 함은 행정기관이 계획을 집행할 것을 청구할 수 있는 권리이다.

2) 요 건

계획집행청구권이 인정되기 위하여는 계획의 집행을 청구하는 자의 개인적 이익이 계획법규에 의해 보호되고 있어야 하고(공권성), 행정청에게 계획집행의무가 있어야 한다(계획집행의무). 행정기관에 의한 행정계획의 집행은 통상 행정기관의 재량권에 속하므로 행정기관에게 계획집행의무가 인정되기 위하여는 계획집행으로 인한 이익이 계획을 집행하지 않음으로 인하여 달성되는 공익보다 훨씬 커야 한다.

4. 경과조치청구권(적응조치청구권)

경과조치청구권(經過措置請求權)이라 함은 계획의 존속을 신뢰하여 조치를 취한 자가 행정계획의 변경 또는 폐지로 인하여 받게 될 불이익을 방지하기 위하여 행정청에 대하여 경과조치 또는 적응조치를 청구할 수 있는 권리를 말한다. 경과조치청구권은 계획의 변경으로 인한 공익의 실현과 계획의 존속에 대한 관계인의 신뢰이익 중 어느 하나만을 보호하지 않고 양자를 조화시키는 수단이 될 수 있는 장점을 갖고 있다.

경과조치청구권은 법률의 명시적인 근거가 없는 한 인정될 수 없다. 법률에 의해 일반적인 경과조치청구권을 인정하는 것에는 어려움이 있으므로 필요한 경우에 개별적으로 인정하여야 할 것이다. 경과조치의 내용이라는 것이 매우 다양하므로 일반적으로 규율하기 어렵고, 경과조치청구권이 일반적으로 인정되고 있는 경우에는 경과조치의 부담으로 인하여 계획변경 자체가 어렵게 될 것이다.

계획의 존속에 대한 신뢰이익이 계획을 변경할 공익 보다 큰 경우 경과조치를 취하지 않으면 계획변경은 위법하게 된다.

5. 손해배상청구권과 손실보상청구권

위법한 계획의 변경 또는 폐지로 인하여 가해진 손해에 대하여는 국가배상법에 근거하여 국가배상청구가 가능하다. 다만, 문제는 위법한 계획의 변경에 있어서 공무원의 과실을 입증하는 것이 쉽지 않다는 점이다.

일본의 경우에 있어서는 국가배상법상의 위법개념에 관하여 상대적 위법성설을 취하고 있으므로 계획의 변경 또는 폐지는 적법하지만 그로 인하여 발생된 손해가 신뢰보호의 원칙의 위반에 기인하는 것이라고 판단되는 경우에는 계획 자체의 변경 또는 폐지는 적법하지만 피해자에 대한 국가배상의 관계에서는 위법하다고 하면서 국가배상책임을 인정하고 있다.

적법한 계획의 변경 또는 폐지로 인하여 특별한 손실을 받은 경우에 손실보상을 청구할 수 있다. 그런데, 통상 계획의 변경 또는 폐지로 인한 손실에 대하여 손실보상청구권을 인정하는 법률의 규정이 두어지지 않고 있다. 이 경우는 보상규정이 없는 손실보상의 문제가 되고, 후술하는 바와 같이 헌법 제23조 제3항에 직접적 효력을 인정한다면 헌법 제23조 제3항을 유추적용하여 손실보상을 청구할 수 있다고 보아야 한다.

다만, 분리이론에 따르면 행정계획으로 인한 재산권의 제한이 재산권의 내용과 한계를 정하는 것인 경우에는 후술하는 바와 같이 특별한 희생에 해당하는 경우에도 손실보상 이외에 별도의 구제조치도 가능하다고 본다(손실보상 참조).

Ⅷ. 계획변경청구권

계획법규는 원칙상 공익의 보호를 목적으로 하는 것이며 사익의 보호를 목적으로 하지 않기 때문에 원칙상 계획변경청구권(計劃變更請求權)은 인정될 수 없다.

그러나, 예외적으로 법규상 또는 조리상 계획변경신청권이 인정되는 경우가 있고, 이 경우에는 행정계획변경청구권이 인정된다. 즉, 일정한 행정처분을 구하는 신청을 할 수 있는 법률상 지위에 있는 자의 국토이용계획변경신청을 거부하는 것이 실질적으로 당해 행정처분 자체를 거부하는 결과가 되는 경우(판례 1), 도시계획구역 내 토지 등을 소유하고 있는 주민이 도시계획입안권자에게 도시계획입안을 신청하는 경우(판례 2), 문화재보호구역 내의 토지소유자가 문화재보호구역의 지정해제를 신청하는 경우(판례 3) 등에는 그 신청인에게 조리상 행정계획변경을 신청할 권리가 인정된다.

[판례] ① 구 국토이용관리법(2002. 2. 4. 법률 제6655호 국토의 계획 및 이용에 관한 법률 부칙 제2조로 폐지)상 주민이 **국토이용계획의 변경에 대하여** 신청을 할 수 있다는 규정이 없을 뿐만 아니라, 국토건설종합계획의 효율적인 추진과 국토이용질서를 확립하기 위한 국토이용계획은 장기성, 종합성이 요구되는 행정계획이어서 원칙적으로는 그 계획이 일단 확정된 후에 어떤 사정의 변동이 있다고 하여 그러한 사유만으로는 **지역주민이나 일반 이해관계인에게 일일이 그 계획의 변경을 신청할 권리를 인정하여 줄 수는 없을 것이지만, 장래 일정한 기간 내에 관계 법령이 규정하는 시설 등을 갖추어 일정한 행정처분을 구하는 신청을 할 수 있는 법률상 지위에 있는 자의 국토이용계획변경신청을 거부하는 것이 실질적으로 당해 행정처분 자체를 거부하는 결과가 되는 경우에는 예외적으로 그 신청인에게 국토이용계획변경을 신청할 권리가 인정된다**고 봄이 상당하므로, 이러한 신청에 대한 거부행위는 항고소송의 대상이 되는 행정처분에 해당한다(대판 2003. 09. 23, 2001두10936).
② 도시계획구역 내 토지 등을 소유하고 있는 주민으로서는 입안권자에게 도시계획입안을 요구할 수 있는 법규상 또는 조리상의 신청권이 있다고 할 것이고, 이러한 신청에 대한 거부행위는 항고소송의 대상이 되는 행정처분에 해당한다(대판 2004. 04. 28, 2003두1806).
③ 문화재보호구역 내에 있는 토지소유자 등으로서는 위 보호구역의 지정해제를 요구할 수 있는 법규상 또는 조리상의 신청권이 있다고 할 것이고, 이러한 신청에 대한 거부행위는 항고소송의 대상이 되는 행정처분에 해당한다(대판 2004. 04. 27, 2003두8821; 2015. 03. 26, 2014두42742[도시계획시설결정폐지신청거부처분취소]).
④ 산업단지개발계획상 산업단지 안의 토지 소유자로서 산업단지개발계획에 적합한 시설을 설치하여 입주하려는 자는 산업단지지정권자 또는 그로부터 권한을 위임받은 기관에 대하여 산업단지개발계획의 변경을 요청할 수 있는 법규상 또는 조리상 신청권이 있고, 이러한 신청에 대한 거부행위는 항고소송의 대상이 되는 행정처분에 해당한다고 보아야 한다(대판 2017. 08. 29, 2016두44186).

통상 행정계획의 변경은 행정청의 폭넓은 재량에 속하므로 이 경우 계획변경청구권은 무하자재량행사청구권의 성질을 갖는다.

Ⅸ. 행정계획과 권리구제제도

국민의 권리침해는 행정계획결정으로 발생될 수 있을 뿐만 아니라 행정계획의 폐지 또는 변경으로 인하여 발생될 수 있다.

1. 위법한 행정계획과 국가배상

이론상 위법한 행정계획의 수립·변경 또는 폐지로 인하여 손해를 받은 자는 국가배상을 청구할 수 있다. 그러나, 국가배상책임의 요건이 충족되는 경우가 많지 않을 것이다. 특히 공무원의 과실이 인정되는 경우가 드물 것이다.

2. 적법한 행정계획과 손실보상 등 권리구제

적법한 행정계획의 수립·변경 또는 폐지로 인하여 손실을 받은 경우에는 손실보상의 요건을 갖춘 경우에 손실보상을 청구할 수 있다. 특히 문제가 되는 것은 행정계획으로 인한 재산상의 손실이 보상을 요하지 않는 '재산권에 내재하는 사회적 제약'에 불과한지 아니면 보상을 요하는 '특별한 희생'인지를 판단하는 것이다. 특별한 희생의 판단기준은 손실보상과 관련하여 후술하기로 한다.

행정계획으로 인한 손실이 특별한 희생에 해당하는 것이라 하더라도 관계법에 손실보상규정 등 권리구제에 관한 규정이 두어지지 않고 있는 것이 보통이다. 이 경우에는 분리이론을 따르면 헌법 제23조 제1항과 제2항의 재산권의 내용과 한계를 정하는 경우에는 입법자에 의한 조정조치를 통하여 구제를 받고, 분리이론을 따르면서도 헌법 제23조 제3항의 손실보상의 문제가 되는 경우와 경계이론을 따를 때에는 보상규정이 흠결된 경우에 있어서의 손실보상의 문제가 된다. 헌법 제23조 제3항에 직접 근거하여 손실보상을 청구할 수 있다고 보는 것이 타당하다. 이 문제에 대하여는 손실보상과 관련하여 후술하기로 한다.

[판례] **도시계획시설의 지정**으로 말미암아 당해 토지의 이용가능성이 배제되거나 또는 토지소유자가 토지를 **종래 허용된 용도대로도 사용할 수 없기 때문에 이로 말미암아 현저한 재산적 손실이 발생하는 경우에는 원칙적으로 사회적 제약의 범위를 넘는 수용적 효과를 인정**하여 국가나 지방자치단체는 이에 대한 **보상을 하여야 한다**(헌재 1999. 10. 21, 97헌바26).

3. 취소소송

행정계획에 대하여 취소소송이 인정되기 위하여는 우선 행정계획의 처분성이 인정되어야 한다.

앞에서 본 바와 같이 구속적 행정계획의 경우에 행정계획으로 인하여 국민의 권리에 직접적인 영향을 미친 경우에 한하여 처분성이 인정된다. 행정계획의 폐지 또는 변경의 경우에도 그러하다.

취소소송으로 권리구제가 되기 위하여는 행정계획이 위법하다고 판단되어야 한다. 그런데, 계획청에게 계획재량이라는 폭넓은 재량이 인정되므로 행정계획의 위법성을 인정하기가 쉽지 않을 것이다.

행정계획의 변경 또는 폐지의 경우에 있어서도 위법성을 인정함에 있어서 많은 어려움이 있다. 그것은 전술한 바와 같이 행정계획에 내재하는 변경가능성으로 인하여 행정계획은 필요한 경우에 변경 또는 폐지될 수 있고, 국민의 신뢰보호를 위하여 행정계획의 변경 또는 철회가 제한된다고 하지만 일반적으로 행정계획의 변경 또는 폐지로 달성되는 이익이 상대방의 신뢰이익보다 클 것이기 때문이다.

행정계획이 위법한 경우에도 행정계획이 성립되면 그에 따라 많은 법률관계가 형성되고 이 경우에는 행정계획의 취소로 인하여 침해되는 공익이 크게 되기 때문에 사정판결에 의해 행정계획이 취소되지 않을 가능성이 많다.

4. 헌법소원

행정계획이 공권력 행사이지만 처분이 아닌 경우 헌법소원의 대상이 된다.

[판례] [1] **비구속적 행정계획안이나 행정지침**이라도 국민의 기본권에 직접적으로 영향을 끼치고, 앞으로 법령의 뒷받침에 의하여 그대로 실시될 것이 틀림없을 것으로 예상될 수 있을 때에는, 공권력행위로서 예외적으로 헌법소원의 대상이 될 수 있다. [2] 건설교통부장관이 1999. 7. 22. 구역지정의 실효성이 적은 7개 중소도시권은 개발제한구역을 해제하고 구역지정이 필요한 7개 대도시권은 개발제한구역을 부분조정 하는 등의 내용을 담은 비구속적 행정계획안인 '개발제한구역제도 개선방안'을 발표한 것이 공권력행사에 해당하지 않는다고 한 사례(헌재 2000. 06. 01, 99헌마538[개발제한구역제도개선방안 확정발표 위헌확인]).

5. 사전적 구제

위에서 보았듯이 행정계획에 대한 사후적 구제에는 한계가 있다. 따라서 행정계획분야에서는 특히 행정절차에 의한 통제가 중요하다. 행정절차 중 사전적 구제제도의 기능을 갖는 것은 이해관계인의 참여이다. 행정계획절차에 관하여는 전술한 바와 같다.

6. 행정계획의 미집행으로 인한 권익침해의 구제

(1) 개 설

사인의 토지가 도로, 공원, 학교 등 도시계획시설로 지정되면 토지소유자는 당해 토지가 매수될 때까지 시설예정부지의 가치를 상승시키거나 계획된 사업의 시행을 어렵게 하는 변경을 해서는 안 된다는 내용의 '변경금지의무'를 진다. 이 제한이 특별희생에 해당하는 경우 분리이론에 의하면 매수청구권이나 수용신청권의 부여, 지정의 해제, 손실보상 등 구제조치를 하여야 하고(경계이론에 의하면 손실보상을 해 주어야 하고), 재산권에 내재하는 사회적 제약인 경우에는 토지소유자는 이를 감수하여야 한다.

[판례] 도시계획시설부지가 나대지인 경우와 달리 지목이 대 이외인 토지인 경우는 도시계획시설결정에 의한 제한이 수인하여야 하는 사회적 제약의 범주에 속하는 것으로서 재산권에 대한 침해라고 할 수 없고, 이에 따라 지목이 대인 토지에 대하여 인정되는 매수청구권을 인정하지 않더라도 합리적 이유가 있으므로 평등원칙에 반하지 아니한다(헌재 1999. 10. 21, 97헌바26).

그리고, 그 제한이 재산권에 내재하는 사회적 제약에 해당하는 경우에도 행정계획의 장기간의 미집행(未執行)으로 토지소유자가 받은 재산권 제한이 수인한도를 넘는 경우 분리이론에 의하면 손실보상 등 구제조치를 취해야 하고, 경계이론에 의하면 손실보상을 하여야 한다. 헌법재판소는 분리이론에 따라 구제조치를 하여야 한다고 본다.

[판례] [1] 입법자는 도시계획사업도 가능하게 하면서 국민의 재산권 또한 존중하는 방향으로, **재산권의 사회적 제약이 보상을 요하는 수용적 효과로 전환되는 시점**, 즉 보상의무가 발생하는 시점을 확정하여 보상규정을 두어야 한다. 토지재산권의 강화된 사회적 의무와 도시계획의 필요성이란 공익에 비추어 일정한 기간까지는 토지소유자가 도시계획시설결정의 집행지연으로 인한 재산권의 제한을 수인해야 하지만, **일정 기간**이 지난 뒤에는 입법자가 보상규정의 제정을 통하여 과도한 부담에 대한 보상을 하도록 함으로써 도시계획시설결정에 관한 집행계획은 비로소 헌법상의 재산권 보장과 조화될 수 있다. [2] 입법자는 토지재산권의 제한에 관한 전반적인 법체계, 외국의 입법례 등과 기타 현실적인 요소들을 종합적으로 참작하여 국민의 재산권과 도시계획사업을 통하여 달성하려는 공익 모두를 실현하기에 적정하다고 판단되는 기간을 정해야 한다. 그러나 **어떠한 경우라도 토지의 사적 이용권이 배제된 상태에서 토지소유자로 하여금 10년 이상을 아무런 보상없이 수인하도록 하는 것은** 공익실현의 관점에서도 정당화될 수 없는 과도한 제한으로서 **헌법상의 재산권보장에 위배된다**고 보아야 한다. [3] 도시계획시설로 지정된 토지가 나대지인 경우, 토지소유자는 더 이상 그 토지를 종래 허용된 용도(건축)대로 사용할 수 없게 됨으로써 토지의 매도가 사실상 거의 불가능하고 경제적으로 의미있는 이용가능성이 배제된다. 이러한 경우, 사업시행자에 의한 토지매수가 장기간 지체되어 토지소유자에게 토지를 계속 보유하도록 하는 것이 경제적인 관점에서 보아 더 이상 요구될 수 없다면, 입법자는 매수청구권이나 수용신청권의 부여, 지정의

해제, 금전적 보상 등 다양한 보상가능성을 통하여 재산권에 대한 가혹한 침해를 적절하게 보상하여야 한다(헌재 1999. 10. 21, 97헌바26).

계획집행청구권이 인정되는 경우 행정계획의 집행을 청구할 수 있을 것이다.

(2) 계획집행청구

계획집행청구권이 인정되는 경우 행정계획의 집행을 청구할 수 있고, 그 집행이 거부된 경우 거부처분취소소송을 제기할 수 있다.

(3) 손실보상 등

행정계획의 장기간의 미집행으로 토지소유자가 받은 재산권 제한이 수인한도를 넘는 경우 분리이론에 의하면 손실보상 등 구제조치를 입법하여야 하는데, 손실보상에 관한 입법이 없는 한 손실보상을 청구할 수 없고, 경계이론에 의하면 보상규정이 없는 공용침해에 대한 권리구제의 문제가 된다.

(4) 매수청구권

행정계획의 장기간의 미집행으로 토지소유자가 받은 재산권 제한이 수인한도를 넘는 경우 분리이론에 의하면 매수청구권(買受請求權) 보장 등 구제조치를 입법하여야 하는데, 매수청구에 관한 입법이 있어야 매수청구가 인정될 수 있고, 경계이론에 의하면 매수청구권이 규정된 경우 매수청구가 보상이라고 보는 견해는 매수청구 이외에 보상은 인정되지 않고, 매수청구가 보상이 아니라고 보는 견해에 의하면 손실보상규정 없는 공용침해에 대한 권리구제의 문제가 된다.

국토의 계획 및 이용에 관한 법률 제47조 제1항은 도시계획시설에 대한 도시관리계획의 결정(이하 '도시계획시설결정'이라 한다)의 고시일부터 10년 이내에 당해 도시계획시설의 설치에 관한 도시계획시설사업이 시행되지 아니하는 경우(제88조의 규정에 의한 실시계획의 인가 또는 그에 상당하는 절차가 행하여진 경우를 제외) 당해 도시계획시설의 부지로 되어 있는 토지 중 지목이 대인 토지(당해 토지에 있는 건축물 및 정착물을 포함)의 소유자에게 토지매수청구권을 인정하고 있다.

(5) 도시계획시설계획의 취소변경청구

행정계획의 장기간의 미집행으로 토지소유자가 받은 재산권 제한이 수인한도를 넘는 경우 분리이론에 의하면 손실보상 등 구제조치를 취해야 하는데, 이러한 구제조치에 관한 법률규정이 없는 경우 도시계획시설계획에 관한 법률이 위헌이고 따라서 도시계획시설계획이 위법하므로 취소될 수 있다고 본다. 그런데, 헌법재판소는 일정한 경우 위헌인 법률조항을 입법개선시까지 잠정적으로 적용하는 것으로 하고 있다.

[판례] 이 사건의 경우, 도시계획을 시행하기 위해서는 계획구역 내의 토지소유자에게 행위제한을 부과하는 법규정이 반드시 필요한데, 헌법재판소가 위헌결정을 통하여 당장 법률의 효력을 소멸시킨다면, 토지재산권의 행사를 제한하는 근거규범이 존재하지 않게 됨으로써 도시계획이라는 중요한 지방자치단체행정의 수행이 수권규범의 결여로 말미암아 불가능하게 된다. 도시계획은 국가와 지방자치단체의 중요한 행정으로서 잠시도 중단되어서는 안되기 때문에, 이 사건 법률조항을 입법개선시까지 잠정적으로 적용하는 것이 바람직하다고 판단된다(헌재 1999. 10. 21, 97헌바26[도시계획법 제6조 위헌소원]).

경계이론에 의하면 위헌무효설을 취하는 경우 도시계획시설계획의 취소가 가능하다. 직접효력설, 보상입법부작위위헌설에 의하면 도시계획시설계획 그 자체는 적법하므로 취소될 수 없다.

(6) 장기 미집행 도시계획시설결정의 실효제도

장기 미집행(未執行) 도시계획시설(예, 도시공원)결정의 실효제도(失效制度)는 헌법상 재산권으로부터 당연히 도출되는 권리는 아니며(헌재 2005. 09. 29, 2002헌바84 · 89, 2003헌마678 · 943(병합)) 법률의 근거가 필요하다.

국토의 계획 및 이용에 관한 법률 제48조는 "도시계획시설결정이 고시된 도시계획시설에 대하여 그 고시일부터 20년이 경과될 때까지 당해 시설의 설치에 관한 도시계획시설사업이 시행되지 아니하는 경우 그 도시계획시설결정은 그 고시일부터 20년이 되는 날의 다음날에 그 효력을 상실한다"고 규정하고 있다.

(7) 도시 · 군계획시설결정의 해제 신청

도시 · 군계획시설결정의 고시일부터 10년 이내에 그 도시 · 군계획시설의 설치에 관한 도시 · 군계획시설사업이 시행되지 아니한 경우로서 제85조 제1항에 따른 단계별 집행계획상 해당 도시 · 군계획시설의 실효 시까지 집행계획이 없는 경우에는 그 도시 · 군계획시설 부지로 되어 있는 토지의 소유자는 대통령령으로 정하는 바에 따라 해당 장기미집행 도시 · 군계획시설에 대한 도시 · 군관리계획 입안권자에게 그 토지의 도시 · 군계획시설결정 해제를 위한 도시 · 군관리계획 입안을 신청할 수 있다(국토계획법 제48조의2 제1항). 제1항에 따라 신청을 한 토지 소유자는 해당 도시 · 군계획시설결정의 해제를 위한 도시 · 군관리계획이 입안되지 아니하는 등 대통령령으로 정하는 사항에 해당하는 경우에는 해당 도시 · 군계획시설에 대한 도시 · 군관리계획 결정권자에게 그 도시 · 군계획시설결정의 해제를 신청할 수 있다(제48조의2 제3항).

(8) 장기미집행도시계획시설결정을 유사한 기능의 도시관리계획결정으로 변경한 경우

장기미집행도시계획시설결정(예, 도시계획시설(공원))을 유사한 기능의 도시관리계획결정(예, 도시자연공원구역지정처분)으로 변경한 경우 그 도시관리계획결정의 해제신청을 하고, 그 신청에 대한 거부처분의 취소를 구하는 소송을 제기할 수 있다.

[판례] [도시관리계획결정의 해제신청에 대한 거부처분 취소를 구하는 사건] (1) 원고가 소유한 토지('이 사건 편입토지')는 1971. 8. 7. 도시계획시설(공원)로 결정·고시되었고, 피고는 위 도시공원결정의 효력이 상실되기 전에 이 사건 편입토지를 포함한 토지 일대를 고덕산산도시자연공원구역(이하 '이 사건 공원구역')으로 지정하는 내용의 도시관리계획(용도구역)결정을 고시하였고, 원고는 피고에게 편입토지에 대한 도시자연공원지정처분의 취소를 구하였으나, 피고는 이를 거부하였고, 이에 대해 원고가 <도시관리계획결정의 해제신청에 대한 거부처분 취소를 구하는 사건>에서 **자연환경 보호 등을 목적으로 하는 도시관리계획결정은** 식생이 양호한 수림의 훼손 등과 같이 장래 발생할 불확실한 상황과 파급효과에 대한 예측 등을 반영한 행정청의 재량적 판단으로서, 그 내용이 현저히 합리성을 결여하거나 형평이나 비례의 원칙에 뚜렷하게 반하는 **등의 사정이 없는 한 폭넓게 존중해야 한다고 하면서** 원고에게 재량권의 일탈·남용(형량의 하자)이 없다고 한 사례. (2) 이 사건 편입토지는 1971. 8. 7. 최초 도시계획시설(공원)로 지정된 이후 계속 지목에 따라 농경지로 이용된 것으로 보이고, 2017년경 이 사건 편입토지의 소유권을 취득한 원고 역시 계속하여 농경지로 사용하는 것이 가능하다. 만약 이 사건 편입토지를 종래의 용도로 사용할 수 없어 그 효용이 현저하게 감소되거나 사용·수익이 사실상 불가능한 경우 원고는 공원녹지법 제29조에 따른 매수청구권을 행사할 수 있다. 따라서 이 사건 공원구역의 지정이 원고의 사익을 과도하게 침해하였다고 단정할 수 없다고 한 사례(대판 2023. 11. 16, 2022두61816). 〈해설〉 계획재량과 형량하자가 쟁점이 되었고, 분리이론에 따른 수인한도를 넘는 과도한 재산권 제한 여부가 다투어졌다. 도시관리계획결정 해제신청권의 인정을 전제로 본안판결을 하였다.

제 3 장 행정행위

제 1 절 행정행위의 개념

Ⅰ. 행정행위의 개념요소

행정행위(行政行爲)라는 개념은 행정기관이 하는 행위 전부를 말하는 것이 아니라 일정한 성질을 갖는 행정기관의 행위를 지칭한다. 행정행위라는 개념은 학문상의 필요에 의해 만들어진 강학상 개념이며 실정법에서나 실무상 사용되는 개념이 아니다. 실무상으로는 '처분', '행정처분'이라는 개념이 사용되고 있다.

행정소송법 제2조에서 '처분'이라는 개념이 사용되고 있지만 행정소송법상의 처분은 다른 견해가 있기는 하지만 행정행위라는 개념과 동일하지 않다. 행정소송법상의 처분개념은 소송법상의 개념이고 행정행위라는 개념은 실체법상의 개념이다.

통설에 의하면 행정행위 개념은 다음과 같이 정의된다: 행정청이 구체적인 사실에 대한 법집행으로서 행하는 외부에 대하여 직접적·구체적인 법적 효과를 발생시키는 권력적 단독행위인 공법행위이다. 행정주체의 의사의 우월성이 본질적 요소가 된다. 이러한 행정행위 개념은 '협의의 행정행위(처분)' 개념이라 하는데, '실체법상(작용법상) 행정행위(처분)' 개념이라고도 할 수 있다. 행정쟁송(행정심판 및 행정소송)의 대상이 되는 처분을 '쟁송법상 처분'이라고 할 수 있는데, 후술하는 바와 같이 '쟁송법상 처분' 개념은 실체법상 처분(협의의 행정행위)을 포함하는 보다 넓은 개념이다. 달리 말하면 쟁송법상 처분을 '광의의 처분'이라 할 수 있다. 이에 대하여 실체법상 행정행위(처분)를 '협의의 처분'이라 할 수 있다.

행정행위라는 개념을 개념적 요소로 나누어 설명하면 다음과 같다.

① 행정청의 행위이다. 행정청에는 엄격한 의미의 행정청(조직법상 의미의 행정청) 이외에 법령에 의하여 행정권을 위임 또는 위탁받은 행정기관, 공공단체 또는 사인이 포함된다. 이는 행정작용법상 의미의 행정청이다.

② 법적 행위이다. 법적 행위란 외부에 대하여 직접 법적 효과를 발생시키는 행

위를 말한다. 따라서 법적 효과를 발생시키지 않는 내부적 행위는 행정행위가 아니다. 행정행위는 사실행위가 아니다. 통치행위는 정치적 성격이 강한 행위로 법적으로 해결되는 것이 바람직하지 않은 행위이며 항고소송의 대상이 되는 행정행위는 아니다.

③ 구체적 사실에 관한 법적 행위이다. 달리 말하면 구체적인 법적 효과를 가져오는 행위이다. 법규명령은 법질서에 변경을 가져오는 법적 효과를 가져오므로 법적 행위이다. 그러나, 법규명령은 원칙상 구체적인 법적 효과, 즉 국민의 권리의무관계에 직접 변경을 가져오지 않으므로 행정행위는 아니다.

그러나 직접 국민의 구체적인 권리의무관계에 직접 변동을 가져오는 명령(법규명령의 처분성에 관한 협의설에서의 처분적 명령)은 실질적으로는 행정행위라고 할 수 있다. 그러나, 법규명령을 형식적으로 정의하는 형식설에 의하면 처분적 명령도 법규명령에 속하며 행정행위와 구별된다. 처분적 명령은 행정행위와 같이 행정소송법상의 처분에 해당한다(법규명령과 행정행위의 구별에 관하여 자세한 것은 법규명령 참조). 불특정 다수를 상대방으로 하지만 구체적 사실을 규율하는 '일반처분'(예, 통행금지, 집회금지, 입산금지)은 행정행위이다. 물건을 직접적인 규율대상으로 하며 이를 통하여 사람에 대해서는 간접적인 법적 효과를 미치는 행정행위인 '물적 행정행위'(주차금지구 역의 지정 등)도 일반처분의 일종으로서 구체적인 법적 효과(그 구역에 주차를 하여서는 안 되는 의무가 생긴다)를 가져오므로 행정행위로 보아야 한다. 물적 행정행위의 직접적인 대상은 물건이지만 그를 통하여 사람에게도 구체적인 법적 효과를 발생시킨다.

④ 행정행위는 권력적 단독행위이다. 비권력적인 공법상 계약 및 공법상 합동행위는 행정행위가 아니다. 소극적 형태를 취하는 거부처분도 행정행위이다. 부작위도 행정행위로 보는 견해도 있으나 부작위를 행정행위와 구별하는 것이 타당하다.

⑤ 공법행위이다. 사법행위(예, 잡종재산의 매각결정)는 행정행위가 아니다.

행정행위는 묵시적(추단적)으로도 행해진다. 예를 들면, 경원관계에 있는 일부에 대한 승인처분은 나머지에 대해서는 묵시적(추단적) 불승인 처분이 된다.

Ⅱ. 행정행위와의 구별개념

행정행위와 구별되어야 할 개념으로 다음과 같은 개념이 있다.

1. 행정행위와 행정소송법상의 처분

종래에는 항고소송의 대상이 행정행위에 한정되었기 때문에 행정행위라는 개념은 항고소송의 대상을 판단하는 기준이 되는 실익이 있었다. 오늘날에도 독일이나 프랑스에서는 행정행위[36]만이 항고소송의 대상이 된다. 그러나, 우리나라에서는 실정법(행정소송법)상 항고소송의 대상이 행정행위에 한정되지 않는다.

그러나, 우리나라에서도 행정행위라는 개념이 순수하게 학문상의 개념만은 아니다. 실무상으로도 행정행위라는 개념을 인정할 실익이 없지 않다.

① 현재에도 여전히 행정행위는 항고소송의 주된 대상이 되고 있다. 실제에 있어서 행정행위가 아닌 행위가 항고소송의 대상이 되는 경우(예, 권력적 사실행위, 비권력적행위의 일부, 처분적 명령)는 많지 않다. 특히 법적행위에 있어서는 원칙상 행정행위만이 항고소송의 대상이 된다. 법적 행위 중 일반적·추상적 입법행위, 사법행위는 항고소송의 대상이 되지 않는다. 따라서 법적 행위에 있어서는 당해 행위가 항고소송의 대상이 되는지 여부를 판단함에 있어서는 그 행위가 행정행위인지 여부를 판단하여야 한다.

② 행정행위에 한하여 인정되는 법제도 및 이론이 있다. 취소제도, 철회제도, 공정력 등이 그것이다.

행정행위라는 개념과 항고소송의 대상이 되는 처분이라는 개념을 동일한 개념으로 볼 것인가 아니면 상이한 개념으로 볼 것인가에 관하여 견해의 대립이 있다.

일부 학설은 실체법상의 개념인 행정행위와 행정소송법상의 개념인 처분개념은 동일한 것으로 보고 있지만, 다수의 견해는 양자를 상이한 개념으로 보고 있다. 다수의 견해가 타당하다. 그 이유는 다음과 같다.

현행 행정소송법이 '처분'을 '구체적 사실에 관한 법집행으로서의 공권력의 행사 또는 그 거부와 그 밖에 이에 준하는 행정작용'이라고 정의하고 있는데, 이 처분개념은 행정행위보다 넓은 개념이다. 위의 처분개념의 정의를 '구체적 사실에 관한 법집행으로서의 공권력의 행사 또는 그 거부'와 '그 밖에 이에 준하는 행정작용'이라는 두 부분으로 나눌 수 있는데, 전반부가 행정행위뿐만 아니라 권력적 사실행위도 포함하는지에 다툼이 있고, 전반부가 행정행위를 의미한다고 하더라도 후반부는 행정행위는 아니지만 행정행위에 준하는 행위를 의미하게 된다. 따라서 행정행위가 아닌 행위도 경우에 따라서 항고소송의 대상이 될 수 있다는 것이 현행 행정소송법의 입장이다. 또한 현행 행정소송제도가 취소소송 중심으로 되어 있고 기타의 소송제도는 실효적인 권리구제에 불충분하기 때문에 국민의 권리구제를 확대하기 위하여는 항고소송의 대상을 가능한 한 확대하여야 한다. 구체적으로 행정행위 이외에 항고소송의 대상이 되는 행위에는 어떠한 것이 있는지는 후술하기로 한다('행정소송편' 참조).

---

36) 프랑스에서 행정행위(acte administratif)라는 개념은 우리나라에서의 행정행위뿐만 아니라 법규명령을 포함하는 개념이다.

결론적으로 말하면 행정소송법상의 처분은 행정행위라는 개념과 동일하지 않다. 행정소송법상의 처분개념은 소송법상 인정된 개념이고 행정행위라는 개념은 실체법상의 개념이다.

2. 행정행위와 형식적 행정행위

형식적 행정행위(形式的 行政行爲)라 함은 통상 "행정행위의 본질적 요소를 공권력의 발동이라고 보고, 공권력의 발동이라는 실체를 수반하지 않는 비권력적인 행위를 일정한 경우(그 비권력적 행위가 국민의 법익에 사실상의 지배력을 미치고 그 행위에 대하여 항고소송을 인정하는 것이 국민의 권익구제를 위하여 필요한 경우)에 형식적·기술적으로 공권력의 행사인 행위에 해당하는 것으로 보아 항고소송의 대상이 되는 것으로 본 경우에 당해 비권력적 행위"를 말한다.

형식적 행정행위라는 개념은 일본에서 논의되고 있는 개념이다.[37] 일본에서 '형식적 행정행위'라는 개념을 인정하는 주된 이유는 비권력적 행위도 그 중 일부를 '형식적 행정행위'로 보아 항고소송의 대상으로 함으로써 권익구제의 기회를 확대하기 위함에 있다. 일본 행정사건소송법상으로는 항고소송의 대상은 '행정청의 공권력의 행사'에 한정된다. 따라서 일본에서는 비권력적인 행위도 일정한 경우에 항고소송의 대상으로 하기 위하여 형식적 행정행위라는 개념을 필요로 하게 된 것이다.

그러나 우리나라 행정소송법은 항고소송의 대상이 되는 '처분'을 '공권력 행사 및 거부'에 한정하지 않고 '그 밖에 이에 준하는 행정작용'도 처분이 될 수 있는 것으로 규정하고 있기 때문에 비권력적 행위도 항고소송의 대상이 될 수 있는 가능성을 인정하고 있으므로 일부 비권력적 행위를 항고소송의 대상으로 하기 위하여 별도로 '형식적 행정행위'라는 개념을 논할 필요가 없다.

다만, 일본법상의 형식적 행정행위에 해당한다고 인정될 수 있는 행위는 우리나라 행정소송법상의 '그 밖에 이에 준하는 행정작용'에 포함될 수 있는 것이기 때문에 일본법에서의 '형식적 행정행위'에 관한 논의는 우리나라에서의 비권력적 행위에 대한 항고소송의 문제(취소소송의 대상 여부 및 취소소송의 배타적 관할 여부)를 해결함에 있어서 참고가 될 수 있을 것이다.

그러나, 행정소송법상 처분개념을 실체법상의 행정행위와 동일한 개념으로 보는 견해에서는 형식적 행정행위라는 개념은 항고소송의 대상을 확대하는 유용한 개념이다.

---

37) 일본에 있어서 형식적 행정행위라는 개념은 판례에 의해 사용되는 개념이기는 하지만 아직 확립된 개념은 아니고, 학설에서도 그 개념에 대하여 의견의 일치를 보고 있지 못하다.

우리나라의 경우 형식적 행정행위론을 쟁송법상 개념설과 동일한 것으로 보는 견해가 많지만, 형식적 행정행위라는 개념은 본래 일본에서 온 것으로서 항고소송의 대상을 행정행위로 한정하는 입장에서 항고소송의 대상을 확대하기 위하여 형식적 행정행위라는 개념을 도입한 것이므로, 형식적 행정행위설을 실체법상 개념설의 변형으로 보는 것이 타당하다.

Ⅲ. 행정행위의 특질

행정행위의 특질이라 함은 통상 사법상의 법률행위에 대한 특질을 말한다. 행정행위의 특질 중 가장 대표적인 것은 행정의사의 우월성이다. 이외에 행정행위의 특수성으로는 공정력, 구성요건적 효력, 구속력, 존속력(불가쟁력, 불가변력), 강제력(자력집행력, 제재력), 권리구제수단의 특수성이 있는데, 이에 관하여는 전술하였다.

제 2 절 행정행위의 분류

행정행위는 여러 기준에 의해 다양하게 분류된다.

Ⅰ. 법률행위적 행정행위와 준법률행위적 행정행위의 구별

1. 구별의 기준

종래 통설은 행위자의 효과의사의 유무 내지 행정행위의 법적 효과의 발생원에 따라 행정행위를 법률행위적 행정행위와 준법률행위적 행정행위로 구분하였다. 즉, 법률행위적 행정행위는 행정행위의 효과의사를 구성요소로 하고 그 법적 효과가 그 효과의사의 내용에 따라 발생하는 행위인 데 대하여 준법률행위적 행정행위는 효과의사 이외의 정신작용을 구성요소로 하고 그 법적 효과가 행위자의 의사와는 무관하게 법규범에 의해 부여되는 행위이다.

양자의 구별은 민법상의 법률행위와 준법률행위의 구별을 차용한 것이다. 법률행위적 행정행위는 민법상의 법률행위에 대응하는 것이며 준법률행위적 행정행위는 민법상의 준법률행위에 대응한다. 따라서, 법률행위적 행정행위를 공법상의 법률행위로 부르고, 준법률행위적 행정행위를 공법상의 준법률행위로 부를 수 있다.

2. 구별의 타당성

오늘날에는 법률행위적 행정행위와 준법률행위적 행정행위의 구별에 대하여 강한 비판이 제기되고 있고, 긍정설과 부정설이 대립하고 있다.

(1) 부정설

법률행위적 행정행위와 준법률행위적 행정행위를 구별하는 것은 타당하지 않다는 부정설의 논거는 행정행위와 민법상의 법률행위는 상호 성질이 다르다는 데 두고 있다. 사법에 있어서는 사적 자치의 원칙이 기본원칙이므로 행위자의 의사의 내용이 존중되어야 하겠지만, 행정에 있어서는 법률에 의한 행정의 원리가 기본원리로 되어 있으므로 행정은 법에 의해 기속되는 것이며 행정은 공익을 추구하여야 하므로 행정권 행사의 효과가 행정청의 자유로운 의사에 따라 발생하게 할 수 없다. 행정에 있어서 행정권 행사의 법적 효과는 어느 경우에나 기본적으로 법에 의해 인정되는 것이다.

(2) 긍정설

행정청의 의사가 사법상의 행위자의 의사와 같이 자유로운 의사가 아니라 법규 내용을 실현하는 의사라는 점은 인정하지만, 행정행위에는 현행법 자체가 행정청의 의사에 따라 법적 효과를 부여하고 있는 경우와 행정청의 의사와 무관하게 법규범에 의해 법적 효과를 부여하는 경우가 있으므로 행정법에 있어서도 행위자의 의사를 전적으로 무시할 수 없고 따라서 법률행위적 행정행위와 준법률행위적 행정행위를 구별하는 것은 이론상 전혀 무의미하지 않다고 보는 견해도 있다.

(3) 결 어

법률행위적 행정행위와 준법률행위적 행정행위의 효력은 모두 법률로부터 나온다는 점, 후술하는 바와 같이 양자의 구별의 실익이 없다는 점 등에서 양자의 구별을 폐지하는 것이 타당하다.

3. 구별의 실익

종래의 통설은 양자를 구별하는 실익으로 준법률행위적 행정행위에는 행정청에게 재량권이 인정될 수 없다는 것을 든다. 준법률행위적 행정행위의 법률효과는 행정청의 의사에 따라 발생하는 것이 아니라 법률에 의해 정해지므로 행정권에게 재량권이 인정될 여지가 없다고 본다. 또한, 종래의 통설은 행정행위의 부관을 행정청의 의사표시에 의해 붙여지는 것으로 보면서 준법률행위적 행정행위에는 부관을 붙일 수 없다고 보았다.

그러나, 법률행위적 행정행위와 준법률행위적 행정행위를 구별하는 경우에도 그 구별의 실익은 없다고 보는 것이 타당하다. 재량행위와 기속행위의 구별은 관계법규가 기준이 되는 것이지 법률행위적 행정행위와 준법률행위적 행정행위의 구별과 관계 있는 것은 아니다. 또한 부관의 허용성은 재량행위와 기속행위의 구분과 관계가 있지만 법률행위적 행정행위와 준법률행위적 행정행위의 구별과는 직접 관계가 없다. 준법률행위적 행정행위에도 부관을 붙일 수 있는 경우가 있다(예, 공증의 경우에 기한을 붙일 수 있는 것으로 규정된 경우가 있다).

Ⅱ. 행정행위의 법적 효과의 내용에 따른 분류

법률행위적 행정행위는 법률효과의 내용에 따라 명령적 행위와 형성적 행위로 구분된다. 명령적 행위는 인간이 본래 가지는 자연적 자유를 규율하는 행위인 반면에 형성적 행위는 상대방에게 권리나 능력을 창설하는 행위라는 점에서 양자를 구분하고 있다.

명령적 행위는 본래 인간의 자유로운 행동에 대하여 작위 또는 부작위의 의무를 명하는 하명, 인간의 본래 자유로운 활동에 대하여 공공질서의 유지를 위하여 미리 금지를 해 두고 일정한 요건을 갖춘 경우에 신청에 따라 그 금지를 해제하는 허가와 일정한 경우에 행위, 급부, 수인의 의무를 해제하는 면제로 구분된다.

형성적 행정행위로는 특허, 인가, 대리 등이 있다.

다만 최근에 허가(특히 영업허가)를 명령적 행위로 분류하고 특허(특히 공기업 특허)를 형성적 행위로 분류하여 허가와 특허를 구분하는 견해에 대하여는 비판이 제기되고 있다. 이에 관하여는 후술하기로 한다.

준법률행위적 행정행위는 법률효과의 내용에 따라 확인행위, 공증행위, 통지행위, 수리행위로 구분된다.

Ⅲ. 기속행위와 재량행위

행정행위는 법에 기속되는 정도에 따라 기속행위(羈束行爲)와 재량행위(裁量行爲)로 나누어진다. 기속행위는 행정권 행사의 요건과 효과가 법에 일의적으로 규정되어 있어서 행정청이 법에 정해진 행위를 하여야 할 의무를 지는 행위를 말한다. 재량행위는 행위의 요건이나 효과의 선택에 관하여 법이 행정권에게 재량권을 인정한 경우에 행해지는 행정청의 행정행위를 말한다.

재량행위와 기속행위를 구별하는 가장 큰 실익은 사법심사의 범위에 있다. 기속행위는 전면적으로 법원에 의한 통제의 대상이 되지만 재량행위는 재량권의 한계를 넘지 않는 한 법원에 의한 통제의 대상이 되지 않는다. 재량행위와 기속행위에 대하여는 후술하기로 한다.

Ⅳ. 침해적 행정행위, 수익적 행정행위, 이중효과적 행정행위(복효적 행정행위)

행정행위가 초래하는 이익 및 불이익 상황에 따라 행해지는 구분이다. 행정행위를 행정행위의 상대방의 권익을 침해하는(권익을 제한하거나 의무를 부과하는) 침해적 행정행위(侵害的 行政行爲), 행위의 상대방에게 이익을 부여하는 수익적 행정행위(授益的 行政行爲) 및 하나의 행정행위가 이익과 불이익을 동시에 발생시키는 이중효과적 행정행위(복효적 행정행위)가 있다.

불이익처분은 처분 상대방에게 불이익이 되는 처분인데, 침해적 행정행위뿐만 아니라 신청에 대한 거부처분을 포함한다. 침해적 처분 중 법위반사실에 대해 제재로서 과하는 처분을 **제재처분**이라 한다.

1. 수익적 행정행위와 침해적 행정행위의 구별실익

수익적 행정행위와 침해적 행정행위를 구분하는 실익은 다음과 같다.

(1) 법에의 기속

침해적 행정행위는 국민의 권익을 침해하는 행위이므로 일반적으로 수익적 행정행위보다 엄격한 법적 기속(羈束)을 받는다.

우선 법률유보와 관련하여 침해적 행정행위는 법률의 근거가 있어야 하는 것은 물론이고 법률에 의해 엄격히 규율되어야 한다.

수익적 행정행위에 있어서는 침해유보설에 입각하는 경우에는 법률의 근거가 없어도 가능하다고 할 수 있지만 수익적 행정행위도 권력행위이고 오늘날에는 국민생활의 행정에 대한 의존이 작지 않기 때문에 수익적 행정행위도 침해적 행정행위 못지 않게 국민생활에 중요한 것이므로 법률의 근거 있어야 하는 것으로 보아야 한다. 다만, 일반적으로 말하면 수익적 행정행위에 있어서는 침해적 행정행위에서 보다 법률에 의한 규율의 강도가 다소 낮을 수도 있다고 할 수 있다.

재량행위인가 기속행위인가는 일차적으로 관계법령의 규정방식에 의해 결정되지만, 관계법령이 분명하지 않은 경우에 있어서는 문제의 행위가 침해적 행정행위라는 사실은 당해행위를 기속행위로 해석하는 데 기여한다. 반면에 수익적 행정행위라는 사실이 일반적으로 문제의 행위를 재량행위로 해석하게 하지는 않는다. 수익적 행정행위 중 許可와 같은 명령적 행정행위는 허가를 거부하는 행위는 인간이 본래 가지고 있는 자유를 제한하는 결과를 가져오므로 기속행위로 해석되는 경향이 있다. 판례도 이러한 견해를 취하고 있다. 이에 반하여 특허(特許)는 새롭게 권리를 설정하여 주는 행위이므로 재량행위쪽으로 해석되는 경향이 있다.

(2) 절차적 통제

침해적 행정행위는 상대방의 권익을 제한하거나 의무를 부과하는 행정행위이므로 사전에 통지를 하고 상대방의 의견진술을 들어야 한다(행정절차법 제21조, 제22조). 수익적 행정행위에 있어서는 행정청에게 사전행정절차를 거칠 의무가 없다.

(3) 사인의 공법행위

수익적 행정행위는 통상 상대방의 신청을 요하는 쌍방적 행정행위인데 반하여 침해적 행정행위는 통상 행정청의 직권에 의해 일방적으로 행하여진다.

(4) 취소 또는 철회

수익적 행정행위에 대하여는 쟁송취소를 제기할 소의 이익이 전혀 인정되지 않으므로 행정쟁송으로 다툴 수 없다. 부담적 행정행위에 대하여는 원칙상 소의 이익이 인정된다. 수익적 행정행위의 직권취소 또는 철회는 상내방의 신뢰보호의 원칙상 일정한 제한이 가해지지만 침해적 행정행위의 취소 또는 철회는 이러한 제한이 없다.

(5) 무 효

수익적 행정행위의 경우에는 상대방의 신뢰보호를 위하여 무효의 요건을 엄격히 해석하여야 하고, 부담적 행정행위의 무효에 있어서는 부담적 행정행위에 의해 침해된 권익이 중대한 경우에 무효의 요건을 완화하여야 할 것이다.

(6) 구제수단

수익적 행정행위의 거부 또는 부작위에 대하여는 거부의 경우에는 거부처분취소심판, 의무이행심판 또는 거부처분의 취소소송을 제기하고 부작위의 경우에는 의무이행심판 또는 부작위위법확인소송을 제기할 수 있다.

침해적 행정행위에 대하여는 취소심판 또는 취소소송을 제기할 수 있다.

2. 이중효과적 행정행위

이중효과적 행정행위(복효적 행정행위)는 하나의 행정행위가 이익과 불이익의 효과를 동시에 발생시키는 행위를 말한다. 이중효과적 행정행위(二重效果的 行政行爲)는 제3자효 행정행위[38]와 혼합효 행정행위[39]를 포함한다.

Ⅴ. 일방적 행정행위와 쌍방적 행정행위

행정행위의 성립에 상대방의 협력(신청 또는 동의)이 필요한지 여부에 따른 구별이다. 성립에 상대방의 어떠한 협력도 필요 없는 행정행위를 일방적 행정행위(또는 단독적 행정행위)라 하고, 상대방의 협력이 성립요건인 행정행위를 쌍방적 행정행위라고 한다. 쌍방적 행정행위는 허가, 특허 및 인가와 같이 상대방의 신청을 요하는 행정행위와 공무원의 임명행위와 같이 상대방의 동의를 요하는 행정행위가 있다.

쌍방적 행정행위는 공법상 계약과 다르다. 공법상 계약은 행정주체의 의사와 상대방인 국민의 의사의 합치에 의해 성립하는 비권력적 행위이지만 쌍방적 행정행위는 행정행위의 내용의 결정이 행정청에 의해 단독으로 행해지며 상대방인 국민과의 합의가 필요 없는 권력적 행위이다.

쌍방적 행정행위에 있어서 신청이나 동의가 없는 행정행위는 무효이다. 신청이나 동의가 있었으나 신청이나 동의에 하자가 있을 때에 행정행위가 무효인가 취소할 수 있는 행정행위인가에 대하여는 전술한 바와 같이 견해의 대립이 있다(사인의 공법행위 참조).

Ⅵ. 대인적 행정행위, 대물적 행정행위 및 혼합적 행정행위

행정행위의 대상에 대한 고려사항에 따른 구별이다. 이 구별의 실익은 행정행위의 효과의 이전성에 있다.

1. 대인적 행정행위

대인적 행정행위(예, 의사면허, 운전면허 등)는 행위의 상대방의 주관적 사정에 착안하여 행해지는 행정행위이며 그 효과는 일신전속적인 것이므로 제3자에게 승계되지 않는다.

판례는 개발제한구역 안에서 그 구역지정의 목적에 위배되는 건축물이나 공작물을 양수한 자에 대하여 구 도시계획법 제78조 제1호에 의한 처분이나 원상회복 등

38) 상대방에게는 이익을 주고 제3자에게는 불이익을 주거나(예, 건축 허가) 상대방에게는 불이익을 주고 제3자에게는 이익을 주는(예, 공해배출시설조업중지명령) 행정행위를 말한다.

39) 상대방에 대하여 동시에 수익적 효과와 침해적 효과를 발생하는 행정행위(예, 부담부 행정행위)를 말한다.

의 조치명령을 할 수 없다고 보고 있는데, 이는 위 조치명령을 대인적 처분으로 보았기 때문인 것으로 보인다.

2. 대물적 행정행위

(1) 의 의

대물적 행정행위(對物的 行政行爲)는 행위의 상대방의 주관적 사정을 고려하지 않고 행위의 대상인 물건이나 시설의 객관적 사정에 착안하여 행해지는 행정행위이다. 대물적 행정행위의 예로는 건축허가, 건축물사용승인, 차량검사합격처분, 문화재지정처분, 법위반행위를 이유로 한 업무정지처분(대판 2022. 01. 27, 2020두39365), 공중위생업소폐쇄명령(대판 2001. 06. 29, 2001두1611), 채석허가(대판 2003. 07. 11, 2001두6289), 환지처분 등이 있다.

[판례] ① **건축허가는 대물적 성질을 갖는 것**이어서 행정청으로서는 그 허가를 할 때에 건축주 또는 토지 소유자가 누구인지 등 **인적 요소에 관하여는 형식적 심사만 한다**(대판 2010. 05. 13, 2010두2296; 2017. 03. 15, 2014두41190). **〈해설〉** 대물적 허가인 건축허가는 건축물의 양도에 따라 이전되고, 건축주명의변경신고는 자기완결적 신고(정보제공적 신고)로 보아야 한다.
② 요양기관이 속임수나 그 밖의 부당한 방법으로 보험자에게 요양급여비용을 부담하게 한 때에 국민건강보험법 제98조 제1항 제1호에 의해 받게 되는 **요양기관 업무정지처분은** 의료인 개인의 자격에 대한 제재가 아니라 요양기관의 업무 자체에 대한 것으로서 **대물적 처분**의 성격을 갖는다. 따라서, **폐업한 요양기관에서 발생한 위반행위를 이유로 그 요양기관의 개설자가 새로 개설한 요양기관에 대하여 업무정지처분을 할 수 없다**(대판 2022. 01. 27, 2020두39365). 이러한 법리는 보건복지부 소속 공무원의 검사 또는 질문을 거부·방해 또는 기피한 경우에 국민건강보험법 제98조 제1항 제2호에 의해 받게 되는 요양기관 업무정지처분 및 의료급여법 제28조 제1항 제3호에 의해 받게 되는 의료급여기관 업무정지처분의 경우에도 마찬가지로 적용된다(대판 2022. 04. 28, 2022두30546).

(2) 대물적 행정행위의 효과의 귀속

대물적 행정행위는 물적 상태에 변동을 가져오며 물건의 소유자, 점유자등 관계인에게 귀속하는 것이므로 처분의 상대방이 잘못된 경우에도 대물적 행정행위의 효과는 물건의 관계인에 대해 발생한다는 것이 판례의 입장이다.

[판례] 종전의 토지가 단독 또는 다른 토지들과 합동으로 환지되었다면 그 환지가 제자리 환지라 하더라도 **환지처분**이 대인적 처분이 아닌 **대물적 처분**의 성격을 가진 점에 비추어 종전 토지소유자는 환지에 대하여 단독 또는 공동으로 소유권을 취득한다 할 것이고 사업시행자가 종전 토지소유자가 아닌 타인을 환지받는 권리자로 지정하였다 하더라도 종전 토지소유자가 환지의 소유권을 취득하고 이를 행사함에 있어서는 아무런 영향이 없다(대판 1987. 02. 10, 86다카285).

(3) 행위의 효과의 승계

1) 수익적 대물적 행정행위의 경우

대물적 행정행위 중 수익적 행정행위인 경우에는 그 효과가 승계된다는 데 이견이 없다.

[판례] ① 건축허가는 대물적 허가의 성질을 가지는 것으로 **그 허가의 효과는 허가대상 건축물에 대한 권리변동에 수반하여 이전**되고, 별도의 승인처분에 의하여 이전되는 것이 아니며, 건축주 명의변경은 당초의 허가대장상 건축주 명의를 바꾸어 등재하는 것에 불과하므로 행정소송의 대상이 될 수 없다(대판 1979. 10. 30, 79누190).
② (1) **건축 중인 건물을 양도한 사람이 건축주 명의변경에 동의하지 아니한 경우, 양수인이 의사표시에 갈음하는 판결을 받을 필요가 있는지 여부(적극)**: 행정관청으로부터 허가를 받거나 행정관청에 신고(이하 이러한 허가와 신고를 합하여 '허가 등'이라 한다)를 하고 건축이 이루어지는 경우에, 건축 중인 건물의 양수인은 진행 중인 건축공사를 계속하기 위해 허가 등에 관한 건축주 명의를 변경할 필요가 있고, 준공검사 후 건축물관리대장에 소유자로 등록하여 양수인 명의로 소유권보존등기를 신청하기 위해서도 건축주 명의를 변경할 필요가 있는데, 이를 위해서 양수인은 건축법 시행규칙 제11조 제1항 등 건축 관계 법령에 따라 건축관계자변경신고서에 변경 전 건축주의 명의변경동의서 등을 첨부하여 제출하여야 하므로, 건축 중인 건물을 양도한 자가 건축주 명의변경에 동의하지 아니한 경우에 양수인으로서는 의사표시에 갈음하는 판결을 받을 필요가 있다. (2) 공동건축주 명의변경에 대하여는 변경 전 건축주 전원에게서 동의를 얻어야 한다. 다만 명의변경에 관한 동의의 표시는 변경 전 건축주 전원이 참여한 단일한 절차나 서면에 의하여 표시될 필요는 없고 변경 전 건축주별로 동의의 의사를 표시하는 방식도 허용되므로, 동의의 의사표시에 갈음하는 판결도 반드시 변경 전 건축주 전원을 공동피고로 하여 받을 필요는 없으며 부동의하는 건축주별로 피고로 삼아 판결을 받을 수 있다(대판 2015. 09. 10, 2012다23863[건축주명의변경절차이행]).

대물적 허가 또는 등록은 명문의 규정이 없어도 양도가 가능하다. 대물적 허가의 양도에 신고를 하도록 하는 경우도 있다.

2) 침해적 대물적 행정행위의 경우

침해적·대물적 행정행위(위법건축물의 철거명령)인 경우에 그 효과가 제3자에게 승계되는지에 관하여 견해의 대립이 있다.

가. 예외적 부정설 이 견해는 침해적 행정행위인 대물적 행정행위에 대하여는 '행정목적의 신속한 실현의 목적'과 '사적 거래의 안전 및 선의의 양수인의 보호의 요청'을 조화시키는 해결을 하여야 하므로 승계인이 선의·무과실인 경우에는 명문의 규정이 없는 한 행위의 효과가 승계되지 않는 것으로 보아야 한다는 견해이다.

나. 긍정설 이 견해의 논거는 다음과 같다. i) 침해적 처분의 이유가 된 처분의 대상인 물건의 객관적 사정(예, 건축물의 위법 상태)은 변함이 없기 때문에 행정청은 행정목적의 실현을 위하여 동일한 내용의 침해적 행정처분을 하지 않을 수 없

으므로 결과적으로 승계인은 불측의 손해를 피할 수 없게 된다. ii) 동일한 행정처분을 반복하는 번거로움을 피하기 위하여 침해적 행위의 경우에도 그 효과의 승계를 인정하는 것이 타당하다. 판례는 긍정설을 취하고 있다.

다. 결 어 대물적 행정행위는 물적 사정에 기초하여 행해지며 행정행위의 무용한 반복을 피하는 것이 타당하므로 긍정설이 타당하다. 다만, 침해적 처분에 대한 불복제기기간의 경과에 있어서는 피승계인에 의한 쟁송제기 기간의 경과는 승계인에게 미치지 않는다고 보는 것이 타당하고, 승계인이 처분이 있었던 것을 안 날로부터 불복기간 90일이 진행된다고 보는 것이 타당하다.

3. 혼합적 행정행위

혼합적 행정행위(예, 가스사업허가, 총포· 도검·화약류판매허가 등)는 행위의 상대방의 주관적 사정과 함께 행위의 대상인 물건이나 시설의 객관적 사정에 착안하여 행해지는 행정행위를 말한다.

[판례] 폐기물중간처리업 허가는 폐기물처리를 위한 시설·장비 및 기술능력 등 객관적 요소를 주된 대상으로 하는 대물적 허가 내지는 대물적 요소가 강한 혼합적 허가(대인적 요소로는, 법 제27조에서 법에 위반하여 형을 받거나 폐기물중간처리업의 허가가 취소된 후 2년이 경과되지 아니한 자 등에 대하여 허가를 금하고 있는 것 등을 들 수 있다)로서, 그 영업장의 소재지 및 시설·장비 등은 폐기물중간처리업 허가의 대상을 이루는 중요한 요소라 할 것이다(대판 2008. 04. 11, 2007두17113[폐기물중간처리업허가취소처분]).

혼합적 행정행위의 이전은 명문의 규정이 있는 경우에 한하여 인정되며 통상 행정청의 승인 또는 허가 등을 받도록 규정하고 있다. 혼합적 행정행위의 양도시에 승인 대신 신고만을 요하는 경우도 있다.

Ⅶ. 요식행위와 불요식행위

행정행위에 일정한 형식(서면 등)이 요구되는가에 따른 구별이다. 명문의 규정이 없는 한 행정행위는 구두로 가능하다. 그런데, 행정절차법은 행정청의 처분은 다른 법령 등에 특별한 규정이 있는 경우를 제외하고는 문서(당사자 등의 동의가 있는 경우 전자문서도 가능)로 하도록 하고 있다. 요식행위(要式行爲)가 형식을 결여하면 형식의 하자가 있는 행정행위가 된다.

Ⅷ. 적극적 행정행위와 소극적 행정행위

적극적 행정행위(積極的 行政行爲)는 허가 또는 특허 등 적극적으로 현재의 법률상태에 변동을 초래하는 행위를 말하며 소극적 행정행위(消極的 行政行爲)는 현재의 법률상태에 변동을 가져오지 않으려는 행위를 말하며 거부처분이 이에 해당한다. 적극적 행정행위나 소극적 행정행위나 묵시적으로도 가능하다. 허가신청서류를 반려하는 것은 거부처분에 해당한다.

신청에 대한 거부행위가 행정행위인 거부처분이 되기 위하여는 다음의 요건을 갖추어야 한다.

① 신청인에게 법령상 또는 조리상 신청권이 있어야 하며(후술 '행정소송' 참조) 그에 대응하여 행정청에게 처분의무가 있어야 한다. 여기에서 신청인의 신청권은 행정청의 응답을 구하는 신청권이며 신청된 대로의 처분을 구하는 권리는 아니다. 거부처분의 처분성을 인정하기 위한 요건으로 신청권을 요한다는 견해에 대하여 신청권의 존부는 본안문제이며 소송요건문제는 아니라고 하면서 반대하는 견해와 신청권의 존부는 원고적격의 문제로 보아야 한다고 하면서 반대하는 견해가 있다(전술 '신청' 참조).

② 신청의 대상이 된 행위가 공권력 행사이어야 한다.

③ 신청에 대해 거부행위가 있어야 한다. 처분의무가 있음에도 가부간의 처분을 하지 않고 방치하는 경우에 처분을 위하여 필요한 상당한 기간이 지나면 不作爲가 된다. 법정의 처분기간이 정해져 있는 경우에 법정기간을 지나면 거부처분이 된다는 견해도 있지만 명문의 규정이 없는 한 부작위로 보는 것이 타당하다.

④ 신청에 대한 거부행위가 신청인의 권리의무에 직접 영향을 미쳐야 한다.

Ⅸ. 일반처분과 개별처분

행정행위의 상대방이 불특정 다수인인가 특정되어 있는가에 따른 구별이다.

1. 개별처분

개별처분(個別處分)은 행정행위의 상대방이 특정되어 있는 행정행위이다. 개별처분의 상대방은 1인인 것이 보통이지만 다수일 수도 있다.

2. 일반처분

(1) 의의와 성질

일반처분(一般處分)은 불특정 다수인을 상대방으로 하여 불특정 다수인에게 효과를 미치는 행정행위를 말한다. 예를 들면, 일정한 장소에 대한 출입을 금지하는 행정행위이다.

일반처분은 법규명령과 구별된다. 일반처분은 일반적이기는 하나 구체적인 법적 효과를 가져오는 행위인 점에서 일반적일 뿐만 아니라 추상적인 성격을 갖는 법규명령과 구별된다. 다만, 법규명령에도 예외적이기는 하지만 구체적인 법적 효과를 가져오는 명령이 있고 이는 처분적 명령이며 이 협의의 처분적 명령과 일반처분은 실질에 있어서는 동일하고 형식에 의해서만 구별될 수 있다. 즉, 처분적 명령은 법규명령의 형식으로 제정되지만 일반처분은 그러하지 아니하다.

(2) 종 류

일반처분은 그 처분의 직접적 규율대상이 사람인가 물건인가에 따라 대인적 일반처분과 물적 행정행위로서의 일반처분으로 나누어진다.

1) 대인적 일반처분

대인적(對人的) 일반처분이라 함은 일정한 기준에 의해 결정되는 불특성 다수인을 대상으로 하는 행정행위를 말한다. 일정장소에서의 집회금지처분, 코로나 예방을 위한 집합금지명령이나 통행금지처분은 대인적 일반처분의 예이다.

2) 물적 행정행위로서의 일반처분

물적(物的) 행정행위는 행정행위의 직접적 규율대상이 물건이고, 사람에 대해서는 물건과의 관계를 통하여 간접적으로 규율하는 행정행위를 말한다. 공물의 공용개시행위, 교통표지판, 개별공시지가결정은 물적 행정행위의 예이다.

[판례] 지방경찰청장이 횡단보도를 설치하여 보행자 통행방법 등을 규제하는 것은 행정청이 특정사항에 대하여 부담을 명하는 행위이고, 이는 국민의 권리의무에 직접 관계가 있는 행위로서 행정처분이다(대판 2000. 10. 27, 98두8964).

(3) 일반처분에 대한 항고소송

일반처분은 행정행위이므로 일반처분에 의해 법률상 이익이 침해된 자는 항고소송을 제기할 수 있다.

일반처분의 취소는 원고에게는 일반처분을 소급적으로 취소시키는 효력을 갖는다.

문제는 일반처분의 쟁송취소의 소급효가 소송을 제기하지 않은 자에게도 미치는가하는 것인데, 이에 관하여 견해가 대립되고 있다(후술 판결의 효력 참조).

제 3 절 제3자효 행정행위

제3자효 행정행위(第3者效 行政行爲)는 상대방에게는 이익을 주고 제3자에게는 불이익을 주거나 상대방에게는 불이익을 주고 제3자에게는 이익을 주는 행정행위를 말한다. 이것이 협의의 제3자효 행정행위이다. 제3자효 행정행위의 예로는 인근주민에게 불이익을 주는 건축허가와 기존업자에게 불이익을 주는 영업허가 및 제3자에게 이익을 주는 공해배출중지명령을 들 수 있다.

제3자효 행정행위에 있어서는 그의 성립, 존속 및 소멸에 관하여 서로 이해관계를 달리하는 두 당사자가 있게 되므로 이들 상호간의 서로 대립되는 이익의 형량이 요청된다. 그리하여 수익적 행정행위와 침해적 행정행위에 적용되는 행정법이론과는 다른 특수한 규율이 필요하다. 이러한 문제는 행정절차, 행정쟁송에 있어서의 원고적격, 소송참가, 재심청구, 집행정지 그리고 직권취소 및 철회 등에서 제기된다.

Ⅰ. 행정절차상의 문제

1. 불이익을 받는 제3자에 대한 통지

행정행위는 상대방에 대한 통지로서 성립하며 행정청은 원칙상 제3자인 이해관계인에 대한 통지의무를 지지 않는다. 다만, 개별법에서 통지의무를 부과하고 있는 경우가 있다(예, 토지보상법상 사업인정시 통지의무, 도시 및 주거환경정비법령상 토지주택공사 등에 대한 사업시행자지정시 토지등소유자에 대한 통지의무).

입법론(立法論)으로는 독일 행정절차법(제43조 제1항)에서처럼 행정청에게 이해관계 있는 제3자에 대한 통지의무를 부과하여야 한다. 이해관계인이 특정된 경우 송달의 방법에 의해 통지하고, 이해관계인이 불특정 다수인 경우 고시 또는 공고의 방법으로 통지하도록 하여야 한다.

2. 이해관계인인 제3자의 행정절차상의 참가

행정절차법은 상대방의 권리를 제한하거나 의무를 부과하는 처분에 한하여 '당사자 등'에 대한 처분의 사전통지와 의견청취의무를 정하고 있다(제21조 제1항, 제22조

제3항).

이해관계인인 제3자는 행정절차법에 따르면 행정청이 이해관계인인 제3자로 하여금 행정절차에 참가하도록 결정한 경우에 한하여 사전통지와 의견제출기회를 받는다. 행정청이 이해관계인인 제3자의 행정절차에의 참가를 인정하는 것은 직권으로 또는 신청에 따라 임의로 결정하게 된다(제2조 제4호).

행정절차법상 청문회나 공청회의 개최는 개별법령이나 행정절차법에서 인정하는 경우나 행정청이 필요하다고 인정하는 경우에 실시되며 이해관계인도 제2조 제4호에 따라 행정청이 참여를 인정한 자에 한하여 청문 또는 공청회에 참여할 수 있다.

입법론으로는 적법절차의 원칙상 제3자효 행정행위의 경우에는 원칙상 이해관계인에게 의견진술의 기회가 부여되도록 하여야 한다.

3. 이해관계인의 동의

처분상대방에게 수익이 되지만 제3자에게는 불이익이 되는 처분의 경우 예외적으로 이해관계있는 제3자의 동의를 처분의 요건으로 규정하는 경우가 있다. 예를 들면, 도시 및 주거환경정비법 제16조 제1항은 "주택재개발사업 및 도시환경정비사업의 추진위원회가 조합을 설립하고자 하는 때에는 토지등소유자의 4분의 3 이상 및 토시면적의 2분의 1 이싱의 토지소유지의 동의를 얻어 정관 및 국토교통부령이 정하는 서류를 첨부하여 시장·군수의 인가(특허)를 받아야 한다"라고 규정하고 있다.

이해관계인의 동의를 처분요건으로 하는 명문의 규정이 없는 경우에는 재량행위의 경우에도 원칙상 이해관계인의 동의 없음을 처분사유로 할 수 없다.

Ⅱ. 행정쟁송상의 문제

1. 원고적격

행정행위의 상대방에게는 이익이 되지만 제3자에게 불이익이 되는 경우에 앞에서 보았듯이 불이익을 받는 제3자(인근주민 또는 경쟁관계에 있는 기존업자)에게 항고소송의 원고적격이 인정되는 경우가 점차 늘고 있다. 이 경우에 제3자의 원고적격은 근거법규의 해석에 의해 근거법규가 공익과 함께 제3자의 개인적 이익도 아울러 보호하고 있다라고 해석되는 경우에 인정된다는 것은 전술한 바와 같다. 헌법상 기본권이 침해된 경우에도 원고적격이 인정될 수 있는지에 관하여는 학설이 대립하고 있다.

2. 제3자의 소송참가

제3자에 의해 항고소송이 제기된 경우에 제3자효 행정행위의 상대방은 소송참가를 할 수 있고(행정소송법 제16조), 책임 없는 사유로 소송에 참가하지 못함으로써 판결의 결과에 영향을 미칠 공격 방어방법을 제출하지 못한 때에는 확정된 종국판결에 대하여 재심을 청구할 수 있다(행정소송법 제31조 제1항).

3. 불복제기기간

행정심판이나 취소소송은 처분이 있음을 안 날로부터 90일 이내에 제기하여야 한다(행정심판법 제27조, 행정소송법 제20조).

처분이 있음을 알지 못한 경우에는 행정심판의 경우에는 처분이 있은 날로부터 180일 이내에 제기하여야 하며, 취소소송의 경우에는 1년을 경과하면 제기하지 못한다. 다만, 행정심판이나 행정소송이나 정당한 사유가 있는 때에는 그러하지 아니하다(행정심판법 제27조, 행정소송법 제20조).

현행법상 행정처분은 제3자에게 통지되지 않으므로 제3자는 특별한 사정이 없는 한 행정행위가 있음을 알았다고 할 수 없다. 따라서, 제3자는 행정심판의 경우에는 원칙상 180일 이내에 제기하여야 하며 행정소송의 경우에는 1년을 경과하기 전에 제기하여야 한다는 규정의 적용을 받는다. 그런데 이 경우에도 단서규정에 의해 '정당한 사유'가 있는 경우에는 행정소송을 제기할 수 있다. 여기에서 정당한 사유란 그 기간 내에 행정불복을 제기하는 것이 불가능하였다는 사유를 말한다. 그런데, 제3자가 행정처분이 있었음을 알지 못한 경우에는 행정불복을 제기할 수 없으므로 제3자가 행정처분이 있었음을 알지 못한 것은 정당한 사유에 해당한다.

제3자가 어떠한 방법에 의하든지 행정처분이 있었음을 안 경우에는 안 날로부터 90일 이내에 행정심판이나 행정소송을 제기하여야 한다. 제3자가 우연히 행정처분이 있음을 안 것으로는 행정처분이 있음을 알았다고 할 수 없다. 제3자가 행정청에 문의하여 행정처분이 있었음을 안 경우에는 행정처분이 있었음을 안 경우에 해당한다고 보아야 한다.

4. 불이익을 받은 제3자의 가구제(假救濟)

제3자효 행정행위에 의해 법률상 이익을 침해받은 제3자(예, 건축허가로 불이익을 받은 인근주민)는 취소소송을 제기한 경우 소송당사자로서 당연히 행정소송법 제23조에 근거하여 그가 다투는 행정행위의 집행정지(執行停止)를 신청할 수 있다.

이 경우에 제3자효 행정행위에 대하여 집행정지결정이 확정된 경우에 제3자효 행정행위의 상대방은 소송참가를 한 경우 제23조 제5항에 근거한 즉시항고 또는 행정소송법 제24조에 근거한 집행정지결정의 취소를 청구할 수 있는지에 대하여 명문의 규정이 없는데, 이를 긍정할 것인지에 관하여 견해가 대립되고 있다. 소송참가인은 보조참가인이며 소송당사자가 아니므로 집행정지결정의 취소 등을 청구할 수 없다는 견해도 있으나 제3자효 행정행위의 상대방인 소송참가인은 공동소송적 참가인의 지위를 가지며 당사자에 준하는 지위를 갖는다고 보는 것이 타당하므로 이를 긍정하는 것이 타당하다.

Ⅲ. 제3자효 행정행위의 철회 또는 직권취소

제3자효 행정행위의 철회 또는 직권취소에 있어서는 일반 행정행위의 철회 또는 직권취소에서처럼 이익형량의 원칙이 적용된다. 다만, 제3자효 행정행위에 있어서는 철회 또는 직권취소로 인하여 한쪽 당사자는 이익을 받고 다른 쪽 당사자는 불이익을 받으므로 이러한 상반되는 당사자의 이익도 이익형량에서 함께 고려되어야 한다.

제3자효 행정행위의 직권취소에 있이서는 불가쟁력의 발생 여부에 따라 이익형량에 있어 특별한 고려를 하여야 한다. 불가쟁력이 발생하기 전에는 제3자효 행정행위가 불이익자의 취소소송의 제기에 의해 취소될 수 있는 가능성이 있으므로 제3자효 행정행위의 직권취소에 있어서 수익자의 신뢰를 보호할 필요가 그만큼 약한 상태에 있다. 불가쟁력이 발생한 후에는 수익자의 신뢰는 보다 강하게 보호를 받는다. 그런데, 우리나라에서는 행정청에게 제3자에 대한 통지의무가 없기 때문에 제3자에 대하여 불이익한 제3자효 행정행위에 불가쟁력이 발생할 경우가 많지 않을 것이다.

제 4 절 재량권과 판단여지

Ⅰ. 개 설

1. 법치행정의 원칙과 재량권의 인정

법치행정의 원칙하에서 행정의 법에 대한 종속의 원칙을 실현하기 위하여는 행정을 규율하는 법률을 일의적으로 명확하게 규율하여 행정은 법률을 집행하게 하는 것으로 하여야 할 것이다.

법규범은 두 요소로 구성되는데 하나는 적용조건이고 다른 하나는 적용결과, 즉 효과이다. 법규범은 행정권 행사의 조건을 정하고 조건이 충족된 경우에 있어서의 법적 결과 또는 행사될 수 있는 행정권 행사의 내용을 정한다.

이 경우에 법의 적용은 다음과 같이 행해진다.

① 행정기관은 사실적 상황의 조사를 행하고,

② 법률에서 정해진 조건을 해석하여 그 내용을 결정하고,

③ 추론에 의해 사실적 상황이 법에서 정해진 적용조건에 합치하는지 여부를 판단하고,

④ 마지막으로 법을 적용하여 행정결정을 내린다.

그런데 행정에 있어서는 법률에 의한 행정의 원칙뿐만 아니라 구체적 타당성(또는 합목적성)이 또한 중요하다. 행정권 행사의 대상이 되는 행정현실이 매우 다양하기 때문에 법에서 일률적으로 행정의 기준을 정한다면 합목적적인 행정이 행해질 수 없는 경우가 있는데, 이 경우 법률은 행정을 규율함에 있어 합목적적인 행정이 가능하도록 행정권의 행사에 있어서 일정한 한계 내에서 선택의 자유, 즉 재량권(裁量權)을 인정한다.

재량권의 논의의 주된 실익은 재량권의 행사가 재량권의 한계를 넘지 않은 경우에는 합목적적이 아닐(부당할) 수는 있지만 위법한 것이 되지 않고 따라서 법원에 의한 통제의 대상이 되지 않는다는 데 있다. 그러나, 재량권 행사의 합목적성 내지 부당성은 행정심판에 의한 통제의 대상이 된다.

재량권의 인정은 법치행정의 원칙의 예외로 보는 것은 타당하지 않다. 재량권은 법에 의해 인정되는 것이며 재량권에는 일정한 법적 한계가 인정되고 그 한도 내에서는 사법적 통제의 대상이 된다. 재량권은 다만 법치행정의 원칙이 완화되는 경우에 해당한다고 보아야 할 것이다.

재량은 행정행위에서만 인정되는 것이 아니라 행정계획, 사실행위 등에서도 인정되고 행정권 행사 전부가 재량이 아니라 통상 기속인 부분과 재량인 부분이 있는 것이므로 재량행위의 문제를 재량권의 문제로 보고 총칙에서 논하는 것이 타당하다.

2. 불확정개념과 판단여지

법률이 행위의 요건을 규정함에 있어서 개념상으로 명확한 확정개념을 사용하는 경우도 있지만 많은 경우에 불확정개념(不確定槪念)을 사용하고 있다. 불확정개념이란 그 개념 자체로서는 그 의미가 명확하지 않고 해석의 여지가 있는 개념을 말한다.

일반적으로 불확정개념은 법개념, 즉 법원에 의해 논리법칙 또는 경험법칙에 따라 그 개념이 일의적으로 해석될 수 있는 개념으로 본다. 따라서 행정기관이 불확정개념으로 된 행위의 요건을 판단함에 있어 재량권을 가질 수는 없다고 본다.

다만, 일정한 경우에 행정기관이 불확정개념을 해석·적용함에 있어 둘 이상의 상이한 판단이 행해질 수 있는 경우 중 행정기관에게 판단여지(判斷餘地)가 인정되는 경우가 있다고 보고 행정기관에게 판단여지가 인정되는 경우에는 판단의 여지 내에서 이루어진 행정기관의 판단은 법원에 의한 통제의 대상이 되지 않는다고 본다.

Ⅱ. 재량권

1. 재량권과 재량행위의 개념

재량권(裁量權)이란 행정기관이 행정권을 행사함에 있어서 둘 이상의 다른 내용의 결정 또는 행태 중에서 선택할 수 있는 권한을 말한다. 재량권은 구체적 타당성(합목적성)이 있는 행정을 위하여 입법자에 의해 행정권에 부여된다. 재량은 재량준칙을 정함에도 인정되고, 재량준칙을 적용하여 행하는 처분에도 인정된다.

그리고, 재량권의 행사에 의해 행해지는 행정행위를 재량행위라고 한다.

학설은 대체로 재량권의 문제를 행정행위를 고찰하면서 재량행위의 문제로 다루고 있다. 그러나, 이 견해는 다음과 같은 이유에서 적절하지 않다.

① 재량권은 행정행위에서만 인정되는 것은 아니다. 사실행위에서도 인정되며 행정입법에서도 인정된다. 행정계획에서도 인정된다.

② 오늘날 재량행위에 있어 무한정의 재량이 인정되는 것은 아니며 재량권이 인정된 범위 내에서만 인정된다. 어떤 행정행위가 재량행위라고 하여도 모든 부분이 재량인 것이 아니라 통상 재량권이 인정된 부분과 재량권이 인정되지 않고 법에 엄격히 기속된 부분이 혼재한다.

③ 또한 재량권이 인정되는 경우에도 한계가 있는 것으로 보기 때문에 행정재량의 문제에서 재량권의 한계 내지 재량권의 사법적 통제(司法的 統制)의 문제가 중요한 문제가 되고 있다.

따라서, 재량행위보다는 재량권의 문제로 그리고 행정행위와 관련하여서 논하기보다는 행정작용법 총칙에서 논하는 것이 타당하다.

재량권이 행정기관에게 부여되는 경우에 행정기관이 행정권을 행사함에 있어 어떠한 행정결정을 하거나 하지 않을 수 있는 권한을 갖는 경우와 둘 이상의 조치 중 선택을 할 수 있는 권한을 갖는 경우가 있다. 전자를 **결정재량권**이라 하고 후자를

선택재량권이라 한다. 또한 결정재량권과 선택재량권을 모두 갖는 경우가 있다. 예를 들면, 공무원이 직무상 과실로 잘못을 저지른 경우에 행정기관은 당해 공무원에 대하여 징계처분을 하는 결정과 당해 공무원의 과거의 성실한 직무수행, 당해 공무원의 건강상태 등과 같은 사정을 고려하여 징계처분을 하지 않는 결정 사이에 선택권을 갖고(결정재량), 행정기관이 징계처분을 하기로 결정한 경우에도 당해 공무원의 과실의 중대성을 고려하여 징계처분을 내림에 있어서 여러 종류의 징계처분의 종류 사이에 선택권을 갖는다(선택재량).

결정재량은 없고 선택재량만 있는 경우도 있다.

[판례] ① 구 건설기술관리법(현 건설기술진흥법) 제21조의4 제1항이 2001. 1. 16. 개정되면서 기존 제21조의4 제1항의 '부실벌점을 줄 수 있다.'가 '부실벌점을 주어야 한다.'로, 같은 조 제2항의 '불이익을 줄 수 있다.'가 '불이익을 주어야 한다.'로 개정되었다. ...... 그러므로 **건설기술 진흥법 제53조 제1항에서 규정한 벌점부과처분은 부과 여부에 관한 한** 행정청의 재량이 인정되지 않는 **기속행위이다**(대판 2024. 04. 25, 2023두54242[벌점부과처분취소]). 〈해설〉 벌점부과를 처분으로 본 사례이기도 하다.
② 사회복지사업법 제42조 제3항 단서 사유에 해당할 경우 행정청은 **기속적으로 보조금환수처분을 하여야 하지만, 그 환수 범위를 재량으로** 정할 수 있다(대판 2024. 06. 13, 2023두54112).

2. 자유재량행위와 기속재량행위의 구별

(1) 기속재량행위의 인정 여부 및 개념

1) 긍정설

일부 학설은 재량을 자유재량(自由裁量)과 기속재량(羈束裁量)으로 구분하고 있다. 기속재량의 경우에는 법원의 심사방식이 자유재량행위와 기속행위와 차이가 있다는 견해,[40] 기속재량행위를 원칙상으로는 기속행위이지만 예외적으로 특별한 사정이 있는 경우 공익을 고려하여 거부할 수 있는 행위라고 하는 견해 등이 있다.

긍정설은 논거는 다음과 같다. ① 행정에 대한 예측가능성과 공익의 보장을 조화시키기 위해 기속재량행위를 인정할 필요가 있다. ② 중대한 공익상의 필요에 따른 행정행위의 철회를 인정하는 한 중대한 공익을 이유로 한 허가등의 거부를 인정하는 것이 논리적이고 일관성 있는 법적 해결이다.

2) 부정설

재량행위는 행정기관에게 선택의 자유가 인정되는 행위이며 기속행위는 법에 엄격히 기속되는 행위이므로 재량행위와 기속행위의 중간적인 행위는 인정될 수 없다. 따라서, 이론상 기속재량행위를 인정할 수 없다. 또한, 법률의 근거없이 중대한

40) 박윤흔, 전게서, 322면.

공익상 필요로 허가등을 거부하는 것은 법률유보의 원칙에 반한다고 본다.

3) 판　　례

판례는 원칙상 기속행위이지만 예외적으로 중대한 공익을 이유로 인허가 또는 신고수리를 거부할 수 있는 행위, 즉 기속재량행위를 인정하고 있다. 즉, 판례는 구 약사법상 의약품제조업허가사항변경허가(대판 1985. 12. 10, 85누674), 채광계획인가(대판 1997. 06. 13, 96누12269; 2002. 10. 11, 2001두151), 불법전용산림신고지산림형질변경허가처분(대판 1998. 09. 25, 97누19564), 구 사설납골당설치허가(대판 1994. 09. 13, 94누3544), 납골당설치신고(대판 2010. 09. 09, 2008두22631), 주유소등록(대판 1998. 09. 25, 98두7503), 건축허가(대판 2009. 09. 24, 2009두8946; 대판 전원합의체 2012. 11. 22, 2010두22962) 등을 재량행위의 일종인[41] 기속재량행위로 보았다. 이러한 의미의 기속재량은 거부재량으로 불리기도 한다.

4) 결　　어

판례가 사용하는 기속재량은 엄격한 의미의 기속행위도 아니고 재량행위도 아닌 기속행위와 재량행위의 중간에 위치하는 독자적인 개념이라고 보는 것이 타당하다. 즉, 판례는 **기속재량행위**를 요건을 충족하면 원칙적으로 법적 효과를 부여하여야 하는 기속행위이지만 예외적으로 요건을 충족한 신청을 인용하는 처분을 하는 것이 중대한 공익에 배치되는 경우 거부처분을 할 수 있는 행위로 보고 있다. 이러한 의미의 기속재량은 거부재량으로 불리기도 한다.

기속재량행위는 국민의 예측가능성을 침해하므로 제한적으로 엄격히 인정하여야 할 것이다.

(2) 기속재량행위의 필요성 및 인정근거

1) 기속재량행위의 필요성

기속재량행위는 국민의 행정에 대한 예측가능성을 보장하기 위하여 원칙상 기속행위로 보면서도 중대한 공익상 필요가 있는 경우 공익을 보호하기 위하여 예외적으로 재량으로 보는 것으로서 예측가능성과 공익의 보장 사이에 조화를 이루고자 하는 제도이다.

예측가능성을 보장하기 위해 요건을 갖춘 경우 원칙상 허가 등을 해주어야 하는 것으로 하면서도 예측불가능 등에 기인하여 정형화할 수 없는 상황이 예상되는 경우 안전, 환경 등 공익을 위해 예외적으로 허가 등을 거부할 수 있는 것으로 입법할 필요가 있는 것이다.

41) 이에 대하여 이러한 의미의 기속재량행위를 기속행위의 일종으로 보는 견해도 있다(김동희, 전게서, 262면).

2) 기속재량행위의 인정근거

재량행위의 인정은 입법자가 하여야 하듯이 기속재량행위도 입법자가 인정하여야 한다. 따라서, 기속재량행위를 인정할 필요가 있는 경우에는 입법자가 입법에 의해 이를 인정하여야 한다.

기속재량행위는 명문의 규정이 있는 경우뿐만 아니라 명문의 규정이 없더라도 관계법령의 해석을 통해 인정된다.

(3) 기속재량행위의 구별실익

판례에 의할 때 기속재량행위는 다음과 같이 기속행위 및 엄격한 의미의 재량행위와 구별된다.

① 기속재량행위의 경우에는 허가 등의 요건을 갖추면 원칙상 허가 등을 하여야 하고, 중대한 공익상 필요가 있는 경우에 한하여 예외적으로 허가 등을 거부할 수 있다. 이에 반하여 기속행위에 있어서는 허가 등의 요건을 충족하면 반드시 허가등을 해주어야 하고, 허가 등을 공익상 이유로 거부할 수는 없다. 재량행위의 경우에는 이익형량의 결과 허가 등을 거부할 공익이 허가 등으로 인한 이익 보다 큰 경우에는 허가 등의 거부가 가능하다. 따라서, 기속재량행위의 경우에는 허가 등을 거부할 중대한 공익상 필요가 있다는 것을 행정청이 입증하여야 하는 반면에 재량행위의 경우에는 재량권의 일탈·남용이 있다는 것을 원고가 입증하여야 한다.

② 기속재량행위의 경우에는 허가 등을 거부할 중대한 공익상 필요가 있는 경우에 허가의 거부가 적법하고, 허가 등을 거부할 중대한 공익상 필요가 없는 경우에는 허가의 거부가 위법하다. 이에 반하여 재량행위의 경우에는 허가 등으로 받는 신청자의 불이익이 공익 보다 심히 큰 경우에 한하여 위법하게 된다. 따라서, 재량행위의 경우에는 부당한 경우가 있지만, 기속재량의 경우에는 부당의 문제는 생기지 않는다.

기속재량행위에 있어서는 행정청은 허가 등을 거부하는 경우에는 정당한 사유를 제시하여야 하고 자의적으로 허가 등을 거부하여서는 안 된다(대판 1997. 06. 13, 96누12269). 처분청은 재량행위의 경우에는 재량고려사항만을 이유로 제시하면 된다.

③ 기속행위 내지 기속재량행위와 재량행위 내지 자유재량행위에 대한 사법심사방식에 차이가 있다. 전자의 경우 그 법규에 대한 원칙적인 기속성으로 인하여 법원이 사실인정과 관련 법규의 해석·적용을 통하여 일정한 결론을 도출한 후 그 결론에 비추어 행정청이 한 판단의 적법 여부를 독자의 입장에서 판정하는 방식에 의한다. 즉, 법원은 행정청의 판단에 대해 전면적으로 심사가 가능하며 법원이 판단으로 행정청의 판단을 대체하게 된다. 이에 반하여 후자의 경우 행정청의 재량에 기한 공익판단의 여지를 감안하여 법원은 독자의 결론을 도출함이 없이 당해 행위에 재량권

의 일탈·남용이 있는지 여부만을 심사하게 되고, 이러한 재량권의 일탈·남용 여부에 대한 심사는 사실오인, 비례·평등의 원칙 위배, 당해 행위의 목적 위반이나 동기의 부정 유무 등을 그 판단대상으로 한다. 달리 말하면 재량행위에서의 법원의 심사범위는 재량권의 일탈 또는 남용에 제한된다. 재량권의 한계 내에서의 행정청의 판단, 즉 합목적성 내지 공익성의 판단은 법원의 통제대상이 되지 않는다(대판 2001. 02. 09, 98두17593[건축물용도변경신청거부처분취소]).

④ 기속재량행위에서 통상 허가는 기속행위이고 거부가 예외적으로 재량행위인 것이므로 기속재량행위에 있어서는 명문의 규정이 없는 경우에는 원칙상 효과를 제한하는 부관을 붙일 수 없는 것으로 보는 것이 논리적이다. 판례의 입장도 그러하다.[42] 다만, 심히 중대한 공익상 필요가 있는 경우 허가 등을 거부할 수 있는 점을 고려하여 상대방이 동의하는 경우에는 거부사유가 되는 공익상 필요의 달성을 목적으로 하는 효과를 제한하는 부관을 붙일 수 있는 것으로 볼 수도 있다.

결론적으로 말하면 기속재량행위를 예외적으로 인정할 필요성과 실익은 있다. 그렇지만, 법치행정의 원칙 및 예측가능성의 보장을 고려할 때 가능한 한 입법자가 명시적으로 인정하는 것이 타당하다. 법원의 법령해석에 의한 기속재량의 인정은 극히 예외적으로만 인정하여야 할 것이다. 그러나, 판례는 상당히 널리 기속재량행위를 인정하고 있다.

(4) 기속재량행위의 구별기준

판례는 "행정행위가 그 재량성의 유무 및 범위와 관련하여 이른바 기속행위 내지 기속재량행위와 재량행위 내지 자유재량행위로 구분된다고 할 때, 그 구분은 당해 행위의 근거가 된 법규의 체재·형식과 그 문언, 당해 행위가 속하는 행정 분야의 주된 목적과 특성, 당해 행위 자체의 개별적 성질과 유형 등을 모두 고려하여 판단하여야 한다"라고 기속행위, 기속재량행위 및 재량행위의 공통적인 판단기준만 제시하고 있는데(대판 2001. 02. 09, 98두17593), 기속재량행위의 인정기준을 보다 구체적으로 제시할 필요가 있다.

(5) 기속재량에서 거부처분의 적법요건

판례는 기속재량행위에 있어서 거부처분의 적법요건으로 '**허가 등을 거부할 중대한 공익상 필요가 있을 것**'을 들고 있다. 그런데, 이 기준은 매우 추상적이고 모호하다.

국민의 예측가능성을 보장하고, 적법 판단의 객관성과 공정성을 위해서는 기속

---

42) 대판 1988. 04. 27, 87누1106; 1997. 06. 13, 96누12269.

재량에서 거부처분의 적법요건을 보다 엄격히 하고, 보다 구체적이고 명확하게 할 필요가 있다.

생각건대, 기속재량에서 거부처분의 적법요건으로 다음과 같은 기준을 제시할 수 있을 것이다. ① 공익의 보호 상황이 다양한 분야이어서 허가 등의 요건을 유형화하는 것이 어려워야 한다. 달리 말하면 비정형적인 고려사항이 많아 이들을 모두 허가 등의 요건으로 유형화하여 정하는 것이 어려워야 한다. ② 구체적 사례에서 공익을 보호할 예상할 수 없는 상황이 있어야 한다. ③ 보호하고자 하는 거부사유가 되는 공익이 근거법령의 입법목적에 들어가야 한다. ④ 거부할 공익상 필요가 거부로 상대방이 받을 불이익 보다 월등히 우월하여야 한다. 달리 말하면 법령상의 허가요건을 충족하였더라도 허가 등을 거부할 심히 중대한 공익상의 필요가 있어야 한다. ⑤ 비례의 원칙상 보호하고자 하는 공익의 보호를 위해 거부이외에 다른 방법이 없어야 한다.

3. 재량과 판단여지의 구분

판단여지를 재량과 구별하는 견해와 그 구별을 부인하고 모두 재량의 문제로 보는 견해가 대립하고 있다.

(1) 긍정설

판단여지와 재량을 구분하는 견해는 불확정개념으로 정해진 행위요건의 판단에서는 하나의 판단만이 옳은 것이므로 선택의 자유는 인정될 수 없고, 예외적으로 판단의 여지만이 인정될 수 있기 때문에 판단여지는 선택의 자유를 의미하는 재량과 구분하여야 한다고 본다. 판단여지는 행위요건의 판단에서 예외적으로 인정되며 재량은 효과의 선택에서 인정된다고 한다.

(2) 부정설

이 견해는 재량과 판단여지를 구분하지 않고, 판단여지가 인정될 수 있는 경우도 재량이 인정되는 것으로 본다. 이 견해의 논거는 다음과 같다.

① 재량권 및 판단여지의 법적 효과로서의 법원에 의한 통제가능성이라는 측면에서 보면 양자의 구별실익은 없다. 재량권과 판단여지 모두 그 범위 내에서 행사되는 한 법원의 통제대상이 되지 않는다.

② 법규정의 일체성에 의해 요건의 판단과 효과의 선택의 구분이 어렵다.

③ 재량권도 공익판단을 전제로 행사된다.

(3) 판 례

판례는 판단여지설의 논리를 일부 수용하면서도 재량권과 판단여지를 구분하지 않고, 판단여지가 인정될 수 있는 경우도 재량권이 인정되는 것으로 본다.

[판례] ① 법원이 교과서 검정에 관한 처분의 위법 여부를 심사함에 있어서는 문교부장관과 동일한 입장에 서서 어떠한 처분을 하여야 할 것인가를 판단하고 그것과 동 처분과를 비교하여 당부를 논하는 것은 불가하고, 문교부장관이 관계법령과 심사기준에 따라서 처분을 한 것이라면 그 처분은 유효한 것이고, 그 **처분이 현저히 부당하다거나 또는 재량권의 남용에 해당된다고 볼 수밖에 없는 특별한 사정이 있는 때가 아니면 동 처분을 취소할 수 없다**(대판 1988. 11. 08, 86누618).
② [1] **공무원 임용을 위한 면접전형에서 임용신청자의 능력이나 적격성 등에 관한 판단**은 면접위원의 고도의 교양과 학식, 경험에 기초한 자율적 판단에 의존하는 것으로서 오로지 면접위원의 자유재량에 속하고, 그와 같은 판단이 현저하게 재량권을 일탈·남용하지 않은 한 이를 위법하다고 할 수 없다. [2] 지방공무원특별임용시험 면접에 면접위원도 아닌 시장이 참여하여 응시자격요건과 무관한 질문을 하여 면접 결과에 영향을 미친 사안에서, 지방공무원임용령 제45조 제3항에서 규제하는 시험의 신뢰도에 대한 침해행위로서 위법하다고 한 사례(대판 2008. 12. 24, 2008두8970[지방직특별임용시험불합격처분취소]).
③ **논술형 시험에 대한 채점행위**는 객관식 시험과 같은 일의적인 정답을 그 기준으로 하기보다는 덕망과 책임감 높은 평가자가 스스로 보유하고 있는 **고도의 전문적 식견과 학식 등에 근거한 평가에 전적으로 의존할 것이 예정되어 있음**을 그 본질적인 속성으로 하고 있는 사무이므로, 논술형으로 치르는 이 사건 시험에 있어 **채점위원**은 사법시험의 목적과 내용 등을 고려하여 법령이 정하는 범위 내에서 **전문적인 지식에 근거하여 그 독자적 판단과 재량에 따라 답안을 채점할 수 있는 것**이다(대판 2007. 01. 11, 2004두10432[사법시험제2차시험불합격처분취소]).
④ 국가중요건설사업지 또는 그 인접 지역의 광업권이나 광물의 채굴이 국가중요건설사업에 지장을 준다고 인정할 때에는 광업권의 취소 또는 그 지역에 있는 광구의 감소처분을 할 수 있는데(광업법 제34조 제2항), **광업권이나 광물의 채굴이 국가중요건설사업에 지장을 주는지 등은 ...... 고도의 전문적인 판단사항으로서**, 그에 관해서는 산업통상자원부장관에게 **재량권이 부여**되어 있다(대판 2023. 06. 29, 2022두59592).

판례는 요건 판단에도 재량을 인정한다.

[판례] ① 국토의 계획 및 이용에 관한 법률상 **개발행위허가**는 허가기준 및 금지요건이 불확정개념으로 규정된 부분이 많아 그 **요건에 해당하는지 여부는 행정청의 재량판단의 영역에 속한다**(대판 2021. 03. 25, 2020두51280).
② 농지법 시행규칙 제4조의2[별표 1]은 '**농작물의 경작 등에 적합한 흙**'에 **해당하는지에 관한 판단** 기준을 구체적으로 정하지 아니한 채 불확정개념으로 규정하였으므로, **그에 대한 사법심사는** 행정청의 공익판단에 관한 재량의 여지를 감안하여 법원이 독자적인 결론을 내리지 않고 해당 처분에 **재량권 일탈·남용이 있는지 여부만을 심사**하게 된다(대판 2020. 02. 06, 2019두43474[조치명령처분취소]).

(4) 결 어

재량과 판단여지는 그 개념, 필요성, 인정근거, 그 내용, 인정기준 및 범위 등에서 차이가 있으므로 양자를 구별하는 것이 타당하다.

상이점	재량	판단여지
필요성	구체적으로 타당한 행정 보장	행정의 책임과 전문성 보장
인정근거	입법자의 수권	입법자의 수권(판단수권설) 법원에 의한 행정의 책임성, 전문성의 존중
내용	행정청의 선택의 자유	행정청의 판단의 여지
인정기준	법률규정, 행위의 성질 및 기본권 관련성	고도의 전문적·기술적 판단 또는 고도의 정책적 판단
인정범위	효과의 선택	요건 중 일정한 불확정개념의 판단

또한, 판단여지의 경우에는 명문의 근거가 없는 한 효과를 제한하는 부관을 붙일 수 없지만, 재량행위의 경우에는 효과를 제한하는 부관을 붙일 수 있는 점에서 **구별의 실익**이 있다.

4. 재량행위와 기속행위의 구별

재량행위라 함은 행정결정에 있어 행정청에게 선택의 자유가 인정되는 행정행위를 말한다. 이에 대하여 행정행위의 요건 및 법적 결과(效果)가 일의적으로 명확하게 규정되어 있어서 법을 집행함에 있어서 행정청에게 어떠한 선택의 자유도 인정되지 않고 법을 기계적으로 적용하는 행정행위를 기속행위라고 한다.

(1) 재량행위와 기속행위의 구별실익

1) 행정소송에 있어서의 구별실익

가. 법원의 통제범위 재량행위와 기속행위는 법원(法院)에 의한 재판통제와 관련하여 구별의 실익이 있다. 재량행위는 재량권의 한계를 넘지 않는 한(재량권의 행사에 일탈 또는 남용이 없는 한) 재량을 그르친 경우에도 위법한 것이 되지 않고 부당한 행위가 되는 데 불과하므로 재량권의 한계를 넘지 않는 한 법원에 의해 통제되지 않는다. 이에 반하여 기속행위에 있어 행정권 행사에 잘못이 있는 경우에 위법한 행위가 되므로 기속행위에 대한 법원의 통제에는 그러한 제한이 없고, 전면적 통제가 행해진다.

나. 사법심사방식 재량행위와 기속행위는 계쟁행위에 대한 사법심사방식(司

法審査方式)에 구별실익이 있다. 기속행위의 경우에 법원은 행정청의 판단과 결정 모두를 심사대상으로 하여 행정청의 판단이 법원의 판단과 다른 경우 법원의 판단을 행정청의 판단에 대체하여 행정청의 행위를 위법한 것으로 판단할 수 있다(완전심사 및 판단대체방식). 그러나, 재량행위에 있어서는 행정청의 판단이 공익판단인 경우에는 재량권의 일탈·남용이 있거나 행정청의 판단이 심히 부당한 경우가 아닌 한 법원은 당해 행정청의 결정을 위법하다고 판단할 수 없다(제한심사방식). 판단여지에 있어서는 행정청의 판단이 심히 부당한 경우가 아니면 행정청의 판단은 존중되어야 한다.

판례도 기속행위 내지 기속재량행위와 재량행위 내지 자유재량행위에 대한 법원의 심사방식에 관하여 다음과 같이 판시하고 있다: 전자(기속행위)의 경우 그 법규에 대한 원칙적인 기속성으로 인하여 법원이 사실인정과 관련 법규의 해석·적용을 통하여 일정한 결론을 도출한 후 그 결론에 비추어 행정청이 한 판단의 적법 여부를 독자의 입장에서 판정하는 방식에 의하게 되나, 후자(재량행위)의 경우 행정청의 재량에 기한 공익판단의 여지를 감안하여 법원은 독자의 결론을 도출함이 없이 당해 행위에 재량권의 일탈·남용이 있는지 여부만을 심사하게 되고, 이러한 재량권의 일탈·남용 여부에 대한 심사는 사실오인, 비례·평등의 원칙 위배, 당해 행위의 목적 위반이나 동기의 부정 유무 등을 그 판단대상으로 한다(대판 2001. 02. 09, 98두17593[43]; 2010. 09. 09, 2010다39413[44]; 2020. 10. 15, 2019두45739).

2) 부관과의 관계

재량행위에 한하여 부관(附款)을 붙일 수 있고 기속행위에는 부관을 붙일 수 없다는 견해가 있지만 그러한 견해는 타당하지 않다. 왜냐하면 기속행위에도 행정행위의 요건을 충족시키는 의미의 부관 및 철회권의 유보는 붙일 수 있다고 보아야 하기 때문이다.

다만, 재량행위의 경우에는 재량권의 범위 내에서 법적 근거 없이도 행정행위의 법률효과를 일부 제한하거나 상대방에게 특별한 부담을 지우는 부관을 붙일 수 있지만, 기속행위의 경우에는 법상 요건이 충족되면 일정한 행위를 하여야 하므로 행위의 효과를 제한하는 부관을 붙일 수 없는 점에서 기속행위와 재량행위를 구별할 실익이 있다.

---

43) 구 도시계획법상의 개발제한구역 내의 주택에 대하여 농업종사 등의 목적으로 이축허가를 받아 이를 신축한 후 취사용 가스판매장으로 용도변경신청을 하자 행정청이 당시 추진하여 온 '엘피지(LPG) 판매업소 외곽이전 공동화사업'과 그 주택에 대한 당초의 이축허가 목적 등에 적합하지 아니하다는 사유로 불허가처분을 한 경우, 재량권의 일탈·남용의 위법한 처분으로 단정하기 어렵다고 한 사례.

44) 건축물용도변경신청불허가처분을 재량권의 일탈·남용의 위법한 처분으로 단정하기 어렵다고 한 사례.

기속행위인 등록 또는 허가가 등록요건 또는 허가요건을 충족하면 부관을 붙이지 않고 등록 또는 허가를 해주어야 하지만, 다른 법령에 거부사유가 존재하는 경우 거부할 수 있고, 등록 또는 허가의 거부사유가 법령 또는 사실상태의 변경에 의해 장래에 발생할 것이 예상되는 경우 조건(해제조건)부로 등록 또는 허가를 할 수 있다.

[법령해석] 음반·비디오물 및 게임물에 관한 법률 제27조의 규정에 의하여 시장·군수·구청장이 일반게임장업의 등록신청을 받은 경우, 등록신청을 받은 위 일반게임장업의 영업소 소재지가 학교 신설예정지 인근으로 현재는 학교환경위생정화구역에 해당하지 아니하나 학교가 신설되면 학교환경위생정화구역에 해당하게 될 경우에는 학교개교 시까지만 당해 등록이 유효하도록 하는 제한을 붙여 수리할 수 있다(2006년 4월 법제처 법령해석).

3) 공권과의 관계

기속행위뿐만 아니라 재량행위에서도 공권(公權)이 인정될 수 있다. 기속행위와 재량행위의 구별의 실익으로 공권의 성립 여부, 즉 기속행위에 대하여는 청구권이 성립되지만 재량행위에 대하여는 청구권이 성립될 수 없다고 보는 견해가 있지만 이 견해는 타당하다고 볼 수 없다. 재량행위에 대하여는 무하자재량행사청구권이 인정되고 이 권리도 청구권이며 공권으로 볼 수 있기 때문이다.

다만, 재량행위와 기속행위에 있어 인정되는 공권의 내용에는 차이가 있다. 기속행위에 있어서는 행정청에 대하여 특정한 내용의 행위를 청구할 공권이 인정되지만, 재량행위에 있어서는 그러한 공권은 인정되지 않으며 무하자재량행사청구권이라는 공권이 인정된다.

4) 요건의 충족과 효과의 부여

행정청은 기속행위에 있어서는 요건(要件)이 충족되면 반드시 법에 정해진 효과(效果)를 부여하여야 하지만, 재량행위에 있어서는 요건이 충족되어도 환경상 이익 등 공익과의 이익형량을 통하여 법에 정해진 효과를 부여하지 않을 수도 있다(대판 2005. 04. 15, 2004두10883; 2007. 05. 10, 2005두13315).

또한, 경원관계에 있어 기속행위의 경우 선원주의(先願主義)[45]가 적용되지만(발명특허 등), 특허 등 재량행위의 경우에는 선원주의가 적용되지 않고 가장 적정하게 공익을 실현할 수 있는 자에게 효과(특허 등)를 부여하고, 공익을 적절하게 실현할 자가 없는 경우에는 어느 누구에게도 효과를 부여하지 않을 수도 있다.

요건을 갖추지 못한 경우에는 기속행위뿐만 아니라 재량행위에서도 요건충족적 부관부 행정행위를 할 수 있는 경우를 제외하고는 거부처분을 하여야 한다(대판 2018.

---

45) 선원주의라 함은 요건을 충족한 자가 여러 명인 경우 먼저 신청한 자에게 효과를 부여하여야 한다는 원칙을 말한다.

12. 13, 2016두31616).

(2) 재량행위와 기속행위의 구별기준

1) 과거의 학설

종래 재량행위와 기속행위의 구별기준에 관하여 요건재량설과 효과재량설이 대립하였다.

요건재량설(要件裁量說)은 행정재량이 요건사실의 존부의 인정에 있어서 인정된다는 견해로서 법률의 규정이 처분의 요건에 관하여 아무런 규정을 두지 않은 경우(공백규정)나 행정의 종국목적인 '공익상의 필요'만을 요건으로 정하고 있는 경우에는 재량행위이고, 개개의 행정활동에 특유한 중간목적(예, 안전위생 등)을 요건으로 규정하고 있는 경우에는 기속행위라고 본다. 이에 대하여 요건재량설에 의할 때 불확정개념의 판단에 있어서도 재량권이 인정되는 경우가 있다고 설명하는 견해도 있다.

효과재량설(效果裁量說)은 행정재량은 법률효과(행위)의 선택(행정행위를 행할 것인지 여부와 행한다고 할 경우 어떠한 종류의 행위를 행할 것인지의 선택)에 있어서 인정된다는 견해로 그 구별기준은 법이 특별한 규정을 두고 있는 경우를 제외하고는 문제의 행위의 성질이 기준이 된다고 한다. 즉, 국민의 권리·이익을 제한하거나 새로운 의무를 부과하는 침해적 행위는 원칙적으로 기속행위이고 국민에게 권리나 이익을 부여하는 수익적 행위는 원칙상 재량행위라고 본다.

그러나, 요건재량설에 대하여는 다음과 같은 비판이 가능하다.

① 행정재량은 주로 효과의 선택에서 인정된다.

② 법률규정이 중간목적으로 요건을 규정하고 있는 경우 중 일정한 경우에 판단여지가 인정될 수 있다는 것을 간과하고 있다.

③ 공백규정이거나 '공익상의 필요'만이 요건으로 정하여져 있는 경우에도 목적규정이나 관계법의 규정에 의해 처분의 요건이 보충될 수 있는 경우가 있다는 것을 간과하고 있다.

효과재량설에 대하여는 다음과 같은 비판이 가능하다.

① 행정재량은 효과의 선택에서뿐만 아니라 요건규정이 없는 경우나 공익만을 요건으로 정하고 있는 경우에 요건의 인정에서도 인정될 수 있다는 것을 간과하고 있다. 또한 법률규정이 중간목적으로 요건을 규정하고 있는 경우 중 일정한 경우에 판단여지가 인정될 수 있다는 것을 간과하고 있다.

② 수익적 행위와 침해적 행위의 구별은 재량행위와 기속행위의 구별에 결정적인 기준은 되지 못한다. 제재처분은 침해적 처분이지만, 통상 재량행위로 해석되어야 하며 수익적 행위도 기속행위로 보아야 할 때가 있다.

결론적으로 말하면 요건재량설과 효과재량설은 일면의 타당성은 있지만 재량행위와 기속행위의 구별에 있어 완결적인 이론이 되지 못한다. 그리하여 오늘날 종래의 요건재량설과 효과재량설은 거의 주장되고 있지 않다.

2) 오늘날의 구별기준

재량행위와 기속행위의 구별에 있어 법률규정이 일차적 기준이 된다. 왜냐하면 재량권은 입법권에 의해 행정기관에 부여되는 것이기 때문이다. 다만, 법률규정의 문리적 표현뿐만 아니라 관련규정, 입법취지 및 입법목적을 아울러 고려하여야 한다.

그리고, 법령의 규정이 명확하지 않은 경우 당해 법령의 규정과 함께 문제가 되는 행위의 성질, 기본권 관련성 및 공익관련성을 종합적으로 고려하여야 한다.

[판례] ① 어느 행정행위가 기속행위인지 재량행위인지 나아가 재량행위라고 할지라도 기속재량행위인지 또는 자유재량에 속하는 것인지의 여부는 이를 일률적으로 규정지을 수는 없는 것이고, 당해 행위의 근거가 된 법규의 체재·형식과 그 문언, 당해 행위가 속하는 행정 분야의 주된 목적과 특성, 당해 행위 자체의 개별적 성질과 유형 등을 모두(종합적으로) 고려하여 판단하여야 한다(대판 2001. 02. 09, 98두17593; 2020. 10. 15, 2019두45739).
② 마을버스 유가보조금 **환수처분은 기속행위**이다(대판 2013. 12. 12, 2011두3388[유가보조금전액환수및지급정지처분취소]).
③ 지적소관청은 토지분할신청이 건축법령이나 국토계획법령 등 관계법령에서 정하는 어떠한 제한에 해당되지 않는 이상 그 신청내용에 따라 **토지분할 등록**을 하여야 하고, 관계법령에서 정하는 제한 사유 이외의 사유를 들어 거부할 수는 없다(대판 1994. 01. 11, 93누18228 등).
④ 국민건강보험법 제57조 제2항에 정한 부당이득징수는 재량행위에 해당한다(대판 2020. 06. 11, 2018두37250).
⑤ 교육환경평가서를 심사한 결과 교육환경 보호에 관한 법률 시행규칙에 부합하는 경우 교육감은 원칙적으로 제출된 교육환경평가서를 승인해야 한다(대판 2020. 10. 15, 2019두45739).
⑥ (1) 공증사무는 국가 사무로서 **공증인 인가 · 임명행위는** 국가가 사인에게 특별한 **권한을 수여하는 행위**(학문상 특허)이다. (2) 공증인법령의 내용과 체계, 입법취지, 공증사무의 성격 등을 종합하면, 법무부장관에게는 각 지방검찰청 관할 구역의 면적, 인구, 공증업무의 수요, 주민들의 접근 가능성 등을 고려하여 **공증인의 정원을 정하고 임명공증인을 임명하거나 인가공증인을 인가할 수 있는 광범위한 재량**이 주어져 있다고 보아야 한다(대판 2019. 12. 13, 2018두41907[인가공증인 인가신청반려처분 취소 청구의 소]).

가. 법률규정 및 입법취지 법률에서 효과규정을 '(행정청은) …할 수 있다'라고 규정하고 있는 경우에는 원칙적으로 재량행위이고, '(행정청은) …하여야 한다'라고 규정하고 있는 경우에는 원칙적으로 기속행위이다.

법률에서 '… 한다'라고 규정하고 있는 경우에는 입법취지 및 입법목적 그리고 문제의 행위의 성질을 고려하여 해석을 통하여 문제의 행위가 재량행위인지 기속행위인지를 판단하여야 한다. 입법실무에 있어 재량행위로 하여야 할지 기속행위로 하여야 할지 애매한 경우에 '… 한다'라는 표현을 사용한다.

법률의 문리적 표현은 절대적 기준이 되지 못한다. '… 하여야 한다'라고 규정된 경우에도 예외적으로 재량행위로 해석하여야 할 경우가 극히 예외적이기는 하지만 있을 수 있고, '… 할 수 있다'라고 규정되어 있는 경우에도 기속행위로 해석될 수 있는 경우(예, 경찰 허가)가 있다.

법률에서 영업활동을 하기 전에 허가를 받아야 한다는 규정을 둘 뿐 행정청의 허가에 있어서의 재량에 관하여는 아무런 규정을 두지 않은 경우(예, … 하고자 하는 자는 … 허가를 받아야 한다)에는 해석을 통하여 당해 허가가 재량행위인지 기속행위인지 판단하여야 한다.

나. 법률규정이 불명확한 경우 법률규정만으로 재량행위인지 기속행위인지 판단할 수 없는 경우에는 법률규정의 표현뿐만 아니라 입법목적 및 입법취지를 고려하고 아울러 다음과 같이 문제의 행위의 성질, 기본권 관련성 및 공익관련성을 함께 고려하여야 한다.

① 일반적으로 불법행위에 대한 제재조치(개선명령 등 포함)는 재량행위에 친숙한 행위이다. 그러나 특별한 사회상황하에서 일정한 불법행위에 대하여 특별히 엄한 제재조치를 가하고자 하는 입법자의 결단이 선 경우에는 예외적으로 당해 제재조치를 기속행위로 규정할 수도 있을 것이다. 실제로 중대한 법규 위반의 경우 취소하여야 하는 것으로 규정하고 있는 경우가 있다.

[판례] ① 도로교통법 제78조 제1항 단서 제8호의 규정에 의하면, 술에 취한 상태에 있다고 인정할 만한 상당한 이유가 있음에도 불구하고 경찰공무원의 측정에 응하지 아니한 때에는 필요적으로 운전면허를 취소하도록 되어 있어 처분청이 그 취소 여부를 선택할 수 있는 재량의 여지가 없음이 그 법문상 명백하므로, 위 법조의 요건에 해당하였음을 이유로 한 운전면허취소처분에 있어서 재량권의 일탈 또는 남용의 문제는 생길 수 없다(대판 2004. 11. 12, 2003두12042).
② 개발제한구역 내에서 형질변경허가 없이 토지의 형질을 변경한 행위에 대한 **원상복구 시정명령** 및 계고처분은 재량행위에 해당한다(대판 2022. 08. 31, 2021두46971).
③ 「여객자동차 운수사업법」 제23조 제1항에 따라 운송사업자에 대하여 사업계획의 변경이나 노선의 연장·단축 또는 변경 등을 명하는 **개선명령**은 재량행위이다(대판 2022. 09. 07, 2021두39096).

② 새로이 권리를 설정하여 주는 특허는 재량행위로 해석될 가능성이 있는 반면에 인간이 본래 가지고 있는 자연적 자유의 회복을 내용으로 하는 허가는 기속행위로 해석될 가능성이 크다. 왜냐하면 허가의 요건이 충족된 경우에도 허가를 해 주지 않는 것은 신청자의 자연적 자유를 제한하는 결과가 되기 때문이다. 이에 반하여 특허에 있어서는 공익의 실현을 고려하여야 하므로 통상 재량행위로 보아야 한다. 허가의 경우도 환경보호, 문화재보호 등 이익을 형량하여야 하는 경우에는 그 한도

내에서 기속재량행위 또는 재량행위로 볼 수 있다.

[판례] ① **마을버스운송사업면허**(특허)의 허용 여부는 사업구역의 교통수요, 노선결정, 운송업체의 수송능력, 공급능력 등에 관하여 기술적·전문적인 판단을 요하는 분야로서 이에 관한 행정처분은 운수행정을 통한 공익실현과 아울러 합목적성을 추구하기 위하여 보다 구체적 타당성에 적합한 기준에 의하여야 할 것이므로 그 범위 내에서는 법령이 특별히 규정한 바가 없으면 행정청의 재량에 속하는 것이라고 보아야 할 것이고, 또한 마을버스 한정면허시 확정되는 마을버스 노선을 정함에 있어서도 기존 일반노선버스의 노선과의 중복 허용 정도에 대한 판단도 행정청의 재량에 속한다(대판 2001. 01. 19, 99두3812).
② 주택법상 **주택건설사업계획 승인**을 재량행위로 본 사례(대판 2007. 05. 10, 2005두13315).
③ **비관리청 항만공사 시행허가를 재량행위로 본 사례**(대판 2011. 01. 27, 2010두20508).
④ 야생동·식물보호법 **제16조 제3항에 의한 용도변경승인은 특정인에게만 용도 외의 사용을 허용해주는 권리나 이익을 부여하는 이른바 수익적 행정행위로서 법령에 특별한 규정이 없는 한 재량행위이다**(대판 2011. 01. 27, 2010두23033[국제멸종위기종용도변경승인신청반려처분취소]).
⑤ 판례는 **대기오염물질 총량관리사업장 설치의 허가 또는 변경허가**를 **강학상 특허로 보고 재량행위**로 본 반면에 **대기환경보전법상 배출시설 설치허가**는 강학상 허가로 보면서 원칙상 기속행위이지만 중대한 공익상의 필요가 있을 때에는 허가를 거부할 수 있다고 하고 있는 점에 비추어 대기환경보전법상 배출시설 설치허가를 **기속재량행위**로 본 것으로 해석할 수 있다(대판 2013. 05. 09, 2012두22799[대기배출시설설치불허가처분등취소]).
⑥ 출입국관리법상 체류자격 변경허가를 재량행위로 본 사례(대판 2016. 07. 14, 2015두48846[체류기간연장등불허가처분취소]).
⑦ 공유수면 관리 및 매립에 관한 법률에 따른 **공유수면의 점용·사용허가는** 특정인에게 **공유수면 이용권이라는 독점적 권리를 설정하여 주는 처분**으로서 처분 여부 및 내용의 결정은 원칙적으로 행정청의 **재량**에 속한다(대판 2017. 04. 28, 2017두30139).
⑧ 법무부장관에게 공증인의 정원을 정하고 임명공증인을 임명하거나 인가공증인을 인가할 수 있는 재량이 주어져 있다(대판 2019. 12. 13, 2018두41907).
⑨ 여객자동차운송사업의 한정면허 및 갱신처분을 재량행위로 본 사례(대판 2020. 06. 11, 2020두34384).

③ 자유권 등 국민의 중대한 기본권이 관련되는 경우에는 기속행위 쪽으로 해석하여야 한다.

[판례] 출입국관리법 제2조 제2의 2호, 제76조의2 제1항, 난민의 지위에 관한 협약(이하 '난민 협약'이라 한다) 제1조, 난민의 지위에 관한 의정서 제1조의 규정을 종합하여 보면, 법무부장관은 **인종, 종교, 국적, 특정 사회집단의 구성원 신분 또는 정치적 의견을 이유로 박해를 받을 충분한 근거 있는 공포로 인해 국적국의 보호를 받을 수 없거나 국적국의 보호를 원하지 않는 대한민국 안에 있는 외국인에 대하여 그 신청이 있는 경우 난민협약이 정하는 난민으로 인정하여야 한다**(대판 2008. 07. 24, 2007두3930). 〈해설〉 관련 기본권의 중대성에 비추어 난민인정은 설권적 행위이지만 기속행위로 보는 것이 타당하다.

다. 요건규정이 공백규정 또는 공익규정인 경우 공익판단을 요건으로 하는 처분에는 행정청의 재량이 인정되는 것으로 보는 것이 타당하므로 요건규정이 공백규정(空白規定)이거나 공익(公益)만이 요건으로 규정되어 있는 경우에는 행정청에게 재량(효과재량)이 인정된다고 보는 것이 타당하다. 법률에서 요건규정을 전혀 두고 있지 않는 경우에도 공익이라는 요건이 있는 것과 같다. 행정권은 공익목적을 위해서만 발동될 수 있기 때문이다. 공익의 판단은 행정권에 고유한 권한에 속하며 공익판단이 잘못된 경우 부당하지만 위법이라고 할 수는 없다.

그러나, 공익목적만이 요건으로 되어 있는 경우에도 관련규정 및 입법목적을 고려할 때 법개념인 행정의 중간목적이 특정될 수 있을 때에는 행정재량은 인정될 수 없다. 예를 들면, 경찰작용은 질서유지만을 목적으로 하여 행사된다. 따라서 경찰법규에서 공익목적만을 행위의 요건으로 규정하고 있는 경우에도 경찰권의 행사는 질서가 침해될 우려(개연성)가 있거나 침해된 경우(중대한 기본권(예, 집회·시위의 자유)이 제한되는 경우에는 질서에 대한 명백한 위험)에 한하여 발동될 수 있고 질서의 침해 여부의 판단에는 재량이 인정될 수 없다. 경찰권의 발동에는 재량권이 인정된다.

[판례] 집회신고를 하지 아니하였다는 이유만으로 옥외집회 또는 시위를 헌법의 보호 범위를 벗어나 개최가 허용되지 않는 집회 내지 시위라고 단정할 수 없다. 따라서 집회 및 시위에 관한 법률(이하 '집시법'이라고 한다) 제20조 제1항 제2호가 **미신고 옥외집회 또는 시위를 해산명령** 대상으로 하면서 **별도의 해산 요건을 정하고 있지 않더라도**, 그 옥외집회 또는 시위로 인하여 **타인의 법익이나 공공의 안녕질서에 대한 직접적인 위험이 명백하게 초래된 경우에 한하여** 위 조항에 기하여 **해산을 명할 수 있고**, 이러한 요건을 갖춘 해산명령에 불응하는 경우에만 집시법 제24조 제5호에 의하여 처벌할 수 있다고 보아야 한다(대판 2012. 04. 19, 2010도6388).

라. 요건의 인정이나 효과의 선택에 있어서 이익형량이 예정되어 있는 경우

법령상 요건의 인정이나 효과의 선택에 있어서 이익형량이 예정되어 있는 경우(예, 건축허가시 환경이익을 고려하도록 규정하고 있는 경우)에 행정기관에게 재량권이 인정되고 있는 것으로 해석될 수 있다.

마. 인허가요건이 아니라 인허가기준을 정하고 있는 경우 인허가요건이 아니라 인허가기준을 열거하여 정하고 있는 경우에는 그 인허가기준을 종합적으로 고려하여 이익형량을 거쳐 인허가를 하라는 것이므로 통상 그 해당 인허가(예, 개발행위허가)는 재량행위로 볼 여지가 크다.

[판례] 가축분뇨의 관리 및 이용에 관한 법률(이하 '가축분뇨법'이라 한다)의 입법 목적, 가축분뇨법 제11조 제1항, 제2항, 가축분뇨의 관리 및 이용에 관한 법률 시행령 제7조 제1항, 제2항, 구 가축분뇨의 관리 및 이용에 관한 법률 시행규칙(2020. 2. 20. 환경부령 제849호로 개정되기 전의 것) 제5조 제1항 제4호의 체제·형식과 문언, **특히 가축분뇨법 제11조 제1항, 제2항에서 배출시설 설치허가와 변경허가의 기준을 따로 구체적으로 정하고 있지는 않은 사정 등을 종합하면, 가축분뇨법에**

따른 처리방법 변경허가는 허가권자의 재량행위에 해당한다(대판 2021. 06. 30, 2021두35681).

바. 인허가의제의 경우 주된 인허가가 기속행위라도 의제되는 인허가 중 일부가 재량행위이면 그 주된 인허가는 재량행위가 된다.

5. 재량권 행사의 문제

행정청은 재량이 있는 처분을 할 때에는 관련 이익을 정당하게 형량하여야 하며, 그 재량권의 범위를 넘어서는 아니 된다(행정기본법 제21조).

[판례] 식품의 규격과 기준의 설정 및 위반식품에 대한 조치에 관하여 행정청이 갖는 재량권한의 내용: 구 식품위생법 제7조 등의 규정 내용과 형식, 체계 등에 비추어 보면, 식품위생법 관련규정은 식품의 위해성을 평가하면서 관련 산업 종사자들의 재산권이나 식품산업의 자율적 시장질서를 부당하게 해치지 않는 범위 내에서 적정한 식품의 규격과 기준을 설정하고, 그러한 규격과 기준을 위반한 식품에 대하여 식품으로 인한 국민의 생명·신체에 대한 위험을 예방하기 위한 조치를 취할 수 있는 합리적 재량권한을 식품의약품안전처장 및 관련 공무원에게 부여한 것이라고 봄이 상당하다(대판 2010. 11. 25, 2008다67828; 2022. 09. 07, 2022두40376).

재량권이 인정된 취지는 행정의 대상이 되는 사실은 매우 다양하므로 구체적인 상황에 맞는 합목적적이고 구체적 타당성이 있는 행정권의 행사가 가능하도록 하기 위한 것이다. 따라서 행정권은 재량권을 행사함에 있어서 구체적 사정을 고려하여 합목적적인 처분을 행하고 개개인에 대하여 구체적 타당성있는 처분을 내려야 한다.

그런데, 재량권의 행사가 개별적인 사안마다 행하여지는 경우에는 재량권 행사가 자의적으로 행해질 위험이 있다. 그리하여 재량준칙이라는 재량권 행사의 기준을 정하여 이 기준에 따라 재량권을 행사하도록 하는 경우가 많다. 이 경우에 특별한 이유 없이 재량준칙에 위반하여 상대방에게 불리한 처분을 내리면 그 처분은 평등원칙에 위반하는 결과가 되어 위법하게 된다.

다만, 재량준칙을 기계적으로 적용하여 재량권을 행사하는 것은 특별한 사정이 있는 사안에서는 구체적 타당성이 있는 처분이 되지 못하고 재량권이 주어진 취지에 반하게 된다. 따라서 재량준칙은 법규와 같은 절대적인 구속력은 갖지 않으며 특별한 사정이 있는 경우에는 예외적으로 재량준칙을 적용하지 않을 수 있다.

[판례] 구 도로법과 하위법령에는 추상적인 행정목표와 절차만이 규정되어 있을 뿐 **도로구역을 결정하는 기준이나 요건에 관하여는 별다른 규정을 두고 있지 않아** 행정주체는 해당 노선을 이루는 구체적인 **도로구역**을 **결정**함에 있어서 비교적 광범위한 형성의 자유를 가진다(대판 2015. 06. 11, 2015두35215[도로구역결정변경청구]).

6. 재량권의 한계

재량처분이 적법하기 위해서는 처분사유가 존재하고, 재량권의 일탈·남용이 없어야 한다.

행정청에 재량권이 부여된 경우에도 재량권은 무한정한 것은 아니며 일정한 법적 한계가 있다. 재량권이 이 법적 한계를 넘은 경우에는 그 재량권의 행사는 위법한 것이 된다. 재량권의 한계는 재량권의 일탈 또는 남용을 말한다.

재량권의 일탈(逸脫)이란 재량권의 외적 한계(즉, 법적·객관적 한계)를 벗어난 것을 말하고 재량권의 남용(濫用)이란 재량권의 내적 한계, 즉 재량권이 부여된 내재적 목적을 벗어난 것을 의미한다.

다만, 판례는 재량권의 일탈과 재량권의 남용을 명확히 구분하지 않고 재량권의 행사에 '재량권의 일탈 또는 남용'이 없는지 여부를 판단한다. 또한 재량권의 한계가 재량권의 일탈에 속하는지 재량권의 남용에 속하는지를 판단할 실익도 없다. 어떠한 재량권의 한계이든지 위반하게 되면 그 재량권 행사는 위법하게 된다.

재량권의 한계를 넘은 재량권 행사에는 일의적으로 명확한 법규정의 위반, 사실오인, 평등원칙 위반, 자기구속의 원칙 위반, 비례원칙 위반, 절차 위반, 재량권의 불행사 또는 해태, 목적 위반 등이 있다.

(1) 법규정 위반

법령이 재량권을 부여함에 있어 직접 재량권의 일정한 한계를 정하는 경우가 있고 이 경우에 이 법령상의 한계를 넘는 재량처분은 위법하다. 예를 들면, 법이 행정법규 위반에 대하여 영업허가취소 또는 6개월 이내의 영업정지처분을 내릴 수 있는 것으로 재량권을 부여한 경우에 당사자의 법규 위반이 매우 중대한 것이라 하더라도 취소하면 적법할 수 있는 경우에도 1년의 영업정지처분을 내리는 것은 위법하다.

[판례] ① [1] **광업법 제17조 제1항 및 제21조 제1항, 제24조 본문의 각 규정**에 의하면, 광업권은 당사자의 출원에 대한 관할관청의 허가에 의하여 설정되고, 동종광물에 대한 광업권 설정출원이 동일한 구역에 중복된 경우에는 원서의 도달일시가 먼저인 출원이 우선하며 동일한 구역에는 원칙적으로 2 이상의 광업권을 설정할 수 없도록 **규정하고 있는바**, 이러한 광업권 설정출원은 비록 그에 대하여 불허가처분이 행하여졌다고 할지라도 그 처분에 대한 쟁송제기기간이 경과하거나 쟁송수단을 다 거칠 때까지는 그 출원이 가지는 순위확보적 효력은 계속된다. [2] 어떤 광구에 관하여 소외 회사명의로 선출원이 있었음에도 그 구역의 광물채굴이 **공익을 해한다는 이유로 불허가되었으나** 여전히 동 출원의 효력이 존속하는 경우, 광업권 설정 후 출원자가 노력을 경주하여 당해 지역 일부가 공익사항에 의한 제한대상이 아닌 것을 발견해 내었다고 할지라도 동일한 석회석 광구에 대하여 소외 회사의 선출원이 유효하게 존속하는 이상 광업등록사무소장으로서는 **선출원 우선의 규정**에 따라 소외 회사에게 당해 광구에 대한 광업권 설정허가를 할 수밖에 없고 따라서 후출

원자에게 그 허가를 할 수는 없다(대판 1997. 11. 28, 97누11089[광업권설정출원서반려처분취소등]). ② 공무원징계령 제7조 제6항 제3호, 공무원징계령 시행규칙 제4조 제1항 제2호 및 경찰청 예규인 경찰공무원 징계양정 등에 관한 규칙 제9조 제1항 제2호의 규정상 **경찰공무원에 대한 징계위원회의 심의과정에 감경사유에 해당하는 공적 사항이 제시되지 아니한 경우**에는 그 징계양정이 결과적으로 적정한지와 상관없이 이는 **관계 법령이 정한 징계절차를 지키지 아니한 것으로서 위법**하다(대판 2012. 10. 11, 2012두13245[해임처분취소]).

절차법규정이 있는 경우에 그 절차법규정을 위반한 경우에는 절차의 위법이 있는 처분이 된다.

(2) 사실오인

사실의 존부에 대한 판단에는 재량권이 인정될 수 없으므로 사실(事實)을 오인(誤認)하여 재량권을 행사한 경우(예를 들면, 비위를 저지르지 않은 공무원을 비위를 저지른 것으로 오인하여 징계처분한 경우)에 그 처분은 위법하다(대판 2001. 07. 27, 99두2970).

[판례] (1) 행정청의 **재량행위가 사실오인 등에 근거한 것**이면 이는 **재량권을 일탈 · 남용한 것**으로서 위법하여 그 취소를 면치 못한다(대법원 2001. 7. 27. 선고 99두2970 판결 등 참조). 만약 **행정청이 과거 상대방에게 한 특정한 처분으로 인하여 그에게 유리한 사실관계가 형성되었음을 인식하고 있었음에도 이를 반영하지 않은 채 재량권을 행사하였다면, 이는 행정청의 사실오인에 기초한 것**으로서 **재량권 일탈 · 남용에 해당**하여 위법하다. (2) 행정청이 상대방에게 그와 같은 사실관계에 관한 자료의 제출을 요청하였으나 그가 이를 제대로 이행하지 않은 경우라고 하더라도, 그러한 사정으로 인하여 행정청이 사실오인을 일으켰다는 등의 특별한 사정이 없는 한, 마찬가지라고 할 것이다. (3) 행정청이 한 버스노선 변경명령에 따른 인가 운행거리 연장이 연료비 재정지원금 정산처분에 있어 상대방에게 유리함에도 이를 반영하지 않은 상태에서 한 정산처분이 재량권 일탈 · 남용에 해당한다고 한 사례(대판 2025. 03. 13, 2024두58692[표준연비연정산세부계획에 따른 정산처분취소 등 청구의 소]).

(3) 평등원칙 또는 자기구속의 원칙 위반

처분 자체만으로는 재량권의 범위를 넘지 않았지만 평등원칙(平等原則)에 위반되면 위법한 재량권 행사가 된다. 재량준칙이 정하여진 경우에 합리적 이유 없이 그 재량준칙을 따르지 않고 당사자에게 불리한 처분을 하면 그 처분은 평등원칙 위반으로 위법하다. 재량준칙이 정하여진 경우에도 재량준칙을 적용하는 것이 불합리한 특별한 사정이 있는 경우에는 재량준칙을 따르지 않을 수 있고, 재량준칙을 그대로 적용하여 당사자에게 불리한 처분을 하면 그 재량처분은 위법하다.

행정관행이 존재하는 경우에 행정관행과 다른 재량권 행사는 특별한 사정이 없는 한 자기구속(自己拘束)의 원칙에 반한다(전술 자기구속의 원칙 참조).

(4) 비례원칙 위반

비례원칙(比例原則)은 모든 국가작용에 적용되는 헌법상의 법원칙이지만 특히 재량권 행사의 통제에 있어서 중요한 수단이 된다. 예를 들면, 일반적으로 제재처분은 법령에 의해 재량행위로 규정되어 있는데 위법한 행위를 이유로 제재처분을 가하는 경우 당해 제재처분의 목적과 제재처분 사이 또는 법위반의 정도와 제재처분 사이에 현저히 비례관계를 잃은 경우에는 당해 제재처분은 비례의 원칙에 반하는 위법한 처분이 된다.

[판례] ① **징계처분에 있어 재량권의 행사가 비례의 원칙을 위반하였는지 여부는**, 징계사유로 인정된 비행의 내용과 정도, 그 경위 내지 동기, 그 비행이 당해 행정조직 및 국민에게 끼치는 영향의 정도, 행위자의 직위 및 수행직무의 내용, 평소의 소행과 직무성적, 징계처분으로 인한 불이익의 정도 등 여러 사정을 건전한 사회통념에 따라 종합적으로 판단하여 결정하여야 한다(대판 2001. 08. 24, 2000두7704).

② **제재적 행정처분이 사회통념상 재량권의 범위를 일탈하였거나 남용하였는지 여부는** 처분사유로 된 위반행위의 내용과 당해 처분행위에 의하여 달성하려는 공익목적 및 이에 따르는 제반 사정 등을 객관적으로 심리하여 공익침해의 정도와 그 처분으로 인하여 개인이 입게 될 불이익을 비교 교량하여 판단하여야 한다(대판 2001. 03. 09, 99두5207).

③ 사립학교법 제20조의2에서 정한 **임원취임승인취소처분**의 재량권 남용 여부를 판단할 때에 처분사유로 된 시정요구의 불이행 범위 및 정도와 시정요구를 있게 한 위법행위 내용과 결과는 당연히 참작사유가 될 수 있다(대판 2014. 09. 04, 2011두6431[임원취임승인취소처분취소]).

④ **대형마트 영업시간 제한 등 처분의 재량권 일탈·남용의 판단기준 및 고려요소**: 구 유통산업발전법 제12조의2에 근거한 행정청의 대형마트 영업시간 제한 및 의무휴업일 지정 처분에 비례원칙 위반 등 재량권 일탈·남용의 위법이 있는지 여부를 판단함에 있어서는, 행정청이 위와 같은 다양한 공익과 사익의 요소들을 고려하였는지, 나아가 행정청의 규제 여부 결정 및 규제 수단 선택에 있어서 규제를 통해 달성하려는 공익 증진의 실현 가능성과 규제에 따라 수반될 상대방 등의 불이익이 정당하고 객관적으로 비교·형량되었는지 등을 종합적으로 고려하여야 한다. 또한, 시장의 지배와 경제력 남용의 방지 등을 위한 경제규제 행정 영역에서는, 규제 대상인 경쟁시장이 갖는 복잡다양성과 유동성으로 인해 사전에 경제분석 등을 거쳤다 하여 장래의 규제효과가 확실히 담보되기는 어렵고, 만약 규제의 시기가 늦춰져 시장구조가 일단 왜곡되면 그 원상회복이 어려울 뿐 아니라 그 과정에서 중소사업자들이 중대한 피해를 입을 우려가 있으므로, 장래의 불확실한 규제효과에 대한 예측판단을 기초로 한 규제입법 및 그에 따른 규제행정이 이루어질 수밖에 없게 된다. 이 사건 조항도, 영업시간 제한 및 의무휴업일 지정의 규제가 일반적·통상적 시장상황 아래에서는 위와 같은 공익 목적 달성에 유효적절한 수단이 될 수 있다는 정책적 판단에 따라 이루어진 규제입법에 해당하고, 이 사건 조항은 행정청에게 사실상 매우 제한된 범위 내에서 규제 수단의 선택재량을 부여하고 있다. 따라서 행정청은 규제가 이루어지는 해당 지역 시장상황의 특수성으로 인하여 이 사건 조항에 따른 규제가 전혀 실효성이 없다거나 불필요하다는 등의 특별한 사정이 없는 한, 대체로 유사한 내용의 규제에 이를 수밖에 없다. 이러한 여러 사정을 종합적으로 고려할 때, 행정청이 이 사건 조항에 따라 선택한 규제 수단의 실효성 등을 이유로 재량권 일탈·남용의 위법을 인정함에 있어서는 신중을 기하여야 한다(대판 전원합의체 2015. 11. 19, 2015두295[영

업시간제한등처분취소][대형마트 영업규제 사건]). 〈해설〉 대법원은 경제규제의 특수성 특히 경제규제 효과 예측의 어려움 그리고 사전배려원칙상 사려배려의 필요성을 고려하면서 이익 형량에 관한 비례원칙 위반이 아니라고 보았으나 원심은 이 사건 각 처분으로 생겨난 원고들의 영업의 자유 침해 등 불이익이 이 사건 각 처분에 의해 달성되는 공익보다 훨씬 중대하여 비례원칙을 위반하였다고 보았다.

⑤ [1] 한정면허를 받은 자에 인정되는 기대이익 및 기존의 한정면허 노선과 중복되는 노선의 신설이 허용되기 위한 요건: 한정면허를 부여받았다고 하여 해당 노선에 대한 우선권이나 독점적 운영권이 법률상 보장되는 것이 아님은 분명하다. 다만, '전주~인천국제공항' 노선이 여객의 특수성 또는 수요의 불규칙성으로 인하여 노선버스를 운행하기 어려운 경우에 해당된다는 이유로 이 사건 한정면허가 부여된 이상, 원고에게는 사업 초기에 불규칙한 수요의 위험을 감수하고 해당 노선을 운영함으로써 공익에 기여한 정도에 상응하는 안정적 사업 운영에 관한 일정한 기대이익이 인정될 수는 있다. 따라서 해당 노선에 일시적인 수요 증가가 있었다는 이유만으로 곧바로 중복 노선의 신설을 허용하는 것은 타당하지 않고, 해당 노선에 대한 수요 증감의 폭과 추이, 원고가 해당 노선을 운영한 기간, 공익적 기여도, 그간 노선을 운행하면서 취한 이익의 정도 등을 종합적으로 고려한 후에 그 허용 여부를 판단하여야 한다. [2] 기존의 공항버스 한정면허 노선과 중복되는 노선을 허용할 것인지 여부는, 해당 노선에 대한 수요 증감의 폭과 추이, 해당 노선을 운영한 기간, 공익적 기여도, 그간 노선을 운행하면서 취한 이익의 정도 등을 종합적으로 고려하여 판단하여야 한다고 본 사례(대판 2018. 09. 13, 2017두33176[여객자동차운송사업계획변경인가처분취소]).

⑥ 행정청이 전문적인 위험예측에 관한 판단에 기초하여 감염병을 예방하기 위한 여러 종류의 조치 중에서 필요한 조치를 선택한 데에 비례의 원칙과 평등의 원칙 위반 등 재량권을 일탈 · 남용한 위법이 있는지를 판단하는 기준: 감염병의 특성과 확산 추이, 예방 백신이나 치료제의 개발 여부, 예방 조치를 통해 제한 또는 금지되는 행위로 인한 감염병의 전파가능성 등 객관적 사정을 기초로, 해당 예방 조치가 행정목적을 달성할 수 있는 효과적이고 적절한 수단인지, 그러한 행정목적을 달성하는 데 해당 예방 조치보다 상대방의 권리나 이익이 덜 제한되도록 하는 합리적인 대안은 없는지, 행정청이 해당 예방 조치를 선택함에 있어서 다양한 공익과 사익의 요소들을 고려하였는지, 나아가 예방 조치를 통해 달성하려는 공익과 이에 따라 제한될 상대방의 권리나 이익이 정당하고 객관적으로 비교·형량 되었는지 등을 종합적으로 고려하여야 한다(대판 전원합의체 2024. 07. 18, 2022두43528[집합금지 처분 취소 청구의 소]).

판례에 따르면 수 개의 징계사유(또는 제재사유) 중 일부가 인정되지 않더라도 인정되는 다른 일부 징계사유(또는 제재사유)만으로도 당해 징계처분(또는 제재처분)의 타당성을 인정하기에 충분한 경우에는 그 징계처분(또는 제재처분)은 위법하지 아니하다(대판 2002. 09. 24, 2002두6620[해임처분취소]). 이에 대하여는 일부의 징계사유(또는 제재사유)가 인정되지 않아 징계처분(또는 제재처분)이 쟁송취소되면 보다 가벼운 징계처분(또는 제재처분)이 내려질 수도 있는 이익도 있고, 처분청의 재량권도 존중하여야 하므로 일부 징계사유(또는 제재사유)가 인정되지 않는 경우에는 취소판결을 하여야 한다는 비판적 견해가 있다.

[판례] ① 경찰공무원이 담당사건의 고소인으로부터 금품을 수수하고 향응과 양주를 제공받았으며

이를 은폐하기 위하여 고소인을 무고하는 범죄행위를 하였다는 사유로 해임처분을 받은 경우, 위 징계사유 중 금품수수사실이 인정되지 않더라도 나머지 징계사유만으로도 해임처분의 타당성이 인정되어 재량권의 범위를 일탈·남용한 것이 아니다(대판 2002. 09. 24, 2002두6620[해임처분취소]).
② 이 사건 처분 사유 중 지입제 경영이라는 처분사유로써 이 사건 처분(일반택시운송사업면허처분)의 정당성이 인정되는 이상 다른 처분사유인 운송 미개시 부분이 원고에게 거듭 불이익을 주는 것이어서 위법하다고 하더라도 그것만으로 이 사건 처분이 위법하게 되는 것은 아니다(대판 2004. 03. 25, 2003두1264).

(5) 절차 위반

이해관계인의 의견진술 등 절차가 법률에 의해 명시적으로 규정된 경우에 그 절차를 거쳐야 하며 법률에 명시적인 규정이 없다 하더라도 헌법원칙인 적법절차의 원칙에 반하는 처분은 절차 위반만으로 위법한 처분이 된다.

(6) 재량권의 불행사 또는 재량의 해태

부주의로 또는 재량행위를 기속행위로 오인하여 재량권을 행사하지 않거나 재량을 해태한 경우에 재량행위는 위법한 처분이 된다.

재량권의 불행사(不行使)란 재량권을 행사함에 있어 고려하여야 할 구체적 사정을 전혀 조사·고려하지 않은 경우를 말한다. 예를 들면, 행정법규를 위반한 영업에 대하여 영업허가를 취소 또는 정지할 수 있다고 규정되어 있는데 그러한 위반에 대하여는 영업허가를 취소하여야 하는 것으로 오인하고 법규 위반의 정도, 위반사유 및 상대방의 이해관계를 조사·고려함이 없이 영업허가를 취소한 경우 그 취소처분은 재량권을 불행사한 것으로 위법이 된다.

재량의 해태(懈怠)란 재량권을 행사함에 있어 고려하여야 하는 구체적 사정에 대한 고려를 하였지만 충분히 조사·고려하지 않은 경우를 말한다. 예를 들면, 재량권 행사시 고려하여야 하는 관계 이익(공익 및 사익)을 충분히 고려하지 않은 경우를 말한다.

재량권 불행사 및 해태는 그 자체로서 재량권의 일탈·남용에 해당한다(대판 2019. 07. 11, 2017두38874). 행정청이 제재처분 양정을 하면서 공익과 사익의 형량을 전혀 하지 않았거나 이익형량의 고려대상에 마땅히 포함하여야 할 사항을 누락한 경우에는 해당 제재처분은 재량권을 일탈·남용한 것이라고 보아야 한다. 또한, **판례**에 따르면 제재처분의 감경사유를 전혀 고려하지 않거나 그 사유에 해당하지 않는다고 오인한 나머지 감경하지 아니하였다면 해당 제재처분은 재량권을 일탈·남용한 위법한 처분이지만, 감경사유를 고려하고도 법령상 기준에 따라 감경없이 제재처분을 한 것만으로는 재량권의 일탈·남용이 되지 않는다.

[판례] ① 행정청이 제재처분 양정을 하면서 공익과 사익의 형량을 전혀 하지 않았거나 이익형량의 고려대상에 마땅히 포함하여야 할 사항을 누락한 경우 또는 이익형량을 하였으나 정당성 · 객관성이 결여된 경우에는 제재처분은 재량권을 일탈 · 남용한 것이라고 보아야 한다. 처분상대방에게 법령에서 정한 임의적 감경사유가 있는 경우에, 행정청이 감경사유까지 고려하고도 감경하지 않은 채 개별처분기준에서 정한 상한으로 처분을 한 경우에는 재량권을 일탈·남용하였다고 단정할 수는 없으나, 행정청이 감경사유를 전혀 고려하지 않았거나 감경사유에 해당하지 않는다고 오인하여 개별처분기준에서 정한 상한으로 처분을 한 경우에는 마땅히 고려대상에 포함하여야 할 사항을 누락하였거나 고려대상에 관한 사실을 오인한 경우에 해당하여 재량권을 일탈 · 남용한 것이라고 보아야 한다(대판 2020. 06. 25, 2019두52980).

② 행정청이 건설산업기본법 및 구 건설산업기본법 시행령(2016. 2. 11. 대통령령 제26979호로 개정되기 전의 것, 이하 '시행령'이라 한다) 규정에 따라 건설업자에 대하여 영업정지 처분을 할 때 건설업자에게 영업정지 기간의 감경에 관한 참작 사유가 존재하는 경우, 행정청이 그 사유까지 고려하고도 영업정지 기간을 감경하지 아니한 채 시행령 제80조 제1항 [별표 6] '2. 개별기준'이 정한 영업정지 기간대로 영업정지 처분을 한 때에는 이를 위법하다고 단정할 수 없으나, 위와 같은 사유가 있음에도 이를 전혀 고려하지 않거나 그 사유에 해당하지 않는다고 오인한 나머지 영업정지 기간을 감경하지 아니하였다면 영업정지 처분은 재량권을 일탈 · 남용한 위법한 처분이다(대판 2016. 08. 29, 2014두45956[영업정지처분취소]).

③ '부동산 실권리자명의 등기에 관한 법률 시행령' 제3조의2 단서의 과징금 임의적 감경사유가 있음에도 이를 전혀 고려하지 않거나 감경사유에 해당하지 않는다고 오인하여 과징금을 감경하지 않은 경우, 그 과징금 부과처분은 재량권을 일탈·남용한 위법한 처분이다(대판 2010. 07. 15, 2010두7031[과징금부과처분취소]).

④ 대법원은 여러 구청에서 대형마트의 영업제한을 동일하게 한 것은 구체적 사정을 조사하지 않는 등으로 재량권을 불행사하거나 해태한 것이 아니고 영업제한을 달리 정할 경우 영업을 하는 다른 대형마트를 이용할 것이므로 일률적으로 정할 수밖에 없는 이유가 있다고 보았다(대판 전원합의체 2015. 11. 19, 2015두295[영업시간제한등처분취소][대형마트 영업규제 사건]). 이에 대하여 원심은 피고들이 이 사건 각 처분을 함에 있어서, ⓐ 관련 공·사익의 이익형량을 전혀 하지 아니하거나 이익형량의 고려대상에 마땅히 포함시켜야 할 사항을 누락함으로써 재량권을 행사하지 않았거나 해태하였다고 하였다.

⑤ 행정청이 기존업자가 이미 면허를 받아 운행하고 있는 노선과 중복되는 노선의 신설 등을 신규업자에게 허용하는 처분을 하고자 하는 경우에는 그로 인하여 달성하고자 하는 공익적 측면 이외에도 관련 운송사업자들 사이의 이해관계 조정 등 사익적 측면을 아울러 고려하여야 한다. 특히 해당 노선에 대한 기존업자가 한정면허를 받은 운송사업자인 경우에는 한정면허의 내용, 그 경위와 목적, 한정면허 당시와 비교한 사정 변경 여부 등을 함께 고려하여야 한다(대판 2018. 09. 13, 2017두33176).

⑥ 행정청인 시·도지사가 여객자동차운송사업의 한정면허의 갱신 여부를 심사할 때 한정면허의 갱신을 신청한 자가 거부처분으로 입게 되는 불이익의 내용과 정도 등을 전혀 비교형량하지 아니하였거나 비교형량의 고려대상에 마땅히 포함시켜야 할 사항을 누락한 경우 또는 비교형량을 하였으나 정당성·객관성이 결여된 경우에는 한정면허의 갱신에 관한 거부처분은 재량권을 일탈·남용하여 위법하다(대판 2020. 06. 11, 2020두34384).

⑦ (1) 재외동포에 대한 사증발급은 행정청의 재량행위에 속한다. (2) 피고는 자신에게 주어진 재량권을 전혀 행사하지 않고 오로지 13년 7개월 전에 이 사건 입국금지결정이 있었다는 이유만으로

이 사건 사증발급 거부처분을 한 사안에서 피고는 관계법령상 부여된 재량권을 적법하게 행사했어야 했다(비례의 원칙에 반하는 것인지 판단했어야 했다)고 한 사례(대판 2019. 07. 11, 2017두38874). ⑧ 피고 경기도지사가 원고의 이 사건 한정면허 갱신 신청을 심사할 당시 각 노선에 대한 수요 증감의 폭과 추이, 원고가 해당 노선을 운영한 기간, 공익적 기여도, 그간 노선을 운행하면서 취한 이익의 정도 등을 종합적으로 고려하였어야 하는데도, 단순히 공항이용객의 증가, 운송여건의 개선, 한정면허 운송업체의 평균 수익률만을 들어 이 사건 한정면허 노선의 수요 불규칙성이 개선되었다고 보아 **이 사건 한정면허의 갱신사유에 관하여 구체적으로 살펴보지도 않은 채 거부처분을 내린 것은 재량권을 일탈 · 남용한 것**이라고 본 사례(대판 2020. 06. 11, 2020두34384).

재량권 행사시에는 재량권 행사를 정당화할 수 있는 합리적인 설명(이유제시)이 있어야 한다. 이유제시는 재량권 행사의 공정성과 정당성을 담보하는 수단의 하나이다.

재량권의 불행사와 재량의 해태는 이 하자를 이유로 처분이 취소된 후 행정청은 판결의 취지에 따라 재량권을 제대로 행사한 후 동일한 내용의 처분을 할 수도 있다는 점에서 내용상 하자가 아니라 광의의 절차의 하자라고 보아야 한다. 따라서, '재량권 불행사의 하자'로 거부처분을 취소하는 판결이 확정되면, 피고 행정청은 취소판결의 취지에 따라 그 하자를 보완하여 원고의 신청에 대하여 다시 처분을 하여야 한다(행정소송법 제30조 제1항, 제2항).

(7) 목적 위반

행정권의 행사가 법률에서 정한 목적(目的)과 다르게 행사된 경우, 즉 재량권이 남용된 경우에 재량처분은 위법하게 된다. 재량권이 사적 목적 내지 불법한 동기에 의해 행사된 경우에 재량행위가 위법하게 된다는 데에 이견이 없다.

문제는 행정권이 법률에 의해 주어진 목적과 다른 공익목적으로 행사된 경우에 행정권의 행사가 위법인가이다. 행정권이 주어진 목적과 실체적 관련이 없는 전혀 다른 목적으로 행사된 경우에는 공익목적을 위하여 행사된 경우에도 재량권을 남용한 것으로 위법한 것으로 보아야 한다.

(8) 명백히 불합리한 재량권 행사

재량권의 행사가 명백히 불합리한 경우(사회통념상 현저하게 타당성을 잃은 경우)에 당해 재량권 행사는 위법하다고 보아야 한다.

[판례] ① (1) **재량권 일탈 · 남용의 판단기준**: 재량을 행사할 때 판단의 기초가 된 사실인정에 중대한 오류가 있는 경우 또는 비례 · 평등의 원칙을 위반하거나 **사회통념상 현저하게 타당성을 잃는 등의 사유**가 있다면 이는 재량권의 일탈 · 남용으로서 위법하다. (2) 피고의 체류자격변경 불허가 처분은 그에 의해 얻는 공익에 비하여 원고가 입게 될 불이익이 지나치게 커 비례의 원칙을 위반하여 재량권 일탈 · 남용으로 위법한 것으로 볼 수 있다고 한 사례(대판 2016. 07. 14, 2015두48846, 대판 2019. 07. 11, 2017두38874).

② 지방국토관리청장 산하 국도유지관리사무소 소속 청원경찰로서 과적차량단속업무를 담당하던 甲이 건설장비 대여업자에게서 과적단속을 피할 수 있는 이동단속반의 위치정보 등을 알려달라는 청탁을 받고 이를 알려준 대가로 6회에 걸쳐 190만 원의 뇌물을 받았다는 이유로 지방국토관리청장이 파면처분을 한 사안에서, 위 처분이 객관적으로 명백히 부당한 것으로서 사회통념상 현저하게 타당성을 잃었다고 볼 수 없다고 한 사례(대판 2011. 11. 10, 2011두13767[파면처분취소])
③ 대학 총장 임용에 관해서는 임용권자에게 일반 국민에 대한 행정처분이나 공무원에 대한 징계처분에 비하여 광범위한 재량이 주어져 있다고 볼 수 있다. 따라서 대학에서 추천한 후보자를 총장 임용제청이나 총장 임용에서 제외하는 결정이 대학의 장에 관한 자격을 정한 관련 법령 규정에 어긋나지 않고 사회통념에 비추어 불합리하다고 볼 수 없다면 쉽사리 위법하다고 판단해서는 안 된다(대판 2018. 06. 15, 2016두57564).
④ 공무원 승진임용에 관해서는 임용권자에게 일반 국민에 대한 행정처분이나 공무원에 대한 징계처분에서와는 비교할 수 없을 정도의 광범위한 재량이 부여되어 있다. 따라서 승진후보자 명부에 포함된 후보자를 승진임용에서 제외하는 결정이 공무원의 자격을 정한 관련 법령 규정에 위반되지 아니하고 사회통념상 합리성을 갖춘 사유에 따른 것이라는 주장·증명이 있다면 쉽사리 위법하다고 판단하여서는 아니 된다(대판 2018. 03. 27, 2015두47492).
⑤ 처분이 지연되지 않았다면 특별사면 대상이 될 수 있었다는 사정만으로 입찰참가자격 제한처분이 위법하다고 볼 수는 없다(대판 2018. 05. 15, 2016두57984).
⑥ 행정청이 제재처분 양정을 하면서 **이익형량을 하였으나 정당성 · 객관성이 결여된 경우**에는 제재처분은 재량권을 일탈·남용한 것이라고 보아야 한다(대판 2020. 06. 25, 2019두52980).

(9) 전문적 · 기술적 판단 및 정책재량 등에 대한 신중한 통제

재량통제시 처분에 전문성·기술성·정책성 또는 강한 공익성 등이 있는 경우 재량권 일탈·남용의 인정을 신중히 하여야 한다는 것이 **판례**의 입장이다.

[판례] ① (1) 문화재는 한번 훼손되면 회복이 곤란한 경우가 많을 뿐 아니라, 회복이 가능하더라도 막대한 비용과 시간이 소요되는 특성이 있다. (2) 행정청이 문화재의 역사적·예술적·학술적 또는 경관적 가치와 원형의 보존이라는 목표를 추구하기 위하여 문화재보호법 등 관계 법령이 정하는 바에 따라 내린 **전문적 · 기술적 판단**은 특별히 다른 사정이 없는 한 이를 최대한 존중할 필요가 있다. (3) 문화재의 보존을 위한 사업인정 등 처분에 대하여 이를 심사할 때에는, 위와 같은 문화재보호법의 내용 및 취지, 문화재의 특성, 사업인정 등 처분으로 인한 국민의 재산권 침해 정도 등을 종합하여 **신중하게 판단**하여야 한다(대판 2019. 02. 28, 2017두71031).
② [공군비행장 인근에 '버스차고지 부지'를 조성하겠다는 개발행위허가 신청에 대하여, 처분청(지방자치단체의 장)이 구 군사기지 및 군사시설 보호법 및 동법 시행규칙에 따른 관할 부대장의 부동의 의견을 기초로 개발행위불허가처분을 하자, 그 불허가처분에 처분사유가 부존재하고 관할 부대장의 부동의 의견이 재량권 일탈·남용에 해당한다는 이유로 불허가처분의 취소를 구한 사건] (1) 구 군사기지 및 군사시설 보호법령의 관련규정을 종합하면, **협의 요청의 대상인 행위가 군사작전에 지장을 초래하거나 초래할 우려가 있는지, 그러한 지장이나 우려를 해소할 수 있는지, 항공등화의 명료한 인지를 방해하거나 항공등화로 오인될 우려가 있는지 등**은 해당 부대의 임무, 작전계획, 군사기지 및 군사시설의 유형과 특성, 주변환경, 지역주민의 안전에 미치는 영향 등을 종합적으로 고려하여 행하는 **고도의 전문적 · 군사적 판단 사항**으로서, **그에 관해서는 국방부장관 또는 관할 부대장 등에게 재량권이 부여되어** 있다(대판 2020. 07. 09, 2017두39785[개발행위불허가처분취소]).

③ 적법한 자격을 갖춘 교사가 전문적이고 광범위한 재량이 존재하는 영역인 학생에 대한 교육과정에서 한 판단과 교육활동은 특별한 사정이 없는 한 존중되어야 하며, 국가, 지방자치단체, 그 밖의 공공단체나 학생 또는 보호자 등이 이를 침해하거나 부당하게 간섭해서는 안 된다(대판 2023. 09. 14, 2023두37858[교권보호위원회조치처분취소]).
④ 국민건강보험법령상 선별급여 항목 및 본인부담률을 결정할 때의 기준이 되는 약제의 임상적 유용성, 대체가능성 등에 관한 판단에는 고도의 의료·보건상의 전문성이 필요하므로, 행정청이 국민의 건강을 보호·증진하고, 국민건강보험재정의 건전성을 유지하고자 하는 목적에서 국민건강보험법의 위임에 따른 구 선별급여지정기준이 정하는 바에 따라 전문적인 판단을 하였다면, 그 판단은 기초가 된 사실인정에 중대한 오류가 있거나 판단이 객관적으로 불합리하거나 부당하다는 등의 특별한 사정이 없는 한 존중되어야 한다(대판 2025. 03. 13, 2024두45788).

특히 **판례**에 따르면 **행정청의 자율적인 정책재량**에는 폭 넓은 재량이 인정되고, 행정청의 정책기준이나 그 해석은 특별한 사정이 없는 한 가능한 한 **존중**하여야 한다. 법원은 해당 심사기준의 해석에 관한 독자적인 결론을 도출하지 않은 채로 그 기준에 대한 행정청의 해석이 객관적인 합리성을 결여하여 재량권을 일탈·남용하였는지 여부만을 심사하여야 하고, 행정청의 심사기준에 대한 법원의 독자적인 해석을 근거로 그에 관한 행정청의 판단이 위법하다고 쉽사리 단정하여서는 아니 된다.

[판례] [민간공원조성 특례사업 우선협상대상자 선정기준이 문제된 사건] (1) **민간공원조성계획 입안 세안을 빋은 행정청이 제안의 수용 여부를 결정하는 데 필요한 심사기준 등을 정하고 그에 따라 우선협상자를 지정하는 것은** 원칙적으로 도시공원의 설치·관리권자인 시장 등의 **자율적인 정책 판단에 맡겨진 폭넓은 재량에 속하는 사항**이므로, 그 설정된 기준이 객관적으로 합리적이지 않다거나 타당하지 않다고 볼 만한 특별한 사정이 없는 이상 **행정청의 의사는 가능한 한 존중되어야 하고,** 심사기준을 마련한 행정청의 심사기준에 대한 해석 역시 문언의 한계를 벗어나거나, 객관적 합리성을 결여하였다는 등의 특별한 사정이 없는 한 존중되어야 한다. (2) 따라서 법원은 해당 심사기준의 해석에 관한 독자적인 결론을 도출하지 않은 채로 그 기준에 대한 행정청의 해석이 객관적인 합리성을 결여하여 재량권을 일탈·남용하였는지 여부만을 심사하여야 하고, **행정청의 심사기준에 대한 법원의 독자적인 해석을 근거로 그에 관한 행정청의 판단이 위법하다고 쉽사리 단정하여서는 아니 된다.** (3) 피고가 마련한 평가항목표에 의하면, 자금조달능력 항목은 참여의향서, 확약서 등을 제출한 **금융참여업체 수를 기준으로 평가**하도록 되어 있는데, 피고가 '참가인과 협의하에 참여 여부를 결정한다'고 한 ○○산업 주식회사, 주식회사 ○○○건설도 금융참여업체에 포함된다고 평가(**금융참여업체의 해석**)한 것이 재량판단의 합리적 범위를 벗어난 것이라고 보기 어렵고, 피고가 '공동제안사'인 ○○투자증권 주식회사도 금융참여업체에 포함된다고 평가(**금융참여업체의 해석)한 것이 재량판단의 합리적 범위를 벗어난 것이라고 보기 어렵다고 한 사례**(대판 2019. 01. 10, 2017두43319).

환경의 훼손이나 오염을 발생시킬 우려가 있는 개발행위에 대한 행정청의 허가와 관련하여 재량권의 일탈·남용 여부를 심사할 때에는, 해당 지역 주민들의 토지이용실태와 생활환경 등 구체적 지역 상황과 상반되는 이익을 가진 이해관계자들 사이의 권익 균형과 환경권 보호에 관한 각종 규정의 입법 취지 등을 종합하여 신중하게 판단하여야 한다. 따라서 **'환경오염 발생 우려'와 같이 장래에 발생할 불확실한 상황과 파급효과에 대한 예측이 필요한 요건에 관한 행정청의 재량적 판단**은 그 내용이 합리성이 없거나 상반되는 이익과 가치를 대비해 볼 때 형평과 비례의 원칙에 뚜렷하게 배치되지 않는 한 폭넓게 존중되어야 한다(대판 2017. 03. 15, 2016두55490; 2018. 04. 12, 2017두71789[공장신설불승인처분취소]; 2020. 07. 23, 2019두31839).

[판례] ① 저수지 인근에서 가축분뇨 배출시설을 운영하던 원고가 가축분뇨 처리를 위한 '액비화 처리시설' 설치를 위하여 개발행위 허가신청을 하였으나, 피고가 환경상 위해 우려 등을 이유로 원고의 허가신청을 거부한 사안에서, 원심은 피고의 처분에 재량권 일탈 · 남용이 있다고 판단하였으나, 피고의 재량적 판단이 현저히 비합리적이라고 인정되지 않으므로 재량권 일탈 · 남용이라고 단정하기 어렵다는 이유로 원심판결을 파기한 사례(대판 2021. 03. 25, 2020두51280[건축허가신청반려처분 취소]).

② [부산지방식약처장이 남극산 크릴오일 제품에서 합성화학물질인 에톡시퀸이 검출되었다는 이유로 한 제품의 회수, 폐기 등 시정명령의 취소를 구한 사건] 피고가 원심에서 추가·변경한 '불검출 기준 위반'의 처분사유가 인정된다고 볼 수 있고, 이 사건 잔류허용기준이 적용된다고 볼 경우에도 이 사건 제품에 대하여 원료 식품에 대한 에톡시퀸 잔류허용기준을 그대로 적용한 피고의 조치가 비례의 원칙이나 평등의 원칙에 위배되거나 달리 현저히 부당하여 재량권을 일탈 · 남용한 것이라고는 보기도 어렵다(대판 2022. 09. 07, 2022두40376).

7. 재량권에 대한 통제

재량권의 행사에 대한 통제로는 입법적 통제, 행정적 통제와 사법적 통제가 있다.

(1) 입법적 통제

의회는 필요 이상으로 과도한 재량권이 행정권에게 주어지지 않도록 법률을 제정하여야 할 것이다. 가능한 한 구체적이고 명확하게 법규정을 제정하고, 직접 재량권의 한계를 법률로 정하는 등 필요 이상의 재량권이 부여되지 않도록 입법하여야 할 것이다.

법규정이 심히 불명확한 경우에는 무효라고 보아야 하며 행정행위의 요건 중 중요한 사항을 법률로 정하지 않은 경우 의회유보의 원칙 내지 법률유보의 원칙에 반한다. 특히 행정행위의 요건을 空白으로 할 수밖에 없는 특별한 사정이 있는 경우가 아닌 한 공백규정은 법률유보의 원칙에 반한다.

(2) 행정적 통제

상급행정청은 하급행정청의 위법한 재량권 행사뿐만 아니라 부당한 재량권 행사에 대하여도 취소 또는 변경을 요구하는 등 통제를 가할 수 있다.

재량권 행사의 기준을 정하는 재량준칙은 재량권의 자의적인 행사를 막고 재량권이 공정하게 행사되도록 하는 기능도 갖는다.

이해관계인에게 의견진술의 기회를 부여하거나 행정처분에 이유를 제시하도록 하는 것은 행정청의 재량권 행사가 자의적으로 행사되는 것을 막고 보다 합리적으로 행사되도록 하는 기능도 갖는다.

(3) 사법적 통제

재량행위도 행정소송법상 처분으로서 항고소송의 대상이 되지만, 재량권의 행사가 한계를 넘지 않으면 재량행위는 위법한 행위가 되지 않고 법원에 의한 통제의 대상이 되지 않는다. 그러나 재량권의 한계를 넘어 위법하게 되는 재량처분은 취소소송에 의해 취소된다.

재량권의 한계를 넘지는 않았지만 재량권의 행사를 그르친 경우 당해 재량행위는 부당한 행위가 된다. 부당한 재량행위는 취소소송의 대상은 되지 않지만 행정심판에 의해 취소될 수 있다.

재량행위에 대하여 취소소송이 제기되어 재량권의 일탈·남용이 다투어지는 경우에 법원은 재량권의 일탈 또는 남용이 없는지 여부에 관하여 본안심사를 하여 재량권의 일탈 또는 남용이 있으면 취소판결을 내리고, 재량권의 일탈·남용이 없으면 각하판결을 하는 것이 아니라 기각판결을 한다.

재량권의 일탈 또는 남용으로 손해를 입은 국민은 국가배상을 청구할 수 있다. 다만, 이 경우에 공무원의 과실을 별도로 입증하여야 국가배상책임이 인정된다.

8. 재량축소

(1) 재량축소의 의의와 내용

이익형량의 원칙상 재량이 축소(縮小)되는 경우가 있다. 예를 들면, 국민의 권익보호를 위해 결정재량은 없어지고, 선택재량만 남는 경우가 있을 수 있다. 또한, 선택재량만 있는 경우에도 국민의 권익 보호를 위해 법령상의 선택재량이 일부 축소되어 인정될 수 있다.

(2) 재량권의 영으로서의 수축

전술한 바와 같이 일정한 경우에 재량권이 영(零)으로 수축하게 된다. 이 경우에 행정청은 재량권을 갖지 못하며 특정한 행위를 하여야 할 의무를 지게 되고, 재량행위에 있어서 국민이 가지는 권리인 무하자재량행사청구권은 행정행위발급청구권이나 행정개입청구권으로 전환된다.

[판례] ① 경찰권의 행사 여부는 원칙적으로 재량처분으로 인정되고 있으나, 목전의 상황이 매우

중대하고 긴박한 것이거나, 그로 인하여 국민의 중대한 법익이 침해될 우려가 있는 경우에는, 재량권이 영으로 수축하여 경찰권을 발동할 의무가 있다. 따라서 사람이 바다에서 조난을 당하여 인명이 경각에 달린 경우에 해양경찰관으로서는 그 직무상 즉시 출동하여 인명을 구조할 의무가 있다(헌재 2007. 10. 25, 2006헌마869[불기소처분취소]).

② 무장공비색출체포를 위한 대간첩작전을 수행하기 위하여 파출소 소장, 순경 및 육군장교 수명 등이 파출소에서 합동대기하고 있던 중 그로부터 불과 60~70미터 거리에서 약 15분간에 걸쳐 주민들이 무장간첩과 격투하던 주민 중 1인이 무장간첩의 발사권총탄에 맞아 사망하였다면 위 군경 공무원들의 직무유기행위와 위 망인의 사망과의 사이에 인과관계가 있다고 봄이 상당하다(대판 1971. 04. 06, 71다124[손해배상]).

③ 정신질환자인 세입자에 의해 살해당한 집주인의 유족이 정신질환자의 평소 행동에 대한 사법경찰관리의 수사 미개시 및 긴급구호권 불행사를 이유로 제기한 국가배상청구를 배척한 사례(대판 1996. 10. 25, 95다45927[손해배상]).

Ⅲ. 판단여지

1. 불확정개념과 판단여지

법률이 행위의 요건을 규정함에 있어서 개념상으로 명확한 확정개념을 사용하는 경우도 있지만 많은 경우에 불확정개념을 사용하고 있다.

불확정개념(不確定槪念)이란 그 개념 자체로서는 그 의미가 명확하지 않고 해석의 여지가 있는 개념을 말한다. '공공의 안녕과 질서', '중대한 사유', '식품의 안전', '환경의 보전' 등을 그 예로 들 수 있다.

판단여지(判斷餘地)라 함은 요건을 이루는 불확정개념의 해석 · 적용에 있어서 이론상 하나의 판단만이 가능한 것이지만, 둘 이상의 판단이 모두 적법한 판단으로 인정될 수 있는 가능성이 있는 것을 말한다.

일반적으로 불확정개념은 법개념이라고 보고 따라서 법원에 의해 논리법칙 또는 경험법칙에 따라 그 개념이 일의적으로 해석될 수 있는 개념으로 본다. 따라서 행정기관이 불확정개념으로 된 행위의 요건을 판단함에 있어 재량권을 가질 수는 없다.

다만, 일정한 경우에 행정기관이 불확정개념을 해석 · 적용함에 있어 둘 이상의 상이한 판단이 행해질 수 있는 경우 중 행정기관에게 판단여지가 인정되는 경우가 있다고 보고 행정기관에게 판단여지가 인정되는 경우에는 판단의 여지 내에서 이루어진 행정기관의 판단은 법원에 의한 통제의 대상이 되지 않는다고 본다. 법원은 행정기관이 판단의 여지 내에서 내린 결정을 수용하여야 한다. 이러한 주장을 하는 학설을 판단여지설이라 한다.

2. 판단여지의 인정근거

판단여지를 인정하여야 하는 근거는 무엇인가. 판단여지설은 독일의 이론이 수용된 것인데 독일에서 판단여지의 인정근거는 다음과 같고 그것은 우리나라에서도 타당하다고 볼 수 있다.

① 독일의 다수설인 판단수권설에 의하면 행정청의 판단여지는 불확정개념의 속성·특성에서 도출되는 것이 아니라 입법자의 수권에 따른 판단수권이라고 한다(정하중, 189~190면). 입법권은 불확정 법개념을 사용하면서 행정에게 그 자신의 책임하에 결정을 내릴 것을 수권하는 것으로 해석할 수 있는 경우가 있고 이 경우에 내려진 행정결정은 제한적으로만 법원에 의해 사후적으로 통제된다고 보아야 한다.

② 불확정개념이 여러 상이한 가치판단을 허용한 것으로 해석될 경우 행정은 법원보다 전문성을 가지고 있고, 구체적인 행정문제에 보다 책임을 지고 있으므로 법원은 행정기관의 전문성과 책임성을 존중하여 행정기관의 판단을 존중하여야 한다.[46]

3. 판단여지의 인정범위

판단여지는 행정행위의 요건 중 일정한 불확정개념의 판단에서 인정된다.

판단여지는 불확정개념의 해석·적용 중 어디에서 인정되는가. 행위의 요건인 불확정개념을 해석·적용함에는 불확정개념을 해석하고, 사실을 조사·확인하고, 사실이 요건인 불확정개념에 포섭되는지를 판단하여야 한다.

① 우선 사실의 확인에 있어 원칙상 판단여지가 인정될 수 없으며 완전한 사법심사의 대상이 된다는 것이 일반적 견해이다. 다만, 고도로 기술적인 사실관계의 확인에 있어서는 극히 예외적으로 판단여지가 인정될 수 있을 것이다.

② 불확정개념의 해석·적용에서 예외적으로 일정한 경우에 판단여지가 인정될 수 있다. 독일의 다수설인 판단수권설에서는 판단여지는 불확정개념의 해석이 아니라 그 포섭에서 인정된다고 본다(정하중, 189면). 그러나, 그 포섭에서 뿐만 아니라 불확정개념이 경험개념이 아니라 가치개념인 경우에는 그 해석에 있어서도 판단여지가 인정될 수 있다.

4. 인정기준

판단여지는 판단여지의 근거에 비추어 불확정개념의 적용에 관하여 객관적 기준(객관적인 경험법칙, 논리법칙 및 보편타당한 가치기준)이 결여되어 있어 법원의 판단으

---

46) Maurer, *op. cit.,* p. 139.

로 행정청의 신중한 판단을 대체하는 것이 타당하지 않은 경우, 즉 고도로 전문적이고 기술적인 판단이나 고도로 정책적인 판단에 속하는 불확정개념의 적용에 한하여 인정된다고 보는 것이 타당하다.

① 고도로 전문적이고 기술적인 판단을 요하는 경우(고도의 가치판단을 요하는 경우, 전문성이 갖추어진 위원회의 판단을 거친 경우 등).

[판례] ① [1] 불확정개념으로 규정되어 있는 **의료법 제59조 제1항에서 정한 지도와 명령의 요건에 해당하는지**, 나아가 요건에 해당하는 경우 행정청이 어떠한 종류와 내용의 지도나 명령을 할 것인지의 판단에 관해서는 **행정청에 재량권이 부여**되어 있다. 〈해설〉 고도의 전문적 판단을 요하는 경우 요건의 인정에 재량을 인정하고 있다. [2] 신의료기술의 안전성·유효성 평가나 신의료기술의 시술로 국민보건에 중대한 위해가 발생하거나 발생할 우려가 있는지에 관한 판단은 **고도의 의료·보건상의 전문성을 요하므로**, 이에 대하여 전문적인 판단을 하였다면, **판단의 기초가 된 사실인정에 중대한 오류가 있거나 판단이 객관적으로 불합리하거나 부당하다는 등의 특별한 사정이 없는 한 존중되어야 한다**. 또한 행정청이 전문적인 판단에 기초하여 재량권의 행사로서 한 처분은 비례의 원칙을 위반하거나 사회통념상 현저하게 타당성을 잃는 등 재량권을 일탈하거나 남용한 것이 아닌 이상 위법하다고 볼 수 없다(대판 2016. 01. 28, 2013두21120[의료기술시행중단명령처분취소]).
② 검찰총장이 검사의 개별 사건처리가 대검찰청의 내부기준에 위배되거나 증거관계 등 제반사정에 비추어 가장 적합한 조치가 아니어서 '부적정'하다는 판단을 하고 이를 주의·경고처분의 사유로 제시한 것은 **직무감독권자의 가치평가 결과이므로(판단여지사항이므로)**, **법원은** 그것이 직무감독권자에게 주어진 재량권을 일탈·남용한 것이라는 **특별한 사정이 없는 한 이를 존중하는 것이 바람직하다**고 한 사례(대판 2021. 02. 10, 2020두47564[경고처분취소]).

② 고도로 정책적인 판단에 속하는 경우(외국인의 체류기간의 갱신을 적당하다고 인정할 만한 상당한 이유의 인정[47]).

[판례] 구 지가공시 및 토지 등의 평가에 관한 법률 시행령 제18조 제1항, 제2항은 감정평가사시험의 합격기준으로 절대평가제 방식을 원칙으로 하되, 행정청이 감정평가사의 수급상 필요하다고 인정할 때에는 상대평가제 방식으로 할 수 있다고 규정하고 있으므로, **감정평가사시험을 실시함에 있어 어떠한 합격기준을 선택할 것인가는 시험실시기관인 행정청의 고유한 정책적인 판단에 맡겨진 것으로서 자유재량에 속한다**(대판 1996. 09. 20, 96누6882).

③ 시험의 경우에서와 같이 다시 실시할 수 없다는 점도 판단여지 인정에 있어 고려사항이 된다.

시험분야에서 판단여지가 인정되는 근거는 보다 정확히 말하면 다음과 같다. i) 시험분야에서의 판단이 기술적이고, 전문적인 성격을 갖는 점, ii) 법원의 심사시에 시험 당일의 상황이 재현되기 어려운 점, iii) 실기시험의 경우 다른 응시자의 실기와의 비교가 필요한데 그 비교가 법원에 의해 행해질 수 없다는 점 등이 그것이다.

---

47) 일본 최고재판소, 1978. 10. 4 판결, 『民集』, 제32권, 제7호, 1223면.

구체적으로 어떠한 경우에 판단여지가 인정될 것인가는 판례에 의해 결정될 것이다.

판례는 재량권과 판단여지를 구분하지 않고 판단여지가 인정될 수 있는 경우도 재량권이 있는 것으로 보고 있는데, 다음과 같은 경우에 판단여지를 인정하는 대신에 재량권을 인정하고 있다: ① 검정을 신청한 중고등학교용 도서의 검정기준에의 적합 여부의 판단(대판 1988. 11. 08, 86누618), ② 시험분야에서의 결정(채점기준, 정답의 결정)(대판 2001. 04. 10, 99다33960 등), ③ 학교분야에서의 시험유사적 결정(학위수여 여부에 대한 결정)(대판 1976. 06. 08, 76누63). 감정평가사시험에서의 합격기준의 선택(대판 1996. 09. 20, 95누8003).

[판례] 법령에 의하여 국가가 그 시행 및 관리를 담당하는 **대학수학능력시험은 물론 각 대학별 입학전형에 있어서, 출제 및 배점, 정답의 결정, 채점이나 면접의 방식, 점수의 구체적인 산정 방법 및 기준, 합격자의 선정 등은** 원칙적으로 시험 시행자의 고유한 정책 판단 또는 전형절차 주관자의 자율적 판단에 맡겨진 것으로서 **폭넓은 재량에 속하는 사항**이며, 다만 그 방법이나 기준이 헌법이나 법률을 위반하거나 지나치게 합리성이 결여되고 객관적 정당성을 상실한 경우 또는 시험이나 입학전형의 목적, 관계 법령 등의 취지에 비추어 현저하게 불합리하거나 부당하여 재량권을 일탈 내지 남용하였다고 판단되는 경우에 한하여 이를 위법하다고 볼 것이다(대판 2007. 12. 13, 2005다66770[손해배상(기)][수능 반올림 점수 사건]).

5. 인정영역

판단여지는 비대체적 결정의 영역(예, 시험), 구속적 가치평가의 영역(예, 전문위원회에 의해 판단된 청소년 유해도서의 해당 여부의 판단, 보호대상문화재의 해당 여부의 판단), 예측결정의 영역(예, 환경상 위험의 예측평가, 경제여건의 변화예측), 정책적 결정의 영역(외국인의 체류갱신허가의 필요성 판단), 고도의 전문성이 요구되는 영역(예, 사전배려원칙의 적용요건으로서의, 위험의 과학적 불확실성의 판단) 등에서 인정된다.

6. 판단여지의 법적 효과 및 한계

판단의 여지가 인정되는 범위 내에서 내려진 행정청의 판단은 법원에 의한 통제의 대상이 되지 않는다. 달리 말하면 판단의 여지가 인정되어 가능한 복수의 판단이 존재하는 경우 행정청이 그 중 하나를 신중하게 판단하여 선택한 경우에는 그 행정기관의 판단은 법원에 의해 배척될 수 없고 그 판단에 기초하여 내려진 행정행위는 위법한 처분이 되지 않는다.

[판례] ① **건설공사를 계속하기 위한 발굴허가신청**에 대하여 그 공사를 계속하기 위하여 부득이 **발굴할 필요가 있는지의 여부를 결정하여 발굴을 허가하거나 이를 허가하지 아니함으로써 원형 그**

대로 매장되어 있는 상태를 유지하는 조치는 허가권자의 재량행위에 속한다. …… 행정청이 매장문화재의 원형보존이라는 목표를 추구하기 위하여 문화재보호법 등 관계 법령이 정하는 바에 따라 내린 전문적 · 기술적 판단은 특별히 다른 사정이 없는 한 이를 최대한 존중하여야 한다(대판 2000. 10. 27, 99두264).

② (1) 국립묘지 안장 대상자의 부적격 사유인 '국립묘지의 영예성 훼손 여부'에 관한 행정청의 판단의 위법 여부: 국립묘지 안장 대상자의 부적격 사유인 '국립묘지의 영예성 훼손 여부'에 관한 행정청의 판단에 재량이 인정된다. 따라서 영예성 훼손 여부에 대한 심의위원회의 결정이 현저히 객관성을 결여하였다는 등의 특별한 사정이 없는 한 그 심의 결과는 존중함이 옳고, 영예성 훼손 여부의 판단에 이와 같이 재량의 여지가 인정되는 이상 그에 관한 기준을 정하는 것도 행정청의 재량에 속하는 것으로서 마찬가지로 존중되어야 한다(대판 2013. 12. 26, 2012두19571[국립묘지안장거부처분취소]).

다만, 판단여지가 인정되는 경우에도 명확히 법을 위반하거나(예, 판단기관의 위법한 구성, 법의 일반원칙, 절차규정 위반, 다른 법규정 위반) 사실의 인정을 잘못했거나 명백히 판단을 잘못한 것은 위법이 된다. 전문적 · 정책적 판단이 심히 부실하게 행해진 것도 위법사유가 된다고 보아야 한다.

[판례] ① 교과서검정이 고도의 학술상, 교육상의 전문적인 판단을 요한다는 특성에 비추어 보면, 교과용 도서를 검정함에 있어서 법령과 심사기준에 따라서 심사위원회의 심사를 거치고, 또 검정상 판단이 사실적 기초가 없다거나 사회통념상 현저히 부당하다는 등 현저히 재량권의 범위를 일탈한 것이 아닌 이상 그 검정을 위법하다고 할 수 없다(대판 1988. 11. 08, 86누618; 1992. 04. 24, 91누6634[교과서검정의 위법성에 대한 판단기준]).

② 대학교수 등에게는 고도의 전문적인 학식과 교수능력 및 인격 등을 갖출 것을 요구하고 있어서 임용기간이 만료되면 임용권자는 이와 같은 여러 가지 사정을 참작하여 재임용 여부를 결정할 필요성이 있으므로 임용기간이 만료된 자를 다시 임용할 것인지의 여부는 결국 임용권자의 판단에 따른 재량행위에 속하고, 대학의 장이 대학인사위원회에서 임용동의안이 부결되었음을 이유로 하여 교수 등의 임용 또는 임용제청을 거부하는 행위는 그것이 사회통념상 현저히 타당성을 잃었다고 볼 만한 특별한 사정이 없는 이상 재량권을 일탈 · 남용하였다고 볼 수 없다(대판 2006. 09. 28, 2004두7818 참조).

③ 공인중개사 자격시험 객관식 문제의 출제에서 재량권을 일탈 또는 남용한 것인지 여부의 판단기준: 공인중개사 자격시험 객관식 문제의 출제에서, 법령규정이나 확립된 해석에 어긋나는 법리를 진정한 것으로 전제함으로써 법리상의 오류를 범하는 것은 재량권의 일탈 또는 남용으로서 위법한 것이 당연하고, 법리상의 오류를 범하지는 않았더라도 그 문항 또는 답항의 문장구성이나 표현용어의 선택이 지나칠 정도로 잘못되어 결과적으로 평균수준의 수험생으로 하여금 정당한 답항을 선택할 수 없게 만든 때에도 재량권의 일탈 또는 남용이라고 할 것이다. 그러나 법리상의 오류는 없고 문항 또는 답항의 일부 용어표현이 미흡하거나 부정확하지만 평균수준의 수험생으로서는 객관식 답안작성 요령이나 전체 문항과 답항의 종합 · 분석을 통하여 진정한 출제의도 파악과 정답선택에 장애를 받지 않을 정도에 그친 때에는 특별한 사정이 없는 한 그러한 잘못을 들어 재량권의 일탈 또는 남용이라고 하기 어렵다. 객관식 시험문제의 특성상 출제의도와 답항선택의 지시사항은 시험문제 자체에서 객관적으로 파악 · 평가되어야 하고 특별한 사정도 없이 문언의 한계를 벗어나 임의로 출제자의 숨겨진 주관적 출제의도를 짐작하여 판단할 수는 없으나, 그것은 문항에 의

하여 명시적으로만 결정되는 것이 아니라 문항과 답항에 대한 종합적 분석을 통하여 명시적 · 묵시적으로 진정한 출제의도와 답항선택에 관한 지시사항이 결정되는 것이므로, 수험생으로서는 위와 같은 명시적 · 묵시적 지시사항에 따라 문항과 답항의 내용을 상호 비교 · 검토하여 가장 적합한 하나만을 정답으로 골라야 한다(대판 2009. 10. 15, 2007두22061).

판례에 따르면 '환경오염 발생 우려'와 같이 장래에 발생할 불확실한 상황과 파급효과에 대한 예측이 필요한 요건에 관한 행정청의 재량적 판단은 내용이 현저히 합리성을 결여하였다거나 상반되는 이익이나 가치를 대비해 볼 때 형평이나 비례의 원칙에 뚜렷하게 배치되는 등의 사정이 없는 한 폭넓게 존중될 필요가 있다. 이 경우 행정청의 당초 예측이나 평가와 일부 다른 내용의 감정의견이 제시되었다는 등의 사정만으로 쉽게 행정청의 판단이 위법하다고 단정할 것은 아니다(대판 2017. 03. 15, 2016두55490; 2017. 10. 31, 2017두46783).

[판례] (1) 「건설폐기물의 재활용촉진에 관한 법률」상 건설폐기물 처리업 허가 전 건설폐기물 처리 사업계획서에 대해 행정청이 적합 여부 결정을 위하여 '환경기준의 유지를 곤란하게 하는지 여부'를 검토할 때에는 사람의 건강이나 주변 환경에 영향을 미치는지 여부 등 생활환경과 자연환경에 미치는 영향을 두루 검토하여 그 적합 여부를 판단할 수 있다고 봄이 타당하다. 이것이 법률의 문언이나 입법목적에 부합할 뿐만 아니라 위에서 본 헌법 규정과 관련 법령의 취지에도 합치된다. **이러한 적합 여부 결정은 공익에 관한 판단을 해야 하는 것으로서 행정청에 광범위한 재량권이 인정된다.** (2) 적합 여부 결정과 관련한 재량권의 일탈 · 남용 여부를 심사할 때에는, 해당 지역의 자연환경, 주민들의 생활환경 등 구체적 지역 상황, 상반되는 이익을 가진 이해관계자들 사이의 권익 균형과 환경권의 보호에 관한 각종 규정의 입법 취지 등을 종합하여 신중하게 판단하여야 한다. 따라서 **'자연환경 · 생활환경에 미치는 영향'과 같이 장래에 발생할 불확실한 상황과 파급효과에 대한 예측이 필요한 요건에 관한 행정청의 재량적 판단은 그 내용이 현저히 합리적이지 않다거나 상반되는 이익이나 가치를 대비해 볼 때 형평이나 비례의 원칙에 뚜렷하게 배치되는 등의 사정이 없는 한 폭넓게 존중될 필요가 있다.** 이러한 사항은 적합 여부 결정(「건설폐기물의 재활용촉진에 관한 법률」상 건설폐기물 처리업 허가 전 건설폐기물 처리 사업계획서에 대한 행정청의 적합 여부 결정(사전결정))에 관한 재량권의 일탈 · 남용 여부를 심사하여 판단할 때에도 고려하여야 한다(대법원 2017. 03. 15. 선고 2016두55490 판결 등 참조)(대판 2017. 10. 31, 2017두46783[건설폐기물처리사업계획서 부적합통보처분]).

제 5 절 행정행위의 법적 효과의 내용

Ⅰ. 법률행위적 행정행위

법률행위적 행정행위(法律行爲的 行政行爲)는 법률효과의 내용에 따라 명령적 행위와 형성적 행위로 구분한다. 명령적 행위는 인간이 본래 가지는 자연적 자유를 규율하는 행위인 반면에 형성적 행위는 상대방에게 권리나 능력을 새롭게 창설하는 행위라는 점에서 양자를 구분하고 있다.

1. 명령적 행위

명령적 행위(命令的 行爲)는 인간의 본래 자유로운 행동에 대하여 작위 또는 부작위의 의무를 명하는 하명, 인간의 본래 자유로운 활동에 대하여 공공질서의 유지를 위하여 미리 금지를 해 두고 일정한 요건을 갖춘 경우에 신청에 따라 그 금지를 해제하는 許可와 일정한 경우에 작위, 급부, 수인의 의무를 해제하는 면제로 구분된다.

다만 허가(특히 영업허가)를 명령적 행위로 분류하고 특허(특히 공기업 특허)를 형성적 행위로 분류하여 허가와 특허를 구분하는 것에 대하여는 최근에 비판이 제기되고 있다. 이에 관하여는 후술하기로 한다.

(1) 하 명

1) 개 념

하명(下命)이란 행정청이 국민에게 작위, 부작위, 급부 또는 수인의무를 명하는 행위를 말한다. 이 중 부작위의무를 명하는 행위를 금지라 한다.

하명은 행정행위의 형식에 의해 행해지기도 하고 법규의 형식에 의해 행해질 수도 있다.

법령규정 자체에 의해 직접 하명의 효과(구체적인 의무)가 발생하는 경우 그 법령규정을 법규하명이라 한다. 법규하명은 처분성을 가지므로 명령의 형식을 취하는 경우 항고소송의 대상이 되고, 법률의 형식을 취하는 경우(예, 이륜자동차에 대한 고속도로 등 통행금지를 명하는 도로교통법 제58조) 헌법소원의 대상이 된다(헌재 2007. 01. 17, 2005헌마1111, 2006헌마18). 법규하명은 엄밀한 의미의 하명(행정행위인 하명)이 아니다.

2) 하명의 효과

하명의 내용에 따라 상대방에게 일정한 공법상 의무가 발생한다. 작위하명(시정명령)에 의해서는 상대방에게 일정한 행위를 적극적으로 행하여야 할 의무(시정 의무)가 생기고, 부작위하명(금지, 통행금지)에 의해서는 일정한 행위를 하지 않을 의무(통행하지 않을 의무)가 생기고, 급부하명(조세부 과처분)에 의해서는 일정한 급부를 하여야 할 의무(조세납 부의무)가 생기고, 수인하명(강제입 원명령)에 의해서는 행정청에 의한 강제를 감수하고 이를 수인할 의무(강제입원을 수인할 의무)가 생긴다.

3) 하명위반의 효과

하명에 의해 부과된 의무(위법건축물의 철거의무)를 이행하지 않는 자에 대해서는 행정상강제집행이 행해지고, 하명에 의해 부과된 의무(미성년자에게 담배를 팔지 말아야 할 의무)를 위반한 때에는 행정벌이 과하여진다.

그러나 원칙상 하명에 위반하여 행해진 행위의 사법상의 효력이 부인되지는 않는다. 예를 들면, 방문판매가 금지되는 경우에 방문판매를 한 자는 처벌받지만 판매행위는 유효하다. 다만, 하명위반에 대한 처벌만으로는 하명의 목적을 달성할 수 없을 때에는 법률이 처벌과 함께 행위 자체를 무효로 규정하는 경우가 있다.

4) 하명의 해제신청

[판례] 공사중지명령의 해제를 구하기 위한 요건: 공사중지명령에 대하여 그 명령의 상대방이 해제를 구하기 위해서는 명령의 내용 자체로 또는 성질상으로 명령 이후에 원인사유가 해소되었음이 인정되어야 한다(대판 2014. 11. 27, 2014두37665[공사중지명령해제신청거부처분취소등]).

(2) 허　　가

1) 허가의 개념

허가(許可)라 함은 법령에 의한 자연적 자유에 대한 일반적인 상대적 금지(허가조건부 금지)를 일정한 요건을 갖춘 경우에 해제하여 일정한 행위를 적법하게 할 수 있게 하는 행정행위를 말한다. 영업허가, 건축허가, 어업허가, 주류판매업면허, 기부금품모집허가, 운전면허, 은행업의 인가, 신탁업의 인가가 대표적인 예이다.

허가는 학문상의 개념이다. 허가라는 개념은 실정법상으로도 사용되나 허가 이외에 면허, 인허, 승인 등의 용어가 실무상 사용되고 있다. 또한 실정법상 사용되는 허가라는 용어 중에는 학문상의 특허(예, 광업 허가) 또는 인가에 해당하는 것도 있다.

2) 허가의 법적 성질

가. 허가는 명령적 행위인가 형성적 행위인가

(가) 명령적 행위설　　종래의 통설을 따르는 견해는 허가는 권리를 설정하여 주는 행위가 아니라 인간이 본래 가지고 있는 자연적 자유를 회복시켜 주는 것에 불과한 것으로 하명과 같이 자연적 자유를 대상으로 하는 행위이므로 형성적 행위가 아니라 하명과 함께 명령적 행위에 해당한다고 보고 있다. 이에 대하여는 금지의 해제를 명령이라고 볼 수 없다는 비판이 가능하다.

(나) 형성적 행위설　　오늘날 허가도 형성적 행위라고 보는 견해가 유력해지고 있다. 즉, 허가는 단순히 자연적 자유를 회복시켜 주는 데 그치는 것이 아니라 적법하게 일정한 행위를 할 수 있는 법적 지위를 창설하여 주는 형성적 행위라고 본다.[48]

(다) 양면성설(병존설)　　허가를 명령적 행위와 형성적 행위의 양면성(兩面性)을

48) 김동희, 전게서, 282~283면; 김남진, 전게서, 252~253면.

갖는다고 본다. 즉, 허가는 금지를 해제해 준다는 점에서는 명령적 행위이나 경영할 수 있는 법적 지위를 창설해 준다는 점에서는 형성적 행위이다(홍정선, 339면).

(라) 판 례 판례는 허가를 명령적 행위로 본다. 판례는 한의사 면허는 경찰금지를 해제하는 명령적 행위(강학상 허가)에 해당한다고 하였다(대판 1998. 03. 10, 97누4289).

(마) 결 어 형성적 행위를 새로이 권리를 설정해 주는 행위에 한정할 이유는 없고, 허가는 허가를 받은 자라는 법적 지위를 형성해 주는 것이므로 형성적 행위설이 타당하다. 다만, 허가를 형성적 행위라고 보더라도 허가에서의 형성은 특허와 달리 새로운 권리를 창설하여 주는 것이 아니라 상대방이 본래 가지고 있었던 일정한 행위를 할 수 있는 자유를 회복시켜 주는 것을 내용으로 한다.[49]

나. 기속행위인가 재량행위인가 ① 허가는 법령에 특별한 규정이 없는 한 기속행위라고 보아야 한다. 그 이유는 허가는 인간의 자유권을 공익목적상 제한하고 일정한 요건을 충족시키는 경우에 회복시켜 주는 행위이므로 허가요건을 충족하였는데도 허가를 거부하는 것은 정당한 사유 없이 헌법상 자유권을 제한하는 것이 되므로 허용되지 않는다고 보아야 하기 때문이다.

[판례] **① 식품위생법상 대중음식점영업허가**는 성질상 일반적 금지에 대한 해제에 불과하므로 허가권자는 허가신청이 법에서 정한 요건을 구비한 때에는 허가하여야 하고 관계법규에서 정하는 제한사유 이외의 사유를 들어 허가신청을 거부할 수 없다(대판 1993. 05. 27, 93누2216).
② 기부금품모집허가의 법적 성질이 강학상의 허가라는 점을 고려하면, 기부금품 모집행위가 같은 법 제4조 제2항의 각 호의 사업에 해당하는 경우에는 특별한 사정이 없는 한 그 모집행위를 허가하여야 하는 것으로 풀이하여야 한다(대판 1999. 07. 23, 99두3690).

② 다만, 허가의 요건이 불확정개념으로 규정되어 있는 경우 중 행정청에게 판단여지가 인정될 수 있는 경우가 있다.

③ 예외적으로 명문의 규정이 없더라도 근거법령 내지 관계법령에 비추어 허가시 중대한 공익(환경의 이익 등)의 고려가 필요하여 이익형량이 요구되는 경우 허가는 재량행위라고 보아야 한다.

판례는 산림형질변경허가(대판 1997. 09. 12, 97누1228; 2000. 07. 07, 99두66), 산림내에서의 토사채취허가(대판 2007. 06. 15, 2005두9736), 토지형질변경허가(대판 1999. 02. 23, 98두17845), 입목의 벌채 · 굴채허가(대판 2001. 11. 30, 2001두5866), 유기장영업허가(대판 1985.02.08, 84누369)를 재량행위로 해석하고 있다.

[판례] 국토의 계획 및 이용에 관한 법률(이하 '국토계획법'이라 한다)에 따른 토지의 형질변경허가

---

49) Maurer, *op. cit.,* p. 219.

는 그 금지요건이 불확정개념으로 규정되어 있어 그 금지요건에 해당하는지 여부를 판단함에 있어서 행정청에 재량권이 부여되어 있다고 할 것이므로, **국토계획법에 따른 토지의 형질변경행위를 수반하는 건축허가는 재량행위**에 속한다(대판 2013. 10. 31, 2013두9625[건축불허가처분취소]).

④ 판례는 건축허가 등 일정한 허가를 원칙상 기속행위라고 보면서도 예외적으로 심히 중대한 공익상 필요가 있는 경우 거부할 수 있는 재량권(기속재량권)을 인정하고 있다. 즉, 허가를 기속재량행위로 보는 경우가 있다(행정법론(하) 건축허가 참조).

[판례] ① 건축허가권자는 건축허가신청이 건축법 등 관계 법규에서 정하는 어떠한 제한에 배치되지 않는 이상 당연히 같은 법조에서 정하는 건축허가를 하여야 하고, **중대한 공익상의 필요가 없음에도 불구하고, 요건을 갖춘 자에 대한 허가를 관계 법령에서 정하는 제한사유 이외의 사유를 들어 거부할 수는 없다**(대판 2006. 11. 09, 2006두1227).
② 건축허가신청이 시장이 수립하고 있는 도시·주거환경정비 기본계획에 배치될 가능성이 높다고 하여 바로 건축허가신청을 반려할 중대한 공익상의 필요가 있다고 보기 어렵다고 한 사례(대판 2009. 09. 24, 2009두8946).

⑤ 법령에서 일정한 경우에 허가를 재량행위로 규정하고 있는 경우가 있고, 그 경우에는 허가도 재량행위가 된다. 예를 들면, 건축법 제11조 제4항은 "허가권자는 위락시설 또는 숙박시설에 해당하는 건축물의 건축을 허가하는 경우 해당 대지에 건축하려는 건축물의 용도·규모 또는 형태가 주거환경이나 교육환경 등 주변환경을 고려할 때 부적합하다고 인정되는 경우에는 이 법이나 다른 법률에도 불구하고 건축위원회의 심의를 거쳐 건축허가를 하지 아니할 수 있다"라고 규정하고 있으므로 이 경우 건축허가는 재량행위이다. 이 건축법규정은 주거지역이나 학교 근처에 러브호텔 등이 들어서는 것을 막기 위하여 신설된 규정이다. 또한, 건축법 제18조는 건축허가를 제한할 수 있는 경우를 규정하고 있다.

⑥ 또한, 인허가의제에서 의제되는 인·허가가 재량행위인 경우에는 그 한도 내에서는 재량권이 인정되는 것으로 보아야 한다(인허가의제 참조).

[판례] ① 국토의 계획 및 이용에 관한 법률(이하 '국토계획법'이라고 한다) 제56조에 따른 **개발행위허가**와 농지법 제34조에 따른 **농지전용허가·협의**는 금지요건·허가기준 등이 불확정개념으로 규정된 부분이 많아 **그 요건·기준에 부합하는지의 판단에 관하여 행정청에 재량권이 부여**되어 있으므로, 그 요건에 해당하는지 여부는 행정청의 재량판단의 영역에 속한다. 나아가 국토계획법이 정한 용도지역 안에서 토지의 **형질변경행위·농지전용행위를 수반(의제)하는 건축허가**는 건축법 제11조 제1항에 의한 건축허가와 위와 같은 개발행위허가 및 농지전용허가의 성질을 아울러 갖게 되므로 이 역시 **재량행위에 해당**한다(대판 2017. 10. 12, 2017두48956). 〈해설〉 판례는 일정한 경우(판단여지가 인정되는 경우) 요건판단에도 재량을 인정한다.
② **채광계획인가**를 받으면 공유수면 점용허가를 받은 것으로 의제되고, 이 **공유수면 점용허가**는 공유수면 관리청이 공공 위해의 예방 경감과 공공 복리의 증진에 기여함에 적당하다고 인정하는

경우에 **그 자유재량에 의하여 허가 여부를 결정하여야 할 것이므로**, 공유수면 점용허가를 필요로 하는 채광계획 인가신청에 대하여도, **공유수면 관리청이 재량적 판단에 의하여 공유수면 점용허가 여부를 결정할 수 있고, 그 결과 공유수면 점용을 허용하지 않기로 결정하였다면, 채광계획 인가관청은 이를 사유로 하여 채광계획을 인가하지 아니할 수 있는 것이다**(대판 2002. 10. 11, 2001두151 [채광계획불인가처분취소]).

⑦ 기속행위인 허가가 재량행위인 허가를 포함하는 경우에는 그 한도내에서 재량행위가 된다.

[판례] ① 국토의 계획 및 이용에 관한 법률에 의하여 지정된 도시지역 안에서 재량행위인 토지의 형질변경행위를 수반하는 건축허가는 재량행위이다(대판 2005. 07. 14, 2004두6181).
② 행정청이 상·하수도관로가 매설되어 있지 않는 등 도시기반시설이 미비하고 난개발 및 도시슬럼화를 방지하기 위한 계획적인 개발이 검토되고 있다는 이유로 토지의 형질변경행위를 수반하는 건축허가신청을 거부한 사안에서, 그 처분에 재량권의 범위를 일탈·남용한 위법이 없다고 한 사례(대판 2010. 02. 25, 2009두19960[건축허가불허가처분취소]).
③ 국토의 계획 및 이용에 관한 법률이 정한 용도지역 안에서의 건축허가 요건에 해당하는지 여부는 행정청의 재량판단의 영역에 속한다고 한 사례: 건축법 제11조 제1항, 제5항 제3호, 국토의 계획 및 이용에 관한 법률(이하 '국토계획법'이라 한다) 제56조 제1항 제1호, 제2호, 제58조 제1항 제4호, 제3항, 국토의 계획 및 이용에 관한 법률 시행령 제56조 제1항 [별표 1의2] '개발행위허가기준' 제1호 (라)목 (2)를 종합하면, **국토계획법이 정한 용도지역 안에서의 건축허가는** 건축법 제11조 제1항에 의한 **건축허가**와 국토계획법 제56조 제1항의 **개발행위허가의 성질을 아울러 갖는데, 개발행위허가는** 허가기준 및 금지요건이 불확정개념으로 규정된 부분이 많아 그 요건에 해당하는지 여부는 **행정청의 재량판단의 영역에 속한다**(대판 2017. 03. 15, 2016두55490). 〈해설〉 개발행위허가의 허가기준 및 금지요건이 불확정개념으로 규정되었다는 것만으로 그 요건 판단을 행정청의 재량판단의 영역에 속한다고 한 것은 문제가 있다.

⑧ 개발제한구역 안에서의 건축허가는 예외적 허가로서 원칙상 재량행위이다.

⑨ 기속행위인 허가에 조건을 붙일 수 있는 것으로 규정하고 있는 경우에는 허가 여부는 기속행위이지만 조건을 붙일지 여부 및 조건의 선택에 있어서는 재량이 인정된다.

3) 허가의 신청

허가는 신청을 반드시 전제로 하지는 않는다. 신청을 전제로 하지 않는 허가도 있다(예, 통행금지의 해제). 그러나 통상 허가는 신청을 전제로 하여 주어진다.

상대방의 신청을 전제로 하는 허가에 있어서 신청이 없는 허가의 효력에 관하여 신청은 허가의 필수요건이므로 신청이 없는 허가는 무효라고 보는 견해도 있고, 신청은 허가의 필수요건이 아니며 신청이 없는 허가나 신청과 다른 내용의 허가는 취소할 수 있는 행위에 불과하다고 보는 견해가 있다.

생각건대 신청은 허가의 필수적 전제요건이므로 신청이 없는 허가는 무효라고 보아야 한다. 다만, 신청이 없는 허가는 상대방의 동의가 있으면 그 하자가 치유되어 적법한 행위가 된다고 본다. 신청의 내용과 다른 허가는 하자의 이론에 따라 무효 또는 취소할 수 있는 행위이다.

4) 허가의 효과

가. 자유권의 회복 허가가 주어지면 금지가 해제되고 본래 가지고 있던 자유권이 회복된다. 그리하여 허가를 받은 자는 적법하게 일정한 행위(영업 또는 건축)를 할 수 있게 된다.

나. 이익의 향유 ① 허가를 받으면 상대방은 적법하게 허가의 대상이 된 일정한 행위를 할 수 있는 권리 내지 법률상 이익을 향유하게 된다. 따라서 정당한 사유 없이 철회를 당한 경우에는 취소소송을 통하여 철회의 취소를 청구할 수 있다.

② 일반적으로 말하면 허가로 인하여 누리는 영업상 이익은 원칙상 반사적 이익에 불과하다. 왜냐하면 허가제도를 설정하는 법규정은 질서유지 등 공익의 달성을 목적으로 하고 있을 뿐 허가를 받은 자의 경제적인 영업상의 이익을 보호하고 있다고 볼 수 없기 때문이다.

판례도 허가로 인하여 누리는 영업상 이익은 원칙상 반사적 이익에 불과하다고 본다.

[판례] 한의사 면허는 경찰금지를 해제하는 명령적 행위(강학상 허가)에 해당하고, **한약조제시험을 통하여 약사에게 한약조제권을 인정함으로써 한의사들의 영업상 이익이 감소되었다고 하더라도 이러한 이익은 사실상의 이익에 불과**하고 약사법이나 의료법 등의 법률에 의하여 보호되는 이익이라고는 볼 수 없으므로, 한의사들이 한약조제시험을 통하여 한약조제권을 인정받은 약사들에 대한 합격처분의 무효확인을 구하는 당해 소는 원고적격이 없는 자들이 제기한 소로서 부적법하다(대판 1998. 03. 10, 97누4289).

③ 다만, 허가요건규정이 공익뿐만 아니라 개인의 이익도 보호하고 있다고 해석되는 경우 허가로 인한 영업상 이익은 법적 이익이 된다. 예를 들면, 허가요건 중 거리제한 또는 영업구역제한 규정이 두어지는 경우에 이 거리제한 또는 영업구역제한 규정에 의해 기존업자가 독점적 이익을 누리고 있는 경우에 그 이익은 법률상 이익에 해당하는 것으로 인정될 수 있는 경우가 있다. 거리제한 또는 영업구역제한을 규정하는 법규정의 입법취지를 기준으로 당해 규정이 공익의 보호만을 목적으로 하고 있는 경우에 기존업자의 독점적 이익은 반사적 이익에 불과하고, 당해 규정이 공익의 보호와 함께 기존업자의 이익도 보호하고 있다라고 해석되는 경우에 기존업자가 거리제한 또는 영업구역제한 규정으로 인하여 받는 독점적 이익은 법률상 이익이다.

[판례] 갑이 적법한 약종상허가를 받아 허가지역(영업구역) 내에서 약종상영업을 경영하고 있음에

도 불구하고 행정관청이 구 약사법시행규칙(1969. 8. 13. 보건사회부령 제344호)을 위배하여 같은 약종상인 을에게 을의 영업허가지역이 아닌 갑의 영업허가지역 내로 영업소를 이전하도록 허가하였다면 갑으로서는 이로 인하여 기존업자로서의 법률상 이익을 침해받았음이 분명하므로 갑에게는 행정관청의 영업소이전허가처분의 취소를 구할 법률상 이익이 있다(대판 1988. 06. 14, 87누873).

다. 타 법상의 제한　　허가가 있으면 당해 허가의 대상이 된 행위에 대한 금지가 해제될 뿐 타법에 의한 금지까지 해제되는 것은 아니다. 예를 들면, 공무원이 영업허가를 받아도 공무원법상의 금지는 여전히 행해진다.

5) 무허가행위의 효과

무허가행위(無許可行爲)는 위법한 행위가 되고 통상 법률에서 그에 대하여 행정형벌을 부과한다. 그러나, 당해 무허가행위의 사법상의 법적 효력이 부인되는 것은 아니다.

다만, 처벌만으로는 무허가행위를 막을 수 없다고 보는 경우에 법률에서 처벌 이외에 무허가행위를 무효로 규정하는 경우가 있다.

6) 예외적 승인(허가)

가. 의　　의　　예외적 허가란 사회적으로 바람직하지 않은 일정 행위를 법령상 원칙적으로 금지하고 예외적인 경우에 이러한 금지를 해제하여 당해 행위를 적법하게 할 수 있게 하여 주는 행위를 말한다. 그 예로는 공익사업을 위한 토지 등의 취득 및 보상에 관한 법률 제9조상의 타인의 토지에의 출입허가, 교육환경법 제9조 단서의 상대보호구역 내 금지해제조치, 개발제한구역 내의 건축허가나 용도변경(대판 2001. 02. 09, 98두17593), 사행행위영업허가 등을 들 수 있다.

나. 허가와의 구별　　예외적 허가는 허가와 다음과 같이 구별된다. 허가는 본래 자유로운 행위를 공공의 질서유지를 위하여 잠정적으로 금지하고 법상의 요건을 갖춘 경우에 그 금지를 해제하여 본래의 자유를 회복시켜 주는 행위, 즉 예방적 금지의 해제인 데 반하여 예외적 허가는 사회적으로 유해한 행위를 법에 의해 원칙적으로 금지하고 예외적으로 그 금지를 해제하는 행위, 즉 억제적 금지의 해제이다. 또한, 허가는 그 실질이 본래의 자유의 회복인데 대하여 예외적 승인은 그 실질이 권리의 범위를 확대해 주는 것이다.

양자를 구별하는 실익은 ① 허가의 경우는 기속행위로 해석될 여지가 많지만 예외적 승인의 경우에는 재량행위로 해석될 여지가 많다는 것, ② 허가의 경우에는 거부사유의 존부에 관해서 국가가 입증책임을 지는 반면에 예외적 허가의 경우에는 해제사유에 대하여 신청인이 입증책임을 진다는 것 등이다.[50]

---

50) 김중권, 전게논문, 137면 이하.

다. 법적 성질 예외적 허가(승인)의 법적 성질에 관하여 허가의 일종으로 보는 견해, 특허의 일종으로 보는 견해, 면제로 보는 견해, 독립된 법개념으로 보는 견해가 대립하고 있다. 특허는 새로운 권리를 설정해 주는 행위인데 반하여 예외적 허가는 금지를 해제해 주는 것이다. 면제는 의무의 해제인 데 반하여 예외적 허가는 금지의 해제인 점에서 차이가 있다. 위에서 본 바와 같이 허가와도 구별된다. 따라서, 예외적 허가는 독자적 유형의 행위로 보는 것이 타당하다.

예외적 허가는 사회적으로 바람직하지 않은 일정한 행위를 공익상 원칙적으로 금지하고 그 금지목적을 해하지 않는 한도 내에서 예외적으로 허가하는 것이고, 공익보호의 필요가 크므로 원칙상 재량행위이다(대판 1996. 10. 29, 96누8253[정화구역안에서의금지행위해제심의신청에대한금지처분취소]).

[판례] [1] 인터넷컴퓨터게임시설제공업(피시방) 시설이 **학교환경위생정화구역(현 교육환경법상 상대보호구역) 내에 있는지의 여부를 판단하는 기준**은 해당 피시방 전용시설(피시방 전용 출입구 등)의 경계선으로 보아야 하고, 이러한 전용시설의 경계선이 학교환경위생정화구역 밖에 있다면 해당 시설을 학교환경위생정화구역 내의 금지시설로 보아 설치를 금지할 수 없다고 할 것이다. [2] 학교환경위생정화구역의 범위를 설정하는 기준으로 삼고 있는 '학교 경계선'은 지적공부상 학교용지의 경계선이 아니라 '학교교육이 실질적으로 이루어지는 공간의 경계선'이라고 보아야 한다. [3] 피시방 이용객이 상가건물의 출입구, 주차장, 승강기, 화장실 등 공용시설을 이용한다고 하더라도 이를 피시방의 시설이라고 할 수 없고, 위 피시방이 상대정화구역에 포함되는지 여부를 판단하는 기준이 되는 경계선은 해당 피시방의 전용출입구로 보아야 하며, 위 피시방은 그 전용출입구에서 인근 학교 경계선까지의 최단직선거리가 200m를 초과하므로 상대정화구역에 포함되지 않는다고 판단한 사례(대판 2011. 02. 10, 2010두17946[학교환경위생구역내금지행위및시설금지처분취소]).

(3) 면 제

면제(免除)라 함은 법령에 의해 정해진 작위의무, 급부의무 또는 수인의무를 해제해 주는 행정행위를 말한다. 예를 들면, 예방접종면제를 들 수 있다.

2. 형성적 행위

형성적 행위(形成的 行爲)라 함은 상대방에게 특정한 권리, 능력, 법률상의 지위 또는 포괄적 법률관계 기타 법률상의 힘을 발생, 변경 또는 소멸시키는 행위를 말한다.

형성적 행위는 행위의 내용에 따라 상대방에게 직접 권리, 능력, 법적 지위, 포괄적 법률관계를 형성하는 특허, 타인의 법률적 행위의 효력을 보충하여 그 효력을 완성시키는 인가, 제3자를 대리하여 행위하는 대리행위로 나누어진다.

(1) 특 허

1) 의 의

특허(特許)라 함은 상대방에게 직접 권리, 능력, 법적 지위, 포괄적 법률관계를 설정하는 행위를 말한다.

권리를 설정하는 행위의 예로는 특허기업의 특허(버스운송사업면허, 전기사업허가, 도시가스사업허가, 국제항공운송사업면허, 통신사업허가, 폐기물처리업허가 등), 광업허가, 도로점용허가, 공유수면점용·사용허가, 어업면허 등을 들 수 있고, 능력을 설정하는 예로는 행정주체 또는 공법인으로서의 지위를 설립하거나 부여하는 행위(예, 재건축정비조합설립인가), 공증인 인가·임명처분(대판 2019. 12. 13, 2018두41907), 법외노조 통보(대판 전원합의체 2020. 09. 03, 2016두32992)를 들 수 있고, 포괄적 법률관계를 설정하는 예로는 공무원임명, 귀화허가를 들 수 있다.

이 중에서 권리를 설정하는 행위를 협의의 특허라 한다.

특허란 학문상의 개념이다. 실정법에서는 허가(광업 허가) 또는 면허(어업 면허)라는 용어를 사용한다. 특허법상의 특허는 학문상의 특허가 아니고 준법률행위적 행정행위의 하나인 확인행위이다.

2) 특허의 성질

가. 형성적 행위 특허는 상대방에게 권리 등을 설정하여 주는 행위이므로 형성적 행위이다. 특허는 허가와 달리 상대방이 본래 가지고 있지 않았던 권리 등을 새롭게 설정하여 준다.

나. 원칙상 재량행위 특허는 상대방에게 권리나 이익을 새로이 설정하는 형성적 행위(설권행위)이고, 특허에 있어서는 공익목적의 효과적인 달성을 고려하여야 하므로 원칙상 재량행위로 본다. 다만, 법령상 특허를 기속행위로 규정할 수도 있다. 또한, 특허의 요건규정이 불확정개념으로 규정되어 있는 경우가 많은데 그 중에서 판단여지가 인정되는 경우가 있다.

판례도 원칙상 특허를 재량행위로 본다. 다만, 난민인정 등과 같이 법령규정, 중대한 기본권 관련성 등을 고려하여 기속행위로 보는 것이 타당한 경우도 있다.

[판례] ① 여객자동차운수사업법에 따른 개인택시운송사업 면허는 특정인에게 권리나 이익을 부여하는 재량행위이다(대판 2002. 01. 22, 2001두8414).

② 마을버스운송사업면허의 허용 여부는 …… 운수행정을 통한 공익실현과 아울러 합목적성을 추구하기 위하여 보다 구체적 타당성에 적합한 기준에 의하여야 할 것이므로 그 범위 내에서는 법령이 특별히 규정한 바가 없으면 행정청의 재량에 속하는 것이라고 보아야 할 것이다(대판 2002. 06. 28, 2001두10028).

③ 법무부장관이 법률에 정한 귀화요건을 갖춘 귀화신청인에게 귀화를 허가할 것인지 여부에 관

하여 재량권을 가진다고 한 사례(대판 2010. 07. 15, 2009두19069[국적신청불허가처분취소]).
④ 여객자동차 운송사업에서 운송할 여객 등에 관한 업무의 범위나 기간을 한정하는 면허(이하 '한정면허'라 한다)의 사업계획변경에 대한 인가 여부는 행정청의 재량에 속한다(대판 2014. 04. 30, 2011두14685[여객자동차운송사업계획변경인가신청거부처분취소]). 〈해설〉 여객자동차 운송사업에서 운송할 여객 등에 관한 업무의 범위나 기간을 한정하는 면허(이하 '한정면허'라 한다)는 강학상 특허이고, 그 사업계획변경에 대한 인가는 특허의 변경에 해당한다.
⑤ 구 출입국관리법 제2조 제3호, 제76조의2 제1항, 제3항, 제4항, 구 출입국관리법 시행령 제88조의2, 난민의 지위에 관한 협약 제1조, 난민의 지위에 관한 의정서 제1조의 문언, 체계와 입법 취지를 종합하면, 난민 인정에 관한 신청을 받은 행정청은 원칙적으로 법령이 정한 난민 요건에 해당하는지를 심사하여 난민 인정 여부를 결정할 수 있을 뿐이고, **법령이 정한 난민 요건과 무관한 다른 사유만을 들어 난민 인정을 거부할 수는 없다**(대판 2017. 12. 05, 2016두42913[난민불인정결정취소]).

3) 특허의 신청

특허는 상대방의 신청을 요하는 행정행위이다.

4) 특허의 효과

특허는 상대방에게 새로운 권리, 능력 기타 법률상의 힘을 발생시킨다. 특허에 의해 창설되는 권리는 배타적 권리로서 공권(예, 사업경영권)인 것이 보통이나 사권(예, 광업권, 어업권)인 경우도 있다.

[판례] ① 광업법상 이미 광업권이 설정된 **동일한 구역에 대하여 동일한 광물에 대한 광업권을 중복설정할 수 없고**, 이종광물이라고 할지라도 광업권이 설정된 광물과 동일광상중에 부존하는 이종광물은 광업권설정에 있어서 동일광물로 보게 되므로 이러한 이종광물에 대하여는 기존광업권이 적법히 취소되거나 그 존속기간이 만료되지 않는 한 별도로 광업권을 설정할 수 없다(대판 1986. 02. 25, 85누712[광업권취소등처분취소]).
② 지구별 어업협동조합 및 지구별 어업협동조합 내에 설립된 어촌계의 어장을 엄격히 구획하여 종래 인접한 각 조합이나 어촌계 상호간의 어장한계에 관한 분쟁이나 경업을 규제하므로써 각 조합이나 어촌계로 하여금 **각자의 소속 어장을 배타적으로 점유 관리**하게 하였음에 비추어 특별한 경우가 아니면 같은 **업무구역안에 중복된 어업면허는 당연무효**이다(대판 1978. 04. 25, 78누42[어업면허무효확인]).

5) 특허와 허가의 구별

가. 전통적 견해 종래 허가와 특허를 다음과 같이 구별하는 것이 통설적 견해이었고 오늘날에도 적지 않은 지지를 받고 있다.

① 허가는 명령적 행위이고, 특허는 형성적 행위이다.

② 허가는 원칙상 기속행위이고 특허는 원칙상 재량행위이다.

③ 허가로 인하여 상대방이 받는 이익은 반사적 이익이고 특허로 인하여 상대방은 권리를 설정받는다. 다만, 허가로 받는 이익도 관계법규의 해석상 법률상 이익인 경우가 있고 그러한 경우가 점차 확대되고 있다.

나. 새로운 견해 오늘날 허가와 특허의 구별은 상대화하고 있고 양자는 상호 접근하는 경향이 있다고 본다.

① 전술한 바와 같이 허가도 적법하게 일정한 행위를 할 수 있는 법적 지위를 부여하는 행위이므로 형성적 행위로 보는 것이 타당하다. 그렇다면 허가와 특허는 형성적 행위라는 점에서는 같다.

다만, 허가는 상대방에게 새로운 권리를 창설하는 것이 아니라 상대방이 본래 가지고 있었던 자유권을 회복시켜 주는 것인 점에서 상대방에게 새로운 권리를 창설해 주는 특허와 구별할 수 있다.

② 전술한 바와 같이 허가는 원칙상 기속행위이고 특허는 원칙상 재량행위이다. 그러나, 재량행위인가 기속행위인가는 기본적으로 입법자에 의해 결정되는 것이므로 허가와 특허가 기속행위와 재량행위의 구별에 있어 결정적인 기준이 되는 것은 아니다. 전술한 바와 같이 허가가 재량행위인 경우도 있고, 특허가 기속행위인 경우도 있을 수 있다.

③ 허가로 인하여 상대방이 받는 이익도 항상 반사적 이익인 것은 아니고, 법률상 이익인 경우도 있다. 허가로 받는 이익이 반사적 이익인지 법적 이익인지는 기본적으로 허가의 근거 내지 관계법규의 입법목적에 의해 결정된다.

새로운 견해가 타당하다. 이처럼 허가와 특허의 구별은 매우 상대적인 것이다. 그리고 오늘날 허가와 특허는 상호 접근하는 경향이 있다.

허가와 특허의 구별이 어려운 경우도 있고, 영업의 자유라는 관점에서는 허가와 특허를 구별할 필요가 없으므로 허가와 특허를 구별하지 않는 것이 보다 타당할 수 있다.

특허의 대상이 되는 공익사업은 본래 국가가 수행하던 것을 민간에 이양한 것(민영화한 것)이라는 점에서 본래 인간의 자유에 속하는 허가의 대상이 되는 사업과 구별되지만, 특허의 대상이 되는 사업이나 허가의 대상이 되는 사업이나 모두 영업의 자유의 대상이 되는 것이다. 그리고, 허가의 대상이 되는 사업에도 공익성이 큰 것도 있다. 오늘날 국가의 고유한 임무는 없는 것이고 국가의 임무는 헌법과 법률에 의해 정해지는 것이라고 보는 견해가 유력해지고 있고, 국가만이 공익을 수행하는 것이 아니라 민간도 공익적 활동을 하고 있거나 공익활동에 참여하고 있다. 허가의 경우 자연적 자유가 회복될 뿐 영업권이 부여되는 것이 아니고, 특허의 경우 독점적 내지 배타적 경영권이 부여된다는 점에서 허가와 특허를 구별하고 있지만, 허가의 경우에도 영업권이 부여되고 있는 것으로 볼 수 있고, 오늘날 특허의 경우에도 독점권이 부여되는 경우는 거의 없고 특허사업에도 경쟁의 원리가 도입되고 있다. 허가

사업은 공익성이 없는 것처럼 오인될 수도 있고, 허가사업인지 특허사업인지 애매한 경우도 있다. 오늘날에는 허가와 특허를 구별하는 실익보다는 허가와 특허를 구별하는 폐해가 더 크다고 할 수 있다. 종래 허가를 기속행위로 특허를 재량행위로 보았으나 오늘날 재량권의 부여는 입법자의 결정에 따른 것이라는 것이 일반적인 견해이다. 허가의 경우에도 재량행위 내지 기속재량행위로 인정되는 경우가 있고, 특허의 경우에도 기속행위로 보아야 하는 경우(예, 운수권의 배분)도 있다. 특허의 경우 기존업자의 경영상 이익이 법적 이익이고, 허가의 경우 영업의 이익은 반사적 이익이라고 보았으나 법적 이익인지 반사적 이익인지도 입법자의 의사에 의해 결정되는 것이지 특허인지 허가인지에 따라 결정되는 것이 아니다. 허가의 경우에도 수허가자의 영업상 이익을 보호할 필요가 있는 경우에는 수허가자의 영업상 이익이 법적 이익이 될 수 있고, 특허의 경우에도 특허사업자 사이에 경쟁이 도입된 경우에는 특허사업자의 영업상 이익을 보호할 필요가 없게 된다. 이러한 점에 비추어 특허와 허가의 구별을 폐지하는 것이 타당하다. 오늘날 선진외국에서도 특허와 허가를 구별하지 않는 것이 일반적인 경향이다.

허가와 특허의 구별을 폐지하고 허가로 통일하되 허가를 '자유활동의 허가'와 '필수공익활동의 허가'로 구별하여 그에 따라 법적 규율을 달리 하고, 관련 법리를 달리 형성해가는 것이 타당하다. 광의의 허가(허가 등)를 목적에 따라 분류하는 것도 타당하다. 목적에 따라 허가와 특허의 구별(이분설) 보다 세밀하게 분류하여 법적 규율을 달리하는 것(다분설)이 타당하다. 예를 들면, 안전보장을 위한 허가(건축허가 등), 자격을 부여하는 허가, 과도한 경쟁을 제한하는 허가(운송사업허가), 한정된 자원을 배분하는 허가(텔레비전방송채널허가), 독점을 인정할 필요가 있는 허가(지역가수공급사업허가) 등이 그것이다.

(2) 인　　가

1) 인가의 개념

인가(認可)라 함은 타인의 법률적 행위를 보충하여 그 법률적 효력을 완성시켜 주는 행정행위를 말한다.

예를 들면, 협동조합의 임원의 선출에 관한 행정청의 인가가 그것이다. 협동조합의 임원은 조합원이 선출하는 것이지만 조합원의 선출행위만으로는 선출행위의 효력이 완성되지 못하고 행정청의 인가가 있어야 선출행위가 완벽하게 효력을 발생한다. 기본적 행위는 조합원의 선출행위이고 인가는 기본적 행위의 효력을 완성시키는 보충행위이다. 사립학교법인의 임원선임행위에 대한 승인(대판 2005. 12. 23, 2005두4823), 토지거래허가(대판 전원합의체 1991. 12. 24, 90다12243), 자동차관리사업자단체인 조합 또는 협회 설립인가(대판 2015. 05. 29, 2013두635), 정비조합조합장 명의변경인가(대판 2005. 10. 14, 2005두1046), 정비조합 정관변경 인가(대판 2014. 07. 10, 2013도11532)도 인가에 해당한다. 판례는 주거환경정비법상의 정비조합(재건축조합, 재개발조합)설립인가처분을 특허의 성질을 갖는 것으로 본다(대판 2009. 09. 24, 2008다60568).

인가도 허가나 특허처럼 학문상의 개념이다. 실무상 인가라는 개념이 사용되기도 하지만, 승인, 허가(민법 제32조 등)나 인허라는 개념도 사용된다. 인가 중 사법상 법률행위에 대한 인가는 사법상 법률행위의 효력을 완성시켜주어 사법관계에 변경을 가져오므로 '사법관계 형성적 행정행위'라고도 한다.

인가는 사인의 사법상의 행위의 효력을 행정기관의 결정에 맡기는 점에서 공익을 이유로 한 민간의 자율에 대한 제한(개입)의 성격을 가진다. 민간영역의 자율적 운영능력이 부족한 과거에는 인가가 다소 넓게 인정될 수 있었겠지만, 민간의 자율적 운영능력이 행정을 능가할 정도가 된 오늘날에는 인가는 공익을 위해 필요한 최소한도로 제한되어야 한다. 민간의 자율성을 보장하기 위하여는 인가를 최소한으로 제한하여야 한다. 인가의 인정에 비례의 원칙에 의한 엄정한 통제가 가해져야 한다. 공익상 인가로 해야 할 것이 아닌 한 신고만으로 효력이 발생하는 것으로 하여야 한다.

2) 인가의 성질

가. 형성적 행정행위 인가는 인가의 대상이 되는 기본행위의 효력을 완성시켜 주는 행위인 점에서 형성적 행정행위이다.

나. 재량행위 여부 인가는 기속행위인 경우도 있지만, 재량행위인 경우도 적지 않다. 인가가 재량행위인 경우 부관을 붙일 수 있고, 기속행위인 경우에도 정지조건부부관을 붙일 수 있다.

[판례] ① 사회복지법인의 정관변경허가를 재량행위로 보고, 부관을 붙일 수 있다고 한 사례(대판 2002. 09. 24, 2000두5661[정관변경허가취소처분취소]).

② [1] 공익법인의 기본재산 처분허가에 부관을 붙인 경우 그 처분허가의 법률적 성질이 형성적 행정행위로서의 인가에 해당한다고 하여 조건으로서의 부관의 부과가 허용되지 아니한다고 볼 수는 없다. [2] 조건적 성격의 부관으로 봄이 상당하다고 할 것이므로 그에 따른 이행이 없는 이상 이 사건 처분허가는 효력이 없는 것으로 보아야 한다고 판단한 사례(대판 2005. 09. 28, 2004다50044).

③ 자동차관리사업자단체인 조합 또는 협회 설립인가를 **설립인가에 관하여 구체적인 기준이 정하여져 있지 않은 점 등에 비추어** 재량행위로 본 사례(대판 2015. 05. 29, 2013두635).

④ **[1] 비영리법인이 민법 제38조에서 비영리법인에 관한 설립허가 취소사유로 정한 '공익을 해하는 행위'를 한 때에 해당하기 위한 요건 및 그중 법인의 목적사업 또는 존재 자체가 공익을 해하는지 판단하는 방법:** 비영리법인이 '공익을 해하는 행위'를 한 때에 해당된다고 하기 위해서는 해당 법인의 목적사업 또는 존재 자체가 공익을 해한다고 인정되거나 법인의 행위가 직접적이고도 구체적으로 공익을 침해하는 것이어야 하고, 목적사업의 내용, 행위의 태양 및 위법성의 정도, 공익 침해의 정도와 경위 등을 종합하여 볼 때 해당 법인의 소멸을 명하는 것이 그 불법적인 공익 침해 상태를 제거하고 정당한 법질서를 회복하기 위한 제재수단으로서 긴요하게 요청되는 경우이어야 한다. 나아가 '법인의 목적사업 또는 존재 자체가 공익을 해한다'고 하려면 해당 법인이 추구하는

목적 내지 법인의 존재로 인하여 법인 또는 구성원이 얻는 이익과 법질서가 추구하고 보호하며 조장해야 할 객관적인 공공의 이익이 서로 충돌하여 양자의 이익을 비교형량하였을 때 공공의 이익을 우선적으로 보호하여야 한다는 점에 의문의 여지가 없어야 하고, 그 경우에도 법인의 해산을 초래하는 설립허가취소는 헌법 제10조에 내재된 일반적 행동의 자유에 대한 침해 여부와 과잉금지의 원칙 등을 고려하여 엄격하게 판단하여야 한다(대판 2017. 12. 22, 2016두49891).

종래 인가를 재량행위로 입법하는 경우가 적지 않았고, 판례도 인가를 재량행위로 해석하는 경향이 있었다. 판례가 설립인가제도의 입법취지 즉 공익을 재량행위의 인정근거의 하나로 들고 있는 것(대법원 2015. 05. 29. 선고 2013두635 판결)은 인가를 재량행위로 보려는 판례의 입장을 보여주는 하나의 예이다. 그렇지만, 민간의 자율성을 보장하기 위해서는 구체적 타당성을 보장하기 위해 어쩔 수 없이 재량행위로 해야 할 경우를 제외하고는 원칙상 기속행위로 입법하고 해석해야 할 것이다.

3) 인가의 대상

인가의 대상이 되는 행위는 제3자의 행위이며 법률적 행위에 한한다. 인가의 대상이 되는 행위는 공법상 행위(재개발정비조합의 사업시행계획결의)일 수도 있고 사법상 행위(비영리법인 설립, 사립학교법인이사의 선임행위)일 수도 있다.

이론상 인가는 법률적 행위의 효력을 인가라는 행정청의 결정에 의해 발생시킬 공익상 필요가 있는 경우에 인정된다.

4) 인가의 효과

인가가 행해져야 인가의 대상이 된 제3자의 법률적 행위가 법적 효력을 발생한다. 인가는 기본행위가 효력을 발생하기 위한 효력요건이다.

무인가행위는 효력을 발생하지 않는다. 그러나, 허가와 달리 강제집행이나 처벌의 대상은 되지 않는다.

무인가행위는 특별한 규정이나 사정이 없는 한 유동적 무효(효력이 없지만 후에 인가가 있으면 효력이 발생하는 경우)의 상태에 있다.

[판례] **학교법인이 용도변경이나 의무부담을 내용으로 하는 계약을 체결한 경우** 반드시 계약 전에 사립학교법 제28조 제1항에 따른 관할청의 허가를 받아야만 하는 것은 아니고 **계약 후라도 관할청의 허가를 받으면 유효**하게 될 수 있다. 그러나, 이러한 계약은 **관할청의 불허가 처분이 있는 경우뿐만 아니라 당사자가 허가신청을 하지 않을 의사를 명백히 표시하거나 계약을 이행할 의사를 철회한 경우 또는 그 밖에 관할청의 허가를 받는 것이 사실상 불가능하게 된 경우 무효로 확정**된다(대판 2022. 01. 27, 2019다289815). **〈해설〉** 사립학교법 제28조 제1항에 따른 관할청의 허가는 학문상 인가이다. 확정적으로 무효가 되지 않은 관할청의 허가(인가)를 받지 않은 해당 계약은 유동적 무효의 상태에 있는 것이라고 할 수 있다.

5) 기본행위와 인가

가. 인가의 보충성 인가는 신청에 따라 기본행위(基本行爲)의 효력을 완성시켜 주는 보충적 행위이다. 따라서, ① 인가는 항상 상대방의 신청에 의해 행해지고, 인가의 대상이 되는 행위의 내용은 신청인이 결정하며 행정청은 인가를 할 것인지의 여부만을 결정한다. 인가의 대상이 되는 행위의 내용을 수정하여 인가하는 것(수정인가)은 인정되지 않는다. ② 인가의 대상이 되는 행위는 인가가 있어야 비로소 효력을 발생한다. 인가의 대상이 됨에도 인가를 받지 않은 행위(무인가행위)는 효력을 발생하지 않는다.

나. 기본행위의 하자 및 실효와 인가 인가는 기본행위의 효력을 완성시켜 주는 보충적 행위이므로 인가의 효력은 기본행위의 유무 및 하자에 의해 영향을 받는다.

① 기본행위가 성립하지 않거나 무효인 경우에 인가가 있어도 당해 인가는 무효가 된다.

② 유효한 기본적 행위를 대상으로 인가가 행해진 후에 기본적 행위가 취소되거나 실효된 경우에는 인가도 실효된다.

③ 기본행위에 취소원인이 있는 경우에는 기본행위가 취소되지 않는 한 인가의 효력에는 영향이 없다. 취소원인이 있는 기본행위는 인가가 있은 후에도 취소될 수 있고, 기본행위가 취소되면 인가도 실효된다.

④ 기본행위에 하자가 있는 경우에 그 기본행위의 하자를 다투어야 하며 기본행위의 하자를 이유로 인가처분의 취소 또는 무효확인을 소구할 법률상 이익(협의의 소의 이익)이 없다.

[판례] ① 구 도시 및 주거환경정비법에 기초하여 주택재개발정비사업조합이 수립한 **사업시행계획은 관할 행정청의 인가 · 고시가 이루어지면** 이해관계인들에게 구속력이 발생하는 **독립된 행정처분에 해당**하고, 관할 행정청의 **사업시행계획 인가처분은 사업시행계획의 법률상 효력을 완성시키는 보충행위에 해당**한다. 따라서 기본행위인 사업시행계획에는 하자가 없는데 보충행위인 **인가처분에 고유한 하자가 있다면 그 인가처분의 무효확인이나 취소를 구하여야 할 것**이지만, 인가처분에는 고유한 하자가 없는데 **사업시행계획에 하자가 있다면 사업시행계획의 무효확인이나 취소를 구하여야 할 것**이지 **사업시행계획의 무효를 주장하면서 곧바로 그에 대한 인가처분의 무효확인이나 취소를 구하여서는 아니 된다**(대판 2021. 02. 10, 2020두48031).

② 조합이 사업시행계획을 재건축결의에서 결정된 내용과 달리 작성한 경우 이러한 하자는 기본행위인 사업시행계획 작성행위의 하자이고, 이에 대한 보충행위인 행정청의 인가처분이 그 근거 조항인 위 법 제28조의 적법요건을 갖추고 있는 이상은 그 인가처분 자체에 하자가 있는 것이라 할 수 없다(대판 2008. 01. 10, 2007두16691[주택재건축정비사업시행인가처분취소]). 〈해설〉 조합에 의한 정비사업시행 인가처분은 강학상 인가처분이다. 조합이 사업시행계획을 재건축결의에서 결정

된 내용과 달리 작성한 경우 이러한 하자는 기본행위인 사업시행계획 작성행위의 하자이고, 인가처분 자체의 하자가 아니므로 인가처분취소소송에서 주장할 수 없다.

⑤ 인가는 기본행위의 하자를 치유하지 않는다.

다. 인가의 하자 기본행위가 적법유효하고 보충행위인 인가처분 자체에만 하자가 있다면 그 인가처분의 무효나 취소를 주장할 수 있다. 인가처분이 무효이거나 인가처분이 취소된 경우에는 기본행위는 무인가행위가 된다.

[판례] [1] 조합설립추진위원회의 설립승인신청을 받은 시장·군수가 승인신청서의 첨부서류에 의하여 **토지등소유자의 2분의 1 이상의 동의가 있고 위원장을 포함한 5인 이상의 위원으로 추진위원회가 구성되어 있음**을 확인한 경우, 그 **추진위원회의 설립**을 **승인**하여야 한다. [2] 조합설립추진위원회 운영규정의 작성이나 추진위원의 자격 및 선정방식은 그 추진위원회 설립승인의 요건이 아니다. [3] 행정청이 조합설립추진위원회의 설립승인 심사에서 위법한 행정처분을 한 선례가 있다고 하여 그러한 기준을 따라야 할 의무가 없는 점 등에 비추어, 평등의 원칙이나 신뢰보호의 원칙 또는 자기구속의 원칙 등에 위배되고 재량권을 일탈·남용하여 자의적으로 조합설립추진위원회 승인처분을 한 것으로 볼 수 없다고 한 사례(대판 2009. 06. 25, 2008두13132). **〈해설〉** 정비조합설립승인처분은 강학상 특허이지만, 조합설립추진위원회승인처분은 강학상 인가처분이다. 토지등소유자의 2분의 1 이상의 동의는 조합설립추진위원회승인처분의 요건으로서 그 동의가 없는 것은 인가처분인 조합설립추진위원회승인처분에 고유한 하자이다.

기본행위의 하사만으로 인가처분 자체가 하자있는 것이 되지는 않는다(대판 2008. 01. 10, 2007두16691[주택재건축정비사업시행인가처분취소]).

(3) 공법상 대리행위

공법상 대리(公法上 代理)라 함은 제3자가 하여야 할 행위를 행정기관이 대신하여 행함으로써 제3자가 스스로 행한 것과 같은 효과를 발생시키는 행정행위를 말한다.

여기에서의 대리는 행정기관이 국민을 대리하는 것을 말하므로 행정조직 내부에서의 행정기관간의 권한의 대리와 구별되어야 한다.

대리행위의 예로는 체납처분절차에서의 압류재산의 공매처분, 감독청에 의한 공법인의 정관작성 또는 임원 임명, 토지수용위원회의 수용재결, 행려병자 또는 死者의 유류품처분 등을 들 수 있다.

3. 영업허가의 양도와 제재처분의 효과 및 제재사유의 승계

영업허가(강학상 특허 포함)의 양도가 가능한지 여부 및 그 절차가 문제된다. 그리고, 영업허가가 양도되는 경우 양도자에 대한 제재처분의 효과 및 제재사유가 양수인에게도 승계(承繼)되는지가 문제된다. 영업허가의 양도와 제재처분의 효과 및 제재사유의 승계의 법리는 영업신고의 경우에도 그대로 타당하다.

(1) 영업허가의 양도

1) 영업허가 양도의 가능성

영업허가 양도의 가능 여부는 양도의 대상이 되는 허가의 성질에 따라 다르다. 대물적 허가는 명문의 규정이 없는 경우에도 양도가 가능하다. 대인적 허가는 이론상 양도가 가능하지 않다. 혼합적 허가는 이론상 양도가 가능하나 법령의 근거를 요한다.

2) 영업허가의 양도절차

영업허가 양도의 경우 양도인과 양수인은 영업양도에 관한 사법상 계약을 체결한다.

영업허가 양도의 경우에는 통상 법령상 행정청의 인가를 받거나 영업양도양수를 신고하도록 규정하고 있다. 허가영업양도양수신고는 그 신고로 영업양도의 법적 효과가 발생하므로 수리를 요하는 신고에 해당한다고 보는 것이 타당하다. 그러나, 판례는 영업허가 양도의 인가 또는 신고수리는 허가자 명의변경 내지 양도인에 대한 허가의 철회와 양수인에 대한 허가(강학상 허가 또는 특허) 부여의 성질을 갖는다고 본다.

[판례] 구 식품위생법 제39조 제1항, 제3항에 따라 영업자 지위 승계신고를 하여야 하는 '영업양도'가 있다고 볼 수 있는지에 관한 기준: 영업양도가 있다고 볼 수 있는지 여부는 영업양도로 인하여 구법상의 영업자의 지위가 양수인에게 승계되어 양도인에 대한 사업허가 등이 취소되는 효과가 발생함을 염두에 두고, 양수인이 유기적으로 조직화된 수익의 원천으로서의 기능적 재산을 이전받아 양도인이 하던 것과 같은 영업적 활동을 계속하고 있다고 볼 수 있는지에 따라 판단되어야 한다. [2] 피고인이 할인마트 점포의 영업시설을 전부 인수하여 영업하면서도 1개월 이내에 영업자 지위 승계신고를 하지 아니하였다고 하며 구 식품위생법(2010. 1. 18. 법률 제9932호로 개정되기 전의 것) 위반으로 기소된 사안에서, 건물주에게서 점포를 임차하여 영업신고를 마치고 영업을 시작한 甲과, 甲을 기망하여 영업양도계약을 체결한 乙 사이의 영업양도계약이 그 이행이 완료되기 전에 기망을 이유로 취소되어 소급적으로 효력을 상실하였다고 보아야 하는 점에 비추어 乙은 甲에게서 영업을 양수하여 영업자의 지위를 승계한 자라고 할 수 없고, 달리 乙이나 乙한테서 영업 일체를 양도받아 피고인에게 영업을 양도한 丙이 영업신고 등을 하여 영업자의 지위에 있다고 볼 만한 사정도 보이지 아니하므로, **피고인이 영업자가 아닌 丙에게서 영업을 양수한 이상 같은 법 제39조 제1항의 영업자의 지위를 승계한 경우에 해당하지 않는다**고 한 사례(대판 2012. 01. 12, 2011도6561).

영업허가 양도의 인가나 신고수리는 행정절차법상 처분이므로 행정절차법의 적용대상이 된다.

사실상 영업이 양도·양수되었지만 아직 승계신고 및 그 수리처분이 있기 이전에는 여전히 종전의 영업자인 양도인이 영업허가자이고, 양수인은 영업허가자가 되지 못한다 할 것이어서 행정제재처분의 사유가 있는지 여부 및 그 사유가 있다고 하여 행하는 행정제재처분은 영업허가자인 양도인을 기준으로 판단하여 그 양도인에 대하여 행하여야 할 것이고, 한편 양도인이 그의 의사에 따라 양수인에게 영업을 양도하면서 양수인으로 하여금 영업을 하도록 허락하였다면 그 양수인의 영업 중 발생한 위반행위에 대한 행정적인 책임은 영업허가자인 양도인에게 귀속된다고 보아야 할 것이다(대판 1995. 02. 24, 94누9146: 양수인이 양도인으로부터 그 지분을 양수하고도 영업허가 명의를 양도인 앞으로 남겨 둔 채 단독으로 영업을 하던 중 일어난 위반행위 이외에 그 이전에 양도인이 주점에서 지정된 영업시간을 준수하지 아니하고 영업을 하던 중 적발된 적이 있었다면 위 위반행위로써 양도인은 2차로 위반한 셈이 된다고 한 사례).

다만, 예외적으로 인허가, 등록 또는 신고 등의 행정법상 양도절차 없이 사법상 양도계약만으로 영업허가자의 지위와 그에 따른 권리의무의 승계가 이루어지는 경우도 있다(대판 2024. 02. 29, 2023다280778: 골프장 체육필수시설 인수인이 체육시설업 등록을 하지 않은 상태에서 담보신탁에 따른 공매로 그 체육필수시설이 다시 인수된 경우 골프장 회원권 지위의 승계가 인정된다고 한 사례).

3) 영업허가 양도의 효과

영업허가의 양도로 양수인은 양도인의 영업허가자의 법적 지위를 승계한다. 2023년 행정기본법 개정초안(제38조 및 제39조의 개정규정은 공포 후 2년이 경과한 날부터 시행)에 따르면 **"영업자지위승계"**란 인허가를 받거나 신고한 영업자 또는 사업자의 지위가 법률로 정하는 바에 따라 이전되고 그 결과로 피승계인과 승계인 사이에 해당 영업 또는 사업에 대한 인허가 등에 따른 권리와 의무가 이전되는 것을 말한다(행정기본법 개정안 제38조 제1항).

문제는 영업양도로 승계되는 양도인의 지위에 양도인의 위법행위로 인한 제재처분의 효과 또는 제재사유(허가취소 또는 정지사유)가 포함되는가 하는 것이다.

2023년 행정기본법 개정초안에 따르면 영업자지위승계가 된 경우(제38조 제2항 제4호의 사유로 영업자지위승계가 된 경우는 제외한다) 행정청이 피승계인에게 한 다음 각 호의 처분은 승계인에게 승계된다. 1. 정지 · 취소 · 철회 또는 등록말소, 2. 영업소 · 사업소 폐쇄명령 또는 폐쇄조치, 3. 영업정지를 갈음하는 과징금(가산금은 제외한다), 4. 그 밖에 승계가 필요하다고 인정하여 법률로 정하는 제재처분(행정기본법 개정안 제39조 제1항). 또한, 행정청은 영업자지위승계가 된 경우 피승계인의 위반행위를 이유로 승계인에게 제1항 각 호의 처분을 할 수 있다(제2항). 영업자지위승계가 된 경우 피승계인에게 한 제재처분의 이력(履歷)은 그 제재처분일부터 1년 동안 승계인에게 승계된다(제3항). 승계인이 되려는 자는 피승계인(피상속인은 제외한다)의 동의를 얻어 영업자지위승계와 관련하여 제1항에 따른 제재처분 및 그 제재처분을 위한 절차가 진행 중인 사실이 있는지에 대해 미리 해당 행정청에 확인을 요청할 수 있다. 이 경우 해당 행정청은 대통령령으로 정하는 바에 따라 그 내용을 확인하여 승계인이 되려는 자에게 알려야 한다(제4항). 승계인이 해당 제재처분이나 그와 관련된 위반 사실을 알지 못하였음을 증명한 경우에는 제1항부터 제3항까지의 규정을 적용하지 아니한다(제5항).

(2) 영업허가의 양도와 제재처분의 효과의 승계

양도인의 위법행위로 양도인에게 이미 제재처분(制裁處分)이 내려진 경우에 그 제재처분(예, 허가취소, 영업정지처분 또는 과징금부과처분)의 효과는 이미 양도인의 영업자의 지위에 포함된 것이고 물적 상태이므로 양수인에게 당연히 이전된다. 영업허가가 취소되었거나 정지된 사실을 모르고 영업을 양수한 자는 명문의 규정이 없는 한 양도인에게 민사책임을 물을 수 있을 뿐 제재처분의 효과를 부인할 수 없다.

법규 위반에 대한 과징금부과처분의 경우 과징금납부의무의 양수인에 대한 승계를 공의무의 승계의 문제로 볼 수도 있는데, 과징금납부의무는 일신전속적인 의무가 아니고, 양도인의 지위에는 제재처분의 효과인 과징금납부의무가 포함되므로 영업양도시 과징금납부의무도 양수인에게 승계된다고 보는 것이 타당하다. 일신전속적 의무는 승계되지 않는다(대판 2006. 12. 08, 2006마470: 이행강제금 납부의무는 승계될 수 없는 일신전속적 성질의 것이라고 한 사례).)

다만, 선의의 양수인에 대해 제재처분 효과의 승계를 부인하는 규정을 두는 경우가 있다(석유 및 석유대체연료 사업법 제8조, 대판 2017. 09. 07, 2017두41085[사업정지처분 효과의 승계 여부 등 사건]).

(3) 영업허가의 양도와 제재사유의 승계

1) 제재사유의 승계에 관한 명문의 규정이 있는 경우

양도인이 위법행위를 한 후 제재를 피하기 위하여 영업을 양도하는 경우가 적지 않은데, 이에 대처하기 위하여 명문의 규정으로 양도인의 위법행위로 인한 제재처분의 효과 또는 제재사유(制裁事由)의 양수인에 대한 승계를 규정하는 경우가 있는데, 이는 법령위반의 방지라는 행정목적의 달성을 위하여 필요한 것이므로 유효한 규정이다. 다만, 비례의 원칙상 양수인이 선의인 경우 위법행위의 효과인 제재사유는 양수인에게 승계되지 않는다고 보아야 한다. 선의의 양수인의 면책에 관한 규정(예, 석유사업법 제8조)을 두는 것이 타당하나, 명문의 규정이 없는 경우에도 선의의 양수인은 면책된다고 해석하여야 한다. 다만, 선의라는 입증책임은 양수인에 있다고 보아야 한다.

2) 제재사유의 승계에 관한 명문의 규정이 없는 경우

재재사유의 승계에 관한 명문의 규정이 없는 경우에는 양도인의 지위의 승계에 관한 규정이 있는 경우와 그러한 규정이 없는 경우가 있다. 양도인의 지위의 승계에 관한 규정이 있는 경우에는 이 규정이 제재사유의 승계에 관한 근거규정이 될 수 있는지가 특히 문제된다.

재재사유의 승계에 관한 명문의 규정이 없는 경우에도 영업양도로 양도인의 위법행위로 인한 제재사유가 양수인에게도 승계되는지, 달리 말하면 행정청은 양도인의 위법행위를 이유로 양수인에 대하여 제재처분을 할 수 있는지가 문제되는데, 이에 관하여 견해가 나뉜다.

가. 긍정설 이 견해는 양도인의 법령위반사실을 이유로 양수인에게 제재처분을 할 수 있다는 견해이다. 그 논거는 다음과 같다. ① 영업허가의 양도로 양도인의 법적 지위는 양수인에게 승계되는데, 제재사유는 승계되는 양도인의 법적 지위에 포함된다. ② 제재사유의 승계를 부정하면 영업허가의 양도가 제재처분의 회피수단으로 악용될 수 있다. 따라서 양수인에 대한 제재처분을 통하여 법령위반의 방지라는 행정목적을 실현할 수 있도록 하여야 한다.

나. 부정설 이 견해는 양도인의 법령위반사실을 이유로 양수인에게 제재처분을 할 수 없다는 견해이다. 그 논거는 다음과 같다. ① 양도인의 법령위반으로 인한 제재사유는 인적 사유이므로 명문의 규정이 없는 한 양수인에게 이전될 수 없다. ② 양도인의 위법행위로 인한 제재는 경찰행정법상 행위책임에 속하는 문제이므로 양도인의 위법행위로 인한 제재사유는 명문의 규정이 없는 한 양수인에게 승계되지 않는다고 보아야 한다.

다. 절충설 이 견해는 허가의 이전가능성과 제재사유의 이전가능성은 별개의 문제라고 하면서 **제재사유가 설비 등 물적 사정에 관련되는 경우에는** 양수인에게 승계되지만, **제재사유가** 양도인의 자격상실이나 부정영업 등 **인적인 사유인 경우에는** 원칙적으로 그 사유가 승계되지 않는다고 본다.

라. 판례(긍정설) 판례는 긍정설을 취하고 있다. 그 논거는 다음과 같다. ① 영업양도의 효과로 양수인에게 승계되는 '양도인의 지위'(석유정제업자의 지위)에는 양도인의 위법행위로 인한 제재사유가 포함된다(대판 1986. 07. 22, 86누203).

[판례] ① 석유판매업이 양도된 경우, 양도인의 귀책사유로 양수인에게 제재를 가할 수 있는지 여부(= 긍정): 구 석유사업법 제12조 제3항, 제9조 제1항, 제12조 제4항등을 종합하면 석유판매업(주유소)허가(현행 석유사업법상 석유판매업등록)는 소위 대물적 허가의 성질을 갖는 것이어서 그 사업의 양도도 가능하고 이 경우 양수인은 양도인의 지위를 승계하게 됨에 따라 양도인의 위 허가에 따른 권리의무가 양수인에게 이전되는 것이므로 만약 양도인에게 그 허가를 취소할 위법사유가 있다면 허가관청은 이를 이유로 양수인에게 응분의 제재조치를 취할 수 있다 할 것이고, 양수인이 그 양수 후 허가관청으로부터 석유판매업허가를 다시 받았다 하더라도 이는 석유판매업의 양수도를 전제로 한 것이어서 이로써 양도인의 지위승계가 부정되는 것은 아니므로 양도인의 귀책사유는 양

수인에게 그 효력이 미친다(대판 1986. 07. 22, 86누203).
② '운송사업자로서의 지위'는 그 문언의 내용과 화물자동차 운송사업 허가처분의 성격 등을 종합하여 볼 때 **운송사업 허가에 기인한 공법상 권리와 의무를 말하는 것**으로, 이 사건 법률조항에서 정하고 있는 **그 '지위의 승계'란** 양도인의 공법상 권리와 의무뿐만 아니라 **양도인의 의무위반행위에 따른 위법상태의 승계를 포함하는 것으로 해석될 수 있다.** 특히 양도인이 사업을 양도하는 방법으로 제재적 처분을 면탈하는 것을 방지하고자 하는 이 사건 법률조항의 입법목적을 고려하면, 양도인의 의무위반으로 발생한 제재적 처분사유는 **양수인의 선의·악의를 불문하고 양수인에게 모두 승계되는** 것으로 충분히 파악할 수 있다(헌재 2019. 09. 26, 2017헌바397등). **〈해설〉** 판례는 '운송사업자로서의 지위'와 '운송사업 허가에 기인한 공법상 권리와 의무'를 동의어로 보고 있는데, '운송사업자로서의 지위'는 '공법상의 권리의무'보다 넓은 개념으로 보는 것이 타당하다. 즉 제재사유 자체는 '공법상의 권리의무'는 아니지만, '사업자의 지위'에는 포함된다고 보아야 한다.

영업허가자의 지위가 승계되지 않는 경우에는 제재사유도 승계되지 않는다.

[판례] (1) 농어촌정비법령은 관광농원 개발사업의 사업시행자 명의가 변경되는 경우 새로운 사업시행자가 종전 사업시행자의 지위를 승계하는지 여부 등에 관하여는 명시적 규정을 두고 있지 않다. 이러한 **지위 승계 관련 규정이 없는 이상 사업계획 변경승인의 의미를 사업권 양도 · 양수에 대한 '인가'로서의 성격을 가진다고 볼 수 없는 것이 원칙이다.** (2) 이러한 관련 규정의 내용, 체계 및 취지에 비추어 볼 때, 종전 사업시행자가 농업인 등에 해당하지 않음에도 부정한 방법으로 사업계획승인을 받음으로써 그 승인에 대한 취소 사유가 있더라도, 행정청이 사업시행자 변경으로 인한 사업계획 변경승인 과정에서 변경되는 사업시행자가 농업인 등에 해당하는지 여부에 관하여 새로운 심사를 거쳤다면, **지위 승계 등에 관한 별도의 명문 규정이 없는 이상, 종전 사업시행자가 농업인 등이 아님에도 부정한 방법으로 사업계획승인을 취득하였다는 이유만을 들어 변경된 사업시행자에 대한 사업계획 변경승인을 취소할 수는 없다**(대판 2018. 04. 24, 2017두73310).

시설인수의 경우에도 허가, 등록 또는 신고에 따른 권리 · 의무를 승계하는 것으로 규정하고 있는 경우도 있다(체육시설의 설치 및 이용에 관한 법률(이하 '체육시설법'이라 한다) 제27조 제2항, 대판 전원합의체 2018. 10. 18, 2016다220143; 대판 2018. 11. 15, 2016두45158).

② 양수인에 의한 양도인의 영업자의 지위의 승계에 관한 규정이 있는 경우 이 규정은 제재사유의 승계에 관한 근거규정으로 볼 수 있다(대판 2010. 04. 08, 2009두17018: 관할관청이 개인택시 운송사업의 양도 · 양수에 대한 인가를 한 후 그 이전에 있었던 양도인의 음주운전 사실로 운전면허가 취소되자, 양도인의 운전면허 취소가 운송사업면허의 취소사유에 해당한다는 이유로 양수인의 운송사업면허를 취소하는 처분을 한 사안에서, 개인택시 운송사업자의 면허를 박탈함으로써 개인택시 운송사업의 질서를 확립하여야 할 공익상의 필요가 위 처분으로 양수인이 입게 될 불이익에 비해 가볍다고 볼 수 없어 관계 법령의 기준에 따른 위 처분에 재량을 일탈 · 남용한 위법이 없다고 판단한 사례).

이러한 지위 승계 규정은 양도인이 해당 사업과 관련하여 관계 법령상 의무를 위반하여 제재사유가 발생한 후 사업을 양도하는 방법으로 제재처분을 면탈하는 것을 방지하려는 데에도 그 입법 목적이 있다(대판 2021. 07. 29, 2018두55968[유가보조금환수처분취소]).

③ 제재처분은 대물적 처분이므로 양도인의 지위를 승계한 자에 대하여 양도인이 위법행위를 하였다는 이유로 양수인에게 사업정지 등 제재처분을 취할 수 있다(대판 2003. 10. 23, 2003두8005). **제재처분이 대인적 처분인 경우**에는 지위승계후 발생한 제재사유(예, 지위승계 후 발생한 유가보조금의 부정수급)에 한하여 양수인에게 제재처분(예, 부정수급 유가보조금 환수처분)을 할 수 있다(대판 2021. 07. 29, 2018두55968[유가보조금환수처분 취소]). 대법원을 포함하여 법원은 양수인에 의한 양도인에 대한 제재처분의 효과나 제재사유의 승계를 양도인에게 면책적인 승계로 보는데, 명문의 규정이 없더라도(명문의 규정이 있는 경우(예, 폐기물관리법상 양도인과 양수인의 폐기물처리책임)도 있다) 양도인과 양수인 모두에게 책임(공법상의 의무)을 인정하는 병존적 승계로 보는 것이 타당하다.

④ 그런데, 판례는 회사분할시 분할전회사에 대한 제재사유의 신설회사에 대한 승계의 경우 신설회사에 승계되는 것은 법령상 '회사의 권리와 의무'이고, 제재처분이 있기 전의 법위반행위사실(제재사유)은 단순한 사실행위로 승계의 대상이 되는 의무가 아니므로 특별한 규정이 없는 한 신실회사에 승계되지 않는다고 보았고, 법 위반행위로 시정명령 및 그에 따른 벌점의 부과처분이 있는 경우(이 경우는 제재처분의 효과의 승계로 볼 수 있다)에는 벌점의 부과는 신설회사(흡수합병회사)에는 승계되는 공법상의 지위 내지 의무에 포함된다고 보았다. 그러나, 판례가 회사분할시 분할전회사에 대한 제재사유가 특별한 규정이 없는 한 신설회사에 승계되지 않는다고 본 것에 대하여는 다음과 같은 비판이 가능하다. 회사분할시 사업이 포괄적으로 분할 승계되는 경우에는 승계되는 사업에 관한 제재처분의 효과뿐만 아니라 제재사유도 사업자의 지위에 포함되어 승계되는 것으로 보는 것이 타당하다. 즉, 제재사유는 판시와 같이 그 자체가 승계되는 '회사의 권리와 의무'그 자체에는 포함되지 않을 수 있지만, 승계되는 사업(사업자의 지위)에는 포함되는 것으로 보아야 한다.

[판례] ① 회사분할의 경우, 분할 전 위반행위를 이유로 신설회사에 대하여 과징금을 부과하는 것이 허용되는지 여부(소극): 신설회사 또는 존속회사가 승계하는 것은 분할하는 회사의 권리와 의무라 할 것인바, 분할하는 회사의 분할 전 법 위반행위를 이유로 과징금이 부과되기 전까지는 단순한 사실행위만 존재할 뿐 그 과징금과 관련하여 분할하는 회사에게 승계의 대상이 되는 어떠한 의무가 있다고 할 수 없고, 특별한 규정이 없는 한 신설회사에 대하여 분할하는 회사의 분할 전 법 위반행위를 이유로 과징금을 부과하는 것은 허용되지 않는다(대판 2007. 11. 29, 2006두18928[시정조치등취소]; 2011. 05. 26, 2008두18335[시정명령및과징금납부명령취소]). 〈해설〉 제재처분 전 제재사유의 승

계가 문제된 사안이다.
② 하도급거래 공정화에 관한 법률(이하 '하도급법'이라 한다) 위반을 이유로 시정명령 등과 그에 따른 벌점을 부과받은 갑 주식회사가 을 주식회사와 병 주식회사로 분할되었고, 정 주식회사가 갑 회사의 사업 부문 대부분이 이전된 을 회사를 흡수합병하자, 공정거래위원회가 정 회사에 대하여 갑 회사에 부과된 **벌점이** 정 회사에 **승계**되었음을 이유로 관계 행정기관의 장에게 입찰참가자격 제한 및 영업정지를 요청하기로 결정한 사안에서, **하도급법에 따른 벌점 부과를** 단순한 사실행위에 불과하다고만 볼 수는 없고, **공법상 지위 내지 의무 · 책임이 구체화된 경우라고 볼 여지가 큰 점 등을 고려하여 갑 회사에 부과된 벌점은 분할신설회사인 을 회사에 귀속된 후 이를 흡수합병한 정 회사에 승계되었다고 보는 것이 타당하다.** 또한, 만약 하도급법 위반행위로 제재처분을 받은 회사가 그 제재처분에 부수되는 벌점이 누적됨에 따라 입찰참가자격제한 요청 등의 법적 요건까지 모두 충족하여 후속 처분이 임박하였음에도 회사분할을 하였다는 이유만으로 피고가 해당 사업 부문을 승계한 분할신설회사에 대하여 후속 처분을 할 수 없다고 한다면, 회사분할을 통하여 기존에 부과 받은 벌점 및 이에 따르는 후속 처분을 무력화할 여지가 있어 **벌점 부과 제도의 실효성**을 확보할 수 없게 된다(대판 2023. 04. 27, 2020두47892[입찰참가자격제한및영업정지요청결정취소청구의소]). **〈해설〉** 제재처분(벌점부과처분) 후 제재처분의 효과의 승계가 문제된 사안이다.

⑤ 지위승계의 효과에 있어서 (변형된) 과징금부과처분을 사업정지처분과 달리 볼 이유가 없다(대판 2003. 10. 23, 2003두8005).

⑥ 판례는 영업양도시 제재사유가 현실적으로 발생하지 않았더라도 그 원인되는 사실이 존재하였다면 양도양수후 양도인에 대한 제재사유로 양수인에게 제재처분을 할 수 있다고 본다(대판 2010. 04. 08, 2009두17018[개인택시운송사업면허취소처분취소]).

[판례] [1] 구 여객자동차 운수사업법(2007. 7. 13. 법률 제8511호로 개정되기 전의 것, 이하 '법'이라고 한다) 제15조 제4항에 의하면 개인택시 운송사업을 양수한 사람은 양도인의 운송사업자로서의 지위를 승계하는 것이므로, 관할관청은 개인택시 운송사업의 양도 · 양수에 대한 인가를 한 후에도 그 양도 · 양수 이전에 있었던 양도인에 대한 운송사업면허 취소사유를 들어 양수인의 사업면허를 취소할 수 있는 것이고(대판 1998. 06. 26, 96누18960 참조), **가사 양도 · 양수 당시에는 양도인에 대한 운송사업면허 취소사유가 현실적으로 발생하지 않은 경우라도 그 원인되는 사실이 이미 존재하였다면,** 관할관청으로서는 그 후 발생한 운송사업면허 취소사유에 기하여 양수인의 사업면허를 취소할 수 있는 것이다. 즉, 이 사건 운송사업의 양도 · 양수 당시에는 운송사업면허 취소사유, 즉 소외인의 운전면허 취소사실이 현실적으로 발생하지 않았더라도 그 원인되는 소외인의 음주운전 사실이 존재하였던 이상 원고는 그러한 소외인의 이 사건 운송사업면허상의 지위를 그대로 승계한 것이고, 그 후 소외인의 운전면허가 취소되었다면 피고는 원고에 대하여 이 사건 운송사업면허를 취소할 수 있다. [2] 관할관청이 개인택시 운송사업의 양도 · 양수에 대한 인가를 한 후 그 이전에 있었던 양도인의 음주운전 사실로 운전면허가 취소되자, 양도인의 운전면허 취소가 운송사업면허의 취소사유에 해당한다는 이유로 양수인의 운송사업면허를 취소하는 처분을 한 사안에서, 개인택시 운송사업자의 면허를 박탈함으로써 개인택시 운송사업의 질서를 확립하여야 할 공익상의 필요가 위 처분으로 양수인이 입게 될 불이익에 비해 가볍다고 볼 수 없어 관계 법령의 기준에 따른 위 처분에 재량을 일탈 · 남용한 위법이 없다고 판단한 사례. **〈참고사항〉** 음주운전 자체가 아니라 음주운전으로 인한 운전면허의 취소가 개인택시운송사업면허의 취소사유이다(대판 2010. 04. 08,

2009두17018[개인택시운송사업면허취소처분취소]).

마. 결어(부정설) 다음과 같은 이유에서 영업양도시 양수인에 승계되는 양도인의 지위에는 양도인의 위법행위로 인한 제재사유는 포함되지 않는다고 보는 부정설이 타당하다. ① 위법행위로 인한 제재사유는 항상 인적 사유이고, 경찰책임 중 행위책임의 문제이다. ② 영업양도의 경우 양도되는 영업자의 지위에는 양도인의 위법행위로 인한 제재사유는 포함되지 않으므로 양도인의 지위의 승계에 관한 규정만으로는 양도인의 위법행위로 인한 제재사유의 승계의 근거규정이 될 수 없다고 보는 것이 타당하다.

다만, 부정설에 의하는 경우에도 양도인과 양수인이 공모하여 허위로 영업을 양도한 경우 영업양도계약 및 영업양도양수신고의 수리는 무효이고 양도인이 여전히 실질적인 영업자(영업허가를 받은 자)이므로 양도인에 대한 제재처분이 가능하다. 허위의 양도가 아닌 경우 양수인이 제재사유를 알고 양수한 것은 공익에 반하는 것이므로 공익상 필요한 경우 행정청은 양도양수의 신고수리를 철회하고 양도인에게 재재처분을 내릴 수 있다.

긍정설에 의하는 경우에도 양도인의 위법행위를 근거로 양수인에 대해 내린 제재처분의 위법 여부가 다투어질 수 있다. **책임주의의 원칙(자기책임의 원칙)**상 양수인에게 귀책사유가 없으면 양도인에 대한 제재사유를 이유로 양수인에게 제재처분을 할 수 없다고 보아야 한다. 양수인의 귀책사유를 고의 또는 과실로 보면 명문의 규정이 없더라도 양수인에게 고의 또는 과실이 없는 경우(선의·무과실인 경우) 양도인에 대한 제재사유를 이유로 양수인에게 제재처분을 할 수 없다고 보아야 한다. 당해 제재처분은 통상 재량행위이므로 재량권의 일탈·남용 여부가 문제되는데, 이 경우 특히 법령위반의 방지라는 공익과 양수인의 사익 사이의 이익형량을 행하여야 한다. 특히 선의의(귀책사유없는) 양수인에 대한 제재사유의 승계 및 제재처분은 비례의 원칙에 반할 수 있다. 2023년 행정기본법 개정초안에 따르면 승계인이 해당 제재처분이나 그와 관련된 위반 사실을 알지 못하였음을 증명한 경우에는 제1항(제재처분등의 효과의 승계), 제2항(제재사유의 승계) 및 제3항(제재처분 이력의 승계)의 규정을 적용하지 아니한다(제5항).

Ⅱ. 준법률행위적 행정행위

준법률행위적 행정행위(準法律行爲的 行政行爲)는 법률효과의 내용에 따라 확인행위, 공증행위, 통지행위, 수리행위로 구분한다.

1. 확인행위

(1) 의 의

확인행위(確認行爲)라 함은 특정한 사실 또는 법률관계의 존부 또는 정부에 관하여 의문이 있거나 다툼이 있는 경우에 행정청이 이를 공권적으로 확인하는 행위를 말한다.

당선인 결정, 장애등급결정, 도산등사실불인정, 국가유공자등록, 민주화운동관련자결정, 국가시험합격자의 결정, 교과서의 검정, 발명특허, 도로구역 또는 하천구역의 결정, 행정심판의 재결, 소득금액의 결정 등이 그 예이다.

당연퇴직의 통보, 국세환급거부결정 통보 등 기존의 다툼이 없이 명확한 법률관계를 단순히 확인하는 행위는 단순한 사실행위이며 행정행위인 확인행위와 구별하여야 한다.

[판례] 친일반민족행위자 재산의 국가귀속에 관한 특별법 제3조 제1항 본문, 제9조 규정들의 취지와 내용에 비추어 보면, 같은 법 제2조 제2호에 정한 친일재산은 친일반민족행위자재산조사위원회가 국가귀속결정을 하여야 비로소 국가의 소유로 되는 것이 아니라 **특별법의 시행에 따라 그 취득·증여 등 원인행위시에 소급하여 당연히 국가의 소유로 되고, 위 위원회의 국가귀속결정은 당해 재산이 친일재산에 해당한다는 사실을 확인하는 이른바 준법률행위적 행정행위의 성격을 가진다**(대판 2008. 11. 13, 2008두13491[친일재산국가귀속처분취소]).

(2) 성 질

확인행위는 사실 또는 법률관계를 확인하는 행위이므로 원칙상 행정청에게 재량권이 인정될 수 없고 따라서 기속행위이다. 다만, 판단여지가 인정될 수 있다(예, 교과서의 검정).

[판례] **준공검사처분**은 건축허가를 받아 건축한 건물이 건축허가사항대로 건축행정목적에 적합한가의 여부를 확인하고, 준공검사필증을 교부하여 줌으로써 허가받은 자로 하여금 건축한 건물을 사용, 수익할 수 있게 하는 법률효과를 발생시키는 것이므로 **허가관청은 특단의 사정이 없는 한 건축허가내용대로 완공된 건축물의 준공을 거부할 수 없다**(대판 1992. 04. 10, 91누5358).

(3) 효 과

확인행위는 사실 또는 법률관계의 존부 또는 정부를 공적으로 확인하는 효과를 갖는다. 확인행위에 의해 별도의 법적 효과(예, 발명특허권의 취득)가 발생하는 경우가 있는데 이는 법률의 규정에 의한 효과이지 확인행위 자체의 효과는 아니다.

확인행위는 의문이 있거나 다툼이 있는 사실 또는 법률관계를 공권적으로 확인하는 행위로서 법원의 판결과 유사하므로 확인행위에는 불가변력(상대적 불가변력)이 발생한다고 보는 견해가 있다. 그러나, 전술한 바와 같이 이의신청의 재결이나 행정심판의 재결과 같은 준사법적 행위에만 불가변력이 발생하는 것으로 보고 그 이외의 확인행위는 취소권 또는 철회권이 제한되는 예로 보는 것이 타당하다.

2. 공증행위

(1) 의 의

공증행위(公證行爲)라 함은 특정의 사실 또는 법률관계의 존재를 공적으로 증명하는 행정행위를 말한다. 부동산등기, 선거인명부에의 등록, 광업원부에의 등록 등이 그 예이다.

[판례] ① 의료유사업자 자격증 갱신발급행위를 공증행위로 본 사례(대판 1977. 05. 24, 76누295; 동지 판례: 대판 1979. 05. 22, 79누39).
② 특허청장의 상표사용권설정등록행위를 사인간의 법률관계의 존부를 공적으로 증명하는 준법률행위적행정행위로 본 사례(대판 1991. 08. 13, 90누9414).
③ 건설업면허증 및 건설업면허수첩의 재교부를 건설업의 면허를 받았다고 하는 특정사실에 대하여 형식적으로 그것을 증명하고 공적인 증거력을 부여하는 행정행위(강학상의 공증행위)로 본 사례(대판 1994. 10. 25, 93누21231[건설업면허취소처분취소]).

공증이 행정행위가 되기 위하여는 공증으로 일정한 법적 효과가 발생하여야 한다는 견해가 있으나 공적 증거력이 발생하면 된다고 본다. 다만, 당해 공증이 법령에 규정되어 있고, 당해 공증의 공적 증거력이 국민의 권리의무에 실질적인 영향력을 미쳐야 한다. 영업허가 후의 영업허가증의 교부는 영업허가를 받은 자의 법적 지위에 어떠한 영향도 미치지 않으므로 사실행위에 불과하다.

(2) 효 과

공증행위의 효력은 사실 또는 법률관계의 존재에 대하여 공적 증거력을 부여하는 것이다. 공증에 의한 공적 증거력은 반증에 의하지 아니하고는 전복될 수 없다. 반증이 있으면 공증행위의 취소 없이 공적 증거력이 번복된다. 공증행위에는 공적 증거력의 발생 이외에 법규정에 의해 일정한 법률효과가 부여되는 경우도 있다. 즉, 권리행사의 요건(예, 선거인 명부에의 등록)이 되기도 하고 권리의 성립요건(부동산등기부에의 등기)이 되기도 한다.

[판례] [1] 가족관계등록부 기재의 추정력과 그 번복: 가족관계등록제도는 국민의 출생·혼인·사망 등 가족관계의 발생 및 변동사항을 가족관계의 등록 등에 관한 법률이 정한 절차에 따라 가족

관계등록부에 등록하여 공시·공증하는 제도이다(제1조, 제9조). 따라서 **가족관계등록부는 그 기재가 적법하게 되었고 기재사항이 진실에 부합한다는 추정을 받는다.** 그러나 **가족관계등록부의 기재에 반하는 증거가 있거나 그 기재가 진실이 아니라고 볼만한 특별한 사정이 있을 때에는 그 추정은 번복될 수 있다.** 따라서 어떠한 신분에 관한 내용이 가족관계등록부에 기재되었더라도 기재된 사항이 진실에 부합하지 않음이 분명한 경우에는 그 기재내용을 수정함으로써 가족관계등록부가 진정한 신분관계를 공시하도록 하여야 한다. [2] 甲은 **현재 가족관계등록부의 성명란에 성이 '김(金)'으로 기재되어** 있지만 주민등록표에는 '금(金)'으로 기재되어 있고, 여권과 자동차운전면허증에도 각각 '금'으로 기재되어 있는데, 甲의 어머니가 사망한 후 甲이 상속재산에 대하여 상속등기 신청을 하였으나, 관할 등기소에서 신청서와 가족관계증명서상 상속인의 성명이 다르다는 이유로 위 신청을 각하하자 법원에 가족관계등록부상 성(姓)의 정정을 구한 사안에서, 제반 사정에 비추어 **甲의 가족관계등록부의 성을 '금'으로 정정하는 것이 타당하다**고 한 사례(대판 2020. 01. 09, 2018스40[등록부정정]).

3. 통지행위

통지행위(通知行爲)라 함은 특정인 또는 불특정 다수인에게 특정한 사실을 알리는 행정행위를 말한다. 통지행위는 그 자체가 일정한 법률효과를 발생시키는 행정행위이다. 통지행위의 예로는 특허출원의 공고, 귀화의 고시, 대집행의 계고, 납세의 독촉 등을 들 수 있다.

통지행위는 행정행위의 효력발생요건인 통지 또는 고지와 구별되어야 한다. 단순한 사실의 통지(당연퇴직의 통보, 법률효과를 발생시키지 않는 경고)도 통지행위가 아니다.

4. 수리행위

(1) 의 의

수리행위(受理行爲)라 함은 법상 행정청에게 수리의무가 있는 경우에 신고, 신청 등 타인의 행위를 행정청이 적법한 행위로서 받아들이는 행위를 말한다. 사직서의 수리, 행정심판청구서의 수리, 혼인신고서의 수리 등이 그 예이다.

수리행위는 행정청의 수리의무를 전제로 하여 행해지는 행정행위이다. 따라서 수리행위는 내부적 사실행위인 단순한 접수행위와 구별되어야 한다. 전술한 바와 같이 자기 완결적 신고의 경우 형식적 요건을 갖춘 신고서가 행정기관에 도달한 때 신고가 행해진 것으로 보며 자기완결적 신고에는 행정청에게 별도의 수리행위를 요하지 않는다. 실무에서는 자기완결적 신고에 대하여 행정청이 수리하는 것으로 말하는 경우가 많은데 이 때의 수리는 단순한 사실행위인 접수행위이며 행정행위인 수리행위는 아니다.

수리행위의 전제요건인 신고 또는 신청이 형식적 요건을 결한 경우에 행정청은 보정명령을 내리고 보정되지 않으면 수리를 거부할 수 있다. 이 경우 수리거부행위는 소극적 행정행위이다.

(2) 효 과

수리에 의한 법적 효과는 법률이 정하는 바에 의한다. 예를 들면, 혼인·출생신고에 의해 신분상 법적 지위에 변동이 일어난다.

제 6 절 행정행위의 부관

Ⅰ. 부관의 개념

1. 개 관

행정행위의 부관(附款)이라 함은 행정청에 의해 주된 행정행위에 부가된 종된 규율이다. 행정행위의 부관은 학문상 개념이며 실정법에서는 오히려 '조건'으로 표시되고 있다.

부관의 기능이나 목적은 매우 다양하다. 부관은 행정행위의 효과를 제한하는 기능만을 갖는 것이 아니라 행정행위의 요건을 충족시키는 기능을 갖기도 하고, 부담은 행정행위의 효과를 제한하는 것이라기보다는 상대방에게 특별한 의무를 부과하는 부관이라고 보아야 한다.

부관은 주된 행정행위에 부가된 종된 규율로서 부종성(附從性)을 가지므로 명문의 규정이나 명문의 약정이 없는 한 주된 행정행위가 효력을 상실하면 부관도 효력을 상실한다.

2. 구별개념

행정행위의 부관은 다음과 같은 개념과 구별되어야 한다.

(1) 법정부관과의 구별

법령이 직접 행정행위의 조건, 기한 등을 정하는 경우가 있다. 이와 같이 법령의 규정에 의해 직접 부가된 부관을 법정부관(法定附款)이라 한다.

행정행위의 부관은 행정청의 의사결정에 의해 붙여지는 것이므로 법정부관과 구별된다. 법정부관에는 행정행위의 부관에 대한 규율(부관의 한계 등)이 적용되지 않으므로 법정부관은 행정행위의 부관과 구별하여야 한다. 그런데, 행정의 실제에 있어서는 법정부관의 내용을 다시 행정행위의 부관으로 표시하는 경우가 있는데 이렇게 행정행위의 부관으로 표시하여도 여전히 법정부관의 성질을 갖는다.

[판례] 임시이사를 선임하면서 그 임기를 '후임 정식이사가 선임될 때까지'로 기재한 것은 근거법률의 해석상 당연히 도출되는 사항을 주의적·확인적으로 기재한 이른바 '**법정부관**'일 뿐, 행정청의 의사에 따라 붙이는 본래 의미의 **행정처분 부관이라고 볼 수 없다**(대법원 1994. 3. 8. 선고 92누1728 판결 참조). 후임 정식이사가 선임되었다는 사유만으로 임시이사의 임기가 자동적으로 만료되어 임시이사의 지위가 상실되는 효과가 발생하지 않고, 관할 행정청이 **후임 정식이사가 선임되었음을 이유로 임시이사를 해임하는 행정처분을 해야만 비로소 임시이사의 지위가 상실되는 효과가 발생**한다(대판 2020. 10. 29, 2017다269152).

법정부관은 법령이므로 법정부관이 위법한 경우 법령에 대한 규범통제제도에 의해 통제된다. 법정부관이 처분성을 갖는 경우에는 항고소송의 대상이 된다.

생수의 국내시판을 금지하는 법정부관(법규적 효력이 있는 고시)에 위반한 행위에 대해 과징금부과처분이 내려진 경우에 동 과징금부과처분취소소송에서 전제문제로서 그 법정부관의 위법성이 통제된다(대판 1994. 03. 08, 92누1728).

(2) 법률효과의 일부배제와의 구별

1) 법률효과의 일부배제의 의의

법률효과의 일부배제라 함은 법령이 행정행위에 부여하고 있는 일반적인 법률효과의 일부를 배제시키는 행정기관의 행위를 말한다. 법령규정 자체에 의한 법률효과의 일부 배제(예, 법령규정에 의한 영업구역의 제한)는 여기에서의 법률효과의 일부 배제(행정기관의 행위에 의한 법률효과의 일부배제)와 구별하여야 한다.

법률효과의 일부배제의 예로 격일제 운행의 개인택시운송사업면허, 신체장애자의 운전면허신청에 대하여 오토매틱자동차만에 대한 운전면허, 영업구역을 설정한 영업허가를 들 수 있다.

2) 법률효과의 일부배제와 부관의 구별

법률효과의 일부배제와 부관이 다른 것인지에 관하여는 견해가 대립하고 있다.

가. 구별부정설(부관설) 법률효과의 일부배제를 부관으로 보는 견해가 다수견해이며 판례의 입장이다. 이 견해에 의하면 법률효과의 일부배제는 부담이 아닌 부관이다. 허가의 법률효과의 일부배제의 부관을 위반하면 무허가 또는 무면허행위가 되지만, 부담을 이행하지 않으면 강제집행이나 철회의 대상이 된다.

[판례] 지방국토관리청장이 **일부 공유수면매립지에 대하여 한 국가 또는 직할시 귀속처분은** 매립준공인가를 함에 있어서 매립의 면허를 받은 자의 매립지에 대한 소유권 취득을 규정한 공유수면매립법 제14조의 효과 일부를 배제하는 부관을 붙인 것이다(대판 1993. 10. 08, 93누2032).

나. 구별설 법률효과의 일부배제는 행정행위의 효과 자체를 일부 배제하고 행정행위 자체의 일부분을 이루는 것인 반면에, 부관은 행정행위의 일반적 효과 내지 행정행위의 내용 자체를 제한하는 것이 아니며 행정행위와는 구분되는 것으로서 행정행위의 내용에 부가된 것인 점에서 양자는 구별된다.

다. 사견(구별설) 법률효과의 일부배제는 행정행위의 효과를 제한하는 점에서는 부관과 같으나 행정행위의 효과의 일부를 배제함과 동시에 행정행위 자체의 일부분을 이루는 것이므로 행정행위에 부가된 것인 부관과 구별하는 것이 타당하다.

법률효과의 일부배제는 신청된 행정행위의 내용의 일부를 받아들이는 행정행위이므로 '일부허가'이며 동시에 행정행위의 내용의 일부를 거부하는 행위이므로 '일부거부행위'라고 볼 수 있다. 법률효과의 일부배제에 있어 상대방이 법률효과의 일부배제를 받아들이지 않으면 법률효과의 일부배제를 거부처분으로 보고 거부처분에 대한 취소소송을 제기하면 되고, 상대방이 법률효과의 일부배제를 받아들이면 법률효과의 일부배제행위는 완전한 효력을 발생한다.

3) 법률의 근거

법률효과의 일부배제는 법률 자체가 인정하고 있는 법률효과의 일부를 행정기관이 배제하는 것이므로 법률에 근거가 있어야 한다.

(3) 수정부담과의 구별

수정부담(변경허가)이라 함은 당사자가 신청한 내용과 다른 내용으로 행정행위를 행하는 것을 말한다. 예를 들면, 甲이 A국으로부터의 쇠고기 수입허가를 신청하였는데 허가기관이 B국으로부터의 쇠고기 수입허가를 부여하는 것을 말한다. 또한 甲이 라는 진로로 집단시위행진을 할 것을 신청하였지만 진로를 변경하여 허가를 해 준 경우를 예로 들 수 있다.

수정부담은 신청된 내용의 행정행위를 부여하면서 그 법적 효과를 제한하는 것이 아니라 신청된 행정행위의 내용 자체를 변경하여 변경된 내용의 행정행위를 행하는 것이므로 부관과 구별되어야 한다. 따라서 수정부담이라는 용어는 혼동을 일으킬 수 있으므로 '변경허가'로 부르는 것이 타당하다.

수정부담에 있어 상대방이 수정된 내용의 행정행위를 받아들이지 않는 경우에는 수정부담을 거부처분으로 보고, 거부처분에 대한 취소소송을 제기하면 되고, 상대방이 수정된 내용의 행정행위를 받아들이면 수정된 내용의 행정행위가 완전한 효력을 발생하게 된다.

Ⅱ. 부관의 종류

1. 조 건

조건이라 함은 행정행위의 효력의 발생 또는 소멸을 장래의 불확실한 사실에 의존시키는 부관을 말한다.

조건이 성취되어야 행정행위가 비로소 효력을 발생하는 조건을 정지조건이라 하고, 행정행위가 일단 효력을 발생하고 조건이 성취되면 행정행위가 효력을 상실하는 조건을 해제조건이라 한다. 예를 들면, 일정한 기간내에 공사에 착수할 것을 조건으로 하는 공유수면매립면허는 해제조건부면허로 보는 것이 타당하다.

2. 기 한

(1) 의 의

기한(期限)이라 함은 행정행위의 효력의 발생 또는 소멸을 장래의 발생이 확실한 사실에 의존시키는 부관을 말한다.

기한이나 조건은 행정행위의 시간상의 효력범위를 정하는 점에서 같다. 그러나 기한은 사건의 발생이 확실하다는 점에서 사건의 발생 자체가 불확실한 조건과 구별된다.

(2) 종 류

기한이 도래함으로써 행정행위의 효력이 발생하는 기한을 시기라 하고, 기한이 도래함으로써 행정행위가 효력을 상실하는 기한을 종기라 한다. 기한 중 도래시점이 확정된 기한을 확정기한이라 하고, 도래시점이 확정되지 않은 기한을 불확정기한이라 한다.

(3) 행정행위 자체의 존속기간과 행정행위 조건의 존속기간의 구별

허가 등 행정행위에 종기의 일종인 유효기간이 부가된 경우에 그 기한은 '행정행위 자체의 존속기간인가 아니면 행정행위의 조건의 존속기간인가.

1) 구별기준

행정행위(예, 영업허가)가 그 내용상 장기간에 걸쳐 계속될 것이 예상되는데, 유효기간이 허가 또는 특허된 사업의 성질상 부당하게 단기로 정해진 경우에는 그 유효기간을 행정행위 조건의 존속기간으로 보아야 하고(대판 1995. 11. 10, 94누11866), 행정행위 조건의 존속기간이 아닌 유효기간은 행정행위 자체의 존속기간이다.

[판례] 일반적으로 행정처분에 효력기간이 정하여져 있는 경우에는 그 기간의 경과로 그 행정처분

의 효력은 상실되며, 다만 허가에 붙은 기한이 그 허가된 사업의 성질상 부당하게 짧은 경우에는 이를 그 허가 자체의 존속기간이 아니라 그 허가조건의 존속기간으로 보아 그 기한이 도래함으로써 그 조건의 개정을 고려한다는 뜻으로 해석할 수 있지만, 이와 같이 당초에 붙은 기한을 허가 자체의 존속기간이 아니라 허가조건의 존속기간으로 보더라도 그 후 당초의 기한이 상당 기간 연장되어 연장된 기간을 포함한 존속기간 전체를 기준으로 볼 경우 더 이상 허가된 사업의 성질상 부당하게 짧은 경우에 해당하지 않게 된 때에는 관계 법령의 규정에 따라 허가 여부의 재량권을 가진 행정청으로서는 그 때에도 허가조건의 개정만을 고려하여야 하는 것은 아니고 재량권의 행사로서 더 이상의 기간연장을 불허가할 수도 있는 것이며, 이로써 허가의 효력은 상실된다(대판 2004. 03. 25, 2003두12837).

2) 행정행위 조건의 존속기간의 효과

행정행위 조건의 존속기간의 경우 유효기간이 도과하기 전에 당사자의 갱신신청이 있는 경우에는 그 조건의 개정을 고려할 수 있으나 특별한 사정이 없는 한 행정행위의 유효기간을 갱신 내지 연장하여 주어야 한다.

갱신허가시 허가요건의 변경 등 사정변경이 있는 경우 신뢰보호이익과 공익(법률적합성원칙 등)을 비교형량하여야 한다(대판 2000. 03. 10, 97누13818).

갱신기간 내에 적법한 갱신신청이 있었음에도 갱신가부의 결정이 없는 경우에는 유효기간이 지나도 주된 행정행위는 효력이 상실되지 않는다. 그러나, 갱신신청 없이 유효기간이 지나면 주된 행정행위는 효력이 상실되므로 갱신기간이 지나 신청한 경우에는 기간연장신청이 아니라 새로운 허가신청으로 보아야 하며 허가요건의 충족 여부를 새로이 판단하여야 한다(대판 1995. 11. 10, 94누11866; 2007. 10. 11, 2005누12404).

[판례] ① [1] 종전의 허가가 기한의 도래로 실효한 이상 원고가 종전 허가의 유효기간이 지나서 신청한 이 사건 기간연장신청은 그에 대한 종전의 허가처분을 전제로 하여 단순히 그 유효기간을 연장하여 주는 행정처분을 구하는 것이라기보다는 종전의 허가처분과는 별도의 새로운 허가를 내용으로 하는 행정처분을 구하는 것이라고 보아야 할 것이어서, 이러한 경우 허가권자는 이를 새로운 허가신청으로 보아 법의 관계 규정에 의하여 허가요건의 적합 여부를 새로이 판단하여 그 허가 여부를 결정하여야 할 것이다. [2] 서울 영등포구 양화동 성산대교 남쪽 88올림픽대로변에 가로 19.8m, 세로 9.9m의 지주이용 야립간판 3개에 관하여 설치기간을 1990. 10. 17.부터 1993. 10. 16.까지 3년으로 한 광고물표시허가를 받아 설치 이용하여 오다가 허가기간 3년이 지난 후인 1994. 1. 11. 피고에게 위 야립간판의 표시허가기간을 연장해 줄 것을 신청한 사례(대판 1995. 11. 10, 94누11866[옥외광고물등표시허가연장거부처분취소]).

② 어업에 관한 허가 또는 신고의 경우 유효기간이 지나면 당연히 효력이 소멸하는지 여부(적극) 및 이 경우 다시 어업허가를 받거나 신고를 하더라도 종전 허가나 신고의 효력 등이 계속되는지 여부(소극): 어업에 관한 허가 또는 신고의 경우에는 어업면허와 달리 유효기간연장제도가 마련되어 있지 아니하므로 그 유효기간이 경과하면 그 허가나 신고의 효력이 당연히 소멸하며, 재차 허가를 받거나 신고를 하더라도 허가나 신고의 기간만 갱신되어 종전의 어업허가나 신고의 효력 또

는 성질이 계속된다고 볼 수 없고 새로운 허가 내지 신고로서의 효력이 발생한다고 할 것이다(대판 2011. 07. 28, 2011두5728).

3) 행정행위 자체의 존속기간의 효과

행정행위 자체의 존속기간인 경우에는 종기의 도래로 주된 행정행위는 당연히 효력을 상실한다. 또한 당사자는 기간연장에 있어 어떠한 기득권도 주장할 수 없다. 기간연장신청은 새로운 행정행위의 신청이다.

그러나, 행정청이 관계법령의 규정이나 또는 자체적인 판단에 따라 처분상대방에게 특정한 권리나 이익 또는 지위 등을 부여한 후 일정한 기간마다 심사하여 그 갱신 여부를 판단하는 이른바 **'갱신제'**를 채택하여 운용하는 경우에는, 처분상대방은 합리적인 기준에 의한 공정한 심사를 받아 그 기준에 부합되면 특별한 사정이 없는 한 갱신되리라는 기대를 가지고 갱신 여부에 관하여 합리적인 기준에 의한 공정한 심사를 요구할 권리를 가진다고 보아야 한다(대판 2020. 12. 24, 2018두45633[중국전담여행사 지정취소처분 취소]).

4) 행정행위 갱신의 효과

행정행위 자체의 존속기간이든 행정행위 조건의 존속기간이든 허가 등 행정행위의 갱신으로 갱신전의 허가 등 행정행위는 동일성을 유지하면서 효력을 유지한다.

[판례] 유료직업 소개사업의 허가갱신은 허가취득자에게 종전의 지위를 계속 유지시키는 효과를 갖는 것에 불과하고 갱신 후에는 갱신 전의 법위반사항을 불문에 붙이는 효과를 발생하는 것이 아니므로 일단 **갱신이 있은 후에도 갱신 전의 법위반사실을 근거로 허가를 취소할 수 있다**(대판 1982. 07. 27, 81누174).

3. 부　　담

(1) 의의 및 법적 규율

부담(負擔)이라 함은 행정행위의 주된 내용에 부가하여 그 행정행위의 상대방에게 작위, 부작위, 급부, 수인 등의 의무를 부과하는 부관을 말한다. 부담은 다른 부관과 달리 그 자체가 행정행위이다. 따라서 부담만이 독립하여 항고소송의 대상이 될 수 있다.

부담에 의해 부과된 의무의 불이행이 있는 경우에 당해 의무의 불이행은 독립하여 강제집행의 대상이 된다. 부담에 의해 부과된 의무의 불이행으로 부담부행정행위가 당연히 효력을 상실하는 것은 아니며 당해 의무불이행은 부담부행정행위의 철회사유(대판 1989. 10. 24, 89누2431)가 될 뿐이며 철회시에는 철회의 일반이론에 따라 이익형량의 원칙이 적용된다.

그러나, 부담은 주된 행정행위에 부가된 부관이므로 부담의 효력은 주된 행정행위의 효력에 의존한다.

(2) 부담과 조건의 구별

1) 부담과 정지조건의 구별실익

부담과 정지조건(停止條件)은 다음과 같이 구별된다.

① 부담부 행정행위는 부담의 이행을 필요로 함이 없이 즉시 효력을 발생하지만(예, 진입도로 조건부 주택건설사업계획승인) 정지조건부 행정행위는 조건이 성취되어야 비로소 효력이 발생한다(예, 조건부 학교설립인가). 그러나 실제에 있어서 어떠한 부관이 부담인지 아니면 정지조건인지 구별이 쉽지 않은 경우가 있다. 특히 정지조건이 관계인의 특정의 행위인 경우에 그러하다.

부관부 영업허가의 경우에 당해 부관이 부담이라면 부담의 이행 없이 영업을 하여도 무허가영업이 아니지만, 당해 부관이 정지조건이라면 조건의 성취 없이 영업을 하면 무허가영업이 된다.

② 부담은 일정한 의무를 창설하고 그 의무의 불이행은 독립하여 강제집행의 대상이 된다. 그러나, 정지조건은 의무를 부과하지 않으며 조건이 성취되지 않았다고 하여 강제집행이 행해질 수 없으며 그러한 강제집행이 필요하지도 않다.

③ 부담은 부담만이 취소소송의 대상이 될 수 있지만 정지조건은 독립하여 취소소송의 대상이 되지 못하며 정지조건부 행정행위가 취소소송의 대상이 된다. 상대방은 정지조건부 행정행위를 대상으로 하여 정지조건만의 일부취소를 주장할 수 있다(판례는 부정).

2) 부담과 해제조건의 구별실익

부담과 해제조건(解除條件)은 다음과 같이 구별된다.

해제조건의 경우에는 조건이 성취되면 행정행위의 효력이 당연히 소멸하게 되는데, 부담의 경우에는 부담에 의해 부가된 의무의 불이행이 있는 경우에 행정행위가 당연히 효력을 상실하는 것이 아니며 행정행위의 철회사유가 될 뿐이다. 또한 부담은 부담만이 독립하여 취소소송의 대상이 되지만 해제조건은 그러하지 않다.

3) 부담과 조건의 판단기준

실제에 있어서 어떠한 부관이 부담인지 조건인지 그 판단은 용이하지 않다. 일응 다음과 같은 기준에 의해 판단하여야 할 것이다.

① 부관의 준수가 매우 중요하여 행정행위의 효력 자체를 그 조건에 의존시키는 것이 타당하다고 인정되는 경우에는 당해 부관은 조건으로 보아야 하고, 그렇지 않은 경우에는 부담으로 볼 수 있을 것이다.

② 부가된 부관의 주된 행정행위의 법률요건과의 관계가 고려되어야 한다. 부관이 주된 행정행위의 요건과 밀접하게 관련되어 있는 경우에는 조건으로 보아야 하고 그렇지 않은 경우에는 부담으로 보아야 할 것이다.[51)]

③ 부담과 조건의 구별이 애매한 경우에는 부담으로 추정함이 바람직하다. 그 이유는 부담이 조건보다 상대방에게 유리하기 때문이다.

[판례] [1] 행정청이 건축변경허가시 '대지 내 침범된 인근 건축물의 담장 부분을 철거하고 대지경계에 담장을 설치하라'는 내용의 부관을 붙인 것에 대하여 위 부관의 법적 성격이 단순한 부담인지, 해제조건이나 철회권의 유보인지 분명치 아니하다고 하면서 이를 독립하여 행정소송의 대상이 되는 부담으로 본 원심판결을 심리미진을 이유로 파기한 사례. [2] 위 부관의 법적 성격을 판단함에 있어서는 위 부관의 필요성, 부관 부가시 행정청인 피고의 의사나 위와 같은 내용의 부관 불이행시 행정청이 취하여 온 행정관행 등이 어떠한 것인지 등을 더 심리하여야 한다고 한 사례(대판 2000. 02. 11, 98누7527).

(3) 부담과 기한의 구별

기한은 그 도래에 의해 주된 행정행위의 효력을 발생시키거나 실효시키지만, 부담의 경우는 의무기한의 도래로 의무불이행이 되며 철회사유가 될 뿐이다. 부담과 기한의 구별이 애매한 경우에도 부담이 기한보다 상대방에게 유리하므로 부담으로 추정하는 것이 바람직하다.

[판례] 사도개설허가에서 정해진 공사기간 내에 사도로 준공검사를 받지 못한 경우, 이 공사기간을 사도개설허가 자체의 존속기간(유효기간)으로 볼 수 없고 부담이라는 이유로 사도개설허가가 당연히 실효되는 것은 아니라고 한 사례(대판 2004. 11. 25, 2004두7023[사도개설허가취소신청거부처분취소]).

(4) 협약의 형식에 의한 부담

부담은 행정청이 행정처분을 하면서 일방적으로 부가할 수도 있지만 부담을 부가하기 이전에 상대방과 협의하여 부담의 내용을 협약(協約)의 형식으로 미리 정한 다음 행정처분을 하면서 이를 부담으로 부가할 수도 있다(대판 2009. 02. 12, 2005다65500[약정금]). 협약으로 미리 정한 부담의 성질이 행정행위인지 아니면 공법상 계약인지 논란이 있다. 생각건대, 협약의 형식에 의한 부담은 공법상 계약인 협약과 협약을 준수하라는 부담이 결합된 혼합적 행위로 보는 것이 타당하다. 즉, 협약의 형식에 의한 부담은 부담의 내용을 공법상 계약의 성질을 갖는 협약으로 정하고 그 협약을 부담으로 붙인 것으로 보는 것이 타당할 것이다. 이에 대하여 협약은 공법상 계약의 성질을 갖지 않고 부담의 성질만 갖는 것으로 보는 견해도 있다.

---

51) 강현호, "건축변경허가와 부관,"『행정판례연구 V』, 2000, 100면.

4. 사후부담의 유보 또는 부담의 사후변경의 유보

사후부담(事後負擔)의 유보(留保)라 함은 행정행위를 발하면서 사후에 부담을 부가할 수 있는 권한을 유보하는 부관을 말한다.

사후부담의 유보는 다음과 같은 이유에 의해 인정된다. 행정행위시 소음 공해와 같이 당해 행정행위가 초래할 수 있는 일정한 결과를 정확하게 예측할 수 없는 경우가 있고 이 경우에 사후부담을 유보할 필요가 있다. 그리고 행정청은 행정행위 이후의 상황의 변화에 대응할 가능성을 확보할 필요가 있다.

부담의 사후변경의 유보라 함은 행정행위를 발하면서 이미 부가된 부담의 내용을 사후에 변경할 수 있는 권한을 유보하는 부관을 말한다. 부담의 사후변경의 유보는 사후부담의 유보와 같은 이유에서 인정된다.

사후부담의 유보 및 부담의 사후변경의 유보에 있어서는 철회권의 유보에서처럼 상대방의 신뢰보호는 인정되지 않는다.

5. 철회권(변경권)의 유보

(1) 의 의

철회권(변경권)의 유보라 함은 행성행위를 행함에 있어 일정힌 경우에는 행정행위를 철회(변경)할 수 있음을 정한 부관을 말한다.

(2) 기 능

철회권의 유보는 행정행위의 상대방에게 철회의 가능성을 주지시킴으로써 공익목적에 대한 침해를 미연에 방지하고, 장래의 상황의 변화에 대비하여 철회의 가능성을 유보하여 두는 기능을 한다.

(3) 효 과

철회권이 유보되었고 철회권유보사유가 발생하였다고 하여 철회가 아무런 제한없이 가능한 것은 아니다. 철회권이 유보된 경우에도 철회의 제한이론인 이익형량의 원칙이 적용된다. 다만, 행정행위의 계속성에 대한 상대방의 신뢰는 유보된 철회사유에 관하여는 인정되지 않는다. 달리 말하면 행정행위의 상대방은 당해 행정행위의 철회시 신뢰보호의 원칙을 원용할 수 없다.

철회시 인정되어야 하는 신뢰보호에 근거한 손실보상도 철회권이 유보된 경우에는 원칙상 인정되지 않는다.

[판례] 행정청이 종교단체에 대하여 기본재산전환인가를 함에 있어 인가조건을 부가하고 그 불이

행시 인가를 취소할 수 있도록 한 경우, 인가조건의 의미는 철회권을 유보한 것이라고 본 사례(대판 2003. 05. 30, 2003다6422[소유권이전등기말소등]). 〈해설〉 종교단체에 대한 기본재산전환인가는 재량행위로 보인다. 따라서, 법적 근거없이도 효과를 제한하는 부관이 가능하다. 인가조건 중 의무를 부과하는 부분은 부담으로 보고, 인가조건 불이행 등의 경우 취소한다는 부분을 철회권유보로 보는 것이 타당하다.

Ⅲ. 부관의 기능과 문제점

1. 부관의 순기능

부관은 행정청이 여러 행정목적을 달성함에 있어서 유용한 법적 수단이 된다. 부관의 기능은 부관의 종류에 따라 다양하다. 부관의 주된 기능만을 보면 다음과 같다.

① 부관은 행정의 탄력성을 보장하는 기능을 갖는다. 일정한 효과를 갖는 행정행위를 해 주거나 그러한 행정행위를 해 주지 않는 권한만을 행정기관이 갖는 경우에는 탄력적인 행정이 되지 못하고 행정이 경직되게 된다. 예를 들면, 허가의 요건을 충족하지 않은 신청이 있는 경우에 행정청은 그 허가를 거부할 수밖에 없다. 그러나 이 경우에 거부처분 대신 미비된 허가요건을 충족할 것을 부관(조건)으로 하여 허가를 내 줌으로써 무용하게 행정이 반복되는 것을 방지할 수 있고 신청인에게 신속한 행정을 제공할 수 있다.

② 부관은 법의 불비를 보충하고 행정에 있어 형평성의 보장 내지 이해관계의 조절에 기여할 수 있다. 예를 들면, 주택건설사업계획의 승인시에 공공시설의 기부채납을 부관(부담)으로 붙일 수 있다. 주택단지조성시 도로, 공원 등 공공시설은 주택단지조성자 내지는 주택단지입주자의 부담으로 하는 것이 형평의 원칙에 합당한데(주택단지조성자가 부담하지 않는다면 결국은 국가나 지방자치단체가 부담하게 되고 궁극적으로는 국민이나 주민이 부담하게 되어 부당한 결과가 된다) 선진외국에서와 달리 현행법에 이에 관한 규정이 불비되어 있다. 기부채납이라는 부관이 이러한 입법의 불비를 메우고 행정에 형평을 도모할 수 있다. 공유수면매립시 기성매립지를 연고자에게 분양하라는 부관은 관계자의 보호를 통하여 이해관계의 조절을 도모하고 있다.

현행 법령상 환경보호규정이 미비된 경우가 많다. 이 경우 개발에 관한 허가 등을 하면서 환경보호를 조건으로 붙일 수 있다.

③ 행정행위에 기한을 붙이는 것은 여러 기능을 갖는다. 행정행위로 인하여 상대방에게 특권이 부여되는 경우에는 기한은 특혜의 한계를 정하는 기능을 갖는다. 또한 기한은 장래의 상황변화에 준비하기 위하여 허가 등을 해 주면서 일정한 기간을 정하여 해 주고 그 기간이 지난 후 상황의 변화를 고려하여 허가기간의 연장 여

부를 결정할 수 있다.

④ 철회권의 유보는 국민에 의한 행정법규 위반을 막기 위하여 경고하는 의미를 갖기도 하고 장래에 행정행위가 철회될 수 있다는 것을 예고함으로써 국민에게 행정에 대한 예측을 가능하게 해 주는 기능을 갖는다.

2. 부관의 문제점

부관은 위와 같은 순기능을 갖지만 부관에는 문제점도 없지 않다. 부관의 남용이 우려된다.

① 상대방인 국민에게 이익을 수여하는 것을 조건으로 행정목적과 무관한 의무를 부과할 수 있다. 예를 들면, 택지개발사업을 승인하면서 택지개발사업과 전혀 관계 없는 토지의 기부채납을 부담으로 붙이는 것을 들 수 있다.

② 또한 철회권의 유보나 사후부담의 유보를 행정목적 달성상 필요한 경우에 한하여 부가하여야 할 것인데, 막연히 만일을 위하여 철회권의 유보나 사후부담의 유보를 부가한다면 상대방인 국민의 법적 지위가 불안정하게 될 것이다.

Ⅳ. 부관의 한계

부관의 한계에는 부관의 가능성의 문제와 부관의 내용상 한계의 문제가 있다.

① 부관의 가능성이란 어떠한 종류의 행정행위에 대하여 부관을 붙일 수 있는가에 관한 문제이다. 부관의 가능성에 대하여 견해의 대립이 있는 경우는 준법률행위적 행정행위와 기속행위의 경우이다.

종래의 통설은 두 종류의 행정행위에는 부관을 붙일 수 없다고 보았으나 오늘날에 있어서는 이 경우에도 일정한 제한이 있기는 하지만 부관을 붙일 수 있다고 보는 것이 다수의 견해이다.

부관의 가능성의 문제에 있어서는 부관의 가능성이 법에 의해 인정되는 경우와 법에 근거 없이 행정청의 재량에 의해 인정되는 경우를 구별하여 논하여야 한다. 행정행위에 부관을 붙일 수 있다는 것이 법에 규정되어 있는 경우에는 부관을 붙일 수 있다. 부관의 가능성에서 주로 문제가 되는 것은 법에 근거가 없는 경우에 행정행위를 행하면서 행정청의 재량으로 부관을 붙일 수 있는가 하는 것이다.

② 부관의 내용상의 한계라 함은 부관을 붙일 수 있는 경우, 즉 부관의 가능성이 있는 경우에도 부관의 내용이 넘어서는 안 되는 한계를 말한다.

1. 부관의 가능성

부관의 가능성에 대하여는 일률적으로 말할 수 없다. 행정행위의 종류와 붙이고자 하는 부관의 종류에 따라 부관을 붙일 수 있는 가능성이 다르다.

(1) 준법률행위적 행정행위

종래의 통설은 부관을 '행정행위의 효과를 제한하기 위하여 주된 의사표시에 부과된 종된 의사표시'로 정의하면서 준법률행위적 행정행위에는 의사표시가 존재할 수 없으므로 부관을 붙일 수 없다고 보았다.

그러나 오늘날 준법률행위적 행정행위에도 법률의 규정에 의해 부관을 붙일 수 있게 되어 있는 경우도 있다. 다만, 준법률행위적 행정행위에 있어 법률의 근거가 없는 경우에는 부관을 붙일 수 없다. 확인적 행정행위는 다툼이 있는 사실 또는 법률관계를 공권적으로 확인하는 행위이므로 법률에서 종기(終期) 이외의 부관을 붙이도록 하는 것은 적당하지 않다.

(2) 귀화허가 등 신분설정행위

법률행위적 행정행위 중 귀화허가 또는 공무원의 임명행위와 같은 신분설정행위는 부관에 친숙하지 않은 행정행위이다. 왜냐하면 이러한 행위에 부관을 붙일 수 있다고 한다면 당사자의 법적 지위가 지나치게 불안정하게 되기 때문이다.

(3) 재량행위, 기속행위 및 기속재량(거부재량)행위

행정청은 처분에 재량이 있는 경우에는 개별법령에 근거가 없더라도 부관(조건, 기한, 부담, 철회권의 유보 등을 말한다)을 붙일 수 있다(행정기본법 제17조 제1항).

기속행위 및 기속재량행위(거부재량행위)에 있어서는 법률에 근거 없이 부관을 붙일 수 없지만, 기속행위 및 기속재량행위에 있어서도 법률에 부관을 붙일 수 있다는 명시적인 근거가 있는 경우에는 그 한도 내에서 부관을 붙일 수 있고(행정기본법 제17조 제2항, 대판 1995. 06. 13, 94다56883), 부관의 법적 근거가 없는 경우에도 요건을 충족하는 것을 정지조건으로 하는 부관(요건충족적 부관)은 붙일 수 있다고 보아야 한다. 왜냐하면 이렇게 하는 것이 행정의 신속을 도모하고 무용한 행정의 반복을 피할 수 있도록 해 주기 때문이다. 기속행위인 허가의 일부요건을 충족하지 못한 경우에 허가를 거부하면 상대방은 미비된 요건을 충족하여 다시 신청을 하게 되고 이 경우에는 행정청은 허가를 해 주어야 한다. 그리고 기속재량행위에 있어서는 심히 중대한 공익상 필요가 있는 경우 허가 등을 거부할 수 있는 점을 고려하여 상대방이 동의하는 경우에는 거부사유가 되는 공익상 필요의 달성을 목적으로 하는 부담을 붙일 수 있는 것으로 볼 수도 있다.

[판례] ① (1) 기속행위나 기속적 재량행위에 붙인 부관의 효력: 일반적으로 기속행위나 기속적 재량행위에는 부관을 붙일 수 없고 가사 부관을 붙였다 하더라도 무효이다. (2) 건축허가를 하면서 일정 토지를 기부채납하도록 하는 내용의 허가조건은 부관을 붙일 수 없는 기속행위 내지 기속적 재량행위인 건축허가에 붙인 부담이거나 또는 법령상 아무런 근거가 없는 부관이어서 무효이다(대판 1995. 06. 13, 94다56883).
② 보조금 교부조건의 설정을 위하여 시공업체를 미리 선정하는 행위는 행정청의 재량 범위 내에 있는 것이어서 보조금 교부조건의 설정을 위한 전제로서 시공업체를 선정하거나 제외하는 행위는 별도로 법률의 근거를 요하지 않는다(대판 2021. 02. 04, 2020두48772[시공업체선정처분취소]). 〈해설〉 원심은, 위와 같은 선정행위는 법률의 근거 없이 원고들의 자유로운 계약체결권을 제한하는 것이어서 위법하다고 판단하였다.
③ 건축허가 시 보차혼용통로를 조성·제공하도록 한 것은 "도시설계지구 안에서는 도시의 기능 및 미관의 증진을 위하여 건축물을 도시설계에 적합하게 건축하여야 한다."고 규정한 구 건축법 제61조 제1항의 규정에 따른 것일 뿐이지 수익적 행정행위인 건축허가에 부가된 부관으로서 부담이라고 할 수는 없으므로, 보차혼용통로를 조성·제공하도록 한 것이 기속행위나 기속재량행위에 붙은 부관이어서 무효라고 볼 것은 아니다(대판 2012. 10. 11, 2011두8277).

(4) 사후부관 및 부관의 사후변경

행정청은 부관을 붙일 수 있는 처분이 다음 각 호의 어느 하나에 해당하는 경우에는 그 처분을 한 후에도 부관을 새로 붙이거나 종전의 부관을 변경할 수 있다. 1. 법률에 근거가 있는 경우, 2. 당사자의 동의가 있는 경우, 3. 사정이 변경되어 부관을 새로 붙이거나 종전의 부관을 변경하지 아니하면 해당 처분의 목적을 달성할 수 없다고 인정되는 경우(행정기본법 제17조 제3항).

[판례] ① 부관은 면허 발급 당시에 붙이는 것뿐만 아니라 면허 발급 이후에 붙이는 것도 법률에 명문의 규정이 있거나 변경이 미리 유보되어 있는 경우 또는 상대방의 동의가 있는 경우 등에는 특별한 사정이 없는 한 허용된다(대판 2016. 11. 24, 2016두45028[감차처분취소]).
② 부산광역시장은 1986. 5. 9. 피고에게 법 제5조 제1항 소정의 굴착허가처분을 함에 있어서, '동력장치 및 이용시설허가 이전에 온천공 및 동력장치 시설물 일체와 이 사건 토지 중 탕원중심(3m×3m) 및 관로주변(1.5m×1.5m)'을 기부채납하도록 부담을 부가한 사실, 그 후 부산광역시 급수과 소속 온천담당 공무원의 현지조사 결과 원고가 굴착된 온천공이 공로로부터 떨어져 있어 탕원으로부터 공공관로까지 송수관을 연결시키기 위하여는 관로의 길이를 20m로 연장시킬 수밖에 없게 되자 부산광역시장은 1986. 8. 5. 기부채납할 토지 중 관로 부분의 길이를 20m로 변경하는 조치를 피고를 통하여 원고에게 통보한 사실을 인정할 수 있는바, 사실관계가 이와 같다면, 부산광역시장이 행한 위 부담의 변경은, 온천공이 예상과는 달리 공로에서 멀리 떨어진 자리에 굴착되는 바람에 이 사건 굴착허가처분에 부가된 부담의 목적을 달성하기 위하여 어쩔 수 없이 필요한 범위 내에서 취하여진 적법한 조치라고 할 것이므로, 이러한 부담의 사후변경이 소론과 같이 무효이거나 존재하지 않다고 볼 수 없다(대판 1997. 05. 30, 97누2627).

2. 부관의 내용상 한계

부관은 다음 각 호의 요건에 적합하여야 한다. 1. 해당 처분의 목적에 위배되지 아니할 것, 2. 해당 처분과 실질적인 관련이 있을 것, 3. 해당 처분의 목적을 달성하기 위하여 필요한 최소한의 범위일 것(행정기본법 제17조 제4항)

부관을 붙일 수 있는 경우에도 부관은 내용상 다음과 같은 한계를 갖는다.

① 부관은 법령에 위반되어서는 안 된다.

② 부관은 주된 행정행위의 목적에 반하여서는 안 된다.

③ 부관은 주된 행정행위와 실질적(실제적) 관련성이 있어야 하며 그렇지 못한 것은 부당결부금지의 원칙에 반하여 위법한 부관이 된다. 예를 들면, 주택단지건설사업계획의 승인에 일정한 토지의 기부채납을 부담으로 붙인 경우에 부담인 기부채납의 대상이 주택단지 내의 도로 또는 진입도로인 경우와 공원부지인 경우에 당해 기부채납은 주된 행정행위인 주택단지건설사업계획과 실질적 관련이 있으므로 비례의 원칙 등에 반하지 않는 한 적법한 부담이지만, 기부채납의 대상이 된 토지가 주택단지의 건설과 전혀 관계가 없는 토지인 경우에는 당해 기부채납의 부담은 부당결부금지의 원칙에 반한다.

④ 부관은 평등원칙, 비례의 원칙 등 법의 일반원칙에 반하여서는 안 된다.

[판례] ① 65세대의 공동주택을 건설하려는 사업주체(지역주택조합)에게 구 주택건설촉진법 제33조에 의한 주택건설사업계획의 승인처분을 함에 있어 그 주택단지의 진입도로 부지의 소유권을 확보하여 진입도로 등 간선시설을 설치하고 그 부지 소유권 등을 기부채납하며 그 주택건설사업 시행에 따라 폐쇄되는 인근 주민들의 기존 통행로를 대체하는 통행로를 설치하고 그 부지 일부를 기부채납하도록 조건을 붙인 경우, 주택건설촉진법과 같은법 시행령 및 주택건설기준 등에 관한 규정 등 관련 법령의 관계규정에 의하면 그와 같은 조건을 붙였다 하여도 다른 특별한 사정이 없는 한 필요한 범위를 넘어 과중한 부담을 지우는 것으로서 형평의 원칙 등에 위배되는 위법한 부관이라 할 수 없다고 본 사례(대판 1997. 03. 14, 96누16698).

② [1] **형질변경허가시 행정청이 부과하는 기부채납의 부관**은 그 토지의 일부에 공공시설을 확보하여 이를 관리할 국가 또는 지방자치단체에 무상으로 귀속시키는 점에서 사권침해의 면이 있지만, 토지형질변경으로 인하여 당해 토지의 이용가치가 증진되고 그 공공시설이 당해 토지의 편익에도 이바지할 것이므로, 당해 공공시설을 설치할 구체적이고 객관적인 필요가 있고 그 기부채납의 정도가 공익상 불가피한 범위와 형질변경의 이익범위 내에서 이루어지는 경우에는 재산권보장에 관한 헌법규정 제23조 제3항이나 형평의 원칙에 위배한 것이라고는 할 수 없고, 다만 그 부담내용이 주변토지와의 관계에서 형평의 이념에 반하거나, 기부채납의 대상이 된 공공시설의 규모가 도시기능의 유지 및 증진에 기여할 수 있는 도시계획시설기준에 관한 규칙(1979. 5. 21. 건설부령 제225호) 소정의 적정규모를 초과하였거나 또는 형질변경공사착수 전의 전체 토지가격에 그 공사비를 합산한 가격이 공사완료 후의 기부채납 부분을 제외한 나머지 토지의 가격을 초과하는 경우 등에는 위법을 면치 못한다. [2] 형질변경 허가신청을 한 토지 위에 폭 4m의 도로를 개설하여

기부채납하도록 사전 제시한 부관이 위법한지를 판단하기 위해서는 기부채납 도로 규모의 적정 여부를 고려하여야 한다고 한 사례(대판 1999. 02. 23, 98두17845).

③ 새로이 개설된 농수산물도매시장을 활성화하고 유통구조를 개설할 필요가 있으며 법에서 정한 위탁경매를 하지 않았다는 이유로 기존 농수산물도매시장의 존속 중에 그 시장에 있어서 필수적 존재인 도매시장법인의 지정을 취소권유보의 부관에 터잡아 취소한 처분은 **원고에게 너무 가혹하여 재량권의 일탈·남용에 해당한다**(대판 1998. 08. 21, 98두8919[도매시장법인지정취소에대한처분취소]).

⑤ 부관은 이행가능하여야 한다. 특히 요건충족적 부관의 경우 해당 요건의 충족이 가능하여야 한다.

[판례] 토지분할 조건부 건축허가의 취지 및 이에 관한 행정청의 재량 범위: 토지분할 조건(해제조건)부 건축허가는, 건축허가 신청에 앞서 토지분할절차를 완료하도록 하는 대신, 건축허가 신청인의 편의를 위해 건축허가에 따라 우선 건축공사를 완료한 후 사용승인을 신청할 때까지 토지분할절차를 완료할 것을 허용하는 취지이다. 행정청이 **객관적으로 처분상대방이 이행할 가능성이 없는 조건을 붙여 행정처분을 하는 것은 법치행정의 원칙상 허용될 수 없으므로,** 건축행정청은 신청인의 건축계획상 하나의 대지로 삼으려고 하는 '하나 이상의 필지의 일부'가 관계법령상 토지분할이 가능한 경우인지를 심사하여 **토지분할이 관계법령상 제한에 해당되어 명백히 불가능하다고 판단되는 경우에는 토지분할 조건부 건축허가를 거부하여야 한다.** 다만, 예외적으로 토지분할이 재량행위인 개발행위허가의 대상이 되는 경우, 개발행위에 해당하는 토지분할을 허가할지에 관한 처분권한은 개발행위허가 행정청에 있고, 토지분할 허가 가능성에 관한 건축행정청의 판단이 개발행위허가 행정청의 판단과 다를 여지도 있으므로, **건축행정청은 자신의 심사 결과 토지분할에 대한 개발행위허가를 받기 어렵다고 판단되는 경우에는 개발행위허가 행정청의 전문적인 판단을 먼저 받아보라는 의미에서 건축허가 신청인이 먼저 토지분할절차를 거쳐야 한다는 이유로 토지분할 조건부 건축허가를 거부할 수는 있다.** 그러나 이러한 사유가 아니라면 건축행정청은 건축허가신청이 건축법 등 관계법령에서 정하는 어떠한 제한에 해당되지 않는 이상 같은 법령에서 정하는 건축허가를 하여야 하고, 중대한 공익상의 필요가 없음에도 불구하고 요건을 갖춘 자에 대한 허가를 관계법령에서 정하는 제한사유 이외의 사유를 들어 거부할 수는 없다(대판 전원합의체 2012. 11. 22, 2010두22962 참조)(대판 2018. 06. 28, 2015두47737). **〈해설〉** 토지분할 조건부 건축허가에서 토지분할 조건은 건축허가의 해제조건이다. 원고가 롯데마트 울산점 구내 주차장부지를 일부 분할하여 주유소를 신축하기 위한 건축허가를 신청하였는데, 피고 구청장은 주차장 내 사고위험 증가 및 교통혼잡 유발, 인근 교통체증 유발 및 그로 인한 교통사고 우려, 인근 주민 및 상인들의 집단민원 등을 이유로 거부처분을 하였다. 피고는, '토지분할 조건부 건축허가는 재량행위로 보아야 하고, 따라서 건축행정청에게 (중대하지 않은) 보통의 공익을 이유로도 거부처분을 할 수 있는 재량이 있다고 보아야 한다'는 취지로 주장하였으나 대법원은 토지분할 조건부 건축허가가 재량행위인 것은 맞지만, 피고가 주장하는 바와 같은 의미의 재량행위는 아니라고 판시하였다.

⑥ 주된 행정행위의 본질적 효력을 해하지 아니하는 한도의 것이어야 한다(대판 1990. 04. 27, 89누6808[52]).

52) 기선선망어업의 허가를 하면서 운반선, 등선 등 부속선을 사용할 수 없도록 제한한 부관은 그

⑦ 행정처분과 실제적 관련성이 없어 부관으로 붙일 수 없는 부담을 부당결부금지의 원칙, 비례의 원칙 등 공법상의 제한을 회피할 목적으로 사법상 계약의 형식으로 행정처분의 상대방에게 부과하는 것은 법치행정의 원리에 반하는 것으로서 위법하다(대판 2009. 12. 10, 2007다63966[약정금]).

[판례] [1] 행정처분과 실제적 관련성이 없어 부관으로 붙일 수 없는 부담을 사법상 계약의 형식으로 행정처분의 상대방에게 부과할 수 있는지 여부(소극): 공무원이 인·허가 등 수익적 행정처분을 하면서 상대방에게 그 처분과 관련하여 이른바 부관으로서 부담을 붙일 수 있다 하더라도, 그러한 부담은 법치주의와 사유재산 존중, 조세법률주의 등 헌법의 기본원리에 비추어 비례의 원칙이나 부당결부의 원칙에 위반되지 않아야만 적법한 것인바, 행정처분과 부관 사이에 실제적 관련성이 있다고 볼 수 없는 경우 공무원이 위와 같은 공법상의 제한을 회피할 목적으로 행정처분의 상대방과 사이에 사법상 계약을 체결하는 형식을 취하였다면 이는 법치행정의 원리에 반하는 것으로서 위법하다. [2] 지방자치단체가 골프장사업계획승인과 관련하여 사업자로부터 기부금을 지급받기로 한 증여계약은, 공무수행과 결부된 금전적 대가로서 그 조건이나 동기가 사회질서에 반하므로 민법 제103조에 의해 무효라고 본 사례(대판 2009. 12. 10, 2007다63966[약정금]).

V. 위법한 부관과 권리구제

1. 위법한 부관의 효력

부관의 한계를 넘어 위법한 부관은 행정행위의 하자이론에 따라 무효이거나 취소할 수 있는 부관이 된다. 즉 부관의 위법이 중대하고 명백할 때에는 그 부관은 무효이며 그렇지 않은 때에는 취소할 수 있는 부관이 된다.

부관의 위법 여부는 부관부가처분시 법령을 기준으로 한다(대판 2009. 02. 12, 2005다65500).

2. 위법한 부관이 붙은 행정행위의 효력

부관이 무효인 경우에 주된 행정행위는 어떻게 되는가. 통설은 무효인 부관이 주된 행정행위의 본질적인 부분인 경우, 달리 말하면 부관을 붙이지 않았더라면 주된 행정행위를 하지 않았을 것이라고 판단되는 경우에는 주된 행정행위도 무효라고 본다.

기속행위에 행정행위의 효과를 제한하는 부관이 법령에 근거 없이 붙여졌다면 그 부관은 무효이고, 부관만이 무효가 된다. 왜냐하면 본래 기속행위에는 행정행위의 효과를 제한하는 부관을 붙일 수 없기 때문이다.

어업허가의 목적달성을 사실상 어렵게 하여 그 본질적 효력을 해하는 것이라고 한 사례.

위법한 부관이 취소할 수 있는 부관인 경우 상대방은 후술하는 바와 같이 취소소송을 통하여 다툴 수 있는데 부관이 주된 행정행위와 분리될 수 있고 주된 행정행위의 본질적 부분이 아닌 경우에는 부관만이 취소될 수 있지만, 부관이 주된 행정행위와 분리될 수 없거나 주된 행정행위의 본질적인 부분을 이루는 경우에는 부관만의 취소는 인정되지 않는다. 이에 대하여 후술하는 바와 같이 부관이 주된 행정행위의 본질적인 부분인 경우에도 부관만의 취소판결이 가능하다는 견해가 있다.

[판례] 기부채납받은 공원시설의 사용·수익허가에서 그 허가기간은 행정행위의 본질적 요소에 해당한다고 볼 것이어서, 부관인 허가기간에 위법사유가 있다면 이로써 이 사건 허가 전부가 위법하게 된다고 본 사례(대판 2001. 06. 15, 99두509).

3. 위법한 부관과 행정쟁송

위법한 부관에 대한 행정쟁송과 관련하여 두 가지 문제가 제기된다.

첫 번째 문제는 위법한 부관만을 행정쟁송으로 다툴 수 있는가(위법한 부관만의 취소를 구하는 행정쟁송의 제기가 가능한 것인가)의 문제, 즉 독립쟁송가능성의 문제와 위법한 부관을 다투는 쟁송형식의 문제이다.

두 번째 문제는 부관만이 취소쟁송의 대상이 되거나 부관부행정행위 전체가 취소쟁송의 대상이 된 경우에 위법한 부관만의 취소 또는 무효확인이 가능한가 하는 문제이다. 이 문제를 독립취소가능성(獨立取消可能性) 또는 독립무효확인가능성의 문제라 한다.

(1) 독립쟁송가능성과 쟁송형식

1) 부담만의 독립쟁송가능성설(판례)

이 견해는 부담만은 독립하여 행정쟁송의 대상이 될 수 있지만, 부담 이외의 부관에 있어서는 그것만의 취소를 구하는 소송(진정일부취소소송 및 부진정일부취소소송)은 인정할 수 없고, 부관부행정행위 전체의 취소를 청구할 수 있다고 본다.

부담은 주된 행정행위로부터 분리될 수 있으며 그 자체가 독립된 행정행위이므로 주된 행정행위로부터 분리하여 쟁송의 대상이 될 수 있다(진정일부취소소송 또는 부진정일부취소소송).

판례도 이 견해를 취하고 있다.

[판례] ① 행정행위의 부관은 행정행위의 일반적인 효력이나 효과를 제한하기 위하여 의사표시의 주된 내용에 부가되는 종된 의사표시이지 그 자체로서 직접 법적 효과를 발생하는 독립된 처분이 아니므로 현행 행정쟁송제도 아래서는 부관 **그 자체만을 독립된 쟁송의 대상으로 할 수 없는 것이 원칙이나** 행정행위의 부관 중에서도 행정행위에 부수하여 그 행정행위의 상대방에게 일정한 의무를 부과

하는 행정청의 의사표시인 **부담의 경우에는** 다른 부관과는 달리 행정행위의 불가분적인 요소가 아니고 그 존속이 본체인 행정행위의 존재를 전제로 하는 것일 뿐이므로 **부담 그 자체로서 행정쟁송의 대상이 될 수 있다**(대판 1992. 01. 21, 91누1264). **〈해설〉** 판례는 부담은 항상 주된 행정행위의 불가분적 요소가 아니라고 하고 있는데, 부담이 주된 행정행위의 불가분적 요소인 경우도 있을 수 있다는 비판이 가능하다.

② (1) 부관(부담 제외)만의 취소를 구하는 소송에 대하여는 각하판결을 하여야 하고, 부관부행정행위 전체의 취소를 구하는 것만을 인정하여야 한다고 한 사례. (2) 공유재산에 대한 40년간의 사용허가기간을 신청한 것에 대해 20년간 사용허가한 경우에 사용허가기간에 대해서는 독립하여 행정소송을 제기할 수 없다고 보고, 그 나머지 기간에 대한 신청을 받아들이지 않은 처분의 취소를 구하는 주위적 청구는 각하하는 것이 타당하고, 이 사건 사용허가처분 전부에 대한 취소소송은 가능하다고 한 사례(대판 2001. 06. 15, 99두509).

판례는 부담 이외의 부관에 있어서는 그 자체로서 독립하여 취소소송의 대상이 되지 않는다고 보는 이유를 명확히 밝히지 않는 경우가 많은데, 부담 이외의 부관은 주된 행정행위의 불가분적 요소이고 그 자체로서는 독립된 처분이 아니라는 것을 논거로 든 판례가 있다(대판 1992. 01. 21, 91누1264). 이렇게 판례가 부담 이외의 부관에 대해 독립쟁송가능성을 인정하지 않는 이유를 부담 이외의 부관의 불가분성에서 찾는다고 본다면, 판례는 분리가능성기준설을 취하고 있다고 할 수도 있다.

또한, 판례는 부관이 위법한 경우 신청인이 부관부행정행위의 변경을 청구하고, 행정청이 이를 거부한 경우 동 거부처분의 취소를 구하는 소송을 제기할 수 있는 것으로 본다(대판 1990. 04. 27, 89누6808[53]).

2) 분리가능성기준설

이 견해는 부관이 주된 행정행위로부터 분리가능한 것이면 독립하여 행정쟁송으로 다툴 수 있고, 부관이 분리가능한 것이 아니면 독립하여 행정쟁송으로 다툴 수 없다고 본다. 그 이유는 다음과 같다. 첫째, 독립가쟁성의 문제는 독립취소가능성의 전제문제로 보는 것이 타당하다. 둘째, 분리가능하지 않은 부관의 취소 또는 무효확인을 구하는 소송을 각하하여 소송을 조기에 종결할 수 있으므로 소송경제를 기할 수 있다.

이 견해에 의하면 분리가능한 부관은 부담의 경우에는 진정일부취소소송과 부진정일부취소소송이 가능하고, 부담이외의 부관에 대하여는 부진정일부취소소송만이 가능하다고 본다(홍정선, 류지태).

53) 수산업법상 기선선망어업의 허가를 하면서 부속선을 사용 할 수 없도록 제한한 부관은 위법하다고 하고, 이 부관을 삭제하여 등선과 운반선을 사용할 수 있도록 하여 달라는 내용의 원고의 이 사건 어업허가사항변경신청을 불허가한 피고의 처분 역시 위법하다고 보아야 한다고 한 사례.

3) 전면긍정설

이 견해는 부관의 분리가능성은 독립취소가능성의 문제, 즉 본안의 문제이며 쟁송의 허용성의 문제(소송요건의 문제)는 아니기 때문에 모든 부관은 독립하여 취소쟁송의 대상이 된다고 한다(김남진, 정하중, 243~244면).

이 견해에 의하면 부담의 경우에는 진정일부취소소송과 부진정일부취소소송이 가능하고, 부담이외의 부관에 대하여는 부진정일부취소소송만이 가능하다고 본다.

이에 대하여 부담을 포함하여 모든 종류의 부관은 그 자체는 독립한 행정소송법상 처분이므로 부관만을 대상으로 하는 취소소송은 일부취소소송이 아니라 전부취소소송이라는 견해(박정훈)도 있다. 이에 대하여는 부담만을 대상으로 하는 취소소송에서 부담만을 취소할 수 있는 경우는 부관의 부종성에 비추어 부담이 가분성이 있는 경우(부담이 주된 행정행위로터 분리하여 취소할 수 있는 경우)이어야 하므로 부담만을 대상으로 하는 취소소송도 일부 취소소송으로 보는 것이 타당하다는 비판이 가능하다.

4) 사견(전면긍정설)

본안의 문제인 독립취소가능성과 소송요건의 문제인 독립쟁송가능성은 구분하는 것이 타당하고, 위법한 행정작용의 통제를 위해 가능한 한 쟁송가능성을 넓히는 것이 타당하므로 전면긍정설이 타당하다. 부관의 주된 행정행위로부터의 분리가능성은 독립취소가능성의 문제로 보아야 한다.

부담은 그 자체가 행정행위이므로 주된 행정행위로부터 분리하여 쟁송의 대상이 될 수 있다. 즉, 부담만을 대상으로 부담만의 취소를 구하는 소송(진정일부취소소송)이 가능하다. 또한 부담부행정행위를 대상으로 하면서 부담만의 취소를 구하는 소송(부진정일부취소소송)도 가능하다.

부담 이외의 부관은 그 자체가 독립된 행정행위가 아니기 때문에 행정쟁송의 대상인 '처분'이 될 수 없으므로 주된 행위로부터 분리하여 쟁송의 대상으로 할 수 없다. 따라서 부담 이외의 부관에 있어 부관만의 취소를 구하고자 하는 경우에는 부관부행정행위를 취소소송의 대상으로 하여 부관만의 일부취소를 구하여야 한다(부진정일부취소소송). 이에 대하여 부담을 포함하여 모든 부관은 행정행위와 일체를 이루고 있으므로 항상 부관부행정행위를 대상으로 일부취소를 구하여야 한다는 견해도 있다.

(2) 독립취소가능성(독립무효확인가능성)

부관만의 취소 또는 무효확인을 구하는 소송이 제기된 경우에 부관만의 취소 또는 무효확인이 가능한지, 가능하다면 어떠한 기준에 의해 가능한지가 문제된다.

독립취소가능성(獨立取消可能性)의 문제에 있어 주된 행정행위가 기속행위인가 재량행위인가에 따라 특별한 고찰을 필요로 한다.

1) 기속행위에 대한 부관의 독립취소가능성

기속행위는 법에 의해 행위의 요건과 효과가 일의적으로 명확하게 규정되어 있는 행위이므로 일정한 요건이 갖추어진 경우에 일정한 효과의 행정행위를 하여야 하는 행위이다. 따라서 기속행위에 있어 상대방의 신청이 행위의 요건을 충족함에도 법령의 명시적 근거 없이 행위의 효과를 제한하는 부관을 붙이는 것은 위법한 것이며 이 경우에 주된 행정행위가 적법한 경우 부관만을 취소할 수 있는 것은 당연하다.

반면에 상대방의 신청이 행위의 요건을 일부 충족시키지 못하는 경우에 당해 불비된 요건을 충족시킬 것을 조건으로 행정처분을 한 경우에 있어 당해 부관이 위법한 경우에 부관만의 취소가 인정될 수 없다. 그 이유는 이 경우에 부관만을 취소한다면 요건이 충족되지 않은 신청에 대하여 행정처분을 해 주는 결과를 가져오기 때문이다.

이에 대하여 법률요건충족적 부관이 취소되는 경우 행정청은 법률에 의한 행정원리에 따라 원칙적으로는 본체인 행정행위를 취소 또는 변경할 수 있고, 예외적으로 신뢰보호의 원칙에 따라 본체인 행정행위의 존속을 인정하여야 하는 경우가 있는 것이므로 부관만의 취소가 나름대로 합리성이 있다는 견해가 있다.54)

2) 재량행위에 대한 부관의 독립취소가능성

가. 부정설 재량행위에 있어서는 부관만의 취소를 인정하는 것은 부관이 없는 행정행위를 처분청에게 강요하는 것이 되며 통상 재량행위에 있어서는 부관이 없었더라면 행정청은 행정행위를 하지 않았을 것이라고 해석되므로 부관만의 취소는 인정될 수 없다는 견해가 있다.

그러나, 이렇게 본다면 행정행위의 상대방은 부관부행정행위 전체의 취소를 구하든지 아니면 위법한 부관을 감수하여야 하는 결과가 된다. 이러한 견해는 행정청의 재량권만을 고려하고 상대방의 보호는 소홀히 하는 해결방식으로 문제가 있다. 재량행위의 경우에도 부관이 본질적인 부분이 아닌 경우가 있고, 이 경우에는 부관만의 취소가 가능하다고 보아야 한다.

나. 긍정설 모든 부관에 있어 부관이 위법한 경우에는 부관만의 취소가 가능하다고 보는 견해가 있다. 이 견해에 의하면 부관만이 취소되면 주된 행정행위가 위법하게 되는 경우 처분청은 주된 행정행위를 직권으로 취소하거나 적법한 부관을 다시 부가하여 부관부행정행위 전체를 적법하게 할 수 있다고 본다. 그리고, 재량행위의 경우 위법한 부관만이 취소되더라도 주된 행정행위가 적법한 경우 행정청은 주된 행정행위의 철회권을 행사하거나 적법한 부관을 부가할 수 있다고 본다. 그리고, 행정청의 주된 행정행위의 직권취소 또는 철회는 신뢰보호의 원칙에 따라 제한될 수가

---

54) 김동희, 전게서, 307면.

있다.[55] 부관의 무효가 확인된 경우에는 원칙상 부관만이 무효가 되지만, 부관이 없었다면 주된 행정행위를 발하지 않았을 것이라고 인정되는 경우에는 부관부행정행위 전체가 무효가 된다고 본다(홍정선, 460면).

그러나, 이 견해에 의하면 당사자의 의사와 무관하게 주된 행정행위가 취소 또는 철회되거나 법적 근거 없이 부관의 사후부가가 인정되는 문제가 있다.

다. 제한적 긍정설 재량행위에 있어서도 부관의 독립취소가능성에 관한 일반이론에 따라 부담 등 부관이 주된 행정행위의 본질적 부분인지(행정청이 부관 없이는 당해 행정행위를 하지 않았을 것이라고 해석되는지) 여부에 따라 재량행위에 대한 부관의 독립취소가능 여부를 판단하여야 한다. 다만 이 경우에 행정청이 부관 없이는 당해 행정행위를 하지 않았을 것이라는 판단은 행정청의 주관적 의사가 기준이 되어서는 상대방의 보호가 무시되므로 행정청의 객관적 의사를 기준으로 행하여야 한다.[56]

이러한 해결은 부담에 있어서도 타당하다. 이렇게 본다면 부담에 대한 독립쟁송가능성을 인정하는 경우에도 부담이 행정행위의 본질적 요소인 경우에는 부담 이외의 부관과 마찬가지로 부담만의 취소는 인정되지 않는다.

부관이 위법하나 주된 행정행위의 본질적인 부분인 경우에 기각판결을 하여야 하고, 부관이 본질적 부분이 아닌 경우에는 부관만의 취소 또는 무효확인을 하여야 한다고 본다.

라. 판 례 판례는 부관이 본질적인 부분인 경우 독립쟁송가능성 자체를 인정하지 않으므로 독립취소가능성의 문제는 제기되지 않는다. 판례에 의하면 독립쟁송가능성이 인정되는 경우 항상 독립취소가 가능하다.

마. 결 어 국민의 권익구제와 행정목적의 실현을 적절히 조절하는 제한적 긍정설이 타당하다. 부관이 본질적임에도 부관만의 취소를 인정하는 것은 행정청의 의사에 반하여 부관 없는 행정행위를 강요하는 것이 되므로 긍정설은 타당하지 않다. 긍정설은 취소 또는 무효판결 후 행정청이 직권으로 적법한 부관을 붙일 수 있다고 하지만, 이는 사후부관으로 인정될 수 없다. 부관이 본질적 부분이 아닌 경우에는 부관만의 취소 또는 무효확인이 가능하고, 부관이 본질적 부분인 경우에는 기각판결을 하여야 한다. 부관이 본질적인 부분에 해당하여 기각판결이 나면 행정청에게 위법한 부관의 변경을 청구하고, 행정청이 이를 거부하면 거부처분 취소소송을 제기하여야 할 것이다.

전부취소를 구했는데, 부관이 본질적 부분이 아닌 경우에는 전부취소청구에는

55) 정하중, "부관에 대한 행정소송," 『저스티스』, 2001. 4, 22~23면.
56) 김용섭, "행정행위의 부관에 관한 법리," 『행정법연구』, 제2호, 199면.

부관만의 일부취소청구가 포함되어 있다고 볼 수 있으므로 부관만을 취소하는 판결이 가능하다.

4. 부담과 그 이행으로서의 사법상 법률행위

기부채납의 부담이 위법한 경우에 이 부담의 이행으로 행해진 사법상(私法上) 법률행위(기부채납)의 효력이 어떻게 되는가에 대하여 견해가 대립하고 있다.

(1) 독립설

이 견해는 부담과 그 부담의 이행으로 인한 사법상 법률행위는 별개의 독립된 행위로 보고 원칙상 그 효력도 별개로 논해야 한다는 견해이다. 이것이 판례의 입장이다. 이 견해에 의하면 기부채납부담이 무효이거나 취소되었더라도 기부채납계약(증여계약)이 있으면 기부채납은 부당이득이 되지 않는다.

[판례] ① 토지소유자가 토지형질변경행위허가에 붙은 기부채납의 부관에 따라 토지를 국가나 지방자치단체에 기부채납(증여)한 경우, **기부채납의 부관이 당연무효이거나 취소되지 아니한 이상** 토지소유자는 위 부관으로 인하여 증여계약의 중요부분에 착오가 있음을 이유로 증여계약을 취소할 수 없다(대판 1999. 05. 25, 98다53134[소유권이전등기말소]).
② 무효인 건축허가조건을 유효한 것으로 믿고 토지를 증여하였더라도 이는 동기의 착오에 불과하여 그 소유권이전등기의 말소를 청구할 수 없다고 한 사례(대판 1995. 06. 13, 94다56883).
③ [1] **행정처분에 붙은 부담인 부관이 제소기간의 도과로 확정되어 이미 불가쟁력이 생겼다면** 그 하자가 중대하고 명백하여 당연 무효로 보아야 할 경우 외에는 누구나 그 효력을 부인할 수 없을 것이지만, 부담의 이행으로서 하게 된 사법상 매매 등의 법률행위는 부담을 붙인 행정처분과는 어디까지나 별개의 법률행위이므로 그 부담의 불가쟁력의 문제와는 별도로 법률행위가 사회질서 위반이나 강행규정에 위반되는지 여부 등을 따져보아 그 법률행위의 유효 여부를 판단하여야 한다. [2] 구 도시 및 주거환경정비법(2003. 5. 29. 법률 제6893호로 개정되기 전의 것) 제65조 제2항 후단 규정의 입법취지에 비추어 보면, 이는 민간 사업시행자에 의하여 새로 설치될 정비기반시설의 설치비용에 상당하는 범위 안에서 용도폐지될 정비기반시설의 무상양도를 강제하는 강행규정이므로, 위 규정을 위반하여 사업시행자와 국가 또는 지방자치단체 간에 체결된 매매계약 등은 무효이다(대판 2009. 06. 25, 2006다18174[채무부존재확인]).
④ [1] 행정처분과 부관 사이에 실제적 관련성이 있다고 볼 수 없는 경우 공무원이 위와 같은 공법상의 제한을 회피할 목적으로 행정처분의 상대방과 사이에 사법상 계약을 체결하는 형식을 취하였다면 이는 법치행정의 원리에 반하는 것으로서 위법하다. [2] 지방자치단체가 골프장사업계획승인과 관련하여 사업자로부터 기부금을 지급받기로 한 증여계약은, 공무수행과 결부된 금전적 대가로서 그 조건이나 동기가 사회질서에 반하므로 민법 제103조에 의해 무효라고 본 사례(대판 2009. 12. 10, 2007다63966[약정금]). 〈해설〉 [1] 전술한 바와 같이 판례는 명백히 부당결부금지의 원칙에 위반한 부담의 효력도 취소할 수 있는 행위로 보지만, 원칙상 무효라고는 것이 타당하다. [2] 종속설에 의하면 행정처분과 실제적 관련이 없는 이 사건 부담을 무효라고 보면(사견에 의하면 이렇게 보는 것이 타당하다) 그에 따른 증여계약도 무효라고 보는 것이 타당하고, 행정처분과 실제적 관련이 없는 이 사건 부담을 취소할 수 있는 부담으로 보면, 그에 따른 증여계약은 당해 부담

이 취소되지 않는 한 유효한 것으로 보아야 한다.

(2) 종속설(부당이득반환청구설)

이 견해는 부담의 이행으로 행한 사법상 법률행위는 부담과 별개가 아니라 부담의 이행행위에 불과하다고 보는 견해이다.

이 견해는 기부채납부담이 무효이거나 취소되면 기부채납은 법률상 원인없이 이루어진 것으로 부당이득이 된다고 본다. 기부채납부담이 단순위법인 경우에는 공정력에 기해 효력이 있으므로 기부채납은 부당이득이 되지 않는다.[57)]

(3) 결 어

기부채납은 기부채납부담의 이행행위에 불과하므로 기부채납을 사법상 증여계약으로 보는 것은 타당하지 않으며 부당이득반환청구설이 타당하다.

제 7 절 행정행위의 성립요건, 효력발생요건, 적법요건, 유효요건

Ⅰ. 개 설

행정행위가 성립하여 효력을 발생하기 위하여는 법에 정해진 일정한 요건을 갖추어야 한다. 이러한 요건을 불비한 행정행위를 흠 있는 행정행위라고 한다. 행정행위에 흠이 있는 경우에 행정행위는 완전한 법적 효력을 발생할 수 없게 된다.

행정행위의 요건을 성립요건, 효력발생요건, 적법요건 및 유효요건으로 구분할 수 있다. 행정행위가 행해질 때 이들 요건이 분리되어 순차적으로 충족되는 것은 아니다. 행정행위는 행정청의 의사가 내부적으로 성립되어 외부에 표시되어 상대방에게 도달됨으로써 성립되고 효력을 발생한다. 행정행위가 내부적으로 성립함에 있어 행정행위의 주체, 절차, 내용에 관한 적법요건을 충족시키지 못하는 경우가 있다. 또한 후술하는 바와 같이 행정행위의 주체에 관한 요건은 적법요건이 되기도 하고 성립요건이 되기도 한다. 행정행위가 외부에 표시되지 않으면 행정행위는 성립하지 않고, 행정행위가 표시됨에 있어 서면으로 할 것을 구두로 하게 되면 형식에 관한 적법요건을 결하게 된다. 표시된 행정행위가 상대방에 대하여 도달하지 않으면 행정행위는 상대방에 대하여 효력을 발생하지 않는다.

---

57) 박정훈, “기부채납부담과 의사표시의 착오,” 『행정법연구』, 제3호, 200면.

Ⅱ. 성립요건

행정행위의 성립요건(成立要件)이라 함은 행정행위가 성립하여 존재하기 위한 최소한의 요건을 말한다. 행정행위가 성립(존재)하기 위하여는 어떤 행정기관에 의해 행정의사가 내부적으로 결정되고(내부적 성립), 외부적으로 표시되어야 한다(외부적 성립). 이러한 행정행위의 성립요건을 결여하면 행정행위는 부존재하는 것이 되며 부존재확인청구소송의 대상이 된다.

행정행위는 통상 서명(전자이미지서명, 전자문서서명 및 행정전자서명을 포함한다)에 의한 결재권자의 결재가 있음으로써 내부적으로 성립한다(행정업무의 운영 및 혁신에 관한 규정 제6조 제1항, 전자정부법 제17조 제1항, 동법 시행령 제8조).

[판례] 공문서(전자공문서 포함)는 결재권자가 서명등의 방법으로 **결재함으로써 성립**된다. 여기서 **'결재'란** 문서의 내용을 승인하여 문서로서 성립시킨다는 의사를 서명 등을 통해 외부에 표시하는 행위이다. 결재권자의 결재가 있었는지 여부는 결재권자가 서명을 하였는지뿐만 아니라 문서에 대한 결재권자의 지시 사항, 결재의 대상이 된 문서의 종류와 특성, 관련 법령의 규정 및 업무 절차 등을 종합적으로 고려하여야 한다(대판 2020. 12. 10, 2015도19296).

행정청의 의사의 외부에 대한 표시는 공식적인 것이어야 한다. 행정기관의 공무원에 의한 사적인 통지나 우연히 알게 된 것만으로 행정행위는 성립되지 않는다. 행정청의 내부적 의사결정의 사실이 신문에 보도된 것도 행정청의 의사가 외부에 표시된 것으로 볼 수 없다.

[판례] ① 행정처분의 성립요건 및 처분의 외부적 성립 여부를 판단하는 기준: 일반적으로 행정처분이 주체·내용·절차와 형식이라는 내부적 성립요건과 외부에 대한 표시라는 외부적 성립요건을 모두 갖춘 경우에는 행정처분이 존재한다고 할 수 있다. **행정처분의 외부적 성립은** 행정의사가 외부에 표시되어 **행정청이 자유롭게 취소·철회할 수 없는 구속을 받게 되는 시점을 확정하는 의미**를 가지므로, 어떠한 처분의 외부적 성립 여부는 행정청에 의해 **행정의사가 공식적인 방법으로 외부에 표시되었는지를 기준으로 판단**하여야 한다(대판 2017. 07. 11, 2016두35120[사업시행계획인가처분취소]; 2021. 12. 16, 2019두45944).
② **이 사건 입국금지결정은** 법무부장관의 의사가 **공식적인 방법으로 외부에 표시된 것이 아니라** 단지 그 정보를 내부전산망인 '출입국관리정보시스템'에 입력하여 관리한 것에 지나지 않으므로, 항고소송의 대상이 될 수 있는 **'처분'에 해당하지 않는다**(대판 2019. 07. 11, 2017두38874).

Ⅲ. 효력발생요건

1. 의 의

행정행위의 효력발생요건(效力發生要件)이라 함은 행정행위가 상대방에 대하여 효력을 발생하기 위한 요건을 말한다.

2. 상대방 있는 행정행위의 효력발생요건: 통지와 도달

상대방이 있는 행정행위는 상대방에게 통지되어 도달되어야 효력을 발생한다. 명문의 규정이 없는 한, 제3자에 대한 통지는 효력발생요건은 아니다.

[판례] (1) **상대방 있는 행정처분은** 특별한 규정이 없는 한 의사표시에 관한 일반법리에 따라 **상대방에게 고지되어야 효력이 발생**하고, 상대방 있는 행정처분이 상대방에게 고지되지 아니한 경우에는 상대방이 다른 경로를 통해 행정처분의 내용을 알게 되었다 하더라도 행정처분의 효력이 발생한다고 볼 수 없다. (2) 피고가 인터넷 홈페이지에 원고에 대한 장해등급 결정 내용을 게시한 것만으로는 원고에게 행정절차법 제14조에서 정한 바에 따라 송달이 이루어졌다고 볼 수 없고, 원고가 그 홈페이지에 접속하여 결정 내용을 알게 되었다고 하더라도 마찬가지이다(대판 2019. 08. 09, 2019두38656).

개별법령에서 제3자에 대한 통지를 규정하고 있는 경우도 있는데(예를 들면, 토지보상법령상 사업인정시 토지소유자등에 대한 통지의무, 도시정비법령상 토지주택공사등에 대한 사업시행자지정시 토지등소유자에 대한 통지의무 등), 이 경우 제3자에 대한 통지가 처분의 효력발생요건인지 아니면 절차규정인지 논란이 있을 수 있으므로 이를 명문으로 명확하게 규정하는 것이 바람직하다.

[판례] ① <후속처분의 절차규정으로 본 사례> 건설부장관이 구 토지수용법 제16조의 규정에 따라 토지수용사업승인을 한 후 그 뜻을 **토지소유자 등에게 통지하지 아니하였다는 하자는 절차상 위법**으로서 ...... **재결의 취소를 구할 수 있는 사유**가 될지언정 당연무효의 사유라고 할 수는 없다(대판 1993. 08. 13, 93누2148[토지수용재결처분취소등]).

② <효력발생요건으로 본 사례> 구 조선하천령시행규칙 제21조는 하천령 제11조에 규정에 의한 **하천구역의 인정**은 관리청이 이를 **고시하고 관계인에게 통지하여야 한다고 규정**하고 있으므로 ...... 하천구역은 당해 구역에 관하여 위 시행규칙 제21조에 따른 **관리청의 고시 및 통지에 의한 하천구역인정행위가 없는 이상 하천구역으로 되었다고는 할 수 없다** 할 것이다(대판 1987. 07. 21, 84누126; 1994. 04. 29, 94다1982).

'통지의 방식'으로는 송달과 공고 또는 고시가 있다.

행정행위의 상대방이 특정되어 있는 행정행위의 상대방에 대한 통지는 원칙상 송달의 방법에 의한다(행정절차법 제15조 제1항).

통지의 상대방이 불특정 다수인이거나 행정행위의 상대방의 주소 또는 거소가 불분명하여 송달이 불가능하거나 심히 곤란한 경우 고시 또는 공고의 방법에 의해 통지되도록 규정하고 있다(개별법령 및 행정절차법 제15조 제3항).

'도달'이라 함은 상대방이 알 수 있는 상태에 두어진 것을 말하고 상대방이 현실적으로 수령하여 요지한 것을 의미하지 않는다.

[판례] ① **행정처분의 효력발생요건으로서의 도달이란 상대방이 그 내용을 현실적으로 양지할 필요까지는 없고 다만 양지할 수 있는 상태에 놓여짐으로써 충분하다고 할 것**인데, 갑의 처가 갑의 주소지에서 갑에 대한 정부인사발령통지를 수령하였다면 비록 그때 갑이 구치소에 수감중이었고 처분청 역시 그와 같은 사실을 알고 있었다거나 갑의 처가 위 통지서를 갑에게 전달하지 아니하고 폐기해 버렸더라도 갑의 처가 위 통지서를 수령한 때에 그 내용을 양지할 수 있는 상태에 있었다고 볼 것이다(대판 1989. 09. 26, 89누4963).
② [1] **송달받을 사람의 동거인에게 송달할 서류가 교부되고 그 동거인이 사리를 분별할 지능이 있는 이상 송달받을 사람이 그 서류의 내용을 실제로 알지 못한 경우에도 송달의 효력은 있다.** 이 경우 사리를 분별할 지능이 있다고 하려면, 사법제도 일반이나 소송행위의 효력까지 이해할 수 있는 능력이 있어야 한다고 할 수는 없을 것이지만 적어도 송달의 취지를 이해하고 그가 영수한 서류를 송달받을 사람에게 교부하는 것을 기대할 수 있는 정도의 능력은 있어야 한다. [2] 갑은 2002. 12. 30.생으로서 상고기록접수통지서를 영수할 당시 **만 8세 1개월 남짓의 여자 어린이였는데**, 그의 연령, 교육정도, 상고기록접수통지서가 가지는 소송법적 의미와 중요성 등에 비추어 볼 때, 그 소송서류를 송달하는 우편집배원이 갑에게 송달하는 서류의 중요성을 주지시키고 원고에게 이를 교부할 것을 당부하는 등 필요한 조치를 취하였다는 등의 특별한 사정이 없는 한, 그 정도 연령의 어린이 대부분이 이를 송달받을 사람에게 교부할 것으로 기대할 수는 없다고 보이므로 상고기록접수통지서 등을 수령한 갑에게 소송서류의 영수와 관련한 사리를 분별할 지능이 있다고 보기 어렵다고 보아, 상고기록접수통지서의 보충송달이 적법하지 않다고 본 사례(대판 2011. 10. 11, 2011재두148).

(1) 송달의 방법과 효력발생

송달은 우편, 교부 또는 정보통신망 이용 등의 방법으로 하되, 송달받을 자(대표자 또는 대리인을 포함한다. 이하 같다)의 주소·거소(居所)·영업소·사무소 또는 전자우편주소(이하 "주소등"이라 한다)로 한다. 다만, 송달받을 자가 동의하는 경우에는 그를 만나는 장소에서 송달할 수 있다(행정절차법 제14조 제1항).

[판례] [1] 국세기본법 제8조 제1항 소정의 '주소'의 의미: 국세기본법 제8조 제1항에 의하면 세법이 규정하는 서류는 그 명의인의 주소·거소·영업소 또는 사무소에 송달하도록 규정되어 있는바, 여기서 주소라 함은 원칙적으로 생활의 근거가 되는 곳을 가리키지만 민법 제21조 소정의 가주소 또는 그 명의인의 의사에 따라 전입신고된 주민등록지도 특별한 사정이 없는 한 이에 포함된다. [2] 납세고지서의 명의인이 다른 곳으로 이사하였지만 주민등록을 옮기지 아니한 채 주민등록지로 배달되는 우편물을 새로운 거주자가 수령하여 자신에게 전달하도록 한 경우, 그 새로운 거주자에게 우편물 수령권한을 위임한 것으로 보아 그에게 한 납세고지서의 송달이 적법하다고 한 사례(대판 1998. 04. 10, 98두1161).

1) 우편송달과 효력발생

처분서가 처분상대방의 주민등록상 주소지로 송달되어 처분의 상대방 또는 처분상대방의 사무원 등 또는 그 밖에 우편물 수령권한을 위임받은 사람이 **수령하면** 처분상대방이 알 수 있는 상태가 되었다고 할 것이다(대판 2017. 03. 09, 2016두60577).

우편의 송달을 입증하기 위하여는 등기우편의 방법에 의하여야 한다. 등기우편으로 서류를 송달받을 자의 주소지로 발송한 이상 특단의 사정이 없는 한 위 서류는 수령확인을 받은 날 또는 수령확인이 없는 경우 발송일로부터 수일 내 송달받을 자나 그의 가족 등에게 송달되었다고 봄이 상당하다 할 것이다(대판 1992. 03. 27, 91누3819; 1998. 02. 13, 97누8977). 우편물이 등기취급의 방법으로 발송된 경우 그것이 도중에 유실되었거나 반송되었다는 등의 특별한 사정에 대한 반증이 없는 한 그 무렵 수취인에게 배달되었다고 **추정**할 수 있다(대판 2017. 03. 09, 2016두60577). 그러나, 수취인이나 그 가족이 주민등록지에 실제로 거주하고 있지 아니하면서 전입신고만을 해 둔 경우에는 그 사실만으로써 주민등록지 거주자에게 송달수령의 권한을 위임하였다고 보기는 어려울 뿐 아니라 수취인이 주민등록지에 실제로 거주하지 아니하는 경우에도 우편물이 수취인에게 도달하였다고 추정할 수는 없고, 따라서 이러한 경우에는 우편물의 도달사실을 처분청이 입증해야 할 것이다(대판 1998. 02. 13, 97누8977).

그리고, 판례는 내용증명우편이나 등기우편과는 달리, 보통우편의 방법으로 발송되었다는 사실만으로는 그 우편물이 상당한 기간 내에 도달하였다고 추정할 수 없고, 송달의 효력을 주장하는 측에서 증거에 의하여 이를 입증하여야 한다고 본다(대판 2009. 12. 10, 2007두20140[공시지가확정처분취소]).

등기로 취급하는 우편물은 수취인·동거인(동일 직장에서 근무하는 자를 포함한다) 또는 우편법 시행령 제43조 제1호(동일 건축물 또는 동일 구내의 수취인에게 배달할 우편물로서 그 건축물 또는 구내의 관리사무소, 접수처 또는 관리인) 및 제5호(수취인이 동일집배구에 거주하는 자를 대리수령인으로 지정하여 배달우편관서에 신고한 경우에는 그 대리수령인)의 규정에 의한 수령인으로부터 그 수령사실의 확인을 받고 배달하여야 한다(우편법 시행령 제42조 제3항). 교정시설 또는 국가경찰관서의 유치장에 체포·구속 또는 유치(留置)된 사실이 확인된 자에 대한 서류는 해당 교정시설의 장 또는 국가경찰관서의 장에게 송달한다(국세기본법 제8조 제5항).

[판례] ① 집회제한통보의 송달 방법: (1) 집시법 제12조에 따른 교통조건통보는 집시법 제8조에 따른 금지 등 통고의 송달에 관한 규정을 그대로 따라야 한다고 보기 어렵다. 따라서 구체적인 통보 방법이나 경위, 수령인과 주최자의 관계 등에 비추어 주최자가 그 내용을 알 수 있는 상태에 이르렀다면 비록 집시법 제8조에 따른 금지 등 통고서의 송달 방법을 갖추지 못하였다 하더라도 이는 적법한 교통조건 통보로 보아야 한다. (2) 경찰이 시위 주최측인 금속노조 조직국장에게 전화로 통보서의 내용을 알리고 전달 방법을 문의하였는데, "우편함에 넣고 가라"고 하여 그곳 노조 사무실 우편함에 통보서를 투입한 것을 사회통념상 통보서의 내용을 알 수 있는 객관적 상태에

놓여 있다고 인정할 수 있다고 한 사례(대판 2015. 08. 27, 2012도14625). 〈해설〉 박영관, 집회 및 시위제한 통보의 적법 여부, 단순참가자에 대한 처벌기준, 법률신문, 2015.9.24, 12면 참조.

② **구치소 등에 구속된 사람에 대한 납세고지서의 송달 방법**: 국세기본법에는 민사소송법 제182조(구속된 사람 등에게 할 송달)와 같은 특별규정이나 민사소송법 중 송달에 관한 규정을 준용하는 규정이 없으므로, 구치소 등에 구속된 사람에 대한 납세고지서의 송달은 특별한 사정이 없으면 국세기본법 제8조 제1항에 따라 주소·거소·영업소 또는 사무소로 하면 되고, 이 경우 그 곳에서 송달받을 사람을 만나지 못한 때에는 그 사용인 기타 종업원 또는 동거인으로서 사리를 판별할 수 있는 사람에게 송달할 수 있다(대판 2010. 05. 13, 2009두3460).

③ 혼인하여 별도의 주소지에서 생활하면서 일시 송달명의인의 주소지를 방문한 송달명의인의 아들에게 납세고지서를 수교한 것만으로는 송달을 받아야 할 자에게 도달하였다고 단정할 수 없다고 한 사례(대판 1992. 10. 13, 92누725).

④ 국세기본법 제10조 제4항에서 정한 '동거인'의 의미: **국세기본법 제10조 제4항 소정의 '동거인'이라고 함은** 송달을 받을 자와 동일 세대에 속하여 생활을 같이 하는 자를 의미하므로 송달받을 사람과 같은 집에 거주하더라도 세대를 달리하는 사람은 동거인이라고 할 수 없다(대판 1981. 04. 14, 80다1662).

⑤ [1] **과세처분의 상대방인 납세의무자 등 서류의 송달을 받을 자가 다른 사람에게 우편물 기타 서류의 수령권한을 명시적 또는 묵시적으로 위임한 경우**에는 그 수임자가 해당 서류를 수령함으로써 그 송달받을 자 본인에게 해당 서류가 적법하게 송달된 것으로 보아야 하고, 그러한 수령권한을 위임받은 자는 반드시 위임인의 종업원이거나 동거인일 필요가 없다(대법원 2000. 07. 04. 선고 2000두1164 판결 참조). [2] 갑이 을의 아파트에 방 1칸을 임차하여 거주하고 있었는데 을을 수취인으로 하여 우송되어 온 납세고지서를 수령하면서 우편물배달증명서에 자신을 동거인이라고 기재한 사안에서, 갑이 2년 이상 을의 자녀들과 같은 아파트에 사는 동안 가끔 우편물을 수령하여 을의 자녀들이 거주하던 방 앞에 놓아두기도 하였던 점만으로는 갑이 을로부터 우편물 수령권한을 묵시적으로 위임받았다고 인정하기에 부족하다고 보아 부과처분은 적법한 납세고지 없이 이루어진 것으로서 송달의 효력을 인정할 수 없으므로 당연무효라고 판단한 원심판결에는 국세기본법 제10조 제4항이 규정하는 납세고지서의 송달에 관한 법리오해가 있다고 한 사례(대판 2011. 05. 13, 2010다108876).

⑥ 등기우편으로 송달해야 하는 납세고지서를 수령인에게 직접 전달하지 않고 우편함에 넣어두는 방식으로 송달을 완료했다면 납세고지의 효력이 없다(서울행정법원 2018. 08. 14, 2018구단69205).

⑦ **(1) 우편법에 따른 우편물의 배달과 상대방 있는 의사표시의 도달 여부: 우편법 제31조, 제34조, 같은법시행령 제42조, 제43조의 규정취지**는 우편사업을 독점하고 있는 국가가 배달위탁을 받은 우편물의 배달방법을 구체적으로 명시하여 그 수탁업무의 한계를 명백히 한 것으로서 위 규정에 따라 우편물이 배달되면(예, 빌딩건물경비원에게 배달) 우편물이 정당하게 교부된 것으로 인정하여 **국가의 배달업무를 다하였다는 것일 뿐** 우편물의 송달로써 달성하려고 하는 법률효과까지 발생하게 하는 것은 아니므로 **위 규정에 따라 우편물이 배달되었다고 하여 언제나 상대방 있는 의사표시의 통지가 상대방에게 도달하였다고 볼 수는 없다. (2) 집배원으로부터 우편물을 수령한 빌딩건물경비원이 원고나 그 동거인 또는 고용인에게 위 청문서를 전달하였다고 볼 수 없는 이상 청문서가 원고에게 적법하게 송달되었다고 볼 수 없다**할 것이다. 원고가 청문서를 송달받지 못하여 청문절차에 불출석하였는데도 불응하는 것으로 보아 원고에게 의견진술기회를 주지 아니한 채 이루어진 이 사건 처분은 영업정지사유가 인정된다 하더라도 위법하다 할 것이다(대판 1991. 07. 09, 91누971; 1993. 11. 26, 93누17478).

상대방이 부당하게 등기취급 우편물의 수취를 거부함으로써 그 우편물의 내용을 알 수 있는 객관적 상태의 형성을 방해한 경우 발송인의 의사표시의 효력을 부정하는 것은 신의성실의 원칙에 반하므로 허용되지 않는다. 이러한 경우에는 수취 거부 시에 의사표시의 효력이 생긴 것으로 보아야 한다(대판 2020. 08. 20, 2019두34630).

2) 교부와 효력발생

교부에 의한 송달은 수령확인서를 받고 문서를 교부함으로써 하며, 송달하는 장소에서 송달받을 자를 만나지 못한 경우에는 그 사무원·피용자(被傭者) 또는 동거인으로서 사리를 분별할 지능이 있는 사람(이하 "사무원등"이라 한다)에게 문서를 교부할 수 있다(행정절차법 제14조 제2항). 다만, 문서를 송달받을 자 또는 그 사무원등이 정당한 사유 없이 송달받기를 거부하는 때에는 그 사실을 수령확인서에 적고, 문서를 송달할 장소에 놓아둘 수 있다(제14조 제2항 단서). 이른바 **유치송달**이 인정된다.

교부시 도달된 것으로 본다.

[판례] ① [1] 납세고지서의 교부송달 및 우편송달에 있어서는 반드시 납세의무자 또는 그와 일정한 관계에 있는 사람의 현실적인 수령행위를 전제로 하고 있다고 보아야 하며, 납세자가 과세처분의 내용을 이미 알고 있는 경우에도 납세고지서의 송달이 불필요하다고 할 수는 없다. [2] 납세고지서의 송달을 받아야 할 자가 부과처분 제척기간이 임박하자 그 수령을 회피하기 위하여 일부러 송달을 받을 장소를 비워 두어 세무공무원이 송달을 받을 자와 보충송달을 받을 자를 만나지 못하여 부득이 사업장에 납세고지서를 두고 왔다고 하더라도 이로써 신의성실의 원칙을 들어 그 납세고지서가 송달되었다고 볼 수는 없다(대판 2004. 04. 09, 2003두13908).

② [1] 세무공무원이 잠겨진 문틈으로 납세고지서를 투입한 경우, 납세고지의 적부(소극): 납세고지서의 교부송달에도 납세의무자 또는 그와 일정한 관계에 있는 사람이 현실적으로 이를 수령하는 행위가 반드시 필요하다 할 것이므로, 세무공무원이 납세의무자와 그 가족들이 부재중임을 알면서도 아파트 문틈으로 납세고지서를 투입하는 방식으로 송달하였다면, 이러한 납세고지서의 송달은 구 국세기본법 제10조의 규정에 위배되어 부적법한 것으로서 효력이 발생하지 아니한다. [2] 납세자가 부과처분 제척기간이 임박하자 납세고지서의 수령을 회피하기 위하여 고지서 수령 약속을 어기고 일부러 집을 비워 두어서 세무공무원이 부득이 납세자의 아파트 문틈으로 납세고지서를 투입하였다 하여 신의성실의 원칙을 들어서 그 고지서가 송달되었다고 볼 수는 없다(대판 1997. 05. 23, 96누5094).

③ **납세의무자로부터 수령권한을 위임받은 자가 거부하지 않는 경우 법정의 송달장소가 아닌 다른 장소에서 서류를 교부할 수 있는 지 여부(적극)**: 교부에 의한 서류의 송달방법 중 송달을 받아야 할 자가 송달받기를 거부하지 아니하면 국세기본법 제8조 제1항 소정의 송달장소가 아닌 다른 장소에서 교부할 수 있도록 규정한 같은법 제10조 제3항 단서에서 '송달을 받아야 할 자'라 함은 납세의무자뿐만 아니라 그로부터 수령권한을 위임받은 자도 포함된다(대판 1990. 12. 21, 90누4334).

3) 전자적 통지와 효력발생

정보통신망을 이용한 송달은 송달받을 자가 동의하는 경우에만 한다. 이 경우

송달받을 자는 송달받을 전자우편주소 등을 지정하여야 한다(행정절차법 제14조 제3항).

행정절차법 제24조 제1항에 따르면 처분을 전자문서로 할 때에는 당사자등의 동의를 받거나 당사자가 전자문서로 처분을 신청한 경우이어야 하는데(행정절차법 제24조 제1항), 판례에 따르면 이를 위반한 경우 처분은 효력이 발생하지 않는다(대판 2024. 05. 09, 2023도3914).

① 행정기관 등의 장은 관계 법령에서 고지서·통지서 등의 종이문서로 통지 등을 하도록 규정하고 있는 경우에도 본인이 원하면 이를 전자문서로 통지 등을 할 수 있다(전자정부법 제11조 제1항). ② 제1항에 따른 전자문서로 통지 등을 한 경우에는 해당 법령에서 정한 절차에 따라 통지 등을 한 것으로 본다(동조 제2항). 행정기관 등의 장은 민원사항 등을 처리할 때 그 처리결과를 관계 법령에서 문서·서면·서류 등의 종이문서로 통지, 통보 또는 고지 등(이하 "통지 등"이라 한다)을 하도록 규정하고 있는 경우에도 민원인 본인이 원하거나 민원사항 등을 전자문서로 신청 등을 하였을 때에는 이를 전자문서로 통지 등을 할 수 있다(동법 제7조 제2항).

행정기관 등이 송신한 전자문서는 '수신자가 지정한 정보시스템 등에 입력된 때'에 그 수신자에게 도달된 것으로 본다. 다만, 지정한 정보시스템 등이 없는 경우에는 수신자가 관리하는 정보시스템 등에 입력된 때에 그 수신자에게 도달된 것으로 본다(동법 제28조 제2항). 행정기관 등이 발송한 전자문서가 판독할 수 없는 상태로 수신자에게 도달된 경우에는 이를 적법하게 도달된 문서로 보지 아니한다(동조 제4항). 국세기본법 또는 세법에서 규정하는 서류의 전자송달의 경우에는 송달받을 자가 지정한 전자우편주소에 입력된 때(국세정보통신망(홈텍스)에 저장하는 경우에는 저장된 때)에 그 송달을 받아야 할 자에게 도달한 것으로 본다(국세기본법 제12조).

'수신자가 지정한 정보시스템 등에 입력된 때'의 해석에 관하여 견해가 대립되고 있다. '수신자측 서버에 도달한 때'라고 해석하는 견해와 '수신자 개인의 컴퓨터화일에 입력된 때'라고 해석하는 견해가 있다. 전자의 견해는 종이문서의 경우 우편물이 우편함에 배달된 경우 도달된 것으로 보는 것처럼 전자문서의 경우 수신자의 메일박스에 도달한 때 전자문서가 도달한 것으로 보아야 한다는 견해이다.[58] 후자의 견해는 전자문서는 종이문서와 달리 상대방이 아직은 자주 메일박스를 확인하지도 않고, 수신서버로부터 수신인의 개인용컴퓨터로 도달됨에 있어 지체나 오류가 있을 수 있으므로 수신자 개인의 컴퓨터화일에 입력된 때라고 보아야 한다는 견해이다. 수신자의 개인의 컴퓨터화일에 기록된 것이라 함은 주기억장치(RAM)에 기록되는 것을 말한

58) 조태제, "지방자치행정에서 전자정부 실현을 위한 행정법제의 정비방안," 『토지공법연구』, 제10집, 2000. 8, 343면.

다.[59] 양 견해의 차이는 서버에서 수신자 개인의 컴퓨터로 오는 중의 오류에 대한 책임을 발신자에게 부담시키는가 아니면 수신자에게 부담시키는가에 있다. 생각건대, 수신자측 서버에 도달하였지만, 수신자의 개인용컴퓨터에 도달하지 않은 경우에도 도달한 것으로 간주하는 것은 타당하지 않으며 수신자측 서버에 도달한 경우 도달한 것으로 추정하는 것이 타당하다.

행정전자서명의 경우에는 발신 및 수신시점의 확인이 가능하고, 전자서명에는 부인봉쇄기능이 있기 때문에 도달 여부의 확인도 가능하다.

국세기본법 제8조에 따라 송달하는 서류(납세고지서 등)는 송달받아야 할 자에게 도달한 때부터 효력이 발생한다. 다만, 전자송달의 경우에는 송달받을 자가 지정한 전자우편주소에 입력된 때(국세정보통신망(홈텍스)에 저장하는 경우에는 저장된 때)에 그 송달을 받아야 할 자에게 도달한 것으로 본다(국세기본법 제12조).

(2) 고시 또는 공고와 효력발생

고시 또는 공고는 행정절차법상의 공고와 개별법령에 의한 고시 또는 공고가 있다.

1) 행정절차법상 공고(송달에 갈음하는 공고)

송달받을 자의 주소등을 통상적인 방법으로 확인할 수 없는 경우 또는 송달이 불가능한 경우에는 송달받을 자가 알기 쉽도록 관보, 공보, 게시판, 일간신문 중 하나 이상에 공고하고 인터넷에도 공고하여야 한다(제14조 제4항). 이 경우에는 다른 법령등에 특별한 규정이 있는 경우를 제외하고는 공고일부터 14일이 지난 때에 그 효력이 발생한다. 다만, 긴급히 시행하여야 할 특별한 사유가 있어 효력 발생 시기를 달리 정하여 공고한 경우에는 그에 따른다(제15조 제3항).

2) 불특정 다수인에 대한 개별법상 고시 또는 공고

개별법에서 고시 또는 공고를 행정행위의 통지방법으로 규정하고 있는 경우가 있다. 대부분 행정행위의 상대방이 불특정 다수인이거나 상대방이 특정될 수 있으나 일일이 통지하는 것이 적절하지 않은 경우 등에 그러한 규정이 두어진다(예, 공익사업을 위한 토지 등의 취득 및 보상에 관한 법률 제20조의 사업인정, 도시 및 주거환경정비법상의 관리처분계획의 인가 등).

일반처분의 통지는 명문의 규정이 없더라도 공고 또는 고시의 방법에 의할 수 있다고 보아야 한다.

---

59) 경건, "전자행정절차에 관한 법제 정비," 『전자정부 구현을 위한 법제 동향과 과제』, 2000. 10. 24, 68~69면.

[판례] ① 납세자의 송달할 장소가 여러 곳임에도 그 중 일부 장소에만 방문하여 수취인 부재로 확인된 경우 곧바로 납세고지서를 공시송달할 수 있는지 여부(소극): (1) 과세관청이 납세고지서를 공시송달할 수 있는 사유로서 국세기본법 제11조 제1항 제3호에서 정한 '송달할 장소'란 과세관청이 선량한 관리자의 주의를 다하여 조사함으로써 알 수 있는 납세자의 주소 또는 영업소를 말하고, 납세자의 '송달할 장소'가 여러 곳이어서 각각의 장소에 송달을 시도할 수 있었는데도 세무공무원이 그 중 일부 장소에만 방문하여 수취인이 부재중인 것으로 확인된 경우에는 국세기본법 제11조 제1항 제3호, 국세기본법 시행령 제7조의2 제2호에 따라 납세고지서를 공시송달할 수 있는 경우에 해당하지 않는다고 보아야 한다. (2) 피고가 보유하는 과세자료 등에 의하여 확인되는 원고의 영업소라고 할 수 있는 원고의 사업장 소재지에 납세고지서의 송달을 시도해 보지 않은 채 원고의 주소지만 두 차례 방문한 다음 수취인 부재를 이유로 곧바로 이 사건 납세고지서를 공시송달한 것은 국세기본법 제11조 제1항 제3호, 국세기본법 시행령 제7조의2 제2호에서 정한 공시송달의 요건을 갖추지 못하였다고 본 사례(대판 2015. 10. 29, 2015두43599[종합소득세부과처분취소]).

② [1] 구 국세기본법 제11조 제1항 제3호 소정의 '주소 또는 영업소가 분명하지 아니한 때'의 의미: 구 국세기본법(1996. 12. 30. 법률 제5189호로 개정되기 전의 것) 제11조 제1항 제3호에서 공시송달 사유의 하나로 들고 있는 '주소 또는 영업소가 분명하지 아니한 때'라 함은, 과세관청이 선량한 관리자의 주의를 다하여 송달을 받아야 할 자의 주소 또는 영업소를 조사하였으나 그 주소 또는 영업소를 알 수 없는 경우를 말한다. [2] 과세관청이 선량한 관리자로서의 주의를 다하여 수송달자의 주소를 조사하였으나 이를 알지 못한 경우에 해당하여 납세고지서의 공시송달이 적법하다고 한 사례(대판 1999. 05. 11, 98두18701).

③ 과세관청이 납세의무자인 회사에 대한 납세고지서를 법인등기부상 본점주소지로 송달하였으나 송달불능으로 반송되어 오자 그 당시 대표이사의 법인등기부상 등재된 주소지에는 송달하여 보지도 아니한 채 그 납세고지서를 공시송달하였다면 위 회사에 대하여 적법한 납세고지서의 송달이 있은 것으로 볼 수 없다(대판 1990. 09. 11, 90누868).

④ 국세기본법 제11조 제1항 제3호와 같은법시행령 제7조에 의하여 법인에 대하여 공시송달을 할 수 있는 경우: 국세기본법 제11조 제1항 제3호와 같은법시행령 제7조의 규정에서 말하는 공시송달을 할 수 있는 경우로서 "주소 또는 영업소가 분명하지 아니한때"라 함은 주민등록표, 법인등기부 등에 의하여도 이를 확인할 수 없는 경우를 뜻하고, 법인에 대한 송달은 본점 소재지에서 대표이사가 이를 수령할 수 있도록 함이 원칙이나 그와 같은 송달이 불능인 경우에는 법인등기부 등을 조사하여 본점 소재지의 이전 여부 및 대표이사의 변경 여부나 대표이사의 법인등기부상의 주소지 등을 확인하여 그에게 송달을 하여 본 후에 송달이 불능한 때에 비로소 공시송달을 할 수 있다(대판 1992. 12. 11, 92다35431).

⑤ 주민등록표를 확인않고서 한 납세고지서의 공시송달의 효력: 과세관청이 종중에 대하여 부과하여야 할 본건 세금을 종중대표자 개인에게 부과하면서 동인의 주소를 주민등록표 등에 의하여 충분히 확인할 수 있음에도 불구하고 종중의 등기부상의 주소로만 발송하였다가 반송되었다 하여 행한 납세고지서의 공시송달은 국세기본법 제11조, 동법시행령 제7조의 규정에 비추어 볼 때 적법한 송달로서의 효력을 발생할 수 없다(대판 1984. 05. 22, 83누497).

⑥ 세무공무원이 납세고지서의 교부송달을 위하여 납세의무자의 주거지로 출장을 나갔으나 출입문이 시정되어 있는 경우, 당해 세무공무원으로서는 이웃집이나 통·반장 등에게 탐문하여 위 의무자의 거주사실 여부를 확인해 볼 의무가 있다고 한 사례(대판 1998. 06. 12, 97누17575).

이 경우 당해 공고 또는 고시의 효력발생일을 법령에서 명시적으로 규정하고 있는 경우(예, 사업인정고시 의 경우 고시된 날)에는 그에 의한다.

고시 또는 공고의 효력발생일에 관한 명시적인 규정이 없는 경우에는 언제 당해 공고 또는 고시가 효력을 발생하는가.

「행정업무의 운영 및 혁신에 관한 규정」(이하 "행정규정"이라 한다)은 공고문서[60]는 그 문서에서 효력발생 시기를 구체적으로 밝히고 있지 않으면 그 고시 또는 공고 등이 있은 날부터 5일이 경과한 때에 효력이 발생한다고 규정하고 있다(행정규정 제6조 제3항).

판례는 고시 또는 공고의 효력발생일에 관한 명문의 규정이 없는 경우에는 행정업무운영규정을 적용하여 당해 고시 또는 공고의 효력발생일을 고시 또는 공고가 있은 후 5일이 경과한 날로 보고 있다(대판 전원합의체 1995. 08. 22, 94누5694).

[판례] 구 주택법 제16조에 따라 정하는 사업계획승인의 효력은 사업계획승인권자의 고시가 있은 후 5일이 경과한 날부터 발생한다(대판 2013. 03. 28, 2012다57231).

입법론상 행정업무운영규정은 법률의 근거가 없는 대통령령으로 효력발생일과 같은 법규사항을 정하는 것은 문제가 있다.

3. 상대방이 존재하지 않는 행정행위의 효력발생요건: 대외적 표시

상대방이 존재하지 않는 행정행위(예 망인에 대한 서훈취소)에 있어서는 처분권자의 의사에 따라 상당한 방법으로 대외적으로 표시됨으로써 행정행위로서 성립하여 효력이 발생한다(대판 2014. 09. 26, 2013두2518).

4. 효력발생요건의 하자

효력발생요건이 충족되지 않으면 해당 행정행위는 상대방에 대하여 효력을 발생하지 못한다.

[판례] 과세처분에 관한 납세고지서의 송달이 국세기본법 제8조 제1항의 규정에 위배되는 부적법한 것으로서 송달의 효력이 발생하지 아니하는 이상, 그 과세처분은 무효이다(대판 1995. 08. 22, 95누3909).

---

60) 공고문서는 고시·공고 등 행정기관이 일정한 사항을 일반에게 알리는 문서를 말한다(행정업무운영규정 제4조 제3호).

Ⅳ. 적법요건

행정행위가 행해짐에 있어 법에 의해 요구되는 요건을 적법요건(適法要件)이라 한다.

1. 주체에 관한 적법요건

행정행위는 당해 행정행위를 발할 수 있는 권한을 가진 자에 의해 행해져야 한다.

2. 절차에 관한 적법요건

행정행위를 행함에 있어 일정한 절차, 예를 들면 청문, 다른 기관과의 협의 등을 거칠 것이 요구되는 경우에는 그 절차를 거쳐야 한다.

3. 형식에 관한 적법요건

행정청이 처분을 하는 때에는 다른 법령 등에 특별한 규정이 있는 경우를 제외하고는 문서로 하여야 하며, 전자문서로 하는 경우에는 당사자 등의 동의가 있어야 한다. 다만, 신속을 요하거나 사안이 경미한 경우에는 구술 기타 방법으로 할 수 있으며 이 경우 당사자의 요청이 있는 때에는 지체 없이 처분에 관한 문서를 주어야 한다(행정절차법 제24조 제1항). 처분을 하는 문서에는 그 처분행정청 및 담당자의 소속·성명과 연락처(전화번호·팩스번호·전자우편주소 등을 말한다)를 기재하여야 한다(제24조 제2항).

처분은 처분권자의 이름으로 처분권자의 관인(전자이미지관인을 포함한다)을 날인하거나 서명(전자문서서명 및 행정전자서명을 제외한다)하여 행한다. 보조기관 및 보좌기관의 명의로 발신하는 문서의 시행문에는 보조기관 또는 보좌기관이 서명을 한다. 다만, 전신·전신타자 또는 전화로 발신하는 문서나 관보·신문 등에 게재하는 문서에는 관인을 찍거나 서명하지 아니하며, 경미한 내용의 문서에는 행정안전부령이 정하는 바에 따라 관인을 찍는 것과 서명하는 것을 생략할 수 있다(사무관리규정 제21조 제1항). 행정기관의 보조기관 또는 보좌기관이 위임전결 또는 대결한 전자문서는 이를 당해 보조기관 또는 보좌기관의 행정전자서명으로 발송할 수 있다(전자정부법 제26조 제2항).

관인을 찍어야 할 문서로서 다수의 수신자에게 동시에 발신 또는 교부하는 문서에는 관인날인에 갈음하여 관인의 인영을 인쇄하여 사용할 수 있다(동규정 제21조 제2항).

4. 내용에 관한 적법요건

행정행위는 그 내용에 있어 적법하여야 하며 법률상이나 사실상으로 실현가능하고 관계인이 인식할 수 있을 정도로 명확하여야 한다.

5. 적법요건을 결여한 행정행위의 효력

행정행위가 적법요건을 충족시키지 못한 경우에는 위법하다. 적법요건을 충족하지 못한 행정행위는 흠 있는 행정행위가 되며 흠 있는 행정행위의 효력은 후술하는 바와 같이 부존재, 무효 및 취소할 수 있지만 취소되기 전까지는 유효한 것으로 나누어진다.

Ⅴ. 유효요건

유효요건이라 함은 행정행위가 무효가 되지 않고 효력을 갖기 위한 요건을 말한다. 행정행위의 유효요건은 행정행위의 무효요건에 대립되는 것으로 행정행위의 위법이 중대하고 명백하지 않을 것이다. 행정행위는 위법하더라도 그 위법이 중대하고 명백하여 무효가 되지 않는 한 공정력에 의해 권한 있는 기관에 의해 취소되지 않는 한 유효하다.

제8절 행정행위의 하자(흠)와 그 효과

Ⅰ. 개 설

1. 행정행위의 하자(흠)의 개념

위법 또는 부당과 같이 행정행위의 효력의 발생을 방해하는 사정을 행정행위의 하자(흠)라 한다. 위법(違法)이라 함은 법의 위반을 의미하며 부당(不當)이라 함은 법을 위반함이 없이 공익(公益) 또는 합목적성(合目的性) 판단을 잘못한 것(목적 위반)을 말한다. 행정기관이 재량권의 한계를 넘지 않는 한도 내에서 재량권의 행사를 그르친 행정행위가 부당한 행정행위가 된다.

위법한 행정행위는 행정심판이나 행정청의 직권에 의해 취소될 수 있을 뿐만 아니라 법원에 의해서도 취소될 수 있다. 그러나, 부당한 행정행위는 행정심판이나 행정청의 직권에 의해 취소될 수 있을 뿐 법원에 의해 취소될 수는 없다. 그런데, 실제에 있어 행정행위가 부당하다고 하여 취소되는 예는 거의 없다. 그리하여 흠 있는 행정행위로서 문제가 되는 것은 주로 위법한 행정행위이다.

훈시규정의 위반은 행정행위의 위법사유가 아니다.

[판례] (1) 구 기반시설부담금에 관한 법률 제11조 제1항의 기반시설부담금 부과시기에 관한 규정은 부과권 행사의 제척기간에 관한 규정이 아니라 행정청에 대한 직무상의 훈시규정이라고 보아야 한다. (2) 피고가 기반시설부담금의 부과기준시점인 이 사건 건물의 건축허가일로부터 2월이 경과한 후에 이 사건 처분을 하였어도 이를 위법하다고 할 수 없다고 한 사례(대판 2010. 04. 29, 2009두13849[기반시설부담금부과처분취소]).

처분의 위법은 처분별로 판단된다. 위법사유는 문제가 된 처분의 위법사유이어야 한다. 원칙상 다른 처분의 위법사유는 처분의 위법사유가 되지 않는다. 다만, 하자의 승계가 인정되는 경우, 선행행위의 구속력의 예외가 인정되는 경우, 인허가가 의제되는 경우 등에는 그러하지 아니하다.

행정처분에 있어 수개의 처분사유 중 일부가 적법하지 않다고 하더라도 다른 처분사유로써 그 처분의 정당성이 인정되는 경우에는 그 처분을 위법하다고 할 수 없다(대판 1997. 05. 09, 96누1184; 2004. 03. 25, 2003두1264; 2013. 10. 24, 2013두963).

[판례] [과징금 부과처분의 재량권 일탈·남용 여부가 문제된 사안] **과거 공정거래법 위반행위로 인한 시정조치가 위반행위 자체가 존재하지 않는다는 이유로 취소판결이 확정된 경우 그 과거 위반행위를 위반 횟수에 산입하여 위반횟수 가중을 한 과징금 부과처분이 재량권 일탈·남용으로 위법한지 여부(한정 소극)**: (1) '개정 전 과징금 고시' Ⅳ. 2. 나. (2)항은 과거 시정조치의 횟수 산정시 시정조치의 무효 또는 취소판결이 확정된 건을 제외하도록 규정하고 있다. 공정거래위원회가 과징금 산정시 위반 횟수 가중의 근거로 삼은 위반행위에 대한 시정조치가 그 후 '위반행위 자체가 존재하지 않는다는 이유로 취소판결이 확정된 경우' 과징금 부과처분의 상대방은 결과적으로 처분 당시 객관적으로 존재하지 않는 위반행위로 인하여 과징금이 가중될 것이므로, **그 처분은 비례·평등원칙 및 책임주의 원칙에 위배될 여지가 있다. 다만,** 공정거래위원회는 공정거래법령상의 과징금 상한의 범위 내에서 과징금 부과 여부 및 과징금 액수를 정할 재량을 가지고 있다. 또한 **재량준칙인 '개정 전 과징금 고시' Ⅳ. 2. 나. (1)항은** 위반 횟수와 벌점 누산점수에 따른 과징금 가중비율의 **상한만을 규정**하고 있다. 따라서 **법 위반행위 자체가 존재하지 않아 위반행위에 대한 시정조치에 대하여 취소판결이 확정된 경우에 위반 횟수 가중을 위한 횟수 산정에서 제외한다고 하더라도, 그 사유가 과징금 부과처분에 영향을 미치지 아니하여 처분의 정당성이 인정되는 경우에는 그 처분을 위법하다고 할 수 없다**(대법원 2010. 12. 09. 선고 2010두15674 판결 등 참조). (2) 법 위반행위 자체가 존재하지 않는다는 이유로 선행조치(시정조치)의 취소판결이 확정되어 피고가 과징금 부과처분시 원고의 위반 횟수 가중을 위한 횟수가 5회에서 4회로 감소하더라도, 피고가 **과징금 고시에 따라 100분의 40 이내에서 산정기준을 가중할 수 있으므로** 과징금 부과처분 당시 원고에 대하여 100분의 20 가중비율을 적용한 것이 현저히 과도한 가중비율을 적용하여 비례원칙에 위배된다고 보기 어렵고, 위반 횟수가 감소하더라도 원고의 벌점은 여전히 100분의 15의 가중비

율을 적용한 다른 담합 참여회사보다 높으므로 **원고에게 100분의 20의 가중비율을 적용한 것이 합리적인 이유가 없는 차별이라거나 현저히 과도한 가중비율이라고 볼 수 없다**(대판 2019. 07. 25, 2017두55077). 〈**해설**〉 과징금 부과처분시 원고의 위반 횟수 가중을 위한 횟수(시정조치 횟수)가 5회이었는데, 과징금 부과처분에 대한 취소소송 변론 종결전에 과거 공정거래법 위반행위로 인한 시정조치를 그 위반행위 자체가 존재하지 않는다는 이유로 취소하는 판결이 확정된 사안이다.

문제가 된 처분 이전의 절차라 하더라도 해당 처분의 사전절차가 아닌 경우 그 절차의 하자는 해당 처분의 하자가 아니다.

[판례] ① 광업권을 허가할 때와 채광계획을 인가할 때 고려하고 비교·형량할 공익과 사익에 관한 여러 사정들이 구체적 내용에서 서로 다름에도, **광업권설정허가처분의 위법성을 판단하면서 채광계획인가에서 고려해야 할 요소들을 이유로 광업권설정허가처분이 위법하다고 판단한 원심판결에 심리를 다하지 않은 위법이 있다**는 이유로 파기한 사례(대판 2009. 05. 14, 2009두638[광업권설정허가처분취소등]).
② **(1) 국가재정법상 예비타당성조사를 실시하지 아니한 것은 하천공사시행계획 등의 절차상 하자가 된다고 할 수 없다.** (2) 4대강 살리기 사업 중 한강 부분에 관한 하천공사시행계획 등을 수립하면서 국가재정법상 예비타당성조사를 실시하지 아니하였다고 하더라고 곧바로 하천공사시행계획 등의 절차상 하자가 되지는 않는다고 본 원심의 판단을 수긍한 사안(대판 2015. 12. 10, 2011두32515[하천공사시행계획취소청구등]).

상급행정기관의 지시는 일반적으로 행정조직 내부에서만 효력을 가질 뿐 대외적으로 국민이나 법원을 구속하는 효력이 없다. 처분이 적법한지는 상급행정기관의 지시를 따른 것인지 여부가 아니라, 헌법과 법률, 대외적으로 구속력 있는 법령의 규정과 입법목적, 비례·평등원칙과 같은 법의 일반원칙에 적합한지 여부에 따라 판단해야 한다(대판 2019. 07. 11, 2017두38874).

2. 오기·오산 등 명백한 사실상의 착오

행정행위에 있어 오기(誤記)나 오산(誤算) 등은 행정행위가 완전한 효력을 발생하는데 장애가 되지 않으므로 행정행위의 흠과는 구별되어야 한다. 행정절차법 제25조는 처분에 오기·오산 기타 이에 준하는 명백한 잘못이 있는 때에는 행정청은 직권 또는 신청에 의하여 지체 없이 정정하고 이를 당사자에게 통지하도록 하고 있다.

3. 행정행위의 위법 여부의 판단시점

행정행위의 위법 여부는 원칙상 행정행위시의 법령 및 사실상태를 기준으로 판단한다(후술 행정소송 참조). 다만, 후술하는 바와 같이 일정한 예외가 있다.

4. 흠 있는 행정행위의 효과

위법 또는 부당한 처분은 권한이 있는 기관이 취소하거나 기간의 경과 등으로 소멸되기 전까지는 유효한 것으로 통용된다. 다만, 무효인 처분은 처음부터 그 효력이 발생하지 아니한다(행정기본법 제15조, 제18조 제1항).

5. 처분시 적용법령과 신뢰보호 등

행정처분의 신청시와 처분시(處分時) 사이에 법령이 변경된 경우 행정청은 신청시의 법령을 적용하여야 하는가, 처분시의 법령을 적용하여야 하는가 하는 것이 문제된다.

또한, 행정청이 일방적으로 행정처분을 하는 경우 처분이전에 법령이 수차 변경된 경우 어느 시점의 법령을 적용하여야 하는 것인가가 문제된다. 특히 법규위반시와 제재처분시 사이에 법령이 변경된 경우에 문제된다.

(1) 원 칙

1) 처분시법 적용의 원칙

행정기관은 법치행정의 원칙 및 공익보호의 원칙에 비추어 처분 당시의 법을 적용하여 행정행위를 행하여야 하는 것이 원칙이다. 당사자[61]의 신청에 따른 처분도 법령등에 특별한 규정이 있거나 처분 당시의 법령등을 적용하기 곤란한 특별한 사정이 있는 경우를 제외하고는 처분 당시의 법령등에 따른다(행정기본법 제14조 제2항).

[판례] ① **행정처분의 위법 여부는 원칙상 행정처분이 있을 때의 법령과 사실 상태를 기준으로 판**단하여야 하며, 법원은 행정처분 당시 행정청이 알고 있었던 자료뿐만 아니라 사실심 변론종결 당시까지 제출된 모든 자료를 종합하여 처분 당시 존재하였던 객관적 사실을 확정하고 그 사실에 기초하여 처분의 위법 여부를 판단할 수 있다(대판 2010. 01. 14, 2009두11843; 2019. 07. 25, 2017두55077 참조).

② 행정처분은 그 근거 법령이 개정된 경우에도 경과 규정에서 달리 정함이 없는 한 처분 당시 시행되는 개정 법령과 그에서 정한 기준에 의하는 것이 원칙이고, 그 개정 법령이 기존의 사실 또는 법률관계를 적용대상으로 하면서 종전보다 불리한 법률효과를 규정하고 있는 경우에도 그러한 사실 또는 법률관계가 개정 법률이 시행되기 이전에 이미 종결된 것이 아니라면 이를 헌법상 금지되는 소급입법이라고 할 수는 없으며, 그러한 개정 법률의 적용과 관련하여서는 개정 전 법령의 존속에 대한 국민의 신뢰가 개정 법령의 적용에 관한 공익상의 요구보다 더 보호가치가 있다고 인정되는 경우에 그러한 국민의 신뢰보호를 보호하기 위하여 그 적용이 제한될 수 있는 여지가 있을 따름이다(대판 2010. 03. 11, 2008두15169[과징금납부명령취소]).

③ 광업권자가 광업권을 취득하고 그에 대한 사업휴지인가를 받은 것은 모두 개정된 광업법 시행

61) 행정기본법에서 “당사자”란 처분의 상대방을 말한다(행정기본법 제2조 제3호).

령이 시행되기 이전이나 그 존속기간의 만료 및 연장신청은 개정된 광업법 시행령 시행 이후인 경우, 위 광업권자의 광업권 존속기간 연장허가 신청에 대하여 개정된 광업법 시행령이 적용된다고 한 사례(대판 2000. 03. 10, 97누13818[광업권존속기간연장허가거부처분 등 취소]).

④ 구 도시재개발법(1995. 12. 29. 법률 제5116호로 전문 개정되기 전의 것)에 의하여 주택재개발사업에 대한 관리처분계획 인가와 공사완료가 되었으나, 1995. 12. 29. 법률 제5116호로 전문 개정된 도시재개발법 및 1996. 6. 29. 대통령령 제15096호로 전문 개정된 같은법 시행령은 청산금의 산정·부과와 관련하여 구 도시재개발법(1995. 12. 29. 법률 제5116호로 전문 개정되기 전의 것) 및 같은법 시행령(1996. 6. 29. 대통령령 제15096호로 전문 개정되기 전의 것)의 관련 규정이 계속 적용된다고 볼 수 있는 경과규정을 두고 있지 아니하므로, 그 시행 후에 이루어진 청산금 산정·부과의 근거 법령은 1995. 12. 29. 법률 제5116호로 전문 개정된 도시재개발법 제42조와 1996. 6. 29. 대통령령 제15096호로 전문 개정된 같은법 시행령 제45조 및 제40조임이 분명하다(대판 전원합의체 2001. 03. 15, 99두4594[청산금부과처분취소]).

⑤ [1] 행정청이 수익적 행정처분을 하면서 부가한 **부담의 위법 여부는 처분 당시 법령을 기준으로 판단하여야 하고,** 부담이 처분 당시 법령을 기준으로 적법하다면 처분 후 부담의 전제가 된 주된 행정처분의 근거 법령이 개정됨으로써 행정청이 더 이상 부관을 붙일 수 없게 되었다 하더라도 곧바로 위법하게 되거나 그 효력이 소멸하게 되는 것은 아니다. 따라서 행정처분의 상대방이 수익적 행정처분을 얻기 위하여 행정청과 사이에 행정처분에 부가할 부담에 관한 협약을 체결하고 행정청이 수익적 행정처분을 하면서 협약상의 의무를 부담으로 부가하였으나 **부담의 전제가 된 주된 행정처분의 근거 법령이 개정됨으로써 행정청이 더 이상 부관을 붙일 수 없게 된 경우에도 곧바로 협약의 효력이 소멸하는 것은 아니다.** [2] 고속국도 관리청이 고속도로 부지와 접도구역에 송유관 매설을 허가하면서 상대방과 체결한 협약에 따라 송유관 시설을 이전하게 될 경우 그 비용을 상대방에게 부담하도록 하였고, 그 후 도로법 시행규칙이 개정되어 접도구역에는 관리청의 허가 없이도 송유관을 매설할 수 있게 된 사안에서, 위 협약이 효력을 상실하지 않는다고 한 사례(대판 2009. 02. 12, 2005다65500[약정금]). **〈해설〉** 부담이 처분 당시 법령을 기준으로 적법하였지만 처분 후 부담의 전제가 된 주된 행정처분의 근거 법령이 개정됨으로써 행정청이 더 이상 부관을 붙일 수 없게 된 것은 철회사유는 될 수 있다.

⑥ **양도인이 최초 영업허가를 받을 당시에 '영업장 면적'이 허가(신고) 대상이 아니었더라도 영업자 지위승계신고 수리 시점을 기준으로** 당시의 식품위생법령에 따른 인적·물적 **요건을 갖추어야 하므로** 양수인에게 '영업장 면적' 변경신고의무가 있으며, 영업양수 후 기존 건물을 철거하고 새 건물을 신축하여 이루어진 영업에 관해서는 '영업장 소재지'와 '영업장 면적' 변경신고의무가 있다고 한 사례(대판 2020. 03. 26, 2019두38830). **〈해설〉** 양도인이 최초 1972년에 일반음식점 영업허가를 받았는데, 당시에는 '영업장 면적'이 허가사항이 아니었다. 그 후 일반음식점에 관한 식품위생법상 규제가 영업신고제로 변경되었고, 2003년에 (변경)신고사항에 '영업장 면적'을 포함하는 규정이 신설되었다. 원고는 2015년 양도인으로부터 건물과 영업 일체를 양수하고 영업자 지위승계 신고를 하였는데, 그 건물을 철거하고 새로운 건물을 지은 다음 일반음식점 영업을 하였다.

⑦ [상수도원인자부담금의 산정시점에 관한 사건] (1) 수도법 제71조 및 동법 시행령 제65조에서 정한 **상수도원인자부담금은** 해당 지방자치단체의 조례에서 그 산정시점에 관하여 특별히 정함이 없는 한, **부과처분일 당시 적용되는 법령에 따라 이를 산정**하여야 한다. (2) 도시개발사업 실시계획 인가일 당시 조례에 비해 부과처분일 당시 조례로 계산한 상수도원인자부담금이 감소된 사안에서, 부과처분일 당시 조례가 적용되어야 한다고 판단한 원심을 수긍한 사례(대판 2022. 04. 28, 2021두58837).

2) 신뢰보호를 위한 개정법령의 적용제한

개정 전 법령의 존속에 대한 국민의 신뢰가 개정 법령의 적용에 관한 공익상의 요구보다 더 보호가치가 있다고 인정되는 경우에는 그러한 국민의 신뢰를 보호하기 위하여 신청 후의 개정 법령의 적용이 제한될 수 있다고 보아야 한다(대판 2000. 03. 10, 97누13818[62]; 2020. 07. 23, 2019두31839). 달리 말하면 개정 전 법령의 존속에 대한 국민의 신뢰이익이 개정 법령의 적용에 의한 공익보다 더 큰 경우에는 개정법령을 적용한 처분은 위법하다.

[판례] ① [1] 새로운 법령에 의한 신뢰이익의 침해는 새로운 법령이 과거의 사실 또는 법률관계에 소급적용되는 경우에 한하여 문제되는 것은 아니고, 과거에 발생하였지만 완성되지 않고 진행중인 사실 또는 법률관계 등을 새로운 법령이 규율함으로써 종전에 시행되던 법령의 존속에 대한 신뢰이익을 침해하게 되는 경우에도 신뢰보호의 원칙이 적용될 수 있다. [2] 개정 시행령의 시행일로 정해진 날 후에 이 사건 변리사시험이 실시되었다고 하더라도 개정 전 시행령의 신뢰에 기한 원고들의 시험준비행위는 그 이전부터 계속된 것이므로 원심이 개정 시행령의 즉시 시행으로 인한 원고들의 신뢰이익 침해에 대하여 신뢰보호의 원칙을 적용한 것은 정당하다고 한 사례(대판 2006. 11. 16, 2003두12899).

② 2000. 1. 12. 법률 제6157호로 개정되기 전의 의료법 제52조 제1항은 제8조 제1항 제4호 소정의 '파산선고를 받고 복권되지 아니한 자'를 임의적 면허취소사유로 규정하였다가 위 개정으로 그 항에 단서를 신설하여 위 사유를 필요적 면허취소사유로 규정하였는바, '파산선고를 받고 복권되지 아니한 자'를 파산선고 후 복권될 때까지 파산자의 상태에 있는 자의 의미로 해석한다면, 파산선고를 받고 복권되지 아니한 의사의 경우 파산자라는 결격사유가 위 법률 개정 전에 이미 종료된 것이 아니고 위 법률 개정 후에도 여전히 존속하고 있는 것으로 보아야 할 것이므로, 행정청으로서는 개정 전의 의료법을 적용하여 면허취소에 대한 재량판단을 할 것이 아니라, 개정된 의료법 제52조 제1항 단서에 따라 그 면허를 반드시 취소하여야 할 것이고, 그 의사가 파산선고 당시 파산을 임의적 취소사유로 규정한 개정 전 의료법의 존속에 대하여 신뢰를 가졌다 하더라도, 의료인 결격사유의 규정 취지에 비추어 볼 때, 그러한 그 의사의 신뢰가 개정된 의료법 규정의 적용에 관한 공익상의 요구와 비교·형량하여 더 보호가치 있는 것이라고 할 수 없다(대판 2001. 10. 12, 2001두274).

---

62) 개정 광업법 시행령이 1995. 6. 8.자로 시행되기 이전에 광업권을 취득하고(존속기간의 만료는 개정 시행령 시행 이후인 1996. 4. 30.) 그에 대하여 사업휴지인가를 받은 원고가 개정 시행령 시행 이후인 1996. 1. 30. 당해 광업권에 관하여 사업휴지인가를 받은 바 있음을 사유로 하여 그 존속기간 연장허가 신청을 하였으나, 피고 산업자원부 광업등록사무소장이 개정 시행령 규정상 사업휴지인가는 광업권 존속기간 연장 불허의 예외사유에 해당하지 않는다는 이유로 같은 해 2월 1일자로 그 신청을 반려하자, 원고가 그 거부처분에 대하여 취소를 구한 사건이다. 다만, 이 사건은 법령 개정 후 신청이 행해진 사건이다. 이 사건에서 대법원은 개정 전 시행령 규정의 존속에 대한 신뢰가 개정 시행령 규정의 적용에 관한 공익상 요구(광물자원의 합리적인 개발의 촉진)보다 더 보호가치가 있는 것이라고 할 수 없다고 보았다.

(2) 처분시법 적용원칙의 예외

1) 경과규정

부진정소급입법의 경우에 국민의 기득권과 신뢰보호를 위하여 필요한 경우에 경과규정(經過規定)을 두는 등의 조치를 취하는 것이 바람직하다(입법론). 경과규정에서 신청시의 법령을 적용하도록 규정하는 경우가 있고, 이 경우에는 신청시의 법령을 적용하여 신청에 대한 처분을 하여야 한다. 만일 경과규정을 두는 등의 신뢰보호를 위한 조치 없이 개정법령을 적용하는 것이 헌법원칙인 신뢰보호의 원칙에 반하면 개정법령은 위헌이며 이에 근거한 처분은 위법하게 된다.

[판례] 종전의 법령에 의한 절대평가제가 요구하는 합격기준에 맞추어 시험준비를 하였는데, 제1차 시험 실시를 불과 2개월밖에 남겨놓지 않은 시점에서 제1차 시험을 상대평가제로 하는 개정 시행령이 즉시 시행되어 합격기준이 변경됨으로 인하여 시험준비에 막대한 차질을 입게 되어 종전 법령에 의한 절대평가제에 대한 신뢰가 크게 손상되었고, 그 반면 개정 시행령에 의하여 상대평가제를 도입함으로써 거둘 수 있는 공익목적은 개정 시행령을 즉시 시행하여 바로 임박해 있는 이 사건 시험에 적용하면서까지 이를 실현하여야 할 합리적인 이유가 있다고 보기 어려우므로, 결국 개정 시행령의 즉시 시행으로 인한 원고들의 신뢰이익 침해는 개정 시행령의 즉시 시행에 의하여 달성하려는 공익적 목적을 고려하더라도 정당화될 수 없을 정도로 과도하다고 할 것이다. 따라서 제1차 시험의 상대평가제를 규정한 개정 시행령 제4조 제1항을 2002년의 이 사건 시험에 시행하는 것은 헌법상 신뢰보호의 원칙에 비추어 허용될 수 없다 할 것이므로, **개정 시행령 부칙 중 제4조 제1항을 즉시 이 사건 시험에 대하여 시행하도록 그 시행시기를 정한 부분은 헌법에 위반되어 무효라고 한 사례**(대판 전원합의체 2006. 11. 16, 2003두12899[변리사1차시험불합격처분취소청구사건]). 〈해설〉 문제의 개정 시행령은 소급입법이 아니고, 부진정소급입법이다.

2) 신의성실의 원칙(위반시 개정전 법령 적용)

행정청이 심히 부당하게 처분을 늦추고, 그 사이에 허가기준을 변경한 경우와 같이 신의성실의 원칙에 반하는 경우에는 개정전의 법령을 적용하여 처분하여야 한다(대판 1984. 05. 22, 84누77).

[판례] 보상금 신청 후 처분 전에 보상 기준과 대상에 관한 관계 법령의 규정이 개정된 경우 처분 당시에 시행되는 개정 법령에 정한 기준에 의하여 보상금지급 여부를 결정하는 것이 원칙이지만, **행정청이 신청을 수리하고도 정당한 이유 없이 처리를 지연하여 그 사이에 법령 및 보상 기준이 변경된 경우에는 변경된 법령 및 보상 기준에 따라서 한 처분은 위법하다.** 여기에서 **'정당한 이유 없이 처리를 지연하였는지'**는 법정 처리기간이나 통상적인 처리기간을 기초로 당해 처분이 지연되게 된 구체적인 경위나 사정을 중심으로 살펴 판단하되, 개정 전 법령의 적용을 회피하려는 행정청의 동기나 의도가 있었는지, 처분지연을 쉽게 피할 가능성이 있었는지 등도 아울러 고려할 수 있다(대판 2014. 07. 24, 2012두23501[보상금청구기각처분취소]; 2023. 02. 02, 2020두43722).

3) 법률관계를 확인하는 처분

사건의 발생시 법령에 따라 이미 법률관계가 확정되고, 행정청이 이를 확인하는 처분(예, 장애 등급결정)을 하는 경우에는 일정한 예외적인 경우를 제외하고는 원칙상 처분시의 법령을 적용하는 것이 아니라 당해 법률관계의 확정시(지급사유발생시, 예, 장애발생시, 납세의무 성립시)의 법령을 적용한다.

[판례] ① [1] 산업재해보상보험법상 장해급여는 근로자가 업무상의 사유로 부상을 당하거나 질병에 걸려 치료를 종결한 후 신체 등에 장해가 있는 경우 그 지급 사유가 발생하고, 그때 근로자는 장해급여 지급청구권을 취득하므로, **장해급여 지급을 위한 장해등급 결정** 역시 **장해급여 지급청구권을 취득할 당시, 즉 그 지급 사유 발생 당시의 법령에 따르는 것이 원칙**이다. [2] 개정된 산업재해보상보험법 시행령의 시행 전에 장해급여 지급청구권을 취득한 근로자의 외모의 흉터로 인한 장해등급을 결정함에 있어, 위 개정이 위헌적 요소를 없애려는 반성적 고려에서 이루어졌고 이를 통하여 근로자의 균등한 복지증진을 도모하고자 하는 데 그 취지가 있으며, 당해 근로자에 대한 장해등급 결정 전에 위 시행령의 시행일이 도래한 점 등에 비추어, 예외적으로 위 개정 시행령을 적용하여야 한다고 한 사례(대판 2007. 02. 22, 2004두12957[장해등급결정처분취소]).

② 국민연금법상 장애연금 지급을 위한 장애등급 결정 시와 장애연금의 변경지급을 위한 장애등급 변경결정 시 각 적용할 법령: 국민연금법상 장애연금은 국민연금 가입 중에 생긴 질병이나 부상으로 완치된 후에도 신체상 또는 정신상의 장애가 있는 자에 대하여 그 장애가 계속되는 동안 장애 정도에 따라 지급되는 것으로서, 치료종결 후에도 신체 등에 장애가 있을 때 지급사유가 발생하고 그때 가입자는 장애연금 지급청구권을 취득한다. 따라서 **장애연금 지급을 위한 장애등급 결정**은 **장애연금 지급청구권을 취득할 당시**, 즉 **치료종결 후 신체 등에 장애가 있게 된 당시의 법령**에 따르는 것이 원칙이다. 나아가 이러한 법리는 기존의 장애등급이 변경되어 장애연금액을 변경하여 지급하는 경우에도 마찬가지이므로, **장애등급 변경결정** 역시 변경사유 발생 당시, 즉 **장애등급을 다시 평가하는 기준일인 '질병이나 부상이 완치되는 날'의 법령**에 따르는 것이 원칙이다(대판 2014. 10. 15, 2012두15135[장애등급결정처분취소]).

③ 세법의 개정이 있을 경우에는 개정 전후의 법 중에서 **납세의무가 성립될 당시의 세법**을 적용하여야 하나(대판 2023. 11. 09, 2020두51181), 세법이 납세의무자에게 불리하게 개정되면서 납세의무자의 기득권 내지 신뢰보호를 위하여 특별히 경과조치를 두어 납세의무자에게 유리한 구법을 적용하도록 정하고 있는 경우에는 구법이 적용되어야 한다(대판 2020. 07. 29, 2019두56333).

④ 진폐로 사망한 근로자에 대한 유족급여의 산정기준이 되는 평균임금의 산정사유 발생일은 특별한 사정이 없는 한 '진단에 따라 진폐가 발생되었다고 확정된 날', 즉 '최초 진폐 진단일'을 의미하고, 이는 근로자가 최초 진단 시 요양급여를 받지 아니하고 장해급여를 받았거나 재요양을 받은 경우에도 마찬가지이다. 다만 최초 진단 이후의 사정이 사망의 직접적인 원인이 되었고 재요양의 대상이 된 상병 진단일의 평균임금(이하 '재요양 진단일의 평균임금'이라 한다)이 근로자의 통상의 생활임금을 사실대로 반영한다고 볼 수 있는 예외적인 경우에는 재요양 진단일을 평균임금 산정사유 발생일로 보는 것이 타당하다(대판 2025. 04. 24, 2023두63413).

4) 법령위반에 대한 제재처분

법령등을 위반한 행위의 성립과 이에 대한 제재처분은 법령등에 특별한 규정이 있는 경우를 제외하고는 법령등을 위반한 행위 당시의 법령등에 따른다. 다만, 법령등을 위반한 행위 후 법령등의 변경에 의하여 그 행위가 법령등을 위반한 행위에 해당하지 아니하거나 제재처분 기준이 가벼워진 경우로서 해당 법령등에 특별한 규정이 없는 경우에는 변경된 법령등을 적용한다(행정기본법 제14조 제3항).

[판례] ① **과징금 부과**에 적용할 법령이 개정된 경우에 각 **위반행위**(수급사업자들의 기술자료 유용행위) **종료시점의 개정 법령이 적용된다**(대판 2022. 09. 16, 2020두47021).
② **부정행위 당시**에는 입찰참가자격 제한 처분의 법적 근거가 존재하지 않아 계쟁 입찰참가자격 제한 처분이 위법하다고 한 사례(대판 2019. 02. 14, 2016두33292).
③ **제약회사의 리베이트 제공이라는 위반행위에 대한 약제 상한금액 인하처분**은 제재적 성격을 포함하고 있으므로 위반행위인 **리베이트 제공 당시에 시행되던 법령**에 **따라** 이루어져야 한다(대판 2022. 05. 13, 2019두49199, 49205[약제급여상한금액인하처분취소청구의소 · 약제급여상한금액인하처분취소청구의소]).

질서위반행위의 성립과 과태료 처분은 행위 시의 법률에 따르지만, 질서위반행위 후 법률이 변경되어 그 행위가 질서위반행위에 해당하지 아니하게 되거나 과태료가 변경되기 전의 법률보다 가볍게 된 때에는 법률에 특별한 규정이 없는 한 변경된 법률을 적용한다(질서위반행위규제법 제3조).

5) 불합격처분

시험에 따른 합격 또는 불합격처분(不合格處分)은 원칙상 시험일자의 법령을 적용한다.

[판례] 헌법재판소의 헌법불합치결정에 따라 개정된 국가유공자 등 예우 및 지원에 관한 법률 제31조 제1항, 제2항 등의 적용 시기인 2007. 7. 1. 전에 실시한 공립 중등학교 교사 임용후보자 선정 경쟁시험에서, 위 법률 등의 개정 규정을 소급 적용하지 않고 개정 전 규정에 따른 가산점 제도를 적용하여 한 불합격처분은 적법하다고 한 사례(대판 2009. 01. 15, 2008두15596[공립중등학교교사임용후보자선정경쟁시험불합격처분취소]).

6. 처분의 내용 확정

행정청이 문서에 의하여 처분을 한 경우 처분서의 문언이 불분명하다는 등의 특별한 사정이 없는 한, 문언에 따라 어떤 처분을 하였는지를 확정하여야 한다. 처분서의 문언만으로도 행정청이 어떤 처분을 하였는지가 분명한데도 처분 경위나 처분 이후의 상대방의 태도 등 다른 사정을 고려하여 처분서의 문언과는 달리 다른 처분까지 포함되어 있는 것으로 확대해석해서는 안 된다(대판 2017. 08. 29, 2016두44186).

7. 처분사유

처분사유라 함은 처분의 근거가 된 사실 및 법적 근거를 말한다.

처분사유가 있는 경우에 한하여 행정처분이 가능하다. 처분사유는 원칙상 해당 처분의 사유에 한정되고, 직접 관련이 없는 사유는 원칙상 처분사유가 될 수 없지만, 선후의 처분관계에 있고 무용한 후행처분을 피할 필요가 있는 경우에는 직접 관련이 없는 사유라고 하더라도 후행처분의 거부사유를 근거로 선행처분을 거부할 수 있다(판례).

[판례] **풍황계측기 설치를 위한 공유수면 점용은** 풍력발전사업허가를 얻기 위한 사전 조치이기는 하나, 풍황자원의 현황을 측정하기 위한 것일 뿐 그 자체가 풍력발전사업에 해당한다고 볼 수는 없다. 따라서 위와 같은 법령에 따라 풍황계측기 설치를 위한 공유수면 점용·사용허가 신청이 이루어진 경우 공유수면관리청으로서는 **원칙적으로 허가대상행위인 '풍황계측기 설치'로 발생하는 해양환경 · 생태계 · 수산자원 및 자연경관에 미치는 영향이나 어업피해 등 관계 법령에서 정한 사항을 중심으로 허가 여부를 심사해야 하며, 이와 직접 관련이 없는 풍력발전사업에 관한 사항을 들어 신청을 거부할 수는 없다. 다만** 풍력발전사업허가를 거부하여야 할 정도의 사유가 공유수면 점용·사용허가 신청 당시 이미 확인되고 그 사유가 장래 변동될 가능성이 지극히 낮거나, 공유수면 점용·사용허가 신청 당시에는 발생하지 않았더라도 풍력발전사업허가를 할 무렵에는 발생할 가능성이 지극히 높다는 **등의 특별한 사정이 인정된다면,** 공유수면 점용·사용허가를 신청한 사람이 이후 **풍력발전사업허가를** 신청하더라도 행정청으로서는 풍황계측기에 의한 풍황자원 측정 결과에 관계없이 그 신청을 **불허할 수밖에 없게 될 것이어서** 이러한 경우 **풍황계측기 설치를 위한 공유수면 점용 · 사용허가 신청을 받아들이는 것은 오히려 무용한 절차에 불과하여** 사회적 낭비만을 초래하기 때문에, **그러한 사유는 비록 풍황계측기 설치를 위한 공유수면 점용과는 직접 관련이 없는 것이라 하더라도 공유수면 점용 · 사용허가 신청을 거부하는 처분사유로 삼을 수 있다**(대판 2024. 10. 25, 2024두41106[공유수면점용사용불허가처분취소]).

처분사유가 전혀 없는 행정처분은 무효이다. 처분사유 중 일부가 잘못인 경우 나머지 처분사유로 행정처분의 위법 여부를 판단하여야 한다.

처분사유가 되는 사실(처분사실)의 인정은 처분시 행정청이 행하는데, 입증서류, 행정조사, 실험, 감정, 법원의 판결 참조 등을 통해 행한다.

소송에서 처분사실의 인정은 법원이 행한다. **소송에서** 처분사유의 입증책임은 행정청에게 있다. 그리고 그 입증의 정도는 합리적으로 수긍할만한 입증을 하여야 한다. 처분사실에 대해서는 고도의 개연성있는 증명을 하여야 한다.

[판례] ① 민사소송법 규정이 준용되는 행정소송에서 증명책임은 원칙적으로 민사소송 일반원칙에 따라 당사자 간에 분배되고, 항고소송의 경우에는 그 특성에 따라 **처분의 적법성을 주장하는 피고에게 그 적법사유에 대한 증명책임이 있다.** 피고가 주장하는 **일정한 처분의 적법성에 관하여 합리적으로 수긍할 만한 증명이 있는 경우에는 그 처분은 정당하다**고 볼 수 있고, 이와 상반되는

예외적인 사정에 대한 주장과 증명은 그 상대방인 원고에게 그 책임이 있다(대판 전원합의체 2012. 06. 18, 2010두27639; 대판 2016. 10. 27, 2015두42817; 2017. 07. 11, 2015두2864[과징금부과처분취소]).

② 민사소송이나 행정소송에서 **사실의 증명은** 추호의 의혹도 없어야 한다는 자연과학적 증명이 아니고, 특별한 사정이 없는 한 경험칙에 비추어 모든 증거를 종합적으로 검토하여 볼 때 어떤 사실이 있었다는 점을 시인할 수 있는 **고도의 개연성을 증명**하는 것이면 충분하다(대판 2018. 04. 12, 2017두74702[교원소청심사위원회결정취소]).

측정방법 등 행정청내에서의 사실인정 절차상의 하자는 그 절차를 통해 인정된 사실의 객관성·신뢰성에 중대한 영향을 미치는 경우에 한하여 처분의 위법사유가 된다. 그리고, 행정청의 사실 인정 중 고도의 전문적이고 기술적인 사항에 관한 판단은 행정재량에 속하므로 판단의 기초가 된 사실인정에 중대한 오류가 있거나 판단이 객관적으로 불합리하거나 부당하다는 등의 특별한 사정이 없는 한 존중되어야 한다.

[판례] [행정청이 원고의 공장 내 폐수배출시설에서 배출허용기준을 초과하는 중금속이 검출되었다는 이유로 원고에게 과징금 등을 부과한 사안에서, **처분의 기초가 된 오염도 검사가 수질오염공정시험기준이 정한 시료채취 및 보존 방법을 위반하였음에도 그 오염도 검사를 기초로 처분사유를 인정할 수 있는지** 문제된 사건] (1) 배출허용기준을 초과하는 수질오염물질이 배출되었는지 여부: **행정청이 관계 법령이 정하는 바에 따라 고도의 전문적이고 기술적인 사항에 관하여 전문적인 판단을 하였다면,** 판단의 기초가 된 사실인정에 중대한 오류가 있거나 판단이 객관적으로 불합리하거나 부당하다는 등의 **특별한 사정이 없는 한 존중되어야 한다**(대법원 2016. 1. 28. 선고 2013두21120 판결 참조). (2) 환경오염물질의 배출허용기준이 법령에 정량적으로 규정되어 있는 경우 행정청이 채취한 시료를 전문연구기관에 의뢰하여 **배출허용기준을 초과한다는 검사결과**를 회신 받아 제재처분을 한 경우, **이 역시 고도의 전문적이고 기술적인 사항에 관한 판단**으로서 그 전제가 되는 **실험결과의 신빙성을 의심할 만한 사정이 없는 한 존중되어야** 함은 물론이다. (3) 수질오염물질을 측정함에 있어 시료채취의 방법, 오염물질 측정의 방법 등을 정한 **이 사건 고시**(구 「수질오염공정시험기준」(2019. 12. 24. 국립환경과학원고시 제2019－63호로 개정되기 전의 것, 이하 '이 사건 고시'라 한다)**는 그 형식 및 내용에 비추어 행정기관 내부의 사무처리준칙에 불과**하므로 일반 국민이나 법원을 구속하는 대외적 구속력은 없다. 따라서 시료채취의 방법 등이 **이 사건 고시에서 정한 절차에 위반**된다고 하여 그러한 사정만으로 곧바로 그에 기초하여 내려진 행정처분이 위법하다고 볼 수는 없고, 관계 법령의 규정 내용과 취지 등에 비추어 그 **절차상 하자가 채취된 시료를 객관적인 자료로 활용할 수 없을 정도로 중대한지에 따라 판단되어야** 한다(대법원 2021. 5. 7. 선고 2020두57042 판결 등 참조). **다만** 이때에도 시료의 채취와 보존, 검사방법의 적법성 또는 적절성이 담보되어 시료를 객관적인 자료로 활용할 수 있고 그에 따른 실험결과를 믿을 수 있다는 사정은 **행정청이 그 증명책임을 부담**하는 것이 원칙이다. (4) 수질오염공정시험기준은 시료 채취 후 일정량의 질산을 첨가하여 시료를 보존하도록 규정하고 있으나, 이 사건에서 **피고(=행정청)는 위 보존방법을 위반**하였다. 대법원은 피고가 오염도검사 과정에서 수질오염공정시험기준이 정한 절차를 위반하였고 **그 절차상 하자는 채취된 시료를 객관적인 자료로 활용할 수 없을 정도로 중대하다고 볼 여지가 충분하여 오염도검사의 신빙성이 충분히 증명되었다고 보기 어렵다**고 판시한 사례(대판 2022. 09. 16, 2021두58912[조업정지처분취소]). 〈해설〉 판례는 위법상 행정조사에 기초하여 내려진

처분을 위법하다고 보는데, 이 사건 오염도 검사는 행정의 행위형식의 하나인 행정조사에 해당하지 않고, 과징금부과를 위한 사실인정절차에 해당한다. 그리고, **행정조사의 한 단계인 시료채취가 행정규칙에서 정한 절차를 위반**하였더라도 채취된 시료를 객관적인 자료로 활용할 수 있고, 그에 따른 실험결과를 믿을 수 있으면 그에 기초하여 내려인 처분은 위법하지 않다고 한 판례이다.

Ⅱ. 행정행위의 부존재, 무효, 취소

1. 행정행위의 부존재

(1) 의의 및 범위

행정행위의 부존재(不存在)라 함은 행정행위라고 볼 수 있는 외관이 존재하지 않는 경우를 말한다.

다수견해는 행정행위의 부존재에 행정행위의 성립요건이 충족되지 않는 경우, 행정행위가 취소, 철회 또는 실효 등으로 소멸한 경우 및 행정기관의 행위가 있었지만 당해 행위가 행정행위가 아니라 사법행위, 공법상 계약, 행정지도 등 비행정행위(非行政行爲)를 포함시키며 이들 중에서 비행정행위를 제외한 경우를 협의의 행정행위의 부존재라고 한다.

그러나, 비행정행위와 협의의 행정행위의 부존재를 구별하여 협의의 행정행위의 부존재만을 행정행위의 부존재로 보는 것이 타당하다. 그 이유는 부존재확인소송이 제기되는 경우는 협의의 행정행위의 부존재 여부가 다투어지는 경우이고 이 경우에 행정행위의 부존재가 인정되면 부존재확인판결이 내려지지만, 어떠한 행위가 비행정행위인가 행정행위인가가 다투어지는 경우에 행정소송법상의 부존재확인소송의 대상이 되지 않고, 비행정행위에 대하여는 통상 그 행위의 위법을 이유로 취소소송이 제기된 경우에 취소소송의 대상이 되는 '처분'이 아니라고 판단하여 각하판결을 할 것이기 때문이다.

행정행위가 성립요건을 충족하지 못한 경우 이외에 행정행위가 성립한 경우에도 행정행위의 하자의 한 유형으로서 행정행위의 부존재를 인정할 수 있을 것인가. 이를 부정하는 견해가 타당하다. 행정행위의 하자란 행정행위가 존재하는 것을 전제로 논해지는 것이며 행정행위가 성립되면 곧 행정행위는 존재하게 되기 때문이다.[63]

---

63) 홍준형, 전게서, 263면 이하.

(2) 부존재와 무효의 구별

1) 구별실익

무효인 행정행위는 무효선언을 구하는 취소소송의 대상이 되지만 부존재의 경우에는 그러한 소송이 인정되지 않는 점 및 무효인 행정행위는 전환이 인정되지만, 부존재인 행정행위는 전환이 인정될 수 없다는 점에서 양자를 구별할 실익이 있다.

다만, 현행 행정소송법이 무효확인소송과 부존재확인소송을 동일하게 규율하고 있고, 실체법적 측면에서 무효인 행정행위나 부존재인 행정행위나 다 같이 실체법상 법적 효력이 발생하지 않는다는 점에서 그 구별의 실익은 크지 않다.

2) 구별기준

행정행위의 부존재와 무효의 구별기준은 행정행위의 성립요건의 충족 여부이다. 행정행위의 성립요건이 충족되지 못한 경우 및 행정행위의 외관을 갖추지 못한 경우 행정행위는 부존재이며 행정행위가 성립하여 행정행위의 외관은 갖추었으나 행정행위의 위법이 중대하고 명백하여 행정행위가 애초부터 효력을 발생하지 않는 경우가 무효이다.

2. 행정행위의 무효

행정행위의 무효(無效)라 함은 행정행위가 외관상 성립은 하였으나 그 하자의 중대함으로 인하여 행정행위가 애초부터 아무런 효력을 발생하지 않는 경우를 말한다. 행정행위가 무효인 경우에는 누구든지 그 효력을 부인할 수 있다.

행정행위의 일부에 무효사유인 하자가 있는 경우 무효부분이 본질적이거나(처분청이 무효부분이 없이는 행정행위를 발하지 않았을 경우) 불가분적인 경우에는 행정행위 전부가 무효가 되고, 무효부분이 본질적이지 않고 가분적인 경우 무효부분만이 무효가 된다.

3. 행정행위의 취소

행정행위의 취소(取消)라 함은 위법한 행정행위의 효력을 그 위법을 이유로 상실시키는 것을 말한다. 행정행위의 취소에는 쟁송취소와 직권취소가 있다. 쟁송취소는 행정심판에 따른 취소재결과 취소소송에 따른 취소판결이 있다. 직권취소는 처분청 또는 감독청이 취소하는 것을 말하며 행정행위의 성질을 갖는다.

4. 무효와 취소의 구별

(1) 무효와 취소의 구별실익

현행법상 무효와 취소를 구별할 필요성은 무엇인가.

1) 행정행위의 효력

무효인 행정행위는 행정행위가 애초부터 효력을 발생하지 않는다. 무효인 행정행위에는 공정력, 불가쟁력이 인정되지 않는다.

취소할 수 있는 행정행위는 공정력이 인정되어 권한 있는 기관에 의해 취소되기 전까지는 유효하다. 취소할 수 있는 행정행위에 대하여 일정한 불복기간 내에 행정심판이나 행정소송을 제기하지 않으면 불가쟁력이 발생한다.

2) 행정쟁송에 있어서의 구별실익

현행 행정심판법이나 행정소송법은 무효인 행정행위와 취소할 수 있는 행정행위에 대한 항고쟁송의 방식을 달리 정하고 각각에 대하여 법적 규율을 달리 하고 있다.

가. 행정쟁송의 방식과의 관계　취소할 수 있는 행정행위의 경우에는 취소심판과 취소소송에 의해 취소를 구할 수 있고, 무효인 행정행위에 대하여는 무효확인심판과 무효확인소송에 의해 무효확인을 구할 수 있다.

무효인 행정행위에 대하여 무효선언을 구하는 취소소송을 제기할 수 있다.

판례는 무효선언을 구하는 취소소송을 인정하고 있다. 다만, 이 경우에도 소송의 형식이 취소소송이므로 취소소송의 제소요건(提訴要件)을 구비하여야 한다(대판 1984. 05. 29, 84누175). 따라서, 만일 취소소송의 소제기기간이 경과한 경우에는 당해 소는 각하된다.

또한, 무효인 행정행위에 대해 취소소송을 제기할 수 있고, 이 경우 법원은 취소소송으로서의 소송요건이 충족된 경우 취소판결을 한다.

나. 행정불복제기기간과의 관계　취소쟁송은 단기(短期)의 제기기간 내에 제기되어야 하나, 무효확인쟁송을 제기함에는 그러한 제한을 받지 아니한다. 무효선언을 구하는 취소소송에는 행정불복제기기간이 적용된다는 것이 판례의 입장이다.

다. 행정심판전치주의와의 관계　행정심판전치주의(行政審判前置主義)는 취소소송(무효선언을 구하는 취소소송 포함)에는 적용되지만, 무효확인소송에는 적용되지 않는다.

라. 선결문제와의 관계　취소할 수 있는 행정행위(위법한 조세부과처분)는 공법상 당사자소송(예, 공무원지위확인소송)이나 민사소송(조세과오납금환급소송)에서 선결문제로서 그 효력을 부인(예, 해임처분의 취소, 조세부과처분의 취소 등)할 수 없지만, 무효인 행정행위(위법한 조세부과처분)는 민사소송(조세과오납금환급소송)에서 그 선결문제로서 무효를 확인할 수 있다.

마. 사정재결 및 사정판결과의 관계　취소할 수 있는 행정행위에 대하여서만 사정재결(事情裁決), 사정판결(事情判決)이 인정된다.

바. 간접강제와의 관계 현행 행정소송법상 거부처분의 취소판결에는 간접강제(間接强制)가 인정되고 있지만, 무효확인판결에는 인정되고 있지 않다(제38조 제1항). 이는 입법의 불비이다.

3) 하자의 치유와 전환과의 관계

통설에 의하면 하자의 치유(治癒)는 취소할 수 있는 행정행위에 대하여만 인정된다. 하자의 전환(轉換)은 무효인 행정행위에 대하여만 인정된다고 보는 것이 다수설이나 취소할 수 있는 행정행위에도 하자의 전환이 인정된다는 견해도 있다.

(2) 무효사유와 취소사유의 구별기준

통설·판례는 행정행위의 하자가 내용상 중대하고, 외관상 명백한 경우에 무효인 하자가 되고, 이 두 요건 중 하나라도 충족하지 않는 경우에는 취소사유로 보는 중대명백설(또는 외관상 일견명백설)을 취하고 있다.

이와 같은 통설·판례의 중대명백설에 대하여는 이 견해의 엄격성을 비판하며 무효사유를 보다 완화하려는 조사의무위반설, 명백성보충요건설, 중대설이 주장되고 있고, 그 견해의 경직성을 비판하며 무효사유와 취소사유의 구별을 구체적인 경우마다 관계되는 구체적인 이익과 가치를 고려하여 결정하려는 구체적 가치형량설이 제기되고 있다.

1) 중대명백설: 통설 및 판례의 입장

중대명백설(重大明白說)이란 행정행위의 하자의 내용이 중대하고, 그 하자가 외관상 명백한 때에는 당해 행정행위는 무효가 되고, 그 중 어느 한 요건 또는 두 요건 전부를 결여한 경우에는 당해 행정행위는 취소할 수 있는 행정행위에 불과하다는 학설이다.

이 견해의 논거는 다음과 같다. 무효의 요건으로 중대성과 함께 명백성을 요구하는 것은 국민의 권리구제의 요청과 법적안정성의 요청을 조정하기 위하여 필요하다는 것이다. 즉, 국민의 권리구제를 위하여는 하자가 중대한 경우에 무효로 하여야 할 것이나 이렇게 하면 하자가 중대한 경우에는 언제든지 행정행위의 무효를 주장할 수 있게 되어 행정법관계의 안정성이 침해되어 행정목적 달성이 저해되고[64) 제3자의 신뢰가 침해될 수 있기 때문에(제3자효 행정행위의 경우) 하자가 외관상 명백할 것을 또 하나의 요건으로 하여 상호 대립되는 두 요청을 조화시켜야 한다는 것이다.

하자의 중대성이란 행정행위가 중요한 법률요건을 위반하고, 그 위반의 정도가 상대적으로 심하여 그 흠이 내용상 중대하다는 것을 말한다. 따라서 흠의 중대성의

64) 예를 들면, 조세부과처분이 언제든지 무효로 되게 된다면 국가재정의 확보에 중대한 영향을 초래할 수 있다.

여부는 위반된 행정법규의 종류·목적·성질·기능과 함께 그 위반의 정도를 고려하고, 또한 국민의 권리의 침해의 정도를 고려하여 결정된다.

하자의 명백성에 관하여는 여러 견해가 있지만 통설 및 판례는 외관상 명백설을 따르고 있다. 이 견해에 따를 때 하자의 명백성이란 하자가 일반인의 인식능력을 기준으로 할 때 외관상 일견 명백하다는 것을 말한다.

중대명백설에 대하여는 다음과 같은 비판이 제기된다. ① 중대명백설은 구체적 사안의 특수성을 무시한 단일의 경직된 기준으로 무효사유와 취소사유를 구분하고 있다. ② 중대명백설은 국민의 권리구제의 측면에서 보면 다소 엄격하므로 명백성요건을 완화 내지 삭제하여야 한다.

판례는 원칙상 중대명백설을 취하면서도 구체적 상황의 고려의 여지를 남기고 있다.

[판례] ① [다수의견] 하자 있는 행정처분이 당연무효가 되기 위하여는 그 하자가 법규의 중요한 부분을 위반한 중대한 것으로서 객관적으로 **명백**한 것이어야 하며 하자가 중대하고 명백한 것인지 여부를 판별함에 있어서는 그 법규의 목적, 의미, 기능 등을 목적론적으로 고찰함과 동시에 구체적 사안 자체의 특수성에 관하여도 합리적으로 고찰함을 요한다(중대명백설). [반대의견] 행정행위의 무효사유를 판단하는 기준으로서의 명백성은 행정처분의 법적 안정성 확보를 통하여 행정의 원활한 수행을 도모하는 한편 그 행정처분을 유효한 것으로 믿은 제3자나 공공의 신뢰를 보호하여야 할 필요가 있는 경우에 보충적으로 요구되는 것으로서, 그와 같은 필요가 없거나 하자가 워낙 중대하여 그와 같은 필요에 비하여 처분 상대방의 권익을 구제하고 위법한 결과를 시정할 필요가 훨씬 더 큰 경우라면 그 하자가 명백하지 않더라도 그와 같이 중대한 하자를 가진 행정처분은 당연무효라고 보아야 한다(명백성보충요건설)(대판 전원합의체 1995. 07. 11, 94누4615).
② [1] 행정청이 어느 법률관계나 사실관계에 대하여 어느 법률의 규정을 적용하여 행정처분을 한 경우에 그 법률관계나 사실관계에 대하여는 그 법률의 규정을 적용할 수 없다는 법리가 명백히 밝혀져 **그 해석에 다툼의 여지**가 없음에도 행정청이 위 규정을 적용하여 처분을 한 때에는 그 하자가 중대하고도 명백하다고 할 것이나, 그 법률관계나 사실관계에 대하여 그 법률의 규정을 적용할 수 없다는 법리가 명백히 밝혀지지 아니하여 그 해석에 다툼의 여지가 있는 때에는 행정관청이 이를 잘못 해석하여 행정처분을 하였더라도 이는 그 처분 요건사실을 오인한 것에 불과하여 그 하자가 명백하다고 할 수 없다. [2] 행정청이 사전환경성검토협의를 거쳐야 할 대상사업에 관하여 법의 해석을 잘못한 나머지 세부용도지역이 지정되지 않은 개발사업 부지에 대하여 사전환경성검토협의를 할지 여부를 결정하는 절차를 생략한 채 승인 등의 처분을 한 사안에서, 그 하자가 객관적으로 명백하다고 할 수 없다고 한 사례(대판 2004. 10. 15, 2002다68485; 2009. 09. 24, 2009두2825[개발사업시행승인처분취소]).
③ 민간투자 사업시행자가 사업기간 내에 사업구역에 포함된 토지를 매수하거나 이에 대하여 수용재결신청을 하지 않아 실시계획 승인 처분이 실효될 경우 사업시행자 지정 효력도 당연히 상실되는지에 관하여는 해석상 다툼의 여지가 있다고 할 것이다. 그렇다면, 피고가 새로운 사업시행자 지정절차를 거치지 않은 채 종전의 사업시행자인 참가인을 사업시행자로 하여 새로이 실시계획 승인 등을 한 이 사건 제2차 처분에 중대하고 명백한 흠이 있다고 할 수 없으므로 이를 무효로 보기는 어렵다(대판 2010. 02. 25, 2009두102[공용화물터미널조성사업계획변경 및 공사시행변경인가처분무효]).

2) 객관적 명백설(조사의무위반설)

이 견해는 기본적으로 중대명백설을 취하면서도 명백성 요건을 완화하여 무효사유를 더 넓히려는 견해이다.

행정행위가 일반인의 인식능력에 비추어(일반인이 인식할 수 있는 사실관계에 비추어) 누구라도 명백하게 하자가 있다는 것을 인정할 수 있는 경우뿐만 아니라 관계 공무원이 그의 직무를 성실히 수행하기 위하여 당연히 요구되는 정도의 조사에 의해 인식할 수 있는 사실관계에 비추어 누구에 의해서도 객관적으로 하자가 있다고 인정될 수 있는 경우에도 명백성을 인정하여야 한다는 견해이다.

이 견해에 대하여는 '관계 공무원이 그의 직무를 성실히 수행하기 위하여 당연히 요구되는 정도의 조사'라는 것이 명확하지 않다는 점[65]과 무효사유의 판단기준이 중대명백설과 같이 획일적이라는 비판이 가해질 수 있다.

3) 명백성보충요건설

문제의 행정행위가 무효로 되기 위하여는 흠의 중대성은 항상 그 요건이 되지만, 명백성은 항상 요구되는 것은 아니고 행정의 법적 안정성이나 제3자의 신뢰보호의 요청이 있는 경우에만 가중적으로 요구되는 요건으로 파악하는 견해이다.

이 견해의 논거는 명백성의 요건은 법적 안정성 내지 행정의 원활한 수행 및 제3자의 신뢰보호의 요청을 충족시키기 위하여 요구되는 것이므로 그러한 요청이 없고, 오히려 국민의 권리구제의 요청이 강한 경우에는 명백성의 요건을 요구할 필요가 없다는 것이다.

이 견해에 따르면 동일한 처분이 대량으로 행하여졌거나 이해관계를 가진 제3자가 있는 경우에는 명백성이 요구되나 직접 상대방에게만 부담을 초래한 행정행위의 경우에는 명백성을 요구하지 않는다.

헌법재판소는 원칙상 중대명백설을 취하지만, 예외적으로 권리구제의 필요성이 있고, 법적 안정성을 해치지 않는 경우에는 명백성을 요구하지 않고 중대성만으로 위헌인 법률에 근거한 처분의 무효를 인정하고 있다(후술 결정례(헌재 1994. 06. 30, 92헌바23) 참조).

4) 중대설

행정행위에 중대한 하자만 있으면 무효가 되고 명백성은 무효요건이 아니라고 하는 견해이다. 이 견해는 하자가 중대하고 명백한 경우 행정행위는 무효가 아니라 부존재라고 본다.

이 견해는 무효사유를 넓혀 국민의 권리구제를 확대하기 위하여 주장되고 있다.

---

65) 박윤흔, 전게서, 392면.

그러나 이 견해는 무효사유의 구별기준이 획일적이며 침해적 행정행위의 경우에는 국민의 권리구제에 기여하나 수익적 행정행위나 복효적 행정행위의 경우에는 항상 그런 것은 아니라는 것을 간과하고 있다. 또한, 중대설은 국민의 권리구제에는 이바지할 수 있지만 행정의 법적 안정성이나 제3자의 신뢰보호는 희생되게 된다는 비판이 가해질 수 있다.

5) 구체적 가치형량설

이 견해는 다양한 이해관계를 갖는 행정행위에 대하여 무효사유와 취소사유를 구분하는 일반적 기준을 정립하는 것에 의문을 가지며 구체적인 사안마다 권리구제의 요청과 행정의 법적 안정성의 요청 및 제3자의 이익 등을 구체적이고 개별적으로 이익형량하여 무효인지 취소할 수 있는 행정행위인지 여부를 결정하여야 한다고 본다.

이 견해는 국민의 권리구제의 요청과 행정의 법적 안정성의 요청을 개별적 사안마다 실현할 수 있다는 점에서 이상적인 견해이지만, 무효사유와 취소사유 구분의 객관적 기준이 될 수 없다는 점이 비판될 수 있다.

6) 결 어

무효사유와 취소사유의 객관적 기준을 정립하면서도 국민의 권리구제와 행정의 법적 안정성을 적절히 조화시킨다는 관점에서 볼 때 명백성보충요건설이 원칙적인 기준으로서 타당하다.

다만, 행정행위와 관련된 이익상황의 다양성에 비추어 볼 때 구체적인 사안의 특수성을 고려하는 구체적 가치형량설을 보충적으로 고려하여야 할 것이다.

(3) 무효와 취소의 구별의 어려움 등

전술한 바와 같이 무효와 취소가 구별되고 있으나 현실적으로 행정행위의 어떤 하자가 무효인 하자인지 취소사유인 하자인지 그 구별이 명백하지 않은 경우가 적지 않다.

전술한 바와 같이 실무상 적법한 취소소송이 제기된 경우에는 법원은 무효인 위법인지 취소할 수 있는 위법인지를 묻지 않고 위법하면 취소판결을 내린다(대판 1999. 04. 27, 97누6780).

당사자는 취소소송을 제기하면서 동시에 무효선언도 주장할 수 있는데 판례는 무효선언을 취소소송의 형식으로 주장하는 경우에 출소기간 등의 취소소송의 요건을 갖추어야 한다고 본다.

행정청은 무효인 행정행위가 유효인 행정행위라고 오해될 수 있으므로 그 무효임을 명백히 하기 위하여 그 무효인 행정행위를 직권으로 취소할 수 있다.

취소소송이 제기되었으나 당해 취소소송이 부적법한 경우 무효확인소송을 제기할 소의 이익이 있는 경우에는 무효확인소송으로 소를 변경할 수 있다. 취소의 청구에는 무효확인의 청구가 당연히 포함되어 있다고는 할 수 없다.

무효확인소송이 제기되었으나 심리결과 취소할 수 있는 행정행위에 불과한 경우에 판례는 무효의 주장에는 취소의 주장이 포함된 것으로 보고 취소판결을 내릴 수 있다고 보지만(대판 1994. 12. 23, 94누477), 이 경우에도 취소소송으로 소변경을 하여야 한다고 보아야 할 것이다. 다만, 이 경우에 출소기간 등 취소소송의 소송요건을 갖추어야 한다.

따라서 당사자는 취소할 수 있는 행정행위에 불과한 하자로 판명될 것에 대비하여 취소소송제기기간 내에 불복하는(무효확인소송을 제기하거나 취소소송을 제기하는) 것이 바람직하다.

또한, 무효확인의 소를 주위적 청구로 하고, 취소청구의 소를 예비적으로 제기하거나, 추가적으로 병합할 수 있다(대판 2005. 12. 23, 2005두3554).

Ⅲ. 행정행위의 하자(위법사유)

행정행위의 하자에는 주체에 관한 하자, 절차에 관한 하자, 형식에 관한 하자 및 내용에 관한 하자가 있는데 선 3자를 광의의 '형식상(절차상) 하자'라 하고 후자는 '내용상 하자'라 한다.

형식상 하자와 내용상 하자를 구별하는 실익은 취소소송에서 행정행위가 형식상 하자로 인하여 취소된 경우에 행정청은 동일한 내용의 행정처분을 다시 내릴 수 있지만 내용상 하자를 이유로 취소된 경우에 행정청은 원칙상 동일한 내용의 행정처분을 다시 내리지 못한다는 것인데, 이는 취소판결의 효력인 기속력 때문이다.

1. 주체에 관한 하자

행정행위는 정당한 권한을 가진 행정기관에 의해 그의 권한 내에서 정상적인 의사에 기하여 행하여져야 한다.

(1) 정당한 권한을 가진 행정기관이 아닌 자의 행위

① 공무원이 아닌 것이 명백한 사인(私人)이 공무원의 자격을 사칭하여 행정행위를 한 경우 당해 행정행위는 부존재가 된다.

② 결격사유로 인해 공무원으로서의 선임행위가 무효 또는 취소된 자가 공무원으로서 행한 행위 및 면직 후 또는 임기만료 후에 공무원으로서 행한 행위는 원칙적으로 무효이다.

다만, 상대방이 당해 행정기관이 정당한 권한을 가지고 있는 것으로 믿을 만한 상당한 이유가 있는 경우에는 상대방의 신뢰를 보호하기 위하여 당해 행정행위를 유효한 것으로 보아야 할 것이다(사실상 공무원 이론).

③ 대리권이 없는 자가 대리자로서 행한 행위는 원칙상 무효이다(대판 1967. 01. 29, 67다1694). 다만, 상대방이 행위자에게 대리권이 있다고 믿을 만한 상당한 이유가 있을 때에는 표현대리가 성립되어 당해 행정행위가 유효하게 될 때가 있다(대판 1963. 12. 05, 63다519: 수납기관이 아닌 군청직원에 의한 양곡대금수납행위).

④ 합의제기관의 행위에 있어 적법한 소집이 없었거나, 의사 또는 의결정족수가 미달하였거나, 결격자가 참가한 경우 등 구성에 중대한 흠이 있는 합의제기관의 행위는 원칙적으로 무효이다.

⑤ 법령상 다른 기관의 협력이 필요한 경우에 다른 기관의 협력을 결한 행위는 어떠한 효력을 갖는가. 다른 기관의 협력에는 다른 기관의 의결, 승인, 협의, 자문 등이 있다.

다른 기관의 협력 중 다른 기관의 의결이나 승인 또는 동의 등과 같이 행정청의 행정결정이 다른 기관의 의사결정에 기속되는 경우와 협의, 자문 등과 같이 그렇지 않은 경우를 구별하여 하자의 효과를 논하여야 할 것이다. 전자의 경우에 있어서는 주체의 하자에 해당하며 원칙상 무효원인이 되지만, 후자의 경우에는 절차의 하자로 보아야 하고 법률에 의해 관계인의 권리 이익을 보호하기 위하여 인정되는 때에 그 협력의 결여는 무효원인이 되지만 이 경우를 제외하고는 원칙상 취소원인에 불과하다고 보아야 할 것이다.[66]

[판례] 구 폐기물처리시설 설치촉진 및 주변지역 지원 등에 관한 법률에 정한 입지선정위원회는 폐기물처리시설의 입지를 선정하는 **의결기관**이고, …… 동 위원회가 그 구성방법 및 절차에 관한 같은 법 시행령의 규정에 위배하여 군수와 주민대표가 선정·추천한 전문가를 포함시키지 않은 채 임의로 구성되어 의결을 한 경우, 그에 터잡아 이루어진 폐기물처리시설 입지결정처분의 하자는 중대한 것이고 객관적으로도 명백하므로 무효사유에 해당한다고 한 사례(대판 2007. 04. 12, 2006두20150[폐기물처리시설설치승인처분무효확인 등]).

(2) 행정기관의 권한 외의 행위

무권한(無權限)의 행위는 원칙적으로 무효이다. 왜냐하면, 무권한은 중대한 하자이고, 행정권한법정주의에 의해 행정권한은 법령에 규정되어 있으므로 무권한의 하자는 원칙상 명백하기 때문이다. 다만, 무권한의 하자라도 중대·명백하지 않으면 취소할 수 있는 하자이다.

---

66) 김용섭, "다른 행정청의 협력을 결한 행정행위의 효력(하)," 『판례월보』, 제317호, 39~40면.

[판례] ① [1] 행정청의 권한에는 사무의 성질 및 내용에 따르는 제약이 있고, 지역적·대인적으로 한계가 있으므로 이러한 권한의 범위를 넘어서는 **권한유월의 행위는 무권한 행위로서 원칙적으로 무효라고 할 것이나, 행정청의 공무원에 대한 의원면직처분은** 공무원의 사직의사를 수리하는 소극적 행정행위에 불과하고, 당해 공무원의 사직의사를 확인하는 확인적 행정행위의 성격이 강하며 재량의 여지가 거의 없기 때문에 **의원면직처분에서의 행정청의 권한유월 행위를 다른 일반적인 행정행위에서의 그것과 반드시 같이 보아야 할 것은 아니다.** [2] 임면권자가 아닌 국가정보원장이 5급 이상의 국가정보원직원에 대하여 한 의원면직처분이 당연무효가 아니라고 한 사례(대판 2007. 07. 26, 2005두15748[면직처분무효확인]).

② 세관출장소장 명의로 관세부과처분 및 증액경정처분이 이루어져 왔는데, 그동안 세관출장소장에게 관세부과처분에 관한 권한이 있는지 여부에 관하여 이의제기가 없었던 점 등에 비추어 보면, **세관출장소장에게 관세부과처분을 할 권한이 있다고 객관적으로 오인할 여지가 다분하다고 인정되므로** 결국 적법한 권한 위임없이 행해진 이 사건 처분은 그 하자가 **중대하기는 하지만, 객관적으로 명백하다고 할 수 없어 당연무효는 아니라고 할 것이다**(대판 2004. 11. 26, 2003두2403).

③ 내부위임을 받은 기관이 자신의 이름으로 처분한 경우 무권한의 하자로 무효라고 본 사례(대판 1993. 05. 27, 93누6621). 〈해설〉 형식의 하자로 취소할 수 있는 하자로 보는 것이 타당하다.

④ 교육인적자원부장관이 공립유치원 교사의 임용권을 당해 교육감에게 위임하였고, 교육감은 공립유치원 교사의 관내전보, 직위해제, 의원면직, 신규채용권한을 교육장에게 재위임하였을 뿐 **직권면직 권한까지 재위임한 바는 없으므로 피고가 공립유치원 교사인 원고에 대하여 이 사건 직권면직처분을 한 것은 적법한 위임 없이 권한 없는 자가 행한 처분으로서 그 하자가 중대하다고 할 것이나, 객관적으로 명백하다고는 할 수 없어 당연무효는 아니고,** 근로기준법 제30조 제2항은 교육공무원인 원고에게는 적용되지 아니하며, 이 사건 처분을 하면서 사전통지절차를 거치지 아니한 것은 취소사유에 불과하다(대판 2007. 09. 21, 2005두11937[직권면직처분무효확인등])

⑤ (1) 시·도지사가 직행형 시외버스운송사업의 면허를 부여한 후 사실상 고속형 시외버스운송사업에 해당하는 운송사업을 할 수 있도록 사업계획변경을 인가하는 것은 시·도지사의 권한을 넘은 위법한 처분이다. (2) 위와 같은 경위로 사실상 고속형 시외버스운송사업을 하고 있게 된 직행형 시외버스운송사업자에 대하여 시·도지사가 이러한 상태의 일부라도 유지하는 내용의 새로운 사업계획변경을 인가하는 것은 위법하다. (3) 이러한 변경인가 처분은 전체적 관점에서 각 노선별 교통수요 등을 예측하여 이루어지는 것이어서 그 내용상 불가분적으로 연결되어 있다고 볼 수 있으므로, 이는 전체적으로 위법하다고 볼 수 있다. (4) 피고(시·도지사)가 피고 보조참가인들에게 직행형 시외버스운송사업 면허를 부여하였음에도 여러 차례 사업계획변경 인가 등을 통하여 사실상 고속형 시외버스운송사업에 해당하는 노선의 운행을 허용하였는데, 이후 위 노선의 운행횟수를 일부 감축하고 그 감축한 운행횟수만큼 별도의 직행형 시외버스운송사업을 할 수 있도록 하는 내용의 새로운 사업계획변경을 인가한 사안에서 그 인가 처분 전체가 위법하다고 본 사례(대판 2018. 04. 26, 2015두53824).

⑥ 국세부과의 제척기간이 경과한 후에 이루어진 부과처분은 무효이다(대판 2019. 08. 30, 2016두62726; 2018. 12. 13, 2018두128).

⑦ 도시계획의 결정·변경 등에 관한 권한을 가진 행정청은 이미 도시계획이 결정·고시된 지역에 대하여도 다른 내용의 도시계획을 결정·고시할 수 있고, 이 때에 후행 도시계획에 선행 도시계획과 서로 양립할 수 없는 내용이 포함되어 있다면, 특별한 사정이 없는 한 선행 도시계획은 후행 도시계획과 같은 내용으로 변경되는 것이나, **후행 도시계획의 결정을 하는 행정청이 선행 도시계획의 결정·변경 등에 관한 권한을 가지고 있지 아니한 경우에 선행 도시계획과 서로 양립할 수**

없는 내용이 포함된 후행 도시계획결정을 하는 것은 아무런 권한 없이 선행 도시계획결정을 폐지하고, 양립할 수 없는 새로운 내용이 포함된 후행 도시계획결정을 하는 것으로서, **선행 도시계획결정의 폐지 부분은 권한 없는 자에 의하여 행해진 것으로서 무효이고,** 같은 대상지역에 대하여 선행 도시계획결정이 적법하게 폐지되지 아니한 상태에서 그 위에 다시 한 후행 도시계획결정 역시 위법하고, 그 하자는 중대하고도 명백하여 다른 특별한 사정이 없는 한 무효라고 보아야 한다(대판 2000. 09. 08, 99두11257).

⑧ 구 사회복지사업법(2011. 8. 4. 법률 제10997호로 개정되기 전의 것, 이하 같다)은 임시이사의 선임사유와 절차(제20조 제2항, 제3항)에 관해서만 정하고 있을 뿐 직무범위, 임기, 해임절차 등을 정하고 있지 않다. 그러나 **관할 행정청은 임시이사를 선임할 권한을 가지고 있으므로,** 임시이사 선임사유가 해소되거나 해당 임시이사로 하여금 업무를 계속하도록 하는 것이 적절하지 않다고 판단할 경우 언제든지 임시이사를 **해임할 수 있다고 보아야 한다**(대판 2020. 10. 29, 2017다269152).

⑨ **운전면허에 대한 정지처분권한은 경찰청장으로부터 경찰서장에게 권한위임된 것**이므로 음주운전자를 적발한 단속 경찰관으로서는 관할 경찰서장의 명의로 운전면허정지처분을 대행처리할 수 있을지는 몰라도 자신의 명의로 이를 할 수는 없다 할 것이므로, **단속 경찰관이 자신의 명의로 운전면허행정처분통지서를 작성 · 교부하여 행한 운전면허정지처분은** 비록 그 처분의 내용 · 사유 · 근거 등이 기재된 서면을 교부하는 방식으로 행하여졌다고 하더라도 **권한 없는 자에 의하여 행하여진 점에서 무효의 처분에 해당**한다(대판 1997. 05. 16, 97누2313). 〈해설〉 운전면허 취소권한자는 시도경찰청장이다.

(3) 행정기관의 의사에 결함이 있는 행위

1) 의사능력이 없는 행위

공무원의 심신상실중의 행위 또는 저항할 수 없을 정도의 물리적, 정신적 강제로 인한 행정행위, 즉 의사능력(意思能力)이 없는 행정행위는 사법상 행정행위와 마찬가지로 무효이다.

2) 행위능력이 없는 자의 행위

미성년자, 피성년후견인 또는 피한정후견인과 같은 제한능력자의 행위는, 제한능력이 퇴직 · 정직 등의 사유가 될 수 있지만, 사법에서와 달리 신뢰보호의 견지에서 유효인 행위로 보아야 한다는 것이 통설이다.

3) 착오로 인한 행위

행정행위에 있어 착오(錯誤)는 거래안전, 신뢰보호의 관점에서 그 자체가 독립된 무효원인이나 취소원인이 되지 아니하며 착오에 의한 행정행위는 표시된 대로 효력을 발생한다는 것이 통설이다.

다만, 표시의 착오, 즉 오기(예, 계고처분의 목적물을 '구로동 625의 2'를 '구로동 625의 3'으로 표시한 경우), 오산 등 이에 준하는 명백한 잘못이 있는 때에는 표시가 행정청의 의사와 다르게 된 경우에는 행정청은 직권 또는 당사자의 신청에 의하여 그 오류를 정정할 수 있다(행정절차법 제25조). '이에 준하는 명백한 잘못'이라 함은 행정처분 당시의 외부적인 여러 가지 사정에 비추어 그 잘못을 누구라도 쉽게 인식할 수 있는 경우를 말한다. 행정청이 오기 · 오산 등으로 처분을 정정한 경우에는 이를 당사자에게 통지하여야 한다. 이 통지가 도달된 때에 행정행위는 정정된 내용에 따라 효력을 발생한다고 보아야 한다.

착오로 인한 행정행위의 내용 자체가 위법한 때에는 당해 행정행위는 무효와 취소의 구별기준에 따라 무효 또는 취소인 행정행위가 된다.

4) 사기 · 강박 · 증수뢰 등에 의한 행위

행정행위의 상대방의 사기(詐欺), 강박(强迫) 등으로 인하여 의사결정에 하자가 있는 행정행위 또는 증수뢰(贈收賂), 부정신고 기타 부정행위에 의한 행정행위는 다른 원인에 의해 무효가 되는 경우를 제외하고는 취소할 수 있는 행위에 불과하다.

2. 절차의 하자

절차의 하자란 행정행위가 행해지기 전에 거쳐야 하는 절차 중 하나를 거치지 않았거나 거쳤으나 절차상 하자가 있는 것을 말한다. 절차의 하자는 그 중요도에 따라 무효사유 또는 취소사유가 되며 경미한 하자는 효력에 영향을 미치지 않는다.

[판례] ① 민원사무를 처리하는 행정기관이 민원 1회방문 처리제를 시행하는 절차의 일환으로 민원사항의 심의 · 조정 등을 위한 **민원조정위원회를 개최하면서 민원인에게 회의일정 등을 사전에 통지하지 아니하였다 하더라도**, 이러한 사정만으로 곧바로 민원사항에 대한 행정기관의 장의 거부처분에 **취소사유에 이를 정도의 흠이 존재한다고 보기는 어렵다**. 다만 행정기관의 장의 거부처분이 재량행위인 경우에, 위와 같은 사전통지의 흠결로 민원인에게 의견진술의 기회를 주지 아니한 결과 민원조정위원회의 심의과정에서 고려대상에 마땅히 포함시켜야 할 사항을 누락하는 등 **재량권의 불행사 또는 해태**로 볼 수 있는 구체적 사정이 있다면, 거부처분은 재량권을 일탈 · 남용한 것으로서 위법하다(대판 2015. 08. 27, 2013두1560[건축신고반려처분취소]).
② 개발행위허가에 앞서 도시계획위원회의 심의를 거치지 않았다고 하여 이러한 사정만으로 곧바로 그 불허가처분에 취소사유에 이를 정도의 절차상 하자가 있다고 보기는 어렵다. 다만 행정기관의 장이 도시계획위원회의 심의를 거치지 아니한 결과 개발행위 불허가처분을 함에 있어 마땅히 고려하여야 할 사정을 참작하지 아니하였다면 그 불허가처분은 재량권을 일탈 · 남용한 것으로서 위법하다고 평가할 수 있을 것이다(대판 2015. 10. 29, 2012두28728[개발행위불허가처분 취소]). 〈해설〉 마땅히 고려하여야 할 사정을 참작하지 아니한 것은 재량권의 불행사 내지 해태에 해당한다.
③ 화장장 및 묘지공원 부지에 대한 개발제한구역 해제 여부의 결정을 위하여 개최된 중앙도시계획위원회의 표결과정에서 표결권이 없는 광역교통실장이 참석하여 다른 표결권자(건설교통부차관) **대신 표결한 경우,** (건설교통부차관의 찬성표를 제외하더라도 참석위원 20명 중 찬성 17표, 반대 3표로 이 사건 부지에 대한 개발제한구역 해제안이 가결되는 데에는 아무런 영향이 없는 점, 중앙도시계획위원회의 심의를 거치도록 한 취지는 피고가 도시계획을 결정함에 있어서 도시계획에 관한 학식과 경험이 풍부한 자들로 구성된 위원회의 집합적 의견을 들어 이를 참고하라는 것일 뿐 중앙도시계획위원회의 심의결과에 기속되어 도시계획을 결정하여야 한다는 것은 아닌 점 등을 종합하면,) 이러한 잘못이 있

다 하여 건설교통부장관의 **개발제한구역 해제결정까지 위법하다고 할 수 없다고 한 사례**(대판 2007. 04. 12, 2005두2544[개발제한구역해제결정취소][원지동 추모공원 사건]).

판례는 원칙상 절차의 하자를 중요한 하자로 보지 않으면서 취소할 수 있는 하자로 본다. 다만, 환경영향평가절차나 과세전적부심사절차를 거치지 않은 하자는 통상 중대명백한 하자이므로 원칙상 당연무효로 본다.

[판례] ① [1] **환경영향평가를 거쳐야 할 대상사업에 대하여 환경영향평가를 거치지 아니하였음에도 불구하고 승인 등 처분이 이루어진다면,**…… 이러한 행정처분의 하자는 법규의 중요한 부분을 위반한 중대한 것이고 객관적으로도 명백한 것이라고 하지 않을 수 없어, 이와 같은 행정처분은 **당연무효이다.** [2] 국방·군사시설 사업에 관한 법률 및 구 산림법(2002. 12. 30. 법률 제6841호로 개정되기 전의 것)에서 보전임지를 다른 용도로 이용하기 위한 사업에 대하여 승인 등 처분을 하기 전에 미리 산림청장과 협의를 하라고 규정한 의미는 그의 **자문을 구하라는 것이지 그 의견을 따라 처분을 하라는 의미는 아니라 할 것이므로, 이러한 협의를 거치지 아니하였다고 하더라도 이는 당해 승인처분을 취소할 수 있는 원인이 되는 하자 정도에 불과**하고 그 승인처분이 당연무효가 되는 하자에 해당하는 것은 아니라고 봄이 상당하다(대판 2006. 06. 30, 2005두14363[국방군사시설사업실시계획승인처분무효확인]).

② 과세전적부심사 청구나 그에 대한 결정이 있기도 전에 과세처분을 하는 것은 그 절차상 하자가 중대하고도 명백하여 무효라고 한 사례(대판 2016. 12. 27, 2016두49228; 2020. 04. 09, 2018두57490; 2020. 10. 29, 2017두51174; 2023. 11. 02, 2021두37748).

③ 과세관청이 과세처분에 앞서 필수적으로 행하여야 할 **과세예고 통지를 하지 아니함으로써 납세자에게 과세전적부심사의 기회를 부여하지 아니한 채 과세처분을 하였다면,** 이는 납세자의 절차적 권리를 침해한 것으로서 과세처분의 효력을 부정하는 방법으로 통제할 수밖에 없는 **중대한 절차적 하자가 존재하는 경우에 해당**하므로, 과세처분은 위법하다(대판 2016. 04. 15, 2015두52326[법인세등부과처분취소]).

④ 과세관청이 법인에 대하여 세무조사결과통지를 하면서 익금누락 등으로 인한 법인세 포탈에 관하여 조세범처벌법 위반으로 고발 또는 통고처분을 하였을 경우, 과세전적부심사를 거치기 전이라도 소득금액변동통지를 할 수 있는 다른 예외사유가 있다는 등의 특별한 사정이 없는 한, 세무조사결과통지 후 과세전적부심사 청구 또는 그에 대한 결정이 있기 전에 그 익금 등의 소득처분에 따라 이루어진 소득금액변동통지는 무효이다(대판 2020. 10. 29, 2017두51174).

⑤ [1] **구 환경정책기본법 시행령 제7조 [별표 2](현행 환경영향평가법 [별표 4])의 개발사업 부지에 대하여 구 국토의 계획 및 이용에 관한 법률 제36조 제1항에서 규정한 세부용도지역이 지정되지 않은 경우,** 관계행정기관의 장은 그 개발사업 부지의 이용실태 및 특성, 장래의 토지이용방향 등에 대한 구체적 조사 및 이에 기초한 평가 작업을 거쳐 그 개발사업 부지가 구 국토의 계획 및 이용에 관한 법률 제36조 제1항 중 어떠한 세부용도지역의 개념 정의에 부합하는지 여부를 가린 다음 이를 토대로 사전환경성검토협의(현행 소규모환경영향평가)를 할지 여부를 결정하여야 한다. [2] **행정청이 사전환경성검토협의(현행 소규모환경영향평가)를 거쳐야 할 대상사업에 관하여 법의 해석을 잘못한 나머지 세부용도지역이 지정되지 않은 개발사업 부지에 대하여 사전환경성검토협의를 할지 여부를 결정하는 절차를 생략한 채 승인 등의 처분을 한 사안에서, 그 하자가 객관적으로 명백하다고 할 수 없다고 한 사례**(대판 2009. 09. 24, 2009두2825[개발사업시행승인처분취소]). 〈해설〉 이 사건 개발사업부지는 구 국토계획이용법 제36조 제1항상의 관리지역으로서 그 면적이

6,478 제곱미터인데, 세부용도지역이 보전관리지역, 생산관리지역 또는 계획관리지역 중 어디에 해당하는지 지정되어 있지 않았다. 그리하여 사전환경성검토(현행 소규모환경영향평가)없이 개발사업승인처분이 내려졌던 것인데, 원심은 이 사건 개발사업부지를 보전관리지역에 해당한다고 보고 사전환경성검토대상이 된다고 보았고, 대법원은 이를 인정하였다. 구 환경정책기본법 제7조 [별표 2]상 관리지역의 경우 보전관리지역 5,000 제곱미터, 생산관리지역 7,500제곱미터, 계획관리지역 10,000제곱미터 이상인 경우 사전환경성검토대상으로 규정되어 있었다.
⑥ 행정청이 사전에 교통영향평가를 거치지 아니한 채 위와 같은 부관을 붙여서 한 위 처분에 중대하고 명백한 흠이 있다고 할 수 없으므로 이를 무효로 보기는 어렵다고 한 사례(대판 2010. 02. 25, 2009두102[공용화물터미널조성사업계획변경및공사시행변경인가처분무효]). **〈해설〉** 또한, 법리상 '건축허가전까지 교통영향평가심의필증을 교부받을 것'이라는 부관이 강학상 해제조건인지 부담인지가 문제되고, 이러한 부관을 붙이는 것이 가능한지가 문제된다.
⑦ [공원조성계획 위반 여부가 문제된 사건] (1) 도시공원의 설치에 관한 도시관리계획과 공원조성계획의 관계: 도시공원 및 녹지 등에 관한 법률(이하 '공원녹지법'이라고 한다)상 **공원조성계획**은 공원의 구체적 조성에 관한 행정계획으로서 **도시공원의 설치에 관한 도시관리계획이 결정되어 있음을 전제로 한다**(대법원 2015. 12. 10. 선고 2013두14221 판결 참조). 특히 도시공원의 부지(공간적 범위)는 도시관리계획 단계에서 결정되는 것이고, 공원조성계획은 이를 전제로 도시공원의 내용과 시설 배치 등을 구체적으로 정하기 위한 것이다(공원녹지법 시행규칙 제8조 참조). (2) **도시관리계획을 집행하기 위한 후속 계획**(예, 이 사건 공원조성계획)**이나 처분에서 그 토지가 도시관리계획에 포함된 것처럼 표시되어 있는 경우**가 있다. **이것은 실질적으로 도시관리계획결정을 변경하는 것에 해당**하여 구 국토의 계획 및 이용에 관한 법률 제30조 제5항에서 정한 **도시관리계획 변경절차를 거치지 않는 한 당연무효**이다(대법원 2000. 03. 23. 선고 99두11851 판결 등 참조). (3) 원고들이 거주하는 아파트에 접한 임야가 공원조성계획상 도시공원부지에 포함된다는 이유로 그 임야에 대한 개발행위허가 및 건축허가처분의 취소를 구한 사안에서, 공원조성계획은 공원부지에서 위 임야를 제외한 도시관리계획결정에 어긋나 그 범위에서 효력이 없어 위 임야가 공원 부지에 포함되지 않으므로 위 각 처분이 공원조성계획에 어긋난다고 볼 수 없다(대판 2019. 07. 11, 2018두47783[개발행위 허가처분 등 취소의 소]).

(1) 법률상 필요한 상대방의 신청 또는 동의를 결여한 행위

상대방의 출원이나 신청 또는 상대방의 동의가 없이 행해진 행정행위는 무효로 보는 것이 타당하다.

(2) 필요한 공고 또는 통지를 결여한 행위

특허출원의 공고(公告) 없이 행한 행정행위, 수용할 토지세목의 공고 또는 통지 없이 행한 토지수용의 재결, 독촉절차를 거치지 아니한 조세체납처분과 같이 이해관계인들에게 권리주장, 이의신청 등 자기이익의 보호를 위해 필요한 공고 또는 통지를 결여한 행정행위는 원칙상 무효로 보는 것이 타당하다.

다만, 공고 또는 통지 그 자체를 결여한 것이 아니라 그 내용에 단순한 하자가 있을 뿐인 때에는 당연무효는 아닌 것으로 보는 것이 타당하다.

(3) 필요한 이해관계인의 참여 또는 협의를 결여한 행위

체납절차로서의 재산압류에 있어서 체납자 등의 참여와 같이 이해관계인을 보호하기 위하여 또는 이해관계인들 사이의 이해를 조정하기 위하여 행정행위를 행하기 전에 이해관계인의 참여 또는 이해관계인과의 협의를 요구하는 경우가 있는데, 이 경우에 그 절차를 결여한 행정행위는 원칙적으로 무효로 보는 것이 타당하다.

(4) 필요한 청문 또는 의견진술의 기회를 주지 아니한 행위

행정절차법은 권리를 제한하거나 의무를 부과하는 처분을 행함에 있어서는 상대방의 의견진술을 듣도록 하고 있고, 그 이외에 개별법에서 행정처분을 행하기 전에 청문 또는 의견진술의 기회를 주도록 하고 있는 경우가 있다. 법에 의해 요구되는 의견제출의 기회를 주지 않고 한 행정행위는 원칙상 취소할 수 있는 행정행위로, 청문의 기회를 주지 않은 행정행위는 무효로 보는 것이 타당하다. 그러나, 판례는 청문절차를 결여한 것도 취소사유에 해당한다고 본다(대판 2004. 07. 08, 2002두8350[유희시설조성사업협약해지및사업시행자지정거부처분취소]).

(5) 다른 행정기관의 협력을 결여한 행위

다른 기관의 협력을 요하는 경우에 다른 기관의 의결이나 승인 또는 동의 등과 같이 행정청의 행정결정이 다른 기관의 의사결정에 기속되는 경우가 아닌 단순히 협의하거나 자문을 받는 것으로 되어 있는 경우에 그러한 협의나 자문을 거치지 않은 것은 절차의 하자로 보아야 한다. 다른 기관의 협의 또는 자문이 법률에 의해 관계인의 권리 이익을 보호하기 위하여 인정되는 때에 그 협력의 결여는 무효원인이 되지만, 이 경우를 제외하고는 원칙상 취소원인에 불과하다고 보아야 할 것이다. 그러나, 판례는 구속력이 인정되지 아니하는 다른 행정기관의 협의나 자문을 거치지 않은 것은 통상 취소원인에 불과한 것으로 본다.

[판례] ① 건설교통부장관이 관계 중앙행정기관의 장과 협의(자문)를 거치지 아니하고 한 택지개발예정지구지정처분을 취소할 수 있는 행위에 불과한 것으로 본 사례(대판 2000. 10. 13, 99두653).
② 구 학교보건법(현 교육환경법)상 학교환경위생정화구역(현 상대보호구역)에서의 금지행위 및 시설의 해제 여부에 관한 행정처분을 함에 있어 구 학교환경위생정화위원회(현 지역교육환경보호위원회)의 심의절차를 누락한 것은 취소사유가 된다(대판 2007. 03. 15, 2006두15806[학교환경위생정화구역내금지행위및시설해제신청거부처분취소]).
③ **민간투자심의위원회**는 스스로 민간제안사업의 민간투자사업 추진 여부나 사업시행자 지정 여부를 결정하는 것이 아니고 **의사결정권자의 자문에 응하여 심의하는 기관에 불과하므로**, 위와 같은 절차규정 위반(심의위원회에의 대리출석이나 서면심의는 원칙적으로 허용되지 않음에도 불구하고, 일부 위원이 대리출석을 하여 심의의결을 하였고, 서면의결을 하기도 함)은 이 사건 사업시행자지정처분을 무효로 할 만한 중대하고 명백한 하자라고 볼 수 없다(대판 2009. 04. 23, 2007두13159[도로

구역결정처분취소]).
④ **교수위원들이 법학교육위원회 제15차 회의에 관여한 것은 소속대학에 대한 관계에서 제척규정인 법 제13조를 위반한 것이기는 하나,** 법 제13조의 적용 범위 등에 관하여 해석상 논의의 여지가 있고, 교수위원이 소속한 전남대학교의 경우 서울외권역 중 2순위의 평가점수를 받아 소속 교수위원이 배제된 상태에서 심의를 하였더라도 동일한 심의결과가 나왔을 것으로 보이는 점, 법학교육위원회는 피고의 심의기관에 해당할 뿐 의결기관의 지위를 가진다고 할 수는 없다는 점 등에 비추어, 그러한 위반은 **이 사건 인가처분의 무효사유가 아니라 취소사유에 해당한다**(대판 2009. 12. 10, 2009두8359[로스쿨예비인가처분취소]).
⑤ **토석채취허가신청에 대하여 시장 · 군수 · 구청장이 지방산지관리위원회 심의를 거치지 않은 채 불허가할 수 있는 경우 및 지방산지관리위원회의 심의를 거쳐야 함에도 거치지 않고 처분을 한 경우, 처분이 위법한지 여부(적극):** 산지관리법 시행령 제32조 제2항 본문은 토석채취 허가권자인 시장 등이 현지조사를 거쳐 신청인이 제출한 자료를 심사하여 신청이 산지관리법 제28조에 따른 토석채취허가기준에 적합한지를 1차적으로 검토한 결과 허가기준에 적합하지 아니함이 객관적으로 명백한 경우에는 지방산지관리위원회 심의를 거치지 않은 채 불허가할 수 있으나, 그렇지 않은 경우에는 지방산지관리위원회의 심의를 거쳐야 한다고 해석하는 것이 타당하며, 심의를 거치지 아니하고 처분을 한 때에는 법령에 규정된 절차의 흠결로 처분은 위법하다(대판 2015. 11. 26, 2013두765[토석채취변경허가신청불허가처분취소]).
⑥ 국방·군사시설 사업에 관한 법률 및 구 산림법에서 보전임지를 다른 용도로 이용하기 위한 사업에 대하여 승인 등 처분을 하기 전에 미리 **산림청장과 협의**를 하라고 규정한 의미는 그의 **자문**을 구하라는 것이지 그 의견을 따라 처분을 하라는 의미는 아니라 할 것이므로, **이러한 협의를 거치지 아니하였다고 하더라도** 이는 당해 승인처분을 **취소할 수 있는 원인이 되는 하자** 정도에 불과하고 그 승인처분이 당연무효가 되는 하자에 해당하는 것은 아니다(대판 2006. 06. 30, 2005두14363).
⑦ 구 택지개발촉진법 제3조에서 건설부장관이 **택지개발예정지구**를 **지정**함에 있어 미리 **관계중앙행정기관의 장과 협의**를 하라고 규정한 의미는 그의 **자문을 구하라는 것**이지 그 의견을 따라 처분을 하라는 의미는 아니라 할 것이므로 이러한 **협의를 거치지 아니하였다고 하더라도** 이는 위 지정처분을 **취소할 수 있는 원인이 되는 하자** 정도에 불과하고 위 지정처분이 당연무효가 되는 하자에 해당하는 것은 아니다(대판 2000. 10. 13, 99두653).

협의라 함은 행정업무가 둘 이상의 행정기관의 권한에 속하는 경우에 그 행정업무의 처리에 관하여 의견을 교환하는 것을 말한다. 협의가 법적 의무절차인 경우에 협의기관 사이에 충분한 의견의 교환(의사소통)이 없는 경우에 협의절차에 하자가 있다고 할 수 있다. 또한, 협의의 전제로서 충분한 정보(자료)가 제공되어야 한다. 협의기관은 타 협의기관에 필요한 정보의 제공을 요청할 수 있다.

협의의견은 실질상 동의의견인 경우를 제외하고는 자문의견으로서 법적 구속력이 없고, 이러한 협의절차의 하자는 원칙상 취소사유이다.

실정법령에서 협의라는 용어를 사용하고 있는 경우에도 동의로 보아야 하는 경우도 있다. 이 경우 협의를 결여한 것은 무권한의 하자로 처분의 무효사유이다.

[판례] ① 문화재보호법의 입법목적과 문화재의 보존·관리 및 활용은 원형유지라는 문화재보호의

기본원칙 등에 비추어, 건설공사시 문화재보존의 영향 검토에 관한 문화재보호법 제74조 제2항 및 같은 법 시행령 제43조의2 제1항에서 정한 '문화재청장과 협의'가 '문화재청장의 동의'를 말한다고 한 사례(대판 2006. 03. 10, 2004추119).

② 구 군사시설보호법(1993. 12. 27. 법률 제4617호로 전문 개정되기 전의 것) 제7조 제3호, 제6호, 제7호 등에 의하면, 관계 행정청이 군사시설보호구역 안에서 가옥 기타 축조물의 신축 또는 증축, 입목의 벌채 등을 허가하고자 할 때에는 미리 관할 부대장과 협의를 하도록 규정하고 있고, 구 군사시설보호법 시행령(1994. 7. 20. 대통령령 제14329호로 전문 개정되기 전의 것) 제10조 제2항에 비추어 보면, **여기서 협의는 동의를 뜻한다 할 것이며, …… 군사시설보호구역으로 지정된 토지는 군당국의 동의가 없는 한 건축 또는 사용이 금지된다 할 것이다**(대판 1995. 03. 10, 94누12739[취득세부과처분취소]).

③ 구 초·중등교육법 시행령 제91조의3 제5항에 따르면 교육감이 자사고 지정을 취소하는 경우에는 미리 교육부장관과 협의하여야 하는데, 여기에서 교육부장관과의 사전 협의는 특별한 사정이 없는 한 교육부장관의 적법한 사전 동의를 의미한다(대판 2018. 07. 12, 2014추33).

(6) 이유기재의무의 위반

법령이 이유(理由)를 기재하도록 하고 있는 경우에 이유를 전혀 기재하지 않은 행위는 원칙적으로 무효라고 보고, 이유기재가 불충분한 경우에는 원칙상 취소사유가 된다고 보는 것이 타당하다. 그러나, 판례는 이유제시가 누락된 처분도 취소대상으로 보고 있다(대판 1985. 04. 09, 84누431).

(7) 기타

처분이나 민원의 처리기간에 관한 규정은 훈시규정에 불과할 뿐 강행규정이라고 볼 수 없다. 행정청이 처리기간이 지나 처분을 하였더라도 이를 처분을 취소할 절차상 하자로 볼 수 없다(대판 2019. 12. 13, 2018두41907).

3. 형식에 관한 하자

법령상 문서, 기타의 형식(이유 부기 등)이 요구되는 경우에 이에 따르지 않으면 당해 행정행위는 형식의 하자가 있는 행위가 된다. 형식의 하자의 효과는 일률적으로 말하기 어렵다.

통설은 형식의 결여가 형식을 요구하는 본질적 요청, 즉 기관과 행위의 내용을 명확히 증명함으로써 법률생활의 안정을 기하려는 요청을 완전히 저해하는 정도일 때에는 그 형식의 결여는 무효사유에 해당하고, 형식의 결여가 행위의 확실성에 본질적인 영향이 없고 단지 행위의 내용을 명백히 하는 것에 불과한 경우에는 그 형식의 결여는 취소사유에 해당한다. 경미한 형식의 결여는 경우에 따라서 행위의 효력에 영향을 미치지 않는다.[67]

---

67) 김도창, 전게서, 480면.

(1) 문서에 관한 하자

행정청이 처분을 할 때에는 다른 법령등에 특별한 규정이 있는 경우를 제외하고는 문서로 하여야 하며, 다음 각 호의 어느 하나에 해당하는 경우에는 전자문서로 할 수 있다. 1. 당사자등의 동의가 있는 경우, 2. 당사자가 전자문서로 처분을 신청한 경우(행정절차법 제24조 제1항). 제1항에도 불구하고 공공의 안전 또는 복리를 위하여 긴급히 처분을 할 필요가 있거나 사안이 경미한 경우에는 말, 전화, 휴대전화를 이용한 문자 전송, 팩스 또는 전자우편 등 문서가 아닌 방법으로 처분을 할 수 있다. 이 경우 당사자가 요청하면 지체 없이 처분에 관한 문서를 주어야 한다(제2항).

법령상 문서에 의하도록 하고 있는 행정행위를 문서에 의해 하지 아니 한 때(예, 독촉장에 의하지 아니한 납세의 독촉)에 당해 행정행위는 원칙상 무효이다(대판 1970. 03. 24, 69도724). 다만, 문서 기재상의 결함은 당연히 무효사유가 되는 것은 아니다.

[판례] ① 운전면허정지처분의 경우 면허관청으로 하여금 일정한 서식의 통지서에 의하여 처분집행일 7일 전까지 발송하도록 한 **도로교통법시행규칙 제53조 제2항의 규정**은 단순한 훈시규정이 아니라 **법규적 효력을 가지는 규정**인바, 적법하게 성립한 운전면허정지처분이 **위 규정에 위반되는 방식으로 통지 또는 송달되었다고 하더라도 그 자체로 당연히 무효로 되는 것이 아니라,** 면허정지 사실을 **구두로 알리는 것과 같이 그 하자가 중대하고 객관적으로 명백한 경우에는 그 효력이 없으나, 여타의 경우에는** 법규의 목적 · 의미 · 기능 등을 구체적 사안 자체의 특수성과 함께 합리적으로 고찰하여 하자의 중대 · 명백 여부를 판단하고 그에 따라 효력 유무를 결정하여야 한다(대판 1997. 05. 16, 97누2313).
② **구두**로 영주 체류자격이 취소되었다고 통보하였을 뿐 체류자격 취소처분의 처분서를 교부하지 않고, 출국명령의 처분서만을 교부한 사안에서, **구두로 한 선행처분인 체류자격 취소처분은 행정절차법 제24조 제1항을 위반한 것으로서 하자가 중대 · 명백하여 당연무효**에 해당하므로, 이를 기초로 이루어진 **후행처분인 출국명령도 위법**하다고 한 사례(대구지법 2024. 01. 10, 2023구단11356).

행정절차법은 처분을 하는 문서에는 그 처분행정청 및 담당자의 소속, 성명과 전화번호를 기재하도록 하고 있다(제24조 제2조). 이러한 규정을 둔 것은 행정의 책임을 확보하고 상대방의 행정불복에 편의를 제공하기 위한 것이다.

(2) 행정청의 서명날인을 결여한 행위

법률이 행정청의 서명날인(署名捺印)을 요구하고 있는 경우에 이를 결여한 행위는 원칙적으로 무효이다. 판례는 내부위임을 받은 행정기관이 자신의 이름으로 행정처분을 한 경우 이를 권한의 하자로 보면서 무효인 하자로 보고 있지만(대판 1986. 12. 09, 86누569), 이를 형식의 하자로 취소사유인 하자로 보는 것이 타당하다.

4. 내용에 관한 하자

행정행위가 완전한 효력을 발생하기 위하여는 행정행위의 내용이 법에 위반하지 아니하고 공익에 적합하여야 하며 실현불가능하지 않아야 하며 불명확하지 않아야 한다.

(1) 행정행위의 내용의 법에의 위반

행정행위의 내용은 法의 일반원칙 및 헌법을 포함하여 모든 법에 위반하여서는 안 되며 법에 위반하면 위법한 행정행위가 된다. 법에 위반한 행정행위는 무효와 취소의 구별기준에 따라 무효 또는 취소할 수 있는 행정행위가 된다.

[판례] (1) **일반적으로 과세대상이 되는 법률관계나 소득 또는 행위 등의 사실관계가 전혀 없는 사람에게 한 과세처분은 하자가 중대하고도 명백하다**고 할 것이지만 과세대상이 되지 아니하는 어떤 법률관계나 사실관계에 대하여 이를 과세대상이 되는 것으로 오인할 만한 객관적인 사정이 있는 경우에 그것이 **과세대상이 되는지의 여부가 사실관계를 정확히 조사하여야 비로소 밝혀질 수 있는 경우라면 하자가 중대한 경우라도 외관상 명백하다고 할 수 없어** 그와 같이 과세요건 사실을 오인한 위법의 과세처분을 당연무효라고 볼 수 없다(대법원 2001. 6. 29. 선고 2000다17339 판결 등 참조). (2) 한편 과세관청이 조세를 부과하고자 할 때에는 해당 조세법규가 규정하는 조사방법에 따라 얻은 정확한 근거에 바탕을 두어 과세표준을 결정하고 세액을 산출하여야 하며, 이러한 **조사방법 등을 완전히 무시하고 아무런 근거도 없이 막연한 방법으로 과세표준과 세액을 결정, 부과하였다면 이는 하자가 중대하고도 명백하여 당연무효**라 하겠지만, 그와 같은 **조사결정절차에 단순한 과세대상의 오인, 조사방법의 잘못된 선택, 세액산출의 잘못 등의 위법이 있음에 그치는 경우에는 취소사유로 될 뿐**이다(대법원 1998. 6. 26. 선고 96누12634 판결 참조). (3) 이 사건 각 토지(지목이 '목장용지'인 토지)는 합산과세대상 토지에 해당하는 것으로 오인할 만한 객관적인 사정이 있고 그것이 분리과세대상 토지에 해당하는지 여부는 사실관계를 정확히 조사하여야 비로소 밝혀질 수 있는 경우에 해당하므로 이 사건 각 부과처분의 하자가 외관상 명백하다고 볼 수 없다고 보아, 이와 달리 이 사건 각 부과처분의 하자가 중대·명백하여 당연무효라고 본 원심을 파기·환송한 사례(대판 2024. 03. 12, 2021다224408).

법률유보의 원칙에 반하여 법적 근거 없이 행해진 행정행위는 위법하다.

판례에 따르면 문서에 의한 처분의 경우 행정처분서의 해석을 통한 처분사유 및 내용의 확정은 다음과 같다. 행정청이 문서에 의하여 처분을 한 경우 원칙적으로 그 처분서의 문언에 따라 어떤 처분을 하였는지를 확정하여야 하나, 그 처분서의 문언만으로는 행정청이 어떤 처분을 하였는지 불분명하다는 등 특별한 사정이 있는 때에는 처분 경위, 처분청의 진정한 의사, 처분을 전·후한 상대방의 태도 등 다른 사정을 고려하여 처분서의 문언과 달리 그 처분의 내용을 해석할 수도 있다(대판 2020. 06. 11, 2019두49359). 특히 행정청이 행정처분을 하면서 논리적으로 당연히 수반되어야 하는 의사표시를 명시적으로 하지 않았다고 하더라도, 그것이 행정청의 추단적 의사에도 부합하고 상대방도 이를 알 수 있는 경우에는 행정처분에 위와 같은 의사표시가 묵시적으로 포함되어 있다고 볼 수 있다(대판 2018. 06. 15, 2016두57564 등). 행정청이 문서에 의하여 처분을 한 경우 처분서의 문언이 불분명하다는 등의 특별한 사정이 없는 한, 문언에 따라 어떤 처분을 하였는지를 확정하여야 한다. 처분서의 문언만으로도 행정청이 어떤 처분을 하였는지가 분명한데도 처분 경위나 처분 이후의 상대방의 태도 등 다른 사정을 고려하여 처분서의 문언과는 달리 다른 처분까지 포함되어 있는 것으로 확대해석해서는 안 된다(대판 2017. 08. 29, 2016두44186).

[판례] 임시이사는 이사의 결원을 보충하기 위하여 정식이사가 선임될 때까지만 재임하는 것이 원칙이므로, **정식이사의 선임과 종전 임시이사의 해임은 동시에 이루어져야 한다.** 따라서 새로 선임된 정식이사와 종전 임시이사가 일시적으로라도 병존하여야 하는 다른 특별한 사정이 없는 한, 관할 행정청이 사회복지법인의 **정식이사 선임보고를 수리하는 처분에는** 정식이사가 선임되어 이사의 결원이 해소되었음을 이유로 **종전 임시이사를 해임하는 의사표시, 즉 임시이사 해임처분(묵시적 해임처분)이 포함**된 것으로 보아야 한다(대판 2020. 10. 29, 2017다269152).

처분을 하기 전에 처분사실과 처분사유를 특정하여야 한다.

처분사실과 처분사유가 특정되지 않으면 해당 처분은 그것만으로 위법하다. 판례에 따르면 처분의 대상이 되는 법위반사실이 구체적으로 명확하게 특정되지 않으면 해당 처분은 위법하다. 나아가 처분사유의 특정이 심히 불충분하여 처분이 불명확하면 무효이다. 사회통념상 행정행위의 내용이 행정행위의 상대방이 인식할 수 있을 정도로 충분히 명확하지 않은 경우 당해 행정행위는 위법하다(판례).

[판례] ① 대형할인매장이 납품업자들에게 각종 비용을 부담시킨 행위에 대한 공정거래위원회의 시정명령이 그 대상이 되는 행위의 내용을 구체적으로 명확하게 특정하지 않아 위법하다고 한 사례: 원고(주식회사 이랜드리테일)는 자기와 직매입 거래관계에 있는 납품업자들에 대하여, 매년 연말에 체결하는 납품계약(이하, '기본계약'이라 한다) 및 개별계약에 의하여 광고선전비 등 각종 명목의 비용을 납품대금에서 공제하거나 현금으로 수령해 온 사실(이하, 위와 같은 각종 명목의 비용 수령행위를 '비용부담행위'라고 한다), 피고(공정거래위원회)는 1998년도 및 1999년도 1~3월까지의 기간 동안 원고의 납품업자들에 대한 합계 27,869,051,000원 상당의 각종 비용부담행위가 법 제23조 제1항 제4호, 제2항, 법 시행령 제36조 제1항 [별표] 제6호 (나)목 및 (라)목에 해당된다는 이유로 비용부담행위 부분과 관련된 **이 사건 시정명령을 하면서 그 의결서 이유 부분에서, 원고가 1998년도 및 1999년도 1~3월까지의 기간 동안 납품업자들에 대하여 원심판결의 [별지 3] 기재와 같은 각종 명목의 비용을 부담할 것을 사실상 강요하고 납품대금에서 이를 일방적으로 공제하거나 현금 또는 상품으로 수수하고 있다고 하면서 [별지 3]에 위 기간 동안 원고가 수령한 비용명목과 그 비용별 합계액만을 기재하고** 있을 뿐 **그 비용을 부담한 업체명, 비용부담의 시기, 업체별 비용부담 액수 등 구체적인 내용을 전혀 적시하고 있지 아니한 사실**을 인정할 수 있으므로 비용부담행위에 관한 **이 사건 시정명령은 그 대상이 되는 행위의 내용이 구체적으로 명확하게 특정되었**

다고 할 수 없고, 따라서 이 부분 시정명령은 위법하다고 할 것이다(대판 2007. 01. 12, 2004두7139 [시정명령등취소청구]).
② 주류도매업면허의 취소처분에 그 대상이 된 위반사실을 특정하지 아니하여 위법하다고 본 사례: 면허의 취소처분에는 그 근거가 되는 법령이나 취소권 유보의 부관 등을 명시하여야 함은 물론 처분을 받은 자가 어떠한 위반사실에 대하여 당해 처분이 있었는지를 알 수 있을 정도로 사실을 적시할 것을 요하며, 이와 같은 취소처분의 근거와 위반사실의 적시를 빠뜨린 하자는 피처분자가 처분 당시 그 취지를 알고 있었다거나 그후 알게 되었다 하여도 치유될 수 없다고 할 것인바, 세무서장인 피고가 주류도매업자인 원고에 대하여 한 이 사건 일반주류도매업면허취소통지에 "상기 주류도매장은 무면허 주류판매업자에게 주류를 판매하여 주세법 제11조 및 국세법사무처리규정 제26조에 의거 지정조건위반으로 주류판매면허를 취소합니다"라고만 되어 있어서 원고의 영업기간과 거래상대방 등에 비추어 원고가 어떠한 거래행위로 인하여 이 사건 처분을 받았는지 알 수 없게 되어 있다면 이 사건 면허취소처분은 위법하다(대판 1990. 09. 11, 90누1786).

여러 처분사유에 관하여 하나의 제재처분을 하였을 때 그중 일부가 인정되지 않는다고 하더라도 나머지 처분사유들만으로도 처분의 정당성이 인정되는 경우에는 그 처분을 위법하다고 보아 취소하여서는 아니 된다(대판 2020. 05. 14, 2019두63515).

법령의 규정에 관한 법리가 아직 명백하게 밝혀지지 않아 해석에 다툼의 여지가 있었을 경우 처분청이 그 규정을 잘못 해석하여 한 처분은 당연무효라고 할 수 없다(판례).

[판례] ① [1] 행정청이 법령 규정의 문언상 처분 요건의 의미가 분명함에도 합리적인 근거 없이 그 의미를 잘못 해석한 결과, 처분 요건이 충족되지 아니한 상태에서 해당 처분을 한 경우 하자의 명백성 여부(적극): 행정청이 어느 법률관계나 사실관계에 대하여 어느 법률의 규정을 적용하여 행정처분을 한 경우에 그 법률관계나 사실관계에 대하여는 그 법률의 규정을 적용할 수 없다는 법리가 명백히 밝혀져 그 해석에 다툼의 여지가 없음에도 불구하고 행정청이 위 규정을 적용하여 처분을 한 때에는 그 하자가 중대하고 명백하다고 할 것이나, 그 법률관계나 사실관계에 대하여 그 법률의 규정을 적용할 수 없다는 법리가 명백히 밝혀지지 아니하여 그 해석에 다툼의 여지가 있는 때에는 행정관청이 이를 잘못 해석하여 행정처분을 하였더라도 이는 그 처분 요건사실을 오인한 것에 불과하여 그 하자가 명백하다고 할 수 없다(대법원 2004. 10. 15. 선고 2002다68485 판결, 대법원 2012. 10. 25. 선고 2010두25107 판결 등 참조). 그리고 행정청이 법령 규정의 문언상 처분 요건의 의미가 분명함에도 합리적인 근거 없이 그 의미를 잘못 해석한 결과, 처분 요건이 충족되지 아니한 상태에서 해당 처분을 한 경우에는 법리가 명백히 밝혀지지 아니하여 그 해석에 다툼의 여지가 있다고 볼 수는 없다(하자는 명백하다). [2] 피고가 이 사건 정비구역이 대부분 주택단지가 아닌 지역이고 주택단지는 아파트 1동에 불과하므로 공동주택인 아파트 1동을 주택단지로 구분하지 않고 전체적으로 단독주택 재건축사업으로 분류하여 구 도시정비법 제16조 제3항에 따라 동의요건을 갖추어야 한다고 해석할 여지도 있었지만, 피고가 해석한 바와 같이 전체 정비구역에 대하여 구 도시정비법 제16조 제3항만을 적용하더라도 토지면적의 3분의 2 이상의 면적요건을 충족하지 못한 사안에서, 피고가 구 도시정비법 제16조 제3항에 규정된 '토지면적의 3분의 2 이상의 토지소유자의 동의'라는 문언의 의미는 분명함에도 합리적인 근거 없이 그 의미를 잘못 해석한 결과, 처분요건이 충족되지 아니한 상태에서 이 사건 조합설립인가처분을 하였고, 피고가 채택한 해석을 포

함하여 다른 해석의 가능성을 고려하더라도 이 사건 조합설립인가 처분은 토지면적의 3분의 2 이상의 면적요건을 충족하지 못하였음이 분명하다고 보아 당연무효라고 판단한 사안(대판 2014. 05. 16, 2011두27094[주택조합설립인가및주택조합총회결의무효확인등]).

② 근거법령을 잘못 해석하여 부담금 부과대상이 아닌 원고에게 부담금을 부과한 것이 그 하자가 중대하나 명백하지 않다고 한 사례(대판 2007. 05. 10, 2005다31828).

③ [1] 부과금 면제대상인 조합이나 중앙회의 업무 및 재산에 대하여 농지보전부담금을 부과한 처분은 부과대상이 아닌 자에 대하여 부과금을 부과한 것으로서 법규의 중요한 부분을 위반한 중대한 하자가 있다. [2] 농업용 창고 등을 신축할 목적으로 농지전용허가를 받은 甲 농업협동조합에 농지보전부담금 부과처분을 한 사안에서, 그와 같은 농협법 및 농지법령의 해석에 합리적인 다툼의 여지가 없었으므로, 처분의 하자가 객관적으로 명백하다고 한 사례(대판 2015. 06. 23, 2013다209008[부당이득금반환]).

④ 행정청이 사전환경성검토협의를 거쳐야 할 대상사업에 관하여 법의 해석을 잘못한 나머지 세부 용도지역이 지정되지 않은 개발사업 부지에 대하여 사전환경성검토협의를 할지 여부를 결정하는 절차를 생략한 채 승인 등의 처분을 한 사안에서, 그 하자가 객관적으로 명백하다고 할 수 없다고 한 사례(대판 2009. 09. 24, 2009두2825[개발사업시행승인처분취소]).

⑤ [1] 행정처분의 대상이 되지 아니하는 어떤 법률관계나 사실관계에 대하여 이를 처분의 대상이 되는 것으로 오인할 만한 객관적인 사정이 있는 경우로서 그것이 처분대상이 되는지의 여부가 그 사실관계를 정확히 조사하여야 비로소 밝혀질 수 있는 때에는 비록 이를 오인한 하자가 중대하다고 할지라도 외관상 명백하다고 할 수 없다. [2] 피고가 한 주택재개발정비사업 조합설립추진위원회 설립승인처분이 정비구역의 지정·고시 이전에 정비예정구역에 의하여 확정된 토지등소유자의 과반수 동의를 얻어 구성된 추진위원회에 대하여 이루어진 것이라고 하더라도 그 하자가 중대하거나 명백하다고 할 수 없다고 판단한 원심을 수긍한 사례(대판 2010. 09. 30, 2010두9358[신가동주택재개발정비사업조합설립추진위원회설립승인무효확인]).

⑥ 공무원에 대하여 기여금과 부담금이 적립되지 않았다는 이유 등으로 공무원연금법에 따른 퇴직금지급을 거부한 처분이 당연무효에 해당한다고 본 사례(대판 2009. 02. 26, 2006두2572).

⑦ 공유수면 점·사용 허가 등을 받아 적법하게 사용하는 경우에는 사용료 부과처분을, 허가를 받지 않고 무단으로 사용하는 경우에는 변상금 부과처분을 하는 것이 적법하다. 그러나 적법한 사용이든 무단 사용이든 그 공유수면 점·사용으로 인한 대가를 부과할 수 있다는 점은 공통된 것이라 할 것이고, 적법한 사용인지 무단 사용인지의 여부에 관한 판단은 사용관계에 관한 사실인정과 법적 판단을 수반하는 것으로 반드시 명료하다고 할 수 없으므로, 그러한 판단을 그르쳐 변상금 부과처분을 할 것을 사용료 부과처분을 하거나 반대로 사용료 부과처분을 할 것을 변상금 부과처분을 하였다 하여 그와 같은 부과처분의 하자를 중대한 하자라고 할 수는 없다(대판 2013. 04. 26, 2012두20663[채무부존재확인]).

⑧ [담양군 메타세쿼이어길 주변을 유원지로 조성하는 사업의 사업시행자 지정처분 및 실시계획 인가처분의 위법이 다투어진 사건] [1] 국토계획법령이 정한 도시계획시설사업의 대상 토지의 소유와 동의 요건을 갖추지 못하였는데도 사업시행자로 지정하였다면, 이는 그 하자가 중대할 뿐만 아니라 객관적으로 명백하다. [2] 사인인 사업시행자가 도시·군계획시설사업의 대상인 토지를 사업시행기간 중에 제3자에게 매각하고 제3자로 하여금 해당 시설을 설치하도록 하는 내용이 포함된 실시계획(사업시행계획)을 인가하는 처분은 그 하자가 중대하지만, 명백하다고 볼 수는 없다(대판 2017. 07. 11, 2016두35120).

⑨ 법령의 규정에 관한 법리가 아직 명백하게 밝혀지지 않아 해석에 다툼의 여지가 있었을 경우

과세관청이 그 규정을 잘못 해석하여 한 **과세처분**을 당연무효라고 할 수 없다(대판 전원합의체 2018. 07. 19, 2017다242409).

⑩ [1] 노동조합의 조직이나 운영을 지배하거나 개입하려는 사용자의 부당노동행위에 의해 노동조합이 설립된 것에 불과하거나, 노동조합이 설립될 당시부터 사용자가 위와 같은 부당노동행위를 저지르려는 것에 관하여 노동조합 측과 적극적인 통모·합의가 이루어진 경우 등과 같이 해당 **노동조합이** 헌법 제33조 제1항 및 그 헌법적 요청에 바탕을 둔 노동조합 및 노동관계조정법(이하 '노동조합법'이라고 한다) 제2조 제4호가 규정한 **실질적 요건을 갖추지 못하였다면**, 설령 설립신고가 행정관청에 의하여 형식상 **수리되었더라도 실질적 요건이 흠결된 하자가 해소되거나 치유되는 등의 특별한 사정이 없는 한** 이러한 노동조합은 노동조합법상 **설립이 무효**로서 노동3권을 향유할 수 있는 주체인 **노동조합으로서의 지위를 가지지 않는다**고 보아야 한다(대판 2021. 02. 25, 2017다51610[노동조합설립무효확인]). [2] 이 경우 해당 노동조합의 설립이 무효인 하자가 해소되거나 치유되지 아니한 채 존재하는지를 판단하는 기준 시점은 사실심 변론종결 시이다(대판 2021. 02. 25, 2017다51610[노동조합설립무효확인]).

법령 규정의 문언만으로는 처분 요건의 의미가 분명하지 아니하여 그 해석에 다툼의 여지가 있었더라도 해당 법령 규정의 위헌 여부 및 그 범위, 그 법령이 정한 처분 요건의 구체적 의미 등에 관하여 법원이나 헌법재판소의 분명한 판단이 있고, 행정청이 그러한 판단내용에 따라 법령 규정을 해석·적용하는 데에 아무런 법률상 장애가 없는데도 합리적 근거 없이 사법적 판단과 어긋나게 행정처분을 하였다면 그 하자는 객관적으로 명백하다(대판 2017. 12. 28, 2017두30122).

[판례] (1) 수익적 처분의 근거 법령이 특정한 유형의 사람에 대한 지급 등 수익처분의 근거를 마련하고 있지 않다는 점이 위헌이라는 이유로 **헌법불합치 결정**이 있더라도, 행정청은 그와 관련한 **개선입법이 있기 전에는 해당 유형의 사람에게 구체적인 수익적 처분을 할 수는 없을** 것이다. 그러나 이와 달리 법률상 정해진 처분 요건에 따라 부담금을 부과·징수하는 **침익적 처분을 하는 경우에는, 어떠한 추가적 개선입법이 없더라도 행정청이 사법적 판단에 따라 위헌이라고 판명된 내용과 동일한 취지로 부담금 부과처분을 하여서는 안 된다**는 점은 분명하다. 나아가 이러한 결론은 법질서의 통일성과 일관성을 확보하려는 법치주의의 당연한 귀결이므로, 행정청에 위헌적 내용의 법령을 계속 적용할 의무가 있다고 볼 수 없고, 행정청이 위와 같은 부담금 처분을 하지 않는 데에 어떠한 법률상 장애가 있다고 볼 수도 없다. (2) 헌법재판소가 구 학교용지 확보 등에 관한 특례법 제5조 제1항 단서 제5호 중 도시 및 주거환경정비법 제2조 제2호 나목의 규정에 따른 '주택재개발사업'에 관한 부분(이하 '이 사건 법률조항'이라 한다)에 대하여, "주택재개발사업으로 건설된 주택 가운데 현금청산의 대상이 되어 제3자에게 일반분양하는 가구(이하 '현금청산분'이라 한다)도 기존 소유자에게 귀속되어야 할 가구를 제3자에게 일반분양하는 것으로서 결과적으로 가구 수가 증가하지 않으므로 이에 대하여 부담금을 부과하는 것은 불합리하고, 따라서 현금청산분을 부담금 부과대상에서 제외하지 아니한 것은 평등원칙에 위배된다"는 이유로 헌법불합치결정(헌법재판소 2014. 04. 24. 선고 2013헌가28 결정)을 하였다. 이와 같이 이 사건 법률조항이 정한 처분 요건에 관하여 조합원분양분뿐만 아니라 현금청산분에 대하여도 부담금을 부과하여서는 아니 된다는 분명한 사법적 판단이 있었으므로, 행정청으로서는 이러한 판단에 따라 현금청산분에 대하여 부담금을 부과하여서는 아니 됨이 명백하고, 행정청이 위와 같은 부담금 처분을 하지 않는 데에 어떠한 법

률상 장애가 있다고 볼 수도 없다고 보아, 이 사건 처분의 하자가 중대하고 명백하여 당연무효라고 판단한 사례(대판 2017. 12. 28, 2017두30122[학교용지부담금부과처분무효확인]).

(2) 위헌 · 위법인 법령에 근거한 처분의 효력 및 집행

1) 위헌 · 위법인 법령에 근거하여 발하여진 행정처분이 무효인지 취소할 수 있는 행정처분인지 여부

대법원은 무효와 취소의 구별에 관한 학설 중 중대명백설에 입각하여 위헌 · 위법인 법령에 근거하여 발하여진 행정처분은 특별한 사정이 없는 한 취소할 수 있는 행위에 불과하다고 보고 있다. 왜냐하면 일반적으로 법령이 위헌 · 위법인지는 헌법재판소의 위헌결정 또는 대법원의 위헌 · 위법판단이 있기 전에는 객관적으로 명백한 것이라고 할 수는 없기 때문이다(대판 1994. 10. 28, 93다41860 등). '특별한 사정이 있는 경우'라 함은 법령의 위헌 또는 위법이 명백한 경우(대판 2022. 08. 31, 2019다298482: 긴급조치 제9호는 위헌 · 무효임이 명백하다고 한 사례)를 의미한다고 볼 것이다.

[판례] ① 행정청이 위헌이거나 위법하여 무효인 시행령을 적용하여 한 행정처분이 당연무효로 되려면 그 규정이 행정처분의 중요한 부분에 관한 것이어서 결과적으로 그에 따른 행정처분의 중요한 부분에 하자가 있는 것으로 귀착되고, 또한 그 규정의 위헌성 또는 위법성이 객관적으로 명백하여 그에 따른 행정처분의 하자가 객관적으로 명백한 것으로 귀착되어야 하는바, 일반적으로 시행령이 헌법이나 법률에 위반된다는 사정은 **그 시행령의 규정을 위헌 또는 위법하여 무효라고 선언한 대법원의 판결이 선고되지 아니한 상태에서는** 그 시행령 규정의 위헌 내지 위법 여부가 해석상 다툼의 여지가 없을 정도로 명백하였다고 인정되지 아니하는 이상 객관적으로 명백한 것이라 할 수 없으므로, 이러한 시행령에 근거한 행정처분의 하자는 취소사유에 해당할 뿐 무효사유가 되지 아니한다(대판 2007. 06. 14, 2004두619[청소년유해매체물결정및고시처분무효확인]).
② '가'항의 영업정지 등 처분에 관한 사무는 국가사무로서 지방자치단체의 장에게 위임된 이른바 기관위임사무에 해당하므로 시 · 도지사가 지방자치단체의 조례에 의하여 이를 구청장 등에게 재위임할 수는 없고 **행정권한의 위임 및 위탁에 관한 규정 제4조에 의하여** 위임기관의 장의 승인을 얻은 후 지방자치단체의 장이 제정한 **규칙이 정하는 바에 따라 재위임하는 것만이 가능하다**. 그런데, 이에 위반하여 국가사무인 건설영업정지처분에 관한 권한을 조례(서울특별시행정권한위임조례)로 정하였고, 따라서 **서울특별시행정권한위임조례는 위법 · 무효**이다. 그 후 구청장이 위법 · 무효인 서울특별시행정권한위임조례의 규정에 근거하여 **구청장이 건설업영업정지처분을 한 경우, 그 처분**은 결과적으로 적법한 위임 없이 권한 없는 자에 의하여 행하여진 것과 마찬가지가 되어 그 하자가 중대하나, 지방자치단체의 사무에 관한 조례와 규칙은 조례가 보다 상위규범이라고 할 수 있고, 또한 헌법 제107조 제2항의 '규칙'에는 지방자치단체의 조례와 규칙이 모두 포함되는 등 이른바 규칙의 개념이 경우에 따라 상이하게 해석되는 점 등에 비추어 보면 위 처분의 위임 과정의 하자가 객관적으로 명백한 것이라고 할 수 없으므로 이로 인한 하자는 결국 **당연무효사유는 아니라고 봄이 상당하다**(대판 1995. 07. 11, 94누4615). 〈해설〉 이 판례에서 이러한 다수의견에 대하여 반대의견은 명백성보충요건설에 입각하여 당해 영업정지처분을 당연무효로 보았다.
③ 위헌결정된 국가보위입법회의법 부칙 제4항 후단의 규정에 의하여 이루어진 원고에 대한 1980.

11. 16.자 면직처분은 당연무효의 처분이라고 한 판례(대판 1993. 02. 26, 92누12247).
④ 상위법령에 근거가 없어 무효인 국세청 훈령 20조 등에 근거한 주류판매업정지처분은 그 위법의 하자가 중대하고 명백하여 당연무효라고 한 판례(대판 1980. 12. 23, 79누382).
⑤ 무효인 권한위임 규칙에 근거하여 행한 교육장의 임원취임의 승인취소처분이 당연무효가 아니라고 한 사례(대판 전원합의체 1997. 06. 19, 95누8669[임원취임승인취소처분등취소]).

또한, 어느 행정처분에 대하여 그 행정처분의 근거가 된 법률이 위헌이라는 이유로 무효확인청구의 소가 제기된 경우에는 다른 특별한 사정이 없는 한 법원으로서는 그 법률이 위헌인지 여부에 대하여는 판단할 필요 없이 그 무효확인청구를 기각하여야 한다(대판 1994. 10. 28, 92누9463).

이에 대하여 헌법재판소의 다수의견은 원칙상 취소할 수 있는 행위로 보지만 예외적으로 행정처분을 무효로 보더라도 법적 안정성을 크게 해치지 않는 반면에 그 하자가 중대하여 권리구제가 필요한 경우에는 위헌으로 선고된 법률에 근거한 처분을 무효로 볼 수 있다고 보고 있다.

[판례] 행정처분의 집행이 이미 종료되었고 그것이 번복될 경우 법적 안정성을 크게 해치게 되는 경우에는 후에 행정처분의 근거가 된 법규가 헌법재판소에서 위헌으로 선고된다고 하더라도 그 행정처분이 당연무효가 되지는 않음이 원칙이라고 할 것이나, 행정처분 자체의 효력이 쟁송기간 경과 후에도 존속중인 경우, 특히 그 처분이 위헌법률에 근거하여 내려진 것이고 그 행정처분의 목적달성을 위하여서는 後行 행정처분이 필요한데 후행 행정처분은 아직 이루어지지 않은 경우와 같이 그 행정처분을 무효로 하더라도 법적 안정성을 크게 해치지 않는 반면에 그 하자가 중대하여 그 구제가 필요한 경우에 대하여서는 그 예외를 인정하여 이를 당연무효사유로 보아서 쟁송기간 경과 후에라도 무효확인을 구할 수 있는 것이라고 봐야 할 것이다(헌재 1994. 06. 30, 92헌바23).

위헌인 법령에 근거한 처분이 무효인가, 취소할 수 있는 행위인가를 논하는 실익은 취소소송의 제기기간이 도과한 경우에 당해 처분에 의해 침해된 권익을 구제받을 수 있는가에 있다. 위헌인 법률에 근거한 처분이 무효인 경우에는 당해 처분의 무효확인소송이나 당해 처분의 무효임을 전제로 한 공법상 당사자소송이나 민사소송을 제기하여 권익구제를 받을 수 있는 반면에, 위헌인 법률에 근거한 처분이 취소할 수 있는 행위에 불과한 경우에는 당해 처분을 다툴 수 없고 또한 당해 처분을 전제로 하여 행해진 처분을 다툴 수도 없게 된다. 다만, 하자의 승계가 인정되는 경우에는 후행처분의 취소를 구하면서 위헌·위법인 법령에 근거한 선행처분의 위법을 주장할 수 있다.

2) 불가쟁력이 발생한 행정처분에 위헌결정의 소급효가 미치는지 여부

헌법재판소의 위헌결정의 효력은 위헌제청을 한 '당해사건', '동종사건'과 '병행사건'뿐만 아니라, 위헌결정 이후 같은 이유로 제소된 '일반사건'에도 미친다.

[판례] 헌법재판소의 위헌결정의 소급효: **헌법재판소의 위헌결정의 효력은** 위헌제청을 한 **'당해사건'**, 위헌결정이 있기 전에 이와 동종의 위헌 여부에 관하여 헌법재판소에 위헌여부심판제청을 하였거나 법원에 위헌여부심판제청신청을 한 **'동종사건'**과 따로 위헌제청신청은 아니하였지만 당해 법률 또는 법률 조항이 재판의 전제가 되어 법원에 계속 중인 **'병행사건'**뿐만 아니라, **위헌결정 이후 같은 이유로 제소된 '일반사건'에도 미친다. 하지만** 위헌결정의 효력이 미치는 범위가 무한정일 수는 없고, 다른 법리에 의하여 그 소급효를 제한하는 것까지 부정되는 것은 아니며, **법적 안정성의 유지나 당사자의 신뢰보호를 위하여 불가피한 경우에 위헌결정의 소급효를 제한하는 것은 오히려 법치주의의 원칙상 요청된다**(대판 2017. 03. 09, 2015다233982).

이미 취소소송의 제기기간을 경과하여 불가쟁력이 발생한 행정처분에는 위헌결정의 소급효가 미치지 않는다(대판 2002. 11. 08, 2001두3181[택지초과소유부담금부과처분무효확인]). 그리고, 위헌결정의 소급효가 인정된다고 해서 위헌인 법률에 근거한 행정처분이 당연무효가 된다고는 할 수 없다(대판 2021. 12. 30, 2018다241458). 그 결과 위헌인 법률에 근거한 조세부과처분에 따라 세금을 납부하였고, 당해 조세부과처분에 불가쟁력이 발생한 경우 이미 낸 세금의 반환청구가 인정되지 않는다.

다만, 헌법재판소의 위헌결정의 효력은 위헌제청을 한 당해 사건, 위헌결정이 있기 전에 이와 동종의 위헌 여부에 관하여 헌법재판소에 위헌여부심판제청을 하였거나 법원에 위헌여부심판제청을 한 경우의 당해 사건과 따로 위헌제청신청은 아니하였지만 당해 법률 또는 법률의 조항이 재판의 전제가 되어 법원에 계속 중인 사건뿐만 아니라, 위헌결정 이후에 위와 같은 이유로 제소된 일반사건에도 미친다(대판 1993. 01. 15, 91누5747).

그리고 대법원은 어느 행정처분에 대하여 취소소송의 불복기간이 지난 후 그 행정처분의 근거가 된 법률이 위헌이라는 이유로 무효확인청구의 소가 제기된 경우에는 다른 특별한 사정이 없는 한 법원으로서는 그 법률이 위헌인지 여부에 대하여는 판단할 필요 없이 위 무효확인청구를 기각하여야 할 것이라고 한다(대판 1994. 10. 28, 92누9463). 그 이유는 처분의 근거가 된 법률이 위헌이라 하더라도 통상 당해 처분은 취소할 수 있는 행위에 불과하다고 보기 때문이다.

이에 대하여 헌법재판소는 위헌인 법률에 근거한 처분이 무효가 되는 경우를 대법원보다 넓게 보면서 그에 해당되는 사례로 볼 여지가 있는 경우에는 당해 처분의 근거법규에 대하여 일응 재판의 전제성을 인정하여 그 위헌 여부에 대하여 판단하여야 할 것이라고 본다(헌재 1994. 06. 30, 92헌바23).

3) 위헌인 법률에 근거한 처분의 집행력

문제는 위헌인 법률에 근거한 처분에 불가쟁력이 발생한 경우 집행력을 부여할 수 있는가 하는 것이다. 달리 말하면 위헌인 법률에 근거한 처분에 의해 부과된 의무를 이행하지 않는 경우에 그 의무의 이행을 강제하는 것이 가능한가 아니면 위헌결정의 기속력에 반하므로 처분의 강제집행은 가능하지 않다고 보아야 할 것인가 하는 것이다.

가. 긍정설 위헌인 법률에 근거한 조세부과처분은 원칙상 취소할 수 있는 행위에 불과하므로 조세부과처분은 공정력에 의해 유효한 것이고, 불복기간이 지난 경우에는 더 이상 다툴 수 없고, 위헌결정은 불가쟁력이 발생한 처분에 대해서는 소급효가 없으므로 후행처분인 체납처분은 적법한 것이 되며 조세부과처분과 체납처분 사이에는 하자가 승계되지 아니하므로 체납처분을 다툴 수 있는 길은 없게 된다. 또한, 처분의 근거법령이 위헌인 것이지 강제집행의 근거법령이 위헌인 것은 아니다.

또한, 행정구제제도를 통하여 권리를 주장한 자에 대하여만 권익을 구제해주는 것은 그 나름대로 타당성이 있고, 법적 안정성을 보장하기 위하여는 어쩔 수 없는 해결이다.

나. 부정설 위헌인 법률에 근거한 처분을 당해 법률에 대한 위헌결정이 내려진 후에도 유효한 것으로 보고 계속 집행되도록 하는 것은 법원을 비롯한 국가기관을 기속하는 위헌결정의 기속력에 반한다고 보거나 위헌결정 이후 당해 법률에 근거한 처분을 집행하는 것은 위헌결정된 법률을 적용하는 것에 다름 아니고, 위헌 법률의 종국적 집행을 위해 국가가 추가적 행위를 하는 것은 용납되어서는 안 된다는 이유로[68] 처분의 강제집행은 가능하지 않다고 한다.[69]

또한, 위헌인 법률에 근거한 처분이 조세나 부담금과 같은 금전급부의무를 부과하는 처분인 경우에 위헌결정의 소급효를 제한하고, 위헌인 법률에 근거한 처분을 원칙상 취소할 수 있는 행위에 불과한 것으로 보는 것은 위헌인 법률에 근거한 처분에 의해 부과된 금전납부의무를 성실히 이행한 자는 구제되지 못하고 부과처분에 불복한 한 자는 구제되는 불균형을 야기한다.

다. 판 례 판례는 부정설을 취하고 있다. 위헌법률에 기한 행정처분의 집행이나 집행력을 유지하기 위한 행위는 위헌결정의 기속력에 위반되어 허용되지 않는다.

[판례] ① **위헌법률에 기한 행정처분의 집행이나 집행력을 유지하기 위한 행위는 위헌결정의 기속력에 위반되어 허용되지 않는다**고 보아야 할 것인데, 그 규정 이외에는 체납부담금을 강제로 징수할 수 있는 다른 법률적 근거가 없으므로, 그 위헌결정 이전에 이미 부담금 부과처분과 압류처분

---

68) 남복현, "위헌법률에 기한 처분의 집행력 허용여부에 관한 검토,"『헌법실무연구』, 제1권, 박영사, 2000, 449면.

69) 남복현, "헌법재판소 결정의 효력에 관한 쟁점 및 해결방안,"『헌법재판연구』, 제7권, 헌법재판소, 1996, 280~284면.

및 이에 기한 압류등기가 이루어지고 위의 각 처분이 확정되었다고 하여도, 위헌결정 이후에는 별도의 행정처분인 매각처분, 분배처분 등 후속 체납처분절차를 진행할 수 없는 것은 물론이고, 특별한 사정이 없는 한 기존의 압류등기나 교부청구만으로는 다른 사람에 의하여 개시된 경매절차에서 배당을 받을 수도 없다(대판 2002. 08. 23, 2001두2959).
② [1] 택상법에 대한 위헌결정 이전에 부담금 등에 대한 수납 및 징수가 완료된 경우에는 법적 안정성의 측면에서 부득이 과거의 상태를 그대로 유지시켜 그 반환청구를 허용할 수 없다고 하더라도, 위헌결정 이후에는 국민의 권리구제의 측면에서 위헌법률의 적용상태를 그대로 방치하거나 위헌법률의 종국적인 실현을 위한 국가의 추가적인 행위를 용납하여서는 아니된다고 할 것이고(대판 2003. 09. 02, 2003다14348; 2002. 08. 23, 2002두4372 등 참조), 한편 부담금 물납의 대상이 부동산인 경우에는 이에 관한 소유권이전등기가 경료되어야 비로소 그 물납의 이행이 완결된다고 할 것이니, 결국 위 법률의 위헌결정 이후에는 부담금의 물납을 위한 소유권이전등기촉탁도 허용되지 않는다 할 것이다. [2] 부담금의 물납허가처분 이행을 위한 등기촉탁이 택상법에 대한 위헌결정이 있는 날인 1999. 4. 29. 이루어진 것은 법률의 근거 없이 이루어진 것으로서 무효라고 본 사례(대판 2005. 04. 15, 2004다58123[부당이득금]).

처분(예, 과세처분)의 근거가 되었던 법률규정에 대하여 위헌결정이 내려진 후 행한 처분의 집행행위(예, 체납처분)는 당연무효이다(대판 전원합의체 2012. 02. 16, 2010두10907).

[판례] [1] **과세처분 이후 조세 부과의 근거가 되었던 법률규정에 대하여 위헌결정이 내려진 경우, 그 조세채권의 집행을 위한 체납처분이 당연무효인지 여부(적극)**: 구 헌법재판소법(2011. 4. 5. 법률 제10546호로 개정되기 전의 것) 제47조 제1항은 "법률의 위헌결정은 법원 기타 국가기관 및 지방자치단체를 기속한다."고 규정하고 있는데, 이러한 **위헌결정의 기속력과 헌법을 최고규범으로 하는 법질서의 체계적 요청에 비추어** 국가기관 및 지방자치단체는 **위헌으로 선언된 법률규정에 근거하여 새로운 행정처분을 할 수 없음은 물론이고, 위헌결정 전에 이미 형성된 법률관계에 기한 후속처분이라도 그것이 새로운 위헌적 법률관계를 생성 · 확대하는 경우라면 이를 허용할 수 없다.** 따라서 조세 부과의 근거가 되었던 법률규정이 위헌으로 선언된 경우, 비록 **그에 기한 과세처분이 위헌결정 전에 이루어졌고, 과세처분에 대한 제소기간이 이미 경과하여 조세채권이 확정되었으며, 조세채권의 집행을 위한 체납처분의 근거규정 자체에 대하여는 따로 위헌결정이 내려진 바 없다고 하더라도,** 위와 같은 **위헌결정 이후에 조세채권의 집행을 위한 새로운 체납처분에 착수하거나 이를 속행하는 것은 더 이상 허용되지 않고,** 나아가 이러한 위헌결정의 효력에 위배하여 이루어진 체납처분은 그 사유만으로 하자가 중대하고 객관적으로 명백하여 **당연무효**라고 보아야 한다. 〈해설〉 이에 대하여는 다음과 같은 반대견해가 제시되었다. 행정청이 어떠한 법률의 조항에 근거하여 행정처분을 한 후 헌법재판소가 그 조항을 위헌으로 결정하였다면 …… 특별한 사정이 없는 한 그러한 하자는 행정처분의 취소사유일 뿐 당연무효 사유라고 할 수 없다. **과세처분과 압류처분은 별개의 행정처분**이므로 선행처분인 과세처분이 당연무효인 경우를 제외하고는 과세처분의 하자를 이유로 후속 체납처분인 압류처분의 효력을 다툴 수 없다고 봄이 타당한 점, 압류처분 등 체납처분은 과세처분과는 별개의 행정처분으로서 과세처분 근거규정이 직접 적용되지 않고 체납처분 관련 규정이 적용될 뿐이므로, **과세처분 근거규정에 대한 위헌결정의 기속력은 체납처분과는 무관하고** 이에 미치지 않는다고 보아야 한다는 점, 다수의견과 같이 유효한 과세처분에 대한 체납처분 절차의 진행을 금지하여 실질적으로 당해 과세처분의 효력을 부정하고 사실상 소멸시키는 데까지 위헌결정의 기속력 범위가 미친다고 새긴다면, 이는 기속력의 범위를 지나치게 확장하는 것이 되

어 결과적으로 위헌결정의 소급효를 제한한 구 헌법재판소법(2011. 4. 5. 법률 제10546호로 개정되기 전의 것) 제47조 제2항 본문의 취지에 부합하지 않는다는 점 등에 비추어 보면, 선행처분에 해당하는 과세처분에 당연무효 사유가 없고, 과세처분에 따른 체납처분의 근거규정이 유효하게 존속하며, 외국의 일부 입법례와 같이 위헌법률의 집행력을 배제하는 명문의 규정이 없는 이상, 과세처분의 근거규정에 대한 헌법재판소의 위헌결정이 있었다는 이유만으로 체납처분이 위법하다고 보는 다수의견에는 찬성할 수 없다. [2] 갑 주식회사의 체납국세에 관하여, 과세관청이 갑 회사 최대주주와 생계를 함께 하는 직계비속 을을 구 국세기본법(1998. 12. 28. 법률 제5579호로 개정되기 전의 것) 제39조 제1항 제2호 (다)목의 제2차 납세의무자로 보아 을에게 과세처분을 하고 처분이 확정되었는데, 이후 위 규정에 대해 헌법재판소의 위헌결정이 있었으나 과세관청이 조세채권의 집행을 위해 을의 예금채권에 압류처분을 한 사안에서, 위헌결정 이후에는 위헌법률의 종국적인 집행을 위한 국가기관의 추가적인 행위를 용납하여서는 안 된다는 전제하에 압류처분이 당연무효라고 본 원심판단의 결론이 정당하다고 한 사례(대판 전원합의체 2012. 02. 16, 2010두10907[압류등처분무효확인]). 〈해설〉 위헌인 법률에 근거한 취소할 수 있는 조세부과처분에 따라 행한 압류처분이 위헌결정의 기속력에 반하여 당연무효라고 본 점에 이 판결의 가장 큰 의의가 있다.

라. 결　어 　다음과 같은 이유에서 긍정설이 타당하다. 처분의 근거법령의 위헌·위법결정의 구속력은 처분의 근거법령의 위헌·위법에만 미치는 것이며 강제집행의 근거규정에 까지 미치지는 않는 것으로 보아야 한다. 따라서, 위헌·위법인 법령에 근거한 불가쟁력이 발생한 취소할 수 있는 처분의 집행력은 인정되는 것으로 보는 것이 타당하다.

(3) 행정행위의 내용의 공익에의 위반

행정행위의 내용이 공익에 반하는 경우 당해 행정행위는 부당한 행정행위가 된다. 부당한 행정행위는 법원에 의한 통제의 대상이 되지 않으며 행정심판의 대상이 될 뿐이다. 재량권이 재량권의 한계 내에서 행해졌지만 공익에 반하는 경우 당해 재량행위는 부당한 행위가 된다.

(4) 행정행위의 내용의 사실상 또는 법률상의 실현불가능

1) 사실상 실현불가능

행정행위의 내용이 사회통념에 비추어 기술상 또는 물리적으로 불가능하다고 판단되는 경우에 당해 행정행위는 위법이며 무효이다. 행정행위의 내용의 실현불가능이란 절대적인 경우뿐만 아니라 감당하기 어려운 과다한 비용을 요하는 경우와 같이 사회통념상 실현불가능한 경우까지 포함한다.

2) 법률상 실현불가능

국토계획법상 허용되지 않는 조건을 내용으로 하는 건축을 명하는 것과 같이 타법에 의해 제한되고 있는 내용의 행위를 명하는 행정행위는 법률상 실현불가능한 행정행위이며 무효이다.

[판례] **납세자가 아닌 제3자의 재산을 대상으로 한 압류처분의 효력(=당연무효)**: 체납처분으로서 압류의 요건을 규정한 국세징수법 제24조 각 항의 규정을 보면 어느 경우에나 압류의 대상을 납세자의 재산에 국한하고 있으므로, 납세자가 아닌 제3자의 재산을 대상으로 한 압류처분은 그 **처분의 내용이 법률상 실현될 수 없는 것이어서 당연무효**이다(대판 2012. 04. 12, 2010두4612[예금채권압류처분에대한무효확인]).

선량한 풍속 기타 사회질서에 위반하는 사항을 내용으로 하는 행정행위의 효력에 관하여 무효라고 보는 견해와 취소원인으로 보는 견해가 있으나 사회질서의 위반 여부는 통상 명백한 것이 아니므로 취소원인에 불과하다고 보아야 한다.

(5) 행정행위의 내용의 불명확

사회통념상 행정행위의 내용이 행정행위의 상대방이 인식할 수 있을 정도로 충분히 명확하지 않은 경우 당해 행정행위는 원칙상 무효이다. 예를 들면, 대집행의 대상을 특정하지 아니한 대집행의 계고는 무효이다.

[판례] ① [1] 독점규제 및 공정거래에 관한 법률상 '이익제공강요' 및 '불이익제공'의 내용이 구체적으로 명확하게 특정되지 아니한 상태에서 시정명령 등 행정처분을 한 것은 위법하다. [2] 대형할인매장이 납품업자들에게 각종 비용을 부담시킨 행위에 대한 공정거래위원회의 시정명령이 그 대상이 되는 행위의 내용을 구체적으로 명확하게 특정하지 않아 위법하다고 한 사례(대판 2007. 01. 12, 2004두7139[시정명령등취소청구]).
② 노동위원회가 사용자에게 **'부당한 징계 및 해고기간 동안 정상적으로 근무하였다면 받을 수 있었던 임금상당액을 지급하라'**는 **구제명령**을 하고 구제명령 불이행을 이유로 이행강제금을 부과한 사안에서, 위 구제명령에서 지급의무의 대상이 되는 '임금상당액'의 액수를 구체적으로 특정하지 않았다고 하더라도 **구제명령의 이행이 불가능할 정도로 불특정하여 위법·무효라고 할 수 없으므**로 이행강제금 부과처분이 적법하다고 한 원심의 판단을 수긍한 사례(대판 2010. 10. 28, 2010두12682[이행강제금부과처분취소]).

Ⅳ. 하자의 승계

1. 하자의 승계의 의의, 인정필요성 및 전제조건

(1) 의　　의

하자(위법성)의 승계(承繼)라 함은 행정이 여러 단계의 행정행위를 거쳐 행해지는 경우에 선행 행정행위의 위법을 이유로 적법한 후행 행정행위의 위법을 주장할 수 있는 것을 말한다.

(2) 인정필요성

행정행위의 하자 또는 효력은 당해 행정행위별로 판단되는 것이 원칙이다. 따라서 행정행위의 상대방이나 이해관계인은 선행 행정행위의 위법을 후행 행정행위를 다투면서 주장할 수 없는 것이 원칙이다. 이렇게 보는 것이 행정법관계의 안정성과 행정의 실효성을 보장하기 위하여 타당하다.

그러나 선행 행정행위와 후행 행정행위가 상호 밀접한 관계를 가지며 하나의 법적 효과의 발생을 목적으로 하거나 동일한 목적을 달성하는 경우에 행정행위의 상대방이 불복제기기간 내에 선행 행정행위를 다투지 못하였기 때문에 그 후의 행정행위를 감수하여야 한다는 것은 상대방이나 이해관계인의 권리보호라는 관점에서는 너무 가혹한 것이다. 더욱이 다단계의 행정절차를 거쳐 행해지는 행정에 있어서 어느 단계의 행위가 내부행위가 아니라 독립된 행정소송의 대상이 되는 외부행위(행정행위)인지가 분명하지 않은 점에 비추어 행정행위의 상대방이나 이해관계인은 자신의 권리를 구제하기 위하여 권리를 보다 직접적으로 침해하는 후의 행정행위를 다투면 된다라고 생각하며 선행 행정행위를 다투지 않은 경우도 있을 수 있다. 이 경우 국민의 권리를 보호하고 재판을 받을 권리를 보장하기 위하여 하자의 승계를 인정할 필요가 있다.

그리하여 학설 및 판례는 일정한 경우에 선행 행정행위의 위법이 후행 행정행위에 승계된다고 본다. 문제는 하자의 승계의 인정범위이다.

(3) 하자의 승계의 전제조건

하자의 승계가 인정되기 위하여는 우선 다음의 전제조건을 충족하여야 한다.

① 선행행위와 후행행위가 모두 항고소송의 대상이 되는 처분이어야 한다. 선행행위가 처분이 아닌 경우 선행행위의 위법은 당연히 후행처분의 위법이 되는데, 이는 하자의 승계와 구별하여야 한다.

② 선행행위에 취소할 수 있는 위법이 있어야 한다. 선행행위가 무효인 경우에는 후행행위도 당연히 무효이므로 하자의 승계문제가 제기되지 않는다.

[판례] ① 적법한 건축물에 대한 철거명령은 그 하자가 중대하고 명백하여 당연무효라고 할 것이고, 그 후행행위인 건축물철거 대집행계고처분 역시 당연무효라고 할 것이다(대판 1999. 04. 27, 97누6780).

② 연속적으로 행하여진 선행처분과 후행처분이 **서로 독립하여 별개의 법률효과를 목적으로 하고 선행처분에 불가쟁력이 생겨 그 효력을 다툴 수 없게 된 경우**에는 선행처분의 하자가 중대하고 명백하여 **당연무효인 경우에만 선행처분의 하자를 이유로 후행처분의 효력을 다툴 수 있다**(대판 2009. 04. 23, 2007두13159[도로구역결정처분취소]).

③ 선행 도시계획시설사업시행자 지정처분이 당연무효이어서, 그에 터잡은 실시계획인가처분도 당연무효라고 판단한 사례(같은 날 선고된 2015두35144 판결은 선행 사업시행자 지정처분이 당연무효이어서, 실시계획인가처분 및 수용재결까지도 당연무효라고 판단하였음)(대판 2017. 07. 11, 2016두35120).

③ 선행행위에 대해 불가쟁력이 발생하여야 한다. 왜냐하면, 선행행위에 대한 취소기간이 도과하지 않은 경우에는 선행행위를 다투어 권리구제를 받을 수 있기 때문이다.

④ 후행행위가 적법하여야 한다. 후행행위가 위법하면 후행행위의 위법을 다투어 권리구제를 받을 수 있기 때문에 하자의 승계를 인정할 필요가 없다.

2. 하자의 승계의 인정기준

(1) 원 칙

하자의 승계의 인정범위는 행정법관계의 안정성의 보장이라는 요청과 국민의 권리구제의 요청을 조화하는 선에서 결정되어야 한다.

판례는 기본적으로 선·후의 행정행위가 결합하여 하나의 법적 효과를 달성시키는가 아니면 선·후의 행정행위가 서로 독립하여 별개의 법적 효과를 목적으로 하는지에 따라 하자의 승계 여부를 결정한다. 즉 전자의 경우에 한하여 하자의 승계를 인정한다.

판례는 하명처분(예, 철거명령, 부과처분)과 집행처분(예, 대집행처분(계고, 통지, 비용납부명령), 징수처분(납세고지, 압류처분, 공매처분, 환가처분)) 사이에는 하자의 승계를 인정하지 않고 집행처분이나 징수처분 사이에는 하자의 승계를 인정하고 있다. 다만, 이행강제금은 시정명령 자체의 이행을 목적으로 하므로(달리 말하면 시정명령은 이행강제금의 기초가 되고, 이행강제금부과처분에 포섭되므로) 시정명령과 이행강제금부과처분 사이에서는 하자가 승계된다고 보아야 한다(이른바 '선행처분의 후행처분에의 포섭이론').

[하자의 승계를 인정한 사례] 계고처분과 대집행영장발부통보처분 사이(대판 1996. 02. 09, 95누12507), 개별공시지가와 과세처분 사이(대판 1994. 01. 25, 93누8542), 선행 분묘개장명령과 후행 계고처분 사이(대판 1961. 02. 21, 4293행상31), 선행 귀속재산의 임대처분과 후행 매각처분 사이(대판 1963. 02. 07, 62누215), 선행 한지의사시험자격인정과 후행 한지의사면허처분 사이(대판 1975. 12. 09, 75누123), 선행 안경사국가시험합격무효처분과 안경사면허취소처분 사이(대판 1993. 02. 09, 92누4567), 계고처분과 대집행비용납부명령 사이(대판 1993. 11. 09, 93누14271), 선행 한지의사시험자격인정과 후행 한지의사면허처분 사이(대판 1975. 12. 09, 75누123), 독촉처분과 가산금·중가산금 징수처분 사이(대판 1986. 10. 28, 86누147), 표준지공시지가결정과 수용재결(보상금 산정) 사이(대판 2008. 08. 21, 2007두13845[토지보상금]), 일정한 경우 개별공시지가와 과세처분 사이(대판 1994. 01. 25, 93누8542), 시정명령과 이행강제금 부과처분 사이(대판 2008. 03. 27, 2007두25336; 2011. 03. 10, 2010두23316; 2018. 12. 27, 2018두57131) 등이 있다.

[하자의 승계를 인정하지 않은 사례] 선행 과세처분과 후행 체납처분 사이(대판 1961. 10. 26, 4292행상73), 과세관청의 소득금액변동통지와 징수처분(납세고지) 사이(대판 2012. 01. 26, 2009두14439), 택지개발예정지구의 지정, 택지개발계획의 승인, 이에 기한 수용재결 사이(대판 2000. 10. 13, 99두653[토지수용재결처분취소]), 도시 및 주거환경정비법상 사업시행계획과 관리처분계획 사이(대판

2012. 08. 23, 2010두13463[관리처분계획취소]), 건물철거명령과 대집행(계고처분) 사이(대판 1998. 09. 08, 97누20502), 선행 직위해제처분과 후행 직권면직처분 사이(대판 1971. 09. 29, 71누96), 선행 변상판정과 후행 변상명령 사이(대판 1963. 07. 25, 63누65), 선행 사업인정과 후행 수용재결 사이(대판 1993. 06. 29, 91누2342),70) 도시 · 군계획시설결정과 도시 · 군계획시설사업실시계획인가(대판 2017. 07. 18, 2016두49938), 도시계획결정과 수용재결처분 사이(대판 1990. 01. 23, 87누947), 도시계획사업의 실시계획인가고시와 수용재결처분 사이(대판 1991. 11. 26, 90누9971), 구 택지개발촉진법상 택지개발예정지구의 지정(제3조), 택지개발계획의 승인(제8조), 수용재결 사이(대판 2000. 10. 13, 99두653), 선행 액화석유가스판매사업허가처분과 후행 사업개시신고반려처분 사이(대판 1991. 04. 23, 90누8756), 토지구획정리사업 시행인가처분과 환지청산금부과처분 사이(대판 2004. 10. 14, 2002두424), 표준지공시지가와 개별공시지가 사이(대판 1995. 03. 28, 94누12920), 표준공시지가와 토지초과이득세부과처분 사이(1997. 09. 26, 96누7649: 이 판례는 후술 2007두13845 판결에 의해 사실상 변경된 것으로 보아야 한다), 일정한 경우 개별공시지가와 과세처분 사이(대판 1998. 03. 13, 96누6059: 개별토지가격 결정에 대한 재조사 청구에 따른 감액조정에 대하여 더 이상 불복하지 아니한 경우, 이를 기초로 한 양도소득세 부과처분 취소소송에서 다시 개별토지가격 결정의 위법을 당해 과세처분의 위법사유로 주장할 수 없다고 한 사례) 등이 있다. 〈해설〉 공법상 의무를 부과하는 처분과 공법상 의무불이행에 대한 강제집행행위는 서로 독립하여 별개의 법적 효과를 발생시키는 행위로 본다.

[판례] ① 조합설립인가처분은 추진위원회구성승인처분이 적법 · 유효할 것을 전제로 한다고 볼 것은 아니므로, 구 도시정비법령이 정한 동의요건을 갖추고 창립총회를 거쳐 **주택재개발조합이 성립한 이상, 이미 소멸한 추진위원회구성승인처분의 하자를 들어 조합설립인가처분이 위법하다고 볼 수 없다. 다만** 추진위원회구성승인처분의 위법으로 그 추진위원회의 조합설립인가 신청행위가 무효라고 평가될 수 있는 특별한 사정이 있는 경우라면, 그 신청행위에 기초한 조합설립인가처분이 위법하다고 볼 수 있다. 그런데 조합설립인가 신청행위는 앞서 보았듯이 법령이 정한 동의 요건을 갖추고 창립총회를 거쳐 조합의 실체가 형성된 이후에 이를 바탕으로 이루어지는 것이므로, 추진위원회 구성이나 그 인가처분의 위법사유를 이유로 그 추진위원회가 하는 조합설립인가 신청행위가 위법 · 무효로 된다고 볼 것은 아니고, 그 위법사유가 도시정비법상 하나의 정비구역 내에 하나의 추진위원회로 하여금 조합설립의 추진을 위한 업무를 수행하도록 한 추진위원회 제도의 입법취지를 형해화할 정도에 이르는 경우에 한하여 그 추진위원회의 조합설립인가 신청행위가 위법 · 무효이고, 나아가 이에 기초한 조합설립인가처분의 효력을 다툴 수 있게 된다(대판 2013. 12. 26, 2011두8291).

② (1) 재산세부과처분의 취소를 구하는 소송에서 표준지공시지가결정의 위법성을 다툴 수 있는지 여부(원칙적 소극): 표준지로 선정된 토지의 표준지공시지가를 다투기 위해서는 처분청인 국토교통부장관에게 이의를 신청하거나 국토교통부장관을 상대로 공시지가결정의 취소를 구하는 행정심판이나 행정소송을 제기해야 한다. 그러한 절차를 밟지 않은 채 토지 등에 관한 **재산세 등 부과처분의 취소를 구하는 소송에서 표준지공시지가결정의 위법성을 다투는 것은 원칙적으로 허용되지 않는다**(대법원 1995. 11. 10. 선고 93누16468 판결, 대법원 1997. 9. 26.선고 96누7649 판결 참조). **(2) 표준지 소유자인 원고가 표준지 등에 관한 재산세부과처분의 취소를 구하면서 재산세 과세표준 산정의 기초가 되는 표준지공시지가의 위법성을 주장한 사안에서, 원심은 재산세부과처분 취소소송에서 선결문제인 표준지공시지가결정의 위법성을 다툴 수 있다고 보았으나,** 이러한 원심의 판단이

70) 그러나, 사업인정은 그 자체가 독립의 법적 효과를 발생하는 행정행위이지만, 수용이라는 궁극적 목적을 달성하기 위한 준비행위로 볼 수도 있는 것이므로 사업인정의 위법은 수용재결에 승계된다고 보는 것이 타당하다(박윤흔, 전게서, 435면).

선행 대법원 판례의 법리에 반한다는 이유로 **파기환송한 사례**(대판 2022. 05. 13, 2018두50147[재산세부과처분취소]).

③ (1) 원고(공인중개사)가 공인중개사법 제25조 제3항, 제4항의 규정을 위반하여 **중개대상물 확인 · 설명서에 서명 · 날인하지 않았다는 이유로 한 선행처분인 업무정지처분**은 그 처분사유가 인정되지 않아 위법하지만, 그와 같은 처분사유 부존재의 **하자가 중대하고 명백하다고 볼 수는 없다.** (2) **선행처분인 업무정지처분**은 일정 기간 중개업무를 하지 못하도록 하는 처분인 반면, 후행처분인 이 사건 처분은 위와 같은 업무정지처분에 따른 업무정지기간 중에 중개업무를 하였다는 별개의 처분사유를 근거로 **중개사무소의 개설등록을 취소하는 처분**(후행처분)이다. 비록 이 사건 후행처분이 업무정지처분을 전제로 하지만, **양 처분은 그 내용과 효과를 달리하는 독립된 행정처분으로서, 서로 결합하여 1개의 법률효과를 완성하는 때에 해당한다고 볼 수 없다.** (3) 원고는 업무정지기간 중에 중개업무를 하여서는 안 된다는 것을 인식하고 있었던 점, 원고가 불복기간 내에 업무정지처분의 취소를 구하는 행정심판이나 행정소송을 제기하는 데에 특별히 어려움이 있었다고 인정할 만한 사정 또한 엿보이지 않는 점 등의 사정에 비추어 보면, **업무정지처분의 불가쟁력이나 구속력이 원고에게 수인한도를 넘는 가혹함을 가져오고 그 결과가 예측가능하지 않았던 경우에 해당한다고 볼 수도 없다.** 따라서 선행처분인 업무정지처분의 이 사건 처분(중개사무소의 개설등록을 취소하는 처분)에 대한 구속력이 인정된다. (4) 따라서, 원고는 선행처분이 당연무효가 아닌 이상 그 하자를 이유로 후행처분인 이 사건 처분의 효력을 다툴 수 없다. 즉, **업무정지처분의 하자가 이 사건 처분에 승계되지 않는다**(대판 2019. 01. 31, 2017두40372[중개사무소의개설등록취소처분취소]).

〈해설〉 이 사건에서 중개대상물확인 · 설명서 사본에 개업공인중개사의 서명 및 날인이 없지만, 중개대상물확인 · 설명서 원본에는 개업공인중개사의 서명 및 날인이 있으므로 영업정지처분은 위법하지만, 중개대상물확인 · 설명서 사본에 개업공인중개사의 서명 및 날인이 없는 것도 영업정지처분사유가 된다고 해석할 여지도 있어 이 사건 영업정지처분이 당연무효는 아니라도 보았다. 그리고, 선행처분이 후행처분의 요건에 포섭되는 경우(예, 사전결정의 경우, 이행강제금부과처분의 기초가 되는 시정명령 등)에는 선행처분의 위법은 후행처분의 위법이 된다고 보는 것이 타당하다(이른바 '**선행처분의 후행처분에의 포섭이론**'). 그런데, 이 사건에서 영업정지처분은 이 사건 등록취소처분의 요건에 포섭되는 사례가 아니라고 볼 수 있다. 다만, 이 사건에서 영업정처분은 이 사건 등록취소처분의 요건에 포섭되는 사례라고 볼 수 있는 여지가 있고, 만일 그렇게 본다면(영업정지처분이 적법할 것이 등록취소처분의 적법요건의 하나라고 볼 수 있다면) 영업정지처분의 위법은 등록취소처분의 위법사유가 되고, 이 사건 영업정지처분과 이 사건 등록취소처분은 서로 결합하여 1개의 법률효과를 완성하는 때에 해당한다고 보아야 한다.

생각건대, 하자의 승계가 인정되는 기준이 되는 '선 · 후의 행정행위가 결합하여 하나의 법적 효과를 달성시킨다'는 기준을 전술하는 판례와 같이 엄격하게 적용할 것은 아니다. 선행처분이 후행처분에 포함되는 경우, 선행처분이 중간처분의 성격을 갖고 후행처분이 최종적 처분의 성격을 갖는 경우에도 위 하자 승계의 기준에 해당한다고, 즉 '하나의 법적 효과를 달성시킨다'고 보는 것이 타당하다. 이러한 입장에 서면, 개별공시지가결정과 과세처분, 시정명령과 이행강제금의 부과, 철거명령과 대집행, 사전결정과 최종적 처분 사이에서는 하자가 승계된다고 보아야 한다. 이러한 관점에서 이행강제금부과처분은 시정명령 자체의 이행을 목적으로 하므로(이행강제금부과처분은 시정명령을 기초로 하여 이루어지므로) 판례가 시정명령과 이행강제금부과처분 사이에서는 하자가 승계된다고 본 것(대판 2018. 12. 27, 2018두57131; 2020. 12. 24, 2019두55675)은 타당하다.

영업정지처분을 받은 전력이 가중요건이 되어 영업정지처분에 해당하는 법규위반에 대해 영업허가취소처분이 내려진 경우 당해 취소처분을 다투는 취소소송에서 선행 영업정지처분의 위법을 주장하여 후행 허가취소처분의 위법을 주장할 수 있다고 보아야 한다. 그 논거는 선행 영업정지처분과 후행 허가취소처분 사이에 하자의 승계가 된다는 데서 찾을 수도 있고, 가중적 제재처분인 허가취소처분은 선행 영업정지처분이 적법할 것을 조건으로 인정되는 것이라는 점에서 찾을 수도 있다.

(2) 예 외

다만, 하자의 승계의 인정 여부의 판단에 있어 위의 기준이 원칙이 된다고 하면서도, 예외적으로 예측가능성과 수인가능성이 없는 경우 즉, 선행 행정행위와 후행 행정행위가 서로 독립하여 별개의 효과를 목적으로 하는 경우(예, 개별공시지가결정과 양도소득세부과처분)에도 선행 행정행위의 불가쟁력이나 구속력이 그로 인하여 불이익을 입게 되는 자에게 수인한도를 넘는 가혹함을 가져오며, 그 결과가 당사자에게 예측가능한 것이 아닌 경우에는 국민의 재산권과 재판을 받을 권리를 보장하고 있는 헌법의 이념에 비추어 선행행위의 위법을 후행행위에 대한 취소소송에서 독립된 취소사유로 주장할 수 있다고 본다.

[판례] ① [1] 선행처분과 후행처분이 서로 독립하여 별개의 효과를 목적으로 하는 경우에도 선행처분의 불가쟁력이나 구속력이 그로 인하여 불이익을 입게 되는 자에게 수인한도를 넘는 가혹함을 가져오며, 그 결과가 당사자에게 예측가능한 것이 아닌 경우에는 국민의 재판받을 권리를 보장하고 있는 헌법의 이념에 비추어 선행처분의 후행처분에 대한 구속력은 인정될 수 없다. [2] 개별공시지가결정은 이를 기초로 한 과세처분 등과는 별개의 독립된 처분으로서 서로 독립하여 별개의 법률효과를 목적으로 하는 것이나, 개별공시지가는 이를 토지소유자나 이해관계인에게 개별적으로 고지하도록 되어 있는 것이 아니어서 토지소유자 등이 개별공시지가결정 내용을 알고 있었다고 전제하기도 곤란할 뿐만 아니라 결정된 **개별공시지가가 자신에게 유리하게 작용될 것인지 또는 불이익하게 작용될 것인지 여부를 쉽사리 예견할 수 있는 것도 아니며**, 더욱이 장차 어떠한 과세처분 등 구체적인 불이익이 현실적으로 나타나게 되었을 경우에 비로소 권리구제의 길을 찾는 것이 우리 국민의 권리의식임을 감안하여 볼 때 토지소유자 등으로 하여금 결정된 개별공시지가를 기초로 하여 장차 과세처분 등이 이루어질 것에 대비하여 항상 토지의 가격을 주시하고 개별공시지가결정이 잘못된 경우 정해진 시정절차를 통하여 이를 시정하도록 요구하는 것은 부당하게 높은 주의의무를 지우는 것이라고 아니할 수 없고, 위법한 개별공시지가결정에 대하여 그 정해진 시정절차를 통하여 시정하도록 요구하지 아니하였다는 이유로 위법한 개별공시지가를 기초로 한 과세처분 등 후행 행정처분에서 개별공시지가결정의 위법을 주장할 수 없도록 하는 것은 **수인한도를 넘는 불이익을 강요하는 것으로서** 국민의 재산권과 재판받을 권리를 보장한 헌법의 이념에도

부합하는 것이 아니라고 할 것이므로, 개별공시지가결정에 위법이 있는 경우에는 그 자체를 행정소송의 대상이 되는 행정처분으로 보아 그 위법 여부를 다툴 수 있음은 물론 이를 기초로 한 **과세처분 등 행정처분의 취소를 구하는 행정소송에서도 선행처분인 개별공시지가결정의 위법을 독립된 위법사유로 주장할 수 있다**고 해석함이 타당하다(대판 1994. 01. 25, 93누8542).
② 표준지공시지가결정이 위법한 경우에는 그 자체를 행정소송의 대상이 되는 행정처분으로 보아 그 위법 여부를 다툴 수 있음은 물론, **수용보상금의 증액을 구하는 소송에서도 선행처분으로서 그 수용대상 토지가격 산정의 기초가 된 비교표준지공시지가결정의 위법을 독립한 사유로 주장할 수 있다**(대판 2008. 08. 21, 2007두13845[토지보상금]). **〈해설〉** 이 판례는 보상금증액청구소송에서 표준지공시지가의 위법을 독립한 사유로 주장할 수 있다는 내용의 판례이지만, 실질적으로는 표준지공시지가의 하자의 후행처분인 토지수용재결에 대한 승계를 인정한 판례로 평가할 수 있다. 표준지공시지가는 개별공시지가보다 더욱 예측가능성과 수인가능성이 없다는 점에 비추어 개별공시지가의 하자의 승계를 인정하면서 표준공시자가의 하자의 승계를 부정하는 것은 타당하지 않다.
③ 甲을 친일반민족행위자로 결정한 친일반민족행위진상규명위원회(이하 '진상규명위원회'라 한다)의 최종발표(선행처분)에 따라 지방보훈지청장이 독립유공자 예우에 관한 법률(이하 '독립유공자법'이라 한다) 적용 대상자로 보상금 등의 예우를 받던 **甲의 유가족 乙 등에 대하여 독립유공자법 적용배제자 결정(후행처분)**을 한 사안에서, 乙이 선행처분에 대하여 일제강점하 반민족행위 진상규명에 관한 특별법에 의한 이의신청절차를 밟거나 후행처분에 대한 것과 별개로 행정심판이나 행정소송을 제기하지 않았다고 하여 선행처분의 하자를 이유로 후행처분의 효력을 다툴 수 없게 하는 것은 **乙에게 수인한도를 넘는 불이익을 주고 그 결과가 乙에게 예측가능한 것이라고 할 수 없어 선행처분의 후행처분에 대한 구속력을 인정할 수 없으므로** 선행처분의 위법을 이유로 후행처분의 효력을 다툴 수 있다고 한 사례(대판 2013. 03. 14, 2012두6964[독립유공자법적용배제결정처분취소]).

이에 반하여 수인가능성이나 예측가능성이 있는 경우에는 선행행위의 위법을 후행행위의 위법사유로 주장할 수 없다.

[판례] 개별토지가격 결정에 대한 재조사 청구에 따른 감액조정에 대하여 더 이상 불복하지 아니한 경우, 선행처분인 개별공시지가 결정의 불가쟁력이나 구속력이 수인한도를 넘는 가혹한 것이거나 예측불가능하다고 볼 수 없어, 이를 기초로 한 양도소득세 부과처분 취소소송에서 다시 개별토지가격 결정의 위법을 당해 과세처분의 위법사유로 주장할 수 없다고 한 사례(대판 1998. 03. 13, 96누6059). **〈해설〉** 현행법에서 개별공시지가결정 후 공시 전의 재조사청구는 의견제출의 성격을 갖고, 개별공시지가결정공시 후의 재조사청구는 이의신청의 성질을 갖는다.

학설에 따라서는 93누8542 판례가 당해 사안을 선행 행정행위의 후행 행정행위에 대한 구속력의 문제로 보았다고 해석하기도 하고,[71] 하자의 승계문제로 보았다(별개의 법적 효과를 가져오는 경우에도 예측가능성과 수인가능성이 없는 경우에는 하자의 승계를 인정하였다)고 해석하는 견해[72]가 있다.

생각건대, 판례의 해석에 관하여는 전자의 견해가 타당하다. 선행행위의 후행행

71) 김남진, 전게서, 345면.
72) 박윤흔, 전게서, 395면.

위에 대한 구속력이론을 적용하여 당해 사안을 구속력이 예외적으로 배제되어야 하는 경우로 보아 개별공시지가결정의 위법을 후행 과세처분에 대한 취소소송에서 독립된 취소사유로 주장할 수 있다고 보고 있다[73]고 판례의 입장을 해석하여야 할 것이다. 93누8542 판례가 개별공시지가의 결정과 과세처분이 상호 독립하여 별개의 효과를 목적으로 하는 경우에 해당한다고 본 것에는 의문을 제기하지 않을 수 없다. 분명히 개별공시지가는 과세처분뿐만 아니라 여러 행정행위의 기초가 되는 것이 사실이기는 하지만 특정 사안에서 개별공시지가와 특정의 행정행위(즉, 본 사안에서는 과세처분)와 결합하여 하나의 법적 효과를 발생시키는 경우에 해당한다고 못 볼 바 아니다. 이렇게 본다면 사례에서 하자의 승계가 인정되는 것으로 보아 국민의 권리구제를 도모할 수 있고 선행행위의 후행행위에 대한 구속력의 한계이론에 근거할 필요는 없었다.

판례 중에는 선행처분이 **'쟁송법적 처분'**(내용·형식·절차의 측면에서 단순히 조기의 권리구제를 가능하게 하기 위하여 행정소송법상 처분으로 인정되는 처분)인 경우로서 행정절차법에서 정한 처분절차를 준수하지 않아 선행처분 상대방에게 방어권행사 및 불복의 기회가 보장되지 않은 경우 하자의 승계를 인정한 반면, 선행처분의 상대방에게 방어권행사 및 불복의 기회가 보장된 경우에는 **'실체법적 처분'**으로 보고 선행처분의 위법을 후행처분에서 주장할 수 없다고 본 판례가 있다(대판 2020. 04. 03, 2019두61137). 즉, 판례는 아래와 같이 선행행위가 행정행위가 아닌 쟁송법상 처분이고, 선행처분에서 행정절차가 보장되지 않은 경우(의견제출 등 방어권의 행사 및 행정쟁송절차에 대한 고지 등 불복의 기회를 주지 않은 것)를 독자적인 새로운 하자의 승계의 인정사유(유형)로 보고 있다.

[판례] [사업주가 근로복지공단의 사업종류 변경결정의 취소를 구하는 사건] (1) **근로복지공단이 사업주에 대하여 하는 '개별 사업장의 사업종류 변경결정'은** 행정청이 행하는 구체적 사실에 관한 법집행으로서의 공권력의 행사인 **'처분'**에 해당한다고 보아야 한다. 근로복지공단의 사업종류 변경결정에 따라 **국민건강보험공단이** 사업주에 대하여 하는 각각의 **산재보험료 부과처분도 항고소송의 대상인 처분에 해당한다.** (2) 근로복지공단이 사업종류 변경결정을 하면서 개별 사업주에 대하여 사전통지 및 의견청취, 이유제시 및 불복방법 고지가 포함된 처분서를 작성하여 교부하는 등 실질적으로 행정절차법에서 정한 처분절차를 준수함으로써 **사업주에게 방어권행사 및 불복의 기회가 보장된 경우에는,** 그 **사업종류 변경결정은** 그 내용·형식·절차의 측면에서 단순히 조기의 권리구제를 가능하게 하기 위하여 행정소송법상 처분으로 인정되는 소위 **'쟁송법적 처분'이 아니라,** 개별·구체적 사안에 대한 규율로서 외부에 대하여 직접적 법적 효과를 갖는 행정청의 의사표시인 소위 **'실체법적 처분'에 해당하는 것으로 보아야 한다.** 이 경우 사업주가 행정심판법 및 행정소송

73) 이 경우 개별공시지가는 과세처분의 기초가 되며 실질에 있어 과세처분에 포섭되어 있다고 보아야 하므로 개별공시지가 결정의 위법은 과세처분 자체의 위법이 된다.

법에서 정한 기간 내에 불복하지 않아 불가쟁력이 발생한 때에는 그 사업종류 변경결정이 중대·명백한 하자가 있어 당연무효가 아닌 한, 사업주는 그 사업종류 변경결정에 기초하여 이루어진 각각의 산재보험료 부과처분에 대한 쟁송절차에서는 선행처분인 사업종류 변경결정의 위법성을 주장할 수 없다고 봄이 타당하다. 이 경우 근로복지공단의 사업종류 변경결정을 항고소송의 대상인 처분으로 인정하여 행정소송법에 따른 불복기회를 보장하는 것은 '행정법관계의 조기 확정'이라는 단기의 제소기간 제도의 취지에도 부합한다. 다만 근로복지공단이 사업종류 변경결정을 하면서 실질적으로 행정절차법에서 정한 처분절차를 준수하지 않아 사업주에게 방어권행사 및 불복의 기회가 보장되지 않은 경우에는 이를 항고소송의 대상인 처분으로 인정하는 것은 사업주에게 조기의 권리구제기회를 보장하기 위한 것일 뿐이므로, 이 경우에는 사업주가 사업종류 변경결정에 대해 제소기간 내에 취소소송을 제기하지 않았다고 하더라도 후행처분인 각각의 산재보험료 부과처분에 대한 쟁송절차에서 비로소 선행처분인 사업종류 변경결정의 위법성을 다투는 것이 허용되어야 한다. 〈해설〉 원심은 (1) 근로복지공단의 사업종류 변경결정만으로는 원고의 권리·의무에 직접적인 변동이나 불이익이 발생한다고 볼 수 없고, 사업종류 변경결정에 따라 국민건강보험공단이 추가보험료 부과처분을 함으로써 비로소 원고에게 현실적인 불이익이 발생하며, 원고는 국민건강보험공단을 상대로 이 사건 추가보험료 부과처분의 취소를 청구하는 것만으로도 충분한 권리구제를 받는 것이 가능하다는 등의 이유로, 근로복지공단의 사업종류 변경결정은 항고소송의 대상이 되는 행정처분에 해당하지 않는다고 판단하여 각하하고, (2) 근로복지공단의 사업종류 변경결정이 잘못이라고 보아 국민건강보험공단에 대한 추가보험료 부과처분은 취소하는 판결을 선고하였음. 대법원은, 근로복지공단의 사업종류 변경결정은 그 자체로 행정처분에 해당할 뿐만 아니라, 개별 사업장의 사업종류를 변경하고 산재보험료를 산정하는 판단작용을 하는 행정청은 근로복지공단이며, 국민건강보험공단은 근로복지공단으로부터 그 자료를 넘겨받아 단순히 사업주에 대해서 산재보험료를 납부고지하고 징수하는 역할만을 수행하므로 근로복지공단의 사업종류 변경결정의 당부에 관하여 국민건강보험공단으로 하여금 소송상 방어를 하도록 하기 보다는, 그 결정의 행위주체인 근로복지공단으로 하여금 소송당사자가 되어 방어를 하도록 하는 것이 합리적이라는 이유에서, 파기환송한 사례임(대판 2020. 04. 03, 2019두61137). 〈해설〉 실질적으로 행정절차법에서 정한 처분절차를 준수함으로써 사업주에게 방어권행사 및 불복의 기회가 보장된 경우인지 여부 및 항고소송의 대상인 처분으로 인정하는 것이 사업주에게 조기의 권리구제기회를 보장하기 위한 것일 뿐인지 여부에 따라 하자의 승계를 인정하는 것은 새로운 판례이나 그 타당성에 대해서는 논란의 여지가 있다.

생각건대, 위 판례는 다음과 같이 개념의 사용에 있어서 혼란을 주고 있고, 논리상 오류가 있는 문제가 있다. 1) '쟁송법상 처분'은 행정쟁송법상 개념으로서 행정심판법이나 행정소송법상 처분이 되는 모든 처분을 지칭하는 것으로 개념 정의하고, 실체법상 처분인 행정행위도 쟁송법상 처분에 포함되는 것으로 개념정의하는 것이 타당하다. 그런데, 판례에서와 같이 처분 중 행정절차의 보장 여부에 따라 그 보장이 되면 '실체법상 처분'으로 보고, 그 보장이 되지 않으면 '쟁송법상 처분'으로 보는 것은 '실체법상 처분'인 행정행위가 '쟁송법상 처분'이 아니라는 것이 되어 개념상 혼란을 초래하고, 절차법(행정절차법)과 실체법 및 소송법의 구분과 본질(독자성)을 무시하고 논리적 근거없이 직접 관련시키고 있는 문제가 있다, 2) '개별·구체적 사안에 대한 규율로서 외부에 대하여 직접적 법적 효과를 갖는 행정청의 의사표시'인 소위 '실체법상 처분' 즉 실체법상 '행정행위'인지는 실체법상 문제로서 행위 자체의 성질과 법적 효과를 기준으로 판단하여야 하고, 방어권 행사와 불복기회 등 행정절차의 보장 여부와는 무관한 것이다. 3) 행정절차의 준수 여부와 하자의 승계 여부는 각각 독자의 논리를 갖고 있는 별개의 문제이므로 행정절차의 미보장(준수)이 직접 하자의 승계사유가 된다고 보는 것은 논리상 타당하지 않고, 문제를 지나치게 복잡하게 만든다. 행정절차의 보장 여부 중 행정절차의 미보장을 하자의 승계사유로 보는 것에 찬성하는 견해(최계영, 하자의 승계와 쟁송법적 처분, 행정판례연구, 2022.6, 92면)가 있지만, 이에 찬동할 수 없다. 행정절차의 준수 여부, 특히 행정쟁송절차의 고지 여부는 종래 판례가 인정하는 하자의 승계의 예외적 인정 기준인 '예측가능성과 수인가능성 없음'의 판단에 있어 하나의 고려사항으로만 보는 것이 타당하다. 4) 행정절차의 미보장(준수)이 직접 하자의 승계사유가 된다고 보는 것은 법적 안정성에 비해 국민의 권리를 과도하게 보호하는 것(하자의 승계를 과도하게 인정하는 것)이고, 절차의 하자를 실체상 하자보다 더 강한 효과를 인정하는 결과를 가져오는 점(선행행위의 위법사유일뿐만 아니라 후행행위의 위법사유가 되는 점)에서도 부당하다. 5) 행정절차(방어권 행사 및 불복 기회)가 보장된 경우에도 종래의 판례에 따라 하자의 승계를 인정하지 않는 것(선행처분의 후행처분에 대항 구속력을 인정하는 것)이 후행행위에 대한 쟁송제기자의 '수인가능성과 예측가능성'을 침해하게 되는 경우에는 하자의 승계를 인정해야 한다.

그러나, '선행처분이 실체법상 행정행위가 아니고, 선행처분의 처분성에 대한 쟁송제기자의 인식가능성이 낮아 쟁송제기자가 후행처분에 대한 쟁송에서 선행행위의 하자를 다투고자 하여 선행처분에 대해 쟁송을 제기하지 않아 선행처분에 대해 불가쟁력이 발생한 것으로 볼 수 있는 경우로서 종래의 판례에 따라 선행행위의 후행행위에 대한 구속력의 인정이나 선행행위의 하자의 후행행위에 대한 승계의 불인정이 후행행위에 대한 쟁송에서 선행행위의 위법을 다투고자 한 쟁송제기자의 '수인가능성과 예측가능성'을 침해하는 것이 되는 경우에 한하여 다음과 같은 이유에서 선행처분의 후행처분에 대한 하자의 승계를 인정하는 것이 타당하다. 그 이유는 선행행위가 실체법상 행정행위가 아니어서 선행처분의 처분성 인정에 다툼의 여지가 있음에도 선행처분의 처분성을 인정하는 것은 국민의 권리를 조기에 구제하기 위한 것이고, 선행행위의 처분성을 인정하지 않았다면 선행행위의 위법은 당연히 후행행위의 위법사유가 되므로 후행행위에 대한 쟁송에서 선행행위의 위법을 당연히 주장할 수 있는데, 선행행위의 처분성을 인정하면서 하자의 승계를 인정하지 않는 것은 오히려 국민의 권리구제에 장애를 초래하는 것이고, 후행행위에 대한 쟁송에서 선행행위의 위법을 다투고자 한 쟁송제기자의 '예측가능성과 수인가능성'을 침해하는 것이 되기 때문이다. 행정절차의 미준수(또는 보장), 특히 행정쟁송절차의 불고지는 종래 판례가 인정하는 하자의 승계의 예외적 인정 기준인 '예측가능성과 수인가능성 없음'의 판단에 있어 하나의 고려사항으로만 보는 것이 타당하다.

3. 하자의 승계의 효과

하자의 승계가 인정되는 경우 선행행위의 위법을 후행행위의 위법사유로 주장할 수 있고, 취소권자는 선행행위의 위법을 이유로 후행행위를 취소할 수 있다.

하자의 승계가 권리보호를 위해 인정되는 것이므로 선행행위의 위법은 내용의 위법으로 한정하는 것이 타당하다.

4. 선행 행정행위의 후행 행정행위에 대한 구속력과 하자의 승계와의 관계

(1) 구속력의 의의

선행행위의 후행행위에 대한 구속력(규준력, 기결력)은 후행 행정행위의 단계에서 후행 행정행위의 전제가 되는 선행 행정행위에 배치되는 주장을 하지 못하는 효력을 말한다. 즉, 선행행위에서 내려진 결정은 특별한 사정이 없는 한 선취된 결정으로 보고 이를 토대로 후행 행정행위를 하도록 하는 효력을 말한다.

일부 학설은 선행 행정행위의 후행 행정행위에 대한 구속력을 하자의 승계를 대체하는 이론으로 주장한다.[74] 즉, 판례에서와 같이 하자의 승계를 널리 인정하는 것은 타당하지 않으며 선행행위의 후행행위에 대한 구속력의 한계가 인정되는 경우에 한하여 선행행위의 위법을 후행행위에서 주장할 수 있다고 한다.

(2) 구속력의 근거

후행행위에 대한 규준력의 직접적인 근거는 존재하지 않으며 행정행위의 공정력과 불가쟁력이 간접적인 근거가 된다.

(3) 구속력의 인정요건 및 범위(한계)

선행행위의 후행행위에 대한 구속력의 인정요건 및 한계(범위)로서는 다음의 것을 들 수 있다.

① 선행행위와 후행행위가 동일한 목적을 추구하며 법적 효과가 기본적으로 일치되어야 한다(사물적(객관적) 한계).

② 양 행위의 수범자(상대방)가 일치하여야 한다(대인적(주관적) 한계).

③ 선행행위의 사실 및 법상태가 유지되는 한도 내에서만 미친다(시간적 한계). 사실 및 법상태에 본질적인 변경이 있는 경우 선행행위의 구속력은 후행행위에 미치지 않고, 선행행위에 대한 신뢰이익과 구속력을 배제할 공익 사이의 이익형량에 따라 선행행위를 따르지 않은 후행행위의 위법 여부가 결정된다.

④ 선행행위의 후행행위에 대한 구속력을 인정하는 것이 개인에게 지나치게 가혹하며, 선행행위의 결과가 예측 가능하지 않은 경우에는 구속력의 효력이 차단된다(예측가능성과 수인가능성이 없는 경우). 예측가능성과 수인가능성이 없음으로 인하여 선행행위의 후행행위에 대한 구속력이 차단되는 경우에는 행정청은 후행행위를 함에

---

74) 김남진, 전게서, 343면.

있어 선취된 결정에 구속되지 않고 후행행위를 할 수 있다는 것이다.

(4) 구속력과 하자의 승계의 관계

선행행위의 후행행위에 대한 구속력의 예외가 인정되는 경우에는 선행행위의 후행행위에 대한 구속력이 미치지 않는 결과 선행행위의 위법을 후행행위에 대한 취소소송에서 주장할 수 있으므로 결과적으로 하자가 승계되는 것과 같은 결과를 가져오게 된다. 그러나, 선행 행정행위의 후행 행정행위에 대한 구속력과 하자의 승계는 관점을 달리하며 적용범위 및 결과를 달리한다고 보아야 한다.

① 우선 양자는 관점을 달리한다.[75] 선행행위의 후행행위에 대한 구속력의 예외는 공익에 맞는 적정한 행정 또는 국민의 권익의 보호를 위하여 인정된다. 이에 대하여 하자의 승계는 행정행위의 상대방이나 이해관계인의 권리의 보호라는 관점에서 인정된다.

② 양자는 적용범위를 달리한다. 하자의 승계는 주로 부담적 행정행위에 있어서 선행행위가 위법한 경우에 논의되지만, 선행행위의 후행행위에 대한 구속력은 주로 수익적 행정행위에서 선행행위가 유효한 경우에 선행행위의 위법 또는 적법을 묻지 않고 문제된다. 후자가 문제되는 전형적인 예는 원자력발전소 건설허가이다. 독일에서 원자력발전소 건설허가는 부분허가로 행해지는데 선행행위의 후행행위에 대한 구속력은 선행의 부분허가는 후행행위에 구속력을 갖는다는 것이며, 그의 예외라는 것은 사정변경(부분허가 후에 발견된 과학적 지식에 비추어 허가신청된 원자력시설의 안전성이 보장될 수 없을 때) 등에 따라 후행행위를 함에 있어 선행 부분허가의 구속을 받도록 하는 것이 적절하지 않은 경우에 행정청은 선행행위에 구속받지 않고 후행행위를 행할 수 있다는 것을 말한다.

③ 양자는 그 적용기준이 다르고, 다른 결론에 이르는 경우가 있다. 하자의 승계는 선행행위와 후행행위가 결합하여 하나의 법적 효과를 달성하는 경우에 인정되고, 이에 상응하는 구속력의 예외는 선행행위의 구속력을 인정하는 것이 예측가능성과 수인가능성이 없는 경우에 인정된다. 규준력(구속력)이론에 의하면 선행행위가 후행행위의 바탕이 되는 경우(예, 과세처분과 체납처분사이, 건물철거명령과 대집행계고처분사이)에 규준력을 인정한다. 규준력이론에 의하면 계고처분과 대집행에 있어서의 비용납부명령사이, 계고처분과 대집행영장에 의한 통지행위사이, 계고처분과 비용납부명령 사이에서도 판례의 입장인 하자의 승계이론과 달리 선행행위의 후행행위에 대한 구속력을 인정할 수 있다. 반면에 판례가 하자의 승계를 긍정한 개별공시지가결정과 과세처분

75) 김용섭, "행정행위의 하자승계론의 재검토(상)," 『판례월보』, 제330호, 61면.

사이, 표준지공시지가결정과 수용재결사이에서는 선행행위가 후행행위의 바탕이 되기는 하지만, 예측가능성과 회피가능성이 없기 때문에 규준력을 인정할 수 없다.

생각건대, 선행행위의 후행행위에 대한 구속력이론은 구속력이 원칙이고 구속력의 예외는 예외적으로 인정하는 점을 고려하면 국민의 권리주장의식이 낮은 우리나라에 국민의 권리주장의식이 높은 것을 전제로 하여 성립된 독일의 구속력이론으로 하자의 승계론을 대체하는 것은 국민의 권리구제라는 관점에서 아직은 시기상조라고 보아야 한다. 따라서, 하자의 승계론과 구속력이론은 상호 별개의 이론으로 상호배타적인 것이 아니라 중첩적으로 적용되는 것으로 보는 것이 타당하다.

(5) 구속력(규준력)의 예외의 효과

구속력의 예외가 인정되는 경우 선행행위의 후행행위에 대한 구속력이 인정되지 않고, 그 결과 선행행위의 위법을 이유로 후행행위를 취소할 수 있다.

Ⅴ. 흠 있는 행정행위의 치유와 전환

위법한 행정행위는 무효이거나 취소할 수 있는 행정행위이다. 그런데, 위법한 행정행위를 유지시키거나 다른 행위로 전환시키는 것이 행정행위의 무용한 반복을 피하고 행정의 법적 안정성을 위해 요청되는 경우가 있다.

그러나, 흠 있는 행정행위의 치유나 전환을 인정함에 의해 다른 국민의 권익에 침해를 가하여서는 안 된다. 하자의 치유와 전환은 다른 국민의 권익을 침해하지 않는 한도 내에서 인정되어야 한다.

1. 하자의 치유

(1) 개 념

하자의 치유(治癒)라 함은 성립당시에 적법요건을 결한 흠 있는 행정행위라 하더라도 사후에 그 흠의 원인이 된 적법요건을 보완하거나 그 흠이 취소사유가 되지 않을 정도로 경미해진 경우에 그의 성립 당시의 흠에도 불구하고 하자 없는 적법한 행위로 그 효력을 그대로 유지시키는 것을 말한다.

(2) 인정근거

하자의 치유는 행정행위의 무용한 반복을 피함으로써 행정경제를 도모하기 위하여 인정된다. 행정행위의 하자가 보완된 경우에 처분시의 위법을 이유로 취소를 하더라도 행정청이 동일한 처분을 다시 내릴 수 있는 경우가 하자의 치유가 인정되어야 하는 전형적인 경우이다.

(3) 인정범위와 한계

1) 일반적 기준

하자 있는 행정행위의 치유는 행정행위의 성질이나 법치주의의 관점에서 볼 때 원칙적으로 허용될 수 없는 것이고, 예외적으로 행정행위의 무용한 반복을 피하고 당사자의 법적 안정성을 위해 이를 허용할 수 있는 것인데, 이 때에도 다른 국민의 권리나 이익을 침해하지 않는 범위에서 구체적 사정에 따라 합목적적으로 인정하여야 할 것이다(대판 1983. 07. 26, 82누420; 2002. 07. 09, 2001두10684).

[판례] ① 주택재개발정비사업조합설립동의서 중 일부 동의서가 적법하지 않아 이를 제외한 나머지 동의서만으로는 구 도시 및 주거환경정비법 제16조 제1항에서 정한 토지 등 소유자 4분의3 이상의 동의를 얻어야 한다는 요건을 충족하지 못하여 위법한 주택재개발정비사업조합설립인가처분에 있어서 1심판결 이후 4분의 3을 초과하는 조합설립동의서를 새로 받은 사안에서, **흠의 치유를 인정하더라도 원고들을 비롯한 토지 등 소유자들에게 아무런 손해가 발생하지 않는다고 단정할 수 없다는 점 등을 이유로 하자의 치유를 인정하지 않은 사례**(대판 2010. 08. 26, 2010두2579[재개발정비사업조합설립인가취소]).
② 경원관계에 있는 자가 제기한 허가처분의 취소소송에서 인근주민의 동의를 받아야 하는 요건을 결여하였다가 처분 후에 동의를 받은 경우에 하자의 치유를 인정하는 것은 원고에게 불이익하게 되므로 이를 허용할 수 없다(대판 1992. 05. 08, 91누13274).
③ 선행처분인 개별공시지가결정이 위법하여 그에 기초한 개발부담금 부과처분도 위법하게 된 경우 **그 하자의 치유를 인정하면 개발부담금 납부의무자로서는** 위법한 처분에 대한 가산금 납부의무를 부담하게 되는 등 **불이익이 있을 수 있으므로**, 그 후 적법한 절차를 거쳐 공시된 개별공시지가 결정이 종전의 위법한 공시지가결정과 그 내용이 동일하다는 사정만으로는 위법한 개별공시지가 결정에 기초한 개발부담금 부과처분이 적법하게 된다고 볼 수 없다(대판 2001. 06. 26, 99두11592).
④ 재건축조합설립인가처분 당시 동의율을 충족하지 못한 하자는 후에 추가동의서가 제출되었다는 사정만으로 치유될 수 없다(대판 2013. 07. 11, 2011두27544[주택재건축정비사업조합설립인가처분취소]).

따라서 하자의 치유는 하자의 종류에 따라 하자의 치유를 인정함으로써 달성되는 이익(예, 행정객체, 상대방이 받는 이익)과 그로 인하여 발생하는 불이익(예, 제3자에 대한 불이익, 상대방에 대한 불이익)을 비교형량하여 개별적으로 결정하여야 한다.

2) 하자의 치유의 사유

하자의 치유가 인정되는 사유로는 흠결된 요건의 사후보완이 있다. 예를 들면, 무권대리의 사후추인, 처분의 절차 또는 형식의 사후보완, 불특정목적물의 사후특정, 이유의 사후제시가 있다.

치유의 대상이 되는 하자는 절차법상의 하자(형식의 하자 포함)뿐만 아니라 실체법상(내용상)의 하자도 포함하지만, 하자의 치유가 주로 인정되는 것은 절차와 형식의 하자의 경우이다. 이에 대하여 처분의 내용에 관한 하자의 치유는 허용하지 않는 것이 바람직하다는 견해도 있다.[76]

판례는 내용상 하자는 치유가 가능하지 않은 것으로 본다.

[판례] 이 사건 처분(노선여객자동차운송사업의 사업계획변경인가처분)에 관한 **하자가 행정처분의 내용에 관한 것이고** 새로운 노선면허가 이 사건 소 제기 이후에 이루어진 사정 등에 비추어 하자의 치유를 인정치 않은 원심의 판단은 정당하다(대판 1991. 05. 28, 90누1359).

3) 개별적 검토

가. 수익적 행정행위의 흠결 수익적 행정행위의 흠결은 언제든지 보정되면 치유될 수 있다고 보아야 한다.

나. 절차의 하자의 치유 이해관계인의 절차적 권리가 침해되지 않는 한도내에서 절차의 하자가 치유된다고 보아야 한다.

[판례] 행정청이 처분절차에서 관계 법령의 절차 규정을 위반하여 절차적 정당성이 상실된 경우에는 해당 처분은 위법하고 원칙적으로 취소하여야 한다. 다만 **처분상대방이나 관계인의 의견진술권이나 방어권 행사에 실질적으로 지장이 초래되었다고 볼 수 없는 특별한 사정이 있는 경우**에는, 절차 규정 위반으로 인하여 처분절차의 절차적 정당성이 상실되었다고 볼 수 없으므로 **해당 처분을 취소할 것은 아니다**(대판 2018. 03. 13, 2016두33339; 2021. 02. 04, 2015추528 등 참조).

(가) 의견진술절차의 하자 처분 전에 행해져야 할 의견진술절차가 처분 후에 행해진 경우에 의견진술절차를 이행한 것으로 볼 수 있는가.

의견진술절차의 하자는 원칙상 하자가 치유되지 않는다고 보아야 한다. 왜냐하면 의견진술절차는 행정행위가 행하여지기 전에 인정되어야 처분 전에 방어기회를 준다는 등의 인정이유를 충족시킬 수 있기 때문이다.

다만, 의견진술 자체의 흠결이 아니라 의견진술통지기간의 불준수와 같은 의견진술절차상의 하자는 처분 전에 이해관계인에게 방어의 기회를 준다는 의견진술절차의 인정근거를 위태롭게 하지 않는 한도 내에서는 치유된다고 보아야 한다. 예를 들면, 청문통지기간의 불준수로 청문준비기간이 법정기간보다 조금 모자라지만 자기방어를 위한 준비에 큰 곤란한 점이 없었다면 청문통지기간의 불준수의 하자는 치유된다고 보아야 한다(대판 1992. 10. 23, 92누2844).[77]

(나) 이유 등의 사후제시 이유제시의 하자의 보완으로 인한 하자의 치유가 어느

76) 홍준형, "행정행위 하자의 치유," 『고시계』, 2000. 8, 61면.
77) 김향기, "행정절차의 하자의 효과 및 그 치유," 『고시계』, 1998. 6, 52면.

시점까지 가능한지에 관하여 견해가 대립되고 있다.

가) 행정쟁송제기전설　이유제시는 상대방의 쟁송의 제기에 편의를 제공하기 위하여 인정되는 것이기 때문에 이유제시의 하자는 행정쟁송의 제기 전, 즉 행정심판이나 행정소송의 제기 전까지 보완되어야 하자가 치유되는 것으로 보아야 한다. 이것이 판례의 태도이다. 판례는 이유제시의 하자를 치유하려면 늦어도 처분에 대한 불복 여부의 결정 및 불복신청에 편의를 줄 수 있는 상당한 기간 내에 하여야 한다고 하고 있다.

[판례] ① 뒤늦은 납세고지서의 송달로 이유부기의 하자의 치유를 허용하려면 늦어도 과세처분에 대한 불복 여부의 결정 및 불복신청에 편의를 줄 수 있는 상당한 기간 내에 하여야 할 것이다(대판 1983. 07. 26, 82누420).
② 과세처분시 세액의 산출근거 등이 누락된 경우에는 늦어도 과세처분에 대한 불복 여부의 결정 및 불복신청에 편의를 줄 수 있는 상당한 기간 내에 보정행위를 하여야 그 하자가 치유된다고 본다. 그런데, 과세예고통지사항이 흠결되어 있다 하더라도 그 처분에 대한 불복 여부의 결정 및 불복신청에 전혀 지장을 받지 않을 것이므로 하자가 치유되었다고 볼 수 있다(대판 1993. 07. 13, 92누13981).
③ 상고심의 계류중에 세액산출근거의 통지가 있었다고 하여 이로써 위 과세처분의 하자가 치유되었다고는 볼 수 없다(대판 1984. 04. 10, 83누393).

판례의 입장을 모든 절차의 하자의 경우 행정쟁송 제기 전 절차가 보완되면 치유가 가능한 것으로 소개하는 견해가 있는데, 이 견해는 타당하지 않다. 판례는 이유제시의 하자의 경우에 한하여 그렇게 보고 있다.

나) 행정소송제기전설　이에 대하여 행정심판은 본질적으로 행정내부의 자율적인 통제수단에 불과하며 행정심판단계에서는 아직 행정청의 손을 떠나지 아니한 것이므로 행정심판에 대한 불복시까지 하자가 보완될 수 있는 것으로 보아야 한다는 주장이 있다. 독일의 행정절차법 제45조는 이 입장을 명문으로 규정하고 있다.

다) 하자의 치유 부정설　이유제시의 목적이 행정청으로 하여금 판단을 신중하고 합리적으로 행하도록 하고 자의를 억제하려는 데 있다고 보는 견해에 따르면 이유의 사후보완은 인정될 수 없다고 보아야 한다.

라) 쟁송종결시설　소송경제 등을 고려하여 소송절차의 종결 전까지 하자의 치유를 인정하는 것이 바람직하다는 견해도 있다(홍정선, 366면).

마) 결　어　이유제시제도의 기능(공정한 행정의 보장과 행정불복에의 편의제공)과 하자의 치유의 기능(행정경제 및 법적 안정성)을 조화시켜야 하고, 우리나라의 행정심판은 준사법적 성격이 강하므로 이유제시의 하자가 행정쟁송의 제기 전까지 보완되어야 이유부기의 하자가 치유되는 것으로 보는 것이 타당하다.

다. 무효인 행정행위와 하자의 치유 　하자의 치유는 행정행위의 존재를 전제로 하여 그 흠을 치유하여 흠이 없는 행정행위로 하는 것이므로 무효인 행정행위의 치유는 인정될 수 없다는 부정설이 통설이며 판례의 입장이다(대판 1997. 05. 28, 96누5308).

[판례] 징계처분이 중대하고 명백한 흠 때문에 당연무효의 것이라면 징계처분을 받은 자가 이를 용인하였다 하여 그 흠이 치료되는 것은 아니다(대판 1989. 12. 12, 88누8869).

또한, 판례는 효력발생요건인 송달의 하자의 치유도 인정하지 않는다(대판 1988. 03. 22, 87누986[수도과태료등부과처분취소]).

[판례] 송달이 부적법한 수도과태료 부과처분의 존재를 상대방이 인식할 수 있었던 경우 송달의 하자가 치유되는지 여부(소극): 수도과태료의 부과처분에 대한 납입고지서에 송달상대방이나 송달장소, 송달방법 등에 관하여는 서울특별시급수조례 제37조에 따라 지방세법의 규정에 의하여야 할 것이므로, 납세고지서의 송달이 부적법하면 그 부과처분은 효력이 발생할 수 없고, 또한 송달이 부적법하여 송달의 효력이 발생하지 아니하는 이상 상대방이 객관적으로 위 부과처분의 존재를 인식할 수 있었다 하더라도 그와 같은 사실로써 송달의 하자가 치유된다고 볼 수 없다(대판 1988. 03. 22, 87누986[수도과태료등부과처분취소]).

이에 대하여 무효와 취소의 구별의 상대화를 전제로 무효인 행정행위의 치유도 인정할 수 있다고 보는 견해가 있다.[78]

라. 기　　타

[판례] ① 압류처분의 단계에서 독촉의 흠결과 같은 절차상의 하자가 있었다고 하더라도 그 이후에 이루어진 공매절차에서 공매통지서가 적법하게 송달된 바가 있다면 매수인이 매각결정에 따른 매수대금을 납부한 이후에는 다른 특별한 사정이 없는 한, 당해 공매처분을 취소할 수 없다고 한 사례(대판 2006. 05. 12, 2004두14717[체납처분에 의한 공매처분취소]).

② 세액산출근거가 기재되지 아니한 납세고지서에 의한 부과처분은 강행법규에 위반하여 취소대상이 된다 할 것이므로 이와 같은 하자는 납세의무자가 전심절차에서 이를 주장하지 아니하였거나, 그 후 부과된 세금을 자진납부하였다거나, 또는 조세채권의 소멸시효기간이 만료되었다 하여 치유되는 것이라고는 할 수 없다(대판 1985. 04. 09, 84누431).

(4) 하자의 치유의 효과

행정행위의 하자가 치유되면 당해 행정행위는 처분시부터 하자가 없는 적법한 행정행위로 효력을 발생하게 된다.

---

78) 김철용, "무효인 행정행위와 취소할 수 있는 행정행위의 구별기준과 구별실익," 『고시연구』, 1975. 10, 29면.

2. 하자 있는 행정행위의 전환

(1) 개 념

행정행위의 전환(轉換)이라 함은 행정행위가 본래의 행정행위로서는 무효이나 다른 행정행위로 보면 그 요건이 충족되는 경우에 흠 있는 행정행위를 흠 없는 다른 행정행위로 인정하는 것을 말한다. 사망자에 대한 귀속재산의 불하처분을 상속인에 대한 처분으로 전환하는 것을 그 예로 들 수 있다.

(2) 인정근거

하자의 전환은 행정의 법적 안정성을 위하고 행정의 무용한 반복을 피하기 위하여 인정된다.

(3) 요 건

하자 있는 행정행위의 전환이 인정되기 위하여는 다음과 같은 요건을 갖추어야 한다.

① 하자 있는 행정행위와 전환되는 행정행위가 동일한 목적을 가져야 한다.

② 하자 있는 행정행위와 전환하려고 하는 다른 행정행위의 처분청, 절차, 형식이 동일하여야 한다.

③ 전환되는 행정행위의 성립, 발효요건, 적법요건을 갖추고 있어야 한다.

④ 하자 있는 행정행위를 한 행정청의 의도에 반하는 것이 아니어야 한다. 달리 말하면 행정청이 본래의 행정행위의 위법성을 알았더라면 당해 행정청이 전환되는 행정행위와 같은 내용의 처분을 하였을 것이 인정되어야 한다.

⑤ 당사자가 그 전환을 의욕하는 것으로 인정되어야 한다. 달리 말하면 당사자에게 불이익한 법적 효과를 초래하지 않아야 한다.

⑥ 제3자의 권익을 침해하지 않아야 한다.

⑦ 기속행위를 재량행위인 행위로 전환하여서는 안 된다. 왜냐하면 그것을 인정한다면 처분청의 재량권을 침해하는 것이 되기 때문이다. 달리 말하면 법원이 처분청의 재량권을 행사하는 결과를 가져오기 때문이다.

(4) 인정범위

행정행위의 전환은 무효인 행정행위에 대하여만 인정된다는 견해와 무효인 행위뿐만 아니라 취소할 수 있는 행정행위에도 인정된다는 견해가 있다.

전자의 견해는 취소할 수 있는 행정행위는 장래 흠이 치유될 가능성이 있고, 따라서 그 행위의 효력이 불확정상태에 있는 동안은 당사자가 의욕한 바가 아닌 다른

행위로 전환되어서는 아니 되기 때문에 전환이 인정될 수 없다고 본다.[79]

후자의 견해는 취소할 수 있는 행정행위에도 전환을 인정하는 것이 전환을 인정하는 취지에 합당하다고 본다. 이 견해가 다수견해이다.

(5) 전환권자

행정행위의 전환은 처분청, 행정심판기관뿐만 아니라 법원에 의해서도 행해질 수 있다. 이에 대하여 법원에 전환권을 인정하는 것은 권력분립의 원칙에 반한다는 견해가 있다.

(6) 법적 성질과 효력발생요건

행정청에 의한 행정행위의 전환을 행정행위로 보는 견해가 다수견해이다. 따라서, 행정청의 전환행위에 대하여는 의견청취절차규정 등 행정절차법이 적용되며 통지되어야 효력을 발생한다.

(7) 효 과

무효의 전환이 인정되면 새로운 행정행위가 발생한다. 즉, 하자있는 행정행위는 송달된 날에 전환된 행정행위로서 효력이 발생한다. 전환된 행정행위에 대하여는 행정쟁송을 제기할 수 있고, 불복기간은 전환행위가 있음을 안 날로부터 90일 이내이다.

[판례] 귀속재산을 불하받은 자가 사망한 후에 그 수불하자 대하여 한 그 불하처분취소처분은 사망자에 대한 행정처분이므로 무효이지만 그 취소처분을 수불하자의 상속인에게 송달한 때에는 그 송달시에 그 상속인에 대하여 다시 그 불하처분을 취소한다는 새로운 행정처분을 한 것이라고 할 것이다(대판 1969. 01. 21, 68누190). 〈해설〉 이 판결은 행정행위의 전환을 인정한 판례가 아니고, 행정청의 실제의 의사를 확인하는 '행정행위의 해석'을 한 것이라고 보는 견해가 있다. 그 이유로 판례가 송달시에 새로운 처분(불하처분취소처분)을 한 것으로 본 것을 들고 있다. 만일 행정행위의 전환을 인정한 것이라면 사망자를 송달받을 자로 하여 처분서가 송달된 날에 이미 송달의 효력이 발생한 것으로 보았어야 한다고 주장한다(박정훈, 544~545면).

제 9 절 행정행위의 취소, 철회와 변경

일단 유효하게 성립한 행정행위의 효력을 상실(폐지)시키는 것으로 행정행위의 취소와 철회가 있다. 행정행위의 취소는 위법한 행정행위의 효력을 상실시키는 것을 말하고, 행정행위의 철회는 적법한 행정행위를 사정변경에 따라 장래에 향하여 효력을 소멸시키는 것을 말한다.

---

79) 박윤흔, 전게서, 401면.

행정행위의 취소에는 쟁송취소와 직권취소가 있다. 쟁송취소는 행정쟁송을 통한 행정행위의 취소이다. 쟁송취소는 행정심판법과 행정소송법의 문제이므로 쟁송취소에 관한 것은 후술하기로 한다. 여기에서는 행정행위의 직권취소를 주로 고찰하기로 한다.

처분에 대한 취소·철회·변경의 신청권은 원칙상 인정되지 않지만, 명문의 규정에 따라 또는 조리상 취소·철회·변경의 신청권이 인정된다. 그런데, 불가쟁력이 발생한 처분에 대한 취소·철회·변경의 신청권은 특히 제한적으로 인정된다.

[판례] 제소기간이 이미 도과하여 불가쟁력이 생긴 행정처분에 대하여는 개별 법규에서 그 변경을 요구할 신청권을 규정하고 있거나 관계 법령의 해석상 그러한 신청권이 인정될 수 있는 등 특별한 사정이 없는 한 국민에게 그 행정처분의 변경을 구할 신청권이 있다 할 수 없다(대판 2007. 04. 26, 2005두11104).

Ⅰ. 행정행위의 취소

행정기본법 제18조 제1항은 위법 또는 부당한 처분의 직권취소를 명확하게 규정하고 있다.

1. 취소의 개념

행정행위의 취소(取消)는 광의로는 위법 또는 부당의 하자가 있음을 이유로 행정행위의 효력을 상실시키는 것을 말하며 직권취소와 함께 쟁송취소를 포함한다. 이에 대하여 행정행위의 취소는 협의로는 하자(위법 또는 부당)가 있지만 유효인 행정행위의 효력을 행정행위의 하자를 이유로 행정청이 소멸시키는 행정행위, 즉 직권취소만을 의미한다. 오늘날 '취소'라고 하는 경우에는 통상 직권취소만을 의미한다.

2. 직권취소와 쟁송취소의 구별

직권취소(職權取消)와 쟁송취소(爭訟取消)는 모두 하자 있는 행정행위의 효력을 상실시킨다는 점에서는 공통점을 갖지만 취소의 본질, 목적, 내용 및 효과 등에서 상이하므로 오늘날 쟁송취소와 직권취소를 구별하는 것이 일반적이다.

(1) 취소의 목적 내지 본질

쟁송취소는 위법한 행정행위로 인하여 권익침해를 받은 국민의 권익구제와 함께 행정의 적법성 회복을 목적으로 행해진다. 쟁송취소는 권익을 침해당한 자의 쟁송의 제기에 의해 심판기관이 쟁송절차를 거쳐 행정행위의 효력을 상실시키는 사법적 성질의 행위이다.

이에 반하여 직권취소는 적법성의 회복과 함께 장래에 향하여 행정목적을 적극적으로 실현하기 위하여 행해진다. 직권취소는 행정청이 쟁송의 제기와 관계없이 직권으로 위법한 행정행위의 효력을 상실시키는 행위로서 그 자체가 독립적인 행정행위이다.

(2) 취소권자

직권취소는 처분행정청 또는 법률에 근거가 있는 경우에 상급행정청이 행하지만, 쟁송취소는 권익침해를 받은 처분의 상대방 또는 제3자의 청구에 의해 행정심판의 경우에는 행정심판기관인 행정심판위원회에 의해, 행정소송의 경우에는 법원에 의해 행해진다.

(3) 취소의 대상

직권취소의 대상은 모든 행정행위이다. 즉, 부담적 행정행위, 수익적 행정행위 및 제3자효 행정행위 모두 직권취소의 대상이 된다.

이에 반하여 쟁송취소에 있어서는 부담적 행정행위와 제3자효 행정행위가 취소의 대상이 되며 수익적 행정행위는 소의 이익이 없으므로 취소의 대상이 되지 않는다.

불가변력이 발생한 행정행위에 대하여는 쟁송취소만이 가능하다.

(4) 취소사유

직권취소에 있어서는 위법뿐만 아니라 부당도 취소사유가 된다.

쟁송취소에 있어서 행정심판을 통한 취소에 있어서는 부당도 취소사유가 되지만, 취소소송을 통한 취소에 있어서는 위법만이 취소사유가 된다.

취소사유인 행정행위의 하자(위법 또는 부당)는 **행정처분시**를 기준으로 한다. 행정행위의 '취소 사유'는 원칙적으로 행정행위의 성립 당시에 존재하였던 하자를 말한다(대판 2018. 06. 28, 2015두58195).

(5) 취소의 제한

직권취소에 있어서는 취소로 인하여 상대방 또는 이해관계인이 받게 되는 불이익과 취소로 인하여 달성되는 공익 및 관계이익을 비교형량하여야 한다.

그러나, 쟁송취소에 있어서는 위법한 경우에는 이익형량의 필요 없이 원칙상 취소하여야 한다. 다만, 쟁송취소의 경우에 취소로 인하여 공익이 심히 해를 입는다고 판단되는 경우에는 취소하지 않을 수 있다(사정재결 또는 사정판결).

(6) 취소기간

직권취소의 경우에는 실권의 경우를 제외하고는 취소기간의 제한이 없다.

이에 대하여 쟁송취소의 경우에는 단기의 쟁송기간이 정해져 있어서 이 기간을 지나면 더 이상 행정행위의 취소를 청구할 수 없다(不可爭力).

(7) 취소절차

쟁송취소는 행정심판법, 행정소송법 등이 정한 쟁송절차에 따라 행해진다.

이에 대하여 직권취소는 개별법 또는 행정절차법에 정해진 행정절차에 따라 행해진다.

(8) 취소의 형식

쟁송취소는 재결 또는 판결의 형식에 의해 행해지지만, 직권취소는 그 자체가 하나의 행정행위로서 특별한 형식을 요하지 않는다.

(9) 취소의 효과(소급효)

쟁송취소는 원칙적으로 소급효가 인정된다.

직권취소의 경우에 그 대상이 수익적 행정행위인 경우에는 상대방에게 귀책사유가 있을 때를 제외하고는 상대방의 신뢰를 보호하기 위하여 취소의 효과가 소급하지 않는 것이 원칙이다. 상대방에게 귀책사유가 있는 경우 처분시까지 또는 처분시 이후 일정 시점까지 소급효있는 취소가 가능하다.

(10) 취소의 내용(또는 범위)

직권취소는 처분의 적극적 변경을 내용으로 할 수 있지만, 쟁송취소는 행정심판에 의한 취소의 경우에는 적극적 변경이 가능하다고 보이지만, 행정소송에 의한 취소의 경우에는 원칙적으로 소극적 변경(일부취소)만이 허용된다.

3. 취소의 법적 근거

행정기본법 제18조 제1항은 행정청은 위법 또는 부당한 처분의 전부나 일부를 취소할 수 있는 것으로 규정하고 있다.

4. 취소권자

(1) 처분청

행정처분을 취소할 수 있는 권한은 당해 행정처분을 한 처분청에게 속하고, 당해 행정처분을 할 수 있는 적법한 권한을 가지는 행정청에게 그 취소권이 귀속되는 것이 아니다(대판 1984. 10. 10. 84누463).

(2) 감독청의 취소권

감독청이 법적 근거가 없는 경우에도 감독권에 근거하여 피감독청의 처분을 취소할 수 있는가에 대하여는 견해가 대립되고 있다.

① 부정설: 감독청은 처분청에 취소를 명령할 수 있지만 직접 취소를 할 수 없다는 견해이다. 이 견해의 논거는 행정권한 법정주의에 의해 처분권이 있는 처분청만이 처분권한을 행사할 수 있는데, 하급행정청이 한 행위를 감독청이 취소한다는 것은 하급행정청의 권한을 감독청이 대행하는 결과가 된다는 데 있다. 이 견해가 타당하다.

② 긍정설: 취소권은 감독의 목적을 달성하기 위하여 불가결한 것이므로 감독청은 당연히 취소권을 갖는다는 견해이다.

다만, 감독청의 취소권을 인정한 법률이 적지 않다. 특히 「행정권한의 위임 및 위탁에 관한 규정」은 감독청인 위임청에게 처분청인 수임청의 처분을 취소할 수 있는 권한을 인정하고 있다.

5. 취소사유

행정행위의 흠, 즉 위법 또는 부당이 취소사유가 된다.

흠이 있으나 이미 치유된 경우에는 취소의 대상이 되지 않는다.

6. 취소의 제한

처분청은 원칙상 처분을 취소할 공익상의 필요와 취소로 당사자가 입을 불이익 등 여러 사정을 참작하여 취소 여부를 결정할 수 있는 재량이 있다. 그러나 그 취소처분이 재량권을 일탈·남용하면 위법하다.

(1) 이론적 근거

법적합성의 원칙에 비추어 볼 때 위법한 행정행위는 취소되어야 한다. 위법한 행정행위를 취소함으로써 합법성을 회복하고 침해된 국민의 권익을 구제해 주어야 한다.

그런데, 위법한 행정행위라도 무효가 아닌 한 일단은 유효한 행정행위이고 그 유효한 행정행위를 기초로 많은 법률관계가 형성된다. 따라서 법적 안정성의 견지에서 취소를 제한할 것이 요청된다. 특히 국민이 당해 행정행위를 신뢰하고 그 행정행위를 기초로 활동을 한 경우에는 당해 국민의 신뢰에 기초하여 형성된 기득의 이익을 보호해 줄 것이 요청되며 이를 위하여도 취소가 제한되어야 한다.

(2) 이익형량의 원칙

행정행위의 취소에 있어서는 행정행위를 취소하여 달성하고자 하는 이익과 행정행위를 취소함으로써 야기되는 신뢰에 기초하여 형성된 이익의 박탈을 형량하여 전자가 큰 경우에 한하여 취소가 인정된다고 보아야 한다. 이 원칙을 이익형량의 원칙이라 한다.

행정청은 행정기본법 제18조 제1항에 따라 당사자에게 권리나 이익을 부여하는 처분을 취소하려는 경우에는 취소로 인하여 당사자가 입게 될 불이익을 취소로 달성되는 공익과 비교·형량(衡量)하여야 한다. 다만, 다음 각 호의 어느 하나에 해당하는 경우에는 그러하지 아니하다. 1. 거짓이나 그 밖의 부정한 방법으로 처분을 받은 경우, 2. 당사자가 처분의 위법성을 알고 있었거나 중대한 과실로 알지 못한 경우(행정기본법 제18조 제2항). "취소로 인하여 당사자가 입게 될 불이익"이란 "취소로 인하여 당사자가 입게 될 기득권과 신뢰보호 및 법률생활의 안정의 침해 등 불이익"을 말한다(대판 2014. 11. 27, 2013두16111). **행정기본법 제18조 제2항 단서**에 따르면 당사자에게 동조의 귀책사유가 있는 경우 이익형량 없이 취소처분을 하는 것이 가능하다. 그러나, 비례원칙은 헌법원칙이므로 비례원칙에 반하는 행정기본법의 원칙은 위헌·무효이다. 이익형량의 원칙은 비례원칙의 한 내용인데, 법률규정으로 헌법원칙인 비례원칙을 배제할 수는 없다. 행정기본법 제18조 제2항 단서는 **이익형량을 면제하는 규정**이지 이익형량을 금지하는 규정은 아니다. 그러므로 재량행위의 본질 및 비례원칙에 비추어 당사자에게 귀책사유가 있는 경우에도 재량행위인 취소처분을 함에 있어서는 이익형량을 할 수 있고, 이익형량을 하는 것이 바람직하다. 이익형량을 하지 않아도 되는 당사자의 귀책사유 특히 중과실은 중대한 경우로 엄격하게 제한해석하는 것이 타당하다. 다만, 당사자에게 귀책사유가 있는 경우에는 당사자에게는 신뢰이익이 인정되지 않으므로 통상의 경우 이익형량을 하여도 취소를 할 공익이 상대방이 받는 불이익보다 크게 될 것이다. 그리고, 행정기본법 제18조 제2항 단서에 비추어 당사자에게 귀책사유가 있는 경우에는 이익형량을 전혀 하지 않고 재량행위인 취소처분을 하는 것이 재량권의 불행사로 위법하게 되지는 않는다고 볼 수 있다. 그러나, 비례원칙은 헌법원칙이므로 해당 취소처분이 비례원칙에 반하면 위헌·위법이다. 상대방에게 중대한 기득의 지위가 형성된 경우 등 상대방에게 귀책사유가 있는 경우에도 이익형량을 하는 것이 타당한 경우도 있을 수 있다. **입법론**으로는 독일의 행정절차법 제48조 제1항과 같이 당사자에게 귀책사유가 있는 경우에도 이익형량을 면제하지 않고, 당사자의 신뢰이익만을 부인하는 것으로 행정기본법 제18조 제1항 단서를 개정하는 것이 타당하다.

이익형량을 함에 있어서는 부여된 수익의 박탈로 인하여 수익자가 받는 불이익, 상대방의 신뢰의 정도, 공동체나 제3자에 대한 영향, 위법성의 정도, 행정처분 후의 시간의 경과 등을 고려하여야 한다. 행정행위에 대한 국민의 신뢰는 기간이 경과함에 비례하여 두텁게 보호되어야 한다. 독일행정절차법에서는 행정청이 취소사유를 안 날로부터 1년이 경과하면 취소권을 행사할 수 없게 하고 있다.

[판례] 수익적 행정처분을 취소할 때에는 이를 취소하여야 할 중대한 공익상 필요와 취소로 인하여 처분상대방이 입게 될 기득권과 법적 안정성에 대한 침해 정도 등 불이익을 비교 · 교량한 후 공익상 필요가 처분상대방이 입을 불이익을 정당화할 만큼 강한 경우에 한하여 취소할 수 있다(대판 2020. 07. 23, 2019두31839).

직권취소의 경우의 이익형량은 주로 수익적 행정행위에서 문제된다. 부담적 행정행위의 취소에 있어서는 원칙상 취소는 자유롭다. 이중효과적 행정행위의 경우에는 취소로 인한 행정행위의 상대방의 이익 또는 불이익과 함께 제3자의 이익 또는 불이익을 이익형량에 포함시켜야 한다(기타 제3자효 행정행위의 취소의 제한에 관한 특수한 문제는 전술 참조).

수익적 행정처분의 취소 · 철회 제한에 관한 법리(수익적 행정처분에 대한 취소권 등의 행사는 기득권의 침해를 정당화할 만한 중대한 공익상의 필요 또는 제3자의 이익보호의 필요가 있는 때에 한하여 허용될 수 있다는 법리)는, 처분청이 수익석 행정처분을 직권으로 취소 · 철회하는 경우에 적용되는 법리일 뿐 쟁송취소의 경우에는 적용되지 않는다(대판 2019. 10. 17, 2018두104).

(3) 신뢰이익의 고려

당사자의 신뢰가 보호되기 위하여는 당사자가 행정행위의 계속성에 대하여 신뢰를 하였어야 하며 나아가 신뢰에 기초하여 일정한 활동을 하였고, 그 활동에 기초하여 형성된 이익이 존재하여야 한다.

행정행위의 하자가 수익자에게 다음과 같은 책임 있는 사유에 기인하는 경우에는 수익자의 신뢰이익은 고려되지 않는다.

① 처분의 하자가 당사자의 사실은폐, 사기 기타 당사자의 부정한 방법에 의해 야기된 경우에는 당사자는 위 처분에 관한 신뢰이익을 원용할 수 없을 뿐만 아니라 행정청이 이를 고려하지 아니할 수 있다(대판 1996. 10. 25, 95누14190; 2006. 05. 25, 2003두4669). 당사자의 사실은폐나 기타 사위의 방법에 의한 신청행위가 있었는지 여부는 행정청의 상대방과 그로부터 신청행위를 위임받은 수임인 등 관계자 모두를 기준으로 판단하여야 한다(대판 2014. 11. 27, 2013두16111).

[판례] ① [1] 처분의 하자가 당사자의 사실은폐나 기타 사위의 방법에 의한 신청행위에 기인한 것이라면 당사자는 그 처분에 의한 이익이 위법하게 취득되었음을 알아 그 취소가능성도 예상하고 있었다고 할 것이므로 그 자신이 위 처분에 관한 신뢰이익을 원용할 수 없음은 물론 행정청이 이를 고려하지 아니하였다고 하여도 재량권의 남용이 되지 않는다. [2] 허위의 고등학교 졸업증명서를 제출하는 사위의 방법에 의한 하사관 지원의 하자를 이유로 하사관 임용일로부터 33년이 경과한 후에 행정청이 행한 하사관 및 준사관 임용처분취소처분이 적법하다고 한 사례(대판 2002. 02. 05, 2001두5286). 〈해설〉 원고에게 사위행위의 귀책사유는 있으나 하사관 임용 후 33년간 평온하고 성실하게 근무하였다면 신뢰이익을 원용할 수 있다고 보는 것이 타당하며 임용처분을 취소할 공익과 그 취소로 인하여 원고가 받을 불이익을 비교교량하여 계쟁임용처분취소처분의 위법 여부를 판단하는 것이 타당할 것이다.
② **구 출입국관리법 제76조의3 제1항 제3호는 거짓 진술이나 사실은폐 등으로 난민인정 결정을 하는 데 하자가 있음을 이유로 이를 취소하는 것**이므로, 당사자는 애초 난민인정 결정에 관한 신**뢰를 주장할 수 없음**은 물론 **행정청이 이를 고려하지 않았다고 하더라도 재량권을 일탈 · 남용하였다고 할 수 없다**(대판 2017. 03. 15, 2013두16333).
③ **위 건축허가는 건축행정청의 착오로 위법하게 발급된 것이지만** 건축사 乙은 甲의 이익을 위하여 부정확한 내용으로 조서를 작성 · 제출하였고, 甲에게도 위 개발사업이 소규모 환경영향평가 대상이 아닌 것처럼 보이게 하려는 의도가 있었다고 인정할 수 있어, **건축행정청의 착오는 甲이 유발한 것이거나 甲에게도 책임이 있으므로, 건축허가의 존속에 대한 甲의 신뢰는 보호가치가 없는 점**, 건축허가가 취소될 경우에 甲에게 발생하는 불이익 또는 회수할 수 없는 금전적 손해가 크다고 보기도 어려운 점 등에 비추어, 위 직권취소 처분은 수익적 행정처분 직권취소 제한 법리에 위배되지 않는다고 한 사례(대판 2020. 07. 23, 2019두31839).

② 수익자가 행정행위의 위법성을 알았거나 그 위법성을 중대한 과실로 알지 못한 경우에는 수익자는 신뢰이익을 주장할 수 없다.

③ 수익자가 행정행위의 하자를 알지 못하였고 알지 못한 데 과실이 없는 경우에도 수익자가 부실신고를 하는 등 위법한 행정행위에 원인을 제공한 경우에는 정의의 원칙상 취소의 제한사유로 신뢰이익을 주장할 수 없다고 보아야 한다.

(4) 실권의 법리

실권의 법리에 따라 취소가 제한되는 경우가 있다(전술 참조).

7. 취소절차

직권취소는 법령에 규정이 없는 한 특별한 절차를 요하지 않으며 행정절차법의 적용을 받는다. 수익적 행정행위의 취소는 권리를 제한하는 처분이므로 취소의 상대방에 대하여 사전에 통지하고(행정절차법 제21조), 의견제출의 기회를 주어야 한다.

다만, 개별법에서 청문이나 공청회를 개최하도록 하고 있는 경우에는 청문이나 공청회의 개최만 하면 된다(행정절차법 제22조 제3항).

8. 취소의 종류

행정청은 전부취소 또는 일부취소를 선택할 수 있고, 소급효 있는 취소 또는 소급하지 않는 취소를 결정할 수 있다.

일부취소는 행정행위가 可分的인 경우에 가능하다. 예를 들면 건물 전체에 대한 철거명령 중 건물일부에 대한 부분만에 대한 취소는 건물 일부의 철거가 가능한 경우에 한한다.

9. 취소의무

직권취소 여부는 원칙상 행정청의 재량에 속하지만, 위법한 원행정행위의 존속으로 국민의 중대한 기본권이 침해되는 경우에는 당해 원행정행위를 취소하여야 한다.

10. 취소의 효과

취소된 처분은 대세적으로 효력을 상실한다.

직권취소의 경우 행정청은 위법 또는 부당한 처분의 전부나 일부를 소급하여 취소할 수 있지만, 당사자의 신뢰를 보호할 가치가 있는 등 정당한 사유가 있는 경우에는 **장래를 향하여** 취소할 수 있다(행정기본법 제18조 제1항).

직권취소의 소급효 또는 불소급효는 구체적인 사건마다 이익형량의 결과에 따라 취소권자에 의해 결정된다.

직권취소의 소급효 또는 불소급효는 이익형량의 결과에 따라 취소권자가 결정하여야 하는데, 부담적 행정행위, 수익적 행정행위 및 이중효과적 행정행위에서 이익상황이 다르므로 취소의 효과가 다르다고 보아야 한다.

(1) 부담적 행정행위의 취소

부담적 행정행위의 취소는 원칙상 소급효가 있는 것으로 보아야 한다.

(2) 수익적 행정행위의 취소

직권취소의 대상이 수익적 행정행위인 경우에 일반적으로 말하면 상대방에게 귀책사유가 없는 한 취소의 효과가 소급하지 않는 것이 원칙이다. 다만, 취소의 소급효를 인정하지 않으면 심히 공익에 반하는 경우에는 상대방에게 귀책사유가 없는 경우에도 소급효를 인정하여야 할 것이다.

계속적 급부부여결정의 취소가 소급효를 갖는 경우에는 이미 지급한 급부는 법적 근거를 상실하고 따라서 부당이득이 되므로 행정청에게 반환되어야 한다. 이에 반하여 계속적 급부부여결정의 취소가 소급효를 갖지 않는 경우에는 이미 수여된 급부는 법적 근거를 가지므로 반환되지 않으며 장래에 향하여 급부가 행해지지 않는 것으로 된다.

[판례] [1] 특별사용의 필요가 없는 부분에 대한 도로점용허가를 소급적으로 직권취소할 수 있는지 여부(한정 적극): 도로점용허가는 도로의 일부에 대한 특정사용을 허가하는 것으로서 도로의 일반사용을 저해할 가능성이 있으므로 그 범위는 점용목적 달성에 필요한 한도로 제한되어야 한다. 도로관리청이 도로점용허가를 하면서 특별사용의 필요가 없는 부분을 점용장소 및 점용면적에 포함하는 것은 그 재량권 행사의 기초가 되는 사실인정에 잘못이 있는 경우에 해당하므로 그 도로점용허가 중 특별사용의 필요가 없는 부분은 위법하다. 이러한 경우 도로점용허가를 한 도로관리청은 위와 같은 흠이 있다는 이유로 유효하게 성립한 도로점용허가 중 특별사용의 필요가 없는 부분을 직권취소할 수 있음이 원칙이다. 다만 이 경우 행정청이 소급적 직권취소를 하려면 이를 취소하여야 할 공익상 필요와 그 취소로 당사자가 입을 기득권 및 신뢰보호와 법률생활 안정의 침해 등 불이익을 비교 교량한 후 공익상 필요가 당사자의 기득권 침해 등 불이익을 정당화할 수 있을 만큼 강한 경우여야 한다. 이에 따라 도로관리청이 도로점용허가 중 특별사용의 필요가 없는 부분을 소급적으로 직권취소하였다면, 도로관리청은 이미 징수한 점용료 중 취소된 부분의 점용면적에 해당하는 점용료를 반환하여야 한다. [2] 행정청은 행정소송이 계속되고 있는 때에도 직권으로 그 처분을 변경할 수 있다. 점용료 부과처분에 취소사유에 해당하는 흠이 있는 경우 도로관리청으로서는 당초 처분 자체를 취소하고 흠을 보완하여 새로운 부과처분을 하거나, 흠 있는 부분에 해당하는 점용료를 감액하는 처분을 할 수 있다. 흠 있는 부분에 해당하는 점용료를 감액하는 처분은 당초 처분 자체를 일부 취소하는 변경처분에 해당하고, 그 실질은 종래의 위법한 부분을 제거하는 것으로서 흠의 치유와는 차이가 있다. [3] 도로점용허가를 받은 자가 구 도로법 제68조의 감면사유에 해당하는 경우 도로관리청은 감면 여부에 관한 재량을 갖지만, 도로관리청이 감면사유로 규정된 것 이외의 사유를 들어 점용료를 감면하는 것은 원칙적으로 허용되지 않는다(대판 2019. 01. 17, 2016두56721, 56738). 〈해설〉 도로관리청이 도로점용허가 중 특별사용의 필요가 없는 부분을 소급적으로 직권취소하였더라도 상대방이 특별사용의 필요가 없는 부분을 실제로는 사용한 것이므로 도로관리청이 이미 징수한 점용료 중 취소된 부분의 점용면적에 해당하는 점용료를 전부 반환하여야 하는지는 의문이다.

(3) 이중효과적 행정행위의 취소

이중효과적 행정행위에서는 행정행위의 상대방 및 제3자의 이익상황 및 귀책사유에 따라 취소의 소급효 여부 및 정도가 결정된다.

11. 취소의 취소

(1) 직권취소의 취소

1) 긍정설

행정행위의 취소의 취소가 가능하며, 취소처분을 취소하면 원행정행위가 원상회복된다는 견해이다. 이 견해는 직권취소는 그 자체가 독립된 행정행위이므로 취소의 대상이 된다고 보는 데 근거한다.

2) 부정설

법률이 명문으로 인정하지 않는 한 행정행위의 취소의 취소는 인정될 수 없다는 견해이다. 이 견해는 행정행위가 취소되면 당해 행정행위는 확정적으로 효력을 상실하므로 취소의 취소는 불가능하다고 보는 데 근거한다.

3) 절충설

행정행위가 취소되면 당해 행정행위는 확정적으로 효력을 상실하므로 취소의 취소는 원칙상 불가능하다. 그러나, 수익적 행정행위의 취소의 경우에는 위법한 취소처분을 취소하여 원상을 회복할 필요가 있으므로 취소의 취소를 인정하여야 한다.

4) 판 례

판례는 절충설을 취하고 있다. 즉, 판례는 침익적 행정행위의 취소의 취소는 인정하지 않지만, 수익적 행정행위의 취소에 대하여는 취소가 가능한 것으로 본다. 판례가 소극설을 취한 것으로 보는 학설이 있는데, 이는 타당하지 않다.

가. 침익적 행정행위의 취소의 취소 판례는 침익적 행정행위의 취소의 경우 당해 침익적 행정행위는 확정적으로 효력을 상실하므로 취소의 취소가 불가능하다고 본다.

[판례] ① **국세부과처분의 취소**에 위법사유가 있다고 하더라도 당연무효가 아닌 한 일단 유효하게 성립하여 **부과처분을 확정적으로 상실시키는 것이므로**, 과세관청은 부과의 취소를 다시 취소함으로써 원부과처분을 소생시킬 수는 없고 **납세의무자에게 종전의 과세대상에 대한 납부의무를 지우려면 다시 법률에서 정한 부과절차에 좇아 동일한 내용의 새로운 처분을 하는 수밖에 없다**(대판 1979. 05. 08, 77누61).

② 지방병무청장이 재신체검사 등을 거쳐 현역병입영대상편입처분을 보충역편입처분이나 제2국민역 편입처분으로 변경하거나 보충역 편입처분을 제2국민역 편입처분으로 변경하는 경우 비록 새로운 병역처분의 성립에 하자가 있다고 하더라도 그것이 당연무효가 아닌 한 일단 유효하게 성립하고 제소기간의 경과 등 형식적 존속력이 생김과 동시에 종전의 병역처분의 효력은 취소 또는 철회되어 확정적으로 상실된다고 보아야 할 것이므로 그 후 새로운 병역처분의 성립에 하자가 있었음을 이유로 하여 이를 취소한다고 하더라도 종전의 병역처분의 효력이 되살아난다고 할 수 없다(대판 2002. 05. 28, 2001두9653).

나. 수익적 행정행위의 취소의 취소 판례는 원칙상 수익적 행정행위의 취소에 대한 취소를 인정한다(대판 1996. 10. 25, 95누14190[80]).

다만, 수익적 행정행위의 취소의 취소로 수익적 행정행위의 취소 후 새롭게 형성된 제3자의 권익이 침해되는 경우에 취소의 취소를 인정하지 않은 판례가 있다.

[판례] 일단 광업권취소처분을 한 후에 새로운 이해관계인이 생기기 전에 취소처분을 취소하여 그

---

80) 수익적 행정행위의 취소(옥외광고물설치허가취소처분)의 쟁송취소가 기각된 사례.

광업권의 회복을 시켰다면 모르되 구 광업법(1973. 2. 7. 법률 제2492호) 제36조 제1호에 의한 **광업권설정의 선출원이 있는 경우에 다시 그 취소처분(광업권취소처분)을 취소함은 위법이다**(대판 1967. 10. 23, 67누126).

5) 결 어

직권취소는 그 자체가 독립된 행정행위이고, 직권취소가 취소되면 원행정행위가 소급적으로 원상회복되는 이익이 있으므로 긍정설이 타당하다. 다만, 침익적 행정행위의 취소의 취소의 경우 및 수익적 행정행위의 취소 후 제3자의 권익이 새롭게 형성된 경우에는 취소권 제한의 법리인 이익형량의 원칙이 적용된다. 이익형량에 따라 소급효를 제한하는 취소의 취소도 가능하다.

(2) 쟁송취소의 취소

1) 취소재결의 취소

취소재결은 준사법적 행정행위로서 불가변력이 인정되므로 직권취소는 인정될 수 없다.

허가 등 수익적 행정행위의 취소재결에 대해 수익적 행정행위의 상대방은 취소소송을 제기할 수 있고 취소재결이 위법한 경우 취소판결이 내려진다.

2) 취소판결의 취소

취소판결이 확정된 경우에는 재심을 통하여서만 취소할 수 있다.

(3) 취소의 취소의 효과

행정행위의 취소가 소급적으로 취소되면 취소가 없었던 것이 되므로 원행정행위(原行政行爲)는 애초부터 취소되지 않은 것으로 된다.

12. 급부처분의 직권취소후 환수처분

수익적 행정행위가 소급적으로 직권취소되면 특별한 규정이 없는 한 이미 받은 이익은 부당이득이 되는 것이므로 부당이득반환청구가 가능한 것으로 볼 수 있다.

그런데, 잘못 지급된 보상금 등 급부의 환수를 위해서 별도의 환수처분을 하여야 하는 것으로 규정되어 있는 경우(예, 특수임무자보상금 환수처분 등)가 있다. 이 경우 부당이득을 징수하는 환수처분은 이익형량을 전제로 하므로 특별한 규정이 없는 한 재량행위로 보는 것이 타당하다(대판 2020. 06. 04, 2015두39996[요양급여비용징수처분취소청구]). 판례에 따르면 이 경우에는 잘못 지급된 보상금 등에 해당하는 금액을 징수하는 처분을 해야 할 공익상 필요와 그로 인하여 당사자가 입게 될 기득권과 신뢰의 보호 및 법률생활 안정의 침해 등의 불이익을 비교·교량한 후, 공익상 필요가 당사자가 입게 될 불이익을 정당화할 만큼 강한 경우에 한하여 보상금 등을 받은 당사자로부터 잘못 지급된 보상금 등에 해당하는 금액을 환수하는 처분을 하여야 한다(대판 2014. 10. 27, 2012두17186). 즉 판례는 신뢰보호의 견지에서 부당이득의 환수를 제한하고 있다.

[판례] ① 구 산업재해보상보험법 제84조 제1항 제3호에 따라 보험급여를 받은 당사자로부터 잘못 지급된 보험급여액에 해당하는 금액을 징수하는 처분을 하는 경우(대판 2014. 04. 10, 2011두31697[부당이득징수결정처분취소]).

② 특수임무수행자 보상금 등을 받은 당사자로부터 잘못 지급된 부분을 환수하는 처분을 하는 경우(대판 2014. 10. 27, 2012두17186[특수임무수행자보상금환수처분취소]).

③ 특수임무수행자 보상에 관한 법률(이하 '보상법'이라 한다)에 따른 보상금지급결정 후 동법 제2조 제1호에 정한 '특수임무'를 수행한 것으로 볼 수 없다고 보고 원고에게 보상법에 따라 지급한 보상금 전액에 대해 **환수처분**한 사안에서 다음과 같이 판시하였다. (1) 보상법에 따른 보상금 등의 수급권은 이른바 사회보장 수급권에 속한다. (2) 이와 같은 사회보장 급부를 내용으로 하는 행정영역에서 **수익적 행정처분의 취소를 통해 달성하려는 공익이란** 본질적으로 국고부담 등을 통하여 형성되는 재정상 이익인 반면, **수익자는 수익적 행정처분의 취소에 의해 신뢰보호 및 법률생활의 안정 등과 같은 사익의 침해를 입게 될 것이므로,** 수익적 행정처분에 존재하는 하자에 관하여 **수익자에게 고의 또는 중과실의 귀책사유가 없는 한,** 그 공익상 필요가 수익자가 입게 될 불이익보다 중요하거나 크다고 함부로 단정할 수는 없다. 〈해설〉 보상법 제17조의 2는 "이 법에 따른 보상금등의 지급결정은 신청인이 동의한 때에는 특수임무수행 또는 이와 관련한 교육훈련으로 입은 피해에 대하여 「민사소송법」의 규정에 따른 재판상 화해가 성립된 것으로 본다."라고 규정하고 있고, 동법 제18조 제1항은 "국가는 이 법에 의한 보상금등을 지급받은 자가 다음 각호의 1에 해당하는 경우에는 그 보상금등의 전부 또는 일부를 환수하여야 한다. 1. 거짓 그 밖의 부정한 방법으로 보상금등의 지급을 받은 경우 2. 잘못 지급된 경우"라고 규정하고 있다. **보상법 제18조 제1항의 환수처분의 성질**에 관하여 동법 제18조 제1항에 의해 동법 제17조의 재판상 화해의 효력(기판력)이 제한된다고 보는 견해에 의하면 동 환수처분은 수익적 행정행위인 보상금지급결정처분의 직권취소(전부취소 또는 일부취소)의 성질을 갖는다고 보는 것이 논리적이고, 보상법 제17조의 2에 따라 지급결정은 신청인이 동의한 때 재판상 화해가 성립된 것(기판력에 따라 다툴 수 없는 것)으로 보고, 동법 제18조의 환수처분은 이를 전제로 행해지는 별도의 독립된 처분으로 보면 동 환수처분은 지급결정의 취소를 포함하지 않고 지급결정의 효력을 전제로 별도로 행하는 처분으로 보는 것이 논리적이다. 동법 제18조에 따른 환수는 전자의 견해에 의하면 부당이득 반환의 성질을 갖고, 후자의 견해에 의하면 부당이득 반환의 성질을 갖지 않는 공익과 수급자의 불이익의 이익형량을 거쳐 행해지는 독자의 성질을 갖는 것으로 보는 것이 논리적이다. (3) 잘못 지급된 보상금 등에 해당하는 금액을 징수하는 처분을 해야 할 공익상 필요와 그로 인하여 당사자가 입게 될 기득권과 신뢰의 보호 및 법률생활 안정의 침해 등의 불이익을 비교·교량한 후, 공익상 필요가 당사자가 입게 될 불이익을 정당화할 만큼 강한 경우에 한하여 보상금 등을 받은 당사자로부터 잘못 지급된 보상금 등에 해당하는 금액을 환수하는 처분을 하여야 한다고 봄이 타당하다. (4) 피고가 이 사건 보상금 지급결정 과정에서 원고가 보상금 지급대상인지 여부에 관한 착오가 있었다 하더라도 이는 피고 스스로의 잘못에 기인한 것일 뿐, 보상법령에 정한 신청절차에 따라 그 신청대로 보상금 지급결정을 받은 **원고에게 고의 또는 중과실의 귀책사유가 있다고 볼 수는 없다**(대판 2014. 10. 27,

2012두17186[보상금환수처분취소]). 〈해설〉 원심을 파기 환송한 판결이다.

이 경우 금전급부처분을 변경 또는 취소하는 처분이 적법하다고 하여 그에 터 잡은 징수처분(환수처분)도 반드시 적법하다고 판단해야 하는 것은 아니고, 관련이익을 비교·교량하여 징수할 금액을 결정하여야 한다(대판 2014. 07. 24, 2013두27159[요양승인결정등취소처분취소청구]).

[판례] ① [1] 산업재해보상보험법(이하 '산재보상법'이라 한다) 제84조 제1항 제3호의 내용과 취지, 사회보장 행정영역에서의 수익적 행정처분 취소의 특수성 등을 종합해 보면, 산재보상법 제84조 제1항 제3호에 따라 보험급여를 받은 당사자로부터 잘못 지급된 보험급여액에 해당하는 금액을 징수하는 처분을 할 때에는 보험급여의 수급에 관하여 당사자에게 고의 또는 중과실의 귀책사유가 있는지, 잘못 지급된 보험급여액을 쉽게 원상회복할 수 있는지, 잘못 지급된 보험급여액에 해당하는 금액을 징수하는 처분을 통하여 달성하고자 하는 공익상 필요의 구체적 내용과 처분으로 당사자가 입게 될 불이익의 내용 및 정도와 같은 여러 사정을 두루 살펴, 잘못 지급된 보험급여액에 해당하는 금액을 징수하는 처분을 해야 할 공익상 필요와 그로 말미암아 당사자가 입게 될 기득권과 신뢰의 보호 및 법률생활 안정의 침해 등의 불이익을 비교·교량한 후, 공익상 필요가 당사자가 입게 될 불이익을 정당화할 만큼 강한 경우에 한하여 보험급여를 받은 당사자로부터 잘못 지급된 보험급여액에 해당하는 금액을 징수하는 처분을 하여야 한다. 나아가 **산재보상법상 각종 보험급여 등의 지급결정을 변경 또는 취소하는 처분과 처분에 터 잡아 잘못 지급된 보험급여액에 해당하는 금액을 징수하는 처분이 적법한지를 판단하는 경우 비교·교량할 각 사정이 동일하다고는 할 수 없으므로, 지급결정을 변경 또는 취소하는 처분이 적법하다고 하여 그에 터 잡은 징수처분도 반드시 적법하다고 판단해야 하는 것은 아니다.** [2] 근로복지공단이, 출장 중 교통사고로 사망한 甲의 아내 乙에게 요양급여 등을 지급하였다가 甲의 음주운전 사실을 확인한 후 요양급여 등 지급결정을 취소하고 이미 지급된 보험급여를 부당이득금으로 징수하는 처분을 한 사안에서, 위 사고는 망인의 음주운전이 주된 원인으로서 망인의 업무와 사고 발생 사이에는 상당인과관계가 있다고 볼 수 없어 망인의 사망은 업무상 재해에 해당하지 않으므로 요양급여 등 지급결정은 하자 있는 위법한 처분인 점 등을 고려하면, 요양급여 등 지급결정은 취소해야 할 공익상의 필요가 중대하여 乙 등 유족이 입을 불이익을 정당화할 만큼 강하지만, 위 사고는 망인이 사업주의 지시에 따라 출장을 다녀오다가 발생하였고, 사고 발생에 망인의 음주 외에 업무로 인한 과로, 과로로 인한 피로 등이 경합하여 발생한 점 등을 고려하면, 이미 지급한 보험급여를 부당이득금으로 징수하는 처분은 공익상의 필요가 乙 등이 입게 된 기득권과 신뢰보호 및 법률생활 안정의 침해 등 불이익을 정당화할 만큼 강한 경우에 해당하지 않는다고 본 원심판단을 정당하다고 한 사례(대판 2014. 07. 24, 2013두27159[요양승인결정등취소처분취소청구]).

② **[특례노령연금지급결정 직권취소 및 환수처분 취소 사건] 출생연월일 정정으로 인하여 특례노령연금 수급요건을 충족하지 못하게 된 원고에 대하여, 지급결정을 소급적으로 직권취소하고 및 이미 지급된 급여를 환수하는 처분이 적법한지 여부:** (1) 국민연금법 부칙(2007. 7. 23.) 제9조 제1항 제1호는, 1999년 4월 1일 현재 50세 이상 60세 미만인 자로서 60세가 되기 전에 가입기간이 5년 이상 10년 미만이 되는 자에 대하여는 60세가 되는 날부터 일정한 금액의 연금(이하 '특례노령연금'이라고 한다)을 지급하도록 정하고 있다. 그리고 **국민연금법 제57조 제1항은 "공단은 급여를 받은 사람이 다음 각 호의 어느 하나에 해당하는 경우에는 대통령령으로 정하는 바에 따라 그 금액**

을 환수해야 한다."고 규정하고, 그 사유로서 '거짓이나 그 밖의 부정한 방법으로 급여를 받은 경우'(제1호), '제75조 및 제121조 제2항에 따른 수급권 소멸사유를 공단에 신고하지 아니하거나 늦게 신고하여 급여가 잘못 지급된 경우'(제2호), '그 밖의 사유로 급여가 잘못 지급된 경우'(제3호)를 정하고 있다. 〈해설〉 환수처분은 기속처분으로 규정되어 있다. (2) 이러한 국민연금법 규정의 내용과 취지, 사회보장 행정영역에서의 수익적 행정처분 취소의 특수성 등을 종합하여 보면, 위 조항에 따라 급여를 받은 당사자로부터 잘못 지급된 급여액에 해당하는 금액을 환수하는 처분을 함에 있어서는 그 급여의 수급에 관하여 당사자에게 고의 또는 중과실 등 귀책사유가 있는지, 지급된 급여의 액수·연금지급결정일과 지급결정 취소 및 환수처분일 사이의 시간적 간격·수급자의 급여액 소비 여부 등에 비추어 이를 다시 원상회복하는 것이 수급자에게 가혹한지 여부, 잘못 지급된 급여액에 해당하는 금액을 환수하는 처분을 통하여 달성하고자 하는 공익상 필요의 구체적 내용과 그 처분으로 말미암아 당사자가 입게 될 불이익의 내용 및 정도와 같은 여러 사정을 두루 살펴, 잘못 지급된 급여액에 해당하는 금액을 환수하는 처분을 하여야 할 공익상 필요와 그로 인하여 당사자가 입게 될 기득권과 신뢰의 보호 및 법률생활 안정의 침해 등의 불이익을 비교·교량한 후, 그 공익상 필요가 당사자가 입게 될 불이익을 정당화할 만큼 강한 경우에 한하여 잘못 지급된 급여액에 해당하는 금액을 환수하는 처분을 하여야 한다고 봄이 타당하다. 〈해설〉 법에서는 기속행위로 규정되어 있더라도 이익형량을 하여야 한다고 하였다. (3) 나아가 행정처분을 한 처분청은 그 처분의 성립에 하자가 있는 경우 별도의 법적 근거가 없다고 하더라도 직권으로 이를 취소할 수 있다고 봄이 원칙이므로, 국민연금법이 정한 수급요건을 갖추지 못하였음에도 연금 지급결정이 이루어진 경우에는 이미 지급된 급여 부분에 대한 환수처분과 별도로 그 지급결정을 취소할 수 있다. (4) 이 경우에도 이미 부여된 국민의 기득권을 침해하는 것이므로 그 취소권의 행사는 지급결정을 취소할 공익상의 필요보다 상대방이 받게 될 불이익 등이 막대한 경우에는 재량권의 한계를 일탈한 것으로서 위법하다고 보아야 한다. 다만 이처럼 연금지급결정을 취소하는 처분과 그 처분에 기초하여 잘못 지급된 급여액에 해당하는 금액을 환수하는 처분이 적법한지를 판단함에 있어 비교·교량할 각 사정이 동일하다고는 할 수 없으므로, 연금지급결정을 취소하는 처분이 적법하다고 하여 환수처분도 반드시 적법하다고 판단하여야 하는 것은 아니다(대법원 2014. 07. 24. 선고 2013두27159 판결 참조). 〈해설〉 판례는 연금지급결정의 취소를 직권취소로 보았지만, 가족관계등록부정정은 처분후의 사유이므로 연금지급결정의 취소를 철회로 보는 것이 타당하다는 견해도 있다. (5) ① 원고의 출생연월일이 사후적으로 정정된 결과 원고에 대한 지급결정 당시 특례노령연금 수급요건을 갖추지 못하게 되었다고 하더라도, 연금지급신청 당시 객관적 소명자료인 가족관계등록부에 기재된 출생연월일을 기재하여 특례노령연금을 지급받은 원고에게 고의 또는 중과실의 귀책사유가 있다고 단정하기 어려운 점, ② 원고에 대한 퇴직노령연금 지급개시시점과 이 사건 각 처분시점의 시간적 간격이 6년여가 되어 이미 지급된 급여를 원상회복하는 것이 쉽지 않아 보이고, 또한 지급된 급여에 대하여 원고가 이를 퇴직노령연금의 취지에 어긋나게 이를 낭비하였다고 볼 만한 사정도 발견되지 아니하는 점, ③ 한편 이 사건 환수처분에 의하여 원고가 반환해야 하는 급여액수, 원고의 연령과 경제적 능력 등을 고려하면 원고에게 가혹하다고 보이는 점 등을 종합하여, 이 사건 환수처분을 함으로써 얻을 수 있는 공익상 필요가 그로 말미암아 원고가 입게 될 불이익을 정당화할 만큼 강하다고 보기 어렵다고 판단함으로써, 이 사건 환수처분은 위법하다고 판단한 반면, 이 사건 직권취소 처분은 원고 연금수급권의 법적 근거를 상실시키기 위하여 2008. 2. 10.자 이 사건 지급결정을 직권취소하는 취지로 볼 수 있고, 특례노령연금 수급을 받을 것이라는 점에 관한 원고의 신뢰가 있었다고 하더라도, 원고의 정정된 출생연월일을 기준으로 원고가 특례노령연금의 수급요건을 충족하지 않는다는 점이 확인된 이상 원고에 대한 연금 지급근거를 상실시킴으로써 장기적으로 국민연금기금의 재정적 건전성을 확보하여야 할 공익상 필요가 원고의 신뢰 보호 필요성에 비하여 강하다고 보아야 하므로 **적법하다고 판단한 사례**(대판 2017. 03. 30, 2015두43971[특례노령연금수급권취소처분등취소청구의소]). 〈해설〉 이 사건 소급적 취소처분 중 소급 부분은 위법하다고 보고 일부 취소하는 것이 타당하다. 소급적 취소는 적법하되 환수처분은 위법하다고 한 것은 타당하지 않다.

이러한 판례의 태도(지급결정 취소처분의 적법성과 징수처분의 위법성을 분리하여 판단하는 견해)에 대하여 다음과 같은 **비판**을 제기하는 견해가 있다. ① 부당이득법리를 무색하게 만들 우려가 있다. ② 환수처분에서 이익형량을 통해 재량적 접근을 하는 것은 환수처분의 근거규정이 기속행위로 규정되어 있는 명문에 반한다(김중권, 사회보장급부취소처분과 환수처분간의 관계, 법조 제730호(2018. 8. 28) 참조).

생각건대, 입법론상 지급결정의 직권취소와 환수처분을 단계적 행정결정으로 구성하는 것이 바람직하다. 수익적 행정행위의 직권취소의 경우 상대방의 신뢰보호를 위해 직권취소의 소급효가 제한될 수 있는데, 어느 정도로 소급효를 인정할 것인지 판단하는 것이 쉽지 않아 직권취소의 소급효 정도(직권취소의 소급효는 지급결정시까지 소급하는 것과 전혀 소급하지 않는 것 사이에서 상대방의 불이익과 공익의 이익형량을 통해 소급효의 정도가 결정될 수 있다)를 정하는 데에는 시간이 필요하여 직권취소가 지체될 수 있다. 이러한 점을 고려하여 지급결정의 위법사실이 인정되면 즉시 잠정적으로 소급효 없는 직권취소를 하고, 어느 정도로 소급효를 인정할 것인지 달리 말하면 어느 정도 환수하는 것으로 처분을 할 것인지는 시간을 갖고 환수결정하는 것이 바람직할 수 있다. 지급결정을 소급적으로 취소한 후 환수처분이 부분적으로만 행해지면 해당 환수처분은 환수처분과 함께 선행 소급적 직권취소를 환수시점까지 소급효 있는 직권취소로 변경하는 처분의 성격을 갖는다고 보아야 한다. 헌법합치적 법률해석을 하면 **현행법령의 해석으로도** 이러한 해결이 가능하다고 생각한다. 이렇게 해석하면 직권취소뿐만 아니라 환수처분도 명문의 규정은 없지만 해석상 이익형량을 통해 처분을 내려야 하는 재량처분이 된다. 이렇게 해석한다면 판례의 입장이 타당하다고 할 수 있다. 또한, 수익적 행정행위의 직권취소에서의 소급효 제한법리에 따라 급부 상대방에게 귀책사유(고의 또는 중과실)가 없는 경우에는 환수처분은 인정되지 않는다고 보아야 한다.

환수처분에 관한 명문의 규정이 없는 경우에는 환수처분을 내릴 수는 없지만, 완전소급효 또는 부분소급효를 갖는 직권취소를 하고, 이에 따른 부당이득을 청구하는 방식으로 부정수급액을 환수할 있다.

지급결정에 대한 강학상 철회의 경우 철회는 장래효만 가지므로 명문의 규정이 없는 한 부당이득의 환수는 불가능하다. 그러나, 철회사유 발생 이후의 수급을 환수할 필요가 있는 경우가 있을 수 있으므로 이 경우에는 명문으로 부정수급한 금전을 환수하는 처분을 인정하는 것이 바람직하다.

「공공재정 부정청구 금지 및 부정이익 환수 등에 관한 법률」(약칭 '**공공재정환수법**'이라 한다)은 '행정청은 부정청구등이 있는 경우에는 부정이익과 대통령령으로 정하는 이자(이하 "부정이익등"이라 한다)를 환수하여야 한다(제8조 제1항). 행정청은 부정이익등을 환수하는 경우에는 공공재정지급금 지급 결정의 전부 또는 일부를 취소하여야 한다(동조 제2항). 부정이익등의 환수를 위한 가액 산정 기준, 환수 절차에 관한 사항은 대통령령으로 정한다(동조 제3항).'고 일반적으로 규정하고 있다.

Ⅱ. 행정행위의 철회

1. 철회의 의의

행정행위의 철회(撤回)라 함은 적법하게 성립한 행정행위의 효력을 성립 후에 발생한 근거법령의 변경 또는 사실관계의 변경 등 새로운 사정으로 인하여 공익상 그 효력을 더 이상 존속시킬 수 없는 경우에 본래의 행정행위의 효력을 장래에 향하여 상실시키는 독립된 행정행위를 말한다.

철회는 그 대상이 하자없는 행정행위라는 점에서 그 대상이 하자있는 행정행위인 취소와 구별된다. 그러나, 실정법상으로는 철회라는 용어를 사용하는 경우는 많지 않고 철회에 해당하는 경우도 취소라는 용어를 사용하는 경우가 많다. 따라서, 행정청의 행정행위 취소가 있더라도 취소사유의 내용, 경위 기타 제반 사정을 종합하여 명칭에도 불구하고 행정행위의 효력을 장래에 향해 소멸시키는 행정행위의 철회에 해당하는지 살펴보아야 한다.

[판례] 주무관청의 甲 사회복지법인에 대한 기본재산처분 허가에 따라 乙 회사에 처분되어 소유권이전등기까지 마쳐진 이후 주무관청이 허가를 취소하였더라도, 허가를 취소하면서 내세운 취소사유가 허가 당시에 존재하던 하자가 아니라면, 그 명칭에도 불구하고 법적 성격은 허가의 '철회'에 해당할 여지가 있어 그 전에 이루어진 甲 법인과 乙 회사의 부동산 매매계약과 이를 원인으로 마쳐진 乙 회사의 소유권이전등기는 허가 취소에도 불구하고 여전히 유효하다고 볼 수 있는 여지가 있다고 한 사례(대판 2022. 09. 29, 2022마118) **〈해설〉** 주무관청의 甲 사회복지법인에 대한 기본재산처분 허가는 학문상 인가에 해당한다. 허가를 취소하면서 내세운 취소사유가 허가 당시에 존재하던 하자이면 학문상 취소이고, 그 취소사유가 허가 당시에 존재하던 하자가 아니라 후발적인 것이라면, 그 명칭에도 불구하고 법적 성격은 허가의 '철회'에 해당한다.

2. 취소와 철회의 구별

종래에는 철회와 취소를 엄격히 구분하였지만 오늘날에는 철회와 협의의 취소인 직권취소 사이의 구별은 상대적이라고 보며 나아가 양자간의 차이보다는 유사성이 강조되는 경향에 있다.

(1) 개괄적 비교

일반적으로 원시적 하자 있는(위법 또는 부당한) 행정행위의 효력을 소멸시키는 행위를 취소라고 하고, 본래는 적법했으나 후발적으로 사정을 이유로 장래에 향하여 효력을 상실시키는 행위를 철회라고 한다. 그러나, 이러한 취소와 철회의 구별은 적어도 직권취소와 철회에 관하여는 그다지 중요하지 않다.

직권취소와 철회는 모두 쟁송에 의하지 않고 행정기관의 직권에 의해 행정행위의 효력을 소멸시키는 점에 공통성이 있다. 이것은 부담적 행정행위에 있어서도 수익적 행정행위에 있어서도 인정된다.

(2) 직권에 의한 취소와 철회의 비교

1) 철회(취소)의 목적

철회는 새로운 공익목적을 달성하기 위하여 행하여지지만 상대방의 위법행위에 대한 제재로서의 영업허가의 철회는 법질서의 유지를 직접 목적으로 한다.

직권취소는 위법성의 시정을 통한 적법성의 회복뿐만 아니라 장래를 향한 행정목적의 실현을 위한 수단으로 행하여지는 데 행정현실에 있어서는 오히려 후자의 경우가 많다.

이렇게 볼 때 직권취소와 철회는 다 같이 행정목적의 실현을 위한 행정의 개입수단이 되는 점에서는 서로 비슷한 성질을 가진다.

2) 철회(취소)권자

철회는 그 성질상 새로운 처분을 하는 것과 같기 때문에 처분청만이 이를 행할 수 있지만, 취소의 경우에는 처분청 외에 감독청도 권한을 갖는다는 견해가 있다.

그러나, 직권취소에 있어서도 법률에 특별한 규정이 있는 경우 이외에는 감독청은 취소권이 없다는 견해가 유력하다.

3) 법률의 근거

행정기본법은 직권취소나 철회의 일반적 근거규정을 두고 있다. 따라서, 직권취소나 철회는 개별법률의 근거가 없어도 가능하다(행정기본법 제18조, 제19조).

4) 철회(취소)원인

취소는 처분이 원시적 하자(위법 또는 부당)를 이유로 하고, 철회는 원시적 하자가 아닌 새로운 사정의 발생으로 인한 공익상 필요를 이유로 한다고 하는 것이 양자의 가장 큰 차이이다. 그러나, 이것도 결정적인 구별기준이 되지는 못한다.

예를 들면, 원시적 하자인지가 애매한 경우가 있다. 인체에 대한 해가 없다고 보아 식품첨가물로 지정된 물질이 후일 인체에 해를 가한다고 판명된 경우에 식품첨가물 지정을 취소하는 것이 취소인지 철회인지 애매한 경우가 있다. 애초에 당해 물질이 인체에 해가 있음에도 해가 없는 것으로 판명된 경우에는 취소가 되고 지정시의 과학기술로는 인체에 해가 없는 것으로 판정되었지만 과학기술의 발달로 인체에 해가 있는 것으로 판명된 경우에는 철회가 될 것이다. 또한 어느 경우든지 취소 또는 철회의 중점은 장래에 향하여 인체에 대한 해를 끼치는 식품첨가물을 사용하지 못하도록 하는 데 있다. 또한 처분요건의 결여의 경우에 행하여지는 영업허가 등의 취소는 처분요건의 원시적 결여를 이유로 하는 경우는 취소이나, 후발적인 처분요건의 결여를 이유로 하는 경우에는 철회가 된다.

5) 소급효 여부

원시적 하자를 이유로 한 행정행위의 직권취소의 경우에 그 행위를 소급적으로 취소하면 상대방인 국민의 신뢰를 해하게 되는 경우(수익적 행정행위의 직권취소에서 상대방에게 귀책사유가 없는 경우)에는 장래에 향해서만 취소할 수 있다. 이 점에서는 장래에 향하여서만 효력을 발생하는 철회와 다르지 않다.

(3) 철회와 쟁송취소의 비교

이에 반하여 쟁송에 의한 취소와 철회는 유사점보다는 차이점이 많다고 할 수 있다. 양자 모두 일단 유효한 행정행위의 효력을 상실시키는 수단인 점에서는 같다.

그러나, 쟁송취소와 철회는 본질적으로 다르다. 양자는 성격상 다음과 같은 차이가 있다. 쟁송취소제도는 위법성의 시정을 통하여 적법성을 회복하고 아울러 침해된 국민의 권익구제를 목적으로 하여 쟁송취소행위는 司法作用인 데 반하여, 철회는 장래에 향하여 행정목적의 실현을 위하여 행하여지는 하나의 행정행위이다. 양자 사이에는 이러한 기본적 성격의 차이로 인하여 취소(철회)권자, 취소(철회)사유, 소급효 여부 등에서 차이가 있다.

3. 철회권자

철회는 그의 성질상 원래의 행정행위처럼 새로운 처분을 하는 것과 같기 때문에 처분청만이 이를 행할 수 있다고 보아야 한다. 또한 행정청의 권한은 법에 의해 정해져 있고 행정권의 행사는 권한 있는 기관에 의해서만 행해져야 하기 때문에 상급청이라도 감독권에 의해 하급청의 권한을 대신 행사하는 것은 인정될 수 없다.

4. 철회원인(철회사유)

행정기본법에 따르면 행정청은 적법한 처분이 다음 각 호의 어느 하나에 해당하는 경우에는 그 처분의 전부 또는 일부를 장래를 향하여 철회할 수 있다. 1. 법률에서 정한 철회 사유에 해당하게 된 경우, 2. 법령등의 변경이나 사정변경으로 처분을 더 이상 존속시킬 필요가 없게 된 경우, 3. 중대한 공익을 위하여 필요한 경우(행정기본법 제19조 제1항).

즉 철회는 '철회의 대상이 되는 적법한 행정행위가 행해진 후 공익상 행정행위의 효력을 더 이상 존속킬 수 없는 새로운 사정이 발생한 경우'에 행해질 수 있다. 철회사유 중 중요한 것을 보면 다음과 같다.

① 원행정행위가 근거한 사실적 상황 또는 법적 상황의 변경으로 현재의 사정하에서 원행정행위를 하면 위법이 되는 경우. 예를 들면 수익처분을 함에 있어 신청권자에게 요구되는 허가요건이 사후적으로 충족되지 않는 경우, 법령의 개폐에 의해 현재의 사정하에서 원행정행위를 해 줄 수 없는 경우.

② 상대방의 유책행위에 대한 제재로서의 철회(법령 위반, 의무 위반, 부담의 불이행).

수익처분을 받은 자가 수권법령 또는 관계법령을 위반한 경우, 수익처분을 받은 자가 수익처분의 근거법령에서 정하는 의무를 위반한 경우, 부관으로 부과된 부담을 이행하지 않는 경우.

③ 철회권의 유보.

④ 기타 철회하여야 할 보다 우월한 공익의 요구가 존재하는 경우. 다만, 기속행위의 경우 법치행정의 원칙상 단순한 공익만을 이유로 하여서는 철회할 수 없다고 보아야 한다.

[판례] ① 행정행위를 한 처분청은 비록 그 처분 당시에 별다른 하자가 없었고, 또 그 처분 후에 이를 취소(철회)할 **별도의 법적 근거가 없다 하더라도** 원래의 처분을 존속시킬 필요가 없게 된 **사정변경이 생겼거나** 또는 **중대한 공익상의 필요가 발생한 경우**에는 그 효력을 상실케 하는 별개의 행정행위로 이를 취소할 수 있다(대판 1995. 06. 09, 95누1194).

② 공수법 제32조 제3호, 제40조, 구 공수법 시행령(2005. 9. 30. 대통령령 제19080호로 개정되기 전의 것, 이하 같다) 제40조 제4항, 제1항의 규정을 종합하면, 농림부장관은 매립공사의 준공인가 전에 공유수면의 상황 변경 등 예상하지 못한 사정변경으로 인하여 공익상 특히 필요한 경우에는 공수법에 의한 면허 또는 인가 등을 취소·변경할 수 있는바, 여기에서 **사정변경이라 함은** 공유수면매립면허처분을 할 당시에 고려하였거나 고려하였어야 할 제반 사정들에 대하여 각각 사정변경이 있고, 그러한 사정변경으로 인하여 그 처분을 유지하는 것이 현저히 공익에 반하는 경우라고 보아야 할 것이며, 위와 같은 사정변경이 생겼다는 점에 관하여는 그와 같은 사정변경을 주장하는

자에게 그 입증책임이 있다고 할 것이다(대판 전원합의체 2006. 03. 16, 2006두330[새만금사건]).
③ (1) 사립학교법 제20조의2 제1항에 규정된 취소(철회)사유가 발생하였다는 객관적인 사실이 인정되면 해당 임원에게 이러한 사유 발생과 관련한 임무해태를 탓할 수 없는 정당한 사유가 인정되지 않는 한, 임원취임승인 취소처분의 처분사유 자체는 존재한다고 보아야 한다. (2) 관할청의 주된 귀책사유로 사립학교법 제20조의2 제1항에 규정된 임원취임승인 취소의 사유가 발생하였더라도 곧바로 처분사유가 존재하지 않는다고 볼 수 없다. (3) △△대학교를 설립·운영하는 학교법인 ○○학원의 이사였다가 피고로부터 임원취임승인취소처분을 받은 원고들이 이의 취소를 구한 사건에서, 사립학교법 제20조의2 제1항 소정의 임원취임승인 취소의 사유가 피고의 귀책사유에 주로 기인하여 발생하였다는 이유로 처분사유 자체가 부존재한다고 본 원심 판단은 잘못되었지만, 여러 사정에 비추어 볼 때 피고에게 재량권 일탈·남용의 위법이 인정되므로 원심의 결론을 수긍하여 상고기각한 사례(대판 2017. 12. 28, 2015두56540[임원취임승인취소처분취소]).
④ 원고의 대북전단 살포행위가 민법 제38조에서 규정하고 있는 법인설립허가취소사유인 '공익을 해하는 행위를 한 때'에 해당하지 않는다고 한 사례(대판 2023. 04. 27, 2023두30833[비영리법인설립허가취소]).

철회사유가 철회처분 이전에 해소된 경우에도 철회사유가 당연히 없어지는 것은 아니다.

[판례] ① 구 국민체육진흥법(2020. 2. 4. 법률 제16931호로 개정되기 전의 것) 제11조의5 제3호, 제12조 제1항 제4호의 내용, 체계와 입법 취지 등을 고려하면, 구 국민체육진흥법 제12조 제1항 제4호에서 정한 '제11조의5 각호의 어느 하나에 해당하는 경우'는 '제11조의5 각호 중 어느 하나의 사유가 발생한 사실이 있는 경우'를 의미한다고 보아야 하므로, 체육지도자가 금고 이상의 형의 집행유예를 선고받은 경우 행정청은 원칙적으로 체육지도자의 자격을 **취소(철회)**하여야 하고, **집행유예기간이 경과하는 등의 사유로 자격취소처분 이전에 결격사유가 해소되었다고 하여 이와 달리 볼 것은 아니다**(대판 2022. 07. 14, 2021두62287[체육지도자자격취소처분취소의소]).
② 구 의료법 제8조 제4호의 '금고 이상의 형을 선고받고 그 집행을 받지 아니하기로 확정되지 아니한 자'에는 금고 이상의 형의 집행유예를 선고받고 그 선고의 실효 또는 취소 없이 유예기간이 지나 형 선고의 효력이 상실되기 전까지의 자가 포함되는 것으로, 그 유예기간이 지나 **형 선고의 효력이 상실되었다면 더 이상 의료인 결격사유에 해당하지 아니한다. 다만 면허취소사유**를 정한 구 의료법 제65조 제1항 단서 제1호의 '제8조 각호의 어느 하나에 해당하게 된 경우'란 '제8조 각호의 사유가 발생한 사실이 있는 경우'를 의미하는 것이지, **행정청이 면허취소처분을 할 당시까지 제8조 각호의 결격사유가 유지되어야 한다는 의미로 볼 수 없다.** 의료인이 의료법을 위반하여 금고 이상의 형의 집행유예를 선고받았다면 면허취소사유에 해당하고, 그 유예기간이 지나 형 선고의 효력이 상실되었다고 해서 이와 달리 볼 것은 아니다(대판 2022. 06. 30, 2021두62171[의사면허취소처분취소]).

5. 철회의 법적 근거

행정기본법은 직권취소나 철회의 일반적 근거규정을 두고 있다. 따라서, 직권취소나 철회는 개별법률의 근거가 없어도 가능하다(행정기본법 제18조, 제19조).

6. 철회의 제한

모든 철회는 신뢰보호의 원칙, 비례의 원칙, 평등의 원칙 등 법의 일반원칙에 의해 제한된다.

(1) 이익형량의 원칙

행정청은 행정기본법 제19조 제1항에 따라 처분을 철회하려는 경우에는 철회로 인하여 당사자가 입게 될 불이익을 철회로 달성되는 공익과 비교·형량하여야 한다(행정기본법 제19조 제2항). 이를 철회시의 이익형량의 원칙이라 한다. 예를 들면, 경미한 의무 위반에 대하여 상대방에게 중대한 이익을 주는 수익처분을 철회하는 것은 비례의 원칙에 반한다.

철회권이 유보된 경우의 철회에도 이익형량의 원칙은 적용된다.

[판례] ① [1] **음주운전을 이유로 한 운전면허취소처분의 적법성 판단기준:** 오늘날 자동차가 대중적인 교통수단이고 그에 따라 대량으로 자동차운전면허가 발급되고 있는 상황이나 음주운전으로 인한 교통사고의 증가 및 그 결과의 참혹성 등에 비추어 보면 음주운전으로 인한 교통사고를 방지할 공익상의 필요는 더욱 강조되어야 하고 운전면허의 취소에 있어서는 일반의 수익적 행정행위의 취소와는 달리 그 취소로 인하여 입게 될 당사자의 불이익보다는 이를 방지하여야 하는 일반예방적 측면이 더욱 강조되어야 할 것이다. [2] 제2종 원동기장치자전거면허, 제2종 보통운전면허, 제1종 보통운전면허 및 제1종 대형운전면허를 취득하고 화물운송업에 종사해오던 3급 장애인이 아파트 입구 앞 도로상에서 혈중 알코올농도 0.146%의 술에 취한 상태에서 승용차를 운전하였다는 이유로 위 운전면허를 모두 취소하는 처분을 한 것이 재량권의 범위를 일탈하였거나 재량권을 남용한 것이라 볼 수는 없다고 판단한 사례(대판 2006. 02. 09, 2005두13087).
② 도시계획시설인 공원시설 부지에 도시공원을 설치하여 기부채납하되 공원부지 일부에 아파트를 건축·분양하여 설치비용을 회수하고 일정 이윤을 얻겠다는 甲 주식회사의 민간특례사업 제안을 관할 시장이 받아들였다가, 공원조성계획변경안을 심사하는 과정에서 도시계획위원회가 공원조성계획변경안을 부결함에 따라 **甲 회사의 공원조성계획변경신청을 거부하고 甲 회사에 대한 민간특례사업 제안수용 결정을 취소한 사안**에서, 민간공원추진자의 제안을 받아들인 다음에도 행정청은 후속 심사절차에서 드러나는 여러 공익과 사익의 요소를 형량하여 공원조성계획의 내용을 형성해야 하기 때문에 최종적으로 甲 회사의 사업계획이 좌절되었더라도 이는 제안을 받아들일 당시부터 예정되어 있던 결과의 하나로 볼 수 있어 甲 회사로서는 이러한 결과를 충분히 예상할 수 있었으므로 민간특례사업 시행에 관한 甲 회사의 신뢰가 확고하다고 할 수 없는 점, 위 제안수용 취소처분은 국토의 계획 및 이용에 관한 법률이 정한 도시계획시설결정 실효시한 안에 공원사업을 시행하기 위한 불가피한 조치로서 공익상 필요성이 크다고 볼 수 있는 점을 종합하여 甲 회사의 신뢰와 비교·형량하여 볼 때, 위 제안수용 취소처분에는 甲 회사가 입을 불이익을 정당화할 만한 충분한 공익상의 필요가 있음에도 이와 달리 본 원심판단에 법리오해의 위법이 있다고 한 사례(대판 2021. 09. 30, 2021두34732).

(2) 신뢰보호의 원칙

철회사유가 발생한 후 상당한 기간이 지난 경우에는 철회하지 않을 것에 신뢰가 형성된다. 따라서, 이 경우에 상대방에게 귀책사유(철회가능성을 알고 있었거나 중대한 과실로 알지 못한 것)가 없는 한 신뢰보호의 원칙이 적용된다. 신뢰이익이 있는 경우 이익형량에 신뢰이익을 포함시켜야 한다.

[판례] 교통사고가 일어난 지 1년 10개월이 지난 뒤 그 교통사고를 일으킨 택시에 대하여 운송사업면허를 취소하였더라도 처분관할관청이 위반행위를 적발한 날로부터 10일 이내에 처분을 하여야 한다는 교통부령인 자동차운수사업법 제31조 등의 규정에 의한 사업면허의 취소 등의 처분에 관한 규칙 제4조 제2항 본문을 강행규정으로 볼 수 없을 뿐만 아니라 **택시운송사업자로서는 자동차운수사업법의 내용을 잘 알고 있어 교통사고를 낸 택시에 대하여 운송사업면허가 취소될 가능성을 예상할 수도 있었을 터**이니, 자신이 별다른 행정조치가 없을 것으로 믿고 있었다 하여 바로 신뢰의 이익을 주장할 수는 없으므로 그 교통사고가 자동차운수사업법 제31조 제1항 제5호 소정의 "중대한 교통사고로 인하여 많은 사상자를 발생하게 한 때"에 해당한다면 그 운송사업면허의 취소가 행정에 대한 국민의 신뢰를 저버리고 국민의 법생활의 안정을 해치는 것이어서 재량권의 범위를 일탈한 것이라고 보기는 어렵다(대판 1989. 06. 27, 88누6283).

다만, 철회권이 유보된 경우 신뢰보호의 원칙은 적용되지 않는다. 왜냐하면 철회권이 유보된 경우에는 원행정행위가 철회될 수 있는 가능성이 있다는 것이 당사자에게 고지되어 상대방이 철회의 가능성을 알고 있기 때문이다.

(3) 평등의 원칙 및 자기구속의 법리

동일한 사안에서 철회를 하지 않았음에도 특정 사안에서만 철회를 한 것은 평등원칙 또는 자기구속의 법리에 반한다.

(4) 실권의 법리(전술 참조)

(5) 제재처분인 철회의 경우 제척기간

법위반사실에 대한 제재로서의 철회의 경우 행정기본법상 제척기간이 적용된다. 제척기간이 지나면 법령이 정한 경우를 제외하고는 취소나 철회를 할 수 없다(후술 제재처분 참조).

7. 철회절차

철회는 특별한 규정이 없는 한 일반행정행위와 같은 절차에 따른다. 수익적 행정행위의 철회는 '권리를 제한하는 처분'이므로 사전통지절차, 의견제출절차 등 행정절차법상의 절차에 따라 행해져야 한다.

국민에게 법령에 의해 또는 조리상 처분의 철회 또는 변경을 신청할 권한이 인정되는 경우가 있다. 이 경우 철회 또는 변경의 거부는 처분이 된다.

8. 철회의무

철회는 원칙상 재량행위이다. 그러나, 사실적 상황이 변하여 원행정행위의 목적에 비추어 원행정행위가 더 이상 필요하지 않으며 원행정행위의 존속으로 인하여 국민의 중대한 기본권이 침해되는 경우에는 처분청은 원행정행위의 철회를 하여야 할 의무를 진다.[81]

[판례] ① 측량업자가 법 제44조 제2항에 따른 등록기준에 미달하게 된 경우, 그것이 '기술인력의 사망·실종 또는 퇴직으로 인하여 등록기준의 미달기간이 90일을 초과하지 아니하는 경우' 등과 같이 일시적으로 등록기준에 미달되는 사정이 발생한 경우가 아니라면 행정청은 이를 사유로 측량업 등록을 취소하여야 하고, 측량업자가 사후에 등록기준을 보완하였더라도 이를 달리 볼 것은 아니다(대판 2016. 10. 27, 2014두44946[등록취소처분취소]).
② 사정변경을 이유로 새만금공유수면매립면허 및 사업시행인가처분의 취소신청(철회신청)에 대한 거부처분의 위법성을 인정한 하급심판례(서울행정법원 2005. 02. 04, 2001구33563).
③ **사업계획승인 취소(철회)사유로 규정된 사유는 인정되지 않지만**, 사실관계를 종합하여 볼 때에 사업계획승인을 존속하기 어려운 사정의 변경이 있거나 사업계획승인을 취소할 중대한 공익상의 필요가 있다고 보아, 사업계획승인 취소사유에 해당하지 않는다는 이유로 **사업계획승인 취소신청을 거부한 피고 행정청의 처분이** 구 주택법에 위반되는 것은 아니지만 여기에 **재량권 일탈·남용의 위법이 있다**고 판단한 원심의 판단을 수긍한 사례(대판 2021. 01. 14, 2020두46004[주택건설사업계획승인 취소신청에 대한 거부처분취소 청구의 소]).

9. 철회의 범위와 한계

철회사유와 관련된 범위 내에서만 철회할 수 있다. 철회사유가 처분의 일부에만 관련되는 경우 철회의 대상이 되는 부분이 가분적인 경우에는 일부철회를 하여야 하고, 일부 철회가 불가능한 경우에는 전부를 철회하여야 한다.

(1) 일부철회

일부철회라 함은 하나의 행정행위의 일부분만을 철회하는 것을 말한다.

외형상 하나의 행정처분이라 하더라도 가분성이 있거나 그 처분대상의 일부가 특정될 수 있다면 그 일부만의 철회도 가능하고 그 일부의 철회는 당해 철회부분에 한하여 효력이 생긴다(대판 전원합의체 1995. 11. 16, 95누8850[자동차운전면허취소처분취소]).

[판례] ① 국고보조조림결정에서 정한 조건에 일부만 위반 했음에도 그 조림결정 전부를 취소한 것이 위법하다고 판단한 사례(대판 1986. 12. 09, 86누276[보조금취소처분의취소]). 〈해설〉 판결문에서 "취소"는 강학상 철회이다. 일부철회의무를 인정한 사례이다. 일부철회가 가능한 경우 철회원

---

81) Maurer, *op. cit.,* p. 311.

인과 관련이 있는 한도내에서만 철회가 가능하다.
② 원고가 교부받은 직장보육시설 보조금의 일부가 정상적으로 집행되었다고 볼 수 있는 사정 등을 제대로 감안하지 아니하고 보조금교부결정을 전부 취소한 행정청의 처분이 재량권의 한계를 일탈·남용한 것이라고 한 사례(대판 2003. 05. 16. 2003두1288[보조금교부결정취소처분취소]).
③ 보조사업자가 허위의 신청이나 기타 부정한 방법으로 보조금의 교부를 받았음을 이유로 보조금의 교부결정을 취소함에 있어서 전부를 취소할 것인지 일부를 취소할 것인지 여부와 일부를 취소하는 경우 그 범위는 보조사업의 목적과 내용, 보조금을 교부받음에 있어서 부정한 방법을 취하게 된 동기, 보조금의 전체액수 중 부정한 방법으로 교부받은 보조금의 비율과 교부받은 보조금을 그 조건과 내용에 따라 사용한 비율 등을 종합하여 개별적으로 결정하여야 한다(대판 2005. 01. 28, 2002두11165[보조금교부결정취소처분등]). 〈해설〉 판례상 "취소"는 강학상 철회와 취소를 포함한다.

일부 철회가 실질에 있어 재량권을 새롭게 행사하여 처분사유가 달라지고 처분내용을 변경하는 것인 경우에 그 일부 철회는 실질은 처분 변경이라고 할 수 있다.

(2) 복수 행정행위의 철회

철회사유와 관련이 있는 한도내에서 복수 행정행위의 철회가 가능하다. 다만, 비례원칙 등 법의 일반원칙을 준수하여야 한다.

1) 철회사유와 관련성이 없는 행정행위의 경우

철회사유와 관련이 없는 행정행위는 철회할 수 없다.

[판례] ① [1] 일부 취소(철회)의 가능성: 외형상 하나의 행정처분이라 하더라도 가분성이 있거나 그 처분대상의 일부가 특정될 수 있다면 그 일부만의 취소도 가능하고 그 일부의 취소는 당해 취소부분에 관하여 효력이 생긴다고 할 것인바, 이는 한 사람이 여러 종류의 자동차 운전면허를 취득한 경우 그 각 운전면허를 취소하거나 그 운전면허의 효력을 정지함에 있어서도 마찬가지이다. [2] 제1종 보통, 대형 및 특수 면허를 가지고 있는 자가 레이카크레인을 음주운전한 행위는 제1종 특수면허의 취소사유에 해당될 뿐 제1종 보통 및 대형면허의 취소사유는 아니므로, 3종의 면허를 모두 취소한 처분 중 제1종 보통 및 대형면허에 대한 부분은 이를 이유로 취소하면 될 것이나, 제1종 특수면허에 대한 부분은 원고가 재량권을 일탈·남용하여 위법하다는 주장을 하고 있음에도, 원심이 그 점에 대하여 심리·판단하지 아니한 채 처분 전체를 취소한 조치는 위법하다고 하여 원심판결 중 제1종 특수면허에 대한 부분을 파기환송한 사례(대판 전원합의체 1995. 11. 16, 95누8850). 〈해설〉 법규위반으로 인한 취소(철회)를 함에 있어서는 당해 법규위반과 관련이 있는 면허 등을 취소하여야 하며 당해 법규위반과 관련이 없는 면허 등을 취소하는 것은 비례의 원칙상 타당하지 않다. 레이카크레인을 음주운전한 행위는 제1종 특수면허의 취소사유가 될 뿐이고, 제1종 보통면허 또는 대형면허의 취소사유는 되지 않는다. 따라서, 사례에서 레이카크레인을 음주운전한 행위를 이유로 제1종 특수면허뿐만 아니라 제1종 보통면허 또는 대형면허를 취소한 처분 중 제1종 보통면허 또는 대형면허를 취소한 부분은 레이카크레인을 음주운전한 행위는 제1종 보통면허 또는 대형면허의 취소사유가 될 수 없으므로 그 이유만으로 취소가 가능하고, 제1종 특수면허를 취소한 부분은 레이카크레인을 음주운전한 행위는 제1종 특수면허의 취소사유가 되지만, 동 제1종 특수면허의 취소는 재량행위이고, 원고가 재량권의 일탈·남용을 주장하므로 제1종 특수면허의 취소가 위법하여 취소될 수 있는지 여부를 판단하기 위하여는 재량권의 일탈·남용 여부를 판단하여야 한다.

② 甲이 위 오토바이를 훔친 것은 제1종 대형면허나 보통면허와는 아무런 관련이 없어 위 오토바이를 훔쳤다는 사유만으로 제1종 대형면허나 보통면허를 취소할 수 없다(대판 2012. 05. 24, 2012두1891).

2) 철회사유와 관련성이 있는 행정행위의 경우

철회사유와 관련이 있는 복수의 행정행위의 철회가 가능하다.

철회사유가 특정의 면허에 관한 것이 아니고 다른 면허와 공통된 것이거나 운전면허를 받은 사람에 관한 것일 경우에는 여러 면허를 전부 철회할 수도 있다. 예를 들면, 승용차를 음주운전한 자에게 보통면허뿐만 아니라 대형면허도 취소할 수 있다.

[판례] ① [1] 한 사람이 여러 자동차운전면허를 취득한 경우 이를 취소함에 있어서 서로 별개로 취급하는 것이 원칙이나, 취소사유가 특정의 면허에 관한 것이 아니고 다른 면허와 공통된 것이거나 운전면허를 받은 사람에 관한 것일 경우에는 여러 면허를 전부 취소할 수도 있다. [2] 도로교통법 시행규칙 제26조 [별표 14]에 의하면 제1종 보통, 제1종 대형, 제1종 특수자동차운전면허소유자가 운전한 12인승 승합자동차는 제1종 보통 및 제1종 대형자동차운전면허로는 운전이 가능하나 제1종 특수자동차운전면허로는 운전할 수 없으므로, 위 운전자는 자신이 소지하고 있는 자동차운전면허 중 제1종 보통 및 제1종 대형자동차운전면허만으로 운전한 것이 되어, 제1종 특수자동차운전면허는 위 승합자동차의 운전과는 아무런 관련이 없고, 또한 위 [별표 14]에 의하면 추레라와 레이카는 제1종 특수자동차운전면허를 받은 자만이 운전할 수 있어 제1종보통이나 제1종 대형자동차운전면허의 취소에 제1종 특수자동차운전면허로 운전할 수 있는 자동차의 운전까지 금지하는 취지가 당연히 포함되어 있는 것은 아니라고 한 사례(대판 1998. 03. 24, 98두1031).

② 한 사람이 여러 종류의 자동차운전면허를 취득하는 경우뿐 아니라 이를 취소 또는 정지하는 경우에 있어서도 서로 별개의 것으로 취급하는 것이 원칙이기는 하나, 자동차운전면허는 그 성질이 대인적 면허일 뿐만 아니라 도로교통법 시행규칙 제26조 [별표 14]에 의하면, 제1종 대형면허 소지자는 제1종 보통면허로 운전할 수 있는 자동차와 원동기장치자전거를, 제1종 보통면허 소지자는 원동기장치자전거까지 운전할 수 있도록 규정하고 있어서 제1종 보통면허로 운전할 수 있는 차량의 음주운전은 당해 운전면허뿐만 아니라 제1종 대형면허로도 가능하고, 또한 제1종 대형면허나 제1종 보통면허의 취소에는 당연히 원동기장치자전거의 운전까지 금지하는 취지가 포함된 것이어서 이들 세 종류의 운전면허는 서로 관련된 것이라고 할 것이므로 제1종 보통면허로 운전할 수 있는 차량을 음주운전한 경우에 이와 관련된 면허인 제1종 대형면허와 원동기장치자전거면허까지 취소할 수 있는 것으로 보아야 한다(대판 1994. 11. 25, 94누9672; 동지 판례 대판 2005. 03. 11, 2004두12452).

③ 승용자동차를 면허 없이 운전한 사람에 대하여 그 사람이 소지한 제2종 원동기장치자전거면허를 취소할 수 있다(대판 2012. 06. 28, 2011두358).

10. 철회의 효과

철회는 장래에 향하여 원행정행위의 효력을 상실시키는 효력을 갖는다.

행정행위의 철회시 별도의 법적 근거 없이 철회의 효력을 철회사유발생일로 소급할 수 없다. 다만, 예외적으로 별도의 법적 근거가 있는 경우에는 철회의 효력을 과거(예, 철회사유발생일)로 소급시킬 수 있다.

[판례] ① **영유아보육법 제30조 제5항에 따라 평가인증을 철회하는 처분을 하면서, 별도의 법적 근거 없이 평가인증의 효력을 과거로 소급하여 상실시킬 수 있는지 여부(원칙적 소극): 영유아보육법 제30조 제5항 제3호에 따른 평가인증의 취소는** 평가인증 당시에 존재하였던 하자가 아니라 그 이후에 새로이 발생한 사유로 평가인증의 효력을 소멸시키는 경우에 해당하므로, **법적 성격은 평가인증의 '철회'에 해당**한다. 그런데 행정청이 평가인증을 철회하면서 그 효력을 철회의 효력발생일 이전으로 소급하게 하면, 철회 이전의 기간에 평가인증을 전제로 지급한 보조금 등의 지원이 그 근거를 상실하게 되어 이를 반환하여야 하는 법적 불이익이 발생한다. 이는 장래를 향하여 효력을 소멸시키는 철회가 예정한 법적 불이익의 범위를 벗어나는 것이다. 이처럼 행정청이 평가인증이 이루어진 이후에 새로이 발생한 사유를 들어 영유아보육법 제30조 제5항에 따라 평가인증을 철회하는 처분을 하면서도, **평가인증의 효력을 과거로 소급하여 상실시키기 위해서는, 특별한 사정이 없는 한 영유아보육법 제30조 제5항과는 별도의 법적 근거가 필요하다**(대판 2018. 06. 28, 2015두58195).
② 피고가 별도의 법적 근거나 특별한 사정 없이 원고의 보조금 부정수급을 이유로 원고가 운영하는 어린이집에 대한 평가인증의 유효기간을 취소사유 발생일(부정수급일)부터 소급하여 중단시켜 그 평가인증을 취소한 것은 위법하다고 판단한 사례(2015두58195).
③ **구 기반시설부담금에 관한 법률**(2008. 3. 28. 법률 제9051호로 폐지, 이하 '법'이라 한다) 제16조 제2항에 따른 **지체가산금**은 납부의무자가 부과된 기반시설부담금의 납부의무 이행을 지체하는 경우에 부담하는 지연배상금의 성질을 띤 것으로 납부기한이 경과함으로써 당연히 발생한다. 기반시설부담금 부과처분에 처분 당시부터 위법사유가 있어 부과처분이 **당연무효이거나 부과처분을 소급적으로 취소하는 경우**에는 지체가산금도 그 기초를 상실하는 것이어서, 행정청이 납부의무자에게 기반시설부담금과 함께 지체가산금도 환급할 의무가 있다고 보아야 한다. 그러나 **기반시설부담금 부과처분이 처분 당시에는 적법하였고** 납부의무자의 납부의무 이행지체에도 정당한 사유가 없어 행정청이 지체가산금을 정당하게 징수하였던 경우에는, 그 후 납부의무자에게 법 제17조 제1항, 구 기반시설부담금에 관한 법률 시행령(2008. 9. 25. 대통령령 제21038호 국토의 계획 및 이용에 관한 법률 시행령 부칙 제2조로 폐지, 이하 '시행령'이라 한다) 제15조 제2항 각호의 환급사유가 발생하였더라도 행정청이 당초 적법하게 부과·징수하였던 기반시설부담금의 전부 또는 일부를 납부의무자에게 환급하여야 할 의무가 그때 비로소 성립하는 것일 뿐(**행정청의 환급결정에는 당초 적법하였던 기반시설부담금 부과처분을 장래를 향하여 일부 취소하는 결정의 의미가 포함**되어 있는 것으로 보아야 한다) 그러한 사정만으로 행정청이 당초 정당하게 징수한 **지체가산금까지 납부의무자에게 환급하여야 할 의무가 발생한다고 볼 수는 없다**. 따라서 이러한 경우에는 행정청이 납부의무자에게 법 제17조 제1항, 제2항, 시행령 제15조 제2항, 제4항에 따라 부담금환급금과 그에 대한 법정이자에 해당하는 환급가산금을 지급할 의무가 있을 뿐이라고 보아야 한다(대판 2018. 06. 28, 2016두50990).

보조금 등을 부정사용한 경우에는 부정사용한 부분에 해당하는 보조금등의 지급처분을 취소(철회)하도록 하는 규정(예, 보조금법 제30조 제1항)을 둘 뿐만 아니라 그 취소(철회)한 부분에 해당하는 보조금과 이로 인하여 발생한 이자의 반환을 명하도록 하는 규정(예, 보조금법 제31조 제1항)을 두고, 그에 더하여 제재부과금(예, 반환하여야 할 보조금 또는 간접보조금 총액의 5배 이내의 범위)을 부과하도록 규정(예, 보조금법 제33조의2 제1항)하고 있는 경우가 많다. 보조금등의 지급을 철회하는 것에는 별도의 법적 근거가 필요하지 않지만, 그에 따른 보조금등의 반환처분과 제재부과금의 부과처분에는 법률유보의 원칙상 별도의 법적 근거가 필요하다.

보조금 중 '거짓이나 부정한 방법으로 지급받은 부분'과 '정상적으로 지급받은 부분'을 구분할 수 있다면 '거짓이나 부정한 방법으로 지급받은 부분'에 한하여만 보조금을 환수하여야 한다. 그러나, 지급받은 보조금 중 '거짓이나 부정한 방법으로 지급받은 부분'과 '정상적으로 지급받은 부분'을 구분할 수 없고, 보조금이 거짓이나 부정한 방법에 의하여 일체로서 지급된 것이라고 판단할 수 있는 경우 보조금 전부를 거짓이나 부정한 방법으로 지급받은 것으로 볼 수 있다(대판 2019. 01. 17, 2017두47137).

11. 철회의 취소

(1) 철회의 취소가능성

철회의 취소가 가능한지에 관하여 견해의 대립이 있다.

1) 긍정설

행정행위의 철회의 취소가 가능하며, 철회처분을 취소하면 원행정행위가 원상회복된다는 견해이다. 이 견해는 철회는 그 자체가 독립된 행정행위이고, 행정행위의 효력을 확정적으로 상실시키는 것이 아니고 그것을 정지시키는 효력만을 가지므로 취소의 대상이 된다고 보는데 근거한다.

2) 부정설

법률이 명문으로 인정하지 않는 한 행정행위의 철회의 취소는 인정될 수 없다는 견해이다. 이 견해는 행정행위가 철회되면 당해 행정행위는 확정적으로 효력을 상실하므로 철회의 취소는 불가능하다고 보는 데 근거한다.

3) 절충설

행정행위가 철회되면 당해 행정행위는 확정적으로 효력을 상실하므로 철회의 취소는 원칙상 불가능하다. 그러나, 수익적 행정행위의 철회의 경우에는 위법한 철회처분을 취소하여 원상을 회복할 필요가 있으므로 철회의 취소를 인정하여야 한다.

수익적인 이중효과적 행정행위의 경우에 철회로 이해관계있는 제3자가 생긴 경우에는 철회의 취소를 인정할 수 없다는 견해도 있다.

4) 판 례

판례는 절충설을 취하고 있다. 즉, 판례는 침익적 행정행위의 철회의 취소는 인정하지 않지만, 수익적 행정행위의 철회에 대하여는 취소가 가능한 것으로 본다. 판례가 소극설을 취한 것으로 보는 견해가 있는데, 이는 타당하지 않다.

가. 침익적 행정행위의 철회의 취소 부정 판례는 침익적 행정행위의 철회의

경우 당해 침익적 행정행위는 확정적으로 효력을 상실하므로 취소가 불가능하다고 본다.

[판례] 지방병무청장이 재신체검사 등을 거쳐 현역병입영대상편입처분을 **보충역편입처분**이나 **제2국민역편입처분**으로 변경하거나 보충역편입처분을 제2국민역편입처분으로 변경하는 경우, 그 후 새로운 병역처분의 성립에 하자가 있었음을 이유로 하여 **이를 취소한다고 하더라도 종전의 병역처분의 효력이 되살아나지 않는다**(대판 2002. 05. 28, 2001두9653).

나. 수익적 행정행위의 철회의 취소 원칙적 긍정　　판례는 수익적 행정행위의 철회에 대하여는 취소가 가능한 것으로 본다.

[판례] ① 행정처분이 취소되면 그 소급효에 의하여 처음부터 그 처분이 없었던 것과 같은 효과를 발생하게 되는바, 행정청이 의료법인의 이사에 대한 이사취임승인취소(철회)처분(제1처분)을 직권으로 취소(제2처분)한 경우에는 그로 인하여 이사가 소급하여 이사로서의 지위를 회복하게 되고, 그 결과 위 제1처분과 제2처분 사이에 법원에 의하여 선임결정된 임시이사들의 지위는 법원의 해임결정이 없더라도 당연히 소멸된다(대판 1997. 01. 21, 96누3401).
② 수익적 행정행위의 철회의 쟁송취소가 인용된 사례: ① 운전면허취소의 취소(전게 대판 1987. 09. 08, 87누373), ② 항공운수권배분처분취소의 취소(전게 대판 2004. 11. 26, 2003두10251, 2003두10268(병합)).
③ 적법한 영업허가의 취소처분이 있었고, 제소기간의 경과로 확정된 이상 영업허가처분은 그 효력이 확정적으로 상실되었다 할 것이므로 그 영업허가취소(철회)처분을 다시 취소하여 이미 상실한 영업허가의 효력을 다시 소생시킬 수 없으며 이를 소생시키기 위하여는 원 행정행위와 동일한 내용의 새로운 행정행위를 할 수밖에 없다(대판 1980. 04. 08, 80누27[영업허가취소처분취소]). **〈해설〉** 불가쟁력이 발생한 수익적 행정행위의 철회의 취소를 부정한 판례인데, 이는 예외적인 판례로 보인다.

5) 결　　어

철회는 그 자체가 행정행위이고, 철회의 취소를 부정할 이유가 없으므로 철회의 취소가 가능하다는 적극설이 타당하다. 다만, 취소권 제한의 법리가 적용된다. 특히 침익적 행정행위 및 이중효과적 행정행위의 철회의 직권취소의 경우에는 취소권 제한의 법리인 이익형량의 원칙이 적용된다(이익형량설).

철회의 철회는 인정되지 않는다. 철회한 행정행위를 살리려면 동일한 행정행위를 다시 하면 된다.

(2) 철회의 취소의 효과

철회행위가 취소되면 철회가 없었던 것이 되고 원행정행위는 애초부터 철회되지 않은 것이 된다. 즉, 원행정행위가 원상회복된다.

Ⅲ. 처분의 변경

1. 처분변경의 의의

처분의 변경(變更)은 기존의 처분을 다른 처분으로 변경하는 것을 말한다. 처분은 당사자, 처분사유 및 처분내용 등으로 구성된다. 따라서, 처분의 변경은 처분의 당사자가 변경되는 것, 처분사유가 변경되는 것, 처분의 내용이 변경되는 것을 말한다.

변경처분은 **순수하게 새로운 처분과 구별**하여야 한다. 변경처분이 아닌 순수하게 새로운 처분은 기존 처분의 취소를 수반하지 않는다. 변경처분에는 종전 처분의 하자가 승계되지만, 새로운 처분에는 종전 처분의 하자가 승계되지 않는다. 절차의 하자를 시정하는 등 새로이 행정절차를 거쳐 한 처분은 처분사유나 처분내용에 변경이 있는 경우라도 기존 처분의 변경처분이 아니라 순수하게 새로운 처분이다. 처분사유나 처분내용에 변경 없이 절차의 하자(예, 이유제시의 하자)를 시정하기 위하여 종전 처분과 동일한 처분을 한 경우는 새로운 처분이 아니라 하자의 치유를 위한 것이라고 보아야 한다. 다만, 이 경우에도 이익형량을 다시 하였다면 종전 처분과 동일한 내용의 처분이라도 새로운 처분으로 보아야 한다.

[판례] (1) **절차상 또는 형식상 하자로 인하여 무효인 행정처분이 있은 후 행정청이 관계 법령에서 정한 절차 또는 형식을 갖추어 다시 동일한 행정처분을 하였다면** 당해 행정처분은 종전의 무효인 행정처분과 관계없이 **새로운 행정처분**이라고 보아야 한다. (2) 이 사건 처분은 새로운 국방·군사시설사업 실시계획 승인처분으로서의 요건을 갖춘 새로운 처분일 뿐, 종전처분과 동일성을 유지하되 종전처분의 내용을 일부 수정하거나 새로운 사항을 추가하는 것에 불과한 **종전처분의 변경처분이 아니므로,** 비록 종전처분에 하자가 있더라도 이 사건 처분이 관계 법령에 규정된 절차를 거쳐 그 요건을 구비한 이상 적법하다(대판 2014. 03. 13, 2012두1006[국방·군사시설사업실시계획승인고시처분무효확인및취소]).

2. 처분변경의 종류

(1) 처분 당사자의 변경

처분의 당사자의 변경은 처분변경에 해당한다.

(2) 처분사유의 추가·변경

처분사유의 추가·변경이 변경처분이 되기 위하여는 처분사유의 추가·변경이 종전처분의 처분사유와 기본적 사실관계의 동일성이 없는 사유이어야 한다.

처분청은 스스로 당해 처분의 적법성과 합목적성을 확보하고자 행하는 자신의 내부 시정절차에서는 당초 처분의 근거로 삼은 사유와 기본적 사실관계의 동일성이 인정되지 않는 사유라고 하더라도 이를 처분의 적법성과 합목적성을 뒷받침하는 처분사유로 추가·변경할 수 있다.

[판례] ① [1] 산업재해보상보험법 규정의 내용, 형식 및 취지 등에 비추어 보면, 산업재해보상보험법상 심사청구에 관한 절차는 보험급여 등에 관한 처분을 한 근로복지공단으로 하여금 스스로의 심사를 통하여 당해 처분의 적법성과 합목적성을 확보하도록 하는 근로복지공단 내부의 시정절차에 해당한다고 보아야 한다. 따라서 처분청이 스스로 당해 처분의 적법성과 합목적성을 확보하고자 행하는 자신의 내부 시정절차에서는 당초 처분의 근거로 삼은 사유와 기본적 사실관계의 동일성이 인정되지 않는 사유라고 하더라도 이를 처분의 적법성과 합목적성을 뒷받침하는 처분사유로 추가·변경할 수 있다고 보는 것이 타당하다. [2] 근로복지공단이 '우측 감각신경성 난청'으로 장해보상청구를 한 근로자 甲에 대하여 소멸시효 완성을 이유로 장해보상급여부지급결정을 하였다가, 甲이 불복하여 심사청구를 하자 甲의 상병이 업무상 재해인 소음성 난청으로 보기 어렵다는 처분사유를 추가하여 심사청구를 기각한 사안에서, 근로복지공단이 산업재해보상보험법상 심사청구에 대한 자신의 심리·결정 절차에서 추가한 사유인 '甲의 상병과 업무 사이의 상당인과관계 부존재'는 당초 처분의 근거로 삼은 사유인 '소멸시효 완성'과 기본적 사실관계의 동일성이 인정되는지와 상관없이 처분의 적법성의 근거가 되는 것으로서 취소소송에서 처음부터 판단대상이 되는 처분사유에 해당한다는 이유로, 甲의 상병과 업무 사이의 상당인과관계 부존재를 처분사유 중 하나로 본 원심판단을 정당하다고 한 사례(대판 2012. 09. 13, 2012두3859).
② 신청에 대하여 일단 거부처분이 행해지면 그 거부처분이 적법한 절차에 의하여 취소되지 않는 한, 사유를 추가하여 거부처분을 반복하는 것은 존재하지도 않는 신청에 대한 거부처분으로서 당연무효이다(대판 1999. 12. 28, 98두1895[토지형질변경불허가처분취소]). 〈해설〉 그러나, 기본적 사실관계의 동일성이 없는 처분사유를 추가하거나 변경한 것은 종전의 거부처분을 취소하는 새로운 처분(변경처분)으로 보고, 이를 인정하는 것이 타당하다.

(3) 처분내용의 변경

처분의 내용을 적극적으로 변경하는 경우 처분의 변경이 된다. 처분의 일부취소는 처분사유의 변경이 없는 한 처분변경이 아니다.

처분내용의 변경에는 두 유형이 있다. ① 하나는 처분내용을 전부 또는 상당한 정도로 변경하는 변경처분이다. 이 경우 종전 처분은 변경처분에 의해 대체되고 장래에 향하여 효력을 상실한다(전부변경처분). ② 다른 하나는 선행 처분의 내용 중 일부만을 소폭 변경하는 등 선행처분과 분리가능한 일부변경처분이다. 경우 종전 선행처분은 일부 변경된 채로 효력을 유지하고 일부변경처분도 별도로 존재한다(대판 2012. 10. 11, 2010두12224, 행정구제법 적극적 변경처분 참조).

[판례] 효력기간이 정해져 있는 제재적 행정처분의 효력이 발생한 이후 당초의 제재적 행정처분이 유효함을 전제로 그 구체적인 집행시기만을 변경하는 것은 변경처분이다. 이러한 후속 변경처분 권한은 특별한 사정이 없는 한 당초의 제재적 행정처분의 효력이 유지되는 동안에만 인정된다. 당초의 제재적 행정처분에서 정한 효력기간이 경과하면 그로써 처분의 집행은 종료되어 제재처분의 효력이 소멸하는 것이므로(행정소송법 제12조 후문 참조), 그 후 동일한 사유로 다시 제재적 행정처분을 하는 것은 위법한 이중처분에 해당한다(대판 2022. 02. 11, 2021두40720).

3. 처분변경의 근거

처분의 변경에 **법적 근거**가 필요한 것인지 달리 말하면 명문의 법적 근거가 없는 경우에도 처분의 변경이 가능한지에 대해 이론상 처분의 변경은 새로운 처분이므로 법률유보의 원칙에 따라 법률의 별도 근거가 필요하다는 견해(법률근거필요설)와 명문의 근거가 없는 경우에도 처분의 변경은 처분을 철회하고 새로운 처분을 하는 것이므로 처분의 근거가 변경처분의 근거가 될 수 있다고 보는 견해(명문근거불필요설)가 있을 수 있다.

생각건대, 처분의 변경에 변경대상 처분의 법적 근거와 별도의 법적 근거는 필요하지 않다고 보는 것이 타당하다. 처분의 변경은 실질적으로 선행처분의 전부 또는 일부의 취소(철회)와 함께 하는 새로운 처분의 성격을 가지므로 명시적 근거가 없더라도 취소권 또는 철회권 및 처분권에 근거하여 행할 수 있다고 보아야 한다.

판례도 원칙상 명문근거불필요설을 취하지만, 과징금 부과와 같은 침해적 처분의 변경에는 법령의 근거가 필요하다고 본 판례가 있다.

[판례] ① (1) 법령의 규정체계, 취지와 목적 등에 비추어 살펴보면, 구 「도시 및 주거환경정비법」(이하 '구 도정법'이라고만 한다) 제69조 제1항 제6호에서 정한 **"관리처분계획의 수립"에는 경미한 사항이 아닌 관리처분계획의 주요 부분을 실질적으로 변경하는 것이 포함된다**고 해석함이 타당하고, 이러한 해석이 죄형법정주의 내지 형벌법규 명확성의 원칙을 위반하였다고 보기 어렵다. (2) 한편 대법원은 관리처분계획의 경미한 사항을 변경하는 경우와는 달리 **당초 관리처분계획의 주요 부분을 실질적으로 변경하는 경우에는 새로운 관리처분계획을 수립한 것**으로 해석하여 왔다(대법원 2012. 03. 22. 선고 2011두6400 전원합의체 판결 등 참조). (3) **정비사업전문관리업 등록을 하지 아니한 자에게 관리처분계획을 변경하게 하였다는 이유로 기소된 사안**에서, 구 도정법 제69조 제1항 제6호에서 정한 "관리처분계획의 수립"은 최초의 수립만을 의미하고 관리처분계획의 주요 부분을 실질적으로 변경하는 경우를 포함하지 않는다는 이유로 무죄를 선고한 원심을 파기한 사례(대판 2019. 09. 25, 2016도1306).

② 구 독점규제및공정거래에관한법률 제24조의2 제1항의 규정에 의하여 부과되는 **과징금의 부과와 같이 재산권의 직접적인 침해를 가져오는 처분을 변경하려면 법령에 그 요건 및 절차가 명백히 규정되어 있어야 할 것인데**, **위와 같은 변경처분에 대한 법령상의 근거규정이 없고, 이를 인정하여야 할 합리적인 이유 또한 찾아 볼 수 없다**(대판 1999. 05. 28, 99두1571).

4. 변경처분의 형식과 절차

변경처분의 형식과 절차는 법령에 정해진 경우에는 그에 따른다. 허가 중 경미한 사항의 변경은 변경신고로 하도록 규정하고 있는 경우가 적지 않다(예, 구 화물자동차 운수사업법 제3조 제3항 단서).

[판례] ① (1) 화물자동차법령이 변경허가 대상과 변경신고 대상을 나누어 규정하면서, 변경허가에 대해서는 변경신고와 달리 추가로 제출하여야 할 서류와 심사기준에 대하여 상세한 규정을 둠과 아울러 변경허가를 받지 아니하고 허가사항을 변경한 경우에는 무거운 제재처분을 할 수 있도록 정하고 있는 이유는, 변경될 사항이 관계 법령에 적합한지 여부를 다시 심사할 필요가 없는 경미한 사항인 경우에는 변경 절차를 간소화하여 신고만 하도록 함으로써 운송사업자들의 비용과 시간 등 절차적 부담을 완화하되, 그 변경될 사항이 허가기준 등 관계 법령에 적합한지 여부를 다시 심사할 필요가 있는 경우에는 변경허가 절차를 거치도록 함으로써 화물자동차 운송사업에 관하여 마련된 허가 제도의 근간을 보호하려는 데 있다고 할 것이다. (2) 화물자동차 운수사업법 시행령 제2조 제4호에 정한 변경신고 대상인 대폐차에 해당하기 위해서는 구(舊) 차량을 신(新) 차량으로 변경하는 행위가 공급기준을 비롯한 관계 법령에 부합하는지 여부에 대한 추가 심사가 필요하지 않을 정도로 경미한 경우여야 할 것이므로, **특수용도형(청소용) 화물자동차를 일반형 화물자동차로 변경하는 것과 같이 공급이 허용된 차량을 공급이 금지된 차량으로 변경하는 것은** 구 화물자동차 운수사업법 시행령 제2조가 정한 변경신고 대상이 아니라 구 화물자동차 운수사업법 제3조 제3항 본문에 정한 **변경허가 대상이다**(대판 2016. 02. 18, 2015두50474).
② 공급허용 특수용도형 화물자동차를 일반형 화물자동차로 대폐차하고 일반형 화물자동차를 사실상 증차하는 경우 변경허가를 받아야 하는지 여부: 변경 신고의 대상인 대폐차는 구 차량을 신 차량으로 변경하는 행위가 공급기준고시를 비롯한 관계 법령에 부합하는지 여부에 대한 추가 심사가 필요하지 않을 정도로 경미한 경우여야 한다고 할 것인데, 공급기준고시에서 증차가 허용되는 특수용도형 화물자동차(이하 '공급허용 특수용도형 화물자동차'라 한다)로 허가 받은 차량을 증차가 허용되지 않는 '일반형 화물자동차' 또는 공급이 제한되는 특수용도형 화물자동차(이하 '공급제한 특수용도형 화물자동차'라 한다)로 변경하는 것은 실질적으로 신규 공급이 불허되는 차량을 증차하는 결과가 되므로 비록 대폐차의 방식으로 하였다고 하더라도 경미한 사항의 변경에 해당한다고 할 수 없고, 따라서 이는 화물자동차법 제3조 제3항에 의한 변경허가를 받아야 한다고 해석된다. 반면 증차가 허용되지 않는 공급제한 특수용도형 화물자동차를 일반형 화물자동차로 대폐차하는 것은 공급기준고시에 위반하는 신규 공급이 이루어지는 것이 아니므로 이는 경미한 사항의 변경에 해당하여 변경허가를 받을 필요 없이 변경신고만 해도 된다고 할 것이다(대판 2016. 04. 15, 2015도11040).
③ 화물자동차법 시행령 제2조 제4호에 정한 변경신고 대상인 대폐차에 해당하기 위해서는 구 차량을 신 차량으로 변경하는 행위가 공급기준을 비롯한 관계 법령에 부합하는지에 대한 추가 심사가 필요하지 않을 정도로 경미한 경우여야 한다. 따라서 공급이 제한된 냉장냉동용 화물자동차를 공급이 제한된 일반형 화물자동차로 변경하는 것은 화물자동차법 시행령 제2조가 정한 변경신고 대상이 아니라 화물자동차법 제3조 제3항 본문에 정한 변경허가 대상이다(대판 2019. 04. 25, 2018두53498).

변경처분의 절차에 관하여 법령에 명시적 규정이 없는 경우 적법절차의 원칙에 따라 중요한 사항을 변경하는 변경처분은 변경되는 처분과 동일한 절차(행정의 상대방에게 불이익한 처분의 변경에 있어서는 처분시 보다 엄격한 절차)에 따라 행해져야 하고, 경미한 사항을 변경하는 처분은 보다 간소한 절차에 따라 행해질 수 있다.

[참고판례] ① 구 교과용도서에 관한 규정 제26조 제1항에 따른 검정도서에 대한 수정명령의 내용이 이미 검정을 거친 내용을 실질적으로 변경하는 결과를 가져오는 경우 거쳐야 할 절차: 구 교과용도서에 관한 규정(2009. 8. 18. 대통령령 제21687호로 개정되기 전의 것, 이하 같다) 제26조 제1

항에 따른 검정도서에 대한 수정(변경)명령의 절차와 관련하여 구 교과용도서에 관한 규정에 수정명령을 할 때 교과용도서의 검정절차를 거쳐야 한다거나 이를 준용하는 명시적인 규정이 없으므로 교과용도서심의회의 심의 자체를 다시 거쳐야 한다고 보기는 어렵지만, 헌법 등에 근거를 둔 교육의 자주성·전문성·정치적 중립성 및 교과용도서에 관한 검정제도의 취지에 비추어 보면, 수정명령의 내용이 표현상의 잘못이나 기술적 사항 또는 객관적 오류를 바로잡는 정도를 넘어서서 이미 검정을 거친 내용을 실질적으로 변경하는 결과를 가져오는 경우에는 새로운 검정절차를 취하는 것과 마찬가지라 할 수 있으므로 검정절차상의 교과용도서심의회의 심의에 준하는 절차를 거쳐야 한다. 그렇지 않으면 행정청이 수정명령을 통하여 검정제도의 취지를 훼손하거나 잠탈할 수 있고, 교과용도서심의회의 심의 등 적법한 검정절차를 거쳐 검정의 합격결정을 받은 자의 법률상 이익이 쉽게 침해될 수 있기 때문이다(대판 2013. 02. 15, 2011두21485[수정명령취소]). 〈해설〉 변경처분이 아니라 변경명령처분의 절차에 관한 것이다.

② **도지사가 시장 또는 군수로부터 신청받은 당초의 도시관리계획안을 변경하고자 하는 경우 그 내용을 시장 또는 군수에게 송부하여 주민의 의견을 청취하는 절차를 거쳐야 하는지 여부:** 주민의 견청취 절차의 의의와 필요성은 시장 또는 군수가 도시관리계획을 입안하는 과정에서뿐만 아니라 도시관리계획안이 도지사에게 신청된 이후에 내용이 관계 행정기관의 협의 및 도시계획위원회의 심의 등을 거치면서 변경되는 경우에도 마찬가지이고, 도지사가 도시관리계획의 결정 과정에서 **신청받은 도시관리계획안의 중요한 사항을 변경하는 것은** 그 범위에서 시장 또는 군수에 의하여 신청된 도시관리계획안을 배제하고 도지사가 **직접 도시관리계획안을 입안하는 것과 다르지 않다.** 그러므로 **도지사가 관계 행정기관의 협의 등을 반영하여 신청받은 당초의 도시관리계획안을 변경하고자 하는 경우 내용이 해당 시 또는 군의 도시계획조례가 정하는 중요한 사항인 때에는 다른 특별한 사정이 없는 한** 법 제28조 제2항, 시행령 제22조 제5항을 **준용하여 그 내용을 관계 시장 또는 군수에게 송부하여 주민의 의견을 청취하는 절차를 거쳐야 한다**(대법원 2015. 01. 29. 선고 2012두11164 판결[도시관리계획결정처분취소]).

변경처분은 종전 처분을 전제로 하여 종전 처분과 동일성을 유지한 처분이므로 종전 처분의 하자는 변경처분에 승계된다(대판 2014. 03. 13, 2012두1006).

5. 처분변경의 효력

처분변경은 종전 처분을 취소 또는 변경하고 새로운 처분을 하는 효력을 갖는다. 첫째 유형의 변경처분(전부변경처분)의 경우 종전 선행처분은 변경처분에 의해 대체되고 장래에 향하여 효력을 상실한다. 둘째 유형의 변경처분(일부변경처분)의 경우 종전 선행처분은 일부 변경된 채로 효력을 유지한다.

처분 후의 새로운 사정에 따라 종전 처분을 변경하는 변경처분은 원칙상 장래효만을 갖는다.

[판례] ① 선행처분의 내용을 변경하는 후행처분이 있는 경우, 선행처분의 효력 존속 여부: 선행처분의 주요 부분을 실질적으로 변경하는 내용으로 후행처분(전부변경처분)을 한 경우에 선행처분은 특별한 사정이 없는 한 효력을 상실하지만, 후행처분이 선행처분의 내용 중 일부만을 소폭 변경하는 정도에 불과한 경우(일부변경처분)에는 선행처분은 소멸하는 것이 아니라 후행처분에 의하여

변경되지 아니한 범위 내에서는 그대로 존속한다(대판 2020. 04. 09, 2019두49953).

② 장해등급 변경으로 장해보상연금 지급 대상에서 제외되는 경우, 장해등급 변경결정 이후에 지급된 장해보상연금만 부당이득의 징수 대상이 되는지 여부(적극): 장해보상연금을 받던 사람이 재요양 후에 장해등급이 변경되어 장해보상연금의 지급 대상에서 제외되었음에도 장해보상연금을 받았다면 특별한 사정이 없는 한 이는 보험급여가 잘못 지급된 경우에 해당하지만, 이 경우 장해등급이 변경되었다고 하려면 장해등급 변경 결정이 있어야 할 것이므로, **장해등급 변경 결정 이후에 지급된 장해보상연금만 산업재해보상보험법 제84조 제1항에 따른 부당이득의 징수 대상이 된다고 할 것이다.** 다만 장해보상연금을 받던 사람이 산업재해보상보험법 제51조에 따른 재요양 후에 장해상태가 호전됨으로써 장해등급이 변경되어 장해보상연금을 수령할 수는 없게 되었으나 산업재해보상보험법 시행령 제58조 제2항 제2호에서 정한 차액을 지급받을 수 있는 경우에는 여전히 그 금액을 장해보상일시금으로 수령할 수 있는 지위에 있으므로 그 금액의 범위 안에서는 부당이득의 징수 대상이 되지 않는다고 할 것이다(대판 2013. 02. 14, 2011두12054[장해등급결정처분취소 등]).

③ 종전 사업시행계획에 비하여 정비사업비용만 23% 정도 증액된 내용의 변경 사업시행계획에 의하여 종전 사업시행계획의 효력이 상실되는지 여부(소극): 구 도시 및 주거환경정비법(2009. 2. 6. 법률 제9444호로 개정되기 전의 것, 이하 '구 도시정비법'이라고 한다) 제28조 제1항, 제30조에 의하면, …… 인가받은 내용을 변경하는 경우에도 시장·군수의 인가를 받아야 하며, 다만 대통령령이 정하는 경미한 사항을 변경하고자 하는 때에는 시장·군수에게 이를 신고하여야 한다. 이러한 관계 법령의 내용, 형식 및 취지 등에 비추어 보면, **인가받은 사업시행계획의 내용 중 경미한 사항을 변경하여 이를 신고한 경우는 물론, 그 밖의 사항을 변경하여 그 인가를 받은 경우에도 종전에 인가받은 사업시행계획 중 변경되지 아니한 부분은 여전히 존재하여 그 효력을 유지함이 원칙이지만**, 주택재개발정비사업조합이 당초 사업시행계획의 흠을 바로 잡기 위하여 당초 사업시행계획과 동일한 요건, 절차를 거쳐 새로운 사업시행계획을 수립하여 시장·군수로부터 인가 받은 경우 또는 당초 사업시행계획의 주요 부분을 실질적으로 변경하는 내용으로 새로운 사업시행계획을 수립하여 시장·군수의 인가를 받음으로써 **새로운 사업시행계획이 당초 사업시행계획을 대체하였다고 평가할 수 있는 경우에는 그 효력을 상실**한다. 그리고 당초 사업시행계획의 주요 부분을 실질적으로 변경하는 내용의 새로운 사업시행계획을 수립하여 **당초 사업시행계획을 대체하였는지 여부는,** 사업시행계획 중 변경된 내용, 변경의 원인 및 그 정도, 당초 사업시행계획과 변경 사업시행계획 사이의 기간, 당초 사업시행계획의 유효를 전제로 이루어진 후속행위의 내용 및 그 진행 정도 등을 종합적으로 고려하여 판단하여야 할 것이다(대판 2014. 02. 27, 2011두25173[사업시행인가무효확인]).

④ 구 도시 및 주거환경정비법(2012. 2. 1. 법률 제11293호로 개정되기 전의 것, 이하 '구 도시정비법'이라고 한다) 제48조 제1항의 내용, 형식 및 취지 등에 비추어 보면, 당초 관리처분계획의 경미한 사항을 변경하는 경우와는 달리 당초 관리처분계획의 **주요 부분을 실질적으로 변경**하는 내용으로 새로운 관리처분계획을 수립하여 시장·군수의 인가를 받은 경우에는 당초 관리처분계획은 달리 특별한 사정이 없는 한 효력을 상실한다. 이때 당초 관리처분계획이 효력을 상실한다는 것은 당초 관리처분계획이 유효하게 존속하다가 **변경 시점을 기준으로 장래를 향하여 실효된다**는 의미이지 소급적으로 무효가 된다는 의미가 아니다. 그리고 이러한 법리는 변경된 관리처분계획이 당초 관리처분계획의 **주요 부분을 실질적으로 변경하는 정도에 이르지 않는 경우**에도 동일하게 적용되므로, 이와 같은 경우 당초 관리처분계획 중 변경되는 부분은 장래를 향하여 실효된다(대판 2016. 06. 23, 2014다16500[분담금연체이자반환]).

위법을 시정하기 위해 종전 처분을 변경하는 경우에는 소급적 변경처분도 가능하다. 다만, 처분 상대방의 신뢰이익 등과 이익형량을 하여야 한다.

[판례] [차량진출입로의 도로점용허가에 따른 점용료 부과처분의 취소에 관한 사건] 당초 도로점용허가 당시 점용부분은 건물부지와 공원부지에 접하고 있음에도 피고가 건물부지만을 기준으로 위법하게 점용료를 산정하여 부과하자, 원고가 점용료부과처분 취소소송에서 그 위법을 다투고 피고가 소송 중 **특별사용의 필요가 없는 공원부지에 접한 부분을 도로점용허가 대상에서 소급적으로 제외하는 변경허가처분**을 한 사안에서, **이러한 변경허가처분은 장래를 향하여만 효력이 있다고 판단한 원심을 파기**하고 그에 대하여 **소급적 직권취소의 효력이 인정될 수 있다**고 본 사례(대판 2019. 01. 17, 2016두56721, 56738[도로점용료부과처분취소]).

6. 선행처분의 취소 또는 무효와 후행처분의 효력

후행처분이 선행처분을 기초로 선행처분을 일부 변경하는 내용의 것인 경우 선행처분이 취소되면 후행처분도 효력을 상실하지만, 후행처분이 선행처분을 대체하는 처분(전부변경처분)인 경우에는 선행처분이 취소되거나 무효이어도 후행처분은 그대로 효력을 유지한다.

[판례] **선행 조합설립변경인가처분이 취소되거나 무효로 확정된 경우 후행 조합설립변경인가처분의 효력 유무**: 정비사업조합(이하 '조합'이라고만 한다)에 관한 조합설립변경인가처분은 **당초 조합설립인가처분에서 이미 인가받은 사항의 일부를 수정 또는 취소 · 철회하거나 새로운 사항을 추가**하는 것으로서 유효한 당초 조합설립인가처분에 근거하여 설권적 효력의 내용이나 범위를 변경하는 성질을 가지므로, **당초 조합설립인가처분이 쟁송에 의하여 취소되거나 무효로 확정된 경우에는 이에 기초하여 이루어진 조합설립변경인가처분도 원칙적으로 그 효력을 상실하거나 무효라고 해석함이 타당하다.** 마찬가지로 당초 조합설립인가처분 이후 여러 차례 조합설립변경인가처분이 있었다가 중간에 행하여진 선행 조합설립변경인가처분이 쟁송에 의하여 취소되거나 무효로 확정된 경우에 후행 조합설립변경인가처분도 그 효력을 상실하거나 무효라고 새겨야 한다. 다만, 조합설립변경인가처분도 조합에 정비사업 시행에 관한 권한을 설정하여 주는 처분인 점에서는 당초 조합설립인가처분과 다를 바 없으므로, 선행 조합설립변경인가처분이 쟁송에 의하여 취소되거나 무효로 확정된 경우라도 **후행 조합설립변경인가처분이 선행 조합설립변경인가처분에 의해 변경된 사항을 포함하여 새로운 조합설립변경인가처분의 요건을 갖춘 경우에는** 그에 따른 효력이 인정될 수 있다. 이러한 경우 조합은 당초 조합설립인가처분과 새로운 조합설립변경인가처분의 요건을 갖춘 후행 조합설립변경인가처분의 효력에 의하여 정비사업을 계속 진행할 수 있으므로, 그 **후행 조합설립변경인가처분을 무효라고 할 수는 없다**(대판 2014. 05. 29, 2011다46128, 대판 2014. 05. 29, 2011두25876 참조)(대판 2014. 08. 20, 2012두5572[관리처분계획취소]).

7. 변경처분의 취소

[판례] 지방병무청장이 **재신체검사 등을 거쳐** 현역병입영대상편입처분을 보충역편입처분이나 제2국민역편입처분으로 변경하거나 보충역편입처분을 제2국민역편입처분으로 **변경**하는 경우 비록 새

로운 병역처분의 성립에 하자가 있다고 하더라도 그것이 당연무효가 아닌 한 일단 유효하게 성립하고 제소기간의 경과 등 형식적 존속력이 생김과 동시에 **종전의 병역처분의 효력은 취소 또는 철회되어 확정적으로 상실된다고 보아야 할 것이므로 그 후 새로운 병역처분의 성립에 하자가 있었음을 이유로 하여 이를 취소한다고 하더라도 종전의 병역처분의 효력이 되살아난다고 할 수 없다**(대판 2002. 05. 28, 2001두9653). 〈해설〉 불이익처분의 취소의 취소는 인정하지 않는다. 또한 재신체검사 등을 거친 후 내려진 처분은 전혀 새로운 처분이며 종전 처분과 무관하다. 따라서, 재신체검사 등을 거친 후 내려진 처분은 엄격한 의미의 처분의 변경이라기 보다는 종전 처분의 취소처분과 새로운 처분의 병존으로 보아야 한다.

Ⅳ. 처분의 취소 또는 철회 등에 따른 손실보상

허가의 상대방에게 귀책사유없는 허가의 취소(철회) 또는 행위제한(예, 전염병 확산 방지를 위한 영업제한)으로 허가의 상대방에게 특별한 희생이 발생한 경우에는 평등의 원칙(공적 부담앞의 평등의 원칙)상 손실보상 등 구제조치를 해주어야 한다. 허가의 취소(철회)로 특별한 희생이 발생했음에도 손실보상 등 구제조치가 마련되지 않으면 재산권 보장 및 평등원칙의 침해로 위헌이 된다.

아래와 같은 행정기본법 개정초안이 마련되었지만 입법화되지 못하였다.

행정청은 행정기본법 제18조 제1항에 따라 처분(인허가 등 당사자에게 권리나 이익을 부여하는 처분만 해당)을 취소하거나 제19조 제1항 제2호 또는 제3호에 해당하는 사유로 처분을 철회한 경우로서 다음 각 호의 요건을 모두 충족하는 경우에는 법률로 정하는 바에 따라 손실보상을 한다(행정소송법 개정안 제19조의2 제1항).

1. 처분의 취소 또는 철회로 당사자에게 재산상 손실이 발생하였을 것
2. 당사자의 신뢰가 보호할 가치가 있을 것
3. 당사자에게 처분의 취소 또는 철회에 대한 귀책사유가 없을 것

처분의 취소 또는 철회에 따른 손실보상은 제1항 각호의 요건외에 손실보상의 일반법리에 따라 처분의 취소 또는 철회로 특별한 희생이 발생하였을 것이라는 요건을 추가로 요구하여야 한다. 철회권이 유보된 경우, 당사자의 신뢰에 귀책사유가 있는 경우 등에는 당사자의 신뢰가 보호할 가치가 없다고 볼 수 있다. 처분의 취소 또는 철회에 대한 당사자의 귀책사유는 당사자가 취소사유 또는 철회사유의 발생에 원인을 제공하거나 직접 기여한 경우 등을 말한다고 할 수 있다.

행정기본법은 처분의 취소 또는 철회에 따른 손실보상은 법률로 정하는 바에 따라 보상하는 것으로 규정하고 있다. 제1항에 따른 손실보상의 근거가 되는 법률에는

다음 각 호의 사항을 규정하여야 한다. 1. 손실보상의 대상과 범위, 2. 손실보상금의 산정기준(손익상계에 관한 사항을 포함한다), 3. 손실보상금의 지급방법과 절차.

따라서, 손실보상을 규정하는 법률의 규정이 제정되지 않은 경우에는 손실보상을 청구할 수 없다. 그 경우에는 분리이론에 따른 권리구제에 준하여 처분의 취소 또는 철회에 대한 헌법소원 등을 통해 처분의 취소 또는 철회에 따른 손실보상에 관한 법률을 제정하도록 한 후 손실보상을 받을 수 있게 된다.

처분의 변경의 경우 처분의 취소 또는 철회에 따른 손실보상에 준하여 손실보상을 하여야 한다.

개별법에서 손실보상규정을 두고 있는 경우가 있다. 광업법 제34조 제3항 및 제4항은 동법 제34조 제1항과 제2항에 따른 광업권의 취소처분 또는 광구의 감소처분으로 발생한 손실을 국가가 해당 광업권자(취소처분에 따른 광업권의 광구 부분 또는 감소처분에 따른 광구 부분에 조광권이 설정되어 있는 경우에는 그 조광권자를 포함한다)에게 보상하여야 하는 것으로 규정하고 있다.

[판례] [광업권자가 피고(대한민국)를 상대로 광구의 감소처분으로 발생한 손실보상금의 지급을 구하는 사건] 광업법 제34조 제3항 손실보상금 채권의 지연손해금 기산점(=광업권자 등의 손실이 현실적으로 발생한 이후로서 국가에 이행청구를 한 다음 날): 광업법은 광업권의 취소 또는 광구의 감소처분으로 인한 손실보상금 지급의무의 이행기를 정하지 않았고, 그 이행기를 토지보상법 제40조 제1항, 제2항과 같이 사용 또는 수용 목적물의 권리변동일로 해석하여야 할 체계적, 목적론적 근거를 찾기도 어렵다. 따라서 **광업법 제34조 제3항에서 정한 손실보상금 지급의무는** 이행기의 정함이 없는 채무로 봄이 타당하고, **광업권자 등의 손실이 현실적으로 발생한 이후로서 국가에 이행청구를 한 다음 날부터 그 지연손해금 지급의무가 발생한다**고 보아야 할 것이다(민법 제387조 제2항 참조)(대판 2024. 11. 20, 2024다263091).

제10절 행정행위의 실효

Ⅰ. 의 의

행정행위의 실효(失效)라 함은 유효한 행정행위의 효력이 일정한 사실의 발생으로 장래에 향하여 소멸하는 것을 말한다. 일단 유효한 행정행위의 효력이 소멸되는 것인 점에서 무효나 부존재와 다르고, 행정청의 의사에 의해서가 아니라 일정한 사실의 발생으로 효력이 소멸된다는 점에서 직권취소 및 철회와 다르다.

Ⅱ. 실효사유

1. 대상의 소멸

행정행위의 대상이 소멸되면 행정행위는 실효된다. 예를 들면, 사람의 사망으로 인한 운전면허의 실효, 자동차가 소멸된 경우 자동차검사합격처분의 실효, 사업면허의 대상의 소멸로 인한 사업면허의 실효 등이다.

판례는 신청에 의한 영업허가처분에서 그 영업을 자진폐업한 경우(대판 1981. 07. 14, 80누593) 및 대물적 영업허가에서 중요한 허가요건인 물적 시설이 모두 철거되어 허가받은 영업상의 기능을 더 이상 수행할 수 없게 된 경우(대판 1990. 07. 13, 90누2284)를 실효사유로 보고 있다.

그러나, 공장시설물이 소실되었고 복구를 할 수 없는 상태인 경우에도 수도권에서 지방으로 공장을 이전하는 경우와 같이 공장이전에 조세감면 등 세제상 혜택이나 공업배치 및 공장설립에 관한 법률상 간이한 이전절차 및 우선 입주의 혜택이 있는 경우 공장등록이 실효되었다고 할 수 없다(대판 2002. 01. 11, 2000두3306 참조).

혼합적 허가에서 인적, 물적 시설이 철수된 경우에도 당해 허가의 실효사유로 보아야 할 것이다.

영업허가가 실효된 후 영업허가 취소처분을 하여도 당해 취소처분은 당해 영업허가가 실효되었음을 사실상 확인하는 것에 불과하므로 취소소송의 대상이 되는 처분이 아니다.

2. 해제조건의 성취 또는 종기의 도래

해제조건이 성취되거나 종기(終期)가 도래하면 주된 행정행위는 당연히 효력을 상실한다.

3. 목적의 달성 또는 목적달성의 불가능

행정행위의 목적이 달성되거나 목적달성이 불가능해지면 당해 행정행위는 당연히 실효된다. 예를 들면, 철거명령에 따라 대상물이 철거되면 당해 철거명령은 당연히 효력을 상실한다.

[판례] (1) 일정한 정비예정구역을 전제로 추진위원회 구성 승인처분이 이루어진 후 정비구역이 정비예정구역과 달리 지정되었다는 사정만으로 승인처분이 당연히 실효된다고 볼 수 없다: 정비사업을 원활하게 진행하기 위하여 추진위원회 제도를 도입하는 한편 1개의 정비구역 안에 복수의 추진위원회가 구성되는 것을 금지하는 등 그에 대하여 특별한 법적 지위를 부여하고 있는 도시 및 주

거환경정비법의 입법취지와 추진위원회 구성 승인처분이 다수의 이해관계인에게 미치는 파급효과 등에 비추어 보면, **일정한 정비예정구역을 전제로 추진위원회 구성 승인처분이 이루어진 후 정비구역이 정비예정구역과 달리 지정되었다는 사정만으로 승인처분이 당연히 실효된다고 볼 수 없고,** 정비예정구역과 정비구역의 각 위치, 면적, 토지등소유자 및 동의자 수의 비교, 정비사업계획이 변경되는 내용과 정도, 정비구역 지정 경위 등을 종합적으로 고려하여 **당초 승인처분의 대상인 추진위원회가 새로운 정비구역에서 정비사업을 계속 추진하는 것이 도저히 어렵다고 보여 그 추진위원회의 목적달성이 사실상 불가능하다고 인정되는 경우에 한하여 그 실효를 인정함**이 타당하다고 할 것이다. (2) 피고가 이 사건 정비예정구역을 사업구역으로 하는 보조참가인 추진위원회 구성 승인처분을 한 후 이 사건 정비예정구역을 포함한 일대가 재정비촉진구역으로 지정되어 사업구역면적은 약 89%, 토지등소유자 수는 약 106% 증가하였는바, 이 사건 정비예정구역과 재정비촉진구역 사이에 동일성이 없어 참가인 추진위원회는 그 사업대상구역마저 없어져 조합설립추진위원회로서의 법적 지위를 상실하였으며 이와 동시에 참가인 추진위원회의 구성을 승인한 이 사건 승인처분 역시 실효되었다고 판단한 원심판결에 추진위원회 구성 승인처분의 실효 등에 관한 법리오해의 위법이 있다고 하여 파기환송한 사례(대판 2013. 09. 12, 2011두31284[동의서제공신청반려처분취소]).

4. 기 타

[판례] 사업개선명령의 근거규정을 개정하거나 삭제하지 아니한 채 관계 행정기관의 시정지시 등의 권한 행사만을 제한하는 것으로 규정한 경우 **새로이 사업개선명령을 시달하여 행정규제를 하는 것을 금지하는 것일 뿐이고, 위 개정 법률의 시행일 이전에 이미 적법하게 행하여진 사업개선명령의 효력까지 소멸시키는 것은 아니라고 봄이 상당하다고 한 사례**(대판 2010. 02. 25, 2009두2764[운행정지처분취소]).

Ⅲ. 권리구제수단

행정행위의 실효가 다투어지는 경우에는 무효등확인소송의 하나인 행정행위실효확인소송 또는 행정행위효력존재확인소송을 제기한다.

또한, 민사소송 또는 공법상 당사자소송에서 행정행위의 실효 여부가 전제문제로서 다투어질 수 있다.

제11절 단계적 행정결정

Ⅰ. 단계적 행정결정의 의의

단계적 행정결정(段階的 行政決定)이란 행정청의 결정이 여러 단계의 행정결정을 통하여 연계적으로 이루어지는 것을 말한다.

단계적 행정결정의 예로는 확약, 가행정행위, 사전결정 및 부분허가가 있다. 이들 간에는 개념상, 요건상, 효력상으로 상호간에 비교되는 점이 많으므로 이들간 유사점과 차이점, 그리고 개개의 경우에서 제기되는 법적인 논점들을 정리하는 것은 그 의미가 크다고 하겠다.[82)]

단계적 행정결정 대신에 단계적 행정절차라는 용어를 사용하는 학자도 있으나, 공청회 절차, 환경영향평가절차 등 행정절차를 포함하는 것으로 오해될 우려가 있으므로 단계적 행정결정이라는 용어를 사용하는 것이 타당하다.

단계적 행정결정의 의의는 하나의 총체적인 행정결정이 여러 부분으로 나누어져 행해지는 사전결정과 부분허가에서 더욱 큰 것이므로 사전결정과 부분허가를 협의의 단계적 행정행위로 보고 별도로 특별히 고찰할 필요가 있다.

Ⅱ. 단계적 행정결정의 필요성

단계적 행정결정은 다음과 같은 요청에 응하기 위하여 행해진다.

① 오늘날 행정행위를 하는 데 있어서 많은 자료의 수집과 분석이 요구되지만, 행정청의 업무처리 능력상의 한계나 업무의 불확실성으로 인하여 종국적인 결정에 오랜 기간을 요하는 경우가 많고, 당사자인 국민이 사업을 시행하고자 하는 경우에 많은 자본을 투자하게 되는 경우가 많다. 이 경우에 당사자에게는 본 처분의 가부에 대한 예측가능성이 필요하다.

② 또한 당사자가 하고자 하는 건설사업이 오랜 공사기간을 필요로 하는 경우에 일부 공사를 미리 시행하는 것이 필요한 경우가 있다.

③ 또한 초기 원자력발전소의 건설과 같이 신청사업에 대한 법적 규제가 완비되지 못하고 기술의 발달에 따라 새로운 법적 규제가 단계적으로 정비되어야 하는 경우에 최종적 결정을 유보하면서 법적 규제가 마련된 한도 내에서 단계적으로 행정결정을 해 줄 필요가 있다.

Ⅲ. 단계적 행정결정의 유형별 검토

1. 확 약

(1) 의 의

행정청이 자기구속의 의도로 장래에 대하여 일정한 작위, 부작위를 약속하는 의

82) 김해룡, "단계적 행정결정에 관한 법리," 『고시계』, 1994. 4, 94면.

사표시를 행정법에 있어서 확언(Zusage)이라 한다. 이 경우에 약속된 대상을 행정행위로 제한하는 경우에는 별도로 확약(Zusicherung)이라고 한다. 따라서 확약은 장래 일정한 행정행위를 하거나 하지 아니할 것을 약속하는 의사표시를 말한다. 확약(確約)은 신뢰보호 또는 금반언(禁反言)의 법리(法理)를 바탕으로 인정되는 행정청의 행위 형식의 하나이다.

확약의 예로는 어업권면허에 선행하는 우선순위결정(대판 1995. 01. 20, 94누6529), 공무원임명의 내정, 자진신고자에 대한 세율인하의 약속, 무허가건물의 자진철거자에게 아파트입주권을 주겠다는 약속, 주민에 대한 개발사업의 약속 등을 들 수 있다.
행정실무상 사용되는 용어인 내인가(본 인·허가의 전단계로서 행해지는 인·허가의 발급약속)도 확약의 일종이라고 할 수 있다. 현행 법령상 내인가라는 명칭을 사용하는 사례는 없다. 실정법령상 조건부 인허가(예, 석유사업법 제11조의 석유정제업 등의 조건부 등록, 먹는 물 관리법 제9조의2의 샘물개발의 가허가 등) 및 행정규칙인 증권업감독규정에 의한 증권업의 예비인허가를 내인가로 볼 수 있다. 이에 대하여 석유정제업 등의 조건부 등록, 샘물개발의 가허가를 가행정행위로 보는 견해도 있다.

가행정행위는 본행정행위와 동일한 효력을 발생하지만, 확약의 경우에는 확약만으로는 확약의 대상이 되는 행정행위의 효력이 발생하지 않는 점 등에서 양 행위는 구별된다.

행정절차법은 신청에 따른 확약에 대해 규정하고 있는데, 행정절차법상 확약은 "법령등에서 당사자가 신청할 수 있는 처분을 규정하고 있는 경우 행정청은 당사자의 신청에 따라 장래에 어떤 처분을 하거나 하지 아니할 것을 내용으로 하는 의사표시"를 말한다(행정절차법 제40조의2 제1항).

행정절차법상 확약이 아닌 확약(그 밖의 확약)(직권에 의한 확약, 법령등에서 당사자가 신청할 수 있는 처분을 규정하고 있지 않은 경우 신청에 따른 확약)은 확약의 법리에 따라 규율된다. 그리고, 행정절차법상 확약에 관한 규정은 성질에 반하지 않는 한 그 밖의 확약에 유추적용된다고 보아야 한다.

(2) 법적 성질

확약의 법적 성격에 관해서 다수설은 확약이 행정청에 대하여 확약의 내용대로 이행할 법적 의무를 발생시킨다는 점에 비추어 확약의 행정행위성을 인정한다. 이에 대하여 확약은 사정변경에 의해 변경될 수 있으므로 종국적 규율성을 가지지 못한다는 점을 근거로 처분이 아니라고 보는 견해도 있다.

판례는 어업권면허에 선행하는 우선순위결정을 행정청이 우선권자로 결정된 자의 신청이 있으면 어업권면허처분을 하겠다는 것을 약속하는 행위로서 강학상 확약이라고 보면서도, 행정처분은 아니라고 보고 따라서 우선순위결정에 공정력이나 불가쟁력과 같은 효력은 인정되지 아니한다라고 판시하고 있다(대판 1995. 01. 20, 94누6529).[83)]

생각건대, 확약으로 행정청에게 확약을 준수할 의무가 발생하는 점, 확약의 처분성을 인정함으로써 조기(早期)의 권리구제를 도모할 수 있는 점을 고려하여 확약의 처분성을 인정하는 것이 타당하다.

(3) 법적 근거

확약은 처분권에 속하는 예비적 권한행사로서 본처분권에 포함되므로 별도의 법적 근거없이도 가능하다. 그런데, 행정절차법은 신청에 따른 확약의 근거를 규정하고 있다(행정절차법 제40조의2 제1항).

(4) 기속행위에 대한 확약의 가능성

재량행위에 확약이 가능하다는 데 이견이 없으나 기속행위에도 확약이 가능한지가 다투어진다. 기속행위와 재량행위의 구별이 다투어지는 경우가 많고, 기속행위에 있어서도 요건충족 여부가 불분명한 경우가 적지 않으므로 예측가능성을 확보하기 위한 확약의 이익은 기속행위에서도 인정될 수 있다. 따라서 긍정설이 타당하며 이 견해가 다수견해이다.

(5) 확약의 성립 및 효력요건

1) 주체에 관한 요건

확약은 본처분에 대해 정당한 권한을 가진 행정청만이 할 수 있고, 확약이 당해 행정청의 행위권한의 범위 내에 있어야 한다.

2) 내용에 관한 요건

① 확약의 대상이 적법하고 가능하며 확정적이어야 한다. ② 확약이 법적 구속력을 갖기 위하여는 상대방에게 표시되고, 그 상대방이 행정청의 확약을 신뢰하였고 그 신뢰에 귀책사유가 없어야 한다. ③ 확약은 추후에 행해질 행정행위와 그 규율사안에 있어 동일한 것이어야 한다. 이 때 사안적 동일성은 그 규율내용과 범위에 있어 동일한 것임을 뜻한다.[84)] ④ 본처분 요건이 심사되어야 한다.

3) 절차에 관한 요건

본처분에 대하여 일정한 절차가 규정되어 있는 경우에는 확약에 있어서도 당해 절차는 이행되어야 한다. 본처분에 제3자의 청문, 타 행정기관의 협력을 필요로 하는 경우에는 확약 역시 그 절차를 거쳐서 행해져야 한다. 특히 상대방에 대한 청문 등은

---

83) 일본의 최고재판소도 지방공무원의 "채용내정의 통지는 단지 채용발령의 절차를 지장 없이 행하기 위한 준비절차로서 이루어지는 사실상의 행위에 지나지 않는다"(最判 昭和57, 1982. 5. 27, 『民集』, 제36권, 제5호, 77면)라고 하여 독립적인 법적 효과를 인정하지 않는다.

84) 김해룡, 전게논문, 103면.

개인의 권익을 보장하기 위하여 요구되는 것인데, 확약에 있어 행정절차의 생략이 인정된다면 결국 확약은 행정절차를 회피하기 위한 방편으로 활용될 수 있는 것이기 때문이다. 또한 확약시의 절차의 생략은 행정행위의 적정성을 확보하려는 법률의 취지에도 반한다고 할 수 있다.

그리고, 행정청은 다른 행정청과의 협의 등의 절차를 거쳐야 하는 처분에 대하여 확약을 하려는 경우에는 확약을 하기 전에 그 절차를 거쳐야 한다(행정절차법 제40조의2 제3항).

4) 형식에 관한 요건

확약은 문서로 하여야 한다(행정절차법 제40조의2 제2항).

(6) 확약의 효력

1) 확약의 구속력

확약의 효과는 행정청이 확약의 내용인 행위를 하여야 할 법적 의무를 지며 상대방에게는 행정청에 대한 확약내용의 이행청구권이 인정된다. 상대방은 당해 행정청에 대하여 그 확약에 따를 것을 요구할 수 있으며 나아가 그 이행을 청구할 수 있다.

행정청은 다음 각 호의 어느 하나에 해당하는 경우에는 확약에 기속되지 아니한다. 1. 확약을 한 후에 확약의 내용을 이행할 수 없을 정도로 법령등이나 사정이 변경된 경우, 2. 확약이 위법한 경우(행정절차법 제40조의2 제4항). 행정청은 확약이 제4항 각 호의 사유에 해당하여 확약을 이행할 수 없는 경우에는 지체 없이 당사자에게 그 사실을 통지하여야 한다(제5항).

[판례] 우선순위결정에 공정력이나 불가쟁력과 같은 효력은 인정되지 아니하며, 따라서 **우선순위결정이 잘못되었다는 이유로 종전의 어업권면허처분이 취소되면 행정청은 종전의 우선순위결정을 무시**하고 다시 우선순위를 결정한 다음 새로운 우선순위결정에 기하여 새로운 어업권면허를 할 수 있다(대판 1995. 01. 20, 94누6529). **〈해설〉** 우선순위결정을 사전결정으로 보는 견해도 있다.

2) 확약의 실효

판례는 확약 또는 공적인 의사표명이 있은 후에 사실적·법률적 상태가 변경되었다면 그와 같은 확약 또는 공적인 의사표명은 행정청의 별다른 의사표시를 기다리지 않고 실효된다고 본다. 확약을 함에 있어서 상대방으로 하여금 언제까지 처분의 발령을 신청하도록 유효기간을 두었는데도 그 기간 내에 상대방의 신청이 없었던 경우에도 확약은 실효된다고 본다(대판 1996. 08. 20, 95누10877).

다만, 이 경우에도 법적합성의 원칙 및 공익과 확약에 대한 상대방의 신뢰보호의 이익을 비교형량하여야 한다.

(7) 확약의 취소 · 철회

위법한 확약에 대해 취소가 가능하며 적법한 확약은 상대방의 의무불이행 등 철회사유가 발생한 경우 철회의 대상이 된다.

확약의 취소 · 철회에 있어서는 취소 · 철회의 제한의 법리가 적용된다.

본인가 신청이 있음에도 내인가를 취소한 경우 내인가의 취소를 인가신청을 거부하는 처분으로 볼 수 있다.

[판례] 자동차운송사업양도양수계약에 기한 양도양수인가신청에 대하여 피고 시장이 내인가를 한 후 위 **내인가에 기한 본인가신청이 있었으나** 자동차운송사업 양도양수인가신청서가 합의에 의한 정당한 신청서라고 할 수 없다는 이유로 위 **내인가를 취소한 경우**, 위 내인가의 법적 성질이 행정행위의 일종으로 볼 수 있든 아니든 그것이 행정청의 상대방에 대한 의사표시임이 분명하고, 피고가 **위 내인가를 취소함으로써 다시 본인가에 대하여 따로이 인가 여부의 처분을 한다는 사정이 보이지 않는다면 위 내인가취소를 인가신청을 거부하는 처분으로 보아야 할 것**이다(대판 1991. 06. 28, 90누4402[자동차운수사업양도인가거부처분취소]).

(8) 권리구제

확약은 처분이므로 항고소송의 대상이 된다. 그러나, 판례는 확약의 처분성을 부인하고 있다.

행정청이 확약의 내용인 행위를 하지 아니하는 경우, 현행법상 의무이행소송은 허용되지 않으므로, 상대방은 확약의 이행을 청구하고, 거부처분이나 부작위에 대해 거부처분취소심판, 의무이행심판, 부작위위법확인소송 또는 거부처분취소소송을 제기할 수 있다.

또한 확약의 불이행으로 손해가 발생한 경우에는 손해배상청구소송을 제기할 수 있다.

(9) 민원처리에 관한 법률상 사전심사

1) 의의와 성질

민원처리(民願處理)에 관한 법률 제30조 제1항은 “민원인은 법정민원 중 신청에 경제적으로 많은 비용이 수반되는 민원 등 대통령령으로 정하는 민원에 대하여는 행정기관의 장에게 정식으로 민원을 신청하기 전에 미리 약식의 사전심사를 청구할 수 있다”라고 규정하고 있다.

사전심사(事前審査)는 민원인의 귀책사유 또는 불가항력 그 밖의 정당한 사유로 이를 이행할 수 없는 경우가 아닐 것이라는 법정조건(법 제30조 제3항)이 붙은 조건부 확약의 성질을 갖는 것으로 볼 수 있다.

판례는 구 민원사무 처리에 관한 법률 제19조 제1항에서 정한 사전심사결과 통보가 항고소송의 대상이 되는 행정처분에 해당하지 않는다고 본다(대판 2014. 04. 24, 2013두7834[사전심사결과통보처분취소]). 그러나, 민원처리법이 규정하는 사전심사결과 민원을 거부하는 취지의 통보는 국민의 권익에 직접 영향을 미치므로 처분으로 보는 것이 타당하다.

2) 대　　상

사전심사는 대규모의 경제적 비용이 수반되는 민원사항에 대해 행해진다(동조 제1항).

3) 절　　차

사전심사는 정식으로 민원을 신청하기 전에 약식으로 청구한다(동조 제1항).

행정기관의 장은 제1항에 따라 사전심사가 청구된 법정민원이 다른 행정기관의 장과의 협의를 거쳐야 하는 사항인 경우에는 미리 그 행정기관의 장과 협의하여야 한다(동조 제2항).

행정기관의 장은 사전심사 결과를 민원인에게 통보하여야 한다(동조 제3항).

4) 결정의 효력

가능한 것으로 통지한 민원의 내용에 대하여는 민원인이 나중에 정식으로 민원을 신청한 경우에도 동일하게 결정을 내릴 수 있도록 노력하여야 한다. 다만, 민원인의 귀책사유 또는 불가항력이나 그 밖의 정당한 사유로 이를 이행할 수 없는 경우에는 그러하지 아니하다(동조 제3항).

"그 밖의 정당한 사유"라 함은 사전심사 결과에 따르는 것이 심히 공익을 해하는 경우를 말한다고 볼 수 있다.

(10) 비조치의견서

비조치의견서는 금융회사 등의 요청에 따라 금융당국이 신규 영업, 신상품 등이 법에 위반되어 제재의 대상이 되는지 사전에 검토·회신해 주는 의견서이다. 비조치의견제도는 제재의 불확실성을 제거하고 규제의 예측가능성을 제고하기 위한 제도이다. 이 제도는 미국의 "No－Action Letter"를 참조한 제도이다.

비조치의견은 관계법령에 대한 유권해석과 비조치의견으로 이루어진다. 법적 성격은 조건부 확약의 성질을 갖는 것으로 볼 수 있다.[85]

---

85) 금융위원회 고시 "법령해석 및 비조치의견서 업무처리에 관한 운영규칙" 참조.

2. 가행정행위(잠정적 행정행위)

(1) 의 의

가행정행위(vorläufiger Verwaltungsakt)는 사실관계와 법률관계의 계속적인 심사를 유보한 상태에서 당해 행정법관계의 권리와 의무의 전부 또는 일부에 대해 잠정적으로 확정하는 행위를 의미한다. 즉, 가행정행위(假行政行爲)는 본행정행위(최종적(종국적) 행정행위)가 있기까지, 즉 행정행위의 법적 효과 또는 구속력이 최종적으로 결정될 때까지 잠정적으로만 행정행위로서의 구속력을 가지는 행정의 행위형식을 말한다.

예를 들어, 소득액 등이 확정되지 아니한 경우에 과세관청이 상대방의 신고액에 따라 잠정적으로 세액을 결정하는 것(소득세법 제110조), 물품의 수입에 있어 일단 잠정세액을 적용하였다가 후일에 세액을 확정짓는 것(관세법 제39조 등 참조) 등이 해당될 수 있을 것이다.

가행정행위는 개념에 있어서 다음의 세 가지 특징을 징표로 한다. ① 종국적인 결정이 있을 때까지 단지 잠정적으로 규율하는 효과를 내용으로 한다. ② 종국적인 결정이 내려지면 이에 의해 종전의 결정이 대체되게 된다. 따라서 가행정행위에 있어서는 행정행위의 존속력 중, 행정기관이 자신의 결정에 구속되는 이른바 불가변력이 발생하지 않는다. ③ 사실관계와 법률관계에 대한 개략적인 심사에 기초한다.

(2) 법적 성질

가행정행위의 법적 성격에 관해서는 가행정행위가 전형적인 행정행위라는 입장과 행정행위의 특수한 행위형식으로 보는 입장으로 나누어져 있다.

생각건대, 가행정행위는 잠정적이기는 하나 직접 법적 효력을 발생시키므로 행정행위성을 가진다고 보아야 할 것이다.

(3) 법적 근거

다수설은 가행정행위는 법규상의 명백한 근거가 없는 경우에도 그에 대한 행정청의 본처분 권한이 있으면 발동이 가능하다고 본다. 이에 대해 가행정행위가 그 발동으로 인해 그 상대방뿐만 아니라 제3자에 대하여도 실체법상의 권리의무관계에 사실상의 영향을 미친다고 할 것이므로, 그것이 전적으로 상대방에게 수익적이 아닌 한, 법률유보원칙이 적용되어야 한다고 보는 견해도 있다.

(4) 발동상의 내재적 요건

가행정행위의 발동시에 근거한 사실관계의 판단자료는 추후에 이루어질 본행정행위시까지 획득될 자료의 내용과 수준에까지는 미치지 못할 것이기는 해도, 그것은 최소한 본행정행위에 있어서도 결정적인 것으로 확신될 명백하고 개연성이 있는 자료에 의해서만이 가행정행위는 이루어져야 할 것이다. 그렇지 못할 경우에는 위법한 행위가 된다. 행정청은 그 오류를 근거로 가행정행위의 상대방에 대해 대항할 수 없다고 해야 할 것이다.

(5) 가행정행위의 효력 및 본행정행위와의 관계

가행정행위는 잠정적이기는 하지만 행정행위로서 직접 법적 효력을 발생시킨다.

가행정행위는 본행정행위에 대해 구속력을 미치지 않는다. 가행정행위에 대한 신뢰도 인정되지 않는다.

가행정행위는 본행정행위가 있게 되면 본행정행위에 의해 대체되고 효력을 상실한다.

(6) 권리구제

가행정행위는 잠정적이기는 하지만, 직접 법적 효력을 발생시키는 행정행위이므로 가행정행위로 인해 권익침해를 받은 자는 취소소송을 제기할 수 있다.

가행정행위에 대한 취소소송 제기 중 본행정행위가 행해지면, 가행정행위는 효력을 상실하며 동 취소소송은 소의 이익이 없게 된다. 이 경우 본행정행위에 대한 소송으로 소변경을 할 수 있다.

[판례] 자진신고에 의한 과징금 감면이 있었던 사례에서 선행처분과 후행감면처분을 나누어 의결한 경우에 취소를 구하여야 할 처분이 후행처분인지 여부(적극): 공정거래위원회가 부당한 공동행위를 행한 사업자로서 구 독점규제 및 공정거래에 관한 법률(2013. 7. 16. 법률 제11937호로 개정되기 전의 것, 이하 '공정거래법'이라 한다) 제22조의2에서 정한 자진신고자나 조사협조자에 대하여 과징금 부과처분(이하 '선행처분'이라 한다)을 한 뒤, 공정거래법 시행령 제35조 제3항에 따라 다시 그 자진신고자 등에 대한 사건을 분리하여 자진신고 등을 이유로 한 과징금 감면처분(이하 '후행처분'이라 한다)을 하였다면, **후행처분은** 자진신고 감면까지 포함하여 그 처분 상대방이 실제로 납부하여야 할 최종적인 과징금액을 결정하는 **종국적 처분이고, 선행처분은** 이러한 종국적 처분을 예정하고 있는 **일종의 잠정적 처분**으로서 **후행처분이 있을 경우 선행처분은 후행처분에 흡수되어 소멸한다고 봄이 타당하다.** 따라서 위와 같은 경우에 선행처분의 취소를 구하는 소는 이미 효력을 잃은 처분의 취소를 구하는 것으로 부적법하다(대판 2015. 02. 12, 2013두987[과징금납부명령등취소청구의소]). **〈해설〉** 후행 과징금 감면처분은 통상의 감액처분이 아니라 잠정적 처분에 대한 종국처분이다.

가행정행위의 발령신청이 거부된 경우에는 의무이행소송이 직접적인 해결책이 되나, 우리의 경우 이 제도가 인정되지 않으므로 거부처분취소심판, 의무이행심판이나 거부처분의 취소소송만을 제기할 수 있다.

또한 가행정행위를 발령한 후에 행정기관이 상당한 기간 내에 종국적인 결정을 행하지 않는 경우에도 의무이행심판이나 부작위위법확인소송에 의해 해결할 수밖에 없을 것이다.

3. 사전결정

(1) 의 의

사전결정(예비결정)이란 최종적인 행정결정을 내리기 전에 사전적인 단계에서 최종적 행정결정의 요건 중 일부에 대해 종국적인 판단으로서 내려지는 결정을 의미한다.

사전결정(事前決定)의 예로서는 항공법 제118조의 운수권 배분, 건축법 제10조 제1항의 사전결정, 구 주택건설촉진법 제32조의4 제1항의 사전결정과 원자력안전법상 부지사전승인(제10조 제3항)을 들 수 있다. 특히 후자의 경우에는 원자력발전소의 특성상 설계·허가취득까지 복잡한 과정과 장시간이 소요되는 점을 고려하여 미리 원자력발전소부지를 확보할 수 있도록 허용하고자 하는 것이다. 현행 원자력안전법상 사전부지승인이 나면 법상 제한공사가 가능한 것으로 규정되어 있다(제10조 제4항).

[판례] ① 판례는 **부지사전승인을 '사전적 부분 건설허가처분'의 성격**을 가지고 있는 것으로 보고, 구 원자력법 제12조 제2호, 제3호로 규정한 원자로 및 관계 시설의 허가기준에 관한 사항은 건설허가처분의 기준이 됨은 물론 부지사전승인처분의 기준으로도 된다고 본다. 부지사전승인제도를 원자로 및 관계 시설을 건설하고자 하는 자가 그 계획중인 건설부지가 원자력법에 의하여 원자로 및 관계 시설의 부지로 적법한지 여부 및 굴착공사 등 일정한 범위의 공사를 할 수 있는지 여부에 대하여 건설허가 전에 미리 승인을 받는 제도로 본다(대판 1998. 09. 04, 97누19588). **〈해설〉** 판례가 말하는 "사전적 부분 건설허가처분"이 무엇을 의미하는지 모호하다. '사전적 부분 건설허가처분'이 부분허가를 의미한다면 사전부지승인의 경우에는 잠정적·긍정적 전체판단을 전제로 하지 않고, 사전부지승인의 요건은 건설허가시 다시 한 번 판단되며 사전부지승인에 의해 제한공사(기초공사)가 가능하더라도 사전부지승인의 핵심적인 부분은 부지적합성이며 제한공사가 가능한 것은 법규정에 의한 효력인 점에서 비판이 가능하다. 판례가 사전부지승인은 부지적합성과 제한공사의 승인을 포함하는 것으로 본 점에서 사전부지승인을 사전결정과 부분허가의 성질을 함께 갖는 것으로 보고 있다고 해석하는 것이 타당하다. 생각건대, 이론상 원자력안전법상 사전부지승인의 핵심적인 부분은 부지적합성이며 제한공사가 가능한 것은 법규정에 의한 효력인 점에 비추어 사전부지승인을 사전결정으로 볼 수도 있고, 사전부지승인에는 부지적합성 판단부분과 제한공사승인부분이 함께 있다고 보아 사전결정과 부분허가의 성질을 함께 가지고 있다고 보는 것도 가능하다.
② 판례는 폐기물처리업허가 전의 사업계획에 대한 적정통보의 법적 성질을 사전결정으로 보고 있는 것 같다(대판 1998. 04. 28, 97누21086).
③ 항공노선에 대한 운수권배분(노선배분)은 항고소송의 대상이 되는 행정처분에 해당한다(대판 2004. 11. 26, 2003두10251,10268). **〈해설〉** 현행 항공사업법 제16조의 운수권배분은 노선면허의 요건판단 등 결정사항 중 일부(노선면허의 주된 내용이 되는 운항횟수 등)에 대한 결정인 점에서 사전결정의 성질을 갖는다(운수권배분처분으로 운수권이 설정되므로 부분허가로 볼 수도 있다). 운수권배분은 특허로서 재량행위인 노선면허(정기항공운송사업면허)의 재량영역에 속하므로 원칙상 재량행위이다. 과거 운수권배분은 재량행위로 되어 있었으나(대판 2004. 11. 26, 2003두3123), [국제항공운수권 및 영공통과 이용권 배분 등에 관한 규칙](이하 '운수권배분규칙'이라 한다)이 부령으로 제

정된 후 현행 법령하에서는 운수권 배분에 있어서 신규운수권 횟수 보다 신청된 신규운수권 횟수가 많은 경우에서는 운수권배분의 공정성, 명확성 및 예측가능성을 높이기 위해 기속행위에 가깝게 규정하고 있고,[86] 제4조 제4항 단서에 해당하는 경우에만 재량행위로 규정하고 있다(제5조). 다만, 운수권배분처분을 원칙상 기속행위로 보면서 중대한 공익상 필요가 있는 경우에는 거부할 수 있는 기속재량행위로 볼 수도 있다. 그런데, 노선면허가 재량행위이고 운수권 배분은 항공정책과 관련이 있는 부분으로서 노선면허의 재량영역에 속하는 것으로 본다면 운수권 배분을 기속행위와 가깝게 규정한 부령인 [국제항공운수권 및 영공통과 이용권 배분 등에 관한 규칙]은 노선면허를 재량행위로 규정한 항공법에 반하여 위법 무효이므로 법적 구속력 있는 부령이 아니라 재량준칙에 불과한 것으로 보아야 한다. 이렇게 본다면 운수권배분도 재량행위로 보아야 한다.
④ 주택건설사업계획의 사전결정(대판 1998. 04. 24, 97누1501).

이론상 잠정적 사전결정도 가능하다. 잠정적 사전결정은 사전결정을 종국적으로 하는 것이 아니라 잠정적으로 하는 것을 말한다.

(2) 법적 성질

사전결정은 그 자체가 하나의 행정행위이다. 최종처분이 기속행위인 경우 사전결정도 기속행위이다. 최종처분이 재량행위인 경우에 사전결정이 재량행위인지 여부는 최종처분의 재량판단 부분이 사전결정의 대상이 되는지에 의해 결정된다.

[판례] ① 주택건설촉진법 제33조 제1항이 정하는 주택건설사업계획의 승인은 이른바 수익적 행정처분으로서 행정청의 재량행위에 속하고, 따라서 그 전 단계로서 같은 법 제32조의4 제1항이 정하는 **주택건설사업계획의 사전결정 역시 재량행위라고 할 것**이므로, 사전결정을 받으려고 하는 주택건설사업계획이 관계 법령이 정하는 제한에 배치되는 경우는 물론이고, 그러한 제한사유가 없는 경우에도 공익상 필요가 있으면 처분권자는 그 사전결정 신청에 대하여 불허가결정을 할 수 있다(대판 1998. 04. 24, 97누1501).
② 폐기물처리사업계획서의 적합 여부(**환경 친화적인 폐기물처리업 인지 여부**) 판단에 관하여 행정청에 광범위한 재량권이 인정된다(대판 2019. 12. 24, 2019두45579).
③ **행정청이 폐기물처리사업계획서의 적합 여부를 판단하는 방법 및 그 적합 여부 판단에 관하여**

86) 국제항공운수권 및 영공통과 이용권 배분 등에 관한 규칙(국토교통부령) 제4조(배분대상 항공사 수) ② 국토교통부장관은 운항횟수가 여객 또는 여객·화물 공용을 대상으로 주당 6회 이상, 화물만을 대상으로 주당 2회 이상인 신규 운수권은 해당 노선의 시장상황과 배분희망 내용 등을 고려하여 2개 이상의 항공사에 배분한다. 다만, 1개의 항공사만이 배분신청을 한 경우에는 1개 항공사에만 배분할 수 있다. 제5조(배분대상 항공사 선정) ① (생략) ② 국토교통부장관은 제4조에 따른 배분대상 항공사 수보다 배분을 신청한 항공사의 수가 많은 경우에는 별표의 평가지표에 따른 평가결과(이하 "평가결과"라 한다)에서 높은 점수를 획득한 항공사 순서로 배분대상 항공사를 선정한다. 평가결과가 동점인 경우에는 별표의 평가지표 중 정량평가 항목에서 획득한 점수의 합이 높은 순서로 항공사를 선정한다. ③ (생략) 제6조(배분횟수) ① 국토교통부장관은 제4조제1항에 따른 신규 운수권은 제5조에 따라 선정된 항공사가 신청한 횟수 내에서 배분한다. ② 국토교통부장관은 제4조제2항 본문에 따른 신규 운수권의 경우 제5조에 따라 선정된 항공사에 균등한 횟수를 배분하고, 나머지 운수권이 있는 경우에는 평가결과에서 높은 점수를 획득한 항공사 순서로 주당 1회씩 운수권을 배분한다.

행정청에 광범위한 재량권이 인정되는지 여부(적극): 1) 시 · 도지사는 **구 폐기물관리법 제25조 제2항 제4호에 따라 폐기물처리사업계획서의 적합 여부를 판단함에 있어**, 환경의 질적인 향상과 그 보전을 통한 쾌적한 환경의 조성 및 이를 통한 인간과 환경 간의 조화와 균형의 유지라는 **환경정책기본법의 입법 취지와** 환경정책기본법에 따라 설정된 **환경기준도 고려하여야** 한다. 행정청은 사람의 건강이나 주변 환경에 영향을 미치는지 여부 등 생활환경과 자연환경에 미치는 영향을 두루 검토하여 폐기물처리사업계획서의 적합 여부를 판단할 수 있으며, 이에 관해서는 **행정청에 광범위한 재량권이 인정된다**(대법원 2017. 10. 31. 선고 2017두46783 판결 참조). 2) **'자연환경 · 생활환경에 미치는 영향'과 같이 장래에 발생할 불확실한 상황과 파급효과에 대한 예측이 필요한 요건에 관한 행정청의 재량적 판단은** 그 내용이 현저히 합리적이지 않다거나 상반되는 이익이나 가치를 대비해 볼 때 형평이나 비례의 원칙에 뚜렷하게 배치되는 등의 **특별한 사정이 없는 한 폭넓게 존중될 필요가 있다**(대법원 2017. 3. 15. 선고 2016두55490 판결 등 참조)(대판 2023. 07. 27, 2023두35661 [폐기물처리사업계획신청 반려처분취소]).

(3) 법적 근거

행정청의 사전결정권은 본처분권에 포함되므로 법규상의 특별한 근거규정이 없이도 사전결정을 행할 수 있다. 다만, 사전결정행위가 후속하는 절차 및 부분결정의 내용, 그리고 각 단계에서의 개인의 권리보호 등 국민의 권리 · 의무에 관한 실체적인 법률관계에 관련된다는 점에 비추어 개별법상 근거규정을 두는 것이 입법론상 바람직하다.

(4) 효력(구속력)과 그 한계

1) 사전결정의 구속력

가. 구속력긍정설 사전결정은 후속되는 단계에서의 행정결정의 토대가 된다. 즉, 사전결정은 무효가 아닌 한 사전결정의 대상이 된 사항에 있어서 후행결정에 대하여 자기구속력을 갖는다. 따라서, 행정청은 사정변경등 특별한 사정이 없는 한, 최종행정결정에서 사전결정된 것은 그대로 인정하고, 사전결정되지 않은 부분만을 결정하여야 한다.

따라서, 재량행위의 경우 재량결정이 전부 사전결정에서 내려지고 기속결정만이 남은 경우 최종행정행위는 기속행위가 되고, 재량결정 중 일부만이 사전결정에서 내려진 경우 최종행정행위는 남은 재량결정의 한도 내에서 재량행위가 된다.

나. 구속력부정설 사전결정에 자기구속력을 인정하지 않고, 신뢰보호의 이익만을 인정하는 견해이다. 이 견해에 의하면 사정변경이 없는 경우에도 공익이 신뢰이익보다 큰 경우 사전결정에 배치되는 결정을 할 수 있는 것으로 보게 된다. 판례도 이러한 입장을 취하고 있다.

다. 사견(구속력긍정설) 사전결정은 종국적 판단으로서 내려지는 결정이므로 구속력의 예외가 인정되는 경우를 제외하고는 후행 최종행정결정에 대해 구속력을 미친다고 보아야 한다.

그러나, 판례는 사전결정의 자기구속력을 인정하지 않고, 최종처분시 다시 재량권을 행사할 수 있다고 본다.

[판례] ① [1] 구 주택건설촉진법(1999. 2. 8. 법률 제5914호로 삭제) 제33조 제1항의 규정에 의한 **주택건설사업계획의 승인은** …… 행정청의 **재량행위**에 속하고, 그 전 단계인 같은 법 제32조의4 제1항의 규정에 의한 주택건설사업계획의 사전결정이 있다 하여 달리 볼 것은 아니다. [2] 원고가 피고로부터 **이 사건 주택사업계획에 대하여 사전결정을 받았고, 이를 신뢰하여 원고가 이 사건 주택사업의 준비를 하여 온 사실이 인정되나**, 이 사건 원고의 주택사업계획을 승인할 경우 **공익을 현저히 침해하는 우려가 있으므로, 신뢰보호의 원칙은 적용될 수 없다고 할 것이다**(대판 1999. 05. 25, 99두1052).

② [1] 폐기물처리사업계획 부적정통보는 처분이다. **폐기물처리사업계획 적정 여부의 결정에 있어 행정청에 재량이 있다.** 이러한 경우 **사업계획 적정 여부 통보를 위하여 필요한 기준을 정하는 것도 역시 행정청의 재량에 속하는 것**이므로, 그 설정된 기준이 객관적으로 합리적이 아니라거나 타당하지 않다고 볼 만한 다른 특별한 사정이 없는 이상 행정청의 의사는 가능한 한 존중되어야 한다. [2] 폐기물관리법 제26조 제1항, 제2항 및 같은 법 시행규칙 제17조 제1항 내지 제5항의 규정에 비추어 보면 폐기물처리업의 허가에 앞서 사업계획서에 대한 적정·부적정 통보제도를 두고 있는 것은 폐기물처리업을 하고자 하는 자가 스스로 시설 등을 설치하여 허가신청을 하였다가 허가단계에서 그 사업계획이 부적정하다고 판명되어 불허가되면 허가신청인이 막대한 경제적·시간적 손실을 입게 되므로, 이를 방지하는 동시에 허가관청으로 하여금 미리 사업계획서를 심사하여 그 적정·부적정통보 처분을 하도록 하고, 나중에 허가단계에서는 나머지 허가요건만을 심사하여 신속하게 허가업무를 처리하는 데 그 취지가 있다. **〈해설〉** 이러한 판례의 논지는 사전결정의 구속력을 인정하는 논지이다. [3] 폐기물처리업에 대하여 사전에 관할 관청으로부터 적정통보를 받고 막대한 비용을 들여 허가요건을 갖춘 다음 허가신청을 하였음에도 다수 청소업자의 난립으로 안정적이고 효율적인 청소업무의 수행에 지장이 있다는 이유로 한 불허가처분이 신뢰보호의 원칙 및 비례의 원칙에 반하는 것으로서 재량권을 남용한 위법한 처분이라고 본 사례(대판 1998. 04. 28, 97누21086). **〈해설〉 사전결정의 구속력을 인정하는 입장에 서는 경우** 이 사례에서 '다수 청소업자의 난립'이 사전결정 후의 새로운 사정이라면 사전결정의 구속력의 예외사유가 되지만, 사전결정 이전의 사유로 사전결정시 이익형량의 고려사항이 되었었다면 사전결정의 구속력의 예외사유가 될 수 없다고 보아야 한다. **그러나, 판례는 일반적으로 사전결정의 구속력을 인정하지 않으므로 판례의 입장에 서는 한** '다수 청소업자의 난립'은 사전결정 후의 새로운 사정일 경우뿐만 아니라 사전결정 이전의 사유로 사전결정시 이익형량의 고려사항이 되었었던 경우에도 최종처분인 폐기물처리업불허가처분시 재량고려사항이 된다. 다만, '다수 청소업자의 난립'이 사전결정 이전의 사유로 이익형량의 고려사항이 되었었던 경우에는 사전결정의 상대방에게 보다 강한 신뢰이익이 인정될 것이다.

사전결정이 잠정적인 성질을 갖는 경우에 잠정적 사전결정이라 할 수 있는데, 잠정적 사전결정은 가행정행위처럼 최종행정행위에 구속력을 미치지 못한다.

2) 구속력의 예외

사전결정시에 불가피하게 파악되지 못하였던 사실관계나 법적 관계의 변경이 초래되었을 경우에는 그 구속력이 배제되거나 감경될 수 있다. 이 경우에 사전결정과 배치되는 최종행정행위를 하고자 하는 경우에는 신뢰보호이익과 사정변경으로 사전결정과 다른 결정을 하여야 할 공익 사이에 이익형량을 하여야 한다.

3) 사전결정의 효력의 한계

사전결정은 종국적 행정결정이 아니고 허가 등 종국적 행정결정의 요건 중 일부에 대한 판단에 그치는 것이다. 따라서, 사전결정을 받은 자는 사전결정을 받은 것만으로는 어떠한 행위를 할 수 없다. 이 점에서 사전결정은 부분허가와 구별된다. 다만, 원자력안전법은 부지 적합성에 대한 사전승인을 받으면 제한적으로 공사(원자력시설의 기초공사)를 할 수 있는 것으로 명문으로 규정하고 있다(제10조 제4항).

(5) 사전결정과 최종행정행위와의 관계

사전결정은 최종행정행위에 구속력을 미친다(판례는 부정).

최종행정행위가 있게 되면 사전결정은 원칙상 최종행정행위에 흡수된다(대판 1998. 09. 04, 97누19588).

(6) 권리구제

사전결정은 그 자체가 하나의 행정행위이므로 당사자나 일정한 범위의 제3자에 의한 취소소송의 대상이 된다.

사전결정에 대해 취소소송이 제기되기 전에 최종행정행위가 있게 되면 사전결정은 최종행정행위에 흡수되므로 사전결정을 다툴 소의 이익이 없다.

사전결정에 대한 취소소송 계속 중 최종행정결정이 내려지면 당해 취소소송은 소의 이익을 상실하게 되며 최종행정행위에 대해 취소소송을 제기하여야 한다는 견해(판례의 입장)가 있으나, 사전결정에 대해 취소소송이 계속중인 경우에는 최종행정행위가 행해져도 사전결정이 취소되면 최종행정행위도 효력을 상실하고, 최종처분에 대한 소송으로 소를 변경할 경우 사전결정에 대한 소송의 소송자료를 활용할 수 있도록 할 필요가 있으므로 소의 이익을 인정하는 것이 타당하다.

[판례] 원자로 및 관계 시설의 부지사전승인처분은 …… 나중에 건설허가처분이 있게 되면 그 건설허가처분에 흡수되어 독립된 존재가치를 상실함으로써 그 건설허가처분만이 쟁송의 대상이 되는 것이므로, 부지사전승인처분의 취소를 구하는 소는 소의 이익을 잃게 되고, 따라서 부지사전승인처분의 위법성은 나중에 내려진 건설허가처분의 취소를 구하는 소송에서 이를 다투면 된다(대판 1998. 09. 04, 97누19588). 〈해설〉 대법원은 2006두19297 전원합의체 판결(경기학원임시이사사건)에서 "선행처분과 후행처분이 단계적인 일련의 절차로 연속하여 행하여져 후행처분이 선행처분의

적법함을 전제로 이루어짐에 따라 선행처분의 하자가 후행처분에 승계된다고 볼 수 있어 이미 소를 제기하여 다투고 있는 선행처분의 위법성을 확인하여 줄 필요가 있는 경우 등에는 행정의 적법성 확보와 그에 대한 사법통제, 국민의 권리구제의 확대 등의 측면에서 여전히 그 처분의 취소를 구할 법률상 이익이 있다"고 선언하였다(대판 전원합의체 2007. 07. 19, 2006두19297[임원취임승인취소처분][경기학원 임시이사 사건]). 이 판례가 사전결정에도 적용될 것인지 검토를 요한다. 판례에 의하면 사전결정은 최종처분에 흡수되어 소멸되므로 엄밀히 말하면 사전결정과 최종처분은 하자의 승계가 되는 관계는 아니라고 본다면 경기학원 임시이사사건은 사전결정에는 적용되지 않는다. 이에 반하여 사전결정의 위법은 최종처분의 위법이 되므로 하자가 승계되는 경우에 해당한다고 본다면 이 판례는 사전결정에 적용되어 최종처분이 난 경우 사전결정에 대한 취소소송의 소의 이익을 부정한 종전의 판례는 변경된 것으로 볼 수 있다. 앞으로 이에 관한 대법원의 명시적인 입장표명이 요구된다.

4. 부분허가

(1) 의 의

부분허가(Teilgenehmigung)는 원자력발전소와 같이 그 건설에 비교적 장기간의 시간을 요하고 영향력이 큰 시설물의 건설에 있어서 단계적으로 시설의 일부분에 대하여 부여하는 허가를 의미한다. 즉, 행정결정의 대상이 되는 시설물 중 일부의 건설 및 운전에 대하여 확정적인 허가를 발급하는 것으로 부분허가가 수차례에 걸쳐 계속적으로 이루어짐으로써 시설 전체의 건설이 완성되어 운전에 이르게 되는 방식을 말한다.

예컨대, 구 원자력법상의 원자로 및 관계시설의 건설허가 전에 행하는 부지에 대한 제한공사승인(원자력법 제11조 제4항)은 독일 원자력법상 제1차 부분허가에 해당한다고 볼 수 있다. 판례는 원자로시설부지사전승인처분의 법적 성격을 '사전적 부분 건설허가'로 보고 있다(대판 1998. 09. 04, 97누19588).[87] 주택법상 주택건설사업을 완료한 경우에는 사용검사를 받아야 주택 등을 사용할 수 있는데, 사업완료 전이라도 완공부분에 대하여 동별로 사용검사를 받을 수 있다고 규정하고 있다(제29조 제1항, 제4항). 동일 공장용지에 2동(棟) 이상의 건축물을 대상으로 하여 「건축법」 제11조에 따른 건축허가 1건을 받은 경우에는 특별자치도지사 또는 시장·군수·구청장은 같은 법 제22조에도 불구하고 완공된 동별로 건축물의 사용검사를 할 수 있다(「기업활동 규제완화에 관한 특별조치법」(약칭: 기업규제완화법) 제17조). 이 경우에 동별 사용검사는 부분허가와 유사한 성질을 갖는다고 할 수 있다.

---

87) 판례상의 '사전적 부분 건설허가'가 독일법상의 부분허가와 같은지에 대하여는 검토를 요한다. 만일 판례가 '사전적 부분 건설허가'를 독일법상의 부분허가와 같은 것으로 보았다면 '나중에 건설허가처분이 있게 되면 그 건설허가처분에 흡수되어 독립된 존재가치를 상실함으로써 그 건설허가처분만이 쟁송의 대상이 되는 것이므로 부지사전승인처분의 취소를 구하는 소의 이익을 잃게 되고, 따라서 부지사전승인처분의 위법성은 나중에 내려진 건설허가처분의 취소를 구하는 소송에서 이를 다투면 된다'고 판시하고 있는 부분은 부분허가의 법적 성질과 효과를 오해한 것이다.

(2) 법적 근거

부분허가처분권은 허가처분권에 포함되는 것이므로 허가에 법적 근거가 있으면 부분허가에는 별도의 법적 근거가 필요 없다.

(3) 법적 성질

부분허가는 그 자체가 규율하는 내용에 대한 종국적 결정인 행정행위이다. 따라서 선행 부분허가는 후속하는 최종적 결정에 구속력을 미친다.

(4) 성립 및 효력요건

부분허가에 있어 허가 전체에 대한 잠정적·긍정적 전체판단이 전제되어야 한다. 즉, 부분허가는 잠정적·긍정적 전체판단에 의하여 허가의 전제조건이 충족되고 부분허가를 발부할 정당한 이익이 있다고 인정되는 때에 발부된다.

잠정적 전체판단을 요구하는 것은 비록 잠정적이기는 하나 복잡한 시설 전체를 심사하여 후속단계에서 구상(Konzept)상의 이유로 건설이 중지되거나 또는 운영이 금지되지 않는다는 것을 선결적으로 해결하는 것에 일차적 목적이 있다.

독일연방헌법재판소는 부분허가의 발동상의 내재적 요건으로서 사업목적물에 대한 잠정적 판단을 들었다.[88] 즉, 부분허가의 결정대상은 독립하여 존재하는 것이 아니라 시설물 전체의 건설 및 가동에 대한 최종적인 구도하에서 다른 절차단계에서의 부분허가내용과 상관관계를 갖고 있는 것이기 때문에 개별적인 부분허가는 시설물 전반에 대한 종합적인 판단을 토대로 해야 한다는 논리이다.

이러한 잠정적 판단은 부분허가가 내려진 단계에서 획득될 수 있는 자료를 바탕으로 한 최선의 판단이어야 함을 의미하며, 그에 대한 사법적 심사는 그에 초점이 맞추어져야 할 것이다. 그 판단은 그 단계에서의 획득 가능한 자료의 범위를 넘어 요구될 수는 없을 것이다.

(5) 부분허가의 효력

부분허가는 그 자체가 규율하는 내용에 대한 종국적 결정인 행정행위이다. 부분허가를 받은 자는 허가의 대상이 되는 행위를 적법하게 할 수 있다.

부분허가시 행해지는 판단은 사실관계에 있어서나 법적 요건에 있어 차후에 별다른 변화가 없는 한, 최종적 결정에 구속력을 지닌다. 최종적인 판단에 있어서 기술적 수준의 변화나 상황의 변화에 대응하는 범위 내에서 시설물 일부에 대한 변경이나 수정은 있을 수 있다.

부분허가는 일정한 행위를 가능하게 하는 행위이므로 최종적 결정이 내려진 후

---

88) BVerfGE 53, 30.

에도 최종적 결정에 흡수되지 않고 효력을 유지하는 것으로 보아야 한다.

(6) 권리구제

부분허가는 행정행위이므로 당사자나 일정한 범위의 제3자는 취소소송을 제기할 수 있다. 또한 허가가 발령되지 않는 경우에는 거부처분의 존재시에는 거부처분 취소심판, 의무이행심판이나 거부처분의 취소소송을, 부작위에 대해서는 의무이행심판이나 부작위위법확인소송을 제기할 수 있다.

5. 규제샌드박스에서의 임시허가 등

규제샌드박스에서의 임시허가는 허가요건 등 허가에 관한 규제법령이 없는 경우에 허가를 규율하는 법령정비후 정식허가를 받기 전에 실험 또는 시범판매 등을 위해 임시로 해주는 허가를 말한다. 임시허가는 신기술 및 신산업을 포용하는 규제샌드박스의 대표적인 실행수단의 하나이다. 이에 반하여 규제특례는 기존의 규제법령이 있는 경우에도 실험 또는 검증을 위해 그 적용을 배제하는 것이다.

임시허가는 기존의 규제를 완화하여 허가자의 법적 지위를 형성하여 주는 행위이므로 명시적인 법적 근거가 필요하다.[89)]

임시허가는 종국적 허가가 아닌 점에서 잠정적 행정행위이지만, 다단계 행정결정에서의 잠정적 행정행위와 다른 점은 규제법의 미비를 전제로 규제법의 보완을 예상하고 내려진다는 것이다. 임시허가가 통상의 잠정적 행위행위와 다른 점은 종국허가를 받는 것이 최종목표라는 점이다. 통상의 잠정적 행정행위에서는 종국적 행정행위가 반드시 행해져야 하는 것은 아니다. 임시허가가 확약의 성질을 갖는 내인가와 다른 점은 종국적 허가에 대한 확약은 없고, 종국적 허가가 보장되지 않는다는 것이다.[90)]

임시허가는 실험을 가능하게 하는 점에서는 실험법률과 같지만, 임시허가는 행정작용인 반면에 실험법률은 입법작용이다.

통상 임시허가는 허가요건에 공백인 부분이 적지 않고, 이익형량을 전제로 하므로 재량행위로 보아야 한다. 임시허가 기준에 맞으면 임시허가를 해주되 공익 보호를 위한 부담을 허가청과 허가신청자가 협약의 형식으로 구체적으로 자세하게 정한 후 허가조건으로 붙이도록 하여야 한다. 피규제자는 허가조건을 준수하면서 허용된

---

89) 「정보통신 진흥 및 융합활성화 등에 관한 특별법」은 임시허가제도를 도입하고 있지만, 엄격한 요건하에 제한적으로 인정하고 있다.

90) 「정보통신 진흥 및 융합활성화 등에 관한 특별법」상 임시허가제도의 법적 성질을 문제 상황에 따라 단순허가, 특허, 예외적 승인으로 해석가능하다는 견해도 있다(최승필·김대인·임현).

기간내에 합리적인 정부규제를 충족하도록 노력하여야 하고, 입법자는 기술과 산업의 발전에 맞추어 규제법령을 신속하게 제정하여야 하고, 기존의 불합리한 법령을 개정하여야 한다.

임시허가가 허가 기간 후 갱신이 거부되는 경우 사업자는 큰 불이익을 입을 수 있다. 따라서, 특별한 사정이 없는 한 임시허가의 기간은 '허가자체의 존속기간'이 아니라 '허가조건의 존속기간'으로 보아야 한다. 특별한 사정이 없으면 갱신신청이 있는 경우에 허가를 갱신해주어야 하고, 공익보장을 위해 허가조건만을 변경할 수 있다. 다만, 규제자는 피규제자에게 충분한 기간을 주었음에도 피규제자가 공익보장 조건을 충족하지 못하고 있고, 앞으로도 공익보장 조건을 충족시킬 가능성이 없으면 갱신거부가 가능하다. 입법자가 입법자의 잘못으로 규제법령을 제정하지 못하여 정식허가를 받을 수 없는 경우에도 임시허가만이라도 계속 갱신해주도록 하여야 한다.

입법자가 정식허가에 관한 법률을 제정한 후 정식허가가 거부되는 경우 사업자는 큰 불이익을 입을 수 있다. 따라서, 행정청은 심히 공익을 해하는 등 특별한 사정이 없는 한 정식허가를 내주도록 하는 방안을 마련하여야 한다.

임시허가를 받은 경우 다른 인허가를 받을 필요가 없는 효과가 발생한다. 즉 임시허가에는 집중효 내지 대체효가 인정된다. 따라서, 임시허기기관과 대체효가 미치는 다른 인허가기관인 관계기관간의 관계를 보다 명확히 하여야 한다. 또한, 임시허가시 이해관계인의 참여 등을 보장하는 절차적 규정을 보완하여야 한다. 임시허가에 관한 실체적 규정의 완화를 절차적 규정의 보장으로 보완하여야 한다.

[판례] (1) 구 먹는물관리법에 따른 샘물 개발 가허가권자의 법적 지위: 샘물 개발허가 가허가를 받은 자는 가허가를 유지하기 위해 가허가 조건을 이행할 필요가 있을 뿐 아니라 먹는 샘물 개발허가 신청을 위해서도 환경영향조사를 실시하여 그 조사서를 제출하여야 한다. 가허가를 받은 자는 이 사건 임야에서 환경영향조사를 하기 위해 필요한 범위에서 임시도로 개설을 위한 산지일시사용을 구할 수 있고, 관할 행정청이 정당한 이유 없이 이를 거부할 수는 없다고 보아야 한다. (2) 샘물개발을 위해 피고로부터 샘물 개발 가허가를 받은 원고가 환경영향조사를 실시하기 위해 임시도로 개설 목적으로 구 산지관리법(2021. 6. 15. 법률 제18263호로 개정되기 전의 것) 제15조의2에 따른 산지일시사용신고를 하였으나 피고가 '사전 주민 설명과 민원 해소라는 가허가 조건이 이행되지 않았다'는 등의 이유로 수리 불가 통지를 한 사안에서, 원고는 가허가권자로서 환경영향조사를 하기 위해 필요한 범위에서 임시도로 개설을 위한 산지일시사용신고를 할 수 있고, 그 신고내용이 법령에서 정하고 있는 요건을 충족하는 경우에는 그 신고를 수리하여야 하며, 법령에서 정한 사유 외의 다른 사유를 들어 신고 수리를 거부할 수는 없다고 보아, 이와 달리 피고의 신고 수리 불가 처분에 잘못이 없다고 본 원심판결을 파기·환송한 사례(대판 2022. 11. 30, 2022두50588 [산지일시사용신고수리불가처분취소]).

6. 단계적 결정처분

하나의 처분이 둘 이상의 단계적 결정처분에 의해 행해지는 경우가 있다. 그 예로 국민건강보험법상의 요양급여처분을 들 수 있다. 즉, 통상의 요양급여 결정처분은 단계적으로 행해진다. 제1단계에서 요양급여대상 여부 및 상한금액이 결정(1단계 결정·고시처분)되고, 제2단계로 요양급여의 기준에 관한 세부사항이 결정(2단계 결정·고시처분)된다(행정법론 (하) 국민건강보험 참조).

하도급법 제26조 제2항에 따르면 공정거래위원회는 **부과벌점이 대통령령으로 정하는 기준을 초과하는 경우**에는 관계 행정기관의 장에게 **입찰참가자격의 제한**, 「건설산업기본법」 제82조 제1항 제7호에 따른 영업정지, 그 밖에 하도급거래의 공정화를 위하여 필요한 조치를 취할 것을 **요청**하여야 하고(공정거래위원회가 구 하도급거래 공정화에 관한 법률 제26조 제2항 후단에 따라 관계 행정기관의 장에게 한 원사업자 또는 수급사업자에 대한 입찰참가자격의 제한을 요청한 결정이 항고소송의 대상이 되는 처분이라고 한 사례: 대판 2023. 02. 02, 2020두48260; 2023. 04. 27, 2020두47892), 국가계약법 제27조 제1항 제5호에 따르면 각 중앙관서의 장은 「독점규제 및 공정거래에 관한 법률」 또는 「하도급거래 공정화에 관한 법률」을 위반하여 공정거래위원회로부터 입찰참가자격 제한의 요청이 있는 자에게 2년 이내의 범위에서 대통령령으로 정하는 바에 따라 입찰참가자격을 제한하여야 한다고 규정하고 있다.

제12절 행정의 자동결정과 자동적 처분

Ⅰ. 의 의

행정의 자동결정(自動決定)이란 미리 입력된 프로그램에 따라 행정결정이 자동으로 행해지는 것을 말한다.[91] 예를 들면, 신호등에 의한 교통신호, 컴퓨터를 통한 중고등학생의 학교배정, 시험 채점, 세금 결정 등이 그것이다.

자동적 처분이라 함은 법률로 정하는 바에 따라 완전히 자동화된 시스템(인공지능 기술을 적용한 시스템을 포함한다)으로 하는 처분을 말한다. 자동적 처분은 법률로 정한 경우에 한하여 인정된다(행정기본법 제20조). 완전히 자동화된 시스템이 아닌 일부

---

91) 행정의 자동결정에 대하여 자세한 내용은 김중권, "행정자동절차에 관한 법적 고찰," 『고려대 박사학위논문』, 1993. 참조.

자동화는 행정기본법 제20조의 적용대상(자동적 처분)이 아니다. 예를 들면, 수입식품안전관리 특별법(약칭: 수입식품법) 제20조의2에 따른 수입식품신고수리처분은 인공지능시스템에 의한 자동적 처분이다. 그러나, 동법 시행규칙 제29조의2의 수입식품통합정보시스템이 '검토필요'로 표시한 것에 따라 행정청이 검토 후 내린 거부처분, 조건부 수리처분 또는 수리처분은 자동적 처분이 아니다(수입식품등 수입신고 수리의 자동화 운영 규정[식품의약품안전처예규 제198호, 2023. 10. 17. 제정] 참조).

이에 반하여 **행정의 자동결정**은 전부(완전) 자동결정뿐만 아니라 일부 자동결정도 포함하는 개념이다. 권력적 사실행위도 처분이므로 권력적 사실행위에도 행정기본법 제20조가 적용된다고 보아야 한다.

Ⅱ. 법적 성질

행정의 자동결정은 행정의사의 내부적 성립의 성질을 갖는다. 자동으로 결정된 행정결정은 외부에 표시되어야 행정행위로서 성립하며 당사자에게 통지되어야 효력을 발생하게 된다.

컴퓨터를 통한 학교배정은 자동화되어 있지만 그 결정의 통지는 일반적인 통지의 방법에 의한다. 그러나, 통지도 자동으로 행하여지는 경우도 있다. 신호등에 의한 교통신호는 의사결정뿐만 아니라 표시행위까지 자동으로 행해진다.

행정의 자동결정의 기준이 되는 프로그램의 법적 성질은 행정규칙이라고 볼 수 있다.

Ⅲ. 행정의 자동결정에 대한 법적 규율의 특수성

행정의 자동결정에 대하여는 특별한 규정이 없는 한 행정행위에 관한 규정이 적용된다. 그런데, 행정의 자동결정에 있어서는 행정청의 서명·날인, 문자 이외의 부호의 사용, 이유제시 또는 의견청취절차의 예외 등 특수한 법적 규율이 행해질 수 있다. 다만, 이러한 특수한 법적 규율은 원칙상 명문의 규정이 있는 경우에 한하여 인정되며 해석상 인정될 수는 없다.

그리고, 행정청의 서명·날인에 있어서는 명문의 규정이 없는 경우에도 행정청의 서명을 인쇄하고 날인을 인영의 방법으로 하는 것이 허용된다고 본다.

개인정보주체는 인공지능 기술을 적용한 시스템을 포함하는 자동화된 시스템으로 개인정보를 처리하여 이루어지는 결정이 자신의 권리 또는 의무에 중대한 영향을 미치는 경우에는 해당 결정을 거부하거나 해당 결정에 대한 설명 등을 요구할 수 있다(개인정보보호법 제4조 제6호 및 제37조의2 신설).

Ⅳ. 행정의 자동결정과 재량행위

처분에 재량이 있는 경우는 자동적 처분을 할 수 없다(행정기본법 제20조 단서).

기속행위에 있어서 행정의 자동결정이 가능하다는 데에는 이론이 없다.

재량행위에 있어서는 행정의 자동결정이 가능한지에 대해 견해가 대립되고 있다.

부정설은 재량행위의 본래의 취지가 구체적 사정을 고려하여 구체적 타당성 있는 행정을 하도록 하기 위한 것이라고 볼 때 재량의 여지 없이 입력된 프로그램에 따라 행정결정을 내리는 것은 재량권의 불행사에 해당하여 위법하게 된다고 한다.

그러나 재량준칙을 정형화하고 그에 따라 재량처분을 자동결정한 후 상대방의 이의제기의 가능성을 열어 놓은 방법으로 재량행위를 자동결정할 수 있는 가능성은 있다고 보는 것이 타당하다. 이 경우에 자동결정은 법정기간 내에 이의제기가 없을 것을 정지조건으로 성립하는 것으로 볼 수 있을 것이다.

Ⅴ. 행정의 자동결정의 하자와 권리구제

1. 행정의 자동결정의 하자

행정의 자동결정의 하자는 프로그램에 하자가 있는 경우, 공무원이 자료의 입력을 잘못한 경우, 통지에 하자가 있는 경우 등에 존재하게 된다. 행정의 자동결정의 하자의 효과는 일반 행정행위의 하자의 효과와 다르지 않다.

2. 권리구제

(1) 행정쟁송

행정의 자동결정은 행정행위이므로 항고쟁송의 대상이 된다.

(2) 국가배상

위법한 자동결정에 의해 손해를 받은 자는 국가배상을 청구할 수 있다. 문제는 국가배상법 제2조에 근거하여 배상책임을 인정할 것인가 아니면 제5조에 근거하여 배상책임을 인정할 것인가하는 점이다.

자료의 입력에 잘못이 있었던 경우에는 공무원의 행위가 가해행위이므로 제2조의 배상책임의 문제가 된다고 보아야 한다. 프로그램의 내용이 위법한 경우에도 프로그램을 만든 공무원의 과실이 있는 경우에 제2조에 의한 배상책임이 인정된다.

그 이외에 기계장치의 하자로 인한 배상책임은 제5조에 의한 영조물의 설치·관리의 하자로 인한 책임의 문제가 된다.

제 4 장 공법상 계약

Ⅰ. 의 의

공법상 계약(公法上 契約)이란 공법적 효과를 발생시키는, 달리 말하면 공법상의 법률관계의 변경을 가져오는, 행정주체를 적어도 한쪽 당사자로 하는 양 당사자 사이의 반대방향의 의사의 합치를 말한다.

행정기본법상 공법상 계약의 정의에 '대등한 당사자 사이'라는 문구가 빠져 있고, 공법상 계약에서 행정청이 계약 상대방 보다 사실상 우월한 경우도 있겠지만, 계약의 본질상 공법상 계약에서 **양 당사자**는 **법률상**으로는 당연히 **대등**한 것을 전제로 한다고 보아야 한다.

우리나라에서는 행정에 있어 아직 공법상 계약의 방식이 많이 사용되고 있지 않다. 행정은 계약적 수단이 아닌 일방적 행위에 의해 행해지는 경우가 보통이다. 그리고 계약의 방식이 사용되는 경우에도 판례상 당해 계약이 공법상 계약으로 인정되는 예는 많지 않고 사법상 계약으로 보는 경향이 강하다.

그러나, 선진국에서는 오늘날 협의에 의한 행정이 강조되고 확대되고 있고 이에 따라 공법상 계약의 방식이 행정의 중요한 행위형식이 되고 있다. 행정의 영역이 경찰행정과 같은 공권적 분야에 한정되지 않고 급부행정이나 경제규제행정 등으로 확대됨에 따라 일방적 명령의 방식이 적절하지 않은 경우가 생기게 되었다. 또한 행정의 민주화에 따라 행정의 국민에 의한 수용이 중요한 요소로 되었다. 이에 따라 행정이 국민과의 협의를 통하여 행해지는 경우가 늘게 되었고 이러한 협상에 의한 행정을 실현하는 행위형식의 하나가 행정계약이다. 또한 지방자치가 실시된 후 국가와 지방자치단체 또는 지방자치단체 사이에 협정을 맺는 경우가 늘어나고 있다.

행정주체가 체결하는 계약은 사법의 적용을 받는 사법상 계약일 수도 있고 공법적 규율을 받는 공법상 계약일 수도 있다. 공법상 계약은 공법상의 행위형식으로서 후술하는 바와 같이 사법상 계약과는 다른 특별한 법적 규율을 받기 때문에 공법상 계약과 사법상 계약을 구별하여야 한다. **판례**에 따르면 공법상 계약과 사법상 계약의 구별은 아래와 같이 관련사항을 종합적으로 고려하여 개별적으로 결정하여야 한다(종합적 · 개별적 결정설).

1. 사법상 계약과의 구별

공법상 계약과 행정주체의 사법상 계약(私法上 契約) 사이의 구별을 부인하는 입법례도 있지만 우리나라에서는 공법과 사법이 구별되고 있으므로 공법상 계약과 사법상 계약이 구별되고 있다.

(1) 구별실익

공법상 계약과 사법상 계약을 구별하는 실익은 무엇인가?

① 실체법상 공법상 계약은 공법적 효과를 발생시키고 공익과 밀접한 관계를 갖고 있으므로 후술하는 바와 같이 사법과는 다른 특수한 공법적 규율의 대상이 된다. 행정주체가 당사자인 사법상 계약은 사법의 규율을 받는다.

[판례] **지방자치단체가 일방 당사자가 되는 이른바 '공공계약'이** 사경제의 주체로서 상대방과 대등한 위치에서 체결하는 **사법상 계약에 해당하는 경우** 그에 관한 법령에 특별한 정함이 있는 경우를 제외하고는 사적 자치와 계약자유의 원칙 등 **사법의 원리가 그대로 적용**된다(대판 2018. 02. 13, 2014두11328).

그런데 우리나라에서는 프랑스나 독일에서와 달리 공법상 계약을 규율하는 특수한 법적 규율이 실정법상으로나 판례상 넓게 인정되고 있지 않으므로 공법상 계약과 사법상 계약의 실체법상의 구별실익은 프랑스나 독일에서처럼 크지 못하다. 또한 행정주체가 체결하는 사법상 계약도 그것이 행정의 수행과정에서 체결되므로 특수한 법적 규율의 대상이 되는 경우가 많다. 다만, 행정주체의 사법상 계약을 규율하는 특수한 법은 공법이 아니라 사법의 성질을 갖는다.

② 소송법상 공법상 계약에 관한 소송은 민사소송이 아니라 공법상 당사자소송에 속한다. 다만, 후술하는 바와 같이 법원은 공법상 계약에 관한 소송을 민사소송으로 잘못 제기한 경우에 각하판결하지 않고, 행정법원에 이송하여 행정소송(당사자소송)으로 판결하도록 하고 있다(행정구제법 행정소송의 관할 참조).

③ 공법상 계약에 의한 의무의 불이행이 행정상 강제집행이나 행정벌의 대상이 되는 것으로 규정되어 있는 경우가 있고 공법상 계약과 관련한 불법행위로 국민이 입은 손해는 국가배상법에 의한 손해배상의 대상이 된다.

(2) 구별기준

공법상 계약과 사법상 계약의 구별기준에 공법관계와 사법관계의 구별에 관한 일반적 기준이 원칙상 적용된다. 판례에 따르면 공법상 계약과 사법상 계약의 구별은 아래와 같이 관련사항을 종합적으로 고려하여 개별적으로 결정하여야 한다(종합적 · 개별적 결정설).

[판례] 어떠한 계약이 공법상 계약에 해당하는지는 계약이 공행정 활동의 수행 과정에서 체결된 것인지, 계약이 관계 법령에서 규정하고 있는 공법상 의무 등의 이행을 위해 체결된 것인지, 계약 체결에 계약 당사자의 이익만이 아니라 공공의 이익 또한 고려된 것인지 또는 계약 체결의 효과가 공공의 이익에도 미치는지, 관계 법령에서의 규정 또는 그 해석 등을 통해 공공의 이익을 이유로 한 계약의 변경이 가능한지, 계약이 당사자들에게 부여한 권리와 의무 및 그 밖의 계약 내용 등을 종합적으로 고려하여 판단하여야 한다(대판 2024. 07. 11, 2024다211762).

다만, 공법상 계약과 사법상 계약의 구별에 있어서는 다음과 같은 구별기준이 특별히 고려되어야 한다.

① 공법상 계약이 되기 위하여는 계약의 일방 당사자는 행정주체이어야 한다. 그러나 행정주체가 체결하는 계약이 모두 공법상 계약은 아니다. 행정주체가 사경제주체로서 체결하는 계약은 사법상 계약이다. 국가와 지방자치단체 사이에서처럼 행정주체 사이에 체결되는 계약도 당사자 사이에 사법적 효과만을 발생시키는 경우에는 사법상 계약이다.

② 공법상 계약과 사법상 계약의 주된 구별기준은 계약의 대상이다. 계약의 대상이 공법적 규율의 대상이 되어야 하는 것이면 공법상 계약으로 보아야 한다. 즉, 계약으로 인하여 부여된 의무나 계약의 규율대상이 되는 활동이 공법적 규율의 대상이 되는 것인 경우에는 공법상 계약이다.

ⅰ) 공행정의 집행과 밀접하게 연결된 계약(예, 공행정의 집행을 위탁하는 계약이나 공행정의 수행에 참여하는 공무원을 채용하는 계약)은 공법상 계약이다. 다만, 채용된 자가 공행정의 운영에 직접 참여하지 않고 보조하는 것에 불과한 경우에는 그 채용계약(예, 행정보조자 채용계약)은 사법상 계약이다.

[판례] ① 지방자치단체의 관할구역 내에 있는 각급 학교에서 학교회계직원으로 근무하는 것을 내용으로 하는 근로계약은 사법상 계약이다(대판 2018. 05. 11, 2015다237748). 〈해설〉 그러한 학교회계직원은 공무원이 아닌 근로자이다.
② 생활폐기물수집운반 등 대행위탁계약은 사법상 계약이다(대판 2018. 02. 13, 2014두11328). 〈해설〉 생활폐기물수집운반은 공행정으로 보고, 공행정의 집행을 대행위탁하는 계약은 공법상 계약으로 보는 것이 타당하다. 이 사건 계약이 공행정에 대한 단순한 보조위탁계약이 아니므로 이 사건 폐기물처리업자에 대한 생활폐기물수집운반 등 대행위탁계약을 사법상 계약으로 본 것은 타당하지 않다.
③ 지방자치단체가 사인과 체결한 시설(자원회수시설) 위탁운영협약은 사법상 계약에 해당한다(대판 2019. 10. 17, 2018두60588).
④ 국유림의 경영 및 관리에 관한 법률에 따른 임산물매각계약은 사법상 계약이다(대판 2020. 05.

14, 2018다298409).

ii) 공행정의 수행과 관련하여 특수한 법적 규율이 행해지는 것으로 법에 규정되어 있거나 법규정이 없더라도 공익의 보호를 위하여 특수한 공법적 규율이 행해져야 할 경우에는 공법상 계약이다. 계약에 의해 발생되는 의무가 행정행위와 같은 공권력에 고유한 직무행위를 발할 의무를 포함하는 경우에는 공법상 계약이다.

iii) 공법법규의 집행을 목적으로 하는 계약은 공법상계약이다(예를 들면, 독일에서의 연방도시계획법전 제110조에 규정된 형태의 수용계약).[92] 그러나, 수용이 행해질 가능성이 있는 토지를 토지수용 이전에 임의로 매매하는 계약은 사법상 계약이다.

③ 계약에 의해 국민에게 일정한 급부의무를 정하는 경우 그 의무의 목적이 동일한 계약에 의해 정해지는 행정주체의 공법상의 의무와 불가분의 관계에 있는 경우에는 국민의 의무를 정하는 계약은 행정주체의 의무를 정하는 계약이 공법상 계약이므로 행정주체의 의무를 정하는 계약과 함께 공법상 계약으로 된다. 그러나, 하나의 협정에 구분될 수 있는 둘 이상의 계약이 존재하는 경우에는 각 계약마다 법적 성질을 고찰하여야 한다.

④ 행정주체에게 공법상 행위형식과 사법상 행위형식의 선택권이 부여된 경우에는 계약의 특별조항을 통하여 표현되는 행정청의 의사가 주요한 구별기준이 된다. 즉, 계약의 조항 중에 사법상의 법규정과는 성질을 달리하는 공법적 규율에 친한 예외적인 조항이 존재하는 경우에는 공법상 계약이 된다.

[판례] (1) KAI(한국항공우주산업)와 정부가 체결한 '한국형 헬기 개발사업에 대한 물품·용역협약'은 공법상 계약이다. (2) KAI(한국항공우주산업)이 대한민국에 '한국형 헬기 개발사업'을 하다 발생한 초과비용 126억원을 청구하는 민사소송을 대법원이 민사재판이 아닌 행정재판으로 다시 하도록 서울행정법원에 이송한 사례(대판 2017. 11. 09, 2015다215526). 〈**해설**〉 1·2심 법원은 사법상 계약으로 보았다. '한국형 헬기 개발사업에 대한 물품·용역협약'을 단순한 물품조달계약으로 보면 사법상 계약으로 볼 수 있지만, 연구개발계약으로 본다면 공법상 계약으로 보는 것이 타당하다.

2. 공법상 계약과 행정계약

'공법상 계약'과 행정주체의 사법상 계약을 포괄하는 개념으로 '행정계약(行政契約)'이라는 개념을 사용하는 경우가 있는데, 공법상 계약과 행정계약은 동의어로 보고 '행정상 계약'이라는 개념으로 행정주체의 공법상 계약과 사법상 계약을 포괄하여 지칭하는 것이 타당하다.

92) Maurer, *op. cit.*, p. 366.

3. 공법상 계약과 행정행위

공법상 계약과 행정행위는 구체적인 법적 효과를 가져오는 법적 행위인 점에서는 동일하지만 양자는 행위의 형성방식에 차이가 있다. 행정행위는 행정주체에 의해 일방적으로 행해지지만 공법상 계약은 행정주체와 국민 사이의 합의에 의해 행해진다.

공법상 계약과 행정행위는 다음과 같이 법적 규율에 차이가 있다. ① 공법상 계약은 법률에 근거가 없어도 가능하지만 행정행위는 원칙상 법률에 근거가 있어야 한다. ② 양자는 위법한 하자의 효과 및 쟁송형식에 차이가 있다. ③ 법적 또는 사실적 상황변경의 경우의 철회가능성과 관련하여 차이가 있다.

행정행위 중 **상대방의 협력**(동의 또는 신청)**을 요하는 행정행위와 공법상 계약** 사이에 특히 유사한 점이 많고 구별이 어려운 경우가 있다. 그러나, 양자는 다음과 같이 구별된다. ① 상대방의 협력을 요하는 행정행위에 있어서 상대방은 공법상 계약에서와 달리 행정행위의 결정에는 참여하지 않는다. 협력을 요하는 행정행위도 행정청의 일방적인 행위이다. 다만, 협력을 요하는 행정행위에서도 상대방이 원하지 않으면 행정행위가 상대방에게 강제될 수 없다는 결과를 가져온다. ② 상대방의 협력을 요하는 행정행위에서 상대방의 신청은 계약(특히 부합계약)에서의 청약에, 그리고 상대방의 동의는 계약에서의 승낙에 비교될 수 있지만, 공법상 계약에서 상대방의 청약이나 승낙은 계약의 성립 내지 존재요건으로서 그것을 결하는 경우에는 당해 계약은 성립 자체가 없는 것이지만, 상대방의 협력을 요하는 행정행위에서 상대방의 신청 또는 동의는 행정행위의 적법요건이다.

4. 국가 등과 사인 간의 사법상 계약

국가와 사인 간의 사법상 계약은 국가를 당사자로 하는 계약에 관한 법률에 의해 규율된다. 국가를 당사자로 하는 계약에 관한 법률에 의해 규율되지 않는 사항은 사법상 계약에 관한 법령이 적용된다.

[판례] ① 구 국가를 당사자로 하는 계약에 관한 법률상의 요건과 절차를 거치지 않고 체결한 국가와 사인 간의 사법상 계약의 효력(=무효): 구 국가를 당사자로 하는 계약에 관한 법률(2012. 12. 18. 법률 제11547호로 개정되기 전의 것, 이하 '국가계약법'이라 한다) 제11조 규정 내용과 국가가 일방당사자가 되어 체결하는 계약의 내용을 명확히 하고 국가가 사인과 계약을 체결할 때 적법한 절차에 따를 것을 담보하려는 규정의 취지 등에 비추어 보면, 국가가 사인과 계약을 체결할 때에는 국가계약법령에 따른 계약서를 따로 작성하는 등 요건과 절차를 이행하여야 할 것이고, 설령 국가와 사인 사이에 계약이 체결되었더라도 이러한 법령상 요건과 절차를 거치지 아니한 계약은 효력이

없다(대판 2015. 01. 15, 2013다215133[부당이득금반환]).
② (사법상 계약인) 국가계약의 본질적인 내용은 사인 간의 계약과 다를 바가 없어 법령에 특별한 규정이 있는 경우를 제외하고는 사법의 규정 내지 법원리가 그대로 적용된다
(대판 2016. 06. 10, 2014다200763,200770).

다만, 공공계약의 공공성과 공정성을 보장하기 위해 비례원칙, 평등원칙 등 공법적 규율이 필요하다.

[판례] (1) **구 정부투자기관 관리기본법의 적용 대상인 정부투자기관이 사경제 주체로서 상대방과 대등한 위치에서 체결하는 사법(사법)상 계약에 사법의 원리가 적용되는지 여부(원칙적 적극)**: 구 정부투자기관 관리기본법(2007. 1. 19. 법률 제8258호 공공기관의 운영에 관한 법률 부칙 제2조 제1호로 폐지)의 적용 대상인 **정부투자기관이 일방 당사자가 되는 계약**(이하 '**공공계약**'이라 한다)은 정부투자기관이 사경제의 주체로서 상대방과 대등한 위치에서 체결하는 사법(사법)상의 계약으로서 본질적인 내용은 사인 간의 계약과 다를 바가 없으므로 그에 관한 법령에 특별한 정함이 있는 경우를 제외하고는 사적 자치와 계약자유의 원칙 등 사법의 원리가 그대로 적용된다. (2) **입찰참가자격을 제한하는 구 정부투자기관 관리기본법과 구 정부투자기관회계규칙의 각 규정 때문에 정부투자기관이 계약당사자 사이에만 효력이 있는 계약특수조건 등을 부가하는 것이 금지되거나 제한되는지 여부(소극) 및 계약특수조건 등을 부가하는 것이 무효가 되는 경우**: 입찰참가자격을 제한하는 구 정부투자기관 관리기본법 제20조와 구 정부투자기관회계규칙 제2조 제2항 때문에 정부투자기관이 계약의 적정한 이행을 위하여 계약상대방과의 계약에 근거하여 **계약당사자 사이에만 효력이 있는 계약특수조건 등을 부가하는** 것이 금지되거나 제한된다고 할 수는 없고, 사적 자치와 계약자유의 원칙상 그러한 계약내용이나 조치의 효력을 함부로 부인할 것은 아니다. 다만 **공공계약의 특수성**에 비추어 그 내용이 앞서 본 계약 관계 법령에 위반하거나 **비례의 원칙**에 반하여 계약상대방에게 지나치게 가혹한 것이거나 선량한 풍속 기타 사회질서에 반하는 결과를 초래할 것임이 분명하여 이를 무효로 하지 않으면 **공공계약의 공공성과 공정성을 유지하기 어렵다고 할 만한 특별한 사정이 있는 경우에는 무효로 된다**고 해석함이 상당하다(대판 2014. 12. 24, 2010다83182[입찰참가자격지위확인]).

Ⅱ. 공법상 계약의 성립가능성과 인정범위 및 한계

행정법에서는 계약이 용납될 수 없다는 것이 종래의 견해이었으나 오늘날에는 공법상 계약이 가능하다고 보는 데에 이론이 없다. 문제는 공법상 계약이 어떠한 범위와 한계 내에서 인정되는가 하는 것이다.

1. 성립가능성

지금부터 약 100년 전 프랑스의 유명한 공법학자인 오류(Hauriou)는 행정법에 있어서는 행정청은 협정에 의해 그의 권한을 포기할 수 없고 그의 권한에 구속을 받을 수 없다고 하면서 공법상 계약의 성립을 부정하였다. 또한, 독일 행정법의 아버지

라 불리는 오토 마이어(Otto Mayer)는 국가와 사인간에는 의사의 대등이 존재하지 않는다는 것을 근거로 공법상 계약의 성립가능성을 부정하였다.

그러나, 오늘날에는 공법상 계약이 가능하다는 것이 일반적 견해이다. 그 논거는 다음과 같다. 법이론적으로 계약의 본질은 당사자간의 의사의 합치에 있는 것이지 그 지위의 대등에 있는 것은 아니다.

2. 인정필요성 및 문제점

행정의 실제상 공법상 계약을 인정할 필요성은 다음과 같다. ① 공법상 계약은 입법의 불비가 있는 경우에 공익의 실현을 위한 행정을 가능하게 한다. ② 오늘날 행정이 복잡해짐에 따라 정형적인 행정만으로는 적정한 행정을 하기 어려운 경우가 많은데 이 경우에 계약의 방식은 탄력적인 행정을 가능하게 한다. ③ 국민을 행정에 참여시키고 상대방의 합의에 기초한 행정을 함으로써 행정에 대한 국민의 수용성을 제공하여 행정의 민주화와 효율화에 이바지한다.

반면에 공법상 계약에 대한 법적 규율 및 재판적 통제의 어려움으로 법치행정의 원칙이 훼손될 우려도 있다.

3. 공법상 계약의 법적 근거

행정기본법은 공법상 계약의 일반적 근거규정을 두고 있다. 즉, 행정청은 법령등을 위반하지 아니하는 범위에서 행정목적을 달성하기 위하여 필요한 경우에는 공법상 법률관계에 관한 계약(이하 "공법상 계약"이라 한다)을 체결할 수 있다(행정기본법 제27조 제1항).

하급심판례(서울행정법원 2018. 08. 17, 2017구합86125 등)에 따르면 「국가를 당사자로 하는 계약에 관한 법률」, 「지방자치단체를 당사자로 하는 계약에 관한 법률」은 기본적으로 국가나 공공기관이 당사자가 되는 사법상 계약에 대해 특별한 규정을 두고 있다. 이에 대하여 국가계약법이 국가가 당사자가 되어 체결되는 모든 계약에 적용되는 것으로 규정되어 있으므로 국가가 당사자가 되는 공법상 계약에도 적용되는 것으로 보아야 한다는 견해(김대인, 공법상 계약과 국가계약법의 관계 및 부당특약에 대한 고찰－서울행정법원 2018. 8. 17. 선고 2017구합86125 판결에 대한 평석, 사법 제64호, 2023, 735면 등)도 있다.

[판례] **① (1) 국가를 당사자로 하는 계약이나 공공기관의 운영에 관한 법률의 적용 대상인 공기업이 일방 당사자가 되는 계약(이하 편의상 '공공계약'이라 한다)**은 국가 또는 공기업(이하 '국가 등'이라 한다)이 사경제의 주체로서 상대방과 대등한 지위에서 체결하는 **사법(私法)상의 계약으로서**

본질적인 내용은 사인 간의 계약과 다를 바가 없으므로, 법령에 특별한 정함이 있는 경우를 제외하고는 서로 대등한 입장에서 당사자의 합의에 따라 계약을 체결하여야 하고 당사자는 계약의 내용을 신의성실의 원칙에 따라 이행하여야 하는 등(구 국가를 당사자로 하는 계약에 관한 법률(이하 '국가계약법'이라 한다) 제5조 제1항) **사적 자치와 계약자유의 원칙을 비롯한 사법의 원리가 원칙적으로 적용된다.** (2) 다만 국가를 당사자로 하는 계약에 관한 법률 시행령(이하 '국가계약법 시행령'이라 한다) 제4조는 '계약담당공무원은 계약을 체결함에 있어서 국가계약법령 및 관계 법령에 규정된 계약상대자의 계약상 이익을 부당하게 제한하는 특약 또는 조건을 정하여서는 아니 된다'고 규정하고 있으므로, 공공계약에서 계약상대자의 계약상 이익을 부당하게 제한하는 특약은 효력이 없다. 여기서 어떠한 특약이 계약상대자의 계약상 이익을 부당하게 제한하는 것으로서 **국가계약법 시행령 제4조에 위배되어 효력이 없다고 하기 위해서는 그 특약이 계약상대자에게 다소 불이익하다는 점만으로는 부족하고, 국가 등이 계약상대자의 정당한 이익과 합리적인 기대에 반하여 형평에 어긋나는 특약을 정함으로써 계약상대자에게 부당하게 불이익을 주었다는 점이 인정되어야 한다.** 그리고 계약상대자의 계약상 이익을 부당하게 제한하는 특약인지는 그 특약에 의하여 계약상대자에게 생길 수 있는 불이익의 내용과 정도, 불이익 발생의 가능성, 전체 계약에 미치는 영향, 당사자들 사이의 계약체결과정, 관계 법령의 규정 등 모든 사정을 종합하여 판단하여야 한다(대판 전원합의체 2017. 12. 21, 2012다74076; 대판 2020. 05. 14, 2018다298409). 〈해설〉 국가를 당사자로 하는 계약이나 「공공기관의 운영에 관한 법률」의 적용 대상인 공기업이 일방 당사자가 되는 계약(이하 **편의상** '공공계약'이라 한다)을 '공공계약'이라 하는 것은 타당할 수 있지만, 국가를 당사자로 하는 계약에는 공법상 계약도 있을 수 있으므로 국가를 당사자로 하는 계약을 모두 사법상 계약으로 보는 것은 타당하지 않다. 그리고, 「국가를 당사자로 하는 계약에 관한 법률」은 명문의 규정이 없는 한 사법상 계약뿐만 아니라 공법상 계약에도 적용되는 것으로 보는 것이 타당하다.

② 어떠한 특약이 계약상대자의 계약상 이익을 부당하게 제한하는 것으로서 국가계약법 시행령 제4조에 위배되어 효력이 없다고 하기 위해서는 그 특약이 계약상대자에게 다소 불이익하다는 점만으로는 부족하고, 국가 등이 계약상대자의 정당한 이익과 합리적인 기대에 반하여 형평에 어긋나는 특약을 정함으로써 계약상대자에게 부당하게 불이익을 주었다는 점이 인정되어야 한다. 그리고 계약상대자의 계약상 이익을 부당하게 제한하는 특약인지는 그 특약에 의하여 계약상대자에게 생길 수 있는 불이익의 내용과 정도, 불이익 발생의 가능성, 전체 계약에 미치는 영향, 당사자들 사이의 계약체결과정, 관계 법령의 규정 등 모든 사정을 종합하여 판단하여야 한다(대판 전원합의체 2017. 12. 21, 2012다74076).

4. 인정범위 및 한계

행정기본법 제27조 제1항의 입법으로 명시적인 규정이 없는 한 개별적인 법적 근거가 없더라도 제한 없는 공법상 계약의 허용가능성이 인정된 것으로 보는 견해도 있지만, 행정기본법 제27조 제1항은 개별법의 명시적 근거가 없는 경우에도 공법상 계약이 가능하다는 것(공법상 계약의 일반적 허용가능성)만을 인정한 것으로 보는 것이 타당하다는 견해도 있다. 생각건대, 공법상 계약은 행정법질서(관련 법령, 법원칙 및 법리)에 합치하여야 하므로 명시적 규정이 없는 한 제한적이나마 공법상 계약이 인정될 수 없는 영역이 있다는 것을 인정하여야 할 것이다.

① 공법상 계약은 비권력적 행정 분야에서뿐만 아니라 권력행정 분야에서도 인정된다.

② 공법상 계약으로 행정행위를 갈음할 수 있는가에 관하여 법상 금지되지 않는 한 행정행위 대신에 공법상 계약이 사용될 수 있다는 견해와 없다는 견해가 대립되고 있는데, 공법상 계약은 법률의 근거 없이도 인정되므로 원칙상 긍정하는 견해가 타당하다. 다만, 일정한 행정 분야, 즉 협의에 의한 행정이 타당하지 않으며 공권력에 의해 일방적으로 규율되어야 하는 분야에서는 법률의 근거가 없는 한 공법상 계약이 인정될 수 없고, 행정행위를 대체할 수도 없다.

예를 들면, 사회공공의 질서유지를 목적으로 하는 경찰행정 분야와 조세행정 분야에서는 공법상 계약이 인정될 수 없다고 보아야 한다.

다만, 법률에 특별한 규정이 있는 경우에는 물론 공법상 계약이 가능하다.

기속행위의 경우에도 법에 의해 금지되지 않는 한 행정행위 대신에 공법상 계약이 행해질 수 있다. 다만, 당해 공법상 계약은 법에 정해진 내용을 그대로 반영하는 것에 그치게 되며 법에 정해진 내용과 다른 내용을 정할 수 없다. 따라서 기속행위에 대신하여 공법상 계약이 인정될 실익은 크지 않다.

[참조판례] 국립의료원 부설 주차장에 관한 위탁관리용역운영계약의 실질은 행정재산인 위 부설주차장에 대한 국유재산법 제24조 제1항에 의한 사용·수익 허가로서 이루어진 것임을 알 수 있으므로, 이는 위 국립의료원이 원고의 신청에 의하여 공권력을 가진 우월적 지위에서 행한 행정처분으로서 특정인에게 행정재산을 사용할 수 있는 권리를 설정하여 주는 **강학상 특허에 해당한다 할 것**이고 순전히 사경제주체로서 원고와 대등한 위치에서 행한 사법상의 계약으로 보기 어렵다고 할 것이다. 따라서 원고가 그 주장과 같이 이 사건 **가산금 지급채무의 부존재를 주장하여 구제를 받으려면, 적절한 행정쟁송절차를 통하여 권리관계를 다투어야 할 것**이지, 이 사건과 같이 피고에 대하여 **민사소송으로 위 지급의무의 부존재확인을 구할 수는 없는 것**이다(대판 2006. 03. 09, 2004다31074[채무부존재확인]). **〈해설〉** 판례가 국립의료원 부설 주차장에 관한 위탁관리용역운영계약의 실질을 처분(강학상 특허)으로 본 것은 타당하지 않다. 위 용역계약은 사용·수익 허가를 대체하는 공법상 계약으로 보는 것이 타당하다. 이 사건에서 가산금 지급채무의 부존재확인을 구하는 소송은 당사자소송으로 제기하여야 한다.

③ 공법상 계약의 방식이 의미를 갖는 경우는 행정청에게 재량권이 인정되는 경우이다. 행정청은 재량권의 범위 내에서 상대방인 국민과 협의하여 공법상 계약의 내용을 자유롭게 정할 수 있다.

④ 제3자의 권익을 제한하거나 의무를 부과하는 내용의 행정행위를 할 것을 내용으로 하는 공법상 계약은 제3자의 동의가 없는 한 인정될 수 없다.

Ⅲ. 공법상 계약의 성립요건과 적법요건

1. 성립요건

공법상 계약은 사법상 계약과 마찬가지로 양 당사자의 반대방향의 의사의 합치에 의해 성립된다.

공법상 계약에서 계약당사자의 일방은 행정주체이어야 한다. 행정주체에는 공무를 수탁받은 사인도 포함된다.

2. 적법요건

(1) 주체에 관한 요건

공법상 계약을 체결하는 주체에게 권한이 있어야 한다.

이론상 행정기관이 아니라 행정주체가 공법상 계약의 주체가 된다. 그런데 행정기본법은 행정청을 공법상 계약의 당사자로 규정하고 있다(행정기본법 제27조 제1항). 이 경우 행정청은 행정주체를 대표하여 공법상 계약을 체결하는 것으로 보아야 한다. 공법상 계약을 체결하는 행정청은 당해 공법상 계약을 체결할 수 있는 권한을 갖고 있어야 한다.

(2) 절차에 관한 요건

공법상 계약의 절차를 일반적으로 특별히 규율하는 법령은 존재하지 않는다. 공법상 계약은 행정절차법의 규율대상이 아니다. 공법상 계약의 체결에 다른 행정청의 승인, 동의 또는 협의를 요하는 것으로 규정하는 경우도 있다. 다른 행정청의 승인, 동의 또는 협의를 요하는 행정행위에 갈음하여 공법상 계약을 체결하는 경우에는 그러한 절차를 거쳐야 한다. 행정청은 행정기본법 제27조에 따라 공법상 법률관계에 관한 계약을 체결할 때 법령등에 따른 관계 행정청의 동의, 승인 또는 협의 등이 필요한 경우에는 이를 모두 거쳐야 한다(동법 시행령 제6조).

(3) 형식에 관한 요건

행정청은 공법상 계약을 체결할 경우 계약의 목적 및 내용을 명확하게 적은 계약서를 작성하여야 한다(행정기본법 제27조 제1항).

(4) 내용에 관한 요건

법우위의 원칙은 공법상 계약에도 적용된다. 따라서 공법상 계약의 내용은 법을 위반하지 않아야 한다.

법의 일반원칙은 공법상 계약에도 적용된다. 비례의 원칙상 행정청은 공법상 계약의 상대방을 선정하고 계약 내용을 정할 때 공법상 계약의 공공성과 제3자의 이해관계를 고려하여야 한다(행정기본법 제27조 제2항). 부당결부금지의 원칙상 행정주체의 급부와 사인의 급부 사이에 실질적 관련성이 있어야 한다.

입법론으로 독일 행정절차법 제58조 제1항에서와 같이 "제3자의 권리를 침해하는 공법상 계약은 그의 동의를 요한다"라는 규정을 추가로 두어야 한다는 견해(김용섭, 한국행정법학회 활동 성과분석 및 행정기본법 제정이후의 전망, 행정법학 제21호, 2021.9, 54면)가 있다.

Ⅳ. 공법상 계약의 내용과 효력

공법상 계약서의 내용은 원칙상 문언대로 확정하여야 한다.

〈판례〉 공법상 계약에서도 계약당사자 사이에 어떠한 계약내용을 서면으로 작성한 경우에 문언의 객관적인 의미가 명확하다면, 특별한 사정이 없는 한 **문언대로** 의사표시의 존재와 내용을 인정해야 한다. 그러나 그 **문언의 객관적인 의미가 명확하게 드러나지 않는 경우**에는 문언의 내용, 계약이 이루어지게 된 동기와 경위, 당사자가 계약으로 달성하려고 하는 목적과 진정한 의사, 유사한 거래 선례, 해당 공법상 법률관계의 근거가 된 법령의 목적과 내용 등을 종합적으로 고찰하여 논리와 경험의 법칙, 그리고 사회일반의 상식과 행정법상 기본원칙 등에 따라 계약내용을 합리적으로 해석해야 한다. 특히 당사자 일방이 주장하는 계약의 내용이 상대방에게 중대한 책임을 부과하게 되는 경우에는 그 문언의 내용을 더욱 엄격하게 해석해야 한다. **계약서에 표현된 당사자의 의사가 명백한데도 합리적인 근거 없이 계약서에 명시되지 않은 내용을 추가하는 것은 의사해석의 범위를 넘어선 것으로 허용될 수 없다**(대판 2024. 12. 12, 2024두41816).

공법상 계약은 위법한 경우 후술하는 바와 같이 원칙상 무효이다.

공법상 계약이 적법한 경우 공법상 계약은 계약당사자 사이에서 계약에 따른 구속력을 가진다.

[판례] [민간해외취업알선 지원 사업계약 종료 후 제재기준과 달리 환불 요구를 거치지 않고 한 지원금 환수통지의 효력이 문제된 사건] (1) **공법상 계약에 관한 해석방법**: 공법상 계약에 있어서도 계약당사자 사이에 어떠한 계약내용을 서면으로 작성한 경우에 문언의 객관적인 의미가 명확하다면, 특별한 사정이 없는 한 문언대로 의사표시의 존재와 내용을 인정해야 한다. 그러나 그 **문언의 객관적인 의미가 명확하게 드러나지 않는 경우**에는 문언의 내용, 계약이 이루어지게 된 동기와 경위, 당사자가 계약으로 달성하려고 하는 목적과 진정한 의사, 유사한 거래 선례, 해당 공법상 법률관계의 근거가 된 법령의 목적과 내용 등을 종합적으로 고찰하여 논리와 경험의 법칙, 그리고 사회일반의 상식과 행정법상 기본원칙 등에 따라 **계약내용을 합리적으로 해석해야 한다. 특히** 당사자 일방이 주장하는 계약의 내용이 상대방에게 중대한 책임을 부과하게 되는 경우에는 그 문언의 내용을 더욱 엄격하게 해석해야 한다. 계약서에 표현된 당사자의 의사가 명백한데도 합리적인 근거 없이 계약서에 명시되지 않은 내용을 추가하는 것은 의사해석의 범위를 넘어선 것으로 허용

될 수 없다(대법원 2016. 12. 15. 선고 2016다238540 판결, 대법원 2021. 12. 30. 선고 2021다264420 판결 등 참조). (2) 피고(한국산업인력공단)가 민간해외취업알선 지원 사업에 참여자인 원고에 대해 취업지원 대상자로부터 선금을 수취하였다는 이유로 이 사건 지원금 환수통지를 하자, 원고는 피고가 '1차 경고 및 환불 요구 후 문제 지속 시 지원금을 환수'하도록 한 제재기준과 달리 환불을 요구하지 않고 곧바로 이 사건 지원금 환수통지를 한 것은 위법하다고 주장하면서, 피고를 상대로 지원금 환수채무의 부존재 확인을 청구한 사건에서 제재기준의 문언과 달리 환불 요구 절차를 거치지 않은 환수조치를 유효하다고 본 원심을 파기·환송한 사례(대판 2024. 12. 12, 2024두41816).

공법상 계약을 기초로 한 신청에 대한 처분을 함에 있어서 원칙상 공법상 계약에 반하지 않아야 한다. 다만, 공법상 계약을 따르기 어려운 사정변경이 생겼거나 중대한 공익상의 필요가 발생한 경우와 같이 특별한 사정이 있는 경우에는 공법상 계약과 다른 처분을 할 수 있다(판례).

[판례] [공법상 계약을 기초로 행정재산에 대한 무상 사용·수익을 신청했다가 거부처분을 받자 그 처분의 취소를 청구한 사건] (1) 공법상 계약 체결에 따른 권리를 취득한 상대방이 그러한 권리의 실질적 보장을 위한 방법의 하나로 공법상 계약의 상대방 측인 행정청을 상대로 수익적 행정행위를 신청하였고 그러한 신청이 공법상 계약에 따른 권리·의무의 이행방식에 위배되는 것이 아니라면, 수익적 행정행위 형식으로 공법상 계약의 권리를 실현시키기 어려운 **사정변경이 생겼거나 중대한 공익상의 필요가 발생한 경우와 같이 특별한 사정이 없는 이상**, 행정청으로서는 수익적 행정행위에 관한 재량권을 **공법상 계약에 반하지 않는 범위에서** 행사하여야 한다. (2) 원고는 피고 측 군부대와 사이에 부대 내 체력단련장에 전자유도카트시스템(이하 '이 사건 시설')을 설치하고 기부채납한 뒤 해당 시설을 운영하면서 얻는 수익금이 설치비용, 금융비용 등을 합산한 금액에 이르러 정산금이 남아 있지 않을 때까지 이 사건 시설과 그 부지를 무상으로 사용·수익하기로 약정(이하 '이 사건 합의')하였고, 이후 피고는 정산금이 남아 있지 않다는 이유로 원고에게 무상 사용·수익허가 종료 통보를 함. **원고는 정산금이 남아 있다고 주장**하면서 이 사건 시설 및 토지의 무상사용을 허가해줄 것을 신청하였는데 피고가 이를 거부하자(이하 '이 사건 처분') 그 처분의 취소를 청구한 사안에서 원심은, 행정재산의 사용허가에는 행정청에 상당한 재량이 있다는 전제에서 이 사건 합의에 따른 원고의 정산금이 남아 있더라도 피고가 원고에게 새롭게 이 사건 시설과 그 부지에 대한 무상 사용·수익을 허가할 의무가 있다거나 이 사건 처분에 재량권 일탈·남용의 위법이 있다고 볼 수 없다고 판단하였으나 대법원은 **피고가 행사할 수 있는 재량의 내용과 범위는** 원고에게 이 사건 시설 및 그 부지에 대한 무상 사용·수익을 허가하기 어려운 **사정변경이 생겼거나 중대한 공익상의 필요가 발생한 것이 아닌 이상 이 사건 합의 내용에 따라 정해지고, 원고의 정산금이 실제로 남아있다면 이 사건 처분은 사실오인에 근거한 것으로 재량권 일탈·남용의 위법이 있다고 보아야 하므로,** 원고의 정산금이 남아 있는지 여부를 심리해야 한다고 보아, 이와 달리 판단한 원심을 파기·환송한 사례(대판 2025. 02. 27, 2024두47890). **〈해설〉** 행정재산에 대한 무상 사용·수익허가처분은 재량행위이고, 사실오인은 재량권의 일탈·남용사유이다(대판 2001. 07. 27, 99두8589).

Ⅴ. 공법상 계약의 종류

1. 행정주체 상호간에 체결되는 공법상 계약

행정주체 상호간의 사무위탁 등 행정사무의 집행과 관련하여 체결된다. 법에 의해 금지되지 않는 한 행정주체 상호간에 공법상 계약이 자유롭게 체결될 수 있다. 행정주체 상호간의 업무위탁계약, 행정비용부담계약(예, 도로법 제24조, 하천법 제9조) 등이 이에 해당한다.

2. 행정주체와 사인간에 체결되는 공법상 계약

사인에 대한 행정사무의 위탁계약, 공무원의 채용계약, 서울특별시 시립무용단원이 가지는 지위가 공무원과 유사한 경우 서울특별시 시립무용단원의위촉계약(대판 1995. 12. 22, 95누4636), 국립중앙극장 전속단원 채용계약(대판 1996. 08. 27, 95나35953), 민간투자사업상 실시협약(서울고법 2004. 06. 24, 2003누6483; 대판 2019. 01. 31, 2017두46455), 임의적 공용부담계약 등이 이에 해당한다. 토지보상법상 토지 등의 협의취득계약을 공법상 계약으로 보는 견해도 있지만 판례는 사법상 매매계약으로 보고 있다(대판 2012. 02. 23, 2010다91206). 또한, 행정실무와 판례는 행정조직내의 무기계약직(공무직)은 공무원이 아니라 사법상 근로자로 본다. 지방자치단체와 근로계약(사법상 계약)을 체결하고 지방자치단체의 관할구역 내에 있는 각급 공립학교에서 근무하는 학교회계직원을 공무원이 아닌 사법상 근로자로 본 사례(대판 2018. 05. 11, 2015다237748)가 있다.

사인이 행정주체의 지위를 갖는 경우 행정주체의 지위에서 다른 사인과 공법상 계약을 체결할 수 있다.

사인인 사업시행자와 토지소유자간에 체결되는 토지수용법상의 협의매수를 그 예로 들 수 있다. 동 협의는 수용절차의 한 단계이며 수용이라는 공권적 강제력이 그 배경으로 되어 있으므로 공법상 계약으로 보는 것이 타당하다.[93] 그러나, 판례는 이를 사법상 계약으로 보고 있다.
물품납품계약, 건축도급계약 등 조달계약을 사법상 계약으로 보는 것이 일반적 견해이며 판례의 입장인데, 공법상 계약으로 보는 견해도 제기되고 있다. 조달계약에서 낙찰자결정도 사법상 행위라고 보는 것이 판례의 입장인데, 조달계약에서 낙찰자결정은 처분에 해당한다고 보는 견해도 있다. 이에 반하여 판례는 국가연구(개발사업)협약은 공법상 계약으로 본다.

Ⅵ. 공법상 계약의 법적 규율

1. 실체법상 규율

(1) 공법적 규율과 사법의 적용

공법상 계약은 공법적 효과를 발생시키며 공익의 실현수단인 점에 비추어 공법

---

93) 김동희, 전게서, 226면.

적 규율의 대상이 된다. 그런데, 행정기본법은 공법상 계약에 대한 실체법상 공법적 규율에 관한 사항을 규정하지 않고, 공법상 계약에 대한 일부 일반적 규정을 두고 있을 뿐이다. 공법상 계약에 대한 특수한 규율은 개별법 또는 법이론상 인정된다.

공법상 계약에 관하여 특별한 규정이 없는 경우에는 「국가를 당사자로 하는 계약에 관한 법률」 또는 「지방자치단체를 당사자로 하는 계약에 관한 법률」 및 계약에 관한 민법의 규정을 적용 또는 유추적용할 수 있다.

[판례] ① [지하주차장 건설 및 운영 관련 민간투자 실시협약이 쌍방미이행 쌍무계약임을 이유로 사업시행자의 파산관재인이 해지를 주장한 사건] [1] 민간투자법은 실시협약(공법상 계약)의 체결로써 상대방에게 사업시행자 지정의 효과를 발생하게 하는데(민간투자법 제13조 제3항), **민간투자 사업시행자와 국가 등의 관계는** 기본적으로 **공법적 성격을 가진 법률관계**로서 대등한 대가관계로 볼 수 없다. [2] 쌍무계약의 특질을 가진 공법적 법률관계에도 쌍방미이행 쌍무계약의 해지에 관한 채무자회생법 제335조 제1항이 **적용 또는 유추적용될 수 있다**(대판 전원합의체 2021. 05. 06, 2017다273441).

② [1] 사업시행자와 '국가 또는 지방자치단체 등'(이하 '국가 등'이라 한다)이 실시협약에 의하여 각기 취득하는 권리의무는 사법상 대등한 당사자 사이에서 체결되는 계약에 의하여 계약당사자가 취득하는 권리의무와는 내용 및 성질을 달리한다. [2] 민간투자법에 따른 실시협약 및 그에 기한 법률행위의 내용을 해석함에 있어서는 민간투자법 및 관련 법률의 규정 내용과 실시협약에서 정한 해석원칙에 벗어나지 않도록 하여야 한다. [3] 甲 주식회사가 주무관청과 체결한 '대학교 생활관 신축 임대형 민간투자시설사업'의 실시협약에서 '사업시행자가 정당한 사유 없이 준공예정일을 초과하여 준공하는 경우 사업시행자는 지체상금을 납부할 의무를 부담하고, 이때 '준공예정일'은 실시계획상의 공정계획에 명시된 준공예정일을 의미한다.'고 규정하고 있는 사안에서, 사업시행자가 실시계획상의 공정계획에 명시된 준공예정일을 도과하여 공사를 준공한 이상 실시협약의 지체상금 규정 등에 따라 원칙적으로 지체상금 채무가 발생한다고 한 사례(대판 2021. 06. 24, 2020다270121).

(2) 공법상 계약의 하자의 효과

공법상 계약에는 공정력이 인정되지 않으므로 위법한 공법상 계약은 원칙상 무효라는 것이 다수견해이다. 공법상 계약이 무효인 경우 계약이 목적으로 하는 권리나 의무는 발생하지 않는다.

이에 대하여 공법상 계약의 하자를 의사표시상의 하자와 내용상의 하자로 나누어 의사표시상의 하자는 민법상 계약의 경우와 마찬가지로 무효 또는 취소의 하자가 모두 인정되고, 내용상 하자에 있어서는 행정행위와 달리 공정력이 인정되지 않으므로 무효만이 인정된다는 견해가 있다(류지태·박종수, 316면).

실무상 공법상 계약의 효력을 다투는 소송은 공법상 계약의 무효확인을 구하는 당사자소송으로 제기되고 있는 점에 비추어(대판 1996. 05. 31, 95누10617 등) 판례는 위법한 공법상 계약을 무효로 보고 있는 것으로 보인다.

[참조판례] [1] 구 지방재정법 및 구 예산회계법령상의 요건과 절차를 거치지 아니하고 체결된 지방자치단체와 사인 간의 사법상 계약 및 예약은 무효이다. [2] 지방자치단체가 사인과 사법상의 계약을 체결할 때 따라야 할 요건과 절차를 규정한 법령은 강행규정이고, 강행규정에 위반된 계약의 성립을 부정하거나 무효를 주장하는 것이 신의칙에 반하지 않는다(대판 2004. 01. 27, 2003다14812[소유권이전등기등]).

행정의 원활한 수행의 보장을 위하여 법률의 규정에 의해 행정행위에서의 공정력에 준하는 효력을 부여할 수 있을 것이다. 즉, 위법한 계약이라도 상대방인 국민은 일정한 기간 내에만 그 계약의 무효를 주장할 수 있는 것으로 규정할 수도 있을 것이다.

공법상 계약의 위법이 계약의 일부에만 존재하는 경우에 위법인 부분이 위법이 아닌 부분과 분리될 수 없는 경우에는 당해 계약은 전부 무효가 된다.

위법인 부분이 위법이 아닌 부분과 분리될 수 있는 경우에는 계약당사자가 위법인 부분이 없었더라면 당해 계약을 체결하지 않았을 것이라고 판단되는 경우에 한하여 계약 전체가 무효가 된다.

(3) 공법상 계약의 집행상 특수한 규율

공법상 계약에 따른 의무의 불이행이 있는 경우 행정청이 그 의무의 집행을 강제하는 것(행정상 강제집행)은 법률유보의 원칙상 법률의 명시적 근거가 없는 한 불가능하다. 행정상 강제집행의 명시적 근거가 없는 경우 민사상 강제집행을 할 수 있다.

행정기본법은 공법상 계약의 변경, 해지 및 해제에 관한 규정을 두고 있지 않다. 따라서, 의무불이행의 경우 민법상 계약의 해지규정이 유추적용된다. 다만, 공법상 계약의 집행에 있어서는 공익의 실현을 보장하기 위하여 명문의 규정이 없는 경우에도 다음과 같이 계약의 해지 등에 관한 민법의 원칙이 수정되는 경우가 있다.

① 공법상 계약의 기초가 된 법률상 또는 사실상의 상황에 중대한 변화가 있어 계약내용을 그대로 이행하는 것이 공익상 적절하지 않을 경우에는 행정청은 새로운 상황에 적응되도록 계약내용의 변경을 요구하는 권한 또는 계약해지권을 갖는다고 보아야 한다. 왜냐하면 행정은 공익목적을 추구하므로 행정주체로 하여금 공법상 계약을 공익목적에 적합하게 적응시킬 수 있도록 하여야 하기 때문이다.

② 행정주체에 의한 계약내용변경의 요구시에 새로운 공법상계약이 체결되기 전까지 행정주체의 계약상 의무의 불이행은 채무불이행이 되지 않는다.

③ 행정주체의 요구에 따른 계약의 변경으로 인한 계약상대방인 국민의 부담의 증가는 행정주체의 부담으로 하여야 한다. 또한 계약의 해지로 인한 손실은 손실보상에 준하여 보상되어야 한다.

④ 공법상 계약에 의한 의무의 불이행이 있는 경우에 행정주체에게는 계약의 해지권이 인정되지만, 계약상대방인 국민에게는 해지가 공익에 반하는 경우에는 인정되지 않고, 이 경우에 국민은 채무불이행에 의한 손해배상청구만을 할 수 있다고 보아야 한다.

⑤ 공법상 계약에 의한 의무의 불이행에 대해서는 행정대집행법이 적용되지 않는다. 계약상의 의무불이행에 대해서는 법원의 판결을 받아 강제하여야 한다. 다만, 공법상 계약에 의한 의무의 불이행에 대하여 개별법에서 행정강제를 규정하는 경우가 있다.

2. 절차법상 규율

행정기본법은 공법상 계약절차에 관한 극히 일부 일반규정을 두고 있을 뿐이다. 행정절차법은 공법상 계약절차에 관한 규정을 두고 있지 않다.

[판례] **계약직공무원 채용계약해지의 의사표시**는 일반공무원에 대한 징계처분과는 달라서 항고소송의 대상이 되는 처분 등의 성격을 가진 것으로 인정되지 아니하고, **일정한 사유가 있을 때에 국가 또는 지방자치단체가 채용계약 관계의 한쪽 당사자로서 대등한 지위에서 행하는 의사표시로 취급되는 것으로 이해되므로,** 이를 징계해고 등에서와 같이 그 징계사유에 한하여 효력 유무를 판단하여야 하거나, **행정처분과 같이 행정절차법에 의하여 근거와 이유를 제시하여야 하는 것은 아니다**(대판 2002. 11. 26, 2002두5948[전임계약해지무효확인]).

3. 소송법상 규율

(1) 공법상 당사자소송

공법상 계약에 관한 소송은 민사소송이 아니라 공법상 당사자소송에 의한다. 공법상 계약의 무효확인소송, 공법상 계약에 의한 의무의 확인에 관한 소송 및 계약의 무불이행시의 의무이행소송도 공법상 당사자소송에 의한다(서울고법 1987. 12. 07, 87구633: 지방전문직공무원 채용계약의 해지에 관한 소송).

또한, 판례는 계약직공무원의 해촉 또는 계약직공무원채용계약 해지의 의사표시도 처분으로 보아야 하는 특별한 사정이 없는 한 공법상 당사자소송으로 해촉 또는 해지의 의사표시의 무효확인을 청구하여야 한다고 보고 있다.

[판례] **① 전문직공무원인 공중보건의사의 채용계약의 해지**가 관할 도지사의 일방적인 의사표시에 의하여 그 신분을 박탈하는 불이익처분이라고 하여 곧바로 그 의사표시가 관할 도지사가 행정청으로서 공권력을 행사하여 행하는 행정처분이라고 단정할 수는 없고, **공무원 및 공중보건의사에 관한 현행 실정법이 공중보건의사의 근무관계에 관하여 구체적으로 어떻게 규정하고 있는가에 따라 그 의사표시가 항고소송의 대상이 되는 처분 등에 해당하는 것인지의 여부를 개별적으로 판단하여야 할 것인바,** 농어촌 등 보건의료를 위한 특별조치법 제2조, 제3조, 제5조, 제9조, 제26조와

같은 법 시행령 제3조, 제17조, 전문직공무원규정 제5조 제1항, 제7조 및 국가공무원법 제2조 제3항 제3호, 제4항 등 관계 법령의 규정내용에 미루어 보면 현행 실정법이 전문직공무원인 공중보건의사의 채용계약 해지의 의사표시는 일반공무원에 대한 징계처분과는 달라서 항고소송의 대상이 되는 처분 등의 성격을 가진 것으로 인정되지 아니하고, 일정한 사유가 있을 때에 관할 도지사가 채용계약 관계의 한쪽 당사자로서 대등한 지위에서 행하는 의사표시로 취급하고 있는 것으로 이해되므로, **공중보건의사 채용계약 해지의 의사표시에 대하여는 대등한 당사자간의 소송형식인 공법상의 당사자소송으로 그 의사표시의 무효확인을 청구할 수 있는 것**이지, 이를 항고소송의 대상이 되는 행정처분이라는 전제하에서 그 취소를 구하는 항고소송을 제기할 수는 없다(대판 1996. 05. 31, 95누10617).

② 판례는 서울시립무용단원의 해촉(대판 1995. 12. 22, 95누4636), 지방전문직공무원채용계약의 해지(대판 1993. 09. 14, 92누4611)도 당사자소송의 대상이 되는 것으로 본다.

③ 중소기업 정보화지원사업을 위한 협약의 해지에 따른 정부지원금 환수통보가 행정처분에 해당하는지 여부(소극): (1) 구 중소기업기술혁신 촉진법(2010. 3. 31. 법률 제10220호로 개정되기 전의 것, 이하 '법'이라 한다) 상 중소기업 정보화지원사업에 따른 지원금 출연을 위하여 중소기업청장이 체결하는 협약은 공법상 대등한 당사자 사이의 의사표시의 합치로 성립하는 공법상 계약에 해당한다. (2) 중소기업 정보화지원사업을 위한 협약이 공법상 계약이고, 동 협약에서 해지에 관한 사항을 정하고 있고 이에 따라 협약 해지를 통보한 경우, 그 효과는 전적으로 협약이 정한 바에 따라 정해질 뿐, 달리 협약 해지의 효과 또는 이에 수반되는 행정상 제재 등에 관하여 관련 법령에 아무런 규정을 두고 있지 아니한 점 등을 종합하면, 이 사건 협약의 해지 및 그에 따른 이 사건 환수통보는 공법상 계약에 따라 행정청이 대등한 당사자의 지위에서 하는 의사표시로 봄이 타당하고, 이를 행정청이 우월한 지위에서 행하는 공권력의 행사로서 행정처분에 해당한다고 볼 수는 없다(대판 2015. 08. 19, 2015두41449[정보화지원사업참여제한처분무효확인]).

④ **민간투자사업 실시협약**을 체결한 당사자가 **공법상 당사자소송**에 의하여 **그 실시협약에 따른 재정지원금의 지급을 구하는 경우**에, **수소법원은** 단순히 주무관청이 산정한 재정지원금액에 위법이 있는지를 심사하는 데 그쳐서는 아니 되고, 실시협약에 따른 적정한 **재정지원금액이 얼마인지를 구체적으로 심리 · 판단하여야 한다**(대판 2019. 01. 31, 2017두46455).

공법상 계약의 무효의 확인을 구하는 당사자소송은 확인소송이므로 확인의 이익(즉시확정의 이익)이 요구된다.

[판례] 지방자치단체와 채용계약에 의하여 채용된 **계약직공무원이 그 계약기간 만료 이전에 채용계약 해지 등의 불이익을 받은 후 그 계약기간이 만료된 때**에는 그 채용계약 해지의 의사표시가 무효라고 하더라도, 지방공무원법이나 지방계약직공무원규정 등에서 계약기간이 만료되는 **계약직공무원에 대한 재계약의무를 부여하는 근거규정이 없으므로** 계약기간의 만료로 당연히 계약직공무원의 신분을 상실하고 계약직공무원의 신분을 회복할 수 없는 것이므로, 그 해지의사표시의 무효확인청구는 **과거의 법률관계의 확인청구에 지나지 않는다** 할 것이고, 한편 **과거의 법률관계라 할지라도 현재의 권리 또는 법률상 지위에 영향을 미치고 있고 현재의 권리 또는 법률상 지위에 대한 위험이나 불안을 제거하기 위하여 그 법률관계에 관한 확인판결을 받는 것이 유효 적절한 수단이라고 인정될 때에는 그 법률관계의 확인소송은 즉시확정의 이익이 있다고 보아야 할 것이나,** 계약직공무원에 대한 채용계약이 해지된 경우에는 공무원 등으로 임용되는 데에 있어서 법령상의 아무런 제약사유가 되지 않을 뿐만 아니라, 계약기간 만료 전에 채용계약이 해지된 전력이 있는

사람이 공무원 등으로 임용되는 데에 있어서 그러한 전력이 없는 사람보다 사실상 불이익한 장애사유로 작용한다고 하더라도 **그것만으로는 법률상의 이익이 침해되었다고 볼 수는 없으므로 그 무효확인을 구할 이익이 없다**(대판 2002. 11. 26. 2002두1496 등 참조). 또한, **이 사건과 같이 이미 채용기간이 만료되어 소송 결과에 의해 법률상 그 직위가 회복되지 않는 이상 채용계약 해지의 의사표시의 무효확인만으로는 당해 소송에서 추구하는 권리구제의 기능이 있다고 할 수 없고, 침해된 급료지급청구권이나 사실상의 명예를 회복하는 수단은 바로 급료의 지급을 구하거나 명예훼손을 전제로 한 손해배상을 구하는 등의 이행청구소송으로 직접적인 권리구제방법이 있는 이상 무효확인소송은 적절한 권리구제수단이라 할 수 없어 확인소송의 또 다른 소송요건을 구비하지 못하고 있다 할 것이며**, 위와 같이 직접적인 권리구제의 방법이 있는 이상 무효확인 소송을 허용하지 않는다고 해서 당사자의 권리구제를 봉쇄하는 것도 아니다(대판 2008. 06. 12, 2006두16328[전임계약직공무원(나급)재계약거부처분및감봉처분취소]: 채용계약 해지의사표시의 무효확인청구부분은 확인의 이익이 없어 부적법하다고 한 사례). 〈해설〉 그러나 당사자소송에도 취소소송에서의 기속력규정(제30조 제1항)이 준용되므로 해지의사표시의 무효확인판결의 기속력 중 위법상태제거의무로 봉급지급의무가 인정될 수 있다. 따라서, 이 사건에서 확인의 이익이 있다고 볼 수도 있다.

(2) 항고소송의 대상이 되는 경우

행정청에 의한 공법상 계약의 체결 여부 또는 계약상대방의 결정은 처분성을 가지며 공법상 계약과 분리될 수 있는 경우 행정소송법상 처분에 해당하고, 항고소송의 대상이 된다고 보아야 한다.

[판례] ① “사회기반시설에 대한 민간투자법” 제13조 제3항상의 실시협약(동법에 의하여 주무관청과 민간투자사업을 시행하고자 하는 자간에 사업시행의 조건 등에 관하여 체결하는 계약)은 공법상 계약이고, 그 이전에 행해지는 동법 제13조 제2항상의 행정청의 협상대상자(특별한 사정이 없는 한 사업시행자가 된다) 지정행위는 행정행위의 성질을 갖는 것으로 보아야 한다(서울고법 2004. 06. 24, 2003누6483).
② 민간투자법상 민간투자시설사업시행자지정을 처분으로 본 사례(대판 2009. 04. 23, 2008두242[민간투자시설사업시행자지정처분취소]). 실시협약 체결 후 사업시행 전에 행해지는 민간투자법 제15조 제1항의 민간투자사업 실시계획의 승인도 처분(행정행위)이다.

또한, 법에 근거하여 제재로서 행해지는 공법상 계약의 해지 등 계약상대방에 대한 권력적 성격이 강한 행위는 행정소송법상 처분으로 보아야 한다.

[판례] ① [1] **지방계약직공무원**에게도 징계에 관한 지방공무원법이 적용되며 지방공무원법 제73조의3과 지방공무원징계 및 소청규정 제13조 제4항에 의하여 지방계약직공무원에게도 지방공무원법 제69조 제1항 각 호의 징계사유가 있는 때에는 **징계처분을 할 수 있다**. [2] 보수의 삭감은 이를 당하는 공무원의 입장에서는 징계처분의 일종인 감봉과 다를 바 없고, 근로기준법 등의 입법취지, 지방공무원법과 지방공무원징계 및 소청규정의 여러 규정에 비추어 볼 때, 채용계약상 특별한 약정이 없는 한, 지방계약직공무원에 대하여 지방공무원법, 지방공무원징계 및 소청규정에 정한 징계절차에 의하지 않고서는 보수를 삭감할 수 없다고 봄이 상당하다(대판 2008. 06. 12, 2006두16328[전임계약직공무원(나급)재계약거부처분및감봉처분취소]). 〈해설〉 이미 상기 대판 95누10617에

서 이러한 가능성을 선언하였었다.
② 구 산업집적활성화 및 공장설립에 관한 법률(2009. 2. 6. 법률 제9426호로 개정되기 전의 것) 제42조 제1항 제6호에 따른 **산업단지 입주계약의 해지통보는** 단순히 대등한 당사자의 지위에서 형성된 공법상계약을 계약당사자의 지위에서 종료시키는 의사표시에 불과하다고 볼 것이 아니라 행정청인 관리권자로부터 관리업무를 위탁받은 피고(한국산업단지공단)가 우월적 지위에서 원고에게 일정한 법률상 효과를 발생하게 하는 것으로서 **항고소송의 대상이 되는 행정처분에 해당한다**고 한 사례(대판 2011. 06. 30, 2010두23859).
③ **과학기술기본법령상 사업 협약의 해지 통보는** 단순히 대등 당사자의 지위에서 형성된 공법상계약을 계약당사자의 지위에서 종료시키는 의사표시에 불과한 것이 아니라 **행정청이 우월적 지위에서 연구개발비의 회수 및 관련자에 대한 국가연구개발사업 참여제한 등의 법률상 효과를 발생시키는 행정처분**에 해당한다(대판 2014. 12. 11, 2012두28704[2단계BK21사업처분취소]). **〈해설〉** 과학기술기본법령상 사업 협약의 해지 통보가 법령상 해지 통보이고, 국가연구개발사업 참여제한 등의 법률상 효과를 발생시킨다는 점을 주목하여야 한다. 한편 동 판결은 재단법인 한국연구재단이 갑 대학교 총장에게 **연구개발비의 부당집행을 이유로** '해양생물유래 고부가식품·향장·한약 기초소재 개발 인력양성사업에 대한 2단계 두뇌한국(BK)21 사업' **협약을 해지하고 연구팀장 을에 대한 대학 자체 징계 요구 등을 통보한 사안에서, 재단법인 한국연구재단이 갑 대학교 총장에게 을에 대한 대학 자체징계를 요구한 것은** 법률상 구속력이 없는 권유 또는 사실상의 통지로서 을의 권리, 의무 등 법률상 지위에 직접적인 법률적 변동을 일으키지 않는 행위에 해당하므로, 항고소송의 대상인 **행정처분에 해당하지 않는다**고 본 원심판단을 정당하다고 하였다(대판 2014. 12. 11, 2012두28704[2단계BK21사업처분취소]).

조달계약 및 공법상 계약에 관한 입찰참가자격제한이 법적 근거에 따른 경우 처분에 해당한다고 보는 것이 판례의 입장이다. 이에 반하여 입찰참가자격 제한 조치가 계약상의 의사표시인 경우에는 항고소송의 대상이 되는 처분이 아니다.

공기업·준정부기관이 입찰을 거쳐 계약을 체결한 상대방에 대해 공공기관의 운영에 관한 법률 제39조 제2항 등에 따라 **계약조건 위반을 이유로 입찰참가자격제한 처분을 하기 위해서는** 입찰공고와 계약서에 미리 계약조건과 그 계약조건을 위반할 경우 입찰참가자격 제한을 받을 수 있다는 사실을 모두 명시해야 한다. 계약상대방이 입찰공고와 계약서에 기재되어 있는 계약조건을 위반한 경우에도 공기업·준정부기관이 입찰공고와 계약서에 미리 그 계약조건을 위반할 경우 입찰참가자격이 제한될 수 있음을 명시해 두지 않았다면, 위 규정들을 근거로 입찰참가자격제한처분을 할 수 없다(대판 2021. 11. 11, 2021두43491).

[판례] (1) 공공기관의 입찰참가자격 제한 조치가 법령에 따른 행정처분인지 아니면 계약상 의사표시인지 모호할 경우에 이를 구별하는 기준: **공기업·준정부기관이 법령 또는 계약에 근거하여 선택적으로 입찰참가자격 제한 조치를 할 수 있는 경우,** 계약상대방에 대한 입찰참가자격 제한 조치가 **법령에 근거한 행정처분인지 아니면 계약에 근거한 권리행사인지는 원칙적으로 의사표시의 해석 문제이다.** 이때에는 공기업·준정부기관이 계약상대방에게 통지한 문서의 내용과 해당 조치에 이르기까지의 과정을 객관적·종합적으로 고찰하여 판단하여야 한다. 그럼에도 불구하고 공기

업·준정부기관이 법령에 근거를 둔 행정처분으로서의 입찰참가자격 제한 조치를 한 것인지 아니면 계약에 근거한 권리행사로서의 입찰참가자격 제한 조치를 한 것인지 여부가 여전히 불분명한 경우에는, 그에 대한 불복방법 선택에 중대한 이해관계를 가지는 그 조치 상대방의 인식가능성 내지 예측가능성을 중요하게 고려하여 규범적으로 이를 확정함이 타당하다. (2) 공공기관의 입찰참가자격 제한 조치가 법령에 따른 행정처분인지 아니면 계약상 의사표시인지 모호할 경우에는 그 불복방법 선택에 중대한 이해관계를 가지는 그 조치 상대방의 인식가능성 내지 예측가능성을 중요하게 고려하여 규범적으로 이를 확정하여야 한다고 보아 피고의 입찰참가자격 제한 조치가 항고소송의 대상이 아니라는 본안전 항변을 배척한 사례(대판 2018. 10. 25, 2016두33537). 〈해설〉 공기업·준정부기관이 법령에 근거하지 않고 계약에 근거하여 한 입찰참가자격 제한조치는 처분이 아니다.

국가계약법 제27조 제1항 제3호의 '발주관서의 승인 없이 하도급을 한 경우'는 법령상 제한규정을 위반한 경우만이 아니라 계약상 의무를 위반하여 하도급을 한 경우까지 포함한다. 따라서 국가계약법 제27조 제1항 제3호의 부정당업자는, ① 법률에 따른 하도급에 관한 제한규정을 위반(하도급통지의무위반의 경우는 제외)하여 하도급을 한 자, ② 법령상 또는 계약상 의무에 따른 발주관서의 승인 없이 하도급을 한 자, ③ 발주관서의 승인을 얻은 하도급조건을 변경한 자 중 어느 하나에 해당하여야 한다(대판 2022. 12. 29, 2022두57190[입찰참가자격제한처분취소]).

구 국가를 당사자로 하는 계약에 관한 법률 시행령(2013. 6. 17. 대통령령 제24601호로 개정되기 전의 것) 제76조 제8항, 구 지방자치단체를 당사자로 하는 계약에 관한 법률 시행령(2015. 8. 19. 대통령령 제26491호로 개정되기 전의 것) 제92조 제8항, 구 공기업·준정부기관 계약사무규칙(2016. 9. 12. 기획재정부령 제571호로 개정되기 전의 것) 제15조 제11항(이하 세 조항을 통틀어 '확장제재 조항'이라 한다)은 최초의 입찰참가자격 제한 처분에 직접 적용되는 근거 규정이 아니라, 입찰참가자격 제한 처분이 있은 후에 그 처분에 기초하여 다른 처분청이 새로운 제재를 할 수 있는 근거 조항일 뿐이다. 따라서 어떤 처분청이 부정당업자의 입찰참가자격을 제한하는 처분을 한 경우 확장제재 조항에 따라 다른 처분청에 의한 별도의 제재 없이도 그 효력이 당연히 확장되는 것은 아니다(대판 2017. 04. 07, 2015두50313).

입찰참가자격제한처분에 따른 입찰참가자격제한의 효과는 해당 계약의 당사자 사이에만 미치는 것이 아니라 특별한 정함이 없는 한 해당 계약 일반에 미친다. 해당 계약 일반에 미치는 입찰참가자격제한처분에 대해서는 비례원칙 위반 여부가 다투어지는 경우가 많다.

지방자치단체장이 조달청장에게 수요물자 구매에 관한 계약 체결을 요청한 경우, 그 계약의 이행 등과 관련한 입찰 참가자격 제한에 관한 권한이 있는 자는 지방자치단체장이다(대판 2012. 11. 15, 2011두31635).

[판례] ① [1] **조달청장이 조달사업에 관한 법률 제5조의2 제1항 또는 제2항에 따라 수요기관으로부터 계약 체결을 요청받아 그에 따라 체결하는 계약의 성격:** 조달청장이 조달사업에 관한 법률 제5조의2 제1항 또는 제2항에 따라 수요기관으로부터 계약 체결을 요청받아 그에 따라 체결하는 계약은, 국가가 당사자가 되고 수요기관은 수익자에 불과한 **'제3자를 위한 계약'**에 해당한다. [2] **준정부기관으로부터 공공기관의 운영에 관한 법률 제44조 제2항에 따라 계약 체결 업무를 위탁받은 조달청장이 국가를 당사자로 하는 계약에 관한 법률 제27조 제1항에 따라 계약상대방에 대하여 입찰참가자격 제한 처분을 할 수 있는지 여부(적극):** 국가가 수익자인 수요기관을 위하여 국민을 계약상대자로 하여 체결하는 **요청조달계약**에는 다른 법률에 특별한 규정이 없는 한 당연히 국가계약법이 적용된다. 그러나 위 법리에 의하여 **요청조달계약에 적용되는 국가계약법 조항은** 국가가 사경제주체로서 국민과 대등한 관계에 있음을 전제로 한 **사법(私法)관계에 관한 규정에 한정되고,** 고권적 지위에서 국민에게 침익적 효과를 발생시키는 행정처분에 관한 규정까지 당연히 적용된다고 할 수 없다. 특히 요청조달계약에 있어 조달청장은 수요기관으로부터 요청받은 계약 업무를 이행하는 것에 불과하므로, **조달청장이 수요기관을 대신하여 국가계약법 제27조 제1항에 규정된 입찰참가자격 제한 처분을 할 수 있으려면 그에 관한 수권의 근거 또는 수권의 취지가 포함된 업무 위탁에 관한 근거가 법률에 별도로 마련되어 있어야 한다. 공공기관운영법 제44조 제2항은 국가계약법상의 입찰참가자격 제한 처분의 수권 취지가 포함된 업무 위탁에 관한 근거 규정에 해당한다.** 이러한 법리와 관련 규정의 내용 및 취지에 비추어 보면, **준정부기관으로부터 공공기관운영법 제44조 제2항에 따라 계약 체결 업무를 위탁받은 조달청장은 국가계약법 제27조 제1항에 따라 입찰참가자격 제한 처분을 할 수 있는 권한이 있다**고 봄이 타당하다(대판 2017. 12. 28, 2017두39433).

② **수요기관이 기타공공기관인 요청조달계약의 경우에 관하여 조달청장이 구 국가를 당사자로 하는 계약에 관한 법률 제27조 제1항에 따라 계약상대방에 대하여 입찰참가자격 제한 처분을 할 수 있는지 여부(소극):** 공공기관의 운영에 관한 법률 제44조 제2항은 "공기업·준정부기관은 필요하다고 인정하는 때에는 수요물자 구매나 시설공사계약의 체결을 조달청장에게 위탁할 수 있다."라고 규정함으로써, **공기업·준정부기관에 대해서는 입찰참가자격 제한 처분의 수권 취지가 포함된 업무 위탁에 관한 근거 규정을 두고 있는 반면, 기타공공기관은 여기에서 제외하고 있음을 알 수 있다.** 따라서 **수요기관이 기타공공기관인 요청조달계약의 경우**에 관하여는 입찰참가자격 제한 처분의 수권 등에 관한 법령상 근거가 없으므로, **조달청장이 국가계약법 제27조 제1항에 의하여서는 계약상대방에 대하여 입찰참가자격 제한 처분을 할 수는 없고, 그 밖에 그러한 처분을 할 수 있는 별도의 법적 근거도 없다**(대판 2017. 06. 29, 2014두14389[입찰참가자격제한처분취소]). 〈해설〉 (1) 따라서, **대법원은** 이 사건 원고(OO건설주식회사)에 대한 입찰참가제한처분은 법률유보원칙 위반으로 위법하다고 하면서 원심판결을 파기환송하였다. 원심 판단에는 공·사법의 관계의 구분에 관한 법리에 관한 오해가 있다고도 하였다. 그러나, 제1심법원인 서울행정법원과 원심인 서울고등법원은 이 사건 요청조달계약에 입찰참가자격제한처분 근거규정인 국가계약법 제27조 제1항도 적용된다고 보고 조달청장은 기타 공공기관을 위한 요청조달계약에 있어서도 국가계약법 제27조 제1항에 근거하여 입찰참가자격제한처분을 할 수 있다고 하였다. (2) **사견으로는** 공기업·준정부기관의 공사계약체결권한은 사법상 권한이고, 입찰참가자격제한처분권한은 공법상 권한이고, 공기업·준정부기관의 공사계약체결권한과 입찰참가자격제한처분권한은 구분되는 것이므로 공기업·준정부기관의 공사계약체결권한의 위탁에 관한 규정이 입찰참가자격 제한 처분의 수권규정도 된다고 본 것은 타당하지 않다. (3) **사견으로는** 이 사건 요청조달계약을 '제3자를 위한 계약'으로 보고, 조달

청장을 동 계약의 당사자로 본다면 특별한 사정이 없는 한 입찰참가자격제한규정인 국가계약법 제27조 제1항을 포함하여 국가계약법이 이 사건 요청조달계약에 적용된다고 본 제1심법원인 서울행정법원과 원심인 서울고등법원의 판결이 대법원 판결 보다 타당한 것으로 생각된다. **(4) 이 사건에서 원고인 OO건설주식회사는 다음과 같이 주장하였다:** '부산대학교병원 외상전문센터 건립공사 계약'의 당사자는 부산대학교병원과 원고이고, 피고인 조달청장은 단지 계약수탁자의 지위만을 갖는다(이 사건 공사계약은 '제3자를 위한 계약'이 아니다)고 보면서 부산대학교병원은 공공기관이므로 이 사건 공사계약에는 공공기관의 운용에 관한 법률(이하 '공공기관법'이라 한다)이 적용되어야 하고, 피고가 계약당사자가 아니므로 국가계약법이 적용될 수 없다. 따라서, 국가계약법 제27조 제1항에 근거한 이 사건 입찰참가자격제한처분은 권한 없는 자가 한 처분으로서 위법하다.

(3) 국가배상청구소송

공법상 계약에 의한 의무의 불이행으로 인한 손해배상청구 및 공법상 계약의 체결상 및 집행상의 불법행위로 인한 손해배상청구는 국가배상청구이므로 공법상 당사자소송에 의하도록 하는 것이 이론상 타당하다. 다만, 실무상으로는 국가배상청구소송을 민사소송으로 보고 있다.

제 5 장　행정상 사실행위

Ⅰ. 의　　의

행정상 사실행위라 함은 행정목적을 달성하기 위하여 행해지는 물리력의 행사를 말한다. 사실행위의 예로는 폐기물 수거, 행정지도, 대집행의 실행, 행정상 즉시강제 등이 있다.

행정기관의 행위는 직접적인 법적 효과를 발생시키는가를 기준으로 하여 법적 행위와 사실행위로 구분되고 있다. 사실행위는 직접적으로는 법적 효과를 발생시키지 않는 행위이다. 달리 말하면 법질서에 직접적인 변경을 가져오지 않는 행위이다. 그러나, 사실행위도 간접적으로는 법적 효과를 발생시키는 경우가 있다. 예를 들면, 위법한 사실행위로 인하여 국민에게 손해가 발생한 경우에 국가 또는 지방자치단체는 피해국민에 대하여 손해배상의무를 지고, 피해자인 국민은 손해배상청구권을 갖게 된다.

행정기관의 행위는 양적으로 볼 때에는 대부분 사실행위이다. 그럼에도 불구하고 사실행위가 법적 행위보다 행정법에서 중요성을 인정받지 못하고 있는 것은 사실행위에서는 법적 행위에 비하여 법적 문제가 보다 적게 발생하기 때문이다. 사실행위는 통상 행정결정(법적 행위)을 준비하거나 행정결정을 집행하는 수단이 된다.

Ⅱ. 행정상 사실행위에 대한 구제

1. 법정 항고쟁송

(1) 사실행위의 처분성

행정상 사실행위에 대한 항고쟁송이 인정되기 위하여는 행정상 사실행위가 행정심판법과 행정소송법상의 '처분'개념에 포함되어야 한다.

사실행위의 처분성에 관하여는 견해가 대립하고 있다.

1) 긍정설

이 견해는 권력적 사실행위 및 사실상 강제력을 미치는 비권력적 사실행위는 그 자체가 행정소송법 및 행정심판법상의 처분에 해당한다고 본다. 이 견해는 쟁송법상 개념설에서 주장된다.

그 **논거**는 쟁송법상 개념설의 논거와 동일하다. 즉, ① 취소소송중심주의하에서 그리고, 사실행위에 대한 당사자소송을 인정하지 않고 있는 현행 행정쟁송법하에서 사실행위에 대한 실효적인 권익구제를 위하여 사실행위를 항고쟁송의 대상으로 보아야 한다. ② 행정쟁송법상의 취소는 민법상의 취소와 달리 위법상태를 제거하는 의미 또는 위법확인의 의미를 갖는다고 보면 사실행위의 취소도 가능하다.

긍정설 중에도 권력적 사실행위를 항고소송법상 "구체적 사실에 관한 법집행으로서의 공권력행사 또는 거부"에 해당한다는 견해와 "그 밖에 이에 준하는 행정작용"에 해당한다고 보는 견해가 있다. 사실상 강제력을 미치는 비권력적 사실행위는 "그 밖에 이에 준하는 행정작용"에 해당한다고 본다.

2) 수인하명설

이 견해는 권력적 사실행위 자체가 아니라 권력적 사실행위에 결합되어 있는 행정행위인 수인하명이 항고쟁송의 대상이 된다고 한다. 이 견해는 실체법상 개념설에서 주장된다. 수인하명설(受忍下命說)을 긍정설로 보는 경우가 많지만, 엄밀한 의미의 긍정설은 일정한 사실행위 자체를 처분으로 보는 견해인 반면에 수인하명설은 권력적 사실행위에 결합되어 있는 행정행위인 수인하명을 처분으로 보는 것이므로 양 학설을 구분하는 것이 타당하다.

따라서, 수인하명을 수반하지 않는 권력적 사실행위 및 비권력적 사실행위는 항고소송의 대상이 될 수 없다고 본다(홍정선, 897면).

이 견해의 **논거**는 다음과 같다. ① 사실행위에 대하여는 취소를 생각할 수 없다. ② 사실행위에 대한 당사자소송을 인정하고 있지 않으므로 사실행위(엄밀히 말하면 사실행위에 결합되어 있는 수인하명)에 대한 실효적인 권익구제를 위하여 사실행위를 항고쟁송의 대상으로 보아야 한다.

3) 부정설

이 견해는 사실행위는 항고소송의 대상이 되지 않으며 사실행위에 대한 권익구제는 예방적 금지소송 또는 당사자소송인 이행소송, 금지소송 또는 공법상 결과제거청구소송으로 도모하여야 한다고 한다. 이 견해는 실체법상 개념설에서 주장된다.

이 견해의 **논거**는 다음과 같다. ① 사실행위에 대하여는 취소를 생각할 수 없다. ② 계쟁행위의 성질이 다름에 따라 다른 소송유형을 인정하여야 한다.

이 견해의 문제점은 현행법 및 판례상 사실행위에 대한 예방적 금지소송이나 당사자소송이 인정되고 있지 않기 때문에 이 견해에 의하면 현행법상 사실행위에 대한 실효성있는 권익구제가 어렵게 된다는 점이다.

4) 판 례

판례는 권력적 사실행위를 행정소송법상 처분으로 본다(대판 2014. 02. 13, 2013두20899).

[판례] ① 교도소장이 수형자 갑을 '접견내용 녹음·녹화 및 접견 시 교도관 참여대상자'로 지정한 사안에서, 위 지정행위(이에 따라 접견 시마다 사생활의 비밀 등 권리에 제한을 가하는 교도관의 참여, 접견내용의 청취·기록·녹음·녹화가 이루어짐)는 권력적 사실행위로서 항고소송의 대상이 되는 '처분'에 해당한다고 본 원심판단을 정당한 것으로 수긍한 사례(대판 2014. 02. 13, 2013두20899).
② 대법원 판례는 단수처분(대판 1979. 12. 28, 79누218), 교도소재소자의 이송조치(대결 1992. 08. 07, 92두30)의 처분성을 인정하고 있다.

5) 결 어

당사자소송으로 금지소송이나 이행소송이 인정되지 않고 있는 현행법하에서 실효적인 권리구제를 위해서는 사실행위를 처분으로 보아 항고쟁송의 대상으로 하는 것이 타당하므로 긍정설이 타당하다. 또한, 항고쟁송에서의 취소를 위법상태를 시정하여 원상을 회복시키는 것을 의미하는 것으로 이해하면 사실행위의 취소도 가능하다.

대법원 행정소송법 개정안은 권력적 사실행위를 행정소송법상 처분으로 예시하고 있다.

다음과 같은 사실행위는 행정소송법 및 행정심판법상 처분으로 보는 것이 타당하다.

경고는 행정기관이 일방적으로 행하는 권력성이 강한 행위이며 그로 인하여 당사자에게 실질적으로 불이익하게 작용하므로 행정소송법상 처분으로 보는 것이 타당하다.
육교, 횡단보도, 소각장, 쓰레기매립장의 설치행위가 설치주체가 지방자치단체로서 지방자치단체의 신청에 따라 국가기관의 승인을 받아야 하는 경우에 당해 승인행위는 행정행위이므로 처분이 되는 점에는 이론이 없다. 그런데, 공공시설의 설치가 신청행위를 전제로 하지 않고 지방자치단체 또는 국가기관의 일방적인 결정에 의해 행해지는 경우에 그 결정을 내부행위로 보고 공공시설설치행위는 비권력적 사실행위로 보면서 공공시설설치행위를 처분으로 보지 않는 견해와 행정소송법상의 '그 밖에 이에 준하는 행정작용'에 해당하는 것으로 보아 처분성을 인정하는 견해가 있다. 사견에 의하면 공공시설설치로 인근주민의 권익에 직접 영향을 미치는 경우에는 그 설치계획의 결정을 행정소송법상의 처분으로 보고, 그에 따른 공사는 단순한 집행행위로 보는 것이 타당하다.

[판례] ① 횡단보도설치행위를 의무를 명하는 처분으로 본 사례(대판 2000. 10. 27, 98두8964: 인근상인인 원고에게 원고적격이 없음으로 각하한 사례). 〈해설〉 횡단보도설치행위를 일반처분으로 보는 견해(홍정선)가 있지만, 횡단보도설치결정은 내부결정에 불과하다고 보고, 횡단보도설치행위를 사실상 지배력을 미치는 비권력적 사실행위로 보고, 항고소송의 대상이 되는 처분으로 보는 것이 타당하다.
② 횡단보도 존치결정을 내부행위로 본 사례(대판 2000. 10. 24, 99두1144).[94]

---

94) 김남진, 『판례월보』, 2001. 3 참조.

(2) 소의 이익

행정상 사실행위에 처분성이 인정되어도 대집행의 실행과 같이 그 행위가 일시에 완료되어 버렸기 때문에 항고쟁송으로 구제할 만한 이익이 없는 경우에는 항고쟁송으로 다툴 소의 이익이 없다. 다만, 사실행위가 완료되었어도 취소판결의 기속력(특히 원상회복의무)에 따라 원상회복이 가능하거나(예, 간판제거조치) 동일한 위법처분의 반복가능성이 있는 경우에는 소의 이익을 인정하여야 한다. 판례도 위법한 처분이 반복될 가능성이 있는 경우 일정한 조건하에 소의 이익을 인정하고 있다(대판 전원합의체 2007. 07. 19, 2006두19297[임원취임승인취소처분][경기학원 임시이사 사건]). 자세한 것은 행정구제법 소의 이익 참조.

이에 반하여 전염병환자의 수용과 같이 계속적으로 행해지는 사실행위에 대하여는 항고쟁송으로 다툴 소의 이익이 인정된다.

2. 예방적 금지소송

권력적 사실행위로 국민의 권익이 침해된 경우에 취소소송을 통한 구제에는 어려움이 있는 경우가 적지 않다. 이 경우에는 예방적 금지소송(豫防的 禁止訴訟)과 가처분이 효과적인 구제방법이 될 수 있다.

3. 헌법소원

헌법재판소는 권력적 사실행위를 행정소송법상의 처분으로 보면서도 보충성원칙에 대한 예외에 해당하는 경우 헌법소원의 대상이 된다고 보고 있다(헌법소송 참조).

[판례] 마약류 수용자에 대한 소변채취는 청구인 등 검사대상자의 협력행위를 통하여 이루어질 수 밖에 없는 것이고, 이를 거부하였다고 하여 징벌이나 다른 제재가 이루어지지 않으나, … 소변을 채취하여 제출할 것으로 일방적으로 강제하는 측면이 존재하는 것 또한 사실이며, 소변채취에 응하고, 실제로 거부하는 경우가 극히 미미한 점에 비추어, **헌법소원심판의 대상이 되는 권력적 사실행위로서 헌법 제68조 제1항의 심판대상이 되는 공권력행사에 해당한다**(헌재 2006. 07. 27, 2005헌마277).

4. 손해전보

(1) 손실보상

적법한 권력적 사실행위에 의해 국민이 특별한 손해를 입은 경우에는 손실보상이 주어져야 한다. 예를 들면, 소방기본법 제25조 제4항은 소방파괴로 인한 손실에 대한 손실보상을 규정하고 있다.

다만, 손해를 입은 자에게 귀책사유가 있는 경우(예, 경찰책임이 있는 경우)에는 손실보상이 주어지지 않을 수 있다.

(2) 국가배상

위법한 행정상 사실행위로 국민이 손해를 입은 경우에는 국가배상을 청구할 수 있다. 사실행위의 처분성이 인정되지 않는 경우 또는 단시간에 목적을 달성하고 종결되어 버리는 사실행위에 대하여는 항고소송이 인정되지 않으므로 국가배상이 실효성 있는 구제수단이다.

적법한 사실행위(예, 경찰차의 추적 행위, 즉시강제)의 집행방법이 잘못되어 발생한 손해에 대하여도 국가배상이 인정될 수 있다.

5. 공법상 결과제거청구소송 등 당사자소송

위법한 행정상 사실행위로 인한 위법한 결과에 대하여는 원상회복의 성질을 갖는 공법상 결과제거청구소송이 인정될 수 있는데, 우리나라에서는 아직 판례상 공법상 결과제거청구소송이 원칙상 인정되고 있지 않다. 다만, 인신보호법상 불법구금상태의 해제를 구하는 청구소송이 인정되고 있다.

또한, 판례는 민법 제213조와 제214조에 근거한 소유물반환청구, 소유물방해배제청구만을 인정하고 있다. 또한, 행정상 사실행위에 의해 훼손된 명예를 회복하기 위해 민법 제764조에 근거하여 명예회복에 적당한 처분을 청구할 수 있다. 이 경우 권리구제는 민사소송에 의한다.

6. 사법상 구제

실무상 다음과 같이 행정상 사실행위로 인한 권리침해에 대한 사법상 구제를 허용하고 있다.

[판례] 공법상 법률관계를 원인으로 하는 쟁송에 있어서도 그 청구권(소송물)이 사법상의 권리의 무관계인 이상 당사자소송에 의하지 아니하고 민사소송으로 보아 처리하여야 한다고 보고, 인격권, 사생활의 비밀과 자유에 관한 권리, 사생활의 평온 및 형성의 자유, 정보관리통제권에 기한 침해배제청구권에 터잡은 본안소송은 사법상의 권리의 행사로서 민사소송의 대상이 될 수 있다고 할 것이므로, 이러한 피보전권리를 전제로 하여 인적자원부 장관이 대학입시 수험생들의 고등학교 생활기록부에 담긴 인적 사항 등을 CD에 담아 각 대학에 제작·배포하는 행위의 금지를 구하는 가처분신청을 적법하다고 한 사례(서울지방법원 2003. 11. 27, 2003카합3433). **〈해설〉** 그러나, 인적자원부 장관이 대학입시 수험생들의 고등학교 생활기록부에 담긴 인적 사항 등을 CD에 담아 각 대학에 제작·배포하는 행위는 권력적 사실행위 내지는 사실상 강제력이 있는 비권력적인 사실행위로서 처분으로 보고 항고소송과 집행정지의 대상으로 하는 것이 타당하다.

Ⅲ. 독일법상 비공식적(비정형적) 행정작용

1. 의 의

비공식적 행정작용(非公式的 行政作用)은 독일법상의 행정작용의 한 유형으로서 우리나라의 실정법에는 아직 수용되고 있지 않고 주로 학설에 의해 그 도입이 검토되고 있는데, 우리나라에서의 행정지도와 비교될 수 있다.

비공식적 행정작용은 행정작용의 근거, 요건 및 효과 등이 법에 정해져 있지 않은 행정작용을 포괄하는 개념이다. 비공식적 행정작용은 행정작용의 근거, 요건 및 효과 등이 법에 정해져 있는 공식적 행정작용에 대응하는 개념이다. 비공식적 행정작용이라는 용어보다 비정형적 행정작용이라는 용어가 보다 적절하다는 견해도 있다.[95]

2. 종 류

비공식적 행정작용의 종류는 매우 다양하며 상호 이질적이다.

행정기관에 의해 일방적으로 행해지는 비공식적 행정작용(예, 경고, 권고, 정보제공 등)과 행정기관과 개인이 협력하여 행하는 비공식적 행정작용(예, 협상, 사전절충, 주민협약 등)으로 구분할 필요가 있다.

3. 필요성과 문제점

(1) 필요성

비공식적 행정작용은 협의에 의한 행정, 탄력적인 행정을 위하여 요구되는 행위형식이다.

(2) 문제점

비공식적 행정작용은 법치행정의 원칙을 무력하게 하고, 밀실행정을 조장하고, 국민의 권익구제를 어렵게 할 위험성이 있다.

4. 허용성

행정수요에 맞추어 행위형식(행정수단)이 다양화되어야 하므로 행정의 필요에 응하는 비공식적 행정작용을 금지할 것은 아니며 오히려 조장되어야 한다.

다만, 비공식적 행정작용은 법률유보의 원칙 등 법치행정의 원칙하에서 인정되어야 한다.

---

95) 박수혁, 『행정법요론』, 256면.

5. 법률유보

① 비공식적 행정작용 중 당사자의 합의에 의하는 경우에는 통상의 권한규범 이외에 별도의 작용법적 근거가 필요 없다.

② 경고와 같이 행정기관의 일방적 형식에 의하고 그 효과에 있어서 당사자에게 실질적으로 불이익하게 작용하는 경우에는 별도의 수권규정이 필요하다고 보는 것이 일반적 견해이다.[96] 이에 대하여 경고는 특정인의 이익을 직접 침해하는 것을 목적으로 하는 것이 아니므로 조직법상 권한에 관한 규정만으로도 가능하다고 보는 견해[97]도 있다.

③ 단순한 권고 및 정보제공에는 별도의 법적 근거가 필요하지 않다.

6. 법적 성질 및 효력

비공식적 행정작용은 직접적으로 법적 효과를 발생시키지 않는다. 비공식적 행정작용인 협상 또는 합의는 법적 구속력을 갖지 않는다. 따라서 비공식적 행정작용의 법적 성질은 사실행위이다.

7. 한 계

비공식적 행정작용은 법치행정의 원칙하에서 인정된다. 특히 평등원칙, 비례원칙, 부당결부금지의 원칙 등 법의 일반원칙의 구속을 받는다.

8. 권익구제

비공식적 행정작용은 비권력적 사실행위이다. 따라서, 비권력적 사실행위에 대한 권리구제의 문제가 된다.

① 비공식적 행정작용이 사실상 강제력을 갖는 경우에는 이견이 있으나 항고소송의 대상이 되는 처분으로 볼 수 있다.

② 비공식 행정작용으로서의 합의는 신사협정에 불과한 것으로 법적 구속력이 없으므로 그 불이행을 이유로 손해배상을 청구할 수는 없다.

③ 위법·과실의 경고, 권고, 정보제공 등으로 손해를 입은 경우에는 국가배상을 청구할 수 있다.

---

96) 박수혁, 상게서, 257면; 류지태, 전게서, 252면.
97) 홍정선, 494면.

제 6 장 행정지도

Ⅰ. 의의와 법적 성질

행정지도(行政指導)라 함은 일정한 행정목적을 실현하기 위하여 상대방인 국민에게 임의적인 협력을 요청하는 비권력적 사실행위를 말한다. 권고, 권유, 요망 등이 그 예이다. 행정절차법은 행정지도를 "행정기관이 그 소관사무의 범위 안에서 일정한 행정목적을 실현하기 위하여 특정인에게 일정한 행위를 하거나 하지 아니하도록 지도·권고·조언 등을 하는 행정작용"으로 정의하고 있다(제2조 제3호).

행정지도는 행정청이 행정목적의 달성을 위하여 직접 활동을 하는 것이 아니라 상대방인 국민의 임의적인 협력을 구하는 데 그 개념적 특징이 있다. 법상으로 행정지도의 상대방은 행정지도에 따르지 않을 수 있다. 달리 말하면 행정지도에 따르지 않는다고 하여도 행정지도가 강제되거나 그것만을 근거로 불이익이 주어지지는 않는다. 따라서 행정지도는 비권력적 행위이다.

그러나, 현실에 있어서 행정지도는 사실상 강제력을 갖는 경우가 많다. 즉, 행정지도를 따르지 않으면 보조금지급, 수익적 처분 등의 이익을 수여하지 않거나 세무조사, 명단의 공표 등 불이익조치를 취하는 경우가 많다.

행정지도는 그 자체만으로는 직접 법적 효과를 가져오지 않는다. 그리하여 행정지도를 사실행위로 본다.

행정지도는 한국, 일본 등에 특유한 행정의 행위형식이다. 서양에도 권고나 정보의 제공 등의 행정기관의 행위가 있지만 이들은 법상으로 뿐만 아니라 사실상으로도 비권력적인 행위인 것이 보통으로 우리나라의 행정지도와는 다르다고 할 수 있다.

종래 행정지도에 권고뿐만 아니라 정보의 제공도 포함되는 것으로 보았다. 그런데, 정보화시대에서의 정보의 중요성에 비추어 정보활동을 독자적인 행위유형으로 분류한다면 행정지도에서 정보의 제공을 분리하여 정보활동의 하나로 보는 것이 타당할 것이다.

Ⅱ. 행정지도의 필요성과 문제점

1. 필요성

행정분야에는 행정권 행사의 근거법령이 불비된 경우가 적지 않다. 이 경우에 행정지도는 법령의 불비를 보완하여 행정의 필요에 따른 행정권의 행사를 가능하게 한다.

또한 공권력의 발동이 인정되고 있는 경우에도 공권력발동 이전에 국민의 협력을 구하는 행정지도를 행함으로써 공권력의 발동으로 인하여 야기될 수 있는 국민의 저항을 방지할 수 있다.

2. 문제점

행정지도는 위와 같은 효용성을 가지고 있지만 적지 않은 문제점을 가지고 있다.

① 권익침해의 가능성: 우선 행정지도는 그에 대한 법적 규제가 미비되어 있는 상황하에서 남용됨으로써 국민의 권익을 침해할 가능성이 있다. 전술한 바와 같이 행정지도는 사실상 강제력을 갖는 경우가 많음에도 불구하고 이론상 상대방의 임의적 협력을 구하는 비권력적인 작용이라는 이유로 법적 근거가 없어도 가능하다. 그리하여 행정지도가 자의적으로 발동되어 국민의 권익이 침해될 가능성이 크다.

② 권익구제의 어려움: 그리고, 행정지도에 의하여 국민의 권익이 침해된 경우에도 후술하는 바와 같이 침해된 권익의 구제에 어려움이 크다. 그 이유는 행정지도가 국민의 임의적 협력을 전제로 하는 비권력적인 작용이라고 보므로 행정쟁송이나 국가배상에 의한 구제가 어렵기 때문이다.

Ⅲ. 행정지도의 종류

광의의 행정지도에는 행정주체 또는 행정기관에 대한 행정지도도 포함되나 일반적으로 행정지도라고 하는 경우에는 사인에 대한 행정지도를 말한다.

사인에 대한 행정지도는 그 기능에 따라 조성적 행정지도, 조정적 행정지도, 규제적 행정지도로 구분된다.

1. 조성적 행정지도

국민이나 기업의 활동이 발전적인 방향으로 행해지도록 유도하기 위하여 정보, 지식, 기술 등을 제공하는 것을 말한다. 영농지도, 중소기업에 대한 경영지도, 생활개선지도 등이 이에 해당한다.

2. 조정적 행정지도

사인 상호간 이해 대립의 조정이 공익목적상 필요한 경우에 그 조정(調整)을 행하는 행정지도를 말한다. 중복투자의 조정, 구조조정을 위한 행정지도가 이에 해당한다. 조정적 행정지도는 규제적 행정지도에 속한다고 볼 수 있다.

3. 규제적 행정지도

사적 활동에 대한 제한의 효과를 갖는 행정지도를 말한다. 물가의 억제를 위한 행정지도 등이 이에 해당한다. 행정행위를 대체하여 행해지는 행정지도는 이에 해당한다.

Ⅳ. 행정지도의 법적 근거

① 법적 근거불요설: 행정지도에 따를 것인지의 여부가 상대방인 국민의 임의적 결정에 달려 있으므로 행정지도에는 법률의 근거가 없어도 된다는 것이 다수설의 견해이다.

② 제한적 법적 근거필요설: 원칙상 행정지도에는 법적 근거가 필요 없으나 행정지도 중에서 행정행위의 대체적 성질을 갖는 행정지도(예, 시정명령을 대신하여 내려지는 시정권고) 이외의 규제적 행정지도에는 법률의 근거가 필요하다는 견해와 행정지도가 사실상 강한 강제력을 갖는 경우에는 법률의 근거가 있어야 한다고 보는 견해가 있다.

③ 판례: 판례는 행정지도에는 법률의 근거가 필요하지 않다는 견해를 취하고 있다.

④ 결어: 행정지도가 사실상 강제력을 갖는 경우에는 법률의 근거가 있어야 한다고 보아야 한다. 특히, 제3자효 행정지도는 제3자에게는 사실상 강제력이 있는 경우가 적지 않은데, 이 경우에는 법률의 근거가 있어야 한다고 보아야 한다.

처분권의 수권규정은 처분권의 범위 내에서 행정지도의 근거가 될 수 있다.

예를 들면, 시명명령권이 있는 경우 시정권고를 할 수 있고, 요금에 대해 재량권인 인가권이 있는 경우 요금에 관한 행정지도를 할 수 있다.

Ⅴ. 행정지도의 한계

1. 조직법상의 한계

행정지도는 당해 행정기관의 소관사무의 범위 내에서 행해져야 한다. 그 범위를 넘는 행정지도는 무권한의 하자를 갖게 된다.

2. 작용법상의 한계

(1) 실체법상의 한계

행정지도는 법의 일반원칙을 포함하여 법에 위반하여서는 안 된다. 개별법에서 행정지도의 요건을 정하고 있는 경우에 그 법규정에 반하면 안 된다. 또한 위법한 행위를 하도록 유도하는 행정지도도 위법한 행정지도이다.

상대방의 의사에 반하여 부당하게 강요하는 행정지도는 위법하다. 행정절차법 제48조 제1항은 상대방의 의사에 반하여 부당하게 강요하는 행정지도를 금지하는 명문의 규정을 두고 있는데 이는 당연한 법원칙을 확인한 것이다.

또한 상대방이 행정지도에 따르지 아니하였다는 것을 직접적인 이유로 불이익한 조치를 하면 그 불이익한 조치는 위법한 행위가 된다. 행정절차법 제48조 제2항은 "행정기관은 행정지도의 상대방이 행정지도에 따르지 아니하였다는 것을 이유로 불이익한 조치를 하여서는 아니 된다"는 규정을 두고 있는데 이 규정도 행정지도의 임의성에 비추어 당연히 인정되는 규정에 불과하다.

그리고 실제에 있어서 이 규정의 실효성은 그다지 크지 못하다. 왜냐하면, 행정지도에 상대방이 응하지 않은 경우에 행해지는 불이익한 조치가 항상 위법하게 되는 것은 아니며 불이익조치가 행정지도를 따르지 않았다는 사실에 근거하여 행해졌어야 하기 때문이다.

또한, 기속행위(예컨대, 건축 허가의 거부)의 경우에는 불이익조치의 요건에의 합치 여부가 불이익조치의 위법 여부의 기준이 되므로 동규정은 실효성이 없다. 동규정은 불이익조치가 재량행위인 경우에 의미가 있을 수 있는데, 이 경우에도 당해 불이익조치가 항상 위법하게 되는 것은 아니며 상대방이 행정지도에 따르지 않았다는 것이 당해 불이익조치의 주된 이유가 되어야 한다. 당해 불이익조치의 이유가 별도로 존재하는 경우에는 당해 불이익조치가 재량권의 한계를 넘지 않는 한 위법하지 않게 된다.

불이익조치와 행정지도에 응하지 않은 것과의 사이의 관련성은 상대방이 입증하여야 하지만 당해 불이익조치의 별도의 정당한 사유의 존재는 행정기관이 입증하여야 한다고 보아야 할 것이다.

행정지도는 평등원칙, 비례원칙, 부당결부금지의 원칙 등 법의 일반원칙에 반하여서도 안 된다. 행정절차법 제48조 제1항은 "행정지도는 그 목적달성에 필요한 최소한도에 그쳐야 한다"고 규정하면서 행정지도에 있어서의 비례의 원칙을 선언하고 있다.

(2) 절차법상의 한계

행정절차법은 행정지도에 대한 다음과 같은 절차적 규정을 두고 있다.

1) 실 명

행정지도를 하는 자는 그 상대방에게 그 행정지도의 취지 및 내용과 신분을 밝혀야 한다(법 제49조 제1항).

2) 서면교부청구권

행정지도가 말로 이루어지는 경우에 상대방이 제49조 제1항의 사항을 적은 서면의 교부를 요구하면 그 행정지도를 하는 자는 직무수행에 특별한 지장이 없으면 이를 교부하여야 한다(법 제49조 제2항).

3) 의견제출

행정지도의 상대방은 해당 행정지도의 방식·내용 등에 관하여 행정기관에 의견제출을 할 수 있다(법 제50조).

4) 다수인에 대한 행정지도의 공통사항의 공표

행정기관이 같은 행정목적을 실현하기 위하여 많은 상대방에게 행정지도를 하려는 경우에는 특별한 사정이 없으면 행정지도에 공통적인 내용이 되는 사항을 공표하여야 한다(법 제51조).

Ⅵ. 행정지도와 행정구제

1. 행고쟁송에 의한 구제

(1) 행정지도의 처분성

1) 부정설

원칙상 행정지도는 항고쟁송의 대상이 되는 처분이 아니라고 보는 부정설의 논거는 다음과 같다. i) 행정지도는 비권력적인 행위일 뿐만 아니라 행정지도는 사실행위이므로 그 자체로서는 어떠한 법적 효과도 발생하지 않는다. ii) 또한 행정지도에 따를 것인지의 여부는 상대방이 임의로 정할 수 있으므로 상대방은 행정지도에 따르지 않으면 될 것이고 취소쟁송을 제기할 필요는 없다. iii) 행정심판법이나 행정소송법상의 '그 밖에 이에 준하는 행정작용'은 권력적 사실행위를 의미하며 비권력적 사실행위는 이에 해당하지 않는다는 견해(전술 비권력적 사실행위의 처분성 부인설 참조)와 사실행위는 항고소송의 대상인 처분이 아니며 당사자소송의 대상으로 보아야 한다는 견해가 있다.

2) 예외적 긍정설

행정지도 중 사실상 강제력을 갖고 사실상 국민의 권익을 침해하는 것은 예외적으로 행정심판법이나 행정소송법상의 "그 밖에 이에 준하는 행정작용"에 해당하는 것으로 보아 행정지도의 처분성을 인정할 수 있다고 본다.

3) 판 례

판례는 원칙상 행정지도의 처분성을 부인한다. 제3자효 행정지도의 처분성도 부정한다.

[판례] ① 위법 건축물에 대한 단전 및 전화통화 단절조치 요청행위의 처분성을 부인한 사례(대판 1996. 03. 22, 96누433; 1995. 11. 21, 95누9099).
② 세무당국이 소외 회사에 대하여 원고와의 주류거래를 일정기간 중지하여 줄 것을 요청한 행위는 권고 내지 협조를 요청하는 권고적 성격의 행위로서 소외 회사나 원고의 법률상의 지위에 직접적인 법률상의 변동을 가져오는 행정처분이라고 볼 수 없는 것이므로 항고소송의 대상이 될 수 없다(대판 1980. 10. 27, 80누395).
③ 헌법재판소는 **행정지도가 단순한 행정지도로서의 한계를 넘어 규제적·구속적 성격을 상당히 강하게 갖는 것이면 헌법소원의 대상이 되는 공권력의 행사라고 볼 수 있다**고 한다. 즉, 교육인적자원부장관의 대학총장들에 대한 이 사건 학칙시정요구는 고등교육법 제6조 제2항, 동법 시행령 제4조 제3항에 따른 것으로서 그 법적 성격은 대학총장의 임의적인 협력을 통하여 사실상의 효과를 발생시키는 행정지도의 일종이지만, 그에 따르지 않을 경우 일정한 불이익조치를 예정하고 있어 사실상 상대방에게 그에 따를 의무를 부과하는 것과 다를 바 없으므로 단순한 행정지도로서의 한계를 넘어 규제적·구속적 성격을 상당히 강하게 갖는 것으로서 헌법소원의 대상이 되는 공권력의 행사라고 볼 수 있다(헌재 전원재판부 2003. 06. 26, 2002헌마337, 2003헌마7·8(병합)).

4) 결 어

행정지도가 국민의 권리의무에 사실상 강제력을 미치고 있는 경우에는 처분성을 인정하는 제한적 긍정설이 타당하다.

제3자효 행정지도에 대하여는 특별한 고찰을 하여야 한다. 제3자효 행정지도란 행정지도의 효과가 행정지도의 상대방뿐만 아니라 제3자에게도 미치는 행정지도를 말한다. 행정지도의 상대방은 특별한 이해가 없는 한 제3자의 이해는 고려하지 않고 행정청의 행정지도를 따르는 경우가 많다. 이 경우에는 행정지도가 제3자의 의사와 관계없이 제3자에게 사실상 강제력을 가지고 미치게 된다. 따라서 제3자에게 사실상 강제력을 미치는 제3자효 행정지도에 있어서는 제3자에 관한 한 당해 행정지도에 처분성을 인정하는 것이 타당하다.

행정지도(권고)에 따르지 않은 경우에 그 사실을 공표하도록 하고 있는 경우(수도법 제14조의5 제3항에 따른 부적합한 자재나 제품 등의 수거 등의 권고)에는 해당 행정지도는 사실상의 강제력을 가지므로 해당 행정지도의 처분성을 인정하는 것이 타당하다.

5) 실질상 권력적 사실행위

행정지도의 강제성이 지나친 경우에는 그 행위는 외형적으로는 행정지도의 형식을 취한다 할지라도 실질에 있어서는 행정지도가 아니라 권력적 사실행위라고 보아야 할 경우도 있을 것이다. 예를 들면, 헌법재판소는 재무부장관의 제일은행에 대한 행정지도의 형식으로 행하여진 국제그룹 해체조치를 권력적 사실행위로 보았다(헌재 1993. 07. 29, 89헌마31).

(2) 행정지도의 위법성

행정지도는 법적 근거가 없어도 가능하지만 전술한 바와 같은 한계를 넘으면 위법하다. 특히 행정지도가 강제성을 가지고, 법적 근거 없이 국민의 권익을 침해하는 경우 당해 행정지도는 위법한 것이 된다.

2. 헌법소원에 의한 구제

헌법재판소는 행정지도가 단순한 행정지도로서의 한계를 넘어 규제적·구속적 성격을 상당히 강하게 갖는 것이면 헌법소원의 대상이 되는 공권력의 행사라고 볼 수 있다고 한다.

[판례] ① 교육인적자원부장관의 대학총장들에 대한 이 사건 학칙시정요구는 고등교육법 제6조 제2항, 동법시행령 제4조 제3항에 따른 것으로서 그 법적 성격은 대학총장의 임의적인 협력을 통하여 사실상의 효과를 발생시키는 행정지도의 일종이지만, 그에 따르지 않을 경우 일정한 불이익조치를 예정하고 있어 사실상 상대방에게 그에 따를 의무를 부과하는 것과 다를 바 없으므로 단순한 행정지도로서의 한계를 넘어 규제적·구속적 성격을 상당히 강하게 갖는 것으로서 헌법소원의 대상이 되는 공권력의 행사라고 볼 수 있다(헌재 전원재판부 2003. 06. 26, 2002헌마337, 2003헌마7·8(병합)[학칙시정요구 등 위헌확인]).
② 금융위원회위원장이 2019. 12. 16. 시중 은행을 상대로 투기지역·투기과열지구 내 초고가 아파트(시가 15억 원 초과)에 대한 **주택구입용 주택담보대출**을 2019. 12. 17.부터 **금지한 조치**(행정지도)는 비록 행정지도의 형식으로 이루어졌으나, 일정한 경우 주택담보대출을 금지하는 것을 내용으로 하므로 규제적 성격이 강하고, 부동산 가격 폭등을 억제할 정책적 필요성에 따라 추진되었으며, 그 준수 여부를 확인하기 위한 현장점검반 운영이 예정되어 있었으므로 **규제적·구속적 성격을 갖는 행정지도로서 헌법소원의 대상이 되는 공권력 행사에 해당된다**고 한 사례(헌재 2023. 03. 23, 2019헌마1399). 〈반대의견〉 이 사건 조치는 '**권력적 사실행위**'로서 헌법소원의 대상이 되는 공권력 행사에 해당된다고 본 반대의견이 있다.

3. 국가배상청구

위법한 행정지도로 손해가 발생한 경우 국가배상책임의 요건을 충족하는 한 국가배상책임이 인정된다는 것이 판례 및 일반적 견해이다.

위법한 행정지도에 의한 국가배상책임에 있어서 다음의 세 요건이 특히 중요한 문제이다.

첫째, 행정지도가 국가배상법상의 직무행위에 해당하는지 여부, 둘째, 행정지도의 위법성, 셋째, 행정지도와 손해 사이의 인과관계의 존재 여부.

(1) 행정지도의 국가배상법상의 직무행위에의 해당 여부

국가배상법상의 직무행위의 범위에 관하여는 공행정작용이면 권력행위뿐만 아니라 비권력행위도 당해 직무행위에 포함된다고 보는 것이 통설이며 판례의 태도이다. 행정지도는 행정목적을 달성하기 위한 비권력적 사실행위이므로 행정지도는 비권력적 공행정작용이다. 따라서, 행정지도는 국가배상법의 적용범위에 들어간다.

(2) 행정지도의 위법성과 과실

행정지도로 인한 손해에 대해 국가배상책임이 인정되기 위하여는 행정지도의 위법성과 행정지도를 행한 공무원의 과실이 인정되어야 한다.

① 행정지도가 통상의 한계를 넘어 법적 근거없이 사실상 강제성을 갖고 국민의 권익을 침해하는 경우 당해 행정지도는 위법하다고 보아야 한다. 이 경우 통상 과실도 인정된다.

판례는 행정지도가 그에 따를 의사가 없는 원고에게 이를 부당하게 강요하는 것인 경우에는 행정지도의 한계를 일탈한 위법한 행정지도에 해당하여 불법행위를 구성한다고 본다.

[판례] ① 원심은 피고(인천광역시 강화군)가 1995. 1. 3. 이전에 원고에 대하여 행한 행정지도는 원고의 임의적 협력을 얻어 행정목적을 달성하려고 하는 비권력적 작용으로서 강제성을 띤 것이 아니지만, 1995. 1. 3. **행한 행정지도는 그에 따를 의사가 없는 원고에게 이를 부당하게 강요하는 것으로서 행정지도의 한계를 일탈한 위법한 행정지도에 해당하여 불법행위를 구성**하므로, 피고는 1995. 1. 3.부터 원고가 피고로부터 "원고의 어업권은 유효하고 향후 어장시설공사를 재개할 수 있으나 어업권 및 시설에 대한 보상은 할 수 없다"는 취지의 통보를 받은 1998. 4. 30.까지 **원고가 실질적으로 어업권을 행사할 수 없게 됨에 따라 입은 손해를 배상할 책임이 있다고 판단**하고, 나아가 피고는 원고의 어업면허를 취소하거나 어업면허를 제한하는 등의 처분을 하지 아니한 채 원고에게 양식장시설공사를 중단하도록 하여 어업을 하지 못하도록 함으로써 실질적으로는 어업권이 정지된 것과 같은 결과를 초래하였으므로, 결국 어업권이 정지된 경우의 보상액 관련 규정을 유추적용하여 손해배상액을 산정하여야 한다고 판단하였는데, **대법원은 위와 같은 원심의 사실인정과**

판단을 인정하였다. 그리고, 1995. 1. 3. 이전의 피고의 행정지도가 강제성을 띠지 않은 비권력적 작용으로서 행정지도의 한계를 일탈하지 아니하였다면 그로 인하여 원고에게 어떤 손해가 발생하였다 하더라도 피고는 그에 대한 손해배상책임이 없다고 할 것이고, 또한 피고가 원고에게 어장시설공사를 재개할 수 있다는 취지의 통보를 한 1998. 4. 30.부터는 원고가 어업권을 행사하는 데 장애가 있었다고 할 수 없어 그 이후에도 원고에게 어업권의 행사불능으로 인한 손해가 발생하였다고 볼 수 없으므로, 국가배상책임은 인정될 수 없다고 하고 있다(대판 2008. 09. 25, 2006다18228). ② 재무부장관은 금융기관의 불건전채권 정리에 관한 행정지도를 할 권한과 책임이 있고, 이를 위하여 중요한 사항은 대통령에게 보고하고 지시를 받을 수도 있으므로, 기업의 도산과 같이 국민경제에 심대한 영향을 미치는 중요한 사안에 대하여 재무부장관이 부실채권의 정리에 관하여 금융기관에 대하여 행정지도를 함에 있어 사전에 대통령에게 보고하여 지시를 받는다고 하여 위법하다고 할 수는 없으며, 다만 재무부장관이 대통령의 지시에 따라 정해진 정부의 방침을 행정지도라는 방법으로 금융기관에 전달함에 있어 실제에 있어서는 통상의 행정지도의 방법과는 달리 사실상 지시하는 방법으로 행한 경우에 그것이 헌법상의 법치주의 원리, 시장경제의 원리에 반하게 되는 것일 뿐이다(대판 1999. 07. 23, 96다21706).

② 제공된 정보에 오류가 있는 경우 당해 정보제공행위는 위법하고, 과실 및 인과관계가 인정되면 국가배상이 인정될 수 있다.

[판례] [1] 거래 등의 기초가 되는 정보에 관하여 정보제공자가 법령상·계약상 의무 없이 단지 질의에 응답한 행위가 불법행위를 구성하는지 여부(원칙적 소극): 거래 등의 기초가 되는 정보의 진실성은 스스로 검증하여 거래하는 것이 원칙이므로 정보제공자가 법령상·계약상 의무 없이 단지 질의에 응답한 것에 불과한 경우에는 고의로 거짓 정보를 제공하거나 선행행위 등으로 위험을 야기하였다는 등의 특별한 사정이 없는 한 위와 같은 응답행위가 불법행위를 구성한다고 볼 수 없다. [2] 갑이 택지개발사업지구 내 신축 건물에서 안마시술소 개설이 가능하다는 합병 전 한국토지공사 직원 을의 답변을 듣고 시설공사를 하였으나 관할 행정청에게서 용도변경 불가통보를 받은 사안에서, 소속 직원이 잘못된 정보를 갑에게 제공한 과실이 있다는 이유로 위 공사의 사용자책임을 인정한 원심판결에 법리오해의 위법이 있다고 한 사례(대판 2012. 02. 09, 2011다14671). 〈해설〉 행정기관의 정보제공은 행정기관의 업무의 하나이고 행정기관에게는 조리상 손해방지의무가 있기 때문에 행정기관의 정보제공의 경우에는 이 판례가 적용될 수 없을 것이다. 과실판단의 일반기준에 따라 주의의무위반 여부를 기준으로 잘못된 정보제공에서의 과실 유무를 판단하여야 할 것이다.

③ 행정지도를 할 것인가는 행정청의 재량에 속한다. 그러나, 국민의 중대한 기본권 침해의 위험이 있고, 재량권이 영으로 수축하는 경우에는 행정지도의 부작위(예, 인체유해제품의 유통에 대한 규제적 행정지도의 미비)가 손해방지의무 위반으로 위법하고, 동시에 과실이 인정될 수 있다.

(3) 행정지도와 손해의 인과관계

행정지도에 의한 손해의 배상에 있어서 가장 큰 걸림돌이 되는 것은 행정지도와 손해 사이의 인과관계의 문제이다.

행정지도는 상대방의 자발적 협력을 기대하며 행하는 비권력적인 행위로서 행정지도에 따를 것인지는 상대방의 자율적인 판단에 맡겨진다. 따라서 통상 행정지도는 원칙상 손해의 직접적인 원인이 된다고 보기 어렵다.

그러나, 실제에 있어서 행정지도가 손해의 직접적 원인이라고 보는 경우, 달리 말하면 구체적인 행정지도에 있어서 국민이 행정지도를 따를 수밖에 없었다고 보아야 할 경우에는 행정지도와 손해 사이에 인과관계를 인정하여야 할 것이다.

판례 중에도 하급법원의 판결이기는 하지만 행정지도의 위법성과 행정지도와 손해 사이의 상당인과관계를 인정한 것이 있다.[98)]

4. 손실보상

적법하게 행하여진 행정지도에 의해 재산상 특별한 손해를 입은 경우에 행정상 손실보상이 인정될 수 있는가. 예를 들면, 정부의 통일벼 재배장려로 인하여 농민이 입은 손실을 보상하여야 하는가.

행정지도가 전혀 강제성을 띠지 않으며 상대방이 자유로운 의사에 의하여 행정지도에 따른 이상 그로 인한 위험(손실의 가능성)을 상대방이 수인하여야 하므로 행정지도가 전혀 강제성을 띠지 않는 한 손실보상은 인정되지 않는다.

그러나, 행정지도가 사실상 강제성을 띠고 있고, 국민이 행정지도를 따를 수밖에 없었던 경우에는 특별한 희생이 발생한 경우 손실보상을 해 주어야 할 것이다.

98) 서울민지법 1989. 09. 26, 88가합4039, 『법률신문』, 1884호, 1989. 10. 26, 8면: 문공부 행정기관이 출판업자 및 시중서점에 권력층의 비리를 폭로한 도서를 법령의 근거 없이 판매를 하지 말 것을 종용하였고 이로 인하여 손해를 본 출판업자와 저작자가 국가를 상대로 손해배상을 청구한 사건.

제 7 장 행정조사

행정기관의 행정결정이 적정하게 내려지기 위해서는 당해 행정기관이 정확하고 충분한 정보를 가지고 있어야 한다. 그리하여 행정기관은 행정에 필요한 정보의 수집을 위하여 조사활동을 행한다. 정보화사회가 진전됨에 따라 행정조사활동은 급속히 확대되고 있다.

이에 따라 행정조사로 국민의 권익이 침해될 가능성도 증대하고 있다. 권력적인 행정조사로 인하여 주거의 자유, 영업의 자유 등 인권이 침해되는 경우가 있고, 개인정보와 기업비밀이 부당히 수집되고 부당하게 공개됨으로써 프라이버시권과 영업의 자유를 침해당할 가능성이 있다. 따라서 행정조사에 대한 법적 통제를 강화하고 행정조사로 인하여 침해된 국민의 권익을 구제하기 위한 실효성 있는 제도를 마련하여야 할 것이다.

행정조사기본법(2007. 5. 17. 제정)은 행정조사에 관한 기본원칙 · 행징조사의 방법 및 절차 등에 관한 공통적인 사항을 규정하고 있다.

Ⅰ. 의 의

행정조사(行政調査)라 함은 행정기관이 사인(私人)으로부터 행정상 필요한 자료나 정보를 수집하기 위하여 행하는 일체의 행정작용을 말한다.[99] 그런데, 행정조사의 정의는 학자마다 매우 다르다. 그 주된 이유는 행정조사의 독자성 및 성질에 관한 견해의 상이에 있다.

행정조사의 독자성을 부정하고 행정조사를 즉시강제의 일종으로 보는 견해,[100] 행정조사의 독자성을 인정하면서 권력적 조사만을 행정조사로 정의하는 견해,[101] 행정조사를 권력적 조사에만 국한하지 않고 비권력적 조사를 포함하는 것으로 보며 행정조사의 독자성을 인정하는 견해[102]가 있다.

---

99) 김영조, "행정조사에 관한 연구," 『경희대 박사학위논문』, 1998. 2, 8면.
100) 김도창, 전게서, 593~594면.
101) 김동희, 전게서, 470면.
102) 김남진, 전게서, 468~469면.

생각건대 행정조사를 독자적인 행정수단으로 인정하고 비권력적인 행정조사를 포함하여 행정조사를 논하는 것이 타당하다. 그 이유는 다음과 같다. 행정조사는 권력적인 것인지 비권력적인 것인지 여부보다는 행정에 필요한 정보를 수집하는 활동이라는 점에 중점이 있는 행정작용이다. 또한 권력적 행정조사가 비권력적인 행정조사보다 국민의 권익을 침해할 가능성이 많은 점은 사실이지만 권력적인 것이든 비권력적인 것이든 모든 행정조사에 있어서는 개인의 프라이버시의 보호, 기업의 영업의 자유의 보호라는 관점에서 법적 통제를 가할 필요성이 있다.

Ⅱ. 행정상 즉시강제와의 구별

행정조사는 행정상 즉시강제(行政上 卽時强制)와 구별되어야 한다. 행정조사가 조사를 위한 출입과 같이 개인의 신체 또는 재산에 대한 실력행사를 수반하는 경우에는 물리력을 행사한다는 점에서 행정상 즉시강제와 공통점을 갖는다. 그러나, 이 경우에도 행정조사는 행정상 즉시강제와 그 목적을 달리한다. 즉, 행정상 즉시강제는 직접 개인의 신체 또는 재산에 실력을 행사하여 직접 행정상 필요한 상태를 실현시키는 것을 목적으로 하지만, 행정조사는 그 자체가 행정상 필요한 구체적인 결과를 실현시키는 것이 아니고 행정에 필요한 자료의 수집을 위하여 행하여진다.[103] 또한 후술하는 바와 같이 행정조사는 비권력적인 행위와 법적 행위를 포함한다는 점에서도 권력적 사실행위인 행정상 즉시강제와 구별된다.

Ⅲ. 행정조사절차와 수사절차의 구분

행정조사절차는 행정절차이고, 수사절차는 형사절차이다. 행정조사절차는 행정법인 행정조사에 관한 법령과 행정법리의 규율을 받고, 수사절차는 형사소송법 등 수사절차에 관한 법령 및 형사소송법리의 규율을 받는다. 그런데, 동일한 공무원 또는 동일한 행정조직이 행정조사업무와 범죄수사업무를 동시에 수행하는 경우 등에 있어서 행정조사절차와 수사절차의 구분이 모호한 경우가 있다. 이 경우에는 문제의 절차가 행정조사절차인지, 수사절차인지 구분할 필요가 있다.

[판례] (1) 관련 법령 내지 규정들을 종합하여 보면, **중대재해**가 발생하여 **근로감독관이 그 발생원인 등을 조사하는 것은** 산업안전보건법 및 그 하위법령(이하 '산업안전보건법 등'이라 한다)에 따른

103) 경찰관직무집행법에 의한 '위험방지를 위한 출입'은 구체적인 행정목적을 위한 것이므로 즉시강제로 보아야 한다.

절차(행정조사절차)이고, **근로감독관이** 근로기준법 제104조 제1항에서 정한 근로자의 통보에 따라 **현장조사 등을 하는 것은** 근로기준법 및 그 하위법령(이하 '근로기준법 등'이라 한다)에 따른 절차(행정조사절차)라고 할 것이나, **근로감독관이 특별사법경찰관으로서 중대재해와 관련한 산업안전보건법위반 내지 근로기준법위반을 수사하는 경우**에는 산업안전보건법, 근로기준법 등에 특별한 근거가 없는 이상, **그 수사절차**는 형사소송법, 사법경찰직무법, 구 「특별사법경찰관리 집무규칙」(이하 '형사소송법 등'이라 한다)에 따른 절차라고 보는 것이 타당하다(대판 2022. 01. 13, 2015도6326).

Ⅳ. 행정조사의 법적 성질

행정조사의 법적 성질을 사실행위로 보는 견해가 있다. 그러나, 행정기관은 사실행위뿐만 아니라 장부서류제출명령과 같이 법적 행위를 통하여도 행정에 필요한 정보를 수집하고 있다. 행정조사의 핵심적인 개념징표는 행정에 필요한 정보를 수집하는 활동이라고 보는 것이 타당하며 전술한 바와 같이 행정조사의 법적 문제에 있어서는 개인정보 및 기업정보에 대한 법적 통제의 문제가 중요한 문제가 된다는 점을 고려하면 법적 행위를 포함하여 정보를 수집하는 일체의 행위를 행정조사로 개념화하는 것이 타당하다.

이렇게 볼 때 행정조사에는 보고서요구명령, 장부서류제출명령, 출두명령 등 행정행위의 형식을 취하는 것과 질문, 출입검사, 실시조사, 진찰, 검진, 앙케트 조사 등 사실행위의 형식을 취하는 것이 있다.[104)]

행정조사기본법도 행정조사를 "행정기관이 정책을 결정하거나 직무를 수행하는데 필요한 정보나 자료를 수집하기 위하여 현장조사·문서열람·시료채취 등을 하거나 조사대상자에게 보고요구·자료제출요구 및 출석·진술요구를 행하는 활동"이라고 정의하고 있다(제2조 제1호).

Ⅴ. 행정조사의 법적 근거

권력적 행정조사는 국민의 자유와 재산에 대한 제한을 수반하므로 법적 근거가 있어야 한다.

문제가 되는 것은 비권력적 행정조사의 경우이다. 비권력적 행정조사는 원칙상 법률의 근거가 없어도 가능하다고 보아야 할 것이다. 특히 상대방의 동의하에 행하여지는 행정조사에 있어서는 '동의는 불법을 조각한다'는 법원칙에 비추어 법적 근거가 없어도 된다고 보아야 한다. 다만, 비권력적 행정조사라도 조사의 대상이 개인정

---

104) 김영조, 전게논문, 17~18면.

보 등이어서 조사 자체로서 국민의 권리를 침해하는 경우에는 개인의 동의에 의하지 않는 한 법적 근거가 있어야 한다고 보아야 한다.

행정조사기본법상 행정기관은 다른 법령 등에서 행정조사를 규정하고 있는 경우에 한하여 행정조사를 실시할 수 있다. 다만, 조사대상자의 자발적인 협조를 얻어 실시하는 행정조사의 경우에는 그러하지 아니하다(제5조). 개별 법령 등에서 행정조사를 규정하고 있는 경우에도 행정기관이 행정조사기본법 제5조 단서에서 정한 '조사대상자의 자발적인 협조를 얻어 실시하는 행정조사'를 실시할 수 있다(대판 2016. 10. 27, 2016두41811).

[판례] 행정조사기본법 제5조 단서에서 정한 '조사대상자의 자발적인 협조를 얻어 실시하는 행정조사'는 개별 법령 등에서 행정조사를 규정하고 있는 경우에도 실시할 수 있다(대판 2016. 10. 27, 2016두41811[시정명령처분취소등]).

조사대상자 없이 정보를 수집하는 행정조사는 원칙상 법률의 근거를 요하지 않는다.

Ⅵ. 조사방법

1. 출석 · 진술 요구

행정기관의 장이 조사대상자의 출석 · 진술을 요구하는 때에는 다음 각 호의 사항이 기재된 출석요구서를 발송하여야 한다(행정조사기본법 제9조 제1항): 1. 일시와 장소, 2. 출석요구의 취지, 3. 출석하여 진술하여야 하는 내용, 4. 제출자료, 5. 출석거부에 대한 제재(근거 법령 및 조항 포함), 6. 그 밖에 당해 행정조사와 관련하여 필요한 사항.

조사대상자는 지정된 출석일시에 출석하는 경우 업무 또는 생활에 지장이 있는 때에는 행정기관의 장에게 출석일시를 변경하여 줄 것을 신청할 수 있으며, 변경신청을 받은 행정기관의 장은 행정조사의 목적을 달성할 수 있는 범위 안에서 출석일시를 변경할 수 있다(동조 제2항).

출석한 조사대상자가 제1항에 따른 출석요구서에 기재된 내용을 이행하지 아니하여 행정조사의 목적을 달성할 수 없는 경우를 제외하고는 조사원은 조사대상자의 1회 출석으로 당해 조사를 종결하여야 한다(동조 제3항).

행정조사의 한 유형으로 행해지는 신문은 행정조사기본법상의 "출석 · 진술요구"에 해당한다. 수사기관이 하는 수사는 권력분립의 관점에서는 행정에 속하지만, 그 행위의 성질이 사법작용(준사법작용)으로서 행정조사가 아니므로 행정조사기본법의 적용을 받지 않고, 형사소송법에 따른다. 행정조사로서의 신문은 출입국관리법 제48

조, 감사원법 제14조 제1항, 국가배상법 제13조 제1항, 「공정거래위원회 조사절차에 관한 규칙」 및 「공정거래위원회 회의 운영 및 사건절차 등에 관한 규칙」 등에서 인정되고 있다. 이러한 유형의 신문은 행정조사(행정작용)의 성질을 갖지만, 사법 유사의 성질도 가지므로 사법절차에 준하여 독립성과 공정성이 보장되도록 대심구조, 변호인의 조력 등 엄격한 절차에 따라 행해져야 한다(김문경, 외국인 추방과 외국인 조사, 2024년 한국공법학회 신진학자대회 발표집, 2024.3, 534면 이하).

2. 보고요구와 자료제출의 요구

행정기관의 장은 조사대상자에게 조사사항에 대하여 보고를 요구하는 때에는 다음 각 호의 사항이 포함된 보고요구서를 발송하여야 한다(제10조 제1항): 1. 일시와 장소, 2. 조사의 목적과 범위, 3. 보고하여야 하는 내용, 4. 보고거부에 대한 제재(근거법령 및 조항 포함), 5. 그 밖에 당해 행정조사와 관련하여 필요한 사항.

행정기관의 장은 조사대상자에게 장부·서류나 그 밖의 자료를 제출하도록 요구하는 때에는 다음 각 호의 사항이 기재된 자료제출요구서를 발송하여야 한다(동조 제2항): 1. 제출기간, 2. 제출요청사유, 3. 제출서류, 4. 제출서류의 반환 여부, 5. 제출거부에 대한 제재(근거 법령 및 조항 포함), 6. 그 밖에 당해 행정조사와 관련하여 필요한 사항.

3. 현장조사

조사원이 가택·사무실 또는 사업장 등에 출입하여 현장조사를 실시하는 경우에는 행정기관의 장은 다음 각 호의 사항이 기재된 현장출입조사서 또는 법령등에서 현장조사시 제시하도록 규정하고 있는 문서를 조사대상자에게 발송하여야 한다(제11조 제1항): 1. 조사목적, 2. 조사기간과 장소, 3. 조사원의 성명과 직위, 4. 조사범위와 내용, 5. 제출자료, 6. 조사거부에 대한 제재(근거 법령 및 조항 포함), 7. 그 밖에 당해 행정조사와 관련하여 필요한 사항.

제1항에 따른 현장조사는 해가 뜨기 전이나 해가 진 뒤에는 할 수 없다. 다만, 다음 각 호의 어느 하나에 해당하는 경우에는 그러하지 아니하다(동조 제2항): 1. 조사대상자(대리인 및 관리책임이 있는 자를 포함한다)가 동의한 경우, 2. 사무실 또는 사업장 등의 업무시간에 행정조사를 실시하는 경우, 3. 해가 뜬 후부터 해가 지기 전까지 행정조사를 실시하는 경우에는 조사목적의 달성이 불가능하거나 증거인멸로 인하여 조사대상자의 법령 등의 위반 여부를 확인할 수 없는 경우.

제1항 및 제2항에 따라 현장조사를 하는 조사원은 그 권한을 나타내는 증표를

지니고 이를 조사대상자에게 내보여야 한다(동조 제3항).

[판례] 행정청이 현장조사를 실시하는 과정에서 조사상대방으로부터 **구체적인 위반사실을 자인하는 내용의 확인서**를 작성받았다면, 그 확인서가 작성자의 의사에 반하여 강제로 작성되었거나 또는 내용의 미비 등으로 구체적인 사실에 대한 증명자료로 삼기 어렵다는 등의 특별한 사정이 없는 한 그 확인서의 증거가치를 쉽게 부정할 수 없다(대판 2017. 07. 11, 2015두2864).

행정청이 현장조사를 실시하는 과정에서 조사상대방으로부터 구체적인 위반사실을 자인하는 내용의 확인서를 작성받는 경우가 많다.[105] 그 **사실확인서의 증거가치**에 대하여 판례는 "그 확인서가 작성자의 의사에 반하여 작성된 것이 아니며, 그 내용의 미비 등으로 인하여 구체적인 사실에 대한 증명자료로 삼기 어려운 것도 아니라면, 그 확인서의 증거가치를 쉽게 부정할 수는 없다."는 입장을 취하고 있다(대판 2017. 07. 11, 2015두2864).

[판례] ① 공무원이 소속한 상급기관의 자체조사과정에서 그 공무원이 자신의 업무와 관련하여 금원을 수수한 사실을 자인하는 내용의 확인서를 작성하고 그 내용에 관하여 조사관과의 문답내용을 기재한 진술서가 작성되었다면, **그 확인서와 진술서는** 그 공무원의 의사에 반하여 강제로 작성되었거나 그 내용이 허위임을 인정할 수 있는 객관적인 사유가 있는 등의 **특단의 사정이 없는 한 그 증거가치는 쉽게 부인할 수 없다**(대판 1994. 09. 23, 94누3421).
② 과세관청이 세무조사를 하는 과정에서 납세의무자로부터 일정한 부분의 거래가 가공거래임을 자인하는 내용의 확인서를 작성받았다면 그 확인서가 작성자의 의사에 반하여 강제로 작성되었거나 혹은 그 내용의 미비 등으로 인하여 구체적인 사실에 대한 입증자료로 삼기 어렵다는 등의 **특별한 사정이 없는 한 그 확인서의 증거가치는 쉽게 부인할 수 없다**(대판 2002. 12. 06, 2001두2560).
③ **납세의무자가 제출한 매출누락사실을 자인하는 확인서에 매출사실의 구체적 내용이 들어 있지 않을 경우, 그 확인서가 실지조사의 근거가 될 수 있는 증빙서류에 해당하는지 여부(소극)**: 일반적으로 납세의무자의 신고내용에 오류 또는 탈루가 있어 이를 경정함에 있어서는 장부나 증빙에 의함이 원칙이라고 하겠으나, 진정성립과 내용의 합리성이 인정되는 다른 자료에 의하여 그 신고내용에 오류 또는 탈루가 있음이 인정되고 실지조사가 가능한 때에는 그 다른 자료에 의하여서도 이를 경정할 수 있지만, 납세의무자가 제출한 매출누락사실을 자인하는 **확인서에 매출사실의 구체적 내용이 들어 있지 않아 그 증거가치를 쉽게 부인할 수 없을 정도의 신빙성이 인정되지 아니한다면, 비록 납세의무자의 확인서라고 하더라도, 이는 실지조사의 근거로 될 수 있는 장부 또는 증빙서류에 갈음하는 다른 자료에 해당되지 아니한다**(대판 2003. 06. 24, 2001두7770).

4. 시료채취

조사원이 조사목적의 달성을 위하여 시료채취를 하는 경우에는 그 시료의 소유자 및 관리자의 정상적인 경제활동을 방해하지 아니하는 범위 안에서 최소한도로 하

---

105) 요양기관 현지조사 지침(보건복지부, 서식 제13호), 조사사무처리규정(국세청훈령) 제41조 제3항 등 참조.

여야 한다(제12조 제1항).

행정기관의 장은 제1항에 따른 시료채취로 조사대상자에게 손실을 입힌 때에는 대통령령으로 정하는 절차와 방법에 따라 그 손실을 보상하여야 한다(동조 제2항).

[판례] ① 구 산업표준화법(2016. 1. 6. 법률 제13737호로 개정되기 전의 것) 제20조 제1항, 제21조 제1항, 제3항, 구 산업표준화법 시행령(2017. 1. 26. 대통령령 제27807호로 개정되기 전의 것, 이하 '시행령'이라 한다) 제27조 제1항, 제3항, 제28조 [별표 1의2], 구 산업표준화법 시행규칙(2016. 9. 6. 산업통상자원부령 제216호로 개정되기 전의 것) 제17조 [별표 9] 제2호 (가)목, 제5호의 규정 내용과 체계, 문언에다가 아래와 같은 사정들을 종합하면, 판매하기 위하여 만든 제품에서 시료를 채취하여 품질시험을 한 경우만 시판품조사에 해당하고, **제품의 생산과 관련한 서류를 비교 · 분석하는 것은 현장조사의 방법일 뿐 시판품조사에는 해당하지 않는다**(대판 2019. 05. 16, 2017두45698). ② 행정조사의 한 단계인 **시료채취가 행정규칙에서 정한 절차를 위반**하였더라도 채취된 시료를 객관적인 자료로 활용할 수 있고, 그에 따른 실험결과를 믿을 수 있으면 그에 기초하여 내려진 처분은 위법하지 않다고 한 사례(대판 2022. 09. 16, 2021두58912, 전술 처분사유 참조).

5. 자료 등의 영치

조사원이 현장조사 중에 자료 · 서류 · 물건 등(이하 이 조에서 "자료 등"이라 한다)을 영치하는 때에는 조사대상자 또는 그 대리인을 입회시켜야 한다(제13조 제1항).

조사원이 제1항에 따라 자료 등을 영치하는 경우에 조사대상자의 생활이나 영업이 사실상 불가능하게 될 우려가 있는 때에는 조사원은 자료 등을 사진으로 촬영하거나 사본을 작성하는 등의 방법으로 영치에 갈음할 수 있다. 다만, 증거인멸의 우려가 있는 자료 등을 영치하는 경우에는 그러하지 아니하다(동조 제2항).

6. 공동조사

행정기관의 장은 다음 각 호의 어느 하나에 해당하는 행정조사를 하는 경우에는 공동조사를 하여야 한다(제14조 제1항): 1. 당해 행정기관 내의 2 이상의 부서가 동일하거나 유사한 업무분야에 대하여 동일한 조사대상자에게 행정조사를 실시하는 경우, 2. 서로 다른 행정기관이 대통령령으로 정하는 분야에 대하여 동일한 조사대상자에게 행정조사를 실시하는 경우.

제1항 각 호에 따른 사항에 대하여 행정조사의 사전통지를 받은 조사대상자는 관계 행정기관의 장에게 공동조사를 실시하여 줄 것을 신청할 수 있다. 이 경우 조사대상자는 신청인의 성명 · 조사일시 · 신청이유 등이 기재된 공동조사신청서를 관계 행정기관의 장에게 제출하여야 한다(동조 제2항). 제2항에 따라 공동조사를 요청받은 행정기관의 장은 이에 응하여야 한다(동조 제3항).

7. 자율신고제도

행정기관의 장은 법령 등에서 규정하고 있는 조사사항을 조사대상자로 하여금 스스로 신고하도록 하는 제도를 운영할 수 있다(제25조 제1항). 행정기관의 장은 조사대상자가 제1항에 따라 신고한 내용이 거짓의 신고라고 인정할 만한 근거가 있거나 신고내용을 신뢰할 수 없는 경우를 제외하고는 그 신고내용을 행정조사에 갈음할 수 있다(동조 제2항).

Ⅶ. 행정조사의 한계

행정조사로 인하여 프라이버시권, 영업의 자유, 재산권 등 개인이나 기업의 기본권이 침해될 가능성이 적지 않으므로 행정조사에는 엄격한 실체법적, 절차법적 한계가 설정되어야 한다.

1. 실체법적 한계

(1) 법령상 한계

행정조사는 행정조사를 규율하는 법령을 위반하여서는 안 된다.

행정조사기본법은 다음과 같이 행정조사의 기본원칙과 그 한계를 규정하고 있다.

1) 행정조사의 기본원칙

① 행정조사는 조사목적을 달성하는 데 필요한 최소한의 범위 안에서 실시하여야 하며, 다른 목적 등을 위하여 조사권을 남용하여서는 아니 된다(제4조 제1항).

② 행정기관은 조사목적에 적합하도록 조사대상자를 선정하여 행정조사를 실시하여야 한다(동조 제2항).

③ 행정기관은 유사하거나 동일한 사안에 대하여는 공동조사 등을 실시함으로써 행정조사가 중복되지 아니하도록 하여야 한다(동조 제3항).

④ 행정조사는 법령 등의 위반에 대한 처벌보다는 법령 등을 준수하도록 유도하는 데 중점을 두어야 한다(동조 제4항).

⑤ 다른 법률에 따르지 아니하고는 행정조사의 대상자 또는 행정조사의 내용을 공표하거나 직무상 알게 된 비밀을 누설하여서는 아니 된다(동조 제5항).

⑥ 행정기관은 행정조사를 통하여 알게 된 정보를 다른 법률에 따라 내부에서 이용하거나 다른 기관에 제공하는 경우를 제외하고는 원래의 조사목적 이외의 용도로 이용하거나 타인에게 제공하여서는 아니 된다(동조 제6항).

2) 조사대상의 선정

행정기관의 장은 행정조사의 목적, 법령준수의 실적, 자율적인 준수를 위한 노력, 규모와 업종 등을 고려하여 명백하고 객관적인 기준에 따라 행정조사의 대상을 선정하여야 한다(제8조 제1항). 조사대상자는 조사대상 선정기준에 대한 열람을 행정기관의 장에게 신청할 수 있다(동조 제2항). 행정기관의 장이 제2항에 따라 열람신청을 받은 때에는 다음 각 호의 어느 하나에 해당하는 경우를 제외하고 신청인이 조사대상 선정기준을 열람할 수 있도록 하여야 한다(동조 제3항): 1. 행정기관이 당해 행정조사업무를 수행할 수 없을 정도로 조사활동에 지장을 초래하는 경우, 2. 내부고발자 등 제3자에 대한 보호가 필요한 경우.

3) 중복조사의 제한

제7조에 따라 정기조사 또는 수시조사를 실시한 행정기관의 장은 동일한 사안에 대하여 동일한 조사대상자를 재조사하여서는 아니 된다. 다만, 당해 행정기관이 이미 조사를 받은 조사대상자에 대하여 위법행위가 의심되는 새로운 증거를 확보한 경우에는 그러하지 아니하다(제15조 제1항). 행정조사를 실시할 행정기관의 장은 행정조사를 실시하기 전에 다른 행정기관에서 동일한 조사대상자에게 동일하거나 유사한 사안에 대하여 행정조사를 실시하였는지 여부를 확인할 수 있다(동조 제2항). 행정조사를 실시할 행정기관의 장이 제2항에 따른 사실을 확인하기 위하여 행정조사의 결과에 대한 자료를 요청하는 경우 요청받은 행정기관의 장은 특별한 사유가 없는 한 관련 자료를 제공하여야 한다(동조 제3항).

[판례] 세관공무원이 어느 수입물품의 과세가격에 대하여 조사한 경우에 다시 동일한 수입물품의 과세가격에 대하여 조사를 하는 것은 특별한 사정이 없는 한 구 관세법 제111조에서 금지하는 재조사에 해당하고, 세관공무원이 동일한 사안에 대하여 당초 조사한 과세가격 결정방법이 아닌 다른 과세가격 결정방법을 조사하였다고 하여 달리 볼 것은 아니다(대판 2020. 02. 13, 2015두745).

4) 자발적인 협조에 따라 실시하는 행정조사

행정기관의 장이 제5조 단서에 따라 조사대상자의 자발적인 협조를 얻어 행정조사를 실시하고자 하는 경우 조사대상자는 문서 · 전화 · 구두 등의 방법으로 당해 행정조사를 거부할 수 있다(제20조 제1항). 제1항에 따른 행정조사에 대하여 조사대상자가 조사에 응할 것인지에 대한 응답을 하지 아니하는 경우에는 법령 등에 특별한 규정이 없는 한 그 조사를 거부한 것으로 본다(동조 제2항). 행정기관의 장은 제1항 및 제2항에 따른 조사거부자의 인적 사항 등에 관한 기초자료는 특정 개인을 식별할 수 없는 형태로 통계를 작성하는 경우에 한하여 이를 이용할 수 있다(동조 제3항).

(2) 행정법의 일반원칙상 한계

1) 목적부합(目的符合)의 원칙

행정조사는 수권법령상의 조사목적 이외의 목적을 위하여 행해져서는 안 된다. 행정조사를 범죄수사의 목적이나 정치적 목적으로 이용하는 것은 위법하다.

2) 비례의 원칙

행정조사는 행정목적을 달성하기 위하여 필요한 최소한도에 그쳐야 한다. 행정조사의 수단에 여러 가지가 있는 경우에 상대방에게 가장 적은 침해를 가져오는 수단을 사용하여야 한다.

3) 평등의 원칙

행정조사의 실시에 있어서 합리적인 사유 없이 피조사자를 차별하는 것은 평등의 원칙에 반한다. 특히 세무조사에 있어서 피조사자의 선정 및 조사의 강도와 관련하여 평등원칙의 위반 여부가 문제된다.

4) 실력행사의 가부

행정조사에 대하여 상대방이 조사를 거부 또는 방해하는 경우에 당해 공무원은 실력(實力)을 행사하여 행정조사를 행할 수 있는가 하는 문제가 제기된다. 이 문제는 임의조사의 경우에는 임의조사의 본질상 제기되지 않는다. 또한 질문의 경우에는 그 성질상 실력을 행사하여 강제하는 것은 허용될 수 없다. 영업장소를 실력으로 수색할 수 있는 권한이 명문의 규정에 의해 부여된 경우에는 당연히 실력을 행사할 수 있다.

문제가 되는 경우는 강제조사 중 조사상대방이 조사를 거부하는 경우에 벌칙을 가할 수 있다고 규정하고 있지만, 실력행사에 관한 명문의 근거규정이 없는 경우이다. 이 경우에 이 벌칙 등의 제재를 가하는 외에 직접 실력을 행사할 수 있을 것인가 하는 문제가 제기된다. 이에 대하여는 세 견해가 대립되고 있다.

가. 긍정설 피조사자측의 거부가 있는 경우에 처벌이나 불이익 등의 제재를 규정하고 있는 것은 피조사자측의 저항이 위법임을 전제로 한 것이라고 볼 수 있으므로 조사공무원은 비례원칙의 범위 안에서 피조사자측의 신체나 재산에 실력을 가할 수 있다.[106)]

나. 부정설 실정법이 직접적 강제수단을 규정하지 않고 별도의 벌칙규정이나 불이익처분규정을 두고 있는 취지는 조사의 실효성을 간접적으로 확보하려는 것에 있다고 보아야 할 것이므로 상대방의 신체나 재산에 대한 직접적인 실력행사는

---

106) 홍정선, 전게서, 648면.

허용되지 않는다.107)

다. 예외적 긍정설 거부에 대하여 벌칙이 규정되어 있는 경우에는 원칙적으로 실력에 의한 강제는 허용되지 않는다. 다만, 다음과 같은 경우에는 벌칙규정이 있는 경우에 실력행사가 인정될 수 있는 것으로 보아야 한다: ① 행정조사의 필요성이 급박하고, ② 조사를 강행하지 않을 경우 일반공공의 생명·신체에 위험을 초래할 가능성이 많고, ③ 다른 조사수단이 없을 것. 이와 같이 실력을 행사하여 조사목적을 실현한 경우에는 벌칙규정은 적용되지 않는다고 보아야 한다.108)

라. 결 어 국민의 신체나 재산에 대한 실력행사에는 명문의 근거가 있어야 하므로 부정설이 타당하다. 행정조사를 함에 있어 실력행사가 필요함에도 법적 근거가 없는 경우가 적지 않은데, 조속히 강제조사의 법적 근거를 마련하여야 할 것이다.

2. 절차법적 한계

(1) 적법절차의 원칙

적법절차의 원칙은 행정조사에도 적용된다. 그러므로 행정조사는 적법한 절차에 따라 행해져야 한다.

행정조사를 규정하는 법에서는 행정조사를 함에 있어서는 증표를 휴대하고 제시하도록 규정하고 있는 경우가 많다. 그러한 규정이 없는 경우에도 증표제시의무는 최소한으로 요구된다고 보아야 한다. 그 이유는 증표의 제시에 의해 당해 공무원은 행정조사를 할 수 있는 정당한 권한이 있음을 입증하게 되며 그에 따라 상대방에게 조사에 대한 구체적인 수인의무가 발생하게 되기 때문이다.109)

적법절차의 원칙상 행정조사에 관한 사전통지와 이유제시를 하는 것으로 하여야 한다. 다만, 긴급한 경우 또는 사전통지 또는 이유제시를 하면 조사의 목적을 달성할 수 없는 경우에는 예외를 인정할 수 있다.

(2) 행정조사와 행정절차

행정절차법은 행정조사에 관한 명문의 규정을 두고 있지 않다. 다만, 행정조사가 처분에 해당하는 경우에 행정절차법상의 처분절차에 관한 규정이 행정조사에도 적용된다.

행정조사기본법은 다음과 같이 행정조사절차를 규정하고 있다.

---

107) 김동희, 전게서, 474면; 김남진, 전게서, 471면 등: 이 견해가 다수설이다.
108) 김영조, 전게논문, 45면.
109) 김동희, 전게서, 425면.

① 조사의 사전통지: 행정조사를 실시하고자 하는 행정기관의 장은 제9조에 따른 출석요구서, 제10조에 따른 보고요구서·자료제출요구서 및 제11조에 따른 현장출입조사서(이하 '출석요구서 등'이라 한다)를 조사개시 7일 전까지 조사대상자에게 서면으로 통지하여야 한다. 다만, 다음 각 호의 어느 하나에 해당하는 경우에는 행정조사의 개시와 동시에 출석요구서 등을 조사대상자에게 제시하거나 행정조사의 목적 등을 조사대상자에게 구두로 통지할 수 있다(제17조 제1항): 1. 행정조사를 실시하기 전에 관련 사항을 미리 통지하는 때에는 증거인멸 등으로 행정조사의 목적을 달성할 수 없다고 판단되는 경우, 2.「통계법」제3조 제2호에 따른 지정통계의 작성을 위하여 조사하는 경우, 3. 제5조 단서에 따라 조사대상자의 자발적인 협조를 얻어 실시하는 행정조사의 경우. 행정기관의 장이 출석요구서 등을 조사대상자에게 발송하는 경우 출석요구서 등의 내용이 외부에 공개되지 아니하도록 필요한 조치를 하여야 한다(동조 제2항).

② 조사의 연기신청: 출석요구서 등을 통지받은 자가 천재지변이나 그 밖에 대통령령으로 정하는 사유로 인하여 행정조사를 받을 수 없는 때에는 당해 행정조사를 연기하여 줄 것을 행정기관의 장에게 요청할 수 있다(제18조 제1항). 제1항에 따라 연기요청을 하고자 하는 자는 연기하고자 하는 기간과 사유가 포함된 연기신청서를 행정기관의 장에게 제출하여야 한다(동조 제2항). 행정기관의 장은 제2항에 따라 행정조사의 연기요청을 받은 때에는 연기요청을 받은 날부터 7일 이내에 조사의 연기 여부를 결정하여 조사대상자에게 통지하여야 한다(동조 제3항).

③ 제3자에 대한 보충조사: 행정기관의 장은 제1항에 따라 제3자에 대한 보충조사를 실시하는 경우에는 조사개시 7일 전까지 보충조사의 일시·장소 및 보충조사의 취지 등을 제3자에게 서면으로 통지하여야 한다(제18조 제2항). 행정기관의 장은 제3자에 대한 보충조사를 하기 전에 그 사실을 원래의 조사대상자에게 통지하여야 한다. 다만, 제3자에 대한 보충조사를 사전에 통지하여서는 조사목적을 달성할 수 없거나 조사목적의 달성이 현저히 곤란한 경우에는 제3자에 대한 조사결과를 확정하기 전에 그 사실을 통지하여야 한다(동조 제3항). 원래의 조사대상자는 제3항에 따른 통지에 대하여 의견을 제출할 수 있다(동조 제4항).

④ 의견제출: 조사대상자는 제17조에 따른 사전통지의 내용에 대하여 행정기관의 장에게 의견을 제출할 수 있다(제21조 제1항). 행정기관의 장은 제1항에 따라 조사대상자가 제출한 의견이 상당한 이유가 있다고 인정하는 경우에는 이를 행정조사에 반영하여야 한다(동조 제2항).

⑤ 조사원 교체신청: 조사대상자는 조사원에게 공정한 행정조사를 기대하기 어

려운 사정이 있다고 판단되는 경우에는 행정기관의 장에게 당해 조사원의 교체를 신청할 수 있다(제22조 제1항).

⑥ 조사권 행사의 제한: 조사원은 제9조부터 제11조까지에 따라 사전에 발송된 사항에 한하여 조사대상자를 조사하되, 사전통지한 사항과 관련된 추가적인 행정조사가 필요할 경우에는 조사대상자에게 추가조사의 필요성과 조사내용 등에 관한 사항을 서면이나 구두로 통보한 후 추가조사를 실시할 수 있다(제23조 제1항), 조사대상자는 법률·회계 등에 대하여 전문지식이 있는 관계 전문가로 하여금 행정조사를 받는 과정에 입회하게 하거나 의견을 진술하게 할 수 있다(동조 제2항). 조사대상자와 조사원은 조사과정을 방해하지 아니하는 범위 안에서 행정조사의 과정을 녹음하거나 녹화할 수 있다. 이 경우 녹음·녹화의 범위 등은 상호 협의하여 정하여야 한다(동조 제3항). 조사대상자와 조사원이 제3항에 따라 녹음이나 녹화를 하는 경우에는 사전에 이를 당해 행정기관의 장에게 통지하여야 한다(동조 제4항).

⑦ 조사결과의 통지: 행정기관의 장은 법령 등에 특별한 규정이 있는 경우를 제외하고는 행정조사의 결과를 확정한 날부터 7일 이내에 그 결과를 조사대상자에게 통지하여야 한다(제24조).

(3) 강제조사

강제조사(强制調査)라 함은 조사대상자의 의사와 무관하게 행하는 행정조사를 말한다. 강제조사는 관계개별법령에 근거를 두어야 한다(행정조사기본법 제5조). 강제조사의 예로는 세무조사, 통관검사, 통신감청 등을 들 수 있다. 그런데, 조사를 방해하는 경우 처벌규정을 두는 경우가 보통이고, 조사의 방해에 대해 물리력을 행사할 수 있는 근거규정을 두지 않는 경우가 보통인데, 이는 행정목적실현에 중대한 장애가 될 수 있으므로 검토를 요한다.

(4) 영장주의의 적용 여부

행정조사를 위해 압수수색이 필요한 경우에 영장의 제시가 필요하다고 규정하고 있는 경우가 있다. 명문의 규정이 없는 경우에도 압수·수색을 수반하는 행정조사에 영장주의(令狀主義)가 적용될 것인가 하는 문제가 제기된다.

현재 완전긍정설, 완전부정설은 없고, 절충설이 지배적 견해인데, 절충설에도 원칙적 긍정설, 개별적 결정설이 있다.

1) 원칙적 긍정설

행정조사에도 기본권 보장을 위해 압수·수색에는 원칙상 영장주의가 적용되어야 하나 긴급한 경우 등 영장을 기다려서는 행정조사목적을 달성할 수 없는 경우에는 영장이 요구되지 않는다고 본다. 이 견해가 다수설이다.

2) 개별적 결정설

행정조사에 영장주의가 적용될 것인지 여부는 행정조사의 성격, 조사의 필요성, 기타의 권익보호제도의 존재 등을 고려하여 개별적으로 결정하여야 한다.

3) 판 례

판례는 수사기관의 강제처분이 아닌 행정조사의 성격을 가지는 한 영장은 요구되지 않는다고 본다.

[판례] 우편물 통관검사절차에서 압수·수색영장 없이 진행된 우편물의 개봉, 시료채취, 성분분석 등 검사의 적법 여부(원칙적 적극): 관세법 제246조 제1항, 제2항, 제257조, '국제우편물 수입통관 사무처리'(2011. 9. 30. 관세청고시 제2011-40호) 제1-2조 제2항, 제1-3조, 제3-6조, 구 '수출입물품 등의 분석사무 처리에 관한 시행세칙'(2013. 1. 4. 관세청훈령 제1507호로 개정되기 전의 것) 등과 관세법이 관세의 부과·징수와 아울러 수출입물품의 통관을 적정하게 함을 목적으로 한다는 점(관세법 제1조)에 비추어 보면, **우편물 통관검사절차에서 이루어지는 우편물의 개봉, 시료채취, 성분분석 등의 검사는** 수출입물품에 대한 적정한 통관 등을 목적으로 한 **행정조사의 성격을 가지는 것**으로서 **수사기관의 강제처분이라고 할 수 없으므로, 압수·수색영장 없이 우편물의 개봉, 시료채취, 성분분석 등 검사가 진행되었다 하더라도 특별한 사정이 없는 한 위법하다고 볼 수 없다**(대판 2013. 09. 26, 2013도7718[마약류관리에관한법률위반(향정)). 〈해설〉 행정상 압수·수색의 실질을 갖는 것에는 영장 또는 이에 준하는 절차가 필요하다는 비판이 가능하다. 이 판례가 행정조사상 압수·수색 일반이 압수·수색영장 없이 가능한 것으로 본 것인지는 논란의 여지가 있을 수 있다. 행정조사상 압수·수색 일반이 압수·수색영장 없이 가능하다고 하더라도 적법절차의 원칙상 적법절차에 따라야 한다고 보아야 한다.

그러나, 판례는 행정조사에서 나아가 범죄수사를 하면서 행한 압수·수색에는 영장이 필요하다고 본다(대판 2016. 07. 27, 2016도6295: 세관공무원이 통관검사과정에서 발견한 필로폰을 특별사법경찰관인 세관공무원에게 인계하고, 그 세관공무원이 검찰에 임의제출하여 압수한 필로폰이 영장없이 압수된 것으로 보고 증거능력을 배척한 사례).

[판례] ① 수출입물품을 검사하는 과정에서 마약류가 감추어져 있다고 밝혀지거나 그러한 의심이 드는 경우, 마약류 불법거래 방지에 관한 특례법 제4조 제1항에 따라 검사의 요청으로 세관장이 행하는 조치에 영장주의 원칙이 적용되는지 여부(한정 적극) / 위 조항에 따른 조치의 일환으로 특정한 수출입물품을 개봉하여 검사하고 그 내용물의 점유를 취득한 행위가 범죄수사인 압수 또는 수색에 해당하여 사전 또는 사후에 영장을 받아야 하는지 여부(적극): 수사기관에 의한 압수·수색의 경우 헌법과 형사소송법이 정한 적법절차와 영장주의 원칙은 법률에 따라 허용된 예외사유에 해당하지 않는 한 관철되어야 한다. 세관공무원이 수출입물품을 검사하는 과정에서 마약류가 감추어져 있다고 밝혀지거나 그러한 의심이 드는 경우, 검사는 마약류의 분산을 방지하기 위하여 충분한 감시체제를 확보하고 있어 수사를 위하여 이를 외국으로 반출하거나 대한민국으로 반입할 필요가 있다는 요청을 세관장에게 할 수 있고, 세관장은 그 요청에 응하기 위하여 필요한 조치를 할 수 있다(마약류 불법거래 방지에 관한 특례법 제4조 제1항). 그러나 **이러한 조치가 수사기관에 의**

한 압수 · 수색에 해당하는 경우에는 영장주의 원칙이 적용된다. 물론 수출입물품 통관검사절차에서 이루어지는 물품의 개봉, 시료채취, 성분분석 등의 검사는 수출입물품에 대한 적정한 통관 등을 목적으로 조사를 하는 것으로서 이를 수사기관의 강제처분이라고 할 수 없으므로, 세관공무원은 압수 · 수색영장 없이 이러한 검사를 진행할 수 있다. 세관공무원이 통관검사를 위하여 직무상 소지하거나 보관하는 물품을 수사기관에 임의로 제출한 경우에는 비록 소유자의 동의를 받지 않았더라도 수사기관이 강제로 점유를 취득하지 않은 이상 해당 물품을 압수하였다고 할 수 없다. 그러나 마약류 불법거래 방지에 관한 특례법 제4조 제1항에 따른 조치의 일환으로 특정한 수출입물품을 개봉하여 검사하고 그 내용물의 점유를 취득한 행위는 위에서 본 수출입물품에 대한 적정한 통관 등을 목적으로 조사를 하는 경우와는 달리, 범죄수사인 압수 또는 수색에 해당하여 사전 또는 사후에 영장을 받아야 한다(대판 2017. 07. 18, 2014도8719).

② 세관공무원이 밀수품을 싣고 왔다는 정보에 의하여 정박중인 선박에 대하여 수색을 하려면 선박의 소유자 또는 점유자의 승낙을 얻거나 법관의 압수수색영장을 발부받거나 또는 관세법 제212조 제1항 후단에 의하여 긴급을 요하는 경우에 한하여 수색압수를 하고 사후에 영장의 교부를 받아야 할 것이다(대판 1976. 11. 09, 76도2703).

다만, 헌법재판소 결정에 따르면 영장주의의 본질은 강제처분을 함에 있어 중립적인 법관이 구체적 판단을 거쳐야 한다는 점에 있는바, 통신비밀보호법에서 수사기관이 전기통신사업자에게 위치정보 추적자료 제공을 요청함에 있어 (영장청구가 아니라) 관할 지방법원 또는 지원의 허가를 받도록 규정하고 있는 것은 헌법상 영장주의에 위배되지 아니한다(헌재 2018. 06. 28, 2012헌마191).

4) 결 어

기본권 보장과 행정조사의 필요를 조화시키는 개별적 결정설이 타당하다.

① 압수 · 수색의 행정조사가 실질적으로 형사책임추급을 목적으로 하는 경우에는 영장이 필요하다(조세범처벌절차법 제3조). 형사사법의 목적으로 압수 · 수색의 행정조사수단을 사용하는 것은 권한남용에 해당하고, 헌법 제12조 제3항의 영장주의에도 반한다.

② 그 이외의 경우에는 영장주의에 버금가는 권익보호조치가 취해지는 경우에는 영장은 요구되지 않는다고 보아야 한다. 형사사법작용에서 요구되는 영장주의를 행정조사에 그대로 적용하는 것은 타당하지 않으며 영장주의 취지는 국민의 기본권 보장의 취지에 있으므로 법령에 행정조사의 남용을 방지하기 위한 엄격한 절차가 보장되고 있고, 행정조사의 남용에 대한 실효성 있는 사후구제제도가 마련되어 있는 경우와 강제적 행정조사의 실시 여부를 준사법적인 기관에서 결정한 경우에는 영장주의는 적용되지 않는다고 보아야 한다.

그러나, 영장주의를 대체할 수 있는 정도의 권익보호조치가 취해지지 않는 경우에는 영장주의가 적용된다.

③ 국민의 생명 · 신체 · 재산을 보호하기 위하여 긴급한 조사의 필요성이 인정되

는 경우에는 영장이 불필요하다.110)

④ 자본시장법 제427조는 행정목적(법위반행위의 조사)을 위한 조사공무원의 압수수색에 검사의 청구에 의해 법원이 발부한 영장을 요구하는 것으로 규정하고 있다. 자본시장법 제427조의 불공정거래에 대한 조사는 행정조사의 하나로 수사기관의 범죄수사로 볼 수는 없지만(박현정, 권력적 행정조사에 대한 사법통제, 행정법학, 2023.9, 342면), 통상의 엄밀한 의미에서 행정조사로 보기에는 문제가 있고, **수사 전 단계로서의 행정조사 또는 수사에 준하는 행정조사**를 규정하고 있는 것으로 보아야 한다. 그리고, 지금까지의 검사의 청구에 의한 행정영장에 의한 압수수색의 실정법상 인정은 대체로 행정조사가 범죄수사로 이어질 수 있는 경우에 한정되어 있다. 행정조사가 범죄수사로 이어질 수 있는 경우에는 순수한 의미의 행정조사 보다 엄격한 규율이 행해져야 한다. 진술거부권과 방어권을 보장해줄 필요가 있고 행정조사에서 획득한 자료는 곧바로 범죄수사에서 활용하지 않도록 하는 장치가 필요하다. 그러나, 순수한 의미의 행정조사를 위한 영장청구를 검사가 하도록 하는 것은 수사기관이 범죄의 혐의가 포착되기 전에 개입하는 것이 되고, 행정조사 단계에서 수사기관인 검사가 행정조사에 관한 사항을 알게 되어 행정조사가 범죄수사로 이어질 수 있게 되어서 문제가 있다. 그리고, 이 경우 행정조사를 순수한 의미의 행정조사로 보기에는 문제가 있다. 입법론상 범죄수사와 분리된 행정조사(순수한 행정목적의 행정조사)를 위해 압수수색을 하는 경우에는 행정조사 담당기관의 장이 영장 청구를 하도록 하는 것이 행정조사와 범죄수사를 분리하기 위해 필요하다.

(5) 행정조사와 진술거부

헌법 제12조 제2항은 형사책임에 관하여 진술거부권을 기본권으로 보장하고 있다. 그런데, 행정조사에 있어서도 진술거부권이 인정될 수 있는지가 문제된다. 행정조사로 형사피의자나 피고인이 될 가능성이 있을 때에는 행정조사에도 진술거부권이 적용된다고 보아야 한다. 특히, 행정조사와 형사소추의 목적을 동시에 갖는 행정조사의 경우, 그렇지 않은 경우에도 행정조사사항이 형사책임에 관한 사항인 경우에는 당연히 진술거부권이 적용된다고 보아야 한다. 그리고, 이와 같이 진술거부권이 인정되는 행정조사에 있어서는 행정조사를 하기 전에 진술거부권을 고지하도록 할 필요가 있다.

[판례] ① 교통사고를 일으킨 운전자에게 **신고의무(진술의무)**를 부담시키고 있는 도로교통법 제50조 제2항, 제111조 제3호는, 피해자의 구호 및 교통질서의 회복을 위한 조치가 필요한 범위내에서 교통사고의 객관적 내용만을 신고(진술)하도록 한 것으로 해석하고, **형사책임과 관련되는 사항에는 적용되지 아니하는** 것으로 해석하는 한 헌법상 진술거부권규정에 위반되지 아니한다(헌재 1990. 08.

110) 김영조, 전게논문, 76~78면 참조.

27, 89헌가118).
② **진술거부권은** 현재 피의자나 피고인으로서 수사 또는 공판절차에 계속중인 자 뿐만 아니라 장차 피의자나 피고인이 될 자에게도 보장되며, **형사절차뿐 아니라 행정절차나 국회에서의 조사절차 등에서도 보장된다.** 또한 진술거부권은 고문 등 폭행에 의한 강요는 물론 법률로써도 진술을 강요당하지 아니함을 의미한다(헌재 1997. 03. 27, 96헌가11).

Ⅷ. 행정조사와 권리구제

1. 위법한 행정조사와 행정행위의 효력

행정조사가 위법한 경우에 그 행정조사에 의해 수집된 정보에 기초하여 내려진 행정결정이 위법한 것으로 되는가가 문제로 된다.

행정조사를 통하여 획득한 정보가 정확하지 않은 경우에 그 정보에 기초하여 내려진 행정행위는 사실의 기초에 흠(사실오인의 흠)이 있는 행정행위이므로 행정조사의 위법 여부를 묻지 않고 당연히 위법하다.

따라서 특히 문제가 되는 경우는 행정조사를 통하여 획득한 정보가 내용상으로는 정확하지만 행정조사가 실체법상 또는 절차법상 한계를 넘어 위법한 경우이다. 현재 학설은 대립되고 있다.

(1) 적극설

절차의 적법성보장의 원칙에 비추어 행정조사가 위법한 경우에 당해 조사를 기초로 한 행정결정은 위법하다. 행정조사가 반드시 어떠한 행정결정에 필수적으로 요구되는 것은 아니고 단지 예비적인 작용이라 하여도 마찬가지다.[111]

(2) 소극설

행정조사는 법령에서 특히 행정행위의 전제조건으로 규정되어 있는 경우를 제외하고는 일응 별개의 제도로 볼 수 있는 것이고, 이 경우에는 조사의 위법이 바로 행정행위를 위법하게 만들지는 않는다.[112]

(3) 절충설

행정조사와 행정처분은 하나의 과정을 구성하는 것이므로 적정절차의 관점에서 행정조사에 중대한 위법사유가 있는 때에는 이를 기초로 한 행정행위도 위법한 행위로 된다는 견해,[113] 적어도 법이 요구하는 요건을 무시하여 조사로 볼 수 없을 정도의 위법한 행정조사에 기초하여 행정처분이 행해졌을 경우에는 행정처분의 위법을

111) 홍정선, 전게서, 650면.
112) 박윤흔, 전게서, 634면.
113) 김동희, 전게서, 474면.

초래한다고 보는 견해[114] 등이 있다.

(4) 판 례

판례는 적극설을 취하고 있다. 다만, 행정조사절차의 하자가 경미한 경우에는 위법사유가 되지 않는 것으로 본다(대판 2009. 01. 30, 2006두9498).

[판례] ① 세무조사가 과세자료의 수집 또는 신고내용의 정확성 검증이라는 본연의 목적이 아니라 부정한 목적을 위하여 행하여진 것(권한남용)이라면 이는 세무조사에 중대한 위법사유가 있는 경우에 해당하고 이러한 (위법한) **세무조사에 의하여 수집된 과세자료를 기초로 한 과세처분 역시 위법하다**(대판 2016. 12. 15, 2016두47659).
② 구 국세기본법 제81조의5가 정한 **세무조사대상 선정사유가 없음에도 세무조사대상으로 선정하여 과세자료를 수집하고 그에 기하여 과세처분을 하는** 것은 적법절차의 원칙을 어기고 구 국세기본법 제81조의5와 제81조의3 제1항을 위반한 것으로서 특별한 사정이 없는 한 과세처분은 **위법**하다(대판 2014. 06. 26, 2012두911[국세부과취소]).
③ 과세관청 내지 그 상급관청이나 수사기관의 강요로 합리적이고 타당한 근거도 없이 작성된 과세자료에 터잡은 과세처분의 하자가 중대하고 명백한 것이라고 한 사례(대판 전원합의체 1992. 03. 31, 91다32053[부당이득금]).
④ 납세자에 대한 부가가치세부과처분이, 종전의 부가가치세 경정조사와 같은 세목 및 같은 과세기간에 대하여 중복하여 실시된 위법한 세무조사에 기초하여 이루어진 것이어서 위법하다고 한 원심의 판단을 수긍한 사례(대판 2006. 06. 02, 2004두12070[부가가치세부과처분취소]).
⑤ [1] 토양환경보전법상 토양정밀조사명령의 전제가 되는 토양오염실태조사를 실시할 권한은 시·도지사에게 있는바, 이 사건 토양정밀조사명령의 근거가 된 토양오염실태조사가 감사원에 의해 실시된 것이어서 토양환경보전법의 규정에 따른 것이라고 할 수 없다. [2] 행정기관 및 공무원의 직무를 감찰하여 행정운영의 개선향상을 기하여야 할 감사원의 임무나 감사원이 원고 사업장 인근 주민의 환경오염 진정에 따라 충청남도에 대한 감사를 진행하던 중 현지조사 차원에서 피고 소속 담당공무원과 충청남도의 담당공무원 참여하에 이 사건 토양오염실태조사가 이루어진 경위, 토양오염실태조사는 토양정밀조사명령의 사전 절차를 이루는 사실행위로서 그 자체가 행정처분에 해당하지는 않는 점 등을 종합 고려해 보면, 이 사건 토양오염실태조사가 감사원 소속 감사관의 주도하에 실시되었다는 사정만으로 이 사건 토양정밀조사명령에 이를 위법한 것으로서 취소해야 할 정도의 하자가 있다고 볼 수는 없다. [3] 토양오염공정시험방법(환경부고시 제2002-122호)은 행정기관 내부의 사무처리준칙을 정한 행정규칙에 해당하고, 채취된 시료의 대상지역 토양에 대한 대표성을 전혀 인정할 수 없을 정도로 **그 위반의 정도가 중대한 경우가 아니라면, 토양오염공정시험방법에 규정된 내용에 위반되는 방식으로 시료를 채취하였다는 사정만으로는 그에 기초하여 내려진 토양정밀조사명령이 위법하다고 할 수 없다.** [4] 설령 시료를 채취함에 있어 원고 측으로부터 시료채취확인 및 시료봉인을 받지 않은 것이 절차상 하자에 해당한다 하더라도, **이러한 (조사)절차상 하자가 이 사건 처분을 취소할 정도에까지는 이르지 아니하였다**(대판 2009. 01. 30, 2006두9498[토양정밀조사명령처분취소]).
⑥ 운전자의 동의를 받지 않고 법원 영장도 없이 채혈조사를 한 결과를 근거로 한 운전면허취소처분은 위법하다(대판 2016. 12. 27, 2014두46850).

---

114) 김남진, 전게서, 470면.

⑦ 음주운전 여부에 대한 조사 과정에서 운전자 본인의 동의를 받지 아니하고 또한 법원의 영장도 없이 (위법한) 채혈조사를 한 결과를 근거로 한 운전면허 정지·취소 처분은 도로교통법 제44조 제3항을 위반한 것으로서 특별한 사정이 없는 한 위법한 처분으로 볼 수밖에 없다(대판 2016. 12. 27, 2014두46850[자동차운전면허취소처분취소]).

⑧ 구 국세기본법(2014. 12. 23. 법률 제12848호로 개정되기 전의 것) 제81조의4 제1항, 제2항 규정의 문언과 체계, 재조사를 엄격하게 제한하는 입법 취지, 그 위반의 효과 등을 종합하여 보면, 구 국세기본법 제81조의4 제2항에 따라 **금지되는 재조사에 기하여 과세처분을 하는 것은** 단순히 당초 과세처분의 오류를 경정하는 경우에 불과하다는 등의 **특별한 사정이 없는 한 그 자체로 위법하**고, 이는 **과세관청이 그러한 재조사로 얻은 과세자료를 과세처분의 근거로 삼지 않았다거나 이를 배제하고서도 동일한 과세처분이 가능한 경우라고 하여 달리 볼 것은 아니다**(대판 2017. 12. 13, 2016두55421; 2020. 02. 13, 2015두745). 〈해설〉 "과세관청이 그러한 재조사로 얻은 과세자료를 과세처분의 근거로 삼지 않았다거나 이를 배제하고서도 동일한 과세처분이 가능한 경우라고 하여 달리 볼 것은 아니다."라고 한 부분은 공정한 과세의 부과하는 공익에 비하여 과세처분의 상대방을 과도하게 보호하는 것은 아닌지 검토를 요한다.

⑨ 구 관세법 시행령 제139조의2 제2항의 관세조사기간 연장절차를 거치지 않은 채 사전통지된 조사기간 이후에도 관세조사가 계속된 경우에도 세무조사권을 남용한 것이거나 관세법령상 납세자의 절차적 권리를 중대하게 침해하여 위법하다고 볼 수 없고 이에 따른 과세처분이 적법하다고 볼 수 있다고 한 사례(대판 2025. 04. 24, 2022두45647).

(5) 결어(적극설, 절차하자설)

행성소사에 의해 수집된 정보가 행정결정의 기초가 된 경우에 당해 행정조사는 행정결정을 하기 위한 절차라고 볼 수 있고, 절차의 하자를 독자적 취소사유로 보는 것이 타당하므로 **적극설**이 타당하다.

위법한 세무조사에 의해 수집된 과세자료에 기초하여 한 과세처분을 위법하다고 볼 것인지에 관한 논거를 검토할 필요가 있다.

생각건대, 우선 형사법의 법리인 위법수집증거배제의 원칙을 행정처분인 과세처분이 도입하는 것은 타당하지 않다. 다음으로 위법하게 수집된 자료에 기초한 행정처분의 위법의 근거를 신의성실의 원칙이라고 본다면 위법한 세무조사로 획득된 자료를 과세처분의 근거를 하는 것이 신의칙에 반하는 경우에 한하여 해당 과세처분이 위법하다고 보아야 한다. 다만, 세무조사의 위법이 해당 과세처분의 근거가 된 과세자료의 취득과 무관하거나 과세처분 상대방의 귀책사유가 과도한 경우에는 신의칙에 반하지 않는 것으로 보아 해당 과세처분은 과세처분의 근거가 된 과세자료가 위법한 세무조사에 의해 취득되었다는 것만으로는 위법하게 되지 않은 것으로 보는 것이 타당하다.

2. 행정조사에 대한 행정구제

(1) 적법한 행정조사에 대한 구제: 손실보상

적법한 행정조사로 재산상 특별한 손해를 받은 자에 대하여는 손실보상을 해 주어야 한다. 문제는 보상규정이 없는 경우에 헌법 제23조 제3항을 근거로 손실보상을 청구할 수 있는가 하는 것이다(후술 참조).

(2) 위법한 행정조사에 대한 구제

1) 항고쟁송

위법한 행정조사에 대하여 항고쟁송이 가능하기 위해서는 행정조사의 처분성이 인정되어야 하며 소의 이익이 인정될 수 있도록 행정조사의 상태가 계속되어야 한다.

장부제출명령, 출두명령 등 행정행위의 형식을 취하는 행정조사는 물론 사실행위로서의 행정조사도 권력적인 경우에는 행정소송법상의 처분이라고 보아야 한다.

판례는 세무조사결정을 항고소송의 대상이 되는 처분으로 본다(대판 2011. 03. 10, 2009두23617, 23624).

위법한 행정조사를 이유로 그에 근거한 과세처분 등이 취소된 경우에 다시 적법한 행정조사를 거쳐 위법한 세무조사에 근거하여 수집한 과세자료에 근거하여 과세처분을 할 수 있는가 하는 것이 문제된다.

통상 절차의 하자를 이유로 처분이 취소된 겨우 적법한 절차를 거쳐 동일한 처분을 할 수 있는 것이다. 그런데, 위법한 행정조사에 따라 수집한 자료에 근거한 처분에 대한 취소판결의 취지는 행정조사절차가 위법하다는 것뿐만 아니라 위법한 행정조사에 의해 수집한 조사자료에 근거한 것이 위법하다는 것이므로 과세처분 등의 취소판결 후 적법한 행정조사절차를 거치더라도 이전의 위법한 행정조사에 의해 수집한 조사자료에 근거하여 과세처분 등을 하는 것은 판결의 기속력에 반한다고 보아야 한다. 이에 대하여 행정조사의 위법사유가 행정조사의 실체적 요건(예, 중복조사 등 선정사유) 위반인 경우에는 행정조사를 할 수 없으므로 동일한 내용의 처분을 할 수 없지만, 행정조사의 위법사유가 절차(행정조사대상 선정절차)의 위법인 경우에는 적법 선정절차에 따른 행정조사를 거쳐 동일한 내용의 처분을 할 수 있다고 보는 견해가 있을 수 있다.

2) 손해배상

위법한 행정조사로 손해를 입은 국민은 국가배상을 청구할 수 있다.

제 8 장 행정의 실효성 확보수단

제 1 절 의 의

행정목적의 달성을 위하여 국민에게 의무가 부과되는 경우가 있다. 행정법상의 의무는 행정법규에 의해 직접 부과되기도 하고[115] 처분에 의해 부과되기도 한다. 이 경우에 국민이 행정법규를 위반하지 않고 행정처분에 의해 부과된 의무를 이행하여야 행정목적이 실효성 있게 달성될 수 있다. 그런데, 의무자인 국민이 그 의무를 위반하는 경우가 적지 않으므로 행정목적의 달성을 국민의 자발적인 협력에만 맡길 수 없다. 행정목적의 실효성 있는 달성을 위하여 여러 법적 수단이 필요하다.

이와 같이 행정의 실효성을 확보하기 위하여 인정되는 법적 수단을 행정의 실효성 확보수단이라 한다. 행정의 실효성이라 함은 행정목적의 달성을 밀한다.

행정의 실효성을 확보하기 위한 전통적 수단으로 행정강제와 행정벌이 인정되고 있다. 그런데, 행정강제와 행정벌만으로 행정의 실효성을 확보하는 데에는 불충분하고 효과적이지 못한 경우가 있기 때문에 새로운 실효성 확보수단이 법상 또는 행정실무상 등장하고 있다. 제재로서 가해지는 수익적 행정행위의 철회, 명단의 공표, 수익적 행정행위의 거부(예, 관허사업의 제한, 공급거부), 과징금, 가산세 등이 그 예이다. 최근에는 위와 같은 권력적 수단뿐만 아니라 경제적 수단 등 비권력적인 수단이 인정되고 있다. 특히 환경행정법 분야에서 경제적 수단이 확대되고 있다. 또한, 민사상 강제집행수단의 활용이 논의되고 있다.

115) 국민은 행정법규를 위반하여서는 안 되는 일반적인 의무를 진다고 볼 수 있다.

제 2 절 행정상 강제

제 1 항 개 설

Ⅰ. 행정상 강제의 의의와 종류

행정상 강제(行政上 强制)라 함은 행정목적의 실현을 확보하기 위하여 사람의 신체 또는 재산에 실력을 가함으로써 행정권이 직접 행정상 필요한 상태를 실현하는 권력적 행위이다.

행정상 강제에는 행정상 강제집행과 행정상 즉시강제가 있다. 행정상 강제집행은 행정법상의 의무불이행을 전제로 하여 이 의무의 이행을 강제하는 것인 데 반하여 행정상 즉시강제는 급박한 상황하에서 의무를 명할 수 없는 경우에 행하여지는 행정상 강제로서 행정법상의 의무불이행을 전제로 하지 않는다는 점에서 양자는 구분된다.

긴급집행은 긴급한 경우에 강제집행의 절차 중 전부 또는 일부를 생략하고 행하는 행정상 강제집행이다. 따라서, 긴급집행은 긴급한 상황에서 행하는 점에서는 즉시강제와 같지만, 행정법상의 의무불이행을 전제로 하는 점에서는 의무불이행을 전제로 하지 않은 즉시강제와 구별된다.

즉시집행은 통상 행정상 강제집행을 하여야 하는데, 긴급한 경우 등에 예외적으로 의무를 명함이 없이 또는 의무불이행을 전제로 하지 않고 행해지는 것으로 규정된 행정강제를 말한다. 즉시집행은 의무불이행을 전제로 하지 않는 점에서는 즉시강제와 같지만, 원칙상으로는 강제집행을 해야 하는데, 긴급한 경우 등에 예외적으로 의무불이행을 전제로 하지 않고 행하는 행정강제를 말한다.

Ⅱ. 행정기본법상 행정상 강제의 일반원칙

행정기본법은 행정강 강제의 기본적인 사항만 정하고 그 밖의 구체적인 규율은 개별법에서 정하도록 규정하고 있다(개별법주의).

1. 법률유보의 원칙

법률유보의 원칙상 행정상 강제에는 법률의 근거가 있어야 한다(행정기본법 제30조 제1항). 행정기본법은 행정상 강제의 근거규정이 아니다.

2. 행정상 강제 법정주의

행정상 강제 조치에 관하여 행정기본법에서 정한 사항 외에 필요한 사항은 따로 법률로 정한다(행정기본법 제30조 제2항).

3. 행정상 강제 적용 제외사항

형사(刑事), 행형(行刑) 및 보안처분 관계 법령에 따라 행하는 사항이나 외국인의 출입국 · 난민인정 · 귀화 · 국적회복에 관한 사항에 관하여는 행정기본법상 행정상 강제에 대한 규정을 적용하지 아니한다(행정기본법 제30조 제3항).

제 2 항 행정상 강제집행

Ⅰ. 의 의

행정상 강제집행(行政上 强制執行)이란 행정법상의 의무불이행이 있는 경우에 행정청이 의무자의 신체 또는 재산에 실력을 가하여 그 의무를 이행시키거나 이행한 것과 동일한 상태를 실현시키는 작용을 말한다.

행정상 강제집행에는 대집행, 강제징수, 직접강제, 집행벌이 있다. 현재 대집행과 강제징수는 일반적으로 인정되고 있지만 직접강제와 집행벌은 예외적으로만 인정되고 있다.

행정상 강제집행과 민사상 강제집행은 의무불이행이 있는 경우에 의무의 이행을 강제하는 의무이행확보수단인 점에서는 같지만 양자는 강제집행의 대상 및 주체에서 차이가 있다. 민사상 강제집행은 사법상 의무를 대상으로 하는 데 반하여 행정상 강제집행은 공법상 의무를 대상으로 한다. 민사상 강제집행은 제3자인 국가기관의 강제력 행사에 의해 행해지지만 행정상 강제집행은 행정청이 스스로 강제력을 행사하여 행하여진다. 행정상 자력집행이 인정되는 것은 행정목적의 신속하고 효율적인 달성을 도모하기 위한 것이다.

행정상 강제집행이 인정되는 경우 민사상 강제집행은 인정될 수 없다(대판 2000. 05. 12, 99다18909). 그러나, 행정법상의 의무불이행에 대하여 행정상 강제집행을 인정하는 법률이 존재하지 않는 경우 또는 행정상 강제집행을 인정하는 법률이 존재하더라도 그 행정상 강제집행이 불가능한 경우 등 권리실현에 장애가 있게 되는 특별한 사정이 있다고 볼 수 있는 경우(대판 2017. 04. 28, 2016두39498)에는 행정법상 의무의 이행을 강제하기 위해 민사상 강제집행수단을 이용할 수 있다.

[판례] ① [1] 아무런 권원 없이 국유재산에 설치한 시설물에 대하여 행정청이 행정대집행을 할 수 있음에도 민사소송의 방법으로 그 시설물의 철거를 구하는 것이 허용되는지 여부(소극). [2] 아무런 권원 없이 국유재산에 설치한 시설물에 대하여 행정청이 행정대집행을 실시하지 않는 경우, 그 국유재산에 대한 사용청구권을 가지고 있는 자가 국가를 대위하여 민사소송으로 그 시설물의 철거를 구할 수 있는지 여부(적극): 이 사건 토지는 국가 소유로서 그 지목은 잡종지이고 현황은 항만시설(물양장)인데, 보령시장은 국가와 충청남도 도지사로부터 이 사건 토지에 대한 관리권한을 순차로 위임받아 이 사건 토지를 관리하고 있는바, 피고들이 아무런 권원없이 이 사건 시설물을 설치함으로써 이 사건 토지를 불법점유하고 있는 이상, 관리권자인 보령시장으로서는 행정대집행의 방법으로 이 사건 시설물을 철거할 수 있고, 이러한 행정대집행의 절차가 인정되는 경우에는 따로 민사소송의 방법으로 피고들에 대하여 이 사건 시설물의 철거를 구하는 것은 허용되지 않는다. 다만, 관리권자인 보령시장이 행정대집행을 실시하지 아니하는 경우 국가에 대하여 이 사건 토지 사용청구권을 가지는 원고로서는 위 청구권을 보전하기 위하여 국가를 대위하여 피고들을 상대로 민사소송의 방법으로 이 사건 시설물의 철거를 구하는 이외에는 이를 실현할 수 있는 다른 절차와 방법이 없어 그 보전의 필요성이 인정되므로, 원고는 국가를 대위하여 피고들을 상대로 민사소송의 방법으로 이 사건 시설물의 철거를 구할 수 있다(대판 2009. 06. 11, 2009다1122[가건물철거및토지인도]).
② 관계 법령상 행정대집행의 절차가 인정되어 행정청이 행정대집행의 방법으로 건물의 철거 등 대체적 작위의무의 이행을 실현할 수 있는 경우에는 따로 민사소송의 방법으로 그 의무의 이행을 구할 수 없다. 한편 건물의 점유자가 철거의무자일 때에는 건물철거의무에 퇴거의무도 포함되어 있는 것이어서 별도로 퇴거를 명하는 집행권원이 필요하지 않다. 또한, 행정청이 건물 소유자들을 상대로 건물철거 대집행을 실시하기에 앞서, 건물 소유자들을 건물에서 퇴거시키기 위해 별도로 퇴거를 구하는 민사소송은 부적법하다(대판 2017. 04. 28, 2016다213916).
③ [공유 일반재산의 미납 대부료 등을 구하는 사건] [1] 공유 일반재산의 미납 대부료, 연체료의 지급을 구하는 민사소송 제기가 가능한지 여부(소극): 공유 일반재산의 대부료와 연체료를 납부기한까지 내지 아니한 경우에도 공유재산 및 물품 관리법 제97조 제2항에 의하여 지방세 체납처분의 예에 따라 이를 징수할 수 있다. 이와 같이 공유 일반재산의 대부료의 징수에 관하여도 지방세 체납처분의 예에 따른 간이하고 경제적인 특별한 구제절차가 마련되어 있으므로, 특별한 사정이 없는 한 민사소송으로 공유 일반재산의 대부료의 지급을 구하는 것은 허용되지 아니한다. [2] 지방자치단체인 원고가 그 소유인 이 사건 공유 일반재산에 관하여 피고와 사이에 대부계약을 체결하고, 이 사건 국유 행정재산 관리에 관한 사무를 위임받아 피고에게 이 사건 국유행정재산에 대한 사용허가를 한 후, 피고를 상대로 공유 일반재산의 대부료, 국유 행정재산의 사용료, 각 연체료를 청구하고, 조립식 건물의 철거와 토지 인도를 구한 사안에서, 민사소송의 방법으로 공유 일반재산의 대부료, 국유 행정재산의 사용료 등의 지급을 구하거나, 시설물 철거를 구하는 부분은 권리보호의 이익이 없어 부적법하다고 판단하여 상고기각한 사안임(대판 2017. 04. 13, 2013다207941).
④ 성남시장이 시장·군수가 아닌 사업시행자인 원고들의 주거환경정비법상 청산금 징수 위탁을 거절함으로써 강제징수 절차에 의한 이 사건 청산금의 권리실현에 장애가 있게 되는 특별한 사정이 있다고 볼 수 있으므로, 원고들이 피고들을 상대로 공법상 당사자 소송에 의하여 이 사건 청산금의 지급을 구하는 이 사건 소는 허용된다(대판 2017. 04. 28, 2016두39498). 〈해설〉 청산금 지급의 인용확정판결을 받은 후 이 확정판결을 집행권원으로 하여 집행문을 부여받아 민사상 강제집행을 할 수 있다.

Ⅱ. 근 거

행정상 강제집행은 국민의 기본권에 대한 제한을 수반하므로 법적 근거가 있어야 한다. 행정법상의 의무를 명할 수 있는 명령권의 근거가 되는 법이 동시에 행정강제의 근거가 될 수는 없다. 왜냐하면 의무를 명하는 행위와 의무내용을 강제적으로 실현하는 행위는 별개의 행위이므로 각각 별도의 법률상 근거가 있어야 한다고 보아야 하기 때문이다.

대집행의 근거법으로는 대집행에 관한 일반법인 행정대집행법과 대집행에 관한 개별법 규정이 있고, 행정상 강제징수에 대한 근거법으로 국세징수법 및 지방세징수법과 국세징수법 또는 지방세징수법을 준용하는 여러 개별법 규정이 있다. 직접강제와 집행벌은 각 개별법에서 예외적으로 인정되고 있다.

2005년 행정대집행법 전부개정 법률안이 정부안으로 발의되었으나 국회의원의 임기의 만료로 폐기되었고, 2009년 용산참사 이후 행정대집행법 개정법률안이 의원입법으로 발의되었다.

Ⅲ. 대집행

1. 의 의

행정대집행이란 "의무자가 행정상 의무(법령등에서 직접 부과하거나 행정청이 법령등에 따라 부과한 의무를 말한다. 이하 이 절에서 같다)로서 타인이 대신하여 행할 수 있는 의무(대체적 의무)를 이행하지 아니하는 경우 법률로 정하는 다른 수단으로는 그 이행을 확보하기 곤란하고 그 불이행을 방치하면 공익을 크게 해칠 것으로 인정될 때에 행정청이 의무자가 하여야 할 행위를 스스로 하거나 제3자에게 하게 하고 그 비용을 의무자로부터 징수하는 것"을 말한다(행정기본법 제30조 제1항 제1호).

2. 대집행권자(대집행의 주체)

(1) 당해 행정청

대집행을 할 수 있는 권한을 가진 자는 '당해 행정청'이다(행정대집행법 제2조). '당해 행정청'이라 함은 대집행의 대상이 되는 의무를 명하는 처분을 한 행정청을 말한다. 행정청은 대집행을 스스로 하거나 타인에게 대집행을 위탁할 수 있다.

(2) 대집행의 위탁

대집행의 수탁자는 행정기관일 수도 있고 공공단체 또는 사인일 수도 있다.

1) 행정기관에 대한 대집행의 위탁

행정기관에 대한 대집행의 위탁은 행정조직법상의 내부행위이다.

행정기관에 대한 대집행의 위탁은 협의의 위탁일 수도 있고, 보조위탁일 수도 있다.

행정기관에 대한 대집행의 위탁의 예로 경찰에 대한 대집행의 위탁을 들 수 있다.

2) 공공단체 또는 사인에 대한 대집행의 위탁

공공단체 또는 사인에 대한 대집행의 위탁은 엄밀한 의미의 위탁이 아니라 사실상의 대집행행위의 위탁(대집행 보조를 위한 위탁)이라고 해석하여야 한다. 달리 말하면 공공단체 또는 사인의 대집행은 항상 대집행권자인 행정청의 감독과 책임하에 행해질 수 있는 것으로 보아야 한다. 그리고, 대집행을 행하는 공공단체 또는 사인은 행정보조자의 지위를 갖는다고 보아야 한다. 왜냐하면, 대집행은 물리력의 행사로서 전형적인 공권력의 행사이므로 행정기관만이 이를 행할 수 있는 것으로 보아야 하기 때문이다.

공공단체 또는 사인에 대한 대집행의 위탁은 통상 계약의 방식으로 행해지는데, 대집행위탁계약의 형식이 공법상 계약인지 사법상 계약인지 문제된다. 대집행위탁계약을 공무의 위탁에 관한 계약이라는 이유로 공법상 계약으로 보는 견해가 있으나, 행정대집행법상 대집행위탁계약은 대집행권한을 이전하는 협의의 위탁계약이 아니라 제3자를 행정보조자로 고용하는 계약이므로 사법상 계약으로 보아야 한다. 다만, 개별법상의 대집행위탁이 강학상 협의의 위탁이나 대행인 경우에 있어서의 대집행위탁계약은 대집행권한을 법상 또는 사실상 이전하는 계약이므로 공법상계약으로 보아야 한다. 달리 말하면 대집행위탁계약의 성질(사법상 계약인지 공법상 계약인지)은 대집행위탁의 성질(보조위탁인지 협의의 위탁인지)과 관련이 있다.

[판례] 토지보상법상의 수용대상물의 인도·이전의무불이행에 대한 지방자치단체의 장의 대집행권한을 구 한국토지공사에 위탁하는 **구 한국토지공사법 시행령 제40조의3 제1항의 위탁(법정위탁)을 권한의 이전을 내용으로 하는 협의의 위탁으로 본 사례**(대판 2010. 01. 28, 2007다82950, 82967). 〈해설〉 **대법원은 한국토지공사의 행정주체성을 인정한 점에서 이 사건 대집행권한의 한국토지공사에의 법정위탁을 협의의 위탁으로 본 것으로 보인다.** 원심판결은 한국토지공사의 행정주체성을 부인하고 있는 점에서 대집행권한의 한국토지공사에의 법정위탁을 강학상 대행 내지는 기관위임으로 본 것으로 보인다. 생각건대, 대집행권한은 강력한 공권력으로서 원칙상 조직법상의 행정기관에 의해 행사되어야 하고, 원칙상 공공단체 및 사인에게 이전될 수 없는 것으로 보아야 한다. 이 사건에서 대집행권을 수탁받은 한국토지공사의 업무 담당자나 한국토지공사와 사이에 용역계약을 체결한 주식회사나 그 대표자는 한국토지공사의 지휘·감독하에 대집행을 보조하는 자로서 행정보조자로 보아야 할 것이다.

3. 대집행의 요건

행정대집행법은 행정대집행에 관하여 일반법의 성질을 갖는다. 따라서, 행정대집행에 대한 개별법상 근거규정이 없는 경우에도 행정대집행법이 정하는 요건을 충족하는 경우에는 행정대집행법에 근거하여 대집행이 행해질 수 있다.

[판례] [1] **대집행계고처분을 하기 위한 요건:** 대집행계고처분을 하기 위하여는 법령에 의하여 직접 명령되거나 법령에 근거한 행정청의 명령에 의한 **의무자의 대체적 작위의무 위반행위가 있어야 한다.** [2] 행정청이 토지구획정리사업의 환지예정지를 지정하고 그 사업에 편입되는 건축물 등 지장물의 소유자 또는 임차인에게 지장물의 자진이전을 요구한 후 이에 응하지 않자 지장물의 이전에 대한 대집행을 계고하고 다시 대집행영장을 통지한 사안에서, **위 계고처분 등은 행정대집행법 제2조에 따라 명령된 지장물 이전의무가 없음에도 그러한 의무의 불이행을 사유로 행하여진 것으로 위법하**다고 한 사례(대판 2010. 06. 24, 2010두1231[행정대집행계고처분취소]).

(1) 행정대집행법의 적용대상이 되는 공법상 대체적 작위의무의 불이행

행정법상의 대체적 작위의무(그 의무의 이행을 타인이 대신할 수 있는 작위의무)를 의무자가 이행하지 않고 있어야 한다.

1) 공법상 대체적 작위의무

대체적 작위의무(代替的 作爲義務)라 함은 그 의무의 이행을 타인이 대신할 수 있는 작위의무를 말한다. 대체적 작위의무의 예로는 건물의 철거, 물건의 파기를 들 수 있다.

행정대집행법상 대집행의 대상이 되는 대체적 작위의무는 공법상 의무이어야 한다(대판 2006. 10. 13, 2006두7096[116]).

[판례] 구 공공용지의 취득 및 손실보상에 관한 특례법(2002. 2. 4. 법률 제6656호 공익사업을 위한 토지 등의 취득 및 보상에 관한 법률 부칙 제2조로 폐지)에 의한 **협의취득시 건물소유자가 협의취득대상 건물에 대하여 약정한 철거의무는 공법상 의무가 아닐 뿐만 아니라,** 공익사업을 위한 토지 등의 취득 및 보상에 관한 법률 제89조에서 정한 행정대집행법의 대상이 되는 **'이 법 또는 이 법에 의한 처분으로 인한 의무'에도 해당하지 아니하므로** 위 철거의무에 대한 강제적 이행은 행정대집행법상 대집행의 방법으로 실현할 수 없다(대판 2006. 10. 13, 2006두7096).

행정대집행법상의 대집행의 대상이 되는 대체적 작위의무는 법령(조례 포함)에 의해 직접 부과되었거나 법률에 의거한 행정청의 명령에 의해 부과된 경우이어야 한다(행정대집행법 제2조).

---

116) 구 공공용지의 취득 및 손실보상에 관한 특례법에 의한 협의취득시 건물소유자가 매매대상 건물에 대한 철거의무를 부담하겠다는 취지의 약정을 한 경우, 그 철거의무가 행정대집행법에 의한 대집행의 대상이 되지 않는다고 한 사례.

대집행의 대상이 되는 의무는 구체적·특정적 의무이어야 한다.

위법한 행정처분에 의해 부과된 대체적 작위의무도 당해 행정처분이 취소되지 않는 한 대집행의 대상이 된다. 또한 전술한 바와 같이 철거명령과 대집행 사이에는 하자가 승계되지 않으므로 대집행을 다투는 소송에서 당해 행정처분의 위법을 주장할 수 없다. 다만, 철거명령이 무효이면 이를 전제로 한 대집행은 당연히 무효이다.

2) 부작위의무와 수인의무

부작위의무(不作爲義務)와 수인의무(受忍義務)는 성질상 대체적 작위의무가 아니다. 또한, 금지규정으로부터 작위의무명령권이 도출되는 것도 아니다. 따라서, 부작위의무는 대집행의 대상이 되지 않는다.

[판례] ① 부작위의무(불법공작물을 설치하지 않을 의무) 위반의 경우 법률의 근거가 없는 한 그 의무를 위반함으로써 생긴 결과를 시정하기 위한 작위의무(불법공작물철거의무)를 당해 부작위의무로부터 당연히 도출해 낼 수는 없으며, 또 위 금지규정(특히 허가를 유보한 상대적 금지규정)으로부터 작위의무, 즉 위반결과의 시정을 명하는 권한이 당연히 추론되는 것도 아니다(대판 1996. 06. 28, 96누4374).

② 관계 법령에 위반하여 장례식장 영업을 하고 있는 자의 **장례식장 사용 중지 의무는 비대체적 부작위의무**이므로 행정대집행법 제2조의 규정에 의한 대집행의 대상이 아니라고 한 사례(대판 2005. 09. 28, 2005두7464[장례예식장사용중지계고처분취소]).

별도의 법률규정에 근거하여 작위의무(철거의무)를 명하는 명령(철거명령)을 발하고 그 작위의무 불이행에 대해 대집행이 행해질 수 있다.

3) 물건의 인도 또는 토지건물의 명도의무

문제는 물건의 인도 또는 토지나 건물의 명도의무(明渡義務)가 대체적 작위의무인가이다.

물건의 인도는 대체성이 있는 물건에 한하여 대집행이 가능하다. 점유자 자신에 대한 물리력의 행사는 대집행에 포함되지 않으므로 점유자가 점유하는 물건의 인도는 대집행의 대상이 될 수 없고, 직접강제의 대상이 된다. 대체성이 있는 물건도 물건 자체에 대하여 대집행을 할 수는 없지만 대체성이 있는 다른 물건을 타인으로 하여금 급부시키고 의무자로부터 물건값과 인도비용을 징수하는 방법으로 대집행을 행할 수 있다.

토지·건물의 명도는 대집행의 대상이 될 수 없다. 왜냐하면 토지·건물의 명도의무는 대체적 작위의무가 아니기 때문이다. 강제력에 의한 토지나 건물의 명도는 점유자 자신에 대한 물리력의 행사를 수반하므로 직접강제의 대상이 될 수 있을 뿐 대집행의 대상이 될 수 없다.

[판례] [1] 도시공원시설 점유자의 퇴거 및 명도의무가 행정대집행법에 의한 대집행의 대상인지 여부(소극): 도시공원시설인 매점의 관리청이 그 공동점유자 중의 1인에 대하여 소정의 기간 내에 위 매점으로부터 퇴거하고 이에 부수하여 그 판매 시설물 및 상품을 반출하지 아니할 때에는 이를 대집행하겠다는 내용의 계고처분은 그 주된 목적이 매점의 원형을 보존하기 위하여 점유자가 설치한 불법 시설물을 철거하고자 하는 것이 아니라, 매점에 대한 점유자의 점유를 배제하고 그 점유 이전을 받는 데 있다고 할 것인데, 이러한 의무는 그것을 강제적으로 실현함에 있어 직접적인 실력 행사가 필요한 것이지 대체적 작위의무에 해당하는 것은 아니어서 직접강제의 방법에 의하는 것은 별론으로 하고 행정대집행법에 의한 대집행의 대상이 되는 것은 아니다. [2] 구 지방재정법 제85조(현 공유재산법 제83조)가 대체적 작위의무가 아닌 의무에 대하여도 대집행을 허용하는 취지인지 여부(소극): 구 지방재정법 제85조(현 공유재산법 제83조)는 철거 대집행에 관한 개별적인 근거 규정을 마련함과 동시에 행정대집행법상의 대집행 요건 및 절차에 관한 일부 규정만을 준용한다는 취지에 그치는 것이고, 그것이 대체적 작위의무에 속하지 아니하여 원칙적으로 대집행의 대상이 될 수 없는 다른 종류의 의무에 대하여서까지 강제집행을 허용하는 취지는 아니다(대판 1998. 10. 23, 97누157[시설물철거대집행계고처분취소]).

4) 수용 목적물인 토지나 물건의 인도 또는 이전의무

토지보상법 제89조는 수용 목적물인 토지나 물건의 인도 또는 이전에 관한 대집행을 규정하고 있는데, 이 규정을 토지의 인도나 이전에 대하여 대집행을 인정한 특별규정으로 보아야 하는지에 관하여 견해가 대립하고 있다(후술 물적 공용부담(공용수용) 참조).

5) 비대체적 의무의 불이행에 대한 대집행의 가능성

비대체적 의무는 대집행의 대상이 되지 않지만, 비대체적 의무를 입법 및 처분 등을 통해 대체적 작위의무로 변환하면 대집행이 가능하다. 예를 들면, 부작위의무(예, 불법공작물을 설치하지 않을 의무) 위반의 경우 법령상 대체적 작위의무(예, 불법공작물의 철거의무)가 있는 것으로 규정되어 있거나 작위처분(불법공작물의 철거명령)을 할 수 있는 것으로 규정되어 있고 그러한 처분을 하면 대집행이 가능하다. 또한, 토지수용시 토지 등 부동산의 인도의무는 명도의무로서 비대체적 의무이지만, 수용개시일 이후에는 피수용자가 해당 토지 등에 대한 소유권뿐만 아니라 점유권도 상실하는 것으로 규정(입법)하면 해당 토지 등 부동산의 인도의무는 대체적 작위의무가 되고 대집행의 대상이 되는 것으로 볼 수 있다. 또한, 대체성이 없는 물건(지장물인 양어장)의 인도(이전)의무는 점유에 대한 이전을 포함하므로 대집행의 대상이 되지 않지만, 점유의 이전을 포함하지 않도록 인도방법을 정할 수 있도록 하면(특정한 방법에 의한 특정장소에의 이전을 이전된 것으로 보도록 입법하고 그러한 처분을 할 수 있는 것으로 하면) 대집행이 가능하다.

또한, 전형적인 대집행이나 전형적인 직접강제가 아닌 그 중간에 위치하는 경우가 있을 수 있다. 그 경우에 엄밀한 의미에서는 대체적 작위의무가 아닌 비대체적 의무이지만, 의무자에 대한 물리력의 행사가 미미한 경우에 대집행에 준하는 행정강제가 가능한 것으로 볼 수 있고, 그러한 경우에는 대집행을 준용하는 것으로 규정(입법)할 수도 있다고 보아야 한다. 위에서 서술한 대체성이 없는 물건(예, 토지수용에서 지장물인 양어장)의 인도의 예가 이에 해당한다고 볼 수도 있다.

(2) 비례성 요건

대집행은 대체적 작위의무의 불이행이 있다고 하여 언제든지 인정되는 것은 아니다. 행정대집행법은 '다른 수단으로써 이행을 확보하기 곤란하고 또한 그 불이행을 방치함이 심히 공익을 해할 것으로 인정될 때'에 한하여 대집행이 가능한 것으로 규정하고 있다. 이 규정은 비례의 원칙이 행정대집행에도 적용된 것이다.

"다른 수단으로 이행을 확보하기 곤란할 것"은 최소침해의 원칙을 규정한 것이다. '다른 수단'이란 대집행보다 의무자의 권익을 적게 침해하는 수단을 말한다. "다른 수단"의 예로 의무자의 자발적 이행을 들 수 있다. 의무자가 자발적 이행을 약속하며 대집행의 연기를 진지하게 요청하였음에도 대집행을 강행하는 것은 위법하다. 행정지도 내지 사실상의 권유를 "다른 수단"으로 들기도 하는데, 행정지도 내지 사실상 권유를 하지 않았다고 하여 대집행을 위법한 것으로 볼 것은 아니다.

'그 불이행을 방치함이 심히 공익을 해할 것으로 인정될 때'에 한하여 대집행이 인정되는 것으로 명시적으로 규정한 것은 협의의 비례원칙을 규정한 것인데, 대집행에 있어서 상대방의 권익보호를 위해 비례의 원칙을 다소 강화한 것이다.

[판례] **① 무허가증축부분으로 인하여 건물의 미관이 나아지고 위 증축부분을 철거하는 데 비용이 많이 소요된다고 하더라도** 위 무허가증축부분을 그대로 방치한다면 이를 단속하는 당국의 권능이 무력화되어 건축행정의 원활한 수행이 위태롭게 되며 건축법 소정의 제한규정을 회피하는 것을 사전예방하고 또한 도시계획구역 안에서 토지의 경제적이고 효율적인 이용을 도모한다는 더 큰 공익을 심히 해할 우려가 있다고 보아 **건물철거대집행계고처분을 할 요건에 해당된다고 한 사례**(대판 1992. 03. 10, 91누4140).

② 건축법위반의 정도가 공익을 크게 해친다고 볼 수 없어 건축법위반건물에 대한 철거대집행계고처분이 위법하다고 본 사례: 건축법위반 건물이 주위의 미관을 해칠 우려가 없을 뿐 아니라 이를 대집행으로 철거할 경우 많은 비용이 드는 반면에 공익에는 별도움이 되지 아니하고, 도로교통·방화·보안·위생·도시미관 및 공해예방 등의 공익을 크게 해친다고도 볼 수 없어 이에 대한 철거대집행계고 처분이 그 요건을 갖추지 못한 것으로서 위법하다고 본 사례(대판 1991. 03. 12, 90누10070[건물철거계고처분취소]).

4. 대집행권 행사의 재량성

대집행의 요건인 '다른 수단이 존재하지 않을 것'은 판단여지가 인정되지 않는다는 데 이견이 없다. '의무불이행이 심히 공익을 해할 것'은 판단여지의 소지가 있다는 견해117)가 있으나 판단여지가 인정되지 않는다고 보는 것이 타당하다.

대집행의 요건이 충족되는 경우에 대집행을 하여야 한다는 견해118)가 있으나 대집행권을 발동할 것인가는 행정대집행법 제2조가 가능규정(… 할 수 있다)으로 규정하고 있으므로 행정청의 재량에 속한다고 보는 것이 타당하다. 판례도 재량으로 보고 있다.

[판례] 건물 중 위법하게 구조변경을 한 부분에 대한 철거 대집행계고처분이 재량권의 범위를 벗어난 위법한 것이라고 본 원심판결을 수긍한 사례: 건물 중 위법하게 구조변경을 한 건축물 부분은 제반 사정에 비추어 그 원상복구로 인한 불이익의 정도가 그로 인하여 유지하고자 하는 공익상의 필요 또는 제3자의 이익보호의 필요에 비하여 현저히 크므로, 그 건축물 부분에 대한 대집행계고처분은 재량권의 범위를 벗어난 위법한 처분이라고 한 원심판결을 수긍한 사례(대판 1996. 10. 11, 96누8086[불법건축물원상복구계고처분취소]).

다만, '재량권의 영으로의 수축이론'에 따라 일정한 경우에 행정청은 대집행을 행하여야 한다.

5. 대집행의 절차

대집행은 계고, 대집행영장에 의한 통지, 대집행의 실행, 대집행비용의 징수(납부명령 및 강제징수)의 단계를 거쳐 행해진다.

(1) 계　　고

1) 의　　의

계고(戒告)는 상당한 기간 내에 의무의 이행을 하지 않으면 대집행을 한다는 의사를 사전에 통지하는 행위이다.

2) 계고의무

대집행을 하기 위하여는 미리 계고하여야 한다(제3조 제1항). 다만, "비상시 또는 위험이 절박한 경우에 있어서 당해 행위의 급속한 실시를 요하여 계고를 취할 여유가 없을 때에는 계고를 거치지 아니하고 대집행을 할 수 있다"(제3조 제3항).

계고를 하여야 하는 경우 계고는 원칙상 의무를 명하는 행정처분과 별도로 행하

---

117) 정하중, 451면.
118) 김남진 · 김연태.

여져야 한다. 다만, 현행 행정대집행법이 긴급시에는 계고절차를 생략할 수 있다고 규정하고 있는 점에 비추어 즉시 대집행을 행할 긴급한 필요가 있고, 상당한 자진이행기간을 주고 있는 경우에 한하여, 즉 대집행의 계고와 의무를 과하는 행정처분을 동시에 행하여도 의무자에게 크게 불이익을 주지 않는다고 여겨지는 경우에 한하여 예외적으로 대집행의 계고를 행정처분에 결합하는 것이 가능하다고 볼 수 있을 것이다.

판례는 철거명령과 계고처분을 1장의 문서로서 동시에 행할 수 있다고 본다.

[판례] 계고서라는 명칭의 1장의 문서로서 일정기간 내에 위법건축물의 자진철거를 명함과 동시에 그 소정기한 내에 자진철거를 하지 아니할 때에는 대집행할 뜻을 미리 계고한 경우라도 건축법에 의한 철거명령과 행정대집행법에 의한 계고처분은 독립하여 있는 것으로서 각 그 요건이 충족되었다고 볼 것이다. 이 경우 철거명령에서 주어진 일정기간이 자진철거에 필요한 상당한 기간이라면 그 기간 속에는 계고시에 필요한 '상당한 이행기간'도 포함되어 있다고 보아야 할 것이다(대판 1992. 06. 12, 91누13564).

그러나 즉시 대집행을 행할 긴급한 필요가 없는 경우에도 계고처분과 의무를 명하는 행정처분의 결합을 허용하는 것은 타당하지 않다.

3) 법적 성질

계고처분이 행해지면 행정청은 제3조 제2항에 의해 대집행영장을 발급할 수 있는 권한을 갖게 되는 법적 효과가 발생하므로 계고의 법적 성질은 준법률행위적 행정행위이다. 따라서 계고는 그 자체가 독립하여 항고소송의 대상이 된다. 2차 계고를 행한 경우에 2차 계고는 대집행기한의 연기통지에 불과하므로 행정처분이 아니다(대판 1991. 01. 25, 90누5962).

4) 요 건

① 대집행의 계고에 있어서는 의무자가 이행하여야 할 행위와 그 의무불이행시 대집행할 행위의 내용 및 범위가 구체적으로 특정되어야 한다. 다만, 그 행위의 내용과 범위는 대집행계고서에 의해서만 특정되어야 하는 것은 아니고 그 처분 후에 송달된 문서나 기타 사정을 종합하여 이를 특정할 수 있으면 족하다(대판 1992. 03. 10, 91누4140).

② 계고처분은 문서로 하여야 한다(제3조 제1항).

③ 계고처분은 상당한 이행기간을 정하여야 한다(제3조 제1항). 이를 위반하면 계고는 위법한 처분이 된다(대판 1990. 09. 14, 90누2048). 상당한 기간이라 함은 사회통념상 의무자가 스스로 의무를 이행하는 데 필요한 기간을 말한다.

④ 계고시에 대집행의 요건이 충족되고 있어야 한다(대판 2010. 06. 24, 2010두1231[행정대집행계고처분취소]).

[판례] [1] **건물철거 대집행계고처분의 요건 및 그 주장 · 입증책임:** 건축법에 위반하여 건축한 것이어서 철거의무가 있는 건물이라 하더라도 그 철거의무를 대집행하기 위한 계고처분을 하려면 다른 방법으로는 이행의 확보가 어렵고 불이행을 방치함이 심히 공익을 해하는 것으로 인정될 때에 한하여 허용되고 이러한 요건의 주장·입증책임은 처분 행정청에 있다. [2] 건물 중 위법하게 구조변경을 한 건축물 부분은 제반 사정에 비추어 그 원상복구로 인한 불이익의 정도가 그로 인하여 유지하고자 하는 공익상의 필요 또는 제3자의 이익보호의 필요에 비하여 현저히 크므로, 그 건축물 부분에 대한 대집행계고처분은 재량권의 범위를 벗어난 위법한 처분이다(대판 1996. 10. 11, 96누8086).

(2) 대집행영장에 의한 통지

1) 의 의

대집행영장(代執行令狀)에 의한 통지(通知)는 의무자가 계고를 받고 그 지정 기한까지 그 의무를 이행하지 아니할 때에는 당해 행정청이 대집행영장으로써 대집행실행의 시기, 대집행책임자의 성명과 대집행비용의 개산액을 의무자에게 통지하는 행위를 말한다. 즉, 대집행을 실행하겠다는 의사를 구체적으로 통지하는 행위이다.

2) 대집행영장에 의한 통지의무

대집행영장에 의한 통지는 원칙상 대집행의 의무적 절차의 하나이다. 다만, "비상시 또는 위험이 절박한 경우에 있어서 당해 행위의 급속한 실시를 요하여 대집행영장에 의한 통지를 취할 여유가 없을 때에는 대집행영장에 의한 통지를 거치지 아니하고 대집행을 할 수 있다"(제3조 제3항).

3) 법적 성질

대집행영장에 의한 통지로 의무자에게 대집행수인의무가 발생하고 행정청은 대집행실행권을 갖게 되는 법적 효과를 발생하므로 그 법적 성질이 준법률행위적 행정행위이다. 따라서 대집행영장에 의한 통지는 그 자체가 독립하여 취소소송의 대상이 된다.

(3) 대집행의 실행

1) 의 의

대집행의 실행(實行)은 당해 행정청이 스스로 또는 타인으로 하여금 대체적 작위의무를 이행시키는 물리력의 행사를 말한다.

2) 법적 성질

대집행 실행행위는 물리력을 행사하는 권력적 사실행위이다.

3) 절 차

대집행을 하기 위하여 현장에 파견되는 집행책임자는 그가 집행책임자라는 것을 표시한 증표를 휴대하여 대집행시에 이해관계인에게 제시하여야 한다(제4조).

4) 실력행사

위법건축물의 철거에서와 같이 대집행의 실행에 대하여 저항하는 경우에 실력으로 그 저항을 배제하는 것이 대집행의 일부로서 인정되는가에 대하여 견해가 대립하고 있다.

가. 긍정설 대집행의 실행을 위하여 필요한 한도 내에서 실력으로 저항을 배제하는 것은 명문의 근거가 없는 경우에도 대집행에 수반하는 기능으로 인정되어야 한다는 견해가 있다.[119)]

나. 부정설 저항을 실력으로 배제하는 것은 신체에 대하여 물리력을 행사하는 것이므로 대집행에 포함된다고 볼 수 없고 직접강제의 대상이 된다고 본다. 대집행의 실행을 위하여 저항을 실력으로 배제하는 것을 인정할 필요가 있지만 그것의 인정을 위하여는 별도의 법률상 근거가 있어야 한다.

다. 판 례 판례는 건물철거의무에 퇴거의무도 포함되어 있다고 보아 건물철거 대집행 과정에서 부수적으로 건물의 점유자들에 대한 퇴거 조치를 할 수 있고, 점유자들이 적법한 행정대집행을 위력을 행사하여 방해하는 경우 필요한 경우에는 '경찰관 직무집행법'에 근거한 위험발생 방지조치 또는 형법상 공무집행방해죄의 범행방지 내지 현행범체포의 차원에서 경찰의 도움을 받을 수도 있다고 본다(대판 2017. 04. 28, 2016다213916).

[판례] ① [1] 행정청이 **행정대집행의 방법으로 건물철거의무의 이행을 실현할 수 있는 경우에는 건물철거 대집행 과정에서 부수적으로 건물의 점유자들에 대한 퇴거 조치를 할 수 있고,** 점유자들이 적법한 행정대집행을 위력을 행사하여 방해하는 경우 형법상 공무집행방해죄가 성립하므로, **필요한 경우에는 '경찰관 직무집행법'에 근거한 위험발생 방지조치 또는 형법상 공무집행방해죄의 범행방지 내지 현행범체포의 차원에서 경찰의 도움을 받을 수도 있다.** [2] 원고(행정청이 속한 지방자치단체)가, 퇴거의무와 같은 비대체적 작위의무의 경우 행정대집행의 대상이 되지 않으므로 퇴거를 구하는 민사판결을 받아야 한다는 대법원 1998. 10. 23. 선고 97누157 판결에 따라 퇴거청구 소송을 제기하였으나, **대법원 1998. 10. 23. 선고 97누157 판결은** 적법한 건물에서 처분상대방의 점유를 배제하고 그 점유이전을 받기 위하여 행정대집행 계고처분을 한 사안에 관한 것으로서 그 처분의 주된 목적이 **건물의 인도라는 비대체적 작위의무의 이행을 실현하고자 하는 경우이어서** (퇴거의무는) 행정대집행의 대상이 될 수 없다고 판단한 사례인 반면, **이 사건의 사안은 위법한 건물에 대한 철거 대집행의 과정에서 부수적으로 점유자에 대한 퇴거조치를 실현할 수 있는 경우이**어서 사안을 달리함을 지적한 사례(대판 2017. 04. 28, 2016다213916). **〈해설〉** 이 판례는 **철거에 따른 퇴거조치**에 대한 저항을 실력으로 배제하는 것(저항을 밀치고 들어가는 것)이 대집행권한에 포함된다고 보면서도 그 이상의 실력행사(저항하는 사람을 끌어내는 것)는 대집행권한에 포함되지 않는다고 판시한 것으로 볼 수 있다.

② 건물의 '인도'와 건물에서의 '퇴거'의 구별: **건물의 '인도'는** 건물에 대한 현실적·사실적 지배를

---

119) 박윤흔, 전게서, 552면.

완전히 이전하는 것을 의미하고, 민사집행법상 인도 청구의 집행은 집행관이 채무자로부터 물건의 점유를 빼앗아 이를 채권자에게 인도하는 방법으로 한다. 한편 **건물에서의 '퇴거'는** 건물에 대한 채무자의 점유를 해제하는 것을 의미할 뿐, 더 나아가 채권자에게 점유를 이전할 것까지 의미하지는 않는다는 점에서 건물의 '인도'와 구별된다(대판 2024. 06. 13, 2024다213157).

라. 결 어 신체에 대한 물리력의 행사에는 명문의 근거가 있어야 하므로 부정설이 타당하다. 다만, 실무에 있어서 저항하는 자를 경찰로 하여금 공무집행방해죄의 현행범으로 체포하게 한 후 대집행(건물의 철거)을 행하는 경우가 있다. 또한, 경찰관직무집행법 제5조의 위험발생의 방지를 위한 경찰권발동의 요건에 해당하는 경우 위험방지조치의 일환으로 저항이 배제되기도 한다.

대집행 행정청은 경찰관직무집행법상 위험방지조치 또는 제지조치 또는 형법상 공무집행방해죄의 현행범 체포를 위해서 행정절차법 제8조에 따라 경찰에 행정응원을 요청할 수 있다.

입법론으로는 대집행의 실행에 저항하는 경우 경찰에 응원을 요청할 수 있도록 하고, 경찰이 엄격한 법적 규율하에 실력으로 저항을 배제할 수 있도록 법적 근거를 마련하여야 할 것이다.

5) 대집행 실행시간의 제한

행정청(제2조에 따라 대집행을 실행하는 제3자를 포함한다)은 해가 뜨기 전이나 해가 진 후에는 대집행을 하여서는 아니 된다. 다만, 다음의 어느 하나에 해당하는 경우에는 그러하지 아니하다. ① 의무자가 동의한 경우, ② 해가 지기 전에 대집행을 착수한 경우, ③ 해가 뜬 후부터 해가 지기 전까지 대집행을 하는 경우에는 대집행의 목적 달성이 불가능한 경우, ④ 그 밖에 비상시 또는 위험이 절박한 경우(제4조 제1항).

(4) 비용징수

대집행의 비용은 원칙상 의무자가 부담하여야 한다.

대집행비용의 징수에 있어서는 행정청은 그 금액과 그 납기일을 정하여 의무자에게 문서로서 그 납부를 명하여야 한다(제5조). 이 비용납부명령은 비용납부의무를 발생시키는 행정행위이다. 따라서 비용납부명령은 항고소송의 대상이 된다.

그리고 비용납부명령에 따라 발생한 행정청의 비용납부청구권은 공법상 청구권이다. 따라서 대집행비용은 국세징수법의 예에 의하여 강제징수할 수 있다(제6조).

행정청이 의무자로부터 징수할 수 있는 금액은 실제로 대집행에 필요한 비용에 한한다. 징수된 비용은 사무비의 소속에 따라 국고 또는 지방자치단체의 수입으로 한다(제6조 제3항).

(5) 행정대집행법 적용의 특례

개별법에서 행정대집행법 적용에 대한 특례를 규정하고 있는 경우가 있다(건축법 제85조, 공익사업을 위한 토지등의 취득 및 보상에 관한 법률 제89조 등).

6. 행정구제

(1) 항고소송

1) 행정심판임의주의

대집행에 대하여는 행정심판을 제기할 수 있다(행정대집행법 제7조). 대집행에 대한 행정심판은 임의절차이며 행정심판법에 의해 규율된다.

2) 대 상

위에서 본 바와 같이 대집행은 네 단계의 절차를 거쳐 행해지는데 항고쟁송은 네 단계의 행위 중 어느 행위에 대하여 인정될 것인가.

계고와 대집행영장에 의한 통지는 준법률행위적 행정행위로서 그 자체가 독립하여 취소소송의 대상이 된다.

대집행의 실행은 권력적 사실행위의 성질을 가지는데 행정심판법 및 행정소송법상의 '처분'에는 권력적 사실행위도 포함된다고 해석하는 것이 타당하므로 취소소송의 대상이 된다.

비용납부명령은 공법상의 의무인 비용납부의무를 과하는 행정행위이다. 따라서 비용납부명령은 취소소송의 대상이 된다.

3) 소의 이익

대집행이 실행되어 버리면 계고 또는 통지행위에 대한 항고소송은 소의 이익을 상실한다(대판 1971. 04. 20, 71누22; 1993. 06. 08, 93누6164).

또한 이 경우 의무를 명하는 행정처분(철거명령)에 대한 항고소송도 원칙상 소의 이익을 상실한다. 따라서 의무자는 항고소송을 제기하면서 집행정지신청을 하여 대집행이 실행되는 것을 막을 필요가 있다.

4) 하자의 승계

철거명령과 대집행 절차를 이루는 행위는 별개의 법적 효과를 가져오는 행위이므로 철거명령의 하자가 대집행 절차를 이루는 각 행위에 승계되지 않는다는 것이 통설 및 판례의 입장이다. 다만, 철거명령이 무효이면 대집행 절차를 이루는 행위도 무효이다.

대집행절차를 이루는 계고, 통지, 실행, 비용납부명령은 상호 결합하여 대집행이라는 하나의 법적 효과를 가져오므로 선행행위의 하자가 후행행위에 승계된다는 것이 통설 및 판례의 입장이다.

그러나, 계고처분의 후속절차인 대집행에 위법이 있다고 하더라도, 그와 같은 후속절차에 위법성이 있다는 점을 들어 선행절차인 계고처분이 부적법하다는 사유로 삼을 수는 없다(대판 1997. 02. 14, 96누15428).

(2) 국가배상 및 결과제거청구

대집행이 실행된 후에는 취소소송은 소의 이익을 상실한다. 그러나, 대집행의 위법 또는 대집행 방법의 잘못으로 손해가 발생한 경우 국가배상청구는 가능하다.

또한 대집행의 실행으로 인하여 위법한 상태가 계속되는 경우에는 결과제거청구를 할 수 있다.

(3) 손실보상

대집행은 의무자의 의무불이행을 전제로 의무를 대신 이행시키는 행위이므로 대집행으로 인한 손실은 원칙상 손실보상의 대상이 되지 않는다. 다만, 의무자의 의무가 경찰상 위해에 대한 의무자의 책임 없이 공익상 부과된 경우에는 대집행으로 인한 손실을 보상하여야 한다.

Ⅳ. 이행강제금(집행벌)

1. 의 의

이행강제금의 부과란 "의무자가 행정상 의무를 이행하지 아니하는 경우 행정청이 적절한 이행기간을 부여하고, 그 기한까지 행정상 의무를 이행하지 아니하면 금전급부의무를 부과하는 것"을 말한다(행정기본법 제30조 제1항 제2호).

대집행과 직접강제는 직접적 의무이행 확보수단인 데 반하여 집행벌은 일정한 기간까지 의무를 이행하지 않을 때에는 일정한 금전적인 부담이 과해진다는 것을 통지함으로써 의무자에게 심리적 압박을 주어 의무를 이행하게 하려는 간접적인 의무이행수단이다.

또한 집행벌은 행정벌과 다르다. 행정벌은 의무자에게 심리적 압박을 가하여 간접적으로 의무의 이행을 강제하는 기능을 갖지만 집행벌과 달리 의무의 이행을 직접목적으로 하는 것은 아니다. 행정벌은 과거의 법 위반(의무불이행 포함)에 대한 제재를 주된 목적으로 한다. 집행벌은 의무이행의 강제를 직접목적으로 하여 부과되는 금전적 부담이며 행정벌과 달리 과거의 법 위반에 대한 제재를 목적으로 하지 않는다. 양자는 규제목적을 달리 하므로 병행하여 부과될 수 있다.

2. 이행강제금의 대상

이행강제금은 부작위의무 또는 비대체적 작위의무의 불이행뿐만 아니라 대체적 작위의무의 불이행에 대하여도 가능하다고 보는 것이 타당하다. 건축법 제79조 제1항의 시정명령에 따른 시정의무 중 공사중지의무, 사용금지의무, 사용제한의무는 부작위의무이고, 개축·증축·수선·용도변경의무는 비대체적 작위의무이고, 철거의무는 대체적 작위의무에 해당한다고 할 수 있다.

이에 대하여 학설 중에는 대체적 작위의무에 대하여는 대집행이 가능하므로 대체적 작위의무에 대하여 집행벌을 인정할 필요가 없다고 보는 견해[120)]가 있다. 그러나, 경우에 따라서는 집행벌이 대집행보다 의무를 이행시키는 데 더 실효성 있는 수단이 될 수 있으므로 대체적 작위의무에 대하여도 집행벌을 인정하는 것이 타당하다(헌재 2004. 02. 26, 2001헌바80·84·102·103, 2002헌바26(병합)). 건축법 제80조도 건축물의 철거 등 대체적 작위의무에 대하여 집행벌을 인정하고 있다.

특별한 규정이 없는 한 행정대집행과 이행강제금의 부과 사이에 행정청에게 선택재량이 인정된다. 이행강제금의 부과 후에 행정대집행을 실시할 수도 있다.

[판례] (1) 전통적으로 행정대집행은 대체적 작위의무에 대한 강제집행수단으로, 이행강제금은 부작위의무나 비대체적 작위의무에 대한 강제집행수단으로 이해되어 왔으나, 이는 이행강제금제도의 본질에서 오는 제약은 아니며, **이행강제금은 대체적 작위의무의 위반에 대하여도 부과될 수 있다**. 현행 건축법상 위법건축물에 대한 이행강제수단으로 대집행과 이행강제금(제83조 제1항)이 인정되고 있는데, 양 제도는 각각의 장·단점이 있으므로 행정청은 개별사건에 있어서 위반내용, 위반자의 시정의지 등을 감안하여 **대집행과 이행강제금을 선택적으로 활용할 수 있으며**, 이처럼 **그 합리적인 재량에 의해 선택하여 활용하는 이상 중첩적인 제재에 해당한다고 볼 수 없다**. (2) 건축법 제78조에 의한 무허가 건축행위에 대한 **형사처벌과** 건축법 제83조 제1항에 의한 시정명령 위반에 대한 **이행강제금의 부과는** 그 처벌 내지 제재대상이 되는 기본적 사실관계로서의 행위를 달리하며, 또한 그 보호법익과 목적에서도 차이가 있으므로 헌법 제13조 제1항이 금지하는 **이중처벌에 해당한다고 할 수 없다**(헌재 2004. 02. 26, 2001헌바80 등).

3. 법적 근거

이행강제금의 부과는 권력적·침해적 행위이므로 법적 근거가 필요하다. 현재 이행강제금 부과의 근거에 관한 일반법은 없고 개별법에서 인정되고 있다. 행정기본법은 이행강제금의 근거규정이 아니다.

이행강제금은 건축법 제80조, 농지법 제65조, 대덕연구단지관리법 제19조 및 부동산실권리자명의 등기에 관한 법률 제10조 등에서 인정되고 있다.

---

120) 박윤흔, 전게서, 553면.

[판례] 건축법상의 이행강제금은 허가 대상 건축물뿐만 아니라 신고 대상 건축물에 대해서도 부과할 수 있고, 한편 신고를 하지 않고 가설건축물을 축조한 경우에는 건축법 제80조 제1항 제1호에 따라 '지방세법에 따라 해당 건축물에 적용되는 1㎡의 시가표준액의 100분의 50에 해당하는 금액에 위반면적을 곱한 금액 이하'의 이행강제금을 부과하여야 할 것이지 같은 항 제2호에 따라 이행강제금을 부과할 것이 아니다(대판 2013. 01. 24, 2011두10164[이행강제금부과처분취소]).

이행강제금 부과의 근거가 되는 법률에는 이행강제금에 관한 다음 각 호의 사항을 명확하게 규정하여야 한다. 다만, 제4호 또는 제5호를 규정할 경우 입법목적이나 입법취지를 훼손할 우려가 크다고 인정되는 경우로서 대통령령으로 정하는 경우는 제외한다. 1. 부과·징수 주체, 2. 부과 요건, 3. 부과 금액, 4. 부과 금액 산정기준, 5. 연간 부과 횟수나 횟수의 상한(행정기본법 제31조 제1항).

4. 이행강제금의 부과요건 및 절차

이행강제금의 부과요건 및 절차는 다음과 같다.

① 행정상 의무의 불이행: 철거명령 등 시정명령(건축법 제79조 제1항 등)을 받은 후 시정의무를 이행하지 않았어야 한다. 시정명령이 위법함에도 이행강제금을 부과하는 것은 위법을 강제하는 것이 되므로 위법한 시정명령에 대한 이행강제금의 부과는 위법하다고 보아야 한다. 달리 말하면, 이행강제금 부과의 기초가 되는 시정명령은 적법하여야 한다. 또한, 전술한 바와 같이 시정명령과 이행강제금부과처분 사이에는 하자가 승계된다고 보아야 한다(하자의 승계 참조).

② 계고처분: 행정청은 이행강제금을 부과하기 전에 미리 의무자에게 **적절한 이행기간을 정하여** 그 기한까지 행정상 의무를 이행하지 아니하면 이행강제금을 부과한다는 뜻을 문서로 **계고**(戒告)하여야 한다(행정기본법 제31조 제3항). 법 제31조 제3항에 따른 계고(戒告)에는 다음 각 호의 사항이 포함되어야 한다. 1. 의무자의 성명 및 주소(의무자가 법인이나 단체인 경우에는 그 명칭, 주사무소의 소재지와 그 대표자의 성명), 2. 이행하지 않은 행정상 의무의 내용과 법적 근거, 3. 행정상 의무의 이행 기한, 4. 행정상 의무를 이행하지 않을 경우 이행강제금을 부과한다는 뜻, 5. 그 밖에 이의제기 방법 등 계고의 상대방에게 알릴 필요가 있다고 인정되는 사항(동법 시행령 제8조 제2항).

[판례] ① 적법한 2차 시정명령이 되기 위해서는 그 시정명령의 이행에 필요한 상당한 이행기한이 부여된 것이어야 할 것인데, 이 사건 2차 시정명령은 위와 같은 요건을 갖추지 못하였으므로 이 사건 이행강제금 부과처분은 부과요건 흠결 또는 절차상 흠으로 인하여 위법하다고 한 사례(대판 2010. 06. 24, 2010두3978[이행강제금부과처분취소]). **〈해설〉** 판례가 이행강제금부과처분이라는 강제집행절차의 하나인 2차 시정명령을 행정행위로 본 것인지는 의문이다. 제2차 시정명령은 단순한 사실행위로 보는 것이 타당하다.

② (1) 구 건축법 제80조 제1항, 제4항에 의하면 문언상 최초의 시정명령이 있었던 날을 기준으로 1년 단위별로 2회에 한하여 이행강제금을 부과할 수 있고, 이 경우에도 매 1회 부과 시마다 구 건축법 제80조 제1항 단서에서 정한 **1회분 상당액의 이행강제금을 부과한 다음 다시** 시정명령의 이행에 필요한 상당한 이행기한을 정하여 그 기한까지 시정명령을 이행할 수 있는 기회(이하 '시정명령의 이행 기회'라 한다)**를 준 후** 비로소 **다음 1회분 이행강제금을 부과할 수 있다.** (2) 비록 건축주등이 장기간 시정명령을 이행하지 아니하였다 하더라도, 그 기간 중에는 시정명령의 이행 기회가 제공되지 아니하였다가 **뒤늦게 시정명령의 이행 기회가 제공된 경우**라면, 그 시정명령의 이행 기회 제공을 전제로 한 1회분의 이행강제금만을 부과할 수 있고, **시정명령의 이행 기회가 제공되지 아니한 과거의 기간에 대한 이행강제금까지 한꺼번에 부과할 수는 없다고 보아야 한다. 그리고 이를 위반하여 이루어진 이행강제금 부과처분은** 과거의 위반행위에 대한 제재가 아니라 행정상의 간접강제 수단이라는 이행강제금의 본질에 반하여 구 건축법 제80조 제1항, 제4항 등 법규의 중요한 부분을 위반한 것으로서, 그러한 **하자는 중대할 뿐만 아니라 객관적으로도 명백하다**고 할 것이다. (3) 피고가 2006년경 원고에 대하여 건물 철거를 명하는 시정명령을 하였으나, 2008년~2010년 기간 중 그 시정명령의 이행을 요구하지 않다가, **2011년경 비로소 시정명령의 이행 기회를 제공한 후 2008년~2011년의 4년분 이행강제금을 한꺼번에 부과한 사안**에서, **2011년 기준 1회분 이행강제금 외에 2008~ 2010년분 이행강제금 부분은 그 하자가 중대 · 명백하여 무효**라고 판단하여 상고를 기각한 사례(대판 2016. 07. 14, 2015두46598[이행강제금부과처분무효확인 등]).

③ 이행강제금의 부과·징수를 위한 계고는 시정명령을 불이행한 경우에 취할 수 있는 절차라 할 것이고, 따라서 **이행강제금을 부과 · 징수할 때마다 그에 앞서 시정명령 절차를 다시 거쳐야 할 필요는 없다**고 보아야 한다(대판 2013. 12. 12, 2012두19137[이행강제금부과처분취소]).

④ (1) 노동위원회가 **근로기준법 제33조**에 따라 이행강제금을 부과하는 경우 그 30일 전까지 하여야 하는 **이행강제금부과 예고는 이행강제금 부과전 '계고'에 해당**한다. (2) 사용자가 이행하여야 할 **행정법상 의무의 내용을 초과하는 것을 '불이행 내용'으로 기재한 이행강제금부과 예고서**에 의하여 이행강제금부과 예고를 한 다음 이를 이행하지 않았다는 이유로 이행강제금을 부과하였다면, **초과한 정도가 근소하다는 등의 특별한 사정이 없는 한 이행강제금부과 예고는이행강제금제도의 취지에 반하는 것으로서 위법**하고, **이에 터 잡은 이행강제금부과처분 역시 위법**하다. (3) 피고(서울지방노동위원회)는 '판정서를 송달받은 날로부터 30일 이내에 이 사건 근로자들을 원직에 복직시키고, 이 사건 근로자들에게 승무정지기간 동안 정상적으로 근로를 제공하였다면 받을 수 있었던 임금 상당액을 지급하라'는 내용의 구제명령(이하 '이 사건 구제명령'이라고 한다)을 하였다. 이 사건 구제명령에서 정한 이행기한인 2008. 5. 26.이 경과하자, 피고는 '2008. 5. 16.부터 이 사건 근로자들의 승무가 개시되기는 하였으나 임금 상당액은 전혀 지급되지 않았다'는 이유로 2008. 5. 27. 원고에게 '불이행 내용'을 임금 상당액 미지급, 즉 **2007. 11. 15.부터 2008. 5. 15.까지의 임금 상당액 미지급으로 기재한 이행강제금부과 예고서**에 의하여 이행강제금부과 예고를 한 다음, 원고가 위 '불이행 내용'을 이행하지 않았다는 이유로 2008. 9. 9. 원고에게 2억 8,250만 원(=250만 원×113명)의 이행강제금을 부과하였다(이하 '이 사건 처분'이라고 한다). 원고는 2008. 4. 30. 이 사건 구제명령에 대한 재심을 신청하였고, 같은 해 8. 29. 중앙노동위원회로부터 재심신청 기각판정을 받자 이에 불복하여 그 취소를 구하는 소를 제기하였다. 서울고등법원은 2010. 6. 22. '위 재심판정 중 원직복직 및 2008. 1. 1. 이후의 임금 상당액 지급에 관한 부분을 취소한다'는 내용의 판결을 선고하였고, 이에 대한 중앙노동위원회의 상고는 2010. 12. 9. 심리불속행으로 기각되었다. 이에 중앙노동위원회는 원심 변론종결 후인 2011. 1. 17. **이 사건 구제명령 중 원직복직 및 2008. 1. 1. 이후의 임금 상당액 지급에 관한 부분을 취소하는 재처분판정**을 하였다. (4) 중앙노동위원회

의 재처분판정으로 이 사건 구제명령 중 원직복직 및 2008. 1. 1. 이후의 임금 상당액 지급에 관한 부분이 취소되었고 그 소급효에 의하여 이러한 부분에 대하여는 처음부터 구제명령이 없었던 것과 같은 효과가 발생하게 되었으므로, 원고는 이 사건 구제명령으로 2007. 11. 15.부터 2007. 12. 31.까지의 임금 상당액 지급에 관한 행정법상의 의무만을 부담한 것이 된다. 그런데 피고는 원고의 '불이행 내용'을 2007. 11. 15.부터 2008. 5. 15.까지의 임금 상당액 미지급으로 봄으로써, 원고가 이행하여야 할 행정법상 의무의 내용을 초과하는 것을 '불이행 내용'으로 기재한 이행강제금부과 예고서에 의하여 이행강제금부과 예고를 한 다음 이를 이행하지 않았다는 이유로 이 사건 처분을 한 것과 마찬가지가 되었으므로, 특별한 사정이 없는 한 위 이행강제금부과 예고나 이에 터 잡은 이 사건 처분은 위법하다고 할 것이다. (5) 중앙노동위원회의 재처분판정으로 이 사건 구제명령 중 원직복직 및 2008. 1. 1. 이후의 임금 상당액 지급에 관한 부분이 (소급적으로) 취소된 것이 원심 변론종결 후이기는 하지만, 이는 행정소송법 제8조 제2항에 의하여 준용되는 민사소송법 제451조 제1항 제8호에 규정된 재심사유인 '판결의 기초가 된 행정처분이 다른 행정처분에 따라 바뀐 때'에 해당하므로, 원고는 위 사유를 상고이유로 삼을 수 있다(대법원 2001. 1. 16. 선고 2000다41349 판결: 민사소송법 제422조 제1조 각 호 소정의 재심사유를 상고이유로 삼을 수 있다고 할 것이다 참조). (6) 결국, 이 사건 구제명령이 전부 유효하다는 전제 아래 이 사건 처분의 위법 여부를 심리 · 판단한 원심판결에는 결과적으로 이행강제금부과에 관한 법리를 오해하여 판결에 영향을 미친 잘못이 있게 되었고, 이 점을 지적하는 취지의 상고이유 주장은 이유 있다. 그러므로 원심판결을 파기하고, 사건을 다시 심리 · 판단하게 하기 위하여 원심법원에 환송하기로 한다(대판 2015. 06. 24, 2011두2170). 〈해설〉 이행강제금은 구제명령을 전제로 하는데, 전제가 되는 구제명령중 일부가 중앙노동위원회의 재처분판정에 의해 소급적으로 취소되었으므로 그 한도내에서 이 사건 이행강제금 부과처분은 위법하다는 것이다.

③ 이행강제금의 부과: 행정청은 의무자가 제3항에 따른 계고에서 정한 기한까지 행정상 의무를 이행하지 아니한 경우 이행강제금의 부과 금액 · 사유 · 시기를 문서로 명확하게 적어 의무자에게 통지하여야 한다(행정기본법 제31조 제4항).

행정청은 의무자가 행정상 의무를 이행할 때까지 이행강제금을 반복하여 부과할 수 있다. 다만, 의무자가 의무를 이행하면 새로운 이행강제금의 부과를 즉시 중지하되, 이미 부과한 이행강제금은 징수하여야 한다(행정기본법 제31조 제5항).

[판례] (1) 건축법상의 이행강제금은 시정명령의 불이행이라는 과거의 위반행위에 대한 제재가 아니라, 의무자에게 시정명령을 받은 의무의 이행을 명하고 그 이행기간 안에 의무를 이행하지 않으면 이행강제금이 부과된다는 사실을 고지함으로써 의무자에게 심리적 압박을 주어 의무의 이행을 간접적으로 강제하는 행정상의 간접강제 수단에 해당한다. 이러한 이행강제금의 본질상 시정명령을 받은 의무자가 이행강제금이 부과되기 전에 그 의무를 이행한 경우에는 비록 시정명령에서 정한 기간을 지나서 이행한 경우라도 이행강제금을 부과할 수 없다. 나아가 시정명령을 받은 의무자가 그 시정명령의 취지에 부합하는 의무를 이행하기 위한 정당한 방법으로 행정청에 신청 또는 신고(이 사건 가설건축물에 관한 존치기간 연장신고)를 하였으나 행정청이 위법하게 이를 거부 또는 반려함(적법한 연장신고를 하였음에도 신고요건이 아닌 다른 사유를 들어 신고 수리를 거부함)으로써 결국 그 처분(수리거부처분)이 취소되기에 이르렀다면, 특별한 사정이 없는 한 그 시정명령의 불이행을 이유로 이행강제금을 부과할 수는 없다고 보는 것이 위와 같은 이행강제금 제도의 취지에 부합

한다.
(2) 공사용 가설건축물의 철거명령(시정명령)에 대하여 원고들이 그 불법상태를 해소하기 위한 방법으로 '가설건축물 존치기간 연장신고'를 하였으나, 피고가 토지 공유자 전원의 대지사용승낙서가 제출되지 않았다는 이유로 위 연장신고의 수리를 반려한 사안에서, ① 가설건축물 존치기간 연장신고는 '대지사용승낙서'의 미제출을 이유로 이를 반려할 수는 없고, ② '공사의 종료에 따라 연장의 필요성이 소멸되었다'는 처분사유를 소송에서 새로 추가할 수는 없으며("공사용 가설건축물이 더 이상 공사용으로 사용되지 않고 있다"라는 사유는 "대지에 관한 일부 공유지분권자의 대지사용승낙서가 제출되지 않았다"라는 당초의 처분사유와 기본적 사실관계에서 동일성이 인정된다고 보기 어렵다), ③ 시정명령의 취지에 부합하는 의무를 이행하기 위한 정당한 방법으로, 의무자가 한 정당한 신고(이 사건 연장신고는 시정명령의 전제가 되는 가설건축물의 위법성 자체를 해소하기 위한 정당한 의무이행 방법으로 볼 수 있다)를 행정청이 위법하게 반려하여 법원이 이를 취소하기에 이른 이상, 시정명령의 불이행을 이유로 이행강제금을 부과할 수는 없다고 한 사례(대판 2018. 01. 25, 2015두35116).
〈해설〉 가설건축물에 관한 존치기간 연장신고를 시정명령(철거명령)의 취지에 부합하는 의무를 이행하기 위한 정당한 방법으로 보았다.

그러나, 제재적 성격을 갖는 이행강제금은 의무불이행을 중단하고 의무를 이행한 경우에도 과거의 의무불이행기간에 대해 이행강제금을 부과할 수 있다고 보아야 한다.

[판례] (1) 독점규제 및 공정거래에 관한 법률(이하 '공정거래법') 제16조 제1항 제7호에 따라 일정한 기간 동안 부작위 의무를 명하는 시정조치를 받은 후 그 정한 기간 내에 부작위 의무를 이행하지 아니하는 자에 대하여 공정거래법 제17조의3에 따른 이행강제금을 부과할 수 있다. (2) 독점규제 및 공정거래에 관한 법률 제17조의3에 따른 이행강제금이 부과되기 전에 **시정조치를 이행하거나 부작위 의무를 명하는 시정조치 불이행을 중단한 경우에도** 과거의 시정조치 불이행기간에 대하여 **이행강제금을 부과할 수 있다**(대판 2019. 12. 12, 2018두63563).

5. 이행강제금의 부과대상자

이행강제금의 부과대상자는 시정의무를 이행할 수 있는 법적 권한을 갖고 있는 자로 보는 것이 타당하다.

[판례] ① 건물에 대한 건축허가를 받은 갑이 건축 중이던 건물 및 대지를 을에게 양도하였으나 을이 명의를 변경하지 아니한 채 사용승인을 받지 않고 건물을 사용하자, 행정청이 건물에 관한 **소유권보존등기 명의자인 갑에게 시정명령을 한 후 이행강제금을 부과한 사안**에서, 위 처분이 부적법하다고 판단한 원심에 시정명령의 상대방인 건축주 또는 소유자 등에 관하여 법리를 오해한 위법이 있다고 한 사례(대판 2010. 10. 14, 2010두13340[이행강제금부과처분취소]).
② 건축물의 용도변경 허가권자는 무단 용도변경을 한 **행위자가 소유자 아닌 임차인이라 하더라도 소유자에게 시정명령을 할 수 있고,** 위법건축물에 대한 이행강제수단으로 대집행을 하지 않고 이행강제금 부과를 내용으로 하는 처분을 하였다고 하여 위법하다고 볼 수는 없다(전주지법 2012. 04. 03, 2012구합185).

이행강제금 납부의무는 상속인 기타의 사람에게 승계될 수 없는 **일신전속적인 성질의 것**이므로 이미 사망한 사람에게 이행강제금을 부과하는 내용의 처분이나 결정은 당연무효이다(판례).

[판례] [1] 구 건축법상 이행강제금을 부과받은 사람이 이행강제금사건의 계속중 사망한 경우, 절차의 종료 여부(적극): 이행강제금 납부의무는 상속인 기타의 사람에게 승계될 수 없는 **일신전속적인 성질의 것**이므로 이미 사망한 사람에게 이행강제금을 부과하는 내용의 처분이나 결정은 당연무효이고, 이행강제금을 부과받은 사람의 이의에 의하여 비송사건절차법에 의한 재판절차가 개시된 후에 그 이의한 사람이 사망한 때에는 사건 자체가 목적을 잃고 절차가 종료한다. [2] 구 건축법상 이행강제금을 부과받은 사람이 이행강제금사건의 제1심결정 후 항고심결정이 있기 전에 사망한 경우, 항고심결정은 당연무효이고, 이미 사망한 사람의 이름으로 제기된 재항고는 보정할 수 없는 흠결이 있는 것으로서 부적법하다(대결 2006. 12. 08, 2006마470[건축법위반이의]).

6. 이행강제금의 징수

의무자가 의무를 이행하더라도 이미 부과한 이행강제금은 징수하여야 한다(행정기본법 제31조 제5항).

행정청은 이행강제금을 부과받은 자가 납부기한까지 이행강제금을 내지 아니하면 국세 체납처분의 예 또는 「지방행정제재 · 부과금의 징수 등에 관한 법률」에 따라 징수한다(행정기본법 제31조 제6항).

7. 이행강제금 부과의 법적 성질

이행강제금 부과행위는 행정행위이다. 따라서, 이행강제금 부과행위에는 행정절차법이 적용되고, 직권취소 또는 철회가 가능하다.

이행강제금의 부과는 재량행위이다. 행정청은 다음 각 호의 사항을 고려하여 이행강제금의 부과 금액을 가중하거나 감경할 수 있다. 1. 의무 불이행의 동기, 목적 및 결과, 2. 의무 불이행의 정도 및 상습성, 3. 그 밖에 행정목적을 달성하는 데 필요하다고 인정되는 사유(행정기본법 제31조 제2항).

8. 이행강제금에 대한 불복

이행강제금에 대한 불복절차로는 두 유형이 있다.

① 이행강제금에 불복하는 자는 이의를 제기할 수 있는 것으로 규정하고, 이의를 제기한 경우에는 비송사건절차법에 의하여 이행강제금을 결정하는 것으로 규정하고 있는 경우가 있다(농지법 제65조). 이와 같이 이행강제금 부과처분에 대해 비송사건절차법에 의한 특별한 불복절차가 마련되어 있는 경우에는 이행강제금 부과처분은

항고소송의 대상이 되는 행정처분이 아니다(대판 2000. 09. 22, 2000두5722).

② 이행강제금의 부과처분에 대한 불복방법에 관하여 아무런 규정을 두고 있지 않는 경우에는 이행강제금 부과처분은 행정행위이므로 행정심판 또는 행정소송을 제기할 수 있다(건축법 제69조의2).

③ 이행강제금은 시정명령 자체의 이행을 목적으로 하므로 시정명령과 이행강제금부과처분 사이에서는 하자가 승계된다. 그러므로 시정명령이 위법하면 이행강제금부과처분도 위법하다고 보아야 한다(대판 2020. 12. 24, 2019두55675[학원등록거부처분등취소청구의소]).

Ⅴ. 직접강제

1. 의 의

직접강제란 "의무자가 행정상 의무를 이행하지 아니하는 경우 행정청이 의무자의 신체나 재산에 실력을 행사하여 그 행정상 의무의 이행이 있었던 것과 같은 상태를 실현하는 것"을 말한다(행정기본법 제30조 제1항 제3호).

직접강제는 의무자에게 직접 물리력을 행사하는 점에서 그러하지 아니한 대집행과 구별된다. 의무자의 신체에 대해 물리력을 행사하는 것은 당연히 직접강제이고 대집행이 아니다. 직접강제에서 의무자의 재산에 대한 실력행사는 의무자가 점유하는 재산에 대한 실력행사이고, 의무자의 점유에 대한 실력행사도 의무자에 대한 직접 실력행사로 볼 수 있다. 대집행은 의무자의 점유에 대한 직접적 실력행사를 포함하지 않는다. 건물인도(명도)는 직접강제에 속하고, 건물철거는 대집행에 속한다.

2. 직접강제의 대상 및 법적 근거

직접강제는 비대체적 의무(예, 비대체적 작위의무, 부작위의무, 수인의무)뿐만 아니라 대체적 작위의무에도 행해질 수 있다는 것이 통설이다.

직접강제의 일반적 근거는 없다. 직접강제가 인정되기 위해서는 개별법에 법적 근거가 필요하다.

현행법상 인정되고 있는 직접강제의 수단으로는 영업장 또는 사업장의 폐쇄(먹는물관리법 제46조 제1항), 외국인의 강제퇴거(출입국관리법 제46조) 등이 있다.

3. 직접강제의 한계

직접강제는 행정상 강제집행수단 중에서 국민의 인권을 가장 크게 제약하는 것이기 때문에 다른 강제집행수단으로 의무이행을 강제할 수 없을 때 최후의 수단으로 인정되어야 한다. 현행법도 기본권존중의 견지에서 개별법에서 예외적으로 인정하고 있다. 또한 직접강제에는 비례의 원칙 및 적법절차의 원칙에 따라 보다 엄격한 절차법적, 실체법적 통제가 가해져야 한다.

[판례] 강제퇴거명령을 받은 사람을 보호할 수 있도록 하면서 보호기간의 상한을 마련하지 아니한 출입국관리법 제63조 제1항은 과잉금지원칙 및 적법절차원칙에 위배되어 피보호자의 신체의 자유를 침해하는 것으로, 헌법에 합치되지 아니한다(헌재 2023. 03. 23, 2020헌가1).

직접강제는 행정대집행이나 이행강제금 부과의 방법으로는 행정상 의무 이행을 확보할 수 없거나 그 실현이 불가능한 경우에 실시하여야 한다(행정기본법 제32조 제1항). 이러한 **직접강제의 보충성**은 비례의 원칙상 당연한 것이다. 따라서, 직접강제의 보충성의 원칙은 직접강제처분의 실시뿐만 아니라 행정강제의 입법에도 적용된다고 보아야 한다. 즉, 대집행이나 이행강제금의 방식으로 직접강제의 방식에 의한 것과 같은 정도로 행정의 실효성을 확보할 수 있는 경우에는 직접강제로 규정(입법)하지 않고 대집행이나 이행강제금이 가능하도록 입법하여야 한다. 달리 말하면 대집행이나 이행강제금의 방식으로 직접강제의 방식에 의한 것과 같은 정도로 행정의 실효성을 확보할 수 없는 경우에 한하여 직접강제를 규정(입법)하여야 한다.

주거의 자유 또는 신체의 자유에 대한 제한을 수반하는 직접강제의 경우에는 적법절차의 원칙상 영장주의의 적용 여부가 검토되어야 한다. 이에 관하여는 즉시강제에서의 영장주의에 관한 논의가 참조될 수 있다.

후술하는 즉시강제의 한계에 관한 논의는 즉시강제의 급박성과 관련된 부분을 제외하고는 원칙상 직접강제의 한계에도 타당하다.

4. 직접강제의 절차

직접강제를 실시하기 위하여 현장에 파견되는 집행책임자는 그가 집행책임자임을 표시하는 증표를 보여 주어야 한다(행정기본법 제32조 제2항). 직접강제의 계고 및 통지에 관하여는 행정기본법 제31조 제3항 및 제4항을 준용한다(행정기본법 제32조 제3항). 법 제32조 제3항에 따라 준용되는 법 제31조 제3항에 따른 계고에는 다음 각 호의 사항이 포함되어야 한다. 1. 의무자의 성명 및 주소(의무자가 법인이나 단체인 경우에는 그 명칭, 주사무소의 소재지와 그 대표자의 성명), 2. 이행하지 않은 행정상 의무의 내용과 법적 근거, 3. 행정상 의무의 이행 기한, 4. 행정상 의무를 이행하지 않을 경우 직접강제를 실시한다는 뜻, 5. 그 밖에 이의제기 방법 등 계고의 상대방에게 알릴 필요가 있다고 인정되는 사항(행정기본법 시행령 제9조).

5. 직접강제의 법적 성질과 권익구제

직접강제는 권력적 사실행위이다. 직접강제에 대한 권리구제는 권력적 사실행위에 대한 권리구제와 동일하게 행정쟁송, 국가배상, 공법상 결과제거가 문제된다.

인신구속의 경우에는 인신보호법상의 구제를 받을 수 있다(즉시강제 참조). 또한, 헌법 제12조 제4항 본문에 규정된 피구속인의 변호인의 조력을 받을 권리는 행정절차에서 구속을 당한 사람에게도 보장된다(헌재 2018. 05. 31, 2014헌마346: 인천국제공항 송환대기실에 수용된 난민에게 변호인의 조력을 받을 권리를 인정한 사례).

Ⅵ. 강제징수

1. 의의 및 법적 근거

강제징수란 "의무자가 행정상 의무 중 금전급부의무를 이행하지 아니하는 경우 행정청이 의무자의 재산에 실력을 행사하여 그 행정상 의무가 실현된 것과 같은 상태를 실현하는 것"을 말한다(행정기본법 제30조 제1항 제4호).

국세 및 지방세 납부의무의 불이행에 대하여는 국세징수법 및 지방세징수법에서 일반적으로 강제징수를 인정하고 있고, 다른 공법상의 금전급부의무의 불이행에 대하여는 통상 관련 개별법의 규정(토지취득보상법 제99조 등)에서 국세징수법 또는 지방세징수법상의 강제징수에 관한 규정을 준용하고 있다. 지방행정제재·부과금의 경우에는 「지방행정제재·부과금의 징수 등에 관한 법률」에서 강제징수에 관한 일반규정을 규정하고 있다.

2. 강제징수의 절차

국세징수법에 의한 강제징수의 절차는 다음과 같다: ① 독촉, ② 재산의 압류, ③ 압류재산의 매각(환가처분), ④ 청산(충당)이 그것이다. 이 중 재산의 압류, 압류재산의 매각 및 청산을 체납처분이라 한다.

(1) 독 촉

국세를 그 납부기한까지 완납하지 아니하였을 때에는 세무서장은 납부기한이 지난 후 10일 내에 독촉장을 발급하여야 한다. 다만, 국세징수법 제9조에 따라 국세를 납부기한 전에 징수하거나 체납된 국세가 일정한 금액 미만인 경우 등 대통령령으로 정하는 경우에는 독촉장을 발급하지 아니할 수 있다(국세징수법 제10조 제1항). 관할 세무서장은 독촉장을 발급하는 경우 독촉을 하는 날부터 20일 이내의 범위에서 기한을 정하여 발급한다(제10조 제2항).

독촉(督促)은 납세의무자에게 납세의무의 이행을 최고하고 최고기한까지 납부하지 않을 때에는 강제징수를 하겠다는 것을 예고하는 통지행위로서 준법률행위적 행정행위에 해당한다. 독촉은 이후에 행해지는 압류의 적법요건이 되며 최고기간 동안 조세채권의 소멸시효를 중단시키는 법적 효과를 갖는다.

(2) 재산의 압류

압류(押留)는 권력적 사실행위로서의 성질을 갖는다.

1) 압류요건

관할 세무서장은 다음 각 호의 어느 하나에 해당하는 경우 납세자의 재산을 압류한다. 1. 납세자가 제10조에 따른 독촉을 받고 독촉장에서 정한 기한까지 국세를 완납하지 아니한 경우, 2. 납세자가 제9조제2항에 따라 납부고지를 받고 단축된 기한까지 국세를 완납하지 아니한 경우(제31조 제1항). 관할 세무서장은 납세자에게 제9조 제1항 각 호의 어느 하나에 해당하는 사유가 있어 국세가 확정된 후 그 국세를 징수할 수 없다고 인정할 때에는 국세로 확정되리라고 추정되는 금액의 한도에서 납세자의 재산을 압류할 수 있다(제2항).

2) 압류대상 재산

체납자 소유의 재산은 원칙상 압류의 대상이 된다. 그런데 국세징수법 제41조 및 제42조는 체납자의 최저생활의 보장, 생업의 유지 등을 위하여 필요한 일정한 재산에 대하여는 압류를 금지 또는 제한하고 있다.

압류가 허용된 재산 중에서 어느 재산을 압류할 것인가는 세무공무원의 재량에 속한다. 그러나, 비례의 원칙에 따라 가능한 한 체납자 또는 제3자의 권리를 적게 침해하는 재산을 압류하여야 할 것이다.

3) 압류의 효력

세무공무원이 재산을 압류한 경우 체납자는 압류한 재산에 관하여 양도, 제한물권의 설정, 채권의 영수, 그 밖의 처분을 할 수 없다(제43조 제1항). 세무공무원이 채권 또는 그 밖의 재산권을 압류한 경우 해당 채권의 채무자 및 그 밖의 재산권의 채무자 또는 이에 준하는 자(이하 "제3채무자"라 한다)는 체납자에 대한 지급을 할 수 없다(제2항).

압류의 효력은 압류재산으로부터 생기는 천연과실(天然果實) 또는 법정과실(法定果實)에도 미친다(제44조 제1항). 제1항에도 불구하고 체납자 또는 제3자가 압류재산의 사용 또는 수익을 하는 경우 그 재산의 매각으로 인하여 권리를 이전하기 전까지 이미 거두어들인 천연과실에 대해서는 압류의 효력이 미치지 아니한다(제2항).

4) 압류해제

관할 세무서장은 다음 각 호의 어느 하나에 해당하는 경우 압류를 즉시 해제하여야 한다. 1. 압류와 관계되는 체납액의 전부가 납부 또는 충당(국세환급금, 그 밖에 관할 세무서장이 세법상 납세자에게 지급할 의무가 있는 금전을 체납액과 대등액에서 소멸시키는 것을 말하며, 이하 이 조, 제60조 제1항 및 제71조 제5항에서 같다)된 경우, 2. 국세 부과의 전부를 취소한 경우, 3. 여러 재산을 한꺼번에 공매(公賣)하는 경우로서 일부 재산의 공매대금으로 체납액 전부를 징수한 경우, 4. 총 재산의 추산(推算)가액이 강제징수비(압류에 관계되는 국세에 우선하는 「국세기본법」 제35조제1항제3호에 따른 채권 금액이 있는 경우 이를 포함한다)를 징수하면 남을 여지가 없어 강제징수를 종료할 필요가 있는 경우. 다만, 제59조에 따른 교부청구 또는 제61조에 따른 참가압류가 있는 경우로서 교부청구 또는 참가압류와 관계된 체납액을 기준으로 할 경우 남을 여지가 있는 경우는 제외한다. 5. 그 밖에 제1호부터 제4호까지의 규정에 준하는 사유로 압류할 필요가 없게 된 경우(제57조 제1항).

관할 세무서장은 다음 각 호의 어느 하나에 해당하는 경우 압류재산의 전부 또는 일부에 대하여 압류를 해제할 수 있다. 1. 압류 후 재산가격이 변동하여 체납액 전액을 현저히 초과한 경우, 2. 압류와 관계되는 체납액의 일부가 납부 또는 충당된 경우, 3. 국세 부과의 일부를 취소한 경우, 4. 체납자가 압류할 수 있는 다른 재산을 제공하여 그 재산을 압류한 경우(동조 제2항).

압류해제신청에 대한 거부는 행정행위이므로 행정쟁송의 대상이 된다.

(3) 압류재산의 매각

압류한 재산은 통화를 제외하고는 매각(賣却)하여 금전으로 환가하여야 하는데, 매각은 공매 또는 수의계약의 방법으로 행한다(제65조 제1항).

공매는 경쟁입찰 또는 경매의 방법에 의한다(제65조 제2항). 세무서장은 공매를 하고자 할 때에는 공고(공매공고)하여야 하며(제72조 제1항), 즉시 그 내용을 체납자·납세담보물 소유자와 공매재산에 대하여 전세권·질권·저당권 또는 그 밖의 권리를 가진 자 등에게 통지(공매통지)하여야 한다(제75조).

매수인은 매수대금을 납부한 때에 공매재산을 취득한다(제91조 제1항).

공매에서 공매결정(매각결정)·통지는 공법상 대리행위로서 항고소송의 대상이 된다. 그러나, 공매하기로 한 결정은 내부행위로서 처분이 아니고, 공매공고 및 공매통지도 처분이 아니다. 공매결정에 따라 낙찰자 또는 경락자가 체납자의 재산을 취득하는 법률관계는 사법상 매매계약관계이다. 법 제67조의 수의계약은 사법상 매매

계약이다.[121)]

(4) 청 산

세무서장은 압류재산의 매각대금 등 체납처분에 의해 취득한 금전을 체납액과 채권에 배분한다(제96조 제1항). 배분한 금전에 잔액이 있을 때에는 이를 체납자에게 지급하여야 한다(제96조 제3항). 매각대금이 제1항 각 호의 체납액과 채권의 총액보다 적을 때에는 민법이나 그 밖의 법령에 따라 배분할 순위와 금액을 정하여 배분하여야 한다(제4항).

[판례] 공매절차에서 세무서장 등이 매각대금이 완납되어 압류재산이 매수인에게 이전되기 전까지 성립·확정된 조세채권에 관해서만 교부청구할 수 있는지 여부(적극): 구 국세징수법에 의한 체납처분절차에서 압류는 원칙적으로 체납자 소유의 재산에 대해서만 할 수 있는 점, 공매대상인 체납자 소유의 재산은 매각대금이 납부되면 매수인에게 소유권이 이전되고 매각대금 자체는 기존에 진행되는 체납처분절차에 따른 배분의 목적물이 될 뿐인 점, 매각대금 납부 이후에 성립·확정된 조세채권에 기초하여서는 체납자의 다른 재산에 대하여만 체납처분이 가능한 점 등을 고려하면, 매각대금이 완납되어 압류재산이 매수인에게 이전된 후에 성립·확정된 조세채권은 배분요구의 효력이 있는 교부청구가 있더라도 공매절차에서 배분대상이 되지 않는다. 이와 달리 매각대금이 완납된 후에 성립·확정된 조세채권도 배분계산서가 작성되기 전까지 교부청구가 있기만 하면 매각대금의 배분대상에 포함될 수 있다고 본다면, 구 국세징수법상 별도의 규정이 없고 세무서장의 임의에 맡겨져 있는 배분계산서의 작성시점에 따라 매각대금이 완납된 후 성립·확정된 조세채권의 배분대상 포함 여부가 좌우되는 불합리한 결과가 발생할 수 있다. 이러한 점들을 종합하여 보면, 구 국세징수법에서 비록 세무서장 등이 언제까지 성립·확정된 조세채권에 관하여 배분요구를 하여야만 압류재산의 매각대금 등의 배분대상이 될 수 있는지에 관하여 명시적인 규정을 두고 있지 않지만, **세무서장 등은 늦어도 매각대금이 완납되어 압류재산이 매수인에게 이전되기 전까지 성립·확정된 조세채권에 관해서만 교부청구할 수 있고, 그 이후에 성립·확정된 조세채권은 설령 배분계산서 작성 전까지 교부청구를 하였더라도 압류재산 매각대금 등의 배분대상에 포함될 수 없다**(대판 2016. 11. 25, 2014두5316[공매대금배분처분취소]).

체납자등은 세무서장이 작성한 배분계산서에 대하여 이의가 있는 경우 세무서장에게 이의 신청을 할 수 있다. 즉, 배분기일에 출석한 체납자등은 배분기일이 끝나기 전까지 자기의 채권에 관계되는 범위에서 제98조 제1항에 따른 배분계산서 원안에 기재된 다른 채권자의 채권 또는 채권의 순위에 대하여 이의를 제기할 수 있다(제99조 제1항). 제1항에도 불구하고 체납자는 배분기일에 출석하지 아니한 경우에도 배분계산서 원안이 갖추어진 이후부터 배분기일이 끝나기 전까지 문서로 이의제기를 할 수 있다(제2항).

---

121) 박윤흔, 전게서, 560~561면.

(5) 교부청구

관할 세무서장은 다음 각 호의 어느 하나에 해당하는 경우 해당 관할 세무서장, 지방자치단체의 장, 「공공기관의 운영에 관한 법률」 제4조에 따른 공공기관의 장, 「지방공기업법」 제49조 또는 제76조에 따른 지방공사 또는 지방공단의 장, 집행법원, 집행공무원, 강제관리인, 파산관재인 또는 청산인에 대하여 다음 각 호에 따른 절차의 배당·배분 요구의 종기(終期)까지 체납액(제13조에 따라 지정납부기한이 연장된 국세를 포함한다)의 교부를 청구하여야 한다. 1. 국세, 지방세 또는 공과금의 체납으로 체납자에 대한 강제징수 또는 체납처분이 시작된 경우, 2. 체납자에 대하여 「민사집행법」에 따른 강제집행 및 담보권 실행 등을 위한 경매가 시작되거나 체납자가 「채무자 회생 및 파산에 관한 법률」에 따른 파산선고를 받은 경우, 3. 체납자인 법인이 해산한 경우(제59조).

[판례] ① 세무서장 등은 늦어도 매각대금이 완납되어 압류재산이 매수인에게 이전되기 전까지 성립·확정된 조세채권에 관해서만 교부청구할 수 있고, 그 이후에 성립·확정된 조세채권은 설령 배분계산서 작성 전까지 교부청구를 하였더라도 압류재산 매각대금 등의 배분대상에 포함될 수 없다(대판 2016. 11. 25, 2014두5316[공매대금배분처분취소]).
② 구 국세징수법에서 비록 세무서장 등이 언제까지 성립·확정된 조세채권에 관하여 배분요구를 하여야만 압류재산의 매각대금 등의 배분대상이 될 수 있는지에 관하여 명시적인 규정을 두고 있지 않지만, **세무서장 등은 늦어도 매각대금이 완납되어 압류재산이 매수인에게 이전되기 전까지 성립·확정된 조세채권에 관해서만 교부청구할 수 있고, 그 이후에 성립·확정된 조세채권은 설령 배분계산서 작성 전까지 교부청구를 하였더라도 압류재산 매각대금 등의 배분대상에 포함될 수 없다**(대판 2016. 11. 25, 2014두5316[공매대금배분처분취소]).

(6) 공매 등의 대행

관할 세무서장은 공매, 수의계약, 매각재산의 권리이전, 금전의 배분업무(이하 "공매등"이라 한다)를 대통령령으로 정하는 바에 따라 한국자산관리공사에 대행하게 할 수 있다. 이 경우 공매등은 관할 세무서장이 한 것으로 본다(제103조 제1항).

3. 강제징수에 대한 불복

행정상 강제징수에 대한 불복에 대하여는 국세기본법에서 특별한 규정을 두고 있다(국세징수법 제55조 이하). 즉, 독촉, 압류, 압류해제거부 및 공매처분에 대하여는 이의신청을 제기할 수 있고(국세청장이 조사·결정 또는 처리하거나 하였어야 할 것인 경우를 제외), 심사청구 또는 심판청구 중 하나에 대한 결정을 거친 후 행정소송을 제기하여야 한다.

[판례] ① 과세관청이 체납처분으로서 행하는 공매는 우월한 공권력의 행사로서 행정소송의 대상이 되는 공법상의 행정처분이며 공매에 의하여 재산을 매수한 자는 그 공매처분이 취소된 경우에 그 취소처분의 위법을 주장하여 행정소송을 제기할 법률상 이익이 있다(대판 1984. 09. 25, 84누201[공매처분취소처분취소]).
② 한국자산공사가 당해 부동산을 인터넷을 통하여 재공매(입찰)하기로 한 결정 자체는 내부적인 의사결정에 불과하여 항고소송의 대상이 되는 행정처분이라고 볼 수 없고, 또한 한국자산공사의 공매통지는 공매의 요건이 아니라 공매사실 자체를 체납자에게 알려주는 데 불과한 것으로서, 통지의 상대방의 법적 지위나 권리·의무에 직접 영향을 주는 것이 아니라고 할 것이므로 이것 역시 행정처분에 해당한다고 할 수 없다(대판 2007. 07. 27, 2006두8464[공매처분취소][한국자산공사 재공매결정 사건]).
③ [1] 개정 국세징수법 아래에서 결손처분은 체납처분절차의 종료라는 의미만 가지게 되었고, 결손처분의 취소도 종료된 체납처분절차를 다시 시작하는 행정절차로서의 의미만을 가질 뿐이다. 따라서, **'결손처분' 또는 '결손처분의 취소'는 항고소송의 대상이 되는 행정처분이 아니다.** [2] **공매통지** 자체가 그 상대방인 체납자 등의 법적 지위나 권리·의무에 직접적인 영향을 주는 **행정처분에 해당한다고 할 것은 아니므로** 다른 특별한 사정이 없는 한 체납자 등은 공매통지의 결여나 위법을 들어 공매처분의 취소 등을 구할 수 있는 것이지 공매통지 자체를 항고소송의 대상으로 삼아 그 취소 등을 구할 수는 없다(대판 2011. 03. 24, 2010두25527[양도소득세부과처분취소]).
④ [1] 체납자 등에 대한 공매통지는 국가의 강제력에 의하여 진행되는 공매절차에서 체납자 등의 권리 내지 재산상 이익을 보호하기 위하여 법률로 규정한 절차적 요건에 해당하지만, 그 **통지를 하지 아니한 채 공매처분을 하였다 하여도** 그 공매처분이 **당연무효로 되는 것은 아니다.** [2] 제1차 국세의 체납을 이유로 한 공매통지가 있었을 뿐, 제2차 국세의 체납을 이유로 한 공매통지가 별도로 이루어지지 아니하였다고 하더라도 그러한 사정만으로 공매처분을 당연 무효로 볼 수 없다고 판단한 사례(대판 2012. 07. 26, 2010다50625[지분소유권이전등기말소]).

체납자 등에 대한 공매통지는 국가의 강제력에 의하여 진행되는 공매에서 체납자 등의 권리 내지 재산상의 이익을 보호하기 위하여 법률로 규정한 절차적 요건이므로 체납자 등은 자신에 대한 공매통지의 하자를 공매처분의 취소사유(절차의 하자)로 주장할 수 있지만, 다른 권리자에 대한 공매통지의 하자를 들어 공매처분의 위법사유로 주장하는 것은 허용되지 않는다(대판 전원합의체 2008. 11. 20, 2007두18154[매각결정취소]).

공매대행사실의 통지는 세무서장이 아닌 한국자산관리공사가 공매를 대행하게 된다는 사실을 체납자와 이해관계인에게 알려주는 데 불과한 점 등에 비추어, 관할 행정청이 체납자인 부동산소유자 또는 그 임차인에게 공매대행사실을 통지하지 않았다고 하더라도 그 후 공매통지서가 적법하게 송달되고 매수인이 매수대금을 납부하여 소유권이전등기까지 마쳤으므로 위와 같은 사정만으로 위 처분이 위법하게 된다고 볼 수 없고, 국세징수 관계 법령상 공매예고통지에 관한 규정이 없고 공매예고통지는 공매사실 자체를 체납자에게 알려주는 것에 불과하므로 **공매예고통지**가 없었다는 이유만으로 매각처분이 위법하게 되는 것은 아니다(대판 2013. 06. 28, 2011두18304 [부동산강제공매결정취소]).

제 3 항 즉시강제

Ⅰ. 의 의

즉시강제란 "현재의 급박한 행정상의 장해를 제거하기 위한 경우로서 '행정청이 미리 행정상 의무 이행을 명할 시간적 여유가 없는 경우' 또는 '그 성질상 행정상 의무의 이행을 명하는 것만으로는 행정목적 달성이 곤란한 경우'에 행정청이 곧바로 국민의 신체 또는 재산에 실력을 행사하여 행정목적을 달성하는 것"을 말한다(행정기본법 제30조 제1항 제5호). 전염병환자의 강제입원, 소방장애물의 제거, 출입국관리법상의 강제퇴거조치, 도로교통법상의 주차위반차량의 견인·보관조치, 불법게임물의 수거·삭제·폐기 등이 그 예이다.

즉시강제의 법적 성질은 권력적 사실행위이다. 즉시강제에는 묵시적으로 수인하명이 부수된다는 견해가 있다. 이 견해는 사실행위에 대하여는 행정쟁송이 인정될 수 없다는 입장에서 즉시강제에 대하여도 행정쟁송으로 다툴 수 있는 길을 열어 주기 위하여 주장되고 있다. 그러나, 현행 행정쟁송법상 권력적 사실행위에 대하여도 행정쟁송이 가능하다고 보아야 하므로 그 주장의 실익은 없다.

통설은 선행하는 의무불이행의 존재 여부를 기준으로 행정상 강제집행과 즉시강제를 구별하고 있다. 즉, 행정상 강제집행은 행정법상의 의무불이행을 전제로 하여 이 의무의 이행을 강제하는 것인 데 반하여 즉시강제는 급박한 상황하에서 의무를 명할 수 없는 경우에 행하여지는 행정강제로서 행정법상의 의무불이행을 전제로 하지 않는다는 점에서 양자를 구분한다. 다만, 양자는 다 같이 국민의 신체 또는 재산에 직접 실력을 행사하는 사실행위인 점에서는 동일하다.

Ⅱ. 법적 근거

종래에는 경찰긴급권이론에 의해 경찰상 긴급한 사태에 있어서는 법적 근거 없이도 즉시강제가 가능하다고 보았지만 법치주의가 확립된 오늘날에는 즉시강제에는 법적 근거가 필요하다고 보고 있다. 즉시강제를 일반적으로 인정하는 법은 없고 각 개별법(예, 감염병의 예방 및 관리에 관한 법률, 정신보건법, 소방기본법, 경찰관직무집행법)에서 즉시강제를 인정하고 있다.

다만, 경찰분야에서 개괄조항에 의한 수권을 인정하는 견해에 의하면 구체적인 법적 근거가 없이도 개괄적 수권규정에 근거하여 경찰상 즉시강제가 행해질 수 있을 것이다.

Ⅲ. 행정상 즉시강제의 요건과 한계(통제)

행정상 즉시강제는 엄격한 실정법상의 근거를 필요로 할 뿐만 아니라, 그 발동에 있어서는 법규의 범위 안에서도 다시 행정상의 장해가 목전에 급박하고, 다른 수단으로는 행정목적을 달성할 수 없는 경우이어야 하며, 이러한 경우에도 그 행사는 필요 최소한도에 그쳐야 함을 내용으로 하는 조리상의 한계에 기속된다(헌재 2002. 10. 31, 2000헌가12).

[판례] 구 경찰관 직무집행법 제6조 제1항은 "경찰관은 범죄행위가 목전에 행하여지려고 하고 있다고 인정될 때에는 이를 예방하기 위하여 관계인에게 필요한 경고를 발하고, 그 행위로 인하여 인명·신체에 위해를 미치거나 재산에 중대한 손해를 끼칠 우려가 있어 긴급을 요하는 경우에는 그 행위를 제지할 수 있다."라고 정하고 있다. 위 조항 **중 경찰관의 제지에 관한 부분은 범죄의 예방을 위한 경찰 행정상 즉시강제에 관한 근거조항**이다(대판 2021. 10. 28, 2017다219218).

행정상 즉시강제에 대한 한계에는 실체법적 한계와 절차법적 한계가 있다. 실체법적 한계로는 비례의 원칙이 중요하며 절차법상 통제로는 적법절차의 원칙이 중요하다.

1. 즉시강제의 요건

일반적으로 즉시강제는 비례의 원칙상 급박한 행정상의 장해를 제거할 필요가 있는 경우에 미리 의무를 명할 시간적 여유가 없을 때 또는 성질상 의무를 명하여 가지고는 목적달성이 곤란할 때에 한하여 인정된다.

즉시강제의 구체적 요건은 해당 개별법에서 규정된다.

(1) 행정상 장해의 존재

행정상 장해(障害)라 함은 자신 또는 타인의 법익에 대한 위험을 말하며 그 위험은 원칙상 구체적이고 개연성이 있어야 한다.

1) 위험의 구체성

즉시강제는 자신 또는 타인의 생명·신체 또는 재산에 위해를 가할 구체적 위험성이 있어야 한다. 다만, 최근에는 사전배려의 원칙상 예외적으로 추상적 위험만이 있는 경우에도 즉시강제가 행해지는 경우가 있다. 조류독감의 확산을 막기 위한 조류독감 발생지 인근지역에서의 살처분 등이 그 예이다.

2) 원칙상 위험의 확실성(개연성)

그 위험성은 단순한 위험발생의 가능성만으로는 안 되고 사회통념에 비추어 위험발생이 상당한 정도로 가능하여야(개연성(蓋然性)이 있어야) 한다. 실정법령에서는 통상 위험의 "우려"라고 규정되어 있다. 다만, 사전배려의 원칙(사전예방의 원칙)상 예외적으로 불확실한 위험의 경우에도 즉시강제가 행해지는 경우(예, 조류독감의 확산을 막기 위한 살처분)가 있다.

경찰권의 발동으로 표현의 자유 등 중대한 기본권이 침해되는 경우에는 명백하고 현존하는 위험(clear and present danger)이 요구된다.

(2) 급박하여 미리 의무를 명할 시간적 여유가 없을 때 또는 성질상 의무를 명하여 가지고는 목적달성이 곤란할 것

이 요건도 비례원칙으로부터 도출되는 원칙이다. 이 요건을 보충성 요건이라 한다. 보충성 요건은 명문의 규정이 없는 경우에도 당연히 인정된다. 의무를 명할 시간적 여유가 있고 성질상 의무를 명하여서도 목적달성이 곤란하지 않을 때에는 의무를 명하고, 의무불이행이 있을 때 강제집행을 하여야 한다.

2. 즉시강제의 한계

(1) 실체법상 한계로서의 비례원칙

즉시강제의 실체법상 한계로서 중요한 것은 비례원칙이다.

① 즉시강제는 행정목적을 달성하기 위하여 필요한 경우에 한하여 행해져야 한다(적합성의 원칙). 즉, 행정상의 장해를 제거하기 위하여 필요한 경우에 한하여 행해져야 한다.

② 즉시강제는 다른 수단으로는 행정 목적을 달성할 수 없는 경우에만 허용되며, 이 경우에도 최소한으로만 실시하여야 한다(행정기본법 제33조 제1항). 이 규정은 즉시강제의 보충성 및 비례의 원칙 중 최소침해의 원칙을 즉시강제에 적용하여 규정한 것이다. 달리 말하면 상대방의 권익에 대하여 보다 적은 침해를 가져오는 다른 수단에 의해 행정목적을 달성할 수 있는 경우에는 즉시강제는 인정되지 않는다(필요성의 원칙 또는 최소침해의 원칙). 행정상 강제집행이 가능한 경우에는 행정상 즉시강제는 인정되지 않는다. 일반적으로 즉시강제는 동일한 실력행사를 하는 경우에는 상대방의 예측가능성을 침해하는 점에 비추어 행정상 강제집행보다 상대방의 권익을 더 침해하는 수단이라고 보아야 한다. 따라서 행정강제가 긴급히 행하여져야 할 급박한

필요가 있는 경우 이외에는 상대방에게 의무를 명하고 상대방이 그 의무를 이행하지 않는 경우에 행정상 강제집행을 행하도록 하여야 한다. 헌법재판소도 '행정상 즉시강제는 법치국가의 요청인 예측안정성과 법적 안정성에 반하고 기본권 침해의 소지가 큰 권력작용이므로 행정강제는 행정상 강제집행을 원칙으로 하고 즉시강제는 예외적으로 인정되어야 한다'고 본다(헌재 2002. 10. 31, 2000헌가12).

즉시강제가 필요한 경우에도 상대방의 권익을 가장 적게 침해하는 내용의 강제가 행해져야 한다. 예를 들면, 감염병예방을 위하여 강제격리로도 목적을 달성할 수 있는 경우에 강제입원을 명하는 것은 비례의 원칙에 반한다.

③ 즉시강제의 목적과 침해되는 상대방의 권익 사이에는 비례관계가 유지되어야 한다(협의의 비례원칙). 타인의 재산에 대한 위해를 제거하기 위하여 인신을 구속하는 것은 비례의 원칙에 반한다. 왜냐하면 신체의 권리는 재산권보다 우월한 가치를 갖는다고 보아야 하기 때문이다.

즉시강제가 인신의 구속을 수반하는 경우에 비례의 원칙은 인신구속의 단계에서뿐만 아니라 인신구속중의 조치에도 적용된다. 즉, 인신구속중 피구속자의 자유의 제한은 필요한 최소한도에 그쳐야 한다. 예를 들면, 정신질환자의 강제입원의 경우 강제입원중인 정신질환자에 대한 행동의 자유의 제한은 필요한 최소한도에 그쳐야 하며 치료의 필요성과 피수용자의 자유의 제한간에 비례관계가 유지되어야 한다.

또한, 강제입원의 대가로서 적절한 치료가 행해져야 한다. 범죄인이 아닌 정신질환자를 장기간 강제수용하여 자유를 박탈하면서 그에 적절한 치료를 보장하지 않는 것은 정신질환자를 정신병교도소에 넣는 것과 같으므로 이는 비례의 원칙에 반한다고 보아야 한다.[122)]

(2) 절차법적 한계(통제)

적법절차의 원칙은 즉시강제에도 타당하다. 즉시강제에 대한 절차적 통제에 관하여는 특히 영장주의와 적법절차의 적용문제가 제기된다. 영장주의는 적법절차의 한 내용이라고 할 수 있지만 별도의 고찰을 필요로 하고, 영장주의가 적용되지 않는 경우에도 즉시강제는 적법절차의 원칙에 반하지 않아야 한다.

1) 영장주의의 적용 여부

헌법상 영장주의가 즉시강제에 대해 적용될 것인가에 대하여 다음과 같이 학설이 대립하고 있다.

가. 영장불요설 이 설은 헌법상의 영장제도는 본래 형사사법권의 남용을 방

122) 미국 연방대법원은 '위험하지 않은 자를 적절한 치료 없이 단지 구금목적으로 강제입원시켜 두는 것은 위헌'이라고 판시하고 있다(O'Connor v. Donaldson, 422 U. S. 563, 1975).

지하기 위하여 채택된 것이므로 즉시강제에는 적용되지 않는다고 주장한다.

나. 영장필요설 형사사법작용과 즉시강제는 신체 또는 재산에 대한 실력의 행사인 점에서는 다르지 않으므로 영장제도의 취지인 기본권 보장을 위해서는 명문의 규정이 없는 한 즉시강제에도 영장제도가 적용되어야 한다고 주장한다.

다. 절충설 영장제도의 취지인 기본권보장을 위해서는 영장주의가 즉시강제에도 원칙상 적용되어야 하지만 긴급한 필요 등 영장 없는 즉시강제를 인정하여야 할 합리적 이유가 존재하는 경우에는 영장주의가 적용되지 않는다고 한다.

라. 판　　례 대법원 판례는 아래와 같이 절충설을 취하고 있다.

[판례] [1] 우리 헌법 제12조 제3항은 현행법 등 일정한 예외를 제외하고는 인신의 체포, 구금에는 반드시 법관이 발부한 사전영장이 제시되어야 하도록 규정하고 있는데, 이러한 **사전영장주의원칙은 인신보호를 위한 헌법상의 기속원리이기 때문에 인신의 자유를 제한하는 국가의 모든 영역(예컨대, 행정상의 즉시강제)에서도 존중되어야 하고 다만 사전영장주의를 고수하다가는 도저히 그 목적을 달성할 수 없는 지극히 예외적인 경우에만 형사절차에서와 같은 예외가 인정된다고 할 것이다.** [2] 그런데, **지방의회에서의 사무감사·조사를 위한 증인의 동행명령장제도**도 증인의 신체의 자유를 억압하여 일정 장소로 인치하는 것으로서 헌법 제12조 제3항의 "체포 또는 구속"에 준하는 사태로 보아야 할 것이고, 거기에 현행범 체포와 같이 사후에 영장을 발부받지 아니하면 목적을 달성할 수 없는 긴박성이 있다고 인정할 수는 없을 것이다. 그러므로, 이 경우에도 **헌법 제12조 제3항에 의하여 법관이 발부한 영장의 제시가 있어야 할 것이다.** 그럼에도 불구하고 **동행명령장을 법관이 아닌 의장이 발부하고 이에 기하여 증인의 신체의 자유를 침해하여 증인을 일정 장소에 인치하도록 규정된 조례안 제6조는 영장주의원칙을 규정한 헌법 제12조 제3항에 위반한 것이라고 할 것이다**(대판 1995. 06. 30, 93추83[경상북도의회에서의증언·감정등에관한조례(안)무효확인청구의소]). 〈해설〉 동행명령에 따른 인치는 엄밀한 의미의 행정상 즉시강제나 직접강제는 아니지만, 헌법 제12조 제3항의 "체포 또는 구속"에 준하는 사태로 본 것이다.

헌법재판소는 즉시강제는 그 본질상 급박성을 요건으로 하고 있어 법관의 영장을 기다려서는 그 목적을 달성할 수 없다고 할 것이므로, 원칙적으로 영장주의가 적용되지 않는다고 하면서 급박한 상황에 대처하기 위한 것으로서 그 불가피성과 정당성이 충분히 인정되는 경우에는 영장 없는 불법게임물의 수거를 인정한다고 하더라도 이를 두고 헌법상 영장주의에 위배되는 것으로는 볼 수 없다고 보았다(헌재 2002. 10. 31, 2000헌가12: 현행 게임산업진흥에 관한 법률 제38조 제3항에서의 불법게임물의 수거·폐기에 대한 무효확인소송(예비적으로 취소소송)에서의 위헌심판제청사건).

마. 결　　론 생각건대, 헌법상 영장주의가 즉시강제에 대해 적용될 것인가에 대하여 일반적으로 가부의 결론을 내리는 것은 타당하지 않고 즉시강제마다 개별적으로 논하여야 한다(개별설).

① 즉시강제에 대해 헌법상 영장주의가 요구되는가 하는 것은 중요한 법익에

대한 중대한 침해가 행해지는 경우(인신의 구속, 압수, 수색에 해당하는 경우)에 한하여 문제된다. 인신의 구속, 압수, 수색에 해당하는 즉시강제에 의해 신체의 자유 등 매우 중대한 기본권이 침해되는 경우에는 영장주의(사법기관의 결정)가 요구된다. 다만, 이 경우에도 즉시강제를 행할 긴급한 필요가 있고, 중대한 공익의 보호필요가 있는 경우에는 이익형량을 통하여 영장주의는 적용되지 않는 것으로 볼 수 있다.

② 또한, 성질상 의무를 명해서는 행정목적을 달성할 수 없는 경우에 인정되는 즉시강제의 경우(예, 불법체류외국인의 강제출국)에는 급박한 경우가 아니므로 사전영장이 요구된다고 보아야 한다(김남진 · 김연태, 455면).

③ 영장주의의 본질은 기본권의 보호를 위하여 사법기관의 결정에 의해 인신의 구속이나 압수, 수색이 행해지도록 하는 데 있으므로 법령상 실체적, 절차적으로 기본권에 대해 영장주의의 취지에 비추어 충분한 보호가 규정되어 있는 경우에는 반드시 영장(사법기관의 결정)이 요구되는 것으로 볼 것은 아니다. 그 예로 전문가로 구성된 준사법적 기관에 의해 즉시강제가 행해지고, 당해 즉시강제에 대해 사전적 · 사후적 권리구제제도가 충실히 마련되어 있어 기본권보장이 가능한 경우에는 영장주의(사법기관의 결정)가 반드시 요구되는 것은 아니라고 보아야 한다.

예를 들면, 정신질환자의 강제입원을 들 수 있다. 시 · 도지사는 **정신과전문의가** 제2항의 정신질환자로 의심되는 자에 대하여 자신 또는 타인을 해할 위험이 있어 그 증상의 정확한 진단이 필요하다고 **인정한 때는** 시 · 도지사는 당해인을 국가나 지방자치단체가 설치 또는 운영하는 정신의료기관 또는 종합병원에 2주 이내의 기간을 정하여 입원하게 할 수 있다(정신보건법 제25조 제3항). 시 · 도지사는 제3항의 규정에 의한 진단결과 당해 정신질환자에 대하여 계속입원이 필요하다는 **2인 이상의 정신과전문의의 일치된 소견이 있는 경우** 당해 정신질환자에 대하여 국가나 지방자치단체가 설치 또는 운영하는 정신의료기관에 입원치료를 의뢰할 수 있다. 다만, 그 관할구역에 국가나 지방자치단체가 설치 또는 운영하는 정신의료기관이 없는 경우에는 그 외의 정신의료기관에 입원치료를 의뢰할 수 있다(동조 제6항).

④ 행정영장(행정목적을 위한 영장)의 경우 영장청구자가 누구인지는 본질적인 것은 아니다.

2) 실정법령상의 절차적 보장과 적법절차

즉시강제를 실시하기 위하여 현장에 파견되는 집행책임자는 그가 집행책임자임을 표시하는 증표를 보여 주어야 하며, 즉시강제의 이유와 내용을 고지하여야 한다(행정기본법 제33조 제2항). 제2항에도 불구하고 집행책임자는 즉시강제를 하려는 재산의 소유자 또는 점유자를 알 수 없거나 현장에서 그 소재를 즉시 확인하기 어려운 경우에는 즉시강제를 실시한 후 집행책임자의 이름 및 그 이유와 내용을 고지할 수 있다. 다만, 불가피한 사유로 고지할 수 없는 경우에는 게시판이나 인터넷 홈페이지에 게시하는 등 적절한 방법에 의한 공고로써 고지를 갈음할 수 있다(제3항). 그 밖에 행정상 즉시강제를 규정하는 개별법에서 즉시강제를 함에 있어 의견청취, 수거증의 교부 등 절차를 규정하고 있는 경우가 많다.

그리고, 행정절차에 관한 일반법인 행정절차법은 즉시강제 등 사실행위에 관한 명문의 규정을 두고 있지 않지만, 즉시강제는 행정절차법 제2조 제2호의 처분에 해당하므로 처분절차에 관한 행정절차법이 적용된다. 다만, 의견제출 및 이유제시의 예외규정에 해당한다(행정절차법 제21조 제4항 제1호, 제22조 제4항, 제23조 제1항 제3호).

이들 실정법령상의 절차적 보장을 준수하였더라도 적법절차의 원칙에 반하는 경우에는 즉시강제에는 절차상 위법의 하자가 있는 것이 된다. 즉시강제에 의해 침해되는 법익 및 침해의 중대성, 행정의 필요(공익)를 고려하여 즉시강제의 적법절차 준수여부를 판단하여야 한다.

Ⅳ. 즉시강제에 대한 구제

1. 적법한 즉시강제에 대한 구제

행정상 장해의 발생에 책임이 있는 자는 즉시강제로 손실을 입어도 손실보상을 청구할 수 없다. 정신질환자의 강제입원과 같이 상대방의 권익을 보호하는 즉시강제에 있어서도 손실보상은 주어질 필요가 없다.

그런데, 행정상 장해의 발생에 책임이 있는 자 이외의 제3자에 대하여 즉시강제가 행하여짐으로써 특별한 희생이 발생한 경우에는 평등의 원칙(특히 공적부담 앞의 평등의 원칙)상 손실보상이 주어져야 한다.

이 경우에 즉시강제의 근거법률에서 손실보상에 관하여 규정을 두고 있지 않거나 손실보상을 하여야 한다는 규정만을 두고 보상의 기준과 방법을 정하고 있지 않는 경우(예, 소방장애물의 파괴)에 후술하는 바와 같이 손실보상의 가부 및 기타 구제방법에 관하여 견해가 대립되고 있는데, 헌법 제23조 제3항을 유추적용하여 피해자인 제3자에 대하여 손실보상청구권을 인정하는 것이 타당하다.

2. 위법한 즉시강제에 대한 구제

(1) 행정쟁송

행정상 즉시강제는 권력적 사실행위로서의 성질을 갖는데 행정쟁송법상 '처분'에 권력적 사실행위도 포함되는 것으로 보는 것이 타당하므로 행정상 즉시강제도 행정쟁송(행정심판 또는 행정소송)의 대상이 되는 처분에 해당한다.

그러나, 소방장애물의 파괴와 같이 즉시강제가 단시간에 종료되는 경우에는 권리보호의 필요(협의의 소의 이익)가 없기 때문에 행정쟁송의 제기가 가능하지 않다. 이 경우에는 원상회복이나 행정상 손해배상을 통하여 권리구제를 받을 수밖에 없다. 그러나, 전염병환자의 강제격리, 정신질환자의 강제입원과 같이 즉시강제가 계속적 성질을 갖는 경우에는 즉시강제가 계속되는 한 행정쟁송으로 다툴 소의 이익이 있다.

(2) 국가배상

위법한 즉시강제로 인적 또는 물적 손해를 받았을 때에는 국가배상법에 근거하여 국가배상을 청구할 수 있다.

즉시강제가 적법한 경우에도 즉시강제의 집행방법이 위법하였던 경우에는 그로 인한 손해에 대하여는 국가배상을 청구할 수 있다.

3. 공법상 결과제거

즉시강제로 위법한 상태가 야기된 경우 공법상 결과제거청구가 가능하다.

4. 인신보호법상의 구제

행정권에 의해 불법구금된 자는 인신보호법(人身保護法)에 따라 당사자 및 기타 특수관계인의 법원에 대한 청구에 의하여 불법한 구금상태(수용이 위법하게 개시되거나 적법하게 수용된 후 그 사유가 소멸되었음에도 불구하고 계속 수용되어 있는 상태)로부터 벗어날 수 있다. 다만, 출입국관리법에 의하여 보호된 자는 인신보호법의 보호대상에서 제외되고(제2조), 다른 법률에 구제절차가 있는 경우에는 상당한 기간 내에 그 법률에 따른 구제를 받을 수 없음이 명백한 경우에 한하여 구제청구가 가능하다(제3조).

법원은 구제청구에 대하여 각하하는 경우를 제외하고 지체 없이 수용의 적법 여부 및 수용을 계속할 필요성 등에 대하여 심리를 개시하여 수용의 해제 여부를 결정하여야 한다(제8조 제1항, 제13조). 또한 법원은 직권으로 수용의 임시해제를 결정할 수 있다(제9조).

[판례] [1] 대한민국 입국이 불허된 결과 대한민국 공항에 머무르고 있는 외국인에게도 인신보호법상의 구제청구권은 인정된다. 또한 대한민국 입국이 불허된 외국인이라 하더라도 외부와 출입이 통제되는 한정된 공간에 장기간 머무르도록 강제하는 것은 법률상 근거 없이 인신의 자유를 제한하는 것으로서 인신보호법이 구제대상으로 삼고 있는 위법한 수용에 해당한다. [2] **인신보호법에 의한 구제청구절차 진행 중 피수용자에 대한 수용이 해제된 경우, 구제청구의 이익이 소멸하는지 여부(원칙적 적극)**: 인신보호법에 의한 구제청구절차가 진행되는 중에 피수용자에 대한 수용이 해제되었다면, 피수용자 등 구제청구자가 법원에 구제를 청구한 사유와 같은 사유로 다른 수용시설에 다시 수용되었거나 향후 같은 사유로 재수용될 가능성을 배제할 수 없는 경우와 같은 특

별한 사정이 없는 한, 구제청구의 이익도 소멸한다고 보아야 한다(대결 2014. 08. 25, 2014인마5 [인신보호해제결정에대한재항고]).

제 4 항 행정강제법의 불비 및 보완

현행 행정강제법은 다음과 같은 미비점을 갖고 있고, 그에 대하여는 다음과 같은 해석론 및 입법론에 의한 보완이 필요하다.

① 행정강제에 관한 일반법이 없는데, 행정강제에 관한 일반법을 제정할 필요가 있다.

② 행정강제에 관한 실체법적·절차법적 통제에 관한 규정이 미비하다. 행정강제 상호간의 관계에 관한 규정을 둘 필요가 있다. 이러한 규정이 없는 현재 비례의 원칙, 특히 행정목적 달성을 위해 적합한 행정강제수단 중 최소침해의 원칙상 국민의 권익을 적게 침해하는 행정강제수단을 사용하여야 한다. 영장주의에 관한 규정이 없는데, 이에 관하여 명문의 규정을 두어야 한다. 명문의 규정이 없는 경우 행정강제에 영장주의가 적용되는지에 관하여는 전술한 바와 같다. 행정강제절차에 관한 규정이 미비되어 있는데, 행정강제절차에 관한 일반적 규정을 둘 필요가 있다. 행정강제절차가 미비한 경우에 헌법상 적법절차원칙이 직접 적용된다.

③ 행정대집행에 대한 부당한 저항을 배제할 수 있는 실력행사 등의 수단에 관한 규정을 둘 필요가 있다. 이에 관한 명문의 규정이 없는 경우에 해석상 실력으로 그 저항을 배제할 수 있는지에 관하여는 전술한 바와 같다.

대집행을 제3자에게 위탁하는 경우에 있어서의 대집행권자와 대집행수탁자 사이의 관계 및 수탁자의 권한의 한계에 관한 명문의 규정을 둘 필요가 있다. 이에 관한 명문의 규정이 없는 현재의 법적 규율에 관하여는 전술한 바와 같다.

④ 개별법상 행정상 강제징수에 관한 규정이 없는 경우가 있다. 이 경우에 행정주체는 급전납부의무자를 상대로 금전납부의무의 이행을 구하는 공법상 당사자소송을 제기하여 금전납부를 명하는 종국판결을 받은 후 민사상 강제집행을 청구할 수 있다.

⑤ 개별법상 직접강제에 관한 규정이 없는 경우가 있다. 이 경우 민사상 강제집행이 가능한 경우에는 의무이행을 명하는 종국판결을 받은 후 민사상 강제집행을 청구할 수 있다. 특히 토지·건물의 명도의무를 이행하지 않는 경우에 직접강제에 관한 규정이 없는 경우가 많다. 이 경우에는 토지·건물의 명도를 구하는 종국판결을 받은 후 민사상 강제집행을 청구할 수 있다.

제 3 절 행정벌

제 1 항 의 의

행정벌(行政罰)이란 행정법상의 의무 위반행위에 대하여 제재로서 가하는 처벌을 말한다.

행정벌은 과거의 의무 위반에 대한 제재를 직접적인 목적으로 하지만 간접적으로는 의무자에게 심리적 압박을 가함으로써 행정법상의 의무이행을 확보하는 기능을 가진다.

제 2 항 종 류

행정벌에는 행정형벌과 행정질서벌이 있다. 행정형벌이란 형법상의 형벌을 과하는 행정벌을 말한다. 행정질서벌은 과태료가 과하여지는 행정벌이다. 행정질서벌에는 국가의 법령에 근거한 것과 지방자치단체의 조례에 근거한 것이 있다.

일반적으로 행정형벌은 행정목적을 직접적으로 침해하는 행위에 대하여 과하여지고, 행정질서벌은 신고의무 위반과 같이 행정목적을 간접적으로 침해하는 행위에 대하여 과하여진다. 그런데 실제에 있어서는 행정형벌의 행정질서벌화정책에 의해 행정형벌을 과하여야 할 행위에 행정질서벌을 과하는 경우가 있다. **행정형벌의 행정질서벌화정책**이란 행정목적을 직접 침해하는 법규위반이므로 이론상 행정형벌을 과해야 하는 경우에도 그 법규위반이 비교적 경미한 경우 전과자의 양산을 막기 위해 행정질서벌(과태료)을 부과하도록 하는 정책을 말한다.

또한 형벌을 과하여야 하는 행정법규 위반행위에 대하여 범칙금이 과하여지는 경우가 있다. 범칙금은 형벌이 아니며 행정형벌과 행정질서벌의 중간적 성격의 행정벌이다. 예를 들면 도로교통법 위반에 대하여 범칙금이 부과되는데 그 부과는 행정기관인 경찰서장이 통고처분에 의해 과하고 상대방이 이에 따르지 않는 경우에는 즉결심판에 회부하여 형사절차에 따라 형벌을 과하도록 하고 있다.

제 3 항 행정범과 행정형벌

Ⅰ. 의 의

행정범(行政犯)이라 함은 행정법규의 위반으로 성립되는 범죄를 말한다.

행정형벌(行政刑罰)이라 함은 행정법규 위반에 대하여 과하여지는 형벌을 말한다. 형법 제41조에서 규정한 형벌의 종류는 다음과 같다: ① 사형, ② 징역, ③ 금고, ④ 자격상실, ⑤ 자격정지, ⑥ 벌금, ⑦ 구류, ⑧ 과료, ⑨ 몰수.

Ⅱ. 행정범과 형사범의 구별

1. 구별기준

행정형벌의 대상이 되는 행정범과 형사벌의 대상이 되는 형사범(刑事犯)의 구별이 가능한가, 가능하다면 그 구별의 기준은 무엇인지에 관하여 견해의 대립이 있다.

통설은 피침해규범의 성질을 기준으로 하여 행정범과 형사범을 구별하고 있다. 형사범은 살인행위 등과 같이 그 행위의 반도덕성·반사회성이 당해 행위를 범죄로 규정하는 실정법을 기다릴 것 없이 일반적으로 인식되고 있는 범죄를 말하며 행정범이란 그 행위의 반도덕성·반사회성이 당해 행위를 범죄로 규정하는 법률의 제정 이전에는 당연히 인정되는 것은 아니며 당해 행위를 범죄로 규정하는 법률의 제정에 의해 비로소 인정되는 범죄를 말한다.

그런데, 행정범이 시간의 경과에 따라 형사범으로 전화되는 경우가 있다. 행정범의 반사회성·반도덕성에 대한 인식이 시간의 경과에 따라 일반인의 의식에 형성되면 형사범으로 전화될 수 있다.

2. 구별실익

① 우선 형사범과 행정범의 구별은 입법에 있어서 실익이 있다. 형사범에 대하여는 형벌을 과하지만 행정범에 대하여는 과태료를 부과할 수도 있다. 오늘날 행정범의 탈범죄화의 경향에 따라 종래에 형벌을 과하던 행정범에 대하여 범칙금이나 과태료를 과하는 것으로 하는 경우가 있다. 형사범에서는 범죄를 행한 자만을 벌하지만 행정범에서는 범죄행위자와 함께 범죄행위자 이외의 자를 벌하는 것으로 규정하는 경우(양벌규정)가 있다.

② 다음으로 형사범과 행정범의 구별은 관련법규의 해석에 있어서 실익이 있다.

후술하는 바와 같이 행정범에 대한 형법총칙의 적용과 관련하여 행정범에 대하여 일부 특수한 고려를 하여야 하는 경우가 있다.

Ⅲ. 행정형벌규정의 입법방식

행정형벌규정의 입법방식으로는 의무규정 또는 금지규정과 벌칙규정을 별도로 규정하는 방식(부동산공시법 제27조, 제44조)과 금지규정과 벌칙규정을 함께 규정하는 방식(부동산공시법 제43조)이 있다.

Ⅳ. 행정범과 행정형벌의 특수성과 법적 규율

행정범과 행정형벌의 특수성이라 함은 통상 형사범과 형사벌에 대한 특수성을 말한다.

종래 '행정형벌의 특수성'이라는 제목하에 논하였던 것 중에는 엄밀히 말하면 양벌규정 등과 같은 행정형벌의 특수성을 제외하고는 행정범의 특수성이 주된 내용을 이루고 있다. 따라서 '행정범과 행정형벌의 특수성'이라는 주제하에 논하는 것이 타당하다.

행정범과 행정형벌의 특수성을 논하는 이유는 행정범과 행정형벌이 어떠한 법적 규율을 받는가. 특히 형법총칙의 규정이 행정범 및 행정형벌에 어떻게 적용되는가를 고찰하는 데 있다.

1. 행정범과 행정형벌에 대한 형법총칙의 적용 등 법적 규율

행정범과 행정형벌에 형법총칙(刑法總則)이 적용되는가, 적용된다면 어떻게 적용되는가.

형법 제8조는 "본법 총칙은 타법령에 정한 죄에 적용한다. 단, 그 법령에 특별한 규정이 있는 때에는 예외로 한다"라고 규정하고 있다. 또한, 행정범과 형사범은 모두 범죄이며 행정형벌과 형사벌은 다 같이 형벌인 점에서는 동일하다. 따라서 죄형법정주의 등 형사범과 형사벌에 대한 형법총칙규정이 행정범 및 행정형벌에도 원칙적으로 적용된다.

그런데, 형법 제8조 단서는 타법령에 특별한 규정이 있는 경우에는 그 한도 내에서 형법총칙의 적용이 배제되는 것으로 규정하고 있다. 이 규정은 특별형벌법규와 형법이 특별법과 일반법의 관계에 있다는 것을 의미하는 규정이다. 따라서 행정범과 행정형벌을 규정하는 법규에서 명문으로 특별한 법규를 둔 경우에는 이 특별법규가 형법에 우선하여 적용된다. 이에 관하여는 이론이 있을 수 없다.

문제는 행정범의 특수성에 비추어 명문의 규정이 없는 경우에도 형법총칙의 적용이 일부 배제되거나 또는 형법총칙규정이 수정되어 적용될 것인가에 있다. 이 문제는 구체적으로는 형법 제8조의 '특별한 규정'의 해석과 관련이 있다. 이에 관하여는 다음과 같이 견해가 대립되고 있다.

① 부정설: 죄형법정주의의 원칙상 명문의 규정이 있는 경우에 한하여 형법총칙의 적용이 배제될 수 있다고 보는 견해가 있다. 이 견해는 '특별한 규정'은 명문의 성문법규만을 의미한다고 본다.

② 제한적 긍정설: 통설은 행정범의 특수성에 비추어 제한적으로 형법총칙의 일부 배제를 인정하고 있다. 즉, 단순히 법령의 취지·목적 등에 기하여 형벌의 범위를 확대하거나 형벌을 가중하는 것은 죄형법정주의에 반하는 것으로 허용되지 않으나, 규정 자체의 해석(어구의 가능한 의미 내에서의 목적론적 해석)에 의해 형벌의 범위를 축소하거나 경감하는 것은 죄형법정주의에 반드시 반하는 것은 아니므로 행정범의 특수성을 고려한 규정의 해석상 형법총칙의 적용을 배제하거나 제한할 수 있다.[123)]통설의 견해가 타당하다.

그리고, 형벌법규의 해석은 엄격하여야 하고 명문규정의 의미를 피고인에게 불리한 방향으로 지나치게 확장 해석하거나 유추 해석하는 것은 죄형법정주의의 원칙에 어긋나는 것으로서 허용되지 않으며, 이러한 법해석의 원리는 그 형벌법규의 적용대상이 되는 행정법규의 규정을 해석하는 데에도 마찬가지로 적용된다(대판 2007. 06. 29, 2006도4582).

2. 행정범과 행정형벌에 대한 특수한 법적 규율의 구체적 검토

이하에서는 특별한 명문의 규정상 또는 법규정의 해석상 인정되는 행정범과 행정형벌에 대한 특수한 법적 규율의 구체적인 예를 보기로 한다.

(1) 고　의

범죄의 성립에는 고의가 있어야 한다. 고의는 행정범의 성립에도 당연히 요구된다.

(2) 위법성 인식가능성

형법 제16조는 "자기의 행위가 법령에 의하여 죄가 되지 아니하는 것으로 오인한

123) 김남진, 전게서, 523면; 김동희, 전게서, 488면.

행위는 그 오인에 정당한 이유가 있는 때에 한하여 벌하지 아니한다"라고 규정하고 있다. 이 형법규정은 위법의 인식이 없더라도(법률의 착오(금지의 착오)가 있더라도) 위법성 인식의 가능성이 있으면 범죄가 성립한다는 것을 의미하는 것으로 해석할 수 있다.

종래 위법성 인식가능성을 고의의 성립요소로 보았으나 오늘날 다수설은 책임요소로 본다.

통설은 행정범에 있어서도 형사범에서와 같이 위법성의 인식가능성이 있으면 범죄가 성립된다고 본다.

다만, 형법 제16조의 적용상 행정범의 특수성이 고려되어야 한다. 형사범은 본래 반사회적·반도덕적인 것으로 일반인에 의해 인식되고 있기 때문에 형사범에 있어서는 특별한 사정이 없는 한 위법성의 인식가능성이 인정된다. 그러나, 행정범은 본래 반사회적·반도덕적인 것이 아니라 법률의 제정에 의해 반사회적·반도덕적인 행위가 되고 범죄로 되는 것이므로 위법성 인식가능성은 당해 형벌법규의 인식가능성에 의해 판단한다. 따라서 행정범에서는 형사범에 비하여 위법성 인식가능성이 없는 경우가 넓게 인정될 수 있다.

사람에 따라 위법성 인식가능성 존재 여부가 다를 수 있다. 예를 들면, 일반인에게는 위법성 인식가능성이 없는 경우에도 사업자에게는 위법성 인식가능성이 있을 수 있다. 왜냐하면 사업자는 통상 사업과 관련이 있는 형벌법규를 인식하고 있다고 보아야 하기 때문이다.

[판례] [1] 국민학교 교장이 도 교육위원회의 지시에 따라 교과내용으로 되어 있는 꽃양귀비를 교과식물로 비치하기 위하여 양귀비 종자를 사서 교무실 앞 화단에 심은 것이라면 이는 죄가 되지 아니하는 것으로 오인한 행위로서 그 오인에 정당한 이유가 있는 경우에 해당한다고 할 것이다. [2] 10년 이상을 소채 및 종묘상 등을 경영하여 식물의 종자에 대하여 지식경험을 가진 자는 특별한 사정이 없는 이상 양귀비종자에 마약성분이 함유되어 있는 사실을 쉽게 알고 있었다고 봄이 경험법칙상 당연하다(대판 1972. 03. 31, 72도64).

(3) 과실행위의 처벌

형법 제14조는 과실행위(過失行爲)도 벌한다는 특별한 규정이 있는 경우에 한하여 과실행위를 처벌한다고 규정하고 있다.

문제는 행정범에 있어서 명문의 규정이 없는 경우에도 과실행위가 처벌되는 경우가 있을 수 있는가 하는 것이다.

오늘날의 통설 및 판례는 행정범에서 과실행위를 처벌한다는 명문의 규정이 있는 경우뿐만 아니라 관련 행정형벌법규의 해석에 의하여 과실행위도 처벌한다는 뜻이 도출되는 경우(예, 구 대기환경보전법의 입법목적이나 제반 관계규정의 취지 등을 고려하면 배출허용기준을 초과하여 자동차를 운행하는 것을 처벌하는 규정은 과실범도 함께 처벌하는 것으로 해석됨)에는 과실행위도 처벌된다고 본다(대판 1993. 09. 10, 92도1136).

(4) 양벌규정

1) 의 의

범죄행위자와 함께 행위자 이외의 자를 함께 처벌하는 법규정을 양벌규정(兩罰規定)이라 한다. 형사범에서는 범죄를 행한 자만을 벌하지만 행정범에서는 범죄행위자 이외의 자를 벌하는 것으로 규정하는 경우가 있다. 종업원의 위반행위에 대하여 사업주도 처벌하는 것으로 규정하는 경우가 있고, 미성년자나 금치산자의 위반행위에 대하여 법정대리인을 처벌하는 것으로 규정하는 경우가 있다.

[판례] ① 양벌규정에 따라 사용자인 법인 또는 개인을 처벌하는 것은 형벌의 자기책임 원칙에 비추어 위반행위가 발생한 그 업무와 관련하여 사용자인 법인 또는 개인이 상당한 주의 또는 감독의무를 게을리한 과실이 있기 때문이다. 이때 **사용자인 법인 또는 개인이 상당한 주의 또는 감독의무를 게을리하였는지는** 해당 위반행위와 관련된 모든 사정, 즉 법률의 입법 취지, 처벌조항 위반으로 예상되는 법익 침해의 정도, 그 위반행위에 관하여 양벌조항을 마련한 취지 등은 물론 위반행위의 구체적인 모습과 그로 인하여 실제 야기된 피해 또는 결과의 정도, 법인 또는 개인의 영업 규모, 행위자에 대한 감독가능성 또는 구체적인 지휘감독 관계, 법인 또는 개인이 위반행위 방지를 위하여 실제 행한 조치 등을 전체적으로 종합하여 판단해야 한다(대판 2023. 12. 14, 2023도8341).

② 피고인이 구청 직장 어린이집('이 사건 어린이집') 원장으로, 그 사용인이 아동에 대한 학대행위 등을 하였다는 공소사실로 양벌규정에 따라 기소된 사안에서 피고인이 이 사건 어린이집 원장으로서 어린이집 운영에 관한 양벌규정의 수범자 지위에 있다고 볼 수 있다고 한 사례(대판 2023. 07. 13, 2021도2761).

2) 타인의 행위에 대한 책임의 성질

사업주나 법정대리인 등 행위자 이외의 자가 지는 책임의 성질은 감독의무를 태만이 한 책임, 즉 과실책임이라고 보는 견해와 입법정책적으로 정해진 무과실책임이라고 보는 견해가 대립하고 있다. 생각건대, 책임의 원칙에 비추어 과실책임설이 타당하다. 판례도 과실책임설을 취하고 있다.

[판례] 양벌규정에 의한 영업주의 처벌은 금지위반행위자인 종업원의 처벌에 종속하는 것이 아니라 독립하여 그 자신의 종업원에 대한 **선임감독상의 과실로 인하여 처벌되는 것**이므로 종업원의 범죄성립이나 처벌이 영업주 처벌의 전제조건이 될 필요는 없다(대판 2006. 02. 24, 2005도7673).

헌법재판소는 종업원의 범죄행위에 대해 선임감독상의 과실이 없는 사업주도 처벌하도록 규정하고 있는 양벌규정은 법치국가의 원리 및 죄형법정주의로부터 도출되는 형벌에 관한 책임주의원칙에 반하므로 위헌이라고 본다(헌재 2010. 07. 29, 2009헌가14).

그리하여 실정법상 관리 · 감독상의 주의의무를 다한 경우 처벌을 면제하는 명문의 규정을 두는 것이 최근의 일반적인 입법례이다(예, 주민등록법 제39조, 석유 및 석유대체연료 사업법 제48조 등).

'양벌규정'에 있어서 법인이나 사용인 등이 상당한 주의 또는 관리감독 의무를 게을리하였는지 여부는 당해 위반행위와 관련된 모든 사정 즉, 당해 법률의 입법 취지, 처벌조항 위반으로 예상되는 법익 침해의 정도, 그 위반행위에 관하여 양벌조항을 마련한 취지 등은 물론 위반행위의 구체적인 모습과 그로 인하여 실제 야기된 피해 또는 결과의 정도, 법인의 영업 규모 및 행위자에 대한 감독가능성 또는 구체적인 지휘감독관계, 법인이 위반행위 방지를 위하여 실제 행한 조치 등을 전체적으로 종합하여 판단하여야 한다(대판 2010. 02. 25, 2009도5824; 2016. 05. 12, 2015도6781).

3) 법적 근거

행위자 이외의 자의 처벌은 법적 근거가 있어야 한다. 행위자 이외의 자의 처벌은 죄형법정주의의 원칙에 따라 명문의 규정이 있는 경우에만 가능하다는 견해가 있으나, 판례는 명문의 규정이 없는 경우에도 관계규정의 해석에 의해 행위자 이외의 자도 벌할 뜻이 명확한 경우에는 행위자 이외의 자에 대한 처벌이 인정된다고 본다.

[판례] 사업주 등을 처벌한다는 규정이 없는 경우에도 사업주의 책임을 인정하는 것은 죄형법정주의에 위반된다. 다만, 명문의 규정이 없는 경우에도 관계규정의 해석에 의해 사업주 등도 벌할 뜻이 명확한 경우에는 사업주 등에 대한 처벌이 인정된다(대판 1978. 11. 28, 78누369). 또한, 법률상 사업자가 벌칙규정의 적용대상으로 규정된 경우에도 동규정에 의해 사업자가 아닌 행위자도 처벌대상이 되는 것으로 볼 수 있는 것으로 해석될 수 있는 경우가 있다(대판 1991. 11. 12, 91도801).

4) 양벌규정의 입법방식 및 적용범위

양벌규정은 통상 다음과 같이 규정된다:

부동산가격공시 및 감정평가에 관한 법률 제46조(양벌규정) 법인의 대표자나 법인 또는 개인의 대리인 · 사용인 그 밖의 종업원이 그 법인 또는 개인의 업무에 관하여 제43조 및 제44조의 규정에 의한 위반행위를 하면 그 행위자를 벌하는 외에 그 법인 또는 개인에게도 해당 조문의 벌금형을 과한다. 다만, 법인 또는 개인이 그 위반행위를 방지하기 위하여 해당 업무에 관하여 상당한 주의와 감독을 게을리하지 아니한 경우에는 그러하지 아니하다.

죄형법정주의의 원칙상 행위자의 처벌은 별도의 처벌규정(처벌 본조)에서 규정하고, 양벌규정은 통상 행위자 이외의 자의 처벌만을 규정한다.

그런데, 판례는 ① 벌칙 본조(벌칙규정)에서 그에 선행하는 의무규정 또는 금지규정과 별도로 처벌대상자의 범위에 관하여 규정하고 있지 아니한 경우 양벌규정이

행위자 이외의 자의 처벌규정임과 동시에 양벌규정 중 "그 행위자를 벌하는 외에"라는 부분은 행위자의 처벌규정이 된다고 보고 있다.

[판례] ① 구 환경보전법(1990. 8. 1. 법률 제4260호로 제정된 수질환경보전법 부칙 제15조에 의하여 이 사건에 적용) 제66조 제1호, 제16조의2 제1항 소정의 벌칙규정의 적용대상은 사업자, 즉 배출시설의 설치허가를 받은 자(제15조의2 제1항 참조)임이 그 규정 자체에 의하여 명백하나, 한편 같은 법 제70조는 법인의 대표자 또는 법인이나 개인의 대리인·사용인 기타의 종업원이 제66조 내지 제69조의 규정에 위반하여 죄를 범한 때에는 그 행위자를 벌하는 외에 그 법인 또는 개인에 대하여도 각 본조의 벌칙규정을 적용하도록 양벌규정을 두고 있고, 이 규정의 취지는 각 본조의 위반행위를 사업자인 법인이나 개인이 직접 하지 않은 경우에도 그 행위자와 사업자 쌍방을 모두 처벌하려는 데에 있으므로, 이 양벌규정에 의하여 사업자가 아닌 행위자도 사업자에 대한 각 본조의 벌칙규정의 적용대상이 되는 것이다(대판 1991. 11. 12, 91도801).
② 폐기물관리법상 양벌규정으로 처벌하도록 되어 있는 미신고죄에 있어서 사업자의 종업원이 그 처벌대상이 될 수 있는지 여부(한정적극)(대판 2007. 12. 28, 2007도8401[폐기물관리법 위반 등]).

② 구 건축법 제57조의 양벌규정과 같은 경우(즉, 그 벌칙 본조인 같은 법 제54조 내지 제56조에서 그에 선행하는 의무규정 또는 금지규정상 이미 그 적용대상자의 범위가 건축주 등으로 제한되어 있는 같은 법 제7조의2와 제7조의3 및 제29조 위반행위에 대하여는 처벌대상자에 관하여 별도로 규정함이 없이 단지 그 각 조에 위반한 자를 처벌한다고 규정하면서도(제55조 제3호) 그 의무규정 또는 금지규정에서 적용대상자의 범위를 명시적으로 제한하고 있지 아니한 경우에는 그 벌칙 본조 자체에서 명시적으로 처벌대상자를 건축주, 설계자, 공사감리자 또는 공사시공자로 한정하고 있는 경우)에도 양벌규정을 행위자 처벌규정으로도 볼 수 있는지에 관하여 판례는 이를 긍정한다(대판 전원합의체 1999. 07. 15, 95도2870).

[판례] ① **구 건축법 제57조의 양벌규정이 위반행위의 이익귀속주체인 업무주에 대한 처벌규정임과 동시에 행위자의 처벌규정이다**: 구 건축법(1991. 5. 31. 법률 제4381호로 전문 개정되기 전의 것) 제54조 내지 제56조의 벌칙규정에서 그 적용대상자를 건축주, 공사감리자, 공사시공자 등 일정한 업무주(業務主)로 한정한 경우에 있어서, 같은 법 제57조의 **양벌규정은 업무주가 아니면서 당해 업무를 실제로 집행하는 자**가 있는 때에 위 벌칙규정의 실효성을 확보하기 위하여 그 적용대상자를 당해 업무를 실제로 집행하는 자에게까지 확장함으로써 그러한 자가 당해 업무집행과 관련하여 위 벌칙규정의 위반행위를 한 경우 위 양벌규정에 의하여 처벌할 수 있도록 한 행위자(업무주가 아니면서 당해 업무를 실제로 집행하는 자)의 처벌규정임과 동시에 그 위반행위의 이익귀속주체인 업무주에 대한 처벌규정이라고 할 것이다(대판 전원합의체 1999. 07. 15, 95도2870).
② **건설산업기본법 제98조 제2항 양벌규정의 취지 및 위 양벌규정에 따라 건설시공자가 아닌 행위자도 업무주인 건설시공자에 대한 벌칙규정의 적용대상이 되는지 여부(적극): 이러한 양벌규정은 해당 업무를 실제로 집행하는 자에 대한 처벌의 근거 규정이 된다.** 결국 위 규정은 해당 법조의 위반행위를 건설시공자인 법인이나 개인이 직접 하지 않는 경우에 그 행위자나 건설시공자 쌍방을 모두 처벌하려는 것이므로, 이 양벌규정에 따라 **건설시공자가 아닌 행위자도 업무주인 건설시공자에 대한 벌칙규정의 적용대상이 된다**(대판 2017. 12. 05, 2017도11564).

특별한 근거규정이 없는 한 법인이 설립되기 이전에 자연인이 한 행위에 대하여 양벌규정을 적용하여 법인을 처벌할 수는 없다(대판 2018. 08. 01, 2015도10388).

5) 법인의 책임

가. 의 의 형사범이나 행정범이나 법인(法人)의 범죄능력을 부인하는 것이 일반적 견해이다. 그리고, 형사범에서는 범죄행위자만이 처벌되므로 법인은 형사벌의 대상이 되지 않는다. 법인의 범죄행위는 인정할 수 없고, 법인소속 임직원의 범죄행위는 개인의 범죄행위로 보아야 한다.

그런데, 법인은 범죄능력은 없지만, 형벌능력은 있다. 행정범에서는 법인의 대표자 또는 법인의 종업원이 그 법인의 업무와 관련하여 행정범을 범한 경우에 행위자뿐만 아니라 법인도 아울러 처벌한다는 규정을 두는 경우가 많다.

행위자 이외에 법인도 처벌하는 것은 법인도 처벌함으로써 행정형벌의 일반예방적 효과를 강화하고, 행정형벌이 행정상 의무위반이라는 객관적 위법상태의 발생에 대한 사회적 비난의 귀속이라는 데 있다(김동희, 491면).

[판례] 폐기물관리법에서 법인의 대표자가 그 업무와 관련하여 위반행위를 저지른 경우 그 법인에 대하여도 처벌하는 양벌규정을 따로 둔 취지는, 이 사건 법률조항이 적용되는 위반행위는 통상 개인적인 차원보다는 법인의 업무와 관련하여 반복적·계속적으로 이루어질 가능성이 크다는 점을 감안하여, 법인의 대표자가 그 업무와 관련하여 위반행위를 저지른 경우에는 그 법인도 형사처벌 대상으로 삼음으로써 위와 같은 위반행위 발생을 방지하고 위 조항의 규범력을 확보하려는 데 있다(대판 2010. 09. 30, 2009도3876[폐기물관리법위반·대기환경보전법위반]).

지방자치단체 등 공공단체도 양벌규정의 적용대상이 되는 법인에 해당하는 경우가 있다.

[판례] **지방자치단체가 그 고유의 자치사무를 처리하는 경우**에는 지방자치단체는 국가기관의 일부가 아니라 국가기관과는 별도의 독립한 공법인이므로, 지방자치단체 소속 공무원이 지방자치단체 고유의 자치사무를 수행하던 중 도로법 제81조 내지 제85조의 규정에 의한 위반행위를 한 경우에는 지방자치단체는 도로법 제86조의 양벌규정에 따라 처벌대상이 되는 법인에 해당한다고 할 것이다(대판 2005. 11. 10, 2004도2657; 2009. 06. 11, 2008도653).

나. 법인의 책임의 성질 법인의 책임의 성질에 관하여는 법인의 대표자의 범죄행위에 대한 법인의 책임은 법인의 직접책임이고, 법인의 종업원의 범죄행위에 대한 법인의 책임은 종업원에 대한 감독의무를 해태한 책임, 즉 과실책임이라고 본다(대판 2010. 09. 30, 2009도3876[폐기물관리법위반·대기환경보전법위반]).

종업원 등의 범죄행위에 대한 법인의 가담 여부나 이를 감독할 주의의무 위반 여부를 법인에 대한 처벌요건으로 규정하지 아니하고, 달리 법인이 면책될 가능성에 대해서도 정하지 아니한 채, **법인이 고용한 종업원 등이 업무에 관하여 범죄행위를 하였다는 이유만으로 법인에 대하여 형벌을 부과하도록 정하고 있는 것은** 다른 사람의 범죄에 대하여 그 책임 유무를 묻지 않고 형사처벌하는 것이므로 헌법상 법치국가원리로부터 도출되는 **책임주의원칙에 위배된다.** 그러나, 법인 대표자의 행위는 법인의 행위로 볼 수 있고, 따라서 법인 대표자의 법규위반행위에 대한 법인의 책임은 법인 자신의 법규위반행위로 평가될 수 있는 행위에 대한 법인의 직접책임이므로(대표자의 고의에 의한 위반행위에 대하여는 법인이 고의 책임을, 대표자의 과실에 의한 위반행위에 대하여는 법인이 과실 책임을 부담한다.), **법인 대표자의 범죄행위에 대하여는 법인이 책임을 부담하는 것은 책임주의원칙에 위배되지 않는다**(헌재 2020. 04. 23, 2019헌가25).

다. 법적 근거 죄형법정주의의 원칙상 법인의 책임에 관한 법적 근거가 있어야 한다.

그런데, 명문의 근거가 없는 경우에도 해석상 법인의 책임을 인정할 수 있는지에 관하여 견해가 대립되고 있다.

(가) 부정설 다수설은 죄형법정주의의 원칙상 명문의 규정이 있어야 법인의 책임을 인정할 수 있다고 한다.

(나) 제한적 긍정설 ① 종업원이 그 업무상 위반행위를 한 경우에는 법인의 감독의무불이행책임은 종업원의 행정의무 위반에 대한 책임과는 별개의 것이므로 죄형법정주의의 원칙상 명문의 규정이 없는 한 법인의 책임은 인정될 수 없고, ② 법인의 대표자가 기관의 지위에서 위반행위를 한 경우에는 기관으로서의 자연인의 행위가 법인에 귀속된다고 볼 수 있지만, 죄형법정주의의 원칙에 비추어 관계행정법규의 규정 자체의 해석상 법인의 처벌도 인정되는 것으로 볼 수 있는 경우에 한해서만 법인의 책임을 인정하여야 한다는 견해가 있다.[124]

(5) 책임능력

형사범의 경우에는 책임능력(責任能力)이 없는 자(예, 14세 미만의 자)의 행위에 대해서는 벌하지 않고, 제한된 책임능력이 있는 자(예, 농아자)에 대해서는 형을 감경한다. 그러나 행정범에 있어서는 이들 규정의 적용을 배제 또는 제한하는 규정을 두고 있는 경우가 있다(예, 담배사업법 제31조).

(6) 공 범

행정범에 있어서는 형법의 공범(共犯)에 관한 규정 중 일부 규정의 적용을 배제하는 규정을 두고 있는 경우가 있고, 교사범을 정범으로 처벌하도록 규정하고 있는

124) 김동희, 491면.

경우(근로기준법 제116조)도 있다.

행정법규에 공범에 관한 특별규정을 두고 있지 않은 경우에 형법총칙의 공범에 관한 규정이 행정범에 그대로 적용될 것인지에 대하여 견해의 대립이 있다.

그 위반이 행정범을 구성하는 행정법상의 의무가 행정법규에 의해 일반인에게 부과되고 있는 경우에는 공범에 관한 규정이 그대로 행정범에 적용된다.

문제는 형벌법규에 의한 행정법상의 의무가 특정인에게만 부과된 경우에 있어서 형벌법규상 의무자가 아닌 자가 교사 또는 방조를 한 경우에 당해 교사 또는 방조자를 형법총칙을 적용하여 공범으로 처벌할 수 있는지에 있다.

의무 없는 자라도 행정법규의 위반을 교사 또는 방조하는 행위는 사회윤리적으로 비난을 받아 마땅하며 그러한 자를 처벌하는 것이 단속목적을 달성하기 위하여도 합리적이라는 견해가 있다(적극설).[125] 이에 대하여 행정범은 행정법상의 의무에 위반하는 죄이므로 그 의무자가 아닌 자가 이를 교사·방조하여도 공범으로서의 책임을 지지 않는다고 보는 견해가 있다(소극설).[126]

[판례] (1) 특수경력직공무원이 구 지방공무원법 제58조 제1항을 위반하여 같은 법 제82조에 따라 처벌되는 지방공무원의 범행에 가공한다면 형법 제33조 본문에 의해서 공범으로 처벌받을 수 있다. (2) 구 지방공무원법상 특수경력직공무원에 대하여는 구 지방공무원법 제82조가 직접 적용되지 않는다는 이유만으로 형법 제33조 본문조차 적용되지 않아 경력직공무원과의 공동정범도 성립할 수 없다고 인정한 원심을 파기한 사례(대판 2012. 06. 14, 2010도14409).

(7) 경합범

판결이 확정되지 아니한 죄 또는 판결이 확정된 죄와 그 판결확정 전에 범한 죄를 경합범(競合犯)이라 한다(형법 제37조). 형법총칙은 경합범의 처벌기준을 정하고 있는데 행정형벌법규에서 경합범에 관한 특별규정을 두는 경우가 있다(담배사업법 제31조).

(8) 작량감경

형법은 범죄의 정상에 참작할 만한 사유가 있는 때에는 작량(酌量)하여 그 형을 감경(減輕)할 수 있도록 하고 있다(제53조). 행정범에도 이 규정은 적용되지만 이 규정의 적용을 배제한 경우가 있다(담배사업법 제31조).

(9) 행정형벌의 과벌절차

1) 원 칙

행정형벌도 원칙상 형사벌과 같이 형사소송법에 따라 과하여진다.

---

125) 서원우, 『현대행정법론(상)』, 616면.
126) 김동희, 전계서, 494면.

2) 예 외

가. 통고처분

(가) 의 의 통고처분(通告處分)은 행정범에 대하여 형사절차에 의한 형벌을 과하기 전에 행정청이 형벌을 대신하여 금전적 제재인 범칙금을 과하고 행정범을 범한 자가 그 금액을 납부하면 형사처벌을 하지 아니하고, 만일 지정된 기간 내에 그 금액을 납부하지 않으면 형사소송절차에 따라 형벌을 과하도록 하는 절차이다. 통고처분은 현행법상 조세범, 관세범, 출입국관리사범, 교통사범 등에 대하여 인정되고 있다.

(나) 제도의 취지 통고처분 제도는 경미한 법규 위반자로 하여금 형사처벌절차에 수반되는 심리적 불안, 시간과 비용의 소모, 명예와 신용의 훼손 등의 여러 불이익을 당하지 않고 범칙금을 납부함으로써 위반행위에 대한 제재를 신속·간편하게 종결할 수 있게 하여 주며, 법규 위반행위가 홍수를 이루고 있는 현실에서 행정공무원에 의한 전문적이고 신속한 사건처리를 가능하게 하고, 검찰 및 법원의 과중한 업무 부담을 덜어 준다. 또한 통고처분제도는 형벌의 비범죄화 정신에 접근하는 제도이다(헌재 2003. 10. 30, 2002헌마275).

(다) 통고처분에 의한 과벌절차 행정법규위반자가 통고처분에 의해 부과된 금액을 납부하면 과벌절차는 종료되며 동일한 사건에 대하여 다시 처벌받지 아니한다. 통고처분에 의해 부과된 금액(범칙금)은 행정제재금이며 벌금이 아니다.

판례는 통고처분에 의해 부과된 범칙금을 납부한 경우 다시 벌받지 아니한다고 규정하고 있는 것은 범칙금의 납부에 확정재판의 효력에 준하는 효력을 인정하는 취지로 해석하고 있다(대판 2002. 11. 22, 2001도849).

경찰서장이 범칙행위에 대하여 통고처분을 한 이상, 범칙자의 위와 같은 절차적 지위를 보장하기 위하여 통고처분에서 정한 **범칙금 납부기간까지**는 원칙적으로 경찰서장은 즉결심판을 청구할 수 없고, 검사도 동일한 범칙행위에 대하여 공소를 제기할 수 없다고 보아야 한다(대판 2020. 04. 29, 2017도13409). 경찰서장은 특별한 사정이 없는 이상 이미 한 통고처분을 취소할 수도 없다(대판 2021. 04. 01, 2020도15194).

행정법규위반자가 법정기간 내에 통고처분에 의해 부과된 금액을 납부하지 않으면 관계기관장의 즉결심판청구 또는 고발에 의해 형사소송절차로 이행한다. 이 경우 즉결심판 또는 정식의 형사재판에 의해 형벌이 부과된다.

[판례] (1) 조세범 처벌절차법 제15조 제1항에 따른 지방국세청장 또는 세무서장의 조세범칙사건에 대한 통고처분은 형사절차의 사전절차로서의 성격을 가진다. (2) 지방국세청장 또는 세무서장이 조세범 처벌절차법 제17조 제1항에 따라 통고처분을 거치지 아니하고 즉시 고발하였다면 이로써 조세범칙사건에 대한 조사 및 처분 절차는 종료되고 형사사건 절차로 이행되어 지방국세청장

또는 세무서장으로서는 동일한 조세범칙행위에 대하여 더 이상 통고처분을 할 권한이 없고, 해당 통고처분은 무효이다. (3) 조세범칙행위자가 이러한 통고처분을 이행하였더라도 조세범 처벌절차법 제15조 제3항에서 정한 일사부재리의 원칙이 적용될 수 없다(대판 2016. 09. 28, 2014도10748).

(라) 법적 성질　통고처분의 법적 성질에 관하여는 견해가 대립하고 있다.

가) 과벌절차설　통고처분은 과벌절차의 하나로서 독자적인 행위가 아니라고 본다. 그 논거는 다음과 같다. 통고처분은 상대방의 임의적 협력을 요건으로 하며 과벌절차의 하나로서 법정기간이 지나면 당연히 효력을 상실한다. 이 견해가 다수견해이다.

나) 행정행위설　통고처분을 행정행위로 보는 견해이다. 통고처분은 법정기간 내에 납부하지 않는 것을 해제조건으로 하는 행정행위라고 보는 견해이다. 그 논거는 통고처분은 행정기관에 의한 금전부과행위이며 납부한 범칙금의 근거가 되는 행위라는 데서 찾는다. 통고처분이 범칙금납부의무의 근거가 되지 않는다면 납부된 범칙금은 부당이득이 된다.

다) 판　례　대법원 판례는 통고처분을 행정소송법상 처분으로 보지 않는다(대판 1995. 06. 29, 95누4674).

헌법재판소는 통고처분은 처분을 받은 당사자의 임의의 승복을 발효요건으로 하고 있으므로 처분이 아니라고 본다(헌재 2003. 10. 30, 2002헌마275).

통고처분의 상대방이 범칙금을 납부하지 아니하여 즉결심판, 나아가 정식재판의 절차로 진행되었다면 당초의 통고처분은 그 효력을 상실한다 할 것이므로 이미 효력을 상실한 통고처분의 취소를 구하는 헌법소원은 권리보호의 이익이 없어 부적법하다(헌재 2003. 10. 30, 2002헌마275).

라) 결　어　통고처분을 범칙금의 납부 없이 법정기간이 경과한 것을 해제조건으로 하는 행정행위로 보는 견해가 타당하다. 통고처분을 행정행위라고 보고, 국민의 권리구제를 위해 통고처분을 항고소송의 대상으로 할 필요가 있다. 통고처분에 불복하면 곧바로 형사절차로 이행되도록 하여 형사절차에서 다투라고 하는 것은 가혹한 것이다.

(마) 불복절차　통고처분에 대해 이의가 있는 경우에는 통고처분에 따른 범칙금을 납부하지 않으면 되는 것으로 하고, 이 경우 법정기간이 지나면 통고처분은 효력을 상실하며 즉결심판 청구 또는 고발에 의해 형사소송절차로 이행되는 것으로 특별불복절차가 규정되어 있다. 따라서, 판례는 통고처분을 행정소송의 대상이 되는 행정처분이 아니라고 보고 있다.

나. 즉결심판　즉결심판절차에관한절차법에 따라 20만원 이하의 벌금·구류·

과료의 형벌은 즉결심판(卽決審判)에 의해 과벌된다(제2조). 즉결심판절차도 형사소송절차의 하나이다. 즉결심판에 불복이 있는 피고인은 정식재판을 청구할 수 있다.

즉결심판은 형사범에도 적용되므로 행정형벌에 특유한 과벌절차는 아니다.

3. 행정형벌규정의 변경 · 폐지와 행정형벌

종전에 허가를 받거나 신고를 하여야만 할 수 있던 행위 일부를 허가나 신고 없이 할 수 있도록 법령이 개정되었다 하더라도 이는 법률 이념의 변천으로 과거에 범죄로서 처벌하던 일부 행위에 대한 처벌 자체가 부당하다는 반성적 고려에서 비롯된 것(이 경우 가벌성이 소멸한다)이라기보다는 사정의 변천에 따른 규제 범위의 합리적 조정의 필요에 따른 것이라고 보면(예, 개발제한구역 내 비닐하우스 설치행위) 그 위반행위의 가벌성이 소멸하는 것은 아니다(대판 2007. 09. 06, 2007도4197).

제 4 항 행정질서벌(과태료)

Ⅰ. 의 의

행정질서벌(行政秩序罰)이라 함은 행정법규 위반에 대하여 과태료가 과하여지는 행정벌이다. 행정질서벌을 법령 및 실무에서는 과태료(過怠料)라고 한다. 과태료에는 행정질서벌인 과태료 이외에 사법상의 의무위반에 대해 부과되는 과태료, 소송법상의 위무위반에 대한 과태료가 있다.

Ⅱ. 대 상

행정질서벌인 과태료는 형벌과는 성질을 달리하는 것이다. 일반적으로 행정형벌은 행정목적을 직접적으로 침해하는 행위에 대하여 과하여지고, 행정질서벌은 정보제공적 신고의무 위반과 같이 행정목적을 간접적으로 침해하는 행위에 대하여 과하여진다. 그런데, 행정형벌의 행정질서벌화정책에 의해 행정형벌을 과하여야 할 행위에 행정질서벌을 과하는 경우가 있다.

Ⅲ. 형법총칙 적용문제 등 법적 규율

행정질서벌인 과태료는 형벌이 아니므로 행정질서벌에는 형법총칙이 적용되지 않는다.

[판례] (1) **과태료는** 행정상의 질서유지를 위한 행정질서벌에 해당할 뿐 형벌이라고 할 수 없어 **죄형법정주의의 규율대상에 해당하지 아니한다.** (2) 어떤 행정법규위반의 행위에 대하여 이를 단지 간접적으로 행정상의 질서에 장애를 줄 위험성이 있음에 불과한 경우로 보아 **행정질서벌인 과태료를 과할 것인지 아니면** 직접적으로 행정목적과 공익을 침해한 행위로 보아 **행정형벌을 과할 것인지는** 기본적으로 입법권자가 제반사정을 고려하여 결정할 **입법재량에 속하는 문제**이다. (3) **과태료의 액수를 정하는 것도 입법재량에 속하는 문제**이다(헌재 1998. 05. 28, 96헌바83 전원재판부).

그러나, 과태료도 행정벌의 하나이고, 과태료는 행정형벌과 유사한 성질을 갖기 때문에 과태료규정이나 과태료의 부과대상이 되는 행정법규사항의 해석·적용은 엄격히 하여야 한다.

[판례] 여객자동차 운수사업법 제76조, 제85조에서 정하는 과태료처분이나 감차처분 등은 규정 위반자에 대하여 처벌 또는 제재를 가하는 것이므로 같은 법이 정하고 있는 **처분대상인 위반행위를 함부로 유추해석하거나 확대해석하여서는 아니 된다**(대판 2007. 03. 30, 2004두7665; 동지 대법원 2007. 03. 29.자 2006마724 결정).

그리고 질서위반행위규제법은 종전 판례와 달리 과태료의 부과에 행위자의 고의 또는 과실을 요하는 것으로 규정하고 있는 점(제7조), 위법성의 착오에 관한 규정을 둔 점(제8조) 등에서 과태료를 종전 보다 형벌과 보다 유사하게 규정하고 있다.

Ⅳ. 행정형벌과 행정질서벌의 병과가능성

동일한 행위에 대하여 행정형벌과 행정질서벌을 동시에 부과하는 것이 가능한가에 대하여 견해가 대립하고 있다.

1. 긍정설

행정형벌과 행정질서벌은 그 목적이나 성질이 다르다고 볼 것이므로 과태료부과처분 후에 행정형벌을 과하여도 일사부재리의 원칙에 반하지 않는다.[127)]

2. 부정설

행정형벌과 행정질서벌은 다 함께 행정벌이므로 동일 법규 위반행위에 대하여 양자를 병과할 수 없다.[128)]

127) 홍정선, 599면.
128) 김남진, 464면.

3. 판 례

대법원은 "행정법상의 질서벌인 과태료의 부과처분과 형사처벌은 그 성질이나 목적을 달리하는 별개의 것이므로 행정법상의 질서벌인 과태료를 납부한 후에 형사처벌을 한다고 하여 이를 일사부재리의 원칙에 반하는 것이라고 할 수는 없다"라고 하였고(대판 1996. 04. 12, 96도158; 2000. 10. 27, 2000도3874), 헌법재판소는 행정질서벌로서의 과태료는 형벌(특히 행정형벌)과 목적·기능이 중복되는 면이 없지 않으므로 동일한 행위를 대상으로 하여 형벌을 부과하면서 아울러 행정질서벌로서의 과태료까지를 부과하는 것은 이중처벌금지의 기본정신에 배치되어 국가 입법권의 남용으로 인정될 여지가 있다고 보았다(헌재 1994. 06. 30, 92헌바38). 질서벌 부과 후 형벌을 부과하는 것은 가능한 것으로 보아야 한다. 다만, 형량 결정시 질서벌을 부과한 것을 고려하는 것이 타당하다.

4. 결 어

행정형벌과 행정질서벌은 모두 제재로서의 행정벌이므로 부정설이 타당하다. 다만, 형벌권의 집행을 보장할 필요가 있으므로 행정질서벌 부과 후 형벌을 부과하는 것은 가능한 것으로 보아야 한다. 다만, 형량 결정시 행정질서벌을 부과한 것을 고려하는 것이 타당하다.

Ⅴ. 행정질서벌의 부과

1. 부과권자

과태료 부과권자는 개별법률에서 정함이 없는 경우 법원이 비송사건절차에 따라 정한다(제25조).

개별법률에서 행정청이 부과하도록 한 경우에도 행정청의 과태료부과에 불복하는 경우 법원이 비송사건절차에 따라 최종적으로 부과한다(질서위반행위규제법 제21조 제1항, 제25조 이하).

2. 부과의 근거

행정질서벌의 부과는 법률이나 조례에 근거가 있어야 한다. 행정질서벌에는 국가의 법령에 근거한 것과 지방자치단체의 조례에 근거한 것(지방자치법 제20조, 제130조)이 있다.

질서위반행위규제법은 과태료 부과의 근거법률은 아니며 '질서위반행위'(제2조 제1호)를 한 자에 대한 과태료 부과의 요건, 절차, 징수 등을 정하는 법률이다.[129] 과태료의 부과·징수, 재판 및 집행 등의 절차에 관한 다른 법률의 규정 중 질서위반행위규제법의 규정에 저촉되는 것은 질서위반행위규제법으로 정하는 바에 따른다(질서위반행위규제법 제5조).

3. 부과요건

질서위반행위규제법은 질서위반행위의 요건을 행정범죄의 성립요건과 유사하게 규정하고 있는데, 이러한 입법태도에 대하여는 행정의 실효성확보라는 관점에서 의문이 제기될 수 있다.

(1) 고의 또는 과실

종래 판례는 행정질서벌은 행정법규위반이라는 객관적 사실에 대하여 과하여진다. 따라서, 현실적인 행위자가 아니라도 법령상 책임자로 규정된 자에게 부과되고, 특별한 규정이 없는 한 원칙적으로 위반자의 고의·과실을 요하지 않는다고 보았다(대판 1994. 08. 26, 94누6949). 다만, 위반자가 그 의무를 알지 못하는 것이 무리가 아니었다고 할 수 있어 그것을 정당시할 수 있는 사정이 있을 때 또는 그 의무의 이행을 그 당사자에게 기대하는 것이 무리라고 하는 사정이 있을 때 등 그 의무 해태를 탓할 수 없는 정당한 사유가 있는 때에는 이를 부과할 수 없다고 보았다(대판 2000. 05. 26, 98두5972; 2006. 04. 28, 2003마715).

질서위반행위규제법은 원칙상 고의 또는 과실이 없는 질서위반행위는 과태료를 부과하지 아니한다고 규정하고 있다(제7조). 그러나, 이론상 행정질서벌은 행정법규위반이라는 객관적 사실에 근거하여 발해지므로 고의·과실이 없어도 부과되는 것으로 규정하는 것도 가능하다. 그리고 법률의 근거하에 법인에 대하여도 부과될 수 있다.

다만, 「도로교통법」 제56조 제1항에 따른 고용주등을 같은 법 제160조 제3항에 따라 과태료를 부과하는 경우에는 고의 또는 과실이 없어도 과태료를 부과한다(제11조 제2항).

(2) 법 적용의 시간적 범위

질서위반행위의 성립과 과태료 처분은 위반행위시의 법률에 따르는 것이 이론상 타당하며 질서위반행위규제법도 그렇게 규정하고 있다(질서위반행위법 제3조 제1항).

다만 질서위반행위 후 법률이 변경되어 그 행위가 질서위반행위에 해당하지 아니하게 되거나 과태료가 변경되기 전의 법률보다 가볍게 된 때에는 법률에 특별한 규정이

129) 사법상의 의무위반에 대해 부과되는 과태료, 소송법상의 위무위반에 대한 과태료는 질서위반행위규제법의 적용대상에서 제외된다(질서위반행위규제법 제2조 제1호).

없는 한 변경된 법률을 적용한다(제2항). 행정청의 과태료 처분이나 법원의 과태료 재판이 확정된 후 법률이 변경되어 그 행위가 질서위반행위에 해당하지 아니하게 된 때에는 변경된 법률에 특별한 규정이 없는 한 과태료의 징수 또는 집행을 면제한다(제3항).

따라서 질서위반행위에 대하여 과태료 부과의 근거 법률이 개정되어 위반행위 시의 법률에 의하면 과태료 부과대상이었지만 재판 시의 법률에 의하면 과태료 부과대상이 아니게 된 때에는 개정 법률의 부칙에서 종전 법률 시행 당시에 행해진 질서위반행위에 대해서는 행위 시의 법률을 적용하도록 특별한 규정을 두지 않은 이상 재판 시의 법률을 적용하여야 하므로 과태료를 부과할 수 없다고 보는 것이 타당하다(대결 2020. 11. 03, 2020마5594: 국가경찰공무원으로서 경감 직위에서 퇴직한 甲이 '철도건널목 안전관리 및 경비' 등의 업무를 담당하는 경비사업소장으로 乙 주식회사에 취업한 후 취업제한 여부 확인요청서를 제출하였는데, 甲에 대하여 취업 전에 취업제한 여부 확인요청을 하지 않았다는 이유로 과태료가 부과되었고, 이에 甲이 항고하였으나 항고심법원이 2019. 12. 3. 법률 제16671호로 개정된 공직자윤리법이 공포된 상태임에도 시행일까지 기다리지 아니한 채 항고기각 결정을 한 사안에서, 과태료 재판 계속 중에 개정·시행된 공직자윤리법령에 의하면 甲이 취업제한 여부 확인요청대상자의 범위에서 제외될 여지가 있으므로 이 경우 재판 시의 법률에 따라 과태료를 부과할 수 없게 된다는 이유로 원심결정을 파기한 사례).

(3) 위법성의 착오

자신의 행위가 위법하지 아니한 것으로 오인하고 행한 질서위반행위는 그 오인에 정당한 이유가 있는 때에 한하여 과태료를 부과하지 아니한다(제8조). 다만, 「도로교통법」 제56조 제1항에 따른 고용주등을 같은 법 제160조 제3항에 따라 과태료를 부과하는 경우에는 그 오인에 정당한 이유가 있어도 과태료를 부과한다(제11조 제2항).

(4) 시 효

과태료는 행정청의 과태료 부과처분이나 법원의 과태료 재판이 확정된 후 5년간 징수하지 아니하거나 집행하지 아니하면 시효로 인하여 소멸한다(제15조 제1항).

과태료의 처벌에 있어 공소시효나 형의 시효 및 예산회계법 제96조 소정의 국가의 금전채권에 관한 소멸시효의 규정이 적용 내지 준용되지 않는다(대결 2000. 08. 24, 2000마1350).

(5) 책임연령 등

14세가 되지 아니한 자의 질서위반행위는 과태료를 부과하지 아니한다. 다만, 다른 법률에 특별한 규정이 있는 경우에는 그러하지 아니하다(제9조).

심신(心神)장애로 인하여 행위의 옳고 그름을 판단할 능력이 없거나 그 판단에 따른 행위를 할 능력이 없는 자의 질서위반행위는 과태료를 부과하지 아니한다(제10조 제1항). 심신장애로 인하여 제1항에 따른 능력이 미약한 자의 질서위반행위는 과태료를 감경한다(제2항). 스스로 심신장애 상태를 일으켜 질서위반행위를 한 자에 대하여는 제1항 및 제2항을 적용하지 아니한다(제3항).

질서위반행위규제법 제7조부터 제10조까지의 규정은 「도로교통법」 제56조 제1항에 따른 고용주 등을 같은 법 제160조 제3항에 따라 과태료를 부과하는 경우에는 적용하지 아니한다(제11조 제2항).

(6) 과태료 부과의 제척기간

과태료의 처벌에 있어 공소시효나 형의 시효 및 국가재정법 제96조 소정의 국가의 금전채권에 관한 소멸시효의 규정이 적용 내지 준용되지 않는다(대결 2000. 08. 24, 2000마1350).

그런데, 질서위반행위규제법은 "행정청은 질서위반행위가 종료된 날(다수인이 질서위반행위에 가담한 경우에는 최종행위가 종료된 날을 말한다)부터 5년이 경과한 경우에는 해당 질서위반행위에 대하여 과태료를 부과할 수 없다"고 규정하고 있다(제19조 제1항). 제1항에도 불구하고 행정청은 제36조 또는 제44조에 따른 법원의 결정이 있는 경우에는 그 결정이 확정된 날부터 1년이 경과하기 전까지는 과태료를 정정부과 하는 등 해당 결정에 따라 필요한 처분을 할 수 있다(제2항).

4. 부과절차

행정질서벌은 형벌이 아니므로 그 과벌절차는 형사소송법에 의하지 않는다.

법원이 과태료 재판에 의해 부과하는 경우에는 질서위반행위규제법 및 비송사건절차법에 의한다.

행정청이 부과하는 경우에 과태료부과행위는 질서위반행위규제법(제16조 이하) 및 행정절차법에 따른다.

행정청이 질서위반행위에 대하여 과태료를 부과하고자 하는 때에는 미리 당사자(제11조 제2항에 따른 고용주 등을 포함한다)에게 대통령령으로 정하는 사항을 통지하고, 10일 이상의 기간을 정하여 의견을 제출할 기회를 주어야 한다. 이 경우 지정된 기일까지 의견 제출이 없는 경우에는 의견이 없는 것으로 본다(질서위반행위규제법 제16조 제1항). 당사자는 의견 제출 기한 이내에 대통령령으로 정하는 방법에 따라 행정청에 의견을 진술하거나 필요한 자료를 제출할 수 있다(제2항). 행정청은 제2항에 따라 당사자가 제출한 의견에 상당한 이유가 있는 경우에는 과태료를 부과하지 아니하거나 통지한 내용을 변경할 수 있다(제3항). 행정청은 제16조의 의견 제출 절차를 마친 후에 서면(당사자가 동의하는 경우에는 전자문서를 포함)으로 과태료를 부과하여야 한다(제17조 제1항).

과태료 재판절차는 행정소송절차가 아니라 비송사건절차이다.

[판례] ① **행정관청이 과태료 부과에 필요한 의견진술의 기회 부여 등의 절차를 거치지 아니한 경우, 법원이 한 과태료 재판의 위법 여부:** 법원에서 비송사건절차법에 따라 **과태료의 재판을 하는 절차는** 부과권자인 행정관청이 부과한 과태료 처분의 당부를 심판하는 **행정소송절차가 아니므로,** 행정관청이 과태료를 부과하기 전에 구 건축법시행령(1992. 5. 30. 대통령령 제13655호로 전문 개정되기 전의 것) 제103조의 규정에 따라 당사자에게 의견진술의 기회를 부여하는 등 과태료 부과에 필요한 절차를 거치지 아니하였다 하여 법원이 한 과태료 재판이 위법하게 된다고 볼 수 없다(대결 1995. 07. 26, 94마2283).

② 상법 제635조 제1항 제8호에서 정한 과태료 부과 사유가 있는 경우, 법원이 법무부장관의 과태료 처분 이전에 직권으로 과태료 재판을 할 수 없다. 법원은 법무부장관의 과태료 처분 이전에 상법 제635조 제1항 제8호가 정한 사유가 있음을 알게 된다고 하더라도 직권으로 과태료 재판을 할 수는 없고, 법무부장관의 과태료 처분 이후에 그 처분에 대한 이의가 제기되어야 과태료 재판을 할 수 있게 된다(대결 2013. 06. 14, 2013마499).

③ **과태료재판의 심판 범위(=행정청의 과태료부과처분사유와 기본적 사실관계에서 동일성이 인정되는 한도 내):** 과태료재판의 경우, 법원으로서는 기록상 현출되어 있는 사항에 관하여 직권으로 증거조사를 하고 이를 기초로 하여 판단할 수 있는 것이나, 그 경우 행정청의 과태료부과처분사유와 기본적 사실관계에서 동일성이 인정되는 한도 내에서만 과태료를 부과할 수 있다(대결 2012. 10. 19, 2012마1163).

④ **비송사건절차법상 항고법원의 조사 범위가 항고이유에 의하여 제한되는지 여부(소극):** 비송사건절차법 제11조의 규정에 의하면 법원은 직권으로 사실의 탐지와 필요하다고 인정하는 증거의 조사를 하여야 한다고 규정되어 있으므로, 원심으로서는 항고이유로 주장된 바 없더라도 마땅히 진실 여부를 직권으로 조사하여 이 사건 항고의 당부를 가릴 수 있는 것이다(대법원 1982. 10. 12.자 82마523 결정 참조). 그러므로 관할관청이 이 사건 과태료를 부과하는 과정에서 든 사유 중에 "운수종사자가 기준 운송수입금액에 미달하는 금액을 납부한 경우 재항고인이 그 미달액을 임금에서 공제한 사실"이 포함되어 있지 않았더라도, 이 사유가 법원의 심리과정에서 드러난 경우 원심은 이를 과태료처분의 사유에 포함할 수 있는 것이다(대결 2007. 03. 29, 2006마724).

⑤ [1] **비송사건절차법에 따라 과태료 액수를 정함에 있어 법원이 가지는 재량의 범위:** 법원이 비송사건절차법에 따라 과태료 재판을 함에 있어서는 관계 법령에서 규정하는 과태료 상한의 범위 내에서 그 동기, 위반의 정도, 결과 등 여러 인자를 고려하여 재량으로 그 액수를 정할 수 있고, **원심이 정한 과태료 액수가 법이 정한 범위 내에서 이루어진 이상** 그것이 현저히 부당하여 재량권 남용에 해당되지 않는 한 그 액수가 많다고 다투는 것은 적법한 재항고이유가 될 수 없다(대법원 1998. 12. 23.자 98마2866 결정 참조). [2] 원심은, 이 사건 거래내역 기재 유가증권 거래들의 성격 및 효과, 법 위반의 경위 및 정도 등을 고려하여 각각의 거래에 대하여 원심결정의 별지 과태료 부과내역 기재와 같은 과태료 액수를 정하였는바, 앞에서 본 바와 같이 이 사건 거래내역 및 위 부과내역 중 거래번호 제7, 17, 18번 기재 거래에 대하여 과태료를 부과한 것은 위법하지만, 기록에 비추어 살펴보면 나머지 거래들에 대하여 원심이 정한 각 과태료 액수가 현저히 부당하거나 재량권을 남용한 것으로는 보이지 아니하고, 평등원칙이나 과잉금지의 원칙을 위반한 위법이 있다고 볼 수도 없다(대결 2007. 04. 13, 2005마226[독점규제및공정거래에관한법률위반이의]).

5. 부과대상자

과태료의 부과대상자는 원칙상 질서위반행위를 한 자이다. 그런데, 법인의 대표자, 법인 또는 개인의 대리인·사용인 및 그 밖의 종업원이 업무에 관하여 법인 또는 그 개인에게 부과된 법률상의 의무를 위반한 때에는 법인 또는 그 개인에게 과태료를 부과한다(제11조 제1항). 즉, 종업원 등의 위반행위를 업무주인 법인이나 개인의 질서위반행위로 보고, 업무주는 법인이든 자연인이든 종업원등의 행위와 관련하여 선임·감독상의 과실과 관계없이 무과실책임을 지는 것으로 규정되어 있다. 다만, 종업원등에게 고의 또는 과실이 있어야 하는 것으로 보아야 한다(제7조).

법인소속 임직원의 법인에게 부과된 의무위반행위는 법인의 질서위반행위로 볼 수 있다.

2인 이상이 질서위반행위에 가담한 때에는 각자가 질서위반행위를 한 것으로 본다(제12조 제1항). 신분에 의하여 성립하는 질서위반행위에 신분이 없는 자가 가담한 때에는 신분이 없는 자에 대하여도 질서위반행위가 성립한다(제2항). 신분에 의하여 과태료를 감경 또는 가중하거나 과태료를 부과하지 아니하는 때에는 그 신분의 효과는 신분이 없는 자에게는 미치지 아니한다(제3항).

6. 수 개의 질서위반행위의 처리

하나의 행위가 2 이상의 질서위반행위에 해당하는 경우에는 각 질서위반행위에 대하여 정한 과태료 중 가장 중한 과태료를 부과한다(제13조 제1항). 제1항의 경우를 제외하고 2 이상의 질서위반행위가 경합하는 경우에는 각 질서위반행위에 대하여 정한 과태료를 각각 부과한다. 다만, 다른 법령(지방자치단체의 조례를 포함한다)에 특별한 규정이 있는 경우에는 그 법령으로 정하는 바에 따른다(제2항).

7. 과태료의 산정

행정청 및 법원은 과태료를 정함에 있어서 다음의 사항을 고려하여야 한다(제14조): ① 질서위반행위의 동기·목적·방법·결과, ② 질서위반행위 이후의 당사자의 태도와 정황, ③ 질서위반행위자의 연령·재산상태·환경, ④ 그 밖에 과태료의 산정에 필요하다고 인정되는 사유.

8. 자진납부자에 대한 과태료 감경

행정청은 당사자가 제16조에 따른 의견 제출 기한 이내에 과태료를 자진하여 납부하고자 하는 경우에는 대통령령으로 정하는 바에 따라 과태료를 감경할 수 있는데(제18조 제1항), 당사자가 제1항에 따라 감경된 과태료를 납부한 경우에는 해당 질서위반행위에 대한 과태료 부과 및 징수절차는 종료한다(제2항). 따라서 감경된 과태료를 자진 납부한 때에는 이후 의견제출이나 이의제기를 할 수 없는 것으로 해석된다. 행정청은 감경된 과태료를 스스로 납부하면 더 이상 의견을 제출하거나 이의제기를 할 수 없다는 내용을 과태료 부과 사전통지 사항에 포함시켜야 한다(동법 시행령 제3조 제1항 5의2).

9. 과태료 부과의 제척기간

행정청은 질서위반행위가 종료된 날(다수인이 질서위반행위에 가담한 경우에는 최종행위가 종료된 날을 말한다)부터 5년이 경과한 경우에는 해당 질서위반행위에 대하여 과태료를 부과할 수 없다(제19조 제1항). 제1항에도 불구하고 행정청은 제36조 또는 제44조에 따른 법원의 결정이 있는 경우에는 그 결정이 확정된 날부터 1년이 경과하기 전까지는 과태료를 정정부과 하는 등 해당 결정에 따라 필요한 처분을 할 수 있다(제2항).

Ⅵ. 행정질서벌 부과행위의 법적 성질과 권리구제

① 행정질서벌인 과태료가 법원의 재판에 의해 부과되는 경우 과태료부과행위는 사법행위의 성질을 가지며 질서위반행위규제법 및 비송사건절차법에 정해진 절차에 따라 부과되고 다투어진다.

② 행정질서벌인 과태료가 행정청에 의해 부과되는 경우에 과태료부과행위는 행정행위이다. 그런데, 질서위반행위규제법은 이 경우에 이의가 제기된 경우에는 행정청의 과태료부과처분은 그 효력을 상실하고(제20조 제2항), 이의제기를 받은 부과행정청은 관할법원에 통보하여 관할법원이 질서위반행위규제법에 따라 과태료를 결정하도록 규정하고 있다(예, 제21조 제1항, 제25조 이하).

행정청의 과태료부과에 대한 이의는 과태료 부과 통지를 받은 날부터 60일 이내에 제기하여야 한다(제20조 제2항).

③ 과태료부과행위는 행정쟁송법상의 처분은 아니지만, 행정기본법상의 처분에는 해당한다.

Ⅶ. 과태료의 징수

1. 이의제기가 없는 경우

행정청은 당사자가 납부기한까지 과태료를 납부하지 아니한 때에는 가산금과 중가산금을 징수한다(제24조 제1항, 제2항).

행정청은 당사자가 기한 이내에 이의를 제기하지 아니하고 제1항에 따른 가산금을 납부하지 아니한 때에는 국세 또는 지방세 체납처분의 예에 따라 징수한다(제24조 제3항).

2. 법원이 재판으로 결정한 경우

과태료 재판은 검사의 명령으로써 집행한다. 이 경우 그 명령은 집행력 있는 집행권원과 동일한 효력이 있다(제42조 제1항). 과태료 재판의 집행절차는 「민사집행법」에 따르거나 국세 또는 지방세 체납처분의 예에 따른다. 다만, 「민사집행법」에 따를 경우에는 집행을 하기 전에 과태료 재판의 송달은 하지 아니한다(제2항). 제24조는 과태료 재판의 집행에 준용한다(제3항).

3. 과태료의 시효

과태료는 행정청의 과태료부과처분이나 법원의 과태료 재판이 확정된 후 5년간 징수하지 아니하거나 집행하지 아니하면 시효로 인하여 소멸한다(제15조 제1항).

4. 과태료의 실효성 제고

질서위반행위규제법은 과태료 납부의 실효성 제고를 위해 다음과 같은 수단을 규정하고 있다. 당사자가 과태료를 자진 납부하는 경우 과태료를 감경하여 주고, 과태료를 체납하는 경우에는 가산금과 중가산금을 부과하고, 상속재산 등에 대한 집행을 규정하고(제24조의2), 관허사업을 제한하며(제52조), 고액·상습체납자에 대하여는 신용정보기관에 관련 정보를 제공하고(제53조), 법원의 재판을 통하여 30일의 범위 내에서 감치(監置)할 수 있도록 규정하고, 자동차 관련 과태료 체납자에 대해 자동차 등록번호판을 영치할 수 있도록 하고(제55조), 소유권 이전등록을 하려는 자는 압류등록의 원인이 된 자동차 관련 과태료(제24조에 따른 가산금 및 중가산금을 포함한다)를 납부한 증명서를 제출하도록 규정하고 있다(제56조).

Ⅷ. 과태료의 귀속

행정청에 의해 부과·징수되는 과태료는 당해 행정청이 속한 국가 또는 지방자치단체에 귀속되고, 법원에 의해 부과·징수되는 과태료는 국가에 귀속된다. 다만, 지방자치단체의 장이 과태료 재판 집행을 위탁받은 경우에는 그 집행한 금원(金員)은 당해 지방자치단체의 수입으로 한다(제43조 제2항).

제 4 절 기타 행정의 실효성 확보수단

전통적인 행정의 실효성 확보수단(實效性 確保手段)인 행정강제와 행정벌만으로는 행정의 실효성을 확보하기에 충분하지 않다. 또한, 행정강제나 행정벌은 국민의 기본권에 대한 중대한 제한을 가져오므로 법에 의해 엄격히 규율되고 있고 그 실행절차도 엄격하여 효과적으로 실행되지 못하는 경우가 적지 않다. 특히 행정법규의 위반으로 위반자가 큰 경제적 이익을 얻는 경우에 행정벌은 실효성 있는 강제수단이 되지 못하고 있는 것이 현실이다.

그리하여 전통적인 실효성 확보수단을 보완하기 위하여 새로운 수단들이 등장하였다. 경제적 제재수단인 과징금, 가산세, 부당이득세, 공표제도, 공급거부, 관허사업의 제한, 취업제한, 행정행위의 철회 또는 정지, 시정명령 등이 그 예이다. 이들 수단은 대부분 의무자에게 심리적 부담을 주거나 권유함으로써 행정법규의 위반을 사전에 예방하거나 의무자가 행정법규 위반상태를 스스로 시정하도록 하는 기능을 갖는다. 이러한 점에 비추어 이들 수단을 간접적 강제수단이라고 부른다.

그런데, 이들 수단 중에는 행정의 실효성 확보에는 크게 기여하지만 국민의 기본권의 보장에는 큰 위협이 되고 또한 남용되기 쉬운 수단이 적지 않다. 따라서 앞으로 이들 수단에 대하여는 국민의 기본권을 보장하기 위하여 그 수단의 한계와 그 수단에 대한 통제의 법리를 강화하여야 할 것이다.

제 1 항 과징금

Ⅰ. 의 의

과징금이라 함은 법령등 위반이나 행정법상 의무위반에 대한 **제재**로서 부과하는 금전부과금을 말한다.

과징금에는 경제적 이익환수 과징금, 영업정지에 갈음하는 과징금, 제재목적의 과징금이 있다. 경제적 이익환수 과징금을 **'본래의 과징금'**이라 하고, 그 이외의 과징금을 **'변형된 과징금'**이라 한다. 과징금 중에는 경제적 이익환수와 제재의 성격을 함께 갖는 경우(예, 공정거래법상 과징금)도 있다.

행정기본법 제28조와 제29조는 과징금을 규정하고 있는데, 행정기본법이 규정하는 과징금은 본래의 과징금뿐만 아니라 변형된 과징금도 포함한다.

Ⅱ. 과징금의 종류

1. 경제적 이익환수(부당이익환수) 과징금(본래의 과징금)

경제적 이익환수 과징금은 법규위반으로 인한 경제적 이익(부당이익)을 환수하는 것을 주된 목적으로 하면서도 부수적으로 법규위반행위에 대한 제재적 성격을 함께 갖는 과징금을 말한다.

[판례] ① 구 독점규제 및 공정거래에 관한 법률(1999. 2. 5. 법률 제5813호로 개정되기 전의 것)상의 과징금 부과는 비록 제재적 성격을 가진 것이기는 하여도 기본적으로는 같은 법 위반행위에 의하여 얻은 불법적인 경제적 이익을 박탈하기 위하여 부과되는 것이고, 같은 법 제55조의3 제1항에서도 이를 고려하여 과징금을 부과함에 있어서는 위반행위의 내용과 정도, 기간과 횟수 외에 위반행위로 인하여 취득한 이익의 규모 등도 아울러 참작하도록 규정하고 있는 것이므로, 불공정거래행위에 대하여 부과되는 과징금의 액수는 당해 불공정거래행위의 구체적 태양 등에 기하여 판단되는 그 위법성의 정도뿐만 아니라 그로 인한 이득액의 규모와도 상호 균형을 이룰 것이 요구되고, 이러한 균형을 상실할 경우에는 비례의 원칙에 위배되어 재량권의 일탈·남용에 해당할 수가 있다(대판 2001. 02. 09, 2000두6206; 2010. 01. 14, 2009두11843).

② 구 독점규제및공정거래에관한법률 제23조 제1항의 규정에 위반하여 불공정거래행위를 한 사업자에 대하여 같은 법 제24조의2 제1항의 규정에 의하여 부과되는 과징금은 행정법상의 의무를 위반한 자에 대하여 당해 위반행위로 얻게 된 경제적 이익을 박탈하기 위한 목적으로 부과하는 금전적인 제재로서, 같은 법이 규정한 범위 내에서 그 부과처분 당시까지 부과관청이 확인한 사실을 기초로 일의적으로 확정되어야 할 것이고, 그렇지 아니하고 부과관청이 과징금을 부과하면서 추후에 부과금 산정 기준이 되는 새로운 자료가 나올 경우에는 과징금액이 변경될 수도 있다고 유보한다든지, 실제로 추후에 새로운 자료가 나왔다고 하여 새로운 부과처분을 할 수는 없다 할 것인바, 왜냐하면 과징금의 부과와 같이 재산권의 직접적인 침해를 가져오는 처분을 변경하려면 법령에 그 요건 및 절차가 명백히 규정되어 있어야 할 것인데, 위와 같은 변경처분에 대한 법령상의 근거 규정이 없고, 이를 인정하여야 할 합리적인 이유 또한 찾아 볼 수 없기 때문이다(대판 1999. 05. 28, 99두1571).

③ 부당지원행위에 대한 과징금은 부당지원행위 억지라는 행정목적을 실현하기 위한 행정상 제재금으로서의 기본적 성격에 부당이득환수적 요소도 부가되어 있다(대판 2004. 03. 12, 2001두7220[시

정명령등취소]).

2. 변형된 과징금

본래의 과징금과 다른 성질을 갖는 과징금을 '**변형된 과징금**'이라 하는데, 변형된 과징금에는 영업정지(사업정지)에 갈음하는 과징금, 순수한 금전적 제재로서의 과징금 등이 있다.

(1) 영업정지(사업정지)에 갈음하는 과징금

영업정지에 갈음하는 과징금은 영업정지처분 대신 부과하는 과징금을 말한다.

영업정지에 갈음하는 부과되는 과징금의 취지는 행정법규 위반에 대하여 영업정지를 명하여야 하는 경우 행정법규위반자인 사업자의 영업을 정지함으로써 시민 등이 큰 불편을 겪거나 국민경제에 적지 않은 피해를 주는 등 공익을 해할 우려가 있는 경우에 그 영업정지로 인하여 초래될 공익에 대한 침해 등의 문제를 고려하여 영업정지를 하지 않고 그 대신 그 영업으로 인한 이익을 박탈하는 과징금을 부과할 수 있도록 한 것이다. 그런데, 실정법상 공익성이 크지 않은 사업에 대하여도 영업정지에 갈음하는 과징금이 도입된 경우도 적지 않으며 이는 문제이다.

예를 들면, 수질환경보전법은 사업자가 수질환경보전법 또는 이 법에 의한 명령에 위반한 때에는 배출시설의 설치허가 또는 변경허가를 취소하거나 배출시설의 폐쇄를 명하거나 또는 6개월 이내의 기간을 정하여 조업정지를 명할 수 있다고 규정하고(제20조 제1항) 이 경우에 일정한 배출시설(의료법에 의한 의료기관의 배출시설, 발전소의 발전설비, 교육법에 의한 학교의 배출시설, 제조업의 배출시설 및 기타 대통령령이 정하는 배출시설)을 설치 운영하는 사업자에 대하여 조업정지를 명하여야 하는 경우로서 그 조업정지가 주민의 생활·대외적인 신용·고용·물가 등 국민경제 기타 공익에 현저한 지장을 초래할 우려가 있다고 인정되는 경우에는 조업정지처분에 갈음하여 3억 원 이하의 과징금을 부과할 수 있다(제20조의2)고 규정하고 있다.

영업정지처분에 갈음하는 과징금이 규정되어 있는 경우 과징금을 부과할 것인지 영업정지처분을 내릴 것인지는 특별한 규정이 없는 한 행정청의 재량에 속한다(대판 2015. 06. 24, 2015두39378[어린이집운영정지처분취소등]). 다만, 과징금부과처분을 하지 않고 영업정지처분을 한 것이 비례의 원칙, 평등의 원칙 등 법의 일반원칙에 반하는 등 재량권의 일탈·남용이 있으면 위법하다. 예를 들면, 과징금부과처분을 하지 않고 영업정지처분을 한 것이 심히 공익을 해하고, 사업자에게도 가혹한 불이익을 초래하는 경우에는 비례원칙에 반한다.

과징금부과처분을 받은 사업자가 납부기한까지 과징금을 납부하지 아니한 때에는 과징금부과처분을 취소하고, 과징금부과 대상 영업에 대하여 사업정지 처분을 하도록 규정하고 있는 경우가 있다(석유 및 석유대체연료사업법 제35조 제5항).

(2) 제재목적의 과징금

제재목적의 과징금은 금전적 제재로 법령 위반을 예방하여 행정법규의 실효성을 확보하는 것을 주된 목적으로 하는 과징금이다. 아직 그 예가 많지는 않지만 미국의 징벌적 손해배상의 영향을 받아 징벌적 과징금이 늘고 있는데, 징벌적 과징금은 제재목적의 과징금의 대표적인 예이다.

제재목적의 과징금의 예로는 개인정보보호법 제64조의2 제1항의 과징금, 공공재정환수법 제9조의 공공재정 부정청구등에 대한 제재로서 부과하는 제재부가금, 출연금을 연구개발비의 연구용도 외의 용도로 사용한 경우에 대한 제재로서 부과하는 산업기술혁신 촉진법 제11조의3의 제재부가금, 보조금 관리에 관한 법률 제33조의2의 제재부가금, 국가연구개발혁신법 제32조의 부정행위 등에 대한 제재로서 부과하는 제재부가금 등을 들 수 있다.

Ⅲ. 과징금의 근거 및 기준

행정청은 법령등에 따른 의무를 위반한 자에 대하여 법률로 정하는 바에 따라 그 위반행위에 대한 제재로서 과징금을 부과할 수 있다(행정기본법 제28조 제1항). 행정기본법 제28조 제1항은 과징금 부과의 법적 근거가 될 수 없다. 과징금을 부과하기 위해서는 개별법률의 근거가 있어야 한다. 행정기본법 제28조 제1항의 과징금은 본래의 과징금과 **영업정지에 갈음하여** 부과되는 변형된 과징금을 모두 포함한다.

[판례] 법률 규정이 없는 이상 분할하는 회사의 분할 전 「독점규제 및 공정거래에 관한 법률」(이하 '공정거래법'이라고 한다) 위반행위를 이유로 신설회사에 대하여 과징금을 부과하는 것은 허용되지 않는다(대판 2007. 11. 29, 2006두18928). 〈해설〉 현행 공정거래법은 분할하는 회사의 분할 전 공정거래법 위반행위를 이유로 신설회사에게 과징금 부과 또는 시정조치를 할 수 있도록 규정을 신설하였다.

과징금의 근거가 되는 법률에는 과징금에 관한 다음 각 호의 사항을 명확하게 규정하여야 한다. 1. 부과·징수 주체, 2. 부과 사유, 3. 상한액, 4. 가산금을 징수하려는 경우 그 사항, 5. 과징금 또는 가산금 체납 시 강제징수를 하려는 경우 그 사항(행정기본법 제28조 제2항).

제2항 제4호에 따라 체납된 과징금에 대한 가산금을 부과하는 규정을 정할 때에는 가산금의 부과율 및 부과기간이 금융기관 등이 연체대출금에 대하여 적용하는 이자율 등을 고려하여 대통령령으로 정하는 부과율 및 부과기간을 넘지 아니하도록 규정하여야 한다(제28조 제3항).

Ⅳ. 과징금의 성질 및 부과(이중부과가능성)

과징금은 행정상 제재금이고, 범죄에 대한 국가의 형벌권의 실행으로서의 과벌이 아니므로 행정법규위반에 대하여 벌금이나 범칙금 이외에 과징금을 부과하는 것은 이중처벌금지의 원칙에 반하지 않는다고 보아야 한다(헌재 1994. 06. 30, 92헌바38).

같은 위반행위에 대한 식품위생법의 규정에 의한 영업정지처분과 청소년보호법에 의한 과징금의 부과처분은 서로 목적하는 바가 달라 중복된 행정처분이라고 할 수 없다. 다만, 과징금의 액수를 정함에 있어서는 위 영업정지처분의 내용이 참작되어야 한다(서울고법 1999. 03. 24, 98누13647(99두5207 대법원 판결의 원심판결)).

Ⅴ. 과징금의 납부기한 연기 및 분할 납부

과징금은 한꺼번에 납부하는 것을 원칙으로 한다. 다만, 행정청은 과징금을 부과받은 자가 다음 각 호의 어느 하나에 해당하는 사유로 과징금 전액을 한꺼번에 내기 어렵다고 인정될 때에는 그 납부기한을 연기하거나 분할 납부하게 할 수 있으며, 이 경우 필요하다고 인정하면 담보를 제공하게 할 수 있다. 1. 재해 등으로 재산에 현저한 손실을 입은 경우, 2. 사업 여건의 악화로 사업이 중대한 위기에 처한 경우, 3. 과징금을 한꺼번에 내면 자금 사정에 현저한 어려움이 예상되는 경우, 4. 그 밖에 제1호부터 제3호까지에 준하는 경우로서 대통령령으로 정하는 사유가 있는 경우(행정기본법 제29조). 납부기한이나 분할납부결정은 행정청의 재량사항이다.

Ⅵ. 법적 성질, 법적 규율 및 법적 구제

과징금부과행위의 법적 성질은 침해적 행정행위이다. 따라서, 과징금부과처분은 행정절차법의 적용대상이 되고, 항고쟁송의 대상이 된다.

과징금 부과처분은 제재적 처분으로서 통상 재량행위로 규정되고 있으나 과징금의 부과여부는 기속행위로 규정된 경우도 있다.

[판례] ① 공정거래위원회의 독점규제 및 공정거래에 관한 법률 위반행위자에 대한 과징금 부과처분은 재량행위이다(대판 2010. 03. 11, 2008두15176).

② 부동산 실권리자명의 등기에 관한 법률 및 시행령상 **명의신탁자에 대하여 과징금을 부과할 것인지 여부는 기속행위**에 해당하므로, 명의신탁이 조세를 포탈하거나 법령에 의한 제한을 회피할 목적이 아닌 경우에 한하여 그 과징금을 일정한 범위 내에서 감경할 수 있을 뿐이지 그에 대하여 과징금 부과처분을 하지 않거나 과징금을 전액 감면할 수 있는 것은 아니다(대판 2007. 07. 12,

2005두17287[과징금부과처분취소]).

통상 과징금 부과기준이 행정규칙(재량준칙)의 형식 또는 법규명령의 형식으로 제정되고 있는데, 이 경우 당해 부과기준의 법적 성질 및 구속력이 문제된다. 재량준칙 및 법규명령형식의 행정규칙의 구속력의 문제가 된다. 판례는 법규위반에 대한 과징금의 부과기준을 정한 대통령령을 과징금의 최고한도를 정한 법규명령으로 보고 법규위반에 대한 과징금의 부과기준을 정한 부령을 행정규칙에 불과하지만 그 부과기준이 현저히 부당하지 않는 한 존중하여야 한다고 보고 있다. 문제는 대통령령에서 법규위반에 대하여 과징금을 정한 경우 그 과징금의 상한액이 위반행위의 횟수만큼 늘어나는 것인가(위반행위기준설) 아니면 위반행위의 횟수에 관계없이 1회의 처분에 대한 상한액으로 보아야 하는가(처분기준설)이다. 판례는 입법의 취지에 따라 1회의 처분에 대한 상한으로 보기도 하고 위반행위의 횟수에 따라 과징금을 병과하여야 하는 것으로 보기도 한다.

[판례] ① 구 청소년보호법 법 제24조 제1항의 규정에 의한 청소년고용금지의무를 위반한 때에 부과할 과징금 부과기준을 800만원으로 정하고 있는 구 청소년보호법시행령하에서 유흥업소에 청소년 2명을 고용한 위반행위에 대해 1,600만원의 과징금을 부과한 것을 **상한액의 2배인 과징금을 부과한** 것으로 본 원심판단을 인정한 사례(대판 2001. 03. 09, 99두5207[과징금부과처분취소]).
② 자동차운수사업법 제31조의2 제1항에 의하여 1회에 부과할 수 있는 과징금의 최고한도액: 자동차운수사업법 제31조 제1항은 자동차운수사업자가 동법에 의거한 명령이나 처분, 면허에 붙인 조건에 위반한 때 등에는 6월 이내의 기간을 정하여 사업의 정지를 명하거나 면허의 일부 또는 전부를 취소할 수 있도록 규정하고 있고, 같은 법 **제31조의2 제1항은 이 경우 대통령령이 정하는 바에 의하여 사업정지명령에 갈음하여 5,000,000원 이하의 과징금을 부과할 수 있도록 규정하고 있는바,** 수회 경합된 위반행위에 대한 것이라 하더라도 사업정지명령을 내림에 있어서는 그 기간은 6월을 초과할 수 없다고 보아야 함에 비추어 볼 때 이에 갈음하는 과징금도 그것이 **비록 수대의 차량이 수회 위반행위를 한 데 대한 것이라 하더라도 1회에 부과할 수 있는 최고한도액은 5,000,000원이라고 해석함이 상당하다**(대판 1993. 07. 27, 93누1077[과징금부과처분취소]).
③ 자동차운수사업법 제31조의2 제2항에 의거한 같은법시행령 제3조 제1항 [별표 1], 제2항은 위반행위의 종별에 따른 과징금의 기준금액을 정하고 있는바, **그 기준금액은 1회의 위반행위에 대한 것이라 할 것이어서 수회의 위반행위를 한 경우에는 각 위반행위에 대하여 각 그 기준에 따른 과징금을 병과할 수 있다고 보아야 할 것이고,** 따라서 그와 같은 수회의 위반행위에 대하여 1개의 부과처분이 행하여질 경우에는 그 부과할 과징금의 액수는 위 법령상의 각 해당 기준금액을 병과하여 산정하되 그 최고한도액은 위 인정의 금 5,000,000원인 것으로 해석하여야 하고, 1개의 부과처분에서 행해질 수 있는 과징금의 최고한도액이 하나의 위반행위에 대한 위 법령상의 기준금액이 되는 것으로 해석할 것은 아니다(대판 1995. 01. 24, 94누6888[과징금부과처분취소]).
④ [여객자동차 운수사업법령에 규정된 과징금의 상한액과 관련하여 과징금 부과처분의 처분양정이 이루어져야 하는 방식이 문제된 사건] (1) 구 「여객자동차 운수사업법」(2020. 3. 24. 법률 제17091호로 개정되기 전의 것)제88조 및 구 「여객자동차 운수사업법 시행령」(2018. 4. 10. 대통령령

제28793호로 개정되기 전의 것) 제46조 등에 규정된 과징금 상한액(5,000만 원)이 갖는 의미 및 관할 행정청이 여객자동차운송사업자의 여러 가지 위반행위를 인지한 경우 그 전부에 대하여 일괄하여 5,000만 원의 최고한도 내에서 하나의 과징금 부과처분을 하여야 하는지 여부(한정적극): 관할 행정청은 위와 같은 사업정지처분이 그 여객자동차 운수사업을 이용하는 사람들에게 심한 불편을 주거나 공익을 해칠 우려가 있는 때에는 그 사업정지처분을 갈음하여 5,000만원 이하의 과징금을 부과·징수할 수 있고(제88조 제1항), 과징금을 부과하는 위반행위의 종류·정도 등에 따른 과징금의 액수, 그 밖에 필요한 사항은 대통령령으로 정한다(제88조 제2항). 구 「여객자동차 운수사업법 시행령」(2018. 4. 10. 대통령령 제28793호로 개정되기 전의 것, 이하 '구 여객자동차법 시행령'이라고 한다)에 의하면, 구 여객자동차법 제88조 제1항에 따라 과징금을 부과하는 위반행위의 종류와 위반 정도에 따른 과징금 액수는 별표5와 같고(제46조 제1항), 관할 행정청은 여객자동차 운수사업자의 사업규모, 사업지역의 특수성, 운전자 과실의 정도와 위반행위의 내용 및 횟수 등을 고려하여 제1항에 따른 과징금 액수의 2분의 1의 범위에서 가중하거나 경감할 수 있되, 다만 가중하는 경우에도 과징금의 총액은 5,000만 원을 초과할 수 없다(제46조 제2항). 여객자동차운송사업자가 임의로 결행, 도중 회차, 노선 또는 운행계통의 단축 또는 연장 운행, 감회 또는 증회 운행 중 어느 하나의 행위를 하여 사업계획을 위반한 경우 1회 위반행위에 대한 과징금 부과기준 금액은 100만 원이고(별표5 제7호 가.목), 위 제7호 가.목을 적용할 때에는 같은 목의 위반행위별로 구분하여 산정하되, 위반행위별로 같은 위반행위의 횟수가 최초 위반행위를 한 날부터 1년 이내에 1회 이상인 경우에는 그 추가 위반횟수(과징금 부과처분이 이루어진 위반행위의 횟수는 제외한다) 1회당 부과기준 금액의 50%를 더하여 일괄 처분한다(별표5 비고 제5항). 이와 같이 위반행위가 여러 가지인 경우에 행정처분의 방식과 한계를 정한 관련 규정들의 내용과 취지에다가, 여객자동차운수사업자가 범한 여러 가지 위반행위에 대하여 관할 행정청이 구 여객자동차법 제85조 제1항 제12호에 근거하여 사업정지처분을 하기로 선택한 이상 각 위반행위의 종류와 위반 정도를 불문하고 사업정지처분의 기간은 6개월을 초과할 수 없는 점을 종합하여 보면, 관할 행정청이 사업정지처분을 갈음하는 과징금부과처분을 하기로 선택하는 경우에도 사업정지처분의 경우와 마찬가지로 여러 가지 위반행위에 대하여 1회에 부과할 수 있는 과징금 총액의 최고한도액은 5,000만 원이라고 보는 것이 타당하다(대법원 1995. 1. 24. 선고 94누6888 판결 등 참조). 관할 행정청이 여객자동차운송사업자의 여러 가지 위반행위를 인지하였다면 그 전부에 대하여 일괄하여 5,000만 원의 최고한도 내에서 하나의 과징금 부과처분을 하는 것이 원칙이고, 인지한 여러 가지 위반행위 중 일부에 대해서만 우선 과징금 부과처분을 하고 나머지에 대해서는 차후에 별도의 과징금 부과처분을 하는 것은 다른 특별한 사정이 없는 한 허용되지 않는다고 보아야 한다. (2) 관할 행정청이 여객자동차운송사업자가 범한 여러 가지 위반행위 중 일부만 인지하여 과징금 부과처분을 하였는데 그 후 그 과징금 부과처분 시점 이전에 이루어진 다른 위반행위를 인지함에 따라 그에 대하여 별도의 과징금 부과처분을 하는 경우, 추가 과징금 부과처분의 처분양정이 이루어져야 하는 방식: 또한 관할 행정청이 여객자동차운송사업자가 범한 여러 가지 위반행위 중 일부만 인지하여 과징금 부과처분을 하였는데 그후 그 과징금 부과처분 시점 이전에 이루어진 다른 위반행위를 인지하여 이에 대하여 별도의 과징금 부과처분을 하게 되는 경우에도 종전 과징금 부과처분의 대상이 된 위반행위와 추가 과징금 부과처분의 대상이 된 위반행위에 대하여 일괄하여 하나의 과징금 부과처분을 하는 경우와의 형평을 고려하여 추가 과징금 부과처분의 처분양정이 이루어져야 한다. 다시 말해, 행정청이 전체 위반행위에 대하여 하나의 과징금 부과처분을 할 경우에 산정되었을 정당한 과징금액에서 이미 부과된 과징금액을 뺀 나머지 금액을 한도로 하여서만 추가 과징금 부과처분을 할 수 있다고 보아야 한다(대법원 2014. 11. 27. 선고 2013두18964 판결 참조). 행정청이 여러 가지 위반행위를 언제 인지하였느냐는 우연한 사정에 따라 처분상대방에게 부과되는 과징금의 총액이 달라지는 것은 그 자체로 불합리하기 때문이다. (3) 대법원은 앞서 본 법리를 토대로, 피고가 2018. 2. 28. 종전 과징금 부과처분을 할 당시 위 종전 과징금 부과처분의 대상인 원고의 종전 위반행위뿐만 아니라 이 사건 제1위반행위까지도 이미 인지하였으므로 위 종전 위반행위와 이 사건 제1 위반행위에 대하여 일괄하여 5,000만 원의 최고한도 내에서 하나의 과징금 부과처분을 하였어야 함에도, 피고는 종전 위반행위에 대하여만 최고한도인 5,000만 원의 과징금 부과처분을 한 이상 이 사건 제1 위반행위에 대하여 별도로 5,000만 원의 과징금 부과처분(이 사건 제1 처분)을 하는 것은 여러 가지 위반행위에 대하여 부과할 수 있는 과징금의 최고한도액을 정한 구 여객자동차법 시행령 제46조 제2항에 위배되어 원칙적으로 허용되지 않는다는 이유로, 이와 달리 이 사건 제1 처분이 적법하다고 판단한 원심판결을 파기환송한 사례(대판 2021. 02. 04, 2020두48390).

제 2 항 가산세

가산세(加算稅)란 세법상의 의무의 성실한 이행을 확보하기 위하여 그 세법에 의하여 산출된 세액에 가산하여 징수되는 세금을 말한다(국세기본법 제2조 제4호).

가산세는 세금의 형태로 가하는 행정벌의 성질을 가진 제재이므로 그 의무해태에 정당한 사유가 있는 경우에는 부과할 수 없다(대판 1992. 04. 28, 91누9848).

가산세 부과처분은 본세의 부과처분과 별개의 과세처분이다.

[판례] 세법상 가산세는 과세권의 행사 및 조세채권의 실현을 용이하게 하기 위하여 납세자가 정당한 이유 없이 법에 규정된 신고, 납세 등 각종 의무를 위반한 경우에 개별세법이 정하는 바에 따라 부과되는 **행정상의 제재**로서 납세자의 고의, 과실은 고려되지 않는 반면, 이와 같은 제재는 납세의무자가 그 의무를 알지 못한 것이 무리가 아니었다고 할 수 있어서 그를 정당시할 수 있는 사정이 있거나 그 의무의 이행을 당사자에게 기대하는 것이 무리라고 하는 사정이 있을 때 등 그 의무해태를 탓할 수 없는 정당한 사유가 있는 경우에는 이를 과할 수 없다(대판 2005. 01. 27, 2003두13632; 2022. 01. 14, 2017두41108).

가산세에는 무신고가산세(국세기본법 제47조의2), 과소신고 · 초과환급신고가산세(제47조의3), 납부지연가산세(제47조의4), 원천징수납부 등 불성실가산세(제47조의5)가 있다.

세금 납부지연에 대하여 부과하는 구 국세기본법상의 납부불성실가산세와 구 국세징수법상의 가산금은 2020. 1. 1.부터 국세기본법상의 납부지연가산세로 통합되었다.

[판례] [피고 행정청이 당초 적법하게 기반시설부담금과 지체가산금을 징수하였다가, 그후 원고가 기부채납을 하여 후발적으로 기반시설부담금 환급사유가 발생한 경우에, 피고 행정청이 원고에게 부담금 환급금과 환급가산금 외에 지체가산금까지 반환할 의무가 있는지가 다투어진 사건] (1) 구 「기반시설부담금에 관한 법률」 제16조 제2항에 따른 지체가산금은 납부의무자가 부과된 기반시설

부담금의 납부의무 이행을 지체하는 경우에 부담하는 지연배상금의 성질을 띤 것으로 납부기한이 경과함으로써 당연히 발생한다(대법원 1991. 03. 12. 선고 90누2833 판결 참조). 기반시설부담금 부과처분에 처분 당시부터 위법사유가 있어 그 부과처분이 당연무효이거나 그 부과처분을 소급적으로 취소하는 경우에는 지체가산금도 그 기초를 상실하는 것이어서, 행정청이 납부의무자에게 기반시설부담금과 함께 지체가산금도 환급할 의무가 있다고 보아야 한다(대법원 1986. 09. 09. 선고 86누76 판결 참조). 그러나 피고 행정청이 당초 적법하게 기반시설부담금과 지체가산금을 징수하였다가, 그 후 원고가 기부채납을 하여 후발적으로 기반시설부담금 환급사유가 발생한 경우에, 피고 행정청이 원고에게 부담금 환급금과 환급가산금 외에 지체가산금까지 반환할 의무는 없다. 따라서 이러한 경우에는 행정청이 납부의무자에게 법 제17조 제1항, 제2항, 시행령 제15조 제2항, 제4항에 따라 부담금환급금과 그에 대한 법정이자에 해당하는 환급가산금을 지급할 의무가 있을 뿐이라고 보아야 한다. (2) 당초 기반시설부담금이 적법하게 부과되었음에도 원고가 납부를 지체하여 피고 행정청이 원고로부터 지체가산금을 징수한 후 원고가 기부채납을 하고 기반시설부담금 환급신청을 하였는데, 피고 행정청이 '부담금환급금과 그에 대한 환급가산금만을 반환할 것이고, 지체가산금을 반환하지 않겠다'고 결정하여 통보하자 원고가 지체가산금 부분의 환급 거부처분 취소소송을 제기한 사안에서, 기반시설부담금의 환급사유가 원시적 하자인지 후발적 하자인지에 따라 지체가산금의 반환의무가 달라진다는 이유로, 기반시설부담금의 환급사유가 부과처분 당시의 하자로 인한 것인지 아니면 부과처분 이후 사정변경으로 인한 것인지를 구분하지 아니한 채 부과처분 이후 사정변경으로 환급사유가 발생한 경우에도 피고 행정청이 지체가산금까지 반환할 의무가 있다는 취지로 본 원심판결을 파기한 사례(대판 2018. 06. 28, 2016두50990).

제 3 항 명단의 공표(위반사실의 공표)

Ⅰ. 명단공표의 의의

명단(名單)의 공표(公表)란 행정법상의 의무 위반 또는 의무불이행이 있는 경우에 그 위반자의 성명, 위반사실 등을 일반에게 공개하여 명예 또는 신용에 침해를 가함으로써 심리적인 압박을 가하여 행정법상의 의무이행을 확보하는 간접강제수단을 말한다.

행정청은 법령에 따른 의무를 위반한 자의 성명·법인명, 위반사실, 의무 위반을 이유로 한 처분사실 등(이하 "위반사실등"이라 한다)을 법률로 정하는 바에 따라 일반에게 공표할 수 있다(행정절차법 제40조의3 제1항). 행정절차법은 '위반사실등의 공표'의 근거법률이 아니고, '위반사실등의 공표'의 일반절차를 규정하고 있다. '위반사실등의 공표' 즉 '법령에 따른 의무를 위반한 사실 등'의 공표만이 행정절차법의 적용대상이며 '위반사실등의 공표'가 아닌 정보제공적 공표는 행정절차법의 적용대상이 아니다. 예를 들면, 법령에 따른 의무 위반에 관한 사실을 위반자를 특정하지 않고, 제재목적이 아니라 국민의 안전 등 공익목적을 적극적으로 실현하기 위해 정보를 제공하는 것(예, 안전의무를 위반한 사실로 국민 일반에 위험을 야기하고 있는 사실을 국민 일반에 경고하기 위해 공표하는 것)은 행정절차법상 '위반사실등의 공표'가 아니다.

환경보전을 위한 관계 법령 위반에 따른 행정처분 사실의 공표(환경정책기본법 제30조 제3항), 체납기간 1년 이상·2억원 이상의 고액·상습세금체납자(국세징수법 제114조 제1항), 위반건축물표지의 설치(건축법 제79조 제4항, 동법 시행규칙 제40조)와 미성년자에 대한 성범죄자(아동·청소년의 성보호에 관한 법률 제49조 제1항)의 명단의 공표가 그 예이다.

Ⅱ. 법적 근거

행정절차법은 '위반사실등의 공표'의 근거법률이 아니고, 행정법상의 의무위반자의 명단을 공표하는 것은 그의 명예, 신용 또는 프라이버시에 대한 침해를 초래한다. 따라서 법에 근거가 있는 경우에 한하여 가능하다.

Ⅲ. 한　　계

법에 근거가 있는 경우에도 비례의 원칙에 따라 명예, 신용, 인격권 또는 프라이버시권과 공표로 달성하고자 하는 공익(예, 국민의 알 권리, 표현의 자유, 공표를 통한 의무이행의 확보) 간에 이익형량을 하여 명단공표의 위법 여부를 판단하여야 한다(대판 1998. 07. 14, 96다17257[130]).

[판례] 헌법재판소는 청소년 성매수자의 신상을 공개하도록 한 청소년의성보호에관한법률 제20조 제2항 제1호 등은 청소년 성매수자의 일반적 인격권과 사생활의 비밀의 자유가 제한되는 정도가 청소년 성보호라는 공익적 요청에 비해 크다고 할 수 없으므로 법익의 균형성 원칙에 어긋나지 않고, 위헌이 아니라고 보았다(재판관 5 대 4로 위헌론이 다수를 차지하기는 하였으나 위헌결정의 정족수(6명)에 미달하여 헌법에 위반되지 아니한다는 결정을 선고하였다)(헌재 2003. 06. 26, 2002헌가14[131]).

행정청은 위반사실등의 공표를 하기 전에 사실과 다른 공표로 인하여 당사자의 명예·신용 등이 훼손되지 아니하도록 객관적이고 타당한 증거와 근거가 있는지를

130) 수사기관이 피의사실을 공표함으로 명예를 훼손당하였다고 국가배상을 청구한 사건.

131) 이 사건의 개요는 다음과 같다. 위헌제청신청인은 청소년 성매수죄로 벌금 500만원을 선고받았다. 청소년보호위원회는 청소년의 성보호에 관한 법률 제20조에 근거하여 제청신청인의 성명 등 신상정보를 관보에 게재하고 역시 같은 내용을 청소년보호위원회의 인터넷 홈페이지에 6월간, 정부중앙청사 및 특별시·광역시·도의 본청 게시판에 1월간 게시하기로 하는 결정을 하였다. 이에 제청신청인은 서울행정법원에 청소년보호위원회를 상대로 위 신상 등 공개처분의 취소를 구하는 소를 제기한 후, 그 소송 계속중에 위 법률 제20조에 대한 위헌여부심판제청을 신청하였다. 위 법원은 위 법률 제20조 제2항 제1호, 제3항, 제4항, 제5항에 대하여 헌법재판소에 위헌여부심판을 제청하였다.

확인하여야 한다(행정절차법 제40조의3 제2항).

행정청은 위반사실등의 공표를 하기 전에 당사자가 공표와 관련된 의무의 이행, 원상 회복, 손해 배상 등의 조치를 마친 경우에는 위반사실등의 공표를 하지 아니할 수 있다(행정절차법 제40조의3 제7항).

행정청은 공표된 내용이 사실과 다른 것으로 밝혀지거나 공표에 포함된 처분이 취소된 경우에는 그 내용을 정정하여, 정정한 내용을 지체 없이 해당 공표와 같은 방법으로 공표된 기간 이상 공표하여야 한다. 다만, 당사자가 원하지 아니하면 공표하지 아니할 수 있다(행정절차법 제40조의3 제8항).

Ⅳ. 위반사실등의 공표절차

행정청은 위반사실등의 공표를 할 때에는 미리 당사자에게 그 사실을 통지하고 의견제출의 기회를 주어야 한다. 다만, 다음 각 호의 어느 하나에 해당하는 경우에는 그러하지 아니하다. 1. 공공의 안전 또는 복리를 위하여 긴급히 공표를 할 필요가 있는 경우, 2. 해당 공표의 성질상 의견청취가 현저히 곤란하거나 명백히 불필요하다고 인정될 만한 타당한 이유가 있는 경우, 3. 당사자가 의견진술의 기회를 포기한다는 뜻을 명백히 밝힌 경우(제40조의3 제3항).

제1항에 따른 위반사실등의 공표는 관보, 공보 또는 인터넷 홈페이지 등을 통하여 한다(제6항).

위반사실등의 공표가 중대한 기본권에 대한 침해를 가져오는 경우에는 그에 비례하여 엄격한 절차에 따라야 한다. 예를 들면, 의견제출 대신 청문을 실시하도록 하고, 공표결정기관을 보다 공정하고 권위있는 기관(예, 위원회, 법원 등)에서 하도록 하여야 한다.

Ⅴ. 법적 성질

명단공표의 법적 성질에 관하여는 견해가 대립하고 있다.

1. 비권력적 사실행위설

이 견해는 명단공표는 수인의무를 수반하지 않으므로 비권력적 사실행위라고 하는 견해이며 다수견해이다.

2. 권력적 사실행위설

이 견해는 공표행위는 일방적으로 행해지고 그로 인하여 명예, 신용 또는 프라이버시권 등이 침해되므로 권력적 사실행위로 보는 견해이다.

3. 판 례

명단의 공표(결정)(병무청장이 병역법에 따라 병역의무 기피자의 인적사항 등을 인터넷 홈페이지에 게시한 것)는 항고소송의 대상인 행정처분에 해당한다(대판 2019. 06. 27, 2018두49130). 판례는 명단공표를 공권력 행사로 보면서도 공개라는 사실행위는 행정결정의 집행행위로 보고 있는 점에서 명단공표를 사실행위로 보지 않고 행정행위(일반처분)로 보고 있는 것으로 보인다.

[판례] [인적사항 등 공개가 행정처분인지 여부가 쟁점인 사건] (1) **병무청장이 병역법 제81조의2 제1항에 따라 병역의무 기피자의 인적사항 등을 인터넷 홈페이지에 게시하는 등의 방법으로 공개한 경우 병무청장의 공개결정을 항고소송의 대상이 되는 행정처분으로 보아야 한다**. 그 구체적인 이유는 다음과 같다. ① **병무청장이 하는 병역의무 기피자의 인적사항 등 공개는**, 특정인을 병역의무 기피자로 판단하여 그 사실을 일반 대중에게 **공표**함으로써 그의 명예를 훼손하고 그에게 수치심을 느끼게 하여 병역의무 이행을 간접적으로 강제하려는 조치로서 병역법에 근거하여 이루어지는 **공권력의 행사에 해당한다**. ② 병무청장이 하는 병역의무 기피자의 인적사항 등 공개조치에는 특정인을 병역의무 기피자로 판단하여 그에게 불이익을 가한다는 **행정결정이 전제되어 있고, 공개라는 사실행위는 행정결정의 집행행위**라고 보아야 한다. **병무청장이 그러한 행정결정을 공개 대상자에게 미리 통보하지 않은 것이 적절한지 여부는 본안에서 해당 처분이 적법한가를 판단하는 단계에서 고려할 요소**이며, 병무청장이 그러한 행정결정을 공개 대상자에게 미리 통보하지 않았다거나 처분서를 작성·교부하지 않았다는 점만으로 항고소송의 대상적격을 부정하여서는 아니 된다. **③ 병무청 인터넷 홈페이지에 공개 대상자의 인적사항 등이 게시되는 경우 그의 명예가 훼손되므로, 공개 대상자는 자신에 대한 공개결정이 병역법령에서 정한 요건과 절차를 준수한 것인지를 다툴 법률상 이익이 있다**. 병무청장이 인터넷 홈페이지 등에 게시하는 사실행위를 함으로써 **공개 대상자의 인적사항 등이 이미 공개되었다고 하더라도**, 재판에서 병무청장의 공개결정이 위법함이 확인되어 취소판결이 선고되는 경우, **병무청장은 취소판결의 기속력에 따라 위법한 결과를 제거하는 조치를 할 의무가 있으므로** 공개 대상자의 실효적 권리구제를 위해 병무청장의 공개결정을 행정처분으로 인정할 **필요성이 있다(소의 이익이 있다)**. **④ 관할 지방병무청장의 공개 대상자 결정의 경우** 상대방에게 통보하는 등 외부에 표시하는 절차가 관계 법령에 규정되어 있지 않아, **행정실무상으로도 상대방에게 통보되지 않는 경우가 많다**. 또한 관할 지방병무청장이 위원회의 심의를 거쳐 공개 대상자를 1차로 결정하기는 하지만, 병무청장에게 최종적으로 공개 여부를 결정할 권한이 있으므로, **관할 지방병무청장의 공개 대상자 결정은 병무청장의 최종적인 결정에 앞서 이루어지는 행정기관 내부의 중간적 결정에 불과**하다. 가까운 시일 내에 최종적인 결정과 외부적인 표시가 예정되어 있는 상황에서, 외부에 표시되지 않은 행정기관 내부의 결정을 **항고소송의 대상인 처분으로 보아야 할 필요성은 크지 않다. 관할 지방병무청장이 1차로 공개 대상자 결정을 하고, 그에 따**

라 병무청장이 같은 내용으로 최종적 공개결정을 하였다면, 공개 대상자는 병무청장의 최종적 공개결정만을 다투는 것으로 충분하고, 관할 지방병무청장의 공개 대상자 결정을 별도로 다툴 소의 이익은 없어진다(대법원 2018. 06. 15. 선고 2016두57564 판결 참조). (2) 병무청장이 '여호와의 증인' 신도인 원고들을 병역의무 기피자로 판단하여 그 인적사항 등을 인터넷 홈페이지에 게시하자 원고들이 이를 다투는 항고소송을 제기한 사안에서, 원심이 병무청장의 인적사항 등 공개결정이 항고소송의 대상인 '처분'에 해당하지 않는다고 판단한 것은 잘못이지만, 병무청장이 대법원 2018. 11. 01. 선고 2016도10912 전원합의체 판결의 취지(양심적 병역거부가 병역의무 불이행의 정당한 사유에 해당한다는 취지)를 존중하여 상고심 계속 중에 그 공개결정을 직권으로 취소한 이상 소의 이익이 소멸하였으므로 원고들의 소를 각하한 결론은 결국 정당하다고 보아 상고기각한 사례(대판 2019. 06. 27, 2018두49130). 〈해설〉 판례는 명단공표를 명단공개결정과 인터넷 홈페이지에 공개 대상자의 인적사항 등을 게시하는 방식으로 고시하는 일반처분고시(명단공표결정고시)로 보고 있는 것으로 보인다. 판례는 공개라는 사실행위는 행정결정의 집행행위로 보고 있는 점에서 명단공표를 사실행위로 보지 않고 행정행위(일반처분)로 보고 있는 것으로 보인다.

3. 사견(구별설)

공표결정이 통보되는 경우와 공표결정이 통보되지 않는 경우를 구별하는 것이 타당하다. ① 명단공표결정이 통보되지 않는 경우 공표행위는 행정기관에 의해 일방적으로 행해지며 그로 인하여 명예, 신용 또는 프라이버시권이 훼손되므로 권력적 사실행위로 보는 것이 타당하다. ② 공표행위 전에 명단공표결정이 통보되는 경우에 명단공표결정통보는 행정행위의 성질을 갖고, 공표행위는 단순한 집행행위인 사실행위로 보아야 한다.

Ⅵ. 법적 구제

위법한 명단공표로 인하여 명예 또는 신용을 훼손당한 자 또는 위법한 명단공표가 예정되어 있는 자는 어떠한 법적 구제를 받을 수 있는가.

1. 항고쟁송

(1) 처분성 인정 여부

1) 처분성 부정설과 불복수단

명단공표를 사실행위(비권력적 사실행위 또는 권력적 사실행위)라고 보는 견해 중 행정쟁송법상 처분개념에 관하여 실체법적 개념설을 취하는 견해는 명단공표의 처분성을 부정하고 공법상 당사자소송으로 명단공표의 폐지를 구하는 이행소송 또는 명단공표의 금지를 구하는 소송을 제기하여야 한다고 하는 견해(김연태)와 예방적 부작위소송을 제기하여야 한다는 견해(정하중, 505면)가 있다.

이에 대하여 명단공표를 비권력적 사실행위로 보고 처분성을 부인하면서 행정쟁송가능성을 부인하고, 입법론상 예방적 부작위(금지)소송을 마련할 필요가 있다는 견해가 있다(홍정선).

2) 처분성 긍정설과 불복수단

명단공표를 비권력적 사실행위로 보면서 원칙상 처분이 아니지만, 다른 적절한 구제수단이 없는 경우에는 행정소송법 제2조의 '공권력 행사에 준하는 작용' 또는 형식적 행정행위로 보아 항고소송의 대상이 되는 것으로 보는 견해가 있다(형식적 행정행위론, 김동희).

또한 명단공표를 권력적 사실행위로 보는 견해 중 행정쟁송법상 처분개념에 관하여 쟁송법적 개념설을 취하는 견해는 명단공표의 처분성을 인정한다.

3) 결어(긍정설)

공표결정이 당사자에게 통보되지 않는 경우 공표행위를 권력적 사실행위로 보아 처분성을 인정하고, 공표결정이 통보되는 경우 공표결정통보행위를 행정행위로 보아 처분성을 인정하는 것이 타당하다.

처분성을 긍정하는 견해에 의하면 명단공표에 대해 행정심판 또는 항고소송을 제기할 수 있다.

(2) 소의 이익

명단이 이미 공표된 경우에도 명단공표가 계속중인 경우 당연히 소의 이익이 있다. 명단공표가 종료한 경우에는 소의 이익이 없다는 견해도 있으나, 명단의 공표행위가 종료한 경우에도 명단공표가 취소되면 판결의 기속력에 의해 정정공고 등 행정청에게 원상회복의무가 있고, 정정공고에 의해 원상회복이 가능하므로 소의 이익이 있다고 보아야 한다(이견 있음). 다만, 미성년자에 대한 성범죄자의 명단공표의 경우에는 미성년자에 대한 성범죄자인 것은 부인할 수 없어 원상회복이 불가능하므로 공표행위가 종료하면 소의 이익이 없다.

(3) 가구제

실효성 있는 권리구제를 위하여는 명단공표를 다투면서 가구제를 신청할 필요가 있다. 처분성을 인정하는 견해에서는 취소소송을 제기하면서 집행정지를 신청하여야 하고, 처분성을 부정하고 당사자소송을 제기하여야 한다는 견해에서는 가처분을 신청하여야 한다.

2. 공법상 결과제거청구

공표로 인하여 훼손된 명예 또는 신용을 회복하기 위하여 이론상 공법상 결과제거청구권을 행사할 수 있지만 현행법상 공법상 결과제거청구권은 인정되고 있지 않다. 따라서 현행법하에서는 민법 제764조에 근거하여 민사소송으로 정정공고(訂正公告)와 같은 명예회복에 적당한 처분을 청구할 수 있다.

3. 국가배상

위법한 공표에 의해 명예, 신용 등이 침해된 경우에는 행정상 손해배상(국가배상)을 청구할 수 있다.

제4항 공급거부

Ⅰ. 의 의

공급거부(供給拒否)라 함은 행정법상의 의무를 위반하거나 불이행한 자에 대하여 행정상의 서비스 또는 재화의 공급을 거부하는 행위를 말한다.

국민생활에 필수적인 전기, 수도와 같은 재화 또는 서비스의 제공을 거부함으로써 행정법상의 의무의 이행을 간접적으로 강제하는 수단이다.

Ⅱ. 법적 근거

공급거부는 침해적 권력적 사실행위이므로 명시적인 법률상의 근거가 있어야 한다.

구 건축법 제69조 제1항과 제2항은 시장·군수·구청장은 이 법 또는 이 법의 규정에 의한 명령이나 처분에 위반하여 허가 또는 승인이 취소되었거나 철거, 개축 등의 시정명령을 받고 이행하지 아니한 건축물에 대하여 전기·전화·수도의 공급자, 도시가스사업자 또는 관계행정기관의 장에게 그 공급시설의 설치 또는 공급의 중지를 요청할 수 있으며 그 요청을 받은 자는 특별한 이유가 없는 한 이에 응하도록 규정하고 있었다.

Ⅲ. 한 계

행정법상의 의무위반 또는 의무불이행이 있다고 하여 공급거부가 항상 적법하게 인정될 수 있는 것은 아니다.

① 공급거부가 비례의 원칙에 반하는 경우에 당해 공급거부는 위법하다.

② 공급거부가 부당결부금지의 원칙에 반하는지에 관하여는 전술한 바와 같다.

수도 또는 전기 등의 공급거부가 위법한 건축물의 위법성의 시정조치와 실질적 관련이 없다는 견해가 다수견해이지만, 그 실질적 관련성을 긍정하는 것이 타당하다.

즉 "수도 · 전기 등의 공급거부 또는 공급중단은 당해 급부를 수급하기 위한 요건을 충족시키지 못하거나 당해 급부행정상의 의무 위반이 있는 경우에만 허용된다고 할 것이다. 이러한 사유를 넘어서서, 다른 법령에 의하여 부과된 의무의 위반 · 불이행에 대하여 그 의무이행 확보수단으로 당해 급부의 공급을 거부 또는 중단하는 것은, 당해 행정작용이 추구하는 목적과 무관한 다른 행정목적을 위한 것이라는 점에서 그 위법성 여부가 문제되는 것이다."[132]

Ⅳ. 법적 성질 및 법적 구제

① 지방자치단체의 장에 대한 수도의 공급거부는 처분이므로 항고소송의 대상이 된다. 단수처분을 행정처분으로 본 판례가 있다(대판 1979. 12. 28, 79누218).

② 전화 · 전기의 공급거부를 사법행위(私法行爲)로 보는 견해도 있으나 실효성 확보수단으로서의 전화 · 전기의 공급거부는 사용료납부불이행으로 인한 공급거부와 달리 공권력 행사(처분)로 보아야 한다.

③ 문제는 시장 · 군수 · 구청장의 공급거부요청이 처분인가 하는 것이다. 판례는 공급거부요청권고에 불과하므로 처분이 아니라고 하고 있다(대판 1996. 03. 22, 96누433).[133] 그러나, 구 건축법상 공급거부요청은 처분(행정소송법 제2조 제1항의 '그 밖에 이에 준하는 행정작용')에 해당한다고 보는 것이 타당하다. 왜냐하면, 구 건축법 제69조는 그 요청을 받은 자는 특별한 이유가 없는 한 이에 응하도록 규정하고 있기 때문이다.

제 5 항 관허사업의 제한

Ⅰ. 의 의

관허사업(官許事業)의 제한(制限)이라 함은 행정법상의 의무를 위반하거나 불이행한 자에 대하여 각종 인 · 허가를 거부할 수 있게 함으로써 행정법상 의무의 준수 또는 의무의 이행을 확보하는 간접적 강제수단을 말한다.

---

132) 김동희, 전게서, 458면.

133) 건축법 제69조 제2항, 제3항의 규정에 비추어 보면, 행정청이 위법 건축물에 대한 시정명령을 하고 나서 위반자가 이를 이행하지 아니하여 전기 · 전화의 공급자에게 그 위법 건축물에 대한 전기 · 전화공급을 하지 말아 줄 것을 요청한 행위는 권고적 성격의 행위에 불과한 것으로서 전기 · 전화공급자나 특정인의 법률상 지위에 직접적인 변동을 가져오는 것은 아니므로 이를 항고소송의 대상이 되는 행정처분이라고 볼 수 없다.

Ⅱ. 종　류

관허사업의 제한에는 의무 위반사항과 관련이 있는 사업에 대한 것(예, 건축법 제79조 제2항의 위법 건축물을 이용한 영업허가의 제한) 즉 **관련 관허사업의 제한**과 의무 위반사항과 직접 관련이 없는 사업 일반에 대한 것(병역법 제76조의 병역의무 불이행자에 대한 관허사업의 제한) 즉 **일반적 관허사업의 제한**이 있다.

1. 관련 관허사업의 제한

예를 들면, 건축법 제79조는 시장·군수·구청장은 이 법 또는 이 법의 규정에 의한 명령이나 처분에 위반하여 허가 또는 승인이 취소되었거나 철거, 개축 등의 시정명령을 받고 이행하지 아니한 건축물을 사용하여 영업을 하기 위하여 영업허가를 신청한 경우에는 관계 행정기관의 장에게 당해 영업허가를 하지 아니하도록 요청할 수 있고, 요청을 받은 자는 특별한 이유가 없는 한 이에 응하도록 규정하고 있다.

[판례] 식품위생법에 따른 식품접객업의 영업신고 요건을 갖추었으나, 그 영업신고를 한 당해 건축물이 무허가 건물일 경우 영업신고가 적법한지 여부(소극): [1] 식품위생법과 건축법은 그 입법 목적, 규정사항, 적용범위 등을 서로 달리하고 있어 식품접객업에 관하여 식품위생법이 건축법에 우선하여 배타적으로 적용되는 관계에 있다고는 해석되지 않는다. 그러므로 식품위생법에 따른 식품접객업(일반음식점영업)의 영업신고의 요건을 갖춘 자라고 하더라도, 그 영업신고를 한 당해 건축물이 건축법 소정의 허가를 받지 아니한 무허가 건물이라면 적법한 신고를 할 수 없다. [2] 불법 건축물이라는 이유로 일반음식점 영업신고의 접수가 거부되었고, 이전에 무신고 영업행위로 형사처벌까지 받았음에도 계속하여 일반음식점 영업행위를 한 피고인의 행위는, 식품위생법상 무신고 영업행위로서 정당행위 또는 적법행위에 대한 기대가능성이 없는 경우에 해당하지 아니한다고 한 사례(대판 2009. 04. 23, 2008도6829[식품위생법위반]).

현행 국세징수법은 국세 체납자에 대한 관허사업의 제한을 일반적으로 인정한 구 국세징수법(2020.1.1. 이전 국세징수법)과 달리 체납 국세의 부과 원인과 무관한 사업에 대한 관허사업 제한을 금지하고 관련 관허사업만 제한할 수 있는 것으로 규정하고 있다. 즉, 관할 세무서장은 납세자가 허가·인가·면허 및 등록(이하 "허가등"이라 한다)을 받은 사업과 **관련된** 소득세, 법인세 및 부가가치세를 대통령령으로 정하는 사유 없이 체납하였을 때에는 해당 사업의 주무관청에 그 납세자에 대하여 허가등의 갱신과 그 허가등의 근거 법률에 따른 신규 허가등을 하지 아니할 것을 요구할 수 있다(국세징수법 제112조 제1항). 관할 세무서장은 허가등을 받아 사업을 경영하는 자가 해당 사업과 **관련된** 소득세, 법인세 및 부가가치세를 3회 이상 체납한 경우로서 그 체납액이 500만원 이상일 때에는 대통령령으로 정하는 경우를 제외하고 그 주무관청에 사업의 정지 또는 허가등의 취소를 요구할 수 있다(국세징수법 제112조 제2항).

2. 일반적 관허사업의 제한

국가기관 또는 지방자치단체의 장은 **병역의무 불이행자에 대하여**는 각종 관허업(官許業)의 특허·허가·인가·면허·등록 또는 지정 등을 하여서는 아니 되며, 이미 이를 받은 사람에 대하여는 취소하여야 한다(병역법 제76조 제2항).

Ⅲ. 법적 근거

관허사업의 제한은 권익을 침해하는 권력적 행위이므로 법률의 근거가 있어야 한다.

Ⅳ. 성 질

관허사업의 제한은 의무불이행에 대한 제재적 처분의 성격을 갖기도 하지만, 기본적으로는 의무이행을 확보하기 위한 수단이다.

Ⅴ. 한 계

관허사업의 제한조치가 비례의 원칙, 부당결부금지의 원칙에 반하는지와 반하는 경우의 법적 효력이 문제된다.

1. 비례의 원칙

비례의 원칙은 헌법원칙이므로 관허사업의 제한이 비례의 원칙에 반하면 법률에 근거한 것이라도 위법하다.

2. 부당결부금지의 원칙

(1) 부당결부금지의 원칙 위반 여부

관허사업제한조치가 부당결부금지의 원칙에 반하는 경우라 함은 관허사업제한조치와 의무 위반 또는 의무불이행(달리 말하면 의무의 준수 또는 의무의 이행)이 실제적 관련이 없는 경우를 말한다.

의무불이행과 관련이 있는 관허사업의 제한(건축법 제79조의 관허사업의 제한)은 부당결부금지의 원칙에 반하지 않는다고 보는 것이 일반적 견해이다. 이에 반하여 의무

불이행과 관련이 없는 관허사업의 제한이 부당결부금지의 원칙에 반하는지에 관하여는 견해의 대립이 있다. 의무불이행과 관련이 없는 관허사업의 제한(인허가의 거부 또는 인허가 등의 취소 또는 정지)은 상호 별개의 행정목적을 갖는 것으로 보며 실제적 관련성을 부정하는 견해와 인허가는 의무불이행을 용인하는 결과를 가져온다는 점 및 행정기관은 행정목적의 달성을 위하여 상호 협력하여야 한다는 점에 근거하여 실제적 관련성을 인정하는 견해가 있다. 의무불이행과 관련이 없는 사업에 대한 관허사업의 제한은 실제적 관련성이 없다는 견해가 타당하다.

(2) 관허사업제한조치의 허용여부

관허사업제한조치가 부당결부금지의 원칙에 반하는 경우에는 부당결부금지의 원칙이 헌법적 효력을 갖는지 아니면 법률적 효력을 갖는지에 따라 관허사업제한조치의 허용 여부가 결정된다.

부당결부금지의 원칙이 헌법적 효력을 갖는 원칙이라면 의무 위반 또는 의무불이행과 결부하여 관허사업제한조치를 할 수 있다는 명문의 규정이 있는 경우에도 부당결부금지의 원칙에 반하는 관허사업제한조치는 위법이 된다.

부당결부금지의 원칙이 법률적 효력만을 갖는 경우에는 법적 근거가 있는 한 그 관허사업제한조치는 그것이 공익목적을 위한 것인 한에서는 위법하지 않다고 보아야 한다.

전술한 바와 같이 부당결부금지의 원칙은 법률적 효력을 갖는다고 보는 것이 타당하므로 국세징수법상의 관허사업제한조치는 그 관허사업제한조치와 의무불이행 사이에 실제적 관련이 없다 하더라도 위법하다고 볼 것은 아니다.

Ⅵ. 권리구제

관허사업의 제한 중 인허가의 거부에 대하여는 거부처분취소심판, 의무이행심판, 거부처분취소소송을 제기할 수 있고, 인허가의 철회에 대하여는 취소심판 또는 취소소송을 제기할 수 있다.

관허사업제한 요청행위가 항고소송의 대상이 되는 처분인가 하는 것이 문제된다. 요청행위는 비권력적 행위로서 권고의 성질을 가지므로 처분성을 부인하는 견해가 있지만, 요청을 받은 자는 특별한 이유가 없는 한 이에 응하도록 규정되어 있으므로 처분으로 보는 것이 타당하다.

[판례] (1) 객관적으로 보아 납세자에게 국세징수법 시행령 제9조 제2항에서 들고 있는 납세가 곤란한 사정이 있음에도 불구하고, 세무서장이 이를 간과하거나 위 조항에서 정한 제외사유에 해당

하지 않는 것으로 보아 관허사업 제한요구를 한 경우, 위 제한요구는 위법하고, 이를 전제로 한 주무관서의 허가취소도 위법하다. (2) 원고가 경영난으로 부득이하게 체납을 하게 되었으나 경매절차에서 체납액을 교부받을 수 있으리라고 인정되고 영업정지가 계속될 경우 원고가 생계에 지장을 받게 되는 점 등을 종합하면 **세무서장의 제한요구는 재량을 넘은 위법한 것**이라 하겠고 따라서 이 사건 제한요구 및 이를 전제로 한 이 사건 처분이 모두 위법하다고 한 사례(대판 2006. 09. 22, 2006두7942[영업정지처분취소]).

제 6 항 시정명령

Ⅰ. 의 의

시정명령은 행정법규 위반에 의해 초래된 위법상태를 제거하는 것을 명하는 행정행위이다. 시정명령은 강학상 하명에 해당한다. 시정명령을 받은 자는 시정의무를 부담하게 되며 시정의무를 이행하지 않은 경우에는 행정강제(대집행, 직접강제 또는 집행벌)의 대상이 될 수 있고, 시정의무 위반에 대하여는 통상 행정벌이 부과된다.

Ⅱ. 시정명령의 대상

시정명령의 대상은 원칙상 과거의 위반행위로 야기되어 현재에도 존재하는 위법상태이다. 그런데, 판례는 예외적으로 장래의 위반행위도 시정명령의 대상으로 되는 것으로 보고 있다(대판 전원합의체 2003. 02. 20, 2001두5347).

[판례] ① **독점규제및공정거래에관한법률에 의한 시정명령의 명확성 정도: 독점규제및공정거래에관한법률에 의한 시정명령**이 지나치게 구체적인 경우 매일 매일 다소간의 변형을 거치면서 행해지는 수많은 거래에서 정합성이 떨어져 결국 무의미한 시정명령이 되므로 그 본질적인 속성상 다소간의 포괄성·추상성을 띨 수밖에 없다 할 것이고, 한편 **시정명령제도를 둔 취지에 비추어 시정명령의 내용은 과거의 위반행위에 대한 중지는 물론 가까운 장래에 반복될 우려가 있는 동일한 유형의 행위의 반복금지까지 명할 수는 있는 것으로 해석함이 상당하다**(대판 전원합의체 2003. 02. 20, 2001두5347[의결처분취소청구]). 〈해설〉 그러나, 시정명령은 과거의 위반행위로 인한 위법상태를 제거하여 적법질서를 회복하기 위해 필요한 조치로 한정하여야 하고, 장래의 위반행위에 대한 금지는 입법에 의해 해결하여야 할 것이다.

② 비록 하도급법 제13조, 제16조 등의 위반행위가 있었더라도 **그 위반행위의 결과가 더 이상 존재하지 아니한다면, 하도급법 제25조 제1항에 의한 시정명령을 할 수 없다**고 보아야 한다(대판 2010. 11. 11, 2008두20093[시정명령취소]; 2010. 01. 14, 2009두11843).

③ **일반음식점의 영업장에 유흥시설인 무도장을 설치한 것이 식품위생법 제74조 제1항의 '영업시설이 제36조에 따른 시설기준에 맞지 아니한 경우'에 해당하여 시설개수명령의 대상이 된다고 볼 수는 없다**(대판 2015. 07. 09, 2014두47853[시설개수명령처분취소]).

형식적 위법(무허가, 무신고, 절차 위반 등 위법)과 **실체적 위법**(허가거부사유에 해당 등)을 구별하고, 형식적 위법에 대해 행정벌을 과하는 것은 별론으로 하고 실체적 위법의 경우에만 시정명령(예, 철거명령)의 대상으로 하여야 한다는 견해(김중권)가 있다. 그렇지만, 행정법규의 실효성을 확보하기 위해서는 형식적 위법만 있는 경우도 시정명령의 대상으로 하는 것이 타당하다. 다만, 형식적 위법만 있고 실체상으로는 적법한 것(예, 허가거부사유에 해당하지 않는 것)은 시정명령에 대한 비례원칙의 적용에 있어 이익형량의 요소가 되는 것으로 보아야 한다.

Ⅲ. 적용법령

시정명령의 경우 행정법규위반 여부는 위반행위시법에 따라야 하지만, 시정명령은 장래에 향하여 행해지는 적극적 행정행위이므로 원칙상 처분(시정명령)시법을 적용하여야 한다.

[판례] 구 건축법상 용도변경신고의 대상은 아니지만 건축물대장 기재사항의 변경을 신청해야 하는 근린생활시설에서 원룸으로 용도변경된 건물을 취득한 갑이 그 용도변경에 대하여 위 변경신청을 하지 않고 있던 중, 구 건축법이 개정되어 위 건물의 용도변경이 용도변경신고의 대상으로 됨에 따라 행정청이 갑에게 위 건물이 용도변경신고의무 위반의 위법건축물에 해당한다는 이유로 시정명령을 하고, 시정명령불이행에 따른 이행강제금을 부과한 사안에서, 그 처분이 적법함에도 이와 달리 본 원심판단에 법리오해의 위법이 있다고 한 사례(대판 2010. 08. 19, 2010두8072[이행강제금부과처분취소]).

금지규정으로부터 작위의무, 즉 위반결과의 시정을 명하는 권한이 당연히 추론(推論)되는 것이 아니다(대판 1996. 06. 28, 96누4374).

Ⅳ. 시정명령의 상대방

시정명령의 상대방은 시정명령을 이행할 수 있는 법적 권한이 있는 자로 보는 것이 타당하다. 이에 대하여 시정명령을 이행할 수 있는 법률상 또는 사실상의 지위에 있는 사람이어야 한다는 견해도 있다(함종식, 건축법상의 이행강제금: 판례를 중심으로, 행정재판실무 III(2010), 383면).

[판례] ① [1] 건축법 위반 건축물에 대해 건축주 명의를 갖는 자는 실제 건축주가 아니라고 하더라도, 건축법 제79조 제1항에 의한 시정명령의 상대방이 되는 건축주에 해당한다고 보아야 한다. [2] 건물에 대한 건축허가를 받은 갑이 건축 중이던 건물 및 대지를 을에게 양도하였으나 을이 명의를 변경하지 아니한 채 사용승인을 받지 않고 건물을 사용하자, 행정청이 건물에 관한 소유권보

존등기 명의자인 갑에게 시정명령을 한 후 이행강제금을 부과한 사안에서, 위 처분이 부적법하다고 판단한 원심에 시정명령의 상대방인 건축주 또는 소유자 등에 관하여 법리를 오해한 위법이 있다고 한 사례(대판 2010. 10. 14. 2010두13340[이행강제금부과처분취소]). 〈해설〉 사용승인을 받지 않고 사용한 것이 건축법 제79조 제1항의 시정명령의 대상이 되는지 의문이다.
② 명의만 빌려준 명목상 건축주는 실제 명의가 도용되었다는 등의 특별한 사정이 있지 않은 한 구 건축법 제69조 제1항에 정한 위반건축물에 대한 시정명령의 상대방이 되는 '건축주'에 해당한다(대판 2008. 07. 24, 2007두5639[위반건축물원상복구시정명령처분]).
③ 원고가 이 사건 각 **건물의 소유자인 주식회사 송도의 대표이사**로서 실질적으로 이 사건 각 건물을 관리하여 왔다는 등의 판시 사정들을 종합하여, 원고가 이 사건 각 **건물의 관리자로서** 이 사건 각 건물의 위법상태를 직접 초래하거나 또는 그에 관여하였으므로, 이 사건 건축법 위반행위에 대한 **시정명령의 상대방이 될 수 있다**고 한 사례(대판 2016. 10. 27, 2016두41811).
④ 개발행위허가를 받지 아니하고 토지의 형질을 변경한 경우 행정청은 그 토지의 형질을 변경한 자에 대하여만 국토계획법 제133조 제1항에 의하여 원상회복 등의 조치명령을 할 수 있고, 명문의 규정이 없는 한 이러한 토지를 양수한 자에 대하여는 원상회복 등의 조치명령을 할 수 없다고 봄이 상당하다(대판 2007. 02. 23, 2006도6845; 2021. 11. 25, 2021두41686).
⑤ 피고 공정거래위원회가 원고에 대하여 원고가 분할 전 회사의 하도급법 위반(하도급대금 미지급) 관련 사업부분의 권리·의무를 포괄적으로 승계하였다는 이유로 재발방지명령 및 하도급대금의 지급명령을 부과하여 원고가 그 취소를 청구한 사안에서, 회사 분할 시 특별한 규정이 없는 한 신설회사에 대하여 분할하는 회사의 분할 전 하도급법 위반행위를 이유로 하도급법 제25조 제1항에 따른 시정조치를 명하는 것은 허용되지 않는다(대판 2023. 06. 15, 2021두55159). 〈해설〉 현행 하도급법은 과징금 부과처분에 관하여는 신설회사에게 제재사유를 승계시키는 공정거래법 규정을 준용하고 있으나 시정조치에 관하여는 이러한 규정을 두고 있지 않다.
⑥ 아파트공사시공자인 원고는 이 사건 아파트의 공사가 완료되고 분양이 마쳐져 입주자 등이 이 사건 아파트를 소유·관리하고 있었던 이 사건 처분일인 2018. 8. 30.경에는 이미 이 사건 아파트를 처분하거나 관리할 수 있는 권한을 가지고 있다고 보이지 않는다. 더군다나 이 사건 피난계단 부분의 위법사항 시정 방안에 관하여 이 사건 아파트 입주자대표회의 측과 이견이 있는 상태에서 원고가 이 사건 아파트의 입주자 등의 협조 없이 임의로 이 사건 피난계단 부분에 관하여 이 사건 처분을 통하여 지적된 위법사항을 시정하기 위한 조치를 취할 수 있는 지위에 있었다고 단정하기 어렵다. 따라서, 원심으로서는 원고가 이 사건 **아파트의 공사시공자**였다고 하더라도 이 사건 **피난계단 부분의 시정을 명하는 이 사건 처분을 할 당시 원고가 그 시정명령을 이행할 수 있는 법률상 또는 사실상의 지위에 있었는지를 심리 · 판단하였어야 한다**고 원심을 파기환송항 사례(대판 2022. 10. 14, 2021두45008).
⑦ **회사합병이 있는 경우**에는 피합병회사의 권리 · 의무는 사법상의 관계 혹은 공법상의 관계를 불문하고 그 성질상 이전이 허용되지 않는 것을 제외하고는 모두 합병으로 인하여 존속한 회사에 승계되는 것으로 보아야 하므로 명문의 규정이 없더라도 합병이전 소멸회사의 위법행위를 이유로 합명의 존속회사를 상대로 시정명령을 할 수 있다(대판 2022. 05. 12, 2022두31433).

Ⅴ. 시정명령의 내용과 한계

시정명령은 명확하여야 하고 상대방이 이행가능한 것이어야 한다. 불명확하거나 이행불가능한 것을 요구하는 시정명령은 무효이다.

시정명령은 과거의 위반행위에 대한 중지는 물론 가까운 장래에 반복될 우려가 있는 동일한 유형의 행위의 반복금지를 내용으로 할 수 있다는 것이 판례의 입장이다(대판 전원합의체 2003. 02. 20, 2001두5347).

위법행위가 있었더라도 그 위법행위의 결과가 더 이상 존재하지 않는다면 시정의 대상이 없어진 것이므로 원칙상 시정명령을 할 수 없다.

[판례] ① (1) 비록 하도급법 제13조 등의 위반행위가 있었더라도 그 위반행위의 결과가 더 이상 존재하지 않는다면 하도급법 제25조 제1항에 의한 시정명령을 할 수 없다고 보아야 한다(대법원 2011. 03. 10. 선고 2009두1990 판결 등 참조). (2) 수급사업자가 원사업자인 원고를 상대로 제기한 하도급대금 청구소송의 제1심에서 원고의 상계항변 중 일부를 인용한 판결이 선고되자 공정거래위원회가 그 결과에 근거하여 하도급대금의 지연이자의 지급을 명하는 시정을 하였는데 이후 하도급대금 청구소송의 항소심에서 상계항변이 추가로 받아들여져 확정된 경우에 항소심에서 추가로 인용된 부분은 시정명령 당시 이미 상계로 소멸되었으므로 그에 대한 지연손해금의 지급을 명하는 부분은 위법하다고 한 사례(대판 2015. 12. 10, 2013두35013[시정명령취소]).
② **구 독점규제 및 공정거래에 관한 법률 제24조에 정한 '기타 시정을 위한 필요한 조치'**에는 위반행위의 중지뿐만 아니라 그 위법을 시정하기 위하여 필요하다고 인정되는 제반 조치가 포함된다. 따라서 공정거래위원회는 개별 구체적인 위반행위의 형태나 관련시장의 구조 및 특성 등을 고려하여 위반행위의 위법을 시정하기 위하여 필요하다고 인정되는 조치를 할 수 있다. 다만 이러한 조치는 위반행위를 시정하기 위해 필요한 경우에 한하여 명할 수 있는 것이므로, 그 내용은 위반행위에 의하여 저해된 공정한 경쟁질서를 회복하거나 유지하기 위해서 필요한 범위로 한정되고, 위반행위와 실질적 관련성이 인정되지 않는 조치는 허용되지 않으며, 나아가 해당 위반행위의 내용과 정도에 비례하여야 한다(대판 2019. 09. 26, 2014두15047).
③ 구 「독점규제 및 공정거래에 관한 법률」 제24조, 구 「대리점거래의 공정화에 관한 법률」 제23조에 따라 흡수합병 전 피합병회사의 대리점에 대한 불이익 제공행위 등을 이유로 합병 후 존속회사에게 시정명령을 하는 경우에 현재 거래 중인 대리점들 중 흡수합병 당시 피합병회사와 거래하지 않았던 대리점들에게도 시정명령을 받은 사실을 통지하도록 한 것이 재량권을 일탈·남용한 것이 아니라고 한 사례(대판 2022. 05. 12, 2022두31433[시정명령등취소]).
④ [1] 공정거래위원회는 구 공정거래법 제23조 제1항 또는 제2항, 제23조의2 또는 제23조의3, 구 대리점법 제6조부터 제12조를 위반한 사업자에 대하여 위반행위를 시정하기 위하여 필요하다고 인정되는 제반 조치를 할 수 있고, 이러한 시정의 필요성 및 시정에 필요한 조치의 내용에 관하여는 공정거래위원회에 그 판단에 관한 재량이 인정된다. [2] 공정거래위원회는 구 독점규제 및 공정거래에 관한 법률 제24조, 구 대리점거래의 공정화에 관한 법률 제23조에 따른 시정명령을 받은 사실 통지명령의 상대방은 반드시 당해 위반행위에 의하여 직접 영향을 받았던 자로 한정되어야 하는 것은 아니고, 그 취지와 필요성 등을 고려하여 향후 영향을 받을 가능성이 큰 자도 이에 포함될 수 있다(대판 2022. 05. 12, 2022두31433[시정명령등취소]).

시정명령 처분사유의 근거법령이 폐지된 후 시정명령을 불이행한 것을 구성요건으로 하는 시정명령 위반죄의 성립 여부가 문제되는데, 법률 개정이 시정명령의 처분사유가 부당하였다는 법률이념의 변천에 따른 것으로서, 그러한 처분사유가 있어도 시정을 명하거나 그 시정명령 위반행위를 범죄로 인정하고 처벌한 것 역시 부당하였다는 반성적 고려를 전제하고 있다고 볼 수 있는 경우에는 그 시정명령 위반행위는 형법 제1조 제2항의 '범죄 후 법령의 변경에 의하여 그 행위가 범죄를 구성하지 아니한 때'에 해당한다고 볼 것이다(대판 2022. 12. 30, 2017도15175).

[판례] [형법 제1조 제2항의 '범죄 후 법령의 변경에 의하여 그 행위가 범죄를 구성하지 아니한 때' 해당 여부에 관한 사건] 교원 노동조합인 피고인 甲 노동조합의 대표자 피고인 乙이, 해직 교원에게 조합원 자격을 인정하는 피고인 甲 노동조합 규약이 구 교원의 노동조합 설립 및 운영 등에 관한 법률 제2조에 위반된다는 이유로 고용노동부장관으로부터 시정명령을 받고도 이를 이행하지 아니하였다는 구 노동조합 및 노동관계조정법 위반의 공소사실이 제1심 및 원심에서 **유죄로 인정**되었는데, **원심판결 선고 후** 구 교원의 노동조합 설립 및 운영 등에 관한 법률이 2021. 1. 5. 개정되면서 종전까지 금지하던 해직 교원의 교원 노동조합 가입을 허용하는 것으로 **법령이 변경된 사안**에서, 구 교원노조법 개정은 법령상 해직 교원의 교원 노동조합 가입을 허용하지 아니한 종전의 조치가 부당하였다는 **법률이념의 변천에 따른 것**으로서, 해직 교원에게 조합원 자격을 인정하는 교원 노동조합의 규약에 대하여 시정을 명하거나 그 시정명령 위반행위를 범죄로 인정하고 처벌한 것 역시 부당하였다는 **반성적 고려를 전제하고 있다**고 봄이 타당하므로, 피고인들의 시정명령 위반행위는 형법 제1조 제2항의 '범죄 후 법령의변경에 의하여 그 행위가 범죄를 구성하지 아니한 때'에 해당한다고 한 사례(대판 2021. 12. 30, 2017도15175).

하도급법 제4조 제2항 제7호에 해당하는 행위에 대하여 특수한 형태의 시성조치로서 최저가 입찰금액과 실제 하도급대금의 차액 상당의 지급명령이 허용된다(대판 2023. 01. 12, 2020두36915).

[판례] ① (1) 「산업집적활성화 및 공장설립에 관한 법률」 제42조 제1항과 같은 법 시행령 제54조가 정한 시정명령의 시정기간 '6개월'의 의미는 6개월의 범위 내에서 입주기업체 등이 시정명령을 이행함에 필요한 상당한 기간이다. (2) 물론 시정이 되어야 할 법위반사실의 내용, 그 위반의 정도 등에 비추어 관리기관이 시정명령을 하면서 입주기업체 등에게 시정명령의 이행에 필요한 상당한 기간이라고 보기 어려운 시정기간을 부여하는 것은 허용되지 않는다고 보아야 한다(대판 2023. 06. 29, 2023두30994).

② [1] 사립유치원의 지도·감독기관인 교육감에게는 사립유치원의 원장 등에 대하여 법정된 회계처리방법을 준수하지 않은 사항을 시정 또는 변경하도록 명할 수 있는 지도·감독의 권한이 부여되어 있다(유아교육법 제30조 제1항). 다만 교육감의 회계처리방법 준수 관련 **지도·감독의 권한은 위반된 회계처리방법을 법정된 것으로 준수할 수 있도록 사후적으로 시정하는 범위에서 행사되어야 하고**, 그 범위를 벗어나는 것은 유아교육법 등 관련 법령의 다른 규정에 근거하여 행사되는 것이 아닌 이상 허용되지 않는다고 보아야 한다. [2] 교육감이 甲 교회 부설 유치원에 대한 감사 결과를 토대로 위 유치원의 경영자인 乙에게 학부모들로부터 특성화교육비 명목으로 수령한 돈 중 목적 외로 사용한 금원을 위 유치원의 회계로 회수하고, 회수된 금원을 해당 특성화교육비를 지급한 학부모들에게 반환하라는 처분을 한 사안에서, 위 유치원은 학부모들로부터 특성화교육비를 지급받아 이에 따른 특성화교육을 실제로 실시하였으므로 교육감이 乙에 대하여 특성화교육비를

학부모들에게 환불하도록 명할 근거가 부족한 점, 사립학교법 제29조 제2항, 같은 법 시행령 제13조 제2항 각호에 따르면, 유치원으로서는 학부모들로부터 받은 특성화교육비 중 실제 특성화교육에 지출되지 않은 잉여금을 교비회계로 편입한 뒤, 이를 유치원 운영에 필요한 인건비, 교육에 필요한 시설·설비를 위한 경비 등으로 사용할 수 있어, 학부모들이 납부한 특성화교육비가 전부 특성화교육에 소요되는 비용으로 지출되어야 한다고 볼 만한 법적 근거가 없는 점, **교육감의 지도·감독 권한은 법령에서 허용한 목적 범위에서 행사되어야 하는 내재적 한계**가 있는데, 위 반환처분은 乙이 임의로 위 유치원의 교비회계에 속한 돈을 甲 교회로 인출하였다는 점을 원인으로 이루어진 것으로, 부당하게 인출된 돈을 유치원의 회계로 회수할 것을 명한 부분만으로 충분히 그 목적을 달성할 수 있는 점 등을 종합하면, 위 반환처분이 적법하다고 본 원심판단에 법리오해의 잘못이 있다고 한 사례(대판 2023. 03. 16, 2022두63744[회수및반환처분취소청구의소]).

통상 시정명령은 재량행위이고, 비례의 원칙(이익형량의 원칙)에 반하는 등 재량권을 일탈·남용하면 위법하다.

[판례] 피고가 개발제한구역 내 행위허가를 받아 경정장을 조성하여 운영하던 공익법인인 원고(서울올림픽기념국민체육진흥공단)에 대하여 원고가 행위허가구역 경계를 벗어난 지점에 조명탑을 설치함으로써 허가를 받지 아니한 채 개발행위를 하였다는 이유로 위 조명탑을 원상복구하라는 처분(시정명령)을 한 것이 다음과 같은 이유에서 비례의 원칙(이익형량의 원칙)에 반하여 재량권을 일탈·남용한 행위에 해당한다고 하였다: 1) ②번 조명탑은 이 사건 경정장의 부대시설 중 하나로, 이를 철거할 경우 사실상 이 사건 경정장에서의 야간 경기 전체가 제한되는 결과가 초래될 것으로 보이고, 2) 원고로서는 ②번 조명탑을 철거하더라도 같은 역할을 하는 조명탑을 다시 설치하여야 할 것으로 보이는데, 이를 위하여 상당한 비용이 소요될 것으로 보이며, 3) 이로 인하여 공익법인으로서의 원고의 사업 수행에 상당한 차질이 빚어질 것으로 보이고, 4) 피고가 18년 이상의 기간이 지나도록 ②번 조명탑 설치를 문제 삼았다고 볼만한 자료가 없는 점을 종합하면, 개발제한구역 지정의 공익상 필요가 원고가 입을 불이익을 정당화할 만큼 강하다고 보기 어렵다(대판 2024. 07. 11, 2023두62465).

Ⅵ. 시정명령의 해제신청

[참조판례] **(1) 공사중지명령의 취소를 구한 선행 소송을 통해 그 명령의 적법성이 확정된 경우, 그 공사중지명령의 해제를 구하기 위한 요건:** 행정청이 관련 법령에 근거하여 행한 공사중지명령의 상대방이 그 명령의 취소를 구한 소송에서 패소함으로써 그 명령이 적법한 것으로 이미 확정되었다면, 이후 이러한 공사중지명령의 상대방은 그 **명령의 해제신청을 거부한 처분의 취소를 구하는 소송에서 그 명령의 적법성을 다툴 수 없다.** 그와 같은 공사중지명령에 대하여 그 명령의 상대방이 해제를 구하기 위해서는 **그 명령의 내용 자체로 또는 그 성질상으로 명령 이후에 그 원인사유가 해소되었음이 인정되어야 한다**(대법원 1997. 12. 26. 선고 96누17745 판결, 대법원 2007. 05. 11. 선고 2007두1811 판결 등 참조). (2) 토석채취허가 당시 부가된 허가조건(토석채취허가지 진입도로 관련 우회도로 개설 등 인근 주민들과의 협의를 통해 민원발생에 따른 분쟁이 생기지 않도록 조치)의 위반을 이유로 피고가 "주민들과 종전 협의된 우회도로 개설 건에 대한 협의사항 불이행 및 그 이행완료시까지 공사중지"를 내용으로 하는 공사중지명령을 하자, 원고가 그

중지명령의 해제신청을 한 사건에서, 위 공사중지명령의 취소를 구한 선행 소송이 원고의 패소로 확정된 이상 원고로서는 그 중지명령의 적법성을 다툴 수 없고 그 중지명령에서 지적한 대로 인근 주민들과 종전에 이미 합의했던 우회도로 개설을 위한 상당한 노력을 하여야 함에도, 비용 문제 등을 이유로 종전 합의안과 다른 우회도로 개설안만을 가지고 인근 주민들과 협의절차를 진행하는 등 위 중지명령 이후의 원고의 행위가 그 명령의 원인사유를 해소하기에 부족하다고 보임에도, 그와 달리 원고의 행위가 위 허가조건에 따른 충분한 협의의 이행에 해당한다고 보아 원고의 해제신청을 거부한 처분이 위법하다고 본 원심을 파기한 사안(대판 2014. 11. 27, 2014두37665[공사중지명령해제신청거부처분취소등]).

제 7 항 행정법규 위반에 대한 제재처분

행정상 제재는 행정법령 또는 행정법상의 의무 위반에 대해 가해지는 제재를 말한다. 이러한 의미의 행정상 제재에는 행정벌, 법 위반을 이유로 한 영업허가 취소(철회) 또는 영업정지, 영업정지에 갈음하는 과징금, 본래의 과징금 중 징계적 성격의 과징금, 징계처분, 가산세(대판 2025. 06. 12, 2024두66181)등이 있다.

시정명령은 기본적으로 장래에 향해 위법상태를 제거하는 것을 주된 목적으로 하고 있으므로 제재처분에 아닌 것으로 보는 것이 타당하다. 다만, 시정명령 중 제재처분의 성질도 갖는 것(예, 공정거래법상 시정명령)은 행정기본법상 제재처분으로 볼 수 있다. 제재처분을 과거회고적인 것에 한정하면 시정명령은 제재처분으로 볼 수 없고(이현수, 프랑스 행정제재법리와 그 시사점, 세계헌법연구, 2019.4, 103면), 제재처분을 과거회고적 성격을 가질 뿐만 아니라 미래지향적 성격도 포함하고 있는 것으로 보면 위법상태의 시정을 목표로 하는 시정명령도 제재처분으로 볼 수 있다(이상덕, 제재적 행정처분에 관한 사법심사 −최근 대법원 판례 동향을 중심으로−, 행정법연구, 2023. 8, 241면 이하 참조). 제재적 성격이 있는 행정의 실효성 확보수단 즉, 과징금, 입찰참가제한처분, 관허사업의 제한, 법 위반사실의 공표 등은 당연히 행정상 제재로 보아야 한다.

일반적으로 **제재처분**이라 함은 행정상 제재 중 처분의 성격을 갖는 것을 말한다. 법위반을 이유로 한 영업허가 취소(철회) 또는 영업정지, 징계처분이 가장 대표적인 예이다. 과징금, 입찰참가제한처분, 변상금부과처분, 통고처분, 과태료부과도 제재처분에 해당한다. 다만, 통고처분, 과태료는 실정법령상 별도의 불복절차가 규정되어 있으므로 행정쟁송법상 처분이 아니고, 따라서, 행정기본법상 처분도 아니다. 행정형벌은 형사사법작용이므로 제재처분이 아니다.

Ⅰ. 행정기본법에서의 제재처분의 개념

행정기본법에서 **"제재처분"**이란 법령등에 따른 의무를 위반하거나 이행하지 아니하였음을 이유로 당사자에게 의무를 부과하거나 권익을 제한하는 처분을 말한다. 다만, 제30조 제1항 각 호에 따른 **행정상 강제는 제외**한다(행정기본법 제2조 제5호).

행정기본법에서의 제재처분에 해당하기 위해서는 다음의 요건을 충족하여야 한다. ① 법령등에 따른 의무를 위반하거나 이행하지 아니하였어야 한다. 행정의 상대방에게는 법령등을 준수할 의무가 있다고 볼 수도 있으므로 '법령등에 따른 의무 위반'에는 법령등 위반도 포함된다고 보아야 한다. ② 법령등에 따른 의무의 위반 또는 불이행을 이유로 당사자에게 의무를 부과하거나 권익을 제한하는 처분이어야 한다. ③ 명문의 규정이 없더라도 '제재'의 성격을 갖는 것이어야 한다. 제재는 과거의 위반행위에 대한 것으로 과거회기적인 조치이다. 제재적 성격이 없는 처분은 행정기본법에서의 제재처분에 해당하지 않는다고 보아야 한다. ④ 제30조 제1항 각 호에 따른 행정상 강제는 제외한다. 행정상 강제는 성질상 장래에 향하여 행정목적을 달성하는 것에 중점이 있는 행정의 실효성 확보수단이므로 성질상 행정상 제재가 아닌 것으로 볼 수도 있다.

Ⅱ. 제재처분에 관한 입법

제재처분의 근거가 되는 법률에는 제재처분의 주체, 사유, 유형 및 상한을 명확하게 규정하여야 한다. 이 경우 제재처분의 유형 및 상한을 정할 때에는 해당 위반행위의 특수성 및 유사한 위반행위와의 형평성 등을 종합적으로 고려하여야 한다(행정기본법 제22조 제1항).

반복하여 같은 법규위반행위를 한 경우에는 가중된 제재처분을 하도록 규정하고 있는 경우가 적지 않다(예, 식품위생법 시행규칙 제89조 [별표 23]).

[판례] **① 구 식품위생법 시행규칙 제89조 [별표 23]의 행정처분기준 중 Ⅰ. 일반기준 제6호에 규정한 '재적발일'은 종전의 같은 위반행위에 대한 행정처분 후에 영업자가 같은 위반행위를 한 경우로 새김이 타당하다**(대판 2014. 06. 12, 2014두2157[일반음식점영업소폐쇄처분취소]).
② [법시행령에 규정된 위반행위의 횟수에 따른 가중처분기준의 해석이 문제된 사건] [1] 구 화물자동차 운수사업법 시행령 제5조 제1항 [별표 1]의 **'위반행위의 횟수에 따른 가중처분기준'이 적용되려면 실제 선행 위반행위가 있고** 그에 대하여 **유효한 제재처분이 이루어졌음**에도 그 제재처분일로부터 **1년 이내에 다시 같은 내용의 위반행위가 적발된 경우이면 족하다**고 보아야 한다. 선행 위반행위에 대한 선행 제재처분이 반드시 구 시행령 [별표 1] 제재처분기준 제2호에 명시된 처분내

용대로 이루어진 경우이어야 할 필요는 없으며, **선행 제재처분에 처분의 종류를 잘못 선택하거나 처분양정(量定)에서 재량권을 일탈 · 남용한 하자가 있었던 경우라고 해서 달리 볼 것은 아니다**(대판 2020. 05. 28, 2017두73693). [2] 입법자는 대통령령에 단순히 '과징금의 산정기준'을 구체화하는 임무만을 위임한 것이 아니라, 사업정지처분을 갈음하여 과징금을 부과할 수 있는 '위반행위의 종류'를 구체화하는 임무까지 위임한 것이라고 보아야 한다. 따라서 구 화물자동차 운수사업법 시행령 제7조 제1항 [별표 2] '과징금을 부과하는 위반행위의 종류와 과징금의 금액'에 열거되지 않은 위반행위의 종류에 대해서 사업정지처분을 갈음하여 과징금을 부과하는 것은 허용되지 않는다고 보아야 한다. 〈해설〉 대법원은 2차 제재처분(차량 감차처분)을 하기 위해서는 선행 위반행위와 그에 대한 '**유효한** 1차 제재처분(과징금부과처분)'이 이루어지면 족하다고 보았다. 비록 **과징금의 법령상 근거가 없어서 이 사건 1차 제재처분이 위법하기는 하지만 여전히 유효하다고 보았다**. 나아가 이 사건 처분이 재량권을 일탈 · 남용했다고 보기도 어렵다고 하였다.

수 개의 위반행위에 대하여 그 중 가장 무거운 제재기준에 의하여 제재처분을 하도록 규정하고 있는 경우가 있다.

[판례] (1) **행정청이 입찰참가자격제한 처분을 한 후 그 처분 이전의 위반행위를 알게 되어 다시 입찰참가자격제한 처분을 하는 경우에도 부정당업자에 대한 제재처분의 기준을 정한 국가를 당사자로 하는 계약에 관한 법률 시행규칙 제76조 제3항이 적용되는지 여부(적극)**: 국가를 당사자로 하는 계약에 관한 법률 시행규칙 제76조 제3항(이하 '이 사건 규칙조항'이라 한다)은 수 개의 위반행위에 대하여 그 중 가장 무거운 제한기준에 의하여 제재처분을 하도록 규정하고 있고, 이는 가장 중한 위반행위에 대한 입찰참가자격 제한처분만으로도 입법목적을 충분히 달성할 수 있다는 취지로 보이며, 또한 행정청이 입찰참가자격 제한처분을 할 때 그 전에 발생한 수 개의 위반행위를 알았거나 알 수 있었는지 여부를 구별하여 적용기준을 달리 정하고 있지도 아니하다. 나아가 수 개의 위반행위에 대하여 한 번에 제재처분을 받을 경우와의 형평성 등을 아울러 고려하면, 이 사건 규칙조항은 행정청이 입찰참가자격 제한처분을 한 후 그 처분 전의 위반행위를 알게 되어 다시 입찰참가자격 제한처분을 하는 경우에도 적용된다고 할 것이다. (2) 1, 2차 위반행위가 있은 후 1차 위반행위만을 처분대상으로 삼아 입찰참가자격제한 처분을 한 다음, 나중에 2차 위반행위를 인지하였음을 들어 다시 2차 위반행위를 처분대상으로 삼아 입찰참가자격제한 처분을 할 수 있는지가 문제된 사건에서, 국가를 당사자로 하는 계약에 관한 법률 시행규칙 제76조 제3항의 취지를 고려할 때 1차 위반행위와 2차 위반행위의 제한기준이 동일하다면 2차 위반행위에 대하여 특별한 사정이 없는 한 제재가 불가능하다는 취지로 판시한 사안(대판 2014. 11. 27, 2013두18964[부정당업자제재처분취소]).

입법론으로 **경미한** 법령위반의 경우에 1차 위반의 경우 경고를 하고, 2차 위반시부터 제재처분을 내리는 것으로 하는 것도 생각할 수 있다.

Ⅲ. 제재처분의 요건

① 제재처분이 적법하기 위해서는 제재처분사유가 존재하여야 한다. 즉, 법령등에 따른 처분명령을 위반하거나 법령등에 따른 의무를 위반하거나 이행하지 않은 사

실이 있어야 한다.

〈판례〉 구 약사법 제76조 제1항 제3호의 '이 법에 따른 명령을 위반한 경우'에서 **'이 법에 따른 명령'**은 약사법 또는 그 위임에 따라 제정된 시행령 또는 시행규칙 등의 **'법규명령'뿐만 아니라** 약사법 및 그 하위법령에 근거하여 행정청이 발령한 **'행정처분'까지 포함**하는 의미로 해석해야 한다(대판 2024. 12. 12, 2024두50421[품목신고취소처분취소]).

② 위반자에게 고의나 과실이 없다고 하더라도 부과될 수 있다(대판 2012. 05. 10, 2012두1297; 2003. 09. 02, 2002두5177[건설업등록말소처분취소]; 2017. 05. 11, 2014두8773; 2021. 02. 25, 2020두51587).

③ 제재의 본질상 위반자의 의무 해태를 탓할 수 없는 정당한 사유가 있는 경우에는 제재처분을 부과할 수 없다(대판 2014. 12. 24, 2010두6700[부정당업자제재처분 등]). 달리 말하면 제재의 성격 및 비례의 원칙상 제재상대방에게 제재처분사유에 대해 제재처분을 할 수 없는 정당한 사유가 있으면 제재처분을 할 수 없다고 보아야 한다. 여기에서 **'의무위반을 탓할 수 없는 정당한 사유'**가 있는지를 판단할 때에는 본인이나 그 대표자의 주관적인 인식을 기준으로 하는 것이 아니라, 그의 가족, 대리인, 피용인 등과 같이 본인에게 책임을 객관적으로 귀속시킬 수 있는 **관계자 모두를 기준으로 판단하여야** 한다(대판 2021. 02. 25, 2020두51587[사업정지처분취소]).

[판례] ① 원고가 입찰참여 시에 제출한 2차 실적증명서는 허위의 서류이지만, 원고에게 그 의무위반을 탓할 수 없는 정당한 사유가 있는 경우에 해당한다(대판 2014. 12. 24, 2010두6700[부정당업자제재처분 등]).

② **폐기물처리업자가 폐기물관리법령이 정한 재활용 기준을 위반하였더라도** 자신이 생산한 부숙토를 제3자에게 제공하면서 그가 그 부숙토를 폐기물관리법령이 허용하지 않는 방식으로 사용하리라는 점을 예견하거나 결과 발생을 회피하기 어렵다고 인정할 만한 특별한 사정이 있어 **폐기물처리업자의 의무위반을 탓할 수 없는 정당한 사유가 있는 경우에는 폐기물처리업자에 대하여 제재처분을 할 수 없다**고 보아야 한다. 여기에서 **'의무위반을 탓할 수 없는 정당한 사유'가 있는지를 판단할 때**에는 폐기물처리업자 본인이나 그 대표자의 주관적인 인식을 기준으로 하는 것이 아니라, 그의 가족, 대리인, 피용인 등과 같이 본인에게 책임을 객관적으로 귀속시킬 수 있는 관계자 모두를 기준으로 판단하여야 한다(대판 2020. 05. 14, 2019두63515).

③ 직업정보제공사업자가 구인자의 구인광고를 직업정보제공매체에 게재하기 전에 구인자의 확실한 신원(업체명 또는 성명)과 주소, 전화번호 등 연락처, 사업자등록 내용을 파악할 것을 전제로 하지만 직업정보제공사업자가 구인자의 확실한 신원, 연락처, 사업자등록 내용을 파악하기 위하여 상당한 주의를 기울였음에도 구인자의 악의적인 기망과 허위자료 제출로 구인자가 제출한 정보가 객관적으로 허위임을 파악하여 구인광고를 게재하지 아니할 것을 기대하기 어렵다고 인정할 만한 **특별한 사정이 있어 직업정보제공사업자의 의무위반을 탓할 수 없는 정당한 사유가 있는 경우에는 직업정보제공사업자에 대하여 제재처분을 할 수 없다.** 여기에서 '의무위반을 탓할 수 없는 정당한 사유'가 있는지를 판단할 때에는 직업정보제공사업자 본인이나 그 대표자의 주관적인 인식을 기준

으로 하는 것이 아니라, 그의 가족, 대리인, 피용인 등과 같이 본인에게 책임을 객관적으로 귀속시킬 수 있는 **관계자 모두를 기준으로 판단하여야 한다**(대판 2021. 02. 25, 2020두51587).

④ 구 국민건강보험법과 의료급여법은 요양기관 등의 서류제출명령에 응할 의무와 서류보존의무를 별도로 규정하면서 각각의 위반 정도를 달리 보고 있다. 따라서 위와 같은 규정들의 내용, 체계와 함께 서류제출명령의 실효성 제고 등을 위한 구 국민건강보험법 및 의료급여법의 입법 취지 등을 종합하면, **요양기관 등이 이미 서류보존의무를 위반하여 급여 관계 서류를 보존하고 있지 않음을 이유로 서류제출명령에 응할 수 없는 경우에는 처분청이 요양기관 등에게 서류제출명령 불이행을 이유로 제재를 할 수 없음이 원칙**이지만, 요양기관 등이 서류제출명령을 받을 것을 예상하였거나 실제 서류제출명령이 부과되었음에도 이를 회피할 의도에서 급여 관계 서류를 폐기하는 경우에는 처분청이 요양기관 등에게 **서류제출명령 불이행을 이유로 제재처분을 부과할 수 있다**(대판 2023. 12. 21, 2023두42904[업무정지처분 취소]).

⑤ 구 하도급법 제3조 제1항(서면발급의무)을 위반하여 서면을 발급하지 않은 데에 대한 **의무 해태를 탓할 수 없는 행정법 일반원칙상의 정당한 사유는** 발급된 서면의 일부 사항 기재 누락에 관한 **구 하도급법 제3조 제3항이 구체적으로 정한 정당한 사유보다 엄격하게 인정되어야 한다**. 이 때, 행정법 일반원칙상의 정당한 사유가 존재한다는 점에 대한 증명책임은 이를 주장하는 원고에게 있다고 할 것이다(대판 2024. 11. 28, 2021두49208).

④ 제재처분의 대상이 되지 않는 경우의 열거를 예시적 열거로 해석하여 제재대상에서 제외한 판례가 있다.

[판례] [1] 건설산업기본법 시행령 제79조의2 각 호는 법 제83조 제3호 단서의 위임 취지에 따라 법 제83조 제3호 본문에 의한 제재처분의 대상이 되지 않는 경우를 구체화하여 **예시적으로 규정한 것이므로**, 시행령 제79조의2 각 호에 해당하지 않더라도 **건설업자가 건설업 등록기준에 일시적으로 경미하게 미달한 것으로 볼 수 있는 경우에는 법 제83조 제3호 단서에 의하여 등록말소 또는 1년 이내의 영업정지라는 제재처분의 대상에서 제외된다고 해석함이 정당**하다. 이로써 하위법령은 최대한 헌법과 모법에 합치되도록 해석하여야 한다는 법령해석의 원칙에도 부합하게 된다. [2] 원고는 천일종합건설의 토목건축공사업, 조경공사업 부분을 분할·합병하여 건설업에 진출하는 과정에서 건설공제조합과의 분쟁으로 11일간 보증가능금액확인서를 구비하지 못했는데, 원심은, 원고의 사정은 건설산업기본법 시행령 제79조의2 각 호에 열거된 경우에 해당하지 않는다는 이유로, 피고가 원고에 대하여 11일간 건설업 등록기준(보증가능금액확인서 구비) 위반을 이유로 건설산업기본법 제83조 제3호 본문 및 시행령 [별표 6] 제재처분기준에 근거하여 영업정지 4개월 처분을 한 것은 적법하다고 판단하였으나 대법원은, 원고의 사정은 건설산업기본법 제83조 제3호 단서에 해당하므로 건설산업기본법 제83조 제3호 본문에 의한 영업정지처분의 대상이 될 수 없다고 판단하여 파기환송한 사례(대판 2020. 01. 09, 2018두47561).

Ⅳ. 제재처분의 상대방

제재처분은 원칙상 법령 등을 위반하는 행위를 한 자를 상대방으로 한다. 다만, 전술한 바와 같이 제재사유가 승계되는 경우에는 그 승계인에 대해서도 제재처분을 할 수 있다. 그리고, 현실적인 행위자가 아니라도 법령상 책임자로 규정된 자에게 부과된다(대판 2017. 05. 11, 2014두8773: 자신의 직원이 채권추심과 관련하여 채무자 또는 관계인을 협박하는 것을 방지하지 못한 원고(대부업자)는 법령상 책임자로서 영업정지 처분의 부과대상이 된다고 본 사례).

Ⅴ. 제재처분시 고려사항

행정청은 재량이 있는 제재처분을 할 때에는 다음 각 호의 사항을 고려하여야 한다. 1. 위반행위의 동기, 목적 및 방법, 2. 위반행위의 결과, 3. 위반행위의 횟수, 4. 그 밖에 제1호부터 제3호까지에 준하는 사항으로서 대통령령(행정기본법 시행령 제3조)으로 정하는 사항(1. 위반행위자의 귀책사유 유무와 그 정도, 2. 위반행위자의 법 위반상태 시정·해소를 위한 노력 유무)(행정기본법 제22조 제2항).

제재처분시 법령상 고려사항을 고려하지 않으면 재량권의 불행사 또는 해태에 해당한다.

Ⅵ. 제재처분과 형벌의 병과

제재처분과 형벌은 각각 그 권력적 기초, 대상, 목적이 다르다. 일정한 법규 위반 사실이 행정처분인 제재처분의 전제사실이자 형사법규의 위반 사실이 되는 경우에 동일한 행위에 관하여 독립적으로 제재처분이나 형벌을 부과하거나 이를 병과할 수 있다. 법규가 예외적으로 형사소추 선행 원칙을 규정하고 있지 않은 이상 형사판결 확정에 앞서 일정한 위반사실을 들어 제재처분을 하였다고 하여 절차적 위반이 있다고 할 수 없다(대판 2017. 06. 19, 2015두59808[감사결과통보처분취소] : 자신의 직원이 채권추심과 관련하여 채무자 또는 관계인을 협박하는 것을 방지하지 못한 원고(대부업의 등록을 한 법인)는 법령상 책임자로서 영업정지 처분의 부과대상이 된다고 본 사례).

Ⅶ. 제재처분의 제척기간

1. 제척기간의 적용대상인 제재처분

행정기본법 제23조의 제척기간의 적용대상은 '법령등의 위반행위에 대한 제재처분'인데, 행정기본법 제2조 제5호의 제재처분 중 **'인허가의 정지 · 취소 · 철회, 등록 말소, 영업소 폐쇄와 정지를 갈음하는 과징금 부과'**만에 한정된다.

2. 기산일 및 기간

제척기간의 기산일은 '법령등의 위반행위가 종료된 날'이다. 계속적 위반행위의 경우에는 그 위반행위가 종료된 날이다. 법령등의 위반행위(예, 건축법을 위반하는 건축행위)가 있은 후 그 위반상태(예, 건축법의 위반상태)가 여전히 계속되고 있는 경우에는 법령등의 위반행위가 종료된 것으로 볼 수 없으므로 제척기간은 진행되지 않는 것으로 보아야 한다(법제처, 행정기본법 해설서, 237면).

법령 위반으로 위법상태가 계속되는 경우 시정명령 및 과징금부과처분의 제척기간 기산점이 되는 **위반행위 종료일은 위법상태가 종료된 때라는** 판례(대판 2022. 03. 17, 2019두35978 등)가 있다.

[판례] ① [1] 독점규제 및 공정거래에 관한 법률 제19조 제1항 제1호에 정한 가격 결정 등의 합의와 그에 기초한 실행행위가 있었던 경우 **'부당한 공동행위가 종료한 날'**은 합의가 있었던 날이 아니라 **합의에 기초한 실행행위가 종료한 날**을 말한다. 따라서 **합의에 참가한 일부 사업자가 부당한 공동행위를 종료하기 위해서는** 다른 사업자에 대하여 합의에서 탈퇴하였음을 알리는 명시적 내지 묵시적인 의사표시를 하고 독자적인 판단에 따라 담합이 없었더라면 존재하였을 가격 수준으로 인하하는 등 합의에 반하는 행위를 하여야 한다. 또한 **합의에 참가한 사업자 전부에 대하여 부당한 공동행위가 종료되었다고 하기 위해서는** 합의에 참가한 사업자들이 명시적으로 합의를 파기하고 각 사업자가 각자의 독자적인 판단에 따라 담합이 없었더라면 존재하였을 가격 수준으로 인하하는 등 합의에 반하는 행위를 하거나 또는 합의에 참가한 사업자들 사이에 반복적인 가격 경쟁 등을 통하여 담합이 사실상 파기되었다고 인정되는 행위가 일정 기간 계속되는 등 합의가 파기되었다고 볼만한 사정이 있어야 한다. [2] 독점규제 및 공정거래에 관한 법률(2020. 5. 19. 법률 제17290호로 개정되기 전의 것, 이하 '공정거래법'이라 한다) **제49조 제4항에서 정한 처분시효 기간**은 공정거래위원회가 시정조치를 명하거나 과징금을 부과할 수 있는 **제척기간**을 의미한다. 이와 같은 처분시효 제도의 도입 취지 및 법적 성격에 비추어 보면, **공정거래법 제49조 제4항(현행 제80조 제5항)에서 정한 처분시효는 특별한 사정이 없는 한 원칙적으로 공정거래법 위반행위가 종료되어야 비로소 진행하기 시작하고**, 이는 공정거래위원회가 조사를 개시한 경우의 처분시효를 정한 **제49조 제4항 제1호가 적용되는 경우에도 마찬가지**이다. [3] 공정거래위원회가 해당 위반행위에 대하여 조사를 개시하여 공정거래법 제49조 제4항 제1호가 적용되는 경우 **공정거래위원회가 조사를 개시한 시점 전후에 걸쳐 계속된 부당한 공동행위가 조사개시 시점 이후에 종료된 경우에는 '부당한 공동행위의 종료일'을 처분시효의 기산점인 '조사 개시일'로 보아야 하고, 그 처분시효의 기간은 위 조항에서 정한 5년이 된다**(대판 2021. 01. 14, 2019두59639[시정명령등처분취소청구의소]; 2022. 03. 17, 2019두58407[시정명령및과징금납부명령취소]).

② [1] 공정거래위원회가 조사에 착수한 시점 전후에 걸쳐 **위반행위가 계속된 경우**, 구 독점규제 및 공정거래에 관한 법률 부칙(2012. 3. 21.) 제3조에서 정하는 **조사개시일은 위반행위 종료일이다**. [2] 사업자 등이 구 표시·광고의 공정화에 관한 법률 제3조 제1항을 **위반하여 상품의 용기 등에 한 부당한 표시와 함께 해당 상품을 유통할 수 있는 상태가 계속되는 경우**, 그 위반행위를 시정하기 위하여 필요한 조치가 완료될 때까지 부당한 표시행위로 인한 위법상태가 계속되므로 이때 **위반행위 종료일은 위법상태가 종료된 때**이다. 위와 같은 조치가 인정되지 않는 이상, 사업자 등이나 그

대리인이 일정 시점에 이르러 더 이상 해당 상품을 직접 생산하거나 유통하지 않는다는 사정만으로 위반행위가 종료되었다고 볼 수 없다(대판 2022. 03. 17, 2019두35978[시정명령등취소청구의소]; 2022. 03. 17, 2019두58407[시정명령및과징금납부명령취소]).

③ [1] **적법한 자진신고를 한 사업자에 대하여는** 감면대상 순위에 해당하는지 여부와 상관없이 **자진신고일 시점이 공동행위의 종기가 된다**고 보아야 한다. 반면 **외국 경쟁당국에 한 자진신고일 시점을 곧바로 공동행위의 종기로 볼 수는 없다.** [2] 담합에 참여한 3개 회사 중 2개 회사가 담합에서 탈퇴한 것으로 인정되면, 남아 있는 회사가 1개뿐이어서 담합의 성립요건 중 '2인 이상 사업자들 사이의 의사의 합치'라는 요건을 충족하지 못하게 되므로 그 담합은 종료되었다고 보는 것이 타당하다(대판 2022. 07. 28, 2020두48505).

제척기간은 원칙상 기산일로부터 '5년'이다(행정기본법 제23조 제1항). 다만, 제척기간내의 제재처분에 대한 행정심판의 취소재결이나 법원의 취소·무효확인판결의 기속력에 따라 새로운 제재처분을 하는 경우에는 재결이나 판결이 확정된 날부터 1년(합의제행정기관은 2년)이 지나기 전까지는 그 취지에 따른 새로운 제재처분을 할 수 있다(행정기본법 제23조 제3항). 그리고 다른 법률에서 제1항 및 제3항의 기간보다 짧거나 긴 기간을 규정하고 있으면 그 법률에서 정하는 바에 따른다(행정기본법 제23조 제4항).

그리고, 행정청은 제1항 및 제4항에도 불구하고 제1항 및 제4항에 따른 기간이 끝나기 전에 「행정절차법」 제21조에 따른 처분의 사전 통지로 제재처분의 절차(다른 법률에 그에 관한 특별한 규정이 있는 경우에는 해당 법률에 따른 제재처분의 절차를 포함한다)가 시작된 경우에는 제1항 또는 제4항에 따른 기간이 끝나는 날부터 1년이 지나기 전까지는 제재처분을 할 수 있다(행정기본법 개정안 제23조 제5항 신설).

3. 제척기간의 적용 및 효과

제척기간은 강행규정이므로 임의로 그 적용 여부를 결정할 수 없다. 그리고 제척기간의 경과 여부는 법원의 직권조사사항이므로 처분의 상대방이 제척기간의 경과를 주장하지 않더라도 법원은 직권으로 제척기간의 경과 여부를 조사하여 적용하여야 한다(법제처, 행정기본법 해설서, 230면).

제척기간이 경과하면 행정청은 법령등의 위반행위가 있었더라도 해당 제재처분을 할 수 없다.

4. 제척기간의 적용제외

다음 각 호의 어느 하나에 해당하는 경우에는 제척기간을 적용하지 아니한다. 1. 거짓이나 그 밖의 부정한 방법으로 인허가를 받거나 신고를 한 경우, 2. 당사자가 인허가나 신고의 위법성을 알고 있었거나 중대한 과실로 알지 못한 경우, 3. 정당한 사유 없이 행정청의 조사·출입·검사를 기피·방해·거부하여 제척기간이 지난 경우, 4. 제재처분을 하지 아니하면 국민의 안전·생명 또는 환경을 심각하게 해치거나 해칠 우려가 있는 경우(행정기본법 제23조 제2항).

Ⅷ. 제재처분의 위법 여부

제재처분이 재량행위인 경우에 재량권의 일탈·남용이 없어야 한다.

[판례] 제재적 행정처분이 재량권의 범위를 일탈·남용하였는지 판단하는 방법: [1] 제재적 행정처분이 재량권의 범위를 일탈하였거나 남용하였는지는, 처분사유인 위반행위의 내용과 위반의 정도, 처분에 의하여 달성하려는 공익상의 필요와 개인이 입게 될 불이익 및 이에 따르는 여러 사정 등을 객관적으로 심리하여 공익침해의 정도와 처분으로 개인이 입게 될 불이익을 비교·교량하여 판단하여야 한다. 이러한 제재적 행정처분의 기준이 부령 형식으로 규정되어 있더라도 그것은 행정청 내부의 사무처리준칙(재량준칙)을 규정한 것에 지나지 않아 대외적으로 국민이나 법원을 기속하는 효력이 없다. 따라서 그 처분의 적법 여부는 처분기준만이 아니라 관계 법령의 규정 내용과 취지에 따라 판단하여야 한다. 그러므로 처분기준에 부합한다 하여 곧바로 처분이 적법한 것이라고 할 수는 없지만, 그러한 처분기준이 그 자체로 헌법 또는 법률에 합치되지 않거나 그 기준을 적용한 결과가 처분사유인 위반행위의 내용 및 관계 법령의 규정과 취지에 비추어 현저히 부당하다고 인정할 만한 합리적인 이유가 없는 한, 섣불리 그 기준에 따른 처분이 재량권의 범위를 일탈하였다거나 재량권을 남용한 것으로 판단해서는 안 된다. [2] 구 근로자직업능력 개발법(2020. 3. 31. 법률 제17186호로 개정되기 전의 것, 이하 '구 직업능력개발법'이라 한다) 시행규칙 제8조의2 [별표 2]에서 정한 처분기준이 그 자체로 헌법 또는 법률에 합치되지 않는다거나 그 처분기준을 적용한 결과가 현저히 부당하다고 보이지 않는다(대판 2022. 04. 14, 2021두60960).

여러 처분사유에 관하여 하나의 제재처분을 하였을 때 그 중 일부가 인정되지 않는다고 하더라도 나머지 처분사유들만으로도 그 처분의 정당성이 인정되는 경우에는 그 처분을 위법하다고 보아 취소하여서는 아니 된다(대판 2017. 06. 15, 2015두2826 등 참조). 처분사유의 일부가 위법한 경우(처분사유가 일부 정당한 경우) 일부 정당한 처분사유로도 제재처분이 비례원칙에 위반하지 않으면 해당 제재처분은 적법하다고 보는 것이 판례의 입장이다.

[판례] [1] 택시발전법 제12조 제2항, 제18조 제1항 제2호, 같은 법 시행령 제21조 [별표2] 2. 개별기준 나.목의 규정 문언과 체계를 종합하면, 택시운송사업자가 소속 택시운수종사자가 아닌 사람 한 명에게 (여러 대의 택시 중) 1대의 택시만을 제공하였더라도 이는 택시발전법 제12조 제2항을 위반한 것으로서 택시발전법 제18조 제1항 제2호에 따른 제재처분의 처분사유에 해당한다고 보아야 한다. 다만 위와 같은 경우에 행정청이 해당 운송사업자의 택시운송사업면허 전부를 취소하는 처분을 하였다면 행정청이 비례의 원칙을 위반하여 그 재량의 한계를 일탈·남용하였는지를 살펴 그 처분의 정당성 여부를 판단하면 될 것이다. [2] 택시운송사업자인 원고가 자신이 보유하

고 있는 택시를 택시기사에게 제공하고 이를 운행하도록 하였는데, 피고는 원고가 소속 택시운수종사자가 아닌 사람들(이하 '이 사건 운전자들')에게 택시를 제공하였다면서 택시발전법 제12조 제2항 위반을 이유로 택시운송사업 면허취소처분을 하였는데, 적어도 이 사건 운전자들 중 일부는 택시발전법 제12조 제2항에서 정한 '소속 택시운수종사자가 아닌 사람'에 해당한다고 볼 여지가 충분하므로 **처분사유가 모두 부정될 것은 아니라고 보아**, 원고의 취소 청구를 인용한 원심판결을 파기한 사례(대판 2022. 02. 17, 2019두55835).

여러 가지 위반행위를 한 경우 위반행위별로 제재처분을 하는 것으로 입법할 것인지 아니면 그 위반행위 전부에 대해 하나의 제재처분을 하는 것으로 규정할 것인지를 결정하여야 한다. 통상 후자로 입법하는 것으로 규정되고 있는데, 어떻게 입법하는지에 따라 그 제재처분의 상한을 적정하게 정해야 할 것이다.

행정청이 여러 개의 위반행위에 대하여 하나의 제재처분을 하였으나, 위반행위별로 제재처분의 내용을 구분하는 것이 가능하고 여러 개의 위반행위 중 일부의 위반행위에 대한 제재처분 부분만이 위법하다면, 법원은 제재처분 중 위법성이 인정되는 부분만 취소하여야 하고 제재처분 전부를 취소하여서는 아니 된다(대판 2020. 05. 14, 2019두63515).

[판례] 폐기물관리법 제60조의 위임에 따른 폐기물관리법 시행규칙 제83조 제1항 [별표 21] '행정처분기준'은 제1호 일반기준 (가)목에서 '위반행위가 둘 이상일 때에는 위반사항에 따라 각각 처분한다'고 규정하고, 제2호 개별기준 (다)목 폐기물처리업자에 대한 행정처분기준에서 '폐기물관리법 제13조 또는 제13조의2를 위반하여 폐기물을 처리한 경우 중 그 밖의 재활용의 원칙 및 준수사항을 위반한 경우'[4) 바), **이 사건 처분 중 제1처분사유에 관한 개별처분기준에 해당한다**], '폐기물관리법 제25조 제9항 제4호에 따른 폐기물처리업자의 준수사항 중 그 밖의 준수사항을 위반한 경우'[13) 다) (2), **이 사건 처분 중 제3처분사유에 관한 개별처분기준에 해당한다**], '폐기물관리법 제25조 제11항에 따른 변경허가를 받거나 변경신고를 하지 아니하고 허가사항이나 신고사항을 변경한 경우 중 그 밖에 변경허가를 받지 아니하고 허가사항을 변경한 경우'[15) 나), **이 사건 처분 중 제2처분사유에 관한 개별처분기준에 해당한다]에 관하여 각각 1차 위반 시 영업정지 1개월의 처분을 하도록 규정**하고 있고, **피고(처분청)이 세 가지 처분사유에 관하여 각각 1개월의 영업정지를 결정한 다음 이를 합산하여 원고에 대하여 3개월의 영업정지를 명하는 이 사건 처분을 한 사안에서** 만일 제2처분사유와 제3처분사유는 인정되지만, 제1처분사유는 인정되지 않는다면 **원심은,** 피고(처분청)는 제1처분사유를 제외하고 제2처분사유, 제3처분사유만 고려하여 제재의 유형과 수위를 다시 결정하여야 하며, 세 가지 처분사유가 모두 인정됨을 전제로 한 이 사건 처분은 그 전부가 재량권을 일탈·남용한 것으로서 위법하다고 판단하여 **이 사건 처분 전부를 취소**하였는데, **대법원은** '행정청이 여러 개의 위반행위에 대하여 하나의 제재처분을 하였으나, 위반행위별로 제재처분의 내용을 구분하는 것이 가능하고 여러 개의 위반행위 중 일부의 위반행위에 대한 제재처분 부분만이 위법하다면, 법원은 그 제재처분 중 위법성이 인정되는 부분만 취소하여야 하고 그 제재처분 전부를 취소하여서는 아니 된다(대법원 2009. 10. 29. 선고 2009두11218 판결 등 참조).'고 하면서 **이 사건 처분 중 제1처분사유에 관한 1개월 영업정지 부분만 취소하여야 한다고 한 사례**(대판 2020. 05. 14, 2019두63515[영업정지처분취소]).

동일한 사유로 다시 제재적 행정처분을 하는 것은 위법한 **이중처분**에 해당한다. 그러나, 제재처분을 변경하는 처분은 이중처분이 아니며 특별한 사정이 없는 한 제재처분의 효력이 유지되는 동안에는 가능하다.

[판례] 효력기간이 정해져 있는 제재적 행정처분의 효력이 발생한 이후에도 행정청은 특별한 사정이 없는 한 상대방에 대한 별도의 처분으로써 **효력기간의 시기와 종기를 다시 정할 수 있다.** 이는 당초의 제재적 행정처분이 유효함을 전제로 그 구체적인 집행시기만을 변경하는 **후속 변경처분**(일부 변경처분)이다. 이러한 후속 변경처분도 특별한 규정이 없는 한 의사표시에 관한 일반법리에 따라 상대방에게 고지되어야 효력이 발생한다. 위와 같은 후속 변경처분서에 효력기간의 시기와 종기를 다시 특정하는 대신 당초 제재적 행정처분의 집행을 특정 소송사건의 판결 시까지 유예한다고 기재되어 있다면, 처분의 효력기간은 원칙적으로 그 사건의 판결 선고 시까지 진행이 정지되었다가 판결이 선고되면 다시 진행된다. 다만 이러한 **후속 변경처분 권한은 특별한 사정이 없는 한 당초의 제재적 행정처분의 효력이 유지되는 동안에만 인정된다.** 당초의 제재적 행정처분에서 정한 효력기간이 경과하면 그로써 처분의 집행은 종료되어 처분의 효력이 소멸하는 것이므로(행정소송법 제12조 후문 참조), 그 후 동일한 사유로 다시 제재적 행정처분을 하는 것은 위법한 이중처분에 해당한다(대판 2022. 02. 11, 2021두40720).

법령위반에 대한 제재처분은 관할 **행정청이 동일한 제재처분의 대상이 되는 여러 가지 위반행위를 인지하였다면** 명문의 규정이 없더라도 그 위반행위 전부에 대하여 일괄하여 하나의 제재처분을 하는 것이 원칙이다. 그리고, 관할 행정청이 **여러 가지 위반행위 중 일부만 인지**하여 제재처분을 하였는데 그 후 그 제재처분 시점 이전에 이루어진 다른 위반행위를 인지하여 이에 대하여 별도의 제재처분을 하게 되는 경우에도 종전 과징금 부과처분의 대상이 된 위반행위와 추가 과징금 부과처분의 대상이 된 위반행위에 대하여 일괄하여 하나의 과징금 부과처분을 하는 경우와의 형평을 고려하여 행정청이 전체 위반행위에 대하여 하나의 제재처분을 할 경우에 취할 정당한 제재처분에서 이미 취한 제재처분을 뺀 정도의 제재를 한도로 하여서만 추가 제재처분을 할 수 있다(**판례**).

[판례] ① [1] 구 여객자동차 운수사업법 제85조 제1항에 근거하여 사업정지처분을 갈음하는 과징금 부과처분에서 **여러 가지 위반행위에 대하여 1회에 부과할 수 있는 과징금 총액의 최고한도액은 5,000만 원이라고 보는 것이 타당**하다. [2] **관할 행정청이** 여객자동차운송사업자의 **여러 가지 위반행위를 인지하였다면 전부에 대하여 일괄하여** 5,000만 원의 최고한도 내에서 **하나의 과징금 부과처분을 하는 것이 원칙**이고, 인지한 여러 가지 위반행위 중 일부에 대해서만 우선 과징금 부과처분을 하고 나머지에 대해서는 차후에 별도의 과징금 부과처분을 하는 것은 다른 특별한 사정이 없는 한 허용되지 않는다. [3] **관할 행정청이 여객자동차운송사업자가 범한 여러 가지 위반행위 중 일부만 인지하여 과징금 부과처분을 하였는데 그 후 과징금 부과처분 시점 이전에 이루어진 다른 위반행위를 인지하여 이에 대하여 별도의 과징금 부과처분을 하게 되는 경우**에도 종전 과징금 부과처분의 대상이 된 위반행위와 추가 과징금 부과처분의 대상이 된 위반행위에 대하여 일괄하여

하나의 과징금 부과처분을 하는 경우와의 형평을 고려하여 추가 과징금 부과처분의 처분양정이 이루어져야 한다. 다시 말해, **행정청이 전체 위반행위에 대하여 하나의 과징금 부과처분을 할 경우에 산정되었을 정당한 과징금액에서 이미 부과된 과징금액을 뺀 나머지 금액을 한도로 하여서만 추가 과징금 부과처분을 할 수 있다.** 행정청이 여러 가지 위반행위를 언제 인지하였느냐는 우연한 사정에 따라 처분상대방에게 부과되는 과징금의 총액이 달라지는 것은 그 자체로 불합리하기 때문이다(대판 2021. 02. 04, 2020두48390).

② 하도급법 제12조의3 제3항, 제25조의3 제1항 제3호, 개정 하도급법 시행령 제13조 제1항 [별표 2]의 내용과 체제 및 취지에 비추어 보면, 하도급법령은 위반행위별 과징금의 상한만을 정하면서 위반행위별 '과징금 산정기준'은 공정거래위원회가 **위반행위의 횟수**, 피해수급자의 수 **등을 고려하여 합리적인 재량에 따라 정할 수 있도록 규정하고 있으므로 위반행위 유형별로 하나의 과징금을 산정하여야 한다.** 따라서 OOOOOOO 기술자료 유용행위와 □ □ □ □ □ □ 기술자료 유용행위는 모두 기술자료 유용행위라는 **동일한 위반행위 유형에 해당**하므로 **위 각 행위에 대하여 각각 따로 과징금을 산정하여야 할 것은 아니다**(대판 2022. 09. 16, 2020두47021).

③ 구 건축사법시행규칙 제22조 제3항의 취지 및 건축사의 2 이상의 위반행위에 대하여 한 복수의 처분의 적부(소극): 구 건축사법시행규칙 제22조 제3항의 취지에 의하면 **건축사가 2 이상의 위반행위를 한 경우에 이를 함께 처분을 함에 있어서는 각 위반행위에 대하여 별개의 처분을 할 것이 아니라 위반행위 전부에 대하여 하나의 처분을 하여야 한다고 해석할 것이고, 이와 같은 규정을 둔 것은 행정청이 2 이상의 위반행위에 대하여 하나의 처분을 할 것인지 또는 각 위반행위 별로 각개의 처분을 할 것인지를 자의적으로 결정할 수 있다고 한다면 행정에 대한 예측을 불가능하게 하여 국민의 법적 안정성과 신뢰를 저해할 뿐 아니라 평등의 원칙에도 반하기 때문이라 할 것이므로 행정청이 2 이상의 위반행위에 대하여 하나의 처분을 하지 않고 복수의 처분을 하는 것은 위법하다**(대판 1991. 10. 25, 90누10148). 〈해설〉 구건축사법시행규칙 제22조 제1항은 건축사사무소를 개설한 건축사가건축사법 제28조 제1항 제6호내지 제10호에 해당하는 위반행위를 한 데에 대한 건축사사무소 등록취소 또는 건축사 업무정지처분의 기준을 정하고 있고, 위 시행규칙 제22조 제3항은 제1항의 규정에 의한 위반행위가 2 이상일 경우 그 위반행위가 모두 등록취소에 해당하는 때 또는 등록취소와 업무정지에 해당하는 때에는 등록취소에 의하며, 2 이상의 위반행위가 모두 업무정지에 해당하는 때에는 가장 중한 처분에 나머지 각 위반행위에 해당하는 업무정지의 기간의 2분의1을 합산한 기간까지 가중하여 처분할 수 있고, 이 경우 그 합산한기간이 1년을 초과하는 때에는 1년으로 한다고 규정하고 있다.

그러나, 위반행위별로 제재처분을 부과하여야 하는 것으로 규정하고 있는 경우도 있다. 예를 들면, 구 「중소기업 기술혁신 촉진법」상 복수의 연구개발과제에 각각의 참여제한사유가 있는 경우에는 연구개발과제별로 참여제한기간을 누적하여 처분할 수 있다(대판 2022. 07. 28, 2022두31822[환수금등취소처분의소]).

제 8 항 공익신고자보호제도

공익신고자보호제도라 함은 '공익을 침해하는 행위'를 신고한 사람 등을 보호하고 지원함으로써 국민 다수의 이익인 공익의 보호와 투명하고 깨끗한 사회의 확립에 이바지함을 목적으로 하는 제도인데, 이를 통하여 행정의 실효성을 확보할 수 있다.

"공익침해행위"란 국민의 건강과 안전, 환경, 소비자의 이익 및 공정한 경쟁을 침해하는 행위로서 다음 각 목의 어느 하나에 해당하는 행위를 말한다. 가. 별표에 규정된 법률의 벌칙에 해당하는 행위, 나. 별표에 규정된 법률에 따라 인허가의 취소처분, 정지처분 등 대통령령으로 정하는 행정처분의 대상이 되는 행위(공익신고자 보호법 제2조 제1호).

공익신고자등과 그 친족 또는 동거인은 국민권익위원회에 신변보호조치를 요구할 수 있고(제13조 제1항), 공익신고자등의 형사상, 징계상 책임이 감경되며(제14조), 누구든지 공익신고자등에게 공익신고등을 이유로 불이익조치를 하여서는 아니 된다(제15조 제1항). 또한 공익신고자에게는 일정한 요건하에 보상금 및 구조금을 지급한다(제26조 이하).

제 9 항 그 밖의 행정의 실효성 확보수단

기타 행정의 실효성 확보수단으로는 행정법규 위반자에 대한 국외여행제한(예, 출입국관리법 제4조), 행정법규 위반에 사용된 차량의 사용정지, 취업제한(예, 병역법 제76조), 고액·상습체납자의 감치(국세징수법 제115조)와 행징법규위반행위신고포상금제 등이 있다.

Ⅰ. 출국금지

법무부장관은 대통령령으로 정하는 금액 이상의 국세·관세 또는 지방세를 정당한 사유 없이 그 납부기한까지 내지 아니한 사람 등에 대하여는 6개월 이내의 기간을 정하여 출국을 금지할 수 있다(출입국관리법 제4조 제1항). 중앙행정기관의 장 및 법무부장관이 정하는 관계 기관의 장은 소관 업무와 관련하여 제1항 또는 제2항 각 호의 어느 하나에 해당하는 사람이 있다고 인정할 때에는 법무부장관에게 출국금지를 요청할 수 있다(제3항). 법무부장관은 출국금지 사유가 없어졌거나 출국을 금지할 필요가 없다고 인정할 때에는 즉시 출국금지를 해제하여야 한다(제4조의3 제1항). 법무부장관은 제4조 제1항 또는 제2항에 따라 출국을 금지하거나 제4조의2 제1항에 따라 출국금지기간을 연장하였을 때에는 즉시 당사자에게 그 사유와 기간 등을 밝혀 서면으로 통지하여야 한다(제4조의4 제1항). 법무부장관은 제1항에도 불구하고 다음 각 호의 어느 하나에 해당하는 경우에는 제1항의 통지를 하지 아니할 수 있다. ① 대한민국의 안전 또는 공공의 이익에 중대한 위해(危害)를 끼칠 우려가 있다고 인정되는 경우. ② 범죄수사에 중대한 장애가 생길 우려가 있다고 인정되는 경우. 다만, 연장기간을 포함한 총 출국금지기간이 3개월을 넘는 때에는 당사자에게 통지하여야 한다. ③ 출국이 금지된 사람이 있는 곳을 알 수 없는 경우(제3항).

출입국관리법 제4조 제1항은 금지처분을 재량행위로 규정하고 있다.

제4조 제1항 또는 제2항에 따라 출국이 금지되거나 제4조의2 제1항에 따라 출국금지기간이 연장된 사람은 출국금지결정이나 출국금지기간 연장의 통지를 받은 날 또는 그 사실을 안 날부터 10일 이내에 법무부장관에게 출국금지결정이나 출국금지기간 연장결정에 대한 이의를 신청할 수 있다(제4조의5 제1항). 법무부장관은 제1항에 따른 이의신청이 이유 있다고 판단하면 즉시 출국금지를 해제하거나 출국금지기간의 연장을 철회하여야 하고, 그 이의신청이 이유 없다고 판단하면 이를 기각하고 당사자에게 그 사유를 서면에 적어 통보하여야 한다(제3항).

국세청장은 정당한 사유 없이 5천만원 이상으로서 대통령령으로 정하는 금액 이상의 국세를 체납한 자 중 대통령령으로 정하는 자에 대하여 법무부장관에게 「출입국관리법」 제4조 제3항에 따라 출국금지를 요청하여야 한다(국세징수법 제113조 제1항). 국세청장은 체납액 징수, 체납자 재산의 압류, 담보 제공 등으로 출국금지 사유가 없어진 경우 즉시 법무부장관에게 출국금지의 해제를 요청하여야 한다(제3항). 제1항부터 제3항까지에서 규정한 사항 외에 출국금지 요청 등의 절차에 관하여 필요한 사항은 대통령령으로 정한다(제4항).

[판례] (1) **국세체납을 이유로 한 출국금지처분의 요건과 판단기준**: 구 출입국관리법(2011. 7. 18. 법률 제10863호로 개정되기 전의 것. 이하 '구 출입국관리법') 제4조 제1항, 그 시행령(2011. 11. 1. 대통령령 제23274호로 개정되기 전의 것) 제1조의3 제2항은, 5천만 원 이상의 '국세·관세 또는 지방세를 정당한 사유 없이 그 납부기한까지 내지 아니한 사람'에 대하여는 기간을 정하여 출국을 금지할 수 있다고 규정하고 있다. 그러나 위와 같은 **조세 미납을 이유로 한 출국금지는 그 미납자가 출국을 이용하여 재산을 해외에 도피시키는 등으로 강제집행을 곤란하게 하는 것을 방지함에 주된 목적이 있는 것이지** 조세 미납자의 신병을 확보하거나 출국의 자유를 제한하여 심리적 압박을 가함으로써 미납 세금을 자진납부하도록 하기 위한 것이 아니다. 따라서 재산을 해외로 도피할 우려가 있는지 여부 등을 확인하지 아니한 채 단순히 일정 금액 이상의 조세를 미납하였고 그 미납에 정당한 사유가 없다는 사유만으로 바로 출국금지 처분을 하는 것은 위와 같은 헌법상의 기본권 보장 원리 및 과잉금지의 원칙에 비추어 허용되지 아니한다. 나아가 재산의 해외 도피 가능성 여부에 관한 판단에 있어서도 재량권을 일탈하거나 남용하여서는 아니 되므로, 조세 체납의 경위, 조세 체납자의 연령과 직업, 경제적 활동과 수입 정도 및 재산상태, 그간의 조세 납부 실적 및 조세 징수처분의 집행과정, 종전에 출국했던 이력과 목적·기간·소요 자금의 정도, 가족관계 및 가족의 생활정도·재산상태 등을 두루 고려하여, **출국금지로써 달성하려는 공익목적과 그로 인한 기본권 제한에 따라 당사자가 받게 될 불이익을 비교형량하여 합리적인 재량권의 범위 내에서 출국**

금지 여부를 결정하여야 한다. (2) 국세청장 등의 출국금지 요청이 요건을 구비하지 못하였다는 사유만으로 출국금지 처분이 당연히 위법하게 되는 것은 아니고, 앞서 본 재산의 해외 도피 가능성 등 출국금지 처분의 요건이 갖추어졌는지 여부에 따라 그 적법 여부가 가려져야 할 것이다. (3) 원고가 양도소득세를 체납하였음을 이유로 한 국세청장의 출국금지요청에 기하여 내려진 법무부장관의 이 사건 출국금지처분이 원고가 재산을 해외로 도피시킬 우려가 있다고 보기 어렵다는 이유로 위법하다고 보아 취소한 원심의 결론을 수긍한 사례(대판 2013. 12. 26, 2012두18363[출국금지처분취소]). 〈해설〉 판례가 명문의 규정이 없음에도 재산을 해외로 도피시킬 우려가 있을 것을 출국금지 요건으로 본 것은 타당하지 않다(이상덕, 체납자 출국금지처분의 요건과 재량통제, 행정판례연구 제19권 1호, 2014. 6, 107면 이하). 국세징수법은 출국금지요청사유를 정한 것이고 출국금지사유를 정한 것은 아니다. 출국금지사유는 출입국관리법 제4조 제1항이 정하고 있다. 출국금지는 효과재량으로서 이익형량을 거쳐 결정하여야 한다.

Ⅱ. 납세증명서 제출제도

납세자(미과세된 자를 포함한다. 이하 이 장에서 같다)는 다음의 어느 하나에 해당하는 경우에는 대통령령으로 정하는 바에 따라 납세증명서를 제출하여야 한다. ① 국가, 지방자치단체 또는 대통령령으로 정하는 정부 관리기관으로부터 대금을 지급받을 경우, ② 「출입국관리법」 제31조에 따른 외국인등록 또는 「재외동포의 출입국과 법적 지위에 관한 법률」 제6조에 따른 국내거소신고를 한 외국인이 체류기간 연장허가 등 대통령령으로 정하는 체류 관련 허가를 법무부장관에게 신청하는 경우, ③ 내국인이 해외이주 목적으로 「해외이주법」 제6조에 따라 외교부장관에게 해외이주신고를 하는 경우(국세징수법 제107조 제1항).

Ⅲ. 병역의무자에 대한 국외여행 허가제도

병역의무자로서 다음의 어느 하나에 해당하는 사람이 국외여행을 하려면 병무청장의 허가를 받아야 한다. ① 25세 이상인 제1국민역 또는 보충역으로서 소집되지 아니한 사람, ② 승선근무예비역 또는 보충역으로 복무 중이거나 의무종사 중인 사람(병역법 제70조 제1항).

제 9 장 행정절차

제 1 절 행정절차의 의의

Ⅰ. 개 념

보통 행정절차(行政節次)라 함은 행정활동을 함에 있어서 거치는 사전통지, 의견청취, 이유제시 등 사전절차를 가리킨다.

Ⅱ. 필요성

행정절차는 다음과 같은 요청에 기인한다.

1. 행정의 절차적 통제

우리나라를 포함한 종래 대륙법계 국가에서는 행정에 대한 통제는 행정에 대한 실체법적 통제 및 사후적 통제를 의미하였으며 행정절차는 행정권의 재량에 속하는 것으로 보았다.

그러나, 행정에 대한 실체법적 통제만으로는 행정에 대한 통제가 실효성을 가지지 못하는 경우가 늘어나게 되었다. 또한 행정에 대한 사후적 통제보다는 사전적 통제를 통하여 위법한 행정을 사전에 막고 국민의 권익 침해를 미연에 방지하는 것이 보다 낫다는 관념이 형성되었다.

2. 행정의 민주화

오늘날 행정에 대한 주권자인 국민의 참여가 행정에서의 민주주의의 실질적 실현을 도모하기 위하여 요청되고 있다. 행정절차는 국민의 행정에 대한 참여를 보장해 주는 수단이 되고 있다. 국민은 의견을 제출함으로써 행정결정에 참여할 수 있다.

3. 행정의 적정화

행정공무원은 그의 권한에 속하는 행정분야에서의 전문가라고 할 수 있다. 그러나, 구체적인 현실의 문제를 가장 잘 아는 것은 이해관계 있는 국민이라고 할 수 있다. 이해관계 있는 국민의 의견을 들음으로써 또한 이해관계에 대한 조사를 사전에 실시함으로써 행정문제에 관한 정확한 정보를 획득하고 적정한 행정결정을 내릴 수 있게 된다.

또한 이해관계 있는 국민의 의견을 듣도록 하거나 이유를 제시하도록 함으로써 자의적인 행정권의 행사를 막고 보다 신중하고 공정한 행정을 실현할 수 있다.

그리고 행정절차는 행정을 투명하게 하여 밀실행정에서 오는 자의적이고 불합리한 행정을 막는 기능을 한다.

4. 행정의 능률화

행정절차는 행정을 지연시키고 오히려 행정의 능률을 저해한다는 편견이 특히 행정공무원을 중심으로 존재한다. 물론 과도한 행정절차는 행정의 지체를 가져올 것이다.

그러나, 행정을 예고하고 이해관계인의 의견을 반영한 행정을 함으로써 행정에 대한 국민의 수용과 협력을 증대시킬 수 있게 되고, 이는 궁극적으로 행정의 능률화에 기여할 수 있다. 이해관계 있는 국민의 의견을 무시하는 일방적인 행정을 하는 경우에는 행정에 대한 불신이 커지게 되고, 행정에 대한 국민의 저항이 큰 경우에는 행정의 집행에 지장을 초래한다.

5. 국민의 권익보호

국민의 권익이 침해된 후에 그 권익을 구제하는 것보다는 권익의 침해를 미연에 방지하는 것이 국민의 권익보호를 위하여 바람직하다.

현행의 사후적 구제만으로는 권익의 구제에 한계가 있는 경우가 있고 사후적 구제가 인정되는 경우에도 권익침해가 없었던 상태로 돌이키는 것이 어려운 경우가 많기 때문이다.

행정절차는 이해관계인의 의견을 사전에 고려하도록 하고 행정기관으로 하여금 신중하고 공정한 행정을 하도록 함으로써 국민의 권익에 대한 침해를 미연에 방지할 수 있다. 그리하여 행정절차를 '사전적 권리구제제도'로 보기도 한다.

행정절차법은 입법목적을 다음과 같이 규정하고 있다: 이 법은 행정절차에 관한 공통적인 사항을 규정하여 국민의 행정참여를 도모함으로써 행정의 공정성·투명성 및 신뢰성을 확보하고 국민의 권익을 보호함을 목적으로 한다(동법 제1조).

제 2 절 행정절차의 헌법적 근거

Ⅰ. 적법절차의 원칙

적법절차(適法節次)의 원칙(原則)이라 함은 국가권력이 개인의 권익을 제한하는 경우에는 개인의 권익을 보호하기 위한 적정한 절차를 거쳐야 한다는 원칙을 말한다. 적법절차는 상이한 두 내용, 즉 실체적 적법절차(국가작용의 내용도 합리성과 정당성을 갖추어야 한다는 것)와 절차적 적법절차를 포함하는데 그 중심은 절차적 적법절차이다.

우리 헌법 제12조 제1항 제2문과 동조 제3항은 적법절차의 원칙을 규정하고 있다. 제12조 제1항 제2문은 "누구든지 …… 법률과 적법한 절차에 의하지 아니하고는 처벌·보안처분 또는 강제노역을 받지 아니한다"고 규정하고 있다. 헌법 제12조 제3항은 "체포·구속·압수 또는 수색을 할 때에는 적법한 절차에 따라 검사의 신청에 의하여 법관이 발부한 영장을 제시하여야 한다"라고 규정하고 있다. 그런데, 우리나라에서 적법절차의 적용대상과 범위에 관하여 견해가 대립하고 있다.

헌법규정을 엄격히 해석하여 적법절차의 원칙은 처벌·보안처분·강제노역과 영장발부에 제한적으로 적용된다는 견해(제한적 열거설)와 현행헌법의 처벌·보안처분 또는 강제노역은 적법절차의 대상을 한정적으로 열거한 것으로 해석하지 않고 예시적인 것에 불과하다고 보는 견해(예시설)가 있다. ① **제한적 열거설**은 헌법이 명문으로 적법절차에 의하지 아니한 처벌·보안처분·강제노역과 적법절차에 의하지 아니한 영장의 발부만을 금지하고 있다는 점과 입법연혁상 형사절차와 이에 준하는 성격을 갖는 보안처분에 국한시켜 적법절차조항을 둔 것이라는 점에 근거를 둔다.[134] ② **예시설**은 적법절차조항을 적법한 절차에 의하지 아니하고는 본인에게 신체적·정신적 그리고 재산상 불이익이 되는 일체의 제재(질서벌·징계벌 등)를 당하지 아니한다는 의미로 해석한다. 예시설은 외국의 입법례, 즉 "적법절차에 의하지 아니하고는 생명·신체 또는 재산을 박탈당하지 아니한다"라고 규정한 미연방 헌법 수정 제5조와 제14조 및 "적법절차에 의하지 아니하고는 생명 또는 자유를 박탈당하거나 그 밖의 형벌이 과하여지지 아니한다"고 규정한 일본 헌법 제31조에 근거를 둔다. 즉 우리 헌법

134) 윤명선·김병묵, 전게서, 438면.

제12조 제1항 후단은 미국 헌법상의 적법절차조항이나 일본 헌법상의 법정절차조항과 비슷한 내용을 규정하였다고 본다.[135] 헌법재판소는 예시설을 취하고 있다(헌재 1990. 11. 19, 90헌가48; 1992. 12. 24, 92헌가8). 예시설이 타당하다.

Ⅱ. 적법절차의 원칙과 행정절차

적법절차의 원칙은 형사절차상의 영역에 한정되지 않고 입법, 행정 등 국가의 모든 공권력의 작용에 적용된다(헌재 1992. 12. 24, 92헌가8).

행정절차상의 적법절차의 내용은 형사절차상의 적법절차의 그것과 같을 수는 없다. 적법절차의 내용은 일률적으로 정해지는 것이 아니고 개별적 사안마다 적정한 절차가 결정되는 유동적인(flexible) 것이다.

특정 사안에서 적정한 절차가 무엇인가를 판단함에 있어서는 세 요소를 고려하여야 한다. ① 행정처분에 의해 침해될 사적 이익의 종류에 따라 적법절차의 내용은 달라지게 될 것이다. 인신의 구속은 중대한 법익의 침해이므로 행정목적을 위한 경우에도 적법절차가 엄격히 요구된다고 보아야 한다. 이 견해의 문제점은 헌법적 결정에 재판관의 주관적 가치를 개입시키고 주관적 가치는 재판관에 따라 다르기 때문에 적법절차의 예견가능성이 저하된다는 것이다.[136] ② 사용되는 절차를 통해서 일어날 수 있는 그러한 사적 이익에 대한 잘못된 박탈의 위험성 및 그러한 위험성에 대응하는 추가적 또는 대체적 보장의 예상되는 가치를 고려하여야 한다. ③ 추가적 또는 대체적 절차가 가져올 재정적·행정적 부담을 포함하는 정부의 이익을 고려하여야 한다.[137]

어느 것이 적정한 절차인지는 일반적으로 말할 수 없고 개별적 사안마다 공익과 개인의 권리를 고려하여 판단되어야 할 것이지만, 행정절차에서 적용될 적법절차의 내용은 다음과 같다: ① 사건에 관련된 당사자에 대한 문제의 고지, ② 증거 및 주장을 제출할 기회, ③ 교호신문(cross-examination) 및 다른 적절한 수단을 통한 반대신문의 기회, ④ 변호인의 출석, ⑤ 당해 청문에 제출된 증거만에 의한 판정, ⑥ 행정절차상 채집된 모든 기록에의 접근, ⑦ 판정자의 중립·공정성 등.[138]

---

135) 이상규, 전게서, 341면; 권영성, 전게서, 435면.

136) RICHARD J. PIERCE, SIDNEY A. SHAPIRO, PAUL R. VERKUIL, ADMINISTRATIVE LAW AND PROCESS, 1985, p. 2675.

137) Ernest Gellhorn and Ronald M. Levin, Administrative Law and Process, 1990, p. 216; Mathews v. Eldridge, 424 U. S. 319, 1976.

138) 윤명선, "적법절차의 법리," 『경희법학』, 제26권, 제1호, 1992, 72~73면; BERNARD SCHWARZ, ADMINISTRATIVE LAW, 1976, pp. 192~193.

불이익조치인 행정절차에는 여러 행정절차 중 당사자에의 통지와 의견진술의 기회는 최소한 보장되어야 한다. 당사자에의 통지의 내용은 사안마다 다르다. 경우에 따라 조치의 이유가 통지되어야 하고, 경우에 따라서는 구제절차까지도 고지되어야 할 것이다. 긴급한 경우에는 의견진술의 기회가 생략될 수 있지만, 사후에 청문의 기회가 주어져야 한다.

적법절차는 헌법적 효력을 가지며 행정절차에도 적용되므로 만약 적법한 행정절차규정이 없는 경우 또는 절차규정이 적법절차의 원칙에 반하는 경우 적법절차의 원칙이 직접 적용되어 적법한 절차에 따르지 않은 행정처분은 절차상 위법하게 된다. 예를 들면, 허가의 취소에 있어 적법절차의 원칙상 정식청문절차가 요구됨에도 정식청문절차를 정하는 개별법규정이 없어 정식청문절차를 거치지 않고 의견제출의 기회만 주었다면 당해 허가취소는 절차상 하자가 있다.

[판례] [1] 판례는 여기에서 한발 더 나아가 설령 부가가치세법과 같이 **개별 세법에서 납세고지에 관한 별도의 규정을 두지 않은 경우라 하더라도** 해당 본세의 납세고지서에 국세징수법 제9조 제1항이 규정한 것과 같은 **세액의 산출근거 등이 기재되어 있지 않다면 그 과세처분은 적법하지 않다**고 한다. 말하자면 개별 세법에 납세고지에 관한 별도의 규정이 없더라도 국세징수법이 정한 것과 같은 납세고지의 요건을 갖추지 않으면 안 된다는 것이고, **이는 적법절차의 원칙이 과세처분에도 적용됨에 따른 당연한 귀결**이다. 같은 맥락에서, 하나의 납세고지서에 의하여 복수의 과세처분을 함께 하는 경우에는 과세처분별로 그 세액과 산출근거 등을 구분하여 기재함으로써 납세의무자가 각 과세처분의 내용을 알 수 있도록 해야 하는 것 역시 당연하다고 할 것이다. [2] 가산세 부과처분에 관해서는 국세기본법이나 개별 세법 어디에도 그 납세고지의 방식 등에 관하여 따로 정한 규정이 없다. 그러나 가산세는 비록 본세의 세목으로 부과되기는 하지만(국세기본법 제47조 제2항 본문), 그 본질은 과세권의 행사와 조세채권의 실현을 용이하게 하기 위하여 세법에 규정된 의무를 정당한 이유 없이 위반한 납세의무자 등에게 부과하는 일종의 행정상 제재라는 점에서 **적법절차의 원칙**은 더 강하게 관철되어야 한다. … 그러므로 본세의 부과처분과 가산세의 부과처분은 각 별개의 과세처분인 것처럼, 같은 세목에 관하여 여러 종류의 가산세가 부과되면 그 각 가산세 부과처분도 종류별로 각각 별개의 과세처분이라고 보아야 한다. 따라서 하나의 납세고지서에 의하여 본세와 가산세를 함께 부과할 때에는 납세고지서에 본세와 가산세 각각의 세액과 산출근거 등을 구분하여 기재해야 하는 것이고, 또 여러 종류의 가산세를 함께 부과하는 경우에는 그 가산세 상호 간에도 종류별로 세액과 산출근거 등을 구분하여 기재함으로써 납세의무자가 납세고지서 자체로 각 과세처분의 내용을 알 수 있도록 하는 것이 당연한 원칙이다(대판 전원합의체 2012. 10. 18, 2010두12347[증여세부과처분취소]).

제 3 절 행정절차법 제정경과

행정절차법과 정보공개법의 제정에 있어서 학계가 적지 않게 기여한 것이 사실이지만 기본적으로 행정절차법의 제정은 개혁입법의 하나로 제정되었다. 1993년 문민정부가 들어선 후에 행정개혁을 위하여 동년 4월 20일 행정쇄신위원회를 설치하였는데, 동 위원회는 행정절차법과 정보공개법의 제정을 행정개혁과제의 하나로 채택하였고 이에 따라 행정절차법과 정보공개법이 제정되었던 것이다. 이렇게 볼 때 우리나라에서 행정절차법과 정보공개법의 제정을 주도했던 것은 문민정부의 개혁정책이었고 궁극적으로는 국정의 민주화와 투명성을 바라는 국민의 여론이었다고 말할 수 있다.

1995년 5월 30일 총무처에 행정절차법안심의위원회가 설치되었고, 이 위원회는 학자들에 의해 주도되었다. 학계에서는 행정절차법의 적용대상을 보다 확대하고, 행정절차를 보다 철저히 규정할 것을 주장하였지만 정부측은 행정절차법의 시행에 따라 초래될 행정기관의 업무부담의 증가를 들어 행정절차법의 제정에 소극적이었고, 결국 제한적인 행정절차법이 제정되게 되었다.

행정절차법을 제정함에 있어서 외국의 행정절차법을 많이 참조하였다. 미국, 독일, 일본의 입법례가 주로 참고되었다. 특히 우리나라의 행정절차법은 일본의 행정절차법과 상당히 유사한 내용을 가지고 있다. 차이점은 한국의 행정절차법이 일본 행정절차법에는 존재하지 않는 행정청의 관할과 협조, 입법예고 및 행정예고를 규정하고 있는 것 등에 한정된다.

행정절차법은 1996년 12월 31일 제정되어 1998년 1월 1일부터 시행되고 있다.

제 4 절 행정절차법의 기본구조와 적용범위

Ⅰ. 행정절차법의 기본구조

행정절차법(行政節次法)은 처분절차, 신고절차, 확약, 위반사실의 공표, 행정계획, 행정상 입법예고절차, 행정예고절차, 행정지도절차 등을 규율대상으로 하고 있다. 그 중에서 처분절차가 중심적인 내용이 되고 있다.

침해적 처분절차로는 사전통지, 의견청취를 규정하고 있다.

수익적 처분에 관하여는 처분의 신청, 처분의 처리기간에 관하여 일반적인 규정을 두고 있다. 처분일반(수익적 처분과 부담적 처분)에 관하여는 처분기준의 설정·공표, 처분이유의 제시,[139] 처분의 방식(문서주의), 처분의 정정, 고지에 관한 규정이 있다.

현행 행정절차법은 행정조사절차 및 행정계약절차는 규정하고 있지 않다.

입법절차로 입법예고제도를 규정하고 있다.

행정절차법은 주로 절차적 규정을 두고 있고 아주 예외적으로만 실체법규정(신의성실의 원칙과 신뢰보호의 원칙 등)을 두고 있다.

Ⅱ. 행정절차법의 적용범위

행정절차법 제3조는 행정절차법의 적용범위를 규정하고 있다.

① 행정절차에 관하여 다른 법률에 특별한 규정이 있는 경우에는 행정절차법이 배제된다. 이는 특별법 우선의 원칙을 선언한 것으로 당연한 규정이다. 행정절차법이 배제되는 것은 다른 '법률'에 특별한 규정을 둔 경우이다. 민원처리에관한법률은 신청절차에 관하여 행정절차법의 특별법이고, 전자정부법은 전자행정절차에 관하여 행정절차법의 특별법이다. 행정절차에 대하여 특별한 규정을 두고 있는 규정이 법률이 아닌 명령인 경우에는 상위법 우선의 원칙에 의해 당해 명령이 아니라 행정절차법이 적용된다.

② 또한, 행정절차법은 다음 각 호의 어느 하나에 해당하는 사항에 대하여는 적용하지 아니한다: 1. 국회 또는 지방의회의 의결을 거치거나 동의 또는 승인을 받아 행하는 사항, 2. 법원 또는 군사법원의 재판에 의하거나 그 집행으로 행하는 사항, 3. 헌법재판소의 심판을 거쳐 행하는 사항, 4. 각급 선거관리위원회의 의결을 거쳐 행하는 사항, 5. 감사원이 감사위원회의의 결정을 거쳐 행하는 사항, 6. 형사(刑事), 행형(行刑) 및 보안처분 관계 법령에 따라 행하는 사항, 7. 국가안전보장·국방·외교 또는 통일에 관한 사항 중 행정절차를 거칠 경우 국가의 중대한 이익을 현저히 해칠 우려가 있는 사항, 8. 심사청구, 해양안전심판, 조세심판, 특허심판, 행정심판, 그 밖의 불복절차에 따른 사항, 9. 「병역법」에 따른 징집·소집, 외국인의 출입국·난민인정·귀화, 공무원 인사 관계 법령에 따른 징계와 그 밖의 처분, 이해 조정을 목적으로 하는 법령에 따른 알선·조정·중재(仲裁)·재정(裁定) 또는 그 밖의 처분 등 해당 행정작용의 성질상 행정절차를 거치기 곤란하거나 거칠 필요가 없다고 인정되는 사항과 행정

139) 행정절차법은 원칙상 모든 행정처분에 있어서 처분이유를 제시하도록 하고 있지만 예외규정을 고려하면 주로 불이익처분에 이유제시의무가 적용된다.

제 5 절 행정절차법의 내용

행정절차법은 한편으로는 모든 행정작용에 공통적으로 적용되는 사항 및 절차를 정하고, 다른 한편으로는 행정처분, 입법, 행정지도 등 행위형식별로 거쳐야 할 행정절차를 정하고 있다.

제 1 항 공통사항 및 공통절차

Ⅰ. 신의성실 및 신뢰보호

행정청은 직무를 수행할 때 신의에 따라 성실히 하여야 한다(제4조 제1항). 행정절차법은 이와 같이 신의성실의 원칙 및 신뢰보호의 원칙을 선언하고 있는데 신의성실의 원칙 및 신뢰보호의 원칙은 이미 행정법상의 법의 일반원칙의 하나로 인정되고 있던 것인데 행정절차법은 이 원칙을 확인한 것에 불과하다.

동법 제4조 제1항은 "행정청은 직무를 수행할 때 신의에 따라 성실히 하여야 한다"라고 규정하고 있고, 동법 제4조 제2항은 "행정청은 법령 등의 해석 또는 행정청의 관행이 일반적으로 국민들에게 받아들여졌을 때에는 공익 또는 제3자의 정당한 이익을 현저히 해칠 우려가 있는 경우를 제외하고는 새로운 해석 또는 관행에 따라 소급하여 불리하게 처리하여서는 아니 된다"라고 규정하고 있다. 이 규정은 신뢰보호의 한 내용이라고 볼 수 있는 법령의 해석 또는 행정청의 관행에 대한 국민의 신뢰보호를 규정하면서 새로운 해석 또는 관행에 대한 신뢰보호의 한계에 대하여 규정하고 있다. 행정절차법 제4조 제2항은 법적 구속력이 있는 규정으로 보는 것보다는 宣言的 規定으로 보는 것이 타당하다.

행정의 관행에 대한 국민의 신뢰가 형성된 경우에는 판례상 인정된 자기구속의 원칙의 적용을 검토하고, 궁극적으로는 신뢰보호의 이익과 공익(합법성의 원칙 포함) 및 제3자의 이익을 비교·형량하여 새로운 처분의 적법 여부를 판단하여야 할 것이다.

Ⅱ. 투명성원칙과 법령해석요청권

행정청이 행하는 행정작용은 그 내용이 구체적이고 명확하여야 하며, 행정작용의 근거가 되는 법령 등의 내용이 명확하지 아니한 경우 상대방은 해당 행정청에 그 해석을 요청할 수 있다. 이 경우 해당 행정청은 특별한 사유가 없는 한 그 요청에 따라야 한다(제5조).

중앙행정기관의 장은 지방자치단체의 장 또는 민원인으로부터 법률적 판단이 필요한 질의를 받는 등 법령을 운영·집행하는 과정에서 해석상 의문이 있는 경우에는 행정운영의 적법성과 타당성을 보장하기 위하여 법령해석업무를 관장하는 기관(민사·상사·형사, 행정소송, 국가배상 관계 법령 및 법무부 소관 법령과 다른 법령의 벌칙조항에 대한 해석인 경우에는 법무부를 말하고, 그 밖의 모든 행정 관계 법령의 해석인 경우에는 법제처를 말한다. 이하 '법령해석기관'이라 한다)에 법령해석을 요청하여야 한다(법제업무운영규정 제26조 제1항).

지방자치단체의 장은 법령 소관 중앙행정기관의 장에게 법령해석을 요청하여 그 회신을 받은 후 법령해석기관에 법령해석을 요청할 수 있다(법제업무운영규정 제26조 제3항, 제4항).

민원인은 법령 소관 중앙행정기관의 장의 법령해석이 법령에 위반된다고 판단되는 경우에는 총리령으로 정하는 바에 따라 해당 법령 소관 중앙행정기관의 장에게 법령해석기관에 법령해석을 요청하도록 의뢰할 수 있다. 다만, 법무부장관이 민사·상사·형사, 행정소송, 국가배상 관계 법령 및 법무부 소관 법령에 대하여 법령해석을 한 경우는 제외한다(법제업무운영규정 제26조 제7항). 법령해석 요청을 의뢰한 민원인은 법령 소관 중앙행정기관의 장이 1개월 이내에 법령해석기관에 법령해석을 요청하지 않거나, 제8항 각 호에 해당하지 않음에도 불구하고 법령해석을 요청하지 않을 것을 통지한 경우에는 직접 법령해석기관에 법령해석을 요청할 수 있다(제9항).

Ⅲ. 행정청의 관할

국민이 행정청에게 신청을 하고자 하는 경우에 관할 행정청을 아는 것이 쉽지 않고, 관할 행정청이 아닌 행정청에 신청을 하여 신청이 반려되는 경우가 적지 않았다.

이러한 문제를 해결하기 위하여 행정절차법은 다음과 같이 관할 행정청에의 이송제도와 행정청의 관할의 결정에 관한 규정을 두고 있다.

행정청이 그 관할에 속하지 아니하는 사안을 접수하였거나 이송받은 경우에는 지체 없이 이를 관할 행정청에 이송하여야 하고 그 사실을 신청인에게 통지하여야 한다. 행정청이 접수하거나 이송받은 후 관할이 변경된 경우에도 또한 같다(제6조 제1항).
행정청의 관할이 분명하지 아니하는 경우에는 해당 행정청을 공통으로 감독하는 상급행정청이 그 관할을 결정하며, 공통으로 감독하는 상급행정청이 없는 경우에는 각 상급행정청이 협의하여 그 관할을 결정한다(제6조 제2항).

Ⅳ. 행정청간의 협조의무 및 행정응원

우리나라 행정문제의 하나는 행정청간에 협조가 잘 되지 않는다는 것이다. 행정청간에 협조가 잘 되지 않는 것은 행정의 효율성을 저해할 뿐만 아니라 관계 국민에 대한 질 높은 서비스의 제공에 장애요인이 되고 있다. 이러한 점을 고려하여 행정절차법은 행정청간의 협조의무와 행정청 상호간의 행정응원에 대하여 규정하고 있다.

1. 행정청간의 협조의무(제7조)

행정청은 행정의 원활한 수행을 위하여 서로 협조하여야 한다.

2. 행정응원(제8조)

행정청은 다음의 어느 하나에 해당하는 경우에는 다른 행정청에 행정응원(行政應援)을 요청할 수 있다(제1항): ① 법령 등의 이유로 독자적인 직무수행이 어려운 경우, ② 인원·장비의 부족 등 사실상의 이유로 독자적인 직무수행이 어려운 경우, ③ 다른 행정청에 소속되어 있는 전문기관의 협조가 필요한 경우, ④ 다른 행정청이 관리하고 있는 문서(전자문서 포함)·통계 등 행정자료가 직무수행을 위하여 필요한 경우, ⑤ 다른 행정청의 응원을 받아 처리하는 것이 보다 능률적이고 경제적인 경우.

제1항의 규정에 의하여 행정응원을 요청받은 행정청은 다음의 어느 하나에 해당하는 경우에는 응원을 거부할 수 있다(제2항): ① 다른 행정청이 보다 능률적이거나 경제적으로 응원할 수 있는 명백한 이유가 있는 경우, ② 행정응원으로 인하여 고유의 직무수행이 현저히 지장받을 것으로 인정되는 명백한 이유가 있는 경우.

행정응원은 해당 직무를 직접 응원할 수 있는 행정청에 요청하여야 한다(제3항). 행정응원을 요청받은 행정청은 응원을 거부하는 경우 그 사유를 응원을 요청한 행정청에 통지하여야 한다(제4항).

행정응원을 위하여 파견된 직원은 응원을 요청한 행정청의 지휘·감독을 받는다. 다만, 해당 직원의 복무에 관하여 다른 법령 등에 특별한 규정이 있는 경우에는 그에 따른다(제5항).

행정응원에 드는 비용은 응원을 요청한 행정청이 부담하며, 그 부담금액 및 부담방법은 응원을 요청한 행정청과 응원을 하는 행정청이 협의하여 결정한다(제6항).

Ⅴ. 행정절차법상 ‘당사자등’

행정절차법상 ‘당사자등’이라 함은 행정청의 처분에 대하여 직접 그 상대가 되는 당사자와 행정청이 직권으로 또는 신청에 따라 행정절차에 참여하게 한 이해관계인을 말한다(제2조 제4호).

1. ‘당사자등’의 자격

다음의 1에 해당하는 자는 행정절차에 있어서 당사자등이 될 수 있다: ① 자연인, ② 법인 또는 법인 아닌 사단 또는 재단(이하 ‘법인 등’이라 한다), ③ 그 밖에 다른 법령 등에 따라 권리의무의 주체가 될 수 있는 자(제9조).

명문의 규정은 없지만 외국인도 행정절차에 있어서 당사자가 될 수 있다.

2. ‘당사자등’의 지위의 승계

당사자등이 사망하였을 때의 상속인과 다른 법령 등에 따라 당사자등의 권리 또는 이익을 승계한 자는 당사자등의 지위를 승계한다(제10조 제1항). 당사자등인 법인 등이 합병하였을 때에는 합병 후 존속하는 법인 등이나 합병 후 새로 설립된 법인 등이 당사자등의 지위를 승계한다(제2항). 제1항 및 제2항에 따라 당사자등의 지위를 승계한 자는 행정청에 그 사실을 통지하여야 한다(제3항). 처분에 관한 권리 또는 이익을 사실상 양수한 자는 행정청의 승인을 받아 당사자등의 지위를 승계할 수 있다(제4항). 제3항에 따른 통지가 있을 때까지 사망자 또는 합병 전의 법인 등에 대하여 행정청이 한 통지는 제1항 또는 제2항에 따라 당사자등의 지위를 승계한 자에게도 효력이 있다(제5항).

3. ‘당사자등’의 대표자 선정

다수의 당사자등이 공동으로 행정절차에 관한 행위를 할 때에는 대표자를 선정할 수 있다(제11조 제1항). 행정청은 제1항에 따라 당사자등이 대표자를 선정하지 아니하거나 대표자가 지나치게 많아 행정절차가 지연될 우려가 있는 경우에는 그 이유를 들어 상당한 기간 내에 3인 이내의 대표자를 선정할 것을 요청할 수 있다. 이 경우 당사자등이 그 요청에 따르지 아니하였을 때에는 행정청이 직접 대표자를 선정할 수 있다(제2항). 당사자등은 대표자를 변경하거나 해임할 수 있다(제3항). 대표자는 각자 그를 대표자로 선정한 당사자등을 위하여 행정절차에 관한 모든 행위를 할 수 있다. 다만, 행정절차를 끝맺는 행위에 대하여는 당사자등의 동의를 받아야 한다(제4

항). 대표자가 있는 경우에는 당사자등은 그 대표자를 통하여서만 행정절차에 관한 행위를 할 수 있다(제5항). 다수의 대표자가 있는 경우 그 중 1인에 대한 행정청의 행위는 모든 당사자등에게 효력이 있다. 다만, 행정청의 통지는 대표자 모두에게 행하여야 그 효력이 있다(제6항).

4. '당사자등'의 대리인 선임

당사자등은 다음 각 호의 어느 하나에 해당하는 자를 대리인으로 선임할 수 있다(제12조 제1항): ① 당사자등의 배우자, 직계존속 · 비속 또는 형제자매, ② 당사자등이 법인 등인 경우 그 임원 또는 직원, ③ 변호사, ④ 행정청 또는 청문주재자(청문의 경우만 해당한다)의 허가를 받은 자, ⑤ 법령 등에 따라 해당 사안에 대하여 대리인이 될 수 있는 자.

제11조 제3항 · 제4항 및 제6항의 규정은 대리인의 경우에 이를 준용한다(제2항).

대리인은 각자 그를 대리인으로 선정한 당사자등을 위하여 행정절차에 관한 모든 행위를 할 수 있다. 다만, **행정절차를 끝맺는 행위에 대하여는 당사자등의 동의를 받아야 한다**(행정절차법 제12조 제2항, 제11조 제4항).

5. 대표자 · 대리인의 통지

당사자등이 대표자 또는 대리인을 선정하거나 선임하였을 때에는 지체 없이 그 사실을 행정청에 통지하여야 한다. 대표자 또는 대리인을 변경하거나 해임하였을 때에도 또한 같다(제13조). 제1항에도 불구하고 제12조 제1항 제4호에 따라 청문 주재자가 대리인의 선임을 허가한 경우에는 청문 주재자가 그 사실을 행정청에 통지하여야 한다(제2항).

6. 행정절차에서 변호인의 조력을 받을 권리

기본권으로서의 변호인의 조력을 받을 권리는 원칙상 형사절차에서 보장되고, 행정절차에서는 원칙상 변호인의 조력을 받을 권리가 기본권으로 보장되지는 않는다. 다만, 헌법 제12조 제4항 본문에 규정된 피구속인의 변호인의 조력을 받을 권리는 행정절차에도 적용된다. 그리고, 법령에서 행정절차에서 변호인 등 전문가의 조력을 받을 권리를 규정하는 것은 가능하다. 예를 들면, 행정조사기본법 제23조 제2항은 "조사대상자는 법률 · 회계 등에 대하여 전문지식이 있는 관계 전문가로 하여금 행정조사를 받는 과정에 입회하게 하거나 의견을 진술하게 할 수 있다."고 규정하고 있고, 행정절차법 제12조 제1항에 따르면 당사자등은 변호인 등을 대리인으로 선임할 수 있다. 다만, 대리인이 선임된 경우에도 진술 당사자 본인의 진술이 필요한 경우에는 헌법과 법률에 반하지 않는 한 변호인에 의한 대리진술을 인정하지 않는 것도 가능하다고 보아야 한다.

[판례] 헌법 제12조 제4항 본문의 문언 및 헌법 제12조의 조문 체계, 변호인 조력권의 속성, 헌법이 신체의 자유를 보장하는 취지를 종합하여 보면 **헌법 제12조 제4항 본문에 규정된 "구속"은** 사법절차에서 이루어진 구속뿐 아니라, **행정절차에서 이루어진 구속까지 포함**하는 개념이다. 따라서 헌법 제12조 제4항 본문에 규정된 변호인의 조력을 받을 권리는 행정절차에서 구속을 당한 사람에게도 즉시 보장된다(헌재 2018. 05. 31, 2014헌마346: 인천국제공항 송환대기실에 수용된 난민에게 변호인의 조력을 받을 권리를 인정한 사례).

Ⅵ. 송 달

행정절차법은 제14조 내지 제16조에서 행정기관의 송달에 대하여 규정하고 있는데 이에 관하여는 행정행위의 효력발생시기와 관련하여 전술하였다.

제 2 항 처분절차

행정절차법상 '처분'이라 함은 행정청이 행하는 구체적 사실에 관한 법집행으로서의 공권력의 행사 또는 그 거부와 그 밖에 이에 준하는 행정작용을 말한다(제2조 제2호). 이러한 행정절차법상의 처분개념규정은 행정쟁송법상의 그것과 동일하다. 행정절차에 관한 규정의 적용대상이 되는 행위는 명확히 규정하는 것이 타당함에도 모호하고 탄력적인 개념인 행정소송법상 처분개념과 동일한 처분개념을 채택한 것은 타당하지 않다.

처분절차에 관한 행정절차법의 규정에는 한편으로 침해적 처분과 수익적 처분에 공통적으로 적용되는 규정이 있고, 다른 한편으로 침해적 처분 또는 신청에 의한 처분에만 적용되는 규정이 있다. 처분기준의 설정 · 공표, 이유제시, 처분의 방식, 고지 등은 공통절차이고, 신청절차는 신청에 의한 처분절차를 규율하는 절차이며 의견진술절차는 원칙상 침해적 처분절차를 규율하는 절차이다.

Ⅰ. 처분기준의 설정 · 공표

1. 처분기준 공표의 의의

처분기준(處分基準)의 설정 · 공표(設定 · 公表)는 행정청의 자의적인 권한행사를 방지하고 행정의 통일성을 기하며 처분의 상대방에게 예측가능성을 부여하기 위하여 요청된다(대판 2019. 12. 13, 2018두41907).

2. 처분기준의 설정 · 공표의무

행정절차법은 제20조에서 행정청의 처분기준의 설정·공표에 관하여 규정하고 있다. 행정청은 필요한 처분기준을 해당 처분의 성질에 비추어 되도록 구체적으로 정하여 공표하여야 한다. 처분기준을 변경하는 경우에도 또한 같다(제1항). 「행정기본법」 제24조에 따른 인허가의제 처분의 경우 관련 인허가 행정청은 관련 인허가의 처분기준을 주된 인허가 행정청에 제출하여야 하고, 주된 인허가 행정청은 제출받은 관련 인허가의 처분기준을 통합하여 공표하여야 한다. 처분기준을 변경하는 경우에도 또한 같다(제2항). 다만, 제1항에 따른 처분기준을 공표하는 것이 해당 처분의 성질상 현저히 곤란하거나 공공의 안전 또는 복리를 현저히 해치는 것으로 인정될 만한 상당한 이유가 있는 경우에는 처분기준을 공표하지 아니할 수 있다(제3항).

[판례] 처분의 성질상 처분기준을 미리 공표하는 경우 행정목적을 달성할 수 없게 되거나 행정청에 일정한 범위 내에서 재량권을 부여함으로써 구체적인 사안에서 개별적인 사정을 고려하여 탄력적으로 처분이 이루어지도록 하는 것이 오히려 공공의 안전 또는 복리에 더 적합한 경우도 있다. 그러한 경우에는 행정절차법 제20조 제2항에 따라 처분기준을 따로 공표하지 않거나 개략적으로만 공표할 수도 있다(대법원 2008. 04. 24. 선고 2006두9283 판결, 대법원 2011. 08. 25. 선고 2008두5148 판결 등 참조)(대판 2019. 12. 13, 2018두41907).

처분기준에는 법령과 행정규칙이 있다. 인공지능에 따른 처분의 경우 알고리즘은 처분의 기준을 포함하므로 처분의 기준에 해당하는 부분은 공표하여야 한다. 법령에서 이미 구체적인 처분기준이 설정되어 있는 경우에는 처분기준을 행정규칙으로 제정할 의무는 없다.

문제는 처분기준을 어느 정도로 구체적으로 규정하여야 하는가에 있다. 처분기준의 설정·공표의 취지에 비추어 처분의 공정성과 합리성을 보장하고 당사자등에게 예측가능성을 보장하는 정도의 것이어야 한다.

처분기준의 설정·공표의무는 모든 행정권 행사에 인정되며 재량행위뿐만 아니라 기속행위에도 적용된다.

3. 설정 · 공표의무 위반의 효과

처분기준을 설정하여야 함에도 설정하지 않거나 설정된 처분기준이 구체적이지 못한 경우 그리고 처분기준을 공표하지 않은 경우에 그 하자는 관련 행정처분의 독립된 취소사유가 될 것인가에 대하여는 논란의 여지가 있다.

부정하는 견해는 처분기준이 불비된 경우가 적지 않은 현재의 상황하에서 즉시 모든 경우에 처분기준을 설정한다는 것은 어려울 것이므로 처분기준설정의무는 명문의 규정은 없지만 일본 행정절차법에서와 같이 노력의무 또는 성실의무로 보아야 한다는 데 근거할 수 있다.

그러나, 우리나라의 행정절차법은 일본 행정절차법과 달리, '… 하여야 한다'라고 규정하고 있고 처분기준설정의무의 예외를 규정하고 있으므로 제20조 제1항은 의무규정으로 보아야 한다. 따라서, 처분기준 불비의 하자는 절차의 하자가 되며 독립된 취소사유가 된다고 보아야 한다.

판례에 따르면 행정청이 행정절차법 제20조 제1항의 처분기준 사전공표 의무를 위반하여 미리 공표하지 아니한 기준을 적용하여 처분을 하였다고 하더라도, 그러한 사정만으로 곧바로 해당 처분에 취소사유에 이를 정도의 흠이 존재한다고 볼 수는 없다(**부정설**). 다만 해당 처분에 적용한 기준이 상위법령의 규정이나 신뢰보호의 원칙 등과 같은 법의 일반원칙을 위반하였거나 객관적으로 합리성이 없다고 볼 수 있는 구체적인 사정이 있다면 해당 처분은 위법하다고 평가할 수 있다. 구체적인 이유는 다음과 같다. ① 행정청이 행정절차법 제20조 제1항에 따라 정하여 공표한 처분기준은, 그것이 해당 처분의 근거 법령에서 구체적 위임을 받아 제정 · 공포되었다는 특별한 사정이 없는 한, 원칙적으로 대외적 구속력이 없는 행정규칙에 해당한다. ② 처분이 적법한지는 행정규칙에 적합한지 여부가 아니라 상위법령의 규정과 입법 목적 등에 적합한지 여부에 따라 판단해야 한다. 처분이 행정규칙을 위반하였다고 하여 그러한 사정만으로 곧바로 위법하게 되는 것은 아니고, 처분이 행정규칙을 따른 것이라고 하여 적법성이 보장되는 것도 아니다. 행정청이 미리 공표한 기준, 즉 행정규칙을 따랐는지 여부가 처분의 적법성을 판단하는 결정적인 지표가 되지 못하는 것과 마찬가지로, 행정청이 미리 공표하지 않은 기준을 적용하였는지 여부도 처분의 적법성을 판단하는 결정적인 지표가 될 수 없다. ③ 행정청이 정하여 공표한 처분기준이 과연 구체적인지 또는 행정절차법 제20조 제2항에서 정한 처분기준 사전공표 의무의 예외사유에 해당하는지는 일률적으로 단정하기 어렵고, 구체적인 사안에 따라 개별적으로 판단하여야 한다. 만약 행정청이 행정절차법 제20조 제1항에 따라 구체적인 처분기준을 사전에 공표한 경우에만 적법하게 처분을 할 수 있는 것이라고 보면, 처분의 적법성이 지나치게 불안정해지고 개별법령의 집행이 사실상 유보 · 지연되는 문제가 발생하게 된다(대판 2020. 12. 24, 2018두45633).

4. 처분기준에 대한 당사자등의 해석 · 설명요청권

당사자등은 공표된 처분기준이 명확하지 아니한 경우 해당 행정청에 그 해석 또는 설명을 요청할 수 있다. 이 경우 해당 행정청은 특별한 사정이 없으면 그 요청에 따라야 한다(제3항). 현행법은 당사자등에게 처분기준의 설정청구권 또는 구체화청구권을 인정하고 있지 않은데 이는 입법의 불비이다.

5. 처분기준의 구속력과 신뢰보호

처분기준이 해석규칙, 재량준칙 등 행정규칙인 경우 처분기준의 구속력은 행정규칙의 구속력의 문제가 된다.

자기구속의 법리의 요건이 충족되면 자기구속의 법리에 따라 처분기준은 대외적 구속력을 갖게 된다. 자기구속의 법리가 인정되지 않는 경우에도 행정기준을 신뢰한 국민의 신뢰는 보호되어야 한다. 특히, 행정절차법 제20조 제3항에 따라 당사자의 요청에 의해 주어진 처분기준의 해석 또는 설명에 대한 당사자의 신뢰는 보호되어야 한다.

Ⅱ. 처분의 이유제시

1. 처분의 이유제시의 의의

이유제시(理由提示)라 함은 행정청이 처분을 함에 있어 처분의 근거와 이유를 제시하는 것을 말한다. 이유제시를 이유부기(理由附記)라고도 한다.

2. 필요성(기능)

처분에 이유를 제시하도록 하는 것은 한편으로는 행정이 보다 신중하고 공정하게 행해지도록 하기 위한 것이고, 다른 한편으로는 상대방이 처분에 대하여 쟁송을 제기하고자 하는 경우 쟁송제기 여부의 판단 및 쟁송준비에 편의를 제공하기 위한 것이다. 전자의 기능은 처분의 실질적인(실체적인) 내용의 공정성과 정당성을 담보하는 것이고, 후자는 처분의 적법절차를 보장하는 것이다. 현행 행정절차법 및 판례는 이유제시의 두 기능 중 후자에 중점이 있는 한계가 있다.

3. 이유제시의무 대상처분

행정절차법은 원칙상 모든 행정처분에 있어서 처분의 근거와 이유를 제시하도록 하고 있다. 다만, 다음의 어느 하나에 해당하는 경우 이유제시의무가 면제되고 있다: ① 신청 내용을 모두 그대로 인정하는 처분인 경우, ② 단순·반복적인 처분 또는 경미한 처분으로서 당사자가 그 이유를 명백히 알 수 있는 경우, ③ 긴급히 처분을 할 필요가 있는 경우(제23조 제1항). 그러나, 행정청은 제1항 제2호 및 제3호의 경우에 처분 후 당사자가 요청하는 경우에는 그 근거와 이유를 제시하도록 하고 있다(제2항).

4. 이유제시의무의 내용

이유제시의무가 있는 경우 행정청은 당사자에게 처분의 근거와 이유를 제시하여야 한다(제23조 제1항 본문). 행정청은 법 제23조의 규정에 의하여 처분의 이유를 제시하는 경우에는 처분의 원인이 되는 사실과 근거가 되는 법령 또는 자치법규의 내용을 구체적으로 명시하여야 한다(동법 시행령 제14조의2).

행정청은 처분의 주된 법적 근거 및 사실상의 사유를 어떠한 근거와 이유로 처분이 이루어진 것인지를 충분히 알 수 있을 정도로 명확하고 구체적으로 제시하여야 한다. 법적 근거는 적용법조를 구체적으로 제시하여야 하며 사실상의 사유는 처분의 합리성을 판단할 수 있을 정도로 구체적으로 제시하여야 한다. 처분의 사실상의 사유가 추상적으로만 제시된 경우와 같이 처분의 이유제시가 불충분한 경우에는 이유제시의무를 이행한 것이 되지 않는다.

다만, 처분을 하면서 당사자가 그 근거를 알 수 있을 정도로 이유를 제시한 경우(즉 처분서에 기재된 내용과 관계 법령 및 당해 처분에 이르기까지의 전체적인 과정 등을 종합적으로 고려하여, 처분 당시 당사자가 어떠한 근거와 이유로 처분이 이루어진 것인지를 충분히 알 수 있어서 그에 불복하여 행정구제절차로 나아가는 데 별다른 지장이 없었다고 인정되는 경우)에는 처분의 근거와 이유를 구체적으로 명시하지 않았더라도 그로 말미암아 그 처분이 위법하다고 볼 수는 없다(대판 2019. 01. 31, 2016두64975).

[판례] ① 객관적이고 합리적인 기준(재량권 행사의 기준)을 설정하지 않은 채 구체적이고 합리적인 이유의 제시 없이 재량행위인 폐기물처리업사업계획의 부적정통보를 하거나 사업계획서를 반려하는 것은 재량권의 일탈·남용에 해당하여 위법하다(대판 2004. 05. 28, 2004두961).

② 주류도매업면허의 취소처분에 그 대상이 된 위반사실을 특정하지 아니하여 위법하다고 본 사례: 면허의 취소처분에는 그 근거가 되는 법령이나 취소권 유보의 부관 등을 명시하여야 함은 물론 처분을 받은 자가 어떠한 위반사실에 대하여 당해 처분이 있었는지를 알 수 있을 정도로 사실을 적시할 것을 요하며, 이와 같은 취소처분의 근거와 위반사실의 적시를 빠뜨린 하자는 피처분자가 처분 당시 그 취지를 알고 있었다거나 그 후 알게 되었다 하여도 치유될 수 없다고 할 것인바, 세무서장인 피고가 주류도매업자인 원고에 대하여 한 이 사건 일반주류도매업면허취소통지에 "상기 주류도매장은 무면허 주류판매업자에게 주류를 판매하여 주세법 제11조 및 국세법사무처리규

정 제26조에 의거 지정조건 위반으로 주류판매면허를 취소합니다"라고만 되어 있어서 원고의 영업기간과 거래상대방 등에 비추어 원고가 어떠한 거래행위로 인하여 이 사건 처분을 받았는지 알 수 없게 되어 있다면 이 사건 면허취소처분은 위법하다(대판 1990. 09. 11, 90누1786).

③ 행정절차법 제23조 제1항의 규정 취지 및 처분서에 처분의 근거와 이유가 구체적으로 명시되어 있지 않은 처분이라도 절차상 위법하지 않은 경우: 처분서에 기재된 내용과 관계 법령 및 당해 처분에 이르기까지 전체적인 과정 등을 종합적으로 고려하여, 처분 당시 당사자가 어떠한 근거와 이유로 처분이 이루어진 것인지를 충분히 알 수 있어서 그에 불복하여 행정구제절차로 나아가는 데에 별다른 지장이 없었던 것으로 인정되는 경우에는 처분서에 처분의 근거와 이유가 구체적으로 명시되어 있지 않았다고 하더라도 그로 말미암아 그 처분이 위법한 것으로 된다고 할 수는 없다(대판 2013. 11. 14, 2011두18571[업무정지처분취소]; 2019. 12. 13, 2018두41907).

④ [1] 하나의 납세고지서에 의하여 복수의 과세처분을 함께 하는 경우에는 과세처분별로 그 세액과 산출근거 등을 구분하여 기재함으로써 납세의무자가 각 과세처분의 내용을 알 수 있도록 해야 할 것이다. [2] 본세의 부과처분과 가산세의 부과처분은 각 별개의 과세처분인 것처럼, 같은 세목에 관하여 여러 종류의 가산세가 부과되면 그 각 가산세 부과처분도 종류별로 각각 별개의 과세처분이라고 보아야 한다. 따라서 하나의 납세고지서에 의하여 본세와 가산세를 함께 부과할 때에는 납세고지서에 본세와 가산세 각각의 세액과 산출근거 등을 구분하여 기재해야 하는 것이고, 또 여러 종류의 가산세를 함께 부과하는 경우에는 그 가산세 상호 간에도 종류별로 세액과 산출근거 등을 구분하여 기재함으로써 납세의무자가 납세고지서 자체로 각 과세처분의 내용을 알 수 있도록 하는 것이 당연한 원칙이다. [3] 가산세부과처분이라고 하여 그 종류와 세액의 산출근거 등을 전혀 밝히지 않고 가산세의 합계액만을 기재한 경우에는 그 부과처분은 위법하다(대판 전원합의체 2012. 10. 18, 2010두12347; 대판 2018. 12. 13, 2018두128).

⑤ (1) 납세고지서에 해당 본세의 과세표준과 세액의 산출근거 등이 제대로 기재되지 않았다면 특별한 사정이 없는 한 그 징수처분은 위법하다. 그러나 납세고지서의 세율이 잘못 기재되었다고 하더라도 납세고지서에 기재된 문언 내용 등에 비추어 원천징수의무자 등 납세자가 세율이 명백히 잘못된 오기임을 알 수 있고 납세고지서에 기재된 다른 문언과 종합하여 정당한 세율에 따른 세액의 산출근거를 쉽게 알 수 있어 납세자의 불복 여부의 결정이나 불복신청에 지장을 초래하지 않을 정도라면, 납세고지서의 세율이 잘못 기재되었다는 사정만으로 그에 관한 징수처분을 위법하다고 볼 것은 아니다. (2) 납세고지서에 세율이 0.00%로 잘못 기재되었다고 하더라도 납세고지서상 기재된 과세표준과 산출세액, 기타 문언 등을 고려할 때 원고가 그 처분에 대한 불복 여부의 결정이나 불복신청에 지장을 받았을 것이라고 평가할 수 없으므로 그에 관한 법인세 본세 징수처분은 위법하다고 보기 어렵다고 한 사례(대판 2019. 07. 04, 2017두38645).

⑥ 국세환급금의 환수처분에 관한 납세고지서에는 그것이 국세환급금의 환수처분임을 명시함으로써 납세의무자의 불복 여부의 결정이나 불복신청에 지장을 초래하지 아니하도록 하여야 하고, 그 납세고지서에 이러한 사항이 제대로 기재되지 아니하였다면 특별한 사정이 없는 한 그에 관한 환수처분은 위법하다고 보아야 할 것이다. 그러나 납세고지서에 기재된 문언 내용 등에 비추어 납세의무자가 개별 세법에 근거한 부과처분이나 그 세액의 징수에 관한 징수처분과 구별되는 초과환급금의 환수처분이라는 점과 환수를 요하는 구체적인 사유 등을 알 수 있을 정도라면, 초과환급금의 반환을 구하는 납세고지서에 구 국세기본법(2010. 1. 1. 법률 제9911호로 개정되기 전의 것) 제51조 제7항과 같은 근거규정을 적시하지 아니하였다거나 초과환급금 액수의 구체적 계산내역을 기재하지 아니하였다는 사정만으로 그에 관한 환수처분을 위법하다고 볼 것은 아니다(대판 2014. 01. 16, 2013두17305[증여세부과처분취소]).

⑦ (1) 당사자가 신청하는 허가 등을 거부하는 처분을 하면서 당사자가 그 근거를 알 수 있을 정도로 이유를 제시한 경우에는 처분의 근거와 이유를 구체적으로 명시하지 않았더라도 그로 말미암아 그 처분이 위법하다고 볼 수는 없다. 이때 '이유를 제시한 경우'는 처분서에 기재된 내용과 관계 법령 및 당해 처분에 이르기까지의 전체적인 과정 등을 종합적으로 고려하여, 처분 당시 당사자가 어떠한 근거와 이유로 처분이 이루어진 것인지를 충분히 알 수 있어서 그에 불복하여 행정구제절차로 나아가는 데 별다른 지장이 없었다고 인정되는 경우를 뜻한다. (2) 이 사건 처분서는 아무런 실질적인 내용 없이 단순히 신청을 불허한다는 결과만을 통보한 것이다. 기록에 나타나 있는 이 사건 처분에 이르기까지 전체적인 과정 등을 살펴보더라도 원고가 이 사건 신청이 거부된 정확한 이유를 알았거나 또는 알 수 있었다는 정황을 확인할 수 없다. 그리하여 원고가 이 사건 소송에서 처분사유를 잘못 확정하여 주장하였고 법원도 원심에 이르기까지 잘못 확정된 처분사유를 바탕으로 심리를 진행하게 되었다는 점에서 원고가 처분에 불복하여 행정구제절차로 나아기는 데에도 지장이 있었다고 볼 수 있다. 사정이 이러하다면 이 사건 처분은 근거와 이유를 제시하지 않은 것으로서 위법하다고 보아야 한다(대판 2017. 08. 29, 2016두44186[산업단지개발계획변경신청거부처분취소]).

⑧ **교육부장관이 어떤 후보자를 총장임용에 부적격하다고 판단하여 배제하고 다른 후보자를 임용제청하는 경우라면 배제한 후보자에게 연구윤리 위반, 선거부정, 그 밖의 비위행위 등과 같은 부적격사유가 있다는 점을 구체적으로 제시할 의무가 있다.** 그러나 **부적격사유가 없는 후보자들 사이에서 어떤 후보자를 상대적으로 더욱 적합하다고 판단하여 임용제청하는 경우라면,** 이는 후보자의 경력, 인격, 능력, 대학운영계획 등 여러 요소를 종합적으로 고려하여 총장임용의 적격성을 정성적으로 평가하는 것으로 그 판단결과를 수치화하거나 이유제시를 하기 어려울 수 있다. 이 경우에는 교육부장관이 **어떤 후보자를 총장으로 임용제청하는 행위 자체에 그가 총장으로 더욱 적합하다는 정성적 평가결과가 당연히 포함되어 있는 것으로, 이로써 행정절차법상 이유제시의무를 다한 것이라고 보아야 한다.** 여기에서 나아가 교육부장관에게 개별 심사항목이나 고려요소에 대한 평가결과를 더 자세히 밝힐 의무까지는 없다(대판 2018. 06. 15, 2016두57564).

이유제시의 명확성 및 구체성의 정도(밀도)에 관하여 신청을 전제로 하는 거부처분의 경우에는 침해적 처분의 경우보다 이유제시의 밀도가 완화될 수 있다는 견해도 있고 이러한 취지의 판례도 있었다.

[판례] [1] 행정처분의 근거 및 이유제시의 정도: 행정절차법 제23조 제1항은 행정청은 처분을 하는 때에는 당사자에게 그 근거와 이유를 제시하여야 한다고 규정하고 있는바, 일반적으로 **당사자가 근거규정 등을 명시하여 신청하는 인·허가 등을 거부하는 처분을 함에 있어 당사자가 그 근거를 알 수 있을 정도로 상당한 이유를 제시한 경우에는 당해 처분의 근거 및 이유를 구체적 조항 및 내용까지 명시하지 않았더라도 그로 말미암아 그 처분이 위법한 것이 된다고 할 수 없다.** [2] 행정청이 토지형질변경허가신청을 불허하는 근거규정으로 '도시계획법시행령 제20조'를 명시하지 아니하고 '도시계획법'이라고만 기재하였으나, 신청인이 자신의 신청이 개발제한구역의 지정목적에 현저히 지장을 초래하는 것이라는 이유로 구 도시계획법시행령 제20조 제1항 제2호에 따라 불허된 것임을 알 수 있었던 경우, 그 불허처분이 위법하지 아니하다고 한 사례(대판 2002. 05. 17, 2000두8912[토지형질변경불허가처분취소]).

그러나, 최근 대법원 판례는 침해적 처분(도로무단점용에 대한 변상금부과처분)의 경우에도 이유제시의 정도를 거부처분에서와 동일하게 완화하고 있는 것으로 보인다.

[판례] 행정절차법 제23조 제1항은 행정청이 처분을 하는 때에는 당사자에게 그 근거와 이유를 제시하도록 규정하고 있는바, 이는 행정청의 자의적 결정을 배제하고 당사자로 하여금 행정구제절차에서 적절히 대처할 수 있도록 하는 데 그 취지가 있는 것이므로, **처분서에 기재된 내용과 관계 법령 및 당해 처분에 이르기까지의 전체적인 과정 등을 종합적으로 고려하여, 처분 당시 당사자가 어떠한 근거와 이유로 처분이 이루어진 것인지를 충분히 알 수 있어서 그에 불복하여 행정구제절차로 나아가는 데에 별다른 지장이 없었던 것으로 인정되는 경우**에는 처분서에 처분의 근거와 이유가 구체적으로 명시되어 있지 않았다 하더라도 그로 말미암아 그 처분이 위법한 것으로 된다고 할 수는 없다(대판 2009. 12. 10, 2007두20362; 2013. 11. 14, 2011두18571). **〈해설〉** 이 판결에 대해서는 행정처분의 거부처분에서 제시된 이유제시의 밀도를 적극처분까지 확대한 판례로 이유제시제도의 취지를 몰각하지 않는 범위 내에서 이를 지나치게 엄격하게 적용할 경우 야기될 수 있는 무용한 절차의 반복을 방지할 필요성을 고려한 판결로 평가하는 견해[140]가 있다.

재량처분의 경우에는 재량권 행사의 합리성을 뒷받침하는 재량고려과정을 제시하여야 한다.[141] 그러나, 판례는 거부처분의 재량고려사유는 이유제시의무에 포함되는 것으로 보지만, 징계·제재처분에 있어 징계·제재사유만 제시하면 되는 것으로 보고 재량고려사항은 이유제시의무의 대상이 되지 않는 것으로 본다.[142]

5. 이유제시의 하자

이유제시의 하자란 행정청이 처분이유를 제시하여야 함에도 처분이유를 전혀 제시하지 않거나 불충분하게 제시한 경우를 말한다.

이유제시의무가 있는 경우 이유제시는 원칙상 처분과 동시에 행하여야 한다. 처분 후 이유제시를 할 수 있는가는 하자의 치유문제이다.

이유제시의 하자는 무효사유와 취소사유의 구별기준에 따라 무효인 하자나 취소할 수 있는 하자가 된다.

이유제시가 전혀 없거나 있지만 없는 것과 같은 정도로 불충분한 처분은 무효라고 볼 수도 있으나 이유의 제시가 불충분한 경우에는 취소할 수 있는 처분에 불과하다고 보아야 할 것이다. 그러나, 판례는 이유제시가 누락된 처분도 통상 취소대상으로 보고 있다.

[판례] 세액산출근거가 기재되지 아니한 납세고지서에 의한 부과처분은 강행법규에 위반하여 취소대상이 된다 할 것이므로 이와 같은 하자는 납세의무자가 전심절차에서 이를 주장하지 아니하였

---

140) 노경필, 최근 행정판례의 주요 동향, 한국공법학회 주최 2010 한국공법학자대회 발표논문집, 533면.
141) 김철용, 344면.
142) 박정훈, 484면.

거나, 그 후 부과된 세금을 자진납부하였다거나, 또는 조세채권의 소멸시효기간이 만료되었다 하여 치유되는 것이라고는 할 수 없다(대판 1985. 04. 09, 84누431).

6. 이유제시의 하자의 치유

일반적으로 이유제시의 하자의 치유가능성을 인정하고 있다. 문제가 되는 것은 어느 시점까지 이유제시의 하자의 치유가 인정될 것인가 하는 것이다.

이유제시의 취지의 중점은 상대방에게 쟁송제기상 편의를 제공하는 데 있다고 보는 것이 타당하므로 행정쟁송의 제기 전에 한하여 치유가 가능한 것으로 보아야 할 것이다. 판례도 이러한 입장이다.

행정심판기관의 구성 등에 비추어 볼 때 행정심판은 준사법작용이라고 보는 것이 타당하고 행정불복의 수단의 하나라고 보는 것이 타당하므로 행정심판의 제기 전에 한하여 이유제시의 하자가 보완될 수 있다고 하여야 할 것이다(자세한 것은 전술 하자의 치유 참조).

Ⅲ. 신청에 의한 처분의 절차

1. 처분의 신청

행정청에 대하여 처분을 구하는 신청은 문서로 하여야 한다. 다만, 다른 법령 등에 특별한 규정이 있는 경우와 행정청이 미리 다른 방법을 정하여 공시한 경우에는 그러하지 아니하다(제17조 제1항).

제1항의 규정에 따라 처분을 신청할 때 전자문서로 하는 경우에는 행정청의 컴퓨터 등에 입력된 때에 신청한 것으로 본다(제2항). 행정청은 신청에 필요한 구비서류 · 접수기관 · 처리기간 기타 필요한 사항을 게시(인터넷 등을 통한 게시를 포함한다)하거나 이에 대한 편람을 비치하여 누구나 열람할 수 있도록 하여야 한다(제3항).

2. 신청의 접수 및 신청서의 보완

행정청은 신청을 받았을 때에는 다른 법령 등에 특별한 규정이 있는 경우를 제외하고는 그 접수를 보류 또는 거부하거나 부당하게 되돌려 보내서는 아니 되며, 신청을 접수한 경우에는 신청인에게 접수증을 주어야 한다. 다만, 대통령령으로 정하는 경우에는 접수증을 주지 아니할 수 있다(제17조 제4항).

행정청은 신청에 구비서류의 미비 등 흠이 있는 경우에는 보완에 필요한 상당한 기간을 정하여 지체 없이 신청인에게 보완을 요구하여야 한다(제5항).

물론 행정청이 접수의무, 보완의무를 지는 것은 행정청에게 신청에 대한 처분의무가 있는 경우 달리 말하면 신청자에게 신청권이 있는 경우이다.

행정청은 신청인이 제5항에 따른 기간 내에 보완을 하지 아니하였을 때에는 그 이유를 구체적으로 밝혀 접수된 신청을 되돌려 보낼 수 있다(제6항). 행정청의 보완요구사유가 정당하지 않다고 판단하는 경우에는 신청자는 어떠한 조치를 취할 수 있는가. 이 경우에 신청자는 신청서의 반려를 거부처분으로 보고 거부처분의 취소를 청구할 수 있다고 보아야 할 것이다. 행정청은 신청인의 편의를 위하여 다른 행정청에 신청을 접수하게 할 수 있다. 이 경우 행정청은 다른 행정청에 접수할 수 있는 신청의 종류를 미리 정하여 공시하여야 한다(제7항).

신청인은 처분이 있기 전에는 그 신청의 내용을 보완·변경하거나 취하할 수 있다. 다만, 다른 법령등에 특별한 규정이 있거나 그 신청의 성질상 보완·변경하거나 취하할 수 없는 경우에는 그러하지 아니하다(제8항). '그 신청의 성질상 보완·변경하거나 취하할 수 없는 경우'란 어떠한 경우를 가리키는가. 예를 들면 신청의 내용을 보완 또는 변경하는 것으로 인하여 제3자의 권익에 침해를 가져오는 경우에는 보완 또는 변경을 인정할 수 없을 것이다.

3. 신청의 처리

(1) 다수의 행정청이 관여하는 처분의 신속처리의무

행정청은 다수의 행정청이 관여하는 처분을 구하는 신청을 접수한 경우에는 관계행정청과의 신속한 협조를 통하여 당해 처분이 지연되지 아니하도록 하여야 한다(제18조).

(2) 처리기간

행정청은 신청인의 편의를 위하여 처분의 처리기간을 종류별로 미리 정하여 공표하여야 한다(제19조 제1항). 신청의 처리기간이 정하여져 있는 경우에는 원칙상 처리기간 내에 처리를 하여야 한다. 다만, 행정청은 부득이한 사유로 제1항에 따른 처리기간 내에 처분을 처리하기 곤란한 경우에는 해당 처분의 처리기간의 범위에서 한 번만 그 기간을 연장할 수 있다(제2항). 행정청은 제2항에 따라 처리기간을 연장할 때에는 처리기간의 연장사유와 처리예정기한을 지체 없이 신청인에게 통지하여야 한다(제3항).

행정청이 설정·공표한 처리기간은 부작위의 인정에 있어서 일응의 판단기준이 될 수는 있지만 절대적인 기준은 되지 않는다고 보아야 한다. 설정·공표된 처리기간이 부당히 긴 경우에는 신청으로부터 합리적인 기간이 지난 후에 처분이 없으면 부작위가 된다고 보아야 한다. 그리고, 처리기간의 연장제도가 두어진 점에 비추어 볼 때 처리기간을 연장함이 없이 설정·공표된 처리기간 내에 처리를 하지 않은 경우에는 특별한 사정이 없는 한 부작위가 성립된다고 보아야 할 것이다.

행정청이 정당한 처리기간 내에 처리하지 아니한 때에는 신청인은 당해 행정청 또는 그 감독행정청에 대하여 신속한 처리를 요청할 수 있다(제4항). 제1항의 규정에 의한 처리기간에 산입하지 아니하는 기간에 관하여는 대통령령으로 정한다(제5항).

(3) 처리결과의 통지

행정기관의 장은 민원인이 신청한 민원사항의 처리 결과를 민원인에게 문서로 통지하여야 한다. 다만, 대통령령으로 정하는 경우에는 구술 또는 정보통신망으로 통지할 수 있다. 이 경우 민원인이 요청할 때에는 지체 없이 처리 결과에 관한 문서를 내주어야 한다(민원사무처리에 관한 법률 제15조 제1항). 행정기관의 장은 제1항에 따라 처리 결과를 통지할 때에 민원인의 신청을 거부하는 경우에는 거부 이유와 구제절차를 함께 통지하여야 한다(제2항).

4. 인허가 및 신고수리 간주제도

법제처는 2017년 8월 21일을 기점으로 인허가 신청, 신고 시 정당한 사유없이 법정기한이 지나도록 처리가 이루어지지 않거나 지연 사유를 통보받지 못하면 인허가, 신고수리를 간주하는 인허가 및 신고수리 간주제도(예, 수산업법의 어업면허 유효기간 연장 허가, 의료 해외진출 신고 등)를 도입하는 것을 공식화하였다. 이는 행정기관이 소극적인 업무 태도로 정당한 사유 없이 민원 처리를 지연하는 것을 방지하고, 공직사회에 적극행정 문화를 정착시키고 국민이 보다 신속히 민원 서비스를 받도록 하기 위한 것이다. 다만, 국민 생명·안전에 직접 영향을 주거나 취소·철회시 사후회복이 곤란한 경우, 타인의 권리·공익을 침해하는 경우 등은 인허가 및 신고수리 간주의 대상에서 제외하는 것으로 하였다.

「도시 및 주거환경정비법」의 정비사업 준공인가 등의 경우에는 의제되는 인허가(건축 허가, 도로점용허가 등 17개) 처리기관에서 협의기간 이내 의견을 제출하지 않으면 협의된 것으로 간주하는 협의 간주제도를 도입해 인허가의제 민원의 처리가 보다 신속하게 처리되도록 하고 있는 경우가 적지 않다.

Ⅳ. 의견진술절차(의견청취절차)

1. 의견진술절차의 의의

행정처분을 함에 있어서 이해관계인에게 의견진술(意見陳述)의 기회를 주는 것은 행정절차의 핵심적 요소이다. 특히 침해적 처분의 상대방에게 방어의 기회를 주는 것은 자연적 정의의 원칙으로부터 요청되는 것이며 이해관계인의 권익의 보호를 위하여 필요한 것이다. 또한 행정청으로서는 이해관계인의 의견진술을 들음으로써 처분과 관련한 문제상황(사실관계 및 이해관계)을 정확히 파악할 수 있고 이를 통하여 적정한 처분을 내릴 수 있다.

행정처분의 상대방 등 이해관계인에게 행정처분 전에 의견진술의 기회를 주는 행정절차를 이해관계인의 입장에서 보면 의견진술절차라고 할 수 있고 행정청의 입장에서 보면 의견청취절차라고 할 수 있다. 행정절차법은 법 제22조에서 의견청취라는 이름하에 의견제출, 청문, 공청회를 규정하고 있다.

행정절차법이 당사자에게 의무를 부과하거나 권익을 제한하는 처분을 하는 경우에 사전통지 및 의견청취를 하도록 규정한 것은 불이익처분 상대방의 방어권 행사를 실질적으로 보장하기 위함이다(대판 2020. 04. 29, 2017두31064).

2. 의견진술절차의 종류

의견진술절차(의견청취절차)에는 의견제출절차, 청문, 공청회가 있다.

(1) 의견제출

의견제출(意見提出)이라 함은 “행정청이 어떠한 행정작용을 하기 전에 당사자등이 의견을 제시하는 절차로서 청문이나 공청회에 해당하지 아니하는 절차”를 말한다(제2조 제7호). 즉, 의견제출이라 함은 행정청이 어떠한 행정작용을 하기에 앞서 당사자 등이 단순하게 의견을 제시하는 절차를 말한다. 청문에 비하여 절차가 간단한 절차이다. 이러한 점에서 의견제출절차를 ‘약식 의견진술절차’라고 할 수 있다.

(2) 청 문

청문이라 함은 “행정청이 어떠한 처분을 하기 전에 당사자 등의 의견을 직접 듣고 증거를 조사하는 절차”를 말한다(제2조 제5호). 청문이라 함은 당사자 등의 의견을 들을 뿐만 아니라 증거를 조사하는 등 재판에 준하는 절차를 거쳐 행하는 의견진술절차를 말한다. 청문은 개별법에서 규정하고 있는 경우와 행정청이 필요하다고 인정하는 경우에 한하여 예외적으로 인정되는 것으로 되어 있지만 미국 행정절차법은 청문절차를 정식절차로 하며 일반적으로 인정하고 있다.

(3) 공청회

공청회라 함은 "행정청이 공개적인 토론을 통하여 어떠한 행정작용에 대하여 당사자 등, 전문지식과 경험을 가진 사람, 그 밖의 일반인으로부터 의견을 널리 수렴하는 절차"를 말한다(제2조 제6호). 공청회는 통상 행정작용과 관련이 있는 이해관계인이 다수인 경우에 행해지는 의견청취절차이다. 또한 공청회에는 의견제출절차나 청문절차와 달리 전문지식을 가진 자 및 일반국민 등도 참여하는 경우가 많다.

3. 의견제출절차

(1) 의 의

의견제출절차란 "행정청이 어떠한 행정작용을 하기 전에 당사자 등이 의견을 제시하는 절차로서 청문이나 공청회에 해당하지 아니하는 절차"를 말한다(제2조 제7호).

사전통지는 의견제출의 전치절차이다. 의견제출절차가 의무적인 경우에 사전통지는 그 전제로서 당연히 행해진다.

(2) 의견제출절차의 인정범위

행정절차법은 '당사자에게 의무를 부과하거나 권익을 제한하는 처분'에 한하여 그리고 '당사자 등'에 대해서만 그리고, 법상 의견제출이 면제되는 경우(청문이나 공청회를 실시하는 경우 등)가 아닌 경우 의견제출의 기회를 주어야 하는 것으로 규정하고 있다(제22조 제3항).

1) 사전통지 · 의견제출절차의 대상이 되는 처분

'당사자에게 의무를 부과하거나 권익을 제한하는 처분'에 한하여 그리고, 법상 의견제출이 면제되는 경우(청문이나 공청회를 실시하는 경우 등)가 아닌 경우 의견제출절차가 인정된다.

가. '의무를 부과하거나 권익을 제한하는 처분' '권익을 제한하는 처분'이라 함은 수익적 행정행위(예, 허가)의 취소 또는 정지처분 등을 말하고, '의무를 부과하는 처분'이라 함은 조세부과처분, 시정명령과 같이 행정법상의 의무를 부과하는 처분을 말한다.

[판례] ① [1] 영유아보육법 제30조 제7항, 구 영유아보육법 시행규칙 제31조 제1항, 제4항의 위임에 따라 보건복지부장관이 정한 '보육사업안내'에 **어린이집 평가인증취소의 절차에 관한 사항을 일부 정한 경우**, 행정절차법 제3조 제1항이 정한 **'다른 법률에 특별한 규정이 있는 경우'에 해당한다고 보기 어렵고**, 따라서 평가인증취소에 행정절차법 적용이 배제되지 않는다. (2) **이 사건 평가인증취소처분은** 이로 인하여 원고에 대한 인건비 등 보조금 지급이 중단되는 등 **원고의 권익을 제한**

하는 처분에 해당하며, **보조금 반환명령과는 전혀 별개의 절차**로서 보조금 반환명령이 있으면 피고 보건복지부장관이 평가인증을 취소할 수 있지만 반드시 취소하여야 하는 것은 아닌 점 등에 비추어 보면, **보조금 반환명령 당시 사전통지 및 의견제출의 기회가 부여되었다 하더라도** 그 사정만으로 이 사건 평가인증취소처분이 구 행정절차법 제21조 제4항 제3호에서 정하고 있는 사전통지 등을 하지 아니하여도 되는 예외사유(해당 처분의 성질상 의견청취가 현저히 곤란하거나 명백히 불필요하다고 인정될 만한 상당한 이유가 있는 경우)에 해당한다고도 볼 수 없으므로, 구 행정절차법 제21조 제1항에 따른 **사전통지를 거치지 않은 이 사건 평가인증취소처분은 위법**하다(대판 2016. 11. 09, 2014두1260[보조금반환등취소]). 〈해설〉 평가인증처분과 보조금반환명령은 별개의 처분이므로 각각의 불이익처분절차가 필요하다고 본 판례이다.

② 국민건강보험공단의 자격변경(직장가입자를 지역가입자로 변경)처분은 甲의 피부양자 자격을 소급하여 박탈하는 내용을 포함하므로, 국민건강보험공단이 위 처분에 앞서 甲에게 행정절차법 제21조 제1항에 따라 사전통지를 하거나 의견 제출의 기회를 주어야 하고 이를 하지 않은 것은 절차상 하자에 해당한다(대판 전원합의체 2024. 07. 18, 2023두36800[보험료부과처분취소]).

신청에 대한 거부처분이 권익을 제한하는 처분으로서 사전통지 및 의견제출절차의 대상이 되는지에 관하여 견해가 대립하고 있다.

(가) 긍정설 '당사자가 신청을 한 경우, 신청에 따라 긍정적인 처분이 이루어질 것을 기대하며, 거부처분을 기대하지는 아니하고 있으므로, 거부처분의 경우에도 사전통지 및 의견진술의 기회가 필요하다고 한다.[143] 또한, 허가의 거부는 영업의 자유의 제한에 해당한다. 이 견해에 의하면 불이익처분(침해적 처분과 거부처분)이 일반적인 사전통지 및 의견진술 기회부여규정의 적용대상이 된다.

(나) 부정설 신청을 하였어도 아직 당사자에게 권익이 부여되지 아니하였으므로 신청을 거부하여도 직접 당사자의 권익을 제한하는 처분에 해당한다고 볼 수 없다. 또한, 신청에 대한 거부처분은 그것이 불이익처분을 받는 상대방의 신청에 의한 것이므로 성질상 이미 의견진술의 기회를 준 것으로 볼 수 있으므로 의견진술의 기회를 줄 필요가 없다.

(다) 판 례 판례는 원칙상 소극설을 취하고 있다.

[판례] 신청에 따른 처분이 이루어지지 아니한 경우에는 아직 당사자에게 권익이 부과되지 아니하였으므로 특별한 사정이 없는 한 신청에 대한 거부처분이라고 하더라도 직접 당사자의 권익을 제한하는 것은 아니어서 신청에 대한 거부처분을 여기에서 말하는 '당사자의 권익을 제한하는 처분'에 해당한다고 할 수 없는 것이어서 처분의 사전통지대상이 된다고 할 수 없다(대판 2003. 11. 28, 2003두674[인천대사건]).

(라) 결어(원칙상 부정설) 거부처분을 권익을 제한하거나 의무를 부과하는 처분으로 볼 수 없고, 거부처분의 전제가 되는 신청을 통하여 의견제출의 기회를 준 것으

143) 오준근, 전게서, 339면.

로 볼 수 있으므로 부정설이 타당하다. 다만, 허가조건의 존속기간 내의 허가갱신 신청에 대한 허가갱신 거부처분은 특별한 사정이 없는 한 허가갱신을 받을 권리를 침해하는 것이므로 '권익을 제한하는 처분'으로 보아 사전통지와 제출기회부여의 대상이 된다고 보아야 한다. 행정절차제도의 취지를 고려할 때 신청인이 신청시 제시하였던 주장사유 이외의 사유를 들어 처분청이 거부하는 경우 예외적으로 사전통지 및 의견제출절차의 대상이 된다고 보아야 할 것이다.

나. '당사자'에게 의무를 부과하거나 권익을 제한하는 처분 행정절차법상의 사전통지, 의견진술기회의 부여 등은 '당사자에게' 의무를 부과하거나 권익을 제한하는 처분에 한한다. 여기에서 '당사자'라 함은 처분의 상대방을 말한다. 따라서 상대방에게 이익이 되며 제3자의 권익을 침해하는 이중효과적 행정행위(예, 위험시설의 설치허가) 등은 행정절차법상의 사전통지 · 의견제출절차가 적용되지 않는다. 이러한 문제점을 해소하기 위하여 행정절차법을 개정하여 이중효과적 행정행위로 권익에 직접 영향을 받는 제3자에게 의견진술의 기회를 보장하여야 한다.

[판례] ① **행정청이 구 식품위생법상의 영업자지위승계신고 수리처분을 하는 경우, 종전의 영업자가 행정절차법 제2조 제4호 소정의 '당사자'에 해당하는지 여부(적극) 및 수리처분시 종전의 영업자에게 행정절차법 소정의 행정절차를 실시하여야 하는지 여부(적극)**: 행정절차법 제21조 제1항, 제22조 제3항 및 제2조 제4호의 각 규정에 의하면, 행정청이 당사자에게 의무를 과하거나 권익을 제한하는 처분을 함에 있어서는 당사자 등에게 처분의 사전통지를 하고 의견제출의 기회를 주어야 하며, **여기서 당사자라 함은 행정청의 처분에 대하여 직접 그 상대가 되는 자를 의미한다** 할 것이고, 한편 구 식품위생법(2002. 1. 26. 법률 제6627호로 개정되기 전의 것) 제25조 제2항, 제3항의 각 규정에 의하면, 지방세법에 의한 압류재산 매각절차에 따라 영업시설의 전부를 인수함으로써 그 영업자의 지위를 승계한 자가 관계 행정청에 이를 신고하여 행정청이 이를 수리하는 경우에는 종전의 영업자에 대한 영업허가 등은 그 효력을 잃는다 할 것인데, 위 규정들을 종합하면 위 행정청이 구 식품위생법 규정에 의하여 **영업자지위승계신고를 수리하는 처분은 종전의 영업자의 권익을 제한하는 처분이라 할 것이고 따라서 종전의 영업자는 그 처분에 대하여 직접 그 상대가 되는 자에 해당한다고 봄이 상당하**므로, 행정청으로서는 위 신고를 수리하는 처분을 함에 있어서 행정절차법 규정 소정의 당사자에 해당하는 종전의 영업자에 대하여 위 규정 소정의 행정절차를 실시하고 처분을 하여야 한다(대판 2003. 02. 14, 2001두7015[유흥주점영업자지위승계수리처분취소]).
② **대통령의 한국방송공사 사장 해임에 행정절차법 적용 여부(적극)**: 대통령에 의한 한국방송공사 사장 甲의 해임처분 과정에서 甲이 처분 내용을 **사전에 통지받거나 그에 대한 의견제출 기회 등을 받지 못했고 해임처분 시 법적 근거 및 구체적 해임 사유를 제시받지 못하였으므로** 해임처분이 행정절차법에 위배되어 **위법하지만**, 절차나 처분형식의 하자가 중대하고 명백하다고 볼 수 없어 역시 **당연무효가 아닌 취소 사유에 해당한다**고 본 원심판단을 정당하다고 한 사례(대판 2012. 02. 23, 2011두5001[해임처분무효]).

'고시'의 방법으로 불특정 다수인을 상대로 의무를 부과하거나 권익을 제한하는 처분은 성질상 의견제출의 기회를 주어야 하는 상대방을 특정할 수 없으므로, 상대방에게 의견제출의 기회를 주어야 하는 것은 아니다(대판 2014. 10. 27, 2012두7745[요양급여의 상대가치점수 인하고시처분취소]).

[판례] ① 도로구역을 변경한 이 사건 처분은 행정절차법 제21조 제1항의 사전통지나 제22조 제3항의 의견청취의 대상이 되는 처분은 아니라고 할 것이다(대판 2008. 06. 12, 2007두1767[도로구역변경고시취소]). 〈해설〉 도로구역변경고시의 경우 처분의 직접 상대방이 존재하지 않는다는 점에 비추어 사전통지 · 의견제출절차의 대상이 되는 "'당사자'에게 의무를 부과하거나 권익을 제한하는 처분"이 아니라고 보았다.
② 도시관리계획결정고시가 사전통지 · 의견제출절차의 대상이 되는 처분이 아니라고 한 사례(대판 2010. 06. 10, 2010두5882).
③ 요양급여대상인 약제를 선별급여대상으로 변경하는 처분과 같이 '고시'의 방법으로 불특정 다수인을 상대로 의무를 부과하거나 권익을 제한하는 처분은 그 성질상 처분의 사전통지나 의견제출의 기회를 주어야 하는 상대방을 특정할 수 없으므로, 이와 같은 처분에서까지 그 상대방에게 행정절차법에 따른 처분의 사전통지나 의견제출의 기회를 주어야 하는 것은 아니다(대법원 2014. 10. 27. 선고 2012두7745 판결 참조)(대판 2025. 03. 13, 2024두45788[건강보험약제 선별급여적용 고시 취소 청구]). 〈해설〉 그러나 적법절차의 원칙상 주된 이해관계인인 제약회사에게는 처분의 사전통지나 의견제출의 기회를 주어야 하는 것으로 나아가 요양급여대상인 약제를 선별급여대상으로 변경하는 처분은 요양급여처분의 일부 취소를 의미하므로 청문절차를 거쳐야 하는 것으로 보아야 한다.

다. 법상 의견제출이 면제되는 경우가 아닌 경우일 것　법상 의견제출이 면제되는 경우라 함은 청문이나 공청회를 실시하는 경우, 법상 사전통지가 면제되는 경우를 말한다.

(가) 청문이나 공청회를 실시하지 않은 경우일 것　행정절차법은 청문이나 공청회를 개최한 경우에는 권익을 제한하거나 의무를 부과하는 처분을 함에 있어서 의견제출의 기회를 주지 않아도 되는 것으로 규정하고 있다(제22조 제3항). 청문절차는 의견제출절차보다 엄격한 의견진술절차이므로 청문을 실시하는 경우 의견제출의 기회를 다시 줄 필요가 없다. 그런데, 공청회절차의 경우 이해관계인에게 의견제출의 기회가 충분히 보장되지 않으므로 권익을 제한하거나 의무를 부과하는 처분을 함에 있어서는 공청회절차를 거친 경우에도 상대방에게 의견제출의 기회를 주는 것이 타당하다.

(나) 제21조 제4항에 의해 사전통지가 면제되는 경우가 아닐 것　사전통지의무를 면제하는 행정절차법 제21조 제4항 각 호의 어느 하나에 해당하는 경우에는 의견청취를 하지 아니할 수 있다(제22조 제4항). 행정절차법 제21조 제4항 각 호에 의해 사전통지의무가 면제되는 경우는 다음과 같다. ① 공공의 안전 또는 복리를 위하여 긴급히 처분을 할 필요가 있는 경우, ② 법령 등에서 요구된 자격이 없거나 없어지게 되면 반드시 일정한 처분을 하여야 하는 경우에 그 자격이 없거나 없어지게 된 사실

이 법원의 재판 등에 의하여 객관적으로 증명된 경우, ③ 해당 처분의 성질상 의견청취가 현저히 곤란하거나 명백히 불필요하다고 인정될 만한 상당한 이유가 있는 경우(제4항). 사전통지는 의견청취의 전치절차이므로 사전통지의무가 면제되는 경우는 의견청취의무도 면제된다(행정절차법 제22조 제4항).

[판례] (1) 보건복지부장관이 작성한 「보육사업안내」에 평가인증취소의 절차에 관한 사항을 일부 정하고 있다 하더라도 이러한 사정만으로 행정절차법 제3조 제1항이 정한 '다른 법률에 특별한 규정이 있는 경우'에 해당하여 평가인증취소에 행정절차법 적용이 배제된다고 보기 어렵다. **(2) 보조금 반환명령 당시 사전통지 및 의견제출 기회가 부여된 경우 뒤이은 평가인증취소처분에 대해서는 사전통지의 예외를 인정할 수 있는지 여부(소극):** 이 사건 평가인증취소처분은 이로 인하여 원고에 대한 인건비 등 보조금 지급이 중단되는 등 원고의 권익을 제한하는 처분에 해당하며, 보조금 반환명령과는 전혀 별개의 절차로서 보조금 반환명령이 있으면 피고 보건복지부장관이 평가인증을 취소할 수 있지만 반드시 취소하여야 하는 것은 아닌 점 등에 비추어 보면, 보조금 반환명령 당시 사전통지 및 의견제출의 기회가 부여되었다 하더라도 그 사정만으로 이 사건 평가인증취소처분이 구 행정절차법 제21조 제4항 제3호에서 정하고 있는 사전통지 등을 하지 아니하여도 되는 예외사유에 해당한다고도 볼 수 없다(대판 2016. 11. 09, 2014두1260[보조금반환등취소][어린이집 보조금 반환 및 평가인증취소 사건]).

그런데, 행정절차법 제21조 제5항은 "처분의 전제가 되는 사실이 법원의 재판 등에 의하여 객관적으로 증명된 경우 등 제4항에 따른 사전 통지를 하지 아니할 수 있는 구체적인 사항은 대통령령으로 정한다"라고 규정하고 있다. 따라서, **사전통지의무가 면제되는 경우는 행정절차법 시행령 제13조에서 정하는 다음의 경우**라고 보아야 한다. ① 급박한 위해의 방지 및 제거 등 공공의 안전 또는 복리를 위하여 긴급한 처분이 필요한 경우, ② 법원의 재판 또는 준사법적 절차를 거치는 행정기관의 결정 등에 따라 처분의 전제가 되는 사실이 객관적으로 증명되어 처분에 따른 의견청취가 불필요하다고 인정되는 경우, ③ 의견청취의 기회를 줌으로써 처분의 내용이 미리 알려져 현저히 공익을 해치는 행위를 유발할 우려가 예상되는 등 해당 처분의 성질상 의견청취가 현저하게 곤란한 경우, ④ 법령 또는 자치법규(이하 "법령등"이라 한다)에서 준수하여야 할 기술적 기준이 명확하게 규정되고, 그 기준에 현저히 미치지 못하는 사실을 이유로 처분을 하려는 경우로서 그 사실이 실험, 계측, 그 밖에 객관적인 방법에 의하여 명확히 입증된 경우, ⑤ 법령등에서 일정한 요건에 해당하는 자에 대하여 점용료·사용료 등 금전급부를 명하는 경우 법령등에서 규정하는 요건에 해당함이 명백하고, 행정청의 금액산정에 재량의 여지가 없거나 요율이 명확하게 정하여져 있는 경우 등 해당 처분의 성질상 의견청취가 명백히 불필요하다고 인정될 만한 상당한 이유가 있는 경우.

[판례] ① (1) '의견청취가 현저히 곤란하거나 명백히 불필요하다고 인정될 만한 상당한 이유가 있는 경우'에 해당하는지는 해당 행정처분의 성질에 비추어 판단하여야 하며, 처분상대방이 이미 행정청에 위반사실을 시인하였다거나 처분의 사전통지 이전에 의견을 진술할 기회가 있었다는 사정을 고려하여 판단할 것은 아니다. (2) 1) 피고 소속 공무원 소외인이 위 현장조사에 앞서 원고에게 전화로 통지한 것은 행정조사의 통지이지 이 사건 처분에 대한 사전통지로 볼 수 없다. 그리고 위 소외인이 현장조사 당시 위반경위에 관하여 원고에게 의견진술기회를 부여하였다 하더라도, 이 사건 처분이 현장조사 바로 다음 날 이루어진 사정에 비추어 보면, 의견제출에 필요한 상당한 기간을 고려하여 의견제출기한이 부여되었다고 보기도 어렵다. 2) 그리고 현장조사에서 원고가 위반사실을 시인하였다거나 위반경위를 진술하였다는 사정만으로는 행정절차법 제21조 제4항 제3호가 정한 '의견청취가 현저히 곤란하거나 명백히 불필요하다고 인정될 만한 상당한 이유가 있는 경우'로서 처분의 사전통지를 하지 아니하여도 되는 경우에 해당한다고 볼 수도 없다(대판 2016. 10. 27, 2016두41811[시정명령처분취소등]). 〈해설〉 원심은 피고가 이 사건 처분에 앞서 실질적으로 처분의 사전통지 및 의견제출기회 부여 절차를 거쳤거나, 설령 그렇지 않다 하더라도 의견청취가 명백하게 불필요하다고 인정할 만한 상당한 이유가 있는 경우에 해당한다고 잘못 인정하고, 그 전제에서 이 사건 처분에 사전통지 및 의견제출기회 부여 절차에 관한 하자가 없다는 취지로 판단하였다.
② 이 사건 시정지시(사회복지시설에 대하여 특별감사를 실시한 후 행한 감사결과 지적사항에 대한 시정지시)는 보건복지부, 서울특별시, 피고가 합동으로 원고 등에 대하여 특별감사를 실시한 후 이루어진 것으로 감사결과의 통보 및 감사기관의 의견표명의 성질도 지니고 있는데, 특별감사를 받은 원고 등은 감사과정을 거치면서 감사결과 및 그에 따른 감사기관의 의견표명이 있으리라는 점을 충분히 예상할 수 있어 별도로 사전에 통지를 한다거나 의견진술의 기회를 부여할 필요가 있다고 보기 어려운 점, 이 사건 시정지시를 이행하지 않을 경우에 이루어지게 될 구 사회복지사업법상의 시정명령 및 설립허가 취소 등의 후행 처분을 위해서는 사전통지 및 의견진술의 기회 부여 등 행정절차법이 정한 절차를 거쳐야 하고, 실제로 피고가 원고에게 이 사건 시정지시를 하면서 그와 동시에 원고가 시정지시를 받은 사항에 대하여 의견진술과 이의를 제기할 기회를 준 점 등에 비추어 보면, 이 사건 시정지시에 대하여는 그 성질상 당사자의 사전 의견청취가 불필요하다고 볼 상당한 이유가 있는 것으로 명백히 인정되는 경우에 해당한다고 할 것이다(대판 2009. 02. 12, 2008두14999).
③ 행정청이 온천지구임을 간과하여 지하수개발·이용신고를 수리하였다가 행정절차법상의 사전통지를 하거나 의견제출의 기회를 주지 아니한 채 그 신고수리처분을 취소하고 원상복구명령의 처분을 한 경우, 행정지도방식에 의한 사전고지나 그에 따른 당사자의 자진 폐공의 약속 등의 사유만으로는 사전통지 등을 하지 않아도 되는 행정절차법 소정의 예외의 경우에 해당한다고 볼 수 없다는 이유로 그 처분은 위법하다고 한 사례(대판 2000. 11. 14, 99두5870[지하수개발이용수리취소및원상복구명령취소]).
④ 공무원연금법상 법상지급정지사유(사안에서 공무원으로 재직하다가 퇴직하여 공무원연금법에 따라 퇴직연금을 지급받고 있던 사람이 사립학교교직원으로 임용되어 그 기관으로부터 급여를 받게 된 사례)가 있음에도 급여가 과오납된 퇴직연금의 환수결정은 당사자에게 의무를 과하는 처분이기는 하나, 관련 법령에 따라 당연히 환수금액이 정하여지는 것이므로, 퇴직연금의 환수결정에 앞서 당사자에게 의견진술의 기회를 주지 아니하여도 행정절차법 제22조 제3항이나 신의칙에 어긋나지 아니한다(대판 2000. 11. 28, 99두5443[퇴직급여환수금반납고지처분등취소]). 〈해설〉 현행 행정절차법 시행령 제13조 제5항에 해당하는 것으로 볼 수도 있다.
⑤ [1] 행정청이 침해적 행정처분을 하면서 당사자에게 행정절차법상의 사전 통지를 하거나 의견제출의 기회를 주지 않았다면, 사전 통지를 하지 않거나 의견제출의 기회를 주지 않아도 되는 예

외적인 경우에 해당하지 않는 한, 그 처분은 위법하여 취소를 면할 수 없다. [2] 행정절차법 제21조, 제22조, 행정절차법 시행령 제13조의 내용을 행정절차법의 입법 목적과 의견청취 제도의 취지에 비추어 종합적·체계적으로 해석하면, **행정절차법 시행령 제13조 제2호에서 정한 "법원의 재판 또는 준사법적 절차를 거치는 행정기관의 결정 등에 따라 처분의 전제가 되는 사실이 객관적으로 증명되어 처분에 따른 의견청취가 불필요하다고 인정되는 경우"**는 법원의 재판 등에 따라 처분의 전제가 되는 사실이 객관적으로 증명되면 행정청이 반드시 일정한 처분을 해야 하는 경우 등 의견청취가 행정청의 처분 여부나 그 수위 결정에 영향을 미치지 못하는 경우를 의미한다고 보아야 한다. **처분의 전제가 되는 '일부' 사실만 증명된 경우이거나 의견청취에 따라 행정청의 처분 여부나 처분 수위가 달라질 수 있는 경우라면 위 예외사유에 해당하지 않는다.** [3] 관할 시장이 甲에게 구 폐기물관리법(2015. 7. 20. 법률 제13411호로 개정되기 전의 것, 이하 '폐기물관리법'이라 한다) 제48조 제1호에 따라 토지에 장기보관 중인 폐기물을 처리할 것을 명령하는 1차, 2차 조치명령을 각각 하였고, 甲이 위 각 조치명령을 불이행하였다고 하여 폐기물관리법 위반죄로 유죄판결이 각각 선고·확정되었는데, 이후 관할 시장이 폐기물 방치 실태를 확인하고 별도의 사전 통지와 의견청취 절차를 밟지 않은 채 甲에게 폐기물 처리에 관한 3차 조치명령을 한 사안에서, 甲이 3차 조치명령 이전에 관할 시장으로부터 1차, 2차 조치명령을 받았고, 형사재판절차에서 위 각 조치명령 불이행의 범죄사실에 관하여 유죄판결을 선고받은 후 그 판결이 확정되었다고 하더라도, 2차 조치명령 당시부터는 물론이고, 2차 조치명령 불이행으로 인한 유죄판결 확정 이후부터 3차 조치명령 당시까지 시간적 간격이 있으므로 사정변경의 여지가 있는데, 위 각 유죄판결에 따라 '甲이 폐기물을 방치하여 1차 및 2차 조치명령을 받았고 이를 불이행하였다'는 사실이 객관적으로 증명된 경우라고 볼 수는 있으나, 나아가 위 유죄판결에 따라 '3차 조치명령 당시 토지에 방치된 폐기물을 적정하게 처리하지 않고 있다'는 처분사유가 객관적으로 증명되었다고 단정하기는 어렵고, 또한 3차 조치명령의 근거 법률인 폐기물관리법 제48조의 문언과 체제에 비추어 보면 이 규정에 따른 **폐기물 처리 조치명령은 재량행위에 해당하므로,** 3차 조치명령은 법원의 재판 등에 따라 처분의 전제가 되는 사실이 객관적으로 증명되면 행정청이 반드시 일정한 처분을 해야 하는 경우 등 **의견청취가 행정청의 처분 여부나 그 수위 결정에 영향을 미치지 못하는 경우에 해당한다고 보기 어려워,** 행정절차법 시행령 제13조 제2호에서 정한 사전 통지, 의견청취의 예외사유에 해당하지 않는다고 한 사례(대판 2020. 07. 23, 2017두66602)

이렇게 본다면 행정절차법 제21조 제5항을 신설하면서 행정절차법 제22조 제4항을 개정하지 않은 것은 입법의 착오이다.

행정절차법 제21조 제4항에 따라 사전 통지를 하지 아니하는 경우 행정청은 처분을 할 때 당사자등에게 통지를 하지 아니한 사유를 알려야 한다. 다만, 신속한 처분이 필요한 경우에는 처분 후 그 사유를 알릴 수 있다(제21조 제6항).

(다) 당사자가 의견진술의 기회를 포기한다는 뜻을 명백히 표시한 경우가 아닐 것 당사자가 의견진술의 기회를 포기한다는 뜻을 명백히 표시한 경우에는 의견청취를 아니할 수 있다(제22조 제4항).

라. 위반사실등의 공표 행정청은 위반사실등의 공표를 할 때에는 미리 당사자에게 그 사실을 통지하고 의견제출의 기회를 주어야 한다. 다만, 다음 각 호의 어

느 하나에 해당하는 경우에는 그러하지 아니하다. 1. 공공의 안전 또는 복리를 위하여 긴급히 공표를 할 필요가 있는 경우, 2. 해당 공표의 성질상 의견청취가 현저히 곤란하거나 명백히 불필요하다고 인정될 만한 타당한 이유가 있는 경우, 3. 당사자가 의견진술의 기회를 포기한다는 뜻을 명백히 밝힌 경우(제40조의2 제3항).

2) 사전통지의 상대방(의견제출자): '당사자등'

① 행정절차법은 행정절차법 제2조 제4호 소정의 '당사자등'에 대하여만 사전통지 및 의견제출에 대한 권리를 부여하고 있다. 행정절차법 제2조 제4호의 '당사자등'이라 함은 행정청의 처분에 대하여 직접 그 상대가 되는 당사자와 행정청이 직권으로 또는 신청에 따라 행정절차에 참여하게 한 이해관계인을 말한다.

[판례] ① 행정절차법 제21조 제1항, 제22조 제3항 및 제2조 제4호의 각 규정에 의하면, 행정청이 당사자에게 의무를 과하거나 권익을 제한하는 처분을 함에 있어서는 당사자 등에게 처분의 사전통지를 하고 의견제출의 기회를 주어야 하며, 여기서 **당사자라 함은 행정청의 처분에 대하여 직접 그 상대가 되는 자를 의미한다 할 것**이고, 한편 구 식품위생법(2002. 1. 26. 법률 제6627호로 개정되기 전의 것) 제25조 제2항, 제3항의 각 규정에 의하면, 지방세법에 의한 압류재산 매각절차에 따라 영업시설의 전부를 인수함으로써 그 영업자의 지위를 승계한 자가 관계 행정청에 이를 신고하여 행정청이 이를 수리하는 경우에는 종전의 영업자에 대한 영업허가 등은 그 효력을 잃는다 할 것인데, 위 규정들을 종합하면 위 행정청이 구 식품위생법 규정에 의하여 **영업자지위승계신고를 수리하는 처분은 종전의 영업자의 권익을 제한하는 처분이라 할 것이고 따라서 종전의 영업자는 그 처분에 대하여 직접 그 상대가 되는 자에 해당한다고 봄이 상당**하므로, 행정청으로서는 위 신고를 수리하는 처분을 함에 있어서 행정절차법 규정 소정의 당사자에 해당하는 종전의 영업자에 대하여 위 규정 소정의 행정절차를 실시하고 처분을 하여야 한다(대판 2003. 02. 14, 2001두7015[유흥주점영업자지위승계수리처분취소]; 2009. 04. 23, 2008두686[고속도로실시계획승인등무효확인]).

② 대형마트 영업시간 제한 등 처분시 그 처분의 상대방(=대규모점포 개설자): 대형마트 영업시간 제한 등 처분의 대상인 대규모점포 중 개설자의 직영매장 이외에 개설자로부터 임차하여 운영하는 임대매장이 병존하는 경우에도, 전체 매장에 대하여 법령상 대규모점포 등의 유지·관리 책임을 지는 개설자만이 그 처분 상대방이 되고, 임대매장의 임차인이 이와 별도로 처분상대방이 되는 것은 아니라고 할 것이다. 따라서, 따라서 사전통지·의견청취절차는 원고들(전체 매장에 대하여 법령상 대규모점포 등의 유지·관리 책임을 지는 개설자)을 상대로 거치면 충분하고, 그 밖에 임차인들을 상대로 별도의 사전통지 등절차를 거칠 필요가 없다(대판 전원합의체 2015. 11. 19, 2015두295[영업시간제한등처분취소]).

② 이 경우에 '이해관계인'은 무엇을 의미하는가. 이해관계인이란 처분에 의하여 법률상 또는 사실상의 영향을 받는 자로 넓게 해석하는 입장과 처분에 의하여 법률상 영향을 받는 자에 국한시키는 견해가 있을 수 있다. 전자의 견해가 타당하다.

③ 또한 행정절차법상 의견제출을 할 수 있는 이해관계인은 "행정청이 직권으로 또는 신청에 따라 행정절차에 참여하게 한 자"에 한정된다.

[판례] 행정절차법 제21조, 제22조는 행정청이 당사자에게 의무를 과하거나 권익을 제한하는 등 불이익한 처분을 하는 경우 '당사자 등'에게 사전통지 및 의견제출의 기회를 주도록 정하고 있고, 같은 법 제2조 제4호는 '당사자 등'을 행정청의 처분에 대하여 직접 그 상대가 되는 당사자와 행정청이 직권 또는 신청에 의하여 행정절차에 참여하게 한 이해관계인으로 정하고 있다. 그러므로 **불이익처분의 직접 상대방인 당사자 또는 행정청이 참여하게 한 이해관계인이 아닌 제3자에 대하여는 사전통지 및 의견제출에 관한 같은 법 제21조, 제22조가 적용되지 않는다**(대판 2009. 04. 23, 2008두686[고속도로실시계획승인등무효확인]).

④ 의견제출이란 청문과 달리 변론이나 증거조사 등의 절차가 행해지지 않고 관계인의 단순한 의견제출에 그치는 것이므로 행정절차를 지연시키거나 행정절차를 크게 번잡하게 하지 않음에도 이해관계인의 의견제출을 명시적으로 인정하지 않고 이해관계인의 의견제출신청권만을 인정한 것은 설득력을 잃은 규정이라고 하지 않을 수 없다.

(3) 사전통지

사전통지(事前通知)는 의견진술의 전치절차이다.

1) 사전통지사항

행정청은 사전통지의무가 있는 경우 미리 다음의 사항을 당사자 등에게 통지하여야 한다: ① 처분의 제목, ② 당사자의 성명 또는 명칭과 주소, ③ 처분하려는 원인이 되는 사실과 처분의 내용 및 법적 근거, ④ 제3호에 대하여 의견을 제출할 수 있다는 뜻과 의견을 제출하지 아니하는 경우의 처리방법, ⑤ 의견제출기관의 명칭과 주소, ⑥ 의견제출기한, ⑦ 그 밖에 필요한 사항(제21조 제1항). 제1항 제6호에 의한 기한은 의견제출에 필요한 상당한 기간을 고려하여 정하여야 한다(제3항).

2) 사전통지기간

행정청은 의견제출의 준비에 필요한 기간을 10일 이상으로 주어 통지하여야 한다(제21조 제3항).

(4) 문서열람청구

당사자등은 처분의 사전 통지가 있는 날부터 의견제출기한까지 행정청에 해당 사안의 조사결과에 관한 문서와 그 밖에 해당 처분과 관련되는 문서의 열람 또는 복사를 요청할 수 있다. 이 경우 행정청은 다른 법령에 따라 공개가 제한되는 경우를 제외하고는 그 요청을 거부할 수 없다(행정절차법 제37조 제1항).

(5) 의견제출의 방식

당사자 등은 처분 전에 그 처분의 관할 행정청에 서면이나 말로 또는 정보통신망을 이용하여 의견제출을 할 수 있다(제27조 제1항).

당사자 등은 제1항에 따라 의견제출을 하는 경우 그 주장을 입증하기 위한 증거자료 등을 첨부할 수 있다(제2항).

행정청은 당사자 등이 말로 의견제출을 하였을 때에는 서면으로 그 진술의 요지와 진술자를 기록하여야 한다(제3항).

당사자 등이 정당한 이유 없이 의견제출기한까지 의견제출을 하지 아니한 경우에는 의견이 없는 것으로 본다(제4항).

행정청은 처분을 할 때에 당사자 등이 제출한 의견이 상당한 이유가 있다고 인정하는 경우에는 이를 반영하여야 한다(제27조의2 제1항). 다만, 제출된 의견이 법적으로 행정청을 기속하지는 않는다(대판 1995. 12. 22, 95누30 참조). 행정청은 당사자등이 제출한 의견을 반영하지 아니하고 처분을 한 경우 당사자등이 처분이 있음을 안 날부터 90일 이내에 그 이유의 설명을 요청하면 서면으로 그 이유를 알려야 한다. 다만, 당사자등이 동의하면 말, 정보통신망 또는 그 밖의 방법으로 알릴 수 있다(제2항).

(6) 의견제출절차의 하자의 효력

판례는 의견제출절차의 하자를 원칙상 취소사유라고 본다(대판 2000. 11. 14, 99두5870[지하수개발이용수리취소및원상복구명령취소] 등).

4. 청문절차

(1) 의 의

청문(聽聞)이라 함은 당사자 등의 의견을 들을 뿐만 아니라 증거를 조사하는 등 재판에 준하는 절차를 거쳐 행하는 의견진술절차를 말한다(제2조 제5호).

(2) 인정범위

행정청이 처분을 할 때 다음의 어느 하나에 해당하는 경우에는 청문을 한다(제22조 제1항). ① 인허가 등의 취소, 신분·자격의 박탈, 법인이나 조합 등의 설립허가의 취소시(2022. 7. 1. 시행) 및 다른 법령등에서 청문을 하도록 규정하고 있는 경우(의무적 청문), ② 행정청이 필요하다고 인정하는 경우(임의적 청문).

일반적으로 말하면 처분으로 처분의 상대방 등이 중요한 불이익을 받게 되는 경우에는 적법절차의 원칙상 청문을 하여야 한다.

조례로 청문대상을 확대하고 있는 경우(예, 경기도 청문실시에 관한 조례, 제주도 청문조례)가 있다.

개별법에 청문절차실시규정이 없더라도 적법절차의 원칙상 청문절차를 거쳐야 하는 경우 청문절차를 거치지 않고 의견제출의 기회만 주면 적법절차의 원칙에 반한다.

다만, 제21조 제4항 각 호의 어느 하나에 해당하는 경우와 당사자가 의견진술의 기회를 포기한다는 뜻을 명백히 표시한 경우에는 의견청취를 아니할 수 있다(제22조 제4항).

[판례] ① 행정청이 당사자와 사이에 도시계획사업의 시행과 관련한 협약을 체결하면서 관계 법령 및 행정절차법에 규정된 청문의 실시 등 의견청취절차를 배제하는 조항을 두었다고 하더라도, 국민의 행정참여를 도모함으로써 행정의 공정성·투명성 및 신뢰성을 확보하고 국민의 권익을 보호한다는 행정절차법의 목적 및 청문제도의 취지 등에 비추어 볼 때, 위와 같은 협약의 체결로 청문의 실시에 관한 규정의 적용을 배제할 수 있다고 볼 만한 법령상의 규정이 없는 한, 이러한 **협약이 체결되었다고 하여 청문의 실시에 관한 규정의 적용이 배제된다거나 청문을 실시하지 않아도 되는 예외적인 경우에 해당한다고 할 수 없다**(대판 2004. 07. 08, 2002두8350).
② (1) 원고가 피고의 사무실을 방문하여 피고 소속 공무원에게 '처분을 좀 연기해 달라'는 내용의 서류를 제출한 것을 들어 여객자동차 운수사업법이 필요적으로 실시하도록 규정한 청문을 실시한 것으로 볼 수 없다. (2) 피고 소속 공무원이 피고의 사무실을 방문한 원고에게 관련 법규와 행정처분 절차에 대하여 설명하였다거나 그 자리에서 청문절차를 진행하고자 하였음에도 원고가 이에 응하지 않았다는 사정이 청문 등 의견청취를 하지 않을 수 있는 예외 사유, 즉 '처분의 성질상 의견청취가 현저히 곤란하거나 명백히 불필요하다고 인정될 만한 상당한 이유가 있는 경우' 또는 '당사자가 의견진술의 기회를 포기한다는 뜻을 명백히 표시한 경우'에 해당한다고 볼 수 없다고 한 사례(대판 2017. 04. 07, 2016두63224[개인택시운송사업면허취소처분취소]).
③ 지방자치단체의 장이 공유재산 및 물품관리법에 근거하여 민간투자사업을 추진하던 중 우선협상대상자 지위를 박탈하는 처분을 하기 위하여 반드시 청문을 실시할 의무가 있다고 볼 수는 없다(대판 2020. 04. 29, 2017두31064).

적법한 청문의 통지가 있었음(이 사건에서 사업소 및 원고의 주소지로 청문통지서를 2회에 걸쳐 발송하였으나 수취인부재 및 수취인 미거주로 각각 반송되어 오자 청문통지서를 공시송달하였음)에도 허가취소처분의 상대방이 청문장소에 출석하지 않았을 경우 행정청이 청문을 실시하지 아니하고 침해적 처분을 할 수 있는 것인지가 다투어진 사건에서 대법원은 아래와 같이 "행정처분의 상대방에 대한 청문통지서가 반송되었다거나, 행정처분의 상대방이 청문일시에 불출석하였다는 이유로 청문을 실시하지 아니하고 한 침해적 행정처분은 위법하다"고 판시하였다.

[판례] 1심법원인 서울행정법원은 "행정처분의 상대방이 청문장소에 출석하지 않았을 경우 행정청이 청문을 실시하지 않고 행정처분을 하였다 하더라도 그러한 처분에 어떠한 하자가 있는 것이라고 볼 수는 없다"라고 판시하였고(서울행법 1999. 08. 17, 99구4630), 항소심(원심)인 서울고등법원은 원고에 대한 청문통지서가 2회에 걸쳐 수취인부재 및 수취인 미거주로 각각 반송되어 온 사실은 행정절차법 제21조 제4항 제3호 소정의 '의견청취가 명백히 불필요하다고 인정될 만한 상당한 이유가 있는 경우'에 해당한다고 보아야 할 것이어서, 행정청은 행정절차법 제22조 제4항의 규정에 의하여 의견청취(청문)를 아니할 수 있다'라고 판시하였다(서울고법 2000. 04. 12, 99누11099).

그러나, **대법원**은 ① '의견청취가 현저히 곤란하거나 명백히 불필요하다고 인정될 만한 상당한 이유가 있는지 여부'는 당해 행정처분의 성질에 비추어 판단하여야 하는 것이지, 청문통지서의 반송 여부, 청문통지의 방법 등에 의하여 판단할 것은 아니고, ② 또한 행정처분의 상대방이 통지된 청문일시에 불출석하였다는 이유만으로 행정청이 관계 법령상 그 실시가 요구되는 청문을 실시하지 아니한 채 침해적 행정처분을 할 수는 없다고 하면서 청문을 실시하지 아니하고 한 이 사건 침해적 행정처분은 청문을 거치지 않은 절차의 하자가 있어 위법하다고 판결하였다(대판 2001. 04. 13, 2000두3337: 구 공중위생법상 유기장업허가취소처분을 함에 있어서 두 차례에 걸쳐 발송한 청문통지서가 모두 반송되어 온 경우, 행정절차법 제21조 제4항 제3호에 정한 청문을 실시하지 않아도 되는 예외사유에 해당한다고 단정하여 당사자가 청문일시에 불출석하였다는 이유로 청문을 거치지 않고 이루어진 위 처분이 위법하지 않다고 판단한 원심판결을 파기한 사례). 〈해설〉 침해적 행정행위가 상대방의 권익에 미치는 영향의 중요성 및 의견청취절차의 성질(단순한 의견진술인지 엄격한 청문인지)과 이에 비례한 상대방의 주소 등(주소, 거소, 영업소, 사무소)에의 통지, 통지횟수 등을 고려하여 상대방에게 의견진술의 기회를 충분히 주었고, 행정처분이 심히 지체되고 있는 경우에는 청문을 실시하지 아니하고 침해적 처분을 할 수 있다고 보아야 할 것이다.

(3) 청문절차의 내용

1) 행정절차법상 청문절차규정의 의의

① 개별법에서 청문절차에 관한 규정을 두고 있는 경우에 당해 청문절차가 행정절차법 제28조 이하의 청문절차와 모순되는 경우에 어떠한 법규정에 따라야 할 것인가 하는 문제가 있다.

생각건대, 개별법령의 청문절차가 행정절차법상의 청문절차보다 엄격한 한도 내에서는 개별법령의 청문절차가 우선적으로 적용되지만 그렇지 않은 경우에는 행정절차법에 따라 청문이 행해지는 것이 타당할 것이다. 왜냐하면, 행정절차법상의 청문절차는 국민의 중요한 권익에 대한 중대한 침해를 가져오는 처분에 있어서 적법절차의 원칙에 비추어 요구되는 최소한의 절차를 규정하고 있다고 보아야 하기 때문이다.

② 청문의 실시를 규정하는 개별법에서 특별한 청문절차를 규정하고 있지 않은 경우에는 행정절차법상의 청문절차가 적용된다.

2) 사전통지

행정청은 청문을 하려면 청문이 시작되는 날부터 10일 전까지 제21조 제1항 각 호의 사항을 당사자등에게 통지하여야 한다. 이 경우 제1항 제4호부터 제6호까지의 사항은 청문주재자의 소속·직위 및 성명, 청문의 일시 및 장소, 청문에 응하지 아니하는 경우의 처리방법 등 청문에 필요한 사항으로 갈음한다. 즉, 청문의 경우에는 다음 사항을 통지하여야 한다: ① 처분의 제목, ② 당사자의 성명 또는 명칭과 주소, ③ 처분하려는 원인이 되는 사실과 처분의 내용 및 법적 근거, ④ 청문주재자의 소속·직위 및 성명, 청문의 일시 및 장소, 청문에 응하지 아니하는 경우의 처리방법등 청문에 필요한 사항, ④ 그 밖에 필요한 사항(제21조 제2항).

[판례] ① 행정청이 영업정지처분을 함에 있어 식품위생법시행령 제37조 제1항 소정의 **청문서 도달기간인 7일을 준수하지 아니한 채 청문서를 청문일로부터 5일 전에야 발송하였다면** 처분을 함에 있어서 취한 위 **청문절차는 위법**하며, 위법한 청문절차를 거쳐 내린 **위 영업정지처분 역시 위법**하다(대판 1992. 02. 11, 91누11575).
② 행정청이 청문서 도달기간을 다소 어겼다하더라도 영업자가 이에 대하여 이의하지 아니한 채 스스로 청문일에 출석하여 그 의견을 진술하고 변명하는 등 방어의 기회를 충분히 가졌다면 청문서 도달기간을 준수하지 아니한 하자는 **치유**되었다고 봄이 상당하다(대판 1992. 10. 23, 92누2844).

3) 행정절차법상 청문절차의 내용

가. 청문주재자 행정청은 소속 직원 또는 대통령령으로 정하는 자격을 가진 사람 중에서 청문주재자(聽聞主宰者)를 공정하게 선정하여야 한다(제28조 제1항). 행정청은 다음 각 호의 어느 하나에 해당하는 처분을 하려는 경우에는 청문 주재자를 2명 이상으로 선정할 수 있다. 청문주재자가 2명 이상인 청문을 '**합의제청문**'이라 부르기도 한다. 이 경우 선정된 청문 주재자 중 1명이 청문 주재자를 대표한다. 1. 다수 국민의 이해가 상충되는 처분, 2. 다수 국민에게 불편이나 부담을 주는 처분, 3. 그 밖에 전문적이고 공정한 청문을 위하여 행정청이 청문 주재자를 2명 이상으로 선정할 필요가 있다고 인정하는 처분(제2항).

소속직원 이외의 청문주재자의 자격을 대통령령으로 정하도록 한 것은 타당하지 않다. 외국의 예를 보면 법원판사나 독립행정위원회로 하여금 청문을 주재하도록 하는 경우도 있다.

행정청은 청문이 시작되는 날부터 7일 전까지 청문 주재자에게 청문과 관련한 필요한 자료를 미리 통지하여야 한다(제28조 제2항).

청문주재자는 독립하여 공정하게 직무를 수행하며, 그 직무수행을 이유로 본인의 의사에 반하여 신분상 어떠한 불이익도 받지 아니한다(제28조 제3항). 제1항에 따라 대통령령으로 정하는 사람 중에서 선정된 청문주재자는 형법이나 그 밖의 다른 법률에 따른 벌칙을 적용할 때에는 공무원으로 본다(제28조 제4항).

청문주재자가 다음의 어느 하나에 해당하는 경우에는 청문을 주재할 수 없다: ① 자신이 당사자등이거나 당사자등과 「민법」 제777조 각 호의 어느 하나에 해당하는 친족관계에 있거나 있었던 경우, ② 자신이 해당 처분과 관련하여 증언이나 감정(鑑定)을 한 경우, ③ 자신이 해당 처분의 당사자등의 대리인으로 관여하거나 관여하였던 경우, ④ 자신이 해당 처분업무를 직접 처리하거나 처리하였던 경우, ⑤ 자신이 해당 처분업무를 처리하는 부서(부서의 구체적인 범위는 대통령령으로 정한다)에 근무하는 경우(제29조 제1항). 청문주재자에게 공정한 청문 진행을 할 수 없는 사정이 있는 경우 당사자등은 행정청에 기피신청을 할 수 있다. 이 경우 행정청은 청문을 정지하고 그 신청이 이유가 있다고 인정할 때에는 해당 청문주재자를 지체 없이 교체하여야 한다(제2항). 청문주재자는 제1항 또는 제2항의 사유에 해당하는 경우에는 행정청의 승인을 받아 스스로 청문의 주재를 회피할 수 있다(제3항).

나. 청문의 공개 청문은 당사자가 공개를 신청하거나 청문주재자가 필요하다고 인정하는 경우 공개할 수 있다. 다만, 공익 또는 제3자의 정당한 이익을 현저히 해칠 우려가 있는 경우에는 공개하여서는 아니 된다(제30조).

다. 청문의 진행 청문주재자가 청문을 시작할 때에는 먼저 예정된 처분의 내용, 그 원인이 되는 사실 및 법적 근거 등을 설명하여야 한다(제31조 제 1항). 당사자 등은 의견을 진술하고 증거를 제출할 수 있으며, 참고인이나 감정인 등에게 질문할 수 있다(제2항). 당사자 등이 의견서를 제출한 경우에는 그 내용을 출석하여 진술한 것으로 본다(제3항).

청문주재자는 청문의 신속한 진행과 질서유지를 위하여 필요한 조치를 할 수 있다(제4항). 청문을 계속할 경우에는 행정청은 당사자 등에게 다음 청문의 일시 및 장소를 서면으로 통지하여야 하며, 당사자 등이 동의하는 경우에는 전자문서로 통지할 수 있다. 다만, 청문에 출석한 당사자 등에게는 그 청문일에 말로 통지할 수 있다(제5항).

행정청은 직권으로 또는 당사자의 신청에 따라 여러 개의 사안을 병합하거나 분리하여 청문을 할 수 있다(제32조).

청문주재자는 직권으로 또는 당사자의 신청에 따라 필요한 조사를 할 수 있으며, 당사자 등이 주장하지 아니한 사실에 대하여도 조사할 수 있다(제33조 제1항). 증거조사는 다음의 어느 하나에 해당하는 방법에 의한다: ① 문서·상부·물선 등 증거자료의 수집, ② 참고인·감정인 등에 대한 질문, ③ 검증 또는 감정·평가, ④ 그 밖에 필요한 조사(제2항).

청문주재자는 필요하다고 인정할 때에는 관계행정청에 대하여 필요한 문서의 제출 또는 의견의 진술을 요구할 수 있다. 이 경우 관계행정청은 직무수행에 특별한 지장이 없으면 그 요구에 따라야 한다(제3항).

라. 청문조서의 작성 등 청문주재자는 다음 각 호의 사항이 적힌 청문조서를 작성하여야 한다: ① 제목, ② 청문주재자의 소속, 성명 등 인적사항, ③ 당사자등의 주소, 성명 또는 명칭 및 출석 여부, ④ 청문의 일시 및 장소, ⑤ 당사자 등의 진술의 요지 및 제출된 증거, ⑥ 청문의 공개 여부 및 공개하거나 제30조 단서에 따

라 공개하지 아니한 이유, ⑦ 증거조사를 한 경우에는 그 요지 및 첨부된 증거, ⑧ 그 밖에 필요한 사항(제34조 제1항).

당사자 등은 청문조서의 내용을 열람·확인할 수 있으며, 이의가 있을 때에는 그 정정을 요구할 수 있다(제2항).

청문주재자는 청문조서를 작성한 후 지체없이 청문조서의 열람·확인의 장소 및 기간을 정하여 당사자등에게 통지하여야 한다(행정절차법 시행령 제19조 제1항).

마. 청문주재자의 의견서 작성 청문주재자는 다음 사항이 적힌 청문주재자의 의견서를 작성하여야 한다: ① 청문의 제목, ② 처분의 내용, 주요 사실 또는 증거, ③ 종합의견, ④ 그 밖에 필요한 사항(제34조의2).

바. 청문의 종결 등 청문주재자는 해당 사안에 대하여 당사자 등의 의견진술, 증거조사가 충분히 이루어졌다고 인정하는 경우에는 청문을 마칠 수 있다(제35조 제1항).

청문주재자는 당사자 등의 전부 또는 일부가 정당한 사유 없이 청문기일에 출석하지 아니하거나 제31조 제3항에 따른 의견서를 제출하지 아니한 경우에는 이들에게 다시 의견진술 및 증거제출의 기회를 주지 아니하고 청문을 마칠 수 있다(제2항).

[판례] 처분청이 청문기일을 1983.8.26.13:00로 정하여 원고에게 통지하였다가 원고의 연기신청에 따라 청문기일을 1983.10.11.14:00로 연기하고 다시 출석통지를 하였는데도 원고는 피고에게 위청문기일 전날인 1983.10.10자로 체납국세문제를 마무리 지을 때까지 청문기일을 연기해 달라는 취지의 연기요청서를 발송하고 위 청문기일에 출석하지 아니한 사실이 인정되므로, **정당한 사유없이 청문에 응하지 아니한 것으로 보고 청문을 거치지 아니한 채 이 사건 건설업면허취소처분을 한 피고의 조치는 정당**하다(대판 1985. 02. 26, 84누615).

청문주재자는 당사자 등의 전부 또는 일부가 정당한 사유로 인하여 청문기일에 출석하지 못하거나 제31조 제3항에 따른 의견서를 제출하지 못한 경우에는 10일 이상의 기간을 정하여 이들에게 의견진술 및 증거제출을 요구하여야 하며, 해당 기간이 지났을 때에 청문을 마칠 수 있다(제3항).

청문주재자는 청문을 마쳤을 때에는 청문조서, 청문주재자의 의견서, 그 밖의 관계서류 등을 행정청에 지체 없이 제출하여야 한다(제4항).

사. 청문결과의 반영 행정청은 처분을 할 때에 제35조 제4항에 따라 받은 청문조서, 청문주재자의 의견서, 그 밖의 관계 서류 등을 충분히 검토하고 상당한 이유가 있다고 인정하는 경우에는 청문결과를 반영하여야 한다(제35조의2).

아. 청문의 재개 행정청은 청문을 마친 후 처분을 할 때까지 새로운 사정이 발견되어 청문을 재개할 필요가 있다고 인정할 때에는 제35조 제4항에 따라 받은 청

문조서 등을 되돌려 보내고 청문의 재개를 명할 수 있다. 이 경우 제31조 제5항을 준용한다(제36조).

자. 문서의 열람 및 비밀유지 당사자 등은 청문의 통지가 있는 날부터 청문이 끝날 때까지 행정청에 해당 사안의 조사결과에 관한 문서와 그 밖에 해당 처분과 관련되는 문서의 열람 또는 복사를 요청할 수 있다. 이 경우 행정청은 다른 법령에 따라 공개가 제한되는 경우를 제외하고는 그 요청을 거부할 수 없다(제37조 제1항). 행정청은 제1항의 열람 또는 복사의 요청에 응하는 경우 그 일시 및 장소를 지정할 수 있다(제2항). 행정청은 제1항 후단에 따라 열람 또는 복사의 요청을 거부하는 경우에는 그 이유를 소명하여야 한다(제3항).

제1항에 따라 열람 또는 복사를 요청할 수 있는 문서의 범위는 대통령령으로 정한다(제4항). 행정청은 제1항에 따른 복사에 드는 비용을 복사를 요청한 자에게 부담시킬 수 있다(제5항). 누구든지 청문을 통하여 알게 된 사생활이나 경영상 또는 거래상의 비밀을 정당한 이유 없이 누설하거나 다른 목적으로 사용하여서는 아니 된다(제6항).

(4) 청문절차의 결여

판례는 청문절차의 결여를 취소사유에 해당한다고 보고(대판 2001. 04. 13, 2000두3337[영업허가취소처분취소]; 2007. 11. 16, 2005두15700), 행정청과 당사자 사이의 합의에 의해 청문의 실시 등 의견청취절차를 배제하여도 청문의 실시에 관한 규정의 적용이 배제되지 않으며 청문을 실시하지 않아도 되는 예외적인 경우에 해당하지 않는다고 본다(대판 2004. 07. 08, 2002두8350[유희시설조성사업협약해지 및 사업시행자지정 거부처분취소]).

5. 공청회절차

(1) 의 의

공청회(公聽會)라 함은 "행정청이 공개적인 토론을 통하여 어떠한 행정작용에 대하여 당사자 등, 전문지식과 경험을 가진 사람, 그 밖의 일반인으로부터 의견을 널리 수렴하는 절차"를 말한다(제2조 제6호).

공청회는 통상 행정작용과 관련이 있는 이해관계인이 다수인 경우에 행해지는 의견청취절차이다. 또한 공청회에는 의견제출절차나 청문절차와 달리 전문지식을 가진 자 및 일반국민 등이 참여하는 경우가 많다.

개별법에서 특별한 공청회절차를 규정하고 있지 않은 경우에는 행정절차법상 공청회절차가 적용된다. 다만, 행정청이 개최하는 공청회가 아닌 경우에는 그러하지 아니하다.

[판례] 묘지공원과 화장장의 후보지를 선정하는 과정에서 서울특별시, 비영리법인, 일반 기업 등이 공동발족한 협의체인 **추모공원건립추진협의회가 후보지 주민들의 의견을 청취하기 위하여 그 명의로 개최한 공청회는 행정청이 도시계획시설결정을 하면서 개최한 공청회가 아니므로, 위 공청회의 개최에 관하여 행정절차법에서 정한 절차를 준수하여야 하는 것은 아니라고 한 사례**(대판 2007. 04. 12, 2005두1893[도시계획시설결정취소][원지동 추모공원 사건]).

또한, 개별법령의 공청회절차가 행정절차법상의 공청회절차보다 엄격한 한도 내에서는 개별법령의 공청회절차가 우선적으로 적용되지만 그렇지 않은 경우에는 행정절차법에 따라 공청회가 행해지는 것이 타당할 것이다. 왜냐하면, 행정절차법상의 공청회절차는 적법절차의 원칙에 비추어 요구되는 최소한의 절차를 규정하고 있다고 보아야 하기 때문이다.

(2) 인정범위

공청회는 다음과 같은 경우에 한하여 예외적으로 인정되고 있다: ① 다른 법령 등에서 공청회를 개최하도록 규정하고 있는 경우, ② 해당 처분의 영향이 광범위하여 널리 의견을 수렴할 필요가 있다고 행정청이 인정하는 경우, ③ 국민생활에 큰 영향을 미치는 처분으로서 대통령령으로 정하는 처분(1. 국민 다수의 생명, 안전 및 건강에 큰 영향을 미치는 처분, 2. 소음 및 악취 등 국민의 일상생활과 관계되는 환경에 큰 영향을 미치는 처분. 다만, 행정청이 해당 처분과 관련하여 이미 공청회를 개최한 경우는 제외(동법 시행령 제13조의3 제1항))의 경우 대통령령으로 정하는 수(30명(동법 시행령 제13조의3 제3항)) 이상의 당사자등이 공청회 개최를 요구하는 경우(제22조 제2항).

그러나, 행정절차법상 "당사자등"은 행정청의 처분에 대하여 직접 그 상대가 되는 당사자 및 행정청이 직권으로 또는 신청에 따라 행정절차에 참여하게 한 이해관계인에 한정되므로(제2조 제4호) 법 제22조 제2항 제3호에 따른 공청회 개최는 실효성이 크지 못하다. '행정절차에 참여하게 한 이해관계인'이 아니라 이해관계인 30명 이상이 공청회 개최를 요구하면 공청회를 개최하는 것으로 개정하여야 할 것이다.

(3) 행정절차법상 공청회절차의 내용

1) 공청회의 개최

행정청은 공청회를 개최하려는 경우에는 공청회 개최 14일 전까지 다음의 사항을 당사자 등에게 통지하고 관보, 공보, 인터넷홈페이지 또는 일간 신문 등에 공고하는 등의 방법으로 널리 알려야 한다. 다만, 공청회 개최를 알린 후 예정대로 개최하지 못하여 새로 일시 및 장소 등을 정한 경우에는 공청회 개최 7일 전까지 알려야 한다: ① 제목, ② 일시 및 장소, ③ 주요 내용, ④ 발표자에 관한 사항, ⑤ 발표신청 방법 및 신청기한, ⑥ 정보통신망을 통한 의견제출, ⑦ 그 밖에 공청회 개최에 필요한 사항(제38조 제1항).

행정청은 제38조에 따른 공청회와 병행하여서만 정보통신망을 이용한 공청회(온라인공청회)를 실시할 수 있다(제38조의2 제1항). 다만, 제38조의2 제2항 각호의 어느 하나에 해당하는 경우에는 온라인공청회를 단독으로 개최할 수 있다(제2항).

2) 공청회의 주재자 및 발표자

행정청은 해당 공청회의 사안과 관련된 분야에 전문적 지식이 있거나 그 분야에 종사한 경험이 있는 사람으로서 대통령령으로 정하는 자격을 가진 사람 중에서 공청회의 주재자를 선정한다(제38조의3 제1항).

공청회 주재자의 독립성, 중립성 및 전문성이 보장되도록 하여야 한다. 외국의 예를 보면 공청회의 주재자를 판사나 행정위원회 등 행정청이나 이해관계인으로부터 독립적 지위를 갖는 자로 하는 경우가 있다.

공청회의 발표자는 발표를 신청한 사람 중에서 행정청이 선정한다. 다만, 발표를 신청한 사람이 없거나 공청회의 공정성 확보를 위하여 필요하다고 인정하는 경우에는 다음의 사람 중에서 지명하거나 위촉할 수 있다: ① 해당 공청회의 사안과 관련된 당사자 등, ② 해당 공청회의 사안과 관련된 분야에 전문적 지식이 있는 사람, ③ 해당 공청회의 사안과 관련된 분야에 종사한 경험이 있는 사람(제2항). 행정청은 공청회의 주재자 및 발표자를 지명 또는 위촉하거나 선정할 때 공정성이 확보될 수 있도록 하여야 한다(제3항).

3) 공청회의 진행

공청회의 주재자는 공청회를 공정하게 진행하여야 하며, 공청회의 원활한 진행을 위하여 발표내용을 제한할 수 있고, 질서유지를 위하여 발언중지, 퇴장명령 등 행정안전부장관이 정하는 필요한 조치를 할 수 있다(제39조 제1항). 발표자는 공청회의 내용과 직접 관련된 사항에 대하여만 발표하여야 한다(제2항). 공청회의 주재자는 발표자의 발표가 끝난 후에는 발표자 상호간에 질의 및 답변을 할 수 있도록 하여야 하며, 방청인에게도 의견을 제시할 기회를 주어야 한다(제3항).

우리나라의 경우 공청회가 통상 반나절 또는 하루에 끝나는 것이 일반적인데, 충분한 토론이 행해지도록 공청회기간이 정하여져야 할 것이며 필요하다면 여러 번에 걸쳐 공청회가 행해지도록 하여야 할 것이다. 공청회의 원활한 진행도 중요하지만 발표와 토론이 충분히 행하여지도록 하는 것도 중요하다.

4) 공청회 및 전자공청회 결과의 반영

행정청은 처분을 할 때에 공청회, 온라인공청회 및 정보통신망을 통하여 제시된 사실 및 의견이 상당한 이유가 있다고 인정하는 경우에는 이를 반영하여야 한다(제39

조의2).

5) 공청회의 재개최

행정청은 공청회를 마친 후 처분을 할 때까지 새로운 사정이 발견되어 공청회를 다시 개최할 필요가 있다고 인정할 때에는 공청회를 다시 개최할 수 있다(제39조의3).

6. 의견청취 후의 조치

행정청은 청문·공청회 또는 의견제출을 거쳤을 때에는 신속히 처분하여 해당 처분이 지연되지 아니하도록 하여야 한다(제22조 제5항).

행정청은 처분 후 1년 이내에 당사자 등이 요청하는 경우에는 청문·공청회 또는 의견제출을 위하여 제출받은 서류나 그 밖의 물건을 반환하여야 한다(제22조 제6항).

Ⅴ. 기 타

1. 처분의 방식 : 문서주의

행정청이 처분을 할 때에는 다른 법령 등에 특별한 규정이 있는 경우를 제외하고는 문서(文書)로 하여야 하며, 당사자등의 동의가 있는 경우 또는 당사자가 전자문서로 처분을 신청한 경우에는 전자문서로 할 수 있다(제24조 제1항). 제1항에도 불구하고 공공의 안전 또는 복리를 위하여 긴급히 처리할 필요가 있거나 사안이 경미한 경우에는 말, 전화, 휴대전화를 이용한 문자 전송, 팩스 또는 전자우편 등 문서가 아닌 방법으로 처분을 할 수 있다. 이 경우 당사자가 요청하면 지체 없이 처분에 관한 문서를 주어야 한다(제24조 제1항). 처분을 하는 문서에는 그 처분행정청 및 담당자의 소속·성명과 연락처(전화번호·팩스번호·전자우편주소 등을 말한다)를 적어야 한다(제2항).

[판례] ① 행정절차법 제24조 제1항에서 행정청이 처분을 하는 때에는 다른 법령 등에 특별한 규정이 있는 경우를 제외하고는 문서로 하도록 규정한 것은 처분 내용의 명확성을 확보하고 처분의 존부나 내용에 관한 다툼을 방지하기 위한 것인바, 이와 같은 행정절차법의 규정 취지를 감안해 보면, 행정청이 문서에 의하여 처분을 한 경우 원칙적으로 그 처분서의 문언에 따라 어떤 처분을 하였는지 확정하여야 하나, 그 처분서의 문언만으로는 행정청이 어떤 처분을 하였는지 불분명하다는 등 특별한 사정이 있는 때에는 처분 경위나 처분 이후의 상대방의 태도 등 다른 사정을 고려하여 처분서의 문언과 달리 그 처분의 내용을 해석할 수도 있다(대판 2010. 02. 11, 2009두18035[복구설계승인신청불승인처분취소]).

② [1] 행정절차법 제24조는 행정청이 처분을 하는 때에는 다른 법령 등에 특별한 규정이 있는 경우를 제외하고는 문서로 하여야 하고, 전자문서로 하는 경우에는 당사자 등의 동의가 있어야 하며, 다만 신속을 요하거나 사안이 경미한 경우에는 구술 기타 방법으로 할 수 있다고 규정하고 있는바, 이는 행정의 공정성·투명성 및 신뢰성을 확보하고 국민의 권익을 보호하기 위한 것이므로

위 규정에 위반하여 행하여진 행정청의 처분은 그 하자가 중대하고 명백하여 원칙적으로 무효이다. [2] 관할 소방서의 담당 소방공무원이 피고인에게 행정처분인 소방시설설치유지 및 안전관리에 관한 법률 제9조에 의한 **소방시설의 시정보완명령을 구두로 고지한 것은** 행정소송법 제24조에 위반한 것으로 그 하자가 중대하고 명백하여 위 시정보완명령은 **당연 무효라고 할 것**이고, 무효인 위 시정보완명령에 따른 피고인의 의무위반이 생기지 아니하는 이상 피고인에게 위 시정보완명령에 위반하였음을 이유로 같은 법 제48조의2 제1호에 따른 행정형벌을 부과할 수 없다고 한 사례(대판 2011. 11. 10, 2011도11109).

③ 이 사건 사증발급 거부처분이 문서에 의한 처분 방식의 예외로 행정절차법 제24조 제1항 단서에서 정한 '신속히 처리할 필요가 있거나 사안이 경미한 경우'에 해당한다고 볼 수도 없다. 따라서 피고의 사증발급 거부처분에는 행정절차법 제24조 제1항을 위반한 하자가 있다(대판 2019. 07. 11, 2017두38874).

④ 행정청이 폐기물관리법 제48조 제1항, 같은 법 시행규칙 제68조의3 제1항에서 정한 폐기물 조치명령을 **전자문서로 하고자 할 때**에는 행정절차법 제24조 제1항에 따라 **당사자의 동의가 필요**하다(대판 2024. 05. 09, 2023도3914).

2. 처분의 정정

행정청은 처분에 오기, 오산 또는 그 밖에 이에 준하는 명백한 잘못이 있을 때에는 직권으로 또는 신청에 따라 지체 없이 정정하고 그 사실을 당사자에게 통지하여야 한다(제25조).

3. 행정심판 및 행정소송관련사항의 고지

행정청이 처분을 할 때에는 당사자에게 그 처분에 관하여 행정심판 및 행정소송을 제기할 수 있는지 여부, 그 밖에 불복을 할 수 있는지 여부, 청구절차 및 청구기간, 그 밖에 필요한 사항을 알려야 한다(제26조).

4. 행징질차에서의 진술거부권

행정절차가 수사절차로 이행될 수 있는 경우에는 적법절차의 원칙상 명문의 규정이 없는 경우에도 진술거부권을 보장해줄 필요가 있고, 행정절차에서 획득된 자료가 곧바로 범죄수사에 활용되는 것은 타당하지 않다(장윤영, 행정조사에서의 진술거부에 관한 고찰 – EU 사례를 중심으로 –, 행정법연구 제68호, 2023.8, 149면 이하 참조).

5. 방어권의 보장

불이익처분의 상대방에 대해 **적절한 방어권**(일정한 경우(예, 징계처분) 변호사의 조력을 받을 권리, 처분사유(처분근거사실 포함)를 알 권리, 의견진술, 증거제시 등 방어권의 행사 수단 및 기회를 부여받을 권리)**을 실질적으로 보장하지 아니한 처분**은 적법절차의 원칙에 반하여 위법하다.

[판례] ① [1] 행정청이 징계와 같은 불이익처분절차에서 징계심의대상자가 선임한 변호사가 징계위원회에 출석하여 징계심의대상자를 위하여 필요한 의견을 진술하는 것을 거부할 수 있는지 여부(원칙적 소극): 행정절차법 제12조 제1항 제3호, 제2항, 제11조 제4항 본문에 따르면, 당사자 등은 변호사를 대리인으로 선임할 수 있고, 대리인으로 선임된 변호사는 당사자 등을 위하여 행정절차에 관한 모든 행위를 할 수 있다고 규정되어 있다. 위와 같은 행정절차법령의 규정과 취지, 헌법상 법치국가원리와 적법절차원칙에 비추어 징계와 같은 불이익처분절차에서 징계심의대상자에게 변호사를 통한 방어권의 행사를 보장하는 것이 필요하고, 징계심의대상자가 선임한 변호사가 징계위원회에 출석하여 징계심의대상자를 위하여 필요한 의견을 진술하는 것은 방어권 행사의 본질적 내용에 해당하므로, 행정청은 특별한 사정이 없는 한 이를 거부할 수 없다. [2] 육군3사관학교의 사관생도에 대한 징계절차에서 징계심의대상자가 대리인으로 선임한 변호사가 징계위원회 심의에 출석하여 진술하려고 하였음에도, 징계권자나 그 소속 직원이 변호사가 징계위원회의 심의에 출석하는 것을 막았다면 징계위원회 심의·의결의 절차적 정당성이 상실되어 그 징계의결에 따른 징계처분은 위법하여 원칙적으로 취소되어야 한다. 다만 징계심의대상자의 대리인이 관련된 행정절차나 소송절차에서 이미 실질적인 증거조사를 하고 의견을 진술하는 절차를 거쳐서 징계심의대상자의 방어권 행사에 실질적으로 지장이 초래되었다고 볼 수 없는 특별한 사정이 있는 경우에는, 징계권자가 징계심의대상자의 대리인에게 징계위원회에 출석하여 의견을 진술할 기회를 주지 아니하였더라도 그로 인하여 징계위원회 심의에 절차적 정당성이 상실되었다고 볼 수 없으므로 징계처분을 취소할 것은 아니다(대판 2018. 03. 13, 2016두33339[퇴교처분취소]). 〈참고자료〉 신상민, "변호사의 조력권을 제한한 행정절차의 위법성", 행정판례연구 제24－2집, 한국행정판례연구회, 2019. 12, 138－140면.

② 행정기관의 징계처분을 위한 업무 등을 담당하는 공무원은 그 직무를 수행할 때에 헌법과 법률에 따라 국민의 인권을 존중하고 공정성을 지켜야 하고, 실체적 진실을 발견하기 위하여 노력하여야 할 법규상 또는 조리상의 의무가 있으며, 만일 담당 공무원이 인권존중, 권력남용금지, 신의성실과 같이 공무원으로서 마땅히 지켜야 할 준칙이나 규범을 지키지 않은 채 업무를 수행하였다거나 당사자가 제출한 의견이 상당한 이유가 있음에도 불구하고 이를 업무에 반영하지 않는 등 당사자의 방어권을 실질적으로 보장하지 않았다면 이러한 행위는 객관적인 정당성을 결여한 것으로서 위법하다고 보아야 한다(서울고등법원 2022. 1. 13. 선고 2020누52759 판결).

③ 행정기관의 징계처분을 위한 업무 등을 담당하는 공무원이 당사자가 제출한 의견이 상당한 이유가 있음에도 불구하고 이를 업무에 반영하지 않는 등 당사자의 방어권을 실질적으로 보장하지 않았다면 이러한 행위는 객관적인 정당성을 결여한 것으로서 위법하다고 보아야 한다(서울고등법원 2022. 1. 13. 선고 2020누52759 판결).

6. 강제처분의 통제기관: 독립된 중립적인 기관

행정절차상 강제처분에 의해 신체의 자유가 제한되는 강제처분의 집행기관으로부터 독립된 중립적인 기관이 이를 통제하도록 하는 것은 적법절차원칙의 중요한 내용에 해당한다(헌재 2023. 03. 23, 2020헌가1).

[판례] (1) 심판대상조항에 의한 보호(출입국관리법 제63조 제1항(지방출입국·외국인관서의 장은 강

제퇴거명령을 받은 사람을 여권 미소지 또는 교통편 미확보 등의 사유로 즉시 대한민국 밖으로 송환할 수 없으면 송환할 수 있을 때까지 그를 보호시설에 보호할 수 있다)에 의한 강제퇴거대상자에 대한 보호)는 신체의 자유를 제한하는 정도가 박탈에 이르러 **형사절차상 '체포 또는 구속'에 준하는 것**으로 볼 수 있는 점을 고려하면, 보호의 개시 또는 연장 단계에서 그 집행기관인 출입국관리공무원으로부터 **독립되고 중립적인 지위에 있는 기관이 보호의 타당성을 심사하여 이를 통제할 수 있어야 한다**. 그러나 현재 출입국관리법상 보호의 개시 또는 연장 단계에서 집행기관으로부터 독립된 중립적 기관에 의한 통제절차가 마련되어 있지 아니하다. (2) **당사자에게 의견 및 자료 제출의 기회를 부여하는 것은 적법절차원칙에서 도출되는 중요한 절차적 요청**이므로, 심판대상조항에 따라 보호를 하는 경우에도 피보호자에게 위와 같은 기회가 보장되어야 하나, 심판대상조항에 따른 보호명령을 발령하기 전에 당사자에게 의견을 제출할 수 있는 절차적 기회가 마련되어 있지 아니하다. 따라서 심판대상조항은 적법절차원칙에 위배되어 피보호자의 신체의 자유를 침해한다. (3) 강제퇴거명령을 받은 사람을 보호할 수 있도록 하면서 **보호기간의 상한을 마련하지 아니한 출입국관리법 제63조 제1항이 과잉금지원칙 및 적법절차원칙에** 위배되어 피보호자의 신체의 자유를 침해하는 것으로, 헌법에 합치되지 아니한다고 한 사례(헌재 2023. 03. 23, 2020헌가1).

제3항 신 고

신고라 함은 사인이 행정기관에게 일정한 사항에 대하여 통지하는 행위를 말한다. 신고에는 의무적인 것과 임의적인 것이 있다.

법령 등에서 행정청에 대하여 일정한 사항을 통지함으로써 의무가 끝나는 신고를 규정하고 있는 경우 신고를 관장하는 행정청은 신고에 필요한 구비서류와 접수기관 기타 법령 등에 의한 신고에 필요한 사항을 게시(인터넷 등을 통한 게시 포함)하거나 이에 대한 편람을 비치하여 누구나 열람할 수 있도록 하여야 한다(제40조 제1항).

행정절차법의 규율대상이 되는 신고 즉, "법령등에서 행정청에 일정한 사항을 통지함으로써 의무가 끝나는 신고"(제40조 제1항)는 자기완결적 신고이다. 그러나 행정절차법 제40소 제3항과 제4항은 수리를 요하는 신고에도 유추적용된다고 보아야 한다.

제1항의 규정에 의한 신고서가 다음 각 호의 요건을 갖춘 경우에는 신고서가 접수기관에 도달된 때에 신고의 의무가 이행된 것으로 본다: ① 신고서의 기재사항에 흠이 없을 것, ② 필요한 구비서류가 첨부되어 있을 것, ③ 그 밖에 법령 등에 규정된 형식상의 요건에 적합할 것(제2항). 이 규정은 당연한 규정이다. 자기완결적 신고는 적법한 신고가 접수기관에 도달하면 당연히 효력을 발생한다.

행정청은 제2항 각 호의 신고요건을 갖추지 못한 신고서가 제출된 경우에는 지체 없이 상당한 기간을 정하여 신고인에게 보완을 요구하여야 한다(제3항). 행정청은 신고인이 제3항에 따른 기간 내에 보완을 하지 아니하였을 때에는 그 이유를 구체적으로 밝혀 해당 신고서를 되돌려 보내야 한다(제4항). 행정청의 신고서의 보완요구가 부당한 경우에 신고인은 그 신고서를 보완할 의무가 없으며 제4항에 의해 신고서를 돌려보낸 경우에도 신고인은 신고의무를 이행한 것이 된다(기타 신고에 관한 사항은 '사인의 공법행위' 참조).

제 4 항 입법절차

Ⅰ. 입법절차의 의의

정당한 법을 제정하기 위하여는 입법에 대한 절차적 통제가 중요하다. 오늘날 입법에 대한 절차적 통제 중에서 가장 중요한 것은 이해관계인의 입법에 대한 참여이다.

입법참여는 입법의 민주성의 확보하는 측면에서뿐만 아니라 다음과 같은 이유에서도 요청되고 있다. ① 법은 상호 대립되는 이해를 적절히 조절하여야 하는데, 입법절차에 이해관계인을 참여시킴으로써 대립되는 이해를 정확하게 파악하고 상호간의 이해의 조절을 도모할 수 있다. ② 오늘날 사회가 복잡해지고 고도로 전문화됨에 따라 입법기관이 입법관련 자료와 지식을 모두 갖추지 못하는 경우가 있게 된다. 반면에 이해관계인은 관련문제를 잘 알고 있는 경우가 많다. 따라서 이해관계인이나 전문가의 입법참여를 통하여 행정기관의 전문지식의 부족을 보충할 수 있다. ③ 이해관계인이나 국민이 입법과정에 참여함으로써 제정된 법령에 대한 이해와 수용을 제고할 수 있다.

현행 행정절차법은 입법예고제를 도입하고 있다. 입법예고제라 함은 행정청으로 하여금 입법의 제정 또는 개정에 대하여 미리 이를 국민에게 예고하도록 하고 그에 대한 국민의 의견을 듣고 행정입법안에 당해 국민의 의견을 반영하도록 하는 제도이다.

Ⅱ. 입법예고제의 연혁

1983년 「법령안입법예고에 관한 규정」이 제정됨으로써 입법예고제가 시행되었다. 그 후 「법령안입법예고에 관한 규정」은 1995년 「법제업무규정」에 흡수되었다. 이 제도는 중요한 법령안의 사전예고제와 입법안에 대한 국민과 이해관계인의 의견청취를 주요 내용으로 하고 있다. 그런데, 이 입법예고제는 입법예고의 예외가 지나치게 광범위한 점(법제업무규정 제15조 제2항), 예고수단의 불충분, 예고내용의 구체성 결여(제16조 제1항), 제출의견의 반영이 보장되지 못하는 점(제21조) 등이 문제점을 갖고 있는 것으로 지적되고 있었다.[144] 1996년 행정절차법이 제정되면서 법제업무규정의 입법예고제가 약간 보완되어 행정절차법에 흡수되었다.

Ⅲ. 행정절차법상 입법예고제의 내용

1. 적용범위

법령 등을 제정·개정 또는 폐지(이하 '立法'이라 한다)하고자 할 때에는 당해 입법안을 마련한 행정청은 이를 예고하여야 한다(제41조 제1항). 현행 입법예고제도는 법률과 명령을 구분하지 않고 동일하게 규율하고 있다.[145]

다만, 입법내용이 국민의 권리·의무 또는 일상생활과 관련이 없는 경우, 입법이 긴급을 요하는 경우, 상위법령 등의 단순한 집행을 위한 경우, 예고함이 공익에 현저히 불리한 영향을 미치는 경우, 입법내용의 성질 그 밖의 사유로 예고의 필요가 없거나 곤란하다고 판단되는 경우에는 입법예고를 아니할 수 있다(제1항).

법제처장은 입법예고를 하지 아니한 법령안의 심사요청을 받은 경우에 입법예고를 하는 것이 적당하다고 판단할 때에는 당해 행정청에 입법예고를 권고하거나 직접 예고할 수 있다(제3항).

입법예고의 기준·절차 등에 관하여 필요한 사항은 대통령령으로 정한다(제4항).

2. 예고방법 등

행정청은 입법안의 취지, 주요 내용 또는 전문(全文)을 다음 각 호의 구분에 따른 방법으로 공고하여야 하며, 추가로 인터넷, 신문 또는 방송 등을 통하여 공고할 수 있다. 1. 법령의 입법안을 입법예고하는 경우: 관보 및 법제처장이 구축·제공하는 법제정보시스템을 통한 공고, 2. 자치법규의 입법안을 입법예고하는 경우: 공보를 통한 공고(제42조 제1항). 그런데, 법제업무운영규정에 따르면 법제정보시스템을 통한 입법예고의 경우에는 법령안 전문(신·구조문대비표를 포함한다)을 게재하여야 하고, 법제정보시스템을 통한 입법예고가 아닌 경우에는 법령안 전문(신·구조문대비표를 포함한다)을 게재하되 법령안 전문(신·구조문대비표를 포함한다)의 게재를 생략할 수 있다(제15조 제3항).

행정청은 대통령령을 입법예고를 하는 경우 국회 소관 상임위원회에 이를 제출

---

144) 조정찬, "입법예고제 운영현황－문제점 및 개선방안," 『국민의 입법참여와 입법예고제』, 한국법제연구원 제3회 법제세미나, 1992, 59면 이하 참조.

145) 이상규, "행정절차법의 특색과 내용," 『고시연구』, 통권 275, 1997. 2, 22면. 다만 후술하는 바와 같이 법률과 명령 사이의 성질상의 차이에 비추어 입법예고에 있어서 법률과 명령을 전혀 동일하게 규율하는 것이 타당한지에 대하여는 의문이 제기된다.

하여야 한다(제2항).

행정청은 입법예고를 할 때에 입법안과 관련이 있다고 인정되는 중앙행정기관, 지방자치단체 그 밖의 단체 등이 예고사항을 알 수 있도록 예고사항을 통지하거나 그 밖의 방법으로 알려야 한다(제3항). 행정청은 제1항에 따라 예고된 입법안에 대하여 온라인공청회 등을 통하여 널리 의견을 수렴할 수 있다. 이 경우 제38조의2 제3항부터 제5항까지의 규정을 준용한다(제4항). 행정청은 예고된 입법안의 全文에 대하여 열람 또는 복사를 요청받았을 때에는 특별한 사유가 없으면 그 요청에 따라야 한다(제5항). 행정청은 제5항에 따른 복사에 드는 비용을 복사를 요청한 자에게 부담시킬 수 있다(제6항).

행정규제기본법은 입법예고기간 동안 규제영향분석서를 공표하도록 하여 이해관계자 등이 규제영향분석서에 대한 의견을 제출할 수 있도록 하고 있다(제7조 제2항).

입법예고 후 의견 제출 등에 따라 입법안의 내용이 변경된 경우에는 변경된 내용과 최종입법안도 공고하도록 하여야 한다.

3. 예고기간

입법예고기간은 예고할 때 정하되, 특별한 사정이 없으면 40일(자치법규는 20일) 이상으로 한다(제43조).

4. 재입법예고

입법안을 마련한 행정청은 입법예고 후 예고내용에 국민생활과 직접 관련된 내용이 추가되는 등 대통령령으로 정하는 중요한 변경이 발생하는 경우에는 해당 부분에 대한 입법예고를 다시 하여야 한다. 다만, 제1항 각 호의 어느 하나에 해당하는 경우에는 예고를 하지 아니할 수 있다(행정절차법 제41조 제4항).

「행정절차법」 제41조 제4항 본문에서 "대통령령으로 정하는 중요한 변경이 발생하는 경우"란 다음 각 호의 어느 하나에 해당하는 경우를 말한다. 1. 국민의 권리·의무 또는 국민생활과 직접 관련되는 내용이 추가되는 경우, 2. 그 밖에 법령안의 취지 또는 주요 내용 등이 변경되어 다시 의견을 수렴할 필요가 있는 경우(법제업무운영규정 제14조 제3항).

5. 의견제출 및 처리

누구든지 예고된 입법안에 대하여 의견을 제출할 수 있다(제44조 제1항). 행정청은 의견접수기관, 의견제출기간, 그 밖에 필요한 사항을 해당 입법안을 예고할 때 함께 공고하여야 한다(제2항).

행정청은 해당 입법안에 대한 의견이 제출된 경우 특별한 사유가 없으면 이를 존중하여 처리하여야 한다(제3항). 행정청은 의견을 제출한 자에게 그 제출된 의견의 처리결과를 통지하여야 한다(제4항). 제출된 의견의 처리방법 및 결과통지에 관하여는 대통령령으로 정한다(제5항).

6. 공청회의 개최

행정청은 입법안에 관하여 공청회를 개최할 수 있다(제45조 제1항). 공청회에 관하여는 제38조, 제38조의2, 제38조의3, 제39조 및 제39조의2를 준용한다(제2항).

위와 같은 입법예고제도는 입법절차로서는 불충분한 점이 적지 않다. 입법절차가 보다 완비된 미국의 행정입법절차는 우리나라에서의 행정입법절차의 개선에 참고가 될 수 있을 것이다.

[판례] 구 소득세법시행령 제115조(1989. 8. 1. 대통령령 제12767호로 개정되기 전의 것) 제3항이 개정됨에 있어서 입법예고나 홍보가 없었다 하여 그 개정이 신의성실의 원칙에 위배되는 무효의 규정이라고는 할 수 없다(대판 1990. 11. 13, 90누5955[양도소득세등부과처분취소]).

Ⅳ. 입법예고 흠결의 효과

과거 판례는 입법예고가 없었다고 하여 그 조항이 신의성실의 원칙에 위배되는 무효인 규정이라고 볼 수 없다(대판 1990. 06. 08, 90누2420)고 판시한 바 있다. 그러나, 이 판례가 현행 행정절차법하에서도 타당한지는 의문이다.

입법예고를 거치지 않은 대통령령 개정규정이 무효라고 한 하급심판례(서울고법 2018누71863)가 있다.

[판례] 입법예고 후 예고내용에 중요한 변경이 있었음에도 추가 입법예고를 하지 않은 행정절차법 위반이고 해당 대통령령(대학설립·운영규정) 개정규정은 무효이고, 그에 근거한 처분은 위법하다고 한 사례(서울고법 2018누71863).

제 5 항 행정예고

Ⅰ. 의 의

행정예고제는 다수 국민의 권익에 관계 있는 사항을 국민에게 미리 알리는 제도를 말한다.

행정예고는 행정에 대한 예측가능성을 보장해 주고 이해관계 있는 행정에 대하여 의견을 제출할 수 있게 하며 국민의 행정에 대한 이해와 협력을 증진시키는 기능을 한다.

입법예고도 행정예고에 포함될 수 있지만 입법예고에 대하여는 특별한 규정을 두고 있으므로 입법예고에 관하여는 입법예고에 관한 규정이 우선적으로 적용된다. 행정절차법 제46조 제2항도 법령 등의 입법을 포함하는 행정예고의 경우에는 입법예고로 행정예고를 갈음할 수 있도록 하고 있다. 다만, 법령이 제정된 후의 법제도에 관한 예고는 행정예고에 관한 규정의 적용범위에 들어간다.

Ⅱ. 행정예고의 대상

행정청은 정책, 제도 및 계획(이하 "정책등"이라 한다)을 수립·시행하거나 변경하려는 경우에는 이를 예고하여야 한다. 다만, 다음 각 호의 어느 하나에 해당하는 경우에는 예고를 하지 아니할 수 있다. 1. 신속하게 국민의 권리를 보호하여야 하거나 예측이 어려운 특별한 사정이 발생하는 등 긴급한 사유로 예고가 현저히 곤란한 경우, 2. 법령등의 단순한 집행을 위한 경우, 3. 정책등의 내용이 국민의 권리·의무 또는 일상생활과 관련이 없는 경우, 4. 정책등의 예고가 공공의 안전 또는 복리를 현저히 해칠 우려가 상당한 경우(제46조 제1항). 법령 등의 입법을 포함하는 행정예고는 입법예고로 갈음할 수 있다(동조 제2항).

Ⅲ. 예고기간, 예고의 방법, 의견제출 및 공청회

행정청은 정책등안(案)의 취지, 주요 내용 등을 관보·공보나 인터넷·신문·방송 등을 통하여 공고하여야 한다(제47조 제1항). 행정예고의 방법, 의견제출 및 처리, 공청회 및 온라인공청회에 관하여는 제38조, 제38조의2, 제38조의3, 제39조, 제39조의2, 제39조의3, 제42조(제1항·제2항 및 제4항은 제외한다), 제44조 제1항부터 제3항까지 및 제45조 제1항을 준용한다. 이 경우 "입법안"은 "정책등안"으로, "입법예고"는 "행정예고"로, "처분을 할 때"는 "정책등을 수립·시행하거나 변경할 때"로 본다(제2항).

제 6 항 행정영장

Ⅰ. 행정영장의 의의

행정영장은 행정목적으로 구금, 압수, 수색을 위해 발령하는 영장을 말한다. 행정영장은 행정절차(적법절차)의 하나로 볼 수 있다.

영장이라 함은 체포·구금·압수·수색 등 강제처분(이하 '구금 등의 강제처분'이라 한다)에 법관 등 독립적이고 공정하며 자격이 있는 기관(이하 '법관 등 독립기관'이라 한다)이 발부하는 허가증을 말한다. 따라서, 대집행영장은 행정영장이 아니다.

행정영장의 발부기관은 '법관'이어야 하는지 아니면 법관이 아니더라도 '법관에 준하는 독립성을 가진 자격있는 기관'이어도 가능한지가 문제된다. 영장의 핵심은 '법관 등 독립기관'의 발부결정에 있다. 행정영장의 특성을 고려하면 행정영장은 법관이 아니더라도 법관에 준하는 독립성을 가진 자격있는 기관이 영장을 발부하는 것으로 하는 것은 가능하다고 보아야 한다. 선진국의 입법례도 그러하다. 다만, 우리나라에서 법관이외에 법관에 준하는 독립성과 공정성을 가진 기관을 상정하기 어려우므로 행정영장도 원칙상 법관이 발부하는 것으로 하는 것이 타당하다. 다만, 법관이 아닌 독립성을 가진 자격이 있는 기관이 영장을 발부하도록 하는 것이 행정분야의 특성이나 법관의 업무 부담 등을 고려할 때 합리적인 이유가 있고, 기본권 보장장치가 충분히 갖추어진 경우에는 법관이 아닌 그 독립기관이 행정영장을 발부하는 것으로 규정하는 것도 가능하다.

행정영장의 청구기관을 검사로 할 것인지 아니면 담당 행정기관으로 할 것인지에 관하여 논란이 있다, 영장의 청구기관이 누구인지도 중요한 사항이기는 하지만, 영장의 청구기관은 영장의 핵심사항은 아니다. 달리 말하면 검사가 아닌 기관이 신청하여 법관이 발부한 영장도 영장에 해당한다고 보아야 한다. 우선 헌법 제12조 제3항은 사법영장(수사목적을 위한 영장)을 규정한 것이므로 검사가 영장청구를 하도록 한 헌법 제12조 제3항은 행정영장에는 적용되지 않는다. 행정영장의 청구는 행정목적을 위한 것이므로 해당 행정을 담당하는 행정기관의 장이 청구하도록 하는 것이 행정조직의 법리에 맞는다. 검사가 행정영장을 청구하도록 하면 영장청구 당시 범죄의 혐의가 없는 사안을 검사가 인지하여 수사로 이어질 수 있는 문제가 있다. 물론 행정영장 청구기관을 어느 기관으로 할 것인지는 입법정책의 문제이고, 행정영장도 검사가 청구하도록 규정하는 것도 가능하다.

영장의 대상은 국민의 중요한 기본권에 중대한 영향을 미치는 '**구금 등의 강제**

처분'이다. 정신질환자에 대한 강제입원이 영장의 대상이 되는 구금에 해당하는지에 대한 논란이 있지만, 현행 정신건강복지법은 정신질환자에 대한 강제입원을 환자의 보호 및 치료를 위한 조치로서 영장의 대상이 되는 구금이 아니라는 입장을 취하고 있다.

그리고, '**구금 등의 강제처분**'은 물리력을 행사하는 강제(직접강제)만을 말하는지 아니면 물리적 강제뿐만 아니라 구금 등에 준하는 의무를 명하고 그 위반에 대해 형벌 등 제재를 가하는 실질적 강제(심리적·간접적 강제)를 포함하는지에 관하여 견해의 대립이 있는데, 헌법재판소는 전자의 입장을 취하고 있다(헌재 2004. 09. 23, 2002헌가17; 2012. 12. 27, 2010헌마153 등).

[판례] **도로교통법 제41조 제2항에 규정된 음주측정**은 성질상 강제될 수 있는 것이 아니며 궁극적으로 당사자의 자발적 협조가 필수적인 것이므로 이를 두고 법관의 영장을 필요로 하는 강제처분이라 할 수 없다. 따라서 이 사건 법률조항이 **주취운전의 혐의자에게 영장없는 음주측정에 응할 의무를 지우고 이에 불응한 사람을 처벌**한다고 하더라도 헌법 제12조 제3항에 규정된 **영장주의에 위배되지 아니한다**(헌재 1997. 03. 27, 96헌가11).

Ⅱ. 행정영장에서의 영장주의의 적용범위

영장주의라 함은 '구금 등의 강제처분'에는 원칙상 영장이 있어야 한다는 것을 말한다. 헌법 제12조 제3항은 형사절차에서의 영장주의를 규정하고 있다. 개별법률에서 영장주의를 규정하고 있는 경우도 있다. 영장주의의 취지는 신체 등 중요한 기본권의 보장에 있다. 그리고 영장주의는 적법절차의 하나이다.

헌법 제12조 제3항은 형사절차 이외의 행정목적을 위한 '구금 등의 강제처분'에는 그대로는 적용되지 않는다는 것이 헌법재판소의 입장이다. 다만, 헌법 제12조 제3항이 규정한 영장주의의 취지인 '구금 등의 강제처분'에서의 기본권 보장은 행정영장에도 적용된다고 보아야 한다.

현행법은 형사상 인신 구속에는 영장을 요구하는 것으로 규정하고 있지만, 행정구금 등에 대하여는 영장을 요구하는 것으로 규정하고 있지 않다. 행정구금은 행정목적으로 행하는 구금을 말한다. 출입국관리법 제51조의 도주하거나 도주할 염려가 있는 외국인의 보호 등이 이에 해당한다. **즉, 출입국관리법에 따르면** 외국인이 제46조 제1항 각 호의 어느 하나(강제퇴거의 대상)에 해당된다고 의심할 만한 상당한 이유가 있고 도주하거나 도주할 염려가 있으면 지방출입국·외국인관서의 장으로부터 보호명령서를 발급받아 그 외국인을 보호할 수 있다. 이 경우 보호는 행정구금으로 볼 수 있는데, 영장은 요구되지 않고 있다(제51조 이하 참조).

문제는 행정영장에도 영장주의가 적용되는가 하는 것이다. 달리 말하면 행정영장없는 '구금 등의 강제처분'은 영장주의 위반 달리 말하면 기본권 보장원칙 및 적법절차의 원칙에 위반하여 위헌·위법인가 하는 것이 문제되는데, 이에 관하여 견해의 대립이 있다. 그리고, 이에 관한 헌법재판소와 대법원의 입장은 동일하지 않다.

1. 긍정설

수사목적을 위한 '구금 등의 강제처분'과 행정목적을 위한 '구금 등의 강제처분'은 성질은 다르지만, 신체 또는 재산에 대한 강력한 실력행사라는 점에서는 다르지 않으므로 영장제도의 취지인 기본권 보장을 위해 특별한 사정이 없는 한 행정목적을 위한 '구금 등의 강제처분'에도 영장주의가 적용되어야 한다. 다만 긴급한 경우에는 명문의 근거가 있는 경우 영장없이 '구금 등의 강제처분'을 할 수 있지만, '구금 등의 강제처분'이 계속되는 경우 사후영장이 필요하다.

2. 부정설

헌법상의 영장제도는 형사사법권의 남용을 막기 위해 채택된 것이므로 원칙상 행정목적을 위한 '구금 등의 강제처분'에는 적용되지 않는다. 또한, 행정목적을 위한 '구금 등의 강제처분'에 영장주의를 적용하면 행정목적(공익)의 달성이 어렵게 되는 경우가 적지 않고, 행정목적을 위한 '구금 등의 강제처분'으로 침해될 우려가 있는 기본권은 적법절차의 원칙 등에 의해 보호할 수 있다.

3. 절충설(개별적 결정설)

행정목적을 위한 '구금 등의 강제처분'에서는 행정목적(공익)의 달성과 기본권 보장을 조화시켜야 한다. 이익형량의 원칙에 따라 기본권의 보장의 요구가 큰 경우에는 영장주의가 적용되지만, 행정목적(공익)의 요구가 큰 경우에는 영장주의가 적용되지 않고, 강제처분으로 인한 기본권 침해의 우려는 적법절차의 원칙 등에 의해 해결하여야 한다.

4. 원칙 긍정·예외 부정설

긍정설에서와 같이 기본권 보장을 위해 행정목적을 위한 '구금 등의 강제처분'에도 원칙상 영장주의가 적용되어야 하지만, 긴급한 경우나 행정조사목적을 위한 압수·수색의 강제처분의 경우에는 영장주의를 부정한다.

5. 원칙 부정 · 예외 긍정설

부정설에서와 같이 헌법상의 영장제도는 원칙상 행정목적을 위한 '구금 등의 강제처분'에는 적용되지 않지만, 행정목적을 위한 '구금 등의 강제처분'이 사실상 형사사법목적의 강제처분에 해당할 경우에는 영장주의가 적용된다.

6. 판　　례

헌법재판소 판례는 헌법 제12조 제3항 및 제16조의 영장주의는 형사절차에 한하여 적용되고(헌재 2016. 03. 31, 2013헌바190), 행정기관이 체포 · 구속의 방법으로 신체의 자유를 제한하는 경우에는 영장주의가 그대로 적용되는 것은 아니라고 본다(헌재 2016. 03. 31, 2013헌바190).

[판례] ① (1) 우리 헌법(헌법 제12조 제3항, 제16조)이 채택하여 온 영장주의는 형사절차와 관련하여 체포 · 구속 · 압수 · 수색의 강제처분을 함에 있어서는 사법권 독립에 의하여 신분이 보장되는 법관이 발부한 영장에 의하지 않으면 아니 된다는 원칙이다. 따라서 헌법상 영장주의의 본질은 체포 · 구속 · 압수 · 수색 등 기본권을 제한하는 강제처분을 함에 있어서는 중립적인 법관의 구체적 판단을 거쳐야 한다는 데에 있다. (2) 수사기관이 위치정보 추적자료의 제공을 전기통신사업자에게 요청한 경우 법원의 허가를 받도록 하고 있는 이 사건 허가조항은 영장주의에 위배된다고 할 수 없다. ② (1) 헌법 제12조 제3항에서 규정하고 있는 영장주의란 형사절차와 관련하여 체포 · 구속 · 압수 · 수색의 강제처분을 할 때 신분이 보장되는 법관이 발부한 영장에 의하지 않으면 안 된다는 원칙으로(헌재 2015. 09. 24, 2012헌바302), 형사절차가 아닌 징계절차에도 그대로 적용된다고 볼 수 없다. (2) 전투경찰순경의 인신구금을 내용으로 하는 영창처분에 있어서도 적법절차원칙이 준수되어야 한다. ...... 이 사건 영창조항이 헌법에서 요구하는 수준의 절차적 보장 기준을 충족하지 못했다고 볼 수 없으므로 헌법 제12조 제1항의 적법절차원칙에 위배되지 아니한다(헌재 2016. 03. 31, 2013헌바190). 〈해설〉 이에 대하여 "행정기관이 체포 · 구속의 방법으로 신체의 자유를 제한하는 경우에도 원칙적으로 헌법 제12조 제3항의 영장주의가 적용된다고 보아야 하고, 다만 행정작용의 특성상 영장주의를 고수하다가는 도저히 그 목적을 달성할 수 없는 경우에는 영장주의의 예외가 인정될 수 있다."는 재판관 5인의 위헌의견(다수의견, 반대의견)이 있다. 다만, 이들 위헌의견도 헌법 제12조 제3항은 모든 영장의 발부에 검사의 신청이 필요하다는 것이 아니고, 수사단계에서의 영장신청권자를 검사로 한정한 것이라고 본다.

그리고, 전술한 바와 같이 행정상 즉시강제에는 영장주의가 적용되지 않는다고 본다. 이러한 헌법재판소의 견해는 명확하지는 않지만, 부정설 또는 원칙 부정 · 예외 긍정설에 가깝다.

대법원 판례에 따르면 행정목적을 위한 "체포 또는 구속"에 헌법 제12조 제3항의 영장주의가 원칙상 적용된다.

[판례] ① 지방의회에서의 사무감사 · 조사를 위한 증인의 동행명령장제도도 증인의 **신체의 자유를 억압하여 일정 장소로 인치하는 것**으로서 **헌법 제12조 제3항의 "체포 또는 구속"에 준하는 사태로 보아야 하고,** 거기에 현행범 체포와 같이 사후에 영장을 발부받지 아니하면 목적을 달성할 수 없는 긴박성이 있다고 인정할 수는 없으므로, **헌법 제12조 제3항에 의하여 법관이 발부한 영장의 제시가 있어야 함**에도 불구하고 동행명령장을 법관이 아닌 지방의회 의장이 발부하고 이에 기하여 증인의 신체의 자유를 침해하여 증인을 일정 장소에 인치하도록 규정된 조례안은 **영장주의원칙을 규정한 헌법 제12조 제3항**에 위반된 것이다(대판 1995. 06. 30, 93추83[경상북도의회에서의증언 · 감정등에관한조례(안)무효확인청구의소]).
② 사전영장주의는 인신보호를 위한 헌법상의 기속원리이기 때문에 인신의 자유를 제한하는 **모든 국가작용의 영역에서 존중되어야 하지만,** 헌법 제12조 제3항 단서도 사전영장주의의 예외를 인정하고 있는 것처럼 **사전영장주의를 고수하다가는 도저히 행정목적을 달성할 수 없는 지극히 예외적인 경우에는** 형사절차에서와 같은 **예외가 인정**되므로, 구 사회안전법(1989. 6. 16. 법률 제4132호에 의해 '보안관찰법'이란 명칭으로 전문 개정되기 전의 것) 제11조 소정의 동행보호규정은 재범의 위험성이 현저한 자를 상대로 긴급히 보호할 필요가 있는 경우에 한하여 단기간의 동행보호를 허용한 것으로서 그 요건을 엄격히 해석하는 한, 동 규정 자체가 사전영장주의를 규정한 헌법규정에 반한다고 볼 수는 없다(대판 1997. 06. 13, 96다56115).

그러나, 전술한 바와 같이 대법원 판례는 행정조사를 위한 압수 · 수색에는 영장이 요구되지 않는다고 본다.

이러한 대법원의 견해는 원칙 긍정 · 예외 부정설에 해당한다.

7. 결 어

생각건대, '행정영장'은 행정목적을 위한 '구금 등의 강제처분'의 성질 및 상황(구금등의 필요성, 기본권 보장의 필요, 다른 권리구제수단 등)의 다양성에 비추어 적법절차의 원칙 및 비례원칙에 따라 해당 강제처분의 성질과 관련 상황을 종합적으로 고려하면서 행정목적을 위한 '구금 등의 강제처분'에 영장이 필요한지 여부를 개별적으로 결정하여야 한다(**적법절차의 원칙 및 비례의 원칙에 따른 개별적 결정설(절충설)**). ① 적법절차의 원칙상 행정영장에서도 영장주의가 요구되는 경우 및 법률에서 영장주의를 규정하고 있는 경우에는 행정영장에서도 영장주의가 적용된다. 출입국관리법은 출입국관리공무원은 외국인이 제46조 제1항 각 호(불법체류외국인 등)의 어느 하나에 해당된다고 의심할 만한 상당한 이유가 있고 도주하거나 도주할 염려가 있으면 지방출입국 · 외국인관서의 장으로부터 보호명령서를 발급받아 그 외국인을 보호할 수 있다고 규정하고 있다(제51조 제1항). 이 보호조치는 당사자의 의사와 무관하게 신체의 자유를 제한하는 것이므로 실질적으로는 행정목적을 위한 인신구속(구금)으로 볼 수 있고, 영장주의 원칙에 반할 소지가 있다. ② 긴급한 즉시강제의 경우 영장없는 '구금 등의 강제처분'이 가능하지만, 긴급한 즉시강제 후 구금 등이 계속되는 경우에는 사후에 즉시 영장을 발부받거나 다른 기본권 보장조치를 취하여야 한다. ③ 행정목적을 위한 '구금 등의 강제처분'이 사실상(실질적으로) 형사사법목적의 강제처분에 해당할 경우(행정목적을 위한 '구금 등의 강제처분'이 사실상 수사목적의 강제처분의 성격도 함께 갖거나 동일한 행정기관이 행정목적을 위한 '구금 등의 강제처분'권한과 수사권을 함께 갖거나 행정목적을 위한 '구금 등의 강제처분'이 곧 이어질 범죄수사에서 이용될 가능성이 높은 경우 등)에는 영장주의가 적용된다고 보아야 한다. ④ 그 밖에 영장주의가 적용되지 않아도 적법절차의 원칙에 합치하는 경우에는 영장주의가 요구되지 않는다.

Ⅲ. 영장주의 위반의 효력

행정영장이 요구됨에도 행정영장없이 '구금 등의 강제처분'하는 것이 가능한 것으로 규정한 법률은 헌법상 적법절차의 원칙이나 비례의 원칙에 반하여 위헌·무효이고, 그러한 법률에 근거한 처분은 위법하다.

제 6 절 복합민원절차

Ⅰ. 복합민원의 의의

복합민원(複合民願)이라 함은 하나의 민원 목적을 실현하기 위하여 관계법령 등에 의하여 다수 관계기관의 허가·인가·승인·추천·협의·확인 등을 받아야 하는 민원을 말한다. 민원이라 함은 행정기관에 대하여 처분 등 특정한 행위를 요구하는 것을 말한다.

민원처리에 관한 법률에 의하면 "복합민원"이란 하나의 민원 목적을 실현하기 위하여 관계법령등에 따라 여러 관계 기관(민원과 관련된 단체·협회 등을 포함한다. 이하 같다) 또는 관계 부서의 인가·허가·승인·추천·협의 또는 확인 등을 거쳐 처리되는 법정민원을 말한다(제2조 제5호). 이러한 복합민원의 정의에 의하면 다수의 관계기관 또는 내부의 부서가 관련되어 있고, 이들 기관의 허가·협의 등을 거치는 민원을 말한다.

복합민원의 중요성에 비추어 복합민원에 관한 정의 및 기본적 규정을 시행령이 아니라 법률에서 정하는 것이 바람직하다.

Ⅱ. 복합민원의 유형

복합민원은 ① 하나의 허가이지만 타 행정기관의 협의, 동의, 확인을 요하는 경우, ② 하나의 허가로 타 허가가 의제되는 경우, ③ 복수의 허가를 받아야 하는 경우, ④ 다른 관계기관 또는 부서의 첨부서류 또는 정보의 제공을 필요로 하는 경우, ⑤ 하나의 행정기관 내에서 다수의 부서가 관계되는 경우로 나누어 볼 수 있다.

1. 하나의 허가이지만 타 행정기관의 협의, 동의, 확인을 요하는 경우

타 행정기관의 동의를 받지 않고 허가를 한 것은 무권한으로 무효이지만, 협의를 거치지 않은 것은 절차의 하자로 원칙상 취소할 수 있는 위법이다.

2. 하나의 허가로 타 허가가 의제되는 경우

인허가의제제도라 함은 여러 행정기관의 복수의 인·허가 등을 받아야 하는 경우에 하나의 인허가를 받으면 다른 관련인허가를 받은 것으로 의제하는 제도를 말한다.

3. 복수의 허가를 받아야 하는 경우

복합민원 중 하나의 사업을 위해 여러 인·허가가 필요하고, 각각의 인·허가담당 행정기관에 각각 신청하여야 하는 경우에 각 신청에 대하여 당해 신청의 대상이 된 인·허가요건의 충족 여부만을 판단하여 각 인·허가별로 인·허가를 하는 것이 원칙이다.

다만, 필요한 인·허가를 일괄하여 신청하지 아니하고 그 중 어느 하나의 인·허가만을 신청한 경우에 신청된 인·허가의 근거 법령에서 다른 법령상의 인·허가에 관한 규정을 원용하고 있거나 그 대상 행위가 다른 법령에 의하여 절대적으로 금지되고 있어 그 실현이 객관적으로 불가능한 것이 명백한 경우에는 이를 고려하여 그 인·허가를 거부할 수 있다.

[판례] ① 입법 목적 등을 달리하는 법률들이 일정한 행위에 관한 요건을 각기 정하고 있는 경우, 그 행위에 관하여 각 법률의 규정에 따른 인허가를 받아야 하는지 여부(원칙적 적극): 입법 목적 등을 달리하는 법률들이 일정한 행위에 관한 요건을 각기 정하고 있는 경우, 어느 법률이 다른 법률에 우선하여 배타적으로 적용된다고 풀이되지 아니하는 한 그 행위에 관하여 각 법률의 규정에 따른 인허가를 받아야 한다. 다만, 이러한 경우 그 중 하나의 인허가에 관한 관계 법령 등에서 다른 법령상의 인허가에 관한 규정을 원용하고 있는 경우나 그 행위가 다른 법령에 의하여 절대적으로 금지되고 있어 그것이 객관적으로 불가능한 것이 명백한 경우 등에는 그러한 요건을 고려하여 인허가 여부를 결정할 수 있다(대판 2010. 09. 09, 2008두22631[납골당설치신고불가처분취소]).

② 농지전용허가 신청에 대하여 농지전용허가요건 중에 '전용하고자 하는 농지가 전용목적사업에 적합하게 이용될 수 있는지 여부'가 있는 경우에 이는 농지전용허가가 있었음에도 그 전용목적사업을 실현할 수 없어 결과적으로 농지가 이용되지 않은 채 방치되는 것을 방지하기 위하여 둔 심사기준으로 해석되므로 전용목적사업의 실현에 관하여 다른 인·허가가 필요한 경우에는 그 인·허가요건을 갖추고 있지 않는 경우(대판 2000. 03. 24, 98두8766), 기타 그 다른 인·허가를 받을 수 없는 경우(대판 2000. 11. 24, 2000두2341)에는 농지전용허가를 거부할 수 있다. 또한 학교보건법 소정의 요건을 갖추지 아니한 체육시설업(당구장업) 신고는 적법한 신고가 아니라고 본 판례도 있다(대판 1991. 07. 12, 90누8350).

③ 대덕연구개발특구 내의 녹지지역에 노인의료복지시설을 건립하기 위한 도시계획시설사업 실시계획 인가신청과 함께 위 시설에 대한 건축허가신청에 대하여, 구청장이 구 '대덕연구개발특구 등의 육성에 관한 특별법'의 절차에 따르지 않은 개발사업은 불가하다는 등의 이유로 이를 반려한 사안에서, **신청인의 건축허가신청은 위 법에서 정한 특구개발사업에 관한 절차와 방식에 위배되는 것으로서, 이를 이유로 위 건축허가신청을 반려한 처분은 적법하다고 한 사례**(대판 2010. 07. 08, 2010두4643[건축허가신청반려처분취소]).

④ **(1) 입법목적을 달리하는 법률들이 일정한 행위에 관한 요건을 각각 규정하고 있는 경우에는 어느 법률이 다른 법률에 우선하여 배타적으로 적용된다고 해석되지 않는 이상 그 행위에 관하여 각 법률의 규정에 따른 요건을 갖추어야 한다.** (2) 주유소 허가에 있어서 입법목적, 규정사항, 적용범위 등에 비추어 석유사업법은 건축법, 도시계획법, 소방법, 주택건설촉진법 등에 우선하여 배타적으로 적용되는 관계에 있다고는 해석되지 아니하므로 **석유사업법에 따른 주유소 허가의 기준을 갖춘 자라 할지라도 위 건축법 등 다른 법령 소정의 주유소 설치 기준을 별도로 갖추지 아니하는 이상 적법한 주유소 허가를 할 수 없음은 당연한 이치라 할 것**이고, 따라서 서울특별시의 주유소허가기준및절차에관한고시(1993. 5. 10. 서울특별시 고시 제1993-135호) 제2항 나의 제2호 소정의 '건축법, 도시계획법, 소방법, 주택건설촉진법 등 기타 다른 법령에 의하여 설치가 가능한 지역이어야 한다'는 지역제한 규정은 위와 같이 당연한 법리를 규정하고 있는 것이어서 그것이 상위법령에 위배된다거나 그 조항의 존재 여하에 따라 다른 법령 소정의 요건을 별도로 갖추어야 한다는 위와 같은 해석이 달라진다고 볼 것은 아니다(대판 1995. 01. 12. 94누3216[석유판매업허가반려처분취소]).

⑤ [1] 구 건축법 제2조 제1호, 구 건축법 시행령 제3조 제2항 제5호에 따르면, 건축행정청은 하나 이상의 필지의 일부를 하나의 대지로 삼아 건축공사를 완료한 후 사용승인을 신청할 때까지 토지분할절차를 완료할 것을 조건으로 건축허가를 할 수 있다(이하 '토지분할 조건부 건축허가'라고 한다). 이와 같은 **토지분할 조건부 건축허가**는, 건축허가 신청에 앞서 토지분할절차를 완료하도록 하는 대신, 건축허가 신청인의 편의를 위해 건축허가에 따라 우선 건축공사를 완료한 후 사용승인을 신청할 때까지 토지분할절차를 완료할 것을 허용하는 취지이다. [2] 행정청이 객관적으로 처분상대방이 이행할 가능성이 없는 조건을 붙여 행정처분을 하는 것은 법치행정의 원칙상 허용될 수 없으므로, 건축행정청은 신청인의 건축계획상 하나의 대지로 삼으려고 하는 '하나 이상의 필지의 일부'가 관계 법령상 토지분할이 가능한 경우인지를 심사하여 토지분할이 관계 법령상 제한에 해당되어 명백히 불가능하다고 판단되는 경우에는 토지분할 조건부 건축허가를 거부하여야 한다. 다만 예외적으로 토지분할이 재량행위인 개발행위허가의 대상이 되는 경우, 개발행위에 해당하는 토지분할을 허가할지에 관한 처분권한은 개발행위허가 행정청에 있고, 토지분할 허가 가능성에 관한 건축행정청의 판단이 개발행위허가 행정청의 판단과 다를 여지도 있으므로, **건축행정청은 자신의 심사 결과 토지분할에 대한 개발행위허가를 받기 어렵다고 판단되는 경우에는 개발행위허가 행정청의 전문적인 판단을 먼저 받아보라는 의미에서 건축허가 신청인이 먼저 토지분할절차를 거쳐야**

한다는 이유로 토지분할 조건부 건축허가를 거부할 수는 있다. 그러나 이러한 사유가 아니라면 건축행정청은 건축허가신청이 건축법 등 관계 법령에서 정하는 어떠한 제한에 해당되지 않는 이상 같은 법령에서 정하는 건축허가를 하여야 하고, 중대한 공익상의 필요가 없음에도 요건을 갖춘 자에 대한 허가를 관계 법령에서 정하는 제한사유 이외의 사유를 들어 거부할 수는 없다. [3] 구 측량·수로조사 및 지적에 관한 법률 제79조 제1항 및 그 위임에 따른 구 측량·수로조사 및 지적에 관한 법률 시행령 제65조 제1항, 구 건축법 제57조, 국토의 계획 및 이용에 관한 법률(이하 '국토계획법'이라 한다) 제56조 제1항 제4호 및 그 위임에 따른 국토의 계획 및 이용에 관한 법률 시행령 제51조 제1항 제5호의 체계와 내용을 종합하면, 지적소관청은 토지분할신청이 건축법령이나 국토계획법령 등 관계 법령에서 정하는 어떠한 제한에 해당되지 않는 이상 신청내용에 따라 토지분할 등록을 하여야 하고, 관계 법령에서 정하는 제한사유 이외의 사유를 들어 거부할 수는 없다(대판 2018. 06. 28, 2015두47737).

⑥ [1] 중소기업창업지원법상 사업계획승인 신청을 받은 시장 등은 민원처리법 시행령 제21조 제1항 본문에 따라 처리기간을 임의로 연장할 수 있는 재량이 없고, 사업계획승인 신청을 받은 날부터 20일 이내에 승인 여부를 알리지 않은 때에는 중소기업창업법 제33조 제3항(제조업을 영위하고자 하는 창업자가 사업계획을 수립하여 승인 신청을 하는 경우 승인권자는 승인 신청을 받은 날부터 20일 이내에 승인 여부를 알려야 하고, 20일 이내에 승인 여부를 알리지 아니한 때에는 20일이 지난 날의 다음 날에 사업계획을 승인한 것으로 본다)에 따라 20일이 지난 날의 다음 날에 해당 사업계획에 대한 승인처분이 이루어진 것으로 의제된다. 따라서, 이미 사업계획승인이 간주된 이 사건 신청을 불승인한 이 사건 처분은 위법하여 취소되어야 한다(서울고법 춘천재판부 2020. 6. 15, 2019누1680[중소기업창업사업계획승인불허가처분취소]). 〈해설〉 이는 복합민원에서의 관련 인허가의 의제가 아니고 처리기간의 경과에 따른 신청된 인허가의 의제이다. [2] 관련 인허가(개발행위허가 등) 사항에 관한 사전 협의가 이루어지지 않은 채 중소기업창업법 제33조 제3항에서 정한 20일의 처리기간이 지난 날의 다음 날에 주된 인허가인 사업계획승인처분이 이루어진 것으로 의제된다고 하더라도, 창업자는 중소기업창업법에 따른 사업계획승인처분을 받은 지위를 가지게 될 뿐이고 관련 인허가까지 받은 지위를 가지는 것은 아니다(협의가 이루어지지 않은 관련 인허가는 의제되지 않는다). 따라서 창업자는 공장을 설립하기 위해 필요한 관련 인허가(개발행위허가 등)를 관계 행정청에 별도로 신청하는 절차를 거쳐야 한다. 만일 창업자가 공장을 설립하기 위해 필요한 국토의 계획 및 이용에 관한 법률에 따른 개발행위허가(관련 인허가)를 신청하였다가 거부처분이 이루어지고 그에 대하여 제소기간이 도과하는 등의 사유로 더 이상 다툴 수 없는 효력이 발생한다면, 시장 등은 공장설립이 객관적으로 불가능함을 이유로 중소기업창업법에 따른 사업계획승인처분(주된 인허가)을 직권으로 철회하는 것도 가능하다(대판 2021. 03. 11, 2020두42569[중소기업창업사업계획승인불허가처분취소]).

하나의 사업을 위하여 복수의 허가를 받아야 하는 경우에도 one－stop서비스를 위하여 민원제출창구를 단일화할 뿐만 아니라 민원의 전담처리기관을 지정할 필요가 있다.

민원처리에 관한 법률 시행령 제35조 제1항은 "행정기관의 장은 복합민원에 대하여는 처리주무부서를 지정하고 그 부서로 하여금 관계기관 또는 부서간 협조를 통하여 민원사무를 일괄처리하게 할 수 있다"라고 규정하고 있고, 동법 시행령 제35조

제2항은 "행정기관의 장은 복합민원과 관련된 모든 민원서류를 제1항의 규정에 의하여 지정된 처리주무부서에 일괄하여 제출할 수 있다. 이 경우에 관계기관과 미리 협의하여야 한다"라고 규정하고 있다.

복수의 허가에 있어서 절차(공청회, 의견진술 및 조사절차 등)가 중복되는 경우에 절차를 통합하여 실시할 필요가 있다.

또한, 중복되는 첨부서류를 중복하여 제출하지 않도록 하고 제출된 첨부서류를 복수의 허가기관간에 공유하도록 하여야 할 것이다. 또한, 첨부서류를 감축하기 위하여 행정정보공동이용제도를 활용하여야 한다.

4. 다른 관계기관 또는 부서의 첨부서류 또는 정보의 제공을 필요로 하는 경우

첨부서류를 첨부하지 않은 인·허가의 신청은 적법한 신청이라 할 수 없다.

전자정부하에서 행정정보공동이용제도가 정착되면 첨부서류의 제출문제는 없어질 것이다. 인·허가부서는 인·허가요건의 판단에 필요한 정보를 다른 행정기관으로부터 제공 또는 확인받아 인·허가요건의 충족 여부를 판단할 수 있게 되기 때문이다.

5. 하나의 행정기관 내에서 다수의 부서가 관계되는 경우

하나의 행정기관 내에 여러 부서에 관련되는 경우 부서간의 협의 등은 행정기관 내부의 문제이므로 행정법적 문제를 제기하지 않는다.

Ⅲ. 독일법상 집중효제도

1. 집중효의 의의

집중효(集中效)라 함은 원자력발전소건설사업 등 대규모사업계획이 승인·확정된 경우에 타 법규에 규정되어 있는 일정한 승인 또는 허가 등을 받은 것으로 간주하는 효력을 말한다.

집중효제도는 대규모사업을 시행함에 있어서 받아야 하는 수많은 허가나 승인들을 일일이 담당행정기관에 신청하여 받아야 하는 번거로움을 없애 주어 대규모사업이 보다 용이하게 수행되도록 할 수 있다. 또한, 대규모시설설치의 승인 여부를 통합적으로 검토하여 결정할 수 있도록 해 주는 기능을 갖는다.[146]

---

146) 집중효에 관한 보다 자세한 것은 김재광, "대규모시설의 설치절차에 관한 연구," 『경희대 박사학위논문』, 1999. 8, 38면 이하 참조.

2. 집중효의 근거

집중효는 행정기관의 권한에 대한 변경을 가져오므로 법률에 명시적인 근거가 있어야 하며 집중효가 미치는 범위도 법률에 명시되어야 한다.

3. 집중효의 대상

집중효의 대상이 되는 행정결정을 일일이 열거하지 않고 대규모사업의 설치에 필요한 모든 행정결정으로 하는 방식과 집중효의 대상이 되는 행정결정을 일일이 열거하는 방식이 있다. 전자를 일괄집중효라 할 수 있고, 후자를 열거집중효라 할 수 있다.

4. 집중효의 정도

대규모사업을 확정하는 행정청은 집중효의 대상이 되는 다른 행정청에 의한 인·허가의 요건에 구속되는가 달리 말하면 당해 대규모사업의 이들 인·허가요건에의 합치 여부를 심사하여야 하는가 하는 문제가 제기된다. 이를 집중효의 정도라고 한다. 이에 관하여 절차집중설과 제한적 실체집중설이 대립되고 있다.

(1) 절차집중설

이 견해는 집중효의 대상이 되는 인·허가 등의 절차적 요건에는 구속되지 않지만 실체적 요건에는 전면적으로 구속된다고 본다.

(2) 제한적 실체집중설

이 견해는 대규모사업의 승인기관은 집중효의 대상이 되는 인·허가 등의 절차적 요건에 구속되지 않을 뿐만 아니라 실체적 요건에도 엄밀히 구속되지는 않는다고 본다. 보다 정확히 말하면 집중효의 대상이 되는 인·허가 등의 실체적 요건에 구속되기는 하지만 엄격하게 구속되는 것은 아니며 그 실체적 요건을 대규모사업계획의 결정에 있어 비교형량의 요소로서 종합적으로 고려하면 된다고 본다.

5. 집중효의 절차

집중효로 인하여 관계 행정기관의 권한이나 각 인·허가 등의 제도의 존재이유를 무시하여서는 안 된다. 그리하여 대규모사업의 승인기관은 사전에 집중효의 대상이 되는 인·허가행정기관과 협의하도록 하는 규정을 두고 있다. 또한, 집중효가 미치는 행정행위에 대한 이해관계인의 참가권이 무시되지 않도록 대규모사업승인절차에의 관련 이해관계인의 참가가 보장되어야 할 것이다.

6. 집중효의 효력

대규모사업의 승인이 있게 되면 집중효의 대상이 되는 인·허가 등을 받은 것으로 의제하지는 않고, 다른 인·허가를 받지 않아도 되는 것으로 본다.

Ⅳ. 인 · 허가의제제도

1. 의 의

"인허가의제"란 하나의 인허가(이하 "주된 인허가"라 한다)를 받으면 법률로 정하는 바에 따라 그와 관련된 여러 인허가(이하 "관련 인허가"라 한다)를 받은 것으로 보는 것을 말한다(행정기본법 제24조[147] 제1항). 100개 이상의 많은 법률에서 인허가의제를 규정하고 있다.

하나의 사업을 시행하기 위하여 여러 인·허가 등을 받아야 하는 경우에 이들 인·허가 등을 모두 각각 받도록 하는 것은 민원인에게 큰 불편을 주므로 원스톱행정을 통하여 민원인의 편의를 도모하기 위하여 만들어진 제도 중의 하나가 인·허가의제제도이다.

[판례] 인허가의제제도는 목적사업의 원활한 수행을 위해 행정절차를 간소화하고자 하는 데 그 취지가 있는 것이다(대판 2010. 04. 29, 2009두18547[변상금부과처분취소]).

인 · 허가의제와 독일의 집중효의 관계에 관하여는 양자를 동일한 제도로 이해하는 견해로 보는 견해, 양자를 이질적인 제도로 보는 견해도 있으나 **양자는 기능적으로 유사하나 상당히 다른 별개의 제도**로 보는 것이 타당하다. 양자는 하나의 사업을 위해 수개의 인허가를 받아야 하는 경우에 하나의 인허가로 절차를 집중하는 점은 같지만, 다음과 같이 다르다. ① 독일의 집중효는 행정계획의 확정에만 부여되는 효력인 반면에 인·허가의제는 주된 인·허가가 행정계획에 한정되지 않고, 건축허가와 같은 행정행위인 인·허가인 경우도 있다. ② 독일의 집중효는 관계 행정청 및 이해관계인의 집중적인 참여 등 엄격한 계획확정절차에 따라 행해지는 반면에 인·허가의제는 이러한 절차적 보장이 없다. ③ 독일의 집중효는 다른 인·허가를 의제하지는 않고, 다른 인·허가를 대체하는 효력, 따라서 다른 인·허가를 필요 없게 하는 효력만을 갖는데, 인·허가의제는 다른 인·허가를 법률상 의제하는 효력을 갖는다.

---

147) 인허가의제에 관한 행정기본법 제23조 내지 제26조는 공포 후 2년이 경과한 날부터 시행한다. 따라서, 인허가의제에 관한 행정기본법의 내용은 2023년 개정에서 반영하기로 한다.

인 · 허가의제제도하에서 인 · 허가를 해 주는 기관이 주무행정기관이 되고 의제되는 인 · 허가 등을 담당하는 행정기관이 관계행정기관이 된다.

2. 인 · 허가의제의 근거 및 대상

인 · 허가의제의 이론적 근거는 민원창구단일화(원스톱행정)와 법률의제(허가의제) 이론이다. 그런데, 인 · 허가의제는 행정기관의 권한에 변경을 가져오므로 법률에 명시적인 근거가 있어야 하며 인 · 허가가 의제되는 범위도 법률에 명시되어야 한다. 건축신고에서 처럼 신고로 허가가 의제되는 경우도 있다.

따라서, 명문의 규정이 없는 한 인허가의제나 '의제의 의제'(의제되는 허가에 의해 다른 인허가가 재차 의제되는 것)는 인정되지 않는다.

[판례] [1] 인 · 허가의제 제도는 관련 인 · 허가 행정청의 권한을 제한하거나 박탈하는 효과를 가진다는 점에서 법률 또는 법률의 위임에 따른 법규명령의 근거가 있어야 한다. [2] **인허가의제규정이 없으므로** 대기환경보전법에 따른 대기오염물질배출시설 설치허가를 받았다고 하더라도 악취배출시설 설치 · 운영신고가 수리되어 **그 효력이 발생한다고 볼 수 없다**고 한 사례(대판 2022. 09. 07, 2020두40327).

통상 의제되는 인 · 허가 등이 민원인이 받아야 하는 주된 인 · 허가를 규율하는 법률에 열거되어 있다. 예를 들면, 건축법 제11조는 건축허가를 받은 경우 국토의 계획 및 이용에 관한 법률 제56조의 규정에 의한 개발행위허가, 농지법 제36조 제1항의 규정에 의한 농지전용허가를 포함하여 13개의 인 · 허가 등을 받은 것으로 의제하고 있다.

[판례] 지구단위계획결정 의제는 해당 주택건설사업구역 내에서만 허용되는지 여부(소극): 구 주택법 제17조 제1항의 인 · 허가 의제 규정에는 인 · 허가 의제가 가능한 공간적 범위를 제한하는 내용을 포함하고 있지 않으므로, **인 · 허가 의제가 해당 주택건설 사업대상 토지(주택단지)에 국한하여 허용된다고 볼 수는 없다.** 다만, 주택건설사업을 시행하는 데 필요한 각종 인 · 허가 절차를 간소화함으로써 주택의 건설 · 공급을 활성화하려는 인 · 허가 의제 규정의 입법취지를 고려할 때, **주택건설 사업구역 밖의 토지에 설치될 도시 · 군계획시설 등에 대하여 지구단위계획결정 등 인 · 허가 의제가 되려면, 그 시설 등이 해당 주택건설사업계획과 '실질적인 관련성'이 있어야 하고 그 주택건설사업의 시행을 위하여 '부수적으로 필요한' 것이어야 한다**(대판 2018. 11. 29, 2016두38792).

3. 인 · 허가 등의 신청

인 · 허가의제제도하에서 민원인은 하나의 인허가신청만 하면 된다. 다만, 인허가의제를 받으려면 주된 인허가를 신청할 때 관련 인허가에 필요한 서류를 함께 제출하여야 한다. 다만, 불가피한 사유로 함께 제출할 수 없는 경우에는 주된 인허가

행정청이 별도로 정하는 기한까지 제출할 수 있다(행정기본법 제24조 제2항).

인허가의제는 민원인의 편의를 위해 인정된 것(사업시행자의 이익을 위하여 만들어진 것)이므로 인허가의제규정이 있는 경우에도 반드시 관련 인허가 의제 처리를 신청할 의무가 있는 것은 아니다(대판 2020. 07. 23, 2019두31839; 2023. 09. 21, 2022두31143[건축신고수리처분취소]). 주된 인허가만을 우선 신청할 수도 있고, 의제되는 인허가의 일부만 의제(부분인허가의제) 처리를 신청할 수도 있다.

그러나, 건축법 제11조 제1항, 제5항 제3호, 국토의 계획 및 이용에 관한 법률(이하 '국토계획법'이라 한다) 제56조 제1항 제1호, 제57조 제1항의 내용과 체계, 입법 취지를 종합하면, 건축주가 건축물을 건축하기 위해서는 건축법상 건축허가와 국토계획법상 개발행위(건축물의 건축) 허가(개발행위허가 중 건축물의 건축허가)를 각각 별도로 신청하여야 하는 것이 아니라, 건축법상 건축허가절차에서 관련 인허가 의제 제도를 통해 두 허가의 발급 여부가 동시에 심사·결정되도록 하여야 한다(대판 2020. 07. 23, 2019두31839). 이에 반하여 건축법상 건축허가와 국토계획법상 개발행위허가 중 토지형질변경허가는 반드시 함께 신청되어야 하는 것이 아니고, 따로 신청할 수도 있다(김종보, 건설법의 이해, 도서출판 피데스, 2018, 129면).

4. 인·허가절차: 관계인·허가기관의 협의 및 절차집중

주된 인허가 행정청은 주된 인허가를 하기 전에 관련 인허가에 관하여 미리 관련 인허가 행정청과 협의하여야 한다(행정기본법 제24조 제3항). 관련 인허가 행정청은 제3항에 따른 협의를 요청받으면 그 요청을 받은 날부터 20일 이내(제5항 단서에 따른 절차에 걸리는 기간은 제외한다)에 의견을 제출하여야 한다. 이 경우 전단에서 정한 기간(민원 처리 관련 법령에 따라 의견을 제출하여야 하는 기간을 연장한 경우에는 그 연장한 기간을 말한다) 내에 협의 여부에 관하여 의견을 제출하지 아니하면 협의가 된 것으로 본다(제4항).

제3항에 따라 협의를 요청받은 관련 인허가 행정청은 해당 법령을 위반하여 협의에 응해서는 아니 된다. 다만, 관련 인허가에 필요한 심의, 의견 청취 등 절차에 관하여는 법률에 인허가의제 시에도 해당 절차를 거친다는 명시적인 규정이 있는 경우에만 이를 거친다(행정기본법 제24조 제5항). 이 규정의 본문은 관련 행정청은 관련 인허가의 실체적 요건을 충족한 경우에만 협의를 해주도록 규정한 것(실체집중부정설 등을 규정한 것)이다. 이 규정의 단서는 **절차집중**을 규정한 것이다. 주된 인허가를 규정하는 법률에서 정한 절차는 거쳐야 하지만, 명시적인 규정이 없는 한 의제되는 인허가를 규정하는 법률에서 정한 절차는 거치지 않아도 된다는 것이다.

관계 행정기관과의 협의는 인가·허가 일괄협의회를 구성하여 수행하도록 하는 규정을 두는 경향이 있다.

[판례] ① 건설부장관이 구 주택건설촉진법(1991. 3. 8. 법률 제4339호로 개정되기 전의 것) 제33조에 따라 관계기관의 장과의 협의를 거쳐 사업계획승인을 한 이상 같은 조 제4항의 허가·인가·결정·승인 등이 있는 것으로 볼 것이고, 그 절차와 별도로 도시계획법 제12조 등 소정의 중앙도시계획위원회의 의결이나 주민의 의견청취 등 절차를 거칠 필요는 없다(대판 1992. 11. 10, 92누1162). **② 지구단위계획결정이 의제되려면 주택법에 의한 관계행정청과의 협의절차 외에 국토계획법상 지구단위계획 입안을 위한 주민의견청취절차를 별도로 거쳐야 하는지 여부(소극)**: 구 주택법 제17조 제1항에 인·허가 의제 규정을 둔 입법취지는, 주택건설사업을 시행하는 데 필요한 각종 인·허가 사항과 관련하여 주택건설사업계획 승인권자로 그 창구를 단일화하고 절차를 간소화함으로써 각 종 인·허가에 드는 비용과 시간을 절감하여 주택의 건설·공급을 활성화하려는 데에 있다. 이러한 인·허가 의제 규정의 입법취지를 고려하면, 주택건설사업계획 승인권자가 구 주택법 제17조 제3항에 따라 도시·군관리계획 결정권자와 협의를 거쳐 관계 주택건설사업계획을 승인하면 같은 조 제1항 제5호에 따라 도시·군관리계획결정이 이루어진 것으로 의제되고, **이러한 협의 절차와 별도로 국토계획법 제28조 등에서 정한 도시·군관리계획 입안을 위한 주민 의견청취 절차를 거칠 필요는 없다**고 보아야 한다(대판 2018. 11. 29, 2016두38792).

5. 인·허가의 결정

(1) 인·허가결정기관 및 협의의견의 구속력

신청을 받은 주무행정기관이 신청된 인허가 여부를 결정한다. 이때에 주무인허가기관이 관계기관의 협의의견에 구속되는지에 관하여 견해가 대립하고 있다. 즉, 관계기관의 협의의견이 자문의견이면 법적 구속력이 없고, 동의·부동의의견이면 법적 구속력을 갖는다.

의제되는 인허가기관의 협의가 실질상 동의인지 아니면 강학상 자문(협의)인지 논란이 있다. 즉, 원스톱행정을 통한 민원인의 편의도모라는 인허가의제제도의 취지와 "협의"라는 법규정의 문구에 비추어 특별한 경우(관계규정의 해석상 동의로 보아야 하는 경우 등)를 제외하고는 의제되는 인허가기관의 협의는 강학상 자문(협의)로 보는 것이 타당하다는 견해(자문설)와 실체집중부인설을 취하는 한 의제되는 인허가업무 담당기관의 권한을 존중하여야 하므로 의제되는 인허가기관의 법규정상의 '협의'를 동의로 보아야 한다는 견해(동의설) 그리고, 법령상 주된 인허가기관이 최종적인 처분권자이지만, 실체집중부정설을 취하는 한 해당 인허가 담당기관의 권한을 존중해야 하므로 해당 인허가 담당기관의 의견을 사실상 동의로 보아 특별한 사정이 없는 한 따라야 한다고 보는 것이 타당하다고 보는 견해(사실상 동의설)가 대립하고 있다.

후술 판례(대판 2002. 10. 11, 2001두151)는 명확히 입장을 표명하지는 않았는데, 이 판례가 동의설을 취한 것으로 해석하는 견해와 자문설을 취한 것으로 해석하는 견해, 사실상 동의설을 취한 것으로 보는 견해가 대립하고 있다. 행정실무상 동의로 보는지, 자문으로 보는지 명확하지 않지만 실무상 관계기관의 협의의견은 최대한 존중하고 있다.

하급심 판례 중에는 인허가의제규정에 있어서 관계 행정기관과의 협의는 단순히 의제대상 인·허가행정기관의 의견을 듣는 데에 그치는 것이 아니라 의제대상 인·허가행정기관의 동의를 구하는 것으로서 **사실상 합의를 뜻한다고 본 사례가 있고**(의정부지방법원 2008. 12. 09. 선고 2008구합2069 판결; 서울고등법원 2009. 08. 25. 선고 2009누1558 판결), **대법원 판례도** 사실상 동의설을 취한 것으로 보인다. 그리고, 법이론상 법령상 주된 인허가기관이 최종적인 처분권자이지만, 실체집중부정설을 취하는 한 해당 인허가 담당기관의 권한을 존중해야 하므로 사실상 동의설이 타당하다.

[판례] 채광계획은 기속재량행위에 속하는 것으로 보아야 할 것이나, 구 광업법(1999. 2. 8. 법률 제5893호로 개정되기 전의 것) 제47조의2 제5호에 의하여 **채광계획인가를 받으면 공유수면 점용허가를 받은 것으로 의제되고**, 이 **공유수면 점용허가는** 공유수면 관리청이 공공 위해의 예방 경감과 공공 복리의 증진에 기여함에 적당하다고 인정하는 경우에 그 자유재량에 의하여 허가의 여부를 결정하여야 할 것이므로(재량행위이므로), 공유수면 점용허가를 필요로 하는 채광계획 인가신청에 대하여도, **공유수면 관리청이 재량적 판단에 의하여** 공유수면 점용을 허가 여부를 결정할 수 있고, 그 결과 **공유수면 점용을 허용하지 않기로 결정하였다면**(그러한 협의의견을 제시하였다면), **채광계획 인가관청은 이를 사유로 하여 채광계획을 인가하지 아니할 수 있는 것이다**(대판 2002. 10. 11, 2001두151[채광계획불인가처분취소]).

생각건대, 법령상 의제되는 인허가의 처분권은 의제되는 인허가기관(해당 인허가기관 즉 협의기관)에 있고, 실체집중이 부정되는 점에 비추어서는 의제대상 인허가기관의 협의를 동의로 보는 것이 타당하지만, 주된 인허가기관이 주무기관으로서 주된 인허가와 의제되는 인허가를 최종적이고 통합적으로 하는 것으로 보는 것이 타당하므로(특히 재량판단은 통합적으로 행해진다) 의제대상 인허가기관의 협의를 엄격한 의미의 동의 또는 부동의로 보는 것은 타당하지 않다. 따라서, 의제대상 인허가기관의 협의는 엄격한 의미의 자문이나 동의가 아니라 사실상 동의로 보는 것이 타당하다.

(2) 인·허가요건의 판단방식

신청되거나 의제되는 인허가요건에 대한 주무행정기관의 판단 방식에 관하여 다음과 같이 견해가 대립된다.

1) 실체집중설

이 견해는 의제되는 인허가 요건에의 합치 여부를 판단함이 없이 신청된 주인허가요건에의 충족 여부만을 판단하여 신청된 주인허가를 할 수 있다는 견해이다.

2) 제한적 실체집중설

이 견해는 주인허가신청을 받은 행정기관은 의제되는 인허가요건에 엄격히 구속되지는 않고, 의제되는 인허가요건을 이익형량의 요소로서 종합적으로 고려하면 된다는 견해이다.

3) 독립판단설(실체집중부정설)

이 견해는 주인허가 신청을 받은 행정기관은 의제되는 인허가요건에 엄격히 구속되어 의제되는 인허가요건을 모두 충족하여야 주인허가를 할 수 있고, 의제되는 인허가의 요건에 해당하지 않는다는 이유(의제되는 인허가 거부사유)로 주인허가신청에 대해 거부처분을 할 수 있다는 견해이다. 이 견해를 절차집중설로 부르는 견해가 있으나 이는 타당하지 않다.

4) 판 례

판례는 실체집중부정설을 취하고 있다.

[판례] ① [1] 건축법에서 인허가의제 제도를 둔 취지는, 인허가의제사항과 관련하여 건축허가의 관할 행정청으로 창구를 단일화하고 절차를 간소화하며 비용과 시간을 절감함으로써 국민의 권익을 보호하려는 것이지, 인허가의제사항 관련 법률에 따른 각각의 인허가 요건에 관한 일체의 심사를 배제하려는 것으로 보기는 어려우므로, 도시계획시설인 주차장에 대한 건축허가신청을 받은 행정청으로서는 건축법상 허가 요건뿐 아니라 국토의 계획 및 이용에 관한 법령이 정한 도시계획시설사업에 관한 실시계획인가 요건도 충족하는 경우에 한하여 이를 허가해야 한다. **〈해설〉** 실체집중부정설을 취하고 있다. [2] 도시계획시설로 설치되는 주차전용건축물은 주차장 외의 용도로 사용되는 부분의 용도 및 면적 등 주차장법 및 관련 조례가 정한 요건을 충족하여야 할 뿐만 아니라, 주차장 외의 용도로 사용되는 부분이 국토의 계획 및 이용에 관한 법령이 정한 '기반시설 자체의 기능발휘와 이용을 위하여 필요한 부대시설 및 편익시설'에도 해당하여야만 도시계획시설 실시계획인가 요건을 충족한다(대판 2015. 07. 09, 2015두39590[건축허가처분취소]).

② [1] 건축법과 국토계획법령의 규정 체제 및 내용 등을 종합해 보면, 건축물의 건축이 국토계획법상 개발행위에 해당할 경우 그에 대한 건축허가를 하는 허가권자는 건축허가에 배치·저촉되는 관계 법령상 제한 사유의 하나로 국토계획법령의 개발행위허가기준을 확인하여야 하므로, 국토계획법상 건축물의 건축에 관한 **개발행위허가가 의제되는 건축허가신청이 국토계획법령이 정한 개발행위허가기준에 부합하지 아니하면 허가권자로서는 이를 거부할 수 있다**고 보아야 하고, 이는 건축법 제16조 제3항에 의하여 개발행위허가의 변경이 의제되는 건축허가사항의 **변경허가에서도 마찬가지**라고 할 것이다. [2] 제2종 근린생활시설(자동차수리점) 건축허가를 자동차관련시설(정비공장)로 변경하는 내용의 건축허가사항 변경허가신청에 관하여, 자동차관련시설(정비공장)의 건축은 국토계획법이 정한 개발행위에 해당하고, 위 변경허가신청은 국토계획법상 개발행위허가의 변경이 의제되는 건축허가사항의 변경을 구하는 것이므로, 건축허가권자는 국토계획법령이 정한 개발행위허가기준에 부합하지 아니하는 경우에는 변경허가를 거부할 수 있다고 한 사안(대판 2016. 08. 24, 2016두35762[설계변경불허가처분취소]).

5) 결 어

법치행정의 원칙에 비추어 명문의 규정이 없는 한 실체집중을 인정할 수 없으므로 실체집중부정설이 타당하다. 행정기본법 제24조 제5항 본문은 관련 행정청은 관련 인허가의 실체적 요건을 충족한 경우에만 협의를 해주도록 규정한 것이므로 실체집중 부정을 규정한 것으로 볼 수 있다. 다만, 주된 인허가 및 의제되는 인허가 중 둘 이상이 재량행위인 경우에 재량판단은 주된 인허가기관이 의제되는 인허가기관의 의견을 존중하여 통합적으로 행하는 것(제한적으로 집중되는 것)으로 보아야 한다.

(3) 선승인후협의제

1) 의 의

선승인후협의제(先承認後協議制)라 함은 의제 대상 인·허가에 대한 관계 행정기관과의 모든 협의가 완료되기 전이라도 공익상 긴급할 필요가 있고 사업시행을 위한 중요한 사항에 대한 협의가 있은 경우에는 협의가 완료되지 않은 인·허가에 대한 협의를 완료할 것을 조건으로 각종 공사 또는 사업의 시행승인이나 시행인가를 할 수 있도록 하는 제도를 말한다.

'선승인후협의제'가 도입되면 중요 사항에 대한 협의가 있는 경우 관계행정기관과의 협의가 모두 완료되기 전이라도 사업승인이나 사업인가를 받아 그 후속절차를 진행할 수 있게 되어 관련 토지·부지의 매수 등 사업절차가 간소화될 수 있는 효과가 있다.

선승인후협의제와 부분인·허가의제를 동일한 것으로 보는 견해가 있지만, 선승인후협의제는 부분인허가의제도와 구별하여야 한다. 협의의 선승인후협의제는 협의가 완료될 것을 조건으로(협의가 완료되지 않을 것을 해제조건으로) 협의가 완료되지 않은 인허가를 포함하여 법률에 의해 의제되는 모든 인허가가 의제되는 해제조건부인허가의제 또는 철회권유보부인·허가의제인 반면에 부분인허가의제에서는 주된 인허가로 협의가 완료된 인허가만 의제되고 협의 완료에 따라 순차적으로 해당 인허가가 의제된다.

주한미군 공여구역주변지역 등 지원 특별법 제29조 제1항은 인·허가의제 및 부분인허가의제를 규정하고 있고, 동조 제3항은 협의의 선승인후협의제를 규정하고 있다.

2) 법적 근거

'선승인후협의제'는 2009년에 「도시 및 주거환경정비법」(제32조 제5항), 「주한미군 공여구역 주변지역 등 지원특별법」 등 법률에 도입되어 있고, 그 제도의 확대가 추진 중에 있다.

협의의 선승인후협의제는 협의가 완료되지 않은 경우에도 해당 인허가를 의제하는 점에 비추어 명문의 법적 근거가 필요하지만, 부분인허가의제도는 명문의 법적 근거 없이도 가능한 것으로 볼 수 있다.

3) 법적 효과

협의의 선승인후협의제하에서는 중요한 사항에 관한 협의가 있으면 주된 인허가를 할 수 있고, 주된 인허가가 있으면 협의가 완료되지 않은 인허가도 의제된다. 다만, 완료되지 않은 협의를 조속히 완료하여야 한다. 부분인허가의제에서는 협의가 완료된 인허가 등에 한하여 인허가 등이 의제된다.

(4) 부분인 · 허가의제제도

부분인 · 허가의제제도(部分認 · 許可擬制制度)라 함은 주된 인 · 허가로 의제되는 것으로 규정된 인 · 허가중 일부에 대해서만 협의가 완료된 경우에도 민원인의 요청이 있으면 주된 인 · 허가를 할 수 있고, 이 경우 협의가 완료된 일부 인 · 허가만 의제되는 것으로 하는 제도를 말한다. 의제되지 않은 인 · 허가는 관계행정기관의 협의가 완료되는 대로 순차적으로 의제되거나 별도의 인 · 허가의 대상이 될 수 있다. 다만, 전술한 바와 같이 주된 인 · 허가기관은 협의가 완료되지 않은 인허가를 받을 수 없는 사정이 명백한 경우에는 이를 이유로 주된 인 · 허가를 거부할 수 있다.

부분인 · 허가의제만으로도 민원인에게 사업촉진 등의 이익(예, 사업인정의제에 따른 수용절차의 조속 개시 등)이 있으므로 부분인허가의제제도를 인정할 실익이 있다.

판례도 부분인허가의제를 인정하고 있다.

[판례] ① 구 주한미군 공여구역주변지역 등 지원 특별법 제11조에 의한 사업시행승인을 함에 있어 같은 법 제29조 제1항에 규정된 사업 관련 모든 인 · 허가의제 사항에 관하여 관계 행정기관의 장과 일괄하여 사전 협의를 거칠 것을 그 요건으로 하는지(소극): 구 주한미군 공여구역주변지역 등 지원 특별법(2008. 3. 28. 법률 제9000호로 개정되기 전의 것, 이하 '구 지원특별법'이라 한다) 제29조의 인 · 허가의제 조항은 목적사업의 원활한 수행을 위해 행정절차를 간소화하고자 하는 데 그 **입법취지**가 있다 할 것인데, 만일 사업시행승인 전에 반드시 사업 관련 모든 인 · 허가의제 사항에 관하여 관계 행정기관의 장과 협의를 거쳐야 한다고 해석하게 되면 일부의 인 · 허가의제 효력만을 먼저 얻고자 하는 사업시행승인 신청인의 의사와 부합하지 않을 뿐만 아니라 사업시행승인 신청을 하기까지 상당한 시간이 소요되어 그 취지에 반하는 점, 주한미군 공여구역주변지역 등 지원특별법이 2009. 12. 29. 법률 제9843호로 개정되면서 제29조 제1항에서 "제11조의 규정에 의한 사업시행승인이 있은 때에는 다음 각 호의 허가 · 인가 · 지정 · 승인 · 협의 · 신고 · 해제 · 결정 · 동의 등(이하 "인 · 허가등"이라 한다) 중 제2항에 따라 관계 중앙행정기관의 장 및 지방자치단체의 장과 미리 협의한 사항에 대하여는 그 인 · 허가등을 받은 것으로 본다"고 규정함으로써 인 · 허가의제 사항 중 일부만에 대하여도 관계 행정기관의 장과 협의를 거치면 인 · 허가의제 효력이 발생할 수 있음을 명확히 하고 있는 점 등 위 각 규정의 내용, 형식 및 취지 등에 비추어 보면, 구 지원특별법 제11조에 의한 사업시행승인을 함에 있어 같은 법 제29조 제1항에 규정된 **사업 관련 모든**

인 · 허가의제 사항에 관하여 관계 행정기관의 장과 일괄하여 사전 협의를 거칠 것을 그 요건으로 하는 것은 아니라 할 것이고, 사업시행승인 후 인 · 허가의제 사항에 관하여 관계 행정기관의 장과 협의를 거치면 그때 해당 인 · 허가가 의제된다고 봄이 상당하다(대판 2012. 02. 09, 2009두16305[사업시행승인처분취소]).

② 도시 및 주거환경정비법에 의한 사업시행인가를 받았다고 하더라도 주택법상 사업계획승인 대상인 주택건설사업이 아니어서(주택법상 사업계획승인 대상에서 면제됨) 관계 서류의 제출 및 관계 행정기관장과의 협의를 거치지 않은 경우에는 주택법상 사업계획승인을 받은 것으로 의제되지 않으므로, 그러한 주택건설사업에 공여되는 토지는 구 지방세법 시행령 제132조 제4항 제8호가 분리과세대상 토지의 한 요건으로 정한 '주택법에 의한 사업계획의 승인을 받은 토지'에 해당한다고 할 수 없다(대판 2015. 04. 16, 2011두5551[종합부동산세부과처분취소]). 〈해설〉 도시정비법 제32조 제1항 제1호에 의하면, 도시환경정비사업의 사업시행자가 사업시행인가를 받은 때에는 주택법상 사업계획의 승인이 있은 것으로 의제된다.

③ (1) 구 항공법 제96조 제1항, 제3항의 문언, 내용, 형식에다가, 인 · 허가 의제 제도는 목적사업의 원활한 수행을 위해 창구를 단일화하여 행정절차를 간소화하는데 그 입법취지가 있고 목적사업이 관계법령상 인 · 허가의 실체적 요건을 충족하였는지에 관한 심사를 배제하려는 취지는 아닌 점 등을 아울러 고려하면, 공항개발사업 실시계획의 승인권자가 관계 행정청과 미리 협의한 사항에 한하여 그 승인처분을 할 때에 인 · 허가 등이 의제된다고 보아야 한다(대법원 2009. 02. 12. 선고 2007두4773 판결, 대법원 2012. 02. 29. 선고 2009두16305 판결 등 참조). (2) 서울지방항공청장이 2000년에 농지전용허가를 관할하는 행정청과 농지전용에 관하여 미리 협의하지 아니한 채 '김포공항 완충녹지대 조성사업'(=선행사업)의 실시계획을 승인하였고, 위 사업의 시행에 따라 2008년경 농지 747,647㎡(=이 사건 토지)에서 경작이 중단되고 그 지목이 '전 · 답'에서 '잡종지'로 변경되었음. 2016년에 위 완충녹지대에 민간투자방식으로 골프장을 조성하여 활용하는 사업을 시행하려는 하는데, 위와 같은 경위로 농지의 현상을 사실상 상실하게 된 이 사건 토지에 대하여 다시 농지전용허가를 받고 농지부담금을 납부하여야 하는지가 다투어진 사안임. 원심은, 서울지방항공청장이 선행사업의 실시계획승인을 하기 전에 미리 농지법상 농지전용허가를 관할하는 행정청과 농지전용에 관하여 협의하는 절차를 거치지 않았다고 하더라도 선행사업의 실시계획승인에 따라 구 항공법 제96조 제1항 제9호에 따른 농지전용허가 의제의 효력이 발생하였다고 봄으로써, 이 사건 토지는 의제된 농지전용허가에 따라 적법하게 '완충녹지대'(잡종지)로 전용되어 농지법상 '농지'가 아니게 되었다고 판단하였으나, 대법원은 원심이 농지법상 농지 개념과 구 항공법 제96조 제1항의 인 · 허가 의제 규정의 해석에 관한 법리를 오해한 잘못이 있다고 보아 파기환송하였음(대판 2018. 10. 25, 2018두43095).

(5) 주된 인허가의 방식 및 법적 성질

주된 인허가처분은 실질적으로는 주된 인허가뿐만 아니라 의제된 인허가를 포함하는 것으로 보아야 한다. 달리 말하면 인허가의제를 통한 인허가는 여러 인허가를 하나의 처분으로 하는 '일종의 통합허가'의 성질을 갖는 것으로 보는 것이 타당하다. 최근의 주된 인허가의 실무도 다 그건 것은 아니지만 주된 인허가를 하면서 의제되는 인허가를 명시적으로 열거하고, 필요한 경우 부담 등 부관을 붙여 하는 경우가 늘고 있다.

6. 인 · 허가의 효력

(1) 인·허가 등의 의제

주무행정기관의 신청된 인·허가가 있게 되면 의제되는 인·허가 등을 받은 것으로 본다. 이를 주된 인·허가의 집중효라고도 한다.

[판례] 택지개발사업 실시계획승인에 의해 의제되는 도로공사시행허가 및 도로점용허가는 원칙적으로 당해 택지개발사업을 시행하는 데 필요한 범위 내에서만 그 효력이 유지된다고 보아야 한다. 따라서 원고가 이 사건 택지개발사업과 관련하여 그 사업시행의 일환으로 이 사건 도로예정지 또는 도로에 전력관을 매설하였다고 하더라도 사업시행완료 후 이를 계속 유지·관리하기 위해 도로를 점용하는 것에 대한 도로점용허가까지 그 실시계획 승인에 의해 의제된다고 볼 수는 없다(대판 2010. 04. 29, 2009두18547[변상금부과처분취소]).

의제되는 인·허가는 법령상 정해진 의제되는 인·허가 전부가 아닐 수도 있다. 신청인이 신청하고, 관계기관과 협의를 마친 범위 내에서 인·허가가 의제(부분인·허가의제)된다(행정기본법 제25조 제1항).

인허가의제의 효과는 주된 인허가의 해당 법률에 규정된 관련 인허가에 한정된다(행정기본법 제25조 제2항). 이 규정은 재의제(의제의 의제)를 인정하지 않는다는 것을 명확히 한 것이다.

주된 인·허가가 거부된 경우에는 의제된 인·허가가 거부된 것으로 의제되지 않는다.

[판례] 건축불허가처분을 하면서 그 처분사유로 건축불허가 사유뿐만 아니라 형질변경불허가 사유나 농지전용불허가 사유를 들고 있다고 하여 그 건축불허가처분 외에 별개로 형질변경불허가처분이나 농지전용불허가처분이 존재하는 것이 아니다(대판 2001. 01. 16, 99두10988).

(2) 의제되는 인 · 허가의 실재 여부

인·허가의 의제로 의제된 인·허가가 실재(實在)하는 것으로 볼 것인지에 관하여 견해가 대립하고 있다. 실재 부정설은 신청된 인·허가(주된 인·허가)의 인용처분만 있고, 의제되는 인·허가의 인용처분은 실제로는 존재하지 않는다고 본다. 이 견해(부정설)의 논거는 다음과 같다. ① 신청된 인·허가의 인용처분만이 현실적으로 존재하며 의제되는 인·허가는 의제되는 것에 불과하다. ② 실제로 인·허가를 한 주인·허가기관이 항고소송의 피고가 되는 것이 타당하다.

그러나, 이에 대하여 신청에 대한 인·허가로 다른 인·허가가 의제되는 경우 의제되는 인·허가가 실재하는 것으로 보는 견해(긍정설)가 있다. 이 견해의 논거는 다음과 같다 ① 인·허가의제의 경우 실체집중이 부정된다. ② 인·허가가 의제된다는 것은 실제로는 인·허가를 받지는 않았지만, 법적으로는 인·허가를 받은 것으로 본다는 것이다. ③ 의제된 인·허가의 취소정지 등 사후관리 및 감독이 필요한데, 이는 의제되는 인·허가기관이 하는 것이 바람직하다.

판례에 따르면 주된 인허가(창업사업계획승인)로 의제된 인허가(산지전용허가)는 통상적인 인허가와 동일한 효력을 가지므로, 의제된 인허가의 취소나 철회가 허용된다. 그리고, 의제된 인허가의 직권취소나 철회는 항고소송의 대상이 되는 처분에 해당한다고 본다(대판 2018. 07. 12, 2017두48734).

[판례] [중소기업창업 지원법상 사업계획승인으로 의제된 인허가의 취소에 관한 사건] (1) **의제된 산지전용허가를 주된 인허가인 사업계획승인처분과 별도로 취소할 수 있는지 및 의제된 인허가의 취소가 항고소송의 대상이 되는 처분에 해당하는지 여부(적극)**: 구 중소기업창업 지원법(이하 '중소기업창업법'이라 한다) 및 중소기업청장이 고시한 「창업사업계획의 승인에 관한 통합업무처리지침」(이하, '업무처리지침'이라 한다) 각 규정의 내용, 체계 및 취지 등에 비추어 보면 다음과 같은 이유로 중소기업창업법에 따른 사업계획승인의 경우 **의제된 인허가만 취소 내지 철회함으로써** 사업계획에 대한 승인의 효력은 유지하면서 **해당 의제된 인허가의 효력만을 소멸시킬 수 있다**고 봄이 타당하다. ① 중소기업창업법 제35조 제1항의 인허가의제 조항은 창업자가 신속하게 공장을 설립하여 사업을 개시할 수 있도록 창구를 단일화하여 의제되는 인허가를 일괄 처리하는 데 그 **입법취지**가 있다. 위 규정에 의하면 사업계획승인권자가 관계 행정기관의 장과 미리 협의한 사항에 한하여 승인 시에 그 인허가가 의제될 뿐이고, **해당 사업과 관련된 모든 인허가의제 사항에 관하여 일괄하여 사전 협의를 거쳐야 하는 것은 아니다**(대법원 2012. 02. 09. 선고 2009두16305 판결 등 참조). ② 그리고 인허가의제의 취지가 의제된 인허가 사항에 관한 개별법령상의 절차나 요건 심사를 배제하는 데 있다고 볼 것은 아니다. ③ **사업계획승인으로 의제된 인허가는 통상적인 인허가와 동일한 효력을 가지므로**, 그 효력을 제거하기 위한 법적 수단으로 **의제된 인허가의 취소나 철회가 허용될 필요가 있다**. ④ 이와 같이 사업계획승인으로 **의제된 인허가 중 일부를 취소 또는 철회하면, 취소 또는 철회된 인허가를 제외한 나머지 인허가만 의제된 상태가 된다**. 이 경우 당초 사업계획승인을 하면서 사업 관련 인허가 사항 중 일부에 대하여만 인허가가 의제되었다가 의제되지 않은 사항에 대한 인허가가 불가한 경우 사업계획승인을 취소할 수 있는 것처럼(업무처리지침 제15조 제2항), **취소 또는 철회된 인허가 사항에 대한 재인허가가 불가한 경우 사업계획승인 자체를 취소할 수 있다**. (2) 군수가 甲 주식회사에 구 중소기업창업 지원법(2017. 7. 26. 법률 제14839호로 개정되기 전의 것) 제35조에 따라 산지전용허가 등이 의제되는 사업계획을 승인하면서 산지전용허가와 관련하여 재해방지 등 명령을 이행하지 아니한 경우 산지전용허가를 취소할 수 있다는 조건을 첨부하였는데, 甲 회사가 재해방지 조치를 이행하지 않았다는 이유로 **의제된 인허가 중의 하나인 산지전용허가 취소**를 통보하고, 이어 토지의 형질변경 허가 등이 취소되어 공장설립 등이 불가능하게 되었다는 이유로 甲 회사에 **주된 인허가인 사업계획승인을 취소**한 사안에서, 산지전용허가 취소는 군수가 의제된 산지전용허가의 효력을 소멸시킴으로써 甲 회사의 구체적인 권리·의무에 직접적인 변동을 초래하는 행위로 보이는 점 등을 종합하면 **의제된 산지전용허가 취소가 항고소송의 대상이 되는 처분에 해당**하고, 산지전용허가 취소에 따라 사업계획승인은 산지전용허가를 제외한 나머지 인허가 사항만 의제하는 것이 되므로 사업계획승인 취소는 산지전용허가를 제외한 나머지 인허가 사항만 의제된 사업계획승인을 취소하는 것이어서 산지전용허가 취소와 사업계획승인 취소가 대상

과 범위를 달리하는 이상, **甲 회사로서는 사업계획승인 취소와 별도로 산지전용허가 취소를 다툴 필요가 있다**고 한 사례(대판 2018. 07. 12, 2017두48734).

생각건대, 현행 인·허가의제법령은 의제되는 인·허가를 법률상 의제하고 있는데, 법률의제이론에 의하면 의제되는 행위는 법률상 존재하는 것으로 보는 것이 타당하므로 의제되는 인·허가는 법률상 존재하는 것으로 보는 것이 타당하다. 또한, 실체집중 또는 제한적 실체집중을 인정하는 경우에는 의제되는 인·허가는 존재하지 않는 것이 타당하고, 실체집중을 부정하는 경우에는 의제되는 인·허가가 실재하는 것으로 보는 것이 타당하다. 현재의 인·허가의제제도는 실체집중을 부정하고 있으므로 의제되는 인·허가가 실재하는 것으로 보는 것이 타당하다.

또한, 행정기본법은 인허가의제의 경우 관련 인허가 행정청은 관련 인허가를 직접 한 것으로 보아 관계 법령에 따른 관리·감독 등 필요한 조치를 하여야 한다고 규정하고 있다(제26조 제1항).

(3) 인·허가의제시 의제되는 인·허가를 규율하는 다른 법규정의 적용 여부

법률유보의 원칙 및 명확성의 원칙상 의제되는 인·허가를 받았음을 전제로 한 법률규정의 적용을 부정하는 견해도 있으나, 인·허가의제시 법적으로 의제되는 인·허가를 받은 것으로 되고, 더욱이 판례는 실체집중부정설에 입각하여 의제되는 인·허가의 요건을 충족할 것을 요구하고 있으므로 인·허가의제시 의제되는 인·허가를 받았음을 전제로 한 법률규정은 법률유보의 원칙 및 명확성의 원칙에 반하는 경우를 제외하고는 원칙상 의제되는 인·허가에 적용된다고 보아야 한다. 이는 법령의 통일적 적용이라는 측면에서도 타당하다.

그러나, **판례**는 인허가의제의 경우 주된 인허가가 있으면 다른 법률에 의한 인허가가 있는 것으로 보는 데 그치고, 거기에서 더 나아가 다른 법률에 의하여 인허가를 받았음을 전제로 하는 그 다른 법률의 모든 규정들까지 적용되는 것은 아니라고 한다(대판 2016. 11. 24, 2014두47686).

* 의제되는 인·허가에 의제되는 인·허가를 받았음을 전제로 한 법률규정의 적용을 부정한 예

[판례] ① 공공주택건설법 제12조 제1항이 단지조성사업 실시계획의 승인이 있는 때에는 도시개발법에 의한 실시계획의 작성·인가(제11호), 주택법에 의한 사업계획의 승인(제20호)을 받은 것으로 본다고 규정하고 있으나, 이는 공공주택건설법상 단지조성사업 실시계획의 승인을 받으면 그와 같은 인가나 승인을 받은 것으로 의제함에 그치는 것이지 더 나아가 그와 같은 인가나 승인을 받았음을 전제로 하는 도시개발법과 주택법의 모든 규정들까지 적용된다고 보기는 어렵다. 따라서 공공주택건설법에 따른 단지조성사업은 학교용지법 제2조 제2호에 정한 학교용지부담금 부과

대상 개발사업에 포함되지 아니다(대판 2016. 11. 24, 2014두47686).
② 구 건축법(1995. 1. 5. 법률 제4919호로 개정되기 전의 것) 제8조 제4항은 건축허가를 받은 경우, 구 도시계획법(1999. 2. 8. 법률 제5898호로 개정되기 전의 것) 제25조의 규정에 의한 도시계획사업 실시계획의 인가를 받은 것으로 본다는 인가의제규정만을 두고 있을 뿐, 구 건축법 자체에서 새로이 설치한 공공시설의 귀속에 관한 구 도시계획법 제83조 제2항을 준용한다는 규정을 두고 있지 아니하므로, 구 건축법 제8조 제4항에 따른 건축허가를 받아 새로이 공공시설을 설치한 경우, 그 공공시설의 귀속(무상귀속)에 관하여는 구 도시계획법 제83조 제2항이 적용되지 않는다고 한 사례(대판 2004. 07. 22, 2004다19715[부당이득금반환]).

* 의제되는 인·허가에 의제되는 인·허가를 받았음을 전제로 한 법률규정의 적용을 긍정한 예

[판례] ① 도시 및 주거환경정비법에 정한 도시환경정비사업 시행인가를 받아서 건축허가가 있는 것으로 의제되는 경우도 구 대도시 광역교통관리에 관한 특별법 시행령(2007. 4. 20. 대통령령 제20021호로 개정되기 전의 것) 제15조 제2항의 규율대상에 포함된다(대판 2007. 10. 26, 2007두9884[광역교통시설부담금부과처분취소]). 〈참조〉 구 대도시 광역교통관리에 관한 특별법 시행령(2007. 4. 20. 대통령령 제20021호로 개정되기 전의 것) 제15조(광역교통시설부담금의 부과대상 지역 등) 제2항: 법 제11조 제6호에서 "대통령령으로 정하는 사업"이라 함은 「건축」 제8조의 규정에 의한 건축허가를 받아 주택 외의 시설과 20세대 이상의 주택을 동일건축물로 건축하는 사업(법 제11조 제1호 내지 제3호의 사업이 시행되는 지구·구역 또는 사업 지역안에서 시행되는 경우를 제외한다)을 말한다.
② 주택조합들이 주택건설촉진법 제33조 제1항에 의하여 주택건설사업계획을 승인받은 이상 같은 법 제33조 제4항 제3호에 따라 그 사업에 필요한 범위 내의 도로에 대하여 도로법 제40조에 의한 도로점용의 허가를 얻은 것으로 간주되고, 그 사업계획승인시 도로점용허가사항과 관련된 내부협의나 공고가 없었다고 하여 달리 볼 것은 아니며, 도로점용허가가 의제된다 하더라도 도로점용료 부과처분을 함에 있어서는 그 부과대상토지를 특정하고 그에 대한 점용료 산정기준 등 산출근거를 구체적으로 명시하여야 한다(대판 2002. 02. 26, 2000두4323[도로점용료부과처분취소]).
③ [1] 당초 농지전용허가가 의제되는 건축허가를 받은 사람이 농지보전부담금을 납부한 상황에서 경매절차를 통해 건축허가대상 건축물에 관한 권리가 변동됨에 따라 건축주가 변경되고, 그에 따라 법률로써 농지전용허가 명의자가 변경된 것으로 의제되면, 종전에 납부된 농지보전부담금은 농지전용허가 명의를 이전받은 자의 의무이행을 위해 납입되어 있는 것으로 보는 것이 타당하다. [2] 농지전용허가가 의제되는 건축허가를 받은 토지와 그 지상에 건축 중인 건축물의 소유권을 경매절차에서 양수한 자가 건축관계자 변경신고를 하는 경우 행정청은 '농지보전부담금의 권리승계를 증명할 수 있는 서류'가 제출되지 않았다는 이유로 그 신고를 반려할 수 없다(대판 2022. 06. 30, 2021두57124[건축관계자변경신고반려처분취소]).

7. 인·허가의제제도에서의 민원인 또는 제3자의 불복

(1) 항고쟁송의 대상

인·허가가 의제되는 것은 주된 인·허가가 난 경우이다. 주된 인·허가의 거부의 경우에는 의제되는 인허가거부처분이 실제로 존재하지 않을 뿐만 아니라 의제되

는 인·허가의 거부가 의제되지 않으므로 의제되는 인·허가의 요건의 결여나 재량판단에 근거한 주된 인·허가의 거부에 대한 불복은 주된 인·허가의 거부처분을 다투어야 한다.

[판례] 구 건축법(1999. 2. 8, 법률 제5895호로 개정되기 전의 것) 제8조 제1항, 제3항, 제5항에 의하면, 건축허가를 받은 경우에는 구 도시계획법(2000. 1. 28, 법률 제6243호로 전문 개정되기 전의 것) 제4조에 의한 토지의 형질변경허가나 농지법 제36조에 의한 농지전용허가 등을 받은 것으로 보며, 한편 건축허가권자가 건축허가를 하고자 하는 경우 당해 용도·규모 또는 형태의 건축물을 그 건축하고자 하는 대지에 건축하는 것이 건축법 관련 규정이나 같은 도시계획법 제4조, 농지법 제36조 등 관계 법령의 규정에 적합한지의 여부를 검토하여야 하는 것일 뿐, **건축불허가처분을 하면서 그 처분사유로 건축불허가 사유뿐만 아니라 형질변경불허가 사유나 농지전용불허가 사유를 들고 있다고 하여 그 건축불허가처분 외에 별개로 형질변경불허가처분이나 농지전용불허가처분이 존재하는 것이 아니므로,** 그 건축불허가처분을 받은 사람은 그 건축불허가처분에 관한 쟁송에서 건축법상의 건축불허가 사유뿐만 아니라 같은 도시계획법상의 형질변경불허가 사유나 농지법상의 농지전용불허가 사유에 관하여도 다툴 수 있는 것이지, 그 건축불허가처분에 관한 쟁송과는 별개로 형질변경불허가처분이나 농지전용불허가처분에 관한 쟁송을 제기하여 이를 다투어야 하는 것은 아니며, 그러한 쟁송을 제기하지 아니하였어도 형질변경불허가 사유나 농지전용불허가 사유에 관하여 불가쟁력이 생기지 아니한다(대판 2001. 01. 16, 99두10988).

인·허가의제제도에서 항고쟁송의 대상이 문제되는 경우는 주된 인·허가가 난 경우에 있어서 의제되는 인·허가의 요건의 결여나 재량권의 일탈·남용을 주장하는 경우이다. 이 경우 주된 인·허가를 항고쟁송의 대상으로 하여야 하는지 아니면 그 요건의 결여나 재량권의 일탈·남용이 다투어지는 의제되는 해당 인·허가를 대상으로 하여야 하는지가 문제된다.

1) 주된 인·허가가 항고소송의 대상이 된다는 견해

인·허가의제의 경우 현실적으로 주된 인·허가처분만이 있고, 의제되는 인·허가처분은 실제로는 존재하지 않는다고 보면 의제되는 인·허가를 다투고자 하는 경우에도 항상 주된 인·허가를 다투어야 하는 것으로 보는 것이 타당하다.

2) 의제된 인·허가가 항고쟁송의 대상이 될 수 있다는 견해

의제되는 인·허가가 실재하는 것으로 보는 견해에 의하면 주된 인·허가의 허가사유를 다투고자 하는 경우에는 주된 인·허가를 항고쟁송의 대상으로 하고, 의제되는 인·허가의 허가사유를 다투는 경우에는 의제되는 당해 인·허가 등을 항고쟁송의 대상으로 본다.

3) 판　　례

판례는 이해관계인이 의제된 인·허가가 위법함을 다투고자 하는 경우 원칙상 주된 처분(주택건설사업계획승인처분)이 아니라 의제된 인·허가(지구단위계획결정)를 항

고소송의 대상으로 삼아야 한다고 본다(대판 2018. 11. 29, 2016두38792).

[판례] (1) 주택건설사업계획승인처분에 따라 의제된 지구단위계획결정에 하자가 있음을 이해관계인이 다투고자 하는 경우, 주된 처분(주택건설사업계획승인처분)과 의제된 인 · 허가(지구단위계획결정) 중 어느 것을 항고소송의 대상으로 삼아야 하는지(= 의제된 인 · 허가): 주택건설사업계획 승인처분에 따라 의제된 인·허가가 위법함을 다투고자 하는 이해관계인은, 주택건설사업계획 승인처분의 취소를 구할 것이 아니라 의제된 인·허가의 취소를 구하여야 하며, 의제된 인·허가는 주택건설사업계획 승인처분과 별도로 항고소송의 대상이 되는 처분에 해당한다. (2) 임대사업자에 대한 ① 주택건설사업계획승인처분을 하면서 해당 주택단지 밖에 진입도로를 설치한다는 내용의 ② 지구단위계획결정이 의제되자, 위 진입도로 부지의 소유자인 원고가 ①과 ② 각각의 취소를 구하는 취소소송을 제기한 사안에서, 원심은, ①에 대한 취소청구는 제소기간 도과를 이유로 각하하고, ②에 대한 취소청구는 '의제된 인·허가는 독립적으로 취소소송의 대상이 될 수 없다'는 이유로 각하하였으나, 원심이 ②의 처분성(대상적격)에 관하여 법리오해를 하였으나, 본안에 관한 원고 주장을 받아들일 수 없고, 원고만 상고하였으므로 불이익변경금지원칙에 따라 상고를 기각한 사례(대판 2018. 11. 29, 2016두38792).

또한, 최근 인·허가 의제대상이 되는 처분의 공시방법에 관한 하자가 있다고 하더라도, 그로써 해당 인·허가 등 의제의 효과가 발생하지 않을 여지가 있게 될 뿐이고, 그러한 사정이 주된 행정처분인 주택건설사업계획 승인처분 자체의 위법사유가 될 수는 없다고 본 판례가 있다(대판 2017. 09. 12, 2017두45131).

[판례] 주된 행정처분인 주택건설사업계획승인처분에 대한 항고소송에서, 선행 지구단위계획결정 및 주된 행정처분에 부수하여 인 · 허가 의제된 지구단위계획변경결정이 각 지형도면 고시방법의 하자가 있어 무효라고 주장하면서 이를 주된 행정처분인 주택건설사업계획 승인처분의 무효사유로 주장한 사건에서, 선행 지구단위계획결정 및 주된 행정처분에 부수하여 인 · 허가 의제된 지구단위계획변경결정의 무효사유를 주된 행정처분의 위법사유로 주장할 수 없다고 한 판례: (1) 구 주택법 제17조 제1항에 의하면, 주택건설사업계획 승인권자가 관계 행정기관의 장과 미리 협의한 사항에 한하여 그 승인처분을 할 때에 인·허가 등이 의제될 뿐이고(대법원 2012. 2. 9. 선고 2009두16305 판결 등 참조), 그 각 호에 열거된 모든 인·허가 등에 관하여 일괄하여 사전협의를 거칠 것을 그 승인처분의 요건으로 하고 있지는 않다. 따라서 인·허가 의제대상이 되는 처분의 공시방법에 관한 하자가 있다고 하더라도, 그로써 해당 인·허가 등 의제의 효과가 발생하지 않을 여지가 있게 될 뿐이고, 그러한 사정이 주택건설사업계획 승인처분 자체의 위법사유가 될 수는 없다고 보아야 한다. (2) 원심이 선행 지구단위계획결정 및 주된 행정처분에 부수하여 의제된 지구단위계획변경결정에 각 지형도면 고시방법에 하자가 있을 경우 주된 행정처분인 주택건설사업계획승인처분의 무효사유가 될 수 있음을 전제로 하여 각 지형도면 고시방법에 관한 하자가 있는지 여부에 관하여 나아가 판단한 것은 적절치 않으나, 주된 행정처분인 주택건설사업계획승인처분이 적법 · 유효하다고 판단한 결론은 정당하다고 보아, 상고기각한 사례(대판 2017. 09. 12, 2017두45131).

4) 결 어

의제되는 인·허가는 법적으로는 의제되어 존재한다고 볼 수 있고, 실체집중 부정의 취지 및 인허가 상대방의 권익 보호를 위해 **의제되는 인허가가 분리취소가능하면** 의제되는 인·허가만 취소의 대상으로 하여 의제되는 인·허가만 취소하는 것이 타당하다. 또한, 부분인허가의제를 인정하는 판례의 입장에 비추어도 문제의 의제되는 인허가만 취소하는 것이 타당하다.

(2) 주된 인·허가 취소시 의제된 인·허가의 효력

의제된 인·허가가 실재하지 않는 것으로 보고, 따라서 주된 인·허가만이 항고쟁송의 대상이 된다고 보는 견해를 취하면 주된 인·허가가 취소되면 의제된 인·허가도 (소급적 취소의 경우 소급적으로, 비소급적 취소의 경우 장래에 향하여) 효력을 상실하는 것으로 보는 것이 논리적이다.

그러나, 인·허가의제시 의제된 인·허가가 실재하는 것으로 보고, 따라서 불복사유에 따라 주된 인·허가 또는 의제된 인·허가가 항고쟁송의 대상이 된다고 보는 견해에 의하면 주된 인·허가의 취소만으로 의제된 인·허가가 자동적으로 효력을 상실하는 것으로는 볼 수 없다. 이 견해가 타당하다. 원칙상 취소는 인허가별로 행해지고 취소의 효력도 해당 인허가별로 발생한다고 보는 것이 타당하다. 이렇게 보는 것은 상대방인 국민은 취소된 인허가만 다시 받으면 해당 사업을 추진할 수 있는 실익이 있다. 주된 인허가가 취소되면 관련 인허가기관은 관련 인허가를 취소하거나 철회할 것인지 여부를 결정하여야 한다. 다만, 주된 인허가가 의제된 인허가의 성격도 갖거나 주된 인허가가 의제된 인허가의 전제가 되는 경우에는 주된 인허가의 취소로 해당 의제된 인허가도 효력을 상실하는 것으로 볼 수 있다.

[판례] 구 도시 및 주거환경정비법(2017. 2. 8. 법률 제14567호로 전부 개정되기 전의 것, 이하 '도시정비법'이라 한다)상 **사업시행인가는** 사업시행계획에 따른 대상 토지에서의 개발과 건축을 승인하여 주고, 덧붙여 의제조항에 따라 토지에 대한 수용 권한 부여와 관련한 **사업인정의 성격을 가진다. 따라시 어느 특정한 도지를 최초로 사업시행 대상 부지로 삼은 사업시행계획이 당연무효이거나 법원의 확정판결로 취소된다면, 그로 인하여 의제된 사업인정도 효력을 상실한다. 그러나** 이와 달리 특정한 토지를 최초로 사업시행 대상 부지로 삼은 **최초의 사업시행인가가 효력을 유지하고 있고 그에 따라 의제된 사업인정의 효력 역시 유지되고 있는** 경우라면, **특별한 사정이 없는 한 최초의 사업시행인가를 통하여 의제된 사업인정은 사업시행변경인가에도 불구하고 그 효력이 계속 유지된**다. 사업시행 대상부지 자체에 관하여는 아무런 변경 없이 건축물의 구조와 내용 등 사업시행계획의 내용을 대규모로 변경함으로써 **최초 사업시행인가의 주요 내용을 실질적으로 변경하는 인가가 있는 경우에도** 최초의 사업시행인가가 유효하게 존속하다가 변경인가 시부터 장래를 향하여 실효될 뿐이고, **사업시행 대상부지에 대한 수용의 필요성은 특별한 사정이 없는 한 변경인가 전후에 걸쳐 아무런 차이가 없다.** 공익사업을 위한 토지 등의 취득 및 보상에 관한 법률(이하 '토지보상법'이라 한다) 제24조에 비추어 보더라도, **사업시행변경인가에 따라 사업대상 토지 일부가 제외되는 등의 방식으로 사업내용이 일부 변경됨으로써 종전의 사업대상 토지 중 일부에 대한 수용의 필요성이 없게 된 경우에, 그 부분에 한하여 최초 사업시행인가로 의제된 사업인정 중 일부만이 효력을**

상실하게 될 뿐이고(제24조 제1항, 제5항 참조), **변동 없이 수용의 필요성이 계속 유지되는 토지 부분에 대하여**는 최초 사업시행인가로 의제된 **사업인정의 효력이 그대로 유지됨**을 당연한 전제로 하고 있다(대판 2018. 07. 26, 2017두33978).

8. 의제된 인 · 허가의 취소 등 사후관리감독

인허가의제의 경우 관련 인허가 행정청은 관련 인허가를 직접 한 것으로 보아 관계 법령에 따른 관리 · 감독 등 필요한 조치를 하여야 한다(행정기본법 제26조 제1항). 따라서, 의제된 인 · 허가의 사후관리 및 감독은 의제된 인 · 허가기관이 담당한다.

9. 주된 인허가의 변경에 따른 관련 인허가의 변경 의제

주된 인허가가 있은 후 이를 변경하는 경우에는 제24조 · 제25조 및 제26조 제1항을 준용한다(행정기본법 제26조 제2항).

행정기본법 제26조 제2항은 주된 인허가의 변경으로 관련 인허가의 변경이 의제될 수 있는 것을 전제로 주된 인허가의 변경으로 관련 인허가의 변경 의제가 필요한 경우에는 인허가 의제절차(관련 인허가기관과의 협력 등)를 준용하여 주된 인허가를 변경하고 이에 따라 관련 인허가의 변경이 의제된다는 것을 규정한 것으로 보는 것이 타당하다. 그리고, 일반적으로 처분권에는 처분의 변경권도 포함되는 것으로 보아야 하므로 인허가의제조항은 인허가변경의제의 근거조항으로 보는 것이 타당하다.

10. 기 타

[판례] 구 보금자리주택건설 등에 관한 특별법 제18조 제1항 제8호에 의한 구 국토의 계획 및 이용에 관한 법률상 도시계획시설사업 시행자 지정 및 실시계획인가 의제의 효력이 구 보금자리주택건설 등에 관한 특별법 제4조에서 정한 사업시행자에게서 보금자리주택지구 내의 특정한 토지를 분양받은 자에게까지 승계된다고 볼 수 없다(대판 2015. 07. 09, 2015두39590[건축허가처분취소]).

제 7 절 절차의 하자

Ⅰ. 절차의 하자의 독자적 위법성

행정처분에 절차상 위법이 있는 경우에 절차상 위법이 당해 행정처분의 독자적인 위법사유(취소 또는 무효사유)가 되는가. 달리 말하면 법원은 취소소송의 대상이 된 처분이 절차상 위법한 경우 당해 처분의 실체법상의 위법 여부를 따지지 않고 또는 실체법상 적법함에도 불구하고 절차상의 위법만을 이유로 취소 또는 무효확인할 수 있는가 하는 것이 문제된다.

이러한 문제가 제기되는 것은 절차상 위법을 이유로 행정처분이 취소된 경우에는 실체법상의 위법을 이유로 취소된 경우에서와 달리 처분행정청은 취소된 처분과 동일한 처분을 다시 할 수도 있는데 이렇게 되면 행정처분의 무용한 반복으로 인하여 행정상 또는 소송상 비경제적이라는 데 있다.

절차상 하자가 독립된 취소사유가 될 수 있는지에 관하여 학설은 적극설, 소극설 및 절충설로 나누어져 있다. 판례는 적극설을 취하고 있다.

1. 소극설(절차의 하자를 독자적 위법사유로 보지 않는 견해(절차봉사설))

절차상 하자만을 이유로 하여서는 행정처분의 무효를 확인하거나 또는 행정처분을 취소할 수 없고, 내용상 하자가 있어야 취소 또는 무효확인할 수 있다는 소극설의 주된 논거는 다음과 같다: ① 행정절차는 그 자체가 독자적인 가치를 갖는 것이 아니라 행정처분의 실체상 적정성을 보장하는 수단에 불과하다. ② 법원이 절차상 하자를 이유로 취소하더라도 행정청은 절차의 하자를 치유하여 동일한 내용의 처분을 다시 할 수 있으므로 절차상의 하자만을 이유로 취소하는 것은 행정상 및 소송상 경제에 반한다.

2. 적극설(절차의 하자를 독자적인 위법사유로 보는 견해(절차고유가치설))

이에 대하여 절차상 하자만을 이유로 행정처분의 무효를 확인하거나 행정처분을 취소할 수 있다는 적극설의 주된 논거는 다음과 같다. ① 행정절차는 '적법절차의 원칙'의 실현이라는 고유한 가치를 가지므로 절차의 하자를 독자적인 위법사유로 보는 것이 타당하다. ② 소극설을 취하는 경우에는 절차적 규제가 유명무실해질 우려가 있다. 행정절차의 실효성을 보장하기 위하여는 절차상의 하자를 독립된 취소사유로 보아야 한다. ③ 재량처분의 경우 적법한 절차를 거쳐 다시 처분을 하는 경우 반드시 동일한 내용의 처분을 반복한다고 말할 수 없다. 적법한 절차를 거치는 경우에 행정청은 보다 신중하고 합리적인 처분을 하게 되고 따라서 처분의 내용이 달라질 수 있다.[148] ④ 행정소송법상 취소판결 등의 기속력이 절차의 위법을 이유로 취소되는 경우에 준용된다(행정소송법 제30조 제3항).

148) 박윤흔, 전게서, 465면.

3. 절충설

절차의 하자가 독립된 무효 또는 취소사유가 될 수 있는가에 관하여 경우에 따라서 독립된 취소사유로 보거나 보지 않는 절충적 견해가 있다.

(1) 제1설

기속행위의 경우에는 행정절차가 실체적 판단에 영향을 미칠 수 없으므로 절차의 하자를 독립된 위법사유로 보지 않고, 재량행위에 있어서는 행정청은 기본 처분과 다른 처분을 할 수도 있으므로 절차상의 위법사유가 독자적인 위법사유가 된다고 본다. 기속행위에 있어서 소극설을 취하는지 적극설을 취하는지 입장을 명백히 표명하고 있지 않다.[149]

(2) 제2설

기속행위와 재량행위를 구별하여 기속행위의 경우에는 행정절차가 실체적 판단에 영향을 미칠 수 없으므로 절차의 하자가 독립된 위법사유가 되지 않는다고 보고, 재량행위의 경우에는 절차의 하자가 행정청의 실체적 결정에 영향을 미칠 수 있는 경우에 한하여 독립된 위법사유가 된다고 보는 견해이다. 독일이나 프랑스법이 대체로 이러한 입장에 있는 것으로 보인다.

기속행위의 경우 절차의 하자를 독립된 위법사유로 보지 않는 것은 절차가 행정행위의 실체상의 내용에 어떠한 영향도 미칠 수 없기 때문이고, 재량행위의 경우 절차의 하자가 행정청의 실체적 결정에 영향을 미칠 수 없는 경우에는 절차를 거쳐 처분을 하여도 동일한 내용의 처분을 다시 내릴 수 있기 때문에 행정 및 소송경제상 절차의 하자를 취소사유로 보지 않는 것이다.

4. 판례(원칙상 적극설)

판례는 재량행위뿐만 아니라 기속행위에 있어서도 원칙상 적극설을 취하고 있다.

[판례] ① 행정청이 침해적 행정처분을 하면서 위와 같은 **절차를 거치지 아니하였다면 원칙적으로 그 처분은 위법하여 취소를 면할 수 없다**(대법원 2019. 1. 31. 선고 2016두64975 판결, 대법원 2020. 7. 23. 선고 2017두66602 판결 등 참조)(대판 2023. 09. 21, 2023두39724).
② 같은 법 제49조 제3항, 제52조 제1항이 정하고 있는 절차적 요건을 갖추지 못한 공정거래위원회의 시정조치 또는 과징금납부명령은 설령 실체법적 사유를 갖추고 있다고 하더라도 위법하여 취소를 면할 수 없다(대판 2001. 05. 08, 2000두10212).
③ 과세처분시 납세고지서에 과세표준, 세율, 세액의 계산명세서 등을 첨부하여 고지하도록 한 것

---

149) 김동희, 전게서, 397면.

은 조세법률주의의 원칙에 따라 처분청으로 하여금 자의를 배제하고 신중하고도 합리적인 처분을 행하게 함으로써 조세행정의 공정성을 기함과 동시에 납세의무자에게 부과처분의 내용을 상세히 알려서 불복여부의 결정 및 그 불복신청에 편의를 주려는 취지에서 나온 것이므로 이러한 규정은 강행규정으로서 납세고지서에 위와 같은 기재가 누락되면 과세처분 자체가 위법하여 취소대상이 된다(대판 1983. 07. 26, 82누420).

다만, 절차의 하자가 무시할 수 있을 정도(절차적 정당성을 침해하지 않을 정도)로 **경미한 경우**(절차의 하자 판례 참조) **또는 행정절차가 처분상대방이나 이해관계인의 의견진술권과 방어권을 보장하는 성질을 갖는 경우**(예, 제재처분, 징계처분 등)에 **처분상대방이나 관계인의 의견진술권이나 방어권 행사에 실질적으로 지장이 초래되었다고 볼 수 없는 특별한 사정이 있는 경우**에는, 절차 규정 위반으로 인하여 **처분절차의 절차적 정당성이 상실되었다고 볼 수 없으므로 해당 처분을 취소할 것은 아니다**(대판 2018. 03. 13, 2016두33339; 2021. 01. 28, 2019두55392[감사결과통보처분취소] 등).

[판례] ① (1) 행정청이 처분절차에서 관계 법령의 **절차 규정을 위반하여 절차적 정당성이 상실된** 경우에는 해당 처분은 위법하고 **원칙적으로 취소하여야 한다**. 다만 **처분상대방이나 관계인의 의견진술권이나 방어권 행사에 실질적으로 지장이 초래되었다고 볼 수 없는 특별한 사정이 있는 경우**에는, 절차 규정 위반으로 인하여 **처분절차의 절차적 정당성이 상실되었다고 볼 수 없으므로, 해당 처분을 취소할 것은 아니다**(대법원 2018. 3. 13. 선고 2016두33339 판결 등 참조). (2) 피고(교육부장관)이 사학분쟁조정위원회가 ○○학원의 정상화를 추진하면서 후보자로 추천을 받은 9명을 정식이사로 선임하는 의결을 한 것에 따라 위 9명을 ○○학원의 정식이사로 선임하는 처분(이하 '이 사건 처분')을 하였고, 원고들이 사학분쟁조정위원회가 정식이사 선임의 의결 과정에서 구 사립학교법 시행령 제9조의6 제4항 제1호에서 정한 **전·현직이사협의체를 구성하지 않은 절차위반** 등의 이유를 들어 이 사건 처분에 대한 취소를 청구한 사안에서 **원고들이 물의인원(물의를 일으킨 전직이사)에 해당하고,** 물의인원이 있는 종전이사들에 대하여 전·현직이사협의체 구성을 생략하고, **그들로 하여금 '그 밖에 조정위원회가 인정하는 이해관계인'으로서 의견을 제출하게 하였다면,** 그 절차, 방법 및 결과에 있어 그들로 하여금 전·현직이사협의체로 구성하여 의견을 제출하게 한 경우와 크게 다르다고 보기 어려우므로, **그와 같은 절차 규정 위반으로 인하여 원고들의 의견진술권 행사에 실질적으로 지장이 초래되었다고 볼 수 없는 특별한 사정이 있다고 볼 소지가 있다고 한 사례**(대판 2025. 07. 18, 2022두32429[이사선임처분취소]). 〈참고사항〉 구 사립학교법 시행령 제9조의6 제5항은 전·현직이사협의체 구성원들에게 과반수 정식이사 후보자에 관한 의견 제출권을 부여하기에 부적합한 사유가 있는 경우, 즉 구성원들 중 물의인원이 있는 경우 과반수 미만의 정식이사 후보자만을 추천하도록 규정하고 있다.

② 육군3사관학교의 사관생도에 대한 징계절차에서 징계심의대상자가 대리인으로 선임한 변호사가 징계위원회 심의에 출석하여 진술하려고 하였음에도 불구하고, 징계권자나 그 소속 직원이 변호사가 징계위원회의 심의에 출석하는 것을 막았다면 징계위원회 심의·의결의 절차적 정당성이 상실되어 그 징계의결에 따른 징계처분은 위법하여 원칙적으로 취소되어야 한다. 다만 **징계심의대상자의 대리인이 관련된 행정절차나 소송절차에서 이미 실질적인 증거조사를 하고 의견을 진술하는 절차를 거쳐서 징계심의대상자의 방어권 행사에 실질적으로 지장이 초래되었다고 볼 수 없는 특별한 사정이 있는 경우**에는, **징계권자가 징계심의대상자의 대리인인 변호사에게 징계위원회에 출석**

하여 의견을 진술할 기회를 주지 아니하였다 하더라도 그로 인하여 징계위원회 심의에 절차적 정당성이 상실되었다고 볼 수 없으므로 징계처분을 취소할 것은 아니다(대판 2018. 03. 13, 2016두33339[퇴교처분취소]).

③ 전라북도전주교육지원청교육장의 이 사건 처분(유치원 원장에 대한 경고 처분과 세입조치의 회수를 명하는 본처분)은 교육부의 종합감사 결과 통보에 따른 후속조치로서 행해지는 '시정명령'인 점, 피고가 이 사건 처분을 하기 전에 원고들에게 확인서를 징구하려고 하는 과정에서 '사적재산의 공적이용료'와 관련한 부적정한 회계운영사실을 고지하였던 점 등을 고려하면, 피고가 원고들에게 이 사건 처분을 하기 전에 처분의 사전 통지 및 의견진술 기회를 부여하는 별도의 절차를 거치지 않았다고 하더라도 이 사건 처분을 취소하여야 할 정도의 절차적 하자는 아니라고 판시한 사례(대판 2021. 01. 28, 2019두55392[감사결과통보처분취소]).

④ (1) 구 지방자치법 제4조 제7항에 따르면 지방자치단체중앙분쟁조정위원회의 위원장은 제6항에 따른 심의과정에서 필요하다고 인정되면 관계 중앙행정기관 및 지방자치단체의 공무원 또는 관련 전문가를 출석시켜 의견을 듣거나 관계 기관이나 단체에 자료 및 의견 제출 등을 요구할 수 있고, 이 경우 관계 지방자치단체의 장에게는 의견을 진술할 기회를 주어야 한다. 그런데, 원고 충청남도지사는 2010. 4. 1. 피고에게 이 사건 매립지의 관할 결정에 관한 의견서를 제출한 사실, 피고는 2010. 12. 8. 평택시장이 매립지의 면적을 변경하는 내용의 변경신청을 하였다는 점과 함께 누구든지 20일 이내에 이에 대하여 의견을 제출할 수 있음을 공고한 사실, 원고 충청남도지사는 2010. 12. 28. 의견서를 제출한 사실, 위원회는 2014. 1.경부터 2015. 4. 1.경까지 여러 차례 심의를 하였고 현장방문과 실무조정회의 등을 거쳐 2015. 4. 13. 앞서 본 것과 같은 내용의 의결을 한 사실을 인정할 수 있다. 위 인정 사실에 의하면, 이 사건 결정을 위한 위원회의 심의·의결 과정에서 공고 및 의견제출 절차를 통해 이해관계인의 의견제출 기회가 부여되었고 그에 따라 원고 충청남도지사가 실제로 여러 차례 서면으로 의견을 제출하였으므로, 단지 최종 심의·의결 단계에서 위원회가 충청남도 소속 공무원에게 구두로 의견을 진술할 기회를 부여하지 않았다는 사정만으로 지방자치법 제4조 제7항을 위반하였다거나 그로 인하여 위원회의 심의·의결에 절차적 정당성이 상실되었다고 볼 수 없다. (2) ① 원고들은 일반적으로 처분의 상대방이 되는 '일반 국민'이 아니라 '관계 지방자치단체의 장'으로서 행정기관인 점, ② 원고들은 단지 종이문서 형태로 결정문을 받지 못했을 뿐 전자문서 형태로 결정문을 받아 이 사건 결정의 실질적인 내용을 파악하였기 때문에 불복 여부의 결정이나 방어권 행사에 실질적인 지장이 초래되지 않았던 점, ③ 원고들은 이 사건 결정을 통보받은 후 15일 이내에 대법원에 이 사건 소를 제기하여 제소기간을 준수하였던 점을 종합하면, 피고가 원고들의 사전 동의 없이 이 사건 결정을 전자문서로 통보하였다거나 불복방법을 고지하지 않았다고 하더라도 그것이 이 사건 결정을 취소하여야 할 정도의 절차상 하자로 보기는 어렵다(대판 2021. 02. 04, 2015추528[평택당진항매립지일부구간귀속지방자치단체결정취소]).

⑤ [세무조사와 과세예고통지 등에 관한 절차적 하자를 이유로 종합소득세 부과처분의 취소를 구하는 사건] (1) 원고가 세무조사 과정에서 절차적 권리를 제대로 보장받지 못한 것이 이 사건 처분(종합소득세부과처분취소)을 위법하게 만드는 사유가 아니라고 단정할 수 없다. (2) 과세예고통지 없이 이루어진 과세처분은 이로 인하여 절차적 정당성이 상실되지 않았다고 볼 만한 특별한 사정이 없는 한 위법하다고 보아야 한다. 이때 과세관청의 귀책사유 없이 부득이한 사정으로 국세부과제척기간의 만료일이 매우 임박하게 되었고, 이로 인하여 과세처분에 앞서 과세예고통지를 할 시간적 여유가 거의 없고 과세예고통지를 하더라도 납세자가 누릴 절차적 이익도 거의 없는 등 과세예고통지를 생략하더라도 절차적 정당성이 상실되지 않았다고 볼 만한 특별한 사정의 존재에 대해서는 과세관청이 증명하여야 한다(대판 2025. 08. 28, 2024두63830[종합소득세부과처분취소]).

5. 사 견

현행 행정소송법이 절차의 위법을 이유로 한 취소판결을 인정하고 있으므로(행정소송법 제30조 제3항) 현행법상 부정설은 타당하지 않다.

행정기관의 절차중시의 사고가 확립되지 않은 현재의 상황하에서 적법절차를 보장하기 위하여 적극설이 타당하다.

이론상 절차의 하자를 독립된 취소사유로 볼 것인가의 문제에 있어서 절차적 법치주의의 가치 및 국민의 권리구제와 행정 및 소송상 경제를 조화하는 해결이 요청된다. 이러한 관점에서 볼 때 이론상으로는 기속행위의 경우에는 절차의 하자를 독립된 취소사유로 보지 않고, 재량행위의 경우에는 절차의 하자가 행정청의 실체적 결정에 영향을 미칠 수 있는 경우에 한하여 독립된 취소사유로 보는 견해가 타당하다고도 할 수 있다.

그러나, 행정기관의 절차경시의 사고가 강한 현재의 상황하에서 이러한 해결을 하게 되면 절차가 경시될 것이기 때문에 절차적 법치주의가 확립될 때까지는 절차의 하자를 독립된 취소사유로 봄으로써 절차중시행정을 유도하는 것이 타당하다.

다만, 국민의 절차적 권리를 크게 침해하지 않는 경미한 절차의 하자는 하자가 치유되므로 취소사유가 되지 않는다고 보아야 한다. 이에 대하여 하자가 경미한 것은 하자의 치유사유가 아니라 취소의 제한사유로 보아야 한다는 견해가 있다(김동희, 314면).

판례 중에는 경미한 절차의 하자의 경우 하자의 치유를 인정한 판례가 있다. 즉, "행정청이 청문서 도달기간을 다소 어겼다하더라도 영업자가 이에 대하여 이의하지 아니한 채 스스로 청문일에 출석하여 그 의견을 진술하고 변명하는 등 방어의 기회를 충분히 가졌다면 청문서 도달기간을 준수하지 아니한 하자는 치유되었다고 봄이 상당하다"라고 판시하고 있다(대판 1992. 10. 23, 92누2844).

Ⅱ. 절차의 하자의 치유

절차의 하자의 치유는 전술한 바와 같다('하자의 치유' 참조).

Ⅲ. 절차의 하자와 국가배상

국가배상소송에서도 절차의 하자가 국가배상법상의 위법이 될 수 있지만, 국가배상이 인정되기 위하여는 손해가 발생하여야 한다. 따라서, 절차의 하자로 손해가 발생한 경우 국가배상책임이 인정되지만, 절차의 하자만으로 손해가 발생하였다고 볼 수 없고, 실체법상의 위법이 인정되어야만 국가배상이 인정될 수 있는 경우가 있다. 즉, 절차상 위법하지만 실체법상으로 적법한 경우에 손해가 발생하였다고 볼 수 없는 경우(예, 절차상 위법하나 실체상적법한 조세부과처분의 경우)가 있고, 이 경우에는 국가배상책임이 인정되지 않는다.

[판례] 행형법상의 금치처분에 절차적인 위법이 있어 당해 징벌처분이 위법하다는 이유로 공무원의 고의·과실로 인한 국가배상책임을 인정하기 위한 요건: 교도소장이 아닌 일반교도관 또는 중간관리자에 의하여 징벌내용이 고지되었다는 사유에 의하여 당해 징벌처분이 위법하다는 이유로 공무원의 고의·과실로 인한 국가배상책임을 인정하기 위하여는 징벌처분이 있게 된 규율위반행위의 내용, 징벌혐의내용의 조사·징벌혐의자의 의견 진술 및 징벌위원회의 의결 등 징벌절차의 진행경과, 징벌의 내용 및 그 집행경과 등 제반 사정을 종합적으로 고려하여 징벌처분이 객관적 정당성을 상실하고 이로 인하여 손해의 전보책임을 국가에게 부담시켜야 할 실질적인 이유가 있다고 인정되어야 한다(대판 2004. 12. 09, 2003다50184).

제 8 절 국민의 참여와 협력

참가(참여)민주주의가 확립된 오늘날 국민은 행정의 상대방일뿐만 아니라 행정에의 참여자로 인식되고 있고, 사익의 추구자일 뿐만 아니라 공익의 수호자로 인식되고 있다.

사인의 행정참여의 근거는 다양하지만 기본적으로 참여민주주의에 있다고 보는 것이 타당하다. 그리고, 국민이나 주민이 행정에 참가하는 것은 행정의 상대방이나 이해관계인이 자신의 사익을 보호를 위해 참가하는 경우와 행정계획이나 행정입법에서의 의견진술과 같이 시민이나 주민의 지위에서 기본적으로 공익의 보호를 위해 참가하는 경우로 구별할 수 있다. 시민은 정보공개청구, 공익신고자보호법상 부정부패신고 등과 같이 행정감시자로서 참가하기도 한다. 행정의 상대방이나 이해관계인이 사익을 보호하기 위해 참가하는 것은 절차적 법치주의에 기초한 바가 큰 반면에 시민이 공익의 보호를 위해 참가하는 것은 참여민주주의에 기초한 바가 크다. 참여는 주권자인 시민(민주시민)으로서의 지위에서의 국민의 역할이라고 할 수 있다. 또한 실제에 있어서 국민이나 주민의 참여 확대는 공익담당자로서의 공권력의 기능 약화와 관련이 있다. 공권력의 인적, 물적 한계로 공권력이 공익을 충실히 보호하지 못하고 공권력이 대기업 등 사익에 포획되어 공익이 아니라 사익에 따라 행사되는 것을 방지하고 공익의 실현을 극대화하기 위하여 국민이나 주민의 참여가 요청되기도 한다.

오늘날 민간의 행정참여를 넘어 민관협력관계로 나아가고 있다. 참여와 협력은 법적 용어가 아니고 모호한 개념이다. 민간의 참여와 민관협력은 일부 중첩되는 부분도 있지만 그 이념적 기초와 내용이 다르므로 기본적으로 구별하는 것이 타당하다. 참여는 기본적으로 참여민주주의에 기초하고, 그 내용은 행정의 주체는 기본적으로 공법인(국가와 지방자치단체 및 공공단체)이라는 것을 전제로 사인이 행정에 참여하는 것인 반면에 민관협력은 공익실현에 있어서 행정의 한계가 노정되고 반면에 민간의 전문성과 능력이 행정 보다 우월해짐에 따라 공익실현에 있어 행정의 독점이 부인되고, 사인의 공익수호기능이 인정된 것에 기초하여 공익의 실현을 행정과 민간이 협력하여 실현하는 것을 내용으로 한다. 민관협력은 신공공관리이론에 따른 행정의 효율성에도 기초하고 있다.

민간의 참여와 협력은 행정법이론의 변화를 요구한다. 우선 민간참여의 확대에 따라 다음과 같은 행정법이론의 변화가 요구된다. ① 이해관계인의 절차적 권리는 기본적으로 사익의 보호를 위한 것이므로 이해관계인은 절차적 권리의 침해를 이유로 취소소송을 제기할 원고적격을 갖는다(대법원 2014. 01. 23. 선고 2012두6629 판결[임시이사해임처분취소등]). 이에 반하여 이해관계인이 아닌 자의 참여권은 사익 보다는 공익의 보호를 위해 인정되는 것이므로 공익을 위한 참여절차의 하자는 독자적 취소사유는 되지만, 이해관계인이 아닌 참여권자는 그 참여권의 침해를 이유로 취소소송을 제기할 원고적격이 없다고 할 수 있다. ② 향후 사인(단체 포함)의 공익참여를 확대하기 위해 공익소송을 확대하여야 한다. 현재 공익을 위한 단체소송이 인정되고 있지 않은데, 특별법의 제정을 통하여 또는 항고소송의 원고적격이론의 발전을 통하여 단체소송을 인정하여야 할 것이다. 다음으로 민간의 협력의 확대로부터 다음과 같은 행정법이론의 변화가 요구된다. ① 협동의 원칙이 환경법의 일반원칙으로 인정되고 있는데, 협동의 원칙은 다른 행정분야로 확대될 수 있다. ② 민관협력에 따라 공법상 계약과 협상, 주민협약 등 비공식적 행정작용의 활용이 확대되고 있다. 다만, 우리나라에서는 선진국과 비교하여 공법상 계약, 협상, 주민협약 등 비공식적 행정작용이 극히 제한적으로 이용되고 있는데, 그 이유는 이러한 협력적 행위형식이 사용될 수 있는 의식이나 여건이 조성되어 있지 못하기 때문이다. ③ 행정행위와 공법상 계약 사이에 원칙상 행위형식의 선택의 자유가 인정되어야 한다. ④ 위탁의 유형을 다양화하고, 수탁자의 행위의 효과와 손해배상에 관한 법이론을 정립하여야 한다.

제10장 정보공개와 개인정보의 보호

제 1 절 정보공개제도

Ⅰ. 의 의

정보공개제도(情報公開制度)라 함은 공공기관(특히 행정기관)이 보유하고 있는 정보를 일부 비공개로 하여야 할 정보를 제외하고는 누구에게도 청구에 응해서 열람·복사·제공하도록 하는 제도를 말한다.

엄격한 의미의 정보공개는 국민의 청구에 의해 공개되는 경우를 지칭하고 또한 그 공개가 의무지워지는 경우를 가리킨다. 그리고 행정기관이 적극적으로 정보를 제공하는 적극적 정보제공을 포함하여 광의의 정보공개라 할 수 있다. 정보화시대에 행정기관은 국민생활에 필요한 정보를 적극적으로 제공할 것이 요청된다. 현행 「공공기관의 정보공개에 관한 법률」(이하 '정보공개법'이라 한다)도 적극적 정보제공에 관한 규정(제21조)을 두고 있다.

행정절차의 일환으로 정보가 공개되는 경우가 있다. 즉, 행정절차법은 행정청으로 하여금 처분기준을 공표하도록 하고 있고(제20조), 당사자 등은 청문의 통지가 있은 날부터 청문이 끝날 때까지 행정청에 대하여 당해 사안의 조사결과에 관한 문서 기타 당해 처분과 관련되는 문서의 열람 또는 복사를 요청할 수 있고(제37조 제1항), 행정청은 예고된 입법안의 전문에 대하여 열람 또는 복사의 요청이 있는 때에는 특별한 사유가 없는 한 이에 응하여야 한다(제42조 제3항)라고 규정하고 있다.

정보공개와 행정절차법상의 정보공개는 다음과 같이 구별된다: ① 양자는 법적 근거가 다르다. 행정절차는 적법절차의 원칙에 근거하지만, 정보공개는 국민주권주의 및 알 권리에 근거하여 인정된다. ② 공개되는 정보가 행정절차에 있어서는 특정되어 있지만, 정보공개에 있어서는 공공기관이 보유하고 있는 모든 정보가 공개의 대상으로 된다. ③ 행정절차에 의한 정보공개는 일반적으로 처분의 상대방 및 이해관계인 등에 한정되지만, 정보공개의 청구권자는 통상 누구든지로 되어 있다. ④ 행정절차상의 정보공개는 행정처분이 행해지기 전에 행정처분의 근거로 될 정보를 공개하는 것이지만, 정보공개는 원칙적으로 행정처분이 끝난 후의 정보를 공개하는 것이다. ⑤ 행정절차에서 공개의 대상이 되는 것은 통상 특정의 안건에 관한 문서 전체가 되지만, 정보공개의 대상이 되는 것은 개개의 공문서인 것이 원칙이다.

위와 같이 정보공개와 행정절차상의 정보공개는 상이한 제도이지만 양자는 정보의 공개라는 관점에서 상호 보완관계에 있다. ① 정보공개에 있어서는 원칙적으로 완결된 문서만이 공개의 대상이 되고 내부문서는 공개의 대상이 되지 않지만, 행정절차에 있어서는 행정처분이 행해지기 전에 행정처분의 근거가 되는 정보가 공개되는 등 행정과정의 공개에 기여한다. ② 행정절차상의 정보의 공개에 있어서는 이해관계인은 정보공개법상 비공개사항에 대하여도 이해관계가 있는 한 공개청구를 할 수 있도록 규정하는 경우가 있다. ③ 행정절차에 있어서의 이해관계인의 행정에의 참여를 실효성 있게 하기 위하여는 정보의 입수가 중요한데 정보공개는 이에 기여한다.

Ⅱ. 정보공개의 필요성과 법적 근거

1. 정보공개의 필요성

(1) 국민의 국정참여의 전제조건

주권자인 국민이 직접 또는 간접으로 국정에 참여하기 위하여는 국정에 관한 정보를 알고 있어야 한다.

(2) 정치·행정의 민주적 통제

오늘날 권력분립, 소송제도, 행정절차 등 정치·행정에 대한 기존의 통제수단만으로는 정치·행정에 대한 통제가 충분하지 못하다. 권력의 부패나 남용은 정치·행성의 투명성을 확보함으로써 효과적으로 통제될 수 있다. 권력의 부패와 남용은 밀실에서 일어나는 경우가 많고 공개된 상황하에서는 억제된다. 그런데, 정보공개는 정치·행정의 투명성을 확보하는 중요한 수단이 된다.

(3) 인격의 실현과 국민의 행복추구

오늘날 정보화사회에 있어서는 정보와 지식을 갖지 않으면 인격의 개발이 어렵게 되고 행복한 생활을 영위할 수 없는 상황에 처해 있다.

2. 정보공개의 법적 근거

(1) 헌법적 근거

정보공개청구권은 알 권리의 한 요소를 이루며 알 권리는 표현의 자유에 포함된다고 보는 것이 헌법재판소의 입장이다. 알 권리는 정보의 수집에 방해를 받지 않을 자유와 국가기관에 대하여 정보의 공개를 청구할 수 있는 정보공개청구권을 포함한다고 본다. 따라서 정보공개청구권을 인정하는 법률이 존재하지 않는 경우에도 정보공개청구권은 알 권리에 근거하여 인정된다(헌재 1991. 05. 13, 90헌마133; 1989. 09. 04, 88헌마22).

대법원도 정보공개법의 시행 이전 사건에서 국민의 알 권리를 헌법상 표현의 자유와 관련하여 인정하고, 알권리의 내용으로 일반 국민 누구나 국가에 대하여 보유·관리하고 있는 정보의 공개를 청구할 수 있는 '일반적인 정보공개청구권'(대판 1999. 09. 21, 97누5114[150])과 자신의 권익보호와 직접 관련 있는 정보의 공개를 청구할 수 있는 '개별적 정보공개청구권'(대판 1999. 09. 21, 98두3426[151])이 포함된다고 보았다. 이와 같이 대법원이 정보공개청구에 관한 실정법률의 제정 없이도 국민에게 정보공개청구권이 인정된다고 본 점에는 찬동하지만 개별적 정보공개청구권과 일반적 정보공개청구권을 구별한 것에는 찬동할 수 없다. 왜냐하면 양 권리의 구별 실익이 무엇인지 애매하고 본래 알 권리 내지 정보공개청구권은 모든 국민, 나아가 누구에게나 그의 자격으로 인정되는 것이기 때문이지 이해관계인의 자격으로 인정되는 것은 아니기 때문이다. 현행 정보공개법도 일반적 정보공개청구권과 개별적 정보공개청구권을 구별하지 않고 규율하고 있다.

알 권리의 헌법적 근거에 대하여는 견해의 차이가 있다. 즉, 표현의 자유에서 구하는 견해,[152] 국민주권의 원리, 표현의 자유, 인간의 존엄성, 행복추구권과 인간다운 생활을 할 권리 등에서 복합적으로 구하는 견해[153]가 있다.

생각건대, 알 권리를 독자적인 기본권으로 보는 것이 타당하다. 그 이유는 다음과 같다: ① 알 권리는 자유권적 성질과 함께 청구권적 성질을 갖는다. 엄밀히 말하면 헌법상 기본권으로서의 알 권리는 자유권적 성질의 권리로서의 측면이 강하다. 알 권리는 기본적으로 공적 정보에 대한 자유로운 접근권을 의미한다. 알 권리의 청구권적 권리로서의 측면은 정보공개에 관한 법률의 제정에 의해 충실히 보장되게 된다. ② 알 권리는 표현의 자유뿐만 아니라 국민주권의 원리, 인간의 존엄성·행복추구권과 인간다운 생활을 할 권리 등에 근거한다고 보는 것이 타당하다. ③ 정보화사회에 있어서 알 권리는 국민의 여러 기본권(예, 표현의 자유, 학문의 자유, 재산권, 생명·건강권, 참정권, 존엄권, 행복추구권, 인간다운 생활을 할 권리 등)의 실현에 전제가 되는 필수적인 권리이다.

---

150) 민주사회를 위한 변호사 모임이 1996. 3. 경 미국정부로부터 당시 미국 정보공개법에 따라 비밀이 해제된 바 있는 1979년 및 1980년의 우리 나라 정치상황과 관련한 미국 정부 보유의 문서'의 공개를 청구한 사건.

151) 검사의 불기소처분으로 종결된 수사기록에 대하여 항고 및 재항고를 제기한 고소인의 자격에서 당해 수사기록에 대한 공개를 청구한 사건.

152) 허영, 전게서, 516면.

153) 권영성, 전게서, 445면; 윤명선·김병묵, 전게서, 492면.

[판례] 국민의 '알 권리', 즉 정보에의 접근·수집·처리의 자유는 자유권적 성질과 청구권적 성질을 공유하는 것으로서 헌법 제21조에 의하여 직접 보장되는 권리이다(대판 2009. 12. 10, 2009두12785).

(2) 실정법률의 근거

정보공개청구권은 알 권리에 직접 근거하여 인정되는 것이지만 정보공개에 있어서는 공개되어서는 안 되는 비밀정보, 정보공개절차, 공개가 거부된 경우의 불복절차 등 여러 법적 문제가 있으므로 정보공개청구권이 실효성 있게 보장되기 위하여는 상기의 문제들이 법률에 의해 구체적으로 규정되어야 한다.

정보공개청구권을 구체적으로 보장하기 위하여 1996년 12월 31일 「공공기관의 정보공개에 관한 법률」(이하 '정보공개법'이라 한다)이 제정되어 1998년 1월 1일부터 시행되고 있다. 동 법률은 정보공개청구권자, 비공개대상정보, 정보공개의 절차, 불복구제절차 등을 규율하고 있다.

「교육관련기관의 정보공개에 관한 특례법」은 교육관련기관이 보유·관리하는 정보의 공개에 관하여 정보공개법에 대한 특례를 정하고 있다.

Ⅲ. 정보공개법과 타 법령과의 관계

정보의 공개에 관하여는 다른 법률에 특별한 규정이 있는 경우를 제외하고는 이 법이 정하는 바에 의한다(법 제4조). 이는 정보공개법이 정보공개에 관한 일반법임을 의미한다.

여기서 '정보공개에 관하여 다른 법률에 특별한 규정이 있는 경우'에 해당한다고 하여서 정보공개법의 적용을 배제하기 위해서는, 그 특별한 규정이 '법률'이어야 하고, 나아가 그 내용이 정보공개의 대상 및 범위, 정보공개의 절차, 비공개대상정보 등에 관하여 정보공개법과 달리 규정하고 있는 것이어야 할 것이다(대판 2007. 06. 01, 2007두2555[아파트분양원가정보공개청구사건]; 2014. 04. 10, 2012두17384[정보공개거부처분취소]).

[판례] 형사소송법 제59조의2는 형사재판확정기록의 공개 여부나 공개 범위, 불복절차 등에 대하여 구 공공기관의 정보공개에 관한 법률과 달리 규정하고 있는 것으로 정보공개법 제4조 제1항에서 정한 '**정보의 공개에 관하여 다른 법률에 특별한 규정이 있는 경우**'에 해당한다. 따라서 **형사재판확정기록의 공개에 관하여는 정보공개법에 의한 공개청구가 허용되지 아니한다**고 한 사례(대판 2016. 12. 15, 2013두20882; 대결 2022. 02. 11, 2021모3175).

정보공개법은 지방자치단체의 정보에도 적용되지만 지방자치단체는 정보공개법에 반하지 않는 한도 내에서 독자적으로 정보공개조례를 제정할 수 있다. 정보공개법은 지방자치단체는 그 소관사무에 관하여 법령의 범위에서 정보공개에 관한 조례를 정할 수 있다고 규정하고 있으나(제4조 제2항) 이는 확인적 규정에 불과하다. 정보공개조례는 권리를 제한하거나 의무를 부과하는 조례가 아니므로 법령의 위임이 없어도 제정될 수 있다.

Ⅳ. 정보공개의 내용

현행 정보공개법상의 정보공개의 내용은 다음과 같다.[154)]

1. 정보공개청구권자

모든 국민은 정보의 공개를 청구할 권리를 가진다(제5조 제1항).

정보공개청구권이 인정되는 '모든 국민'에는 자연인뿐만 아니라 법인, 권리능력 없는 사단·재단도 포함되고, 법인과 권리능력 없는 사단·재단 등의 경우에 설립목적을 불문한다. 정보공개청구는 이해관계가 없는 공익을 위한 경우에도 인정된다(대판 2003. 12. 12, 2003두8050[충주환경운동연합사건]).

[판례] 정보공개 청구권자의 권리구제 가능성 등은 정보의 공개 여부 결정에 아무런 영향을 미치지 못한다(대판 2017. 09. 07, 2017두44558[불기소사건기록등열람등사불허가처분취소]).

외국인의 정보공개청구에 관하여는 대통령령으로 정하도록 하고 있는데(제5조 제2항), 동법 시행령 제3조는 정보공개를 청구할 수 있는 외국인을 '국내에 일정한 주소를 두고 거주하거나 학술·연구를 위하여 일시적으로 체류하는 자'와 '국내에 사무소를 두고 있는 법인 또는 단체'에 한정하고 있다.

지방자치단체는 정보공개법 제5조에서 정한 정보공개청구권자인 '국민'에 해당되지 아니한다(서울행법 2005. 10. 02, 2005구합10484: 서울특별시 송파구가 서울특별시 선거관리위원회를 상대로 제기한 정보비공개처분 취소청구소송).

2. 정보공개의 대상

정보공개의 대상이 되는 정보는 '공공기관이 보유·관리하는 정보'이다(제3조).

(1) 공공기관

'공공기관'이라 함은 국가기관(① 국회, 법원, 헌법재판소, 중앙선거관리위원회, ② 중앙

154) 자세한 것은 경건, "정보공개청구제도에 관한 연구," 『서울대학교 박사학위논문』, 1998. 2.참조.

행정기관(대통령 소속 기관과 국무총리 소속 기관을 포함한다) 및 그 소속 기관, ③「행정기관 소속 위원회의 설치·운영에 관한 법률」에 따른 위원회), 지방자치단체, 「공공기관의 운영에 관한 법률」 제2조에 따른 공공기관, 「지방공기업법」에 따른 지방공사 및 지방공단, 그 밖에 대통령령으로 정하는 기관을 말한다(제2조 제3호). 다만, 국가안전보장에 관련되는 정보 및 보안업무를 관장하는 기관에서 국가안전보장과 관련된 정보분석을 목적으로 수집하거나 작성한 정보에 대하여는 이 법을 적용하지 아니한다(법 제4조 제3항).

[판례] ① 공공기관의 정보공개에 관한 법률 시행령(2004. 3. 17. 대통령령 제18312호로 개정되기 전의 것) 제2조 제1호가 정보공개의무를 지는 공공기관의 하나로 **사립대학교**를 들고 있는 것이 모법인 구 공공기관의 정보공개에 관한 법률의 위임 범위를 벗어났다거나 사립대학교가 국비의 지원을 받는 범위 내에서만 공공기관의 성격을 가진다고 볼 수 없다(대판 2006. 08. 24, 2004두2783[계명대사건]).

② [1] **공공기관의 정보공개에 관한 법률 제2조 제3호 등에 따라 정보를 공개할 의무가 있는 '특별법에 의하여 설립된 특수법인'에 해당하는지 여부의 판단기준:** 어느 법인이 공공기관의 정보공개에 관한 법률 제2조 제3호 등에 따라 정보를 공개할 의무가 있는 **'특별법에 의하여 설립된 특수법인' 에 해당하는가는,** 국민의 알 권리를 보장하고 국정에 대한 국민의 참여와 국정운영의 투명성을 확보하고자 하는 위 법의 입법 목적을 염두에 두고, 당해 법인에게 부여된 업무가 국가행정업무이거나, 이에 해당하지 않더라도 그 업무 수행으로써 추구하는 이익이 당해 법인 내부의 이익에 그치지 않고 공동체 전체의 이익에 해당하는 공익적 성격을 갖는지 여부를 중심으로 개별적으로 판단하되, 당해 법인의 설립근거가 되는 법률이 법인의 조직구성과 활동에 대한 행정적 관리·감독 등에서 민법이나 상법 등에 의하여 설립된 일반 법인과 달리 규율한 취지, 국가나 지방자치단체의 당해 법인에 대한 재정적 지원·보조의 유무와 그 정도, 당해 법인의 공공적 업무와 관련하여 국가기관·지방자치단체 등 다른 공공기관에 대한 정보공개청구와는 별도로 당해 법인에 대하여 직접 정보공개청구를 구할 필요성이 있는지 여부 등을 종합적으로 고려하여야 한다. [2] '한국증권업협회'는 공공기관의 정보공개에 관한 법률 시행령 제2조 제4호의 '특별법에 의하여 설립된 특수법인'에 해당한다고 보기 어렵다고 한 사례(대판 2010. 04. 29, 2008두5643[정보비공개결정취소]).

③ 학교법인이 본질적으로 민법상 재단법인이라는 점과 사학의 특수성과 자주성을 존중하는 법정신에 비추어 볼 때 학교법인은 현행 정보공개법의 해석상 법 시행령 제2조 제4호 소정의 **'특별법에 의하여 설립된 특수법인'으로서 정보공개의무가 있는 공공기관이라 볼 수 없다**(대판 2008. 01. 24, 2007두22160).

④ 한국방송공사가 정보공개법 시행령 제2조 제4호의 '특별법에 의하여 설립된 특수법인'으로서 정보공개의무가 있는 공공기관에 해당한다고 한 사례(대판 2010. 12. 23, 2008두13101).

⑤ [1] 금융감독원은 특별법에 따라 설립된 특수법인으로서 정보공개법에서 정한 공공기관에 해당하고, 금융감독원이 직무상 작성 또는 취득하여 관리하고 있는 문서에 대하여는 정보공개법이 적용된다. [2] 금융감독원 직원이 직무와 관련하여 보관하거나 작성한 문서는 민사소송법 제344조 제2항이 적용되는 문서 중 예외적으로 제출을 거부할 수 있는 '공무원 또는 공무원이었던 사람이 그 직무와 관련하여 보관하거나 가지고 있는 문서'에 준하여 정보공개법에서 정한 절차와 방법에 의하여 공개 여부가 결정될 필요가 있고, 금융감독원으로서는 그 문서의 제출을 거부할 수 있다(대결 2024. 08. 29, 2024무677[감리결과조치처분및과징금부과처분취소(문서제출명령에대한즉시항고)]).

(2) 보유정보

'정보'라 함은 공공기관이 직무상 작성 또는 취득하여 관리하고 있는 문서(전자문서를 포함한다) 및 전자매체를 비롯한 모든 형태의 매체 등에 기록된 사항을 말한다(제2조 제1호).

공개청구의 대상이 되는 문서가 반드시 원본일 필요는 없다(대판 2006. 05. 25, 2006두3049).

공개청구의 대상이 되는 정보는 공공기관이 '보유하는 정보'에 한정된다.

[판례] ① 공공기관의 정보공개에 관한 법률상 공개청구의 대상이 되는 정보란 공공기관이 직무상 작성 또는 취득하여 현재 보유·관리하고 있는 문서에 한정되는 것이기는 하나, 그 문서가 반드시 원본일 필요는 없다(대판 2006. 05. 25, 2006두3049).
② 전자적 형태로 보유·관리하는 정보가 정보공개 청구인이 구하는 대로 되어 있지 않은 경우, 공공기관이 공개청구대상정보를 보유·관리하고 있는 것으로 볼 수 있는지 여부(한정 적극): **전자적 형태로 보유 · 관리되는 정보의 경우**에는, 그 정보가 청구인이 구하는 대로는 되어 있지 않다고 하더라도, 공개청구를 받은 공공기관이 공개청구대상정보의 기초자료를 전자적 형태로 보유·관리하고 있고, 당해 기관에서 통상 사용되는 컴퓨터 하드웨어 및 소프트웨어와 기술적 전문지식을 사용하여 **그 기초자료를 검색하여 청구인이 구하는 대로 편집할 수 있으며, 그러한 작업이 당해 기관의 컴퓨터 시스템 운용에 별다른 지장을 초래하지 아니한다면,** 그 공공기관이 공개청구대상정보를 **보유 · 관리하고 있는 것으로 볼 수 있고,** 이러한 경우에 기초자료를 검색·편집하는 것은 새로운 정보의 생산 또는 가공에 해당한다고 할 수 없다(대판 2014. 06. 12, 2013두4309).

현행 정보공개법에는 정보의 검색제공에 관한 규정이 없다. 현행 정보공개법이 이렇게 규정하고 있는 것은 공공기관이 보유하는 정보 그 자체를 공개하는 이외에 행정기관에게 정보를 검색하여 제공하도록 하는 것은 행정기관의 업무에 지나친 부담이 되기 때문이다. 그러나, 정보가 전자화되어 있는 경우에는 검색이 용이할 수 있으므로 행정기관의 업무수행에 큰 지장을 주지 않는 한도 내에서 국민이 원하는 경우 정보를 검색하여 제공하도록 하여야 할 것이다.[155] 따라서, 정보공개법에 의한 공개는 원칙상 공공기관이 보유하는 정보 그 자체를 공개하는 것이지만, 전자적 형태로 보유·관리되는 정보의 경우에는 행정기관의 업무수행에 큰 지장을 주지 않는 한도 내에서 정보를 검색하고 편집하여 제공하여야 하는 것으로 보아야 한다.

[판례] 공공기관에 의하여 전자적 형태로 보유·관리되는 정보가 정보공개청구인이 구하는 대로 되어 있지 않더라도, 공공기관이 공개청구대상정보를 보유·관리하고 있는 것으로 볼 수 있는지 여부 (한정 적극): 공공기관의 정보공개에 관한 법률에 의한 정보공개제도는 공공기관이 보유·관리하는 정보를 그 상태대로 공개하는 제도이지만, **전자적 형태로 보유·관리되는 정보의 경우**에는, 그 정보가 청구인이 구하는 대로는 되어 있지 않다고 하더라도, 공개청구를 받은 공공기관이 공개청구대상정보의 기초자료를 전자적 형태로 보유·관리하고 있고, **당해 기관에서 통상 사용되는 컴퓨터**

155) 박균성, "현행 정보공개법의 문제점과 개선방안,"『단국대 법학논총』, 제24집, 2000. 12.

하드웨어 및 소프트웨어와 기술적 전문지식을 사용하여 그 기초자료를 검색하여 청구인이 구하는 대로 편집할 수 있으며, 그러한 작업이 당해 기관의 컴퓨터 시스템 운용에 별다른 지장을 초래하지 아니한다면, 그 공공기관이 공개청구대상정보를 보유·관리하고 있는 것으로 볼 수 있고, 이러한 경우에 기초자료를 검색·편집하는 것은 새로운 정보의 생산 또는 가공에 해당한다고 할 수 없다(대판 2010. 02. 11, 2009두6001).

판례는 정보공개거부처분 취소소송에서 공개청구된 정보가 부존재하는 경우 법률상 이익(협의의 소의 이익)이 없는 것으로 보고(대판 2014. 06. 12, 2013두4309) 각하판결을 하여야 하는 것으로 보고 있는데, 이에 대하여는 공개청구된 정보가 존재하는지 여부는 정보공개청구권의 존부의 문제이므로 본안의 문제로 보고 본안판결을 하여야 한다는 비판적 견해가 있다(조성규, 정보공개 거부처분을 둘러싼 법적 쟁점, 2015.11, 행정법연구, 83면 이하 참조).

공개를 구하는 정보를 공공기관이 보유·관리하고 있을 **상당한 개연성이 있다는 점**에 대하여 원칙적으로 **공개청구자에게 증명책임**이 있다고 할 것이지만(대판 2006. 01. 13, 2003두9459), 공개를 구하는 정보를 공공기관이 한때 보유·관리하였으나 후에 그 정보가 담긴 문서등이 폐기되어 존재하지 않게 된 것이라면 그 정보를 **더 이상 보유·관리하고 있지 아니하다는 점에 대한 증명책임은 공공기관에게 있다**(대판 2004. 12. 09, 2003두12707: 교도소직원회운영지침과 재소자자변물품공급규칙이 폐지되었다 하여 곧바로 교도소장이 그 정보가 담긴 문서들을 보관·관리하지 않고 있다고 단정할 수는 없다고 한 사례).

(3) 정보공개법의 적용배제 정보

'국가안전보장에 관련되는 정보 및 보안업무를 관장하는 기관에서 국가안전보장과 관련된 정보분석을 목적으로 수집하거나 작성한 정보'에 대하여는 정보공개법을 적용하지 아니한다(제4조 제3항).

'국가안전보장에 관련되는 정보 및 보안업무를 관장하는 기관'에 국가정보원이 포함되는 것은 분명하나 검찰청이나 기무사가 이에 포함되는지에 대하여는 이견이 있다.

그런데, 정보공개법 제4조 제3항은 특정기관의 정보를 국가안전보장에 위해를 가할 것인지 여부를 묻지 않고 '국가안전보장과 관련된 정보분석을 목적으로 수집하거나 작성한 정보'이면 정보공개법의 적용대상에서 제외하고 있는 문제가 있다.

'국가안전보장에 관련되는 정보 및 보안업무를 관장하는 기관에서 국가안전보장과 관련된 정보분석을 목적으로 수집하거나 작성한 정보'는 정보공개법의 적용이 배제될 뿐이며 그 자체로서 비밀정보가 되는 것은 아니므로 알권리에 직접 근거하여 정보공개청구가 가능하다고 볼 수 있다.

3. 비공개대상정보

(1) 의 의

비공개대상정보(非公開對象情報)라 함은 공공기관이 공개를 거부할 수 있는 정보를 말한다.

비공개대상정보는 공익 또는 타인의 권익을 보호하기 위하여 인정된다.

비공개정보는 비밀정보를 의미하지 않는다. 비밀정보는 공개가 금지되는 정보이지만 비공개대상정보는 공개가 금지되는 정보는 아니며 행정기관이 공개하지 않을 수 있는 정보를 말한다. 또한 비공개정보에 해당한다고 하여 자동적으로 정보공개가 거부될 수 있는 것도 아니다. 당해 정보의 공개로 달성될 수 있는 공익 및 사익과 비공개로 하여야 할 공익 및 사익을 이익형량하여 공개 여부를 결정하여야 한다. 이것이 판례의 입장이다.

[판례] ① 국민으로부터 보유·관리하는 정보에 대한 공개를 요구받은 **공공기관**은 법 제9조 제1항 각 호에서 정하고 있는 비공개사유에 해당한다고 하여 공개를 거부하는 경우에는 대상이 된 정보의 내용을 구체적으로 확인·검토하여 어느 부분이 어떠한 법익 또는 기본권과 충돌되어 위 각 호의 어디에 해당하는지를 **주장·증명하여야만 하며**, 여기에 해당하는지 여부는 비공개에 의하여 보호되는 업무수행의 공정성 등의 이익과 공개에 의하여 보호되는 국민의 알 권리의 보장과 국정에 대한 국민의 참여 및 국정운영의 투명성 확보 등의 이익을 비교·교량하여 구체적인 사안에 따라 개별적으로 판단하여야 한다(대판 2009. 12. 10, 2009두12785).
② 공개청구의 대상이 되는 정보가 이미 다른 사람에게 공개되어 널리 알려져 있다거나 인터넷 등을 통하여 공개되어 인터넷검색 등을 통하여 쉽게 알 수 있다는 사정만으로는 소의 이익이 없다거나 비공개결정이 정당화될 수 없다(대판 2010. 12. 23, 2008두13101).

(2) 종류 및 내용

정보공개법은 다음 정보를 비공개대상정보로 열거하고 있다(제9조 제1항).

① 다른 법률 또는 법률에서 위임한 명령(국회규칙·대법원규칙·헌법재판소규칙·중앙선거관리위원회규칙·대통령령 및 조례에 한정한다)에 따라 비밀이나 비공개사항으로 규정된 정보.

'정보공개에 관하여 다른 법률에 특별한 규정이 있는 경우'에 해당한다고 하여 정보공개법의 적용을 배제하기 위해서는, 그 특별한 규정이 '법률'이어야 하고, 나아가 그 내용이 정보공개의 대상 및 범위, 정보공개의 절차, 비공개대상정보 등에 관하여 정보공개법과 달리 규정하고 있는 것이어야 한다(대법원 2007. 06. 01. 선고 2007두2555 판결 등 참조).

[판례] ① 군사법원법 제309조의3은 정보공개법 제4조 제1항에서 정한 '정보의 공개에 관하여 다른 법률에 특별한 규정이 있는 경우'에 해당한다. 따라서 군검사가 공소제기된 사건과 관련하여 보관하고 있는 서류 또는 물건에 관하여는 피고인이나 변호인의 정보공개법에 의한 정보공개청구가 허용되지 아니한다(대판 2024. 05. 30, 2022두65559).

② 「대통령기록물 관리에 관한 법률」(이하 '대통령기록물법')상 보호기간 중에 있는 대통령지정기록물에 관하여 정보공개를 청구한 사건] (1) 대통령기록물법 제17조에서 정한 대통령지정기록물 보호기간 제도의 취지는 외교적·정치적으로 민감한 사안에 대한 기록이 대통령의 임기가 끝난 직후 곧바로 공개될 경우 또 다른 정쟁의 대상이 될 수 있고 그 때문에 대통령이 그 임기 내에 민감한 사안에 관하여 기록 자체를 생산하지 않을 수 있으므로, 대통령이 지정한 일정한 범위의 기록물에 대하여는 퇴임 후 일정기간 철저하게 보호함으로써 대통령의 원활한 기록 생산을 도모하려는 데에 있다. 그러나 대통령지정기록물 보호기간 제도의 취지가 퇴임 후의 정쟁 등을 미연에 방지하기 위해 일정기간 공개를 제한하는 것이라고 하더라도, 대통령의 보호기간 설정행위는 대통령기록물법에서 정한 절차와 요건을 준수하여야만 비로소 적법하게 효력을 갖게 되는 것이므로, 보호기간 설정행위의 효력 유무에 대한 사법심사가 대통령기록물법에 의해 배제된다고 볼 수는 없다. (2) 어떠한 기록물이 대통령기록물법 제17조 제1항 각 호에서 정한 '기록물의 유형'에 해당하지 않음이 명백함에도 대통령이 이를 대통령지정기록물로 지정하고 보호기간을 설정하였다면 그 보호기간 설정행위는 대통령기록물법을 위반한 것으로서 효력을 인정할 수 없다. (3) 보호기간 중에 있는 대통령지정기록물에 대한 정보공개 거부처분의 취소를 구하는 항고소송 절차에서 법원이 해당 대통령지정기록물을 제출받아 비공개로 열람·심사할 수 있다. 다만, 보호기간 중에 있는 대통령지정기록물의 열람 및 제출을 엄격히 제한하는 대통령기록물법 제17조 제4항의 취지를 고려할 때, 법원으로서는 우선 피고로 하여금 다툼의 대상이 되는 정보의 유형, 해당 정보를 대통령지정기록물로 보아 보호기간을 정한 절차 및 그 실질적인 이유, 이를 공개하지 않는 사유, 동종의 정보에 대하여 보호기간을 정한 사례의 유무 등의 간접사실에 의하여 해당 정보에 적법하게 보호기간이 정해졌는지를 증명하도록 하여야 한다. 법원은 피고가 제출한 간접사실만으로 그 증명이 충분하지 않아 보호기간을 정한 행위의 적법성을 의심할 만한 상당한 이유가 있는 때에 비로소 정보공개법 제20조 제2항에 따라 피고로 하여금 다툼의 대상이 된 정보를 제출하도록 하여 비공개 열람·심사를 진행할 수 있다고 할 것이다. (4) 원고가 피고(대통령기록관장)에게 대통령 권한대행이 보호기간을 정한 대통령기록물 중 세월호 참사 발생 당시 대통령비서실 등이 생산하거나 접수한 문서의 목록(이하 '이 사건 정보')에 관하여 정보공개청구를 하였으나, 피고가 이 사건 정보가 대통령기록물법에 따라 대통령기록물로 지정되어 「공공기관의 정보공개에 관한 법률」 제9조 제1항 제1호의 비공개 대상 정보에 해당한다는 이유로 비공개 결정을 하자, 원고는 피고를 상대로 그 비공개 처분의 취소를 청구한 사건에서 원심은, 이 사건 정보가 대통령기록물법에 따라 대통령지정기록물로 지정되어 보호기간 중에 있고 피고에게 그 지정행위의 유·무효 또는 적법여부의 증명책임이 없다는 이유로 이 사건 처분이 위법하지 않다고 판단하였으나 대법원은 위와 같은 법리를 설시하면서, 원심으로서는 피고에 대해 이 사건 정보가 대통령기록물법 제17조 제1항 각 호 중 어느 사유에 해당하는지를 구체적으로 석명하고, 이에 따라 이 사건 정보가 적법하게 대통령기록물로 지정되고 보호기간이 정해졌는지에 관한 심리를 거쳐 판단하였어야 한다고 보아, 이와 달리 판단한 원심을 파기·환송한 사례(대판 2025. 01. 09, 2019두35763).

'법률에서 위임한 명령'은 법률의 위임규정에 의하여 제정된 대통령령, 총리령, 부령 전부를 의미한다기보다는 정보의 공개에 관하여 법률의 구체적인 위임 아래 제정된 법규명령(위임명령)을 의미한다(대판 2003. 12. 11, 2003두8395).

[판례] ① 검찰보존사무규칙은 비록 법무부령으로 되어 있으나 행정기관 내부의 사무처리준칙으로서 행정규칙이므로 검찰보존사무규칙상의 열람·등사의 제한은 공공기관의 정보공개에 관한 법률 제9조 제1항 제1호의 '다른 법률 또는 법률에 의한 명령에 의하여 비공개사항으로 규정된 경우'에 해당하지 않는다(대판 2004. 09. 23, 2003두1370).
② 형사소송법 제47조의 공개금지는 공공기관의 정보공개에 관한 법률 제9조 제1항 제1호의 '다른 법률 또는 법률에 의한 명령에 의하여 비공개사항으로 규정된 경우'에 해당하지 않는다(대판 2006. 05. 25, 2006두3049).
③ 공직자윤리법상의 등록의무자가 구 공직자윤리법 시행규칙 제12조 관련 [별지 14호 서식]에 따라 제출한, '자신의 재산등록사항의 고지를 거부한 직계존비속의 본인과의 관계, 성명, 고지거부사유, 서명(날인)'이 기재되어 있는 문서가 구 공공기관의 정보공개에 관한 법률 제7조 제1항 제1호에 정한 법령비정보(法令秘情報)에 해당하지 않는다고 한 사례(대판 2007. 12. 13, 2005두13117[정보비공개결정처분취소]).
④ 이 사건 '**환경정보공유 및 접근절차 부속서A**'는 SOFA 합동위원회의 양측 위원장인 외교부 북미국장과 주한미군 부사령관이 합의·서명한 것으로서, 국회의 비준동의도 받은 바 없고, 그 내용 또한 공여지환경조사 및 오염치유와 관련한 조사 및 정보의 교환을 위한 절차의 합의일 뿐 국민의 권리·의무에 관한 사항을 정한 것이 아니므로, **헌법 제6조 제1항에 의하여 체결·공포된 조약으로 볼 수 없고**, 따라서 위 부속서A가 공공기관의 정보공개에 관한 법률(이하 '정보공개법'이라 한다) 제9조 제1항 제1호에서 규정하는 '**다른 법률 또는 법률이 위임한 명령(국회규칙·대법원규칙·헌법재판소규칙·중앙선거관리위원회규칙·대통령령 및 조례에 한한다)'에 해당하지 않으므로** 이 사건 정보비공개결정은 위법하다(대판 2009. 02. 26, 2007두14596[정보비공개결정처분취소]).
⑤ 국방부의 한국형 다목적 헬기(KMH) 도입사업에 대한 **감사원장의 감사결과보고서가 군사2급비밀에 해당하는 이상** 공공기관의 정보공개에 관한 법률 제9조 제1항 제1호에 의하여 공개하지 아니할 수 있다고 한 사례(대판 2006. 11. 10, 2006두9351).
⑥ '학교폭력대책자치위원회 회의록'이 공공기관의 정보공개에 관한 법률 제9조 제1항 제1호의 비공개대상정보에 해당한다고 한 사례(대판 2010. 06. 10, 2010두2913).
⑦ 국가정보원이 그 직원에게 지급하는 현금급여 및 월초수당에 관한 정보는 국가정보원법 제12조에 의하여 비공개 사항으로 규정된 정보로서 공공기관의 정보공개에 관한 법률 제9조 제1항 제1호의 비공개대상정보인 '다른 법률에 의하여 비공개 사항으로 규정된 정보'에 해당한다(대판 2010. 12. 23, 2010두14800).
⑧ [1] **국가정보원의 조직·소재지 및 정원에 관한 정보는** 특별한 사정이 없는 한 국가안전보장을 위하여 비공개가 필요한 경우로서 **구 국가정보원법 제6조에서 정한 비공개 사항에 해당하고**, 결국 **공공기관의 정보공개에 관한 법률 제9조 제1항 제1호에서 말하는 '다른 법률에 의하여 비공개 사항으로 규정된 정보'에도 해당한다**고 보는 것이 타당하다. [2] 별지 목록 제6항, 제7항 기재 정보 중 '부패척결 TF팀'의 조직에 관한 사항이 구 국가정보원법 제6조에 의하여 정보공개법 제9조 제1항 제1호에서 정한 '법률에 의하여 비공개 사항으로 규정된 정보'에 해당한다고 판단한 부분은 정당하다고 수긍할 수 있으나, 나아가 위 TF팀의 활동내역에 관한 사항까지 당연히 그 전부가 국가정보원의 조직, 소재지 및 정원에 관한 정보로서 구 국가정보원법 제6조에서 비공개 사항으로 정한 정보에 해당한다고 단정할 수는 없다(대판 2013. 01. 24, 2010두18918[정보공개거부처분취소]).
⑨ **형사소송법 제59조의2와 정보공개법의 관계에 관한 해석**: 형사소송법 제59조의2의 내용·취지

등을 고려하면, 형사소송법 제59조의2는 형사재판확정기록의 공개 여부나 공개범위, 불복절차 등에 대하여 정보공개법과 달리 규정하고 있는 것으로 정보공개법 제 4조 제1항에서 정한 '정보의 공개에 관하여 다른 법률에 특별한 규정이 있는 경우'에 해당한다고 볼 수 있다. 따라서 형사재판확정기록의 공개에 관하여는 정보공개법에 의한 공개청구가 허용되지 아니한다(대판 2016. 12. 15, 2013두20882[정보공개청구기각처분취소][형사재판확정기록에 대한 정보공개청구 사건]).

⑩ (1) 구 국세기본법 제81조의13 제1항 본문의 **과세정보는** 정보공개법 제9조 제1항 제1호의 **'다른 법률에 의하여 비밀 또는 비공개 사항으로 규정한 정보'에 해당**한다(대법원 2004. 03. 12. 선고 2003두11544 판결 참조). (2) 정보공개법 제9조 제1항 제1호, 구 국세기본법 제81조의13 제1항에 따라 **비공개 대상 정보로 규정된 과세정보는 개별 납세자의 과세정보를 의미**한다. (3) 국제중재 사건에서 중재신청인들이 주장·청구하는 손해액 중 대한민국이 중재신청인들에게 부과한 과세·원천징수세액의 총 합계액과 이를 청구하는 중재신청인들의 명단(이하 '쟁점 정보'라 한다)은 이 사건 국제중재 사건에서 신청인들이 주장·청구하는 손해액 중 대한민국이 **신청인들에게 부과한 과세·원천징수세액의 총 합계액과 이를 청구하는 신청인들의 명단일 뿐 신청인별 과세·원천징수세액은 아니어서** 신청인별 과세·원천징수세액의 총 합계액을 공개하더라도 납세자인 신청인들에 대한 개별 과세·원천징수세액은 알 수 없다는 등의 이유로 쟁점 정보가 **과세정보에 해당한다고 보기 어렵고,** 달리 쟁점 정보가 과세정보에 해당한다는 점에 관한 증거가 없다(대판 2020. 05. 14, 2017두49652).

정보공개법 제9조 제1항 제1호상의 '다른 법률 또는 법률에서 위임한 명령'에는 군사기밀보호법, 동법 시행령 및 국가정보원법 제3조 제2항, 보안업무규정이 포함되는데, 공무원의 비밀엄수의무를 정하는 국가공무원법 제60조는 다른 견해가 있으나 이에 포함되지 않는다고 보아야 한다. 국가공무원법 제60조는 재직중이거나 퇴직한 공무원의 비밀엄수의무를 규정하는 규정이고 정보공개법은 공공기관의 정보공개 여부에 관한 법으로서 규율목적과 규율대상을 달리한다.

② 국가안전보장·국방·통일·외교관계 등에 관한 사항으로서 공개될 경우 국가의 중대한 이익을 현저히 해칠 우려가 있다고 인정되는 정보.

[판례] ① 원고가 공개청구한 이 사건 정보는 춘천에 주둔하고 있는 주한미군기지에 대한 환경오염조사의 주체, 일시, 항목, 내용, 결과, 처리계획, 조사비용 및 비용부담주체 등에 관한 것으로서, 피고가 제출한 증거만으로는 이를 공개할 경우 국가의 중대한 이익을 현저히 해할 우려가 있다고 인정하기에 부족하고 달리 이를 인정할 증거가 없으므로 이 사건 정보비공개결정은 위법하다(대판 2009. 02. 26, 2007두14596[정보비공개결정처분취소]).

② 일본군위안부 피해자에 관한 2015. 12. 28. 자 한·일 간 합의와 관련하여, 일본군과 관헌에 의한 위안부 '강제 연행'의 존부 및 사실 인정 문제에 대하여 협의한 내용 중 외교부장관이 생산한 문서가 정보공개법 제9조 제1항 제2호에서 정한 비공개 대상 정보에 해당한다고 한 사례(대판 2023. 06. 01, 2019두41324).

③ 공개될 경우 국민의 생명·신체 및 재산의 보호에 현저한 지장을 초래할 우려가 있다고 인정되는 정보.

[판례] 보안관찰법 소정의 보안관찰 관련 통계자료는 구 공공기관의정보공개에관한법률 제7조 제1항 제2호 소정의 공개될 경우 국가안전보장·국방·통일·외교관계 등 국가의 중대한 이익을 해할 우려가 있는 정보, 또는 제3호 소정의 공개될 경우 국민의 생명·신체 및 재산의 보호 기타 공공의 안전과 이익을 현저히 해할 우려가 있다고 인정되는 정보에 해당한다(대판 전원합의체 2004. 03. 18, 2001두8254).

④ 진행중인 재판에 관련된 정보와 범죄의 예방, 수사, 공소의 제기 및 유지, 형의 집행, 교정, 보안처분에 관한 사항으로서 공개될 경우 그 직무 수행을 현저히 곤란하게 하거나 형사피고인의 공정한 재판을 받을 권리를 침해한다고 인정할 만한 상당한 이유가 있는 정보.

법원 이외의 공공기관이 정보공개법 제9조 제1항 제4호에서 정한 '진행 중인 재판에 관련된 정보'에 해당한다는 사유로 정보공개를 거부하기 위하여는 반드시 그 정보가 진행 중인 재판의 소송기록 자체에 포함된 내용일 필요는 없지만, 재판에 관련된 일체의 정보가 그에 해당하는 것은 아니고 진행 중인 재판의 심리 또는 재판결과에 구체적으로 영향을 미칠 위험이 있는 정보에 한정된다고 보는 것이 타당하다(대판 2011. 11. 24, 2009두19021).

'공개될 경우 그 직무수행을 현저히 곤란하게 한다고 인정할 만한 상당한 이유가 있는 정보'라 함은 구법 제1조의 정보공개제도의 목적 및 구법 제7조 제1항 제4호의 규정에 의한 비공개대상정보의 입법 취지에 비추어 볼 때 당해 정보가 공개될 경우 범죄의 예방 및 수사 등에 관한 직무의 공정하고 효율적인 수행에 직접적이고 구체적으로 장애를 줄 고도의 개연성이 있고, 그 정도가 현저한 경우를 의미한다고 할 것이며, 여기에 해당하는지 여부는 비공개에 의하여 보호되는 업무수행의 공정성 등의 이익과 공개에 의하여 보호되는 국민의 알권리의 보장과 국정에 대한 국민의 참여 및 국정운영의 투명성 확보 등의 이익을 비교·교량하여 구체적인 사안에 따라 신중하게 판단되어야 한다.

[판례] ① [1] 구법 제8조 제2항은 정보공개청구의 대상이 이미 널리 알려진 사항이라 하더라도 그 공개의 방법만을 제한할 수 있도록 규정하고 있을 뿐 공개 자체를 제한하고 있지는 아니하므로, 공개청구의 대상이 되는 정보가 이미 다른 사람에게 공개하여 널리 알려져 있다거나 인터넷이나 관보 등을 통하여 공개하여 인터넷검색이나 도서관에서의 열람 등을 통하여 쉽게 알 수 있다는 사정만으로는 소의 이익이 없다거나 비공개결정이 정당화될 수는 없다. [2] 검찰21세기연구기획단의 1993년도 연구결과종합보고서가 검찰의 의사결정 또는 내부검토 과정에 있는 사항 등으로서 공개될 경우 업무의 공정한 수행이나 연구·개발에 현저한 지장을 초래한다고 인정할 만한 상당한 이유가 있는 정보에 해당하는지 여부에 관하여 심리를 다하지 않은 원심을 파기한 사례(대판 2008. 11. 27, 2005두15694).

② '형의 집행, 교정에 관한 사항으로서 공개될 경우 그 직무수행을 현저히 곤란하게 하는 정보'라

함은 당해 정보가 공개될 경우 재소자들의 관리 및 질서유지, 수용시설의 안전, 재소자들에 대한 적정한 처우 및 교정·교화에 관한 직무의 공정하고 효율적인 수행에 직접적이고 구체적으로 장애를 줄 고도의 개연성이 있고, 그 정도가 현저한 경우를 의미한다고 할 것이며, 여기에 해당하는지 여부는 비공개에 의하여 보호되는 업무수행의 공정성 등의 이익과 공개에 의하여 보호되는 국민의 알 권리의 보장과 국정에 대한 국민의 참여 및 국정운영의 투명성 확보 등의 이익을 비교·교량하여 구체적인 사안에 따라 개별적으로 판단되어야 한다(대판 2004. 12. 09, 2003두12707).

③ **교도소**에 수용 중이던 재소자가 담당 교도관들을 상대로 가혹행위를 이유로 형사고소 및 민사소송을 제기하면서 그 증명자료 확보를 위해 '근무보고서'와 '징벌위원회 회의록' 등의 정보공개를 요청하였으나 교도소장이 이를 거부한 사안에서, **근무보고서는 공공기관의 정보공개에 관한 법률 제9조 제1항 제4호에 정한 비공개대상정보에 해당한다고 볼 수 없고**, 징벌위원회 회의록 중 비공개 심사·의결 부분은 위 법 제9조 제1항 제5호의 비공개사유에 해당하지만 재소자의 진술, 위원장 및 위원들과 재소자 사이의 문답 등 징벌절차 진행 부분은 비공개사유에 해당하지 않는다고 보아 분리 공개가 허용된다고 한 사례(대판 2009. 12. 10, 2009두12785).

④ **'수사에 관한 사항으로서 공개될 경우 그 직무수행을 현저히 곤란하게 한다고 인정할 만한 상당한 이유가 있는 정보'**를 비공개대상정보의 하나로 규정하고 있는 **취지는** 수사의 방법 및 절차 등이 공개되어 수사기관의 직무수행에 현저한 곤란을 초래할 위험을 막고자 하는 것으로서, 수사기록 중의 의견서, 보고문서, 메모, 법률검토, 내사자료 등(이하 '의견서 등'이라고 한다)이 이에 해당하나, 공개청구대상인 정보가 의견서 등에 해당한다고 하여 곧바로 정보공개법 제9조 제1항 제4호에 규정된 비공개대상정보라고 볼 것은 아니고, 의견서 등의 실질적인 내용을 구체적으로 살펴 수사의 방법 및 절차 등이 공개됨으로써 수사기관의 직무수행을 현저히 곤란하게 한다고 인정할 만한 상당한 이유가 있어야만 위 비공개대상정보에 해당한다(대판 2017. 09. 07, 2017두44558[불기소사건기록등열람등사불허가처분취소]).

⑤ 감사·감독·검사·시험·규제·입찰계약·기술개발·인사관리에 관한 사항이나 의사결정 과정 또는 내부검토 과정에 있는 사항 등으로서 공개될 경우 업무의 공정한 수행이나 연구·개발에 현저한 지장을 초래한다고 인정할 만한 상당한 이유가 있는 정보. 다만, 의사결정 과정 또는 내부검토 과정을 이유로 비공개할 경우에는 제13조 제5항에 따라 통지를 할 때 의사결정 과정 또는 내부검토 과정의 단계 및 종료 예정일을 함께 안내하여야 하며, 의사결정 과정 및 내부검토 과정이 종료되면 제10조에 따른 청구인에게 이를 통지하여야 한다.

판례는 위원회 회의록의 공개에 관하여 의사결정전(의사결정과정중)뿐만 아니라 의사결정후에도 의사결정과정에 준하는 것으로 보아 '공개될 경우 업무의 공정한 수행에 현저한 지장을 초래한다고 인정할 만한 상당한 이유가 있는 경우' 비공개대상정보로 본다.

'감사·감독·검사·시험·규제·입찰계약·기술개발 인사관리·의사결정과정 또는 내부검토과정에 있는 사항'은 비공개대상정보를 예시적으로 열거한 것이라고 할 것이므로 의사결정과정에 제공된 회의관련자료나 의사결정과정이 기록된 회의록 등은 의사가 결정되거나 의사가 집행된 경우에는 더 이상 의사결정과정에 있는 사항 그 자체라고는 할 수 없으나, 의사결정과정에 있는 사항에 준하는 사항으로서 비공개대상정보에 포함될 수 있다(대판 2003. 08. 22, 2002두12946).

'공개될 경우 업무의 공정한 수행에 현저한 지장을 초래한다고 인정할 만한 상당한 이유가 있는 경우'라 함은 같은 법 제1조의 정보공개제도의 목적 및 같은 법 제7조 제1항 제5호의 규정에 의한 비공개대상정보의 입법 취지에 비추어 볼 때 공개될 경우 업무의 공정한 수행이 객관적으로 현저하게 지장을 받을 것이라는 고도의 개연성이 존재하는 경우를 의미한다고 할 것이고, 여기에 해당하는지 여부는 비공개에 의하여 보호되는 업무수행의 공정성 등의 이익과 공개에 의하여 보호되는 국민의 알 권리의 보장과 국정에 대한 국민의 참여 및 국정운영의 투명성 확보 등의 이익을 비교·교량하여 구체적인 사안에 따라 신중하게 판단되어야 한다(대판 2003. 08. 22, 2002두12946).

[판례] ① 학교환경위생구역(현 상대보호구역) 내 금지행위(숙박시설) 해제결정에 관한 학교환경위생정화위원회의 회의록에 기재된 발언내용에 대한 해당 발언자의 인적사항 부분에 관한 정보는 공공기관의정보공개에관한법률 제7조 제1항 제5호 소정의 비공개대상에 해당한다고 한 사례(대판 2003. 08. 22, 2002두12946) **〈평석〉** 학교환경위생정화위원회(현 지역교육환경보호위원회)의 회의록에 기재된 발언내용은 공개의 대상이 될 수 있으나 회의록에 기재된 발언내용에 대한 해당 발언자의 인적사항 부분에 관한 정보(발언자의 이름, 소속, 지위 등)는 공공기관의정보공개에관한법률 제9조 제1항 제5호 소정의 비공개대상에 해당한다는 것이 판례의 입장이다.

② 지방자치단체의 도시공원에 관한 조례에서 규정된 **도시공원위원회의 심의사항에 관하여** 위 위원회의 심의를 거친 후 시장이나 구청장이 위 사항들에 대한 결정을 대외적으로 공표하기 전에 위 위원회의 회의관련자료 및 회의록이 공개된다면 업무의 공정한 수행에 현저한 지장을 초래한다고 할 것이므로, **위 위원회의 심의 후 그 심의사항들에 대한 시장 등의 결정의 대외적 공표행위가 있기 전까지는** 위 위원회의 회의관련자료 및 회의록은 공공기관의정보공개에관한법률 제7조 제1항 제5호에서 규정하는 **비공개대상정보에 해당한다**고 할 것이고, **다만 시장 등의 결정의 대외적 공표행위가 있은 후에는** 이를 의사결정과정이나 내부검토과정에 있는 사항이라고 할 수 없고 위 위원회의 회의관련자료 및 회의록을 공개하더라도 업무의 공정한 수행에 지장을 초래할 염려가 없으므로, 시장 등의 결정의 대외적 공표행위가 있은 후에는 **위 위원회의 회의관련자료 및 회의록은 같은 법 제7조 제2항에 의하여 공개대상이 된다고 할 것**인바, 지방자치단체의 도시공원에 관한 **조례안에서 공개시기 등에 관한 아무런 제한 규정 없이 위 위원회의 회의관련자료 및 회의록은 공개하여야 한다고 규정하였다면 이는 같은 법 제7조 제1항 제5호에 위반된다고 할 것이다**(대판 2000. 05. 30, 99추85).

③ **공공기관의 정보공개에 관한 법률상 비공개대상 정보인 '시험에 관한 사항으로서 공개될 경우 업무의 공정한 수행에 현저한 지장을 초래하는 정보'의 판단기준**: 시험정보로서 공개될 경우 업무의 공정한 수행에 현저한 지장을 초래하는지 여부는 같은 법 및 시험정보를 공개하지 아니할 수 있도록 하고 있는 입법 취지, 당해 시험 및 그에 대한 평가행위의 성격과 내용, 공개의 내용과 공개로 인한 업무의 증가, 공개로 인한 파급효과 등을 종합하여 개별적으로 판단되어야 한다(대판 2007. 06. 15, 2006두15936[정보공개거부처분취소]: 문제은행 출제방식을 채택하고 있는 치과의사 국가시험의 문제지와 정답지는 공공기관의 정보공개에 관한 법률상 비공개대상 정보에 해당한다고 한 사례).

④ **사법시험 제2차 시험의 답안지 열람**은 시험문항에 대한 채점위원별 채점결과의 열람과 달리 사법시험업무의 수행에 현저한 지장을 초래한다고 볼 수 없다고 한 사례(대판 2003. 03. 14, 2000두6114[답안지열람거부처분취소]).
⑤ **교도소**에 수용 중이던 재소자가 담당 교도관들을 상대로 가혹행위를 이유로 형사고소 및 민사소송을 제기하면서 그 증명자료 확보를 위해 '근무보고서'와 '징벌위원회 회의록' 등의 정보공개를 요청하였으나 교도소장이 이를 거부한 사안에서, **근무보고서는 공공기관의 정보공개에 관한 법률 제9조 제1항 제4호에 정한 비공개대상정보에 해당한다고 볼 수 없고, 징벌위원회 회의록 중 비공개 심사·의결 부분은** 위 법 제9조 제1항 **제5호의 비공개사유에 해당하지만** 재소자의 진술, 위원장 및 위원들과 재소자 사이의 문답 등 징벌절차 진행 부분은 비공개사유에 해당하지 않는다고 보아 **분리 공개가 허용된다고 한 사례**(대판 2009. 12. 10, 2009두12785).
⑥ '독립유공자서훈 공적심사위원회의 심의·의결 과정 및 그 내용을 기재한 회의록'은 정보공개법 제9조 제1항 제5호에서 정한 '공개될 경우 업무의 공정한 수행에 현저한 지장을 초래한다고 인정할 만한 상당한 이유가 있는 정보'에 해당한다고 한 사례(대판 2014. 07. 24, 2013두20301).
⑦ **학교교육에서의 시험에 관한 정보로서 공개될 경우 업무의 공정한 수행에 현저한 지장을 초래하는지 여부**는 정보공개법의 목적 및 시험정보를 공개하지 아니할 수 있도록 하고 있는 입법 취지, 당해 시험 및 그에 대한 평가행위의 성격과 내용, 공개의 내용과 공개로 인한 업무의 증가, 공개로 인한 파급효과 등을 종합하여, 비공개에 의하여 보호되는 업무수행의 공정성 등의 이익과 공개에 의하여 보호되는 국민의 알 권리와 학생의 학습권 및 부모의 자녀교육권의 보장, 학교교육에 대한 국민의 참여 및 교육행정의 투명성 확보 **등의 이익을 비교·교량하여 구체적인 사안에 따라 신중하게 판단하여야 한다**(대판 2010. 02. 25, 2007두9877[정보공개거부처분취소등]).
⑧ '학교폭력대책자치위원회 회의록'이 공공기관의 정보공개에 관한 법률 제9조 제1항 제5호의 '공개될 경우 업무의 공정한 수행에 현저한 지장을 초래한다고 인정할 만한 상당한 이유가 있는 정보'에 해당한다고 한 사례(대판 2010. 06. 10, 2010두2913).
⑨ '2002년도 및 2003년도 국가 수준 학업성취도평가 자료'는 공공기관의 정보공개에 관한 법률 제9조 제1항 제5호에서 정한 비공개대상정보에 해당하는 부분이 있으나, '2002학년도부터 2005학년도까지의 대학수학능력시험 원데이터'는 연구목적으로 그 정보의 공개를 청구하는 경우 위 조항의 비공개대상정보에 해당하지 않는다고 한 사례(대판 2010. 02. 25, 2007두9877).
⑩ 원고의 고소를 계기로 관련 경찰관들에 대한 내부 감사를 실시하면서 관련 경찰관들로부터 받은 경위서(=이 사건 경위서)의 공개 여부는 이 사건 경위서를 비공개함으로써 보호되는 업무수행의 공정성 등 이익과 공개로 보호되는 국민의 알권리 보장, 국정에 대한 국민의 참여 및 국정운영의 투명성 확보 등의 이익을 상호 면밀히 비교·교량하여 판단하여야 한다(대판 2012. 10. 11, 2010두18758).
⑪ '이 사건 심리생리검사에서 질문한 질문내용문서'를 공개하는 것은 심리생리검사업무에 현저한 지장을 초래한다고 인정할 만한 상당한 이유가 있다(대판 2015. 12. 15, 2012두11409, 11416(병합)).
⑫ 국회 특활비 내역은 비공개 대상 정보가 아니다(대판 2018. 05. 03, 2018두31733).
⑬ 외국 또는 외국 기관으로부터 비공개를 전제로 정보를 입수하였다는 이유만으로 이를 공개할 경우 업무의 공정한 수행에 현저한 지장을 받을 것이라고 단정할 수는 없다. 다만, 위와 같은 사정은 정보 제공자와의 관계, 정보 제공자의 의사, 정보의 취득 경위, 정보의 내용 등과 함께 업무의 공정한 수행에 현저한 지장이 있는지 여부를 판단할 때 고려하여야 할 형량 요소이다(대판 2018. 09. 28, 2017두69892).

⑥ 해당 정보에 포함되어 있는 이름·주민등록번호 등 「개인정보 보호법」 제2

조 제1호에 따른 개인정보로서 공개될 경우 사생활의 비밀 또는 자유를 침해할 우려가 있다고 인정되는 정보(다만, 다음에 열거한 사항은 제외한다. 가. 법령에서 정하는 바에 따라 열람할 수 있는 정보, 나. 공공기관이 공표를 목적으로 작성하거나 취득한 정보로서 사생활의 비밀 또는 자유를 부당하게 침해하지 아니하는 정보, 다. 공공기관이 작성하거나 취득한 정보로서 공개하는 것이 공익 또는 개인의 권리구제를 위하여 필요하다고 인정되는 정보, 라. 직무를 수행한 공무원의 성명·직위, 마. 공개하는 것이 공익을 위하여 필요한 경우로서 법령에 따라 국가 또는 지방자치단체가 업무의 일부를 위탁 또는 위촉한 개인의 성명·직업).

개인정보의 공개제외의 규정방식에는 입법례에 비추어 볼 때 특정 개인을 식별할 수 있는 정보를 비공개로 하는 개인식별형과 공개하면 개인의 프라이버시에 대한 침해를 가져오는 정보를 비공개로 하는 프라이버시형이 있다. 프랑스법은 개인식별형을 취하고 있고, 미국법은 프라이버시형을 취하고 있다. 구 정보공개법은 형식상 개인식별형을 취하고 있었는데, 현행 정보공개법은 프라이버시형을 취하고 있다. 정보공개법 제9조 제1항 제6호 본문의 규정에 따라 비공개대상이 되는 정보(당해 정보에 포함되어 있는 이름·주민등록번호 등 개인에 관한 사항으로서 공개될 경우 개인의 사생활의 비밀 또는 자유를 침해할 우려가 있다고 인정되는 정보)에는 구 공공기관의 정보공개에 관한 법률(2004. 1. 29. 법률 제7127호로 전부 개정되기 전의 것, 이하 같다)의 이름·주민등록번호 등 정보 형식이나 유형을 기준으로 비공개대상정보에 해당하는지를 판단하는 '개인식별정보'뿐만 아니라 그 외에 정보의 내용을 구체적으로 살펴 '개인에 관한 사항의 공개로 개인의 내밀한 내용의 비밀 등이 알려지게 되고, 그 결과 인격적·정신적 내면생활에 지장을 초래하거나 자유로운 사생활을 영위할 수 없게 될 위험성이 있는 정보'도 포함된다고 새겨야 한다(동지: 대판 2015. 12. 15, 2012두11409, 11416(병합)).

개인정보는 절대적으로 공개가 거부될 수 있는 것은 아니며 공개의 이익과 형량하여 공개 여부를 결정하여야 한다. '공개하는 것이 공익을 위하여 필요하다고 인정되는 정보'에 해당하는지 여부는 비공개에 의하여 보호되는 개인의 사생활 보호 등의 이익과 공개에 의하여 보호되는 국민의 알 권리의 보장과 국정에 대한 국민의 참여 및 국정운영의 투명성 확보 등의 공익을 비교·교량하여 구체적 사안에 따라 개별적으로 판단하여야 한다(대판 2003. 12. 12, 2003두8050)

[판례] ① [다수의견] [1] 불기소처분 기록 중 피의자신문조서 등에 기재된 피의자 등의 인적사항 이외의 진술내용 역시 개인의 사생활의 비밀 또는 자유를 침해할 우려가 인정되는 경우 정보공개법 제9조 제1항 제6호 본문 소정의 비공개대상에 해당한다. [2] 고소인이, 자신이 고소하였다가 불기소처분된 사건기록의 피의자신문조서, 진술조서 중 피의자 등 개인의 인적사항을 제외한 부분의 정보공개를 청구하였으나 해당 검찰청 검사장이 공공기관의 정보공개에 관한 법률 제9조 제1항 제6호에 해당한다는 이유로 비공개결정을 한 사안에서, 비공개결정한 정보 중 관련자들의 이

름을 제외한 주민등록번호, 직업, 주소(주거 또는 직장주소), 본적, 전과 및 검찰 처분, 상훈·연금, 병역, 교육, 경력, 가족, 재산 및 월수입, 종교, 정당·사회단체가입, 건강상태, 연락처 **등 개인에 관한 정보는** 개인에 관한 사항으로서 공개되면 개인의 내밀한 비밀 등이 알려지게 되고 그 결과 인격적·정신적 내면생활에 지장을 초래하거나 자유로운 사생활을 영위할 수 없게 될 위험성이 있는 정보에 해당한다고 보아 이를 **비공개대상정보**에 해당한다고 본 원심판단을 수긍한 사례(대판 전원합의체 2012. 6. 18, 2011두2361). **〈해설〉** 프라이버시형을 취한 규정내용에 비추어 개인식별정보라는 이유만으로 프라이버시의 침해에 대한 우려 없이 비공개대상정보로 본 부분은 타당하지 않다. 또한, 이 사안에서 공개하는 것이 공익 또는 고소인인 개인의 권리구제를 위하여 필요한 경우에 해당하는지도 보다 면밀하게 검토할 필요가 있다.

② 공무원이 직무와 관련 없이 개인적인 자격으로 간담회·연찬회 등 행사에 참석하고 금품을 수령한 정보는 '공개하는 것이 공익을 위하여 필요하다고 인정되는 정보'에 해당하지 않는다고 한 사례(대판 2003. 12. 12, 2003두8050).

③ 사면대상자들의 사면실시건의서와 그와 관련된 국무회의 안건자료에 관한 정보는 그 공개로 얻는 이익이 그로 인하여 침해되는 당사자들의 사생활의 비밀에 관한 이익보다 더욱 크므로 구 공공기관의 정보공개에 관한 법률 제7조 제1항 제6호에서 정한 비공개사유에 해당하지 않는다고 한 사례(대판 2006. 12. 07, 2005두241).

④ 공직자윤리법상의 등록의무자가 구 공직자윤리법 시행규칙 제12조 관련 [별지 14호 서식]에 따라 정부공직자윤리위원회에 제출한 문서에 포함되어 있는 고지거부자의 인적사항이, 구 공공기관의 정보공개에 관한 법률 제7조 제1항 제6호 단서 (다)목에 정한 '공개하는 것이 공익을 위하여 필요하다고 인정되는 정보'에 해당하지 않는다고 한 사례(대판 2007. 12. 13, 2005두13117[정보비공개결정처분취소]).

⑤ 행정기관의 업무추진비 자체는 비공개대상정보가 아니지만, 지방자치단체의 업무추진비 세부항목별 집행내역 및 그에 관한 증빙서류에 포함된 개인에 관한 정보는 '공개하는 것이 공익을 위하여 필요하다고 인정되는 정보'에 해당하지 않는다고 한 사례(대판 2003. 03. 11, 2001두6425).

⑥ 오송분기역 유치와 관련한 유치위원회의 보조금 집행내역에 관한 정보공개를 청구한 사안에서, 유치위원회와 거래한 개인 및 사업자의 성명을 공개하지 아니한 처분은 위법하다고 한 원심을 **개인의 성명**은 개인의 신상에 관한 것으로서 정보공개시 해당인의 사생활이 침해될 염려가 있고 개인의 성명 외의 나머지 거래내역 등의 공개만으로도 보조금의 사용내역 등을 확인할 수 있다는 이유로 파기한 사례(대판 2009. 10. 29, 2009두14224).

⑦ 기관이 아닌 개인이 타인에 관한 정보의 공개를 청구하는 경우에는 '구 공공기관의 개인정보보호에 관한 법률'이 아닌 '공공기관의 정보공개에 관한 법률' 제9조 제1항 제6호에 따라 개인에 관한 정보의 공개 여부를 판단하여야 한다고 한 사례(대판 2010. 02. 25, 2007두9877).

그리고 개인을 식별할 수 있는 정보를 삭제한다면 공개할 수 있는 경우에는 개인을 식별할 수 있는 정보를 삭제하고 청구된 정보를 공개하여야 할 것이다(서울행법 1999. 02. 25, 98구3692).

공공기관이 보유·관리하고 있는 개인정보의 공개에 관하여는 구 정보공개법 제9조 제1항 제6호가 「개인정보 보호법」에 우선하여 적용된다(대판 2021. 11. 11, 2015두53770).

[판례] [법무부장관이 지방변호사회의 변호사시험 합격자명단 공개 청구를 거부한 사건] (1) 구 정보공개법 제9조 제1항 제6호는 공공기관이 보유 · 관리하고 있는 개인정보의 공개 과정에서의 개인정보를 보호하기 위한 규정으로서 「개인정보 보호법」 제6조에서 말하는 '개인정보 보호에 관하여 다른 법률에 특별한 규정이 있는 경우'에 해당한다. 따라서 **공공기관이 보유 · 관리하고 있는 개인정보의 공개에 관하여는 구 정보공개법 제9조 제1항 제6호가 「개인정보 보호법」에 우선하여 적용된다.** (2) 변호사시험 합격자 성명이 공개될 경우 그 합격자들의 사생활의 비밀 또는 자유를 침해할 우려가 있다고 하더라도 그 비공개로 인하여 보호되는 사생활의 비밀 등 이익보다 공개로 인하여 달성되는 공익 등 공개의 필요성이 더 크므로 위 정보는 「개인정보 보호법」 제18조 제1항에 의하여 공개가 금지된 정보에 해당하지 아니하고 구 정보공개법 제9조 제1항 제6호 단서 다목에 따라서 공개함이 타당하다(대판 2021. 11. 11, 2015두53770).

⑦ 법인 · 단체 또는 개인(이하 '법인 등'이라 한다)의 경영 · 영업상 비밀에 관한 사항으로서 공개될 경우 법인 등의 정당한 이익을 현저히 해칠 우려가 있다고 인정되는 정보(다만, 다음에 열거한 정보를 제외한다. 가. 사업활동에 의하여 발생하는 위해로부터 사람의 생명 · 신체 또는 건강을 보호하기 위하여 공개할 필요가 있는 정보, 나. 위법 · 부당한 사업활동으로부터 국민의 재산 또는 생활을 보호하기 위하여 공개할 필요가 있는 정보). 단서에 해당하는 정보의 공개에 있어서는 당해 법인의 이익과 정보공개이익을 이익형량하여야 한다.

'법인 등의 경영 · 영업상 비밀'은 '타인에게 알려지지 아니함이 유리한 사업활동에 관한 일체의 정보' 또는 '사업활동에 관한 일체의 비밀사항'을 의미하는 것이고, 그 공개 여부는 공개를 거부할 만한 정당한 이익이 있는지 여부에 따라 결정되어야 하는바, 그 정당한 이익이 있는지 여부는 앞서 본 공공기관의 정보공개에 관한 법률의 입법 취지에 비추어 이를 엄격하게 판단하여야 할 뿐만 아니라, 국민에 의한 감시의 필요성이 크고 이를 감수하여야 하는 면이 강한 공익법인에 대하여는 보다 소극적으로 판단하여야 한다(대판 2010. 12. 23, 2008두13101; 2018. 04. 12, 2014두5477).

[판례] ① [1] **방송사의 취재활동을 통하여 확보한 결과물이나 그 과정에 관한 정보 또는 방송프로그램의 기획 · 편성 · 제작 등에 관한 정보는 … 사업활동에 의하여 발생하는 위해로부터 사람의 생명 · 신체 또는 건강을 보호하기 위하여 공개할 필요가 있는 정보나 위법 · 부당한 사업활동으로부터 국민의 재산 또는 생활을 보호하기 위하여 공개할 필요가 있는 정보를 제외하고는,** 공공기관의 정보공개에 관한 법률 제9조 제1항 제7호에 정한 '법인 등의 경영 · 영업상 비밀에 관한 사항'에 해당할 뿐만 아니라 그 공개를 거부할 만한 정당한 이익도 있다고 보아야 한다. [2] 한국방송공사 소속 프로듀서인 A가 황우석 박사의 논문조작 사건에 관하여 60분 분량의 가제 "새튼은 특허를 노렸나"라는 방송용 가편집본 테이프를 제작한 후 그 방송이 무산되자 이를 가지고 잠적하여 여기에 임의로 더빙 및 자막 처리를 한 이 사건 정보는 방송프로그램의 기획 · 편성 · 제작 등에 관한 정보로서 정보공개법 제9조 제1항 제7호에 비공개대상정보로 규정되어 있는 '법인 등의 경영 · 영업상 비밀에 관한 사항으로서 공개될 경우 법인 등의 정당한 이익을 현저히 해할 우려가 있다고 인정되는 정보'에 해당한다고 한 사례(대판 2010. 12. 23, 2008두13101).

② 법인 등이 거래하는 금융기관의 계좌번호에 관한 정보는 법인 등의 영업상 비밀에 관한 사항

으로서 공개될 경우 법인 등의 정당한 이익을 현저히 해할 우려가 있다고 인정되는 정보에 해당한다고 한 사례(대판 2004. 08. 20, 2003두8302).
③ 아파트재건축주택조합의 조합원들에게 제공될 무상보상평수의 사업수익성 등을 검토한 자료가 '법인 등의 영업상 비밀에 관한 사항으로서 공개될 경우 법인 등의 정당한 이익을 현저히 해할 우려가 있다고 인정되는 정보'에 해당하지 않는다고 한 사례(대판 2006. 01. 13, 2003두9459).
④ 금융위원회의 2003. 9. 26.자 론스타에 대한 동일인 주식보유한도 초과보유 승인과 관련하여 '론스타 측이 제출한 동일인 현황 등 자료' 및 '금융감독원의 론스타에 대한 외환은행 주식취득 승인안', 2003. 12.말 기준부터 2006. 6.말 기준까지 론스타의 외환은행 주식의 초과보유에 대한 반기별 적격성 심사와 관련하여 '론스타 측이 제출한 동일인 현황 등 자료' 및 '금융감독원의 심사결과 보고서' 등이 정보공개법상 비공개대상정보에 해당하지 않는다고 본 원심 판단을 수긍한 사례(대판 2011. 11. 24, 2009두19021).
⑤ 이 사건 약관 및 통신요금 관련 정보 등은 정보공개법 제9조 제1항 제7호에서 정한 비공개대상정보에 해당하지 않는다고 판단한 사례(대판 2018. 04. 12, 2014두5477).
⑥ 전남 신안군 암태면 수곡리 구간 도로 지상의 '100MW 육상풍력발전단지 지중케이블 설치 공사' **시행자가** 피고로부터 위 공사 관련 도로점용허가를 받으면서 피고에게 **제출하였던 확약서에 관한 정보공개**를 청구한 사건에서, 위 확약서의 내용·효력과 작성 경위, 위 공사가 인근 주민에게 미치는 영향 등에 관하여 나아가 심리하지 않은 채 위 확약서가 공공기관의 정보공개에 관한 법률 제9조 제1항 제7호에서 정한 비공개대상정보에 해당한다고 판시한 원심을 파기한 사례(대판 2020. 05. 14, 2020두31408, 2020두31415(병합)).

⑧ 공개될 경우 부동산 투기·매점매석 등으로 특정인에게 이익 또는 불이익을 줄 우려가 있다고 인정되는 정보.

공공기관은 제1항 각 호의 어느 하나에 해당하는 정보가 기간의 경과 등으로 인하여 비공개의 필요성이 없어진 경우에는 그 정보를 공개 대상으로 하여야 한다(제2항).

국가의 이익 또는 제3자인 국민의 이익을 보호하기 위하여 비공개로 하여야 하는 정보를 구체적으로 일일이 열거하는 것은 기술적으로 불가능하다. 따라서, 비공개대상정보는 어느 정도 추상적으로 규정될 수밖에 없다. 그러나 정보공개법은 비공개대상정보를 너무 추상적으로 규정함으로써 비공개대상정보를 필요 이상으로 넓게 규정하고 있다. 앞으로 비공개대상정보를 유형화하여 보다 구체적으로 규정하여야 할 것이다.

그리고 정보공개법은 공개를 원칙으로 하고 비공개는 예외에 해당하므로 비공개대상정보는 제한적으로 해석하여야 한다(서울행법 1999. 02. 25, 98구3692).

공개청구의 대상이 되는 정보가 이미 다른 사람에게 널리 알려져 있다거나 인터넷이나 관보 등을 통하여 공개하여 인터넷검색이나 도서관에서의 열람 등을 통하여 쉽게 알 수 있다는 사정만으로는 소의 이익이 없다거나 비공개결정이 정당화될 수는 없다(대판 2008. 11. 27, 2005두15694).

[판례] 국민으로부터 보유·관리하는 정보에 대한 공개를 요구받은 **공공기관은 정보공개를 거부하는 경우** 대상이 된 정보의 내용을 구체적으로 확인·검토하여, 어느 부분이 어떠한 법익 또는 기본권과 충돌되어 **정보공개법 제9조 제1항 몇 호에서 정하고 있는 비공개사유에 해당하는지를 주장·증명하여야만 하고**, 그에 이르지 아니한 채 **개괄적인 사유만을 들어 공개를 거부하는 것은 허용되지 아니한다**(대판 2018. 04. 12, 2014두5477).

공공기관의 정보공개에 관한 법률 제9조에서 정하고 있는 비공개대상정보에 해당한다고 하더라도, 특별한 사정이 없는 한 그에 관한 민사소송법 제344조 제1항의 문서제출의무를 면할 수 없다(대판 2017. 12. 28, 2015무423).

4. 권리남용

실제로는 해당 정보를 취득 또는 활용할 의사가 전혀 없이 정보공개 제도를 이용하여 사회통념상 용인될 수 없는 부당한 이득을 얻으려 하거나, 오로지 공공기관의 담당공무원을 괴롭힐 목적으로 정보공개청구를 하는 경우처럼 권리의 남용에 해당하는 것이 명백한 경우에는 정보공개청구권의 행사를 허용하지 아니하는 것이 옳다(대판 2014. 12. 24, 2014두9349; 2006. 08. 24, 2004두2783).

[판례] ① 이 사건 **정보공개를 청구한 목적이 이 사건 손해배상소송에 제출할 증거자료를 획득하기 위한 것이었고 위 소송이 이미 종결되었다고 하더라도**, 원고가 오로지 피고를 괴롭힐 목적으로 정보공개를 구하고 있다는 등의 특별한 사정이 없는 한, 위와 같은 사정만으로는 원고가 이 사건 소송을 계속하고 있는 것이 **권리남용에 해당한다고 볼 수 없다**(대판 2004. 09. 23, 2003두1370[부작위위법확인][계명대사건]).

② 교도소에 복역 중인 甲이 지방검찰청 검사장에게 자신에 대한 불기소사건 수사기록 중 타인의 개인정보를 제외한 부분의 공개를 청구하였으나 검사장이 구 공공기관의 정보공개에 관한 법률 제9조 제1항 등에 규정된 비공개 대상 정보에 해당한다는 이유로 비공개 결정을 한 사안에서, 甲은 위 정보에 접근하는 것을 목적으로 정보공개를 청구한 것이 아니라, 청구가 거부되면 거부처분의 취소를 구하는 소송에서 승소한 뒤 소송비용 확정절차를 통해 자신이 그 소송에서 실제 지출한 소송비용보다 다액을 소송비용으로 지급받아 금전적 이득을 취하거나, 수감 중 변론기일에 출정하여 강제노역을 회피하는 것 등을 목적으로 정보공개를 청구하였다고 볼 여지가 큰 점 등에 비추어 甲의 정보공개청구는 권리를 남용하는 행위로서 허용되지 않는다고 한 사례(대판 2014. 12. 24, 2014두9349).

V. 정보공개절차

1. 정보공개청구

정보의 공개를 청구하는 자(이하 "청구인"이라 한다)는 해당 정보를 보유하거나 관리하고 있는 공공기관에 다음 각 호의 사항을 적은 정보공개 청구서를 제출하거나 말로써 정보의 공개를 청구할 수 있다. 1. 청구인의 성명·생년월일·주소 및 연락처(전화번호·전자우편주소 등을 말한다. 이하 이 조에서 같다). 다만, 청구인이 법인 또는 단체인 경우에는 그 명칭, 대표자의 성명, 사업자등록번호 또는 이에 준하는 번호, 주된 사무소의 소재지 및 연락처를 말한다. 2. 청구인의 주민등록번호(본인임을 확인하고 공개 여부를 결정할 필요가 있는 정보를 청구하는 경우로 한정한다), 3. 공개를 청구하는 정보의 내용 및 공개방법(제10조 제1항).

청구대상정보를 기재함에 있어서는 사회일반인의 관점에서 청구대상정보의 내용과 범위를 확정할 수 있을 정도로 특정하여야 한다. 만일 공개를 청구한 정보의 내용 중 너무 포괄적이거나 막연하여서 사회일반인의 관점에서 그 내용과 범위를 확정할 수 있을 정도로 특정되었다고 볼 수 없는 부분이 포함되어 있다면, 이를 심리하는 법원으로서는 마땅히 공공기관의 정보공개에 관한 법률 제20조 제2항의 규정에 따라 공공기관에게 그가 보유·관리하고 있는 공개청구정보를 제출하도록 하여 이를 비공개로 열람·심사하는 등의 방법으로 공개청구정보의 내용과 범위를 특정시켜야 하고, 나아가 위와 같은 방법으로도 특정이 불가능한 경우에는 특정되지 않은 부분과 나머지 부분을 분리할 수 있고 나머지 부분에 대한 비공개결정이 위법한 경우라고 하여도 정보공개의 청구 중 특정되지 않은 부분에 대한 비공개결정의 취소를 구하는 부분은 나머지 부분과 분리하여 이를 기각하여야 한다(대판 2007. 06. 01, 2007두2555: 공개를 청구한 정보의 내용이 '대한주택공사의 특정 공공택지에 관한 수용가, 택지조성원가, 분양가, 건설원가 등 및 관련 자료 일체'인 경우, '관련 자료 일체' 부분은 그 내용과 범위가 정보공개청구대상정보로서 특정되지 않았다고 한 사례).

판례는 정보공개 청구인은 행정정보의 존재를 잘 알지 못하는 일반인의 능력내에서 청구대상정보를 특정하면 되는 것으로 청구인의 청구대상정보 특정의무를 완화하고 있다. 또한, 청구대상정보가 특정되지 못하였더라도 법원은 비공개 열람·심사 등의 방법으로 특정하도록 노력하고, 이렇게 하여 특정된 경우 공개여부를 심사하여야 한다고 보고 있다. 이러한 판례의 태도는 타당하다. 이와 아울러 행정정보를 보유하고 있는 공공기관도 청구대상정보를 특정하도록 하는 노력을 기울여야 하는 것으로 보아야 한다. 청구인이 공개대상정보를 명확히 특정하지 못한 경우에도 해당 정보를 보유하고 있는 공공기관의 능력에 비추어 특정할 수 있으면 된다고 보아야 한다.

2. 정보공개청구서의 이송

공공기관은 다른 공공기관이 보유·관리하는 정보의 공개청구를 받았을 때에는 지체 없이 이를 소관기관으로 이송하여야 하며, 이송한 후에는 지체 없이 소관 기관 및 이송 사유 등을 분명히 밝혀 청구인에게 문서로 통지하여야 한다(제11조 제4항).

3. 정보공개 여부의 결정

(1) 공개 여부 결정기간

공공기관은 정보공개의 청구를 받은 날부터 10일 이내에 공개 여부를 결정하여야 한다(제11조 제1항).

공공기관은 동법 시행령에서 정한 부득이한 사유로 제1항에 따른 기간(10일) 이내에 공개 여부를 결정할 수 없을 때에는 그 기간이 끝나는 날의 다음 날부터 기산하여 10일의 범위에서 공개 여부 결정기간을 연장할 수 있다. 이 경우 공공기관은 연장된 사실과 연장 사유를 청구인에게 지체 없이 문서로 통지하여야 한다(제11조 제2항). '부득이한 사유'라 함은 다음의 1의 사유를 말한다(영 제7조):

① 일시에 많은 정보공개가 청구되거나 공개청구된 정보의 내용이 복잡하여 정하여진 기간 내에 공개 여부의 결정이 곤란한 경우, ② 정보를 생산한 공공기관 또는 공개청구된 정보와 관련 있는 제3자의 의견청취, 정보공개심의회의 개최 등의 사유로 정하여진 기간 내에 공개 여부의 결정이 곤란한 경우, ③ 전산정보처리조직에 의하여 처리된 정보가 공개부분과 비공개부분을 포함하고 있고, 정하여진 기간 내에 부분공개가능 여부의 결정이 곤란한 경우, ④ 천재지변, 일시적인 업무량의 폭주 등으로 정하여진 기간 내에 공개 여부의 결정이 곤란한 경우.

공공기관은 정보공개 청구가 다음 각 호의 어느 하나에 해당하는 경우로서 「민원 처리에 관한 법률」에 따른 민원으로 처리할 수 있는 경우에는 민원으로 처리할 수 있다. 1. 공개 청구된 정보가 공공기관이 보유·관리하지 아니하는 정보인 경우, 2. 공개 청구의 내용이 진정 · 질의 등으로 이 법에 따른 정보공개 청구로 보기 어려운 경우(제11조 제5항).

① 법령 등에 따라 공개를 목적으로 작성된 정보, ② 일반국민에게 알리기 위하여 작성된 각종 홍보자료, ③ 공개하기로 결정된 정보로서 공개에 오랜 시간이 걸리지 아니하는 정보 또는 ④ 그 밖에 공공기관의 장이 정하는 정보로서 즉시 또는 말로 처리가 가능한 정보에 대해서는 제11조에 따른 절차를 거치지 아니하고 공개하여야 한다(제16조).

(2) 제3자의 의견청취

공공기관은 공개 청구된 공개 대상 정보의 전부 또는 일부가 제3자와 관련이 있다고 인정할 때에는 그 사실을 제3자에게 지체 없이 통지하여야 하며, 필요한 경우에는 그의 의견을 들을 수 있다(제11조 제3항).

(3) 다른 공공기관과의 관계

공공기관은 공개청구된 정보의 전부 또는 일부가 다른 공공기관이 생산한 정보인 경우에는 그 정보를 생산한 공공기관의 의견을 들어 공개 여부를 결정하여야 한다(영 제9조).

정보공개 청구업무를 처리하는 부서는 관계 기관 또는 다른 부서의 협조가 필요할 때에는 정보공개 청구서를 접수한 후 처리기간의 범위에서 회신기간을 분명히 밝혀 협조를 요청하여야 한다(영 제10조 제1항). 제1항의 규정에 따라 협조를 요청받은 기관 또는 부서는 그 회신기간 내에 회신하여야 한다(영 제10조 제2항).

(4) 사본 또는 복제물의 교부 제한

공공기관은 청구인이 사본 또는 복제물의 교부를 원하는 경우에는 이를 교부하여야 한다. 다만, 공개 대상 정보의 양이 너무 많아 정상적인 업무수행에 현저한 지장을 초래할 우려가 있는 경우에는 정보의 사본·복제물을 일정 기간별로 나누어 제공하거나 열람과 병행하여 제공할 수 있다(제13조 제2항).

(5) 정보공개심의회

국가기관, 지방자치단체, 「공공기관의 운영에 관한 법률」 제5조에 따른 공기업 및 준정부기관, 「지방공기업법」에 따른 지방공사 및 지방공단(이하 "국가기관등"이라 한다)은 정보공개 여부 등을 심의하기 위하여 정보공개심의회를 설치·운영한다. 이 경우 국가기관등의 규모와 업무성격, 지리적 여건, 청구인의 편의 등을 고려하여 소속 상급기관(지방공사·지방공단의 경우에는 해당 지방공사·지방공단을 설립한 지방자치단체를 말한다)에서 협의를 거쳐 심의회를 통합하여 설치·운영할 수 있다(제12조 제1항). 이 경우 국가기관등의 규모와 업무성격, 지리적 여건, 청구인의 편의 등을 고려하여 소속 상급기관(지방공사·지방공단의 경우에는 해당 지방공사·지방공단을 설립한 지방자치단체를 말한다)에서 협의를 거쳐 심의회를 통합하여 설치·운영할 수 있다. 정보공개심의회의 구성·운영 및 기능 등에 관하여 필요한 사항은 국회규칙·대법원규칙·헌법재판소규칙·중앙선거관리위원회규칙 및 대통령령으로 정한다(제6항).

심의회는 다음 각 호의 사항을 심의한다(영 제11조 제2항): ① 공개청구된 정보의 공개 여부를 결정하기 곤란한 사항, ② 법 제18조 및 법 제21조 제2항에 따른 이의신청(일정한 이의신청 제외), ③ 그 밖에 정보공개제도의 운영에 관한 사항. 이들 사항에 대한 심의회의 심의 의결은 구속력을 갖는다고 보아야 한다.

심의회는 위원장 1명을 포함하여 5명 이상 7명 이하의 위원으로 구성한다(제12조 제2항).

4. 정보공개 여부 결정의 통지

공공기관은 정보의 공개를 결정한 경우에는 공개의 일시 및 장소 등을 분명히 밝혀 청구인에게 통지하여야 한다(제13조 제1항).

공공기관은 정보의 비공개 결정을 한 경우에는 그 사실을 청구인에게 지체 없이 문서로 통지하여야 한다. 이 경우 제9조 제1항 각 호 중 어느 규정에 해당하는 비공개 대상 정보인지를 포함한 비공개 이유와 불복의 방법 및 절차를 구체적으로 밝혀야 한다(제13조 제5항).

[판례] 정보공개를 요구받은 공공기관이 공공기관의정보공개에관한법률 제7조 제1항 몇 호 소정의 비공개사유에 해당하는지를 주장·입증하지 아니한 채 개괄적인 사유만을 들어 그 공개를 거부할 수 있는지 여부(소극): 국민으로부터 보유·관리하는 정보에 대한 공개를 요구받은 공공기관으로서는 같은 법 제7조 제1항 각 호에서 정하고 있는 비공개사유에 해당하지 않는 한 이를 공개하여야 할 것이고, 만일 이를 거부하는 경우라 할지라도 대상이 된 정보의 내용을 구체적으로 확인·검토하여 어느 부분이 어떠한 법익 또는 기본권과 충돌되어 같은 법 제7조 제1항 몇 호에서 정하고 있는 **비공개사유에 해당하는지를 주장·입증하여야만 할 것이며, 그에 이르지 아니한 채 개괄적인 사유만을 들어 공개를 거부하는 것은 허용되지 아니한다**(대판 2003. 12. 11, 2001두8827[정보공개청구거부처분취소]).

정보의 비공개결정은 정보공개법 제13조 제4항에 의하여 전자문서로 통지할 수 있다(대판 2014. 04. 10, 2012두17384[정보공개거부처분취소]).

[판례] 甲이 재판기록 일부의 정보공개를 청구한 데 대하여 서울행정법원장이 민사소송법 제162조를 이유로 소송기록의 정보를 비공개한다는 결정을 전자문서로 통지한 사안에서, '문서'에 '전자문서'를 포함한다고 규정한 구 공공기관의 정보공개에 관한 법률(2013. 8. 6. 법률 제11991호로 개정되기 전의 것, 이하 '정보공개법'이라 한다) 제2조와 정보의 비공개결정을 '문서'로 통지하도록 정한 정보공개법 제13조 제4항의 규정에 의하면 정보의 비공개결정은 전자문서로 통지할 수 있고, 위 규정들은 행정절차법 제3조 제1항에서 행정절차법의 적용이 제외되는 것으로 정한 '다른 법률'에 특별한 규정이 있는 경우에 해당하므로, 비공개결정 당시 **정보의 비공개결정은 정보공개법 제13조 제4항에 의하여 전자문서로 통지할 수 있다**(대판 2014. 04. 10, 2012두17384[정보공개거부처분취소]). 〈해설〉 정보공개법 제2조의 '문서'는 원칙상 정보공개의 대상을 의미하는 것으로 보아야 하고, 정보공개법 제2조와 제13조 제4항 규정을 행정절차법 제3조 제1항에서 행정절차법의 적용이 제외되는 것으로 정한 '다른 법률'에 특별한 규정이 있는 경우에 해당한다고 본 것은 타당하지 않다.

정보공개법 시행령 제6조 제4항 및 제3항에 의하면 공개 청구된 정보를 보유·관리하지 아니하는 정보인 경우에는 청구인의 청구에 따를 수 없는 사유를 구체적으로 적어 청구인에게 통지하도록 규정하여(동시행규칙 별지 제4호의2 서식에 의한 통지),

공개 청구된 정보를 보유·관리하지 아니한 경우를 정보공개법 제11조 제4항 소정의 비공개결정과는 달리 처리하도록 규정되어 있다.

5. 정보공개의 방법

정보의 공개는 다음의 방법으로 한다. ① 문서·도면·사진 등은 열람 또는 사본의 제공, ② 필름·테이프 등은 시청 또는 인화물·복제물의 제공, ③ 마이크로필름·슬라이드 등은 시청·열람 또는 사본·복제물의 교부, ④ 전자적 형태로 보유·관리하는 정보 등은 파일을 복제하여 정보통신망을 활용한 정보공개시스템으로 송부, 매체에 저장하여 제공, 열람·시청 또는 사본·출력물의 제공, ⑤ 법 제7조 제1항에 따라 이미 공개된 정보의 경우 그 정보 소재(所在) 안내(동법 시행령 제14조 제1항). 공공기관은 정보를 공개할 때 본인 또는 그 정당한 대리인임을 확인할 필요가 없는 경우에는 청구인의 요청에 따라 제1항 각 호의 사본·출력물·복제물·인화물 또는 복제된 파일을 우편·팩스 또는 정보통신망을 이용하여 보낼 수 있다(제2항).

청구인에게는 특정한 공개방법을 지정하여 정보공개를 청구할 수 있는 법령상 신청권이 있다. 특별한 사정이 없는 한 청구인이 지정한 공개방법으로 공개하여야 한다(대판 2016. 11. 10, 2016두44674[정보공개거부처분취소]). 따라서 공공기관이 공개청구의 대상이 된 정보를 공개는 하되, 청구인이 신청한 공개방법 이외의 방법으로 공개하기로 하는 결정을 하였다면, 이는 정보공개청구 중 정보공개방법에 관한 부분에 대하여 일부 거부처분을 한 것이고, 청구인은 그에 대하여 항고소송으로 다툴 수 있다(대판 2016. 11. 10, 2016두44674[정보공개거부처분취소]).

[판례] 공공기관의 정보공개에 관한 법률 제2조 제2항, 제3조, 제5조, 제8조 제1항, 같은법시행령 제14조, 같은 법 시행규칙 제2조 [별지 제1호 서식] 등의 각 규정을 종합하면, 정보공개를 청구하는 자가 공공기관에 대해 정보의 사본 또는 출력물의 교부의 방법으로 공개방법을 선택하여 정보공개청구를 한 경우에 공개청구를 받은 공공기관으로서는 같은 법 제8조 제2항에서 규정한 정보의 사본 또는 복제물의 교부를 제한할 수 있는 사유에 해당하지 않는 한 **정보공개청구자가 선택한 공개방법에 따라 정보를 공개하여야 하므로 그 공개방법을 선택할 재량권이 없다**고 해석함이 상당하다(대판 2003. 12. 12, 2003두8050[사본공개거부처분취소]).

공공기관은 전자적 형태로 보유·관리하는 정보에 대하여 청구인이 전자적 형태로 공개하여 줄 것을 요청하는 경우에는 그 정보의 성질상 현저히 곤란한 경우를 제외하고는 청구인의 요청에 따라야 한다(제15조 제1항). 공공기관은 전자적 형태로 보유·관리하지 아니하는 정보에 대하여 청구인이 전자적 형태로 공개하여 줄 것을 요청한 경우에는 정상적인 업무수행에 현저한 지장을 초래하거나 그 정보의 성질이 훼손될 우려가 없으면 그 정보를 전자적 형태로 변환하여 공개할 수 있다(제15조 제2항).

공개청구한 정보가 비공개대상 정보에 해당하는 부분과 공개가 가능한 부분이 혼합되어 있는 경우로서 공개 청구의 취지에 어긋나지 아니하는 범위에서 두 부분을 분리할 수 있는 경우에는 비공개정보에 해당하는 부분을 제외하고 공개하여야 한다(제14조).

[판례] 공개청구의 취지에 어긋나지 아니하는 범위 안에서 비공개대상정보에 해당하는 부분과 공개가 가능한 부분을 분리할 수 있다고 함은, 이 두 부분이 물리적으로 분리가능한 경우를 의미하는 것이 아니고 당해 정보의 공개방법 및 절차에 비추어 당해 정보에서 비공개대상정보에 관련된 기술 등을 제외 내지 삭제하고 그 나머지 정보만을 공개하는 것이 가능하고 나머지 부분의 정보만으로도 공개의 가치가 있는 경우를 의미한다고 해석하여야 한다(대판 2004. 12. 09, 2003두12707).

청구인이 정보공개거부처분의 취소를 구하는 소송에서 공공기관이 청구정보를 증거 등으로 법원에 제출하여 법원을 통하여 그 사본을 청구인에게 교부 또는 송달되게 하여 결과적으로 청구인에게 정보를 공개하는 셈이 되었다고 하더라도, 이러한 우회적인 방법은 정보공개법이 예정하고 있지 아니한 방법으로서 정보공개법에 의한 공개라고 볼 수는 없으므로, 당해 정보의 비공개결정의 취소를 구할 소의 이익은 소멸되지 않는다(대판 2004. 03. 26, 2002두6583; 2015. 12. 15, 2012두11409, 11416(병합)).

6. 비용부담

정보의 공개 및 우송 등에 소요되는 비용은 실비의 범위에서 청구인이 부담한다(법 제17조 제1항). 다만, 공개를 청구하는 정보의 사용목적이 공공복리의 유지 · 증진을 위하여 필요하다고 인정되는 경우에는 제1항에 따른 비용을 감면할 수 있다(제2항). 제1항에 따른 비용 및 그 징수 등에 필요한 사항은 국회규칙 · 대법원규칙 · 헌법재판소규칙 · 중앙선거관리위원회규칙 및 대통령령으로 정한다(제3항).

Ⅵ. 정보공개쟁송

정보공개청구에 대한 공공기관의 비공개결정에 대한 불복절차로 이의신청, 행정심판 및 행정소송이 있다. 그런데 정보가 공개됨으로 인하여 제3자의 권익이 침해되는 경우가 있다. 개인정보 또는 기업비밀정보 등의 공개의 경우 그러하다. 이 경우에는 제3자에게 정보의 공개를 저지할 수 있는 법적 수단이 마련되어야 한다.

1. 비공개결정에 대한 청구인의 불복절차

정보공개법은 제18조, 제19조에서 이의신청이나 행정심판을 제기할 수 있다고 할 뿐 이의신청이나 행정심판을 제기하지 아니하면 취소소송을 제기할 수 없다는 규정을 두고 있지 아니하므로 이의신청이나 행정심판은 임의적 불복절차이다.

(1) 이의신청

청구인이 정보공개와 관련한 공공기관의 비공개 결정 또는 부분 공개 결정에 대하여 불복이 있거나 정보공개 청구 후 20일이 경과하도록 정보공개 결정이 없는 때에는 공공기관으로부터 정보공개 여부의 결정 통지를 받은 날 또는 정보공개 청구 후 20일이 경과한 날부터 30일 이내에 해당 공공기관에 문서로 이의신청을 할 수 있다(법 제18조 제1항). 이의신청은 임의절차이며 행정심판이 아니다.

공공기관은 이의신청을 받은 날부터 7일 이내에 그 이의신청에 대하여 결정하고 그 결과를 청구인에게 지체 없이 문서로 통지하여야 한다. 다만, 부득이한 사유로 정하여진 기간 이내에 결정할 수 없을 때에는 그 기간이 끝나는 날의 다음 날부터 기산하여 7일의 범위에서 연장할 수 있으며, 연장 사유를 청구인에게 통지하여야 한다(법 제18조 제3항).

공공기관은 이의신청을 각하 또는 기각하는 결정을 한 경우에는 청구인에게 행정심판 또는 행정소송을 제기할 수 있다는 사실을 제3항에 따른 결과 통지와 함께 알려야 한다(제18조 제4항).

(2) 행정심판

청구인이 정보공개와 관련한 공공기관의 결정에 대하여 불복이 있거나 정보공개 청구 후 20일이 경과하도록 정보공개 결정이 없는 때에는 행정심판법에서 정하는 바에 따라 행정심판을 청구할 수 있다. 즉, 행정심판은 임의절차이다.

이 경우 국가기관 및 지방자치단체 외의 공공기관의 결정에 대한 감독행정기관은 관계 중앙행정기관의 장 또는 지방자치단체의 장으로 한다(법 제19조 제1항). 청구인은 제18조에 따른 이의신청 절차를 거치지 아니하고 행정심판을 청구할 수 있다(제2항).

행정심판은 거부처분 취소심판(공개거부처분의 경우) 또는 의무이행심판(공개거부처분이나 부작위의 경우)의 형식으로 제기된다.

(3) 행정소송

청구인이 정보공개와 관련한 공공기관의 결정에 대하여 불복이 있거나 정보공개개 청구 후 20일이 경과하도록 정보공개 결정이 없는 때에는 행정소송법에서 정하는 바에 따라 행정소송을 제기할 수 있다(법 제20조 제1항).

1) 소송형식

정보공개청구소송은 일반 항고소송(취소소송, 무효확인소송 및 부작위위법확인소송)의 형식으로 제기된다. 정보공개청구소송에서 이해관계를 묻지 않고 원고적격을 인정하는 점에 근거하여 정보공개청구소송이 민중소송이라는 견해도 있으나 법상 인정된 정보공개청구권이 침해되었다는 것에 근거하여 원고적격이 인정되는 것이므로 항고소송으로 보는 것이 타당하다.

2) 처분성

정보공개청구권자의 정보공개신청에 대한 거부는 행정소송의 대상이 되는 거부처분이다. 그러나, 정보공개청구권이 없는 자의 정보공개신청에 대한 거부는 신청권이 없는 신청에 대한 거부이므로 행정소송의 대상이 되는 거부처분에 해당하지 아니한다.

[판례] 지방자치단체인 원고는 피고에 대하여 이 사건 각 정보의 공개를 청구할 권리가 없으므로, 이 사건 처분은 행정소송의 대상이 되는 거부처분에 해당하지 아니한다(서울행법 2005. 10. 02, 2005구합10484: 서울특별시 송파구가 서울특별시 선거관리위원회를 상대로 제기한 정보비공개처분 취소청구소송에서 처분성을 부정한 사례).

3) 원고적격

정보공개청구권은 법률상 보호되는 구체적인 권리이므로 정보공개청구권이 있는 자는 개인적인 이해관계와 관계 없이 공개거부로 그 권리를 침해받은 것이므로 당연히 공개거부를 다툴 원고적격을 갖는다.

[판례] '정보공개청구권은 법률상 보호되는 구체적인 권리이므로 청구인이 (공개청구된 정보와 개인적인 이해관계가 없는 자이더라도) 공공기관에 대하여 정보공개를 청구하였다가 거부처분을 받은 것 자체가 법률상 이익의 침해에 해당한다(대판 2004. 08. 20, 2003두8302: 충북참여자치시민연대의 원고적격을 인정한 사례).

4) 소의 이익

공공기관이 그 정보를 보유·관리하고 있지 아니한 경우에는 특별한 사정이 없는 한 정보공개거부처분의 취소를 구할 법률상의 이익(소의 이익)이 없다(대판 2006. 01. 13, 2003두9459).

[판례] 정보공개청구자가 특정한 것과 같은 정보를 공공기관이 보유·관리하고 있지 않은 경우, 해당 정보에 대한 공개거부처분에 대하여 취소를 구할 법률상 이익이 있는지 여부(원칙적 소극) 및 공

개를 구하는 정보를 공공기관이 보유·관리하는 점에 대한 증명책임의 소재: 공공기관의 정보공개에 관한 법률(이하 '정보공개법'이라고 한다)에서 말하는 **공개대상 정보는** 정보 그 자체가 아닌 정보공개법 제2조 제1호에서 예시하고 있는 매체 등에 기록된 사항을 의미하고, 공개대상 정보는 원칙적으로 공개를 청구하는 자가 정보공개법 제10조 제1항 제2호에 따라 작성한 정보공개청구서의 기재내용에 의하여 특정되며, 만일 **공개청구자가 특정한 바와 같은 정보를 공공기관이 보유·관리하고 있지 않은 경우라면 특별한 사정이 없는 한 해당 정보에 대한 공개거부처분에 대하여는 취소를 구할 법률상 이익이 없다.** 이와 관련하여 **공개청구자는 그가 공개를 구하는 정보를 공공기관이 보유·관리하고 있을 상당한 개연성이 있다는 점에 대하여 입증할 책임이 있으나,** 공개를 구하는 정보를 공공기관이 한때 보유·관리하였으나 후에 그 정보가 담긴 문서들이 폐기되어 존재하지 않게 된 것이라면 **그 정보를 더 이상 보유·관리하고 있지 않다는 점에 대한 증명책임은 공공기관에 있다**(대판 2013. 01. 24, 2010두18918[정보공개거부처분취소]). **〈해설〉** 공공기관이 정보를 보유·관리하고 있는지 여부는 본안문제로 보는 것이 타당한 것은 아닌지 의문이 든다.

따라서, 공공기관이 공개를 구하는 정보를 보유·관리하고 있지 아니한 경우 그 부분에 대해서는 소각하판결을 내려야 한다(대판 2006. 01. 13, 2003두9459 판결[행정정보비공개결정처분취소]).

청구인이 정보공개거부처분의 취소를 구하는 소송에서 공공기관이 청구정보를 증거 등으로 법원에 제출하여 법원을 통하여 그 사본을 청구인에게 교부 또는 송달되게 하여 결과적으로 청구인에게 정보를 공개하는 셈이 되었다고 하더라도, 이러한 우회적인 방법은 정보공개법이 예정하고 있지 아니한 방법으로서 정보공개법에 의한 공개라고 볼 수는 없으므로, 당해 정보의 비공개결정의 취소를 구할 소의 이익은 소멸되지 않는다(대판 2004. 03. 26, 2002두6583; 2015. 12. 15, 2012두11409, 11416).

5) 비공개 열람 · 심사

재판장은 필요하다고 인정하면 당사자를 참여시키지 아니하고 제출된 공개 청구 정보를 비공개로 열람·심사할 수 있다(제20조 제2항). 그러나, 재판장은 행정소송의 대상이 제9조 제1항 제2호에 따른 정보 중 국가안전보장·국방 또는 외교관계에 관한 정보의 비공개 또는 부분 공개 결정처분인 경우에 공공기관이 그 정보에 대한 비밀 지정의 절차, 비밀의 등급·종류 및 성질과 이를 비밀로 취급하게 된 실질적인 이유 및 공개를 하지 아니하는 사유 등을 입증하면 해당 정보를 제출하지 아니하게 할 수 있다(제20조 제3항).

재판장은 「공공기관의 정보공개에 관한 법률」 제20조 제1항에 따른 취소소송 사건, 같은 법 제21조 제2항에 따른 취소소송이나 이를 본안으로 하는 집행정지신청 사건의 심리를 위해 같은 법 제20조 제2항에 따른 비공개 열람·심사를 하는 경우 피고에게 공개 청구된 정보의 원본 또는 사본·복제물의 제출을 명할 수 있다(행정소송규칙 제11조 제1항). 제1항에 따른 제출 명령을 받은 피고는 변론기일 또는 심문기일에 해당 자료를 제출하여야 한다. 다만, 특별한 사정이 있으면 재판장은 그 자료를 다른 적당한 방법으로 제출할 것을 명할 수 있고, 이 경우 자료를 제출받은 재판장은 지체 없이 원고에게 제1항의 명령에 따른 자료를 제출받은 사실을 통지하여야 한다(제2항). 제2항에 따라 제출된 자료는 소송기록과 분리하여 해당 사건을 심리하는 법관만이 접근할 수 있는 방법으로 보관한다(제3항). 법원은 제1항의 취소소송이나 집행정지신청 사건에 대한 재판이 확정된 경우 제2항에 따라 제출받은 자료를 반환한다. 다만, 법원은 당사자가 그 자료를 반환받지 아니한다는 의견을 표시한 경우 또는 위 확정일부터 30일이 지났음에도 해당 자료를 반환받지 아니하는 경우에는 그 자료를 적당한 방법으로 폐기할 수 있다(제4항). 당사자가 제1항의 취소소송이나 집행정지신청 사건의 재판에 관하여 불복하는 경우 법원은 제2항에 따라 제출받은 자료를 제3항에 따른 방법으로 상소법원에 송부한다(제5항).

6) 일부취소판결

정보공개거부취소소송에서 공개정보와 비공개정보를 분리할 수 있는 경우에는 분리되는 공개정보에 대응하여 일부취소판결을 내려야 한다(제14조).

[판례] ① **비공개대상정보에 해당하는 부분과 공개가 가능한 부분이 구별되고 이를 분리할 수 있는 경우, 법원의 판결주문 기재방법**: 법원이 행정청의 정보공개거부처분의 위법 여부를 심리한 결과 공개를 거부한 정보에 비공개대상 정보에 해당하는 부분과 공개가 가능한 부분이 혼합되어 있고 공개청구의 취지에 어긋나지 아니하는 범위 안에서 두 부분을 분리할 수 있음을 인정할 수 있을 때에는, 위 정보 중 **공개가 가능한 부분을 특정하고 판결의 주문에 행정청의 위 거부처분 중 공개가 가능한 정보에 관한 부분만을 취소한다고 표시**하여야 한다(대판 2003. 03. 11, 2001두6425[칠곡군 사건]; 2009. 04. 23, 2009두2702: 행정청이 공개를 거부한 정보 중 법인의 계좌번호, 개인의 주민등록번호, 계좌번호 등에 해당하는 정보를 제외한 나머지 부분의 정보를 공개하는 것이 타당하다고 하면서 판결 주문에서 정보공개거부처분 전부를 취소한 것은 위법하다고 한 사례).
② 법원이 행정기관의 정보공개거부처분의 위법 여부를 심리한 결과 공개를 거부한 정보에 비공개대상 정보에 해당하는 부분과 공개가 가능한 부분이 혼합되어 있고 공개청구의 취지에 어긋나지 아니하는 범위 안에서 두 부분을 분리할 수 있음을 인정할 수 있을 때에는 청구취지의 변경이 없더라도 공개가 가능한 정보에 관한 부분만의 일부취소를 명할 수 있다 할 것이고, 공개청구의 취지에 어긋나지 아니하는 범위 안에서 **비공개대상 정보에 해당하는 부분과 공개가 가능한 부분을 분리할 수 있다고 함은**, 이 두 부분이 물리적으로 분리가능한 경우를 의미하는 것이 아니고 당해 정보의 공개방법 및 절차에 비추어 당해 정보에서 비공개대상정보에 관련된 기술 등을 제외 내지 삭제하고 그 나머지 정보만을 공개하는 것이 가능하고 나머지 부분의 정보만으로도 공개의 가치가 있는 경우를 의미한다고 해석하여야 한다(대판 2004. 12. 09, 2003두12707).
③ 원심이 …… 대학수학능력시험 원점수정보 중 수험생의 수험번호, 성명, 주민등록번호 등 인적사항을 제외한 나머지 부분만을 공개하는 것이 타당하다고 하면서도 주문에서는 원점수정보 공개거부처분의 전부를 취소한 것에 대하여, 당사자의 의사해석을 그르치거나 판결 주문 기재방법 등을 오해한 위법이 있음을 이유로 원심판결을 파기한 사례(대판 2010. 02. 11, 2009두6001).

7) 간접강제

정보공개거부처분 취소판결이 확정되었음에도 해당 정보를 계속 공개하지 않는 경우 현행 행정소송법상 간접강제제도에 의해 공개지연기간에 따라 일정한 배상을 할 것을 명하거나 즉시 손해배상을 할 것을 명할 수 있다.

8) 가구제

정보공개거부에 대해서는 집행정지가 인정되지 않는다. 가처분이 가능하다는 견해가 있지만, 정보공개거부의 가처분은 본안소송을 대체하는 것이므로 가처분은 인정되지 않는다고 보아야 한다. 입법론상 급박한 경우에는 본안심리를 신속히 하도록 하는 제도가 필요하다.

2. 정보공개에 대하여 이해관계 있는 제3자의 보호수단

비공개정보 중 기업비밀과 개인정보와 같이 공개되는 경우에 제3자의 권익이 침해되는 경우가 있다. 기업비밀과 개인정보 등은 비공개정보이지만 공개될 가능성이 전혀 없는 것이 아니며 만일 공개된다면 제3자의 권익이 침해되게 된다.

따라서 정보공개에 대하여 이해관계 있는 제3자가 이해관계 있는 정보의 공개를 막을 수 있는 수단을 갖도록 하는 것이 형평의 원칙에 맞는다.

(1) 정보공개법상 보호수단

1) 공개청구된 사실의 통보 및 비공개요청

공공기관은 공개 청구된 공개 대상 정보의 전부 또는 일부가 제3자와 관련이 있다고 인정할 때에는 그 사실을 제3자에게 지체 없이 통지하여야 하며, 필요한 경우에는 그의 의견을 들을 수 있다(제11조 제3항).

공개청구된 사실을 통지받은 제3자는 그 통지를 받은 날부터 3일 이내에 해당 공공기관에 대하여 자신과 관련된 정보를 공개하지 아니할 것을 요청할 수 있다(법 제21조 제1항).

2) 공개통지 및 행정쟁송의 제기

제1항에 따른 비공개 요청에도 불구하고 공공기관이 공개 결정을 할 때에는 공개 결정 이유와 공개 실시일을 분명히 밝혀 지체 없이 문서로 통지하여야 하며, 제3자는 해당 공공기관에 문서로 이의신청을 하거나 행정심판 또는 행정소송을 제기할 수 있다. 이 경우 이의신청은 통지를 받은 날부터 7일 이내에 하여야 한다(법 제21조 제2항).

가. 처분성 정보공개의 결정·통보를 처분으로 보고 이에 대해 이의신청, 행정심판, 행정소송을 제기할 수 있다.

정보공개결정·통보를 비공개요청이라는 신청에 대한 거부처분으로 보는 견해가 있으나(홍정선, 414면), 위 비공개요청을 신청이라고 보는 것은 타당하지 않고, 거부처분에 대한 취소소송에서는 집행정지신청이 인정되지 않는다는 문제가 있다.

나. 소의 이익과 집행정지신청 정보는 일단 공개되면 취소할 수 없는 것이므로 제3자의 이익을 보호하기 위하여는 정보공개를 사전에 막아야 한다. 이해관계 있는 제3자가 정보공개를 막는 소송을 역정보공개소송이라 할 수 있는데,[156] 정보가 일단 공개되면 구제가 불가능하다. 정보공개통보행위에 대한 취소소송과 함께 집행정지신청을 하여야 할 것이다. 입법론으로는 이 경우 집행정지를 원칙으로 하여야 할 것이다.

다. 예방적 금지소송의 가능성 정보공개통보의 처분성을 인정하지 않는 견해에 의하면 정보공개라는 권력적 사실행위의 금지를 구하는 예방적 금지소송과 함께 공개의 금지를 구하는 가처분을 신청하여야 한다.

라. 공법상 당사자소송 현행법하에서도 공개의 금지를 구하는 당사자소송 및 가처분을 인정하고, 이 구제수단을 사용하여야 한다는 견해도 있다.

(2) 행정소송법상 보호수단: 제3자의 소송참가

제3자에 관한 정보의 공개가 거부된 경우 정보공개청구자가 공개거부취소소송을 제기하면 이해관계있는 제3자는 소송참가가 가능하다.

Ⅶ. 공공기관의 정보제공 노력의무

공공기관은 다음의 정보에 대해서는 공개의 구체적 범위, 주기·시기 및 방법 등을 미리 정하여 정보통신망 등을 통하여 알리고, 이에 따라 정기적으로 공개하여야 한다: ① 국민생활에 매우 큰 영향을 미치는 정책에 관한 정보, ② 국가의 시책으로 시행하는 공사(工事) 등 대규모의 예산이 투입되는 사업에 관한 정보, ③ 예산집행의 내용과 사업평가 결과 등 행정감시를 위하여 필요한 정보, ④ 그 밖에 공공기관의 장이 정하는 정보(제7조 제1항). 공공기관은 제1항에 규정된 사항 이외에도 국민이 알아야 할 필요가 있는 정보를 국민에게 공개하도록 적극적으로 노력하여야 한다(제7조 제2항). 이 규정은 국민의 정보공개청구에 의한 정보의 공개가 아니라 공공기관이 이니시어티브를 갖고 적극적으로 정보를 제공하는 것을 규정한 것이다.

공공기관은 그 기관이 보유·관리하는 정보에 대하여 국민이 쉽게 알 수 있도록 정보목록을 작성하여 갖추어 두고, 그 목록을 정보통신망을 활용한 정보공개시스템

---

156) 미국법에서는 이를 reverse FOIA suit라 한다.

등을 통하여 공개하여야 한다. 다만, 정보목록 중 제9조 제1항에 따라 공개하지 아니할 수 있는 정보가 포함되어 있는 경우에는 해당 부분을 갖추어 두지 아니하거나 공개하지 아니할 수 있다(제8조 제1항).

제 2 절 개인정보보호제도

Ⅰ. 의 의

개인정보보호제도(個人情報保護制度)라 함은 개인에 관한 정보가 부당하게 수집, 유통, 이용되는 것을 막아 개인의 프라이버시를 보호하는 제도를 말한다.

정보화사회가 진전됨에 따라 개인정보가 부당하게 유통되는 사례가 증가하고 있다. 이러한 상황하에서 개인정보의 보호를 위한 법적 조치가 필요하게 되었다.

Ⅱ. 법적 근거

1. 헌법적 근거

개인정보보호제도의 헌법적 근거는 헌법상 기본권인 개인정보자기결정권(자기정보통제권)이다. 개인정보자기결정권은 자신에 관한 정보가 언제 누구에게 어느 범위까지 알려지고 또 이용되도록 할 것인지를 그 정보주체가 스스로 결정할 수 있는 헌법상의 권리, 즉 정보주체가 개인정보의 공개와 이용에 관하여 스스로 결정할 헌법상의 권리를 말한다(헌재 2005. 07. 21, 2003헌마282; 대판 2023. 04. 13, 2017다219232).

[판례] ① 〈공개된 개인정보를 수집하여 제3자에게 제공한 행위에 대하여 개인정보자기결정권의 침해를 이유로 위자료를 구하는 사건〉 [1] 개인정보자기결정권의 보호대상이 되는 '개인정보'의 의미 및 공적 생활에서 형성되었거나 이미 공개된 개인정보가 이에 포함되는지 여부(적극) / 개인정보를 대상으로 한 조사 · 수집 · 보관 · 처리 · 이용 등의 행위가 개인정보자기결정권에 대한 제한에 해당하는지 여부(원칙적 적극): 인간의 존엄과 가치, 행복추구권을 규정한 헌법 제10조 제1문에서 도출되는 일반적 인격권 및 헌법 제17조의 사생활의 비밀과 자유에 의하여 보장되는 개인정보자기결정권은 자신에 관한 정보가 언제 누구에게 어느 범위까지 알려지고 또 이용되도록 할 것인지를 정보주체가 스스로 결정할 수 있는 권리이다. 개인정보자기결정권의 보호대상이 되는 개인정보는 개인의 신체, 신념, 사회적 지위, 신분 등과 같이 개인의 인격주체성을 특징짓는 사항으로서 개인의 동일성을 식별할 수 있게 하는 일체의 정보이고, 반드시 개인의 내밀한 영역에 속하는 정보에 국한되지 아니하며 공적 생활에서 형성되었거나 이미 공개된 개인정보까지 포함한다. 또한 개인정보를 대상으로 한 조사·수집·보관·처리·이용 등의 행위는 모두 원칙적으로 개인정보자기결정권에 대한 제한에 해당한다. **[2] 개인정보자기결정권을 침해 · 제한한다고 주장되는 행위의**

내용이 이미 정보주체의 의사에 따라 공개된 개인정보를 별도의 동의 없이 영리 목적으로 수집 · 제공하였다는 것인 경우, 정보처리 행위의 위법성 여부를 판단하는 기준 및 정보처리자에게 영리 목적이 있었다는 사정만으로 곧바로 정보처리 행위를 위법하다고 할 수 있는지 여부(소극): 개인정보자기결정권이라는 인격적 법익을 침해 · 제한한다고 주장되는 행위의 내용이 이미 정보주체의 의사에 따라 공개된 개인정보를 그의 별도의 동의 없이 영리 목적으로 수집 · 제공하였다는 것인 경우에는, 정보처리 행위로 침해될 수 있는 정보주체의 인격적 법익과 그 행위로 보호받을 수 있는 정보처리자 등의 법적 이익이 하나의 법률관계를 둘러싸고 충돌하게 된다. 이때는 정보주체가 공적인 존재인지, 개인정보의 공공성과 공익성, 원래 공개한 대상 범위, 개인정보 처리의 목적 · 절차 · 이용형태의 상당성과 필요성, 개인정보 처리로 침해될 수 있는 이익의 성질과 내용 등 여러 사정을 종합적으로 고려하여, 개인정보에 관한 인격권 보호에 의하여 얻을 수 있는 이익과 정보처리 행위로 얻을 수 있는 이익 즉 정보처리자의 '알 권리'와 이를 기반으로 한 정보수용자의 '알 권리' 및 표현의 자유, 정보처리자의 영업의 자유, 사회 전체의 경제적 효율성 등의 가치를 구체적으로 비교 형량하여 어느 쪽 이익이 더 우월한 것으로 평가할 수 있는지에 따라 정보처리 행위의 최종적인 위법성 여부를 판단하여야 하고, 단지 정보처리자에게 영리 목적이 있었다는 사정만으로 곧바로 정보처리 행위를 위법하다고 할 수는 없다. [3] **이미 공개된 개인정보를 정보주체의 동의가 있었다고 객관적으로 인정되는 범위 내에서 수집 · 이용 · 제공 등 처리를 할 때 정보주체의 별도의 동의가 필요하지 않고 동의를 받지 아니하였다고 하여 개인정보 보호법 제15조나 제17조를 위반한 것으로 볼 수 없다.** [4] **정보주체의 동의가 있었다고 인정되는 범위 내인지 판단하는 기준**: 정보주체의 동의가 있었다고 인정되는 범위 내인지는 공개된 개인정보의 성격, 공개의 형태와 대상 범위, 그로부터 추단되는 정보주체의 공개 의도 내지 목적뿐만 아니라, 정보처리자의 정보제공 등 처리의 형태와 정보제공으로 공개의 대상 범위가 원래의 것과 달라졌는지, 정보제공이 정보주체의 원래의 공개 목적과 상당한 관련성이 있는지 등을 검토하여 객관적으로 판단하여야 한다. [5] 법률정보 제공 사이트를 운영하는 갑 주식회사가 공립대학교인 을 대학교 법과대학 법학과 교수로 재직 중인 병의 사진, 성명, 성별, 출생연도, 직업, 직장, 학력, 경력 등의 개인정보를 위 법학과 홈페이지 등을 통해 수집하여 위 사이트 내 '법조인' 항목에서 유료로 제공한 사안에서, 갑 회사가 영리 목적으로 병의 개인정보를 수집하여 제3자에게 제공하였더라도 그에 의하여 얻을 수 있는 법적 이익이 정보처리를 막음으로써 얻을 수 있는 정보주체의 인격적 법익에 비하여 우월하므로, 갑 회사의 행위를 병의 개인정보자기결정권을 침해하는 위법한 행위로 평가할 수 없고, 갑 회사가 병의 개인정보를 수집하여 제3자에게 제공한 행위는 병의 동의가 있었다고 객관적으로 인정되는 범위 내이고, 갑 회사에 영리 목적이 있었다고 하여 달리 볼 수 없으므로, 갑 회사가 병의 별도의 동의를 받지 아니하였다고 하여 개인정보 보호법 제15조나 제17조를 위반하였다고 볼 수 없다고 한 사례(대판 2016. 08. 17. 2014다235080).

② [1] **이 사건 정보는** 기관(학교)명, 교사명, 담당교과, 교원단체 및 노동조합 가입현황 등 특정 개인을 식별하거나 교원단체 및 노동조합 가입자 개인의 조합원 신분을 알 수 있는 내용을 담고 있어 **개인정보자기결정권의 보호대상이 되는 개인정보에 해당**하므로, **피고들의 이 사건 정보 공개 행위는** 해당 교원들의 개인정보자기결정권과 원고 전교조의 존속, 유지, 발전에 관한 권리를 **침해한 것이다**. [2] 정보주체의 동의 없이 개인정보를 공개함으로써 침해되는 인격적 법익과 정보주체의 동의 없이 자유롭게 개인정보를 공개하는 표현행위로써 보호받을 수 있는 법적 이익이 하나의 법률관계를 둘러싸고 충돌하는 경우에는, 개인이 공적인 존재인지 여부, 개인정보의 공공성과 공익성, 개인정보 수집의 목적 · 절차 · 이용형태의 상당성, 개인정보 이용의 필요성, 개인정보 이용으로 인해 침해되는 이익의 성질과 내용 등 여러 사정을 종합적으로 고려하여, 개인정보에 관한 인

격권 보호에 의하여 얻을 수 있는 이익(**비공개 이익**)과 표현행위에 의하여 얻을 수 있는 이익(**공개 이익**)을 **구체적으로 비교 형량**하여, 어느 쪽 이익이 더 우월한 것으로 평가할 수 있는지에 따라 그 행위의 최종적인 위법성 여부를 판단하여야 한다(대판 2014. 07. 24, 2012다49933[손해배상(기)]).

2. 법률의 근거

자기정보통제권을 보호하기 위하여 공적 부문에서의 개인정보의 보호와 민간부분에서의 개인정보보호를 구분하여 규율하던 것을 통일적으로 규율하기 위하여 2011년 3월 29일 개인정보보호법이 제정되어 2011년 9월 30일부터 시행되었고, 이에 따라 1993년 제정되어 1995년 1월 8일부터 시행되던 「공공기관의 개인정보보호에 관한 법률」은 폐지되었다.

개인정보보호법은 개인정보의 보호에 관한 기본법 및 일반법의 성질을 갖는다. 기타 공공부문과 민간부문에서의 개인정보 보호에 관하여는 「정보통신망 이용촉진 및 정보보호 등에 관한 법률」, 「신용정보의 이용 및 보호에 관한 법률」, 금융실명거래 및 비밀보장에 관한 법률(제4조 제1항, 제4항), 증권거래법(제59조, 제60조, 제208조), 전기통신사업법(제54조), 통신비밀보호법, 형법(제316조 제2항, 제140조 제3항), 위치정보의 보호 및 이용에 관한 법률 등 특별법이 있다. 민간부문에서의 개인정보의 보호에 관한 입법에 있어서는 개인정보의 보호필요성과 함께 기업활동의 자유의 보장과 정보의 자유로운 유통의 보호를 고려하여야 한다.

Ⅲ. 개인정보보호의 기본원칙

① 개인정보처리자는 개인정보의 처리 목적을 명확하게 하여야 하고 그 목적에 필요한 범위에서 최소한의 개인정보만을 적법하고 정당하게 수집하여야 한다(제3조 제1항).

② 개인정보처리자는 개인정보의 처리 목적에 필요한 범위에서 적합하게 개인정보를 처리하여야 하며, 그 목적 외의 용도로 활용하여서는 아니 된다(제3조 제2항).

③ 개인정보처리자는 개인정보의 처리 목적에 필요한 범위에서 개인정보의 정확성, 완전성 및 최신성이 보장되도록 하여야 한다(제3조 제3항).

④ 개인정보처리자는 개인정보의 처리 방법 및 종류 등에 따라 정보주체의 권리가 침해받을 가능성과 그 위험 정도를 고려하여 개인정보를 안전하게 관리하여야 한다(제3조 제4항).

⑤ 개인정보처리자는 제30조에 따른 개인정보 처리방침 등 개인정보의 처리에 관한 사항을 공개하여야 하며, 열람청구권 등 정보주체의 권리를 보장하여야 한다(제

3조 제5항).

⑥ 개인정보처리자는 정보주체의 사생활 침해를 최소화하는 방법으로 개인정보를 처리하여야 한다(제3조 제6항).

⑦ 개인정보를 익명 또는 가명으로 처리하여도 개인정보 수집목적을 달성할 수 있는 경우 익명처리가 가능한 경우에는 익명에 의하여, 익명처리로 목적을 달성할 수 없는 경우에는 가명에 의하여 처리될 수 있도록 하여야 한다(제3조 제7항).

⑧ 개인정보처리자는 이 법 및 관계 법령에서 규정하고 있는 책임과 의무를 준수하고 실천함으로써 정보주체의 신뢰를 얻기 위하여 노력하여야 한다(제3조 제8항).

Ⅳ. 공공기관의 개인정보보호의 내용

1. 보호의 대상이 되는 개인정보의 의의

개인정보보호법의 보호대상이 되는 개인정보란 살아 있는 개인에 관한 정보로서 다음 각 목의 어느 하나에 해당하는 정보를 말한다. 가. 성명, 주민등록번호 및 영상 등을 통하여 개인을 알아볼 수 있는 정보, 나. 해당 정보만으로는 특정 개인을 알아볼 수 없더라도 다른 정보와 쉽게 결합하여 알아볼 수 있는 정보. 다. 가목 또는 나목을 제1호의2에 따라 가명처리함으로써 원래의 상태로 복원하기 위한 추가 정보의 사용·결합 없이는 특정 개인을 알아볼 수 없는 정보(이하 "**가명정보**"라 한다)(제2조 제1호). 전자적으로 처리되는 개인정보 외에 수기(手記) 문서까지 개인정보의 보호범위에 포함한다. 다만, 사자의 개인정보도 사망 후 일정한 기간은 보호하도록 입법개선이 필요하다.

[판례] (1) 개인의 고유성, 동일성을 나타내는 지문은 그 정보주체를 타인으로부터 식별가능하게 하는 개인정보이다. (2) 경찰청장이 지문정보를 보관하는 행위는 공공기관의개인정보보호에관한법률 제5조, 제10조 제2항 제6호에 근거한 것으로 볼 수 있고, 그 밖에 주민등록법 제17조의8 제2항 본문, 제17조의10 제1항, 경찰법 제3조 및 경찰관직무집행법 제2조에도 근거하고 있다(헌재 2005. 05. 26, 99헌마513).

개인정보보호법의 보호대상이 되는 개인정보는 공공기관의 개인정보뿐만 아니라 업무를 목적으로 개인정보파일[157]을 운용하기 위하여 스스로 또는 다른 사람을 통하여 개인정보를 처리[158]하는 공공기관, 법인, 단체 및 개인 등(제2조 제5호)의 개

157) "개인정보파일"이란 개인정보를 쉽게 검색할 수 있도록 일정한 규칙에 따라 체계적으로 배열하거나 구성한 개인정보의 집합물(集合物)을 말한다(제2조 제4호).

158) "처리"란 개인정보의 수집, 생성, 기록, 저장, 보유, 가공, 편집, 검색, 출력, 정정, 복구, 이용, 제공, 공개, 파기, 그 밖에 이와 유사한 행위를 말한다(제2조 제2호).

인정보를 포함한다.

"공공기관"이란 ① 국회, 법원, 헌법재판소, 중앙선거관리위원회의 행정사무를 처리하는 기관, 중앙행정기관(대통령 소속 기관과 국무총리 소속 기관을 포함한다) 및 그 소속 기관, 지방자치단체 및 ② 그 밖의 국가기관 및 공공단체 중 대통령령으로 정하는 기관을 말한다(제2조 제6호).

2. 개인정보 보호의 체계

(1) 개인정보 보호위원회

개인정보 보호에 관한 사무를 독립적으로 수행하기 위하여 국무총리 소속으로 개인정보 보호위원회(이하 '보호위원회'라 한다)를 둔다(제7조 제1항). 개인정보보호위원회는 「정부조직법」 제2조에 따른 **중앙행정기관**(합의제행정청)이다. 다만, 제7조의8 제1항 제3호 및 제4호의 사무, 제7조의9 제1항의 심의·의결 사항 중 제1호에 해당하는 사항에 대하여는 「정부조직법」 제18조(국무총리의 지휘·감독)를 적용하지 아니한다(제7조 제2항).

보호위원회는 상임위원 2명(위원장 1명, 부위원장 1명)을 포함한 9명의 위원으로 구성한다(제7조의2 제1항). 보호위원회의 위원은 위원장과 부위원장은 국무총리의 제청으로, 그 외 위원 중 2인은 위원장의 제청으로, 2인은 대통령이 소속되거나 소속되었던 정당의 교섭단체 추천으로, 3인은 그 외의 교섭단체 추천으로 대통령이 임명 또는 위촉한다(제2항). 보호위원회의 사무를 처리하기 위하여 보호위원회에 **사무처**를 두며, 이 법에 규정된 것 외에 보호위원회의 조직에 관한 사항은 대통령령으로 정한다(제7조의13).

(2) 기본계획 및 시행계획

개인정보의 보호와 정보주체의 권익 보장을 위하여 행정안전부장관은 3년마다 개인정보 보호 기본계획(이하 "기본계획"이라 한다)을 관계 중앙행정기관의 장과 협의하에 작성하여 보호위원회에 제출하고, 보호위원회의 심의·의결을 거쳐 시행하여야 한다(제9조 제1항). 국회, 법원, 헌법재판소, 중앙선거관리위원회는 해당 기관(그 소속 기관을 포함한다)의 개인정보 보호를 위한 기본계획을 수립·시행할 수 있다(제3항).

중앙행정기관의 장은 기본계획에 따라 매년 개인정보 보호를 위한 시행계획을 작성하여 보호위원회에 제출하고, 보호위원회의 심의·의결을 거쳐 시행하여야 한다(제10조 제1항).

(3) 개인정보 보호지침

보호위원회는 개인정보의 처리에 관한 기준, 개인정보 침해의 유형 및 예방조치 등에 관한 표준 개인정보 보호지침(이하 "표준지침"이라 한다)을 정하여 개인정보처리자에게 그 준수를 권장할 수 있다(제12조 제1항). 중앙행정기관의 장은 표준지침에 따라 소관 분야의 개인정보 처리와 관련한 개인정보 보호지침을 정하여 개인정보처리자에게 그 준수를 권장할 수 있다(제2항).

(4) 자율규제의 촉진 및 지원

보호위원회는 개인정보처리자의 자율적인 개인정보 보호활동을 촉진하고 지원하기 위하여 필요한 시책을 마련하여야 한다(제13조).

보호위원회는 개인정보 처리방침의 작성지침을 정하여 개인정보처리자에게 그 준수를 권장할 수 있다(제30조 제4항).

(5) 개인정보처리자의 개인정보의 안전관리의무

개인정보처리자는 개인정보를 처리함에 있어서 개인정보가 안전하게 관리될 수 있도록 임직원, 파견근로자, 시간제근로자 등 개인정보처리자의 지휘·감독을 받아 개인정보를 처리하는 자(이하 '개인정보취급자'라 한다)에 대하여 적절한 관리·감독을 행하여야 한다(제28조 제1항).

(6) 개인정보 보호책임자

개인정보처리자는 개인정보의 처리에 관한 업무를 총괄해서 책임질 개인정보 보호책임자를 지정하여야 한다(제31조 제1항).

(7) 개인정보파일의 등록 및 공개

공공기관의 장이 개인정보파일을 운용하는 경우에는 제2항의 경우를 제외하고 개인정보파일의 명칭 등을 보호위원회에 등록하여야 한다. 등록한 사항이 변경된 경우에도 또한 같다(제32조 제1항). 보호위원회는 제1항에 따른 개인정보파일의 등록 현황을 누구든지 쉽게 열람할 수 있도록 공개하여야 한다(제4항).

(8) 개인정보 영향평가

공공기관의 장은 대통령령으로 정하는 기준에 해당하는 개인정보파일의 운용으로 인하여 정보주체의 개인정보 침해가 우려되는 경우에는 그 위험요인의 분석과 개선 사항 도출을 위한 평가(이하 '영향평가'라 한다)를 하고 그 결과를 보호위원회에 제출하여야 한다. 이 경우 공공기관의 장은 영향평가를 보호위원회가 지정하는 기관(이하 '평가기관'이라 한다) 중에서 의뢰하여야 한다(제33조 제1항).

보호위원회는 제1항에 따라 제출받은 영향평가 결과에 대하여 의견을 제시할 수 있다(제3항).

공공기관 외의 개인정보처리자는 개인정보파일 운용으로 인하여 정보주체의 개인정보 침해가 우려되는 경우에는 영향평가를 하기 위하여 적극 노력하여야 한다(제8항).

(9) 개인정보 유출 통지 등

개인정보처리자는 개인정보가 유출되었음을 알게 되었을 때에는 지체 없이 해당 정보주체에게 다음의 사실을 알려야 한다. ① 유출된 개인정보의 항목, ② 유출된 시점과 그 경위, ③ 유출로 인하여 발생할 수 있는 피해를 최소화하기 위하여 정보주체가 할 수 있는 방법 등에 관한 정보, ④ 개인정보처리자의 대응조치 및 피해 구제절차, ⑤ 정보주체에게 피해가 발생한 경우 신고 등을 접수할 수 있는 담당부서 및 연락처(제34조 제1항).

3. 개인정보의 처리(수집, 이용, 제공 등)의 규제

(1) 개인정보의 수집 · 이용

개인정보처리자는 다음의 어느 하나에 해당하는 경우에는 개인정보를 수집할 수 있으며 그 수집 목적의 범위에서 이용할 수 있다. ① 정보주체의 동의를 받은 경우, ② 법률에 특별한 규정이 있거나 법령상 의무를 준수하기 위하여 불가피한 경우, ③ 공공기관이 법령 등에서 정하는 소관 업무의 수행을 위하여 불가피한 경우, ④ 정보주체와 체결한 계약을 이행하거나 계약을 체결하는 과정에서 정보주체의 요청에 따른 조치를 이행하기 위하여 필요한 경우, ⑤ 명백히 정보주체 또는 제3자의 급박한 생명, 신체, 재산의 이익을 위하여 필요하다고 인정되는 경우, ⑥ 개인정보처리자의 정당한 이익을 달성하기 위하여 필요한 경우로서 명백하게 정보주체의 권리보다 우선하는 경우(이 경우 개인정보처리자의 정당한 이익과 상당한 관련이 있고 합리적인 범위를 초과하지 아니하는 경우에 한한다), ⑦ 공중위생 등 공공의 안전과 안녕을 위하여 긴급히 필요한 경우(제15조 제1항).

[판례] 인사검증회의의 공개와 관련하여서는 「개인정보 보호법」 제15조 제1항 제3호의 "공공기관이 '법령 등'에서 정하는 소관 업무의 수행을 위하여 불가피한 경우"에 해당하는지 여부가 문제될 수 있는바, 여기에서 말하는 '법령 등'이란 어디까지나 '적법'한 법령 등을 의미한다고 보아야 한다(대판 2017. 12. 13, 2014추644; 2023. 03. 09, 2022추5118).

개인정보처리자는 제1항 제1호에 따른 동의를 받을 때에는 다음의 사항을 정보주체에게 알려야 한다. 다음의 어느 하나의 사항을 변경하는 경우에도 이를 알리고 동의를 받아야 한다. ① 개인정보의 수집·이용 목적, ② 수집하려는 개인정보의 항목, ③ 개인정보의 보유 및 이용 기간, ④ 동의를 거부할 권리가 있다는 사실 및 동의 거부에 따른 불이익이 있는 경우에는 그 불이익의 내용(제15조 제2항).

[판례] ① [1] 개인정보의 종류와 성격, 정보처리의 방식과 내용 등에 따라 수권법률의 명확성 요구의 정도는 달라진다 할 것인바, 피청구인 서울특별시 교육감과 교육인적자원부장관이 졸업생 관련 제 증명의 발급이라는 소관 민원업무를 효율적으로 수행함에 필요하다고 보아 개인의 인격에 밀접히 연관된 민감한 정보라고 보기 어려운 졸업생의 성명, 생년월일 및 졸업일자만을 교육정보시스템(NEIS)에 보유하는 행위에 대하여는 그 보유정보의 성격과 양(양), 정보보유 목적의 비침해성 등을 종합할 때 수권법률의 명확성이 특별히 강하게 요구된다고는 할 수 없으며, 따라서 "공공기관은 소관업무를 수행하기 위하여 필요한 범위 안에서 개인정보화일을 보유할 수 있다"고 규정하고 있는 공공기관의 개인정보보호에 관한 법률 제5조와 같은 일반적 수권조항에 근거하여 피청구인들의 보유행위가 이루어졌다하더라도 법률유보원칙에 위배된다고 단정하기 어렵다. [2] 피청구인들이 졸업증명서 발급업무에 관한 민원인의 편의 도모, 행정효율성의 제고를 위하여 개인의 존엄과 인격권에 심대한 영향을 미칠 수 있는 민감한 정보라고 보기 어려운 성명, 생년월일, 졸업일자 정보만을 NEIS에 보유하고 있는 것은 목적의 달성에 필요한 최소한의 정보만을 보유하는 것이라 할 수 있고, 공공기관의 개인정보보호에 관한 법률에 규정된 개인정보 보호를 위한 법규정들의 적용을 받을 뿐만 아니라 피청구인들이 보유목적을 벗어나 개인정보를 무단 사용하였다는 점을 인정할 만한 자료가 없는 한 NEIS라는 자동화된 전산시스템으로 그 정보를 보유하고 있다는 점만으로 피청구인들의 적법한 보유행위 자체의 정당성마저 부인하기는 어렵다(헌재 2005. 07. 21, 2003헌마282).

② [1] 이 사건 지문날인제도(범죄자 등 특정인만이 아닌 17세 이상 모든 국민의 열 손가락 지문정보를 수집하여 보관하도록 한 것)는 피해 최소성의 원칙에 어긋나지 않는다. [2] 이 사건 지문날인제도로 인하여 정보주체가 현실적으로 입게 되는 불이익에 비하여 경찰청장이 보관·전산화하고 있는 지문정보를 범죄수사활동, 대형사건사고나 변사자가 발생한 경우의 신원확인, 타인의 인적사항 도용 방지 등 각종 신원확인의 목적을 위하여 이용함으로써 달성할 수 있게 되는 공익이 더 크다고 보아야 할 것이므로, 이 사건 지문날인제도는 법익의 균형성의 원칙에 위배되지 아니한다(헌재 2005. 05. 26, 99헌마513, 2004헌마190(병합)).

개인정보처리자는 당초 수집 목적과 합리적으로 관련된 범위 내에서 정보주체에게 불이익이 발생하는지 여부, 암호화 등 안전성 확보에 필요한 조치를 하였는지 여부 등을 고려하여 대통령령이 정하는 바에 따라 정보주체의 동의 없이 개인정보를 이용할 수 있다(제15조 제3항).

(2) 개인정보의 수집 제한

개인정보처리자는 제15조 제1항 각 호의 어느 하나에 해당하여 개인정보를 수집하는 경우에는 그 목적에 필요한 최소한의 개인정보를 수집하여야 한다. 이 경우 최소한의 개인정보 수집이라는 입증책임은 개인정보처리자가 부담한다(제16조 제1항). 개인정보처리자는 정보주체의 동의를 받아 개인정보를 수집하는 경우 필요한 최소한의 정보 외의 개인정보 수집에는 동의하지 아니할 수 있다는 사실을 구체적으로 알리고 개인정보를 수집하여야 한다(제2항). 개인정보처리자는 정보주체가 필요한 최소한의 정보 외의 개인정보 수집에 동의하지 아니한다는 이유로 정보주체에게 재화 또는 서비스의 제공을 거부하여서는 아니 된다(제3항).

(3) 개인정보의 이용 · 제공 제한

개인정보처리자는 다음의 어느 하나에 해당되는 경우에는 정보주체의 개인정보를 제3자에게 제공(공유를 포함한다. 이하 같다)할 수 있다. ① 정보주체의 동의를 받은 경우, ② 제15조 제1항 제2호 · 제3호 · 제5호 및 제39조의3 제2항 제2호 ·제3호에 따라 개인정보를 수집한 목적 범위에서 개인정보를 제공하는 경우(제17조 제1항). 개인정보처리자가 개인정보를 국외의 제3자에게 제공할 때에는 제2항 각 호에 따른 사항을 정보주체에게 알리고 동의를 받아야 하며, 이 법을 위반하는 내용으로 개인정보의 국외 이전에 관한 계약을 체결하여서는 아니 된다(제3항). 개인정보처리자는 당초 수집 목적과 합리적으로 관련된 범위 내에서 정보주체에게 불이익이 발생하는지 여부, 암호화 등 안전성 확보에 필요한 조치를 하였는지 여부 등을 고려하여 대통령령이 정하는 바에 따라 정보주체의 동의 없이 개인정보를 제공할 수 있다(제17조 제4항).

개인정보처리자는 개인정보를 제15조 제1항에 따른 범위를 초과하여 이용하거나 제17조 제1항 및 제28조의8 제1항에 따른 범위를 초과하여 제3자에게 제공하여서는 아니 된다(제18조 제1항).

[판례] ① 각 학교장과 교육인적자원부장관 등은 행정협조 차원에서 소관업무인 대학입시 전형자료 처리를 위하여 재학생들의 학교생활기록부 전산자료를 각 대학에 배포하려는 것이므로 구 공공기관의 개인정보보호에 관한 법률 제10조 제2항 제2호 소정의 '다른 법률에서 정하는 소관업무를 수행하기 위하여 당해 처리정보를 이용할 상당한 이유가 있는 경우'에 해당한다고 볼 여지도 있으나, 한편 공공기관의 개인정보보호에 관한법률 제10조 제2항 본문 단서에서는 이와 같은 경우에도 정보주체 또는 제3자의 권리와 이익을 부당하게 침해할 우려가 있다고 인정되는 때에는 당해 개인정보화일의 보유 목적 외의 목적으로 처리정보를 이용하거나 다른 기관에 제공할 수 없다고 규정하고 있는바, 제반 사정에 비추어 볼 때 대학입시 수험생들의 고등학교 생활기록부에 담긴 인적 사항 등의 내용을 담은 CD를 제작 · 배포로 인하여 얻을 수 있는 대학입시 행정의 편의, 일부 비용절감의 효과를 위하여 각 대학에 당해 대학의 지원 여부와 관련 없이 모든 재학생들의 학교생활기록부 전산자료를 제공하는 것은 그 수단의 적정성, 법익의 균형성 원칙에 위배하여 그 정보의 제공에 상당한 이유가 있다고 보기 어렵고, 따라서 신청인들이 정보의 주체자로서 자신들에 관한 처리정보를 정보화일의 보유목적 외의 다른 목적으로 이용되거나 다른 기관에 제공되는 것에 동의하지 않고 있는 만큼(다만 특별히 이의를 제기하지 않고 있는 학생들의 경우에는 위와 같은 정보 제공에 동의하였다고 볼 여지가 있다) 위 CD의 **제작 · 배포가 공공기관의 개인정보보호에 관한 법률 제10조 제2항 제2호에 해당하는 적법한 행위라고 인정할 수 없다**(서울지법 2003. 11. 27, 2003카합3433).

② 구 개인정보 보호법(2020. 2. 4. 법률 제16930호로 일부 개정되기 전의 것, 이하 같다) **제18조 제2항 제7호는 '개인정보처리자'가 '공공기관'인 경우에 한정**될 뿐 법인·단체·개인 등의 경우에는 적용되지 아니한다(구 개인정보 보호법 제18조 제2항 단서, 제2조 제5호 및 제6호). 또한 **구 개인정보 보호법 제18조 제2항 제2호에서 정한 '다른 법률에 특별한 규정이 있는 경우'**란 그 문언 그대로 개별 법률에서 개인정보의 제공이 허용됨을 구체적으로 명시한 경우로 한정하여 해석하여야 하므로, 형사소송법 제199조 제2항과 같이 수사기관이 공무소 기타 공사단체에 조회하여 필요한 사항의 보고를 요구할 수 있는 포괄적인 규정은 이에 해당하지 아니한다. 만일 형사소송법 제199조 제2항이 구 개인정보 보호법 제18조 제2항 제2호에서 정한 '다른 법률에 특별한 규정이 있는 경우'에 포함된다면, 구 개인정보 보호법 제18조 제2항 제7호에서 수사기관으로 하여금 공공기관에 한정하여 일정한 제한 아래 개인정보를 제공받을 수 있도록 한 입법 취지·목적을 몰각시킬 뿐만 아니라 헌법상 영장주의 및 적법절차의 원칙을 잠탈할 가능성이 크기 때문이다(대판 2022. 10. 27, 2022도9510).

개인정보처리자로부터 개인정보를 제공받은 자는 다음의 어느 하나에 해당하는 경우를 제외하고는 개인정보를 제공받은 목적 외의 용도로 이용하거나 이를 제3자에게 제공하여서는 아니 된다. ① 정보주체로부터 별도의 동의를 받은 경우, ② 다른 법률에 특별한 규정이 있는 경우(제19조).

(4) 개인정보의 처리의 제한

개인정보처리자가 정보주체 이외로부터 수집한 개인정보를 처리하는 때에는 정보주체의 요구가 있으면 즉시 다음의 모든 사항을 정보주체에게 알려야 한다. ① 개인정보의 수집 출처, ② 개인정보의 처리 목적, ③ 제37조에 따른 개인정보 처리의 정지를 요구하거나 동의를 철회할 권리가 있다는 사실(제20조 제1항). 제1항에도 불구하고 처리하는 개인정보의 종류·규모, 종업원 수 및 매출액 규모 등을 고려하여 대통령령으로 정하는 기준에 해당하는 개인정보처리자가 제17조 제1항 제1호에 따라 정보주체 이외로부터 개인정보를 수집하여 처리하는 때에는 제1항 각 호의 모든 사항을 정보주체에게 알려야 한다. 다만, 개인정보처리자가 수집한 정보에 연락처 등 정보주체에게 알릴 수 있는 개인정보가 포함되지 아니한 경우에는 그러하지 아니하다(제2항).

개인정보처리자는 사상·신념, 노동조합·정당의 가입·탈퇴, 정치적 견해, 건강, 성생활 등에 관한 정보, 그 밖에 정보주체의 사생활을 현저히 침해할 우려가 있는 개인정보로서 대통령령으로 정하는 정보(이하 '**민감정보**'라 한다)를 처리하여서는 아니 된다. 다만, 다음 각 호의 어느 하나에 해당하는 경우에는 그러하지 아니하다. ① 정보주체에게 제15조 제2항 각 호 또는 제17조 제2항 각 호의 사항을 알리고 다른 개인정보의 처리에 대한 동의와 별도로 동의를 받은 경우, ② 법령에서 민감정보의 처리를 요구하거나 허용하는 경우(제23조).

개인정보처리자는 다음 경우를 제외하고는 법령에 따라 개인을 고유하게 구별하기 위하여 부여된 식별정보로서 대통령령으로 정하는 정보(이하 '**고유식별정보**'라 한다)를 처리할 수 없다. ① 정보주체에게 제15조 제2항 각 호 또는 제17조 제2항 각 호의 사항을 알리고 다른 개인정보의 처리에 대한 동의와 별도로 동의를 받은 경우, ② 법령에서 구체적으로 고유식별정보의 처리를 요구하거나 허용하는 경우(제24조 제1항).

제24조 제1항에도 불구하고 개인정보처리자는 다음의 어느 하나에 해당하는 경우를 제외하고는 **주민등록번호**를 처리할 수 없다. ① 법률 · 대통령령 · 국회규칙 · 대법원규칙 · 헌법재판소규칙 · 중앙선거관리위원회규칙 및 감사원규칙에서 구체적으로 주민등록번호의 처리를 요구하거나 허용한 경우, ② 정보주체 또는 제3자의 급박한 생명, 신체, 재산의 이익을 위하여 명백히 필요하다고 인정되는 경우, ③ 제1호 및 제2호에 준하여 주민등록번호 처리가 불가피한 경우로서 보호위원회가 고시로 정하는 경우(제24조의2 제1항). 개인정보처리자는 제24조 제3항에도 불구하고 주민등록번호가 분실 · 도난 · 유출 · 변조 또는 훼손되지 아니하도록 **암호화 조치**를 통하여 안전하게 보관하여야 한다. 이 경우 암호화 적용 대상 및 대상별 적용 시기 등에 관하여 필요한 사항은 개인정보의 처리 규모와 유출 시 영향 등을 고려하여 대통령령으로 정한다(제2항).

개인정보처리자는 통계작성, 과학적 연구, 공익적 기록보존 등을 위하여 정보주체의 동의 없이 **가명정보를 처리**할 수 있다(제28조의2 제1항). "가명처리"란 개인정보의 일부를 삭제하거나 일부 또는 전부를 대체하는 등의 방법으로 추가 정보가 없이는 특정 개인을 알아볼 수 없도록 처리하는 것을 말한다(제2조 제1의2). 가명정보는 제20조, 제21조, 제27조, 제34조 제1항, 제35조부터 제37조까지, 제39조의3, 제39조의4, 제39조의6부터 제39조의8까지의 규정을 적용하지 아니한다(제28조의7).

(5) 개인정보의 파기

개인정보처리자는 보유기간의 경과, 개인정보의 처리 목적 달성, 가명정보의 처리 기간 경과 등 그 개인정보가 불필요하게 되었을 때에는 지체 없이 그 개인정보를 파기하여야 한다. 다만, 다른 법령에 따라 보존하여야 하는 경우에는 그러하지 아니하다(제21조 제1항). 개인정보처리자가 제1항에 따라 개인정보를 파기할 때에는 복구 또는 재생되지 아니하도록 조치하여야 한다(제2항).

(6) 동의를 받는 방법

개인정보처리자는 이 법에 따른 개인정보의 처리에 대하여 정보주체(제22조의2

제1항에 따른 법정대리인을 포함한다. 이하 이 조에서 같다)의 동의를 받을 때에는 각각의 동의 사항을 구분하여 정보주체가 이를 명확하게 인지할 수 있도록 알리고 각각 동의를 받아야 한다(제22조 제1항).

(7) 영상정보처리기기의 설치 · 운영 제한

누구든지 다음의 경우를 제외하고는 공개된 장소에 고정형 영상정보처리기기[159]를 설치 · 운영하여서는 아니 된다. ① 법령에서 구체적으로 허용하고 있는 경우, ② 범죄의 예방 및 수사를 위하여 필요한 경우, ③ 시설의 안전 및 관리, 화재 예방을 위하여 정당한 권한을 가진 자가 설치 · 운영하는 경우, ④ 교통단속을 위하여 정당한 권한을 가진 자가 설치 · 운영하는 경우, ⑤ 교통정보의 수집 · 분석 및 제공을 위하여 정당한 권한을 가진 자가 설치 · 운영하는 경우, ⑥ 촬영된 영상정보를 저장하지 아니하는 경우로서 대통령령으로 정하는 경우(제25조 제1항).

누구든지 불특정 다수가 이용하는 목욕실, 화장실, 발한실, 탈의실 등 개인의 사생활을 현저히 침해할 우려가 있는 장소의 내부를 볼 수 있도록 고정형 영상정보처리기기를 설치 · 운영하여서는 아니 된다. 다만, 교도소, 정신보건 시설 등 법령에 근거하여 사람을 구금하거나 보호하는 시설로서 대통령령으로 정하는 시설에 대하여는 그러하지 아니하다(제2항).

(8) 개인정보의 처리의 위탁 제한

개인정보처리자가 제3자에게 개인정보의 처리 업무를 위탁하는 경우에는 다음의 내용이 포함된 문서로 하여야 한다. ① 위탁업무 수행 목적 외 개인정보의 처리 금지에 관한 사항, ② 개인정보의 기술적 · 관리적 보호조치에 관한 사항, ③ 그 밖에 개인정보의 안전한 관리를 위하여 대통령령으로 정한 사항(제26조 제1항).

수탁자는 개인정보처리자로부터 위탁받은 해당 업무 범위를 초과하여 개인정보를 이용하거나 제3자에게 제공하여서는 아니 된다(제5항).

(9) 영업양도 등에 따른 개인정보의 이전 제한

개인정보처리자는 영업의 전부 또는 일부의 양도 · 합병 등으로 개인정보를 다른 사람에게 이전하는 경우에는 미리 다음의 사항을 대통령령으로 정하는 방법에 따라 해당 정보주체에게 알려야 한다. ① 개인정보를 이전하려는 사실, ② 개인정보를 이전받는 자(이하 '영업양수자 등'이라 한다)의 성명(법인의 경우에는 법인의 명칭을 말한다), 주소, 전화번호 및 그 밖의 연락처, ③ 정보주체가 개인정보의 이전을 원하지 아니하는

159) "영상정보처리기기"란 일정한 공간에 지속적으로 설치되어 사람 또는 사물의 영상 등을 촬영하거나 이를 유 · 무선망을 통하여 전송하는 장치로서 대통령령으로 정하는 장치를 말한다(제2조 제7호).

경우 조치할 수 있는 방법 및 절차(제27조 제1항).

(10) 개인정보의 안전한 관리

1) 개인정보처리자의 안전조치의무

개인정보처리자는 개인정보가 분실·도난·유출·위조·변조 또는 훼손되지 아니하도록 내부 관리계획 수립, 접속기록 보관 등 대통령령으로 정하는 바에 따라 안전성 확보에 필요한 기술적·관리적 및 물리적 조치를 하여야 한다(제29조).

2) 시정조치 등

보호위원회는 이 법을 위반한 자(중앙행정기관, 지방자치단체, 국회, 법원, 헌법재판소, 중앙선거관리위원회는 제외한다)에 대하여 다음 각 호에 해당하는 조치를 명할 수 있다(제64조 제1항). 1. 개인정보 침해행위의 중지, 2. 개인정보 처리의 일시적인 정지, 3. 그 밖에 개인정보의 보호 및 침해 방지를 위하여 필요한 조치.

지방자치단체, 국회, 법원, 헌법재판소, 중앙선거관리위원회는 그 소속 기관 및 소관 공공기관이 이 법을 위반하였을 때에는 제1항 각 호에 해당하는 조치를 명할 수 있다(제2항). 보호위원회는 중앙행정기관, 지방자치단체, 국회, 법원, 헌법재판소, 중앙선거관리위원회가 이 법을 위반하였을 때에는 해당 기관의 장에게 제1항 각 호에 해당하는 조치를 하도록 권고할 수 있다. 이 경우 권고를 받은 기관은 특별한 사유가 없으면 이를 존중하여야 한다(제3항).

3) 금지행위

개인정보를 처리하거나 처리하였던 자는 다음 각 호의 어느 하나에 해당하는 행위를 하여서는 아니 된다(제59조).

1. 거짓이나 그 밖의 부정한 수단이나 방법으로 개인정보를 취득하거나 처리에 관한 동의를 받는 행위

2. 업무상 알게 된 개인정보를 누설하거나 권한 없이 다른 사람이 이용하도록 제공하는 행위

3. 정당한 권한 없이 또는 허용된 권한을 초과하여 다른 사람의 개인정보를 이용, 훼손, 멸실, 변경, 위조 또는 유출하는 행위

[판례] [1] 구 개인정보 보호법 제59조의 의무주체인 '개인정보를 처리하거나 처리하였던 자'는 단순히 개인정보를 처리하거나 처리하였던 모든 자를 의미하는 것이 아니라 '업무상' 개인정보를 처리하거나 처리하였던 자를 말한다. [2] 구 개인정보 보호법(2020. 2. 4. 법률 제16930호로 개정되기 전의 것, 이하 같다) 제59조 각호의 금지행위의 객체가 되는 개인정보는 '개인정보를 처리하거나 처리하였던 자'가 '업무상' 같은 법 제2조 제2호에서 규정한 바와 같이 처리하거나 처리하였던 개인정보이다. 여기서 구 개인정보 보호법 제59조의 '개인정보를 처리하거나 처리하였던 자'의 '업무'는 정보주체들의 개인정보를 수집하여 처리하는 것을 주된 내용으로 하는 업무에 한정되지 않

고, 개인정보의 수집·처리 외의 일반적인 업무를 주된 내용으로 하면서 그 업무와 밀접한 관련이 있는 부수적 업무로서 개인정보의 수집·처리가 이루어지는 경우도 포함한다(대판 2025. 07. 03, 2023도5226).

4) 과징금의 부과

보호위원회는 다음 각 호의 어느 하나에 해당하는 경우에는 해당 개인정보처리자에게 전체 매출액의 100분의 3을 초과하지 아니하는 범위에서 과징금을 부과할 수 있다. 다만, 매출액이 없거나 매출액의 산정이 곤란한 경우로서 대통령령으로 정하는 경우에는 20억원을 초과하지 아니하는 범위에서 과징금을 부과할 수 있다(제64조의2 제1항).

1. 제15조제1항, 제17조제1항, 제18조제1항·제2항(제26조제8항에 따라 준용되는 경우를 포함한다) 또는 제19조를 위반하여 개인정보를 처리한 경우
2. 제22조의2제1항(제26조제8항에 따라 준용되는 경우를 포함한다)을 위반하여 법정대리인의 동의를 받지 아니하고 만 14세 미만인 아동의 개인정보를 처리한 경우
3. 제23조제1항제1호(제26조제8항에 따라 준용되는 경우를 포함한다)를 위반하여 정보주체의 동의를 받지 아니하고 민감정보를 처리한 경우
4. 제24조제1항·제24조의2제1항(제26조제8항에 따라 준용되는 경우를 포함한다)을 위반하여 고유식별정보 또는 주민등록번호를 처리한 경우
5. 제26조제4항에 따른 관리·감독 또는 교육을 소홀히 하여 수탁자가 이 법의 규정을 위반한 경우
6. 제28조의5제1항(제26조제8항에 따라 준용되는 경우를 포함한다)을 위반하여 특정 개인을 알아보기 위한 목적으로 정보를 처리한 경우
7. 제28조의8제1항(제26조제8항 및 제28조의11에 따라 준용되는 경우를 포함한다)을 위반하여 개인정보를 국외로 이전한 경우
8. 제28조의9제1항(제26조제8항 및 제28조의11에 따라 준용되는 경우를 포함한다)을 위반하여 국외 이전 중지 명령을 따르지 아니한 경우
9. 개인정보처리자가 처리하는 개인정보가 분실·도난·유출·위조·변조·훼손된 경우. 다만, 개인정보가 분실·도난·유출·위조·변조·훼손되지 아니하도록 개인정보처리자가 제29조(제26조제8항에 따라 준용되는 경우를 포함한다)에 따른 안전성 확보에 필요한 조치를 다한 경우에는 그러하지 아니하다.

보호위원회는 제1항에 따른 과징금을 부과하려는 경우 전체 매출액에서 위반행위와 관련이 없는 매출액을 제외한 매출액을 기준으로 과징금을 산정한다(제2항).

[판례] [개인정보 유출로 인한 과징금 부과처분의 취소를 구한 사건] (1) 과징금은 위반행위에 대한 제재의 성격과 함께 위반행위에 따르는 불법적인 경제적 이익을 박탈하기 위한 부당이득 환수로서의 성격도 가지고, 이는 구 정보통신망법 제64조의3 제1항 각 호에서 정한 행위에 대하여 부과하는 과징금의 경우도 마찬가지이다(헌법재판소 2022. 5. 26. 선고 2020헌바259 결정 참조). (2) **개인정보 유출 관련 과징금 산정의 기초가 되는 매출액 산정 시 '위반행위로 인하여 직접 또는 간접적으로 영향을 받는 서비스'의 범위:** 이용자의 개인정보가 유출된 경우 정보통신서비스 제공자가 개인정보 보호조치를 취하지 않음으로 인해 매출액이 증대되는 경우를 상정하기 어렵다. 구 과징금 부과기준 제4조 제2항 또한 위반행위로 인하여 직접 또는 간접적으로 영향을 받는 서비스의 범위를 판단할 때 서비스 가입방법, 개인정보 데이터베이스 관리 조직·인력 및 시스템 운영 방식 등을 고려하도록 하고 있는바, 위 요소들은 위반행위로 인하여 취득한 이익의 규모와 직접적인 관련이 없다. 구 정보통신망법 제64조의3 제1항 제6호에서 정한 자에 대하여 과징금을 부과함으로써 박탈하고자 하는 이득은, 문제된 위반행위로 인해 증가한 매출액에 따른 이득이 아니라, 오히려 정보통신서비스 제공자가 적절한 보호조치를 취하지 않은 개인정보를 자신의 영업을 위해 보유함으로써 얻은 이득이라 보아야 한다. 이에 따라 위 과징금 부과를 위한 관련 매출액을 산정함에 있어 "위반행위로 인하여 직접 또는 간접적으로 영향을 받는 서비스"의 범위는, 유출사고가 발생한 개인정보를 보유·관리하고 있는 서비스의 범위를 기준으로 판단하여야 한다. (3) **개인정보 보호조치 의무 위반에 대한 과징금 부과처분의 재량권 일탈·남용 여부 판단 기준:** 개인정보 보호조치 의무 위반에 대해 부과되는 과징금의 액수는 보호조치 위반행위의 원인과 유형, 위반행위로 인해 유출된 개인정보의 규모, 위반행위 방지를 위한 조치의무의 이행 정도, 유사 사례에서의 과징금 액수 등을 종합적으로 고려하여 정하여야 한다. 그리고 과징금의 액수가 위반행위의 내용에 비해 과중하여 사회통념상 현저하게 타당성을 잃은 경우라면 그러한 과징금 처분은 재량권을 일탈·남용하여 위법하다고 보아야 한다(대판 2023. 10. 12, 2022두68923).

보호위원회는 다음 각 호의 어느 하나에 해당하는 사유가 있는 경우에는 과징금을 부과하지 아니할 수 있다(제5항).

1. 지급불능·지급정지 또는 자본잠식 등의 사유로 객관적으로 과징금을 낼 능력이 없다고 인정되는 경우

2. 본인의 행위가 위법하지 아니한 것으로 잘못 인식할 만한 정당한 사유가 있는 경우

3. 위반행위의 내용·정도가 경미하거나 산정된 과징금이 소액인 경우

4. 그 밖에 정보주체에게 피해가 발생하지 아니하였거나 경미한 경우로서 대통령령으로 정하는 사유가 있는 경우

제1항에 따른 과징금은 제2항부터 제5항까지를 고려하여 산정하되, 구체적인 산정기준과 산정절차는 대통령령으로 정한다(제6항).

4. 정보주체의 권리

정보주체[160)]는 자신의 개인정보 처리와 관련하여 다음의 권리를 가진다. ① 개인정보의 처리에 관한 정보를 제공받을 권리, ② 개인정보의 처리에 관한 동의 여부, 동의 범위 등을 선택하고 결정할 권리, ③ 개인정보의 처리 여부를 확인하고 개인정보에 대하여 열람(사본의 발급을 포함한다. 이하 같다)을 요구할 권리, ④ 개인정보의 처리 정지, 정정·삭제 및 파기를 요구할 권리, ⑤ 개인정보의 처리로 인하여 발생한 피해를 신속하고 공정한 절차에 따라 구제받을 권리, ⑥ 완전히 자동화된 개인정보 처리에 따른 결정을 거부하거나 그에 대한 설명 등을 요구할 권리(제4조).

(1) 개인정보의 열람요구권

정보주체는 개인정보처리자가 처리하는 자신의 개인정보에 대한 열람을 해당 개인정보처리자에게 요구할 수 있다(제35조 제1항). 제1항에도 불구하고 정보주체가 자신의 개인정보에 대한 열람을 공공기관에 요구하고자 할 때에는 공공기관에 직접 열람을 요구하거나 대통령령으로 정하는 바에 따라 보호위원회를 통하여 열람을 요구할 수 있다(제2항).

(2) 개인정보의 정정 · 삭제요구권

제35조에 따라 자신의 개인정보를 열람한 정보주체는 개인정보처리자에게 그 개인정보의 정정 또는 삭제를 요구할 수 있다. 다만, 다른 법령에서 그 개인정보가 수집 대상으로 명시되어 있는 경우에는 그 삭제를 요구할 수 없다(제36조 제1항).

(3) 개인정보의 처리정지 등 요구권

정보주체는 개인정보처리자에 대하여 자신의 개인정보 처리의 정지를 요구하거나 개인정보 처리에 대한 동의를 철회할 수 있다. 이 경우 공공기관에 대해서는 제32조에 따라 등록 대상이 되는 개인정보파일 중 자신의 개인정보에 대한 처리의 정지를 요구하거나 개인정보 처리에 대한 동의를 철회할 수 있다(제37조 제1항).

[판례] 개인정보 보호법 제2조 제1호의2에서 정한 "가명처리"는 같은 법 제37조 제1항 제1문에서 처리정지 요구의 대상으로 정한 개인정보 "처리"에 해당하지 않는다(대판 2025. 07. 18, 2024다210554).

---

160) "정보주체"란 처리되는 정보에 의하여 알아볼 수 있는 사람으로서 그 정보의 주체가 되는 사람을 말한다(제2조 제3호).

(4) 본인정보 제공요구권

정보주체는 행정기관등이 정보처리능력을 지닌 장치에 의하여 판독이 가능한 형태로 본인에 관한 행정정보를 보유하고 있는 경우에는 해당 행정기관등의 장으로 하여금 본인에 관한 증명서류 또는 구비서류 등의 행정정보(법원의 재판사무·조정사무 및 그 밖에 이와 관련된 사무에 관한 정보는 제외한다. 이하 "본인정보"라 한다)를 본인이나 본인이 지정하는 자로서 본인정보를 이용하여 업무(「민원 처리에 관한 법률」 제10조의2에 따라 처리하는 민원은 제외한다)를 처리하려는 다음 각 호의 자(이하 "제3자"라 한다)에게 제공하도록 요구할 수 있다. 1. 행정기관등, 2. 「은행법」 제8조제1항에 따라 은행업의 인가를 받은 은행, 3. 그 밖에 대통령령으로 정하는 개인, 법인 또는 단체(전자정부법 제43조의2 제1항). 필요한 경우 해당 제공 요구를 철회할 수 있다(제2항).

5. 권익구제

(1) 행정심판 또는 행정소송

제35조 내지 제37조에 근거한 개인정보의 열람요구, 정정·삭제요구 및 처리정지 등 요구에 대한 거부나 부작위는 행정심판법 및 행정소송법상의 처분이나 부작위이므로 이에 대해 행정심판이나 행정소송을 제기할 수 있다.

(2) 손해배상책임

정보주체는 개인정보처리자가 이 법을 위반한 행위로 손해를 입으면 개인정보처리자에게 손해배상을 청구할 수 있다. 이 경우 그 개인정보처리자는 고의 또는 과실이 없음을 입증하지 아니하면 책임을 면할 수 없다(제39조 제1항). 개인정보처리자가 이 법에 따른 의무를 준수하고 상당한 주의와 감독을 게을리하지 아니한 경우에는 개인정보의 분실·도난·유출·변조 또는 훼손으로 인한 손해배상책임을 감경받을 수 있다(제2항).

개인정보처리자의 고의 또는 중대한 과실로 인하여 개인정보가 분실·도난·유출·위조·변조 또는 훼손된 경우로서 정보주체에게 손해가 발생한 때에는 법원은 그 손해액의 5배를 넘지 아니하는 범위에서 손해배상액을 정할 수 있다. 다만, 개인정보처리자가 고의 또는 중대한 과실이 없음을 증명한 경우에는 그러하지 아니하다(제3항).

(3) 개인정보 분쟁조정

개인정보에 관한 분쟁의 조정을 위하여 개인정보 분쟁조정위원회(이하 '분쟁조정위원회'라 한다)를 둔다(제40조).

개인정보와 관련한 분쟁의 조정을 원하는 자는 분쟁조정위원회에 분쟁조정을 신청할 수 있다(제43조 제1항).

국가 및 지방자치단체, 개인정보 보호단체 및 기관, 정보주체, 개인정보처리자는 정보주체의 피해 또는 권리침해가 다수의 정보주체에게 같거나 비슷한 유형으로 발생하는 경우로서 대통령령으로 정하는 사건에 대하여는 분쟁조정위원회에 일괄적인 분쟁조정(이하 "집단분쟁조정"이라 한다)을 의뢰 또는 신청할 수 있다(제49조 제1항).

(4) 개인정보 단체소송

다음의 어느 하나에 해당하는 단체는 개인정보처리자가 제49조에 따른 집단분쟁조정을 거부하거나 집단분쟁조정의 결과를 수락하지 아니한 경우에는 법원에 권리침해 행위의 금지·중지를 구하는 소송(이하 '단체소송'이라 한다)을 제기할 수 있다. ①「소비자기본법」 제29조에 따라 공정거래위원회에 등록한 소비자단체로서 다음의 요건을 모두 갖춘 단체: i) 정관에 따라 상시적으로 정보주체의 권익증진을 주된 목적으로 하는 단체일 것, ii) 단체의 정회원수가 1천명 이상일 것, iii)「소비자기본법」 제29조에 따른 등록 후 3년이 경과하였을 것, ②「비영리민간단체 지원법」 제2조에 따른 비영리민간단체로서 다음의 요건을 모두 갖춘 단체: i) 법률상 또는 사실상 동일한 침해를 입은 100명 이상의 정보주체로부터 단체소송의 제기를 요청받을 것, ii) 정관에 개인정보 보호를 단체의 목적으로 명시한 후 최근 3년 이상 이를 위한 활동 실적이 있을 것, iii) 단체의 상시 구성원수가 5천명 이상일 것, iv) 중앙행정기관에 등록되어 있을 것(제51조). 법원은 다음의 요건을 모두 갖춘 경우에 한하여 결정으로 단체소송을 허가한다. ① 개인정보처리자가 분쟁조정위원회의 조정을 거부하거나 조정결과를 수락하지 아니하였을 것, ② 제54조에 따른 소송허가신청서의 기재사항에 흠결이 없을 것(제55조 제1항).

6. 기 타

(1) 적용의 일부 제외

다음의 어느 하나에 해당하는 개인정보에 관하여는 제3장부터 제8장까지를 적용하지 아니한다. ① <삭제>, ② 국가안전보장과 관련된 정보 분석을 목적으로 수집 또는 제공 요청되는 개인정보, ③ <삭제>, ④ 언론, 종교단체, 정당이 각각 취재·보도, 선교, 선거 입후보자 추천 등 고유 목적을 달성하기 위하여 수집·이용하는 개인정보(제58조 제1항).

(2) 침해 사실의 신고 등

개인정보처리자가 개인정보를 처리할 때 개인정보에 관한 권리 또는 이익을 침해받은 사람은 보호위원회에 그 침해 사실을 신고할 수 있다(제62조 제1항).

(3) 시정조치

보호위원회는 이 법을 위반한 자(중앙행정기관, 지방자치단체, 국회, 법원, 헌법재판소, 중앙선거관리위원회는 제외한다)에 대하여 다음 각 호에 해당하는 조치를 명할 수 있다. ① 개인정보 침해행위의 중지, ② 개인정보 처리의 일시적인 정지, ③ 그 밖에 개인정보의 보호 및 침해 방지를 위하여 필요한 조치(제64조 제1항).

Ⅴ. 정보공개와 개인정보보호의 관계

1. 상호 대립 · 충돌관계

우선 정보공개와 개인정보보호는 상호 대립관계에 있다. 정보는 최대한으로 공개되어야 하지만 개인정보는 보호되어야 한다. 현행 정보공개법은 개인정보를 비공개대상으로 하고 있다.

그런데, 정보공개의 요구와 개인정보보호의 요구가 충돌하는 경우에 어떻게 해결할 것인가.

① 개인의 이름을 삭제하는 등 개인을 식별할 수 있는 내용을 삭제함으로써 프라이버시권의 침해를 막을 수 있는 경우에는 그 내용을 삭제한 후 정보공개를 하도록 하여야 할 것이다.

② 문제는 개인정보의 삭제가 불가능하고, 정보가 공개되는 경우 프라이버시권이 침해되는 경우이다. 이와 같이 정보공개의 요구와 개인정보보호의 요청이 충돌하는 경우에는 정보공개로 인한 공익과 프라이버시권을 비교형량하여 정보공개 여부를 결정하여야 할 것이다.[161)]

③ 정보공개법은 비공개정보에 대하여 공공기관에게 비공개의무를 지우는 것은 아니다. 따라서, 정보공개가 개인의 프라이버시권에 대한 침해를 가져오는 경우에도 다른 법령에서 명문으로 공개가 금지되는 경우를 제외하고는 행정기관은 정보를 공개할 수 있고 담당공무원이 직무권한 내에서 공개한 때에는 당해 공무원은 공무원법상의 책임을 부담하지 않고 국가배상법상의 책임도 부담하지 않는다고 보아야 한다.[162)]

④ 공적 인물(公的 人物)[163)]에 관한 정보는 정보의 내용에 따라 프라이버시권의

---

161) 이에 대하여 정보 공개로 인한 공익과 보호되어야 할 프라이버시권 사이에 비교형량을 하지않고 프라이버시권을 우선시켜 그 정보는 공개되어서는 안 된다는 해석이 있을 수 있다.

162) 平松毅, 『情報公開』, 有斐閣, 1983, 68~73면.

163) 공적 인물이라 함은 자발적 행동으로서 일반인의 정당한 관심을 가지게 하는 직업을 선택함으로써 공적 인물이 된 배우 · 가수 · 정치가 · 직업운동선수뿐만 아니라 스스로 원하지는 않았지만 대

보호대상이 되지 않는다. 공적 인물에 관한 정보 중 정보공개와 관련하여 문제로 되는 것은 공무원에 관한 개인정보이다.

공무원에 관한 개인정보도 개인정보로서 보호되어야 하지만 정보공개제도의 목적인 국민의 정치 및 행정에의 참여와 감시를 위하여 그 공개가 요청된다. 또한, 공무원은 국민 전체에 대한 봉사자로서 국민에 대하여 책임을 지는 공적 존재이므로 공적 지위와 관련이 있는 경우에는 프라이버시의 권리가 포기되고 있다고 볼 수 있다. 따라서 공무원의 사생활에 관한 정보가 공무원의 직무 및 지위와 관련이 있고, 국민의 정치 및 행정에 대한 감시를 위하여 그 공개가 필요한 경우에는 공무원의 개인정보의 공개로 인한 공익이 공무원의 프라이버시권에 우월하다고 보아야 한다.

공적 인물에 대하여는 사생활의 비밀과 자유가 일정한 범위 내에서 제한되어 그 사생활의 공개가 면책되는 경우도 있을 수 있으나, 이는 공적 인물은 통상인에 비하여 일반 국민의 알 권리의 대상이 되고 그 공개가 공공의 이익이 된다는 데 근거한 것이다(대판 1998. 07. 24, 96다42789).

개인정보가 포함된 정보를 공개함에 있어서 그 공개로 인하여 프라이버시의 침해를 받는 자는 이해관계인이 되고 전술한 바와 같이 정보공개법상 특별한 보호를 받는다.

2. 상호 보완 · 협동관계

다른 한편으로 정보공개제도와 개인정보보호제도는 상호 협동 · 보완관계에 있다. 즉, ① 정보공개와 프라이버시권의 보호는 정보화사회에서의 정보의 대량유통에 대한 규제라는 점에서 방향을 같이 하고 있다. ② 정보공개법과 개인정보보호법은 개인정보의 보호를 그 내용으로 하고 있다. 정보공개법에서는 개인정보가 공개의 대상에서 제외되고 있고, 개인정보보호법에서는 개인정보의 부당한 유통에 대하여 당사자에게 통제권을 부여하고 있다. ③ 정보공개법과 개인정보보호법은 정보공개라는 점에서 보완관계에 있다. 즉, 개인에 관한 정보가 정보공개법에 의해서 공개되지 않는 경우에 개인정보보호법에 의해 당사자에게 공개될 수 있다. 또한 개인정보에 대한 열람청구는 본래 개인정보보호법에 근거하여 행해져야 할 것이지만 정보공개법에 근거하여 공개청구할 수도 있다. 이 경우 개인정보를 본인에게 공개하는 것은 프라이버시권의 침해에 해당하지 않기 때문에 공공기관은 비공개정보라는 항변을 할 수 없다.

중의 관심의 대상이 되어 버린 자 예컨대, 범인, 그 가족, 피해자 등을 말한다(변재옥, "정보화사회에 있어서 프라이버시의 권리," 『서울대 박사학위논문』, 1979, 161~162면.

다만, 정보공개에 있어서 양법은 다음과 같은 차이를 보이고 있다: ① 정보공개제도에 있어서는 공개가 원칙이고 비공개정보는 한정적으로 열거되어 있다. ② 정보공개법에서 정보공개청구권자는 모든 국민이지만 개인정보보호법에서의 개인정보파일열람청구권자는 개인정보의 주체인 본인이다.

제 3 편

행정구제법

제 1 장　행정구제법 개설

Ⅰ. 행정구제의 개념

행정구제(行政救濟)라 함은 행정권의 행사에 의해 침해된 국민의 권익을 구제해 주는 것을 말한다.

행정권은 우월한 공권력주체로서 강한 공권력을 행사하므로 행정권의 행사에 의해 국민의 권익이 침해되는 경우가 적지 않은데 그에 대한 구제제도가 확립되어 있지 않다면 헌법상의 기본권 보장의 원칙과 법치행정의 원칙은 실효성을 잃게 된다. 따라서, 행정구제제도는 국민의 기본권 보장과 법치행정의 원칙을 담보하는 수단이다.

Ⅱ. 행정구제제도의 체계

행정구제의 체계는 기본권 보장, 법치행정의 원칙, 행정통제, 구제방법 및 구제수단과 밀접한 관계가 있는데, 어디에 중점을 두는가에 따라 그 체계가 달라진다.

1. 행정구제와 법치행정이 원칙 : 권익침해행위의 위법과 적법의 구별

행정구제는 행정통제와 밀접한 관계를 가지고 있다. 행정구제는 당연히 행정통제를 수반한다. 자의적인 공권력 행사에 의해 국민의 권익이 침해된 경우에 대한 대응으로서의 행정구제제도는 침해된 권익의 구제에 중점을 둔 제도이지만 행정통제도 고려하지 않을 수 없다.

행정통제의 관점에서는 법치행정의 원칙상 권익을 침해한 행위가 위법한 행위인지 적법한 행위인지 구분하지 않을 수 없다. 위법한 행정권의 행사에 의해 국민의 권익이 침해된 경우에는 그 위법성을 시정하고 침해된 국민의 권익을 구제하여 침해된 법질서를 회복하는 것이 법치행정의 원칙으로부터 요청된다.

違法한 행정권의 행사에 의해 침해된 권익의 구제제도로는 이의신청, 행정쟁송

(행정심판과 행정소송), 헌법소원, 국가배상청구, 공법상 결과제거청구, 국민고충처리제도 등이 있다.

사법과 비교하여 인정되는 행정법의 특수성의 하나는 공익목적을 달성하기 위하여 필요한 경우에는 일방적인 공권력 행사에 의한 국민의 권익에 대한 제한이 합법적으로 인정된다는 것이다. 예를 들면, 공공의 필요가 있는 경우에 국민의 재산권이 수용 · 사용 · 제한될 수 있다(헌법 제23조 제3항). 다만, 이 경우에도 국민에게 '특별한 희생'(특별한 손해)이 발생한 경우에는 공평의 관념, 기본권 보장의 원칙, 평등의 원칙으로부터 그 손해는 보상될 것이 요청되는데 이를 행정상 손실보상이라 한다. 즉, 행정상 손실보상은 적법한 공권력 행사에 의해 가해진 손해에 대한 구제제도이다.

2. 행정구제제도와 구제방법 및 수단

행정구제가 행정통제와 밀접한 관계를 갖고 있기는 하지만 행정구제제도의 중점은 침해된 권익의 구제에 있다. 따라서, 행정구제제도를 논함에 있어서는 침해된 권익의 구제수단 및 방법이 주된 관심사가 되지 않을 수 없다.

(1) 행정구제의 방법

행정구제의 방법(方法)에는 원상회복적인 것과 금전에 의한 보상이 있다. 전자로는 행정쟁송, 헌법소원과 공법상 결과제거청구가 있고, 후자로는 '행정상 손해전보' 즉, '행정상 손해배상'(국가배상)과 '행정상 손실보상'이 있다.

권익구제의 관점에서 보면 원상회복이 손해전보보다 실효성 있는 구제방법이다. 독일의 경우에는 원상회복적 성격을 갖는 취소소송을 국가배상청구소송보다 우선적인 구제제도로 보고 취소소송으로 구제가 가능한 경우에는 손해전보는 인정하지 않는 경향이 있지만 우리나라에서는 그와 같은 제한이 없다.

예를 들면, 영업허가가 위법하게 취소된 경우에는 허가취소처분의 취소를 통하여 영업허가를 받은 지위를 회복하는 것이 피해자 구제의 관점에서 보다 합당한 구제방법이지만, 판례에 의하면 불복기간의 경과로 허가취소처분을 다툴 수 없게 된 경우에는 위법한 허가취소처분으로 인하여 입은 손해의 배상을 청구할 수 있다고 보고 있다.

다만, 위법한 금전부과처분으로 인한 손해에 대하여는 국가배상청구를 부정하는 견해와 긍정하는 견해가 대립되고 있다. 부정설은 국가배상청구를 인정하는 것은 금전부과처분을 취소하는 것과 같은 결과를 가져오므로 행정행위의 불가쟁력 및 구성요건적 효력에 반한다고 한다. 이에 대하여 긍정설은 국가배상을 인정하는 것이 금전부과처분의 효력을 직접 부인하는 것은 아니므로 불가쟁력 또는 구성요건적 효력에 반하지 않고, 금전부과처분에 대해 국가배상청구를 제한하는 명시적 규정이 없으며 금전부과처분의 취소사유와 국가배상책임의 성립요건은 동일하지 않다는 점에 근거한다(자세한 것은 '조세행정법 국가배상' 참조).

행정권의 행사에 의해 국민의 권익이 침해된 경우에 원상회복이 불가능한 경우에는 취소의 이익이 없으므로 행정상 손해전보만이 가능하다. 행정상 손해배상과 행정상 손실보상의 경우가 전형적인 예이다.

또한, 원상회복적 효과를 갖는 행정쟁송이나 공법상 결과제거청구로 구제가 충분하지 않은 경우에는 이들 구제수단과 함께 행정상 손해배상이 함께 청구될 수 있다.

예를 들면, 영업허가취소처분이 취소소송을 통하여 취소되었더라도 허가취소처분이 내려진 후 취소처분이 취소되기까지 영업을 하지 못함으로써 입은 손해는 공무원의 과실이 입증되는 한 별도로 국가배상의 대상이 된다.

(2) 구제수단

구제수단(救濟手段)은 침해된 국민의 권익을 효과적으로 구제할 수 있는 적절한 수단이어야 하지만 동시에 행정의 책임과 실효성을 크게 제약하지 않아야 한다. 또한, 행정을 효과적으로 통제할 수 있는 수단이어야 한다.

1) 공권력 행사 자체에 대한 다툼과 결과에 대한 구제

구제수단에는 위법·부당한 행정권의 행사 자체(自體)를 다투어 그 위법·부당을 시정하고 그를 통하여 국민의 권익을 구제하는 제도와 공권력 행사의 결과(結果)에 대한 구제제도가 있다.

공권력 행사의 위법·부당을 시정하는 구제제도로는 행정쟁송(행정심판과 행정소송)이 가장 대표적인 수단이다. 이 외에도 행정소송을 보충하는 구제제도인 헌법소원, 행정심판의 일종이라고 보기도 하지만 행정심판과 구별하는 것이 타당한 감사원에 대한 심사청구 등이 있다.

공권력 행사의 결과에 대한 구제제도로는 공권력 행사의 결과인 위법한 상태의 제거를 목적으로 하는 공법상 결과제거청구와 손해의 전보를 목적으로 하는 행정상 손해배상과 행정상 손실보상이 있다. 다만, 공법상 결과제거청구는 현행 법령상이나 판례상 아직 원칙적으로 인정되고 있지 않다.

2) 재판적 구제수단과 비재판적 구제수단

고전적인 행정구제제도는 법원을 통한 구제제도이다. 행정소송, 즉 항고소송과 공법상 당사자소송이 대표적인 재판적(裁判的) 구제수단이다. 행정심판의 심판기관은 행정기관이지만 현행 행정심판법상의 행정심판은 준사법적인 구제수단이라고 볼 수 있다. 헌법소원에 대한 심판기관인 헌법재판소는 사법기관의 성격을 가진다.

그런데, 이러한 재판적 구제수단에 의한 행정구제와 행정통제에는 불충분한 점이 있기 때문에 대체적 분쟁해결제도(ADR, 분쟁조정제도), 국민고충처리제도, 청원, 행정절차 등 비재판적(非裁判的) 구제제도가 도입되고 있다.

3) 사전구제제도와 사후구제제도

행정구제라 함은 통상 사후구제를 의미한다. 그런데, 국민의 권익이 일단 침해되면 그 구제에 어려움이 있고, 사후구제가 가능한 경우에도 충분한 구제가 되지 못하는 것이 보통이다. 따라서 국민의 권익이 침해된 후에 그 침해된 권익을 구제해 주는 것보다는 국민의 권익이 침해되는 것을 미리 방지하는 것이 국민의 권익보장을 위하여 바람직하다. 행정절차는 행정처분이 내려지기 전에 이해관계인의 의견진술을 듣도록 하는 등의 절차를 통하여 국민의 권익에 대한 부당한 침해를 사전에 방지하는 기능이 있기 때문에 행정절차를 사전구제제도(事前救濟制度)라고 부르기도 한다.

그러나, 구제는 통상 권익의 침해를 전제로 하는 것이므로 행정구제제도는 통상 사후구제제도(事後救濟制度)만을 지칭한다. 다만, 공권력 행사로 인한 권익 침해를 사전에 막는 것을 내용으로 하는 '예방적 금지소송'의 도입이 학설에 의해 주장되고 있다.

Ⅲ. 본서의 고찰대상인 행정구제제도

본서(本書)에서는 행정구제의 기본이 되는 행정쟁송(행정심판과 행정소송)과 행정상 손해전보(행정상 손해배상과 행정상 손실보상)를 주된 고찰대상으로 한다. 이와 함께 공법상 결과제거청구제도, 헌법소원도 검토하기로 한다.

우선 행정권 행사의 결과에 대한 구제제도인 행정상 손해전보(행정상 손해배상과 행정상 손실보상)와 공법상 결과제거청구제도를 고찰하고, 다음으로 위법·부당한 행정권 행사 자체를 다투는 행정쟁송제도를 고찰하기로 한다. 헌법소원에 대하여는 행정쟁송과의 관계에 한정하여 논하기로 한다.

제 2 장 행정상 손해전보

제 1 절 개 설

현행 실정법은 위법행위에 의한 손해의 배상인 행정상 손해배상과 적법행위에 의한 손실의 보상인 행정상 손실보상을 구분하고 있다.

학설은 일반적으로 '행정상 손해전보(損害塡補)'의 개념하에 행정상 손해배상과 행정상 손실보상을 통합적으로 고찰하는 것이 이론상 타당하다고 보면서도 현행 실정법이 양자를 구분하고 있으므로 양자를 나누어 설명하고 있다.

그러나, 입법론과 해석론의 차원에서 행정상 손해전보제도의 발전을 도모하기 위하여는 행정상 손해전보의 통합적 고찰이 필요하다. 또한, 최근에는 행정상 손해배상과 행정상 손실보상 이외에 공법상 위험책임, 수용유사침해이론, 수용적 침해이론, 공법상 결과제거청구권의 도입이 논의되고 있는데, 이들 제도와 행정상 손해배상 및 행정상 손실보상과의 관계를 어떻게 위치지을 것인가 하는 것이 문제된다.[1)]

Ⅰ. 행정상 손해전보(국가보상)의 개념

'행정상 손해전보'라는 개념은 실정법상의 개념이 아니고, 행정작용으로 인한 손해의 전보를 통합적으로 고찰하기 위하여 편의상 사용되는 학문상의 개념이다. 행정상 손해전보라는 개념 대신에 행정상 손해보전, 국가보상(國家補償)이라는 개념을 사용하는 경우도 있다.

행정상 손해전보의 개념은 통상 두 의미, 즉 협의와 광의로 사용될 수 있다.

1. 협의의 행정상 손해전보

행정상 손해전보는 협의(狹義)로는 국가작용에 의해 개인에게 가해진 손해의 전

1) 행정상 손해전보의 통합적 고찰의 필요성, 행정상 손해전보의 개념과 체계에 대한 자세한 것은 졸고, "행정상 손해전보(국가보상)의 개념과 체계," 『남하(南河) 서원우 교수 화갑기념논문집』, 1991, 473면 이하 참조.

보를 의미한다. 행정상 손해배상과 행정상 손실보상이 이에 해당한다. 손해를 발생케 한 국가작용과 발생된 손해 사이의 인과관계의 존재가 협의의 행정상 손해전보(국가보상)의 필수요건이 되고, 이 점에서 이를 요하지 않는 광의의 행정상 손해전보와 구별된다.

우리나라에서 행정상 손해전보라는 개념은 통상 협의의 의미로 사용된다.

[판례] (1) 민주화보상법상 보상금 등에는 적극적·소극적 손해 내지 손실에 대한 배·보상의 성격이 포함되어 있다. 그러므로 관련자와 유족이 위원회의 보상금 등 지급결정이 일응 적절한 배·보상에 해당된다고 판단하여 이에 동의하고 보상금 등을 수령한 경우 보상금 등의 성격과 중첩되는 적극적·소극적 손해에 대한 국가배상청구권의 추가적 행사를 제한하는 것은, 동일한 사실관계와 손해를 바탕으로 이미 적절한 보상을 받았음에도 불구하고 다시 동일한 내용의 손해배상청구를 금지하는 것이므로, 이를 지나치게 가혹한 제재로 볼 수 없다. (2) 민주화보상법상 보상금 등에는 정신적 손해에 대한 배상이 포함되어 있지 않음을 알 수 있다. 이처럼 정신적 손해에 대해 적절한 배상이 이루어지지 않은 상태에서 적극적·소극적 손해 내지 손실에 상응하는 배·보상이 이루어졌다는 사정만으로 정신적 손해에 관한 국가배상청구마저 금지하는 것은, 해당 손해 내지 손실에 관한 적절한 배·보상이 이루어졌음을 전제로 하여 국가배상청구권 행사를 제한하려 한 민주화보상법의 입법목적에도 부합하지 않으며, 국가의 기본권보호의무를 규정한 헌법 제10조 제2문의 취지에도 반하는 것으로서, 지나치게 가혹한 제재에 해당한다(헌재 2018. 08. 30, 2014헌바180).

2. 광의의 행정상 손해전보

광의(廣義)의 행정상 손해전보는 국가 또는 공공단체가 법적 의무로서 행하는 손해의 전보 일반을 의미한다. 오늘날 국가의 보상제도는 자연재해에 대한 보상, 전쟁피해자 보상, 폭동에 의한 피해의 보상, 범죄피해자 보상, 테러에 의한 피해의 보상 등과 같이 국가작용이 손해의 직접적 원인이라고 볼 수 없는 경우에까지 확대되고 있다.

이들의 경우에는 협의의 행정상 손해전보에서처럼 국가가 가해자로서 '공적 부담 앞의 평등의 원칙'상 전보책임을 지는 것이 아니고, 사회연대의 원칙 또는 국가의 사회보장책무에 근거하여 보상하는 것이다. 그리고, 이들 보상은 일종의 사회적 위험의 실현에 의한 손해의 전보인 점에서 공익목적상 행정권에 의해 형성된 행정적 위험의 실현에 의한 손해의 전보인 엄격한 의미의 공법상 위험책임과도 구별된다.

[판례] [1] **범죄피해자 보호법 제17조 제2항의 유족구조금은** 사람의 생명 또는 신체를 해치는 죄에 해당하는 행위로 인하여 사망한 피해자 또는 유족에 대한 **손실보상을 목적으로 하는 것으로서,** 범죄행위로 인한 손실 또는 손해를 전보하기 위하여 지급된다는 점에서 **불법행위로 인한 소극적 손해의 배상과 같은 종류의 금원**이다. 〈해설〉 그러나, 범죄피해자 보호법 제17조 제2항에 규정한 유족구조금은 손실보상 및 국가배상과 구별되는 제3의 행정상 손해전보로 보아야 한다. [2] 구조피해자 또는 상속인이 범죄피해를 원인으로 **국가배상청구소송**을 제기하는 한편 범죄피해자 보호

법에 따른 범죄피해구조금을 받았다면, 법원은 국가 또는 지방자치단체에 인정된 구조피해자의 소극적 손해액에서 범죄피해구조금을 공제한 금액의 지급을 명하여야 한다(대판 2023. 03. 09, 2022다228704).

협의의 행정상 손해전보에 이들 경우까지를 포함하여 광의의 행정상 손해전보(국가보상)라고 할 수 있다.

우리나라에서는 아직까지 광의로 행정상 손해전보(국가보상)라는 개념을 사용하는 학자는 없는 것 같다.

Ⅱ. 행정상 손해배상과 행정상 손실보상의 통합적 고찰의 필요성

1. 전통적 학설에서의 행정상 손해배상과 행정상 손실보상의 구분

전통적 학설(傳統的 學說)은 행정상 손해배상과 행정상 손실보상을 그 요건 및 제도의 이념에 있어서 상호 별개의 제도로 보았다.

① 행정상 손해배상은 위법한 행정작용으로 야기된 손해의 전보인 반면에, 행정상 손실보상은 적법한, 즉 법에 의해 허용되고 예측된 손실의 보상이다.

② 제도의 이념에 있어서 행정상 손해배상은 개인주의적 법사상에 기초하여 도덕적 책임주의를 기초원리로 하고 있으며, 민법상의 불법행위책임과 공통의 기반을 갖는 반면에, 행정상 손실보상은 공익(사회 전체의 이익)을 위하여 개인에게 부과된 특별한 희생을 사회 전체가 균등하게 분담한다는 단체주의적 법사상을 기초로 한 사회적 공평부담주의를 기초원리로 하고 있다고 보았다.

그러나, 오늘날의 통설은 행정상 손해배상과 행정상 손실보상의 구별은 상대적인 것에 불과하다고 본다.

2. 행정상 손해배상과 행정상 손실보상의 통합적 고찰의 필요성

오늘날 다수설 '행정상 손해전보'의 개념하에 행정상 손해배상과 행정상 손실보상을 통합적(統合的)으로 고찰(考察)하는 것이 이론상 타당하다고 보고 있다. 생각건대, 행정상 손해배상과 행정상 손실보상은 아래와 같은 점에 비추어 통합적으로 고찰할 필요성이 있다.

(1) 통합적 고찰의 이론적 기초

1) 행정상 손해배상과 행정상 손실보상의 상호 접근

오늘날 사법분야에서도 불법행위책임에 있어서 불법행위자에 대한 징계적 성격이 완화되었고, 손해전보제도로서의 측면이 강조되는 경향에 있다. 더욱이, 인격을 갖지 못하는 국가의 배상책임에 있어서는 본질상 도의적 책임주의의 원리가 관철될 수 없다고 보아야 한다.

그리고, 오늘날 학설 및 판례에 의해 행정상 손해배상과 행정상 손실보상의 적용범위가 확대됨에 따라 양자가 교착(交錯)하는 사례가 등장하고 있다.

또한, 산업 및 과학 · 기술의 비약적 발전에 따라 과실책임의 결함을 보충하기 위하여 등장한 위험책임의 확대는 양자의 접근을 가속화시키고 있다. 위험책임은 과실책임의 결함을 보충하기 위하여 등장하였고, 전보의 대상인 손해도 우연히 발생한 손해인 점에서는 행정상 손해배상과 가깝지만, 공익목적상 형성된 위험의 실현에 의한 손해의 전보인 점, 그리고 행위의 적법 · 위법 여부 및 과실유무를 묻지 않는 점에서는 손실보상과 유사한 제도로 볼 수 있다. 그리고, 위험책임의 유형 중에는 예방접종사고에 대한 전보와 같이 손실보상과의 구별이 극히 어려운 것도 있다.

2) 행정상 손해전보의 공통된 지도이념

행정상 손해전보(행정상 손해배상, 공법상 위험책임과 행정상 손실보상)의 공통의 근거로 '공적 부담 앞의 평등원칙'을 드는 견해[2]가 있다. 이 견해에 의하면 이 공통의 이념적 기초하에 행정상 손해전보제도를 통일적으로 고찰할 필요가 있다.

행정상 손해배상에 있어서 배상재원은 국민으로부터의 세금의 징수에 의해 형성되는 것이므로 결국 국가의 책임이란 사회 전체의 부담으로 환원되는 점은 부인할 수 없는 사실이다. 그리고, 행정기관에 대한 공권력의 부여에 의한 위험상태의 형성은 공익상의 필요에 의한 것이고, 위법한 공권력행사를 전면적으로 배제하는 것이 불가능한 이상 공무수행 중의 공무원의 위법행위에 의한 손해도 개괄적으로 본다면 공익상의 필요에 의한 손해, 즉 '공적 부담'이라고 볼 수도 있다.

3) '피해자의 입장'에서 행정상 손해전보의 이해

피해자의 입장에 서면, 손해의 원인행위의 적법 · 위법 여하는 중요한 것이 아니며 행정상 손해배상과 행정상 손실보상은 모두 행정권 행사의 결과 발생한 손해의 전보에 관한 것이다.

행정상 손해배상과 행정상 손실보상은 성질상의 차이는 별론으로 하더라도 국가작용에 의한 손해의 전보에 관한 제도라는 점은 동일하고 따라서 양자를 손해의 전보라는 측면에서 통합적으로 논할 필요성이 있는 것이다.

(2) 통합적 고찰의 실제적 필요성

행정상 손해전보에 관한 통합적 고찰은 단순한 이론적 차원의 문제는 아니며,

---

2) 김동희, 『행정법 Ⅰ』, 516면.

국가작용에 의해 권익을 침해당한 자에 대하여 충실한 구제를 도모하기 위하여 다음과 같은 점에서 손해전보제도에 관한 해석론 및 입법론을 체계적으로 발전시킨다는 실천적 의미를 갖는 문제라고 보아야 한다.

① 행정상 손해전보제도의 통합적 인식은 현행 실정법제도의 흠결을 명백히 드러낸다.

② 현행제도하에서 피해자에 대한 충실한 구제를 도모하기 위한 해석론 및 입법론의 전개를 가능하게 한다.[3)]

③ 행정상 손해전보에 관한 법들 상호간의 모순 내지 충돌을 해결하고 행정상 손해전보법의 체계적 발전을 도모한다.[4)]

3. 행정상 손해배상과 행정상 손실보상의 구별 필요성

행정상 손해배상과 행정상 손실보상을 통합적으로 고찰하는 것이 타당하지만 이로 인하여 각 책임제도가 가지는 고유한 특성을 도외시하면 안 된다.

(1) 행정상 손해배상의 행정통제적 기능

법치국가의 원칙상 위법행위와 적법행위의 구별은 큰 의미를 갖는다. 손해배상의 원인행위는 법이 금지하는 위법행위이고, 손실보상의 원인이 되는 가해행위는 공공복리를 위하여 특정 개인의 이익을 희생시키는 행위로서 법이 당해 손실의 발생을 예측하면서 그 수행을 용인하는 적법행위이다.

또한, 법치국가의 원칙은 위법한 국가작용이 이미 행해진 경우에는 위법한 국가작용에 대한 제재와 그로 인해 침해된 권익의 구제제도가 확립되어 있어야 한다는 것을 그 내용으로 하고 있는데, 국가배상책임의 인정은 한편으로 국가작용에 의해 침해된 권익의 구제를 의미하며, 다른 한편으로는 행정권의 위법·과실을 판단함으로써 하자 있는 국가작용에 대한 비난의 의미를 갖는다.

행정상 손해전보를 손해전보제도로만 보는 견해는 행정상 손해배상책임의 행정통제적 기능을 간과하고 있다. 더욱이 국가배상소송은 항고소송을 보충하여 행정통제의 확대에 기여하는 면이 있다. ① 항고소송에서는 출소기간(出訴期間)의 제한, 원고적격 등에 의해 소제기상 제약이 많은데, 국가배상소송에서는 이와 같은 엄격한 제한 없이 소의 제기가 보다 널리 인정될 수 있다. ② 또한, 후술하는 바와 같이 국가배상소송의 위법성이 인정될 수 있는 범위(영역)는 항고소송에서 보다 넓다. 즉, 사실행위로 인한 손해도 일반적으로 국가배상소송의 대상이 된다. ③ 그리고, 과실을 일종

3) 졸고, "현행 행정상손해전보제도의 흠결과 보충," 『고시계』, 1990. 8, 101면 참조.
4) 今村成和, "國家補償法," 『法律學全集 9』, 有斐閣, 昭和 32년, 序文 2면, 本文 42면.

의 국가작용의 하자의 표현으로 볼 수 있다면 과실판단을 통하여 항고소송에서와는 다른 차원에서의 행정통제, 즉 공무원의 행위의 태양에 대한 통제가 가능한 것이다.

(2) 행정상 손해배상과 행정상 손실보상의 구분

통설은 가해행위가 위법행위인가 적법행위인가에 따라 손해배상과 손실보상을 구별하고 있다. 그리고, 이와 같이 가해행위가 적법한 경우와 위법한 경우를 구별하는 것은 법치주의 원칙에 비추어 타당하다.

다만, 다른 한편으로 피해자구제의 관점에서는 가해행위가 위법한 것인가 적법한 것인가는 중요한 것이 아니며 오늘날 수용유사침해와 같이 가해행위가 위법한 경우에도 손실보상이 인정되며 위험책임에서와 같이 가해행위의 적법·위법 여부를 묻지 않고 손해배상을 인정하는 경우가 생겨나게 됨에 따라 가해행위의 적법·위법을 기준으로 행정상 손해배상과 행정상 손실보상을 구분하는 데에는 일정한 한계가 있게 되었다.

현행법도 행정상 손해배상과 행정상 손실보상을 구분하고 있다. 헌법 제23조 제3항은 적법한 공용수용·사용·제한에 대한 손실보상을 규정하고 있고, 헌법 제29조 제1항은 불법행위로 인한 국가배상책임을 규정하고 있다. 그리고, 토지수용법은 토지 등의 적법한 수용 또는 사용에 대한 손실보상을 규정하고 있고, 국가배상법은 불법행위로 인한 국가배상책임을 규정하고 있다. 헌법재판소도 이러한 입장을 취하고 있다(헌재 1997. 03. 27, 96헌바21).

Ⅲ. 행정상 손해전보의 체계

오늘날 학설은 현행 행정상 손해전보제도의 흠결의 보충이라는 현실적 요청에 따라, 행정상 손해배상과 행정상 손실보상을 '행정상 손해전보' 등의 이름하에 통일적, 체계적으로 고찰하려고 하는 경향이 있다. 그러나, 행정상 손해전보의 체계구성은 학자마다 매우 다양하다.

문제는 전통적인 행정상 손해배상과 행정상 손실보상 이외에 새롭게 등장한 손해전보제도인 위험책임, 수용유사침해, 수용적 침해를 어떻게 위치 지울 것인가 하는 것이다. 또한 공법상 결과제거청구권을 행정상 손해전보제도의 하나로 볼 수 있는가 하는 문제도 제기된다.

1. 삼분설

행정상 손해전보를 행정상 손해배상, 행정상 손실보상 및 기타의 손해전보로 구분하는 견해를 3분설(三分說)이라 할 수 있다. 그런데, 기타의 손해전보에 어떠한 종류의 손해전보를 포함시킬 것인가에 관하여는 학자마다 견해가 다르다.

기타의 손해전보에 ① 수용유사침해, 수용적 침해, 결과제거청구권을 포함시키는 견해,[5] ② 수용유사침해, 수용적 침해만을 포함시키고 결과제거청구는 독자적인 구제제도로 논하는 견해,[6] ③ 수용유사침해, 수용적 침해, 희생보상청구권, 결과제거청구권, 위험책임을 포함시키는 견해,[7] ④ 공법상 위험책임, 희생보상청구제도, 행정상의 결과제거청구권만을 포함시키고, 수용유사침해와 수용적 침해는 행정상 손실보상에 포함시키는 견해[8] 등이 있다.

3분설의 문제점은 학자에 따라 다르기는 하지만 기존의 손해전보제도인 행정상 손해배상 및 행정상 손실보상과 새롭게 등장한 손해전보제도 사이의 관계에 대한 깊이 있는 검토 없이 새롭게 등장한 손해전보제도를 별개의 유형으로 분류하고 있다는 점이다.

2. 이분설

행정상 손해전보를 행정상 손해배상과 행정상 손실보상으로 나누는 견해를 이분설(二分說)이라 할 수 있다. 이분설은 새롭게 등장한 손해전보제도인 위험책임, 수용유사침해, 수용적 침해 등을 기존의 행정상 손해배상이나 행정상 손실보상 중 한 쪽에 편입시킨다. ① 결과제거청구권을 행정상 손해배상에 포함시키고, 수용유사침해를 행정상 손실보상에 포함시키는 견해,[9] ② 결과제거청구권만을 행정상 손해배상에 포함시키는 견해[10] 등이 있다.

이들 이분설은 새롭게 등장하는 손해전보제도 중 일부에 대하여만 행정상 손해배상 또는 행정상 손실보상으로 분류하고 있다는 점에 문제가 있다.

3. 사견(私見)

저자는 행정상 손해배상과 행정상 손실보상으로 이분하는 것에 찬성한다. 다만, 기존의 이분설과는 그 내용이 다르다.

공법상 위험책임은 행정상 손해배상에 포함시키는 것이 타당하다. 그 이유는 다음과 같다. ① 공법상 위험책임은 과실책임의 불비를 보충하기 위해 등장하였다. 오

5) 김동희, 전게서, 598면.
6) 김남진, 『행정법 I』, 630면 이하.
7) 홍정선, 『행정법원론(상)』, 558면.
8) 류지태, 『행정법신론』, 687면 이하.
9) 김철용, 『행정법』, 462면 이하.
10) 박윤흔, 『최신행정법강의(상)』, 702면 이하.

늘날 행정권이 행정목적을 달성하기 위하여 특별히 위험한 시설이나 제도를 사용하는 경우가 있게 되는데, 이 경우에 그로 인하여 손해가 발생한 경우에는 특별한 위험을 창설한 자가 그 창설된 위험의 실현에 의한 손해를 배상하는 것이 정의의 원칙에 합치한다. 또한, 이 경우에는 행정측의 과실을 입증하는 것이 어려운 경우가 많은데, 피해국민이 행정측의 과실을 입증하도록 하는 것은 부당하다. ② 행정상 손해배상과 공법상 위험책임은 다 함께 우연한 사고로 인하여 발생한 손해의 배상문제이다.

또한 위험책임과 손실보상 사이에는 다음과 같은 간과할 수 없는 차이가 있다. ① 위험책임에 있어서의 손해는 사고에 의해 우연히 발생된 것인 반면에 손실보상에서의 손해는 행위에 내재하는 것이다. ② 위험책임에 있어서는 손해의 원인인 행위 또는 물건의 위험성의 정도가 문제되는 반면에, 손실보상에 있어서는 손해의 결과인 손해의 정도가 문제된다.

수용유사침해와 수용적 침해를 손해전보제도로 인정하는 것에는 반대하지만 인정하는 경우에는 행정상 손실보상에 포함시키는 것이 타당하다.[11] 그 이유는 다음과 같다. ① 행정상 손실보상과 수용유사침해는 공공목적을 위하여 행해진 공권적 침해에 의해 야기된 손실에 대한 보상인 점에서는 동일하다. 수용유사침해의 경우에 손실보상에서와 달리 침해행위가 위법하지만, 이 경우에 침해행위가 적법인가 위법인가는 본질적인 것이 아니다. ② 손실보상이 적법한 공권력 행사로부터 직접 발생한 손실의 보상인 데 반하여 수용적 침해는 간접손실의 보상이라는 점에서 양자를 구별하고 있지만, 수용적 침해와 손실보상은 적법한 행위로 인하여 발생한 특별한 손실의 보상인 점에서는 같다. 또한, 수용적 침해에서의 보상의 대상이 되는 손실도 적법한 공권력 행사로 인하여 발생한 손실인 점과 손실보상과 수용적 침해의 보상근거가 모두 공적 부담 앞의 평등원칙인 점에서 동일하다.

4. 행정상 결과제거청구권의 독자성

행정상 결과제거청구권과 행정상 손해전보의 관계에 대하여 학설은 크게 셋으로 나누어진다. ① 결과제거청구권을 행정상 손해배상과 구별되는 별도의 행정상 손해전보제도로 보는 견해,[12] ② 행정상 결과제거청구권을 행정상 손해배상의 한 방법으로 보는 견해,[13] ③ 동 청구권을 행정상 손해전보와는 구별되는 독자의 법제도로

11) 류지태, 전게서, 398면 이하.
12) 김남진, 전게서, 402면; 석종현, 『일반행정법(상)』, 700면 이하.
13) 김도창, 『일반행정법론(상)』, 589면 이하; 정하중, "독일에 있어서 결과제거청구권의 발전과 한국에의 동청구권의 도입가능성," 한국공법학회 제17회 학술발표회, 27면 이하. 다만, 김도창 교수는 '행정상의 원상회복청구권'이라는 용어를 사용하고 있다.

보는 견해이다.[14)]

생각건대, 우리나라의 행정상 손해배상법제는 금전배상을 원칙으로 하고 있고, 행정상 결과제거청구권의 근거, 성질, 효과 등은 행정상 손해배상청구권의 그것과는 다를 수밖에 없는 점 등을 고려한다면, 행정상 결과제거청구권은 행정상 손해전보와 전혀 관계가 없는 것은 아니지만, 체계상 후자와는 별개의 법제도로 보는 것이 보다 타당하다.

제 2 절 행정상 손해배상

제 1 항 서 론

Ⅰ. 개 념

행정상 손해배상(行政上 損害賠償)은 행정권의 행사에 의해 우연히 발생한 손해에 대한 국가등의 배상책임을 말한다. 행정상 손해배상은 국가배상(國家賠償)이라고도 한다.

전통적으로 행정상 손해배상은 違法한 국가작용으로 인하여 발생한 손해의 배상을 가리킨다. 그리하여 적법한 국가작용으로 인하여 발생한 손실의 보상제도인 손실보상과 구별된다.

그러나, 오늘날에는 양자의 구별은 상대화하고 있다. 가해행위의 적법·위법 여부, 과실·무과실 여부를 묻지 않고 배상책임을 인정하는 공법상 위험책임이 등장하였다. 또한 국가배상법 제5조상의 영조물책임은 엄격한 의미에서는 가해행위의 위법이나 과실을 요건으로 하고 있지 않다.

Ⅱ. 행정상 손해배상의 분류

행정상 손해배상은 과실책임(공무원의 위법·과실행위로 인한 책임), 영조물책임, 공법상 위험책임으로 구분하는 것이 타당하다.

공법상 위험책임은 가해행위의 적법·위법 및 공무원의 과실·무과실을 묻지 않

---

14) 이상규, 『신행정법(상)』, 557면 이하. 이상규 교수는 '행정상의 방해배제청구권은 내용상 행정상 손해배상제도의 관에 위치하는 것이 적합하지 않으나, 편의상 여기에서 다룬다'라고 한다.

는 무과실책임인 점에서 과실책임인 국가배상법 제2조 책임과 구분된다.

제5조의 영조물책임을 영조물의 물적 하자로 인한 일종의 위험책임으로 본다면, 영조물책임은 공무원의 과실 있는 직무집행행위로 인한 '행위책임'인 국가배상법 제2조 책임과 상당히 다른 성격을 갖는 손해전보제도라고 하지 않을 수 없다. 따라서, 영조물의 설치 또는 관리의 하자로 인한 책임을 공무원의 과실행위로 인한 책임과 구분하여 논하는 것이 타당하다. 국가배상법도 제2조에서는 국가의 과실책임을 규정하고 제5조에서는 영조물책임을 규정하고 있다.

또한, 후술하는 바와 같이 제5조의 영조물책임은 영조물의 하자를 요건으로 하는 점에서 이와 같은 요건을 요하지 않는 공법상 위험책임과 구별되어야 한다.

Ⅲ. 국가배상책임의 인정근거

1. 국가배상책임의 역사적 발전

과거 군주국가에서는 '왕은 잘못을 행할 수 없다'(The King can do no wrong)라는 원칙에 의해 국가무책임(國家無責任)의 원칙(原則)이 지배하였다. 또한, 이 시대에는 공무원의 배상책임도 인정되지 않았었다. 공무원은 왕의 수족에 불과하므로 공무를 집행함에 있어서 인격체로서의 독자성을 갖지 못하였고 공무원의 행위는 곧 왕의 행위가 되었다. 따라서 공무원의 배상책임도 인정되지 않았다.

그러나, 이러한 국가 및 공무원의 국민에 대한 무책임의 원칙은 정의의 원칙 및 피해자구제라는 관점에서는 부당한 것이었다. 그리하여 프랑스에서는 15세기부터 공무원의 과실 있는 행위는 왕의 행위로부터 분리되어 공무원에게 귀속되고 공무원이 배상책임을 지게 되었다. 다만, 공무원의 배상책임이 일반적으로 인정되었던 것은 아니며 제한적으로만 인정되었다.

근대 민주법치국가하에서는 국가무책임의 특권은 인정될 수 없었다. 따라서 오늘날에는 국가무책임의 특권이 부인되고 국가배상책임의 원칙이 인정되게 되었다.

우리나라에서 국가무책임의 특권이 부인되고 국가배상책임이 일반적으로 인정되게 된 것은 1948년 제정된 제헌헌법 제27조 제2항에 의해서이다.[15] 이 헌법규정에 근거하여 1951년 9월 8일 국가배상법이 제정되었다.

15) 동 헌법규정은 유신헌법에서 이중배상배제규정이 추가된 것을 제외하고는 그 후의 헌법개정에서 부분적인 자구수정만을 거쳐 오늘에 이르고 있다.

2. 이론적 근거

(1) 국가의 과실책임의 근거

국가의 과실책임의 직접적 근거는 과실책임(過失責任)의 원칙(原則)에 있다. 보다 정확히 말하면 행정주체는 공무수행상 일정한 주의의무를 준수하여야 하는데 이를 준수하지 않음으로써 국민에게 손해를 발생시켰다면 과실로 손해를 발생시킨 행정주체가 그 손해에 대한 배상책임을 져야 한다는 것이다.

국가의 과실책임은 법치국가원칙(法治國家原則)으로부터도 요청된다. 위법행위로 인하여 국민에게 손해가 발생한 경우에는 당해 손해를 배상해 주는 것이 법치주의의 원칙에 합치한다는 것이다. 다만, 문제는 현행법상 가해행위가 위법한 것만으로는 국가배상책임이 인정되지 않고 과실도 있어야 한다는 점이다.

국가의 과실책임의 근거를 위험책임의 원리로부터 도출하는 견해도 있다. 즉, 위법하게 행사될 위험성이 있는 행정권을 공무원에게 수권한 국가는 그러한 행정권이 잘못 행사되어 초래된 손해에 대하여 배상책임을 져야 한다는 것이다.

(2) 영조물책임의 근거

국가배상법 제5조의 책임은 위험책임(危險責任)의 원리(原理)에 근거를 두고 있다. 즉, 제5조에 의한 책임의 근거는 영조물(營造物)이 안전성을 결여하여 국민에게 손해를 발생시킬 위험을 갖고 있음에도 이러한 하자 있는 영조물을 공적 목적에 제공하고 있는 경우에는 이러한 하자(위험성) 있는 영조물로부터 야기된 손해를 당해 영조물을 설치 또는 관리하는 국가 또는 지방자치단체가 배상하는 것이 정의에 합치한다는 데 있다.

(3) 공법상 위험책임의 근거

위험책임은 위험이론에 근거하고 있다. 위험이론(危險理論)이란 자신의 이익을 위한 활동에 당하여 특별한 위험을 창설한 자는 그 창설된 위험의 실현에 의한 손해를 배상하여야 하며 그것이 정의에 합치한다는 것이다.

다만, 공법상 위험책임의 근거가 되는 위험이론은 위법행위에 기한 국가의 배상책임의 근거로서 주장되는 위험이론과 구별되어야 한다. 즉, 전자에 있어서의 '위험'은 후자에 있어서의 그것(즉, 공권력 일반에 내재하는 일반적 위험)보다는 그 위험의 정도가 강도의 것으로서 '특별한 위험'을 의미한다.

3. 실정법상 근거

(1) 헌법상 근거

헌법 제29조 제1항은 "공무원의 직무상 불법행위로 손해를 받은 국민은 법률이 정하는 바에 의하여 국가 또는 공공단체에 정당한 배상을 청구할 수 있다"라고 규정하고 있다. 이 헌법규정은 국가무책임의 특권의 부인을 명시적으로 선언하고 공무원의 직무상 불법행위로 인한 손해에 대한 국가의 배상책임의 원칙을 선언하며 국가배상청구권을 기본권으로 인정하고 있다. 이 헌법규정을 구체화한 법이 국가배상법이다.

우리나라 헌법에서는 국가배상책임의 원칙을 헌법에 선언하고 있지만, 국가배상책임을 인정하기 위하여 헌법의 근거가 반드시 필요한 것은 아니다. 법률에 의해 국가배상책임을 인정할 수도 있다. 다만, 헌법상의 재산권 보장규정, 평등의 원칙 등 헌법규정 및 헌법원칙을 위반하여서는 안 된다.

(2) 실정법률의 근거

국가배상법은 국가와 지방자치단체의 과실책임(제2조) 및 영조물책임(제5조)을 규정하고 있다. 국가나 지방자치단체의 손해배상 책임에 관하여는 국가배상법에 규정된 사항 외에는 「민법」에 따른다. 다만, 「민법」 외의 법률에 다른 규정이 있을 때에는 그 규정에 따른다(국가배상법 제8조).

군인·군무원·경찰공무원 등이 직무행위와 관련하여 받은 손해에 대하여는 법률이 별도로 보상을 정하고 있는 경우에는 당해 법률에 의한 보상 이외에 국가배상법 제2조에 의한 배상을 청구할 수 없다(헌법 제29조 제2항, 국가배상법 제2조 단서). 이를 '이중배상금지의 원칙'이라 한다.

공법상 위험책임이 인정되기 위해서는 법률의 근거가 있어야 한다. 현행법상 공법상 위험책임은 극히 제한적으로만 인정되고 있다.

4. 공공단체의 배상책임

(1) 공공단체의 공무수행으로 인한 손해에 대한 배상책임의 주체

국가나 지방자치단체로부터 공무를 수탁받은 공공단체(公共團體)의 수탁공무의 수행상 불법행위로 인한 손해에 대하여 수탁공공단체가 배상책임주체인지 아니면 위탁자인 국가나 지방자치단체가 배상책임의 주체인지가 문제된다.

이 경우 공무수탁자인 공공단체를 행정주체로 보면 공공단체를 배상책임자로 보는 것이 타당하고, 공공단체를 행정주체가 아니라 위탁자인 국가나 지방자치단체의 기관으로 보면 위탁자인 국가나 지방자치단체가 행정주체가 되므로 국가나 지방자치단체를 배상책임주체로 보는 것이 타당하다. 생각건대, 공공단체는 법인으로서 법주체이고, 협의의 위탁의 경우 법상 권한이 공공단체로 이전되므로 공공단체를 행정주체이며 배상책임자로 보는 견해가 타당하다.

판례도 협의의 위탁의 경우 공무를 수탁받은 공공단체를 행정주체로 보고, 당해 공공단체를 배상책임주체로 보고 있다. 그리고, 이 경우 공공단체는 경과실이 면책되는 공무원이 아니다.

[판례] ① 법령에 의해 대집행권한을 위탁받은 한국토지공사가 국가공무원법 제2조에서 말하는 공무원에 해당하는지 여부(소극): 한국토지공사의 사업에 관하여는 공익사업을 위한 토지 등의 취득 및 보상에 관한 법률 제89조 제1항, 위 한국토지공사법 제22조 제6호(현행 한국토지주택공사법 제19조 제3항 제8호) 및 같은 법 시행령 제40조의3 제1항의 규정에 의하여 본래 시·도지사나 시장·군수 또는 구청장의 업무에 속하는 대집행권한을 한국토지공사에게 위탁하도록 되어 있는바, 한국토지공사는 이러한 법령의 위탁에 의하여 대집행을 수권받은 자로서 공무인 대집행을 실시함에 따르는 권리·의무 및 책임이 귀속되는 행정주체의 지위에 있다고 볼 것이지 지방자치단체 등의 기관으로서 국가배상법 제2조 소정의 공무원에 해당한다고 볼 것은 아니다(대판 2010. 01. 28, 2007다82950,82967[손해배상(기)·부당이득금]). 〈해설〉 1. 한국토지공사를 행정주체로 보면 행위의 법적 효과는 행정주체에 귀속되므로 행정주체인 한국토지공사가 배상책임주체가 되는 것이 당연하다. 이 사건에서 판례도 한국토지공사를 배상책임주체로 보고 있다. 그런데, 원심(고등법원)판결에서는 수탁자인 공공단체를 위탁자인 국가나 지방자치단체의 공무원(기관)에 불과한 것으로 보았다. 공공단체나 사인에 대한 위탁을 기관위임으로 보는 것은 공공단체나 사인의 자율성을 부인하고 국가나 지방자치단체의 주도적 지위를 인정하는 구시대적인 법이론이다. 위탁은 법적으로 권한을 이전하는 것이고, 공공단체나 사인은 위탁자인 국가나 지방자치단체로부터 독립한 별개의 법주체이므로 공무를 위탁(협의의 위탁)받은 공공단체 또는 사인을 독립된 행정주체로 보는 것이 타당하다. 다만, 공무수탁자는 위탁기관의 감독을 받는다. 2. 한국토지공사가 국가배상법 제2조의 공무원이 아니라고 한 것은 이 사안에서 한국토지공사가 실질적으로 대집행을 한 것이 아니라 공사의 업무담당자 또는 그와 용역계약을 체결한 자가 실질적으로 대집행을 수행하는 자이기 때문에 공사의 업무담당자 또는 그와 용역계약을 체결한 자를 공무원으로 본 것이다.
② 국민임대주택단지 조성사업의 시행자인 **에스에이치공사**가 갑 소유의 비닐하우스 등 지장물을 이전하게 하는 수용재결을 받아 수용보상금을 공탁한 후 대집행을 신청하여 을 구청장이 공사 직원들을 집행책임자로 지정하여 대집행 계고서와 대집행영장을 발부하고, 공사는 이를 받아 공란으로 되어 있던 이행기한이나 대집행일자를 기재한 다음 대집행을 실행한 사안에서, **위 공사는 집행책임자로 지정된 공사 직원들과는 달리** 대집행 실행으로 갑이 입은 손해에 대하여 **경과실만이 있다는 이유로 배상책임을 면할 수 없다**고 한 사례(대판 2014. 04. 24, 2012다36340, 36357).

(2) 공공단체의 배상책임의 법적 근거

헌법에서는 국가와 공공단체의 배상책임을 규정하고 있는데, 국가배상법에서는 국가와 지방자치단체의 배상책임만을 정하고 있다는 점이다. 따라서 공공단체의 공무수행중 가해진 손해에 대한 공공단체의 배상책임에 대하여 민법을 적용할 것인가 아니면 국가배상법을 적용할 것인가가 문제된다.

1) 민법상 손해배상청구설

가해행위가 공행정작용에 속하는 것이므로 그 실질에 비추어 국가배상법을 적용하는 것이 이론상 타당하나 국가배상법이 국가와 지방자치단체의 배상책임만을 정하고 있으므로 공공단체의 공무수행상의 손해에 대한 국가의 배상책임에는 국가배상법이 적용될 수 없고, 일반법인 민법이 적용되어야 한다.

민법을 적용하여야 한다는 견해 중에도 원칙상 민법을 적용하여야 하나, 가해행위가 공행정작용이라는 점 및 법적용의 형평성을 고려하여 국가배상법 제2조 또는 제5조를 유추적용하여 공공단체의 면책항변을 인정하지 않는 것이 타당하다는 견해도 있다.

2) 국가배상법유추적용설

가해행위가 공행정작용에 속하는 것이므로 피해자의 구제 및 법적용의 형평성을 고려하여 공공단체의 공무수행상 발생한 손해에 대하여는 국가배상법이 유추적용됨이 타당하다는 견해이다.

3) 국가배상법적용설

헌법 제29조가 국가배상주체를 국가 또는 공공단체로 규정하고 있는 점, 공공단체도 넓은 의미의 국가행정조직의 일부에 해당된다는 점 등에 기초하여 공공단체를 국가배상법상의 "국가 또는 지방자치단체"에 포함되는 것으로 본다(정하중).

4) 판　　례

판례는 기본적으로 공무집행상 불법행위로 인한 공공단체의 손해배상책임의 경우 민법 제750조의 불법행위로 인한 손해배상책임을, 영조물의 설치·관리상 하자로 인한 공공단체의 손해배상책임의 경우 민법 제758조의 공작물 점유자의 배상책임을 인정하고 있다.

[판례] ① 대법원은 [1] **구 농어촌진흥공사(소송승계인 농업기반공사)**가 침수피해를 방지하는 데 필요한 적절한 조치를 신속히 취하여야 할 의무가 있음에도 그러한 조치를 취하지 않은 것이 공무원의 부작위의 위법에 해당한다고 하면서 농업기반공사의 손해배상책임을 인정하고 있고, 참조조문도 국가배상법 제2조 제1항을 들고 있다(대판 2001. 04. 24, 2000다57856). [2] 또한, 구 수산청장으로부터 뱀장어에 대한 수출추천업무를 위탁받은 **수산업협동조합**이 수출제한조치를 취할 당시 국내 뱀장어 양식용 종묘의 부족으로 종묘확보에 지장을 초래할 우려가 있다고 판단하여 추천업무를 행하지 않은 것이 공무원으로서 타인에게 손해를 가한 때에 해당한다고 하면서 수산업협동조합의 손해배상책임을 인정하고 있고, 참조조문도 국가배상법 제2조 제1항을 들고 있다(대판 2003. 11. 14. 선고 2002다55304).

② 판례는 한국도로공사측의 불법행위 또는 고속국도의 설치·관리의 하자로 인한 손해에 대한

배상책임에 있어 배상책임의 주체를 한국도로공사로 보는 데 일치하고 있다.[16] 그런데, 판례는 이 경우 공공단체인 한국도로공사에 대하여 원칙상 민법 제750조의 불법행위로 인한 배상책임(대판 2001. 02. 09, 99다55434[고속도로 소음으로 인한 양돈업 폐업사건]) 또는 민법 제758조 제1항의 공작물 점유자의 책임을 인정하고 있지만(대판 1996. 10. 11, 95다56552; 2008. 03. 13, 2007다29287[고속도로 고립사건] 등),[17] 국가배상법 제5조의 영조물의 설치·관리의 하자로 인한 배상책임을 인정한 대법원 판례도 있다(대판 2002. 08. 23, 2002다9158).

다만, 특히 공무집행상 불법행위로 인한 공공단체의 손해배상책임의 경우 다음과 같이 국가배상법의 법리를 적용하고 있다. ① 불법행위자에게 국가배상법상의 공무원 개념을 적용하고 있다(대판 2010. 01. 28, 2007다82950, 82967＜대집행권한을 위탁받은 한국토지공사의 배상책임사건＞). ② 국가배상책임에서의 상당인과관계에 관한 법리 즉 직무상 의무의 사익보호성을 적용하고 있다(대판 2015. 12. 23, 2015다210194: 금융감독원[18]의 금융감독상의 위법·과실로 인한 은행의 고객(후순위사채 보유자)에 대한 손해에 대한 민법 제750조에 따른 배상청구사건에서 "국가배상책임에서 상당인과관계에 관한 법리"를 적용하여 금융감독원의 배상책임을 부정한 사례).

5) 결어(結語)

국가배상법이 국가와 지방자치단체의 배상책임만을 정하고 있고, 공공단체의 배상책임에 관하여는 특별한 규정을 두지 않은 것은 입법의 불비이며 해석을 통하여 이를 보충하여야 한다. 공공단체의 배상책임에 관한 명문의 규정이 없는 현행법의 해석론으로는 가해행위가 공행정작용인 점을 고려하여 공평의 원칙상 국가배상법 제2조 또는 제5조를 유추적용하여 공무수행으로 인한 공공단체의 배상책임에도 국가배상책임을 인정하는 것이 타당할 것이다.

국가배상법이 국가와 지방자치단체의 배상책임만을 정하고 있는 것은 위헌의 소지가 있다고 보는 견해도 있지만(홍준형, 90면), 위헌은 아니라고 보는 것이 타당하

---

16) 고속국도법 제6조의 대행은 위탁으로 해석함이 타당하고 따라서, 대행하는 범위에서 고속국도의 관리자는 한국도로공사이므로 한국도로공사가 책임주체이다. 한국도로공사를 관리자가 아니라 단순한 관리청이라고만 보면 국가가 배상책임자인 것으로 보는 것이 논리상 타당하다.

17) 하급심 판례이지만 이 경우 원칙상 민법 제758조 제1항을 적용함이 타당하다고 보면서도 한국도로공사의 도로관리자로서의 지위와 공공성, 관리하고 있는 영조물의 성질 및 피해자 보호의 필요성, 각종 도로의 등급과 안전성에 따른 적정한 책임귀속 및 분배의 요청에 따르는 법적용의 형평성에 비추어 국가배상법 제5조의 규정을 유추적용하여 국가나 지방자치단체의 경우와 마찬가지로 민법 제758조 제1항 단서를 원용하는 면책항변을 허용하지 아니함이 옳다고 본 판례가 있다(대구지법 1995. 01. 26, 94가합4985: 항소).

18) 금융감독원은 「금융위원회의 설치 등에 관한 법률」에 의해 설치된 무자본(무자본) 특수법인(제24조 제2항)으로서 공공단체의 지위를 갖는 것으로 보는 것이 타당하다. 그리고 금융감독원이 갖는 은행 등에 대한 금융감독권은 법률에 의해 위탁(법정위탁)받은 것으로서 볼 수 있다. 금융감독을 행하는 금융감독원을 "공무수탁사인"으로 보는 것은 타당하지 않고 "공무수탁자"로 보는 것이 타당하다.

다. 공공단체의 배상책임을 부인하는 것은 위헌이지만 국가배상법에 의해 공공단체의 배상책임을 인정할지 아니면 민법에 의해 공공단체의 배상책임을 인정할지는 입법정책에 속하는 문제라고 보는 것이 타당하다.[19)]

5. 공무수탁사인의 배상책임의 법적 근거

민간위탁(광의의 공무수탁사인)의 경우 전술한 바와 같이 공무수탁사인(公務受託私人)이 행정주체가 아닌 경우(행정보조자 또는 행정대행자인 경우)에는 공무수행으로 인한 손해에 대하여는 위탁자인 국가 또는 지방자치단체가 국가배상책임을 지고, 공무수탁사인이 행정주체인 경우(협의의 공무수탁사인)에는 공무수탁사인이 민법상 손해배상책임을 진다(반대견해 있음)(전술 공무수탁사인 참조).

Ⅳ. 국가배상책임(또는 국가배상법)의 성격

국가배상책임의 성격에 관하여 사법상 책임설과 공법상 책임설이 대립되고 있고, 그에 따라서 국가배상법의 성격에 관하여도 사법설과 공법설이 대립되고 있다.

1. 사법상 책임설(사법설)

이 견해는 국가배상책임을 사법상 불법행위책임과 성격을 같이 하는 것으로 보고, 따라서 국가배상법을 민법의 특별법으로 보는 견해이다. 이 견해의 주된 논거는 다음과 같다. ① 국가배상책임은 헌법에 의하여 국가의 공권력주체로서의 특권적 지위의 일종이었던 국가무책임의 특권이 포기됨으로써 인정된 것이므로 국가는 이제부터는 사인과 동일한 지위에서 사법상 책임을 지게 된 것이라고 한다. ② 국가배상책임은 기본적으로는 손해의 전보에 관한 제도이므로 이 점에서는 민법상 불법행위책임과 본질적으로 다를 것이 없다는 것이다. 달리 말하면, 손해의 원인행위가 공행정작용이기는 하지만, 국가배상책임은 공행정작용의 직접적 효과는 아니고, 그 공행정작용의 결과인 손해의 전보에 관한 것이라는 것이다.

생각건대, 사법상 책임설은 다음과 같은 비판을 면할 수 없다. ① 국가무책임의 원칙의 포기가 반드시 국가가 사인과 동일한 지위에서 사법상 책임을 져야 한다는 것을 의미하지는 않는다. ② 국가배상책임을 가해행위의 결과인 손해의 전보에 관한 제도로만 보는 것은 타당하지 않다. 국가배상책임이 손해의 전보에 관한 제도인 것은 부인할 수 없지만, 동시에 행정통제의 기능을 갖는다는 것을 간과하여서는 안 된다.

19) 김성수, 전게서, 620면.

2. 공법상 책임설(공법설)

이 견해는 국가배상책임을 사법상 불법행위책임과는 성격을 달리하는 공법상 책임으로 보고, 국가배상법을 공법으로 보는 견해이다. 이 견해의 논거에도 여러 가지가 있으나 기본적으로는 국가배상책임의 원인이 되는 행위가 공행정작용이라는 것과 국가배상책임의 문제가 공익과 관련이 있다는 것이 중요한 논거이다.

이 견해가 행정법학자의 일반적 견해이다. 이 견해에 의하면 국가배상청구소송은 공법상 당사자소송으로 제기되어야 한다.

행정소송법개정안은 행정행위를 원인으로 하는 손해에 대한 국가배상청구소송을 당사자소송의 하나로 예시하고 있다.

3. 판 례

판례는 국가배상책임을 민사상 손해배상책임의 일종으로 보고, 국가배상법을 민법의 특별법으로 보고 있다(대판 1972. 10. 10, 69다701; 1971. 04. 06, 70다2955). 그리고, 국가배상청구소송을 민사소송으로 다루고 있다.

4. 결 론

국가배상책임은 손해의 원인행위가 공권력 행사인 점에서 사법상 책임과는 달리 특수한 법적 규율을 필요로 한다고 보아야 한다. 다만, 국가배상책임의 특수성을 원인행위인 공권력 행사의 직접적 효과로 보는 견해[20]는 타당하지 않다. 국가배상책임의 공법적 특수성은 '공권력주체로서의 국가의 존재'와 '행정의 적정한 운영의 고려'에서 찾아야 한다.

그리고, 국가배상책임의 특수성이 행정행위의 특수성에 비하여 세한적이며, 국가배상책임에 관한 법규정과 민법상 불법행위책임에 관한 법규정과의 사이에 유사성이 많은 것도 이와 같은 국가배상책임의 본질에서 연유하는 것이다. 그리하여 앞으로 국가배상책임의 성격에 관한 논의는 공법상 책임인가 사법상 책임인가라는 논의에서 나아가 국가배상책임의 특수성 및 사법상 불법행위책임과의 유사성이라는 보다 구체적인 문제에 관한 논의로 발전되어야 할 것이다.

위의 논의는 국가배상청구권이 공권인가 사권인가의 논의에도 그대로 타당하다.

---

20) 윤세창, 『행정법(상)』, 1982, 359~360면.

Ⅴ. 국가배상책임과 민법상 불법행위책임

1. 국가배상책임의 특수성의 논거

국가배상책임의 특수성(特殊性)의 논거로는 다음과 같은 것 등을 들 수 있다. ① 국가배상책임에 있어서는 사인 상호간의 관계에서와 달리 가해자인 행정기관은 피해자인 국민에 비하여 우월한 지위에 있다. 따라서, 공권력을 행사하는 공무원에게 요구되는 주의의무는 일반 사인의 그것보다 강화되어야 할 것이다. ② 공법관계에 있어서는 공공필요상 국민의 권리에 대한 침해가 법상 용인되는 경우가 많다. 따라서, 국가배상법상 위법성의 판단에 있어서는 일차적으로 직무행위의 법령에의 합치 여부가 문제되고, 국가배상법상의 위법성은 행위의 넓은 의미의 '법'에의 위반을 의미한다는 점이 보다 강조되어야 한다. ③ 행정의 적정한 운영을 위하여 경과실의 경우에 있어서는 공무원의 배상책임을 면제하는 것이 타당하다. 또한, 공무원은 사인으로 행동하는 것이 아니고 '공무수행자'로 행동하는 것이므로 경과실 있는 행위로 인한 손해의 배상책임을 공무원 개인에게 귀속시키는 것은 이론적으로도 타당하지 않다.

2. 현행법상 국가배상책임의 특별규정

국가배상법은 민법상 불법행위책임에 비하여 국가배상책임을, 그 차이는 실제에 있어 크지 않지만, 법규정상으로는 다소 엄격히 규정하고 있다. 즉, 국가배상법 제2조의 공무원의 불법행위로 인한 국가배상책임에 대응하는 것이 민법 제756조의 사용자책임인데, 민법 제756조 제1항 단서는 사용자에게 피용자의 선임감독에 과실이 없었다는 것을 사용자의 면책사유로 규정하고 있으나(다만, 실제에 있어서 사용자의 면책은 잘 인정되지 않는다) 국가배상책임에는 이러한 규정이 없다.

국가배상법 제5조의 영조물의 설치 또는 관리상의 하자로 인한 국가배상책임에 대응하는 것이 민법 제758조의 공작물 등의 점유자 및 소유자의 책임인데, 민법 제758조 제1항 단서는 점유자에게 과실이 없는 경우 점유자의 책임이 면책되는 것으로 규정하고 있지만, 국가배상책임에는 이에 상응하는 규정이 없다.

3. 국가배상책임과 민법상 배상책임의 유사성

국가배상책임의 사법상 책임과의 유사성(類似性)은 양책임이 모두 기본적으로는 손해전보에 관한 문제라는 데 있다. 또한, 특히 실무상 국가배상책임을 사법상 책임과 유사한 책임으로 보는 것은 행정법원이 국가배상소송을 관할하지 않고 일반사법법원이 양자를 함께 관할하는 데에도 크게 기인한다고 할 수 있다.

제 2 항 국가의 과실책임(국가배상법 제2조 책임): 공무원의 위법행위로 인한 국가배상책임

Ⅰ. 개 념

국가의 과실책임(過失責任)이란 공무원의 과실 있는 위법행위로 인하여 발생한 손해에 대한 배상책임을 말한다.

국가배상법 제2조 ① 국가나 지방자치단체는 공무원 또는 공무를 위탁받은 사인(이하 '공무원'이라 한다)이 그 직무를 집행하면서 고의 또는 과실로 법령에 위반하여 타인에게 손해를 입히거나, 자동차손해배상보장법의 규정에 따라 손해배상의 책임이 있을 때에는 이 법에 따라 그 손해를 배상하여야 한다. 다만, 군인·군무원·경찰공무원 또는 예비군대원이 전투·훈련 등 직무집행과 관련하여 전사·순직하거나 공상을 입은 경우에 본인이나 그 유족이 다른 법령에 따라 재해보상금·유족연금·상이연금 등의 보상을 지급받을 수 있을 때에는 이 법 및 민법에 따른 손해배상을 청구할 수 없다. ② 제1항 본문의 경우에 공무원에게 고의 또는 중대한 과실이 있으면 국가나 지방자치단체는 그 공무원에게 구상할 수 있다.

2009. 10. 21 국가배상법 개정에서 "공무를 위탁받은 사인"을 국가배상법 제2조 제1항 소정의 공무원이라고 명문으로 규정하여 후술하는 바와 같이 논란이 제시되고 있는데, 이 개정은 공무를 수탁받은 사인도 국가배상법상의 공무원이라는 종래의 판례와 학설의 입장을 명문화한 것에 불과한 것으로 해석하는 것이 타당하다.[21)]

Ⅱ. 국가배상책임의 성질

국가배상법 제2조에 의한 국가배상책임의 성질에 관하여는 대위책임설, 자기책임설, 중간설 등이 첨예하게 대립하고 있다.

1. 대위책임설

대위책임설(代位責任說)이란 국가배상책임을 공무원의 개인적인 불법행위책임에 대신하여 지는 책임이라고 보는 견해이다.

대위책임설은 국가배상법상 '공무원의 과실'이 책임요건으로 되어 있다는 데에

---

21) 입법안에 설시된 입법안 제안이유도 다음과 같다: 현형 국가배상법은 공무원의 위법행위에 의하여 손해가 발생한 경우에 국가나 지방자치단체가 손해를 배상할 수 있도록 하고 있음. 공무를 위탁받은 사인에 대해서는 규정하고 있지 않고 있지만 학설과 판례에서는 공무를 위탁받은 사인도 공무원에 포함시키고 있음. 따라서 명문의 규정으로 위탁받은 사인도 공무원에 포함될 수 있도록 규정하기로 함(안 제2조 제2항).

근거한다. 즉, 대위책임설은 국가배상의 대상이 되는 손해는 공무원의 과실에 의해 야기된 것이므로 과실을 범한 공무원이 배상책임을 져야 하는 것이지만, 공무원에게 자력이 없는 경우가 적지 아니하므로 피해자의 구제를 위하여 국가가 공무원에 대신하여 책임을 지는 것으로 본다.

2. 자기책임설

자기책임설(自己責任說)이란 국가배상책임을 국가가 공무원을 대신하여 지는 배상책임이 아니라 국가 자신의 책임으로서 지는 배상책임이라고 보는 견해이다.

자기책임설에는 세 가지 다른 견해가 있다.

(1) 기관이론에 입각한 자기책임설

이 견해는 공무원의 직무상 불법행위는 기관(機關)의 불법행위가 되므로 국가는 행정기관인 공무원의 불법행위에 대하여 직접 자기책임을 진다는 견해이다.

이에 대하여 공무원의 불법행위를 기관행위로 보는 것은 타당하지 않으며 이론적 조작에 불과하다는 비판이 제기된다.

(2) 위험책임설적 자기책임설

이 견해는 위법하게 행사될 위험성이 있는 행정권을 공무원에게 수권한 국가는 그러한 행정권이 잘못 행사되어 초래된 손해에 대하여도 책임을 져야 한다는 것으로 국가배상책임은 일종의 위험책임으로서의 자기책임이라고 보는 견해이다.

(3) 신자기책임설(절충설)

공무원이 직무수행상 경과실로 타인에게 손해를 입힌 경우에 당해 공무원의 행위는 국가 등의 기관행위로 볼 수 있으므로 그 행위의 효과는 국가에 귀속되어 국가가 배상책임을 지는 것이다. 따라서 이 경우에 국가의 배상책임은 국가의 자기책임이다.

공무원의 위법행위가 고의·중과실에 기인하는 것인 때에는 당해 공무원의 행위는 기관행위로서의 품격을 상실하는 것이지만 당해 공무원의 불법행위가 직무와 무관하지 않는 한 직무행위로서의 외형을 갖추게 되는 것이므로 피해자와의 관계에서는 당해 공무원의 행위도 국가기관의 행위로 인정하여 국가의 자기책임을 인정할 수 있다. 따라서 이 경우에 국가의 피해자에 대한 배상책임은 일종의 자기책임이다.[22]

기관이론에 입각한 자기책임설과 위험책임설적 자기책임설은 종래 주장되어 온 학설이므로 기존의(또는 전통적인) 자기책임설이라 할 수 있고, 절충설은 최근 주장된 이론이므로 신자기책임설(新自己責任說)이라 부를 수 있다.

---

22) 김동희, 『행정법 I』, 546면.

3. 중간설

중간설(中間說)은 공무원의 불법행위가 경과실에 기인한 경우에는 공무원의 행위는 기관행위가 되므로 국가의 배상책임이 자기책임이지만, 공무원의 불법행위가 고의나 중과실인 경우에 지는 국가의 배상책임은 대위책임이라고 본다.

그 논거는 다음과 같다. 공무원의 직무수행상의 불법행위가 경과실에 기인하는 경우에 당해 공무원의 행위는 국가 등의 기관행위로 볼 수 있으므로 이 경우에 국가의 배상책임은 국가의 자기책임이다. 그러나, 공무원의 위법행위가 고의·중과실에 기인하는 것인 때에는 당해 공무원의 불법행위는 기관행위로서의 품격을 상실하고 공무원 개인의 불법행위로 보아야 하며 원칙상 공무원 개인이 배상책임을 지는 것으로 보아야 한다. 그러나, 국가배상법에서 이 경우에도 국가 등이 배상책임을 지도록 하고 있는 것은 공무원에게는 자력이 없는 경우가 있으므로 배상자력이 있는 국가 등이 대신 배상책임을 지도록 함으로써 피해자구제를 충실히 하고자 하는 데 있다고 보아야 한다고 주장한다.

4. 판례의 입장

판례는 국가배상책임의 성질에 대하여 명시적인 입장을 표명하고 있지 않지만, 절충설(신자기책임설)을 취한 것으로 보인다. 즉, 대법원은 공무원의 피해자에 대한 배상책임을 공무원이 고의 또는 중과실을 범한 경우에 한하여 인정하는 전원합의체판결에서 공무원의 경과실의 경우 공무원의 행위를 기관행위로 보고 있으므로 경과실의 경우 국가의 배상책임을 자기책임으로 보는 것이 논리적이다.

판례는 고의 또는 중과실의 경우에 국가 등이 지는 배상책임의 성질도 자기책임으로 보고 있는 것으로 보인다.

[판례] "비록 그 행위가 그의 직무와 관련된 것이라고 하더라도 위와 같은 행위는 그 본질에 있어서 기관행위로서의 품격을 상실하여 국가 등에게 그 책임을 귀속시킬 수 없으므로 공무원 개인에게 불법행위로 인한 손해배상책임을 부담시킨다. 다만 이러한 경우에도…… 피해자인 국민을 두텁게 보호하기 위하여 국가 등이…… 배상책임을 부담하되 국가 등이 배상책임을 지게 된다"고 본 점에 비추어 보면 판례가 중간설에 입각한 것으로 볼 수도 있지만, 판례가 공무원의 고의 또는 중과실의 경우에도 "…… 그 행위의 외관을 객관적으로 관찰하여 공무원의 직무집행으로 보여질 때에는 …… 국가 등이 공무원 개인과 중첩적으로 배상책임을 부담하되 ……"라고 판시(대판 1996. 02. 15, 95다38677)하고 있는 점에 비추어 보면 자기책임설에 입각하고 있는 것으로 해석할 여지도 있다. 즉, 공무원의 고의 또는 중과실의 경우에도 당해 행위가 그 행위의 외관을 객관적으로 관찰하여 공무원의 직무집행으로 보여질 때에는 피해자에 대한 관계에 있어서는 국가기관의 행위로 볼 수 있다고 해석하면 판례가 신자기책임설(절충설)에 입각하고 있는 것이라고 해석할 수 있다.

판례가 국가배상법상의 과실을 공무원의 주관적 과실로 보고 있다는 것에 근거하여 대위책임설에 입각하고 있다고 보는 견해[23]가 있으나, 후술하는 바와 같이 판례상의 국가배상법상의 과실개념은 객관화되고 있고, 국가배상법상의 '공무원의 과실'은 공무원 개인의 과실이 아니라 공무수행자 또는 기관으로서의 공무원의 과실이라고 보는 것이 타당하고, 기관(공무수행자로서의 공무원)의 과실을 주관적 과실로 볼 수도 있으므로 위의 견해는 타당하지 않다.

5. 결 론

(1) 대위책임설 비판

① 대위책임설은 국가면책특권의 사상을 배경으로 하여 성립한 이론으로서 국가면책특권의 사상이 포기된 오늘날의 민주적 법치국가하에서 타당하지 않다.

② 또한, 공무원의 직무수행상의 불법행위가 경과실에 기인하는 경우에는 당해 불법행위로 인한 배상책임을 공무원에게 귀속시키는 것은 타당하지 않다. 이 경우에 공무원의 당해 불법행위를 기관의 행위로 보고 그 행위의 효과를 전적으로 국가 또는 지방자치단체에 귀속시켜야 한다. 달리 말하면 공무원은 사인으로 행동하는 것이 아니고 공무수행자로 행동하는 것이며, 공무원도 인간인 이상 공무를 수행함에 있어서 다소간의 잘못을 범하지 않을 수 없다고 본다면, '공무수행중'의 공무원의 경과실은 전적으로 국가에 귀속된다고 보는 것이 타당하다.

③ 공무원의 고의 또는 중과실은 그 하자의 중대성에 비추어 더 이상 공무수행행위라고 볼 수는 없겠지만, 그것이 직무를 집행함에 있어서 행하여진 이상 피해자에 대한 관계에서는 이를 국가에 귀속시켜 국가의 배상책임을 인정하는 것이 타당하다. 피해자의 입장에서 본다면 보다 중대한 손해를 야기할 수 있는 중과실의 경우를 경과실과 달리 취급하여 국가의 책임을 인정하지 않는 것은 타당하지 않기 때문이다.

④ 일본에 있어서는 국가배상책임의 성격을 대위책임으로 보는 논거로 일본의 국가배상법이 국가의 대위책임을 정한 독일법을 모델로 했다는 점을 드는 학자가 있다.[24] 그러나, 우리나라 및 일본의 국가배상법에서는 독일법에서와 달리 '공무원에 대신하여'라는 문구가 없다.

---

23) 이상규, "국가배상법의 문제점과 개선방향—입법론적 관점에서—," 『고시계』, 1989. 3, 30면.

24) 古崎慶長, 『國家賠償法』, 有斐閣』, 1971, 193면. 우리나라의 국가배상법이 일본의 국가배상법을 모델로 하여 제정되었다고 본다면(김도창 · 김철용, "우리나라와 서독의 국가배상법의 비교고찰," 『국가배상제도의 제문제』, 법무자료 제141집, 257면 참조), 우리나라에서도 이러한 주장이 나올 수도 있다.

(2) 중간설 비판

공무원의 불법행위가 고의나 중과실에 기인하는 경우에도 직무를 집행함에 있어서 행하여진 이상 피해자의 입장에서 본다면 공무원의 당해 불법행위를 국가의 불법행위로 보고 그 효과를 국가에 귀속시켜 국가의 자기책임을 인정하는 것이 타당하다. 또한, 공무원의 불법행위가 고의나 중과실에 기인하는 경우에도 위법하게 행사될 위험성이 있는 행정권을 공무원에게 수권한 국가도 공무원과 함께 그러한 행정권이 잘못 행사되어 초래된 손해에 대하여 책임을 지도록 하는 것이 정의에 합치한다.

(3) 기존의 자기책임설 비판

자기책임설 중 국가배상책임을 일종의 위험책임으로 보는 자기책임설은 일면의 타당성은 있지만 국가배상책임의 성질에 관한 이론으로서는 불충분한 이론이다.

기관이론에 입각한 자기책임설은 공무원이 고의·중과실을 범하여 기관행위로서의 품격을 상실한 경우까지 공무원의 행위를 기관행위로 보는 점에서 실질을 무시한 허구적인 이론이다.

(4) 사견(私見)

다음과 같은 이유에서 신자기책임설(절충설)이 타당하다.

① 민주적 법치국가하에서는 국가배상책임을 국가의 자기책임으로 보는 것이 타당하다.

② 국가배상책임의 성립역사에 비추어도 국가배상책임을 국가의 자기책임으로 보는 것이 타당하다. 즉, 우리나라에서 국가책임원칙의 확립 이전에는 공권력의 행사에 관한 한 원칙상 국가는 물론 공무원도 책임을 지지 않고 있었다. 그러던 것이 민주주의 및 법치국가원리의 확립과 함께 이와 상충되는 국가면책특권을 헌법상 포기함과 동시에 국가배상책임이 인정되게 된 것이다.[25] 따라서, 이러한 국가배상책임 인정의 역사적 경과에 비추어도 국가배상책임을 국가의 자기책임으로 보는 것이 타당하다.[26]

③ 공무원이 직무수행상 경과실로 타인에게 손해를 입힌 경우에 당해 공무원의

25) 김남진, "입법·사법상의 불법과 국가책임," 『고시계』, 1989. 3. 40~41면.

26) 그러나, 독일에 있어서는 애초에는 '왕은 잘못을 저지를 수 없다'는 국가면책특권의 사상에 근거하여 공무원의 행위에 대한 국가의 책임이 부인되었고 공무원 개인의 책임도 부인되었었다. 그러나, 이는 국민의 권리보호의 측면에서는 부당한 것이었으므로 국가면책특권의 사상과 국민의 권리보호의 요구와의 타협으로 공무원 개인의 책임이 인정되게 되었었던 것이다. 즉 국가는 잘못을 저지를 수 없기 때문에 공무원의 과실행위는 국가에 귀속될 수 없었고, 피해자구제를 위하여 공무원 개인에게 귀속되게 된 것이다. 그 후 1910년의 『라이히책임법』에서는 공무원이 무자력인 경우가 많음을 고려하여 피해자구제의 충실을 도모하기 위하여 이 공무원의 책임을 국가가 대신하여 지는 책임으로 국가의 손해배상책임을 인정하였던 것이다.

행위는 국가 등의 기관행위로 볼 수 있으므로 그 행위의 효과는 국가에 귀속되어 국가가 배상책임을 지는 것이다. 따라서 이 경우에 국가의 배상책임은 국가의 자기책임이다. 공무원의 위법행위가 고의·중과실에 기인하는 것인 때에는 당해 공무원의 행위는 기관행위로서의 품격을 상실하는 것이지만 당해 공무원의 불법행위가 직무와 무관하지 않는 한 직무행위로서의 외형을 갖추게 되는 것이므로 피해자와의 관계에서는 당해 공무원의 행위도 국가기관의 행위로 인정하여 국가의 자기책임을 인정할 수 있다. 따라서 이 경우에 국가의 피해자에 대한 배상책임은 일종의 자기책임이다. 이 견해를 신자기책임설이라 부를 수 있다.

6. 국가배상책임의 성질에 관한 논의의 실익

후술하는 바와 같이 국가배상책임의 성질은 공무원 개념, 과실 개념, 공무원의 피해자에 대한 개인책임의 범위 및 국가 등에 대한 구상책임의 성격과 밀접한 관련을 가지고 있다.

Ⅲ. 국가배상책임의 성립요건

국가배상법 제2조에 의한 국가배상책임이 성립하기 위하여는 ① 공무원이 직무를 집행하면서 타인에게 손해를 가하였을 것, ② 공무원의 가해행위는 고의 또는 과실로 법령에 위반하여 행하여졌을 것, ③ 손해가 발생하였고, 공무원의 불법한 가해행위와 손해 사이에 인과관계(상당인과관계)가 있을 것이 요구된다.

1. 공무원

(1) 국가배상법 제2조상 공무원의 개념

국가배상법 제2조는 "공무원 또는 공무를 위탁받은 사인"을 국가배상법상 공무원으로 규정하고 있다.

국가배상법 제2조상의 '공무원(公務員)'은 국가공무원법 또는 지방공무원법상의 공무원뿐만 아니라 널리 공무를 위탁(광의의 위탁)받아 실질적으로 공무에 종사하는 자를 포함한다는 데 학설은 일치하고 있고, 판례도 그러하다.

[판례] ① 국가배상법 제2조 소정의 '공무원'의 의미: 국가배상법 제2조 소정의 '공무원'이라 함은 국가공무원법이나 지방공무원법에 의하여 공무원으로서의 신분을 가진 자에 국한하지 않고, **널리 공무를 위탁받아 실질적으로 공무에 종사하고 있는 일체의 자를 가리키는** 것으로서, 공무의 위탁이 일시적이고 한정적인 사항에 관한 활동을 위한 것이어도 달리 볼 것은 아니다(대판 2001. 01. 05, 98다39060[구상금]: 지방자치단체가 '교통할아버지 봉사활동 계획'을 수립한 후 관할 동장으로 하여

금 '교통할아버지'를 선정하게 하여 어린이 보호, 교통안내, 거리질서 확립 등의 공무를 위탁하여 집행하게 하던 중 '교통할아버지'로 선정된 노인이 위탁받은 업무 범위를 넘어 교차로 중앙에서 교통정리를 하다가 교통사고를 발생시킨 경우, 지방자치단체가 국가배상법 제2조 소정의 배상책임을 부담한다고 인정한 원심의 판단을 수긍한 사례).

② [피고 대한변호사협회의 변호사등록 지연이 불법행위인지 여부가 다투어진 사안] (1) 피고 ○○은 피고 **대한변호사협회의 장(長)**으로서 국가로부터 위탁받은 **공행정사무인 '변호사등록에 관한 사무'를 수행하는 범위 내에서는 국가배상법 제2조에서 정한 공무원에 해당**한다. (2) 피고 대한변호사협회가 원고에게 아직 처벌받지 않은 여죄가 있을 가능성이 있다는 이유로 등록심사를 약 2개월간 지연하다가 원고의 변호사등록을 해준 것 즉 **피고 대한변호사협회의 변호사등록 지연은 불법행위에 해당**한다. (3) **피고 대한변호사협회장**에게 고의 또는 중과실이 있다고 인정하기는 어렵고, **경과실만 인정**되므로 경과실 공무원 면책 법리에 따라 피고 대한변호사협회장은 원고에 대한 **배상책임을 부담하지 않는다**(대판 2020. 01. 28, 2019다260197).

③ 육군 병기기계공작창 내규에 의해 군무수행을 위하여 채용되어 소속부대 차량의 운전업무에 종사하였고 일정한 급료를 지급받은 자(대판 1970. 11. 24, 70다2253); 국가나 지방자치단체에 근무하는 청원경찰(대판 1993. 07. 13, 92다47564); 統長(대판 1991. 07. 09, 91다5570); 지방자치단체로부터 어린이보호, 교통안내 등을 위탁받은 '교통할아버지'(대판 2001. 01. 05, 98다39060); 소집중인 향토예비군(대판 1970. 05. 26, 70다471)을 공무원으로 보았다. 의용소방대원은 국가배상법상의 공무원이 아니라고 본 것(대판 1966. 06. 28, 66다808; 1975. 11. 25, 73다1896)은 타당하지 않다.

④ **부동산소유권 이전등기 등에 관한 특별조치법상 보증인**은 재량을 가지고 발급신청의 진위를 확인하며 그 내용에 관하여 행정관청으로부터 아무런 간섭을 받지 않기 때문에 공무를 위탁받아 실질적으로 공무를 수행한다고 보기는 어려우므로 **국가배상법상 공무원으로 볼 수 없다**(대판 2019. 01. 31, 2013다14217).

국가배상법 제2조 소정의 공무원은 국가배상책임의 성립요건의 문제이며 피해자에 대해 개인적으로 배상책임을 지는 공무원과는 구별하여야 한다. 국가배상책임의 성립요건인 국가배상법 제2조 소정의 공무원과 피해자에 대해 개인적으로 배상책임을 지는 공무원을 동일한 것으로 보는 판례가 있는데, 아래에서 보는 바와 같이 이는 타당하지 않다.

(2) 행정기관이 국가배상법 제2조상의 공무원인지 여부

행정기관(行政機關)이 국가배상법 제2조 소정의 공무원이 될 수 있는지에 관하여 견해가 대립하고 있다.

1) 긍정설

이 견해는 행정기관이 국가배상법 제2조 소정의 공무원이 될 수 있다는 견해로 국회, 합의제행정기관 등 기관의 불법행위가 문제되는 경우가 있다는 것을 논거로 든다.[27]

---

27) 김철용, 470면; 홍정선, 671면.

2) 부정설

이 견해는 국가배상법 제2조의 공무원을 실제로 공무를 수행하는 공무원이라고 해석하며 기관을 제외하는 견해이다.[28)]

3) 판 례

판례는 행정기관이 실질적으로 공무를 수행하는 경우 국가배상법상의 공무원으로 본다.

[판례] 구 수산청장으로부터 뱀장어에 대한 수출추천 업무를 위탁받은 **수산업협동조합**이 수출제한 조치를 취할 당시 국내 뱀장어 양식용 종묘의 부족으로 종묘확보에 지장을 초래할 우려가 있다고 판단하여 **추천업무를 행하지 않은 것이 공무원으로서** 타인에게 손해를 가한 때에 해당한다고 한 사례(대판 2003. 11. 14, 2002다55304).

4) 결어(긍정설)

국가배상법 제2조 소정의 공무원은 개인으로서의 공무원이 아니라 기관 내지는 공무수행자로서의 공무원으로 이해하는 것이 타당하므로 행정기관은 국가배상법 제2조 소정의 공무원이 될 수 있다고 보는 견해가 타당하다. 특히 국회의 불법행위 또는 합의제행정기관의 불법행위 등 기관의 불법행위가 문제되는 경우가 있고, 이 경우에는 기관 자체를 국가배상법 제2조 소정의 공무원으로 보는 것이 타당하다.

보다 자세히 말하면 국가배상법 제2조 소정의 공무원을 자연인으로서의 공무원으로 볼 것인가 아니면 기관(조직적 의미의 행정기관이 아니라 기능적 의미의 행정기관을 말한다) 내지 공무수행자로서의 공무원을 의미하는 것으로 볼 것인가는 국가배상책임의 성질 및 과실 개념과 관련이 있는 문제이다. 즉, 대위책임설에서는 공무원의 개인책임을 전제로 국가배상책임을 인정하므로 실제로 불법행위를 행하는 자로서의 공무원은 자연인인 개인으로서의 공무원을 말한다고 보는 것이 논리적이다. 이에 반하여 기관이론에 입각한 자기책임설 또는 신자기책임설에 의하면 불법행위를 행하는 공무원은 기관 내지는 공무수행자로서의 공무원을 의미한다고 보는 것이 논리적이다. 마찬가지로 국가배상법상의 과실을 평균적 공무원의 주의의무 위반이라고 본다면 자연인인 공무원 또는 공무수행자로서의 공무원(기관)을 국가배상법 제2조 소정의 공무원으로 볼 수 있다. 이에 반하여 국가배상법상의 과실을 기관과실로 이해한다면 행정기관을 국가배상법 제2조 소정의 공무원으로 보는 것이 논리적이다. 또한 국가배상법상의 과실을 국가작용의 흠으로 본다면 공무수행자로서의 공무원 내지는 기관을 국가배상법 제2조 소정의 공무원으로 보는 것이 논리적이다.

(3) 공무수탁사인이 국가배상법 제2조상의 공무원인지 여부

국가배상법 제2조는 "공무를 위탁받은 사인"도 국가배상법 제2조의 공무원이라고 명시적으로 규정하고 있다.

공무를 위탁받은 사인이 자연인인 경우에 공무를 위탁받은 사인이 국가배상법

28) 박윤흔 · 정형근, 596면.

제2조의 공무원이라는 데에는 이견이 있을 수 없다. 이 경우에도 자연인으로서의 사인이 국가배상법 제2조의 공무원이 아니라 공무를 수탁한 자(기관)로서의 사인이 국가배상법 제2조의 공무원이라고 보아야 한다.

공무를 위탁받은 사인이 법인인 경우에 법인이 국가배상법 제2조의 공무원인가 아니면 실제로 행위를 한 자연인인 법인의 직원이 국가배상법 제2조의 공무원인가 하는 문제가 제기된다.

판례는 공무를 위탁(협의의 위탁)받은 공법인은 행정주체이며 국가배상법 제2조 소정의 공무원이 아니고, 공법인의 직원이 국가배상법 제2조 소정의 공무원이라고 보고 있다.

[판례] 법령에 의해 대집행권한을 위탁받은 한국토지공사는 …… 이러한 법령의 위탁에 의하여 대집행을 수권받은 자로서 공무인 대집행을 실시함에 따르는 권리·의무 및 책임이 귀속되는 행정주체의 지위에 있다고 볼 것이지 지방자치단체 등의 기관으로서 국가배상법 제2조 소정의 공무원에 해당한다고 볼 것은 아니다(대판 2010. 01. 28, 2007다82950, 82967 판결[손해배상(기)·부당이득금]). 〈해설〉 이 사건에서 문제된 것은 공무를 위탁받은 한국토지공사가 피해자에 대해 직접 배상책임을 지는 공무원인가 하는 것인데, 판례는 공무수탁자인 한국토지공사가 국가배상법 제2조 소정의 공무원인가를 논하고 있다. 즉, 판례는 실제로 공무를 수행한 자연인이 국가배상법 제2조의 공무원이라 보고, 국가배상법 제2조 소정의 공무원과 피해자에 대해 직접 개인책임을 지는 공무원을 동일한 것으로 보고 있다. 공무수탁자인 한국토지공사가 지방자치단체 등의 공무원이 아니고, 피해자에 대해 직접 개인책임을 지는 공무원이 아니며 따라서 경과실 면책이 인정되지 않는다고 한 결론은 타당하다. 그러나, 공무수탁자인 한국토지공사가 국가배상법 제2조 소정의 공무원이 아니라고 본 것과 그렇기 때문에 경과실면책이 인정되지 않는다고 한 논리는 타당하지 않다.

그러나, 공무를 위탁받은 자가 법인인 경우에는 실질적으로 공무를 수행하는 자연인인 직원뿐만 아니라 법상 공무수행권을 갖는 공무수탁기관도 국가배상법 제2조 소정의 공무원으로 볼 수 있다. 왜냐하면 실제로 공무를 수행한 것은 공무수탁법인의 직원이지만, 직원은 자연인으로서가 아니라 수탁법인을 대표하는 기관으로서 공무를 수행하는 것이므로 직원의 행위는 곧 수탁법인의 행위가 된다고 볼 수 있기 때문이다.

공무수탁사인이 국가배상법 제2조 소정의 공무원이라는 것이 다수견해이다. 공무수탁사인은 행정주체이면서 동시에 작용법상의 행정기관의 지위를 갖는다. 공무수탁사인은 행정주체의 지위에서 배상책임을 지고, 작용법상의 행정기관으로서 공무를 수행하는 것이며 국가배상법 제2조 소정의 공무원이 되는 것이다.

(4) 2009년 개정 국가배상법과 공무수탁자의 배상책임

2009년 개정 국가배상법은 "공무를 위탁받은 사인"을 국가배상법 제2조상의 공무원으로 규정하고 있다. 개정안의 입법취지에 의하면 현행 국가배상법이 공무를 위탁받은 사인에 대해 국가배상법상 공무원에 해당하는지 여부에 관하여 명문의 규정을 두고 있지 않지만, 학설과 판례에서는 공무를 위탁받은 사인도 공무원에 포함시키고 있으므로 명문의 규정으로 공무를 위탁받은 사인도 공무원에 포함될 수 있도록 규정하기로 한 것이다. 즉, 2009. 10. 21의 국가배상법 개정은 공무를 수탁받은 사인도 국가배상법상의 공무원이라는 종래의 판례와 학설의 입장을 명문화한 것에 불과한 것으로 해석하는 것이 타당하다. 따라서, 개정안의 입법취지에 의하면 개정 국가배상법하에서도 여전히 사실상 공무를 수행하는 자를 공무원으로 보는 종래의 해석이 여전히 유효하다고 보아야 한다.

2. 직무행위

(1) 직무행위의 의미

국가배상법 제2조가 적용되는 직무행위(職務行爲)에 관하여 판례 및 다수설은 권력작용뿐만 아니라 비권력적 공행정작용(관리작용)(대판 1980. 09. 24, 80다1051[29])을 포함하는 모든 공행정작용 및 입법작용과 사법작용을 의미한다고 본다.

[판례] ① 국가배상청구의 요건인 '공무원의 직무'의 범위: 국가배상청구의 요건인 '공무원의 직무'에는 권력적 작용만이 아니라 비권력적 작용도 포함되며 단지 행정주체가 사경제주체로서 하는 활동만 제외된다(대판 2001. 01. 05, 98다39060[구상금]).

② 국가 또는 공공단체라 할지라도 공권력의 행사가 아니고 순전히 대등한 지위에서 **사경제의 주체로 활동하였을 경우**에는 그 손해배상의 책임에 국가배상법의 규정이 적용될 수 없으므로, 시영버스사고에 대하여 시는 **민법**에 의한 책임을 지고 그 운전사가 시의 별정직공무원이라 하여 결론을 달리하지 않는다(대판 1969. 04. 22, 68다2225).

③ 서울시가 그 산하 구청관내의 청소를 목적으로 그 소속차량을 운행하는 것은 공권력의 행사이다(대판 1980. 09. 24, 80다1051).

④ 지방자치단체에 기부채납한 회사가 위 호텔을 일정 기간 동안 유상 또는 무상으로 사용·수익할 수 있도록 하는 대부계약을 체결하였다가 지방자치단체가 위 대부계약을 해지하고, 소외 회사와 기성공사비를 정산하여 그 정산금을 소외 회사에게 지급하여야 할 채무를 부담하였다면, **그 정산금 지급과 관련된 피고의 업무는 사경제 주체로서의 작용에 해당한다 할 것**이므로, 피고의 소속공무원이 정산금 지급과 관련된 공탁업무를 처리하던 중 고의 또는 과실로 인한 위법행위로 타인에게 손해를 입혔다면 이에 대하여는 국가배상법을 적용할 수는 없고 **일반 민법의 규정을 적용할 수밖에 없다**(대판 2004. 04. 09, 2002다10691).

국가 또는 공공단체라 할지라도 공권력의 행사가 아니고 순전히 대등한 지위에

---

29) 국가배상법의 적용에 있어 서울시가 그 산하 구청 관내의 청소를 목적으로 그 소속차량을 운행하는 것은 공권력의 행사라고 본 사례.

서 사경제의 주체로 활동하였을 경우에는 그 손해배상의 책임에 국가배상법의 규정이 적용될 수 없고 민법이 적용된다(대판 2004. 04. 09, 2002다10691: 지방자치단체에 기부채납된 호텔의 대부계약의 해지에 따른 정산금 지급과 관련된 업무는 사경제 주체로서의 작용에 해당한다고 한 사례; 1969. 04. 22, 68다2225). 다만, 이 중에서 영조물의 설치·관리의 하자로 인한 배상책임은 국가배상법 제5조에 따로 규정이 있으므로 국가배상법에 의해 규율된다.

이에 대하여 소수설은 국가배상법 제2조 제1항의 '직무행위'는 공행정작용뿐만 아니라 사경제적 작용까지를 포함한 모든 국가작용을 의미한다고 한다. 다만, 영조물의 설치·관리작용은 국가배상법 제5조에 별도의 규정이 있으므로 제외된다고 한다.

양설의 차이는 사경제적 작용에 의한 손해의 배상에 국가배상법을 적용할 것인가 아니면 사용자책임에 관한 민법 제756조를 적용할 것인가에 있다.

양설은 여러 가지 논거를 갖고 있지만 본질적인 것은 국가배상책임을 공법상의 책임으로 볼 것인가 아니면 사법상의 책임으로 볼 것인가라는 국가배상책임의 법적 성격에 대한 견해의 차이에 있다. 이렇게 본다면 국가배상책임을 사법상의 책임으로 보고 국가배상사건을 민사사건으로 보는 판례가 국가배상법 제2조상의 '직무행위'를 다수설과 같이 사경제적 작용을 제외한 공행정작용만으로 보는 것은(대판 1970. 11. 24, 70다2327; 1975. 06. 10, 74다1379 등) 이론적 일관성을 결여하고 있다고 하지 않을 수 없다.

(2) 입법작용 및 사법작용

국가배상법 제2조상의 '직무행위'에는 입법작용(立法作用)과 사법작용(司法作用)도 포함된다.

그런데, 입법작용 또는 사법작용으로 인한 손해의 배상에 있어서는 동 작용의 특성상 배상책임의 인정에 어려움이 없지 않다.

1) 입법작용으로 인한 국가배상책임

위헌인 법률 또는 입법부작위로 인하여 국민에게 손해가 발생한 경우에 과실이 인정되면 국가배상책임이 인정될 수 있다.

가. 입법작용으로 인한 국가배상책임의 의의와 범위 입법은 광의로는 법률의 제정·개정뿐만 아니라 법규명령, 조례 등 행정입법의 제정·개정도 포함하지만, 협의로는 법률의 제정·개정만을 의미한다. 그런데, 입법상 불법으로 인한 국가배상책임을 논함에 있어서는 협의의 입법, 즉 법률의 제정·개정과 행정입법의 제정·개정을 구별하는 것이 타당하다. 그 이유는 행정입법상 불법으로 인한 국가배상책임은 일반 행정기관의 불법행위로 인한 국가배상책임과 기본적으로 다르지 않지만, 법률의 제정·개

정상의 불법으로 인한 국가배상책임에 있어서는 국회의 입법권과 관련하여 특수한 문제가 제기되기 때문이다. 또한, 입법상 불법으로 인한 국가배상책임은 위헌인 법률에 의하여 국민에게 가해진 손해에 대한 배상책임뿐만 아니라 입법부작위로 인한 손해에 대한 배상책임의 문제를 포함한다.

또한, 입법작용으로 인한 국가배상책임은 입법작용으로 인하여 직접 손해가 발생한 경우뿐만 아니라 위헌인 법률에 근거한 행정처분에 의해 발생한 경우도 포함한다고 보아야 한다. 왜냐하면, 공무원에게는 위헌법률심사권이 없으므로 공무원은 위헌인 법률도 적용할 수밖에 없기 때문에 위헌인 법률을 집행한 공무원에게 과실이 있다고 보기 어렵고, 위헌인 법률의 집행으로 인하여 발생한 손해는 위헌인 법률에 의해 발생한 것으로 보는 것이 타당하기 때문이다. 국가보위입법회의법 부칙 4항에 근거하여 면직당한 국회사무처 및 국회도서관 직원의 배상청구를 인정한 하급심판례가 있다(서울민사지법 1992. 08. 28, 91가합84035).

나. 위법 및 과실 입법작용으로 인한 국가배상책임에 관하여는 국가배상법상 적용제외규정이 없고, 이에 관하여 특별한 법률규정이 존재하지 않으므로 국가배상법이 그대로 적용된다.

입법작용의 위법에 관하여는 법률의 위헌을 국가배상법상의 위법으로 보는 견해와 입법과정에서의 국회(국회의원)가 지는 국민에 대한 직무상 의무의 위반을 위법으로 보는 견해가 있다.[30] 판례는 후자의 입장을 취하고 있다(대판 1997. 06. 13, 96다56115). 판례와 같이 후자의 견해를 취하는 경우 위법과 과실은 동시에 판단된다.

판례는 입법내용이 헌법의 문언에 명백히 위배됨에도 불구하고 국회가 굳이 당해 입법을 한 것과 같은 특수한 경우에 한하여 위법 및 과실을 인정하고 있다.

[판례] ① 국회의 입법행위 또는 입법부작위가 국가배상법 제2조 제1항의 위법행위에 해당하는 경우: 국회의원의 입법행위는 그 입법 내용이 헌법의 문언에 명백히 위배됨에도 불구하고 국회가 굳이 당해 입법을 한 것과 같은 특수한 경우가 아닌 한 국가배상법 제2조 제1항 소정의 위법행위에 해당한다고 볼 수 없고, 같은 맥락에서 국가가 일정한 사항에 관하여 헌법에 의하여 부과되는 구체적인 입법의무를 부담하고 있음에도 불구하고 그 입법에 필요한 상당한 기간이 경과하도록 고의 또는 과실로 이러한 입법의무를 이행하지 아니하는 등 극히 예외적인 사정이 인정되는 사안에 한정하여 국가배상법 소정의 배상책임이 인정될 수 있으며, 위와 같은 구체적인 입법의무 자체가 인정되지 않는 경우에는 애당초 부작위로 인한 불법행위가 성립할 여지가 없다. 국회에서 일정한 법률안을 심의하거나 의결한 적이 있다고 하더라도, 그것이 법률로 확정되지 아니한 이상 국가가 이해관계자들에게 위 법률안에 관련된 사항을 약속하였다고 볼 수 없으며, 이러한 사정만으로 어떠한 신뢰를 부여하였다고 볼 수도 없다(대판 2008. 05. 29, 2004다33469[거창사건]).
② [종전 수료자에 대한 치과의사전문의 자격시험 응시자격 미부여를 이유로 한 국가배상청구 사

---

30) 일본 판례의 입장이다.

건] (1) 법률규정 자체 또는 헌법재판소의 위헌확인 결정(96헌마246)으로부터, 원고들에 대한 치과의사전문의 자격시험 응시자격 부여 등 경과조치를 마련하여야 할 보건복지부장관의 행정입법 의무가 바로 인정된다고 볼 수 없다고 한 사례. (2) 대한치과의사협회장이 2013. 12. 12. 관련 법령상 종전 수료자에 대한 경과조치가 없다는 이유로 원고들이 제출한 제7회 치과의사전문의 자격시험 응시원서를 반려하자, 원고들이 종전수료자를 위한 경과규정을 마련하지 않은 피고를 상대로 국가배상을 청구한 사건에서, 피고의 행정입법 의무를 전제로 한 원고의 국가배상청구는 인정되지 않고, 원고들이 치과의사전문의제도와 관련하여 가졌던 신뢰나 기대는 당사자가 일방적으로 가지게 된 희망이나 기대에 불과하다고 판단하여 상고기각한 사례(대판 2018. 06. 15, 2017다249769).

입법작용으로 인한 국가배상책임에 있어서는 국회의원 개개인의 입법활동상의 위법 및 과실이 문제되는 것이 아니라 합의체로서의 국회의 입법활동상의 위법 및 과실이 문제된다.[31)]

국회 및 국회의원의 입법권 내지 입법형성의 자유를 고려할 때 입법작용으로 인한 국가배상책임에서 국회의 과실을 인정하는 것에는 어려움이 있을 것이다.

2) 사법작용으로 인한 국가배상책임

사법작용(司法作用)으로 인한 손해의 배상에 대하여도 원칙상 국가배상법이 적용된다. 사법작용 중 재판이 아닌 행위(예, 범죄 수사행위)에 대하여 국가배상법이 적용되는 데에는 큰 문제가 없지만 재판행위에 있어서는 다음과 같은 재판행위의 특성에 비추어 재판행위로 인한 국가배상에 있어서는 특별한 고찰을 요한다. 재판작용에 대해서는 항소·상고·재심 등 특별한 구제수단이 마련되어 있고, 판결이 확정된 경우에는 기판력이 발생하며 헌법상 법관의 재판상 독립이 보장되고 있기 때문이다.

가. 기판력과 국가배상 기판력(旣判力)이 발생한 확정판결에 대하여 국가배상법을 적용하는 것이 기판력에 반하는 것이 아닌가에 관하여 견해가 대립되고 있다.

(가) 기판력에 반하지 않는다는 견해 이 견해는 확정된 재판과 그 판결의 위법을 이유로 하는 국가배상소송은 전혀 그 목적과 대상을 달리하는 것이므로 법관의 불법행위를 이유로 국가배상책임을 인정한다 하여도 확정판결의 기판력을 전적으로 침해하는 것은 아니라고 본다.

이 견해에 의하면 재판행위에 대하여도 국가배상법에 의한 배상책임이 인정된다. 다만, 이 견해를 취하면서도 확정판결에 대하여는 국가배상책임의 인정이 기판력을 침해할 우려가 있으므로 위법성 및 과실의 인정을 엄격히 하여야 한다고 주장하는 견해도 있다.

---

31) 입법상 불법에 대하여 자세한 것은 정하중, "입법상의 불법에 대한 국가책임의 문제," 『사법행정』, 1993. 3, 14면; 김광수, "입법적 불법에 대한 국가책임," 『이명구 박사 화갑기념논문집(Ⅱ)』, 1996, 320면; 이일세, "입법상의 불법에 대한 국가의 배상책임," 『김남진 교수 정년기념논문집』, 1997, 169면.

(나) 기판력에 반한다는 견해　이 견해는 확정판결에 대하여 국가배상책임을 인정하는 것은 기판력에 반하므로 기판력이 인정되는 판결에 대하여는 국가배상책임이 인정되지 않는다고 본다. 국가배상책임의 인정이 확정판결의 효력 자체를 부인하는 것은 아니지만 국가배상책임을 인정하기 위하여는 판결의 위법성을 인정하여야 하므로 확정판결로 인한 국가배상책임의 인정은 기판력을 침해하게 된다고 주장한다.

이 견해에 의하면 기판력이 발생하는 재판작용에 있어서는 국가배상책임이 면책되지만 기판력이 발생하지 않는 재판행위(확정판결에 의해 파기된 하급심판결 등)에 있어서는 국가배상책임이 인정될 수 있다고 본다. 재판행위 중 국가배상책임이 인정될 수 있는 경우로는 확정판결에 의해 파기된 하급심판결, 가집행선고 등 종국적이 아닌 결정 등이 있다. 또한, 재판직무의 수행과 분리될 수 있는 행위에 대하여는 국가배상책임이 인정될 수 있다.

(다) 판　례　판례는 기판력이 재판행위로 인한 국가배상책임의 인정을 배제하지 않는다고 보고 있는 것 같다(대판 2003. 07. 11, 99다24218).

(라) 결　어　생각건대, 기판력에 반한다는 견해가 타당하다.

나. 심급제도와 국가배상책임　판례는 심급제도(審級制度)의 존재를 국가배상책임의 제한근거로 들고 있다(대판 2001. 04. 24, 2000다16114).

[판례] ① 법관이 행하는 **재판사무의 특수성**과 그 **재판과정의 잘못에 대하여는 따로 불복절차에 의하여 시정될 수 있는 제도적 장치가 마련되어 있는 점 등에 비추어 보면**, 법관의 재판에 **법령 규정을 따르지 않은 잘못이 있더라도 이로써** 바로 재판상 직무행위가 국가배상법 제2조 제1항에서 말하는 **위법한 행위로 되어 국가의 손해배상책임이 발생하는 것은 아니다**(대판 2023. 06. 01, 2021다202224).

② 재판에 대하여 따로 불복절차 또는 시정절차가 마련되어 있는 경우에는 재판의 결과로 불이익 내지 손해를 입었다고 여기는 사람은 그 절차에 따라 자신의 권리 내지 이익을 회복하도록 함이 법이 예정하는 바이므로, 불복에 의한 시정을 구할 수 없었던 것 자체가 법관이나 다른 공무원의 귀책사유로 인한 것이라거나 그와 같은 시정을 구할 수 없었던 부득이한 사정이 있었다는 등의 특별한 사정이 없는 한, 스스로 그와 같은 시정을 구하지 아니한 결과 권리 내지 이익을 회복하지 못한 사람은 원칙적으로 국가배상에 의한 권리구제를 받을 수 없다고 봄이 상당하다고 하겠으나, **재판에 대하여 불복절차 내지 시정절차 자체가 없는 경우**에는 부당한 재판으로 인하여 불이익 내지 손해를 입은 사람은 국가배상 이외의 방법으로는 자신의 권리 내지 이익을 회복할 방법이 없으므로, 이와 같은 경우에는 배상책임의 요건이 충족되는 한 국가배상책임을 인정하지 않을 수 없다(대판 2003. 07. 11, 99다24218: 헌법재판소 재판관이 청구기간 내에 제기된 헌법소원심판청구 사건에서 청구기간을 오인하여 각하결정을 한 경우, 이에 대한 불복절차 내지 시정절차가 없는 때에는 국가배상책임(위법성)을 인정할 수 있다고 한 사례).

그러나, 심급제도는 국가배상책임제도와는 다른 목적을 가진 제도이므로 심급제도가 국가배상책임을 배제하는 근거가 될 수는 없다. 심급제도는 법관의 오류를 방지하여 정확한 재판을 하기 위하여 인정된 제도인 데 반하여 국가배상책임제도는 위법한 공권력 행사에 의해 국민에게 발생한 손해의 배상을 위한 제도이다. 판례가 들고 있는 심급제도 등 불복절차는 국가배상책임제도와는 다른 목적을 가진 제도이므로 심급제도 등 불복절차가 국가배상책임을 배제하거나 제한하는 근거가 될 수는 없다.

다. 법관의 독립과 국가배상 국가배상청구는 판결이 행해진 후 행해지므로 국가배상책임의 인정이 법관(法官)의 독립(獨立)을 직접 침해하지는 않는다. 따라서, 법관의 재판상 독립이 국가배상책임을 배제하는 근거가 될 수는 없다.

다만, 어떠한 제한도 없이 일반 국가배상책임제도에 따라 재판행위로 인한 국가배상책임을 인정하게 되면 법관의 재판상 독립을 침해할 우려가 있는 것은 부인할 수 없다. 법관의 피해자에 대한 직접 배상책임도 법관의 독립을 저해할 가능성이 있다. 따라서, 재판작용으로 인한 국가배상책임에 있어서는 특별한 규정을 두어 중과실의 경우에 한하여 국가배상책임을 인정하는 것이 타당하다.

입법론으로는 중과실의 경우에 한하여 재판행위로 인한 국가배상책임을 인정하고 법관의 피해자에 대한 배상책임은 부정하고 국가에 대한 구상책임만 인정하는 것이 법관의 독립에 비추어 바람직하다.

라. 재판작용으로 인한 국가배상책임의 요건

(가) 위법과 과실 판결이 상소심이나 재심에서 취소되었다는 것만으로 국가배상법상 위법이 인정되지는 않는다.

재판행위로 인한 국가배상책임의 인정에 있어서 위법은 판결 자체의 위법이 아니라 법관의 재판상 직무수행에 있어서의 공정한 재판을 위한 직무상 의무의 위반으로서의 위법이라고 보아야 한다.

그리고, 국가배상법상 재판행위의 위법은 다른 관점에서 보면 손해방지의무 위반을 의미하는 것이며 따라서 재판행위의 국가배상법상 위법은 과실과 동시에 판단된다. 즉, 법관에게 요구되는 직무상 주의의무를 다하지 않은 경우에 국가배상법상 위법과 과실이 동시에 인정된다.

판례는 재판행위의 국가배상법상의 위법성을 '법관이 위법 또는 부당한 목적을 가지고 재판을 하였다거나 법이 법관의 직무수행상 준수할 것을 요구하고 있는 기준을 현저하게 위반하는 등 법관이 그에게 부여된 권한의 취지에 명백히 어긋나게 이를 행사하였다고 인정할 만한 특별한 사정이 있는 경우'에 한하여 제한적으로 인정하고 있다(대판 2003. 07. 11, 99다24218). 이것이 확고한 판례의 입장이다(대판 2023. 06. 01, 2021다202224: 사법보좌관의 재판상 직무행위(예, 민사집행법상 배당표원안을 작성하고 확정하는 사법보좌관의 행위)에 대한 국가의 손해배상책임에 대하여도 위 법리가 마찬가지로 적용된다고 한 사례).

[판례] ① **법관의 재판에 대한 국가배상책임이 인정되기 위한 요건:** 법관의 재판에 법령의 규정을 따르지 아니한 잘못이 있다 하더라도 이로써 바로 그 재판상 직무행위가 국가배상법 제2조 제1항에서 말하는 위법한 행위로 되어 국가의 손해배상책임이 발생하는 것은 아니고, 그 국가배상책임이 인정되려면 **당해 법관이 위법 또는 부당한 목적을 가지고 재판을 하였다거나 법이 법관의 직무수행상 준수할 것을 요구하고 있는 기준을 현저하게 위반하는 등 법관이 그에게 부여된 권한의 취지에 명백히 어긋나게 이를 행사하였다고 인정할 만한 특별한 사정이 있어야 한다**(대판 2003. 07. 11, 99다24218[헌법소원심판청구사건에서 청구기간의 오인으로 인하여 각하결정을 내린 경우 국가배상책임을 인정한 사례]).

② **검사 등의 수사기관이 피의자를 구속하여 수사한 후 공소를 제기하였으나 법원에서 무죄판결이 선고되어 확정된 경우, 국가배상법 제2조에 의한 손해배상책임이 인정되기 위한 요건:** 형사재판 과정에서 범죄사실의 존재를 증명함에 충분한 증거가 없다는 이유로 무죄판결이 확정되었다고 하더라도 그러한 사정만으로 바로 검사의 구속 및 공소제기가 위법하다고 할 수 없고, 그 구속 및 공소제기에 관한 검사의 판단이 그 당시의 자료에 비추어 **경험칙이나 논리칙상 도저히 합리성을 긍정할 수 없는 정도에 이른 경우에만 그 위법성을 인정할 수 있다**(대판 2002. 02. 22, 2001다23447[검사의 불법행위로 인한 국가배상책임]: 강도강간의 피해자가 제출한 팬티에 대한 국립과학수사연구소의 유전자검사결과 그 팬티에서 범인으로 지목되어 기소된 원고나 피해자의 남편과 다른 남자의 유전자형이 검출되었다는 감정결과를 검사가 공판과정에서 입수한 경우 그 감정서는 원고의 무죄를 입증할 수 있는 결정적인 증거에 해당하는 데도 검사가 그 감정서를 법원에 제출하지 아니하고 은폐하였다면 검사의 그와 같은 행위는 위법하다고 보아 국가배상책임을 인정한 사례).

③ 대법원이 구금된 피의자에게 피의자신문시 변호인의 참여를 요구할 권리가 있음을 인정하여 구속 피의자 갑에 대한 피의자신문시 변호인의 참여를 불허한 수사검사의 처분이 위법하다는 결정을 함에 따라 갑이 수사검사의 불법행위를 이유로 국가배상청구를 한 사안에서, 수사검사에게 국가배상법 제2조 제1항에 정한 과실이 있다고 할 수 없다고 한 사례(대판 2010. 06. 24, 2006다58738). 〈**해설**〉 위법성을 논함이 없이 과실없음으로 국가배상책임을 부인한 사례.

④ 대법원은 임의경매절차에서 경매담당 법관의 오인에 의해 배당표 원안이 잘못 작성되고 그에 대해 불복절차가 제기되지 않아 실체적 권리관계와 다른 배당표가 확정된 경우, 경매담당 법관이 위법·부당한 목적을 가지고 있었다거나 법이 법관의 직무수행상 준수할 것을 요구하고 있는 기준을 현저히 위반하였다는 등의 자료를 찾아볼 수 없어 국가배상법상의 위법한 행위가 아니라고 판결하였다(대판 2001. 04. 24, 2000다16114[경매담당법관의 불법행위를 부인한 사례]).

⑤ 또한, 대법원은 압수수색할 물건의 기재가 누락된 압수수색영장을 발부한 법관이 위법·부당한 목적을 가지고 있었다거나 법이 직무수행상 준수할 것을 요구하고 있는 기준을 현저히 위반하였다는 등의 자료를 찾아볼 수 없다면 그와 같은 압수수색영장의 발부행위는 불법행위를 구성하지 않는다고 보면서, 다만 압수수색 대상물의 기재가 누락된 압수수색영장에 기하여 물건을 압수하고, 일부 압수물에 대하여는 압수조서·압수목록을 작성하지 아니하고 보관한 일련의 조치가 불법행위를 구성한다고 보았다(대판 2001. 10. 12, 2001다47290).

⑥ (1) 형벌에 관한 법령이 헌법재판소의 위헌결정으로 소급하여 효력을 상실하였거나 법원에서 위헌·무효로 선언된 경우, 그 법령이 위헌으로 선언되기 전에 그 법령에 기초하여 수사가 개시되어 공소가 제기되고 유죄판결이 선고되었더라도, 그러한 사정만으로 수사기관의 직무행위나 법관

의 재판상 직무행위가 국가배상법 제2조 제1항에서 말하는 공무원의 고의 또는 과실에 의한 불법행위에 해당하여 국가의 손해배상책임이 발생한다고 볼 수는 없다. (2) 「국가안전과 공공질서의 수호를 위한 대통령긴급조치」(이하 '긴급조치 제9호'라 한다)는 위헌·무효라고 할 것이다(대법원 2013. 04. 18.자 2011초기689 전원합의체 결정 참조). 그러나 당시 시행 중이던 긴급조치 제9호에 의하여 영장 없이 피의자를 체포·구금하여 수사를 진행하고 공소를 제기한 수사기관의 직무행위나 긴급조치 제9호를 적용하여 유죄판결을 선고한 법관의 재판상 직무행위는 유신헌법 제53조 제4항이 "제1항과 제2항의 긴급조치는 사법적 심사의 대상이 되지 아니한다."고 규정하고 있었고 긴급조치 제9호가 위헌·무효임이 선언되지 아니하였던 이상, 공무원의 고의 또는 과실에 의한 불법행위에 해당한다고 보기 어렵다. 다만 긴급조치 제9호 위반의 유죄판결에 대하여 재심절차에서 무죄판결이 확정되었다면 피고인이나 그 상속인은 일정한 요건 아래 「형사보상 및 명예회복에 관한 법률」에 따른 형사보상을 청구하여 그 피해에 대한 정당한 보상을 받을 수 있을 것이다(대판 2014. 10. 27, 2013다217962).
⑦ 가압류취소결정에 대해 즉시항고하면서 따로 집행정지를 신청을 하지 않은 채권자가 가압류취소결정의 잘못을 이유로 국가배상을 청구할 수 없다고 한 사례(대판 2022. 03. 17, 2019다226975).
⑧ 대법원 규칙에 따라 재판장이 대법원 변론 또는 선고의 중계방송이나 녹화 결과물의 게시를 하도록 하거나 그 중계방송 등 행위의 제한이나 조건의 부가 등 필요한 조치를 하는 것은 재판장의 그러한 판단이 법관의 직무수행상 준수할 것으로 요구되는 기준을 현저하게 위반하는 등 법관이 그에게 부여된 권한의 취지에 명백히 어긋나게 이를 행사하였다고 볼 사정이 없는 이상, 그에 따라 이루어진 대법원 변론 또는 선고의 중계방송 내지 녹화 결과물의 게시에 대하여 국가배상책임이 인정될 수는 없다(대판 2025. 02. 27, 2023다233895).

그러나, 명문의 근거없이 재판행위에 있어서만 위법·과실을 극히 제한적으로 인정하는 것은 논리가 박약하다.

(나) 손 해 각하판결의 경우 각하판결로 인하여 입은 손해(損害)가 국가배상법상 손해로 인정되기 위하여는 원칙상 본안에서 인용되는 경우이어야 한다. 법관의 과실로 각하판결이 난 경우에도 본안에서 기각될 사안인 경우에는 손해가 발생하였다고 볼 수 없다.

다만, 판례에서와 같이 각하판결로 인한 정신적 고통에 대한 위자료를 지급할 의무를 인정할 수 있다.

[판례] 헌법소원심판을 청구한 자로서는 헌법재판소 재판관이 일자 계산을 정확하게 하여 본안판단을 할 것으로 기대하는 것이 당연하고, 따라서 헌법재판소 재판관의 위법한 직무집행의 결과 잘못된 각하결정을 함으로써 청구인으로 하여금 본안판단을 받을 기회를 상실하게 한 이상, 설령 본안판단을 하였더라도 어차피 청구가 기각되었을 것이라는 사정이 있다고 하더라도 잘못된 판단으로 인하여 헌법소원심판 청구인의 위와 같은 합리적인 기대를 침해한 것이고 이러한 기대는 인격적 이익으로서 보호할 가치가 있다고 할 것이므로 그 침해로 인한 정신상 고통에 대하여는 위자료를 지급할 의무가 있다(대판 2003. 07. 11, 99다24218).

마. 수사작용에 따른 국가배상책임 판례에 따르면 사법경찰관의 수사활동이

나 수사과정에서 이루어지는 판단·처분 등이 위법하다고 평가되기 위하여는 구체적인 사정에 따라 사법경찰관의 수사활동·판단·처분 등이 경험칙이나 논리칙에 비추어 도저히 그 합리성을 긍정할 수 없는 정도에 이르렀다고 인정되는 경우라야 한다. 후일 그 범죄사실의 존재를 증명함에 충분한 증거가 없다는 등의 이유로 검사의 불기소처분이 있거나 법원의 무죄판결이 선고·확정되더라도 마찬가지다(대판 2024. 03. 12, 2020다290569).

[판례] 사법경찰관이 수사를 통해 검사의 영장 청구에 관한 판단이나 판사의 영장 발부에 관한 결정에 영향을 줄 수 있는 증거나 자료를 확보하였음에도 불구하고 그 증거나 자료를 일부라도 누락하거나 조작하는 경우와 같이 사법경찰관의 독자적인 위법행위가 인정되는 등의 특별한 사정이 없는 한, '판사의 영장 발부에 관한 결정'이나 '영장의 집행 결과에 따른 피의자의 체포 내지 구속 그 자체'에 관련해서는 원칙적으로 사법경찰관의 수사활동이나 판단·처분 등이 위법하다고 평가하기 어렵다(대판 2024. 03. 12., 2020다290569).

3. 직무를 집행하면서(직무관련성)

공무원의 불법행위에 의한 국가의 배상책임은 공무원의 가해행위가 직무집행행위인 경우뿐만 아니라 그 자체는 직무집행행위가 아니더라도 직무와 일정한 관련이 있는 경우, 즉 '직무를 집행하면서' 행하여진 경우에 인정된다. 그런데 '직무를 집행하면서'의 해석과 관련하여 다음과 같이 견해가 대립되고 있다.

(1) 외형설

종래의 통설은 '직무를 집행하면서'의 판단에 있어 외형설(外形說)을 취하고 있다. 외형설에 의하면 직무집행행위뿐만 아니라 실질적으로 직무집행행위가 아니더라도 외형상 직무행위로 보여질 때에는 "직무를 집행하면서 한 행위"로 본다.

(2) 통설에 대한 비판 및 사견

1) 외형상 직무관련과 실질적 직무관련의 구별

공무원의 가해행위와 직무와의 사이의 직무관련은 '실질적·객관적 직무관련'과 엄격한 의미의 '외형상 직무관련'으로 나누는 것이 타당하다. 그 이유는 양자는 그 이론적 근거 및 그 판단기준이 상호 다르기 때문이다.

2) 이론적 근거

일반적으로 외형이론은 국민의 행정에 대한 신뢰에 근거하고 있다라고 한다. 즉, 외형설은 외형상 직무행위라고 볼 수 있는 행위는 적법한 직무행위라고 국민이 신뢰하게 되는 점에 근거하고 있다고 할 수 있다.[32]

---

32) 석종현, 『일반행정법(상)』, 1990, 649면.

이에 반하여 공무원의 불법행위가 직무와 실질적 관련을 갖는 경우에 국가의 배상책임이 인정되는 것은 일종의 위험책임의 이론에 근거하고 있다라고 할 수 있다. 즉, 공무원의 불법행위가 직무의 범위 내에 속하거나 직무수행이 공무원의 불법행위에 원인을 제공하였다고 판단되는 경우에는 위험상황을 창출하여 이익을 얻고 있는 국가의 손해배상책임을 인정하는 것이 정의에 합치한다는 것이다.

3) 판단기준

'실질적 직무관련'과 '외형적 직무관련' 사이의 이러한 이론적 근거의 상이에 따라 이들의 판단기준도 상호 다르다. 외형적 직무관련은 행위자인 공무원의 주관적 의사와 관계없이 공무원의 불법행위가 외형상 직무행위라고 판단될 수 있는지 여부가 그 판단기준이 된다. 이에 반하여 실질적 직무관련은 직무와 공무원의 불법행위 사이의 내용면에서의 관련 여부와 시간적·장소적·도구적 관련 등을 종합적으로 고려하여 구체적인 경우에 직무가 공무원의 불법행위에 원인을 제공하였다고 볼 수 있는지 여부가 그 판단기준이 된다.33)

(3) 판례: 절충설

판례가 외형설만을 취한 것으로 보는 견해가 많으나, 판례는 외형설에 입각함과 동시에 실질적 직무관련 여부를 기준으로 하고 있고, 둘 중의 하나에만 해당하면 직무관련성을 인정하고 있다고 보아야 한다.

1) 외형설을 취한 경우

판례가 '직무를 집행하면서'를 외형이론에 의해 정의내리고 있는 경우에는 대개 공무원의 불법행위와 당해 공무원의 직무와의 외형상 관련이 문제된 경우이다.

[판례] ① **사고차량이 군용차량이고 운전사가 군인임이 외관상 뚜렷한 이상,** 실제는 공무집행에 속하는 것이 아니라 하여도 공무수행중의 행위로 보아야 한다(대판 1971. 03. 23, 70다2986).
② **[1] 국가배상법 제2조 제1항에 정한 '직무를 집행함에 당하여'의 의미:** 국가배상법 제2조 제1항의 '직무를 집행함에 당하여'라 함은 **직접 공무원의 직무집행행위이거나 그와 밀접한 관련이 있는 행위를 포함**하고, 이를 판단함에 있어서는 **행위 자체의 외관을 객관적으로 관찰하여 공무원의 직무행위로 보여질 때**에는 비록 그것이 실질적으로 직무행위가 아니거나 또는 행위자로서는 주관적으로 공무집행의 의사가 없었다고 하더라도 그 행위는 공무원이 '직무를 집행함에 당하여' 한 것으로 보아야 한다. **[2] 인사업무담당 공무원이 다른 공무원의 공무원증 등을 위조한 행위**에 대하여 실질적으로는 직무행위에 속하지 아니한다 할지라도 외관상으로 국가배상법 제2조 제1항의 **직무집행관련성을 인정**한 원심의 판단을 수긍한 사례(대판 2005. 01. 14, 2004다26805).

판례는 외형적 직무관련을 널리 인정하고 있다.

---

33) 졸고, "국가배상법 제2조상의 '직무를 집행함에 당하여' — 판례를 중심으로 —," 『국가배상제도의 제문제 법무자료』, 제141집, 390~392면.

예를 들면 판례는 운전을 임무로 하지 않는 군인이 군복을 입고 군용차량을 불법운전한 경우에도 외형상 군무수행(軍務遂行)과 관련이 있는 것으로 보고 있다(대판 1967. 11. 21, 67다1304).[34)]

판례에 의하면 가해행위가 실질적으로 공무수행행위가 아니라는 사정을 피해자가 알았다 하더라도 이에 대한 국가의 책임은 원칙상 부인되지 않는다고 한다(대판 1966. 03. 22, 66다117). 그 이유는 대등관계인 사법관계에서와는 달리 공권력을 행사하는 행정기관은 국민에 대하여 우월적 지위에 있으므로 불법한 공권력 행사로 인한 손해의 배상에 관한 국가배상책임에 있어서는 피해자인 국민이 비록 가해행위가 실질적으로 직무집행행위가 아니라는 사실을 알고 있었다 하더라도 당해 사고를 피할 수 없는 상황에 있는 경우가 많다는 데 있다.

논리적으로는 피해자의 사고회피의 가능성을 기준으로 외형이론의 한계를 정하는 것이 타당하다. 실제로 판례 중에는 피해자에게 사고회피의 가능성이 없었다는 것을 전제로 하면서 피해자의 악의를 문제삼지 않고 있는 예가 있다(대판 1966. 07. 19, 66다316).

2) 실질적 직무관련을 기준으로 한 경우

실질적 직무관련(實質的 職務關聯)이 문제된 경우에는 판례는 '직무를 집행하면서'를 '직무의 범위 내에 속하거나 직무와 밀접한 관련이 있는 것이라고 객관적으로 보이는 행위를 함에 당하여'라고 통상 정의하고 있다.

판례는 '실질적 직무관련'은 공무원의 불법행위가 행하여진 상황을 '종합적'으로 고려하여 판단되어야 한다고 하면서, 특히 공무원의 불법행위와 직무 사이에 내용상의 관련이 있는지 여부뿐만 아니라 공무원의 직무수행이 시간적·장소적·도구적인 면 등에서 공무원의 불법행위에 원인을 제공했다고 보이는지 여부를 중시하고 있다.

우리나라의 판례는 일본의 판례에 비하여 상당히 넓게 이 '실질적 직무관련'을 인정하고 있기 때문에 이를 외형상 직무관련과 별도로 논할 실익이 일본에 있어서보다 더욱 크다고 할 수 있다.[35)] 예를 들면, 수사관이 수사 중 행한 성고문행위는 외형상 직무행위라고 볼 수는 없지만 시간적, 장소적으로 직무행위인 수사행위와 밀접한 관련이 있기 때문에 "직무를 집행하면서" 한 행위라고 할 수 있다.

[판례] ① 육군중사가 훈련에 대비하여 개인 소유의 오토바이를 운전하여 사전정찰차 훈련지역 일대를 돌아보고 귀대하다가 교통사고를 일으킨 경우, 오토바이의 운전행위가 국가배상법 제2조 소정의 직무집행행위에 해당하는지 여부(적극): 국가배상법 제2조 소정의 "공무원이 그 직무를 집행

34) 일본의 통설이 주장하는 바와 같이 공무원의 행위가 외형상 그의 일반적 직무권한에 속하여야 하는 것은 아니다.

35) 졸고, 전게논문, 393~400면 참조.

함에 당하여"라고 함은 **직무의 범위 내에 속한 행위이거나 직무수행의 수단으로써 또는 직무행위에 부수하여 행하여지는 행위로서 직무와 밀접한 관련이 있는 것도 포함**되는바, 육군중사가 자신의 개인소유 오토바이 뒷좌석에 같은 부대 소속 군인을 태우고 다음날부터 실시예정인 훈련에 대비하여 사전정찰차 훈련지역 일대를 살피고 귀대하던 중 교통사고가 일어났다면, 그가 **비록 개인소유의 오토바이를 운전한 경우라 하더라도 실질적, 객관적으로 위 운전행위는 그에게 부여된 훈련지역의 사전정찰임무를 수행하기 위한 직무와 밀접한 관련이 있다**고 보아야 한다(대판 1994. 05. 27, 94다6741[구상금]). **〈참고〉** 피고(대한민국)가 위 정○○의 오토바이 운행에 관하여 어떤 지시나 관리를 하는 등 그 운행을 지배하였다거나 그로 인한 운행이익을 향유하였다는 점을 인정할 만한 아무런 증거가 없으므로 피고가 자동차손해배상보장법 소정의 운행자의 지위에 있다할 수 없다. ② 미군부대 소속 선임하사관이 공무차 개인소유차를 운전하고 출장을 갔다가 퇴근하기 위하여 집으로 운행하던 중 사고가 발생한 경우 위 선임하사관의 위 차량의 운행은 실질적, 객관적으로 그가 명령받은 위 출장명령을 수행하기 위한 직무와 밀접한 관련이 있는 것이라고 보아야 한다(대판 1988. 03. 22, 87다카1163).

(4) 결어(실질적 직무관련설)

"직무를 집행하면서"는 국가 등의 배상책임의 범위를 정하는 책임요건의 하나이므로 이론상 실질적 직무관련을 기준으로 "직무를 집행하면서"를 판단하는 것이 타당하다.

4. 법령 위반(위법)

국가배상법은 '법령 위반(法令 違反)'을 요구하고 있는데, 학설은 일반적으로 국가배상법상의 '법령 위반'이 위법 일반을 의미하는 것으로 보고 있고 판례도 그러하다(대판 1973. 01. 30, 72다2062). 그러나, 국가배상법상의 위법의 구체적 의미, 내용에 관하여 학설은 대립하고 있다.

(1) "법령"의 의미

국가배상법은 "법령" 위반을 요구하고 있는데, 여기에서 "법령(法令)"이 무엇을 의미하는지에 관하여 학설의 일반적 견해는 '법 일반'을 의미한다고 본다. 성문법령뿐만 아니라 관습법, 법의 일반원칙, 조리 등 불문법도 포함한다. 행정규칙은 법규성을 갖지 않는 한 법령에 포함되지 않는다.

판례에 따르면 국가배상법상 법령 위반이라 함은 엄격한 의미의 법령 위반뿐 아니라 인권존중, 권력남용금지, 신의성실과 같이 공무원으로서 마땅히 지켜야 할 준칙이나 규범을 지키지 않고 위반한 경우를 포함하여 널리 그 행위가 **객관적인 정당성을 결여하고 있음**을 뜻한다(대판 2020. 04. 29, 2015다224797 등). 그러나, 판례가 '객관적 정당성 결여'라는 모호한 개념을 국가배상법상 위법 개념으로 본 것은 문제가 있다.

[판례] ① 수사기관이 범죄수사를 하면서 지켜야 할 법규상 또는 조리상의 한계를 위반하였다면 이는 법령을 위반한 경우에 해당한다(대판 2020. 04. 29, 2015다224797).
② [해군본부가 해군 홈페이지 자유게시판에 집단적으로 게시된 제주 강정마을 해군기지 건설사업에 반대하는 취지의 항의글을 삭제하자, 항의글 작성자인 원고들이 자신들의 표현의 자유가 침해되었다고 주장하면서 국가배상을 청구한 사건] 일반적으로 국가기관이 자신이 관리·운영하는 홈페이지에 게시된 글에 대하여 정부의 정책에 찬성하는 내용인지, 반대하는 내용인지에 따라 선별적으로 삭제 여부를 결정하는 것은 특별한 사정이 없는 한 국민의 기본권인 표현의 자유와 자유민주적 기본질서에 배치되므로 허용되지 않는다. 그러나 이 사건 삭제 조치의 경우에는 객관적 정당성을 상실한 위법한 직무집행에 해당한다고 보기 어렵다(대판 2020. 06. 04, 2015다233807).

(2) 국가배상법상 위법 개념

위법의 대상 및 판단기준을 무엇으로 보느냐에 따라서 국가배상법상의 위법 개념의 정의 및 내용이 다르게 이해될 수 있다.

1) 결과불법설

결과불법설(結果不法說)은 국가배상법상의 위법을 가해행위의 결과인 손해의 불법을 의미한다고 보는 견해로서 결과불법설에서의 위법성의 판단은 항고소송에서 행정처분이 법정의 행위준칙에 적합한 것인지의 여부가 심사되는 것과 달리 민법상 손해배상책임에서와 같이 국민이 받은 손해가 결과적으로 시민법상의 원리에 비추어 볼 때 수인되어야 할 것인가(정당한 것인가)의 여부가 그 기준이 된다.

결과불법설은 민법상 불법행위책임에서는 타당한 이론이지만, 법치행정의 원칙상 행위의 위법 여부를 논하여야 하는 국가배상책임에서는 타당하지 않은 이론이다.

2) 행위위법설

행위위법설(行爲違法說)은 국가배상법상의 위법은 행위의 '법규범'에의 위반을 의미한다고 보는 견해이다. 그런데, 행위위법설은 광의와 협의의 둘로 나누어 이해되어야 한다.

가. 협의의 행위위법설 협의(狹義)의 행위위법설은 국가배상법상의 위법성을 항고소송에서의 위법성과 같이 공권력 행사(행위) 자체의 '법'에의 위반으로 이해한다.

나. 광의의 행위위법설 광의(廣義)의 행위위법설은 국가배상법상의 위법을 행위 자체의 법에의 위반뿐만 아니라, 행위의 태양(방법)의 위법, 즉 명문의 규정이 없더라도 공권력 행사의 근거법규(특히 권한근거규정), 관계법규 및 조리를 종합적으로 고려할 때 인정되는 공무원의 '직무상의 손해방지의무(안전관리의무)'의 위반을 포함하는 개념으로 이해하는 견해이다.

광의의 행위위법설에 의하면 국가배상에서의 위법 개념은 행위의 '법'에의 위반을 의미한다는 점에서 항고소송에서의 위법 개념과 동일하지만, 처분이 아닌 공권력

행사의 위법도 인정되고, 행위 자체의 위법뿐만 아니라 손해방지의무 위반으로서의 위법도 포함한다는 점에서 인정범위가 항고소송에서 보다 넓다.

광의의 행위위법설 중에는 공서양속 위반도 국가배상법상의 위법으로 보는 견해도 있다.

3) 직무의무위반설

이 견해는 국가배상법상의 위법을 대국민관계에서의 공무원의 직무의무 위반으로 보는 견해이다. 공무원의 직무의무는 기본적으로 국가에 대한 공무원의 내부의무이므로 직무의무 위반만으로는 위법하다고 할 수 없고, 그 직무의무가 국민의 이익에 기여하는 경우에 한하여 그 위반이 위법한 것이 된다고 한다. 즉, 직무의무의 사익보호성을 국가배상법상 위법의 요소로 본다(박종수, 488－491면).

4) 상대적 위법성설

상대적 위법성설(相對的 違法性說)은 국가배상법상의 위법성을 행위 자체의 적법·위법뿐만 아니라, 피침해이익의 성격과 침해의 정도 및 가해행위의 태양 등을 종합적으로 고려하여 행위가 객관적으로 정당성을 결여한 경우를 의미한다고 보는 견해이다. 상대적 위법성설은 피해자와의 관계에서 상대적으로 위법성을 인정한다.

상대적 위법성설은 일본의 다수설과 판례의 입장이다. 상대적 위법성설은 국가배상책임은 손해전보에 중점이 있으므로 국가배상법상 위법의 판단에서는 행위의 위법·적법과 함께 피침해이익을 고려하여야 한다는 데 근거한다.

5) 판　　례

① 판례는 **원칙상 상대적 위법성설**을 취한 것으로 볼 수 있다. 즉, 국가배상법상의 위법을 행위의 양태와 목적, 피해자의 관여 여부와 정도, 침해된 이익의 종류와 손해의 정도, 손해의 전보책임을 국가가 부담할 만한 실질적 이유가 있는지 등 여러 사정을 종합적으로 고려하여 **객관적 정당성을 상실한 것**으로 **본다**. 판례가 상대적 위법성설에 따르는 대표적인 경우는 재량권의 불행사의 위법이 문제되는 경우이다. 이 경우 과실 판단도 위법 판단에 포함하여 판단하고 위법이 인정되면 특별한 사정이 없는 한 과실도 인정하는 경우가 적지 않다.

[판례] ① 국가배상책임에 있어서 법령 위반(위법)이라 함은 엄격하게 형식적 의미의 법령에 명시적으로 공무원의 행위의무가 정하여져 있음에도 이를 위반하는 경우만을 의미하는 것은 아니고, 인권존중·권력남용금지·신의성실과 같이 공무원으로서 마땅히 지켜야 할 준칙이나 규범을 지키지 아니하고 위반한 경우를 비롯하여 널리 그 행위가 객관적인 정당성을 결여하고 있는 경우도 포함한다(대판 2015. 08. 27, 2012다204587).
② (1) 공무원의 직무행위가 객관적 정당성을 잃었는지는 행위의 양태와 목적, 피해자의 관여 여부와 정도, 침해된 이익의 종류와 손해의 정도 등 여러 사정을 종합하여 판단하되, 손해의 전보책

임을 국가가 부담할 만한 실질적 이유가 있는지도 살펴보아야 한다. (2) 한편 법률이 행정청에 대하여 행정입법을 할 재량을 부여하였다 하더라도, 그 재량을 부여한 취지와 목적에 비추어 행정청이 행정입법의 권한을 행사하지 아니한 것이 현저하게 합리성을 잃어 사회적 타당성이 없는 경우에는 그 부작위가 객관적 정당성을 상실하였다고 볼 수 있고, 객관적 정당성을 상실하였다고 볼 수 있는 경우에는 특별한 사정이 없으면 국가배상법 제2조 제1항에서 정한 공무원의 과실도 인정된다(대판 전원합의체 2024. 12. 19, 2022다289051).

상대적 위법성설에 따르면 가해행위 자체가 법을 위반한 경우에도 국가배상법상으로는 적법할 수 있고, 가해행위 자체가 법을 위반하지 않은 경우에도 국가배상법상으로는 위법할 수 있다.

[판례] ① (1) 어떠한 행정처분이 후에 항고소송에서 취소되었다고 할지라도 그 기판력에 의하여 당해 행정처분이 곧바로 공무원의 고의 또는 과실로 인한 것으로서 불법행위를 구성한다고 단정할 수는 없는 것이고, "그 행정처분의 담당공무원이 보통 일반의 공무원을 표준으로 하여 볼 때 객관적 주의의무를 결하여 그 행정처분이 객관적 정당성을 상실하였다고 인정될 정도에 이른 경우에 국가배상법 제2조 소정의 국가배상책임의 요건을 충족하였다고 봄이 상당할 것이며, 이 때에 객관적 정당성을 상실하였는지 여부는 피침해이익의 종류 및 성질, 침해행위가 되는 행정처분의 태양 및 그 원인, 행정처분의 발동에 대한 피해자측의 관여의 유무, 정도 및 손해의 정도 등 제반 사정을 종합하여 손해의 전보책임을 국가 또는 지방자치단체에게 부담시켜야 할 실질적인 이유가 있는지 여부에 의하여 판단하여야 한다." (2) 개간허가 취소처분이 후에 행정심판 또는 행정소송에서 취소되었으나 담당공무원에게 객관적 주의의무를 결한 직무집행상의 과실이 없다는 이유로 국가배상책임을 부인한 사례(대판 2000. 05. 12, 99다70600). 〈해설〉 이 판시내용 중 '객관적으로 정당성을 상실한 것'이 국가배상법상의 위법을 지칭하는 것으로 보인다. 다만, 이 사건에서 국가배상법상 위법보다는 과실의 존재 여부가 직접 문제가 된 것이므로 국가배상법상의 위법 개념에 관한 이 판결의 의미는 제한적일 수밖에 없다. 또한, 이 판결에서 위법과 과실을 구분하지 않고 판단한 것에도 문제가 있다.

② 집회(쌍용차 대책위 관련 집회)의 자유 침해로 인한 국가배상책임(위자료 청구)이 인정되는지 여부(대판 2021. 10. 28, 2017다219218).

③ 해군본부가 해군 홈페이지 자유게시판에 집단적으로 게시된 '제주해군기지 건설사업에 반대하는 취지의 항의글' 100여 건을 삭제하는 조치는 객관적 정당성을 상실한 위법한 직무집행에 해당한다고 보기 어렵다(대판 2020. 06. 04, 2015다233807).

④ [공무원의 순직처리 거부 또는 지연을 이유로 국가배상을 구하는 사건] 판문점 공동경비구역 내에 근무하던 육군 중위 망 김○의 사망에 대한 피고의 순직처리 거부 또는 지연이 객관적 정당성을 상실하였다고 인정될 수 있는 정도로 위법한지 여부: (1) 행정청의 처분을 구하는 신청에 대하여 상당한 기간 처분 여부 결정이 지체되었다고 하여 곧바로 공무원의 고의 또는 과실에 의한 불법행위를 구성한다고 단정할 수는 없고, 행정처분의 담당 공무원이 보통 일반의 공무원을 표준으로 하여 볼 때 객관적 주의의무를 결여하여 처분 여부 결정을 지체함으로써 객관적 정당성을 상실하였다고 인정될 정도에 이른 경우에 비로소 국가배상법 제2조가 정한 국가배상 책임의 요건을 충족한다. 이때 객관적 정당성을 상실하였는지는 신청의 대상이 된 처분이 기속행위인지 재량행위인지 등 처분의 성질, 처분의 지연에 따라 신청인이 입은 불이익의 내용과 정도, 행정처분의 담당

공무원이 정당한 이유 없이 처리를 지연하였는지 등을 종합적으로 고려하되, **손해의 전보 책임을 국가 또는 지방자치단체에 부담시킬 만한 실질적인 이유가 있는지도 살펴서 판단하여야 한다.** 여기서 정당한 이유 없이 처리를 지연하였는지는 법정 처리 기간이나 통상적인 처리 기간을 기초로 처분이 지연된 구체적인 경위나 사정을 중심으로 살펴 판단하되, 처분을 하지 않으려는 행정청의 악의적인 동기나 의도가 있었는지, 처분의 지연을 쉽게 피할 가능성이 있었는지 등도 아울러 고려할 수 있다(대법원 2015. 11. 27. 선고 2013다6759 판결 등 참조). (2) 판문점 공동경비구역 내에 근무하던 육군 중위 망 김O의 유족들이 망인의 사망에 대한 피고의 순직처리를 거부 또는 지연한 것이 위법하다고 주장하면서 국가배상을 청구한 사건에서, 피고의 순직처리 거부 또는 지연이 객관적 정당성을 상실하였다고 인정될 수 있는 정도로 위법하다고 보기는 어렵다고 판단한 원심을 수긍하여 상고기각한 사례(대판 2021. 02. 25, 2020다262373).

⑤ **지방자치단체의 지도 · 단속이 위법하다고 주장**하며 지도 · 단속의 대상이 된 회사가 손해배상을 청구한 사건에서 **원심은** 피고 안양시의 이 사건 조사 · 단속행위는 원고로 하여금 공장 가동을 완전히 중단시키거나 이전하도록 압박할 목적으로 이루어져 그 목적이 부당하고, 비례의 원칙을 위반하였다고 판단하면서 피고 안양시의 손해배상책임을 인정하였으나 **대법원은** 이 사건 조사 · 단속행위가 부당한 목적에서 이루어졌다거나 객관적 정당성을 잃은 위법한 행위라고 보기 어렵다고 판단하여 원심판결을 파기환송한 사례(대판 2022. 09. 07, 2020다270909).

⑥ 甲 등이 그들이 속한 단체가 개최한 집회와 기자회견에서 있었던 乙 등 경찰의 집회 장소 점거 행위와 乙의 해산명령이 위법한 공무집행에 해당하고 이로 인해 집회의 자유가 침해되었다며 국가와 乙을 상대로 손해배상을 구한 사안에서, 제반 사정에 비추어 위 점거 행위와 해산명령이 객관적 정당성을 잃은 것이라고 볼 수 없는데도, 이를 법적 요건을 갖추지 못한 위법한 경찰력의 행사로 보아 국가와 乙의 손해배상책임을 인정한 원심판단에는 법리오해 등 잘못이 있다고 한 사례(대판 2021. 10. 28, 2017다219218).

⑦ [1] **공무원의 저작물 폐기 행위가 객관적 정당성을 결여한 행위로서 위법한지 판단하는 기준:** 예술작품이 공공장소에 전시되어 일반대중에게 상당한 인지도를 얻는 등 예술작품의 종류와 성격 등에 따라서는 저작자로서도 자신의 예술작품이 공공장소에 전시 · 보존될 것이라는 점에 대하여 정당한 이익을 가질 수 있으므로, 저작물의 종류와 성격, 이용의 목적 및 형태, 저작물 설치 장소의 개방성과 공공성의 정도, 국가가 이를 선정하여 설치하게 된 경위, 폐기의 이유와 폐기 결정에 이른 과정 및 폐기 방법 등을 종합적으로 고려하여 볼 때 국가 소속 공무원의 해당 저작물의 폐기 행위가 현저하게 합리성을 잃고 저작자로서의 명예감정 및 사회적 신용과 명성 등을 침해하는 방식으로 이루어진 경우에는 객관적 정당성을 결여한 행위로서 위법하다. [2] 甲이 국가의 의뢰로 도라산역사 내 벽면 및 기둥들에 벽화를 제작 · 설치하였는데, 국가가 작품 설치일로부터 약 3년 만에 벽화를 철거하여 소각한 사안에서, 甲은 특별한 역사적, 시대적 의미를 가지고 있는 도라산역이라는 공공장소에 국가의 의뢰로 설치된 벽화가 상당 기간 전시되고 보존되리라고 기대하였고, 국가도 단기간에 이를 철거할 경우 甲이 예술창작자로서 갖는 명예감정 및 사회적 신용이나 명성 등이 침해될 것을 예상할 수 있었음에도, 국가가 벽화 설치 이전에 이미 알고 있었던 사유를 들어 적법한 절차를 거치지 아니한 채 철거를 결정하고 원형을 크게 손상시키는 방법으로 철거 후 소각한 행위는 현저하게 합리성을 잃은 행위로서 객관적 정당성을 결여하여 위법하므로, 국가는 국가배상법 제2조 제1항에 따라 甲에게 위자료를 지급할 의무가 있다고 한 사례(대판 2015. 08. 27, 2012다204587).

상대적 위법성설에서는 가해행위의 적법 · 위법뿐만 아니라 피침해이익 등 손해배상의 필요성도 고려하여야 하므로 통상 행위위법설보다 넓게 국가배상법상의 위법을 인정하는 것이 타당한데, 현재 판례에서 오히려 상대적 위법성설을 가행행위 자체가 위법함에도 국가배상법상 위법을 부정하기 위해 사용하는 경우가 적지 않은 것은 문제이다.

② 판례가 광의의 행위위법설을 취한 경우도 있다. 판례가 행위위법설에 따르는 대표적인 경우는 기속행위의 위법 또는 법령에서 정한 행위 자체의 위법이 문제되는 경우 등이다.

행위위법설을 취한 경우에는 가해직무행위의 법에의 위반을 위법으로 보고 있고, 이 경우에 통상 위법과 과실은 별도로 판단한다. 그리고 명문의 규정이 없는 경우에도 일정한 경우 공무원의 손해방지의무를 인정하고 있다(대판 2000. 11. 10, 2000다26807; 1998. 08. 25, 98다16890).

[판례] ① [1] 국가배상책임의 성립요건으로서의 '법령 위반'의 의미: 국가배상책임은 공무원의 직무집행이 법령에 위반한 것임을 요건으로 하는 것으로서, 공무원의 직무집행이 법령이 정한 요건과 절차에 따라 이루어진 것이라면 특별한 사정이 없는 한 이는 법령에 적합한 것이고 그 과정에서 개인의 권리가 침해되는 일이 생긴다고 하여 그 법령적합성이 곧바로 부정되는 것은 아니다. [2] 경찰관이 교통법규 등을 위반하고 도주하는 차량을 순찰차로 추적하는 직무를 집행하는 중에 그 도주 차량의 주행에 의하여 제3자가 손해를 입은 경우, 경찰관의 추적행위가 위법한 것인지 여부(한정 소극): 경찰관은 수상한 거동 기타 주위의 사정을 합리적으로 판단하여 어떠한 죄를 범하였거나 범하려 하고 있다고 의심할 만한 상당한 이유가 있는 자 또는 이미 행하여진 범죄나 행하여지려고 하는 범죄행위에 관하여 그 사실을 안다고 인정되는 자를 정지시켜 질문할 수 있고, 또 범죄를 실행중이거나 실행 직후인 자는 현행범인으로, 누구임을 물음에 대하여 도망하려 하는 자는 준현행범인으로 각 체포할 수 있으며, 이와 같은 정지 조치나 질문 또는 체포 직무의 수행을 위하여 필요한 경우에는 대상자를 추적할 수도 있으므로, 경찰관이 교통법규 등을 위반하고 도주하는 차량을 순찰차로 추적하는 직무를 집행하는 중에 그 도주차량의 주행에 의하여 제3자가 손해를 입었다고 하더라도 그 추적이 당해 직무 목적을 수행하는 데에 불필요하다거나 또는 도주차량의 도주의 태양 및 도로교통상황 등으로부터 예측되는 피해발생의 구체적 위험성의 유무 및 내용에 비추어 추적의 개시 · 계속 혹은 추적의 방법이 상당하지 않다는 등의 특별한 사정이 없는 한 그 추적행위를 위법하다고 할 수는 없다(대판 2000. 11. 10, 2000다26807, 26814).
② 일반적으로 국가 또는 지방자치단체가 권한을 행사할 때에는 국민에 대한 손해를 방지하여야 하고, 국민의 안전을 배려하여야 한다(대판 2001. 10. 23, 99다36280).
③ 건축허가 등 수익적 행정처분을 함에 있어 당해 행정처분에 관한 법령의 내용, 그 성질과 법률적 효과, 그로 인하여 신청인이 무익한 비용을 지출할 개연성에 관한 구체적 사정 등을 종합적으로 고려하여 객관적으로 보아 그 행위로 인하여 신청인이 손해를 입게 될 것임이 분명하다고 할 수 있어 신청인을 위하여도 당해 행정처분을 거부할 것이 요구되는 경우(예, 도로건설이 예정된 곳에 건축허가를 해 준 경우)에는 공무원의 손해방지의무가 인정된다(대판 2001. 05. 29, 99다37047[기각판결]).
④ [과밀수용을 원인으로 한 국가배상청구 사건] 교정시설 수용행위로 인하여 수용자의 인간으로서의 존엄과 가치가 침해되었다면 그 수용행위는 공무원의 법령을 위반한 가해행위가 될 수 있다고 한 사례(대판 2022. 07. 14, 2017다266771).
⑤ [수사과정에서 초상권을 보호받지 못하였다는 이유로 손해배상을 구한 사건] 체포 · 구속으로

피의자의 신병을 확보하고 있는 수사기관은 원하지 않는 촬영이나 녹화를 당할 절박한 상황에 놓인 피의자에 대하여 호송·계호 등의 업무에 중대한 지장이 없는 범위 내에서 얼굴을 가리거나 제3자의 접촉을 차단하는 등 **초상권을 방어할 수 있도록 보호할 의무**가 있는바, 위 피의자 심문구인용 구속영장 집행 사실을 확인한 언론사 기자들이 원고가 도착할 무렵 건물 현관에 대기하고 있었고, 수사기관 공무원들은 호송차량에서 내리기 전에 이러한 상황을 파악하였음에도 원고의 얼굴을 가릴 수 있도록 하여 주는 등의 필요한 조치를 취하지 아니한 채 원고에 대한 촬영, 녹화, 인터뷰가 가능하도록 방치하는 등 **구속 피의자인 원고에 대한 보호의무**를 위반하여 원고의 명예와 초상권을 침해하였다고 판단한 원심을 정당하다고 본 사례(대판 2021. 12. 10, 2021다265119).

⑥ 헌법상 과잉금지의 원칙 내지 비례의 원칙을 위반하여 국민의 기본권을 침해한 국가작용은 국가배상책임에서 법령을 위반한 가해행위가 된다(대판 2022. 09. 29, 2018다224408).

⑦ 수사과정에서 여자 경찰관이 실시한 여성 피의자에 대한 신체검사가 그 방식 등에 비추어 피의자에게 큰 수치심을 느끼게 하였을 것으로 보이는 등 피의자의 신체의 자유를 침해하였다고 본 사례(대판 2009. 12. 24, 2009다70180).

⑧ [1] 경찰관이 범죄수사를 하면서 법규상 또는 조리상의 한계를 위반한 것이 '법령 위반'이라고 한 사례. [2] 어린 학생이 피해자인 성폭력범죄를 수사하는 경찰관에게 수사과정에서 또 다른 심리적·신체적 고통으로 가중된 피해를 입지 않도록 더욱 세심하게 배려할 직무상 의무가 있다고 한 사례. [3] 성폭력범죄의 담당 경찰관이 경찰서에 설치되어 있는 범인식별실을 사용하지 않고 공개된 장소인 형사과 사무실에서 피의자들을 한꺼번에 세워 놓고 나이 어린 학생인 피해자에게 범인을 지목하도록 한 행위가 국가배상법상의 '법령 위반' 행위에 해당한다고 한 사례(대판 2008. 06. 12, 2007다64365).

상기 대법원 전원합의체 판결(대판 전원합의체 2024. 12. 19, 2022다289051)에서 다수의견은 상대적 위법성설에 입각했지만, 별개의견은 행위위법설을 취하고 있다.

[판례] 국민에게 손해를 입힌 국가의 행위가 공법상 위법함에도, 그 행위의 객관적 정당성이 상실되지 않았다는 등의 이유로 국가배상책임의 위법성 판단을 달리하여 그 책임을 면할 수는 없다고 보아야 한다(대판 전원합의체 2024. 12. 19, 2022다289051[대법관 김상환, 대법관 노태악, 대법관 권영준, 대법관 노경필의 **별개의견**]).

6) 사견(광의의 행위위법설)

국가배상법상의 위법 개념에 관한 학설 중 행위위법설, 그중에서도 광의의 행위위법설이 타당하다.

가. 행위위법설의 타당성 ① 본래 위법이란 행위의 법에의 위반을 의미한다. ② 공법관계에서는 특히 행위위법설이 타당하다. 왜냐하면 공법상의 법률관계는 사인 상호간의 관계와는 다른 특수성이 있기 때문이다. 법률에 의한 행정의 원칙상 공권력 행사는 법률에 의하여 규율되고 있다. 공법 중에는 공권력 행사에 의한 국민의 법익에 대한 침해를 예정하고 있는 경우가 있고, 이 경우에는 타인의 손해를 야기하는 공권력 행사도 적법한 것이 된다. 또한, 공권력 행사의 수권법률에서 피침해

이익의 성질 및 침해행위의 태양 등을 정하는 경우가 많은 것이다. 따라서, 위법한 공권력 행사에 의한 손해의 배상을 목적으로 하는 국가배상소송에 있어서는 제1차적으로 공권력 행사의 요건법규에의 적합성 여부를 판단하여야 한다.[36]

③ 법률에 의한 행정의 원칙하에서 국가배상소송을 항고소송과 함께 행정통제(감시)기능을 갖는 제도로 이해하기 위하여는 행위위법설을 취하는 것이 타당하다.[37] 국가배상소송은 법정(法定)의 행위규범에 위반하는 국가작용을 국가배상청구절차를 거쳐 문책함에 의해 국가작용의 하자를 통제할 수 있다는 것이다.

더욱이 국가배상소송은 항고소송을 보충하여 행정통제의 확대에 기여하는 면이 있다. 항고소송에서는 출소기간의 제한, 소의 이익 등에 의해 소제기에 제약을 받는 경우가 많은데, 국가배상소송에서는 이와 같은 제한 없이 소제기가 널리 인정될 수 있기 때문이다. 또한, 후술하는 바와 같이 국가배상소송상의 위법성이 인정될 수 있는 범위는 항고소송에서 보다 넓다.[38]

나. 광의의 행위위법설의 타당성: 공무원의 손해방지의무의 인정 국가배상에 있어서는 행위 자체의 관계법령에의 위반뿐만 아니라 행위의 태양(態樣)의 위법, 즉 피침해이익과 관련하여 객관적 특수법질서상 요구되는 공무원의 '직무상 손해방지의무(損害防止義務) 위반'으로서의 위법도 문제가 된다. 즉, 공무원은 법령준수의무뿐만 아니라 일반적으로 그의 권한행사에 있어서 국민에 대하여 손해의 발생을 방지하여야 할 또는 안전을 배려하여야 할 직무상 의무가 있다고 보아야 한다. 예를 들면, 경찰공무원에게는 직무상 국민의 생명, 신체 및 재산의 보호에 노력하여야 할 의무가 있다고 볼 수 있다.

공무원의 손해방지의무 위반으로 인한 국가배상책임이 인정되는 대표적인 분야는 경찰행정분야이다. 경찰공무원은 국민의 생명·신체·재산의 안전을 보장할 일반적 의무를 지게 되고, 국민의 생명·신체·재산의 안전에 구체적 위험이 초래된 경우에 경찰공무원은 구체적인 손해방지의무를 지게 되는 것이다.

[판례] ① 경찰관에게 권한을 부여한 취지와 목적에 비추어 볼 때 구체적인 사정에 따라 경찰관이 그 권한을 행사하여 필요한 조치를 취하지 아니하는 것이 현저하게 불합리하다고 인정되는 경우에는 그러한 권한의 불행사는 직무상의 의무를 위반한 것이 되어 위법하게 된다(대판 2004. 09. 23, 2003다49009: 군산 윤락업소 화재사건으로 사망한 윤락녀의 유족들이 국가를 상대로 제기한 손해배상청구 사건에서, 경찰관의 직무상 의무위반행위를 이유로 국가에게 위자료의 지급책임을 인정한 사례).

---

36) 阿部, "抗告訴訟判決の國家賠償訴訟に對する既判力,"『判例 タイムズ』, 525호, 25면.

37) 다만, 광의의 행위위법설에 의하면 국가배상소송의 손해전보제도로서의 기능을 전혀 무시하지는 않는다.

38) 또한, 과실을 일종의 국가작용의 하자의 표현으로 볼 수 있다면 과실판단을 통하여 항고소송에서와는 다른 차원에서의 행정통제가 이루어진다.

② 판례 중에는 차량에 대한 경찰순찰차의 추적행위가 적법하더라도 추적방법이 상당하지 않은 경우 그 추적행위를 국가배상법상 위법하다고 할 수 있다고 한 판례가 있다(대판 2000. 11. 10, 2000다26807,26814).
③ 경찰서 및 교도소 소속 공무원들이 인신이 구금된 자의 생명·신체·건강의 위험을 방지할 주의의무를 위반하였다고 본 사례(대판 2005. 07. 22, 2005다27010).
④ [1] 자살예방 및 생명존중문화 조성을 위한 **법률과** 장병의 자살예방 대책과 관련한 **부대관리훈령 등의 규정 내용을 종합하면,** 자살우려자 식별과 신상파악·관리·처리의 책임이 있는 각급 부대의 지휘관 등 관계자는 **자살 등의 사고를 미리 방지하고 그가 신체적·정신적 건강을 회복할 수 있도록 할 의무가 있다.** 각급 부대의 관계자가 위와 같은 자살예방 관련 규정에 따라 필요한 조치를 취하지 않은 상황에서 소속 장병의 자살 사고가 발생한 경우, **자살 사고가 발생할 수 있음을 예견할 수 있었고 그러한 조치를 취했을 경우 자살 사고의 결과를 회피할 수 있었다면, 특별한 사정이 없는 한 해당 관계자의 직무상 의무 위반과 이에 대한 과실이 인정되고,** 국가는 국가배상법 제2조 제1항에 따라 배상책임을 진다. [2] 甲이 하사로 임관하여 해군교육사령부 정보통신학교 등에서 교육을 받고 함선에서 근무하던 중 자살한 사안에서, 甲이 해군교육사령부에서 받은 인성검사에서 '부적응, 관심, 자살예측'이라는 결과가 나왔음에도 자살예방 및 생명존중문화 조성을 위한 법률 및 장병의 자살예방 대책과 관련한 부대관리훈령 등에 따른 자살우려자 식별과 신상파악 등의 조치가 이루어지지 아니한 사정 등을 이유로 국가의 배상책임을 인정한 사례(대판 2020. 05. 28, 2017다211559).

직무상의 손해방지의무위반으로서의 위법성의 판단대상이 되는 것은 통상 공권력 행사 자체가 아니라 주된 공권력 행사에 부수되는 행위의 태양(공권력 행사의 방법 또는 수단 등)이다.

이와 같은 '공무원의 직무상의 일반적 손해방지의무'를 인정하고, 그 위반을 국가배상법상의 위법으로 보는 논거는 다음과 같다. 법률에 의한 행정의 원리의 실질적 내용을 이루는 인권보장의 측면에서 볼 때 공무원에게 직무상의 일반적 손해방지의무를 인정하는 것이 타당하다는 것이다. 헌법 제10조도 국가의 기본권 보장의 일반적 의무를 규정하고 있다.

(3) 국가배상법상 위법의 유형

판례에 따르면 국가배상법상 위법의 유형(類型)을 가해행위의 유형 또는 위법의 기준 및 내용에 따라 고찰할 필요가 있다.

1) 행위 자체의 법 위반

행정처분(예, 허가취소처분, 영업정지처분)의 위법과 같이 공권력 행사 자체가 가해행위인 경우에는 행위위법설에 따라 공권력행사 자체의 법에의 위반 여부가 위법의 판단기준이 된다.

[판례] ① [한센병 환자의 국가배상청구 사건] 국가가 한센병 환자의 치료 및 격리수용을 위하여 운영·통제해 온 ○○ ○○○병원 등에 소속된 의사나 간호사 또는 의료보조원 등이 한센인들에게 시행한 정관절제수술과 임신중절수술이 정부의 정책에 따른 정당한 공권력의 행사라고 인정받

으려면 법률에 그에 관한 명시적인 근거가 있어야 하고, 과잉금지의 원칙에 위배되지 아니하여야 하며, 침해행위의 상대방인 한센인들로부터 '사전에 이루어진 설명에 기한 동의(prior informed consent)'가 있어야 한다. 만일 국가가 위와 같은 요건을 갖추지 아니한 채 한센인들을 상대로 정관절제수술이나 임신중절수술을 시행하였다면 설령 이러한 조치가 정부의 보건정책이나 산아제한정책을 수행하기 위한 것이었다고 하더라도 이는 위법한 공권력의 행사로서 민사상 불법행위가 성립한다(대판 2017. 02. 15, 2014다230535).
② 피고인의 변호인으로부터 조력을 받을 권리와 변호인의 피고인에 대한 접견교통권을 침해하는 행위는 불법행위이고, 그에 대해 국가배상책임이 인정된다(대판 2018. 12. 27, 2016다266736; 2021. 11. 25, 2019다235450).

2) 행위의 집행방법상 위법

행위 자체는 적법하나 그 집행방법상(執行方法上) 위법이 인정되는 경우이다. 이 경우에는 집행방법에 관한 명문의 규정이 있는 경우 그 위반이 위법이고, 집행방법에 관하여 명문의 규정이 없는 경우에도 손해방지의무 위반이 있으면 위법이 인정된다. 예를 들면, 행정강제 자체는 적법하나 행정강제를 수행하는 과정에서 법령위반 또는 손해방지의무위반으로 손해를 발생시킨 경우 위법성이 인정된다.

[판례] 경찰관이 교통법규 등을 위반하고 도주하는 차량을 **순찰차로 추적하는 행위는 적법하나** 그 추적이 당해 직무 목적을 수행하는 데에 불필요하다거나 또는 도주차량의 도주의 태양 및 도로교통상황 등으로부터 예측되는 피해발생의 구체적 위험성의 유무 및 내용에 비추어 **추적의 개시·계속 혹은 추적의 방법이 상당하지 않다는 등의 특별한 사정이 있는 경우**에는 국가배상법상 위법이 인정된다(대판 2000. 11. 10, 2000다26807: 경찰관이 교통법규 등을 위반하고 도주하는 차량을 순찰차로 추적하는 직무를 집행하는 중에 그 도주차량의 주행에 의하여 제3자가 손해를 입은 사건에서 위법성 부정한 사례).

3) 직무상 의무 위반으로서의 위법

공무원의 직무상 의무 위반(職務上 義務 違反)이 국가배상법상 위법으로 논해지는 경우가 있다. 직무상 의무위반이 국가배상법상 위법으로 판단되는 대표적인 경우는 입법행위 또는 사법행위(司法行爲)의 국가배상법상 위법과 직무상 손해방지의무 위반으로서의 위법의 경우이다.

공무원의 일반적인 직무상 손해방지의무는 법령에 명시적인 규정이 없이 인정되는 직무상 의무의 대표적인 예이다.

가. 직무상 의무의 법적 근거 공무원의 직무상 의무는 명문의 규정이 있는 경우(대판 2001. 10. 23, 99다36280[정수처리규정위반사건])뿐만 아니라 명문의 규정이 없는 경우에도 관련규정에 비추어 조리상 인정될 수 있다(대판 1998. 08. 25, 98다16890[방치된 트랙터사건]).

[판례] ① 구체적인 직무를 수행하는 경찰관으로서는 제반 상황에 대응하여 자신에게 부여된 여러 가지 권한을 적절하게 행사하여 필요한 조치를 취할 수 있는 것이고, 그러한 권한은 일반적으로 경찰관의 전문적 판단에 기한 합리적인 재량에 위임되어 있는 것이나, 경찰관에게 권한을 부여한 취지와 목적에 비추어 볼 때 구체적인 사정에 따라 경찰관이 그 권한을 행사하여 필요한 조치를 취하지 아니하는 것이 현저하게 불합리하다고 인정되는 경우에는 그러한 권한의 불행사는 직무상의 의무를 위반한 것이 되어 위법하게 된다(대판 2004. 09. 23, 2003다49009: 군산 윤락업소 화재사건으로 사망한 윤락녀의 유족들이 국가를 상대로 제기한 손해배상청구 사건에서, 경찰관의 직무상 의무위반행위를 이유로 국가에게 위자료의 지급책임을 인정한 사례).

② 경찰관이 농민들의 시위를 진압하고 시위과정에 도로 상에 방치된 트랙터 1대에 대하여 이를 도로 밖으로 옮기거나 후방에 안전표지판을 설치하는 것과 같은 위험발생방지조치를 취하지 아니한 채 그대로 방치하고 철수하여 버린 결과, 야간에 그 도로를 진행하던 운전자가 위 방치된 트랙터를 피하려다가 다른 트랙터에 부딪혀 상해를 입은 사안에서 국가배상책임을 인정한 사례(대판 1998. 08. 25, 98다16890[방치된 트랙터사건]).

③ [1] 토지형질변경허가권자의 위험관리의무의 내용 및 그 의무위반이나 재량에 의한 허가취소권 등의 불행사가 위법한 것으로 인정되기 위한 요건: 구 도시계획법(2000. 1. 28. 법률 제6243호로 전문 개정되기 전의 것), 구 도시계획법시행령(2000. 7. 1. 대통령령 제16891호로 전문 개정되기 전의 것), 토지의형질변경등행위허가기준등에관한규칙 등의 관련 규정의 취지를 종합하여 보면, 시장 등은 토지형질변경허가를 함에 있어 허가지의 인근 지역에 토사붕괴나 낙석 등으로 인한 피해가 발생하지 않도록 허가를 받은 자에게 옹벽이나 방책을 설치하게 하거나 그가 이를 이행하지 아니할 때에는 스스로 필요한 조치를 취하는 직무상 의무(위험관리의무)를 진다고 해석되고, 이러한 의무의 내용은 단순히 공공 일반의 이익을 위한 것이 아니라 전적으로 또는 부수적으로 사회구성원 개인의 안전과 이익을 보호하기 위하여 설정된 것(사익보호성)이라 할 것이므로, 지방자치단체의 공무원이 그와 같은 위험관리의무를 다하지 아니한 경우 그 의무위반이 직무에 충실한 보통 일반의 공무원을 표준으로 할 때 객관적 정당성을 상실하였다고 인정될 정도에 이른 경우에는 국가배상법 제2조에서 말하는 위법의 요건을 충족하였다고 봄이 상당하고, 허가를 받은 자가 위 규칙에 기하여 부가된 허가조건을 위배한 경우 시장 등이 공사중지를 명하거나 허가를 취소할 수 있는 등 형식상 허가권자에게 재량에 의한 직무수행권한을 부여한 것처럼 되어 있더라도 시장 등에게 그러한 권한을 부여한 취지와 목적에 비추어 볼 때 구체적인 사정에 따라 시장 등이 그 권한을 행사하여 필요한 조치를 취하지 아니하는 것이 현저하게 불합리하다고 인정되는 경우에는 그러한 권한의 불행사는 직무상의 의무를 위반하는 것이 되어 위법하게 된다. [2] 토석채취공사 도중 경사지를 굴러 내린 암석이 가스저장시설을 충격하여 화재가 발생한 사안에서, 토지형질변경허가권자에게 허가 당시 사업자로 하여금 위해방지시설을 설치하게 할 의무를 다하지 아니한 위법과 작업도중 구체적인 위험이 발생하였음에도 작업을 중지시키는 등의 사고예방조치를 취하지 아니한 위법이 있다고 한 사례(대판 2001. 03. 09, 99다64278[손해배상(기)]). 〈해설〉 사익보호성을 위법성의 요소로 본 과거의 판례이다.

④ [1] 국가가 국민의 생명 · 신체의 안전에 대한 보호의무를 다하지 않았는지 여부를 헌법재판소가 심사할 때에는 국가가 이를 보호하기 위하여 적어도 적절하고 효율적인 최소한의 보호조치를 취하였는가 하는 이른바 '과소보호 금지원칙'의 위반 여부를 기준으로 삼아, 국민의 생명 · 신체의 안전을 보호하기 위한 조치가 필요한 상황인데도 국가가 아무런 보호조치를 취하지 않았든지 아니면 취한 조치가 법익을 보호하기에 전적으로 부적합하거나 매우 불충분한 것임이 명백한 경우에 한하여 국가의 보호의무의 위반을 확인하여야 한다. [2] 이 사건 고시(미국산 쇠고기 수입의 위생조

건에 관한 고시(농림부고시 제2006-15호))가 개정 전 고시에 비하여 완화된 수입위생조건을 정한 측면이 있다 하더라도, 미국산 쇠고기의 수입과 관련한 위험상황 등과 관련하여 개정 전 고시 이후에 달라진 여러 요인들을 고려하고 지금까지의 관련 과학기술 지식과 OIE 국제기준 등에 근거하여 보호조치를 취한 것이라면, 이 사건 고시상의 보호조치가 체감적으로 완벽한 것은 아니라 할지라도, 위 기준과 그 내용에 비추어 **쇠고기 소비자인 국민의 생명 · 신체의 안전을 보호하기에 전적으로 부적합하거나 매우 부족하여 그 보호의무를 명백히 위반한 것이라고 단정하기는 어렵다** 할 것이다(헌재 2008. 12. 26, 2008헌마419 · 423 · 436(병합)[미국산 쇠고기 및 쇠고기 제품 수입위생조건 위헌확인]).

⑤ **갑 지방자치단체가 도시공원(어린이공원) 정비 공사가 완료된 후 설치검사 전에 공원을 개방하였는데, 을이 공원에 설치된 조합놀이대의 미끄럼틀을 거꾸로 오르다가 바닥으로 추락한 후 사망하였고, 이에 을의 부모인 병 등이 갑 지방자치단체를 상대로 국가배상법상 손해배상을 구한 사안**에서, **위 공원 내 시설은** 갑 지방자치단체가 관리하는 **공공의 영조물**에 **해당**하는데, 사고 당시 미끄럼틀 및 그 부근에 포설된 충격흡수용 표면재에 관련 기준을 위반하는 등의 **설치 또는 관리상 하자가 있었다고 볼 수 없고**, 갑 지방자치단체 소속 공무원에게 **설치검사 전에 공원을 개방하여서는 아니 될 직무상 의무를 위반한 잘못은 있으나** 그와 같은 직무상 의무 위반과 을의 사고 사이의 **상당인과관계를 인정할 수 없으므로, 영조물의 설치 · 관리상 하자 또는 설치검사 전 공원을 개방한 직무상 의무 위반으로 인한 손해배상청구는 이유 없으나**, 갑 지방자치단체가 위 공원 내 어린이놀이시설에 대한 설치검사 결과 불합격 판정을 받았다가 불합격 사유를 보완하여 다시 설치검사를 받아 합격 판정을 받은 사실이 있으면서도, 소송 진행 과정에서 갑 지방자치단체 소속 공무원이 합격 판정을 받은 설치검사 결과를 제출하면서 '설치검사(재검사)'라는 기재가 포함된 설치검사 시행업체의 공문 부분을 제외한 데다가 법원이 위 공원에 대한 설치검사 또는 정기시설검사 결과를 제출할 것을 석명하였음에도 불합격 판정을 받은 설치검사 결과의 존재를 밝히지 않은 행위나, 병 등의 감정신청에도 불구하고 공원 재정비 공사를 실시하여 사고가 발생한 미끄럼틀 등을 철거한 행위는, **국가배상절차에서 병 등의 증거신청이나 법원의 석명에 대하여 성실하게 협조할 법규상 · 조리상 의무를 위반한 위법한 행위**이고, 소송의 원인과 경과 등에 비추어 보면 갑 지방자치단체 소속 공무원의 위와 같은 위법행위로 인하여 병 등이 상당한 **정신적 고통**을 받았을 것임은 경험칙상 분명하므로, 갑 지방자치단체는 병 등에게 그로 인한 손해를 배상할 의무가 있다고 한 사례(서울고등법원 2020. 10. 22. 선고 2020나2003589 판결).

⑥ 검사는 피고인에게 유리한 증거를 발견하게 된 경우 피고인의 이익을 위하여 이를 법원에 제출할 의무를 부담한다(대판 2022. 09. 16, 2021다295165).

⑦ 검사가 법원의 문서송부요구를 거절한 행위는 직무상 의무 위반행위에 해당한다(대판 2022. 09. 16, 2022다236781).

나. 직무상 의무의 사익보호성 직무상 의무 위반이 국가배상법상 위법이 되기 위해 직무상 의무의 사익보호성(私益保護性)이 요구되는지에 관하여 견해의 대립이 있다.

(가) 적극설 이 견해는 공무원의 행위 또는 직무상 의무를 규율하는 법령이 공익의 보호만을 목적으로 하는 경우에는 그 법령을 위반하여도 국가배상법상 위법하다고 보지 않고, 공무원의 행위 또는 직무상의무를 규율하는 법령이 공익뿐만 아니

라 국민 개개인의 이익을 보호하는 것을 목적으로 할 때에 한하여 국가배상법상 위법성이 인정된다고 한다. 일본의 판례는 적극설을 취하고 있다.

(나) 소극설 직무상 의무를 위반한 행위는 당해 직무상 의무의 사익보호성 여부와 관계없이 법령에 위반하면 모두 위법으로 보아야 한다. 법령에 위반하는 행위로 순수하게 반사적 이익이 침해된 경우에도 위법성이 인정되지만, 손해가 발생한 것으로 볼 수 없어 국가배상책임이 인정되지 않는 것으로 본다.

(다) 판례(적극설) 판례는 직무상 의무위반으로 인한 손해에 대하여 **국가배상책임이 인정되기 위하여는** 당해 직무상 의무가 공익뿐만 아니라 국민 개개인의 이익을 보호목적으로 하고 있어야 한다고 한다.

[판례] [1] **공무원의 직무상 의무가 순전히 행정기관 내부의 질서를 유지하기 위한 것이거나 전체적으로 공공 일반의 이익을 도모하기 위한 것인 경우, 그 의무를 위반하여 국민에게 가한 손해에 대하여 국가 또는 지방자치단체가 배상책임을 부담하는지 여부(소극) 및 공무원의 직무상 의무가 오로지 공공 일반의 전체적인 이익을 도모하기 위한 것에 불과한지 판단하는 기준:** 일반적으로 국가 또는 지방자치단체가 권한을 행사할 때에는 국민에 대한 손해를 방지하여야 하고, 국민의 안전을 배려하여야 하며, 소속 공무원이 전적으로 또는 부수적으로라도 국민 개개인의 안전과 이익을 보호하기 위하여 법령에서 정한 직무상 의무를 위반하여 국민에게 손해를 가하면 상당인과관계가 인정되는 범위 안에서 국가 또는 지방자치단체가 배상책임을 부담하는 것이지만, 공무원이 직무를 수행하면서 근거되는 법령의 규정에 따라 구체적으로 의무를 부여받았어도 그것이 **국민의 이익과는 관계없이 순전히 행정기관 내부의 질서를 유지하기 위한 것이거나, 또는 국민의 이익과 관련된 것이라도 직접 국민 개개인의 이익을 위한 것이 아니라 전체적으로 공공 일반의 이익을 도모하기 위한 것이라면** 그 의무를 위반하여 국민에게 손해를 가하여도 국가 또는 지방자치단체는 배상책임을 부담하지 아니한다. 이때 공무원이 준수하여야 할 직무상 의무가 오로지 공공 일반의 전체적인 이익을 도모하기 위한 것에 불과한지 혹은 국민 개개인의 안전과 이익을 보호하기 위하여 설정된 것인지는 결국 **근거 법령 전체의 기본적인 취지 · 목적과 그 의무를 부과하고 있는 개별 규정의 구체적 목적 · 내용 및 직무의 성질, 가해행위의 태양 및 피해의 정도 등의 제반 사정을 개별적 · 구체적으로 고려하여 판단하여야 한다.** [2] 구 산업기술혁신 촉진법(2009. 1. 30. 법률 제9369호로 개정되기 전의 것) 제1조, 제3조, 제16조 제1항, 제17조 제1항 본문 및 구 산업기술혁신 촉진법 시행령(2009. 4. 30. 대통령령 제21461호로 개정되기 전의 것) 제23조, 제24조, 제25조, 제27조의 목적과 내용 등을 종합하여 보면, 위 법령이 **공공기관**에 부과한 **신제품 인증을 받은 제품(이하 '인증신제품'이라 한다) 구매의무**는 기업에 신기술개발제품의 판로를 확보하여 줌으로써 산업기술개발을 촉진하기 위한 국가적 지원책의 하나로 국민경제의 지속적인 발전과 국민의 삶의 질 향상이라는 **공공 일반의 이익을 도모하기 위한 것**이고, 공공기관이 구매의무를 이행한 결과 신제품 인증을 받은 자가 재산상 이익을 얻게 되더라도 이는 반사적 이익에 불과할 뿐 위 법령이 보호하고자 하는 이익으로 보기는 어렵다. 따라서 공공기관이 위 법령에서 정한 인증신제품 구매의무를 위반하였다고 하더라도, 이를 이유로 신제품 인증을 받은 자에 대하여 국가배상법 제2조가 정한 배상책임이나 불법행위를 이유로 한 손해배상책임을 지는 것은 아니다(대판 2015. 05. 28, 2013다41431).

종래 직무상 의무의 사익보호성을 위법성의 문제로 보고 있는 것으로 보이는 판례와 상당인과관계의 문제로 보고 있는 것으로 보이는 판례가 혼재하였으나, 최근 판례는 직무상 의무의 사익보호성을 위법성의 요소로 보지 않고, 상당인과관계의 요소로 보는 경향이 있다.

① 위법성의 문제로 본 과거 판례

[판례] ① 토지형질변경허가권자의 위험관리의무의 내용 및 그 의무 위반이나 재량에 의한 허가취소권 등의 불행사가 위법한 것으로 인정되기 위한 요건: 구 도시계획법(2000. 1. 28. 법률 제6243호로 전문 개정되기 전의 것), 구 도시계획법시행령(2000. 7. 1. 대통령령 제16891호로 전문 개정되기 전의 것), 토지의 형질변경 등 행위허가기준 등에 관한 규칙 등의 관련 규정의 취지를 종합하여 보면, 시장 등은 토지형질변경허가를 함에 있어 허가지의 인근 지역에 토사붕괴나 낙석 등으로 인한 피해가 발생하지 않도록 허가를 받은 자에게 옹벽이나 방책을 설치하게 하거나 그가 이를 이행하지 아니할 때에는 스스로 필요한 조치를 취하는 **직무상 의무를 진다**고 해석되고, 이러한 의무의 내용은 단순히 공공 일반의 이익을 위한 것이 아니라 전적으로 또는 부수적으로 **사회구성원 개인의 안전과 이익을 보호하기 위하여 설정된 것이라 할 것**이므로, 지방자치단체의 공무원이 그와 같은 위험관리의무를 다하지 아니한 경우 그 의무위반이 직무에 충실한 보통 일반의 공무원을 표준으로 할 때 객관적 정당성을 상실하였다고 인정될 정도에 이른 경우에는 **국가배상법 제2조에서 말하는 위법의 요건을 충족하였다고 봄이 상당하고,** 허가를 받은 자가 위 규칙에 기하여 부가된 허가조건을 위배한 경우 시장 등이 공사중지를 명하거나 허가를 취소할 수 있는 등 형식상 허가권자에게 재량에 의한 직무수행권한을 부여한 것처럼 되어 있더라도 시장 등에게 그러한 권한을 부여한 취지와 목적에 비추어 볼 때 구체적인 사정에 따라 시장 등이 그 권한을 행사하여 필요한 조치를 취하지 아니하는 것이 **현저하게 불합리하다고 인정되는 경우**에는 그러한 **권한의 불행사**는 직무상의 의무를 위반하는 것이 되어 **위법**하게 된다(대판 2001. 03. 09, 99다64278: 토석채취공사 도중 경사지를 굴러 내린 암석이 가스저장시설을 충격하여 화재가 발생한 사안에서, 토지형질변경허가권자에게 허가 당시 사업자로 하여금 위해방지시설을 설치하게 할 의무를 다하지 아니한 위법과 작업 도중 구체적인 위험이 발생하였음에도 작업을 중지시키는 등의 사고예방조치를 취하지 아니한 위법이 있다고 한 사례).

② [정수처리규정 위반사건]: 상수원수 2급에 미달하는 상수원수는 고도의 정수처리 후 사용하여야 한다는 환경정책기본법령상의 의무 역시 위에서 본 수질기준 유지의무와 같은 성질의 것이므로, 지방자치단체가 상수원수의 수질기준에 미달하는 하천수를 취수하거나 상수원수 3급 이하의 하천수를 취수하여 고도의 정수처리가 아닌 일반적 정수처리 후 수돗물을 생산·공급하였다고 하더라도, 그렇게 공급된 수돗물이 음용수 기준에 적합하고 몸에 해로운 물질이 포함되어 있지 아니한 이상, 지방자치단체의 위와 같은 수돗물 생산·공급행위가 국민에 대한 불법행위가 되지 아니한다고 한 사례(대판 2001. 10. 23, 99다36280). 〈해설〉 직무상 의무의 사익보호성을 가해행위의 위법성의 요소로 본 판례이다.

② 상당인과관계의 문제로 본 현재 판례

[판례] ① [1] 공무원의 직무상 의무위반으로 국가배상책임이 인정되기 위한 요건: 공무원이 고의 또는 과실로 그에게 부과된 직무상 의무를 위반하였을 경우라고 하더라도 국가는 그러한 직무상의 의무위반과 피해자가 입은 손해 사이에 상당인과관계가 인정되는 범위 내에서만 배상책임을 지는 것이고, 이 경우 **상당인과관계가 인정되기 위하여는 공무원에게 부과된 직무상 의무의 내용**이 단순히 공공 일반의 이익을 위한 것이거나 행정기관 내부의 질서를 규율하기 위한 것이 아니고 **전적으로 또는 부수적으로 사회구성원 개인의 안전과 이익을 보호하기 위하여 설정된 것이어야 한다.** [2] 구 식품위생법 제 7조, 제9조, 제10조, 제16조가 사회구성원 개인의 안전과 이익을 보

호하기 위한 규정이다(대판 2010. 09. 09, 2008다77795).
② [1] **구 풍속영업의규제에관한법률에서 요구되는 풍속영업의 신고 및 이에 대한 수리행위는 오로지 공공 일반의 이익을 위한 것으로 볼 것**이고, 부수적으로라도 사회구성원의 개인의 안전과 이익 특히 사적인 거래의 안전을 보호하기 위한 것이라고 볼 수는 없다. [2] 노래연습장의 시설 및 영업 일체를 양수한 후 구 풍속영업의규제에관한법률의 규정에 따라 영업주 명의변경을 위하여 경찰서장에게 풍속영업변경신고서를 제출하였으나, 위 노래연습장 건물에 이미 속셈학원과 컴퓨터학원이 있다는 것이 발견되어 전 영업주의 풍속영업신고서 수리행위가 잘못된 것으로 밝혀지자 경찰서장이 위 변경신고서를 반려한 경우, 경찰서장이 전 영업주의 영업신고서를 잘못 수리한 행위나 이를 즉시 시정하지 않은 행위와 영업변경신고서가 반려됨으로써 양수인이 입은 영업상 손해 사이에 **상당인과관계가 없다**고 한 사례(대판 2001. 04. 13, 2000다34891). **〈해설〉** 현재 구 풍속영업의규제에관한법률(1999. 3. 31. 법률 제5942호로 개정되기 전의 것) 제5조는 폐지된 규정이다. 현재 노래연습장업은 「음악산업진흥에 관한 법률」에 따라 시장·군수·구청장에게 등록하도록 되어 있다. 노래연습장에서의 풍속을 저해하는 행위에 대한 규제는 여전히 「풍속영업의 규제에 관한 법률」에 의해 행해지고 있다.
③ 부산2저축은행 발행의 후순위사채에 투자한 원고들이 사채발행회사, 외부감사인, 증권회사, 신용평가회사, 금융감독원, 대한민국 등을 상대로 손해배상을 청구한 사안에서, 금융위원회의 설치 등에 관한 법률의 입법취지 등에 비추어 볼 때, **피고 금융감독원에 금융기관에 대한 검사·감독의무를 부과한 법령의 목적이 금융상품에 투자한 투자자 개인의 이익을 직접 보호하기 위한 것이라고 할 수 없으므로,** 피고 금융감독원 및 그 직원들의 위법한 직무집행과 부산2저축은행의 후순위사채에 투자한 원고들이 입은 손해 사이에 **상당인과관계가 있다고 보기 어렵다**고 판단한 원심을 수긍한 사례(대판 2015. 12. 23, 2015다210194).

(라) 결 어 법치행정의 원칙상 법령을 위반한 행위는 원칙상 위법한 것으로 보는 것이 타당하므로 소극설이 타당하다. 또한, 인과관계는 기본적으로 사실의 문제인데, 공무원에게 직무상 의무를 부과한 법령의 보호목적이 사회 구성원 개인의 이익과 안전을 보호하기 위한 것이 아니고 단순히 공공일반의 이익이나 행정기관 내부의 질서를 규율하기 위한 것이라는 이유만으로 공무원이 직무상 의무를 위반한 행위와 제3자가 입은 손해 사이에 상당인과관계를 부정하는 것은 타당하지 않다.

행정규칙에서 정한 공무원의 직무상 의무의 위반은 원칙상 위법이 되지 않는다. 다만, 행정규칙에서 정한 공무원의 직무상 의무가 안전 등과 관련이 있어 법질서 및 조리에 의해 요구되는 법적 의무인 손해방지의무(안전관리의무)에 해당하는 경우에는 결과적으로 그 위반이 위법이 될 수 있다. 행정규칙 위반이 위법이 아니라 법질서 및 조리에 의해 요구되는 법적 의무인 손해방지의무(안전관리의무) 위반이 위법한 것이다.

다. 권한의 불행사로 인한 직무상 의무 위반의 판단기준 판례는 공무원이 그 권한을 행사하여 필요한 조치를 취하지 아니하는 것이 현저하게 불합리하다고 인정되는 경우에는 그러한 권한의 불행사는 직무상의 의무를 위반한 것이 되어 위법하게 된다고 한다.

[판례] ① [1] **경찰관의 경찰관직무집행법 제5조에 규정된 권한의 불행사가 직무상의 의무를 위반한 것이 되어 위법한 것으로 되기 위한 요건**: 경찰관직무집행법 제5조는 경찰관은 인명 또는 신체에 위해를 미치거나 재산에 중대한 손해를 끼칠 우려가 있는 위험한 사태가 있을 때에는 그 각 호의 조치를 취할 수 있다고 규정하여 **형식상 경찰관에게 재량에 의한 직무수행권한을 부여한 것처럼 되어 있으나, 경찰관에게 그러한 권한을 부여한 취지와 목적에 비추어 볼 때 구체적인 사정에 따라 경찰관이 그 권한을 행사하여 필요한 조치를 취하지 아니하는 것이 현저하게 불합리하다고 인정되는 경우**에는 그러한 권한의 불행사는 직무상의 의무를 위반한 것이 되어 위법하게 된다. [2] **경찰관이 경찰관직무집행법 제5조에 규정된 위험발생방지조치를 취하지 아니하였음을 이유로 국가배상책임을 인정한 사례**: 경찰관이 농민들의 시위를 진압하고 **시위과정에 도로상에 방치된 트**랙터 1대에 대하여 이를 도로 밖으로 옮기거나 후방에 안전표지판을 설치하는 것과 같은 위험발생방지조치를 취하지 아니한 채 그대로 방치하고 철수하여 버린 결과, 야간에 그 도로를 진행하던 운전자가 위 방치된 트랙터를 피하려다가 다른 트랙터에 부딪혀 상해를 입은 사안에서 국가배상책임을 인정한 사례(대판 1998. 08. 25, 98다16890).

② 유흥주점에 감금된 채 윤락을 강요받으며 생활하던 여종업원들이 유흥주점에 화재가 났을 때 미처 피신하지 못하고 유독가스에 질식해 사망한 사안에서, 소방공무원이 위 유흥주점에 대하여 화재 발생 전 실시한 소방점검 등에서 구 소방법상 방염규정 위반에 대한 시정조치 및 화재 발생 시 대피에 장애가 되는 잠금장치의 제거 등 시정조치를 명하지 않은 직무상 의무 위반은 **현저히 불합리한 경우에 해당하여 위법**하고, 이러한 직무상 의무 위반과 위 사망의 결과 사이에 상당인과관계가 존재한다고 한 사례(대판 2008. 04. 10, 2005다48994[군산시 윤락가 화재사건]).

4) 상대적 위법성설을 취한 경우

전술한 바와 같다.

5) 부작위에 의한 손해배상책임

부작위(不作爲)에 의한 국가배상에서의 부작위는 신청을 전제로 하지 않는다. 따라서, 국가배상법상 부작위는 행정권을 불행사를 의미한다. 또한 작위의무는 직무상 의무를 의미하므로 부작위의 위법은 직무상 의무위반을 의미한다. 따라서, 직무상 의무 위반에 관한 논의는 부작위로 인한 국가배상책임에서도 그대로 타당하다.

부작위는 작위의무를 전제로 한다. 그런데, 작위의무가 법령에서 명문으로 규정되어 있지 않은 경우에도 조리에 의해 법적 작위의무를 인정할 수 있는가 하는 문제에 대하여 학설은 대립하고 있다.39)

또한 부작위에 의한 손해배상책임에 있어서 작위의무의 사익(개인적 이익)보호성이 요구되는가 하는 문제와 행정권의 불행사의 위법성의 문제가 논의의 대상이 되고 있다.

가. 조리에 의한 작위의무의 인정 여부 작위의무에 관하여 법령에서 명문으로 규정되어 있지 않은 경우에도 조리(條理)에 의해 법적 작위의무를 인정할 수 있는

39) 강구철, "부작위와 국가배상책임," 『고시계』, 1989. 11, 56~57면.

가 하는 문제에 대하여 학설은 대립하고 있다. 이 문제에 관하여는 두 견해가 대립될 수 있다.

(가) 긍정설 국가배상책임을 민법상 불법행위책임과 성질을 같이 하는 것으로 보면서 공서양속·조리 내지 건전한 사회통념에 근거하여 법적 작위의무를 인정할 수 있다는 견해이다. 이 견해는 피해자의 구제를 목적으로 하는 국가배상에 있어서 법률에 의한 행정의 원리를 강조하는 것은 타당하지 않다고 주장한다.[40)]

법치행정의 목적은 인권보장이라는 점과 생명과 재산을 보호하여야 한다는 국가의 임무에 비추어 조리에 의한 위험방지의무를 인정하는 견해도 있다.[41)]

(나) 부정설 이에 대하여 법률에 의한 행정의 원칙에 비추어 법률상의 근거를 결하는 작위의무를 인정할 수 없다는 견해가 있다.[42)]

(다) 판 례 판례는 형식적 의미의 법령에 명시적으로 공무원의 작위의무가 규정되어 있지 않음에도 일정한 경우에 관련법규정에 비추어 조리상 위험방지작위의무를 인정하고 있다. 즉, **판례**에 따르면 국민의 생명, 신체, 재산 등에 대하여 절박하고 중대한 위험상태가 발생하였거나 발생할 우려가 있어서 국민의 생명, 신체, 재산 등을 보호하는 것을 본래적 사명으로 하는 국가가 초법규적·일차적으로 그 위험 배제에 나서지 아니하면 국민의 생명, 신체, 재산 등을 보호할 수 없는 경우(달리 말하면 법이론상 재량권이 영으로 수축하는 경우)에는 형식적 의미의 법령에 근거가 없더라도 국가나 관련 공무원에 대하여 그러한 위험을 배제할 작위의무를 인정할 수 있을 것이나, 그와 같은 **절박하고 중대한 위험상태가 발생하였거나 발생할 우려가 있는 경우**가 아닌 한, 원칙적으로 공무원이 관련 법령대로만 직무를 수행하였다면 그와 같은 공무원의 부작위를 가지고 '고의 또는 과실로 법령에 위반'하였다고 할 수는 없다(대판 2005. 06. 10, 2002다53995).

입법에 있어서는 과소보호 금지의 원칙이 적용되지만, 구체적인 행정권 행사에 있어서 위법성의 기준(행정권의 손해방지의무 위반)으로 과소보호 금지의 원칙을 적용하는 것은 타당하지 않다.

[판례] ① 법령에 명시적으로 공무원의 작위의무가 규정되어 있지 않은 경우에도 공무원의 부작위로 인한 국가배상책임을 인정할 수 있는지 여부(한정 적극) 및 그 판단 기준: 국민의 생명, 신체, 재산 등에 대하여 절박하고 중대한 위험상태가 발생하였거나 발생할 우려가 있어서 국민의 생명, 신체, 재산 등을 보호하는 것을 본래적 사명으로 하는 국가가 초법규적 · 일차적으로 그 위험 배제에

40) 서원우, "국가의 부작위와 국가배상책임," 『고시연구』, 1979. 3, 15면 이하; 강구철, 상게논문, 57~58면.

41) 박윤흔, 『최신행정법강의(上)』, 675면.

42) 渡邊昭, "公權力の行使に基つく責任," 『實務法律大系, 醫療過誤·國家賠償』, 290면.

나서지 아니하면 국민의 생명, 신체, 재산 등을 보호할 수 없는 경우에는 형식적 의미의 법령에 근거가 없더라도 국가나 관련 공무원에 대하여 그러한 위험을 배제할 작위의무를 인정할 수 있을 것이나, 그와 같은 절박하고 중대한 위험상태가 발생하였거나 발생할 우려가 있는 경우가 아닌 한, 원칙적으로 공무원이 관련 법령대로만 직무를 수행하였다면 그와 같은 공무원의 부작위를 가지고 '고의 또는 과실로 법령에 위반'하였다고 할 수는 없을 것이므로, 공무원의 부작위로 인한 국가배상책임을 인정할 것인지 여부가 문제되는 경우에 관련 공무원에 대하여 작위의무를 명하는 법령의 규정이 없다면 공무원의 부작위로 인하여 침해된 국민의 법익 또는 국민에게 발생한 손해가 어느 정도 심각하고 절박한 것인지, 관련 공무원이 그와 같은 결과를 예견하여 그 결과를 회피하기 위한 조치를 취할 수 있는 가능성이 있는지 등을 종합적으로 고려하여 판단하여야 한다(대판 2005. 06. 10, 2002다53995: 이 사건 점용허가를 한 담당 공무원에 대하여 점용허가된 토지가 하천사업에 편입되는 사정으로 인해 이 사건 점용허가가 취소될 수 있고 그로 인해 이 사건 토지에 신축한 비행장 등을 철거할 가능성이 있다는 사정을 원고에게 알려 주어 원고로 하여금 위 점용허가에 따른 비행장 설치 등으로 인한 손해를 입지 않게 할 주의의무가 있다고 할 수 없다고 한 사례). 〈해설〉 비행장 설치를 위한 점용허가의 대상이 된 토지가 하천사업에 편입될 예정인 사실을 알았던 경우에는 조리상 손해방지의무(기본권보장의무)에 따라 고지할 의무가 있다고 보아야 한다.

② [지방자치단체의 지적 소관 공무원들이 이 사건 토지의 지목을 건축물의 건축을 위한 용도가 아닌 지목으로 변경할 의무가 있음을 전제로 그와 같은 의무를 이행하지 아니한 것에 대한 손해배상을 구하는 사건] [1] 관련 공무원에 대하여 작위의무를 명하는 법령의 규정이 없는 경우, 공무원의 부작위로 인한 국가배상책임을 인정할 것인지 판단하는 방법: 국민의 생명 · 신체 · 재산 등에 대하여 절박하고 중대한 위험상태가 발생하였거나 발생할 상당한 우려가 있어서 국민의 생명 등을 보호하는 것을 본래적 사명으로 하는 국가가 초법규적 · 일차적으로 그 위험의 배제에 나서지 아니하면 국민의 생명 등을 보호할 수 없는 경우에는 형식적 의미의 법령에 근거가 없더라도 국가나 관련 공무원에 대하여 그러한 위험을 배제할 작위의무를 인정할 수 있다. 그러나 그와 같은 절박하고 중대한 위험상태가 발생하였거나 발생할 상당한 우려가 있는 경우가 아닌 한, 원칙적으로 공무원이 관련 법령에서 정하여진 대로 직무를 수행하였다면 그와 같은 공무원의 부작위를 가지고 '고의 또는 과실로 법령을 위반'하였다고 할 수는 없다. 따라서 공무원의 부작위로 인한 국가배상책임을 인정할 것인지가 문제 되는 경우에 관련 공무원에 대하여 작위의무를 명하는 법령의 규정이 없는 때라면 공무원의 부작위로 인하여 침해되는 국민의 법익 또는 국민에게 발생하는 손해가 어느 정도 심각하고 절박한 것인지, 관련 공무원이 그와 같은 결과를 예견하여 그 결과를 회피하기 위한 조치를 취할 수 있는 가능성이 있는지 등을 종합적으로 고려하여 판단하여야 한다. 〈해설〉 국민의 생명 · 신체 · 재산 등에 대하여 절박하고 중대한 위험상태가 발생하였거나 발생할 상당한 우려가 있는 경우에 한정하지 않고 일반적으로 공무원의 조리상 손해방지의무를 인정하여야 할 것이다. [2] 구 개발제한구역의 지정 및 관리에 관한 특별조치법 시행령 제22조 [별표 2] 제4호 (마)목을 관련 공무원에 대하여 건축물 이축에 있어 종전 토지의 지목을 건축물의 건축을 위한 용도가 아닌 지목으로 변경하여야 할 적극적인 작위의무를 명하는 규정으로 볼 수 있는지 여부(소극): 구 개발제한구역의 지정 및 관리에 관한 특별조치법 시행령(2018. 2. 9. 대통령령 제28635호로 개정되기 전의 것) 제22조 [별표 2] 제4호 (마)목은 "이주단지를 조성한 후 또는 건축물을 이축한 후의 종전 토지는 다른 사람의 소유인 경우와 공익사업에 편입된 경우를 제외하고는 그 지목을 전 · 답 · 과수원, 그 밖에 건축물의 건축을 위한 용도가 아닌 지목으로 변경하여야 한다."라고 규정하면서 그 변경 주체와 절차에 대해서는 아무런 규정을 두고 있지 않다. 따라서 위 규정을 관련 공무원에 대하여 건축물 이축에 있어 종전 토지의 지목을 건축물의 건축을 위한 용도가 아닌 지목으로 변경

하여야 할 적극적인 작위의무를 명하는 규정으로 볼 수 없고, 관련 법령에 그와 같은 **작위의무 규정을 찾아볼 수도 없다.** 〈해설〉 행정기본법상의 적극행정규정에 비추어 관련 공무원에 대하여 건축물 이축에 있어 종전 토지의 지목을 **건축물의 건축을 위한 용도가 아닌 지목으로 변경하여야 할 조리상 작위의무를 인정하여야 할 것**이다. [3] 개발제한구역 내에 있는 이 사건 토지는 이미 그 지상에 건물이 신축되었다가 이축허가를 통해 철거되고 다른 곳에 신축되었는바, 관련 법령에 의해 이 사건 토지에는 건축물을 신축할 수 없는 제한이 있었는데, 원고들은 이 사건 토지의 지목이 여전히 대지로 되어 있어 건축물 신축이 가능한 것으로 알고 경매를 통해 이 사건 토지를 매수하였다가 그러한 제한으로 인해 건축물 신축이 가능하지 않게 되자 **지방자치단체 지적소관 공무원들이 그 지목을 변경하지 않았음을 이유로 손해배상을 구한 사안인데, 원심은** 개발제한구역법 시행령과 공간정보관리법의 각 규정에 비추어 볼 때 **해당 공무원들에게 이 사건 토지의 지목을 더 이상 건축을 할 수 없는 지목으로 변경하여야 할 의무가 있다고 보아 손해배상청구를 받아들였으나, 대법원은** 위 법령의 규정에 비추어 보더라도 그러한 지목변경의 작위의무를 인정할만한 규정을 찾아볼 수 없고, 나아가 공간정보관리법에 의하면 토지의 지목이 상세하고 자세하게 구분 및 분류되어 있어 소속 공무원이 어떠한 지목으로 변경할지 여부를 알 수도 없어 그러한 지목변경을 요구하기도 어렵다는 이유 등을 들어 **지목변경 의무를 인정한 원심판결을 파기환송한 사례**(대판 2021. 07. 21, 2021두33838[건축허가신청반려처분취소]). 〈해설〉 구 개발제한구역 지정 및 관리에 관한 특별조치법 시행령 제22조 ＜별표2＞ 제4호 등에 비추어 **지목변경 작위의무를 인정하고, 공무원의 과실을 인정할 수 있다면 국가배상책임을 인정하되** 이축된 토지인지를 확인하지 않은 원고의 과실을 인정하고, **과실상계를 하는 것이 타당한 사례**가 아닌지 재검토를 요한다.

③ 갑이 경주보훈지청에 국가유공자에 대한 주택구입대부제도에 관하여 전화로 문의하고 대부신청서까지 제출하였으나, 담당 공무원에게서 주택구입대부금 지급을 보증하는 지급보증서제도에 관한 안내를 받지 못하여 대부제도 이용을 포기하고 시중은행에서 대출을 받아 주택을 구입함으로써 결과적으로 더 많은 이자를 부담하게 되었다고 주장하며 국가를 상대로 정신적 손해의 배상을 구한 사안에서, **담당 공무원이 갑에게 주택구입대부제도에 관한 전화상 문의에 응답하거나 대부신청서의 제출에 따른 대부금지급신청안내문을 통지하면서 지급보증서제도에 관하여 알려주지 아니한 조치**가 객관적 정당성을 결여하여 현저하게 불합리한 것으로서 고의 또는 과실로 법령을 위반하였다고 볼 수 없음에도, 담당 공무원에게 지급보증서제도를 안내하거나 설명할 의무가 있음을 전제로 그 위반에 대한 국가배상책임을 인정한 원심판결에 법리오해의 위법이 있다고 한 사례(대판 2012. 07. 26, 2010다95666).

④ 경찰관들이 총기를 사용하여 피의자를 제압한 후 바로 119에 신고하고 그로부터 5분 후 119구급대가 사고현장에 도착하여 총상을 입은 피의자를 병원으로 후송하였으나 과다출혈로 사망한 사안에서, 경찰관들이 119에 신고를 마친 때로부터 119구급대가 사고현장에 도착할 때까지 지혈 등 기본적인 응급조치를 하지 않았다면 부상을 당한 피의자에 대한 구호 기타 필요한 긴급조치의무를 다하지 않은 과실이 있다고 볼 여지가 있음에도 그에 관한 구체적인 심리 없이 국가의 배상책임을 부정한 원심 판결을 파기한 사례(대판 2010. 03. 25, 2009다84424).

⑤ [1] **교도소 등 구금시설 관리자의 피구금자에 대한 안전확보의무의 내용과 정도의 확정방법**: 교도소 등의 구금시설에 수용된 피구금자는 스스로 의사에 의하여 시설로부터 나갈 수 없고 행동의 자유도 박탈되어 있으므로, 그 시설의 관리자는 피구금자의 생명, 신체의 안전을 확보할 의무가 있는바, 그 안전확보의무의 내용과 정도는 피구금자의 신체적·정신적 상황, 시설의 물적·인적 상황, 시간적·장소적 상황 등에 따라 일의적이지는 않고 사안에 따라 구체적으로 확정하여야 한다. [2] 교도소 내에서 수용자가 자살한 사안에서, 담당 교도관은 급성정신착란증의 증세가 있는 망인

의 자살사고의 발생위험에 대비하여 계구의 사용을 그대로 유지하거나 또는 계구의 사용을 일시 해제하는 경우에는 CCTV상으로 보다 면밀히 관찰하여야 하는 등의 직무상 주의의무가 있음에도 이를 위반하여 망인이 사망에 이르렀다고 본 사례(대판 2010. 01. 28, 2008다75768).
⑥ (1) **국민의 생명 · 신체의 안전이 질병 등으로부터 위협받거나 받게 될 우려가 있는 경우, 국가로서는** 그 위험의 원인과 정도에 따라 사회·경제적인 여건 및 재정사정 등을 감안하여 국민의 생명 · 신체의 안전을 보호하기에 필요한 적절하고 효율적인 입법 · 행정상의 조치를 취함으로써, **그 침해의 위험을 방지하고 이를 유지할 포괄적인 의무를 진다.** (2) 국가가 국민의 생명 · 신체의 안전을 보호할 의무를 진다하더라도, 국가의 보호의무를 입법자 또는 그로부터 위임받은 집행자가 어떻게 실현하여야 할 것인가 하는 문제는 원칙적으로 권력분립과 민주주의의 원칙에 따라 국민에 의하여 직접 민주적 정당성을 부여받고 자신의 결정에 대하여 정치적 책임을 지는 **입법자의 책임범위**에 속하므로, 헌법재판소는 단지 제한적으로만 입법자 또는 그로부터 위임받은 집행자에 의한 보호의무의 이행을 심사할 수 있다. 따라서 **국가가 국민의 생명 · 신체의 안전에 대한 보호의무를 다하지 않았는지 여부를 헌법재판소가 심사할 때에는 국가가 이를 보호하기 위하여 적어도 적절하고 효율적인 최소한의 보호조치를 취하였는가 하는 이른바 '과소보호금지 원칙'의 위반 여부를 기준으로 삼아야 한다**(헌재 2008. 12. 26, 2008헌마419; 2015. 09. 24, 2013헌마384 등). **〈해설〉** 그러나, 국가배상책임 일반에 주로 입법자의 기본권 보호의무의 기준이 되는 과소보호금지의 원칙을 적용하는 것은 타당하지 않다. 행정공무원의 보호의무는 입법자의 보호의무 보다 널리 인정하여야 한다.
⑦ 경찰관의 범죄수사 업무 및 보호관찰관의 전자장치 피부착자 지도 · 감독 업무에 관한 부작위가 위험을 배제할 공무원의 직무상의 의무를 위반한 것이어서 위법하다고 한 사례(대판 2022. 07. 14, 2017다290538).

이에 관하여 판례가 조리에 의한 손해방지작위의무를 인정하고 있다고 보는 견해도 있다.[43] 그러나, 판례는 이를 명시하고 있지 않고, 판례가 조리만에 의해 작위의무를 인정하였다고 보는 것은 타당하지 않다.

(라) 사 견 다음과 같은 이유에서 긍정설이 타당하다. ① 작위의무는 법률에 의한 행정의 원칙에 비추어 원칙상 실정법규에 근거하여야 하겠지만, 명문의 규정이 없더라도 실정법 전체의 구조로부터 도출되는 경우도 있다는 것을 인정하여야 한다. ② 그렇지만, 단순히 조리나 사회통념으로부터 법적 작위의무를 인정하는 것은 타당하지 않다. 작위의무는 각 행정분야에서의 객관적 법질서(관련법규 및 조리) 및 인권존중의 원칙 및 조리로부터 도출된다고 보아야 한다.

나. 직무상 작위의무의 사익보호성 판례는 직무상 의무의 사익보호성을 상당인과관계의 요소로서 요구한다. 즉, 공무원에게 부과된 직무상 작위의무의 내용이 단순히 공공 일반의 이익을 위한 것이거나 행정기관 내부의 질서를 규율하기 위한 것이 아니고 전적으로 또는 부수적으로 사회구성원 개인의 안전과 이익을 보호하기 위하여 설정된 것이어야 국가배상책임이 인정된다고 한다(대판 1993. 02. 12, 91다43466).

43) 박윤흔, 『최신행정법강의(上)』, 675면.

[판례] [1] 이 사건의 개요는 다음과 같다. 극동호라는 유람선의 운항중 노후된 기관이 과열되었고, 그 기관으로부터 약 1.3미터 떨어진 배기관에 파공이 3개소 생겼고, 그 파공을 통해 발화성 배기가스와 불씨 등이 튀어 나와 인근의 기름이 묻은 선체벽에 붙어 화재가 발생하였다. 그 때 위 선박의 기관장 등이 소화기로 진화코자 하였으나 소화기의 안전핀이 뽑히지 아니하여 조기에 진화하지 못한 까닭에 90명 중 36명이 익사 또는 소사하였다. 이에 원고는 마산지방해운항만청 충무출장소 공무원이 선박안전법 제5조 제1항에 의한 선박검사를 함에 있어 **검사의무를 해태하였고**, 충무시장은 유선 및 도선업법 제5조 제3호상의 **감독의무를 해태하여** 이와 같은 사고가 났다고 주장하며 국가와 충무시를 상대로 손해배상을 청구하였다. [2] 이 사건에서 대법원은 "공무원에게 부과된 **직무상 의무의 내용이 단순한 공공 일반의 이익을 위한 것이거나 행정기관 내부의 질서를 규율하기 위한 것이 아니고, 전적으로 또는 부분적으로 사회구성원 개인의 안전과 이익을 보호하기 위하여 설정된 것이**라면, 공무원이 그와 같은 직무상 의무를 위반함으로 인하여 피해자가 입은 손해에 대하여는 상당인과관계가 인정되는 범위 내에서 국가가 배상책임을 지는 것이고, 이 때 상당인과관계의 유무를 판단함에 있어서는 일반적인 결과발생의 개연성은 물론 직무상 의무를 부과하는 법령 기타 행동규범의 목적이나 가해행위의 태양 및 피해의 정도 등을 종합적으로 고려하여야 할 것이다"라고 판시하였다(대판 1993. 12. 12, 91다43466: 선박안전법이나 유선 및 도선업법의 각 규정은 공공의 안전 외에 일반인의 인명과 재화의 안전보장도 그 목적으로 하는 것이라고 한 사례; 2017. 11. 09, 2017다228083).

그러나, 전술한 바와 같이 직무상 의무위반은 모두 국가배상법상 위법이며 그로 인하여 손해가 발생하였으면 직무상 의무의 사익보호성과 관계없이 국가배상책임을 인정하여야 한다.

다. 행정권의 불행사의 위법성

(가) 행정권 불행사의 위법 행정권의 행사 또는 불행사는 재량행위인 경우가 많다. 이 경우에는 재량권이 영으로 수축하는 경우 및 비례의 원칙에 반하는 경우 등 재량권의 일탈·남용의 경우에 행정기관의 부작위가 위법하게 된다.

판례는 재량행위인 행정권의 불행사(부작위 또는 거부)가 위법하게 되기 위하여는 그 권한의 불행사가 현저하게 합리성을 잃어 사회적 타당성을 잃은 것이어야 한다고 한다. 또한, 판례는 공무원이 그 권한을 행사하여 필요한 조치를 취하지 아니하는 것이 현저하게 불합리하다고 인정되는 경우에는 그러한 권한의 불행사는 직무상의 의무를 위반한 것이 되어 위법하게 된다고 한다.

[판례] **① 경찰관의 권한 불행사가 직무상 의무를 위반하여 위법하게 되는 경우:** 경찰관에게 권한을 부여한 취지와 목적에 비추어 볼 때 구체적인 사정에 따라 **경찰관이 권한을 행사하여 필요한 조치를 하지 아니하는 것이 현저하게 불합리하다고 인정되는 경우에는 권한의 불행사는 직무상 의무를 위반한 것이 되어 위법하게 된다**(대판 2016. 04. 15, 2013다20427[손해배상(기)]).
② 사업시행자가 인가조건에 위반하여 사전분양행위를 한 경우, 행정청이 사업인가를 취소하지 아니한 것이 현저하게 불합리하다고 인정되지 않는 한, 위 권한의 불행사는 사전분양자에 대한 관계에서 국가배상법상 위법이라고 인정되는 것은 아니다(대판 2005. 11. 10, 2003다18876).
③ 소방공무원의 행정권한 행사가 관계 법률의 규정 형식상 소방공무원의 재량에 맡겨져 있다고

하더라도 소방공무원에게 그러한 권한을 부여한 취지와 목적에 비추어 볼 때 구체적인 상황 아래에서 소방공무원이 **그 권한을 행사하지 않은 것이 현저하게 합리성을 잃어 사회적 타당성이 없는 경우**에는 소방공무원의 직무상 의무를 위반한 것으로서 위법하게 된다고 한 사례(대판 2008. 04. 10, 2005다48994[군산시 윤락가 화재사건]).

④ 경찰관이 음주운전 단속시 운전자의 요구에 따라 곧바로 채혈을 실시하지 않은 채 호흡측정기에 의한 음주측정을 하고 1시간 12분이 경과한 후에야 채혈을 하였다는 사정만으로는 위 행위가 법령에 위배된다거나 객관적 정당성을 상실하여 운전자가 음주운전 단속과정에서 받을 수 있는 권익이 현저하게 침해되었다고 단정하기 어렵다고 본 사례(대판 2008. 04. 24, 2006다32132).

⑤ **식품의약품안전청장 등이 구 식품위생법 제7조, 제9조, 제10조, 제16조 등에 의하여 부여된 권한을 행사하지 않은 것이 직무상 의무를 위반한 것으로 위법하다고 인정되기 위한 요건 및 그 권한 불행사가 위법한 것으로 평가되는 경우 과실도 인정되는지 여부(적극)**: 구 식품위생법(2005. 1. 27. 법률 제7374호로 개정되기 전의 것) 제7조, 제9조, 제10조, 제16조 등 관련 규정이 식품의약품안전청장 및 관련 공무원에게 합리적인 재량에 따른 직무수행 권한을 부여한 것으로 해석된다고 하더라도, 식품의약품안전청장 등에게 그러한 권한을 부여한 취지와 목적에 비추어 볼 때 구체적인 상황 아래에서 식품의약품안전청장 등이 **그 권한을 행사하지 아니한 것이 현저하게 합리성을 잃어 사회적 타당성이 없는 경우에는 직무상 의무를 위반한 것이 되어 위법하게 된다. 그리고 위와 같이 식약청장등이 그 권한을 행사하지 아니한 것이 직무상 의무를 위반하여 위법한 것으로 되는 경우에는 특별한 사정이 없는 한 과실도 인정된다**(대판 2010. 09. 09, 2008다77795: 어린이가 '미니컵 젤리'를 먹다가 질식하여 사망한 사안에서, 식품의약품안전청장 등이 그 사고 발생시까지 구 식품위생법상의 규제 권한을 행사하여 미니컵 젤리의 수입·유통 등을 금지하거나 그 기준과 규격, 표시 등을 강화하고 그에 필요한 검사 등을 실시하는 조치를 취하지 않은 것이 현저하게 합리성을 잃어 사회적 타당성이 없다거나 객관적 정당성을 상실하여 위법하다고 할 수 있을 정도에까지 이르렀다고 보기 어렵고, 그 권한 불행사에 과실이 있다고 할 수도 없다고 한 원심의 판단이 정당하다고 한 사례).

⑥ 2004. 2.경 어린이가 미니컵 젤리를 섭취하던 중 **미니컵 젤리가 목에 걸려 질식사한 두 건의 사고가 연달아 발생한 뒤 약 8개월 20일 이후 다시 어린이가 미니컵 젤리를 먹다가 질식사한 사안에서**, 식품의약품안전청장 등이 미니컵 젤리의 유통을 금지하거나 물성실험 등을 통하여 미니컵 젤리의 위험성을 확인하고 기존의 규제조치보다 강화된 미니컵 젤리의 기준 및 규격 등을 마련하지 아니하였다고 하더라도 이를 현저하게 합리성을 잃어 사회적 타당성이 없다고 볼 수 있는 정도에 이른 것이라고 보기 어렵다고 한 사례(대판 2010. 11. 25, 2008다67828). 〈해설〉 동일한 사망사건이 이미 8개월 전에 2건 있었던 점에 비추어 반복적인 사고에 의한 손해발생의 방지를 위해 필요한 조치(권력적 조치뿐만 아니라 행정지도, 홍보 등 비권력적 조치 포함)를 취할 의무가 보다 강하게 요구된다는 점을 고려하여야 할 것이다.

⑦ 형사재판의 공판검사가 증인으로 소환된 자로부터 신변보호요청을 받았음에도 아무런 조치를 취하지 않아 그 증인이 공판기일에 법정에서 공판 개정을 기다리던 중 피고인의 칼에 찔려 상해를 입은 사안에서, 검사의 부작위로 인한 국가배상책임을 인정한 사례(대판 2009. 09. 24, 2006다82649).

⑧ (1) **장애인의 접근권은** 장애인이 인간다운 생활을 하는 데 필수적인 전제가 되는 권리로서, 비록 **헌법에 명시되지는 않았으나** 헌법 규정들로부터 도출되는 **기본권으로서의 지위를 가진다. 다만** 장애인의 접근권이 접근에 대한 방해의 금지를 구하는 소극적·방어적인 수준을 넘어 **비장애인과 동등한 수준의 접근을 보장할 수 있는 특정 시설과 설비를 설치할 것을 국가나 사인(私人)에게 적극적으로 요구할 수 있는 권리로 구체화되기 위해서는 이를 위한 법률이 필요하다** 할 것이고, 국가는 제한된 재정 능력과 사회·경제적 발전 수준 등을 고려하여 장애인에 대한 접근권이 적절히 보

장되도록 필요한 조치를 취할 의무가 있다. 장애인차별금지법은 장애인에 대한 모든 차별을 방지하고 이를 시정하기 위한 적극적 조치를 할 의무를 국가에 부과하고 있다(같은 법 제8조). (2) **국회가 법률로 행정청에 특정한 사항을 위임했음에도 불구하고 행정청이 정당한 이유 없이 이를 이행하지 않는다면** 권력분립의 원칙과 법치국가 또는 법치행정의 원칙에 위배되는 것으로서 **위법함과 동시에 위헌적인 것이** 되고, 이는 행정청이 법률에서 대통령령으로 정하도록 위임받은 사항을 전혀 입법하지 않은 경우(진정행정입법부작위)는 물론 그 법률이 위임한 사항을 불충분하게 규정함으로써 법률이 위임한 행정입법의무를 제대로 이행하지 않은 경우(원칙상 부진정행정입법부작위)도 마찬가지이다. (3) **행정청이 정당한 이유 없이 장애인의 접근권 보장을 위한 개선입법의무를 이행하지 않는 경우, 그 행정입법 부작위는 위법한지 여부(적극): 구 장애인 · 노인 · 임산부 등의 편의증진 보장에 관한 법률 시행령**(2022. 4. 27. 대통령령 제32607호로 개정되기 전의 것) **제3조**[44] **[별표 1]**(편의시설 설치 대상시설(제3조 관련)) **제2호(공공건물 및 공중이용시설) (가)목(제1종 근린생활시설)의 (1)이 정한 편의시설 설치의무 대상시설의 범위(바닥면적 합계가 300제곱미터 이상** 1천제곱미터 미만인 **소매점)**[45]**가 지나치게 좁아** 사회 · 경제적 발전 정도 및 장애인 편의시설 설치에 관한 사회적 공감대를 따라가지 못한다면, **그러한 규정(부진정행정입법부작위)은** 법률이 보장하고자 한 장애인의 접근권을 침해하거나, 장애인의 접근권을 점진적으로 확대해 나아가고자 한 **모법의 위임 취지를 도외시한 것으로 평가될 수 있을 것(위법하다 할 것)**이다.[46] **이러한 경우** 행정청에는 장애인을 위한 편의시설 설치가 강제되는 대상시설을 확대하여 장애인의 접근권을 실질적으로 개선하는 형태로 **해당 행정입법을 개정할 구체적인 의무가 발생한다고 할 것이고, 행정청이 정당한 이유 없이 그 개선입법의무를 이행하지 않는다면 그 행정입법 부작위(진정행정입법부작위)는 위법하다고 할 것**이다.[47] **(4) 위법한 행정입법 부작위로 인한 국가배상책임이 인정되기 위한 요건:** 법률이 **행정청에 대하여 행정입법을 할 재량을 부여하였다** 하더라도, 그 재량을 부여한 취지와 목적에 비추어 **행정청이 행정입법의 권한을 행사하지 아니한 것이 현저하게 합리성을 잃어 사회적 타당성이 없는 경우**에는 그 부작위가 **객관적 정당성을 상실**하였다고 볼 수 있고, 객관적 정당성을 상실하였다고 볼 수 있는 경우에는 **특별한 사정이 없으면** 국가배상법 제2조 제1항에서 정한 **공무원의 과실도 인정**된다. (5) 장애인의 접근권이 침해된 경우, 그로 인하여 장애인이 입게 되는 정신적 손해에 대해 국가의 위자료 지급의무가 있다. **국가배상법 제3조 제5항**이 생명, 신체의 침해에 따른 위자료의 지급을 규정하고 있을 뿐이라 하더라도, 이는 **생명, 신체 외의 다른 권리의 침해에 따른 위자료의 지급의무를 배제하는 것이라고 볼 수 없다. (6) 위법한 행정입법 부작위로 인하여 개인의 권리가 침해된 경우 위자료 지급의무를 인정하기 위해 고려하여야 할 요소:** 법원이 행정입법의무의 불이행으로 인한 위자료 액수를 산정할 때 고려하여야 할 요소: **행정입법의무의 불이행으로 인한 국가배상의 경우 위자료 산정에 고려하여야 할** 다음과 같은 **특수한 사정**이 있다. 즉, 행정입법은 별도

44) **제3조(대상시설)** 법 제7조 본문의 규정에 의하여 편의시설을 설치하여야 하는 대상시설은 별표 1과 같다.

45) 이 사건 소송 제기 이후 2022.4.27. 위 규정은 다음과 같이 개정되었다. "수퍼마켓 · 일용품(식품 · 잡화 · 의류 · 완구 · 서적 · 건축자재 · 의약품 · 의료기기 등을 말한다. 이하 같다) 등의 **소매점으로서** 동일한 건축물(하나의 대지 안에 2동 이상의 건축물이 있는 경우에는 이를 동일한 건축물로 본다. 이하 같다) 안에서 당해 용도에 쓰이는 **바닥면적의 합계가 50제곱미터 이상** 1천제곱미터 미만인 시설."

46) 이 사건 **구 장애인 · 노인 · 임산부 등의 편의증진 보장에 관한 법률 시행령(2022. 4. 27. 대통령령 제32607호로 개정되기 전의 것) 제3조 [별표 1](편의시설 설치 대상시설(제3조 관련)) 제2호(공공건물 및 공중이용시설) (가)목(제1종 근린생활시설)의 (1)의 법적 성격은 부진정입법부작위의 규정 즉 위법한 법령이다.**

47) 위법한 명령(부진정 행정입법부작위인 명령 포함)의 개폐의무를 인정한 것으로 볼 수 있다.

의 집행행위가 개입되지 않는 이상 그 자체로 국민의 권리의무에 직접적인 변동을 일으키지 않으므로 행정입법의무의 불이행으로 인한 권리 침해는 추상적인 수준에 머물게 된다. 또한 행정입법은 다른 행정행위와 달리 상대방이 구체적으로 특정되어 있지 않고 전체 국민을 수범자로 하므로 특정 집단 또는 개인을 구체적인 대상으로 하는 행정행위에 비해 사회구성원 개인의 안전과 이익을 보호할 직무상 의무 위반에 대한 비난가능성은 상대적으로 크지 않은 반면, 국가배상책임이 인정되는 상대방의 인적 범위는 과도하게 확대될 수 있다. 나아가, 행정입법의무의 불이행이 위법함을 선언하는 판결을 통해 피해자의 정신적 손해가 상당 부분 회복될 수 있음은 물론 국가의 위법한 행위에 대한 사법통제도 충분히 이루어질 수 있다는 점도 고려되어야 한다. 법원이 행정입법의무의 불이행으로 인한 위자료를 산정할 때에는 위와 같은 특수성을 고려하여 앞서 본 행정입법의무 불이행으로 인한 정신적 손해 인정을 위한 참작 요소는 물론 그로 인한 권리 침해가 통상 다수의 피해자들에게 균질하게 나타나는 성질의 것인지 여부, 국가의 위법행위에 대한 제재와 예방의 필요 등을 종합적으로 참작하여 그 직권에 속하는 재량으로 위자료 액수를 정하여야 한다. [**대법관 김상환, 대법관 노태악, 대법관 권영준, 대법관 노경필의 별개의견**] 헌법 제29조 제1항에서 정한 국가배상청구권의 기본권적 성질, 헌법 제10조 제2문이 정한 국가의 기본권 보장의무, 헌법의 기본원리인 법치국가원리 및 법령의 통일적인 해석·적용의 요청에 비추어 볼 때, ① 국가의 위법한 행위로 인해 국민이 손해를 입은 이상 직무를 집행한 공무원의 주관적 책임이 인정되는지 여부를 따지지 않고 국가는 그 손해를 배상하여야 하고(국가배상법상 과실에 관한 객관설), ② 국민에게 손해를 입힌 국가의 행위가 공법상 위법함에도, 그 행위의 객관적 정당성이 상실되지 않았다는 등의 이유로 국가배상책임의 위법성 판단을 달리하여 그 책임을 면할 수는 없다고 보아야 한다(행위위법설)(대판 전원합의체 2024. 12. 19, 2022다289051). 〈**해설**〉 1) 판례는 행정입법권의 불행사로 인한 국가배상의 문제로 보았는데, 행정입법부작위로 인한 국가배상의 문제로 보는 것이 보다 타당하다. 2) 시행명령의 미제정으로 인한 국가배상을 인정한 대법원 판결(대판 2007. 11. 29, 2006다3561[군법무관 보수청구사건])이 있었는데, 이 사건(대판 전원합의체 2024. 12. 19, 2022다289051)은 위법한 명령을 개정하지 않은 것으로 인한 국가배상을 인정한 최초의 사례이다. 이 판결이 부진정한 행정입법 부작위로 인한 국가배상을 처음으로 인정한 것이라고 평가하는 견해(정남철, 행정입법부작위에 대한 국가배상, 행정법학 제28호, 2025.3, 67면 이하 참조)도 있지만, 부진정행정입법부작위로 초래된 위법한 법령의 개선입법의무(개정의무)의 불이행으로 인한 국가배상을 인정한 최소의 판례로 보는 것이 타당하다. 3) 판례는 행정권의 불행사로 인한 국가배상의 법리를 적용하였지만, 행정입법의무가 있는지 특히 위법한 명령의 개폐의무가 있는지에 대한 판단도 했다. 판례는 위법한 명령을 개폐하지 않은 것에 정당한 사유가 없다면 위법하다고 하였다. 다수의견은 **구 장애인·노인·임산부 등의 편의증진 보장에 관한 법률 시행령**(2022. 4. 27. 대통령령 제32607호로 개정되기 전의 것) **제3조**[48] **[별표 1] 제2호 (가)목의 (1)이 편의시설 설치의무 대상시설의 범위를 바닥면적 합계가 300제곱미터 이상** 1천제곱미터 미만인 **소매점으로 지나치게 좁게 규정한 것은 위법이고, 이러한 경우 해당 행정입법을 개정할 구체적인 의무가 발생한다고 할 것**이고, **행정청이 정당한 이유 없이 그 개선입법의무를 이행하지 않는다면 그 행정입법 부작위(진정행정입법부작위)는 위법하다고 할 것**이라고 하였다. 이는 위법한 명령(부진정 행정입법부작위인 명령 포함)의 개폐의무를 인정한 것이고, 행정입법부작위(개폐의무 불이행)의 위법을 인정한 것으로 볼 수 있다. 이 경우 공무원의 주관적 과실을 별도로 판단한다면 법령개폐업무를 담당하는 공무원이 객관적인 주의의무를 소홀히 했는지, 즉 해당 법령의 위법과 개폐의무를 알았거나 알 수 있었는지 그리고, 상당히 기간

48) **제3조(대상시설)** 법 제7조 본문의 규정에 의하여 편의시설을 설치하여야 하는 대상시설은 별표 1과 같다.

개폐의무의 이행을 지체했는지를 기준으로 판단하여야 한다. 4) **다수견해는** 국가배상책임이 인정되기 위해서는 공무원의 가해행위가 위법하고 과실이 있어야 한다고 보면서 그 위법은 상대적 위법설에 따른 위법(객관적 정당성의 결여), 그 과실은 공무원의 주관적 과실(객관적 주의의무 위반)로 보았다. 다만, 다수견해는 재량행위인 행정권의 불행사로 인한 국가배상에서와 같이 **행정청이 재량권인 행정입법의 권한을 행사하지 아니한 것이 현저하게 합리성을 잃어 사회적 타당성이 없는 경우**에는 그 부작위가 **객관적 정당성을 상실**하였다고 볼 수 있고, 객관적 정당성을 상실하였다고 볼 수 있는 경우에는 **특별한 사정이 없으면** 국가배상법 제2조 제1항에서 정한 **공무원의 과실도 인정**된다고 하였다. 이에 대하여 **별개의견은** 국가배상법상의 위법을 행위위법설에 따른 위법(작위 또는 부작위의 법 위반)으로 보고, 국가배상법상의 과실을 객관적 과실(즉 국가작용의 흠)로 보고 위법이면 과실이 있는 것으로 보아 위법만으로 국가배상책임을 인정하여야 한다고 보았다. **별개의견은** 위법하면 과실을 묻지 않고 국가배상을 인정하여야 한다고 하는데, 이러한 입장은 입법론으로는 몰라도 해석론으로는 타당하지 않다. 해석론으로는 과실 개념에 관한 객관설을 취하여 위법하면 과실을 인정할 수 있다고 하여야 한다. 또한, 별개의견은 상대적 위법성설에 입각한 다수의견과 달리 행위위법설의 입장을 취한 것으로 판단된다. 5) 다수의견은 현행 법제상 **행정입법의무의 불이행에 대해서는 손쉬운 사법적(司法的) 권리구제 수단이 마련되어 있지 않아(예, 행정입법의무 불이행에 대한 항고소송이나 당사자소송 불인정) 국가배상청구가 가장 유효하고** 실질적으로 유일한 **규범통제 수단**이라고 보면서 국가배상사건에서 이 점도 아울러 참작하여야 한다고 하였다.

판례가 재량행위인 행정권한의 불행사의 위법을 현저한 합리성의 결여라는 추상적인 기준에 의해 판단하는 것은 문제가 있다. 재량행위인 행정권한의 불행사의 위법은 재량권의 영으로의 수축이론, 비례의 원칙 등 보다 객관적인 기준에 의해 판단하여야 한다.

행정권의 발동이 기속행위인 경우에는 부작위가 곧 위법이 된다.

(나) 직무상 의무 위반의 위법 법정의 직무상 의무 위반은 이론상 그것만으로 위법인 것으로 보아야 한다. 그런데, **판례**는 직무상 의무 위반이 위법이 되기 위하여는 직무상 의무 위반이 직무에 충실한 보통 일반의 공무원을 표준으로 객관적 정당성을 상실하였다고 인정될 정도에 이른 때에 해당하여야 한다고 본다. 판례는 조리상 인정되는 직무상 의무 위반의 경우 위법과 과실을 동시에 판단하는 경향이 있다. 권한을 행사하지 아니한 것이 직무상 의무를 위반하여 위법한 것으로 되는 경우에는 특별한 사정이 없는 한 과실도 인정된다고 본다(대판 2010. 09. 09, 2008다77795 참조).

[판례] ① (1) 소방공무원이 구 소방시설법과 다중이용업소법 규정에 정하여진 **직무상 의무를 게을리한 경우 의무 위반이 직무에 충실한 보통 일반의 공무원을 표준으로 객관적 정당성을 상실하였다고 인정될 정도에 이른 때는 국가배상법 제2조 제1항에 정한 위법의 요건을 충족**하게 된다. (2) 그리고 소방공무원의 행정권한 행사가 관계 법률의 규정 형식상 소방공무원의 재량에 맡겨져 있더라도 소방공무원에게 그러한 권한을 부여한 취지와 목적에 비추어 볼 때 구체적인 상황 아래에서 **소방공무원이 권한을 행사하지 아니한 것이 현저하게 합리성을 잃어 사회적 타당성이 없는 경우에는 소방공무원의 직무상 의무를 위반한 것으로서 위법하게 된다**(대판 2016. 08. 25, 2014다225083).

② [농지의 원소유자가 국가를 상대로 손해배상을 청구하는 사건] (1) 국가가 구 농지개혁법에 따라 농지를 매수하였으나 분배하지 않아 원소유자의 소유로 환원된 경우에 국가는 이를 임의로 처분할 수 없고 원소유자에게 반환해야 한다. 만일 이러한 의무를 부담하는 국가의 담당공무원이 농지가 원소유자의 소유로 환원되었음을 제대로 확인하지 않은 채 제3자에게 농지를 처분한 다음 소유권보존등기를 하고 소유권이전등기를 해줌으로써 제3자의 등기부취득시효가 완성되어 원소유자에게 손해를 입혔다면, 이는 특별한 사정이 없는 한 국가배상법 제2조 제1항에서 정한 공무원의 고의 또는 과실에 의한 위법행위에 해당한다(대법원 2016. 11. 10. 선고 2014다229009 판결, 대법원 2017. 03. 15. 선고 2013다209695 판결 등 참조). (2) 이 사건 토지는 국가가 구 농지개혁법에 따라 매수하였으나 분배하지 않은 농지로서, 국가가 제3자에게 이 사건 토지를 매도한 다음 국가 명의로 소유권보존등기를 하고 제3자에게 소유권이전등기를 해줄 당시 이 사건 토지는 이미 원소유자에게 소유권이 환원되어 있었으므로, 국가는 이를 임의로 처분할 수 없고 원소유자에게 반환해야 함. 그런데도 담당공무원이 이를 제대로 확인하지 않은 채 제3자에게 이 사건 토지를 매도한 다음 국가 명의로 소유권보존등기를 하고 제3자에게 소유권이전등기를 해줌으로써 제3자의 등기부취득시효가 완성되어 원소유자에게 손해를 입혔으므로, 국가의 원소유자에 대한 손해배상책임이 성립할 여지가 있다고 판단하여 파기환송한 사례(대판 2019. 10. 31, 2016다243306).

라. 고의 또는 과실 이론상 위법과 과실은 구별된다. 그런데, 판례가 취하는 행정권의 불행사의 위법기준에 비추어 볼 때 행정권의 불행사(부작위 또는 거부)가 위법하면 원칙상 고의 또는 과실이 있다고 볼 수 있다. 특히 신청이 있었던 경우에는 피해의 예견가능성이 있었다고 할 수 있으므로 더욱 그러하다.

6) 행정규칙 위반

행정규칙 위반이 국가배상법상의 '법령 위반'에 해당하는지에 대하여 학설은 대체로 이 문제를 항고소송에서와 마찬가지로 행정규칙의 '법규성'의 문제 및 대외적 효력의 문제와 연결짓고 있다.[49] 따라서, 행정규칙의 대외적인 법적 구속력이 인정되지 않는 한 원칙상 행정규칙 위반만으로 가해행위가 위법하게 되지 않는다.

공무원의 조치가 적법한지는 행정규칙에 적합한지 여부가 아니라 상위법령의 규정과 입법 목적 등에 적합한지 여부에 따라 판단해야 한다(대판 2020. 05. 28, 2017다211559).

다만, 총기사용의 안전수칙과 같이 손해방지를 위한 안전성확보의무를 정하는 행정규칙을 위반한 가해행위는 당해 행정규칙이 위법이 아닌 한 그 위법성과 과실이 인정된다고 보아야 한다. 행정규칙을 위반하여 위법인 것이 아니라 조리상 손해방지의무(안전관리의무)를 위반하여 위법하게 되는 것이며 공무원은 행정규칙을 알고 있어야 하므로 과실이 인정되는 것이다.

49) 다만, 김도창 교수는 행정규칙 위반이 객관적으로 피해자와의 관계에서 부당한 것이라면 국가배상법상의 위법으로 볼 수 있다고 보고 있다(전게서, 573면).

7) 재량행위의 위법

재량권의 일탈 또는 남용의 경우에는 항고소송에서와 같이 국가배상소송에서도 위법성을 인정하나, 不當에 그치는 재량권 행사의 과오는 위법성을 구성하지 않는 것으로 보는 데 학설은 일치하고 있다.

그리고, 전술한 바와 같이 판례는 재량권의 불행사가 현저하게 불합리하여 위법하다고 판단되는 경우 특별한 사정이 없으면 과실도 인정된다고 한다.

8) 절차의 하자와 국가배상책임

절차상 위법한 가해행위로 손해가 발생한 경우에 있어서 절차상 위법과 손해 사이에 상당인과관계가 있는 경우 국가배생책임이 인정된다. 절차상 위법하지만 실체상 적법하여 실제에 있어서 손해가 발생하였다고 볼 수 없는 경우 국가배상책임이 인정될 수 없다.

[판례] ① 이 사건 경매법원의 담당공무원이 구 민사소송법 제617조 제2항 소정의 이해관계인에 대한 경매기일 및 경락기일 통지를 제대로 하지 않는 등 **적법한 경매절차 진행에 관한 직무상 의무를 위반하였고**, 그 결과 경락인인 원고로서는 이 사건 경락이 적법 유효한 것으로 믿고 **경락대금 및 등기비용 등을 지출함에 따른 손해를 입게 되었다 할 것**인데, 그 일련의 과정에서 경매법원 스스로 그 하자를 시정하는 조치를 취하지 않는 이상 특별히 경락인이 불복절차 등을 통하여 이를 시정하거나 위 결과 발생을 막을 것을 기대할 수도 없으며, 경락인의 손해에 대하여 국가배상 이외의 방법으로 구제받을 방법이 있는 것도 아니라는 점 등을 아울러 고려하면, **경매법원 공무원의 위 이해관계인 통지 등에 관한 절차상의 과오는 원고의 손해발생과 상당인과관계가 있다고 할 것**이고, 이는 경매법원의 경락허가결정, 대금지급기일 지정 및 그 실시, 소유권이전등기의 촉탁 등의 재판행위가 개입되어 있었다고 하여 달리 볼 것은 아니다(대판 1982. 06. 22, 80다2801 등 참조). 따라서 피고는 국가배상법 제2조 제1항, 제3조에 따라 원고가 입은 상당인과관계 있는 범위 내의 손해를 배상할 책임이 있다고 할 것이다(대판 2008. 07. 10, 2006다23664: 경매 담당 공무원이 이해관계인에 대한 기일통지를 잘못한 것이 원인이 되어 경락허가결정이 취소된 사안에서, 그 사이 경락대금을 완납하고 소유권이전등기를 마친 경락인에 대하여 국가배상책임을 인정한 사례).
② 행형법상의 금치처분에 절차적인 위법이 있어 당해 징벌처분이 위법하다는 이유로 공무원의 고의 · 과실로 인한 국가배상책임을 인정하기 위한 요건: 교도소장이 아닌 일반교도관 또는 중간관리자에 의하여 징벌내용이 고지되었다는 사유에 의하여 당해 징벌처분이 위법하다는 이유로 공무원의 고의·과실로 인한 국가배상책임을 인정하기 위하여는 징벌처분이 있게 된 규율위반행위의 내용, 징벌혐의내용의 조사·징벌혐의자의 의견 진술 및 징벌위원회의 의결 등 징벌절차의 진행경과, 징벌의 내용 및 그 집행경과 등 제반 사정을 종합적으로 고려하여 징벌처분이 객관적 정당성을 상실하고 이로 인하여 손해의 전보책임을 국가에게 부담시켜야 할 실질적인 이유가 있다고 인정되어야 한다(대판 2004. 12. 09, 2003다50184).

9) 수익적 행정처분의 위법

수익적 행정처분이 신청인에 대한 관계에서 국가배상법 제2조 제1항의 위법성이 있는 것으로 평가되기 위하여는 객관적으로 보아 그 행위로 인하여 신청인이 손해를 입게 될 것임이 분명하다고 할 수 있어 신청인을 위하여도 당해 행정처분을 거부할 것이 요구되는 경우이어야 한다(대판 2001. 05. 29, 99다37047).

[판례] ① **수익적 행정처분이 신청인에 대한 관계에서 국가배상법 제2조 제1항의 위법성이 있는 것으로 평가되기 위한 요건:** 수익적 행정처분이 신청인에 대한 관계에서 국가배상법 제2조 제1항의 위법성이 있는 것으로 평가되기 위하여는 당해 행정처분에 관한 법령의 내용, 그 성질과 법률적 효과, 그로 인하여 신청인이 무익한 비용을 지출할 개연성에 관한 구체적 사정 등을 종합적으로 고려하여 **객관적으로 보아 그 행위로 인하여 신청인이 손해를 입게 될 것임이 분명하다고 할 수 있어 신청인을 위하여도 당해 행정처분을 거부할 것이 요구되는 경우**이어야 한다(대판 2001. 05. 29, 99다37047: 도로구역결정 전의 도로계획부지에 대한 중소기업창업승인행위가 위법하지 않다고 한 사례). **〈해설〉 (1) 원심은** 그 인정 사실을 기초로, 원고에게 구 중소기업창업지원법(1995. 11. 22. 법률 제4978호로 개정되기 전의 것, 이하 같다) 제21조에 의한 **이 사건 사업계획승인(이하 '창업승인' 이라고 한다) 및 건축법에 의한 건축허가를 하여 준 피고의 담당 공무원은** 당시 그 공장부지 부근 토지에 제21호 고속국도 '천안－논산선'(이에 대한 노선지정은 창업승인 이후, 건축허가 이전인 1996. 7. 1.에, 도로구역결정 고시는 이 사건 창업승인 및 건축허가 이후인 1997. 8. 1. 각 되었다)의 건설이 계획되어 있었던 사실을 알고 있었으므로 그 이전에 원심 공동피고 한국도로공사로부터 교부받은 위 고속국도의 노선도(을 제45호증의 2)를 참조하여야 할 뿐 아니라, 다른 중소기업 창업승인신청의 경우와 같이 한국도로공사에 공식으로 문의를 하여 이 사건 공장부지가 위 고속국도 건설계획에 저촉되는지 여부를 확실하게 알아 본 후에 창업승인을 하여야 함에도 이를 게을리 한 채, 그 저촉 여부를 확실하게 알 수도 없는 축적 1:200,000의 환경영향평가서에 들어 있는 개략노선도와 위 고속국도와는 아무런 관련이 없는 주식회사 대우건설이 작성한 노선도만을 기초로 **이 사건 공장부지가 위 고속국도 건설계획에 저촉되지 않는다고 성급하게 판단한 과실로 이 사건 창업승인을 하였고,** 또한, 건축허가를 할 때에도 이미 창업승인이 이루어졌음을 이유로 별도의 협의를 거치지 않고, 한국도로공사에 문의하거나 위 고속국도건설계획 부지에 저촉되는지의 여부를 다시 확인함이 없이 한국도로공사 직원으로부터 비공식적으로 교부받은 것으로서 부본이나 사본의 표시도 없는 도면만을 기초로 삼았던 **과실이 있으므로, 피고(천안시)는 이 사건 창업승인으로 인하여 그 이후 원고가 지출한 창업비용과 기계제작비 손해를 배상할 의무가 있다고 판단하였다. (2) 대법원은** 다음과 같이 판시하였다: 수익적 행정행위인 이 사건 창업승인과 관련한 피고의 위법행위 여부에 관하여 보건대, 앞에서 본 바와 같은 창업승인의 효과에 비추어 창업승인은 중소기업의 창업을 용이하게 하여 주기 위한 것으로서, 중소기업의 창업을 위하여 반드시 창업승인을 받아야 하는 것은 아니고 개별 법률이 정하는 요건을 갖추어 창업할 수도 있는 점, 구 중소기업창업지원법시행령 제27조 및 위 법 제21조 제3항에 의하여 작성된 창업승인업무처리지침에 의하면 창업승인을 받은 사업계획은 승인을 받아 변경할 수 있고, 사업계획의 변경에는 공장부지의 변경도 포함되므로 창업승인을 받은 공장부지 위의 공장건축이 장차 도로 개설과 같은 사유로 인하여 불가능하게 될 수 있다고 하더라도 그 창업승인 및 이에 따른 창업준비활동이 신청인에게 무익한 것이라고 단정하기 어려운 점, 원심판결 이유에 의하더라도 **이 사건 창업승인 당시 위 고속국도는 도로구역이 결정되기 전의 계획단계에 불과한 것으로서, 아직 그 계획부지에 대한 창업승인이나 건축 등이 법적으로 제한된 것으로 볼 수는 없는 점,** 위 법 제22조의 규정으로 보아 **창업승인이 이루어지더라도 공장건축을 하기 위하여는 별도로 건축허가를 받아야 하는 점 등을 종합적으로 고려하면, 이 사건 창업승인을 한 피고의 담당 공무원에게** 그 신청인인 원고의 이익을 위하여 이를 거부할 의무 또는 원고가 창업승인을 신청한 공장부지를 변경하게 될 경우 입을지도 모를 손해를 입지 않도록

그 공장부지가 위 고속국도의 계획부지에 저촉되는지 여부를 확인하여 알려줄 의무가 있었다거나 이 사건 창업승인으로 인하여 원고가 그 계획부지에 공장이 건축될 것이라는 신뢰를 가지게 하였다고 보기는 어렵다고 할 것이다(즉 창업승인행위가 위법하다고 할 수 없다){다만, 기록과 원심판결 이유에 의하여 알 수 있는 이 사건 건축허가 당시는 이미 위 고속국도의 노선지정사항을 포함한 고속국도노선지정령중개정령이 관보에 게시되었던 점, 이 사건 건축허가 이후 위 고속국도의 건설이나 이 사건 공장건축과 관련하여 특별한 사정의 변경이 없었음에도 피고는 1996. 12. 5.경 원고에게 이 사건 공장부지가 위 고속국도의 부지에 저촉된다는 이유로 그 공장건축공사의 중지를 명한 점 등에 비추어 보면, 이 사건 건축허가를 한 피고의 담당공무원으로서는 이 사건 공장부지에 대하여 공장건축허가를 하여 주더라도 장차 위 고속국도의 건설로 인하여 위 공장부지에 건축한 공장을 철거할 가능성이 있다는 사정을 알려 줌으로써 원고로 하여금 위 건축허가에 따른 건축행위 등으로 인한 손해를 입지 않도록 할 주의의무에 위반하였다고 볼 여지는 있으나, 원고가 이 사건에서 배상을 청구하는 손해는 이 사건 창업승인으로 인하여 지출한 창업비용 상당의 손해이지 이 사건 건축허가로 인하여 그 공장건축을 위하여 지출한 비용 상당의 손해배상을 청구하고 있지는 아니하고 있고(원고는 이 사건 공장건물 및 그 부지에 대하여는 한국도로공사로부터 보상금을 수령하였다), 위 창업비용 상당의 손해를 이 사건 건축허가로 인한 손해라고 볼 수는 없으므로, 피고 공무원이 이 사건 건축허가와 관련하여 위와 같은 주의의무를 위반하였다고 하더라도 원고의 이 사건 손해배상청구를 받아들일 수 없다는 결론에는 영향이 없다}.

② [1] 수익적 행정처분인 허가 등을 신청한 사안에서 행정처분을 통하여 달성하고자 하는 신청인의 목적 등을 자세하게 살펴 목적 달성에 필요한 안내나 배려 등을 하지 않았다는 사정만으로 직무집행에 있어 위법한 행위를 한 것이라고 보아서는 아니 된다. [2] 원고 甲회사가 개발제한구역 내에 있는 하천부지에 대한 점용허가만을 받은 상태에서 개발행위 허가를 따로 받지 않고 컨테이너를 설치하여 하천점용허가가 취소된 경우 원고가 처음부터 하천점용허가가 의제되는 개발행위허가 신청을 하거나 하천점용허가와는 별도로 개발행위허가신청을 하고 그 결과에 따라 후속행위를 하였어야 하는데도 하천점용허가만을 받은 상태에서 개발행위허가 없이 컨테이너를 설치한 잘못이 있고, 그 때문에 하천점용허가가 취소됨으로써 컨테이너 설치비용 상당의 손해를 입게 되었으므로, 甲 회사가 입은 손해는 甲 회사 스스로의 잘못에 기인한 것이어서 乙 지방자치단체 소속 담당 공무원의 행위와 甲 회사의 손해발생 사이에 상당인과관계가 있다고 보기 어렵고, 또한 乙 지방자치단체 소속 담당 공무원이 甲 회사의 허가신청에 따라 하천점용허가를 하면서 하천점용허가의 요건이 갖추어졌는지만을 살펴보고 나아가 하천부지가 개발제한구역에 속하는지 등을 미리 파악하여 관련 부서와 협의를 거친 다음 하천점용허가 여부를 결정하거나 하천부지가 개발제한구역으로서 시설물 설치에 개발행위허가가 필요하다는 점 등을 甲 회사에 따로 알려주지 않은 채 하천점용허가를 하였더라도, 이러한 乙 지방자치단체 소속 담당 공무원의 행위를 위법한 행위라고 볼 수는 없다고 한 사례(대판 2017. 06. 29, 2017다211726).

(4) 항고소송에서의 위법과 국가배상에서의 위법

항고소송에서의 위법과 국가배상에서의 법령 위반(위법)의 관계는 항고소송제도와 국가배상제도의 목적 및 기능을 무엇으로 볼 것인가 또한 양자에 있어서 그 위법판단의 대상이 무엇인가와 밀접한 관계가 있다. 이와 같은 관점에서 볼 때 항고소송상의 위법과 국가배상소송상의 위법은 다음과 같이 비교될 수 있겠다.

1) 위법의 인정영역

국가배상소송상의 위법이 문제되는 범위는 항고소송상 위법이 문제되는 범위보다 넓다. 즉, 항고소송에서의 위법판단은 행정처분(권력적 사실행위 포함)에 한정되는 반면에, 국가배상청구소송에서의 위법은 모든 공권력 행사(비권력적 공행정작용, 입법작용, 사법작용 포함)에 대하여 행하여진다. 그리고, 항고소송에서의 부작위의 위법은 신청을 전제로 한 응답의무 위반을 의미하지만, 국가배상에서의 부작위의 위법은 신청을 전제로 하지 않고, 특정한 내용의 작위의무의 위반을 의미한다.

그리고, 권력적 사실행위가 항고소송의 대상이 될 수 있다 할지라도 항고소송의 요건으로 소의 이익이 요구되므로 권력적 사실행위의 위법성이 항고소송에서 다투어지는 것은 예외적인 경우(계속적 성질을 갖는 권력적 사실행위의 경우)에 한정된다. 이에 반하여 국가배상소송에서는 법률행위보다도 사실행위에 의한 손해의 배상이 보다 빈번히 문제된다.

또한, 국가배상소송에서는 공권력 행사 자체의 위법뿐만 아니라 행위의 태양(수단 또는 방법)의 위법이 또한 문제가 된다.

2) 국가배상법상의 위법과 항고소송의 위법의 이동(異同)과 취소소송판결의 국가배상소송에 대한 기판력

가해행위인 처분에 대해 취소판결이 내려진 경우에도 취소판결의 기판력은 불법행위의 인정에는 미치지 않는다. 왜냐하면 불법행위가 인정되기 위하여는 가해행위가 위법할 뿐만 아니라 고의 또는 과실이 있어야 하기 때문이다(대판 2007. 05. 10, 2005다31828). 따라서, 어떠한 행정처분이 항고소송에서 취소되었다고 할지라도 그 기판력으로 곧바로 국가배상책임이 인정될 수는 없다(대판 2022. 04. 28, 2017다233061).

취소판결의 국가배상소송에 대한 기판력의 문제는 취소판결에 의해 인정된 처분의 위법성에 대한 기판력이 국가배상소송에서 가해행위의 위법성 판단에 미치는가 하는 문제로 제기된다.

[판례] ① 어떠한 행정처분이 후에 항고소송에서 취소된 사실만으로 당해 행정처분이 곧바로 공무원의 고의 또는 과실로 인한 것으로서 불법행위를 구성한다고 단정할 수 있는지 여부(소극) 및 이 경우 국가배상책임의 성립요건과 그 판단기준: 어떠한 행정처분이 후에 항고소송에서 취소되었다고 할지라도 그 기판력에 의하여 당해 행정처분이 곧바로 공무원의 고의 또는 과실로 인한 것으로서 불법행위를 구성한다고 단정할 수는 없는 것이고, 그 행정처분의 담당공무원이 보통 일반의 공무원을 표준으로 하여 볼 때 객관적 주의의무를 결하여 그 행정처분이 객관적 정당성을 상실하였다고 인정될 정도에 이른 경우에 국가배상법 제2조 소정의 국가배상책임의 요건을 충족하였다고 봄이 상당할 것이며, 이 때에 객관적 정당성을 상실하였는지 여부는 피침해이익의 종류 및 성질, 침해행위가 되는 행정처분의 태양 및 그 원인, 행정처분의 발동에 대한 피해자측의 관여의 유무, 정도 및 손해의 정도 등 제반 사정을 종합하여 손해의 전보책임을 국가 또는 지방자치단체에 부담

시켜야 할 실질적인 이유가 있는지 여부에 의하여 판단하여야 한다(대판 2000. 05. 12, 99다70600, 2004. 06. 11, 2002다31018 등 참조). 〈해설〉 취소판결의 기판력은 처분이 위법하다는 것에만 미치며 공무원의 고의 또는 과실에는 미치지 않는다. 그런데, 국가배상책임이 인정되기 위하여는 가해처분이 위법하여야 할 뿐만 아니라 공무원에게 고의 또는 과실이 있어야 한다.

② 개간허가 취소처분이 후에 행정심판 또는 행정소송에서 취소되었으나 담당공무원에게 객관적 주의의무를 결한 직무집행상의 과실이 없다는 이유로 국가배상책임을 부인한 사례(대판 2000. 05. 12, 99다70600). 〈해설〉 취소판결의 기판력이 국가배상소송에 미치는지 여부는 처분의 위법성 판단에 관한 것이고, 취소판결의 기판력은 국가배상법상 과실 판단에는 미치지 않는다.

취소소송판결의 국가배상소송에 대한 기판력은 국가배상법상의 위법과 항고소송의 위법의 이동(異同)에 좌우된다.

항고소송에서의 위법과 국가배상소송에서의 위법의 이동은 국가배상법상의 위법성을 어떻게 이해하느냐, 즉 그 판단대상과 판단기준을 어떻게 보느냐에 따라 다르게 된다. 즉, 동일한 행위의 위법이 문제되는 경우 국가배상법상의 위법과 항고소송의 위법이 동일하다면 취소소송판결의 기판력은 국가배상소송에 미치고, 국가배상법상의 위법과 항고소송의 위법이 동일하지 않다면 취소소송판결의 기판력이 국가배상소송에 미치지 않는다고 보아야 한다.

또한, 항고소송에서는 행위 자체의 위법이 문제되고, 국가배상청구소송에서는 행위의 집행방법상의 위법이 문제되는 경우와 같이 위법의 대상이 다른 경우에는 당연히 기판력이 미치지 않는다.

가. 부정설 결과불법설 또는 상대적 위법성설에 따르는 경우에는 국가배상소송에서의 위법은 항고소송에서의 위법에 대하여 독자적인 개념이 된다. 따라서 취소소송 판결의 기판력이 당연히 국가배상소송에 미치게 되는 것은 아니다.[50)]

그러나, 이에 대하여는 이처럼 동일한 행위에 대하여 취소소송과 국가배상소송에서 위법판단이 다를 수 있다는 것을 인정하는 것은 법적 안정성 및 법질서의 일체성의 측면에서 문제가 있다는 비판이 가능하다.[51)]

나. 인용판결과 기각판결 구별설 국가배상법상의 위법을 항고소송의 위법보다 넓은 개념으로 본다면 취소소송판결 중 인용판결의 기판력은 국가배상소송에 미치지만 기각판결의 기판력은 국가배상소송에 미치지 않는다.

다. 긍정설 협의의 행위위법설을 따르는 경우에는 국가배상법상의 위법성을 항고소송에서의 위법과 달리 볼 아무런 근거가 없고, 따라서 취소소송 판결의 기판력은 당연히 국가배상소송에 미친다.

50) 遠藤博也, 『國家補償法 上卷』, 青林書院新社, 176면 이하.
51) 김철용, "취소소송판결의 기판력과 국가배상소송," 『고시계』, 1985. 7, 148면 이하.

라. 판 례

판례는 동일한 행위의 위법이 문제되는 경우 행위위법설을 취하는 경우에는 취소소송판결의 기판력이 국가배상소송에 미친다고 보고, 상대적 위법성설을 취하는 경우에는 미치지 않는다고 본다.

[판례] 어떠한 행정처분이 후에 항고소송에서 취소된 경우 국가배상책임의 성립요건과 판단기준: 행정처분이 후에 항고소송에서 위법하다고 판단되어 취소되더라도 그것만으로는 그 행정처분이 공무원의 고의나 과실에 의한 불법행위라고 단정할 수 없지만, 그러한 행정처분이 보통 일반의 공무원을 표준으로 하여 볼 때 담당 공무원이 객관적 주의의무를 소홀히 함으로써 객관적 정당성을 상실하게 된 경우라고 볼 수 있는 경우에는 공무원의 과실에 의한 불법행위가 성립한다고 할 것이므로 국가배상법 제2조 소정의 국가배상책임이 있다. 이때 행정처분이 객관적 정당성을 상실하였는지 여부는 그 행위의 태양과 목적, 피해자의 관여 여부 및 관여의 정도, 침해된 이익의 종류와 손해의 정도 등 여러 사정을 종합하여 판단하되, 손해의 전보책임을 국가 또는 지방자치단체가 부담할 만한 실질적 이유가 있는지도 살펴보아야 한다(대판 2012. 05. 24, 2011다8539). **〈해설〉** 상대적 위법성설에 입각하여 객관적 정당성을 상실한 것을 위법으로 보고 있는 것으로 보인다.

마. 결어(개별적 판단설) 광의의 행위위법설을 따르는 경우에는 국가배상소송에서 행위 자체의 위법이 문제된 경우에는 항고소송 판결의 기판력이 당연히 미치지만, 공무원의 직무상 손해방지의무위반으로서의 위법, 즉 행위의 태양의 위법이 문제되는 경우에는 항고소송상의 위법과 판단의 대상과 내용을 달리 하므로 항고소송판결의 기판력이 이 경우에는 미치지 않는다고 보아야 한다. 따라서, 적법한 공권력 행사에 부수되는 공무원의 직무상 손해방지의무위반으로서의 위법이 인정되는 경우(예, 추적방법이 잘못된 경찰순찰차의 추적행위)에는 적법한 행위(행위 자체의 적법)를 집행하는 과정에서 불법행위(행위태양의 위법)가 성립할 수 있게 된다.

결론적으로 말하면 항고소송에서의 위법성 인정의 기판력은 항고소송의 위법과 국가배상의 위법이 동일한 한에서 국가배상청구소송에서의 위법성 판단에 미치지만, 과실판단에는 미치지 않는다. 위법이 동일하기 위하여는 위법의 대상이 되는 행위와 위법의 기준 및 내용이 동일하여야 한다.

[판례] 개간허가 취소처분이 후에 행정심판 또는 행정소송에서 취소되었으나 담당공무원에게 객관적 주의의무를 결한 직무집행상의 과실이 없다는 이유로 국가배상책임을 부인한 사례(대판 2000. 05. 12. 99다70600).

상대적 위법성설을 취하는 경우 위법의 기준과 내용이 다르므로 취소판결의 기판력이 미치지 않는다.

5. 고의 또는 과실

(1) 과실 개념

1) 주관설과 과실 개념의 객관화

통설 또는 판례에 의한 국가배상법상의 과실(過失)은 기본적으로는 주관적 개념이다. 고의란 일정한 결과가 발생하리라는 것을 알면서도 행위를 행하는 것을 말한다. 주관설은 과실을 '당해 직무를 담당하는 평균적 공무원이 통상 갖추어야 할 주의의무를 해태한 것'을 의미한다고 본다. 이 견해가 다수설이다. 판례도 "공무원의 직무집행상의 과실이라 함은 공무원이 그 직무를 수행함에 있어 당해 직무를 담당하는 평균인이 보통(통상) 갖추어야 할 주의의무를 게을리한 것을 말하는 것"이라고 하고 있다(대판 1987. 09. 22, 87다카1164).

[판례] ① 등기부 표제부 건물내역란에 건물용도가 '유치원'으로 기재되어 있는 부동산에 관하여 근저당권설정등기신청을 받은 등기관이 부동산 소유자인 등기의무자가 유치원 경영자가 아니거나 위 부동산이 실제로 유치원 교육에 사용되지 않고 있다는 소명자료를 요구하지 않은 채 등기신청을 수리하여 근저당권설정등기를 마친 사안에서, **등기관에게 등기업무를 담당하는 평균적 등기관이 갖추어야 할 통상의 주의의무를 다하지 않은 직무집행상 과실이 있다고** 본 원심판단을 정당하다고 한 사례(대판 2011. 09. 29, 2010다5892).

② 구 부동산소유권 이전등기 등에 관한 특별조치법에 따라 확인서를 발급하는 대장소관청 공무원이 부담하는 주의의무의 내용과 확인서발급에 있어서 대장소관청 공무원에게 과실이 있는지의 판단 기준: 대장소관청 공무원이 확인서를 발급함에 있어 보증인들을 상대로 보증취지를 확인하고 보증사실의 진위를 확인하기 위하여 현장조사를 실시하는 한편 2개월 이상의 공고를 거치는 등 일련의 절차를 법령에서 정한 바에 따라 제대로 거쳤다면, 비록 확인서 발급신청인이 실제의 권리자가 아니라는 사실이 나중에 밝혀졌다고 하더라도 그러한 사정만을 들어 대장소관청 공무원에게 곧바로 어떠한 과실이 있다고 할 수는 없고, 위와 같은 일련의 절차를 통해 실제의 권리관계를 확인하는 과정에서 동일한 업무를 담당하는 평균적 공무원이 보통 갖추어야 할 통상의 주의의무만 기울였어도 보증사실과 실제의 권리관계가 다르다는 점을 알 수 있었음에도 이를 간과한 채 확인서를 발급한 경우에 그 과실을 인정할 수 있다고 할 것이다(대판 2012. 02. 29, 2011다35210).

③ 국가가 구 농지개혁법에 따라 농지를 매수하였으나 분배하지 않아 원소유자의 소유로 환원된 경우에 국가는 이를 임의로 처분할 수 없고 원소유자에게 반환해야 한다. 만일 이러한 의무를 부담하는 국가의 담당공무원이 **농지가 원소유자의 소유로 환원되었음을 제대로 확인하지 않은 채 제3자에게 농지를 처분한 다음 소유권보존등기를 하고 소유권이전등기를 해줌으로써 제3자의 등기부취득시효가 완성되어 원소유자에게 손해를 입혔다면**, 이는 특별한 사정이 없는 한 국가배상법 제2조 제1항에서 정한 **공무원의 고의 또는 과실에 의한 위법행위**에 해당한다(대판 2019. 10. 31, 2016다243306).

④ 甲 주식회사가 고층 아파트 신축사업을 계획하고 토지를 매수한 다음 乙 지방자치단체와 협의하여 사업계획 승인신청을 하였고, 수개월에 걸쳐 乙 지방자치단체의 보완 요청에 응하여 사업계획 승인에 필요한 요건을 갖추었는데, 乙 지방자치단체의 장이 위 사업계획에 관하여 부정적인 의

견을 제시한 후, 乙 지방자치단체가 甲 회사에 주변 경관 등을 이유로 사업계획 불승인처분을 한 사안에서, 乙 지방자치단체의 담당 공무원이 경관 훼손 여부를 검토하기 위해 수행한 업무는 현장 실사를 나가 사진을 촬영하여 분석자료를 작성한 것이 전부이고, 그 분석자료의 내용이 실제에 부합하는 방식으로 작성되었다고 볼 수 없는 등 **위 불승인처분은 경관 훼손에 관한 객관적인 검토를 거치지 않은 채 이루어진 것**으로 볼 수 있고, 사업계획 승인 업무의 진행경과, 위 사업의 규모와 경관 훼손 여부를 판단하기 위한 합리적이고 신중한 검토 필요성 등에 비추어, **담당 공무원의 업무 수행은 보통 일반의 공무원을 표준으로 하여 볼 때 객관적 주의의무를 소홀히 한 것**이므로, 乙 지방자치단체의 국가배상책임이 인정된다고 볼 여지가 있는데도, 이와 달리 본 원심판결에 법리오해 등의 잘못이 있다고 한 사례(대판 2021. 06. 30, 2017다249219).

⑤ 구조의무와 관련한 공무원의 과실 판단 기준: 불법어로행위자가 단속반의 추적을 피해 해상도주를 하다 배가 좌초되어 바다로 추락·사망하였는데 **단속공무원들이 구조의무 등을 위반하였다는 이유로 그 유족이 국가배상을 청구한 사안**에서, 당시 구조와 관련된 단속공무원들의 결정이 결과론적·사후적 관점에서 최선이 아니었다고 하더라도 사고 당시를 기준으로 전혀 합리성이 없다거나 **평균인이 통상 갖추어야 할 주의의무를 게을리 한 잘못이 있다고 쉽게 단정할 수는 없다**고 본 사례(대판 2021. 06. 10, 2017다286874).

⑥ 소방특별조사 당시 조사항목에는 방화시설의 설치·유지 및 관리에 관한 사항이 포함되어 있지 않았으므로, **소방공무원이 방화문에 도어클로저가 설치되어 있는지 여부를 조사하지 않았다고 하더라도 직무상 과실이 있다고 보기 어렵다고 한 사례**(대판 2024. 02. 08, 2020다209938).

주관설의 주된 논거는 국가배상법이 국가배상법상 과실을 공무원의 과실로 규정하고 있다는데 있다.

공무원의 과실이 인정되기 위하여는 공무원에게 위험 및 손해 발생에 대한 예측가능성과 회피가능성(손해방지가능성)이 있어야 한다.

[판례] 특별송달우편물의 배달업무에 종사하는 우편집배원이 압류 및 전부명령 결정 정본을 부적법하게 송달한 경우 집행채권자가 그로 인해 손해를 입게 될 것에 대하여 **예견가능성**이 있다고 볼 수 있다(대판 2009. 07. 23, 2006다87798[손해배상(기)]).

그런데, 주관설은 피해자 구제의 관점에서 과실개념을 객관화하고자 노력하고 있다(객관적 주관설). 즉, ① 국가배상법상의 과실은 당해 가해공무원의 주의능력을 기준으로 하여 판단되지 않고, 당해 직무를 담당하는 평균적 공무원의 주의능력을 기준으로 판단되는 추상적 과실을 의미한다. ② 또한, 그 위반이 과실로 되는 공무원의 주의의무는 당해 직무를 담당하는 평균적 공무원이 당해 직무의 수행을 위하여 통상(즉 사회통념상) 갖추어야 할 주의의무이다. ③ 그리고, 가해행위가 공무원의 행위에 의한 것으로 보는 한 가해공무원의 특정은 필요하지 않다. 하급심 판례이기는 하지만 '경찰측의 과실'이라는 일종의 '조직체의 과실'을 묻는 판례도 있고,[52] 불특정 다

52) 서울고법 1986. 12. 16, 86나2786, 『법신』, 1669호, 11면: 경찰측의 불발최류탄을 수거할 주의의무 위반으로서의 '경찰측의 과실'을 인정하고 있음.

수 공무원의 '집단과실'을 묻는 대법원 판례도 있다.

[판례] [긴급조치 제9호 위반으로 면소판결을 받은 원고가 국가배상을 구하는 사건]: **긴급조치 제9호는 위헌 · 무효임이 명백**하고 긴급조치 제9호 발령으로 인한 국민의 기본권 침해는 그에 따른 강제수사와 공소제기, 유죄판결의 선고를 통하여 현실화되었다. 이러한 경우 **긴급조치 제9호의 발령부터 적용 · 집행에 이르는 일련의 국가작용은 전체적으로 보아** 공무원이 직무를 집행하면서 **객관적 주의의무를 소홀히 하여** (과실이 인정되고), 그 직무행위가 **객관적 정당성을 상실한 것으로서 위법**하다고 평가되고, 긴급조치 제9호의 적용 · 집행으로 강제수사를 받거나 유죄판결을 선고받고 복역함으로써 개별 국민이 입은 손해에 대해서는 국가배상책임이 인정될 수 있다(대법원 2022. 8. 30. 선고 2018다212610 전원합의체 판결 참조)(대판 2023. 01. 12, 2020다210976; 2023. 01. 12, 2021다201184). 〈해설〉 국가배상책임의 성립에 개별 공무원의 구체적인 직무집행행위의 특정과 그에 대한 공무원의 고의 또는 과실이 개별적·구체적으로 엄격히 요구되지 않고, 일련의 직무집행에서의 고의 또는 과실이 인정되어도 된다고 한 점에서 이 판례의 의의가 있다.

이렇게 통설 · 판례의 과실개념이 객관화된다면 통설 · 판례의 견해는 과실개념을 객관적으로 파악하는 견해에 접근하여 갈 것이다.

주관설은 국가배상법상의 과실은 민법상의 불법행위의 성립요건인 과실과 다를 이유가 없다는 견지에서,[53] 또는 국가배상법상의 국가책임은 대위책임으로 구성되었다는 견지에서 주장되고 있다. 또한, 국가배상법상 '공무원이 …… 고의 또는 과실로' 라고 규정하고 있는 바와 같이 '공무원의 과실'을 요구하고 있으므로 현행 국가배상법의 해석론으로는 주관설을 취할 수밖에 없다고 주장한다.

최근 대법원은 위법한 처분을 행함에 있어서 과실의 인정기준으로 객관적 주의의무를 결하여 처분이 객관적 정당성을 상실하였다고 인정될 정도에 이르러야 한다고 하고 있는데(대판 2011. 01. 27, 2009다30946), 이는 주의의무 위반에 추가하여 객관적 정당성의 결여를 요구하는 것으로 타당하지 않다.

[판례] [1] 국 · 공립대학 교원에 대한 재임용거부처분이 재량권을 일탈 · 남용한 것으로 평가되어 그것이 불법행위가 됨을 이유로 국 · 공립대학 교원 임용권자에게 재산적 손해배상책임을 묻기 위해서는 당해 재임용거부가 국 · 공립대학 교원 임용권자의 고의 또는 과실로 인한 것이라는 점이 인정되어야 한다. 나아가 위와 같은 **고의 · 과실이 인정되려면 국 · 공립대학 교원 임용권자가 객관적 주의의무를 결하여 그 재임용거부처분이 객관적 정당성을 상실하였다고 인정될 정도에 이르러야 한다.** [2] 대법원 2004. 04. 22. 선고 2000두7735 전원합의체 판결이 선고되기 이전에 기간제로 임용된 국 · 공립대학 교원에 대하여 재임용이 거부된 경우에 그것이 부당하다는 이유로 국 · 공립대학 교원 임용권자에게 손해배상책임을 물을 수 없다고 한 사례 [3] 2004년 대법원 전원합의체 판결 선고 이후로는 기간제로 임용된 국 · 공립대학의 교원에게도 재임용 여부에 관하여 합리적인 기준에 의한 공정한 심사를 요구할 권리가 인정되고 있으므로, 국 · 공립대학 교원 임용권자가 과거 재임용이 거부된 교원에 대하여 특별한 사정 없이 재임용심사절차를 재개하지 아니 하면 손해

53) 이상규, 전게서, 536면.

배상책임을 부담할 수 있게 된다. [4] 위법한 재임용거부로 인한 국·공립대학 교원 임용권자의 손해배상책임은 당해 교원의 재심사신청의사가 객관적으로 확인된 시점 이후에만 물을 수 있는 것이다(대판 2011. 01. 27, 2009다30946).

또한, 위법판단과 과실판단을 통합하여 객관적 정당성의 결여를 국가배상책임의 책임요건 또는 불법행위의 요건으로 보는 판결도 있는데(대판 2013. 11. 14, 2013다206368), 현행 국가배상법이 위법과 과실을 구분하고 있고, 위법과 과실은 구별되어야 하는 개념인 점에서 문제가 있다.

2) 객관설

최근의 유력한 소수설은 프랑스의 입법례에서와 같이 국가배상법상의 과실을 객관적으로 파악하여 '공무원의 위법행위로 인한 국가작용의 흠'으로 완화하여 해석하거나, '국가작용의 흠'으로 보고 있다.[54]

객관설의 논거는 다음과 같다. ① 국가배상법상 요구되는 '공무원의 과실'을 '국가작용의 하자'의 표현으로 해석하는 것이 행정의 현실에 부합한다. 즉, 공무원은 통상 개인의 자격으로 행동하는 것이 아니고 '공무수행자'로서 활동하고, 오늘날 행정은 집단적이고 조직적으로 행하여지는 경우가 많으므로 공무원의 과실을 '국가작용의 흠'의 표현으로 보는 것이 타당하다. ② 객관설에 의하면 위법하면 과실을 인정할 수 있으므로 주관설보다 피해자구제의 측면에서 바람직하다.

3) 결 어

공무원은 통상 행정기관으로서 활동하고, 피해자구제를 위해 가능한 한 위법·무과실을 배제하는 것이 타당하므로 객관설이 타당하다.

대위책임설에서는 주관설을 취하는 것이 논리적이고, 기관이론에 입각한 자기책임설 또는 신자기책임설에서는 주관설 또는 객관설을 취할 수 있다.

(2) 과실의 입증책임

통설·판례에 의하면 과실의 입증책임(立證責任)은 민법상 불법행위책임에서와 마찬가지로 피해자인 국민에게 있다. 다만, 과실 입증의 어려움을 고려하여 피해자의 과실의 입증책임을 경감해 주기 위해 위법의 과실추정 또는 '일응추정의 이론'을 도입할 필요가 있다(후술 현행 행정상 손해배상제도의 흠결과 보충 참조).

판례에 따르면 아래와 같이 공무원의 고의 또는 과실이 사실상 추정되는 경우가 있다.

[판례] (1) 국세가 확정되기 전에 보전압류를 한 후 보전압류에 의하여 징수하려는 국세의 전부 또

54) 김동희, 전게서, 538면.

는 **일부가 확정되지 못하였다면** 그 보전압류로 인하여 납세자가 입은 손해에 대하여 특별한 반증이 없는 한 **과세관청의 담당공무원에게 고의 또는 과실이 있다고 사실상 추정**되므로, 국가는 부당한 보전압류로 인한 손해에 대하여 이를 배상할 책임이 있다. 이러한 법리는 **보전압류 후 과세처분에 의해 일단 국세가 확정되었으나 그 과세처분이 취소되어 결국 국세의 전부 또는 일부가 확정되지 못한 경우**에도 마찬가지로 적용된다. (2) 담당공무원에게 고의 또는 과실이 있다는 추정이 반증에 의하여 번복되는지 등을 심리하여 국가배상책임이 성립하는지를 가려보았어야 한다는 이유로 원심판결을 파기환송한 사안(대판 2015. 10. 29, 2013다209534).

과실을 객관적으로 국가작용의 흠으로 보면 위법하면 과실을 인정할 수 있으므로 위법·무과실의 문제는 제기되지 않는다.

6. 위법과 과실의 관계

(1) 위법과 과실의 원칙적 구분과 문제점(위법·무과실)

위법과 과실은 개념상 상호 구별되어야 한다. 행위위법설에 의할 때 위법은 '행위'가 판단대상이 되며 가해행위의 법에의 위반을 의미하는 것이며, 과실은 '행위의 태양'이 직접적 판단대상이 되며 판례(주관설)에 의하면 주의의무위반(객관설에 의하면 국가작용의 흠)을 의미한다.

현행 국가배상법에 의하면 국가배상책임이 성립하기 위하여는 공무원의 가해행위가 위법할 뿐만 아니라 그것이 공무원의 고의 또는 과실에 의한 것이어야 하므로 과실을 판례의 입장인 주관설에 따라 공무원의 주의의무위반으로 보는 한 위법하지만 과실이 없는 경우가 있게 되고, 이 경우에는 국가배상책임이 성립하지 않는다.

과실을 객관적으로 국가작용의 흠으로 보면 위법하면 과실을 인정할 수 있으므로 위법·무과실의 문제는 제기되지 않는다.

(2) 위법·무과실의 예

판례가 '위법·무과실(違法·無過失)'을 이유로 국가배상책임을 부인한 예는 다음과 같다.

1) 공무원의 법령의 해석·적용상의 잘못

가. 원칙상 인정 공무원의 법령의 해석·적용상의 잘못이 있으면 원칙상 과실이 인정된다. 왜냐하면, 공무원은 직무상 필요한 법령지식을 갖추고 있어야 하기 때문이다.

[판례] ① 판례도 "법령에 대한 해석이 복잡 미묘하여 워낙 어렵고 이에 대한 학설, 판례조차 귀일되어 있지 않다는 등의 특별한 사정이 없는 한 일반적으로 공무원이 관계법규를 알지 못하였다거나 필요한 지식을 갖추지 못하여 법규의 해석을 그르쳐 어떤 행정처분을 하였다면 그가 법률전문가가 아닌 행정직공무원이라고 하여 이에 관한 과실이 없다고 할 수 없을 것"이라고 판결하고 있다

(대판 1981. 08. 25, 80다1598; 2001. 02. 09, 98다52988).
② 행정청이 관계 법령의 해석이 확립되기 전에 어느 한 견해를 취하여 업무를 처리한 것이 결과적으로 위법하게 되어 그 법령의 부당집행이라는 결과를 빚었다고 하더라도 처분 당시 그와 같은 처리방법 이상의 것을 성실한 평균적 공무원에게 기대하기 어려웠던 경우라면 특별한 사정이 없는 한 이를 두고 공무원의 과실로 인한 것이라고 볼 수는 없다 할 것이지만, **대법원의 판단으로 관계 법령의 해석이 확립되고 이어 상급 행정기관 내지 유관 행정부서로부터 시달된 업무지침이나 업무연락 등을 통하여 이를 충분히 인식할 수 있게 된 상태에서, 확립된 법령의 해석에 어긋나는 견해를 고집하여 계속하여 위법한 행정처분을 하거나 이에 준하는 행위로 평가될 수 있는 불이익을 처분상대방에게 주게 된다면, 이는 그 공무원의 고의 또는 과실로 인한 것이** 되어 그 손해를 배상할 책임이 있다(대판 2007. 05. 10, 2005다31828: 부담금은, 유사 사례에서 부담금부과처분의 위법이 대법원 판결에 의하여 거듭 확인되고 이에 따라 위와 같은 법무부 지침이 피고 소속 담당공무원에게도 전달된 상황에서 납부된 것이며, 이 사건 처분이 부담금의 납부를 내용으로 하는 침익적 행정처분으로서 이미 14회분의 분납금이 납부된 상황에서 마지막 1회분 분납금의 미납부로 말미암아 행정법관계의 법적 안정성이 침해될 우려가 있다고는 볼 수 없으므로, 이러한 상황 아래에서라면 피고 소속 담당공무원으로서는 이미 납부된 부담금의 반환문제까지 수반하는 부과처분 직권취소의 조치를 취하지 않는다 하더라도, 그 때까지 납부기한이 도래하지 않은 분납금에 관해서는 이를 수납하지 않거나 징수절차에 나아가지 않는 등의 권리구제적 조치를 통하여 장래를 향한 위법한 행정작용을 중지 내지 회피하여야 할 책무가 있음에도 이를 다하지 않은 과실이 있다고 한 사례).
③ **수사기관이 법령에 의하지 않고는 변호인의 접견교통권을 제한할 수 없다는 것은 대법원이 오래전부터 선언해 온 확고한 법리**로서 변호인의 접견신청에 대하여 허용 여부를 결정하는 수사기관으로서는 마땅히 이를 숙지해야 한다. 이러한 법리에 반하여 변호인의 접견신청을 허용하지 않고 변호인의 접견교통권을 침해한 경우에는 **접견 불허결정을 한 공무원에게 고의나 과실이 있다**고 볼 수 있다(대판 2018. 12. 27, 2016다266736).
④ 위헌 · 무효임이 명백한 긴급조치 제9호의 발령부터 적용 · 집행에 이르는 수사, 재판 등 일련의 국가작용으로 인한 손해에 대해 국가배상책임이 인정된다고 한 사례(대판 전원합의체 2022. 08. 30, 2018다212610; 대판 2022. 08. 31, 2019다298482).

나. 예외적 부정 예외적으로 법령의 해석이 명백하지 않고, 이에 대한 판례도 없고, 학설도 명확하지 않은 경우 관계 공무원이 전문가의 자문을 구하는 등 해당 법령을 신중하게 해석 · 적용한 경우에는 법령의 해석 · 적용상에 잘못이 있다 하더라도 과실을 인정할 수 없다.

[판례] ① **[1] 법령 해석에 여러 견해가 있어 관계 공무원이 그 나름대로 신중을 다하여 합리적인 근거를 찾아 그 중 어느 한 견해를 따라 직무를 집행하였으나 결과적으로 법령의 부당집행이 된 경우, 당해 공무원의 과실을 인정할 수 있는지 여부(소극)**: 일반적으로 공무원이 직무를 집행함에 있어서 관계 법규를 알지 못하거나 필요한 지식을 갖추지 못하여 법규의 해석을 그르쳐 잘못된 행정처분을 하였다면 그가 법률전문가가 아닌 행정직 공무원이라고 하여 과실이 없다고 할 수 없으나, 법령에 대한 해석이 그 문언 자체만으로는 명백하지 아니하여 여러 견해가 있을 수 있는 데다가 이에 대한 선례나 학설, 판례 등도 귀일된 바 없어 의의(疑義)가 없을 수 없는 경우에 관계 공무원이 그 나름대로 신중을 다하여 합리적인 근거를 찾아 그 중 어느 한 견해를 따라 내린 해석이 후에 대법원이 내린 입장과 같지 않아 결과적으로 잘못된 해석에 돌아가고, 이에 따른 처리가

역시 결과적으로 위법하게 되어 그 법령의 부당집행이라는 결과를 가져오게 되었다고 하더라도 그와 같은 처리방법 이상의 것을 성실한 평균적 공무원에게 기대하기는 어려운 일이고, 따라서 이러한 경우에까지 공무원의 과실을 인정할 수는 없다. [2] 구 축산물가공처리법령에서 규정하는 시설기준을 갖추어 축산물판매업 신고를 한 경우, 행정관청은 당연히 그 신고를 수리하여야 하는데, 담당공무원이 위 법령상의 시설기준이 아닌 사유로 그 신고 수리를 할 수 없다는 통보를 하고 미신고 영업으로 고발할 수 있다는 통지를 한 것은 **위법한 직무집행이지만**, 담당공무원이 같은 장소에 대하여 사업자를 달리하는 축산물판매업 중복신고는 허용되지 않는다고 축산물가공처리법령을 해석·적용한 결과 기존 영업자가 휴업신고만 하고 폐업신고를 하지 않았음을 이유로 신규 영업신고를 수리하지 않은 사안에서, **담당공무원의 과실을 인정할 수 없다**고 한 사례(대판 2010. 04. 29, 2009다97925).

② [1] 대법원이 형사소송법 등 법령에 명시되지 아니한 피의자의 권리를 헌법적 해석 또는 형사소송법 규정 등의 유추 적용을 통해 인정함으로써, 사후적으로 그러한 권리가 존재하지 않는 것으로 해석한 검사의 조치가 위법하게 된 경우, 검사에게 국가배상법 제2조 제1항에 정한 과실이 있다고 할 수 없다고 한 사례. [2] 대법원이 구금된 피의자에게 피의자신문시 변호인의 참여를 요구할 권리가 있음을 인정하여 구속 피의자 갑에 대한 피의자신문시 변호인의 참여를 불허한 수사검사의 처분이 위법하다는 결정을 함에 따라 갑이 수사검사의 불법행위를 이유로 국가배상청구를 한 사안에서, 수사검사에게 국가배상법 제2조 제1항에 정한 과실이 있다고 할 수 없다고 한 사례(대판 2010. 06. 24, 2006다58738).

생각건대, 가해행위가 위법하지만 과실이 없다고 하여 손해를 받은 국민에게 국가배상을 해주지 않는 것은 정의의 관념에 맞지 않는다. 법령의 해석·적용상의 잘못이 있을 때에는 통상 과실이 있는 것으로 보고, 아주 예외적으로만 무과실을 인정하여야 한다. 법령의 잘못된 해석에 공무원의 과실이 없었다고 하기 위하여는 확정된 판례가 존재하지 않고 법령의 해석에 대하여 학설이 통일되지 않고 대립하고 있다는 것만으로는 부족하고 공무원이 법률전문가의 자문을 구하는 등 신중한 태도를 취하여 법령을 해석·적용하였어야 한다고 보아야 한다.

2) 재량권의 일탈·남용

대법원 판결 중에는 재량권의 범위를 넘어 행정행위가 위법한 경우에도 당해 공무원에게 직무상의 과실이 있다고 할 수 없다고 본 판결이 다수있다.

공무원이 행정청의 내부기준인 재량권행사 기준에 따라 행정처분을 한 경우에는 재량권의 범위를 넘어 행정행위가 위법한 경우에도 당해 공무원에게 직무상의 과실이 있다고 할 수 없다(대판 1984. 07. 24, 84다카597). 그러나, 재량준칙이 심히 합리적이지 못한 경우에는 당해 재량준칙을 제정한 공무원의 과실을 인정하여 국가배상책임을 인정하여야 할 것이다.

3) 위헌·위법인 법령 또는 행정규칙의 적용

위헌·위법인 법령을 집행하는 공권력 행사는 위법하나, 당해 법령을 적용한 공무원에게 원칙상 과실이 있다고 보기 어렵다.

[판례] 행정청의 유선업 경영신고 반려처분이 후에 항고소송에서 취소된 경우, 그 담당공무원들의 과실을 부인한 사례: 행정청의 유선업 경영신고에 대한 반려처분이 후에 항고소송에서 취소되었으나, 구 유선및도선업법시행령(1993. 12. 31. 대통령령 제14072호로 전문 개정되기 전의 것) 제3조 제2항의 문언에 의하면, 유선업의 경영신고에 대하여 행정청이 그 타당성 여부에 대하여 실질적 검토를 할 수 있는 것처럼 규정되어 있어, 법률전문가가 아닌 행정공무원에게 위 시행령이 상위 법규에 위배되는지 여부까지 사법적으로 심사하여 그 적용을 거부할 것을 기대하기는 매우 어렵다고 보아야 할 뿐만 아니라, 행정청이 항만시설의 관리청인 항만청에 유선업의 경영에 반드시 필요한 항만시설의 공동 사용권자의 범위와 그 공동 사용 절차 등에 관한 질의를 하여 그 회신 결과를 토대로 전용사용권자의 공동 사용 동의를 얻지 못한 유선업 경영신고를 수리하는 경우 이로 인하여 파생되는 문제점을 다각적으로 검토한 끝에 반려처분을 한 점에 비추어 보면, 비록 행정청의 위 반려처분이 법원의 판단에 의하여 위법한 것으로 확정되었다 하더라도, 위 처분 당시 담당공무원들에게 그와 같은 처리 방법 이상의 것을 기대하기 어려웠다 할 것이어서 그들에게 그 법령의 해석, 적용상의 주의의무를 다하지 아니한 과실이 있다고 보기는 어렵다고 한 사례(대판 1999. 09. 17, 96다53413).

위헌·위법인 법령·행정규칙의 제정상 과실을 물을 수 있을 것이나 그 과실을 인정함에 어려움이 있다.

4) 위법 · 무효인 행정입법에 관여한 공무원의 무과실

[판례] 위법 · 무효인 행정입법에 관여한 공무원의 불법행위 성립 여부에 관한 판단기준: 행정입법에 관여한 공무원이 입법 당시의 상황에서 다양한 요소를 고려하여 나름대로 합리적인 근거를 찾아 어느 하나의 견해에 따라 경과규정을 두는 등의 조치 없이 새 법령을 그대로 시행하거나 적용하였다면, 그와 같은 공무원의 판단이 나중에 대법원이 내린 판단과 같지 아니하여 결과적으로 시행령 등이 신뢰보호의 원칙 등에 위배되는 결과가 되었다고 하더라도, 이러한 경우에까지 국가배상법 제2조 제1항 소정의 국가배상책임의 성립요건인 공무원의 과실이 있다고 할 수는 없다(대판 2013. 04. 26, 2011다14428 손해배상(기)).

5) 기　　타

기타 국가시험출제의 잘못에 기인한 불합격처분으로 인한 손해에 대한 국가배상청구소송에서 불합격처분이 이미 항고소송에서 취소된 경우에도 국가배상법상 과실을 인정하지 않은 판례가 있다(대판 2003. 11. 27, 2001다33789 등).

(3) 위법과 과실의 상호 접근

위법과 과실을 엄격히 구별하는 것은 피해자의 구제라는 측면에서 바람직하지 못하다. 그리하여 판례에 있어서 양자가 일응 구분되면서도 다른 한편으로는 상호 접근되는 경향에 있다. 이러한 위법과 과실개념의 상호 접근은 위법과 과실 양편으로부터 일어나고 있다.

1) 위법개념의 과실개념에의 접근

상대적 위법성설에 의하면 원칙상 과실판단의 대상이 되는 행위의 태양이 또한 위법성의 판단에 있어서도 고려된다. 즉, 가해공무원의 害意, 사실에 대한 인식 여부, 예방조치 여부 등이 위법성 판단에 있어서 고려된다.

국가배상법상의 위법이 공무원의 직무상 일반적 손해방지의무위반에서 인정될 때에는 국가배상법상의 위법개념과 공무원의 직무상 주의의무위반으로 해석되는 국가배상법상의 과실개념의 구별은 절대적인 것은 아니며 동시에 판단되는 경우가 많다.

2) 과실개념의 위법개념에의 접근

과실개념은 전통적으로는 엄격히 주관적 개념으로 해석되었지만, 오늘날 통설 및 판례는 이를 상당히 객관화된 개념으로 해석하고 있다. 이처럼 국가배상법상의 과실이 객관화되면 될수록 '공무원의 직무상 의무위반'으로도 이해될 수 있는 국가배상법상의 위법개념에 접근하게 될 것이다. 판례도 공무원의 직무집행에 수반하여 요구되는 '손해를 사전에 방지할 공무원의 직무상 주의의무'가 문제되는 경우에는 위법성에 대한 언급 없이 과실판단만으로 국가배상책임을 인정하는 경우가 많다.

[판례] ① 교도소 당직교도관의 수감자간의 폭행사고의 발생을 미연에 방지할 직무상의 의무 위반 인정(대판 1979. 07. 10, 79다521).

② 행정대집행에 의한 철거반원의 원고소유물건에 대하여 필요 이상의 손해가 발생하지 않도록 할 주의의무위반 인정(대판 1974. 02. 26, 73다778).

③ **[1] 집행법원이 매각물건명세서의 작성에 관하여 부담하는 의무의 내용 및 집행법원이나 경매담당 공무원이 매각물건명세서 작성에 관한 직무상의 의무를 위반한 경우, 국가배상책임이 성립하는지 여부(적극)**: 집행법원은 매각대상 부동산에 관한 이해관계인이나 그 현황조사를 실시한 집행관 등으로부터 제출된 자료를 기초로 매각대상 부동산의 현황과 권리관계를 되도록 정확히 파악하여 이를 매각물건명세서에 기재하여야 하고, 만일 경매절차의 특성이나 집행법원이 가지는 기능의 한계 등으로 인하여 매각대상 부동산의 현황이나 관리관계를 정확히 파악하는 것이 곤란한 경우에는 그 부동산의 현황이나 권리관계가 불분명하다는 취지를 매각물건명세서에 그대로 기재함으로써 매수신청인 스스로의 판단과 책임하에 매각대상 부동산의 매수신고가격이 결정될 수 있도록 하여야 한다. 그럼에도 집행법원이나 경매담당 공무원이 위와 같은 직무상의 의무를 위반하여 매각물건명세서에 매각대상 부동산의 현황과 권리관계에 관한 사항을 제출된 자료와 다르게 작성하거나 불분명한 사항에 관하여 잘못된 정보를 제공함으로써 매수인의 매수신고가격 결정에 영향을 미쳐 매수인으로 하여금 불측의 손해를 입게 하였다면, 국가는 이로 인하여 매수인에게 발생한 손해에 대한 배상책임을 진다. [2] 매각물건명세서를 작성하면서 매각으로 소멸되지 않는 최선순위 전세권이 매수인에게 인수된다는 취지의 기재를 하지 아니한 경매담당 공무원 등의 직무집행상의 과실로 인하여 매수인이 입은 손해에 대하여 국가배상책임을 인정한 사례(대판 2010. 06. 24, 2009다40790).

최근 판례는 일정한 경우 위법과 과실을 명확하게 구별하지 않고 가해행위가 사회통념상 용인할 수 없을 정도로 객관적 정당성(상당성)을 결한 경우 불법행위를 구성한다고 보는 경향이 있다.

[판례] ① **공무원에 대한 불이익한 전보인사 조치가 해당 공무원에 대하여 불법행위를 구성하는 경우**: 공무원에 대한 전보인사가 법령이 정한 기준과 원칙에 위배되거나 인사권을 다소 부적절하게 행사한 것으로 볼 여지가 있다 하더라도 그러한 사유만으로 그 전보인사가 당연히 불법행위를 구성한다고 볼 수는 없고, 인사권자가 당해 공무원에 대한 보복감정 등 다른 의도를 가지고 인사재량권을 일탈·남용하여 객관적 정당성을 상실하였음이 명백한 경우 등 **전보인사가 우리의 건전한 사회통념이나 사회상규상 도저히 용인될 수 없음이 분명한 경우에, 그 전보인사는 위법하게 상대방에게 정신적 고통을 가하는 것이 되어 당해 공무원에 대한 관계에서 불법행위를 구성한다.** 그리고 이러한 법리는 구 부패방지법(2001. 7. 24. 법률 제6494호)에 따라 다른 공직자의 부패행위를 부패방지위원회에 신고한 공무원에 대하여 위 신고행위를 이유로 불이익한 전보인사가 행하여진 경우에도 마찬가지이다(대판 2009. 05. 28, 2006다16215[손해배상(기)]: 시청 소속 공무원이 시장을 부패방지위원회에 부패혐의자로 신고한 후 동사무소로 하향 전보된 사안에서, 그 전보인사 조치는 해당 공무원에 대한 다면평가 결과, 원활한 업무 수행의 필요성 등을 고려하여 이루어진 것으로 볼 여지도 있으므로, 사회통념상 용인될 수 없을 정도로 객관적 상당성을 결여하였다고 단정할 수 없어 불법행위를 구성하지 않는다고 한 사례).

② [1] 어떠한 **행정처분**이 후에 항고소송에서 위법한 것으로서 취소되었다고 하더라도 그로써 곧 당해 행정처분이 공무원의 고의 또는 과실에 의한 불법행위를 구성한다고 단정할 수는 없지만, **그 행정처분의 담당공무원이 보통 일반의 공무원을 표준으로 하여 볼 때 객관적 주의의무를 결하여 그 행정처분이 객관적 정당성을 상실하였다고 인정될 정도에 이른 경우**에는 국가배상법 제2조 소정의 국가배상책임의 요건을 충족하였다고 봄이 상당하다. 이때 **객관적 정당성을 상실하였는지 여부는** 침해행위가 되는 행정처분의 태양과 그 목적, 피해자의 관여 여부 및 관여의 정도, 침해된 이익의 종류와 손해의 정도 등 여러 사정을 종합하여 결정하되 손해의 전보책임을 국가 또는 지방자치단체에게 부담시킬 만한 실질적인 이유가 있는지도 살펴서 판단하여야 하며, 이는 행정청이 재결의 형식으로 처분을 한 경우에도 마찬가지라고 할 것이다. [2] **보험급여에 관한 근로복지공단의 결정에 대한 산업재해보상보험심사위원회(이하 '산재심사위원회'라고 한다)의 재심사절차는 민사재판절차와는 별개의 절차로서 민사사건 등의 판결에서 인정된 사실에 기속되는 것은 아니라 할지라도 이미 확정된 관련 민사사건에서 인정된 사실은** 특별한 사정이 없는 한 유력한 판단자료가 되는 것이므로 **합리적 근거 없이 이를 배척할 수 없고,** 특히 분쟁의 기초가 된 사실 및 그 청구목적이 근로복지공단의 처분과 밀접하게 관련된 민사소송에서 확정된 사실이라면 더욱 그러하다. [3] 이 사건 재결 당시 이미 관련 민사소송에서 소외인의 후유장해를 인정하지 않는 내용의 판결이 확정되어 최초 재결 당시 그 판정의 근거가 되었던 주요 증거들이 모두 배척되어 산재심사위원회로서가 확정된 민사판결의 내용을 뒤집을 만한 새로운 자료가 제출되는 등의 특별한 사정이 없는 한 그 후유장해를 인정하여서는 안 될 것임에도 그러한 사정없이 이에 명백히 배치되는 사실인정에 기초하여 위 확정판결의 취지에 따른 근로복지공단의 처분을 취소하는 내용의 이 사건 재결을 한 것이 산업재해보상보험에 관한 업무를 처리하는 보통 일반의 공무원을 표준으로 하여 볼 때 객관적 주의의무를 결하여 그 재결이 객관적 정당성을 상실한 경우로서 국가배상책임의 요건을 충족하였고, **원고는 이 사건 재결로 인하여 다시 그 취소를 구하는 행정소송의 제기와 응소를 강요당함으로써 승소하더라도 회복할 수 없는 정신적 고통을 입게 되었다**고 봄이 상당하다고 한 사례. [4] 민사소송의 확정판결에서 인정된 사실에 반하는 행정처분을 함으로써 그 처분에 이해관

계가 있는 제3자가 그 처분의 취소를 구하는 소송을 제기하여 그 처분이 취소되는 것으로 확정된 경우, 제3자에 대하여 국가배상법 제2조 소정의 국가배상책임을 인정한 사례(대판 2011. 01. 27, 2008다30703). 〈해설〉 행정처분으로 인한 손해배상에서 불법행위의 성립요건으로 처분의 위법과 공무원의 주의의무 위반 이외에 객관적 정당성의 결여를 추가로 요구하는 것은 타당하지 않다.

③ [1] **어떠한 행정처분이 결과적으로 위법한 것으로 평가될 수 있다는 사정만으로 그 행정처분이 곧바로 공무원의 고의 또는 과실로 인한 것으로서 불법행위를 구성한다고 단정할 수 있는지 여부(소극) 및 이 경우 국가배상책임의 성립요건과 판단 기준:** 어떠한 행정처분이 결과적으로 위법한 것으로 평가될 수 있다 하더라도 그 행정처분이 곧바로 공무원의 고의 또는 과실로 인한 것으로서 불법행위를 구성한다고 단정할 수는 없는 것이고, 객관적 주의의무를 위반함으로써 그 행정처분이 객관적 정당성을 상실하였다고 인정될 수 있는 정도에 이르러야 국가배상법 제2조가 정한 국가배상책임의 요건을 충족하였다고 봄이 타당하다(대법원 2000. 05. 12. 선고 99다70600 판결 등 참조). [2] 갑 지방자치단체장이 을 주식회사의 신청에 따른 공동주택건설사업계획을 승인하면서 사업구역 내에 위치한 농업기반시설인 토지에 대하여 별도의 용도폐지절차를 거치도록 조건(부관)을 정하였고, 이에 따라 을 회사가 용도폐지절차를 거쳐 한국자산관리공사와 토지 매수계약을 체결한 사안에서, 갑 회사로 하여금 위 토지를 유상매수하도록 한 행정처분이 객관적 정당성을 상실하였다고 볼 수 없다고 한 사례(대판 2013. 11. 14, 2013다206368).

④ 분배농지를 관리하는 공무원이 구 농지개혁법에 따라 국가가 매수·취득한 농지임을 제대로 확인하지 아니한 채 이를 제3자에게 처분함으로써 수분배자 또는 원소유자에게 손해를 발생하게 한 경우 이는 특별한 사정이 없는 한 국가배상법 제2조 제1항에 정한 공무원의 고의·과실에 의한 위법행위에 해당한다(대판 2016. 11. 10, 2014다229009).

⑤ [1] **법령에 따라 국가가 시행과 관리를 담당하는 시험에서 시험문항의 출제나 정답결정에 대한 오류 등의 위법을 이유로 시험출제에 관여한 공무원이나 시험위원의 고의 또는 과실에 따른 국가배상책임을 인정하기 위한 요건 및 판단 기준:** 법령에 따라 국가가 시행과 관리를 담당하는 시험에서 시험문항의 출제나 정답결정에 대한 오류 등의 위법을 이유로 시험출제에 관여한 공무원이나 시험위원의 고의 또는 과실에 따른 국가배상책임을 인정하기 위해서는, 해당 시험이 응시자에 대하여 일정한 수준을 갖추었는지를 평가하여 특정한 자격을 부여하는 사회적 제도로서 공익성을 가지고 있는지 여부, 국가기관이나 소속 공무원이 시험문제의 출제, 정답결정 등의 결정을 위하여 외부의 전문 시험위원을 법령에서 정한 요건과 절차에 따라 적정하게 위촉하였는지 여부, 위촉된 시험위원들이 최대한 주관적 판단의 여지를 배제하고 객관적 입장에서 해당 과목의 시험을 출제하였으며 시험위원들 사이에 출제된 문제와 정답의 결정과정에 다른 의견은 없었는지 여부, 시험문항의 출제나 정답결정에 대한 오류가 사후적으로 정정되었고 응시자들에게 국가기관이나 소속 공무원이 그에 따른 적절한 구제조치를 하였는지 여부 등의 여러 사정을 종합하여 시험출제에 관여한 공무원이나 시험위원이 객관적 주의의무를 소홀히 하여 시험문항의 출제나 정답결정에 대한 오류 등에 따른 행정처분이 **객관적 정당성을 상실하였다고 판단되어야** 한다. [2] 2013. 11. 7. 실시된 2014년 대학수학능력시험에서 세계지리 8번 문제에 대한 정답결정에 **재량의 일탈·남용이 있었다는 법원 판결에 따라 복수정답이 인정된 사안**에서 응시생들이 출제와 정답결정의 오류에 대한 위법성을 주장하며 국가배상을 구하였음. **원심은** 원고들의 정신적 손해에 대한 위자료를 일부 인정하였으나 **대법원은** 문제출제, 이의처리, 복수정답 인정과 피해자 구제 과정을 종합하여 볼 때 **국가배상을 인정할 정도의 객관적 정당성을 상실하였다고 보기 어렵다**는 이유로 원심판결을 파기한 사례(대판 2022. 04. 28, 2017다233061).

이러한 판례의 태도는 위법과 과실의 개념을 모호하게 하고, 궁극적으로는 국가배상책임의 기준을 모호하게 하는 문제를 안고 있다. 현행 국가배상법이 위법과 과실을 구분하고 있고, 위법과 과실은 구별되어야 하는 개념이다.

7. 형사책임과 국가배상책임

형사책임과 국가배상책임은 각각 지도원리가 다르므로 각각 별개의 관점에서 인정 여부를 검토하여야 한다.

[판례] 손해배상제도는 손해의 공평·타당한 부담을 그 지도원리로 하는 것이므로, 형사상 범죄를 구성하지 아니하는 침해행위라고 하더라도 그것이 민사상 불법행위를 구성하는지 여부는 형사책임과 별개의 관점에서 검토하여야 한다(대판 2008. 02. 01, 2006다6713: 경찰관이 범인을 제압하는 과정에서 총기를 사용하여 범인을 사망에 이르게 한 사안에서, 총기사용행위에 대한 무죄판결이 확정된 것과 무관하게 민사상 불법행위책임(국가배상책임)을 인정한 사례).

8. 손 해

공무원의 불법행위가 있더라도 손해(損害)가 발생하지 않으면 국가배상책임이 인정되지 않는다.

국가배상책임의 성립요건 중 '손해'는 민법상 불법행위책임에 있어서의 그것과 다르지 않다. 다만, 순수한 반사적 이익의 침해만으로는 손해가 발생하였다고 할 수 없다.

예를 들면, 공익보호만을 목적으로 하는 엄격한 허가요건으로 인하여 기존업자가 받는 사실상 독점적 이익은 반사적 이익에 불과하므로 위법한 영업허가가 행하여짐으로써 그 동안 누렸던 독점적 이익을 상실하게 된 경우에 국가배상법상 손해를 입었다고 볼 수 없다는 이유로 국가배상책임을 인정하지 않을 수 있을 것이다.

불법행위를 이유로 배상하여야 할 손해는 **현실로 입은 확실한 손해**에 한한다(대판 2020. 10. 15, 2017다278446).

[판례] [1] 불법행위를 이유로 배상하여야 할 손해는 **현실로 입은 확실한 손해**에 한한다. 그러므로 가해자가 행한 불법행위로 인하여 피해자가 채무를 부담하게 된 경우 피해자가 가해자에게 그 채무액 상당의 손해배상을 구하기 위해서는 채무의 부담이 현실적·확정적이어서 실제로 변제하여야 할 성질의 것이어야 하고, 현실적으로 손해가 발생하였는지 여부는 사회통념에 비추어 객관적이고 합리적으로 판단하여야 한다. [2] **가해자가 행한 불법행위로 피해자에게 행정처분이 부과·확정되어 그 이행에 비용이 발생하는 경우, 원칙상 행정처분 당시 위 비용 상당의 손해가 현실적으로 발생하였다고 볼 수 있다. 그러나,** 행정처분이 있은 후 행정처분을 이행하기 어려운 장애사유가 있어 오랫동안 이행이 이루어지지 않았고 행정관청에서도 이러한 사정을 참작하여 이행을 강제하

기 위한 조치를 취하지 않고 방치하는 등 특별한 사정이 있는 경우, **행정처분의 이행에 따른 비용 상당의 손해가 현실적 · 확정적으로 발생하였다고 보기 위해서는 행정처분의 존재뿐만 아니라 행정처분의 이행가능성과 이행필요성이 인정되어야 한다.** 특히 시간적으로 먼저 이루어지는 선행처분에 불가쟁력이 생겨 그 효력을 다툴 수 없게 되었더라도, 선행처분의 상대방이 입었다고 주장하는 피해가 선행처분 자체로 인하여 생긴 것이 아니라, 위 선행처분에 연속하여 나중에 이루어지는 별도의 후행처분에 의하여 장차 부과될 의무와 관련된 것이고, 사실심 변론종결 시점에 후행처분이 실제로 이루어질 가능성에 의문이 제기되는 등의 예외적인 상황이 존재하며, 실제로 행정관청에서 장기간 후행처분을 하지 않고 있을 뿐만 아니라 제반 사정에 비추어 볼 때 앞으로도 후행처분이 이루어지지 아니할 가능성을 배제할 수 없는 경우라면, 가까운 장래에 선행처분의 상대방에게 후행처분이 이루어질 개연성을 인정하기 부족하여 후행처분에 의하여 부과될 의무이행을 위한 비용 상당의 손해가 확정적으로 발생하였다고 보기는 어렵다. [3] 불법행위로 인한 손해배상청구에서 위와 같은 손해의 발생 사실은 행정처분을 받은 당사자인 피해자가 이를 증명하여야 한다. [4] 甲 등이 토지 위에 건축물을 신축하면서 乙 지방자치단체에 건축신고를 하였는데, 乙 지방자치단체 소속 공무원이 위 토지가 군사기지 및 군사시설 보호법상 폭발물 관련 제한보호구역으로 지정되어 있었음에도 관할부대장에게 협의요청을 하지 않은 채 건축신고를 수리하였고, 이후 관할부대장이 공사중지 등을 요청하여 乙 지방자치단체가 甲에게 건축물 신축을 중지하라는 명령을 내리자, 甲 등이 乙 지방자치단체를 상대로 건축신고 수리가 적법하게 이루어진 것으로 믿고 건축물의 신축에 이르렀다가 이를 철거해야 할 의무를 지게 되었다는 이유로 손해배상을 구한 사안에서, 乙 지방자치단체 소속 공무원의 과실은 인정되나, 위 건축물은 원심 변론종결 시점까지 사용승인을 받지 못한 관계로 건축법 제22조 제3항에 따라 위 건축물을 사용하여서는 아니 되는 의무가 부과되고 있을 뿐이고, 종전에 수리된 건축신고가 취소되거나 건축법 제79조 제1항에 따라 위 건축물의 철거를 명하는 시정명령이 내려지지는 않은 상태이며, 이는 그 취소나 시정명령이 후행처분으로서 실제로 이루어질 가능성에 의문을 제기하게 하거나 앞으로도 그와 같은 조치가 이루어지지 아니할 상당한 가능성이 있는 것은 아닌지 의문을 갖게 하는 사정에 해당하므로, 원심 변론종결 시점까지 위 건축물에 관한 사용승인이 반려된 상태가 지속되고 있다는 점만으로 甲 등에게 가까운 장래에 위 건축물의 철거 내지 이를 전제로 하는 손해의 결과가 현실적 · 확정적으로 발생하였다고 단정하기 어려운데도, 이와 달리 본 원심판단에 법리오해의 잘못이 있다고 한 사례(대판 2020. 10. 15, 2017다278446).

재량권의 일탈 · 남용의 경우 행정청의 적법한 재량권 행사로 가해행위와 동일한 내용의 처분을 할 수 있는 경우에는 특별한 사정이 없는 한 손해가 발생하였다고 할 수 없다.

절차적 권리의 침해로 배상할 손해가 발생할 수 있는지에 관하여 여러 견해가 대립하고 있다. ① **부정설**: 절차상 권리가 침해되어 절차상 위법하더라고 절차상 위법한 공권력 행사가 실체상 적법하다면 절차를 시정하여 동일한 공권력 행사를 할 수 있으므로 손해가 발생하였다고 볼 수 없고, 절차상 위법한 공권력 행사가 실체상으로도 위법하다면 실체상 위법한 공권력 행사로 초래된 손해에 대한 배상청구를 하면 된다는 견해이다.

② 제한적 긍정설: 절차상 위법한 공권력 행사가 실체상 적법하더라도 절차적 참가가 있었다면 그 절차적 참가권자에게 그 공권력 행사의 실체적 내용 보다 유리한 다른 내용의 결정이 행해질 수 있는 경우(예를 들면, 공권력 행사가 적법하지만 부당한 경우)에는 절차상 위법한 공권력 행사로 손해가 발생한 것으로 볼 수 있고, 그 손해에 대한 국가배상이 인정될 수 있다는 견해이다.

③ 정신적 고통에 대한 위자료 인정설: 판례와 같이 절차상 참가권이 침해됨으로서 절차상 참가권자에게 정신적 고통이 인정될 수 있는 경우에는 그 정신적 고통에 대한 위자료를 청구하는 국가배상이 인정될 수 있다는 견해이다. 판례는 절차상 위법이 시정된 경우(절차상 하자를 시정하여 절차를 다시 진행한 경우, 종국적으로 행정처분 단계까지 이르지 않거나 처분을 직권으로 취소하거나 철회한 경우, 행정소송을 통하여 처분이 취소되거나 처분의 무효를 확인하는 판결이 확정된 경우)에는 원칙상 정신적 고통이 남아 있다고 할 수 없고, 정신적 고통이 남아 있다고 볼 특별상 사정이 있는 경우에 한하여 국가배상청구가 가능하다고 한다(대판 2021. 07. 29, 2015다221668).

[판례] ① [주민들이 행정절차 참여권 등 침해를 이유로 지방자치단체에게 손해배상을 청구한 사건] (1) 국가나 지방자치단체가 공익사업을 시행하는 과정에서 관련 법령에서 정한 주민의견 수렴절차를 거치지 않았음을 이유로 주민들에게 정신적 손해를 배상할 책임을 부담하는지에 대한 판단기준: 법령에서 주민들의 행정절차 참여에 관하여 정하는 것은 어디까지나 주민들에게 자신의 의사와 이익을 반영할 기회를 보장하고 행정의 공정성, 투명성과 신뢰성을 확보하며 국민의 권익을 보호하기 위한 것일 뿐, 행정절차에 참여할 권리 그 자체가 사적 권리로서의 성질을 가지는 것은 아니다. 이와 같이 행정절차는 그 자체가 독립적으로 의미를 가지는 것이라기보다는 행정의 공정성과 적정성을 보장하는 공법적 수단으로서의 의미가 크므로, 관련 행정처분의 성립이나 무효·취소 여부 등을 따지지 않은 채 주민들이 일시적으로 행정절차에 참여할 권리를 침해받았다는 사정만으로 곧바로 국가나 지방자치단체가 주민들에게 정신적 손해에 대한 배상의무를 부담한다고 단정할 수 없다. 이와 같은 행정절차상 권리의 성격이나 내용 등에 비추어 볼 때, 국가나 지방자치단체가 행정절차를 진행하는 과정에서 주민들의 의견제출 등 절차적 권리를 보장하지 않은 위법이 있다고 하더라도 그 후 이를 시정하여 절차를 다시 진행한 경우, 종국적으로 행정처분 단계까지 이르지 않거나 처분을 직권으로 취소하거나 철회한 경우, 행정소송을 통하여 처분이 취소되거나 처분의 무효를 확인하는 판결이 확정된 경우 등에는 주민들이 절차적 권리의 행사를 통하여 환경권이나 재산권 등 사적 이익을 보호하려던 목적이 실질적으로 달성된 것이므로 특별한 사정이 없는 한 절차적 권리 침해로 인한 정신적 고통에 대한 배상은 인정되지 않는다. 다만 이러한 조치로도 주민들의 절차적 권리 침해로 인한 정신적 고통이 여전히 남아 있다고 볼 특별한 사정이 있는 경우에 국가나 지방자치단체는 그 정신적 고통으로 인한 손해를 배상할 책임이 있다. 이때 특별한 사정이 있다는 사실에 대한 주장·증명책임은 이를 청구하는 주민들에게 있고, 특별한 사정이 있는지는 주민들에게 행정절차 참여권을 보장하는 취지, 행정절차 참여권이 침해된 경위와 정도, 해당 행정절차 대상사업의 시행경과 등을 종합적으로 고려해서 판단해야 한다. (2) 원고는 지방자치단체가 설치·운영하는 폐기물 매립장 인근에 거주하는 주민으로서, 지방자치단체가 폐기물 매립장을 설치하면서 관련 법령에서 정한 입지선정위원회 구성 등 주민의견 수렴절차를 거치지 않은 채 관련

서류를 위조하여 폐기물 매립장을 설치하였고 그 폐기물 매립장을 부실하게 운영하여 **원고의 행정절차 참여권, 환경권 등을 침해하였음을 이유로 손해배상을 청구한 사안**에서, 주민들의 행정절차 참여권 침해를 이유로 한 손해배상의 경우 **행정절차를 이행하지 않았다는 사실만으로 곧바로 손해배상이 인정되는 것은 아니고, 관련 행정처분이 취소되는 등의 조치로도 주민들의 정신적 고통이 남아 있다고 볼 특별한 사정이 있는 경우에만 손해배상책임이 인정되는 것**인데, 이 사건의 경우에는 특별한 사정의 존재 여부에 앞서 원고가 관련 행정절차가 진행될 당시 인근 지역 주민이었는지 여부가 심리·판단되지 않았는데도 피고의 손해배상책임을 인정한 원심판결에 법리오해와 심리미진의 잘못이 있다고 보아 파기환송한 사례(대판 2021. 07. 29, 2015다221668).
② 피고(한국전력공사)가 송전선로와 송전탑을 설치하면서 관련 법령에 따라 사업부지 인근 주민들의 의견수렴절차를 거치는 과정에서 주민들의 격심한 반대에 부딪히게 되어 해당 지역 주민들과의 협의과정을 통해서 위 사업부지를 변경하였으나 변경된 사업부지 **인근 주민들의 의견을 별도로 청취하지는 않고 사업을 시행**하자 변경된 사업부지 인근 주민들이 송전선로 설치사업의 위법성을 이유로 손해배상을 청구한 사안에서, 변경된 사업부지 주민들의 의견이 전혀 청취되지 않은 점, 관련 법령에서 주민의견수렴절차에 대하여 규정한 취지와 그 개정 경과 등에 비추어 볼 때 피고에게 위 변경된 사업부지 인근 주민들의 **정신적 손해에 대한 배상책임이 있다고 한 사례**(대판 2021. 08. 12, 2015다208320). 〈**해설**〉 배상책임자가 한국전력공사로서 국가나 지방자치단체가 아니고, 송전선로와 송전탑 설치는 사법상 행위이므로 국가배상청구사건이 아니라 민법상 손해배상청구사건이다.

④ **결어**: 절차적 권리의 침해로 인한 손해배상은 손해배상의 일반 법리에 따라 절차적 권리의 침해로 손해배상의 대상이 되는 손해(현실로 입은 확실한 손해)가 발생한 경우에 한하여 인정하는 것이 타당하다(**손해배상의 일반 법리설**). 손해배상의 대상이 되는 손해의 발생 여부의 판단에 있어서 이해관계있는 절차적 권리의 침해의 경우와 이해관계없는(공익상 인정되는) 절차적 권리의 침해의 경우를 구별할 필요가 있다. 개인적 이해관계(법률상 또는 사실상 이해관계)가 없는 일반 국민이나 주민에게 인정되는 공익의 보호를 위한 절차적 참가권은 공익적 차원에서 민주시민에게 인정되는 권리이므로 그 절차적 참가권이 침해되더라도 손해배상의 대상이 되는 현실적 손해로서의 정신적 고통이 있는 것으로 보는 것은 타당하지 않다. 그리고 손해배상의 대상이 되는 손해는 개인적인 손해이어야 하므로 생태계 침해 등 환경침해, 공익으로서의 안전의 침해는 손해배상의 대상이 되는 손해라고 할 수 없다. 손해의 발생 여부의 판단에 있어서 절차적 권리가 이해관계있는지 여부에서의 이해관계는 법률상 이해관계뿐만 아니라 사실상 이해관계도 포함시키는 것이 타당하다.

그리고, 위와 같은 **판례에 대해서는 다음과 같은 비판**이 가능하고, 판례는 **다음과 같은 보완이 필요**하다. ① 판례는 정신적 고통에 대한 손해배상만을 논하고 있다. 절차상 하자로 인해 **재산적 손해**가 발생한 경우의 손해배상에 대해서는 배상기준을 제시하지 않고 있다. 생각건대, 재산적 손해에 있어서는 절차의 하자를 시정하여 절차를 거치더라도 가해행위와 동일한 내용의 처분을 할 수 있는 경우(실체상 적법하고 부당하지도 않은 경우, 절차가 실체적 판단에 영향을 미칠 수 없는 경우 등)에는 원칙상 재산적 손해는 없는 것으로 보아야 한다. 이에 반하여 절차를 거쳤더라면 실체상 다른 내용의 처분을 하고 원고에게 그 재산상 피해가 발생하지 않았을 상당인과관계가 있는 경우에는 그 재산적 손해에 대해서도 배상책임을 인정하여야 한다. ② 판례는 "행정절차는 그 자체가 독립적으로 의미를 가지는 것이라기보다는 행정의 공정성과 적정성을 보장하는 공법적 수단으로서의 의미가 크므로, 관련 행정처분의 성립이나 무효·취소 여부 등을 따지지 않은 채 주민들이 일시적으로 행정절차에 참여할 권리를 침해받았다는 사정만으로 곧바로 국가나 지방자치단체가 주민들에게 정신적 손해에 대한 배상의무를 부담한다고 단정할 수 없다."고 하고 있다. 즉 판례는 행정절차의 독자적 의미를 인정하지 않고, 기본적으로 행정의 공정성과 적정성을 보장하는 공법적 수단으로서의 의미가 크다고 보면서 이를 손해배상의 제한적 사유로 보고 있다. 이러한 입장은 행정절차의 독자적 의미를 부정한다는 점에서 비판의 대상이 될 수 있다. ③ 판례는 사적 이해관계가 있는 자(이해관계인)에게 인정된 절차적 권리인지 이해관계인이 없는 자에게도 순수하게 공익적 목적으로 인정된 절차적 권리인지를 명확히 구분하지 않고 정신적 고통에 대한 배상의 기준을 제시하고 있다. 그러면서도 절차가 사적 이익을 보호하려는 목적을 가진 것으로 전제하고 있다. 그런데, 행정절차에는 이해관계인에게 인정되는 절차적 권리이외에 순수하게 공익목적만을 갖는 일반 주민 또는 국민에게 인정되는 절차적 권리도 있다. 또한, 절차적 권리에 대한 이해관계는 법률상인 경우도 있고 사실상인 경우도 있는데, 판례는 이를 명확하게 구별하지 않고 있다. 판례는 **사적 이해관계있는 절차적 권리에 한정**되어 설시된 것으로 보아야 한다. 생각건대, 순수하게 공익목적으로 인정된 절차적 권리의 침해에 대해서는 원칙상 손해배상이 인정되지 않는다고 보아야 한다. 그리고 원고적격에서와 같이 법률상 이해관계가 있는지 사실상 이해관계만 있는지를 구별할 필요가 있는 경우도 있지만, 손해배상에 있어서 손해의 발생은 기본적으로 사실의 문제이므로 **사실상 이해관계만 있는 절차적 권리 침해의 경우에도 판례의 배상기준을 적용하는 것이 타당**하다.

국가배상법 제2조 제1항을 적용할 때 피해자가 손해를 입은 동시에 이익을 얻은 경우에는 손해배상액에서 그 이익에 상당하는 금액을 빼야 한다(국가배상법 제3조의2 제1항).

9. 인과관계

공무원의 불법행위와 손해 사이에 인과관계(因果關係)가 있어야 한다. 국가배상에서의 인과관계는 민법상 불법행위책임에서의 그것과 동일하게 상당인과관계가 요구된다.

판례는 직무상 의무의 사익보호성을 국가배상에서의 상당인과관계의 요소로 보고, 직무상 의무의 사익보호성이 없으면 불법행위와 손해 사이에 인과관계를 부정하고 국가배상책임을 인정하지 않는다.

[판례] ① 공무원에게 직무상 의무를 부과한 법령의 목적이 사회 구성원 개인의 이익과 안전을 보호하기 위한 것이 아니고 단순히 공공일반의 이익이나 행정기관 내부의 질서를 규율하기 위한 것이라면, 설령 공무원이 그 직무상 의무를 위반한 것을 계기로 하여 제3자가 손해를 입었다고 하더라도 공무원이 직무상 의무를 위반한 행위와 제3자가 입은 손해 사이에 상당인과관계가 있다고 할 수 없다(대판 2020. 07. 09, 2016다268848).

② [1] **특별송달우편물의 배달업무에 종사하는 우편집배원**으로서는 위와 같이 기재된 해당 송달서류에 대하여 적법한 송달이 이루어지지 아니할 경우에는 법령에 정해진 일정한 효과가 발생하지 못하고 그로 인하여 국민의 권리 실현에 장애를 초래하여 당사자가 불측의 피해를 입게 될 수 있음을 **충분히 예견**할 수 있다고 봄이 상당하다. [2] 따라서 우편집배원이 압류 및 전부명령 결정 정본을 특별송달하는 과정에서 민사소송법을 위반하여 부적법한 송달을 하고도 적법한 송달을 한 것처럼 우편송달보고서를 작성하여 압류 및 전부의 효력이 발생한 것과 같은 외관을 형성시켰으나, 실제로는 압류 및 전부의 효력이 발생하지 아니하여 집행채권자로 하여금 피압류채권을 전부받지 못하게 함으로써 손해를 입게 한 경우에는, 우편집배원의 위와 같은 직무상 의무위반과 집행채권자의 손해 사이에는 **상당인과관계**가 있다고 봄이 상당하고, 국가는 국가배상법에 의하여 그 손해에 대하여 배상할 책임이 있다고 할 것이다(대판 2008. 02. 28, 2005다4734 등 참조)(대판 2009. 07. 23, 2006다87798[손해배상(기)]).

③ 자살한 초임하사의 유족인 원고들이 망인이 근무한 부대의 지휘관 등의 망인에 대한 관심 소홀과 영내 거주 기간을 규정한 육군규정에 위반한 과실로 자살에 이르게 되었다고 주장하며 국가인 피고에 대하여 그로 인한 손해배상을 청구한 사안에서, 위 지휘관 등이 육군규정에 위반한 과실은 있으나 제반 사정에 비추어 영내생활이 다소 길어지게 되었다는 사정만으로 스스로 자신의 삶을 마감하는 방법을 선택한다는 것은 극히 이례적인 경우라 할 것이어서, 위와 같은 지휘관 등의 업무상 잘못으로 망인이 자살할 수도 있다는 특별한 사정에 관한 **예견가능성**을 인정하기는 어렵고, 따라서 위 업무집행상의 잘못과 망인의 사망 사이에 상당인과관계가 있는 것으로 볼 수 없다고 한 사례(대판 2011. 01. 27, 2010다74416).

④ 금융감독원에 금융기관에 대한 검사·감독의무를 부과한 **법령의 목적이 금융상품에 투자한 투자자 개인의 이익을 직접 보호하기 위한 것이라고 할 수 없으므로,** 피고 금융감독원 및 그 직원들의 위법한 직무집행과 부산2저축은행의 후순위사채에 투자한 원고들이 입은 손해 사이에 **상당인과관계가 있다고 보기 어렵다**(대판 2015. 12. 23, 2015다210194; 금융감독원의 금융감독상의 위법·과실로 인한 은행의 고객(후순위사채 보유자)에 대한 손해에 대한 민법 제750조에 따른 배상청구사건).

〈해설〉 금융감독원의 금융기관에 대한 검사·감독의무의 해태로 인한 배상책임에 국가배상책임의 법리(국가배상책임에서 상당인과관계에 관한 법리)를 적용하고 있는 점도 의미가 있다.

⑤ [1] 공무원의 직무상 의무 위반으로 국가배상책임이 인정되기 위하여는 공무원의 직무상 의무 위반과 피해자가 입은 손해 사이에 **상당인과관계가 인정되어야 한다. 이러한 상당인과관계가 인정되는지를 판단할 때는** 일반적인 결과 발생의 개연성은 물론 **직무상 의무를 부과하는 법령을 비롯**

한 행동규범의 목적이나 가해행위의 태양 및 피해의 정도 등을 종합적으로 고려하여야 한다. [2] 주점에서 발생한 화재로 사망한 甲 등의 유족들이 乙 광역시를 상대로 손해배상을 구한 사안에서, 소방공무원들이 업주들에 대하여 적절한 지도·감독을 하지 않는 등 직무상 의무를 위반하였고, 소방공무원들의 직무상 의무 위반과 甲 등의 사망 사이에 상당인과관계가 인정된다고 한 사례(대판 2016. 08. 25, 2014다225083).

⑥ 해양수산부 산하 어업관리단의 불법어로행위 특별합동단속 중 甲 등이 승선하고 있던 선박이 단속정의 추적을 피해 도주하는 과정에서 암초와 충돌하였고, 인근에서 甲이 익사한 상태로 발견되었는데, 甲의 유족들이 단속정에 승선하고 있던 감독공무원들의 구조의무 위반 등을 주장하며 국가를 상대로 손해배상을 구한 사안에서, 감독공무원들에게 직무집행상 과실이 있다고 단정하기 어렵고, 이들의 행위와 甲의 사망 사이에 상당인과관계가 있다고 볼 수도 없다고 한 사례(대판 2021. 06. 10, 2017다286874).

그러나, 인과관계는 규범의 문제이기는 하지만, 사실에 기초하여 과학적 합리적으로 판단되어야 하므로 직무상 의무의 사익보호성이 없음(공무원에게 직무상 의무를 부과한 법령의 보호목적이 사회 구성원 개인의 이익과 안전을 보호하기 위한 것이 아니고 단순히 공공일반의 이익이나 행정기관 내부의 질서를 규율하기 위한 것)이라는 이유만으로 공무원이 직무상 의무를 위반한 행위와 제3자가 입은 손해 사이에 상당인과관계를 부정하는 것은 타당하지(합리적이지) 않다. 또한, 행정에는 기본권보장의무로부터 도출되는 일반적인 손해방지의무가 있다는 점을 고려하여도 그러하다.

Ⅳ. 공무원의 배상책임

1. 공무원의 피해자에 대한 책임(선택적 청구권)

국가배상법 제2조의 요건을 충족하여 국가 또는 지방자치단체의 배상책임이 인정되는 경우에 피해자는 공무원에 대하여도 손해배상을 청구할 수 있는지에 관하여 학설은 대립하고 있다.

(1) 긍정설

긍정설의 논거는 다음과 같다. ① 국가배상책임을 국가의 자기책임으로 본다면, 국가의 책임과 공무원 개인의 책임은 독립하여 성립되는 것이므로 국가의 책임과 별도로 공무원의 책임을 인정하는 것이 논리적이다.[55] ② 공무원의 피해자에 대한 배상책임을 부인하는 것은 공무원을 일반 사인에 비하여 부당하게 보호하는 것이 된다. ③ 정책적인 견지에서 볼 때 공무원의 피해자에 대한 직접책임을 부인하는 것은

55) 이는 위험책임설적 자기책임설을 취하는 경우에는 타당하나, 기관이론에 근거한 자기책임설을 취하는 경우에는 이러한 결론이 도출되지 않는다.

공무원의 책임의식을 박약하게 할 우려가 있다고 한다. ④ 국가권력의 남용에 대한 통제의 측면에서도 실제의 행위자인 공무원의 피해자에 대한 책임을 인정하는 것이 국가권력의 남용에 대한 적절한 제재가 되며 그럼으로써 행정을 도덕화할 수 있다.

과거의 판례는 공무원의 피해자에 대한 배상책임을 인정하고 있었다(대판 1972. 10. 10, 69다701).

(2) 부정설

부정설의 논거는 다음과 같다. ① 국가배상책임을 대위책임으로 보는 견해에 의하면 공무원의 책임을 국가가 갈음하여 지는 것이므로 공무원의 피해자에 대한 직접책임을 인정하지 않는 것이 논리적이다. ② 정책적 견지에서 볼 때 공무원의 피해자인 국민에 대한 직접책임을 인정하게 되면 공무원의 직무집행을 위축시킬 우려가 있고, 피해자인 국민이 이를 남용할 우려가 있으며, 소송에 연루된 공무원은 직무수행에 전념할 수 없게 된다. ③ 공무원의 피해자에 대한 책임을 인정하지 않아도 국가는 무제한의 자력을 갖고 있으므로 피해자의 구제는 충분하다.

(3) 절충설(제한적 긍정설)

절충설의 논거는 다음과 같다. ① 경과실의 경우에는 공무원의 행위는 공무원 개인의 행위가 아니고 기관행위로서 국가에 귀속되는 것이므로 공무원은 일체의 책임을 지지 않고, 고의 또는 중과실의 경우에는 공무원의 행위는 더 이상 행정기관의 행위로 볼 수 없으므로 이에 대하여는 공무원 개인이 책임을 져야 한다. ② 정책적 견지에서 공무원의 책임의식의 확보와 공무의 원활한 수행을 조화시킬 수 있다.

(4) 판례의 입장

판례는 제한적 긍정설(절충설)을 취하고 있다. 즉, 가해공무원 개인에게 고의 또는 중과실이 있는 경우에는 국가 등이 국가배상책임을 부담하는 외에 가해 공무원도 피해자에 대하여 그로 인한 손해배상책임을 부담하고, 가해공무원 개인에게 경과실만이 인정되는 경우에는 공무원 개인은 손해배상책임을 부담하지 아니한다고 보고 있다(대판 전원합의체 1996. 02. 15, 95다38677).[56)]

---

56) 본 판결이 있기 이전에 판례는 오랫동안 공무원의 직무상 불법행위로 국민에게 손해를 입힌 경우에 피해자인 국민은 가해공무원의 귀책사유의 정도에 관계없이 국가 등의 배상책임과 선택적으로 가해공무원에게 직접 배상책임을 청구할 수 있다고 보았다. 이러한 입장의 판결은 그 이전에도 있었지만 대판 1972. 10. 10, 69다701이 가장 명백하게 이러한 입장을 표명한 판결로 인정되고 있다. 이 판결의 논거는 다음과 같다. ① 국가배상법상의 국가배상책임은 본질상 민사상의 손해배상책임과 다르지 않고, 국가배상법은 민법의 특별법이라는 것이다. ② 공무원의 책임을 규정하고 있는 헌법 제26조(현행 헌법 제29조) 단서는 국가 등이 불법행위로 인한 손해배상책임을 지는 경우 "공무원 자신의 책임은 면제되지 아니한다"라고 규정하고 있는데 이는 공무원의 직무상 불법행위

(5) 검토 및 사견

① 결론적으로 말하면, 판례의 입장(절충설)이 타당하다.

② 전술한 바와 같이 공무원의 개인책임에 관한 학설의 대립은 국가배상책임의 성질에 관한 학설의 대립과 밀접한 관계가 있다는 것은 부인할 수 없다. 다만, 공무원의 개인책임의 인정은 별도의 입법정책적 문제를 포함하므로 국가배상책임의 성질과 공무원의 개인책임의 문제는 상호 논리필연적인 관계에 있는 것은 아니다.

③ 공무원의 개인책임에 관하여는 법적 근거의 문제, 입법정책의 문제, 법이론적 문제로 나누어 고찰할 필요가 있는데, 법이론적 문제는 전술하였으므로 아래에서는 법적 근거의 문제와 입법정책의 문제만을 고찰하기로 한다.[57)]

1) 공무원의 개인책임의 법적 근거

헌법 제29조 제1항 본문은 "공무원의 직무상 불법행위로 손해를 받은 국민은 법률이 정하는 바에 의하여 국가 또는 공공단체에 정당한 배상을 청구할 수 있다"라고 규정하고 있고, 헌법 제29조 제1항 단서는 "이 경우 공무원 자신의 책임은 면제되지 아니한다"고 규정하고 있다. 따라서, 공무원의 개인책임의 법적 근거를 논함에 있어서는 우선 헌법 제29조 제1항 단서의 내용을 명확히 하여야 한다. 다수의견은 동 헌법규정이 공무원의 개인책임의 직접적인 법적 근거가 될 수 없다고 보고 있다.

그리고, 국가배상법이나 기타의 어느 법에서도 공무원의 피해자에 대한 배상책임에 관하여 명시적인 규정을 전혀 두고 있지 않다.

따라서, 공무원의 피해자에 대한 개인책임의 실정법적 근거를 어디에서 찾아야 하는가 하는 것이 중요한 쟁점이 되고 있다.

가. 판례의 다수의견(직접근거 부정설) 판례(다수의견)는 공무원의 피해자에 대

로 손해를 받은 국민은 공무원 자신에 대하여도 직접 그의 불법행위를 이유로 손해배상을 청구할 수 있고, 이는 국가배상법에 공무원 자신의 책임에 관한 규정이 없는 경우에도 가능하다는 의미이다. 이와 같은 판결의 입장은 본 판결에 있어서의 별개의견과 거의 유사하다. 1972년 판결 이래로 공무원의 개인책임을 부정하는 취지의 의견을 개진한 대판 1994. 04. 12, 93다11807(부판결)이 나오기 전까지 대법원의 입장은 공무원의 피해자에 대한 배상책임을 인정하는 것이었다(김기동, "국가배상과 공무원의 개인책임," 『법조』, 149면 이하 참조). 대법원은 상기 1994년 판결에서 종래의 판례의 입장과 달리 공무원의 직무상 불법행위로 인하여 손해를 받은 사람은 국가 등을 상대로 하여 배상책임을 청구할 수 있을 뿐 가해공무원의 귀책사유의 정도와 관계없이 가해공무원 개인을 상대로 손해배상을 청구할 수 없다고 판시하였다. 이와 같이 피해자에 대한 공무원의 개인책임을 전면적으로 인정하는 종래의 주류적 판례와 피해자에 대한 공무원의 개인책임을 전면적으로 부정하는 1994년 판결이 대립되고 있는 상황하에서 피해자에 대한 공무원의 개인책임에 대한 대법원의 입장을 확정하여 판례를 통일하기 위하여 본 전원합의체판결이 내려졌던 것이다. 본 판결은 이전의 상호 대립되는 두 판례를 모두 변경하며 고의 또는 중과실의 경우에 한하여 피해자에 대한 공무원의 개인책임을 인정하고 있다.

57) 졸고, "공무원의 배상책임의 이론과 판례," 『판례월보』, 제297호, 1995. 6. 참조.

한 개인책임의 근거와 범위를 규율하는 법규정은 헌법 제29조 제1항 단서와 국가배상법이라는 입장을 취하고, 공무원에게 고의 또는 중과실이 있는 경우에만 피해자에 대한 공무원의 배상책임을 인정하고 있다.

즉, 다수의견은 헌법 제29조 제1항 단서규정의 '공무원 자신의 책임'에는 공무원 개인의 손해배상책임이 포함된다고 보면서도 헌법 제29조 제1항 단서를 공무원 개인의 손해배상책임의 구체적인 범위까지 규정한 것으로는 보기 어렵고,[58] 공무원 개인의 책임범위를 정하는 문제(공무원이 경과실의 경우에도 개인책임을 지는가 아니면 고의 또는 중과실의 경우에만 개인책임을 지는가 하는 문제)는 입법정책의 문제이고, 국가배상법상 정해져야 할 문제라고 보고 있다. 즉, 다수의견은 헌법 제29조 제1항 단서규정은 공무원의 개인책임의 구체적이고 직접적인 법적 근거는 될 수 없다고 본다. 그리고, 다수의견은 공무원의 개인책임의 범위에 관하여 국가배상법에 직접적으로 규정한 조항은 없다고 하면서 후술하는 바와 같이 국가배상법의 관련규정(특히 구상권에 관한 규정) 및 국가책임 및 공무원책임의 본질(경과실의 경우 공무원의 행위는 기관행위이므로 국가만이 배상책임을 지고, 고의 또는 중과실의 경우 공무원의 행위는 기관행위로서의 품격을 상실하므로 공무원의 피해자에 대한 배상책임을 인정할 수 있다)에 근거하여 공무원의 불법행위가 공무원의 고의 또는 중과실에 기인한 경우에만 피해자에 대한 공무원의 개인책임을 인정하고 있다.

나. 판례의 별개의견(긍정설) 긍정설을 취하는 별개의견은 우선 헌법 제29조 제1항 단서의 "공무원의 자신의 책임은 면제되지 아니한다"는 규정 중 '공무원의 책임'은 공무원 개인의 불법행위책임이라고 보고 있다.

그러나, 별개의견은 다수의견과 달리 위 헌법조항 단서는 직무상 불법행위를 한 공무원 개인의 구체적인 손해배상의 범위까지 규정한 것으로 즉, 공무원의 경과실을 포함하여 일체의 과실의 경우에 공무원의 배상책임을 구체적으로 인정한 것으로 보고 있다.

별개의견은 위와 같은 견해를 도출함에 있어서 헌법규정의 文言에 중점을 두고 있다.

즉, "위 헌법조항 단서의 공무원 개인책임은 **그 본문과 연관하여 보면** 이는 직무상 불법행위를 한 공무원 개인의 **불법행위** 책임임이 분명하며 여기에서 말하는 불법행위의 개념은 법적인 일반개념으로서 그것은 고의 또는 과실로 인한 위법행위로 타인에게 손해를 가한 것을 의미하고 이 때의 과실은 중과실과 경과실을 구별하지 않는다는 일반론에 의문을 제기할 여지가 없어 보인다"(고딕체는 저자)라고 주장하고 있다.

다. 판례의 반대의견(부정설) 부정설을 취하는 반대의견은 "헌법 **제29조 제1항 단서의 규정**은 직무상 불법행위를 한 공무원 개인의 손해배상책임이 면제되지 아니한다는 것을 규정한 것으로 볼 수는 없고, 이는 **다만 직무상 불법행위를 한 공무원**

58) 별개의견은 이러한 헌법 제29조 제1항 단서의 해석에 반대하고 있다.

의 국가 또는 공공단체에 대한 내부적 책임 등이 면제되지 아니한다는 취지를 규정한 것으로 보아야 할 것이다"라고 주장하고 있다. 그 논거는 다음과 같다.

우선 헌법규정의 문언을 볼 때 헌법 제29조 제1항 단서의 규정은 단순히 '책임'이라 하였을 뿐 '민사책임' 내지 '배상책임'이라고 명시하지 않았다는 점과 헌법 제7조 제1항에서 공무원의 국민에 대한 책임을 규정하고 있다는 점에 비추어 보면 헌법 제29조 제1항 단서에서 규정하고 있는 '책임'이 민사상의 손해배상책임을 포함하고 있다는 것이 법문상 명백하다고 단정할 수 없다고 주장하고 있다.

라. 검토 및 사견 생각건대, 다음과 같은 이유에서 다수의견이 타당하다.

① 헌법 제29조 제1항 단서의 제정경과(history)에 비추어 헌법 제29조 제1항 단서, 특히 제헌헌법 제27조 제3항 단서는 공무원의 대내적인 구상책임이 아니라 대외적인 책임을 규정한 것이라고 해석하여야 할 것이다.[59)]

② 오늘날 민사책임과 형사책임 및 징계책임이 분리되는 경향에 있고, 동조 본문의 규정이 국가배상책임이라는 배상책임을 규정하고 있는 점에 비추어 볼 때 단서의 공무원의 책임은 금전상의 배상책임만을 의미하는 것으로 해석하는 것이 타당한 해석이 될 것이다.

③ 헌법 제29조 제1항 단서를 공무원 개인의 손해배상책임의 구체적인 범위까지 규정한 것으로는 보기 어렵고, 공무원 개인의 책임범위를 정하는 문제(공무원이 경과실의 경우에도 개인책임을 지는가 아니면 고의 또는 중과실의 경우에만 개인책임을 지는가 하는 문제)는 입법정책의 문제이고, 국가배상법상 정하여져야 할 문제라고 보아야 한다. 헌법 제29조 제1항 단서규정은 공무원의 개인책임의 구체적이고 직접적인 법적 근거는 될 수 없다.[60)]

④ 우선 국가배상책임과 공무원의 배상책임은 그 성립 및 피해자의 구제에 있어서 그리고 최종적인 배상책임자의 결정에 있어서 밀접한 관계를 가지고 있다는 점을 고려하여야 한다. 따라서 공무원의 배상책임은 국가배상법에 규정하는 것이 타당

---

59) 헌법 제29조 제1항 단서에 대한 공식적이거나 비공식적인 어떠한 제정이유도 존재하지 않는다(유진오, 『헌법기초회고록』, 1980, 附. Ⅳ, 236면 이하). 다만, 공무원의 책임을 규정한 헌법 제29조 제1항 단서는 어느 국가에서도 그 예를 볼 수 없는 규정이며, 제헌헌법에서는 동규정이 공무원의 국민에 대한 지위와 책임을 정하는 규정(제27조 제1항, 제2항)과 나란히 제27조 제3항에 규정되어 있었고, 공무원 자신의 민사상이나 형사상의 책임이 면제되지 않는다고 규정되어 있었던 점, 그리고 공무원의 특권의식이 강하고 횡포가 심한 상황하에서 불법행위를 한 공무원에 대한 제재를 가하고자 한 의도가 있는 것으로 추론되는 점을 고려할 때 헌법 제29조 제1항 단서, 특히 제헌헌법 제27조 제3항 단서는 공무원의 대내적인 구상책임이 아니라 대외적인 책임을 규정한 것이라고 해석하여야 할 것이다(동지: 김철용, "공무원개인의 불법행위책임," 『판례월보』, 제290호, 29~31면).

60) 이 점에서 사견은 다수의견과 같다. 헌법 제29조 제1항 단서의 해석에 관한 보다 자세한 것은 졸고, "공무원의 피해자인 국민에 대한 배상책임," 『판례월보』, 제338호, 1998. 11, 50면 이하 참조.

하다.[61)]

⑤ 현행 헌법이나 국가배상법이 공무원의 피해자에 대한 배상책임의 구체적인 범위에 관하여 규정하고 있지 않은 것은 공무원의 피해자에 대한 배상책임의 문제는 입법자가 시대상황에 맞게 해결하도록 학설 내지 판례의 발전에 맡긴 것이라고 해석하는 것이 타당하다. 즉 공무원의 피해자에 대한 배상책임에 관한 규정이 국가배상법에 없는 것은 의도적인 입법의 불비이다. 입법의 불비는 법의 해석을 통하여 판례에 의해 메워져야 한다.

⑥ 따라서, 공무원 개인책임의 범위는 관련법규정(헌법 제29조 제1항 단서, 국가배상법 제2조 제1항 본문 및 제2항)의 입법 취지를 고려하여 결정하여야 하는 법해석의 문제이다. 공무원의 책임의식을 확보하고자 하는 헌법 제29조 제1항 단서의 입법취지와 공무원의 적극적 공무수행을 보장하고자 하는 국가배상법 제2조 제2항을 조화롭게 해석한다면 공무원의 고의 또는 중과실에 한하여 공무원의 개인책임을 인정하는 제한적 긍정설이 타당하다.

2) 공무원의 개인책임에 관한 입법정책적 고려

국가배상책임이나 공무원의 배상책임은 정책적 고려가 상당한 정도로 행해져야 하는 분야이다. 따라서 법을 해석함에 있어서는 가능한 한 입법정책에 합치되고 그것을 실현하는 방향으로 하여야 할 것이다.

가. 판례의 다수의견(제한적 긍정설) 판례의 다수의견은 공무원의 책임의식의 확보와 안정된 공무수행을 조화시킬 필요가 있다는 입장에서 공무원의 개인책임을 공무원이 고의 또는 중과실을 범한 경우에 한정하여 인정하는 것이 타당하다는 입장을 취하고 있다.

나. 판례의 별개의견(긍정설) 긍정설을 취하는 판례의 별개의견은 '불법행위제도는 손해의 공평·타당한 부담과 분배에만 그 목적이 한정되는 것이 아니고 위법행위의 방지, 즉 방어기능도 결코 경시되어서는 아니 되며 법치주의의 관점에서 보면 공무집행의 안정성만 강조할 것이 아니라 공무집행의 적법성의 확보도 못지 않게 중요한 것이라고 생각된다'라고 하고 있다.

다. 판례의 반대의견(부정설) 부정설을 취하는 판례의 반대의견은 공무원의 피해자에 대한 개인책임을 전적으로 면제하는 정책적 이유는 그렇게 함으로써 국민전체에 대한 봉사자인 공무원들로 하여금 보다 적극적이고 능동적으로 공무를 수행하게 하기 위한 것이며 가해공무원이 피해자에 대하여 손해배상책임을 부담하게 된다면 공무원들의 직무의욕을 저하시켜 소송을 제기당한 공무원으로 하여금 공무에

---

61) 우리 헌법도 공무원의 배상책임과 국가배상책임을 제29조 제1항에서 함께 규정하고 있다.

전념할 수 없게 하는 등 그로 인한 폐해가 클 것이라는 것을 지적하고 있다.

또한, 판례의 반대의견은 손해배상제도는 본질적으로 손해의 전보에 그 의의가 있는 것으로서 불법행위의 억제는 배상책임의 이행에 따른 부수적인 기능에 불과하다고 보고 있다.

(6) 공무원의 피해자에 대한 책임에서 경과실이 면책되는 "공무원"

판례는 경과실이 면책되는 공무원은 경과실 면책의 취지상 실제로 공무를 수행한 자연인에 한정하는 것이 타당하므로 행정주체인 공무수탁법인(예, 한국토지주택공사, 에스에이치공사)이 배상책임을 지는 경우에는 경과실이 면책되는 공무원이 아니고, 실질적으로 공무를 수행하는 공공단체의 직원 등이 경과실이 면책되는 공무원이라고 보았다.

[판례] ① [1] **법령에 의해 대집행권한을 위탁받은 한국토지공사가 국가공무원법 제2조에서 말하는 공무원에 해당하는지 여부(소극): 한국토지공사는 …… 이러한 법령의 위탁에 의하여 대집행을 수권받은 자로서** 공무인 대집행을 실시함에 따르는 권리·의무 및 책임이 귀속되는 **행정주체의 지위에 있다고 볼 것이지 지방자치단체 등의 기관으로서 국가배상법 제2조 소정의 공무원에 해당한다고 볼 것은 아니다.** [2] 피고 2, 피고 3 주식회사, 피고 4(한국토지공사의 업무 담당자이거나 그와 용역계약을 체결한 법인 또는 그 대표자)는 **이 사건 대집행을 실제 수행한 자들로서 공무인 이 사건 대집행에 실질적으로 종사한 자라고 할 것이므로 국가배상법 제2조 소정의 공무원에 해당한다고 볼 것**이고, 따라서 위 법리에 따라 고의 또는 중과실이 있는 경우에 한하여 불법행위로 인한 손해배상책임을 진다고 할 것이다(대판 2010. 01. 28, 2007다82950,82967[손해배상(기)·부당이득금]). **〈해설〉** ① 이 사건에서 문제된 것은 공무를 위탁받은 한국토지공사가 피해자에 대해 직접 배상책임을 지는 공무원인가 따라서, 경과실의 경우 면책되는가 하는 것이다. **원심**은, 한국토지공사는 이 사건 대집행을 위탁받은 자로서 그 위탁범위 내에서는 공무원으로 볼 수 있으므로 이 사건 대집행을 실시함에 있어서 불법행위로 타인에게 손해를 입힌 경우에도 위 법리에 따라 고의 또는 중과실이 있는 경우에만 손해배상책임을 지고, 피고 2, 피고 3 주식회사, 피고 4는 한국토지공사의 업무 담당자이거나 그와 용역계약을 체결한 법인 또는 그 대표자로서 한국토지공사의 지휘·감독하에 대집행 작업을 실시한 것이므로 형평의 원칙상 한국토지공사와 마찬가지로 고의 또는 중과실이 있는 경우에 한하여 불법행위로 인한 손해배상책임을 진다고 판단하고 있다. 또한 원심은 공무를 위탁받은 한국토지공사를 행정주체로 보지 않고, 위탁자인 지방자치단체 등의 기관으로서 국가배상법 제2조 소정의 공무원으로 보고 위탁자인 지방자치단체 등이 행정주체로서 국가배상책임을 진다고 보았다. **이에 대하여 대법원은** 한국토지공사는 법령의 위탁에 의하여 이 사건 대집행을 수권받은 자로서 공무인 대집행을 실시함에 따르는 권리·의무 및 책임이 귀속되는 행정주체의 지위에 있다고 볼 것이지 지방자치단체 등의 기관으로서 국가배상법 제2조 소정의 공무원에 해당한다고 볼 것은 아니라고 보고, 따라서, 피고 2, 피고 3 주식회사, 피고 4 부분에 관한 원심의 판단은 정당하다 하겠으나 한국토지공사에 대해서도 국가배상법 제2조 소정의 공무원에 포함됨을 전제로 이 사건 대집행에 따른 손해배상책임이 고의 또는 중과실로 인한 경우로 제한된다고 한 원심의 판단에는 손해배상책임의 요건에 관한 법리를 오해한 잘못이 있다고 판시하였다. ② **판례에서** 공무수탁자인 한국토지공사가 행정주체이고, 지방자치단체 등의 기관이 아니며 피해자에 대

해 직접 개인책임을 지는 공무원이 아니며 따라서 경과실 면책이 인정되지 않는다고 한 **결론은 타당하다. 그러나, 공무수탁자인 한국토지공사가 국가배상법 제2조 소정의 공무원이 아니라고 본 것과 그렇기 때문에 경과실 면책이 인정되지 않는다고 한 논리는 타당하지 않다.** 국가배상법 제2조 제1항의 공무원(불법행위를 행한 공무원)과 경과실이 면책되는 공무원을 구별하는 것이 타당하다. 국가배상법 제2조 제1항의 공무원은 불법행위자인 공무원으로서 자연인인 공무원뿐만 아니라 공공단체등 공무수탁법인 그리고 행정기관을 포함하지만, 경과실이 면책되는 공무원은 경과실 면책의 취지상 자연인인 공무원만을 말한다고 보아야 한다. ③ 이 사건에서 공무수탁자인 한국토지공사는 행정주체이며 행정주체의 지위에서 배상책임을 지는 것이기 때문에 경과실 면책을 인정하는 것은 타당하지 않다고 보아야 할 것이다. 공무수탁사인이 자연인인 경우에는 행정주체의 지위와 국가배상법상의 공무원의 지위를 동시에 갖는데, 경과실이 면책되지 않는 것으로 보아야 하는 이유는 공무수탁사인이 공무원의 지위가 아니라 행정주체의 지위에서 배상책임을 지는 것이기 때문이다. ④ 대상 판결이 피고 2, 피고 3 주식회사, 피고 4를 국가배상법 제2조 소정의 공무원으로 본 것은 타당하지 않을 수 있으나, 고의 또는 중과실이 있는 경우에 한하여 불법행위로 인한 손해배상책임을 진다고 한 결론은 정당하다.

② 국민임대주택단지 조성사업의 시행자인 에스에이치공사가 갑 소유의 비단잉어 등 지장물을 이전하게 하는 수용재결을 받아 수용보상금을 공탁한 후 대집행을 신청하여 을 구청장이 공사 직원들을 집행책임자로 지정하여 대집행 계고서와 대집행영장을 발부하고, 공사는 이를 받아 공란으로 되어 있던 이행기한이나 대집행일자를 기재한 다음 대집행을 실행한 사안에서, 위 공사는 집행책임자로 지정된 공사 직원들과는 달리 대집행 실행으로 갑이 입은 손해에 대하여 경과실만이 있다는 이유로 배상책임을 면할 수 없다고 한 사례(대판 2014. 04. 24, 2012다36340, 36357).

(7) 중과실의 개념

공무원의 개인책임의 근거가 되는 공무원의 중과실(重過失)은 엄격하게 해석하여 공무수행이 위축되지 않도록 하여야 할 것이다. 즉, 공무원의 과실이 극히 중대한 경우에 한하여 공무원의 개인책임을 인정하여야 할 것이다. 개인책임을 부담하는 공무원은 통상 하위직공무원이므로 상위직과 하위직 간의 책임부담의 불균형을 고려하더라도 중과실의 개념을 제한적으로 적용하여야 할 것이다.

판례에 따르면 공무원의 손해배상책임의 요건인 공무원의 중과실이란 공무원에게 통상 요구되는 정도의 상당한 주의를 하지 않더라도 약간의 주의를 한다면 손쉽게 위법·유해한 결과를 예견할 수 있는 경우임에도 만연히 이를 간과한 경우와 같이, **거의 고의에 가까운 현저한 주의를 결여한 상태를 의미**한다(대판 2021. 11. 11, 2018다288631).

또한, 공무원의 중과실과 다른 공무원의 경과실이 경합된 경우에는 중과실을 범하여 피해자에게 직접 배상한 공무원이 국가에 대하여 구상할 수 있는 권리를 인정하여야 할 것이다.

(8) 국가배상책임의 성질과 공무원의 피해자에 대한 배상책임의 관계

우선 국가배상책임과 공무원의 배상책임은 그 성립 및 피해자의 구제에 있어서 그리고 최종적인 배상책임자의 결정에 있어서 밀접한 관계를 가지고 있다.

① 국가배상책임은 성립에 있어 공무원의 배상책임과 밀접한 관계를 갖고 있다. 과거 국가무책임의 원칙이 인정될 때 처음에는 공무원의 배상책임도 인정되지 않았다. 왜냐하면 이 시대에 공무원은 왕의 수족에 불과한 것으로 여겨졌고 따라서 공무를 집행함에 있어서 인격체로서의 독자성을 갖지 못하는 것으로 여겨졌다. 즉 공무원의 행위는 곧 왕의 행위가 되었고 이 때에 '왕은 잘못을 행할 수 없다'는 원칙이 지배하였다. 그리하여 국가나 공무원은 국민에 대하여 배상책임을 지지 않았다.

그러나, 국가 및 공무원의 국민에 대한 무책임의 원칙은 정의의 원칙 및 피해자의 구제라는 면에서 부당한 것이었다. 그리하여 프랑스에서 15세기부터는 피해자 구제를 위하여 공무원의 배상책임을 인정하였다. 여전히 왕은 잘못을 범할 수 없다고 여겨졌기 때문에 피해자의 구제를 위하여 공무원의 과실을 왕의 행위로부터 분리하여 공무원 개인에게 귀속시키게 되었던 것이다. 다만, 공무원의 책임이 일반적으로 인정된 것은 아니고 매우 제한적으로만 인정되었다.

군주제에서 근대 민주국가로 이행한 후 국가무책임의 특권은 포기되었고, 공무원의 무책임의 특권도 포기하게 되었다.

② 또한 국가배상책임과 공무원의 배상책임은 모두 동일인인 공무원의 과실을 전제로 하여 인정된다. 경우에 따라서는 국가의 배상책임만이 인정되기도 하고, 공무원의 배상책임만이 인정되기도 하며 국가의 배상책임과 공무원의 배상책임이 경합하기도 한다. 피해자의 입장에서 본다면 국가책임이나 공무원책임은 피해자의 구제에 기여하는 동일한 기능을 갖는다.

③ 또한 국가책임과 공무원책임이 경합하는 경우에 누가 최종적인 배상책임을 지는가 하는 문제와 관련하여 국가책임과 공무원의 배상책임은 밀접한 관련을 갖고 있다.

④ 그리고, 다음과 같이 공무원의 배상책임은 국가배상책임의 본질을 어떻게 볼 것인가와 밀접한 관계를 갖고 있다. i) 국가책임을 기관인 공무원의 과실에 대한 자기책임으로 본다면(기관이론에 입각한 자기책임설) 기관행위인 공무원의 불법행위는 전적으로 국가에 귀속되므로 피해자에 대해 국가만이 배상책임을 지고 공무원은 피해자에 대해 배상책임을 지지 않는 것으로 본다. ii) 신자기책임설(절충설)에 의하면 공무원이 경과실을 범한 경우에는 공무원의 불법행위는 기관행위로서 전적으로 국가에 귀속되므로 공무원의 배상책임은 인정되지 않는 것이 논리상 타당하다. 그러나, 고의 또는 중과실의 경우 공무원의 행위는 기관행위의 품격을 상실하고 공무원 개인의 행위가

되므로 공무원의 피해자에 대한 배상책임을 인정하는 것이 타당하다. 피해자와의 관계에서는 기관행위로 볼 수 있으므로 국가배상책임도 인정할 수 있다. iii) 만일 국가책임을 위법하게 행사될 수 있는 권한과 도구를 제공하고 그 공무원의 행위로 이익을 얻는 국가는 그 공무원의 잘못으로 인한 손해에 대하여 배상책임을 부담하여야 한다는 위험이론(또는 이익－손해상관관계이론)에 근거하여 인정한다면(위험책임설에 입각한 자기책임설) 공무원의 배상책임은 국가책임과 별도로 인정될 수 있다. 이 경우의 국가책임은 자기책임의 성질을 갖는다. iv) 만약 국가의 배상책임을 본래 공무원이 져야 할 배상책임을 피해자 구제의 견지에서 국가가 대신 지는 책임이라고 보는 대위책임설에 근거한다면 국가의 배상책임은 국가가 대신 지게 될 공무원의 배상책임의 성립을 전제로 하여 그 책임을 대신 지는 것이 되며 공무원의 피해자에 대한 개인책임은 부정되는 것이 논리상 타당하다.[62] v) 국가배상책임의 성질에 관한 중간설에 의하면 경과실의 경우 공무원의 행위는 기관행위이므로 국가만이 배상책임을 지고, 고의 또는 중과실의 경우 공무원의 행위는 기관행위로서의 품격을 상실하고 공무원 개인의 행위가 되므로 공무원의 피해자에 대한 배상책임을 인정하는 것이 타당하다. vi) 그런데, 헌법학자들은 일반적으로 행정법학자들의 견해와 달리 대위책임설의 경우 공무원의 피해자에 대한 개인책임을 인정하고, 자기책임설의 경우 공무원의 피해자에 대한 개인책임을 부정하는 것으로 보고 있다. 이러한 행정법학자와 헌법학자 사이의 견해의 차이는 국가의 대위책임과 자기책임에 대한 상호간의 이해의 차이에서 유래한다. 즉, 헌법학자들은 대위책임은 공무원의 배상책임을 전제로 피해자의 구제를 위해 국가가 대신 지는 책임이므로 가해자인 공무원의 피해자에 대한 배상책임을 인정하는 것이 논리적이라고 보고, 자기책임은 공무원의 가해행위의 효과는 국가에 귀속되는 관계로 인정되는 책임이므로 공무원의 피해자에 대한 개인책임은 논리상 인정될 수 없고, 공무원은 국가에 대해 행정조직 내부의 채무불이행책임을 진다고 본다.

이상에서 보듯이 국가배상책임의 성질과 공무원의 피해자에 대한 배상책임의 문제(선택적 청구권의 문제)는 논리필연적인 관계에 있지는 않지만, 일정한 정도의 논리적 관계는 있다.

2. 공무원의 국가에 대한 구상책임

국가배상법 제2조 제2항은 국가의 구상권(求償權)은 고의 또는 중과실의 경우에 한하는 것으로 규정하고 있다. 이와 같이 고의 또는 중과실의 경우에 한하여 국가의

62) 다만, 국가의 대위책임제도에 있어서 공무원의 개인책임을 병존하여 존치시키는 제도도 불가능한 것은 아니다.

공무원에 대한 구상권을 인정한 것은 경과실의 경우까지 공무원의 책임을 인정하는 것은 공무원에게 가혹할 뿐만 아니라 공무원의 직무집행을 위축시킬 우려가 있기 때문이다.

구상권에 관한 법적 문제점으로는 구상권의 실행조건, 구상권의 범위, 공동불법행위자 사이의 연대책임의 문제, 공동불법행위자 사이(공무원과 국가 사이 및 공동불법행위자인 공무원 사이)의 책임의 분담의 문제 등과 같은 구상권 실행상의 문제들이 있다. 그런데 이러한 구상권 실행상의 문제들은 구상권의 법적 성격의 문제와 무관하지 않다.

(1) 구상권의 법적 성격

구상권의 법적 성격을 어떻게 볼 것인가에 따라 구상권의 실행에 있어서 다른 결론이 도출될 수 있으므로 구상권의 법적 성격의 문제는 순수한 이론상의 문제만은 아니다.

구상권의 법적 성격과 관련하여 국가배상책임의 성질을 대위책임으로 보는가 자기책임으로 보는가에 따라 구상권의 법적 성격이 달라진다고 보는 것이 학설의 일반적 견해이다.

1) 일종의 부당이득반환청구권으로 보는 견해

대위책임설에 의하면 국가의 공무원에 대한 구상권은 논리상 당연한 것이 되며 그 법적 성격은 일종의 부당이득반환청구권(不當利得返還請求權)이 된다. 논리적으로는 공무원의 경과실의 경우에도 국가의 공무원에 대한 구상권이 인정되어야 하겠지만 경과실의 경우에 면책을 규정한 것은 공무원의 직무의욕의 저하와 사무정체를 방지하기 위한 입법정책적 고려라고 본다.[63]

중간설에 의하면 경과실의 경우에 공무원의 행위는 국가의 기관행위의 성격을 갖고 그 행위의 효과는 전적으로 국가에 귀속되는 것이므로 피해자인 국민에 대하여 국가만이 책임이 있고 공무원은 책임이 없다고 본다. 그러나 고의·중과실의 경우에는 공무원의 행위는 기관행위로 볼 수 없으므로 공무원이 피해자에 대하여 책임을 져야 하지만 피해자 구제의 견지에서 국가가 대신 책임을 진 것이므로 이 경우에는 국가의 공무원에 대한 구상권이 당연히 인정된다고 본다.[64] 따라서 중간설에 의하면 논리적으로 국가의 공무원에 대한 구상권은 공무원의 고의 또는 중과실의 경우에 한하여 인정되며 그 구상권의 법적 성격은 부당이득반환청구권이라고 본다.

절충설(신자기책임설)에 의하더라도 그 이론구성은 다르지만 결과는 중간설에서

---

63) 김도창, 전게서, 638면.
64) 이상규, 전게서, 546~547면.

와 같다. 즉 경과실의 경우에 공무원의 불법행위는 국가의 기관행위로서 그 효과가 전적으로 국가에 귀속되므로 공무원은 국가에 대하여도 책임이 없고, 고의 또는 중과실 경우에는 피해자에 대한 관계에서는 그 행위가 직무와 관련성을 가지고 있어서 직무행위의 외형을 가지게 되는 것이므로 피해자에 대한 관계에서는 국가의 기관행위로서의 성격을 가지므로 국가는 피해자에 대하여 자기책임을 부담하지만, 내용적으로는 공무원 개인의 불법행위책임에 대하여 배상을 하는 것이므로 당연히 국가의 공무원에 대한 구상권이 인정된다고 본다.[65)]

2) 채무불이행책임으로 보는 견해

헌법학계의 통설인 자기책임설에 의하면 공무원은 국가에 대한 직무상 의무의 위반에 대하여 책임을 져야 할 지위에 있으므로 국가의 공무원에 대한 구상권은 당연하다고 보며 국가의 구상에 대한 공무원의 책임은 '행정내부적 변상책임'으로서 채무불이행(債務不履行)에 근거한 손해배상청구권에 유사한 것이라고 본다.

자기책임설(위험책임설적 자기책임설)에 의하더라도 이론적으로는 경과실의 경우에도 국가의 공무원에 대한 구상권은 인정되어야 하겠지만, 중과실에 한하여 구상권을 인정한 것은 대위책임설에서와 같은 입법정책적 고려에 의한 것이라고 한다.[66)]

영조물의 하자로 인하여 국가 또는 지방자치단체가 배상한 경우에 그 하자가 공무원의 고의 또는 중과실에 의하여 발생한 경우에 국가 또는 지방자치단체의 공무원에 대한 구상권은 공무원의 채무불이행에 근거한 손해배상청구권이라고 본다.[67)]

3) 판 례

공무원에 대한 국가의 구상권 행사가 많지 않으므로 구상권에 관한 대법원 판례는 많지 않다. 판례는 후술하는 바와 같이 기본적으로 손해의 발생에 기여한 정도에 따라 국가와 공무원 사이에 손해의 공평한 분담이라는 견지에서 국가의 공무원에 대한 구상권을 인정하고 있다고 보이지만, 부분적으로는 공무원에 대한 징계적 성격도 명시적은 아니지만 인정하고 있는 것으로 보인다.

4) 사 견

국가 또는 공무원의 피해자에 대한 책임과 공무원의 국가에 대한 책임은 상호 밀접한 관련이 있기는 하지만, 피해자와 공무원이 관련되는 전자와 국가와 공무원이 관련되는 후자는 관련되는 이해관계가 다를 것이므로 상호 관련이 있으면서도 독자적인 성격을 갖는 것으로 보는 것이 타당하다.

---

65) 김동희, 전게서, 546면.
66) 서원우, 『현대행정법론(上)』, 박영사, 1979, 687면, 701면; 권영성, 『헌법학원론』, 법문사, 1992, 512~513면 참조.
67) 박윤흔, 전게서, 681면.

이렇게 볼 때 공무원의 국가에 대한 책임은 직무의무 위반에 근거하는 내부적 변상책임으로 보는 것이 타당하고, 이렇게 본다면 국가의 구상권은 어느 정도는 징계적 성격을 띠게 된다는 것을 인정하는 것이 타당할 것이다.

영조물책임의 경우에 영조물에 대한 관리의무를 해태한 공무원에 대하여 국가가 가지는 구상권도 마찬가지이다.

(2) 국가의 구상권의 행사

1) 구상권의 조건

국가 등이 공무원에게 구상권을 행사하기 위하여는 두 조건이 충족되어야 한다.

① 공무원의 과실이 중과실로 평가될 수 있어야 한다(국가배상법 제2조 제2항).

영조물의 하자로 인하여 국가 또는 지방자치단체가 배상한 경우에 그 하자가 공무원의 고의 또는 과실에 의하여 발생한 경우에는 공무원은 국가배상법 제5조 제2항의 '손해의 원인에 대하여 책임을 질 자'에 해당하는 것이므로 국가나 지방자치단체는 그 공무원에 대하여 구상할 수 있다. 다만, 공무원의 국가에 대한 책임을 고의 또는 중과실의 경우로 한정하고 있는 동법 제2조 제2항과의 균형상 고의·중과실의 경우에만 구상권을 인정하는 것이 통설의 입장이다.

② 국가 등이 배상금을 실제로 지급하였어야 하는가 아니면 법원의 판결 등에 의해 국가 등에 배상책임이 확정된 것으로 충분한 것인가? 생각건대, 배상금의 현실적인 지급은 구상권의 행사에 있어서 반드시 필요한 것은 아니라고 보는 후자의 견해가 타당하다. 그러나, 국가배상법시행령 제25조는 '국가 또는 지방자치단체가 배상금을 지급한 때'에 구상권 행사를 위한 조치를 취할 수 있다고 규정하고 있다.

판례는 공무원의 불법행위로 손해를 입은 피해자의 국가배상청구권의 소멸시효 기간이 지났으나 국가가 소멸시효 완성을 주장하는 것이 신의성실의 원칙에 반하는 권리남용으로 허용될 수 없어 배상책임을 이행한 경우에는, 그 소멸시효 완성 주장이 권리남용에 해당하게 된 원인행위와 관련하여 해당 공무원이 그 원인이 되는 행위를 적극적으로 주도하였다는 등의 특별한 사정이 없는 한, 국가가 해당 공무원에게 구상권을 행사하는 것은 신의칙상 허용되지 않는다고 본다(대판 2016. 06. 09, 2015다200258).

[판례] 망인이 이 사건 부대에서 상병으로 복무하다가 그 부대 소속 하사와 말다툼 과정에서 그로부터 입술 부위에 총격을 받아 사망하였고, 당시 이 사건 부대의 간부들과 부대원들은 망인의 사인을 자살로 조작하였는데, 그 후 군의문사진상규명결정을 통해 망인의 사인이 밝혀져 망인의 유족들이 국가를 상대로 국가배상청구를 하였고, 국가는 유족들 승소확정판결에 따라 판결금을 지급한 다음, 당시 망인의 사인의 조작, 은폐에 관여한 피고를 상대로 구상금을 청구한 사안에서 국가의 피고에 대한 구상권 행사를 허용한 원심판결을 파기한 사례(대판 2016. 06. 09, 2015다200258).

2) 구상권 행사의 절차

구상권의 강제집행을 위하여는 국가 등은 법원을 통하여야 한다.

국가 등의 구상권 행사는 소속행정기관장의 완전한 재량에 맡겨져 있는 것은 아니지만, 자동적으로 행사되어야 하는 것은 아니라고 해석된다. 국가배상법시행령 제17조는 고의 또는 중과실을 범한 공무원의 소속행정기관의 장이 공무원에 대한 구상권 행사를 위한 필요한 조치를 '할 수 있다'고 규정하고 있다. 그리고, 법무부장관 또는 지구심의회 해당 지방검찰청의 장은 가해공무원에 대한 구상조치 또는 그 징계를 관계기관의 장에게 '요청할 수 있고', 요청을 받은 징계권자나 임용권자는 정당한 사유가 없는 한 이에 응하여야 한다.

그러나, 공직사회를 도덕화하기 위하여 국가의 공무원에 대한 구상권의 행사를 의무적으로 하도록 하여야 할 것이다. 다만, 다른 한편으로 공무원의 과중한 구상책임으로 인한 공무원의 집무의욕의 저하와 사무정체를 방지하기 위하여 구상책임의 요건인 중과실은 통상의 중과실개념보다는 엄격하게 해석하여야 하고, 공무원의 구상책임의 범위를 적절하게 한정하여야 할 것이다.

3) 공무원의 배상범위

가. 구상권의 범위 공무원의 상환의무를 공무원의 국가에 대한 내부의 직무의무위반에 근거한 일종의 채무불이행책임으로 본다면, 상환액은 소송비용을 포함하여 국가가 실제로 받은 전손해라고 보게 될 것이다.

그러나, 국가의 구상권을 기본적으로는 부당이득반환청구권에 유사한 것으로 금전상환의 성격을 갖는다고 본다면 국가는 피해자에게 배상한 손해배상액의 한도 내에서 고의 또는 중과실을 범한 공무원에 대하여 상환을 청구할 수 있다.

판례는 국가 등이 피해자에게 지급한 배상금과 법률에 의해 정해지는 그의 이자만이 구상권의 대상이 된다고 본다.[68] 소송비용도 구상권의 대상이 되지 않는다고 본다.[69] 그리고, 공무원에 의해 국가 등에 '직접' 가해진 손해의 배상청구는 구상소송과는 별도의 공무원의 직무의무위반을 이유로 한 공무원의 채무불이행책임이나 불법행위책임을 묻는 소송의 대상이 된다고 보고 있는 것 같다.

판례는 공평부담이라는 견지에서 국가의 공무원에 대한 구상권을 제한하고 있다(대판 2016. 06. 09, 2015다200258).

[판례] [1] 등기공무원이 신청에 따라 등기부에 2번 근저당설정등기를 등재함에 있어 근저당권설

68) 서울민지법 1977. 07. 22, 77가합511. 이 판결은 서울고법 1978. 01. 20, 77나1950과 대판 1978. 04. 11, 78다377에 의해 인용되었다.

69) 김철용, "국가배상법 제2조에 관한 연구,"『건국대 박사학위논문』, 1975, 150면.

정자 갑을 근저당권자로 착오등재한 것이 등기공무원으로서의 **주의의무를 현저히 결여한 중과실에 해당된다고 본 사례. [2] 국가 또는 지방자치단체의 산하 공무원에 대한 구상권행사의 범위:** 국가 또는 지방자치단체의 산하 공무원이 그 직무를 집행함에 당하여 중대한 과실로 인하여 법령에 위반하여 타인에게 손해를 가함으로써 국가 또는 지방자치단체가 손해배상책임을 부담하고, 그 결과로 손해를 입게 된 경우에는 국가 등은 당해 공무원의 직무내용, 당해 불법행위의 상황, 손해발생에 대한 당해 공무원의 기여정도, 당해 공무원의 평소 근무태도, 불법행위의 예방이나 손실의 분산에 관한 국가 또는 지방자치단체의 배려의 정도 등 제반사정을 참작하여 손해의 공평한 분담이라는 견지에서 신의칙상 상당하다고 인정되는 한도 내에서만 당해공무원에 대하여 구상권을 행사할 수 있다고 봄이 상당하다(대판 1991. 05. 10, 91다6764, 대판 2016. 06. 09, 2015다200258).

판례는 구상권의 범위의 결정에 있어서 '손해발생에 대한 공무원의 기여정도', '불법행위의 예방이나 손실분산에 관한 국가 또는 지방자치단체의 배려의 정도'를 고려하도록 하고 있는 점에 비추어 손해발생에 대한 기여정도에 따라 국가와 공무원 사이의 책임의 분담을 정하고자 하는 입장을 취하고 있다고 보이지만 '당해 공무원의 평소 근무태도'도 고려한 것은 판례가 국가의 구상권이 공무원에 대한 징계적 성격을 아울러 가지고 있다고 보고 있음을 보여 주고 있다.

나. 공동불법행위자 사이의 연대책임의 문제 여러 공무원이 손해의 발생에 가담한 경우에 그들은 국가에 대하여 연대하여 책임을 지게 되는가? 우리나라에서 이에 관한 학설상의 논의는 없다.

구상권의 대상이 되는 공동불법행위자(共同不法行爲者)가 다수의 공무원이었던 경우에 판례는 국가에 대하여 공동불법행위자인 공무원 사이에 연대책임을 부인하고 있다. 즉, 앞에서 인용된 서울지방법원 1977년 7월 22일자 판결은 불법행위를 한 공무원이 다수인 경우에 공무원의 국가에 대한 상환의무은 연대채무가 아니고 각 공무원은 부담부분에 상응한 각자의 책임만을 진다고 판시하고 있고, 이 점은 앞에서 인용된 대법원에 의해 배척되고 있지 않다.

또한 판례는 공무원과 공무원이 아닌 자의 공동불법행위에 의해 국민에게 가해진 손해를 배상한 국가의 공무원이 아닌 자에 대한 구상권의 행사에서도 변제자대위권에 기한 구상권의 행사에 해당하는 것이고, 따라서 어느 연대채무자가 변제를 하여 다른 연대채무자가 공동면책된 경우에 다른 연대채무자는 면책범위 내에서 책임부담비율에 따른 구상책임을 부담할 뿐이고, 이러한 법리는 제3자가 연대채무자의 1인을 위하여 변제한 경우에도 동일하게 해석함이 상당하므로 변제한 제3자가 구상권을 행사하는 경우에 다른 연대채무자는 그의 부담부분에 대하여만 구상책임을 부담한다고 판시하고 있다(대판 1982. 01. 19, 80다3075).

공동불법행위를 한 공무원은 국가에 대하여 연대하여 상환할 책임이 있다는 견해도 있을 수 있으나 이는 타당하지 않다. 왜냐하면 연대책임이 인정되는 것은 피해자의 구제를 도모하고자 하는 것인데 이미 국가에 의해 피해자에 대한 배상이 주어졌기 때문이다. 공동불법행위자 중의 일부 공무원의 무자력의 위험이 있지만, 이를 다른 공무원이 감수하게 하는 것보다는 국가가 감수하도록 하는 것이 타당하다.

다. 공동불법행위자 사이의 책임의 분담 우리나라에 있어서 국가배상에서의 공동불법행위자 사이의 책임분담은 민법상 공동불법행위책임에서의 그것과 다르지 않다. 즉, 공동불법행위자의 부담부분은 각자의 과실의 정도(강약) 보다 정확히 말하면 손해발생에의 기여 정도에 따라 정하여진다(대판 1967. 12. 29, 67다2034; 1971. 02. 09, 70다2508).

라. 국가와 공무원 사이의 책임의 분담 손해발생에 한 공무원의 중과실과 다른 공무원의 경과실이 경합한 경우에 최종적인 책임의 귀속이 공무원과 국가 사이에 나뉘어 고의 또는 중과실을 범한 공무원의 상환의무가 일부에 한정되는가에 관하여는 ① 공무원의 고의 또는 중과실에 구상권의 요건을 제한하고 있는데 다시 책임을 제한할 필요는 없다고 보는 견해도 있으나,[70] ② 이 견해는 인과관계 있는 범위 내에서만 책임을 진다는 배상책임의 원리상 타당하지 않다.

다만, 상환청구를 받은 공무원의 고의 또는 중과실이 손해발생의 직접적이고 중요한 원인이었고, 경합된 다른 공무원의 경과실이 부차적인 원인에 불과했던 경우에는 부담의 분배 없이 고의 또는 중과실을 범한 공무원이 전액을 상환하여야 한다고 보아야 할 것이다.[71]

판례는 과실의 경합이론(cumul de fautes)을 도입하고 있지는 않지만 국가의 구상권에 대응하는 공무원의 국가에 대한 책임은 "…… 손해발생에 대한 당해 공무원의 기여 정도, …… 불법행위의 예방이나 손실의 분산에 관한 국가 또는 지방자치단체의 배려의 정도 등 제반 사정"을 참작하여 손해가 국가와 공무원에게 공평히 분담되어야 한다고 보고 있다.

공동과실의 이론구성을 통하지 않은 이러한 해결은 이론적으로는 문제가 있다. 프랑스법상의 과실의 경합에 관한 이론이 공무원과 국가 사이의 최종적 부담의 결정에 도입되어야 할 것이다.

[판례] 국가정보기관이 살인사건의 피해자가 북한 공작원이 아님을 잘 알면서도 가해자와 공모하여 진실을 은폐하고 살인사건을 간첩사건으로 조작하였다는 이유로 국가가 피해자의 유족들에게

70) 古崎慶長, 전게서(國家賠償法), 204면.

71) J. C. MAESTRE. La responsabilité pécuniaire des agents publics français, L. G. D. J., 1962, pp. 285 et s.: M. Long, P. Weil, G. Braibant, G. A. J. A., 1984, pp. 380~381.

손해배상을 한 다음 가해자를 상대로 구상권을 행사한 사안에서, 가해자의 공동불법행위 책임을 인정하고 내부적 부담 부분을 10%라고 본 사례(대판 2008. 03. 27, 2006다70929,70936).

3. 공무원의 국가에 대한 구상권

직무수행 중 경과실로 피해자에게 손해를 입힌 공무원이 피해자에게 손해를 배상하였다면, 공무원은 국가가 피해자에 대하여 부담하는 손해배상책임의 범위 내에서 자신이 변제한 금액에 관하여 구상권을 취득한다(대판 2014. 08. 20, 2012다54478[구상금]).

제 3 항 영조물의 설치 · 관리의 하자로 인한 배상책임

국가배상법 제5조는 다음과 같이 영조물(營造物)의 설치 · 관리(設置 · 管理)의 하자(瑕疵)로 인한 배상책임을 공무원의 불법행위로 인한 배상책임과 별도로 규정하고 있다.

도로 · 하천, 그 밖의 공공의 영조물의 설치나 관리에 하자가 있기 때문에 타인에게 손해를 발생하게 하였을 때에는 국가나 지방자치단체는 그 손해를 배상하여야 한다. 이 경우에는 제2조 제1항 단서, 제3조 및 제3조의2의 규정을 준용한다(제1항). 제1항을 적용할 때 손해의 원인에 대하여 책임을 질 자가 따로 있으면 국가나 지방자치단체는 그 자에게 구상할 수 있다(제2항).

Ⅰ. 영조물책임의 성립요건

국가배상법 제5조에 의한 국가배상책임이 성립하기 위하여는 '공공의 영조물'의 설치 또는 관리의 '하자'로 인하여 타인에게 손해가 발생하였을 것을 요한다. 그런데, 손해의 발생, 영조물의 설치 또는 관리의 하자와 손해의 발생 사이의 인과관계는 민법상 불법행위책임에 있어서의 그것과 다르지 않으므로 생략하기로 하고, 이하에서는 공공의 영조물'의 개념 및 '설치 또는 관리의 하자'만을 논하기로 한다.

1. 공공의 영조물

영조물이란 본래 공적 목적을 위하여 제공된 인적 · 물적 종합시설을 말한다. 그런데, 국가배상법 제5조상의 영조물은 본래의 의미의 영조물이 아니라, 직접 행정목적에 제공된 물건(유체물 내지 물적 설비), 즉 공물을 의미한다고 보는 것이 통설이며 판례이다(대판 1998. 10. 23, 98다17381).

[판례] ① 국가배상법 제5조 제1항 소정의 '공공의 영조물'의 의미: 국가배상법 제5조 제1항 소정의 '공공의 영조물'이라 함은 국가 또는 지방자치단체에 의하여 **특정 공공의 목적에 공여된 유체물**

내지 물적 설비를 말하며, 국가 또는 지방자치단체가 소유권, 임차권 그 밖의 권한에 기하여 관리하고 있는 경우뿐만 아니라 **사실상의 관리를 하고 있는 경우도 포함**된다(대판 1998. 10. 23, 98다17381: 지방자치단체가 비탈사면인 언덕에 대하여 소외 회사에게 옹벽시설공사를 도급 주어 소외 회사가 공사를 시행하다가 깊이 3m의 구덩이를 파게 되었는데, 피해자가 공사현장 주변을 지나가다가 흙이 무너져 내리면서 위 구덩이에 추락하여 상해를 입게 된 사안에서, 위 사고 당시 설치하고 있던 옹벽은 소외 회사가 공사를 도급받아 공사 중에 있었을 뿐만 아니라 아직 완성도 되지 아니하여 일반 공중의 이용에 제공되지 않고 있었던 이상 국가배상법 제5조 제1항 소정의 영조물에 해당한다고 할 수 없다고 한 사례).

② **국가의 철도운행사업과 관련하여 발생한 사고로 인한 손해배상청구에 관하여 적용될 법규**(**공무원의 직무상 과실을 원인으로 한 경우=민법, 영조물 설치·관리의 하자를 원인으로 한 경우=국가배상법**): 국가 또는 지방자치단체라 할지라도 공권력의 행사가 아니고 단순한 사경제의 주체로 활동하였을 경우에는 그 손해배상책임에 국가배상법이 적용될 수 없고 민법상의 사용자책임 등이 인정되는 것이고 **국가의 철도운행사업은** 국가가 공권력의 행사로서 하는 것이 아니고 **사경제적 작용**이라 할 것이므로, **이로 인한 사고**에 공무원이 간여하였다고 하더라도 국가배상법을 적용할 것이 아니고 **일반 민법의 규정**에 따라야 하므로, 국가배상법상의 배상전치절차를 거칠 필요가 없으나, **공공의 영조물인 철도시설물의 설치 또는 관리의 하자로 인한 불법행위를 원인으로 하여 국가에 대하여 손해배상청구를 하는 경우에는 국가배상법이 적용**되므로 배상전치절차를 거쳐야 한다(대판 1999. 06. 22, 99다7008). 〈해설〉 현재 철도운행사업은 한국철도공사가 담당한다. 철도시설은 국가가 소유하는 것을 원칙으로 한다(철도산업발전기본법 제20조 제1항). 법상 철도시설의 관리청은 국토교통부장관인데(제19조 제1항), 국토교통부장관은 철도시설의 건설 및 관리 등에 관한 그의 업무의 일부를 한국철도시설공단으로 하여금 대행하게 할 수 있다(제19조 제2항). 이 대행은 강학상 위탁에 해당한다. 따라서, 이 경우 한국철도시설공단은 대행하는 범위안에서 그 철도의 관리주체 및 관리청(제19조 제3항)이 된다.

③ **국가배상법 제5조 소정의 공공의 영조물**이란 공유나 사유임을 불문하고 행정주체에 의하여 특정공공의 목적에 공여된 유체물 또는 물적 설비를 의미하므로 **사실상** 군민의 통행에 제공되고 있던 **도로** 옆의 암벽으로부터 떨어진 낙석에 맞아 소외인이 사망하는 사고가 발생하였다고 하여도 동 사고지점 도로가 피고 군에 의하여 **노선인정 기타 공용개시가 없었으면 이를 영조물이라 할 수 없다**(대판 1981. 07. 07, 80다2478).

전술한 바와 같이 국가배상법 제5조상의 영조물(공물)은 국가와 지방자치단체가 관리주체인 경우에 한한다는 것이 판례의 입장이다. 그러나, 전술한 바와 같이 공공단체 또는 사인이 관리주체인 경우에도 국가배상법 제5조를 유추적용하여 행정상 손해배상책임(국가배상책임)을 인정하는 것이 타당하다.

또한 국가 또는 지방자치단체가 관리주체이더라도 사경제적 목적에 제공되고 있는 잡종재산에 대하여는 제758조가 적용된다. 반면에 국가와 지방자치단체가 관리하지만 사인의 소유에 속하는 타유공물에 대하여는 국가배상법 제5조가 적용된다.

국가배상법 제5조 제1항 소정의 '공공의 영조물'이라 함은 국가 또는 지방자치단체가 소유권, 임차권 그 밖의 권원에 기하여 관리하고 있는 경우뿐만 아니라 사실상 관리하고 있는 경우도 포함된다(대판 1998. 10. 23, 98다17381).

공물에는 직접 일반 공중의 사용에 제공된 공물인 공공용물, 행정주체 자신의 사용에 제공된 공물인 공용물, 그리고 공공목적상 보존의 대상이 되는 공물인 공적 보존물이 있다. 국가배상법 제5조상의 영조물은 공공용물에 한정되는 것은 아니며 국가 또는 지방자치단체의 점유·관리하에 있는 모든 공물을 포함한다.

그리고, 도로 등 인공공물뿐만 아니라 하천 등 자연공물도 동조의 영조물에 포함되고,[72] 동산(예, 경찰관의 권총) 및 동물(예, 경찰견)도 포함된다고 보는 것이 통설 및 판례의 입장이다. 이 점에서 국가배상법 제5조의 '공공의 영조물'은 민법 제758조의 '공작물'보다는 넓은 개념이다.

2. 설치 또는 관리의 '하자'

(1) 설치 또는 관리의 하자의 개념

영조물의 '설치 또는 관리의 하자'가 무엇을 의미하는가에 관하여 학설은 객관설, 주관설, 절충설로 나뉘어 대립되고 있다.

1) 객관설

객관설은 '영조물의 설치 또는 관리의 하자'를 '영조물이 통상의 용법에 따라 이용될 때 통상 갖추어야 할 안전성을 결여한 것'를 말한다고 하고, 행위자인 공무원의 고의·과실은 영조물의 설치 또는 관리의 하자로 인한 국가 또는 지방자치단체의 책임에 있어서 요구되지 않는다고 한다. 객관설은 법문언상의 '설치 또는 관리의 하자'를 영조물 자체의 물적 하자(안전성의 결여)를 의미한다고 보고 있는 것이다.

객관설은 국가배상법 제5조의 책임을 과실책임인 제2조의 책임과 구별하여 행위책임이 아니라 상태책임으로, 과실책임이 아니라 일종의 위험책임인 무과실책임으로 이해하는 데 근거하고 있다. 또한, '영조물의 설치 또는 관리의 하자'를 객관적 개념으로 해석하는 것이 피해자의 구제라는 관점에서도 타당하다고 주장한다.

2) 주관설(안전관리의무위반설)

이 견해는 '설치 또는 관리의 하자'라는 것은 '영조물을 안전하고 양호한 상태로 보전해야 할 관리의무를 위반함'을 의미한다고 본다. 따라서 주관설을 관리의무위반설이라고 부르기도 한다. 다만 주의할 것은 영조물 관리자의 관리의무 위반이란 공무원의 주관적 과실과 달리 영조물의 안전확보의무 또는 손해방지의무 위반이라는 객관적인 개념이다(객관화된 주관설). 안전관리의무위반설은 위법·무과실책임설과 유사하다. 일반적으로 말하면 영조물의 안전확보의무 또는 손해방지의무는 공무원의

72) 자연공물은 동조의 영조물에 포함되지 않는다는 반대견해도 있다.

주의의무보다는 엄격한 의무이다.

이 견해는 국가배상법 제5조의 법문언의 표현이 '영조물의 하자'로 되어 있지 않고 '영조물의 설치 또는 관리의 하자'로 되어 있다는 것, 영조물의 하자 뒤에는 항상 관리자의 관리의무 위반이 있다는 점, 그리고 관리자의 관리의무 위반을 책임의 근거로 보는 것이 책임의 원칙에 비추어 타당하다는 점 등에 근거하고 있다.

3) 주의의무위반설

이 견해는 영조물 관리자의 관리의무 위반을 공무원의 직무상 주의의무 위반이라는 국가배상법 제2조의 과실과 동일한 개념으로 보는 견해이다. 그런데, 이 견해에 의하면 제2조와 별도로 제5조를 규정한 의의가 없게 되는 문제가 있고, 피해자 구제의 관점에서도 이 견해는 타당하지 않다.

4) 위법 · 무과실책임설

이 견해는 영조물의 설치관리의 하자를 객관적 개념인 영조물 관리자의 객관적인 안전관리의무위반을 의미하는 것으로 보면서 국가배상법 제5조의 책임을 행위책임이며 위법 · 무과실책임으로 보는 견해이다(위법 · 무과실책임설)(정하중, 561면). 이 견해는 주관설 중 영조물의 설치관리의 하자를 객관적 개념인 관리의무위반으로 보는 견해(주관설 내지 안전의무위반설)와 유사하다

이 견해는 국가배상법 제5조가 '영조물 자체의 하자'가 아니라 '영조물의 설치 또는 관리상 하자'를 책임요건으로 하고 있고, 제2조와 달리 공무원의 과실을 요구하지 않고, 민법 제758조와 달리 점유자의 면책을 규정하지 않고 있다는 점에 근거를 둔다.

5) 절충설

가. 제1절충설 이 견해는 피해자의 구제를 확대하기 위하여 '설치 또는 관리의 하자'라는 것은 영조물 자체의 객관적인 물적 하자, 즉 영조물 자체의 안전성의 결여뿐만 아니라, 관리자의 관리의무위반도 포함한다고 본다. 이러한 절충설에 대하여는 영조물의 설치 또는 관리의 하자가 성질을 달리하는 두 의미를 함께 포함하는 것으로 되어 문제가 있다는 비판이 가능하다.[73]

나. 제2절충설 이 견해는 '영조물의 설치 또는 관리의 하자'는 안전성의 결여라는 객관적인 물적 상태의 하자와 함께 관리의무위반이라는 주관적 측면도 함께 고려하여 판단하여야 한다는 견해이다. 객관설과 주관설의 중간에 위치하는 견해라고 할 수 있다.

---

73) 이 문제는 제2조와 제5조의 관계의 문제와도 관련이 있다.

6) 판례의 태도

판례는 전형적인 객관설도 아니고, 전형적인 주관설도 아닌 그 중간의 입장을 취하고 있다. 판례의 입장을 변형된(수정된) 객관설(사법연수원교재, 행정구제법, 316면) 내지 객관적 주관설 또는 절충설(제2설)로 부를 수 있다.

[판례] 국가배상법 제5조 제1항에 정해진 **영조물의 설치 또는 관리의 하자라 함은 영조물이 그 용도에 따라 통상 갖추어야 할 안전성을 갖추지 못한 상태에 있음을 말하는 것**이며, 다만 영조물이 완전무결한 상태에 있지 아니하고 그 기능상 어떠한 결함이 있다는 것만으로 영조물의 설치 또는 관리에 하자가 있다고 할 수 없고, 위와 같은 **안전성의 구비 여부를 판단함에 있어서는** 당해 영조물의 용도, 그 설치장소의 현황 및 이용 상황 등 제반 사정을 종합적으로 고려하여 설치·관리자가 **그 영조물의 위험성에 비례하여 사회통념상 일반적으로 요구되는 정도의 방호조치의무를 다하였는지 여부를 그 기준으로 삼아야 할 것이며, 만일 객관적으로 보아 시간적 · 장소적으로 영조물의 기능상 결함으로 인한 손해발생의 예견가능성과 회피가능성이 없는 경우,** 즉 그 영조물의 결함이 영조물의 설치·관리자의 관리행위가 미칠 수 없는 상황 아래에 있는 경우임이 입증되는 경우라면 영조물의 설치·관리상의 하자를 인정할 수 없다고 할 것이다(대판 2007. 10. 26, 2005다51235; 2009. 02. 26. 선고 2007다22262). 〈해설〉 판례에 의한 **영조물의 설치 또는 관리의 하자의 정의**(영조물이 그 용도에 따라 통상 갖추어야 할 안전성을 갖추지 못한 상태에 있음)**만을 보면 객관설이라고 할 수 있지만, 판례가 제시하고 있는 영조물의 설치 또는 관리의 하자의 구체적 판단기준**(그 영조물의 위험성에 비례하여 사회통념상 일반적으로 요구되는 정도의 방호조치의무를 다하였는지 여부를 그 기준으로 삼아야 할 것)**을 보면 주관설에 입각하고 있는 것으로 보인다.**

7) 결 론

국가배상법 제5조의 영조물책임을 국가배상법 제2조의 행위책임과 별도로 규정한 점, 국가배상법 제5조가 "영조물의 설치 또는 관리상의 하자"를 책임요건으로 하고 있는 점 및 책임의 원칙을 고려할 때 안전관리의무위반설이 타당하다. 다만, 영조물책임의 위험책임적 성격 및 피해자의 구제를 고려하여 영조물의 설치 또는 관리상의 하자의 입증책임을 전환하는 것이 타당하다.

(2) 영조물의 설치 · 관리의 하자의 판단기준

판례는 영조물의 설치·관리상 하자를 "영조물이 그 용도에 따라 통상 갖추어야 할 안전성을 갖추지 못한 상태에 있음"을 말하는 것으로 정의하고 있는데, 이 정의는 동시에 "영조물의 설치 또는 관리의 하자"의 일반적·궁극적 판단기준이 된다.

그리고, 판례는 영조물의 설치·관리상 하자의 구체적인 판단기준을 제시하고 있는데, 물적 하자(당해 영조물을 구성하는 물적 시설 그 자체에 있는 물리적·외형적 흠결이나 불비로 인하여 그 이용자에게 위해를 끼칠 위험성이 있는 경우)와 이용(사용)상 하자(그 영조물이 공공의 목적에 이용됨에 있어 그 이용상태 및 정도가 일정한 한도를 초과하여 제3자에게 사회통념상 참을 수 없는 피해를 입히는 경우)를 구분하고, 각각 다른 판단기준을 제시하고 있다.

[판례] 국가배상법 제5조 제1항 소정의 '영조물의 설치 · 관리상의 하자'의 의미 및 하자로 볼 수 있는 경우: 국가배상법 제5조 제1항에 정하여진 '영조물의 설치 또는 관리의 하자'라 함은 공공의 목적에 공여된 영조물이 그 용도에 따라 갖추어야 할 안전성을 갖추지 못한 상태에 있음을 말하고, 여기서 안전성을 갖추지 못한 상태, 즉 타인에게 위해를 끼칠 위험성이 있는 상태라 함은 **당해 영조물을 구성하는 물적 시설 그 자체에 있는 물리적 · 외형적 흠결이나 불비로 인하여 그 이용자에게 위해를 끼칠 위험성이 있는 경우(물적 하자)뿐만 아니라 그 영조물이 공공의 목적에 이용됨에 있어 그 이용상태 및 정도가 일정한 한도를 초과하여 제3자에게 사회통념상 참을 수 없는 피해를 입히는 경우(이용상 하자 또는 기능상 하자)까지 포함**된다고 보아야 할 것이고, 사회통념상 참을 수 있는 피해인지의 여부는 그 영조물의 공공성, 피해의 내용과 정도, 이를 방지하기 위하여 노력한 정도 등을 종합적으로 고려하여 판단하여야 한다(대판 2004. 03. 12, 2002다14242[매향리사격장사건]; 2010. 11. 25, 2007다74560).

1) 일반적 · 궁극적 판단기준: 통상의 용도에 따른 안전성의 결여

영조물의 설치 · 관리상 하자를 "영조물이 그 용도에 따라 통상 갖추어야 할 안전성을 갖추지 못한 상태에 있음"을 말한다.

가. 안전성의 정도(통상 갖추어야 할 안전성) 영조물의 설치 · 관리상 요구되는 안전성(安全性)은 "영조물이 그 용도에 따라 통상 갖추어야 할 안전성" 즉, 완전무결한 상태를 유지할 정도의 고도의 안전성을 말하는 것이 아니라 영조물의 위험성에 비례하여 사회통념상 일반적으로 요구되는 정도의 것을 의미한다(대판 2002. 08. 23, 2002다9158).

[판례] [1] **국가배상법 제5조 제1항에 규정된 '영조물 설치 · 관리상의 하자'의 의미 및 영조물이 도로인 경우 도로 설치 · 관리상의 하자 판단 기준:** 국가배상법 제5조 제1항에 규정된 '영조물 설치 · 관리상의 하자'는 공공의 목적에 공여된 영조물이 그 용도에 따라 통상 갖추어야 할 안전성을 갖추지 못한 상태에 있음을 말한다. 그리고 위와 같은 안전성의 구비 여부는 영조물의 설치자 또는 관리자가 그 영조물의 위험성에 비례하여 사회통념상 일반적으로 요구되는 정도의 방호조치의무를 다하였는지를 기준으로 판단하여야 하고, 아울러 그 설치자 또는 관리자의 재정적 · 인적 · 물적 제약 등도 고려하여야 한다. 따라서 영조물인 도로의 경우도 그 설치 및 관리에 있어 완전무결한 상태를 유지할 정도의 고도의 안전성을 갖추지 아니하였다고 하여 하자가 있다고 단정할 수는 없고, 그것을 이용하는 자의 상식적이고 질서 있는 이용 방법을 기대한 상대적인 안전성을 갖추는 것으로 족하다. [2] 甲이 차량을 운전하여 지방도 편도 1차로를 진행하던 중 커브길에서 중앙선을 침범하여 반대편 도로를 벗어나 도로 옆 계곡으로 떨어져 동승자인 乙이 사망한 사안에서, 도로에 통상 갖추어야 할 안전성이 결여된 설치 · 관리상의 하자가 있다고 보기 어려운데도, 이와 달리 본 원심판결에 법리오해의 위법이 있다고 한 사례(대판 2013. 10. 24, 2013다208074[구상금]; 2022. 07. 28, 2022다225910).

나. 통상의 용법에 따른 안전성 영조물이 통상 갖추어야 할 안전성이란 영조물의 '통상(通常)의 용법(用法)'에 따른 이용에 있어서 당해 영조물이 통상 구비해야 할 안전성이다. 영조물을 비정상적으로 이용하다가 발생한 사고에 있어서 통상 갖추

어야 될 안전성만 갖추면 배상책임을 지지 않는다. 그러나, 그러한 비정상적인 이용이 예상되는 경우에 있어서 관리자에게 관리의무 위반이 인정될 때에는 배상책임이 인정된다. 예를 들면, 판단능력이 충분하지 않은 중학생이 학교비품을 가지고 장난을 하다가 사고가 난 경우에 학교비품의 통상 갖추어야 할 안전성은 이러한 경우까지를 고려한 안전성이어야 한다.

[판례] 고등학교 3학년 학생이 교사의 단속을 피해 담배를 피우기 위하여 3층 건물 화장실 밖의 난간을 지나다가 실족하여 사망한 사안에서 학교 관리자에게 그와 같은 이례적인 사고가 있을 것을 예상하여 복도나 화장실 창문에 난간으로의 출입을 막기 위하여 출입금지장치나 추락위험을 알리는 경고표지판을 설치할 의무가 있다고 볼 수는 없다는 이유로 학교시설의 설치·관리상의 하자가 없다고 본 사례(대판 1997. 05. 16, 96다54102[학교난간실족사건]) 〈해설〉 화장실 창문 밖 난간 위를 걷는 것은 통상의 용도가 아니다.

다. 안전성 구비 여부의 판단　　안전성의 구비 여부는 당해 영조물의 구조, 본래의 용법, 장소적 환경 및 이용 상황 등의 여러 사정을 종합적으로 고려하여 구체적·개별적으로 판단하여야 한다(대판 2000. 01. 14, 99다24201).

2) 물적 하자의 구체적 판단기준

물적 하자(物的 瑕疵)라 함은 사회통념상 일반적으로 요구되는 정도의 방호조치의무 위반을 말한다.

[판례] 판례는 물적 하자의 구체적 판단기준을 다음과 같이 제시하고 있다: 안전성의 구비 여부를 판단함에 있어서는 당해 영조물의 용도, 그 설치장소의 현황 및 이용 상황 등 제반 사정을 종합적으로 고려하여 설치·관리자가 그 영조물의 위험성에 비례하여 사회통념상 일반적으로 요구되는 정도의 방호조치의무를 다하였는지 여부를 그 기준으로 삼아야 할 것이며, 만일 객관적으로 보아 시간적·장소적으로 영조물의 기능상 결함으로 인한 손해발생의 예견가능성과 회피가능성이 없는 경우, 즉 그 영조물의 결함이 영조물의 설치·관리자의 관리행위가 미칠 수 없는 상황 아래에 있는 경우임이 입증되는 경우라면 영조물의 설치·관리상의 하자를 인정할 수 없다고 할 것이다(대판 2007. 10. 26, 2005다51235; 2009. 02. 26, 2007다22262).

가. 방호조치의무(안전관리의무) 위반　　영조물의 물적 하자는 당해 영조물의 용도, 그 설치장소의 현황 및 이용 상황 등 제반 사정을 종합적으로 고려하여 설치·관리자가 그 영조물의 위험성에 비례하여 사회통념상 일반적으로 요구되는 정도의 방호조치의무(防護措置義務)를 다하지 않은 경우를 말한다.

주관설에서 요구하는 안전관리의무위반은 국가배상법 제2조의 위법 개념과 유사하며 주의의무위반과 달리 객관적 개념이다. 객관설에서는 영조물의 설치·관리상 하자의 판단에 있어서 안전관리의무위반이 요구되지 않으며 안전성의 결여라는 물적 상태만으로 영조물의 설치·관리상 하자가 인정된다.

나. 손해발생의 관리가능성(예견가능성과 회피가능성)이 없지 않을 것 객관적으로 보아 시간적 · 장소적으로 영조물의 기능상 결함으로 인한 손해발생의 예견가능성과 회피가능성이 없는 경우, 즉 그 영조물의 결함이 영조물의 설치 · 관리자의 관리행위가 미칠 수 없는 상황 아래에 있는 경우임이 입증되는 경우라면 영조물의 설치 · 관리상의 하자를 인정할 수 없다. 객관설에서는 불가항력은 면책사유가 되지만, 관리가능성(예측가능성과 회피가능성)이 없는 것은 면책사유가 되지 않는다.

손해발생의 예견가능성과 회피가능성이 없었다는 입증은 피고가 하여야 한다.

관리가능성(예견가능성과 회피가능성)은 영조물의 위험성에 비례하여 요구되는 영조물 관리자의 안전관리시스템이 제대로 작동하는 것을 전제로 판단되어야 한다.

현재의 기술수준 및 예산상 부득이하다는 사정만으로는 관리가능성이 없다고 할 수 없다(대판 2001. 07. 27, 2000다56822).

[판례] ① 가변차로에 설치된 신호등의 용도와 오작동시에 발생하는 사고의 위험성과 심각성을 감안할 때, **만일 가변차로에 설치된 두 개의 신호기에서 서로 모순되는 신호가 들어오는 고장을 예방할 방법이 없음에도 그와 같은 신호기를 설치하여 그와 같은 고장을 발생하게 한 것이라면, 그 고장**이 자연재해 등 외부요인에 의한 불가항력에 기인한 것이 아닌 한 그 자체로 설치 · 관리자의 방호조치의무를 다하지 못한 것으로서 신호등이 그 용도에 따라 통상 갖추어야 할 안전성을 갖추지 못한 상태에 있었다고 할 것이고, 따라서 설령 적정전압보다 낮은 저전압이 원인이 되어 위와 같은 오작동이 발생하였고 **그 고장은 현재의 기술수준상 부득이한 것이라고 가정하더라도 그와 같은 사정만으로 손해발생의 예견가능성이나 회피가능성이 없어 영조물의 하자를 인정할 수 없는 경우라고 단정할 수 없다**고 한 사례(대판 2001. 07. 27, 2000다56822[가변차로 신호등 오작동사건]).
② 교차로의 진행방향 신호기의 정지신호가 단선으로 소등되어 있는 상태에서 그대로 진행하다가 다른 방향의 진행신호에 따라 교차로에 진입한 차량과 충돌한 경우, **신호기의 적색신호가 소등된 기능상 결함이 있었다는 사정만으로 신호기의 설치 또는 관리상의 하자를 인정할 수 없다**(대판 2000. 02. 25, 99다54004).

3) 기능상 하자

'기능상 하자'(이용상 하자)라 함은 '영조물이 공공의 목적에 이용됨에 있어 그 이용상태 및 정도가 일정한 한도를 초과하여 제3자에게 사회통념상 참을 수 없는 피해를 입히는 경우'를 말하는데, 영조물의 기능상 하자(機能上 瑕疵)의 판단에 있어 '사회통념상 참을 수 없는 피해인지의 여부'는 그 영조물의 공공성, 피해의 내용과 정도, 이를 방지하기 위하여 노력한 정도 등을 종합적으로 고려하여 판단하여야 한다.

[판례] ① **[1] 국가배상법 제5조 제1항 소정의 '영조물의 설치 · 관리상의 하자'의 의미 및 하자로 볼 수 있는 경우**: 국가배상법 제5조 제1항에 정하여진 '영조물의 설치 또는 관리의 하자'라 함은 공공의 목적에 공여된 영조물이 그 용도에 따라 갖추어야 할 안전성을 갖추지 못한 상태에 있음을 말하고, 여기서 안전성을 갖추지 못한 상태, 즉 타인에게 위해를 끼칠 위험성이 있는 상태라

함은 당해 영조물을 구성하는 물적 시설 그 자체에 있는 물리적·외형적 흠결이나 불비로 인하여 그 이용자에게 위해를 끼칠 위험성이 있는 경우(물적 하자)뿐만 아니라 **그 영조물이 공공의 목적에 이용됨에 있어 그 이용상태 및 정도가 일정한 한도를 초과하여 제3자에게 사회통념상 참을 수 없는 피해를 입히는 경우(이용상 하자)**까지 포함된다고 보아야 할 것이고, **사회통념상 참을 수 있는 피해인지의 여부는 그 영조물의 공공성, 피해의 내용과 정도, 이를 방지하기 위하여 노력한 정도 등을 종합적으로 고려하여 판단하여야 한다.** [2] 매향리 사격장에서 발생하는 소음 등으로 지역 주민들이 입은 피해는 **사회통념상 참을 수 있는 정도를 넘는 것**으로서 사격장의 설치 또는 관리에 하자가 있었다고 본 사례(대판 2004. 03. 12, 2002다14242[매향리사격장사건]).

② 김포공항에서 발생하는 소음 등으로 인근 주민들이 입은 피해는 사회통념상 수인한도를 넘는 것으로서 김포공항의 설치·관리에 하자가 있다고 본 사례: [1] '영조물 설치 또는 하자'에 관한 제3자의 수인한도의 기준을 결정함에 있어서는 일반적으로 침해되는 권리나 이익의 성질과 침해의 정도뿐만 아니라 침해행위가 갖는 공공성의 내용과 정도, 그 지역환경의 특수성, 공법적인 규제에 의하여 확보하려는 환경기준, 침해를 방지 또는 경감시키거나 손해를 회피할 방안의 유무 및 그 난이 정도 등 여러 사정을 종합적으로 고려하여 구체적 사건에 따라 개별적으로 결정하여야 한다(대판 2005. 01. 27, 2003다49566). 〈해설〉 공항시설의 관리주체는 한국공항공사이지만, 항공기의 이착륙등 항공운항에 대한 관리주체는 국가이므로 국가가 관리주체로서 손해배상책임의 주체가 된다.

③ 대구비행장 주변 지역의 항공기소음으로 인한 피해의 내용 및 정도, 그 비행장 및 군용항공기의 운항이 가지는 공공성과 아울러 그 비행장이 개설 당시와 달리 점차 주거지 및 도시화되어 인구가 밀집되는 등으로 비도시지역에 위치한 국내의 다른 비행장과 확연히 구별되는 지역적, 환경적 특성을 갖는 점 등 여러 사정을 종합적으로 고려하여, 대구비행장 주변 지역의 소음 피해가 소음도 85WECPNL 이상인 경우 사회생활상 통상의 수인한도를 넘어 위법하다고 본 원심의 판단이 정당하다고 한 사례(대판 2010. 11. 25, 2007다74560).

[참조판례] 공군기지에서 발생한 소음으로 인해 양돈업자가 입은 손해에 대해 국가가 제기한 채무부존재확인소송에서 민법 제217조 및 제750조를 적용하면서 수인한도론에 입각하여 당시의 소음배출행위와 그 결과가 양돈업자의 수인한도를 넘는 위법행위라고 판단한 원심 판결을 수긍한 사례(대판 2010. 07. 15, 2006다84126[채무부존재확인]). 〈해설〉 영조물에서 발생한 소음으로 인한 피해에 대해 민사상 배상책임을 인정하고 있는 것은 문제이다.

기능상 하자론에 대하여 기능상 하자는 엄밀한 의미에서 영조물의 설치 또는 관리의 하자라고 할 수 없고, 영조물의 이용상 어쩔 수 없이 발생하는 것이므로 이를 영조물의 설치·관리의 하자로 보고 그로 인한 피해에 대해 국가배상으로 구제해 주는 것은 타당하지 않다는 비판이 있다. 이러한 견해에서는 영조물의 이용상 야기되고 회피할 수 없는 공해로 인한 피해는 영조물의 이용상 어쩔 수 없이 발생하는 것이므로 적법한 손해이고, 따라서 손실보상(수용적 침해 또는 간접손실보상)으로 구제하여야 한다고 본다.

(3) 유형별 고찰 및 개별적 고찰

영조물의 하자의 판단에 있어서 영조물의 유형별(類型別)로 고찰(考察)할 필요가 있다. 그것은 영조물의 성질이 다름에 따라 영조물의 하자의 판단기준이 달라질 수 있기 때문이다. 이는 특히 인공공물과 자연공물에 있어서 그러하다.

또한, 동일한 영조물의 하자로 인한 손해배상에 있어서도 손해의 원인이 되는 하자에 따라 특별한 고찰을 하여야 할 필요가 있다.

1) 인공공물과 자연공물의 구별

영조물의 하자의 판단에 있어서 명문의 규정이 없는 한 인공공물(人工公物)과 자연공물(自然公物)을 구별하는 것은 타당하지 않다는 견해도 있지만, 다음과 같은 이유에서 인공공물과 자연공물을 구분하는 것이 타당하다. 인공공물은 당해 영조물이 통상 갖추어야 할 안전성이 확보된 상태하에서 공적 목적에 제공되어야 하므로 영조물의 하자가 보다 넓게 인정될 수 있다. 그러나, 자연공물은 자연상태로 공적 목적에 제공되고 당해 영조물의 안전성은 연차적으로 강화되어야 하는 것이므로 이 한도 내에서 영조물의 하자의 인정에 한계가 주어질 수 있다(대판 2003. 10. 23, 2001다48057).

대표적인 인공공물인 도로의 하자와 대표적인 자연공물인 하천의 하자를 나누어 개별적인 고찰을 하기로 한다.

2) 도로의 설치 · 관리의 하자

가. 일반적 판단기준 도로(道路)의 설치 · 관리의 하자는 도로의 통상의 용법에 따른 이용에 있어서 통상 갖추어야 할 안전성의 유무를 기준으로 한다.

[판례] 도로의 설치 또는 관리상의 하자는 도로의 위치 등 장소적인 조건, 도로의 구조, 교통량, 사고시에 있어서의 교통 사정 등 도로의 이용상황과 그 본래의 이용목적 등 제반 사정과 물적 결함의 위치, 형상 등을 종합적으로 고려하여 사회통념에 따라 구체적으로 판단하여야 한다(대판 1997. 04. 22, 97다3194; 1997. 02. 10, 97다32536).

나. 개별적 고찰

(가) 노면의 홈 도로 노면(路面)의 흠은 도로의 물적 하자이다. 다만, 도로의 흠이 단시간에 걸쳐 생긴 경우에 도로의 흠을 발견하여 표지판을 설치하거나 보수를 하는 등 안전조치를 취할 시간적인 여유가 없었을 때에는 예측가능성과 결과회피가능성이 없기 때문에 배상책임이 면제된다. 그런데, 판례는 노면의 흠으로 인한 국가배상책임도 다음과 같이 관리자의 관리의무 위반에 근거한 책임으로 본다:

[판례] 도로의 관리책임자는 도로를 주행하는 차량들의 안전운행을 위하여 도로상태의 안전점검을 철저히 하였어야 함에도 불구하고 이를 게을리하여 위와 같은 웅덩이를 방치함으로써 이로 인하여 교통사고가 발생한 경우에 도로관리주체는 배상책임이 있다(대판 1993. 06. 25, 93다14424).

(나) 노견의 하자 노견(路肩)은 통상 차량의 운행에 제공된 것이 아니다. 따라서 차량의 운행에 필요한 안전성을 확보하지 않았다고 하여 도로의 설치 · 관리상 하

자가 있다고 할 수 없다. 그러나, 도로의 상황에 비추어 노견에서의 운행이 불가피하였던 경우에는 차량통행의 안전성을 보장할 수 있는 상태를 유지하여야 하며 그러한 안전성이 확보되지 않은 경우 도로의 설치·관리의 하자가 있다.

포장된 차도부분과 비포장의 보도부분 사이의 격차가 커서 사고가 난 경우에 도로의 폭이 좁아 반대방향의 차를 피하기 위하여 보도부분에 걸친 운행이 불가피하였던 경우에는 포장된 차도부분과 비포장의 보도부분 사이의 격차가 큰 것은 도로의 설치·관리상의 하자라고 할 수 있다.

(다) 자연력에 의한 통행상 안전의 결함

[판례] ① 도로의 설치 후 집중호우 등 자연력이 작용하여 본래 목적인 통행상의 안전에 결함이 발생한 경우에는 그 결함이 제3자의 행위에 의하여 발생한 경우와 마찬가지로 보아야 할 것이며, 도로에 그와 같은 결함이 있다는 것만으로 성급하게 도로의 보존상 하자를 인정하여서는 안 되고, 당해 도로의 구조, 장소적 환경과 이용상황 등 제반 사정을 종합하여 그와 같은 결함을 제거하여 원상으로 복구할 수 있는데도 이를 방치한 것인지 여부를 개별적·구체적으로 심리하여 하자의 유무를 판단하여야 한다(대판 1998. 02. 13, 97다49800).
② 강설에 대처하기 위하여 완벽한 방법으로 도로 자체에 융설 설비를 갖추는 것이 현대의 과학기술 수준이나 재정사정에 비추어 사실상 불가능하다고 하더라도, 최저 속도의 제한이 있는 고속도로의 경우에 있어서는 도로관리자가 도로의 구조, 기상예보 등을 고려하여 사전에 충분한 인적·물적 설비를 갖추어 강설시 신속한 제설작업을 하고 나아가 필요한 경우 제때에 교통통제 조치를 취함으로써 고속도로로서의 기본적인 기능을 유지하거나 신속히 회복할 수 있도록 하는 관리의무가 있다(대판 2008. 03. 13, 2007다29287, 29294[고속도로 고립사건]: 폭설로 차량 운전자 등이 고속도로에서 장시간 고립된 사안에서, 고속도로의 관리자가 고립구간의 교통정체를 충분히 예견할 수 있었음에도 교통제한 및 운행정지 등 필요한 조치를 충실히 이행하지 아니하였으므로 고속도로의 관리상 하자가 있다고 한 사례). 〈해설〉 판례는 고속도로의 관리상 하자로 인한 한국도로공사의 배상책임에 민법 제758조를 적용한다.

안개·눈·비 등 자연조건에 대하여 도로관리 주체는 적절한 안전조치 내지 위험방지조치를 취할 의무가 있다.

안개에 대하여는 경우에 따라 경고표시판을 세우고 속도를 제한하고 도로를 부분적으로 폐쇄하여야 한다.

눈에 대하여는 제설지대의 도로에 있어서는 제설작업을 하거나 융설제를 살포하여 동결해소조치를 취하고 경우에 따라서는 통행금지조치를 취하여야 할 것이다.

[판례] 도로의 관리청은 일시에 많은 양의 비가 내리는 경우에 대비하여 도로에 물이 고이지 않도록 집수구 등 배수시설을 갖추고 그 시설이 그 기능을 다 할 수 있도록 관리하며, 도로에 내린 비가 신속히 집수구 쪽으로 흘러 들어갈 수 있도록 도로의 구배 등 구조를 적절히 유지, 관리하는 등의 방호조치를 취할 의무가 있다 할 것이다(대판 1998. 02. 13, 97다49800).

(라) 낙하물(落下物) 등 제3자의 행위에 의해 통행상의 안전에 결함이 발생한 경우 도로상의 장해물로 인한 사고에 있어서는 당해 장해물을 발견하고 제거할 수 있는 합리적인 시간이 있었는지 여부(예견가능성과 회피가능성)에 따라 영조물의 하자 여부가 결정된다. 그리고, 당해 장해물을 발견하고 제거할 수 있는 합리적인 시간이 있었는지 여부는 도로상의 장해물의 감시를 위한 정상적인 순찰계획을 고려하여 판단된다.

[판례] ① 도로의 설치 후 제3자의 행위에 의해 그 본래의 목적인 통행상의 안전에 결함이 발생한 경우에는 도로에 그와 같은 결함이 있다는 것만으로 도로의 보존상의 하자를 인정하여서는 안 되고, 당해 도로의 구조, 장소적 환경과 이용상황 등 제반 사정을 종합하여 그와 같은 결함을 제거하여 원상으로 복구할 수 있는 데도 이를 방치한 경우에 도로의 보존상의 하자가 인정된다. 낙하물의 경우에는 그 낙하물을 발견하여 제거할 수 있는 시간적인 여유가 있었는지 여부가 하자 판단의 기준이 된다. 도로의 점유·관리자인 피고가 낙하물에 대한 관리 가능성이 없다는 입증을 하여야 한다(대판 1997. 04. 22, 97다3194).
② 승용차 운전자가 편도 2차선의 국도를 진행하다가 반대차선 진행차량의 바퀴에 튕기어 승용차 앞유리창을 뚫고 들어온 쇠파이프에 맞아 사망한 경우, 그와 같은 쇠파이프가 위 도로에 떨어져 있었다면 일단 도로의 관리에 하자가 있는 것으로 볼 수 있으나, 내세운 증거에 의하면 사고 당일 09:57부터 10:08 사이(사고 발생 33분 내지 22분 전)에 피고 운영의 과적차량 검문소 근무자 교대차량이 사고장소를 통과하였으나 위 쇠파이프를 발견하지 못한 사실을 인정하고 피고가 관리하는 넓은 국도상을 더 짧은 간격으로 일일이 순찰하면서 낙하물을 제거하는 것은 현실적으로 불가능하다 하여 피고에게 국가배상법 제5조 제1항이 정하는 손해배상책임이 없다고 한 사례(대판 1997. 04. 22, 97다3194).

관리가능성(예견가능성과 회피가능성)은 영조물 관리자의 안전관리시스템이 제대로 작동하는 것을 전제로 판단되어야 한다.

(마) 낙 석 도로에 낙석(落石)의 위험이 있는 경우에는 경우에 따라 경고표시판을 설치하거나 방호책 등을 설치하여야 할 것이다.

그런데, 산간지역의 도로의 경우 낙석의 위험이 전혀 없는 경우는 많지 않다. 그렇다고 하여 낙석의 위험이 있는 모든 경우에 방호책을 설치할 수 없다. 따라서 이 경우에는 예산상의 제약도 고려하여 도로관리주체의 위험방지의무를 정하여야 할 것이다.

(바) 동물의 출현으로 인한 사고 도로상에 동물이 출현함으로써 사고가 난 경우에 도로의 설치·관리상 하자가 인정되기 위하여는 동물의 출현이 예견가능하여야 하고, 보호망의 설치 등 동물의 접근을 막기 위한 적절한 조치를 취하지 않았어야 한다.

(사) 신호기 등의 설치·관리상 하자

[판례] ① 판례는 가변차로에 설치된 두 개의 신호등에서 서로 모순되는 신호가 들어오는 오작동이 발생하였고 그 고장이 현재의 기술수준상 부득이한 것이라고 가정하더라도 그와 같은 사정만으로 손해발생의 예견가능성이나 회피가능성이 없어 영조물의 하자를 인정할 수 없는 경우라고

단정할 수 없다고 하였다(대판 2001. 07. 27, 2000다56822).
② 편도 4차선의 간선도로를 따라 오다가 편도 1차선의 지선도로가 좌측에서 합류하는 삼거리 교차로를 지나 우측으로 굽은 간선도로를 따라 계속 진행하는 차량에 대하여 신호기가 우측 화살표 신호가 아닌 직진 신호를 표시한 경우, 그 신호기의 신호가 도로의 실제 상황과 일치하지 않는 잘못된 신호로서 신호기의 설치·관리에 하자가 있다고 할 수 없다고 한 사례(대판 2000. 01. 14, 99다24201).
③ 교차로 보조표지의 설치·관리상의 하자를 부인한 사례(대판 2022. 07. 28, 2022다225910).

3) 하천의 설치 · 관리의 하자

가. 하천의 자연공물성과 하천의 설치 · 관리상 하자 하천(河川)은 원칙상 자연공물이다. 하천은 우선 자연상태대로 하천의 공적 목적에 제공되고, 그 안전성을 연차적으로 강화하여 가는 것이므로, 이러한 하천의 자연공물로서의 특질이 하천의 설치·관리상 하자를 판단함에 있어 고려되어야 한다(대판 2003. 10. 23, 2001다48057[중랑천수해사건]).

[판례] 자연영조물로서의 하천의 관리상의 특질과 특수성 및 계획홍수위를 넘고 있는 하천의 제방이 그 후 새로운 하천시설을 설치할 때 기준으로 삼기 위하여 제정한 '하천시설기준'이 정한 여유고를 확보하지 못한 경우, 안전성이 결여된 하자가 있다고 볼 수 있는지 여부(한정 소극): **자연영조물로서의 하천은 원래 이를 설치할 것인지 여부에 대한 선택의 여지가 없고, 위험을 내포한 상태에서 자연적으로 존재하고 있으며, 간단한 방법으로 위험상태를 제거할 수 없는 경우가 많고,** 유수라고 하는 자연현상을 대상으로 하면서도 그 유수의 원천인 강우의 규모, 범위, 발생시기 등의 예측이나 홍수의 발생 작용 등의 예측이 곤란하고, 실제로 홍수가 어떤 작용을 하는지는 실험에 의한 파악이 거의 불가능하고 실제 홍수에 의하여 파악할 수밖에 없어 결국 과거의 홍수 경험을 토대로 하천관리를 할 수밖에 없는 특질이 있고, **또 국가나 하천관리청이 목표로 하는 하천의 개수작업을 완성함에 있어서는 막대한 예산을 필요로 하고, 대규모 공사가 되어 이를 완공하는 데 장기간이 소요되며,** 치수의 수단은 강우의 특성과 하천 유역의 특성에 의하여 정해지는 것이므로 그 특성에 맞는 방법을 찾아내는 것은 오랜 경험이 필요하고 또 기상의 변화에 따라 최신의 과학기술에 의한 방법이 효용이 없을 수도 있는 등 **그 관리상의 특수성도 있으므로 이와 같은 관리상의 특질과 특수성을 감안한다면,** 하천의 관리청이 관계 규정에 따라 설정한 계획홍수위를 변경시켜야 할 사정이 생기는 등 특별한 사정이 없는 한, **이미 존재하는 하천의 제방이 계획홍수위를 넘고 있다면 그 하천은 용도에 따라 통상 갖추어야 할 안전성을 갖추고 있다고 보아야 하고, 그와 같은 하천이 그 후 새로운 하천시설을 설치할 때 기준으로 삼기 위하여 제정한 '하천시설기준'이 정한 여유고를 확보하지 못하고 있다는 사정만으로 바로 안전성이 결여된 하자가 있다고 볼 수는 없다**(대판 2003. 10. 23, 2001다48057[중랑천수해사건]).

하천 중 축조된 제방, 수문은 인공적인 것이다. 따라서 이 한도 내에서는 하천도 인공공물의 성질을 갖고 인공적인 시설의 하자는 인공공물에서의 하자의 판단기준에 의해 판단되어야 한다.

나. 하천시설의 설치상 하자 판례가 제시하는 하천관리를 위한 시설의 설치상 하자의 일반적 판단기준은 다음과 같다.

[판례] 영조물의 설치·관리상 하자의 법리와 하천관리상의 특질과 특수성을 감안하면, 하천 수해와 관련하여 하천관리를 위한 시설의 설치상 하자 유무를 판단함에 있어서는 해당 하천과 관련하여 과거에 발생한 수해의 규모, 발생빈도, 발생원인, 피해의 성질, 강우상황, 유역의 지형 기타 자연적 조건, 토지의 이용상황 기타 사회적 조건, 개수를 요하는 긴급성의 유무 및 그 정도 등 제반 사정을 종합적으로 검토하고, 하천관리에 있어서의 재정적, 기술적 및 사회적 제약하에서 같은 종류 및 규모의 하천관리의 일반수준 및 사회통념에 비추어 시인할 수 있는 안전성을 구비하고 있는지, 그리고 해당 하천관리시설이 설치 당시의 기술수준에 비추어 그 예정한 규모의 홍수에 있어서의 통상의 작용으로부터 예측된 재해를 방지함에 족한 안전성을 갖추고 있는지 여부를 기준으로 한다(대판 2007. 10. 25, 2005다62235).

다. 하천 관리상 하자 판례가 제시하는 하천관리상 하자의 일반적 판단기준은 다음과 같다.

[판례] ① **하천관리의 하자 유무는, 과거에 발생한 수해의 규모 · 발생의 빈도 · 발생원인 · 피해의 성질 · 강우상황 · 유역의 지형 기타 자연적 조건, 토지의 이용상황 기타 사회적 조건, 개수를 요하는 긴급성의 유무 및 그 정도 등 제반 사정을 종합적으로 고려하고, 하천관리에 있어서의 위와 같은 재정적 · 시간적 · 기술적 제약하에서 같은 종류, 같은 규모의 하천에 대한 하천관리의 일반수준 및 사회통념에 비추어 시인될 수 있는 안전성을 구비하고 있다고 인정할 수 있는지 여부를 기준으로 하여 판단한다**(대판 2007. 09. 21, 2005다65678[안양천 수해사건]).
② 국가하천의 관리에 있어서 미성년자인 아이들의 익사사고를 방지하기 위하여 그 관리주체로서 사회통념상 일반적으로 요구되는 정도의 방호조치의무를 다하였다고 할 수 없다고 한 사례(대판 2010. 07. 22, 2010다33354, 33361).

라. 하천홍수위와 하천의 하자 하천홍수위(河川洪水位)란 홍수시 하천의 제방이 지탱할 수 있을 것으로 계획된 최대유량(제방의 높이)을 말한다. 하천에 제방이 축조될 때에는 하천홍수위를 정하는데, 기존의 강우량을 견딜 수 있는 제방의 수위(하천홍수위)를 정하고 여유고를 더하여 하천제방의 높이가 결정된다.

하천홍수위(계획고수량)가 적정하게 책정되지 않은 경우에는 하천의 설치상 하자가 있다고 할 수 있다.

하천홍수위가 적정하게 책정된 제방(예, 100년 발생빈도의 강우량을 기준으로 책정된 경우)에서 하천이 범람한 경우에는 불가항력으로 볼 수 있다. 또한, 하천홍수위보다 낮은 강우량에 하천제방이 붕괴한 경우에는 특별한 사정이 없는 한 하천의 설치·관리상 하자가 있는 것으로 추정된다.

[판례] [1] 계획홍수위를 변경시켜야 할 사정이 생기는 등 특별한 사정이 없는 한, 이미 존재하는 **하천의 제방이 계획홍수위를 넘고 있다면** 그 하천은 용도에 따라 통상 갖추어야 할 안전성을 갖추고 있다고 보아야 하고, 그와 같은 하천이 그 후 새로운 하천시설을 설치할 때 기준으로 삼기 위하여 제정한 '하천시설기준'이 정한 여유고를 확보하지 못하고 있다는 사정만으로 바로 안전성이

결여된 하자가 있다고 볼 수는 없다. [2] 100년 발생빈도의 강우량을 기준으로 책정된 계획홍수위를 초과하여 600년 또는 1,000년 발생빈도의 강우량에 의한 하천의 범람은 예측가능성 및 회피가능성이 없는 불가항력적인 재해로서 그 영조물의 관리청에게 책임을 물을 수 없다(대판 2003. 10. 23, 2001다48057[중랑천 수해사건]).

특별한 사정이란 예를 들면, 예견가능성을 넘는 장기간의 홍수로 하천홍수위(계획고수량) 이하로 하천의 유량이 유지되었지만 장기간 하천이 고수위로 유지되어 제방으로 물이 스며듦으로써 제방이 약하게 되어 파손한 경우 또는 제방의 기초지반에 난투수성층(難透水性層)의 불연속 등 특이상황이 있는 경우에는 제방의 설치·관리의 하자가 인정되지 않을 가능성이 있다.[74)]

또한, 하천홍수위는 적정하게 책정되었지만, 강바닥에 쌓인 퇴적층을 제거하지 않은 경우에는 하천의 관리상 하자가 인정될 수 있다.

그리고, 하천제방이 축조된 후 강우량이 늘어 하천홍수위를 높여야 하는 경우에는 새롭게 책정된 하천홍수위는 새로이 축조되는 하천제방에만 적용되는 것이 원칙이지만, 국가 또는 지방자치단체는 합리적인 예산계획을 수립하여 기존의 제방을 높이도록 하여야 한다.

[판례] 하천의 관리청이 관계 규정에 따라 설정한 계획홍수위를 변경시켜야 할 사정이 생기는 등 특별한 사정이 없는 한, 이미 존재하는 하천의 제방이 계획홍수위를 넘고 있다면 그 하천은 용도에 따라 통상 갖추어야 할 안전성을 갖추고 있다고 보아야 하고, 그와 같은 하천이 그 후 새로운 하천시설을 설치할 때 기준으로 삼기 위하여 제정한 '하천시설기준'이 정한 여유고를 확보하지 못하고 있다는 사정만으로 바로 안전성이 결여된 하자가 있다고 볼 수는 없다(대판 2003. 10. 23, 2001다48057).

마. 예산의 제약과 하천의 설치·관리의 하자 하천은 자연공물이고, 하천의 관리에는 막대한 예산이 들어가는 점을 고려할 때 국가나 지방자치단체가 하천의 안전성을 증진시키기 위한 합리적인 예산투입계획을 수립하고 집행하고 있는 한 국가나 지방자치단체의 하천 관리의 하자를 인정할 수는 없을 것이다.

바. 개수중인 하천의 설치·관리의 하자 개수계획이 수립되어 그에 근거하여 현재 개수중(改修中)인 하천에 대해서는 당해 계획이 위에서 본 바와 같은 하천관리의 하자의 판단기준에 비추어 심히 불합리한 것으로 인정되지 않을 때에는 그 후의 사정변경에 의해 당해 하천의 미개수부분에서의 수해발생의 위험성이 현저하여 당초의 계획상의 개수시기를 조정하거나 공사 순서를 변경하는 등 조기에 개수공사를 시행하지 않으면 안 되는 특별한 사정이 존재하지 않는 한 개수가 행해지지 않았다는 것을 근거로 하천관리에 하자가 있다고 할 수는 없다.[75)]

74) 김창조, "日本長良川 安八水害賠償訴訟," 『행정판례연구 3』, 249면 이하 참조.

사. 개수를 완료한 하천 또는 개수중인 하천에 있어 이미 설치 완료된 하천관리 시설에 대한 하자의 판단기준

[판례] ① 관리청이 하천법 등 관련규정에 의해 책정한 하천정비기본계획 등에 따라 개수를 완료한 하천 또는 아직 개수 중이라 하더라도 개수를 완료한 부분에 있어서는, **위 하천정비기본계획 등에서 정한 계획홍수량 및 계획홍수위를 충족하여 하천이 관리되고 있다면** 당초부터 계획홍수량 및 계획홍수위를 잘못 책정하였다거나 그 후 이를 시급히 변경해야 할 사정이 생겼음에도 불구하고 이를 해태하였다는 등의 특별한 사정이 없는 한, 그 하천은 용도에 따라 통상 갖추어야 할 안전성을 갖추고 있다고 봄이 타당하다 할 것이다(대판 2007. 09. 21, 2005다65678[안양천 수해사건]). ② 하천의 관리청이 하천법 등 관련규정 또는 그 관련규정에 의한 하천 관리계획 등에 따라 개수를 완료한 하천이나 아직 개수 중이라 하더라도 개수를 완료한 부분에 있어서는 **관련규정 내지 그 하천관리계획이 정하고 있는 바에 따라 해당 시설이 설치 · 관리되고 있다면,** 당초부터 그 계획이 잘못되었다거나 그 후 이를 시급히 변경시켜야 할 사정이 있었음에도 이를 해태하였다는 등의 특별한 사정이 없는 한, 그 하천관리시설은 용도에 따라 통상 갖추어야 할 안전성을 갖추고 있다고 봄이 상당하다(대판 2007. 04. 26, 2005다62235: 피고 시가 1999년경 마련한 빗물펌프장에 관한 시설기준이 잘못되었다거나 그 후 이를 시급히 변경시켜야 할 사정이 있었음에도 담당공무원이 이를 해태하였다는 등의 특별한 사정이 없는 이상, 이 사건 빗물펌프장의 설치가 위 시설기준에 부합한다면 그 용도에 따라 통상 갖추어야 할 안전성을 갖추고 있는 것으로 보아야 하므로 설치상 하자가 없다고 한 사례).

아. 익사사고를 방지하기 위하여 부담하는 방호조치의무의 정도

[판례] [1] 자연영조물인 하천의 관리주체가 익사사고를 방지하기 위하여 부담하는 방호조치의무의 정도: 자연영조물로서 하천은 이를 설치할 것인지 여부에 대한 선택의 여지가 없고, 위험을 내포한 상태에서 자연적으로 존재하고 있으며, 그 유역의 광범위성과 유수(流水)의 상황에 따른 하상의 가변성 등으로 인하여 익사사고에 대비한 하천 자체의 위험관리에는 일정한 한계가 있을 수밖에 없어, 하천 관리주체로서는 익사사고의 위험성이 있는 모든 하천구역에 대해 위험관리를 하는 것은 불가능하므로, 당해 하천의 현황과 이용 상황, 과거에 발생한 사고 이력 등을 종합적으로 고려하여 **하천구역의 위험성에 비례하여 사회통념상 일반적으로 요구되는 정도의 방호조치의무**를 다하였다면 하천의 설치 · 관리상의 하자를 인정할 수 없다. [2] 수련회에 참석한 미성년자 甲이 유원지 옆 작은 하천을 가로질러 수심이 깊은 맞은 편 바위 쪽으로 이동한 다음 바위 위에서 하천으로 다이빙을 하며 놀다가 익사하자, 甲의 유족들이 하천 관리주체인 지방자치단체를 상대로 손해배상을 구한 사안에서, 하천 관리자인 지방자치단체가 유원지 입구나 유원지를 거쳐 하천에 접근하는 길에 수영금지의 경고표지판과 현수막을 설치함으로써 하천을 이용하는 사람들의 안전을 보호하기 위하여 통상 갖추어야 할 시설을 갖추었다고 볼 수 있고, **지방자치단체에게 사고지점에 각별한 주의를 촉구하는 내용의 위험표지나 부표를 설치하는 것과 같은 방호조치를 취하지 않은 과실이 인정되더라도 익사사고와 상당인과관계가 있다고 보기 어려운데도** 지방자치단체의 손해배상책임을 인정한 원심판결에 하천의 설치 또는 관리상 하자책임에 관한 법리오해의 위법이 있다고 한 사례(대판 2014. 01. 23, 2013다211865).

---

75) 전게 대동수해소송최고재판소판결.

(4) 하자의 입증책임

영조물책임의 위험책임적 성격 및 피해자 구제를 고려하여 피해자는 영조물의 설치 또는 관리상의 이상(異狀)과 그 이상으로 손해가 발생한 것을 주장하면 영조물의 설치 또는 관리의 하자는 추정된다고 보고(하자의 일응 추정이론), 국가 또는 지방자치단체가 하자가 없음을 입증하여야 한다고 보아야 할 것이다.

그러나, 판례는 하자의 입증책임을 피해자에게 지우고 있다. 다만, 관리주체에게 손해발생의 예견가능성과 회피가능성이 없다는 것은 피고가 입증하여야 한다.

[판례] 편도 2차선 도로의 1차선상에 교통사고의 원인이 될 수 있는 크기의 돌멩이가 방치되어 있는 경우, 도로의 점유·관리자가 그에 대한 관리 가능성이 없다는 입증을 하지 못하는 한 이는 도로의 관리·보존상의 하자에 해당한다(대판 1998. 02. 10, 97다32536).

제 4 항 국가배상책임의 감면사유

제5조에 의한 책임이 성립하기 위하여는 '손해'가 발생하였어야 하고, 영조물의 하자와 손해 사이에 '상당인과관계'가 있어야 함은 불법행위 일반에 있어서와 같다. 그리고, 불가항력의 경우에 면책(免責)되는 것도 그러하다. 다만, 영조물의 하자로 인한 책임에 있어서는 특별히 다음과 같은 점들이 영조물책임의 감면사유(減免事由)로 문제가 되므로 이하 이들을 중심으로 고찰하고자 한다.

Ⅰ. 불가항력

불가항력(不可抗力)이라 함은 천재지변과 같이 인간의 능력으로는 예견할 수 없거나, 예견할 수 있어도 회피할 수 없는 **외부**의 힘에 의하여 손해가 발생한 경우를 말하며 면책사유가 된다. 불가항력이 인정되기 위하여 요구되는 예견가능성이 없음과 회피가능성이 없음은 외부의 힘으로부터 연유하여야 하며 내부적 원인에 의한 경우는 불가항력을 인정할 수 없다.

1. 예견가능성

홍수 등의 위험발생의 예견가능성(豫見可能性)은 영조물 관리주체의 결과회피조치의 전제로서 요구된다. 예견가능성의 판단은 그 당시의 과학기술의 수준을 기준으로 행하여져야 한다고 보는 것이 타당하며, 예견의 정도는 위험발생의 시기, 장소, 규모 등을 구체적으로 예측할 것이 요구되지는 않고, 위험발생이 현재의 학문적·기술적 수

준에 비추어 개연적으로 인정되면 족하다고 보는 것이 타당하다.[76]

2. 결과회피조치의 가능성

위험발생의 예견가능성이 있다 하여도 결과회피(結果回避)가 가능하지 않은 경우에는 손해배상책임이 면제된다. 결과회피가능성 여부는 그 당시의 상황하에서 사실상 가능했었는가 아닌가가 아니라, 있어야 할 안전관리체제가 그 기능을 제대로 발휘하고 있는 것을 전제로 하여 판단되어야 한다.[77]

[판례] ① 100년 발생빈도의 강우량을 기준으로 책정된 **계획홍수위를 초과하여 600년 또는 1,000년 발생빈도의 강우량**에 의한 하천의 범람은 예측가능성 및 회피가능성이 없는 불가항력적인 재해로서 그 영조물의 관리청에게 책임을 물을 수 없다(대판 2003. 10. 23, 2001다48057).
② 집중호우로 제방도로가 유실되면서 그 곳을 걸어가던 보행자가 강물에 휩쓸려 익사한 경우, 사고 당일의 집중호우가 **50년 빈도의 최대강우량**에 해당한다는 사실만으로 불가항력에 기인한 것으로 볼 수 없다는 이유로 제방도로의 **설치 · 관리상의 하자를 인정한 사례**(대판 2000. 05. 26, 99다53247).

Ⅱ. 예산부족

예산부족(豫算不足)이 면책사유가 되는가에 대하여 판례는 영조물의 설치의 하자의 유무는 객관적 견지에서 본 안전성의 문제이므로 재정사정은 영조물의 안전성의 정도에 관하여 참작사유는 될 수 있을지언정 안전성을 결정지을 절대적 요건은 되지 못한다고 판시하고 있다(대판 1967. 02. 21, 66다1723). 즉, 판례는 예산부족은 절대적인 면책사유는 되지 않는다고 보고 있다.

[판례] ① 영조물 설치의 「하자」라 함은 영조물의 축조에 불완전한 점이 있어 이 때문에 영조물 자체가 통상 갖추어야 할 완전성을 갖추지 못한 상태에 있음을 말한다고 할 것인바 그 「하자」 유무는 객관적 견지에서 본 안전성의 문제이고 **그 설치자의 재정사정**이나 영조물의 사용목적에 의한 사정은 안전성을 요구하는 데 대한 정도 문제로서 **참작사유에는 해당할지언정 안전성을 결정지을 절대적 요건에는 해당하지 아니한다** 할 것이다(대판 1967. 02. 21, 66다1723). 〈해설〉 예산부족은 원칙상 면책사유가 되지 않는다.
② 전화취급소에서 전화를 걸던 중 낙뢰가 전화선을 강타하여 송수전기가 파괴됨과 동시에 그 수화기에 귀를 대고 있던 사람이 고막천공 등의 상해를 입은 경우에 국가가 값이 비싸다는 이유로 구미 각국에서 사용하고 있는 안전한 보안기를 사용하지 않고 값이 싼 불완전한 보안기를 사용했기 때문에 위 낙뢰사고가 발생한 것이라면 그것을 국가가 책임질 수 없는 불가항력에 의한 사고라고는 할 수 없다고 본 사례(대판 1980. 12. 23, 80다1705).

---

76) 遠藤博也, 『國家補償法 中卷』, 489면 이하.
77) 상게서, 497면 이하.

학설에 따라서는 예산상의 제약이 일정한 경우 불가항력으로 되어 책임이 면제된다고 보고 있지만, 불가항력이란 외적 요인에 의한 것만으로 보는 것이 타당하므로 국가 또는 공공단체의 내부의 문제인 예산부족은 불가항력이 될 수 없다고 보는 것이 타당하다.78)

생각건대, 예산부족의 문제는 인공공물과 자연공물을 구분하여 논하여야 한다. 인공공물의 경우에는 예산부족은 원칙상 면책사유가 되지 않는다고 보아야 한다. 자연공물의 경우에는 국가나 지방공공단체가 자연공물의 안전성을 증진시키기 위한 합리적인 예산투입계획을 수립하고 집행하고 있는 한 국가나 지방자치단체의 영조물 관리의 하자를 인정할 수는 없을 것이다.

Ⅲ. 피해자의 과실

피해자(被害者)에게 과실(過失)이 있었던 경우에는 피해자의 과실에 의하여 확대된 손해의 한도 내에서 국가 등의 책임이 부분적으로 감면된다고 보는 것이 타당하다.

피해자가 위험이 형성된 후 위험지역으로 이주하여 위험에 접근한 경우에는 **위험에의 접근이론**에 따라 손해배상책임이 감면된다.

[판례] ① 소음 등을 포함한 공해 등의 위험지역으로 이주하여 거주하는 경우 이를 손해배상액의 산정에 있어 감경 또는 면제사유로 고려하여야 하는지 여부(적극): 소음 등을 포함한 공해 등의 위험지역으로 이주하여 들어가 거주하는 경우와 같이 위험의 존재를 인식하거나 과실로 인식하지 못하고 이주한 경우에는 손해배상액의 산정에 있어 형평의 원칙상 **과실상계에 준하여** 감경 또는 면제사유로 고려하는 것이 상당하다(대판 2010. 11. 11, 2008다57975: 사격장 주변지역에서 발생하는 소음 등으로 인하여 피해를 입은 주변 거주민인 원고들이 피고 대한민국을 상대로 손해배상을 청구한 사안에서, 사격장의 소음피해를 인식하거나 과실로 인식하지 못하고 이주한 일부 원고들의 경우 피고의 손해배상책임을 완전히 면제할 수는 없다고 하더라도, 그와 같은 사정을 참작하여 감경조차 하지 아니한 것은 현저히 불합리하다는 이유로 원심 판결을 파기한 사례).

② 소음 등을 포함한 공해 등의 위험지역으로 이주하여 거주하는 것이 피해자가 위험의 존재를 인식하고 그로 인한 피해를 용인하면서 접근한 것이라고 볼 수 있는 경우 가해자의 면책이 인정되는지 여부(원칙적 적극) 및 위와 같이 접근한 것이라고 볼 수 없는 경우 이를 손해배상액 감액사유로 고려하여야 하는지 여부(적극): 소음 등을 포함한 공해 등의 위험지역으로 이주하여 들어가서 거주하는 경우와 같이 위험의 존재를 인식하면서 그로 인한 피해를 용인하며 접근한 것으로 볼 수 있는 경우에, 그 피해가 직접 생명이나 신체에 관련된 것이 아니라 정신적 고통이나 생활방해의 정도에 그치고 그 침해행위에 고도의 공공성이 인정되는 때에는, 위험에 접근한 후 실제로 입은 피해 정도

78) 프랑스에서는 불가항력(force majeure)과 불가항력과 같이 예견가능성과 결과회피가능성이 없지만 불가항력과 달리 외적 사유가 아닌 미지사유(cas fortuit)를 구별하고, 후자는 과실책임에 있어서는 책임면제사유가 되나, 무과실책임에 있어서는 책임면제사유로 보지 않는다(R. CHAPUS. Droit administratif général, t. 1, 1er Ed., p. 773).

가 위험에 접근할 당시에 인식하고 있었던 위험의 정도를 초과하는 것이거나 위험에 접근한 후에 그 위험이 특별히 증대하였다는 등의 특별한 사정이 없는 한 가해자의 면책을 인정하여야 하는 경우도 있다. 특히 소음 등의 공해로 인한 법적 쟁송이 제기되거나 그 피해에 대한 보상이 실시되는 등 피해지역임이 구체적으로 드러나고 또한 이러한 사실이 그 지역에 널리 알려진 이후에 이주하여 오는 경우에는 위와 같은 위험에의 접근에 따른 가해자의 면책 여부를 보다 적극적으로 인정할 여지가 있다. 다만 일반인이 공해 등의 위험지역으로 이주하여 거주하는 경우라고 하더라도 위험에 접근할 당시에 그러한 위험이 존재하는 사실을 정확하게 알 수 없는 경우가 많고, 그 밖에 위험에 접근하게 된 경위와 동기 등의 여러 가지 사정을 종합하여 그와 같은 위험의 존재를 인식하면서도 위험으로 인한 피해를 용인하면서 접근하였다고 볼 수 없는 경우에는 손해배상액의 산정에 있어 형평의 원칙상 과실상계에 준하여 감액사유로 고려하여야 한다(대판 2010. 11. 25, 2007다74560).

Ⅳ. 불법행위 또는 영조물의 하자와 감면사유의 경합

① 영조물의 설치 또는 관리상의 하자로 인한 사고라 함은 영조물의 설치 또는 관리상의 하자만이 손해발생의 원인이 되는 경우만을 말하는 것이 아니고, 다른 자연적 사실이나 제3자의 행위 또는 피해자의 행위와 경합(競合)하여 손해가 발생하였더라도 영조물의 설치 또는 관리상의 하자가 손해발생의 공동원인의 하나가 된 이상 그 손해는 영조물의 설치 또는 관리상의 하자에 의하여 발생한 것이라고 보아야 한다(대판 1994. 11. 22, 94다32924; 2000. 05. 26, 99다53247).

② 영조물의 하자가 제3자의 행위와 경합하여 손해를 발생시킨 경우에는 영조물관리자는 제3자와 부진정연대채무(不眞正連帶債務)를 진다. 영조물의 하자가 피해자의 행위와 경합하는 경우에는 과실상계를 한다.

③ 불가항력과 공무원의 과실 또는 영조물의 하자가 손해의 발생에 있어서 경합된 경우에는 공무원의 과실 또는 영조물의 하자로 인하여 손해가 확대된 한도 내에서 국가 또는 지방자치단체는 책임을 진다고 보는 것이 타당하다.[79]

[판례] ① 판례에 의하면 불법행위에 기한 손해배상사건에 있어서 피해자가 입은 손해가 자연력과 가해자의 과실행위가 경합되어 발생된 경우 가해자의 배상 범위는 손해의 공평한 부담이라는 견지에서 손해 발생에 대하여 자연력이 기여하였다고 인정되는 부분을 공제한 나머지 부분으로 제한하여야 함이 상당한 것이지만, 다른 한편, 피해자가 입은 손해가 통상의 손해와는 달리 특수한 자연적 조건 아래 발생한 것이라 하더라도, 가해자가 그와 같은 자연적 조건이나 그에 따른 위험의 정도를 미리 예상할 수 있었고 또 과도한 노력이나 비용을 들이지 아니하고도 적절한 조치를 취하여 자연적 조건에 따른 위험의 발생을 사전에 예방할 수 있었다면, 그러한 사고방지 조치를 소홀히 하여 발생한 사고로 인한 손해배상의 범위를 정함에 있어서 자연력의 기여분을 인정하여 가해자의 배상범위를 제한할 것은 아니다(대판 2001. 02. 23, 99다61316). 〈해설〉 이 판결에서 대법

79) R. CHAPUS, *op. cit.*, p. 774.

원은 임도 개설공사 이후 집중호우로 인한 산사태로 말미암아 발생한 손해의 배상범위를 정함에 있어서 자연력의 기여분을 인정하지 아니하였다.
② 원자력발전소에서의 온배수 배출행위와 해수온도의 상승이라는 자연력이 복합적으로 작용하여 온배수배출구 인근 양식장의 어류가 집단폐사한 경우, 손해배상 범위 결정시 자연력의 기여도를 고려하는 것이 타당하다고 판단한 사례(대법원 2003. 06. 27. 선고 2001다734 판결[양수금]).

④ 불가항력 등 영조물책임의 감면사유가 있는 경우에도 공무원의 과실로 피해가 확대된 경우(예, 불가항력의 자연재해시 관계 행정기관이 과실로 피난명령을 발하지 않은 경우)에는 그 한도 내에서 국가배상법 제2조의 배상책임이 인정된다.

제 5 항 국가배상법 제2조에 의한 국가배상책임과 제5조에 의한 국가배상책임의 관계

Ⅰ. 영조물의 관리행위로 인한 손해

우선 영조물의 관리행위의 하자(관리자의 관리의무 위반)로 인한 손해에 대한 배상책임이 제2조의 규율대상이 되는가, 제5조의 규율대상이 되는가 하는 문제가 제기된다. 이 문제의 해결은 기본적으로는 양책임의 근거 및 성격을 어떻게 볼 것인가에 달려 있다.

국가배상법 제5조 책임의 근거를 영조물의 관리자의 관리행위에 있어서의 관리의무위반에 있다고 보는 견해(주관설)에 의하면 영조물의 관리행위로 인한 손해의 배상에는 국가배상법 제5조가 적용될 것이다.

이에 반하여 제5조에 의한 책임을 영조물이 통상 갖추어야 할 안전성을 결여하고 있다는 것, 즉 영조물의 물적 하자에 의한 책임, 즉 국가배상법 제2조의 행위책임과 다른 상태책임이라고 본다면(객관설), 영조물의 물적 하자로 인한 손해배상의 문제는 제5조의 문제이고, 영조물 관리자의 관리의무위반으로 인한 손해배상은 제2조의 적용을 받는다고 보게 된다.

영조물의 '설치 또는 관리의 하자'라는 것은 영조물 자체의 객관적 하자, 즉 영조물의 안전성의 결여뿐만 아니라, 관리자의 관리의무위반도 포함한다고 보는 절충설에 의하면 영조물의 물적 하자로 인한 손해배상과 영조물의 관리의무 위반으로 인한 손해배상은 모두 제5조의 적용을 받는다고 보고, 주관설에 의하면 영조물의 관리의무위반으로 인한 손해배상은 제5조의 적용을 받는다고 보게 된다.

Ⅱ. 영조물의 관리행위와 영조물 사용행위의 구별

영조물의 관리행위가 아니라 영조물을 사용하여 행하는 행위(예, 차량의 운전 행위, 권총의 발사)로 인하여 발생한 손해의 배상은 제2조의 적용대상이 된다. 영조물의 관리행위라 함은 영조물의 안전성을 확보하고 영조물이 본래의 기능을 갖도록 하는 행위를 말한다.

댐의 수문의 조작과 같은 행위는 댐의 관리행위는 아니며 댐을 사용하여 치수(治水)를 행하는 별도의 행위이기 때문에 댐의 수문의 조작상 잘못으로 인하여 발생한 수해는 이론상 제2조의 적용대상이 된다고 보는 것이 타당하다.[80)]

Ⅲ. 제2조 책임과 제5조 책임의 경합

제2조 책임과 제5조 책임이 경합(競合)하는 경우에 원고는 제2조 책임과 제5조 책임을 선택적으로 주장할 수 있다. 예를 들면, 국도에서의 소음 공해로 인한 인근주민의 피해(예, 정신적 고통, 양돈돼지폐사 등)에 대해 그 피해자가 공무원의 직무상 손해방지의무 위반을 피해의 원인으로 주장하는 경우 국가배상법 제2조의 국가배상을 청구하고, 도로의 설치 · 관리상 하자(이용상 하자)를 피해의 원인으로 주장하는 경우 국가배상법 제5조의 국가배상을 청구하여야 한다. 그러나, 제2조 책임과 제5조 책임이 경합하여 손해의 발생에 각각 부분적으로 기여한 경우에는 원고가 발생된 손해 전부를 배상받기 위하여는 제2조 책임과 제5조 책임을 함께 주장하여야 한다.

어느 경우이든지 제2조 책임이 인정되기 위하여는 제2조 책임의 요건이 충족되어야 하고, 제5조 책임이 인정되기 위하여는 제5조 책임의 요건이 충족되어야 한다.

제2조 책임은 과실책임이고, 제5조 책임은 일종의 무과실책임이므로 통상은 제5조 책임이 원고에게 유리하다.

[판례] 권한을 위임받은 기관 소속의 공무원이 위임사무처리에 있어 고의 또는 과실로 타인에게 손해를 가하였거나 위임사무로 설치 · 관리하는 영조물의 하자로 타인에게 손해를 발생하게 한 경우에는 권한을 위임한 관청이 소속된 지방자치단체가 국가배상법 제2조 또는 제5조에 의한 배상책임을 부담한다(대판 1999. 06. 25, 99다11120: 보행자 신호와 차량신호에 동시에 녹색등이 표시되는 사고의 위험성이 높은 고장이 발생하였는데도 이를 관리하는 경찰관들이 즉시 그 신호기의 작동을 중지하거나 교통경찰관을 배치하여 수신호를 하는 등의 안전조치를 취하지 않은 채 장시간 고장상태를 방치한 것을 그 공무집행상의 과실로 인정하기에 충분하다고 한 사례). 〈해설〉 이 판례가 제2조 책임과 제5조 책임이 경합하는 경우에 원고가 선택적으로 배상을 청구할 수 있다고 보았다고 해석하는 견

---

80) 댐의 조작의 잘못을 국가배상법 제5조의 문제로 보는 견해도 있을 수 있다.

해가 있지만, 이는 타당하지 않다. 이 판례는 제2조 책임의 요건을 충족하는 경우에는 제2조 책임을 인정하고, 제5조 책임의 요건을 충족하는 경우에는 제5조 책임을 인정한다는 것을 단순히 선언한 것에 불과하다고 보는 것이 타당하다.

Ⅳ. 법조경합설과 청구권경합설

1. 법조경합설

이 견해는 국가배상법 제2조 책임과 제5조 책임이 법조경합(法條競合)관계에 있다고 본다. 이 견해에 의하면 원고가 제2조 책임을 주장하였으나 제5조 책임에 해당하는 경우 또는 그 역의 경우 소의 변경없이 국가배상책임이 인정될 수 있다.

재판실무도 법조경합설을 취하고 있다.

2. 청구권경합설

이 견해는 국가배상법 제2조 책임과 제5조 책임이 청구권경합(請求權競合)관계에 있다고 본다. 이 견해에 의하면 국가배상법 제2조에 근거한 배상청구와 국가배상법 제5조에 근거한 배상청구는 별개의 청구이므로 원고가 제2조 책임을 주장하였으나 제5조 책임에 해당하는 경우 또는 그 역의 경우 원고가 소의 변경을 하지 않는 한 기각판결을 하여야 한다고 본다.

3. 사 견

국가배상소송에서 국가배상의 청구를 소송물로 보는 것이 타당하고, 원고의 권리구제 및 분쟁의 일회적 해결의 관점에서 법조경합설이 타당하다.

제 6 항 배상책임자

Ⅰ. 피해자에 대한 배상책임자

1. 국가배상법 제6조 제1항

국가배상법 제6조 제1항은 국가 또는 지방자치단체가 국가배상법 제2조 또는 제5조에 의한 손해배상책임을 지는 경우에 있어서 '공무원의 선임 · 감독자 또는 영조물의 설치 · 관리를 맡은 자'와 '공무원의 봉급 · 급여 기타의 비용을 부담하는 자 또는 영조물의 설치 · 관리의 비용을 부담하는 자'가 동일하지 아니한 경우에는 피해자는 어느 쪽에 대하여도 선택적으로 손해배상을 청구를 할 수 있도록 규정하고 있다.

여기에서 '공무원의 선임·감독자 또는 영조물의 설치·관리를 맡은 자'란 사무의 귀속주체 또는 영조물의 관리주체를 말하고, '공무원의 봉급·급여 기타의 비용을 부담하는 자 또는 영조물의 설치·관리의 비용을 부담하는 자'는 사무 또는 영조물의 비용부담주체를 말한다. 예를 들면, 지방자치단체장이 설치하여 관할 지방경찰청장에게 관리권한이 위임된 교통신호기의 고장으로 인한 교통사고가 발생한 경우, 지방자치단체뿐만 아니라 국가도 손해배상책임을 진다. 지방경찰청장에 대한 관리권한의 위임은 기관위임이므로 권한을 위임한 관청이 소속된 지방자치단체가 사무의 귀속주체로서 배상책임을 지고, 국가배상법 제6조 제1항에 의해 교통신호기를 관리하는 지방경찰청장 산하 경찰관들에 대한 봉급을 부담하는 국가도 비용부담주체로서 배상책임을 진다(대판 1999. 06. 25, 99다11120).

이와 같이 관리주체와 함께 '비용부담주체'도 손해배상책임을 지도록 한 입법취지는 피해자 구제의 실효성에 있다. 즉, 손해배상청구의 피고를 잘못 선택함으로 인한 불이익을 피해자가 부담하지 않도록 하기 위한 것이다.

2. 사무귀속주체 또는 관리주체와 비용부담주체가 일치하지 않는 경우의 예

① 지방자치단체의 공무원이 국가의 기관위임사무를 집행하는 중에 불법행위로 국민에게 손해를 발생시킨 경우를 살펴보면 다음과 같다. 기관위임사무는 그 법적 성질이 국가사무이고, 지방자치단체의 공무원이 국가의 기관위임사무를 집행하는 경우에는 국가기관의 지위를 갖게 되며 그 사무처리의 효과는 국가에 귀속(歸屬)된다. 따라서 이 경우에 기관위임사무의 관리주체(管理主體)는 국가이다.

이에 반하여 국가의 기관위임사무를 집행함에 드는 비용의 부담주체는 형식적으로는 지방자치단체가 된다. 국가의 기관위임사무를 집행하는 공무원의 봉급을 지급하는 것은 지방자치단체이고, 그 집행경비는 지방자치단체가 지출할 의무를 진다(지방자치법 제132조).

그러나, 기관위임사무의 실질적 비용부담자는 국가이다. 지방자치법은 국가가 국가사무를 위임한 경우에는 국가가 그 경비를 부담하여야 한다고 규정하고 있다(동법 제132조 단서). 그런데, 현실에 있어서는 국가사무를 지방자치단체에 위임함에 있어서 그에 필요한 경비를 충분히 이전하여 주지 않고 있다.

또한, 개별법에서 지방자치단체의 장에게 사무를 위임하면서 위임된 사무의 비용을 지방자치단체가 전부 또는 일부를 부담하도록 하고 있는 경우가 있다(예, 시를 통과하는 국도의 관리, 시·도지사에 의한 국가하천의 보수에 관한 하천공사와 유지·보수). 이 경우에 그 위임이 기관위임인지 단체위임인지 논란이 있을 수 있으나 이 경우에는 지방자치단체는 형식상의 비용부담자가 될 뿐만 아니라 실질상의 비용부담자가 된다.

② 지방자치단체의 공무원이 단체 위임사무 또는 자치사무를 집행하는 중에 불법행위로 손해를 발생시킨 경우에 사무의 처리에 드는 비용의 일부를 국가가 부담하는 경우가 있다.

이 경우에 사무의 관리주체는 지방자치단체이고, 형식적 비용부담자는 지방자치단체이며 실질적 비용부담은 지방자치단체와 국가가 공동으로 부담하는 것이 된다.

3. 사무귀속주체 또는 관리주체와 비용부담주체의 의의와 범위

국가배상법 제6조 제1항 및 제2항의 적용과 관련하여 관리주체와 비용부담주체가 무엇을 의미하는지와 그 범위가 문제되고 있다.

(1) 관리주체의 의의와 범위

일반적으로 국가배상법 제6조 제1항상의 배상책임주체로서 규정된 "공무원의 선임·감독 또는 영조물의 설치·관리를 맡은 자"란 사무귀속주체 또는 영조물의 관리주체(관리자)를 의미하는 것으로 해석한다.

관리주체란 당해 사무의 관리기관 또는 영조물의 관리기관이 속해 있는 법인격 있는 조직체를 말한다. 국가기관에 의해 지방자치단체의 장에게 위임된 기관위임사무에 있어서 기관위임사무를 집행하는 지방자치단체의 기관은 국가기관의 지위를 갖고 있으므로 국가가 관리주체가 된다(대판 1993. 01. 26, 92다2684).[81] 단체위임사무의 관리주체로서의 배상책임의 주체를 위임자인 국가라고 보는 견해가 있다.[82] 그러나, 단체위임사무는 지방자치단체의 사무이므로 단체위임사무의 관리주체는 지방자치단체라고 보는 견해가 타당하다.[83]

[판례] 군수 또는 그 보조 공무원이 농수산부장관으로부터 도지사를 거쳐 군수에게 재위임된 국가사무인 개간허가 및 그 취소사무의 처리에 있어 고의 또는 과실로 타인에게 손해를 가한 경우, 국가배상책임의 귀속 주체: 구 농지확대개발촉진법(1994. 12. 22. 법률 제4823호 농어촌정비법 부칙 제2조로 폐지) 제24조와 제27조에 의하여 농수산부장관 소관의 국가사무로 규정되어 있는 개간허가와 개간허가의 취소사무는 같은 법 제61조 제1항, 같은법시행령 제37조 제1항에 의하여 도지사에게 위임되고, 같은 법 제61조 제2항에 근거하여 도지사로부터 하위 지방자치단체장인 군수에게 재위임되었으므로 이른바 기관위임사무라 할 것이고, 이러한 경우 군수는 그 사무의 귀속 주체인 국가 산하 행정기관의 지위에서 그 사무를 처리하는 것에 불과하므로, 군수 또는 군수를 보조하는 공무원이 위임사무처리에 있어 고의 또는 과실로 타인에게 손해를 가하였다 하더라도 **원칙적으로**

---

81) 도로법 제20조 제2항에 의해 시장이 국도의 관리청이 된 경우 국가도 배상책임을 진다고 본 사례.

82) 김남진, "지방자치단체의 사무와 권한," 『고시계』, 통권 375호, 1988. 5, 29면; 석종현, 『일반행정법(하)』, 1993, 199면. 명확하지는 않지만 이러한 견해를 취하고 있는 것으로 보인다.

83) 홍승면, "국가와 지방자치단체간의 배상책임의 분장관계," 『민사판례연구 XVIII』, 박영사, 361면.

군에는 국가배상책임이 없고 그 사무의 귀속 주체인 국가가 손해배상책임을 지는 것이며, 다만 국가배상법 제6조에 의하여 군이 비용을 부담한다고 볼 수 있는 경우에 한하여 국가와 함께 손해배상책임을 부담한다(대판 2000. 05. 12. 99다70600).

법상 관리주체가 아니라 하더라도 관리주체의 동의하에 당해 사무 또는 영조물을 직접적으로 사실상 관리하고 있다라고 보이는 자도 관리주체로서 배상책임의 주체가 된다고 보아야 한다.

강학상 대행의 경우 법상 권한이 이전되는 것이 아니므로 대행기관의 행위의 효과는 피대행기관이 속한 국가 또는 지방자치단체에 귀속된다. 따라서 대행기관의 불법행위로 인한 손해에 대한 관리주체로서의 배상책임자는 피대행기관이 속한 국가 또는 지방자치단체가 된다. 대행기관이 속한 국가 또는 지방자치단체는 비용부담주체로서 배상책임을 진다.

[판례] 구 하천법 제28조 제1항에 따라 국토해양부장관이 지방하천의 공사를 대행하는 경우 하천관리청이 속한 지방자치단체가 국가배상법 제5조 제1항에 따라 지방하천의 관리자로서 손해배상책임을 부담하는지 여부(적극): 구 하천법(2012. 1. 17. 법률 제11194호로 개정되기 전의 것) 제28조 제1항에 따라 국토해양부장관이 하천공사를 대행하더라도 이는 국토해양부장관이 하천관리에 관한 일부 권한을 일시적으로 행사하는 것으로 볼 수 있을 뿐 하천관리청이 국토해양부장관으로 변경되는 것은 아니므로, 국토해양부장관이 하천공사를 대행하던 중 지방하천의 관리상 하자로 인하여 손해가 발생하였다면 하천관리청이 속한 지방자치단체는 국가와 함께 국가배상법 제5조 제1항에 따라 지방하천의 관리자로서 손해배상책임을 부담한다(대판 2014. 06. 26, 2011다85413). 〈해설〉 강학상 대행의 경우 법상 권한이 이전되는 것은 아니다. 국토해양부장관이 하천공사를 대행하더라도 하천관리 권한은 하천관리청인 시·도지사가 갖는다. 지방하천은 지방의 공공이해와 밀접한 관계가 있는 하천으로서 시·도지사가 그 명칭과 구간을 지정하는 하천을 말한다(하천법 제7조 제3항). 지방하천은 그 관할 구역의 시·도지사가 관리한다(제8조 제2항). 하천관리청이 속한 지방자치단체는 하천의 관리자로서 손해배상책임을 부담하고, 국가는 비용부담주체로서 배상책임을 부담한다.

(2) 비용부담주체의 의의와 범위

공무원의 불법행위로 인한 배상책임에서 비용부담주체(費用負擔主體)란 '공무원의 봉급·급여 기타의 비용을 부담하는 자'이다(국가배상법 제6조 제1항). 기타의 비용이란 행정사무의 처리에 드는 공무원의 봉급·급여 이외의 경비를 말한다.

국가배상법 제6조 제1항의 비용부담자는 원칙상 대외적으로 당해 사무의 비용 또는 당해 영조물의 설치관리비용을 부담(지출)하여야 하는 것으로 되어 있는 자(이하 '형식상 비용부담자' 또는 '대외적 비용부담자'라 한다)를 말한다. 지방자치단체의 장이 기관위임된 국가행정사무를 처리하는 경우에 그에 소요되는 경비의 실질적·궁극적 부담자는 국가이지만 지방자치단체가 그 사무에 필요한 경비를 대외적으로 지출하는 자이므로 국가배상법 제6조 제1항 소정의 비용부담자이다(대판 1994. 12. 09, 94다38137).

영조물의 설치·관리로 인한 배상책임에서 비용부담이란 영조물의 설치 또는 관리에 드는 비용부담을 말한다. 영조물의 하자로 인한 배상책임에서 피해자에 대한 관계에서 비용부담자로서 배상책임을 지는 자는 영조물의 관리비용을 대외적으로 지급하는 자, 즉 형식상 비용부담자가 된다.

비용부담자란 '공무원의 봉급뿐만 아니라 기타 사무처리비용'을 함께 부담하는 자를 의미하는가 아니면 이 둘 중 일부를 부담하는 자도 포함하는가. 국가배상법 제6조 제1항이 피해자의 배상책임자의 결정에 있어서의 어려움을 고려하여 두어졌다는 규정의 입법취지에 비추어 후자로 해석하는 것이 타당할 것이다.

문제는 형식상 비용부담의무자와 실질적 비용부담자가 다를 경우에 실질적 비용부담자(보조금의 지급주체, 종국적 비용부담자)도 국가배상법 제6조 제1항의 비용부담자에 해당되는가 달리 말하면 피해자에 대하여 배상책임의 주체가 되는가. 피해자 구제를 도모한다는 제6조의 입법취지에 비추어 이를 긍정하는 것이 타당하다.

판례도 실질적 비용부담자와 형식적 비용부담자 모두 피해자에 대해 배상책임을 지는 것으로 보고 있다.

[판례] ① 국가배상법 제6조 제1항 소정 '공무원의 봉급·급여 기타의 비용을 부담하는 자'의 의미: 국가배상법 제6조 제1항 소정의 '공무원의 봉급·급여 기타의 비용'이란 공무원의 인건비만을 가리키는 것이 아니라 당해사무에 필요한 일체의 경비를 의미한다고 할 것이고, 적어도 대외적으로 그러한 경비를 지출하는 자는 경비의 실질적·궁극적 부담자가 아니더라도 그러한 경비를 부담하는 자에 포함된다. 지방자치단체의 장이 기관위임된 국가행정사무를 처리하는 경우 그에 소요되는 경비의 실질적·궁극적 부담자는 국가라고 하더라도 당해 지방자치단체는 국가로부터 내부적으로 교부된 금원으로 그 사무에 필요한 경비를 대외적으로 지출하는 자이므로, 이러한 경우 지방자치단체는 국가배상법 제6조 제1항 소정의 비용부담자로서 공무원의 불법행위로 인한 같은 법에 의한 손해를 배상할 책임이 있다(대판 1994. 12. 09, 94다38137: 형식적 비용부담자의 배상책임을 인정한 사례).

② 서울특별시 영등포구가 여의도광장에서 차량진입으로 일어난 인신사고에 관하여 국가배상법 제6조 소정 비용부담자로서의 손해배상책임이 있는지 여부(적극): 여의도광장의 관리청이 본래 서울특별시장이라 하더라도 그 관리사무의 일부가 영등포구청장에게 위임되었다면, 그 위임된 관리사무에 관한 한 여의도광장의 관리청은 영등포구청장이 되고, 같은 법 제56조(현행 도로법 제67조)에 의하면 도로에 관한 비용은 건설부장관이 관리하는 도로 이외의 도로에 관한 것은 관리청이 속하는 지방자치단체의 부담으로 하도록 되어 있어 여의도광장의 관리비용부담자는 그 위임된 관리사무에 관한 한 관리를 위임받은 영등포구청장이 속한 영등포구가 되므로, 영등포구는 여의도광장에서 차량진입으로 일어난 인신사고에 관하여 국가배상법 제6조 소정의 비용부담자로서의 손해배상책임이 있다(대판 1995. 02. 24, 94다57671: 실질적 비용부담자라는 이유로 배상책임을 인정한 사례).
〈해설〉 영등포구는 실질적 비용부담자이며 동시에 형식적 비용부담자이다.

③ 지방자치단체장이 설치하여 관할 지방경찰청장에게 관리권한이 위임된 교통신호기의 고장으로 인하여 교통사고가 발생한 경우, 지방자치단체뿐만 아니라 국가도 손해배상책임을 지는지 여부(적

극): 지방자치단체장이 교통신호기를 설치하여 그 관리권한이 도로교통법 제71조의2 제1항(현행 제147조 제1항)의 규정에 의하여 관할 지방경찰청장에게 위임되어 지방자치단체 소속 공무원과 지방경찰청 소속 공무원이 합동근무하는 교통종합관제센터에서 그 관리업무를 담당하던 중 위 신호기가 고장난 채 방치되어 교통사고가 발생한 경우, 국가배상법 제2조 또는 제5조에 의한 배상책임을 부담하는 것은 지방경찰청장이 소속된 국가가 아니라, 그 권한을 위임한 지방자치단체장이 소속된 지방자치단체라고 할 것이나, 한편 국가배상법 제6조 제1항은 같은 법 제2조, 제3조 및 제5조의 규정에 의하여 국가 또는 지방자치단체가 손해를 배상할 책임이 있는 경우에 공무원의 선임·감독 또는 영조물의 설치·관리를 맡은 자와 공무원의 봉급·급여 기타의 비용 또는 영조물의 설치·관리의 비용을 부담하는 자가 동일하지 아니한 경우에는 그 비용을 부담하는 자도 손해를 배상하여야 한다고 규정하고 있으므로 **교통신호기를 관리하는 지방경찰청장 산하 경찰관들에 대한 봉급을 부담하는 국가도 국가배상법 제6조 제1항에 의한 배상책임을 부담한다**(대판 1999. 06. 25, 99다11120). 〈해설〉 판례는 국가가 기관위임사무를 수행하는 공무원의 봉급을 부담한다는 것을 근거로 국가의 피해자에 대한 배상책임을 인정하고 있다. 국가가 경찰관들의 봉급을 부담하는 것이 실질적 비용인지 형식적 비용부담인지는 관계법령 및 기관위임사무의 실질적인 비용부담을 누가하는 것으로 되어 있는지에 관한 검토를 요하고, 국가는 신호기 관리비용을 대외적으로 지출하는 자로서 형식적 비용부담자이다. 그런데, 경찰법 개정으로 자치경찰제도가 도입되고, 지방경찰청이 시·도경찰청으로 변경되었다. 개정 경찰법 시행 당시의 지방경찰청 및 지방경찰청장(이하 이 조에서 "지방경찰청등"이라고 한다)은 개정 경찰법에 따른 시·도경찰청 및 시·도경찰청장(이하 이 조에서 "시·도경찰청등"이라 한다)으로 본다. 시·도 경찰청은 국가기관인 경찰청 소속의 **국가기관(국가의 지방행정기관)**이다(경찰청과 그 소속기관 직제 제2조 제3항). 따라서, 개정 경찰법하에서도 신호기 관리비용을 형식적으로 부담하는 자(형식적 비용부담자)는 여전히 국가이다. 또한, 공물인 신호등의 관리는 경찰작용이 아니라 공물관리작용이다.

영조물의 설치비용만을 부담한 자는 설치상 하자가 없고 관리상 하자만 있는 경우에도 국가배상법 제5조에 의한 배상책임을 지는가. 제6조의 법규정상 면책조항이 없는 점 및 피해자 구제를 도모한다는 제6조의 입법취지에 비추어 긍정적으로 해석하여야 할 것이다.

Ⅱ. 종국적 배상책임자

1. 원인책임자에 대한 구상권

영조물 하자로 인한 손해의 원인에 대하여 책임을 질 자가 따로 있을 때에는 국가 또는 지방자치단체는 그 자에 대하여 구상할 수 있다(제5조 제2항).

'손해의 원인에 대하여 책임을 질 자'라 함은 고의 또는 과실로 영조물의 설치 또는 관리에 흠이 있게 한 제3자를 말한다. 영조물의 설계자, 시공자, 장해물의 방치자 등을 말한다.

국가배상법 제5조는 공무원에 대한 구상규정인 국가배상법 제2조 제2항을 준용하고 있지 않다. 그렇지만 해석상 영조물책임에 국가배상법 제2조 제2항을 준용하는 것이 타당하다.

2. 관리주체와 비용부담주체 사이의 최종적 책임의 분담

국가배상법 제6조 제2항은 "제1항의 경우에 손해를 배상한 자는 내부관계에서 그 손해를 배상할 책임이 있는 자에게 구상할 수 있다"라고 규정하고 있다. 이 규정은 최종적인 배상책임자에 대한 구상을 인정하면서 관리주체와 비용부담주체 중 누가 최종적인 책임자인지에 대하여 판단을 내리지 않고 그 판단을 판례에 맡기고 있다.

관리주체와 비용부담자가 다른 경우에 이들 중 종국적 배상책임자는 누구인가에 대하여는 다음과 같이 견해가 대립되고 있다.

(1) 관리주체설

관리주체설(管理主體說)은 관리책임의 주체가 최종적인 책임자라고 본다.[84] 이 견해가 통설이다. 그 논거는 다음과 같다.

① 이 설은 관리주체가 손해를 방지할 수 있는 위치에 있고 관리주체측의 잘못으로 인하여 손해가 발생한 것이므로 책임의 원칙에 비추어 볼 때 관리주체가 책임을 지는 것이 타당하다고 본다. 그러나, 이 견해는 공무원의 불법행위로 인한 책임, 즉 국가배상법 제2조의 책임에는 타당하지만, 일종의 위험책임이라고 여겨지는 영조물의 하자로 인한 책임, 즉 국가배상법 제5조의 책임에는 항상 타당한 것은 아니다. 왜냐하면 국가배상법 제5조상의 영조물의 하자라고 하는 것은 영조물이 통상 갖추어야 할 안전성을 결여한 것이라는 객관적인 개념으로 해석되고 관리공무원의 과실은 요건이 되지 않기 때문이다. 또한 손해의 발생원인이 비용부담자로부터 제공된 비용의 부족에 있는 경우 손해발생에 책임이 있는 자는 비용부담자로 보아야 하므로 이 경우 관리주체를 종국적 책임자로 보는 것은 타당하지 않다.[85]

② 관리주체설은 공평의 원칙 내지는 위험책임의 원칙에도 근거한다. 즉, 사무 또는 영조물의 관리로 인하여 이익을 보는 자는 그로 인하여 발생하는 부담, 즉 사고로 인한 손해배상책임도 부담하여야 한다. 사무나 영조물의 관리주체가 국가인 경우 그 관리로 인한 실제의 향유자는 국민이고, 관리주체인 국가가 국가재정으로 배상책임을 지는 것은 국민 전체가 배상책임을 지는 것이 된다.

---

84) 관리주체설이 우리나라의 다수설이지만 그 논거를 제시하고 있지 않고 막연히 관리주체가 최종적인 책임자라고 보고 있다.

85) 이 경우 비용부담자는 실질적으로는 관리주체라고 볼 수도 있다라고 말할 수 있으나 이러한 입장을 취하는 경우 관리주체설은 기여도설과 실질적으로 같게 된다.

사무나 영조물의 관리주체가 지방자치단체인 경우 그 관리로 인한 실제의 향유자는 주민이고, 관리주체인 지방자치단체가 지방재정으로 배상책임을 지는 것은 주민 전체가 배상책임을 지는 것이 된다.[86] ③ "그 비용을 부담하는 자도 손해를 배상하여야 한다"고 규정하고 있는 국가배상법 제6조 제1항에 비추어 관리주체설이 타당하다. 즉 국가배상법 제6조 제1항의 문언상 원칙상 관리주체가 배상책임자인데, 피해자구제를 위해 비용부담주체도 배상책임자로 정하고 있다.

(2) 비용부담주체설

비용부담주체설(費用負擔主體說)은 당해 사무의 비용을 실질적으로 부담하는 자(실질적 비용부담자)가 최종적인 책임자라고 보는 견해이다.

예를 들면, 기관위임사무를 지방자치단체의 기관이 집행하는 경우에 실질적인 비용부담자는 국가이고, 형식상·법률상 비용부담의무자는 지방자치단체이다. 이 경우에 관리자이며 실질적 비용부담자인 국가가 최종적인 배상책임자가 되게 된다.

이 견해의 논거는 다음과 같다. ① 사무를 집행함에 있어서 담당 공무원의 과실이 없을 수 없고 마찬가지로 영조물을 설치·관리함에 있어서 영조물의 하자로 인한 사고가 없을 수 없으므로 사무 또는 영조물의 관리비용에는 손해배상금도 포함된다. ② 또한, 비용부담자설의 장점은 비용의 공동부담의 경우에 손해배상의 최종적인 분담액을 쉽게 객관적으로 정할 수 있다는 데 있다.[87]

이 견해의 문제점은 책임의 원칙에 반하는 경우가 있게 된다는 데 있다. 손해의 발생에는 항상 가해자가 있게 되는데 가해자에게 과실이 있는 경우에 그 책임은 관리책임, 즉 선임·감독책임이 있는 자가 부담하는 것이 타당함에도 비용부담자가 부담하는 것은 문제이다.

경과실의 경우에는 비용부담자의 책임에 대하여는 다음과 같은 논거가 타당할 수도 있다. 즉, 사무를 수행하는 공무원이 인간인 이상 경과실은 업무의 수행상 있을 수 있는 것이며 공무원의 경과실로 인하여 발생한 손해에 대한 배상은 정당하게 사무처리비용으로 볼 수 있다. 그러나 중과실 또는 고의가 있는 경우에도 관리자가 아닌 비용부담주체가 최종책임을 진다는 것은 타당하지 않다. 공무원의 고의 또는 중과실의 경우에는 감독기관의 책임이 크며 감독주체에게 배상책임을 지우는 것이 타당하다. 다만, 이 경우에도 배상을 한 비용부담주체는 고의 또는 중과실이 있는 공무

86) 관리주체설과 귀속주체설은 구별되는 것으로 본다면 이 논거는 사무귀속주체설의 논거라고 보는 것이 타당하다.

87) 서원우, "국가배상법의 입법론상의 제문제, 국가배상제도의 제문제," 『법무자료』, 제141집, 23면.

원에게 구상할 수 있을 것이다.[88] 그렇지만 공무원에게 변제자력이 없는 경우에는 비용부담자가 감수할 수밖에 없게 되는 문제가 있다.

일본에서는 비용부담자설이 통설이다. 이에 관한 일본최고재판소의 판례는 없고, 행정실무에서는 배상책임을 비용부담률에 비례하여 배분하는 관행이 확립되어 있다.[89]
도로법은 도로에 관한 비용의 부담에 관하여 관리주체가 부담하는 것으로 규정하지 않고, 원칙상 도로의 관리청이 속한 행정주체(국가 또는 지방자치단체)가 부담하는 것으로 하는 특별한 규정을 두고 있다. 즉, 도로에 관한 비용은 원칙상 "국토교통부장관이 관리하는 도로에 관한 것은 국고의, 기타의 도로에 관한 것은 관리청이 속하는 지방자치단체의 부담으로 한다"(도로법 제85조 본문). 따라서, 도로법 제23조 제2항에 따라 시장이 관리청이 되는 국도(시지역을 통과하는 국도)의 설치·관리비용은 원칙상 지방자치단체가 부담하는 것으로 된다. 이 경우 지방자치단체는 도로에 관한 비용의 형식적 부담자이며 실질적 부담자가 된다. 따라서 비용부담자설에 의하면 시지역을 통과하는 국도의 설치 또는 관리의 하자로 인한 경우에는 지방자치단체가 최종적 배상책임자가 된다.[90]
그런데, 도로법 제71조 제1항은 국토교통부장관이 특별시 등의 관할구역 내의 도로공사를 대행하는 경우에 필요한 비용은 국가가 부담하는 것으로 규정하고 있다. 따라서 국토교통부장관이 도로공사를 대행하는 경우에는 국가도 특별시 등의 관할구역 내의 도로관리의 비용부담자가 된다. 따라서 이 경우에는 국가와 지방자치단체가 모두 도로관리비용의 실질적 부담자가 된다고 보아야 한다.

(3) 기여도설

기여도설(寄與度說)은 손해발생의 기여도에 응해 관리주체뿐만 아니라 실질적 비용부담주체에게도 최종적 배상책임을 지우는 견해이다. 책임의 원리 및 배상의 원리에 비추어 볼 때 손해의 발생에 기여한 자가 여러 명인 경우에 손해배상책임자는 손해의 발생에 기여한 만큼 배상책임을 지게 된다. 관리주체이거나 비용부담자이거나 실제의 사안에서 손해의 발생에 기여한 자가 최종적인 배상책임을 지고, 기여자가 여러 명인 경우에는 기여한 정도에 비례하여 책임을 분담하여야 한다.

사안에 따라서는 관리주체와 비용부담자 중 일방에게 손해발생에 대한 모든 책임이 있는 경우가 있을 수 있다. 이 경우에는 손해발생책임이 있는 관리자 또는 비용부담자가 전적으로 최종적인 배상책임을 진다. 반면에 관리자와 비용부담자가 공동으로 손해의 발생에 기여한 경우에 손해발생에 대한 기여의 정도에 비례하여 최종적

---

88) 국가배상법 제2조 제1항과 제5조의 배상책임주체가 되는 국가나 지방자치단체는 국가배상법 제6조상의 배상주체, 즉 관리주체로서의 국가나 지방자치단체뿐만 아니라 비용부담주체로서의 국가나 지방자치단체를 포함하고, 제2조 제2항의 국가나 지방자치단체도 그러하다.

89) 宇賀克也, 『國家責任法の分析』, 有斐閣, 1988, 449~450면.

90) 도로법 제81조는 국토교통부장관은 특별시 등의 관할구역 내의 국도에 관한 비용의 일부를 보조할 수 있다고 규정하고 있다. 이는 보조금으로서 부담금과는 구별되는 것으로 보아야 하겠지만, 상기 국도의 관리사무의 성질이 국가사무라는 점을 고려한다면 이 보조금을 부담금으로 해석하는 것도 전혀 근거가 없는 것은 아닐 것이다. 이렇게 해석되는 경우에는 국가도 실질적 비용부담자로서 부담비율에 따라 최종적 책임을 부담하게 될 것이다.

인 배상책임을 분담하며 그 분담에 관하여 합의에 이르지 못하는 경우에는 법원이 결정하게 된다.

기여도설의 장점은 손해발생을 방지할 수 있는 자에게 책임을 지움으로써 책임의 원칙에 합치하며 손해의 발생에 기여한 만큼의 배상책임을 지도록 함으로써 배상책임의 원리에도 합치한다. 그러나, 이 견해의 문제점은 기여자 및 기여의 정도를 판단함에 어려움이 있고, 판단기준이 불명확하여 최종책임자 및 최종분담액의 결정에 있어서 어려움이 있다는 데 있다.

영조물의 설치자와 관리자가 다른 경우에 피해자에 대한 관계에서 관리자가 배상책임을 지지만, 궁극적 배상책임자는 사고가 영조물의 설치상의 하자로 발생한 경우에는 설치자가 되고, 영조물의 관리상의 하자로 발생한 경우에는 영조물의 관리자가 된다.

(4) 판　　례

판례는 공공의 영조물의 점유자, 관리주체 및 비용부담주체가 공동으로 책임을 지도록 하는 공동책임설을 취한 것으로 보인다.

[판례] ① 국가하천의 관리상 하자로 인한 손해에 관하여, 국가는 사무의 귀속주체 및 보조금 지급을 통한 실질적 비용부담자로서, 해당 시 · 도는 구 하천법 제59조 단서에 따른 법령상 비용부담자로서 각각 책임을 중첩적으로 지는 경우, 국가와 해당 시 · 도 모두가 국가배상법 제6조 제2항에서 정한 '손해를 배상할 책임이 있는 자'에 해당하는지 여부(적극): (1) 구 하천법(2009. 4. 1. 법률 제9605호로 개정되기 전의 것, 이하 같다)에 의하면, 국가하천은 건설교통부장관이 관리하고(제8조 제1항), 국가하천의 유지·보수는 시·도지사가 시행하며(제27조 제5항 단서) 이에 필요한 비용은 해당 시 · 도가 부담하되(제59조 단서), 건설교통부장관은 그 비용의 일부를 시 · 도에 보조할 수 있다(제64조). (2) 국가하천의 유지 · 보수 사무가 지방자치단체의 장에게 위임(기관위임)된 경우, 지방자치단체의 장은 국가기관의 지위에서 그 사무를 처리하는 것이므로, 국가는 국가배상법 제5조 제1항에 따라 영조물의 설치 · 관리 사무의 귀속주체로서 국가하천의 관리상 하자로 인한 손해를 배상하여야 한다. 국가가 국가하천의 유지 · 보수비용의 일부를 해당 시 · 도에 보조금으로 지급하였다면, 국가와 해당 시 · 도는 각각 국가배상법 제6조 제1항에 규정된 영조물의 설치 · 관리 비용을 부담하는 자로서 손해를 배상할 책임이 있다. 이와 같이 **국가가 사무의 귀속주체 및 보조금 지급을 통한 실질적 비용부담자로서, 해당 시 · 도가 구 하천법 제59조 단서에 따른 법령상 (실질적 및 형식적) 비용부담자로서 각각 책임을 중첩적으로 지는 경우에는 국가와 해당 시 · 도 모두가 국가배상법 제6조 제2항 소정의 궁극적으로 손해를 배상할 책임이 있는 자에 해당한다**(대법원 1998. 07. 10. 선고 96다42819 판결 등 참조). (3) 원심은, 2008. 5. 12. 전북 순창읍 유등면에 있는 섬진강의 지류 하천(이하 '이 사건 하천'이라고 한다)에서 발생한 망 소외인의 사망사고와 관련하여 이 사건 하천은 국가하천으로서 전라북도지사에게 그 하천의 유지 · 보수 등 관리업무가 위임된 사실, 원고는 2007년부터 2008년까지 피고 전라북도에게 국가하천의 유지 · 보수를 위하여 연평균 약 6억 원의 보조금을 지급하였고, 피고 전라북도는 2008년 국가하천에서 약 5억 2,200만 원의 수입금을 얻어 이를 국가하천의 유지 · 보수에 사용한 사실을 인정한 다음, 원고(국가)는 이 사건 하천의 관리주체 및

비용부담자로서, 피고 전라북도는 이 사건 하천의 관리에 대한 (실질적 및 형식적) 비용부담자로서 이 사건 하천의 관리상 하자로 인한 손해배상책임을 부담하고, 나아가 내부적 구상관계에서 원고와 피고 전라북도는 모두 궁극적 배상책임이 있다고 판단하였다. 원심의 위와 같은 판단은 정당하고, **대법원판결들은** 피고 전라북도의 주장처럼 **사무의 귀속주체에 해당하여야만 내부관계에서 국가배상법 제6조 제2항에 규정된 종국적인 배상책임자가 된다는 취지가 아니다.** (4) 원심이 원고와 피고 전라북도의 책임비율을 각 25%로 정한 조치가 형평의 원칙에 비추어 현저하게 불합리하다고 인정되지 않는다(대판 2015. 04. 23, 2013다211834). 〈해설〉 관리주체설을 부정하고, 기여도설 내지 공동책임설에 입각한 판례이다. 또한, 보조금의 지급도 실질적 비용부담으로 본 사례이다. 판례에 따르면 국가하천에 관한 사무는 다른 법령에 특별한 정함이 없는 한 국가사무로 보아야 한다. 지방자치단체가 비용 일부를 부담한다고 해서 국가사무의 성격이 자치사무로 바뀌는 것은 아니다(대판 2020. 12. 30, 2020두37406).

② 대법원은 광역시가 점유 관리하던 일반국도 중 일부 구간의 포장공사를 국가가 대행하여 광역시에 당해 도로의 관리를 이관하기 전에 교통사고가 발생한 사안에서 "광역시는 그 도로의 점유자 및 관리자, 도로법 제56조 · 제55조, 도로법 시행령 제30조에 의한 도로관리비용 등의 부담자로서의 책임이 있고, 국가는 그 도로의 점유자 및 관리자, 관리사무귀속자, 포장공사비용 부담자로서의 책임이 있다고 할 것이며, 이와 같이 광역시와 국가 모두가 도로의 점유자 및 관리자, 비용부담자로서의 책임을 중첩적으로 지는 경우에는, 광역시와 국가 모두가 국가배상법 제6조 제2항 소정의 궁극적으로 손해를 배상할 책임이 있는 자라고 할 것이고, 결국 광역시와 국가의 내부적인 부담 부분은, 그 도로의 인계 · 인수 경위, 사고의 발생 경위, 광역시와 국가의 그 도로에 관한 분담비용 등 제반 사정을 종합하여 결정함이 상당하다"고 판시하고 있다(대판 1998. 07. 10, 96다42819). 〈해설〉 판례는 사무귀속주체와 비용부담주에의 지위가 국가와 광역시 모두 중첩되어 존재한다고 보았다. 판례가 도로의 점유자의 지위를 고려한 것과 광역시를 당해 국도의 관리자로 본 것은 타당하지 않다. 도로법상의 광역시를 통과하는 국도의 관리청이 광역시장인데 이 경우 당해 국도의 관리를 기관위임사무라고 본다면 시장은 국가기관의 지위에서 당해 국도를 관리하므로 당해 국도의 관리자 내지 사무의 귀속주체는 국가라고 보는 것이 타당하기 때문이다. 다만, 광역시를 통과하는 국도의 관리가 단체위임사무라고 보는 견해도 있는데, 이 견해에 의하면 당해 국도의 관리주체는 당해 광역시이다.

③ 횡단보도에 설치된 신호기는 원래 원고인 안산 시장이 설치 · 관리하여야 할 것인데, 도로교통법 제104조 제1항, 그 시행령 제71조의2 제1호에 의하여 원고 시장이 그 설치·관리에 관한 권한을 피고 산하 경기도 지방경찰청 소속 안산경찰서장에게 위임(기관위임)함에 따라 **안산경찰서장이 원고의 비용부담 아래 이를 설치 · 관리하고 있었다.** 따라서, 교통신호기의 관리사무는 지방자치단체가 설치하여 안산경찰서장에게 그 권한을 **기관위임한 사무**로서 피고인 국가 소속 경찰공무원들은 원고의 사무를 처리하는 지위에 있으므로, **원고인 안산시가 그 사무에 관하여 선임 · 감독자**에 해당하고, 그 교통신호기 시설은 지방자치법 제132조 단서의 규정에 따라 원고인 안산시의 비용으로 설치 · 관리되고 있으므로, 그 신호기의 설치, **관리의 비용을 실질적으로 부담하는 비용부담자의 지위**도 아울러 지니고 있는 반면, **피고인 국가는 단지 그 소속 경찰공무원에게 봉급만을 지급하고 있을 뿐이므로,** 원고와 피고 사이에서 이 사건 **손해배상의 궁극적인 책임은 전적으로 원고인 안산시에게 있다**고 봄이 상당하다(대판 2001. 09. 25, 2001다41865). 〈해설〉 판례는 국가는 소속 경찰관에 대한 봉급만 지급할 뿐 신호기의 설치 또는 관리의 비용을 부담하지 않는 것으로 보고 전혀 궁극적 배상책임자일 수가 없다고 본 것으로 보인다. 그런데, 공무원에 대한 봉급도 사무나 영조물의 관리비용으로 볼 수 있는 것이므로 국가의 소속 경찰관에 대한 봉급을 실질적으로

누가 부담하는지를 검토했어야 한다.

다만, 관리주체와 비용부담주체 중 관리주체에게 보다 본질적이고 큰 배상책임이 있는 것으로 본 판례도 있다.

[판례] 군수 또는 그 보조 공무원이 농수산부장관으로부터 도지사를 거쳐 군수에게 재위임된 국가사무인 개간허가 및 그 취소사무의 처리에 있어 고의 또는 과실로 타인에게 손해를 가한 경우, 국가배상책임의 귀속 주체: 구 농지확대개발촉진법(1994. 12. 22. 법률 제4823호 농어촌정비법 부칙 제2조로 폐지) 제24조와 제27조에 의하여 농수산부장관 소관의 국가사무로 규정되어 있는 개간허가와 개간허가의 취소사무는 같은 법 제61조 제1항, 같은법시행령 제37조 제1항에 의하여 도지사에게 위임되고, 같은 법 제61조 제2항에 근거하여 도지사로부터 하위 지방자치단체장인 군수에게 재위임되었으므로 이른바 기관위임사무라 할 것이고, 이러한 경우 군수는 그 사무의 귀속 주체인 국가 산하 행정기관의 지위에서 그 사무를 처리하는 것에 불과하므로, 군수 또는 군수를 보조하는 공무원이 위임사무처리에 있어 고의 또는 과실로 타인에게 손해를 가하였다 하더라도 **원칙적으로** 군에는 국가배상책임이 없고 그 **사무의 귀속 주체인 국가가 손해배상책임을 지는 것이며, 다만 국가배상법 제6조에 의하여 군이 비용을 부담한다고 볼 수 있는 경우에 한하여 국가와 함께 손해배상책임을 부담한다**(대판 2000. 05. 12. 99다70600).

국가배상법 제6조 제2항의 규정은 관리주체와 비용부담주체 상호간에 내부적으로 구상의 범위를 정하는데 적용될 뿐 이를 들어 구상권자인 공동불법행위자에게 대항할 수 없다는 것이 판례의 입장이다.

[판례] 시가 국도의 관리상 비용부담자로서 책임을 지는 경우 국가배상법 제6조 제2항의 규정을 들어 구상권자인 공동불법행위자에게 대항할 수 있는지 여부(소극): 시가 국도의 관리상 비용부담자로서 책임을 지는 것은 국가배상법이 정한 자신의 고유한 배상책임이므로 도로의 하자로 인한 손해에 대하여 시는 부진정연대채무자인 공동불법행위자와의 내부관계에서 배상책임을 분담하는 관계에 있으며 국가배상법 제6조 제2항의 규정은 도로의 관리주체인 국가와 그 비용을 부담하는 경제주체인 시 상호간에 내부적으로 구상의 범위를 정하는 데 적용될 뿐 이를 들어 구상권자인 공동불법행위자에게 대항할 수 없다(대판 1993. 01. 26, 92다2684[구상금]: 소외 ○○○이 서귀포시 국도상에서 운전하고 가다가 가장자리에 돌출한 콘크리트전주를 들이받은 사고로 사망한 후 그 유족들이 한국전력공사로부터 손해배상을 받은 후 한국전력공사가 공동불법행위자인 국가와 서귀포시를 상대로 구상금을 청구한 사건). **〈해설〉** 국가배상법 제6조 제2항의 규정은 관리주체와 비용부담주체 상호간에 내부적으로 구상의 범위를 정하는데 적용될 뿐 이를 들어 구상권자인 공동불법행위자에게 대항할 수 없다는 것이 판례의 입장이다. 그런데, 이 사건에서 국가배상법 제6조 제1항의 입법취지에 비추어 관리주체인 국가와 비용부담주체인 서귀포시의 구상의무를 인정한 것은 타당하지만(다만, 이 경우에도 본래의 배상책임자를 관리주체로 보는 관리주체설에 의하는 경우 비용부담자인 서귀포시를 공동불법행위자로 보는 것은 타당하지 않다), 구상금청구소송은 최종적인 책임을 정하는 문제로 보고 이 사건에서 최종적 배상책임자에 관하여 관리주체설을 취하는 경우 피고인 서귀포시는 국가배상법 제6조 제2항의 규정을 주장할 수 있다고 보는 견해도 가능하다.

(5) 사 견

배상책임의 원리에 따르는 한 보다 궁극적으로 손해발생의 원인을 제공한 자가 궁극적 배상책임자가 된다고 보아야 한다. 배상책임은 손해발생에 어떠한 원인을 제공한 자가 지는 것으로 되어야 하고 공동의 불법행위가 있는 경우에는 손해발생에 기여한 정도에 따라 배상책임을 지는 것으로 하여야 하므로 기여도설이 타당하다고 본다.

따라서, 원칙상 관리주체가 최종적 배상책임자이지만, 비용부담이 불충분함으로 인하여 손해가 발생한 경우에는 비용부담자도 관리주체와 함께 손해배상을 분담하여야 한다.

제 7 항 국가배상법상 특례규정(特例規定)

Ⅰ. 배상심의회에 대한 배상신청

구 국가배상법은 국가배상청구소송에 있어서 배상청구소송을 제기하기 전에 배상심의회의 결정을 반드시 거치도록 하는 결정전치주의를 채택하였었다. 결정전치주의를 채택한 이유는 소송으로 가기 전에 분쟁을 해결함으로써 행정주체에게는 소송부담을 덜어 주고, 배상청구자에게는 간이·신속·경제적인 구제를 도모하기 위한 것이다.

그러나, 배상심의회에의 배상청구가 국가배상청구권자의 의사와 무관하게 필요적으로 거쳐야 하는 절차가 됨으로써 행정소송을 통한 배상을 지연시키는 기능을 가져오고 국민의 재판을 받을 권리를 제한하는 측면이 있으므로 2000년 12월 29일 국가배상법 개정에서 배상심의회에의 배상청구가 임의절차로 되었다.

1. 배상결정의 신청

배상금의 지급을 받고자 하는 자는 그 주소지·소재지 또는 배상원인발생지를 관할하는 지구심의회에 대하여 배상신청을 할 수 있다(제12조 제1항). 배상심의회에 대한 배상청구는 임의절차이다.

2. 심의회의 심의와 결정

지구심의회가 배상신청을 받은 때에는 지체 없이 증인신문·감정·검증 등 증거조사를 한 후 그 심의를 거쳐 4주일 이내에 배상결정(배상금지급·기각 또는 각하의 결정)을 하여야 한다(제13조 제1항).

지구심의회는 긴급한 사유가 있다고 인정한 때에는 제3조 제1항 제2호·동조 제2항 제1호 및 동조 제3항 제1호의 규정에 의한 장례비·요양비 및 수리비의 일부를 사전에 지급하도록 결정할 수 있다. 시전에 지급을 한 경우에는 배상결정 후 배상금을 지급할 때에 이를 공제하여야 한다(제13조 제2항).

지구심의회는 배상신청사건을 심의한 결과 당해 사건이 다음에 해당한다고 인정될 때에는 지체 없이 사건기록에 심의결과를 첨부하여 본부심의회 또는 특별심의회에 송부하여야 한다. ① 배상금의 개산액이 대통령령으로 정하는 가액 이상인 사건, ② 기타 대통령령이 본부심의회 또는 특별심의회에서 심의·결정하도록 한 사건(제13조 제6항).

제4항의 규정에 의하여 본부심의회 또는 특별심의회가 사건기록을 송부받은 때에는 4주일 이내에 배상결정을 하여야 한다(제13조 제7항).

심의회는 배상결정을 한 때에는 그 결정이 있은 날로부터 1주일 이내에 그 결정 정본을 신청인에게 송달하여야 한다(제14조 제1항). 제1항의 송달에 관하여는 민사소송법의 송달에 관한 규정을 준용한다(제14조 제2항).

3. 배상심의회

(1) 본부심의회와 특별심의회

법무부에 본부심의회(本部審議會)를 둔다. 다만, 군인 또는 군무원이 타인에게 가한 손해에 대한 배상신청사건을 심의하기 위하여 국방부에 특별심의회를 둔다(제10조 제1항).

본부심의회와 특별심의회는 다음 사항을 심의 처리한다. ① 제13조 제6항의 규정에 의하여 지구심의회로부터 송부받은 사건, ② 재심신청사건, ③ 기타 법령에 의하여 그 소관에 속하는 사항(제11조 제1항).

(2) 지구심의회

본부심의회와 특별심의회하에 지구심의회(地區審議會)를 둔다(제10조 제2항). 본부심의회 소속 지구심의회는 고등검찰청 소재지에는 고등검찰청에, 그 외의 지역에는 각 지방검찰청에 두고(동법 시행령 제8조 제1항), 특별심의회 소속 지구심의회는 각 군부대에 둔다(동법 시행령 제8조 제2항).

각 지구심의회는 그 관할에 속하는 국가 또는 지방자치단체에 대한 배상신청사건을 심의처리한나(제11조 제2항).

(3) 법무부장관의 지휘

본부심의회와 특별심의회와 지구심의회는 법무부장관의 지휘를 받아야 한다(제10조 제3항).

4. 재심신청

지구심의회에서 배상신청이 기각(일부기각된 경우를 포함한다) 또는 각하된 신청인은 결정정본이 송달된 날로부터 2주일 이내에 당해 심의회를 거쳐 본부심의회 또는 특별심의회에 재심(再審)을 신청할 수 있다(제15조의2 제1항).

재심신청을 받은 지구심의회는 1주일 이내에 배상신청기록 일체를 본부심의회 또는 특별심의회에 송부하여야 한다(제15조의2 제2항).

본부심의회 또는 특별심의회는 제1항의 신청에 대하여 심의를 거쳐 4주일 이내에 다시 배상결정을 하여야 한다(제15조의2 제3항).

5. 배상결정의 효력

심의회(본부심의회, 특별심의회, 지구심의회)의 결정은 법적 구속력을 갖지 않는다. 신청인은 그 결정에 대한 동의 여부를 결정할 수 있다. 지방자치단체도 그 결정에 따른 배상금의 지급 여부를 결정할 수 있다.

심의회의 결정에 동의하는 신청인은 지체 없이 그 결정에 대한 동의서를 첨부하여 국가 또는 지방자치단체에 대하여 배상금지급을 청구하여야 한다(제15조 제1항).

배상결정을 받은 신청인이 배상금지급의 청구를 하지 아니하거나 지방자치단체가 대통령령이 정하는 기간 내에 배상금을 지급하지 아니한 때에는 그 결정에 동의하지 아니한 것으로 본다(제15조 제3항).

구 국가배상법 제16조는 심의회의 배상결정에 신청인이 동의하거나 지방자치단체가 배상금을 지급한 때에는 민사소송법의 규정에 의한 재판상의 화해가 성립된 것으로 간주하는 규정을 두고 있었다. 그러나, 이 규정은 신청인의 재판청구권을 과도하게 제한하고 헌법상의 권력분립의 취지에도 반한다는 헌법재판소의 위헌결정에 의해 그 효력이 상실되었다(헌재 1995. 05. 25, 91헌가7). 따라서, 신청인은 배상결정에 동의하거나 배상금을 수령한 경우에도 법원에 배상청구소송을 제기할 수 있다. 다만, 배상주체는 배상금을 지급하면서 부제소의 합의를 할 수 있다.

Ⅱ. 손해배상의 기준에 관한 특례

국가배상은 민법상의 불법행위로 인한 손해배상의 경우와 같이 가해행위와 상당인과관계에 있는 모든 손해에 대하여 행해진다.

그런데, 국가배상법(제3조 및 제3조의2)은 생명 또는 신체를 해한 때 및 타인의 물건을 멸실 · 훼손한 때에 있어서의 배상기준을 정하고 있다. 이 배상기준은 단순한 배상의 기준에 불과하며 법원은 이에 구속되지 않는다고 보는 견해가 다수설이며 판례의 입장이다.

[판례] 국가배상법 제3조 제1항과 제3항의 손해배상기준은 배상심의회의 배상금 지급기준을 정함에 있어서의 하나의 기준을 정한 것에 지나지 아니하고 이로써 배상액의 상한을 제한한 것으로 볼 수는 없으며 따라서 법원이 국가배상법에 의한 손해배상액을 산정함에 있어서는 동법 제3조 소정의 기준에 구애되는 것이 아니니 이 규정은 국가 또는 공공단체에 대한 손해배상청구권을 규정한 헌법 제26조(현행 헌법 제29조)에 위배된다고는 볼 수 없다"(대판 1970. 01. 29, 69다1203).

국가배상법 제13조 제3항은 "심의회는 제3조 및 제3조의2의 배상기준에 의하여 배상금지급을 심의 결정하여야 한다"고 규정하고 있다. 이와 같은 규정에도 불구하고 국가배상법상의 배상기준은 심의회에 대하여도 법적 구속력을 갖는 것으로 보아서는 안 된다. 만일 동 배상규정이 법적 구속력을 갖는 것으로 본다면 배상기준을 정하는 국가배상법규정은 헌법 제29조에 반한다고 보아야 한다.

Ⅲ. 군인 등에 대한 국가배상청구권의 제한(특별법에 의한 보상)

국가배상법 제2조 제1항 단서는 "군인 · 군무원 · 경찰공무원 또는 예비군대원이 전투 · 훈련 등 직무 집행과 관련하여 전사(戰死) · 순직(殉職)하거나 공상(公傷)을 입은 경우에 본인이나 그 유족이 다른 법령에 따라 재해보상금 · 유족연금 · 상이연금 등의 보상을 지급받을 수 있을 때에는 이 법 및 민법에 따른 손해배상을 청구할 수 없다"라고 군인 등에 대해 국가배상청구를 제한하는 것으로 규정하고 있다. 이를 이중배상금지 규정이라 부르기도 한다.

이중배상금지 규정을 둔 취지는 영국(영국국왕소추절차법(C. P. A.) 제10조) 및 미국(미국 연방사법법(F. J. C.) 제2680조 J항)의 경우에서처럼 위험성이 높은 직무에 종사하는 자에 대하여는 사회보장적 위험부담으로서의 국가보상제도를 별도로 마련함으로써 그것과 경합되는 국가배상청구를 배제하려는 취지이다.[91] 그리고, 전투 · 훈련행위 중

91) 김도창, 전게서, 634면.

사고가 발생한 경우 공무원의 과실을 입증하는 것이 쉽지 않고, 위계질서가 강한 군대 등에서 전투·훈련행위 중에 발생한 사고가 법정에서 다투어지는 것이 타당하지 않다는 점도 그 입법취지이다.

1. 이중배상금지규정(국가배상청구권 제한규정)의 위헌 여부

군인 등의 국가배상청구권을 제한하는 국가배상법 제2조 제1항 단서는 위헌이 아니라는 것이 일반적 견해이다. 그러나, 그 논거 특히 제도의 정당성에 관하여는 견해가 나뉜다.

(1) 다수설

다수설은 군인 등에 대하여서만 국가배상청구권을 제한하는 것은 헌법 제11조의 평등원칙에 반한다고 할 것이나, 이러한 제한을 헌법 자체가 규정하고 있으므로 위헌의 문제는 제기되지 아니한다고 본다.[92]

[판례] 헌법재판소는 "국가배상법 제2조 제1항 단서는 헌법 제29조 제1항에 의하여 보장되는 국가배상 청구권을 헌법 내재적으로 제한하는 헌법 제29조 제2항에 직접 근거하고, 실질적으로 그 내용을 같이하는 것이므로 헌법에 위반되지 아니한다"고 판시하고 있다(헌재 2001. 02. 22, 2000헌바38). 그 이유는 헌법재판소에는 헌법의 개별규정 그 자체의 위헌 여부를 판단하는 권한이 없기 때문이다(헌재 1995. 12. 28, 95헌바3).

이중배상금지를 규정하는 헌법 제29조 제2항이 두어지기 전에 이중배상금지를 규정하는 국가배상법 제2조 제1항 단서규정이 위헌이라는 대법원 판결이 있었다.

[판례] 군인 또는 군속이 공무원의 직무상 불법행위의 피해자인 경우에 그 군인 또는 군속에게 이로 인한 손해배상청구권을 제한 또는 부인하는 국가배상법 제2조 제1항 단항은 헌법 제26조에서 보장된 국민의 기본권인 손해배상청구권을 헌법 제32조 제2항의 질서유지 또는 공공복리를 위하여 제한할 필요성이 없이 제한한 것이고, 또 헌법 제9조의 평등의 원칙에 반하여 군인 또는 군속인 피해자에 대하여서만 그 권리를 부인함으로써 그 권리 자체의 본질적 내용을 침해하였으며, 기본권제한의 범주를 넘어 권리 자체를 박탈하는 규정이므로, 이는 헌법 제26조, 제8조, 제9조 및 제32조 제2항에 위반한다 할 것이다(대판 1971. 06. 22, 70다1010).

(2) 새로운 소수설

이중배상금지에 관한 헌법규정이 없다고 하더라도 군인 등에 대해 국가배상청구권을 제한하는 제도는 그 입법취지에 비추어 정당한 보상을 규정하고 있는 한 그 자체가 위헌은 아니다. 이 견해가 타당하다.

---

92) 김동희, 전게서, 543면.

2. 특별보상규정의 위헌 여부

특별법에 의한 보상이 제도의 취지 및 무과실책임이라는 보상의 성격 등을 고려하여도 일반 손해배상액과 심히 균형을 잃은 경우에 특별법에 의한 보상제도 자체는 위헌이 아니지만, 당해 보상규정은 위헌이라고 보아야 한다. 특별보상규정에 대하여 위헌판결이 난 후에는 법률로 정해진 보상법률이 존재하지 않는 것이 되어 제2조 제1항 단서가 적용되지 않게 되므로 국가배상법에 근거하여 국가배상을 청구할 수 있다고 보아야 한다.

3. 적용요건

① 피해자가 군인, 군무원, 경찰공무원 또는 예비군대원이어야 한다.

[판례] 판례는 현역병으로 입대하였으나 교도소 경비교도대로 된 자(대판 1998. 02. 10, 97다45914), 공익근무요원(대판 1997. 03. 28, 97다4036)을 국가배상법 제2조 제1항 단서의 군인 등에 해당하지 않는다고 판시하였다. 반면에 헌법재판소는 전투경찰순경은 국가배상법 제2조 제1항 단서에 규정한 경찰공무원에 해당한다고 보았다.[93]

② 전투, 훈련 등 직무집행과 관련하여 전사·순직 또는 공상을 입었어야 한다.

종전 국가배상법 제2조 제1항 단서에서 "전투·훈련 기타 직무집행과 관련하거나 국방 또는 치안유지의 목적상 사용하는 시설 및 자동차·함선·항공기·기타 운반기구안에서 전사·순직 또는 공상을 입은 경우"라고 규정되어 있었는데, 2005년 개정에서 헌법과 실질적으로 동일하게 "전투·훈련 등 직무집행과 관련하여 전사·순직 또는 공상을 입은 경우"로 개정된 것이다. "전투·훈련 등 직무집행"을 공행정작용 일반으로 해석하는 견해도 있을 수 있으나 2005년의 개정취지에 비추어 "전투·훈련 및 이에 준하는 직무행위"만을 의미하는 것으로 제한적으로 해석하여야 할 것이다.

그러나, 판례는 국가배상법 제2조 제1항 단서가 전투·훈련 또는 이에 준하는 직무집행뿐만 아니라 일반 직무집행에 관하여도 국가나 지방자치단체의 배상책임을 제한하는 것으로 본다(대판 2011. 03. 10, 2010다85942).

물적 피해만 발생한 경우에는 국가배상청구가 가능하다.

③ 본인 또는 그 유족이 다른 법령의 규정에 의하여 재해보상금, 유족연금, 상이연금 등의 보상을 지급받을 수 있을 것. 「국가유공자 등 예우 및 지원에 관한 법률」

93) 서울민지법 1993. 01. 29, 92가합25910; 헌재 1996. 06. 13, 94헌마118.

(국가유공자법)(대판 2017. 02. 03, 2014두40012), 보훈보상대상자 지원에 관한 법률(보훈보상자법)(대판 2017. 02. 03, 2015두60075), 군인연금법(대판 1994. 12. 13, 93다29969), 공무원재해보상법(경찰공무원의 경우)이 정한 보상에 관한 규정은 국가배상법 제2조 제1항 단서가 정한 '다른 법령'에 해당한다.

[판례] [1] 국가유공자 등 예우 및 지원에 관한 법률 제4조 제1항 제5호에 의하여 순직군경으로 인정되기 위하여 필요한 '직접적인 원인관계'는 단순히 직무수행이나 교육훈련과 사망 사이에 상당인과관계가 있는 것만으로는 부족하고, 그 사망이 국가의 수호 등과 직접 관련이 있는 직무수행이나 교육훈련을 직접적인 주된 원인으로 하여 발생한 것이어야 한다. [2] 군인 등이 복무 중 자살로 사망한 경우에도 보훈보상대상자 지원에 관한 법률(이하 '보훈보상자법'이라 한다) 제2조 제1항의 '직무수행이나 교육훈련 중 사망'에 해당하는지 여부는 직무수행 또는 교육훈련과 사망 사이에 상당인과관계가 있는지 여부에 따라 판단하여야 하고, 직무수행 또는 교육훈련과 사망 사이에 상당인과관계가 인정되는데도 그 사망이 자살로 인한 것이라는 이유만으로, 또는 자유로운 의지가 완전히 배제된 상태에서의 자살이 아니라는 이유로 보훈보상자에서 제외되어서는 안 된다. 또한 직무수행과 자살로 인한 사망 사이의 상당인과관계는 이를 주장하는 측에서 증명하여야 하지만, 반드시 의학적·자연과학적으로 명백히 증명되어야 하는 것이 아니며 규범적 관점에서 상당인과관계가 인정되는 경우에는 증명이 된 것으로 보아야 한다. [3] 군인 등이 직무상 과로나 스트레스로 우울증 등 질병이 발생하거나 직무상 과로나 스트레스가 우울증 등 질병의 주된 발생원인과 겹쳐서 질병이 유발 또는 악화되고, 그러한 질병으로 정상적인 인식능력이나 행위 선택 능력, 정신적 억제력이 현저히 저하되어 합리적인 판단을 기대할 수 없을 정도의 상황에서 자살에 이르게 된 것이라고 추단할 수 있는 때에는 직무수행과 사망 사이에 상당인과관계를 인정할 수 있다. 그리고 이와 같은 상당인과관계를 인정하기 위하여는 자살자가 담당한 직무의 내용·성질·업무의 양과 강도, 우울증 등 질병의 발병 경위 및 일반적인 증상, 자살자의 연령, 신체적·심리적 상황 및 자살자를 에워싸고 있는 주위상황, 자살에 이르게 된 경위 등 제반 사정을 종합적으로 고려하여야 한다(대판 2020. 02. 13, 2017두47885[국가유공자및보훈보상대상자비대상결정취소]).

다른 법령에 의한 보상금은 손해배상에 준하는 것이어야 하며 당해 보상금이 손해배상과는 전혀 성질이 다른 순수하게 사회보장적 성격을 갖는 것인 경우에는 국가배상법 제2조 제1항 단서가 적용되지 않고 피해자는 국가배상법에 근거하여 국가배상을 청구할 수 있다.

[판례] ① 국가유공자예우 등에 관한 법률 및 군인연금법의 각 보상규정은 국가배상법 제2조 제1항 단서 소정의 '다른 법령의 규정'에 해당한다(대판 1994. 12. 13, 93다29969; 1993. 05. 14, 92다33145). ② [1] 공상을 입은 군인·경찰공무원 등이 별도의 국가보상을 받을 수 없는 경우, 국가 배상법 제2조 제1항 단서의 적용 여부(소극): 군인·군무원 등 국가배상법 제2조 제1항에 열거된 자가 전투, 훈련 기타 직무집행과 관련하는 등으로 공상을 입은 경우라고 하더라도 군인연금법 또는 국가유공자예우등에관한법률에 의하여 재해보상금·유족연금·상이연금 등 별도의 보상을 받을 수 없는 경우에는 국가배상법 제2조 제1항 단서의 적용 대상에서 제외하여야 한다. [2] 군인·경찰공무원이 공상을 입고 전역·퇴직하였으나 그 장애의 정도가 국가유공자예우등에관한법률 또는 군인연금법의 적용대상 등급에 해당되지 않는 경우, 국가배상법 제2조 제1항 단서의 적용을 받지 않아 국

가배상을 청구할 수 있다(대판 1997. 02. 14, 96다28066).

③ [경찰공무원이 직무집행 중 관용자동차를 이용하다가 교통사고를 당한 뒤 보험회사를 상대로 보험금의 지급을 구하는 사건] (1) **구 공무원연금법의 규정에 따른 공무상 요양비는** 공무원의 생활안정과 복리향상에 이바지하기 위한 것이라는 점에서 국가배상법 제2조 제1항 단서의 '**다른 법령의 규정에 의한 보상'에 해당하지 않는다.** (2) 국가유공자 등 예우 및 지원에 관한 법률(이하 '국가유공자법'이라고 한다)은 국가배상법 제2조 제1항 단서의 "다른 법령"에 해당할 수 있다. 다만 국가유공자법은 군인, 경찰공무원 등이 국민의 생명 · 재산 보호와 직접적인 관련이 있는 직무수행 중 상이(傷痍)를 입고 전역하거나 퇴직하는 경우 그 상이 정도가 국가보훈처장이 실시하는 신체검사에서 상이등급으로 판정된 사람을 공상군경으로 정하고(제4조 제1항 제6호) 이러한 공상군경에게 각종 급여가 지급되도록 규정하고 있다. 이에 의하면, **국민의 생명 · 재산 보호와 직접적인 관련이 있는 직무수행 중 상이를 입은 군인 등이 전역하거나 퇴직하지 않은 경우**에는 그 상이의 정도가 위 상이등급에 해당하는지 여부와 상관없이 객관적으로 공상군경의 요건을 갖추지 못하여 **국가유공자법에 따른 보상을 지급받을 수 없다. 그러므로, '다른 법령에 따라 재해보상금 등의 보상을 지급받을 수 있을 때'의 요건을 갖추지 못하여 관용차 면책약관도 적용될 수 없다.** (3) 경찰공무원인 원고는 직무집행 중 관용자동차를 이용하다가 교통사고를 당한 뒤 계속 재직하면서 위 관용자동차에 관하여 자동차보험계약을 체결한 보험회사인 피고를 상대로 보험금의 지급을 구하였고, 이에 피고는 원고가 구 공무원연금법에 따라 공무상 요양비를 지급받았거나 지급받을 수 있고 또 향후 국가유공자법이 정하는 보상을 지급받을 수 있다는 점을 지적하면서 관용자동차 면책약관을 근거로 면책을 주장하는 사건에서, 대법원은 관용자동차 면책약관이 적용될 수 없다고 판단한 원심을 수긍하여 상고를 기각한 사안임(대판 2019. 05. 30, 2017다16174).

4. 적용범위

국가배상법 제2조 제1항 단서의 이중배상금지의 요건을 충족하는 경우에 피해자인 군인 등이 국가 또는 지방자치단체에 대하여 손해배상을 청구하지 못하는 것은 국가배상법 제2조 제1항 단서의 규정상 명백하다.

다만, 국가배상법 제2조 제1항 단서에도 불구하고 전사하거나 순직한 군인 · 군무원 · 경찰공무원 또는 예비군대원의 **유족은 자신의 정신적 고통에 대한 위자료를 청구할 수 있다**(국가배상법 제2조 제3항).

그런데, 국가배상법 제2조 제1항 단서의 해석과 관련하여 군인 등이나 그 유족에 대하여 손해를 배상할 책임이 있는 일반국민(국가와 공동불법행위의 책임이 있는 자, 사고자동차의 운행책임자 등)이 그 군인 등이나 유족에게 손해배상을 하였음을 이유로 국가에 대하여 구상권을 행사할 수 있는지 여부가 문제된다. 이에 관하여 부정설과 긍정설이 대립된다.

(1) 부정설: 대법원 판례의 입장

대법원은 국가배상법 제2조 제1항 단서가 적용되는 경우 민간인인 공동불법행위자의 연대책임을 부인하고, 민간인은 자신의 부담부분만을 군인에게 배상하면 되고 국가에 대해 구상청구를 할 수 없다고 하였다.

[판례] 민간인이 군인 등의 불법행위로 국가와 함께 공동불법행위책임, 사용자책임 또는 자동차운행자책임을 지는 경우에 공동불법행위자 등이 부진정연대채무자로서 각자 피해자의 손해 전부를 배상할 의무를 부담하는 공동불법행위의 일반적인 경우와 달리 예외적으로 민간인은 피해 군인 등에 대하여 그 손해 중 국가 등이 민간인에 대한 구상의무를 부담한다면 그 내부적인 관계에서 부담하여야 할 부분을 제외한 나머지 자신의 부담부분에 한하여 손해배상의무를 부담하고, 한편 국가 등에 대하여는 그 귀책부분의 구상을 청구할 수 없다고 해석함이 상당하다(대판 전원합의체 2001. 02. 15, 96다42420).

(2) 긍정설: 헌법재판소의 입장

헌법재판소는 민간인이 공동불법행위자로서 전 배상액을 배상한 후에 국가에 구상청구하는 것을 부인하는 것은 평등원칙, 재산권 보장규정 및 헌법 제37조 제2항 등의 헌법규정에 반한다고 보고 있다.

[판례] ① 국가배상법 제2조 제1항 단서 중 군인에 관련되는 부분을, 일반국민이 직무집행 중인 군인과의 공동불법행위로 직무집행 중인 다른 군인에게 공상을 입혀 그 피해자에게 공동의 불법행위로 인한 손해를 배상한 다음 공동불법행위자인 군인의 부담부분[94]에 관하여 국가에 대하여 구상권을 행사하는 것을 허용하지 않는다고 해석한다면, 이는 위 단서 규정의 헌법상 근거규정인 헌법 제29조가 구상권의 행사를 배제하지 아니하는 데도 이를 배제하는 것으로 해석하는 것으로서 합리적인 이유 없이 일반국민을 국가에 대하여 지나치게 차별하는 경우에 해당하므로 헌법 제11조, 제29조에 위반되며, 또한 국가에 대한 구상권은 헌법 제23조 제1항에 의하여 보장되는 재산권이고 위와 같은 해석은 그러한 재산권의 제한에 해당하며 재산권의 제한은 헌법 제37조 제2항에 의한 기본권 제한의 한계 내에서만 가능한데, 위와 같은 해석은 헌법 제37조 제2항에 의하여 기본권을 제한할 때 요구되는 비례의 원칙에 위배하여 일반국민의 재산권을 과잉제한하는 경우에 해당하여 헌법 제23조 제1항 및 제37조 제2항에도 위반된다(헌재 1994. 12. 29, 93헌바21).
② (1) **수사과정에서 이루어진 가혹행위 등 위법행위로 인하여 긴급조치 제9호 위반의 범죄사실로 유죄판결을 선고받고 복역하였으나 재심에서 무죄판결이 확정된 피해자의 국가배상청구권의 소멸시효**: 헌법재판소는 2018. 8. 30. 민법 제166조 제1항, 제766조 제2항 중 진실·화해를 위한 과거사정리 기본법(이하 '과거사정리법'이라 한다) 제2조 제1항 제3호의 '민간인 집단 희생사건', 같은 항 제4호의 '중대한 인권침해사건·조작의혹사건'에 적용되는 부분은 헌법에 위반된다는 결정(헌법재판소 2018. 8. 30. 선고 2014헌바148 등 결정)을 선고하였다. 이러한 위헌결정의 효력은 과거사정리법 제2조 제1항 제3호의 '민간인 집단 희생사건'이나 같은 항 제4호의 '중대한 인권침해사건·조작의혹사건'에서 공무원의 위법한 직무집행으로 입은 손해에 대한 배상을 청구하는 소송이 위헌결정 당시까지 법원에 계속되어 있는 경우에도 미친다. 따라서 그러한 손해배상청구권에 대해서는 민법 제766조 제2항에 따른 10년의 소멸시효 또는 국가재정법 제96조 제2항[구 예산회계법(1989. 3. 31. 법률 제4102호로 전부 개정되기 전의 것, 이하 같다) 제71조 제2항]에 따른 5년의 소멸시효가 적용되지 않는다(대법원 2019. 11. 14. 선고 2018다233686 판결 등 참조). 따라서 원고들의 손해배상청구에는 **민법 제766조 제1항이 정한 단기소멸시효만이 적용**될 수 있다. (2) 원고들은 **재심에서 무죄판결이**

94) 군인의 부담부분은 곧 국가의 부담부분이기도 하다.

확정된 이후에야 비로소 불법행위의 요건사실에 대하여 현실적이고도 구체적으로 인식할 수 있다고 보아야 하고, 원고들이 그로부터 3년 이내에 이 사건 소를 제기하였음은 기록상 분명하므로, 원고들의 청구에 관하여 **단기소멸시효는 완성되지 않았다**고 볼 수 있다(대판 2020. 11. 26, 2019다276307). ③ [광주민주화운동 관련 수사기관의 가혹행위 등에 대하여 국가배상법 제2조에 따른 손해배상을 구하는 사건] 계엄포고 제10호에 위반하였다는 이유로 수사기관으로부터 불법 구금 및 가혹행위를 당하고 계엄법위반죄로 유죄판결을 받아 복역한 원고의 손해배상청구에 대하여, 헌법재판소가 2021. 5. 27. 선고한 '구 광주민주화운동 관련자 보상 등에 관한 법률 제16조 제2항의 광주민주화운동과 관련하여 입은 피해 중 불법행위로 인한 정신적 손해에 관한 부분은 헌법에 위반된다.'는 결정(헌법재판소 2021. 5. 27. 선고 2019헌가17 전원재판부 결정)이 법원에 대하여 기속력이 있어 정신적 손해에 대한 재판상 화해가 성립된 것으로 볼 수 없고, 헌법재판소의 민법 제166조 제1항, 제766조 제2항 중 과거사정리법 제2조 제1항 제3호의 '민간인 집단 희생사건', 같은 항 제4호의 '중대한 인권침해사건 · 조작의혹사건'에 적용되는 부분은 헌법에 위반된다는 결정(헌법재판소 2018. 8. 30. 선고 2014헌바148 등 전원재판부 결정)의 효력이 위헌결정 당시까지 법원에 계속되어 있는 경우에도 미쳐 **그러한 손해배상청구권에 대해서는 5년의 장기소멸시효가 적용되지 않는다**고 본 사안임. 이에 따라 원고 본인의 위자료 청구 부분에 대해서는 구 광주민주화운동보상법 제16조 제2항의 재판상 화해 간주 조항에 따라 권리보호의 이익이 없다고 보아 각하하고, 가족들(선정자)의 손해배상청구 부분에 대해서는 장기소멸시효가 완성되었다고 보아 기각한 원심판결을 파기환송한 사례(대판 2021. 07. 29, 2016다259363).

(3) 사 견

다음과 같은 이유에서 긍정설이 타당하다.

① 이중배상금지 규정은 그 입법취지 및 법문의 규정상 피해자인 군인 등과 국가 및 지방자치단체 사이에만 적용되는 것으로 보는 것이 타당하다.

② 이중배상의 방지는 피해자인 군인 등이 가해자인 제3자로부터 손해배상을 받은 경우 국가 등은 그 한도 내에서 특별법령상의 보상을 하지 않고, 피해자인 군인 등이 특별법상의 보상을 받은 경우에는 국가 등은 국가의 부담부분을 넘는 한도 내에서[95] 그 군인 등의 일반국민에 대한 손해배상청구권을 취득하고 그 결과 피해 군인 등은 공동불법행위자인 일반국민에 대하여 위 급여액의 범위 안에서는 손해배상청구권을 행사할 수 없다고 봄으로써[96] 가능하다.

군인연금법은 다음과 같이 명문으로 이를 규정하고 있다.

즉, 동법 제41조 제2항은 "국방부장관은 제3자의 행위로 인하여 급여의 사유가 발생하여 급여를 지급하는 때에는 그 급여액의 범위 안에서 수급권자가 제3자에 대하여 가지는 손해배상청구권을 취득한다"고 규정하고 있고, 같은 조 제3항은 "제2항의 수급권자가 제3자로부터 동일한 사유로 인하여 이미 손해배상을 받은 때에는 그 배상액의 범위 안에서 급여를 지급하지 아니한다"고 규정

95) 다만, 이 경우에 손해배상적 성격을 갖지 않는 순수하게 보상적 성격을 갖는 것은 제외하여야 한다.
96) 대판 1990. 02. 27, 89다카19580. 이 판결은 제3자의 단독 불법행위로 인하여 공무원이 사망한 경우에 관한 것임.

하고 있다.[97)]

[판례] 군 복무 중 사망한 사람의 유족이 국가배상을 받은 경우, 국가보훈처장 등이 사망보상금에서 정신적 손해배상금까지 공제할 수 있는지 문제 된 사안에서, 구 군인연금법이 정하고 있는 급여 중 사망보상금은 일실손해의 보전을 위한 것으로 불법행위로 인한 소극적 손해배상과 같은 종류의 급여이므로, 군 복무 중 사망한 사람의 유족이 국가배상을 받은 경우 국가보훈처장 등은 사망보상금에서 소극적 손해배상금 상당액을 공제할 수 있을 뿐, 이를 넘어 정신적 손해배상금까지 공제할 수 없다(대판 2021. 12. 16, 2019두45944).

5. 관련 문제

판례는 국가배상법에 따라 손해배상을 받았다는 사정을 들어 국가배상법 제2조 제1항 단서가 정한 '다른 법령'에 따른 보상의 지급을 거부할 수 없다고 본다(대판 2017. 02. 03, 2014두40012; 2017. 02. 03, 2015두60075).

[판례] 구 국가유공자법이 정한 보상에 관한 규정은 국가배상법 제2조 제1항 단서가 정한 '다른 법령'에 해당하므로, 구 국가유공자법에서 정한 국가유공자 요건에 해당하여 보상금 등 보훈급여금을 지급받을 수 있는 경우는 구 국가유공자법에 따라 '보상을 지급받을 수 있을 때'에 해당한다(대법원 1994. 12. 13. 선고 93다29969 판결, 대법원 2002. 5. 10. 선고 2000다39735 판결 참조). 따라서 군인 · 군무원 · 경찰공무원 또는 향토예비군대원(이하 '군인 등'이라 한다)이 전투 · 훈련 등 직무집행과 관련하여 공상을 입는 등의 이유로 구 국가유공자법이 정한 국가유공자 요건에 해당하여 보상금 등 보훈급여금을 지급받을 수 있는 경우에는 국가배상법 제2조 제1항 단서에 따라 국가를 상대로 국가배상을 청구할 수 없다고 보아야 한다. 그러나 이와 달리 전투 · 훈련 등 직무집행과 관련하여 공상을 입은 군인 등이 먼저 국가배상법에 따라 손해배상금을 지급받은 다음 구 국가유공자법이 정한 보상금 등 보훈급여금의 지급을 청구하는 경우 피고로서는 다음과 같은 사정에 비추어 국가배상법에 따라 손해배상을 받았다는 사정을 들어 보상금 등 보훈급여금의 지급을 거부할 수 없다고 보아야 한다. (1) 국가배상법 제2조 제1항 단서가 명시적으로 '다른 법령에 따라 보상을 지급받을 수 있을 때에는 국가배상법 등에 따른 손해배상을 청구할 수 없다'고 정하고 있는 것과 달리, 구 국가유공자법은 국가배상법에 따른 손해배상금을 지급받은 자를 보상금 등 보훈급여금의 지급대상에서 제외하도록 하는 규정을 두고 있지 아니하다. (2) 헌법 제29조 제2항 및 국가배상법 제2조 제1항 단서의 취지는, 국가 또는 공공단체가 위험한 직무를 집행하는 군인 등에 대한 피해보상제도를 운영하여, 직무집행과 관련하여 피해를 입은 군인 등이 간편한 보상절차에 의하여 자신의 과실 유무나 그 정도와 관계없이 무자력의 위험부담이 없는 확실하고 통일된 피해보상을 받을

97) 공무원연금법 제33조 제2항은 "이 법에 의한 급여의 사유가 제3자의 행위로 인하여 발생한 경우에는 공단 또는 지방자치단체는 당해 급여의 사유에 대하여 이미 행한 급여액(장해연금을 받는 경우에는 장해보상금을 받는 것으로 보아 산정한 금액)의 범위 안에서 수급권자가 제3자에 대하여 가지는 손해배상청구권을 취득한다. 다만, 제3자가 당해 공무원 또는 공무원이었던 자의 배우자, 직계존 · 비속 또는 공무수행중의 공무원인 경우에는 공무원연금급여심의회의 심에 대하여 가지는 손해배상청구권을 취득한다. 다만, 제3자가 당해 공무원 또는 공무원이었던 자의 배우자, 직계존 · 비속 또는 공무수행중의 공무원인 경우에는 공무원연금급여심의회의 심의를 거쳐 손해배상청구권의 전부 또는 일부를 행사하지 아니할 수 있다"고 규정하고 있다.

수 있도록 보장하는 대신 피해 군인 등이 국가 등에 대하여 공무원의 직무상 불법행위로 인한 손해배상을 청구할 수 없게 함으로써, 군인 등의 동일한 피해에 대하여 국가 등의 보상과 배상이 모두 이루어짐으로 인하여 발생할 수 있는 과다한 재정지출과 피해 군인 등 사이의 불균형을 방지하기 위한 것이다(대법원 2002. 05. 10. 선고 2000다39735 판결 등 참조). 그런데 구 국가유공자법 제12조가 정한 공상군경 등에 대한 보상금의 액수는 해당 군인 등의 과실을 묻지 아니하고 상이등급별로 구분하여 정해지고, 그 지급수준도 가계조사통계의 전국가구 가계소비지출액 등을 고려하여 국가유공자의 희생과 공헌의 정도에 상응하게 결정되며, 이와 같이 정하여진 보상금은 매월 사망시점까지 지급되는 반면, 국가배상법에 따른 손해배상에서는 완치 후 장해가 있는 경우에도 그 장해로 인한 노동력 상실 정도에 따라 피해를 입은 당시의 월급액이나 월실수입액 또는 평균임금에 장래의 취업가능기간을 곱한 금액의 장해배상만을 받을 수 있고, 해당 군인 등의 과실이 있는 경우에는 그 과실의 정도에 따라 책임이 제한되므로, 대부분의 경우 구 국가유공자법에 따른 보상금 등 보훈급여금의 규모가 국가배상법상 손해배상금을 상회할 것으로 보인다. **이와 같은 국가배상법 제2조 제1항 단서의 입법 취지, 구 국가유공자법이 정한 보상과 국가배상법이 정한 손해배상의 목적과 산정방식의 차이 등을 고려하면**, 구 국가배상법 제2조 제1항 단서가 구 국가유공자법 등에 의한 보상을 받을 수 있는 경우 **추가로** 국가배상법에 따른 손해배상청구를 하지 못한다는 것을 넘어 **국가배상법상 손해배상금을 받은 경우 일률적으로 구 국가유공자법상 보상금 등 보훈급여금의 지급을 금지하는 취지로까지 해석하기는 어렵다**(대판 2017. 02. 03, 2014두40012[보훈급여지급비대상결정처분취소]). 〈해설〉 판례는 대부분의 경우 구 국가유공자법에 따른 보상금 등 보훈급여금의 규모가 국가배상법상 손해배상금을 상회할 것으로 보인다고 하고 있는데, 국가배상법상 손해배상금이 구 국가유공자법에 따른 보상금 등 보훈급여금의 규모를 상회하는 경우도 적지 않을 것이라고 보는 것이 타당하다.

국가배상청구권의 제한을 받는 자는 군인 등과 그 유족이다. 청구권이 배제되는 유족 개념에는 생존자 가족은 포함되지 않는다(서울고법 2014나2011749). 따라서, 생존자 가족은 국가를 상대로 별도로 위자료 등 손해배상청구를 할 수 있다.

Ⅳ. 양도 등 금지

생명 · 신체의 침해로 인한 국가배상을 받을 권리는 양도하거나 압류하지 못한다(국가배상법 제4조).

Ⅴ. 국가배상청구권의 소멸시효

국가배상청구권은 국가배상법 제8조의 규정에 의하여 민법상 손해배상청구권과 마찬가지로 민법 제766조 제1항에 따라 피해자나 그 법정대리인이 손해와 가해자를 안 경우 안 날로부터 3년간 이를 행사하지 아니하면 시효로 소멸한다(대판 1998. 07. 10, 98다7001).

[판례] ① 국가배상법 제2조 제1항 본문 전단 규정에 따른 배상책임을 묻는 사건에 대하여는 같은 법 제8조의 규정에 의하여 민법 제766조 제1항 소정의 단기소멸시효제도가 적용되는 것인바, 여기서 가해자를 안다는 것은 피해자나 그 법정대리인이 가해 공무원이 국가 또는 지방자치단체와 공법상 근무관계가 있다는 사실을 알고, 또한 일반인이 당해 공무원의 불법행위가 국가 또는 지방자치단체의 직무를 집행함에 있어서 행해진 것이라고 판단하기에 족한 사실까지 인식하는 것을 의미한다. 한편, 민법 제766조 제1항 소정의 '손해 및 가해자를 안 날'이라 함은 손해의 발생, 위법한 가해행위의 존재, 가해행위와 손해의 발생 사이에 상당인과관계가 있다는 사실 등 불법행위의 요건사실에 대하여 현실적이고도 구체적으로 인식하였을 때를 의미하고, 피해자 등이 언제 불법행위의 요건사실을 현실적이고도 구체적으로 인식한 것으로 볼 것인지는 개별적 사건에 있어서의 여러 객관적 사정을 참작하고 손해배상청구가 사실상 가능하게 된 상황을 고려하여 합리적으로 인정하여야 한다(대판 2008. 05. 29, 2004다33469[거창사건]; 2012. 05. 24, 2011다8539).
② [1] 헌법재판소는 2018. 8. 30. 민법 제166조 제1항, 제766조 제2항 중 '진실 · 화해를 위한 과거사정리 기본법'(이하 '과거사정리법'이라 한다) 제2조 제1항 제3호의 '민간인 집단 희생사건', 같은 항 제4호의 '중대한 인권침해사건 · 조작의혹사건'에 적용되는 부분은 헌법에 위반된다는 결정을 선고하였다. 따라서 과거사정리법상 '민간인 집단 희생사건', '중대한 인권침해사건 · 조작의혹사건'에서 공무원의 위법한 직무집행으로 입은 손해에 대한 국가배상청구권에 대해서는 민법 제766조 제2항에 따른 장기소멸시효가 적용되지 않는다. [2] 국가배상청구권에 관한 3년의 단기시효기간 기산에는 민법 제766조 제1항 외에 소멸시효의 기산점에 관한 일반규정인 민법 제166조 제1항이 적용된다. 따라서 3년의 단기시효기간은 그 '손해 및 가해자를 안 날'에 더하여 그 '권리를 행사할 수 있는 때'가 도래하여야 비로소 시효가 진행한다(대판 2023. 01. 12, 2021다201184).
③ 강○○ 유서대필 사건의 수사과정에서 이루어진 개별 위법행위를 이유로 한 국가배상청구가, 「진실 · 화해를 위한 과거사정리 기본법」 제2조 제1항 제4호의 '중대한 인권침해사건 · 조작의혹사건'에서 공무원의 위법한 직무집행으로 입은 손해에 대한 국가배상청구에 해당하여 민법 제166조 제1항, 제766조 제2항, 구 예산회계법 제96조 제2항에 따른 장기소멸시효의 적용이 배제되지 아니하고, 민법 제766조 제1항이 정한 주관적 기산점과 이를 기초로 한 단기소멸시효만이 적용될 수 있을 뿐이라고 한 사례(대판 2022. 11. 30, 2018다247715).
④ 과거사정리법에 따른 진실규명결정이 이루어지지 않은 거창사건에 관한 국가배상청구가 과거사정리법 제2조 제1항 제3호의 '1945년 8월 15일부터 한국전쟁 전후의 시기에 불법적으로 이루어진 민간인 집단 희생사건'에 해당하여 민법 제166조 제1항, 제766조 제2항, 구 회계법 제32조에 따른 장기소멸시효가 적용되지 아니하며, 민법 제766조 제1항이 정한 주관적 기산점과 이를 기초로 한 단기소멸시효만이 적용될 수 있다고 한 사례(대판 2022. 11. 30, 2019다216879).
⑤ (1) 수사과정에서 이루어진 가혹행위 등 위법행위로 인하여 긴급조치 제9호 위반의 범죄사실로 유죄판결을 선고받고 복역하였으나 재심에서 무죄판결이 확정된 피해자의 국가배상청구권의 소멸시효: 헌법재판소는 2018. 8. 30. 민법 제166조 제1항, 제766조 제2항 중 진실 · 화해를 위한 과거사정리 기본법(이하 '과거사정리법'이라 한다) 제2조 제1항 제3호의 '민간인 집단 희생사건', 같은 항 제4호의 '중대한 인권침해사건 · 조작의혹사건'에 적용되는 부분은 헌법에 위반된다는 결정(헌법재판소 2018. 8. 30. 선고 2014헌바148 등 결정)을 선고하였다. 이러한 위헌결정의 효력은 과거사정리법 제2조 제1항 제3호의 '민간인 집단 희생사건'이나 같은 항 제4호의 '중대한 인권침해사건 · 조작의혹사건'에서 공무원의 위법한 직무집행으로 입은 손해에 대한 배상을 청구하는 소송이 위헌결정 당시까지 법원에 계속되어 있는 경우에도 미친다. 따라서 그러한 손해배상청구권에 대해서는 민법 제766조 제2항에 따른 10년의 소멸시효 또는 국가재정법 제96조 제2항[구 예산회계법(1989.

3. 31. 법률 제4102호로 전부 개정되기 전의 것, 이하 같다) 제71조 제2항]에 따른 5년의 소멸시효가 적용되지 않는다(대법원 2019. 11. 14. 선고 2018다233686 판결 등 참조). 따라서 원고들의 손해배상 청구에는 **민법 제766조 제1항이 정한 단기소멸시효만이 적용**될 수 있다. (2) 원고들은 **재심에서 무죄판결이 확정된 이후에야 비로소 불법행위의 요건사실에 대하여 현실적이고도 구체적으로 인식할 수 있다고 보아야 하고**, 원고들이 그로부터 3년 이내에 이 사건 소를 제기하였음은 기록상 분명하므로, 원고들의 청구에 관하여 **단기소멸시효는 완성되지 않았다**고 볼 수 있다(대판 2020. 11. 26, 2019다276307).

⑥ [광주민주화운동 관련 수사기관의 가혹행위 등에 대하여 국가배상법 제2조에 따른 손해배상을 구하는 사건] 계엄포고 제10호에 위반하였다는 이유로 수사기관으로부터 불법 구금 및 가혹행위를 당하고 계엄법위반죄로 유죄판결을 받아 복역한 원고의 손해배상청구에 대하여, 헌법재판소가 2021. 5. 27. 선고한 '구 광주민주화운동 관련자 보상 등에 관한 법률 제16조 제2항의 광주민주화운동과 관련하여 입은 피해 중 불법행위로 인한 정신적 손해에 관한 부분은 헌법에 위반된다.'는 결정(헌법재판소 2021. 5. 27. 선고 2019헌가17 전원재판부 결정)이 법원에 대하여 기속력이 있어 정신적 손해에 대한 재판상 화해가 성립된 것으로 볼 수 없고, 헌법재판소의 민법 제166조 제1항, 제766조 제2항 중 과거사정리법 제2조 제1항 제3호의 '민간인 집단 희생사건', 같은 항 제4호의 '중대한 인권침해사건·조작의혹사건'에 적용되는 부분은 헌법에 위반된다는 결정(헌법재판소 2018. 8. 30. 선고 2014헌바148 등 전원재판부 결정)의 효력이 위헌결정 당시까지 법원에 계속되어 있는 경우에도 미쳐 **그러한 손해배상청구권에 대해서는 5년의 장기소멸시효가 적용되지 않는다**고 본 사안임. 이에 따라 원고 본인의 위자료 청구 부분에 대해서는 구 광주민주화운동보상법 제16조 제2항의 재판상 화해 간주 조항에 따라 권리보호의 이익이 없다고 보아 각하하고, 가족들(선정자)의 손해배상청구 부분에 대해서는 장기소멸시효가 완성되었다고 보아 기각한 원심판결을 파기환송한 사례(대판 2021. 07. 29, 2016다259363).

피해자나 그 법정대리인이 손해 및 가해자를 알지 못한 경우에는 국가재정법 제96조 제2항에 따라 5년간 이를 행사하지 아니하면 국가배상청구권은 시효로 소멸한다. 국가재정법 제96조 제1항에서 '다른 법률의 규정'이라 함은 다른 법률에 국가재정법 제96조 제1항에서 규정한 5년의 소멸시효기간보다 짧은 기간의 소멸시효의 규정이 있는 경우를 가리키는 것이고, 이보다 긴 10년의 소멸시효를 규정한 민법 제766조 제2항은 국가재정법 제96조 제1항[98]에서 말하는 '다른 법률의 규정'에 해당하지 아니한다.

[판례] 불법행위를 한 날로부터 10년이 경과하면 국가배상청구권이 시효로 소멸한다는 민법 제766조 제2항은 국가배상청구권에는 적용되지 않는다(대판 2001. 04. 24, 2000다57856).

소멸시효의 기산점은 권리를 행사할 수 있는 때로부터 진행하는데, 이 경우 '권리를 행사할 수 있는 때'라 함은 권리행사에 법률상 장애사유가 없는 경우를 가리킨다.

---

98) 국가재정법 제96조 제1항은 "금전의 급부를 목적으로 하는 국가의 권리로서 시효에 관하여 다른 법률에 규정이 없는 것은 5년 동안 행사하지 아니하면 시효로 인하여 소멸한다."라고 규정하고 있고, 국가재정법 제96조 제2항은 "국가에 대한 권리로서 금전의 급부를 목적으로 하는 것도 또한 제1항과 같다"고 규정하고 있다.

[판례] ① [1] 국가배상청구권에 관한 3년의 단기시효기간을 기산하는 경우에도 민법 제766조 제1항 외에 소멸시효의 기산점에 관한 일반규정인 민법 제166조 제1항이 적용되므로, **3년의 단기시효기간은 '손해 및 가해자를 안 날'에 더하여 '권리를 행사할 수 있는 때'가 도래하여야 비로소 시효가 진행한다.** 그런데 공무원의 직무수행 중 불법행위에 의하여 납북된 것을 원인으로 하는 국가배상청구권 행사의 경우, 남북교류의 현실과 거주·이전 및 통신의 자유가 제한된 북한 사회의 비민주성이나 폐쇄성 등을 고려하여 볼 때, 다른 특별한 사정이 없는 한 북한에 납북된 사람이 국가를 상대로 대한민국 법원에 소장을 제출하는 등으로 권리를 행사하는 것은 객관적으로도 불가능하므로, 납북상태가 지속되는 동안은 소멸시효가 진행하지 않는다(다만 납북자에 대한 실종선고심판이 확정되게 되면 상속인들에 의한 상속채권의 행사가 가능해질 뿐이다). [2] **국가배상법 제2조 제1항 본문 전단의 손해배상청구권에 적용되는 단기소멸시효의 기산점인 민법 제766조 제1항에서 정한 '손해 및 가해자를 안 날'의 의미와 판단 방법:** 국가배상법 제2조 제1항 본문 전단의 국가배상청구권에는 국가배상법 제8조에 의하여 민법 제766조 제1항이 적용되므로, 국가배상청구권은 피해자나 그 법정대리인이 손해 및 가해자를 안 날부터 3년간 이를 행사하지 아니하면 시효로 인하여 소멸하고, 여기서 '손해 및 가해자를 안 날'은 공무원의 직무집행상 불법행위의 존재 및 그로 인한 손해의 발생 등 불법행위의 요건사실에 대하여 현실적이고도 구체적으로 인식하였을 때를 의미하지만, 피해자 등이 언제 불법행위의 요건사실을 현실적이고도 구체적으로 인식한 것으로 볼 것인지는 개별 사건에서 여러 객관적 사정과 손해배상청구가 가능하게 된 상황 등을 종합하여 합리적으로 판단하여야 한다. [3] 군무원 갑의 직무수행 중 불법행위로 1977. 10. 12. 납북된 피해자 을의 가족인 처 병과 자녀 정 등이 을에 대한 실종선고심판이 2005. 8. 23. 확정된 후 국가배상청구를 한 사안에서, 납북된 을 본인이 불법행위 발생일인 1977. 10. 12.에 손해 및 가해자를 알았다고 하더라도 국가를 상대로 국가배상청구권을 행사하는 것은 객관적으로 불가능하므로 을 본인의 국가배상청구권에 관한 소멸시효가 1977. 10. 12.부터 진행한다고 볼 수 없는데도 그때부터 진행하는 것으로 보아 소멸시효가 완성되었다고 본 원심판단에는 소멸시효 기산점에 관한 법리오해의 위법이 있으나, 을의 처이자 자녀 정 등의 법정대리인이었던 병이 불법행위가 발생한 날의 다음날인 1977. 10. 13.에는 손해 및 가해자를 알았다고 보아 그 다음날부터 3년이 경과한 1980. 10. 14.에 병, 정 등 가족들 고유의 국가배상청구권에 관한 소멸시효가 완성되었다고 본 원심판단에는 단기소멸시효에 관한 법리오해의 위법이 없다고 한 사례(대판 2012. 04 .13, 2009다33754[손해배상(기)]).

② 고문 등 가혹행위 및 전역처분으로 인한 국가배상청구권의 단기 소멸시효는 **전역처분무효확인소송의 승소판결이 확정되었을 때부터 기산**된다고 판단하여, 불법행위 당시 가해자 및 손해 발생 사실을 알았으므로 그때부터 단기 소멸시효가 기산된다고 판단한 원심을 파기한 사례(대판 2022. 09. 07, 2019다241455).

③ 수사기관의 위법한 압수물폐기처분으로 인한 손해배상청구권에 관한 장기소멸시효의 기산점은 위법한 폐기처분이 이루어진 시점이 아니라 무죄의 형사판결이 확정되었을 때로 봄이 상당하다(대판 2022. 01. 14, 2019다282197).

④ 대통령긴급조치 제1호 및 제4호 위반 혐의로 영장 없이 체포되어 구속되었다가 기소되지 않은 채 구속취소로 석방된 甲이 구 민주화운동 관련자 명예회복 및 보상 등에 관한 법률상 민주화운동 관련자 인정결정을 받아 보상금 지급결정에 동의하고 보상금을 수령한 후 국가를 상대로 **긴급조치 제1호 및 제4호에 근거한 수사 등이 불법행위에 해당한다며 국가배상을 구한 사안**에서, 제반 사정을 종합하면 소 제기 당시까지도 甲이 국가를 상대로 긴급조치 제1호, 제4호에 기한 일련의 국가작용으로 인한 불법행위로 발생한 권리를 행사할 수 없는 **장애사유가 있어** 소멸시효가 완성되지 않았다고 보는 것이 타당하다고 한 사례(대판 2023. 01. 12, 2021다201184). 〈해설〉 국가배상책

임의 성립에 개별 공무원의 구체적인 직무집행행위의 특정과 그에 대한 고의 또는 과실이 개별적·구체적으로 엄격히 요구되지 않고, 일련의 직무집행에서의 고의 또는 과실이 인정되어도 된다고 한 점에서도 이 판례의 의의가 있다.

⑤ 헌법재판소가 2018. 8. 30. 선고한 '민법 제166조 제1항, 제766조 제2항 중 진실·화해를 위한 과거사정리 기본법 제2조 제1항 제3호(민간인 집단 희생사건), 제4호(중대한 인권침해사건·조작의혹사건)에 적용되는 부분은 헌법에 위반된다.'는 위헌결정의 효력은 위 제3호, 제4호사건에서 공무원의 위법한 직무집행으로 입은 손해에 대한 배상을 구하는 소송이 위헌결정 당시까지 법원에 계속되어 있는 경우에도 미친다. 이 때 그 손해배상청구권에 대하여 민법 제166조 제1항, 제766조 제2항이나 국가재정법 제96조 제2항에 따른 '객관적 기산점을 기준으로 하는 소멸시효'는 적용되지 않는다(대판 2022. 09. 29, 2018다224408).

⑥ [긴급조치 제9호 관련 과거사 사건의 피해자가 선행 국가배상청구소송에서 구 「민주화운동 관련자 명예회복 및 보상 등에 관한 법률」(2015. 5. 18. 법률 제13289호로 개정되기 전의 것) 제18조 제2항에 따른 화해간주를 이유로 각하판결을 선고받아 확정된 후, 해당 조항에 대한 헌법재판소의 일부위헌결정이 선고되자 다시금 국가배상을 청구한 사건] (1) 구 「민주화운동 관련자 명예회복 및 보상 등에 관한 법률」(2015. 5. 18. 법률 제13289호로 개정되기 전의 것) 제18조 제2항의 '민주화운동과 관련하여 입은 피해' 중 정신적 손해에 관한 부분에 대한 헌법재판소의 일부위헌결정에 따라, 해당 법률에 따른 보상금 등을 받았을 경우에 불법행위로 인한 정신적 손해에 대해서는 재판상 화해가 성립된 것으로 볼 근거가 사라졌다. (2) 긴급조치 제9호의 발령·유지에서 적용·집행에 이르는 일련의 불법행위로 인한 기본권침해 관련 사건은 과거사정리법상 '중대한 인권침해 사건'에 해당하므로, 이 사건에 대하여는 민법 제766조 제1항에서 정한 3년의 단기소멸시효만이 문제된다. 국가배상청구권에 관한 3년의 단기소멸시효기간 기산에는 민법 제766조 제1항 외에 소멸시효의 기산점에 관한 일반규정인 민법 제166조 제1항이 적용된다. 따라서 3년의 단기소멸시효기간은 그 '손해 및 가해자를 안 날'에 더하여 그 '권리를 행사할 수 있는 때'가 도래하여야 비로소 시효가 진행한다(대법원 2012. 4. 13. 선고 2009다33754 판결 참조). 이 사건 소 제기 당시까지도 원고가 피고를 상대로 긴급조치 제9호에 기한 일련의 국가작용으로 인한 불법행위로 발생한 권리를 행사할 수 없는 **장애사유가 있어** 소멸시효가 완성되지 않았다고 보아야 한다(대법원 2023. 1. 12. 선고 2020다210976 판결, 대법원 2023. 1. 12. 선고 2021다201184 판결 참조)(대판 2023. 02. 02, 2020다270633).

소멸시효는 그 권리를 행사할 수 없는 동안은 진행하지 않는데, '권리를 행사할 수 없는' 경우란 권리행사에 법률상의 장애사유가 있는 경우를 의미하고 사실상 권리의 존재나 권리행사 가능성을 알지 못하였고 알지 못함에 과실이 없다고 하여도 이에 해당하지 않는다(대판 2023. 12. 14, 2023다248903).

[판례] 甲의 모친인 乙이 협의이혼 후 甲의 부친이 친권을 행사하였고, 甲은 세월호사고로 사망하였는데, 그 후 甲의 사망사실을 뒤늦게 알게 된 乙이 국가를 상대로 손해배상을 구한 사안에서, **乙 고유의 위자료채권은** 국가재정법에 따른 5년의 소멸시효기간이 적용되므로 이미 소멸시효기간이 경과하였다고 볼 여지가 크고, 乙이 甲의 사망사실을 알게 된 날로부터 6월의 소멸시효 정지기간이 지나기 전에 소를 제기하였으므로 **甲의 일실수입 및 위자료채권에 대한 乙의 상속분은 소멸시효가 완성되지 않았**다고 한 사례(대판 2023. 12. 14, 2023다248903).

다만, 소멸시효의 주장이 권리남용에 해당하거나 신의성실의 원칙에 반하는 경우에는 국가배상청구권은 시효로 소멸하지 않는다. 즉, 공무원의 직무상 불법행위로 손해를 입은 피해자가 국가배상청구를 하였을 때, 비록 그 소멸시효 기간이 경과하였다고 하더라도 국가가 소멸시효의 완성 전에 피해자의 권리행사나 시효중단을 불가능 또는 현저히 곤란하게 하였거나 객관적으로 피해자가 권리를 행사할 수 없는 장애사유가 있었다는 등의 사정이 있어 국가에게 채무이행의 거절을 인정하는 것이 현저히 부당하거나 불공평하게 되는 등 특별한 사정이 있는 경우에는, 국가가 소멸시효 완성을 주장하는 것은 신의성실 원칙에 반하여 권리남용으로서 허용될 수 없다(대판 2011. 10. 13, 2011다36091; 2016. 06. 09, 2015다200258).

[판례] ① 국가의 소멸시효 완성 주장이 신의칙에 반하여 권리남용에 해당하는지 여부에 관한 판단기준: 채무자의 소멸시효에 기한 항변권의 행사도 우리 민법의 대원칙인 신의성실의 원칙과 권리남용금지의 원칙의 지배를 받는 것이어서, 채무자가 시효완성 전에 채권자의 권리행사나 시효중단을 불가능 또는 현저히 곤란하게 하였거나, 그러한 조치가 불필요하다고 믿게 하는 행동을 하였거나, 객관적으로 채권자가 권리를 행사할 수 없는 장애사유가 있었거나, 또는 일단 시효완성 후에 채무자가 시효를 원용하지 아니할 것 같은 태도를 보여 권리자로 하여금 그와 같이 신뢰하게 하였거나, 채권자보호의 필요성이 크고, 같은 조건의 다른 채권자가 채무의 변제를 수령하는 등의 사정이 있어 채무이행의 거절을 인정함이 현저히 부당하거나 불공평하게 되는 등의 특별한 사정이 있는 경우에는 채무자가 소멸시효의 완성을 주장하는 것이 신의성실의 원칙에 반하여 권리남용으로서 허용될 수 없다. 그러나 국가에게 국민을 보호할 의무가 있다는 사유만으로 국가가 소멸시효의 완성을 주장하는 것 자체가 신의성실의 원칙에 반하여 권리남용에 해당한다고 할 수는 없으므로, 국가의 소멸시효 완성 주장이 신의칙에 반하고 권리남용에 해당한다고 하려면 앞서 본 바와 같은 특별한 사정이 인정되어야 하고, 또한 위와 같은 일반적 원칙을 적용하여 법이 두고 있는 구체적인 제도의 운용을 배제하는 것은 법해석에 있어 또 하나의 대원칙인 법적 안정성을 해할 위험이 있으므로 그 적용에는 신중을 기하여야 한다(대판 2008. 05. 29, 2004다33469[거창사건]: 1951년 공비토벌 등을 이유로 국군병력이 작전수행을 하던 중에 거창군 일대의 지역주민이 희생된 이른바 '거창사건'으로 인한 희생자와 그 유족들이 국가를 상대로 제기한 손해배상청구소송에서, 국가가 소멸시효 완성의 항변을 하는 것이 신의칙에 반하지 않는다고 한 사례; 2008. 09. 11, 2006다70189).

② 군대 내 선임병의 가혹행위와 군 관계자들의 관리·감독 소홀에 따른 갑의 자살과 관련하여 국가배상책임이 성립한 사안에서, 국가의 소멸시효 주장이 권리남용에 해당한다고 하여 이를 배척한 원심에 대하여 권리행사를 불가능 또는 현저히 곤란하게 하였다거나 그러한 조치가 불필요하다고 믿게 하는 행동을 한 것으로 보기 어렵다는 이유로 원심판결을 파기한 사례(대판 2010. 03. 11, 2009다86147).

③ 경찰 수사관들이 甲을 불법구금 상태에서 고문하여 간첩혐의에 대한 허위자백을 받아내는 등의 방법으로 증거를 조작함으로써 甲이 구속 기소되어 유죄판결을 받고 그 형집행을 당하도록 하였으므로, 그 소속 공무원들의 불법행위로 인하여 甲과 그 가족이 입은 일체의 비재산적 손해에 대하여 국가배상법에 따른 위자료배상책임을 인정하면서, 甲이 국가를 상대로 위자료지급청구를 할 수 없는 객관적인 장애사유가 있었고, 피해자인 甲을 보호할 필요성은 심대한 반면 국가의 이행거절을 인정하는 것은 현저히 부당하고 불공평하므로 국가의 소멸시효 완성 항변은 신의성실의 원칙에 반하

는 권리남용으로서 허용될 수 없다고 한 원심판단을 수긍한 사례(대판 2011. 01. 13, 2009다103950).
④ [1] 적법절차 없이 국민의 생명을 박탈하고 진상을 은폐한 피고가 소멸시효 항변을 하는 것이 신의성실의 원칙에 반한다고 한 사례. [2] 대외적으로 좌익전향자 단체임을 표방하였으나 실제로는 국가가 조직·관리하는 관변단체 성격을 띠고 있던 국민보도연맹 산하 지방연맹 소속 연맹원들이 1950. 6. 25. 한국전쟁 발발 직후 상부 지시를 받은 군과 경찰에 의해 구금되었다가 그들 중 일부가 처형대상자로 분류되어 집단 총살을 당하였고, 이후 국가가 처형자 명부 등을 작성하여 3급 비밀로 지정하였는데, 위 학살의 구체적 진상을 잘 알지 못했던 유족들이 진실·화해를 위한 과거사정리위원회의 진실규명결정이 있었던 2007. 11. 27. 이후에야 국가를 상대로 손해배상을 청구하자 국가가 소멸시효 완성을 주장한 사안에서, 국가의 소멸시효 완성 주장이 신의칙에 반하여 허용될 수 없다고 한 사례(대판 2011. 06. 30, 2009다72599).
⑤ 군인이 복무 중에 군 내부의 불법행위로 인하여 사망한 사건에서, 군의문사진상규명위원회의 진상규명결정이 내려지기 전까지는 유족들의 손해배상청구권 행사에 군 당국의 사고원인 은폐 내지는 부실한 사고원인 조사에 기인하는 권리행사의 객관적 장애가 있었다고 보아야 할 뿐만 아니라, 이 사건에서 국가가 소멸시효기간이 경과하였다는 점을 이유로 망인과 그 유족들에 대한 손해배상책임마저도 면하는 결과를 인정한다면 현저히 정의와 공평의 관념에 반한다고 할 것인 점에 비추어, 이 사건 손해배상청구에 대한 국가의 소멸시효 항변은 권리남용에 해당한다고 본 사례(대판 2011. 10. 13, 2011다36091).
⑥ 1980년 10월부터 11월 사이에 일어난 이른바 '10·27 법난' 당시 정부 소속 합동수사본부 내 합동수사단 수사관들에 의해 불법구금이 되어 고문과 폭행 등을 당한 피해자가 불법구금 상태에서 벗어난 1980. 11. 26.부터 5년이 훨씬 경과한 2009. 6. 5.에야 국가를 상대로 손해배상을 구하는 소를 제기하자 국가가 소멸시효 완성을 주장한 사안에서, 국가의 소멸시효 완성 주장이 신의칙에 반하여 권리남용에 해당한다고 할 수 없다고 본 원심판단을 정당하다고 한 사례(대판 2011. 10. 27, 2011다54709).
⑦ '진실·화해를 위한 과거사정리위원회'가 피해자 등의 진실규명신청에 따라 진실규명신청 대상자를 희생자로 확인 또는 추정하는 **진실규명결정을 하고 피해자 등이 그 결정에 기초하여 상당한 기간 내에 권리행사를 한 경우**, 국가가 국가배상청구에 대해 소멸시효 완성을 주장하는 것은 신의성실 원칙에 반하는 권리남용에 해당하여 허용될 수 없다. 또한, 위 위원회가 진실·화해를 위한 과거사정리 기본법 제22조 제3항에 따라 직권으로 조사를 개시하여 진실규명결정을 한 경우에도 그 희생자나 유족의 권리행사에 대하여 국가가 소멸시효를 주장하는 것은 마찬가지로 권리남용에 해당한다(대판 2013. 07. 25, 2013다16602).
⑧ 진실·화해를 위한 과거사정리위원회의 '진실규명결정일'로부터 3년의 기간을 넘어 소가 제기된 경우에 피고 대한민국의 소멸시효 완성 항변이 권리남용에 해당하지 않는다고 한 사례(대판 2013. 07. 25, 2013다203529).
⑨ '진실·화해를 위한 과거사정리 기본법'에 따라 甲 등 망인들에 대하여 진실규명결정이 이루어진 날부터 3년이 지나기 전에 유족들인 乙 등이 국가를 상대로 甲 등 망인들 본인의 위자료만을 구하는 소를 제기하였다가 **진실규명결정일부터 3년이 지난 후에야** 청구취지 등을 변경하여 乙 등의 **고유 위자료를 구한 사안**에서, 乙 등의 고유 위자료에 관하여는 국가의 소멸시효 항변이 권리남용에 해당하지 않는다고 한 사례(대판 2013. 08. 22, 2013다200568).
⑩ **한국전쟁 전후 민간인 희생사건들에 있어서 국가의 소멸시효항변이 권리남용에 해당희생자로 확인 또는 추정하기 위한 요건**: 과거사정리법에 의한 진실규명신청이 있었고, 정리위원회도 망인들을 하는 결정을 한 경우, 망인들의 유족인 원고들로서는 그 결정에 기초하여 상당한 기간 내에

권리를 행사할 경우 피고가 적어도 소멸시효의 완성을 들어 권리소멸을 주장하지는 않을 것이라는 데 대한 신뢰를 가질 만한 특별한 사정이 있다고 봄이 상당하다. 그럼에도 불구하고 피고가 원고들에 대하여 소멸시효의 완성을 주장하는 것은 신의성실 원칙에 반하는 권리남용에 해당한다 할 것이어서 이는 허용될 수 없다. 위 권리행사의 '상당한 기간'은 특별한 사정이 없는 한 민법상 시효정지의 경우에 준하여 단기간으로 제한되어야 한다. 그러므로 개별 사건에서 매우 특수한 사정이 있어 그 기간을 연장하여 인정하는 것이 부득이한 경우에도 불법행위로 인한 손해배상청구의 경우 그 기간은 아무리 길어도 민법 제766조 제1항이 규정한 단기소멸시효기간인 3년을 넘을 수는 없다고 보아야 한다(대판 2013. 05. 16, 2012다202819).

⑪ **수사기관의 위법행위 등으로 수집한 증거 등에 기초하여 유죄 확정판결을 받았다가 재심절차에서 무죄 확정판결을 받은 자가 국가를 상대로 손해배상을 청구하는 경우에 채무자인 국가의 소멸시효 항변이 권리남용으로 되는 경우 및 채권자가 국가의 소멸시효 항변을 저지할 수 있는 권리행사의 상당한 기간:** 국가기관이 수사과정에서 한 위법행위 등으로 수집한 증거 등에 기초하여 공소가 제기되고 유죄의 확정판결까지 받았으나 재심사유의 존재 사실이 뒤늦게 밝혀짐에 따라 재심절차에서 무죄판결이 확정된 후 국가기관의 위법행위 등을 원인으로 국가를 상대로 손해배상을 청구하는 경우, **재심절차에서 무죄판결이 확정될 때까지는 채권자가 손해배상청구를 할 것을 기대할 수 없는 사실상의 장애사유가 있었다고 볼 것**이다. 따라서 이러한 경우 채무자인 국가의 소멸시효 완성의 항변은 신의성실의 원칙에 반하는 권리남용으로 허용될 수 없다. **다만 채권자는 특별한 사정이 없는 한 그러한 장애가 해소된 재심무죄판결 확정일로부터 민법상 시효정지의 경우에 준하는 6개월의 기간 내에 권리를 행사하여야 한다.** 이때 그 기간 내에 권리행사가 있었는지는 원칙적으로 손해배상을 청구하는 소를 제기하였는지 여부를 기준으로 판단할 것이다. 다만 재심무죄판결이 확정된 경우에 채권자로서는 민사상 손해배상청구에 앞서, 그보다 간이한 절차라고 할 수 있는 '형사보상 및 명예회복에 관한 법률'(이하 '형사보상법'이라 한다)에 따른 형사보상을 먼저 청구할 수 있다. 그런데 형사보상 금액은 구금의 종류 및 기간의 장단 등 관련되는 모든 사정을 고려하여 산정하되, 구금 1일당 보상금 지급한도를 보상청구의 원인이 발생한 해의 최저임금법에 따른 일급 최저임금액을 하한으로 하여 그 금액의 5배까지로 한다고 되어 있어(형사보상법 제5조 제1항, 제2항, 그 시행령 제2조), 구체적인 형사보상금의 액수는 법원의 형사보상결정을 기다려 볼 수밖에 없다. 게다가 형사보상법 제6조 제3항은 "다른 법률에 따라 손해배상을 받을 자가 같은 원인에 대하여 이 법에 따른 보상을 받았을 때에는 그 보상금의 액수를 빼고 손해배상의 액수를 정하여야 한다"고 규정하고 있다. 따라서 **채권자가 재심무죄판결 확정일로부터 6개월 내에 손해배상청구의 소를 제기하지는 아니하였더라도 그 기간 내에 형사보상법에 따른 형사보상청구를 한 경우에는 소멸시효의 항변을 저지할 수 있는 권리행사의 '상당한 기간'은 이를 연장할 특수한 사정이 있다고 할 것이고,** 그때는 형사보상결정 확정일로부터 6개월 내에 손해배상청구의 소를 제기하면 상당한 기간 내에 권리를 행사한 것으로 볼 수 있다. **다만 이 경우에도 그 기간은 권리행사의 사실상의 장애사유가 객관적으로 소멸된 재심무죄판결 확정일로부터 3년을 넘을 수는 없다**고 보아야 한다(대판 2013. 12. 12, 2013다201844).

⑫ 불법구금이나 고문을 당하고 공판절차에서 유죄 확정판결을 받았으며 수사관들을 직권남용, 감금 등 혐의로 고소하였으나 '혐의 없음' 결정까지 받은 경우 재심절차에서 무죄판결이 확정될 때까지는 국가를 상대로 불법구금이나 고문을 원인으로 한 **손해배상청구를 할 것을 기대할 수 없는 장애사유가 있었다**고 볼 수 있고, **그 원인을 국가가 제공**했으므로 **국가의 소멸시효 완성 주장은 신의성실의 원칙에 반하여 받아들일 수 없다**(대판 2019. 01. 31, 2016다258148). **〈해설〉** 이 경우 고문 피해자의 국가배상 청구권 기산점은 재심무죄 확정일이다.

Ⅵ. 차량사고와 국가배상

국가배상법 제2조는 국가 또는 지방자치단체가 자동차손해배상보장법(이하 '자배법'이라 한다)의 규정에 의하여 손해배상책임이 있는 때에는 국가배상법에 의하여 그 손해를 배상하여야 한다고 규정하고 있다.

1. 국가배상책임

(1) 자동차손해배상보장법에 의한 국가배상책임

자동차손해배상보장법(自動車損害賠償保障法) 제3조는 다음과 같이 규정하고 있다. "자기를 위하여 자동차를 운행하는 자는 그 운행으로 다른 사람을 사망하게 하거나 부상하게 한 경우에는 그 손해를 배상할 책임을 진다. 다만, 다음 각 호의 어느 하나에 해당하면 그러하지 아니하다. 1. 승객이 아닌 자가 사망하거나 부상한 경우에 자기와 운전자가 자동차의 운행에 주의를 게을리하지 아니하였고, 피해자 또는 자기 및 운전자 외의 제3자에게 고의 또는 과실이 있으며, 자동차의 구조상의 결함이나 기능상의 장해가 없었다는 것을 증명한 경우. 2. 승객이 고의나 자살행위로 사망하거나 부상한 경우."

1) 자동차손해배상보장법에 의해 국가배상책임이 인정되는 경우

자배법이 적용되기 위하여는 '자동차의 운행으로 사람이 사망하거나 부상한 경우'이어야 하고, 국가나 지방자치단체가 자배법 제3조상의 '자기를 위하여 자동차를 운행하는 자'에 해당하여야 한다.

자배법 제3조 소정의 '자기를 위하여 자동차를 운행하는 자'라고 함은 '자동차에 대한 운행이익과 운행지배를 가지고 있는 자'를 의미한다(대판 1994. 12. 27, 94다31860). 공무원이 그 직무를 집행하기 위하여 국가 또는 지방자치단체 소유의 공용차를 운행하는 경우가 전형적인 예이다.

판례에 의하면 자동차의 소유자가 자동차에 대한 운행지배와 운행이익을 상실하였는지 여부, 즉 자기를 위하여 자동차를 운행하는 자의 지위를 상실하였는지 여부는 평소의 자동차나 그 열쇠의 보관 및 관리상태, 소유자의 의사와 관계없이 운행이 가능하게 된 경위, 소유자와 운전자의 인적 관계, 운전자의 차량반환의사 유무, 무단운행 후 보유자의 승낙 가능성, 무단운전에 대한 피해자의 주관적 인식 유무 등 객관적이고 외형적인 여러 사정을 사회통념에 따라 종합적으로 평가하여 이를 판단하여야 한다(대판 1993. 07. 13, 92다41733).

공무원이 개인적인 용무를 위하여 무단으로 국가 또는 지방자치단체 소유의 공용차를 운전하다 타인을 사상한 때에도 국가 또는 지방자치단체가 자동차 소유자로서 운행이익 또는 운행지배를 갖고 있으면 자동차손해배상보장법이 적용된다.

[판례] ① 국가 소속 공무원이 관리권자의 허락을 받지 아니한 채 국가소유의 오토바이를 무단으로 사용하다가 교통사고가 발생한 경우에 있어 국가가 그 오토바이와 시동열쇠를 무단운전이 가능한 상태로 잘못 보관하였고 위 공무원으로서도 국가와의 고용관계에 비추어 위 오토바이를 잠시 운전하다가 본래의 위치에 갖다 놓았을 것이 예상되는 한편 피해자들로 위 무단운전의 점을 알지 못하고 또한 알 수도 없었던 일반 제3자인 점에 비추어 보면 국가가 위 공무원의 무단운전에도 불구하고 위 오토바이에 대한 객관적, 외형적인 운행지배 및 운행이익을 계속 가지고 있었다고 봄이 상당하다(대판 1988. 01. 19, 87다카2202).
② 군소속 차량의 운전수가 일과시간 후에 피해자의 적극적인 요청에 따라 동인의 개인적인 용무를 위하여 상사의 허락 없이 무단으로 위 차를 운행하다가 사고가 일어났다면 군은 자동차손해배상보장법 제3조 소정의 자기를 위하여 자동차를 운행하는 자에 해당되지 아니한다(대판 1981. 02. 10, 80다2720).

2) 자동차손해배상보장법에 의한 국가배상책임의 성립요건

자배법은 배상책임의 성립요건에 관하여는 국가배상법에 우선하여 적용된다(대판 1996. 03. 08, 94다23876).

자배법이 적용되는 경우 승객이 사망하거나 부상한 경우에는 그 사망 또는 부상이 그 승객의 고의나 자살행위로 인한 것이 아닌 한 국가는 무과실책임을 진다(자배법 제3조 제2항).

피해자가 승객이 아닌 자인 경우에는 운행자가 면책요건(자기와 운전자가 자동차의 운행에 관하여 주의를 게을리하지 아니하고, 피해자 또는 자기 및 운전자 외의 제3자에게 고의 또는 과실이 있으며, 자동차의 구조상의 결함 또는 기능에 장해가 없었다는 것)을 입증하지 않는 한 국가 등은 고의 또는 과실을 묻지 않고 배상책임을 진다(자배법 제3조 제1항).

3) 국가배상법에 의한 국가배상책임의 실행

국가 또는 지방자치단체가 자배법의 규정에 의하여 손해배상책임이 있는 때에는 국가배상법에 의하여 그 손해를 배상하여야 한다(국배법 제2조 제1항).

따라서, 국가 또는 지방자치단체가 자배법의 규정에 의하여 손해배상책임이 있는 때에도 이중배상금지규정인 국가배상법 제2조 제1항 단서가 적용되고, 피해자는 배상심의회에 배상신청을 할 수 있다.

(2) 국가배상법에 의한 국가배상책임

공무원이 공무수행을 위하여 차량을 운전중 사고로 타인에게 손해를 발생시킨 경우 자배법이 적용되는 경우가 아닌 경우에는 그 성립요건 및 국가배상청구 등에 있어서 자배법이 적용되지 않고 국가배상법이 적용된다.

① 국가나 지방자치단체가 '자동차에 대한 운행이익과 운행지배를 가지지 않는 경우에는 국가배상법이 적용된다. 예를 들면, 공무원이 직무를 집행하기 위하여 자기 소유의 자동차를 운행하다가 사고를 낸 경우 국가 등이 동 자동차의 운행자가 아니므로 자동차손해배상보장법이 적용되지 않고, 국가 등은 국가배상법에 따라 배상책임을 진다.

[판례] ① 공무원이 통상적으로 근무하는 근무지로 출근하기 위하여 자기소유의 자동차를 운행하다가 과실로 교통사고를 일으킨 경우에는 '직무를 집행함에 당하여' 불법행위를 한 것이 아니므로 국가나 지방자치단체가 국가배상법상의 손해배상책임을 지지 않는다(대판 1996. 05. 31, 94다15271).
② [1] 공무원이 자신의 승용차를 운전하여 공무를 수행하고 돌아오던 중 교통사고로 동승한 다른 공무원을 사망하게 한 경우 국가배상책임의 성립 여부(적극): 공무원이 자신의 소유인 승용차를 운전하여 공무를 수행하고 돌아오던 중 동승한 다른 공무원을 사망하게 하는 교통사고를 발생시킨 경우, 이는 외형상 객관적으로 직무와 밀접한 관련이 있는 행위이고, 가해행위를 한 공무원과 동일한 목적을 위한 업무를 수행한 공무원이라 할지라도 그가 가해행위에 관여하지 아니한 이상 국가배상법 제2조 제1항 소정의 '타인'에 해당하므로 국가배상법에 의한 손해배상책임이 인정된다.
[2] 다른 공무원의 불법행위로 사망한 공무원에 대한 국가 또는 지방자치단체의 손해배상액에서 공무원연금법에 의하여 지급된 유족보상금의 공제 가부(적극): 공무원이 공무집행 중 다른 공무원의 불법행위로 인하여 사망한 경우, 사망한 공무원의 유족들이 국가배상법에 의하여 국가 또는 지방자치단체로부터 사망한 공무원의 소극적 손해에 대한 손해배상금을 지급받았다면 공무원연금관리공단 등은 그 유족들에게 같은 종류의 급여인 유족보상금에서 그 상당액을 공제한 잔액만을 지급하면 되고, 그 유족들이 공무원연금관리공단 등으로부터 공무원연금법 소정의 유족보상금을 지급받았다면 국가 또는 지방자치단체는 그 유족들에게 사망한 공무원의 소극적 손해액에서 유족들이 지급받은 유족보상금 상당액을 공제한 잔액만을 지급하면 된다(대판 전원합의체 1998. 11. 19, 97다36873[손해배상(자)]).

② 자동차사고로 물적 피해만이 난 경우에는 국가배상법이 적용된다.

2. 공무원의 배상책임

공무원의 피해자에 대한 개인책임에 관하여도 자배법이 민법이나 국가배상법에 우선하여 적용된다. 따라서, 일반적으로 공무원의 공무집행상의 위법행위로 인한 공무원의 개인책임은 고의 또는 중과실의 경우에만 인정되지만, 공무원이 '자기를 위하여 자동차를 운행하는 자'인 때에는 그 사고가 자동차를 운전한 공무원의 경과실에 의한 것인지 중과실 또는 고의에 의한 것인지를 가리지 않고, 공무원은 자배법상의 손해배상책임을 부담한다(대판 1996. 03. 08, 94다23876). 공무원이 자기소유의 자동차를 운행하다가 사고를 낸 경우가 이에 해당한다.

공무원의 개인책임에 관하여 자배법이 적용되지 않는 경우(국가 또는 지방자치단체 소유의 공용차를 운행한 경우) 공무원이 공무수행중 차량사고를 낸 경우에는 공무원은 일반원칙에 따라 고의 또는 중과실일 때에만 배상책임을 진다.

Ⅶ. 미합중국군대의 구성원 등의 행위로 인한 국가배상

미합중국군대의 구성원·고용원 또는 한국증원군대의 구성원이 그 직무를 행함에 당하여 대한민국 안에서 대한민국정부 이외의 제3자에게 손해를 가한 때 및 합중국군대 또는 한국증원군대가 점유·소유 또는 관리하는 토지의 공작물과 기타 시설 또는 물건의 설치나 관리의 하자로 인하여 대한민국정부 이외의 제3자에게 손해를 가한 때에는 대한민국이 국가배상법의 규정에 의하여 그 손해를 배상하여야 한다(아메리카합중국간의 상호방위조약 제4조에 의한 시설과 구역 및 대한민국에서의 합중국군대의 지위에 관한 협정의 시행에 관한 민사특별법 제2조).

[판례] (1) 주한미군의 공무집행상 행위로 인한 손해배상청구권은 대한민국 군대의 행동으로부터 발생하는 청구권에 관한 대한민국의 법령에 따라 제기하고 심사하여 해결하거나 재판하도록 되어 있다[SOFA 제23조 제5항 (가)호]. 그런데 **대한민국의 「군수품관리법」에 따른 차량은 자동차관리법 적용제외 대상이므로(자동차관리법 제2조 제1호, 같은 법 시행령 제2조 제3호) 대한민국 군대 소속 차량에 대해서는 자동차손배법이 적용되지 않는다.** (2) SOFA 제23조 제5항 및 주한미군민사법 제2조에 따라 국가배상법이 적용될 경우 **미합중국 군대의 공용 차량(장갑차)에 대해서는** 국가배상법 제2조 제1항 본문 후단의 자동차손배법에 따른 손해배상책임 규정은 적용되지 않고, **국가배상법 제2조 제1항 본문 전단에 따른 손해배상책임 규정만 적용**된다(대판 2023. 06. 29, 2023다205968).

피해자가 협정 제1조의 규정에 의한 합중국군대의 구성원·군속 또는 그들의 가족인 때에는 제2조를 적용하지 아니한다(동법 제3조).

협정 제23조의 규정에 의한 손해배상금의 사정은 법무부장관이 행하며 그사정에 있어서는 국가배상법의 규정에 의하여 법무부에 설치된 배상금심의회의 심의를 거쳐야 한다(동법 제4조).

국가배상비용은 양 당사국이 다음과 같이 이를 분담한다. ① 합중국만이 책임이 있는 경우에는 대한민국이 그의 25「퍼센트」를, 합중국이 그의 75「퍼센트」를 부담하는 비율로 이를 분담한다. ② 대한민국과 합중국이 손해에 대하여 책임이 있는 경우에는 양 당사국이 균등히 이를 분담한다(SOFA 제23조).

Ⅷ. 외국인의 국가배상청구

국가배상법은 상호주의를 적용하여 외국인이 피해자인 경우에는 해당 국가와 상호 보증이 있을 때에만 국가배상법을 적용하는 것으로 규정하고 있다(제7조).

[판례] [1] **국가배상법 제7조에서 정한 '상호보증'이 있는지 판단하는 기준:** 우리나라와 외국 사이에 국가배상청구권의 발생요건이 현저히 균형을 상실하지 아니하고 외국에서 정한 요건이 우리나라에서 정한 그것보다 전체로서 과중하지 아니하여 중요한 점에서 실질적으로 거의 차이가 없는 정도라면 국가배상법 제7조가 정하는 상호보증의 요건을 구비하였다고 봄이 타당하다. 그리고 상호보증은 외국의 법령, 판례 및 관례 등에 의하여 발생요건을 비교하여 인정되면 충분하고 반드시 당사국과의 조약이 체결되어 있을 필요는 없으며, 당해 외국에서 구체적으로 우리나라 국민에게 국가배상청구를 인정한 사례가 없더라도 실제로 인정될 것이라고 기대할 수 있는 상태이면 충분하다. [2] 일본인 甲이 대한민국 소속 공무원의 위법한 직무집행에 따른 피해에 대하여 국가배상청구를 한 사안에서, 우리나라와 일본 사이에 국가배상법 제7조가 정하는 상호보증이 있다고 한 사례(대판 2015. 06. 11, 2013다208388).

Ⅸ. 학교안전법에 의한 공제제도

학교안전사고 예방 및 보상에 관한 법률('학교안전법'이라 약칭한다)에 의한 공제제도는 상호부조 및 사회보장적 차원에서 학교안전사고로 피공제자가 입은 피해를 직접 전보하기 위하여 특별법으로 창설한 것으로서 일반 불법행위로 인한 손해배상 제도와는 취지나 목적이 다르다. 따라서 법률에 특별한 규정이 없는 한 학교안전법에 의한 공제급여의 지급책임에는 과실책임의 원칙이나 과실상계의 이론이 당연히 적용된다고 할 수 없고, 또한 민사상 손해배상 사건에서 기왕증이 손해의 확대 등에 기여한 경우에 공평의 견지에서 과실상계의 법리를 유추적용하여 손해배상책임의 범위를 제한하는 법리도 법률에 특별한 규정이 없는 이상 학교안전법에 따른 공제급여에는 적용되지 않는다(대판 전원합의체 2016. 10. 19, 2016다208389).

[판례] ① [1] 학교안전공제회가 수급권자에게 공제급여를 지급하면 그 공제급여의 한도 내에서 수급권자가 학교안전사고를 일으킨 자에 대하여 가지는 손해배상청구권을 대위취득한다고 보는 것이 타당하다. 따라서 **학교안전법 제44조 제1항에 따른 학교안전공제회의 청구는 공제급여 지급 당시 수급권자가 학교안전사고를 일으킨 자에 대하여 손해배상청구권을 가지고 있음을 전제로 하**는 것이고, 그 손해배상청구권이 소멸한 후에는 학교안전공제회가 공제급여를 지급하였다고 하더라도 수급권자의 손해배상청구권을 대위취득할 수 없으므로 학교안전사고를 일으킨 자에 대하여 공제급여에 상당한 금액의 지급을 청구하지 못한다. [2] 망인의 유족이 학교안전사고를 일으킨 자와 사이에 이 사건 사고에 관하여 어떠한 민·형사상 이의를 제기하지 아니하기로 하는 이 사건 합의를 하고 그에 따른 합의금을 전부 지급받았으므로, 망인의 유족이 학교안전사고를 일으킨 자에 대하여 가지는 손해배상청구권은 소멸하였고, 그 후 학교안전공제회가 망인의 유족에게 공제급여를 지급하였더라도 유족의 학교안전사고를 일으킨 자에 대한 손해배상청구권을 대위취득할 수 없으며, 따라서 학교안전공제회는 학교안전사고를 일으킨 자를 상대로 위 공제급여에 상당한 금액의 지급을 청구하지 못한다고 본 원심판단이 정당하다고 보고 상고를 기각한 사례(대판 2016. 12. 15, 2013다

82401[학교안전공제회의 구상금 사건]).
② [1] 피공제자가 경과실로 학교안전사고를 일으킨 경우에는 수급권자에게 공제급여가 지급되더라도 학교안전공제회로부터 구상을 당하지 않는다. [2] 경과실로 학교안전사고를 일으킨 피공제자가 먼저 피해자에게 손해배상을 한 경우, 학교안전공제회를 상대로 구상권을 행사할 수 있다. [3] 학교안전공제회가 학교안전사고로 피해를 입은 수급권자에게 공제급여를 지급한 경우, 손해배상책임 있는 피공제자의 책임보험자에게 수급권자의 보험금직접청구권을 대위행사할 수 있다. 이는 책임보험의 피보험자인 피공제자가 경과실로 학교안전사고를 일으킨 경우에도 마찬가지이다. 그러나, 피공제자가 경과실로 학교안전사고를 일으켜 피공제자의 책임보험자가 먼저 피해자에게 손해배상금을 지급한 경우, 학교안전공제회를 상대로 구상권을 행사할 수 없다(대판 2019. 12. 13, 2018다287010).

Ⅹ. 민주화보상법 등에 따른 보상금 등

[판례] ① 구 민주화보상법에 따른 보상금 등 지급결정에 동의하고 보상금 등을 수령하였더라도 **정신적 손해인 위자료**에 대해서까지 구 민주화보상법 제18조 제2항에 따라 재판상 화해가 성립된 것으로 볼 수 없다(대판 2020. 11. 26, 2019다276307).
② (1) **부마항쟁보상법**은 보상항목으로 보상금과 생활지원금 및 의료지원금(이하 '보상금등'이라 한다)을 규정하고 있는데, 부마항쟁보상법과 그 시행령이 규정하는 구체적인 지급대상, 지급요건, 지급액 산정기준 등을 종합하여 보면 **보상금은 소극적 손실이나 손해에 대한 보상 또는 배상의 성격**을, **생활지원금은 소극적 손실이나 손해에 대한 보상 또는 배상 및 사회보장의 성격**을, **의료지원금은 적극적 손실이나 손해에 대한 보상 또는 배상의 성격**을 가지는 것으로 해석된다(헌법재판소 2019. 4. 11. 선고 2016헌마418 결정 참조). (2) 부마항쟁보상법 제32조 제2항의 화해간주조항에서 규정하는 '피해'란 적법한 행위로 발생한 '손실'과 위법한 행위로 발생한 '손해'를 모두 포함하는 포괄적인 개념에 해당한다. (3) 이 사건 화해간주조항에 따라 보상금등 지급결정에 동의함으로써 성립하는 재판상 화해의 대상에 부마민주항쟁과 관련하여 입은 피해 중 '정신적 손해' 부분은 포함되지 아니한다고 해석함이 타당하다(대판 2023. 09. 21, 2023다230476).

제 3 절 행정상 손실보상

제 1 항 행정상 손실보상의 의의

Ⅰ. 종래의 통설

종래(從來) 통설(通說)은 행정상 손실보상(行政上 損失補償)이란 통상 "적법한 공권력 행사에 의해 국민의 재산권에 대한 직접적인 침해가 가해져 특정 국민에게 특별한 손해가 발생한 경우에 국가나 지방자치단체 또는 공익사업의 주체가 그 손해를 보상하여 주는 것"을 의미하는 것으로 개념 정의하고 있다.

그러나, 종래의 통설에 의한 이러한 엄격한 의미의 손실보상 개념은 피해자가 입은 손해의 전보를 확대한다는 측면에서는 너무 좁은 개념이라는 비판이 가해질 수 있다.

Ⅱ. 종래의 통설에 대한 비판

① 공익상 적법하게 국민의 재산권 이외의 생명 또는 신체에 대한 침해가 가해지는 경우(예, 예방접종의 부작용으로 인한 사망 또는 상해의 경우)가 있을 수 있고, 이에 대한 보상의 필요가 있는 데도 엄격한 의미의 손실보상은 이를 포함할 수 없다. 생명 또는 신체에 대한 적법한 침해로 인한 손실도 손실보상의 대상으로 보아야 한다.

② 종래의 통설에 의하면 공공필요에 의한 수용에 의해 재산권자에게 직접적으로 발생한 손실은 행정상 손실보상의 개념에 포함되지만 간접적으로 발생한 손실(즉, 간접손실 내지 수용적 침해)은 포함되지 못한다. 그러나, 간접손실도 적법한 공권력 행사가 원인이 되어 발생한 손실이므로 손실보상의 대상이 되는 것으로 보아야 할 것이다. 판례도 간접손실을 헌법 제23조 제3항에 규정한 손실보상의 대상이 된다고 보고 있다(대판 1999. 10. 08, 99다27231).

③ 재산권에 대한 공권적 침해가 위법한 경우에도 행정상 손해배상으로 배상이 어려운 경우에 피해자의 구제를 도모하기 위하여 행정상 손실보상에 포함하여 손해를 보상하여 주어야 하는 것이 아닌가 라는 문제(수용유사침해의 문제)를 제기하는 학자가 적지 않다. 그러나, 가해행위가 적법한 경우와 위법한 경우를 구별하는 것이 타당하며 현행 실정법도 이를 구별하고 있으므로 재산권에 대한 공권적 침해가 위법한 경우에는 손해배상의 문제로 보고 해결하여야 한다.

판례도 이러한 입장을 취하고 있는 것으로 보인다. 즉 판례는 국가 또는 지방자치단체가 도로부지에 소유권 또는 임차권을 취득하는 등 적법한 권원 없이 도로를 사용하고 있는 경우에 임료 상당의 손해배상의무를 명하고 있고(대판 1999. 11. 26, 99다40807),[99] 공유수면매립사업 시행자가 손실보상의무를 이행하지 아니한 채 공사를 시행하여 허가어업자에게 실질적이고 현실적인 침해를 가한 경우에 손실보상금 상당액의 손해배상의무를 명하고 있다(대판 1999. 11. 23, 98다11529).

---

99) 이 경우에 도로부지의 소유자는 도로법 제5조에 의해 당해 도로부지에 대한 사권을 행사할 수 없다. 도로법 제5조의 사권행사금지의 취지는 소유자의 사용 수익 등의 금지, 당해 부지 인도청구 금지의 취지에 불과하고 소유권의 이전 또는 저당권의 설정 등까지를 금지하는 것은 아니다(대판 1970. 04. 28, 70다237; 1968. 10. 22, 68다1317).

다만, 사견에 의하면 공공필요를 위한 재산권의 침해를 규정하는 법률이 보상규정에 관하여는 규정하고 있지 않는 경우에 있어서의 손실전보의 문제는 헌법 제23조 제3항에 관하여 직접효력설 또는 유추적용설에 근거하는 경우에는 손실보상의 문제로 될 것이다. 그리고, 이와 같이 헌법에 근거한 손실보상을 인정하는 경우에는 보상규정을 결한 법률에 근거한 공공필요를 위한 재산권의 침해(공용침해)는 반드시 위법한 행위라고 볼 것은 아니다.

Ⅲ. 손실보상 개념의 확장

전술한 바와 같이 간접손실보상, 생명 또는 신체에 대한 적법한 침해로 인한 손실의 보상은 손실보상에 포함시키는 것이 타당하지만, 위법한 행위로 인한 손해의 전보는 손실보상의 문제가 아니라 국가배상의 문제로 보아야 한다. 따라서, 손실보상의 개념을 확장하여 "적법한 공권력 행사에 의해 국민에게 가해진 특별한 손실을 공적 부담 앞의 평등의 원칙에 근거하여 국가나 지방자치단체 또는 공익사업의 주체가 그 손실을 보상하여 주는 것"을 의미하는 것으로 정의하는 것이 타당하다.

제 2 항 행정상 손실보상의 근거

Ⅰ. 이론적 근거

손실보상의 근거에 관한 통설은 특별희생설(特別犧牲說)이다. 이 설은 공익을 위하여 개인에게 부과된 특별한 희생은 이를 공동체 전체의 부담으로 하여 보상하는 것이 정의·공평의 요구에 합치하는 것이라고 본다. 그리고 일반적으로 평등의 원칙으로부터 파생된 원칙인 '공적 부담 앞의 평등원칙'을 또한 손실보상의 근거로 들고 있다.[100)]

생각건대, 손실보상의 이론적 근거는 재산권보장과 공적 부담 앞의 평등원칙이라고 보는 것이 타당하다. 즉, 헌법 제23조에 의해 보장되는 재산권은 일차적으로 재산권자가 재산권을 보유하고 향유하는 것을 보장하는 존속보장(存續保障)의 대상이 되는 것이지만, 공공필요에 의해 재산권에 대한 공권적 침해가 있는 경우에는 재산권의 가치를 보장하는 차원에서 손실보상을 하여야 한다(가치보장). 또한, 공익 목적상 가해진 재산권에 대한 공권적 침해에 의해 특정 국민에게 '특별한 손해'가 발생한

100) 김동희, 전게서, 569면; 박윤흔, 전게서, 711면 등.

경우에는 당해 특정 국민은 다른 국민에 비해 불평등한 상태에 놓이게 되는 것이므로 당해 손해를 보상을 하지 않는 것은 평등의 원칙에 반하며 또한 이 불평등을 제거하기 위해 손해를 전보하여 주는 것이 평등의 원칙상 요청된다.

재산권과 평등의 원칙을 손실보상의 이론적 근거만으로 보는 견해도 있지만 이론적 근거일 뿐만 아니라 법적 근거도 된다고 보아야 한다. 따라서 헌법이나 법률에 손실보상의 직접적인 법적 근거가 없는 경우에는 재산권과 공적 부담 앞의 평등원칙이 손실보상의 직접적인 법적 근거가 될 수 있다.

Ⅱ. 존속보장과 가치보장

1. 존속보장

(1) 의 의

존속보장(存續保障)이라 함은 재산권자가 재산권을 보유하고 향유(사용, 수익, 처분)하는 것을 보장하는 것을 말한다.

사유재산제도하에서 재산권은 생활(영업활동 포함)의 기초가 되는 것이므로 존속보장은 특히 중요한 의미를 갖는다.

(2) 헌법적 근거 및 내용과 한계

헌법 제23조 제1항은 재산권을 기본권으로 보장하고 있는데, 재산권의 기본적 내용은 사용권, 수익권, 처분권이다. 그런데, 오늘날 재산권은 공공필요상 강한 사회적 제약을 받는다(헌법 제23조 제2항). 헌법은 재산권의 본질적 내용은 보장하되, 재산권의 내용과 한계는 법률로 정하는 것으로 규정하고 있다(헌법 제23조 제1항).

(3) 존속보장 실현제도

존속보장의 실현제도로는 공용침해에서의 공공필요성 요건(최소침해의 원칙 등 비례의 원칙 포함), 환매제도, 분리이론, 위법한 재산권 침해행위에 대한 취소소송 등이 있다.

2. 가치보장

(1) 의 의

가치보장(價值保障)이라 함은 공공필요에 의해 재산권에 대한 공권적 침해가 행해지는 경우에 재산권의 가치를 보장하기 위해 보상 등 가치보장조치를 취하는 것을 말한다.

(2) 헌법적 근거 및 내용과 한계

헌법 제23조 제3항은 공용침해시의 손실보상의무를 규정하고 있다. 특히 정당보상원칙을 선언하고 있는데, 통설과 판례는 정당보상의 원칙을 완전보상의 원칙으로 해석하고 있다.

다만, 오늘날 재산권은 공공필요상 강한 사회적 제약을 받는다(헌법 제23조 제2항). 공용침해가 재산권에 내재하는 사회적 제약에 그치는 경우에는 재산권자가 이를 감수하여야 하며 보상이 주어지지 않는다. 또한, 정당보상의 의미에 관한 상당보상설에 의하면 공익을 고려하여 완전보상을 하회하는 보상이 가능하다. 채권보상이 재산권의 가치보장을 침해하는 것인지에 관하여는 논란이 있다.

(3) 가치보장의 요건

재산권에 대한 수용, 사용, 제한에 있어서는 공공필요가 있어야 한다. 그리고, 손실보상을 위해 보상에 관한 법률규정이 반드시 필요한지에 관하여는 견해의 대립이 있다.

(4) 가치보장 실현수단

가치보장의 실현제도로는 손실보상, 매수청구제도 등이 있다. 생활보상은 보상제도인 점에서 가치보장을 위한 것이지만, 존속보장적인 의미도 갖는다.

3. 존속보장과 가치보장의 관계

공공필요를 위해 공용침해가 행해지고 보상금이 지급되는 경우 재산권의 존속보장은 가치보장으로 전환된다.

그런데, 존속보장과 가치보장의 우열에 관하여는 견해의 대립이 있다. 다수견해는 인간생활에서의 재산권의 중요성에 비추어 재산권의 존속보장이 가치보장보다 우선시되어야 한다고 본다. 이에 대하여 재산권의 공공성을 강조하면서 재산권에 대한 강한 사회적 제약과 공공필요를 위한 수용 및 보상의 필요성을 강조하는 견해가 있다. 이 견해는 존속보장과 가치보장의 조화를 주장한다.

Ⅲ. 실정법상 근거

1. 헌법적 근거

헌법 제23조 제3항은 "공공필요에 의한 재산권에 대한 수용·사용·제한 및 그에 대한 보상은 법률로써 하되, 정당한 보상을 지급하여야 한다"라고 규정하고 있다.

① 우선 이 규정은 재산권의 수용은 공공필요가 있는 경우에 한하며 또한 법률로써만 달리 말하면 법률에 근거가 있는 경우에만 가능하도록 하고 있다. ② 다음으로 공공필요를 위한 재산권 침해의 근거를 법률로 정하는 경우에 입법자는 반드시 보상에 관한 사항도 법률로 규정하도록 하고 있다. ③ 또한 입법권은 손실보상에 관한 규정을 제정함에 있어서 무한정의 재량을 갖는 것이 아니라 정당한 보상이 되도록 규정하여야 한다는 것을 분명히 하고 있다.

그리하여 헌법 제23조 제3항의 해석에 관하여는 다음과 같은 것이 특히 문제가 되고 있다.

① 재산권의 수용·사용·제한의 정당화 근거가 되는 공공필요는 무엇을 의미하는가. ② 어떤 법률이 공공필요를 위한 재산권 침해를 규정하면서 보상에 관하여는 규정하고 있지 않는 경우 손해를 입은 자는 헌법 제23조 제3항에 직접 근거하여 손실보상을 청구할 수 있는가. 청구할 수 없다면 그 구제방법은 무엇인가. ③ 헌법이 보상의 기준으로 선언하고 있는 '정당한 보상'이란 무엇을 의미하며 법률에서 정해진 보상의 내용이 정당한 보상에 못미치는 경우에 손해를 입은 자는 어떠한 법적 구제를 받을 수 있는가라는 문제가 그것이다.

(1) 헌법상 보상근거규정의 변천

우리 헌법상 수용 등에 의한 손실보상에 관한 규정의 문언이 각 헌법마다 다르게 규정되어 있었고, 이에 따라 헌법상의 보상규정의 국민에 대한 직접적 효력 여부에 관한 학설 및 판례의 입장도 변경되어 왔다. 그리하여 현행 헌법 제23조 제3항의 대국민 직접적 효력 유무를 판단함에 있어서는 우리 헌법상 수용 등에 의한 손실보상에 관한 규정내용의 변천과정을 살펴볼 필요가 있다.

1948. 7. 17. 제정 공포된 제헌헌법 제15조 제3항에서 "공공필요에 의하여 국민의 재산권을 수용, 사용 또는 제한함은 법률이 정하는 바에 의하여 상당한 보상을 지급함으로써 행한다"라고 규정한 이래 제4차 개정헌법까지 동보상규정에는 변동이 없었다.

그 후 1962. 12. 26. 공포된 제5차 개정헌법 제20조 제3항에서는 "공공필요에 의한 재산권의 수용·사용 또는 제한은 법률로써 하되 정당한 보상을 지급하여야 한다"라고 규정하였다.

판례는 처음에는 동조항의 대국민 직접효력을 부인하다가 1967년 전원합의체 판결(대판 1967. 11. 02, 67다1334)로 직접적 효력설을 취한 후 계속 그 입장을 유지하였다.[101]

---

101) 대판 1968. 01. 23, 66다2389; 1969. 01. 21, 68다2192; 1969. 05. 19, 67다2038; 1969. 06. 10, 68다2389; 1969. 12. 30, 69다9; 1969. 12. 30, 67다797; 1970. 02. 24, 69다1769; 1970. 03. 10, 69다1886; 1970. 03. 24, 69다1561; 1970. 03. 24, 70다185.

1972. 12. 27. 공포된 제7차 개정헌법(소위 제4공화국헌법) 제20조 제3항은 "공공필요에 의한 재산권의 수용·사용 또는 제한 및 그 보상의 기준과 방법은 법률로 정한다"로 헌법상의 보상규정을 변경하였다. 그 후 1980. 10. 27. 공포된 제8차 개정헌법(소위 제5공화국헌법) 제22조 제3항은 "공공필요에 의한 재산권의 수용·사용 또는 제한은 법률로써 하되, 보상을 지급하여야 한다. 보상은 공익 및 관계자의 이익을 정당하게 형량하여 법률로 정한다"고 규정하였다. 이 두 헌법하에서는 두 헌법상의 손실보상규정의 개정취지 및 그 문언의 표현상 직접효력설을 배제하려는 헌법개정의 취지가 명백히 나타나고 있으므로 직접효력설이 주장될 여지는 적었다. 이 두 헌법하에서 판례도 직접효력설을 부정하는 입장에 서 있었고,[102] 학설도 대체로 그러하였다.

다만, 이 두 헌법하에서도 직접효력설을 주장하는 견해가 없었던 것은 아니고[103] 그것이 전혀 논거가 없는 것도 아니었다. 즉, 직접효력설은 헌법상 공용침해에 대하여 보상한다는 원칙은 헌법상 선언되고 있다는 점을 논거로 들고 있다. 보상의 기준과 방법을 정하는 법률이 있으면 그에 따를 것이지만, 그러한 규정이 없는 경우에는 일반 보상의 법리에 따라 보상하면 된다는 입장이라고 이해된다.

1987. 10. 29. 공포된 현행 헌법은 제23조 제3항에서 "공공필요에 의한 재산권의 수용·사용 또는 제한 및 그에 대한 보상은 법률로써 하되, 정당한 보상을 지급하여야 한다"라고 규정하고 있다. 현행 헌법은 대법원이 대국민 직접효력을 인정하였던 제3공화국 헌법 제20조 제3항과 같이 '……정당한 보상을 하여야 한다'고 규정하고 있지만, '보상은 법률로써 하되'라는 문구를 삽입하고 있고, 제4공화국과 제5공화국의 헌법과 유사하게 '보상은 법률로 하되'라는 문구를 두고 있지만, 이들 헌법과 달리 '재산권에 대한 수용·사용·제한에는 …… 정당한 보상을 하여야 한다'고 규정하고 있다. 그리하여 현행 헌법 제23조 제3항의 해석에 있어서 위헌무효설(입법자구속설)은 '…… 보상은 법률로 하되'라는 문구에 중점을 두고, 직접효력설은 '…… 정당한 보상을 하여야 한다'는 문구에 중점을 둔다.

(2) 법률로써 정할 사항

손실보상에 관한 사항으로는 보상 여부, 보상의 기준, 보상주체 내지 보상기관, 보상절차, 보상방법 등이 있다. 헌법 제23조 제3항에서 공용침해에 대한 손실보상을 법률로써 정하도록 한 것은 어떠한 사항들에 관한 것인가.

---

102) 대법원은 법률에 별도의 규정이 없더라도 보상을 하여야 한다는 원심 판결을 번복하면서 "원심이 손실보상의 기준과 방법을 정한 법률이 없어도 보상을 하여야 한다는 취지로 판단한 것은 개정 헌법 규정을 잘못 적용한 위헌을 면키 어렵다"고 판시하였다(1976. 10. 12, 76다1443).

103) 권영성, 『헌법학원론(상)』, 1979, 541면; 김철수, 『신헌법학개론』, 366면; 문홍주, 『한국헌법』, 1987, 293면.

1) 보상 여부

현행 헌법하에서 보상 여부를 법률로 정할 수 있다는 해석은 불가능하다. 재산권이 침해된 경우에 보상을 해 주지 않는 것은 재산권의 본질적 내용을 침해하는 것으로써 인정될 수 없다(헌법 제37조 제2항).[104] 또한, 헌법 제23조 제3항이 '…… 정당한 보상을 지급하여야 한다'라고 규정하고 있으므로 보상을 하여야 한다는 것은 헌법에서 정해진 사항이다. 이 점은 입법자에 대한 직접효력설을 취하는 학설에 의해서도 인정되고 있다.

따라서, 법률에서 공용침해에 대하여 보상을 하여야 한다는 원칙만을 규정하고 있는 경우에 그 법률규정은 헌법에서 선언된 보상원칙을 반복하여 선언하고 있는 것에 불과하며 어떠한 법적 효과도 발생시키지 못한다.

만일 법률이 보상의 원칙 또는 정당보상의 원칙만을 선언하고 있는 경우에는 위헌무효설을 취하는 견해에 의하면 입법권은 손실보상을 규정할 입법의무를 이행한 것이 되지 않는다. 즉 입법부작위의 상태에 있게 된다. 이렇게 보는 경우에 상대방인 국민은 입법부작위에 대한 헌법소원을 제기할 수 있을 것이다. 상대방은 또한 공용침해행위의 취소를 청구하는 소송을 제기하여 그 소송에서 근거가 된 법률의 위헌·무효를 전제문제로서 주장할 수 있을 것이다.

2) 보상의 주체

어떠한 경우에도 보상의 주체에 관한 규정이 없다는 사실이 보상청구를 불가능하게 만들 수는 없다. 이에 관한 규정이 없는 경우에도 해석상 보상의 주체는 공용침해를 한 행정주체가 되는 것으로 해석할 수 있다.

3) 보상절차

어떠한 경우에도 보상의 절차에 관한 규정이 없다는 사실이 보상청구를 불가능하게 만들 수 없다. 특별한 보상절차가 규정되어 있지 않는 경우에는 민사소송(학설에 의하면 공법상 당사자소송)을 통하여 보상을 받을 수 있다.

4) 보상의 방법

보상은 금전으로 하는 것이 원칙이다. 정당한 보상이 되는 한 법률로써 금전 이외의 보상방법, 즉 현물보상 또는 채권보상 등을 규정할 수 있지만 보상의 방법에 관한 규정이 없다고 보상이 불가능하게 되는 것은 아니다. 보상의 방법에 관한 규정이 없을 경우에는 일반원칙에 따라 금전으로 보상하여야 할 것이다.

5) 보상의 기준

문제는 보상의 기준(보상액)이다. 입법자구속설의 가장 큰 논거는 국가재정을 고

---

104) 박윤흔, 전게서, 730면.

려하여 보상액을 입법자가 정할 수 있도록 한 것이라는 데 있다. 그리고, 이러한 주장은 논리적으로 보상의 기준에 대하여 상당보상설을 취하는 견해로부터 도출된다.

그러나, 완전보상설을 취하는 경우에는 보상액의 결정에 관하여 입법부에게 재량권이 거의 인정되지 않는다. 완전보상을 공용침해로부터 발생한(공용침해와 상당인과관계가 있는) 전 손실의 보상이라고 본다면 공용침해로 인한 보상액은 논리칙 · 경험칙에 의해 객관적으로 결정될 수 있을 것이다.

입법권의 보상액 결정이 의미를 갖는 것은 보상의 범위에 포함되는지 여부가 불명확한 경우에 보상의 범위를 명확히 확정하고, 생활보상과 같은 금전보상 이외의 보상의 방법을 정하거나 완전보상 이상의 보상(완전보상을 상회하는 보상 또는 간접보상)을 정하는 경우에 한정될 것이다.

만일 법률에서 정한 보상액이 완전보상에 현저하게 미치지 못하는 경우에는 그 법률의 규정은 위헌무효가 된다.

2. 법률상 근거

「공익사업을 위한 토지 등의 취득 및 보상에 관한 법률」(이하 '토지취득보상법'이라 한다. '토지보상법' 또는 '공익사업법'이라고 부르기도 한다)은 헌법 제23조 제3항을 토지수용의 분야에서 구체화하는 법률이다. 즉, 토지취득보상법은 공공필요를 위한 토지수용의 근거 및 보상의 기준과 절차 등을 규정하고 있다.

토지취득보상법 제정 이전에는 사업인정을 거쳐 행해지는 협의수용 및 강제수용과 보상은 토지수용법에서 규율하고, 사업인정을 거치지 않는 협의에 의한 토지취득과 보상은 공공용지의 취득 및 손실보상에 관한 특례법(이하 '공특법'이라 한다)에 의해 규율하였었다. 그런데, 2002년 2월 4일 제정되고 2003년 1월 1일부터 시행되는 토지취득보상법은 구 토지수용법과 공특법을 통합하여 협의에 의한 토지취득 및 보상과 공용수용 및 보상을 일원적으로 규율하고 있다.

토지취득보상법 이외에 하천법, 소방기본법 등 개별법에서 공공필요에 의한 재산권침해에 대한 보상이 규정되고 있다.

문제는 개별법률에서 공공필요를 위한 재산권침해의 근거를 정하면서도 보상에 관하여는 규정하지 않고 있는 법률이 적지 않다는 것이다. 주로 공용제한의 경우에 그러하다.

3. 보상규정 흠결시의 권리구제

공용침해로 인하여 특별한 손해가 발생하여 손실보상을 하여야 하지만, 보상규정의 흠결(欠缺)이 있는 경우[105]에 국민의 권익구제방안으로 위헌무효설, 직접효력설, 유추적용설, 보상규정유추적용설, 보상입법부작위위헌설 등이 주장되고 있다.

이 논의는 공용사용과 공용제한, 주로 공용제한으로 인하여 특별한 희생이 발생함에도 공용사용 또는 공용제한의 근거규정에 보상규정이 없는 경우에 문제된다. 그 이유는 공용수용의 경우에는 통상 보상규정이 있고, 공용사용의 경우에도 대체로 그러하기 때문이다.

그런데, 분리이론에 의하면 공익목적을 위한 재산권의 제한 중 많은 경우(예, 개발제한 구역의 지정)를 헌법 제23조 제3항의 손실보상의 문제가 아니라 제23조 제1항과 제2항의 재산권의 내용과 한계의 문제로 보기 때문에 후술하는 바와 같이 별도의 구제조치가 논의된다. 분리이론을 취하는 경우에도 공용침해(공용수용)와 손실보상의 문제가 되는 경우에는 아래의 논의가 필요하다.

(1) 분리이론과 경계이론

1) 분리이론

가. 의 의 분리이론(分離理論)은 입법자의 의사에 따라 재산권에 대한 제한의 문제를 헌법 제23조 제1항 및 제2항에 의한 재산권의 내용과 한계의 문제 또는 헌법 제23조 제3항의 공용제한과 손실보상의 문제로 구분하는 견해이다.

수용(공용제한)과 재산권의 내용적 제한과의 구분기준은 입법의 목적 및 형식이다. 즉, 법률의 규정에 의한 재산권의 제한이 일반적인 공익을 위하여 일반적·추상적으로 재산권을 새롭게 정의하려는 목적을 가진 경우에는 헌법 제23조 제1항 및 제2항의 재산권의 내용과 한계의 문제로 보고, 법률의 규정에 의한 재산권의 제한이 특정한 공익을 위하여 개별적·구체적으로 기존의 재산권을 박탈 내지 축소하려는 목적을 가진 것인 경우에는 헌법 제23조 제3항의 공용제한과 손실보상의 문제로 본다(김철용, "공용제한과 손실보상," 『월간감정평가사』, 2001. 5, 22면). 또는 재산권 제한의 목적을 기준으로 하여 재산권의 제한이 "특정한 공익상의 과제수행을 위한 것"이면 공용제한(수용)이고, 재산권의 제한이 "관련 당사자간 이익의 합리적 조정을 위한 것"이면 재산권의 내용적 제한이라고 본다(정혜영, 한국 헌법 제23조와 독일 분리이론에 의한 그

---

105) 보상에 관한 규정의 흠결이 있는 경우는 ① 보상규정이 전혀 없는 경우(예, 개발제한구역의 지정으로 개발제한구역지정 전에 대지인 토지에 건축을 할 수 없게 됨으로써 입게 되는 손실은 특별한 희생으로 보아야 하는데 도시계획법 제21조는 보상규정을 두고 있지 않다). ② 법률에 보상원칙은 선언되어 있지만 보상의 내용 및 절차에 관한 구체적인 규정이 전혀 없는 경우(소방대상물의 제거명령 등 소방대상물에 대한 처분으로 인하여 발생한 손실의 보상에 관한 소방기본법 제7조, 제78조). ③ 보상의 절차에 관한 정함은 있지만 기준과 방법에 관한 규정이 없는 경우(예, 문화재보호법 제30조, 동법시행령 제23조). ④ 보상의 내용에 관한 정함이 있지만 불충분한 경우(예, 산림법 제63조).

해석가능성, 262면).

분리이론은 가치보장인 "수용" 및 보상을 제한하고, 존속보장을 강화하려는 견해이다.

나. 재산권의 내용적 제한과 조정조치 재산권의 내용적 제한이 재산권에 내재하는 사회적 제약을 넘어 과도한 제한이 되는 경우에는 비례의 원칙 및 평등원칙에 반하게 된다. 이 경우에는 재산권의 내용적 제한이 과도한 것이 되지 않도록, 달리 말하면 비례원칙 위반으로 인한 위헌성을 해소하기 위하여 조정조치가 필요하다. 입법자는 비례원칙 위반을 시정하여 재산권 제한을 합헌적으로 하여야 할 의무를 지는데, 이 의무를 조정조치의무라고 한다. 조정조치로는 일차적으로 경과규정, 예외규정, 해제규정, 국가침해의 제한 등 비금전적 구제가 행해져야 하고, 이러한 구제조치들이 어려운 경우 제2차적으로 손실보상, 매수청구 등 금전적 보상이 주어져야 한다(정혜영, 249면).

다. 권리구제방안 분리이론에 의할 때 비례의 원칙에 반하는 과도한 재산권의 내용적 제한이 행해진 경우(공익을 위한 재산권의 제한이 재산권에 내재하는 사회적 제약을 넘어 특별희생에 해당하는 경우)의 권리구제는 어떻게 될 것인가. 이 경우에도 조정조치의무를 이행하지 않는 경우 ① 재산권 제한조치가 위헌이므로 취소소송을 통하여 구제를 받아야 한다는 견해, ② 조정조치의무 불이행이라는 입법부작위에 대한 헌법소원을 통하여 구제를 받아야 한다는 견해, ③ 재산권제한조치의 근거가 되는 법률의 위헌확인과 조정조치에 관한 입법을 기다려 구제를 받아야 한다는 견해가 있다.

판례에 따르면 재산권의 내용과 한계의 문제인데, 조정조치의무를 이행하지 않는 경우 ① 재산권 제한조치가 처분인 경우 취소소송을 통하여 구제를 받고, ② 조정조치의무 불이행이 입법부작위인 경우 입법부작위에 대한 헌법소원을 통하여 구제를 받고, ③ 부진정입법부작위인 경우 재산권 제한의 근거가 되는 법령의 위헌확인과 조정조치에 관한 입법을 기다려 구제를 받아야 한다. ④ 분리이론에 따르면 **재산권의 제한이 헌법 제23조 제1항 및 제2항의 재산권의 내용과 한계에 속하는 경우** 손실보상의 문제가 아니므로 손실보상규정의 유추적용에 위한 보상청구는 가능하지 않다.

[판례] ① 섬진강댐의 댐사용권자인 원고 한국농어촌공사가 섬진강댐 재개발사업으로 댐사용권의 변경처분을 받게 되자 그에 대한 손실보상을 구한 사건에서 댐사용권 변경처분이 있을 경우 댐사용권자가 납부한 부담금의 반환을 규정한 「댐건설·관리 및 주변지역지원 등에 관한 법률」 제34조 제1항이 댐사용권의 제한 내지 침해에 따른 헌법 제23조 제3항에 따른 정당한 보상을 정한 법률조항(댐 사용권 취소 또는 변경 처분에 대한 **특별한 손실보상 규정**)이 아니므로 피고 대한민국에게는 댐건설관리법 제31조, 제34조 제1항에 따라 댐 사용권 취소·변경에 따른 부담금이나 납부금 일부를 반환하도록 할 의무가 있을 뿐 「**공익사업을 위한 토지 등의 취득 및 보상에 관한 법률**」 제

70조 및 제75조의 유추적용에 의한 손실보상금 지급의무가 있다고 보기 어렵다고 사례(대판 2023. 08. 31, 2019다206223[손실보상 약정금 지급 청구의 소]). 〈해설〉 국가는 제31조에 따라 댐사용권에 대하여 취소 또는 변경의 처분을 하였을 때에는 제20조 제1항에 따라 납부된 부담금이나 제33조에 따라 납부된 납부금의 일부를 반환하여야 한다(제34조 제1항).

② <집합제한 조치로 발생한 손실을 보상하는 규정을 두지 않은 '감염병의 예방 및 관리에 관한 법률'조항(입법부작위)에 관한 헌법소원사건> (1) 구체적인 권리가 아닌 단순한 이익이나 재화의 획득에 관한 기회 또는 기업활동의 사실적 · 법적 여건 등은 재산권보장의 대상에 포함되지 아니하므로, 코로나19의 예방을 위한 집합제한 조치로 인하여 음식점을 영업하는 청구인들의 영업이익이 감소하였다고 하더라도 그 손실을 보상하지 않는 것이 청구인들의 재산권을 제한하는 것은 아니다. 〈해설〉 제23조 제3항의 손실보상이 아니라 제1항의 재산권 제한의 문제로 보았다. (2) 심판대상조항의 개정 연혁과 집합제한 조치의 특성, **정부의 집합제한 조치에 대한 보상책** 및 청구인들이 받은 영업제한의 정도 등을 고려할 때, 심판대상조항이 청구인들의 평등권을 침해하지 않는다. **즉, 국가의 방역정책으로 인하여 입은, 재산권의 보호범위에 포함되지 않는 영업상 손실을 보상할지 여부는** 국가의 재정상황이나 대상의 범위, 피해 정도 등 여러 사정이 고려되어 정해질 **입법정책의 문제**이다. **정부는** 집합제한 조치로 인한 부담을 완화하기 위하여 **다양한 지원을 하였고**, 감염병예방법과는 별개로 '소상공인 보호 및 지원에 관한 법률'이 2021년 개정되어 **2021년 3분기 이후 발생한 집합제한 조치로 인한 손실을 보상하는 규정이 신설**되었다. 또한 코로나19 유행 전보다 영업 매출이 감소하였더라도, 집합제한 조치는 공동체 전체를 위하여 코로나19의 확산을 방지하기 위한 것이므로 사회구성원 모두가 그 부담을 나누어 질 필요가 있고, 그러한 매출 감소는 코로나19 감염을 피하기 위하여 사람들이 자발적으로 음식점 방문을 자제한 것에 기인하는 측면도 있다. 한편, 비수도권에서 음식점을 영업하는 청구인들은 영업시간 제한을 받은 기간이 짧고, 영업이 제한된 시간 이외에는 정상적으로 영업이 가능하였으며 영업이 제한된 시간 동안에도 포장·배달을 통한 영업은 가능하였다. 그러므로 심판대상조항이 감염병의 예방을 위하여 집합제한 조치를 받은 영업장의 손실을 보상하는 규정을 두고 있지 않다고 하더라도 청구인들의 평등권을 침해한다고 할 수 없다(헌재 2023. 06. 29, 2020헌마1669[입법부작위 위헌확인]).

③ (1) **가축의 살처분으로 인한 재산권의 제약**은 가축의 소유자가 수인해야 하는 사회적 제약의 범위에 속한다. 그러나 헌법 제23조 제1항 및 제2항에 따라 재산권의 사회적 제약을 구체화하는 법률조항이라 하더라도 **권리자에게 수인의 한계를 넘어 가혹한 부담이 발생하는** 예외적인 **경우에는 이를 완화하는 보상규정을 두어야 한다.** (2) **입법자에게는** 헌법적으로 가혹한 부담의 조정이란 '목적'을 달성하기 위하여 어떠한 '방법'으로 보상하여 가혹한 부담을 완화 · 조정할 것인가를 선택함에 있어서는 **광범위한 형성의 자유가 부여된다**(헌재 2015. 10. 21, 2014헌바170; 2020. 09. 24, 2018헌마1163 참조). (3) **살처분 보상금 수급권이 계약사육농가에게만 귀속하도록 법정한 것은** 그로 인해 축산계열화사업자는 그가 입은 경제적 가치의 손실을 회복하는 데에 한계가 있고, 살처분 보상금을 가축의 소유자인 축산계열화사업자와 계약사육농가에게 개인별로 지급함으로써 대상 가축의 살처분으로 인한 각자의 경제적 가치의 손실에 비례한 보상을 실시하는 것이 입법기술상으로 불가능하지 않으므로 살처분된 가축의 소유자가 축산계열화사업자인 경우에는 수급권 보호를 위하여 보상금을 계약사육농가에 지급한다고 규정한 '가축전염병 예방법' 제48조 제1항 제3호 단서는 **축산계열화사업자에 대한 재산권의 과도한 부담을 지우고, 그 과도한 부담을 완화하기에 적절한 조정적 보상조치라고 할 수 없으므로 헌법에 합치되지 아니하고,** 2025. 12. 31.을 시한으로 입법자가 개정할 때까지 계속 적용된다는 결정을 선고한 사례[계속적용 헌법불합치](헌재 2024. 05. 30, 2021헌가3). 〈참고〉 1) 축산계열화사업자가 계약사육농가에게 위탁사육한 가축이 가축전염병의 확산

방지를 위해 살처분된 경우 지급되는 보상금 중에는 가축의 소유자인 축산계열화사업자와 위탁사육한 계약사육농가가 각각 투입한 자본 내지 노동력 등에 따라 각자 지급받아야 할 몫이 혼재되어 있다. 그런데 살처분 보상금 전액을 어느 일방에게만 지급하도록 하는 형태를 취하게 되면 당해 사건에서처럼, 살처분 보상금 수급권에 대한 제3자의 채권압류·전부명령 등 예기치 못한 사정으로 상대방으로서는 보상금을 정산받지 못하는 문제가 발생할 수 있다. 2) 이 사건 계속적용 헌법불합치 결정에 따라, 입법자는 2025. 12. 31.까지 살처분 보상금은 가축의 소유자인 축산화계열화사업자와 계약사육농가에게 가축의 살처분으로 인한 각자의 경제적 가치의 손실에 비례하여 개인별로 지급하는 방식으로 입법을 개선하여야 하며, 그 전까지는 심판대상조항이 적용된다.
④ 의료급여기관이 의료법 제33조 제2항을 위반하였다는 사실(사무장병원 운영)을 수사기관의 수사 결과로 확인한 경우 시장·군수·구청장으로 하여금 의료급여비용의 지급을 보류할 수 있도록 규정한 의료급여법 제11조의5 제1항 중 '의료법 제33조 제2항'에 관한 부분은 사후적인 부당이득 환수절차의 한계를 보완하고, 의료급여기금의 재정 건전성이 악화될 위험을 방지하기 위해 필요한 측면이 있지만, 지급보류처분의 취소 사유 및 지급보류처분에 의하여 발생한 의료급여기관 개설자의 재산권 제한 정도를 완화하기 위한 이자 내지 지연손해금 등의 조정조치제도가 없는 한 과잉금지원칙에 반하여 의료급여기관 개설자의 재산권을 침해한다(헌재 2024. 06. 27, 2021헌가19).

물론 공공필요에 의한 재산권의 침해(수용, 사용, 제한)가 **헌법 제23조 제3항의 공용침해와 손실보상에 해당하는 경우**에는 손실보상규정 흠결시의 권리구제의 문제가 되고, 판례에 따르면 손실보상규정을 유추적용하여 손실보상을 인정할 수 있다.

라. 분리이론의 도입에 관한 학설의 대립 분리이론은 독일 연방헌법재판소에 의해 취해진 이론인데, 이 이론을 우리나라에 도입하는 것을 찬성하는 견해와 이를 반대하는 견해가 있다.

① 찬성하는 견해는 존속보장을 강화하는 분리이론이 재산권의 보장에 기여할 수 있다고 한다. 이 견해에 대하여는 재산권 제한조치에 대한 취소소송을 인정하지 않고, 조정조치의무불이행에 대한 헌법소원을 제기하거나 재산권제한조치의 근거가 되는 법률의 위헌확인과 조정조치에 관한 입법을 기다려 구제를 받아야 한다는 견해를 취하면 분리이론의 주된 주장근거인 재산권의 존속보장은 실현되지 않으면서 오히려 구제조치를 통한 권리구제가 지연되는 문제가 있다는 비판이 가능하다.

② 이에 대하여 분리이론의 도입에 반대하는 견해는 우리나라 헌법 제23조 제3항은 독일 기본법 제14조 제3항과 달리 재산권의 수용뿐만 아니라 "사용 및 제한"도 규정하고 있기 때문에 공공필요에 의한 재산권의 제한은 모두 공용제한과 손실보상의 문제로 보아야 한다는 견해이다. 이 견해가 타당하다.

2) 경계이론

가. 의 의 경계이론(境界理論)이라 함은 공공필요에 의한 재산권의 제한과 그에 대한 구제를 손실보상의 문제로 보는 견해이다. 이 견해에 의하면 공공필요에 의한 재산권의 제약이 재산권에 내재하는 사회적 제약을 넘는 특별희생이 있는 경우

에 그에 대하여 보상을 하여야 하는 것으로 본다.

나. 특별희생과 권리구제 경계이론에 의하면 재산권에 대한 제한이 재산권에 내재하는 사회적 제약인가 특별한 희생인가 하는 문제(후술)와 보상규정이 없는 경우의 권리구제문제(전술)가 중요한 문제가 된다.

(2) 손실보상규정 흠결시의 권리구제

공용침해로 특별한 희생이 발생하여 손실보상을 하여야 하는데 손실보상규정이 없는 경우의 권리구제에 관하여 경계이론에 따르는 경우와 분리이론을 취하는 경우에도 특정한 공익사업을 위해 공용침해가 행해진 경우에 아래와 같이 견해가 대립한다.

1) 위헌무효설(입법자구속설)

가. 의의 및 논거와 그에 대한 비판 위헌무효설(違憲無效說)은 특별한 희생을 초래하는 공용침해를 규정하면서 보상규정을 두지 않은 법률규정은 위헌무효라는 견해이다. 이 견해의 논거는 다음과 같다. ① 헌법 제23조 제3항은 보상청구권의 직접적 근거규정이 아니고, 입법자에 대한 구속규정이다. ② 헌법 제23조 제3항이 보상은 법률로 정하도록 위임하고 있다. ③ 보상은 재정지출의 문제를 수반하므로 예산권을 갖고 있는 국회가 법률로 정하는 것이 타당하다. ④ 또한, 위헌무효설은 많은 경우에 현행 헌법 제23조 제3항이 독일 기본법 제14조와 같이 공용침해를 정하는 법률에서는 이에 부대하여 보상에 관한 규정을 법률로써 규정하도록 하고 있다는데 근거하고 있다.[106] 즉, 위헌무효설은 헌법 제23조 제3항을 독일 기본법 제14조와 같이 불가분조항(결합조항(부대조항))으로 이해하는 데 근거하고 있다.

그러나, 독일 기본법 제14조는 "수용은 법률에 의해서만 또는 보상의 종류와 정도를 규정하는 법률에 근거하여서만 이루어질 수 있다"라고 규정하고 있는 것에서 보듯이 손실보상을 헌법상 공용침해의 부대조항(附帶條項)으로 명시적으로 요구하고 있는 반면에 우리나라의 헌법 제23조 제3항은 이를 명시적으로 규정하고 있지 않다는 점을 주목해야 한다.

나. 위헌무효설에서의 권리구제 위헌무효설의 가장 큰 문제점은 공용침해로 특별한 손실을 받은 자에 대한 구제가 어렵다는 점이다.

① 위헌무효설중에는 보상규정이 없는 법률에 근거한 공용침해는 위법한 공용침해이므로 국가배상을 청구할 수 있다는 견해가 있다. 즉, 국가배상법상의 과실을 넓게, 그리고 객관적 개념으로 해석하면 위헌인 법률에 근거한 공용침해행위는 위법한 행위이고, 위법이면 공무원에게는 과실이 있다고 볼 수 있다라고 한다.[107] 그러

106) 박상희, 『현행 공용침해법제의 현황과 개선방향』, 한국법제연구원, 93면.
107) 류지태, 『행정법신론』, 355면.

나, 현재 판례는 국가배상법상의 과실을 공무원의 주관적 과실로 해석하고 있으므로 이러한 판례의 입장을 따르는 한 법률에 근거하여 공용침해행위를 하였지만 보상규정이 없어서 결과적으로 위법하게 되는 경우에 위헌인 법률을 제정한 입법자의 과실을 인정하기 어렵고, 공용침해를 한 공무원에게 과실이 있다고 볼 수는 없으므로 국가배상청구를 인정할 수 없는 문제가 있다.108)

다만, 보상규정 없는 공용침해를 정하는 법률의 위헌이 이미 헌법재판소에 의해 확정된 경우 그 후에도 당해 법률을 계속 적용하여 공용침해를 하였다면 그 공용침해행위는 위법할 뿐만 아니라 공무원에게 과실이 있다고 할 수 있을 것이다(전술 국가배상 참조).

② 위헌무효설에 의하면 공용침해의 근거가 된 법률의 위헌무효를 주장하면서 그에 근거한 공용침해행위에 대하여 취소소송을 제기할 수 있다.

③ 또한, 위헌무효설을 취하면서 보상입법부작위에 대한 헌법소원을 통하여 보상규정이 흠결된 법률에 근거한 공용침해행위에 대한 구제를 받을 수 있다고 보는 견해가 있는데, 이는 보상규정이 흠결된 법률규정을 위헌·무효라고 보면서 보상규정에 관한 입법부작위를 인정하는 점에서 논리적이지 못하다.

2) 직접효력설

직접효력설(直接效力說)은 헌법 제23조 제3항을 국민에 대하여 직접적 효력이 있는 규정으로 보고, 만일에 공용침해의 근거가 되는 법률이 보상규정을 두지 않고 있는 경우에는 직접 헌법 제23조 제3항에 근거하여 보상을 청구할 수 있다고 본다. 보상금청구소송이 제기되면 법원은 완전보상의 원칙에 따라 보상액을 객관적으로 확인·결정할 수 있다고 본다. 직접효력설은 헌법 제23조 제3항을 불가분조항으로 보지 않는다.

이 견해는 헌법 제23조 제3항에서 정당보상의 원칙이 명시적으로 규정되고 있고, 이 헌법규범도 법규범으로 입법자뿐만 아니라 법원 및 국민에게도 직접적 구속력을 갖는다고 보는 데 근거한다.

이 견해에 의하면 헌법 제23조 제3항에서 보상을 법률로 정하도록 한 것은 정당한 보상의 범위 내에서 구체적인 보상의 기준과 방법을 정하도록 한 것이라고 해석하고, 손실보상을 거부하는 경우에는 손실보상청구소송을 제기할 수 있다.

---

108) 동지: 김동희, 전게서, 581~582면("현재 우리나라에서 통설·판례가 과실을 주관적 관념으로 파악하고 있다는 점을 감안하면, 과실요건은 충족되지 아니 한다고 본다. 왜냐하면, 행정은 법의 집행이므로, 공무원이 법률을 성실하게 적용하여 개인의 재산권에 대한 침해적 처분을 한 경우에 있어, 당해 법률이 궁극적으로 위헌으로 판정되어 무효로 되게 됨에 따라 당해 처분도 위법한 처분으로 되어도, 그러한 위법한 처분에 이르는 과정에 있어 공무원 자신에게 과실이 있었다고는 볼 수 없기 때문이다").

3) 헌법 제23조 제1항(재산권 보장규정) 및 헌법 제11조(평등원칙)로부터 손실보상 청구권을 도출할 수 있다는 견해(유추적용설)[109]

독일의 경우에 보상규정이 없는 공용침해에 대하여는 수용유사침해이론에 의해 수용에 준하는 보상을 해 주고 있다. 우리나라의 학자 중에는 독일의 수용유사침해 이론을 우리나라에서도 타당한 이론으로 주장하는 학자가 적지 않다. 다만, 독일의 수용유사침해이론(收用類似侵害理論)이 희생보상의 법리라는 관습법에 근거하여 판례에 의해 인정되고 있는 것인데 우리나라에는 이러한 관습법이 없기 때문에[110] 수용유사침해보상의 법적 근거를 헌법 제23조 제1항(재산권보장규정) 및 헌법 제11조(평등원칙)에 근거지우고 있다.

이 견해에 의하면 행정청이 손실보상을 거부하는 경우에는 손실보상청구소송을 제기할 수 있다.

이 견해에 대하여는 소극적 권리인 재산권과 소극적 원칙인 평등원칙으로부터 적극적 청구권인 손실보상청구권을 도출하는 것은 타당하지 않다는 비판이 있다.

4) 보상입법부작위위헌설

이 견해는 공공필요를 위하여 공용제한을 규정하면서 손실보상규정을 두지 않은 경우 그 공용제한규정 자체는 헌법에 위반되는 것은 아니라고 보고, 손실보상을 규정하지 않은 입법부작위가 위헌이라고 보는 견해이다.

이 견해의 논거는 다음과 같다. ① 헌법 제23조 제3항은 손실보상에 관하여는 입법자가 정하도록 하고 있다. ② 헌법 제23조 제3항을 결합조항(연결조항)으로 이해하여 개발제한구역지정 등 공익을 위한 재산권 제한 자체를 위헌이라고 본다면 사회적 혼란과 부작용을 초래할 수 있다. 따라서, 개발제한구역의 지정 등 공용제한 자체는 적법하다고 보아야 한다.[111]

보상입법부작위설에 의하면 공용제한을 규정하는 법률이 보상규정을 정하지 않은 경우 손실보상을 규정하지 않은 입법부작위에 대한 헌법소원을 통해 해결하여야 한다고 한다.

---

109) 이 견해를 통상 유추적용설이라 부르고 있는데, 이는 타당하지 않다. 왜냐하면, 유추적용이라 함은 어떠한 사항에 적용할 법규정이 없는 경우에 이와 유사한 사항을 규정하는 법규정을 적용하는 것으로서 유사한 사항을 규율하는 법규정이 있어야 하는데, 헌법 제23조 제1항(재산권보장규정) 및 헌법 제11조(평등원칙)은 보상과 유사한 규정이라고 할 수 없고, 오히려 보상을 포함하고 보상의 직접 근거가 되기 때문이다.

110) 우리나라에서는 수용유사침해법리의 근거가 되는 희생보상원칙이라는 관습법 내지 판례법이 존재하지 않는다.

111) 김문현, "보상규정 없는 법률에 기한 수용적 재산권제한에 대한 권리구제방법," 『고시연구』, 2000. 8, 23면 이하.

그런데, 헌법재판소는 구 도시계획법 제21조에 의하여 개발제한구역이 지정된 경우에 보상을 지급하는 법률을 제정하지 아니한 것은 기본권보장을 위한 법규정이 불완전하여 보충을 요하는 경우에 해당하는 부진정입법부작위라고 하면서 헌법소원의 대상이 되는 입법부작위에 해당하지 않는다고 보았다(헌재 1999. 01. 28, 97헌마9).

이에 대하여 다음과 같은 반대의견이 제시되었다.

구 도시계획법 제21조의 규정은 재산권의 제한에 관한 입법사항만을 규정하고 있을 뿐 그 제한으로 인한 정당한 보상에 관한 입법사항에 관하여서는 전혀 규정하고 있지 아니하며 구 도시계획법의 어느 조항에서도 위 입법사항을 규정한 바가 없다. 따라서 이 경우는 여러 입법사항 중 일부의 입법사항에 대하여서는 규율하고 있으나 나머지 일부의 입법사항에 대하여서는 전혀 규율하고 있지 아니한 경우로서 이른바(다수의견의 2분법으로 지칭하고 있는) 진정입법부작위의 경우에 해당하여 이를 심판대상으로 한 헌법소원 심판청구는 적법하다"고 반대의견이 제시되었다.

생각건대, 반대의견이 타당하다.

5) 판례의 태도

헌법재판소는 공익목적을 위한 재산권 제한을 분리이론에 따라 재산권의 내용과 한계를 정하는 문제로 보는 경향이 있다.

[판례] ① **토지구획정리사업(현행 도시개발사업)에 있어 공공용지(학교교지)의 국가등에의 유상 귀속**은 사업주체의 재산권을 박탈·제한하는 **수용이 아니라** 공공용지의 소유관계를 정하여 사업주체의 지위를 장래를 향하여 획일적으로 확정하기 위한 것으로서 **재산권의 내용과 한계를 정한 것으**로 이해함이 타당하다(헌재 2003. 8. 21, 2000헌가11등; 2012. 7. 26, 2011헌마169; 2013. 10. 24, 2011헌바355 참조). 유상귀속조항이 수용에 대한 보상의 의미를 가지는 것도 아니다. 따라서, 이와 같이 귀속조항이 정당한 보상의 원칙에 위배되는지는 문제되지 않고, **학교교지의 확보와 관련한 부담의 부과와 그 소유권의 국가 등 귀속이 재산권에 대한 사회적 제약의 범위 내의 제한인지 여부 달리 말하면 과잉금지원칙에 위배되는지 여부가 검토되어야** 한다(헌재 2021. 04. 29, 2019헌바444등[구 토지구획정리사업법 제63조 위헌소원]). 〈참고〉 구획정리사업의 시행으로 인하여 생긴 공공시설의 용에 공하는 토지는 환지처분의 공고가 있은 날의 익일에 그 관리자의 구분에 따라 국가 또는 지방자치단체에 귀속한다. 다만, 공공시설중 초등학교 및 중고등학교교육에 필요한 학교교지 또는 시장용지는 유상으로 한다(구 토지구획정리사업법 제63조).
② **개성공단 전면중단 조치는** 공익 목적을 위하여 개별적, 구체적으로 형성된 **구체적인 재산권의 이용을 제한하는 공용 제한이 아니므로,** 이에 대한 정당한 보상이 지급되지 않았다고 하더라도, 그 조치가 **헌법 제23조 제3항을 위반하여 개성공단 투자기업인 청구인들의 재산권을 침해한 것으로 볼 수 없다**(헌재 2022. 01. 27, 2016헌마364).

대법원도 헌법재판소와 같이 공용침해이외의 공익목적을 위한 재산권 제한(댐 사용권에 대한 취소·변경의 처분)을 헌법 제23조 제1항 및 제2항에 따른 재산권의 내용과 한계의 문제로 본 점에서 분리이론을 취하고 있는 것으로 볼 수 있다.

[판례] [섬진강댐의 댐사용권자인 원고 한국농어촌공사가 섬진강댐 재개발사업으로 댐사용권의 변경처분을 받게 되자 그에 대한 손실보상을 구한 사건] (1) 댐사용권 변경처분이 있을 경우 댐사용권자가 납부한 부담금의 반환을 규정한 「댐건설·관리 및 주변지역지원 등에 관한 법률」 제34조 제1항이 댐사용권의 제한 내지 침해에 따른 정당한 보상을 정한 법률조항인지 여부(소극): 댐 사용권을 그대로 유지하는 것이 곤란하다고 인정되는 경우 **댐 사용권에 대한 취소·변경의 처분을 할 수 있도록 규정한 구 댐건설관리법 제31조 제4항 제2호가 헌법 제23조 제1항 및 제2항에 따른 재산권의 내용과 한계를 규정한 조항**인 이상, 위 조항에 따라 댐 사용권을 변경·취소하는 경우에 댐 사용권에 관한 투자비용에 해당하는 **부담금이나 납부금의 일부를 국가가 댐 사용권자에게 반환하도록 규정한 구 댐건설관리법 제34조 제1항 역시** 구 댐건설관리법 제31조 제4항 제2호와 일체를 이루어 **재산권인 댐 사용권의 내용과 한계를 정하는 동시에** 공익적 요청에 따른 **재산권의 사회적 제약을 구체화하는 규정이라고 봄이 타당**하다(헌법재판소 2022. 10. 27. 선고 2019헌바44 결정 참조). (2) **원심판결 중** 구 댐건설관리법 제34조 제1항을 댐 사용권 취소 또는 변경 처분에 대한 **특별한 손실보상 규정이라고 본 것은 잘못**이나, 피고 대한민국에게는 댐건설관리법 제31조, 제34조 제1항에 따라 댐 사용권 취소·변경에 따른 부담금이나 납부금 일부를 반환하도록 할 의무가 있을 뿐 **「공익사업을 위한 토지 등의 취득 및 보상에 관한 법률」 제70조 및 제75조의 유추적용에 의한 손실보상금 지급의무가 있다고 보기 어렵다**는 이유로 원고의 청구를 기각한 원심결론을 수긍하여 상고를 기각한 사례(대판 2023. 08. 31, 2019다206223[손실보상 약정금 지급 청구의 소]).

그리고, 수용보상의 경우에 헌법재판소는 우리 헌법상 재산권보장규정 가운데 수용 등에 대한 보상규정은 헌법 문언의 변경에도 불구하고 제헌 헌법 이래 공용침해에 대한 보상을 지급하도록 규정하면서 이를 법률이 정하도록 국가에게 명시적으로 입법의무를 부과하여 왔다고 보고 있다.

[판례] 우리 헌법은 제헌 이래 현재까지 일관하여 재산의 수용, 사용 또는 제한에 대한 보상금을 지급하도록 규정하면서 이를 법률이 정하도록 위임함으로써 국가에게 명시적으로 수용 등의 경우 그 **보상에 관한 입법의무를 부과**하여 왔다(헌재 1994. 12. 29, 89헌마2: 군정법령에 의해 사설철도회사를 수용하고, 조선철도의 통일폐지법률에 의하여 군정법령을 폐지하고 그 보상에 관하여 아무런 입법조치를 취하지 않은 입법부작위를 위헌이라고 한 사례).

대법원은 제3공화국에서 당시 헌법 제20조 제3항이 직접적 효력이 있는 규정이라고 보았고, 제4공화국에서 당시 헌법 제20조 제3항의 직접적 효력을 부정하였었다. 현행 헌법 제23조 제3항의 직접효력 여부에 관하여는 아직 대법원 판례가 나오지 않고 있다.

대법원은 공용침해로 인한 특별한 손해에 대한 보상규정이 없는 경우에 관련보상법령규정을 유추적용하여 보상하려는 경향이 있다(보상규정유추적용설).

[판례] ① 구 수산업법상 어업허가를 받고 허가어업에 종사하던 어민이 공유수면매립사업의 시행으로 피해를 입게 된 경우에 헌법 제23조 제3항, 면허어업권자 내지는 입어자에 관한 손실보상을 규정한 구 공유수면매립법 제16조, 공공용지의 취득 및 손실보상에 관한 특례법 제3조 제1항 및

동법 시행규칙 제25조의2의 규정을 유추적용하여 피해어민들에게 손실보상을 하여 줄 의무가 있다(대판 1999. 11. 23, 98다11529).

② [1] 구 하천법(1971. 1. 19 법률 제2292호로 개정된 것) 제2조 제1항 제2호, 제3조에 의하면 **제외지는 하천구역에 속하는 토지**로서 **법률의 규정에 의하여 당연히 그 소유권이 국가에 귀속**된다고 할 것인바 한편 동법에서는 위 법의 시행으로 인하여 국유화가 된 제외지의 소유자에 대하여 그 손실을 보상한다는 **직접적인 보상규정을 둔 바가 없으나** 동법 제74조의 손실보상요건에 관한 규정은 보상사유를 제한적으로 열거한 것이라기 보다는 예시적로 열거하고 있으므로 국유로 된 제외지의 소유자에 대하여는 위 법조를 **유추적용하여** 관리청은 **그 손실을 보상**하여야 한다. [2] 일제때 조성총독부 경성출장소가 한강변 제1한강교 부근에 시행한 방수제공사가 준공되면서 제외지가 된 제1한강교 중지도 부근에 위치하고 있는 토지가 해방 이후 귀속재산이 되었던 것을 갑이 이를 불하받아 소유권이전등기를 경료하여 소유하고 있다가 하천법의 시행으로 한강의 하천구역으로 편입됨과 동시에 국유화가 되었다면, 그로 인하여 발생한 손실은 하천법 제11조에 의하여 위 하천구역을 관리하는 **건설부장관이 보상**하여야 할 것이다(대판 1987. 07. 21, 84누126).

판례가 취하는 보상규정유추적용설의 문제점은 유추적용할 보상규정도 없고, 국가배상책임도 인정할 수 없는 경우 권리구제가 안 된다는 점이다.

6) 사 견

현행 헌법 제23조 제3항이 완전보상의 원칙으로 해석되는 정당보상의 원칙을 선언하고 있고, 완전보상에 따른 보상액을 법원이 결정할 수 있으므로 국민의 권리구제의 실효성을 위하여 직접효력설이 타당하다. 유추적용할 법률규정이 있는 경우에는 이 법률규정을 유추적용하여 보상한다. 유추적용할 법률규정이 없는 경우에는 헌법 제23조 제3항에 근거하여 손실보상청구권이 인정된다. 행정청이 손실보상을 거부하는 경우에는 공법상 당사자소송으로 손실보상청구소송을 제기하여야 한다.

현행 헌법 제23조 제3항이 보상은 법률로 정하도록 하고 있다는 이유로 직접효력설을 비판하고 위헌무효설을 지지하는 견해가 있지만 이 견해는 타당하지 않다. 현행 헌법은 '보상은 법률로 하되, 정당한 보상을 하여야 한다'라고 규정함으로써 정당한 보상의 원칙을 확립하고 있는데, 헌법 제23조 제3항상의 정당보상이란 원칙적으로 완전보상을 의미한다고 보는 것이 타당하며 완전보상이란 개념은 보상의 기준을 정하는 여러 법률의 규정 및 경험칙상 범위가 확정될 수 있는 개념이다. 따라서, 법률에서 보상의 기준 등에 관한 규정이 없는 경우에는 법원이 일반 보상의 법리에 따라 보상액을 정하여 보상을 결정할 수 있다고 해석하는 것이 가능하다. 그리고, 이렇게 해석하는 것이 국민의 권익구제라는 관점에서 바람직하다.[112]

독일에서는 법원이 보상액을 정하는 것은 법원이 입법권의 권한을 대신 행사하

112) 앞에서 본 바와 같이 현행 제도하에서 위헌무효설에 의하는 경우에는 보상규정 없는 공용침해의 경우에 보상규정이 제정될 때까지 보상이 현실적으로 불가능하다.

는 것으로 본다는 것을 논거로 직접효력설을 비판하는 견해가 있으나, 독일과 헌법 규정을 달리하는 우리나라에서 독일의 해석을 그대로 도입하는 것은 타당하지 않다. 법원이 보상액을 정하는 것이 입법권을 대신하여 행사하는 것은 아니며 정당보상의 원칙을 해석·적용하는 것에 불과하다. 일본에서는 직접효력설이 판례의 입장이다.

(3) 개발제한구역 지정과 손실보상 등 권리구제

구 도시계획법은 개발제한구역의 지정으로 인하여 특별한 희생이 발생하는 경우에 대하여도 손실보상 등 구제조치에 관한 규정을 두고 있지 않았다. 그런데, 현행『개발제한구역의 지정 및 관리에 관한 특별조치법』은 토지매수청구제도를 두고 있다.

개발제한구역의 지정으로 인한 재산권 행사의 제한과 그에 대한 구제에 관하여 분리이론에 입각하여 헌법 제23조 제1항 및 제2항의 문제(재산권의 내용과 한계의 문제)로 보는 견해와 경계이론에 입각하여 제23조 제3항의 문제(공용제한과 손실보상의 문제)로 보는 견해가 대립하고 있다.

1) 헌법재판소 결정

헌법재판소는 분리이론에 입각하여 개발제한구역의 지정 및 도시계획시설의 시행지연으로 인한 재산권 행사의 제한과 그에 대한 권익구제의 문제를 헌법 제23조 제3항의 공용제한과 손실보상의 문제로 보지 않고, 헌법 제23조 제1항 및 제2항의 재산권의 내용과 한계의 문제로 보고 있다(헌재 1998. 12. 24, 89헌마214, 90헌바16, 97헌바78(병합); 1999. 10. 21, 97헌바26).

2) 분리이론에 따른 권리구제

분리이론에 입각하면 구 도시계획법 제21조에 근거한 개발제한구역의 지정에 의한 재산권의 제한과 그에 대한 구제는 다음과 같이 된다.

① 개발제한구역을 지정하여 그 안에서는 건축물의 건축 등을 할 수 없도록 하고 있는 구 도시계획법 제21조는 헌법 제23조 제1항, 제2항에 따라 토지재산권에 관한 권리와 의무를 일반적·추상적으로 확정하는 규정으로서 재산권을 형성하는 규정인 동시에 공익적 요청에 따른 재산권의 사회적 제약을 구체화하는 규정이다. 따라서, 개발제한구역의 지정으로 인한 재산권 행사의 제한과 그에 대한 권익구제의 문제는 헌법 제23조 제1항 및 제2항의 재산권의 내용과 한계의 문제이다.

② 개발제한구역으로 지정된 토지를 원칙적으로 지정 당시의 지목[113]과 토지현

113) "지목"이란 토지의 주된 용도에 따라 토지의 종류를 구분하여 지적공부에 등록한 것을 말한다. 지목은 전·답·과수원·목장용지·임야·광천지·염전·대(垈)·공장용지·학교용지·주차장·주유소용지·창고용지·도로·철도용지·제방(堤防)·하천·구거(溝渠)·유지(溜池)·양어장·수도용지·공원·체육용지·유원지·종교용지·사적지·묘지·잡종지로 구분하여 정한다(공간정보의 구축 및 관리등에 관한 법률 제67조).

황에 의한 이용방법에 따라 사용할 수 있는 한 재산권에 내재하는 사회적 제약에 불과하다. 개발제한구역의 지정으로 인한 개발가능성의 소멸과 그에 따른 지가의 하락이나 지가상승률의 상대적 감소는 토지소유자가 감수해야 하는 사회적 제약의 범주에 속하는 것으로 보아야 한다(헌재 1998. 12. 24, 89헌마214, 90헌바16, 97헌바78). 다만, 사견에 의하면 지가의 하락이 과도한 경우에는 특별한 희생에 해당한다고 보아야 한다. 외국의 입법례 중에는 공용제한으로 지가의 하락이 20% 이상인 경우에 특별한 희생이 발생하였다고 보는 입법례가 있다.

③ 개발제한구역의 지정으로 법상 토지를 종래의 목적으로 사용할 수 없거나(지목이 대지인 경우) 사실상 종래의 목적으로 사용할 수 없는 경우에는 재산권에 내재하는 사회적 제약을 넘는 재산권 제한이다. 그런데, 구 도시계획법하에서는 보상 등 어떠한 구제방법도 마련하고 있지 않았으므로 비례의 원칙에 위반되어 당해 토지소유자의 재산권을 과도하게 침해하는 것으로서 헌법에 위반된다.

④ 헌법재판소는 보상 등 권리구제는 헌법재판소가 결정할 성질의 것이 아니라 광범위한 입법형성권을 가진 입법자가 입법정책적으로 정할 사항이며 입법자는 보상 등 입법을 하여 위헌적 상태를 제거할 의무가 있고, 토지소유자는 보상입법을 기다려 그에 따른 권리행사를 할 수 있을 뿐 개발제한구역의 지정이나 그에 따른 토지재산권의 제한 그 자체의 효력을 다투거나 위 조항에 위반하여 행한 자신들의 행위의 정당성을 주장할 수는 없다고 보고 있다.

[판례] ① 헌법재판소는 구 도시계획법 제21조에 의하여 개발제한구역이 지정된 경우에 보상을 지급하는 법률을 제정하지 아니한 것은 기본권보장을 위한 법규정이 불완전하여 보충을 요하는 경우에 해당하는 부진정입법부작위라고 하면서 헌법소원의 대상이 되는 입법부작위에 해당하지 않는다고 보았다(헌재 1999. 01. 28, 97헌마9).
② 도시계획을 시행하기 위해서는 계획구역 내의 토지소유자에게 행위제한을 부과하는 법규정이 반드시 필요한데, 헌법재판소가 위헌결정을 통하여 당장 법률의 효력을 소멸시킨다면, 토지재산권의 행사를 제한하는 근거규범이 존재하지 않게 됨으로써 도시계획이라는 중요한 지방자치단체행정의 수행이 수권규범의 결여로 말미암아 불가능하게 된다. **도시계획은 국가와 지방자치단체의 중요한 행정으로서 잠시도 중단되어서는 안되기 때문에**, 이 사건 법률조항을 입법개선시까지 잠정적으로 적용하는 것이 바람직하다고 판단된다(헌재 1999. 10. 21, 97헌바26: 도시계획시설의 시행지연으로 인한 재산권 제한과 권리구제에 관한 구도시계획법 제6조 위헌소원사건).

⑤ 따라서, 헌법재판소의 입장(분리이론)에 의하면 위의 헌법재판소 결정 이후 『개발제한구역의 지정에 관한 특별법』이 제정되어 개발제한구역의 지정으로 인하여 특별한 희생을 받은 자에게 매수청구권을 인정함으로써 구 도시계획법상의 개발제한구역의 지정에 관한 규정의 위헌문제는 해결된 것으로 볼 수 있다.

3) 경계이론에 따른 권리구제

경계이론에 의하면 개발제한구역의 지정에 의한 재산권의 제한과 그에 대한 구제는 다음과 같다.

① 개발제한구역의 지정으로 인한 재산권 행사의 제한은 공공필요(도시의 무질서한 확산을 막고, 도시주변에 녹지공간을 확보할 필요)를 위한 공용제한으로 보아야 한다.

② 따라서, 개발제한구역의 지정으로 인한 재산권 행사의 제한과 그에 대한 권익구제는 헌법 제23조 제3항의 공용제한과 손실보상의 문제로 보아야 한다.

③ 개발제한구역의 지정 후에도 종래의 용법대로 토지를 사용할 수 있는 한 원칙상 재산권에 내재하는 사회적 제약에 불과하다고 보아야 할 것이다. 다만, 개발제한구역 지정으로 인하여 법상 토지를 종래의 목적으로도 사용할 수 없거나(대지인 토지에 건축이 금지되거나 심히 제한되는 경우) 또는 실질적으로 토지를 종래의 용법대로 사용할 수 없게 된 경우(수로의 폐쇄 등으로 농지에서 사실상 농사를 지을 수 없는 경우)에는 토지소유자가 수인해야 하는 사회적 제약의 한계를 넘는 특별한 희생으로 보아야 한다.

④ 개발제한구역의 지정으로 인해 지가가 다소 하락한 것은 재산권에 내재하는 사회적 제약으로 토지소유자가 감수하여야 하겠지만, 그 지가의 하락이 심히 큰 경우에는 손실보상을 하여야 할 것이다.

주위 토지에 비하여 개발제한구역 내의 지가가 상승하지 않은 것은 손실이라고 할 수 없으므로 손실보상의 대상이 되지 않는다고 보아야 한다. 개발제한구역 외의 지가가 크게 상승하는 것은 토지의 개발권을 너무 크게 인정하고 있는 현행법과 개발이익에 기인한다. 토지의 개발권을 합리적으로 제한하고 개발권 양도를 허용하도록 법제도를 개선하고 개발이익이 환수될 수 있도록 하는 입법보완이 있어야 할 것이다.

⑤ 개발제한구역 지정으로 인하여 법상 토지를 종래의 목적으로 사용할 수 없거나 사실상 종래의 용법대로 사용할 수 없게 된 경우는 특별희생에 해당하며 그에 대한 보상이 주어져야 하는데, 보상규정이 없으므로 보상규정이 흠결된 경우에 해당하며 그에 따른 구제가 행해져야 한다.

⑥ 현행 개발제한구역의 지정 및 관리에 관한 특별조치법은 토지매수청구제도를 두고 있다. 그러나, 토지매수청구제도는 보상과는 다른 제도이므로 경계이론에 의하면 여전히 개발제한구역 지정으로 인하여 법상 토지를 종래의 목적으로 사용할 수 없거나 사실상 종래의 용법대로 사용할 수 없게 된 경우에는 보상규정이 흠결된 경우에 해당한다. 권리침해를 당한 자는 매수청구를 하거나 손실보상을 청구(직접효력설에 따르는 경우)할 수 있다.

이에 대하여 토지매수청구제도가 실질적으로 보상제도라고 보는 견해도 있고,

이 견해에 의하면 토지매수청구를 하여야 한다. 이 견해에 의하면 매수청구를 하지 않고 계속 토지를 보유하고자 하는 경우 권리구제가 어렵고, 매수시까지 입은 손실이 보상되지 않는다는 문제가 있다.

제 3 항 행정상 손실보상의 요건

행정상 손실보상이 인정되기 위하여는 적법한 공용침해로 손실이 발생하였고, 당해 손실이 특별한 손해(희생)에 해당하여야 한다.

Ⅰ. 적법한 공용침해

적법한 공용침해(公用侵害)라 함은 공공필요에 의하여 법률에 근거하여 가해진 국민의 권익에 대한 침해를 말한다.

1. 공공필요

재산권에 대한 수용·사용·제한은 공공필요(公共必要)가 있는 경우에 한하여 인정된다(헌법 제23조 제3항). 즉, 공공필요는 수용의 정당화사유가 된다.

공공필요라는 개념은 공익이라는 개념과 비례의 원칙을 포함하는 개념이다.

수용을 정당화하는 공공필요의 판단은 비례의 원칙에 의해 행해진다. 공익사업에 공익성이 있어야 하고, 수용으로 인하여 달성하는 공익과 수용으로 인하여 침해되는 이익(공익 및 사익)을 비교형량하여 침해되는 이익이 지나치게 크지 않는 한 수용은 정당한 것이 된다. 수용으로 인하여 침해되는 공익의 예로는 환경상 이익, 문화재 보호이익을 들 수 있다.

공공필요성이 있으면 私人을 위한 수용도 인정된다. 다만, 사인을 위한 수용의 경우에는 사인에게 부당한 특혜가 주어지지 않도록 공익보장책이 공용침해 관련법령에 마련되어야 한다(자세한 것은 공용부담 참조).

[판례] 우리 헌법상 수용의 주체를 국가로 한정한바 없으므로 민간기업도 수용의 주체가 될 수 있고, 산업입지의 공급을 통해 산업발전을 촉진하며 국민경제의 발전에 이바지하고자 함에는 공공의 필요성이 있으며, 피수용자에게 환매권이 보장되고 정당한 보상이 지급되며, 나아가 수용과정이 적법절차에 의해 규율되는 점에 비추어 볼 때 민간기업에게 산업단지개발사업에 필요한 토지 등을 수용할 수 있도록 규정한 '산업입지 및 개발에 관한 법률' 제22조 제1항의 '사업시행자'부분 중 '제16조 제1항 제3호'에 관한 부분 등을 위헌이라 할 수 없다(헌재 2009. 09. 24, 2007헌바114).

2. 법률의 근거

공공의 필요만으로 수용이 가능한 것은 아니며 법률유보의 원칙상 법률의 근거가 있어야 한다. 토지취득보상법 제4조는 토지를 수용 또는 사용할 수 있는 사업을 한정적으로 열거하고 있다. 기타 개별법률에 수용 또는 사용의 근거가 두어지고 있다.

법률의 근거가 있다 하더라도 공공의 필요가 없으면 수용은 인정될 수 없다.

3. 공용침해(공용수용 · 공용사용 · 공용제한)

공용수용 · 공용사용 · 공용제한을 포괄하여 공용침해라고 한다. 그런데, 헌법 제23조 제3항의 공용수용 · 공용사용 · 공용제한의 개념, 특히 공용제한 개념의 해석에 관하여 두 견해가 대립한다.

(1) 전통적 견해

전통적 견해는 공용수용과 공용사용 및 공용제한을 구별한다.

공용수용이라 함은 공공필요를 위하여 타인의 토지를 강제적으로 취득하는 것을 말한다. 수용은 통상 행정청의 결정에 의해 행해지지만, 직접 법률의 규정에 의해 행해지는 경우(입법적 수용)도 있다.

공용사용이라 함은 공공필요를 위하여 특정인의 토지 등 재산을 강제로 사용하는 것을 말한다.

공용제한이라 함은 공공필요를 위하여 재산권에 대하여 가해지는 제한을 말한다. 이 견해는 경계이론에 입각한 견해라고 할 수 있다. 경계이론에 의하면 공공필요를 위한 재산권의 제한은 널리 공용제한으로 본다.

(2) 공용사용과 공용제한을 일종의 수용으로 보는 견해

이에 대하여 공용사용과 공용제한을 일종의 수용으로 보는 견해가 있다. 이 견해는 수용을 특정한 공익상의 과제수행을 위하여 재산권을 박탈하는 것이라고 본다. 그리고, 헌법 제23조 제3항의 공용수용을 이 수용 중 "재산권의 전면적 박탈"로 보고, 공용사용과 공용제한을 "재산권의 부분적 박탈"로 본다(강태수). 이 견해는 통상 분리이론을 취하는 견해에 의해 주장된다. 분리이론에 의하면 공용제한을 아주 제한적으로 인정하고, 공공필요에 의한 재산권의 제한을 통상 헌법 제23조 제1항의 재산권의 내용적 제한으로 본다.

개발제한구역의 지정은 경계이론에 의하면 공용제한이지만, 분리이론에 의하면 헌법 제23조 제1항과 제2항의 재산권의 내용과 한계의 문제이다.

공용수용이 적법하기 위해서는 사업인정과 수용재결을 거쳐야 한다. 그런데, 판례는 협의취득으로 인한 손실보상사건에서 사업인정고시는 영업손실보상의 요건이 아니라고 보고, 사업인정절차를 거치지 않았다고 하더라도 토지보상법 제4조 각 호의 공익사업에 해당하는 공익사업을 실시하면 토지보상법상 손실보상규정에 따라 영업손실보상을 하여야 한다고 본다(대판 2021. 11. 11, 2018다204022[손해배상(기)]).

[판례] (1) 지방자치단체인 피고가 공공용 시설인 공영주차장을 직접 설치하는 사업(이 사건 사업)은 토지보상법 제4조 제3호의 공익사업에 해당한다. 이 사건 사업을 도시 · 군 계획시설사업으로 진행하지 않았더라도 이 사건 사업을 토지보상법상 공익사업으로 인정하는 데 방해가 되지 않는다. (2) 사업인정고시는 수용재결절차로 나아가 강제적인 방식으로 토지소유자나 관계인의 권리를 취득 · 보상하기 위한 절차적 요건에 지나지 않고 (협의취득으로 인한) 영업손실보상의 요건이 아니다. 토지보상법령도 반드시 사업인정이나 수용이 전제되어야 영업손실 보상의무가 발생한다고 규정하고 있지 않다. 따라서 피고가 시행하는 사업이 토지보상법상 공익사업에 해당하고 원고들의 영업이 해당 공익사업으로 폐업하거나 휴업하게 된 것이어서 토지보상법령에서 정한 영업손실 보상대상에 해당하면, 사업인정고시가 없더라도 피고는 원고들에게 영업손실을 보상할 의무가 있다. (3) 피고(공익사업시행자인 지방자치단체)는 이 사건 각 토지와 건물을 소유자들로부터 매수하여 협의취득하였다. 원고들은 피고와 소유자들 사이의 협의 성립 이전부터 해당 건물을 임차하여 그곳에서 영업을 하였는데, 소유자들이 피고와 체결한 매매계약(협의취득계약)의 조건을 이행하기 위해 원고들과 임대차계약을 더 이상 갱신하지 않는 바람에 원고들이 폐업하거나 휴업하였다. 따라서 원고들은 이 사건 사업 때문에 폐업하거나 휴업한 것이고, 토지보상법상 관계인에 해당하는 원고들의 각 영업이 손실보상대상이 된다. (4) 공익사업의 시행자가 토지소유자와 관계인에게 보상액을 지급하지 않고 그 승낙도 받지 않은 채 공사에 착수함으로써 토지소유자와 관계인이 손해를 입은 경우, 토지소유자와 관계인에 대하여 불법행위가 성립할 수 있고, 사업시행자는 그로 인한 손해를 배상할 책임을 진다(대법원 1998. 11. 3. 자 88마850 결정, 대법원 2013. 11. 14. 선고 2011다27103 판결 참조). (5) 원심은, 피고가 원고들에게 재산상 손해액으로 관계 법령에 따라 정당하게 보상하였을 경우 받을 수 있었던 손실보상금을 배상해야 한다고 보고, 제1심 감정인의 감정결과 등을 토대로 토지보상법 제77조, 구 「공익사업을 위한 토지 등의 취득 및 보상에 관한 법률 시행규칙」(2014. 10. 22. 국토교통부령 제131호로 개정되기 전의 것, 이하 '구 토지보상법 시행규칙'이라 한다) 제47조에 따른 휴업손실 보상금으로 다음 금액을 합산하여 원고들의 재산상 손해액으로 인정하였다. 즉, ① 휴업 기간 얻을 수 있었던 영업이익에 대한 보상금, ② 휴업 기간 중의 영업용 자산에 대한 감가상각비 · 유지관리비와 휴업 기간 중에도 정상적으로 근무하여야 하는 최소인원에 대한 인건비 등 고정적 비용에 대한 보상금, ③ 영업시설 · 원재료 · 제품과 상품을 이전하는 데 드는 비용과 그 이전에 따른 감손상당액에 대한 보상금, ④ 이전광고비와 개업비 등 영업장소를 이전하는 데 드는 부대비용에 대한 보상금이 그것이다. 그리고 원고들의 '휴업 기간 얻을 수 있었던 영업이익(위 ①)'에 대해서는 원고들의 월평균 영업이익이 산출하기 곤란하거나 2013년 1/4분기 도시근로자 가구 월평균 가계지출비에 미치지 못한다는 이유로 구 토지보상법 시행규칙 제46조, 제47조에 따라 2013년 1/4분기 도시근로자 가구 월평균 가계지출비인 3,610,785원을 기초로 산정하였다. 원심의 이러한 판단에 상고이유 주장과 같이 재산적 손해배상의 범위와 그 산정에 관한 법리를 오해하였거나 채증법칙을 위반한 잘못이 없다(대판 2021. 11. 11, 2018다204022[손해배상(기)]).
〈참고사항〉 이 사건 주차장 신축공사는 2014. 12. 1. 착공되어 2015. 5.경 완공되었다. 원고들은 피고에게 영업손실 보상금을 지급해달라고 요청하였으나, 피고는 이 사건 사업이 토지보상법상

공익사업에 해당하지 않고 원고들은 영업손실 보상대상이 아니라는 이유로 거절하였고, 원고들의 재결신청청구 역시 거부하였다. 원고들은 인천지방법원 2017구합460호로 **재결신청청구 거부처분의 취소를 구하는 소를 제기하였으나, 위 인천지방법원은 이 사건 사업이 토지보상법상 공익사업에는 해당하더라도 사업인정고시가 이루어지지 않은 이상 원고들에게 재결신청을 청구할 권리가 인정되지 않으므로 피고의 거부행위는 항고소송의 대상이 되는 처분에 해당하지 않는다는 이유로 원고들의 소를 각하하는 판결을 선고**하였다. 이에 대해서 원고들이 항소를 하였다가 취하함으로써 판결이 그대로 확정되었다.

Ⅱ. 공용침해로 손실이 발생하였을 것

① 손실보상이 인정되기 위하여는 손해가 현실적으로 발생하였어야 한다.

[판례] 간척사업의 시행으로 종래의 관행어업권자에게 구 공유수면매립법에서 정하는 손실보상청구권이 인정되기 위해서는 매립면허고시 후 매립공사가 실행되어 관행어업권자에게 실질적이고 현실적인 피해가 발생해야 하는지 여부(적극): **손실보상은** 공공필요에 의한 행정작용에 의하여 사인에게 발생한 특별한 희생에 대한 전보라는 점에서 그 사인에게 **특별한 희생이 발생하여야 하는 것은 당연히 요구되는 것**이고, 공유수면 매립면허의 고시가 있다고 하여 반드시 그 사업이 시행되고 그로 인하여 손실이 발생한다고 할 수 없으므로, **매립면허 고시 이후 매립공사가 실행되어 관행어업권자에게 실질적이고 현실적인 피해가 발생한 경우에만 공유수면매립법에서 정하는 손실보상청구권이 발생하였다고 할 것이다**(대판 2010. 12. 09, 2007두6571[손실보상재결신청기각결정취소등]).

② 판례는 공익사업과 손실 사이에 상당인과관계가 있어야 손실보상의 대상인 손실이 된다고 본다.

[판례] 공익사업의 시행으로 토석채취허가를 연장받지 못한 경우 그로 인한 손실과 공익사업 사이에 상당인과관계의 인정 여부 및 그 손실이 적법한 공권력의 행사로 가하여진 재산상의 특별한 희생으로서 손실보상의 대상이 되는지 여부(소극): 국토 및 자연의 보전 등의 중대한 공익상 필요가 있을 때에는 재량으로 산림내에서의 토석채취허가를 거부할 수 있는 것이다. 따라서 그 자체로 중대한 공익상의 필요가 있는 공익사업이 시행되어 토석채취허가를 연장받지 못하게 되었다고 하더라도 **토석채취허가가 연장되지 않게 됨으로 인한 손실과 공익사업 사이에 상당인과관계가 있다고 할 수 없을 뿐 아니라**(대판 1996. 09. 20, 96다24545 참조), 특별한 사정이 없는 한 그러한 손실이 적법한 공권력의 행사로 가하여진 재산상의 특별한 희생으로서 손실보상의 대상이 된다고 볼 수도 없다(대판 2009. 06. 23, 2009두2672[토지수용이의재결처분취소]: 당진－대전간 고속도로 건설공사의 시행으로 이 사건 채석장의 토석채취허가의 연장이 제한되더라도 손실보상의 대상이 되는 법익의 침해가 있는 것이라고 할 수 없다고 한 사례). **〈해설〉** 연장이 거부된 토석채취허가에 관하여 행정청에게 재량권(기속재량권)이 인정된다는 사실이 공익사업과 토석채취허가거부로 인한 손실 사이의 상당인과관계를 부인하는 절대적인 사유가 될 수는 없다고 보는 것이 타당하므로 판례는 문제가 있다.

그러나, 손실보상의 요건으로 공익사업과 손실 사이에 국가배상책임에서 요구되는 상당인과관계가 있을 것을 요구하는 것은 타당하지 않다. 상당인과관계 대신 ‘당해 손실이 공익사업(공용침해)으로부터 예견된 것일 것'을 손실보상의 한 요건으로 요구하는 것이 타당하다. 의도된 손실(직접손실)뿐만 아니라 의도되지는 않았지만 예견가능한 손실(간접손실, 수용적 침해)도 손실보상의 대상이 되지만, 예견가능하지 않은 손실은 손실보상의 대상이 되지 않는다고 보아야 한다.

Ⅲ. 특별한 희생(손해)

공공필요를 위한 재산권의 침해가 있는 경우에 손실보상이 되기 위하여는 그 침해로 인한 손실이 '특별한 희생(손해)'에 해당하여야 한다. 그 손해가 '재산권에 내재하는 사회적 제약'에 불과한 경우에는 재산권자가 수인하여야 한다고 보고 있다. 이러한 해결은 재산권의 공공성의 관념에 기초하고 있고, 이 관념의 헌법적 근거는 헌법 제23조 제2항이다.

실제에 있어서 어떠한 손해가 '특별한 손해'인지 아니면 '재산권에 내재하는 사회적 제약'인지 불명확한 경우가 많다. 이 문제는 주로 재산권이 박탈되는 수용의 경우가 아니라 재산권의 사용 또는 수익이 제한되는 공용침해, 즉 공용제한의 경우에 주로 제기된다. 대표적인 예가 도시지역에서의 개발제한구역(Green Belt)의 지정으로 인하여 개발제한구역 내에 있는 토지소유자가 받는 손실이다.

공용침해로 인하여 발생한 손해가 특별한 희생(손해)인가 아니면 재산권에 내재하는 사회적 제약에 불과한가의 판단기준은 무엇인가. 이에 관하여 다음과 같은 학설이 있다.

1. 형식적 기준설

침해행위가 일반적인 것이냐 아니면 개별적인 것이냐라는 형식적 기준에 의해 특별한 희생과 사회적 제약을 구별하려는 견해이다. 즉, 재산권에 대한 침해가 특정인 또는 한정된 범위의 사람에게 가해진 경우에는 특별한 희생에 해당하고 재산권 침해가 일반적으로 행해지면 사회적 제약에 해당한다고 본다.

이 견해의 문제점은 특정인에게 가해진 권익침해도 사회적 제약에 해당하는 경우가 있을 수 있고, 공용침해가 어느 정도 일반적인 경우에도 특별한 희생에 해당하는 경우가 있을 수 있다는 것을 간과하고 있다는 점이다. 따라서, 형식적 기준만에 의해 특별한 희생과 사회적 제약을 구분할 수는 없다. 특히 도시계획법상의 개발제한구역의 지정에서와 같이 공용침해의 대상자가 다수인 경우에는 형식적 기준설에 의한 특별한 희생과 사회적 제약의 구분은 매우 어렵다.

2. 실질적 기준설

공용침해의 실질적 내용, 즉 침해의 본질성 및 강도를 기준으로 하여 특별한 희생과 사회적 제약을 구별하려는 견해이다.

이에는 보호가치설, 수인한도설, 사적 효용성설, 목적위배설, 사회적 제약설, 상황적 구속설 등이 있다.

(1) 보호가치설

이 설은 Walter Jellinek가 주장한 학설인데, 재산권을 보호가치(保護價値) 있는 것과 보호가치가 없는 것으로 구분하고 전자에 대한 침해만이 보상의 대상이 되는 특별한 희생이라고 본다.

이 견해에 대하여는 보호가치와 비보호가치에 대한 객관적인 기준을 제공하고 있지 못하다는 비판이 있다.[114)]

(2) 수인한도설(기대가능성설)

이 설은 슈퇴터 등이 주장한 견해인데, 재산권에 대한 침해의 본질성과 강도를 구별기준으로 하여 그 침해가 재산권주체에게 보상 없이 수인가능한 것인지 아니면 수인한도(受忍限度)를 넘는 것인지에 따라 특별한 희생과 사회적 제약을 구별하려는 견해이다.

이 견해에 대하여는 수인가능성이라는 기준이 모호하다는 비판이 가능하다.

(3) 사적 효용설

이 설은 라인하르트 등이 주장한 견해인데, 사적 효용(私的 效用)을 재산권의 본질적 내용으로 보고, 재산권이 제한되고 있는 상태에서도 아직 재산권의 기능에 합당한 사적인 이용이 유지되는 경우에는 재산권의 단순한 사회적 제약에 불과하지만, 재산권의 침해가 재산권의 사적 효용을 본질적으로 침해하는 경우에는 특별한 희생이 된다고 본다.

이 견해 역시 객관적인 기준이 되지 못한다는 비판이 가능하다. 각 재산권의 사적 효용이 무엇인지 판단이 쉽지 않고, 재산권의 사적 효용에 대한 어느 정도의 제한이 있어야 특별한 희생이 되는지 불명확한 경우가 있을 수 있다.

(4) 목적위배설

이 설은 포르스토프 등의 견해인데, 재산권의 침해가 종래 인정되어 온 재산권의 이용목적 내지 기능에 위배(違背)되는지 여부를 기준으로 종래 인정되어 온 재산

114) 김성수, 전게논문, 40면.

권의 이용목적에 위배되는 경우에 특별한 희생이고, 재산권에 대한 제한이 있었더라도 재산권의 본래의 이용목적 내지 기능에 따른 이용이 유지되고 있는 경우에는 재산권에 내재하는 사회적 제약이라고 본다.

(5) 상황구속설

이 설은 특히 토지 등의 부동산재산권의 경우 그의 지정학적 상황(狀況)에 의하여 강한 사회적 의무가 수반된다고 보고, 당해 재산권이 처한 특수한 상황에 비추어 재산권 주체가 이미 예상할 수 있는 단순한 재산권 행사상의 제한이 가해진 경우에 그 제한은 사회적 제약에 불과하다고 본다.

이 견해는 토지 등의 재산권이 처한 상황을 고려하여 특별한 희생인지 여부를 판단하여야 한다는 것 이상으로 특별한 희생과 사회적 제약의 구별기준을 제시하고 있지 못하다는 비판을 받을 수 있다.[115]

3. 결론 : 복수기준설

우리나라의 통설은 형식적 기준설과 각 실질적 기준설이 일면의 타당성만을 갖는다고 보고, 형식적 기준설과 실질적 기준설을 종합하여 특별한 희생과 사회적 제약을 구별하여야 한다고 본다.

우선 형식적 기준설을 적용하여 재산권의 침해가 모든 국민에 대하여 균등한 손해를 발생시킨 경우에는 평등의 원칙에 반하지 않으므로 원칙상 보상의 대상이 되지 않는 사회적 제약에 해당한다. 다만, 재산권 침해가 일반적인 경우에도 재산권의 본질적인 내용이 침해된 경우에는 특별한 희생이라고 보아야 한다.

재산권의 침해가 특정 범위의 사람에 대하여 가해진 경우에는 실질적 기준설에 따라 특별한 희생 여부를 판단하여야 한다. 실질적 기준설 중에서도 특히 사적 효용설, 목적위배설, 상황구속설, 수인한도설을 종합적으로 적용하는 것이 타당하다. 즉, 토지 등을 종래의 목적대로 사용할 수 없거나 재산권의 이용이 제한되었음에도 손실보상을 하지 않는 것이 가혹한 경우 특별희생에 해당한다.

[판례] ① **토지재산권에 대하여는 강한 사회성 · 공공성으로 인하여 다른 재산권에 비하여 보다 강한 제한과 의무가 부과될 수 있으나, 토지재산권에 대한 제한입법 역시** 다른 기본권에 대한 제한입법과 마찬가지로 **과잉금지의 원칙을 준수해야 하고 재산권의 본질적 내용인 사적유용성(私的有用性)과 원칙적인 처분권(處分權)을 부인해서는 안 된다.** 국립공원구역지정 후 토지를 종래의 목적으로 사용할 수 있는 원칙적인 경우의 토지소유자에게 부과하는 현상태의 유지의무나 변경금지의무는, 토지재산권의 제한을 통하여 실현하고자 하는 공익의 비중과 토지재산권의 침해의 정도를 비

115) 상게논문, 41면 참조.

교해 볼 때, 토지소유자가 자신의 토지를 원칙적으로 종래 용도대로 사용할 수 있는 한 재산권의 내용과 한계를 비례의 원칙에 부합하게 합헌적으로 규율한 규정이라고 보아야 한다. 그러나 입법자가, **국립공원구역지정 후 토지를 종래의 목적으로도 사용할 수 없거나 토지를 사적으로 사용할 수 있는 방법이 없이 공원구역내 일부 토지소유자에 대하여 가혹한 부담을 부과하면서 아무런 보상규정을 두지 않은 경우에는 비례의 원칙에** 위반되어 당해 토지소유자의 재산권을 과도하게 침해하는 것이라고 할 수 있다(헌재 2003. 04. 24, 99헌바110, 2000헌바46(병합)[자연공원법 제4조 등 위헌소원]).

② [1] 개발제한구역 지정으로 인하여 **토지를 종래의 목적으로도 사용할 수 없거나 또는 더 이상 법적으로 허용된 토지이용의 방법이 없기 때문에 실질적으로 토지의 사용 · 수익의 길이 없는 경우**에는 토지소유자가 수인해야 하는 사회적 제약의 한계를 넘는 것으로 보아야 한다. [2] 개발제한구역의 지정으로 인한 개발가능성의 소멸과 그에 따른 지가의 하락이나 지가상승률의 상대적 감소는 토지소유자가 감수해야 하는 사회적 제약의 범주에 속하는 것으로 보아야 한다. 자신의 토지를 장래에 건축이나 개발목적으로 사용할 수 있으리라는 기대가능성이나 신뢰 및 이에 따른 지가상승의 기회는 원칙적으로 재산권의 보호범위에 속하지 않는다. 구역지정 당시의 상태대로 토지를 사용 · 수익 · 처분할 수 있는 이상, 구역지정에 따른 단순한 토지이용의 제한은 원칙적으로 재산권에 내재하는 사회적 제약의 범주를 넘지 않는다(헌재 1998. 12. 24, 89헌마214, 90헌바16, 97헌바78(병합)[개발제한구역사건]).

③ 일반 공중의 이용에 제공되는 공공용물에 대하여 특허 또는 허가를 받지 않고 하는 일반사용은 다른 개인의 자유이용과 국가 또는 지방자치단체 등의 공공목적을 위한 개발 또는 관리 · 보존행위를 방해하지 않는 범위 내에서만 허용된다 할 것이므로, **공공용물에 관하여 적법한 개발행위 등이 이루어짐으로 말미암아 이에 대한 일정범위의 사람들의 일반사용이 종전에 비하여 제한받게 되었다 하더라도 특별한 사정이 없는 한 그로 인한 불이익은 손실보상의 대상이 되는 특별한 손실에 해당한다고 할 수 없다**(대판 2002. 02. 26, 99다35300).

④ **도시계획시설의 지정**으로 말미암아 당해 토지의 이용가능성이 배제되거나 또는 토지소유자가 토지를 종래 허용된 용도대로도 사용할 수 없기 때문에 이로 말미암아 현저한 재산적 손실이 발생하는 경우에는, 원칙적으로 사회적 제약의 범위를 넘는 **수용적 효과를 인정하여** 국가나 지방자치단체는 이에 대한 보상을 해야 한다(헌재 1999. 10. 21, 97헌바26[도시계획법 제6조 위헌소원]).

⑤ [1] **공유수면에 대한 공공사업 시행으로 인한 손실보상 또는 손해배상을 청구할 수 있는 공유수면 어업자의 범위 및 공공사업에 의한 제한이 있는 상태에서 어업에 관한 허가 또는 신고가 이루어진 것인지를 판단하는 기준:** 공유수면의 어업자에게 공공사업의 시행으로 인한 손실보상 또는 손해배상을 청구할 수 있는 피해가 발생하였다고 볼 수 있으려면 그 사업시행에 관한 면허 등의 고시일은 물론이고 사업시행 당시에도 적법한 면허어업자 · 허가어업자 또는 신고어업자로서 어업에 종사하고 있어야 한다. 위 **사업시행의 면허 등 고시 이후에 비로소 이루어진 어업허가나 어업신고는 그 공유수면에 대한 공공사업의 시행과 이로 인한 허가 또는 신고어업의 제한이 이미 객관적으로 확정되어 있는 상태에서 그 제한을 전제로 한 것으로서**, 그 이전에 어업허가 또는 신고를 마친 어업자와는 달리 위 공공사업이 시행됨으로써 그렇지 아니할 경우에 비하여 그 어업자가 얻을 수 있는 이익이 감소된다고 하더라도 손실보상의 대상이 되는 **특별한 손실을 입게 되었다고 할 수 없으므로** 이에 대하여는 손실보상 또는 손해배상을 청구할 수 없다. 그리고 어업에 관한 허가 또는 신고의 경우 그러한 **공공사업에 의한 제한이 있는 상태에서 이루어진 것인지 여부는 당해 허가 또는 신고를 기준으로 하여야 하며, 그 이전에 받았으나 이미 유효기간이 만료한 어업허가 또는 신고를 기준으로 할 수는 없다.** [2] 육상종묘생산어업을 하는 甲이 항만공사 실시계획이 공고된 후 종전

육상종묘생산어업신고의 유효기간이 만료되자 어업신고에 필요한 공유수면 점·사용허가를 신청하였으나 반려되어 신고어업권이 소멸하였는데, 이후 항만공사 시행으로 어업피해를 입었다며 국가에 공익사업을 위한 토지 등의 취득 및 보상에 관한 법률 등에 터잡아 손실보상금 지급을 구한 사안에서, 甲의 육상종묘생산어업은 손실보상 대상이 될 수 없다고 한 사례(대판 2011. 07. 28, 2011두5728).
⑥ (1) 구 수산업법 제81조 제1항 단서 조항에서 허가·신고 어업에 대하여 '국방상 필요하다고 인정하여 국방부장관으로부터 요청이 있을 때'(제3호)에는 '공익사업을위한토지등의취득및보상에관한법률 제4조의 공익사업상 필요한 때'(제5호)와 달리 손실보상 없이 이를 제한할 수 있도록 정한 것이 **재산권자가 수인하여야 하는 사회적 제약**의 한계를 넘어 가혹한 부담을 발생시킨다고 보기 어려우므로 이 사건 단서조항이 헌법에 위반된다고 볼 수 없다. (2) 피고 국방과학연구소가 태안 안흥만 일대에 설치된 해상사격장에서 군사무기 기술시험 등을 위한 종합시험장을 운용하면서 해상사격 시에 선박조업을 통제하는 것과 관련하여, 원고들이 허가어업권자들로서 해상사격과 그에 따른 선박조업통제로 허가어업피해를 입었다고 주장하면서 피고 국방과학연구소와 대한민국(감독책임)에 대하여 그 손해보상(배상)을 청구한 사례에서, 해상사격에 따른 선박조업통제는 구 수산업법 제34조 제1항 제3호(국방상 필요하다고 인정하여 국방부장관으로부터 요청이 있을 때)에 의한 어업제한으로서 제81조 제1항 단서에 따라 보상청구 대상에서 제외된다는 이유로 원고들의 청구를 기각한 원심판결을 수긍한 사안(대판 2016. 05. 12, 2013다62261[손실보상등][해상사격으로 인한 어업손실에 대한 보상청구 사건]).
⑦ **광업법 제44조 제1항에 따라 이 사건 고속철도터널을 기준으로 지표 지하 50m 이내의 지역에서 채굴이 제한되는데, 이는** 이 사건 광업권에 당연히 따르는 최소한의 제한으로 부득이한 것으로서 **광업권자가 당연히 수인하여야 하는 것**이다. 또한 경주시장의 개발행위(변경)허가에 부가된 조건에 따라 **이 사건 터널에 대한 피해를 방지하기 위하여 발파 등 행위가 일부 제한**되는데, 이 역시 공공복리를 위하여 부득이한 것으로 인정될 경우, **광업권자가 당연히 수인하여야 하는 것**이다. 따라서 사실상 이 사건 광업권의 전부 또는 일부가 소멸하는 결과가 초래되었다는 등의 특별한 사정이 없는 이상, 위와 같은 제한은 이 사건 **광업권에 내재되어 있는 한계가 현실화된 것에 불과하다**(대판 2023. 06. 29, 2022두59592).

제 4 항 행정상 손실보상의 기준과 내용

손실보상의 기준과 내용은 손실보상의 '일반적 기준(基準)인 정당한 보상'과 '구체적 기준과 내용(內容)'으로 나누어 볼 필요가 있다.

그리고, 행정상 손실보상의 구체적 기준과 내용은 토지취득보상법에 보상의 구체적 기준과 내용이 정하여져 있는 공용수용의 경우와 통상의 경우에 보상의 구체적 기준과 내용이 정하여져 있지 않는 공용제한의 경우를 나누어 고찰할 필요가 있다.

행정상 손실보상의 기준과 행정상 손실보상의 내용은 상호 밀접하게 연결되어 있어 양자를 엄격히 구분하는 것은 어렵다. 손실보상의 기준이라 함은 손실보상의 범위 및 보상액을 결정하는 기준이 되는 정당보상의 원칙, 시가보상의 원칙 등을 말하고, 손실보상의 내용이라 함은 손실보상의 범위, 보상액 및 방법을 포함하는 것으로 볼 수 있다. 그런데, 손실보상의 내용은 손실보상의 기준에 따라 결정된다는 점에서 손실보상의 기준이 손실보상의 내용에 포함되는 것으로 볼 수도 있다. 또한, 손실보상의 방법은 손실보상의 내용이 되면서도 채권보상, 생활보상 등과 관련하여 별도의 고찰을 할 필요가 있다.

Ⅰ. 행정상 손실보상의 일반적 기준 : '정당한 보상'의 원칙

헌법은 정당한 보상의 원칙을 선언하고 있다. 정당(正當)한 보상(補償)이 무엇을 의미하는가에 관하여 학설상 견해의 대립이 있다.

손실보상의 일반적 기준인 정당한 보상의 의미에 관하여는 종래 완전보상설과 상당보상설이 대립하고 있다.

1. 완전보상설

완전보상설(完全補償說)은 공용침해로 인하여 발생한 객관적 손실 전부를 보상하여야 한다는 견해이다. 그런데, 완전보상설에는 두 견해가 있다. 그 하나는 피침해재산(공용침해의 대상이 된 재산)의 객관적 가치만 보상하면 된다는 견해이고, 다른 하나는 피해침재산의 객관적 가치 이외에 부대적 손실도 포함하여야 한다는 견해이다.

우리나라에서 다수 견해는 완전보상설을 지지하고 있고, 일반적으로 완전보상은 피침해재산의 객관적 가치의 보상과 함께 부대적 손실의 보상도 포함하는 것으로 이해하고 있다. 오늘날에서는 생활보상을 완전보상의 범주에 포함시키며 완전보상을 공용침해가 일어나기 전의 생활과 유사한 생활수준을 회복하도록 하는 보상으로 이해하는 견해가 새롭게 제기되고 있다.

정신적 손해와 개발이익은 완전보상에 포함되지 않는다고 보는 것이 일반적 견해이다. 헌법재판소도 헌법 제23조 제3항에서 규정하고 있는 정당한 보상은 원칙석으로 피수용재산의 객관적인 재산가치를 완전하게 보상하는 것이어야 한다는 완전보상을 뜻한다고 보고 있다(헌재 1990. 06. 25, 89헌마107).

2. 상당보상설

상당보상설(相當補償說)은 정당한 보상이라 함은 피해이익의 성질 및 정도와 함께 침해행위의 공공성을 고려하여 보상이 행해질 당시의 사회통념에 비추어 사회적 정의의 관점에서 객관적으로 타당하다고 여겨지는 보상을 말한다고 보는 견해이다. 상당보상설에 의하면 정당한 보상은 완전보상을 하회하거나 상회할 수 있다.

상당보상설 중에는 완전보상을 원칙으로 하면서도 합리적 이유가 있을 때에는

완전보상을 하회하거나 상회할 수 있다고 보는 견해도 있다.[116)]

상당보상설은 독일법에서 채택되고 있다.

3. 결 론

헌법 제23조의 정당한 보상이라 함은 재산권보장의 관점에서 볼 때 완전한 보상을 의미하는 것으로 보아야 한다. 독일 기본법 제14조에서와 달리 정당한 형량의 요청이 헌법상 명문으로 규정되어 있지 않는 우리 헌법에서 침해행위의 공공성을 이유로 재산권의 보장을 제한할 수는 없다.

토지취득보상법 등 보상의 내용을 정하는 법률이 완전보상의 원칙에 반하면 당해 법률은 그 한도 내에서 위헌이 된다. 그러나, 실정법률에서 완전보상을 상회하여 보상하는 것으로 정하는 것은 가능하다.

또한 보상의 구체적인 기준 및 방법에 관하여는 완전보상의 원칙에 반하지 않는 한도 내에서 입법자에게 재량이 부여된다. 헌법은 정당한 보상의 원칙을 선언하면서도 보상의 구체적인 기준과 방법은 법률로 정하도록 규정하고 있는데 이 규정의 입법취지도 그러하다고 해석할 수 있다.

Ⅱ. 행정상 손실보상의 구체적 기준과 내용

토지취득보상법상 토지취득 및 보상절차는 다음과 같다. 토지조서 및 물건조서의 작성(제14조) – 보상계획의 공고·통지 및 열람(제15조) – 협의(제16조) – 사업인정(제20조) – 토지조서 및 물건조서의 작성(제26조) – 보상계획의 공고·통지 및 열람(제26조) – 협의(제26조) – 수용재결(제34조) – 이의신청(제83조) 및 이의재결(제84조)(임의절차) – 행정소송(제85조)

1. 보상대상자

토지보상법상 보상의 대상이 되는 자는 공익사업에 필요한 토지의 소유자 및 관계인이다(제61조). “관계인”이라 함은 “사업시행자가 취득하거나 사용할 토지에 관하여 지상권·지역권·전세권·저당권·사용대차 또는 임대차에 따른 권리 또는 그 밖에 토지에 관한 소유권 외의 권리를 가진 자나 그 토지에 있는 물건에 관하여 소유권이나 그 밖의 권리를 가진 자를 말한다. 다만, 제22조에 따른 사업인정의 고시가 된 후에 권리를 취득한 자는 기존의 권리를 승계한 자를 제외하고는 관계인에 포함

116) 김남진, 전게서, 619~620면.

되지 아니한다."(제2조 제5호).

[판례] ① 공익사업을 위한 토지 등의 취득 및 보상에 관한 법률의 보상 대상인 **'기타 토지에 정착한 물건에 대한 소유권 그 밖의 권리를 가진 관계인'의 범위**: 공익사업을 위한 토지 등의 취득 및 보상에 관한 법률의 보상 대상이 되는 '기타 토지에 정착한 물건에 대한 소유권 그 밖의 권리를 가진 관계인'에는 **독립하여 거래의 객체가 되는 정착물에 대한 소유권 등을 가진 자뿐 아니라, 당해 토지와 일체를 이루는 토지의 구성부분이 되었다고 보기 어렵고 거래관념상 토지와 별도로 취득 또는 사용의 대상이 되는 정착물에 대한 소유권이나 수거 · 철거권 등 실질적 처분권을 가진 자도 포함**된다(대판 2009. 02. 12, 2008다76112[손실보상금수령권자확인]: 토지의 임대차계약에 근거하여 적법하게 설치한 자동차학원시설에 대한 소유권자를 별도의 보상대상으로 본 사례).

② **어업허가는** 일정한 종류의 어업을 일반적으로 금지하였다가 일정한 경우 이를 해제하여 주는 것으로서 어업면허에 의하여 취득하게 되는 어업권과는 그 성질이 다른 것이기는 하나, 어업허가를 받은 자가 그 허가에 따라 해당 어업을 함으로써 재산적인 이익을 얻는 면에서 보면 **어업허가를 받은 자의 해당 어업을 할 수 있는 지위는 재산권으로 보호받을 가치가 있다**(대판 1999. 11. 23, 98다11529). 〈해설〉 어업허가는 강학상 허가에 해당한다.

③ **공공사업의 시행으로 인한 손실보상청구권의 유무를 판단할 기준시점**: 공공사업의 시행으로 손해를 입었다고 주장하는 자가 보상을 받을 권리를 가졌는지의 여부는 **해당 공공사업의 시행 당시를 기준으로 판단하여야** 하고, 그와 같은 **공공사업의 시행에 관한 실시계획 승인과 그에 따른 고시가 된 이상 그 이후에 영업을 위하여 이루어진 각종 허가나 신고는** 위와 같은 공공사업의 시행에 따른 제한이 이미 확정되어 있는 상태에서 이루어진 것으로 그 이후의 공공사업 시행으로 그 허가나 신고권자가 **특별한 손실을 입게 되었다고는 볼 수 없다**(대판 2002. 11. 26, 2001다44352: 관계 법령이 요구하는 허가나 신고없이 김양식장을 배후지로 하여 김종묘생산어업에 종사하던 자들의 간접손실에 대하여 그 손실의 예견가능성이 없고, 그 손실의 범위도 구체적으로 특정하기 어려워 공공용지의취득및손실보상에관한특례법시행규칙상의 손실보상에 관한 규정을 유추적용할 수 없다고 한 사례).

④ [1] 공익사업을 위한 토지 등의 취득 및 보상에 관한 법률상 보상 대상이 되는 '기타 토지에 정착한 물건에 대한 소유권 그 밖의 권리를 가진 관계인'에는 **수거 · 철거권 등 실질적 처분권을 가진 자도 포함**된다. [2] 철도건설사업 시행자인 갑 공단이 을 소유의 건물 등 지장물에 관하여 중앙토지수용위원회의 수용재결에 따라 건물 등의 가격 및 이전보상금을 공탁한 다음 을이 공탁금을 출급하자 위 건물의 일부를 철거하였고, 을은 위 건물 중 철거되지 않은 나머지 부분을 계속 사용하고 있었는데, 그 후 병 재개발정비사업조합이 위 건물을 다시 수용하면서 수용보상금 중 위 건물 등에 관한 설치이전비용 상당액을 병 조합과 을 사이에 성립한 조정에 따라 피공탁자를 갑 공단 또는 을로 하여 채권자불확지 공탁을 한 사안에서, 갑 공단은 수용재결에 따라 위 건물에 관한 이전보상금을 지급함으로써 위 건물을 철거 · 제거할 권한을 가지게 되었으므로 공익사업을 위한 토지 등의 취득 및 보상에 관한 법률상 보상 대상이 되는 '기타 토지에 정착한 물건에 대한 소유권 그 밖의 권리를 가진 관계인'에 해당하고, 을은 갑 공단으로부터 공익사업의 시행을 위하여 지장물 가격보상을 받음으로써 사업시행자인 갑 공단의 위 건물 철거 · 제거를 수인할 지위에 있을 뿐이므로, **병 조합에 대한 지장물 보상청구권은 을이 아니라 위 건물에 대한 가격보상 완료 후 이를 인도받아 철거할 권리를 보유한 갑 공단에 귀속된다**고 보아야 하는데도, 위 건물의 소유권이 을에게 있다(사업시행자가 사업시행에 방해가 되는 지장물에 관하여 공익사업을 위한 토지 등의 취득 및 보상에 관한 법률 제75조 제1항 단서 제2호에 따라 이전에 소요되는 실제 비용에 못 미치는 물건의 가격으로 보상한 경우, 사업시행자가 당해 물건을 취득하는 제3호와 달리 수용의 절차를 거치지 아니한

이상 사업시행자가 그 보상만으로 당해 물건의 소유권까지 취득한다고 보기는 어렵다)는 이유만으로 공탁금출급청구권이 을에게 귀속된다고 본 원심판단에는 법리오해의 잘못이 있다고 한 사례(대판 2019. 04. 11, 2018다277419[공탁금출급청구권확인]).

하천구역편입에 따른 보상대상자는 편입토지가 하천구역으로 편입된 당시의 소유자 또는 그 승계인이다(대판 2016. 08. 24, 2014두15580).

2. 보상주체

보상주체는 사업시행자이다.

3. 토지취득보상법상 손실보상의 구체적 기준과 내용

토지취득보상법상 손실보상의 구체적 기준과 내용은 피침해재산의 객관적 가치의 보상과 그 이외의 부대적 손실의 보상, 확장수용보상, 간접손실의 보상 및 기타 손실의 보상으로 나누어 볼 수 있다.

(1) 취득재산의 객관적 가치의 보상

공익사업을 위하여 취득하는 재산을 협의 또는 수용재결 당시의 시장가격에 의해 보상하는 것이 완전한 보상의 원칙에 합치한다. 그러나, 이에는 두 문제가 있다. 하나는 협의 또는 재결당시의 시장가격을 산정하는 것이 쉽지 않다는 것이고, 다른 하나는 협의 또는 재결당시의 시장가격으로 보상하는 경우에는 사회로 환원되어야 하는 개발로 인한 이익이 재산권자에게 주어지게 되는 문제가 있다.

그리하여 토지취득보상법은 완전보상의 원칙에 입각하면서도 개발이익을 배제하기 위하여 다음과 같이 보상액을 산정하는 것으로 하고 있다.

실무상 수용보상액은 '표준지공시지가 × 시점수정(지가변동률, 생산자물가상승률) × 지역요인 × 개별요인(가로조건, 접근조건, 환경조건, 획지조건, 행정조건, 기타조건) × 그 밖의 요인'의 산식으로 결정하게 된다. 이 경우 공법상 제한은 개별요인 중 행정조건에 포함된다.

1) 협의 또는 재결당시의 가격

토지취득보상법은 '취득재산의 협의(協議)성립 또는 재결(裁決) 당시(當時)의 가격(價格)'을 손실보상액으로 하는 것으로 규정하고 있다.

즉, 토지취득보상법은 보상액산정의 기준이 되는 시점을 '가격시점'이라 하면서(제2조 제6호) 가격시점을 협의에 의한 취득의 경우에는 협의성립시, 재결에 의한 취득의 경우에는 수용 또는 사용재결시로 하고 있다(제67조).

가. 공시지가를 기준으로 한 보상 　협의 또는 재결에 의하여 취득하는 토지에 대하여는 부동산가격공시에 관한 법률(이하 '부동산가격공시법'이라 한다)에 의한 공시지가(公示地價)를 기준으로 하여 보상하도록 하고 있다(제70조 제1항). 여기에서 기준이 되는 공시지가란 국가가 매년 1월 1일을 기초로 하여 정하는 전국토 중 일부 표준지의 시가(표준지공시지가)를 말한다.

기준이 되는 표준지(비교표준지)는 취득하는 토지를 평가함에 있어서 평가대상토지와 유사한 이용가치를 지닌다고 인정되는 하나 이상의 표준지로 하는데(동법 시행규칙 제22조 제1항), 비교표준지는 특별한 사유가 있는 경우를 제외하고는 다음 각 호의 기준에 따른 토지로 한다. 1. 용도지역, 용도지구, 용도구역 등 공법상 제한이 같거나 유사할 것, 2. 평가대상 토지와 실제 이용상황이 같거나 유사할 것, 3. 평가대상 토지와 주위 환경 등이 같거나 유사할 것, 4. 평가대상 토지와 지리적으로 가까울 것(동법 시행규칙 제22조 제3항).

판례에 따르면 비교표준지는 특별한 사정이 없는 한 도시계획구역 내(도시지역 내)에서는 같거나 유사한 용도지역 등을 우선으로 하고, 도시계획구역 외(도시지역 외)에서는 현실적 이용상황에 따른 실제 지목을 우선으로 하여 선정하여야 할 것이나, 이러한 토지가 없다면 지목, 용도, 주위환경, 위치 등의 제반 특성을 참작하여 그 자연적, 사회적 조건이 수용대상 토지와 동일 또는 가장 유사한 토지를 선정하여야 한다(대판 2001. 03. 27, 99두7968; 2011. 09. 08, 2009두4340; 2015. 08. 27, 2012두7950).

[판례] ① 비교표준지 선정방법: 비교표준지는 특별한 사정이 없는 한 **도시계획구역 내에서는 용도지역을 우선**으로 하고(용도지역우선의 원칙), 도시계획구역 외에서는 용도지역을 현실적 이용상황에 따른 실제 지목을 우선으로 하여 선정하여야 할 것이나(이용상황우선의 원칙), **이러한 토지가 없다면** 지목, 용도, 주위환경, 위치 등의 제반 특성을 참작하여 그 자연적·사회적 조건이 수용대상 토지와 동일 또는 가장 유사한 토지를 선정하여야 한다(대판 2001. 03. 27, 99두7968).
② 도시계획구역 내에 있는 수용대상토지에 대한 표준지 선정방법: 수용대상토지가 도시계획구역 내에 있는 경우에는 그 용도지역이 토지의 가격형성에 미치는 영향을 고려하여 볼 때, 당해 토지와 같은 용도지역의 표준지가 있으면 **다른 특별한 사정이 없는 한 용도지역이 같은 토지를 당해 토지에 적용할 표준지로 선정함이 상당**하고, 가령 그 표준지와 당해 토지의 이용상황이나 주변환경 등에 다소 상이한 점이 있다 하더라도 이러한 점은 지역요인이나 개별요인의 분석 등 품등비교에서 참작하면 된다(대판 2007. 07. 12, 2006두11507[손실보상금증액청구]).
③ [1] 도시지역 내에 있는 수용대상토지와 용도지역이 같은 비교표준지가 여러 개 있는 경우 및 도시지역 외에 있는 수용대상토지와 현실적 이용상황이 같은 비교표준지가 여러 개 있는 경우, 비교표준지 선정 방법: 비교표준지는 특별한 사정이 없는 한 **도시지역** 내에서는 용도지역을 우선으로 하고, **도시지역 외**에서는 현실적 이용상황에 따른 실제 지목을 우선으로 하여 선정해야 한다. 또한 수용대상토지가 도시지역 내에 있는 경우 용도지역이 같은 비교표준지가 여러 개 있을 때에는 현실적 이용상황, 공부상 지목, 주위환경, 위치 등의 제반 특성을 참작하여 자연적, 사회적 조

건이 수용대상 토지와 동일 또는 유사한 토지를 당해 토지에 적용할 비교표준지로 선정해야 하고, 마찬가지로 수용대상토지가 도시지역 외에 있는 경우 현실적 이용상황이 같은 비교표준지가 여러 개 있을 때에는 용도지역까지 동일한 비교표준지가 있다면 이를 당해 토지에 적용할 비교표준지로 선정해야 한다. [2] 수용재결 당시 지목이 과수원, 답이고, 현실적으로 과수원, 농가주택 부지, 밭으로 이용되었으며, 토지이용계획확인서상 용도지역이 '농림지역'으로 표시된 택지개발사업 내 갑 소유의 수용대상토지에 대하여, 원심이 용도지역이 '관리지역'인 토지를 비교표준지로 선정한 감정결과를 채택한 사안에서, 농업진흥지역으로 지정된 것으로 볼 수 없다는 이유만으로 위 토지의 용도지역을 '관리지역'으로 인정한 다음 '관리지역' 토지를 비교표준지로 선정한 감정결과를 채택한 원심판결에 비교표준지 선정에 관한 법리오해 등의 위법이 있다고 한 사례(대판 2011. 09. 08, 2009두4340[수용보상금증액]).

보상대상 토지별 표준지는 특정되어야 하며 그 선정사유를 알 수 있도록 하여야 한다.

[판례] [1] 각 표준지 및 각 보상대상토지를 포함한 수용대상토지들의 용도 및 위치 기타 자연적, 사회적 조건들을 구체적으로 설시하여 위 각 표준지와 각 보상대상토지의 지역적, 개별적 요인을 비교하고 있지 아니하다면 각 보상대상토지에 대한 위 수 필지의 표준지 중 **어떤 표준지를 선정하였는지를 확인할 수 없으므로** 각 보상대상토지에 관한 감정평가는 적정성을 결여하여 위법하다. [2] **표준지와 평가대상토지 사이에 지역적 개별적 요인들을 비교할 수 있을 만큼 구체적으로 특정하여 명시하지 않고 있어** 각 표준지의 기준지가를 기준으로 한 위 각 보상대상토지의 보상액 산정이 적정하게 이루어졌는지를 알아볼 수 없게 되어 있다면 위 감정평가는 그 적정성을 인정하기 어려워 위법하다(대판 1991. 04. 23, 90누3539).

공시지가는 정상적인 거래가격을 말하므로 이론상 공시지가(표준지공시지가)를 기준으로 보상하도록 하는 것도 완전보상의 원칙에 반하는 것은 아니다. 왜냐하면, 공시지가는 '토지의 정상적인 시장가격'이기 때문이다. 그런데, 공시지가가 토지의 객관적 시장가격을 적정하게 반영하지 못하고 낮게 책정되어 있는 경우가 적지 않고, 이 경우는 완전보상의 원칙상 문제가 있다.

나. 공시지가 기준일 당해 공익사업으로 인한 개발이익 또는 개발손실이 보상에 포함되는 것을 배제하기 위하여 보상액 산정의 기준이 되는 표준지공시지가의 공시기준일을 다음과 같이 정하고 있다.

i) 사업인정 전의 협의에 의한 취득에 있어서 기준이 되는 공시지가는 "당해 토지의 가격시점(협의성립) 당시 공시된 공시지가 중 가격시점(협의성립시)과 가장 가까운 시점에 공시된 공시지가"로 한다(제70조 제3항).
ii) 사업인정 후의 취득에 있어서 기준이 되는 공시지가는 사업인정고시일 전의 시점을 공시기준일로 하는 공시지가로서, 해당 토지에 관한 협의의 성립 또는 재결 당시 공시된 공시지가 중 당해 사업인정고시일과 가장 가까운 시점에 공시된 공시지가로 한다(제70조 제4항).
iii) 제3항 및 제4항에도 불구하고 공익사업의 계획 또는 시행이 공고 또는 고시됨으로 인하여 취득하여야 할 토지의 가격이 변동되었다고 인정되는 경우에는 당해 공고일 또는 고시일 전의 시점을 공시기준일로 하는 공시지가로서, 당해 토지의 가격시점 당시 공시된 공시지가 중 그 공익사업의 공고일 또는 고시일과 가장 가까운 시점에 공시된 공시지가로 한다(제70조 제5항).

[판례] 공익사업을 위한 토지 등의 취득 및 보상에 관한 법률 제70조 제5항에서 정한 '공익사업의 계획 또는 시행의 공고 · 고시'에 해당하기 위한 공고 · 고시의 방법: (1) 공익사업을 위한 토지 등의 취득 및 보상에 관한 법률(이하 '토지보상법'이라 한다) 및 같은 법 시행령은 토지보상법에서 규정하고 있는 공익사업의 계획 또는 시행의 공고 · 고시의 절차, 형식이나 기타 요건에 관하여 따로 규정하고 있지 않다. (2) 공익사업의 근거 법령에서 공고 · 고시의 절차, 형식이나 기타 요건을 정하고 있는 경우에는 원칙적으로 공고 · 고시가 그 법령에서 정한 바에 따라 이루어져야 보상금 산정의 기준이 되는 공시지가의 공시기준일이 해당 공고 · 고시일 전의 시점으로 앞당겨지는 효과가 발생할 수 있다. (3) 공익사업의 근거 법령에서 공고 · 고시의 절차, 형식 및 기타 요건을 정하고 있지 않은 경우, '행정 효율과 협업 촉진에 관한 규정'이 적용될 수 있다(제2조). 위 규정은 고시 · 공고 등 행정기관이 일정한 사항을 일반에게 알리는 문서를 공고문서로 정하고 있으므로(제4조 제3호), 위 규정에서 정하는 바에 따라 공고문서가 기안되고 해당 행정기관의 장이 이를 결재하여 그의 명의로 일반에 공표한 경우 위와 같은 효과가 발생할 수 있다. 다만 당해 공익사업의 시행으로 인한 개발이익을 배제하려는 토지보상법령의 입법 취지에 비추어 '행정 효율과 협업 촉진에 관한 규정'에 따라 기안, 결재 및 공표가 이루어지지 않았다고 하더라도 공익사업의 계획 또는 시행에 관한 내용을 공고문서에 준하는 정도의 형식을 갖추어 일반에게 알린 경우에는 토지보상법 제70조 제5항에서 정한 '공익사업의 계획 또는 시행의 공고 · 고시'에 해당한다고 볼 수 있다. (4) 국토교통부는 2008. 8. 26. 언론을 통해 전국 5곳에 국가산업단지를 새로 조성한다는 내용을 발표하였고, 이후 국토교통부장관은 2009. 9. 30.경 대구국가산업단지 개발사업에 관하여 산업단지계획을 승인 고시하였는데, 위 산업단지개발사업 지구 내 토지 소유자인 원고들이 수용재결 및 2008. 1. 1. 공시된 비교표준지의 공시지가를 기준으로 보상금액을 결정한 이의재결에 불복하여 2009. 1. 1. 공시된 공시지가를 기준으로 산정해야 한다고 주장하면서 보상금 증액을 청구한 사안에서, 대법원은 위와 같은 법리를 판시하고 국토교통부의 2008. 8. 26.자 언론발표가 토지보상법 제70조 제5항에서 정한 '공익사업의 계획 또는 시행의 공고 · 고시'에 해당하지 않는다고 판단하여, 이와 달리 위 언론발표가 토지보상법 제70조 제5항에서 정한 '공익사업의 계획 또는 시행의 공고 · 고시'에 해당한다는 전제에서 2008. 1. 1. 공시된 비교표준지의 공시지가를 기준으로 보상금액을 평가해야 한다고 판단한 원심을 파기환송한 사례(대판 2022. 05. 26, 2021두45848).

다. 상황보정과 시점수정 취득재산에 대한 보상액으로 결정되는 취득재산의 가격은 기준이 되는 표준지공시지가를 기준으로 하여 토지의 상황을 고려하여 수정하고(상황보정), 기준이 되는 공시지가의 공시기준일과 가격시점 사이의 지가변동률 및 물가상승률을 고려하여 보상액을 수정하여(시점수정) 결정하게 된다. 즉, "협의나 재결에 의하여 취득하는 토지에 대하여는 「부동산 가격공시 및 감정평가에 관한 법률」에 따른 공시지가를 기준으로 하여 보상하되, 그 공시기준일부터 가격시점까지의 관계 법령에 따른 그 토지의 이용계획, 해당 공익사업으로 인한 지가의 영향을 받지 아니하는 지역의 대통령령으로 정하는 지가변동률, 생산자물가상승률(「한국은행법」 제

86조에 따라 한국은행이 조사·발표하는 생산자물가지수에 따라 산정된 비율을 말한다)과 그 밖에 그 토지의 위치·형상·환경·이용상황 등을 고려하여 평가한 적정가격으로 보상하여야 한다"(제70조 제1항).

[판례] ① [1] 수용보상액 산정을 위해 토지를 평가함에 있어 토지의 현재 상태가 산림으로서 사실상 개발이 어렵다는 사정이 개별요인의 비교시에 이미 반영된 경우, 입목본수도가 높아 관계 법령상 토지의 개발이 제한된다는 점을 기타요인에서 다시 반영하는 것은 이미 반영한 사유를 중복하여 반영하는 것으로서 위법하다. [2] 건설교통부장관이 작성하여 관계 행정기관에 제공하는 '**지가형성요인에 관한 표준적인 비교표(토지가격비준표)**'는 개별토지가격을 산정하기 위한 자료로 제공되는 것으로, 토지수용에 따른 보상액 산정의 기준이 되는 것은 아니고 **단지 참작자료에 불과할 뿐이다.** [3] 토지의 수용·사용에 따른 보상액을 평가함에 있어서는 관계 법령에서 들고 있는 모든 산정요인을 구체적·종합적으로 참작하여 그 각 요인들을 모두 반영하되 **지적공부상의 지목에 불구하고 가격시점에 있어서의 현실적인 이용상황에 따라 평가되어야 하므로,** 비교표준지와 수용대상토지의 지역요인 및 개별요인 등 품등비교를 함에 있어서도 현실적인 이용상황에 따른 비교수치 외에 다시 공부상의 지목에 따른 비교수치를 중복적용하는 것은 허용되지 아니한다. [4] 토지수용보상액 산정에 관한 관계 법령의 규정을 종합하여 보면, 수용대상토지에 대한 보상액을 산정하는 경우 **거래사례나 보상선례 등을 반드시 조사하여 참작하여야 하는 것은 아니지만,** 인근유사토지가 거래되거나 보상이 된 사례가 있고 그 가격이 정상적인 것으로서 적정한 보상액 평가에 영향을 미칠 수 있는 것임이 입증된 경우에는 인근유사토지의 정상거래가격을 참작할 수 있고, **보상선례가 인근유사토지에 관한 것으로서 당해 수용대상토지의 적정가격을 평가하는 데 있어 중요한 자료가 되는 경우에는 이를 참작하는 것이 상당**하다(대판 2007. 07. 12, 2006두11507[손실보상금증액청구]).
② **인근유사토지의 보상사례의 가격의 참작:** 수용대상토지의 보상액을 산정함에 있어 인근유사토지의 보상사례가 있고 그 가격이 정상적인 것으로서 적정한 보상액 평가에 영향을 미칠 수 있는 것임이 입증된 경우에는 이를 참작할 수 있고, 여기서 '정상적인 가격'이란 개발이익이 포함되지 아니하고 투기적인 거래로 형성되지 아니한 가격을 말한다. 그러나 그 보상사례의 가격이 개발이익을 포함하고 있어 정상적인 것이 아닌 경우라도 그 개발이익을 배제하여 정상적인 가격으로 보정할 수 있는 합리적인 방법이 있다면 그러한 방법에 의하여 보정한 보상사례의 가격은 수용대상토지의 보상액을 산정함에 있어 이를 참작할 수 있다(대판 2010. 04. 29, 2009두17360).

2) 현황평가의 원칙

토지에 대한 보상액은 가격시점에 있어서의 현실적인 이용상황과 일반적인 이용방법에 의한 객관적 상황을 고려하여 산정하되, 일시적인 이용상황과 토지소유자 또는 관계인이 갖는 주관적 가치 및 특별한 용도에 사용할 것을 전제로 한 경우 등은 이를 고려하지 아니한다(제70조 제2항). 이 규정은 현황평가의 원칙을 정한 규정이다.

예를 들면, 공부상 지목이 '전'이라도 '사실상 사도'인 경우에는 사실상 사도로 보상하여야 한다. 역으로 공부상 '사실상 사도'라도 사실상 사도로 제공된 적이 없고 전으로 경작되고 있다면 전으로 보상하여야 한다.

[판례] ① [1] 공익사업을 위한 토지 등의 취득 및 보상에 관한 법률 시행규칙 제24조가 정한 '불

법형질변경토지'라는 이유로 형질변경 당시의 이용상황에 의하여 보상액을 산정하는 경우, 수용대상 토지가 불법형질변경토지라는 사실에 관한 증명책임의 소재 및 증명의 정도: 공익사업을 위한 토지 등의 취득 및 보상에 관한 법률 제70조 제2항, 제6항, 공익사업을 위한 토지 등의 취득 및 보상에 관한 법률 시행규칙 제24조에 의하면 토지에 대한 보상액은 현실적인 이용상황에 따라 산정하는 것이 원칙이므로, 수용대상 토지의 이용상황이 일시적이라거나 **불법형질변경토지**라는 이유로 본래의 이용상황 또는 형질변경 당시의 이용상황에 의하여 보상액을 산정하기 위해서는 **그와 같은 예외적인 보상액 산정방법의 적용을 주장하는 쪽에서 수용대상 토지가 불법형질변경토지임을 증명해야** 한다. 그리고 **수용대상 토지가 불법형질변경토지에 해당한다고 인정하기 위해서는** 단순히 수용대상 토지의 형질이 공부상 지목과 다르다는 점만으로는 부족하고, 수용대상 토지의 형질변경 당시 관계 법령에 의한 허가 또는 신고의무가 존재하였고 그럼에도 허가를 받거나 신고를 하지 않은 채 형질변경이 이루어졌다는 점이 증명되어야 한다. [2] 국민임대주택단지 조성사업 시행자가 현실적 이용상황이 과수원인 甲의 토지가 불법적으로 형질변경된 것이라고 하여 개간 전 상태인 임야로 보고 평가한 재결감정 결과에 따라 손실보상액을 산정한 사안에서, 과수원으로 개간되던 당시 시행되던 법령에 따라 위 토지가 보안림에 속하거나 경사 20도 이상 임야의 화전경작에 해당하여 개간이 허가 대상이라는 점을 사업시행자가 증명해야 하는데, 그에 관한 아무런 증명이 없고, 벌채만으로는 절토, 성토, 정지 등으로 토지의 형상을 변경하는 형질변경이 된다고 할 수 없으므로 개간 과정에서 나무의 벌채가 수반되고 벌채에 필요한 허가나 신고가 없었다고 하여 불법형질변경토지라고 할 수 없다는 이유로 위 토지가 불법형질변경토지라는 사업시행자의 주장을 배척한 원심판단을 정당하다고 한 사례(대판 2012. 04. 26, 2011두2521[손실보상금]).

② 1995. 1. 7. 이전에 이미 공공사업 시행지구에 편입되고 불법으로 형질변경이 된 토지에 대하여는 현실적인 이용상황에 따라 평가하여야 하는지 여부(원칙적 적극): 불법형질변경의 경우 형질변경 당시의 현황으로 평가한다는 취지의 규정은 1995. 1. 7. 구「공공용지의 취득 및 손실보상에 관한 특례법 시행규칙」(2002. 12. 31. 건설교통부령 제344호 법 시행규칙 부칙 제2조로 폐지)이 건설교통부령 제3호로 개정되면서 제6조 제6항에 최초로 신설되었는데, 그 부칙 제4항에서 위 시행규칙 시행 이전에 공공사업 시행지구에 편입된 경우에는 종전의 규정에 의하도록 하는 경과규정을 두었고, 법 시행규칙 부칙(2002. 12. 31.) 제6조도 1995. 1. 7. 당시 공익사업 시행지구에 편입된 불법형질변경토지에 대하여는 제24조의 규정에 불구하고 이를 현실적인 이용상황에 따라 보상하여야 한다고 규정하고 있으므로, 1995. 1. 7. 이전에 이미 도시계획시설의 부지로 결정·고시되는 등 공공사업 시행지구에 편입되고 불법으로 형질변경이 된 토지에 대하여는 형질변경이 될 당시의 토지이용상황을 상정하여 평가하도록 규정한 위 시행규칙 제6조 제6항 또는 법 시행규칙 제24조를 적용할 수 없고, 일시적인 이용상황이 아닌 한 현실적인 이용상황에 따라 평가하여야 한다(대법원 2008. 05. 15. 선고 2006두16007,16014 판결 등 참조)(대판 2015. 08. 27, 2012두7950[토지보상금증액]).

③ [지목은 '임야'이지만 실제 이용상황은 '나대지'인 대상토지를 토지보상법에 의한 손실보상액 산정에서 불법형질변경된 토지로 보아 지목인 '임야'로 평가하여야 하는지 여부가 다투어진 사건] 적법하게 산지전용허가를 받아 부지조성공사를 완료하였음에도 산지전용기간 만료 당시에 산지전용허가의 목적사업인 건물의 건축을 완료하지 못했다는 이유만으로, '나대지' 상태인 당해 토지를 항상 '불법형질변경'된 토지로 보아 평가하여야 하는지(= 제한적 소극): 산지전용기간이 만료될 때까지 그 목적사업을 완료하지 못한 때에는 그 사업시행으로 토지의 형상이 변경된 부분은 원칙적으로 산지 복구의무의 대상이 될 뿐이므로, 이는 토지보상법에 의한 보상에 있어서는 불법 형질변경된 토지의 범주에 속한다 할 것이고, 따라서 그에 대한 보상금은 형질변경될 당시의 토지이용상황을 기준으로 산정하여야 한다. 그러나 **산지전용 허가 대상 토지 일대에 대하여** 행정청이 택지개발

촉진법 등 법률에 근거하여 개발행위제한조치를 하고 산지 외의 다른 용도로 사용하기로 확정한 면적이 있음으로 인하여 산지전용 목적사업을 완료하지 못한 경우와 같이 **산지복구의무가 면제될 사정이 있는 경우에는, 형질변경이 이루어진 현상 상태가** 그 토지에 대한 보상기준이 되는 **'현실적인 이용상황'**이라고 보아야 한다. 그것이 토지수용의 경우에 정당하고 적정한 보상을 하도록 한 헌법과 토지보상법의 근본정신에 부합하고, 토지보상법 시행규칙 제23조가 토지에 관한 공법상 제한이 당해 공익사업의 시행을 직접 목적으로 하여 가하여진 경우에는 제한이 없는 상태를 상정하여 평가한다고 정한 취지에도 부합한다.(2) 원고가 2007. 4. 30.까지 '소매점, 사무실, 주택'을 건축하는 것을 목적으로 산지전용허가를 받아, 2006년경까지 부지조성공사를 마쳤는데, 2006. 10. 27. 파주시장이 당해 공익사업(= 파주운정2 택지개발사업)의 시행을 직접 목적으로 '택지개발예정지구 지정 추진지역 내 각종 개발행위 허가제한 고시'를 함에 따라 신규 건축허가가 불가능해져, 원고가 건축물의 건축이라는 산지전용허가의 목적사업을 완료하지 못한 사정이 있는 사안에서, ① 당초 적법한 산지전용허가를 받아 산지를 대지로 형질변경된 점, ② 산지전용허가기간 내에 목적사업인 건축행위로 나아가지 못한 것은 당해 공익사업의 시행을 직접 목적으로 하는 신규 개발행위 허가가 제한되었기 때문이었던 점, ③ 산지전용기간 내에 목적사업을 완료하지 못한 경우에는 산지전용허가를 받은 **대상토지 전부를 산지로 복구하는 것이 원칙이지만, 대상토지를 산지 외의 다른 용도로 사용하기로 확정된 면적이 있는 경우에는 복구의무를 면제하는 것이 가능하며,** 파주시장은 2007. 4. 30. 산지전용기간이 만료된 후 2013. 7. 13. 수용되기까지 원고에 대하여 대상토지를 산지로 복구하라는 명령을 한 바도 없는 점 등의 사정을 종합하면, 형질변경으로 '나대지' 상태가 된 대상토지를 '불법형질변경'된 토지로 보아 지목인 '임야'를 기준으로 손실보상액을 평가하여서는 아니 된다고 판단한 사례(대판 2017. 04. 07, 2016두61808).

④ [1] 2개 이상의 토지 등에 대한 감정평가 방법 및 예외적으로 일괄평가가 인정되는 경우인 2개 이상의 토지 등이 '용도상 불가분의 관계'에 있다는 의미: 2개 이상의 토지 등에 대한 감정평가는 **개별평가를 원칙**으로 하되, **예외적으로 2개 이상의 토지(필지) 등에 거래상 일체성 또는 용도상 불가분의 관계가 인정되는 경우에 일괄평가(일단지 평가)가 인정**된다. 여기에서 **'용도상 불가분의 관계'**에 있다는 것은 일단의 토지로 이용되고 있는 상황이 사회적·경제적·행정적 측면에서 합리적이고 토지의 가치 형성적 측면에서도 타당하다고 인정되는 관계에 있는 경우를 뜻한다(대판 2018. 01. 25, 2017두61799). [2] 공익사업을 위한 토지 등의 취득 및 보상에 관한 법률 제70조 제2항은 "토지에 대한 보상액은 가격시점에서의 현실적인 이용상황과 일반적인 이용방법에 의한 객관적 상황을 고려하여 산정하되, 일시적인 이용상황과 토지소유자나 관계인이 갖는 주관적 가치 및 특별한 용도에 사용할 것을 전제로 한 경우 등은 고려하지 아니한다."라고 정하고 있다. 그러므로 **2개 이상의 토지가 용도상 불가분의 관계에 있는지 여부를 판단하는 데 일시적인 이용상황 등을 고려해서는 안 된다.** [3] 소유권 외의 권리에 속하는 **구분지상권이 설정되어 있는 토지의 손실보상금을 산정하려면** '구분지상권이 설정되어 있지 않은 상태를 가정한 완전한 토지가격'과 '구분지상권의 가액'을 별도로 평가하여야 한다. 이때 '구분지상권이 설정되어 있지 않은 상태를 가정한 완전한 토지가격'을 평가할 때 인접한 여러 필지들이 용도상 불가분의 관계에 있는지를 고려하여야 한다. 그런데 **감정대상인 토지의 지하 수십 m의 공간에 공작물을 설치하기 위한 구분지상권이 설정되어 있는 경우에 이것이** 구분지상권이 설정되어 있는 토지와 그렇지 않은 인접토지가 지표에 근접한 공간에서 **용도상 불가분의 관계에 있는지를 판단하는 데 영향을 미치는지** 문제된다. 지표에 근접한 공간을 활용하는 것이 통상적인 토지이용의 방식이다. 이와 같이 토지를 통상적인 방법으로 이용하는 경우에는 지표에 근접한 공간의 현실적인 이용상황을 기준으로 인접한 여러 필지들이 용도상 불가분의 관계에 있는지를 판단하여야 한다. 따라서 가령 상업지역으로 지정되어 있어

고층빌딩 건축을 위하여 깊은 굴착이 필요하다는 등의 특별한 사정이 없는 한, 지하 수십 m의 공간에 공작물을 설치하기 위한 구분지상권이 설정되어 있더라도 그러한 사정이 구분지상권이 설정되어 있는 토지와 그렇지 않은 인접토지가 지표에 근접한 공간에서 용도상 불가분의 관계에 있는지를 판단하는 데 장애요소가 되지 않는다. [4] 원래 1필지였던 토지가 지하 부분의 구분지상권 설정을 위해 여러 필지로 분할되었다고 하더라도, 지상 부분에서는 그러한 토지분할이나 지하 부분의 구분지상권 설정에 별다른 영향을 받지 않고 토지분할 전과 같이 마치 하나의 필지처럼 계속 관리·이용되었다면, 토지분할 전에는 1필지였으나 여러 필지로 분할된 토지들은 그 1필지 중 일부가 다른 용도로 사용되고 있었다는 등의 특별한 사정이 없는 한 용도상 불가분의 관계에 있다고 보는 것이 사회적·경제적·행정적·가치형성적 측면에서 타당하다(대판 2017. 03. 22, 2016두940). 갑 아파트 재건축정비사업조합의 매도청구권 행사에 따라 감정인이 갑 아파트 단지 내 상가에 있는 을 교회 소유 부동산들에 관한 매매대금을 산정하면서 위 부동산들을 일괄하여 감정평가한 사안에서, 위 상가는 집합건물의 소유 및 관리에 관한 법률이 시행되기 전에 소유권이전등기가 마쳐진 것으로 현재까지 위 법률에 따른 집합건물등기가 되어 있지 않고 각 호수별로 건물등기가 되어 있는데, 을 교회가 위 부동산들을 교회의 부속시설인 소예배실, 성경공부방, 휴게실로 각 이용하고 있으나 **위 부동산들은 실질적인 구분건물로서 구조상 독립성과 이용상 독립성이 유지되고 있을 뿐 아니라 개별적으로 거래대상이 된다고 보이고, 나아가 개별적으로 평가할 경우의 가치가 일괄적으로 평가한 경우의 가치보다 높을 수 있으므로,** 을 교회가 위 부동산들을 교회의 부속시설로 이용하고 있다는 등의 사정만으로 **위 부동산들이 일체로 거래되거나 용도상 불가분의 관계에 있다고 단정하기 어려운데도,** 이와 같이 단정하여 위 부동산들을 **일괄평가한 감정인의 감정 결과에 잘못이 있다고 한 사례**(대판 2020. 12. 10, 2020다226490). **〈관련법령〉** 감정평가에 관한 규칙[국토교통부령] 제7조(개별물건기준 원칙 등) ① 감정평가는 대상물건마다 개별로 하여야 한다. ② 둘 이상의 대상물건이 일체로 거래되거나 대상물건 상호 간에 용도상 불가분의 관계가 있는 경우에는 일괄하여 감정평가할 수 있다.

⑤ [1] **토지의 형질변경이란** 절토, 성토, 정지 또는 포장 등으로 토지의 형상을 변경하는 행위와 공유수면의 매립을 뜻하는 것으로서, 토지의 형질을 외형상으로 사실상 변경시킬 것과 그 변경으로 인하여 원상회복이 어려운 상태에 있을 것을 요하지만, 형질변경허가에 관한 준공검사를 받거나 토지의 지목까지 변경시킬 필요는 없다. [2] 택지개발사업을 위한 토지의 수용에 따른 보상금액의 산정이 문제된 사안에서, 농지를 공장부지로 조성하기 위하여 농지전용허가를 받아 농지조성비 등을 납부한 후 공장설립 및 변경신고를 하고, 실세로 일부 공장건물을 증축하기까지 하여 토지의 형질이 원상회복이 어려울 정도로 사실상 변경됨으로써 이미 공장용지로 형질변경이 완료되었으며, 당시 농지법령에 농지전용허가와 관련하여 형질변경 완료 시 준공검사를 받도록 하는 규정을 두고 있지 않아 별도로 준공검사를 받지 않았다고 하더라도 구 지적법 시행령에서 정한 '공장부지 조성을 목적으로 하는 공사가 준공된 토지'의 요건을 모두 충족하였다고 보아야 하고, **수용대상 토지가 이미 공장용지의 요건을 충족한 이상 비록 공부상 지목변경절차를 마치지 않았다고 하더라도** 그 토지의 수용에 따른 보상액을 산정할 때에는 공익사업을 위한 토지 등의 취득 및 보상에 관한 법률 제70조 제2항의 **'현실적인 이용상황'을 공장용지로 평가해야 한다**고 한 사례(대판 2013. 06. 13, 2012두300[수용보상금증액]).

불법한 이용상 상황은 고려하지 않고 이용전의 적법한 이용상황을 기준으로 평가한다. 즉, 건축법 등 관계법령에 의하여 허가를 받거나 신고를 하고 건축 또는 용도변경을 하여야 하는 건축물을 허가를 받지 아니하거나 신고를 하지 아니하고 건축 또는 용도변경한 건축물(이하 "무허가건축물등"이라 한다)의 부지 또는 「국토의 계획 및 이용에 관한 법률」 등 관계법령에 의하여 허가를 받거나 신고를 하고 형질변경을 하여야 하는 토지를 허가를 받지 아니하거나 신고를 하지 아니하고 형질변경한 토지(이하 "불법형질변경토지"라 한다)에 대하여는 무허가건축물등이 건축 또는 용도변경될 당시 또는 토지가 형질변경될 당시의 이용상황을 상정하여 평가한다(토지보상법 시행규칙 제24조).

[판례] 공익사업을 위한 토지 등의 취득 및 보상에 관한 법률 시행규칙 제24조에서 정한 '토지의 형질변경'의 의미: 토지의 형질변경이라 함은 절토, 성토 또는 정지 등으로 토지의 형상을 변경하는 행위와 공유수면의 매립을 뜻하는 것으로서, 토지의 형질을 외형상으로 사실상 변경시킬 것과 그 변경으로 말미암아 원상회복이 어려운 상태에 있을 것을 요한다(대판 2007. 02. 23, 2006두4875; 2014. 06. 26, 2013두25894).

다만, 1989.1.24. 이전의 무허가건축물은 적법한 건축물로 보고 평가한다. 그리고, 이 경우 무허가건축물의 부지인정 범위 달리 말하면 현실적 이용상황을 고려하여 지목과 달리 대지로 평가하여야 하는 범위는 다음과 같다. 즉, 1989년 1월 24일 당시의 무허가건축물 등에 대하여는 제24조 · 제54조 제1항 단서 · 제54조제2항 단서 · 제58조 제1항 단서 및 제58조 제2항 단서의 규정에 불구하고 이 규칙에서 정한 보상을 함에 있어 이를 적법한 건축물로 본다(토지보상법 시행규칙 부칙 제5조 제1항). 제1항에 따라 적법한 건축물로 보는 무허가건축물등에 대한 보상을 하는 경우 해당 무허가건축물등의 부지 면적은 「국토의 계획 및 이용에 관한 법률」 제77조에 따른 건폐율을 적용하여 산정한 면적을 초과할 수 없다(제2항). 이에 따라 토지수용위원회의 실무는 다음과 같이 행해지고 있다. 다음 중 가장 작은 값을 무허가건축물의 부지(대지)면적으로 본다. ① 무허가건축물 등의 바닥면적 + 무허가건축물 등의 용도에 따른 불가분의 사용범위 면적(대판 2002. 09. 04, 2000두8325), ② 무허가건축물 등의 바닥면적을 건폐율로 나눈 면적, ③ 토지면적에 건폐율을 곱하여 산출한 면적, ④ 개별법에 따라 허용되는 개발면적.

1995년 1월 7일 당시 공익사업시행지구에 편입된 불법형질변경토지 또는 무허가개간토지(관계법령에 의하여 허가 · 인가 등을 받고 개간을 하여야 하는 토지를 허가 · 인가 등을 받지 아니하고 개간한 토지를 말한다)에 대하여는 제24조 또는 제27조 제1항의 규정에 불구하고 이를 현실적인 이용상황에 따라 보상하거나 개간비를 보상하여야 한다(토지보상법 시행규칙 부칙 제6조).

건축물 등이 무허가건축물 등이라는 점 및 1989.1.24. 이후에 건축되었다는 점(1995.1.7. 이후 불법형질변경되었다는 점) 등은 사업시행자가 입증하여야 한다(대판 2012.

04. 26, 2011두2521).

임야의 형질변경허가는 1961.6.27. 제정된 구 임산물단속에 관한 법률 제2조에 의하여 최초로 규정되었으므로 공부상 지목이 임야이나 농지로 이용중인 토지로서 1961.6.27. 이전에 허가나 신고없이 형질변경된 경우에도 농지로 보상 평가하고, 산림법 등이 제정·시행된 1962.1.20. 이전(1962.1.19. 이전)에는 보안림에 속하지 아니한 산림이나 경사 20도 미만의 사유 임야에서는 원칙적으로 개간, 화전경작 등의 형질변경행위에 대하여 허가나 신고 등이 불필요하였으므로 1962.1.19. 이전에 임야가 농지로 개간되어 있는 경우에는 농지로 보상평가한다. 1962.1.20. 이후에 임야를 개간허가 등이 없이 농지로 불법형질변경한 경우에는 임야로 보상한다. 그런데, 1962.1.20. 이후에 임야를 개간허가 등이 없이 농지로 불법형질변경한 것인지를 입증할 자료가 없는 경우가 많으므로 최초의 항공사진인 1966년 항공사진상 농지로 개간되어 있음이 확인된 경우에는 반증이 없는 한 농지로 보상평가한다. 1966년경 이미 일부가 전으로 사용되고 있는 토지에 대하여 불법형질변경을 이유로 형질변경 이전의 상태인 임야로 보상하기 위해서는 산림법 등이 제정·시행된 1962.1.20. 이후에 개간허가 등이 없이 개간된 것이라는 점을 사업시행자가 입증하여야 한다(대판 2011. 12. 08, 2011두13385).

종전에 시행된 공익사업의 부지로서 그 때 보상금이 지급되어야 함에도 불구하고 다른 공익사업이 시행될 때까지 보상금이 지급되지 아니한 토지("**미지급용지**")에 대하여는 종전의 공익사업에 편입될 당시의 이용상황을 상정하여 평가한다. 다만, 종전의 공익사업에 편입될 당시의 이용상황을 알 수 없는 경우에는 편입될 당시의 지목과 인근토지의 이용상황 등을 참작하여 평가한다(토지보상법 시행규칙 제25조 제1항).

[판례] 공익사업을 위한 토지 등의 취득 및 보상에 관한 법률 시행규칙 제25조 제1항의 미불용지로 인정되기 위한 요건: 토지보상법 시행규칙 제25조 제1항의 미불용지는 '종전에 시행된 공익사업의 부지로서 보상금이 지급되지 아니한 토지'이므로, 미불용지로 인정되려면 종전에 공익사업이 시행된 부지여야 하고, 종전의 공익사업은 적어도 당해 부지에 대하여 보상금이 지급될 필요가 있는 것이어야 한다(대판 2009. 03. 26, 2008두22129).

도로부지에 대한 평가는 다음 각호에서 정하는 바에 의한다(토지보상법 시행규칙 제26조 제1항).

1. 「사도법」에 의한 사도의 부지는 인근토지에 대한 평가액의 5분의 1 이내
2. 사실상의 사도의 부지는 인근토지에 대한 평가액의 3분의 1 이내
3. 제1호 또는 제2호외의 도로의 부지는 제22조의 규정에서 정하는 방법

제1항 제2호에서 "사실상의 사도"라 함은 「사도법」에 의한 사도외의 도로(「국토의 계획 및 이용에 관한 법률」에 의한 도시·군관리계획에 의하여 도로로 결정된 후부터 도로로 사용되고 있는 것을 제외한다)로서 다음 각호의 1에 해당하는 도로를 말한다.

1. 도로개설당시의 토지소유자가 자기 토지의 편익을 위하여 스스로 설치한 도로

2. 토지소유자가 그 의사에 의하여 타인의 통행을 제한할 수 없는 도로

3. 「건축법」 제45조에 따라 건축허가권자가 그 위치를 지정·공고한 도로

4. 도로개설당시의 토지소유자가 대지 또는 공장용지 등을 조성하기 위하여 설치한 도로

[판례] ① '공익계획사업이나 도시계획의 결정·고시 때문에 이에 저촉된 토지가 현황도로로 이용되고 있지만 공익사업이 실제로 시행되지 않은 상태에서 일반공중의 통행로로 제공되고 있는 상태로서 계획제한과 도시계획시설의 장기미집행상태로 방치되고 있는 도로', 즉 예정공도부지의 경우 보상액을 사실상의 사도를 기준으로 평가한다면 토지가 도시·군 관리계획에 의하여 도로로 결정된 후 곧바로 도로사업이 시행되는 경우의 보상액을 수용 전의 사용현황을 기준으로 산정하는 것과 비교하여 토지소유자에게 지나치게 불리한 결과를 가져온다는 점 등을 고려하면, **예정공도부지는 공익사업법 시행규칙 제26조 제2항에서 정한 사실상의 사도에서 제외된다**(대판 2019. 01. 17. 선고 2018두55753).

② <토지소유자의 배타적 사용·수익권 포기에 관한 법리가 문제된 사건> <다수의견> (1) 대법원 판례를 통하여 토지 소유자 스스로 그 소유의 토지를 일반 공중을 위한 용도로 제공한 경우에 그 토지에 대한 소유자의 독점적이고 배타적인 사용·수익권의 행사가 제한되는 법리가 확립되었고, 대법원은 그러한 법률관계에 관하여 판시하기 위하여 '사용·수익권의 포기', '배타적 사용·수익권의 포기', '독점적·배타적인 사용·수익권의 포기', '무상으로 통행할 권한의 부여' 등의 표현을 사용하여 왔다. 이러한 법리는 대법원이 오랜 시간에 걸쳐 발전시켜 온 것으로서, 현재에도 여전히 그 타당성을 인정할 수 있다. 다만 토지 소유자의 독점적이고 배타적인 사용·수익권 행사의 제한 여부를 판단하기 위해서는 토지 소유자의 소유권 보장과 공공의 이익 사이의 비교형량을 하여야 하고, 원소유자의 독점적·배타적인 사용·수익권 행사가 제한되는 경우에도 특별한 사정이 있다면 특정승계인의 독점적·배타적인 사용·수익권 행사가 허용될 수 있다. 또한, 토지 소유자의 독점적·배타적인 사용·수익권 행사가 제한되는 경우에도 일정한 요건을 갖춘 때에는 사정변경의 원칙이 적용되어 소유자가 다시 독점적·배타적인 사용·수익권을 행사할 수 있다고 보아야 한다. (2) **토지 소유자가 그 소유의 토지를 도로, 수도시설의 매설 부지 등 일반 공중을 위한 용도로 제공한 경우에**, 소유자가 토지를 소유하게 된 경위와 보유기간, 소유자가 토지를 공공의 사용에 제공한 경위와 그 규모, 토지의 제공에 따른 소유자의 이익 또는 편익의 유무, 해당 토지 부분의 위치나 형태, 인근의 다른 토지들과의 관계, 주위 환경 등 여러 사정을 종합적으로 고찰하고, 토지 소유자의 소유권 보장과 공공의 이익 사이의 비교형량을 한 결과, **소유자가 그 토지에 대한 독점적·배타적인 사용·수익권을 포기한 것으로 볼 수 있다면, 타인[사인(사인)뿐만 아니라 국가, 지방자치단체도 이에 해당할 수 있다. 이하 같다]이 그 토지를 점유·사용하고 있다 하더라도 특별한 사정이 없는 한 그로 인해 토지 소유자에게 어떤 손해가 생긴다고 볼 수 없으므로, 토지 소유자는 그 타인을 상대로 부당이득반환을 청구할 수 없고, 토지의 인도 등을 구할 수도 없다.** 다만 소유권의 핵심적 권능에 속하는 사용·수익 권능의 대세적·영구적인 포기는 물권법정주의에 반하여 허

용할 수 없으므로, 토지 소유자의 독점적 · 배타적인 사용 · 수익권의 행사가 제한되는 것으로 보는 경우에도, 일반 공중의 무상 이용이라는 토지이용현황과 양립 또는 병존하기 어려운 토지 소유자의 독점적이고 배타적인 사용 · 수익만이 제한될 뿐이고, 토지 소유자는 일반 공중의 통행 등 이용을 방해하지 않는 범위 내에서는 그 토지를 처분하거나 사용 · 수익할 권능을 상실하지 않는다. (3) ① 위와 같은 법리는 토지 소유자가 그 소유의 토지를 도로 이외의 다른 용도로 제공한 경우에도 적용된다. 또한, 토지 소유자의 독점적 · 배타적인 사용 · 수익권의 행사가 제한되는 것으로 해석되는 경우 특별한 사정이 없는 한 그 지하 부분에 대한 독점적이고 배타적인 사용 · 수익권의 행사 역시 제한되는 것으로 해석함이 타당하다. ② 상속인은 피상속인의 일신에 전속한 것이 아닌 한 상속이 개시된 때로부터 피상속인의 재산에 관한 포괄적 권리 · 의무를 승계하므로(민법 제1005조), 피상속인이 사망 전에 그 소유 토지를 일반 공중의 이용에 제공하여 독점적 · 배타적인 사용 · 수익권을 포기한 것으로 볼 수 있고 그 토지가 상속재산에 해당하는 경우에는, 피상속인의 사망 후 그 토지에 대한 상속인의 독점적 · 배타적인 사용 · 수익권의 행사 역시 제한된다고 보아야 한다. (4) 토지 소유자의 독점적 · 배타적인 사용 · 수익권 행사의 제한은 해당 토지가 일반 공중의 이용에 제공됨으로 인한 공공의 이익을 전제로 하는 것이므로, 토지 소유자가 공공의 목적을 위해 그 토지를 제공할 당시의 객관적인 토지이용현황이 유지되는 한도 내에서만 존속한다고 보아야 한다. 따라서 토지 소유자가 그 소유 토지를 일반 공중의 이용에 제공함으로써 자신의 의사에 부합하는 토지이용상태가 형성되어 그에 대한 독점적 · 배타적인 사용 · 수익권의 행사가 제한된다고 하더라도, 그 후 토지이용상태에 중대한 변화가 생기는 등으로 독점적 · 배타적인 사용 · 수익권의 행사를 제한하는 기초가 된 객관적인 사정이 현저히 변경되고, 소유자가 일반 공중의 사용을 위하여 그 토지를 제공할 당시 이러한 변화를 예견할 수 없었으며, 사용 · 수익권 행사가 계속하여 제한된다고 보는 것이 당사자의 이해에 중대한 불균형을 초래하는 경우에는, 토지 소유자는 그와 같은 사정변경이 있은 때부터는 다시 사용 · 수익 권능을 포함한 완전한 소유권에 기한 권리를 주장할 수 있다고 보아야 한다. 이때 그러한 사정변경이 있는지 여부는 해당 토지의 위치와 물리적 형태, 토지 소유자가 그 토지를 일반 공중의 이용에 제공하게 된 동기와 경위, 해당 토지와 인근 다른 토지들과의 관계, 토지이용상태가 바뀐 경위와 종전 이용상태와의 동일성 여부 및 소유자의 권리행사를 허용함으로써 일반 공중의 신뢰가 침해될 가능성 등 전후 여러 사정을 종합적으로 고려하여 판단하여야 한다. (5) 이러한 다수의견 대하여는 [대법관 조희대의 반대의견]과 [대법관 김재형의 반대의견]이 있다(대판 전원합의체 2019. 01. 24, 2016다264556[시설물철거및토지인도청구의소]).

③ 공익사업을 위한 토지 등의 취득 및 보상에 관한 법률 시행규칙 제26조 제1항 제2호에 의하여 **'사실상의 사도'**의 부지로 보고 인근토지 평가액의 3분의 1 이내로 보상액을 평가하려면, 도로법에 의한 일반 도로 등에 연결되어 일반의 통행에 제공되는 등으로 사도법에 의한 사도에 준하는 실질을 갖추고 있어야 하고, 나아가 위 규칙 제26조 제2항 제1호 내지 제4호중 어느 하나에 해당하여야 한다. 공익사업을 위한 토지 등의 취득 및 보상에 관한 법률 시행규칙 제26조 제2항 제1호에서 규정한 **'도로개설 당시의 토지소유자가 자기 토지의 편익을 위하여 스스로 설치한 도로'**에 해당한다고 하려면, 토지 소유자가 자기 소유 토지 중 일부에 도로를 설치한 결과 도로 부지로 제공된 부분으로 인하여 나머지 부분 토지의 편익이 증진되는 등으로 그 부분의 가치가 상승됨으로써 도로부지로 제공된 부분의 가치를 낮게 평가하여 보상하더라도 전체적으로 정당보상의 원칙에 어긋나지 않는다고 볼 만한 객관적인 사유가 있다고 인정되어야 하고, 이는 도로개설 경위와 목적, 주위환경, 인접토지의 획지 면적, 소유관계 및 이용상태 등 제반 사정을 종합적으로 고려하여 판단할 것이다. 공익사업을 위한 토지 등의 취득 및 보상에 관한 법률 시행규칙 제26조 제2항 제2호가 규정한 **'토지소유자가 그 의사에 의하여 타인의 통행을 제한할 수 없는 도로'**는 사유지가 종전부터

자연발생적으로 또는 도로예정지로 편입되어 있는 등으로 일반 공중의 교통에 공용되고 있고 그 이용상황이 고착되어 있어, 도로부지로 이용되지 아니하였을 경우에 예상되는 표준적인 이용상태로 원상회복하는 것이 법률상 허용되지 아니하거나 사실상 현저히 곤란한 정도에 이른 경우를 의미한다고 할 것이다. 이때 어느 토지가 불특정 다수인의 통행에 장기간 제공되어 왔고 이를 소유자가 용인하여 왔다는 사정이 있다는 것만으로 언제나 도로로서의 이용상황이 고착되었다고 볼 것은 아니고, 이는 당해 토지가 도로로 이용되게 된 경위, 일반의 통행에 제공된 기간, 도로로 이용되고 있는 토지의 면적 등과 더불어 그 도로가 주위 토지로 통하는 유일한 통로인지 여부 등 주변 상황과 당해 토지의 도로로서의 역할과 기능 등을 종합하여 원래의 지목 등에 따른 표준적인 이용상태로 회복하는 것이 용이한지 여부 등을 가려서 판단해야 할 것이다(대판 2013. 06. 13, 2011두7007).

3) 공익사업으로 인한 개발이익 및 개발손실의 배제와 정당보상

가. 개발이익 배제의 정당성과 위헌성

(가) 정당성과 합헌성을 긍정하는 견해　　개발이익(開發利益)은 국가 등의 공공투자 또는 사업시행자의 투자에 의해 발생하는 것으로서 피수용자의 노력이나 자본에 의해 발생하는 것이 아닌 불로소득이므로 그러한 개발이익은 형평의 관념에 비추어 볼 때, 토지소유자에게 귀속시키는 것은 타당하지 않으며 투자자인 사업시행자 또는 궁극적으로는 국민 모두(사회)에게 귀속되어야 하므로 당해 공익사업으로 인해 발생한 개발이익은 보상액의 산정에서 배제하는 것이 타당하다. 이 견해가 일반적 견해이다.

(나) 개발이익의 보상을 주장하는 견해　　이 견해는 개발이익을 인근개발이익자, 지방자치단체, 사업시행자, 피수용자 등의 이해관계인 사이에서 적정하게 배분하는 것이 타당하며 적어도 개발이익 중 일부를 보상액에 포함시켜야 한다고 주장한다. 그 주장의 논거로 개발이익을 누리는 공익사업시행지 주변의 토지소유자와 피수용자 사이의 형평성과 개발이익이 배제된 보상금으로는 인근지역에서 수용된 부동산에 상응하는 부동산을 살 수 없다는 점 등을 든다. 그리고, 주변토지소유자와 피수용자 사이의 형평성이 심히 침해되고, 개발이익이 배제된 보상금으로는 도저히 종전과 같은 생활을 유지할 수 없는 경우 등에는 개발이익을 일체 보상하지 않는 것은 헌법상의 재산권보장 및 평등원칙에 위배된다고 한다.

(다) 헌법재판소의 입장　　헌법재판소는 아래와 같이 개발이익을 보상액 산정에서 배제하는 것이 헌법상 정당보상의 원칙에 위배되는 것은 아니라고 본다.

[판례] 공익사업의 시행으로 지가가 상승하여 발생하는 **개발이익**은 기업자의 투자에 의하여 발생하는 것으로서 피수용자인 토지소유자의 노력이나 자본에 의하여 발생한 것이 아니다. 따라서 이러한 개발이익은 형평의 관념에 비추어 볼 때, 토지소유자에게 당연히 귀속되어야 할 성질의 것은 아니고, 오히려 투자자인 기업자 또는 궁극적으로는 **국민 모두에게 귀속되어야 할 성질의 것**이다. 또한 개발이익은 공공사업의 시행에 의하여 비로소 발생하는 것이므로 그것이 피수용토지가 수용

당시 갖는 객관적 가치에 포함된다고 볼 수도 없다. 개발이익이란 시간적으로 당해 공익사업이 순조롭게 시행되어야 비로소 현재화 될 수 있는 것이므로 아직 공익사업이 시행되기도 전에 개발이익을 기대하여 증가한 지가부분은 공익사업의 시행을 볼모로 한 주관적 가치부여에 지나지 않는다. 즉 수용에 의하여 토지소유자가 입은 손실과 공익사업의 시행으로 발생하는 이익은 별개의 문제이다. 그러므로 공익사업이 시행되기도 전에 미리 그 시행으로 기대되는 이용가치의 상승을 감안한 지가의 상승분을 보상액에 포함시킨다는 것은 피수용토지의 사업시행당시의 객관적 가치를 초과하여 보상액을 산정하는 셈이 된다. 따라서 개발이익은 그 성질상 완전보상의 범위에 포함되는 피수용자의 손실이라고는 볼 수 없으므로, **개발이익을 배제하고 손실보상액을 산정한다 하여 헌법이 규정한 정당보상의 원리에 어긋나는 것이라고는 판단되지 않는다**(헌재 1990. 06. 25, 89헌마107; 2009. 09. 24, 2008헌바112).

또한, 헌법재판소는 수용된 토지의 보상액을 산정함에 있어서는 개발이익을 배제하면서도, 자신의 토지를 수용되지 아니한 채 계속하여 소유하는 인근지역의 토지소유자에 대해서는 아무런 환수조치 없이 지가상승으로 인한 개발이익을 보유할 수 있게 한다고 하면, 이는 헌법이 규정하는 평등의 원칙에 반하는 것이 아닌가 하는 의문에 대하여는 아래와 같이 이를 부정하고 있다.

[판례] 비록 수용되지 아니한 토지소유자가 보유하게 되는 개발이익을 포함하여 일체의 개발이익을 환수할 수 있는 제도적 장치가 마련되지 아니한 제도적 상황에서 기준지가(현행법하에서는 공시지가)가 고시된 지역 내에 피수용토지를 둔 토지소유자로부터만 이를 환수한다고 하여 합리적 이유 없이 수용여부에 따라 토지소유자를 차별한 것이라고는 인정되지 않는다. 개발이익환수제도의 개선을 위해서는 지가의 공시지역을 확대하는 등 점진적인 개선 방안을 모색하는 수밖에 없고, 그 점진적 개선에 평등의 원칙이 어떤 장애가 될 수는 없는 것이다(헌재 1990. 06. 25, 89헌마107).

(라) 결 어 개발이익은 국가 등의 공공투자에 의해 발생하는 것이고 피수용자의 노력이나 자본의 투자에 의해 발생하는 것이 아니므로 토지소유자에게 귀속시키는 것은 디당히지 않으머 사회로 환윈시커야 한다. 이와 아울러 공익사업시행지 주변토지의 과도한 개발이익을 환수하는 법제도를 정비하여야 한다.

나. 개발이익(손실) 배제의 내용 토지취득보상법도 다음과 같이 개발이익을 보상에서 배제하는 규정을 두고 있다.

(가) 사업인정고시일 전 공시지가 기준 토지취득보상법이 사업인정고시일(事業認定告示日) 전의 공시지가를 기준으로 보상액을 결정하는 것으로 하고 있는 것은 손실보상에서 공익사업으로 인한 개발이익(개발손실)을 배제하기 위한 것이다. 보상액의 산정을 사업인정고시일 전의 공시지가를 기준으로 함으로써 사업인정 이후 재결시까지의 수용의 원인이 된 공익사업으로 인한 개발이익(개발손실)이 배제되게 된다.

사업인정시에는 이미 개발이익(개발손실)이 토지가격에 부분 반영되어 있는 것이 보통이므로 개발이익(개발손실)을 보다 철저히 배제하기 위하여는 사업인정 1년 전

정도의 공시지가를 기준으로 하는 것이 타당하다(입법론).

2007년 법개정을 통하여 공익사업의 계획 또는 시행이 공고 또는 고시됨으로 인하여 취득하여야 할 토지의 가격이 변동되었다고 인정되는 경우에는 "당해 공고일 또는 고시일 전의 시점을 공시기준일로 하는 공시지가로서 당해 토지의 가격시점 당시 공시된 공시지가 중 당해 공익사업의 공고일 또는 고시일에 가장 가까운 시점에 공시된 공시지가"를 기준으로 보상액을 산정하도록 한 것(제70조 제5항)은 개발이익의 배제를 보다 철저히 하기 위한 것이다.

(나) 당해 공익사업으로 인한 가격변동 배제 보상액을 산정할 경우에 해당 공익사업으로 인하여 토지 등의 가격이 변동되었을 때에는 이를 고려하지 아니한다(제67조 제2항).

[판례] 수용 대상 토지의 보상액을 산정함에 있어 **해당 공익사업의 시행을 직접 목적으로 하는 계획의 승인, 고시로 인한 가격변동은 이를 고려함이 없이** 재결 당시의 가격을 기준으로 하여 적정가격을 정하여야 하나, **해당 공익사업과는 관계없는 다른 사업의 시행으로 인한 개발이익은 이를 포함한 가격으로 평가하여야 하고, 개발이익이 해당 공익사업의 사업인정고시일 후에 발생한 경우에도 마찬가지이다**(대판 2014.02.27. 2013두21182[수용보상금증액]).

보상액을 산정함에 있어서 당해 공익사업으로 인한 지가의 영향을 받지 않는 지역의 지가변동률을 참작하여야 한다(제70조 제1항).

(다) 해당 공익사업의 시행을 직접 목적으로 하는 공법상 제한의 배제 공법상 제한을 받는 토지에 대하여는 제한받는 상태대로 평가한다. 다만, 그 공법상 제한이 당해 공익사업의 시행을 직접 목적으로 하여 가하여진 경우에는 제한이 없는 상태를 상정하여 평가한다(토지취득보상법 시행규칙 제23조 제1항). 당해 공익사업의 시행을 직접 목적으로 하여 용도지역 또는 용도지구 등이 변경된 토지에 대하여는 변경되기 전의 용도지역 또는 용도지구 등을 기준으로 평가하도록 하고 있다(제2항).

이 규정의 입법취지는 당해 공익사업의 영향을 배제하여 정당한 보상을 실현하려는 것이다(대판 2007. 07. 12, 2006두11507 등).

판례는 이 규정의 수권법률을 토지보상법 제70조 제6항으로 보고 있다(대판 2015. 08. 27, 2012두7950[토지보상금증액]).

판례는 대체로 보상액 산정에 있어서 일반적 계획제한과 개별적 계획제한을 구별한다.

일반적 계획제한이라 함은 용도지역·지구·구역(이하 '용도지역 등'이라 한다)의 지정 또는 변경과 같이 구체적인 사업의 시행을 목적으로 하지 않고 공익목적을 위해 토지의 이용을 일반적으로 제한하는 계획제한을 말하고, **개별적 계획제한**이라 함은 도시계획시설제한과 같이 구체적인 공익사업의 시행을 위해 토지등의 이용에 가해지는 계획제한을 말한다. 예를 들면, 자연공원의 지정은 일반적 계획제한인 반면에, 도시공원의 지정은 도시계획시설계획에 따라 행해지는데, 도시공원의 지정에 따른 제한은 개별적 계획제한이다.

일반적 계획제한의 경우에는 그 제한이 해당 공익사업의 시행을 직접 목적으로 하여 가해진 경우에는 제한이 없는 상태대로 평가하고(대판 2007. 07. 12, 2006두11507), 그 제한이 해당 공익사업의 시행을 직접 목적으로 하여 가해진 것이 아닌 경우에는 그러한 공법상 제한을 받은 상태대로 손실보상액을 평가하여야 하고, 그와 같은 제한이 당해 공공사업의 시행 이후에 가하여진 경우라고 하여 달리 볼 것은 아니다(대판 2005. 02. 18, 2003두14222). 이에 반하여 개별적 계획제한의 경우에는 그 제한이 해당 공익사업의 시행을 직접 목적으로 하여 가해진 경우뿐만 아니라 다른 공익사업의 시행을 직접 목적으로 하여 가해진 경우에도 그 제한을 받지 않은 상태대로 평가하여야 한다고 본다(대판 1992. 03. 13, 91누4324). 달리 말하면 개별적 계획제한의 경우 당초의 목적사업과 다른 목적의 공공사업에 편입수용되는 경우에도 그 제한을 받지 아니하는 상태대로 평가하여야 한다(대판 1989. 07. 11, 88누11797 등).

[판례] ① 공법상 제한을 받는 토지에 대한 보상액을 산정할 때에 해당 공법상 제한이 용도지역·지구·구역(이하 '용도지역 등'이라 한다)의 지정 또는 변경과 같이 그 자체로 제한목적이 달성되는 **일반적 계획제한**으로서 구체적 도시계획사업과 직접 관련되지 아니한 경우에는 그러한 제한을 받는 상태 그대로 평가하여야 하지만, **개별적 계획제한이거나 일반적 계획제한에 해당하는 용도지역 등의 지정 또는 변경에 따른 제한이더라도 그 용도지역 등의 지정 또는 변경이 특정 공익사업의 시행을 위한 것일 때에**는 당해 공익사업의 시행을 직접 목적으로 하는 제한으로 보아 위 제한을 받지 아니하는 상태를 상정하여 평가하여야 한다(대판 2015. 08. 27, 2012두7950[토지보상금증액]).
② 당해 공공사업의 시행 이전에 이미 도시계획법에 의한 고시 등으로 이용제한이 가하여진 상태인 경우에는 그 제한이 도시계획법 제2장 제2절의 규정에 의한 지역, 지구, 구역 등의 지정 또는 변경으로 인한 제한의 경우 그 자체로 제한목적이 완성되는 **일반적 계획제한**으로 보고 그러한 제한을 받는 상태 그대로 재결 당시의 토지의 형태 및 이용상황 등에 따라 평가한 가격을 기준으로 적정한 보상가액을 정하여야 하고, 도시계획법 제2조 제1항 제1호 나목에 의한 시설의 설치, 정비, 개량에 관한 계획결정으로서 도로, 광장, 공원, 녹지 등으로 고시되거나, 같은 호 다목 소정의 각종 사업에 관한 계획결정이 고시됨으로 인한 제한의 경우 구체적 사업이 수반되는 **개별적 계획제한**으로 보아 그러한 제한이 없는 것으로 평가하여야 한다고 하여 수용대상토지에 대하여 당해 공공사업의 시행 이전에 개발제한구역 지정으로 인한 제한은 그대로 고려하고 공원용지 지정으로 인한 제한은 고려하지 아니한 상태로 보상액을 평가하였음이 정당하다고 한 사례(대판 1992. 03. 13, 91누4324). 동지 판례: 대판 2007. 07. 12, 2006두11507, 대판 2012. 05. 24, 2012두1020 등.
③ 토지수용 보상액을 산정함에 있어서는 토지수용법 제46조 제1항에 따라 당해 공공사업의 시행을 직접 목적으로 하는 계획의 승인·고시로 인한 가격변동은 이를 고려함이 없이 수용재결 당시의 가격을 기준으로 하여 정하여야 할 것이므로, 당해 사업인 택지개발사업에 대한 실시계획의 승인과 더불어 그 용도지역이 주거지역으로 변경된 토지를 그 사업의 시행을 위하여 후에 수용하였

다면 그 재결을 위한 평가를 함에 있어서는 그 용도지역의 변경을 고려함이 없이 평가하여야 할 것이다(대판 1999. 03. 23, 98두13850).
④ 공원조성사업의 시행을 직접 목적으로 일반주거지역에서 자연녹지지역으로 변경된 토지에 대한 수용보상액을 산정하는 경우, 그 대상 토지의 용도지역을 일반주거지역으로 하여 평가하여야 한다고 한 사례(대판 2007. 07. 12, 2006두11507[손실보상금증액청구]).
⑤ 이 사건 토지 일대는 원래 농촌지역으로서 도시계획법이나 국토이용관리법 등의 적용대상이 아니었는데, 건설부장관이 그 일대에 공업단지를 조성하기 위하여 1974. 4. 1. 구법 제5조에 의하여 **산업기지개발구역으로 지정**하고 그 이듬해인 1975. 2. 19. 도시계획구역을 변경(재정비)결정하여 **공업지역으로 용도지역을 지정한 후** 1988. 3. 5. **구법 제8조에 의한 개발사업실시계획승인**을 하였고, **수용재결 당시 이 사건 토지의 이용상황은 공장용지**로서 소외 한불화학 주식회사의 공장건물이 신축되고 있었음을 알 수 있는바, 이러한 경우 **이 사건 토지에 대한 공업지역으로의 용도지역 지정은 위 산업기지개발구역의 지정에 이은 것으로서 특별한 사정이 없는 한 이 사건 개발사업의 시행을 직접 목적으로 한 것이라고 보아야 할 것**이므로, 그 개발사업의 시행을 위하여 필요한 토지 등을 수용함에 있어서 수용재결 당시의 이 사건 토지가격을 평가함에 있어서는, 현실이용상황을 공장용지로 보는 것은 별론으로 하고, 위 산업기지개발구역의 지정과 이에 이은 용도지역 지정은 이를 고려함이 없이 그 이전의 상태대로 평가하여야 할 것이다(대판 1995. 03. 03, 94누7386).
⑥ 구 지방공업개발법(1990. 1. 13. 법률 제4216호로 폐지)에 따른 지방공업개발장려지구의 지정 및 국토이용관리법에 따른 공업지역의 지정과 산업입지 및 개발에 관한 법률에 따른 사업실시계획의 승인 사이의 기간이 이례적으로 장기간(용도지역 변경과 실시계획 승인 사이에 약 9년 10개월 경과)이라도, 지방공업단지의 지정은 그 사업시행을 위한 일련의 조치 중의 선행조치라 할 것이고, 그 토지에 대한 공업지역으로의 용도지역 지정은 공업단지의 지정에 이은 것으로서 그 사업시행을 직접 목적으로 하여 행하여진 것이라고 보아야 하므로, 특별한 사정이 없는 한 그 사업시행을 위한 수용재결 당시의 토지가격을 평가함에 있어서 공업단지의 지정과 이에 이은 공업지역의 지정은 이를 고려함이 없이 그 이전의 상태대로 평가하여야 한다고 본 사례(대판 1995. 04. 11, 94누13879).
⑦ [1] **자연공원법에 의한 '자연공원 지정' 및 '공원용도지구계획에 따른 용도지구 지정'은**, 그와 동시에 구체적인 공원시설을 설치·조성하는 내용의 '공원시설계획'이 이루어졌다는 **특별한 사정이 없는 한**, 그 이후에 별도의 '공원시설계획'에 의하여 시행 여부가 결정되는 구체적인 공원사업의 시행을 직접 목적으로 한 것이 아니므로 공익사업을 위한 토지 등의 취득 및 보상에 관한 법률 시행규칙 제23조 제1항 본문에서 정한 **'일반적 계획제한'에 해당**한다. [2] 1983. 12. 2. 신불산 군립공원 지정 및 1987. 9. 7. 신불산 군립공원 용도지구 지정과 동시에 이 사건 각 토지에 구체적인 공원시설을 설치·조성하겠다는 내용의 '공원시설계획'이 수립·결정된 바 없고, 그로부터 약 28년이 경과한 2015. 5. 20.에 이르러서야 비로소 신불산 군립공원 구역 전부가 아니라 그 중 일부에 국한하여 이 사건 시설의 설치·조성을 위한 공원시설계획이 비로소 수립·결정되었으므로, 1983. 12. 2. 신불산 군립공원 지정 및 1987. 9. 7. 신불산 군립공원 용도지구 지정은 이 사건 시설 조성사업의 시행을 직접 목적으로 하는 것이 아닌 일반적 계획제한에 해당한다고 보아야 한다는 이유로, 이를 개별적 계획제한에 해당한다고 판단한 원심을 파기한 사례(대판 2019. 09. 25, 2019두34982).

이와 같이 "당해 사업을 직접목적으로 공법상 제한이 가해진 경우"를 확장해석하는 이유는 당초의 목적사업과 다른 공공사업에 편입되는 경우에 당해 공공사업의 시행을 직접목적으로 하여 가해진 제한이 아니라는 이유로 당초에 결정고시된 공법상의 제한이 있는 상태대로 평가하여야 한다고 해석한다면 공법상 제한 후에 당초의 목적사업에 편입되었는가 아니면 당초의 목적사업과는 다른 공공사업에 편입되는가의 사정에 의하여 평가방법이 크게 달라지게 되어 매우 불합리할 뿐만 아니라 공익사업의 시행자가 보상액을 적게 하기 위하여 고의적으로 다른 목적의 사업을 이유로 공법상의 제한을 가한 다음에 그와 다른 목적의 사업을 시행하여 보상액을 적게 함으로 인한 토지소유자의 불이익을 방지하기 위함이다.[117]

정당보상 및 공평이라는 관점에서 볼 때 일반적 계획제한과 개별적 계획제한을 구별하는 판례의 입장은 타당하지만, 이러한 구별을 토지보상법 시행규칙 제23조가 명시적으로 규정하고 있지 않는 문제가 있다. 입법론으로는 일반적 계획제한과 개별적 계획제한의 구별을 명문으로 명확히 하는 것이 타당하다.

토지보상법상 대상 토지에 대한 공법상 제한이 있는지 여부를 판단하는 시점에 대한 명시적 규정은 없다. 토지보상법상 가격시점은 수용재결시로 하면서도 비교표준지의 선정은 사업인정시를 기준으로 하도록 하고 있어서 어느 시점을 기준으로 공법상의 제한 여부를 판단할 것인지가 문제된다. 이러한 문제는 공법상 제한이 사업인정 이후 수용재결 이전에 신설되거나 변경된 경우에 실제로 제기된다. 판례는 수용재결시를 기준으로 대상 토지에 대한 공법상 제한을 결정하여야 한다고 본다.

[판례] 공법상 제한이 사업인정 후에 가해졌어도 해당 공익사업의 시행을 직접 목적으로 하지 않은 경우에는 그러한 공법상 제한이 있는 상태대로 보상액을 산정하여야 한다고 보면서 문화재보호구역의 확대 지정이 당해 공공사업인 택지개발사업의 시행을 직접 목적으로 하여 가하여진 것이 아님이 명백하므로 토지의 수용보상액은 그러한 공법상 제한을 받는 상태대로 평가하여야 한다고 하였다(대판 2005. 02. 18, 2003두14222[토지수용이의재결처분취소]). **〈해설〉** 이 사건에서 원고, 1심 및 원심은 다음과 같이 다른 견해를 취하였다. 즉, 공공사업의 시행 후 가하여진 공법상 제한이 있는 상태대로 평가하여야 한다고 해석한다면 공공사업시행자가 보상액을 적게 하기 위하여 사업시행 후라도 언제든지 일반적인 계획제한을 함으로써 토지소유자에게 부당한 피해를 줄 우려가 있고, 사업시행일 이후 수용재결이 늦어진 상태에서 공법상 제한이 가하여진 경우 이를 그대로 반영한다면 사업시행일 직후 바로 수용재결이 된 경우에 비하여 보상액이 적게 되는 부당함이 발생한다는 것이다.[118] 이에 대하여 대법원 판례를 지지하는 견해는 구 공특법 시행규칙 제6조 제4항이 판단시점에 관하여는 규정하고 있지 않으므로 그 문언에 충실하게 해석하는 것이 타당하다는 점, 일반적 계획제한은 일반적으로 적용되므로 사업구역 내에 포함되어 있지 않은 경우에 비하여 특별히 원고에게 불리하다고 할 수 없다는 점 등을 논거로 하고 있다.[119] 생각건대 현행법상

117) 대법원 1989. 07. 11. 선고 88누11797 판결; 이동흡, 공법상 제한을 받는 토지의 평가, 대법원판례해설 12호(89년 하반기), 1990.11, 541쪽.

118) 임영호, 공공사업시행 이후에 당해 공공사업의 시행을 직접 목적으로 하지 않는 공법상 제한이 가하여진 경우 그 공법상의 제한을 받는 토지의 수용보상액 평가방법, 대법원판례해설 55호(2005 상반기), 2005.12, 214－215쪽.

119) 위의 논문, 213쪽, 217－218쪽; 차태환, 토지보상법론, 부연사, 2012, 375쪽.

비교표준지는 사업인정시를 기준으로 선정하고, 현황은 수용재결시를 기준으로 하는 것으로 규정되어 있으므로 비교표준지의 선정과 관련하여서는 사업인정시의 공법상 제한을 기준으로 하고, 현황평가를 함에 있어서는 수용재결시의 공법상 제한을 기준으로 하는 것이 타당할 것이다. 그렇지만, 사업인정 후 공법상 제한의 변경이 보상액을 적게 하고자 하는 등 명백히 불합리한 경우에는 해당 사업을 직접 목적으로 하지 않는 공법상 제한도 보상액 산정시 배제하여야 할 것이다.

어느 수용대상 토지에 관하여 특정 시점에서 용도지역 등의 지정 또는 변경을 하지 않은 것이 특정 공익사업의 시행을 위한 것일 경우 이는 당해 공익사업의 시행을 직접 목적으로 하는 제한이라고 보아 **그 용도지역 등의 지정 또는 변경이 이루어진 상태를 상정하**여 토지가격을 평가하여야 한다. 여기에서 특정 공익사업의 시행을 위하여 용도지역 등의 지정 또는 변경을 하지 않았다고 볼 수 있으려면, 토지가 특정 공익사업에 제공된다는 사정을 배제할 경우 용도지역 등의 지정 또는 변경을 하지 않은 행위가 계획재량권의 일탈·남용에 해당함이 객관적으로 명백하여야만 한다(대판 2015. 08. 27, 2012두7950).

[판례] (1) 공법상 제한을 받는 토지에 대한 보상액을 산정할 때에 해당 공법상 제한이 용도지역·지구·구역(이하 '용도지역 등'이라 한다)의 지정 또는 변경과 같이 그 자체로 제한목적이 달성되는 **일반적 계획제한**으로서 구체적 도시계획사업과 직접 관련되지 아니한 경우에는 그러한 제한을 받는 상태 그대로 평가하여야 하지만, 도로·공원 등 특정 도시계획시설의 설치를 위한 계획결정과 같이 구체적 사업이 따르는 **개별적 계획제한이거나 일반적 계획제한에 해당하는 용도지역 등의 지정 또는 변경에 따른 제한이더라도 그 용도지역 등의 지정 또는 변경이 특정 공익사업의 시행을 위한 것일 때에는 당해 공익사업의 시행을 직접 목적으로 하는 제한으로 보아 위 제한을 받지 아니하는 상태를 상정하여 평가하여야 한다**(대법원 2012. 05. 24. 선고 2012두1020 판결 등 참조). 한편, 이와 같은 법 시행규칙 제23조 제1항 단서와 제2항은 모두 당해 공공사업의 영향을 배제하여 정당한 보상을 실현하려는 데 그 입법취지가 있다(대법원 2007. 07. 12. 선고 2006두11507 판결 참조). (2) 그리고 용도지역 등의 지정 또는 변경행위는 전문적·기술적 판단에 기초하여 행하여지는 일종의 행정계획으로서 재량행위라 할 것이지만, 행정주체가 가지는 이와 같은 계획재량은 그 행정계획에 관련되는 자들의 이익을 공익과 사익 사이에서는 물론이고 공익 상호간과 사익 상호간에도 정당하게 비교·교량하여야 하고 그 비교·교량은 비례의 원칙에 적합하도록 하여야 하는 것이므로, 만약 행정주체가 행정계획을 입안·결정함에 있어서 이익형량을 전혀 행하지 아니하였거나 이익형량의 고려대상에 마땅히 포함시켜야 할 중요한 사항을 누락한 경우 또는 이익형량을 하였으나 그것이 비례의 원칙에 어긋나게 된 경우에는 그 행정계획결정은 재량권을 일탈·남용한 것으로 위법하다(대법원 2005. 03. 10. 선고 2002두5474 판결, 대법원 2012. 05. 10. 선고 2011두31093 판결 등 참조). (3) 이상과 같은 법 시행규칙 제23조 제1항, 제2항의 규정 내용, 상호 관계와 그 입법취지, 용도지역 등의 지정 또는 변경행위의 법적 성질과 그 사법심사의 범위, 용도지역 등이 토지의 가격형성에 미치는 영향의 중대성 및 공익사업을 위하여 취득하는 토지에 대한 보상액 산정을 위하여 토지가격을 평가할 때 일반적 계획제한에 해당하는 용도지역 등의 지정 또는 변경이라도 특정 공익사업의 시행을 위한 것이라면 당해 공익사업의 시행을 직접 목적으로 하는 제한이라고 보아야 하는 점 등을 종합적으로 고려하면, **어느 수용대상 토지에 관하여 특정 시점에서 용도지역**

등의 지정 또는 변경을 하지 않은 것이 특정 공익사업의 시행을 위한 것일 경우 이는 당해 공익사업의 시행을 직접 목적으로 하는 제한이라고 보아 그 용도지역 등의 지정 또는 변경이 이루어진 상태를 상정하여 토지가격을 평가하여야 한다. 여기에서 특정 공익사업의 시행을 위하여 용도지역 등의 지정 또는 변경을 하지 않았다고 볼 수 있으려면, 그 토지가 특정 공익사업에 제공된다는 사정을 배제할 경우 용도지역 등의 지정 또는 변경을 하지 않은 행위가 계획재량권의 일탈 · 남용에 해당함이 객관적으로 명백하여야만 할 것이다. (4) 이 사건 토지 중 일부인 '병합 전 산 55-1 토지와 산 56-1 토지' 부분에 대하여 공원용지로 지정되었다는 사정을 배제한 상태에서 판단할 때 피고보조참가인 서울특별시가 2003. 10. 20.경 일반주거지역 종세분화 조치 당시 이 부분 토지를 제3종 일반주거지역으로 분류 · 지정하지 아니한 것이 객관적으로 명백하게 계획재량권의 일탈 · 남용에 해당한다는 점이 분명하지 아니하다고 판단하여, 이와 달리 이 사건 토지가 당해 공익사업에 따라 공원용지로 지정되지 않았더라면 '병합 전 산 55-1 토지와 산 56-1 토지' 부분은 가격시점 당시 제3종 일반주거지역으로 분류되어 상업용 부지로 이용되었을 것이라는 점에 대한 고도의 개연성이 인정되므로 위 토지 부분에 대하여는 그 용도지역이 제3종 일반주거지역으로서 상업용 부지로 이용되는 것을 전제로 하여 손실보상액을 산정하여야 한다고 판단한 원심판결에 법 제70조 제2항, 법 시행규칙 제23조에 관한 법리 등을 오해하여 필요한 심리를 다하지 아니한 위법이 있다고 본 사안(대판 2015. 08. 27, 2012두7950[토지보상금증액]).

다. 개발이익 배제의 한계 판례는 "토지수용으로 인한 손실보상액을 산정함에 있어서 당해 공공사업과는 관계없는 다른 사업의 시행으로 인한 개발이익은 이를 배제하지 아니한 가격으로 평가하여야 한다"고 하고 있다(대판 1999. 01. 15, 98두8896).

(2) 부수적 재산상 손실의 보상

완전보상이 되기 위하여는 취득의 대상이 된 재산권의 재산적 가치뿐만 아니라 취득이 원인이 되어 부수적으로 발생한 손실도 보상되어야 한다. 현행 토지취득보상법도 이러한 입장을 취하고 있다. 통상 정신적 고통은 보상되고 있지 않다.

1) 잔여지 및 잔여건축물보상

사업시행자는 동일한 소유자에 속하는 일단의 토지의 일부가 취득되거나 사용됨으로 인하여 잔여지(殘餘地)의 가격이 감소하거나 그 밖의 손실이 있는 때 또는 잔여지에 통로 · 도랑 · 담장 등의 신설이나 그 밖의 공사가 필요할 때에는 원칙상 국토교통부령이 정하는 바에 따라 그 손실이나 공사의 비용을 보상하여야 한다. 다만, 잔여지의 가격 감소분과 잔여지에 대한 공사의 비용을 합한 금액이 잔여지의 가격보다 큰 경우에는 사업시행자는 그 잔여지를 매수할 수 있다(제73조 제1항). 제1항에 따른 손실 또는 비용의 보상이나 토지의 취득에 관하여는 제9조 제6항 및 제7항을 준용한다(제4항).

[판례] ① 보상하여야 할 (잔여지)손실에는 토지 일부의 취득 또는 사용으로 인하여 그 획지조건이나 접근조건 등의 가격형성요인이 변동됨에 따라 발생하는 손실뿐만 아니라 그 취득 또는 사용 목적 사업의 시행으로 설치되는 시설의 형태 · 구조 · 사용 등에 기인하여 발생하는 손실과 수용재결

당시의 현실적 이용상황의 변경 외 장래의 이용가능성이나 거래의 용이성 등에 의한 사용가치 및 교환가치상의 하락 모두가 포함된다(대법원 1998. 9. 8. 선고 97누10680 판결, 대법원 2000. 12. 22. 선고 99두10315 판결참조)(대판 2011. 02. 24, 2010두23149).

② 사업시행자가 동일한 토지소유자에 속하는 일단의 토지 일부를 취득함으로 인하여 잔여지의 가격이 감소하거나 그 밖의 손실이 있을 때 등에는 잔여지를 종래의 목적으로 사용하는 것이 가능한 경우라도 잔여지 손실보상의 대상이 되며, 잔여지를 종래의 목적에 사용하는 것이 불가능하거나 현저히 곤란한 경우이어야만 잔여지 손실보상청구를 할 수 있는 것이 아니다(대판 2018. 07. 20, 2015두4044).

③ [1] 특정한 공익사업의 사업시행자가 보상하여야 하는 잔여지 손실은, 동일한 소유자에게 속하는 일단의 토지 중 일부를 사업시행자가 그 공익사업을 위하여 취득하거나 사용함으로 인하여 잔여지에 발생하는 것임을 전제로 한다. 따라서 이러한 잔여지에 대하여 현실적 이용상황 변경 또는 사용가치 및 교환가치의 하락 등이 발생하였더라도, 그 손실이 토지의 일부가 공익사업에 취득되거나 사용됨으로 인하여 발생하는 것이 아니라면 특별한 사정이 없는 한 토지보상법 제73조 제1항 본문에 따른 잔여지 손실보상 대상에 해당한다고 볼 수 없다. [2] 토지의 일부가 접도구역으로 지정·고시됨으로써 일정한 형질변경이나 건축행위가 금지되어 장래의 이용 가능성이나 거래의 용이성 등에 비추어 사용가치 및 교환가치가 하락하는 손실은, 고속도로를 건설하는 이 사건 공익사업에 원고들 소유의 일단의 토지 중 일부가 취득되거나 사용됨으로 인하여 발생한 것이 아니라, 그와 별도로 국토교통부장관이 이 사건 잔여지 일부를 접도구역으로 지정·고시한 조치에 기인한 것이므로, 원칙적으로 토지보상법 제73조 제1항에 따른 잔여지 손실보상의 대상에 해당하지 아니한다(대판 2017. 07. 11, 2017두40860).

④ 일단의 토지 중 공법상 제한과 이용상황을 달리하는 부분이 수용된 사안에서 잔여지 가격감소 손실보상액 산정의 기초가 되는 '공익사업시행지구 편입 전의 잔여지 가격'의 산정방법: 「공익사업을 위한 토지 등의 취득 및 보상에 관한 법률」 제73조 제1항, 같은 법 시행규칙 제32조 제1항에 따르면, 동일한 토지소유자에 속하는 일단의 토지의 일부가 취득됨으로 인하여 잔여지의 가격이 하락된 경우의 잔여지의 손실은 '공익사업시행지구에 편입되기 전의 잔여지의 가격'에서 공익사업시행지구에 편입된 후의 잔여지의 가격을 뺀 금액으로 평가한다. 여기에서 말하는 '공익사업시행지구에 편입되기 전의 잔여지의 가격'은 일단의 토지 전부가 공익사업시행지구로 편입되는 경우를 상정한 잔여지 부분의 평가액을 말한다. 이러한 경우 일단의 토지 전체를 1필지로 보고 토지 특성을 조사하여 그 전체에 대하여 단일한 가격으로 평가함이 원칙이다. 그러나 일단의 토지가 현실적 이용상황이나 용도지역 등 공법상 제한을 달리하여 가치가 명확히 구분되는 부분으로 구성된 경우에는 현실적 이용상황 또는 용도지역 등이 다른 부분별로 구분하여 평가하여야 한다. 일단의 토지 중 공익사업시행지구에 편입된 토지와 잔여지 사이에 현실적 이용상황이나 용도지역 등 공법상 제한에 차이가 있어 가치가 다름이 분명한데도, 편입된 토지와 잔여지의 가격을 모두 합산한 금액을 일단의 토지 전체 면적으로 나누어 산정된 단위면적당 가격에 잔여지의 면적을 곱하여 산출한 가격을 '공익사업시행지구에 편입되기 전의 잔여지의 가격'으로 인정할 경우, 잔여지와 가치를 달리하는 편입된 토지의 가치가 반영될 수밖에 없다. 결국 이러한 경우에는, '공익사업시행지구에 편입되기 전의 잔여지 가격'을 일단의 토지 전체의 단위면적당 단가에 잔여지의 면적을 곱하는 방식으로 산정해서는 안 되고, 일단의 토지 전부가 공익사업시행지구로 편입되는 경우를 상정하되, '일단의 토지 전체의 가격에서 공익사업시행지구에 편입된 토지의 가격을 빼는 방식' 등으로 산정하여, 앞서 살핀 문제점이 발생하지 않도록 해야 한다(대판 2025. 05. 29, 2024두44754[보상금증액]).

⑤ [토지보상법 제73조 제1항의 잔여지 가격감소 손실보상 청구를 하면서, 손실의 한 종류로 접도

구역 지정으로 인한 가치하락을 주장한 사례] (1) 특정한 공익사업의 사업시행자가 보상하여야 하는 **잔여지 손실은**, 동일한 소유자에게 속하는 일단의 토지 중 일부를 사업시행자가 그 **공익사업을 위하여 취득하거나 사용함으로 인하여 잔여지에 발생하는 것임을 전제로 한다.** 따라서 이러한 잔여지에 대하여 현실적 이용상황 변경 또는 사용가치 및 교환가치의 하락 등이 발생하였더라도, 그 손실이 토지의 일부가 공익사업에 취득되거나 사용됨으로 인하여 발생하는 것이 아니라면 특별한 사정이 없는 한 토지보상법 제73조 제1항 본문에 따른 잔여지 손실보상 대상에 해당한다고 볼 수 없다. (2) 고속도로 건설공사를 위해 일단의 토지의 일부만 수용되고 남은 '잔여지'가 고속도로 접도구역으로 지정되어 가치가 하락한 것이 토지보상법 제73조 제1항의 잔여지 가격감소 손실보상의 대상이 되지 않는다고 한 사례(대판 2017. 07. 11, 2017두40860[잔여지가치하락손실보상금청구]). 〈해설〉 접도구역 지정으로 인한 잔여지 가격감소손실은 구 도로법 제92조(현행 도로법 제99조)에 따라 보상을 청구하여야 한다.

⑥ 잔여지 손실보상금 지급의무의 경우 잔여지의 손실이 현실적으로 발생한 이후로서 잔여지 소유자가 사업시행자에게 이행청구를 한 다음 날부터 그 지연손해금 지급의무가 발생한다(대판 2018. 03. 13, 2017두68370).

⑦ **지하부분의 일부가 사용된 토지에 대하여는 도시철도법령 등이 정한 지하사용보상 외에 토지수용법이 정한 잔여지 손실보상은 배제되는지 여부(적극)**: 도시철도법령과 서울특별시조례가 특별히 도시철도건설사업에 편입된 지하부분의 사용보상에 관하여만 그 대상, 기준, 방법을 정하고 있는 것은 도시철도건설사업의 특별한 공익성과 지하부분 사용의 특수성을 감안하여 볼 때, 그와 같은 지하부분의 사용에 관하여는 그 규정들에 의한 지하사용보상으로 그치고, 나아가 다시 토지수용법을 적용하여 잔여지 손실보상(원고들 소유의 일단의 토지들 중 공사에 편입된 지하부분을 제외한 나머지 부분의 가격도 감소되는 손실에 대한 보상) 등을 할 필요가 없다고 하는 취지로 해석되고, 그와 같은 해석이 정당한 보상을 정한 헌법규정에 위반되는 것이라고 볼 수도 없다(대판 1996. 12. 10, 95누7949).

사업시행자는 동일한 소유자에 속하는 일단의 건축물의 일부가 취득 또는 사용됨으로 인하여 잔여 건축물의 가격이 감소하거나 그 밖의 손실이 있을 때에는 국토교통부령으로 정하는 바에 따라 그 손실을 보상하여야 한다. 다만, 잔여 건축물의 가격감소분과 보수비(건축물의 나머지 부분을 종래의 목적대로 사용할 수 있도록 그 유용성을 동일하게 유지하는 데에 일반적으로 필요하다고 볼 수 있는 공사에 사용되는 비용을 말한다. 다만, 『건축법』 등 관계 법령에 따라 요구되는 시설 개선에 필요한 비용은 포함하지 아니한다)를 합한 금액이 잔여 건축물의 가격보다 큰 경우에는 사업시행자는 그 잔여 건축물을 매수할 수 있다(제75조의2 제1항).

제73조 제1항 본문 및 제75조의2 제1항 본문에 따른 잔여지등의 보상은 관계 법률에 따라 사업이 완료된 날 또는 제24조의2에 따른 사업완료의 고시가 있는 날(이하 "사업완료일"이라 한다)부터 1년이 지난 후에는 청구할 수 없다(제73조 제2항, 제75조의2 제4항). 사업인정고시가 있은 후 제73조 제1항 단서에 따라 사업시행자가 잔여지 등을 매수하는 경우 그 잔여지 등에 대하여는 제20조에 따른 사업인정 및 제22조에 따른

사업인정 고시가 된 것으로 본다(제73조 제3항, 제75조의2 제4항).

2) 건축물등 물건에 대한 이전비 또는 물건가격 보상

건축물·입목·공작물과 그 밖에 토지에 정착한 물건(이하 "건축물 등"이라 한다)에 대하여는 원칙상 이전에 필요한 비용(이하 "이전비"라 한다)으로 보상하여야 한다. 다만, 다음 각 호의 어느 하나에 해당하는 경우에는 해당 물건의 가격으로 보상하여야 한다. 1. 건축물등을 이전하기 어렵거나 그 이전으로 인하여 건축물등을 종래의 목적대로 사용할 수 없게 된 경우, 2. 건축물등의 이전비가 그 물건의 가격을 넘는 경우, 3. 사업시행자가 공익사업에 직접 사용할 목적으로 취득하는 경우(제75조 제1항). 분묘에 대하여는 이장에 소요되는 비용 등을 산정하여 보상하여야 한다(제75조 제4항).

[판례] ① [1] 사업시행자가 사업시행에 방해가 되는 지장물에 관하여 토지보상법 제75조 제1항 단서 제2호에 따라 이전에 드는 실제 비용에 못 미치는 물건의 가격으로 보상한 경우, 사업시행자가 해당 물건을 취득하는 제3호와 달리 수용의 절차를 거치지 않은 이상 사업시행자가 그 보상만으로 해당 물건의 소유권까지 취득한다고 보기는 어렵다. 또한 사업시행자는 지장물의 소유자가 토지보상법 시행규칙 제33조 제4항 단서에 따라 스스로의 비용으로 철거하겠다고 하는 등의 특별한 사정이 없는 한 지장물의 소유자에 대하여 그 철거 등을 요구할 수 없고 자신의 비용으로 직접 이를 제거할 수 있을 뿐이다. [2] 택지개발사업의 사업시행자인 한국토지주택공사가 공공용지로 협의취득한 토지 위에 있는 甲 소유의 지장물에 관하여 중앙토지수용위원회의 재결에 따라 보상금을 공탁하였는데, 위 토지에 폐합성수지를 포함한 산업쓰레기 등 폐기물이 남아 있자 甲을 상대로 폐기물 처리비용의 지급을 구한 사안에서, 중앙토지수용위원회의 보상금 내역에는 '제품 및 원자재(재활용품)'가 포함되어 있고 그 보상액이 1원으로 되어 있는데, 이는 폐기물의 이전비가 물건의 가격을 초과하는 경우에 해당한다는 전제에서 재활용이 가능하여 가치가 있던 쓰레기와 재활용이 불가능하고 처리에 비용이 드는 쓰레기를 모두 보상 대상 지장물로 삼아 일괄하여 보상액을 정한 것으로 볼 수 있다는 이유 등을 들어, 한국토지주택공사는 자신의 비용으로 직접 폐기물을 제거할 수 있을 뿐이고 甲에게 폐기물을 이전하도록 요청하거나, 그 불이행을 이유로 처리비에 해당하는 손해배상을 청구할 수 없다고 본 원심판결이 정당하다고 한 사례(대판 2021. 05. 07, 2018다256313).

② (1) 수목의 이식비용을 산정할 때에, 그 산정기준이 수목 1주당 가액을 기준으로 한 것이라면 **대량의 수목이 이식되는 경우**에는 특별한 사정이 없는 한 규모의 경제 원리가 작용하여 그 이식비용이 감액될 가능성이 있다고 봄이 경험칙에 부합한다(대법원 2003. 11. 27. 선고 2003두3888 판결 참조). (2) 그러나 **고손액은** 이식 과정에서 고사 또는 훼손되는 수목의 손실을 보상하기 위한 항목으로서, '수목의 가격'에 수목이 이식 후 정상적으로 성장하지 못하고 고사할 가능성을 비율로 표시한 수치인 '고손율'을 곱하는 방법으로 산정되므로, 실제로 수목을 굴취하여 차량 등으로 운반한 후 다시 식재하는 데에 소요되는 실비에 대한 변상인 이식비용과는 그 성격이 전혀 다르다. 따라서 수목을 대량으로 이식하는 경우가 낱개로 이식하는 경우에 비하여 수목이 고사할 가능성인 '고손율'이 더 낮다고 인정할 만한 특별한 사정이 없는 한, **고손액이 이식비용과 마찬가지로 규모의 경제의 원리에 따라 감액되어야 한다고 단정할 수 없다**(대판 2015. 10. 29, 2015두2444).

3) 농작물에 대한 손실의 보상

농작물에 대한 손실은 그 종류와 성장의 정도 등을 종합적으로 고려하여 보상하여야 한다(제75조 제2항).

4) 모래 등에 대한 보상

토지에 속한 흙·돌·모래 또는 자갈(흙·돌·모래 또는 자갈이 해당 토지와 별도로 취득 또는 사용의 대상이 되는 경우만 해당한다)에 대하여는 거래가격 등을 고려하여 평가한 적정가격으로 보상하여야 한다(제75조 제3항).

[판례] [1] 구 공익사업을 위한 토지 등의 취득 및 보상에 관한 법률 제75조 제3항에서 **'흙·돌·모래 또는 자갈이 당해 토지와 별도로 취득 또는 사용의 대상이 되는 경우'**란 흙·돌·모래 또는 자갈이 속한 수용대상 토지에 관하여 토지의 형질변경 또는 채석·채취를 적법하게 할 수 있는 행정적 조치가 있거나 그것이 가능하고 구체적으로 토지의 가격에 영향을 미치고 있음이 객관적으로 인정되어 토지와는 별도의 경제적 가치가 있다고 평가되는 경우 등을 의미한다. [2] 甲이 자신의 토지에서 토석채취허가를 받아 채석장을 운영하면서 건축용 석재를 생산해 왔는데, 고속철도 건설사업의 시행으로 토석채취기간의 연장허가가 거부된 이후 사업시행지구에 편입된 위 토지에 대하여 매장된 돌의 경제적 가치를 고려하지 않은 채 보상액을 산정하여 수용재결한 사안에서, 수용대상 토지에 속한 돌 등에 대한 손실보상을 인정하기 위한 전제로서 그 경제적 가치를 평가할 때에는, **토지수용의 목적이 된 당해 공익사업의 시행으로 토지에 관한 토석채취허가나 토석채취기간의 연장허가를 받지 못하게 된 경우까지 행정적 조치의 가능성을 부정하여 행정적 조치가 없거나 불가능한 것으로 보아서는 아니 됨에도**, 위 토지에 매장된 돌을 적법하게 채취할 수 있는 행정적 조치의 가능성을 부정하여 위 토지와 별도로 구 공익사업을 위한 토지 등의 취득 및 보상에 관한 법률(2011. 8. 4. 법률 제11017호로 개정되기 전의 것) 제75조 제3항에 따른 보상의 대상이 될 수 없다고 본 원심판결에 법리오해의 위법이 있다고 한 사례(대판 2014. 04. 24, 2012두16534[토지보상금증액]).

5) 권리의 보상

광업권·어업권·양식업권 및 물(용수시설을 포함한다) 등의 사용에 관한 권리에 대하여는 투자비용, 예상 수익 및 거래가격 등을 고려하여 평가한 적정가격으로 보상하여야 한다(제76조 제1항). 하천법 제50조에 의한 **하천수 사용권**은 토지보상법 제76조 제1항이 손실보상의 대상으로 규정하고 있는 '물의 사용에 관한 권리'에 해당한다(대판 2018. 12. 27, 2014두11601).

6) 영업손실의 보상

영업을 폐지하거나 휴업함에 따른 영업손실(營業損失)에 대하여는 영업이익과 시설의 이전비용 등을 참작하여 보상하여야 한다(제77조 제1항).

토지취득보상법 제77조가 규정하고 있는 '영업손실'이란 수용의 대상이 된 토지·건물 등을 이용하여 영업을 하다가 그 토지·건물 등이 수용됨으로 인하여 영업을 할 수 없거나 제한을 받게 됨으로 인하여 생기는 직접적인 손실, 즉 수용손실을 말하는 것이다. 따라서, 후술하는 간접손실인 영업손실과 구별되어야 한다.

[판례] 영업을 하기 위하여 투자한 비용이나 그 영업을 통하여 얻을 것으로 기대되는 이익이 손실보상의 대상이 되는지 여부(소극): 구 토지수용법(2002. 2. 4. 법률 제6656호 공익사업을 위한 토지 등의 취득 및 보상에 관한 법률 부칙 제2조로 폐지) 제51조가 규정하고 있는 **'영업상의 손실'이란** 수용의 대상이 된 토지·건물 등을 이용하여 영업을 하다가 그 토지·건물 등이 수용됨으로 인하여 영업을 할 수 없거나 제한을 받게 됨으로 인하여 생기는 직접적인 손실을 말하는 것이므로 위 규정은 영업을 하기 위하여 투자한 비용이나 그 영업을 통하여 얻을 것으로 기대되는 이익에 대한 손실보상의 근거규정이 될 수 없고, 그 외 구 토지수용법이나 구 '공공용지의 취득 및 손실보상에 관한 특례법'(2002. 2. 4. 법률 제6656호 공익사업을 위한 토지 등의 취득 및 보상에 관한 법률 부칙 제2조로 폐지), 그 시행령 및 시행규칙 등 관계 법령에도 **영업을 하기 위하여 투자한 비용이나 그 영업을 통하여 얻을 것으로 기대되는 이익에 대한 손실보상**의 근거규정이나 그 보상의 기준과 방법 등에 관한 규정이 없으므로, **이러한 손실은 그 보상의 대상이 된다고 할 수 없다**(대판 2006. 01. 27, 2003두13106).

또한, 수용재결 이전의 사업인정고시 등 절차의 진행으로 입은 영업상의 손실은 수용으로 인한 영업손실보상의 대상이 될 수 없다(대판 2005. 07. 29, 2003두2311).

토지보상법 시행규칙 제45조는 기본적으로 적법한 장소에서의 영업, 적법한 영업에 한하여 영업손실을 보상하는 것으로 규정하고 있다. 즉, 법 제77조 제1항에 따라 영업손실을 보상하여야 하는 영업은 **다음 모두**에 해당하는 영업으로 한다. ① 사업인정고시일등 전부터 적법한 장소(무허가건축물등, 불법형질변경토지, 그 밖에 다른 법령에서 물건을 쌓아놓는 행위가 금지되는 장소가 아닌 곳을 말한다)에서 인적·물적시설을 갖추고 계속적으로 행하고 있는 영업. 다만, 무허가건축물등에서 임차인이 영업하는 경우에는 그 임차인이 사업인정고시일등 1년 이전부터 「부가가치세법」 제8조에 따른 사업자등록을 하고 행하고 있는 영업을 말한다. ② 영업을 행함에 있어서 관계법령에 의한 허가 등을 필요로 하는 경우에는 사업인정고시일 등 전에 허가 등을 받아 그 내용대로 행하고 있는 영업(토지보상법 시행규칙 제45조).

사업인정고시일 당시 보상(영업보상 및 지장물 보상)대상에 해당한다면 그 후 사업지구 내 다른 토지로 영업장소가 이전되었더라도 손실보상의 대상이 된다(대판 2012. 12. 27, 2011두27827).

[판례] [1] 일반지방산업단지 조성사업의 사업인정고시일 당시 사업지구 내에서 제재목과 합판 등 제조·판매업을 영위해 오다가 사업인정고시일 이후 사업지구 내 다른 곳으로 영업장소를 이전하여 영업을 하던 갑이 영업보상 등을 요구하면서 수용재결을 청구하였으나 관할 토지수용위원회가 갑의 영업장은 임대기간이 종료되어 이전한 것이지 공익사업의 시행으로 손실이 발생한 것이 아니라는 이유로 갑의 청구를 기각한 사안에서, 사업인정고시일 당시 보상대상에 해당한다면 그 후

사업지구 내 다른 토지로 영업장소가 이전되었더라도 손실보상의 대상이 된다고 본 원심판단을 정당하다고 한 사례 [2] 사업인정고시일 이후 영업장소 등이 이전되어 수용재결 당시에는 해당 토지 위에 영업시설 등이 존재하지 않게 된 경우 사업인정고시일 이전부터 그 토지 상에서 영업을 해 왔고 그 당시 영업을 위한 시설이나 지장물이 존재하고 있었다는 점은 이를 주장하는 자가 증명하여야 한다(대판 2012. 12. 27, 2011두27827).

토지보상법 제67조 제1항은 공익사업의 시행으로 인한 손실보상액의 산정은 협의에 의한 경우에는 협의성립 당시의 가격을, 재결에 의한 경우에는 수용 또는 사용의 재결 당시의 가격을 기준으로 한다고 규정하므로, 토지보상법 시행규칙 제45조 제1호에서 말하는 '적법한 장소(무허가 건축물 등, 불법형질변경토지, 그 밖에 다른 법령에서 물건을 쌓아놓는 행위가 금지되는 장소가 아닌 곳을 말한다)에서 인적·물적시설을 갖추고 계속적으로 행하고 있는 영업'에 해당하는지 여부는 협의성립, 수용재결 또는 사용재결 당시를 기준으로 판단하여야 한다(대판 2010. 09. 09, 2010두11641). 따라서, 사업인정고시일 당시에는 영업을 하고 있었더라도 수용재결 또는 사용재결 당시에는 영업을 하고 있지 않은 경우에는 영업손실의 보상대상이 되지 못한다.

[판례] ① [1] 일반지방산업단지 조성사업의 사업인정고시일 당시 사업지구 내에서 영업시설을 갖추고 제재목과 합판 등의 제조·판매업을 영위해 오다가 사업인정고시일 이후 사업지구 내 다른 곳으로 영업장소를 이전하여 영업을 하던 갑이 영업보상 및 지장물 보상을 요구하면서 수용재결을 청구하였으나 관할 토지수용위원회가 갑의 영업장은 임대기간이 종료되어 이전한 것으로 공익사업의 시행으로 손실이 발생한 것이 아니라는 이유로 갑의 청구를 기각한 사안에서, 공익사업을 위한 토지 등의 취득 및 보상에 관한 법률 제75조 제1항, 제77조 제1항과 공익사업을 위한 토지 등의 취득 및 보상에 관한 법률 시행규칙 제45조 제1호등 관련 규정에 따르면, 공익사업의 시행으로 인한 영업손실 및 지장물 보상의 대상 여부는 사업인정고시일을 기준으로 판단해야 하고, **사업인정고시일 당시 보상대상에 해당한다면 그 후 사업지구 내 다른 토지로 영업장소가 이전되었다고 하더라도** 이전된 사유나 이전된 장소에서 별도의 허가 등을 받았는지를 따지지 않고 여전히 **손실보상의 대상이 된다**고 본 원심판단을 정당하다고 한 사례. [2] 사업인정고시일 이후 영업장소 등이 이전되어 수용재결 당시에는 해당 토지 위에 영업시설 등이 존재하지 않게 된 경우 사업인정고시일 이전부터 그 토지 상에서 영업을 해 왔고 그 당시 영업을 위한 시설이나 지장물이 존재하고 있었다는 점은 이를 주장하는 자가 증명하여야 한다(대판 2012. 12. 27, 2011두27827).
② [1] 영업손실 보상대상인 영업에 관한 구 공익사업을 위한 토지 등의 취득 및 보상에 관한 법률 시행규칙 제45조 제2호의 해석 방법: 토지보상법 시행규칙 제45조 제1호는 위법한 영업은 보상대상에서 제외한다는 의미로서 그 자체로 헌법에서 보장한 '정당한 보상의 원칙'에 배치된다고 할 것은 아니다. 다만 영업신고를 하도록 한 목적이나 관련 규정의 체제 및 내용 등에 비추어 볼 때 신고를 하지 않았다고 하여 영업 자체가 위법성을 가진다고 평가할 것은 아닌 경우라면 신고 등을 하지 않았다고 하더라도 그 영업손실 등에 대해서는 보상을 하는 것이 헌법상 정당보상의 원칙에 합치하므로, 위 구 공익사업법 시행규칙의 규정은 그러한 한도에서만 적용되는 것으로 제한하여 새겨야 한다. [2] 체육시설업의 영업주체가 영업시설의 양도나 임대 등에 의하여 변경되었음에도 그에 관한 신고를 하지 않은 채 영업을 하던 중에 공익사업으로 영업을 폐지 또는 휴업하

게 된 경우라 하더라도, 그 임차인 등의 영업을 보상대상에서 제외되는 위법한 영업이라고 할 것은 아니다. 따라서 그로 인한 영업손실에 대해서는 법령에 따른 정당한 보상이 이루어져야 마땅하다. [3] 토지보상법 시행규칙 제45조 제1호에서 영업손실보상의 대상으로 정한 영업에는 '매년 일정한 계절이나 일정한 기간 동안에만 인적·물적시설을 갖추어 영리를 목적으로 영업을 하는 경우'도 포함된다(대판 2012. 12. 13, 2010두12842).

사업인정고시일등 전부터 허가등을 받아야 행할 수 있는 영업을 허가등이 없이 행하여 온 자가 공익사업의 시행으로 인하여 제45조 제1호 본문에 따른 적법한 장소에서 영업을 계속할 수 없게 된 경우에는 제45조 제2호에 불구하고 「통계법」 제3조 제3호에 따른 통계작성기관이 조사·발표하는 가계조사통계의 도시근로자가구 월평균 가계지출비를 기준으로 산정한 3인 가구 3개월분 가계지출비에 해당하는 금액을 영업손실에 대한 보상금으로 지급하되, 제47조 제1항 제2호에 따른 영업시설·원재료·제품 및 상품의 이전에 소요되는 비용 및 그 이전에 따른 감손상당액(이하 이 조에서 "영업시설등의 이전비용"이라 한다)은 별도로 보상한다. 다만, 본인 또는 생계를 같이 하는 동일 세대안의 직계존속·비속 및 배우자가 해당 공익사업으로 다른 영업에 대한 보상을 받은 경우에는 영업시설등의 이전비용만을 보상하여야 한다(토지보상법 시행규칙 제52조).

[판례] ① 공익사업을 위한 토지 등의 취득 및 보상에 관한 법률 제77조 제4항의 위임에 따라 영업손실의 보상대상인 영업을 정한 같은 법 시행규칙 제45조 제1호에서 말하는 '적법한 장소(무허가 건축물 등, 불법형질변경토지, 그 밖에 다른 법령에서 물건을 쌓아놓는 행위가 금지되는 장소가 아닌 곳을 말한다)에서 인적·물적시설을 갖추고 계속적으로 행하고 있는 영업'에 해당하는지 여부는 협의성립, 수용재결 또는 사용재결 당시를 기준으로 판단하여야 한다(대판 2010. 09. 09, 2010두11641 [영업손실보상거부처분취소]).

② 중앙토지수용위원회가 생태하천조성사업에 편입되는 토지상의 무허가건축물에서 축산업을 영위하는 甲에 대하여 **공익사업을 위한 토지 등의 취득 및 보상에 관한 법률 시행규칙 제45조 제1호**(이하 '위 규칙 조항'이라 한다)**에 따라 영업손실을 인정하지 않는 내용의 수용재결을 한 사안**에서, 위 규칙 조항이 '영업'의 개념에 '적법한 장소에서 운영될 것'이라는 요소를 포함하고 있다고 하여 공익사업을 위한 토지 등의 취득 및 보상에 관한 법률의 위임 범위를 벗어났다거나 정당한 보상의 원칙에 위배된다고 하기 어렵다고 본 원심판단을 정당한 것으로 수긍한 사례(대판 2014. 03. 27, 2013두25863[수용보상금증액]).

③ [1] **영업손실 보상대상인 영업에 관한 구 공익사업을 위한 토지 등의 취득 및 보상에 관한 법률 시행규칙 제45조 제2호의 해석 방법**: 구 공익사업법의 위임에 의한 그 시행규칙(2007. 4. 12. 건설교통부령 제556호로 개정되기 전의 것, 이하 '구 공익사업법 시행규칙'이라 한다) 제45조는, 영업손실의 보상대상인 영업은 "관계 법령에 의한 허가·면허·신고 등을 필요로 하는 경우에는 허가 등을 받아 그 내용대로 행하고 있는 영업"에 해당하여야 한다고 규정하고 있다(제2호). 이는 **위법한 영업은 보상대상에서 제외한다는 의미로서 그 자체로 헌법에서 보장한 '정당한 보상의 원칙'에 배치된다고 할 것은 아니다.** 다만 영업의 종류에 따라서는 관련 행정법규에서 일정한 사항을 신고하도록 규정하고는 있지만 그러한 **신고를 하도록 한 목적이나 관련 규정의 체제 및 내용 등에 비추어**

볼 때 신고를 하지 않았다고 하여 영업 자체가 위법성을 가진다고 평가할 것은 아닌 경우도 적지 않고, 이러한 경우라면 신고 등을 하지 않았다고 하더라도 그 영업손실 등에 대해서는 보상을 하는 것이 헌법상 정당보상의 원칙에 합치하므로, 위 구 공익사업법 시행규칙의 규정은 그러한 한도에서만 적용되는 것으로 제한하여 새겨야 한다. [2] 체육시설업의 영업주체가 영업시설의 양도나 임대 등에 의하여 변경되었으나 그에 관한 신고를 하지 않은 채 영업을 하던 중에 공익사업으로 영업을 폐지 또는 휴업하게 된 경우에 그 임차인 등의 영업을 보상대상에서 제외되는 위법한 영업이라고 할 것은 아니다. 따라서 그로 인한 영업손실에 대해서는 법령에 따른 정당한 보상이 이루어져야 마땅하다. [3] 구 공익사업을 위한 토지 등의 취득 및 보상에 관한 법률 시행규칙 제45조 제1호에서 영업손실보상의 대상으로 정한 영업에 '매년 일정한 계절이나 일정한 기간 동안에만 인적·물적시설을 갖추어 영리를 목적으로 영업을 하는 경우'도 포함된다고 보는 것이 타당하다(대판 2012. 12. 13, 2010두12842[보상금]). 〈해설〉 자기완결적 영업신고의 경우 신고없이 영업을 하여도 신고를 하지 않은 것이 위법한 것일뿐 그 영업 자체가 위법한 것은 아니다.

④ [1] 생태하천조성사업에 편입되는 토지상의 무허가건축물에서 축산업을 영위하는 갑에 대하여 '영업'의 개념에 '적법한 장소에서 운영될 것'이라는 요소를 포함하고 있는 공익사업을 위한 토지 등의 취득 및 보상에 관한 법률 시행규칙 제45조 제1호에 따라 영업손실을 인정하지 않는 것은 공익사업을 위한 토지 등의 취득 및 보상에 관한 법률의 위임 범위를 벗어나거나 정당한 보상의 원칙에 위배된다고 하기 어렵다. [2] ① 무허가건축물을 임차하여 영업하는 사업자의 경우 일반적으로 자신 소유의 무허가건축물에서 영업하는 사업자보다는 경제적·사회적으로 열악한 지위에 있는 점, ② 무허가건축물의 임차인은 자신이 임차한 건축물이 무허가건축물이라는 사실을 알지 못한 채 임대차계약을 체결할 가능성이 있는 점 등에 비추어 보면, 이 사건 규칙 조항이 무허가건축물의 소유자와 임차인을 차별하는 것은 합리적인 이유가 있고, 따라서 형평의 원칙에 어긋난다고 볼 수 없다(대판 2014. 03. 27, 2013두25863[수용보상금증액]).

⑤ 국민임대주택단지조성사업 예정지구로 지정된 장터에서 토지를 임차하여 앵글과 천막구조의 가설물을 설치하고 영업신고 없이 5일장이 서는 날에 정기적으로 국수와 순대국 등을 판매하는 음식업을 영위한 갑 등이 구 공익사업을 위한 토지 등의 취득 및 보상에 관한 법률 시행규칙 제52조 제1항에 따른 영업손실보상의 대상이 되는지 문제된 사안에서, 영업의 계속성과 영업시설의 고정성을 인정할 수 있다는 이유로, 갑 등이 위 규정에서 정한 허가 등을 받지 아니한 영업손실보상대상자에 해당한다고 본 원심판단을 정당하다고 한 사례(대판 2012. 03. 15, 2010두26513).

공익사업의 시행으로 인하여 영업을 폐지하는 경우의 영업손실은 2년간의 영업이익(개인영업인 경우에는 소득을 말한다. 이하 같다)에 영업용 고정자산·원재료·제품 및 상품 등의 매각손실액을 더한 금액으로 평가한다(토지보상법 시행규칙 제46조 제1항). 제1항에 따른 영업의 폐지는 다음 각 호의 어느 하나에 해당하는 경우로 한다. 1. 영업장소 또는 배후지(당해 영업의 고객이 소재하는 지역을 말한다. 이하 같다)의 특수성으로 인하여 당해 영업소가 소재하고 있는 시·군·구(자치구를 말한다. 이하 같다) 또는 인접하고 있는 시·군·구의 지역안의 다른 장소에 이전하여서는 당해 영업을 할 수 없는 경우, 2. 당해 영업소가 소재하고 있는 시·군·구 또는 인접하고 있는 시·군·구의 지역안의 다른 장소에서는 당해 영업의 허가등을 받을 수 없는 경우, 3. 도축장 등

악취 등이 심하여 인근주민에게 혐오감을 주는 영업시설로서 해당 영업소가 소재하고 있는 시·군·구 또는 인접하고 있는 시·군·구의 지역안의 다른 장소로 이전하는 것이 현저히 곤란하다고 특별자치도지사·시장·군수 또는 구청장(자치구의 구청장을 말한다)이 객관적인 사실에 근거하여 인정하는 경우(제2항).

[판례] ① [1] 영업의 폐지로 볼 것인지 아니면 영업의 휴업으로 볼 것인지를 구별하는 기준은 당해 영업을 그 영업소 소재지나 인접 시·군 또는 구 지역 안의 다른 장소로 이전하는 것이 가능한지의 여부에 달려 있다 할 것이고, 이러한 이전가능 여부는 법령상의 이전 장애사유 유무와 당해 영업의 종류와 특성, 영업시설의 규모, 인접지역의 현황과 특성, 그 이전을 위하여 당사자가 들인 노력 등과 인근 주민들의 이전 반대 등과 같은 사실상의 이전 장애사유 유무 등을 종합하여 판단함이 상당하다. [2] 수자원개발사업 지역에 편입된 농기구수리업 또는 잡화소매업 영업소의 영업손실에 관한 보상은 폐업보상이 아니라 휴업보상에 해당한다고 한 사례(대판 2001. 11. 13, 2000두1003).
② 공익사업을 위한 토지 등의 취득 및 보상에 관한 법률 시행규칙 제46조 제1항에서 정한 '제품 및 상품 등 재고자산의 매각손실액'의 의미 및 매각손실액 산정의 기초가 되는 재고자산의 가격에 당해 재고자산을 판매할 경우 거둘 수 있는 이윤이 포함되는지 여부(소극): 공익사업을 위한 토지 등의 취득 및 보상에 관한 법률 시행규칙 제46조 제1항에 의하면, 공익사업의 시행으로 인하여 영업을 폐지하는 경우에는 2년간의 영업이익에 영업용 고정자산·원재료·제품 및 상품 등의 매각손실액을 더한 금액을 평가하여 보상한다. 여기에서 제품 및 상품 등 재고자산의 매각손실액이란 영업의 폐지로 인하여 제품이나 상품 등을 정상적인 영업을 통하여 판매하지 못하고 일시에 매각해야 하거나 필요 없게 된 원재료 등을 매각해야 함으로써 발생하는 손실을 말한다. 그리고 위 영업이익에는 이윤이 이미 포함되어 있는 점 등에 비추어 보면 매각손실액 산정의 기초가 되는 재고자산의 가격에 당해 재고자산을 판매할 경우 거둘 수 있는 이윤은 포함되지 않는다(대판 2014. 06. 26, 2013두13457[수용보상금증액]).
③ 양계장을 이전할 경우 예견되는 인근 주민들의 반대 민원의 정당성 유무를 심리하지 아니한 채 주민들의 반대 민원의 가능성 혹은 그 제기만으로 곧 양계장 이전이 사실상 불가능하다고 판단하여 영업 폐지에 따른 폐업보상을 인정한 원심판결을 파기한 사례(대판 2003. 01. 24, 2002두8930).
④ 수용대상토지상의 양돈장이 주민들의 반대로 인하여 인접지역으로의 이전이 사실상 불가능한 경우가 공공용지의취득및손실보상에관한특례법시행규칙 제24조 제2항 제1호 소정의 영업폐지에 해당한다(대판 1990. 10. 10, 89누7719).
⑤ 양돈장의 규모, 양돈장이 위치한 지역 및 인접지역의 토지이용실태 및 특성, 양돈장의 이전·신축에 특별한 법령상의 장애사유가 없는 점 등에 비추어 볼 때, 비록 양돈장이 이전·신축될 경우 악취, 해충발생, 농경지 오염 등 환경공해를 우려한 주민들의 반대가 있을 가능성이 있다고 하더라도 그러한 가정적인 사정만으로 양돈장을 인접지역으로 이전하는 것이 현저히 곤란하다고 단정하기는 어렵다고 한 사례(대판 2002. 10. 08, 2002두5498).
⑥ 원심은 양돈시설이 악취, 해충 발생, 농경지 오염 등으로 인하여 민원발생이 잦고 민원이 있을 경우 양돈시설 개설이 사실상 곤란하다고 하더라도 민원의 해결 또는 인근 주민의 동의가 양돈시설 개설의 요건이 아니고, 관계 법령상의 요건을 갖출 경우 인접 시·군에서 양돈시설 설치허가를 받는 것이 불가능하다고는 보이지 않으며, 원고의 양돈시설 소재지 및 인접 시·군에 축사가 개설된 사례가 최근 들어 다수 있고 그 중에는 원고가 당초 개설했던 축사보다 대규모인 것도 있는 점에 비추어, 원고가 이 사건 양돈시설 소재지인 완주군이나 인접한 진안군에 양돈시설의 이전에 필

요한 신청을 하였다가 그 신청이 거절되었다는 사정만으로는 다른 인접 시 · 군으로의 이전이 현저히 곤란하다고 단정하기 어려우므로, 원고의 양돈업은 이 사건 토지의 수용으로 인한 폐업보상의 대상이 되지 않는다고 판단하였는바, 채증법칙을 위배하여 사실을 오인하거나 폐업보상에 관한 법리를 오해한 위법이 있다고 할 수 없다(대판 2005. 09. 15, 2004두14649).

공익사업의 시행으로 인하여 영업장소를 이전하여야 하는 경우의 영업손실은 휴업기간에 해당하는 영업이익과 영업장소 이전 후 발생하는 영업이익감소액에 다음 각호의 비용을 합한 금액으로 평가한다. 1. 휴업기간중의 영업용 자산에 대한 감가상각비 · 유지관리비와 휴업기간중에도 정상적으로 근무하여야 하는 최소인원에 대한 인건비 등 고정적 비용, 2. 영업시설 · 원재료 · 제품 및 상품의 이전에 소요되는 비용 및 그 이전에 따른 감손상당액, 3. 이전광고비 및 개업비 등 영업장소를 이전함으로 인하여 소요되는 부대비용(토지보상법 시행규칙 제47조 제1항). 제1항의 규정에 의한 휴업기간은 4개월 이내로 한다. 다만, 다음 각 호의 어느 하나에 해당하는 경우에는 실제 휴업기간으로 하되, 그 휴업기간은 2년을 초과할 수 없다. 1. 당해 공익사업을 위한 영업의 금지 또는 제한으로 인하여 4개월 이상의 기간동안 영업을 할 수 없는 경우, 2. 영업시설의 규모가 크거나 이전에 고도의 정밀성을 요구하는 등 당해 영업의 고유한 특수성으로 인하여 4개월 이내에 다른 장소로 이전하는 것이 어렵다고 객관적으로 인정되는 경우(제2항).

공익사업에 영업시설의 일부가 편입됨으로 인하여 잔여시설에 그 시설을 새로이 설치하거나 잔여시설을 보수하지 아니하고는 그 영업을 계속할 수 없는 경우의 영업손실 및 영업규모의 축소에 따른 영업손실은 다음 각 호에 해당하는 금액을 더한 금액으로 평가한다. 이 경우 보상액은 제1항에 따른 평가액을 초과하지 못한다. 1. 해당 시설의 설치 등에 소요되는 기간의 영업이익, 2. 해당 시설의 설치 등에 통상 소요되는 비용, 3. 영업규모의 축소에 따른 영업용 고정자산 · 원재료 · 제품 및 상품 등의 매각손실액(토지보상법 시행규칙 제47조 제3항).

[판례] [원고의 공장단지의 일부가 도로확장공사를 위해 분할수용되어, 잔여 공장에서 진입로가 좁아져 물류이동에 지장이 초래되었다며 그 손실보상을 청구한 사건] (1) 구 「공익사업을 위한 토지 등의 취득 및 보상에 관한 법률 시행규칙」(이하 '토지보상법 시행규칙'이라 한다) 제47조 제3항 제1호에 따른 잔여 영업시설 손실보상의 요건인 "공익사업에 영업시설의 일부가 편입됨으로 인하여 잔여시설에 그 시설을 새로이 설치하거나 잔여시설을 보수하지 아니하고는 그 영업을 계속할 수 없는 경우"란, 잔여 영업시설에 시설을 새로이 설치하거나 잔여 영업시설을 보수하지 아니하고는 그 영업이 전부 불가능하거나 곤란하게 되는 경우만을 의미하는 것이 아니라, 공익사업에 영업시설 일부가 편입됨으로써 잔여 영업시설의 운영에 일정한 지장이 초래되고, 이에 따라 종전처럼 정상적인 영업을 계속하기 위해서는 잔여 영업시설에 시설을 새로 설치하거나 잔여 영업시설을 보수할 필요가 있는 경우도 포함된다고 해석함이 타당하다. (2) 사업시행자의 도로확장공사 시행

으로 원고의 공장 전면부가 분할수용되어, 원고의 잔여 공장에서 제조한 제품을 대형트럭에 실어 출고하는 작업에 상당한 곤란이 초래된 사안임(대판 2018. 07. 20, 2015두4044). **〈해설〉 원심은**, 원고가 주장하는 보수공사 없이도 원고가 공장에서 영업을 계속하고 있으므로 토지보상법 시행규칙 제47조 제3항 제1호 소정의 "잔여시설을 보수하지 아니하고는 영업을 계속할 수 없는 경우"에 해당하지 않아 잔여 영업시설 손실보상청구권이 발생하지 않는다고 보아 원고의 일부 청구를 기각하였으나 **대법원은** 잔여 영업시설 손실보상의 요건은 잔여지 손실보상 요건과 마찬가지로 헌법상 정당보상의 관점에서 (완화하여) 해석하여야 한다고 판단하여 파기환송한 사례이다.

7) 농업손실의 보상

농업의 손실에 대하여는 농지의 단위면적당 소득 등을 고려하여 실제 경작자에게 보상하여야 한다. 다만, 농지소유자가 해당 지역에 거주하는 농민인 경우에는 농지소유자와 실제 경작자가 협의하는 바에 따라 보상할 수 있다(제77조 제2항).

[판례] [1] [공익사업으로 수용이 된 토지에 관한 영농손실보상금 청구 사건] 「공익사업을 위한 토지 등의 취득 및 보상에 관한 법률」(이하 '토지보상법') 시행규칙 제48조에 정한 영농손실액 보상의 성격: 「공익사업을 위한 토지 등의 취득 및 보상에 관한 법률」(이하 '토지보상법'이라고 한다) 시행규칙 제48조에서 정한 영농손실액 보상(이하 **'영농보상'**이라고 한다)은 편입토지 및 지장물에 관한 손실보상과는 별개로 이루어지는 것으로서, 농지가 공익사업시행지구에 편입되어 공익사업의 시행으로 더 이상 영농을 계속할 수 없게 됨에 따라 발생하는 손실에 대하여 같은 시행규칙 제46조에서 정한 폐업보상과 마찬가지로 장래의 2년간 일실소득을 보상함으로써, 농민이 대체 농지를 구입하여 영농을 재개하거나 다른 업종으로 전환하는 것을 보장하기 위한 것이다. 영농보상은 농민이 기존 농업을 폐지한 후 새로운 직업 활동을 개시하기까지의 준비기간 동안에 농민의 생계를 지원하는 **간접보상이자 생활보상으로서의 성격**을 가진다. [2] 사업인정고시일 전부터 해당 토지를 소유하거나 사용권원을 확보하여 적법하게 농업에 종사해 온 농민은 사업인정고시일 이후에도 수용개시일 전날까지는 해당 토지에서 그간 해온 농업을 계속할 수 있다. 그러나 **사업인정고시일 이후에 수용개시일 전날까지 농민이 해당 공익사업의 시행과 무관한 어떤 다른 사유로 경작을 중단한 경우에는 손실보상의 대상에서 제외될 수 있다.** 사업인정고시가 이루어졌다는 점만으로 농민이 구체적인 영농보상금 청구권을 확정적으로 취득하였다고는 볼 수 없으며, 보상협의 또는 재결절차를 거쳐 **협의성립 당시 또는 수용재결 당시의 사정을 기준으로 구체적으로 산정되는** 것이다. 또한 공익사업을 위한 토지 등의 취득 및 보상에 관한 법률 시행규칙 제48조에 따른 영농보상은 수용개시일 이후 편입농지에서 더 이상 영농을 계속할 수 없게 됨에 따라 발생하는 손실에 대하여 장래의 2년간 일실소득을 예측하여 보상하는 것이므로, **수용재결 당시를 기준으로도 영농보상은 아직 발생하지 않은 장래의 손실에 대하여 보상하는** 것이다. [3] 2013. 4. 25. 국토교통부령 제5호로 개정된 공익사업을 위한 토지 등의 취득 및 보상에 관한 법률 시행규칙(이하 '개정 시행규칙'이라 한다) 제48조 제2항 단서 제1호가 실제소득 적용 영농보상금의 예외로서, 농민이 제출한 입증자료에 따라 산정한 실제소득이 동일 작목별 평균소득의 2배를 초과하는 경우에 해당 작목별 평균생산량의 2배를 판매한 금액을 실제소득으로 간주하도록 규정함으로써 실제소득 적용 영농보상금의 '상한'을 설정하였다. 이와 같은 개정 시행규칙 제48조 제2항 단서 제1호는, 영농보상이 장래의 불확정적인 일실소득을 보상하는 것이자 농민의 생존배려·생계지원을 위한 보상인 점, 실제소득 산정의 어려움 등을 고려하여, 농민이 실농으로 인한 대체생활을 준비하는 기간의 생계를 보장

할 수 있는 범위 내에서 실제소득 적용 영농보상금의 '상한'을 설정함으로써 나름대로 합리적인 적정한 보상액의 산정방법을 마련한 것이므로, 헌법상 정당보상원칙, 비례원칙에 위반되거나 위임입법의 한계를 일탈한 것으로는 볼 수 없다(대판 2020. 04. 29, 2019두32696).

구 토지보상법 제77조 제2항, 구 토지보상법 시행규칙 제48조 제2항 본문에서 정한 **영농보상**은 원칙적으로 농민이 기존 농업을 폐지한 후 새로운 직업 활동을 개시하기까지의 준비기간 동안에 농민의 생계를 지원하는 간접보상이자 생활보상으로서의 성격을 가진다는 것이 판례의 입장이다(대판 1996. 12. 23, 96다33051, 33068; 2023. 08. 18, 2022두34913). 그런데, 영농보상을 한미FTA에서처럼 규제적 수용에 따른 보상을 지칭하는 개념으로 사용되고 있는 모호한 개념인 '간접보상'으로 본 것은 문제가 없지 않다. 이 영농보상은 '간접손실보상'이 아니고, 통상의 토지등이 수용됨으로서 부수적으로 발생한 손실인 '부수적 손실'의 보상으로 보아야 한다. 그리고, 영농보상은 그 보상금을 통계소득을 적용하여 산정하든, 아니면 해당 농민의 최근 실제소득을 적용하여 산정하든 간에, 모두 장래의 불확정적인 일실소득을 예측하여 보상하는 것으로, 기존에 형성된 재산의 객관적 가치에 대한 '완전한 보상'과는 그 법적 성질을 달리 하지만, **특별한 희생이 있어야 하고** 재산상의 특별한 희생이 생겼다고 할 수 없는 경우에는 영농보상을 인정할 수 없다는 것이 판례의 입장이다(대판 2020. 04. 29, 2019두32696; 2023. 08. 18, 2022두34913: 시설콩나물 재배업과 관련하여 구 토지보상법 시행규칙 제48조 제2항 본문에 따라 손실보상금(폐업보상에 준하는 2년간의 일실소득 및 지연가산금)을 구하는 사안에서 구 토지보상법 시행규칙 제48조 제2항 단서 제2호에 따라 휴업보상에 준하는 4개월분의 일실소득만 손실보상으로 인정하는 것이 타당하다고 한 사례).

8) 임금손실의 보상

휴직 또는 실직하는 근로자의 임금손실에 대하여는 근로기준법에 의한 평균임금 등을 참작하여 보상하여야 한다(제77조 제3항). 임금손실은 원칙상 근로자에게 보상하여야 한다.

9) 기　　타

[판례] 피수용자가 부가가치세법상의 납세의무자인 사업자로서 손실보상금으로 수용된 건축물 등을 다시 신축하는 것이 자기의 사업을 위하여 사용될 재화 또는 용역을 공급받는 경우에 해당하면 **건축비 등에 포함된 부가가치세**는 부가가치세법 제38조 제1항 제1호에서 정한 매입세액에 해당하여 피수용자가 자기의 매출세액에서 공제받거나 환급받을 수 있으므로 위 부가가치세는 실질적으로는 피수용자가 부담하지 않게 된다. 따라서 이러한 경우에는 다른 특별한 사정이 없는 한 피수용자가 사업시행자에게 위 부가가치세 상당을 손실보상으로 구할 수는 없다(대판 2015. 11. 12, 2015두2963[손실보상금등]).

(3) 확장수용보상

일정한 사유로 인하여 공익사업에 필요한 토지이외의 토지를 수용하는 것을 '확장수용(擴張收用)'이라 한다. 그리고 그에 따른 보상을 확장수용보상이라 한다.

1) 잔여지등 수용

가. 잔여지등 수용의 요건 동일한 소유자에게 속하는 일단의 토지의 일부가 협의에 의하여 매수되거나 수용됨으로 인하여 잔여지를 종래의 목적에 사용하는 것이 현저히 곤란할 때에는 해당 토지소유자는 사업시행자에게 잔여지를 매수하여 줄 것을 청구할 수 있으며, 사업인정 이후에는 관할 토지수용위원회에 수용을 청구할 수 있다. 이 경우 수용의 청구는 매수에 관한 협의가 성립되지 아니한 경우에만 할 수 있으며, 그 사업의 공사완료일까지 하여야 한다(제74조 제1항). 잔여지를 종래의 목적에 사용하는 것이 현저히 곤란한지 여부는 수용된 토지가 속한 필지의 잔여지가 아니라 피수용자에 속하는 일단의 토지의 잔여지를 기준으로 판단된다.

동일한 소유자에게 속하는 일단의 건축물의 일부가 협의에 의하여 매수되거나 수용됨으로 인하여 잔여 건축물을 종래의 목적에 사용하는 것이 현저히 곤란할 때에는 그 건축물소유자는 사업시행자에게 잔여 건축물을 매수하여 줄 것을 청구할 수 있으며, 사업인정 이후에는 관할 토지수용위원회에 수용을 청구할 수 있다. 이 경우 수용 청구는 매수에 관한 협의가 성립되지 아니한 경우에만 하되, 그 사업의 공사완료일까지 하여야 한다(제75조의2 제2항).

여기에서 '종래의 목적'이라 함은 수용재결 당시에 당해 잔여지가 현실적으로 사용되고 있는 구체적인 용도를 의미하고, '사용하는 것이 현저히 곤란한 때'라고 함은 물리적으로 사용하는 것이 곤란하게 된 경우는 물론 사회적, 경제적으로 사용하는 것이 곤란하게 된 경우, 즉 절대적으로 이용 불가능한 경우만이 아니라 이용은 가능하나 많은 비용이 소요되는 경우를 포함한다(대판 2005. 01. 28, 2002두4679).

[판례] 수용청구의 의사표시는 관할 토지수용위원회에 하여야 하는 것으로서, 관할 토지수용위원회가 사업시행자에게 잔여지 수용청구의 의사표시를 수령할 권한을 부여하였다고 인정할 만한 사정이 없는 한, 사업시행자에게 한 잔여지 매수청구의 의사표시를 관할 토지수용위원회에 한 잔여지 수용청구의 의사표시로 볼 수는 없다(대판 2010. 08. 19, 2008두822).

나. 잔여지등수용청구권의 성질 잔여지수용청구권은 그 요건을 구비한 때에는 토지수용위원회의 특별한 조치를 기다릴 것 없이 청구에 의하여 수용의 효과가 발생하는 형성권적 성질을 가진다(대판 2001. 09. 04, 99두11080). 토지수용위원회는 잔여지수용청구권을 확인하는 수용재결을 하고 손실보상액을 결정한다.

다. 잔여지등수용청구권의 행사기간 협의가 성립되지 아니한 경우에 잔여지수용청구는 해당 사업의 공사완료일까지 하여야 한다. 잔여지수용청구권의 행사기간은 제척기간이며 토지소유자가 그 행사기간 내에 잔여지수용청구권을 행사하지 아니하면 그 권리가 소멸한다(대판 2010. 08. 19, 2008두822[토지수용이의재결처분취소등]) 그 행사기간 이후의 잔여지수용청구에 기한 수용재결은 무효이다.

라. 잔여지수용청구권의 행사절차 잔여지에 대한 수용청구를 하려면 우선 사업시행자에게 잔여지매수에 관한 협의를 요청하여 협의가 성립되지 아니한 경우에 한하여 그 일단의 토지의 일부 수용에 대한 토지수용위원회의 재결이 있기 전까지 관할 토지수용위원회에 잔여지를 포함한 일단의 토지 전부의 수용을 청구하여야 한다(제74조 제4항, 대판 2004. 09. 24, 2002다68713).

마. 불복절차 문제는 토지수용위원회의 잔여지수용결정 또는 잔여지수용거부결정에 대하여 불복하는 경우 어떠한 불복절차와 형식에 따라야 하는가 하는 점이다.

확장수용 신청에 대한 토지수용위원회의 결정에 대하여 이의신청을 할 수 있다는 데 대하여는 견해의 대립이 없다. 그리고, 잔여지수용재결에 대해 행정소송을 제기하는 경우에 사업시행자가 잔여지수용 자체를 다투는 경우에는 토지수용위원회를 피고로 하여 취소소송을 제기하여야 한다. 사업시행자나 토지소유자가 잔여지수용재결에 대해 보상금만을 다투는 경우에는 보상금증감청구소송을 제기하여야 한다. 이에 관하여는 견해의 대립이 있을 수 없다.

그런데, 토지소유자가 잔여지수용거부재결에 대해 소송을 제기하는 경우에 취소소송을 제기하여야 하는가 아니면 보상금청구소송을 제기하여야 하는가, 보상금청구소송을 제기하는 경우에 토지취득보상법상의 보상금증감청구소송을 제기하여야 하는가 아니면 일반당사자소송인 보상금청구소송을 제기하여야 하는가 하는 것에 대하여는 견해가 대립하고 있다.

(가) 취소소송설 잔여지수용청구는 확장수용의 경우로서 보상액증감소송의 범주에 들어갈 수 없다는 견해가 있다. 토지수용위원회의 잔여지수용 거부재결은 처분(행정행위)이고, 보상금증액청구소송에 관한 명문의 규정이 없으므로 취소소송으로 다투어야 한다고 한다.

(나) 보상금증감청구소송설 잔여지수용청구권은 형성권이므로 잔여지수용은 청구에 의해 수용의 효과가 발생하고(대판 1993. 11. 12, 93누11159) 잔여지수용의 문제는 궁극적으로는 보상금의 증감의 문제이므로 확장수용거부에 대한 불복은 분쟁의 일회적 해결을 위해 보상금 증감청구로 보는 견해이다.[120)]

---

120) 윤형한, "토지수용으로 인한 손실보상관계소송의 몇 가지 문제," 『정현 박윤흔 박사 화갑기념논문집』, 1997. 9, 472~473면.

(다) 손실보상금청구소송설 이 견해는 잔여지수용청구권이 형성권이므로 잔여지수용청구에 의해 잔여지가 수용되고, 토지소유자에게는 손실보상청구권이 발생되는 것이므로 잔여지수용거부에 대해 일반 당사자소송으로 손실보상청구소송을 제기하여야 한다는 견해이다.

(라) 판 례 판례는 구 토지수용법 제48조 제1항에 정한 잔여지 수용청구권의 행사방법에 관하여 다음과 같이 판시하였다. 즉, 잔여지수용재결 및 이의재결에 불복이 있으면 재결청과 기업자를 공동피고로 하여 그 이의재결의 취소 및 보상금의 증액을 구하는 행정소송을 제기하여야 하며, 곧바로 기업자를 상대로 하여 민사소송으로 잔여지에 대한 보상금의 지급을 구할 수는 없다(대판 2004. 09. 24, 2002다68713: 잔여지수용거부에 대해 직접 민사소송을 제기한 사건).

그런데, 현행 토지취득보상법하에서는 이의신청이 의무절차에서 임의절차로 되었고, 재결주의에서 원처분주의로 변경되었으며 보상금증감청구소송의 피고에서 토지수용위원회가 빠지는 것으로 되었기 때문에 이 판례는 그대로 타당할 수는 없다. 다만, 이 판례에서 잔여지수용거부에 대해 손실보상금청구소송을 제기할 것이 아니라 토지취득보상법상의 행정소송을 제기하여야 한다고 본 점은 현행법하에서도 판례로서의 가치가 있다.

(마) 결 어 잔여지수용은 기본적으로 토지취득보상법상의 보상과 관련된 문제라는 점에서 볼 때 일반 당사자소송으로 보상금을 청구하는 것은 타당하지 않고, 분쟁의 일회적 해결을 위해서는 취소소송이 아니라 보상금증감청구소송을 제기하도록 하는 것이 타당하다. 판례도 이러한 입장을 취하고 있다.

[판례] 구 '공익사업을 위한 토지 등의 취득 및 보상에 관한 법률'(2007. 10. 17. 법률 제8665호로 개정되기 전의 것) 제74조 제1항에 규정되어 있는 잔여지 수용청구권은 손실보상의 일환으로 토지소유자에게 부여되는 권리로서 그 요건을 구비한 때에는 잔여지를 수용하는 토지수용위원회의 재결이 없더라도 그 청구에 의하여 수용의 효과가 발생하는 형성권적 성질을 가지므로, **잔여지 수용청구를 받아들이지 않은 토지수용위원회의 재결에 대하여 토지소유자가 불복하여 제기하는 소송은** 위 법 제85조 제2항에 규정되어 있는 **'보상금의 증감에 관한 소송'에 해당**하여 **사업시행자를 피고로 하여야 한다**(대판 2010. 08. 19, 2008두822[토지수용이의재결처분취소등]).

잔여지수용청구에는 잔여지감가보상의 청구가 포함되어 있다고 보는 것이 타당하다. 따라서 잔여지수용보상청구소송에서 잔여지수용보상을 인정하지 않는 경우 법원은 원고로 하여금 잔여지의 가격감소 등으로 인한 손실의 보상을 청구하는지에 관하여 석명을 구하여야 한다.

바. 제3자의 권리보호 제1항의 규정에 따라 매수 또는 수용의 청구가 있는 잔여지 및 잔여지에 있는 물건에 관하여 권리를 가진 자는 사업시행자 또는 관할 토

지수용위원회에 그 권리의 존속을 청구할 수 있다(제74조 제2항).

2) 이전수용(이전대상 물건의 수용)

이전대상 물건(예, 과수나무 등)이 다음에 해당하는 경우에는 당해 물건의 가격으로 보상하여야 한다: ① 건축물 등을 이전하기 어렵거나 그 이전으로 인하여 건축물 등을 종래의 목적대로 사용할 수 없게 된 경우, ② 건축물등의 이전비가 그 물건의 가격을 넘는 경우, ③ 사업시행자가 공익사업에 직접 사용할 목적으로 취득하는 경우(제75조 제1항 단서). 공익사업시행지구내의 토지에 정착한 이전대상 건축물 등을 물건의 가격으로 보상한 경우에도 **사업시행자가 제75조 제5항 등 수용절차에 따라 수용을 한 경우에 한하여 이전수용이 발생한다.** 이전대상 물건에 대해 가격보상을 하는 경우에 수용절차를 거쳐 수용할 것인지는 사업시행자의 선택에 맡겨져 있다. 사업시행자가 제75조 제5항 등에 따라 수용의 절차를 거치지 아니한 이상 사업시행자가 그 보상만으로 당해 물건의 소유권까지 취득한다고 할 수는 없다(대판 2019. 04. 11, 2018다277419; 2022. 11. 17, 2022다242342 등, 행정법론(하) 지장물의 인도 및 철거 참조).

3) 완전수용(공용사용에 대한 수용)

사업인정고시가 있은 후 토지의 사용이 다음의 어느 하나에 해당할 때에는 해당 토지소유자는 사업시행자에게 그 토지의 매수를 청구하거나 관할 토지수용위원회에 그 토지의 수용을 청구할 수 있다. 이 경우 관계인은 사업시행자나 관할 토지수용위원회에 그 권리의 존속을 청구할 수 있다: ① 토지를 사용하는 기간이 3년 이상인 경우, ② 토지의 사용으로 인하여 토지의 형질이 변경되는 경우, ③ 사용하려는 토지에 그 토지소유자의 건축물이 있는 경우(제72조).

4) 불복절차

관할토지수용위원회가 확장수용을 거부하는 경우에는 중앙토지수용위원회에 이의신청을 하거나, 행정소송을 제기할 수 있다. 행정소송을 제기하는 경우의 소송형식은 보상금의 증감에 관한 소송이다.

[판례] 공익사업을 위한 토지 등의 취득 및 보상에 관한 법률(이하 '토지보상법'이라고 한다) 제72조(사용하는 토지의 매수청구등)가 정한 **수용청구권(사용토지의 수용청구권)**은 토지보상법 제74조 제1항이 정한 잔여지 수용청구권과 같이 손실보상의 일환으로 토지소유자에게 부여되는 권리로서 그 청구에 의하여 수용효과가 생기는 **형성권**의 성질을 지니므로, **토지소유자의 토지수용청구를 받아들이지 아니한 토지수용위원회의 재결에 대하여 토지소유자가 불복하여 제기하는 소송**은 토지보상법 제85조 제2항에 규정되어 있는 '**보상금의 증감에 관한 소송**'에 해당하고, 피고는 토지수용위원회가 아니라 사업시행자로 하여야 한다(대판 2015. 04. 09, 2014두46669[토지수용재결신청거부처분취소]).

(4) 간접손실의 보상: 사업시행지외손실보상

1) 간접손실 및 간접손실보상의 개념

공익사업으로 인하여 사업시행지 밖의 재산권자에게 가해지는 손실 중 공익사업으로 인하여 필연적으로 발생하는 손실이 간접손실(間接損失)이며 이 손실에 대한 보상이 간접손실보상(제3자보상)이다. 공익사업으로 인하여 우연히 발생하는 손해의 전보는 손해배상의 문제로 보는 것이 타당하다.

공공시설로부터 배출되는 공해로 인한 손해는 당해 공공시설의 정상적인 가동과 분리되는 것으로서 공익사업시행자가 줄일 수도 있는 손해이므로 원칙상 손해배상의 대상이 되는 것이지만, 공사 중 또는 공사 후의 공해로 인한 손실 즉, 물리적·기술적 손실(간접침해)도 공익사업으로 인한 필연적인 손실이면 간접손실로 손실보상의 대상이 된다고 보아야 할 것이다. 예를 들면, 신설된 공항에서의 항공기소음으로 인한 피해가 수용의 목적인 공익사업의 정상적인 운영으로 인한 손실인 경우 이론상 간접손실로 볼 수도 있지만, 손해방지의무를 위반한 위법한 경우에는 손해배상의 문제로 보아야 한다. 그러나, 판례는 전술한 바와 같이 항공기 소음으로 인한 피해에 대해 영조물책임을 인정하고 있다.

공익사업으로 인한 손실 이외에 기타 적법한 공권력 행사에 의해 발생한 손실 중 의도되지는 않았으나 예견되는 손실, 예를 들면, 적법한 행정계획 또는 행정정책의 변경으로 인한 손실, 행정재산의 사용허가의 철회로 인한 손실도 간접손실 또는 간접침해에 포함시키는 견해가 있지만, 이는 일반 손실보상의 대상이 되는 손실로 보는 것이 타당하다.

학자에 따라서는 간접손실이라는 용어 대신 사업손실이라는 용어를 사용하는 경우가 있는데, 사업손실이라는 용어는 엄밀한 의미의 손실보상에서의 일실손실(영업손실)과 혼동을 일으킬 우려가 있으므로 사업손실이라는 용어보다는 간접손실이라는 용어를 사용하는 것이 좋다. 또한, 간접손실은 수용으로 인하여 사업시행지외의 토지소유자 등에게 직접 발생된 손실이므로 "간접손실"이라는 용어도 타당하지 않고, "사업시행지외손실"이라고 하는 것이 보다 타당하다.

종래에 손실보상은 공용침해로 인하여 직접 발생한 손실만을 대상으로 하는 것으로 이해되었고, 따라서 간접손실은 원칙상 손실보상의 대상이 되지 않는다고 보았다. 그러나, 간접손실도 공익사업이 원인이 되어 발생한 것이므로 손실보상의 개념에 포함되는 것으로 보아야 한다. 판례도 간접손실을 헌법 제23조 제3항에 규정한 손실보상의 대상이 된다고 보고 있다(대판 1999. 10. 08, 99다27231).

간접손실의 보상은 사업시행지 밖의 토지소유자가 입는 손실의 보상이므로 사업시행지 내의 토지소유자가 입는 부대적 손실의 보상과는 구별하여야 한다.

간접손실이 공익사업으로 인한 토지취득으로 인한 손실을 포함한다는 점에는 의견이 일치하고 있으나, 공익사업의 시행상 공사로 인한 손실 또는 공익사업 완성

후 시설의 운영으로 인한 손실도 포함하는지에 관하여는 견해가 나뉘고 있다.

2) 수용적 침해와의 관계

통상 수용적 침해(收用的 侵害)를 "적법한 행정작용의 결과 발생한 의도되지 않은 침해"라고 정의하는데, 수용적 침해와 간접손실의 관계가 문제된다. 간접손실을 공익사업으로 인하여 사업시행지 밖의 재산권자에게 필연적으로 가해지는 손실로 본다면 간접손실은 수용적 침해의 일부에 해당한다고 보는 것이 타당하다. 즉, 수용적 침해가 간접손실보다 넓은 개념이다. 수용적 침해는 간접손실뿐만 아니라 기타 적법한 행정작용의 결과 발생한 의도되지 않은 침해 전체를 의미한다.

3) 간접손실보상의 요건

간접손실보상이 인정되기 위하여는 간접손실이 발생하여야 하고, 당해 간접손실이 특별한 희생이 되어야 한다.

가. 간접손실의 존재 간접손실이 되기 위하여는 ① 공공사업의 시행으로 기업지 이외의 토지소유자(제3자)가 입은 손실이어야 하고, ② 그 손실이 공공사업의 시행으로 인하여 발생하리라는 것이 예견되어야 하고, ③ 그 손실의 범위가 구체적으로 특정될 수 있어야 한다(대판 1999. 12. 24, 98다57419, 57426 참조).

[판례] ① 공공사업시행지구 밖에 위치한 영업과 공작물 등에 대한 간접손실에 대하여도 일정한 조건하에서 이를 보상하도록 규정하고 있는 점에 비추어, 공공사업의 시행으로 인하여 그러한 손실이 발생하리라는 것을 쉽게 예견할 수 있고 그 손실의 범위도 구체적으로 이를 특정할 수 있는 경우라면 그 손실의 보상에 관하여 공공용지의 취득및 손실보상에 관한 특례법 시행규칙의 관련 규정 등을 유추적용할 수 있다고 해석함이 상당하다(대판 1999. 10. 08, 99다27231: 공유수면매립사업으로 인하여 수산업협동조합이 관계 법령에 의하여 대상지역에서의 독점적 지위가 부여되어 있던 위탁판매사업을 중단하게 된 경우, 그로 인한 위탁판매수수료 수입 상실에 대하여 공공용지의취득및손실보상에관한특례법시행규칙을 유추적용하여 손실보상을 하여야 한다고 한 사례).
② 판례는 농어촌진흥공사의 금강 하구둑공사로 부여에 있는 참게 축양업자[121]가 입은 손실[122]은 그 발생을 예견하기가 어렵고 그 손실의 범위도 쉽게 확정할 수 없으므로 간접손실로 보지 않았다(대판 1998. 01. 20, 95다29161). 〈해설〉 그러나, 당해 금강 하구둑공사로 참게의 산란장은 파괴되고, 참게 알의 부화에 악영향을 미쳐 금강 유역에서 참게가 거의 잡히지 않게 됨에 따라 금강 유역에서 참게를 잡던 어전(漁箭)어업 허가자와 어선어업자들이 폐업으로 말미암아 입은 손실은 간접손실로 보아야 한다.

---

121) 매년 8월경부터 10월경 사이에 어민들이 장항, 강경, 부여, 공주 등지의 금강 유역에서 채포(採捕)한 참게를 사들여 위 축양장에 넣고 사료를 공급하여 약 4개월 정도 길러서 그 해 10월 말부터 다음해 2월 사이에 서울, 충남, 충북 등지에 판매하는 참게 축양업을 하여 왔다.

122) 위와 같이 금강 유역 어민들이 참게를 더 이상 채포할 수 없게 되고 임진강을 제외한 전국의 다른 하천에서도 참게가 잘 잡히지 않게 되자 원고인 축양업자는 다른 곳에서 참게를 수집하여 축양하거나 다른 곳으로 이전하여 축양 어업을 계속하는 것이 심히 곤란하게 되었고 참게 축양장 시설도 쓸모 없게 되었다.

③ 관계 법령이 요구하는 허가나 신고없이 김양식장을 배후지로 하여 김종묘생산어업에 종사하던 자들의 간접손실에 대하여 그 손실의 예견가능성이 없고, 그 손실의 범위도 구체적으로 특정하기 어려워 공공용지의 취득 및 손실보상에 관한 특례법 시행규칙상의 손실보상에 관한 규정을 유추적용할 수 없다고 한 사례(대판 2002. 11. 26, 2001다44352).

간접손실은 **공익사업의 시행**으로 인하여 사업시행지밖에 발생한 손실을 말한다. 공익사업을 위한 토지의 수용으로 인하여 사업시행지밖에 발생한 손실이 간접손실에 해당한다는 점에 대해서는 이견이 없다. 그러나, 공익사업의 시행중 또는 공익사업의 시행 후 공익사업시설로 인한 손해를 간접손실로 볼 수 있는지에 대하여는 견해가 대립하고 있는데, **공익사업의 시행 결과, 즉 그 공익사업의 시행으로 설치되는 시설의 형태 · 구조 · 사용 등에 기인하여 발생하는 손실도 간접손실**로 본다.

또한, **판례는 손실보상과 손해배상**을 별개의 청구권으로 보면서 **경합하여 인정**되는 것으로 보는 입장을 취하고 있다. 다만 같은 내용의 손해에 관하여 양자의 청구권을 동시에 행사할 수 있다고 본다면 이중배상의 문제가 발생하므로, **어느 하나만을 선택적으로 행사**할 수 있을 뿐이고, 양자의 청구권을 동시에 행사할 수는 없다고 본다.

[판례] (1) 공익사업시행지구 밖 영업손실보상의 요건인 '공익사업의 시행으로 인한 그 밖의 부득이한 사유로 일정 기간 동안 휴업이 불가피한 경우'란 공익사업의 시행 또는 시행 당시 발생한 사유로 휴업이 불가피한 경우만을 의미하는 것이 아니라 **공익사업의 시행 결과, 즉 그 공익사업의 시행으로 설치되는 시설의 형태 · 구조 · 사용 등에 기인하여 휴업이 불가피한 경우도 포함된다.** (2) 피고(한국철도시설공단)가 이 사건 철도노선을 완공하여 개통한 후, 한국철도공사로 하여금 이 사건 노선에서 고속열차를 운행하도록 함으로써 발생한 소음 · 진동 · 전자파로 인하여 이 사건 잠업사에서 생산하는 누에씨의 품질저하, 위 누에씨를 공급받는 전라북도 농업기술원 종자사업소의 누에씨 수령 거부, 잠업농가의 누에씨 수령 거부 등의 피해가 발생하였다고 봄이 타당하므로, 호남고속철도 열차 운행으로 인한 소음 · 진동 · 전자파의 원인자인 피고(한국철도시설공단)가 위 소음 · 진동 · 전자파의 환경오염으로 인하여 원고에게 발생한 손해를 배상할 책임이 있다. (3) **토지보상법 제79조 제2항(그 밖의 토지에 관한 비용보상 등)에 따른 손실보상과 환경정책기본법 제44조 제1항(환경오염의 피해에 대한 무과실책임)에 따른 손해배상**은 그 근거 규정과 요건 · 효과를 달리 하는 것으로서, 각 요건이 충족되면 성립하는 **별개의 청구권**이다. 다만, 손실보상청구권에는 이미 '손해전보'라는 요소가 포함되어 있어 실질적으로 같은 내용의 손해에 관하여 양자의 청구권을 동시에 행사할 수 있다고 본다면 **이중배상의 문제가 발생하므로, 실질적으로 같은 내용의 손해에 관하여 양자의 청구권이 동시에 성립하더라도 영업자는 어느 하나만을 선택적으로 행사할 수 있을 뿐이고, 양자의 청구권을 동시에 행사할 수는 없다**고 봄이 타당하다. 또한 '해당 사업의 공사완료일로부터 1년'이라는 손실보상 청구기간(토지보상법 제79조 제5항, 제73조 제2항)이 도과하여 손실보상청구권을 더 이상 행사할 수 없는 경우에도 손해배상의 요건이 충족되는 이상 여전히 손해배상청구는 가능하다고 보아야 한다(대판 2019. 11. 28, 2018두227). **〈해설〉 공익사업인 고속철도 건설사업 시행 후의 고속철도 운행에 따른 소음, 진동 등으로 인하여 고속철도 인근에서 양잠업을 영위하던 원고**

에게 발생한 손실(환경침해로 인한 공익사업시행지구 밖의 영업손실)에 관하여 공익사업을 위한 토지 등의 취득 및 보상에 관한 법률(이하 '토지보상법'이라고 한다) 관련 규정(「공익사업을 위한 토지 등의 취득 및 보상에 관한 법률」(토지보상법) 제79조 제2항, 동법 시행규칙 제64조 제1항)에 따라 **손실보상청구를 할 수 있다.** 이에 관한 쟁송은 공법상 당사자소송 절차에 의하여야 한다. 손실보상의 주체는 사업시행자인 한국철도시설공단이지만, 손해배상의 피고는 한국철도시설공단과 고속철도사업자인 한국철도공사로 보는 것이 타당하다.

그러나, 법이론상 손실보상은 적법한 공용침해로 인한 손실의 보상을 의미하므로 손실보상이 인정되면 불법행위로 인한 손해배상은 인정되지 않는다고 보는 것이 타당하다(광주고법 2010. 12. 24, 2010나5624. 대법원 2011. 05. 23, 2011다9440 판결로 심리불속행 기각되어 확정됨).

다만, 보상이 인정되는 손실을 넘어 불법행위로 인한 손해가 발생한 경우에는 손해배상이 인정될 수 있다고 볼 수 있다. 또한, 법령상 손실보상이 인정됨에도 손실보상을 하지 않고 공익사업을 시행한 경우에는 후술하는 바(판례)와 같이 손해배상청구가 가능하다. 간접손실의 보상은 해당 사업의 공사완료일부터 1년이 지난 후에는 청구할 수 없으므로(제79조 제5항, 제73조 제2항) 이 청구기간이 지난 경우에는 손해배상만을 청구할 수 있다. 예를 들면, 원전의 일반적인 가동운영에 따른 온배수로 인한 손해는 원칙상 손해배상의 대상 아니고 손실보상의 대상이 된다고 보아야 한다. 그러나, 원전의 일반적인 가동운영에 따른 온배수로 인한 손해에 대해 손실보상이 행해지지 않은 경우에는 손해배상청구가 가능하다고 볼 수 있다.

[판례] [1] **원자력발전소 냉각수 순환시 발생되는 온배수의 배출이 환경오염에 해당하는지 여부(적극)**: 환경정책기본법 제3조 제4호는 "환경오염이라 함은 사업활동 기타 사람의 활동에 따라 발생되는 대기오염, 수질오염, 토양오염, 해양오염, 방사능오염, 소음·진동, 악취 등으로서 사람의 건강이나 환경에 피해를 주는 상태를 말한다."고 규정하고 있으므로, **원전냉각수순환시 발생되는 온배수의 배출**은 사람의 활동에 의하여 자연환경에 영향을 주는 수질오염 또는 해양오염으로서 **환경오염에 해당한다.** [2] **적법시설이나 공용시설로부터 발생하는 유해배출물로 인하여 손해가 발생한 경우, 그 위법성의 판단 기준**: 불법행위 성립요건으로서의 위법성은 관련 행위 전체를 일체로만 판단하여 결정하여야 하는 것은 아니고, 문제가 되는 행위마다 개별적·상대적으로 판단하여야 할 것이므로 어느 시설을 적법하게 가동하거나 공용에 제공하는 경우에도 그로부터 발생하는 유해배출물로 인하여 제3자가 손해를 입은 경우에는 그 위법성을 별도로 판단하여야 하고, 이러한 경우의 판단 기준은 **그 유해의 정도가 사회생활상 통상의 수인한도를 넘는 것인지 여부**이다. [3] 양식장 운영자가 원자력발전소의 온배수를 이용하기 위하여 온배수 영향권 내에 육상수조식양식장을 설치하였는데 원자력발전소에서 배출된 온배수가 이상고온으로 평소보다 온도가 높아진 상태에서 자연해수와 혼합되어 위 양식장의 어류가 집단 폐사한 경우, **원자력발전소 운영자의 과실에 비하여 양식장 운영자의 과실이 훨씬 중대하다고 판단한 사례**(대판 2003. 06. 27, 2001다734).

공익사업이 종료한 후에 손실보상에 관한 합의가 있으면 이 보상합의는 사법상 계약으로 볼 수 있고, 보상합의금을 지급하지 않는 경우에는 민사소송으로 보상합의금(약정금)청구를 할 수 있다.

나. 특별희생의 발생 간접손실이 손실보상의 대상이 되기 위하여는 당해 간접손실이 특별한 희생에 해당하여야 한다. 간접손실이 재산권에 내재하는 사회적 제약에 속하는 경우에는 보상의 대상이 되지 않는다.

4) 간접손실의 종류

가. 가격하락의 보상 토지수용으로 인한 잔여지등 가격감소를 간접손실로 보는 견해가 다수견해이나, 부수적 손실로 보는 것이 타당하다.

나. 초래비용보상(招來費用補償)

(가) 잔여지공사비보상 토지수용으로 인한 잔여지 공사비용을 간접손실로 보는 견해가 다수견해이나, 부수적 손실로 보는 것이 타당하다.

(나) 지하사용에 따른 설계변경비용 및 추가공사비보상 도시철도시설물의 설치로 인한 지하공간의 영구사용으로 인한 신축계획건물에 대한 변경설계비와 추가공사비에 대해 원심은 보상의 대상으로 보았지만, 대법원은 지하부분의 사용에 따른 통상의 손실로 보지 않고, 손실보상의 대상으로 보지 않았다(대판 2000. 11. 28, 98두18473). 이에 대하여 신축계획단계를 지나서 건축공사를 착공하여 시행하던 중에 지하철건설 등 지하사용으로 인하여 설계변경과 추가공사가 불가피하게 된 경우에는 그 설계변경비와 추가공사비는 지하사용으로 통상 발생하는 손실에 해당한다고 보거나 헌법 제23조 제3항 등과 관련규정을 유추적용하여 손실보상의 대상으로 삼을 여지도 있다는 견해가 있다.[123]

다. 영업등손실보상 토지취득보상법 시행규칙은 간접손실보상으로 영업손실보상(제64조), 농업손실보상(제59조, 제65조), 어업피해보상(제63조)을 규정하고 있다. 간접손실인 영업손실 등은 직접손실인 영업손실 등과 구별되어야 한다.

라. 환경침해보상 공익사업을 위한 공사 중의 소음·진동, 완성된 시설에 의한 소음, 일조침해, 전파장애, 대기오염 등을 간접손실 또는 간접침해로 보고 이를 손실보상의 대상으로 보는 견해도 있으나 이를 손해배상의 문제로 보는 견해도 있다.

판례는 공공시설로부터의 공해로 인한 손해를 손해배상의 대상으로 본다. **다만,** 공익사업인 고속철도 건설사업 시행 후의 고속철도 운행에 따른 소음, 진동 등으로 인하여 고속철도 인근에서 양잠업을 영위하던 원고에게 발생한 손실에 관하여 공익사업을 위한 토지 등의 취득 및 보상에 관한 법률 시행규칙 제64조 제1항에 따라 손실보상청구를 할 수 있다고 한 사례(대판 2019. 11. 28, 2018두227)가 있다.

---

123) 이홍훈, "공용지하사용과 간접손실보상,"『행정판례연구 Ⅷ』, 2003. 12, 249~250면.

[판례] ① 판례는 적법시설이나 공용시설로부터 발생하는 유해배출물로 인하여 손해가 발생한 경우, 그 위법성의 판단 기준에 관하여 "불법행위 성립요건으로서의 위법성은 관련 행위 전체를 일체로만 판단하여 결정하여야 하는 것은 아니고, 문제가 되는 행위마다 개별적·상대적으로 판단하여야 할 것이므로 어느 시설을 적법하게 가동하거나 공용에 제공하는 경우에도 그로부터 발생하는 유해배출물로 인하여 제3자가 손해를 입은 경우에는 그 위법성을 별도로 판단하여야 하고, 이러한 경우의 판단 기준은 그 유해의 정도가 사회생활상 통상의 수인한도를 넘는 것인지 여부이다"라고 판시하고 있다(대판 2003. 06. 27, 2001다734).
② 판례는 공사 후의 공공시설로부터의 공해로 인한 손해가 통상의 수인한도를 넘는 경우 당해 공공시설이 공물이 아닌 경우에는 민법상 불법행위책임을 인정하고(대판 2003. 06. 27, 2001다734: 원자력발전소에서의 온배수 배출행위와 해수온도의 상승이라는 자연력이 복합적으로 작용하여 온배수 배출구 인근 양식장의 어류가 집단폐사한 것에 대해 민법상 손해배상책임을 인정한 사례; 2001. 02. 09, 99다55434: 고속도로의 확장으로 인하여 소음·진동이 증가하여 인근 양돈업자가 양돈업을 폐업하게 된 사안에서, 양돈업에 대한 침해의 정도가 사회통념상 일반적으로 수인할 정도를 넘어선 것으로 보아 한국도로공사의 손해배상책임을 인정한 사례), 당해 공공시설이 공물이며 배상주체가 국가 또는 지방자치단체이면 국가배상법 제5조의 영조물의 설치·관리상 하자로 인한 배상책임을 인정하고 있다. 그리고, 민법상 불법행위책임을 인정함에 있어서 환경정책기본법 제31조 제1항을 적용하여 무과실책임을 인정하고 있다.

간접침해를 손실보상에 포함시키는 견해는 그 논거로 간접침해에 대하여 피해 발생 전에 손해전보가 이루어지도록 하여 원활한 공익사업의 시행과 효율적인 권리구제를 가능하게 할 수 있다는 점을 들고 있지만,[124] 이는 전술한 바와 같이 손해배상과 손실보상의 구별기준에 비추어 타당하지 않고, 또한 간접침해의 발생이 예견되지 않는 경우도 있고, 예견된다고 하여도 그 손해의 정도를 미리 산정하는 것은 통상 어려운 것이므로 사전에 보상하는 데에는 어려움이 있을 것이다.

마. 생활침해보상 토지취득보상법 시행규칙은 교통두절(제59조), 소수잔존자보상(제61조), 고립건축물보상(제60조)을 규정하고 있다.

5) 간접손실보상의 근거

가. 헌법적 근거 간접손실보상이 헌법 제23조 제3항의 손실보상에 포함되는지가 문제된다.

판례는 간접손실을 헌법 제23조 제3항에서 규정한 손실보상의 대상이 된다고 보고 있다.

[판례] 수산업협동조합이 수산물 위탁판매장을 운영하면서 위탁판매 수수료를 지급받아 왔고, 그 운영에 대하여는 구 수산자원보호령(1991. 3. 28. 대통령령 제13333호로 개정되기 전의 것) 제21조 제1항에 의하여 그 대상지역에서의 독점적 지위가 부여되어 있었는데, 공유수면매립사업의 시행

124) 김영조, "공익사업에 따른 간접침해 보상의 범위와 한계에 관한 연구 요약," 『보상법연구회 발표논문』, 5면.

으로 그 사업대상지역에서 어업활동을 하던 조합원들의 조업이 불가능하게 되어 일부 위탁판매장에서의 위탁판매사업을 중단하게 된 경우, 그로 인해 **수산업협동조합이 상실하게 된 위탁판매수수료 수입은** 사업시행자의 매립사업으로 인한 직접적인 영업손실이 아니고 **간접적인 영업손실**이라고 하더라도 피침해자인 수산업협동조합이 공공의 이익을 위하여 당연히 수인하여야 할 재산권에 대한 제한의 범위를 넘어 수산업협동조합의 위탁판매사업으로 얻고 있는 영업상의 재산이익을 본질적으로 침해하는 특별한 희생에 해당하고, 사업시행자는 공유수면매립면허 고시 당시 그 매립사업으로 인하여 위와 같은 영업손실이 발생한다는 것을 상당히 확실하게 예측할 수 있었고 그 손실의 범위도 구체적으로 확정할 수 있으므로, **위 위탁판매수수료 수입손실은 헌법 제23조 제3항에 규정한 손실보상의 대상이 되고,** 그 손실에 관하여 구 공유수면매립법(1997. 4. 10. 법률 제5335호로 개정되기 전의 것) 또는 그 밖의 법령에 직접적인 보상규정이 없더라도 공공용지의 취득 및 손실보상에 관한 특례법 시행규칙상의 각 규정을 유추적용하여 그에 관한 보상을 인정하는 것이 타당하다(대판 1999. 10. 08, 99다27231).

생각건대, 간접손실도 적법한 공용침해로 인하여 예견되는 통상의 손실이고, 헌법 제23조 제3항을 손실보상에 관한 일반적 규정으로 보는 것이 타당하므로 간접손실보상을 헌법 제23조 제3항의 손실보상에 포함시키는 것이 타당하다.

나. 법률적 근거 토지취득보상법 제79조 제2항은 "공익사업이 시행되는 지역 밖에 있는 토지 등이 공익사업의 시행으로 인하여 본래의 기능을 다할 수 없게 되는 경우에는 국토교통부령으로 정하는 바에 따라 그 손실을 보상하여야 한다"라고 간접손실보상의 원칙을 규정하며 간접손실보상의 기준, 내용 및 절차 등을 국토교통부령에 위임하고 있다. 이에 따라 동법 시행규칙은 제59조 이하에서 간접보상을 유형화하여 열거·규정하고 있다. 공익사업시행지구 밖의 대지 등에 대한 보상(동법 시행규칙 제59조), 공익사업시행지구 밖의 건축물에 대한 보상(제60조), 소수잔존자에 대한 보상(제61조), 공익사업시행지구 밖의 공작물 등에 대한 보상(제62조), 공익사업시행지구 밖의 어업의 피해에 대한 보상(제63조), 공익사업시행지구 밖의 영업손실에 대한 보상(제64조), 공익사업시행지구 밖의 농업의 손실에 대한 보상(제65조)이 그것이다.

또한, 토지취득보상법 제79조 제1항은 간접손실인 공사비용의 보상을 규정하고 있다.

제1항 본문 및 제2항에 따른 비용 또는 손실의 보상은 해당 사업의 공사완료일부터 1년이 지난 후에는 청구할 수 없다(제79조 제5항, 제73조 제2항).

6) 토지취득보상법령상의 간접손실보상의 내용과 문제점

토지취득보상법 제79조 제1항은 간접손실인 공사비용의 보상을 규정하고 있다. 그리고, 토지취득보상법 시행규칙은 제59조 이하에서 다음과 같이 공익사업지구 밖의 토지 등에 대한 간접손실보상을 규정하고 있다.

가. 간접손실인 공사비의 보상 사업시행자는 공익사업의 시행으로 인하여

취득 또는 사용하는 토지(잔여지를 포함한다) 외의 토지에 통로·도랑·담장 등의 신설 그 밖의 공사가 필요한 때에는 그 비용의 전부 또는 일부를 보상하여야 한다. 다만, 해당 토지에 대한 공사의 비용이 그 토지의 가격보다 큰 경우에는 사업시행자는 그 토지를 매수할 수 있다(토지취득보상법 제79조 제1항).

나. 공익사업시행지구 밖의 대지 등에 대한 보상 공익사업시행지구 밖의 대지(조성된 대지를 말한다), 건축물, 분묘 또는 농지(계획조성된 유실수단지 및 죽림단지를 포함한다)가 공익사업의 시행으로 인하여 산지나 하천 등에 둘러싸여 교통이 두절되거나 경작이 불가능하게 된 경우에는 그 소유자의 청구에 의하여 이를 공익사업시행지구에 편입되는 것으로 보아 보상하여야 한다. 다만, 그 보상비가 도로 또는 도선시설의 설치비용을 초과하는 경우에는 도로 또는 도선시설을 설치함으로써 보상에 갈음할 수 있다(동법 시행규칙 제59조).

그런데, 동규정은 “교통이 두절되거나 경작이 불가능하게 된 경우”에 한하여 간접손실보상을 규정하고 있지만, 교통에 심히 장애가 생기거나 경작이 불가능하지는 않지만, 상당한 정도로 장애를 받아 특별한 희생이라고 볼 수 있는 경우에도 보상을 해주는 것이 타당하다.

다. 공익사업시행지구 밖의 건축물에 대한 보상 소유농지의 대부분이 공익사업시행지구에 편입됨으로써 건축물(건축물의 대지 및 잔여농지를 포함한다)만이 공익사업시행지구 밖에 남게 되는 경우로서 그 건축물의 매매가 불가능하고 이주가 부득이한 경우에는 그 소유자의 청구에 의하여 이를 공익사업시행지구에 편입되는 것으로 보아 보상하여야 한다(제60조).

동규정은 “건축물의 매매가 불가능하고 이주가 부득이한 경우”에 한하여 간접보상을 인정하고 있지만, 이주가 부득이 하지는 않지만 생활에 상당한 불편이 있고 건축물의 가격이 상당히 하락하여 특별한 희생이라고 볼 수 있는 경우에도 보상을 해주는 것이 타당하다.

라. 소수잔존자에 대한 보상 소수잔존자보상(小數殘存者補償)이란 공공사업의 시행으로 인하여 동일한 마을 내의 대부분의 토지·건물이 수용됨으로써 그곳에 잔존하게 된 소수자가 생활환경상 불편을 겪게 된 경우에 그에 대하여 행해지는 보상을 말한다.

토지취득보상법 시행규칙은 공익사업의 시행으로 인하여 1개 부락의 주거용 건축물이 대부분 공익사업시행지구에 편입됨으로써 잔여 주거용 건축물 거주자의 생활환경이 현저히 불편하게 되어 이주가 부득이한 경우에는 당해 건축물 소유자의 청구에 의하여 그 소유자의 토지 등을 공익사업시행지구에 편입되는 것으로 보아 보상하여야 한다라고 규정하고 있다(제61조).

그러나, 이 이외에도 잔존자가 잔존을 희망하는 경우 생활상의 불편이 특별한 희생에 해당한다고 여겨지는 모든 경우에 그에 상응하는 보상이 행해져야 한다.

마. 공익사업시행지구 밖의 공작물 등에 대한 보상 공익사업시행지구 밖에 있는 공작물(工作物) 등이 공익사업의 시행으로 인하여 그 본래의 기능을 다할 수 없게 되는 경우에는 그 소유자의 청구에 의하여 이를 공익사업시행지구에 편입되는 것으로 보아 보상하여야 한다(제62조).

바. 공익사업시행지구 밖의 어업의 피해에 대한 보상 공익사업의 시행으로 인하여 당해 공익사업시행지구 인근에 있는 어업(漁業)에 피해가 발생한 경우 사업시행자는 실제 피해액을 확인할 수 있는 때에 그 피해에 대하여 보상하여야 한다. 이 경우 실제 피해액은 감소된 어획량 및 수산업법 시행령 [별표 4]의 평년수익액 등을 참작하여 평가한다(제63조 제1항).

제1항에 따른 보상액은『수산업법 시행령』별표 4에 따른 어업권·허가어업 또는 신고어업이 취소되거나 어업면허의 유효기간이 연장되지 아니하는 경우의 보상액을 초과하지 못한다(동조 제2항). 사업인정고시일 등 이후에 어업권의 면허를 받은 자 또는 어업의 허가를 받거나 신고를 한 자에 대하여는 제1항 및 제2항을 적용하지 아니한다(동조 제3항).

어업피해에 대한 간접손실보상의 특징은 공익사업 자체로 인하여 필연적으로 초래되는 어업손실 이외에도 공익사업의 시행으로 인하여 우연히 발생하는 피해, 즉 이론상 손해배상의 대상으로 보아야 하는 피해도 간접손실보상의 대상으로 하고 있다는 점이다.

사. 공익사업시행지구 밖의 영업손실에 대한 보상 공익사업시행지구 밖에서 토지취득보상법 시행규칙 제45조의 규정에 따른 영업손실(營業損失)의 보상대상이 되는 영업을 하고 있는 자가 공익사업의 시행으로 인하여 배후지의 3분의 2 이상이 상실되어 그 장소에서 영업을 계속할 수 없는 경우 및 진출입로의 단절, 그 밖의 부득이한 사유로 인하여 일정한 기간 동안 휴업하는 것이 불가피한 경우에는 그 영업자의 청구에 의하여 그 영업을 공익사업시행지구에 편입되는 것으로 보아 보상하여야 한다(제64조 제1항). 이 경우 폐업 또는 휴업에 따른 보상을 행한다. 제1항에 불구하고 사업시행자는 영업자가 보상을 받은 이후에 그 영업장소에서 영업이익을 보상받은 기간 이내에 동일한 영업을 하는 경우에는 실제 휴업기간에 대한 보상금을 제외한 영업손실에 대한 보상금을 환수하여야 한다(동조 제2항).

[판례] 공익사업시행지구 밖 영업손실보상의 특성: 공익사업시행지구 밖의 영업손실은 공익사업의

시행과 동시에 발생하는 경우도 있지만, 공익사업에 따른 공공시설의 설치공사 또는 설치된 공공시설의 가동 · 운영으로 발생하는 경우도 있어 그 발생원인과 발생시점이 다양하므로, 공익사업시행지구 밖의 영업자가 발생한 영업상 손실의 내용을 구체적으로 특정하여 주장하지 않으면 사업시행자로서는 영업손실보상금 지급의무의 존부와 범위를 구체적으로 알기 어려운 특성이 있다(대판 2019. 11. 28, 2018두227).

공익사업시행지구 밖 영업손실보상의 요건인 '공익사업의 시행으로 인한 그 밖의 부득이한 사유로 일정 기간 동안 휴업이 불가피한 경우'란 공익사업의 시행 또는 시행 당시 발생한 사유로 휴업이 불가피한 경우만을 의미하는 것이 아니라 공익사업의 시행 결과, 즉 그 공익사업의 시행으로 설치되는 시설의 형태 · 구조 · 사용 등에 기인하여 휴업이 불가피한 경우도 포함된다(대판 2019. 11. 28, 2018두227).

[판례] [환경침해로 인한 보상금 등 청구 사건] 공익사업인 고속철도 건설사업 시행 후의 고속철도 운행에 따른 소음, 진동 등으로 인하여 고속철도 인근에서 양잠업을 영위하던 원고에게 발생한 손실에 관하여 공익사업을 위한 토지 등의 취득 및 보상에 관한 법률(이하 '토지보상법'이라고 한다) 관련 규정에 따라 손실보상청구를 할 수 있는지 여부(적극): (1) 공익사업시행지구 밖 영업손실보상의 특성과 헌법이 정한 '정당한 보상의 원칙'에 비추어 보면, 공익사업시행지구 밖 영업손실보상의 요건인 '공익사업의 시행으로 인한 그 밖의 부득이한 사유로 일정 기간 동안 휴업이 불가피한 경우'란 공익사업의 시행 또는 시행 당시 발생한 사유로 휴업이 불가피한 경우만을 의미하는 것이 아니라 공익사업의 시행 결과, 즉 그 공익사업의 시행으로 설치되는 시설의 형태 · 구조 · 사용 등에 기인하여 휴업이 불가피한 경우도 포함된다고 해석함이 타당하다. (2) 토지보상법상 공익사업시행지구 밖 영업손실보상대상에 공익사업의 시행으로 설치되는 시설의 형태 · 구조 · 사용 등에 기인하여 발생한 손실도 포함된다고 판단하고, 이를 토대로 원고가 주장하는 토지보상법상 손실보상청구권이 성립하였고 그에 관한 쟁송이 공법상 당사자소송 절차에 의하여야 한다고 본 원심의 결론을 수긍하여 상고기각한 사례(대판 2019. 11. 28, 2018두227).

'배후지'란 '당해 영업의 고객이 소재하는 지역'을 의미한다(대판 2013. 06. 14, 2010다9658).

[판례] 구 공공용지의 취득 및 손실보상에 관한 특례법 시행규칙 제23조의5에서의 '배후지'란 '당해 영업의 고객이 소재하는 지역'을 의미한다고 풀이되고, 공공사업 시행지구 밖에서 영업을 영위하여 오던 사업자에게 공공사업의 시행 후에도 당해 영업의 고객이 소재하는 지역이 그대로 남아 있는 상태에서 그 고객이 공공사업의 시행으로 설치된 시설 등을 이용하고 사업자가 제공하는 시설이나 용역 등은 이용하지 않게 되었다는 사정은 여기서 말하는 '배후지의 상실'에 해당한다고 볼 수 없다(대판 2013. 06. 14, 2010다9658).

그러나, 공익사업의 시행으로 인하여 배후지의 3분의 2 미만이 상실된 경우에도 당해 장소에서 종전의 영업을 계속할 수 없는 경우가 있을 수 있고, 배후지의 3분의 2 미만이 상실된 경우에도 당해 장소에서 종전의 영업을 계속할 수 있지만 영업이 축소될 수 있는데 이 경우의 영업손실은 토지취득보상법 시행규칙 제64조에 의해 보상되지 않는 문제가 있다.

아. 공익사업시행지구 밖의 농업의 손실에 대한 보상 경작하고 있는 농지의 3분의 2 이상에 해당하는 면적이 공익사업시행지구에 편입됨으로 인하여 당해 지역(영 제26조 제1항 각 호의 1의 지역을 말한다)에서 영농을 계속할 수 없게 된 농민에 대하여는 공익사업시행지구 밖에서 그가 경작하고 있는 농지에 대하여도 제48조 제1항 내지 제3항 및 제4항 제2호의 규정에 의한 영농손실액을 보상하여야 한다(제65조).

그러나, 영농을 계속할 수는 있지만, 수입이 상당히 감소하는 경우에도 손실보상을 해주어야 하는 것이 타당하다.

자. 차액보상의 불인정 토지취득보상법 시행규칙 제59조, 제60조, 제61조, 제62조는 해당 간접손실을 보상함에 있어 "소유자의 청구에 의하여 이를 공익사업시행지구안에 편입되는 것으로 보아 보상한다"라고 규정하고 있다. 이 규정에 의하면 매수보상만을 인정하고, 차액보상을 인정하지 않게 되는 문제가 있다. 간접손실을 받은 자가 차액보상만을 원하는 경우에도 이것이 가능하지 않고, 매수보상을 받거나 아니면 보상을 포기하여야 하는 결과가 된다.

7) 보상청구절차 및 방법

사업시행자는 제79조 제2항에 따른 보상이 필요하다고 인정하는 경우에는 제15조에 따라 보상계획을 공고하는 때에 보상을 청구할 수 있다는 내용을 포함하여 공고하거나 대통령령으로 정하는 바에 따라 제2항에 따른 보상에 관한 계획을 공고하여야 한다(법 제79조 제3항).

간접손실의 보상은 해당 사업의 공사완료일부터 1년이 지난 후에는 청구할 수 없다(제79조 제5항, 제73조 제2항). 이 청구기간이 지난 경우에는 전술한 바와 같이 손해배상을 청구할 수 있다.

제1항 단서에 따라 취득하는 토지에 대한 구체적인 보상액 산정 및 평가방법 등에 대하여는 제70조·제75조·제76조·제77조·제78조 제4항부터 제6항까지의 규정을 준용한다(법 제79조 제7항).

제79조 제1항 및 제2항에 따른 손실 또는 비용이나 토지의 취득에 대한 보상은 사업시행자와 손실을 입은 자가 협의하여 결정한다(법 제80조 제1항).

제1항의 규정에 의한 협의가 성립되지 아니한 때에는 사업시행자 또는 손실을 입은 자는 대통령령이 정하는 바에 따라 관할 토지수용위원회에 재결을 신청할 수 있다(법 제80조 제2항).

8) 불복방법

간접손실의 보상은 토지수용위원회의 재결에 의해 결정되고(법 제80조 제2항), 사업시행지구 밖의 토지 등을 공익사업시행지구에 편입된 것으로 보고 보상한다고 규정하고 있으므로 간접손실보상의 가부와 보상액에 관한 다툼은 명시적 규정은 없지만, 토지취득보상법상의 이의신청 또는 행정소송으로 하여야 하는 것으로 보아야 한다(법 제83조, 제85조).

9) 보상규정의 흠결과 권리구제

가. 보상규정의 흠결 토지취득보상법 시행규칙에 정해진 간접손실보상 이외에도 보상규정이 없는 간접손실이 존재한다는 것은 전술한 바와 같다.

나. 보상규정이 결여된 간접손실의 보상근거 보상규정이 없는 간접손실의 보상 여부 및 보상근거가 없는 간접손실의 보상근거에 관하여 다음과 같이 견해가 대립하고 있다.

(가) 보상부정설 토지취득보상법 시행규칙 제59조 이하의 간접보상규정을 한정적 열거규정으로 보고, 동규정에 의해 간접보상의 문제가 전부 해결된 것으로 보며 동규정에서 규정하지 않은 간접손실은 보상의 대상이 되지 않는다고 보는 견해이다.

이 견해에 대하여는 동법 시행규칙의 간접손실에 대한 보상규정이 간접보상을 망라하고 있다고 볼 수는 없고, 간접손실을 보상하지 않는 것은 재산권 보장규정과 평등원칙에 반하여 위헌이라는 비판이 가능하다.

(나) 유추적용설 구법하에서 대법원은 간접손실에 대한 보상규정이 없는 경우 기존의 공공용지의 취득 및 손실보상에 관한 특례법상의 보상규정을 유추적용하여 보상할 수 있다고 보았다. 즉, 공공사업의 시행 결과 공공사업의 기업지 밖에서 발생한 간접손실에 대하여 사업시행자와 협의가 이루어지지 아니하고, 그 보상에 관한 명문의 법령이 없는 경우, 피해자는 공공용지의 취득 및 손실보상에 관한 특례법 시행규칙상의 손실보상에 관한 규정을 유추적용하여 사업시행자에게 보상을 청구할 수 있다고 보았다.

[판례] ① 공공사업의 시행 결과 그 공공사업의 시행이 기업지 밖에 미치는 **간접손실에 관하여** 그 피해자와 사업시행자 사이에 협의가 이루어지지 아니하고 **그 보상에 관한 명문의 근거 법령이 없는 경우라고 하더라도,** 공공사업의 시행으로 인하여 그러한 손실이 발생하리라는 것을 쉽게 예견할 수 있고 그 손실의 범위도 구체적으로 이를 특정할 수 있는 경우라면 **그 손실의 보상에 관하여 공공용지의 취득 및 손실보상에 관한 특례법 시행규칙의 관련 규정 등을 유추적용할 수 있다**고 해석함이 상당하다(대판 1999. 10. 08, 99다27231: 공유수면매립사업으로 인하여 수산업협동조합이 관계 법령에 의하여 대상지역에서의 독점적 지위가 부여되어 있던 위탁판매사업을 중단하게 된 경우, 그로 인한 위탁판매수수료 수입 상실에 대하여 공공용지의취득및손실보상에관한특례법시행규칙을 유추적용하

여 손실보상을 하여야 한다고 한 사례).

② **어업허가**는 일정한 종류의 어업을 일반적으로 금지하였다가 일정한 경우 이를 해제하여 주는 것으로서 어업면허에 의하여 취득하게 되는 **어업권과는 그 성질이 다른 것이기는 하나**, 어업허가를 받은 자가 그 허가에 따라 해당 어업을 함으로써 재산적인 이익을 얻는 면에서 보면 **어업허가를 받은 자의 해당 어업을 할 수 있는 지위는 재산권으로 보호받을 가치가 있고**, 수산업법이 1990. 8. 1. 개정되기 이전까지는 어업허가의 취소·제한·정지 등의 경우에 이를 보상하는 규정을 두고 있지 않았지만, 1988. 4. 25. 공공용지의 취득 및 손실보상에 관한 특례법 시행규칙이 개정되면서 그 제25조의2에 허가어업의 폐지·휴업 또는 피해에 대한 손실의 평가규정이 마련되었고, 공공필요에 의한 재산권의 수용·사용 또는 제한 및 그에 관한 보상은 법률로써 하되 정당한 보상을 지급하여야 한다는 헌법 제23조 제3항, 면허어업권자 내지는 입어자에 관한 손실보상을 규정한 구 공유수면매립법(1999. 2. 8. 법률 제5911호로 전문 개정되기 전의 것) 제16조, 공공사업을 위한 토지 등의 취득 또는 사용으로 인하여 토지 등의 소유자가 입은 손실은 사업시행자가 이를 보상하여야 한다는 공공용지의 취득 및 손실보상에 관한 특례법 제3조 제1항의 각 규정 취지를 종합하여 보면, **적법한 어업허가를 받고 허가어업에 종사하던 중 공유수면매립사업의 시행으로 피해를 입게 되는 어민들이 있는 경우 그 공유수면매립사업의 시행자로서는 위 구 공공용지의취득및손실보상에 관한특례법시행규칙**(1991. 10. 28. 건설부령 제493호로 개정되기 전의 것) **제25조의2의 규정을 유추적용하여 위와 같은 어민들에게 손실보상을 하여 줄 의무가 있다**(대판 1999. 11. 23, 98다11529).

현행법하에서도 보상규정이 결여된 간접손실에 대하여 헌법 제23조 제3항 및 토지취득보상법령상의 간접손실보상에 관한 규정을 유추적용하여 그 손실보상을 청구할 수 있다고 볼 수 있다.

(다) 헌법 제23조 제3항의 직접적용설 손실보상에 관하여 헌법 제23조 제3항의 직접효력을 인정하고, 간접손실도 제23조 제3항의 손실보상의 범위에 포함된다고 본다면 보상규정이 없는 간접손실에 대하여는 헌법 제23조 제3항에 근거하여 보상청구권이 인정된다고 볼 수 있다.

(라) 평등원칙 및 재산권보장규정근거설 공적 부담 앞의 평등원칙 및 재산권 보장규정이 손실보상의 직접적 근거가 될 수 있다면 간접손실도 헌법상 평등원칙 및 재산권 보장규정에 근거하여 보상해 주어야 한다. 간접손실도 공익사업이 직접 원인이 되어 발생한 손실이라고 볼 수 있으므로 직접손실과 달리 볼 이유는 없다.

(마) 수용적 침해이론 간접손실을 수용적 침해로 보고 독일법상의 수용적 침해이론을 적용하여 구제해 주어야 한다는 견해이다. 그러나, 독일법상의 수용적 침해이론은 독일 관습법상의 희생보상청구권에 근거하는 것인데, 우리나라에는 그러한 관습상 권리가 존재하지 아니하므로 독일법상의 수용적 침해이론을 간접손실에 대한 손실보상의 법적 근거로 볼 수는 없다.

또한, 우리나라의 실정법은 독일과 달리 간접손실보상을 인정하고 있으므로 간접손실을 인정하지 않고 수용적 침해로 보는 것은 타당하지 않다.

(바) 손해배상설 간접손실에 대하여 명문의 보상규정이 없는 경우에는 손해배상을 청구하여야 한다는 견해이다.

그러나, 간접손실은 위법한 손해가 아니고, 만일 보상규정을 두지 않고 간접손실을 야기한 것이 위법이라고 하더라도 과실을 인정하기 어려워 손해배상을 인정하기 어렵다는 문제가 있다.

(사) 행정입법부작위위헌설 토지보상법 제79조 제2항은 간접손실 보상의 원칙을 규정하면서 간접손실 보상의 기준 및 내용을 국토교통부령에 위임하고 있으므로 토지보상법 시행규칙에서 간접손실 보상을 규정하여야 할 행정입법의무가 있고, 간접손실 보상을 규정하고 있지 않는 것은 위법한 행정입법부작위에 해당하고, 이에 대해 행정입법부작위 위법의 확인을 구하는 헌법소원을 제기할 수 있다는 견해이다.

(아) 판 례 판례는 구 토지수용법하에서 간접손실을 헌법 제23조 제3항에 규정한 손실보상의 대상이 된다고 보고, 공공용지의 취득 및 손실보상에 관한 특례법 시행규칙상의 각 간접손실보상규정을 유추적용하여 그에 관한 보상을 인정하는 것이 타당하다고 보았다. 이 견해의 문제점은 유추적용할 간접손실보상규정이 없는 경우 간접손실보상이 인정될 수 없다는 점이다.

[판례] ① 간접손실(위탁판매수수료 수입손실)은 헌법 제23조 제3항에 규정한 손실보상의 대상이 되고, 그 손실에 관하여 구 공유수면매립법 또는 그 밖의 법령에 직접적인 보상규정이 없더라도 공공용지의 취득 및 손실보상에 관한 특례법 시행규칙상의 각 규정을 유추적용하여 그에 관한 보상을 인정하는 것이 타당하다(대판 1999. 10. 08, 99다27231).
② [1] 면허를 받아 도선사업을 영위하던 甲 농협협동조합이 연륙교 건설 때문에 항로권을 상실하였다며 연륙교 건설사업을 시행한 지방자치단체를 상대로 구 공공용지의 취득 및 손실보상에 관한 특례법 시행규칙(2002. 12. 31. 건설교통부령 제344호 공익사업을 위한 토지 등의 취득 및 보상에 관한 법률 시행규칙 부칙 제2조로 폐지) 제23조, 제23조의6 등을 유추적용하여 손실보상할 것을 구한 사안에서, 항로권은 구 공공용지의 취득 및 손실보상에 관한 특례법(2002. 2. 4. 법률 제6656호 공익사업을 위한 토지 등의 취득 및 보상에 관한 법률 부칙 제2조로 폐지) 등 관계 법령에서 간접손실의 대상으로 규정하고 있지 않고, **항로권의 간접손실에 대해 유추적용할 만한 규정도 찾아볼 수 없으므로**, 위 항로권은 도선사업의 영업권 범위에 포함하여 손실보상 여부를 논할 수 있을 뿐 이를 손실보상의 대상이 되는 별도의 권리라고 할 수 없다고 한 사례(대판 2013. 06. 14, 2010다9658).
〈해설〉 실정법령 유추적용설을 취한 판례이다.

그리고, 신설된 공항에서의 항공기소음으로 인한 피해 등 수용의 목적인 공익사업의 정상적인 운영으로 인한 간접손실은 간접손실보상의 대상이 되는데, 전술한 바와 같이 대법원은 영조물의 설치·관리의 하자로 인한 손해배상의 대상도 된다고 보고 있다.

판례에 따르면 관련 규정 등을 유추적용하여 보상할 수 있는 간접손실에 대한 보상청구권은 공법상의 권리가 아니라 사법상의 권리이고, 그 보상을 청구하려는 자는 사업시행자가 보상청구를 거부하거나 보상금액을 결정한 경우라도 이에 대하여 행정소송을 제기할 것이 아니라, 사업시행자를 상대로 민사소송으로 직접 손실보상금 지급청구를 하여야 한다(대판 1999. 06. 11, 97다56150 등).

[판례] (1) **공공용지의취득및손실보상에관한특례법시행규칙의 관련 규정 등을 유추적용하여 보상할 수 있는 간접손실은** 사법상의 권리인 영업권 등에 대한 손실을 본질적 내용으로 하고 있는 것으로서 그 보상청구권은 공법상의 권리가 아니라 **사법상의 권리**이고, 그 보상금의 결정 방법, 불복절차 등에 관하여 아무런 규정도 마련되어 있지 아니하므로, 그 보상을 청구하려는 자는 사업시행자가 보상청구를 거부하거나 보상금액을 결정한 경우라도 이에 대하여 행정소송을 제기할 것이 아니라, 사업시행자를 상대로 **민사소송으로 직접 손실보상금 지급청구를 하여야 한다.** (2) 사업시행자가 택지개발사업을 시행하면서 그 구역 내의 농지개량조합 소유 저수지의 몽리답을 취득함으로써 사업시행구역 외에 위치한 저수지가 기능을 상실하고, 그 기능상실에 따른 손실보상의 협의가 이루어지지 않은 경우, 공공용지의취득및손실보상에관한특례법시행규칙 제23조의6을 유추적용하여 사업시행자를 상대로 민사소송으로서 그 보상을 청구할 수 있다고 본 사례(대판 1999. 06. 11, 97다56150).

(자) 결　　어　　토지보상법 시행규칙 제59조 이하의 간접손실보상규정은 예시적 열거규정으로 보고, 간접손실보상규정에 해당하지 않는 간접손실이 있는 경우에는 토지취득보상법 제79조 제2항을 공익사업에 따른 손실보상의 일반근거조항으로 보고 토지취득보상법 제79조 제2항에 근거하여 간접손실보상을 청구할 수 있다고 보는 것이 타당하다. 만일 토지취득보상법 제79조 제2항을 공익사업에 따른 손실보상의 일반근거조항으로 보지 않는다면 간접보상도 손실보상에 포함되는 점 및 권리구제의 실효성을 고려하여 헌법 제23조 제3항의 직접효력을 인정하고 직접 이에 근거하여 간접손실의 보상을 청구할 수 있다고 보는 (다) 견해가 타당하다.

(5) 기타 손실의 보상

토지취득보상법 제79조 제4항은 "제1항부터 제3항까지에서 규정한 사항 외에 공익사업의 시행으로 인하여 발생하는 손실의 보상 등에 대하여는 국토교통부령으로 정하는 기준에 따른다"라고 규정하고 있다. 공익사업의 시행으로 인하여 발생하는 손실 중 보상하여야 하지만 법률에 규정되지 못한 경우를 대비한 규정이다.

이 규정을 기타 손실의 보상에 관한 개괄수권조항으로 볼 것인지 아니면 기타 손실의 보상에 관한 일반근거조항이라고 볼 것인지에 관하여 견해가 대립한다.

① 개괄수권조항설: 토지취득보상법 제79조 제4항은 공익사업의 시행으로 인하여 발생하는 손실 중 보상하여야 하는 손실이지만 법률에 규정되지 못한 경우에 대한 개괄수권조항일 뿐 법령에 규정되지 않은 직접 또는 간접의 손실에 대한 보상의 직접

적인 근거가 될 수는 없다는 견해이다. 이 견해에 의하면 보상하여야 하는 손실을 국토교통부령에서 규정하지 않은 경우 보상규정이 없는 경우의 문제로 보아야 한다.

② 일반근거조항설: 토지취득보상법 제79조 제4항을 기타 손실의 보상에 관한 일반근거조항으로 해석하는 견해이다. 이 견해에 의하면 보상하여야 하는 손실을 국토교통부령에서 규정하지 않은 경우에도 토지취득보상법상의 보상절차 및 불복절차를 통하여 손실보상을 받을 수 있다.

(6) 손실보상청구권 유무의 판단시점

[판례] ① 손실보상은 공공사업의 시행과 같이 적법한 공권력의 행사로 가하여진 재산상의 특별한 희생에 대하여 전체적인 공평부담의 견지에서 인정되는 것이므로, 공공사업의 시행으로 손해를 입었다고 주장하는 자가 **보상을 받을 권리를 가졌는지의 여부는 해당 공공사업의 시행 당시를 기준으로** 판단하여야 하고, 그와 같은 공공사업의 시행에 관한 실시계획 승인과 그에 따른 고시가 된 이상 그 이후에 영업을 위하여 이루어진 각종 허가나 신고는 위와 같은 공공사업의 시행에 따른 제한이 이미 확정되어 있는 상태에서 이루어진 것이므로 그 이후의 공공사업 시행으로 그 허가나 신고권자가 특별한 손실을 입게 되었다고는 볼 수 없다(대판 2006. 11. 23, 2004다65978).
② 일정한 공유수면에 관하여 매립면허가 있고 이것이 고시되었다면 그 이후의 어업허가는 공유수면매립사업의 시행과 그로 인한 허가어업의 제한이 이미 객관적으로 확정되어 있는 상태로서의 허가로서 그 이후의 공유수면매립사업 시행으로 인하여 허가어업자가 특별한 손실을 입게 되었다고 볼 수 없다(대판 1999. 11. 23, 98다11529).

4. 생활권보상과 생활보상

(1) 생활보상과 생활권보상의 구별

학설은 생활보상(生活補償)과 생활권보상(生活權補償)을 엄격히 구분하고 있지 않다. 생활권보상이란 용어가 생활보상이라는 용어와 혼용되어 사용되는 경우가 적지 않다.[125] 그러나, 엄밀히 말하면 생활권보상이라는 용어와 생활보상이라는 용어를 구분하는 것이 타당하다. 생활보상은 보상의 내용 내지 방법에 관한 것이고, 생활권보상은 보상의 범위 내지 대상에 관한 것이다.

생활보상(生活補償)은 금전 등 재산에 의한 손실보상에 대응하는 개념으로 피수용자가 종전과 같은 생활상태를 유지하도록 하는 것을 실질적으로 보장하는 보상을 말한다고 보는 것이 타당하다. 달리 말하면 생활보상이란 피보상자의 생활재건에 중점을 둔 보상을 지칭하는 것으로 보는 것이 타당하다. 기존의 학설 중 생활보상이라는 개념은 협의로는 생활권보상을 의미하고 광의로는 이러한 의미의 보상도 포함하는 것으로 보는 학자도 있다.[126]

125) 김동희, 전게서, 589면.
126) 상게서, 592면 이하.

생활권보상(生活權補償)은 보상의 범위 내지 대상에 재산권뿐만 아니라 생활권도 포함된다는 것을 의미한다고 보는 것이 타당하다. 즉, 생활권보상은 피수용자가 당해 지역에서 누렸던 생활상 이익의 상실(생활기초의 박탈)에 대한 보상을 말하며 재산권 보상에 대립되는 개념으로 보는 것이 타당하다.[127]

생활권은 생활보상이 행해지는 경우에 생활보상에 포함되어 행해진다. 따라서 생활보상은 생활권보상을 당연히 포함한다. 생활보상은 재산권뿐만 아니라 생활권도 보상의 범위에 포함되는 것으로 보는 것을 전제로 하기 때문이다.

(2) 생활권보상

1) 생활권보상의 의의

생활권보상(生活權補償)은 피수용자가 당해 지역에서 누렸던 생활상 이익의 상실(생활기초의 박탈)에 대한 보상을 말하며 재산권보상에 대립되는 개념이다. 생활권보상은 보상의 범위 내지 대상에 재산권뿐만 아니라 생활권도 포함된다는 것을 의미한다.

광범위한 지역에 걸쳐 수용이 행하여지는 경우에 생활의 기초를 잃게 되는데 이 경우에 재산적 이익의 상실에 대한 보상만으로는 종전과 같은 생활상태를 유지할 수 없게 됨에 따라 생활권에 대한 보상이 요구되고 있다.

2) 생활권보상의 근거

가. 헌법적 근거

(가) 정당보상설(제23조설) 이 설은 생활권도 권리로서 헌법 제23조 제3항의 정당보상의 대상이 되어야 한다고 주장한다.

(나) 제34조설 이 설은 생활권보상이 헌법 제23조 제3항의 정당한 보상의 범위에 포함되지 않는다고 보고, 인간다운 생활을 할 권리를 규정한 헌법 제34조에서 그 헌법적 근거를 찾는다.

그 이유는 다음과 같다. ① 헌법 제23조 제3항의 정당한 보상은 재산권의 객관적 가치의 보상을 의미한다. ② 만약 생활보상이 정당한 보상의 범위에 포함된다고 본다면 경제적 강자에 대하여도 생활권보상을 하게 되어 부당하기 때문이다.[128]

(다) 제34조 · 제23조 통일설 이 설은 생활권보상도 헌법 제23조 제3항의 정당한 보상의 하나의 내용으로 본다. 그 논거는 다음과 같다. 헌법 제23조 제3항의 해석에 있어서 그것을 헌법의 기본권 전체, 특히 헌법 제34조의 생존권적 기본권와 관련하여 통일적으로 보아야 하며, 이렇게 보면 헌법 제23조의 재산권은 단순한 재산적 가치권이 아니라 생존권적 기본권을 기초로 한 재산권으로 보아야 한다. 따라서, 생

127) 동지: 박윤흔, 전게서, 736~737면, 740~741면.
128) 상게서, 738면 참조.

활권보상은 헌법 제23조 제3항과 헌법 제34조에 근거를 두고 있다.

(라) 결 어 제34조·제23조 통일설이 타당하다. 이러한 생활권보상은 헌법적 근거를 가지고 있으므로 단순히 정책적 배려에 그치거나 그 인정 여부를 입법정책적으로 좌우할 수 있는 것은 아니다. 그러나, 헌법규정만에 근거하여 생활권보상을 직접 청구할 수는 없다. 생활권보상을 청구하는 권리는 법률의 근거가 있어야 한다. 만일 구체적 생활권(최소한의 생활에 대한 권리)의 보상에 관한 법률의 근거가 없으면 입법부작위로 위헌이 되며 당해 입법부작위에 대하여 헌법소원을 제기할 수 있다.[129)]

나. 법률적 근거 토지취득보상법령은 생활권보상을 일반적으로 명시적으로 인정하고 있지는 않지만 소수잔존자보상, 이주대책, 이주정착금의 지급, 주거대책비보상, 이농비 또는 이어비보상은 생활권도 보상의 범위에 들어간다는 것을 전제로 인정되는 보상이다.

3) 생활권보상의 내용

생활권보상의 내용에 관하여 학설상 견해가 다음과 같이 대립하고 있다.

① 다수견해는 생활권보상(생활보상)에 소수잔존자보상, 이직자보상, 사업손실보상(간접침해에 대한 보상), 생활재건조치를 포함시키고 있다. 김동희 교수는 이주정착비, 주거비, 이농비, 영세토지에 대한 가산금, 세입자에 대한 주거대책비 등을 협의의 생활보상으로 보고, 생활재건조치는 광의의 생활보상으로 보고 있다.[130)]

② 박윤흔 교수는 생활권보상의 범위에서 소수잔존자보상, 이직자보상, 사업손실보상, 생활재건조치를 제외하고 있다. 소수잔존자보상, 이직자보상, 사업손실보상은 재산적 이익의 침해에 대한 보상이므로 재산권보상에 해당하고 생활권보상은 아니라고 본다. 다만, 박윤흔 교수는 생활재건조치에 대하여는 엄밀히 말하면 재산권보상도 생활권보상도 아닌 제3의 영역에 속하는 것이지만 그것이 피보상자의 생활재건을 위한 조치라는 점에서 생활권보상에 포함시켜도 무방하다고 본다.[131)]

토지취득보상법령상 소수잔존자보상, 이주정착금의 지급, 주거대책비보상, 이농비 또는 이어비보상 등은 생활권보상으로 볼 수 있다. 토지취득보상법상 이주대책은 생활보상의 하나이며 재산권보상과 생활권보상을 포함하고 있다고 할 수 있다.

토지취득보상법령상 규정되어 있는 생활재건조치로는 이주대책, 이주정착금 지급, 주거대책비보상, 이사비보상, 이농비 또는 이어비보상 등이 있다.

(3) 생활보상

1) 생활보상의 의의

생활보상(生活補償)은 피수용자가 종전과 같은 생활을 유지할 수 있도록 하는 것

129) 상게서, 738~739면.
130) 김동희, 전게서, 591면.
131) 박윤흔, 전게서, 740~741면.

을 실질적으로 보장하는 보상을 말한다. 생활보상은 생활재건조치라고도 한다.

생활보상과 생활권보상을 동의어로 보는 것이 일반적 견해이다. 그러나, 생활보상이라는 용어를 생활권보상이라는 용어와 구별하여 사용하는 것이 타당하다. 생활권을 재산권에 대응하여 보상의 대상이 되는 독자적인 권리로 보면서 생활권보상은 보상의 대상의 문제로 보고, 생활보상은 보상의 이념 및 방식으로 보는 것이 타당하다.

그리고, 생활보상과 생활보장을 구별하여야 한다. 생활보상은 보상의 한 방식인 반면에 생활보장은 인간다운 생활을 할 권리에 근거한 것으로 보상과는 구별되는 것이다. 그러나, 현행법상 생활보상에는 생활보장적 성격의 것도 포함되어 있는 경우가 적지 않다.

2) 생활보상의 필요성

생활보상이라는 개념은 재산권에 대한 금전보상의 한계를 극복하기 위해 등장하였다. 즉, 대규모 공공사업을 위한 수용이 행해짐에 따라 손실보상금으로 종전과 같은 토지 및 주택을 구입하는 것이 어렵게 되고, 특히 손실보상금이 적은 경우에는 그 손실보상금으로 종전과 같은 생활을 유지하기 어렵게 되었다. 따라서, 피수용자가 종전과 같은 생활을 유지할 수 있도록 실질적인 보상이 행해져야 할 필요성이 제기되었다. 이러한 필요성에 응하기 위하여 생활보상 관념이 등장하였다.

3) 생활보상의 근거

가. 정당보상설　생활보상도 정당보상에 포함되는 것으로 보는 견해이다. 이 견해 중에는 완전보상설에 입각하면서 완전보상의 의미를 수용이 행해지기 전의 상태와 유사한 생활상태를 실현할 수 있도록 하는 보상으로 이해하고, 생활보상도 완전보상의 내용이라고 보는 견해(유해웅)와 상당보상설에 입각하면서 정당보상의 개념에는 공익사업으로부터의 희생에 대한 사회조절적 보상이 포함된다고 하면서 생활보상은 정당보상의 범주 내에 포함된다고 보는 견해(김해룡)가 있다.

나. 생존권설(헌법 제34조설)　생활보상은 인간다운 생활을 할 권리를 규정하고 있는 헌법 제34조에 근거하여 인정되는 것으로 보고, 헌법 제23조 제3항의 정당보상의 범위에 포함되지 않는다고 본다(김동희).

다. 통일설(헌법 제23조 · 제34조 결합설)　생활보상을 정당보상에 포함되는 것으로 보면서도 생활보상이 경제적 약자에 대한 생존배려의 관점에서 행해지는 것이므로 생활보상은 헌법 제23조 제3항과 제34조에 동시에 근거하는 것으로 보는 견해이다(류지태).

라. 판　례　대법원 판례가 생존권설을 취하고 있다고 보는 견해가 많지만, 판례는 통일설에 입각하고 있다고 보는 것이 타당하다. 다만, 주거용 건축물의 세입자

에 대한 주거이전비와 이사비는 사회보장적 성격의 금원으로 본다.

[판례] **① 공공용지의취득및손실보상에관한특례법 소정의 이주대책의 제도적 취지:** 공공용지의취득및손실보상에관한특례법상의 이주대책은 공공사업의 시행에 필요한 토지 등을 제공함으로 인하여 생활의 근거를 상실하게 되는 이주자들을 위하여 사업시행자가 기본적인 생활시설이 포함된 택지를 조성하거나 그 지상에 주택을 건설하여 이주자들에게 이를 그 투입비용 원가만의 부담하에 개별 공급하는 것으로서, 그 **본래의 취지**에 있어 이주자들에 대하여 종전의 생활상태를 원상으로 회복시키면서 동시에 **인간다운 생활을 보장하여 주기 위한 이른바 생활보상의 일환**으로 국가의 적극적이고 정책적인 배려에 의하여 마련된 제도라 할 것이다(대판 2003. 07. 25, 2001다57778). 〈해설〉 이 판례가 생존권설(제34조설)을 취했다고 보는 견해가 많으나 이 판례는 통일설을 취하고 있다고 보는 것이 타당하다.
② 또한, 대법원 판례는 토지취득보상법 제78조 제5항 및 같은 법 시행규칙 제54조 제2항, 제55조 제2항의 각 규정에 의하여 공익사업의 시행으로 인하여 이주하는 주거용 건축물의 세입자에게 지급되는 **주거이전비와 이사비의 법적 성격**을 "당해 공익사업 시행지구 안에 거주하는 세입자들의 조기 이주를 장려하여 사업추진을 원활하게 하려는 정책적인 목적과 주거이전으로 인하여 특별한 어려움을 겪게 될 세입자들을 대상으로 하는 **사회보장적인 차원에서 지급하는 금원의 성격**을 갖는다 할 것"이라 하고 있다(대판 2006. 04. 27, 2006두2435).

최근 정당보상설을 취한 판례가 있다.

[판례] [1] 생활대책에 관한 분명한 근거 규정을 두고 있지는 않으나(토지보상법 제78조 제1항은 이주대책과 이주정착금의 지급만 규정하고 있음), 사업시행자 스스로 공익사업의 원활한 시행을 위하여 필요하다고 인정함으로써 생활대책을 수립·실시할 수 있도록 하는 내부규정을 두고 있고 **내부규정에 따라 생활대책대상자 선정기준을 마련하여 생활대책을 수립·실시하는 경우에는, 이러한 생활대책 역시 …… 헌법 제23조 제3항에 따른 정당한 보상에 포함되는** 것으로 보아야 한다. 따라서 **이러한 생활대책대상자 선정기준에 해당하는 자는 사업시행자에게 생활대책대상자 선정 여부의 확인·결정을 신청할 수 있는 권리를 가지는 것**이어서, 만일 사업시행자가 그러한 자를 생활대책대상자에서 제외하거나 선정을 거부하면, **그 거부는 처분이므로 이러한 생활대책대상자 선정기준에 해당하는 자는 사업시행자를 상대로 항고소송을 제기할 수 있다**고 보는 것이 타당하다. [2] 뉴타운개발 사업시행자가 사업시행으로 생활근거 등을 상실하는 주민들을 위한 주거대책 및 생활대책을 공고함에 따라 화훼도매업을 하던 갑이 사업시행자에게 생활대책신청을 하였으나, 사업시행자가 갑은 위 주거대책 및 생활대책에서 정한 '이주대책 기준일 3개월 이전부터 사업자등록을 하고 영업을 계속한 화훼영업자'에 해당하지 않는다는 이유로 화훼용지 공급대상자에서 제외한 사안에서, 사업시행자의 거부행위가 행정처분에 해당한다고 본 원심판단을 정당하다고 한 사례(대판 2011. 10. 13, 2008두17905[상가용지공급대상자적격처분취소등]).

그러나, 헌법재판소는 생존권설에 근거한 것으로 보인다. 즉, "이주대책은 정당한 보상에 포함되는 것이라기보다는 정당한 보상에 부가하여, 이주자들에게 종전의 생활상태를 회복시키기 위한 생활보상의 일환으로서 국가의 정책적인 배려에 의하여 마련된 제도이다(대판 2003. 07. 25, 2001다57778 참조). 그러므로 이주대책의 실시 여부는 입법자의 입법정책적 재량의 영역에 속한다고 볼 것이다"라고 하였다(헌재 2006. 02. 23, 2004헌마19).

마. 결어(이론상 정당보상설, 현행법령상 통일설) 이론상 완전보상을 피수용자가 종전과 같은 생활을 유지하도록 하는 보상을 의미한다고 이해하고, 생활보상을 피수용자가 종전과 같은 생활을 유지할 수 있도록 하는 것을 보장하는 보상을 의미한다고 보면 생활보상은 정당보상(완전보상)을 의미한다고 보는 것이 타당하다. 또한, 보상과 생활보장을 구별하여야 한다는 점에서도 그러하다. 이론상 생활보장은 생활보상과 별도의 법령에서 규정하는 것이 타당하다. 다만, 현행실정법령상에서는 생활보상과 생활보장이 명확히 구분되지 않고 생활보상의 내용이 정당보상의 범주를 넘어 생활보장을 포함하는 경우가 적지 않다. 이 경우 정당보상을 넘는 한도 내에서는 헌법 제34조에 근거하고 있는 것으로 보아야 한다. 따라서 현행법령에서는 통일설이 타당하다.

생활보상은 입법정책적인 것으로 보는 것이 일반적 견해이다. 그러나, 생활보상을 정당보상의 원칙에 근거하는 것이라는 견해에 의할 때 금전보상만으로 종전과 같은 생활을 유지하는 것이 심히 어려운 경우에는 생활보상이 헌법원칙인 정당보상의 원칙상 요구되는 의무적인 것으로 볼 수도 있을 것이다.

4) 생활보상의 종류와 내용

가. 생활보상의 종류

(가) 주거대책과 생계대책 생활보상은 피수용자가 종전과 같은 생활을 실질적으로 유지하도록 보장하는 보상이어야 한다. 따라서, 생활보상은 이주대책(생활재건조치)를 의미하는 것으로 보면서 크게 주거대책과 생계대책으로 나누어 볼 수 있다. 이주대책이 진정한 생활보상이 되기 위하여는 주거대책에 그쳐서는 아니 되고 생계대책을 포함하여야 한다.

그런데, 실정법령상 이주대책이라는 개념이 주거대책만을 의미하는 경우도 있고, 주거대책과 생계대책을 포함하는 것으로 사용되는 경우도 있다. 후자의 의미로 쓰는 것이 타당하다.

(나) 일반생활재건조치와 특별생활재건조치 생활보상을 일반적인 생활재건조치와 경제적 약자에 대한 특별한 생활재건조치로 나누는 것도 타당하다. 일반적 생활재건조치는 손실보상의 범위 및 방법의 문제이고, 재산권보상을 포함하여 금전보상을 대체하는 수단인 경우도 있다. 경제적 약자에 대한 특별한 생활재건조치는 피수용자 일반에 대하여 행해지는 것이 아니라 경제적 약자에 한하여 주어지는 생활보상으로서 생활보장적 성격을 갖는 생활보상이다.

(다) 일반법상 생활보상와 개별법상 생활보상 생활보상 중 이주대책과 같이 법률에 의해 일반적으로 인정된 것도 있지만(예, 토지보상법상 이주대책), 대체로 개별 법률에서 생활보상의 종류와 그 내용을 정하고 있다. 따라서, 특별한 이유 없이 법률에 따라 생활보상의 종류와 내용이 다른 경우도 있다.

나. 생활보상의 내용

(가) 주거대책 주거대책(住居對策)이라 함은 피수용자가 종전과 같은 주거를 획득하는 것을 보장하는 보상을 말한다. 주거대책으로는 이주정착지의 조성과 분양, 이주정착금지급, 주거이전비의 보상, 공영주택의 알선, 국민주택자금의 지원 등을 들 수 있다.

(나) 생계대책 생계대책(生計對策)은 생활대책이라고도 하는데, 종전과 같은 경제수준을 유지할 수 있도록 하는 조치를 말한다. 생계대책으로는 생활비보상(이농비·이어비보상), 상업용지, 농업용지 등 용지의 공급, 직업훈련, 고용 또는 고용알선, 고용상담, 보상금에 대한 조세감면조치 등을 들 수 있다.

사업시행자는 해당 공익사업이 시행되는 지역에 거주하고 있는 「국민기초생활보장법」 제2조 제1호·제11호에 따른 수급권자 및 차상위계층이 취업을 희망하는 경우에는 그 공익사업과 관련된 업무에 우선하여 고용할 수 있으며, 이들의 취업알선에 노력하여야 한다(토지취득보상법 제78조 제7항).

(다) 토지보상법상 이주대책 토지취득보상법 제78조, 제78조의2 및 동법 시행령 제40조는 이주대책(移住對策)에 대하여 규정하고 있다.

사업시행자의 이주대책 수립·실시의무를 정하고 있는 공익사업을 위한 토지 등의 취득 및 보상에 관한 법률 제78조 제1항과 이주대책의 내용을 정하고 있는 같은 조 제4항 본문은 당사자의 합의 또는 사업시행자의 재량에 의하여 적용을 배제할 수 없는 강행법규이다(대판 전원합의체 2011. 06. 23, 2007다63089, 63096).

가) 이주대책의 의의 이주대책이란 공익사업의 시행으로 인하여 생활의 근거를 상실하게 되는 자(이하 '이주대책대상자'라 한다)를 종전과 같은 생활상태를 유지할 수 있도록 다른 지역으로 이주시키는 것을 말한다. 이주대책에는 생계대책도 포함되어야 한다.

[판례] 공공용지의 취득 및 손실보상에 관한 특례법상의 이주대책은 공공사업의 시행에 필요한 토지 등을 제공함으로 인하여 생활의 근거를 상실하게 되는 이주자들을 위하여 사업시행자가 기본적인 생활시설이 포함된 택지를 조성하거나 그 지상에 주택을 건설하여 이주자들에게 이를 그 투입비용 원가만의 부담하에 개별 공급하는 것으로서, 그 본래의 취지에 있어 **이주자들에 대하여 종전의 생활상태를 원상으로 회복시키면서 동시에 인간다운 생활을 보장하여 주기 위한 이른바 생활보상의 일환으로 국가의 적극적이고 정책적인 배려에 의하여 마련된 제도이다**(대판 전원합의체

1994. 05. 24, 92다35783[지장물세목조서명의변경]).

협의의 이주대책은 사업시행자가 수립하는 계획에 따라 이주대책대상자를 이주정착지에 이주시키는 것(이주정책금 지급 제외)을 말하고, **광의의 이주대책**은 이주정착금의 지급 등을 포함하여 사업시행자가 이주대책대상자의 이주를 지원하는 모든 것을 말한다.

나) 협의의 이주대책의 수립의무　　사업시행자는 법령에서 정한 일정한 경우 이주대책(협의의 이주대책)을 수립할 의무가 있다. 이주대책은 국토교통부령이 정하는 부득이한 사유가 있는 경우(① 공익사업시행지의 인근에 택지 조성에 적합한 토지가 없는 경우, ② 이주대책에 필요한 비용이 당해 공익사업의 본래의 목적을 위한 소요비용을 초과하는 등 그 밖에 이주대책의 수립·실시로 인하여 당해 공익사업의 시행이 사실상 곤란하게 되는 경우(시행규칙 제5조))를 제외하고는 이주대책대상자 중 이주정착지에 이주를 희망하는 자가 10호 이상인 경우에 수립·실시한다. 다만, 사업시행자가 택지개발촉진법 또는 주택법 등 관계법령에 의하여 이주대책대상자에게 택지 또는 주택을 공급한 경우(사업시행자의 알선에 의하여 공급한 경우를 포함한다)에는 이주대책을 수립·실시한 것으로 본다(시행령 제40조 제2항).

대통령령으로 정하는 공익사업의 시행으로 공장을 이전하는 경우 인근지역에 지정·개발된 산업단지에 입주를 알선하는 등 이주대책에 대한 계획을 수립하여야 한다(제78조의2).

[판례] 구 재난관리법(2004. 3. 11. 법률 제7188호로 폐지되기 전의 것) 제39조가 시민아파트를 수용 또는 사용할 수 있는 근거규정이 되지 못하므로 **시민아파트 정리사업은** 구 토지보상법 제4조 각 호의 사업에 해당하지 아니하고, 서울특별시가 시민아파트를 철거한 자리에 공원, 주차장 등을 설치할 계획을 가지고 있었더라도 시민아파트 정리사업이 관계법령에 따른 사업인정절차를 거쳐 추진된 것이 아닌 이상 그러한 사정만으로 **공익사업에 해당한다고 볼 수 없다**(대판 2015. 06. 11, 2012다58920[분양행위무효확인]).

이주대책 수립의무가 없는 경우에도 이주대책을 실시할 수 있다.

다) 협의의 이주대책의 법적 성질 및 이주대책기준　　이주대책결정은 공행정작용으로서 처분에 해당한다(대판 1992. 11. 27, 92누3618).

사업시행자는 법령에서 정한 일정한 경우 이주대책을 수립할 의무를 지지만, 이주대책의 내용결정에 있어서는 재량권을 갖는다.

[판례] ① 구 공공용지의 취득 및 손실보상에 관한 특례법 제8조 제1항 및 같은 법 시행령 제5조 제5항에 의하여 실시되는 이주대책은 공공사업의 시행으로 생활근거를 상실하게 되는 이주자에게

이주정착지의 택지를 분양하도록 하는 것이고, 사업시행자는 특별공급주택의 수량, 특별공급대상자의 선정 등에 있어 재량을 가진다(대판 2007. 02. 22, 2004두7481[특별공급대상자제외처분취소]).

② 도시개발사업의 사업시행자가 이주대책기준을 정하여 이주대책대상자 가운데 이주대책을 수립 · 실시하여야 할 자를 선정하여 그들에게 공급할 택지 등을 정하는 데 재량을 가지는지 여부(적극): 구 도시개발법(2007. 4. 11. 법률 제8376호로 개정되기 전의 것) 제23조, 공익사업을 위한 토지 등의 취득 및 보상에 관한 법률 제78조 제1항, 같은 법 시행령 제40조 제3항 제2호의 문언, 내용 및 입법 취지 등을 종합하여 보면, …… **사업시행자는 이주대책기준을 정하여 이주대책대상자 중에서 이주대책을 수립 · 실시하여야 할 자를 선정하여 그들에게 공급할 택지 또는 주택의 내용이나 수량을 정할 수 있고, 이를 정하는 데 재량을 가지므로, 이를 위해 사업시행자가 설정한 기준은 그것이 객관적으로 합리적이 아니라거나 타당하지 않다고 볼 만한 다른 특별한 사정이 없는 한 존중되어야 한다**(대판 2009. 03. 12, 2008두12610[입주권확인]: 도시개발사업의 사업시행자가 보상계획공고일을 기준으로 이주대책대상자를 정한 후, 협의계약 체결일 또는 수용재결일까지 당해 주택에 계속 거주하였는지 여부 등을 고려하여 이주대책을 수립 · 실시하여야 할 자를 선정하여 그들에게 공급할 아파트의 종류, 면적을 정한 이주대책기준을 근거로 한 입주권 공급대상자 결정처분에 재량권을 일탈 · 남용한 위법이 없다고 한 사례).

③ [1] '주택공급에 관한 규칙' 제19조 제1항 제3호에서 정한 철거 주택의 소유자를 대상으로 하는 국민주택 등의 특별공급의 경우, 사업시행자가 공급 국민주택의 수량 및 대상자 결정 등에 관하여 재량을 가지는지 여부(적극): 주택법의 위임을 받아 제정된 '주택공급에 관한 규칙' 제19조 제1항 제3호 각 목에서 정한 철거 주택의 소유자를 대상으로 하는 국민주택 등의 특별공급은 공익사업의 시행으로 인하여 주거용 건축물을 제공함에 따라 생활의 근거를 상실하게 되는 자를 위하여 '공익사업을 위한 토지 등의 취득 및 보상에 관한 법률' 제78조 제1항 및 같은 법 시행령 제40조 제2항 단서에 근거하여 **사업시행자가 실시하는 이주대책에 갈음하는 성질을 가지는 것으로, 사업시행자는 이주대책기준을 정하여 위 이주대책대상자 중에서 이주대책을 수립 · 실시하여야 할 자를 선정하거나 그들에게 공급할 주택 등의 내용이나 수량 등을 정하는 데 재량을 가진다. 그리고 이를 위해 사업시행자가 설정한 기준은 그것이 객관적으로 합리적이 아니라거나 타당하지 않다고 볼 만한 특별한 사정이 없는 한 존중되어야 한다.** [2] 사업시행자가 '공익사업을 위한 토지 등의 취득 및 보상에 관한 법률' 제78조 제1항, 같은 법 시행령 제40조 제2항, '주택공급에 관한 규칙' 제19조 제1항 제3호에서 정한 이주대책대상자를 선정하면서 공부상 기재된 건물의 용도를 기준으로 그 대상자를 선정한 것이 불합리하여 위법하다고 볼 수 없다. [3] 도시계획 사업시행자가 사업부지 내 철거 건축물의 건축물대장상 용도가 '주거용'이 아닌 '근린생활시설'이라는 이유로 그 건물을 국민주택 특별공급의 대상에서 배제한 사안에서, 그 처분이 위법하지 않다고 한 사례(대판 2009. 11. 12, 2009두10291[국민주택특별공급대상자제외처분취소]).

이주대책의 기준은 법령(국토교통부령인 주택공급에 관한 규칙)으로 정해진 경우도 있고, 재량준칙으로 정해진 경우도 있다.

[판례] [1] 도시계획사업으로 인하여 철거되는 주택의 소유자에게 국민주택 등을 특별공급함에 있어 실질에 있어 다세대주택과 유사한 다가구주택 소유자들에게 국민주택 특별분양권을 부여하지 않은 처분은 재량권의 범위를 벗어난 것으로서 위법하다고 한 사례 [2] **'서울특별시 철거민 등에 대한 국민주택 특별공급규칙'의 법적 성격(=사무처리준칙)**: '서울특별시 철거민 등에 대한 국민주택 특별공급규칙'은 '주택공급에 관한 규칙' 제19조 제1항 제3호 (다)목에서 규정하고 있는 '도시계획사업으로

철거되는 주택의 소유자'에 해당하는지 여부를 판단하기 위한 서울특별시 내부의 사무처리준칙에 해당하는 것으로서 위 규정의 해석·적용과 관련하여 대외적으로 국민이나 법원을 기속하는 효력이 있는 것으로 볼 수 없다(대판 2007. 11. 29, 2006두8495[국민주택입주권부여신청거부처분취소]).

라) 이주대책수립자　　이주대책을 수립하는 자는 사업시행자이다. 사업시행자가 이주대책을 수립하고자 하는 때에는 미리 관할 지방자치단체의 장과 협의하여야 한다(법률 제78조 제2항). 사인(私人)이 사업시행자인 경우 당해 사인은 공무수탁사인에 해당한다.

국가나 지방자치단체는 이주대책의 실시에 따른 주택지의 조성 및 주택의 건설에 대하여는 주택법에 의한 국민주택기금을 우선적으로 지원하여야 한다(법률 제78조 제3항).

마) 이주대책대상자　　**이주대책대상자**는 광의의 이주대책의 대상이 되는 자를 말한다.

이주대책대상자에는 '법령이 정한 이주대책대상자'와 '시혜적인 이주대책대상자'가 있다. **'법령이 정한 이주대책대상자'**는 법령상 이주대책의 대상으로 하여야 하는 자를 말한다. **'시혜적인 이주대책대상자'**란 법령상 이주대책의 대상으로 정해져 있지는 않지만 사업시행자가 임의적으로 이주대책의 대상으로 정한 자를 말한다. 이주대책대상자에서의 이주대책은 광의의 이주대책을 말하므로 "이주대책대상자"를 "이주지원대상자"로 수정하는 것이 보다 타당하다.

① **'법령이 정한 이주대책대상자'**: 토지취득보상법상 이주대책대상자는 '공익사업의 시행으로 인하여 주거용 건축물을 제공함에 따라 생활의 근거를 상실하게 되는 자'(법률 제78조 제1항) 및 대통령령으로 정하는 공익사업의 시행으로 공장을 이전하는 자이다(제78조의2). 다만, 다음의 1에 해당하는 자는 이주대책대상자에서 제외된다: i) 허가를 받거나 신고를 하고 건축하여야 하는 건축물을 허가를 받지 아니하거나 신고를 하지 아니하고 건축 또는 용도변경을 한 건축물의 소유자, ii) 해당 건축물에 공익사업을 위한 관계법령에 의한 고시 등이 있은 날부터 계약체결일 또는 수용재결일까지 계속하여 거주하고 있지 아니한 건축물의 소유자. 다만, 질병으로 인한 요양, 징집으로 인한 입영, 공무, 취학, 해당 공익사업지구 내 타인이 소유하고 있는 건축물에의 거주 그 밖에 이에 준하는 부득이한 사유로 인하여 거주하지 아니한 경우에는 그러하지 아니하다. iii) 타인이 소유하고 있는 건축물에 거주하는 세입자. 다만, 해당 공익사업지구에 주거용 건축물을 소유한 자로서 타인이 소유하고 있는 건축물에 거주하는 세입자는 제외한다(시행령 제40조 제3항). 그러나, 생활보상이 종전과 같은 생활상태를 회복시켜 주는 것이라면 다른 지역에서는 종전과 같은 주거상태를 유지할 수

없는 세입자도 이론상 이주대책에 포함되도록 하여야 할 것이다. 실제에 있어서 통상 토지소유자보다는 세입자의 이주대책 필요성이 더 크다.

[판례] ① [1] **구 공익사업을 위한 토지 등의 취득 및 보상에 관한 법률 제78조 제1항에서 정한 '이주대책대상자'에 해당하기 위한 요건:** 구 공익사업을 위한 토지 등의 취득 및 보상에 관한 법률 제2조 제2호, 제4조, 제78조 제1항, 제4항 본문의 내용을 종합하면, 이주대책대상자에 해당하기 위하여는 **구 토지보상법 제4조 각 호의 어느 하나에 해당하는 공익사업의 시행으로 인하여 주거용 건축물을 제공함에 따라 생활의 근거를 상실하게 되어야 한다.** [2] 甲 지방자치단체가 진행한 노후화된 시민아파트 철거사업(이하 '시민아파트 정리사업'이라 한다)에 따라 乙 등이 시민아파트를 관할 자치구에 매도하고 丙 공사가 공급하는 아파트를 분양받은 사안에서, 구 재난관리법(2004. 3. 11. 법률 제7188호 재난및안전관리기본법 부칙 제2조로 폐지) 제39조가 시민아파트를 수용 또는 사용할 수 있는 근거 규정이 되지 못하므로 **시민아파트 정리사업은** 구 공익사업을 위한 토지 등의 취득 및 보상에 관한 법률(2007. 10. 17. 법률 제8665호로 개정되기 전의 것, 이하 '구 토지보상법'이라 한다) **제4조 각 호의 사업에 해당하지 아니하고,** 甲 지방자치단체가 시민아파트를 철거한 자리에 공원, 주차장 등을 설치할 계획을 가지고 있었더라도 **시민아파트 정리사업이** 관계 법령에 따른 사업인정절차를 거쳐 추진된 것이 아닌 이상 그러한 사정만으로 **공익사업에 해당한다고 볼 수 없으므로,** 乙 등은 구 토지보상법 제78조 제4항에 의하여 사업시행자가 생활기본시설 설치비용을 부담하는 이주대책대상자에 해당하지 아니하고, 구 토지보상법 제4조 각 호에 규정된 공익사업에 해당하지 아니하는 시민아파트 정리사업으로 인하여 주거용 건축물을 제공한 乙 등이 스스로를 이주대책대상자에 해당한다고 믿었더라도, 그러한 사정만으로 乙 등과 丙 공사가 체결한 아파트분양계약 중 분양대금에 생활기본시설 설치비용을 포함시킨 부분이 강행법규에 위배되어 무효가 된다거나 사업시행자가 부담하여야 할 생활기본시설 설치비용의 지출을 면하였다고 볼 수 없다고 한 사례(대판 2015. 06. 11, 2012다58920[분양행위무효확인]).

② [1] 공익사업을 위한 토지 등의 취득 및 보상에 관한 법률(이하 '공익사업법'이라 한다) 제78조 제1항, 공익사업법 시행령 제40조 제3항 제2호의 내용 및 입법취지 등을 종합하여 보면, 공익사업법 시행령 제40조 제3항 제2호에서 말하는 **'공익사업을 위한 관계 법령에 의한 고시 등이 있은 날'은 이주대책대상자와 아닌 자를 정하는 기준일**로서, 토지수용 절차에 공익사업법을 준용하도록 한 관계 법률에서 **사업인정의 고시 외에 주민 등에 대한 공람공고를 예정하고 있는 경우에는 사업인정의 고시일뿐만 아니라 공람공고일도 포함될 수 있다**(대판 2010. 11. 25, 2008두14180). 택지개발예정지구지정 공람공고일은 "공익사업을 위한 관계 법령에 의한 고시 등이 있은 날"에 해당한다. [2] **공익사업법 제78조 제1항 소정의 이주대책의 대상이 되는 주거용 건축물이란 이주대책기준일 당시 건축물의 용도가 주거용인 건물을 의미**하고, 이주대책기준일 이후에 적법절차에 따르지 않고 주거용으로 용도변경된 경우에는 수용재결 내지 협의계약 체결 당시 주거용으로 사용된 건물이라 할지라도 이주대책대상이 되는 주거용 건축물이 될 수 없다(대판 2009. 02. 26, 2008두5124).

③ 주거환경개선지구 내 주거용 건축물의 소유자로서 위 사업으로 인하여 건설되는 주택에 관한 분양계약을 체결한 자들은 구 공익사업법 제78조 제1항에 규정된 이주대책대상자 즉, 공익사업의 시행으로 인하여 주거용 건축물을 제공함에 따라 생활의 근거를 상실하게 되는 자에 해당하지 않는다고 봄이 상당하다(대판 2011. 11. 24, 2010다80749).

④ [1] **도시개발사업에서 '공익사업을 위한 관계 법령에 의한 고시 등이 있은 날'에 해당하는 법정 이주대책기준일은** 구 도시개발법(2013. 3. 23. 법률 제11690호로 개정되기 전의 것) 제7조, 구 도시개발법 시행령(2013. 3. 23. 대통령령 제24443호로 개정되기 전의 것) 제11조 제2항, 제1항의 각 규정에

따른 도시개발구역의 지정에 관한 공람공고일이며, 이를 기준으로 공익사업을 위한 토지 등의 취득 및 보상에 관한 법률 시행령 제40조 제3항 제2호 본문에 따라 법이 정한 이주대책대상자인지를 가려야 한다. [2] 사업시행자는 법이 정한 이주대책대상자를 법령이 예정하고 있는 이주대책 수립 등의 대상에서 임의로 제외해서는 아니 된다. 그렇지만 사업시행자는 해당 공익사업의 성격, 구체적인 경위나 내용, 원만한 시행을 위한 필요 등 제반 사정을 고려하여 법이 정한 이주대책대상자를 포함하여 **그 밖의 이해관계인에게까지 넓혀 이주대책 수립 등을 시행할 수 있다.** [3] 그 밖의 이해관계인에 관한 이주대책 수립 등은 법적 의무가 없는 시혜적인 것이다. 따라서 시혜적으로 시행되는 이주대책 수립 등의 경우에 대상자(이하 '시혜적인 이주대책대상자'라 한다)의 범위나 그들에 대한 이주대책 수립 등의 내용을 어떻게 정할 것인지에 관하여는 사업시행자에게 폭넓은 재량이 있다. [4] 그리고 이주대책의 내용으로서 사업시행자가 이주정착지(이주대책의 실시로 건설하는 주택단지를 포함한다)에 대한 도로·급수시설·배수시설 그 밖의 공공시설 등 통상적인 수준의 생활기본시설을 설치하고 비용을 부담하도록 강제한 **공익사업법 제78조 제4항은** 법이 정한 이주대책대상자를 대상으로 하여 특별히 규정된 것이므로, 이를 넘어서서 그 규정이 **시혜적인 이주대책대상자에까지 적용된다고 볼 수 없다**(대판 2015. 07. 23, 2012두22911[특별공급적격처분취소]).

⑤ 공익사업을 위한 토지 등의 취득 및 보상에 관한 법률 시행령 부칙(2002. 12. 30.) 제6조의 규정은 1989. 1. 24. 당시 이미 건축된 무허가 건축물인 경우에는 소유자에 대하여 구 공익사업법 시행령 제40조 제3항 각 호가 정하는 이주대책대상자 제외요건 중 제1호의 적용을 예외적으로 배제하려는 데 취지가 있는 것일 뿐, 건축시점뿐만 아니라 무허가 건축물의 소유권 또는 실질적 처분권의 취득시점까지도 1989. 1. 24. 이전이어야만 이주대책대상자의 범위에 포함될 수 있다는 의미는 아니다(대판 2015. 07. 23, 2014다14672[채무부존재확인]).

② **'시혜적인 이주대책대상자'**: 사업시행자는 법상 이주대책대상자가 아닌 자(예를 들면, 세입자)도 임의로 이주대책대상자에 포함시킬 수 있다(대판 2015. 07. 23, 2012두22911). 이주대책의 수립에 의해 이주대책대상자에 포함된 세입자 등은 영구임대주택 입주권 등 이주대책을 청구할 권리를 가지며 이를 거부한 것은 거부처분이 된다(대판 1994. 02. 22, 93누15120).

③ 법령이 정하는 이주대책대상자를 정하는 기준일은 각 법령에서 정한다. 토지보상법령상 이주대책대상자를 정하는 기준일은 "관계 법령에 따른 고시 등이 있은 날"(동법 시행령 제40조 제3항 제2호)이다.

[판례] ① (1) 생활기본시설 설치의무를 정하는 강행규정인 공익사업법 제78조 제4항이 적용되는 이주대책대상자의 범위(=법령이 정하는 이주대책대상자). (2) **법령이 정하는 이주대책대상자를 정하는 기준일(=원칙적 공람공고일)**: 토지수용 절차에 공익사업법을 준용하도록 한 관계 법률에서 사업인정의 고시 외에 주민 등에 대한 공람공고를 예정하고 있는 경우에, **이주대책대상자의 기준이 되는 '공익사업을 위한 관계 법령에 의한 고시 등이 있은 날'에는 사업인정의 고시일뿐만 아니라 공람공고일도 포함될 수 있다**(대법원 2009. 02. 26. 선고 2007두13340 판결 등 참조). 그렇지만 **법령이 정하는 이주대책대상자에 해당되는지 여부를 판단하는 기준은 각 공익사업의 근거 법령에 따라 개별적으로 특정되어야 한다.** 강행규정인 이주대책 수립 등에 관한 공익사업법령의 적용대상은 일관성 있게 정해져야 하므로 그 기준이 되는 **개별 법령의 법정 이주대책기준일은 하나로 해석함이 타**

당하다. **도시개발사업에서 '공익사업을 위한 관계법령에 의한 고시 등이 있은 날'에 해당하는 법정 이주대책기준일은** 구 도시개발법 제7조, 구 도시개발법 시행령(2005. 3. 12. 대통령령 제18738호로 개정되기 전의 것) 제9조의2에 따른 **도시개발구역의 지정에 관한 공람공고일이라고 봄이 타당**하며, 이를 기준으로 제40조 제3항 제2호 본문에 따라 법이 정한 이주대책대상자인지 여부를 가려야 하고, 이러한 법이 정한 이주대책대상자에 대하여만 이주대책의 내용으로서 사업시행자가 생활기본시설을 설치하고 그 비용을 부담하도록 강제한 구 공익사업법 제78조 제4항이 특별히 적용된다고 할 것이며, 이를 넘어서서 그 규정이 시혜적인 이주대책대상자에까지 적용된다고 볼 수는 없다. (3) 은평뉴타운 지구 등에 대한 도시개발사업의 각 지구별 보상계획 공고일을 기준으로 소유와 거주 요건을 갖춘 자를 도시개발법과 구 공익사업법령이 정한 이주대책대상자에게 피고가 생활기본설치의무를 부담한다는 취지로 본 원심에 대하여, 공람공고일을 기준으로 위 소유와 거주 요건을 갖추었는지 여부를 판단하여야 함을 전제로 공람공고일인 2004. 1. 15. 이후에 비로소 해당 건축물에 전입신고를 한 일부 원고들에 대하여는 위 공람공고일인 2004. 1. 15.을 기준으로 할 때 구 공익사업법 제78조 제4항의 적용을 받게 되는 법이 정한 이주대책대상자의 범위에 포함되는지 여부를 심리하여 자세히 따져보았어야 함을 선언한 사안(대판 2015. 07. 23, 2014다14672[채무부존재확인]).

② 피고가 이 사건 사업에 관하여 도시개발구역을 지정하기 위한 주민공람을 공고한 날이 2006. 12. 29.이므로, 도시개발법과 공익사업법령이 정한 이주대책대상자에 해당하는지 여부는 위 공람공고일을 기준으로 하여 공익사업법 시행령 제40조 제3항 제2호 등에 따라 가려야 하고, 피고가 위 보상계획공고일(2008. 8. 29.)을 기준으로 일단 이주대책대상자를 정하여 그 중에서 이 사건 이주대책대상자를 선정함에 따라, **이 사건 이주대책대상자에는 위 공람공고일**(2006. 12. 29.)**을 기준으로 인정되는 법이 정한 이주대책대상자와**, 이에 해당하지는 아니하지만 이 사건 이주대책에 의하여 아파트 등을 공급받은 **시혜적인 이주대책대상자가 포함**되게 되어 이러한 **시혜적인 이주대책대상자에 대하여는** 피고가 이 사건 이주대책을 수립하면서 그 대상자의 범위나 이주대책 수립 등의 내용을 어떻게 정할 것인지에 관하여 사업시행자인 피고에게 폭넓은 재량이 인정되며, 또한 이러한 시혜적인 이주대책대상자에게는 생활기본시설 설치비용의 사업시행자 부담에 관한 공익사업법 제78조 제4항 등이 적용되지 아니하므로, 피고가 이 사건 이주대책 수립 과정에서 이를 고려하지 아니하였다 하더라도 그 이주대책의 내용이 위법하다고 할 수 없다고 본 사안(대판 2015.7.23, 2012두22911[특별공급적격처분취소]).

③ 주민 공람공고 및 도시개발구역 지정·고시 등 구 도시개발법령에 따른 절차를 거쳐 진행되던 도시개발사업이 위 도시재정비법 부칙 세2조의 요건을 갖추어 재정비촉진지구로 인정됨으로써 **종전 도시개발구역이 재정비촉진지구로 지정·고시되거나 그 지정·고시를 한 것으로 간주되는 경우에**, 종전 도시개발구역에 포함되어 있던 지역에 관한 법정 이주대책기준일은 특별한 사정이 없는 한 여전히 종전 도시개발구역의 지정에 관한 공람공고일이다(대판 2016. 05. 12, 2014다72715[은평뉴타운 기자촌 구역 사건]).

토지보상법상의 공익사업시행자가 하는 이주대책대상자 확인·결정은 행정행위의 하나인 확인행위의 성질을 갖는다. **판례**는 이주대책대상자 선정기준에 해당하는 자는 사업시행자에게 이주대책대상자 확인·결정을 신청할 수 있는 권리를 가지고, 이주대책대상자 선정의 거부는 항고소송의 대상이 되는 거부처분으로 본다. 또한 판례는 이주대책대상자 확인·결정은 구체적인 이주대책상의 수분양권을 부여하는 요건이 되는 행정작용으로서의 처분이라고 보고 있다.

[판례] ① 이주대책의 실시 여부는 입법자의 입법정책적 재량의 영역에 속하므로 공익사업을 위한 토지 등의 취득 및 보상에 관한 법률 시행령 제40조 제3항 제3호가 **이주대책의 대상자에서 세입자를 제외하고 있는 것이 세입자의 재산권을 침해하는 것이라 볼 수 없다.** 소유자와 세입자는 생활의 근거의 상실 정도에 있어서 차이가 있는 점, 세입자에 대해서 주거이전비와 이사비가 보상되고 있는 점을 고려할 때, 입법자가 이주대책 대상자에서 세입자를 제외하고 있는 이 사건 조항을 불합리한 차별로서 **세입자의 평등권을 침해하는 것이라 볼 수는 없다**(헌재 2006. 02. 23, 2004헌마19).
② 도시계획사업에 따른 이주대책으로 주택을 특별공급하면서 주택공급에관한규칙 등에 따라 무주택세대주에 한하여 특별공급대상자로 결정한 것이 적법하며 아파트 특별공급 대상자를 특별공급신청일 현재 무주택세대주로 제한한 것이 재량권을 일탈·남용하였다고 볼 수 없다고 한 사례(대판 2006. 04. 28, 2004두978).
③ [1] 공부상 기재된 용도를 원칙적인 기준으로 삼아 이주대책대상자를 선정하는 방식의 사업시행자의 재량권 행사가 현저히 불합리하여 위법하다고 보기는 어렵다(대판 2009. 03. 12, 2008두12610, 대판 2009. 11. 12, 2009두10291 등 참조). [2] 사업시행자가 이주 및 생활대책 준칙에서 기준일 이전부터 사업지구 내에 사용승인을 받은 주택을 소유하고 있으면서 그 주택에 계속 거주하여 온 자를 이주대책 대상자로 정한 후, 타인 명의로 근린생활시설 증축신고를 하고 사용승인을 받은 건물부분에서 거주해오다가 기준일이 지난 다음에야 자신의 명의로 소유권이전등기를 경료한 사람을 이주대책 대상자에서 제외한 것이 합리적 재량권 행사의 범위를 넘는 위법한 것으로 볼 수 없다고 한 원심판단을 수긍한 사례(대판 2010. 03. 25, 2009두23709[이주및생활대책자선정제외통보처분취소]).
④ [1] 공익사업을 위한 토지 등의 취득 및 보상에 관한 법률 시행령 제40조 제3항 제1호의 '허가를 받거나 신고를 하고 건축하여야 하는 건축물을 허가를 받지 아니하거나 신고를 하지 아니하고 건축한 건축물의 소유자'에, 주거용 아닌 다른 용도로 이미 허가를 받거나 신고를 한 건축물을 적법한 절차 없이 임의로 주거용으로 용도를 변경하여 사용하는 자도 포함된다. [2] 한국국제전시장 2단계부지 조성사업 시행자인 고양시장이, 사업 지구 안에 편입된 1층 철골조 창고 건물의 소유자 甲의 이주대책 대상자 선정 신청에 대하여 이주대책 대상자가 아니어서 이주대책이 불가능하다는 요지의 회신을 함으로써 거부처분을 한 사안에서, 甲은 공익사업을 위한 토지 등의 취득 및 보상에 관한 법률에서 정한 이주대책대상자에서 제외되는 것으로 보아야 함에도 이와 달리 판단한 원심판결에 법리를 오해한 위법이 있다고 한 사례(대판 2011. 06. 10, 2010두26216[이주대책대상자및이주대책보상등의거부처분취소]).
⑤ [1] **사업시행자 스스로 공익사업의 원활한 시행을 위하여 생활대책을 수립·실시할 수 있도록 하는 내부규정을 두고 이에 따라 생활대책대상자 선정기준을 마련하여 생활대책을 수립·실시하는 경우, 생활대책대상자 선정기준에 해당하는 자가 자신을 생활대책대상자에서 제외하거나 선정을 거부한 사업시행자를 상대로 항고소송을 제기할 수 있는지 여부(적극)**: 공익사업을 위한 토지 등의 취득 및 보상에 관한 법률은 생활대책용지의 공급과 같이 공익사업 시행 이전과 같은 경제수준을 유지할 수 있도록 하는 내용의 **생활대책에 관한 분명한 근거 규정을 두고 있지는 않으나,** 사업시행자 스스로 공익사업의 원활한 시행을 위하여 필요하다고 인정함으로써 생활대책을 수립·실시할 수 있도록 하는 내부규정을 두고 있고 **내부규정에 따라 생활대책대상자 선정기준을 마련하여 생활대책을 수립·실시하는 경우**에는, **이러한 생활대책 역시** "공공필요에 의한 재산권의 수용·사용 또는 제한 및 그에 대한 보상은 법률로써 하되, 정당한 보상을 지급하여야 한다"고 규정하고 있는 **헌법 제23조 제3항에 따른 정당한 보상에 포함되는** 것으로 보아야 한다. 따라서 **이러한 생활대책대상자 선정기준에 해당하는 자는 사업시행자에게 생활대책대상자 선정 여부의 확인·결정을 신청할 수 있는 권리를 가지는 것이어서,** 만일 사업시행자가 그러한 자를 생활대책대상자에서 제외하

거나 선정을 거부하면, 이러한 생활대책대상자 선정기준에 해당하는 자는 사업시행자를 상대로 항고소송을 제기할 수 있다고 보는 것이 타당하다. [2] 뉴타운개발 사업시행자가 사업시행으로 생활근거 등을 상실하는 주민들을 위한 주거대책 및 생활대책(화훼용지공급)을 공고함에 따라 화훼도매업을 하던 갑이 사업시행자에게 생활대책신청을 하였으나 사업시행자가 이를 거부한 사안에서, 위 거부행위가 행정처분에 해당한다고 본 원심판단을 정당하다고 한 사례. [3] 뉴타운개발 사업시행자가 사업시행으로 생활근거 등을 상실하는 주민들을 위한 주거대책 및 생활대책을 공고함에 따라 화훼도매업을 하던 갑이 사업시행자에게 생활대책신청을 하였으나, 사업시행자가 갑은 주거대책 및 생활대책에서 정한 '이주대책 기준일 3개월 이전부터 사업자등록을 하고 영업을 계속한 화훼영업자'에 해당하지 않는다는 이유로 화훼용지 공급대상자에서 제외한 사안에서, 갑이 동생 명의를 빌려 사업자등록을 하다가 기준일 이후에 자신 명의로 사업자등록을 마쳤다 하더라도 위 대책에서 정한 화훼용지 공급대상자에 해당한다고 본 원심판단을 정당하다고 한 사례(대판 2011. 10. 13, 2008두17905[상가용지공급대상자적격처분취소등]).

⑥ 공익사업을 위한 토지 등의 취득 및 보상에 관한 법률상의 공익사업시행자가 하는 이주대책대상자 확인 · 결정의 법적 성질(=행정처분)과 이에 대한 쟁송방법(=항고소송): 공익사업을 위한 토지 등의 취득 및 보상에 관한 법률상의 공익사업시행자가 하는 **이주대책대상자 확인 · 결정은 구체적인 이주대책상의 수분양권을 부여하는 요건이 되는 행정작용으로서의 처분**이지 이를 단순히 절차상의 필요에 따른 사실행위에 불과한 것으로 평가할 수는 없다. 따라서 수분양권의 취득을 희망하는 이주자가 소정의 절차에 따라 이주대책대상자 선정신청을 한 데 대하여 사업시행자가 이주대책대상자가 아니라고 하여 위 확인 · 결정 등의 처분을 하지 않고 이를 **제외시키거나 거부조치한 경우**에는, 이주자로서는 사업시행자를 상대로 **항고소송에 의하여 제외처분이나 거부처분의 취소를 구할 수 있다.** 나아가 이주대책의 종류가 달라 각 그 보장하는 내용에 차등이 있는 경우 이주자의 희망에도 불구하고 사업시행자가 요건 미달 등을 이유로 그중 더 이익이 되는 내용의 이주대책대상자로 선정하지 않았다면 이 또한 이주자의 권리의무에 직접적 변동을 초래하는 행위로서 항고소송의 대상이 된다(대판 2014. 02. 27. 2013두10885[일반분양이주택지결정무효확인]).

바) 이주대책의 내용 이주대책의 내용은 법에 정해진 것을 제외하고는 사업시행자가 이주대책계획에서 재량으로 정하는데, 수용재결에 의해 확정된다.

사업시행자는 특별공급주택의 수량, 특별공급대상자의 선정 등에 있어서 재량을 가진다(대판 1995. 10. 12, 94누11279).

실시될 수 있는 이주대책으로는 집단이주, 특별분양, 아파트수분양권의 부여, 개발제한구역 내 주택건축허가, 대체상가, 점포, 건축용지의 분양, 이주정착금 지급, 생활안정지원금 지급, 직업훈련 및 취업알선, 대토알선 등이 있을 수 있다.

다만, 토지취득보상법 및 동법 시행령은 이주대책의 내용에 관하여 다음과 같은 규정을 두고 있다.

① 이주대책의 내용에는 이주정착지에 대한 도로 · 급수시설 · 배수시설 기타 공공시설 등 당해 지역조건에 따른 생활기본시설이 포함되어야 한다(법 제78조 제4항).

② 주거용 건물의 거주자에 대하여는 주거이전에 필요한 비용과 가재도구 등 동산의 운반에 필요한 비용을 산정하여 보상하여야 한다(법 제78조 제6항).

③ 공익사업의 시행으로 인하여 영위하던 농·어업을 계속할 수 없게 되어 다른 지역으로 이주하는 농·어민이 지급받을 보상금이 없거나 그 총액이 건설교통부령이 정하는 금액에 미달하는 경우에는 그 금액 또는 그 차액을 보상하여야 한다(법 제78조 제7항).
④ 사업시행자가 택지개발촉진법 또는 주택건설촉진법 등 관계법령에 의하여 이주대책 대상자에게 택지 또는 주택을 공급한 경우(사업시행자의 알선에 의하여 공급한 경우를 포함한다)에는 이주대책을 수립·시행한 것으로 본다(영 제40조 제2항).

사업시행자는 **대통령령으로 정하는 바에 따라 이주대책**(협의의 이주대책)**을 수립·실시하거나 이주정착금을 지급**하여야 한다(법 제78조 제1항). **이주대책**(협의의 이주대책)은 국토교통부령으로 정하는 부득이한 사유가 있는 경우를 제외하고는 이주대책대상자 중 **이주정착지에 이주**를 희망하는 자의 가구 수가 10호(戶) 이상인 경우에 수립·실시한다. 다만, 사업시행자가 「택지개발촉진법」 또는 「주택법」 등 관계 법령에 따라 이주대책대상자에게 택지 또는 주택을 공급한 경우(사업시행자의 알선에 의하여 공급한 경우를 포함한다)에는 이주대책을 수립·실시한 것으로 본다(동법 시행령 제40조 제2항). 사업시행자는 법 제78조 제1항에 따라 다음 각 호의 어느 하나에 해당하는 경우에는 이주대책대상자에게 국토교통부령으로 정하는 바에 따라 **이주정착금**을 **지급**하여야 한다. 1. 이주대책을 수립·실시하지 아니하는 경우, 2. 이주대책대상자가 이주정착지가 아닌 다른 지역으로 이주하려는 경우(동법 시행령 제41조).

[판례] ① 사업시행자가 「공익사업을 위한 토지 등의 취득 및 보상에 관한 법률(이하 '토지보상법'이라고 한다) 시행령」 제40조 제2항 단서에 따라 택지개발촉진법 또는 주택법 등 관계 법령에 의하여 이주대책대상자들에게 택지 또는 주택을 공급(이하 '특별공급'이라고 한다)하는 것은 토지보상법 제78조 제1항의 위임에 근거하여 선택할 수 있는 이주대책의 한 방법이고(대법원 2011. 6. 23. 선고 2007다63089, 63096 전원합의체 판결 등 참조), **사업시행자는 이주대책을 수립·실시하여야 할 자를 선정하여 그들에게 공급할 택지 또는 주택의 내용이나 수량을 정함에 재량을 갖는다**(대법원 2013. 12. 26. 선고 2013두17701 판결 등 참조)(대판 2023. 07. 13, 2023다214252).
② 공특법 제8조 제1항 및 같은법시행령 제5조 제5항에 의하여 실시되는 이주대책은 공공사업의 시행으로 생활근거를 상실하게 되는 자를 위하여 이주자에게 이주정착지의 택지를 분양하도록 하는 것이고, **사업시행자는 특별공급주택의 수량, 특별공급대상자의 선정 등에 있어서 재량을 가진다**고 할 것이다(대판 1995. 10. 12, 94누11279).
③ (1) 시혜적으로 시행되는 이주대책수립 등의 경우, 대상자의 범위나 그들에 대한 이주대책수립 등의 내용을 어떻게 정할 것인지에 관하여 **사업시행자에게 폭넓은 재량**이 있다. (2) 이주대책의 내용으로서 사업시행자가 생활기본시설을 설치하고 비용을 부담하도록 강제한 공익사업을 위한 토지 등의 취득 및 보상에 관한 법률 제78조 제4항은 시혜적인 이주대책대상자에까지는 적용되지 않는다(대판 2015. 07. 23, 2012두22911).

이주대책도 보상의 한 방식이고 보상의 내용이다. 그러므로 이주대책도 보상협의 및 수용재결신청의 대상이 된다. 법령상 이주대책을 실시하여야 하는 경우임에도 사업시행자와 토지소유자 등 사이에 이주대책에 관한 협의가 이루어지지 않은 경우 사업시행자는 이주대책계획을 수립하여 토지수용위원회에 재결을 신청하여야 한다. 이 경우 이주대책계획은 법정사항 이외에 있어서 이주대책의 내용에 관한 사업시행자의 재량권을 전제로 한 토지수용위원회의 재결에 의해 확정된다. 토지수용위원회의 재결에 의해 확정된 이주대책계획은 구속적 행정계획으로서 처분이다. 재결에 의해 확정된 이주대책계획의 내용에 불복하는 경우 재결취소소송 또는 재결무효확인소송을 제기하여야 할지 아니면 이주대책계획취소소송을 제기해야 할지 논란이 있을 수 있다.

이주대책의 내용에는 이주정착지(이주대책의 실시로 건설하는 주택단지를 포함한다)에 대한 도로, 급수시설, 배수시설, 그 밖의 공공시설 등 통상적인 수준의 생활기본시설이 포함되어야 하며, 이에 필요한 비용은 사업시행자가 부담한다. 다만, 행정청이 아닌 사업시행자가 이주대책을 수립·실시하는 경우에 지방자치단체는 비용의 일부를 보조할 수 있다(제78조 제4항).

토지보상법 제78조 제4항의 취지는 이주대책대상자들에게 생활 근거를 마련해 주고자 하는 데 목적이 있다(대판 전원합의체 2011. 06. 23, 2007다63089, 63096).

사업시행자가 토지보상법 시행령 제40조 제2항 단서에 따라 택지개발촉진법 또는 주택법 등 관계 법령에 의하여 이주대책대상자들에게 택지 또는 주택을 공급하는 경우에도 이주정착지를 제공하는 경우와 마찬가지로 사업시행자 부담으로 토지보상법 제78조 제4항에서 정한 생활기본시설을 설치하여 이주대책대상자들에게 제공하여야 한다(대판 전원합의체 2011. 06. 23, 2007다63089, 63096).

① 생활기본시설 및 생활기본시설 설치비용의 범위: 법 제78조 제4항 본문에 따른 통상적인 수준의 생활기본시설은 다음 각 호의 시설로 한다. 1. 도로(가로등·교통신호기를 포함한다), 2. 상수도 및 하수처리시설, 3. 전기시설, 4. 통신시설, 5. 가스시설(토지보상법 시행령 제41조의2 제1항).

[판례] 토지보상법 제78조 제4항의 '도로·급수시설·배수시설 그 밖의 공공시설 등 당해 지역조건에 따른 생활기본시설'은 주택법 제23조 등 관계 법령에 의하여 주택건설사업이나 대지조성사업을 시행하는 사업주체가 설치하도록 되어 있는 도로 및 상하수도시설, 전기시설·통신시설·가스시설 또는 지역난방시설 등 간선시설을 의미한다고 보아야 한다(대판 전원합의체 2011. 06. 23, 2007다63089, 63096).

법 제78조 제9항에 따라 사업시행자가 부담하는 생활기본시설에 필요한 비용(이하 이 조에서 "사업시행자가 부담하는 비용"이라 한다)은 다음 각 호의 구분에 따른 계산식에 따라 산정한다(토지보상법 시행령 제41조의2 제2항). 1. 택지를 공급하는 경우: 사업시행자가 부담하는 비용 = 해당 공익사업지구 안에 설치하는 제1항에 따른 생활기본시설의 설치비용 × (해당 이주대책대상자에게 유상으로 공급하는 택지면적 ÷ 해당 공익사업지구에서 유상으로 공급하는 용지의 총면적). 2. 주택을 공급하는 경우: 사업시행자가 부담하는 비용 = 해당 공익사업지구 안에 설치하는 제1항에 따른 생활기본시설의 설치비용 × (해당 이주대책대상자에게 유상으로 공급하는 주택의 대지면적 ÷ 해당 공익사업지구에서 유상으로 공급하는 용지의 총면적).

제2항 제1호 및 제2호에 따른 해당 공익사업지구 안에 설치하는 제1항에 따른 생활기본시설의 설치비용은 해당 생활기본시설을 설치하는 데 드는 공사비, 용지비 및 해당 생활기본시설의 설치와 관련하여 법령에 따라 부담하는 각종 부담금으로 한다(토지보상법 시행령 제41조의2 제3항).

[판례] ① **광장은** 토지보상법에서 정한 생활기본시설 항목이나 구 주택법에서 정한 간선시설 항목에 포함되어 있지 않으므로, 생활기본시설 항목이나 간선시설 항목에 해당하는 시설에 포함되거나 부속되어 그와 일체로 평가할 수 있는 경우와 같은 **특별한 사정이 없는 한 생활기본시설에 해당하지 않는다.** 따라서 일반 광장이나 생활기본시설에 해당하지 않는 고속국도에 부속된 교통광장과 같은 **광역교통시설광장은 생활기본시설에 해당한다고 보기 어렵다**(대법원 2014. 1. 16. 선고 2012다95301 판결, 대법원 2017. 12. 22. 선고 2015다202292 판결 등 참조). 또한 **대도시권의 대규모 개발사업을 하는 과정에서 광역교통시설의 건설 및 개량에 소요되어 대도시권 내 택지 및 주택의 가치를 상승시키는 데에 드는 비용은** 그 대도시권 내의 택지나 주택을 공급받는 이주대책대상자도 그에 따른 혜택을 누리게 된다는 점에서 **생활기본시설 설치비용에 해당하지 않는다**(대법원 2013. 12. 26. 선고 2012다83902 판결 등 참조)(대판 2023. 07. 13, 2023다214252: 이 사건 택지개발사업의 이주자택지 공급한도로 정해진 265㎡를 초과하는 부분까지 당연히 이주대책으로서 특별공급된 것으로 단정할 수 없고, 이 사건 교통광장이 고속도로 부속 교통광장이자 광역교통개선대책에 따라 개량된 시설로서 생활기본시설에 해당하지 않는다고 볼 여지가 크다는 이유로, 이와 다른 전제에서 부당이득반환의 범위를 산정한 원심판결을 파기 · 환송한 사례).

② [1] **공익사업지구 밖에 설치하는 도로 등 시설에 관한 부담금 등 비용은** 특별한 사정이 없는 한 **생활기본시설 설치비용에 포함되지 않는다**고 봄이 타당하다. [2] **광역교통시설부담금은** 이주대책대상자에게 생활의 근거로 제공되어야 하는 생활기본시설의 설치비용에 해당한다고 볼 수 없다. [3] 개발사업 시행자가 실제로 지출한 광역교통시설부담금을 비용으로 산정하여 분양대금을 정함에 따라 이주대책대상자와 체결한 분양계약의 분양대금에 광역교통시설부담금 상당액이 포함되어 있더라도, 분양대금에서 이를 제외하도록 하는 법률 규정이나 별도의 약정이 있는 등 특별한 사정이 없는 한, 분양계약에 의하여 약정된 분양대금 중에서 광역교통시설부담금 상당액 부분이 무효라고 볼 수는 없으므로, 개발사업 시행자가 이주대책대상자와의 관계에서 광역교통시설부담금 상당의 분양대금을 법률상 원인 없이 이득하였다고 볼 수 없다(대판 2013. 09. 12, 2012다203799[부당이득금]).

③ **이주대책대상자에게 생활기본시설로 제공하여야 하는 도로의 범위:** 사업시행자가 이주대책대상자에게 생활기본시설로서 제공하여야 하는 도로에는 그 길이나 폭에 불구하고 주택법 제2조 제8호에서 정하고 있는 간선시설에 해당하는 도로, 즉 주택단지 안의 도로를 해당 주택단지 밖에 있는 동종의 도로에 연결시키는 도로가 포함됨은 물론(대법원 2013. 09. 26. 선고 2012다33303 판결 참조), 사업시행자가 공익사업지구 안에 설치하는 도로로서 해당 사업지구 안의 주택단지 등의 입구와 그 사업지구 밖에 있는 도로를 연결하는 기능을 담당하는 도로도 이에 포함되나, 사업지구

안의 주택단지 등의 기능 달성 및 전체 주민들의 통행을 위한 필수적인 시설이라고 볼 수 없는 특별한 사정이 있으면 생활기본시설에 포함된다고 볼 수 없다(대판 2015. 07. 23, 2013다29509; 2015. 10. 15, 2014다89997[부당이득금]).

④ [1] 생활기본시설 용지비 등을 산정할 때 **존치부지**(공익사업의 시행자가 사업지구 안에 있는 기존의 건축물이나 그 밖의 시설을 이전하거나 철거하지 아니하여도 개발사업에 지장이 없다고 인정하여 그대로 존치시킨 부지) **면적은 총사업면적에서 제외함이 타당**하다. [2] 사업주체가 당해 지역에 가스·난방 또는 전기를 공급하는 자에게 가스공급설비, 집단에너지공급시설, 변전소 등의 부지로 제공하기 위하여 그에 해당하는 용지를 택지조성원가 산정 당시 유상공급면적에 포함시켰다면 비록 그 시설이 생활기본시설이라 하더라도 다른 특별한 사정이 없는 한 그 용지비가 분양대금에 전가된 것이 아니므로 이를 생활기본시설 설치비용에 포함시킬 것이 아니다. [3] 도로와 상·하수도시설은 생활기본시설에 해당하므로, 설치비용인 도로축조 및 포장공사비, 상·하수도공사비는 전액이 생활기본시설 설치를 위한 공사비에 해당하고, 전체 토목공사비 중 이를 제외한 나머지 공사비는 생활기본시설의 설치를 위하여 지출된 비율, 즉 총사업면적에 대한 생활기본시설 설치면적의 비율의 범위 내에서 생활기본시설 설치를 위한 공사비에 해당한다. 그리고 도로와 상·하수도 등 생활기본시설 자체의 설치비용 액수가 명확하지 아니한 경우에는 논리와 경험의 법칙에 반하지 아니하는 범위 내에서 객관성과 합리성을 갖춘 방식으로 전체 토목공사비 중 생활기본시설 설치비용을 추산할 수밖에 없을 것이지만, 전체 토목공사비 중 총사업면적에 대한 생활기본시설 설치면적의 비율 범위로 생활기본시설 설치비용을 추산하는 방식은 위에서 본 산정방식에 따를 때보다 항상 적은 금액이 산정되는 결과가 될 것이므로, 그와 같이 추산하기에 앞서 생활기본시설 자체의 설치비용을 가려낼 수 있는지에 관하여 충분한 심리를 거쳐야 한다. [4] 택지조성원가 중 조성비에 계상된 항목의 비용은 비용 지출과 생활기본시설 설치와의 관련성, 즉 생활기본시설 설치를 위하여 해당 비용이 지출된 것으로 인정되어야만 전부 또는 총사업면적에 대한 생활기본시설 설치면적의 비율 범위 내에서 생활기본시설 설치비용에 포함되고, 관련성의 증명책임은 그 항목의 비용이 생활기본시설 설치비용임을 주장하는 측에 있다(대판 2015. 07. 09, 2014다85391[부당이득금]).

⑤ 피고가 무상취득한 도로 부지 면적을 포함하여 이 사건 사업구역 내에 새로 설치된 도로 전체를 기준으로 생활기본시설 용지비를 산정하여야 한다고 보면서, 보행자도로를 포함하여 피고가 이 사건 사업계획에 따라 이 사건 사업구역 내에 새로 설치한 도로 전체를 생활기본시설에 해당한다고 본 원심 판단을 수긍한 사례(대판 2015. 10. 29, 2014다14641).

⑥ [1] 고속도로 등 고속국도는 일반적으로 위와 같은 간선시설에 해당하지 않아 생활기본시설로 볼 수 없다. [2] 사업시행자가 전기, 가스, 난방 등을 공급하는 자에게 시설 용지를 택지조성원가 이상으로 유상공급하였다면 그 용지비가 분양대금에 전가되었다고 볼 수 없으므로, 이를 생활기본시설 설치비용에 포함시켜서는 안 된다. [3] 광역교통시설 부담금은 이주대책대상자에게 생활의 근거로 제공되어야 할 생활기본시설 설치비용에 해당한다고 볼 수 없다. [4] **택지조성원가 중 조성비에 계상된 항목의 비용이 생활기본시설 설치비용에 포함되기 위한 요건과 범위 및 그 증명책임의 소재(=생활기본시설 설치비용임을 주장하는 측)**: 택지조성원가 중 조성비에 계상된 항목의 비용은 비용 지출과 생활기본시설 설치의 관련성, 즉 생활기본시설 설치를 위하여 그 비용이 지출된 것으로 인정되어야만 전부 또는 총사업면적에 대한 생활기본시설 설치면적의 비율 범위 내에서 생활기본시설 설치비용에 포함되고, 관련성의 증명책임은 그 항목의 비용이 생활기본시설 설치비용임을 주장하는 측에 있다. [5] 사업시행자가 공익사업지구 안에 설치하는 도로로서 해당 사업지구 안의 주택단지 등의 입구와 사업지구 밖에 있는 도로를 연결하는 기능을 담당하는 도로는

특별한 사정이 없는 한 사업지구 내 주택단지 등이 제 기능을 발휘하고 전체 주민들이 통행하는데 필수적인 시설로서 사업시행자가 이주대책대상자에게 생활기본시설로서 제공하여야 하는 도로에 포함된다(대판 2017. 12. 05, 2015다1277).
⑦ 공익사업의 시행자가 이주대책대상자에게 생활기본시설로서 제공하여야 하는 도로에는 길이나 폭에 불구하고 구 주택법(2009. 2. 3. 법률 제9405호로 개정되기 전의 것) 제2조 제8호에서 정하고 있는 간선시설에 해당하는 도로, 즉 주택단지 안의 도로를 해당 주택단지 밖에 있는 동종의 도로에 연결시키는 도로가 포함됨은 물론, 사업시행자가 공익사업지구 안에 설치하는 도로로서 해당 사업지구 안의 주택단지 등의 입구와 사업지구 밖에 있는 도로를 연결하는 기능을 담당하는 도로도 특별한 사정이 없는 한 사업지구 내 주택단지 등의 기능 달성 및 전체 주민들의 통행을 위한 필수적인 시설로서 이에 포함된다(대판 2019. 03. 28, 2015다49804).

② 이주대책대상자들에 대한 생활기본시설 설치비용 부당 전가와 부당이득반환: 생활기본시설 설치비용은 사업시행자가 부담하여야 한다. 따라서, 사업시행자가 부담하여야 하는 생활기본시설 설치비용을 이주대책대상자들에게 부당하게 전가한 경우에 사업시행자는 그 부당이득을 이주대책대상자들에게 반환하여야 한다.

[판례] ① (1) 만일 이주대책대상자들과 사업시행자 또는 그의 알선에 의한 공급자에 의하여 체결된 택지 또는 주택에 관한 특별공급계약에서 구 공익사업법 제78조 제4항에 규정된 생활기본시설 설치비용을 분양대금에 포함시킴으로써 이주대책대상자들이 생활기본시설 설치비용까지 사업시행자 등에게 지급하게 되었다면, 사업시행자가 직접 택지 또는 주택을 특별공급한 경우에는 특별공급계약 중 분양대금에 생활기본시설 설치비용을 포함시킨 부분이 강행법규인 위 조항에 위배되어 무효이고, 사업시행자의 알선에 의하여 다른 공급자가 택지 또는 주택을 공급한 경우에는 사업시행자가 위 규정에 따라 부담하여야 할 생활기본시설 설치비용에 해당하는 금액의 지출을 면하게 되어, 결국 사업시행자는 법률상 원인 없이 생활기본시설 설치비용 상당의 이익을 얻고 그로 인하여 이주대책대상자들이 같은 금액 상당의 손해를 입게 된 것이므로, 사업시행자는 그 금액을 부당이득으로 이주대책대상자들에게 반환할 의무가 있다. (2) 구 공익사업을 위한 토지 등의 취득 및 보상에 관한 법률 제78조 제4항에 따라 사업시행자의 부담으로 이주대책대상자들에게 제공하여야 하는 것은 위 조항에서 정한 생활기본시설에 국한되므로, 이와 달리 사업시행자가 이주대책으로서 이주정착지를 제공하거나 택지 또는 주택을 특별공급하는 경우 사업시행자는 이주대책대상자들에게 택지의 소지(素地)가격 및 택지조성비 등 투입비용의 원가만을 부담시킬 수 있고 이를 초과하는 부분은 생활기본시설 설치비용에 해당하는지를 묻지 않고 그 전부를 이주대책대상자들에게 전가할 수 없다는 취지로 판시한 종래 대법원판결들은 이 판결의 견해에 배치되는 범위 안에서 모두 변경하기로 한다(대판 전원합의체 2011. 06. 23, 2007다63089, 63096).
② 공익사업의 사업주체가 재량 범위 내에서 격차율을 적용하여 이주자택지의 분양대금을 개별적으로 결정한 경우에는 전체 이주자택지의 조성원가를 개별 이주자택지에 대하여 입지조건에 따라 차등적으로 할당한 것으로 볼 수 있으므로, 개별 이주자택지에 대한 조성원가 및 생활기본시설 설치비용과 그에 따른 정당한 분양대금을 산정할 때에도 해당 격차율을 반영한 금액으로 산정하여야 한다(대판 2014. 08. 20, 2014다6572[부당이득금반환]).
③ **특별공급 주택의 공급가격이 조성원가에 미치지 못하는 경우**에는 조성원가의 일부분인 생활기본시설 설치비용 전부가 공급가격에 포함되었다고 볼 수 없고, **공급가격 중 '조성원가에서 생활기**

본시설 설치비용을 공제한 금액'을 초과하는 부분이 있다면 그 부분만이 공급가격에 포함된 **생활기본시설 설치비용**이라고 보아야 한다(대판 2015. 07. 23, 2013다29509[부당이득금]).

④ **[1] 택지조성원가에서 일정한 금액을 할인하여 이주자택지의 분양대금을 정한 경우 분양대금에 포함된 생활기본시설 설치비용 상당의 부당이득 산정에서 기준이 되는 택지조성원가 및 유상공급면적: 사업시행자가 택지조성원가에서 일정한 금액을 할인하여 이주자택지의 분양대금을 정한 경**우에는 분양대금이 '택지조성원가에서 생활기본시설 설치비용을 공제한 금액'을 초과하는지 등 그 상호관계를 통하여 분양대금에 생활기본시설 설치비용이 포함되었는지와 그 포함된 범위를 판단하여야 한다. 이때 구 토지보상법 제78조 제4항은 사업시행자가 이주대책대상자에게 생활기본시설 설치비용을 전가하는 것만을 금지할 뿐 적극적으로 이주대책대상자에게 부담시킬 수 있는 비용이나 그로부터 받을 수 있는 분양대금의 내역에 관하여는 규정하지 아니하고 있으므로, 사업시행자가 실제 이주자택지의 분양대금 결정의 기초로 삼았던 택지조성원가 가운데 생활기본시설 설치비용에 해당하는 항목을 가려내어 이를 빼내는 방식으로 '택지조성원가에서 생활기본시설 설치비용을 공제한 금액'을 산정하여야 하고, 이와 달리 이주대책대상자에게 부담시킬 수 있는 택지조성원가를 새롭게 산정하여 이를 기초로 할 것은 아니다. 그리고 **이주자택지의 분양대금 결정의 기초로 삼은 택지조성원가를 산정할 때** 도시지원시설 감보면적을 유상공급면적에서 제외할 것인지에 관하여 다투는 것도 이러한 택지조성원가 산정의 정당성을 다투는 것에 불과하기 때문에 이주대책대상자에 대한 생활기본시설 설치비용의 전가 여부와는 관련성이 있다고 할 수 없고, 이로 인하여 사업시행자가 구 토지보상법 제78조 제4항을 위반하게 된다고 볼 수도 없다. 따라서 **이주자택지의 분양대금에 포함된 생활기본시설 설치비용 상당의 부당이득액을 산정함에 있어서는 사업시행자가 이주자택지 분양대금 결정의 기초로 삼은 택지조성원가를 산정할 때 실제 적용한 유상공급면적을 그대로 그 기준으로 삼아야 한다. [2] 생활기본시설 설치비용의 전가에 따른 부당이득 산정에서 격차율 반영 방법:** 사업시행자가 그 재량의 범위 내에서 격차율을 적용하여 이주자택지의 분양대금을 개별적으로 결정한 경우에는 전체 이주자택지의 조성원가를 개별 이주자택지에 대하여 그 입지조건에 따라 차등적으로 할당한 것으로 볼 수 있으므로, 개별 이주자택지에 대한 조성원가 및 생활기본시설 설치비용과 그에 따른 정당한 분양대금을 산정할 때에도 해당 격차율을 반영한 금액으로 산정하여야 한다(대법원 2014. 08. 20. 선고 2014다6572 판결 참조). 격차율을 반영하는 취지는 이주자택지를 분양받은 이주대책대상자 사이의 형평을 유지하는 데에 있을 뿐이고 격차율 반영으로 인하여 사업시행자가 전체 이주대책대상자에게 반환하여야 할 부당이득의 존부나 범위가 달라져서는 아니 될 것이므로, 여기서 반영되어야 하는 격차율은 차등적 할당 대상이 된 전체 이주자택지 조성원가의 단위면적당 금액과 차등적 할당 결과인 개별 이주자택지 분양대금의 단위면적당 금액 사이의 격차율이어야 한다(대판 2015. 10. 15, 2014다89997[부당이득금]).

⑤ [1] 공익사업의 시행자가 이주대책대상자에게 일반 유상공급택지에 비하여 저렴한 가격으로 택지를 공급함에 따라 차액 상당의 비용(이하 '이주대책비'라 한다)을 부담하게 된 경우, 이주대책대상자에게 공급하는 이주자택지에 관한 택지조성원가에 이주대책비가 포함된다면 이주대책대상자에게 이주대책 시행에 따른 비용을 부담하게 하는 부당한 결과가 되므로, **택지조성원가를 산정할 때에 이주대책비는 공제되어야 한다.** [2] 甲 공사가 이주대책대상자인 乙 등에게 공급한 택지의 분양대금에 구 공익사업을 위한 토지 등의 취득 및 보상에 관한 법률 제78조 제4항에서 정한 생활기본시설 설치비용이 포함되었음을 이유로 乙 등이 부당이득반환 등을 구한 사안에서, 乙 등이 실제 납부한 금액은 분양대금 원금이 아니라, 분양대금 원금에 연체이자를 더하고 선납할인금을 공제하여 계산된 금액인데, 乙 등이 실제 납부한 금액에 반영된 연체이자 내지 선납할인금 중 생활기본시설 설치와 관계없는 분양대금에 대응되는 부분은 법률상 원인 없이 甲 공사가 이득하였거

나 乙 등이 할인받았다고 할 수 없으므로, 이 부분 연체이자 내지 선납할인금은 甲 공사가 반환하여야 할 부당이득액 또는 乙 등이 납부하여야 할 잔여채무액 산정에서 고려되어서는 안 된다고 한 사례(대판 2015. 10. 29, 2014다78683[채무부존재확인]).

⑥ 공익사업의 시행자가 이주대책대상자들과 체결한 아파트 특별공급계약에서 구 공익사업을 위한 토지 등의 취득 및 보상에 관한 법률 제78조 제4항에 위배하여 생활기본시설 설치비용을 분양대금에 포함시킨 경우, 이주대책대상자들이 사업시행자에게 이미 지급하였던 분양대금 중 그 부분에 해당하는 금액의 반환을 구하는 부당이득반환청구의 경우에도 상거래 관계와 같은 정도로 거래관계를 신속하게 해결할 필요성이 있다고 볼 수 없으므로 위 부당이득반환청구권에는 상법 제64조가 적용되지 아니하고, 소멸시효기간은 민법 제162조 제1항에 따라 10년으로 보아야 한다(대판 2016. 09. 28, 2016다20244[부당이득금반환]).

⑦ 한국토지공사가 시행한 택지개발사업의 사업부지 중 기존 도로 부분과 수도 부분을 포함한 국공유지가 한국토지공사에게 무상으로 귀속된 경우, 생활기본시설 용지비의 산정 방식이 문제 된 사안에서, 한국토지공사가 이주대책대상자들에게 반환하여야 할 부당이득액은 이주자택지의 분양대금에 포함된 생활기본시설에 관한 비용 상당액이므로, 그 구성요소의 하나인 생활기본시설 용지비는 분양대금 산정의 기초가 된 총용지비에 포함된 전체 토지의 면적에 대한 생활기본시설이 차지하는 면적의 비율에 총용지비를 곱하는 방식으로 산출하여야 하고, 사업부지 중 한국토지공사에게 무상귀속된 부분이 있을 경우에는 무상귀속 부분의 면적도 생활기본시설의 용지비 산정에 포함시켜야 하는데도, 무상귀속부지 중 전체 공공시설 설치면적에 대한 생활기본시설 설치면적의 비율에 해당하는 면적을 제외하고 생활기본시설의 용지비를 산정한 원심판단에 법리오해의 잘못이 있다고 한 사례(대판 2019. 03. 28, 2015다49804).

⑧ (1) 이주대책대상자들에게 이주자택지 공급한도로 정한 265㎡를 초과하여 공급한 부분이 사업시행자가 정한 이주대책의 내용이 아니라 일반수분양자에게 공급한 것과 마찬가지로 볼 수 있는 경우 **초과 부분에 해당하는 분양면적에 대해서는** 일반수분양자와 동등하게 **생활기본시설 설치비용을 부담시킬 수 있다.** (2) 제반 사정에 비추어 한국토지주택공사는 이주자택지 공급한도를 265㎡로 정하였을 뿐 이를 초과하는 부분까지 이주대책으로서 특별공급한 것으로 단정하기 어렵다고 한 사례(대판 2023. 07. 13, 2023다214252).

사) 이주대책대상자의 법적 지위 이주대책대상자는 이주대책상의 권리(이주대책계획수립청구권, 분양신청권, 수분양권(분양받을 권리))를 취득하는데, 이 권리를 언제 취득하는가 하는 것이 문제된다.

a. 법상의 이주대책대상자의 이주대책계획수립청구권 토지보상법 제78조 제1항은 토지취득보상법 시행령 제40조 제4항상 예외가 인정되고 있는 경우를 제외하고는 사업시행자에게 이주대책을 실시할 의무만을 부여하고 있다고 보아야 하므로 이 법규정만으로는 법상의 이주대책대상자에게 특정한 이주대책을 청구할 권리는 발생하지 않지만 이주대책을 수립할 것을 청구할 권리만을 갖는다고 보아야 한다.

법상의 이주대책대상자가 이주대책계획의 수립을 청구하였음에도 불구하고 사업시행자가 이주대책을 수립하지 않는 경우에는 의무이행심판 또는 부작위위법확인소송을 제기할 수 있고, 이주대책수립을 거부한 경우에는 의무이행심판(또는 거부처분

취소심판) 또는 거부처분취소소송을 제기할 수 있다고 보아야 한다.

b. **분양신청권** 이주대책계획이 수립되면 이주대책대상자는 분양신청권을 취득한다.

c. 이주대책대상자의 수분양권 등 특정한 실체법상의 권리의 취득

(a) 취득시기 문제는 이주대책대상자에게 언제 수분양권(분양을 받을 구체적 권리) 등 특정한 실체법상의 권리가 취득되는가 하는 것이다. 사업시행자가 이주대책에 관한 구체적인 계획을 수립하여 이를 해당자에게 통지 내지 공고한 경우에 이것으로 이주자에게 수분양권이 취득되는가 아니면 이주자가 이주대책대상자 선정을 신청하고 사업시행자가 이를 받아들여 이주대책대상자로 확인 · 결정하여야 비로소 수분양권이 발생하는가 하는 것이다.

① 이주대책계획수립이전설(법상 취득설): 토지취득보상법 제78조 및 동법 시행령 제40조의 요건을 충족하는 경우에 실체적 권리인 수분양권이 취득된다고 보는 견해이다. 후술하는 바와 같이 대법원 92다35783 전원합의체 판결에서 반대의견이 이 견해를 채택한 것으로 보인다.

② 이주대책계획수립시설: 사업시행자가 이주대책에 관한 구체적인 계획을 수립하여 이를 해당자에게 통지 내지 공고한 경우에 이것으로 이주자에게 수분양권이 취득된다고 보는 견해이다. 후술하는 바와 같이 대법원 92다35783 전원합의체 판결에서 반대의견에 대한 보충의견이 이 견해를 취한 것으로 보인다.

③ 확인 · 결정시설: 이주대책계획수립 후 이주대책대상자는 이주대책대상자 선정신청권(분양신청권)만을 취득하고, 이주자가 이주대책대상자 선정을 신청하고 사업시행자가 이를 받아 들여 이주대책대상자로 확인 · 결정하여야 비로소 수분양권이 발생한다고 보는 견해이다.

④ 판례: 판례는 수분양권의 발생에 관하여 확인 · 결정시설을 취하고 있다(대판 전원합의체 1994. 05. 24, 92다35783). 즉, 이주자의 이주대책대상자선정신청에 대하여 사업시행자가 이를 받아들이는 확인 · 결정은 이주대책대상자가 택지분양권이나 아파트 입주권 등 구체적인 권리를 취득하기 위한 요건에 해당한다고 본다(대판 1999. 08. 20, 98두17043). 판례는 그 논거로 구 공특법 제8조 제1항이 이주대책에 대한 구체적인 내용을 규정하고 있지 아니하다는 것을 들고 있다.

[판례] 같은 법 제8조 제1항이 사업시행자에게 이주대책의 수립 · 실시의무를 부과하고 있다고 하여 그 규정 자체만에 의하여 이주자에게 사업시행자가 수립한 이주대책상의 택지분양권이나 아파트 입주권 등을 받을 수 있는 구체적인 권리(수분양권)가 직접 발생하는 것이라고는 도저히 볼 수 없으며, 사업시행자가 이주대책에 관한 구체적인 계획을 수립하여 이를 해당자에게 통지 내지 공

고한 후, 이주자가 수분양권을 취득하기를 희망하여 이주대책에 정한 절차에 따라 사업시행자에게 이주대책대상자 선정신청을 하고 사업시행자가 이를 받아들여 **이주대책대상자로 확인 · 결정하여야만 비로소 구체적인 수분양권이 발생하게 된다**(대판 전원합의체 1994. 05. 24, 92다35783[지장물세목조서명의변경]).

이에 대하여 반대의견은 구 공특법 제8조는 사업시행자에게 이주대책사업을 실시해야 할 의무를 부과하고 있고, 각 법령에서 이주대책의 구체적 내용을 정하지 않은 것은 이주대책의 절차, 방법, 내용 등에 대하여 재량을 인정할 필요 때문이지 그것 때문에 이주대책대상자의 구체적 권리를 부정할 사유는 되지 못한다고[132] 비판하면서 구 공특법 제8조(현 토지취득보상법 제78조)로부터 이주대책대상자는 실체법상의 권리를 갖는다고 본다.

그리고, 반대의견에 대한 보충의견은 이주대책을 수립하기 이전에는 이주자의 수분양권은 아직 추상적인 권리나 법률상의 지위 내지 이익에 불과한 것이지만, 이주대책을 수립한 이후에는 이주자의 추상적인 수분양권이 그 이주대책이 정하는 바에 따라 구체적 권리로 바뀌게 된다고 본다(대판 전원합의체 1994. 05. 24, 92다35783).

⑤ 결어: 법상 이주대책대상자의 경우 다음과 같은 이유에서 이주대책계획수립시설이 타당하다. 사업시행자가 이주대책에 관한 구체적인 계획을 수립하면 그것만으로 법상 이주대책대상자는 수분양권 등 이주대책상 구체적인 권리를 취득한다고 보아야 할 것이다. 즉, 구체적인 이주대책계획의 수립에 의해 이주대책대상자의 포괄적 권리가 구체적 권리로 전환된다고 보아야 한다.

이에 반하여 법상의 이주대책대상자가 아닌 이주자는 이주대책대상자선정신청을 하고 사업시행자가 이를 받아들여 이주대책대상자로 확인 · 결정하여야 비로소 실체적인 권리를 취득한다고 보아야 한다.

(b) 소송형식 위와 같은 수분양권의 발생시점에 관한 견해의 차이는 소송상 어떠한 차이를 가져오는가.

① 만일 판례와 같이 사업시행자에 의해 이주대책대상자로 확인 · 결정되어야 비로소 실체적인 권리를 취득한다고 보면(확인결정시설에 의하면) 이주대책대상자 선정신청에 대한 거부는 거부처분이 되므로 이에 대하여 취소소송을 제기하고 부작위인 경우에는 부작위위법확인소송을 제기하여야 한다.

[판례] 공익사업법 제78조 제1항에서 사업시행자는 이주대책대상자에게 이주대책을 수립 · 실시하도록 규정하고 있으므로, 사업시행자는 이주대책의 수립 · 실시의무가 있고, 사업시행자가 그 의무이행에 따른 이주대책계획을 수립하여 공고하였다면, 이주대책대상자라고 하면서 선정 신청

132) 위 전원합의체 판결의 반대의견.

을 한 자에 대해 대상자가 아니라는 이유로 거부한 행위는 항고소송의 대상이 되는 거부처분이라 할 것이다(대판 2009. 02. 26, 2008두5124).

이주자가 사업시행자에 대한 이주대책대상자 선정신청 및 이에 따른 확인·결정 등 절차를 밟지 아니하여 구체적인 수분양권을 아직 취득하지도 못한 상태에서 곧바로 분양의무의 주체를 상대방으로 하여 민사소송이나 공법상 당사자소송으로 이주대책상의 수분양권의 확인 등을 구하는 것은 허용될 수 없고, 나아가 그 공급대상인 택지나 아파트 등의 특정부분에 관하여 그 수분양권의 확인을 소구하는 것은 더더욱 불가능하다고 본다(대판 전원합의체 1994. 05. 24, 92다35783).

② 만일 반대의견과 같이 공특법 제8조(토지취득보상법 제78조 제1항 동법 시행령 제40조)로부터 이주대책대상자는 실체법상의 권리를 갖는다고 본다면 (이주대책계획수립시설) 사업시행자가 실제로 이주대책계획을 수립하기 이전에는 이주자의 수분양권은 아직 추상적인 권리나 법률상의 지위 내지 이익에 불과한 것이어서 이 단계에 있어서는 확인의 이익이 인정되지 아니하여 그 권리나 지위의 확인을 구할 수 없다고 할 것이고, 사업시행자가 이주대책계획을 수립하지 아니하는 경우에는 사업시행자에게 이를 청구하여 거부되면 취소소송을, 방치되면 부작위위법확인을 소구할 수 있다고 볼 것이다. 그러나 이주대책계획을 수립한 이후에는 이주대책대상자의 추상적인 수분양권이 그 이주대책이 정하는 바에 따라 구체적 권리로 바뀌게 되므로, 이주대책에서 제외된 이주대책대상자는 위와 같은 수분양권에 터잡은 분양신청(이른바 실체적 신청권의 행사)을 하여 거부당한 경우에는 그 거부의 취소를 구하는 항고소송을 제기할 수 있을 것이고, 신청기간을 도과한 경우, 사업시행자가 미리 수분양권을 부정하거나 이주대책에 따른 분양절차가 종료되어 분양신청을 하더라도 거부당할 것이 명백한 경우, 또는 분양신청을 묵살당한 경우, 기타 확인판결을 얻음으로써 분쟁이 해결되고 권리구제가 가능하여 그 확인소송이 권리구제에 유효 적절한 수단이 될 수 있는 특별한 사정이 있는 경우에는, 당사자소송으로 수분양권 또는 그 법률상의 지위의 확인을 구할 수 있다고 보아야 한다(대법원 92다35783 전원합의체 판결에서 반대의견에 대한 보충의견).

③ 이주대책계획수립이전설(법상 취득설)에 의하면 구체적 이주대책의 이행을 신청하고 그 이행이 없을 때 부작위위법확인소송을 제기하여 그 권리구제를 받을 수 있고, 그 권리를 포기한 것으로 볼 수 없는 한 언제나 신청이 가능하고 구체적 이주대책이 종료한 경우에도 추가 이주대책을 요구할 수 있다. 그리고, 이주대책대상자 선정신청의 거부에 대하여 거부처분의 취소를 청구할 수 있을 뿐만 아니라 구체적 이주대책계획에서 제외된 이주대책대상자는 자기 몫이 참칭 이주대책대상자에게 이

미 분양되어 분양신청을 하더라도 거부할 것이 명백한 특수한 경우에는 이주대책대상자로서 분양을 받을 권리 또는 그 법률상 지위의 확인을 구할 수 있다고 보아야 한다. 이 때에 확인소송은 확인소송의 보충성이라는 소송법의 일반법리에 따라 그 확인소송이 권리구제에 유효 적절한 수단이 될 때에 한하여 그 소의 이익이 인정된다(대법원 92다35783 전원합의체 판결에서의 반대의견).

④ 사견(私見)에 의하면 법상 이주대책대상자는 구체적인 이주대책계획이 수립된 경우에는 그에 따라 구체적인 수분양권을 취득하므로 이주대책대상자 선정은 확인행위이다. 따라서, 선정거부는 확인행위의 거부가 되므로 취소소송을 제기하거나 수분양권의 확인을 구하는 소송을 제기할 수 있다고 보아야 한다. 취소소송의 제기에는 불복기간의 제한이 있으므로 불복기간을 넘은 경우에는 수분양권의 확인을 구하는 소송을 제기하여야 할 것이다.

만일 수분양권의 확인을 구하는 소송을 인정한다면 민사소송으로 제기하여야 하는가 아니면 공법상 당사자소송으로 제기하여야 하는가. 이주대책의 수립 및 집행은 공행정사무로 보아야 하므로 수분양권은 공법상 권리로 보는 것이 타당하고(대판 전원합의체 1994. 05. 24, 92다35783) 따라서 공법상 당사자소송을 제기하여야 할 것이다.

(라) 토지취득보상법상 이주정착금의 지급 사업시행자는 ① 이주대책을 수립 · 실시하지 아니하는 경우 또는 ② 이주대책대상자가 이주정착지가 아닌 다른 지역으로 이주하고자 하는 경우에는 이주대책대상자에게 국토교통부령이 정하는 바에 따라 이주정착금을 지급하여야 한다(시행령 제41조).

(마) 토지취득보상법상 주거이전비의 지급 토지취득보상법령은 주거이전비보상에 관하여 다음과 같이 규정하고 있다. 주거용 건물의 거주자에 대하여는 주거이전에 필요한 비용과 가재도구 등 동산의 운반에 필요한 비용을 산정하여 보상하여야 한다(토지취득보상법 제78조 제6항). 공익사업시행지구에 편입되는 주거용 건축물의 소유자에 대하여는 해당 건축물에 대한 보상을 하는 때에 가구원수에 따라 2개월분의 주거이전비를 보상하여야 한다. 다만, 건축물의 소유자가 당해 건축물 또는 공익사업시행지구 내 타인의 건축물에 실제 거주하고 있지 아니하거나 해당 건축물이 무허가건축물 등인 경우에는 그러하지 아니하다(동법 시행규칙 제54조 제1항). 공익사업의 시행으로 인하여 이주하게 되는 주거용 건축물의 세입자(무상으로 사용하는 거주자를 포함하되, 법 제78조 제1항에 따른 이주대책대상자인 세입자는 제외한다)로서 사업인정고시일 등 당시 또는 공익사업을 위한 관계법령에 의한 고시 등이 있은 당시 해당 공익사업시행지구안에서 3개월 이상 거주한 자에 대하여는 가구원수에 따라 4개월분의 주거이전비를 보상하여야 한다. 다만, 무허가건축물 등에 입주한 세입자로서 사업인정고시일 등 당시 또는 공익

사업을 위한 관계법령에 의한 고시 등이 있은 당시 그 공익사업지구 안에서 1년 이상 거주한 세입자에 대하여는 본문에 따라 주거이전비를 보상하여야 한다(제2항).

[판례] ① [1] 공익사업을 위한 토지 등의 취득 및 보상에 관한 법률 제78조 제5항 등에 따른 이사비의 보상대상자는 '공익사업시행지구에 편입되는 주거용 건축물의 거주자로서 공익사업의 시행으로 이주하게 되는 자'로 보는 것이 타당하다. [2] **2007. 4. 12. 건설교통부령 제556호로 개정된 공익사업을 위한 토지 등의 취득 및 보상에 관한 법률 시행규칙(이하 '개정 시행규칙'이라 한다) 시행 이후에 사업시행인가 고시가 이루어진 정비사업에 관하여 세입자에게 지급되는 주거이전비에** 관하여는, 특별한 사정이 없으면 사업시행인가 고시 당시 시행 중인 개정 시행규칙이 준용되어 그 시행규칙에서 정한 보상대상자 요건 및 보상금액에 따라 보상의무가 정해진다. 그리고 주거이전비의 보상내용은 사업시행인가 고시가 있은 때에 확정되므로 이때를 기준으로 보상금액을 산정해야 한다(대판 2012. 08. 30, 2011두22792).

② 구 도시 및 주거환경정비법에 따른 주택재개발 사업의 경우 공익사업을 위한 토지 등의 취득 및 보상에 관한 법률 시행규칙 제54조 제2항 본문에서 정한 주거이전비의 보상대상자를 정하는 기준일(=정비계획에 관한 공람공고일): 도시정비법상 주거용 건축물의 세입자에 대한 주거이전비의 보상은 정비계획이 외부에 공표됨으로써 주민 등이 정비사업이 시행될 예정임을 알 수 있게 된 때인 정비계획에 관한 공람공고일 당시 당해 정비구역 안에서 3월 이상 거주한 자를 대상으로 한다(대판 2010. 09. 09, 2009두16824[주거이전비]). **〈해설〉** 주거이전비의 보상대상자를 정하는 기준일을 사업시행인가고시일로 본 원심판결을 파기한 사례.

③ 구 도시 및 주거환경정비법상 주거용 건축물의 소유자에 대한 주거이전비 보상의 경우, 주거용 건축물에 대한 정비계획에 관한 공람·공고일부터 해당 건축물에 대한 보상을 하는 때까지 계속하여 소유 및 거주하여야 한다(대판 2015. 02. 26, 2012두19519[주거이전비]).

④ [1] 도시 및 주거환경정비법규정에 의하여 사업시행자로부터 **임시수용시설을 제공받는 세입자라 하더라도** 공익사업법 및 공익사업법 시행규칙에 의한 **주거이전비를 별도로 청구할 수 있다**고 봄이 타당하다. [2] 사업시행자의 세입자에 대한 주거이전비 지급의무를 규정하고 있는 공익사업법 시행규칙 제54조 제2항은 당사자의 합의 또는 사업시행자의 재량에 의하여 그 적용을 배제할 수 없는 **강행규정**이라고 보아야 할 것이다. (3) 주택재개발사업 정비구역 안에 있는 주거용 건축물에 거주하던 세입자 甲이 주거이전비를 받을 수 있는 권리를 포기한다는 취지의 주거이전비 포기각서를 제출하고 사업시행자가 제공한 임대아파트에 입주한 다음 별도로 주거이전비를 청구한 사안에서, 위 포기각서의 내용은 강행규정에 반하여 무효라고 한 사례(대판 2011. 07. 14, 2011두3685[주거이전비등]).

⑤ [1] **주거이전비는 가구원수에 따라 소유자 또는 세입자에게 지급되는** 것으로서 소유자와 세입자가 그 지급청구권을 가지는 것으로 보아야 하고, 따라서 소유자 또는 세입자가 아닌 **가구원은 사업시행자를 상대로 직접 주거이전비의 지급을 구할 수 없다**고 보아야 할 것이다. [2] 택지개발사업지구 안에 있는 주택 소유자 갑이 주택에 관한 보상합의를 하여 사업시행자에게서 주거이전비를 수령하였는데, 이후 보상대상에서 제외되었던 갑의 아버지 을이 사업인정고시일 당시 위 주택에서 함께 거주하였다고 주장하면서 사업시행자에게 주거이전비 지급을 청구한 사안에서, 을에게 주거이전비 지급청구권이 있다고 본 원심판결에 법리오해의 위법이 있다고 한 사례(대판 2011. 08. 25, 2010두4131).

⑥ 공익사업의 시행에 따라 이주하는 주거용 건축물의 세입자에게 지급해야 하는 주거이전비 및 이사비 지급의무의 이행지체 책임 기산시점(=채무자가 이행청구를 받은 다음날): 주거용 건축물의

세입자에게 지급해야 하는 주거이전비 및 이사비의 지급의무는 사업인정고시일 등 당시 또는 공익사업을 위한 관계 법령에 의한 고시 등이 있은 당시에 바로 발생한다. 그러나 그 지급의무의 이행기에 관하여는 관계 법령에 특별한 규정이 없으므로, 위 주거이전비 및 이사비의 지급의무는 이행기의 정함이 없는 채무로서 채무자는 이행청구를 받은 다음날부터 이행지체 책임이 있다(대판 2012. 04. 26, 2010두7475[주거이전비등청구]).

⑦ [주거이전비 지급대상의 범위 등 사건] 구 도시정비법이 적용되는 주택재개발정비사업의 사업구역 내의 주거용 건축물을 소유하는 주택재개발정비조합원이 사업구역 내의 타인의 주거용 건축물에 거주하는 세입자일 경우(이하 '소유자 겸 세입자'라 한다)에는 구 도시정비법 제40조 제1항, 구 토지보상법 시행규칙 제54조 제2항에 따른 '세입자로서의 주거이전비(4개월분)' 지급대상은 아니라고 봄이 타당하다(대판 2017. 10. 31, 2017두40068).

⑧ 구 공익사업을 위한 토지 등의 취득 및 보상에 관한 법률 시행규칙(2016. 1. 6. 국토교통부령 제272호로 개정되기 전의 것) 제54조 제2항에 의해 주거이전비 보상의 대상이 되기 위해서는 해당 세입자가 공익사업인 정비사업의 시행으로 인하여 이주하게 되는 경우여야 하는데, 여기서 '정비사업의 시행으로 인하여 이주하게 되는 경우'에 해당하는지는 세입자의 점유권원의 성격, 세입자와 건축물 소유자와의 관계, 계약기간의 종기 및 갱신 여부, 실제 거주기간, 세입자의 이주시점 등을 종합적으로 고려하여 판단하여야 한다. 이러한 주거이전비 지급요건을 충족하는지는 주거이전비의 지급을 구하는 세입자 측에 주장 · 증명책임이 있다고 할 것이나, 세입자에 대한 주거이전비의 보상 방법 및 금액 등의 보상내용은 원칙적으로 사업시행계획 인가고시일에 확정되므로, 세입자가 사업시행계획 인가고시일까지 해당 주거용 건축물에 계속 거주하고 있었다면 특별한 사정이 없는 한 정비사업의 시행으로 인하여 이주하게 되는 경우에 해당한다고 보는 것이 타당하다(대판 2023. 07. 27, 2022두44392).

주거이전비 보상청구권은 공법상의 권리로서 그 보상을 구하는 소송은 행정소송법상 당사자소송(실질적 당사자소송)에 의하여야 하고, 소유자의 주거이전비 보상에 관하여 재결이 이루어진 다음 소유자가 다투는 경우에는 토지보상법 제85조에 규정된 행정소송을 제기하여야 한다(대판 2019. 04. 23, 2018두55326; 2021. 08. 26, 2019다235153).

[판례] [1] 적법하게 시행된 공익사업으로 인하여 이주하게 된 주거용 건축물 세입자의 주거이전비 보상청구권은 공법상의 권리이고, 따라서 그 보상을 둘러싼 쟁송은 민사소송이 아니라 공법상의 법률관계를 대상으로 하는 행정소송에 의하여야 한다. [2] 구 공익사업을 위한 토지 등의 취득 및 보상에 관한 법률(2007. 10. 17. 법률 제8665호로 개정되기 전의 것) 제78조 제5항, 제7항, 같은 법 시행규칙 제54조 제2항 본문, 제3항의 각 조문을 종합하여 보면, 세입자의 주거이전비 보상청구권은 그 요건을 충족하는 경우에 당연히 발생하는 것이므로, 주거이전비 보상청구소송은 행정소송법 제3조 제2호에 규정된 당사자소송에 의하여야 한다. 다만, 구 도시 및 주거환경정비법(2007. 12. 21. 법률 제8785호로 개정되기 전의 것) 제40조 제1항에 의하여 준용되는 구 공익사업을 위한 토지 등의 취득 및 보상에 관한 법률 제2조, 제50조, 제78조, 제85조 등의 각 조문을 종합하여 보면, 세입자의 주거이전비 보상에 관하여 재결이 이루어진 다음 세입자가 보상금의 증감 부분을 다투는 경우에는 같은 법 제85조 제2항에 규정된 행정소송에 따라, 보상금의 증감 이외의 부분을 다투는 경우에는 같은 조 제1항에 규정된 행정소송에 따라 권리구제를 받을 수 있다(대판 2008. 05. 29,

2007다8129[주거이전비등]). 〈해설〉 주거이전비 지급대상이 아니라는 이유로 거부된 경우에는 거부처분에 대한 항고소송을 제기하고, 보상금의 증감을 다투는 경우에는 보상금증감청구소송(당사자소송)을 제기하여야 한다.

5. 토지취득보상법상 공용사용으로 인한 손실의 보상

협의 또는 재결에 의하여 사용하는 토지에 대하여는 그 토지와 인근 유사토지의 지료(地料)·임대료·사용방법·사용기간 및 그 토지의 가격 등을 참작하여 평가한 적정가격으로 보상하여야 한다(제71조 제1항).

사업인정고시가 있은 후 다음의 1에 해당하는 때에는 당해 토지소유자는 사업시행자에게 그 토지의 매수를 청구하거나 관할 토지수용위원회에 그 토지의 수용을 청구할 수 있다: ① 토지를 사용하는 기간이 3년 이상인 때, ② 토지의 사용으로 인하여 토지의 형질이 변경되는 때, ③ 사용하고자 하는 토지에 그 토지소유자의 건축물이 있는 때. 이 경우 관계인은 사업시행자 또는 관할 토지수용위원회에 그 권리의 존속을 청구할 수 있다(제72조).

토지의 지하 또는 지상공간을 사실상 영구적으로 사용하는 경우 당해 공간에 대한 사용료는 제22조의 규정에 의하여 산정한 당해 토지의 가격에 당해 공간을 사용함으로 인하여 토지의 이용이 저해되는 정도에 따른 적정한 비율(이하 '입체이용저해율'이라 한다)을 곱하여 산정한 금액으로 평가한다(시행규칙 제31조 제1항). 토지의 지하 또는 지상공간을 일정한 기간 동안 사용하는 경우 당해 공간에 대한 사용료는 제30조의 규정에 의하여 산정한 당해 토지의 사용료에 입체이용저해율을 곱하여 산정한 금액으로 평가한다(시행규칙 제31조 제2항).

지하공간에 대한 보상을 규정하고 있는 개별법으로는 국토의 계획 및 이용에 관한 법률, 광업법, 도로법, 도시철도법 등이 있다.

6. 공용제한으로 인한 손실의 보상기준

공용제한(公用制限)으로 인한 손실의 보상기준에 관하여 규정하고 있는 법률도 있지만, 대부분의 공용제한의 경우에는 보상기준이 법률에 의해 정해져 있지 않다. 이 경우에 손실보상액을 어떤 기준에 의해 산정하여야 하는가. 이에 관하여는 다음과 같은 학설이 있다.

(1) 상당인과관계설

이 설은 공용제한행위와 상당인과관계 있는 손실은 모두 보상하여야 한다는 견해이다. 이 설에 의하면 토지의 이용제한으로 인하여 필요하게 된 지출 및 장래에 누릴 수 있는 이익의 상실도 상당인과관계가 인정되는 범위 내에서 보상되게 되어[133] 보상의 범위가 가장 넓게 된다.

이 설에 대하여는 공용제한으로 인한 손실보상의 산정이 소유자의 주관적 사정에 의하여 좌우되기 쉬워 객관적 산정이 곤란하다는 비판이 있다.[134]

(2) 지가저락설

지가저락설(地價低落說)은 토지이용제한에 의해 초래되는 토지이용가치의 저하가 지가하락으로 나타난다고 보고 그 지가저락분을 보상하여야 한다는 견해이다.[135]

이 설에 대하여는 지가는 공용제한 이외에 다른 요인에 의해 정해지는 것이므로 공용제한으로 지가가 항상 저락하는 것은 아니며 손실보상의 범위를 지나치게 제한한다는 비판이 가능하다.

(3) 적극적 실손보전설

이 설은 공용제한으로 토지소유자가 현실적으로 예상하지 않았던 지출을 하지 않을 수 없는 경우에 한하여 그 적극적이고 현실적인 지출만을 보상하면 된다는 견해이다.

이 설에 의하면 보상되지 않는 손실이 있게 된다는 문제가 있다. 이 설에 의하면 공용제한에 의한 지가저락은 보상의 대상이 되지 않는다.

(4) 판 례

[판례] ① 준용하천의 제외지로 편입됨에 따른 구 하천법 제74조 제1항의 손실보상은 원칙적으로 공용제한에 의하여 토지 소유자로서 사용수익이 제한되는 데 따른 손실보상으로서 제외지 편입 당시의 현황에 따른 지료 상당액을 기준으로 함이 상당하다(대판 2003. 04. 25, 2001두1369).
② [1] **토지 상공에 고압전선이 통과하여 그 이용에 제한을 받는 경우, 토지소유자가 전선소유자로부터 부당이득반환을 받을 수 있는 범위**: 토지의 상공에 고압전선이 통과함으로써 토지소유자가 그 토지 상공의 이용을 제한받는 경우, 그 토지소유자는 위 전선을 소유하는 자에게 이용이 제한되는 상공 부분에 대한 임료 상당액의 부당이득금 반환을 구할 수 있고, 이 때 고압전선이 통과하고 있는 상공 부분과 관계 법령에서 고압전선과 건조물 사이에 일정한 거리를 유지하도록 규정하고 있는 경우 그 거리 내의 **상공 부분은 토지소유자의 이용이 제한되고 있다고 볼 수 있다.**
[2] **토지소유자가 고압전선의 소유자에게 최대횡진거리 내의 상공 부분에 대한 부당이득반환을 구할 수 있는지 여부(한정 적극)**: 고압전선의 경우 양쪽의 철탑으로부터 아래로 늘어져 있어 강풍 등이 부는 경우에 양쪽으로 움직이는 횡진현상이 발생할 수 있는데, **그 최대횡진거리 내의 상공 부분은 횡진현상이 발생할 가능성이 있는 것에 불과하므로 일반적으로는 토지소유자가 그 이용에 제한을 받고 있다고 볼 수 없으나, 최대횡진거리 내의 상공 부분이라도 토지소유자의 이용이 제한**

---

133) 原田尙彦, "公用制限における補償基準," 『公法研究』, 제29호, 1967, 179면.
134) 서원우, "공용제한," 『고시계』, 1986. 6, 74~77면.
135) 박윤흔, 『최신행정법강의(하)』, 648면.

되고 있다고 볼 특별한 사정이 있는 경우에는 그 토지소유자는 고압전선의 소유자에게 그 부분에 대한 임료 상당액의 부당이득금 반환을 구할 수 있다(대판 2009. 01. 15, 2007다58544).

③ 사유 토지가 준용하천의 하천구역 편입에 따른 사용료 상당의 손실보상이 인정되기 위해서는, 편입 당시 「하천법」 상 '하천 국유화' 규정이 적용되지 않아 편입된 사유 토지에 대해 그 소유권이 소멸되지 않아야 하며, 사유 토지가 준용하천의 하천구역에 편입됨으로써 사용수익이 제한되어 손실이 발생하여야 한다(대판 2001. 03. 23, 99두5238).

④ 사유 토지가 준용하천의 하천구역으로 편입되었다 하더라도 편입 이전부터 유수지여서 준용하천 지정으로 새삼 어떤 손해를 입게 되었다고 볼 수 없는 경우(대법원 1997. 06. 13. 선고 96누11679 판결 참조)와 그 제방이 하천관리청이나 그 허가 또는 위탁을 받은 자가 설치한 것이 아닌 경우로서 하천관리청이 제방 등의 시설 설치자의 동의를 얻지 않아 이 법 소정의 하천구역에 해당한다고 볼 수 없는 경우 그 제방 부지는 손실보상 대상이 아니다(대판 1997. 05. 16, 97다485; 2002. 10. 11, 2002다13461, 13478 등).

⑤ 어떤 토지가 준용하천에 편입된 상태가 지속됨에 따라 매월 또는 매년 계속적으로 발생하는 지료 상당의 손실보상청구권에 대하여는 지방재정법이 정하는 소멸시효 규정이 적용된다고 할 것이다(대판 2003. 04. 25, 2001두1369 판결 참조).

7. 공유수면 매립에 따른 손실의 보상

[판례] [1] 구 공유수면 관리 및 매립에 관한 법률 제30조 제1항 제3호의 '법령에 따라 토지를 수용하거나 사용할 수 있는 사업을 위하여 매립이 필요한 경우'의 의미 및 그 경우 매립면허 단계에서 해당 사업에 대하여 공익사업을 위한 토지 등의 취득 및 보상에 관한 법률 제20조 제1항에 따른 '사업인정'이 있어야 하는지 여부(소극): 구 공유수면 관리 및 매립에 관한 법률(2013. 3. 23. 법률 제11690호로 개정되기 전의 것, 이하 '구 공유수면관리법'이라 한다) 제30조 제1항의 내용 및 형식, 구 공유수면관리법 제30조 제1항 각 호 사유 간의 체계적 관계 등과 아울러 구 공유수면관리법상 공유수면 매립면허는 공유수면 매립절차의 첫 단계에 불과한 점 등에 비추어 보면, **구 공유수면관리법 제30조 제 1항 제3호의 '법령에 따라 토지를 수용하거나 사용할 수 있는 사업을 위하여 매립이 필요한 경우'란**, 공익사업을 위한 토지 등의 취득 및 보상에 관한 법률(이하 '공익사업법'이라 한다) 제4조에서 정한 '공익사업'의 범주에 포함되는 사업의 수행을 위하여 공유수면의 매립이 필요하다고 인정되는 경우를 말하고, **매립면허 단계에서 해당 사업에 대하여 공익사업법 제20조 제1항에 따른 '사업인정'까지 있어야 한다고 볼 것은 아니다. [2] 구 항만법이 항만공사 시행절차에 따른 각종 의제규정과 손실보상에 관한 규정을 둔 취지 및 공유수면 매립을 수반하는 항만공사로 발생한 손실의 보상에 관하여 적용 내지 준용될 법률**: 공유수면 매립을 수반하는 항만공사로 어업권자 등이 입은 손실의 보상에 관하여는 구 항만법의 관련 규정 및 공익사업법이 적용 내지 준용될 뿐 구 공유수면관리법은 적용되지 않는다(대판 2014. 04. 24, 2013두23607[항만공사시행처분무효등]).

제 5 항 행정상 손실보상의 방법

손실보상은 원칙상 현금으로 보상하는 것을 원칙으로 한다. 그러나, 공익사업의 원활한 수행과 피수용자의 생계의 보장을 위하여 다음과 같은 보상방법도 인정되고 있다.

Ⅰ. 현금보상의 원칙

보상은 다른 법률에 특별한 규정이 있는 경우를 제외하고는 현금으로 지급한다(제63조 제1항).

Ⅱ. 채권보상

1. 채권보상의 의의

채권보상(債券補償)이라 함은 현금보상의 원칙에 대한 예외로서 채권으로 하는 손실보상을 말한다.

채권보상을 인정하게 된 것은 토지의 가격이 상당히 높기 때문에 보상을 위한 재정의 부족으로 인하여 공익사업을 수행하는 데 어려움이 있기 때문에 일정한 요건하에서 보상액을 채권으로 보상할 수 있도록 함으로써 공익사업의 원활한 수행을 도모하기 위함이다.

최근에는 대규모 보상에 따른 토지투기를 막기 위하여 채권보상이 활용되기도 한다. 의무적 채권보상이 이에 해당한다.

2. 채권보상의 종류

채권보상에는 사업시행자가 선택하는 임의적 채권보상과 토지투기를 막기 위하여 행해지는 의무적 채권보상이 있다.

3. 채권보상의 요건

(1) 임의적 채권보상

예외적으로 일정한 경우에 보상액 중 일부가 채권으로 보상될 수 있다(제63조 제7항).

임의적 채권보상이 인정되기 위해서는 ① 사업시행자가 국가, 지방자치단체, 그 밖에 대통령령으로 정하는 「공공기관의 운영에 관한 법률」에 따라 지정·고시된 공공기관 및 공공단체이어야 하고, ② 다음에 해당하여야 한다: i) 토지소유자나 관계인이 원하는 경우, ii) 사업인정을 받은 사업의 경우에는 대통령령으로 정하는 부재부동산 소유자의 토지에 대한 보상금이 대통령령으로 정하는 일정 금액(3천만원(시행령 제27조))을 초과하는 경우로서 그 초과하는 금액에 대하여 보상하는 경우.

(2) 의무적 채권보상

토지투기가 우려되는 지역으로서 대통령령으로 정하는 지역에서 ① 「택지개발촉진법」에 따른 택지개발사업, ② 「산업입지 및 개발에 관한 법률」에 따른 산업단지 개발사업, ③ 그 밖에 대규모 개발사업으로서 대통령령으로 정하는 사업의 어느 하나에 해당하는 공익사업을 시행하는 자 중 대통령령으로 정하는 「공공기관의 운영에 관한 법률」에 따라 지정·고시된 공공기관 및 공공단체는 제7항에도 불구하고 제7항 제2호에 따른 부재부동산 소유자의 토지에 대한 보상금 중 대통령령으로 정하는 1억 원 이상의 일정 금액을 초과하는 부분에 대하여는 해당 사업시행자가 발행하는 채권으로 지급하여야 한다(제63조 제8항).

4. 채권보상의 방법

위의 요건을 충족하여 채권보상이 인정되는 경우에도 채권의 상환기간은 5년 이내로 하고, 채권금액에 대하여 법정의 이자를 지급하여야 한다(제63조 제9항). 이와 같이 상환기간과 이자율을 제한하고 있는 것은 채권보상이 정당보상의 원칙에 반하지 않도록 하기 위함이다.

5. 채권보상의 위헌성

채권보상이 환가나 수익률에서 현금보상보다 불리함에도 강제하는 것은 헌법상의 재산권보장규정 및 정당보상의 원칙에 반하여 위헌이고, 부재부동산소유자의 토지에 대해 강제적으로 채권보상을 하도록 하는 것은 평등원칙에 반한다는 견해(위헌설)가 있지만, 채권보상의 공익성과 정기예금 이자를 통한 정상적인 수익률의 보장에 비추어 헌법 위반이라고 볼 것은 아니라는 합헌설이 타당하다.

다만, 강제적인 채권보상은 필요한 최소한도로 제한하여야 하며 남용하여서는 안 될 것이다.

Ⅲ. 생활재건조치(생활보상)

이에 관하여는 전술하였다.

Ⅳ. 대토보상

1. 의　　의

대토보상(代土補償)은 사업시행자의 손실보상금의 부담을 경감하고, 토지구입 수요를 줄임으로써 인근지역 부동산 가격의 상승을 억제할 수 있으며 토지소유자가 개발혜택을 일정 부분 공유할 수 있도록 하는 기능을 갖는 제도이다.

토지소유자가 원하는 경우로서 사업시행자가 해당 공익사업의 합리적인 토지이용계획과 사업계획 등을 고려하여 토지로 보상이 가능한 경우에는 현금 또는 채권으로 보상받는 금액을 제외한 부분에 대하여 제63조 제1항 각 호에서 정하는 기준과 절차에 따라 그 공익사업의 시행으로 조성된 토지로 보상할 수 있다(제63조 제1항 단서·제2항 내지 제5항). 제1항 단서에 따라 토지로 보상받기로 결정된 권리는 그 보상계약의 체결일부터 소유권이전등기를 마칠 때까지 전매(매매, 증여, 그 밖에 권리의 변동을 수반하는 모든 행위를 포함하되, 상속 및 「부동산투자회사법」에 따른 개발전문 부동산투자회사에 현물출자를 하는 경우는 제외한다)할 수 없으며, 이를 위반하거나 해당 공익사업과 관련하여 제63조 제3항 각 호의 어느 하나에 해당하는 경우에 사업시행자는 토지로 보상하기로 한 보상금을 현금으로 보상하여야 한다. 이 경우 현금보상액에 대한 이자율은 제9항 제1호 가목에 따른 이자율의 2분의 1로 한다(제63조 제3항).

2. 토지로 보상받을 수 있는 자

토지로 보상받을 수 있는 자는 토지의 보유기간 등 대통령령으로 정하는 요건을 갖춘 자로서 「건축법」 제57조 제1항에 따른 대지의 분할 제한 면적 이상의 토지를 사업시행자에게 양도한 자(공익사업을 위한 관계 법령에 따른 고시 등이 있은 날 당시 다음 각 목의 어느 하나에 해당하는 기관에 종사하는 자 및 종사하였던 날부터 10년이 경과하지 아니한 자는 제외한다)가 된다. 이 경우 대상자가 경합(競合)할 때에는 제7항 제2호에 따른 부재부동산 소유자가 아닌 자 중 해당 공익사업지구 내 거주하는 자로서 토지 보유기간이 오래된 자 순으로 토지로 보상하며, 그 밖의 우선순위 및 대상자 결정방법 등은 사업시행자가 정하여 공고한다(제63조 제1항 제1호). 가. 국토교통부, 나. 사업시행자, 다. 제21조 제2항에 따라 협의하거나 의견을 들어야 하는 공익사업의 허가·인가·승인 등을 하는 기관, 라. 공익사업을 위한 관계 법령에 따른 고시 등이 있기 전에 관계 법령에 따라 실시한 협의, 의견청취 등의 대상인 중앙행정기관, 지방자치단체, 「공공기관의 운영에 관한 법률」 제4조에 따른 공공기관 및 「지방공기업법」에 따른 지방공기업.

3. 요 건

토지소유자가 원하는 경우로서 사업시행자가 해당 공익사업의 합리적인 토지이용계획과 사업계획 등을 고려하여 토지로 보상이 가능한 경우이어야 한다(제63조 제1항).

4. 범 위

토지소유자가 받을 보상금 중 본문에 따른 현금 또는 제6항 및 제7항에 따른 채권으로 보상받는 금액을 제외한 부분에 대하여 대토보상이 행해진다(제63조 제1항).

5. 보상하는 토지가격의 산정 기준금액

다른 법률에 특별한 규정이 있는 경우를 제외하고는 일반 분양가격으로 한다(제63조 제1항 제2호).

6. 토지로 보상하는 면적

제1항 단서에 따라 토지소유자에게 토지로 보상하는 면적은 사업시행자가 그 공익사업의 토지이용계획과 사업계획 등을 고려하여 정한다. 이 경우 그 보상면적은 주택용지는 990제곱미터, 상업용지는 1천100제곱미터를 초과할 수 없다(제63조 제2항).

Ⅴ. 사전보상의 원칙

사업시행자는 당해 공익사업을 위한 공사에 착수하기 이전에 토지소유자 및 관계인에 대하여 보상액의 전액을 지급하여야 한다. 다만, 법 제38조의 규정에 의한 천재·지변시의 토지의 사용과 법 제39조의 규정에 의한 시급을 요하는 토지의 사용 또는 토지소유자 및 관계인의 승낙이 있은 때에는 그러하지 아니하다(제62조).

그리고, 공익사업의 시행으로 인하여 공익사업지구 밖의 어업에 피해가 발생한 경우에 토지보상법 시행규칙 제63조 제1항에 따른 그 피해에 대한 보상은 사후에 보상을 할 수밖에 없다.

Ⅵ. 개인별 보상

손실보상은 토지소유자나 관계인에게 개인별로 하여야 한다. 다만, 개인별로 보상액을 산정할 수 없을 때에는 그러하지 아니하다(토지보상법 제64조).

Ⅶ. 일괄보상

사업시행자는 사업인정을 받은 동일한 사업지역에 보상시기를 달리하는 동일인 소유의 토지등이 여러 개 있는 경우 토지소유자나 관계인이 요구할 때에는 한꺼번에 보상금을 지급하도록 하여야 한다(토지보상법 제65조).

제 6 항 보상액의 결정방법 및 불복절차

보상액은 협의매수시에는 사업시행자와 토지소유자 사이의 협의에 의해 결정되고, 강제수용의 경우에는 행정청 또는 소송에 의해 결정된다.

Ⅰ. 협의에 의한 결정

토지취득보상법은 협의전치주의(協議前置主義)를 취하고 있다. 즉, 우선 보상은 사업시행자와 손실을 입은 자가 협의하여 결정한다(제80조 제1항, 제26조, 제28조). 사업인정을 받은 사업시행자는 보상에 관하여 토지소유자 및 관계인과 협의하여야 한다(제26조 제1항). 다만, 사업인정 이전에 임의협의절차를 거쳤으나 협의가 성립되지 아니하여 사업인정을 받은 사업으로서 토지조서 및 물건조서의 내용에 변동이 없는 때에는 협의절차를 거치지 아니할 수 있다. 다만, 사업시행자 또는 토지소유자 및 관계인이 협의를 요구하는 때에는 협의하여야 한다(제26조 제2항).

[판례] ① 보상합의의 효력: 공익사업을 위한 토지 등의 취득 및 보상에 관한 법률(이하 '공익사업법'이라고 한다)에 의한 **보상합의**는 공공기관이 사경제주체로서 행하는 **사법상 계약의 실질을 가지는 것으로서**, 당사자 간의 합의로 같은 법 소정의 손실보상의 기준에 의하지 아니한 손실보상금을 정할 수 있으며, 이와 같이 같은 **법이 정하는 기준에 따르지 아니하고 손실보상액에 관한 합의를 하였다고 하더라도 그 합의가 착오 등을 이유로 적법하게 취소되지 않는 한 유효하다**. 따라서 공익사업법에 의한 보상을 하면서 손실보상금에 관한 당사자 간의 합의가 성립하면 그 합의 내용대로 구속력이 있고, **손실보상금에 관한 합의 내용이 공익사업법에서 정하는 손실보상 기준에 맞지 않는다고 하더라도 합의가 적법하게 취소되는 등의 특별한 사정이 없는 한 추가로 공익사업법상 기준에 따른 손실보상금 청구를 할 수는 없다**(대판 2013. 08. 22, 2012다3517[부당이득반환]).
② (1) 사업시행자가 수용할 토지의 저당권자에게 공익사업을 위한 토지 등의 취득 및 보상에 관한 법률 제26조 제1항, 제16조 및 같은 법 시행령 제8조 제1항에 의한 협의나 통지를 하지 않은 것은 위법하다. (2) 사업시행자와 토지소유자 사이에 협의가 이루어지지 않아 토지가 수용되고 나아가 보상금을 지급하거나 공탁하기에 이른 경우에는 토지의 저당권자는 보상금이 지급되거나 공탁금이 출급되어 토지소유자의 일반재산에 혼입되기 전까지 토지보상법 제47조의 규정에 따른 물상대위권을 행사하여 위 보상금이나 공탁금출급청구권 등을 압류함으로써 우선변제를 받을 수 있

다. (3) 토지의 저당권자가 물상대위권을 행사할 수 있는 충분한 시간적 간격을 두고 토지가 수용된 사실을 알게 되었음에도 물상대위권을 행사하지 않음으로써 우선변제를 받을 수 없게 된 경우, 저당권자가 우선변제를 받지 못한 것이 사업시행자가 협의나 통지를 하지 아니한 데에 원인이 있다고 할 수 없다(대판 2017. 12. 28, 2017다270565).

사업시행자와 토지소유자 및 관계인 간에 제26조에 따른 절차를 거쳐 협의가 성립되었을 때에는 사업시행자는 관할 토지수용위원회에 협의 성립의 확인을 신청할 수 있다(제29조 제1항). 협의성립의 확인은 이 법에 따른 재결로 보며, 사업시행자, 토지소유자 및 관계인은 그 확인된 협의의 성립이나 내용을 다툴 수 없다(제4항).

매수 또는 보상에 관한 협의는 기간의 제한이 없다. 따라서, 토지수용위원회의 수용재결이 있은 후라고 하더라도 토지소유자와 사업시행자가 다시 협의하여 토지 등의 취득·사용 및 그에 대한 보상에 관하여 임의로 계약을 체결할 수 있다(대판 2017. 04. 13, 2016두64241).

[판례] 중앙토지수용위원회가 지방국토관리청장이 시행하는 공익사업을 위하여 갑 소유의 토지에 대하여 수용재결을 한 후, 갑과 사업시행자가 '공공용지의 취득협의서'를 작성하고 협의취득을 원인으로 소유권이전등기를 마쳤는데, 갑이 '사업시행자가 수용개시일까지 수용재결보상금 전액을 지급·공탁하지 않아 수용재결이 실효되었다'고 주장하며 수용재결의 무효확인을 구하는 소송을 제기한 사안에서, 갑이 수용재결의 무효확인 판결을 받더라도 토지의 소유권을 회복시키는 것이 불가능하고, 무효확인으로써 회복할 수 있는 다른 권리나 이익이 남아 있다고도 볼 수 없다고 한 사례(대판 2017. 04. 13, 2016두64241).

Ⅱ. 행정청에 의한 결정

1. 토지취득보상법상 토지수용위원회의 재결에 의한 결정

(1) 재결의 신청

1) 재결신청자

토지보상법 제28조, 제30조에 따르면, 원칙상 **사업시행자만이 재결**(裁決)**을 신청**할 수 있고 토지소유자와 관계인은 사업시행자에게 재결신청을 청구하도록 규정하고 있다(제30조). 다만, 잔여지손실보상청구, 잔여지수용 등 확장수용의 청구(사업인정 이후), 간접손실보상청구 등에 있어서는 **사업시행자나 손실을 입은 자**가 직접 관할 토지수용위원회에 재결을 신청할 수 있다(제73조 제4항, 제74조 제1항, 제79조 제5항, 제9조 제7항 등).

2) 재결신청기간

토지보상법 제26조에 따른 협의가 성립되지 아니하거나 협의를 할 수 없을 때

(제26조 제2항 단서에 따른 협의 요구가 없을 때를 포함한다)에는 사업시행자는 사업인정고시가 된 날부터 1년 이내에 대통령령으로 정하는 바에 따라 관할 토지수용위원회에 재결을 신청할 수 있다. 그런데, 토지보상법 별표상 개별법률은 대부분 해당 공익사업시행기간 내에는 언제든지 재결신청을 할 수 있다는 특칙을 두고 있고, 이 경우 재결신청기간을 사업인정 고시일로부터 1년 이내로 한정하고 있는 토지보상법의 규정은 적용되지 않는다.

3) 토지소유자 등의 사업시행자에 대한 재결신청 청구

사업인정고시가 된 후 협의가 성립되지 아니하였을 때에는 토지소유자와 관계인은 대통령령으로 정하는 바에 따라 서면으로 사업시행자에게 재결을 신청할 것을 청구할 수 있다(제30조 제1항). 사업시행자는 제1항에 따른 재결신청 청구를 받았을 때에는 그 청구를 받은 날부터 60일 이내에 대통령령으로 정하는 바에 따라 관할 토지수용위원회에 재결을 신청하여야 한다(제2항).

토지보상법이 토지소유자 등에게 재결신청의 청구권을 부여한 이유는, 협의가 성립되지 아니한 경우 시행자는 사업인정의 고시 후 1년 이내(공익사업을 규율하는 개별법령은 특별한 규정이 있는 경우에는 사업시행기간내)에는 언제든지 재결을 신청할 수 있으므로 토지소유자에게는 재결신청권을 인정하여 수용당사자간의 공평을 기하고, 손실보상에 관한 법률관계를 조속히 확정함으로써 토지소유자 등의 재산권을 적정하게 보호하기 위한 것이다(대판 2011. 07. 14, 2011두2309).

[판례] ① **구 토지수용법 제25조의3 제1항 소정 재결신청청구의 형식 및 상대방:** 토지소유자 등이 서면에 의하여 재결청구의 의사를 명백히 표시한 이상 같은법 시행령 제16조의2 제1항 각호의 사항 중 일부를 누락하였다고 하더라도 위 청구의 효력을 부인할 것은 아니고, 또한 기업자를 대신하여 협의절차의 업무를 대행하고 있는 자가 따로 있는 경우에는 특별한 사정이 없는 한 재결신청의 청구서를 그 업무대행자에게도 제출할 수 있다(대판 1995. 10. 13, 94누7232).
② 사업시행자가 부당하게 재결신청청구서가 포함되어 있는 우편물의 수취를 거부하고 반송한 경우, 재결신청청구가 된 것으로 보아야 한다(대판 2020. 08. 20, 2019두34630).

토지소유자등의 재결신청청구제도의 취지에 비추어 사업시행자가 상당한 기간이 경과하도록 협의대상 토지소유자에게 협의기간을 통지하지 아니하였다면 토지소유자로서는 토지보상법 제30조 제1항에 따라 재결신청의 청구를 할 수 있다고 보는 것이 타당하다(대판 1993. 08. 27, 93누9064).

토지수용에 관한 협의기간이 정하여져 있더라도 협의의 성립가능성 없음이 명백해졌을 때와 같은 경우에는 굳이 협의기간이 종료될 때까지 기다리게 하여야 할 필요성도 없는 것이므로 협의기간 종료 전이라도 기업자(사업시행자)나 그 업무대행자에 대하여 재결신청의 청구를 할 수 있는 것으로 보아야 하며, 다만 그와 같은 경우 구 토지수용법 제25조의3 제2항에 의한 2월의 기간은 협의기간 만료일로부터 기산하여야 한다(대판 1993. 07. 13, 93누2902).

토지소유자나 관계인으로부터 제30조 제1항에 따른 재결신청 청구를 받은 후 60일이 지났음에도 사업시행자가 재결신청을 하지 않으면 거부처분이나 부작위가 성립하므로 토지소유자나 관계인은 사업시행자를 상대로 거부처분 취소소송 또는 부작위 위법확인소송을 제기할 수 있다. 구체적인 사안에서 토지소유자나 관계인의 재결신청 청구가 적법하여 사업시행자가 재결신청을 할 의무가 있는지는 본안에서 사업시행자의 거부처분이나 부작위가 적법한가를 판단하는 단계에서 고려할 요소이지, 소송요건 심사단계에서 고려할 요소가 아니다(대판 2019. 08. 29, 2018두57865).

재결신청에 대한 거부가 처분이 되기 위하여는 신청인에게 재결신청권이 있어야 한다.

[판례] ① [1] 공익사업법 제30조 제1항에서의 **'협의가 성립되지 아니한 때'라 함은** 사업시행자가 토지소유자 등과 사이에 공익사업법 제26조 소정의 협의절차는 거쳤으나 그 보상액 등에 관하여 협의가 성립하지 아니한 경우는 물론 토지소유자 등이 손실보상대상에 해당한다고 주장하며 보상을 요구함에도 불구하고 사업시행자가 손실보상대상에 해당하지 아니한다고 보아 보상대상에서 이를 제외하고 협의를 거치지 않아 결국 협의가 성립하지 않은 경우도 포함한다고 보아야 한다. [2] 토지수용사건에서 사업시행자가 손실보상의 대상이 아니라고 보아 지장물에 대한 보상협의절차를 진행하지 아니하거나 거부하는 경우, 토지소유자 등이 공익사업을 위한 토지 등의 취득 및 보상에 관한 법률 제30조에 의하여 사업시행자를 상대로 관할 토지수용위원회에 재결신청을 하도록 청구할 수 있다고 한 사례. [3] 이 사건 지장물에 대한 **수용재결신청을 거부하거나 보상협의를 하지 않으면서도 아무런 조치를 취하지 않은 것을 처분(보상제외처분)으로 본 사례. 〈해설〉** 토지소유자 등의 수용재결신청에 대한 사업시행자의 거부(명시적 거부뿐만 아니라 토지수용위원회에 대한 재결신청시 포함시키지 않는 묵시적 거부)는 토지수용위원회에 대한 재결신청권이 사업시행자에게만 부여되어 있고, 재결신청거부의 처분성을 부인하면 다른 권리구제수단이 없는 점 등을 고려할 때 토지소유자 등의 권익(손실보상청구권)에 직접 영향을 미치는 것으로 보고 행정소송법상 처분으로 보는 것이 타당하다. [4] 아산~천안 간 도로건설 사업구역에 포함된 토지의 소유자가 토지상의 지장물에 대하여 재결신청을 청구하였으나, 그 중 일부에 대해서는 사업시행자가 손실보상대상에 해당하지 않아 재결신청대상이 아니라는 이유로 수용재결 신청을 거부하면서 보상협의를 하지 않은 사안에서, 사업시행자가 수용재결 신청을 거부하거나 보상협의를 하지 않으면서도 아무런 조치를 취하지 않은 것은 공익사업을 위한 토지 등의 취득 및 보상에 관한 법률에서 정한 재결신청청구 제도의 취지에 반하여 위법하다고 본 원심판단을 수긍한 사례(대판 2011. 07. 14, 2011두2309[보상제외처분취소 등]).

② **문화재구역 내 토지 소유자 甲**이 구 공익사업을 위한 토지 등의 취득 및 보상에 관한 법률(2011. 8. 4. 법률 제11017호로 개정되기 전의 것, 이하 '구 공익사업법'이라 한다) 제30조 제1항에 의한 재결신청 청구를 하였으나, 문화재청장에게서 문화재청은 구 공익사업법 제30조 제2항에 따른 관할 토지수용위원회에 대한 재결신청 의무를 부담하지 않는다는 이유로 거부 회신을 받은 사안에

서, 문화재보호법 제83조 제2항 및 구 공익사업법 제30조 제1항은 문화재청장이 문화재의 보존·관리를 위하여 필요하다고 인정하여 지정문화재나 보호구역에 있는 토지 등을 구 공익사업법에 따라 수용하거나 사용하는 경우에 비로소 적용되는데, 문화재청장이 토지조서 및 물건조서를 작성하는 등 위 토지에 대하여 구 공익사업법에 따른 **수용절차를 개시한 바 없으므로**, 甲에게 **문화재청장으로 하여금 관할 토지수용위원회에 재결을 신청할 것을 청구할 법규상의 신청권이 인정된다고 할 수 없으므로**, 위 회신은 항고소송의 대상이 되는 거부처분에 해당하지 않는다고 한 사례(대판 2014. 07. 10, 2012두22966[재결신청거부처분취소]).

③ 한국수자원공사가 한국수자원공사법에 따른 사업을 수행하기 위하여 토지 등을 수용 또는 사용하고자 하는 경우에 재결신청은 실시계획을 승인할 때 정한 사업의 시행기간 내에 하여야 하므로, 토지소유자나 관계인이 토지보상법 제30조에 의하여 **한국수자원공사에 하는 재결신청의 청구**도 위 사업시행기간 내에 하여야 한다(대판 2019. 08. 29, 2018두57865).

④ 토지소유자등의 재결신청청구제도의 취지에 비추어 사업시행자가 상당한 기간이 경과하도록 협의대상 토지소유자에게 협의기간을 통지하지 아니하였다면 토지소유자로서는 토지보상법 제30조 제1항에 따라 재결신청의 청구를 할 수 있다고 보는 것이 타당하다(대판 1993. 08. 27, 93누9064).

⑤ 수용에 관한 협의기간이 정하여져 있더라도 협의의 성립가능성 없음이 명백해졌을 때와 같은 경우에는 굳이 협의기간이 종료될 때까지 기다리게 하여야 할 필요성도 없는 것이므로 협의기간 종료 전이라도 기업자(사업시행자)나 그 업무대행자에 대하여 재결신청의 청구를 할 수 있는 것으로 보아야 하며, 다만 그와 같은 경우 구 토지수용법 제25조의3 제2항에 의한 2월의 기간은 협의기간 만료일로부터 기산하여야 한다(대판 1993. 07. 13, 93누2902).

4) 재결신청 지연가산금

사업시행자가 제2항에 따른 기간(재결 신청 청구를 받은 날부터 60일 이내)을 넘겨서 재결을 신청하였을 때에는 그 지연된 기간에 대하여 「소송촉진 등에 관한 특례법」 제3조에 따른 법정이율(연 100분의 12)을 적용하여 산정한 금액(재결지연가산금)을 관할 토지수용위원회에서 재결한 보상금에 가산(加算)하여 지급하여야 한다(제30조 제3항).

지연가산금 제도의 취지는 토지소유자 등의 재결신청 청구권의 실효성을 확보하자는 것이다(대판 1993. 08. 27, 93누9064). 재결신청 지연가산금은 재결신청을 간접강제하는 금원, 사업시행자가 법령상 정해진 기간 내에 재결신청을 하지 않고 지연한 데 대한 제재와 토지소유자 등의 손해에 대한 보전이라는 성격을 아울러 가지고 있다(대판 2012. 12. 27, 2010두9457; 2017. 04. 07, 2016두63361 등).

토지보상법이외의 법률에 따라 토지수용이 이루어지는 경우에도 특별한 규정(예, 도시정비법 제73조)이 없는 한 토지보상법 제30조의 지연가산금규정이 적용된다(대판 1997. 10. 24, 97다31175. 도시정비법 제65조 제1항 참조).

재결신청지연기간의 산정은 적법한 재결신청청구일 후 60일이 지난 다음날부터 재결신청일까지로 한다. 다만, 토지소유자 등이 적법하게 재결신청청구를 하였다고 볼 수 없거나 사업시행자가 재결신청을 지연하였다고 볼 수 없는 특별한 사정이 있는 경우에는 그 해당 기간 동안은 지연가산금이 발생하지 않는다(대판 2020. 08. 20,

2019두34630).

[판례] ① [1] 구 공익사업법 제30조 제3항에서 정한 **지연가산금은**, 사업시행자가 재결신청의 청구를 받은 때로부터 60일을 경과하여 재결신청을 한 경우 관할 토지수용위원회에서 재결한 **보상금**(이하 '재결 보상금'이라고 한다)에 **가산하여** 토지소유자 및 관계인에게 지급하도록 함으로써, 사업시행자로 하여금 구 공익사업법이 규정하고 있는 기간 이내에 재결신청을 하도록 **간접강제함과 동시에** 재결신청이 지연된 데에 따른 토지소유자 및 관계인의 **손해를 보전하는 성격을 갖는 금원으로**, 재결 보상금에 부수하여 구 공익사업법상 인정되는 **공법상 청구권**이다. 그러므로 **제소기간 내에 재결 보상금의 증감에 대한 소송을 제기한 이상**, 지연가산금은 **구 공익사업법 제85조에서 정한 제소기간에 구애받지 않고 그 소송절차에서 청구취지 변경 등을 통해 청구할 수 있다**고 보는 것이 타당하다. [2] 사업시행자가 보상협의요청서에 기재한 협의기간이 종료하기 전에 토지소유자 및 관계인이 재결신청의 청구를 하였으나 **사업시행자가 협의기간이 종료하기 전에 협의기간을 연장한 경우**, 구 공익사업을 위한 토지 등의 취득 및 보상에 관한 법률 제30조 제2항에서 정한 **60일 기간은 협의기간 만료일로부터 기산하여야 한다**(대판 2012. 12. 27, 2010두9457).

② 공익사업을 위한 토지 등의 취득 및 보상에 관한 법률 제30조 제3항에 따른 **재결신청 지연가산금은** 사업시행자가 정해진 기간 내에 재결신청을 하지 않고 **지연한 데 대한 제재와** 토지소유자 등의 **손해에 대한 보전이라는 성격을 아울러 가진다**. 따라서 **토지소유자 등이 적법하게 재결신청청구를 하였다고 볼 수 없거나 사업시행자가 재결신청을 지연하였다고 볼 수 없는 특별한 사정이 있는 경우에는 그 해당 기간 동안은 지연가산금이 발생하지 않는다**(대판 2020. 08. 20, 2019두34630).

③ **[1] 사업시행자가 수용 개시일까지 재결보상금을 지급 또는 공탁하지 아니함으로써 재결 및 재결신청이 효력을 상실하여 다시 재결을 신청하는 경우, 재결신청 기간 및 그 기간을 넘겨서 재결신청을 하는 경우 지연가산금을 지급하여야 하는지 여부(적극)**: 사업시행자가 수용의 개시일까지 재결보상금을 지급 또는 공탁하지 아니한 때에는 재결은 효력을 상실하고[공익사업을 위한 토지 등의 취득 및 보상에 관한 법률(이하 '토지보상법'이라 한다) 제42조 제1항], 사업시행자의 재결신청도 효력을 상실하므로, 사업시행자는 다시 토지수용위원회에 재결을 신청하여야 한다. 그 신청은 재결실효 전에 토지 소유자 및 관계인(이하 '토지소유자 등'이라 한다)이 이미 재결신청 청구를 한 바가 있을 때에는 재결실효일로부터 60일 내에 하여야 하고, 그 기간을 넘겨서 재결신청을 하면 지연된 기간에 대하여도 소송촉진 등에 관한 특례법 제3조에 따른 법정이율을 적용하여 산정한 금액(이하 '지연가산금'이라 한다)을 지급하여야 한다. **[2] 재결실효 후 60일 내에 재결신청을 하지 않았으나 재결신청을 지연하였다고 볼 수 없는 특별한 사정이 있는 경우, 해당 기간 지연가산금이 발생하는지 여부(소극) 및 재결실효 후 토지소유자 등과 사업시행자가 보상협의절차를 다시 하기로 합의한 데 따라 협의가 진행된 기간이 그 경우에 속하는지 여부(적극)**: 위와 같이 재결이 실효된 이후 사업시행자가 다시 재결을 신청할 경우에는 원칙적으로 다시 보상협의절차를 거칠 필요가 없으므로, 재결실효일부터 60일이 지난 다음에는 지연가산금이 발생한다는 것이 원칙이다. 그러나 사업시행자가 재결실효 후 60일 내에 재결신청을 하지 않았더라도, 재결신청을 지연하였다고 볼 수 없는 특별한 사정이 있는 경우에는 그 해당 기간 동안은 지연가산금이 발생하지 않는다. 재결실효 후 토지소유자 등과 사업시행자 사이에 보상협의절차를 다시 하기로 합의한 데 따라 협의가 진행된 기간은 그와 같은 경우에 속한다(대판 2017. 04. 07, 2016두63361).

문제는 재결신청청구에 따른 사업시행자의 재결신청이 서류미비 또는 협의절차 미이행 등으로 각하재결된 경우에 있어서의 지연가산금 부과기간 산정에 관하여 명문규정이 없어 다음과 같이 실무상 견해의 대립이 있다. ① 각하재결의 경우 수용재결신청의 효력을 인정하지 않고 조속재결신청청구일 후 협의기간 만료일 다음날에서 60일이 지난 시점부터 2차재결신청한 날까지 기간 동안의 지연가산금을 부과하여야 한다는 견해(각하재결기간포함설)가 있다. ② 수용재결신청이 각하되었더라도 수용재결신청의 효력을 인정하고 별도의 지연사유가 없는 한 지연가산금이 발생하지 않는다고 하는 견해(각하재결기간불포함설)가 있다. ③ '재결신청을 지연했다고 볼 수 없는 특별한 사정이 없는 한' 달리 말하면 '재결신청의 지연에 정당한 사유가 없는 한' 재결신청 청구일 후 60일이 지난 다음 날부터 2차재결신청일까지 재결신청지연가산금을 산정하여야 하다는 견해(각하재결기간한정적극포함설)가 있다.[136] **대법원 판례**에 따르면 지연가산금은 사업시행자가 정해진 기간 내에 재결신청을 하지 않고 지연한 데 대한 제재와 토지소유자 등의 손해에 대한 보전이라는 성격을 아울러 가지고 있으므로 토지소유자 등이 적법하게 재결신청청구를 하였다고 볼 수 없거나 사업시행자가 재결신청을 지연하였다고 볼 수 없는 특별한 사정이 있는 경우에는 그 해당 기간 동안은 지연가산금이 발생하지 않는다(대판 2020. 08. 20, 2019두34630). **생각건대**, 지연가산금은 토지소유자 등의 손해에 대한 보전으로서의 성격과 함께 재결신청 지연에 대한 제재로서의 성격을 가지는 것이므로 사업시행자에게 귀책사유 없이 재결신청의 지연에 **정당한 사유**가 있는 경우에는 그에 해당하는 기간은 지연기간에서 제외하는 것(정당기간제외설)이 타당하다. 따라서 각하재결이 있었던 경우에 있어서도 사업시행자가 부적법한 재결신청을 한 것에 정당한 사유가 있었던 경우에는 재결기간을 재결신청기간 또는 지연기간에서 제외하는 것이 타당하다.

그리고, 토지소유자등에게 재결신청권이 있는 경우에는 토지소유자등이 직접 재결신청을 하면 되므로 토지보상법 제30조의 지연가산금규정은 적용되지 않는 것으로 보아야 한다.

5) 지연가산금 소송

지연가산금은 손실보상금과 함께 수용재결에 포함되어 결정(토지보상법 시행령 제14조 제3항)되지만, 손실보상금과는 다른 성질의 것이다. 그러나, 지연가산금은 손실보상금에 부수하여 지급되는 것이고 수용재결에 포함하여 결정되는 것이고, 지연가산금

---

136) 서울행정법원 2018. 06. 08. 선고 2017구합82819 판결: 이 사건 손실보상금 감액청구소송의 피고는 도시 및 주거환경정비법상의 현금청산대상자로서 수용재결신청 청구를 하였는데, 재개발사업 정비조합인 원고가 적법한 협의절차를 거치지 않고 수용재결신청을 하여 수용재결신청이 부적법 각하되었다. 이에 원고는 협의절차를 거쳐 2차 재결신청을 하였고, 토지수용위원회는 토지 및 물건 보상금(영업보상금 포함)과 함께 재결신청 청구일 후 60일이 도과한 다음 날부터 2차재결신청일까지의 지연가산금을 지급하도록 하는 내용의 수용재결을 하였고, 원고는 이에 불복하여 지연가산금에 해당하는 금액의 감액을 구하는 손실보상금 감액청구소송을 제기한 사례이다.

에 대한 불복도 손실보상금에 대한 불복과 함께 인정할 필요가 있으므로 수용재결에 대한 불복소송을 규정하는 토지보상법 제85조의 '보상금'에는 토지보상법 제30조 제3항에 따른 지연가산금도 포함된다고 보아야 한다(대판 2019. 01. 17, 2018두54675). 따라서, 토지보상법 제30조 제3항에 따른 지연가산금도 토지보상법 제85조 제1항에 따라 그에 대한 불복을 할 때에는 행정소송을 제기하여야 하고, 지연가산금에 대한 불복은 '보상금'에 대한 불복이므로 토지보상법 제85조 제2항에 따라 수용보상금의 증액에 관한 소에 의하여야 한다(대판 1997. 10. 24, 97다31175).

토지사업법 제30조 제3항에서 정한 지연가산금청구권은, 재결 보상금에 부수하여 토지보상법상 인정되는 공법상 청구권이므로 제소기간 내에 재결 보상금의 증감에 대한 소송을 제기한 이상, 지연가산금은 토지보상법 제85조에서 정한 제소기간에 구애받지 않고 그 소송절차에서 청구취지 변경 등을 통해 청구할 수 있다고 보는 것이 타당하다(대판 2012. 12. 27, 2010두9457).

(2) 토지수용위원회에 의한 보상금의 결정

토지수용위원회는 보상금을 재결의 형식으로 수용 등과 함께 결정한다(제50조). 토지수용위원회의 재결에는 수용재결(수용 및 보상재결), 보상재결, 협의성립확인재결(제29조 제4항), 경정재결(제36조)이 있다. 토지수용위원회의 재결사항은 ① 수용하거나 사용할 토지의 구역 및 사용방법, ② 손실보상, ③ 수용 또는 사용의 개시일과 기간, ④ 그 밖에 이 법 및 다른 법률에서 규정한 사항이다(제50조 제1항). 토지수용위원회는 사업시행자, 토지소유자 또는 관계인이 신청한 범위에서 재결하여야 한다. 다만, 손실보상의 경우에는 증액재결(增額裁決)을 할 수 있다(제50조 제2항). 이주대책도 수용재결사항이다.

토지수용위원회의 토지보상법 제34조에 따른 수용재결(원재결)은 행정심판의 재결이 아니라 원행정행위의 성질을 갖는다.

국가 또는 시 · 도가 사업시행자인 사업과 수용 또는 사용할 토지가 2 이상의 시 · 도에 걸치는 사업(기초자치단체, 기타 사인 등이 사업시행자인 사업)에 관한 것은 중앙토지수용위원회의 관할에 속하고 그 이외의 사업에 관한 것은 지방토지수용위원회의 관할에 속한다(제51조).

판례에 의하면 토지소유자가 사업시행자로부터 손실보상을 받기 위하여는 공익사업법 제34조, 제50조 등에 규정된 재결절차를 거친 다음 그 재결에 대하여 불복할 때 비로소 공익사업법 제83조 내지 제85조에 따라 권리구제를 받을 수 있을 뿐이며, 특별한 사정이 없는 한 이러한 재결절차를 거치지 않은 채 곧바로 사업시행자를 상대로 손실보상을 청구하는 것은 허용되지 않는다(**재결전치주의**).

[판례] ① 공익사업으로 인하여 영업을 폐지하거나 휴업하는 자가 사업시행자에게서 구 공익사업법 제77조 제1항에 따라 영업손실에 대한 보상을 받기 위해서는 **구 공익사업법 제34조, 제50조 등에 규정된 재결절차를 거친 다음** 재결에 대하여 불복이 있는 때에 비로소 구 공익사업법 제83조 내지 제85조에 따라 권리구제를 받을 수 있을 뿐, 이러한 재결절차를 거치지 않은 채 곧바로 사업시행자를 상대로 손실보상을 청구하는 것은 허용되지 않는다(대판 2011. 09. 29, 2009두10963[영업권보상]; 2011. 10. 13, 2009다43461[농업손실보상금]).
② **잔여지 가격감소 등으로 인한 손실보상청구에 재결전치주의가 적용되는지 여부(적극)**: 토지소유자가 사업시행자로부터 공익사업법 제73조에 따른 잔여지 가격감소 등으로 인한 손실보상을 받기 위해서는 공익사업법 제34조, 제50조 등에 규정된 재결절차를 거친 다음 그 재결에 대하여 불복이 있는 때에 비로소 공익사업법 제83조 내지 제85조에 따라 권리구제를 받을 수 있을 뿐, 이러한 재결절차를 거치지 않은 채 곧바로 사업시행자를 상대로 손실보상을 청구하는 것은 허용되지 않는다고 봄이 상당하고, 이는 수용대상토지에 대하여 재결절차를 거친 경우에도 마찬가지라 할 것이다(대판 2012. 11. 29, 2011두22587[토지수용보상금증액등]; 2014. 09. 25, 2012두24092 [손실보상금]). **〈해설〉** 잔여지 가격감소 등으로 인한 손실보상액에 대하여 다툼이 있는 경우 수용재결절차를 거친 다음 이의신청 또는 보상금증감청구소송을 제기하여야 한다.
③ 잔여 건축물 가격감소 등으로 인한 손실보상에도 재결전치주의가 적용된다고 한 사례(대판 2015.11.12, 2015두2963[손실보상금등]).
④ 공익사업에 영업시설 일부가 편입됨으로 인하여 잔여 영업시설에 손실을 입은 자가 재결절차를 거치지 않은 채 곧바로 사업시행자를 상대로 잔여 영업시설의 손실에 대한 보상을 청구할 수 없다고 한 사례(대판 2018. 07. 20, 2015두4044).
⑤ 공익사업으로 인하여 **공익사업시행지구 밖에서 영업을 휴업하는 자가** 사업시행자로부터 공익사업을 위한 토지 등의 취득 및 보상에 관한 법률 시행규칙 제47조 제1항에 따라 **영업손실에 대한 보상을 받기 위해서는**, 토지보상법 제34조, 제50조 등에 규정된 **재결절차를 거친 다음** 그 재결에 대하여 불복이 있는 때에 비로소 토지보상법 제83조 내지 제85조에 따라 권리구제를 받을 수 있을 뿐이다. 이러한 재결절차를 거치지 않은 채 곧바로 사업시행자를 상대로 손실보상을 청구하는 것은 허용되지 않는다(대판 2019. 11. 28, 2018두227).

재결절차를 거쳤는지 여부는 보상항목별로 판단하여야 한다(대판 2020. 04. 09, 2017두275). 피보상자별로 어떤 토지, 물건, 권리 또는 영업이 손실보상대상에 해당하는지, 나아가 보상금액이 얼마인지를 심리·판단하는 기초 단위를 보상항목이라고 한다(대판 2018. 07. 20, 2015두4044).

[판례] ① 편입토지·물건 보상, 지장물 보상, 잔여 토지·건축물 손실보상 또는 수용청구의 경우에는 **원칙적으로 개별물건별로 하나의 보상항목이 되지만, 잔여 영업시설 손실보상을 포함하는 영업손실보상의 경우에는 '전체적으로 단일한 시설 일체로서의 영업' 자체가 보상항목이 되고**, 세부 영업시설이나 영업이익, 휴업기간 등은 영업손실보상금 산정에서 고려하는 요소에 불과하다. 그렇다면 영업의 단일성·동일성이 인정되는 범위에서 보상금 산정의 세부요소를 추가로 주장하는 것은 하나의 보상항목 내에서 허용되는 공격방법일 뿐이므로, 별도로 재결절차를 거쳐야 하는 것은 아니다(대판 2018. 07. 20, 2015두4044). **〈해설〉 원심은**, 원고의 일부 청구가 재결절차를 거치지 않아 부적법하다고 보아 소 일부 각하를 하였으나 **대법원은**, 물건에 대한 손실보상과 달리, 영업손

실보상의 경우 '영업 자체'가 손실보상대상에 해당하는지, 나아가 그 보상금액이 얼마인지를 심리·판단하는 기초 단위가 되며, 동일 영업에 관하여 재결절차를 거친 이상, 영업보상금 산정에 영향을 미치는 세부요소를 추가로 주장하는 것은 하나의 보상항목 내에서의 공격방법으로서 허용된다고 판단하여 파기환송하였다.

② (1) 토지보상법 시행규칙 제35조 제1항의 **잔여 건축물 가격감소에 관한 손실보상과** 같은 조 제2항의 잔여 **건축물 보수비에 관한 손실보상은** 그 **법률상 근거, 요건, 손실보상의 대상 및 범위, 평가방법이 다르고,** 잔여 건축물 가격감소에 관한 손실보상은 소극적 손실을, 잔여 건축물 보수비에 관한 손실보상은 적극적 손실을 각 보상하는 것으로서 **그 보상의 성질이 관념적으로도 구분되므로,** 토지보상법 시행규칙 제35조 제1항의 **잔여 건축물 가격감소에 관한 손실보상과** 같은 조 제2항의 **잔여 건축물 보수비에 관한 손실보상은 보상항목을 달리하는 것**이라고 봄이 상당하다. (2) 따라서 잔여 건축물 보수비에 관한 손실보상을 받으려는 건축물 소유자는 잔여 건축물 보수비에 관한 손실보상청구의 소를 제기하기 전에 그에 관한 적법한 재결을 거쳐야 한다. 잔여 건축물 가격감소에 관한 손실보상에 관한 재결만을 받은 이후 제기한 잔여 건축물 가격감소에 관한 손실보상청구의 소에서 잔여 건축물 보수비에 관한 손실보상청구를 구하는 것은 적법한 재결절차를 거치지 못한 것으로 부적법하여 허용되지 않는다고 보아야 한다. (3) 잔여 건축물 가격감소에 관한 손실보상과 관련된 이의재결신청이 기각된 이후 잔여 건축물 소유자인 원고들이 제기한 보상금증감소송의 원심 진행 중, 원고들이 잔여 건축물 가격감소에 관한 손실보상청구를 잔여 건축물 보수비에 관한 손실보상청구로 변경한 사안에서, **잔여 건축물 보수비에 관한 손실보상청구는 잔여 건축물 가격감소에 관한 손실보상청구와 보상항목을 달리 하는 것**으로, 위 손실보상 이의재결에 포함되지 않은 **새로운 청구를 추가하는 것**인바, **적법한 재결절차를 거치지 못한 것으로서 부적법하여 허용되지 않는다**고 이 부분 소를 각하한 사례(대판 2024. 01. 25, 2023두49172).

토지수용위원회가 신청의 일부에 대한 재결을 빠뜨린 경우(재결의 유탈)에 그 빠뜨린 부분의 신청은 계속하여 그 토지수용위원회에 계속(係屬)된다(제37조).

(3) 불복절차

토지수용위원회의 재결에 대한 불복절차(不服節次)로 이의신청과 행정소송이 인정된다.

1) 이의신청

가. 의 의 지방토지수용위원회의 재결에 대하여 불복이 있는 자는 당해 지방토지수용위원회를 거쳐 중앙토지수용위원회에, 중앙토지수용위원회의 재결에 대하여 불복이 있는 경우에는 중앙토지수용위원회에 이의신청(異議申請)을 할 수 있다(제83조). 이의신청은 임의절차이다.[137)]

나. 성 질 이의신청은 준사법적 절차이므로 행정심판(특별행정심판)으로서

137) 구 토지수용법하에서 판례는 토지수용법은 재결전치주의를 취하고 있다고 보면서 이의재결을 거치지 아니하고 원처분인 수용재결취소의 소를 제기할 수는 없다고 보았다(대판 2001. 05. 08, 2001두1468). 그러나, 토지취득보상법은 토지수용위원회에 대한 이의신청을 임의적인 것으로 규정하고 있다(제83조 제1항).

의 성질을 가지며 토지수용법상 이의신청에 관한 규정은 행정심판법에 대한 특별법 규정이다.

다. 신 청 인 이의신청을 제기할 수 있는 자는 토지수용위원회의 재결에 대하여 불복이 있는 토지소유자 또는 관계인 · 사업시행자이다.

라. 신청기간 이의신청은 수용재결서의 정본을 받은 날부터 30일 이내에 하여야 한다(제83조 제3항).

마. 대 상 이의신청의 대상은 토지수용위원회의 재결이다. 토지수용위원회의 재결은 수용재결부분(토지 등을 수용한다는 결정부분)과 보상재결부분(보상액을 결정하는 부분)으로 분리될 수 있는데, 수용재결부분과 보상재결부분 중 한 부분만에 대하여 불복이 있는 경우에도 토지수용위원회의 재결 자체가 이의신청의 대상이 된다.

바. 이의재결 이의신청을 받은 중앙토지수용위원회는 원재결(原裁決)이 위법 또는 부당한 때에는 그 원재결의 전부 또는 일부를 취소하거나 손실보상액을 변경할 수 있다(제84조 제1항). 손실보상액의 변경이라 함은 손실보상액의 증액 또는 감액을 말한다.

행정심판법상 불고불리의 원칙(제47조 제1항)과 불이익변경금지의 원칙(제47조 제2항)은 토지보상법상 특별한 규정이 없으므로 토지보상법상 이의신청에도 적용된다. 손실보상의 경우에는 증액재결을 할 수 있다는 토지보상법 제50조 제2항 단서는 수용재결에 관한 것이고 이의재결에 관한 규정이 아니다.

헌법재판소는 이의재결은 **행정심판에 대한 재결의 성격과 함께** 관할토지수용위원회가 1차적으로 행한 수용재결을 다시 심의하여 토지수용에 관한 법률관계를 확정하는 **재처분적인 성격도 부수적으로 함께 가지는 것**으로 본다(헌재 2001. 06. 28, 2000헌바77).

사. 집행부정지 수용재결에 대한 이의신청의 제기는 사업의 진행 및 토지의 수용 또는 사용을 정지시키지 아니한다(제88조).

아. 이의재결의 효력 제85조 제1항의 규정에 의한 기간 이내에 소송이 제기되지 아니하거나 그 밖의 사유로 이의신청에 대한 재결이 확정된 때에는 민사소송법상의 확정판결이 있은 것으로 보며, 재결서 정본은 집행력있는 판결의 정본과 동일한 효력을 가진다(제86조 제1항). 즉, 민사소송법상 확정판결이 있는 것으로 본다는 것은 확정된 이의재결에 기판력과 집행력을 인정한다는 것이다. 재결서 정본이 “집행력있는 판결의 정본과 동일한 효력을 가진다는 것”은 재결서 정본은 집행문 부여의 효력을 가진다는 것이다. 따라서, 강제집행을 위해 별도로 집행문 부여가 필요하지 않다.

2) 행정소송

사업시행자·토지소유자 또는 관계인은 수용재결에 대하여 불복이 있는 때에는 수용재결서를 받은 날부터 90일 이내에, 이의신청을 거친 때에는 이의신청에 대한 재결서를 받은 날부터 60일 이내에 각각 행정소송을 제기할 수 있다(제85조 제1항).

수용재결 또는 이의재결에 대한 불복에는 수용 자체를 다투는 경우와 보상액을 다투는 경우가 있다. 불복이 수용 자체를 다투는 것인 때에는 재결에 대하여 취소소송 또는 무효확인소송을 제기하고(제85조 제1항), 보상금의 증감을 청구하는 것인 때에는 보상액의 증감을 청구하는 소송을 제기하여야 한다(제85조 제2항).

법 제85조 제1항은 수용 자체를 다투는 항고소송과 보상액을 다투는 보상금증감청구소송 모두를 규율하는 규정이고, 법 제85조 제2항은 보상금증감청구소송에 관한 규정이다.

가. 취소소송(또는 무효확인소송)

(가) 의 의 토지수용위원회의 재결에 대한 불복이 보상금의 증감에 관한 것이 아닌 경우(수용 자체를 다투는 경우)에는 이의재결을 거쳐 취소소송 또는 무효확인소송을 제기하거나 이의신청을 제기함이 없이 직접 취소소송 또는 무효확인소송을 제기할 수 있다.

(나) 대 상 이의신청 후 이의재결에 불복하여 취소소송을 제기하는 경우에도 이의재결이 아니라 원처분인 수용재결을 대상으로 하여야 한다(원처분주의). 그 이유는 다음과 같다. ① 토지취득보상법 제85조 제1항은 행정소송에 의한 불복의 대상을 "제34조의 규정에 의한 재결" 즉, 수용재결이라 규정하고 있다. ② 이의신청임의주의를 취하고 있다. ③ 이의재결을 대상으로 한다는 명문의 규정이 없으므로 행정소송법 제19조의 일반원칙에 따라 원처분인 수용재결을 대상으로 하여야 한다.

구 토지수용법하에서 판례는 "이의신청의 재결에 대하여 불복이 있을 때에는 재결서가 송달된 날로부터 1월 이내에 행정소송을 제기할 수 있다"라고 규정한 구 토지수용법 제75조의2 제1항 본문이 재결주의를 취한 것으로 보았었다.[138] 이 판례는 전술한 바와 같이 관련법령의 개정으로 현행법하에서는 타당하지 않게 되었다.

현행법하에서 판례는 이의재결에 불복하여 취소소송을 제기하는 경우 원처분인 수용재결을 대상으로 하여야 한다고 본다.

[판례] 공익사업법 제85조 제1항 전문의 문언 내용과 공익사업법 제83조, 제85조가 중앙토지수용

---

138) 구 토지수용법하에서 판례는 이의재결을 대상으로 하여 취소소송을 제기하여야 한다고 보았다(대판 1990. 06. 22, 90누1755). 다만, 수용재결처분이 무효인 경우에는 수용재결 자체에 대하여도 무효확인을 소구할 수 있다고 보았다(대판 전원합의체 1993. 01. 19, 91누8050).

위원회에 대한 이의신청을 임의적 절차로 규정하고 있는 점, 행정소송법 제19조 단서가 행정심판에 대한 재결은 재결 자체에 고유한 위법이 있음을 이유로 하는 경우에 한하여 취소소송의 대상으로 삼을 수 있도록 규정하고 있는 점 등을 종합하여 보면, **수용재결에 불복하여 취소소송을 제기하는 때에는 이의신청을 거친 경우에도 수용재결을 한 중앙토지수용위원회 또는 지방토지수용위원회를 피고로 하여 수용재결의 취소를 구하여야** 하고, 다만 이의신청에 대한 재결 자체에 고유한 위법이 있음을 이유로 하는 경우에는 그 이의재결을 한 중앙토지수용위원회를 피고로 하여 이의재결의 취소를 구할 수 있다고 보아야 한다(대판 2010. 01. 28, 2008두1504).

다만, 이의재결에 고유한 위법이 있는 경우에는 이의재결에 대하여 취소소송을 제기할 수 있다(행정소송법 제19조).

이의신청을 거쳐 제기한 행정소송에서 이의신청사유로 삼지 않은 수용재결의 하자도 주장할 수 있다(대판 2001. 05. 08, 2001두1468).

(다) 제소기간 이의신청을 제기함이 없이 취소소송을 제기하는 경우에는 재결서를 받은 날부터 90일 이내에, 이의신청을 거친 때에는 이의신청에 대한 재결서를 받은 날부터 60일 이내에 제기하여야 한다(제85조 제1항). 그러나, 무효확인소송을 제기하는 경우에는 불복제기기간의 제한이 없다고 보아야 한다.

(라) 집행부정지 수용재결에 대한 취소소송의 제기는 사업의 진행 및 토지의 수용 또는 사용을 정지시키지 아니한다(제88조).

나. 보상금증감청구소송

(가) 의 의 보상금증감청구소송(補償金增減請求訴訟)은 수용재결 중 보상금에 대하여서만 이의가 있는 경우에 보상금의 증액 또는 감액을 청구하는 소송이다. 토지소유자 또는 관계인은 보상금의 증액을 청구하는 소송(보상금증액청구소송)을 제기하고 사업시행자는 보상액의 감액을 청구하는 소송(보상금감액청구소송)을 제기한다.

[판례] [손실보상금 증액 청구 소송에서 압류 · 추심명령으로 인해 당사자적격이 상실되는지가 문제된 사건] (1) 토지보상법에 따른 토지소유자 또는 관계인(이하 '토지소유자 등'이라 한다)의 사업시행자에 대한 손실보상금 채권에 관하여 압류 및 추심명령이 있더라도, 추심채권자가 보상금 증액 청구의 소를 제기할 수 없고, 채무자인 토지소유자 등이 보상금 증액 청구의 소를 제기하고 그 소송을 수행할 당사자적격을 상실하지 않는다고 보아야 한다. (2) 중앙토지수용위원회가 원고의 영업시설을 이전하게 하고 그 보상금을 정하는 내용의 수용재결을 하자, 원고가 그 보상금을 이의를 유보하고 수령한 뒤 보상금의 증액을 구하는 이 사건 소를 제기하였는데, 원고의 채권자들이 이 사건 소 제기일부터 원심판결 선고일까지 사이에 원고의 손실보상금채권에 관하여 압류 · 추심명령을 받았고, 피고는 상고심에서 처음으로 이 사건 추심명령으로 인하여 이 사건 보상금 증액 청구 소송에 관한 원고의 당사자적격이 상실되었다고 다투었으나, 대법원은 토지보상법상 손실보상금 채권에 관하여 압류 및 추심명령이 있는 경우 채무자가 보상금 증액 청구의 소를 제기할 당사자적격을 상실한다는 취지의 종래 판례를 변경하고, 위와 같은 판시를 하면서 피고의 이 부분 상고이유 주장을 배척한 사례(대판 2022. 11. 24, 2018두67).

보상금증감청구소송에서 법원은 보상금을 직접 결정한다. 보상금증감청구소송은 1990년 4월 7일 구 토지수용법의 개정을 통해 인정되었는데, 이 소송형식이 인정되기 전에는 보상금액만에 다툼이 있는 경우에도 취소소송을 제기하여야 했고, 법원은 보상금을 정하는 이의재결(당시 재결주의이었음)이 위법한 경우 취소판결을 하여야 했고, 토지수용위원회가 다시 보상액을 결정해도 이에 이의가 있을 수 있었다. 이러한 우회적이고 비경제적인 소송제도를 시정하여 분쟁을 일회적으로 조속히 해결하기 위하여 보상금증감청구소송이 도입된 것이다.

(나) 보상금증감청구소송의 인정범위 손실보상액의 증감, 손실보상의 방법(금전보상, 채권보상 등), 보상항목의 인정(잔여지보상 등의 손실보상의 인정 여부),[139] 이전이 곤란한 물건의 수용보상(제75조 제1항), 보상면적을 다투는 소송이 보상액증감청구소송에 속하는 것이라는 점에 대하여는 이견이 거의 없으나, 잔여지수용청구의 경우 토지수용위원회의 재결에 대해 취소소송을 제기하여야 하는지 아니면 보상액증감청구소송을 제기하여야 하는지에 대하여는 전술한 바와 같이 견해의 대립이 있는데 전술한 바와 같이 보상금증감청구소송을 제기해야 한다는 것이 판례의 입장이다.

[판례] 어떤 보상항목이 공익사업을 위한 토지 등의 취득 및 보상에 관한 법령상 손실보상대상에 해당함에도 관할 토지수용위원회가 사실을 오인하거나 법리를 오해함으로써 손실보상대상에 해당하지 않는다고 잘못된 내용의 재결을 한 경우에는, 피보상자는 관할 토지수용위원회를 상대로 그 재결에 대한 취소소송을 제기할 것이 아니라, 사업시행자를 상대로 구 공익사업을 위한 토지 등의 취득 및 보상에 관한 법률 제85조 제2항에 따른 보상금증감소송을 제기하여야 한다(대판 2018. 07. 20, 2015두4044; 2019. 11. 28, 2018두227).

(다) 보상금증감청구소송의 피고 보상금증감청구소송은 소송제기자가 토지소유자 또는 관계인인 경우에는 사업시행자를, 소송제기자가 사업시행자인 경우에는 토지소유자 또는 관계인을 피고로 하여 제기하여야 한다(제85조 제2항). 토지수용위원회는 보상금증감청구소송의 피고가 아니다.

구 토지수용법하에서는 보상금증감청구소송의 경우 재결청도 피고로 하였으나 보상금증감청구소송에서 실질적으로 이해가 대립되는 것은 사업시행자와 토지소유자 또는 관계인이고 재결청은 직접적인 이해관계가 없음에도 공동피고로 보상금증감청구소송에 포함되어 소송부담이 컸기 때문에 토지취득보상법은 당사자주의에 충실하기 위하여 재결청을 보상금증감청구소송의 피고에서 제외하였다.

139) 판례는 잔여지의 가격감소로 인한 손실보상청구는 보상금증액청구소송으로 보고 있다(대판 1999. 10. 12, 99두7517).

(라) 보상금증감청구소송의 대상

가) 수용재결대상설 이의신청을 거쳐 보상금증감청구소송을 제기하는 경우 원처분주의에 따라 이의재결이 아니라 원처분인 수용재결(이의재결에서 일부 인용된 경우 이의재결에 의해 수정된 수용재결)이 소송의 대상이 된다고 보는 견해이다.

나) 보상금에 관한 법률관계대상설 보상금증감청구소송에서는 수용재결이 직접 다투어지는 것이 아니라 보상금에 관한 법률관계가 주된 다툼의 대상이 되고, 특히 현행법에서는 토지수용위원회가 피고에서 제외되므로 원처분주의와 재결주의의 논의는 보상금증감청구소송에서는 불필요한 것으로 보는 견해이다. 보상금증감청구소송에서는 수용재결이 소송의 대상이 되는 것이 아니라 보상금에 관한 법률관계가 소송의 대상이 되며 수용재결은 그 전제로서 다투어지는 것으로 본다.

다) 판 례 현재 실무상 수용재결의 취소도 보상금청구소송에 포함되어 있다고 보지만, 보상금청구소송의 주된 대상은 보상금의 증감으로 보고 있는 것으로 보인다.

[판례] 구「공익사업을 위한 토지 등의 취득 및 보상에 관한 법률」상 보상항목 상호간 유용의 허용 여부(적극): **토지보상법 제64조의 규정에 따르면 손실보상은** 수용의 대상이 되는 물건별로 하는 것이 아니라 **토지소유자나 관계인에게 개인별로 하는 것이 원칙**이므로, 피보상자는 **수용대상 물건 중 일부에 대하여만 불복**이 있는 경우에는 그 부분에 대하여만 불복의 사유를 주장하여 행정소송을 제기할 수 있다고 할 것이나, **행정소송의 대상이 된 물건 중 일부 항목에 관한 보상액이 과소하고 다른 항목의 보상액은 과다한 경우**에는 그 항목 상호간의 유용을 허용하여 과다 부분과 과소 부분을 합산하여 보상금의 합계액을 결정하여야 한다(대법원 1998. 01. 20. 선고 96누12597 판결 등 참조)(대판 2014. 12. 11, 2012두1570[토지보상금증액]).

라) 결 어 보상금에 관한 법률관계만이 보상금증감청구소송의 대상이 되는 것으로 보는 것이 타당하다. 그 이유는 재결의 취소는 보상금증감청구소송의 전제로서 행해지는 것에 불과한 것으로 소송상 청구의 본질은 보상금의 증감이며 토지수용위원회가 피고에서 제외되어 있기 때문이다.

(마) 보상금증감청구소송의 소송물 보상금증감청구소송의 소송물에 대하여는 개인별 1소송물설(윤형한, 토지수용소송에 있어서의 소송물과 심판범위, 판례해설(15)), 보상항목별 1소송물설(이동흡, 토지수용에 있어서 손실보상액 산정의 시기 및 방법(하), 인권과 정의 163호, 1990), 보상유형별 1소송물설(백현기, 토지수용에 있어서 손실보상액 산정의 시기 및 방법－대법원 판례를 중심으로－, 재판자료(68)), 1재결서 1소송물설(이상덕, 보상금증감소송의 소송물이론과 보상항목 유용 법리에 관한 고찰, 사법(49호), 2019.9) 등이 있다. 판례는 기본적으로 개인별 단일소송물설(개인별로 토지, 지장물, 영업손실 등 모든 항목의 손실보상은 하나의 재결처분으로 행해지므로 하나의 소송물로 보아야 한다는 견해)을 취하고 있다. 따

라서, 행정소송의 대상이 된 물건 중 일부 항목에 관한 보상액이 과소하고 다른 항목의 보상액은 과다한 경우 그 항목 상호 간의 유용을 허용하여 과다 부분과 과소 부분을 합산하여 보상금의 합계액을 결정하여야 한다. 생각건대, 보상금증감청구소송을 항고소송이라기 보다는 당사자소송으로 보는 것이 타당하고, 보상금증감청구소송에서는 보상금액의 결정이 소송의 본질인 점, 보상금증감청구소송의 경우 제소기간의 제한이 있는 점, 정당한 보상이라는 관점에서 보상항목간 유용을 인정하는 것이 타당한 점 등에 비추어 보상금증감청구소송의 소송물을 결정하는 것이 타당하다. 따라서, **보상금증액청구소송의 소송물**은 '불복한 보상항목들에 대한 총보상금의 증액'으로 보고, **보상금감액청구소송의 소송물**은 '불복한 보상항목들에 대한 총보상금의 감액'으로 보는 것이 타당하다.

(바) 보상항목등 중 일부에 대한 불복과 법원의 심판 범위 등 피보상자 또는 사업시행자는 재결절차를 거친 여러 보상항목들 중 일부에 대해서만 개별적으로 불복의 사유를 주장하여 행정소송을 제기할 수 있다. 재결에서 정한 보상금액이 일부 보상항목의 경우 과소하고 다른 보상항목의 경우 과다한 것으로 판명되었다면, 법원은 **보상항목 상호 간의 유용을 허용**하여 항목별로 과다 부분과 과소 부분을 합산하여 보상금의 합계액을 정당한 보상금으로 결정할 수 있다(대판 2018. 05. 15, 2017두41221).

[판례] [보상항목 유용 법리의 적용이 다투어진 사건] [1] 하나의 재결에서 피보상자별로 여러 가지의 토지, 물건, 권리 또는 영업(이처럼 손실보상 대상에 해당하는지, 나아가 그 보상금액이 얼마인지를 심리·판단하는 기초 단위를 이하 '보상항목'이라고 한다)의 손실에 관하여 심리·판단이 이루어졌을 때, 피보상자 또는 사업시행자가 반드시 재결 전부에 관하여 불복하여야 하는 것은 아니며, **여러 보상항목들 중 일부에 관해서만 불복하는 경우**에는 그 부분에 관해서만 개별적으로 불복의 사유를 주장하여 행정소송을 제기할 수 있다. **이러한 보상금 증감 소송에서 법원의 심판범위는 하나의 재결 내에서 소송당사자가 구체적으로 불복신청을 한 보상항목들로 제한된다.** 법원이 구체적인 **불복신청이 있는 보상항목들에 관해서** 감정을 실시하는 등 심리한 결과, 재결에서 정한 보상금**액이 일부 보상항목의 경우 과소하고 다른 보상항목의 경우 과다한 것으로 판명되었다면, 법원은 보상항목 상호 간의 유용을 허용하여 항목별로 과다 부분과 과소 부분을 합산하여 보상금의 합계액을 정당한 보상금으로 결정할 수 있다.** [2] **피보상자**가 당초 여러 보상항목들에 관해 불복하여 **보상금 증액 청구소송**을 제기하였으나, 그중 **일부 보상항목에 관해 법원에서 실시한 감정 결과 그 평가액이 재결에서 정한 보상금액보다 적게 나온 경우**에는, 피보상자는 해당 보상항목에 관해 불복신청이 이유 없음을 자인하는 진술을 하거나 단순히 불복신청을 철회함으로써 해당 보상항목을 법원의 심판범위에서 제외하여 달라는 소송상 의사표시를 할 수 있다. [3] 한편 **사업시행자**가 특정 보상항목에 관해 보상금 감액을 청구하는 권리는 공익사업을 위한 토지 등의 취득 및 보상에 관한 법률 제85조 제1항 제1문에서 정한 제소기간 내에 **보상금 감액 청구소송**을 제기하는 방식으로 행사함이 원칙이다. 그런데 **사업시행자에 대한 위 제소기간이 지나기 전에 피보상자가 이미 위 보상항목을 포함한 여러 보상항목에 관해 불복하여 보상금 증액 청구소송을 제기한 경우**에는, 사업시행자로서는 보상항목 유용 법리에 따라 위 소송에서 과다 부분과 과소 부분을 합산하는 방식

으로 위 보상항목에 대한 정당한 보상금액이 얼마인지 판단 받을 수 있으므로, 굳이 중복하여 동일 보상항목에 관해 불복하는 보상금 감액 청구소송을 별도로 제기하는 대신, 보상금 증감 청구소송에서 보상항목 유용을 허용하는 취지와 피보상자의 보상금 증액 청구소송을 통해 감액청구권을 실현하려는 기대에서 별도의 보상금 감액 청구소송을 제기하지 않았다가, 피보상자가 법원에서 실시한 감정평가액이 재결절차의 그것보다 적게 나오자 그 보상항목을 법원의 심판범위에서 제외하여 달라는 소송상 의사표시를 하는 경우에는, 사업시행자는 그에 대응하여 법원이 **피보상자에게 불리하게 나온 보상항목들에 관한 법원의 감정 결과가 정당하다고 인정하는 경우 이를 적용하여 과다하게 산정된 금액을 보상금액에서 공제하는 등으로 과다 부분과 과소 부분을 합산하여 당초 불복신청된 보상항목들 전부에 관하여 정당한 보상금액을 산정하여 달라는 소송상 의사표시를 할 수 있다**고 봄이 타당하다. [4] 이러한 법리는 정반대의 상황, 다시 말해 사업시행자가 여러 보상항목들에 관해 불복하여 보상금 감액 청구소송을 제기하였다가 그중 일부 보상항목에 관해 법원 감정 결과가 불리하게 나오자 해당 보상항목에 관한 불복신청을 철회하는 경우에도 마찬가지로 적용될 수 있다(대판 2018. 05. 15, 2017두41221). 〈해설〉 보상금증액청구소송에서 법원감정결과 일부 보상항목에 관한 평가액이 재결에서 정한 보상금액보다 적게 나오면, 소송실무상 원고(피보상자)가 불리한 감정결과가 나온 보상항목에 관한 불복신청을 철회하는 의사표시를 한다. 이러한 의사표시가 청구금액의 감축을 수반하는 경우에는 소 일부 취하에 해당하여 피고(사업시행자)가 동의하는 경우에만 효력이 있다. 반면, 불리한 감정결과가 나온 보상항목에 관한 불복신청을 철회하는 원고(피보상자)의 의사표시가 청구금액의 감축을 수반하지 않는 경우에는 소송상 공격방법의 철회에 해당하여, 피고(사업시행자)의 동의가 필요 없다. 이 경우 원고의 일방적 의사표시만으로는 청구인용금액이 달라지도록 하는 것은 소송상 무기대등의 원칙에 부합하지 않으므로, 피고(사업시행자)에게도 보상항목 유용 법리의 적용을 주장하는 정반대의 의사표시를 소송상 방어방법으로서 주장하는 것이 허용된다는 취지로 판시한 사례이다. 그런데, 적정한 손실보상금의 산정이라는 공익에 비추어 보면 법원 감정 결과가 나온 후에는 감정의 대상이 된 보상항목에 대한 증액 또는 감액 주장은 철회할 수 없는 것으로 하는 것이 타당하다. **〈사건의 개요〉** 가. 원고들은 ① 공익사업부지로 편입되어 수용되는 여러 필지들의 수용보상금과 ② 잔여지의 가격감소 손실보상금(이하 차례로 '①부분', '②부분'이라고 한다)의 증액을 청구하였다. 나. 원고들은 ①부분과 ②부분에 관하여 감정을 신청하였고, 2015. 12. 15. 및 2016. 4. 11. 각 감정 결과가 제출되자, 2016. 8. 11. 법원에 '①부분에 관해서는 법원감정액이 재결감정액보다 적어 이 부분의 "증액주장을 철회"하고, ②부분에 관해서는 법원감정액만큼 청구하는 것으로 청구금액을 확장한다.'는 내용의 청구취지 및 원인 변경신청서를 제1심법원에 제출하였고, 이는 2016. 8. 12. 피고에게 송달되었다. 다. 이에 피고는 2016. 8. 25. '①부분의 청구 "철회에 부동의"하며, 법원 감정 결과에 따라 ①부분과 ②부분 상호 간에 보상항목 유용을 허용하여 과다 부분과 과소 부분을 합산하여 정당한 보상액을 산정하여야 한다.'는 내용의 준비서면을 제1심법원에 제출하였고, 이는 같은 날 원고들에게 송달되었다. 라. 제1심은 ①부분과 ②부분 상호 간에 항목 유용을 허용하여 정당한 보상액을 산정하여, 원고 1의 청구는 일부만 인용하고, 원고 2의 청구는 전부 기각하였다. 마. 원심은, 원고들의 2016. 8. 11.자 청구취지 및 원인 변경신청서에 의하여 ①부분에 관하여 소 일부 취하 내지 철회의 효력이 발생함으로써 ①부분이 원심의 심판대상에서 제외되었다고 단정한 후, ①부분이 법원의 심판대상에서 제외되었으므로 ①부분과 ②부분 상호 간에 항목 유용은 허용되지 않는다는 이유로 원고들의 청구를 전부 인용하였다. 바. 대법원은 다음과 같이 판시하였다. (1) 원고들의 ①부분의 '증액주장을 철회'한다는 의사표시는 청구금액의 감축을 수반하는 소 일부 취하라기보다는 단순히 소송상 공격방법인 주장의 철회로 봄이 타당하다. 따라서 이러한 의사표시에 상대방 당사자의 동의를 받을 필요는 없다. (2) 그러나 이에 대하여 피고는 2016. 8. 25.자 준비서면을 통해 '①부분과 ②부분 상호 간에 항목 유용을 허용하여 과다 부분과 과소 부분을 합산하여 정당한 보상액을 산정하여야 한다'고 주장하였다. 이는 만일 법원이 피보상자에게 불리하게 나온 보상항목들에 관한 법원의 감정 결과가 정당하다고 인정한다면, 이를 적용하여 과다하게 산정된 금액을 보상금액에서 공제함으로써 과다 부분과 과소 부분을 합산하여 당초 불복신청된 보상항목들 전부에 관하여 정당한 보상금액을 산정하여 달라는 소송상 의사표시에 해당한다고 봄이 상당하므로, 원심으로서는 이러한 주장의 당부에 관하여 판단하였어야 한다. 그러므로 원심판결 중 피고 패소 부분을 파기하고, 이 부분 사건을 다시 심리·판단하게 하기 위하여 원심법원에 환송하기로 하였다.

(사) 보상금증감청구소송의 판결 보상금증감청구소송에서 법원은 스스로 보상금의 증감을 결정할 수 있다. 이렇게 법원이 직접 보상금을 결정할 수 있도록 한 것은 신속한 권리구제를 도모하기 위함이다. 증액판결의 경우 주문에서 수용재결을 취소하거나 수용재결의 위법성을 선언하지 않고 수용재결에서 정한 보상금을 초과하는 부분만의 지급을 명하는 이행판결을 한다. 감액판결의 경우에는 보상금을 확인하는 판결을 한다.

(아) 보상액증감청구소송의 성질

가) 형식적 당사자소송

재결청이 보상금증감청구소송의 공동피고이었던 구 토지수용법하에서 보상금청구소송의 성질에 관하여 형식적 당사자소송이라고 보는 견해, 변형된 형식적 당사자소송이라고 보는 견해, 특수한 형태의 항고소송으로 보는 견해, 항고소송과 당사자소송이 결합된 특수한 형태의 행정소송이라고 보는 견해 등이 대립되고 있었다.

현행 토지취득보상법은 재결청을 보상금증감청구소송의 피고에서 제외함으로써 동 소송의 당사자소송으로서의 성질을 강화하였다.

생각건대, 현행 토지취득보상법하에서의 보상금증감청구소송에서 당사자가 직접 다투는 것은 보상금에 관한 법률관계의 내용이고 그 전제로서 재결의 효력이 심판의 대상이 되는 것이므로 보상금증감청구소송을 형식적 당사자소송(필자는 이를 '특수한 당사자소송'으로 부르는 것이 타당하다고 본다)으로 보는 것이 타당하다.

[판례] 토지보상법 제85조 제2항에 따른 **보상금 증액 청구의 소**는 토지소유자 등이 사업시행자를 상대로 제기하는 **당사자소송의 형식**을 취하고 있지만, 토지수용위원회의 재결 중 보상금 산정에 관한 부분에 불복하여 그 증액을 구하는 소이므로 **실질적으로는 재결을 다투는 항고소송의 성질**을 가진다(대판 전원합의체 2022. 11. 24, 2018두67).

나) 형성소송인가, 확인소송인가, 이행소송인가

a. 형성소송설 형성소송설은 토지수용법상 보상금의 결정은 행정결정(재결)에 의해 행해지는 것이므로 구체적 보상청구권은 보상금을 결정하는 행정결정(재결)에

의해 형성되는 것이고, 보상금증감청구소송에서 법원이 재결을 취소하고 정당한 보상액을 확정하는 것도 구체적인 손실보상청구권을 형성하는 것으로 보아야 하므로 보상금증감청구소송은 형성소송이라고 보는 견해이다.

b. 확인소송설 확인소송설은 정당한 보상이란 법에 구체적으로 정해져 있고, 법원이 객관적으로 확인할 수 있는 것이므로 법원이 손실보상액을 결정하는 것은 손실보상청구권의 형성이 아니라 확인에 불과하다고 본다.

c. 이행소송(급부소송)설 보상금증액청구소송을 법에서 구체적으로 정하고 있는 보상금의 이행을 청구하는 소송으로 본다.

d. 결 어 손실보상금증감청구소송은 재결의 취소를 수반하지만 그 중심은 보상액의 결정에 있고, 보상액은 법정되어 있으므로 형성소송설은 타당하지 않다.

손실보상액은 정당보상의 원칙과 보상법령의 규정에 따라 확정되는 것이므로 법원에 의한 손실보상액의 결정은 법원이 다툼이 있는 손실보상액을 확인하는 것이라고 보아야 한다. 따라서, 손실보상금증액청구소송은 보상액을 확인하고 그 이행을 명하는 점에서 이행소송(급부소송) 내지 확인·급부소송의 성질을 가지고, 감액청구소송은 보상액을 확인하는 점에서 확인소송의 성질을 가진다고 보아야 할 것이다.

(자) 보상금증감청구소송의 제기기간 보상금증감청구소송의 제기기간은 수용재결에 대한 취소소송에서와 같이 이의신청을 제기함이 없이 보상금증감청구소송을 제기하는 경우에는 재결서를 받은 날부터 90일 이내이고, 이의신청을 거친 때에는 이의신청에 대한 재결서를 받은 날부터 60일 이내이다(제85조 제1항). 당사자가 출소기간 내에 보상금증감청구소송을 제기하지 않으면 더 이상 보상금을 다툴 수 없다.

(차) 표준지공시지가 하자의 승계 수용보상금의 증액을 구하는 소송에서 선행처분으로서 그 수용대상 토지 가격 산정의 기초가 된 비교표준지공시지가결정의 위법을 독립한 사유로 주장할 수 있다는 것이 판례의 입장이다(대판 2008. 08. 21, 2007두13845[토지보상금]).

(카) 보상금감액청구소송에서 이의재결에서 증액된 보상금을 공탁하여야 할 시기

[판례] 사업시행자가 재결에 불복하여 이의신청을 거쳐 행정소송을 제기하는 경우 이의재결에서 증액된 보상금을 공탁하여야 할 시기: 공익사업을 위한 토지 등의 취득 및 보상에 관한 법률 제85조 제1항의 규정 및 관련 규정들의 내용, 사업시행자가 행정소송 제기시 증액된 보상금을 공탁하도록 한 위 제85조 제1항 단서 규정의 입법 취지, 그 규정에 의해 보호되는 보상금을 받을 자의 이익과 그로 인해 제한받게 되는 사업시행자의 재판청구권과의 균형 등을 종합적으로 고려하여 보면, 사업시행자가 재결에 불복하여 이의신청을 거쳐 행정소송을 제기하는 경우에는 원칙적으로 행정소송 제기 전에 이의재결에서 증액된 보상금을 공탁하여야 하지만, 제소 당시 그와 같은 요건을 구비하지 못하였다 하여도 사실심 변론종결 당시까지 그 요건을 갖추었다면 그 흠결의 하자는 치유되었다고 본다(대판 2008. 02. 15, 2006두9832[토지수용이의재결보상금감액청구]).

(타) 기 타

[판례] ① 공익사업법 제85조 제1항이 정한 제소기간 내에 일부 청구임을 명시하여 보상금의 증감에 관한 소송을 제기하여 전부 승소한 경우 청구취지 확장을 위한 항소의 이익이 인정되는지 여부(소극): 공익사업법 제85조 제1항이 정한 제소기간 내에 일부 청구임을 명시하여 보상금의 증감에 관한 소송을 제기한 경우, 원고로서는 제소기간이 도과한 후에라도 사실심변론종결시까지는 청구취지를 확장할 수 있을 뿐만 아니라 그 확장하는 부분에 해당하는 청구를 별소를 제기하여 구할 수도 있다고 보아야 할 것이다. 이와 같은 법리에 의할 때 제소기간 내에 일부 청구임을 명시하여 보상금의 증액에 관한 이 사건 소송을 제기한 원고들로서는 제소기간이 도과한 후에라도 사실심변론종결시까지 나머지 부분의 보상금을 구하는 별소를 제기할 수 있다고 할 것이고, 따라서 원고들에게 청구취지 확장을 위한 항소의 이익을 인정할 필요는 없다 할 것이다(대판 2010. 11. 11, 2010두14534[보상금증액]).

② [1] 보상금 증감에 관한 소송에서 동일한 사실에 관하여 상반되는 여러 개의 감정평가가 있는 경우, 법원이 각 감정평가 중 어느 하나를 채용하거나 하나의 감정평가 중 일부만에 의거하여 사실을 인정하는 것이 위법한지 여부(원칙적 소극) / 손실보상금 산정을 위한 감정평가가 위법한 경우 법원이 감정내용 중 위법하지 않은 부분을 추출하여 판결에 참작할 수 있는지 여부(적극): 감정은 법원이 어떤 사항을 판단하기 위하여 특별한 지식과 경험을 필요로 하는 경우 판단의 보조수단으로 그러한 지식이나 경험을 이용하는 데 지나지 아니하는 것이므로, 보상금의 증감에 관한 소송에서 동일한 사실에 관하여 상반되는 여러 개의 감정평가가 있고, 그 중 어느 하나의 감정평가가 오류가 있음을 인정할 자료가 없는 이상 법원이 각 감정평가 중 어느 하나를 채용하거나 하나의 감정평가 중 일부만에 의거하여 사실을 인정하였다 하더라도 그것이 논리나 경험의 법칙에 반하지 않는 한 위법하다고 할 수 없다. 그리고 손실보상금 산정을 위한 감정평가 중 어느 한 가지 점이라도 위법사유가 있으면 그것으로써 감정평가결과는 위법하게 되나, 감정평가가 위법하다고 하여도 법원은 그 감정내용 중 위법하지 않은 부분을 추출하여 판결에서 참작할 수 있다. **[2] 법원감정인이 광평수(廣坪數)인 농지의 감정평가액을 산정하기 위하여 통상적으로 거래가 될 만한 표준적인 획지로 분할하는 상황을 가정하여 획지조건 수치를 산정하는 방법에 따라 토지의 획지조건을 평가한 경우, 평가 방법이 위법한지 여부(소극) 및 그 경우 고려해야 할 사항**: 법원감정인이 채택한, 통상적으로 거래가 될 만한 표준적인 획지로 분할하는 상황을 가정하여 획지조건 수치를 산정하는 방법(이하 '분할 산정방식'이라 한다)은 분할된 상태를 전제로 가격요인 전반을 평가하는 것이 아니라 개별요인 중 획지조건을 평가하면서 비교표준지와 우열의 정도를 수치상으로 객관화시키는 과정에 불과하고, 광평수(廣坪數)의 농지는 정상적인 시장에서 수요와 공급에 따른 적정가격의 형성이 어렵다는 점을 고려할 때 이러한 평가 방법 자체가 위법하다고 볼 수는 없다. 그리고 분할 산정방식에 따라 획지조건을 평가하는 경우에 토지를 표준적인 획지규모로 분할하기 위해 필요한 도로나 수로 부지도 여전히 수용대상이라는 점을 고려하여야 한다. **[3] 감정평가에 위법이 있는 경우, 법원이 취해야 할 조치**: 감정평가가 위법하다고 하여도 법원은 그 감정내용 중 위법하지 않은 부분을 추출하여 판결에서 참작하는 등 정당한 손실보상액을 스스로 산정할 수 있으나, 이러한 직권 보정방식은 객관성과 합리성을 갖추고 논리나 경험의 법칙에 반하지 않는 범위 내에서만 허용되는 것이므로, 감정평가에 위법이 있다면 법원으로서는 적법한 감정평가방법에 따른 재감정을 명하거나 감정인에게 사실조회를 하여 보는 등의 방법으로 석명권을 행사하여 충분한 심리를 거치는 것이 타당하다(대판 2014. 12. 11, 2012두1570[토지보상금증액]).

③ 보상금 증감에 관한 소송에서 재결의 기초가 된 감정기관의 감정평가와 법원이 선정한 감정인의 감정평가가 개별요인 비교 등에 관하여 평가를 달리한 관계로 감정 결과에 차이가 생기는 경우

각 감정평가 중 어느 것을 택할 것인지는 원칙적으로 법원의 재량에 속하나, 어느 감정평가가 개별요인 비교에 오류가 있거나 내용이 논리와 경험의 법칙에 반하는데도 그 감정평가를 택하는 것은 재량의 한계를 벗어난 것으로서 허용되지 않는다(대판 2015. 11. 12, 2015두2963[손실보상금등]).

다. 청구의 병합 등 수용 자체에 대하여 불복이 있을 뿐만 아니라 보상금액에도 불복이 있는 경우에는 수용재결의 취소소송과 보상금증액청구소송을 별도로 제기할 수 있다.

그런데, 토지소유자는 우선 수용 자체를 다투고 만일 이것이 받아들여지지 않는 경우에는 보상금액의 증액을 청구할 필요가 있는 경우가 있으므로 이 경우에 수용재결에 대한 취소소송에 보상금증액청구소송을 예비적으로 병합하여 제기할 수 있는가 하는 것이 문제된다.

구 민사소송법에서는 주관적·예비적 병합을 인정하지 않고 있었으므로[140] 이를 부정하여야 한다고 보는 견해가 있었다. 이에 대하여 보상금증액청구를 주관적 예비적으로 청구할 수 있다고 보는 것이 타당하다는 견해[141]도 있었다.

그러나, 2002년 개정된 현행 민사소송법에서는 주관적·예비적 병합을 인정하고 있으므로(제70조) 수용재결 취소소송에 보상금증액청구소송을 예비적으로 병합하는데 문제가 없다.

재결의 고유한 하자를 다투는 이의재결취소소송을 주위적으로, 보상금증액청구소송을 예비적으로 제기할 수 있다.

수용재결 또는 이의재결 취소소송을 보상금증액청구소송으로 소변경을 할 수 있다.

라. 기 타

[판례] **① 휴업보상을 인정한 수용재결에 대하여 폐업보상을 요청하며 이의신청을 하였으나 이의재결에서 인용되지 않고 휴업보상금만 증액되었는데 그 휴업보상금을 이의유보 없이 수령한 경우, 이의재결의 결과에 승복한 것인지 여부(적극)**: 토지소유자가 수용재결에서 정한 손실보상금을 수령할 당시 이의유보의 뜻을 표시하였다 하더라도, **이의재결에서 증액된 손실보상금을 수령하면서 이의유보의 뜻을 표시하지 않은 이상 특별한 사정이 없는 한 이는 이의재결의 결과에 승복하여 수령한 것으로 보아야** 하고, 위 증액된 손실보상금을 수령할 당시 이의재결을 다투는 행정소송이 계

140) 판례는 구 민사소송법상 주관적·예비적 병합을 인정하는 것은 예비적 피고에 대한 청구의 당부에 관한 판단은 제1차적 피고에 대한 청구의 판단 결과 여하에 의해 결정되므로 예비적 피고는 응소를 함에 있어서 현저히 불안정하고 불이익한 입장에 있게 됨에도 불구하고 원고만을 일방적으로 보호하는 결과가 되어 부당하다고 아니할 수 없을 뿐만 아니라, 만일 병합된 주관적 예비적 청구를 분리한다면 이는 조건부 소송으로 되어 부적법한 소송이 된다고 아니할 수 없으므로 원칙상 주관적 예비적 병합청구를 허용할 수 없다고 보았다.

141) 김옥신, "토지수용법상 제75조의2 소송의 구조와 성질," 『행정소송에 관한 제문제(하)』, 법관세미나 자료, 1994, 25~26면.

속중이라는 사실만으로는 추가보상금의 수령에 관하여 이의유보의 의사표시가 있는 것과 같이 볼 수는 없다 할 것인바, 이러한 법리는 휴업보상을 인정한 수용재결에 대하여 폐업보상을 하여 줄 것을 요청하면서 이의를 신청하였으나 이의재결에서 이를 받아들이지 않으면서 증액하여 인정한 휴업보상금을 이의유보의 뜻을 표시하지 않고 수령한 경우에도 마찬가지로 적용된다(대판 2001. 11. 13, 2000두1003).

② (1) **이의신청 및 소송의 계속중에 이의를 보류하지 아니하고 한 토지수용보상금 공탁금의 수령의 효과**: 기업자가 토지수용법 제61조 제2항 제1호에 의하여 토지수용위원회가 재결한 토지수용보상금을 공탁한 경우에 그 공탁은 기업자가 토지소유자에 대하여 부담하는 토지수용에 따른 보상금 지급의무의 이행을 위한 것으로서 민법상 변제공탁과 다를 바 없으므로 **토지소유자가 아무런 이의를 유보함이 없이 공탁금을 수령하였다면 토지소유자는 토지수용위원회의 재결에 승복하여 그 공탁의 취지에 따라 보상금을 수령한 것이라고 봄이 상당**하므로 이로써 **기업자의 보상금 지급의무가 확정적으로 소멸하는 것**이고, 토지소유자가 위 재결에 대하여 이의신청을 제기하거나 소송을 제기하고 있는 중이라고 할지라도 그 쟁송중에 보상금 일부의 수령이라는 등 유보의 의사표시를 함이 없이 공탁금을 수령한 이상, 이는 **종전의 수령거절 의사를 철회하고 재결에 승복하여 공탁한 취지대로 보상금 전액을 수령한 것이라고 볼 수밖에 없음**은 마찬가지이며, **공탁금수령 당시 이의신청이나 소송이 계속중이라는 사실만으로 공탁금수령에 관한 이의유보의 의사표시가 있는 것과 같이 볼 수는 없다. (2) 공탁된 토지수용보상금의 수령에 관한 이의유보 의사표시의 상대방**: 공탁된 토지수용보상금의 수령에 관한 이의유보의 의사표시는 그 공탁원인에 승복하여 공탁금을 수령하는 것임이 아님을 분명히 함으로써 공탁한 취지대로 채권소멸의 효과가 발생함을 방지하고자 하는 것이므로, 그 의사표시의 상대방은 **반드시 공탁공무원에 국한할 필요가 없고 보상금 지급의무자인 기업자에 대하여 이의유보의 의사표시를 하는 것도 가하다고 할 것**이나, 이 사건에서 국립원호병원의 토지수용담당 주무과장이 기업자인 원호처장을 위하여 공탁금수령에 관한 의사표시를 수령할 권한 있는 자라고 인정할 만한 자료가 없으니 원고가 공탁금수령전에 위 주무과장에게 보상금의 일부 수령이라는 뜻을 밝힌 사실만으로는 기업자에 대한 이의유보의 의사표시가 있었던 것이라고 단정하기는 어렵다고 할 것이다(대판 전원합의체 1982. 11. 09, 82누197).

(4) 토지보상법 제87조의 가산금과 가산금 청구의 소

사업시행자는 제85조 제1항에 따라 사업시행자가 제기한 행정소송이 각하·기각 또는 취하된 경우 다음 각 호의 어느 하나에 해당하는 날부터 판결일 또는 취하일까지의 기간에 대하여 「소송촉진 등에 관한 특례법」 제3조에 따른 법정이율을 적용하여 산정한 금액을 보상금에 가산하여 지급하여야 한다. 1. (수용)재결이 있은 후 소송을 제기하였을 때에는 재결서 정본을 받은 날, 2. 이의신청에 대한 재결이 있은 후 소송을 제기하였을 때에는 그 재결서 정본을 받은 날(토지보상법 제87조).

[판례] (1) **'사업시행자가 수용재결에 불복하여 이의신청을 한 후 다시 이의재결에 불복하여 행정소송을 제기하였으나 행정소송이 각하 · 기각 또는 취하된 경우'**에는 **토지보상법 제87조 제2호가 적용**되어 사업시행자는 이의재결서 정본을 받은 날부터 판결일 또는 취하일까지의 기간에 대하여 지연가산금을 지급할 의무가 있고, 위 경우에까지 토지보상법 제87조 제1호가 동시에 적용된다고 볼 수는 없다. (2) 원고들은 토지보상법 제87조에 따른 지연가산금의 지급을 구하면서 그 기산일을 같은 법 제87조 제1호에 따른 '수용재결서 정본 송달일'로 정하여야 한다고 주장하며 이를 전

제로 계산한 금액을 청구하는 한편, 수용재결서 정본 송달일부터의 지연가산금이 인정되지 않는다면 적어도 토지보상법 제87조 제2호에 따른 이의재결서 정본 송달일부터의 지연가산금이라도 인용해줄 것을 구하였던 것으로 보이는 사안에서, 원심으로서는 이 사건에 토지보상법 제87조 제2호가 적용되어야 하고 같은 조 제1호는 적용되지 않는다고 판단한 이상 토지보상법 제87조 제2호에 따라 이의재결서 정본 송달일부터의 지연가산금의 지급을 명하여야 하고, 만일 원고들이 토지보상법 제87조 제1호가 적용되지 않는 경우 제2호에 따라 이의재결서 정본 송달일로부터의 지연가산금의 지급이라도 구하는 것인지 분명하지 않다고 보았다면 석명권을 행사하여 원고로 하여금 그 취지를 분명히 하도록 하거나 당사자에게 이에 대한 의견진술 기회를 주었어야 할 것임에도 이 사건에 **토지보상법 제87조 제1호가 적용되지 않는다는 이유로 원고들의 청구를 전부 배척한 원심의 조치**에는 판단 누락, 석명권 불행사 및 심리미진의 **위법**이 있다고 보아 파기환송 판결을 선고한 사례(대판 2022. 04. 14, 2021두57667). **〈사건의 개요〉** 가. 피고는 서울 서대문구 (주소 생략) 일대에서 재개발정비사업의 시행을 목적으로 조합설립인가를 받은 주택재개발정비사업조합이고, 원고들은 위 정비구역 내에 있는 각 토지 및 건물을 소유하였던 사람들이다. 나. 서대문구청장은 2011. 6. 15. 피고가 시행하는 '홍제제3구역 주택재개발정비사업'의 시행인가를 고시하였다(서울특별시 서대문구고시 제2011－37호). 원고들은 2012. 2. 21. 피고에게 「공익사업을 위한 토지 등의 취득 및 보상에 관한 법률」(이하 '토지보상법'이라고 한다) 제30조 제1항에 따라 재결 신청을 청구하였다. 이후 피고는 2015. 7. 8. 사업시행변경인가를 받고 기존 현금청산 대상자들을 포함한 토지등소유자등을 대상으로 하여 분양신청을 받았는데, 원고들은 위 분양신청기간 동안에도 분양신청을 하지 않았다. 다. 원고들은 2016. 9. 28. 재차 피고에게 재결 신청을 청구하였고, 이에 피고는 2017. 5. 25. 서울특별시 지방토지수용위원회에 재결을 신청하였다. 위 토지수용위원회는 2017. 8. 25. 원고들 소유의 토지 등에 대하여 손실보상금을 정하면서, 토지 및 지장물에 대한 보상금 외에 원고 1에게 780,158,450원, 원고 2에게 1,180,433,980원, 원고 3에게 965,718,340원의 토지보상법 제30조 제3항에 따른 2012. 4. 24.부터 2017. 5. 25.까지 1,858일 동안의 지연가산금을 더하여 지급하도록 하는 내용의 수용재결(이하 '이 사건 수용재결'이라고 한다)을 하였다. 라. 피고는 2017. 9. 5. 이 사건 수용재결서 정본을 송달받은 다음, 2017. 10. 10. 이 사건 수용재결 중 지연가산금 부분에 불복하여 이의신청을 하면서, 위 각 지연가산금 상당액을 공탁하였다. 한편 원고들도 보상가액이 현저히 낮게 산정되었다는 이유로 이 사건 수용재결에 불복하여 이의신청을 하였다. 중앙토지수용위원회는 2018. 6. 21. 피고의 이의신청을 받아들이지 않고, 원고들의 이의신청에 따라 토지 및 지장물의 손실보상금을 증액하는 한편, 그 금액을 기초로 지연가산금을 새로 계산함으로써 지연가산금 또한 증액하는 내용의 이의재결(이하 '이 사건 이의재결'이라고 한다)을 하였다. 마. 피고는 2018. 6. 26. 지연가산금 중 일부의 감액을 구하는 소를 제기하면서(이하 '관련 보상금감액소송'이라고 한다), 2018. 7. 25. 이의재결로 증액된 보상금 전액을 각 공탁하였다. 관련 보상금감액소송의 항소심법원(서울고등법원 2019누54049)은 2020. 2. 4. 이의재결로 증액된 피고의 원고들에 대한 지연가산금 채무 부존재 확인 청구 부분을 각하하고, 피고의 나머지 청구를 모두 기각하는 판결을 선고하였다. 위 항소심 판결은 2020. 2. 21. 상고기간의 도과로 확정되었다. 바. 원고들은 이 사건 소로써 피고를 상대로 '이 사건 수용재결상의 지연가산금'에 대하여 피고가 이 사건 수용재결서 정본을 받은 날인 2017. 9. 5.부터 관련 보상금감액소송의 판결이 확정된 날인 2020. 2. 21.까지의 각 토지보상법 제87조에 따른 지연가산금의 지급을 청구하고 있다.

토지보상법 제87조의 취지는 사업시행자가 보상금의 지급을 지연시킬 목적으로 행정소송을 남용하는 것을 방지하고 보상금을 수령하지 못하는 기간 동안 토지소유자의 손해를 보전하여 사업시행자와 토지소유자 사이의 형평을 도모하려는 것이므로 재결 보상금뿐만 아니라 토지보상법 제30조의 재결신청 지연가산금도 토지보상법 제87조의 가산금 대상이 된다고 보는 것이 타당하다(대판 2019. 01. 07, 2018두54675; 2019. 01. 31, 2018두56510 등 참조).

[판례] 갑 등 토지소유자들이 주택재개발정비사업 시행자에게 수용재결신청을 청구한 날로부터 60일이 지난 후에 사업시행자가 지방토지수용위원회에 수용재결을 신청하였고, 지방토지수용위원회가 공익사업을 위한 토지 등의 취득 및 보상에 관한 법률 제30조 제3항에 따른 지연가산금을 재결보상금에 가산하여 지급하기로 하는 내용의 수용재결을 하자, 사업시행자가 지연가산금 전액의 감액을 구하는 손실보상금감액 청구를 하였으나 청구기각 판결이 확정된 사안에서, **공익사업을 위한 토지 등의 취득 및 보상에 관한 법률 제87조의 '보상금'에는 같은 법 제30조 제3항에 따른 지연가산금도 포함된다**고 보아, 수용재결에서 인정된 가산금에 관하여 재결서 정본을 받은 날부터 판결일까지의 기간에 대하여 소송촉진 등에 관한 특례법 제3조에 따른 법정이율을 적용하여 산정한 가산금을 지급할 의무가 있다고 본 원심판단을 수긍한 사례(대판 2019. 01. 07, 2018두54675[공탁된수용보상금에대한가산금청구의소]).

2. 개별법령상 행정청 등의 처분에 의한 결정

개별법(토지보상법에 대한 특별법)에서 행정청 또는 토지수용위원회가 보상금을 결정하도록 규정하고, 특별한 불복절차가 규정되지 않은 경우(예, 수산업법 제81조) 개별법률의 근거가 있어야 보상금증감청구소송이 인정된다는 일반적 견해에 의하면 이 경우 당해 행정청의 보상금의 결정은 처분이므로 행정심판법상의 행정심판(취소심판) 및 행정소송법상의 행정소송(취소소송)의 대상이 된다.

[판례] ① 구 농촌근대화촉진법 제156조 소정의 농지개량사업 또는 농가주택개량사업의 시행으로 인하여 손실을 받은 시·도지사의 결정에 대한 이의에 대한 농림수산부장관의 재결에 대해 불복할 때에는 시·도지사를 상대로 항고소송에 의하여 공법상 처분인 시·도지사의 결정의 취소를 구하여 그 결과에 따라 손실보상을 받을 수 있을 뿐이고, 곧바로 민사소송으로 농지개량사업 또는 농가주택개량사업의 시행자를 상대로 손실보상금청구를 할 수 없다(대판 1995. 03. 03, 93다55296(농지개량사업 등의 시행으로 인한 손실보상청구).

② 토지가 준용하천의 제외지와 같은 하천구역에 편입된 경우, 토지 소유자는 구 하천법(1999. 2. 8. 법률 제5893호로 전문 개정되기 전의 것) 제74조가 정하는 바에 따라 하천관리청과 협의를 하고 그 협의가 성립되지 아니하거나 협의를 할 수 없을 때에는 관할 토지수용위원회에 재결을 신청하고 그 재결에 불복일 때에는 바로 관할 토지수용위원회를 상대로 재결 자체에 대한 행정소송을 제기하여 그 결과에 따라 손실보상을 받을 수 있을 뿐이고, 같은 법 부칙 제2조 제1항을 준용하여 직접 하천관리청을 상대로 민사소송으로 손실보상을 청구할 수는 없다(대판 2003. 04. 25, 2001두1369[재결신청기각처분취소등]).

③ 구 도로법에 근거하여 손실보상을 구하기 위해서는 같은 법이 정한 협의, 재결 등의 절차에 따라 그 행정주체를 상대로 청구하여야 한다(대판 2017. 07. 11, 2017두40860).

개별법령에서 손실보상에 관하여 토지취득보상법을 준용하도록 규정하고 있는 경우에는 보상금결정에 대한 불복소송은 보상금증감청구소송에 의한다.

Ⅲ. 소송에 의한 결정

개별법에서 손실보상의 원칙만을 규정하고, 보상금결정기관에 관한 규정 등 기타 보상에 관한 규정이 전혀 존재하지 않는 경우에 있어서 구체적 손실보상청구권이 법규정에 의해 이미 발생하였다고 볼 수 있는 경우(예, 구 하천법 부칙 제2조, 소방기본법 제25조 제4항)에 토지소유자 등은 손실보상청구권이 공권인 경우에는 공법상 당사자소송으로 손실보상청구권이 사권인 경우에는 민사소송으로 직접 보상금지급을 청구할 수 있다. 이 경우 법원이 직접 손실보상액을 결정한다. 유추적용에 의해 손실보상청구권이 인정되는 경우에도 그러하다.

[판례] 하천편입토지 보상 등에 관한 특별조치법 제2조 제3호가 정한 손실보상청구권은 헌법 제23조 제3항이 선언하고 있는 손실보상청구권을 구체화한 것으로서, 1971. 1. 19. 법률 제2292호로 개정된 구 하천법의 시행 그 자체에 의하여 직접 사유지를 국유로 하는 이른바 **입법적 수용**이라는 국가의 적법한 공권력 행사로 인한 토지소유자의 손실을 보상하기 위한 것이다. 즉, 이러한 손실보상은 특별한 희생에 대한 전보이다. 따라서 손실보상을 받기 위해서는 그 사인에게 특별한 희생 내지 손실이 발생해야 하고, **재산상의 특별한 희생이나 손실이 발생했다고 할 수 없는 경우에는 손실보상을 청구할 수 없다**(대판 2024. 05. 30, 2023두61707).

제 7 항 손실보상청구권

Ⅰ. 손실보상청구권의 공권성

손실보상청구권이 공권인지 사권인지 이론상 다툼이 있다.

1. 사권설

손실보상청구권은 원인이 되는 공용침해행위와는 별개의 권리이며 기본적으로 금전지급청구권이므로 사법상의 금전지급청구권과 다르지 않다.

2. 공권설

손실보상청구권은 공권력 행사인 공용침해로 인하여 발생한 권리이며 공익성이 고려되어야 하므로 공권으로 보아야 한다.

3. 판 례

대법원 판례는 토지보상법상 손실보상청구권 및 하천법상의 하천구역으로 편입된 토지에 대한 손실보상청구권을 공권으로 보고, 이 경우 손실보상청구가 민사소송이 아니라 당사자소송의 대상이 된다고 본다.

[판례] ① 구 토지보상법 제79조 제2항, 동법 시행규칙 제57조에 따른 **사업폐지 등에 대한 보상청구권은 공법상 권리**임이 분명하므로 그에 관한 쟁송은 민사소송이 아닌 행정소송절차에 의하여야 한다(대판 2012. 10. 11, 2010다23210).
② [1] **하천법** 등에서 하천구역으로 편입된 토지에 대하여 **손실보상청구권을 규정한 것**은 헌법 제23조 제3항이 선언하고 있는 손실보상청구권을 구체화한 것으로서, 하천법 그 자체에 의하여 직접 사유지를 국유로 하는 **이른바 입법적 수용이라는 국가의 공권력 행사로 인한 토지소유자의 손실을 보상하기 위한 것**으로 그 법적 성질은 **공법상의 권리**이므로, 구 하천법(1984. 12. 31. 법률 제3782호로 개정된 것, 이하 '개정 하천법'이라 한다) 부칙 제2조 또는 '법률 제3782호 하천법 중 개정법률 부칙 제2조의 규정에 의한 보상청구권의 소멸시효가 만료된 하천구역 편입토지 보상에 관한 특별조치법'(이하 '특별조치법'이라 한다) 제2조에 의한 손실보상의 경우에도 이를 둘러싼 쟁송은 공법상의 **법률관계를 대상으로 하는 행정소송 절차에 의하여야 할 것이다.** [2] 한편, **특별조치법 제2조 소정의 손실보상청구권은 1984. 12. 31. 전에 토지가 하천구역으로 된 경우에는 당연히 발생되는 것**이지, 관리청의 보상금지급결정에 의하여 비로소 발생하는 것은 아니므로, 행정소송법 제3조 제2호 후단 소정의 공법상의 법률관계에 관한 소송으로서 그 법률관계의 한쪽 당사자를 피고로 하는 당사자소송에 의하여야 할 것이다(대판 전원합의체 2006. 05. 18, 2004다6207[보상청구권확인]). 〈**해설**〉 이 판례는 하천법상의 손실보상청구에 한정된 판례가 아니라 일반적으로 손실보상청구권을 사권으로 보고 손실보상청구소송을 민사소송으로 본 종전의 판례를 변경하여 손실보상청구권을 공권으로 보고, 따라서 손실보상청구소송은 항상 공법상 당사자소송으로 제기하여야 한다고 한 판례이다.
③ 구 하천법 부칙 제2조 제1항, 하천편입토지 보상 등에 관한 특별조치법 제2조 제2호에 의한 손실보상청구권은 하천법이 원래부터 규정하고 있던 하천구역에의 편입에 의한 손실보상청구권과 다를 바가 없는 공법상의 권리이나(대판 2016. 08. 24, 2014두46966).

그러나, 판례는 아직도 수산업법 제81조의 규정에 의한 손실보상청구권이나 손실보상 관련 법령의 유추적용에 의한 손실보상청구권은 사권으로 보고 사업시행자를 상대로 한 민사소송의 방법에 의하여 행사하여야 한다고 하고 있다(대판 2001. 06. 29, 99다56468; 2014. 05. 29, 2013두12478; 2019. 11. 28, 2018두227).

4. 결 어

손실보상청구권은 공권력 행사로 인하여 발생한 권리이고 공익관련성이 있으므로 공권으로 보는 것이 타당하다.

Ⅱ. 손실보상청구권 유무의 판단시점

공익사업의 시행으로 인한 손실에 대한 보상청구권 유무는 해당 공익사업 시행 당시(사업인정시)를 기준으로 판단하여야 한다.

[판례] ① 손실보상은 공공사업의 시행과 같이 적법한 공권력의 행사로 가하여진 재산상의 특별한 희생에 대하여 전체적인 공평부담의 견지에서 인정되는 것이므로, 공공사업의 시행으로 손해를 입었다고 주장하는 자가 보상을 받을 권리를 가졌는지의 여부는 **해당 공공사업의 시행 당시를 기준으로 판단**하여야 하고, 그와 같은 공공사업의 시행에 관한 실시계획 승인과 그에 따른 고시가 된 이상 그 이후에 영업을 위하여 이루어진 각종 허가나 신고는 위와 같은 공공사업의 시행에 따른 제한이 이미 확정되어 있는 상태에서 이루어진 것이므로 그 이후의 공공사업 시행으로 그 허가나 신고권자가 특별한 손실을 입게 되었다고는 볼 수 없다(대판 2006. 11. 23, 2004다65978[손해배상(기)]).
② 일정한 공유수면에 관하여 매립면허가 있고 이것이 고시되었다면 그 이후의 어업허가는 공유수면매립사업의 시행과 그로 인한 허가어업의 제한이 이미 객관적으로 확정되어 있는 상태로서의 허가로서 그 이후의 공유수면매립사업 시행으로 인하여 허가어업자가 특별한 손실을 입게 되었다고 볼 수 없다(대판 1999. 11. 23, 98다11529[손해배상(기)]).
③ 손실보상은 공공필요에 의한 행정작용에 의하여 사인에게 발생한 특별한 희생에 대한 전보라는 점에서 그 사인에게 특별한 희생이 발생하여야 하는 것은 당연히 요구되는 것이고, 공유수면매립면허의 고시가 있다고 하여 반드시 그 사업이 시행되고 그로 인하여 손실이 발생한다고 할 수 없으므로, **매립면허 고시 이후 매립공사가 실행되어 관행어업권자에게 실질적이고 현실적인 피해가 발생한 경우에만 공유수면매립법에서 정하는 손실보상청구권이 발생**하였다고 할 것이다(대판 2010. 12. 09, 2007두6571).
④ 손실보상은 공공필요에 의한 행정작용에 의하여 사인에게 발생한 특별한 희생에 대한 전보라는 점에서 그 사인에게 특별한 희생이 발생하여야 하는 것은 당연히 요구되는 것이고, 공유수면매립면허의 고시가 있다고 하여 반드시 그 사업이 시행되고 그로 인하여 손실이 발생한다고 할 수 없으므로, **매립면허 고시 이후 매립공사가 실행되어 관행어업권자에게 실질적이고 현실적인 피해가 발생한 경우에만 공유수면매립법에서 정하는 손실보상청구권이 발생**하였다고 할 것이다(대판 2010. 12. 09, 2007두6571).
⑤ [1] 일반지방산업단지 조성사업의 사업인정고시일 당시 사업지구 내에서 제재목과 합판 등 제조·판매업을 영위해 오다가 사업인정고시일 이후 사업지구 내 다른 곳으로 영업장소를 이전하여 영업을 하던 甲이 영업보상 등을 요구하면서 수용재결을 청구하였으나 관할 토지수용위원회가 甲의 영업장은 임대기간이 종료되어 이전한 것이지 공익사업의 시행으로 손실이 발생한 것이 아니라는 이유로 甲의 청구를 기각한 사안에서, **사업인정고시일 당시 보상대상에 해당한다면 그 후 사업지구 내 다른 토지로 영업장소가 이전되었더라도 손실보상의 대상이 된다**고 한 사례. [2] 사업인정고시일 이후 영업장소 등이 이전되어 수용재결 당시에는 해당 토지 위에 영업시설 등이 존재하지 않게 된 경우 사업인정고시일 이전부터 그 토지 상에서 영업을 해 왔고 그 당시 영업을 위한 시설이나 지장물이 존재하고 있었다는 점은 이를 주장하는 자가 증명하여야 한다(대판 2012. 12. 27, 2011두27827[손실보상금청구]).
⑥ 공공사업 시행에 관한 실시계획 승인과 그에 따른 고시(=공공사업 시행) 이후 영업허가나 신고가 이루어진 경우 공공사업 시행으로 허가나 신고권자가 특별한 손실을 입게 되었다고 볼 수

없다(대판 2014. 05. 29, 2013두12478[어업손실보상금]).
⑦ 산업입지법에 따른 산업단지개발사업의 경우에도 토지보상법에 의한 공익사업의 경우와 마찬가지로 토지보상법에 의한 사업인정고시일로 의제되는 산업단지 지정 고시일을 토지소유자 및 관계인에 대한 손실보상 여부 판단의 기준시점으로 보아야 한다(대판 2019. 12. 12, 2019두47629).

손실보상의 대상인지 여부는 토지소유자와 관계인, 일반인이 특정한 지역에서 공익사업이 시행되리라는 점을 알았을 때를 기준으로 판단하여야 한다(대판 2019. 12. 12, 2019두47629).

Ⅲ. 손실보상금 채권(청구권)의 존부 및 범위의 확정

손실보상금 채권(청구권)은 토지보상법에서 정한 절차로서 관할 토지수용위원회의 재결 또는 행정소송 절차를 거쳐야 비로소 구체적인 권리의 존부 및 범위가 확정된다(대판 전원합의체 2022. 11. 24, 2018두67).

[판례] 토지보상법 등 관계 법령에 따라 토지수용위원회의 재결을 거쳐 이루어지는 손실보상금 채권은 관계 법령상 손실보상의 요건에 해당한다는 것만으로 바로 존부 및 범위가 확정된다고 볼 수 없고, **손실보상금 채권은 토지보상법에서 정한 절차로서 관할 토지수용위원회의 재결 또는 행정소송 절차를 거쳐야 비로소 구체적인 권리의 존부 및 범위가 확정된다.** 따라서, 토지소유자 등이 사업시행자로부터 손실보상을 받기 위해서는 사업시행자와 협의가 이루어지지 않으면 토지보상법 제34조, 제50조 등에 규정된 재결절차를 거친 뒤에 그 재결에 대하여 불복이 있는 때에 비로소 토지보상법 제83조 내지 제85조에 따라 이의신청 또는 행정소송을 제기할 수 있을 뿐이고, 이러한 절차를 거치지 않은 채 곧바로 사업시행자를 상대로 손실보상을 청구하는 것은 허용되지 않는다(대판 전원합의체 2022. 11. 24, 2018두67).

Ⅳ. 손실보상청구권의 소멸시효

손실보상청구권에는 그 소멸시효에 관하여 달리 정함이 없는 한 민법에서 정하는 소멸시효규정이 유추적용될 수 있다(대판 2010. 12. 09, 2007두6571[손실보상재결신청기각결정취소등]). 손실보상청구권은 금전의 지급을 구하는 채권적 권리이므로 그 소멸시효기간은 민법 제162조 제1항에 따라 10년이다.

그런데, 국가 또는 지방자치단체에 대한 손실보상청구권은 다른 법률에 특별한 규정이 없는 한 5년 동안 행사하지 아니하면 시효로 인하여 소멸한다(국가재정법 제96조 제2항, 지방재정법 제8조 제2항).

[판례] 구 공유수면매립법상 간척사업의 시행으로 인하여 관행어업권이 상실되었음을 이유로 한

손실보상청구권에 민법에서 정하는 소멸시효규정이 유추적용될 수 있는지 여부(적극)와 소멸시효기간(=10년) 및 소멸시효의 기산일(=실질적이고 현실적인 손실이 발생한 때): 소멸시효는 권리자가 그 권리를 행사할 수 있음에도 일정한 기간 동안 행사하지 않는 권리불행사의 상태가 계속된 경우에 그 권리를 소멸시키는 제도로서, 상당한 기간 동안 권리불행사가 지속되어 있는 이상 그 권리가 사법상의 손실보상청구인지 아니면 공법상 손실보상청구인지에 따라 달리 볼 것은 아니다. 따라서 공유수면매립법상 간척사업의 시행으로 인하여 관행어업권이 상실되었음을 이유로 한 손실보상청구권에도 그 소멸시효에 관하여 달리 정함이 없으면 민법에서 정하는 소멸시효규정이 유추적용될 수 있고, 이 경우 관행어업권자가 그 매립면허를 받은 자 또는 사업시행자에 대하여 가지는 손실보상청구권은 금전의 지급을 구하는 채권적 권리이므로 그 소멸시효기간은 민법 제162조 제1항에 따라 10년이다. 또한 그 소멸시효의 기산일은 손실보상청구권이 객관적으로 발생하여 그 권리를 행사할 수 있는 때, 곧 특별한 사정이 없는 한 이 사건 간척사업으로 인하여 관행어업권자가 자연산 패류 및 해초류 어장으로서의 어장을 상실하는 등 실질적이고 현실적인 손실이 발생한 때부터라고 보는 것이 타당하다(대판 2010. 12. 09, 2007두6571[손실보상재결신청기각결정취소등]).

보상청구권의 소멸시효 만료로 인하여 보상을 받지 못한 하천편입토지 소유자에 대한 보상에 대해서는 특별조치가 규정되어 있다(｢하천편입토지 보상 등에 관한 특별조치법｣(약칭: 하천편입토지보상법)).

[판례] 법률 제2292호 하천법 개정법률 제2조 제1항 제2호 (나)목 및 (다)목, 제3조에 의하면, 제방부지 및 제외지는 법률 규정에 의하여 당연히 하천구역이 되어 국유로 되는데도, 하천편입토지 보상 등에 관한 특별조치법(이하 '특별조치법'이라 한다)은 법률 제2292호 하천법 개정법률 시행일(1971. 7. 20.)부터 법률 제3782호 하천법 중 개정법률의 시행일(1984. 12. 31.) 전에 국유로 된 제방부지 및 제외지에 대하여는 명시적인 보상규정을 두고 있지 않다. 그러나 제방부지 및 제외지가 유수지와 더불어 하천구역이 되어 국유로 되는 이상 그로 인하여 소유자가 입은 손실은 보상되어야 하고 보상방법을 유수지에 관한 것과 달리할 아무런 합리적인 이유가 없으므로, 법률 제2292호 하천법 개정법률 시행일부터 법률 제3782호 하천법 중 개정법률 시행일 전에 국유로 된 제방부지 및 제외지에 대하여도 특별조치법 제2조를 유추적용하여 소유자에게 손실을 보상하여야 한다고 보는 것이 타당하다(대판 2011. 08. 25, 2011두2743).

Ⅴ. 시효취득과 손실보상청구권

국가가 토지를 20년간 점유하여 취득시효가 완성된 경우에도 토지 소유자는 하천편입토지 보상 등에 관한 특별조치법에 따른 손실보상청구권을 행사할 수 있다. 위 법리는 하천구역 편입 당시 이미 국가가 토지의 소유권을 취득한 경우에는 적용되지 않는다(대판 2016. 06. 28, 2016두35243[하천편입토지손실보상금]; 2016. 06. 09, 2014두1369[손실보상금]).

그리고, 판례는 정당한 권원없이 공익사업시행지로 편입된 토지에 대하여는 자주점유의 추정이 깨어진다고 보고 시효취득을 인정하지 않는다.

[판례] 지방자치단체나 국가가 권원 없이 사유토지를 도로부지에 편입시킨 경우, 자주점유의 추정이 깨어지는지 여부(적극): 점유자가 점유 개시 당시에 소유권 취득의 원인이 될 수 있는 법률행위 기타 법률요건이 없이 그와 같은 법률요건이 없다는 사실을 잘 알면서 타인 소유의 부동산을 무단점유한 것임이 입증된 경우, 특별한 사정이 없는 한 점유자는 타인의 소유권을 배척하고 점유할 의사를 갖고 있지 않다고 보아야 하므로, 이로써 소유의 의사가 있는 점유라는 추정은 깨어지고, 또한 지방자치단체나 국가가 자신의 부담이나 기부의 채납 등 지방재정법 또는 국유재산법 등에 정한 공공용 재산의 취득절차를 밟거나 그 소유자들의 사용승낙을 받는 등 토지를 점유할 수 있는 일정한 **권원 없이 사유토지를 도로부지에 편입시킨 경우에도 자주점유의 추정은 깨어진다고 보아야 할 것이다**(대법원 2001. 03. 27. 선고 2000다64472 판결; 대법원 1997. 08. 21. 선고 95다28625 전원합의체 판결).

제 8 항 법률의 근거 없는 수용 또는 보상 없는 공익사업 시행의 경우 손해배상청구와 부당이득반환청구 등

Ⅰ. 손해배상청구

법률에 근거하지 않은 수용은 불법행위를 구성하므로 손해배상청구가 가능하다.

[판례] 법적 근거 없이 한 징발과 불법행위: [1] 군사상의 긴급한 필요에 의하여 국민의 재산권을 수용 또는 사용하게 되었던 것이라 할지라도 그 수용 또는 사용이 법률의 근거 없이 이루어진 경우에는 재산권자에 대한 관계에 있어서는 불법행위가 된다. [2] 우리나라 헌법이 재산권의 보장을 명시하였는 만큼 제헌 후 아직 징발에 관한 법률이 제정되기 전에 6. 25사변이 발발되었고 그로 인한 사실상의 긴급한 필요에 의하여 국민의 재산권을 수용 또는 사용하게 되었던 것이라 할지라도 그 수용 또는 사용이 법률의 근거 없이 이루어진 것인 경우에는 그것을 재산권자에 대한 관계에 있어서는 불법행위라고 하지 않을 수 없다(대판 1966. 10. 18, 66다1715).

실정법령에 공용침해와 보상에 관한 규정이 있음(손실보상의무가 있음)에도 보상 없이 수용을 하거나 공사를 시행한 행위는 불법행위가 되므로 손해배상청구가 가능하다.

[판례] ① 공유수면매립사업 시행자가 손실보상의무를 이행하지 아니한 채 공사를 시행하여 신고어업자에게 실질적이고 현실적인 침해를 가한 경우, 불법행위의 성립 여부(적극) 및 손해배상의 범위(=손실보상금 상당액)(대판 2000. 05. 26, 99다37382).
② 정당한 어업허가를 받고 공유수면매립사업지구 내에서 허가어업에 종사하고 있던 어민들에 대하여 손실보상을 할 의무가 있는 사업시행자가 손실보상의무를 이행하지 아니한 채 공유수면매립공사를 시행함으로써 실질적이고 현실적인 침해를 가한 때에는 **불법행위를 구성하는** 것이고, 이 경우 허가어업자들이 입게 되는 손해는 그 손실보상금 상당액이다(대판 1999. 11. 23, 98다11529).
③ 기업자가 토지수용법상 소정의 보상을 함이 없이 수용목적물에 대한 공사를 시행한 경우 토지소유자가 그 손해금의 지급을 구하는 소의 법적 성질: 구토지수용법상 기업자는 토지수용으로 인하

여 토지소유자 또는 관계인이 입게 되는 손실을 수용의 시기까지 보상할 의무가 있고 그 보상금의 지급 또는 공탁을 조건으로 수용의 시기에 그 수용목적물에 대한 권리를 취득하게 되는 것이므로 이러한 보상을 함이 없이 수용목적물에 대한 공사를 시행하여 토지소유자 또는 관계인에게 손해를 입혔다면 이는 불법행위를 구성하는 것으로서 이와 같은 불법행위를 주장하여 손해금의 지급을 구하는 소는 손실보상이라는 용어를 사용하였다고 하여도 **민사상의 손해배상청구**로 보아야 한다(대판 1988. 11. 03, 88마850[이송결정]). 〈해설〉 사업시행자가 국가나 지방자치단체인 경우라면 국가배상을 청구하여야 할 것이다.

④ 사업시행자가 토지소유자 및 관계인에게 보상금을 지급하지 아니하고 그 승낙도 받지 아니한 **채 미리 공사에 착수하여 영농을 계속할 수 없게 하였다면** 이는 공익사업법상 사전보상의 원칙을 위반한 것으로서 위법하다 할 것이므로, 이 경우 사업시행자는 **2년분의 영농손실보상금을 지급하는 것과 별도로,** 공사의 사전 착공으로 인하여 **토지소유자나 관계인이 영농을 할 수 없게 된 때부터 수용개시일까지 입은 손해에 대하여 이를 배상할 책임이 있다**(대판 2013. 11. 14, 2011다27103 [손해배상등]).

⑤ [지방자치단체가 전통시장 공영주차장 설치사업(공익사업)을 사업인정고시 없이 시행하면서 협의취득한 건물의 임차인들에게 영업손실보상을 하지 않자, 임차인들이 재산상 손해로서 영업손실보상 상당액과 정신적 손해에 대한 위자료를 함께 청구한 사건] (1) 공익사업의 시행자가 토지 및 건물을 **협의취득하면서** 임차인들에게 **영업손실을 보상하지 않고 공사에 착수**하였고, **재결신청청구를 거부하여 결과적으로 임차인들이 영업손실보상을 받을 수 없도록 한 경우,** 손실보상청구권 침해를 이유로 한 불법행위 및 손해배상책임 성립 여부(적극): 공익사업의 시행자는 해당 공익사업을 위한 공사에 착수하기 이전에 토지소유자와 관계인에게 보상액 전액을 지급하여야 한다(토지보상법 제62조 본문). 공익사업의 시행자가 토지소유자와 관계인에게 보상액을 지급하지 않고 그 승낙도 받지 않은 채 공사에 착수함으로써 토지소유자와 관계인이 손해를 입은 경우, 토지소유자와 관계인에 대하여 **불법행위가 성립**할 수 있고, **사업시행자는 그로 인한 손해를 배상할 책임을 진다**(대법원 1998. 11. 3.자 88마850 결정, 대법원 2013. 11. 14. 선고 2011다27103 판결 참조). (2) 손해배상책임이 인정된다면, 그 책임의 범위, 특히 위자료청구권의 인정 여부(원칙적 소극): 공익사업의 시행자가 사전보상을 하지 않은 채 공사에 착수함으로써 토지소유자와 관계인이 손해를 입은 경우, 토지소유자와 관계인이 입은 손해는 손실보상청구권이 침해된 데에 따른 손해이므로, **사업시행자가 배상해야 할 손해액은 원칙적으로 손실보상금**이다(대법원 1990. 6. 12. 선고 89다카9552 전원합의체 판결, 대법원 2001. 4. 10. 선고 99다38705 판결 참조). 다만 그 과정에서 토지소유자와 관계인에게 손실보상금에 해당하는 손해 외에 **별도의 손해가 발생하였다면,** 사업시행자는 그 손해를 **배상할 책임이 있으나**(대법원 2013. 11. 14. 선고 2011다27103 판결 참조), 이와 같은 손해배상책임의 발생과 범위는 이를 **주장하는 사람에게 증명책임**이 **있다.** 원고들이 입은 손해는 영업손실 보상청구권의 침해에 따른 것이므로, 그 손해액은 원칙적으로 토지보상법령이 정한 영업손실 보상금이고, 그 밖에 별도의 손해가 발생하였다는 점에 관한 원고들의 구체적인 주장·증명이 없는 한, 손실보상금의 지급이 지연되었다는 사정만으로 손실보상금에 해당하는 손해 외에 원고들에게 별도의 손해가 발생하였다고 볼 수 없다. **영업손실 보상금의 지급 지연에 따른 손해는 그 손해배상금에 대한 지연손해금의 지급으로 보전될 수 있다.** 원심은 손실보상금에 해당하는 손해배상금에 대한 지연손해금의 지급을 명하면서도, 동시에 손실보상금의 지급 지연으로 원고들에게 정신적 손해가 발생하였다고 보아 **위자료의 지급**을 명하고 있는데, 이는 **중복배상에 해당할 수 있다.** 재산적 손해배상으로 회복할 수 없는 정신적 손해가 있다는 사정에 관하여는 이를 주장하는 사람에게 그 증명책임이 있다. **손실보상금의 지급이 지연되었다는 사정만으로는 정신적 손해의 발생사실이**

증명되었다고 볼 수는 없으므로, 재산적 손해 외에 별도로 정신적 고통을 받았다는 사정에 대하여 원고들이 증명을 해야 하나, 이 사건에서 이에 대한 원고들의 증명이 충분하지 않다. (3) 인천광역시 계양구(피고)는 전통시장에 공영주차장을 설치하는 사업을 시행하였는데, 일정 면적 이하의 주차장의 경우 도시·군계획시설로 지정하지 않고도 설치가 가능하다는 구 국토계획법령을 이유로 토지보상법에 따른 사업인정절차를 거치지 않고 사업부지를 매매로 취득하였음. **피고는 위 사업이 토지보상법상 공익사업에 해당하지 않는다는 이유로 사업부지 지상 각 건물의 임차인들인 원고들에게 보상을 거절**하였고, 원고들의 재결신청청구도 거부하였으며, 원고들에게 영업손실보상금을 지급하지 않은 채 공사에 착수하였음. 원고들은 재결신청청구거부처분 취소청구의 소를 제기하였으나, **사업인정고시가 없어 재결신청을 할 수 없다는 이유로 원고들의 청구를 기각하는 판결이 확정**되었음. 이에 **원고들이 피고를 상대로 영업손실보상에 대한 재산적 손해배상 및 정신적 손해에 대한 위자료의 지급을 구하는 손해배상청구소송을 제기한 사례**(대판 2021. 11. 11, 2018다204022). **원심은,** 이 사건 사업이 토지보상법상 공익사업에 해당한다고 보고, 피고는 토지보상법에 따라 원고들에게 영업손실을 보상할 의무가 있음에도 손실보상절차를 이행하지 않아 손해를 입힌 것이 불법행위를 구성한다고 보아 손해배상책임의 성립을 인정하였고, 손해배상액으로 토지보상법령에 따른 휴업손실보상금 상당액과 정신적 손해에 관한 위자료(각 700만 원)도 인정하였음. 대법원은, ① 토지보상법상 공익사업에 해당하는 한 사업인정고시가 없더라도 토지보상법 중 사업인정이나 수용을 전제로 하지 않는 규정이 적용될 수 있다고 보아 영업손실보상에 관한 토지보상법 규정이 이 사건에 적용된다고 보았고, ② 피고는 영업손실보상금을 지급하기 전 원고들의 승낙 없이 공사에 착수하였고, 나아가 원고들의 협의요청을 거부하였을 뿐 아니라 재결신청청구도 거부하여 원고들로 하여금 재결절차 등을 통하여 영업손실보상을 받을 수 없도록 하였으므로, 원고들에게 손실보상청구권을 침해한 손해를 배상할 책임이 있다고 보았으며, ③ 손해배상책임의 범위와 관련하여 재산상 손해로서 영업손실보상금 상당액을 인정하였으나, 영업손실보상금의 지급 지연 등의 사정만으로는 원고들에게 정신적 손해가 있다고 보기 어렵고, 그 외에 정신적 손해의 발생사실이 증명되었다고 볼 수 없다는 이유로 피고에게 위자료 지급책임이 있다고 볼 수 없다고 판단함.

다만, 전술한 바와 같이 법에 근거한 공용제한으로 특별한 손실이 발생한 경우 공무원의 고의·과실이 인정되지 않는 한 해당 공용제한은 불법행위를 구성하지 못한다.

Ⅱ. 부당이득반환청구

판례는 보상 없이 타인의 토지를 점유·사용하는 것은 법률상 원인없이 이득을 얻은 때에 해당한다고 본다(대판 2016. 06. 23, 2016다206369).

[판례] ① 농지개량사업 시행지역 내의 토지 등 소유자가 토지사용에 관한 승낙을 하였다고 하더라도 그에 대한 정당한 보상을 받은 바가 없다면 **농지개량사업 시행자는 토지 소유자 및 그 승계인에 대하여 보상할 의무가 있다** 할 것이고, **그러한 보상 없이 타인의 토지를 점유·사용하는 것은 법률상 원인없이 이득을 얻은 때에 해당**한다고 보아야 한다(대판 2016. 06. 23, 2016다206369).
② 구 군사시설보호법(2007. 12. 21. 법률 제8733호 군사기지 및 군사시설 보호법 부칙 제2조로 폐지)

과 군사기지 및 군사시설 보호법의 입법 취지와 규정 내용, 통제보호구역의 지정 목적과 그 범위 및 통제보호구역 내에서의 행위의 제한 등에 관한 규정 등을 종합하여 보면, 특정 토지가 통제보호구역으로 지정됨으로써 토지소유자의 출입 및 토지의 용도에 따른 사용·수익이 제한될 수 있다는 사정만으로는 국가가 계속적으로 그 토지를 점유·사용하는 것이 허용된다고 할 수 없고, 또한 국가가 그 토지를 점유·사용하면서 실질적인 이익을 얻고 있다고 보기 어려울 것이다. 한편 **국가가 (권원없이) 그 토지 위에 군사시설 등을 설치하여 그 부지 등으로 계속적, 배타적으로 점유·사용하는 경우**에는, 국가가 그 토지를 점유·사용할 수 있는 정당한 권원이 있음을 주장·증명하지 아니하는 이상, 그 토지에 관하여 차임 상당의 이익을 얻고 이로 인하여 원고에게 동액 상당의 손해를 주고 있다고 봄이 타당하므로, **국가는 토지소유자에게 차임 상당의 이득을 부당이득금으로 반환할 의무가 있다**(대판 2012. 12. 26, 2011다73144).

③ 토지의 상공에 고압전선이 통과하게 됨으로써 토지소유자가 토지 상공의 사용·수익을 제한받게 되는 경우, 특별한 사정이 없는 한 고압전선의 소유자는 **토지소유자의 사용·수익이 제한되는 상공 부분에 대한 차임 상당의 부당이득**을 얻고 있으므로, 토지소유자는 이에 대한 반환을 구할 수 있다. 이때 토지소유자의 사용·수익이 제한되는 상공의 범위에는 고압전선이 통과하는 부분뿐만 아니라 관계 법령에서 고압전선과 건조물 사이에 일정한 거리를 유지하도록 규정하고 있는 경우 그 거리 내의 부분도 포함된다. 한편 고압전선의 소유자가 해당 토지 상공에 관하여 일정한 사용권원을 취득한 경우, 그 양적 범위가 토지소유자의 사용·수익이 제한되는 상공의 범위에 미치지 못한다면, 사용·수익이 제한되는 상공 중 사용권원을 취득하지 못한 부분에 대해서 고압전선의 소유자는 특별한 사정이 없는 한 차임 상당의 부당이득을 토지소유자에게 반환할 의무를 부담한다(대판 2022. 11. 30, 2017다257043).

④ 국가 또는 지방자치단체가 해당 토지에 대한 수용 또는 사용 절차를 거치지 않고 적법한 권원 없이 위법하게 사유지에 대한 점유를 개시한 경우 국가 또는 지방자치단체는 부당이득반환의무가 있고, 국가 또는 지방자치단체가 토지보상법에 따라 해당 토지에 대한 수용 또는 사용 절차를 거쳐 손실보상금을 지급할 가능성이 있었다는 사정만으로 토지 소유자에 대한 부당이득 반환의무가 소멸한다고 볼 수 없다. 국가 또는 지방자치단체로서는 토지보상법에 따른 적법한 수용 또는 사용 절차를 통해 정당한 보상을 함으로써 그 토지에 대한 사용권을 획득한 이후에야 그 범위 내에서 부당이득 반환의무를 면할 뿐이다(대판 2024. 06. 27, 2023다275530). **〈해설〉** 2011년 여름의 집중호우로 우면산 일대에 산사태가 발생하자 피고(서울특별시 서초구)가 우면산 일대를 사방사업법상 사방지로 지정하고, 이 사건 토지 위에 콘크리트 구조물과 CCTV와 같은 사방시설(= 이 사건 사방시설)을 설치하였는데, 피고가 이 사건 사방시설을 설치하기에 앞서 관계법령에 따라 적법한 수용·사용 절차를 거치지 않았고, 이 사건 사방시설 설치 이후 이 사건 토지의 소유권을 취득한 원고들이 피고를 상대로 이 사건 토지의 무단점유를 원인으로 한 부당이득반환을 청구한 사안이다.

이에 따라 정당한 권원없이 도로부지에 편입된 사유토지의 소유자는 미보상용지에 대하여 부당이득반환청구소송을 제기할 수 있다.

미보상용지의 발생원인은 둘로 나뉜다. 하나는 사업시행자가 법률상의 토지수용절차를 정상적으로 거쳤으나 토지 소유자의 보상금 불만에 따른 수령 거부, 소유자 확인 불능, 소유자 거주지 확인불능 등으로 인해 보상금이 정상적으로 지불되지 못한 경우이다. 다른 하나는 국가 등이 수용절차를 거치지 않고 보상 없이 민간 토지를 도로, 하천 등 공익용도로 점유·사용한 경우이다.

그러나, 소유자가 그 토지에 대한 독점적·배타적인 사용·수익권을 포기한 것으로 볼 수 있다면, 특별한 사정이 없는 한 그로 인해 토지 소유자에게 어떤 손해가 생긴다고 볼 수 없으므로, 토지 소유자는 그 타인을 상대로 부당이득반환을 청구할 수 없다는 것이 판례의 입장이다(대판 전원합의체 2019. 01. 24, 2016다264556[시설물철거및토지인도청구의소]).

Ⅲ. 기　　타

[판례] 토지가 구 소하천정비법에 의하여 소하천구역으로 적법하게 편입된 경우 그로 인하여 그 토지의 소유자가 사용·수익에 관한 권리행사에 제한을 받아 손해를 입고 있다고 하더라도 구 소하천정비법 제24조에서 정한 절차에 따라 **손실보상을 청구할 수 있음은 별론**으로 하고, 관리청의 제방 부지에 대한 점유를 권원 없는 점유와 같이 보아 **손해배상이나 부당이득의 반환을 청구할 수 없다**(대판 2021. 12. 30, 2018다284608).

제 4 절　현행 행정상 손해전보제도의 흠결과 보충

행정상 손해전보제도를 통일적·체계적으로 검토하면 행정상 손해전보에 관한 현행 법제도에는 적지 않은 흠결(欠缺)이 있음을 발견할 수 있다.

현행 국가배상법상 위법·무과실의 경우에는 국가의 손해배상책임이 인정되지 않고 있고, 또한 공법상 위험책임은 거의 인정되고 있지 않은 문제가 있다. 그리고, 행정상 손실보상에 관한 일반조항이라 할 수 있는 헌법 제23조 제3항은 문언상 '재산권'에 대한 '직접적 침해'의 보상만을 그 적용대상으로 하고 있는 문제가 있다. 뿐만 아니라, 적법행위에 의해 특별한 손해가 발생하는 경우에도 불구하고 보상규정이 흠결된 경우가 적지 않다.

현행 손해전보제도상의 흠결[142]을 적시하고, 그의 보충(補充)을 위한 해석론·입법론을 검토하기로 한다.

142) 법의 흠결이란 사회의 정의감에 비추어 어떤 법규범이 존재하여야 함에도 불구하고 규율할 법이 존재하지 않는 것을 말한다. 법의 흠결은 입법 또는 해석에 의해 보충될 수 있는데, 해석에 의한 법의 흠결의 보충은 일반법원칙을 적용하거나 유추해석, 물론해석 또는 확장해석 등의 방법에 의한다.

제 1 항 현행 과실책임제도의 흠결과 보충

Ⅰ. 현행 과실책임제도의 흠결

현행 국가배상법은 국가배상책임의 책임요건으로서 가해행위의 위법뿐만 아니라 공무원의 과실을 요구하고 있다. 그리고, 통설·판례는 위법성을 국가배상책임의 객관적 책임요건으로 보고, 과실을 주관적 책임요건으로 파악하고 있다. 따라서, 통설·판례에 의하면 위법하지만 과실이 없는 경우(위법·무과실의 경우)가 있을 수 있고(대판 1973. 10. 10, 72다2583; 1984. 07. 24, 84다카597), 이 경우에는 국가의 배상책임은 성립하지 않는다.

그러나, 피해자인 국민의 권리구제 및 법치행정의 원칙의 측면에서 보면 가해행위인 국가작용이 위법함에도 불구하고 피해자인 국민이 그로 인한 손해의 배상을 받지 못한다는 것은 타당하지 못한 것이며, 이는 현행 국가배상책임제도의 흠결이라고 볼 수 있는 것이다.

Ⅱ. 현행 과실책임제도의 흠결(위법 · 무과실)의 보충

위법·무과실(違法·無過失)의 문제를 해결하는 방법으로는 해석론으로 국가배상법상 과실 개념의 객관화를 통하여 해석상 위법·무과실의 경우를 최소화 내지 배제하는 방안, 위법·무과실의 경우에까지 손실보상을 확장하는 방안이 있고, 입법론으로 위법·무과실의 경우에도 국가배상책임을 인정하는 방향으로 현행 국가배상법을 개정하는 방법이 있을 수 있다.

1. 해석론

(1) 위법·무과실의 배제(과실의 객관화)

국가배상법 제2조상의 과실을 프랑스법상의 역무과실(faute de service)과 같이 객관적으로 파악하여 '국가작용의 흠', 보다 정확히 '흠 없는(또는 올바른) 직무수행의무의 위반'(violation de l'obligation du bon fonctionnement(fonctionnement correct))으로 이해한다면 위법·무과실의 문제는 제기되지 않을 수 있다. 왜냐하면, 과실을 이와 같이 객관적 개념으로 본다면 위법한 국가작용은 통상 흠(과실) 있는 국가작용으로 볼 수 있기 때문이다.

그러면 국가배상법상의 과실개념을 객관적으로 파악하여 '국가작용의 흠'으로 정의하는 것이 현행 국가배상법 제2조의 해석론으로 가능한 것인가.

① 국가배상책임은 공무원의 민법상 불법행위책임을 대신하는 책임이라고 보는 대위책임설에 의하면 국가배상법상의 공무원의 고의·과실이란 민법상 불법행위책임의 성립요건인 고의·과실과 다를 이유가 없으며 평균적 공무원의 주관적 인식능력을 기준으로 판단하여야 한다고 본다.

그러나, 국가배상책임을 국가의 자기책임으로 보아야 한다는 사견에 의하면 국가배상책임에 있어서는 과실개념을 주관적으로 파악할 하등의 이유가 없다고 생각한다.[143] 공무원의 과실을 국가작용의 하자라는 객관적 개념으로 보고 국가배상책임을 국가작용의 하자에 대한 책임으로 볼 수 있다.

② 또한, 국가배상법 제2조가 '공무원'의 과실을 요건으로 하고 있으므로 현행 국가배상법상의 과실을 객관적 개념으로 파악하는 것은 부당하다라고 하는 견해가 있을 수 있다. 그러나, 이 견해는 타당하지 않다. 국가는 공무원을 통하여 활동하고 공무원은 통상 개인으로서 행동하는 것이 아니고 공무수행자(administrateur, 또는 행정기관)로서 활동하는 것이므로 공무원의 과실을 국가작용의 하자로 보는 것이 행정의 실제에도 부합한다.

프랑스의 유력한 학설도 '국가작용의 흠' 등으로 정의되는 객관적 개념인 역무과실(faute de service)은 실제상 공무원의 과실이라고 보면서도 국가작용의 하자인지 여부를 그 판단기준으로 하고 있다.[144]

(2) 위법 · 무과실의 축소

1) 공무원의 주의의무의 강화

공권력을 행사하는 공무원은 일반 국민에 대하여 우월한 지위에 있기 때문에 공무원의 공권력이 잘못 행사되어 국민에게 손해를 가할 위험이 있다. 따라서 공권력 행사자인 공무원에게는 일반 사인보다도 강한 주의의무를 부과하는 것이 타당하다.

이와 같이 공무원의 주의의무를 강화한다면 위법이지만 무과실인 경우는 줄어들게 될 것이다.

---

143) 본래 민법상 불법행위책임은 불법행위자에 대한 징계적 성격을 갖는 제도이었고, 따라서 주관적 책임요건인 과실이 사법상 불법행위책임의 본질적인 요소을 이루었다. "과실 없으면 책임 없다"는 법언은 이를 대변하는 것이다. 그러나, 국가배상책임의 주체인 국가는 사인과 같은 인격체는 아닌 것이며, 집단재산(Caisse Collective)으로서의 국가인 것이다. 따라서, 국가에 대한 엄밀한 의미에서의 도덕적 비난은 있을 수 없으며 국가배상책임에 있어서는 과실개념을 민법상의 그것과 같이 주관적 개념으로 파악할 이유는 없는 것이다.

144) G. Vedel et P. Délvolvé Droit administratif, 9e Ed, p. 491; J. Rivéro, Droit administratif, 11e Ed, p. 289.

2) 피해자의 입증부담의 경감

통설·판례에 의하면 국가배상책임의 성립요건인 과실의 입증책임은 민법상 불법행위책임에서와 마찬가지로 피해자인 국민에게 있다고 한다. 그런데, 주관적 개념인 과실의 입증은 곤란한 경우가 적지 않다. 특히 공무원의 직무가 기술성 또는 전문성을 갖는 경우에는 더욱 그러하다. 따라서, 피해자의 권리구제의 측면에서 피해자에게 과실의 입증책임의 부담을 경감해 줄 것이 요청되고, 그렇게 하여 준다면 위법·무과실의 경우를 줄일 수 있다.

피해자의 과실의 입증책임을 경감해 주는 방법으로는 위법의 과실추정 및 '일응추정의 이론'을 들 수 있다.

① 공무원은 일반적으로 적법한 직무집행을 하여야 할 의무를 지고 있다. 공무원이 직무관련 법규를 몰랐다거나 그 해석을 그르친 것은 원칙상 용서될 수 없다. 따라서, 위법이 입증된 경우에는 위법한 직무집행을 함에 있어 과실이 없었다는 것을 행정기관이 입증하도록 하는 것이 타당하다.

② 또한 피해자의 과실의 입증부담을 경감시키기 위하여 민법상 법리인 '일응추정의 이론'을 원용하여야 할 것이다. 일응추정의 이론이란 가해자인 피고측의 불법행위에 대하여 피해자인 원고가 이미 입증한 사실이 사물의 성질상 가해자의 고의·과실을 추정케 하는 개연성이 있는 경우에는, 피고측이 반증으로 추정을 전복시키지 못하는 한, 그 입증된 사실로부터 일응 고의·과실이 추정된다는 이론이다.[145)]

(3) 손실보상의 위법·무과실 가해행위에의 확장적용

손실보상 개념을 위법·무과실에 의한 손해의 전보에까지 확장할 수 있는가에 대해 독일에서와 같이 논란의 여지가 있을 수 있다.

1) 긍정설

긍정설의 논거는 다음과 같다. 손실보상에 있어서 침해행위가 적법인가 위법인가는 중요한 것이 아니고, 본질적으로 중요한 것은 공익을 위해 개인에게 특별한 희생을 강요했다는 사실에 있기 때문에 위법한 침해행위에도 손실보상의 법리를 유추적용할 수 있다고 본다.

2) 부정설

부정설이 타당하다. 긍정설은 다음과 같은 비판을 면하기 어렵다.

① 우리나라의 행정상 손해전보법제는 적법행위에 의한 손실보상과 위법행위에 의한 손해배상의 이원적 구조를 취하고 있고, 법치주의하에서는 적법행위와 위법행

145) 김도창, 『일반행정법론(상)』, 573면.

위를 구분할 의의가 있다.

② 위법한 침해행위로 인한 손해를 공공의 복리를 위한 특별희생으로 보는 것은 타당하지 않다. 위법한 침해행위는 본래 법률에 의한 행정의 원리에 반하는 것이며 그 때문에 공공의 복리에도 반하는 것이라 할 수 있다. 따라서, 손실보상을 위법·무과실에 의한 손해의 전보에까지 확장하는 것은 우리나라의 현행 행정상 손해전보법상 타당하지 않다.

2. 입법론

입법론으로는 우리나라에서도 위법과 과실을 통합하여 객관적 의미의 과실만을 국가배상책임의 요건으로 하거나 위법만을 국가배상책임의 요건으로 할 것이 요망된다.

또한, 무과실책임인 위험책임을 확대할 필요가 있다.

제 2 항 공법상 위험책임제도의 흠결과 보충

Ⅰ. 공법상 위험책임의 의의

공법상 위험책임(公法上 危險責任)이란 공익 목적을 위해 형성된 특별한 위험상태의 실현에 의해 생긴 손해에 대한 무과실배상책임을 말한다. 공법상 위험책임은 위법행위에 의한 손해배상과 적법행위에 의한 손실보상과는 구분되는 별개의 행정상 손해전보책임이다.

공법상 위험책임은 가해행위의 위법, 적법 및 공무원의 과실, 무과실을 묻지 않는 무과실책임인 점에서 과실에 근거한 행정상 손해배상과 구분된다.

그리고, 공법상 위험책임을 행정상 손실보상의 범주에 포함시키는 견해도 있으나, 공법상 위험책임은 엄격한 의미의 행정상 손실보상과 다음과 같은 상이점이 있으므로 양자를 구별하는 것이 타당하다.

① 공법상 위험책임의 대상인 손해는 형성된 위험이 실현된 것인 반면에 행정상 손실보상에서의 손해는 적법한 공용침해행위에 의해 직접 가해진 손해이다.
② 행정상 손실보상에 있어서는 가해행위가 적법할 뿐만이 아니라, 손해도 그것이 공권적 침해를 허용하는 법률에 의해 예상된 것이라는 점에서 적법한 것이다. 이에 반하여 공법상 위험책임에 있어서의 손해는 우연한 사고에 의한 것이며 적법한 손해라고는 볼 수 없다.
③ 행정상 손실보상은 적법한 공권력 행사로 인한 손해전보인 반면에 공법상 위험책임은 가해행위의 적법·위법 여부를 묻지 않고 인정되는 책임이다.

Ⅱ. 공법상 위험책임의 근거

1. 이론적 근거

공법상 위험책임의 이론적 근거는 위험이론(La théorie du risque)이다. 즉, 자신의 이익을 위한 활동에 당하여 특별한 위험(risque particulier)을 창설한 자는 그 창설된 위험의 실현에 의한 손해를 배상하여야 하며 그것이 정의에 합치한다는 것이다.

2. 정책적 근거

공법상 위험책임의 정책적 근거는 피해자의 구제에 있다. 급속한 과학기술의 발달과 현대 복지국가의 이념에 따른 국가개입의 증대에 의해 국민의 생명, 신체에 대한 침해의 위험이 증대된 상황하에서 과실책임주의를 엄격히 고수하는 것은 정의·형평의 관념에 부합하지 않게 되었다.

위험책임은 형성된 위험 및 초래된 손해의 중대성, 그리고 과실의 입증의 곤란성을 고려하여 피해자에게 과실의 입증을 요구하는 것이 형평의 관념에 부합하지 않을 때 피해자의 구제를 위해 인정되는 무과실책임이다.

3. 실정법상 근거

공법상 위험책임을 인정하기 위하여는 실정법률의 근거가 있어야 한다. 그런데, 우리나라의 실정법상 소방기본법상 공무협력자에 대한 무과실책임을 제외하고는 엄격한 의미에서의 공법상 위험책임을 인정하고 있다라고 보일 수 있는 규정은 거의 전무한 상태이다.

Ⅲ. 공법상 위험책임의 요건

공법상 위험책임의 요건은 법률에 의해 정해진다. 다만, 입법론상 타당한 공법상 위험책임의 요건은 다음과 같다.

① 공법상 위험책임은 국가작용을 수행하기 위하여 창설된 특별한 위험이 실현되어 손해가 발생하였어야 한다. 공법상 위험책임의 요건이 되는 '특별한 위험'은 공권력 일반에 내재하는 일반적인 위험보다는 그 위험의 정도가 훨씬 큰 '특별한' 위험이어야 한다.

② 공법상 위험책임은 과실책임주의의 문제점을 보완하기 위하여 인정된 독자적인 무과실책임이기 때문에 발생된 손해가 특별한 손해일 것을 공법상 위험책임의

요건으로 하는 것은 타당하지 않다.

Ⅳ. 현행 위험책임제도의 흠결의 보충

1. 입법론

재판관의 법규창조력을 인정하지 않는 우리나라에서는 공법상 위험책임의 인정은 법률에 의할 수밖에 없다.

공법상 위험책임의 입법에 있어서는 위험책임의 원칙을 일반적으로 규정하기보다는 위험책임을 유형별로 입법하는 것이 바람직하다. 왜냐하면, 위험책임의 요건인 '특별한 위험'의 개념은 너무 추상적이어서 그의 판단은 곤란할 것이며 위험책임의 일반적인 인정은 국가의 재정에 압박을 가할 것이기 때문이다.

프랑스 행정법상 인정된 위험책임의 유형은 다음과 같다.

① 위험한 물건(Les choses dangereuses)에 기인한 손해: 폭발물, 경찰의 무기 등이 위험한 물건으로 인정되고 있다. 총기에 의한 손해의 경우 총기사용의 대상이 된 범죄혐의자에 대하여는 과실책임이 인정되고, 총기사용의 대상이 아닌 제3자가 입은 손해에 대하여는 공법상 위험책임이 인정된다. 최루탄은 위험책임의 대상이 되는 위험한 물건은 아니다.

② 위험한 행정작용(Les méthodes dangereuses)에 기인한 손해: 사회에의 적응을 위해 자유가 보장된 상황하에서 실시하는 수형자의 교육 및 정신병자의 치료중 당해 수형자 또는 정신병자가 제3자에게 가해한 경우, 공무원이 특별히 위험한 상황하에서 근무하던 중 사고를 당한 경우, 행정청에 의한 비위생적인 건물의 소각작업중에 인근가옥이 연소되는 경우 등에 공법상 위험책임이 인정되고 있다.

③ 행정업무 협력자에게 발생한 손해에 대하여 무과실책임이 인정되고 있다.

2. 해석론

공법상 위험책임의 불비를 해석적 노력에 의해 보충하고자 하는 견해는 크게 둘로 나누어진다. 그 하나는 국가배상법의 해석에 의하는 견해이고, 다른 하나는 행정상 손실보상 개념의 확장에 의해 위험책임의 불비를 보충하려는 견해이다.

(1) 국가배상법의 해석을 통한 공법상 위험책임의 흠결의 보충

전술한 바와 같이 공법상 위험책임은 과실책임주의의 수정원리로서 피해자의 과실입증의 곤란을 구제하기 위하여 등장하였다. 따라서 공법상 위험책임이 거의 인정되지 않고 있는 우리나라의 실정법상 피해자를 충실히 구제하기 위해서는 국가배상법상의 '과실' 및 '영조물의 설치·관리상의 하자'의 인정을 보다 용이하게 함으로써 공법상 위험책임의 흠결을 어느 정도 보충할 수 있다.

① 손해의 발생이 특별히 위험한 국가활동에 연유하는 경우에는 형평의 고려상 과실을 추정하여 위험을 형성한 행정기관에게 과실의 입증책임을 부담시킬 수 있을 것이다.

② 위험한 물건의 사용 등 위험한 국가활동에 있어서는 그러한 직무를 수행하는 공무원에게 손해방지를 위한 보다 강한 주의의무를 지우는 것이 타당하고, 이렇게 함으로써 과실책임을 보다 용이하게 인정할 수 있다. 판례 중에는 이러한 이론구성을 취하고 있는 판례가 있다.146)

③ 국가배상법 제5조의 영조물책임은 '영조물의 설치·관리의 하자'를 그 책임의 성립요건으로 하는 점에서 엄격한 의미에서의 위험책임 또는 무과실책임은 아니지만, '하자'의 개념을 객관적인 개념으로 보고, '영조물의 설치·관리상의 하자'를 일응 추정함으로써 실제에 있어 공법상 위험책임을 인정한 것과 같은 결과를 가져올 수 있다.

(2) 행정상 손실보상의 확장적용을 통한 공법상 위험책임의 흠결의 보충

공법상 위험책임제도가 실정법상 확립되어 있지 않은 독일에 있어서 연방최고법원 등의 판례는 공법상 위험책임에 속하는 제 사례를 수용유사침해 또는 희생보상청구권의 법리하에 포섭시키고 있는 경우가 있다.147)

공법상 위험책임을 행정상 손실보상과 본질적으로 다르지 않다고 보고, 공익목적을 위한 특별한 위험의 실현에 의해 초래된 손해를 행정상 손실보상의 대상에 포함시키는 견해가 있는데, 그 논거는 다음과 같다. 특별한 위험상태의 형성은 공익 목적을 위한 적법한 것이고, 이 적법한 위험상태의 실현에 의해 발생한 손해는 공익 목적을 위한 특별한 희생으로 볼 수 있다. 따라서 위험책임을 정한 실정법상의 규정이 결여된 경우에도 수용보상규정의 유추적용 내지 평등조항을 적용하여 위험책임을 인정할 수 있다는 것이다.

총기사고로 제3자가 입은 피해를 수용적 침해로 보는 견해도 있다. 그러나, 위험의 실현에 의한 손해는 통상 사고에 의해 우연히 발생된 손해인 것이기 때문에 적법행위에 의해 예상되었다거나 적법행위에 의한 직접적 침해라고는 볼 수 없다. 위험책임에 있어서의 손해는 불법한 손해인 것이며, 공익을 위해 필요한 희생이라고

146) 총기사고: 대판 1967. 03. 21, 66다2660; 1975. 01. 14, 74다1683; 1980. 11. 11, 80다1683 등; 불발 최루탄 폭발에 의한 사고: 서울지법 1986. 6. 13, 『법률신문』, 1643호.

147) 박원영, "서독공법상의 위험책임," 『고시연구』, 1989. 9, 75면 이하.

볼 수는 없다. 예컨대, 도주하는 범죄혐의자에게 경찰관이 발사한 총알이 우연히 골목길에서 튀어나온 행인에게 맞은 사건에 있어서 어떻게 이 행인의 죽음이 공법상 필요한 특별한 희생으로 볼 수 있겠는가.

사견에 의하면 공법상 위험책임의 인정은 재판관에게 법규창조력이 인정되지 않는 우리나라의 법제하에서는 입법에 의해서만 가능하다고 본다. 다만, 전술한 바와 같이 입법의 개입이 있기 전까지는 국가배상법의 해석에 의해 공법상 위험책임에 대한 현행법상의 흠결을 보충할 것이 요망된다.

제 3 항 현행 행정상 손실보상제도의 흠결과 보충

Ⅰ. 현행 행정상 손실보상제도의 흠결

공공필요에 의해 국민에게 특별희생을 초래한 경우에는 그에 대한 보상이 주어져야 한다. 그러나, 현행법령하에서 그러하지 못한 경우가 있다.

① 법률이 재산권의 공권적 침해(특히 공용제한)를 규정하면서 그에 대한 보상을 규정하지 않은 경우가 적지 않은데 이 경우에 피해자의 구제가 문제되고 있다.

② 헌법 제23조 제3항(행정상 손실보상)은 '재산권'에 대한 침해만을 대상으로 하고 있다고 본다면 비재산적 법익, 즉 생명·신체에 대한 침해는 구제될 수 없다.

③ 손실보상이 적법한 행정작용에 의해 의도된 손해만을 적용대상으로 하고 있다고 본다면, 적법한 공권력 행사에 의한 의도되지 않은 재산권 침해(수용적 침해)는 손실보상의 대상이 될 수 없다.

④ 전술한 바와 같이 판례는 수용적 침해의 일종인 간접손실의 보상을 헌법 제23조 제3항의 손실보상에 포함되는 것으로 보고 있고, 토지보상법 시행규칙에서 간접손실보상을 열거하여 규정하고 있지만, 토지보상법령상 간접손실이 특별한 희생에 해당함에도 보상되지 않고 있는 경우가 있다.

Ⅱ. 현행 행정상 손실보상제도의 흠결의 보충

1. 해석론

(1) 보상규정이 없는 경우의 구제

이에 대하여는 전술한 바와 같다.

(2) 수용적 침해에 대한 보상

1) 수용적 침해의 의의

헌법 제23조 제3항을 엄격히 해석하면 동 조항은 공권적 침해행위에 의해 의도적으로 가해진 침해에만 적용되고, 의도되지 않은 재산권 침해인 독일법상의 '수용적 침해(收用的 侵害)'는 동 조항의 적용범위에 들어가지 않게 된다.

예를 들면, 지하철공사의 장기화로 인해 주변의 상점주가 받게 된 영업상 손실, 쓰레기 적치장과 같은 공공시설의 경영으로 인근 주민이 받는 손해 등의 경우가 그러하다. 판례와 일부 견해는 국가 또는 지방자치단체의 공공시설(공물)의 운영으로 인해 인근주민이 입는 피해를 국가배상법 제5조의 영조물배상책임에 의해 구제해 주어야 하는 것으로 보며 공익사업으로 인한 사적 시설의 운영으로 인근 주민이 받는 손해에 대하여는 민법상 불법행위책임을 인정하여야 한다고 본다.

그러나, 이러한 수용적 침해도 적법행위가 직접 원인이 되어 발생한 적법한 재산권 침해임에는 틀림없다.[148] 따라서, 공용침해로 인한 수용적 침해는 헌법 제23조 제3항의 손실보상에 포함되는 것으로 보는 것이 타당하다.

2) 보상의 법적 근거

수용적 침해에 대한 보상의 법적 근거는 무엇인가. 이에 관하여는 다음의 두 견해가 있다.

① '침해의 의도성'을 손실보상의 요건으로 보고 공권력 행사에 의해 의도적으로 가해진 것이 아닌 수용적 침해는 엄격한 의미의 손실보상(헌법 제23조 제3항의 손실보상)의 대상이 되지 않는다고 보면서 독일법상의 수용적 침해이론을 우리나라에 도입하여 보상할 수 있다고 한다. 다만, 우리나라에서는 독일에서 수용적 침해의 근거가 되는 희생보상의 법리가 존재하지 않는다고 보는 견해에서는 재산권보장과 평등원칙에 근거하여 보상하여야 한다고 한다.

② 그러나, 사견에 의하면 헌법 제23조 제3항을 적법한 재산권 침해에 대한 보상의 일반적 근거조항으로 보는 직접효력설이 타당하다. 따라서, 적법행위에 의해 의도되지는 않았으나 적법행위가 직접 원인이 된 침해(수용적 침해)를 헌법 제23조 제3항의 직접 또는 유추적용[149] 또는 공적 부담 앞의 평등원칙에 근거하여 보상해 줄 수 있다고 보아야 할 것이다.

(3) 비재산적 법익에 대한 침해의 보상

예방접종의 부작용으로 인한 사고 등 적법행위에 의한 생명 또는 신체의 침해를

148) 수용적 침해도 공권력 행사가 직접 원인이 되어 야기된 것이라는 점에서 직접침해라고 할 수 있다.

149) 이 견해는 헌법 제23조 제3항의 직접적 효력을 전제로 하는 견해이다.

공익을 위한 특별희생으로 보고, 그 보상을 행정상 손실보상의 개념에 포함시킬 수 있는가에 대하여 학설상 다툼이 있을 수 있다.

① 학자에 따라서는 법률에 의해 생명·신체에 대한 침해가 예정되는 경우는 거의 없으며 예방접종의 부작용으로 인한 사고에 의한 생명·신체에 대한 침해는 예방접종에 의해 의도된 것은 아니고 우연한 사고에 의한 것이므로 예방접종의 부작용으로 인한 사고 등 적법행위에 의한 생명·신체에 대한 침해는 공익을 위한 특별희생 내지 공적 부담으로 볼 수 없다고 한다. 따라서, 예방접종사고에 의한 손해의 배상은 위험책임으로 이론구성되어야 한다고 한다. 그러나, 예방접종의 부작용으로 인한 사고에 의한 손해배상을 위험책임으로 보아야 한다고 하는 견해에 의하면 현행법상 예방접종의 부작용으로 인한 사고에 대하여 위험책임을 인정하는 명문의 규정이 없으므로 과실을 입증할 수 없는 예방접종의 부작용으로 인한 손해에 대하여는 구제가 불가능하다는 결론에 이른다.

② 사견에 의하면 오늘날 예방접종의 부작용은 극히 예외적이고, 예방접종 자체를 사회통념상 위험하다고 볼 수는 없다. 반면에 예방접종에는 부작용이 없을 수 없는 것이며 예방접종의 부작용은 통상 예방접종에 부수하여 발생되는 것이므로 공공목적을 위해 강제적으로 실시되는 예방접종의 부작용에 의한 생명·신체의 침해를 공익을 위한 특별희생, 즉 공적 부담(公的 負擔)이라고 보아도 큰 무리는 없을 것이다. 또한, 이렇게 보는 것이 피해자 구제의 요구에도 합치된다. 따라서 예방접종사고에 대한 보상을 손실보상으로 볼 수 있다.

그런데 예방접종사고 등 비재산적 법익에 대한 적법한 직접침해의 보상을 손실보상의 개념에 포함시킬 수 있다 할지라도 이에 대한 헌법 제23조 제3항의 적용에는 어려움이 있다. 헌법 제23조 제3항은 재산권 침해의 보상만을 규정하고 있기 때문이다.

예방접종사고 등 비재산적 법익에 대한 적법한 직접침해의 보상에는 네 가지 구제방법이 주장되고 있다.

① 유추적용설: 헌법 제23조 제3항의 직접효력설에 입각하여 예방접종사고와 같은 생명·신체의 침해에 헌법 제23조 제3항을 유추적용할 수 있다는 견해이다. 이 견해가 타당하다.

이 견해에 대하여는 헌법 제23조 제3항은 재산권에 대한 침해의 보상만을 규정하고 있으므로 이 조항은 비재산적 법익에까지 적용하는 것은 유추적용의 한계를 넘는 것이라는 비판이 가능하다.

② 물론해석설: 헌법 제23조 제3항의 직접효력설에 입각하여 일본의 하급심판례에서 처럼 물론해석을 통하여 손실보상을 해 줄 수 있다는 견해가 있다. 즉, 재산

권침해의 보상이 인정된다면 재산권 법익보다 더욱 보호되어야 하는 생명·신체에 대한 침해는 물론 보상되어야 한다는 것이다.

③ 평등원칙설: 예방접종사고 등 적법행위에 의한 생명 신체에 대한 침해도 공공필요에 의한 특별희생으로 볼 수 있다면 이에 대한 보상규정이 없는 경우에는 헌법 제23조 제3항을 유추적용하고, 헌법상의 기본권보장규정(제10조와 제12조) 및 평등조항(제11조)을 직접근거로 하여 그 보상을 인정하여야 한다고 본다.

④ 독일법상 희생보상청구법리의 도입을 주장하는 견해가 있다.

보건소에서의 예방접종시 과실이 있는 경우에는 국가배상법 제2조 책임(과실책임)이 인정된다.

2. 입법론

공익 목적상 국민의 재산적·비재산적 법익에 대한 공권적 침해가 불가피한 경우에는 반드시 각 개별법에서 보상에 관한 규정을 두어야 할 것이다.

현행 「감염병의 예방 및 관리에 관한 법률」은 예방접종으로 인한 질병, 장애 또는 사망에 대해 예방접종행위자 등의 과실유무에 관계 없이 국가가 보상하는 것을 규정하고 있는데(제71조), 법정된 보상기준(동법 시행령 제19조의2)에 의한 보상금액이 손해배상액 또는 완전보상액에 크게 못 미치므로 현행 전염병예방법상의 보상은 엄밀한 의미에서의 공법상 위험책임 또는 손실보상이라고 볼 수 없다.

판례는 「감염병의 예방 및 관리에 관한 법률」 제71조의 보상은 예방접종 부작용에 대해 상호부조와 손해분담의 공평, 사회보장적 이념 등에 터 잡아 특별히 인정한 독자적인 피해보상제도로 보면서 그 실질은 피해자의 특별한 희생에 대한 보상, 즉 손실보상에 가까운 것으로 보고 있다.

[판례] [1] **구 전염병예방법 제54조의2에 따른 국가보상을 받기 위한 전제로서 요구되는 인과관계 증명의 정도**: 구 전염병예방법(2009. 12. 29. 법률 제9847호 감염병의 예방 및 관리에 관한 법률로 전부 개정되기 전의 것, 이하 '구 전염병예방법'이라 한다) 제54조의2의 규정에 의한 국가의 보상책임은 **무과실책임**이기는 하지만, 책임이 있다고 하기 위해서는 질병, 장애 또는 사망(이하 '장애 등'이라 한다)이 당해 예방접종으로 인한 것임을 인정할 수 있어야 한다. 그러나 위와 같은 국가의 보상책임은 예방접종의 실시 과정에서 드물기는 하지만 불가피하게 발생하는 **부작용에 대해서**, 예방접종의 사회적 유용성과 이에 따른 국가적 차원의 권장 필요성, 예방접종으로 인한 부작용이라는 사회적으로 특별한 의미를 가지는 손해에 대한 **상호부조와 손해분담의 공평, 사회보장적 이념 등에 터 잡아 구 전염병예방법이 특별히 인정한 독자적인 피해보상제도**인 점, 구 전염병예방법 시행령(2010. 3. 15. 대통령령 제22075호로 개정되기 전의 것) 제19조의2에 예방접종으로 인한 피해에 대한 보상기준이 항목별로 구체적으로 정해져 있는데 액수가 그리 크지 않은 점, 예방접종으로 인한 부작용으로 사망이라는 중대한 결과까지 초래될 가능성이 있는 반면, 장애 등의 발생 기전은 명확히 밝혀져 있지 않고 현재의 의학수준에 의하더라도 부작용을 완전히 방지할 수는 없는 점 등에 비

추어, 구 전염병예방법 제54조의2의 규정에 의한 보상을 받기 위한 전제로서 요구되는 인과관계는 반드시 의학적 · 자연과학적으로 명백히 증명되어야 하는 것은 아니고, 간접적 사실관계 등 제반 사정을 고려할 때 인과관계가 있다고 추단되는 경우에는 증명이 있다고 보아야 한다. 인과관계를 추단하기 위해서는 특별한 사정이 없는 한 예방접종과 장애 등의 발생 사이에 시간적·공간적 밀접성이 있고, 피해자가 입은 장애 등이 당해 예방접종으로부터 발생하였다고 추론하는 것이 의학이론이나 경험칙상 불가능하지 않으며, 장애 등이 원인불명이거나 당해 예방접종이 아닌 다른 원인에 의해 발생한 것이 아니라는 정도의 증명이 있으면 족하다. [2] 구 전염병예방법 제54조의2 제2항에 따른 예방접종으로 인한 질병, 장애 또는 사망의 인정 여부 결정이 보건복지가족부장관의 재량에 속하는지 여부(적극) 및 재량권의 한계: 특정인에게 권리나 이익을 부여하는 이른바 수익적 행정처분은 법령에 특별한 규정이 없는 한 재량행위이고, 구 전염병예방법(2009. 12. 29. 법률 제9847호 감염병의 예방 및 관리에 관한 법률로 전부 개정되기 전의 것, 이하 '구 전염병예방법'이라 한다) 제54조의2 제2항에 의하여 보건복지가족부장관에게 예방접종으로 인한 질병, 장애 또는 사망(이하 '장애 등'이라 한다)의 인정 권한을 부여한 것은, 예방접종과 장애 등 사이에 인과관계가 있는지를 판단하는 것은 고도의 전문적 의학 지식이나 기술이 필요한 점과 전국적으로 일관되고 통일적인 해석이 필요한 점을 감안한 것으로 역시 보건복지가족부장관의 재량에 속하는 것이므로, 인정에 관한 보건복지가족부장관의 결정은 가능한 한 존중되어야 한다. 다만 인정 여부의 결정이 재량권의 행사에 해당하더라도 재량권을 일탈하거나 남용해서는 안 되고, 특히 구 전염병예방법에 의한 피해보상제도가 수익적 행정처분의 형식을 취하고는 있지만, 구 전염병예방법의 취지와 입법 경위 등을 고려하면 실질은 피해자의 특별한 희생에 대한 보상에 가까우므로, 보건복지가족부장관은 위와 같은 사정 등을 두루 고려하여 객관적으로 합리적인 재량권의 범위 내에서 타당한 결정을 해야 하고, 그렇지 않을 경우 인정 여부의 결정은 주어진 재량권을 남용한 것으로서 위법하게 된다(대판 2014. 05. 16, 2014두274[예방접종으로인한장애인정거부처분취소]).

또한 수용적 침해에 대한 보상규정도 보다 확대되어야 할 것이다.

제 4 항 독일법상 수용유사침해이론

Ⅰ. 의 의

수용유사침해이론(收用類似侵害理論)은 위법한 행위에 의해 재산권이 직접 침해된 경우에 수용에 준하여 손실보상을 하여야 한다는 법이론이다.

수용유사침해이론은 독일 연방사법재판소의 판례법에 의해 인정된 법이론인데, 이 이론의 우리나라에의 도입에 관하여 큰 논란이 제기되고 있다.

Ⅱ. 독일에서의 논의의 실익

수용유사침해이론은 독일의 행정상 손해전보제도의 흠결을 메우기 위한 제도로서 인정되었다.

처음에는 보상규정을 두지 않은 재산권에 대한 공권적 침해에 대한 구제제도로 인정되었는데, 자갈채취사건 이후에 위법한 재산권침해행위에 대한 권리구제보다 본질적인 구제수단인 행정쟁송을 통해야 하고 수용유사침해이론에 의한 손실보상은 인정되지 않는 것으로 되었다. 그리하여 특히 보상규정 없는 수용의 경우에는 수용유사침해이론의 적용대상에서 배제되게 되었다.

따라서 오늘날에는 주로 사실행위나 의도되지 않은 법적 행위에 의해 이루어진 위법한 재산권침해의 경우에 있어서 수용유사침해의 법리에 의한 손실보상이 인정되고 있다.150)

오늘날 독일의 수용유사침해제도는 국가배상의 성격을 갖는 무과실책임제도로서 위법무과실배상책임을 인정하는 기능을 한다. 다만, 취소소송을 통하여 권리구제를 받을 수 있었음에도 그렇게 하지 않은 경우에는 과실상계의 원칙에 따라 손실보상을 배제하거나 제한하고 있다.151)

Ⅲ. 인정근거

초기에는 손실보상에 관한 규정인 기본법 제14조 제3항의 유추적용에 의해 수용유사침해의 법리가 인정되었다.152)

그런데, 자갈채취사건 결정 후 기본법 제14조 제3항에서 그 근거를 찾기 어렵게 되자 관습법상 인정되고 있는 희생보상청구권에서 그 법적 근거를 찾았다.153)

또한, 수용유사침해이론은 '적법한 재산권제약 행위에 대해 손실보상을 해야 한다면 당연히 위법한 재산권제약 행위에 대해서도 손실보상이 인정되어야 한다'는 논리에 근거를 두고 있다.154)

Ⅳ. 적용요건

수용유사침해의 법리가 적용되기 위하여는 다음과 같은 요건을 충족하여야 한다.

① 위법한 공권력 행사에 의해 재산권에 대한 직접적인 침해가 있어야 한다. 위

150) 홍준형, "수용유사침해이론의 재조명," 『정현 박윤흔 박사 화갑기념논문집』, 553~554면.
151) 정하중, 611면.
152) 류지태, 전게서, 402면.
153) 상게서, 403면.
154) 상게서, 400면.

법행위로 인한 손해는 그 자체로 특별한 희생이라고 보이므로 손실보상에서와 같이 재산권에 내재하는 사회적 제약을 넘는 손실이 발생할 것은 요구되지 않는다.

② 행정쟁송의 제기가 가능하고 수인가능하다고 인정되는 경우에는 수용유사침해이론에 의한 손실보상청구는 인정되지 않는다. 왜냐하면 연방헌법재판소가 자갈채취사건에서 제1차적 권리보호인 취소소송을 통한 방어권 행사는 제2차적 권리보호인 수용유사침해로 인한 손실보상에 우선하는 것으로 보았기 때문이다.[155]

Ⅴ. 우리나라에의 도입논의

1. 도입가능성

수용유사침해이론의 우리나라에의 도입에 대하여는 찬성과 반대의 견해가 있다.

① 일부 학자는 독일 수용유사침해이론은 전통적인 관습법인 희생보상청구권에 의거하여 인정되는 것인데, 우리나라에는 독일과 같은 희생보상제도가 없기 때문에 우리나라에 이를 도입하려는 것은 타당하지 않다고 주장한다.[156]

② 이에 대하여는 연방법원이 이끌어 낸 관습법적 전통이란 실은 순수한 의미의 관습법이라기보다는 오히려 판례법이라고 볼 수 있으며 수용유사침해의 법리가 독일 특유의 관습법적 전통에 터잡은 것이라고 하여도 그 관습법 자체가 아니라 수용유사침해의 법리에 함축되어 있는 이론을 수용할 수 있다는 견해가 있다.[157] 이 견해에서는 헌법상 재산권보장규정과 평등원칙에 근거하여 수용유사침해에 대해 손실보상을 해 줄 수 있다고 한다.

2. 도입논의의 현황

수용유사침해이론의 우리나라에의 도입논의는 주로 두 경우에 행해지고 있다.

① 보상에 관한 규정이 없는 공용침해의 경우에 수용유사침해이론에 의한 보상이 가능한가. 보상규정이 없는 경우의 구제방법으로 헌법 제23조 제3항에 직접 근거한 손실보상을 인정하는 직접효력설과 손해배상의 방법으로 권익구제를 도모하려는 위헌무효설에 의하면 수용유사침해이론의 도입은 필요하지 않게 된다. 독일의 수용유사침해이론의 도입을 주장하는 학자들은 재산권 보상규정 및 평등의 원칙에 의해 손실보상을 인정할 것을 주장하고 있다.

155) 홍준형, 전게논문, 553~554면.
156) 정하중, "수용유사적 그리고 수용적 침해제도,"『고시연구』, 1994. 3, 110면.
157) 홍준형, 전게논문, 560~561면.

② 위법·무과실의 경우에도 수용유사침해이론에 의해 보상이 가능한 것으로 보아 국가배상제도의 흠결(위법·무과실의 경우의 무책임)을 보완하여야 한다는 견해가 있다. 이에 대하여 국가배상법의 결함을 손실보상제도의 확대적용을 통해 해결하려는 시도는 타당하지 않다는 견해가 있다.[158] 생각건대, 위법·무과실의 문제는 과실의 객관화 등 손해배상제도의 확대적용을 통하여 해결하는 것이 타당하다.[159] 이에 관한 자세한 논의는 전술한 바와 같다.

3. 판 례

수용유사침해이론이 거론된 판례가 있지만 판례는 수용유사침해이론의 도입에 관하여는 판단하지 않았다.

[판례] 대법원은 "수용유사적 침해의 이론은 국가 기타 공권력의 주체가 위법하게 공권력을 행사하여 국민의 재산권을 침해하였고 그 효과가 실제에 있어서 수용과 다름없을 때에는 적법한 수용이 있는 것과 마찬가지로 국민이 그로 인한 손실의 보상을 청구할 수 있다는 내용으로 이해되는데, 과연 우리 법제하에서 그와 같은 이론을 채택할 수 있는 것인가는 별론으로 하더라도 위에서 본 바에 의하여 이 사건에서 피고 대한민국의 이 사건 주식취득[160]이 그러한 공권력의 행사에 의한 수용유사적 침해에 해당한다고 볼 수는 없다. …… 국가가 이 사건 주식을 취득한 것이 원심판시와 같이 공공의 필요에 의한 것이라고 본다 하여도 그 수단이 사법상의 증여계약에 의한 것인 경우에는 비록 공무원이 그 증여계약 체결과정에서 위법하게 강박을 행사하였다 하더라도 그것만으로 이 사건 주식의 취득 자체를 공권력의 행사에 의한 것이라고는 볼 수 없고, 그 증여계약의 효력은 민법의 법리에 의하여 판단되어야 할 것임은 위에서 본 바와 같을 뿐만 아니라, 원래 원고로서는 위 증여계약이 강박에 의한 것임을 이유로 취소를 주장하여 구제를 받을 수 있는 것인데 이러한 수단을 취하지 않은 채 그에 대한 손실보상을 청구하는 것은 허용되지 않는다고 보아야 할 것이다"라고 판시하였다(대판 1993. 10. 26, 93다6409[문화방송주식강제증여사건]).

제 5 항 독일법상 수용적 침해이론

Ⅰ. 의 의

수용적 침해(收用的 侵害)라 함은 공공필요를 위한 적법한 공권력 행사에 의해 야기된 의도되지 않은 재산권에 대한 침해를 말한다.[161]

지하철공사로 일반인의 통행이 제한됨으로써 인근 상점에 매출감소로 인한 영

158) 정하중, 전게논문, 110면.
159) 류지태, 전게서, 538면.
160) 언론통폐합조치의 일환으로 사인소유의 방송주식을 강압적으로 국가에 증여하게 한 것.
161) 정하중, 전게논문, 100~101면.

업상 손실이 발생한 경우를 예로 들 수 있다.

Ⅱ. 요 건

수용적 침해가 성립하기 위하여는 ① 공행정 작용으로 인한 의도되지 않은 재산권 침해가 있어야 하고, ② 적법한 공권력 행사에 의해 직접 가해진 재산권 침해이어야 하고, ③ 수용적 침해로 발생한 손실이 수인한도를 넘는 특별한 희생이어야 한다.

Ⅲ. 보상근거

수용적 침해이론은 연방민사법원의 판례에 의해 인정된 것인데, 초기에는 독일 기본법 제14조 제3항에 근거하였지만 오늘날에는 희생보상청구제도에 근거하여 인정되고 있다.[162)]

Ⅳ. 수용적 침해이론의 도입가능성

수용적 침해이론의 우리나라에의 도입가능성에 대하여는 찬성하는 견해[163)]와 반대하는 견해[164)]가 있다.

생각건대, 수용적 침해이론은 우리나라에는 없는 독일의 전통적인 관습법인 희생보상청구제도에 근거하여 인정된 이론이며 수용적 침해이론에 의하지 않고는 수용적 침해가 보상되지 않는 것도 아니므로 수용적 침해이론의 우리나라에의 직접 도입은 타당하지 않다.

Ⅴ. 수용적 침해에 대한 보상

수용적 침해에 대한 보상은 그에 대한 보상입법을 통하여 해결하는 것이 바람직하지만, 보상규정이 없는 경우에 수용적 침해에 대하여 현행법의 해석상 손실보상이 가능한가 하는 문제가 제기된다.

① 수용적 침해보상설: 일부 학자는 독일법상의 수용적 침해의 법리에 따라 보

---

162) 상게논문, 100면, 109면.
163) 김성수, 전게서, 652면.
164) 정하중, 전게논문, 110면.

상이 가능하다고 본다. 다만, 독일과 같은 희생보상의 법리가 존재하지 않는 우리나라에서는 재산권보장규정과 평등원칙에 근거하여 보상이 가능하다고 보는 견해도 있다.

② 보상부정설: 일부 학자는 수용적 침해에 대한 보상은 입법적으로 해결하여야 하며 보상규정이 없는 한 보상은 불가능하다고 본다.

③ 손실보상설: 수용적 침해도 적법한 공권력 행사에 의해 직접 가해진 손실이고, 또한 예견가능한 손실이므로 손실보상에 포함된다고 보아야 한다. 따라서, 헌법 제23조 제3항에 직접 효력을 인정하여야 하므로 헌법 제23조 제3항을 유추적용하여 보상할 수 있는 것으로 보아야 한다.

④ 결어: 수용적 침해도 적법한 공권력 행사에 의해 직접 가해진 손실이고 또한 예견가능한 손실이므로 손실보상에 포함되는 것으로 보고, 헌법 제23조 제3항에 직접 효력을 인정하는 것을 전제로 헌법 제23조 제3항을 확대적용 또는 유추적용하여 보상할 수 있을 것이다.

공익사업으로 인한 수용적 침해는 간접손실이므로 간접손실보상의 문제가 되고, 그 밖의 수용적 침해는 헌법 제23조 제3항을 유추적용하여 보상하는 것이 타당하다.

제 6 항 독일법상 희생보상청구권

희생보상청구제도라 함은 행정기관의 적법한 공권력 행사에 의해 비재산적 법익이 침해되어 발생한 손실(예, 예방접종의 부작용으로 인한 손실)에 대한 보상제도이다. 이 제도는 독일의 관습법인 희생보상청구권(犧牲補償請求權)에 근거를 두고 있다.[165)]

생각건대, 독일의 전통적인 관습법인 희생보상청구제도는 우리나라에는 없으며 희생보상청구권이론에 의하지 않더라도 비재산적 법익에 대한 손실보상이 전술한 바와 같이 불가능한 것도 아니므로 희생보상청구권의 우리나라에의 직접 도입은 타당하지 않다. 이에 대하여는 전술한 바와 같다.

제 7 항 공법상 결과제거청구권

Ⅰ. 의 의

공법상 결과제거청구권(公法上 結果除去請求權)이라 함은 공행정작용으로 인하여 야기된 위법한 상태로 인하여 자기의 권익을 침해받고 있는 자가 행정주체에 대하여

165) 류지태, 전게서, 410면 이하.

그 위법한 상태를 제거하여 침해 이전의 원래의 상태를 회복시켜 줄 것을 청구하는 권리를 말한다.

결과제거청구의 예로는 징발된 주택이 징발의 효력이 소멸된 후에도 무주택자에 의해 계속 점유되고 있는 경우에 징발한 행정주체에 대하여 징발된 당해 주택의 명도를 청구하는 것을 들 수 있다.

공법상 결과제거청구권은 원상회복을 목적으로 하는 구제제도이므로 '행정상의 원상회복청구권'이라 불리기도 한다.

Ⅱ. 공법상 결과제거청구권과 행정상 손해배상의 구별

공행정작용의 위법한 결과에 대한 구제제도인 점에서 행정상 손해배상과 동일하지만, 양자는 다음과 같이 구별된다.

① 결과제거청구권은 위법한 결과의 제거를 통한 원상회복을 목적으로 하지만, 손해배상은 금전에 의한 배상을 목적으로 한다. 다만, 결과제거청구권도 예외적으로 금전전보를 목적으로 하는 경우도 있다.

② 손해배상은 가해행위의 위법과 가해자의 고의 또는 과실을 요건으로 하지만, 결과제거청구는 가해행위의 위법 여부 및 가해자의 고의 또는 과실을 요건으로 하지 않는다.

③ 대상에 있어서 손해배상은 가해행위와 상당인과관계 있는 손해이지만, 결과제거청구는 공행정작용의 직접적인 결과만을 대상으로 한다. 이 점에서 결과제거청구는 손실보상과 유사하다.

행정상 결과제거청구권의 행정상 손해전보와의 관계에 관하여는 전술한 바와 같이 현행법제하에서 행정상 결과제거청구권의 근거, 성질, 요건, 효과 등이 행정상 손해배상청구권의 그것과는 다를 수밖에 없는 점 등을 고려한다면, 행정상 손해배상청구와 행정상 결과제거청구는 상호 별개의 법제로 보는 것이 타당하다.

위법한 행정작용에 의해 초래된 피해가 원상회복을 통하여 실현될 수 있는 경우에는 보다 직접적인 구제인 결과제거청구에 의한 구제를 도모하여야 하고 손해배상청구는 배제된다고 보는 견해와 피해자의 선택에 맡겨야 한다는 견해가 있다.

결과제거청구에 의해 피해가 완전하게 구제되지 않는 경우에는 손해배상청구를 추가로 청구할 수 있다.[166]

166) 박윤흔, 전게서, 676면; 김남진, 전게서, 643면.

Ⅲ. 법적 근거

공법상 결과제거청구권을 일반적으로 인정하는 명문의 법규정은 없다.

공법상 결과제거청구권을 인정하는 학설은 일반적으로 헌법상의 법치행정의 원리,[167] 기본권규정,[168] 민법상의 소유권방해배제청구권 등의 관계규정의 유추적용 등에서 그 법적 근거를 찾는다.

이와 함께 취소판결의 구속력(기속력)에 관한 행정소송법 제30조도 근거로 보는 견해도 있다. 즉, 취소판결의 기속력에는 관계행정청의 원상회복의무가 포함된다고 본다.[169]

개별법에서 결과제거청구권이 인정되고 있는 경우가 있다. 징발법은 징발해제시 피징발자에 대한 징발물의 반환의무를 규정하고 있다(제14조 내지 제15조).

Ⅳ. 요 건

1. 공행정작용으로 인한 침해

결과제거청구는 권력작용뿐만 아니라 관리작용에 의한 침해의 경우에도 인정된다. 법적 행위뿐만 아니라 사실행위에 의한 침해의 경우에도 인정된다.

행정주체의 사법적 활동으로 인한 침해에 있어서는 민법상의 원상회복 또는 방해배제청구권에 의해 구제된다.

위법한 상태는 작위뿐만 아니라 부작위에 의해 발생할 수도 있다. 예를 들면, 행정기관은 적법하게 압류된 물건의 압류가 해제된 경우에는 당해 물건을 반환하여야 할 의무가 있는데, 압류해제된 물건을 반환하지 않고 있는 것은 부작위에 해당하며 이 경우에는 결과제거청구(반환청구)가 가능하다.

2. 권익의 침해

공행정작용으로 인한 위법한 상태로 인하여 타인의 권리 또는 법적 이익이 침해되고 있어야 한다. 여기에서 말하는 권익에는 재산상의 것 이외에 명예, 신용 등 정신적인 것도 포함된다. 예를 들면, 공직자의 공석에서의 발언으로 자신의 명예를 훼

---

167) 법치행정의 원리는 행정권에 의해 야기된 위법상태를 제거하여 원상을 회복할 의무를 포함한다고 볼 수 있다.

168) 기본권의 보장은 기본권이 침해된 경우에는 그 침해의 제거를 청구하는 권리를 포함한다고 보아야 한다.

169) 박윤흔, 전게서, 705면; 김남진, 전게서, 640면.

손당한 자는 명예훼손발언의 철회를 요구할 수 있다. 명예훼손적 발언의 경우에는 '사실의 주장'과 달리 사후의 발언이나 해명에 의해 수정될 수 있는 것이 아니기 때문에 원상회복이 사실상 불가능하다는 견해[170]도 있다.

3. 위법한 상태의 존재

공행정작용의 결과로서 위법한 상태가 야기되었어야 한다. 위법한 상태의 존재 여부는 사실심의 변론종결시를 기준으로 판단한다.[171]

위법한 상태는 위법한 행정작용에 의해 발생할 수도 있고, 적법한 행정작용의 효력의 상실에 의해 사후적으로 발생할 수도 있다.

위법한 행정행위에 의한 권리침해(예, 위법한 물건의 압류)에 있어서 당해 행위가 취소할 수 있는 행위에 불과한 경우에는 당해 행정행위는 취소되기 전까지는 유효한 것이므로 권익침해의 상태는 위법한 상태라고 볼 수 없다. 따라서, 당해 위법한 행정작용이 취소된 후에 또는 취소청구와 동시에만 결과제거청구가 가능하다.

위법한 상태가 사후에 합법화된 경우(예, 도로에 불법편입된 토지가 사후에 수용된 경우)에는 위법한 상태는 더 이상 존재하지 않으므로 결과제거청구권은 당연히 인정되지 않는다.

4. 결과제거의 가능성

원상회복이 사실상 가능하고, 법률상 허용되어야 한다. 예를 들면, 건축물이 철거되어 버린 경우에는 사실상 원상회복이 불가능하고, 수용 등에 의해 적법한 사용권을 취득함이 없이 개인의 토지를 도로부지로 편입하여 사용하고 있는 경우에는 법률상 원상회복이 불가능하다. 왜냐하면 도로법 제5조에 의하면 도로를 구성하는 부지에 대하여는 사권을 행사할 수 없기 때문이다.[172]

원상회복이 사실상이나 법률상으로 불가능한 경우에는 침해행위의 적법·위법에 따라 손실보상이나 손해배상에 의한 구제만이 가능하다.

5. 원상회복의 기대가능성

원상회복이 행정주체에게 기대가능한 것이어야 한다. 기대가능성(期待可能性)의 판단은 관련 이익의 형량에 의해 판단한다.

---

170) 조태제, "공법상의 결과제거청구권," 『공법연구』, 제27집, 제4호, 394면.
171) 김도창, 전게서, 648면.
172) 대판 1968. 10. 22, 68다1317. 불법행위를 원인으로 한 손해배상청구는 가능할 수 있다.

[판례] 대법원은 서울특별시가 타인의 대지 약 10평을 권원 없이 점유하여 상수도관을 매설하여 인근주민들의 식수공급시설로 사용하고 있는 사안에 있어서 "피고가 공익사업으로서 공중의 편의를 위하여 매설한 상수도관을 철거할 수 없다거나, 이를 이설할 만한 마땅한 다른 장소가 없다는 사유만으로 원고가 그 소유권에 기하여 불법 점유를 하고 있는 피고에 대하여 그 철거를 구하는 것은 권리남용이라고 할 수 없다"고 판시하고 있는데, 이는 결과제거의 기대가능성을 인정한 사례로 볼 수 있다.173)

위법한 결과의 제거를 통한 원상회복에 지나치게 많은 비용이 필요한 경우에는 기대가능성이 부인될 수 있다. 이 경우에는 손해배상 또는 손실보상에 의한 구제만이 가능하다.

Ⅴ. 내 용

결과제거청구권은 위법한 결과의 제거와 그를 통한 원상회복을 그 내용으로 한다. 이 경우의 원상회복은 침해 이전의 원래의 상태 또는 그것과 동등한 가치 있는 상태의 회복을 의미한다.

민법상의 원상회복청구권에서의 원상회복은 위법한 행정작용이 없었더라면 존재하였을 가상적인 상태의 회복을 의미하지만, 공법상 결과제거청구권은 민법상의 원상회복청구권보다 어느 정도 축소된 원상회복청구권으로서의 성질을 갖는다.174)

예를 들면, 권원 없이 특정 개인의 묘원의 일부를 도로로 편입한 경우에 후일 결과제거청구에 의해 원상회복하는 경우에 있어서는 도로에의 편입 당시의 상태로 원상회복을 하면 족하고 도로에의 편입으로부터 원상회복시까지의 묘목의 성장이나 일실이익은 결과제거청구의 대상이 되지 않는다.175) 이 부분은 국가배상의 대상이 된다고 보아야 한다.

결과제거청구권은 공행정작용의 직접적인 결과만을 그 대상으로 한다. 예를 들면, 행정청이 위법하게 무주택자로 하여금 특정 개인의 주택에 입주하도록 한 경우에 당해 주택의 소유자는 행정청에게 당해 무주택자를 주택으로부터 퇴거시킬 것을 청구할 수 있을 뿐 무주택자가 손상시킨 부분의 원상회복을 청구할 수는 없다.

Ⅵ. 한계 : 과실상계

민법상의 과실상계(過失相計)에 관한 규정(제396조)은 공법상 결과제거청구권에

173) 박윤흔, 전게서, 707~708면.
174) 조태제, "공법상의 결과제거청구권," 『공법연구』, 제25집, 제4호, 1997. 6, 401면.
175) 김동희, 전게서, 610~611면.

유추적용될 수 있다. 피해자의 과실이 위법상태의 발생에 기여한 경우에는 그 과실에 비례하여 결과제거청구권이 제한되거나 상실된다.

결과제거청구권이 불가분적 급부를 대상으로 하는 경우에는 피해자의 과실에 비례하여 결과제거에 소요되는 비용을 부담하고 결과제거를 청구할 수 있다.

Ⅶ. 권리의 실현수단

결과제거청구권을 공권으로 보는 것이 타당하므로 결과제거청구소송은 공법상 당사자 소송이다. 그러나, 현재 판례상 당사자소송으로서 공법상 위법상태의 제거를 구하는 당사자소송(사실행위의 이행을 구하는 당사자소송)이 원칙상 인정되고 있지 않다. 이에 대하여 당사자소송을 비권력적 공행정작용에 대한 일반적인 소송수단으로 활성화할 것을 주장하면서 현행법상으로도 공법상 결과제거를 구하는 당사자소송을 인정할 수 있다는 견해도 있다(당사자소송 활성화론 참조).

판례와 같이 공법상 결과제거청구권이론을 인정하지 않는 경우에는 다음과 같은 한도 내에서 현행법하에서도 공행정작용으로 인한 위법한 결과의 제거가 가능하다.

① 위법한 처분에 의해 발생한 위법한 결과는 취소판결의 기속력인 위법상태제거의무(원상회복의무)에 의해 제거될 수 있다.

② 위법한 처분에 대한 철회의 신청권이 법령상 또는 조리상 인정되는 경우 위법한 처분의 철회를 청구하고, 이에 대한 거부처분이 있는 경우 거부처분 취소소송을 제기할 수 있다.

③ 개별법에서 공법상 결과제거청구소송이 인정되고 있는 경우에는 결과제거청구소송(공법상 결과제거의무의 이행을 구하는 당사자소송)을 공법상 당사자소송으로 제기할 수 있다. 예를 들면, 인신보호법상 불법구금상태의 해제를 구하는 청구소송이 인정되고 있는데, 이 소송 중 공법상 불법구금상태의 해제를 구하는 소송을 행정소송(공법상 당사자소송의 일종)으로 보는 것이 타당하다.

④ 처분이 무효인 경우 또는 적법한 행정작용의 효력 상실로 위법한 결과가 사후적으로 발생한 경우에 행정청이 권원 없이 물건을 점유하고 있거나 소유권을 방해하는 경우에는 민법상의 소유물반환청구권(민법 제213조) 또는 소유물방해제거청구권(민법 제214조)에 근거하여 민사소송으로 물건의 반환 또는 방해의 제거를 청구할 수 있다.

제 3 장 행정쟁송

제 1 절 개 설

Ⅰ. 행정쟁송의 의의

행정쟁송(行政爭訟)이라 함은 행정법관계에 있어서의 법적 분쟁을 당사자의 청구에 의하여 심리·판정하는 심판절차를 말한다.

오늘날 행정쟁송은 행정소송과 행정심판을 총칭하는 개념으로 사용하는 것이 타당하다.[176] 그리고, 헌법소원을 행정소송의 보충적인 권리구제제도로 볼 수 있으므로 헌법소원까지 포함하여 광의의 행정쟁송으로 부르는 것이 타당할 것이다.

Ⅱ. 행정쟁송의 기능

행정쟁송은 행정통제기능과 함께 권리구제기능을 가진다. 행정쟁송이 이 두 기능 중에서 어디에 중점을 두고 있는가는 입법례 및 행정쟁송의 종류에 따라 다르다.

우리나라의 항고소송제도는 국민의 권리구제기능과 함께 행정통제기능을 가지고 있는 데 반하여 프랑스의 월권소송제도(취소소송제도)는 행정통제에 중점이 두어지고 있다. 우리나라의 항고소송이 행정통제보다는 권리구제에 중점을 두고 있는 주관소송이라고 보는 견해가 다수견해이고, 소수이지만 행정통제에 중점이 있는 객관소송이라고 보는 견해도 있지만, 권리구제기능과 행정통제기능을 함께 갖고 있을 뿐만 아니라 주관소송적 성격과 객관소송적 성격을 함께 갖고 있는 것으로 보는 것이 타당하다. 항고소송의 행정통제적 기능은 법치행정의 원칙 및 권력분립의 원칙에 기초하고 있다. 법치행정의 실효성을 확보하기 위하여는 위법한 행정작용에 대한 법원의 통제가 있어야 하고, 권력분립의 원칙은 사법(司法)에 의한 행정의 통제 내지 견제를

176) '행정상쟁송'이라는 개념을 이의신청, 행정심판 등 행정기관이 심판기관이 되는 쟁송을 의미하는 것으로 사용하는 경우도 있다.

포함하는 것으로 보아야 한다.

공법상 당사자소송은 기본적으로 권리구제를 목적으로 하는 주관소송이다.

행정심판은 행정소송보다 행정통제 기능이 보다 강하다고 할 수 있다.

헌법소원은 국민의 권리(기본권)구제제도이기는 하지만 항고소송에 비하여 행정통제제도로서의 성격이 강하다고 할 수 있다.

Ⅲ. 행정쟁송제도

행정소송은 심판기관이 독립된 사법기관이고, 정식의 사법절차에 따른다. 행정소송의 심판기관을 일반법원(사법법원)으로 하는 입법례와 일반법원으로부터 독립된 행정법원으로 하는 입법례가 있다. 우리나라는 전자에 속한다. 다만, 행정소송의 공익성을 고려하여 행정소송을 민사소송과는 다른 특수한 소송절차를 정하는 행정소송법의 규율을 받도록 하고 있다.

행정심판의 심판기관은 행정기관이며 통상 정식의 사법절차보다 약식의 절차에 따른다. 헌법 제107조 제3항은 행정심판절차는 법률로 정하되, 사법절차에 준하는 절차가 되어야 한다고 규정하고 있다.

[판례] 입법자가 행정심판을 전심절차가 아니라 종심절차로 규정함으로써 정식재판의 기회를 배제하거나, 어떤 행정심판을 필요적 전심절차로 규정하면서도 그 절차에 사법절차가 준용되지 않는다면 이는 헌법 제107조 제3항, 나아가 재판청구권을 보장하고 있는 헌법 제27조에도 위반된다. 여기서 말하는 "사법절차"를 특징지우는 요소로는 판단기관의 독립성·공정성, 대심적(對審的) 심리구조, 당사자의 절차적 권리보장 등을 들 수 있으나, 위 헌법조항은 행정심판에 사법절차가 "준용"될 것만을 요구하고 있으므로 **위와 같은 사법절차적 요소를 엄격히 갖춰야 할 필요는 없다고 할지라도, 적어도 사법절차의 본질적 요소를 전혀 구비하지 아니하고 있다면 "준용"의 요구에마저 위반된다**(헌재 2000. 06. 01, 98헌바8).

행정심판절차는 행정심판법과 각 개별법에 의해 규율되고 있다.

행정심판법은 행정소송법과 달리 행정심판을 규율하는 법률이 없는 경우에 민사소송법과 행정소송법을 준용한다는 규정이 없다. 이에 관하여 헌법 제107조 제3항(재판의 전심절차로서 행정심판을 할 수 있다. 행정심판의 절차는 법률로 정하되, 사법절차가 준용되어야 한다.)을 '사법절차의 준용'규정으로 보고 행정심판의 특성을 고려하면서 민사소송법과 행정소송법을 준용하여야 한다는 견해(박정훈, 행정심판의 심리, 행정법학 제3호, 2012.9, 144면)가 있다. 그러나, 헌법 제107조 제3항을 행정소송법 제8조 제2항의 준용규정과 같은 것으로 보는 것은 타당하지 않다. 헌법 제107조 제3항은 행정심판제도를 입법함에 있어서 준사법절차로 하여야 한다는 기본원칙을 명확히 하면서 나머지는 입법재량에 맡긴 것으로 보아야 한다. 달리 말하면 헌법 제107조 제3항은 행정심판법에 규정이 없는 경우에서의 준용규정이 아니라 행정심판제도의 기본을 정한 규정으로 보고, 행정심판의 행정소송에 대한 독자성을 고려하여 행정심판법에 규정이 없는 것은 입법의 공백이라고 보는 것이 타당하다. 이 입법의 공백은 입법불비의 경우의 법령의 해석적용의 일반원칙에 따라 관련규정을 확대적용 또는 유추적용하고, 그러한 규정도 없는 경우에는 조리에 따라 해결하여야 한다. 다만, 이러한 법령의 해석적용에 있어서 행정심판을 준사법절차로 규정한 헌법 제107조 제3항은 참고가 될 수 있을 것이다.

Ⅳ. 행정쟁송의 종류

1. 행정심판과 행정소송

행정심판과 행정소송은 심판기관에 의해 구별된다. 행정심판(行政審判)은 행정기관이 심판하는 행정쟁송절차를 말하고, 행정소송(行政訴訟)은 법원이 심판하는 행정쟁송절차를 말한다.

2. 주관적 쟁송과 객관적 쟁송

쟁송의 목적에 따른 구별이다. 주관적 쟁송(主觀的 爭訟)이라 함은 개인의 권리·이익의 구제를 주된 목적으로 하는 쟁송을 말한다. 이에 대하여 객관적 쟁송(客觀的 爭訟)이라 함은 행정의 적법·타당성의 통제를 주된 목적으로 하는 쟁송을 말한다. 우리나라의 당사자소송은 주관적 소송이고, 기관소송과 민중소송은 객관적 소송이다.

항고쟁송(항고소송 및 행정심판)을 기본적으로 주관적 쟁송으로 보는 견해가 다수견해이지만, 항고쟁송은 주관쟁송적 성격과 함께 객관쟁송적 성격도 함께 갖고 있는 것으로 보는 것이 타당하다. 항고소송에서 처분의 위법성이 다투어지는 것은 객관소송적 측면이고, 법률상 이익이 침해될 것을 원고적격의 요소로 요구하는 것은 주관소송적 측면이다. 다만, 객관적 쟁송의 성격을 강하게 볼수록 원고적격과 소의 이익을 넓게 인정하게 되고, 주관적 쟁송의 성격을 강하게 볼수록 원고적격과 소의 이익을 좁게 인정하게 된다.

3. 정식쟁송과 약식쟁송

쟁송절차에 따른 구별이다. 정식쟁송(正式爭訟)이라 함은 심판기관이 독립된 지위를 갖는 제3자이고 당사자에게 구술변론의 기회가 보장되는 쟁송을 말하고, 약식

쟁송(略式爭訟)이라 함은 이 두 요건 중 어느 하나라도 결여하거나 불충분한 쟁송을 말한다. 행정소송은 정식쟁송이고, 행정심판은 약식쟁송이다.

4. 항고쟁송과 당사자쟁송

항고쟁송(抗告爭訟)은 일방적 공권력 행사의 위법·부당을 다투는 쟁송이고, 당사자쟁송(當事者爭訟은 상호 대등한 당사자 상호간의 행정법상의 법률관계의 형성 또는 존부를 다투는 쟁송을 말한다. 행정심판과 항고소송은 항고쟁송이며 토지수용의 재결, 당사자소송은 당사자쟁송이다.

5. 시심적 쟁송과 복심적 쟁송

시심적 쟁송(始審的 爭訟)이라 함은 법률관계의 형성 또는 존부의 확인에 관한 행정작용 자체가 쟁송의 형식으로 행하여지는 행정작용을 말한다. 시심적 쟁송의 예로 토지수용위원회의 재결, 민주화운동관관련자 명예회복 및 보상심의위원회의 결정 등을 들 수 있다. 시심적 쟁송은 행정심판이 아니며 원행정행위이다.

복심적 쟁송(覆審的 爭訟)은 이미 행하여진 행정작용의 흠(위법 또는 부당)을 시정하기 위하여 행하여지는 쟁송절차를 말한다. 항고쟁송은 복심적 쟁송이다.

6. 민중쟁송과 기관쟁송

민중쟁송(民衆爭訟)이라 함은 행정법규의 적법·타당한 적용을 확보하기 위하여 일반 민중에 의하여 제기되는 쟁송을 말한다. 선거인이 제기하는 선거소송, 주민소송은 민중쟁송의 예이다.

기관쟁송(機關爭訟)이라 함은 국가 또는 공공단체의 기관 상호간의 분쟁을 해결하기 위하여 제기되는 쟁송을 말한다. 지방자치단체의 장에 의해 대법원에 제기되는 위법한 지방의회의 조례안재의결의 무효확인소송(지방자치법 제107조 제3항)은 기관소송의 예이다.

제 2 절 행정심판

제 1 항 행정심판의 의의

Ⅰ. 행정심판의 개념

행정심판(行政審判)이라 함은 행정청의 위법·부당한 처분 또는 부작위에 대한 불복에 대하여 행정기관이 심판하는 행정심판법상의 행정쟁송절차를 말한다.

행정심판을 규율하는 법으로는 일반법인 행정심판법이 있고, 각 개별법률에서 행정심판법에 대한 특칙을 규정하고 있다. 각 개별법률에서는 행정심판에 대하여 이의신청, 심사청구 또는 심판청구(국세기본법 등), 재심의판정(감사원법) 또는 재심요구 등의 용어를 사용하고 있다.

행정기관이 심판기관이 되는 행정불복절차 모두가 엄밀한 의미의 행정심판(행정심판법의 규율대상이 되는 행정심판)이 아니며 준사법적 절차가 보장되는 행정불복절차만이 행정심판이라고 보아야 할 것이다. 왜냐하면, 현행 헌법 제107조 제3항은 행정심판은 준사법적 절차가 되어야 한다고 규정하고 있고, 행정심판법은 행정심판을 규율하는 준사법적 절차를 규정하고 있기 때문이다.

[판례] (1) 행정심판에 관한 헌법 제107조 제3항의 의미: 헌법 제107조 제3항은 "재판의 전심절차로서 행정심판을 할 수 있다. 행정심판의 절차는 법률로 정하되, 사법절차가 준용되어야 한다"고 규정하고 있으므로, 입법자가 행정심판을 전심절차가 아니라 종심절차로 규정함으로써 정식재판의 기회를 배제하거나, 어떤 행정심판을 필요적 전심절차로 규정하면서도 그 절차에 사법절차가 준용되지 않는다면 이는 위 헌법조항, 나아가 재판청구권을 보장하고 있는 헌법 제27조에도 위반되며, 헌법 제107조 제3항은 사법절차가 "준용"될 것만을 요구하고 있으나 판단기관의 독립성과 공정성, 대심적 심리구조, 당사자의 절차적 권리보장 등의 면에서 사법절차의 본질적 요소를 현저히 결여하고 있다면 "준용"의 요청에마저 위반된다. (2) 이의신청 및 심사청구를 거치지 아니하고서는 지방세 부과처분에 대하여 행정소송을 제기할 수 없도록 한 구 지방세법 제78조 제2항이, 행정심판에 사법절차를 준용하도록 한 헌법 제107조 제3항 및 재판청구권을 보장하는 헌법 제27조에 위반된다고 한 사례(헌재 2001. 06. 28, 2000헌바30).

헌법 제107조 제3항의 '준사법절차'의 의미는 심판기관의 독립성·공정성과 대심(對審)적 심리절차가 핵심적인 요소를 이룬다고 할 수 있다(유진식, 헌법 제107조 제3항이 규정하고 있는 '준사법절차'의 의미, 공법학연구, 2012.11, 416면). 따라서, 행정심판단기관의 독립성·공정성과 대심(對審)적 심리절차가 보장되는 한 헌법에 합치하는 행정심판절차가 된다. 입법자는 그 이상으로 행정심판절차를 사법절차화 하는 데에 있어서는 입법재량을 갖는다.

Ⅱ. 행정심판의 기능

행정심판의 기능으로 자율적 행정통제기능, 사법(司法)의 보완기능, 국민의 권익구제기능을 들 수 있다.

자율적 행정통제기능이라 함은 행정기관에게 먼저 반성의 기회를 주어 행정의 하자를 행정기관이 자율적으로 시정하도록 하는 기능을 말한다. 행정처분의 하자를 처분청이 시정할 수도 있고, 감독청이 시정하도록 할 수도 있고, 제3의 행정기관이 시정하도록 할 수도 있다.

사법의 보완기능은 행정심판에서 행정기관의 전문지식을 활용하여 행정분쟁에 대한 일차적인 해결을 하도록 함으로써 행정소송의 제기가 줄어들 수 있고, 행정심판후 행정소송이 제기되더라도 행정심판에서 분쟁의 쟁점이 일차적으로 정리되고, 행행정심판자료를 이용할 수 있어서 법원의 부담을 경감하는 기능을 말한다. 행정심판을 행정소송의 전심절차로 규정하는 것은 이러한 기능을 위한 것이다. 다른 한편으로 행정심판은 행정분쟁 해결수단으로서의 행정소송의 한계를 보완하는 기능을 한다. 일반적으로 재판은 시간과 비용이 많이 드는데, 행정심판은 신속하고 저렴한 분쟁해결수단이다. 또한, 행정소송은 사법작용으로서 소송의 법리에 따른 일정한 한계를 갖는데, 행정심판은 행정기관이 하는 '행정작용'으로서 사법의 한계를 넘는 분쟁해결을 모색할 수 있다.

행정심판의 **권익구제기능**이라 함은 한편으로는 행정권 행사 또는 불행사에 의해 침해된 국민의 권익을 행정소송보다 간편하고 신속하며 비용이 거의 들지 않는 방식으로 구제해주고, 다른 한편으로는 행정소송의 대상이 되지 않는 등으로 행정소송으로 구제해 줄 수 없는 경우에도 행정심판을 통해 권익구제를 해줄 수 있는 것을 말한다.

그런데, 현행 행정심판법상의 행정심판은 이러한 행정심판의 본질적인 기능을 수행하는데 미흡한 점이 적지 않다고 할 수 있다. 우선 처분청에 의한 자율적 통제기능을 갖는 절차로 직권취소절차, 이의신청이 있지만, 잘못을 시인하지 않는 행정문화와 이의신청의 객관성과 공정성 미흡 등으로 인해 처분청의 자율적 시정기능이 잘 작동되고 있지 않다. 감독청은 행정심판절차에서 배제되어 감독청에 의한 자율적 통제기능도 행정심판에서 작동하고 있지 않다. 사법의 보완기능은 개괄적으로 보면 잘 작동되고 있지만, 행정소송 제기건수를 줄이는 기능에 있어서는 행정심판의 설득기능[177]의 미흡 등으로 일부 미흡한 점이 있다. 행정심판의 권익구제기능에 있어서는 행정심판의 사법절차화가 강화되어 행정심판에서의 공정한 권익구제에는 크게 기여하였지만, 행정심판의 대상을 처분이나 처분에 대한 부작위로 한정하는 문제를 초래하였다.

Ⅲ. 행정심판작용의 성질

국가기관의 작용이나 행위의 법적 성질을 논하는 이유는 그 작용이나 행위를 제대로 이해하고 그에 대한 적정할 규율을 하기 위함이다. 같은 성질의 행위는 같게, 다른 성질의 행위는 다르게 규율하는 것이 법의 일반원리이다.

행정심판이 행정작용인지, 사법작용인지 아니면 준사법작용인지 논란이 있다. 행정심판작용의 성질론에서는 시공을 초월하는 보편적인 진리가 있는 것은 아니고 행정심판에 관한 입법정책에 따라 행정심판작용의 성질이 결정된다고 보아야 한다. 세계의 행정심판제도를 보면 행정형인 것, 사법(준사법)형인 것, 혼합형인 것이 있다. 그런데, 헌법 제107조 제3항은 "재판의 전심절차로서 행정심판을 할 수 있다. 행정심판의 절차는 법률로 정하되, 사법절차가 준용되어야 한다."라고 규정하고 있으므로 우리나라의 행정심판은 사법(준사법)형 행정심판제도를 도입하고, 현행 행정심판 관련 법률도 준사법형 행정심판제도를 입법하고 있다.

우리나라의 이의신청은 행정형 행정심판이고, 행정심판법상의 행정심판은 준사법형 행정심판이라고도 할 수 있다. 현행 행정심판법상 행정심판은 행정작용이면서 준사법작용이라고 보는 것이 타당하다. 행정심판은 권력분립의 관점에서는 행정기관에 의한 작용, 즉 행정작용이다. 이에 반하여 행정심판의 절차는 사법에 준하는 절차이다. 행정심판절차를 행정절차로 보는 견해나 행정심판절차를 사법절차로 보는 견해는 입법론으로는 가능하지만 현행 법령의 해석론으로는 타당하지 않다. 현행 법령은 행정절차법과 행정심판법을 구분하여 행정절차법은 행정의 사전절차를 행정절차로 규정하고 있고, 행정심판법은 행정의 사후절차인 행정에 대한 심판을 규정하고 있다. 현행 법령은 행정심판법과 행정소송법을 구분하여 행정심판법은 행정기관인 행정심판위원회에 의한 심판절차와 심판작용을 규정하고, 행정소송법은 사법기관인 법원에 의한 재판절차와 재판작용을 규정하고 있다.

일반행정심판과 특별행정심판은 모두 행정작용이면서 준사법절차인 점에서는

---

177) 행정심판에서 충실한 심리를 통하여 처분의 이유와 처분의 타당성이 설득력있게 드러난 경우 행정소송의 제기를 포기할 수 있다.

동일하다. 특별행정심판의 존재이유는 기본적으로 해당 행정심판의 전문성과 특수성에 있다. 일반행정심판과 특별행정심판을 통합하여 통합행정심판제도를 도입하는 것이 현 정부의 국정과제로 채택되어 추진되고 있는데, 일반행정심판과 특별행정심판의 통합 정책의 주된 근거를 국민편의의 강화와 정부조직의 효율성에 두고 있다.[178] 이에 더하여 일반행정심판과 특별행정심판을 통합하여 국무총리 소속으로 가칭 행정심판원을 설치하는 것은 특별행정심판기관의 처분청으로부터의 독립성을 강화하는 효과를 가져올 수도 있다. 물론 특별행정심판의 전문성과 특수성을 보장하여야 하지만 특별행정심판의 전문성과 특수성이 특별행정심판의 행정편의성과 폐쇄성 수구 및 행정심판에 대한 통일적 규율 회피의 사유가 되어서는 안 된다. 특별행정심판의 전문성과 특수성은 행정심판의 일반성, 보편성과 통일성(일반적 또는 부분적 통일성)을 부정하는 사유가 되어서는 안 되고, 특별행정심판의 전문성과 특수성은 행정심판의 일반성, 보편성과 통일성과 조화를 이루어야 한다.

중앙행정심판과 시도행정심판의 통일성을 강화하기 위한 제도개선도 요구된다. 행정심판은 자치사무가 아니라 국가사무이므로 중앙행정심판과 시·도행정심판 사이에서, 그리고 시·도행정심판 상호간 사이에서 행정심판결정례의 통일성이 요구된다. 중앙행정심판과 시도행정심판 사이, 시·도행정심판 상호간에 있어서 통일성을 보장하기 위한 방안이 보완되어야 한다. 그리고, 시·도지사가 행정심판위원회의 위원장이 되는 것은 행정심판의 독립성이나 전문성의 보장이라는 관점에서 재검토되어야 한다.

Ⅳ. 행정불복과 행정심판

행정불복이라 함은 행정결정에 대한 불복으로서 불복심사기관이 행정기관인 것을 말한다. 행정불복에는 이의신청과 행정심판이 있다.

행정기본법에서 이의신청을 규정하면서 이의신청이 일반적인 행정불복제도가 되었는데, 이렇게 되면 국민의 행정불복의 기회는 확대되지만, 행정불복의 증가로 행정부담과 행정비용은 증가할 것이다. 행정청이 자신의 잘못을 시인하지 않으려는 현재의 행정문화하에서 이의신청을 통한 권리구제의 효과는 크지 않으면서 행정부담과 행정비용만 증가시키고, 행정분쟁의 해결을 지체시키는 결과를 가져올 수도 있으므로 행정심판과 구별되는 행정기본법에 따른 이의신청제도를 일정기간(3년 정도) 운용

178) 정승윤, 국민권익위원회와 한국공법학회 공동 주최 행정심판 통합 학술대회 기조발제, 2023.11.23. 26면.

해보고 그에 대한 성과평가를 거쳐 이의신청과 행정심판의 연계적 관계를 재정립하여 행정부담과 행정비용을 줄이고, 국민의 권리구제의 실효성을 강화하는 개선방안을 도출해야 할 것이다. 이의신청과 행정심판을 연계하는 방안으로는 행정심판이 제기되면 이의신청절차는 중단되도록 하고, 행정심판법 제25조(피청구인의 직권취소등)를 보완하여 처분에 대한 직권취소 검토절차를 진행하도록 의무화하는 방안을 생각할 수 있다.

Ⅴ. 이의신청

행정기본법은 처분에 대한 이의신청을 일반적으로 규정하고 있다.[179] 다른 법률에서 이의신청과 이에 준하는 절차에 대하여 정하고 있는 경우에도 그 법률에서 규정하지 아니한 사항에 관하여는 이 조에서 정하는 바에 따른다(제36조 제5항).

1. 이의신청의 의의

이의신청(異議申請)은 통상 처분청에 제기하는 처분에 대한 불복절차를 말하는데, **강학상(판례상) 이의신청**은 행정불복 중 행정심판이 아닌 것 달리 말하면 준사법적 절차가 아닌 행정불복을 말한다.

행정기본법은 이의신청의 정의규정을 두고 있지 않다. 행정기본법의 규율대상이 되는 이의신청(**행정기본법상 이의신청**)은 행정기본법 제36조 및 행정기본법의 기본법 및 일반법으로서의 성격을 고려할 때 강학상 이의신청 즉 준사법적 절차가 아닌 행정불복 일체를 의미하는 것으로 보는 것이 타당하다.

개별법령상(예, 국민기초생활보장법 제40조) 또는 실무상 처분청이 아닌 기관(예, 상급기관)에 대한 불복절차를 이의신청으로 부르는 경우도 있다. 당해 행정청에 불복하는 경우에도 이의신청이 아니라 심사청구(예, 국민연금법 제108조)라는 용어를 사용하는 경우도 있다. 따라서 여기서는 **행정심판이 아닌 행정불복절차**를 **학문상 이의신청**으로 부르기로 한다.

행정기본법상 이의신청에는 행정기본법 제36조 제1항에 따라 인정되는 이의신청(**행정기본법 제36조 제1항에 따른 이의신청**)과 개별법에 의해 특별히 인정된 이의신청(**개별법상 이의신청**)이 있다. 행정기본법상 이의신청에는 행정기본법만에 의해 규율되는 이의신청과 특별법에서 행정기본법과 달리 특별한 규정을 두고 있는 이의신청이 있다. 행정기본법만에 의해 규율되는 이의신청을 **일반이의신청**이라 하고, 행정기본법

179) 행정기본법상 이의신청규정은 2023.3.24.부터 시행한다.

과 달리 특별한 규율의 대상이 되는 이의신청을 **특별이의신청**(예, 민원처리에 관한 법률상 이의신청, 국세기본법상 이의신청)이라 할 수 있다.

2. 행정기본법 제36조 제1항에 따른 이의신청자

행정기본법 제36조 제1항에 따라 이의신청을 할 수 있는 자는 '행정청의 처분에 이의가 있는 당사자'이다. 즉 처분의 당사자 즉, 처분의 상대방만이 행정기본법 제36조 제1항에 따른 이의신청을 할 수 있고, 이해관계있는 제3자는 법률상 이익이 있는 자라도 행정기본법에 따른 이의신청을 할 수 없다.

3. 이의신청의 대상

개별법상 명문의 규정이 없음에도 행정기본법 제36조 제1항에 따라 이의신청의 대상이 되는 것은 행정심판법상 처분(행정심판법 제2조 제4호) 중 '행정심판법 제3조[180]에 따라 행정심판법에 따른 행정심판의 대상이 되는 처분' 즉 '일반행정심판의 대상이 되는 처분'에 한정된다. 특별행정심판의 대상이 되는 처분은 행정기본법 제36조 제1항에 따른 이의신청의 대상이 되지 않는다(행정기본법 제36조 제1항). 또한, 행정심판법상 처분이 아닌 것은 행정기본법 제36조 제1항에 따른 이의신청의 대상이 되지 않는다. 다만, 개별법에 특별한 규정이 있으면 행정기본법 제36조 제1항에 따른 이의신청의 대상이 되지 않는 처분이나 행정심판법상 처분이 아닌 행정결정에 대해서도 이의신청이 인정될 수 있다.

행정기본법 제36조 제7항 각 호에 해당하는 사항에 관하여는 행정기본법 제36조 전체를 적용하지 아니하므로[181] 행정기본법 제36조 제1항에 따른 이의신청이 인정되지 않는다.

부작위는 행정기본법 제36조 제1항에 따른 이의신청의 대상이 되지 않는다(행정기본법 제36조 제1항).

---

180) 행정심판법 제3조(행정심판의 대상) ① 행정청의 처분 또는 부작위에 대하여는 **다른 법률에 특별한 규정이 있는 경우 외**에는 이 법에 따라 행정심판을 청구할 수 있다. ② 대통령의 처분 또는 부작위에 대하여는 다른 법률에서 행정심판을 청구할 수 있도록 정한 경우 외에는 행정심판을 청구할 수 없다.

181) 다음 각 호의 어느 하나에 해당하는 사항에 관하여는 이 조를 적용하지 아니한다. 1. 공무원 인사 관계 법령에 따른 징계 등 처분에 관한 사항, 2. 「국가인권위원회법」 제30조에 따른 진정에 대한 국가인권위원회의 결정, 3. 「노동위원회법」 제2조의2에 따라 노동위원회의 의결을 거쳐 행하는 사항, 4. 형사, 행형 및 보안처분 관계 법령에 따라 행하는 사항, 5. 외국인의 출입국·난민인정·귀화·국적회복에 관한 사항, 6. 과태료 부과 및 징수에 관한 사항(행정기본법 제36조 제7항).

4. 행정기본법상 이의신청의 제기기간

행정청의 처분에 이의가 있는 당사자는 처분을 받은 날부터 30일 이내에 해당 행정청에 이의신청을 할 수 있다(제36조 제1항). '처분을 받은 날'이라 함은 처분이 도달한 날 즉 처분이 효력을 발생한 날을 말한다.

5. 행정기본법상 이의신청에 대한 결과 통지

행정청은 제1항에 따른 이의신청을 받으면 그 신청을 받은 날부터 14일 이내에 그 이의신청에 대한 결과를 신청인에게 통지하여야 한다. 다만, 부득이한 사유로 14일 이내에 통지할 수 없는 경우에는 그 기간을 만료일 다음 날부터 기산하여 10일의 범위에서 한 차례 연장할 수 있으며, 연장 사유를 신청인에게 통지하여야 한다(제36조 제2항).

행정청은 제2항 또는 다른 법률에 따라 이의신청에 대한 결과를 통지할 때에는 대통령령으로 정하는 바에 따라 제4항에 따른 행정심판 또는 행정소송을 제기할 수 있는 기간 등 행정심판 또는 행정소송의 제기에 관한 사항을 함께 안내하여야 한다. 다만, 이의신청에 대한 결과를 통지하기 전에 이미 신청인이 행정심판 또는 행정소송을 제기한 경우에는 안내하지 아니할 수 있다(제36조 제5항).

6. 행정기본법상 이의신청과 행정심판 또는 행정소송의 관계

이의신청은 임의절차이다. 즉, 제1항에 따라 이의신청을 한 경우에도 그 이의신청과 관계없이 「행정심판법」에 따른 행정심판 또는 「행정소송법」에 따른 행정소송을 제기할 수 있다(제36조 제3항).

이의신청을 하면 행정심판이나 행정소송의 청구·제소기간이 이의신청 결과 통지일부터 계산된다. 즉, **이의신청에 대한 결과를 통지받은 후 행정심판 또는 행정소송을 제기하려는 자는 그 결과를 통지받은 날**(제2항에 따른 통지기간 내에 결과를 통지받지 못한 경우에는 같은 항에 따른 통지기간이 만료되는 날의 다음 날을 말한다)**부터 90일 이내에** 행정심판 또는 행정소송을 제기할 수 있다(제4항). 이 규정은 이의신청에 대한 결정을 기다리는 중에 행정심판이나 행정소송의 제기기간이 도과하는 문제를 해결하기 위한 규정이다.

이의신청에 대한 결정을 받은 후 행정심판 또는 행정소송을 제기하려는 경우에 행정심판 또는 행정소송의 대상은 이의신청 결과 통지가 아닌 제1항의 처분, 즉 이의신청의 대상이 된 행정청의 **원처분**(일부취소의 경우에는 일부취소되고 남은 원처분이다.

다만, 이의신청 결과 처분이 변경된 경우에는 **변경된 처분**)이다(행정기본법 제36조 제4항). '변경된 처분'에는 처분내용은 동일하더라도 기본적 사실관계에 동일성이 없는 처분사유 변경이 있는 경우를 포함한다.

그러나, 이의신청 후 행정쟁송을 제기하는 경우에는 단순 기각결정(각하결정 포함)을 제외하고는 최종처분의 성질을 갖는 이의신청결정을 행정쟁송의 대상으로 하도록 하는 것이 이의신청의 법리 및 행정결정의 법리에 맞는다. 이의신청의 결정은 행정심판의 재결이 아니라 행정결정이므로 행정소송에서의 원처분주의를 적용하는 것은 타당하지 않다. 즉, 이의신청에서 단순기각결정(각하결정 포함)은 어떠한 법적 효과도 없는 단순한 사실행위로서 처분이 아니고, 처분은 이의신청의 대상이 된 원처분만 있고, 그것이 행정심판이나 행정소송의 대상이 되어야 한다. 그러나, '기각결정'이라도 원처분의 처분내용은 유지하면서 처분사유를 변경하는 기각결정은 새로운 처분이고 최종행정결정이므로 그 기각결정을 행정쟁송의 대상으로 하도록 하여야 한다. 일부취소결정의 경우 일부 취소되고 남은 결정이 최종행정결정이 되는 것이므로 일부취소결정(일부 취소되고 남은 결정)인 이의신청의 결정이 행정쟁송의 대상이 되는 것으로 보아야 한다. 변경(일부변경 또는 전부변경)결정의 경우에는 변경된 결정이 최종행정결정이 되므로 원처분이 아니라 이의신청결정인 변경결정을 행정쟁송의 대상으로 하는 것이 행정법리상 타당하다.

7. 행정기본법 제36조의 적용범위

다른 법률에서 '**이의신청과 이에 준하는 절차**'에 대하여 정하고 있는 경우에도 그 법률에서 규정하지 아니한 사항에 관하여는 이 조에서 정하는 바에 따른다(행정기본법 제36조 제6항). 이 조항은 행정기본법 제36조가 이의신청에 관한 일반법임을 선언한 규정이다. '제36조 제6항의 이의신청'은 처분에 대한 이의신청(특별이의신청 포함)을 말하고, "이에 준하는 절차"는 처분이 아닌 행정결정에 대한 이의신청을 의미하는 것으로 보는 것이 타당하다. 따라서, '행정심판(준사법적 절차)이 아닌 이의신청등 행정불복'에 대해서는 특별한 규정이 없는 한 행정기본법 제36조 제6항이 적용된다고 보아야 한다. '제36조 제6항의 이의신청'을 '행정기본법 제36조 제1항에 따른 이의신청(일반이의신청)'에 한정하는 견해에 따르면 개별법상 인정되는 이의신청(특별이의신청)은 "이에 준하는 절차"에 해당하는 것으로 볼 수 있다. 따라서, 어느 견해에 따르든지 **개별법상 인정되는 이의신청도 원칙상 행정기본법 제36조의 적용대상이 된다.**

다만, 행정기본법 제36조 제8항 각 호에 해당하는 사항에 관하여는 행정기본법 제36조 전체를 적용하지 아니한다(제36조 제8항).

8. 행정심판인 이의신청과 '행정심판이 아닌 이의신청'의 구별

개별 법률에서 이의신청이라는 명칭을 사용하는 불복절차를 규정하고 있는 경우가 있다. 그런데, 개별법률에서 이의신청을 규정하면서 행정심판과의 관계를 규정한 경우가 있다. 이의신청을 거친 후 행정심판을 제기할 수 있는 것으로 규정한 경우도 있고, 이의신청으로 행정심판을 대체하는 것으로 규정한 경우도 있다. 예를 들면, 공공기관의 정보공개에 관한 법률은 정보공개의 거부 또는 부작위에 대하여 이의신청을 제기할 수 있는 것으로 규정하고, 당해 이의신청에서 이의신청이 각하 또는 기각된 경우에는 행정심판을 제기할 수 있는 것으로 규정하고 있다(법 제16조, 제17조). 출입국관리법은 難民(난민)인정의 신청에 대하여 거부처분을 받은 자는 법무부장관에게 이의신청을 제기할 수 있는 것으로 규정하면서 이의신청을 제기한 경우에는 행정심판법에 의한 행정심판을 제기할 수 없는 것으로 규정하고 있다.

각 개별법률에서 규정하고 있는 이의신청, 심사청구 또는 심판청구(국세기본법 등) 또는 재심요구 등 불복절차가 모두 행정심판인가. 이들 행정불복절차 중에는 행정심판의 성질을 갖는 것(예, 토지보상법상 이의신청)도 있고, 행정심판이 아닌 것(예, 민원처리법상 이의신청)도 있다.

(1) 구별의 실익

이러한 구별의 실익은 무엇인가.

① 만일 개별법률에서 정하고 있는 불복절차(특히 이의신청)가 행정심판법상의 행정심판이라고 한다면 당해 불복절차에 관하여 개별법률에서 정하고 있는 것을 제외하고는 행정심판법이 적용되게 된다. 또한, 당해 불복절차를 거친 후에는 다시 행정심판법상의 행정심판을 제기할 수 없다(행정심판법 제39조[182]).

② 만일 개별법률에서 정하고 있는 불복절차(특히 이의신청)가 행정심판법상의 행정심판이 아니라고 한다면 당해 불복절차를 거친 후에도 명문의 규정이 없는 경우에는 원칙상 행정심판을 제기할 수 있는 것으로 보아야 한다. 또한, 당해 불복절차에 대하여 행정심판법이 적용될 수 없다.

[판례] 개별 토지가격결정에 대하여 재조사청구를 하여 결과통지를 받은 후 다시 행정심판법 소정의 행정심판을 제기하여 그 재결을 거쳐 행정소송을 제기하는 것이 가능하다(대판 1993. 12. 24, 92누17204).

---

182) 심판청구에 대한 재결이 있는 경우에는 당해 재결 또는 동일한 처분 또는 부작위에 대하여 다시 심판청구를 제기할 수 없다(행정심판법 제39조).

③ 행정심판인 이의신청에 대한 결정은 행정심판의 재결의 성질을 갖는다. 그렇지만, 행정심판이 아닌 이의신청에 대해 원처분을 취소 또는 변경하는 결정은 새로운 최종적 처분으로서 이의신청의 대상이 된 처분을 대체한다고 보아야 한다. 다만, 이의신청의 대상이 된 기존의 처분을 그대로 유지하는 결정(기각결정)은 단순한 사실행위로서 아무런 법적 효력을 갖지 않고 항고소송의 대상이 되지 않는다. 다만, 이의신청에 따른 기각결정이 새로운 신청에 따른 것이거나 별도의 의사결정 과정과 절차를 거쳐 이루어진 독립된 행정처분의 성질을 갖는 경우에는 새로운 처분으로 볼 수 있으므로(대판 2022. 03. 17, 2021두53894) 항고소송의 대상이 된다. 그리고, 판례 중 이주대책 대상자 제외결정에 대한 이의신청에 대하여 다시 한 제외결정(2차 결정)을 행정쟁송의 대상이 되는 처분으로 본 사례(후술 대판 2021. 01. 14, 2020두50324 참조)가 있다. 수익적 행정처분을 구하는 신청에 대한 거부처분에 대한 이의신청의 내용이 새로운 신청을 하는 취지로 볼 수 있는 경우에는, 그 이의신청에 대한 결정(기각결정 포함)의 통보를 새로운 처분으로 볼 수 있다고 한 사례(대판 2022. 03. 17, 2021두53894)가 있다.

[판례] ① [국가유공자법상 이의신청에 대한 기각결정을 다투는 사건] (1) **국가유공자법 제74조의18 제1항이 정한 이의신청은 행정심판이 아닌 이의신청** 즉, “국가유공자 요건에 해당하지 아니하는 등의 사유로 국가유공자 등록신청을 거부한 처분청인 국가보훈처장으로 하여금 신청 대상자의 신청 사항을 다시 심사하여 잘못이 있는 경우 스스로 시정하도록 한 절차”라고 한 사례. (2) **국가유공자법상 이의신청에 대한 기각결정이 항고소송의 대상인 ‘처분 등’에 해당하는지 여부(소극): 이의신청을 받아들이는 것을 내용으로 하는 결정은** 당초 국가유공자 등록신청을 받아들이는 **새로운 처분(직권취소)**으로 볼 수 있으나, **이의신청을 받아들이지 아니하는 결정은** 종전의 결정 내용을 그대로 유지하는 것에 불과한 것으로서 이의신청인의 권리·의무에 새로운 변동을 가져오는 공권력의 행사나 이에 준하는 행정작용이라고 할 수 없으므로 원결정과 별개로 **항고소송의 대상이 되지는 않는다(처분이 아니다)**고 봄이 타당하다. (3) **국가유공자법 제74조의18 제4항이 정한 ‘제소기간 연장’이 행정심판 이외에 행정소송법상 취소소송에도 적용되는지 여부(적극)**: 국가유공자 비해당결정 등 원결정에 대한 이의신청이 받아들여지지 아니한 경우에도 이의신청인으로서는 **원결정을 대상으로 항고소송을 제기하여야** 할 것이고, **국가유공자법 제74조의18 제4항이 이의신청을 하여 그 결과를 통보받은 날부터 90일 이내에 행정심판법에 따른 행정심판의 청구를 허용하고 있고**, 행정소송법 제18조 제1항 본문이 “취소소송은 법령의 규정에 의하여 당해 처분에 대한 행정심판을 제기할 수 있는 경우에도 이를 거치지 아니하고 제기할 수 있다.”고 규정하고 있는 점 등을 종합하여 보면, (국가유공자법 제74조의18 제1항이 정한) **이의신청을 받아들이지 아니하는 결과를 통보받은 자는 그 통보받은 날부터 90일 이내에 행정심판법에 따른 행정심판 또는 행정소송법에 따른 취소소송을 제기할 수 있다고 보아야 한다.** (4) 원고의 국가유공자 등록신청에 대하여 피고가 2013. 3. 14. 국가유공자 및 보훈보상대상자 요건 비해당 결정처분(‘원결정’)을 한 후, 원고가 피고에게 재심의 신청을 하였고, 피고는 보훈심사위원회의 재심의를 거쳐 2013. 8. 30. 이 사건 원결정과 같은 취지에서 국가유공자 및 보훈보상대상자 요건 재심의 비해당 결정(‘재심의 결정’)을 하였는데, 원고가 2013. 11.

20. 재심의 결정의 취소를 구하는 소를 제기한 사안에서, 원심은 위 재심의 결정이 항고소송의 대상인 처분임을 전제로 본안 판단에 나아갔으나, **재심의 결정은 항고소송의 대상이 되지 아니하므로**, 원고로서는 위 재심의 결정이 아닌 **원결정의 취소를 구하여야 하고**, 다만 제소기간은 재심의 결정을 통보받은 날부터 90일 이내라고 보아 원심판결을 파기한 사안(대판 2016. 07. 27, 2015두45953 [국가유공자(보훈보상대상자)비해당 처분 취소]). **〈해설〉** 보훈심사위원회의 심의 · 의결을 거치는 것은 최초의 국가유공자 등록신청에 대한 결정에서나 이의신청에 대한 결정에서 마찬가지로 거치도록 규정된 절차이므로 이 것만으로는 해당 이의신청이 준사법적 절차라고 할 수는 없다.
② 한국토지주택공사가 택지개발사업의 시행자로서 일정 기준을 충족하는 손실보상대상자들에 대하여 생활대책을 수립 · 시행하였는데, **직권으로** 甲 등이 생활대책대상자에 해당하지 않는다는 결정을 하고, 甲 등의 이의신청에 대하여 재심사 결과로도 생활대책 대상자로 선정되지 않았다는 통보(이하 '재심사통보'라고 한다)를 한 **사안에서**, 부적격통보가 심사대상자에 대하여 한국토지주택공사가 생활대책대상자 선정 신청을 받지 아니한 상태에서 자체적으로 가지고 있던 자료를 기초로 일정 기준을 적용한 결과를 일괄 통보한 것이고, 각 당사자의 개별 · 구체적 사정은 이의신청을 통하여 추가로 심사하여 고려하겠다는 취지를 포함하고 있다면, 甲 등은 이의신청을 통하여 비로소 생활대책대상자 선정에 관한 의견서 제출 등의 기회를 부여받게 되었고 한국토지주택공사도 그에 따른 재심사과정에서 당사자들이 제출한 자료 등을 함께 고려하여 생활대책대상자 선정기준의 충족 여부를 심사하여 재심사통보를 한 것이라고 볼 수 있는 점 등을 종합하면, 비록 **재심사통보가 부적격통보와 결론이 같더라도**, 단순히 한국토지주택공사의 업무처리의 적정 및 甲 등의 편의를 위한 조치에 불과한 것이 아니라 별도의 의사결정 과정과 절차를 거쳐 이루어진 **독립한 행정처분으로서 항고소송의 대상이 되므로**, 이와 달리 본 원심판단에 법리오해의 잘못이 있다고 한 사례(대판 2016. 07. 14, 2015두58645[생활대책용지공급대상자부적격처분취소]).
③ 민원 이의신청을 받아들이는 경우에는 이의신청 대상인 거부처분을 취소하지 않고 바로 최초의 신청을 받아들이는 새로운 처분을 하여야 하지만, **이의신청을 받아들이지 않는 경우**에는 다시 거부처분을 하지 않고 그 결과를 통지함에 그칠 뿐이다. 따라서 이의신청을 받아들이지 않는 취지의 기각 결정 내지는 그 취지의 통지는, 종전의 거부처분을 유지함을 전제로 한 것에 불과하고 또한 거부처분에 대한 행정심판이나 행정소송의 제기에도 영향을 주지 못하므로, 결국 민원 이의신청인의 권리 · 의무에 새로운 변동을 가져오는 공권력의 행사나 이에 준하는 행정작용이라고 할 수 없어, (원칙상) **독자적인 항고소송의 대상이 된다고 볼 수 없다**고 봄이 타당하다(대판 2012. 11. 15, 2010두8676).

④ 행정심판의 대상은 처분에 한정되지만 이의신청의 대상은 처분에 한정되지 않고 행정기관의 모든 결정이 이의신청의 대상이 될 수 있다. 그러나, 행정기본법상 이의신청은 처분에 대하여서만 인정된다.

⑤ 행정심판의 재결은 준사법적 행위로서 불가변력이 발생한다. 행정심판이 아닌 이의신청은 준사법적 행위는 아니지만, 불복절차인 점에서 이의신청결정에 불가변력과 유사한 효력을 인정하는 것이 타당하다. 예를 들면, 과세처분에 관한 이의신청 절차에서 과세관청이 그 이의신청 사유가 옳다고 인정하여 과세처분을 직권으로 취소한 경우 특별한 사유 없이 이를 번복하여 종전과 동일한 내용의 처분을 하는 것은 허용될 수 없다(대판 2010. 09. 30, 2009두1020; 2019. 01. 31, 2017두75873). 다만, 납세자

가 허위의 자료를 제출하는 등 부정한 방법에 기초하여 직권취소되었다는 등의 특별한 사유가 있는 경우에는 이를 번복하고 종전과 동일한 과세처분을 할 수 있다(대판 2017. 03. 09, 2016두56790[재산세부과처분취소] 등).

⑥ 행정심판에서는 기본적 사실관계의 동일성이 있다고 인정되는 한도 내에서만 당초 처분의 근거로 삼은 사유와 다른 사유를 추가 또는 변경할 수 있지만(대판 2014. 05. 16. 2013두26118), 행정심판이 아닌 이의신청의 경우에는 기본적 사실관계의 동일성이 없는 사유라고 할지라도 처분의 적법성과 합목적성을 뒷받침하는 처분사유로 추가·변경할 수 있다.

[판례] [1] 산업재해보상보험법 규정의 내용, 형식 및 취지 등에 비추어 보면, **산업재해보상보험법상 심사청구에 관한 절차는** 보험급여 등에 관한 처분을 한 근로복지공단으로 하여금 스스로의 심사를 통하여 당해 처분의 적법성과 합목적성을 확보하도록 하는 근로복지공단 **내부의 시정절차**에 해당한다고 보아야 한다. 따라서 처분청이 스스로 당해 처분의 적법성과 합목적성을 확보하고자 행하는 자신의 내부 시정절차에서는 **당초 처분의 근거로 삼은 사유와 기본적 사실관계의 동일성이 인정되지 않는 사유라고 하더라도 이를 처분의 적법성과 합목적성을 뒷받침하는 처분사유로 추가·변경할 수 있다**고 보는 것이 타당하다. [2] 근로복지공단이 '우측 감각신경성 난청'으로 장해보상청구를 한 근로자 갑에 대하여 소멸시효 완성을 이유로 장해보상급여부지급결정을 하였다가, 갑이 불복하여 심사청구를 하자 갑의 상병이 업무상 재해인 소음성 난청으로 보기 어렵다는 처분사유를 추가하여 심사청구를 기각한 사안에서, 갑의 상병과 업무 사이의 상당인과관계 부존재를 처분사유 중 하나로 본 원심판단을 정당하다고 한 사례(대판 2012. 09. 13, 2012두3859[장해급여부지급결정처분취소]).

⑦ 이의신청에 따른 결정은 처분청의 결정이므로 결정시의 법령 및 사실상태를 기준으로 한다. 그러나, 행정심판의 재결은 처분청의 결정이 아니고 준사법적 행위이므로 취소사유인 처분의 위법 또는 부당은 처분시의 법령 및 사실상태를 기준으로 판단한다.

(2) 구별의 기준

종래(행정심판법 제정 이전) 이의신청과 소원을 구별하였다. 즉, 이의신청과 소원은 판정기관을 달리한다고 보았다. 이의신청은 처분청에 대하여 제기하는 쟁송이고, 소원은 원칙적으로 처분청의 상급감독청에 제기하는 쟁송이었다.[183]

오늘날 개별법상 이의신청(행정불복)이 행정심판이 아닌 단순 이의신청(행정불복)인지 행정심판인 이의신청(행정불복)인지 여부를 판단하는 기준에 관하여 견해의 대립이 있다.

---

183) 김도창, 『일반행정법론(상)』, 1976, 422면.

1) 심판기관기준설

이 견해는 행정심판과 행정심판이 아닌 이의신청을 심판기관을 기준으로 구분하는 견해이다. 즉, 이의신청은 처분청 자체에 제기하는 쟁송인 데 반하여, 행정심판은 원칙적으로 처분청의 직근상급행정청 또는 행정심판위원회에 제기하는 쟁송이라고 본다.

2) 불복절차기준설

이 견해는 불복절차를 기준으로 행정심판과 행정심판이 아닌 이의신청을 구분하는 견해이다. 즉, 헌법 제107조 제3항은 행정심판절차는 사법심판절차가 준용되어야 한다고 규정하고 있는 점에 비추어 개별법률에서 정하는 이의신청 중 준사법절차가 보장되는 것만을 행정심판으로 보고, 그렇지 않은 것은 행정심판이 아닌 것으로 본다. 이 견해가 일반적 견해이다.

3) 판 례

판례는 절차 및 담당기관을 기준으로 하고 있으므로 불복절차기준설을 취하고 있는 것으로 보인다(대판 2010. 01. 28, 2008두19987).

[판례] ① 부동산 가격공시 및 감정평가에 관한 법률 제12조, 행정소송법 제20조 제1항, 행정심판법 제3조 제1항의 규정 내용 및 취지와 아울러 부동산 가격공시 및 감정평가에 관한 법률에 행정심판의 제기를 배제하는 명시적인 규정이 없고 **부동산 가격공시 및 감정평가에 관한 법률에 따른 이의신청과 행정심판은 그 절차 및 담당 기관에 차이가 있는 점을 종합하면, 부동산 가격공시 및 감정평가에 관한 법률이 이의신청에 관하여 규정하고 있다고 하여 이를 구 행정심판법 제3조 제1항에서 행정심판의 제기를 배제하는 '다른 법률에 특별한 규정이 있는 경우'에 해당한다고 볼 수 없으므로,** 개별공시지가에 대하여 이의가 있는 자는 곧바로 행정소송을 제기하거나 부동산 가격공시 및 감정평가에 관한 법률에 따른 이의신청과 행정심판법에 따른 행정심판청구 중 어느 하나만을 거쳐 행정소송을 제기할 수 있을 뿐 아니라, **이의신청을 하여 그 결과 통지를 받은 후 다시 행정심판을 거쳐 행정소송을 제기할 수도 있다고 보아야 하고, 이 경우 행정소송의 제소기간은 그 행정심판 재결서 정본을 송달받은 날부터 기산한다**(대판 2010. 01. 28, 2008두19987[개별공시지가결정처분취소]). **② [1] 지방자치법 제140조 제3항상의 사용료 · 수수료 또는 분담금의 부과나 징수에 대한 이의신청은** 행정청의 위법·부당한 처분에 대하여 행정기관이 심판하는 **행정심판과는 구별되는 별개의 제도라 할 것이나, 이의신청을 제기하여야 할 사람이 처분청에 표제를 행정심판청구서로 한 서류를 제출한 경우라** 할지라도, **서류의 내용에 있어서 이의신청의 요건에 맞는 불복취지와 그 사유가 충분히 기재되어 있다면** 그 표제에도 불구하고 이를 그 처분에 대한 **이의신청으로 볼 수 있다. [2]** 원고가 피고의 도로점용료부과처분에 불복하면서 행정심판청구서라는 서면을 제출하였던 것에 대하여, 그 서면이 어느 행정청에 접수되었는지 그리고 그 서면의 기재 내용이 사용료 부과처분에 대한 이의신청시의 기재내용을 포함하고 있는지 여부에 관하여 심리를 하지 않은 채 원고의 위와 같은 서면 제출을 이의신청이 아닌 행정심판청구로 보아 그 행정심판청구가 부적법하다고 본 다음, 원고가 이의신청 없이 이 사건 처분을 안 날로부터 90일이 경과한 후에야 이 사건 소를 제기하였다는 이유로 소를 각하하여야 한다고 본 원심판결을 파기한 사례(대판 2012. 03. 29, 2011두

26886[도로점용료부과처분취소]). 〈해설〉 지방자치법 제140조 제3항상의 이의신청은 지방자치단체의 장에게 하는 것이므로 행정심판이 아닌 이의신청으로 보는 것이 타당하다.
③ 구 민원사무처리법에서 정한 이의신청은 행정심판이 아니다(대판 2012. 11. 15, 2010두8676).
④ 구 공무원연금법상 공무원연금급여 재심위원회에 대한 심사청구는 **특별행정심판에 해당**한다(대판 2019. 08. 09, 2019두38656).

4) 결 어

헌법 제107조 제3항이 행정심판절차는 사법절차가 준용되어야 한다고 규정하고 있는 점에 비추어 불복절차를 기준으로 행정심판과 행정심판이 아닌 이의신청을 구분하는 견해가 타당하다. 우리나라 행정심판은 '사법(司法)형행정불복절차'이고, 행정심판이 아닌 이의신청은 '행정형행정불복절차'이다.

9. 민원처리에 관한 법률상 이의신청

민원처리(民願處理)에 관한 법률 제35조 제1항은 법정민원에 대한 행정기관의 장의 거부처분에 불복하는 민원인은 그 거부처분을 받은 날부터 60일 이내에 그 행정기관의 장에게 문서로 이의신청을 할 수 있다고 규정하고, 동조 제3항은 민원인은 제1항에 따른 이의신청 여부와 관계없이 「행정심판법」에 따른 행정심판 또는 「행정소송법」에 따른 행정소송을 제기할 수 있다고 규정하고 있다.

민원처리에 관한 법률상 이의신청은 준사법적 절차가 보장되어 있지 않고, 동 이의신청과 별도로 행정심판을 제기할 수 있는 것으로 규정하고 있으므로 행정심판이 아닌 이의신청으로 보는 것이 타당하다. 판례도 이러한 입장을 취하고 있다(대판 2012. 11. 15, 2010두8676[주택건설사업불허가처분취소등]).

10. 이의신청의 성질과 효력

(1) 행정심판인 이의신청의 성질과 효력

행정심판인 이의신청은 특별행정심판의 성질을 갖는다. 따라서, 개별법에서 이의신청에 관하여 특별히 정한 규정은 행정심판법에 우선하여 적용되고, 개별법에서 규정하고 있지 아니한 사항에 대하여는 일반법인 행정심판법이 적용된다.

(2) 행정심판이 아닌 이의신청의 성질과 효력

행정심판이 아닌 이의신청에 따라 한 처분청의 인용결정통지는 새로운 행정처분이다. 이의신청의 대상이 된 처분을 취소하는 처분은 직권취소이고, 변경하는 결정통지는 종전의 처분을 대체하는 새로운 처분이다. 동일한 내용의 처분이나 일부취소처분이라도 처분사유가 변경되면 독립된 변경처분으로 보아야 할 것이다.

행정심판이 아닌 이의신청에서 기각하는 결정통지는 종전의 처분을 단순히 확인하는 행위로 독립된 처분의 성질을 갖지 않는 것으로 보는 것이 타당하다.

행정심판이 아닌 이의신청도 처분에 대한 불복제도이므로 이의신청에 따른 직권취소에는 불가변력과 유사한 효력이 인정된다(대판 2010. 09. 30, 2009두1020).

Ⅵ. 행정기본법상 처분의 재심사

제재처분 및 행정상 강제를 제외한 처분에 대해서는 쟁송을 통하여 더 이상 다툴 수 없게 된 경우에도 처분의 근거가 된 사실관계 또는 법률관계가 추후에 당사자에게 유리하게 바뀐 경우 등 일정한 요건에 해당하면 그 사유를 안 날부터 60일 이내에 행정청에 대하여 처분을 취소·철회하거나 변경하여 줄 것을 신청할 수 있다(제37조 제1항, 제2항). 다만, 처분이 있은 날부터 5년이 지나면 재심사를 신청할 수 없다(제3항). 다만, 다음 각 호의 어느 하나에 해당하는 사항에 관하여는 이 조를 적용하지 아니한다. 1. 공무원 인사 관계 법령에 따른 징계 등 처분에 관한 사항, 2. 「노동위원회법」 제2조의2에 따라 노동위원회의 의결을 거쳐 행하는 사항, 3. 형사, 행형 및 보안처분 관계 법령에 따라 행하는 사항, 4. 외국인의 출입국·난민인정·귀화·국적회복에 관한 사항, 5. 과태료 부과 및 징수에 관한 사항, 6. 개별 법률에서 그 적용을 배제하고 있는 경우(제8항).

1. 처분의 재심사의 의의

처분의 재심사는 처분을 불복기간의 경과 등으로 쟁송을 통하여 더 이상 다툴 수 없는 경우에 신청(처분의 취소·철회 또는 변경의 신청)에 의해 처분청이 해당 처분을 재심사하는 것을 말한다. '처분의 재심사' 제도는 민·형사 재판절차상 재심제도와 유사하다.

2. 재심사의 신청사유

① 행정기본법상 처분의 재심사를 신청하기 위해서는 처분(제재처분 및 행정상 강제는 제외)이 행정심판, 행정소송 및 그 밖의 쟁송을 통하여 다툴 수 없게 된 경우(법원의 확정판결이 있는 경우는 제외)라도 다음 각 호의 어느 하나에 해당하는 경우에는 해당 처분을 한 행정청에 처분을 취소·철회하거나 변경하여 줄 것을 신청할 수 있다.

1. 처분의 근거가 된 사실관계 또는 법률관계가 추후에 당사자에게 유리하게 바뀐 경우.

2. 당사자에게 유리한 결정을 가져다주었을 새로운 증거가 있는 경우.

3. 「민사소송법」 제451조에 따른 재심사유에 준하는 사유가 발생한 경우 등 대통령령으로 정하는 경우(제37조 제1항).

법 제37조 제1항 제3호에서 "「민사소송법」 제451조에 따른 재심사유에 준하는 사유가 발생한 경우 등 대통령령으로 정하는 경우"란 다음 각 호의 어느 하나에 해당하는 경우를 말한다. 1. 처분 업무를 직접 또는 간접적으로 처리한 공무원이 그 처분에 관한 직무상 죄를 범한 경우, 2. 처분의 근거가 된 문서나 그 밖의 자료가 위조되거나 변조된 것인 경우, 3. 제3자의 거짓 진술이 처분의 근거가 된 경우, 4. 처분에 영향을 미칠 중요한 사항에 관하여 판단이 누락된 경우(동법 시행령 제12조).

제1호의 사유는 철회(변경포함)사유이고, 제2호와 제3호는 취소(변경포함)사유이다.

제1호에 따른 재심사는 제1호에 따른 재심사 신청사유가 있는 경우에 당사자에게 철회신청권을 인정하는 의미도 있다.

② 제1항에 따른 신청은 해당 처분의 절차, 행정심판, 행정소송 및 그 밖의 쟁송에서 당사자가 중대한 과실 없이 제1항 각 호의 사유를 주장하지 못한 경우에만 할 수 있다(제2항).

3. 재심사 신청권자

재심사를 신청할 수 있는 자는 처분의 당사자이다. 처분의 당사자란 처분의 상대방을 말한다. 따라서, 처분의 상대방이 아닌 이해관계있는 제3자는 법률상 이익이 있는 자라도 재심사를 신청할 수 없다.

4. 재심사 신청기간

재심사 신청은 당사자가 제1항 각 호의 재심사 신청사유를 안 날부터 60일 이내에 하여야 한다. 다만, 처분이 있은 날부터 5년이 지나면 신청할 수 없다(제3항).

5. 재심사 신청에 대한 처리기간

제1항에 따른 신청을 받은 행정청은 특별한 사정이 없으면 신청을 받은 날부터 90일(합의제행정기관은 180일) 이내에 처분의 재심사 결과(재심사 여부와 처분의 유지 · 취소 · 철회 · 변경 등에 대한 결정을 포함한다)를 신청인에게 통지하여야 한다. 다만, 부득이한 사유로 90일(합의제행정기관은 180일) 이내에 통지할 수 없는 경우에는 그 기간을 만료일 다음 날부터 기산하여 90일(합의제행정기관은 180일)의 범위에서 한 차례 연장할 수 있으며, 연장 사유를 신청인에게 통지하여야 한다(제4항).

6. 재심사 결과에 대한 불복

재심사신청에 대한 결정은 행정행위의 성질을 갖는다. 재심사결과(결정)에는 처분을 유지하는 결정과 처분의 전부 또는 일부 철회·취소·변경 결정이 있다. 처분을 유지하는 결정에는 재심사 대상이 되지 않는다는 결정(각하결정)과 본안심사결과 철회·취소·변경의 이유가 없다고 하여 처분을 유지하는 결정(기각결정)이 있다. 재심사신청에 대해 처분을 유지하는 결정은 철회·취소 또는 변경신청에 대한 거부처분의 성질을 갖고, 재심사신청에 대해 처분을 철회·취소 또는 변경하는 결정은 철회·직권취소 또는 직권변경처분의 성질을 갖는다.

그러므로 재심사신청에 대한 결정은 행위의 성질상 행정쟁송의 대상이 되는 처분으로서의 성질을 갖는다. 그런데, 행정기본법은 제4항에 따른 처분의 재심사 결과 중 처분을 유지하는 결과에 대해서는 행정심판, 행정소송 및 그 밖의 쟁송수단을 통하여 불복할 수 없다(제5항)고 규정하고 있다. 그러나 재심사 신청이 법령상 또는 조리상 철회·취소 또는 변경신청권에 근거한 일반 철회·취소 또는 변경신청의 성질도 갖는 경우에는 철회·취소 또는 변경신청권에 근거한 철회·취소 또는 변경신청에 대한 거부는 처분이므로 행정쟁송의 대상이 되는 처분으로 보아야 하고, 이에 대해서도 불복할 수 없게 하는 것은 국민의 재판을 받을 권리를 침해하는 것으로서 위헌의 소지가 있다. '처분을 유지하는 결과'는 문언대로 해석하면 각하결정 및 기각결정을 의미하는 것으로 해석할 수도 있는데, 각하결정에도 불복할 수 없다고 하면 재심사청구를 허용한 입법의 취지에 반하므로 기각결정만을 의미하는 것으로 보아야 한다. 또한, 각하결정에 대해서도 불복할 수 없다면 행정청은 재심사청구에 대해 본안판단을 회피하기 위해 각하결정을 남발할 수 있기 때문이다.

'그 밖의 쟁송수단'에 이의신청이 포함되는지 달리 말하면 재심사 결과 처분을 유지하는 결정에 대해 이의신청이 가능한지에 대해서는 논란의 여지가 있다.

그리고, 재심사 신청에 대한 철회·취소 또는 변경은 처분이므로 이를 다툴 법률상이익이 있는 자는 행정쟁송을 제기할 수 있다.

7. 재심사와 처분에 대한 취소 또는 철회의 청구

행정청의 제18조에 따른 취소와 제19조에 따른 철회는 처분의 재심사에 의하여 영향을 받지 아니한다(제6항). 따라서 행정청은 처분의 재심사와 별도로 취소 또는 철회를 할 수 있다. 민원인은 처분의 재심사와 별도로 취소 또는 철회의 신청을 할 수 있다. 취소 또는 철회의 신청을 받은 행정청은 법령상 또는 조리상 신청권에 따른 신청인 경우에는 그 신청에 응답할 의무를 진다. 또한, 행정기본법 제37조 재심사 요건(신청권자, 신청기간 등) 결여, 재심사사유없음 등의 이유로 재심사를 거부하는 결정을 하는 경우에도 행정청은 직권으로 행정기본법 제18조에 따른 취소 또는 동법 제19조에 따른 철회를 할 수 있다.

Ⅶ. 청원과의 구별

청원(請願)이란 국가기관에 대하여 행하는 권익의 구제 또는 공익을 위한 일정한 권한행사의 요망을 말한다. 국가기관은 청원에 대하여 수리·심사하여 통지할 의무가 있다.

청원으로 위법 또는 부당한 행정처분의 취소·변경을 구하거나 행정청의 부작위에 대하여 권한행사를 구할 수도 있고,[184] 이 경우에 청원은 행정심판과 유사한 기능을 갖는다.

그러나, 청원은 행정심판과 달리 쟁송수단이 아니다. 다만, 청원이라는 명칭을 사용한 경우에도 그 실질이 행정심판에 해당하는 경우에는 행정심판을 제기한 것으로 보고 처리하여야 한다.

Ⅷ. 행정심판에 의한 취소와 직권취소의 구별

행정심판에 의한 취소는 쟁송취소로서 직권취소와 구별된다(총론 참조).

Ⅸ. 고충민원

고충민원은 행정심판이나 행정소송의 대상이 되지 않는 권익침해에 대해서도 인정된다. 즉 "**고충민원**"이란 행정기관등의 위법·부당하거나 소극적인 처분(사실행위 및 부작위를 포함한다) 및 불합리한 행정제도로 인하여 국민의 권리를 침해하거나 국민에게 불편 또는 부담을 주는 사항에 관한 민원(현역장병 및 군 관련 의무복무자의 고충민원을 포함한다)을 말한다(부패방지 및 국민권익위원회의 설치와 운영에 관한 법률 제2조 제5호). 행정심판이나 행정소송의 대상이 되는 처분에 대해서도 고충민원을 제기할 수

---

184) 청원사항은 다음과 같다. ① 피해의 구제, ② 공무원의 비위의 시정 또는 공무원에 대한 징계나 처벌의 요구, ③ 법률·명령·규칙의 제정·개정 또는 폐지, ④ 공공의 제도 또는 시설의 운영, ⑤ 기타 공공기관의 권한에 속하는 사항(청원법 제4조).

있다. 특히 불복기간이 지나 취소심판이나 취소소송을 제기할 수 없는 경우에도 고충민원을 제기하여 권리구제를 받을 수도 있다.

다만, 권익위원회는 접수된 고충민원이 "행정심판, 행정소송, 헌법재판소의 심판이나 감사원의 심사청구 그 밖에 다른 법률에 따른 불복구제절차가 진행 중인 사항" 또는 "판결 · 결정 · 재결 · 화해 · 조정 · 중재 등에 따라 확정된 권리관계에 관한 사항 또는 감사원이 처분을 요구한 사항"에 해당하는 경우에는 그 고충민원을 각하하거나 관계 기관에 이송할 수 있다(제43조 제1항).

권익위원회는 합의를 권고할 수 있고(제44조), 다수인이 관련되거나 사회적 파급효과가 크다고 인정되는 고충민원의 신속하고 공정한 해결을 위하여 필요하다고 인정하는 경우에는 당사자의 신청 또는 직권에 의하여 조정을 할 수 있다(제45조 제1항). 당사자가 합의한 사항을 조정서에 기재한 후 당사자가 기명날인하고 권익위원회가 이를 확인함으로써 성하는 조정은 「**민법**」상의 화해와 같은 효력이 있다(제2항, 제3항).

권익위원회는 고충민원에 대한 조사결과 처분 등이 위법 · 부당하다고 인정할 만한 상당한 이유가 있는 경우에는 관계 행정기관 등의 장에게 적절한 시정을 **권고**할 수 있다(제46조 제1항). 권익위원회는 고충민원에 대한 조사결과 신청인의 주장이 상당한 이유가 있다고 인정되는 사안에 대하여는 관계 행정기관등의 장에게 의견을 표명할 수 있다(제2항). 권익위원회는 고충민원을 조사 · 처리하는 과정에서 법령 그 밖의 제도나 정책 등의 개선이 필요하다고 인정되는 경우에는 관계 행정기관등의 장에게 이에 대한 합리적인 개선을 권고하거나 의견을 표명할 수 있다(제47조). 권익위원회는 제46조 및 제47조에 따른 권고 또는 의견의 이행실태를 확인 · 점검할 수 있다(제52조). 권익위원회는 ① 제46조 및 제47조에 따른 권고 또는 의견표명의 내용, ② 제50조 제1항에 따른 처리결과, ③ 제50조 제2항에 따른 권고내용의 불이행사유를 **공표**할 수 있다. 다만, 다른 법률의 규정에 따라 공표가 제한되거나 개인의 사생활의 비밀이 침해될 우려가 있는 경우에는 그러하지 아니하다.

X. 감사원에의 심사청구와 행정심판

감사원법은 제43조 제1항에서 "감사원의 감사를 받는 자의 직무에 관한 처분 기타 행위에 관하여 이해관계 있는 자는 감사원에 그 심사의 청구를 할 수 있다"라고 규정하고, 그 이하에서 심사청구절차 등을 규정하고 있다.

그런데, 감사원법은 행정소송과의 관계에 관하여는 심사청구의 청구인은 심사청구 및 결정을 거친 처분에 대하여는 당해 처분청을 당사자로 하여 행정심판을 거치지 않고 직접 행정소송을 제기할 수 있는 것으로 규정하고 있지만, 행정심판과의 관계에 대하여는 아무런 규정을 두고 있지 않다.

생각건대, 감사원의 심사청구는 행정심판과는 성질을 달리하는 제도이므로 심사청구와는 별도로 행정심판을 제기할 수 있는 것으로 보아야 한다.

XI. 행정소송과의 구별 및 행정소송과의 관계 정립

행정심판과 행정소송은 모두 행정쟁송수단인 점에서는 동일하다. 그러나, 행정심판과 행정소송은 기본적으로 심판기관에 의해 구별된다. 행정심판은 행정기관이 심판하는 행정쟁송절차를 말하고, 행정소송은 법원이 심판하는 행정쟁송절차를 말한다.

행정소송은 사법작용인데 반하여 행정심판은 준사법작용이면서 동시에 행정작용이다.

행정심판의 행정소송과의 비교에 있어서 심판기관의 차이, 행정의 자기통제 등 행정심판의 특질을 고려하여 행정심판과 행정소송을 구별하는 것에 의견의 일치를 보면서도 행정심판을 최대한 행정소송과 유사한 것으로 보려는 견해(박정훈, 행정심판의 심리, 행정법학 제3호, 2012.9, 141면 이하)와 자율적 행정통제작용으로서의 행정심판의 행정소송에 대한 독자성을 주장하는 견해(김현준, 행정심판의 대상 및 심판기관·당사자, 행정법학 제3호, 2012.9, 238-239면; 정훈, 행정심판제도에 대한 재조명과 규범통제의 필요성에 대한 시론, 공법연구, 2018.12, 31면 이하)가 대립하고 있다.

행정심판과 행정소송의 관계 정립을 위해서는 다음과 같은 사항을 고려하여야 한다.

① 행정심판과 행정소송 사이의 연계를 강화하는 방안을 모색하여야 한다.

행정심판에서는 의무이행심판이 인정되고 있지만, 행정소송에서는 의무이행소송이 인정되지 않고 있다. 의무이행소송이 인정되지 않는 상황하에서는 신청에 대해 일정한 기간(사안에 따라 3개월 내지 6개월) 가부간의 처분을 하지 않은 경우(부작위인 경우) 거부처분으로 보고 거부처분 취소소송으로 다툴 수 있도록 해야 한다.

행정심판과 함께 행정소송이 제기된 경우 사건이 복잡하여 사실관계의 조사와 쟁점정리가 필요하고 행정심판의 재결에 오랜 기간이 걸릴 것이 예상되는 경우[185]에는 행정심판이 종료될 때까지 법원이 소송절차를 중지할 수 있다는 규정을 두는 방

185) 행정심판법 제45조 제1항은 재결은 심판청구서를 받은 날부터 60일 이내에 하여야 하도록 하고, 부득이한 사정이 있는 경우에는 위원장이 직권으로 30일을 연장할 수 있다고 규정하고 있지만, 실제에 있어서는 6개월을 넘기는 경우도 있고, 1년을 넘기는 경우도 종종 있다.

안186)을 검토할 수 있다.

인용재결에 대한 처분청의 불복가능성을 인용재결에 명백한 법령 위반이 있거나 대법원 판례에 명백히 위반되는 경우 등에 한하여 극히 제한적으로 인정하는 것을 검토할 필요가 있다. 인용재결에 대한 처분청의 불복을 인정하지 않는 것은 신속한 권리구제에 기여하고, 행정심판에의 큰 유인수단의 하나가 되지만, 대법원의 최종적인 분쟁해결, 최종적인 법해석, 법해석의 통일성에 위협 요인이 된다.

② 행정심판의 독자성을 강화하면서도 행정통제 및 국민의 권익구제를 위해 행정심판과 행정소송이 상호 협력하는 관계를 정립하여야 한다.

현행 행정심판법에 따르면 행정심판은 행정심판기관이 다른 점을 제외하면 행정심판절차나 재결의 효력이 행정소송절차나 행정소송 판결의 효력과 크게 다르지 않고 유사하다. 향후 행정심판의 독자적 기능을 확립하고 강화하는 것이 과제가 되고 있다. 그동안 행정형 행정심판(소원법하의 행정심판)(자율적 통제)에서 준사법형 행정심판(독립적이고 공정한 절차에 따른 권리구제)으로 발전하면서 자율적 행정통제와 공정한 권리구제 사이에서의 균형추가 공정한 권리구제로 이동했다면 이제는 자율적 행정통제와 준사법적 절차를 통한 권리구제 사이에서 균형점을 찾아야 할 단계에 있다.

행정심판법 제25조(피청구인의 직권취소등)를 보완하여 행정심판이 제기된 경우에 처분에 대한 직권취소 검토절차를 진행하도록 의무화하는 방안은 행정심판의 자율적인 행정통제기능을 강화하는 방안 중 하나가 될 수 있다. 행정심판법 제26조 제1항은 행정심판위원회는 심판청구서를 받으면 지체 없이 피청구인에게 심판청구서 부본을 보내야 한다고 규정하고 있는데, 상급청이나 감독청에 의한 자율적 통제를 위해 상급청이나 감독청에도 행정심판의 제기 사실을 통보하도록 하는 방안도 검토할 필요가 있다.

행정심판은 사법기관에 의한 심판이 아니라 행정기관에 의한 심판이므로 부당에 대한 통제도 가능하다. 그런데 현실에서 부당만을 이유로 인용재결을 하는 경우는 거의 없다. 또한 행정심판위원회는 처분청의 감독기관도 아니고 독립된 기관이므로 독자적으로 적극적 변경재결을 하는 것에도 한계가 있다. 행정심판법 제43조의2는 조정(당사자의 동의와 합의에 의한 조정)을 규정하고 있는데, 2023. 8. 31. 제정된 행정소송규칙은 재판장의 직권에 의한 조정권고를 규정하고 있다(제15조). 항고소송에서 조정을 인정하는 것은 권력분립의 원칙 및 공익의 원칙상 문제의 소지가 있다. 그렇지만, 행정심판에서의 조정은 그러한 문제가 없거나 크지 않다. 행정심판에서 당사

186) 환경분쟁조정법에서 "재정이 신청된 사건에 대한 소송이 진행 중일 때에는 수소법원(受訴法院)은 재정이 있을 때까지 소송절차를 중지할 수 있다."고 규정한 것(제45조 제1항)을 참고할 수 있다.

자의 동의가 없는 경우에도 행정심판위원회가 직권에 의해 조정권고를 할 수 있는 제도를 도입하여 부당도 통제하고, 처분청에 의한 적정한 자기시정도 촉진하는 방안을 검토할 수 있다. 행정심판은 법원에 의한 재판이 아니므로 기판력이나 집행력을 인정하기 어렵고, 이것은 당사자심판이 인정되기 어려운 이유 중의 하나이다. 그렇지만, 공법상의 권리의무에 관한 조정심판을 인정하는 것은 검토할 수 있다.

행정심판을 처분에 한정하여 인정할 이유는 없다. 행정기관의 결정이고, 심판의 필요(이익)가 있다면 가능한 한 넓게 행정심판의 대상으로 허용하는 것도 가능하다. 행정심판을 처분 외로 확대하는 것과 그 허용범위를 입법정책적으로 검토할 필요가 있다.

법령해석 및 사건 해결의 통일성 등을 보장하기 위해 행정심판에서의 재결 전 또는 재결 후의 재심의를 인정하는 제도의 도입 주장이 제기되고 있다. 그런데, 인용재결에 대해 재심의를 인정하는 것은 준사법적 결정인 재결의 불가변력에 반할 수도 있고, 재결에 대한 신뢰를 약화시킬 수도 있어 신중하게 접근해야 한다. 조세심판에서 조세심판관회의에서 의결한 것을 조정검토하여 조세심판관합동회의에 상정하거나 조세심판관회의에 재심의를 요청할 수 있도록 하고 있는데,[187] 이는 조세법령의 복잡성 등 조세사건의 특수성을 고려한 것이지만, 조세심판의 투명성과 공정성에 대한 신뢰를 저하시킬 우려도 있다.

이의신청 등 '행정형 행정불복'과 준사법적 절차인 행정심판과 사법작용인 행정소송이 각자 독자성을 유지하면서 본래의 기능을 제대로 발휘하도록 하고, 함께 행정통제와 국민의 권익구제기능을 실효적이고 효율적으로 실현할 수 있도록 상호관계를 재정립해야 한다.

제 2 항 행정심판의 종류

행정심판법은 행정심판의 종류로 취소심판, 무효등확인심판, 의무이행심판을 규정하고 있다.

Ⅰ. 취소심판

취소심판(取消審判)이라 함은 '행정청의 위법 또는 부당한 처분을 취소하거나 변

187) 임영호, 조세 부분의 행정심판 통합, 국민권익위원회와 한국공법학회 공동 주최 행정심판 통합 학술대회, 2023.11.23. 36면.

경하는 심판'을 말한다(제5조 제1호).

취소에는 적극적 처분의 취소뿐만 아니라 소극적 처분인 거부처분의 취소를 포함한다. 변경이란 취소소송에서와 달리 적극적 변경(예, 허가취소처분을 영업정지처분으로 변경)을 의미한다.

취소심판의 성질에 관하여 이를 형성적 쟁송[188]으로 보는 견해와 확인적 쟁송[189]으로 보는 견해가 나누어진다. 형성적 쟁송설은 취소심판이 위법·부당한 처분의 취소를 통하여 당해 처분에 의해 형성된 법률관계의 소멸 또는 변경을 기본적인 목적으로 하는 쟁송이라고 보는 데 근거한다. 확인적 쟁송설은 취소심판의 본질은 처분의 위법 또는 부당의 확인에 있다고 보는 데 근거한다. 형성적 쟁송설이 통설이며 타당하다.

위원회는 취소심판의 청구가 이유 있다고 인정하면 처분을 취소 또는 다른 처분으로 변경하거나 처분을 다른 처분으로 변경할 것을 피청구인에게 명한다(행정심판법 제43조 제3항). 따라서 취소재결에는 처분취소재결, 처분변경재결, 처분변경명령재결이 있다.

Ⅱ. 무효등확인심판

무효등확인심판(無效등確認審判)이라 함은 '행정청의 처분의 효력 유무 또는 존재 여부를 확인하는 심판'을 말한다(법 제4조 제2호).

무효등확인심판은 처분의 무효, 유효, 실효, 존재 또는 부존재가 다투어지는 경우에 당해 처분의 무효, 유효, 실효, 존재 또는 부존재의 확인을 구하는 행정심판이다. 따라서, 무효등확인심판에는 처분무효확인심판, 처분유효확인심판, 처분실효확인심판, 처분존재확인심판 및 처분부존재확인심판이 있다.

무효등확인심판의 성질에 관하여 확인적 쟁송설, 형성적 쟁송설, 준형성적 쟁송설이 있다.

① 확인적 쟁송설은 무효등확인심판은 처분의 취소·변경과 같은 법률관계의 소멸 또는 변경을 가져오는 것이 아니며 처분의 무효 등을 확인하는 데 그치는 쟁송이라고 본다.

② 형성적 쟁송설은 무효사유와 취소사유의 상대성을 전제로 무효등확인심판도

---

188) 형성적 쟁송이라 함은 법률관계의 형성을 목적으로 하는 쟁송이다.

189) 확인적 쟁송이라 함은 권리 또는 법률관계의 존재 또는 부존재의 확정을 목적으로 하는 쟁송이다.

취소심판과 같이 처분의 효력관계를 다투는 것이므로 본질적으로는 형성적 쟁송이라고 본다.

③ 준형성적 쟁송설은 무효등확인심판은 실질적으로는 처분의 무효 등을 확인하는 쟁송이지만, 형식적으로는 처분의 효력 유무를 다투는 것이므로 형성적 쟁송의 성질을 아울러 갖는다고 본다. 준형성적 쟁송설이 통설이며 타당하다.

위원회는 무효등확인심판의 청구가 이유있다고 인정하면 처분의 효력 유무 또는 처분의 존재 여부를 확인한다(법 제43조 제4항). 따라서 무효확인재결에는 처분무효확인재결, 처분실효확인재결, 처분유효확인재결, 처분존재확인재결, 처분부존재확인재결이 있다.

Ⅲ. 의무이행심판

1. 의 의

의무이행심판(義務履行審判)이라 함은 '행정청의 위법 또는 부당한 거부처분이나 부작위에 대하여 일정한 처분을 하도록 하는 심판'을 말한다(법 제5조 제3호).

의무이행심판은 행정청의 거부처분 또는 부작위에 대하여 적극적인 처분을 구하는 행정심판이다. 행정소송에 있어서는 의무이행소송이 인정되고 있지 않지만 행정심판에 있어서는 의무이행심판이 인정되고 있다.

이와 같이 행정소송에서는 의무이행소송을 인정하지 않고, 행정심판에서만 의무이행심판을 인정한 것은 행정심판에서의 심판기관은 행정기관이므로 권력분립의 원칙상 문제가 없지만, 행정소송에서의 심판기관은 법원이므로 의무이행소송을 인정하는 것은 행정의 책임성 및 권력분립의 원칙상 문제가 있다고 본 것에 기인한다. 행정소송법은 거부처분취소소송과 부작위위법확인소송을 인정하는 데 그쳤다.

2. 성 질

의무이행심판을 이행쟁송으로 보는 것이 통설이다. 즉, 의무이행심판은 처분청에게 일정한 처분을 할 것을 명하는 재결을 구하는 행정심판이므로 이행쟁송이라고 본다.

그러나, 행정심판법은 "위원회는 의무이행심판의 청구가 이유가 있다고 인정하면 지체 없이 신청에 따른 처분을 하거나 처분을 할 것을 피청구인에게 명한다."라고 규정하고 있다(제43조 제5항). 즉 의무이행심판의 재결에는 처분명령재결뿐만 아니라 처분재결이 있다. 처분재결은 행정심판기관인 위원회가 스스로 처분을 하는 것이므로 형성재결이고, 처분명령재결은 처분청에게 처분을 명하는 재결이므로 이행재결이다.

제 3 항 행정심판의 당사자 및 관계인

Ⅰ. 청구인

청구인(請求人)이라 함은 행정심판을 제기하는 자를 말한다.

1. 청구인능력

청구인은 원칙적으로 자연인 또는 법인이어야 하지만, 법인이 아닌 사단 또는 재단으로서 대표자 또는 관리인이 정하여져 있는 경우에는 그 사단이나 재단의 이름으로 심판청구를 할 수 있다(법 제10조).

법주체인 국가나 지방자치단체는 청구인능력이 있지만, 행정기관은 법주체가 아니므로 원칙상 청구인능력이 없다. 그러나, 예외적으로 행정기관이 법령상 **민간과 같은 사업수행자로서의 지위에 있는 경우**에는 행정심판을 청구할 수 있는 경우도 있다.

[재결례] 이 사건 심판청구는 법인격이 없는 국가 기관에 불과한 보건복지부장관 소속의 **행정청인 청구인(국립의료원장)**이 제기하였으나, 청구인이 비록 행정청이라 하더라도「의료법」제30조 제2항의 규정에 의하면, 국가는 의료기관을 개설할 수 있고,「의료급여법」제9조 및 제30조의 규정에 의하면, 급여비용에 관한 급여비용심사기관의 심사·조정에 이의가 있는「의료법」에 따라 개설된 의료기관 등 의료급여기관은 급여비용심사기관에게 이의신청을 할 수 있다고 규정되어 있는 점에 비추어 볼 때,「의료법」에 따라 개설된 의료기관으로서「의료급여법」에 의한 의료급여기관인 청구인에 대하여 의료급여기관의 지위에서 급여비용에 관한 급여비용심사기관인 피청구인의 심사·조정에 대하여 위법·부당 여부를 다툴 수 있는 지위를 부여한 것으로 봄이 상당하다고 할 것이므로, 그렇다면 **이러한 범위 안에서 청구인도 행정심판을 제기할 수 있는 법률상의 이익을 갖는 청구인 적격을 가진다고 볼** 것이다(국행심 05-08295 의료급여비용감액조정 이의신청 기각결정처분 취소청구, 청구인: 국립의료원장, 피청구인: 건강보험심사평가원).

2. 청구인적격

청구인적격(請求人適格)이라 함은 행정심판을 청구할 자격이 있는 자를 말한다. 청구인적격이 없는 자가 제기한 행정심판은 부적법 각하된다.

행정심판의 청구인은 행정심판을 제기할 '법률상 이익이 있는 자'이다(법 제13조).

통설·판례는 행정심판법상의 '법률상 이익'을 취소소송에서와 같이 공권 내지 법적 이익으로 해석하고 있다. 따라서, 처분의 근거법규 및 관계법규에 의해 보호되는 이익이 침해되거나 침해될 가능성이 있는 자가 제기할 수 있다(자세한 것은 '취소소송의 원고적격' 참조).

학교폭력예방 및 대책에 관한 법률(약칭: 학교폭력예방법)은 교육장이 학교폭력 가해학생에 내린 조치에 대하여 이의가 있는 가해학생 또는 그 보호자뿐만 아니라(제17조의2 제2항) 이의가 있는 피해학생 또는 그 보호자도 「행정심판법」에 따른 행정심판을 청구할 수 있는 것으로 규정하고 있다(제17조의2 제1항).

3. 행정심판에 있어서의 청구인적격에 관한 입법론

행정심판법은 취소소송에 있어서와 달리 취소심판에 있어서 위법한 처분뿐만 아니라 부당한 처분도 통제의 대상으로 하고 있으나 취소심판의 청구인적격은 취소소송의 경우와 마찬가지로 법률상 이익이 있는 자에 한정하고 있다. 이와 같은 행정심판법상의 청구인적격에 관한 규정은 입법론상 타당한 것인가에 관하여 입법의 과오라고 보는 견해[190]와 입법의 과오가 아니라는 견해[191]가 대립되고 있다. 이하 양 견해의 요지만을 살펴보면 다음과 같다.

(1) 입법과오론

입법과오론(立法過誤論)은 권리(법률상 이익)침해란 위법한 처분에 의해서만 가능한 것이고 부당한 처분에 의한 권리침해는 있을 수 없고 부당한 처분에 의해서는 사실상 이익의 침해만이 있을 수 있다고 보고, 그러하다면 행정심판법이 부당한 처분도 취소심판의 대상으로 규정하면서 행정심판의 청구인적격을 법률상 이익이 있는 자에 한정하는 것은 결과적으로 부당한 처분의 경우에는 청구인적격이 인정될 수 없게 되므로 사실상 이익이 침해된 경우에도 심판청구를 할 수 있도록 규정하여야 한다고 주장한다.

이러한 주장에 대하여 비판론은 위법한 처분뿐만 아니라 부당한 처분 나아가서는 적법한 처분에 의해서도 권리가 침해될 수 있다고 주장한다. 즉 비판론은 권리침해 여부와 행위의 적법, 부당 및 위법의 문제는 별개의 문제라고 본다.

---

190) 김남진, "법률상 이익의 개념적 혼란과 대책," 『고시연구』, 1990. 11; "행정심판법 · 행정소송법상의 '법률상 이익'의 문제점," 『법제연구』, 창간호, 1991. 12; "행정쟁송과 법률상이익" "재론－쟁점을 중심으로－," 『고시계』, 1993. 12; 류지태, "부당한 재량행위와 권리침해," 『고시계』, 1993. 9. 등.

191) 서원우, "행정심판의 청구인적격—김남진 교수의 글을 읽고—," 『고시연구』, 1991. 4; 김동희, "행정심판의 청구인적격," 『고시연구』, 1991. 7; "행정심판에 있어서의 청구인적격," 『고시계』, 1993. 6; 김동희, "행정심판에 있어서의 청구인적격의 문제," 『고시계』, 1993. 10. 등.

(2) 입법과오가 아니라는 견해

이 견해는 입법과오론이 심판제기요건의 문제와 본안문제를 혼동하고 있다고 주장한다. 즉 심판청구인적격은 전자의 문제이고 부당의 문제는 후자의 문제인데 입법과오론은 이것을 혼동하고 있다고 본다.

이에 대하여는 입법과오론은 법률상 이익은 행정심판이나 행정소송을 제기하는 단계에서뿐만 아니라 본안심리나 판결 · 재결의 단계에서 모두 필요하다고 반론을 제기한다.

(3) 사 견

취소소송의 원고적격이나 행정심판의 청구인적격의 범위의 문제는 무용한 쟁송의 제기를 막기 위하여 행정처분을 다툴 수 있는 자를 일정한 범위에 한정하고자 하는 소송법상의 입법정책의 문제이다. 따라서 입법과오론은 타당하지 않다고 생각된다.

4. 선정대표자

여러 명의 청구인이 공동으로 심판청구를 할 때에는 청구인들 중에서 3명 이하의 선정대표자(選定代表者)를 선정할 수 있다(제15조 제1항). 청구인들이 제1항에 따라 선정대표자를 선정하지 아니한 경우에 위원회는 필요하다고 인정하면 청구인들에게 선정대표자를 선정할 것을 권고할 수 있다(제15조 제2항).

선정대표자는 다른 청구인들을 위하여 그 사건에 관한 모든 행위를 할 수 있다. 다만, 심판청구를 취하하려면 다른 청구인들의 동의를 받아야 하며, 이 경우 동의받은 사실을 서면으로 소명하여야 한다(제15조 제3항). 선정대표자가 선정되면 다른 청구인들은 그 선정대표자를 통해서만 그 사건에 관한 행위를 할 수 있다(제15조 제4항).

선정대표자를 선정한 청구인들은 필요하다고 인정하면 선정대표자를 해임하거나 변경할 수 있다. 이 경우 청구인들은 그 사실을 지체 없이 위원회에 서면으로 알려야 한다(제15조 제5항).

5. 청구인의 지위승계

청구인이 사망한 경우에는 상속인이나 그 밖에 법령에 따라 심판청구의 대상에 관계되는 권리나 이익을 승계한 자가 청구인의 지위를 승계한다(제16조 제1항).

법인인 청구인이 합병(合併)에 따라 소멸하였을 때에는 합병 후 존속하는 법인이나 합병에 따라 설립된 법인이 청구인의 지위를 승계한다(제16조 제2항).

제1항과 제2항에 따라 청구인의 지위를 승계한 자는 위원회에 서면으로 그 사

유를 신고하여야 한다. 이 경우 신고서에는 사망 등에 의한 권리·이익의 승계 또는 합병 사실을 증명하는 서면을 함께 제출하여야 한다(제16조 제3항).

제1항 또는 제2항의 경우에 제3항에 따른 신고가 있을 때까지 사망자나 합병 전의 법인에 대하여 한 통지 또는 그 밖의 행위가 청구인의 지위를 승계한 자에게 도달하면 지위를 승계한 자에 대한 통지 또는 그 밖의 행위로서의 효력이 있다(제16조 제4항).

심판청구의 대상과 관계되는 권리나 이익을 양수한 자는 위원회의 허가를 받아 청구인의 지위를 승계할 수 있다(제16조 제5항).

위원회는 제5항의 지위 승계 신청을 받으면 기간을 정하여 당사자와 참가인에게 의견을 제출하도록 할 수 있으며, 당사자와 참가인이 그 기간에 의견을 제출하지 아니하면 의견이 없는 것으로 본다(제16조 제6항).

위원회는 제5항의 지위 승계 신청에 대하여 허가 여부를 결정하고, 지체 없이 신청인에게는 결정서 정본을, 당사자와 참가인에게는 결정서 등본을 송달하여야 한다(제16조 제7항).

신청인은 위원회가 제5항의 지위 승계를 허가하지 아니하면 결정서 정본을 받은 날부터 7일 이내에 위원회에 이의신청을 할 수 있다(제16조 제8항).

Ⅱ. 피청구인

피청구인(被請求人)이라 함은 심판청구의 상대방을 말한다.

1. 피청구인인 행정청

행정심판은 처분을 한 행정청(의무이행심판의 경우에는 청구인의 신청을 받은 행정청)을 피청구인으로 하여 청구하여야 한다. 다만, 심판청구의 대상과 관계되는 권한이 다른 행정청에 승계된 경우에는 권한을 승계한 행정청을 피청구인으로 하여야 한다(제17조 제1항).

행정심판의 대상이 되는 처분청이라 함은 실제로 그의 이름으로 처분을 한 행정청을 말한다.

행정심판법은 행정심판의 피청구인이 되는 "'행정청'이란 행정에 관한 의사를 결정하여 표시하는 국가 또는 지방자치단체의 기관, 그 밖에 법령 또는 자치법규에 따라 행정권한을 가지고 있거나 위탁을 받은 공공단체나 그 기관 또는 사인(私人)을 말한다"라고 규정하고 있는데(제2조 제4호), 이는 당연한 것을 규정한 것에 불과하다(자세한 것은 행정소송편에서 '피고인 행정청' 참조).

2. 피청구인의 경정

청구인이 피청구인을 잘못 지정한 경우에는 위원회는 직권으로 또는 당사자의 신청에 의하여 결정으로써 피청구인을 경정(更正)할 수 있다(제17조 제2항). 위원회는 행정심판이 청구된 후에 제1항 단서의 사유가 발생하면 직권으로 또는 당사자의 신청에 의하여 결정으로써 피청구인을 경정한다(제17조 제5항).

제2항에 따른 피청구인 경정결정이 있으면 종전의 피청구인에 대한 심판청구는 취하되고 종전의 피청구인에 대한 행정심판이 청구된 때에 새로운 피청구인에 대한 행정심판이 청구된 것으로 본다(제4항). 만일 피청구인이 경정된 경우에 새로운 피청구인에 대한 행정심판이 경정시에 제기된 것으로 보면 행정심판제기기간의 도과로 당해 행정심판이 각하될 우려가 있기 때문에 이와 같은 규정을 둔 것이다.

당사자는 위원회의 피청구인 경정결정에 대하여 결정서 정본을 받은 날부터 7일 이내에 위원회에 이의신청을 할 수 있다(제17조 제6항).

Ⅲ. 대리인의 선임 및 국선대리인제도

청구인은 법정대리인 외에 다음의 어느 하나에 해당하는 자를 대리인으로 선임할 수 있다. ① 청구인의 배우자, 청구인 또는 배우자의 사촌 이내의 혈족, ② 청구인이 법인이거나 제14조에 따른 청구인 능력이 있는 법인이 아닌 사단 또는 재단인 경우 그 소속 임직원, ③ 변호사, ④ 다른 법률에 따라 심판청구를 대리할 수 있는 자, ⑤ 그 밖에 위원회의 허가를 받은 자(제18조 제1항). 피청구인은 그 소속 직원 또는 제1항 제3호부터 제5호까지의 어느 하나에 해당하는 자를 대리인으로 선임할 수 있다(제18조 제2항). 제1항과 제2항에 따른 대리인에 관하여는 제15조 제3항 및 제5항을 준용한다(제8조 제3항).

청구인이 경제적 능력으로 인해 대리인을 선임할 수 없는 경우에는 위원회에 국선대리인을 선임하여 줄 것을 신청할 수 있다(제18조의2 제1항).

Ⅳ. 참가인(심판참가)

심판참가(審判參加)라 함은 현재 계속중인 타인간의 행정심판에 심판결과에 대하여 이해관계가 있는 제3자 또는 행정청이 참가하는 것을 말한다.

심판참가에는 제3자의 심판참가와 행정청의 심판참가가 있다. 또한, 심판참가는 이해관계인 또는 행정청의 신청에 의한 참가와 위원회의 요구에 의한 참가로 나눌 수도 있다.

행정심판의 결과에 이해관계가 있는 제3자나 행정청은 해당 심판청구에 대한 제7조 제6항 또는 제8조 제7항에 따른 위원회나 소위원회의 의결이 있기 전까지 그 사건에 대하여 심판참가를 할 수 있다(제20조 제1항).
위원회는 필요하다고 인정하면 그 행정심판 결과에 이해관계가 있는 제3자나 행정청에 그 사건 심판에 참가할 것을 요구할 수 있다(제21조 제1항). 제1항의 요구를 받은 제3자나 행정청은 지체 없이 그 사건 심판에 참가할 것인지 여부를 위원회에 통지하여야 한다(제21조 제2항).
참가인은 행정심판 절차에서 당사자가 할 수 있는 심판절차상의 행위를 할 수 있다(제22조 제1항).

'심판결과에 이해관계가 있는 제3자'라 함은 당해 심판청구에 대한 재결에 의하여 직접 자기의 권리·이익[192]을 침해당할 자를 말한다. 이해관계 있는 제3자의 범위는 신청에 의한 소송참가를 할 수 있는 제3자와 동일하다. 재결의 형성력에 의해 권리 또는 이익을 박탈당하는 경우뿐만 아니라 재결의 행정청에 대한 기속력에 따른 행정청의 새로운 처분에 의해 권리 또는 이익의 침해를 받는 경우를 포함한다.

예를 들면, 건축허가거부처분에 대한 행정심판에서 이해관계 있는 인근주민, 영업허가처분에 대한 경업관계에 있는 자의 행정심판에서 영업허가처분의 상대방은 심판참가를 할 수 있다.

'심판결과에 이해관계 있는 행정청'이라 함은 계쟁처분이나 재결에 관계 있는 행정청을 말한다.

예를 들면, 처분청의 감독청, 계쟁처분에 대하여 협의하거나 동의한 행정청 등을 들 수 있다(자세한 것은 행정소송편에서의 '소송참가' 참조).

제 4 항 행정심판과 행정소송의 관계

구 행정소송법은 취소소송 등을 제기하기 전에 반드시 행정심판을 거치도록 하는 행정심판전치주의를 채택하였는데, 1994년 이래 행정소송법은 행정심판을 원칙적으로 임의적인 절차로 하였고, 다만, 다른 개별법률에서 취소소송 등을 제기하기 전에 필요적으로 행정심판을 거치도록 규정한 경우에 한하여 행정심판을 필요적 전치절차로 하였다. 즉, 행정소송법 제18조 제1항은 "취소소송은 법령의 규정에 의하여 당해

192) 여기에서 이익은 단순한 사실상·경제상 이익은 포함하지 않고 법률상 이익을 말한다.

처분에 대한 행정심판을 제기할 수 있는 경우에도 이를 거치지 아니하고 제기할 수 있다. 다만, 다른 법률에 당해 처분에 대한 행정심판의 재결을 거치지 아니하면 취소소송을 제기할 수 없다는 규정이 있는 때에는 그러하지 아니하다"라고 규정하고 있다.

Ⅰ. 행정심판임의주의 – 예외적 행정심판전치주의

행정심판을 행정소송의 전치절차로 할 것인가 아니면 임의절차로 할 것인가는 입법정책의 문제이다. 독일은 행정심판전치주의(行政審判前置主義)를 취하고 있는 반면에 프랑스나 일본 등은 행정심판임의주의(行政審判任意主義)를 취하고 있다.

1984년 행정소송법에서는 행정심판전치주의를 채택하였었다. 행정심판전치주의를 채택한 이유는 행정의 자율적 통제의 보장과 행정심판에 의한 사법기능의 보완에 있었다. 즉, 행정청에게 먼저 반성의 기회를 주어 행정처분의 하자를 자율적으로 시정하도록 하기 위하여 또한 법원의 전문성의 부족을 보완하고 분쟁해결에 있어 시간 및 비용을 절약하고 법원의 부담을 경감함으로써 사법기능을 보완하기 위하여 행정심판전치주의가 채택되었었다.[193)]

그런데, 1994년 개정 행정소송법은 행정심판전치주의를 폐지하고 행정심판을 임의절차로 하였다. 이 법개정은 준비기간을 거쳐 1998년 3월 1일부터 시행되었다. 이와 같이 행정심판을 임의절차로 한 것은 행정심판이 실효성 있는 국민의 권리구제제도가 되고 있지 못함에도 행정소송의 제기 전에 행정심판을 의무적으로 거치도록 함으로써 행정소송을 통한 권리구제를 지연시키는 역기능을 가져오고, 또한 행정심판전치주의가 국민의 법원에 의한 재판을 받을 권리를 제한하고 있다는 비판에 따른 것이다.

개별법령에 행정심판의 제기에 관한 근거 규정이 있는 경우가 있는데, 이 경우에도 달리 그 행정심판의 재결을 거치지 아니하면 취소소송을 제기할 수 없다는 규정을 두고 있지 아니한 경우에는 당해 행정심판은 개정 행정소송법 제18조 제1항에 의해 임의적인 절차로 전환되었다고 보아야 한다(대결 1999. 12. 20, 99무42).

개별법에서 행정심판전치주의를 규정하고 있는 것은 국세부과처분, 징계처분 등 공무원의 의사에 반하는 불리한 처분, 도로교통법에 의한 처분 등이다(자세한 것은 행정소송 참조).

193) 김도창, 전게서, 757~758면.

Ⅱ. 행정심판의 전심절차성

행정심판이 임의절차인 경우에도 행정심판은 행정소송의 전심절차(前審節次)로서의 성격을 갖는다.

Ⅲ. 행정심판의 제기와 행정소송의 제기

행정심판의 제기가 임의적인 경우 행정소송제기 후 행정심판을 제기할 수도 있고, 행정심판 제기 후 행정소송을 제기할 수도 있고, 행정심판과 행정소송을 동시에 제기할 수도 있다.

Ⅳ. 행정심판의 재결과 행정소송의 판결

행정심판에서 각하 또는 기각재결이 내려지고 행정소송에서 인용판결이 내려진 경우에는 행정심판의 재결과 행정소송의 판결 사이에는 모순 또는 충돌이 있는 것이 아니다. 왜냐하면 행정심판은 행정소송의 전심의 지위를 갖기 때문이다.

행정심판에서 인용재결이 내려지면 행정소송은 소의 이익이 없게 되어 각하판결을 내려야 한다.

Ⅴ. 행정심판에서의 집행정지와 행정소송에서의 집행정지

행정심판과 행정소송 중 어디에서든지 집행정지결정이 나면 집행정지(執行停止)가 된다.

그런데, 행정법원에서 집행정지결정이 내려진 경우에 행정심판의 집행정지신청은 어떻게 처리되어야 하는가.

① 각하설: 법원으로부터 집행정지결정을 받았다면 이미 집행정지의 목적을 달성하였다고 볼 것이므로 행정심판의 집행정지신청은 각하되어야 한다는 견해이다.

② 독자결정설: 다음과 같은 이유에서 법원에서의 집행정지결정 여부에 상관없이 행정심판기관은 독자적으로 집행정지의 가부(인용·기각 또는 각하)를 결정하는 것이 타당하다는 견해이다. 즉, 행정심판의 재결이 항상 행정소송의 선고보다 먼저 행하여진다고 단정할 수 없고, 행정심판의 재결이 행정소송의 선고보다 오히려 뒤늦게 되는 경우도 있을 수 있는데, 이 경우 청구인이 행정소송에서 패소하는 때에는 법원의 집행

정지결정의 효력도 없어지고, 집행정지신청은 각하되어야 한다는 견해에 의하면 행정심판에서의 집행정지신청은 이미 각하되어 버렸으므로 청구인은 행정소송패소후에서부터 행정심판재결시까지 집행정지를 받는 것이 불가능해진다는 문제가 있다.

③ 결어: 독자결정설이 타당하다. 즉, 법원에서 집행정지의 결정을 받았다는 사유로 행정심판단계의 집행정지신청을 각하해서는 아니 된다. 이러한 결론은 행정심판에서 집행정지결정이 먼저 내려진 경우에도 타당하다.

제 5 항 행정심판의 대상

행정심판의 대상(對象)은 '행정청의 처분(제2조 제1호) 또는 부작위(제2조 제2호)'이다.

행정심판의 대상인 '처분' 또는 '부작위'는 기본적으로 행정소송의 대상이 되는 처분 또는 부작위와 동일하므로 후술하기로 한다.

다만, 행정심판법은 대통령의 처분 또는 부작위에 대하여는 다른 법률에 특별한 규정이 있는 경우를 제외하고는 행정심판을 제기할 수 없도록 규정하고 있다(법 제3조 제2항).

처분적 법규명령이 행정심판의 대상이 될 것인지에 관하여는 논란이 있다.

① 부정설: 이 견해는 명령은 행정심판의 대상이 될 수 없다고 보는 견해이다. 그 논거로 법규명령과 같은 규범통제에는 헌법적 근거가 필요한데, 헌법 제107조 제2항은 명령에 대한 규범통제권을 법원에 부여하고 있다는 점을 그 논거로 든다.

② 긍정설: 이 견해는 명령 중 처분성이 있는 것은 행정심판의 대상이 된다고 본다. 그 논거로 행정심판법상 처분개념과 행정소송법상 처분개념은 동일한 개념으로 규정되어 있고, 행정소송에서는 처분적 명령이 행정소송의 대상이 된다는 점을 든다. 행정심판의 실무가 취하고 있는 견해이다.

③ 결어(긍정설): 다음과 같은 이유에서 긍정설이 타당하다. i) 처분적 명령에 대한 항고소송의 근거는 헌법 제107조 제2항이 아니라 사법권을 정한 헌법 제101조로 보는 것이 타당하다. 헌법 제107조 제3항은 재판의 전심절차로 행정심판을 둘 수 있게 하고 있고, 행정심판을 준사법적 절차로 규정하고 있다. ii) 헌법 제107조 제2항은 명령의 위헌·위법 여부에 대한 최종적 판단권을 규정하고 있는 것이고, 명령의 위헌·위법 여부에 대한 법원의 배타적 판단권을 규정한 것은 아니다. iii) 행정심판법상 처분개념과 행정소송법상 처분개념은 동일한 개념으로 규정되어 있는데, 행정소송에서는 처분적 명령이 행정소송의 대상이 된다.

다만, 대통령령은 행정심판법 제3조 제2항에 따라 행정심판의 대상이 되지 않는다.

제 6 항 행정심판의 청구

Ⅰ. 행정심판청구기간

심판청구기간은 취소심판청구와 거부처분에 대한 의무이행심판청구에만 적용되고, 무효등확인심판청구나 부작위에 대한 의무이행심판청구에는 적용되지 아니한다(법 제27조 제7항).

행정심판이나 행정소송에 있어서는 민사소송에서와 달리 단기의 불복기간이 정해져 있다. 불복기간 내에 행정심판 또는 행정소송을 제기하여야 하며 그러하지 않으면 더 이상 다툴 수 없게 되고 불복기간이 넘어 행정심판이나 행정소송을 제기하면 부적법(不適法)하여 각하(却下)된다.

이와 같이 단기의 불복기간을 둔 것은 행정행위의 효력을 신속히 확정하여 행정법관계의 안정성을 확보하기 위한 것이다.

1. 원칙적인 심판청구기간

행정심판 제기기간은 원칙적으로 처분이 있음을 안 날로부터 90일 이내, 처분이 있은 날로부터 180일이다(제27조). 이 두 기간 중 어느 하나라도 도과하면 원칙상 행정심판청구를 할 수 없다. 처분이 있은 날로부터 180일 이내에 처분이 있음을 알았을 때에는 그 때로부터 90일 이내에 행정심판을 제기하여야 한다.

(1) 처분이 있음을 안 경우

심판청구는 처분이 있음을 알게 된 날부터 90일 이내에 제기하여야 한다(제27조 제1항). 이 기간은 불변기간이다.

(2) 처분이 있음을 알지 못한 경우

심판청구는 처분이 있었던 날부터 180일이 지나면 청구하지 못한다(제27조 제3항 본문). '처분이 있었던 날'이란 처분이 통지에 의해 외부에 표시되어 효력이 발생한 날을 말한다.

2. 예외적인 심판청구기간

(1) 90일에 대한 예외

① 행정심판은 처분이 있음을 알게 된 날로부터 90일 이내에 제기하여야 하지만, 천재지변, 전쟁, 사변 그 밖의 불가항력으로 인하여 그 기간 내에 제기할 수 없었을 때에는 그 사유가 소멸한 날부터 14일(국외에서는 30일) 이내에 제기할 수 있다(법

제27조 제2항).

② 처분청이 행정심판청구기간을 상대방에게 알리지 아니한 경우에는 당사자가 처분이 있음을 알았다고 하더라도 심판청구기간은 처분이 있었던 날부터 180일 이내가 된다(법 제27조 제6항).

(2) 180일에 대한 예외

처분이 있은 날로부터 180일 이내에 제기하여야 하지만 정당한 사유가 있는 경우에는 180일이 넘어도 제기할 수 있다(제27조 제3항 단서). 어떤 사유가 '정당한 사유'에 해당하는가는 건전한 사회통념에 의해 판단되어야 한다.

처분의 제3자는 통지의 대상이 아니므로 특별한 사정이 없는 한 행정행위가 있음을 알 수 없다고 할 것이므로 일반적으로 제3자의 행정심판제기기간은 '처분이 있는 날로부터 180일 이내'가 기준이 된다. 그런데, 행정처분의 직접 상대방이 아닌 제3자는 일반적으로 처분이 있는 것을 바로 알 수 없는 처지에 있으므로, 위와 같은 심판청구기간 내에 심판청구를 제기하지 아니하였다고 하더라도, 그 기간 내에 처분이 있은 것을 알았거나 쉽게 알 수 있었기 때문에 심판청구를 제기할 수 있었다고 볼 만한 특별한 사정이 없는 한, 위 법조항 본문의 적용을 배제할 '정당한 사유'가 있는 경우에 해당한다고 보아 위와 같은 심판청구기간이 경과한 뒤에도 심판청구를 제기할 수 있다(대판 1988. 09. 27, 88누29; 1992. 07. 28, 91누12844). 다만, 그 제3자가 어떤 경위로든 행정처분이 있음을 알았거나 쉽게 알 수 있는 등 심판청구가 가능하였다는 사정이 있는 경우[194]에는 그 때로부터 90일 이내에 행정심판을 청구하여야 한다(대판 1996. 09. 06, 95누16233).

행정심판의 실무에서는 처분이 있은 날로부터 180일이 경과된 경우에도 처분이 있음을 안 날로부터 90일 이내에 행정심판을 제기할 수 있다고 보고 있다.[195]

(3) 심판청구기간의 오고지 및 불고지의 경우

행정청이 서면에 의하여 처분을 하는 경우에 그 처분의 상대방에게 행정심판청구에 관한 고지를 하도록 되어 있다. 그런데 심판청구기간을 고지함에 있어서 법상 규정된 기간보다 긴 기간으로 잘못 알린 경우에는 그 잘못 고지된 긴 기간 내에 심

---

194) 원고(행정심판청구인 내지 행정소송의 원고)를 상대로 하여 제기한 소유권이전등기절차이행청구사건에서 이 사건 처분에 의하여 발급받은 농지매매증명서를 증거로 제출하였고, 법원이 위 증거를 기초로 하여 소외 박성원의 승소판결을 선고하였음이 명백한 경우에는 원고는 위와 같이 농지매매증명서가 법원에 증거로 제출된 날, 또는 적어도 위 판결의 판결문이 원고에게 송달된 날에 농지매매증명서의 존재사실을 알았고, 따라서 이 사건 처분이 있었음을 알았거나 쉽게 알 수 있었다고 보아야 할 것이라고 판시하였다.

195) 법제처, 『행정심판의 이론과 실제』, 1997, 333~334면.

판청구를 할 수 있고(법 제27조 제5항), 심판청구기간을 고지하지 아니한 경우에는 처분이 있었던 날로부터 180일 이내에 심판청구를 할 수 있다(법 제27조 제6항).

(4) 특별법상의 심판청구기간

각 개별법에서 심판청구기간을 정한 경우가 있다. 예를 들면, 토지수용재결에 대한 이의신청기간은 재결서의 정본을 받은 날로부터 30일 이내로 규정되어 있고(토지취득보상법 제83조 제3항), 국가공무원법상 소청심사청구기간은 처분을 안 날로부터 30일 이내로 규정되어 있다(국가공무원법 제76조 제1항).

(5) 심판청구서 제출일시

심판청구기간을 계산함에 있어서는 피청구인이나 위원회 또는 불고지 또는 오고지에 따라 심판청구서를 제출받은 행정기관에 심판청구서가 제출되었을 때에 행정심판이 청구된 것으로 본다(법 제23조 제4항).

Ⅱ. 심판청구의 방식

심판청구는 서면으로 하여야 한다(법 제28조 제1항).

처분에 대한 심판청구의 경우에는 심판청구서에 다음의 사항이 포함되어야 한다. ① 청구인의 이름과 주소 또는 사무소(주소 또는 사무소 외의 장소에서 송달받기를 원하면 송달장소를 추가로 적어야 한다), ② 피청구인과 위원회, ③ 심판청구의 대상이 되는 처분의 내용, ④ 처분이 있음을 알게 된 날, ⑤ 심판청구의 취지와 이유, ⑥ 피청구인의 행정심판 고지 유무와 그 내용(제28조 제2항)

부작위에 대한 심판청구의 경우에는 제2항 제1호 · 제2호 · 제5호의 사항과 그 부작위의 전제가 되는 신청의 내용과 날짜를 적어야 한다(제28조 제3항).

청구인이 법인이거나 제14조에 따른 청구인 능력이 있는 법인이 아닌 사단 또는 재단이거나 행정심판이 선정대표자나 대리인에 의하여 청구되는 것일 때에는 제2항 또는 제3항의 사항과 함께 그 대표자 · 관리인 · 선정대표자 또는 대리인의 이름과 주소를 적어야 한다(제28조 제4항).

심판청구서에는 청구인 · 대표자 · 관리인 · 선정대표자 또는 대리인이 서명하거나 날인하여야 한다(제28조 제5항).

형식과 관계없이 그 내용이 행정심판을 청구하는 것이면 행정심판청구로 보아야 한다.

[판례] ① 비록 제목이 "진정서"로 되어 있고, 재결청의 표시, 심판청구의 취지 및 이유 처분을 한

행정청의 고지의 유무 및 그 내용 등 행정심판법 제19조 제2항 소정의 사항들을 구분하여 기재하고 있지 아니하여 **행정심판청구서로서의 형식을 다 갖추고 있다고 볼 수는 없으나, 피청구인인 처분청과 청구인의 이름 주소가 기재되어 있고, 청구인의 기명이 되어 있으며, 문서의 기재내용에 의하여 심판청구의 대상이 되는 행정처분의 내용과 심판청구의 취지 및 이유, 처분이 있은 것을 안 날을 알 수 있는 경우,** 위문서에 기재되어 있지 않은 재결청, 처분을 한 행정청의 고지의 유무 등의 내용과 날인 등의 **불비한 점은 보정이 가능하므로 위 문서를 행정처분에 대한 행정심판청구로 보는 것은 옳다**(대판 2000. 06. 09, 98두2621; 동지 판결 대판 1995. 09. 05, 91누16250).
② 지방자치단체의 변상금부과처분에 대하여 **'답변서'란 표제로** 토지 점유 사실이 없어 변상금을 납부할 수 없다는 취지의 서면을 제출한 경우, 행정심판청구로 보아야 한다고 한 사례(대판 1999. 06. 22, 99두2772).

Ⅲ. 행정심판제기절차

1. 행정심판청구서 제출기관

심판청구서는 위원회 또는 피청구인인 행정청(처분청 또는 부작위청)에 제출하여야 한다(법 제23조 제1항). 종전에는 처분청을 경유하여 심판청구서를 제출하도록 하는 처분청경유주의가 채택되었으나 1995년 12월 6일 행정심판법 개정에 의해 처분청경유주의가 폐지되고 심판청구제기청 선택주의가 채택되었다.

2. 행정심판청구서를 접수한 행정청의 처리

(1) 정당한 권한 있는 행정청에의 송부

행정청이 행정심판법 제58조에 따른 고지를 하지 아니하거나 잘못 고지하여 청구인이 심판청구서를 다른 행정기관에 제출한 경우에는 그 행정기관은 그 심판청구서를 지체 없이 정당한 권한이 있는 피청구인에게 보내야 한다(법 제17조 제2항).

(2) 위원회에의 송부 등

피청구인은 제23조 제1항·제2항 또는 제26조 제1항에 따라 심판청구서를 접수하거나 송부받으면 10일 이내에 심판청구서(제23조 제1항·제2항의 경우만 해당된다)와 답변서를 위원회에 보내야 한다. 다만, 청구인이 심판청구를 취하한 경우에는 그러하지 아니하다(제24조 제1항). 제1항에도 불구하고 심판청구가 그 내용이 특정되지 아니하는 등 명백히 부적법하다고 판단되는 경우에 피청구인은 답변서를 위원회에 보내지 아니할 수 있다. 이 경우 심판청구서를 접수하거나 송부받은 날부터 10일 이내에 그 사유를 위원회에 문서로 통보하여야 한다(제2항). 제2항에도 불구하고 위원장이 심판청구에 대하여 답변서 제출을 요구하면 피청구인은 위원장으로부터 답변서 제출을 요구받은 날부터 10일 이내에 위원회에 답변서를 제출하여야 한다(제3항).

피청구인은 처분의 상대방이 아닌 제3자가 심판청구를 한 경우에는 지체없이 처분의 상대방에게 그 사실을 알려야한다. 이 경우 심판청구서 사본을 함께 송달하여야 한다(제24조 제4항).

피청구인이 제1항 본문에 따라 심판청구서를 보낼 때에는 심판청구서에 위원회가 표시되지 아니하였거나 잘못 표시된 경우에도 정당한 권한이 있는 위원회에 보내야 한다(제24조 제5항).

(3) 피청구인의 직권취소 등(자율적 시정)

심판청구서를 받은 피청구인은 그 심판청구가 이유 있다고 인정되면 심판청구의 취지에 따라 직권으로 처분을 취소·변경하거나 확인을 하거나 신청에 따른 처분(이하 "직권취소등"이라 한다)을 할 수 있다. 이 경우 서면으로 청구인에게 알려야 한다(제25조 제1항). 심판청구서를 받은 처분청 또는 부작위청에 의한 심판청구의 취지에 따르는 처분이나 확인은 형식적으로는 직권에 의한 시정조치이지만, 실질적으로는 이의신청에 대한 인용처분이라고 볼 수 있다.

3. 위원회의 심판청구서 등의 접수 · 처리

위원회는 제23조 제1항에 따라 심판청구서를 받으면 지체 없이 피청구인에게 심판청구서 부본을 보내야 한다(제26조 제1항).

Ⅳ. 심판청구의 변경

1. 의 의

심판청구의 변경이란 '심판청구의 계속중에 청구의 취지나 이유를 변경하는 것'(소의 변경 참조)을 말한다.

심판청구의 변경은 심판청구를 제기한 후 새로운 심판청구를 제기할 필요가 있는 경우에 새로운 심판청구를 제기할 필요 없이 청구의 변경을 할 수 있도록 하여 청구인의 편의와 심판의 촉진을 도모하기 위하여 인정된다.

청구취지의 변경은 항상 청구의 변경이 된다.

청구취지의 변경의 예로는 행정심판의 종류를 변경하는 것(예, 취소심판청구를 무효 확인심판으로 변경하는 것), 심판청구의 대상을 변경하는 것(예, 처분변경의 경우에 변경된 처분을 대상으로 동일한 취소심판을 제기하는 것) 및 심판청구의 내용의 변경(예, 동일한 처분을 대상으로 전부 취소를 일부취소로 변경하는 것)을 들 수 있다.

청구의 이유[196]에는 청구를 기초지우는 사실관계와 법적 관점(즉, 청구사유)이 있는데, 청구의 이유의 변경이 엄밀한 의미에서의 청구의 변경이 되기 위하여는 청구를 특정하는 사실관계의 변경이 있어야 하며 단순한 법적 관점의 변경에 불과한 청구의 이유의 변경은 청구의 변경을 가져오지 않는다고 보아야 한다.

심판청구의 변경이 되는 청구의 이유의 변경의 예로 처분의 부당을 위법으로 변경하는 것을 드는 학자가 있는데, 이는 타당하지 않다.

단순히 처분의 위법을 주장하다가 처분의 부당을 주장하는 것(예, 재량권의 한계를 넘었다고 주장하다가 재량권의 한계를 넘지는 않았지만 부당하다는 주장을 하는 것)은 청구의 이유의 변경이지만 법률적 관점의 변경 내지 공격방어방법의 변경에 불과하므로 엄밀한 의미에서의 청구의 변경이 아니라고 보아야 한다. 청구의 이유의 변경이 청구의 변경이 되기 위하여는 그것이 청구의 대상 또는 내용의 변경을 가져와야 한다.

2. 일반 청구의 변경

청구인은 청구의 기초에 변경이 없는 범위에서 청구의 취지나 이유를 변경할 수 있다(법 제29조 제1항).

3. 처분변경으로 인한 청구의 변경

행정심판이 청구된 후에 피청구인이 새로운 처분을 하거나 심판청구의 대상인 처분을 변경한 경우에는 청구인은 새로운 처분이나 변경된 처분에 맞추어 청구의 취지나 이유를 변경할 수 있다(제29조 제2항).

4. 변경절차

청구의 변경은 서면으로 신청하여야 하고(법 제29조 제3항), 위원회는 그 부본을 피청구인과 참가인에게 송달하여야 한다(법 제29조 제4항).

위원회는 청구변경 신청에 대하여 허가할 것인지 여부를 결정하고, 지체 없이 신청인에게는 결정서 정본을, 당사자 및 참가인에게는 결정서 등본을 송달하여야 한다(제29조 제6항). 신청인은 제6항에 따라 송달을 받은 날부터 7일 이내에 위원회에 이의신청을 할 수 있다(제7항).

5. 청구의 변경의 효력

청구의 변경결정이 있으면 처음 행정심판이 청구되었을 때부터 변경된 청구의

---

196) 청구의 이유는 소송에서의 청구의 원인에 해당한다.

취지나 이유로 행정심판이 청구된 것으로 본다(제29조 제8항).

제 7 항 행정심판제기의 효과

Ⅰ. 행정심판위원회에 대한 효과

행정심판이 제기되면 행정심판위원회는 심판청구를 심리·재결한다.

Ⅱ. 처분에 대한 효과 : 계쟁처분의 집행부정지 또는 집행정지

행정심판청구가 제기되어도 처분의 효력이나 그 집행 또는 절차의 속행이 정지되지 아니한다(법 제30조 제1항). 이를 집행부정지의 원칙이라 한다.

행정심판의 제기로 처분의 집행을 정지시킬 것인지 여부는 입법정책의 문제이다. 우리나라는 집행부정지의 원칙을 채택하고 있지만, 독일은 집행정지의 원칙을 채택하고 있다.

집행부정지의 원칙은 심판청구의 남용을 막고, 행정집행의 부당한 지체를 막으려는 입법정책적 고려에서 채택된 것이지만, 국민의 권리구제를 경시하는 결과를 가져온다.

따라서, 행정심판법은 예외적으로 위원회는 일정한 요건을 갖춘 경우에 당사자의 신청 또는 직권으로 처분의 효력 등을 정지시키는 결정을 할 수 있다고 규정하고 있다(법 제30조 제2항 이하).

제 8 항 행정심판법상의 가구제

Ⅰ. 집행정지

1. 의 의

집행정지(執行停止)라 함은 계쟁처분의 효력이나 집행 또는 절차의 속행을 정지시키는 것을 말한다. 행정심판법 제30조는 예외적으로 일정한 요건을 갖춘 경우에 집행정지를 인정하고 있다.

행정심판법상의 집행정지는 행정소송법상의 집행정지와 비교하여 집행정지의 결정주체가 다를 뿐 집행정지결정의 요건 및 효과 등은 행정소송법상의 그것과 유사하다. 따라서, 집행정지결정의 요건 및 효과에 관한 자세한 것은 행정소송법상의 집행정지에서 논하고 여기에서는 간단히 기술하는 데 그치기로 한다.

2. 집행정지결정의 요건

위원회는 처분, 처분의 집행 또는 절차의 속행 때문에 중대한 손해가 생기는 것을 예방할 필요성이 긴급하다고 인정할 때에는 직권으로 또는 당사자의 신청에 의하여 처분의 효력, 처분의 집행 또는 절차의 속행의 전부 또는 일부의 정지(이하 "집행정지"라 한다)를 결정할 수 있다. 다만, 처분의 효력정지는 처분의 집행 또는 절차의 속행을 정지함으로써 그 목적을 달성할 수 있을 때에는 허용되지 아니한다(제30조 제2항). 다만, 집행정지는 공공복리에 중대한 영향을 미칠 우려가 있을 때에는 허용되지 아니한다(제3항).

(1) 적극적 요건

① 집행정지대상인 처분의 존재

② 심판청구의 계속(係屬)

③ 중대한 손해발생의 우려. 2010년 행정심판법 전부개정에서 <회복하기 어려운 손해>가 <중대한 손해>로 개정된 것인데, 이는 집행정지의 요건이 다소 완화된 것이다.

④ 긴급한 필요의 존재

(2) 소극적 요건

집행정지가 공공복리에 중대한 영향을 미칠 우려가 있는 때에는 집행정지결정은 허용되지 아니한다.

3. 집행정지결정의 대상

집행정지결정의 요건이 갖추어진 경우에 처분의 효력이나 그 집행 또는 절차의 속행을 정지시킬 수 있다. 다만, 처분의 효력정지는 처분의 집행 또는 절차의 속행을 정지함으로써 그 목적을 달성할 수 있는 때에는 허용되지 아니한다(법 제30조 제2항 단서).

(1) 처분의 효력정지

처분의 효력정지라 함은 처분의 효력을 정지시킴으로써 장래에 향하여 처분 자체가 존재하지 아니한 상태에 두는 것을 말한다. 처분의 집행의 정지, 절차속행의 정지 등 다른 방법에 의해 그 목적을 달성할 수 있는 경우(예, 토지수용절차상의 사업인정)에는 구태여 처분의 효력까지 정지시킬 필요는 없다 할 것이므로 처분의 효력정지는 허용되지 아니한다. 사업정지처분은 그 자체로서 효력이 발생하고 이를 집행하거나 그에 따르는 절차의 속행이 없으므로 그 효력 자체를 정지시켜야 목적을 달성할 수 있다.

(2) 처분의 집행정지

처분의 집행정지라 함은 처분의 집행을 정지시킴으로써 처분의 내용이 실현되지 아니한 상태로 두는 것이다. 예컨대, 강제출국명령을 받은 자를 강제출국을 위한 행정강제를 할 수 없게 하는 것이다.

(3) 절차속행의 정지

절차속행의 정지라 함은 심판대상인 처분에 따르는 후속절차를 정지시키는 것을 말한다. 예컨대, 행정대집행 절차중 대집행영장에 의한 통지를 다투는 심판청구사건에서 대집행을 정지시키는 것이다.

4. 집행정지결정절차

집행정지는 원칙상 행정심판위원회가 결정한다(법 제21조 제2항). 다만, 위원회의 심리·결정을 기다릴 경우 중대한 손해가 생길 우려가 있다고 인정되면 위원장은 직권으로 위원회의 심리·결정을 갈음하는 결정을 할 수 있다. 이 경우 위원장은 지체 없이 위원회에 그 사실을 보고하고 추인(追認)을 받아야 하며, 위원회의 추인을 받지 못하면 위원장은 집행정지 또는 집행정지 취소에 관한 결정을 취소하여야 한다(제30조 제6항).

5. 집행정지결정의 취소

위원회는 집행정지를 결정한 후에 집행정지가 공공복리에 중대한 영향을 미치거나 그 정지사유가 없어진 경우에는 직권으로 또는 당사자의 신청에 의하여 집행정지 결정을 취소할 수 있다. 다만, 위원회의 심리·결정을 기다릴 경우 중대한 손해가 생길 우려가 있다고 인정되면 위원장은 직권으로 위원회의 심리·결정을 갈음하는 결정을 할 수 있다. 이 경우 위원장은 지체 없이 위원회에 그 사실을 보고하고 추인(追認)을 받아야 하며, 위원회의 추인을 받지 못하면 위원장은 집행정지 또는 집행정지 취소에 관한 결정을 취소하여야 한다(제30조 제6항).

집행정지결정의 취소의 신청은 처분청과 집행정지로 권익을 침해당한 제3자, 즉 복효적 행정행위의 수익을 받는 제3자가 할 수 있다. 행정심판의 당사자가 아닌 복효적 행정행위의 수익을 받는 제3자가 집행정지결정의 취소를 신청하기 위하여는 행정심판에 참가하고 있어야 한다.

6. 행정심판에서의 집행정지의 한계

위원회는 법원과는 달라서 내용 자체가 이유 있다고 인정되는 경우가 아니면 집행정지결정을 하지 않으려는 경향이 강하여 행정심판에서의 집행정지결정은 이용도가 낮고, 행정심판전치주의하에서도 행정심판제기와 동시에 행정소송을 제기하고 법원에 집행정지결정을 신청하는 경향이 있었다.

Ⅱ. 임시처분

구 행정심판법은 의무이행심판은 인정하면서도 임시의 지위를 정하는 가구제(임시처분)는 인정하지 않았기 때문에 의무이행심판에 의한 권리구제의 실효성이 제약되고 있었다.

그리하여 개정 행정심판법은 "처분 또는 부작위가 위법·부당하다고 상당히 의심되는 경우로서 처분 또는 부작위 때문에 당사자가 받을 우려가 있는 중대한 불이익이나 당사자에게 생길 급박한 위험을 막기 위하여 임시지위를 정하여야 할 필요가 있는 경우"에는 위원회는 직권으로 또는 당사자의 신청에 의하여 임시처분을 결정할 수 있는 것으로 하였다(제31조).

1. 의 의

임시처분(臨時處分)이라 함은 처분 또는 부작위에 대하여 인정되는 임시의 지위를 정하는 가구제이다. 임시처분은 행정소송에서의 임시의 지위를 정하는 가처분에 해당하는 것으로서 의무이행심판에 의한 권리구제의 실효성을 보장하기 위한 제도이다.

행정심판법 제31조는 임시처분을 규정하고 있다.

2. 요 건

① 의무이행심판청구의 계속: 행정쟁송에서의 가구제는 본안청구의 범위내에서만 인정되는 것으로 보아야 하므로 명문의 규정은 없지만 의무이행심판청구의 계속을 요건으로 한다고 보아야 한다. 거부처분 취소심판의 경우에도 임시처분이 가능하다는 견해도 있지만, 가구제로는 본안소송을 통한 구제 이상을 인정할 수는 없으므로 거부처분 취소심판의 경우에는 임시처분이 불가능하고 의무이행심판의 경우에만 임시처분이 가능하다고 보아야 한다.

② 처분 또는 부작위가 위법·부당하다고 상당히 의심되는 경우일 것

③ 처분 또는 부작위 때문에 당사자가 받을 우려가 있는 중대한 불이익이나 당사자에게 생길 급박한 위험을 막기 위하여 임시지위를 정하여야 할 필요가 있는 경우일 것(제31조 제1항).

④ 공공복리에 중대한 영향을 미칠 우려가 없을 것(제31조 제2항)

⑤ 보충성 요건: 집행정지로 목적을 달성할 수 없는 경우일 것(제31조 제3항). 임시처분은 집행정지와의 관계에서 보충적 구제제도이다. 실무상 거부처분이나 부작위에 대한 집행정지를 인정하고 있지 않으므로 실무상 임시처분은 거부처분이나 부작위에 대한 유일한 행정심판법상의 가구제제도이다.

3. 임시처분의 결정 및 취소

위원회는 직권으로 또는 당사자의 신청에 의하여 임시처분을 결정할 수 있다(제31조 제1항).

위원회는 임시처분을 결정한 후에 임시처분이 공공복리에 중대한 영향을 미치거나 그 임시처분사유가 없어진 경우에는 직권으로 또는 당사자의 신청에 의하여 임시처분 결정을 취소할 수 있다(제31조 제2항).

위원회의 심리·결정을 기다릴 경우 중대한 불이익이나 급박한 위험이 생길 우려가 있다고 인정되면 **위원장**은 직권으로 위원회의 심리·결정을 갈음하는 결정을 할 수 있다. 이 경우 위원장은 지체 없이 위원회에 그 사실을 보고하고 추인(追認)을 받아야 하며, 위원회의 추인을 받지 못하면 위원장은 임시처분 또는 임시처분 취소에 관한 결정을 취소하여야 한다.

기타 임시처분에 관하여는 제30조 제3항부터 제7항까지의 집행정지에 관한 규정을 준용한다.

제 9 항 행정심판기관

Ⅰ. 의 의

행정심판기관(行政審判機關)이라 함은 행정심판의 제기를 받아 심판청구를 심리·재결하는 권한을 가진 행정기관을 말한다.

2008년 2월 29일 이전의 구 행정심판법은 행정심판기관을 재결을 행하는 재결청과 심리·의결을 행하는 행정심판위원회로 분리하여 두고 있었는데, 2008년 2월 29일 개정 행정심판법은 접수 및 결과통보 단계에서의 불필요한 처리기간을 단축하기 위해 재결청을 없애고, 행정심판위원회가 재결을 하도록 하였다.

2010년 1월 25일 행정심판법의 전면개정에서 행정심판기관에 관하여 다음과 같은 개정이 있었다. ① 국무총리행정심판위원회의 명칭을 '중앙행정심판위원회'로 변경하였다(제4조 제3항 등), ② 중앙행정심판위원회처럼 시 · 도행정심판위원회 등 다른 행정심판위원회도 원칙적으로 회의정원을 7명에서 9명으로 늘리고 회의시 위촉위원의 비중도 4명 이상에서 6명 이상으로 늘려 행정심판기관의 독립성과 공정성을 강화하였다(제7조 제5항), ③ 일반행정심판위원회를 독립기관 등 소속 행정심판위원회(제6조 제1항), 중앙행정심판위원회(제6조 제2항), 시 · 도행정심판위원회(제6조 제3항), 직근상급행정기관 소속 행정심판위원회(제6조 제4항)로 재분류하고, 각 행정심판위원회의 소관범위를 조정하고 명확히 하였다.

Ⅱ. 심판기관의 독립성과 제3기관성

행정심판기관이 행정상 분쟁을 해결하여 국민의 권리구제를 도모하는 심판기관이 되기 위하여는 행정심판기관이 당사자, 특히 처분청으로부터 독립한 제3자기관이 되어야 한다. 행정심판기관의 독립성과 제3자기관성은 행정심판의 공정성을 보장하기 위한 조건의 하나이다. 그러면 현행법상 행정심판기관의 독립성 및 제3자기관성은 보장되고 있는가.

헌법 제107조 제3항은 행정심판의 절차에는 사법절차가 준용되어야 한다고 규정하고 있다. 그런데, 사법절차에는 심판기관의 독립성과 제3자기관성이 포함된다고 보아야 한다.

현행 행정심판법은 행정심판위원회를 準 제3기관화하고 있다. 즉, 행정심판위원회는 합의제 행정청이고 중앙행정심판위원회와 시 · 도행정심판위원회의 경우 9인의 위원 중 6인 이상이 외부인사가 되도록 하고 있다(법 제7조 제5항).

Ⅲ. 행정심판위원회

1. 종 류

행정심판위원회(行政審判委員會)는 행정심판법에 의해 설치되는 일반행정심판위원회와 개별법에 의해 설치되는 특별행정심판을 담당하는 특별행정심판위원회가 있다.

(1) 일반행정심판위원회

일반행정심판위원회에는 독립기관 등 소속 행정심판위원회(제6조 제1항), 중앙행정심판위원회(제6조 제2항), 시 · 도행정심판위원회(제6조 제3항), 직근 상급행정기관 소속 행정심판위원회(제6조 제4항)가 있다.

1) 독립기관 등 소속 행정심판위원회

다음의 행정청 또는 그 소속 행정청(행정기관의 계층구조와 관계없이 그 감독을 받거나 위탁을 받은 모든 행정청을 말하되, 위탁을 받은 행정청은 그 위탁받은 사무에 관하여는 위탁한 행정청의 소속 행정청으로 본다. 이하 같다)의 처분 또는 부작위에 대한 행정심판의 청구(이하 '심판청구'라 한다)에 대하여는 다음 각 호의 행정청에 두는 행정심판위원회에서 심리 · 재결한다. ① 감사원, 국가정보원장, 그 밖에 대통령령으로 정하는 대통령 소속기관의 장, ② 국회사무총장 · 법원행정처장 · 헌법재판소사무처장 및 중앙선거관리위원회사무총장, ③ 국가인권위원회, 진실 · 화해를위한과거사정리위원회, 그 밖에 지위 · 성격의 독립성과 특수성 등이 인정되어 대통령령으로 정하는 행정청.

2) 중앙행정심판위원회

다음의 행정청의 처분 또는 부작위에 대한 심판청구에 대하여는『부패방지 및 국민권익위원회의 설치와 운영에 관한 법률』에 따른 국민권익위원회에 두는 중앙행정심판위원회에서 심리 · 재결한다. ① 제1항에 따른 행정청 외의 국가행정기관의 장 또는 그 소속 행정청, ② 특별시장 · 광역시장 · 특별자치시장 · 도지사 · 특별자치도지사(특별시 · 광역시 · 특별자치시 · 도 또는 특별자치도의 교육감을 포함한다. 이하 '시 · 도지사'라 한다) 또는 특별시 · 광역시 · 특별자치시 · 도 · 특별자치도(이하 '시 · 도'라 한다)의 의회(의장, 위원회의 위원장, 사무처장 등 의회 소속 모든 행정청을 포함한다), ③「지방자치법」에 따른 지방자치단체조합 등 관계 법률에 따라 국가 · 지방자치단체 · 공공법인 등이 공동으로 설립한 행정청. 다만, 제3항 제3호에 해당하는 행정청은 제외한다.

중앙행정심판위원회를 국무총리 소속으로 하고, 중앙행정심판위원장을 법제처장으로 하는 행정심판법 개정안이 2018년 2월 말 통과될 가능성이 높나.

3) 시 · 도행정심판위원회

다음의 행정청의 처분 또는 부작위에 대한 심판청구에 대하여는 시 · 도지사 소속으로 두는 행정심판위원회에서 심리 · 재결한다. ① 시 · 도 소속 행정청, ② 시 · 도의 관할구역에 있는 시 · 군 · 자치구의 장, 소속 행정청 또는 시 · 군 · 자치구의 의회(의장, 위원회의 위원장, 사무국장, 사무과장 등 의회 소속 모든 행정청을 포함한다), ③ 시 · 도의 관할구역에 있는 둘 이상의 지방자치단체(시 · 군 · 자치구를 말한다) · 공공법인 등이 공동으로 설립한 행정청.

4) 직근 상급행정기관 소속 행정심판위원회

대통령령으로 정하는 국가행정기관(법무부 및 대검찰청 소속 특별지방행정기관(직근 상급행정기관이나 소관 감독행정기관이 중앙행정기관인 경우는 제외한다)(동법 시행령 제3조)) 소속 특별지방행정기관의 장의 처분 또는 부작위에 대한 심판청구에 대하여는 해당 행정청의 직근 상급행정기관에 두는 행정심판위원회에서 심리·재결한다.

(2) 특별행정심판위원회

개별법에 의해 설치되는 특별행정심판을 담당하는 특별행정심판위원회로는 소청심사위원회, 조세심판원, 중앙토지수용위원회 등이 있다.

2. 법적 지위

행정심판위원회는 행정심판청구를 심리·재결하는 기관이다. 달리 말하면 행정심판위원회는 합의제행정청의 지위를 갖는다.

행정심판위원회는 소속기관으로부터 직무상 독립된 행정청이다.

행정심판위원회는 상설기관이 아니다. 행정심판위원회는 행정심판청구를 심리·의결할 필요가 있는 때마다 이미 임명되어 있는 행정심판위원 중 일부 위원으로 구성된다. 행정심판위원은 원칙상 비상임이지만 중앙행정심판위원회에는 4인 이내의 상임위원을 둘 수 있도록 되어 있다.

3. 구 성

(1) 중앙행정심판위원회

중앙행정심판위원회(中央行政審判委員會)는 위원장 1명을 포함한 70명 이내의 위원으로 구성하되, 위원 중 상임위원은 4명 이내로 한다(제8조 제1항).

중앙행정심판위원회의 위원장은 국민권익위원회의 부위원장 중 1명이 되며, 위원장이 없거나 부득이한 사유로 직무를 수행할 수 없거나 위원장이 필요하다고 인정하는 경우에는 상임위원(상임으로 재직한 기간이 긴 위원 순서로, 재직기간이 같은 경우에는 연장자 순서로 한다)이 위원장의 직무를 대행한다(제2항).

중앙행정심판위원회의 상임위원은 별정직 국가공무원으로 임명하되, 3급 이상 공무원 또는 고위공무원단에 속하는 일반직공무원으로 3년 이상 근무한 사람이나 그 밖에 행정심판에 관한 지식과 경험이 풍부한 사람 중에서 중앙행정심판위원회 위원장의 제청으로 국무총리를 거쳐 대통령이 임명한다(제3항).

중앙행정심판위원회의 비상임위원은 제7조 제4항 각 호의 어느 하나에 해당하는 사람 중에서 중앙행정심판위원회 위원장의 제청으로 국무총리가 성별을 고려하여 위촉한다(제4항).

중앙행정심판위원회의 회의(제6항에 따른 소위원회 회의는 제외한다)는 위원장, 상임위원 및 위원장이 회의마다 지정하는 비상임위원을 포함하여 총 9명으로 구성한다(제5항).

중앙행정심판위원회는 심판청구사건(이하 '사건'이라 한다) 중 『도로교통법』에 따른 자동차운전면허 행정처분에 관한 사건(소위원회가 중앙행정심판위원회에서 심리 · 의결하도록 결정한 사건은 제외한다)을 심리 · 의결하게 하기 위하여 4명의 위원으로 구성하는 소위원회를 둘 수 있다(제6항).

중앙행정심판위원회 및 소위원회는 각각 제5항 및 제6항에 따른 구성원 과반수의 출석과 출석위원 과반수의 찬성으로 의결한다(제7항).

중앙행정심판위원회는 위원장이 지정하는 사건을 미리 검토하도록 필요한 경우에는 전문위원회를 둘 수 있다(제8항).

중앙행정심판위원회, 소위원회 및 전문위원회의 조직과 운영 등에 필요한 사항은 대통령령으로 정한다(제9항).

(2) 중앙행정심판위원회 이외의 행정심판위원회

행정심판위원회(중앙행정심판위원회는 제외)는 위원장 1명을 포함한 50명 이내의 위원으로 구성한다(제7조 제1항).

행정심판위원회(중앙행정심판위원회는 제외)의 **위원장**은 그 행정심판위원회가 소속된 행정청이 되며, 위원장이 없거나 부득이한 사유로 직무를 수행할 수 없거나 위원장이 필요하다고 인정하는 경우에는 다음의 순서에 따라 위원이 위원장의 직무를 대행한다(제2항). ① 위원장이 사전에 지명한 위원, ② 제4항에 따라 지명된 공무원인 위원(2명 이상인 경우에는 직급 또는 고위공무원단에 속하는 공무원의 직무등급이 높은 위원 순서로, 직급 또는 직무등급도 같은 경우에는 위원 재직기간이 긴 위원 순서로, 재직기간도 같은 경우에는 연장자 순서로 한다). 제2항에도 불구하고 제6조 제3항에 따라 시 · 도지사 소속으로 두는 행정심판위원회의 경우에는 해당 지방자치단체의 조례로 정하는 바에 따라 공무원이 아닌 위원을 위원장으로 정할 수 있다. 이 경우 위원장은 비상임으로 한다(제3항).

행정심판위원회의 **위원**은 해당 행정심판위원회가 소속된 행정청이 일정한 자격을 갖춘 공무원이 아닌 사람 중에서 성별을 고려하여 위촉하거나 그 소속 공무원 중에서 지명한다(제4항).

행정심판위원회의 **회의**는 위원장과 위원장이 회의마다 지정하는 8명의 위원(그 중 제4항에 따른 위촉위원은 6명 이상으로 하되, 제3항에 따라 위원장이 공무원이 아닌 경우에는 5명 이상으로 한다)으로 구성한다. 다만, 국회규칙, 대법원규칙, 헌법재판소규칙, 중앙선거관리위원회규칙 또는 대통령령(제6조 제3항에 따라 시 · 도지사 소속으로 두는 행정심판위원회의 경우에는 해당 지방자치단체의 조례)으로 정하는 바에 따라 위원장과 위원장이

회의마다 지정하는 6명의 위원(그중 제4항에 따른 위촉위원은 5명 이상으로 하되, 제3항에 따라 공무원이 아닌 위원이 위원장인 경우에는 4명 이상으로 한다)으로 구성할 수 있다(제5항).

행정심판위원회는 제5항에 따른 구성원 과반수의 출석과 출석위원 과반수의 찬성으로 의결한다(제6항).

행정심판위원회의 조직과 운영, 그 밖에 필요한 사항은 국회규칙, 대법원규칙, 헌법재판소규칙, 중앙선거관리위원회규칙 또는 대통령령으로 정한다(제7항).

(3) 위원의 제척 · 기피 · 회피

위원회의 위원은 다음의 어느 하나에 해당하는 경우에는 그 사건의 심리 · 의결에서 제척(除斥)된다. 이 경우 제척결정은 위원회의 위원장(이하 "위원장"이라 한다)이 직권으로 또는 당사자의 신청에 의하여 한다. ① 위원 또는 그 배우자나 배우자이었던 사람이 사건의 당사자이거나 사건에 관하여 공동 권리자 또는 의무자인 경우, ② 위원이 사건의 당사자와 친족이거나 친족이었던 경우, ③ 위원이 사건에 관하여 증언이나 감정(鑑定)을 한 경우, ④ 위원이 당사자의 대리인으로서 사건에 관여하거나 관여하였던 경우, ⑤ 위원이 사건의 대상이 된 처분 또는 부작위에 관여한 경우(제10조 제1항).

당사자는 위원에게 공정한 심리 · 의결을 기대하기 어려운 사정이 있으면 위원장에게 기피신청을 할 수 있다(제10조 제2항).

위원장은 제척신청이나 기피신청을 받으면 제척 또는 기피 여부에 대한 결정을 하고, 지체 없이 신청인에게 결정서 정본(正本)을 송달하여야 한다(제10조 제5항).

위원회의 회의에 참석하는 위원이 제척사유 또는 기피사유에 해당되는 것을 알게 되었을 때에는 스스로 그 사건의 심리 · 의결에서 회피할 수 있다. 이 경우 회피하고자 하는 위원은 위원장에게 그 사유를 소명하여야 한다(제10조 제6항).

사건의 심리 · 의결에 관한 사무에 관여하는 위원 아닌 직원에게도 제1항부터 제6항까지의 규정을 준용한다(제10조 제7항).

4. 권 한

행정심판위원회는 행정심판사건을 심리하여 재결하는 권한을 가진다.

(1) 심리권

행정심판위원회는 심판청구사건을 심리하는 권한을 가진다.

행정심판위원회는 행정심판의 심리를 위하여 대표자선정 권고권(법 제15조 제2항), 청구인지위의 승계 허가권(법 제16조 제5항), 피청구인경정 결정권(법 제17조 제2

항), 대리인선임 허가권(법 제18조 제1항 제5호), 심판참가 허가 및 요구권(법 제20조 제5항, 제21조), 청구의 변경 허가권(법 제29조 제6항), 보정요구권 및 직권보정권(법 제32조 제1항), 증거조사권(법 제36조 제1항) 등을 가진다.

(2) 재결권

행정심판위원회는 재결하는 권한을 가진다(법 제43조). 행정심판위원회는 재결 이외에 집행정지결정(법 제30조 제2항), 집행정지결정의 취소(법 제30조 제4항), 사정재결(법 제44조 제1항)을 행한다.

(3) 불합리한 법령 등의 시정조치요청권

중앙행정심판위원회는 심판청구를 심리·재결할 때에 처분 또는 부작위의 근거가 되는 명령 등(대통령령·총리령·부령·훈령·예규·고시·조례·규칙 등을 말한다. 이하 같다)이 법령에 근거가 없거나 상위 법령에 위배되거나 국민에게 과도한 부담을 주는 등 크게 불합리하면 관계 행정기관에 그 명령 등의 개정·폐지 등 적절한 시정조치를 요청할 수 있다(제59조 제1항). 제1항에 따른 요청을 받은 관계 행정기관은 정당한 사유가 없으면 이에 따라야 한다(제2항).

제10항 행정심판의 심리

행정심판의 심리라 함은 행정심판청구에 대한 재결을 하기 위하여 그 기초가 될 심판자료를 수집하는 절차를 말한다.

Ⅰ. 심리의 내용

행정심판사건의 심리는 그 내용에 따라 요건심리와 본안심리로 나누어진다.

1. 요건심리

요건심리(要件審理)는 당해 행정심판청구가 행정심판제기요건을 갖추고 있는지 여부를 심리하는 것을 말한다. 행정심판제기요건으로는 행정심판의 대상인 처분 또는 부작위의 존재, 당사자능력 및 당사자적격의 존재, 심판청구기간의 준수, 필요적 전치절차의 이행, 심판청구서 기재사항의 구비 등을 들 수 있다.

요건심리의 결과 제기요건이 갖추어지지 않은 것으로 인정될 때에는 당해 심판청구는 부적법한 심판청구[197]가 되므로 각하재결을 내려야 한다(법 제43조 제1항).

위원회는 심판청구가 적법하지 아니하나 보정할 수 있다고 인정하면 기간을 정하여 청구인에게 보정할 것을 요구할 수 있다. 다만, 경미한 사항은 직권으로 보정할 수 있다(제32조 제1항). 제1항에 따른 보정을 한 경우에는 처음부터 적법하게 행정심판이 청구된 것으로 본다(제32조 제4항). 제1항에 따른 보정기간은 제45조에 따른 재결기간에 산입하지 아니한다(제32조 제5항). 위원회는 청구인이 제1항에 따른 보정기간 내에 **그 흠을 보정하지 아니한 경우**에는 그 심판청구를 **각하**할 수 있다(제6항). 그리고, 위원회는 심판청구서에 타인을 비방하거나 모욕하는 내용 등이 기재되어 청구 내용을 특정할 수 없고 그 흠을 보정할 수 없다고 인정되는 경우에는 제32조 제1항에 따른 **보정요구 없이** 그 심판청구를 **각하**할 수 있다(제32조의2).

행정심판제기요건은 직권조사사항이다. 따라서, 당사자의 주장이 없다 하더라도 위원회는 직권으로 조사할 수 있다.

행정심판청구요건의 존부는 변론종결시를 기준으로 판단한다. 따라서, 행정심판청구 당시 그 요건의 흠결이 있는 경우에도 위원회에서 사실확정이 되기 전까지 이를 갖추면 적법한 심판청구가 된다.

[판결] 특허심판원에 계속 중인 심판에 대하여 동일한 당사자가 동일한 심판을 다시 청구한 경우, 후심판이 중복심판청구 금지에 위반되는지 판단하는 기준 시점(=후심판의 심결 시): 중복심판청구 금지에 위반되는지의 판단 기준시점: 특허심판에서 중복심판청구 금지는 심판청구의 적법요건으로, **심결 시를 기준으로** 전심판의 심판계속이 소멸되면 후심판은 중복심판청구 금지에 위반되지 않는다고 보아야 한다(대판 2020. 04. 29, 2016후2317).

2. 본안심리

본안심리(本案審理)라 함은 요건심리의 결과 당해 심판청구가 심판청구요건을 구비한 것으로 인정되는 경우 심판청구의 당부(예, 취소심판에서 처분의 위법·부당 여부)를 심리하는 것을 말한다.

본안심리의 결과 심판청구가 이유 있다고 인정되면 청구인용재결을 하고, 심판청구가 이유 없다고 인정되면 청구기각재결을 한다.

Ⅱ. 심리의 범위

1. 불고불리의 원칙 및 불이익변경금지의 원칙

행정심판은 행정의 자율적 통제와 국민의 권리구제기능을 갖는다. 행정의 자율

197) 심판청구가 부적법하다는 것은 심판청구가 행정심판제기요건을 갖추지 않은 것을 말한다.

적 통제를 위하여는 불고불리의 원칙이나 불이익변경금지의 원칙을 채택하는 것이 타당하지 않으나 행정심판법은 국민의 권리구제를 도모하기 위하여 불고불리(不告不理)의 원칙과 불이익변경금지(不利益變更禁止)의 원칙을 채택하고 있다.

행정심판법 제47조 제1항은 "위원회는 심판청구의 대상이 되는 처분 또는 부작위 외의 사항에 대하여는 재결하지 못한다"라고 불고불리의 원칙을 규정하고 있다. 불고불리의 원칙이라 함은 본래 소송법상의 원칙인데, 법원은 소송의 제기가 없으면 재판할 수 없고, 소송의 제기가 있는 경우에도 당사자가 신청한 사항에 대하여 신청의 범위 내에서 심리·판단하여야 한다는 원칙을 말한다.

행정심판법 제47조 제2항은 "위원회는 심판청구의 대상이 되는 처분보다 청구인에게 불리한 재결을 하지 못한다"라고 불이익변경금지의 원칙을 규정하고 있다.

2. 법률문제, 재량문제와 사실문제

행정심판의 심리에 있어서는 행정소송에서처럼 심판청구의 대상인 처분이나 부작위에 관한 적법·위법의 판단인 법률문제 및 사실문제를 심리할 수 있을 뿐만 아니라 행정소송에서와 달리 당·부당의 문제도 심리할 수 있다.

행정심판위원회가 법령의 위헌·위법을 심사할 수 있는지에 관하여 논란이 있다. 규범통제에는 명문의 규정이 있어야 하는데, 명문의 규정이 없기 때문에 위원회는 계쟁처분 또는 부작위의 적용법령에의 합치 여부만을 심사할 수 있다는 부정설이 있지만, 행정심판위원회는 법률에 대한 위헌심사권은 없지만, 법치주의(실질적 법치주의) 및 행정심판의 본질상 명령에 대한 위헌·위법 심사권은 있다고 보아야 할 것이다.

국무총리행정심판위원회는 위법 또는 불합리한 법령 등의 시정조치를 요청할 권한을 가진다(법 제59조).

Ⅲ. 심리의 기본원칙

1. 대심주의

대심주의(對審主義)라 함은 대립되는 분쟁 당사자들의 공격·방어를 통하여 심리를 진행하는 소송원칙을 말한다. 대립되는 당사자에게 공격·방어를 할 수 있는 대등한 지위가 보장되고 심판기관의 중립적인 지위가 보장되어야 한다.

행정심판법은 심판청구인과 피청구인이라는 대립되는 당사자를 전제로 하여(법 제13조 내지 제20조) 당사자 쌍방에게 공격과 방어방법을 제출하도록 하고 있고(법 제23조, 제33조, 제34조, 제36조 등), 원칙적으로 당사자가 제출한 공격·방어방법을 심리의 기초로 삼으며 행정심판위원회가 중립적인 지위에서 심리를 행하도록 하고 있다.

다만, 현행법상 청구인이 피청구인에 비하여 정보 및 지식의 부족 등 열세에 있고, 행정심판위원회의 중립적 지위가 완전하지 못한 점 등에 비추어 대심주의는 미흡하다고 할 수 있다. 심판청구의 대상이 되는 처분 또는 부작위에 관한 자료는 대부분 피청구인인 처분청이 보유하고 있으므로 심판청구인에게 처분청이 보유하는 자료에 대한 제출요구권 및 열람청구권을 인정할 필요가 있는데, 현행 행정심판법은 이를 인정하고 있지 않다.

2. 직권심리주의

(1) 의 의

직권심리주의(職權審理主義)라 함은 심리에 있어서 심판기관이 당사자의 사실의 주장에 근거하지 않거나 그 주장에 구속되지 않고 적극적으로 직권으로 필요한 사실상의 탐지 또는 증거조사를 행하는 소송원칙을 말한다.

행정심판법은 실체적 진실을 밝히고, 심리의 간이·신속을 도모하기 위하여 직권심리주의를 인정하고 있다. 즉, 행정심판법은 "위원회는 필요하면 당사자가 주장하지 아니한 사실에 대하여도 심리할 수 있다"라고 위원회의 직권탐지(職權探知)를 인정하고 있고(법 제39조), 위원회에 직권으로 증거조사를 할 수 있도록 하고 있다(법 제36조 제1항). 위원회의 직권심리는 대심주의와 조화되는 한도 내에서 행해져야 한다.

(2) 직권탐지

위원회의 직권탐지(職權探知)는 불고불리의 원칙상 당사자가 신청한 사항에 대하여 신청의 범위 내에서만 가능하다. 자율적 행정통제제도인 행정심판의 특성에 비추어 행정심판에서는 행정소송에서 보다 넓은 직권탐지가 인정되어야 한다. 그리고, 의무이행심판이 제대로 운영되기 위하여는 충실한 직권탐지가 전제되어야 한다.

(3) 직권증거조사

위원회는 다음과 같은 증거조사권을 갖는다.

① 위원회는 사건을 심리하기 위하여 필요하면 직권으로 또는 당사자의 신청에 의하여 다음의 방법에 따라 증거조사를 할 수 있다. i) 당사자나 관계인(관계 행정기관 소속 공무원을 포함한다. 이하 같다)을 위원회의 회의에 출석하게 하여 신문하는 방법, ii) 당사자나 관계인이 가지고 있는 문서·장부·물건 또는 그 밖의 증거자료의 제출을 요구하고 영치하는 방법, iii) 특별한 학식과 경험을 가진 제3자에게 감정을 요구하는 방법, iv) 당사자 또는 관계인의 주소·거소·사업장이나 그 밖의 필요한 장소에 출입

하여 당사자 또는 관계인에게 질문하거나 서류 · 물건 등을 조사 · 검증하는 방법(제36조 제1항).

② 위원회는 사건 심리에 필요하면 관계 행정기관이 보관 중인 관련 문서, 장부, 그 밖에 필요한 자료를 제출할 것을 요구할 수 있다(제35조 제1항).

③ 위원회는 필요하다고 인정하면 사건과 관련된 법령을 주관하는 행정기관이나 그 밖의 관계 행정기관의 장 또는 그 소속 공무원에게 위원회 회의에 참석하여 의견을 진술할 것을 요구하거나 의견서를 제출할 것을 요구할 수 있다(제35조 제2항).

3. 심리의 방식 : 서면심리주의와 구술심리주의

행정심판법은 “행정심판의 심리는 구술심리나 서면심리로 한다. 다만, 당사자가 구술심리를 신청한 경우에는 서면심리만으로 결정할 수 있다고 인정되는 경우 외에는 구술심리를 하여야 한다”라고 규정하고 있다(법 제40조 제1항).

이와 같은 행정심판법상의 규정만으로는 행정심판의 심리방식의 선택은 위원회의 재량에 속하는 것으로 보인다. 위원회는 행정심판사건의 특성에 비추어 심리방식을 정할 수 있다.

그러나, 행정심판의 성질, 즉 자율적 행정통제제도라는 점, 간이 · 신속한 권리구제제도라는 점, 청구인의 전문성의 결여 등을 고려할 때 서면심리를 원칙으로 하되 필요한 경우에는 예외적으로 구술심리를 하는 것으로 운영될 수밖에 없을 것이다.

다만, 현행 행정심판법은 “당사자가 구술심리를 신청한 때에는 서면심리만으로 결정할 수 있다고 인정되는 경우 외에는 구술심리를 하여야 한다”라는 단서규정을 두어 당사자의 구술심리신청이 있는 경우에는 가능한 한 구술심리를 하도록 하여 당사자의 구술심리권을 보장하고 있다.

4. 비공개주의

비공개주의(非公開主義)라 함은 공개주의에 대립되는 소송원칙으로서 심판의 심리와 결정을 일반에게 공개하지 아니하는 원칙을 말한다.

행정심판법에는 이에 관한 명문규정은 없다. 그러나, 행정심판법이 서면심리주의, 직권심리주의 등을 채택한 점 등에 비추어 볼 때 행정심판법이 비공개주의를 원칙으로 한 것으로 해석된다.

Ⅳ. 소관 중앙행정기관의 장의 의견진술권

중앙행정심판위원회에서 심리·재결하는 심판청구의 경우 소관 중앙행정기관의 장은 의견서를 제출하거나 위원회에 출석하여 의견을 진술할 수 있다(제35조 제4항).

Ⅴ. 당사자의 절차적 권리

1. 위원·직원에 대한 기피신청권

당사자는 위원에게 공정한 심리·의결을 기대하기 어려운 사정이 있으면 위원장에게 기피신청을 할 수 있다(제10조 제2항).

2. 이의신청권

행정심판위원회의 결정 중 당사자 또는 심판참가인의 절차적 권리에 중대한 영향을 미치는 지위 승계의 불허가, 참가신청의 불허가 또는 청구의 변경 불허가 등에 대하여는 행정심판위원회에 이의신청을 할 수 있다(제16조 제8항, 제17조 제6항, 제20조 제6항 및 제29조 제7항).

3. 보충서면제출권

당사자는 심판청구서·보정서·답변서·참가신청서 등에서 주장한 사실을 보충하고 다른 당사자의 주장을 다시 반박하기 위하여 필요하면 위원회에 보충서면을 제출할 수 있다. 이 경우 다른 당사자의 수만큼 보충서면 부본을 함께 제출하여야 한다(제33조 제1항).

4. 구술심리신청권

당사자는 구술심리를 신청할 수 있고, 당사자가 구술심리를 신청한 경우에는 행정심판위원회는 서면심리만으로 결정할 수 있다고 인정되는 경우외에는 구술심리를 하여야 한다(법 제40조 제1항).

5. 물적 증거제출권

당사자는 심판청구서·보정서·답변서·참가신청서 등에 덧붙여 그 주장을 뒷받침하는 증거서류 또는 증거물을 제출할 수 있다(법 제34조 제1항).

6. 증거조사신청권

당사자는 그의 주장을 뒷받침하기 위하여 필요하다고 인정할 때에는 위원회에 다음의 방법에 따른 증거조사를 신청할 수 있고, 위원회는 사건을 심리하기 위하여 필요한 경우 그 증거조사를 할 수 있다(제36조 제1항). ① 당사자나 관계인(관계 행정기관 소속 공무원을 포함한다. 이하 같다)을 위원회의 회의에 출석하게 하여 신문(訊問)하는 방법, ② 당사자나 관계인이 가지고 있는 문서·장부·물건 또는 그 밖의 증거자료의 제출을 요구하고 영치(領置)하는 방법, ③ 특별한 학식과 경험을 가진 제3자에게 감정을 요구하는 방법, ④ 당사자 또는 관계인의 주소·거소·사업장이나 그 밖의 필요한 장소에 출입하여 당사자 또는 관계인에게 질문하거나 서류·물건 등을 조사·검증하는 방법.

7. 심판참가인의 절차적 권리

심판참가인에게 당사자에 준하는 절차적 권리가 주어지고, 관련 서류를 참가인에게도 송달하도록 하는 등 참가인의 절차적 권리가 보장되고 있다(제20조 내지 제22조).

Ⅵ. 심판청구의 병합과 분리

위원회는 필요하면 관련되는 심판청구를 병합하여 심리할 수 있다(법 제37조). 관련청구의 병합은 심리의 병합에 그치므로 심리만을 동일한 심판절차에서 진행하고 재결은 병합된 각 심판청구별로 하여야 한다.

위원회는 필요하다고 인정하면 병합된 관련청구를 분리하여 심리할 수 있다(법 제37조). 여기에서 '병합된 관련청구'는 위원회가 직권으로 병합하여 심리하기로 결정한 관련청구 및 당사자에 의하여 병합제기된 심판청구를 모두 포함한다.

Ⅶ. 처분사유의 추가·변경

항고소송에서의 처분사유의 추가·변경의 법리는 행정심판 단계에서도 적용된다(판례).

[판례] 항고소송에서 행정청이 처분의 근거 사유를 추가하거나 변경하기 위한 요건인 '기본적 사실관계의 동일성' 유무의 판단 방법 및 이러한 법리가 행정심판 단계에서도 적용되는지 여부(적극): 행정처분의 취소를 구하는 항고소송에서 처분청은 당초 처분의 근거로 삼은 사유와 기본적 사실

관계가 동일성이 있다고 인정되는 한도 내에서만 다른 사유를 추가 또는 변경할 수 있고, 이러한 **기본적 사실관계의 동일성 유무는 처분사유를 법률적으로 평가하기 이전의 구체적 사실에 착안하여 그 기초인 사회적 사실관계가 기본적인 점에서 동일한지에 따라 결정**되므로, 추가 또는 변경된 사유가 처분 당시에 이미 존재하고 있었다거나 당사자가 그 사실을 알고 있었다고 하여 당초의 처분사유와 동일성이 있다고 할 수 없다. 그리고 **이러한 법리는 행정심판 단계에서도 그대로 적용된다**(대판 2014. 05. 16, 2013두26118[기타(시장정비사업추진계획)]).

다만, 의무이행심판의 경우 거부처분의 위법 여부는 처분시를 기준으로 하고 인용 여부는 재결시를 기준으로 하거나 거부처분의 위법 여부와 인용 여부를 재결시를 기준으로 하게 되므로 처분 이후의 기본적 사실관계의 동일성이 없는 다른 사유(사실이나 법령의 변경)를 이유로 기각판결을 하는 것이 처분사유의 추가·변경의 법리와 무관하게 가능한 것으로 보아야 한다.

Ⅷ. 행정심판법상 조정

2018년 5월 1일 시행되는 개정 행정심판법은 양 당사자 간의 합의가 가능한 사건의 경우 행정심판위원회가 개입·조정하는 절차를 통하여 갈등을 조기에 해결할 수 있도록 행정심판에 조정을 도입하였다.

위원회는 당사자의 권리 및 권한의 범위에서 **당사자의 동의를 받아** 심판청구의 신속하고 공정한 해결을 위하여 조정을 할 수 있다. 다만, 그 조정이 공공복리에 적합하지 아니하거나 해당 처분의 성질에 반하는 경우에는 그러하지 아니하다(제43조의2 제1항).

조정은 당사자가 합의한 사항을 조정서에 기재한 후 당사자가 서명 또는 날인하고 위원회가 이를 확인함으로써 **성립**한다(제43조의2 제3항). 제3항에 따라 성립한 조정에 대하여는 행정심판법 제48조(재결의 송달과 효력 발생), 제49조(재결의 기속력 등), 제50조(위원회의 직접 처분), 제50조의2(위원회의 간접강제), 제51조(행정심판 재청구의 금지)의 규정을 준용한다(제43조의2 제4항).

제11항 행정심판의 재결

Ⅰ. 재결의 의의

행정심판의 재결(裁決)이라 함은 행정심판청구에 대한 심리를 거쳐 재결청이 내리는 결정을 말한다.

재결은 행정행위이면서 동시에 재판작용(사법작용)적 성질을 아울러 갖는다.

① 재결은 행정행위로서 확인행위의 성질을 갖는다. 즉, 재결은 다툼이 있는 행정법상의 사실 또는 법률관계를 확정하는 행위이므로 확인행위이다.

② 재결은 행정심판기관이 행정법상의 분쟁에 대하여 일정한 심리절차를 거쳐 당해 분쟁을 해결하는 결정이므로 사법작용적 성질을 갖는다. 다만, 행정심판의 절차는 재판절차에 비하여 엄격하지 못하고 행정심판의 재결기관이 법원이 아니라 행정기관인 점에서 행정심판의 재결은 엄격한 의미의 사법작용은 아니며 준사법작용(準司法作用)이다. 따라서 재결에는 불가변력이 발생한다.

Ⅱ. 재결절차 등

1. 행정심판위원회의 재결

행정심판위원회는 심리를 마치면 직접 재결한다.

2. 재결기간

재결은 피청구인 또는 위원회가 심판청구서를 받은 날부터 60일 이내에 하여야 한다. 다만, 부득이한 사정이 있는 경우에는 위원장이 직권으로 30일을 연장할 수 있다(제45조 제1항). 위원장은 제1항 단서에 따라 재결 기간을 연장할 경우에는 재결 기간이 끝나기 7일 전까지 당사자에게 알려야 한다(제2항). 재결기간은 훈시규정이다.

3. 재결의 방식

재결은 서면(재결서)으로 한다(법 제46조 제1항). 재결서에는 ① 사건번호와 사건명, ② 당사자 · 대표자 또는 대리인의 이름과 주소, ③ 주문, ④ 청구의 취지, ⑤ 이유, ⑥ 재결한 날짜가 포함되어야 한다(법 제46조 제2항). 재결서에 적는 이유에는 주문내용이 정당하다는 것을 인정할 수 있는 정도의 판단을 표시하여야 한다(법 제35조 제3항).

4. 재결의 범위

① 위원회는 심판청구의 대상이 되는 처분 또는 부작위 외의 사항에 대하여는 재결하지 못한다(법 제47조 제1항). 즉, 행정심판에는 불고불리의 원칙이 채택되고 있다.

② 위원회는 심판청구의 대상이 되는 처분보다 청구인에게 불이익한 재결을 하지 못한다(법 제47조 제2항). 즉, 불이익변경금지의 원칙이 인정되고 있다.

③ 위원회는 처분의 위법 여부뿐만 아니라 당·부당도 판단할 수 있다(법 제1조).

5. 재결의 송달과 효력발생

위원회는 지체 없이 당사자에게 재결서의 정본을 송달하여야 한다. 이 경우 중앙행정심판위원회는 재결 결과를 소관 중앙행정기관의 장에게도 알려야 한다(제48조 제1항).

재결은 청구인에게 제1항 전단에 따라 송달되었을 때에 그 효력이 생긴다(제48조 제2항).

위원회는 재결서의 등본을 지체 없이 참가인에게 송달하여야 한다(제48조 제3항).

처분의 상대방이 아닌 제3자가 심판청구를 한 경우 위원회는 재결서의 등본을 지체 없이 피청구인을 거쳐 처분의 상대방에게 송달하여야 한다(제48조 제4항).

Ⅲ. 재결의 종류

행정심판의 재결에는 각하재결, 기각재결, 인용재결이 있다.

1. 각하재결(요건재결)

각하재결(却下裁決)이라 함은 행정심판의 제기요건이 결여되어 행정심판이 부적법한 것인 때에 본안심리를 거절하는 재결이다.

'행정심판의 제기요건이 결여된 경우'라 함은 전술한 바와 같은 행정심판청구의 요건이 결여된 경우를 말한다. 그 예를 들면 다음과 같다.

① 행정심판청구의 대상이 아닌 행위에 대하여 행정심판이 제기된 경우: 대통령의 처분 또는 부작위에 대하여는 다른 법률에 특별한 규정이 있는 경우를 제외하고는 행정심판의 대상이 되지 아니한다(법 제3조 제2항).

② 청구인적격이 없는 자가 행정심판을 청구한 경우.

③ 행정심판제기기간이 경과된 후 행정심판이 제기된 경우: 무효등확인심판과 부작위에 대한 의무이행심판에는 심판청구기간의 제한이 적용되지 아니하므로 행정심판제기기간의 경과를 이유로 한 각하재결은 있을 수 없다.

④ 심판청구가 부적법하여 행정심판법 제23조에 의해 보정을 명하였음에도 보정기간 내에 보정하지 아니한 경우.

⑤ 행정심판의 대상이 된 처분이나 부작위가 심판청구의 계속중 기간의 경과, 처분의 집행 그 밖의 사유로 효력이 소멸한 경우: 다만, 처분의 효력이 소멸된 뒤에

도 그 처분의 취소로 인하여 회복되는 법률상 이익이 있는 때에는 각하재결을 하여서는 아니 된다(제13조 제1항).

[판례] 부당해고 구제명령을 받을 구제이익은 구제명령을 할 당시를 기준으로 판단해야 하므로, 중앙노동위원회는 재심판정 당시를 기준으로 구제이익이 있는지를 판단해야 한다(대판 2025. 03. 13, 2024두54683[부당해고구제재심판정취소]).

⑥ 특별한 규정이 없음에도 이미 재결의 대상이 되었던 동일한 처분이나 부작위에 대하여 다시 행정심판을 제기한 경우: 다만, 동일한 내용의 처분이나 부작위라 하더라도 재결의 대상이 되었던 처분이나 부작위와 별개의 것인 경우에는 각하의 대상이 되지 아니 한다.

2. 기각재결

기각재결(棄却裁決)이라 함은 본안심리의 결과 행정심판청구가 이유 없다고 인정하여 원처분을 시인하는 재결을 말한다(법 제43조 제2항). 기각재결은 심판청구의 실체적 내용에 대한 심리를 거쳐 심판청구가 이유 없다고 판단되는 경우에 내려진다.

기각재결이 있은 후에도 원처분청은 원처분을 직권으로 취소 또는 변경할 수 있다.

3. 인용재결

인용재결(認容裁決)이라 함은 본안심리의 결과 심판청구가 이유 있다고 판단하여 청구인의 청구취지를 받아들이는 재결을 말한다. 인용재결에는 취소재결, 변경재결 및 변경명령재결, 무효등확인재결, 의무이행재결이 있다.

(1) 취소 · 변경재결 및 변경명령재결

위원회는 취소심판의 청구가 이유 있다고 인정하면 재결로써 스스로 처분을 취소 또는 다른 처분으로 변경하거나 처분청에게 처분을 다른 처분으로 변경할 것을 명한다(법 제43조 제3항).

1) 취소심판에서의 인용재결의 종류

취소심판에서의 인용재결에는 처분취소재결, 처분변경재결, 처분변경명령재결이 있다. 앞의 두 재결은 위원회가 스스로 처분을 취소 또는 변경하는 것이므로 형성재결이고, 변경명령재결은 위원회가 처분청에게 처분의 변경을 명령하는 것이므로 이행재결이다.

현행 행정심판법상 처분청이 처분변경명령재결에 따르지 않는 경우에 대한 강제방법이 없는 것은 입법의 불비이다.

2) 전부취소와 일부취소

처분을 취소하는 재결은 당해 처분의 전부취소를 내용으로 하는 것과 일부취소(예, 영업정지처 분기간의 단축)를 내용으로 하는 것이 있다. 행정심판에서도 일부취소는 이론상 취소의 대상이 되는 부분이 가분적인 것인 경우에 가능하다.[198] 다만, 처분의 부당도 통제의 대상이 되므로 일부취소의 요건이 되는 가분성은 행정소송에서의 그것보다 넓게 인정하여야 한다. 예를 들면, 재량행위인 영업정지처분의 기간을 변경하는 일부취소는 행정소송에서는 원칙상 인정될 수 없지만, 행정심판에서는 가능하다.

3) 적극적 변경

처분을 변경하거나 변경을 명하는 재결은 행정심판기관이 행정기관이므로 처분내용을 적극적으로 변경하거나 변경을 명하는 재결을 말한다. 예컨대 허가취소처분을 영업정지처분으로 변경하거나 변경을 명령하는 경우 등이다.

(2) 무효등확인재결

위원회는 무효등확인심판의 청구가 이유 있다고 인정하면 재결로써 처분의 효력 유무 또는 존재 여부를 확인한다(법 제43조 제4항). 따라서 무효확인재결에는 처분무효확인재결, 처분실효확인재결, 처분유효확인재결, 처분존재확인재결, 처분부존재확인재결이 있다.

(3) 의무이행재결

1) 의 의

의무이행재결(義務履行裁決)은 의무이행심판의 청구가 이유 있다고 인정한 때에 신청에 따른 처분을 스스로 하거나 처분을 할 것을 피청구인에게 명하는 재결을 말한다(법 제43조 제5항).

2) 종류와 성질

의무이행재결에는 처분재결과 처분명령재결이 있다.

가. 처분재결 처분재결(處分裁決)은 위원회가 스스로 처분을 하는 것이므로 형성재결이다. 처분재결에는 청구인의 청구내용대로 특정한 처분을 하는 전부인용처분재결과 청구인의 청구 중 일부만 인용하는 특정내용의 처분재결이 있다.

나. 처분명령재결 처분명령재결(處分命令裁決)은 처분청에게 처분을 명하는 재결이므로 이행재결이다. 처분명령재결에는 특정한 처분을 하도록 명하는 특정처분명령재결과 판결의 취지에 따라 일정한 처분을 할 것을 명하는 일정처분명령재결이

---

198) 김철용, 580면.

있다.

특정처분명령재결에는 청구인의 청구내용대로 특정한 처분을 하도록 명하는 재결과 청구인의 청구 중 일부만 인용하는 특정내용의 처분을 명하는 재결이 있다. **일정처분명령재결**은 절차의 위법을 이유로 하는 재결, 적법재량행사를 명하는 재결 등이 있다.

3) 재결의 기준시

가. 재결의 기초의 기준시 의무이행심판에서 재결은 재결시를 기준으로 하여 내려진다. 거부처분이나 부작위시의 법이나 사실상황을 기초로 판단하는 것이 아니라 재결시(보다 정확히 말하면 행정심판위원회의 의결시)의 법과 사실상황을 기초로 판단한다.

나. 위법 · 부당 판단의 기준시 의무이행재결시 거부처분의 위법 또는 부당을 판단하여야 하는지, 거부처분의 위법 또는 부당을 판단하여야 하는 경우에 처분시를 기준으로 하여야 하는지 아니면 재결시를 기준으로 판단하여야 하는지에 관하여 견해의 대립이 있다. 이것이 문제되는 것은 거부행위 후 법 및 사실상태에 변경이 가해진 경우이다. 부작위의 위법은 재결시를 기준으로 판단한다는 데 이견이 없다.

(가) 재결시설 의무이행심판의 심리의 핵심이 과거에 행해진 거부처분의 위법·부당 여부를 판단하는 데에 있다기보다는 재결시점에서 거부처분을 계속 유지하는 것이 위법·부당한지를 판단하는 데에 있다고 보면서 재결을 하는 시점에서 해당 거부처분이 위법 또는 부당한지 여부를 판단해야 할 것이라고 하는 견해이다.

이 견해에 의하면 거부행위시 적법한 행위도 재결시를 기준으로 위법하면 거부행위를 취소하고, 의무이행재결을 한다.

(나) 처분시설 의무이행심판은 항고심판이고, 항고심판은 처분청의 위법한 처분에 대한 사후적 통제를 목적으로 하는 심판이므로 거부행위의 위법판단의 기준시를 거부행위시로 보는 것이 타당하다는 견해이다.

이 견해에 의하면 처분청의 거부행위가 행위시 적법하면 기각재결을 하게 된다.

(다) 결 어 다음과 같은 이유에서 재결시설이 타당하다. 의무이행심판이 거부처분 취소심판에 비해 종국적이고 실효적인 권리구제를 해 주는 심판형식이라는 의무이행심판의 의의를 달성하기 위하여는 재결시를 기준으로 거부행위의 위법·부당을 판단하고 의무이행재결을 하는 것이 타당하다. 또한, 행정심판기관이 행정기관이므로 권력분립의 원칙에 반할 염려도 없다.

이에 반하여 거부처분 취소심판의 경우 거부처분의 위법·부당 판단의 기준시는 거부처분시이다.

4) 법령과 사실적 상황의 변경과 신뢰보호

거부처분시(또는 부작위시)와 의무이행재결 사이에 법령이나 사실적 상황이 변경된 경우 어느 때의 법령 또는 사실적 상황에 근거하여 의무이행재결을 할 것인가가 문제된다. 위에서 본 바와 같이 원칙상 재결시를 기준으로 재결을 하여야 한다.

그런데, 처분시를 기준으로 하면 거부처분이 위법·부당하였는데, 법령이나 사실적 상황이 변경되어 재결시에는 거부하는 것이 적법·타당하게 된 경우 청구인의 권리가 구제되지 못하는 문제가 있다. 따라서, 이러한 경우에 있어서 청구인의 권리구제를 위한 방안을 마련하여야 한다.

생각건대, 이 경우 청구인을 위하여는 다음과 같은 구제가 가능하다고 본다:

① 처분시와 재결시 사이에 법과 사실적 상황이 청구인에게 불리하게 변경된 경우 국민의 권리구제의 요청 및 국민의 신뢰보호와 새로운 법령을 적용하고 새로운 사실적 상황을 고려하여야 할 공익상 필요를 이익형량하여 재결을 하여야 할 것이다.

② 처분시를 기준으로 거부처분이 위법하지만 재결시를 기준으로 기각재결을 하여야 하는 경우에 위법한 거부처분으로 인한 손해에 대하여 국가배상을 청구할 수 있다.

5) 인용재결 및 그 내용

어떠한 경우에 의무이행재결을 할 것이며 이 경우 어떠한 내용의 의무이행재결을 할 것인가.

가. 처분재결과 처분명령재결의 선택 처분재결과 처분명령재결 중 어떠한 재결을 하여야 하는가에 관하여 견해가 대립하고 있다.

① 첫째 견해는 행정심판위원회가 처분재결과 처분명령재결의 선택에 있어 전적으로 재량권을 갖는다는 견해이다(재량설).

② 둘째 견해는 처분재결은 재결청이 처분청인 경우에만 가능하고, 재결청이 처분청이 아닌 경우에는 처분명령재결만을 할 수 있다는 견해이다.

③ 셋째 견해는 원칙적으로 처분명령재결을 하여야 하고, 예외적으로 처분재결을 할 것이라는 견해이다. 그 논거로는 처분청의 처분권이 존중되어야 한다는 것 등을 들고 있다.[199]

④ 결 어: 행정심판위원회는 법적으로 처분재결과 처분명령재결의 선택에 있어 재량권을 갖는다고 보는 것이 타당하다. 다만, 재량행위의 경우에는 처분청이 부관을 붙일 수 있으므로 처분청이 부관을 붙일 것으로 예상되는 경우에는 처분명령재결을 하여 처분청이 부관을 붙일 수 있는 여지를 주는 것이 타당하다. 조건 없이 특

199) 김병기, "보완요구의 부작위성과 재결의 기속력," 『행정법연구』, 제8호, 391면.

정처분명령재결을 한 경우에도 처분청은 필요한 경우 부관을 붙일 수 있다.

그런데, 실무상 대부분 처분명령재결을 하고 있고, 처분재결을 하는 예는 극히 드물다.

나. 특정처분(명령)재결과 일정처분명령재결의 기준 어떠한 경우에 특정처분(명령)재결(特定處分(命令)裁決)을 하고, 어떠한 경우에 일정한 처분을 명하는 재결(一定處分命令裁決)을 할 것인가?

(가) 일반적 기준

가) 재결의 성숙성 기준설 "신청에 관련된 처분을 해야 할 사실상 및 법령상의 전제조건이 전부 구비되어 있는 경우," 즉 재결의 성숙성(成熟性)이 있는 경우에는 특정처분을 하거나 명하고, 그렇지 않은 경우에는 일정한 처분을 명하는 재결을 하는 것이 타당하다는 견해가 있다.[200)]

나) 처분권존중설 심리의 결과 특정한 처분을 명하기에 충분한 사실관계가 해명되고, 특정처분을 내려야 할 것이 관계법령상 명백한 경우에 한하여 특정처분을 하거나 명하고, 그렇지 않은 경우에는 처분청의 처분권을 존중하여 일정한 처분을 명하는 재결을 하는 것이 타당하다는 견해이다. 이 견해가 타당하다.

(나) 기속행위의 경우

가) 특정처분(명령)재결설 의무이행심판청구의 대상인 행정청의 행위가 기속행위(羈束行爲)이면 의무이행심판의 청구가 이유있는 경우 청구인의 청구 내용대로의 처분을 하거나 이를 할 것을 명하여야 한다고 보는 견해이다.[201)]

나) 예외인정설 원칙상 위의 특정처분(명령)재결설에 찬성하면서도 예외적으로 피청구인이 관계법령에서 정하고 있는 일정한 절차를 거치지 않은 경우나, 위원회가 쟁점에 관한 해명을 한정적으로 행하고 피청구인으로 하여금 다시 관련 법규의 구체적인 적용을 행하도록 하는 것이 타당한 경우에 일정처분명령재결이 불가능한 것은 아니라고 보는 견해이다(김학세). 이 견해가 타당하다.

(다) 재량처분의 경우

가) 위법·부당구별설 의무이행심판청구의 대상인 행정청의 행위가 재량행위이면 행정청의 거부처분 또는 부작위에 대하여 위법을 이유로 하여서는 청구인의 청구내용대로 처분을 하거나 처분청에 이를 할 것을 명할 수는 없고, 부당을 이유로 하는 경우 위원회는 청구내용대로의 처분을 스스로 하거나, 이를 할 것을 행정청에게 명할 수 있다고 보는 견해이다.[202)]

---

200) 김학세, "재결청의 직접처분권," 『행정심판제도개선연구 논문집』, 법제처, 2004, 21~22면.
201) 김동희, 659면.
202) 김동희, 659면 등.

나) 일정처분명령재결설 재량행위의 경우에는 원칙상 특정처분재결을 하지 말고, 지체 없이 어떤 처분(신청대로의 처분 또는 기타의 처분)을 하도록 명하는 재결을 하여야 한다는 견해이다.[203)]

다) 재량권존중설 재결시를 기준으로 합법성 및 합목적성의 원칙상 특정처분을 해야 할 것이 명백한 경우에 신청에 따른 적극적 처분을 하거나 하도록 하고, 재결시를 기준으로 특정처분을 해야 할 것이 명백하지 않다면 처분청의 재량권을 존중하여 재량권의 일탈·남용 및 부당을 명시하여 하자 없는 재량행사를 명하는 재결(적법재량행사명령재결)을 하여야 한다는 견해이다.

라) 결 어 처분청의 재량권을 존중할 필요가 있으므로 재량권존중설이 타당하다. 다만, 거부처분이 실체상 위법한 경우에도 청구인의 청구내용대로 특정한 처분을 하여야 하거나 하도록 명하는 재결을 해야 하는 경우도 있다(예를 들면, 거부처분이 평등의 원칙에 반한다는 것이 명백한 경우에는 처분재결이나 처분명령재결을 하여야 한다).

(라) 절차 위반의 경우 계쟁거부처분에 절차의 위법이 있는 경우에 행정심판위원회는 절차를 거쳐 일정한 처분을 다시 하도록 하는 처분을 명하거나 실체상 판단을 하여 청구내용대로의 특정한 처분을 하거나 특정한 처분을 할 것을 명할 수 있다고 보아야 한다.

절차규정이 청구인(신청자)의 권리보호를 위해서가 아니라 제3자인 이해관계의 절차적 참여를 보장하기 위한 것인 경우에는 실체상 판단을 하여 기각재결을 하여야 하는 경우에는 기각재결을 할 수 있고, 기각재결을 하지 않는 경우에는 특정처분(명령)재결을 할 수는 없고 제3자의 절차적 권리를 보장하기 위하여 절차를 거쳐 일정한 처분을 하도록 하는 재결을 하여야 할 것이다.

(4) 사정재결

1) 의 의

사정재결(事情裁決)이라 함은 심판청구가 이유 있다고 인정되는 경우에도 이를 인용하는 것이 공공복리에 크게 위배된다고 인정하는 때에 그 심판청구를 기각하는 재결을 말한다(법 제44조 제1항). 무효등확인심판의 경우에는 사정재결이 인정되지 않는다(법 제44조 제3항).

2) 사정재결에 대한 구제조치

사정재결은 처분이 위법 또는 부당하더라도 공익을 위하여 사익을 희생시키는 것이므로 위원회는 사정재결을 하는 경우에 그로 인하여 청구인이 받는 손해에 대

---

203) 박윤흔, 816면.

하여 구제조치를 취하여야 한다. 따라서, 행정심판법은 “상당한 구제방법을 취하거나 상당한 구제방법을 취할 것을 피청구인에게 명할 수 있다”라고 규정하고 있지만(제44조 제2항) 반드시 명하여야 하는 것으로 해석하여야 한다.

사정재결의 경우의 구제조치의 성질을 손해배상으로 보는 견해가 많지만 일종의 손실보상으로 보는 것이 타당하다. 그 이유는 사정재결로 인한 손해는 위법한 원처분으로부터 발생한 것은 아니며 공익을 위하여 행해지는 적법한 사정재결로부터 발생하는 것이기 때문이다.

사정재결에 대한 구제조치는 금전배상일 수도 있고, 재해시설의 설치 등 다른 적절한 구제방법일 수도 있고 또한 혼합적 구제조치일 수도 있다.

행정심판법은 ‘상당한 구제방법’을 취할 것을 규정하고 있다. 여기서 상당한 구제방법이라 함은 원칙상 사정재결로 인하여 청구인이 받는 손해 전체라고 보아야 한다. 따라서, 사정재결시 행해지는 구제조치가 ‘상당한 구제방법’이 되지 못하는 경우에는 사정재결에 고유한 하자가 있는 것으로 보아 사정재결의 구제조치에 대하여 취소소송을 제기할 수 있는 것으로 보아야 한다. 이에 대하여 당해 처분 또는 부작위의 위법을 들어 국가배상법 제2조에 의한 손해배상을 청구할 수 있다는 견해가 있다.[204] 그러나, 구제조치의 대상이 되는 손해는 사정재결로 발생하는 것이므로 이 견해는 타당하지 않다. 또한, 처분 또는 부작위가 위법하더라도 과실이 없는 경우와 처분 또는 부작위가 부당에 그치는 경우에는 국가배상이 인정되지 않는 문제가 있다.

3) 사정재결의 주문

사정재결시 위원회는 그 재결의 주문(主文)에서 그 처분 또는 부작위가 위법하거나 부당하다는 것을 구체적으로 밝혀야 한다(법 제33조 제1항).

Ⅳ. 재결의 효력

행정심판법은 재결의 효력에 관하여 기속력과 직접 처분에 관한 규정만을 두고 있다. 그런데, 취소재결, 변경재결과 처분재결에는 형성력이 발생한다고 보아야 하며 재결은 행정행위이므로 재결 일반에 대하여 행정행위에 특수한 효력인 공정력, 불가변력 등이 인정된다고 보아야 할 것이다.

판례에 따르면 처분청은 행정심판의 재결에 대해 불복할 수 없고, 행정심판법 제48조 제2항은 ‘재결은 청구인에게 송달되었을 때에 그 효력이 생긴다’고 규정하고 있으므로 인용재결의 효력인 형성력과 기속력은 재결이 청구인에게 송달되었을 때

204) 법제처, 『행정심판의 이론과 실제』, 427면.

그 효력이 발생한다.

1. 형성력

재결의 형성력(形成力)이라 함은 재결의 내용에 따라 새로운 법률관계의 발생이나 종래의 법률관계의 변경, 소멸을 가져오는 효력을 말한다(대판 1999. 12. 16, 98두18619). 재결의 형성력은 제3자에게도 미치므로 이를 '대세적 효력'이라고도 한다.

형성력이 인정되는 재결로는 취소재결, 변경재결, 처분재결이 있다. 형성재결이 있는 경우 그 대상이 된 행정처분은 재결 자체에 의해 당연히 취소되어 소멸된다(대판 전원합의체 1999. 12. 16, 98두18619).

처분을 취소하는 재결이 있으면 취소된 처분은 소급적으로 효력을 상실한다. 일부취소재결의 경우에는 일부취소된 부분에 한하여 소급적으로 효력을 상실하고 일부취소되지 않은 부분에 한하여 원처분은 효력을 유지한다.

변경재결이 있으면 원처분은 효력을 상실하고, 변경재결로 인한 새로운 처분은 제3자의 권익을 침해하지 않는 한 소급하여 효력을 발생한다고 보아야 한다.[205] 이에 반하여 판례는 변경재결이 있으면 원처분이 변경재결로 변경되어 존재하는 것이 된다고 본다(행정소송 참조).

의무이행재결 중 처분재결이 있는 경우에는 당해 재결은 장래에 향하여 즉시 효력을 발생한다.

2. 기속력

재결의 기속력(羈束力)이라 함은 처분청(피청구인) 및 관계행정청이 재결의 취지에 따르도록 처분청 및 관계행정청을 구속하는 효력을 말한다. 따라서, 재결의 기속력을 재결의 구속력이라 부르는 견해도 있다. 재결의 기속력은 인용재결의 효력이며 기각재결에는 인정되지 않는다.

행정심판법 제49조 제1항은 "심판청구를 인용하는 재결은 피청구인과 그 밖의 관계행정청을 기속한다"라고 재결의 기속력을 규정하고 있다. 인용재결의 기속력을 규정하고 있는 행정심판법 제49조 제1항은 통일적·능률적 행정을 위한 피청구인의 자율적 통제와 국민 권리의 신속한 구제라는 행정심판의 취지에 맞게 피청구인으로 하여금 행정심판을 통하여 스스로 관련 분쟁을 종결시키기 위한 것이다(헌재 2022. 07. 21, 2019헌바543; 2023. 03. 23, 2018헌바385).

이 재결의 기속력에 반복금지효가 포함된다는 것에 대하여는 이견이 없지만 재

---

205) 박윤흔, 전게서, 820면.

처분의무가 포함되는지에 대하여는 거부처분의 취소재결과 관련하여 논란의 여지가 있다. 다만, 행정심판법 제49조 제3항과 제4항은 이행재결, 절차의 위법 또는 부당을 이유로 한 취소재결의 경우에 재결의 취지에 따른 재처분의무를 명시적으로 인정하고 있다.

(1) 반복금지효(反復禁止效)

행정청은 처분의 취소재결, 변경재결 또는 무효, 부존재, 실효재결이 있는 경우 동일한 사정 아래에서는 같은 내용의 처분을 되풀이하지 못하며 동일한 과오를 되풀이 하지 못한다(대판 1983. 08. 23, 82누302).

재결은 당해 처분에 관하여 재결주문 및 그 전제가 된 요건사실의 인정과 판단에 대하여 처분청을 기속하므로, 당해 처분에 관하여 위법한 것으로 재결에서 판단된 사유와 기본적 사실관계에 있어 동일성이 인정되는 사유를 내세워 다시 동일한 내용의 처분을 하는 것은 허용되지 않는다(대판 2003. 04. 25, 2002두3201).

[판례] 대판 2005. 12. 09, 2003두7705: [1] **재결의 기속력은 재결의 주문 및 그 전제가 된 요건사실의 인정과 판단, 즉 처분 등의 구체적 위법사유에 관한 판단에만 미친다고 할 것**이고, 종전 처분이 재결에 의하여 취소되었다 하더라도 종전 처분시와는 다른 사유를 들어서 처분을 하는 것은 기속력에 저촉되지 않는다고 할 것이며, 여기에서 동일 사유인지 다른 사유인지는 종전 처분에 관하여 위법한 것으로 재결에서 판단된 사유와 기본적 사실관계에 있어 동일성이 인정되는 사유인지 여부에 따라 판단되어야 한다. [2] **새로운 처분의 처분사유와 종전 처분에 관하여 위법한 것으로 재결에서 판단된 사유가 기본적 사실관계에 있어 동일성이 없으므로 새로운 처분이 종전 처분에 대한 재결의 기속력에 저촉되지 않는다고** 한 사례.

(2) 원상회복의무(위법상태제거의무)

취소재결의 기속력에는 해석상 원상회복의무가 포함되는 것으로 보는 것이 타당하다. 따라서, 취소재결이 확정되면 행정청은 취소된 처분에 의해 초래된 위법상태를 제거하여 원상회복할 의무가 있다.

(3) 처분의무(處分義務)

1) 처분명령재결

당사자의 신청을 거부하거나 부작위로 방치한 처분의 이행을 명하는 재결이 있으면 행정청은 지체 없이 이전의 신청에 대하여 재결의 취지에 따라 처분을 하여야 한다(법 제49조 제2항).

2) 거부처분취소재결 또는 거부처분무효등확인재결

재결에 의하여 취소되거나 무효 또는 부존재로 확인되는 처분이 당사자의 신청을 거부하는 것을 내용으로 하는 경우에는 그 처분을 한 행정청은 재결의 취지에 따라 다시 이전의 신청에 대한 처분을 하여야 한다(제49조 제2항).

[판례] [1] 거부처분을 취소하는 재결의 효력 및 그 취지와 양립할 수 없는 다른 처분에 대한 취소를 구할 소익의 유무: 당사자의 신청을 거부하는 처분을 취소하는 재결이 있는 경우에는 행정청은 그 재결의 취지에 따라 이전의 신청에 대한 처분을 하여야 하는 것이므로 행정청이 그 재결의 취지에 따른 처분을 하지 아니하고 그 처분과는 양립할 수 없는 다른 처분을 하는 것은 위법한 것이라 할 것이고 이 경우 그 재결의 신청인은 위법한 다른 처분의 취소를 소구할 이익이 있다. [2] 행정처분의 취소소송에 있어 판단의 대상이 되는 하자: 행정처분의 취소소송은 행정청의 위법한 처분 등을 취소 또는 변경하는 소송이므로 법원은 그 처분의 위법여부를 가려서 판단하면 되는 것이고, 그 처분의 부당여부까지 판단할 필요는 없다(대판 1988. 12. 13, 88누7880[도시계획사업시행허가처분등취소]).

3) 절차의 하자를 이유로 한 신청에 따른 처분을 취소하는 재결

신청에 따른 처분이 절차의 위법 또는 부당을 이유로 재결로써 취소된 경우 적법한 절차에 따라 신청에 따른 처분을 하거나 신청을 기각하는 처분을 하여야 한다(법 제49조 제4항).

4) 변경명령재결

취소심판에 있어서 변경을 명하는 재결이 있을 때 행정심판법 제49조 제1항(기속력)에 의해 처분청은 당해 처분을 변경하여야 한다.

(4) 기속력의 객관적 범위

기속력의 객관적 범위는 재결의 취지라고 할 수 있다. 기속력의 객관적 범위는 재결의 주문 및 재결이유 중 그 전제가 된 요건사실의 인정과 처분의 효력 판단에 한정되고, 재결의 결론과 직접 관련이 없는 방론이나 간접사실에 대한 판단에까지는 미치지 않는다.

[판례] [압류처분이 재결의 기속력에 반하는 처분이라 하여 그 무효확인을 구하는 사건] 토지에 관한 종전 압류처분이 학교법인 재산대장 등에 사립학교 교육용 기본재산으로 등재된 압류금지재산에 대한 것이라는 이유로 재결에 의해 취소된 이후 과세관청이 위 토지는 학교 교육에 직접 사용되지 않고 있어 압류금지재산인 교육용 기본재산이 아니라는 이유로 후행 압류처분을 한 경우, 후행 압류처분은 종전 재결의 사실인정 및 판단과 기본적인 사실관계가 동일하지 아니한 사유를 바탕으로 이루어진 것이므로 재결의 기속력에 저촉되지 않는다고 판단한 사안(대판 2017. 02. 09, 2014두40029[압류처분무효확인]).

(5) 이행재결의 기속력 확보수단으로서의 직접 처분과 간접강제

1) 직접 처분

가. 의 의 직접 처분(直接處分)이라 함은 행정청이 처분명령재결의 취지에 따라 이전의 신청에 대한 처분을 하지 아니하는 때에 위원회가 당해 처분을 직접 행

하는 것을 말한다(법 제50조 제1항). 직접 처분은 의무이행재결의 실효성을 확보하기 위하여 인정된 의무이행재결의 이행강제제도이다.

직접처분제도는 의무이행심판에서 처분명령재결의 실효성을 확보하기 위하여 1995년 행정심판법 개정에서 도입된 제도이다. 그 후 2010년 1월 25일 개정시 직접 처분의 주체가 재결청에서 행정심판위원회로 변경되었고, 직접 처분을 할 수 없는 예외규정이 추가되었다.

제50조(위원회의 직접 처분) ① 위원회는 피청구인이 제49조 제3항에도 불구하고 처분을 하지 아니하는 경우에는 당사자가 신청하면 기간을 정하여 서면으로 시정을 명하고 그 기간에 이행하지 아니하면 직접 처분을 할 수 있다. 다만, 그 처분의 성질이나 그 밖의 불가피한 사유로 위원회가 직접 처분을 할 수 없는 경우에는 그러하지 아니하다.
② 위원회는 제1항 본문에 따라 직접 처분을 하였을 때에는 그 사실을 해당 행정청에 통보하여야 하며, 그 통보를 받은 행정청은 위원회가 한 처분을 자기가 한 처분으로 보아 관계 법령에 따라 관리·감독 등 필요한 조치를 하여야 한다.

나. 직접 처분의 성질 직접 처분은 처분명령재결의 실효성을 확보하기 위한 행정심판작용이면서 동시에 행정처분으로서의 성질을 갖는다.

다. 인정범위 직접 처분은 처분청이 의무이행재결(처분명령재결)에 따른 처분을 하지 않는 모든 경우에 인정된다. 이에 대하여 지방자치단체의 자치권을 보장할 필요가 있으므로 재처분사무가 자치사무인 경우는 제외하고, 처분청이 하급행정기관이나 기관위임사무를 담당하는 지방자치단체의 장인 경우에만 직접 처분을 인정하여야 한다는 견해[206]가 있다. 이 견해에 대하여는 전술한 직접처분제도의 도입취지인 처분명령재결의 실효성 확보에 반한다는 비판이 가능하다.

라. 요 건 ① 처분명령재결이 있었을 것.

② 위원회가 당사자의 신청에 따라 기간을 정하여 시정을 명하였을 것.

③ 당해 행정청이 그 기간 내에 시정명령을 이행하지 아니하였을 것. 당해 행정청이 어떠한 처분을 하였다면 그 처분이 재결의 내용에 따르지 아니하였다고 하더라도 재결청이 직접 처분을 할 수는 없다(대판 2002. 07. 23, 2000두9151).

④ 그 처분의 성질이나 그 밖의 불가피한 사유로 위원회가 직접 처분을 할 수 없는 경우에 해당하지 않을 것(제50조 제1항). 처분의 성질상 위원회가 직접 처분을 할 수 없는 경우라 함은 처분의 성질에 비추어 직접 처분이 불가능한 경우를 말한다. 예를 들면, 정보공개를 명하는 재결의 경우에는 정보공개는 정보를 보유하는 기관만이 할 수 있으며 처분의 성질상 위원회는 정보공개처분을 할 수 없다. 직접 처분이 원칙

206) 김남철, 『행정판례연구 V』, 429~430면.

이고 직접 처분을 할 수 없는 사유는 예외이므로 위원회가 직접 처분을 할 수 없는 그 밖의 불가피한 사유라 함은 엄격하게 해석하여야 한다. 위원회가 직접 처분을 할 수 없는 그 밖의 불가피한 사유의 예로는 의무이행재결 후 사정변경(법적 상황 또는 사실적 상황의 변경)이 생겼고, 이러한 사정변경이 처분의 중요한 기초가 되는 경우 행정심판위원회 자신이 인적·물적 자원의 한계로 인하여 그러한 처분의 기초자료에 관한 조사를 충실히 행할 수 없기 때문에 직접 처분을 할 수 없는 경우를 들 수 있다. 처분이 재량행위인 경우로서 부관을 붙일 필요가 있는 경우는 그것만으로 '위원회가 직접 처분을 할 수 없는 그 밖의 불가피한 사유'에 해당한다고 할 수 없다.

마. 직접 처분에 대한 불복 지방자치단체가 자치권 침해를 이유로 자치사무에 관한 직접 처분의 취소를 구할 수 있는가에 대하여 견해가 대립하고 있다.

(가) 부정설 직접 처분은 실질상 처분재결 내지 행정심판작용이므로 지방자치단체의 불복을 부정하는 견해이다.

(나) 긍정설 직접 처분은 처분의 성질을 갖고, 지방자치단체의 자치권을 지방자치단체의 법률상 이익으로 볼 수 있고, 지방자치단체는 독립된 법주체이므로 지방자치단체는 자치권의 침해를 이유로 직접 처분의 취소를 구할 원고적격이 있다고 보는 견해이다. 지방자치단체의 자치권을 지방자치단체의 법률상 이익으로 볼 수 있다.

(다) 결 어 지방자치단체의 자치권을 보장할 필요가 있고, 지방자치단체의 자치권도 주관적 공권으로 보는 것이 타당하고 직접 처분은 처분의 성질을 가지므로 긍정설이 타당하다.

바. 자치사무에 대한 직접처분제도의 문제점 직접처분제도는 지방자치단체의 기관위임사무의 집행으로서의 처분의 경우에는 타당하지만 고유사무의 집행으로서의 처분인 경우에는 지방자치의 취지에 비추어 문제가 있다는 견해[207]가 있다. 특히 거부처분 또는 부작위의 부당에 근거한 이행재결의 경우에는 더욱 그러하다는 것이다.

이에 대하여는 직접처분제도는 지방자치단체의 사무집행에 대한 행정적 감독제도가 아니고, 행정심판재결의 실효성을 확보하기 위해 인정되는 행정심판제도이므로 자치사무인 처분을 직접 처분하는 것이 자치권의 침해가 되지 않는다는 비판이 가능하다.

[관련 판례] 지방자치단체인 성남시의 고유사무에 관한 국가기관으로서의 재결청인 경기도지사의 구 행정심판법 제37조 제2항에 근거한 **직접처분이 인용재결의 범위를 넘어 성남시의 권한을 침해**

---

207) 김남철, "행정심판법 제37조 제2항에 의한 자치권침해의 가능성－성남시와 경기도간의 권한쟁의사건을 중심으로", 『행정판례연구 Ⅴ』, 425~430면.

한 것으로서 무효임을 확인한 사례(헌재 1999. 07. 22, 98헌라4 전원재판부[성남시와 경기도간의 권한쟁의]) 〈해설〉 인용재결에서 재결의 주문에 포함된 것은 골프연습장에 관한 것뿐으로서, 이 사건 진입도로에 대한 도시계획사업시행자지정처분은 인용재결내용에 포함되지 아니하였는데, 직접처분으로 진입도로에 대한 도시계획사업시행자지정처분을 한 것은 자치권을 침해한 것이라는 것이다. 직접처분으로 자치권이 침해된 경우 해당 지방자치단체는 헌법재판소에 권한쟁의심판을 청구할 수 있다.

다만, 자치권 존중의 차원에서 자치사무에 대한 것은 위법한 경우에 한하여 직접처분을 하도록 하는 것이 타당하다.

사. 직접 처분의 한계 정보공개명령재결의 경우 정보공개처분의 성질상 위원회가 직접처분을 할 수 없다.

2) 행정심판위원회의 간접강제

행정심판법상 간접강제(間接强制)**제도**는 행정심판 인용재결에 따른 행정청의 재처분 의무에도 불구하고 행정청이 인용재결에 따른 처분을 하지 아니하는 경우 행정심판위원회가 당사자의 신청에 의하여 결정으로 상당한 기간을 정하고, 행정청이 그 기간 내에 이행하지 아니하는 경우에 지연기간에 따라 일정한 배상을 하도록 명하거나 즉시 배상을 할 것을 명하는 제도이다.

2017년 10월 19일부터 시행된 행정심판법에 따르면 위원회는 피청구인이 제49조 제2항(거부처분 취소재결 등에 따른 재처분의무)(제49조 제4항에서 준용하는 경우(신청에 따른 처분이 절차의 위법 또는 부당을 이유로 재결로써 취소된 경우 처분의무)를 포함한다) 또는 제3항(처분명령재결에 따른 재처분의무)에 따른 처분을 하지 아니하면 청구인의 신청에 의하여 결정으로 상당한 기간을 정하고 피청구인이 그 기간 내에 이행하지 아니하는 경우에는 그 지연기간에 따라 일정한 배상을 하도록 명하거나 즉시 배상을 할 것을 명할 수 있다(제50조의2 제1항). 위원회는 사정의 변경이 있는 경우에는 당사자의 신청에 의하여 제1항에 따른 결정의 내용을 변경할 수 있다(동조 제2항). 위원회는 제1항 또는 제2항에 따른 결정을 하기 전에 신청 상대방의 의견을 들어야 한다(동조 제4항).

청구인은 간접강제결정 또는 간접강제변경결정에 불복하는 경우 그 결정에 대하여 행정소송을 제기할 수 있다(동조 제4항).

간접강제결정 또는 간접강제변경결정의 효력은 피청구인인 행정청이 소속된 국가·지방자치단체 또는 공공단체에 미치며, 결정서 정본은 제4항에 따른 소송제기와 관계없이 「민사집행법」에 따른 강제집행에 관하여는 집행권원과 같은 효력을 가진다. 이 경우 집행문은 위원장의 명에 따라 위원회가 소속된 행정청 소속 공무원이 부여한다(동조 제5항).

간접강제 결정에 기초한 강제집행에 관하여 이 법에 특별한 규정이 없는 사항에 대하여는 「민사집행법」의 규정을 준용한다. 다만, 「민사집행법」 제33조(집행문부여의 소), 제34조(집행문부여 등에 관한 이의신청), 제44조(청구에 관한 이의의 소) 및 제45조(집행문부여에 대한 이의의 소)에서 관할 법원은 피청구인의 소재지를 관할하는 행정법원으로 한다(동조 제6항).

(6) 위법판단시 또는 재결시 이후의 사정변경과 기속력

기속력은 취소재결의 경우 위법판단시인 처분시, 그리고 의무이행재결의 경우 재결시의 사실관계나 법을 전제로 하여 구속력을 갖는다. 만일 취소재결의 경우 처분시 이후, 의무이행재결의 경우 판결시 이후 사실관계나 법이 변경된 경우에는 그 한도 내에서는 행정청은 기속력에 구속되지 않는다.

다만, 거부처분에 대한 취소재결의 경우 위법판단시인 처분시 이후의 사실관계나 법의 변경이 공익목적보다는 인용판결을 받은 당사자에게 기속력을 배제하려는 의도로 행해진 경우에는 신의칙 및 권한남용금지의 원칙상 행정청은 기속력에 구속된다고 보아야 하며 그렇지 않은 경우에도 인용판결로 확고해진 당사자의 이익과 사정변경으로 기속력을 배제할 공익을 비교형량하여 기속력의 배제 여부를 정하여야 할 것이다.

3. 불가변력

재결은 당사자의 참여 아래 심리절차를 거쳐 내려지는 심판행위(준사법적 행위)이므로 성질상 보통의 행정행위와 달리 재결을 한 위원회 자신도 이를 취소·변경할 수 없다.

4. 재결의 기판력 불인정

재결에는 명문의 규정(예, 토지보상법 제86조 제1항)이 없는 한 판결에서와 같은 기판력이 인정되지 않는다. 따라서 재결이 확정된 경우에도 처분의 기초가 된 사실관계나 법률적 판단이 확정되고 당사자들이나 법원이 이에 기속되어 모순되는 주장이나 판단을 할 수 없게 되는 것은 아니다(대판 2015. 11. 27, 2013다6759).

5. 기속력 위반과 국가배상책임

행정심판의 재결에 명백히 반하는 처분(예, 위법하다고 판단된 처분사유를 반복하여 처분을 한 경우 또는 재결의 취지에 따른 재처분의무에 반하여 거부처분을 한 경우)으로 인해 손해를 발생시킨 경우에 해당 처분은 위법무효이고, 처분을 한 공무원의 고의 또는 과실을 인정할 수 있으므로 국가배상책임이 인정된다.

Ⅴ. 재결에 대한 불복

1. 재심판청구의 금지

심판청구에 대한 재결이 있는 경우에는 그 재결 및 같은 처분 또는 부작위에 대하여 다시 행정심판을 청구할 수 없다(법 제51조). 이와 같이 행정심판법은 처분에 대한 불복으로 원칙상 한 번의 행정심판청구만을 인정하고 있다. 다만, 국세기본법 등 각 개별법에서 다단계의 행정심판을 인정하고 있는 경우에는 다단계의 행정심판이 인정된다.

[판례] [일사부재리원칙 위반 여부의 판단 기준시점과 각하심결 취소소송의 심리범위 등이 문제된 사건] (1) 일사부재리원칙 위반 여부의 판단 기준시점: 특허심판원은 심판청구 후 심결 시까지 보정된 사실과 이에 대한 증거를 모두 고려하여 심결 시를 기준으로 심판청구가 선행 확정 심결과 동일한 사실·증거에 기초한 것이라서 일사부재리 원칙에 위반되는지 여부를 판단하여야 한다. 대법원 2012. 1. 19. 선고 2009후2234 전원합의체 판결은 '일사부재리의 원칙에 따라 심판청구가 부적법하게 되는지 여부를 판단하는 기준 시점은 심판청구를 제기하던 당시로 보아야 한다.'고 하였는데, 이는 선행 심결의 확정을 판단하는 기준 시점이 쟁점이 된 사안에서 특허법상 일사부재리 원칙의 대세효로 제3자의 권리 제한을 최소화하기 위하여 부득이하게 선행 심결의 확정과 관련해서만 그 기준 시점을 심결 시에서 심판청구 시로 변경한 것이다. (2) 각하 심결의 위법성 판단 기준 시점 및 각하 심결 취소소송의 심리범위: 심판은 특허심판원에서 진행하는 행정절차로서 심결은 행정처분에 해당한다. 그에 대한 불복 소송인 심결 취소소송은 항고소송에 해당하여 그 소송물은 심결의 실체적·절차적 위법성 여부이므로, 당사자는 심결에서 판단되지 않은 처분의 위법사유도 심결 취소소송 단계에서 주장·입증할 수 있고, 심결 취소소송의 법원은 특별한 사정이 없는 한 제한 없이 이를 심리·판단하여 판결의 기초로 삼을 수 있다. 이와 같이 본다고 해서 심급의 이익을 해친다거나 당사자에게 예측하지 못한 불의의 손해를 입히는 것이 아니다(대법원 2002. 6. 25. 선고 2000후1290 판결, 대법원 2009. 5. 28. 선고 2007후4410 판결 등 참조). (3) 위에서 보았듯이 일사부재리 원칙 위반을 이유로 등록무효 심판청구를 각하한 심결에 대한 취소소송에서 심결 시를 기준으로 동일 사실과 동일 증거를 제출한 것인지를 심리하여 일사부재리 원칙 위반 여부를 판단하여야 한다. 이때 심판청구인이 심판절차에서 주장하지 않은 새로운 등록무효 사유를 주장하는 것은 허용되지 않는다. 따라서 이러한 새로운 등록무효 사유의 주장을 이유로 각하 심결을 취소할 수 없고, 새로운 등록무효 사유에 대하여 판단할 수도 없다. (4) 원고가 진보성 부정을 이유로 한 등록무효 심판청구를 하였으나, 제3자에 의한 선행 확정 심결과 동일사실 및 동일증거에 의한 청구여서 일사부재리 원칙에 위반된다는 이유로 각하되었고, 이 각하 심결에 대한 취소소송을 제기하여 신규성 부정, 기재불비 등의 새로운 무효 사유를 주장한 사안임. 원심은 '위 각하 심결은 정당하고, 2009후2234 전원합의체 판결에 따르면 일사부재리 원칙 위반 여부를 판단하는 기준 시점은 심판청구 시이므로 원심에 이르러 주장된 새로운 무효사유는 그 자체로 이유 없다'고 하여 원고의 청구를 기각하였는데, 상고인은 이러한 원심 판단이 심결 취소소송의 심리범위에 관한 무제한설에 반한다고 다툼. 대법원은 심결에서 판단되지 않은 처분의 위법사유를 심결 취소소송에서 주장·입증할 수 있는 것은 맞지만, 일사부재리 원칙 위반 요건 중 동일사실 및 동일증거에 해당하는지 여부는 심결시를 기준으로 판단하고, 심결의 위법성 판단 기준 시점은 심결시라는 점에서, 각

하 심결 이후 새로운 등록무효 사유를 주장한 것을 고려하여 각하 심결의 위법 여부를 판단할 수 없고 새로운 등록무효 사유에 대하여 실체 판단 역시 할 수 없음을 명확히 함(대판 2020. 04. 09, 2018후11360[등록무효(특)]).

2. 원고 등의 행정소송

원고는 기각재결 또는 일부인용재결의 경우 항고소송을 제기할 수 있다. 이 경우 항고소송의 대상은 후술한다(항고소송의 대상 참조).

또한, 처분을 취소하는 인용재결로 인하여 비로소 권익침해를 당한 원처분의 상대방은 후술하는 바와 같이 재결을 대상으로 행정소송을 제기할 수 있다.

3. 처분청의 불복가능성

인용재결에 대해 처분청이 행정소송을 제기할 수 있는지가 문제된다.

(1) 부정설

"**심판청구를 인용하는 재결**은 피청구인과 그 밖의 관계 행정청을 기속(羈束)한다."고 규정하고 있는 행정심판법 제49조 제1항(기속력규정)에 근거하여 처분청은 행정심판의 인용재결에 대해 불복할 수 없다고 본다. 판례도 이러한 입장을 취하고 있다(대판 1998. 05. 08, 97누15432).

[판례] ① 행정심판법은 행정심판법 제49조 제1항에 따라 피청구인에게 **인용재결의 기속력**이 미치므로 정보공개청구인이 정보공개와 관련한 공공기관의 결정 등에 대해 행정심판을 청구하여 그 행정심판절차에서 공공기관의 정보공개를 명하는 인용재결이 내려진 경우에는, 행정심판법은 행정심판법 제49조 제1항에 따라 피청구인인 공공기관(국립대학법인 서울대학교)은 인용재결에 기속되고 이에 불복하여 행정소송을 제기할 수 없다(헌재 2023. 03. 23, 2018헌바385).
② **(1) 재판청구권 침해여부: 공권력의 행사자인 국가, 지방자치단체나 그 기관 또는 국가조직의 일부나 공법인은 기본권의 주체가 아니라 단지** 국민의 기본권을 보호 내지 실현해야 할 책임과 의무를 지는 지위에 있을 뿐이다. 지방자치단체의 장인 이 사건 청구인은 기본권의 주체가 될 수 없으므로 청구인의 재판청구권 침해 주장은 더 나아가 살필 필요 없이 이유 없다. **(2) 헌법 제101조 제1항, 제107조 제2항 및 제3항 위배 여부:** 헌법 제101조 제1항과 헌법 제107조 제2항은 입법권 및 행정권으로부터 독립된 사법권의 권한과 심사범위를 규정한 것이다. 그리고 **헌법 제107조 제3항은** 행정심판제도의 목적이 행정의 자율적 통제기능과 사법 보완적 기능을 통한 국민의 권리구제에 있으므로 **행정심판의 심리절차에서도** 관계인의 충분한 의견진술 및 자료제출과 당사자의 자유로운 변론 보장 등과 같은 **대심구조적 사법절차가 준용되어야 한다는 취지일 뿐, 사법절차의 심급제에 따른 불복할 권리까지 준용되어야 한다는 취지는 아니다.** 그러므로 이 사건 법률조항은 헌법 제101조 제1항, 제107조 제2항 및 제3항에 위배된다고 볼 수 없다. **(3) 평등원칙 위배 여부:** 이 사건 법률조항은 행정청의 자율적 통제와 국민 권리의 신속한 구제라는 행정심판의 취지에 맞게 행정청으로 하여금 행정심판을 통하여 스스로 내부적 판단을 종결시키고자 하는 것으로서 그 합리성이 인정되고, 반면 행정청의 행위에 대해 행정심판이 이루어졌다는 이유로 국민이 행정청

의 행위를 법원에서 다툴 수 없도록 한다면 재판받을 권리를 제한하는 것이 되므로 국민은 행정심판의 재결에도 불구하고 행정소송을 제기할 수 있도록 한 것일 뿐이므로, 이 사건 법률조항이 평등원칙에 위배된다고 볼 수 없다. (4) **지방자치제도의 본질적 부분 침해 여부**: 행정심판제도는 국민의 권리 또는 이익을 보호하기 위하여 행정청의 처분이나 부작위의 위법성 또는 부당성을 행정기관이 심판하는 것으로서, 이러한 행정통제기능을 수행하기 위해서는 중앙정부와 지방정부를 포함하여 행정청 내부에 어느 정도 그 판단기준의 통일성이 갖추어져야 한다. 또한 행정심판제도가 행정청이 가진 전문성을 활용하고 신속하게 문제를 해결하여 분쟁해결의 효과성과 효율성을 높이려는 취지로 마련되었음을 고려할 때, 사안에 따라 지방자치단체가 개별적으로 행정심판의 기능을 갖는 것보다 국가단위로 행정심판이 이루어지는 것이 더욱 바람직할 수 있다. 이 사건 법률조항(행정심판법 제49조 제1항)은 다층적·다면적으로 설계된 현행 행정심판제도 속에서 각 **행정심판기관의 인용재결의 기속력**을 인정한 것으로서, 이로 인하여 중앙행정기관이 지방행정기관을 통제하는 상황이 발생한다고 하여 **그 자체로 지방자치제도의 본질적 부분을 훼손하는 정도에 이른다고 보기 어렵다**. 그러므로 이 사건 법률조항은 지방자치제도의 본질적 부분을 침해하지 아니한다(헌재 2014. 06. 26, 2013헌바122[행정심판법 제49조 제1항 위헌소원]).

이 견해에 대해서는 인용재결의 기속력은 확정된 인용재결, 즉 제소기간이 지나 확정된 인용재결에 한하여 인정되는 것이므로 행정심판법 제49조 제1항을 인용재결에 대한 처분청의 행정소송 제기 불가능의 근거로 보는 것은 타당하지 않다는 비판이 가능하다.

(2) 제한적 긍정설

행정심판의 자율적 행정통제기능에 비추어 행정심판의 인용재결에 대한 처분청의 행정소송 제기가능성을 원칙상 부정하는 것이 타당하지만, 자치사무에 속하는 처분에 대한 행정심판의 인용재결에 대하여는 지방자치단체의 장이 행정소송을 제기할 수 있다고 보아야 한다고 주장한다. 그 논거는 자치권은 지방자치단체의 주관적 공권이기 때문에 자치권이 침해된 경우 지방자치단체에게 원고적격을 인정하여야 한다는 데 있다.

(3) 결 어

다음과 같은 이유에서 제한적 긍정설이 타당하다. 부정설이 그 논거로 재결의 기속력에 관한 규정인 행정심판법 제49조 제1항을 드는 것은 타당하지 않다. 재결의 기속력은 확정재결의 효력이고, 재결의 실효성을 확보하기 위한 효력이지 불복을 금지하기 위한 효력은 아니기 때문이다. 위원회가 처분청과 동일 행정주체에 속하는 경우(예, 처분청이 중앙행정기관인 경우, 자치단체의 장이 기관위임사무에 관한 처분을 한 경우)에도 행정의사의 통일성에 비추어 명문의 규정이 없는 한 인용재결에 대한 불복을 인정하는 것은 타당하지 않다. 다만, 자치사무에 속하는 처분의 경우 위원회와 처분청은 동일한 법주체에 속하지 않으며 지방자치단체의 자치권을 보장할 필요가 있으므로 행정심판의 인용재결에 대하여 항고소송을 제기할 수 있다고 보아야 한다. 지방자치의 헌법원칙상 자치사무에 대한 국가의 통제는 위법에 한정하여야 하는데, 자치사무에 관한 처분을 부당을 이유로 취소하는 인용재결에 대해서도 처분청이 다툴 수 없게 하는 것은 헌법상 지방자치의 원칙에 반한다. 이에 반하여 기관위임사무에 관한 처분의 경우에는 자치단체의 장이 위임기관(국가기관 또는 시·도의 기관)의 지위에서 처분을 하는 것이므로 처분청인 자치단체의 장의 인용재결에 대한 불복을 인정하지 않더라도 자치권 침해의 문제가 될 수 없고, 처분청은 행정심판위원회와 동일한 행정주체에 속하므로 명문의 규정이 없는 한 인용재결에 대한 처분의 불복을 인정할 수 없다.

입법론으로는 처분청이 위원회와 동일한 행정주체에 속하더라도 위원회가 처분청의 상급기관이나 감독기관이 아니라는 점, 행정소송을 통한 법적 분쟁의 통일적인 해결을 도모할 필요가 있는 점 등에 비추어 인용재결에 대한 처분청의 불복을 허용하는 것도 이론상 불가능한 것은 아니다. 그렇지만, 행정심판의 인용재결에 대한 처분청의 불복을 전면 허용하는 것은 행정심판 기능의 약화, 행정심판 및 행정소송의 증가 등의 부작용을 초래할 수 있고, 처분청이 동일한 행정주체에 속하는 경우 처분청의 원고적격 인정에 법리상 제약이 있으므로 처분청의 인용재결에 대한 불복을 자치사무 관한 처분에 한하여 인정하거나 그 위법성이 명백한 인용재결에 한하여 인정하는 등 일정한 제한을 가해 인정하는 것이 바람직할 것이다.

4. 인용재결에 대한 권한쟁의심판

자치사무에 속하는 처분 또는 부작위에 대한 인용재결로 지방자치단체의 자치사무에 대한 자치권이 침해된 경우에 해당 지방자치단체는 헌법재판소에 권한쟁의심판을 청구할 수 있다.

[판례] ①<성남시와 경기도간의 권한쟁의: 지방자치단체인 성남시의 고유사무에 관한 국가기관으로서의 재결청인 경기도지사(현행 경기도행정심판위원회)의 구 행정심판법 제37조 제2항에 근거한 직접처분이 인용재결의 범위를 넘어 성남시의 권한을 침해한 것으로서 무효임을 확인한 사례> (1) 지방자치단체는 지방자치단체의 사무에 관하여만 권한쟁의심판을 청구할 수 있고, 기관위임사무에 관하여 권한쟁의심판을 청구할 수 없다. **도시계획사업실시계획인가사무는** 건설교통부장관으로부터 시·도지사에게 위임되었고, 다시 시장·군수에게 재위임된 **기관위임사무로서 국가사무라고 할 것이므로, 청구인의 이 사건 심판청구 중 도시계획사업실시계획인가처분에 대한 부분은** 지방자치단체의 권한에 속하지 아니하는 사무에 관한 것으로서 **부적법하다**고 할 것이다. (2) 이 사건은 지방자치단체인 청구인(성남시)과 **국가기관인 재결청**으로서의 피청구인(구 행정심판법상 경기도지사, 현행 행정심판법상으로는 경기도행정심판위원회)사이의 권한쟁의 사건이라고 할 것이다. (3) 피청구인이 행한 두차례의 **인용재결에서** 재결의 주문에 포함된 것은 골프연습장에 관한 것뿐

으로서, 이 사건 진입도로에 관한 판단은 포함되어 있지 아니함이 명백하고, 재결의 기속력의 객관적 범위는 그 재결의 주문에 포함된 법률적 판단에 한정되는 것이다. 청구인은 인용재결내용에 포함되지 아니한 이 사건 진입도로에 대한 도시계획사업시행자지정처분을 할 의무는 없으므로, 피청구인이 이 사건 진입도로에 대하여까지 청구인의 불이행을 이유로 행정심판법 제37조 제2항에 의하여 도시계획사업시행자지정처분(재결청의 직접처분)을 한 것은 인용재결의 범위를 넘어 청구인의 권한을 침해한 것으로서, 그 처분에 중대하고도 명백한 흠이 있어 무효라고 할 것이다. <재판관 이영모의 별개의견> 피청구인의 제1, 2차 재결에 이 사건 진입도로 부분이 포함된 여부에 상관없이 재결청인 피청구인이 행정심판법 제37조 제2항에 의하여 이 사건 진입도로를 개설한 직접처분은 도시계획법 및 지방자치법의 조항에 의한 청구인의 권한을 침해하고 있음이 분명하므로 당연무효인 피청구인의 위법한 직접처분에 대한 권한쟁의심판으로 이의 시정을 구할 수 있는 것이다(헌재 1999. 07. 22, 98헌라4). 〈해설〉 행정심판은 국가사무이고, 시·도행정심판위원회는 행정심판업무를 수행함에 있어서는 국가기관의 지위를 갖는다. 인용재결의 기속력의 범위에 속하는(기속력에 따른) 직접처분이 법령을 위반하여 청구인의 권한을 침해하는 경우 권한쟁의심판에서 인용될 수 있을지에 관하여 다수견해는 기속력을 고려하여 부정적으로 보지만 별개의견은 긍정적으로 보고 있다.

② 헌법재판소법 제61조의 처분은 행정소송법상 처분보다 넓은 개념으로서 행정처분은 물론 법률제정작용, 행정입법과 같은 모든 행정작용 그리고 법원의 재판 및 사법행정작용 등을 포함하는 넓은 의미의 공권력 처분을 의미하는 것이다(헌재 2006. 05. 25, 2005헌라4).

제12항 고지제도

Ⅰ. 고지제도의 의의 및 필요성

행정심판의 고지제도(告知制度)라 함은 행정청이 처분을 함에 있어서 상대방에게 그 처분에 대하여 행정심판을 제기할 수 있는지 여부, 심판청구절차, 청구기간 등 행정심판의 제기에 필요한 사항을 미리 알려 주도록 의무지우는 제도를 말한다.

고지제도는 국민에게 행정심판제도의 이용기회를 보장하고 행정정에 의한 처분의 적정성 확보에 기여한다. 즉, 처분의 상대방 또는 이해관계인이 행정심판제도 자체를 모르거나 행정청의 행위에 대하여 행정심판이 가능한지 여부가 불명확하여 행정심판의 제기가능성을 몰라 행정심판을 제기하지 못하는 경우가 있고, 행정심판을 제기하고자 하여도 단기의 행정심판제기기간을 모르거나 심판청구절차를 몰라 행정심판을 제기하여도 심판청구가 부적법하여 각하되어 버리는 경우가 있다. 이러한 점에 비추어 고지제도를 두어 국민에게 행정심판의 이용을 실질적으로 보장할 필요가 있다. 또한, 처분청은 고지를 하면서 처분에 대한 행정심판의 제기를 예상하게 되므로 당해 처분을 보다 신중히 하게 되며 결과적으로 처분의 적정성이 제고될 수 있다.

그리하여 행정심판법은 직권에 의한 고지(법 제58조 제1항)와 청구에 의한 고지

(법 제58조 제2항)를 규정하고 있다. 그리고, 고지하지 않은 경우와 잘못 고지한 경우의 제재를 규정하고 있다(법 제23조 제2항, 제27조 제5항, 제6항).

또한, 행정절차법도 처분청의 고지의무를 규정하고 있다(법 제26조). 행정절차법상의 고지는 행정심판 이외의 불복의 제기가능성도 고지하도록 하고 있다. 그러나, 행정절차법은 고지의무를 이행하지 않은 경우에 대한 제재를 규정하지 않고 있어 행정절차법상의 고지제도는 실효성을 결여하고 있다.

Ⅱ. 고지의 성질

고지는 불복제기의 가능 여부 및 불복청구의 요건 등 불복청구에 필요한 사항을 알려 주는 비권력적 사실행위이다. 고지는 그 자체로서는 아무런 법적 효과를 발생시키지 않는다. 다만, 불고지 또는 오고지로 손해가 발생한 경우에는 국가배상청구를 할 수 있을 것이다.

Ⅲ. 직권에 의한 고지

행정청이 처분을 할 때에는 처분의 상대방에게 처분에 대하여 행정심판을 청구할 수 있는지의 여부, 행정심판을 청구하는 경우의 심판청구절차 및 심판청구기간을 알려야 한다(법 제58조 제1항).

1. 고지의 대상

① 행정청의 고지의무는 처분이 서면으로 행해지는 경우에 한하지 않는다.

② 행정청의 고지의무는 처분이 행정심판법상의 행정심판의 대상이 되는 경우뿐만 아니라 다른 개별법령에 의한 심판청구의 대상이 되는 경우에도 인정된다.

③ 수익적 행정행위에 대하여는 상대방의 불복이 있을 수 없으므로 고지를 요하지 않는다. 예를 들면, 신청된 대로 처분이 행해진 경우가 그러하다. 그러나, 신청을 거부한 처분이나 신청된 것과 다른 내용의 처분 및 부관이 붙여진 처분의 경우에는 고지를 하여야 한다.

2. 고지의 상대방

현행법상 고지는 처분의 직접 상대방에 대하여만 하면 된다. 처분의 직접 상대방이 아닌 이해관계인은 고지의무의 상대방은 아니지만, 이들에게도 직권으로 고지하는 것은 가능하며 또한 바람직하다.

3. 고지의 내용

① 행정심판을 청구할 수 있는지 與否: 행정심판법은 '행정심판을 제기할 수 있는지 여부'를 고지하도록 규정하고 있으므로 행정심판의 대상이 되는 처분이 아닌 행위에 대하여도 행정심판의 대상이 되지 않는다는 고지를 하여야 하는 것으로 해석되나 행정심판을 제기할 수 있는지 여부의 고지는 주로 처분의 상대방이 행정심판을 제기할 수 있는 경우에 상대방이 행정심판을 제기할 수 있다는 뜻을 고지하는 것에 있어서 의미를 갖는다.

또한, 행정심판의 대상이 되지 아니하는 행위에 대하여 고지를 하지 아니하였다고 하여 아무런 법적 효과가 발생하지 않는다.

② 심판청구절차: 심판청구절차 중 중요한 것은 행정심판서를 제출할 행정청, 즉 처분청과 재결청의 명칭을 고지하는 것이다.

③ 심판청구기간: 고지를 하는 경우에는 처분의 통지가 동시에 행해지므로 처분이 있음을 안 날로부터 90일 이내에 심판청구를 제기하여야 한다는 고지를 하면 된다.

4. 고지의 방법과 시기

행정심판법은 고지의 방식에 관하여 아무런 규정을 두고 있지 않다. 따라서, 고지는 서면으로도 가능하고 구술로도 가능하다. 다만, 고지의 유무나 고지의 내용 등에 대한 다툼을 배제하기 위하여 서면으로 고지함이 바람직하다. 그리고, 고지의무는 처분을 서면으로 하는 경우에 인정되는 것이므로 처분시 처분서에 기재하여 고지하는 것이 편리할 것이다.

고지의 시기에 관하여도 아무런 규정이 없지만 원칙적으로 처분시에 하여야 할 것이다. 특히 행정심판의 제기기간은 행정처분이 있음을 안 날로부터 기산되므로 고지는 처분시에 행해져야 한다. 다만, 처분시에 고지를 하지 못한 경우에도 처분 후에 고지하면 행정심판의 제기에 큰 지장을 주지 않는 한도 내에서는 그 하자가 치유된다고 보아야 할 것이다.

Ⅳ. 청구에 의한 고지

행정청은 이해관계인이 요구하면 ① 해당 처분이 행정심판의 대상이 되는 처분인지 및 ② 행정심판의 대상이 되는 경우 소관 위원회 및 심판청구 기간을 지체 없이 알려 주어야 한다. 이 경우 서면으로 알려 줄 것을 요구받으면 서면으로 알려 주어야 한다(제58조 제2항).

1. 고지의 청구권자

고지를 청구할 수 있는 자는 '처분의 이해관계인'이다. 다만, 여기에서 이해관계인이라 함은 통상은 상대방에게는 이익을 주지만 제3자에게는 불이익을 주는 복효적 행정행위에 있어서 당해 제3자일 것이지만 처분시에 직권고지를 하지 아니한 경우에 당해 처분의 상대방도 포함한다고 보아야 할 것이다.

2. 고지청구의 대상

고지의 대상이 되는 처분이 서면에 의한 처분에 한정되지 않는다. 고지를 청구할 수 있는 대상은 모든 처분이다. 당해 처분이 행정심판의 대상이 되는 처분인지 여부, 서면에 의한 것인지 여부를 묻지 않는다.

3. 고지의 내용

고지의 내용은 행정심판의 제기에 필요한 사항(행정심판의 대상이 되는 처분인지 여부, 소관 위원회 및 청구기간) 중에서 당사자가 고지해 줄 것을 청구한 사항이다. 소관 위원회 및 청구기간은 당해 처분이 행정심판의 대상이 되는 경우에 고지의 대상이 된다.

4. 고지의 방법과 시기

고지는 서면이나 구술로 할 수 있는데, 청구인으로부터 서면으로 알려줄 것을 요구받은 때에는 서면으로 알려야 한다(법 제58조 제2항 제2문).

고지의 청구를 받은 때에는 지체 없이 고지하여야 한다(법 제58조 제1항 제1문). '지체 없이'라 함은 행정심판을 제기하는 데 큰 지장을 주지 않을 합리적인 기간 내를 의미한다.

Ⅴ. 불고지 또는 오고지의 효과

행정심판법은 고지의무가 있음에도 고지를 하지 아니하거나(불고지) 잘못 고지(오고지)한 경우에 처분의 상대방 또는 이해관계인의 권리구제를 위한 규정을 두고 있다.

1. 불고지(不告知)의 효과

(1) 심판청구서제출기관과 권리구제

처분청이 고지를 하지 아니하여 청구인이 심판청구서를 처분청이나 위원회가 아닌 다른 행정기관에 제출한 때에는 당해 행정기관은 그 심판청구서를 지체 없이 정당한 권한이 있는 피청구인에게 송부하고(법 제23조 제2항), 지체 없이 그 사실을 청구인에게 통지하여야 한다(법 제23조 제3항). 이 경우에 심판청구 기간을 계산할 때에는 제1항에 따른 피청구인이나 위원회 또는 제2항에 따른 행정기관에 심판청구서가 제출되었을 때에 행정심판이 청구된 것으로 본다(제23조 제4항).

(2) 청구기간

처분청이 심판청구기간을 고지하지 아니한 때에는 심판청구기간은 처분이 있음을 안 경우에도 당해 처분이 있은 날로부터 180일이 된다(제27조 제6항). 다른 법률에서 행정심판청구기간을 행정심판법보다 짧게 정한 경우에도 행정청이 처분시에 행정심판청구기간을 알리지 아니한 때에는 당사자는 그 처분이 있은 날로부터 180일 이내에 행정심판을 제기할 수 있다고 보아야 할 것이다(대판 1990. 07. 10, 89누6839).

2. 오고지(誤告知)의 효과

(1) 심판청구서제출기관과 권리구제

처분청이 심판청구서제출기관을 잘못 고지하여 청구인이 심판청구서를 처분청이나 위원회가 아닌 다른 행정기관에 제출한 때의 효과도 위의 불고지의 경우와 같다(법 제23조 제2항 · 제3항 · 제4항).

(2) 청구기간

처분청이 심판청구기간을 '처분이 있음을 안 날로부터 90일 이내'보다 더 긴 기간으로 잘못 알린 경우에 그 잘못 알린 기간 내에 심판청구가 있으면 그 심판청구는 적법한 기간 내에 제기된 것으로 의제된다(법 제27조 제5항). 다른 법률에서 행정심판청구기간을 행정심판법보다 짧게 정한 경우에도 행정청이 처분시에 행정심판청구기간을 알리지 아니한 때에는 당사자는 그 처분이 있은 날로부터 180일 이내에 행정심판을 제기할 수 있다고 보아야 할 것이다(대판 1990. 07. 10, 89누6839).

3. 불고지 또는 오고지와 처분의 효력

처분을 함에 있어 고지를 하지 아니 하거나 잘못 고지한 경우 그것이 당해 처분의 절차의 하자가 되어 당해 처분이 위법하게 되는지에 관하여 논란의 여지가 있으나 부정적으로 보아야 할 것이다. 즉, 불고지나 오고지는 처분 자체의 효력에 직접 영향을 미치지 않는다고 보아야 할 것이다.[208] 판례도 이러한 입장을 취하고 있다(대판 1987. 11. 24, 87누529).

제13항 특별행정심판

특별행정심판(特別行政審判)이라 함은 행정심판법에 대한 특례규정이 두어진 행정심판을 말한다. 특별행정심판에 대하여 행정심판법에 따른 행정심판을 일반행정심판이라 할 수 있다.

행정심판법상의 행정심판에 대하여 많은 개별 법률에서 특례규정을 두고 있다. 행정심판에 관한 특례규정은 심판청구사건의 전문성 · 기술성에 비추어 특별행정심판기관 등 특별심판절차를 규정할 필요가 있는 경우, 행정의 자율적 통제의 실효성 및 권리구제의 실효성을 위하여 특별심판절차, 불복기간 등에 관한 특례규정을 둘 필요가 있는 경우 등에 두어진다.

행정심판에 대한 특례규정 중에는 행정심판법상의 행정심판과는 다른 별도의 특별행정심판절차를 규정한 경우도 있고, 행정심판법상의 일반 행정심판에 대한 단순한 특례규정을 둔 경우도 있다.

예를 들면, 국세기본법에서의 심사청구 또는 심판청구, 국가공무원법상의 소청심사의 청구(법 제76조), 토지의 취득 및 보상에 관한 법률상의 이의신청 등은 특별행정심판의 예이다.

행정심판에 관한 개별 법률의 특례규정은 행정심판법에 대한 특별법적 규정이므로 당해 특례규정이 행정심판법에 우선하여 적용된다. 그리고, 행정심판에 관하여 개별 법률에서 규정하고 있지 않은 사항과 절차는 일반법인 행정심판법이 적용된다(법 제4조 제2항). 다만, 조세심판에 대하여는 행정심판법의 일부 규정을 준용하는 외에 원칙상 그 적용이 배제되고 있다(국세기본법 제56조 제1항, 지방세기본법 제125조 제1항).

[판례] 구 국세기본법 제61조 제1항은 심사청구는 당해 처분이 있는 것을 안 날(처분의 통지를 받은 때에는 그 받은 날)로부터 60일 내에 하여야 한다고 규정하고 있으니, **과세관청이 조세처분을 하면서 행정심판 청구기간을 고지하지 않았다 하더라도 그 심사청구기간은 당해 처분이 있은 것을 안 날(처분의 통지를 받은 때에는 그 받은 날)로부터 60일 내라 할 것이고,** 행정심판법 제18조 제6항, 제3항 본문에 의하여 행정청이 행정심판청구기간을 알리지 아니한 때에는 180일 내에 심판청구를 할 수 있다 하더라도, **구 국세기본법 제56조 제1항이 조세처분에 대하여는 행정심판법의 규**

---

208) 박송규, 전게서, 359면.

정을 적용하지 아니한다고 규정하고 있으므로, 그 심판청구기간을 처분이 있은 날로부터 180일 내라고 볼 수는 없다(대판 2001. 11. 13, 2000두536).

사안의 전문성과 특수성을 살리기 위하여 특히 필요한 경우 외에는 이 법에 따른 행정심판을 갈음하는 특별한 행정불복절차(이하 "특별행정심판"이라 한다)나 이 법에 따른 행정심판 절차에 대한 특례를 다른 법률로 정할 수 없다(제4조 제1항).

Ⅰ. 조세심판

1. 국세에 대한 행정심판

국세부과처분에 대해 행정소송을 제기하기 전에 국세청장에 대한 심사청구 또는 조세심판원에 대한 심판청구를 택일하여 청구하여야 한다(국세기본법 제55조 제1항, 제2항, 제9항, 제56조 제2항). 심사청구 및 심판청구는 행정심판의 성질을 갖는다. 따라서, 심사청구 또는 심판청구를 중복하여 제기한 경우 나중에 접수된 청구는 부적법한 청구로 보는 것이 타당하다. 이러한 내용의 국세기본법 개정안이 제출되어 있다.

처분이 국세청장이 조사·결정 또는 처리하거나 하였어야 할 것인 경우를 제외하고는 심사청구 또는 심판청구 전에 이의신청을 할 수 있으나(제55조 제3항) 이 이의신청은 임의적이며 행정심판이 아니다.

2. 지방세에 대한 행정심판

지방세에 대한 행정심판은 국세에 대한 행정심판에 준하여 규율되고 있다(지방세기본법 제117조 내지 제127조).

3. 재조사결정

국세기본법은 심사청구 또는 심판청구에 대한 결정의 한 유형으로 재조사결정을 규정하고 있다. 심사청구 또는 심판청구가 이유 있다고 인정될 때에는 그 청구의 대상이 된 처분의 취소·경정 결정을 하거나 필요한 처분의 결정을 한다. 다만, 취소·경정 또는 필요한 처분을 하기 위하여 **사실관계 확인 등 추가적으로 조사가 필요한 경우**에는 처분청으로 하여금 이를 재조사하여 그 결과에 따라 취소·경정하거나 필요한 처분을 하도록 하는 재조사 결정을 할 수 있다(제65조 제1항 제3호, 제81조). 제1항 제3호 단서에 따른 재조사 결정이 있는 경우 처분청은 재조사 결정일로부터 60일 이내에 결정서 주문에 기재된 범위에 한정하여 조사하고, 그 결과에 따라 취소·경정하거나 필요한 처분을 하여야 한다. 이 경우 처분청은 제81조의7 및 제81조의8에 따라 조사를 연기하거나 조사기간을 연장하거나 조사를 중지할 수 있다(제5항).

재조사결정에 대해서는 다음과 같은 특칙이 인정된다. 심사청구 또는 심판청구에 대한 처분에 대해서는 이의신청, 심사청구 또는 심판청구를 제기할 수 없다. 다만, 제65조 제1항 제3호 단서(제80조의2에서 준용하는 경우를 포함한다)의 재조사 결정에 따른 처분청의 처분에 대해서는 해당 재조사 결정을 한 재결청에 대하여 심사청구 또는 심판청구를 제기할 수 있다(제55조 제5항). 국세기본법에 따른 심사청구 또는 심판청구를 거쳐 행정소송을 제기하는 경우 재조사 후 행한 처분청의 처분에 대하여 제기한 심사청구 또는 심판청구에 대한 결정의 통지를 받은 날부터 90일 이내 제기하여야 하지만, 제65조 제2항(제80조의2에서 준용하는 경우를 포함한다)에 따른 결정기간에 결정의 통지를 받지 못하는 경우에는 그 결정기간이 지난 날부터 행정소송을 제기할 수 있다(제56조 제4항 제2호). 재조사 결정에 따른 처분청의 처분에 불복하여 행정소송을 제기하는 경우 심사청구 또는 심판청구를 거치지 아니할 수 있다(국세기본법 제56조 제2항 단서).

[판례] ① [1] 심판청구에 대한 결정의 한 유형으로 실무상 행해지고 있는 **재조사결정은** 재결청의 결정에서 지적된 사항에 관해서 처분청의 재조사결과를 기다려 그에 따른 후속 처분의 내용을 심판청구 등에 대한 결정의 일부분으로 삼겠다는 의사가 내포된 변형결정에 해당하고, 처분청의 후속 처분에 따라 그 내용이 보완됨으로써 결정으로서 효력이 발생하므로(대법원 2010. 06. 25. 선고 2007두12514 전원합의체 판결 참조), **재조사결정의 취지에 따른 후속 처분이 심판청구를 한 당초 처분보다 청구인에게 불리하면** 법 제79조 제2항의 **불이익변경금지원칙에 위배되어** 후속 처분 중 당초 처분의 세액을 초과하는 부분은 위법하게 된다. [2] 수입금액과 필요경비에 관하여 실지조사에 의하여 산정한 당초 처분에 대하여, 조세심판원이 필요경비를 추계하여 과세표준 및 세액을 경정하도록 결정함에 따라 과세관청이 추계조사를 통하여 '증액'된 종합소득세를 부과한 경우, 재조사 결정에 따른 후속 처분은 불이익변경금지 원칙에 반한다는 취지로 판단한 사안(대판 2016. 09. 28, 2016두39382[부가가치세등부과처분취소]).

② [1] 심판청구 등에 대한 결정의 한 유형으로 실무상 행해지고 있는 재조사 결정은 재결청의 결정에서 지적된 사항에 관하여 처분청의 재조사결과를 기다려 그에 따른 후속 처분의 내용을 심판청구 등에 대한 결정의 일부분으로 삼겠다는 의사가 내포된 변형결정에 해당하므로, 처분청은 재조사 결정의 취지에 따라 재조사를 한 후 그 내용을 보완하는 후속 처분만을 할 수 있다. 따라서 **처분청이 재조사 결정의 주문 및 그 전제가 된 요건사실의 인정과 판단, 즉 처분의 구체적 위법사유에 관한 판단에 반하여 당초 처분을 그대로 유지하는 것은 재조사 결정의 기속력에 저촉된다.** [2] 조세심판원이 '온라인교재가 부가가치세 면세대상인 전자출판물에 해당하므로 그 공급가액을 과세표준에서 차감하여야 한다'는 이유로 해당 가액을 재조사하여 과세표준에서 차감하여 세액을 경정하라는 재조사 결정을 하였음에도, 처분청인 피고가 온라인교재의 공급가액을 산정하여 과세표준에서 차감하지 아니한 채 이 사건 처분을 당초와 같은 이유로 그대로 유지한 것은 재조사 결정의 기속력에 저촉된다고 판단한 사안(대판 2017. 05. 11, 2015두37549). **〈해설〉** 현재는 재조사결정이 심판청구 등에 대한 결정의 한 유형으로 명문화되었다. ②-1 甲 주택재개발정비사업조합이 관할 세무서장에게 법인세를 신고·납부하면서 조합원들이 현물출자한 토지 및 건물(이하 '자산'이

라 한다)의 취득가액을 '사업시행계획인가일'을 기준으로 감정평가하여 손금에 산입하였다가, 이후 자산의 취득가액을 '관리처분계획인가일'을 기준으로 감정평가한 금액으로 보아야 한다고 주장하며 법인세 감액경정을 청구하자, 관할 세무서장이 자산의 취득가액은 법인세 신고 시의 감정가액이 적정하고, 甲 조합이 경정청구 시 제출한 감정가액은 객관성·합리성이 결여된 소급감정가액에 해당한다는 이유로 경정청구를 거부하였는데, 甲 조합이 조세심판원에 위 경정거부처분에 대한 심판청구를 하여 조세심판원이 '위 경정거부처분은 자산의 취득가액을 관리처분계획인가일 기준으로 재조사하여 그 결과에 따라 과세표준과 세액을 경정한다.'는 주문의 결정을 하였고, 관할 지방국세청장은 '조세심판원의 재조사 결정에 따른 처리결과 자산에 관한 객관적·합리적인 감정평가액이 존재하지 않으므로, 상속세 및 증여세법에 따른 보충적 평가방법을 적용해야 하나, 이 경우 甲 조합이 당초 신고한 과세표준 및 세액보다 甲 조합에 불리하므로 불이익변경금지 원칙에 따라 위 경정거부처분을 그대로 유지한다.'는 취지의 통지를 한 사안에서, 조세심판원은 甲 조합이 경정청구 시 제출한 감정가액과 법인세 신고 시 제출한 감정가액 모두 시가로 볼 수 없다고 보아 재조사 결정을 하며 '주문'에서 자산의 취득가액을 관리처분계획인가일 기준으로 재조사하여 과세표준 및 세액을 경정하라고 하였을 뿐, 재조사 방법을 공신력 있는 감정기관의 감정평가로 제한하지는 않았고, 관할 지방국세청장은 재조사 결정의 취지에 따라 甲 조합에 시가 재조사에 필요한 서류의 제출을 요구한 다음 甲 조합으로부터 제출받은 서류 등을 검토하고, 甲 조합이 경정청구 시 제출한 감정가액을 비롯하여 시가로 볼 수 있는 감정가액이 있는지 재확인하는 등의 방법으로 자산의 취득가액을 관리처분계획인가일 기준으로 재조사한 점, 재조사 결과 자산의 취득 당시 시가가 불분명하고, 객관적·합리적인 방법으로 평가된 감정가액도 별도로 존재하지 않음이 밝혀졌으므로, 관할 지방국세청장 등 관계 행정청은 구 법인세법 시행령(2014. 2. 21. 대통령령 제25194호로 개정되기 전의 것) 제89조 제2항 제2호에 따라 상속세 및 증여세법상 보충적 평가방법을 적용하여 자산의 취득가액을 산정할 수 있어, 이와 달리 관할 지방국세청장 등에게 자산의 취득가액을 산정하기 위하여 새롭게 감정평가를 의뢰하여야 할 의무가 있다고 볼 수는 없는 점, 재조사 결정의 '주문'은 재조사 결과에 따라 과세표준 및 세액을 경정하라고 하였을 뿐, 후속 처분의 내용을 감액경정으로 제한하지 않았고, 재조사 결정에 구 국세기본법(2022. 12. 31. 법률 제19189호로 개정되기 전의 것) 제79조 제2항의 불이익변경금지 원칙이 적용된 결과, 甲 조합에 불리한 증액경정이 허용되지 않는다고 하여 재조사 결정에서 말하는 세액의 경정이 '감액경정'만을 의미한다고 볼 수는 없는 점을 종합하면, '자산에 관하여 정상적인 거래에 의하여 형성된 객관적 교환가격이 없더라도 공신력 있는 감정기관에 의한 시가의 산정이 가능한 경우에는 감정평가를 하여야 하고, 그 결과에 따라 과세표준과 세액을 감액경정하라.'는 것이 재조사 결정의 취지라고 전제한 다음, 관할 세무서장이 자산에 관한 감정평가를 하지 않은 채 경정거부처분을 그대로 유지한 것은 재조사 결정의 기속력에 저촉되어 위법하다고 본 원심판단에 법리오해 등의 잘못이 있다고 한 사례(대판 2024. 07. 25, 2022두60745[법인세경정거부처분취소]).

③ 재조사결정의 취지에 따른 후속 처분이 심판청구를 한 당초 처분보다 청구인에게 불리한 경우, 국세기본법 제79조 제2항의 불이익변경금지원칙에 위배되어 후속 처분 중 당초 처분의 세액을 초과하는 부분은 위법하게 된다(대판 2016. 09. 28, 2016두39382).

Ⅱ. 노동행정심판

1. 특별행정심판

(1) 중재재정에 대한 행정심판

지방노동위원회 또는 특별노동위원회의 노동쟁의에 대한 중재재정이 위법이거나 월권에 의한 것이라고 인정하는 경우에는 그 중재재정서의 송달을 받은 날부터 10일 이내에 중앙노동위원회에 그 재심을 신청할 수 있다(노동조합및노동관계조정법 제69조 제1항). 중앙노동위원회의 재심은 행정심판의 성질을 갖는다. 관계 당사자는 중앙노동위원회의 중재재정이나 제1항의 규정에 의한 재심결정이 위법이거나 월권에 의한 것이라고 인정하는 경우에는 행정소송법 제20조의 규정에 불구하고 그 중재재정서 또는 재심결정서의 송달을 받은 날부터 15일 이내에 행정소송을 제기할 수 있다(제2항).

(2) 구제결정 등에 대한 행정심판

부당노동행위에 대한 지방노동위원회 또는 특별노동위원회의 구제명령 또는 기각결정에 불복이 있는 관계 당사자는 그 명령서 또는 결정서의 송달을 받은 날부터 10일 이내에 중앙노동위원회에 그 재심을 신청할 수 있다(노동조합및노동관계조정법 제85조 제1항). 중앙노동위원회의 재심은 행정심판의 성질을 갖는다.

제1항의 규정에 의한 중앙노동위원회의 재심판정에 대하여 관계 당사자는 그 재심판정서의 송달을 받은 날부터 15일 이내에 행정소송법이 정하는 바에 의하여 소를 제기할 수 있다(제2항). 동조는 항고소송의 대상에 관하여 재결주의를 규정하고 있다.

(3) 노동위원회의 처분에 대한 행정심판

중앙노동위원회는 당사자의 신청이 있는 경우 지방노동위원회 또는 특별노동위원회의 처분을 재심하여 이를 인정·취소 또는 변경할 수 있다(노동위원회법 제26조 제1항).

(4) 보험급여 등에 관한 행정심판

국민건강보험공단의 "보험급여 결정 등"에 불복하는 자는 공단에 심사청구를 할 수 있다(산업재해보상보험법 제103조 제1항). 보험급여 결정 등에 대하여는 행정심판법에 따른 행정심판을 제기할 수 없다(제5항).

제105조 제1항에 따른 심사청구에 대한 결정에 불복하는 자는 제107조에 따른 산업재해보상보험재심사위원회에 재심사청구를 할 수 있다. 다만, 판정위원회의 심의를 거친 보험급여에 관한 결정에 불복하는 자는 제103조에 따른 심사청구를 하지 아니하고 재심사청구를 할 수 있다(제106조 제1항).

재심사의 청구에 대한 재결은 행정소송법 제18조를 적용할 경우 행정심판에 대한 재결로 본다(제104조 제1항). 심사 및 재심사의 청구는 행정심판의 성질을 가지며 그에 관하여 이 법에서 정하고 있지 아니한 사항은 행정심판법의 규정에 따른다(제2항).

2. 일반행정심판

노동관계법상의 처분에 대한 행정심판에 관하여 특별한 규정이 있는 경우를 제외하고는 행정심판법에 따라 행정심판을 제기한다.

① 고용보험법 시행령에 의해 노동부장관으로부터 직업능력개발훈련사업을 위탁받은 한국산업인력공단과 우선선정직종훈련 위탁교육계약을 체결하고 위탁교육을 종료한 후 우선선정직종 훈련성과금의 지급을 한국산업인력공단에 청구하였으나 일부 거부당한 경우 한국산업인력공단을 피청구인으로 하여 국무총리행정심판위원회에 행정심판을 청구할 수 있다.

② 임금채권보장법 제6조 및 동법 시행령 제9조상의 지방노동관서의 장의 체당금 확인통지, 체당금지급대상부적격확인처분 및 체당금지급사유확인불가처분에 대해 국무총리행정심판위원회에 취소심판을 청구할 수 있다. 체당금이라 함은 사업주가 파산 등 대통령령으로 정하는 사유에 해당하는 경우에 퇴직한 근로자가 지급받지 못한 임금 등의 지급을 청구하면 제3자의 변제에 관한 민법 제469조에도 불구하고 노동부장관인 그 근로자의 미지급 임금 등을 사업주를 대신하여 지급하는 임금 등을 말한다(임금채권보장법 제7조 제1항, 제2항).

③ 사업주가 산재보험가입신고를 게을리 한 기간 중에 발생한 재해 또는 사업주가 산재보험료의 납부를 게을리한 기간 중에 발생한 재해에 대하여 근로복지공단 산재보험급여를 지급한 후 그 급여에 해당하는 금액의 전부 또는 일부를 사업주로부터 징수하는 처분을 한 경우 그 징수처분에 대해 국무총리행정심판위원회에 행정심판을 청구할 수 있다(고용보험 및 산업재해보상보험의 보험료징수 등에 관한 법률 제26조 제1항).

Ⅲ. 소청심사(공무원법 참조)

Ⅳ. 수용재결에 대한 이의신청(손실보상 참조)

제 3 절 행정소송

제 1 항 행정소송의 의의와 종류

Ⅰ. 행정소송의 의의

행정소송(行政訴訟)이라 함은 행정청의 공권력 행사에 대한 불복 및 기타 공법상의 법률관계에 관한 분쟁에 대하여 법원이 정식의 소송절차를 거쳐 행하는 행정쟁송절차를 말한다.

① 행정소송은 행정청의 공권력 행사에 대한 불복 및 기타 행정법상의 법률관계에 관한 분쟁에 관한 쟁송절차이다. 이 점에서 행정소송은 민사소송 및 형사소송과 구별된다.

행정소송도 소송인 점에서는 민사소송과 동일하다. 그리고 민사소송은 모든 소송의 기본이 된다. 그런데, 행정소송은 공익성, 전문성 등 일정한 특수성을 갖는다. 행정소송의 공익성은 행정소송의 대상이 되는 행정의 공익성뿐만 아니라 행정소송 자체의 공익성을 포함한다. 따라서, 행정소송의 특수성을 고려하여 행정소송은 민사소송과 달리 특수한 규율을 할 필요가 있다. 그리고, 행정소송의 특수성이 없는 사항에 대하여는 민사소송과 달리 규율할 이유가 없다.

② 행정소송은 법원이 정식의 소송절차를 거쳐 행하는 행정쟁송절차이다. 이 점에서 행정소송은 행정심판과 구별된다.

③ 조세소송을 행정소송과 구별할 것인가에 관하여는 이론상 견해의 대립이 있다. 이러한 견해의 대립은 항고소송의 경우에 있는데, 기본적으로 조세소송의 대상을 처분으로 보는가 아니면 조세채권채무관계로 보는가의 차이에 연유한다. 전자의 견해는 조세의 부과를 공권력 행사인 처분으로 보고 이에 대하여는 일반 항고소송으로 다투도록 하는 것이 타당하고 하고, 후자의 견해는 조세의 부과는 조세채권채무관계를 단순히 확인하는 것으로 보며 조세채권채무관계는 권력관계가 아니라고 보면서 조세부과에 대한 소송은 일반 항고소송과는 달라야 한다고 본다. 조세의 부과를 조세채권채무관계를 확인하는 행정행위로 보는 견해에 의하면 조세의 부과에 대한 불복은 항고소송으로 다투어야 한다.

현행 행정소송법은 조세부과에 대한 소송도 항고소송의 대상으로 보고 있고, 실무도 그러하다. 다만, 조세법학자 다수는 조세소송의 특수성을 강조하고 있다.

Ⅱ. 행정소송의 법원(法源)

행정소송에 관한 일반법으로 행정소송법이 있다. 행정소송법은 행정소송의 특수성(공익성, 전문성 등)을 고려하여 민사소송과 달리 행정소송에 대한 특수한 규율을 규정하고 있다. 다만, 행정소송법은 입법기술상 행정소송에 대한 규율(특수한 규율 포함)을 망라하여 규정하지 않고, 행정소송에 관하여 행정소송법에 특별한 규정이 없는 사항에 대하여는 법원조직법과 민사소송법 및 민사집행법의 규정을 준용하는 것으로 규정하고 있다(제8조). 또한, 행정소송절차에 관하여는 법 및 행정소송규칙에 특별한 규정이 있는 경우를 제외하고는 그 성질에 반하지 않는 한 「민사소송규칙」 및 「민사집행규칙」의 규정을 준용한다(행정소송규칙 제4조). 행정소송도 소송인 점에서 민사소송과 달리 규율할 이유가 없는 경우가 있고, 행정소송에 대한 특수한 규율을 망라하여 규율하는 것이 입법기술상 어렵기 때문에 행정소송에 대한 특수한 규율을 규정하면서도 그 이외의 사항은 민사소송에 관한 규정을 준용[209)]하도록 하고 있는 것이다.

따라서, 행정소송법이나 행정소송규칙에 규정되어 있지 않는 사항에 대하여는 성질상 허용되는 한도 내에서 민사소송에 관한 규정을 그대로 적용하거나 행정소송의 특수성을 고려하여 수정하여 적용하여야 한다. 행정소송은 권리구제기능뿐만 아니라 행정통제기능도 수행하고 있고, 공익을 위해 특수한 규율을 할 필요가 있는 경우가 있으므로 성질상 민사소송법의 규정을 그대로 준용할 수 없는 경우가 있고 이 경우에는 민사소송법이 준용되지 아니한다. 그러한 예로는 청구의 인낙, 포기, 화해 등을 들 수 있다. 논란이 있지만, 판례에 따르면 민사소송법 제203조의 처분권주의(대판 1987. 11. 10, 86누491), 불고불리의 원칙(대판 1999. 05. 25, 99두1052), 민사소송법상 보조참가(대판 2013. 03. 28, 2011두13729), 소의 취하는 행정소송에 준용가능하다.

[판례] [1] 법령의 규정이 특정 사항에 관하여 다른 법령의 특정 사항에 관한 규정을 포괄적 · 일반적으로 준용하는 형식을 취한 경우, 다른 법령의 규정이 준용될 수 있는 범위: 어느 법령의 규정이 특정 사항에 관하여 다른 법령의 특정 사항에 관한 규정을 준용한다고 정하면서 준용되는 해당 조항을 특정하거나 명시하지 아니하여 포괄적 · 일반적으로 준용하는 형식을 취하고 있다고 하더라도, **준용규정을 둔 법령이 규율하고자 하는 사항의 성질에 반하지 않는 한도 내에서만 다른 법령의 특정 사항에 관한 규정이 준용된다.** [2] 구 국유재산법(1999. 12. 31. 법률 제6072호로 개정되기 전의 것) 제51조 제2항, 제25조 제3항 및 구 국유재산법(2004. 12. 31. 법률 제7325호로 개정되기 전의 것) 제51조 제3항에서 구 국세징수법(2011. 4. 4. 법률 제10527호로 개정되기 전의 것, 이하 같다)에서 정한 체납처분의 절차에 따라 변상금을 강제 징수할 수 있다고 포괄적 · 일반적인 준용규정을 두고 있다 하더라도, 그러한 사정만으로 변상금에 관한 체납처분절차에서 민사상 압류의 특

---

209) 준용은 입법기술의 하나인데, 준용되는 규정을 그대로 적용하는 것이 아니라 성질상의 차이를 고려하여 적용한다.

칙인 구 국세징수법 제47조 제2항까지 준용된다고 볼 수는 없다(대판 2015. 08. 27, 2015두41371[국유재산변상금채무부존재확인]).

Ⅲ. 행정소송제도의 유형

어떠한 행정쟁송제도를 채택할 것인가 하는 문제는 각 국가의 정치적·사회적 배경의 차이에 따라 입법정책적으로 결정될 문제이기 때문에 각국의 행정소송제도는 매우 다양하다. 그러나, 각국의 행정소송제도는 크게 대륙법형과 영미법형으로 나눌 수 있다.

대륙법형이라 함은 일반법원과는 다른 계통의 행정법원으로 하여금 민사소송절차와는 다른 특수한 소송절차에 의하여 행정사건을 심판하도록 하는 행정소송제도를 말한다.

프랑스와 독일과 같은 대륙법계 국가에서는 행정권과 국민과의 관계는 사인 상호간의 관계와는 다른 특수한 법적 규율, 즉 공법적 규율의 대상이 되어야 한다고 보고 행정사건은 민사법원과는 독립된 전문성을 갖춘 법원이 심판하도록 하는 것이 타당하다고 본다.[210] 또한, 행정소송은 사인 상호간의 사적인 분쟁을 대상으로 하는 것이 아니라 행정권과 사인간의 분쟁으로서 공익과 관련이 있기 때문에 민사소송절차와는 다른 특수한 소송절차에 따라야 한다고 본다. 다만, 오늘날 대륙법계국가에서도 행정소송도 법적 분쟁을 법원이 법을 적용하여 심판하는 재판작용인 점에서는 민사소송과 동일하므로 행정소송과 민사소송은 이 점에서는 공통의 성질을 가진다고 본다.

영미법형이라 함은 행정권의 특권을 인정하지 않고 행정권과 사인간의 관계도 원칙적으로 사인 상호간의 관계를 규율하는 보통법에 의해 규율된다고 본다. 따라서, 행정사건도 일반 사법법원의 관할에 속하는 것으로 보고 원칙상 민사사건과 동일한 소송절차에 따르는 것으로 본다. 다만, 오늘날에는 영미국가에서도 행정부 내에 여러 행정심판기관이 설치되고, 행정사건에 대한 특수한 소송절차가 인정되는 경우도 있다.

우리나라의 행정소송제도는 영미법형과 대륙법형을 혼합한 제도라고 할 수 있다. 우리 헌법이 행정사건에 대한 최종적인 심판권을 대법원에 부여하여 행정사건을 일반 사법법원의 관할에 두고 있는 것은 영미법형을 취한 것이지만, 행정소송법에서

---

210) 오늘날 일반법원으로부터 독립된 행정법원의 존재는 행정재판의 전문성에 근거하고 있다. 다만, 프랑스에서 사법법원으로부터 독립된 행정법원은 행정사건에 대한 사법법원의 관할을 권력분립의 원칙에 반하는 것으로 보고 행정사건에 대한 사법법원의 관할을 배제한 결과 탄생하였다. 또한, 초기에는 행정재판소는 행정정부 내의 행정권으로부터 독립되지 못한 조직이었지만 그 후 행정권으로부터 독립된 조직으로 발전하였다.

행정사건에는 민사소송절차와 다른 특수한 소송절차를 인정하고 있는 점은 대륙법형을 취한 것이다.

Ⅳ. 행정소송의 종류

행정소송법은 행정소송을 항고소송, 당사자소송, 기관소송, 민중소송으로 구분하고 있다(제3조).

Ⅴ. 항고소송

1. 의 의

항고소송(抗告訴訟)이라 함은 행정청의 우월한 일방적인 행정권 행사 또는 불행사에 불복하여 권익구제를 구하는 소송을 말한다.

① 항고소송은 행정청의 우월한 일방적인 행정권의 행사 또는 불행사를 대상으로 한다. 항고소송은 행정작용 중 국민에게 일방적인 지배력을 미치는 행위를 대상으로 행해지고, 국민에게 일방적인 지배력을 미치지 않는 행위의 경우에는 공법상 당사자소송 또는 민사소송의 대상이 된다. 다만, 항고소송의 대상을 어느 범위로 할 것인가는 입법정책의 문제이다.

현행 행정소송법은 항고소송의 대상을 '처분 또는 행정심판의 재결'과 '부작위'로 규정하고 있는데, 처분 개념을 '행정청이 행하는 구체적 사실에 관한 법집행으로서의 공권력의 행사 또는 그 거부와 그 밖에 이에 준하는 행정작용'으로 넓게 규정하고 있다. 현행법은 권력행위뿐만 아니라 비권력행위 중에서도 공법상 당사자소송 등 다른 구제수단에 의한 구제가 어렵고 국민에 대하여 일방적인 지배력을 미치는 행위에 대하여는 항고소송을 통하여 구제를 도모하고자 하였다(후술).

② 항고소송은 행정청의 일방적인 행정권 행사 또는 불행사에 대항하여 그로 인한 위법상태를 배제하는 것을 내용으로 한다. 따라서, 항고소송은 행정통제의 기능을 갖는다.

③ 항고소송은 행정청의 권력적인 행정작용으로 인하여 조성된 위법상태를 배제함으로써 국민의 권익을 구제하는 것을 목적으로 한다. 따라서 항고소송은 원상회복적인 권익구제제도이다.

2. 종 류

항고소송은 소송의 대상 및 판결의 내용을 기준으로 하여 분류될 수 있다. 현행 행정소송법은 항고소송을 취소소송, 무효등확인소송, 부작위위법확인소송으로 구분하고 있다(제4조). 이와 같이 법에 의해 명시적으로 인정되고 있는 항고소송을 법정항고소송이라 한다.

그런데, 법정항고소송만으로는 공백없는 권리구제의 요구를 충족시킬 수 없기 때문에 행정소송법에서 정한 항고소송 이외에 해석상 의무이행소송, 예방적 부작위소송 등의 항고소송을 인정할 수 있는가 하는 문제가 제기된다. 이와 같이 법에 정해지지는 않았지만 해석에 의해 인정되는 항고소송을 법정외항고소송 또는 무명항고소송이라 한다.

3. 취소소송

(1) 의 의

취소소송(取消訴訟)이라 함은 '행정청의 위법한 처분 등을 취소 또는 변경하는 소송'을 말한다(제4조 제1호). 소송실무상 취소소송이 행정소송의 중심적 지위를 차지하는 것으로 운용되고 있다. 이와 같이 취소소송을 행정소송의 중심으로 하는 것을 취소소송중심주의라 한다.

취소소송은 위법한 처분이나 재결을 다투어 위법한 처분이나 재결이 없었던 것과 같은 상태를 만드는 것을 주된 내용으로 한다.

(2) 대 상

취소소송의 대상은 '처분 등'이다. '처분 등'이라 함은 처분 및 행정심판의 재결을 말한다. 처분에는 거부처분도 포함된다(제19조, 자세한 것은 후술).

취소소송은 원칙상 취소사유인 위법한 처분이나 재결을 대상으로 하지만, 무효인 처분 등에 대하여 제기될 수도 있다. 무효인 처분에 대한 취소소송은 무효선언을 구하는 것일 수도 있고 단순히 취소를 구하는 것일 수도 있다. 전자의 경우에 취소법원은 무효를 선언하는 의미의 취소판결을 하고, 후자의 경우에는 통상의 취소판결을 한다.

(3) 성 질

취소소송은 항고소송의 대표적인 소송유형이다. 그런데, 취소소송이 확인소송인가 형성소송인가에 관하여 학설이 대립하고 있다.

1) 형성소송설

이 견해는 취소소송을 일단 유효한 처분의 취소 또는 변경을 통하여 계쟁처분에 의해 형성된 법률관계를 소멸 또는 변경시키는 등 위법상태를 제거하여 원상회복시키는 성질의 소송, 즉 형성소송으로 이해한다. 형성소송설이 통설·판례이다.

2) 확인소송설

이 견해는 취소소송의 중점은 처분의 위법성을 확인하는 데 있다고 보고, 취소소송을 확인소송으로 본다.

3) 절충설(준형성소송설)

이 견해는 취소소송을 처분의 위법성을 확인하는 확인소송적 성질과 처분의 효력을 다투는 형성소송적 성질을 아울러 가지는 특별한 유형의 구제소송으로 보는 견해이다.

4) 결 어

행정소송법 제4조 1호가 규정하는 취소소송의 개념상 형성소송설이 타당하다.

(4) 소송물

소송물(訴訟物)이란 심판의 대상이 되는 소송상의 청구를 말한다. 소송물은 소송의 기본단위로서 소의 병합, 처분사유의 추가·변경, 소의 변경을 결정하는 경우와 기판력의 객관적 범위를 정함 등에 있어서 의미를 갖는다.

1) 처분의 위법성 일반으로 보는 견해

취소소송의 소송물은 처분의 위법성 일반(추상적 위법성)이라고 보는 견해이다. 이 견해가 다수견해이며 판례의 입장이다. 이 견해에 의하면 개개의 위법사유에 관한 주장은 단순한 공격방어방법에 지나지 않는다고 보며 취소소송에서 판결의 기판력은 처분의 위법 또는 적법 일반에 대하여 미친다고 한다. 따라서 청구기각판결의 경우에는 후소(취소소송 또는 국가배상소송)에서 그 처분의 위법성을 주장할 수 없게 된다.

이 견해는 분쟁의 일회적 해결의 요청과 행정작용의 조기확정의 보장 필요성에 논거를 두고 있다.

이 견해에 대하여는 재판에서 다투어지지 않은 사항에 대하여도 기판력이 미치게 되어 기판력의 범위를 부당히 확대한다는 비판이 있다. 또한, 국민의 권리구제의 측면에서도 문제가 있다는 비판이 있다. 즉, 이 견해에 의하면 취소소송에서 기각판결을 받은 경우 다른 위법사유를 들어 취소소송을 제기할 수 없을 뿐만 아니라 다른 위법사유를 들어 국가배상청구소송을 제기할 수 없게 된다.

2) 처분의 개개의 위법사유라고 보는 견해

처분의 개개의 위법사유가 취소소송의 소송물이라고 보는 견해이다. 이 견해에 의하면 취소소송의 판결의 기판력은 개개의 위법사유에 한정된다. 따라서 청구기각판결의 경우에 원고는 후소에서 전소에서 주장한 것과 다른 위법사유를 주장할 수 있게 된다.

이 견해는 기판력의 취지(당사자가 재판에서 다투어 판단된 것에 대해 반대의 주장을 후소에서 할 수 없다)상 다투어진 것에만 기판력이 미친다고 보는 것이 타당하다고 한다. 또한 국민의 권리구제의 확대를 논거로 든다.

이 견해에 대하여는 분쟁의 일회적 해결을 기할 수 없다는 비판이 제기된다.

3) 주관소송적 관점설

소송물을 실체법적 내용과는 독립된 소송법적 관점에서 고찰하여야 한다고 주장하고, 취소소송을 주관소송으로 보면서 취소소송의 소송물을 '대상이 되는 처분을 통하여 자신의 권리가 침해되었다는 원고의 법적 권리주장'이라고 보는 견해이다.[211]

이 견해에 대하여는 권리침해는 원고적격의 문제이고, 본안판단에 관한 사항만을 대상으로 하는 소송물의 요소가 될 수 없다는 비판(박정훈)과 취소소송을 주관소송만으로 보는 것은 타당하지 않다는 비판이 있다.

4) 형성소송적 관점설

이 견해는 취소소송의 형성소송적 성격을 강조하면서 취소소송의 소송물을 "행정처분으로 인하여 생긴 위법상태의 배제를 구하는 원고의 주장"(김도창) 또는 위법한 행정처분의 효력의 소멸로 보는 견해이다.

5) 판 례

판례는 행정소송의 기판력은 행정처분의 위법, 적법에 미친다고 한다.

[판례] 취소판결의 기판력은 소송물로 된 행정처분의 위법성 존부에 관한 판단 그 자체에만 미치는 것이므로 전소와 후소가 그 소송물을 달리하는 경우에는 전소 확정판결의 기판력이 후소에 미치지 아니한다(대판 1996. 04. 26, 95누5820).

6) 결 어

소송물은 소송법적 관점에서 파악하는 것이 타당하고, 취소소송은 형성소송이며 취소소송에서 기본적으로 다투어지는 것은 권리침해가 아니라 처분의 위법성이므로 취소소송의 소송물은 '처분의 위법을 이유로 처분의 취소를 구하는 원고의 주장'이라고 보는 것이 타당하다.

i) 소송물은 소송상 청구이므로 "원고의 주장"을 소송물로 보아야 한다. ii) 취소소송은 처분을 대상으로 하는 것이고 권리의무관계를 소송의 대상으로 하는 것은 아니다. iii) 분쟁의 일회적 해결을 위하여 개개의 위법사유가 아니라 처분의 위법성 일반을 심판의 대상으로 보는 것이 타당하다. iv) 취소소송은 처분의 위법성을 확인하

---

211) 류지태 · 박종수, 『행정법신론』, 650면.

면서도 처분을 취소하는(처분의 위법상태를 배제하는) 형성소송이다. 따라서, 위법성 일반뿐만 아니라 처분의 취소가 심판의 대상이 되어야 한다. 특히 사정판결의 경우에는 위법하지만 취소하지 않게 된다는 점을 고려하여야 한다.

취소소송의 소송물을 분설하면 다음과 같다.

i) 처분의 "위법성 일반"이 심판의 대상이므로 취소판결의 기판력은 처분이 위법하다는 데에 미치게 된다. 취소소송에서 기각판결은 처분이 적법하다는 데에 미친다. 위법사유마다 소송물이 달라지는 것이 아니다. 위법사유는 공격방어방법에 불과하고, 위법사유의 변경은 소의 변경이 되지 않는다.

ii) "처분"의 위법성이 심판의 대상이 된다. 처분이 동일하여야 소송물이 동일하다. 별개의 처분에 대하여는 별개의 소송이 제기되어야 한다. 처분의 동일성은 처분의 상대방의 동일성, 처분의 내용의 동일성과 처분사유의 동일성으로 결정된다. 처분의 상대방이 다르거나 처분의 내용이 다르면 처분은 동일하지 않다. 다만, 일부취소(직권취소 또는 행정심판에 의한 취소변경)된 경우에는 처분의 동일성이 유지된다. 처분사유의 변경에 있어서는 기본적 사실관계의 동일성이 있는 한도내에서 처분사유가 달라도 처분의 내용이 동일하다면 처분의 동일성에 변경이 없지만, 처분사유에 기본적 사실관계의 동일성이 없는 경우 처분사유의 변경은 처분의 내용이 동일하여도 처분의 변경을 가져온다. 처분이 변경된다는 것은 종전 처분이 취소되고 새로운 처분에 의해 대체된다는 것을 말한다. 다만, 처분의 일부 변경의 경우 당초처분은 변경된 부분을 제외한 상태로 존재하고, 변경된 부분은 새로운 처분에 의해 대체된다.

[판례] 전소인 영업정지처분 취소의 소와 소송계속 중 영업정지처분을 직권 변경하여 한 과징금 부과처분에 대한 취소의 소는 소송물이 같다고 볼 수 없다(대판 2023. 03. 16, 2022두58599).

다만, 과세처분에 대한 취소소송과 무효확인소송은 모두 소송물이 객관적인 조세채무의 존부확인으로 동일하다(대판 전원합의체 1992. 03. 31, 91다32053; 대판 2023. 06. 29, 2020두46073).

(5) 판 결

위법한 처분에 대하여 취소소송이 제기된 경우에 법원은 당해 위법이 무효사유인 위법인지 취소사유인 위법인지 구분할 필요 없이 취소판결을 내리면 된다. 취소소송에 있어서는 당해 처분이 위법한지 아닌지가 문제이고 그 위법이 중대하고 명백한 것인지 여부는 심리대상이 되지 않기 때문이다. 실무도 이렇게 하고 있다. 법원은 취소소송의 대상이 된 계고처분이 당연무효라고 하면서도 당해 계고처분의 취소판결을 내리고 있다(대판 1999. 04. 27, 97누6780).[212] 다만, 무효의 선언을 구하는 취소소송이나 무효인 처분에 대한 취소소송이나 모두 불복기간 등 취소소송의 요건을 충족하여야 한다.

따라서, 불복기간 등 취소소송에 고유한 요건을 갖추지 못한 경우에 원고는 취소소송을 무효확인소송으로 변경할 수 있고, 법원도 이를 위하여 석명권을 행사할 수 있다.

취소의 청구에는 무효확인청구가 포함되어 있지 않다. 따라서, 취소소송을 무효확인소송으로 변경하지 않는 한 법원은 계쟁처분이 당연무효라고 하여도 무효확인판결을 할 수는 없다.

4. 무효등확인소송

(1) 의 의

무효등확인소송(無效등確認訴訟)이라 함은 '행정청의 처분이나 재결의 효력 유무 또는 존재 여부의 확인을 구하는 소송'을 말한다. 무효등확인소송에는 처분이나 재결의 존재확인소송, 부존재확인소송, 유효확인소송, 무효확인소송, 실효확인소송이 있다.

처분 등의 무효나 부존재는 누구든지 확인의 필요 없이 부인할 수 있는 것이지만 처분 등으로서의 외관은 존재하고 무효와 취소의 구별이 명확한 것이 아니므로 행정청이 처분 등의 존재 또는 부존재, 무효, 실효 또는 유효를 주장하는 경우에는 그로 인하여 국민의 권익이 침해될 우려가 있다. 따라서 존재 또는 부존재, 무효, 실효 또는 유효의 확인을 구하는 소송을 인정할 필요가 있다.

(2) 대 상

무효확인소송의 대상도 취소소송과 같이 '처분 등'이다.

(3) 성 질

현행법은 무효등확인소송을 항고소송으로 규정하고 있다. 그런데, 실질에 있어서는 무효등확인소송은 항고소송의 성질과 확인소송의 성질을 아울러 갖는 것으로 보아야 한다. 즉, 무효등확인소송은 처분 등의 존재 또는 유효를 부정하거나 부존재 또는 무효를 주장하는 행정청의 태도를 다투는 소송이므로 항고소송이라고 볼 수 있다. 그러나, 다른 한편으로 무효등확인판결은 처분 등의 효력을 소멸시키거나 발생시키는 등 형성적 효력을 갖는 것이 아니라 처분 등의 존부나 효력의 유무를 확인하는 것에 불과하므로 무효등확인소송은 확인소송의 성질을 갖는다고 보아야 한다.

---

212) 졸고, "행정법상 신고,"『고시연구』, 1999. 11, 42면 참조.

학설 중에는 무효확인소송을 준항고소송으로 보는 것이 정확하다는 견해가 있다. 즉, 무효등확인소송은 실질적으로는 일종의 확인소송이라고 할 수 있으나, 형식적으로는 처분의 효력의 유무를 직접 소송의 대상으로 한다는 점에서 항고소송적 측면을 아울러 가지는 것으로 본다.[213] 준항고소송설도 표현은 다르지만 사견과 같은 입장이라고 할 수 있다.

(4) 법적 규율

취소소송에 관한 행정소송법 제9조, 제10조, 제13조 내지 제17조, 제19조, 제21조, 제22조 내지 제26조, 제29조 내지 제31조 및 제33조의 규정은 무효등 확인소송의 경우에 준용한다(행정소송법 제37조, 제38조 제1항). 그렇지만, 취소소송에서와 달리 행정심판전치주의, 제소기간, 사정판결, 간접강제 등의 규정이 적용되지 않는다.

행정소송규칙 제5조부터 제13조까지 및 제15조는 무효등 확인소송의 경우에 준용한다(행정소송규칙 제18조 제1항).

(5) 무효확인청구와 취소청구

무효확인청구를 주위적 청구, 취소청구를 예비적 청구로 할 수 있다. 그러나, 취소청구를 주위적 청구, 무효확인청구를 예비적 청구로 할 수는 없다. 왜냐하면, 행정처분의 위법이 인정되지 않아 취소청구가 배척되면 논리상 무효확인은 인정될 수 없기 때문이다. 다만, 취소청구가 출소기간의 경과 등 기타의 이유로 각하되는 경우에 대비하여 취소청구에 대해 본안판결이 행해지는 것을 해제조건으로 무효확인청구를 예비적으로 제기할 수는 있다.

그러나, 행정처분에 대한 무효확인청구와 취소청구는 서로 양립할 수 없는 청구로서 선택적 청구로서의 병합이나 단순 병합은 허용되지 아니한다(대판 1999. 08. 20, 97누6889).

(6) 판 결

무효확인소송의 대상이 된 행위의 위법이 심리의 결과 무효라고 판정되는 경우에는 인용판결(무효확인판결)을 내린다.

그런데, 당해 위법이 취소원인에 불과한 경우에 법원은 어떠한 판결을 내려야 하는가.

당해 무효확인소송이 취소소송요건을 갖추지 못한 경우 기각판결을 내려야 한다.

그런데, 당해 무효확인청구가 취소소송요건을 갖춘 경우에 어떠한 판결을 내려야 할 것인가에 관하여 견해의 대립이 있다.

---

213) 이상규, 전게서, 798면; 박윤흔 · 정형근, 전게서, 868면.

① 소변경필요설: 판결은 소송상 청구에 대해 내려지는 것이므로 법원은 석명권을 행사하여 무효확인소송을 취소소송으로 변경한 후 취소소송의 소송요건을 충족한 경우 취소판결을 하여야 한다는 견해이다.

② 취소소송포함설: 무효확인청구는 취소청구를 포함한다고 보고, 취소소송의 소송요건을 충족한 경우 취소판결을 하여야 한다고 보는 견해이다.

③ 판 례: 판례는 두 번째 입장(취소소송포함설)을 취하고 있는 것으로 보인다.

[판례] 일반적으로 **행정처분의 무효확인을 구하는 소에는** 원고가 그 처분의 취소를 구하지 아니한다고 밝히지 아니한 이상 그 처분이 만약 당연무효가 아니라면 **그 취소를 구하는 취지도 포함되어 있는 것으로 보아야 하므로** 계쟁처분의 무효확인청구에 그 취소를 구하는 취지도 포함된 것으로 보아 계쟁처분에 취소사유가 있는지 여부에 관하여 심리판단하여야 한다(대판 1994. 12. 23, 94누477; 동지 판례: 대판 2005. 12. 23, 2005두3554).

④ 결 어: 처분권주의(당사자주의)에 따라 소송상 청구는 원고가 하며 법원은 원고의 소송상 청구에 대해서만 심판을 하여야 하므로 법원이 원고의 소송상 청구를 일방적으로 변경할 수는 없다. 따라서, 법원은 석명권을 행사하여 무효확인소송을 취소소송으로 변경하도록 한 후 취소판결을 하여야 하는 것으로 보는 소변경필요설이 타당하다. 무효확인소송에서 계쟁처분이 취소할 수 있는 행위에 불과한 경우 취소소송의 소송요건을 충족하지 않는 경우에는 무효확인소송에 대한 기각판결을 하여야 한다.

재판장은 무효확인소송이 법 제20조에 따른 기간(취소소송 제소기간) 내에 제기된 경우에는 원고에게 처분등의 취소를 구하지 아니하는 취지인지를 명확히 하도록 촉구(석명권의 행사)할 수 있다. 다만, 원고가 처분등의 취소를 구하지 아니함을 밝힌 경우에는 그러하지 아니하다(행정소송규칙 제16조).

5. 부작위위법확인소송

(1) 의 의

부작위위법확인소송(不作爲違法確認訴訟)이라 함은 '행정청의 부작위가 위법하다는 것을 확인하는 소송'을 말한다.

부작위위법확인소송은 행정청이 신청에 따른 가부간의 처분을 하여야 함에도 아무런 응답을 하지 않는 것이 위법하다는 확인을 구하는 것이며 원고의 신청을 인용하지 않고 있는 것이 위법하다는 확인을 구하는 소송이 아니다.

부작위위법확인소송은 신청에 대한 행정청의 부작위에 대한 권리구제제도로서는 우회적인 구제수단이다. 부작위에 대한 보다 직접적인 구제수단은 의무이행소송이다. 그런데, 현행 행정소송법이 의무이행소송을 명문으로 인정하지 않고 부작위위법확인소송만을 둔 것은 행정권에 대한 사법권의 개입을 제한하기 위한 것이라고 볼 수밖에 없다.

즉, 행정청의 제1차적 판단권을 존중하기 위하여(이의 타당성은 별론으로 하더라도) 부작위에 대하여는 부작위의 위법만을 확인하도록 하고 부작위위법의 확인판결이 내려지면 그 판결의 기속력에 의해 행정청으로 하여금 적극 또는 소극의 처분을 하도록 강제하고[214] 행정청이 소극의 처분(거부처분)을 하면 그 소극의 처분에 대하여 다시 취소소송을 제기하여 권리구제를 받도록 한 것이다.

(2) 대 상

부작위위법확인소송의 대상은 부작위이다. 부작위라 함은 '행정청이 당사자의 신청에 대하여 상당한 기간 내에 일정한 처분을 하여야 할 법률상 의무가 있음에도 불구하고 이를 하지 아니하는 것'을 말한다(자세한 것은 후술).

거부처분이 있었는지 아니면 부작위인지 애매한 경우가 있다. 이 경우에는 거부처분취소소송과 부작위위법확인소송 중 한 소송을 주위적 청구로 하고 다른 소송을 예비적 청구로 제기할 수 있다. 그리고, 판례는 부작위위법확인소송을 주위적 청구로 하고 거부처분취소소송을 예비적 청구로 한 소송에서 부작위가 거부처분으로 발전된 경우에는 부작위위법확인을 구하는 주위적 청구를 소의 이익의 결여를 이유로 각하하고 거부처분의 취소를 구하는 예비적 청구를 본안에 나아가 심리판단하여야 한다고 보았다(대판 1990. 09. 25, 89누4758).

또한, 부작위위법확인소송 중 거부처분이 내려진 경우 명문의 규정은 없지만(처분변경으로 인한 소의 변경에 관한 규정을 부작위위법확인소송에는 준용하는 규정이 없지만), 후술하는 바와 같이 당해 부작위위법확인소송의 거부처분취소소송으로의 소변경을 인정하여야 할 것이다(소의 변경 참조).

(3) 성 질

행정소송법은 부작위위법확인소송을 항고소송의 하나로 규정하고 있지만 그 실질은 확인소송이라고 보아야 할 것이다.

(4) 부작위위법확인소송의 절차

취소소송에 관한 행정소송법 제9조, 제10조, 제13조 내지 제19조, 제20조, 제21조, 제25조 내지 제27조, 제29조 내지 제31조, 제33조 및 제34조의 규정은 부작위위법

---

214) 행정청이 부작위위법확인판결에도 불구하고 아무런 처분을 하지 않는 경우에는 간접강제제도에 의해 그 이행을 강제할 수 있도록 하고 있다(『행정소송법』 제38조 제2항, 제34조).

법확인소송의 경우에 준용한다(행정소송법 제37조, 제38조 제1항).

취소소송에 관한 행정소송규칙 제5조부터 제8조까지, 제11조, 제12조 및 제15조는 부작위위법확인소송의 경우에 준용한다(행정소송규칙 제18조 제2항).

(5) 판 결

부작위위법확인판결이 난 경우에 행정청은 판결의 기속력에 의해 가부간의 어떠한 처분을 하여야 할 의무를 지게 되지만 신청에 따른 처분을 하여야 할 의무를 지게 되지는 않는다. 다만, 이에 대하여는 반대견해가 있다(자세한 것은 후술 '판결의 효력' 참조).

6. 의무이행소송

(1) 의 의

의무이행소송(義務履行訴訟)은 행정청의 거부처분 또는 부작위에 대하여 법상의 작위의무의 이행을 청구하는 소송을 말한다.

오늘날의 복리국가하에서는 국민생활이 국가의 적극적·수익적 행위에 크게 의존하고 있다. 국가가 수익적 처분을 해 주지 않는 것(거부 또는 부작위)에 대한 효과적인 구제수단이 의무이행소송이다. 그런데, 현행 행정소송법은 전술한 바와 같이 우회적인 구제수단인 거부처분의 취소소송과 부작위위법확인소송만을 인정하고 있고 의무이행소송에 대하여는 명시적인 규정을 두고 있지 않다.

(2) 허용 여부

행정소송법의 개정을 통한 의무이행소송의 도입에 대하여는 다수의 견해가 찬동하고 있고, 행정소송법개정안에서도 의무이행소송을 도입하는 것으로 하고 있다.

현행법의 해석상 의무이행소송이 인정될 수 있는가에 관하여는 견해가 긍정설, 부정설, 절충설로 나뉘어 대립하고 있다.

1) 부정설

부정설의 논거는 다음과 같다.

① 권력분립의 원칙상 행정작용에 대한 제1차적 판단권은 행정청에게 있는데, 법원이 행정청에 대하여 어떠한 처분을 명하는 것은 행정청의 제1차적 판단권을 침해하는 것이 된다. 특히 의무이행소송에서 판결은 판결시의 법적·사실적 상태를 기준으로 한다는 점에서 더욱 그러하다(입법론, 해석론).

② 의무이행소송의 인정 여부는 입법정책의 문제인데, 현행 행정소송법이 거부처분의 취소소송과 부작위위법확인소송만을 규정하고 있는 점에 비추어 의무이행소

송을 인정하지 않으려는 것이 현행 행정소송법상 입법자의 의사이므로 입법론으로는 몰라도 현행법의 해석론으로는 의무이행소송을 인정할 수 없다(해석론).

③ 소송의 유형은 법적 안정성을 위하여 법률로 명시적으로 인정하여야 하며 해석에 의해 의무이행소송을 인정할 수는 없다. 따라서, 행정소송법 제4조의 항고소송의 유형에 관한 규정은 제한적으로 이해하여야 한다(해석론).

④ 또한 행정소송법 제4조 제1호에서의 '변경'은 적극적인 변경이 아니라 소극적인 일부취소로 이해하여야 한다(해석론).

2) 긍정설

긍정설의 논거는 다음과 같다.

① 오늘날 권력분립을 실질적·기능적으로 이해하여 사법권은 법령의 적정한 집행의 보장을 통하여 개인의 권익을 보호하는 기능을 하는 것으로 보므로 구체적인 법적 분쟁에서 다투어지고 있는 행정청의 위법한 거부처분 또는 부작위에 대해 적극적인 이행판결을 인정하는 것은 사법에 속하며 권력분립의 원칙에 반하지 않는다(입법론, 해석론).

② 거부처분취소소송과 부작위위법확인소송은 거부처분 또는 부작위에 대한 권익구제제도로서는 한계가 있으므로 권리구제의 실효성을 위하여 의무이행소송을 인정하는 것이 타당하다. 전술한 바와 같이 부작위위법확인소송은 부작위에 대한 권리구제제도로서는 매우 우회적인 소송형식이고, 거부처분취소소송의 경우에는 거부처분 후 법령이나 사실상태에 변경이 있는 경우 종국적 권리구제제도가 되지 못하고 있다. 의무이행소송이 인정되면 이와 같은 거부처분취소소송과 부작위위법확인소송의 문제점이 해소될 수 있다(입법론, 해석론).

③ 행정소송법 제4조의 항고소송의 종류는 제한적 열거가 아니라 예시적 열거로 보아야 한다(해석론).

3) 절충설(보충설)

이 견해는 법정항고소송(거부처분취소소송, 부작위위법확인소송)에 의해서는 실효성 있는 권익구제가 기대될 수 없는 경우에만 의무이행소송이 보충적으로 인정될 수 있다는 견해이다. 이 견해는 행정작용으로 인한 권익침해에 대하여 현행의 법정항고소송에 의해 실효성 있는 구제가 주어질 수 없는 경우에는 헌법상의 재판을 받을 권리에 비추어 보충적으로 구제수단을 인정하여야 한다는 것을 주된 논거로 들고 있다(해석론).[215)]

절충설은 다음과 같은 허용요건하에 의무이행소송을 보충적으로 인정하고 있다.

---

215) 박윤흔·정형근, 전게서, 762~763면.

① 행정청에게 제1차적 판단권을 행사하게 할 것도 없을 정도로 처분요건이 일의적으로 정하여져 있고, ② 사전에 구제하지 않으면 회복할 수 없는 손해가 발생할 우려가 있으며, ③ 다른 구제방법이 없는 경우에만 인정된다.[216)]

4) 판　　례

판례는 일관되게 행정청의 부작위에 대하여 일정한 처분을 하도록 하는 의무이행소송은 현행 행정소송법상 허용되지 아니한다고 본다(대판 1986. 08. 19, 86누223; 1995. 03. 10, 94누14018).

[판례] ① 검사에게 압수물 환부를 이행하라는 청구는 행정청의 부작위에 대하여 일정한 처분을 하도록 하는 의무이행소송으로 현행 행정소송법상 허용되지 아니한다(대판 1995. 03. 10, 94누14018). 〈해설〉 동 판례에서 판시하고 있는 바와 같이 압수물 환부의무는 무죄선고의 확정으로 법상 당연히 발생하는 것이고, 어떤 처분에 의하여 비로소 환부의무가 발생하는 것은 아니므로 검사가 피압수자의 압수물 환부신청에 대하여 아무런 결정이나 통지도 하지 아니하고 있다고 하더라도 그것은 현행 행정소송법상의 부작위위법확인소송의 대상인 부작위가 아니므로 의무이행소송이 인정된다 하더라도 의무이행소송의 대상도 될 수 없다. 이 사안에서 민사소송으로 압수물 환부청구소송을 제기하여야 한다.
② 행정소송법상 행정청의 부작위에 대하여는 부작위위법확인소송만 인정되고 **작위의무의 이행이나 확인을 구하는 행정소송은 허용될 수 없다**(대판 1992. 11. 10, 92누1629[이주대책제외처분취소]).

5) 사　　견

다음과 같은 이유에서 해석론으로는 절충설(보충설)이 타당하다. 다만, 입법론으로는 긍정설이 타당하다.

① 의무이행소송이 행정청의 제1차적 판단권을 침해한다는 부정설의 논거는 타당하지 않다. 의무이행소송이 인정되는 거부처분이나 부작위의 경우에도 행정청에게 처분의 기회는 충분히 보장되고 있다. 즉, 거부처분이 행정청의 제 1차적 판단권의 행사에 속하는 것은 분명하고 부작위는 처분에 필요한 상당한 기간이 지났음에도 가부간의 처분을 하지 않는 것이므로 부작위도 행정청의 판단권의 행사에 준하는 것으로 볼 수 있다.

의무이행소송에서는 판결시를 기준으로 판결을 내리게 되므로 처분시에 고려되지 않았던 처분 후의 새로운 법령 및 사실상태가 법원에 의해 처음으로 판단되는 점에서 행정청의 1차적 판단권을 침해한다는 주장이 있지만, 처분청에게 충분한 변론의 기회를 주어 새로운 법령 및 사실상태에 대한 행정청의 입장을 진술할 수 있게 한다면 이를 가지고 행정청의 1차적 판단권이 침해되었다고 할 수는 없다.

② 문제는 명문의 규정이 없음에도 불구하고 의무이행소송을 해석을 통하여 인

216) 상게서, 853면.

정할 수 있는가에 있다.

생각건대, 행정소송의 유형은 입법정책에 속하는 문제이다. 따라서, 행정소송의 유형을 정하는 법률의 규정을 최대한 존중하여야 한다. 그러면, 현행 행정소송법의 입법취지는 무엇인가. 다음과 같은 이유에서 절충설(보충설)이 타당하다. i) 현행 행정소송법은 행정권의 제1차적 판단권을 존중하여 취소소송중심주의를 취하였다고 할 것이다. 따라서, 현행법의 해석상 긍정설은 타당하지 않다. 그리하여 행정작용 중에서 ⓐ 침해적 처분에 대하여는 처분－취소소송－취소판결－기속력에 의해, ⓑ 거부처분에 대하여는 거부처분－취소소송－취소판결－기속력－행정청의 처분에 의해, ⓒ 부작위에 대하여는 부작위－부작위위법확인소송－부작위위법확인판결－행정청의 처분(거부처분)－취소소송－취소판결－기속력－행정청의 처분에 의해, ⓓ 앞으로 예상되는 침해적 처분에 대하여는 처분을 기다려 그에 대한 취소소송을 제기하여 구제를 받도록 하는 것이 행정소송법상의 원칙적인 구제방법이다.[217] ii) 행정소송법 제4조에서 항고소송의 유형을 규정하면서 의무이행소송을 규정하지 않은 것은 의무이행소송을 인정하지 않는다는 것으로 해석하여서는 안 되며 의무이행소송의 인정 여부는 판례·학설의 발전에 맡긴 것으로 보는 것이 타당하고 따라서, 행정소송법 제4조는 항고소송을 제한적으로 열거한 것이 아니라 예시한 것에 불과하다고 보아야 할 것이다.[218] iii) 법률에서 인정된 구제수단에 의해서는 행정권의 행사 또는 불행사에 의해 침해된 국민의 권익이 실효성 있게 구제되기 어려운 경우에는 헌법상 국민에게 인정된 재판을 받을 권리를 보장하고 공백없는 권리구제를 위하여 새로운 구제수단을 보충적으로 인정하여야 할 것이다. 따라서, 현행법의 해석상 절충설이 타당하다.

6) 행정소송법 개정안

대법원안이나 정부안이나 모두 거부처분이나 부작위에 대한 기본적인 구제제도로 의무이행소송을 도입하는 것으로 하고 있다. 다만, 정부안은 의무이행소송과 함께 거부처분취소소송도 명시적으로 인정하고 있다.

대법원안은 의무이행판결을 하는 경우 거부처분 등의 경우에는 이를 함께 취소하도록 규정하고 있고(제51조), 정부안은 행정청의 거부처분에 대하여 의무이행소송을 제기하는 경우에는 거부처분의 취소 또는 무효등확인을 구하는 소송을 병합하여 제기하도록 하고 있다(제43조 제2항).

법무부 행정소송법 개정안은 의무이행소송을 도입하면서도 거부처분취소소송과

---

217) 상게서, 852면.
218) 김도창, 『일반행정법론(상)』, 747면.

부작위위법확인소송을 존치하는 것으로 하고 있다.

(3) 대 상

의무이행소송의 대상은 거부처분 또는 부작위이다.

(4) 성 질

의무이행소송을 이행소송으로 보는 것이 일반적 견해이다.

(5) 판 결

의무이행판결로는 신청에 따라 특정한 내용의 처분을 하도록 하는 특정처분명령판결과 판결의 취지에 따라 위법사유를 시정하여 일정한 처분을 하도록 하는 일정처분명령판결이 있다.

의무이행판결은 판결시의 법 및 사실을 기초로 하여 내려진다. 다만, 거부처분의 위법판단의 기준시에 관하여 처분시설과 판결시설이 대립하고 있다.

(6) 가처분

거부처분이나 부작위에 대한 실효성 있는 권리구제를 위하여는 의무이행소송과 함께 가처분이 인정되어야 한다. 대법원안이나 정부안이나 임시의 지위를 정하는 가처분을 인정하고 있다.

7. 예방적 부작위소송(예방적 금지소송)

(1) 의 의

예방적 부작위소송(豫防的 不作爲訴訟)이란 행정청의 공권력 행사에 의해 국민의 권익이 침해될 것이 예상되는 경우에 미리 그 예상되는 침익적 처분을 저지하는 것을 목적으로 하여 제기되는 소송을 말한다. 예방적 부작위소송은 예방적 금지소송(豫防的 禁止訴訟)이라고도 한다.

예방적 부작위소송은 의무이행소송과 같이 무명항고소송이다. 의무이행소송과 예방적 부작위소송은 행정청에 대하여 법원의 작위 또는 부작위의 명령을 구하는 이행소송인 점에서는 같지만 의무이행소송은 현상의 개선을 구하기 위하여 제기하는 소송임에 반하여 예방적 부작위소송은 현상의 가일층의 악화를 막기 위하여 제기하는 소송인 점에서 차이가 있다.[219]

---

219) 김철용, "예방적 부작위소송의 허용성 요건," 『인권과 정의』, 1991.1, 63면.

(2) 예방적 부작위청구소송의 허용 여부

1) 부정설

부정설의 논거는 다음과 같다. ① 행정소송의 유형은 법정되어야 하는데, 현행 행정소송법은 행정소송의 유형을 제한적으로 열거하고 있는 것이므로 법정된 항고소송 이외의 소송은 원칙적으로 인정되지 않는다(해석론). ② 현행법상 법정된 소송에 의해서도 침해된 권익의 구제가 불가능하지 않다. 즉, 공권력 행사를 기다려 당해 공권력 행사에 의해 권익이 침해된 경우에 위법한 공권력 행사의 취소를 구하는 소송을 제기하고, 집행정지를 신청하면 침해된 권익을 구제받을 수 있다(해석론). ③ 예방적 부작위소송은 권력분립제도하에서 사법권의 한계를 넘는 것이므로 인정될 수 없다고 한다. 보다 정확히 말하면 예방적 부작위소송은 침익적인 공권력 행사가 행하여지기 전에 공권력 행사를 막는 소송으로서 행정청의 제1차적 판단권이 행하여지지 않은 상태에서의 사전적 통제제도이기 때문에 권력분립주의 내지 사법권의 본질에 반한다고 한다(입법론, 해석론). ④ 예방적 금지소송을 인정하면 남소가 우려되고, 이로 인하여 행정권 행사가 제약된다(입법론, 해석론).

2) 긍정설

긍정설의 논거는 다음과 같다. ① 기존의 법정 항고소송으로는 공권력 행사로 침해된 국민의 권익이 구제되지 못하는 경우가 있다. 예를 들면, 공권력 행사에는 행정강제와 같이 즉시에 완결되어 버리는 경우가 있고 이 경우에는 권익을 침해하는 공권력의 행사가 이미 행하여진 후에는 취소소송을 제기할 소의 이익이 없게 된다(해석론, 입법론). 법정항고소송으로 권리구제가 되지 못하는 경우에는 재판청구권을 보장하기 위해(공백없는 권리구제를 위해) 법정외소송을 인정하여야 한다. ② 또한 특정의 권익침해가 예상되고 있는 경우에 있어서도 권익침해를 기다려서 침해된 권익을 구제받는 취소소송보다는 권익의 침해를 미리 막는 예방적부작위소송이 보다 국민의 권익구제에 적절한 소송제도이다(해석론, 입법론). ③ 또한 특정의 권익침해가 예상되고 또한 임박한 경우에는 행정청의 제1차적 판단권이 행사된 것에 준하는 것으로 볼 수 있고, 이미 분쟁이 현실화되고 있다고 보아 사건의 성숙성도 이루어지고 있다고 볼 수 있다(해석론, 입법론). ④ 현행 행정소송법 제4조의 항고소송의 종류에 관한 규정은 항고소송의 종류를 제한적으로 열거한 것으로 보아서는 안 된다고 본다(해석론). ⑤ 예방적 금지소송의 허용요건을 엄격히 하고, 예방적 금지소송을 보충적으로 인정하면 남소의 우려가 없다(입법론, 해석론).

3) 판 례

판례는 부정설을 취하고 있다(대판 2006. 05. 25, 2003두11988; 1987. 03. 24, 86누182).

4) 결 어

국민의 권리구제를 위하여 예방적 금지소송이 필요한 경우가 있고, 허용범위를 제한하여 인정하면 행정청의 일차적 판단권을 거의 침해하지 않도록 하는 것이 가능하므로 긍정설(보충설)이 타당하다. 부정설과 같이 막연히 권력분립의 원칙이나 행정청의 제1차적 판단권을 이유로 예방적 부작위소송을 부정하는 것은 타당하지 않다. 취소소송을 통하여는 침해된 권익의 구제가 불가능하거나 예방적 부작위소송에 비하여 국민의 권익구제에 심히 적절하지 못하거나 불충한 경우에는 국민의 재판을 받을 권리를 보장해 주기 위하여 예외적으로 예방적 부작위소송을 인정하여야 할 것이다.

(3) 예방적 부작위소송의 허용범위 및 허용요건

국민의 권리구제의 실효성을 보장하기 위하여 허용될 수 있다 하여도 예방적 부작위소송을 무한정으로 인정할 수는 없다. 예방적 부작위소송의 허용범위에 관하여는 두 견해가 있다.

1) 보충설(제한적 허용설, 절충설)

이 견해는 기본적으로 행정처분의 사후통제제도인 기존의 법정항고소송에 의해 적절한 구제가 이루어지지 않는 경우에 그 범위 안에서만 예방적 부작위소송을 인정하는 견해이다. 보충설을 취하는 견해도 허용요건의 엄격성에 있어서는 다소 차이를 보이고 있다.

① 먼저 가장 엄격한 입장을 취하는 견해는 예방적 부작위소송은 취소소송에 의한 구제가 불가능한 경우에만 인정된다고 본다.

② 보다 완화된 입장을 취하는 견해는 i) 분쟁이 사법판단에 적합할 정도로 충분히 성숙되어 있을 것과, ii) 사전구제를 인정하지 않으면 구제가 상당히 어렵게 될 것의 두 요건이 충족되면 예방적 부작위소송이 가능하다고 본다.[220)]

③ 보충설을 취하면서도 예방적 부작위소송의 대상이 되기 위한 사건의 성숙성이 갖추어졌다고 보기 위하여는 다음의 요건을 충족하여야 한다고 보는 견해도 있다. i) 위험이 구체적이며 개별적일 것, ii) 침해가 심각하며 또한 개연성이 있을 것, iii) 침해가 직접적이며 절박할 것, iv) 부작위청구소송을 통해 피하고자 하는 위험 내지 손해가 중대할 것.[221)]

2) 독립설

이 견해는 예방적 부작위소송으로 다툴 수 있을 정도로 사건의 성숙성이 있는 경우(특정의 권익침해가 예상되고 임박한 경우)에는 기존의 구제제도와 별도로 예방적 부

---

220) 김철용, “예방적 부작위소송의 허용성 여부,” 『인권과 정의』, 제193호, 1991. 1, 64면.
221) 김남진, 『행정법의 기본문제』, 1128면; 강구철, 『강의 행정법 I 』, 948면.

작위소송을 인정하는 견해이다.[222)]

독립설을 취하는 견해는 사법적 판단의 대상이 될 수 있을 정도로 사건이 성숙한 경우, 즉 어떤 행정처분이 장래에 행하여질 가능성이 높고, 그 행정처분의 적법여부가 사전에 판정될 수 있다고 보는 경우에 예방적 부작위소송이 인정될 수 있다고 본다.[223)]

3) 결 어

처분청의 처분권의 존중 및 남소의 방지와 국민의 권익구제를 조화시키는 보충설이 타당하다.

보충설에 의할 때 예방적 금지소송이 인정되기 위하여는 다음의 두 요건이 충족되어야 한다.

① 보충성 요건: 예방적 금지소송은 취소소송과 집행정지에 의해서는 권리구제가 불가능하거나 회복하기 어려운 손해를 입을 우려가 있어야 한다. 대법원 행정소송법 개정안도 이를 요건으로 하고 있다.

② 사건의 성숙성: 행정청에게 1차적 판단권을 행사하게 할 것도 없을 정도로 일정한 내용의 처분이 예상되고 그 처분이 임박하여야 한다.

예를 들면, 구 건축법 제69조상의 위법건축물을 시정하기 위하여 수도 또는 전기의 공급거부 요청이 있는 경우 법상 특별한 사정이 없는 한 이에 따르도록 규정하고 있으므로 독립설에 의하면 이 경우 공급거부의 금지를 구하는 예방적 부작위청구소송을 제기할 수 있을 것이다. 그러나, 보충설에 의하면 공급거부요청행위를 처분으로 보는 경우 공급거부요청행위 또는 공급거부에 대한 취소소송과 집행정지에 의해, 공급거부요청행위를 처분으로 보지 않으면 공급거부에 대한 취소소송과 집행정지신청에 의해 구제될 수 있으므로 이 경우 예방적 부작위청구소송이 인정되기 어려울 것이지만, 일시적인 공급거부로도 중대한 권익침해가 예상되는 경우에는 예방적 금지소송을 인정하여야 할 것이다.

일시적으로 완성되는 즉시강제의 경우 취소소송에 의한 권익구제가 불가능하므로 보충설을 취하는 경우에도 당해 즉시강제의 금지를 구하는 예방적 금지소송이 인정될 수 있다.

4) 행정소송법 개정안(보충설)

대법원안은 예방적 금지소송을 취소소송에 대한 보충적 구제제도로 인정하고 있다. 즉, 예방적 금지소송은 행정청이 장래에 일정한 처분이나 명령 등을 할 것이 임박하였고(사건의 성숙성), 사후에 그 처분이나 명령 등의 효력을 다투는 방법으로는

---

222) 우성만, 『무명항고소송, 당사자소송, 행정소송에 관한 제문제(하)』(법관세미나자료), 1994, 20~25면.

223) 兼子仁, 『行政爭訟法』, 362~363면.

회복하기 어려운 손해를 입을 우려가 있는 때(보충성)에 한하여 인정되고 있다(대법원안 제55조).

(4) 예방적 금지소송의 대상

예방적 부작위청구소송의 대상은 침익적 처분이다. 처분개념에 관하여 실체법상 개념설에 의하면 그 대상이 침익적 행정행위이고, 쟁송법상 개념설에 의하면 사실행위를 포함하는 침익적 처분이 예방적 금지소송의 대상이 된다.

(5) 가처분

예방적 금지소송은 침익적 처분이 임박한 경우에 제기되는 것이므로 현상유지를 구하는 가처분이 인정되어야만 권리구제수단으로서의 실효성을 가질 수 있다. 대법원안은 예방적 금지소송과 함께 현상유지를 구하는 가처분을 인정하고 있다.

(6) 판 결

행정청의 장래의 처분이나 명령 등이 위법하고, 그 처분이나 명령 등을 하지 않도록 하는 것이 상당하다고 인정하는 때에는 행정청에게 그 처분이나 명령 등을 하지 않도록 선고하는 금지판결을 내린다(대법원안 제57조).

Ⅵ. 당사자소송

1. 의 의

당사자소송(當事者訴訟)이라 함은 공법상 법률관계의 주체가 당사자가 되어 다투는 공법상 법률관계에 관한 소송을 말한다.

행정소송법은 공법상 당사자소송을 "행정청의 처분 등을 원인으로 하는 법률관계에 관한 소송, 그 밖에 공법상의 법률관계에 관한 소송으로서 그 법률관계의 한쪽 당사자를 피고로 하는 소송"이라고 정의하고 있다(제3조 제2호).

당사자소송은 공법상 법률관계를 다투는 소송인 점에서 공권력의 행사 또는 불행사를 다투는 항고소송과 구별된다. 그리고, 당사자소송은 공법상 법률관계에 관한 소송인 점에서 사법상 법률관계에 관한 소송인 민사소송과 구별된다.

2. 당사자소송의 종류

공법상 당사자소송을 실질적 당사자소송과 형식적 당사자소송으로 구별하는 것이 일반적 견해이다.

형식적 당사자소송(形式的 當事者訴訟)은 '행정청의 처분 등을 원인으로 하는 법률관계에 관한 소송' 중 소송형태상 법률관계의 내용을 다투는 것이어서 형식적으로는 당사자소송이지만, 실질적으로는 행정청의 처분을 다투는 소송을 말한다고 정의하는 것이 일반적이다. 형식적 당사자소송의 예로 토지취득보상법상의 보상금증감청구소송(공익사업법 제85조 제2항), 특허무효심판심결에 대한 불복소송(특허법 제187조) 등을 들 수 있다.

이에 대하여 **실질적 당사자소송**(實質的 當事者訴訟)이라 함은 형식적으로나 실질적으로나 공법상 법률관계에 관한 다툼만이 대상인 당사자소송을 말한다. 통상 당사자소송이라 함은 실질적 당사자소송을 말한다. 그 예로 공무원의 지위확인소송, 공법상 보상금청구소송, 공법상 계약에 관한 소송, 공법상 결과제거청구소송 등을 들 수 있다.

3. 당사자소송과 민사소송의 구별

우리나라의 법체계가 공법과 사법을 구별하고 있고, 이에 따라 공법관계에 관한 소송인 행정소송과 사법관계에 관한 소송인 민사소송을 구별하고 있으므로 공법관계에 관한 당사자소송을 사법관계에 관한 민사소송과 구별하는 것이 타당하다.

현행 행정소송법상 당사자소송은 민사소송과 다음과 같은 점에서 차이가 있다.

① 당사자소송과 항고소송간에는 소의 변경을 인정하는 명문의 규정이 있지만, 민사소송과 항고소송간에는 소의 변경을 인정하는 명문의 규정이 없으므로 소의 변경을 할 수 없다고 보는 견해가 있다.

② 당사자소송에는 행정청이 참가할 수 있지만, 민사소송에는 불가능하다.

③ 당사자소송에서는 직권탐지주의가 적용되지만, 민사소송에서는 직권탐지주의가 적용되지 않는다.

④ 당사자소송의 판결의 기속력은 당해 행정주체 산하의 행정청에도 미치지만, 민사소송에서는 소송당사자에게만 판결의 효력이 미친다.[224)]

⑤ 당사자소송에 민사소송을 병합하는 것은 인정되지만, 민사소송에 당사자소송을 병합하는 것은 인정되지 않는다.

그렇지만, 당사자소송은 민사소송과 유사하므로 민사소송에 관한 규정이 당사자소송에 널리 적용된다. 예를 들면, 민사집행법상의 가압류, 가처분규정은 당사자소송에 적용된다.

---

224) 백윤기, "당사자소송의 대상," 『행정판례연구 Ⅳ』, 1999, 359면.

4. 항고소송과 당사자소송의 구별

현행 행정소송법은 항고소송과 당사자소송을 구별하여 규율하고 있다. 일반적으로 말하면 항고소송은 공권력의 행사 또는 불행사 자체를 다투는 소송인 반면에 당사자소송은 공법상의 법률관계 자체를 다투는 소송이다. 또한 학자에 따라서는 항고소송을 권력적 행위에 대한 구제수단으로 보고 당사자소송을 비권력적 행위에 대한 구제수단으로 보기도 한다.

그런데, 국민의 권리구제를 위하여 항고소송을 제기하여야 할 것인지 공법상 당사자소송을 제기하여야 할 것인지 애매한 경우가 적지 않다. 그 이유는 다음과 같다. ① 항고소송의 대상이 되는 처분은 직접 또는 간접적으로 법률관계에 변경을 가져오며 항고소송으로 구제하여야 할 소송사건도 당사자소송으로 구제할 수도 있는 경우가 적지 않기 때문이다. 예를 들면, 조세부과처분이 무효인 경우에는 항고소송인 무효확인소송으로 다툴 수 있는데 당사자소송인 조세채무부존재확인소송으로 다툴 수도 있다. 다만, 당사자소송에는 확인소송의 보충성이 요구되므로 세금을 납부한 경우에는 무효확인소송 또는 조세과오납환급청구소송을 제기하여야 하며 원칙상 조세채무부존재확인소송을 제기할 수는 없다. ② 또한, 현행 행정소송법은 항고소송의 대상이 되는 처분의 정의에 있어서 공권력의 행사 및 거부뿐만 아니라 '그 밖에 이에 준하는 행정작용'도 처분으로 정의하고 있어 해석에 따라서는(쟁송법적 개념설 또는 형식적 행정행위론에 따르는 경우) 사실상 강제력이 있는 비권력적 행위도 다수 항고소송의 대상이 되는 것으로 볼 수 있다. ③ 후술하는 바와 같이 **판례**에 의하면 금전지급거부가 처분인 경우 항고소송으로 다투어야 하고, 금전지급거부가 처분이 아닌 경우 금전지급청구권이 공권이면 당사자소송, 사권이면 민사소송을 제기하여야 한다.

5. 당사자소송 활용론

(1) 당사자소송의 활용실태

소송실무상(판례상) 당사자소송이 널리 활용되고 있지 못하다. 즉, ① 판례는 공법상 당사자소송으로 제기하여야 할 것이라고 학설이 주장하는 소송(국가배상청구소송 등 특히 금전의 지급을 청구하는 소송)도 민사소송으로 보는 경우가 많다. 다만, 최근에는 **당사자소송을 다소 확대하는 판례**(예, 하천구역으로 편입된 토지에 대한 손실보상청구소송을 당사자소송으로 본 판례)가 나타나고 있다. 이에 관하여는 후술하는 바와 같다('소송의 대상' 참조). ② 현행 행정소송법이 취소소송중심주의를 취하여 당사자소송이 활성화되지 못하고 있다. 무명당사자소송(법정외당사자소송)으로 독일의 입법례에서와 같이 처분이외의 행정작용(예, 사실행위)의 이행을 구하는 **일반이행소송**을 인정하여야 한다는 견해가 적지 않지만, 아직 이를 인정하는 판례는 없다. ③ 형식적 당사자소송은 개별법에서 명문으로 인정하고 있는 경우에 한하여 인정된다고 보는 것이 판례 및 다수견해의 입장인데, 개별법에서 형식적 당사자소송을 인정하고 있는 예(예, 보상금증감청구소송)는 아주 소수이다. ④ 형성소송을 인정하는 명문의 규정이 없는 한 당사자소송은 이행소송이나 확인소송으로 제기된다.

(2) 당사자소송의 활용론에 관한 학설

당사자소송의 활용에 대한 학설의 태도는 매우 다양하다.

1) 당사자소송무용론 내지 현상유지론

민사소송과 구별하여 당사자소송을 인정할 의의가 크지 못하다는 견해이다. 그 논거는 다음과 같다: ① 당사자소송의 대상이 되는 공법관계와 민사소송의 대상이 되는 사법관계의 구별이 애매하고, 당사자소송절차와 민사소송절차가 거의 동일하여 양자를 구별할 의의가 크지 못하다. ② 처분성을 확대하여 항고소송의 범위를 확대하고, 민사소송을 확대하면 이 두 소송에 의해 권리구제가 충분히 가능하므로 국민의 권리구제를 위한 당사자소송 확대의 필요성은 더욱 줄어든다.

2) 당사자소송활성화론

이 견해는 현재 제한적으로 인정되고 있는 당사자소송을 적극 활성화하여야 한다는 견해인데, 그 논거는 다음과 같다.

① 항고소송 및 민사소송만으로는 행정상 국민의 권익구제가 불충분하므로 공법상 당사자소송을 적극 활용하여 행정구제제도의 불비를 보완하여야 한다.

② 이 견해는 계쟁행위의 성질에 따라 다른 유형의 소송이 인정되는 것이 타당하다는 데 근거한다. 즉, 항고소송은 기본적으로 권력적 행위에 대한 행정구제제도이고, 민사소송은 행정주체의 사경제적 작용에 대한 구제제도이므로 비권력적 공행정작용에 대한 구제제도가 불비하게 되는데, 공법상 당사자소송을 비권력공행정작용에 대한 일반적인 구제제도로 활성화할 필요가 있다고 주장한다. 이를 위하여 당사자소송으로 사실행위에 대한 이행소송과 금지소송을 인정하여야 한다는 주장도 있고, 사실행위위법확인소송을 인정하여야 한다는 주장도 있다.

3) 제한적 활성화론

이 견해는 처분을 원인으로 하는 공법상 권리의무에 관한 소송을 현재보다 확대하여 일반적으로 당사자소송으로 하고, 형식적 당사자소송을 현재보다 확대하되 취소소송중심주의를 유지하며, 공권력 행사를 다투는 소송은 기본적으로 항고소송으로 하는 것이 타당하다는 견해이다.

4) 결 어

계쟁행위의 성질에 따라 다양한 소송형식을 인정하는 것(당사자소송활성화론)은 국민의 소송형식 선택의 어려움을 가져오며 소송구조를 복잡하게 하는 문제가 있다. 또한, 실체법상 공법관계에 관한 분쟁을 민사소송으로 하는 것은 타당하지 않으며 형식적 당사자소송을 보다 확대하는 것이 바람직하다. 따라서, 제한적 활성화론이 타당하다.

법무부 행정소송법 개정안은 현재 민사소송의 대상인 행정상 손해배상청구소송, 공법상 부당이득반환청구소송을 당사자소송의 대상으로 하는 것으로 규정하면서 당사자소송을 제한적으로 활성화하는 것으로 하고 있다.

6. 실질적 당사자소송

실질적 당사자소송이라 함은 공법상 법률관계에 관한 소송으로서 그 법률관계의 주체를 당사자로 하는 소송을 말한다. 통상 당사자소송이라 하면 실질적 당사자소송을 말한다.

공법상 법률관계 자체가 소송의 대상이 되는 경우에는 당사자소송으로 제기하여야 하는데, 행정소송법 제3조 제2호에서 당사자소송을 이렇게 일반적으로 인정하고 있으므로 당사자소송의 인정에 있어서는 개별법의 근거가 필요하지 않다.

실질적 당사자소송의 대상에 대하여는 후술하는 바와 같다(소송의 대상 참조).

7. 형식적 당사자소송

(1) 의 의

형식적 당사자소송(形式的 當事者訴訟)의 개념 정의는 학자에 따라 다소 다르다. 종래 학설은 일반적으로 형식적으로는(소송형태상) 당사자소송의 형식을 취하고 있지만 실질적으로는 처분 등의 효력을 다투는 항고소송의 성질을 가지는 소송이라고 이해한다. 예를 들면, 박윤흔 교수는 형식적 당사자소송을 "형식적으로는 법률관계의 당사간의 쟁송이지마는, 실질적으로는 행정청의 처분을 다투는 소송"이라고 정의하고 있다.[225]

그러나, 이 견해는 형식적 당사자소송을 당사자소송의 일종으로 보면서도 실질은 항고소송으로 보고 있는 문제가 있다. 따라서, 형식적 당사자소송(특수한 당사자소송)은 "행정청의 처분 등에 의해 직접 형성된 법률관계에 관한 다툼으로서 형식적으로(소송형태상) 당사자소송이지만, 그 전제로서 행정청의 처분을 다투는 것을 포함

225) 박윤흔 · 정형근, 상게서, 887면.

하고 있는 소송"이라고 정의내리는 것이 타당하다. 이와 유사한 정의로 김남진 교수 등은 형식적 당사자소송을 "행정청의 처분·재결 등이 원인이 되어 형성된 법률관계에 다툼이 있는 경우 그 원인이 되는 처분·재결 등의 효력을 직접 다투는 것이 아니고, 처분 등의 결과로서 형성된 법률관계에 대하여, 그 법률관계의 한쪽 당사자를 피고로 하여 제기하는 소송"이라고 정의하고 있다.[226)]

형식적 당사자소송은 기본적으로는 법률관계의 내용을 다투는 점에서 당사자소송이지만 처분의 효력의 부인을 전제로 하는 점에서 실질적 당사자소송과 다르다. 그러나, 형식적 당사자소송에서 당사자가 직접 다투는 것은 법률관계의 내용이고, 그 전제로서 처분의 효력이 다투어지는 것은 부수적인 것이기 때문에 형식적 당사자소송을 항고소송으로 보는 것은 타당하지 않다.

따라서, 형식적 당사자소송이라는 용어는 타당하지 않고 그 대신 특수한 당사자소송이라고 부르고 실질적 당사자소송을 일반당사자소송 또는 협의의 당사자소송이라고 부르는 것이 보다 타당하다. 형식적 당사자소송이라는 개념은 형식은 당사자소송이지만 실질은 당사자소송이 아니라는 오해를 불러일으킬 수 있기 때문에도 적당하지 않다(다만, 형식적 당사자소송이라는 개념이 보편화된 개념이므로 당분간 형식적 당사자소송이라는 개념을 사용하기로 한다).

(2) 인정 필요성

형식적 당사자소송의 인정이유는 권리구제의 실효성 제고와 소송경제에 있다. 형식적 당사자소송은 처분 등을 원인으로 하는 법률관계의 내용(예, 토지수용위원회의 재결에 의해 결정된 보상액)에 대하여 불복하는 소송인데, 만일 형식적 당사자소송이 인정되지 않으면 먼저 항고소송으로 처분의 효력을 다투어야 하고, 그 소송의 결과(예, 취소판결)에 따라 처분청의 새로운 처분(예, 새로운 보상액의 결정)이 있어야 권리구제가 실현된다. 또한 만일 새로운 처분에 의해 형성된 새로운 법률관계 역시 불복한 자에게 만족을 주지 못하면 다시 그 새로운 처분의 효력을 다투는 항고소송을 제기하여야 하므로 권리구제가 지체되고 무용한 소송의 반복을 가져오는 결과가 되기 쉽다.

따라서, 권리구제의 실효성을 제고하고 소송경제를 확보하기 위하여 일정한 처분 등을 원인으로 하는 법률관계의 내용에 불복하는 때에는 직접 그 법률관계의 내용을 다투고 수소법원이 그 법률관계의 내용을 결정하도록 하는 소송을 인정할 필요가 있는 것이다. 형식적 당사자소송은 바로 이러한 필요성에 부응하기 위하여 인정되는 소송형식이다.[227)] 형식적 당사자소송에서는 항고소송에서와 달리 법원이 다툼

---

226) 김남진, 전게서, 856면; 김동희, 전게서, 795면.
227) 이상규, 전게서, 803~804면.

의 대상이 되는 법률관계의 내용을 직접 결정한다.

결론적으로 말하면 형식적 당사자소송은 우회적 절차를 거침이 없이 처분으로 인한 법률관계의 내용을 다투어 합리적인 분쟁해결과 권리구제를 실현하는 소송이다.

(3) 근 거

1) 행정소송법상 일반적 근거

형식적 당사자소송이 개별 법률의 명문의 규정 없이 행정소송법 제3조 제2호에 의해 일반적으로 인정될 수 있는지 아니면 개별 법률규정이 명시적으로 인정하는 경우에만 인정될 수 있는지에 관하여 견해가 대립되고 있다.

가. 긍정설(행정소송법 제3조 제2호 근거설) 이 견해는 행정소송법 제3조 제2호가 형식적 당사자소송의 일반적 근거가 된다는 것을 긍정하는 견해라는 점에서 통상 긍정설이라고 불리는데, 이 견해의 논거는 다음과 같다.

① 행정소송법 제3조 제2호의 "행정청의 처분 등을 원인으로 하는 법률관계에 관한 소송으로서 …… 그 법률관계의 한쪽 당사자를 피고로 하는 소송"에는 형식적 당사자소송이 포함된다. 이와 같은 논거에 따라 긍정설을 취하면서도 처분청 또는 재결청을 완전히 배제한 당사자간의 소송형태는 행정소송법의 규정으로는 인정될 수 없고, 특허법 · 디자인보호법 · 실용신안법 · 상표법 등과 같이 개별법의 규정이 있는 경우에 한하여 인정된다는 견해[228]도 있다.

② 공정력은 행정행위에 본질적으로 내재하는 것이 아니라 실정법에 근거하는 것인데 행정소송법 제3조 제2호에서 형식적 당사자소송을 인정하고 있으므로 형식적 당사자소송은 공정력에 반하는 것으로 볼 수 없다.[229]

③ 행정소송법상의 당사자소송에 관한 규정은 "민중소송 및 기관소송은 법률이 정한 경우에 법률에 정한 자에 한하여 제기할 수 있다"라고 한 동법 제45조와 같은 제한을 두지 아니하였다.

④ 개별법에 근거가 있는 경우에 한하여 형식적 당사자소송을 제기할 수 있는 것으로 규정하고 있는 일본 행정사건소송법 제4조와 같은 규정이 우리 행정소송법 제3조 제2호에는 포함되어 있지 않다.

나. 부정설(개별법률근거필요설) 이 견해는 행정소송법 제3조 제2호가 형식적 당사자소송의 일반적 근거가 될 수 없다고 보는 견해이므로 통상 부정설이라고 불린다. 이 견해가 다수견해이다.

이 견해의 논거는 다음과 같다.

---

228) 한견우, 전게서, 876면.
229) 이상규, 전게서, 804~805면.

① 원인이 되는 처분 등은 그대로 둔 채 당해 처분의 결과로서 형성된 법률관계에 관하여 소송을 제기하여, 그에 대하여 취소법원이 아닌 법원이 심리·판단한다는 것은 행정행위의 공정력 또는 구성요건적 효력에 반한다.230) 다만, 부정설도 형식적 당사자소송이 행정소송법 제3조 제2호의 "행정청의 처분 등을 원인으로 하는 법률관계에 관한 소송으로서 ……그 법률관계의 한쪽 당사자를 피고로 하는 소송"에 포함되는 것으로 본다. 달리 말하면 행정소송법은 형식적 당사자소송의 유형 자체는 인정하고 있지만, 형식적 당사자소송이 실제로 인정되기 위하여는 개별법상의 명시적 규정이 있어야 한다고 본다.

② 본래 형식적 당사자소송은 일본에서 유래한 것인데, 그들의 경우 행정사건소송법(제4조)에서 개별법에 근거가 있는 경우에 한하여 형식적 당사자소송을 제기할 수 있는 것으로 규정하고 있다.231)

③ 소송형식은 법에서 명확히 정하는 것이 바람직하다.

다. 사 견 형식적 당사자소송도 공법상의 법률관계에 관한 소송으로서 당사자소송의 하나이고, 행정소송법 제3조 제2호가 공법상 법률관계에 관한 소송을 당사자소송으로 일반적으로 인정하고 있으며 행정소송법 제3조 제2호가 형식적 당사자소송의 근거가 된다고 본다면 형식적 당사자소송이 공정력에 반하는 것으로 볼 수 없으므로 긍정설이 타당하다.

다만, 입법론으로는 소송형식은 법에서 명확히 정하는 것이 바람직하고, 형식적 당사자소송은 실질적 당사자소송의 절차와 다르게 규율되어야 하므로 행정소송법에 형식적 당사자소송에 관한 규정을 별도로 규정하는 것이 바람직하다.

2) 개별법상의 근거규정

가. 토지취득보상법 토지취득보상법 제85조 제2항의 보상금증감청구소송을 형식적 당사자소송이라고 보는 견해가 일반적 견해이다. 이에 관하여는 전술한 바와 같다(손실보상 참조). 판례 중에는 구 토지수용법 제75조의2 제2항이 규정하는 보상금의 증감에 관한 소송을 공법상 당사자소송으로 본 판례가 있다(대판 1991. 11. 26, 91누285).

나. 특허법 특허법 제133조 제1항 등의 규정에 의한 특허의 무효심판 등에 대한 소제기에 있어서는 그 청구인 또는 피청구인을 피고로 하여야 한다(특허법 제187조).

보상금 또는 대가에 관한 불복의 소에 있어서는 보상금 또는 대가를 지급할 관

---

230) 김남진, 전게서, 857면; 김동희, 전게서, 796면.

231) 김남진, 상게서, 857면.

서 또는 출원인 등을 피고로 하여야 한다(특허법 제191조).

「특허법」 제191조는 「상표법」, 「실용신안법」, 「디자인보호법」 등에 준용되고 있다.

8. 당사자소송의 절차

당사자소송에 대하여 행정소송법은 다음과 같이 규정하고 있다. 당사자소송은 국가·공공단체 그 밖의 권리주체를 피고로 한다(행정소송법 제39조). 제9조(재판관할)의 규정은 당사자소송의 경우에 준용한다. 다만, 국가 또는 공공단체가 피고인 경우에는 관계행정청의 소재지를 피고의 소재지로 본다(제40조). 당사자소송에 관하여 법령에 제소기간이 정하여져 있는 때에는 그 기간은 불변기간으로 한다(제41조). 제21조(소의 변경)의 규정은 당사자소송을 항고소송으로 변경하는 경우에 준용한다(제42조). 그 밖에 제14조(피고경정), 제15조(공동소송), 제16조(제3자의 소송참가), 제17조(행정청의 소송참가), 제22조(처분변경으로 인한 소의 변경), 제25조(행정심판기록의 제출명령), 제26조(직권심리), 제30조(취소판결의 기속력) 제1항, 제32조(소송비용의 부담) 및 제33조(소송비용에 관한 재판의 효력)의 규정은 당사자소송의 경우에 준용한다(제44조 제1항). 제10조(관련청구소송의 이송 및 병합)의 규정은 당사자소송과 관련청구소송이 각각 다른 법원에 계속되고 있는 경우의 이송과 이들 소송의 병합의 경우에 준용한다(제2항).

행정소송규칙 제5조부터 제8조까지, 제12조 및 제13조는 당사자소송의 경우에 준용한다(행정소송규칙 제20조).

당사자소송의 대상, 원고적격, 피고적격, 재판관할, 제소기간, 행정심판전치, 관련청구의 이송·병합, 소의 변경, 심리, 판결에 대하여 자세한 사항은 후술하기로 한다.

행정소송법 제8조 제2항에 의하면 행정소송법에 특별한 규정이 없는 사항에 대하여는 행정소송에는 민사소송법 등의 규정이 일반적으로 준용된다. 그런데, 당사자소송은 민사소송과 유사한 점이 많으므로 행정소송법에 당사자소송에 관한 특별한 규정이 없는 경우에는 민사소송법 등의 규정이 당사자소송에 널리 적용된다.

Ⅶ. 민중소송

1. 의 의

민중소송(民衆訴訟)이라 함은 '국가 또는 공공단체의 기관이 법률에 위반되는 행위를 한 때에 직접 자기의 법률상 이익과 관계없이 그 시정을 구하기 위하여 제기하는 소송'을 말한다(행정소송법 제3조 제3호).

민중소송은 국가 또는 공공단체의 기관의 위법행위를 시정하는 것을 목적으로 하는 공익소송이며 개인의 법적 이익의 구제를 목적으로 하는 소송이 아니다. 따라서, 원고적격이 법률상 이익의 침해와 관계없이 국민, 주민 또는 선거인 등 일정범위의 일반 국민에게 인정된다. 따라서 민중소송은 주관적 소송이 아니라 객관적 소송이다.

2. 민중소송의 예

민중소송은 특별히 법률의 규정이 있을 때에 한하여 예외적으로 인정된다(법 제45조, 민중소송법정주의). 그 예는 다음과 같다.

(1) 선거에 관한 민중소송

대통령선거 또는 국회의원선거의 효력에 관하여 이의가 있는 선거인은 선거일로부터 30일 이내에 당해 선거관리위원장을 피고로 하여 대법원에 소를 제기할 수 있다(공직선거법 제222조 제1항).

지방의회의원 및 지방자치단체의 장의 선거의 효력에 관하여 이의가 있는 선거인은 선거일로부터 14일 이내에 관할선거관리위원회에 소청할 수 있고, 그 소청에 대한 결정에 불복하는 경우에는 당해 선거구선거관리위원회위원장을 피고로 시·도지사 선거에 있어서는 대법원에, 지방의회의원 및 자치구·시·군의 장의 선거에 있어서는 그 선거구를 관할하는 고등법원에 소를 제기할 수 있다(공직선거법 제222조 제2항).

(2) 국민투표에 관한 민중소송

국민투표의 효력에 관하여 이의가 있는 투표인은 투표인 10만인 이상의 찬성을 얻어 중앙선거관리위원장을 피고로 투표일로부터 20일 이내에 대법원에 소를 제기할 수 있다(국민투표법 제92조).

(3) 주민소송

지방자치단체의 주민은 일정한 요건하에 지방자치단체의 위법한 재무행위를 시정하기 위하여 법원에 소송을 제기할 수 있다(지방자치법 제17조).

3. 민중소송의 법적 규율

민중소송은 민중소송을 인정하는 개별 법률에서 정한 사항을 제외하고는 행정소송법의 규정을 준용한다.

민중소송으로서 처분 등의 취소를 구하는 소송(취소소송형 민중소송)에는 그 성질에 반하지 아니하는 한 취소소송에 관한 규정을 준용한다(법 제46조 제1항).

민중소송으로서 처분 등의 효력 유무 또는 존재 여부나 부작위의 위법의 확인을 구하는 소송에는 그 성질에 반하지 아니하는 한 각각 무효등확인소송 또는 부작위위법확인소송에 관한 규정을 준용한다(법 제46조 제2항).

민중소송으로서 제1항 및 제2항에 규정된 소송 외의 소송에는 그 성질에 반하지 아니하는 한 당사자소송에 관한 규정을 준용한다(법 제46조 제3항).

Ⅷ. 기관소송

1. 의 의

기관소송(機關訴訟)이라 함은 "국가 또는 공공단체의 기관 상호간에 있어서의 권한의 존부 또는 그 행사에 관한 다툼이 있을 때에 이에 대하여 제기하는 소송"을 말한다(행정소송법 제3조 제4호). 다만, 행정소송법 제3조 제4호 단서는 헌법재판소법 제2조의 규정에 의하여 헌법재판소의 관장사항으로 되어 있는 권한쟁의심판은 행정소송법상 기관소송에서 제외하고 있다.

국가기관 상호간, 국가기관과 지방자치단체간 및 지방자치단체 상호간에 권한의 존부 또는 범위에 관하여 다툼이 있을 때에는 당해 국가기관 또는 지방자치단체는 헌법재판소에 **권한쟁의심판**을 청구할 수 있다(헌법재판소법 제61조 제1항). **권한쟁의심판의 종류**는 다음과 같다: 1. 국가기관 상호간의 권한쟁의심판: 국회, 정부, 법원 및 중앙선거관리위원회 상호간의 권한쟁의심판, 2. 국가기관과 지방자치단체간의 권한쟁의심판: 가. 정부와 특별시·광역시 또는 도간의 권한쟁의심판, 나. 정부와 시·군 또는 지방자치단체인 구(이하 "자치구"라 한다)간의 권한쟁의심판, 3. 지방자치단체 상호간의 권한쟁의심판: 가. 특별시·광역시 또는 도 상호간의 권한쟁의심판, 나. 시·군 또는 자치구 상호간의 권한쟁의심판, 다. 특별시·광역시 또는 도와 시·군 또는 자치구간의 권한쟁의심판(제62조 제1항). 권한쟁의가 지방교육자치에 관한 법률 제2조의 규정에 의한 교육·학예에 관한 지방자치단체의 사무에 관한 것인 때에는 교육감이 제1항 제2호 및 제3호의 당사자가 된다(제62조 제2항).

① 기관소송을 동일한 행정주체에 속하는 기관 상호간의 소송에 한정하는 견해가 있다.

이에 대하여 상이한 행정주체 상호간, 상이한 법주체에 속하는 기관간의 소송 등도 행정소송법 제3조 제4호의 기관소송에 해당하는 것으로 보는 견해도 있다. 이 견해는 기관소송과 권한쟁의심판의 관할구분은 권한분쟁이 행정법적 차원의 것인가 헌법적 차원의 것인가에 따라 전자는 기관소송의 관할에 속한다고 보고 후자는 권한쟁의심판의 관할로 본다.[232] 이 견해가 타당하다.

232) 이광윤, "기관소송에 있어서의 쟁점," 『고시계』, 1994. 8, 100면; 한견우, 『현대행정법 I』, 893

② 기관소송은 행정기관 사이의 소송이다.[233] 따라서, 기관소송은 상이한 법주체간의 소송인 항고소송과 구별된다.

③ 기관소송은 기관 상호간의 '권한의 존부 또는 그 행사에 관한 다툼'에 대하여 제기하는 소송이다. 이 점에서 기관소송은 '권한의 존부 또는 범위에 관한 다툼'을 대상으로 하는[234] 권한쟁의심판과 다르다. 권한쟁의심판 중 국가기관 상호간(예, 국회와 대통령)의 소송은 실질적으로는 기관소송이라고 볼 수 있지만[235]헌법소송이므로 행정소송으로서의 기관소송은 아니다.

④ 기관소송은 행정소송이다. 따라서, 소송이 아니라 행정주체의 내부적인 해결인 주관쟁의결정과 구별된다. 기관소송은 행정조직에 관한 법률적 차원의 권한분쟁을 대상으로 하는 행정소송인 점에서 헌법적 차원의 권한분쟁을 대상으로 하는 헌법상의 권한쟁의심판과 구별된다.

⑤ 기관소송은 법령의 해석·적용에 관한 분쟁이지만 법주체간의 분쟁을 대상으로 하지 않으므로 '법률적 쟁송'이 아니다. 따라서, 기관소송은 당연히 사법권에 속하는 것이 아니라 법령에 의해 비로소 인정되는 것이다.

2. 기관소송의 필요성

본래 동일한 행정주체에 속하는 기관 상호간의 권한을 둘러싼 분쟁은 상급청이 해결하는 것이 원칙이다(행정절차법 제6조 제2항, 헌법 제89조 제10호). 그런데, 행정주체 내에 이러한 분쟁을 해결할 수 있는 적당한 기관이 없거나 제3자에 의한 공정한 해결을 할 필요가 있는 경우가 있고, 이러한 경우에 법원에 제소하여 해결하도록 한 제도가 기관소송이다.

3. 기관소송의 예

현행 행정소송법은 기관소송을 법률이 정한 경우에 한하여 제기할 수 있는 것으로 규정하여 기관소송법정주의를 취하고 있다(제45조). 그런데, 대법원 행정소송법 개정안은 동일한 공공단체의 기관 상호간에 있어서의 권한의 존부 또는 그 행사에 관한 다툼이 있는 경우에는 기관소송을 제기할 수 있는 것으로 하여 기관소송법정주의

~894면.

233) 同旨: 홍정선, "기관소송의 법리," 『공법연구』, 제25집, 제4호, 1997. 6, 218면.

234) 『헌법재판소법』 제61조 제1항 참조.

235) 권한쟁의심판을 기관소송(당사자가 기관인 경우)과 협의의 권한쟁의심판(국가 또는 지방자치단체 그 자체인 경우와 일방은 기관이나 타방은 권리주체인 경우)로 나누는 견해도 있다(홍정선, 상게논문, 226면).

를 일부 완화하고 있다(제65조).

현행법상 인정되고 있는 기관소송의 예는 다음과 같다.

(1) 지방자치법상 기관소송

1) 지방의회의 재의결에 대한 소송

지방의회의 의결이 법령에 위반하였음을 이유로 지방자치단체의 장이 지방의회에 이유를 붙여 재의를 요구하였음에도 지방의회에서 재의결(再議決)된 경우에 지방자치단체의 장은 재의결된 날로부터 20일 이내에 대법원에 당해 재의결에 대하여 소를 제기할 수 있다.[236] 이 경우 필요하다고 인정되는 때에는 그 의결의 집행을 정지하게 하는 집행정지결정을 신청할 수 있다(지방자치법 제120조 제3항 · 제192조 제4항). 이 소송이 기관소송이라는 데에는 이견이 없다.

위의 경우에 행정안전부장관 또는 시 · 도지사도 직접 제소할 수 있는데(제192조 제5항 · 제7항), 이 소송도 행정소송법상의 기관소송이라고 볼 수 있다.[237]

2) 자치사무 등에 관한 명령이나 처분의 취소 또는 정지에 대한 소송

자치사무에 관한 명령이나 처분이 위법한 경우에 감독청(주무부장관 또는 시 · 도지사)은 당해 명령이나 처분의 취소 또는 정지를 명할 수 있는데, 이 경우에 지방자치단체의 장은 그 취소 또는 정지처분을 받은 날로부터 15일 이내에 대법원에 소송을 제기할 수 있다(지방자치법 제188조 제6항).

이 소송의 성질에 관하여 기관소송으로 보는 견해도 있지만 일종의 취소소송으로 보아야 할 것이다. 왜냐하면 ① 지방자치단체는 자치사무를 수행함에 있어서는 국가로부터 독립된 법인이며, ② 지방자치단체의 장의 명령이나 처분에 대한 감독청의 취소 또는 정지는 처분의 성질을 가진다고 볼 수 있기 때문이다. ③ 또한, 이 소송의 원고가 지방자치단체의 장인 점이 항고소송에서와 다르지만 이 경우 지방자치단체의 장은 지방자치단체를 대표하여 소송을 제기하는 것이라고 볼 수 있기 때문이다.

이에 대하여는 소송당사자가 기관이므로 기관소송으로 보는 견해도 있다.[238]

3) 주무부장관이나 시 · 도지사의 이행명령에 대한 지방자치단체의 장의 소송

지방자치단체의 장이 법령의 규정에 의하여 그 의무에 속하는 기관위임사무의 관리 또는 집행을 명백히 해태하고 있다고 인정되는 때에는 시 · 도에 대하여는 주무부장관이, 시 · 군 및 자치구에 대하여는 시 · 도지사가 그 이행을 명령할 수 있는데(지방자치법 제189조 제1항), 지방자치단체의 장은 그 이행명령에 이의가 있는 때에는 이

236) 소송실무에서는 재의결된 조례안의 무효확인을 구하는 소를 제기한다.
237) 한견우, 전게서, 894면.
238) 상게서, 894면.

행명령서를 접수한 날로부터 15일 이내에 대법원에 소를 제기할 수 있다. 이 경우 지방자치단체의 장은 이행명령의 집행을 정지하게 하는 집행정지결정을 신청할 수 있다(지방자치법 제189조 제6항).

이 소송의 성질은 기관소송으로 보아야 한다. 왜냐하면 기관위임사무를 집행함에 있어서 지방자치단체의 장은 지방자치단체의 기관이 아니라 국가기관 또는 위임한 자치단체의 기관의 지위를 가지므로 이 소송은 동일한 행정주체 내부의 기관 상호간의 다툼을 대상으로 하는 소송이 되기 때문이다.

(2) 지방교육자치에 관한 법률상 기관소송

1) 시 · 도의회 또는 교육위원회의 재의결에 대한 소송

지방교육자치에관한법률 제28조 제3항에 근거하여 교육감이 시·도의회 또는 교육위원회의 재의결에 대하여 제기하는 소송이 기관소송이라는 데에는 이견이 없다.

2) 자치사무에 관한 명령이나 처분의 취소 또는 정지에 대한 소송

이 소송(지방교육자치에 관한 법률 제3조, 지방자치법 제188조 제6항)은 일종의 취소소송으로 보아야 할 것이다. 왜냐하면 지방자치단체는 자치사무를 수행함에 있어서는 국가로부터 독립된 법인이며 지방자치단체의 장의 명령이나 처분에 대한 감독청의 취소 또는 정지는 처분의 성질을 가진다고 볼 수 있기 때문이다.

이에 대하여 소송당사자가 기관이므로 기관소송으로 보는 견해도 있다.[239]

4. 기관소송의 법적 규율

기관소송은 기관소송을 인정하는 개별 법률에서 정한 사항을 제외하고는 행정소송법의 규정을 준용한다.

기관소송으로서 처분 등의 취소를 구하는 소송(취소소송형 기관소송)에는 그 성질에 반하지 아니하는 한 취소소송에 관한 규정을 준용한다(법 제46조 제1항).

기관소송으로서 처분 등의 효력 유무 또는 존재 여부나 부작위의 위법의 확인을 구하는 소송에는 그 성질에 반하지 아니하는 한 각각 무효등확인소송 또는 부작위위법확인소송에 관한 규정을 준용한다(법 제46조 제2항).

기관소송으로서 제1항 및 제2항에 규정된 소송 외의 소송에는 그 성질에 반하지 아니하는 한 당사자소송에 관한 규정을 준용한다(법 제46조 제3항).

---

239) 상게서, 895면.

제 2 항 행정소송의 한계

헌법은 모든 국민에게 재판을 받을 권리를 보장하고 있다. 따라서, 행정권의 행사에 의해 국민의 권익이 침해된 경우에는 그 침해된 권익을 소송을 통하여 구제받을 수 있는 수단이 보장되어야 한다. 그리하여 행정소송법은 개괄주의를 취하여 행정권의 위법한 처분 또는 부작위에 대하여 항고소송을 제기할 수 있는 것으로 하고 있고, 공법상의 권리의무관계에 관한 당사자소송을 일반적으로 인정하고 있다.

그러나, 행정소송에는 사법의 본질에서 오는 한계와 권력분립의 원칙에서 오는 일정한 한계가 있다. 사법의 본질에서 오는 행정소송의 한계는 행정소송이 사법(재판)이라는 점에서 기인하는 것이고, 권력분립의 원칙에서 오는 행정소송의 한계는 행정소송이 행정을 대상으로 하는 소송이며 행정통제기능을 갖는다는 점에서 문제가 된다.

Ⅰ. 사법의 본질에서 오는 한계

행정소송도 사법작용(재판작용)인 점에서 사법작용의 본질에서 나오는 일정한 한계가 있다. 즉, 사법작용의 본질에 비추어 사법의 개념에 포함되지 않는 사건은 행정소송의 대상이 될 수 없다. 그런데, 사법이라는 개념은 역사적으로 형성된 상대적인 개념이기 때문에 각 국가마다 다소 다르다.

사법의 본질에서 오는 행정소송의 한계를 논함에 있어서는 우선 사법의 개념을 정의하여야 한다.

일반적 견해는 사법을 "법률상 쟁송(구체적인 권리의무관계에 관한 분쟁) 내지 구체적인 법적 분쟁[240]이 발생한 경우에 당사자의 소송의 제기에 의해 독립적 지위를 가진 법원이 법을 적용하여 당해 법적 분쟁을 해결하는 작용"을 말한다고 본다. 법원조직법은 법률적 쟁송만이 법원의 심판대상임을 명시하고 있다(제2조 제1항). 이를 협의의 사법 개념이라 할 수 있다. 협의의 사법 개념은 다음과 같은 의의를 갖는다. ① 구체적 법적 분쟁(법률상 쟁송)에 대하여는 국민의 재판을 받을 권리에 비추어 원칙상 재판이 허용되어야 한다. ② 법적 분쟁이지만 구체적인 법적 분쟁이 아닌 사건(구체적 사건성이 없는 사건)은 사법의 본질상 당연히 행정소송의 대상이 될 수는 없고, 법률의 명문의 규정에 의해 사법의 대상이 되는 것으로 정해져야 사법의 대상이 된다.

---

240) 법률상 쟁송(구체적인 권리의무관계에 관한 분쟁)을 "구체적 법적 분쟁"보다 다소 좁은 개념으로 보는 견해도 있지만, 법률상 쟁송과 구체적 법적 분쟁을 동의어로 사용하는 경우도 많다.

오늘날 구체적인 법적 분쟁이 아닌 법적 분쟁을 재판의 대상으로 규정하는 입법이 행해지는 점에 비추어 협의의 사법에 명문의 법률규정에 의해 인정되는 구체적인 사건이 아닌 법적 분쟁에 대한 재판(예, 추상적 규범통제소송)을 추가하여 광의의 사법이라고 할 수 있다. 법원조직법 제2조 제1항도 “법원은 헌법에 특별한 규정이 있는 경우를 제외한 일체의 법률상의 쟁송을 심판하고, 이 법과 다른 법률에 의하여 법원에 속하는 권한을 가진다”라고 규정하고 있다. 즉, 광의의 사법은 “법적 분쟁이 발생한 경우에 당사자의 소송의 제기에 의해 독립적 지위를 가진 법원이 법을 적용하여 당해 법적 분쟁을 해결하는 작용”을 말한다.

광의의 사법작용에 속하지 않는 사건(통치행위, 내부행위 등)은 행정소송이 될 수 없다는 점에서 광의의 사법 개념의 인정 실익이 있다. 달리 말하면 법령을 적용하여 해결할 성질의 것이 아닌 사건(법적 분쟁이 아닌 사건)은 재판의 대상이 될 수 없다.

1. 구체적인 법적 분쟁이 아닌 사건

구체적인 법적 분쟁이 아닌 사건이라 함은 당사자 사이의 구체적인 권리의무에 관한 분쟁이 아닌 사건을 말한다.

(1) 추상적 법령의 효력과 해석에 관한 분쟁

구체적인 법적 분쟁을 전제로 함이 없이 법령의 효력 또는 해석 자체를 직접 다투는 소송(추상적 규범통제)은 원칙상 인정할 수 없다. 이와 같이 원칙상 추상적 규범통제를 인정하지 않은 것은 위헌 또는 위법인 추상적인 법령의 존재만으로는 아직 국민의 권익이 침해되지 않고 있다고 보기 때문이다. 현행법은 위헌 또는 위법인 법령이 집행되어 국민의 권익이 현실적으로 침해된 경우에 당해 법령을 집행하여 행한 행정청의 처분을 다투고 이 경우에 그 전제문제로서 당해 법령의 위헌·위법을 다툴 수 있도록 하고 있다(헌법 제107조 제2항).

그러나, 법령 그 자체에 의하여 국민의 권익에 직접 영향을 미치는 처분적법령은 그 자체가 항고소송의 대상이 된다. 프랑스나 미국의 경우에는 법규명령에 의해 국민의 구체적인 권익이 직접 침해되면 법규명령 자체에 대한 취소소송을 인정하고 있다. 사법의 본질론 즉 사법의 개념 요소인 사건의 성숙성은 더 이상 법규명령에 대한 항고소송을 배제하는 논거가 될 수 없다고 보아야 할 것이다. 명령도 행정권의 공권력 행사이므로 명령으로 국민의 권익이 직접 구체적으로 침해된(직접 영향을 받은) 경우에는 그에 대해 행정소송을 통한 권리구제의 길을 열어주는 것이 법치주의의 원칙상 타당하다. 명령도 행정작용이므로 일반 행정작용의 처분 개념과 명령의 처분 개념을 달리 보는 것은 타당하지 않다.

사법의 본질상 추상적 법령 자체를 다투는 소송을 원칙상 인정할 수 없지만, 헌법(특히 권력분립의 원칙)에 반하지 않는 한 법률의 규정에 의해 예외적으로 추상적 법령을 다투는 행정소송을 인정할 수 있다. 우리나라에서도 예외적이기는 하지만 조례에 대한 사전적·추상적 규범통제(조례안재의결무효확인소송)가 인정되고 있다(지방자치법 제120조, 제192조).

(2) 반사적 이익에 관한 분쟁

사법(司法)은 구체적인 법적 분쟁을 해결하여 국민의 권익을 구제해 주는 것을 목적으로 하므로 권리 또는 법적 이익이 침해된 경우에 한하여 행정소송이 가능하며 반사적 이익(反射的 利益)[241]의 보호를 주장하는 행정소송은 인정될 수 없다.

현행 행정소송법도 법률상 이익이 있는 자만이 항고소송을 제기할 수 있는 것으로 하고 있다(법 제12조, 제35조, 제36조).

다만, 판례는 '법률상 이익'을 '처분의 근거법규 내지 관계법규에 의해 보호되는 이익'이라고 좁게 해석하고 있다. 프랑스나 미국의 경우에는 처분의 근거법규 내지 관계법규에 의해 보호되는 이익이 있는 자에 한정하지 않고 널리 개인적 이익이 침해된 자는 취소소송을 제기할 수 있는 것으로 하고 있다. 물론 프랑스나 미국에 있어서도 단순한 반사적 이익이 침해된 경우에는 행정소송의 원고적격을 인정하지 않고 있다.

(3) 객관적 소송

객관적 소송이라 함은 행정의 적법성 보장을 주된 목적으로 하는 소송을 말한다.

종래 사법의 본질상 객관소송의 형식을 갖는 행정소송을 인정할 수 없다고 보았으나, 오늘날에는 행정소송의 공익소송적 성격이 강화되는 추세에 있으므로 객관소송의 성격을 갖는 행정소송을 인정할 것인지의 여부는 입법정책의 문제라고 보는 것이 타당하다.

민중소송이나 기관소송과 같은 객관적 소송은 개인의 구체적인 권리·이익의 구제를 목적으로 하지 않고 행정의 적법·타당성의 통제를 목적으로 하는 소송이다.

행정소송법은 "민중소송 및 기관소송은 법률이 정한 경우에 법률이 정한 자에 한하여 제기할 수 있다"라고 규정하고 있다(제45조). 이와 같이 현행법은 민중소송이나 기관소송은 원칙상 인정되지 않으며 개별 법률에서 인정하는 경우에만 예외적으로 인정되는 것으로 하고 있다. 또한, 행정소송에 있어서 민중소송적 성격을 갖는 단체소송도 인정되고 있지 않다.

---

241) 반사적 이익이라 함은 순전히 공익의 보호를 목적으로 하는 법규가 존재함으로 인하여 반사적으로 받는 이익을 말한다. 반사적 이익은 법에 의해 보호되는 이익이 아니다.

그러나, 오늘날 행정소송의 행정통제적 기능이 강조되면서 선진외국에서는 객관적 성격의 소송이 점차 널리 인정되고 있다. 우선 항고소송의 객관소송적·공익소송적 성격이 강화되는 것이 세계적인 추세이다. 예를 들면, 프랑스의 항고소송(월권소송)은 주관소송이 아니라 객관소송이다. 그리고, 공익단체 등의 공익소송이 인정되고 있다. 프랑스에서는 환경단체나 지방세의 납세자에게 항고소송의 원고적격이 인정되고 있다. 다만, 환경단체나 지방세납세자의 소송도 월권소송(취소소송)에 포함되는 것으로 하고 있다. 따라서 소의 이익이 있는 경우에 한하여 원고적격이 인정된다. 그런데, 프랑스에서 월권소송은 주된 목적이 적법성 보장에 있으며 따라서 공익적 소송의 성질을 가지므로 원고 적격 내지 소의 이익이 우리나라에서 보다 넓게 인정되고 있다.

우리나라에서도 최근 공익소송 및 객관소송의 성격을 갖는 주민소송이 인정된 것은 주목할 만하다.

2. 법령의 적용으로 해결하는 것이 적절하지 않은 분쟁

사법은 법을 적용하여 법적 분쟁을 해결하는 작용이다. 따라서, 법률을 적용하여 해결될 성질의 것이 아닌 사건은 행정소송의 대상이 될 수 없다.

(1) 통치행위

고도로 정치적인 행위이므로 법에 의해 규율되거나 사법심사의 대상이 되는 것이 적당하지 않은 행위를 통치행위라 하는데, 통치행위의 관념을 인정할 것인가에 관하여 논란이 있지만 이를 인정하는 것이 일반적 견해이다.

법원은 통치행위의 관념을 인정하면서 통치행위는 사법심사의 대상이 되지 않는다고 보고 있다. 그러나, 헌법재판소는 대통령의 긴급재정·경제명령을 통치행위라고 보면서도 통치행위도 그것이 국민의 기본권 침해와 직접 관련되는 경우에는 헌법소원의 대상이 된다고 보았다(헌재 1996. 02. 29, 93헌마186).

(2) 재량행위 및 판단여지

재량행위도 처분성을 갖는 경우 항고소송의 대상이 된다.

다만, 재량행위의 경우에는 재량권의 행사가 한계를 넘지 않는 한(재량권을 일탈·남용하지 않는 한) 재량권 행사에 잘못이 있다고 하더라도 위법은 아니며 부당에 그치는 것이므로 사법적 통제의 대상이 되지 않는다. 왜냐하면, 부당은 법에의 위반이 아니라 공익에의 위반에 불과하고 법원은 법에의 위반 여부만을 심판할 수 있으며 공익에의 위반 여부는 심판할 수 없기 때문이다. 그러나, 재량권을 일탈·남용한 경우에는 재량행위가 위법하게 되므로 행정소송을 통한 통제가 가능하다.

고도로 정책적이고 전문·기술적인 사항에 대한 행정청의 판단에는 판단여지가 인정되는 것으로 보는 것이 타당하며 판단여지가 인정되는 사항에 대한 행정청의 판단은 사회통념상 현저히 부당하다고 여겨지지 않는 한 사법심사의 대상이 되지 않는다.

(3) 특별권력관계 내에서의 행위

종래 특별권력관계 내에서의 행위에 대하여는 특별권력주체의 내부행위로 보아 사법심사의 대상이 되지 않는 것으로 보았다. 그러나, 오늘날에는 특별권력관계 내에서의 행위일지라도 그것만으로 사법심사의 대상에서 제외되는 것은 아니며 그것이 권리주체간의 권리의무관계에 직접 영향을 미치는 외부행위인 처분인지 아니면 그렇지 않은 순수한 내부행위인지에 따라 사법심사의 대상이 되는지 여부가 결정된다고 본다.

(4) 내부행위

순수한 내부행위는 원칙상 법적 통제의 대상이 되지 않고, 사법적 통제의 대상이 되지 않는다. 내부행위라도 처분성을 갖는 경우 사법적 통제의 대상이 된다.

Ⅱ. 권력분립에서 오는 한계

권력분립하에서도 행정사건은 사법(재판)의 대상이 된다. 사법(司法)은 법적 분쟁에 대하여 법을 적용하여 분쟁을 해결하는 작용이므로 행정법상의 법적 분쟁이 사법권에 의한 재판의 대상이 되는 것은 권력분립에 반하는 것은 아니며 오히려 사법의 본질상 인정되는 것이다.[242)]

그러나, 권력분립의 원칙상 행정소송에는 일정한 한계가 있다는 것이 일반적 견해이다. 보다 정확히 말하면 권력분립의 원칙상 행정청의 제1차적 판단권이 존중되어야 하며 이것이 행정권에 대한 사법심사의 한계가 된다고 본다. 행정권이 행정권을 행사할 것인가 하지 않을 것인가 또한 행정권을 행사하는 경우에 어느 시점에 어떻게 행사할 것인가는 원칙상 행정권의 책임하에 판단되어야 하며 사법권이 이러한 행정권의 판단을 대체하는 것은 권력분립의 원칙상 인정되지 않는다고 본다. 그리하

242) 프랑스에서는 과거에 권력분립을 기관의 분립으로 이해하고 1789년 대혁명 후 혁명 이전의 사법부(Parlement)의 행정에 대한 지나친 간섭을 교훈 삼아 행정사건은 사법권의 재판의 대상이 되지 못하도록 하였지만, 오늘날에는 권력분립을 기능의 분립으로 이해하여 행정사건도 사법적 통제의 대상이 된다고 보고 있다. 오늘날에도 국사원(Conseil d'Etat) 등 행정법원은 조직상으로는 행정부에 속하지만 기능상으로는 완전히 독립되어 명실상부한 사법기관이다.

여 종래 행정권의 예방적 금지, 행정권의 행사를 구하는 소송은 인정되지 않는다고 보았다.

현행 행정소송법도 예방적 금지소송 및 의무이행소송은 명문상으로는 인정하고 있지 않은데, 전술한 바와 같이 의무이행소송이나 예방적 금지소송의 인정은 권력분립의 원칙에 반하는 것은 아니며 입법정책의 문제에 속한다고 보는 것이 타당하다. 사법(司法)은 개인의 권익의 구제를 본질적 기능으로 하며 국민에게는 헌법상 재판을 받을 권리가 있다는 점을 고려할 때 예방적 금지소송이나 의무이행소송을 부인하는 것은 타당하지 않다. 행정권의 제1차적 판단권의 존중의 원칙과 국민의 권익구제의 요청을 조절하는 것이 필요하다.

Ⅲ. 행정소송의 한계 논의의 재검토

종래 행정소송의 한계론은 사법의 목적을 행정통제보다는 국민의 권리구제로 보는 입장 및 행정권의 특권을 인정하여 행정소송을 제한하려는 입장에서 제기되었고 종래 행정소송의 한계론은 지나친 사법소극주의에 입각하고 있었다.

그러나, 오늘날에는 행정소송의 행정통제적 기능이 인정되고 있고, 행정권의 특권이 축소되며 국민의 권리구제수단의 강화에 대한 요구가 커지고 있다. 이러한 상황하에서 종래의 행정소송의 한계론은 재검토되어야 한다. 오늘날 사법의 기능을 구체적인 법적 분쟁의 해결에만 한정하는 것은 타당하지 않으며 사법의 법질서보장기능을 인정하여야 한다.

그리하여 사법의 본질로부터 행정소송의 한계를 근거지우는 견해는 완화될 필요가 있다. 司法에 속하지 않는 사건(구체적 법적 분쟁이 아닌 사건)은 명문의 규정이 없는 한 행정소송의 대상이 될 수 없다는 점에서는 해석론상 그 논의의 실익이 있으나, 구체적 법적 분쟁이 아닌 사건도 헌법에 반하지 않는 한 예외적으로 입법에 의해 행정소송의 대상이 될 수 있다.

또한, 권력분립의 원칙을 이유로 예방적 부작위소송 및 의무이행소송을 부인하는 것도 타당하지 않게 되었다.

제 3 항 소송요건

소송요건(訴訟要件)이라 함은 본안심리를 하기 위하여 갖추어야 하는 요건을 말한다. 소송요건이 충족된 소송을 적법한 소송이라 하고 이 경우 법원은 본안심리로 넘어간다. 소송요건이 결여된 소송을 부적법한 소송이라 하며 이 경우 법원은 각하판결을 내린다. 그리하여 소송요건을 본안심판요건 또는 소의 적법요건이라 한다. 다만, 소송요건의 심사는 본안심리 전에만 하는 것은 아니며 본안심리 중에도 소송요건의 결여가 판명되면 소를 부적법각하하하여야 한다.

소송요건은 불필요한 소송을 배제하여 법원의 부담을 경감하고, 이렇게 함으로써 적법한 소송에 대한 충실한 심판을 도모하기 위하여 요구된다. 소송요건을 너무 엄격히 요구하면 국민의 재판을 받을 권리가 제약되고, 소송요건을 너무 넓게 인정하면 법원의 소송부담이 과중해지고, 권리구제가 절실히 요구되는 사건에 대해 신속하고 실효적인 권리구제를 해주지 못하는 문제가 생긴다. 국민의 기본권을 보장하고, 재판을 받을 권리를 보장하기 위해 소송요건을 넓게 인정하여 공백없고 실효적인 권리구제가 되도록 하여야 한다.

Ⅰ. 행정소송의 대상

1. 취소소송 및 무효등확인소송의 대상

취소소송 및 무효확인소송은 처분 등을 대상으로 한다(행정소송법 제19조, 제38조 제1항).

재결 자체에 고유한 위법이 있음을 이유로 하는 경우(제19조)와 개별법률에서 재결주의를 취하고 있는 경우에는 재결이 항고소송의 대상이 된다.

(1) 원처분주의와 재결주의

행정심판의 재결에 불복하여 취소소송을 제기하는 경우에 원처분을 대상으로 하여야 하는가 아니면 재결을 대상으로 하여야 하는가에 관하여 원처분주의와 재결주의가 대립하고 있다.

1) 원처분주의

원처분주의(原處分主義)라 함은 행정심판의 재결의 당부를 다투는 취소소송의 대상을 원처분으로 하고 원처분의 취소소송에서는 원처분의 위법만을 다투고 재결에 고유한 위법은 재결취소소송에서 다투도록 하는 제도를 말한다.

2) 재결주의

재결주의(裁決主義)라 함은 행정심판의 재결에 대하여 불복하는 경우 재결을 대상으로 취소소송을 제기하도록 하는 제도를 말한다.

3) 입법정책의 문제

원처분주의를 채택할 것인가 재결주의를 채택할 것인가는 입법정책의 문제이다.

4) 이론적 근거

법치행정의 원칙의 실효성확보 및 행정소송의 행정통제적 기능에 비추어 원처분주의가 타당하다. 또한, 행정심판법상 행정심판위원회가 처분청으로부터 독립된 제3자기관이므로 행정심판의 재결이 원처분을 대체하였다고 보기 어렵다는 점에서도 원처분주의가 타당하다. 다만, 행정심판기관이 처분청 자신 또는 처분청의 상급청이거나 행정심판기관이 처분청보다 큰 전문성과 권위를 갖고 있어 재결이 행정내부의 최종적 결정이고, 재결이 원처분을 대체한 것으로 여겨지는 경우에는 재결주의를 취하여 재결을 행정소송의 대상으로 하는 것이 타당하다.

[판례] [1] 위법한 원처분을 소송의 대상으로 하여 다투는 것보다는 행정심판에 대한 재결을 다투는 것이 당사자의 권리구제에 보다 효율적이고, 판결의 적정성을 더욱 보장할 수 있는 경우에는 행정심판에 대한 재결에 대하여만 제소하도록 하는 것이 국민의 재판청구권의 보장이라는 측면에서 더욱 바람직한 경우도 있으므로, 개별법률에서 이러한 취지를 정하는 때에는 원처분주의의 적용은 배제되고 재결에 대해서만 제소를 허용하는 이른바 '재결주의'가 인정된다. [2] 구 토지수용법상 이의재결의 담당기관과 심리절차에 비추어 보면 **이의재결**은 행정심판에 대한 재결의 성격과 함께 관할토지수용위원회가 1차적으로 행한 수용재결을 다시 심의하여 토지수용에 관한 법률관계를 확정하는 **재처분적인 성격도 부수적으로 함께 가지는 것으로 볼 수 있으므로 토지수용에 관한 법률관계를 최종적으로 확정하는** 이의재결을 다투어 그 효력을 배제하는 것이 당사자의 권리구제를 위한 효율적인 방법이라 할 것이며, 법원으로서도 수용재결과 이의재결의 심리과정에서 제기된 당사자의 주장과 토지수용에 관하여 **전문적인 지식을 갖고 있는** 중앙토지수용위원회가 행한 수용대상토지에 대한 구체적인 실사결과 및 보상금액의 산정기준 등을 모두 고려하여 판단함이 분쟁의 일회적 해결과 판결의 적정성을 보장할 수 있다고 할 것이므로 수용재결에 대한 불복과 관련하여 재결주의를 정한 것에 목적의 정당성과 수단의 적절성이 인정된다(헌재 2001. 06. 28, 2000헌바77). 〈해설〉 구 토지수용법은 재결주의를 취하였지만, 현행 토지취득보상법은 원처분주의를 취하고 있다(전술 참조).

5) 현행법

현행 행정소송법은 원처분주의를 채택하고 있다. 즉, 행정소송법 제19조는 "취소소송은 처분 등을 대상으로 한다. 다만, 재결취소소송의 경우에는 재결 자체에 고유한 위법이 있음을 이유로 하는 경우에 한한다"라고 규정하고 있다. 다만, 개별법률에서 원처분주의에 대한 예외로서 재결주의를 채택하고 있는 경우가 있다.

(2) 처분 개념

행정소송법상 처분(處分)이라 함은 "행정청이 행하는 구체적 사실에 관한 법집행으로서의 공권력의 행사 또는 그 거부와 그 밖에 이에 준하는 행정작용"을 말한다(법 제2조 제1항 제1호).

행정소송법상의 처분개념이 실체법적 개념인 학문상의 행정행위 개념과 동일한

지에 관하여 이를 동일하다고 보는 실체법적 개념설(일원설)과 동일하지 않고 전자가 후자보다 넓다고 보는 견해(이원설)가 대립하고 있다.

1) 실체법적 개념설(일원설)

이 견해는 행정소송법상의 처분개념을 학문상 행정행위와 동일한 것으로 보는 견해이다. 이 설의 논거는 다음과 같다. ① 본래 취소소송은 행정행위의 공정력을 배제하여 위법하지만 일단 유효하게 성립한 행정행위의 법적 효력을 소급적으로 상실시키는 소송이므로 취소소송의 대상은 공정력을 가지는 법적 행위인 행정행위에 한하여 인정되어야 한다. ② 다양한 행정작용을 묶어 하나의 새로운 개념으로 구성하는 것은 타당하지 않다. 자칫 행정행위에 관한 학문적 노력과 성과를 무위로 만들 염려가 있다.[243] ③ 행위형식의 다양성을 인정하고 다양한 행위형식에 상응하는 소송유형을 통한 권리구제를 도모하는 것이 실질적으로 국민의 권리구제의 폭을 넓히는 것이 된다. ④ 사실행위는 법적 행위가 아니므로 사실행위의 취소는 불가능하다.

2) 이원설(행정행위보다 넓은 개념으로 보는 견해)

행정소송법상 처분 개념을 실체법상 행정행위 개념과 구별하고, 전자를 후자보다 넓게 보는 견해로는 형식적 행정행위론과 쟁송법적 개념설이 있다. 통상 이원설은 취소소송중심주의하에서 취소소송의 대상인 처분 개념을 확대함으로써 권리구제를 확대하기 위해 주장된다.

가. 형식적 행정행위론 형식적 행정행위론(形式的 行政行爲論)은 실체법상 행정행위뿐만 아니라 형식적 행정행위를 항고소송의 대상으로 보는 견해이다. 형식적 행정행위론은 항고소송의 대상을 넓히기 위하여 '행정행위가 아니더라도 국민의 권익에 사실상의 지배력을 미치는 행위'(권력적 사실행위 및 국민의 권익에 사실상 지배력을 미치는 비권력적 사실행위 등)를 형식적 행정행위로 보아 항고소송의 대상으로 보는 견해이다. 이 견해에서는 행정소송법 제2조상의 처분 중 "그 밖에 이에 준하는 행정작용"은 형식적 행정행위에 해당한다고 본다.

우리나라의 경우 형식적 행정행위라는 개념을 쟁송법상 개념설에서 행정소송법상의 "그 밖에 이에 준하는 행정작용"에 해당하는 것으로 보는 견해가 많지만, 형식적 행정행위라는 개념은 본래 일본에서 온 것으로 항고소송의 대상을 행정행위로 한정하는 견해에서 항고소송의 대상을 확대하기 위하여 형식적 행정행위라는 개념을 도입한 것이다. 따라서, 형식적 행정행위설을 쟁송법적 개념설로 보는 것은 타당하지 않고, 실체법상 개념설의 변형으로 보는 것이 타당하다. 형식적 행정행위론이 행정소송법 제2조상의 처분 중 "그 밖에 이에 준하는 행정작용"을 형식적 행정행위에 해당

243) 김남진, 『행정법 I』(제4판), 220면.

하는 것으로 본다면, 쟁송법적 처분개념설과 실질적으로 동일하다고 할 수도 있지만, 형식적 행정행위론과 쟁송법적 개념설의 이론적 기초와 그 외연은 다르다고 할 수 있다. 형식적 행정행위론에서 항고소송의 대상은 원칙상 행정행위이고, 형식적 행정행위는 예외적인 것으로서 제한적으로 인정될 수밖에 없을 것이다. 일본에서 형식적 행정행위로 거론된 것은 주로 공공시설(육교, 쓰레기처분장)설치행위이다.

나. 쟁송법적 개념설 이 견해는 행정쟁송법상 처분개념은 실체법상의 행정행위 개념보다는 넓은 행정쟁송법상의 독자적인 개념으로 보는 견해이다. 이 견해는 행정행위뿐만 아니라 권력적 사실행위, 비권력적 행위라도 국민의 권익에 사실상의 지배력을 미치는 행위, 처분적 명령 등을 처분으로 본다. 이 견해가 다수설이다.

이 설의 논거는 다음과 같다. ① 행정소송법상 처분개념의 정의규정의 문언 및 항고소송의 대상을 넓힘으로써 항고소송을 통해 국민의 권리구제의 기회를 확대하려는 입법취지에 비추어 행정소송법상의 처분은 행정행위보다는 넓은 개념으로 보아야 한다. ② 현행 행정소송법상 위법한 공행정작용에 의해 침해된 권익에 대한 구제수단은 항고소송(취소소송) 중심으로 되어 있고, 아직 다양한 행위형식에 대응한 다양한 소송유형이 인정되고 있지 못하므로 행정소송법상의 처분개념을 행정행위에 한정하는 것은 권리구제의 범위를 축소하는 것이 된다. ③ 소송형식이 다양한 경우 국민이 소송형식을 선택하는 데 어려움이 있게 된다. ④ 쟁송법상의 취소는 민법상 취소와 다를 수 있다. 행정소송법상 취소는 위법상태를 시정하는 것 또는 위법성을 확인하는 것으로 해석할 수 있다. 이렇게 본다면 사실행위의 취소도 가능하다. ⑤ 쟁송법적 개념설이 실체법상 행위형식의 다양성과 그에 상응한 실체법상 법적 규율을 부정하는 것은 아니며, 실체법상 행정행위개념과 쟁송법상 처분개념을 달리 구성할 수 있다고 보는 것에 불과하다. ⑥ 사실행위에 대한 특별한 소송절차를 규정하는 것에는 어려움이 많다.

3) 판 례

행정쟁송의 대상이 되는 '처분'개념에 대한 판례의 견해는 무엇인가.

최근 판례는 행정소송법상 처분을 "행정청의 공법상 행위로서 국민의 권리의무에 직접적으로 영향을 미치는 행위"(대판 2007. 10. 11, 2007두1316; 2018. 11. 29, 2015두52395) 또는 '행정청의 공법상의 행위로서 국민의 권리의무에 직접 **관계**가 있는 행위'(대결 2024. 06. 19, 2024무689)로 넓게 정의하기도 하고, "**행정청의 공법상 행위로서** 특정사항에 대하여 법규에 의한 권리의 설정 또는 의무의 부담을 명하며 기타 법률상 효과를 발생하게 하는 등 **국민의 구체적 권리의무에 직접적 변동을 초래하는 행위**를 말한다"고 좁게 정의하기도 한다(대판 2019. 02. 14, 2016두41729). 판례는 공법상 행위로서 법률관계(국민의 구체적인 권리의무)에 변동을 초래하는 행위 즉, 행정행위를 처분으로 보고, 공권력 행사로 법률관계에 변동을 초래하지 않는 행위(행정행위가 아닌 행위)도 국민의 권익에 직접 영향을 미치는 경우(예, 권력적 사실행위, 경고등 비권력적 사실행위이지만 일방적 지배력을 미치는 행위)는 처분에 해당하는 것으로 보는 것이므로 판례는 쟁송법적 개념설에 입각한 것으로 볼 수 있다.

판례에 따른 처분의 판단기준 중 중요한 것을 보면 다음과 같다.

① 행정청의 행위가 항고소송의 대상이 될 수 있는지는 추상적·일반적으로 결정할 수 없고, 구체적인 경우에 **개별적**으로 결정하여야 한다(대판 2020. 01. 16, 2019다264700).

[판례] 행정청의 행위가 항고소송의 대상이 될 수 있는지는 **추상적·일반적으로 결정할 수 없고, 구체적인 경우**에 관련 법령의 내용과 취지, 그 행위의 주체·내용·형식·절차, **그 행위와 상대방 등 이해관계인이 입는 불이익 사이의 실질적 견련성**, 법치행정의 원리와 **그 행위에 관련된 행정청이나 이해관계인의 태도 등을 고려하여 개별적으로 결정**하여야 한다(대판 2023. 02. 02, 2020두48260).

② **행정청의 행위가 '처분'에 해당하는지가 불분명한 경우**에는 그에 대한 불복방법 선택에 중대한 이해관계를 가지는 상대방의 인식가능성과 예측가능성을 중요하게 고려하여 규범적으로 판단하여야 한다. 그러한 고려에 따라 그 불복(쟁송)의 기회를 부여할 필요성이 있다고 보이면 처분성을 인정하여야 한다(대판 2022. 09. 07, 2022두42365; 2020. 04. 09, 2019두61137; 2021. 01. 14, 2020두50324[이주대책대상자제외처분취소]).

[판례] ① (1) 행정청의 행위가 '처분'에 해당하는지가 **불분명한 경우에는** 그에 대한 **불복방법 선택에 중대한 이해관계를 가지는 상대방의 인식가능성과 예측가능성을 중요하게 고려하여 규범적으로 판단하여야** 한다. 그러한 고려에 따라 **그 불복기회를 부여할 필요성이 있다고 보이면 처분성을 인정하여야 한다.** (2) 피고가 2019. 1. 31. 원고에게 「공공감사에 관한 법률」 제23조에 따라 감사결과 및 조치사항을 통보한 뒤, 그와 동일한 내용으로 2020. 10. 22. 원고에게 시정명령을 내리면서 그 근거법령으로 유아교육법 제30조를 명시하였다면, 비록 위 시정명령이 **원고에게 부과하는 의무의 내용은 같을지라도,** 「공공감사에 관한 법률」 제23조에 따라 통보된 조치사항을 이행하지 않은 경우와 유아교육법 제30조에 따른 시정명령을 이행하지 않은 경우에 **당사자가 입는 불이익이 다르므로,** 위 시정명령에 대하여도 처분성을 인정하여 **그 불복기회를 부여할 필요성이 있다고 보아** 원심 판결을 파기한 사례(대판 2022. 09. 07, 2022두42365).

② 금강수계 중 상수원 수질보전을 위하여 필요한 지역의 토지 등의 소유자가 국가에 그 토지 등을 매도하기 위하여 매수신청을 하였으나 유역환경청장 등이 매수거절의 결정을 한 사안에서, 위 **매수거절을 항고소송의 대상이 되는 행정처분으로 보지 않는다면 토지 등의 소유자로서는 재산권의 제한에 대하여 달리 다툴 방법이 없게 되는 점 등에 비추어,** 그 매수 거부행위가 공권력의 행사 또는 이에 준하는 행정작용으로서 항고소송의 대상이 되는 **행정처분에 해당한다**고 한 사례(대판 2009. 09. 10, 2007두20638[토지매수신청거부처분취소]).

③ 판례는 처분성의 인정에 법률의 근거는 필요하지 않은 것으로 본다(대판 2012. 09. 27, 2010두3541; 2018. 11. 29, 2015두52395).

[판례] ① [1] 항고소송의 대상이 되는 행정처분이란 원칙적으로 행정청의 공법상 행위로서 특정 사항에 대하여 법규에 의한 권리 설정 또는 의무 부담을 명하거나 기타 법률상 효과를 발생하게 하는 등으로 일반 국민의 권리의무에 직접 영향을 미치는 행위를 가리키는 것이지만, 어떠한 처분의 근거가 행정규칙에 규정되어 있다고 하더라도, 그 처분이 상대방에게 권리 설정 또는 의무 부담을 명하거나 기타 법적인 효과를 발생하게 하는 등으로 상대방의 권리의무에 직접 영향을 미치는 행위라면, 이 경우에도 항고소송의 대상이 되는 행정처분에 해당한다고 보아야 한다. [2] 독점규제 및 공정거래에 관한 법령상 부당한 공동행위 자진신고자 등의 시정조치 또는 과징금 감면신청에 대한 감면불인정 통지는 항고소송의 대상이 되는 행정처분에 해당한다고 보아야 한다(대판 2012. 09. 27, 2010두3541[감면불인정처분등취소]).
② 어떠한 처분에 법령상 근거가 있는지, 행정절차법에서 정한 처분절차를 준수하였는지는 본안에서 당해 처분이 적법한가를 판단하는 단계에서 고려할 요소이지, 소송요건 심사단계에서 고려할 요소가 아니다(대판 2020. 01. 16, 2019다264700).
③ (1) 공공기관운영법 제39조 제2항과 그 하위법령에 따른 공기업('시장형 공기업'인 한국수력원자력 주식회사), 준정부기관의 입찰참가자격제한 조치는 '구체적 사실에 관한 법집행으로서의 공권력의 행사'로서 행정처분에 해당한다. (2) 한국수력원자력 주식회사가 자신의 '공급자관리지침'(행정규칙)에 근거하여 등록된 공급업체에 대하여 하는 '등록취소 및 그에 따른 일정 기간의 거래제한조치'는 행정청이 행하는 구체적 사실에 관한 법집행으로서의 공권력의 행사인 '처분'에 해당한다고 보아야 한다. (3) 계약당사자 사이에서 계약의 적정한 이행을 위하여 일정한 계약상 의무를 위반하는 경우 계약해지, 위약벌이나 손해배상액 약정, 장래 일정 기간의 거래제한 등의 제재조치를 약정하는 것은 상위법령과 법의 일반원칙에 위배되지 않는 범위에서 허용되며, 그러한 계약에 따른 제재조치는 법령에 근거한 공권력의 행사로서의 제재처분과는 법적 성질을 달리한다(대법원 2014. 12. 24. 선고 2010다83182 판결). 즉, 행정소송법상 처분이 아니다. 그러나 공공기관의 어떤 제재조치가 계약에 따른 제재조치에 해당하려면 일정한 사유가 있을 때 그러한 제재조치를 할 수 있다는 점을 공공기관과 그 거래상대방이 미리 구체적으로 약정하였어야 한다. 공공기관이 여러 거래업체들과의 계약에 적용하기 위하여 거래업체가 일정한 계약상 의무를 위반하는 경우 장래 일정 기간의 거래제한 등의 제재조치를 할 수 있다는 내용을 계약특수조건 등의 일정한 형식으로 미리 마련하였다고 하더라도, 「약관의 규제에 관한 법률」 제3조에서 정한 바와 같이 계약상대방에게 그 중요 내용을 미리 설명하여 계약내용으로 편입하는 절차를 거치지 않았다면 계약의 내용으로 주장할 수 없다. (4) 행정청인 피고가 이미 공공기관운영법 제39조 제2항에 따라 2년의 입찰참가자격제한처분을 받은 원고에 대하여 다시 법률상 근거 없이 자신이 만든 행정규칙에 근거하여 공공기관운영법 제39조 제2항에서 정한 입찰참가자격제한처분의 상한인 2년을 훨씬 초과하여 10년간 거래제한조치를 추가로 하는 것은 제재처분의 상한을 규정한 공공기관운영법에 정면으로 반하는 것이어서 그 하자가 중대 · 명백하다(대판 2020. 05. 28, 2017두66541).
④ 조달청이 계약상대자에 대하여 나라장터(조달청에서 관리하는 전자조달시스템) 종합쇼핑몰에서의 거래를 일정기간 정지하는 조치는 비록 추가특수조건이라는 사법상 계약에 근거한 것이지만 행정청인 조달청이 행하는 구체적 사실에 관한 법집행으로서의 공권력의 행사로서 그 상대방인 갑 회사의 권리 · 의무에 직접 영향을 미치므로 항고소송의 대상이 되는 행정처분에 해당한다(대판 2018. 11. 29, 2015두52395).

4) 결 어

실체법적 개념설은 이론적인 논의 내지 입법론으로라면 몰라도 현행 행정소송법의 해석론으로는 타당하지 않다. 다음과 같은 이유에서 **쟁송법적 개념설**이 타당하다. 즉 행정소송법상 처분은 행정작용법상의 행정행위(협의의 처분)를 포함하는 '광의의 처분'이라고 보아야 한다(행정작용법상 행정행위 개념 참조).

① 현행 행정소송법상 처분개념의 정의규정의 문언이나 입법취지에 비추어 볼 때 현행 행정소송법상 처분을 행정행위보다 넓은 개념으로 보는 쟁송법적 개념설이 타당하다. 문제는 어느 행정작용까지를 행정소송법상 처분으로 볼 것인가하는 점이다.

② 사실행위나 비권력적 행위에 대한 권리구제제도가 불비한 현재의 상황하에서는 처분개념을 확대하여 취소소송에 의한 국민의 권리구제의 기회를 확대하여 줄 필요성이 있다.

(3) 처분의 범위

행정쟁송법상의 처분은 '행정청의 구체적 사실에 대한 법집행으로서의 공권력의 행사 및 그 거부'와 '이에 준하는 행정작용'을 포함한다(행정심판법 및 행정소송법 제2조 제1항 1호).

1) 행정청의 구체적 사실에 관한 법집행으로서의 공권력 행사와 그 거부

가. 행정청의 행정작용 '행정청'의 구체적인 사실에 관한 법집행으로서의 공권력 행사와 그 거부이어야 하므로 사법기관인 법원의 재판작용이나 입법기관인 국회의 입법작용은 행정소송법상 처분이 아니다. 그러나, 법원이나 국회의 기관이 행하는 실질적 의미의 행정에 속하는 구체적인 사실에 관한 법집행으로서의 공권력 행사는 처분에 해당한다.

본래 행정청이라 함은 국가 또는 지방자치단체의 행정청(행정에 관한 의사를 결정하고 자신의 이름으로 표시할 수 있는 권한을 가진 행정기관) 및 공공단체를 의미하는데, 행정소송법상 행정청에는 또한 본래의 행정청으로부터 '법령에 의하여 행정권한의 위임 또는 위탁을 받은 행정기관·공공단체 및 그 기관 또는 사인'이 포함된다(제2조 제2항). 권한이 없는 행정기관이나 내부위임만을 받은 행정기관의 공권력 행사라 하더라도 행정기관의 공권력 행사인 한 행정소송법상 처분이라고 보아야 할 것이다. 그리고 공무수탁사인의 공무를 수행하는 공권력 행사도 처분에 해당한다.

[판례] ① [1] 행정소송의 대상이 되는 행정처분이란 **행정청 또는 그 소속기관이나 법령에 의하여 행정권한의 위임 또는 위탁을 받은 공공단체 등이** 국민의 권리·의무에 관계되는 사항에 관하여 직접 효력을 미치는 공권력의 발동으로서 하는 공법상의 행위를 말하며, 그것이 상대방의 권리를 제한하는 행위라 하더라도 행정청 또는 그 소속기관이나 권한을 위임받은 공공단체 등의 행위가

아닌 한 이를 행정처분이라고 할 수 없다. [2] **한국마사회가 조교사 또는 기수의 면허를 부여하거나 취소하는 것은** 경마를 독점적으로 개최할 수 있는 지위에서 우수한 능력을 갖추었다고 인정되는 사람에게 경마에서의 일정한 기능과 역할을 수행할 수 있는 자격을 부여하거나 이를 박탈하는 것에 지나지 아니하므로, 이는 국가 기타 행정기관으로부터 위탁받은 행정권한의 행사가 아니라 **일반 사법상의 법률관계에서 이루어지는 단체 내부에서의 징계 내지 제재처분**이다(대판 2008. 01. 31, 2005두8269[해고무효등확인청구]).

② **수도권매립지관리공사가 甲에게 입찰참가자격을 제한하는 내용의 부정당업자제재처분**을 하자, 甲이 제재처분의 무효확인 또는 취소를 구하는 행정소송을 제기하면서 제재처분의 효력정지신청을 한 사안에서, **수도권매립지관리공사는 행정소송법에서 정한 행정청 또는 그 소속기관이거나 그로부터 제재처분의 권한을 위임받은 공공기관에 해당하지 않으므로,** 수도권매립지관리공사가 한 위 제재처분은 행정소송의 대상이 되는 행정처분이 아니라 단지 甲을 자신이 시행하는 입찰에 참가시키지 않겠다는 뜻의 사법상의 효력을 가지는 통지에 불과하다고 한 사례(대판 2010. 11. 26, 2010무137[부정당업자제재처분효력정지]). 〈해설〉 만일 법에 근거한 입찰참가자격제한으로서 다른 기관에 대한 입찰참가의 자격도 제한하는 것이면 공사의 입찰참가자격제한도 행정처분으로 보아야 한다.

③ **공법인인 총포 · 화약안전기술협회의 '회비납부통지'**는 '부담금 부과처분'으로서 항고소송의 대상이 된다(대판 2021. 12. 30, 2018다241458).

나. 구체적 사실에 관한 법집행으로서의 행정작용 '구체적 사실에 관한 법집행'으로서의 행정작용이라 함은 법을 집행하여 특정 개인에게 구체적이고 직접적인 영향을 미치는 행정작용을 말한다. 따라서, 일반적 · 추상적 규범인 행정입법(법규명령, 행정규칙)은 원칙상 처분이 아니다. 그러나, 일반처분은 그 법적 성질이 행정행위로서 구체적인 법적 효과를 가지므로 처분에 해당한다.

다. 공권력 행사와 그 거부 '공권력 행사'란 행정청이 우월한 공권력의 주체로서 일방적으로 행하는 행위, 즉 권력적 행위를 의미한다. 권력적인 법적 행위인 행정행위가 처분에 해당한다는 점에는 이의가 없다.

권력적 사실행위가 처분인가에 관하여는 견해가 대립되고 있는데, 이에 관하여는 전술한 바와 같다(행정상 사실행위 참조). 권력적 사실행위를 처분으로 보는 견해 중에도 권력적 사실행위가 "그 밖에 이에 준하는 행정작용"에 속한다고 보는 견해도 있고, 공권력 행사 및 그 거부"에 해당한다고 보는 견해도 있는데, 후자의 견해가 타당하다.

'거부'라 함은 위에서 언급한 공권력 행사의 거부를 말한다. 다만, 행정소송법상 거부처분이 되기 위하여는 신청이 있어야 하고, 공권력 행사를 신청한 개인에게 당해 공권력 행사를 신청할 법규상 또는 조리상의 권리가 있어야 한다는 것이 판례의 입장이다(후술 참조).

2) 그 밖에 이에 준하는 행정작용

'그 밖에 이에 준하는 행정작용'이라 함은 '행정청이 행하는 구체적 사실에 관한 법집행으로서의 공권력의 행사나 그 거부에 준하는 행정작용으로서 항고소송에 의한 권리구제의 기회를 줄 필요가 있는 행정작용을 말한다.

우선 행정청의 행위가 엄밀한 의미에서는 위에서 본 바와 같은 권력적 행정작용은 아니며 비권력적 공행정작용이지만, 실질적으로 개인의 권익에 일방적인 영향(지배력)을 미치는 작용은 처분에 해당한다. 이에는 권력적 성격을 갖는 행정지도 등이 포함될 수 있을 것이다(판례는 원칙상 행정지도의 처분성 부정).[244] 또한, 법령이지만 처분적 성질을 갖는 처분적 명령은 행정소송법상 처분에 해당한다. 형식적 행정행위론에서는 "그 밖에 이에 준하는 행정작용"을 형식적 행정행위로 본다.

(4) 구체적 사례

1) 법규명령

판례는 처분적 명령(命令)이 아닌 일반적·추상적인 명령은 행정소송법상의 처분이 아니라고 보고 있다.

[판례] ① 의료기관의 명칭표시판에 진료과목을 함께 표시하는 경우 글자 크기를 제한하고 있는 구 의료법 시행규칙 제31조가 그 자체로서 국민의 구체적인 권리의무나 법률관계에 직접적인 변동을 초래하지 아니하므로 항고소송의 대상이 되는 행정처분이라고 할 수 없다고 한 사례(대판 2007. 04. 12, 2005두15168[의료법시행규칙 제31조 무효확인등]).
② [1] **다른 집행행위의 매개 없이 그 자체로 상대방의 구체적인 권리의무나 법률관계에 직접적인 변동을 초래하는 것(처분적 명령)**이 아닌 **일반적, 추상적인 법령 등은 그 대상이 될 수 없다**(대판 2022. 12. 01, 2019두48905) [2] 일본국 법률에 따라 설립된 甲 법인이 일본에서 공기압 전송용 밸브를 생산하여 우리나라에 수출하고 있는데, 기획재정부장관이 甲 법인 등이 공급하는 일정 요건을 갖춘 일본산 공기압 전송용 밸브에 대하여 5년간 적용할 덤핑방지관세율을 규정하는 '**일본산 공기압 전송용 밸브에 대한 덤핑방지관세의 부과에 관한 규칙**'(**시행규칙**)**은 항고소송의 대상이 될 수 없고**, 위 시행규칙의 취소를 구하는 소는 부적법하다고 한 사례(대판 2022. 12. 01, 2019두48905).

그러나, 처분적 명령과 처분성이 있는 법규명령의 효력이 있는 행정규칙은 항고소송의 대상이 된다(대판 1954. 08. 19, 4286행상37).

처분적 명령의 인정범위에 관하여는 협의설, 중간설, 광의설, 최광의설이 대립하

244) 이에 대하여 "행정청이 행하는 구체적 사실에 관한 법집행으로서의 공권력 행사 또는 그 거부"란 강학상의 행정행위를 지칭한다고 해석하고, '그 밖에 이에 준하는 행정작용'이라 함은 권력적 사실행위를 말한다는 견해도 있고, 행정청의 행위가 권력적 단독행위인 행정행위는 아니지만 행정청의 대외적 작용으로서 개인의 권익에 실질적으로 영향을 미치는 권력적 성격을 갖는 작용을 말한다고 해석하는 것이 타당하고 그 예로는 권력적 사실행위, 권력적 성격을 갖는 행정지도 등이 들어질 수 있다는 견해도 있다.

고 있다. 판례는 **법규명령의 경우** 원칙상 **협의설**을 취하고 있다. 즉, 법규명령이 "그 자체로서 국민의 구체적인 권리의무에 직접적인 변동을 초래하는 것"인 경우에 한하여 항고소송의 대상이 된다고 본다. 그렇지만, 판례는 **법령보충적 고시의 경우 중간설**을 취하고 있다. 즉, 어떠한 고시가 일반적·추상적 성격을 가질 때에는 법규명령 또는 행정규칙에 해당할 것이지만, 다른 집행행위의 매개 없이 그 자체로서 직접 국민의 구체적인 권리의무나 법률관계를 규율하는 성격을 가질 때에는 행정처분에 해당한다고 본다(자세한 것은 전술 행정입법 참조).

[판례] ① [1] 조례가 집행행위의 개입 없이도 그 자체로서 직접 국민의 구체적인 권리의무나 법적 이익에 영향을 미치는 등의 법률상 효과를 발생하는 경우 그 조례는 항고소송의 대상이 되는 행정처분에 해당한다. [2] 두밀분교를 폐교하는 경기도의 조례를 항고소송의 대상이 되는 처분으로 본 사례(대판 1996. 09. 20, 95누8003). 〈해설〉 이 경우 피고는 지방자치단체의 장(교육·학예에 관한 조례에 있어서는 시·도·교육감)이 된다.
② [1] 어떠한 **고시가 일반적·추상적 성격을 가질 때에는 법규명령 또는 행정규칙에 해당할 것이지만, 다른 집행행위의 매개 없이 그 자체로서 직접 국민의 구체적인 권리의무나 법률관계를 규율하는 성격을 가질 때에는 항고소송의 대상이 되는 행정처분에 해당한다.** [2] 항정신병 치료제의 요양급여에 관한 보건복지부 고시가 다른 집행행위의 매개 없이 그 자체로서 제약회사, 요양기관, 환자 및 국민건강보험공단 사이의 법률관계를 직접 규율하는 성격을 가진다는 이유로 항고소송의 대상이 되는 행정처분에 해당한다고 한 사례(대결 2003. 10. 09, 2003무23)
③ 보건복지부 고시인 약제급여·비급여목록 및 급여상한금액표가 다른 집행행위의 매개 없이 그 자체로서 국민건강보험가입자, 국민건강보험공단, 요양기관 등의 법률관계를 직접 규율하는 성격을 가지므로 항고소송의 대상이 되는 행정처분에 해당한다고 한 사례(대판 2006. 09. 22, 2005두2506).
④ 국립공주대학교 학칙의 [별표 2] 모집단위별 입학정원을 개정한 학칙개정행위를 처분으로 본 판례(대판 2009. 01. 30, 2008두19550, 2008두19567(병합)[학칙개정처분취소·학칙개정처분]).

2) 행정규칙

행정규칙(行政規則)은 그 자체로서는 국민의 법적 지위에 직접적인 영향을 미치지 않는 행정내부조치에 불과하므로 원칙상 취소소송의 대상이 되지 않는다. 다만, 재량준칙의 경우 예외적으로 국민의 권익에 직접 영향을 미치는 경우가 있을 수 있고, 이 경우에는 행정소송법상 처분이 되며 취소소송의 대상이 된다고 보는 것이 타당하다.

[판례] 교육인적자원부장관이 시·도교육감에 통보한 대학입시기본계획 내의 내신성적산정지침이 항고소송의 대상인 처분이 아니라고 본 사례(대판 1994. 09. 10, 94두33).

3) 행정계획

행정계획(行政計劃)의 법적 성질은 매우 다양하므로 일률적으로 행정계획의 처분성을 인정할 수는 없다. 자세한 것은 전술 행정계획 참조.

[판례] ① 행정계획 중 구 도시계획법 제12조에 의한 도시계획결정(현재의 도시관리계획)은 그 자체로 국민의 권익을 직접 개별적·구체적으로 규제하므로 행정처분이다(대판 1982. 03. 09, 80누105).
② 구 농어촌도로정비법(1997. 12. 13, 법률 제5454호로 개정되기 전의 것) 제6조에 의한 농어촌도로기본계획은 그에 후속되는 농어촌도로정비계획의 근거가 되는 것일 뿐 그 자체로 국민의 권리의무를 개별적 구체적으로 규제하는 효과를 가지는 것은 아니므로 이는 항고소송의 대상이 되는 행정처분에 해당한다고 할 수 없다(대판 2000. 09. 05, 99두974).
③ 도지사가 도 내 특정시를 공공기관이 이전할 혁신도시 최종입지로 선정한 행위는 상대방 또는 기타 관계자들의 법률상 지위에 직접적인 영향을 미치지 않는 행위이므로 항고소송의 대상이 되는 행정처분이 아니라고 본 사례(대판 2007. 11. 15, 2007두10198[혁신도시 입지선정 사건]).
④ [의대정원 증원처분에 대한 집행정지신청 사건] 보건복지부장관이 2024. 2. 6. 의대정원을 2025학년도부터 2,000명 증원할 것이라고 발표한 행위(이하 '**이 사건 증원발표**'라 한다)는 항고소송의 대상이 되는 **처분으로 보기 어렵지만**, 교육부장관이 2024. 3. 20. 2025학년도 전체 의대정원을 2,000명 증원하여 각 대학별로 배정(이하 '**이 사건 증원배정**'이라 한다)한 것은 항고소송의 대상이 되는 **처분으로 볼 여지가 크다**(대결 2024. 06. 19, 2024무689).

판례는 통상 기본계획의 처분성은 부인하지만, 시행계획의 처분성은 인정한다.

[판례] 4대강 정비사업과 그 주변 지역의 관련 사업을 체계적으로 추진하기 위하여 수립한 종합계획이자 '4대강 살리기 사업'(그중 한강 부분을 '이 사건 사업'이라고 한다)의 기본방향을 제시하는 계획인 **'4대강 살리기 마스터플랜'('이 사건 정부기본계획')은** 행정기관 내부에서 사업의 기본방향을 제시하는 것일 뿐, 국민의 권리·의무에 직접 영향을 미치는 것은 아니라고 할 것이어서 **행정처분에 해당하지 아니하지만**, 이 사건 정부기본계획을 시행하는 **한강하천공사시행계획은 처분**이다(대판 2015. 12. 10, 2011두32515).

4) 일반처분

일반처분(一般處分)은 행정행위로서 행정소송법상 처분이다.

[판례] **청소년보호법에 따른 청소년유해매체물 결정 및 고시처분은** 당해 유해매체물의 소유자 등 특정인만을 대상으로 한 행정처분이 아니라 일반 불특정 다수인을 상대방으로 하여 일률적으로 표시의무, 포장의무, 청소년에 대한 판매·대여 등의 금지의무 등 각종 의무를 발생시키는 **행정처분**으로서, 정보통신윤리위원회가 특정 인터넷 웹사이트를 청소년유해매체물로 결정하고 청소년보호위원회가 효력발생시기를 명시하여 고시함으로써 그 명시된 시점에 효력이 발생하였다고 봄이 상당하고, 정보통신윤리위원회와 청소년보호위원회가 위 처분이 있었음을 위 웹사이트 운영자에게 제대로 통지하지 아니하였다고 하여 그 효력 자체가 발생하지 아니한 것으로 볼 수는 없다(대판 2007. 06. 14, 2004두619[청소년유해매체물결정 및 고시처분무효확인]). **〈해설〉** 이 사건에서 처분청인 청소년보호위원회는 합의제행정청으로서 청소년유해매체물결정·고시처분을 하였다. 그런데, 2008년 정부조직법 개정으로 청소년보호위원회는 행정청이 아닌 합의제행정기관(의결기관)으로 되었고, 청소년유해매체물결정·고시처분의 처분청은 여성가족부장관으로 되었다(청소년보호법 참조).

5) 사실행위

가. 권력적 사실행위 판례는 권력적 사실행위(權力的 事實行爲)를 행정소송법상의 처분으로 본다.

[판례] ① 교도소장이 수형자 갑을 '접견내용 녹음·녹화 및 접견 시 **교도관 참여대상자**'로 지정한 사안에서, 위 **지정행위**(이에 따라 접견 시마다 사생활의 비밀 등 권리에 제한을 가하는 교도관의 참여, 접견내용의 청취·기록·녹음·녹화가 이루어짐)는 **권력적 사실행위**로서 항고소송의 대상이 되는 '**처분'에 해당**한다고 본 원심판단을 정당한 것으로 수긍한 사례(대판 2014. 02. 13, 2013두20899).
② 대법원 판례는 권력적 사실행위라고 보여지는 단수처분(대판 1979. 12. 28, 79누218), 교도소재소자의 이송조치(대결 1992. 08. 07, 92두30), 의료원 폐업결정 등에 대하여도 처분성을 인정하고 있다. 자세한 것은 전술 사실행위 참조.

헌법재판소는 권력적 사실행위를 행정소송법상의 처분으로 보면서도 보충성원칙에 대한 예외에 해당하는 경우 헌법소원의 대상이 된다고 보고 있다(헌법소송 참조).

나. 권고 등 비권력적 사실행위 권고 등 비권력적 사실행위(非權力的 事實行爲는 원칙상 처분이 아니다. 그러나, 행정지도와 같은 비권력적 사실행위도 국민의 권리 의무에 사실상 강제력을 미치고 있는 경우에는 처분으로 볼 수 있을 것이다.

이에 관하여 판례는 대체로 다음과 같이 부정적인 입장을 취하고 있다.

[판례] ① 1995. 11. 21, 95누9099: 위법 건축물에 대한 단전 및 전화통화 단절조치 요청행위는 항고소송의 대상이 되는 행정처분이라고 볼 수 없다고 하였다. 즉, 구 건축법 제69조 제2항, 제3항의 규정에 비추어 보면, 행정청이 위법 건축물에 대한 시정명령을 하고 나서 위반자가 이를 이행하지 아니하여 전기·전화의 공급자에게 그 위법 건축물에 대한 전기·전화공급을 하지 말아 줄 것을 요청한 행위는 권고적 성격의 행위에 불과한 것으로서 전기·전화공급자나 특정인의 법률상 지위에 직접적인 변동을 가져오는 것은 아니므로 이를 항고소송의 대상이 되는 행정처분이라고 볼 수 없다(대판 1996. 03. 22, 96누433). 〈해설〉 원심판결은 전기·전화공급자에 대하여 전기공급 및 전화통화를 중지할 것을 요청하는 내용의 조치를 한 것을 항고소송의 대상이 되는 행정처분으로 보고 본안에 들어가 판단하였다(부산고법 1995. 11. 17, 93구3974). 생각건대, 위법 건축물에 대한 단전 또는 전화통화 단절조치 요청행위는 사실상 강제력이 있는 행정지도이고, 구 건축법 제69조 제3항은 위의 요청을 받은 자는 특별한 이유가 없는 한 이에 응하여야 한다고 규정하고 있으므로 당해 요청행위의 처분성을 인정하는 것이 타당하다.
② 재단법인 한국연구재단이 甲 대학교 총장에게 연구개발비의 부당집행을 이유로 '해양생물유래 고부가식품·향장·한약 기초소재 개발 인력양성사업에 대한 2단계 두뇌한국(BK)21 사업' 협약을 해지하고 연구팀장 乙에 대한 대학자체 징계 요구 등을 통보한 사안에서, **재단법인 한국연구재단이 甲 대학교 총장에게 乙에 대한 대학 자체징계를 요구한 것은 법률상 구속력이 없는 권유 또는 사실상의 통지로서** 乙의 권리, 의무 등 법률상 지위에 직접적인 법률적 변동을 일으키지 않는 행위에 해당하므로, 항고소송의 대상인 **행정처분에 해당하지 않는**다고 본 원심판단을 정당하다고 한 사례(대판 2014. 12. 11, 2012두28704[2단계BK21사업처분취소]).

공공기관의 장 또는 사용자에 대한 국가인권위원회의 성희롱 결정 및 시정조치 권고 등은 처분이다.

[판례] ① 국가인권위원회의 성희롱결정과 이에 따른 시정조치의 권고는 불가분의 일체로 행하여지는 것인데 국가인권위원회의 이러한 결정과 시정조치의 권고는 성희롱 행위자로 결정된 자의 인격권에 영향을 미침과 동시에 공공기관의 장 또는 사용자에게 일정한 법률상의 의무를 부담시키는 것이므로 **국가인권위원회의 성희롱결정 및 시정조치권고는 행정소송의 대상이 되는 행정처분에 해당한다고 보지 않을 수 없다**(대판 2005. 07. 08, 2005두487). 피고(국가인권위원회)가 국가인권위원회법 제44조 제1항 제1호에 따라 원고(서울시설공단 이사장)에게 '발달장애를 이유로 장애인콜택시 보조석 탑승을 제한하지 않도록 이 사건 탑승제한기준을 개선할 것을 권고한다'는 취지의 **권고결정**(이하 '이 사건 권고결정')이 **처분임**을 전제로 적법하다고 한 사례(대판 2025. 06. 12, 2025두32972).
② 구 정보통신윤리위원회가 특정 인터넷사이트를 청소년유해매체물로 결정한 행위를 처분으로 본 사례(대판 2007. 06. 14, 2005두4397). **〈해설〉** 현재 정보통신윤리위원회는 방송통신심의위원회로 개편되었다.
③ **공정거래위원회의 '표준약관 사용권장행위'는** 그 통지를 받은 해당 사업자 등에게 표준약관과 다른 약관을 사용할 경우 표준약관과 다르게 정한 주요내용을 고객이 알기 쉽게 표시하여야 할 의무를 부과하고, 그 불이행에 대해서는 과태료에 처하도록 되어 있으므로, 이는 사업자 등의 권리·의무에 직접 영향을 미치는 행정처분으로서 항고소송의 대상이 된다(대판 2010. 10. 14, 2008두23184[표준약관개정의결취소]). **〈해설〉** ① 표준약관 사용권장행위가 행정처분인지에 관하여 견해의 대립이 있는데, 표준약관 사용권장행위를 따라야 할 의무가 없는 점에서 행정지도의 성격을 갖는다고 보는 것이 타당하다. 표시의무는 법에서 정한 의무일 뿐이다. 따라서, 판례가 표준약관 사용권장행위를 의무를 부과하는 행위로 본 것은 타당하지 않다. ② 그렇지만, 판례가 표준약관 사용권장행위를 행정지도로 보면서 처분성을 인정하였다고 해석하는 것은 타당하지 않다. 왜냐하면, 판례가 표준약관 사용권장행위를 의무를 부과하는 행위로 보았고, 의무를 부과하는 행위를 행정지도로 볼 수는 없기 때문이다.

그 법적 성질에 관하여 논란이 있을 수 있지만, 비권력적 사실행위인 공설화장장 설치행위의 처분성을 인정한 판례가 있다(대결 1971. 03. 05, 71두2: 공설화장장설치에 대한 집행정지신청사건에서 처분성을 긍정하면서 본안심리를 하여 기각한 사건).

다. 사실행위인 단순한 관념의 통지 기존의 권리의무관계를 단순히 확인·통지하는 단순한 사실행위는 처분이 아니다.

[판례] ① 부당이득의 반환을 구하는 납세의무자의 국세환급청구권은 오납액의 경우에는 처음부터 법률상 원인이 없으므로 납부 또는 징수시에 이미 확정되어 있고, 국세환급금(가산금 포함)결정에 의하여 비로소 환급청구권이 확정되는 것은 아니므로, **국세환급금결정이나 이 결정을 구하는 신청에 대한 환급거부결정 등은** 납세의무자가 갖는 환급청구권의 존부나 범위에 구체적이고 직접적인 영향을 미치는 처분이 아니어서 **항고소송의 대상이 되는 처분이라고 볼 수 없다**(대판 전원합의체 1989. 06. 15, 88누6436). **〈해설〉** 그러나, 이에 대하여는 다음과 같은 반대의견이 제시되었다. "납세자의 신청에 대한 세무서장의 환급거부결정이 직접 환급청구권을 발생하게 하는 형성적 효

과가 있는 것이 아니고 확인적 의미밖에 없다고 하더라도 국세기본법 제51조의 규정을 위반하여 납세자에게 환급할 돈을 환급하지 아니하므로 손해를 끼치고 있는 것이라면 납세자가 행정 소송으로 그 결정이 부당하다는 것을 다툴 수 있다."

② **국가공무원법상 당연퇴직은** 결격사유가 있을 때 법률상 당연히 퇴직하는 것이지, 공무원관계를 소멸시키기 위한 별도의 행정처분을 요하는 것이 아니며, **당연퇴직의 인사발령은** 법률상 당연히 발생하는 **퇴직사유를 공적으로 확인하여 알려 주는 이른바 관념의 통지에 불과**하고 공무원의 신분을 상실시키는 새로운 형성적 행위가 아니므로 행정소송의 대상이 되는 독립한 **행정처분이라고 할 수 없다**(대판 1995. 11. 14, 95누2036).

③ [1] 공무원에 대한 퇴직급여지급거부처분은 처분이다. 그러나, **퇴직연금 수급자가 법령상 퇴직연금 중 일부 금액의 지급정지대상자가 되었다는 사실을 통보한 경우, 위 통보는 단순한 관념의 통지에 불과**하여 항고소송의 대상이 되는 행정처분이 아니며 당사자는 미지급퇴직연금의 지급을 구하는 공법상 당사자소송으로 이를 다투어야 한다. [2] 공무원연금관리공단이 퇴직연금 중 일부 금액에 대하여 지급거부의 의사표시를 한 경우, 그 의사표시가 퇴직연금 청구권을 형성·확정하는 행정처분이 아니라 공법상의 법률관계의 한쪽 당사자로서 그 지급의무의 존부 및 범위에 관하여 나름대로의 사실상·법률상 의견을 밝힌 것일 뿐이어서, 이를 행정처분이라고 볼 수는 없다고 한 사례(대판 2004. 07. 08, 2004두244).

④ 건설부장관이 행한 국립공원지정처분은 그 결정 및 첨부된 도면의 공고로써 그 경계가 확정되는 것이고, **시장이 행한 경계측량 및 표지의 설치 등은** 공원관리청이 공원구역의 효율적인 보호, 관리를 위하여 이미 확정된 경계를 인식, 파악하는 사실상의 행위로 봄이 상당하며, 위와 같은 **사실상의 행위**를 가리켜 공권력행사로서의 **행정처분의 일부라고 볼 수 없고**, 이로 인하여 건설부장관이 행한 공원지정처분이나 그 경계에 변동을 가져온다고 할 수 없다(대판 1992. 10. 13, 92누2325[국립공원지정처분부존재확인]).

⑤ [1] **주택건설사업이 양도되었으나 그 변경승인을 받기 이전에 행정청이 양수인에 대하여 양도인에 대한 사업계획승인을 취소하였다는 사실을 통지한 경우, 위 통지가 항고소송의 대상이 되는 행정처분인지 여부(소극)**: 주택건설촉진법 제33조 제1항, 구 같은법시행규칙(1996. 2. 13. 건설교통부령 제54호로 개정되기 전의 것) 제20조의 각 규정에 의한 주택건설사업계획에 있어서 사업주체변경의 승인은 그로 인하여 사업주체의 변경이라는 공법상의 효과가 발생하는 것이므로, 사실상 내지 사법상으로 주택건설사업 등이 양도·양수되었을지라도 아직 변경승인을 받기 이전에는 그 사업계획의 피승인자는 여전히 종전의 사업주체인 양도인이고 양수인이 아니라 할 것이어서, 사업계획승인취소처분 등의 사유가 있는지의 여부와 취소사유가 있다고 하여 행하는 **취소처분은 피승인자인 양도인을 기준으로 판단하여 그 양도인에 대하여 행하여져야 할 것**이므로 **행정청이 주택건설사업의 양수인에 대하여 양도인에 대한 사업계획승인을 취소하였다는 사실을 통지한 것**만으로는 양수인의 법률상 지위에 어떠한 변동을 일으키는 것은 아니므로 위 통지는 항고소송의 대상이 되는 **행정처분이라고 할 수는 없다**(대판 2000. 09. 26, 99두646).

⑥ [1] **서훈은** 서훈대상자의 특별한 공적에 의하여 수여되는 **고도의 일신전속적 성격을 가지는 것**이다. 비록 **유족이라고 하더라도 제3자는 서훈수여 처분의 상대방이 될 수 없고**, 구 상훈법 제33조, 제34조 등에 따라 망인을 대신하여 단지 사실행위로서 훈장 등을 교부받거나 보관할 수 있는 지위에 있을 뿐이다. 이러한 서훈의 일신전속적 성격은 서훈취소의 경우에도 마찬가지라고 할 것이므로, 망인에게 수여된 **서훈의 취소에서도 유족은 그 처분의 상대방이 되는 것이 아니다.** [2] 망인에 대한 서훈취소는 유족에 대한 것이 아니므로 유족에 대한 통지에 의해서만 성립하여 효력이 발생한다고 볼 수 없고, **그 결정이 처분권자의 의사에 따라 상당한 방법으로 대외적으로 표시됨으**

로써 행정행위로서 성립하여 효력이 발생한다고 봄이 타당하다. [3] 건국훈장 독립장이 수여된 망인에 대하여 사후적으로 친일행적이 확인되었다는 이유로 대통령에 의하여 망인에 대한 서훈취소가 결정된 후에 그 서훈취소에 따라 훈장 등을 환수조치하여 달라는 당시 행정안전부장관의 요청에 의하여 피고 국가보훈처장이 망인의 유족에게 '독립유공자 서훈취소결정 통보'(이하 '이 사건 통보'라고 한다)를 한 사건에서, 피고가 행한 이 사건 통보 행위는 유족으로서 상훈법에 따라 훈장 등을 보관하고 있는 원고들에게 그 반환 요구의 전제로서 대통령의 서훈취소결정이 있었음을 알리는 것에 불과하고, 위 통보로써 피고가 그 명의로 서훈취소의 처분을 하였다고 볼 것은 아님에도, 이를 피고의 서훈취소의 처분으로 파악하여 그 처분의 적법 여부를 판단한 원심판단에는 서훈취소 처분의 법적 성격 및 관련 행정행위의 해석에 관한 법리와 피고적격에 관한 법리 등을 오해한 위법이 있다고 한 사안(대판 2014. 09. 26, 2013두2518[독립유공자서훈취소결정무효확인등]).

⑦ 구 소득세법 시행령제192조 제1항 단서에 따른 소득의 귀속자에 대한 소득금액변동통지는 원천납세의무자인 소득 귀속자의 법률상 지위에 직접적인 법률적 변동을 가져오는 것이 아니므로, 항고소송의 대상이 되는 행정처분이라고 볼 수 없다(대판 2015. 03. 26, 2013두9267[법인세부과처분및소득금액변동통지취소청구]).

⑧ [1] 상표권자인 법인에 대한 청산종결등기가 되었음을 이유로 한 상표권의 말소등록행위는 항고소송의 대상이 될 수 없다. [2] 상표권 설정등록이 말소된 경우에도 등록령 제27조에 따른 회복등록의 신청이 가능하고, 회복신청이 거부된 경우에는 거부처분에 대한 항고소송이 가능하다(대판 2015. 10. 29, 2014두2362[상표권이전등록신청처분취소]).

⑨ 택지개발촉진법상 택지개발사업시행자가 그 공급방법을 결정하여 통보한 것은 분양계약을 위한 사전 준비절차로서의 사실행위에 불과하고 항고소송의 대상이 되는 행정처분으로 볼 수 없다(대판 1993. 07. 13, 93누36).

⑩ 국민건강보험공단이 甲 등에게 '직장가입자 자격상실 및 자격변동 안내' 통보 및 '사업장 직권탈퇴에 따른 가입자 자격상실 안내' 통보를 한 사안에서, 국민건강보험 직장가입자 또는 지역가입자 자격 변동은 법령이 정하는 사유가 생기면 별도 처분 등의 개입 없이 사유가 발생한 날부터 변동의 효력이 당연히 발생하므로, 위 통보는 처분성이 인정되지 않는다고 한 사례(대판 2019. 02. 14, 2016두41729).

⑪ 지방세의 결손처분은 국세의 결손처분과 마찬가지로 더 이상 납세의무가 소멸하는 사유가 아니라 체납처분을 종료하는 의미만을 가지게 되었고, 결손처분의 취소 역시 국민의 권리와 의무에 영향을 미치는 행정처분이 아니라 과거에 종료되었던 체납처분 절차를 다시 시작한다는 행정절차로서의 의미만을 가지게 되었다고 할 것이다(대판 2011. 03. 24, 2010두25527; 2019. 08. 09, 2018다272407).

그러나, 국민의 권리의무관계에 변경을 가져오는 등 국민의 권리의무에 직접 영향을 미치는 통지는 처분이다.

[판례] ① 과세관청의 소득처분에 따른 소득금액변동통지가 항고소송의 대상이 되는 조세행정처분이라고 한 사례(대판 전원합의체 2006. 04. 20, 2002두1878[경정결정신청거부처분취소]). 원천징수의무자인 법인에 대한 소득금액변동통지는 원천징수의무자인 법인의 납세의무에 직접 영향을 미치는 조세행정처분이다(대판 2021. 04. 29, 2020두52689).

② 구 산업재해보상보험법 제84조 제1항 제3호에 따라 보험급여를 받은 당사자로부터 잘못 지급된 보험급여액에 해당하는 금액을 징수하는 결정을 처분으로 본 사례(대판 2014. 04. 10, 2011두

31697[부당이득징수결정처분취소]).

③ 구 법인세법상 결손금 소급공제 환급결정이 행정처분에 해당하는지 여부(적극) 및 과세관청이 착오환급 내지 과다환급한 결손금 소급공제 환급세액을 강제징수하려면 결손금 소급공제 환급결정을 직권으로 취소하여야 하는지 여부(적극): 구 법인세법(2006. 12. 30. 법률 제8141호로 개정되기 전의 것)상 결손금 소급공제는 일정한 중소기업을 대상으로 특별히 조세정책적 목적에서 인정된 제도로서 납세자의 신청에 기하여 관할 세무서장이 이월결손금의 발생 등 실체적 요건 및 절차적 요건의 충족 여부를 판단하여 환급세액을 결정함으로써 납세자의 환급청구권이 비로소 확정되므로, **결손금 소급공제 환급결정은** 납세자의 권리·의무에 직접 영향을 미치는 과세관청의 행위로서 **행정처분**에 해당한다. 따라서 과세관청은 결손금 소급공제 환급결정을 직권으로 취소한 이후에야 비로소 납세자를 상대로 착오환급 내지 과다환급한 환급세액을 강제징수할 수 있다(대판 2016. 02. 18, 2013다206610[부당이득금반환]).

④ 기반시설부담금에 관한 법률상 기반시설부담금 부과처분, **기반시설부담금 납부의무자의 환급신청에 대하여** 행정청이 전부 또는 일부 **환급을 거부하는 결정**은 항고소송의 대상인 **처분**에 해당한다. 행정청의 환급 거부대상이 기반시설부담금 그 자체가 아니라 그 납부지체로 발생한 지체가산금인 경우에도 달리 볼 것은 아니다(대판 2018. 06. 28, 2016두50990).

⑤ **조달청장이** '중소기업제품 구매촉진 및 판로지원에 관한 법률 제8조의2 제1항에 해당하는 자는 입찰 참여를 제한하고, 계약체결 후 해당 기업으로 확인될 경우 계약해지 및 기 배정한 물량을 회수한다'는 내용의 레미콘 연간 단가계약을 위한 입찰공고를 하고 입찰에 참가하여 낙찰받은 甲 주식회사 등과 레미콘 연간 단가계약을 각 체결하였는데, 甲 회사 등으로부터 중소기업청장이 발행한 참여제한 문구가 기재된 중소기업 확인서를 제출받고 甲 회사 등에 '중소기업자 간 경쟁입찰 참여제한 대상기업에 해당하는 경우 물량 배정을 중지하겠다'는 **내용의 통보**를 한 사안에서, 위 **통보가 항고소송의 대상이 된다**고 한 사례(대판 2019. 05. 10, 2015두46987[경쟁입찰참여자격제한처분등취소]).

⑥ **공무원으로 재직하다가 퇴직하여 공무원연금법에 따라 퇴직연금을 지급받고 있던 사람이 사립학교 교직원으로 임용되어** 그 기관으로부터 급여를 받게 되는 경우에는 그 재직기간 중에는 구 공무원연금법 제47조, 같은법시행령 제40조 제1항에 의하여 **공무원연금관리공단의 지급정지처분 여부에 관계없이 그 사유가 발생한 때로부터 당연히 퇴직연금의 지급이 정지되는 것**이므로, 그 지급정지 사유기간 중 퇴직연금 수급자에게 지급된 퇴직연금은 구 공무원연금법 제31조 제1항 제3호에 정하여진 '기타 급여가 과오급된 경우'에 해당하여 구 공무원연금법 제31조 제1항에 따라 환수하여야 하는 것으므로 **관련 법령에 따라 당연히 환수금액이 정하여짐에도** 이 경우 **퇴직연금의 환수결정을 당사자에게 의무를 과하는 처분으로 본 사례**(대판 2000. 11. 28, 99두5443[퇴직급여환수금반납고지처분등취소]). 〈**해설**〉 이 경우 퇴직연금의 환수결정 및 고지를 단순한 관념의 통지로 보면 처분이 아니지만(이 경우 과오납퇴직연금에 대한 부당이득반환청구소송(민사소송)을 제기해야 한다), 행정행위(당사자에게 의무를 과하는 처분)로 보고 행정소송법상 처분으로 본 사례이다.

6) 내부행위

① 국민의 권리의무관계에 직접 영향을 미치지 않는 내부적 의사결정에 불과한 내부행위(예, 토지대장상의 소유자명의변경신청 거부, 무허가건물관리대장 등재 삭제행위 등)는 항고소송의 대상이 되는 처분이 아니다. 그러나, 지목변경신청 반려행위, 건축물용도변경신청 거부, 토지대장 또는 건축물대장 직권 말소행위 등 국민의 권리의무에 영향을 미치는 것은 처분이다.

[판례] ① **병역법상 신체등위판정**은 행정청이라고 볼 수 없는 군의관이 하도록 되어 있으며, 그 자체만으로 바로 병역법상의 권리의무가 정하여지는 것이 아니라 그에 따라 지방병무청장이 병역처분을 함으로써 비로소 병역의무의 종류가 정하여지는 것이므로 항고소송의 대상이 되는 **행정처분이라 보기 어렵다**(대판 1993. 08. 27, 93누3356).

② **한국자산공사가 당해 부동산을 인터넷을 통하여 재공매(입찰)하기로 한 결정** 자체는 내부적인 의사결정에 불과하여 항고소송의 대상이 되는 행정처분이라고 볼 수 없고, 또한 **한국자산공사의 공매통지는** 공매의 요건이 아니라 공매사실 자체를 체납자에게 알려주는 데 불과한 것으로서, 통지의 상대방의 법적 지위나 권리·의무에 직접 영향을 주는 것이 아니라고 할 것이므로 이것 역시 행정처분에 해당한다고 할 수 없다(대판 2007. 07. 27, 2006두8464[공매처분취소]).

③ **과거 대법원 판례는** "토지대장에 일정한 사항을 등재하거나 등재된 사항을 변경하는 행위는 행정사무집행의 편의와 사실증명의 자료로 삼기 위한 것이고 그 등재나 변경으로 인하여 당해 토지에 대한 실체상의 권리관계에 어떤 변동을 가져오는 것은 아니어서 소관청이 그 등재사항에 대한 변경신청을 거부한 것을 가리켜 항고소송의 대상이 되는 행정처분이라고 할 수 없다"고 판시하였고(대판 1995. 12. 05, 94누4295[토지분할등거부처분취소]), "행정청이 토지소유자의 신청에 의하여 토지를 분할하고 그 지목을 도로로부터 대지로 변경하였다고 하여도 이러한 지목변경행위는 단지 행정사무집행의 편의와 사실증명의 자료로 삼기 위하여 토지대장상의 기재사항을 변경하는 것에 불과하며 이로써 도로의 용도폐지와 같은 공법상 효력이 발생하는 것이 아니다"라고 지목변경행위를 처분으로 보지 않았다(대판 1985. 05. 14, 85누25[도로의 분할, 지목변경취소]).

그런데, **최근 대법원 전원합의체는** 종전의 판례를 변경하여 지적공부의 **지목변경신청 거부행위를 처분으로 보았다.** 지목은 토지에 대한 공법상의 규제, 개발부담금의 부과대상, 지방세의 과세대상, 공시지가의 산정, 손실보상가액의 산정 등 토지행정의 기초로서 공법상의 법률관계에 영향을 미치고, 토지소유자는 지목을 토대로 토지의 사용·수익·처분에 일정한 제한을 받게 되는 점 등을 고려하면, **지목은 토지소유권을 제대로 행사하기 위한 전제요건으로서 토지소유자의 실체적 권리관계에 밀접하게 관련**되어 있으므로 지적공부 소관청의 **지목변경신청 반려행위는 국민의 권리관계에 영향을 미치는 것으로서 항고소송의 대상이 되는 행정처분에 해당**한다(대판 전원합의체 2004. 04. 22, 2003두9015). 이 전원합의체 판결은 지목변경행위뿐만 아니라 토지대장 등 지적공부에 일정한 사항을 등재하거나 등재된 사항 중 일정한 사항을 변경하는 행위를 처분으로 보는 것으로 종전 판례를 변경하였다. 그러나, 소관청이 **토지대장상의 소유자명의변경신청을 거부한 행위**는 이를 항고소송의 대상이 되는 **행정처분이라고 할 수 없다.** 왜냐하면 "토지대장에 기재된 일정한 사항을 변경하는 행위는, 그것이 지목의 변경이나 정정 등과 같이 토지소유권 행사의 전제요건으로서 토지소유자의 실체적 권리관계에 영향을 미치는 사항에 관한 것이 아닌 한 행정사무집행의 편의와 사실증명의 자료로 삼기 위한 것일 뿐이어서, 그 소유자 명의가 변경된다고 하여도 이로 인하여 당해 토지에 대한 실체상의 권리관계에 변동을 가져올 수 없고 토지 소유권이 지적공부의 기재만에 의하여 증명되는 것도 아니기 때문이다(대판 2012. 01. 12, 2010두12354[토지대장정정불가처분취소]). 이에 반하여 토지대장은 토지의 소유권을 제대로 행사하기 위한 전제요건으로서 토지소유자의 실체적 권리관계에 밀접하게 관련되어 있으므로, 이러한 **토지대장을 직권으로 말소한 행위는** 국민의 권리관계에 영향을 미치는 것으로서 항고소송의 대상이 되는 **행정처분에 해당**한다(대판 2013. 10. 24, 2011두13286[토지대장말소처분취소]). 판례는 지적측량성과검사(대판 1997. 03. 28, 96누19000), 측량성과도 등재사항에 대한 정정신청 거부(대판 1993. 12. 14, 93누555)의 처분성을 부인하고 있다.

④ 대법원은 건축물대장의 기재와 관련한 다음 행위의 처분성을 인정하였다: 건축물대장 소관청

의 작성신청 반려행위(대판 2009. 02. 12, 2007두17359), 건축물 용도변경신청을 반려한 행위(대판 2009. 01. 30, 2007두7277), 구분소유 건축물을 하나의 건축물로 건축물대장을 합병한 행위(대판 2009. 05. 28, 2007두19775), 건축물대장을 직권 말소한 행위(대판 2010. 05. 27, 2008두22655).

⑤ **자동차운전면허대장상 일정한 사항의 등재행위는** 운전면허행정사무집행의 편의와 사실증명의 자료로 삼기 위한 것일 뿐, 그 등재행위로 인하여 당해 운전면허취득자에게 새로이 어떠한 권리가 부여되거나 변동 또는 상실되는 효력이 발생하는 것은 아니므로 이는 행정소송의 대상이 되는 **독립한 행정처분으로 볼 수 없고, 운전경력증명서상의 기재행위 역시** 당해 운전면허취득자에 대한 자동차운전면허대장상의 기재사항을 옮겨 적는 것에 불과할 뿐이므로 운전경력증명서에 한 등재의 말소를 구하는 소는 부적법하다 할 것이다(대판 1991. 09. 02, 91누1400).

⑥ 무허가건물이 지장물 이전 및 철거와 관련한 협의계약을 체결할 당시까지 무허가 건물관리대장에 등재되어 있다가 그 후 삭제되었다고 하더라도 이주대책에서 정한 무허가건물 소유자의 법률상 지위에 어떠한 영향도 미치지 않는다고 보아, 무허가건물관리대장 등재 삭제행위의 취소를 구하는 소는 부적법하다고 한 사례(대판 2009. 03. 12, 2008두11525[기존무허가건물등재대장삭제처분취소]).

⑦ **부가가치세법상의 사업자등록은** …… **단순한 사업사실의 신고**로서 사업자가 소관 세무서장에서 소정의 사업자등록신청서를 제출함으로써 성립되는 것(자기완결적 신고)이고, 사업자등록증의 교부는 이와 같은 등록사실을 증명하는 증서의 교부행위(단순한 사실행위)에 불과한 것이며, …… **사업자등록의 말소 또한 폐업사실의 기재일 뿐 그에 의하여 사업자로서의 지위에 변동을 가져오는 것이 아니라는 점**에서 과세관청의 사업자등록 직권말소행위는 불복의 대상이 되는 **행정처분으로 볼 수가 없다**(대판 2000. 12. 22, 99두6903[사업자등록말소처분취소]).

⑧ 구 부가가치세법상 사업자등록의 위장사업자의 사업자명의를 직권으로 실사업자의 명의로 정정하는 행위의 처분성을 부정한 사례(대판 2011. 01. 27, 2008두2200[사업자등록명의변경처분취소]).

⑨ 구 지적법 제28조 제1호의 규정에 따라 토지소유자의 같은 법 제24조 제1항에 규정된 지적공부 등록사항 정정신청권을 대위하여 피고에게 한 이 사건 **토지면적등록 정정신청을 피고가 반려한** 것은 공공사업의 원활한 수행을 위하여 부여된 원고의 위 관계법령상의 권리 또는 이익에 영향을 미치는 공권력의 행사 또는 그 거부에 해당하는 것으로서 항고소송의 대상이 되는 행정처분에 해당하는 것으로 항고소송의 대상이 되는 **행정처분**이라고 판단한 원심판결을 수긍한 사례(대판 2011. 08. 25, 2011두3371[지적공부등록사항정정반려처분취소]).

⑩ 국토해양부, 환경부, 문화체육관광부, 농림수산부, 식품부가 합동으로 2009. 6. 8. 발표한 '4대강 살리기 마스터플랜' 등은 행정기관 내부에서 사업의 기본방향을 제시하는 계획일 뿐 국민의 권리·의무에 직접 영향을 미치는 것이 아니어서, 행정처분에 해당하지 않는다고 한 사례(대결 전원합의체 2011. 04. 21, 2010무111).

⑪ **시험승진후보자명부에서의 삭제행위는 결국 그 명부에 등재된 자에 대한 승진 여부를 결정하기 위한 행정청 내부의 준비과정에 불과**하고, 그 자체가 어떠한 권리나 의무를 설정하거나 법률상 이익에 직접적인 변동을 초래하는 **별도의 행정처분이 된다고 할 수 없다**(대판 1997. 11. 14, 97누7325[정직처분취소]). **〈해설〉** 시험승진후보자명부에서의 삭제행위는 승진대상자에서 제외하는 것이므로 처분이라고 보는 것이 타당하다.

⑫ **공정거래위원회의 고발조치·의결이 항고소송의 대상이 되는 행정처분인지 여부**: 이른바 고발은 수사의 단서에 불과할 뿐 그 자체 국민의 권리의무에 어떤 영향을 미치는 것이 아니고, 특히 독점규제및공정거래에관한법률 제71조는 공정거래위원회의 고발을 위 법률위반죄의 소추요건으로 규정하고 있어 **공정거래위원회의 고발조치는 사직 당국에 대하여 형벌권 행사를 요구하는 행정기관**

상호간의 행위에 불과하여 항고소송의 대상이 되는 행정처분이라 할 수 없으며, 더욱이 공정거래위원회의 고발 의결은 행정청 내부의 의사결정에 불과할 뿐 최종적인 처분은 아닌 것이므로 이 역시 항고소송의 대상이 되는 행정처분이 되지 못한다(대판 1995. 05. 12, 94누13794[시정명령등취소]).
⑬ (1) 감사원법 제32조에 따른 이 사건 감사원의 징계요구는, 징계요구를 받은 기관의 장이 요구받은 내용대로 처분하지 않더라도 불이익을 받는 규정도 없고, 징계요구 그 자체만으로는 징계요구 대상 공무원의 권리 · 의무에 직접적인 변동을 초래하지도 아니하므로, 행정청 사이의 내부적인 의사결정의 경로로서(대법원 1978. 11. 14. 선고 78누320 판결 참조), '징계요구, 징계절차 회부, 징계'로 이어지는 과정에서의 중간처분에 불과하여, 항고소송의 대상이 되는 행정처분이라고 할 수 없고, 징계요구 자체의 취소를 구할 실익도 없다. (2) 감사원의 징계요구에 대한 감사원의 재심의 결정도 항고소송의 대상이 되지 않는다. (3) "감사원의 재심의 판결에 대하여는 감사원을 당사자로 하여 행정소송을 제기할 수 있다"는 감사원법 제40조 제2항은 감사원과 해당 기관의 장 사이의 기관소송을 허용하는 규정이 아니다(대판 2016. 12. 27, 2014두5637[서울특별시장이 감사원의 징계요구에 대한 재심의결정에 대하여 취소를 구한 사안]).
⑭ 특허청장이 특허협력조약(PCT)에 따라 국제출원에 대한 국제조사기관으로서 한 정정신청불허결정의 통지는 항고소송의 대상이 된다고 볼 수 없다(대판 2018. 09. 13, 2016두45745).
⑮ (1) 행정청 내부에서의 행위나 알선, 권유, 사실상의 통지 등과 같이 상대방 또는 기타 관계자들의 법률상 지위에 직접적인 법률적 변동을 일으키지 아니하는 행위는 항고소송의 대상이 아니다. (2) 원고가 뉴스보도 프로그램 내 개별 코너에서 해난구조전문가와 다이빙벨 관련 인터뷰를 하자, 피고가 원고에게 인터뷰 내용이 불명확한 내용을 사실인 것으로 방송하여 시청자를 혼동하게 하였다는 이유로 해당 방송프로그램의 관계자에 대한 징계를 명하는 제재조치명령과 고지방송명령을 한 사안에서, 고지방송명령 부분에 대하여는 행정처분에 해당하지 않는다고 한 사례(대판 2023. 07. 13, 2016두34257).

② 특별권력관계 내에서의 행위는 일반시민법질서에 영향을 미치는 행위인 경우 항고소송의 대상이 되나 그렇지 않은 경우에는 내부행위에 불과하므로 항고소송의 대상이 되지 않는다.

[판례] ① 농지개량조합과 그 직원과의 관계는 사법상의 근로계약관계가 아닌 공법상의 특별권력관계이고, 그 조합의 직원에 대한 징계처분의 취소를 구하는 소송은 행정소송사항에 속한다(대판 1995. 06. 09, 94누10870).
② 행정규칙에 의한 '불문경고조치'가 비록 법률상의 징계처분은 아니지만 위 처분을 받지 아니하였다면 차후 다른 징계처분이나 경고를 받게 될 경우 징계감경사유로 사용될 수 있었던 표창공적의 사용가능성을 소멸시키는 효과와 1년 동안 인사기록카드에 등재됨으로써 그 동안은 장관표창이나 도지사표창 대상자에서 제외시키는 효과 등이 있다는 이유로 항고소송의 대상이 되는 행정처분에 해당한다고 한 사례(대판 2002. 07. 26, 2001두3532).
③ 각 군 참모총장이 수당지급대상자 결정절차에 대하여 수당지급대상자를 추천하거나 신청자 중 일부를 추천하지 아니하는 행위는 행정기관 상호간의 내부적인 의사결정과정의 하나일 뿐 그 자체만으로는 직접적으로 국민의 권리 · 의무가 설정, 변경, 박탈되거나 그 범위가 확정되는 등 기존의 권리상태에 어떤 변동을 가져오는 것이 아니므로 이를 항고소송의 대상이 되는 처분이라고 할 수는 없다(대판 2009. 12. 10, 2009두14231[명예전역거부처분취소]).
④ 구 교육공무원법에 의하여 기간제로 임용되어 임용기간이 만료된 국 · 공립대학의 교원이 재임

용 여부에 관하여 심사를 요구할 신청권을 갖는다고 한 사례(대판 2011. 01. 27, 2009다30946).
⑤ 교육공무원법상 승진후보자 명부에 의한 승진심사 방식으로 행해지는 승진임용에서 3배수의 승진후보자 명부에 포함되어 있던 후보자를 승진임용인사발령에서 제외하는 행위(묵시적 승인임용거부행위)는 불이익처분으로서 항고소송의 대상인 처분에 해당한다(대판 2018. 03. 27, 2015두47492).
⑥ 검찰총장이 사무검사 및 사건평정을 기초로 대검찰청 자체감사규정 제23조 제3항, 검찰공무원의 범죄 및 비위 처리지침 제4조 제2항 제2호 등에 근거하여 검사에 대하여 하는 '경고조치'는 일정한 서식에 따라 검사에게 개별 통지를 하고 이의신청을 할 수 있으며, 검사가 검찰총장의 경고를 받으면 1년 이상 감찰관리 대상자로 선정되어 특별관리를 받을 수 있고, 경고를 받은 사실이 인사자료로 활용되어 복무평정, 직무성과금 지급, 승진 · 전보인사에서도 불이익을 받게 될 가능성이 높아지며, 향후 다른 징계사유로 징계처분을 받게 될 경우에 징계양정에서 불이익을 받게 될 가능성이 높아지므로, **검사의 권리 의무에 영향을 미치는 행위로서 항고소송의 대상이 되는 처분**이라고 보아야 한다(대판 2021. 02. 10, 2020두47564[경고처분취소]).
⑦ **국립대학교 총장의 교육 · 연구 및 학생지도비 환수 통지**는 교육 · 연구 및 학생지도 비용의 지급과 환수에 관한 교직원의 권리 · 의무에 영향을 미친다는 등의 이유로 **처분에 해당**한다고 한 사례(대판 2025. 05. 15, 2024두35989).

③ 처분의 준비를 위한 결정, 처분의 기초자료를 제공하기 위한 결정 등은 원칙상 내부행위이고 처분이 아니다. 벌점부과를 처분으로 보지 않은 사례(벌점부과가 국민의 권리에 직접 영향을 미치지 않는 경우)와 처분으로 본 사례(벌점부과가 국민의 권리에 직접 영향을 미치는 경우)가 있다.

[판례] **① 운전면허 행정처분처리대장상 벌점의 배점은** 도로교통법규 위반행위를 단속하는 기관이 도로교통법 시행규칙 별표 16의 정하는 바에 의하여 도로교통법규 위반의 경중, 피해의 정도 등에 따라 배정하는 점수를 말하는 것으로 자동차운전면허의 취소, 정지처분의 기초자료로 제공하기 위한 것이고 그 배점 자체만으로는 아직 국민에 대하여 구체적으로 어떤 권리를 제한하거나 의무를 명하는 등 법률적 규제를 하는 효과를 발생하는 요건을 갖춘 것이 아니어서 그 무효확인 또는 취소를 구하는 소송의 대상이 되는 **행정처분이라고 할 수 없다**(대판 1994. 08. 12, 94누2190). 자동차운전면허대장상 벌점의 배점은 행정처분이라고 할 수 없다(대판 2024. 10. 31, 2024도8903).
② 하도급법상 벌점 부과행위는 입찰참가자격의 제한 요청 등의 기초자료로 사용하기 위한 것이고 사업자의 권리 · 의무에 직접 영향을 미치는 행위라고 볼 수 없으므로 항고소송의 대상이 되는 **행정처분에 해당하지 아니한다**(대판 2023. 01. 12, 2020두50683).
③ 건설기술 진흥법 제53조 제1항에서 규정한 **벌점부과를 처분으로 본 사례**(대판 2024. 04. 25, 2023두54242[벌점부과처분취소]).

④ 그러나, 처분의 준비행위 또는 기초가 되는 행위라고 하더라도 국민의 권익에 직접 영향을 미치고 국민의 권리구제를 위하여 이를 다투도록 할 필요가 있는 경우에는 조기의 권리구제를 위해 처분성을 인정하여야 할 것이다.

[판례] ① 세무조사결정은 납세의무자의 권리 · 의무에 직접 영향을 미치는 공권력의 행사에 따른

행정작용으로서 항고소송의 대상이 된다(대판 2011. 03. 10, 2009두23617, 23624).
② 법령상 요건을 충족하는 경우 공정거래위원회는 구 하도급법(하도급거래 공정화에 관한 법률) 제26조 제2항 후단에 따라 **관계 행정기관의 장에게** 해당 사업자에 대한 **입찰참가자격제한 등 요청 결정을 하게 되며, 이를 요청받은 관계 행정기관의 장은 특별한 사정이 없는 한 그 사업자에 대하여 입찰참가자격제한 등의 처분을 해야 하므로** 사업자로서는 입찰참가자격제한 등 요청 결정이 있으면 장차 후속 처분으로 입찰참가자격이 제한되고 영업이 정지될 수 있는 등의 법률상 불이익이 존재한다. 이때 입찰참가자격제한 등 요청 결정이 있음을 알고 있는 사업자로 하여금 입찰참가자격제한처분 등에 대하여만 다툴 수 있도록 하는 것보다는 그에 앞서 직접 입찰참가자격제한 등 요청 결정의 적법성을 다툴 수 있도록 함으로써 **분쟁을 조기에 근본적으로 해결하도록 하는 것이 법치행정의 원리에도 부합하므로, 구 하도급법 제26조 제2항에 따른** 공정거래위원회의 **관계 행정기관의 장에게 한 입찰참가자격제한 등 요청 결정은 항고소송의 대상이 되는 처분에 해당한다**(대판 2023. 04. 27, 2020두47892; 2023. 02. 02, 2020두48260).

⑤ 행정기관 상호간의 협의나 동의(예, 소방서장의 동의) 등 행정조직법상 행정기관 상호간의 행위도 내부행위로서 원칙상 처분이 아니다.

[판례] 외환은행장이 수입허가의 유효기간 연장을 승인하고자 할 때에 구 무역거래법시행규칙 제10조 제3항에 의하여 **상공부장관과 하는 협의는 행정청의 내부행위**로서 항고소송의 대상이 되는 행정처분이라고 할 수 없다(대판 1971. 09. 14, 71누99).

⑥ 지방자치단체의 장이 기관위임사무를 국가에 대해 처리한 것은 법리상 행정조직 내부행위이므로 위임자인 국가는 기관위임사무의 처리에 관하여 지방자치단체의 장을 상대로 취소소송을 제기할 수 없다.

[판례] ① (1) 국가가 국토이용계획과 관련한 기관위임사무의 처리에 관하여 지방자치단체의 장을 상대로 취소소송을 제기할 수 있는지 여부(소극): 건설교통부장관은 지방자치단체의 장이 기관위임사무인 국토이용계획 사무를 처리함에 있어 자신과 의견이 다를 경우 행정협의조정위원회에 협의·조정 신청을 하여 그 협의·조정 결정에 따라 의견불일치를 해소할 수 있고, 법원에 의한 판결을 받지 않고서도 행정권한의 위임 및 위탁에 관한 규정이나 구 지방자치법에서 정하고 있는 지도·감독을 통하여 직접 지방자치단체의 장의 사무처리에 대하여 시정명령을 발하고 그 사무처리를 취소 또는 정지할 수 있으며, 지방자치단체의 장에게 기간을 정하여 직무이행명령을 하고 지방자치단체의 장이 이를 이행하지 아니할 때에는 직접 필요한 조치를 할 수도 있으므로, 국가가 국토이용계획과 관련한 지방자치단체의 장의 기관위임사무의 처리에 관하여 지방자치단체의 장을 상대로 취소소송을 제기하는 것은 허용되지 않는다. (2) 주위적 원고 대한민국의 이 사건 소는 부적법하여 각하되어야 할 것이다. 예비적 원고 충북대학교 총장의 소는, 원고 충북대학교 총장이 원고 대한민국이 설치한 충북대학교의 대표자일 뿐 항고소송의 원고가 될 수 있는 당사자능력이 없어 부적법하다(대판 2007. 09. 20, 2005두6935[국토이용계획변경신청거부처분취소]). **〈해설〉** 국가의 기관위임사무를 처리하는 경우 지방자치단체 장의 지위는 국가의 하급행정기관에 해당하게 되므로 국가기관인 충북대학교 총장의 국토이용계획변경 신청에 대한 지방자치단체의 장(충청남도 연기군수)의 거부는 내부행위이고, 이에 관한 분쟁은 별개의 법주체 사이의 분쟁이 아니라 국가라는 하나의 법주체 내부의

기관 사이의 분쟁에 해당한다. 국토이용계획변경신청거부에 대해 주위적으로 국가(대한민국)가 취소소송을 제기하고, 예비적으로 충북대학교 총장이 취소소송을 제기한 사건이다.

② [시내버스 한정면허를 받은 여객자동차 운송사업자의 보조금 지급신청에 대한 피고 경기도지사의 회신이 항고소송의 대상이 되는지 문제된 사건] **시내버스 한정면허를 받은 여객자동차 운송사업자인 원고의 보조금 지급신청에 대해** 주위적 피고 **경기도지사가 원고 및 예비적 피고 광명시장에게 그와 같은 보조금 지급이 불가하다는 취지로 통보**('甲 회사의 보조금 지급신청을 받아들일 수 없음은 기존에 회신한 바와 같고, 광명시에서는 적의 조치하여 주기 바란다.')하자, 원고가 주위적 피고 경기도지사에 대하여 위와 같은 통보의 취소를, 예비적 피고 광명시장에 대하여 주위적으로는 보조금 지급신청 거부처분의 취소를, 예비적으로는 원고의 보조금 지급신청에 대하여 응답하지 아니한 부작위의 위법확인을 구한 **사안에서** 원고에 대한 경기도의 보조금 지급 등 사무가 **각 시장 · 군수에게** 위임(기관위임)된 이상 **주위적 피고 경기도지사의 위와 같은 통보는** 예비적 피고 광명시장에 대한 **지도 · 감독권의 행사일 뿐** 원고의 권리 · 의무에 직접적인 영향을 주는 것이라고 할 수 없어 항고소송의 대상이 되는 **처분으로 볼 수 없음**에도, 이와 달리 주위적 피고 경기도지사에 대한 소에 대하여 본안에 나아가 판단한 원심을 파기하면서, **주위적 피고 경기도지사의 상고에 의하여 예비적 피고 광명시장에 대한 소까지 상고심 심판대상이 되었으므로** 원심판결을 전부 파기하되, 주위적 피고 경기도지사에 대한 소는 위와 같은 이유로 각하하고, **예비적 피고 광명시장에 대한 소 중** 주위적 청구 부분은 존재하지 아니한 처분을 대상으로 한 것이어서 각하하며, **예비적 청구 부분**(부작위 위법확인)**은 이유 있다**고 보아 **이를 인용한 사례**(대판 2023. 02. 23, 2021두44548).

7) 중간행위

어떤 행정목적을 달성하기 위하여 여러 단계의 행위를 거쳐 최종적인 처분이 행해지는 경우가 있다. 이러한 경우에 중간단계에서 행해지는 행정결정이 처분에 해당하여 항고소송의 대상이 되는지가 다투어진다. 일반적으로 말하면 중간행위가 국민의 권익에 직접적인 영향을 미치는지 여부 달리 말하면 일정한 구체적인 법적 효과를 가져오는지 여부가 판단의 기준이 된다.

중간행위가 그 자체로서 일정한 법적 효과를 가져오거나 국민의 권익에 직접 영향을 미치면 당해 행위는 처분이 되고 항고소송의 대상이 되지만, 그렇지 않으면 내부행위에 불과하여 항고소송의 대상이 되지 않으며 이 경우에 중간행위의 위법은 종국처분을 다툼에 있어 종국처분의 위법사유로 주장될 수 있을 뿐이다.

가. 부분허가 　부분허가(部分許可)는 그 자체가 규율하는 내용에 대한 종국적인 결정이므로 행정행위의 성질을 가진다. 부분허가가 있게 되면 금지의 해제 등 일정한 법적 효과가 발생한다. 따라서, 부분허가는 항고소송의 대상이 되는 처분이다.

[판례] 원자력법상의 원자로시설부지사전승인의 법적 성격을 '사전적 부분허가'로 보면서 원자로 및 관계시설의 부지사전승인처분을 그 자체로서 건설부지를 확정하고 사전공사를 허용하는 법률효과를 지닌 독립한 행정처분이라고 본 사례(대판 1998. 09. 04, 97누19588). 〈해설〉 구 원자력법상의 원자로시설부지사전승인을 부지의 적합성을 확인하는 점에서는 사전결정의 성격을 가지며 기초공사 등 일부 제한적인 사전공사를 허용하는 점에서는 부분허가의 성격을 가진다고 보아야 할 것이다.

나. 사전결정 사전결정은 그 자체가 행정행위이다.

[판례] ① 구 건축법(1995. 1. 5, 법률로 개정되기 이전의 것) 제7조와 제8조 제3항의 규정에 의한 '건축에 관한 계획의 사전결정'은 건축허가 신청 전에 시장 등 허가권자로부터 계획하고 있는 건축물을 해당 대지 위에 건축하는 것이 건축법 등 관련 법규에 의하여 허용되는지 여부에 대한 사전결정을 받는 제도라고 보면서 항고소송의 대상이 되는 처분으로 본 사례(대판 1996. 03. 12, 95누658). 〈해설〉 2005년 11월 8일 건축법 개정으로 사전결정제도가 다시 도입되었다(건축법 제10조).
② 폐기물관리법령상의 폐기물처리업허가 전의 사업계획에 대한 적정통보 또는 부적정통보를 행정처분으로 본 사례(대판 1998. 04. 28, 97누21086; 1998. 05. 08, 98두4061).
③ [1] **운수권배분처분은**, 노선배분을 받은 항공사에게 위 협정에 따른 지정항공사로서의 지위를 부여하고, 후속절차를 밟아 중국 항공당국으로부터 운항허가를 받을 수 있게 하며, 추후 당해 노선상의 합의된 업무를 할 수 있게 하는 등, 상대방의 권리의무에 직접 영향을 미치는 행위로 항고소송의 대상이 되는 **행정처분에 해당**한다. [2] 정부 간 항공노선의 개설에 관한 잠정협정 및 비밀양해각서와 건설교통부 내부지침에 의한 항공노선에 대한 운수권배분처분(사전결정)이 항고소송의 대상이 되는 행정처분에 해당한다고 한 사례(대판 2004. 11. 26, 2003두10251, 10268). 〈해설〉 이 판례에서 운수권배분처분이 행정규칙에 근거한 것으로 본 것은 법률유보의 원칙상 타당하지 않다. 운수권배분처분은 종국적 결정인 국제선정기항공운송사업노선면허의 사전결정으로 종국적 결정권(면허권)에 근거한 것으로 보는 것이 타당하다. 다만, 현행 항공법은 운수권배분처분의 법적 근거규정을 두고 있다.

다. 가행정행위 가행정행위(잠정적 행정행위)는 본행정행위가 있기까지 잠정적으로 행정법상 권리와 의무를 확정하는 행정의 행위형식이므로 가행정행위는 잠정적이기는 하지만 직접 법적 효력을 발생시키므로 행정행위이며 따라서 처분(處分)이라고 보아야 할 것이다. 소득액 등이 확정되지 아니한 경우에 과세관청이 상대방의 신고액에 따라 잠정적으로 세액을 결정하는 것 등을 들 수 있다.

라. 확 약 확약(確約)에 관하여 다수설은 확약이 원칙상 행정청에 대하여 구속력을 가지므로 처분이라고 보고 있지만(긍정설), 확약은 사정변경에 의해 바뀔 수 있으므로 종국적 규율성을 갖지 못한다는 점에서 처분이 아니라고 보는 견해(부정설)도 있다. 판례는 부정설을 취하고 있다.

[판례] 어업권면허에 선행하는 우선순위결정은 강학상 확약이지만 행정처분은 아니다(대판 1995. 01. 20, 94누6529). 〈해설〉 그러나, 최소한 우선순위에서 배제하는 결정은 면허 등의 거부와 같은 법적 효과를 가져오므로 처분으로 보아야 할 것이다. 우선순위에서 배제하는 결정은 면허 등의 요건을 선취하여 결정하는 의미도 가지므로 일종의 사전결정으로 볼 수도 있을 것이다.

마. 공시지가결정 판례는 개별공시지가결정은 항고소송의 대상이 되는 처분이라고 보고 있다(대판 1993. 06. 11, 92누16706; 1993. 01. 15, 92누12407).

판례는 표준지공시지가결정도 항고소송의 대상이 되는 처분이라고 보고 있다(대판 1995. 03. 28, 94누12920: 표준지의 토지소유자가 아닌 자가 자신의 토지에 개별토지가격결정을 다투는 사례; 1994. 03. 08, 93누10828: 표준지의 토지소유자가 당해 표준지의 개별공시지가결정을 다투는 사례).

8) 거부행위

현행 행정소송법은 '공권력 행사의 거부' 및 '그에 준하는 거부행위'를 항고소송의 대상으로 하고 있다. 그리하여 공권력 행사의 거부뿐만 아니라 행정지도의 거부와 같이 공권력 행사는 아니지만 이에 준하는 행정청의 외부적 행위의 거부도 항고소송의 대상이 되는 경우가 있을 수 있다.

판례는 신청에 대한 거부행위(拒否行爲)가 처분이 되기 위하여는 다음과 같은 요건을 충족하여야 한다고 한다.

[판례] 국민의 적극적 행위 신청에 대하여 행정청이 그 신청에 따른 행위를 하지 않겠다고 거부한 행위가 항고소송의 대상이 되는 행정처분에 해당하는 것이라고 하려면, 그 신청한 행위가 공권력의 행사 또는 이에 준하는 행정작용이어야 하고, 그 거부행위가 신청인의 법률관계에 어떤 변동을 일으키는 것이어야 하며, 그 국민에게 그 행위발동을 요구할 법규상 또는 조리상의 신청권이 있어야 한다(대판 2007. 10. 11, 2007두1316[건축허가신청불허가처분취소]).

① 그 신청에 따른 행정행위를 해 줄 것을 요구할 수 있는 법규상 또는 조리상의 신청권이 있어야 한다. 이에 관하여 학설은 대립하고 있다. 판례는 신청권을 요구하고 있다(대판 1989. 11. 28, 89누3892).

[판례] ① [1] 행정청이 국민으로부터 어떤 신청을 받고서 한 거부행위가 행정처분이 된다고 하기 위하여는 국민이 행정청에 대하여 그 신청에 따른 행정행위를 하여 줄 것을 요구할 수 있는 법규상 또는 조리상의 권리가 있어야 하며, 이러한 근거 없이 한 국민의 신청을 행정청이 받아들이지 아니하고 거부한 경우에는 이로 인하여 신청인의 권리나 법적 이익에 어떤 영향을 주는 것은 아니므로 이를 행정처분이라고 할 수 없다. [2] 임야의 국토이용계획상의 용도지역을 사설묘지를 설치할 수 있는 용도지역으로 변경하는 것을 허가하여 달라는 토지소유자의 신청을 행정청이 거부 내지 반려하였다고 하여 그 거부 내지 반려한 행위를 가지고 항고소송의 대상이 되는 행정처분이라고 볼 수 없다고 한 사례(대판 1995. 04. 28, 95누627[국토이용계획변경승인신청반려처분취소]).
② 거부처분의 처분성을 인정하기 위한 전제요건이 되는 신청권의 존부는 구체적 사건에서 신청인이 누구인가를 고려하지 않고 관계 법규의 해석에 의하여 일반 국민에게 그러한 신청권을 인정하고 있는가를 살펴 추상적으로 결정되는 것이고, 신청인이 그 신청에 따른 단순한 응답을 받을 권리를 넘어서 신청의 인용이라는 만족적 결과를 얻을 권리를 의미하는 것은 아니므로, **국민이 어떤 신청을 한 경우에 그 신청의 근거가 된 조항의 해석상 행정발동에 대한 개인의 신청권을 인정하고 있다고 보이면 그 거부행위는 항고소송의 대상이 되는 처분으로 보아야 하고, 구체적으로 그 신청이 인용될 수 있는가 하는 점은 본안에서 판단하여야 할 사항이다**(대판 2009. 09. 10, 2007두20638).
〈해설〉 국민이 어떤 신청을 한 경우 그에 대한 행정청의 거부행위가 항고소송의 대상이 되는 처분인지 여부를 판단할 때 신청권의 존재 여부를 넘어서 구체적으로 그 신청의 인용 여부까지 판단

하여야 하는 것은 아니다.
③ 경정청구기간이 도과한 후 제기된 경정청구는 부적법하여 과세관청이 과세표준 및 세액을 결정 또는 경정하거나 거부처분을 할 의무가 없으므로, 과세관청이 경정을 거절하였다고 하더라도 이를 항고소송의 대상이 되는 거부처분으로 볼 수 없다(대판 2015. 03. 12, 2014두44830[주세등경정청구거부처분취소]).

실정법령상 신청권이 규정되어 있지 않는 경우에 조리상 신청권이 인정될 수 있는지가 문제된다. 일반적으로 말하면 처분신청을 통해 보호받을 법적 이익이 있는 자에게는 명문의 규정이 없는 경우에도 조리상 신청권이 인정된다.

거부처분의 처분성을 인정하기 위한 전제요건이 되는 신청권의 존부는 구체적 사건에서 신청인이 누구인가를 고려하지 않고 관계 법규의 해석에 의하여 일반 국민에게 그러한 신청권을 인정하고 있는가를 살펴 **추상적으로 결정되는 것**이고, 신청인이 그 신청에 따른 단순한 응답을 받을 권리를 넘어서 신청의 인용이라는 만족적 결과를 얻을 권리를 의미하는 것은 아니므로, 국민이 어떤 신청을 한 경우에 그 신청의 근거가 된 조항의 해석상 행정발동에 대한 개인의 신청권을 인정하고 있다고 보이면 그 거부행위는 항고소송의 대상이 되는 처분으로 보아야 하고, 구체적으로 그 신청이 인용될 수 있는가 하는 점은 본안에서 판단하여야 할 사항이다(대판 2009. 09. 10, 2007두20638 : 금강수계 중 상수원 수질보전을 위하여 필요한 지역의 토지 등의 소유자가 국가에 그 토지 등을 매도하기 위하여 매수신청을 하였으나 유역환경청장 등이 매수거절의 결정을 한 사안에서 그 매수 거부행위가 항고소송의 대상이 되는 행정처분에 해당한다고 한 사례).

조리상 신청권의 인정 여부에 관한 판례는 다음과 같다.

i) 조리상 행정계획 등 변경신청권(전술 행정계획변경청구권 참조) 인정 여부

판례는 원칙상 행정계획변경신청권을 인정하지 않는다. 즉, 일반 지역주민에게는 도시관리계획에 대한 변경신청권을 인정하지 않는다.

[판례] 도시계획과 같이 장기성·종합성이 요구되는 행정계획에 있어서는 그 계획이 일단 확정된 후에 어떤 사정의 변동이 있다고 하여 지역주민에게 일일이 그 계획의 변경을 청구할 권리를 인정해 줄 수도 없는 이치이므로 **도시계획시설변경신청을 불허한 행위는 항고소송의 대상이 되는 행정처분이라고 볼 수 없다**(대판 1984. 10. 23, 84누227).

예외적으로 행정계획변경신청을 거부하는 것이 실질적으로 당해 행정처분 자체를 거부하는 결과가 되는 경우 또는 법률상 이해관계가 있는 주민(예, 구속적 행정계획 내 토지소유자, 이해관계 있는 자로서 법률상 절차적 참가권이 인정되고 있는 자)인 경우에는 도시관리계획 등 구속적 행정계획에 대한 입안신청권 또는 변경신청권을 갖는다고 본다.

[판례] ① 일정한 행정처분을 구하는 신청을 할 수 있는 법률상 지위에 있는 자의 국토이용계획변경신청을 거부하는 것이 실질적으로 당해 행정처분 자체를 거부하는 결과가 되는 경우(대판 2003. 09. 23, 2001두10936). 즉, 폐기물처리업허가를 받기 위해서는 용도지역을 변경하는 국토이용계획변경이 선행되어야 할 경우, 폐기물처리업허가를 신청하고자 하는 자는 국토이용계획변경을 신청할 권리를 갖는다.

② 도시계획구역 내 토지 등을 소유하고 있는 주민이 도시계획입안권자에게 도시계획입안을 신청하는 경우(대판 2004. 04. 28, 2003두1806). 〈해설〉 현행 국토계획법은 제26조는 주민(이해관계자를 포함)은 도시·군관리계획을 입안할 수 있는 자에게 도시·군관리계획의 입안을 제안할 수 있고, 도시·군관리계획의 입안을 제안받은 자는 그 처리 결과를 제안자에게 알려야 한다고 규정하고 있는데, 이 경우 주민의 입안제안권은 거부처분의 요소가 되는 입안신청권과는 다르다고 보아야 한다. 대법원 판례에 따라 이해관계인(이해관계있는 주민 포함)에게만 거부처분의 요소가 되는 조리상 입안신청권이 있고, 그 신청에 대한 거부만이 처분성을 갖는 것으로 보아야 한다. 이해관계없는 일반 주민은 거부처분의 요소가 되는 행정계획변경신청권을 갖지 않는다고 보는 것이 타당하다. 일부 고등법원 판례(대구고법 2009. 09. 04, 2008누2126 등)와 같이 국토계획법 제26조의 주민의 입안제안권을 거부처분의 요소가 되는 도시·군관리계획 입안신청권(법령상 신청권)이라고 보더라도 이해관계인만을 원고적격의 요소인 법률상 이익(개인적 이익)이 있는 자로 보아야 하므로 이해관계없는 일반 주민은 입안제안거부처분을 다툴 법률상 이익이 없는 것으로 보는 것이 타당하다. 왜냐하면 공권(법률상 이익)이 인정되기 위해서는 강행법규성과 사익보호성이 있어야 하기 때문이다. 또한, 이해관계없는 주민의 입안제안거부처분에 대한 불복소송은 공익소송으로서 민중소송에 해당하는데, 민중소송이 인정되기 위해서는 개별법령의 근거가 있어야 한다.

③ 군수가 도시관리계획 구역 내 토지 등을 소유하고 있는 주민의 납골시설에 관한 도시관리계획의 입안제안을 반려한 처분이, 항고소송의 대상이 되는 행정처분에 해당한다고 본 원심판단을 수긍한 사례(대판 2010. 07. 22, 2010두5745[도시관리계획입안제안신청반려처분취소])

④ 문화재보호구역 내의 토지소유자가 문화재보호구역의 지정해제를 신청하는 경우(대판 2004. 04. 27, 2003두8821).

⑤ 토지소유자에게 자신의 토지에 대한 보안림의 해제신청권을 인정한 사례(대판 2006. 06. 02, 2006두2046)

⑥ 국가지정문화재의 보호구역에 인접한 나대지에 건물을 신축하기 위한 국가지정문화재 현상변경신청권을 인정한 사례(대판 2006. 05. 12, 2004두9920).

⑦ 도시계획구역 내 토지 등을 소유하고 있는 사람과 같이 당해 도시계획시설결정에 이해관계가 있는 주민으로서는 도시시설계획의 입안권자 내지 결정권자에게 도시시설계획의 입안 내지 변경을 요구할 수 있는 법규상 또는 조리상의 신청권이 있다(대판 2015. 03. 26, 2014두42742[도시계획시설결정폐지신청거부처분취소]).

⑧ 산업단지개발계획상 산업단지 안의 토지 소유자로서 산업단지개발계획에 적합한 시설을 설치하여 입주하려는 자는 산업단지지정권자 또는 그로부터 권한을 위임받은 기관에 대하여 **산업단지개발계획의 변경을 요청할 수 있는 법규상 또는 조리상 신청권이 있고,** 이러한 신청에 대한 거부행위는 항고소송의 대상이 되는 행정처분에 해당한다고 보아야 한다(대판 2017. 08. 29, 2016두44186).

ii) 조리상 임용신청권 인정 여부

판례에 따르면 공무원 임용(임명 또는 승진)에 대한 임용신청권을 일반적으로 인정할 수는 없지만, 임용될 것을 상당한 정도로 기대할 수 있는 지위에 있는 임용지원자에게는 조리상 임용신청권이 인정된다.

[판례] ① 조리상 검사임용신청권을 인정하면서 검사임용신청에 대한 거부의 처분성을 인정한 사례(대판 1991. 02. 12, 90누5825).

② **기간제로 임용되어 임용기간이 만료된 국 · 공립대학의 전임강사는** 교원으로서의 능력과 자질에 관하여 합리적 기준에 의한 공정한 심사를 받아 **그 기준에 부합하면 특별한 사정이 없는 한 재임용되리라는 기대를 가지고 재임용 여부에 관하여 합리적인 기준에 의한 공정한 심사를 요구할 법규상 또는 조리상 신청권을 갖는다**(대판 전원합의체 2004. 04. 22, 2000두7735).

③ 국·공립 대학교원 임용지원자에게 임용 여부에 대한 응답신청권을 인정하지 않은 사례(대판 2003. 10. 23, 2002두12489). 〈해설〉 이는 타당하지 않다.

④ **임용지원자가** 당해 대학의 교원임용규정 등에 정한 심사단계 중 중요한 대부분의 단계를 통과하여 다수의 임용지원자 중 유일한 면접심사 대상자로 선정되는 등으로 **장차 나머지 일부의 심사단계를 거쳐 대학교원으로 임용될 것을 상당한 정도로 기대할 수 있는 지위에 이르렀다면,** 그러한 임용지원자는 임용에 관한 법률상 이익을 가진 자로서 임용권자에 대하여 나머지 심사를 공정하게 진행하여 그 심사에서 통과되면 대학교원으로 임용해 줄 것을 신청할 조리상의 권리가 있다고 보고, **그에 대한 교원신규채용 중단조치는** 유일한 면접심사 대상자로서 임용에 관한 법률상 이익을 가지는 임용지원자에 대한 신규임용을 사실상 거부하는 종국적인 조치에 해당하는 것이므로 항고소송의 대상이 되는 **행정처분**이다(대판 2004. 06. 11, 2001두7053).

⑤ 4급 공무원이 당해 지방자치단체 인사위원회의 심의를 거쳐 3급 승진대상자로 결정되고 임용권자가 그 사실을 대내외에 공표까지 하였다면, 그 공무원은 승진임용에 관한 법률상 이익을 가진 자로서 임용권자에 대하여 3급 승진임용 신청을 할 조리상의 권리가 있다(대판 2008. 04. 10, 2007두18611[부작위위법확인의소]).

iii) 조리상 처분의 취소 · 철회 · 변경 신청권

판례는 원칙상 처분의 취소 · 철회 · 변경 신청권을 인정하지 않는다. 제소기간이 이미 도과하여 불가쟁력이 생긴 행정처분에 대하여는 개별 법규에서 그 변경을 요구할 신청권을 규정하고 있거나 관계 법령의 해석상 그러한 신청권이 인정될 수 있는 등 특별한 사정이 없는 한 국민에게 그 행정처분의 변경을 구할 신청권이 있다 할 수 없다(대판 2007. 04. 26, 2005두11104).

다만, 예외적으로 신청인의 권익보호를 위해 행정청의 응답의무를 인정하여야 하는 경우에는 조리상 취소 · 철회 · 변경 신청권을 인정한다.

〈조리상 취소 · 철회 · 변경신청권을 인정하지 않은 사례〉

[판례] ① **직권취소를 할 수 있다는 사정만으로 이해관계인에게 처분청에 대하여 그 취소를 요구할 신청권이 부여된 것으로 볼 수는 없으므로** 산림 복구설계승인 및 복구준공통보에 대한 이해관계인의 취소신청을 거부한 행위는 항고소송의 대상이 되는 행정처분에 해당하지 않는다(대판 2006. 06. 30, 2004두701).

② (1) 제소기간이 이미 도과하여 **불가쟁력이 생긴 행정처분**에 대하여는 개별 법규에서 변경을 요

구할 신청권을 규정하고 있거나 관계 법령의 해석상 그러한 신청권이 인정될 수 있는 등 특별한 사정이 없는 한 국민에게 행정처분의 변경을 구할 신청권이 있다고 할 수 없다. (2) 공무원연금법의 해석상 이미 불가쟁력이 발생한 급여지급결정의 전제가 되는 재직기간의 정정 또는 재산정을 구할 신청권이 인정된다고 볼 수 없으므로, 재직기간의 정정 또는 재산정을 구하는 취지가 포함된 재직기간 합산신청이라 하여 일반적인 재직기간 합산신청과 달리 퇴직 후에도 허용된다고 볼 수는 없다(대판 2017. 02. 09, 2014두43264[공무원재직기간합산불승인처분취소]). 〈해설〉 공무원연금법은 재직 중인 공무원에 대해서만 재직기간 합산 신청을 허용하고 있는 것으로 해석된다. 원고들은 **선택적으로**, 공무원연금공단이 원고들에 대하여 한 재직기간합산 불승인처분을 각 취소하라는 **취소소송과** 원고들은 각 공무원재직기간에 상응한 퇴직연금을 받을 권리를 가진 자의 지위에 있음을 확인하라는 **당사자소송을 제기**하였다. 판례는 취소소송의 대상적격 즉 재직기간합산 불승인처분의 처분성을 인정하였는데, 재직기간합산 불승인은 거부행위이므로 신청권이 없으면 그 처분성을 부인하였어야 하는 것은 아닌지 의문이 든다. 퇴직후에도 조리상 재직기간합산 '신청권'은 있지만, 재직기간합산 '청구권'은 없다고 한다면 재직기간합산 불승인처분의 처분성을 인정하는 것이 논리적이다. 재직기간합산 '신청권'은 소송요건(처분성)의 문제이고, 재직기간합산 '청구권'은 본안문제이다.

③ 제소기간 경과로 이미 불가쟁력이 생긴 주택건설사사업계획승인상의 부관(처분청 소유의 토지를 유상으로 매입하도록 하는 부관)에 대해 그 변경을 요구하는 신청(위 토지를 무상으로 양도해 달라는 내용으로 위 부관의 변경을 구하는 신청)을 하였으나 거부한 경우, 관련 법령에서 그러한 변경 신청권을 인정하는 아무런 규정도 두고 있지 않을 뿐 아니라, 나아가 관계 법령의 해석상으로도 그러한 신청권이 인정된다고 볼 수 없으므로 원고들에게 이를 구할 법규상 또는 조리상의 신청권이 인정된다 할 수 없고, 그러한 이상 피고가 원고들의 이 사건 신청을 거부하였다 하여도 그 거부로 인해 원고들의 권리나 법적 이익에 어떤 영향을 주는 것은 아니라 할 것이므로 그 거부행위인 이 사건 통지는 항고소송의 대상이 되는 행정처분이 될 수 없다고 한 사례(대판 2007. 04. 26, 2005두11104).

④ 국민이 행정청에 대하여 제3자에 대한 건축허가와 준공검사의 취소 및 제3자 소유의 건축물에 대한 철거명령을 요구할 수 있는 법규상 또는 조리상 권리가 없다고 한 사례(대판 1999. 12. 07, 97누17568).

〈조리상 취소·철회·변경신청권을 인정한 사례〉

[판례] ① **행정청이 행한 공사중지명령의 상대방은** 그 명령 이후에 그 원인사유가 소멸하였음을 들어 행정청에게 **공사중지명령의 철회를 요구할 수 있는 조리상의 신청권이 있다** 할 것이다(대판 2005. 04. 14, 2003두7590; 1997. 12. 26, 96누17745).

② 건축주가 토지 소유자로부터 토지사용승낙서를 받아 그 토지 위에 건축물을 건축하는 대물적(對物的) 성질의 건축허가를 받았다가 그 **착공에 앞서 건축주의 귀책사유로 해당 토지를 사용할 권리를 상실한 경우,** (제3자에 대한) 건축허가의 존재로 말미암아 토지에 대한 소유권 행사에 지장을 받을 수 있는 **토지 소유자로서는 그 건축허가의 철회를 신청할 수 있다**고 보아야 한다. 따라서 토지 소유자의 위와 같은 신청을 거부한 행위는 항고소송의 대상이 된다(대판 2017. 03. 15, 2014두41190[건축허가철회신청거부처분취소의 소]).

③ 대판 전원합의체 2006. 03. 16, 2006두330[새만금사건] 〈해설〉 새만금사건에서 대법원은 조리상 공유수면매립면허처분 취소변경신청권을 인정할 것인지의 여부에 관한 논의없이 공유수면매립면허처분 취소변경거부처분의 위법 여부를 판단하고 있는 점에 비추어 인근주민에게 조리상 공유수면매립면허처분 취소변경신청권을 인정한 것으로 보인다. 원심판결에서는 환경영향평가 대상지역 안에 거주하는 주민에게 공유수면매립면허의 처분청에 대하여 공유수면매립법 제32조에서 정한

공유수면매립면허의 취소·변경 등의 사유가 있음을 내세워 그 면허의 취소·변경을 요구할 조리상의 신청권이 인정된다고 명시적으로 판단하고 있다(서울고법 2005. 12. 21, 2005누4412). 생각건대 처분의 취소변경을 구할 법적 이익이 있는 자에게는 조리상 처분취소·변경신청권을 인정하여야 할 것이다.
④ 개발사업시행자가 납부한 개발부담금 중 그 부과처분 후에 납부한 **학교용지부담금에 해당하는 금액에 대하여는 조리상 개발부담금 부과처분의 취소나 변경 등 개발부담금의 환급에 필요한 처분을 할 것을 신청할 권리**가 인정되므로, 그 부분 환급을 거절한 행위는 행정처분에 해당한다고 판단한 사례(대판 2016. 01. 28, 2013두2938[개발부담금환급거부취소]).
⑤ 개발사업시행자가 납부한 개발부담금 중 그 부과처분 후에 납부한 학교용지부담금에 해당하는 금액에 대하여는 **조리상 개발부담금 부과처분의 취소나 변경 등 개발부담금의 환급에 필요한 처분을 할 것을 신청할 권리를 인정함이 타당**하다. 결국 이 사건 거부행위 중 이 사건 부과처분 후에 납부된 학교용지부담금에 해당하는 개발부담금의 환급을 거절한 부분은 항고소송의 대상이 되는 행정처분에 해당한다(대판 2016. 01. 28, 2013두2938).

iv) 기타 조리상 신청권

[판례] ① 학교법인의 금전채권자는 학교법인을 대위하여 관할청에 기본재산의 처분허가신청을 할 수 없다(대판 2011. 12. 08, 2011두14357[학교법인기본재산처분허가서발급거부처분취소]).
② 문화재구역 내 토지 소유자 甲이 구 공익사업을 위한 토지 등의 취득 및 보상에 관한 법률 제30조 제1항에 의한 재결신청 청구를 하였으나, 문화재청장에게서 문화재청은 위 법 제30조 제2항에 따른 관할 토지수용위원회에 대한 재결신청 의무를 부담하지 않는다는 이유로 거부 회신을 받은 사안에서, 甲에게 문화재청장으로 하여금 관할 토지수용위원회에 재결을 신청할 것을 청구할 법규상의 신청권이 인정된다고 할 수 없으므로 위 회신은 항고소송의 대상이 되는 거부처분에 해당하지 않는다고 한 사례(대판 2014. 07. 10, 2012두22966[재결신청거부처분취소]).
③ (1) **전수교육 조교인 원고에게 중요무형문화재 보유자 추가인정에 관한 법규상 또는 조리상 신청권이 있는지 여부(소극)**: 추가인정에 관한 법령의 규정이 중요무형문화재의 보존이라는 공익 이외에 중요무형문화재의 보유자로 인정될 개인의 이익도 함께 보호하고 있다고 해석되지 아니한다. (2) 원고가 전수교육 조교로서 이 사건 조사를 받았다는 사정만으로는 원고에게 중요무형문화재 보유자의 추가인정에 관한 법규상 또는 조리상 신청권이 있다고 볼 수 없고, 문화재청장이 원고를 경기민요 보유자로 추가인정하지 않았다고 하더라도 그로 인하여 원고의 권리나 법적 이익에 어떤 영향을 준다고 할 수 없으므로, 이 사건 통지는 항고소송의 대상이 되는 거부처분에 해당하지 아니한다고 한 사례(대판 2015.12.10, 2013두20585[경기민요보유자추가인정거부처분취소]).
④ 사업주가 기 발생한 산재사고와 관련하여 사업주를 자신에서 하청 회사로 변경해 줄 것을 근로복지공단에 신청할 조리상 신청권이 인정된다고 볼 수도 없다고 한 사례(대판 2016. 07. 14, 2014두47426[산재보험적용사업장변경불승인처분취소]).
⑤ **피해자의 의사와 무관하게 주민등록번호가 유출된 경우에는 조리상 주민등록번호의 변경을 요구할 신청권을 인정함이 타당**하고, 구청장의 주민등록번호 변경신청 거부행위는 항고소송의 대상이 되는 행정처분에 해당한다(대판 2017. 06. 15, 2013두2945).
⑥ 경정청구기간이 도과한 후에 제기된 경정청구는 부적법하여 과세관청이 과세표준 및 세액을 결정 또는 경정하거나 거부처분을 할 의무가 없으므로, 과세관청이 경정을 거절하였다고 하더라도 이를 항고소송의 대상이 되는 거부처분으로 볼 수 없다(대판 2017. 08. 23, 2017두38812).
⑦ **광업법 제34조 제2항**(산업통상자원부장관은 국가중요건설사업지 또는 그 인접 지역의 광업권이나

광물의 채굴이 국가중요건설사업에 지장을 준다고 인정할 때에는 광업권의 취소 또는 그 지역에 있는 광구의 감소처분을 할 수 있다.)이 **공공의 이익을 보호하기 위한 규범에 해당함과 동시에 광업권자의 이익을 보호하기 위한 보호규범에도 해당**하고, 이 사건 사업으로 인하여 **광업권(채굴권)의 행사를 제한받고 있는 원고들은** 그러한 제한이 광업법 제44조가 정하는 광업권의 내재적 한계를 초과하여 피고에게 **광구감소처분을 신청할 법규상 또는 조리상 신청권이 있다는** 이유로, 피고가 원고들의 광업법 제34조 제2항에 따른 **광업권 취소처분 또는 광구 감소처분 신청을 거부**한 피고의 회신(이하 '이 사건 처분'이라고 한다)을 항고소송의 대상이 되는 **처분에 해당**한다고 판시한 원심을 인정한 사례(대판 2023. 06. 29, 2022두59592).

대법원 행정소송법 개정안은 현행 행정소송법상의 부작위 정의규정을 "행정청이 당사자의 신청에 대하여 상당한 기간 내에 일정한 처분 또는 명령 등을 하지 아니하는 것"으로 변경하여 신청권을 거부처분의 요소로 보지 않는 견해도 해석론으로 가능한 것으로 하였지만, 정부안은 행정청의 처분의무(달리 말하면 신청인의 신청권)를 부작위의 요소로 규정하고 있는 현행법상의 정의규정을 그대로 유지하고 있다.

② 거부의 의사표시가 있어야 한다. 거부의 의사표시는 묵시적일 수도 있다. 법령상 일정한 기간이 지났음에도 가부간의 처분이 없는 경우 거부가 의제되는 경우도 있다(정보공개거부 등).

[판례] ① 거부처분이 있었다고 하기 위하여는 그 처분을 위한 의사결정이 어떠한 형식으로든 행정청의 권한 있는 자에 의하여 외부로 표시되고 그 신청이 거부 내지 각하되었다는 취지가 신청자에게 오해없이 정확하게 전달되어 이를 알 수 있는 상태에 놓여진 경우에 한하는 것인바, 이 사건에서 상근강사로서의 직무를 마친 원고가 정규교원에 임용하여 줄 것을 요청하는 내용으로 문교부에 낸 탄원서를 이첩받은 피고가 이에 대한 민원서류처리 결과통보의 형식으로 원고에 대한 상근강사 근무성적평가 결과는 특별한 결격사유가 없었으나 **인사위원회에서 임용동의가 부결됨으로써 정규교원으로 임용하지 못한다는 내용의 설명을 담은 서신을 보냈다면, 피고가 위 민원서류처리결과통보라는 형식으로 그 임용거절의 의사를 명백히 함으로써 적어도 이 무렵에는 원고에 대하여 거부처분을 하였다고 보아야 한다**(대판 1990. 09. 25, 89누4758[교원임용의무불이행위법확인등]).
② 검사 지원자 중 한정된 수의 임용대상자에 대한 임용결정은 한편으로는 그 임용대상에서 제외한 자에 대한 임용거부결정이라는 양면성을 지니는 것이므로 **임용대상자에 대한 임용의 의사표시는 동시에 임용대상에서 제외한 자에 대한 임용거부의 의사표시를 포함한 것으로 볼 수 있고,** 이러한 임용거부의 의사표시는 **본인에게 직접 고지되지 않았다고 하여도 본인이 이를 알았거나 알 수 있었을 때에 그 효력이 발생한 것으로 보아야 한다**(대판 1991. 02. 12, 90누5825[검사임용거부처분취소]).

③ 거부된 공권력 행사가 처분성을 가져야 한다. 달리 말하면 처분인 공권력 행사의 거부이어야 한다. 따라서, 국유잡종재산의 대부신청의 거부(대판 1998. 09. 22, 98두7602)는 처분이 아니다.

④ 거부행위가 신청인의 권익에 직접적 영향을 미쳐야 한다.

[판례] ① [1] 국민의 적극적 행위 신청에 대하여 행정청이 그 신청에 따른 행위를 하지 않겠다고 거부한 행위가 항고소송의 대상이 되는 행정처분에 해당하는 것이라고 하려면, 그 신청한 행위가 공권력의 행사 또는 이에 준하는 행정작용이어야 하고, 그 거부행위가 신청인의 법률관계에 어떤 변동을 일으키는 것이어야 하며, 그 국민에게 그 행위발동을 요구할 법규상 또는 조리상의 신청권이 있어야 하는바, 여기에서 '신청인의 법률관계에 어떤 변동을 일으키는 것'이라는 의미는 신청인의 실체상의 권리관계에 직접적인 변동을 일으키는 것은 물론, 그렇지 않다 하더라도 신청인이 실체상의 권리자로서 권리를 행사함에 중대한 지장을 초래하는 것도 포함한다고 해석함이 상당하다. [2] 건축허가를 신청하려고 하는 사람은 먼저 건축계획심의절차를 거친 후에만 다른 요건을 갖추어 건축허가를 신청할 수 있는 점 등에 비추어 법규상 내지 조리상으로 원고에게 건축계획심의를 신청할 권리도 있다고 할 것이므로, 건축계획심의 신청에 대한 반려처분은 항고소송의 대상이 된다고 판단한 사례(동지 대판 2002. 11. 22, 2000두9229 등 참조)(대판 2007. 10. 11, 2007두1316[건축허가신청불허가처분취소]).

② 금강수계 물관리 및 주민지원 등에 관한 법률 제8조의 토지 등의 매수제도는 환경침해적인 토지이용을 예방하여 상수원의 수질개선을 도모함과 아울러 상수원지역의 토지이용규제로 인한 토지 등의 소유자의 재산권 침해에 대해 보상하려는 것을 목적으로 하는 것으로서 손실보상을 대체하는 성격도 있는 점, 위 규정에 따른 매수신청에 대하여 유역환경청장 등이 매수거절의 결정을 할 경우 토지 등의 소유자로서는 재산권에 대한 제한을 피할 수 없게 되는데, 위 매수거절을 항고소송의 대상이 되는 행정처분으로 보지 않는다면 달리 이에 대하여는 다툴 방법이 없게 되는 점 등에 비추어 보면, 유역환경청장 등의 매수 거부행위는 공권력의 행사 또는 이에 준하는 행정작용으로서 항고소송의 대상이 되는 행정처분에 해당한다고 봄이 상당하다(대판 2009. 09. 10, 2007두20638[토지매수신청거부처분취소]).

③ 건축물대장의 작성은 건축물의 소유권을 제대로 행사하기 위한 전제요건으로서 건축물 소유자의 실체적 권리관계에 밀접하게 관련되어 있으므로 건축물대장 소관청의 작성신청 반려행위는 국민의 권리관계에 영향을 미치는 것으로서 항고소송의 대상이 되는 행정처분에 해당한다(대판 2009. 02. 12, 2007두17359).

9) 부 관

행정행위의 부관(附款)은 부담의 경우를 제외하고는 독립하여 행정소송의 대상이 될 수 없다는 것이 판례의 입장이다(대판 1993. 10. 08, 93누2032[245]).

10) 반복된 행위

① 침해적 행정처분이 내려진 후에 내려진 동일한 내용의 반복(反復)된 침해적 행정처분은 처분이 아니다.

[판례] ① 건물의 소유자에게 위법 건축물을 일정기간까지 철거할 것을 명함과 아울러 불이행할 때에는 대집행한다는 내용의 철거대집행계고처분을 고지한 후 이에 불응하자 다시 제2차, 제3차 계고서를 발송하여 일정기간까지의 자진철거를 촉구하고 불이행하면 대집행을 한다는 뜻을 고지

245) 지방국토관리청장이 일부 공유수면매립지에 대하여 한 국가 또는 직할시 귀속처분은 매립준공인가를 함에 있어서 매립의 면허를 받은 자의 매립지에 대한 소유권취득을 규정한 공유수면매립법 제14조의 효과 일부를 배제하는 부관을 붙인 것이고, 이러한 행정행위의 부관은 독립하여 행정소송의 대상이 될 수 없다.

하였다면 행정대집행법상의 건물 철거의무는 제1차 철거명령 및 계고처분으로서 발생하였고, **제2차, 제3차의 계고처분은 새로운 철거의무를 부과한 것이 아니고 다만 대집행기한의 연기 통지에 불과하므로 행정처분이 아니다**(대판 1994. 10. 28, 94누5144).
② 철거명령 및 계고처분을 한 데 이어 재차로 계고서를 송달하였음에도 불응함에 따라 **대집행을 일부 실행하였다가 철거의무자의 연기원을 받아들여 나머지 부분의 철거를 진행하지 않고 있다가 연기기한이 지나자 다시 철거명령 및 대집행계고를 하였다면**, 행정대집행법상의 철거의무는 최초의 철거명령 및 계고처분으로써 발생하였다고 할 것이고, **그 후의 철거명령 및 대집행계고는** 새로운 철거의무를 부과하는 것이라고 볼 수 없으며 단지 종전의 계고처분에 의한 건물철거를 독촉하거나 그 대집행기한을 연기한다는 통지에 불과하다고 할 것이므로 취소소송의 대상이 되는 **독립한 행정처분이라고 할 수 없다**(대판 2010. 02. 25, 2009두22393[불법시설물철거대집행계고처분취소]; 2000. 02. 22, 98두4665 등 참조).
③ 지방병무청장이 보충역 편입처분을 받은 자에 대하여 복무기관을 정하여 공익근무요원 소집통지를 한 이상 그것으로써 공익근무요원으로서의 복무를 명하는 병역법상의 공익근무요원 소집처분이 있었다고 할 것이고, 그 후 **지방병무청장이 공익근무요원 소집대상자의 원에 의하여 또는 직권으로 그 기일을 연기한 다음 다시 공익근무요원 소집통지를 하였다고 하더라도 이는** 최초의 공익근무요원 소집통지에 관하여 다시 의무이행기일을 정하여 알려주는 **연기통지에 불과한 것**이므로, 이는 항고소송의 대상이 되는 독립한 행정처분으로 볼 수 없다(대판 2005. 10. 28, 2003두14550).

② 수익적 행정처분을 구하는 신청에 대한 거부처분이 있은 후 당사자가 다시 신청을 한 경우에는 신청의 제목 여하에 불구하고 그 내용이 새로운 신청을 하는 취지라면 관할 행정청이 이를 다시 거절하는 것은 새로운 거부처분이라고 보아야 한다. 그리고 거부처분에 대한 이의신청의 내용이 새로운 신청을 하는 취지로 볼 수 있는 경우에는, 그 이의신청에 대한 기각결정(거부결정)의 통보를 새로운 처분으로 볼 수 있다. 이 경우 행정심판 및 행정소송의 제기기간은 각 새로운 거부처분을 기준으로 진행된다고 보고 있다(대판 1992. 10. 27, 92누1643; 2019. 04. 03, 2017두52764). 따라서, 판례에 의하면 거부처분에 대한 제소기간이 경과한 뒤에도 동일한 내용의 신청을 다시 하여 그에 대하여 행정청의 거부처분이 행해지면 당해 거부처분은 독립된 새로운 처분이므로 그 거부처분에 대하여 소를 제기할 수 있다. 그러나, 사실적 또는 법적 상황의 변경이 없는 한 동일한 내용의 신청에 대한 거부는 새로운 처분이 아니므로 처분이라 볼 수 없고 따라서 그에 대하여 불복기간이 다시 진행한다고 보는 것은 타당하지 않다.

[판례] (1) 甲의 공익사업시행자인 한국토지주택공사에 대한 이주자택지 공급대상자 선정 신청에 대한 이주대책 대상에서 제외하는 결정·통보(이하 '1차 결정'이라고 한다)에 대해 **갑이 증빙자료를 추가하여 한 이의신청을 새로운 신청으로 보고,** 이의신청을 받아들이지 않고 여전히 원고를 이주대책 대상에서 제외한다고 한 **이의신청 불수용결정·통보(이하 '2차 결정'이라고 한다)를 1차 결정과 별도로 행정심판 및 취소소송의 대상이 되는 '처분'(거부처분)으로 본 사례.** (2) 이 사건에서 피고 공사가 원고에게 2차 결정을 통보하면서 '2차 결정에 대하여 이의가 있는 경우 2차 결정 통보

일부터 90일 이내에 행정심판이나 취소소송을 제기할 수 있다.'는 **취지의 불복방법 안내를 하였던 점을 보면,** 피고 공사 스스로도 2차 결정이 행정절차법과 행정소송법이 적용되는 처분에 해당한다고 인식하고 있었음을 알 수 있고, 그 상대방인 원고로서도 2차 결정이 행정쟁송의 대상인 처분이라고 인식하였을 수밖에 없다고 보인다. **이와 같이 불복방법을 안내한 피고 공사가 이 사건 소가 제기되자 '처분성'이 인정되지 않는다고 본안전항변을 하는 것은 신의성실원칙(행정절차법 제4조)에도 어긋난다**(대법원 2020. 4. 9. 선고 2019두61137 판결 참조). 원심이 원용한 **대법원 2012. 11. 15. 선고 2010두8676 판결(이의신청을 받아들이지 아니하는 취지의 기각 결정 내지는 그 취지의 통지는,** 종전의 거부처분을 유지함을 전제로 한 것에 불과하고 또한 거부처분에 대한 행정심판이나 행정소송의 제기에도 영향을 주지 못하므로, 결국 민원 이의신청인의 권리·의무에 새로운 변동을 초래하는 공권력의 행사나 이에 준하는 행정작용이라고 할 수 없어, **독자적인 항고소송의 대상이 된다고 볼 수 없다고 봄이 상당하다고 한 사례**)은, 행정청이 구 「민원사무처리에 관한 법률」 제18조에 근거한 '이의신청'에 대하여 기각결정을 하였을 뿐이고 기각결정에 대하여 행정쟁송을 제기할 수 있다는 불복방법 안내를 하지는 않았던 사안에 관한 것이므로, 이 사건 사안에 원용하기에는 적절하지 않다(대판 2021. 01. 14, 2020두50324). 〈해설〉 원심은, ① 원고의 이의신청은 당초의 신청과 별개의 새로운 신청으로 보기 어렵고, ② 원고가 1차 결정에 대하여 이의신청을 할 당시에 1차 결정에 대하여 행정심판이나 취소소송을 제기할 수 있었으며, ③ 2차 결정은 1차 결정의 내용을 그대로 유지한다는 취지로서 이는 원고의 권리·의무에 어떠한 새로운 변동을 초래하지 아니할 뿐만 아니라, ④ 이 사건에 신뢰보호의 원칙이 적용된다고 볼 수도 없다는 등의 이유로, 2차 결정을 1차 결정과 별도로 행정쟁송의 대상이 되는 처분으로 볼 수 없다고 판단하였다.

관계 법령이나 행정청이 사전에 공표한 처분기준에 신청기간을 제한하는 특별한 규정이 없는 이상 재신청을 불허할 법적 근거가 없으며, 설령 신청기간을 제한하는 특별한 규정이 있더라도 **재신청이 신청기간을 도과하였는지는** 본안에서 재신청에 대한 거부처분이 적법한가를 판단하는 단계에서 고려할 요소이지, **소송요건 심사단계에서 고려할 요소가 아니다**(대판 2021. 01. 14, 2020두50324).

③ 절차상 또는 형식상 하자로 인하여 무효인 행정처분이 있은 후 행정청이 관계 법령에서 정한 절차 또는 형식을 갖추어 다시 동일한 행정처분을 하였다면 당해 행정처분은 종전의 무효인 행정처분과 관계없이 새로운 행정처분이라고 보아야 한다(대판 2007. 12. 27, 2006두3933; 2014. 03. 13, 2012두1006[국방·군사시설사업실시계획승인고시처분무효확인및취소]).

④ 甲 시장이 乙 소유 토지의 경계확정으로 지적공부상 면적이 감소되었다는 이유로 지적재조사위원회의 의결을 거쳐 乙에게 조정금 수령을 통지하자(1차통지), 乙이 구체적인 이의신청 사유와 소명자료를 첨부하여 이의를 신청하였으나, 甲 시장이 지적재조사위원회의 재산정 심의·의결을 거쳐 종전과 동일한 액수의 조정금 수령을 통지한(2차 통지) 사안에서, 2차 통지는 1차 통지와 별도로 행정쟁송의 대상이 되는 처분으로 보는 것이 타당하다고 한 사례(대판 2022. 03. 17, 2021두53894; 2019. 04. 03, 2017두52764; 2021. 01. 14, 2020두50324 등).

11) 변경처분의 경우

변경처분(變更處分)에는 소극적 변경처분(일부취소)과 적극적 변경처분이 있다.

변경처분이 당초 처분을 취소하고 행해지는 새로운 처분이면 변경처분을 대상으로 항고소송을 제기하여야 하고, 변경처분이 당초 처분의 효력 중 일부만을 취소하는 데 그치며 새로운 처분이 아닌 경우에는 당초 처분을 대상으로 항고소송을 제기하여야 한다.

가. 감액처분의 경우 행정청이 금전부과처분를 한 후 감액처분을 한 경우에는 **감액처분**(減額處分)**은 일부취소처분의 성질을 가지므로** 감액처분이 항고소송의 대상이 되는 것이 아니며 처음의 부과처분 중 감액처분에 의하여 취소되지 않고 남은 부분이 항고소송의 대상이 된다.

[판례] ① [1] 감액처분으로도 아직 취소되지 않고 남아 있는 부분이 위법하다 하여 다투고자 하는 경우, 감액처분을 항고소송의 대상으로 할 수는 없고, 당초 징수결정 중 감액처분에 의하여 취소되지 않고 남은 부분을 항고소송의 대상으로 할 수 있을 뿐이며, 그 결과 제소기간의 준수 여부도 감액처분이 아닌 당초 처분을 기준으로 판단해야 한다. [2] **감액처분은** 감액된 징수금 부분에 관해서만 법적 효과가 미치는 것으로서 당초 징수결정과 별개 독립의 징수금 결정처분이 아니라 그 실질은 처음 징수결정의 변경이고, 그에 의하여 징수금의 일부취소라는 **징수의무자에게 유리한 결과를 가져오는 처분이므로** 징수의무자에게는 **그 취소를 구할 소의 이익이 없다**(대판 2012. 09. 27, 2011두27247[부당이득금부과처분취소]).
② 과징금 부과처분에서 행정청이 납부의무자에 대하여 부과처분을 한 후 그 부과처분의 하자를 이유로 과징금의 액수를 감액하는 경우에 그 **감액처분은 감액된 과징금 부분에 관하여만 법적 효과가 미치는 것**으로서 처음의 부과처분과 별개 독립의 과징금 부과처분이 아니라 그 실질은 당초 부과처분의 변경이고, 그에 의하여 **과징금의 일부취소라는 납부의무자에게 유리한 결과를 가져오는 처분**이므로 처음의 부과처분이 전부 실효되는 것은 아니며, 그 **감액처분으로도 아직 취소되지 않고 남아 있는 부분이 위법하다고 하여 다투는 경우 항고소송의 대상은 처음의 부과처분 중 감액처분에 의하여 취소되지 않고 남은 부분이고 감액처분이 항고소송의 대상이 되는 것은 아니다**(대판 2008. 02. 15, 2006두3957[과징금납부명령무효확인 등]). 〈해설〉 처분사유의 변경, 새로운 재량권 행사 등으로 일부취소를 새로운 처분으로 볼 수 있는 경우에는 일부취소의 경우에도 새로운 처분인 일부취소처분이 항고소송의 대상이 되는 것으로 보아야 할 것이다.
③ **과세표준과 세액을 감액하는 경정처분**은 당초의 부과처분과 별개 독립의 과세처분이 아니라 그 실질은 당초의 부과처분의 변경이고, 그에 의하여 세액의 일부 취소라는 납세자에게 유리한 효과를 가져오는 처분이므로, 그 경정처분으로도 아직 취소되지 아니하고 남아 있는 부분이 위법하다 하여 다투는 경우, **항고소송의 대상은 당초의 부과처분 중 경정처분에 의하여 아직 취소되지 않고 남은 부분**이고, 그 경정처분이 항고소송의 대상이 되는 것은 아니며, 이 경우 적법한 전심절차를 거쳤는지 여부도 당초 처분을 기준으로 판단하여야 한다(대판 2009. 05. 28, 2006두16403[종합소득세부과처분취소]; 동지 대판 1997. 10. 24, 96누10768).

다만, 감액처분의 경우에도 처분사유가 바뀐 경우에는 감액처분을 새로운 처분으로 보고 당초처분은 취소된 것으로 보아야 한다. 그런데, 조세소송에서는 소송물로 총액주의를 취하므로 당초처분을 취소한다는 행정청의 명시적 의사가 없는 한 처분사유가 바뀌어도 감액처분은 새로운 처분으로 볼 수 없다.

나. 증액처분의 경우 증액처분(增額處分)의 경우에 당초의 처분은 증액처분에 흡수되어 소멸되므로 증액처분이 항고소송의 대상이 된다.

[판례] ① 구 국세기본법 제22조의2(현 제22조의3)의 시행 이후에도 증액경정처분이 있는 경우, 당초 신고나 결정은 증액경정처분에 흡수됨으로써 독립한 존재가치를 잃게 된다고 보아야 하므로, 원칙적으로는 당초 신고나 결정에 대한 불복기간의 경과 여부 등에 관계없이 증액경정처분만이 항고소송의 심판대상이 되고(흡수설), 납세의무자는 그 항고소송에서 당초 신고나 결정에 대한 위법사유도 함께 주장할 수 있다(대판 2009. 05. 14, 2006두17390[종합소득세등부과처분취소]). 〈해설〉 조세부과처분의 경우에는 국세기본법 제22조의2 제1항에서 "세법에 따라 당초 확정된 세액을 증가시키는 경정(更正)은 당초 확정된 세액에 관한 이 법 또는 세법에서 규정하는 권리·의무관계에 영향을 미치지 아니한다."라고 규정하고 있으므로 불가쟁력이 발생하여 확정된 당초 신고나 결정에서의 세액에 관하여는 취소를 구할 수 없고, 증액경정처분에 의해 증액된 세액을 한도로 취소를 구할 수 있을 뿐이다(대판 2011. 04. 14, 2008두22280).
② 구 개발이익환수에관한법률(1997. 8. 30. 법률 제5409호로 개정되기 전의 것) 제10조 제1항 단서에 따른 개발부담금의 감액정산은 당초 부과처분과 다른 별개의 처분이 아니라 그 감액변경처분에 해당하고, 감액정산처분 후 다시 증액경정처분이 있는 경우에는 감액정산처분에 의하여 취소되지 아니한 부분에 해당하는 당초 부과처분은 증액경정처분에 흡수되어 소멸하고 증액경정처분만이 쟁송의 대상이 되며, 이때 증액경정처분의 위법사유뿐만 아니라 당초 부과처분 중 감액정산처분에 의하여 취소되지 아니한 부분의 위법사유도 다툴 수 있다(대판 2001. 06. 26, 99두11592[개발부담금부과처분취소]).
③ 증액경정처분이 있는 경우 당초처분은 증액경정처분에 흡수되어 소멸하고, 소멸한 당초처분의 절차적 하자는 존속하는 증액경정처분에 승계되지 아니한다(대판 2010. 06. 24, 2007두16493[상속세부과처분취소]).

다. 적극적 변경처분의 경우 처분청이 직권으로 제재처분을 적극적으로 감경·변경한 경우(예, 허가취소처분을 영업정지처분으로 변경한 경우, 영업정지처분을 과징금부과처분으로 변경한 경우), 적극적 변경도 실질적으로 일부취소로 보고 후속 변경처분에 의해 당초부터 유리하게 변경되어 존속하는 감경된 처분(예, 영업정지처분)을 대상으로 취소소송을 제기하여야 한다는 견해가 있으나, 적극적 변경은 당초처분을 대체하는 새로운 처분으로 보고(특히 재량행위의 경우 처분청은 새로이 재량권을 행사하고 있다) 적극적 변경처분을 대상으로 취소소송을 제기하는 것이 타당하다. 논의의 실익은 불복제기기간에 있다. 전자의 견해에 의하면 불복기간은 당초처분을 안 날로부터 90일 이내이지만, 후자의 견해에 의하면 감경·변경처분을 안 날로부터 90일 이내이므로 후자의 견해가 권익구제에 유리하다.

판례도 당초처분을 전부 변경하는 적극적 변경처분의 경우 당초 처분은 효력을 상실하므로 변경처분을 대상으로 항고소송을 제기하여야 하는 것으로 본다. 이 경우 변경처분취소소송의 제소기간은 변경처분시를 기준으로 한다.

[판례] 당초 관리처분계획의 경미한 사항을 변경하는 경우와는 달리 당초 관리처분계획의 주요 부분을 실질적으로 변경하는 내용으로 새로운 관리처분계획을 수립하여 시장·군수의 인가를 받아 고시된 경우에는 **당초 관리처분계획은 그 효력을 상실한다**고 할 것이다. 이 경우 변경된 당초 관리처분계획의 무효확인을 구하는 소는 존재하지 않는 행정처분을 대상으로 한 것으로서 소의 이익이 없어 부적법하게 된다(대판 2011. 02. 10, 2010두19799; 2012. 03. 29, 2010두7765[조합결의무효확인]).

다만, 선행처분의 내용 중 일부만을 소폭 변경하는 정도에 불과한 경우(대판 2012. 10. 11, 2010두12224) 또는 당초처분과 동일한 요건과 절차가 요구되지 않는 경미한 사항에 대한 변경처분과 같이 분리가능한 일부변경처분의 경우(대판 2010. 12. 09, 2009두4555)에는 선행처분이 소멸한다고 볼 수 없다(대판 2012. 10. 11, 2010두12224). 이 경우 선행처분과 후행변경처분을 별도로 다툴 수 있고, 후행처분 취소소송의 제소기간 준수여부는 후행변경처분을 기준으로 판단하여야 한다. 선행처분의 취소를 구하는 소를 제기한 후 후행처분의 취소를 구하는 청구를 추가하여 청구를 변경하였다면 후행처분에 관한 제소기간 준수 여부는 청구변경 당시를 기준으로 판단하여야 한다(대판 2012. 12. 13, 2010두20782, 2010두20799(병합)[집단에너지사업허가처분취소]).

[판례] ① [1] 선행처분의 주요 부분을 실질적으로 변경하는 내용으로 후행처분을 한 경우에 선행처분은 특별한 사정이 없는 한 그 효력을 상실하지만, 후행처분이 있었다고 하여 일률적으로 선행처분이 존재하지 않게 되는 것은 아니고 **선행처분의 내용 중 일부만을 소폭 변경하는 정도에 불과한 경우에는 선행처분이 소멸한다고 볼 수 없다**(대판 2012. 10. 11, 2010두12224 등 참조). [2] 선행처분이 후행처분에 의하여 변경되지 아니한 범위 내에서 존속하고 후행처분은 선행처분의 내용 중 일부를 변경하는 범위 내에서 효력을 가지는 경우에, 선행처분의 취소를 구하는 소를 제기한 후 후행처분의 취소를 구하는 청구를 추가하여 청구를 변경하였다면 후행처분에 관한 제소기간 준수 여부는 청구변경 당시를 기준으로 판단하여야 하나, 선행처분에만 존재하는 취소사유를 이유로 후행처분의 취소를 청구할 수는 없다고 할 것이다(대판 2012. 12. 13, 2010두20782, 2010두20799(병합) [집단에너지사업허가처분취소]).
② 구 도시 및 주거환경정비법(2007. 12. 21. 법률 제8785호로 개정되기 전의 것) 제16조 제1항은 조합설립인가처분의 내용을 변경하는 변경인가처분을 할 때에는 조합설립인가처분과 동일한 요건과 절차를 거칠 것을 요구하고 있다. 그런데 **조합설립인가처분과 동일한 요건과 절차가 요구되지 않는** 구 도시 및 주거환경정비법 시행령(2008. 12. 17. 대통령령 제21171호로 개정되기 전의 것) 제27조 각 호에서 정하는 **경미한 사항의 변경**에 대하여 **행정청이 조합설립의 변경인가라는 형식으로 처분을 하였다고 하더라도 그 성질은 당초의 조합설립인가처분과는 별개로 위 조항에서 정한 경미한 사항의 변경에 대한 신고를 수리하는 의미에 불과한 것으로 보아야 한다.** 따라서 경미한 사항의 변경에 대한 신고를 수리하는 의미에 불과한 변경인가처분에 설권적 처분인 조합설립인가처분이 흡수된다

고 볼 것은 아니다(대판 2010. 12. 09, 2009두4555[대흥1구역주택재개발사업조합설립인가처분취소등]).
③ [1] **종전 처분을 변경하는 내용의 후속처분이 있는 경우, 항고소송의 대상**: 기존의 행정처분을 변경하는 내용의 행정처분이 뒤따르는 경우, 후속처분이 종전처분을 완전히 대체하는 것이거나 그 주요 부분을 실질적으로 변경하는 내용인 경우에는 특별한 사정이 없는 한 종전처분은 그 효력을 상실하고 후속처분만이 항고소송의 대상이 되지만(대법원 2012. 10. 11. 선고 2010두12224 판결 등 참조), 후속처분의 내용이 종전처분의 유효를 전제로 그 내용 중 일부만을 추가·철회·변경하는 것이고 그 추가·철회·변경된 부분이 그 내용과 성질상 나머지 부분과 불가분적인 것이 아닌 경우에는, 후속처분에도 불구하고 종전처분이 여전히 항고소송의 대상이 된다고 보아야 한다. 따라서 종전처분을 변경하는 내용의 후속처분이 있는 경우 법원으로서는, 후속처분의 내용이 종전처분 전체를 대체하거나 그 주요 부분을 실질적으로 변경하는 것인지, 후속처분에서 추가·철회·변경된 부분의 내용과 성질상 그 나머지 부분과 가분적인지 등을 살펴 항고소송의 대상이 되는 행정처분을 확정하여야 한다. [2] 종전 영업시간 제한(0시부터 8시까지 제한) 및 의무휴업일 지정(매달 둘째, 넷째 주 일요일을 의무휴업일로 지정) 처분의 내용 중 영업시간 제한 부분만을 일부 변경하는 후속처분(영업시간 제한만을 0시부터 8시까지 제한에서 0시부터 10시로 제한하는 후속처분)이 있는 경우, 후속처분에도 불구하고 종전 처분도 여전히 항고소송의 대상이 된다. [3] 후속처분은 종전처분 전체를 대체하거나 그 주요 부분을 실질적으로 변경하는 내용이 아니라, 의무휴업일 지정 부분을 그대로 유지한 채 영업시간 제한 부분만을 일부 변경하는 것으로서, 후속처분에 따라 추가된 영업시간 제한 부분은 그 성질상 종전처분과 가분적인 것으로 여겨지므로 후속처분으로 종전처분이 소멸하였다고 볼 수는 없고, 종전처분과 그 유효를 전제로 한 후속처분이 병존하면서 위 원고들에 대한 규제 내용을 형성한다고 할 것이다. 그러므로 이와 다른 전제에서 2014. 8. 25. 자 처분에 따라 종전처분이 소멸하여 그 효력을 다툴 법률상 이익(소의 이익)이 없게 되었다는 취지의 피고 동대문구청장의 이 부분 상고이유 주장은 이유 없다(대판 전원합의체 2015.11.19, 2015두295[대형마트영업시간제한등처분취소]).
④ [정부출연금 전액환수 및 참여제한에 관한 2차 통지의 취소를 구하는 사건] (1) 구 중소기업 기술혁신 촉진법 제31조, 제32조에 따른 정부출연금 전액환수 및 참여제한에 관한 1차 통지가 이루어진 뒤, 원고들의 이의신청에 따라 재심의를 거쳐 2차 통지가 이루어진 경우에 **원심은** 2차 통지가 1차 통지에 대한 원고들의 이의신청을 받아들이지 아니한다는 사실을 안내하는 취지로서, 1차 통지를 그대로 유지함을 전제로 피고의 업무처리 적정 및 원고들의 편의를 위한 조치에 불과하므로 원고들의 권리·의무에 직접적인 변동을 초래하지 않아 행정처분에 해당하지 않는다고 판단하였지만, **대법원은**, 이 사건 2차 통지는 선행처분인 이 사건 1차 통지의 주요 부분을 실질적으로 변경한 새로운 처분으로서 항고소송의 대상이 된다고 봄이 타당하다고 하면서 2차 통지의 처분성 인정하고 원심판결을 파기환송한 사례. (2) 그 주요 구체적인 이유는 다음과 같다. 1) 우선 이 사건 1차 통지는 제재적 행정처분이 가지는 외관을 모두 갖춘 것으로 국민의 권리·의무에 직접적으로 영향을 미치는 공권력의 행사로서 처분에 해당한다. 2) **이 사건 2차 통지는 이 사건 1차 통지의 주요 부분을 실질적으로 변경하는 새로운 처분으로 볼 수 있고, 따라서 이 사건 2차 통지로 인하여 선행처분인 이 사건 1차 통지는 소멸하였다고 봄이 타당하다. 2차 통지서에는** 제재조치위원회에서 심의한 결과를 통지한다는 취지로 기재되어 있는데, **그 문언상 종전 통지와 별도로 심의·의결하였다는 내용임이 명백**하다. 또한 이는 단순히 이의신청을 받아들이지 않는다는 내용에 그치는 것이 아니라, 이의신청의 내용을 기초로 원고들에 대한 제재사유의 존부 및 제재의 내용에 **대하여 다시 심의한 결과에 따라 참여제한 및 환수처분을 한다는 내용을 알리는 것이므로, 새로운 제재조치의 통지에 해당한다고 볼 수 있다.** 또한 **참여제한기간이 '2019. 7. 19.부터 2022. 7. 18.까**

지'에서 '2019. 11. 8.부터 2022. 11. 7.까지'로, 환수금 납부기한이 '2019. 8. 2.까지'에서 '2019. 11. 18.까지'로 각 변경되었다. 3) 피고는 이 사건 1차 통지일로부터 90일이 지난 시점에 원고들에게 이 사건 2차 통지를 하면서 다시 행정심판 또는 행정소송에 의한 불복방법을 고지하였다. 이에 비추어 보면, 피고도 이 사건 2차 통지가 항고소송의 대상이 되는 처분에 해당한다고 인식하고 있었다고 할 것이다. 4) 또한 위와 같이 이 사건 1차 통지와 이 사건 2차 통지 각각에 대하여 행정소송 등 불복방법에 관한 고지를 받은 당사자로서는 당초의 이 사건 1차 통지에 대해서는 이의신청을 하여 재심의를 받거나 곧바로 행정소송 등을 제기하는 방법 중에서 선택할 수 있다고 이해하게 될 것이고, 그중 이의신청을 한 당사자가 그에 따른 재심의 결과에 대하여 따로 행정소송 등을 제기하여 다툴 수 있을 것으로 기대한다고 하여 이를 잘못이라고 할 수는 없다. 그러므로 피고가 이 사건 2차 통지를 하면서 그에 대한 행정소송 등을 처분이 있음을 알게 된 날부터 90일 내에 제기할 수 있다고 명시적으로 안내한 것은 그 상대가 된 원고들에 대하여 신뢰의 대상이 되는 공적인 견해를 표명한 것에 해당한다 할 것이므로 행정상 법률관계에서의 신뢰보호의 원칙에 비추어 보더라도 이 사건 2차 통지는 항고소송의 대상이 되는 처분이라고 봄이 상당하다(대판 2022. 07. 28, 2021두60748[정부출연금전액환수 등 처분취소청구]).

판례는 변경처분을 특정하여 변경처분명령재결(2월의 영업정지처분에 갈음하는 과징금부과처분을 하라는 재결)을 하였고, 처분청이 이 재결에 따라 당초처분(3월의 영업정지처분)을 변경하는 변경처분(2월의 영업정지처분에 갈음하는 과징금부과처분)을 한 경우에 변경처분을 새로운 처분으로 보지 않고, 변경되고 남은 당초처분(과징금부과처분)을 대상으로 취소소송을 제기하여야 하는 것으로 보는데(후술 대판 2007. 04. 27, 2004두9302), 변경명령재결에 따른 처분청의 변경은 재결의 기속력에 따른 처분으로서 처분청의 직권에 의한 변경처분과 구별하여야 한다.

12) 신고의 수리거부행위

자기완결적 신고(申告)는 신고의 요건을 갖춘 신고만 하면 신고의무를 이행한 것이 되고, 행정청이 신고의 수리(엄밀히 말하면 접수)를 거부하더라도 이 수리의 거부는 행정처분이 아닌 사실행위이므로 원칙상 취소소송으로 다툴 수 없다. 그러나, 자기완결적 신고 중 착공신고 등 금지해제적 신고에 있어서 신고가 반려될 경우 당해 신고의 대상이 되는 행위를 하면 시정명령, 이행강제금, 벌금의 대상이 되는 등 신고인이 법적 불이익을 받을 위험이 있는 경우에 그 거부는 처분에 해당한다(판례).

수리를 요하는 신고의 수리와 그 거부는 학문상 행정행위인 수리행위와 그 거부로서 행정소송법상 처분이다.

판례는 구 건축법 시행규칙 제3조의2(현행법 제11조)에 의한 건축주명의변경신고의 거부를 다음과 같은 이유에서 처분으로 보고 있다(대판 1992. 03. 31, 91누4911): "양수인이 그의 명의로 소유권보전등기를 신청하려면 건축물대장에 기재된 건축주의 명의를 자신으로 변경할 필요가 있다고 할 것이다. …… 건축주명의변경신고 수리거부행위는 그 신고의 수리를 거부함으로써, 양수인이 건축공사를 완료한 후 자신의 명의로 소유권보존등기를 하기 위하여 가지는 구체적인 법적 이익을 침해하는 결과가 되었다고 할 것이다."

다만, 사견에 의하면 구 건축법시행규칙 제3조의2(현행법 제11조)에 의한 건축주명의변경신고의 실질은 강학상의 신고가 아니라 등록신청이라고 보아야 할 것이다.

법령상 신고사항이 아닌 사항의 신고의 수리는 처분이 아니다.

[판례] ① 공동주택 입주민의 옥외운동시설인 테니스장을 배드민턴장으로 변경하고 그 변동사실을 신고하여 관할 시장이 그 신고를 수리한 경우, 그 용도변경은 주택건설촉진법상 신고를 요하는 입주자 공유인 복리시설의 용도변경에 해당하지 아니하므로 그 변동사실은 신고할 사항이 아니고 관할 시장이 그 신고를 수리하였다 하더라도 그 수리는 공동주택 입주민의 구체적인 권리의무에 아무런 변동을 초래하지 않는다는 이유로 항고소송의 대상이 되는 행정처분이 아니라고 한 사례(대판 2000. 12. 22, 99두455[용도변경허가처분취소]).

② 재단법인이 아닌 종교단체가 설치하고자 하는 납골탑에는 관리사무실, 유족편의시설, 화장한 유골을 뿌릴 수 있는 시설, 그 밖에 필요한 시설물과 주차장을 마련하여야 하나, 위와 같은 시설들은 신고한 납골탑을 실제로 설치·관리함에 있어 마련해야 하는 시설에 불과한 것으로서 **이에 관한 사항이 납골탑 설치신고의 신고대상이 되는 것으로 볼 아무런 근거가 없으므로,** 종교단체가 납골탑 설치신고를 함에 있어 위와 같은 시설 등에 관한 사항을 신고한 데 대하여 행정청이 그 신고를 이를 일괄 반려하였다고 하더라도 그 반려처분 중 **위와 같은 시설 등에 관한 신고를 반려한 부분은 항고소송의 대상이 되는 행정처분이라고 할 수 없다**(대판 2005. 02. 25, 2004두4031[납골시설등설치신고반려처분취소]).

13) 사법행위와 처분

행정청의 일방적 결정이 처분인지 사법행위(私法行爲)인지가 다투어지는 경우가 있다. 이는 공법행위와 사법행위의 구별문제이다.

판례는 국유 일반재산의 매각, 대부행위(대판 1993. 12. 21, 93누13735),[246] 공사도급계약 등은 국가가 사경제주체로서 상대방과 대등한 위치에서 행하는 사법상의 법률행위라고 보고 있다. 그러나, 판례는 국유재산법 제51조 소정의 국유재산 무단점유자에 대한 변상금부과처분은 행정소송의 대상이 되는 행정처분이라고 보았다(대판 1988. 02. 23, 87누1046). 또한, 판례는 행정재산의 사용·수익허가나 그에 따른 사용료 부과처분을 행정소송법상의 처분으로 보고 있다(대판 1998. 02. 27, 97누1105).

판례는 법령에 근거한 입찰참가자격제한조치, 법령이나 계약의 근거가 없이 내부규정에 근거한 일방적인 입찰참가자격제한조치를 처분으로 보고 있다. 이에 반하

---

246) 김태우, "국유림 대부료 납입고지가 행정소송의 대상인지 여부," 『대법원판례해설』, 법원행정처 편, 서울 법원행정처, 제20호(1993년 하반기 1994. 05), 220면; 대판 1995. 07. 12, 94누5281; 1993. 12. 07, 91누11612.

여 계약(공법상 계약 또는 사법상 계약)에 근거한 입찰참가자격제한은 처분이 아니고, 계약상의 의사표시(공법상 의사표시 또는 사법상 의사표시)로 본다. 조달계약에서의 낙찰적격자 심사에 있어서 내부규정에 근거한 감점통보조치도 처분이 아니라 계약사무처리상 사법상 통지행위로 본다. 다만, 계약(사법상 계약)에 근거한 것이라도 조달청이 한 나라장터 종합쇼핑몰거래정지조치는 국가, 지방자치단체 및 공공기관 등 여러 기관에 대한 조달 참가를 제한하는 것이므로 처분으로 보았다.

행정청이 아닌 사인(私人)의 행위가 상대방의 권리를 제한하는 행위라고 하더라도 행정처분은 아니며 사법상 행위에 불과하다.

다만, 사실상 공무원이론이 적용되는 경우에는 그러하지 아니하다. 또한 사인의 행위라도 공무수탁사인으로서 위임받은 공권력을 행사하는 행위는 공법상 행위가 될 수 있다.

[판례] ① **한국마사회가 조교사 또는 기수의 면허를 부여하거나 취소하는 것**은 국가 기타 행정기관으로부터 위탁받은 행정권한의 행사가 아니라 **일반 사법상의 법률관계에서 이루어지는 단체 내부에서의 징계 내지 제재처분**이다(대판 2008. 01. 31, 2005두8269[해고무효등확인청구]).
② 국가를 당사자로 하는 계약에 관한 법률 제27조 또는 지방자치단체를 당사자로 하는 계약에 관한 법률 제31조에 의하여 국가의 각 중앙관서의 장 또는 지방자치단체의 장이 한 부정당업자의 입찰참가자격제한조치는 제재적 성격의 권력적 행위로서 처분이다(대판 1996. 12. 20, 96누14708; 1999. 03. 09, 98두18565).
③ 현재 판례는 법령(공공기관의 운영에 관한 법률 제39조 제2항, 제3항)에 근거한 공기업·준정부기관이 행하는 입찰참가자격 제한처분을 처분으로 보고 있다(대판 2014. 11. 27, 2013두18964[부정당업자제재처분취소]: 실제로 법령에 근거한 한국전력공사의 입찰참가자격 제한처분의 처분성을 인정하고, 본안에 들어가 본안판단을 한 사례). 〈해설〉 공공기관의 운영에 관한 법률 제39조 제2항, 제3항은, 공기업·준정부기관은 공정한 경쟁이나 계약의 적정한 이행을 해칠 것이 명백하다고 판단되는 사람·법인 또는 단체 등에 대하여 2년의 범위 내에서 일정기간 입찰참가자격을 제한할 수 있고, 그 제한기준 등에 관하여 필요한 사항은 기획재정부령으로 정하도록 하고 있다. 공공기관의 운영에 관한 법률상 '기타 공공기관'은 입찰참가제한처분을 할 법적 근거가 없다.
④ **〈공기업인 한국수력원자력 주식회사가 거래상대방인 원고의 입찰담합행위를 이유로 공공기관의 운영에 관한 법률에 따른 2년의 입찰참가자격제한처분을 하였음에도, 이와 별도로 피고의 내부규정(행정규칙)에 근거하여 10년의 거래제한조치를 한 사건〉** [1] **한국수력원자력 주식회사는** 구 공공기관운영법 제5조 제3항 제1호에 따라 '시장형 공기업'으로 지정·고시된 '공공기관'인데, 공공기관운영업 제39조 제2항에 따라 입찰참가자격제한처분을 할 수 있는 권한을 부여받았으므로 제2조 제2항의 '법령에 따라 행정처분권한을 위임받은 공공기관'으로서 **행정청에 해당한다**. [2] 공기업인 한국수력원자력 주식회사의 **내부규정(공급자관리지침)에 근거한 공급자등록취소 및 거래제한조치는** 항고소송의 대상인 **'처분'에 해당한다**. [3] **계약에 따른 제재조치는 처분이 아니다**: 계약당사자 사이에서 계약의 적정한 이행을 위하여 일정한 계약상 의무를 위반하는 경우 계약해지, 위약벌이나 손해배상액 약정, 장래 일정 기간의 거래제한 등의 제제조치를 약정하는 것은 상위법령과 법의 일반원칙에 위배되지 않는 범위에서 허용되며, 그러한 **계약에 따른 제재조치는** 법령에 근거한 **공권**

력의 행사로서의 제재처분과는 법적 성질을 달리한다(대법원 2014. 12. 24. 선고 2010다83182 판결). 그러나 공공기관의 어떤 제재조치가 계약에 따른 제재조치에 해당하려면 일정한 사유가 있을 때 그러한 제재조치를 할 수 있다는 점을 공공기관과 그 거래상대방이 미리 구체적으로 약정하였어야 한다. 공공기관이 여러 거래업체들과의 계약에 적용하기 위하여 거래업체가 일정한 계약상 의무를 위반하는 경우 장래 일정 기간의 거래제한 등의 제재조치를 할 수 있다는 내용을 계약특수조건 등의 일정한 형식으로 미리 마련하였다고 하더라도, 「약관의 규제에 관한 법률」 제3조에서 정한 바와 같이 계약상대방에게 그 중요 내용을 미리 설명하여 계약내용으로 편입하는 절차를 거치지 않았다면 계약의 내용으로 주장할 수 없다. [4] 피고(한국수력원자력 주식회사)의 내부 규정(행정규칙)에 근거한 10년간의 거래제한조치가 항고소송의 대상인 '처분'에 해당하며, 나아가 행정청인 피고가 이미 「공공기관의 운영에 관한 법률」(이하 '공공기관운영법') 제39조 제2항에 따라 2년의 입찰참가자격제한처분을 받은 원고에 대하여 다시 법률상 근거 없이 자신이 만든 행정규칙에 근거하여 공공기관운영법 제39조 제2항에서 정한 입찰참가자격제한처분의 상한인 2년을 훨씬 초과하여 10년간 거래제한조치를 추가로 하는 것은 제재처분의 상한을 규정한 공공기관운영법에 정면으로 반하는 것이어서 그 하자가 중대 · 명백하다(대판 2020. 05. 28, 2017두66541).

⑤ 한국조폐공사 직원의 근무관계는 사법관계에 속하고 그 직원의 파면행위도 사법상의 행위라고 보아야 한다(대판 1978. 04. 25, 78다414).

⑥ 국가나 지방자치단체에 근무하는 청원경찰은 국가공무원법이나 지방공무원법상의 공무원은 아니지만, 다른 청원경찰과는 달리 그 임용권자가 행정기관의 장이고, 국가나 지방자치단체로부터 보수를 받으며, 산업재해보상보험법이나 근로기준법이 아닌 공무원연금법에 따른 재해보상과 퇴직급여를 지급받고, 직무상의 불법행위에 대하여도 민법이 아닌 국가배상법이 적용되는 등의 특질이 있으며 그 외 임용자격, 직무, 복무의무 내용 등을 종합하여 볼 때, 그 근무관계를 사법상의 고용계약관계로 보기는 어려우므로 그에 대한징계처분의 시정을 구하는 소는 행정소송의 대상이지 민사소송의 대상이 아니다(대판 1993. 07. 13, 92다47564[파면처분취소]).

⑦ 법무법인의 공정증서 작성행위가 항고소송의 대상이 되는 행정처분인지 여부(소극): 행정청이 한 행위가 단지 사인 간 법률관계의 존부를 공적으로 증명하는 공증행위에 불과하여 그 효력을 둘러싼 분쟁의 해결이 사법원리에 맡겨져 있거나 행위의 근거 법률에서 행정소송 이외의 다른 절차에 의하여 불복할 것을 예정하고 있는 경우에는 항고소송의 대상이 될 수 없다고 보는 것이 타당하다(대판 2012. 06. 14, 2010두19720[공정증서무효등확인]).

⑧ 주한미군한국인직원의료보험조합의 소속 직원에 대한 징계면직처분의 법적성질: 주한미군한국인직원의료보험조합직원의 근무관계는 사법관계에 속하는 것이므로 동조합 직원에 대한 위 조합의 징계면직처분은 항고소송의 대상이 되는 행정처분이 아니고 사법상의 법률행위라고 보아야 한다(대판 1987. 12. 08, 87누884[징계면직처분무효확인]).

⑨ 행정소송의 대상이 되는 행정처분과 사법상의 효력을 가지는 통지행위의 구별기준: 피고가 조달계약에서의 낙찰적격자 심사에 있어서 원고에 대하여 한 이 사건 감점통보조치는 행정청이나 그 소속 기관 또는 그 위임을 받은 공공단체의 공법상의 행위가 아니라 장차 그 대상자인 원고가 피고가 시행하는 입찰에 참가하는 경우에 그 낙찰적격자 심사 등 계약 사무를 처리함에 있어 피고 내부규정인 이 사건 세부기준에 의하여 종합취득점수의 10/100을 감점하게 된다는 뜻의 사법상의 효력을 가지는 통지행위에 불과하다 할 것이고, 또한 피고의 이와 같은 통지행위가 있다고 하여 원고에게 공공기관의 운영에 관한 법률 제39조 제2항, 제3항, 구 공기업·준정부기관 계약사무규칙 제15조에 의한 국가, 지방자치단체 또는 다른 공공기관에서 시행하는 모든 입찰에의 참가자격을 제한하는 효력이 발생한다고 볼 수도 없으므로, 피고의 이 사건 감점조치는 행정소송의 대상이 되는

행정처분이라고 할 수 없다(대판 2014. 12. 24, 2010두6700[부정당업자제재처분 등]).

⑩ 갑 주식회사가 조달청과 물품구매계약을 체결하고 국가종합전자조달시스템인 나라장터 종합쇼핑몰 인터넷 홈페이지를 통해 요구받은 제품을 수요기관에 납품하였는데, 조달청이 계약이행내역 점검 결과 일부 제품이 계약 규격과 다르다는 이유로 물품구매계약 추가특수조건 규정에 따라 갑 회사에 대하여 6개월의 **나라장터 종합쇼핑몰 거래정지 조치**를 한 사안에서, 조달청이 계약상대자에 대하여 나라장터 종합쇼핑몰에서의 거래를 일정기간 정지하는 조치는 **전자조달의 이용 및 촉진에 관한 법률, 조달사업에 관한 법률 등에 의하여 보호되는 계약상대자의 직접적이고 구체적인 법률상 이익인** 나라장터를 통하여 수요기관의 전자입찰에 참가하거나 나라장터 종합쇼핑몰에서 등록된 물품을 수요기관(국가, 지방자치단체 또는 공공기관 등)에 직접 판매할 수 있는 **지위를 직접 제한하거나 침해하는 행위에 해당하는** 점 등을 종합하면, **위 거래정지 조치는 비록 추가특수조건이라는 사법상 계약에 근거한 것이지만** 행정청인 조달청이 행하는 구체적 사실에 관한 법집행으로서의 공권력의 행사로서 그 상대방인 갑 회사의 권리·의무에 직접 영향을 미치므로 항고소송의 대상이 되는 **행정처분에 해당**하고, 다만 추가특수조건에서 정한 제재조치의 발동요건조차 갖추지 못한 경우에는 위 거래정지 조치가 위법하므로 갑 회사의 행위가 추가특수조건에서 정한 거래정지 조치의 사유에 해당하는지, 추가특수조건의 내용이나 그에 기한 거래정지 조치가 국가를 당사자로 하는 계약에 관한 법령 등을 위반하였거나 평등원칙, 비례원칙, 신뢰보호 원칙 등을 위반하였는지 등에 관하여 나아가 살폈어야 하는데도, **위 거래정지 조치가 사법상 계약에 근거한 의사표시에 불과하고 항고소송의 대상이 되는 행정처분으로 볼 수 없다고 판단하여 소를 각하한 원심판결**에 법리를 오해한 잘못이 있다고 한 사례(대판 2018. 11. 29, 2015두52395[종합쇼핑몰거래정지처분취소]). 〈해설〉 **1심은** 위 거래정지 조치가 처분이지만, 법률유보의 원칙 위반으로 위법하다고 판시하였고, **2심인 원심은** 위 거래정지 조치가 **사법상 계약에 근거한 의사표시에 불과**하고 항고소송의 대상이 되는 **행정처분으로 볼 수 없다고 판단하여 소를 각하**하였다. **대법원은 위 거래정지 조치가** 법률에 근거가 없이 사법상 계약에 근거한 것이더라도 처분으로 보아야 한다고 하였다. 법률유보의 원칙 위반 여부는 본안의 문제로 보았는데, 법률유보의 원칙 위반이라고는 하지 않았다. 위 거래정지조치가 사법상 계약에 근거한 것으로서 상대방이 동의한 것이므로 법률의 근거가 없어도 가능한 것으로 본 것은 아닐까라고 추론할 수 있다.

⑪ **국세환급금의 충당은** 납세의무자가 갖는 환급청구권의 존부나 범위 또는 소멸에 구체적이고 직접적인 영향을 미치는 **처분이라기보다는** 국가의 환급금 채무와 조세채권이 대등액에서 소멸되는 점에서 오히려 **민법상의 상계와 비슷**하다(대판 2019. 06. 13, 2016다239888).

⑫ 급수공사비 부과는 처분이다(대판 2019. 06. 13, 2016다239888).

⑬ [1] 지방법무사회의 법무사 사무원 채용승인은 단순히 지방법무사회와 소속 법무사 사이의 내부 법률문제라거나 지방법무사회의 고유사무라고 볼 수 없고, 법무사 감독이라는 국가사무를 위임받아 수행하는 것이라고 보아야 한다. 따라서 **지방법무사회는** 법무사 감독 사무를 수행하기 위하여 법률에 의하여 설립과 법무사의 회원 가입이 강제된 **공법인으로서 법무사 사무원 채용승인에 관한 한 공권력 행사의 주체라고 보아야 한다.** [2] 법무사의 사무원 채용승인 신청에 대하여 **소속 지방법무사회가 '채용승인을 거부'하는 조치** 또는 일단 채용승인을 하였으나 법무사규칙 제37조 제6항을 근거로 **'채용승인을 취소'하는 조치**가 항고소송의 대상인 **'처분'에 해당한다**(대판 2020. 04. 09, 2015다34444).

⑭ **기부채납**이란 지방자치단체 외의 자가 부동산 등의 소유권을 무상으로 지방자치단체에 이전하여 지방자치단체가 이를 취득하는 것으로서, 기부자가 재산을 지방자치단체의 공유재산으로 증여하는 의사표시를 하고 지방자치단체가 이를 승낙하는 채납의 의사표시를 함으로써 성립하는 **사법**

상 증여계약에 해당한다(대판 2022. 04. 28, 2019다272053).

14) 행정소송 이외의 특별불복절차가 마련된 처분

행정청의 과태료부과처분, 통고처분, 검사의 불기소 처분, 불기소처분 결과통지(대판 2018. 09. 28, 2017두47465) 또는 공소제기(대판 2000. 03. 28, 99두11264), 형집행정지 취소처분은 다른 불복절차에 의해 다투도록 특별히 규정되어 있으므로 항고소송의 대상이 되는 처분이 아니라는 것이 일반적 견해이며 판례의 입장이다.

[판례] ① 수도조례 및 하수도사용조례에 기한 과태료의 부과 여부 및 그 당부는 **최종적으로 질서위반행위규제법에 의한 절차에 의하여 판단되어야 한다고 할 것이므로, 행정청의 과태료 부과처분**은 행정청을 피고로 하는 **행정소송의 대상이 되는 행정처분이라고 볼 수 없다**(대판 2012. 10. 11, 2011두19369[추징금등부과처분취소]).
② **구 농지법 제62조 제1항에 따른 이행강제금 부과처분에 불복하는 경우**에는 비송사건절차법에 따른 재판절차가 적용되어야 하고(농지법 제62조 제6항, 제7항), **행정소송법상 항고소송의 대상은 될 수 없다**(건축법상 이행강제금 부과처분에 관한 대법원 2000. 09. 22. 선고 2000두5722 판결 등 참조). 농지법 제62조 제6항, 제7항이 위와 같이 이행강제금 부과처분에 대한 불복절차를 분명하게 규정하고 있으므로, 이와 다른 불복절차를 허용할 수는 없다. 설령 피고가 이행강제금 부과처분을 하면서 재결청에 행정심판을 청구하거나 관할 행정법원에 행정소송을 할 수 있다고 잘못 안내하거나 경기도행정심판위원회가 각하재결이 아닌 기각재결을 하면서 관할 법원에 행정소송을 할 수 있다고 잘못 안내하였다고 하더라도, 그러한 잘못된 안내로 행정법원의 항고소송 재판관할이 생긴다고 볼 수도 없다(대판 2019. 04. 11, 2018두42955).
③ 「공무원범죄에 관한 몰수 특례법」(이하 '공무원범죄몰수법') 제9조의2(이하 '이 사건 조항')에 따른 압류처분(이하 '이 사건 각 처분')을 항고소송의 대상에 해당한다고 보고, 추징의 집행을 받은 제3자가 형사소송법 제489조에 따라 집행에 관한 검사의 처분에 대하여 이의신청을 할 수 있다고 하더라도 그와 별도로 행정소송법상 항고소송을 제기하여 처분의 위법성 여부를 다툴 수 있다고 보아야 한다고 한 사례(대판 2022. 07. 28, 2019두63447).

15) 경 고

경고(警告)는 상대방의 권리의무에 직접 영향을 미치는 경우 항고소송의 대상이 되는 처분이고, 그렇지 않은 경우에는 처분이 아니다.

[판례] ① 금융감독원장이 종합금융주식회사의 전 대표이사에게 재직 중 위법·부당행위 사례를 첨부하여 금융 관련 법규를 위반하고 신용질서를 심히 문란하게 한 사실이 있다는 내용으로 **'문책경고장(상당)'을 보낸 행위**가 항고소송의 대상이 되는 행정처분에 해당하지 아니한다고 한 사례(대판 2005. 02. 17, 2003두10312). 〈해설〉 관련 법령의 개정으로 처분으로 볼 여지가 있게 되었다.
② **금융기관의 임원에 대한 금융감독원장의 문책경고는** 법률상 근거없이 행해진 경우에도 그 상대방에 대한 직업선택의 자유를 직접 제한하는 효과를 발생하게 하는 등 상대방의 권리의무에 직접 영향을 미치는 행위로서 항고소송의 대상이 되는 **행정처분에 해당**한다고 한 사례(대판 2005. 02. 17, 2003두14765).
③ [1] 어떠한 처분의 근거나 법적인 효과가 행정규칙에 규정되어 있다고 하더라도, **그 처분이 행**

정규칙의 내부적 구속력에 의하여 상대방에게 권리의 설정 또는 의무의 부담을 명하거나 기타 법적인 효과를 발생하게 하는 등으로 그 상대방의 권리 의무에 직접 영향을 미치는 행위라면, 이 경우에도 항고소송의 대상이 되는 행정처분에 해당한다. [2] 행정규칙에 의한 '불문경고조치'가 비록 법률상의 징계처분은 아니지만 위 처분을 받지 아니하였다면 차후 다른 징계처분이나 경고를 받게 될 경우 징계감경사유로 사용될 수 있었던 표창공적의 사용가능성을 소멸시키는 효과와 1년 동안 인사기록카드에 등재됨으로써 그 동안은 장관표창이나 도지사표창 대상자에서 제외시키는 효과 등이 있다는 이유로 항고소송의 대상이 되는 행정처분에 해당한다고 한 사례(대판 2002. 07. 26, 2001두3532).

④ 구 서울특별시교육·학예에 관한 감사규칙(1999. 1. 15. 교육규칙 제540호로 개정되고 2002. 6. 25. 교육규칙 제605호로 폐지된 것) 제11조, '서울특별시교육청 감사결과지적사항 및 법률위반공무원 처분기준'에 정해진 경고는, 교육공무원의 신분에 영향을 미치는 교육공무원법령상의 징계의 종류에 해당하지 아니하고, 인사기록카드에 등재되지도 않으며, '2001년도정부포상업무지침'에 정해진 포상추천 제외대상이나 교육공무원징계양정등에관한규칙 제4조 제1항 단서에 정해진 징계감경사유 제외대상에 해당하지도 않을 뿐만 아니라, '서울특별시교육청교육공무원평정업무처리요령'에 따라 근무평정자가 위와 같은 경고를 이유로 경고를 받은 자에게 상위권 평점을 부여하지 않는다고 하더라도 그와 같은 사정은 경고 자체로부터 직접 발생되는 법률상 효과라기보다는 경고를 받은 원인이 된 비위사실이 인사평정 당시의 참작사유로 고려되는 사실상 또는 간접적인 효과에 불과한 것이어서 교육공무원으로서의 신분에 불이익을 초래하는 법률상의 효과를 발생시키는 것은 아니라 할 것이다. 따라서 위와 같은 경고는, 교육공무원법, 교육공무원징계령, 교육공무원징계양정 등에 관한 규칙에 근거하여 행해지고, 인사기록카드에 등재되며, '2001년도정부포상업무지침'에 따른 포상추천 제한사유 및 교육공무원징계양정 등에 관한 규칙 제4조 제1항 단서에 정해진 징계감경사유 제외대상에 해당하는 불문(경고)과는 달리, 항고소송의 대상이 되는 행정처분에 해당하지 않는다고 할 것이다(대판 2004. 04. 23, 2003두13687[경고처분취소]).

⑤ 공정거래위원회가 '표시 · 광고의 공정화에 관한 법률'에 위반하여 허위 · 과장의 광고를 하였다는 이유로 청구인들에 대하여 한 경고는 청구인들의 권리의무에 직접 영향을 미치는 처분으로서 행정소송의 대상이 되므로, 위 헌법소원심판청구는 법률이 정한 구제절차를 거치지 않고 제기된 것이어서 부적법하다: 이 사건 경고는 준사법기관이라 할 수 있는 피청구인이 '독점규제 및 공정거래에 관한 법률' 제55조의2에 따라 제정된 '공정거래위원회 회의운영 및 사건절차 등에 관한 규칙' 제50조에 의거하여 행한 의결인 점, 이 사건 경고는 청구인들의 표시·광고법 위반행위가 인정됨을 선제로 하는 것으로 향후 표시·광고법 위반행위를 하였을 경우에 피청구인으로부터 받게 될 과징금 부과에 있어 표시·광고법 제9조 제3항 제2호에 정한 위반행위의 횟수에 참작되는 점, 2008. 11. 10. 공정거래위원회 고시 제2008－18호로 개정된 '과징금부과 세부기준 등에 관한 고시'에 의하면 경고를 받은 경우에는 벌점 0.5점을 부과 받게 되는데 3년간 3회 이상 법 위반으로 경고 이상의 조치를 받고 벌점 누산점수가 5점 이상인 경우에는 원칙적으로 과징금의 부과대상이 되고, 4회 조치부터는 기본과징금이 가중되는 점, 그리하여 위와 같은 고시의 개정 이후에는 피청구인의 경고가 침익적 성격을 가지고 있음이 더욱 분명해진 점, 이 사건 경고의 취소청구 소송에서 서울고등법원 역시 이 사건 경고를 행정소송의 대상이 되는 처분으로 보고 청구기각판결을 선고한 점 등을 종합하여 볼 때, 이 사건 경고는 청구인들의 권리의무에 직접 영향을 미치는 처분으로서 행정소송의 대상이 된다고 봄이 상당하다(헌재 2012. 06. 27, 2010헌마508[경고의결처분취소]).

16) 기 타

[판례] ① 해양수산부장관의 항만 명칭결정은 항고소송의 대상이 되는 행정처분이 아니라고 한 사례(대판 2008. 05. 29, 2007두23873[항만명칭결정처분등취소]).

② 해난심판법 제74조 제1항에 규정한 중앙해난심판원의 재결에 대한 소는 행정소송의 일종으로서 행정처분의 취소청구소송에 속한다 할 것이므로 소의 대상이 되는 재결의 내용은 행정청의 권력적 행정행위와 같이 국민의 권리의무를 형성하고 제한하는 효력을 갖는 내용이어야 하는바, 원재결의 주문 중 사고원인규명 부분의 재결은 같은 법 제5조 제1항 및 제3항의 징계재결이나 권고재결과는 달리 그 자체로는 국민의 어떤 권리의무를 형성하거나 확정하는 효력을 가지는 행정처분으로 볼 수 없으므로 행정소송의 대상이 되지 않는다(대판 1993. 06. 11, 92추55[항해사업무정지결정에대한재결취소]; 2009. 05. 28, 2007추73[중앙해양안전심판원재결취소]).

③ 친일반민족행위자재산조사위원회의 재산조사개시결정이 항고소송의 대상이 되는 행정처분에 해당한다고 한 사례(대판 2009. 10. 15, 2009두6513[재산조사개시결정취소]).

④ 감사원이 심사청구에 의하여 관계기관에게 통지하는 시정결정이나 이유 없다고 기각하는 결정은 그 자체만으로서 국민의 권리의무 기타 법률관계에 직접적인 관계가 있는 처분이라고는 할 수 없고, 따라서 위와 같은 결정만으로서는 항고소송에 있어서의 소송대상이 될 행정처분에 해당된다고는 할 수 없다(그러므로 감사원의 변상 판정에 대한 재심사 판정과는 다르다). 다만 이해관계인은 위와 같은 감사원의 시정케 하는 결정에 의하여 관계기관장이 한 시정결정 또는 심사청구가 이유 없다 하여 기각된 경우에 있어서의 그 심사청구의 대상이 된 본래의 행정처분을 대상으로 하여 항고소송을 제기할 수 있음에 불과하다고 해석하여야 할 것이다(대판 1967. 06. 27, 67누44).

⑤ 방산물자 지정취소가 항고소송의 대상이 되는 행정처분에 해당한다고 한 사례(대판 2009. 12. 24, 2009두12853).

⑥ 건축법상 이행강제금 납부의 최초 독촉이 항고소송의 대상이 되는 행정처분에 해당한다고 한 사례(대판 2009. 12. 24, 2009두14507).

⑦ [1] 행정소송제도의 목적에 비추어 볼 때 행정처분이 단지 사인간의 법률관계의 존부를 공적으로 증명하는 공증행위에 불과하여 그 효력을 둘러싼 분쟁의 해결이 사법원리에 맡겨져 있고, 위법한 행정처분의 취소가 국민의 권익구제나 분쟁의 근본적인 해결을 위한 적절한 수단이 되지 못하는 경우에는, 취소소송의 대상이 되지 아니한다고 보아야 할 것이다. [2] 구 상표법(1990. 1. 13. 법률 제4210호로 전문개정되기 전의 것)상 특허청장의 상표사용권설정등록행위는 사인간의 법률관계의 존부를 공적으로 증명하는 준법률행위적행정행위임이 분명하다. [3] 특허청장이 일단 등록신청을 수리하여 상표사용권설정등록을 완료하여 버린 경우에는, 설사 등록상표를 사용할 자인 등록권리자가 구 특허등록령 제15조 제1항을 위반하여 단독으로 상표사용권설정등록을 신청하는 등 등록신청절차에 하자가 있어, 구 특허등록령 제34조 제1항 제2 내지 제9 각 호의 1에 해당하는 등록신청의 불수리사유가 있었다고 하더라도 상표권자가 민사소송절차를 통하여 사용권자를 상대로 위와 같은 사유를 들어 상표사용권설정등록 말소등록절차의 이행을 청구할 수 있을 뿐, 행정소송절차를 통하여 특허청장을 상대로 그 등록처분의 취소를 청구할 수는 없다고 보아야 한다(대판 1991. 08. 13, 90누9414[상표사용권설정등록처분취소]).

⑧ 소득금액변동통지는 원천징수의무자인 법인의 납세의무에 직접 영향을 미치는 과세관청의 행위로서 항고소송의 대상이 된다(대판 2012. 01. 26, 2009두14439[원천징수처분취소]).

⑨ 진실 · 화해를 위한 과거사정리 기본법 제26조에 따른 진실 · 화해를 위한 과거사정리위원회의 진실규명결정은 국민의 권리의무에 직접적으로 영향을 미치는 행위로서 항고소송의 대상이 되는 행정처분이라고 보는 것이 타당하다(대판 2013. 01. 16, 2010두22856[과거사진실규명결정취소]).

⑩ **서울특별시학교안전공제회가 한 보상심사청구 기각결정은 항고소송의 대상인 행정처분이 아니라고 본 원심판단을 정당하다고 한 사례**(대판 2012. 12. 13, 2010두20874[보상심사거부결정취소]).

⑪ **요양급여의 적정성 평가 결과** 전체 하위 20% 이하에 해당하는 요양기관이 건강보험심사평가원으로부터 받은 **입원료 가산 및 별도 보상 적용 제외 통보는** 항고소송의 대상이 되는 **처분**으로 보는 것이 타당하다(대판 2013. 11. 14, 2013두13631[별도보상적용제외처분무효확인등]).

⑫ **고충심사의 결정은** 행정상 쟁송의 대상이 되는 **행정처분이라고 할 수 없다**(대판 1987. 12. 08, 87누657[해임처분취소, 고충심사결정취소]).

⑬ (1) 공정거래법상 시정명령 및 과징금 부과와 감면 여부를 분리 심리하여 별개로 의결한 후 **과징금 등 처분**과 별도의 처분서로 **감면기각처분**을 하였다면, 원칙적으로 2개의 처분, 즉 과징금 등 처분과 감면기각처분이 각각 성립한 것으로 보아야 하고, 처분의 상대방으로서는 각각의 처분에 대하여 함께 또는 별도로 불복할 수 있고, 과징금 등 처분과 동시에 감면기각처분의 취소를 구하는 소를 함께 제기했다 하더라도, 특별한 사정이 없는 한 감면기각처분의 취소를 구할 소의 이익이 부정된다고 볼 수 없다. (2) 과징금 등 처분과 감면기각처분의 취소를 각각 구한 사건에서, 과징금 등 처분을 다투는 소의 권리보호이익만을 인정한 원심판결에 잘못이 있으나, 원심이 이 사건 과징금처분의 위법 여부에 관한 판단에서 이 사건 감면기각처분의 위법 여부에 관한 판단에까지 나아갔고, 감면기각처분이 적법하다는 원심판단은 정당하므로, 원심이 그 취소를 구하는 원고청구를 기각하였어야 할 것이지만, 감면기각처분 부분에 관하여 원고만이 상고한 이 사건에서 불이익변경금지 원칙상 원고에게 불이익하게 청구기각 판결을 할 수는 없어서, 이 부분 소를 각하한 원심판결을 유지할 수밖에 없다고 판단한 사안(대판 2016. 12. 27, 2016두43282[과징금처분과 감면신청기각 처분을 다투는 각 소의 이익을 모두 인정한 사건]).

⑭ 甲 시장이 감사원으로부터 감사원법 제32조에 따라 乙에 대하여 징계의 종류를 정직으로 정한 징계 요구를 받게 되자 감사원에 징계 요구에 대한 재심의를 청구하였고, 감사원이 재심의청구를 기각하자 乙이 감사원의 징계 요구와 그에 대한 재심의결정의 취소를 구하고 甲 시장이 감사원의 재심의결정 취소를 구하는 소를 제기한 사안에서, **감사원의 징계 요구와 재심의결정이 항고소송의 대상이 되는 행정처분이라고 할 수 없고,** 감사원법 제40조 제2항을 甲 시장에게 감사원을 상대로 한 기관소송을 허용하는 규정으로 볼 수는 없고 그 밖에 행정소송법을 비롯한 **어떠한 법률에도 甲 시장에게 '감사원의 재심의 판결'에 대하여 기관소송을 허용하는 규정을 두고 있지 않으므로, 甲 시장이 제기한 소송이 기관소송으로서** 감사원법 제40조 제2항에 따라 **허용된다고 볼 수 없다**고 한 사례(대판 2016. 12. 27, 2014두5637[징계요구취소]).

⑮ 교육부장관이 대학에서 추천한 복수의 총장 후보자들 전부 또는 일부를 임용제청에서 제외하는 행위는 제외된 후보자들에 대한 불이익처분으로서 항고소송의 대상이 되는 처분에 해당한다고 보아야 한다. 다만 교육부장관이 특정 후보자를 임용제청에서 제외하고 다른 후보자를 임용제청함으로써 대통령이 임용제청된 다른 후보자를 총장으로 임용한 경우에는, 임용제청에서 제외된 후보자는 대통령이 자신에 대하여 총장 임용 제외처분을 한 것으로 보아 이를 다투어야 한다. 이러한 경우에는 교육부장관의 임용제청 제외처분을 별도로 다툴 소의 이익이 없어진다(대판 2018. 06. 15, 2016두57564). 〈해설〉 대통령의 국가공무원법 제16조 제1항의 처분 또는 부작위의 경우 소속 장관이 행정소송의 피고가 된다(국가공무원법 제16조 제2항).

⑯ **교섭단위 분리 신청에 대한 노동위원회의 결정**에 관하여 단순히 어느 일방에게 불리한 내용이라는 사유만으로 불복이 허용되는지 여부(소극) 및 불복이 허용되는 경우: 노동조합 및 노동관계조정법(이하 '노동조합법'이라 한다) 제29조의3 제3항은 교섭단위 분리 신청에 대한 노동위원회의 결정에 불복할 경우 노동조합법 제69조를 준용하도록 하고 있고, 노동조합법 제69조 제1항, 제2항

은 노동위원회의 중재재정 등에 대한 불복의 사유를 '위법이거나 월권에 의한 것'인 경우로 한정하고 있다. 따라서 교섭단위 분리 신청에 대한 노동위원회의 결정에 관하여는 단순히 어느 일방에게 불리한 내용이라는 사유만으로는 불복이 허용되지 않고, 그 절차가 위법하거나, 노동조합법 제29조의3 제2항이 정한 교섭단위 분리결정의 요건에 관한 법리를 오해하여 교섭단위를 분리할 필요가 있다고 인정되는 경우인데도 그 신청을 기각하는 등 내용이 위법한 경우, 그 밖에 월권에 의한 것인 경우에 한하여 불복할 수 있다(대판 2018. 09. 13, 2015두39361[교섭단위분리결정재심결정취소]).

⑰ **검사의 고소인에 대한 고소사건 처분결과통지**는 불기소결정이라는 검사의 처분이 있은 후 그에 대한 불복과 관련한 절차일 뿐 그것 자체가 별도의 독립한 처분이 된다고는 볼 수 없으므로 항고소송의 대상인 처분에 해당하지 않는다(대판 2018. 09. 28, 2017두47465).

⑱ 민간투자법령, 민간투자사업기본계획 또는 제3자 제안공고의 규정에서 정한 귀책사유 없이 우선협상대상자 지정 취소처분을 받은 최상위평가자에게 인정되는 제안비용보상금 지급 청구에 관한 주무관청의 결정은 처분이다(대판 2020. 10. 15, 2020다222382).

⑲ 과세관청의 결손금 감액경정은 이후 사업연도의 이월결손금 공제와 관련하여 법인세 납세의무자인 법인의 납세의무에 직접 영향을 미치는 과세관청의 행위로서, 항고소송의 대상이 되는 행정처분이다(대판 2020. 07. 09, 2017두63788).

⑳ 구 사회복지사업법상 관할 행정청의 임시이사 선임행위는 행정처분에 해당한다(대판 2020. 10. 29, 2017다269152).

(5) 재 결

재결(裁決)이 항고소송의 대상이 되는 경우는 행정심판의 재결이 그 자체에 고유한 위법이 있어 행정소송법 제19조에 의해 항고소송의 대상이 되는 경우(원처분주의하에서 재결이 대상이 되는 경우)와 개별법률에서 재결주의를 취하는 결과 당해 법률상의 재결이 항고소송의 대상이 되는 경우로 나뉜다.

1) 행정소송법 제19조에 의해 재결이 대상이 되는 경우(원처분주의하에서 재결이 대상이 되는 경우)

행정심판의 재결은 재결 자체에 고유한 위법이 있는 경우에 한하여 항고소송의 대상이 된다(행정소송법 제19조 단서).

가. 재결 자체의 고유한 위법의 인정범위

(가) 재결의 주체에 관한 위법 권한이 없는 행정심판위원회에 의한 재결의 경우 또는 행정심판위원회의 구성상 하자가 있는 경우를 그 예로 들 수 있다.

(나) 재결의 절차에 관한 위법 행정심판법상의 심판절차를 준수하지 않은 경우를 그 예로 들 수 있다. 다만, 행정심판법 제45조에서 규정하고 있는 재결기간은 훈시규정으로 해석되므로 재결기간을 넘긴 경우에도 그것만으로는 절차의 위법이 있다고 볼 수 없다.

(다) 재결의 형식에 관한 위법 문서에 의하지 아니한 재결, 재결에 주문만 기재되고 이유가 전혀 기재되어 있지 않거나 이유가 불충분한 경우, 재결서에 기명날인

을 하지 아니한 경우 등(행정심판법 제46조 참조)을 그 예로 들 수 있다.

(라) 재결의 내용에 관한 위법 재결자체의 고유한 위법에는 재결 자체의 내용의 위법이 포함되지 않는다는 견해도 있고,[247] 기각재결의 취소소송에서는 원처분의 위법, 즉 원처분을 유지한 재결의 실체적 판단에 관한 위법은 주장할 수 없고, 결국 이 경우에 주장할 수 있는 위법사유는 실체적 판단(내용)에 관한 것을 제외한 기타의 위법사유에 한한다고 주장하는 견해도 있지만,[248] 아래에서 보는 바와 같이 재결 자체에 고유한 위법이 있을 수 있으므로 긍정설이 타당하다. 긍정설이 다수견해이다.

다만, 아래에서 보는 바와 같이 판례 및 다수설과 달리 적법한 처분임에도 인용재결을 한 것은 행정소송법 제19조 단서의 재결 자체에 고유한 위법이 아니라 새로운 처분인 인용재결의 위법이라고 보아야 한다는 소수견해가 있고, 이 견해가 타당하다.

판례는 긍정설을 취하고 있다(대판 1993. 08. 24, 93누5673).

① 재결 자체의 내용상 위법이 문제된 예로는 법적 근거가 될 수 없는 사유(예, 국민 정서)에 근거하여 취소한 예를 들 수 있다(대판 1997. 12. 23, 96누10911).

[판례] 행정심판의 재결에 이유모순의 위법이 있다는 사유는 재결처분 자체에 고유한 하자로서 재결처분의 취소를 구하는 소송에서는 그 위법사유로서 주장할 수 있으나, 원처분의 취소를 구하는 소송에서는 그 취소를 구할 위법사유로서 주장할 수 없다(대판 1996. 02. 13, 95누8027).

이와 같이 엄밀한 의미에서 재결 자체에 고유한 재결의 내용상 위법으로 재결이 취소된 경우 행정심판기관은 다시 재결을 하여야 한다.

② 적법한 처분(예, 건축 허가)에 대한 인용재결의 경우(재결이 부정당한 경우)를 행정소송법 제19조 단서의 재결 자체에 고유한 위법이라고 볼 수 있는가 하는 것이다. 이에 관하여는 부정적으로 보는 것이 타당하다. 왜냐하면, 인용재결에 대해 취소소송을 제기한 제3자(예, 건축허가를 받은 자)에 대하여 동 인용재결(취소재결)은 새로운 처분의 성질을 가지므로 행정소송법 제19조 본문에 따라 처분이 다투어지는 것으로 보는 것이 타당하기 때문이다. 그러나, 다수설과 판례는 인용재결의 위법판단상의 부당도 원처분에는 없는 하자로서 행정소송법 제19조 단서의 재결에 고유한 하자라고 보고 있다.

[판례] [1] 이른바 **복효적 행정행위, 특히 제3자효를 수반하는 행정행위**에 대한 행정심판청구에 있어서 그 청구를 인용하는 내용의 재결로 인하여 비로소 권리이익을 침해받게 되는 자는 그 인용

---

247) 김학세, 『행정소송법의 체계』, 1995, 110면.
248) 서원우, "원처분주의와 피고적격," 『행정판례연구 Ⅱ』, 1996, 217면.

재결에 대하여 다툴 필요가 있고, 그 인용재결은 원처분과 내용을 달리하는 것이므로 **그 인용재결의 취소를 구하는 것은 원처분에는 없는 재결에 고유한 하자를 주장하는 셈**이어서 당연히 항고소송의 대상이 된다. [2] 행정청이 골프장 사업계획승인을 얻은 자의 사업시설 착공계획서를 수리한 것에 대하여 인근 주민들이 그 수리처분의 취소를 구하는 행정심판을 청구하자 재결청이 그 청구를 인용하여 수리처분을 취소하는 형성적 재결을 한 경우, 그 수리처분 취소 심판청구는 행정심판의 대상이 되지 아니하여 부적법 각하하여야 함에도 위 재결은 그 청구를 인용하여 수리처분을 취소하였으므로 재결 자체에 고유한 하자가 있다고 본 사례(대판 2001. 05. 29, 99두10292). 〈해설〉 현재 판례는 착공신고 수리거부의 처분성을 인정하고 있다.

원처분의 위법 여부에 대한 취소재결의 부당이라는 위법사유로 취소재결이 취소된 경우 행정심판기관은 다시 재결을 할 필요가 없고 취소재결의 취소로 원처분은 원상을 회복하게 된다.

(마) 재결 자체에 고유한 위법이 없음에도 재결에 대해 취소소송을 제기한 경우의 판결

이 경우에 행정소송법 제19조 단서가 소극적 소송요건을 정한 것으로 보아 각하하여야 한다는 견해[249]와 위법사유의 주장제한을 정한 것으로 보아 기각하여야 한다는 견해[250]가 대립되고 있다. 전자가 타당하다.

다만, 대법원과 같이 인용재결에 대한 원처분의 상대방의 소송을 인용재결의 당부를 다투는 소송으로 본다면 인용재결의 당부는 본안문제이므로 인용재결이 정당한 경우에는 기각판결을 하여야 한다.

판례는 재결취소소송에서 재결에 고유한 하자가 없는 경우 기각판결을 하여야 한다는 입장이다.

[판례] [1] **재결취소소송에 있어 재결 자체에 고유한 위법이 없는 경우 법원이 취할 조치**: 행정소송법 제19조는 취소소송은 행정청의 원처분을 대상으로 하되(원처분주의), 다만 "재결 자체에 고유한 위법이 있음을 이유로 하는 경우"에 한하여 행정심판의 재결도 취소소송의 대상으로 삼을 수 있도록 규정하고 있으므로 재결취소소송의 경우 재결 자체에 고유한 위법이 있는지 여부를 심리할 것이고, 재결 자체에 고유한 위법이 없는 경우에는 원처분의 당부와는 상관없이 당해 재결취소소송은 이를 기각하여야 한다. [2] **행정심판청구에 대한 재결에 대하여 전심절차를 거칠 필요가 있는지 여부**: 행정심판법 제39조가 심판청구에 대한 재결에 대하여 다시 심판청구를 제기할 수 없도록 규정하고 있으므로, 이 재결에 대하여는 바로 취소소송을 제기할 수 있다(대판 1994. 01. 25, 93누16901[투전기영업허가거부처분취소]: 의무이행심판청구에 대한 기각재결에 대해 취소소송을 제기하면서 원처분주의에 따라 원처분을 대상으로 하여야 함에도 기각재결을 대상으로 한 사례).

그러나, 재결에 고유한 하자가 아닌 하자를 이유로 재결을 대상으로 항고소송을 제기한 경우에는 소송의 대상을 잘못한 것이므로 각하판결을 하여야 하고, 재결에 고

249) 김용섭, 전게논문, 224면.
250) 윤영선, "항고소송의 대상으로서의 행정심판 재결," 『특별법연구』, 제4권, 1994, 407면.

유한 하자를 주장하였지만, 재결에 고유한 하자가 존재하지 아니하는 경우에는 본안 심리를 한 후 기각판결을 하여야 한다고 보는 것이 타당하다.

나. 인용재결이 항고소송의 대상이 되는 경우

(가) 인용재결이 항고소송의 대상이 되는 예 제3자효를 수반하는 행정행위(예, 건축허가 또는 건축허가의 거부)에 대한 행정심판청구에 있어서 그 청구를 인용하는 내용의 재결로 인하여 비로소 권리이익을 침해받게 되는 자(건축허가자 또는 인근주민)가 그 인용재결에 대하여 취소를 구하는 경우가 그 예이다. 즉, 처분의 상대방에게 수익적인 처분(예, 건축 허가)이 제3자에 의해 제기된 행정심판의 재결에서 취소 또는 불리하게 변경된 경우에 처분의 상대방은 당해 행정심판의 재결의 취소소송을 제기할 수 있다. 또한, 제3자효 행정행위의 거부(예, 건축허가 거부)에 대한 행정심판(의무이행심판 또는 취소심판)의 재결에서 처분재결 또는 취소재결이 내려진 경우 제3자는 당해 처분재결 또는 취소재결의 취소소송을 제기할 수 있다.

판례는 자기완결적 신고의 수리처분에 대한 심판청구가 부적법하여 각하하여야 함에도 인용재결을 한 것은 재결 자체에 고유한 하자가 있다고 보았다(대판 2001. 05. 29, 99두10292).

그러나, 인용재결로 새로이 어떠한 권리이익도 침해받지 아니하는 자인 경우에는 그 재결의 취소를 구할 원고적격이 없다.

[판례] [1] 이른바 복효적 행정행위, 특히 제3자효를 수반하는 행정행위에 대한 행정심판청구에 있어서 그 청구를 인용하는 내용의 재결로 인하여 비로소 권리이익을 침해받게 되는 자(예컨대, 제3자가 행정심판청구인인 경우의 행정처분 상대방 또는 행정처분 상대방이 행정심판청구인인 경우의 제3자)는 재결의 당사자가 아니라고 하더라도 그 인용재결의 취소를 구하는 소를 제기할 수 있으나, 그 인용재결로 인하여 새로이 어떠한 권리이익도 침해받지 아니하는 자인 경우에는 그 재결의 취소를 구할 소의 이익이 없다. [2] **처분상대방이 아닌 제3자가 당초의 양식어업면허처분에 대하여는 아무런 불복조치를 취하지 않고 있다가 도지사가 그 어업면허를 취소하여 처분상대방인 면허권자가 그 어업면허취소처분의 취소를 구하는 행정심판을 제기하고 이에 재결기관인 수산청장이 그 심판청구를 인용하는 재결을 하자 비로소 그 제3자가 행정소송으로 그 인용재결을 다투고 있는 경**우, 수산청장의 그 인용재결은 도지사의 어업면허취소로 인하여 상실된 면허권자의 어업면허권을 회복하여 주는 것에 불과할 뿐 인용재결로 인하여 제3자의 권리이익이 새로이 침해받는 것은 없고, 가사 그 인용재결로 인하여 그 면허권자의 어업면허가 회복됨으로써 그 제3자에 대하여 사실상 당초의 어업면허에 따른 효과와 같은 결과를 초래한다고 하더라도 이는 간접적이거나 사실적·경제적인 이해관계에 불과하므로, **그 제3자는 인용재결의 취소를 구할 소의 이익이 없다**고 본 사례(대판 1995. 06. 13, 94누15592). 〈해설〉 이 사안에서 처분 상대방이 아닌 제3자는 자신의 권익을 직접 침해하는 원상회복된 양식어업면허처분을 다투어야 할 것이다. 다만, 불복제기기간은 원상회복된 양식어업면허처분이 있은 날을 기준으로 기산하여야 한다.

(나) 법적 근거

가) 제1설 잘못된(부정당한) 인용재결(처분재결)에 의해 제3자(처분의 상대방)의 권리가 위법하게 침해된 때에 당해 제3자가 인용재결의 당부를 다투는 취소소송을 제기하는 경우를 재결 자체에 고유한 위법이 있는 경우로 보는 견해이다.[251] 이 견해는 인용재결이 항고소송의 대상이 되는 것이 행정소송법 제19조 단서에 의한 것(재결 자체에 고유한 위법이 있는 경우)으로 본다.

나) 제2설 당해 인용재결을 제3자(처분의 상대방)와의 관계에서는 별도의 처분으로 보아 처분에 대한 취소소송의 문제로 보는 견해이다.[252] 이 견해는 인용재결은 제3자에 대하여는 새로운 처분의 성질을 가지므로 행정소송법 제19조 본문에 의한 것으로 본다.

다) 판 례 판례는 인용재결의 부당(원처분의 위법판단상의 부정당, 즉 재결청이 심판청구인의 심판청구원인사유를 배척한 부분의 부정당)도 다음과 같은 이유에서 재결에 고유한 하자라고 보고 있다. 인용재결은 원처분과 내용을 달리하는 것이므로 그 인용재결의 취소를 구하는 것은 원처분에는 없는 재결에 고유한 하자를 주장하는 셈이어서 당연히 항고소송의 대상이 된다(대판 1997. 12. 23, 96누10911[253])).

라) 결 어 제2설이 타당하다. 즉, 이 경우에 제3자(원처분의 상대방)는 인용재결로 인하여 비로소 권익침해를 받게 되는 것이므로 당해 인용재결은 형식상으로는 재결이지만 실질적으로는 제3자(원처분의 상대방)에게는 최초의 처분으로서의 성질을 갖는 것이고 따라서 제3자(원처분의 상대방)는 행정소송법 제19조 본문에 의해 당해 인용재결의 취소를 구하는 소송을 제기할 수 있는 것으로 보는 것이 타당하다.

(다) 피 고 인용재결에 대한 항고소송의 피고는 인용재결을 한 행정심판위원회이다.

(라) 심판의 범위 판례는 그 심판대상으로 하고 있는 인용재결의 취소를 구하는 소송의 심리·판단의 범위에 관하여 인용재결의 당부는 원처분의 당부(위법·적법의 문제)도 포함하는 것으로 보고 있다.

[판례] 인용재결의 취소를 구하는 당해 소송은 그 인용재결의 당부를 그 심판대상으로 하고 있고, 그 점을 가리기 위하여는 행정심판청구인들의 심판청구원인 사유에 대한 재결청의 판단에 관하여도 그 당부를 심리·판단하여야 할 것이므로, 원심으로서는 **재결청이 원처분의 취소 근거로 내세운 판단사유의 당부뿐만 아니라 재결청이 심판청구인의 심판청구원인사유를 배척한 판단 부분이**

---

251) 김동희, 전게서, 663~664면.

252) 김용섭, "취소소송의 대상으로서의 행정심판의 재결,"『행정법연구』, 제3호, 1998. 10, 226면.

253) 인근주민이 체육시설사업계획승인처분에 불복하여 제기한 행정심판에서 인용재결이 난 경우에 위 승인처분을 받은 자가 위 인용재결에 대해 취소소송을 제기한 사건.

정당한가도 심리 · 판단하여야 한다(대판 1997. 12. 23, 96누10911).

(마) 기 타 판례는 처분이 아닌 자기완결적 신고의 수리(사업시설의 착공계획서의 수리)에 대한 심판청구는 부적법하여 각하하여야 함에도 인용재결을 한 것은 재결 자체에 고유한 하자가 있다고 보았다(대판 2001. 05. 29, 99두10292).

다. 기각재결의 경우 항고소송의 대상 기각재결의 당부는 현행 행정소송법이 원처분주의를 취하고 있으므로 원칙상 원처분을 대상으로 다투어야 하고, 기각재결에 대한 취소소송은 재결 자체에 고유한 위법이 있는 경우에 한한다. 기각재결이 재결에 고유한 하자로 인하여 취소된 경우에 행정심판기관은 다시 재결을 하여야 한다.

라. 일부취소재결과 적극적 변경재결의 경우 항고소송의 대상

(가) 원처분이 대상이 된다는 견해 불이익처분에 대한 취소심판에서 일부취소재결(예를 들면, 6개월의 영업정지처분이 행정심판의 재결에서 2개월의 영업정지처분으로 감경된 경우)이나 적극적 변경재결(공무원에 대한 파면처분이 소청심사 절차에서 해임으로 감경된 경우)이 내려진 경우 원처분주의의 원칙상 재결은 소송의 대상이 되지 못하고 원처분이 취소소송의 대상이 된다고 하는 견해이다.

이 견해에 의하면 일부취소되고 남은 원처분(2개월의 영업정지처분)이나 적극적 변경재결로 질적으로 일부취소되고 남은 원처분(해임처분)을 다투어야 한다.[254]

(나) 변경재결(일부취소재결 및 적극적 변경재결)이 대상이 된다는 견해 행정심판위원회의 변경재결은 원처분을 대체하는 새로운 처분이므로 행정심판위원회의 결정을 대상으로 취소소송을 제기하여야 한다는 견해이다.

(다) 적극적 변경재결의 경우 적극적 변경재결이 대상이 된다는 견해 일부취소재결의 경우 일부취소되고 남은 원처분이 항고소송의 대상이 되지만, 적극적 변경재결의 경우에 있어서는 재결이 원처분을 완전히 대체하는 새로운 처분이므로 재결청이 피고가 되고, 적극적 변경재결이 취소소송의 대상이 되어야 한다는 견해가 있는데, 이 견해가 타당하다.

(라) 판 례 판례는 일부취소 또는 적극적 변경재결로 인하여 감경되고 남은 원처분을 대상으로 원처분청을 피고로 하여 소송을 제기하여야 하는 것으로 보고 있다.

[판례] ① 감봉처분을 소청심사위원회가 견책처분으로 변경한 재결에 대한 취소소송에서 소청심사위원회의 재량권의 일탈이나 남용은 재결에 고유한 하자라고 볼 수 없다고 하면서 당해 변경재결에 대한 취소소송을 인정하고 있지 않다(대판 1993. 08. 24, 93누5673).

---

254) 법원실무제요, 112면.

② 해임처분을 소청심사위원회가 정직 2월로 변경한 경우 원처분청을 상대로 정직 2월의 처분에 대한 취소소송을 제기한 사건에서 본안판단을 한 판결(대판 1997. 11. 14, 97누7325).
③ 감봉 3월의 징계처분을 소청심사위원회가 감봉 1월로 감경한 경우 원처분청을 피고로 감봉 1월의 처분에 대하여 취소소송을 제기한 사건에서 본안판단을 한 판결(서울고법 1998. 05. 14, 97구36479).

마. 적극적 변경명령재결에 따른 변경처분의 경우 판례는 적극적 변경명령재결에 따라 변경처분이 행해진 경우에 다투고자 하는 경우 변경되고 남은 원처분을 취소소송의 대상으로 하여야 한다고 본다.

판례는 행정청이 영업자에게 행정제재처분을 한 후 일부인용의 처분명령재결에 따라 당초 처분을 영업자에게 유리하게 변경하는 처분을 한 경우, 그 취소소송의 대상은 변경된 내용의 당초 처분이지 변경처분은 아니고, 제소기간의 준수 여부도 변경처분이 아닌 변경된 내용의 당초 처분(변경명령재결서 정본의 송달을 받은 날)을 기준으로 판단하여야 한다고 한다.

[판례] [1] 행정청이 식품위생법령에 따라 영업자에게 행정제재처분을 한 후 (변경명령재결에 따라) 그 처분을 영업자에게 유리하게 변경하는 처분을 한 경우, 변경처분에 의하여 당초 처분은 소멸하는 것이 아니고 당초부터 유리하게 변경된 내용의 처분으로 존재하는 것이므로, **변경처분에 의하여 유리하게 변경된 내용의 행정제재가 위법하다 하여 그 취소를 구하는 경우 그 취소소송의 대상은 변경된 내용의 당초처분**이다. [2] 피고는 2002. 12. 26. 원고에 대하여 **3월의 영업정지처분이라는 이 사건 당초처분**을 하였고, 이에 대하여 원고가 행정심판청구를 하자 재결청은 2003. 3. 6. "피고가 2002. 12. 26. 원고에 대하여 한 **3월의 영업정지처분을 2월의 영업정지에 갈음하는 과징금부과처분으로 변경하라"는 일부기각(일부인용)의 이행재결(변경명령재결)**을 하였으며, 2003. 3. 10. 그 재결서 정본이 원고에게 도달한 사실, **피고는 위 재결취지에 따라 2003. 3. 13. "3월의 영업정지처분을 과징금 560만 원으로 변경한다"는 취지의 이 사건 후속 변경처분을 함**으로써 이 사건 당초처분을 원고에게 유리하게 변경하는 처분을 하였으며, 원고는 2003. 6. 12. 이 사건 소를 제기하면서 청구취지로써 2003. 3. 13.자 과징금부과처분의 취소를 구하고 있음을 알 수 있다. 앞서 본 법리에 비추어 보면, **이 사건 후속 변경처분에 의하여 유리하게 변경된 내용의 행정제재인 과징금부과가 위법하다 하여 그 취소를 구하는 이 사건 소송에 있어서 위 청구취지는 이 사건 후속 변경처분에 의하여 당초부터 유리하게 변경되어 존속하는 2002. 12. 26.자 과징금부과처분의 취소를 구하고 있는 것으로 보아야 할 것**이고, 일부기각(일부인용)의 이행재결(변경명령재결)에 따른 후속 변경처분에 의하여 변경된 내용의 당초처분의 취소를 구하는 이 사건 소 또한 **행정심판재결서 정본을 송달받은 날로부터 90일 이내 제기되어야 하는**데 원고가 위 재결서의 정본을 송달받은 날로부터 90일이 경과하여 이 사건 소를 제기하였다는 이유로 이 사건 소가 부적법하다고 한 사례(대판 2007. 04. 27, 2004두9302[식품위생법위반과징금부과처분취소]). 〈해설〉 이 판결에 대하여는 처분명령재결에 따라 변경하는 처분이 내려진 경우에 당해 변경하는 처분이 새로운 처분이 되고, 항고소송의 대상이 되며 제소기간도 변경하는 처분(과징금부과처분)을 안 날로부터 90일 이내로 하여 제소기간이 도과하지 않은 것으로 보는 것이 타당하다는 비판이 있다. 또한, 원처분을 대상으로 보는 경우 판례는 행정심판재결서 정본을 송달받은 날부터 90일 이내를 제소기간으로 보고 있지만, 변경

처분은 처분명령재결을 이행하는 처분으로서 처분명령재결은 변경처분으로 완성되는 것이므로 변경처분을 안 날을 기준으로 하는 것이 타당하다고 보아야 한다.

바. 국세청장의 심사결정에 따라 과세관청이 감액경정처분을 한 경우 판례에 의하면 국세청장의 심사결정에 따라 과세관청이 감액경정처분을 한 경우 항고소송의 대상은 당초의 부과처분 중 경정처분에 의하여 아직 취소되지 않고 남은 부분이고, 그 경정처분이 항고소송의 대상이 되는 것은 아니다.

[판례] [1] 과세표준과 세액을 감액하는 경정처분은 당초의 부과처분과 별개 독립의 과세처분이 아니라 그 실질은 당초의 부과처분의 변경이고, 그에 의하여 세액의 일부 취소라는 납세자에게 유리한 효과를 가져오는 처분이므로, 그 경정처분으로도 아직 취소되지 아니하고 남아 있는 부분이 위법하다 하여 다투는 경우, 항고소송의 대상은 당초의 부과처분 중 경정처분에 의하여 아직 취소되지 않고 남은 부분이고, 그 경정처분이 항고소송의 대상이 되는 것은 아니며, 이 경우 적법한 전심절차를 거쳤는지 여부도 당초 처분을 기준으로 판단하여야 하고(대판 1997. 10. 24, 96누10768; 1999. 05. 28, 99두1021 등 참조), 한편 국세기본법 제56조 제2항 및 제3항 본문에 의하면, 과세처분에 대한 항고소송은 심판청구 또는 심사청구에 대한 결정의 통지를 받은 날로부터 90일 이내에 제기하여야 한다. [2] **이러한 법리는 국세청장이 심사청구를 일부 인용하면서 정당한 세액을 명시하여 취소하지 아니하고 경정기준을 제시하여 당해 행정청으로 하여금 구체적인 과세표준과 세액을 결정하도록 함에 따라 이루어진 감액경정처분의 경우에 있어서도** 그에 대하여 별도의 쟁송수단을 인정하여야 할 특별한 사정이 없는 한 **마찬가지로 적용된다**고 할 것이다(대판 1996. 07. 30, 95누6328; 1998. 05. 26, 98두3211 등 참조)(대판 2009. 05. 28, 2006두16403[종합소득세부과처분취소]).

사. 각하재결 판례는 적법한 행정심판청구를 각하한 재결은 심판청구인의 실체심리를 받을 권리를 박탈한 것으로서 원처분에 없는 재결 자체에 고유한 위법이 있는 경우에 해당하고 따라서 각하재결은 취소소송의 대상이 된다고 하였다(대판 2001. 07. 27, 99두2970). 각하재결이 취소된 경우 판결의 취지에 따라 다시 행정심판의 재결을 하여야 한다. 그런데, 각하재결의 경우 각하재결에 대한 취소소송을 제기함이 없이 원처분의 위법을 이유로 원처분에 대한 취소소송을 제기할 수 있고, 이렇게 하는 것이 실무의 통례이다.

아. 재결에 고유한 하자를 이유로 한 재결취소판결의 기속력 재결에 고유한 하자를 이유로 재결취소판결이 내려진 경우에 인용재결의 당부가 다투어진 경우를 제외하고 재결기관은 취소판결의 취지에 따라 재결에 고유한 하자 없이 다시 재결을 하여야 한다.

2) 개별법률에 의해 재결이 항고소송의 대상이 되는 경우(재결주의)

개별법률에서 예외적으로 재결주의를 규정하고 있는 경우가 있는데, 이 경우에는 재결주의에 의해 원처분이 아니라 재결이 항고소송의 대상이 된다.

개별법률에서 재결주의를 명시적으로 규정한 경우뿐만 아니라 명시적 규정이 없더라도 개별법상 행정심판기관이 처분청보다 전문성과 권위를 갖고 있는 관계로 재결이 처분을 대체하는 행정의 최종적 결정의 성격을 갖는 경우에는 재결주의를 취한 것으로 해석하는 것이 타당하다.

행정심판전치주의와 재결주의는 별개의 제도이다. 그런데, 재결주의는 행정심판전치주의를 전제로 한다(헌재 2001. 06. 28, 2000헌바77).

가. 감사원의 변상판정에 대한 재심의 판정에 대한 불복(재결주의) 감사원법 제36조는 회계관계직원에 대한 감사원의 변상판정(원처분)에 대하여 감사원에 재심의를 청구할 수 있도록 하고 있고, 감사원법 제40조는 감사원의 재심의 판정(재결)에 대하여는 감사원을 당사자로 하여 행정소송을 제기할 수 있다고 규정하고 있다. 이 경우 "감사원의 변상판정처분에 대하여서는 행정소송을 제기할 수 없고, 재결에 해당하는 재심의 판정에 대하여서만 감사원을 피고로 하여 행정소송을 제기할 수 있다." (대판 1984. 04. 10, 84누91).

나. 노동위원회의 처분에 대한 중앙노동위원회의 재심판정에 대한 불복(재결주의)

노동위원회법 제26조 제1항은 "중앙노동위원회는 지방노동위원회 또는 특별노동위원회의 처분을 재심하여 이를 승인·취소 또는 변경할 수 있다"고 규정하고 있고, 제27조 제1항은 "중앙노동위원회의 처분에 대한 소는 중앙노동위원회위원장을 피고로 하여 판정서정본의 송달을 받은 날로부터 15일 이내에 이를 제기하여야 한다"고 규정하고 있다.

판례에 의하면 노동위원회의 처분에 대해 행정소송을 제기하는 경우 중앙노동위원회에 대한 행정심판 전치주의가 적용되고, 중앙노동위원회의 재심판정에 불복하여 취소소송을 제기하는 경우 재결주의에 따라 중앙노동위원회의 재심판정을 대상으로 중앙노동위원장을 피고로 하여 재심판정취소의 소를 제기하여야 한다.

[판례] 노동위원회법 제19조의2 제1항(현행 노동위원회법 제27조 제1항)의 규정은 행정처분의 성질을 가지는 지방노동위원회의 처분에 대하여 중앙노동위원장을 상대로 행정소송을 제기할 경우의 전치요건에 관한 규정이라 할 것이므로 당사자가 지방노동위원회의 처분에 대하여 불복하기 위하여는 처분 송달일로부터 10일 이내에 중앙노동위원회에 재심을 신청하고 중앙노동위원회의 재심판정서 송달일로부터 15일 이내에 중앙노동위원장을 피고로 하여 재심판정취소의 소를 제기하여야 할 것이다(대판 1995. 09. 15, 95누6724).

다. 중앙토지수용위원회의 이의재결에 대한 불복(원처분주의) 구 토지수용법 하에서 판례는 "중앙토지수용위원회의 이의신청에 대한 재결에 불복이 있는 자는 행정소송을 제기할 수 있다"라는 동법 제75조의2가 재결주의를 취하고 있다고 보았다.

그런데, 전술한 바와 같이 현행 토지취득보상법상 재결주의를 포기하고 원처분주의를 취한 것으로 해석하는 것이 일반적 견해이며 판례의 입장이다(대판 2010. 01. 28, 2008두1504, 전술 손실보상 참조). 따라서, 이의재결에 불복하여 취소소송을 제기한 경우 원처분인 수용재결을 대상으로 하여야 한다.

라. 교원징계재심위원회의 결정에 대한 불복(원처분주의) 교원지위향상을 위한 특별법상 각급학교 교원(사립학교 교원 포함)은 징계처분 그 밖에 그 의사에 반하는 불리한 처분에 대하여 교육부의 교원소청심사위원회에 소청을 신청할 수 있고(제9조 제1항), 소청심사위원회의 결정에 대해서 교원은 항고소송을 제기할 수 있다(제10조 제3항).

사립학교 교원에 대한 사립학교장의 징계처분은 처분이 아니기 때문에 교원소청심사위원회의 결정은 행정심판의 재결이 아니며 행정처분으로서 항고소송의 대상이 된다.

이에 반하여 **국공립학교 교원**에 불리한 처분에 대한 구 교원징계재심위원회(현 교원소청심사위원회)의 결정은 행정심판의 재결이고, 판례는 교원소청심사위원회의 결정에 대한 불복에는 원처분주의가 적용되는 것으로 판시하였다.

[판례] ① (1) 각급학교 교원이 징계처분을 받은 때에는 위원회에 소청심사를 청구할 수 있고, 위원회가 그 심사청구를 기각하거나 원 징계처분을 변경하는 처분을 한 때에는 다시 법원에 행정소송을 제기할 수 있다. 또한 위원회가 교원의 심사청구를 인용하거나 원 징계처분을 변경하는 처분을 한 때에는 처분권자는 이에 기속되고 원 징계처분이 국·공립학교 교원에 대한 것이면 처분청은 불복할 수도 없지만, 사립학교 교원에 대한 것이면 그 학교법인 등은 위원회 결정에 불복하여 법원에 행정소송을 제기할 수 있다. (2) 다만 행정청의 처분에 대한 불복소송이라는 행정소송의 본질적 성격상, 위원회의 심사대상인 징계처분이 국·공립학교 교원에 대한 것인지 사립학교 교원에 대한 것인지에 따라, 위와 같이 **위원회의 처분에 불복하여 제기되는 행정소송의 소송당사자와 심판대상 및 사후절차** 등은 달리 보아야 한다. i) 우선 **국·공립학교 교원에 대한 징계처분의 경우에는** 원 징계처분 자체가 행정처분이므로 그에 대하여 위원회에 소청심사를 청구하고 위원회의 결정이 있은 후 그에 불복하는 행정소송이 제기되더라도 그 심판대상은 교육감 등에 의한 원 징계처분이 되는 것이 원칙이다. 다만 위원회의 심사절차에 위법사유가 있다는 등 고유의 위법이 있는 경우에 한하여 위원회의 결정이 소송에서의 심판대상이 된다. 따라서 그 행정소송의 피고도 위와 같은 예외적 경우가 아닌 한 원처분을 한 처분청이 되는 것이지 위원회가 되는 것이 아니다. 또한 법원에서도 위원회 결정의 당부가 아니라 원처분의 위법 여부가 판단대상이 되는 것이므로 위원회 결정의 결론과 상관없이 원처분에 적법한 처분사유가 있는지, 그 징계양정이 적정한지가 판단대상이 되고(다만 위원회에서 원처분의 징계양정을 변경한 경우에는 그 내용에 따라 원처분이 변경된 것으로 간주되어 그 변경된 처분이 심판대상이 된다), 거기에 위법사유가 있다고 인정되면 위원회의 결정이 아니라 원 징계처분을 취소하게 되고, 그에 따라 후속절차도 원 징계처분을 한 처분청이 판결의 기속력에 따라 징계를 하지 않거나 재징계를 하게 되는 구조로 운영된다. ii) 반면, **사립학교 교원에 대한 징계처분의 경우에는** 학교법인 등의 징계처분은 행정처분성이 없는 것이고 그에

대한 소청심사청구에 따라 위원회가 한 결정이 행정처분이고 교원이나 학교법인 등은 그 결정에 대하여 행정소송으로 다투는 구조가 되므로, 행정소송에서의 심판대상은 학교법인 등의 원 징계처분이 아니라 위원회의 결정이 되고, 따라서 피고도 행정청인 위원회가 되는 것이며, 법원이 위원회의 결정을 취소한 판결이 확정된다고 하더라도 위원회가 다시 그 소청심사청구사건을 재심사하게 될 뿐 학교법인 등이 곧바로 위 판결의 취지에 따라 재징계 등을 하여야 할 의무를 부담하는 것은 아니다. (3) 교원소청심사위원회 결정의 기속력 범위 및 징계처분을 받은 사립학교 교원의 소청심사청구에 대하여 교원소청심사위원회가 징계사유 자체가 인정되지 않는다는 이유로 징계처분을 취소하는 결정을 하고, 그에 대하여 학교법인 등이 제기한 행정소송 절차에서 심리한 결과 징계사유 중 일부 사유는 인정된다고 판단되는 경우, 법원이 내려야 할 판결의 내용: 교원소청심사위원회(이하 '위원회'라 한다)의 결정은 처분청에 대하여 기속력을 가지고 이는 그 결정의 주문에 포함된 사항뿐 아니라 그 전제가 된 요건사실의 인정과 판단, 즉 처분 등의 구체적 위법사유에 관한 판단에까지 미친다. 따라서 위원회가 사립학교 교원의 소청심사청구를 인용하여 징계처분을 취소한 데 대하여 행정소송이 제기되지 아니하거나 그에 대하여 학교법인 등이 제기한 행정소송에서 법원이 위원회 결정의 취소를 구하는 청구를 기각하여 위원회 결정이 그대로 확정되면, 위원회 결정의 주문과 그 전제가 되는 이유에 관한 판단만이 학교법인 등 처분청을 기속하게 되고, 설령 판결 이유에서 위원회의 결정과 달리 판단된 부분이 있더라도 이는 기속력을 가질 수 없다. 그러므로 사립학교 교원이 어떠한 징계처분을 받아 위원회에 소청심사청구를 하였고, 이에 대하여 위원회가 그 징계사유 자체가 인정되지 않는다는 이유로 징계양정의 당부에 대해서는 나아가 판단하지 않은 채 징계처분을 취소하는 결정을 한 경우, 그에 대하여 학교법인 등이 제기한 행정소송 절차에서 심리한 결과 징계사유 중 일부 사유는 인정된다고 판단이 되면 법원으로서는 위원회의 결정을 취소하여야 한다. 이는 설령 인정된 징계사유를 기준으로 볼 때 당초의 징계양정이 과중한 것이어서 그 징계처분을 취소한 위원회 결정이 결론에 있어서는 타당하다고 하더라도 마찬가지이다. 위와 같이 행정소송에 있어 확정판결의 기속력은 처분 등을 취소하는 경우에 그 피고인 행정청에 대해서만 미치는 것이므로, 법원이 위원회 결정의 결론이 타당하다고 하여 학교법인 등의 청구를 기각하게 되면 결국 행정소송의 대상이 된 위원회 결정이 유효한 것으로 확정되어 학교법인 등도 이에 기속되므로, 위원회 결정의 잘못은 바로잡을 길이 없게 되고 학교법인 등도 해당 교원에 대한 적절한 재징계를 할 수 없게 되기 때문이다(대판 2013. 07. 25, 2012두12297[해임처분취소결정취소]).

〈해설〉 피고인 교원소청심사위원회는 이 사건 징계사유 전부가 인정되지 않는다는 이유로 원고의 징계처분(이 사건 해임)을 취소하는 이 사건 처분을 하였는데, 법원에서 그 징계사유 중 일부가 인정된다고 하여 피고의 이 사건 처분을 취소한 경우, 그 판결이 그대로 확정되면 피고로서는 원래의 소청심사청구에 대하여 다시 판단하되 확정판결의 취지에 따라 징계사유의 일부가 인정된다는 전제에서 원래의 징계처분을 취소하거나 적정한 양정을 하는 변경처분 등을 하여야 할 것이다. 확정판결의 기속력은 학교법인 등에는 미치지 않는다.

② [1] 교원소청심사위원회의 결정은 학교법인 등에 대하여 기속력을 가지고 이는 그 결정의 주문에 포함된 사항뿐 아니라 그 전제가 된 요건사실의 인정과 판단, 즉 불리한 처분 등의 구체적 위법사유에 관한 판단에까지 미친다. 따라서 교원소청심사위원회가 사립학교 교원의 소청심사청구를 인용하여 불리한 처분 등을 취소한 데 대하여 행정소송이 제기되지 아니하거나 그에 대하여 학교법인 등이 제기한 행정소송에서 법원이 교원소청심사위원회 결정의 취소를 구하는 청구를 기각하여 그 결정이 그대로 확정되면, 결정의 주문과 그 전제가 되는 이유에 관한 판단만이 학교법인 등을 기속하게 되고, 설령 그 기각판결 이유에서 교원소청심사위원회의 결정과 달리 판단된 부분이 있더라도 이는 기속력을 가질 수 없다. 그러므로 사립학교 교원이 어떠한 불리한 처분을 받아 교

원소청심사위원회에 소청심사청구를 하였고, 이에 대하여 교원소청심사위원회가 그 사유 자체가 인정되지 않는다는 이유로 양정의 당부에 대해서는 나아가 판단하지 않은 채 처분을 취소하는 결정을 한 경우, 그에 대하여 학교법인 등이 제기한 행정소송 절차에서 심리한 결과 처분사유 중 일부 사유는 인정된다고 판단되면 법원으로서는 교원소청심사위원회의 결정을 취소하여야 한다. 법원이 교원소청심사위원회 결정의 결론이 타당하다고 하여 학교법인 등의 청구를 기각하게 되면 결국 행정소송의 대상이 된 교원소청심사위원회의 결정이 유효한 것으로 확정되어 학교법인 등이 이에 기속되므로, 그 결정의 잘못을 바로잡을 길이 없게 되고 학교법인 등도 해당 교원에 대하여 적절한 재처분을 할 수 없게 되기 때문이다. [2] 교원소청심사위원회가 학교법인 등이 교원에 대하여 불리한 처분을 한 근거인 내부규칙이 위법하여 효력이 없다는 이유로 학교법인 등의 처분을 취소하는 결정을 하였고 그에 대하여 학교법인 등이 제기한 행정소송 절차에서 심리한 결과 내부규칙은 적법하지만 교원이 그 내부규칙을 위반하였다고 볼 증거가 없다고 판단한 경우에는, 비록 교원소청심사위원회가 내린 결정의 전제가 되는 이유와 판결 이유가 다르다고 하더라도 법원은 교원소청심사위원회의 결정을 취소할 필요 없이 학교법인 등의 청구를 기각할 수 있다고 보아야 한다. 왜냐하면 교원의 내부규칙 위반사실이 인정되지 않는 이상 학교법인 등이 해당 교원에 대하여 다시 불리한 처분을 하지 못하게 되더라도 이것이 교원소청심사위원회 결정의 기속력으로 인한 부당한 결과라고 볼 수 없기 때문이다. 그리고 행정소송의 대상이 된 교원소청심사위원회의 결정이 유효한 것으로 확정되어 학교법인 등이 이에 기속되더라도 그 기속력은 당해 사건에 관하여 미칠 뿐 다른 사건에 미치지 않으므로, 학교법인 등은 다른 사건에서 문제가 된 내부규칙을 적용할 수 있기 때문에 법원으로서는 이를 이유로 취소할 필요도 없다(대판 2018. 07. 12, 2017두65821).

③ 교원소청심사위원회의 소청심사결정 중 임용기간이 만료된 교원에 대한 재임용거부처분을 취소하는 결정은 재임용거부처분을 취소함으로써 학교법인 등에 해당 교원에 대한 재임용심사를 다시 하도록 하는 절차적 의무를 부과하는 데 그칠 뿐, 학교법인 등에 반드시 해당 교원을 재임용하여야 하는 의무를 부과하거나 혹은 그 교원이 바로 재임용되는 것과 같은 법적 효과까지 인정되는 것은 아니다(대판 2023. 02. 02, 2022다226234).

마. 특허심판원의 심결에 대한 불복(재결주의) 특허출원에 대한 심사관의 거절결정에 대하여 특허심판원에 심판청구를 한 후 소송을 제기하는 경우 특허심판원의 심결을 소송대상으로 하여 특허법원에 심결취소를 요구하는 소를 제기하여야 한다(특허법 제186조, 제189조).

바. 재결주의에서의 청구, 심리 및 판결 ① 개별법률에서 재결주의를 정하는 경우에는 재결에 대해서만 제소하는 것이 허용되므로 그 논리적인 전제로서 취소소송을 제기하기 전에 행정심판을 필요적으로 경유할 것이 요구된다(헌재 2001. 06. 28, 2000헌바77).

② 재결주의의 경우에는 행정심판의 재결에 불복하여 취소소송을 제기하고자 하는 경우에 행정심판의 재결을 대상으로 취소소송을 제기하여야 한다. 그러나, 원처분이 당연무효인 경우에는 재결취소의 소뿐만 아니라 원처분무효확인소송도 제기할 수 있다(대판 전원합의체 1993. 01. 19, 91누8050).

③ 재결취소의 소에서는 재결고유의 하자뿐만 아니라 원처분의 하자도 주장할

수 있다(대판 1991. 02. 12, 90누288).

④ 재결주의에서 기각재결에 대한 취소판결의 경우 판결의 기속력에 의해 원처분청은 원처분을 취소하여야 하고 인용재결의 취소는 직접 원처분의 소급적 부활을 가져 온다.

2. 부작위위법확인소송의 대상: 부작위

부작위위법확인소송(不作爲違法確認訴訟)의 대상은 부작위(不作爲)이다.

부작위위법확인소송에서의 '부작위'라 함은 행정청이 당사자의 신청에 대하여 상당한 기간내에 일정한 처분을 하여야 할 법률상 의무가 있음에도 불구하고 이를 하지 아니하는 것을 말한다(법 제2조 제1항 제2호). 즉, 행정청의 모든 부작위가 모두 부작위위법확인소송의 대상이 되는 것이 아니며 다음과 같은 일정한 요건을 갖추어야 한다.

(1) 행정청의 처분의무의 존재(달리 말하면 신청인에게 법규상 또는 조리상 신청권의 존재)

1) 신청권필요설

신청인에게 신청권이 있어야 부작위가 성립한다는 것이 판례의 입장이다. 신청인에게 신청권이 없는 경우에 신청에 대하여 행정청이 가부간의 처분을 하지 않고 있어도 부작위위법확인소송의 대상이 되는 부작위가 되지 않는다. 신청권은 실정법규에 의해 인정되거나 조리상 인정될 수 있다.

행정소송법 제2조 제1항 제2호가 부작위의 성립요건으로 '일정한 처분을 하여야 할 법률상 의무가 있을 것'을 요구하고 있고, 이 처분의무에 대응하는 것이 신청권이다. 부작위의 요소인 처분의무는 응답의무이며 신청에 따라 특정한 내용의 처분을 할 의무가 아니다.

2) 신청권불필요설

이 견해는 부작위의 성립에 있어 신청권이 요건이 되지 않는다는 견해이다. 이 견해는 신청권은 본안의 문제라고 보는 견해와 원고적격의 문제라고 보는 견해로 나누어진다. 이 견해는 신청권을 요구하는 명문의 규정이 없음에도 신청권의 존부를 부작위개념요소로 보는 것은 부작위의 개념을 해석상 제한하는 것으로서 사인의 권리보호의 확대의 이념에 반하는 것이라고 한다.[255)]

3) 판 례

판례는 부작위가 성립하기 위하여는 법규상 또는 조리상의 신청권이 있어야 한

---

255) 홍정선, 1039면.

다고 하며 신청권이 없는 경우 부작위가 있다고 할 수 없고 원고적격도 없다고 한다 (대판 2000. 02. 25, 99두11455).

[판례] 대판 2009. 07. 23, 2008두10560[부작위위법확인의소]: 4급 공무원이 당해 지방자치단체 인사위원회의 심의를 거쳐 3급 승진대상자로 결정되고 임용권자가 그 사실을 대내외에 공표까지 하였다면, 그 공무원은 승진임용에 관한 법률상 이익을 가진 자로서 임용권자에 대하여 3급 승진임용을 신청할 조리상의 권리가 있고, 이러한 공무원으로부터 소청심사청구를 통해 승진임용신청을 받은 행정청으로서는 상당한 기간 내에 그 신청을 인용하는 적극적 처분을 하거나 각하 또는 기각하는 등의 소극적 처분을 하여야 할 법률상의 응답의무가 있다. 그럼에도, 행정청이 위와 같은 권리자의 신청에 대해 아무런 적극적 또는 소극적 처분을 하지 않고 있다면 그러한 행정청의 부작위는 그 자체로 위법하다.

4) 결어(신청권필요설)

행정소송법 제2조 제1항 제2호가 부작위의 성립요건으로 '일정한 처분을 하여야 할 법률상 의무가 있을 것'을 요구하고 있으므로 해석론으로는 신청권을 부작위의 성립요건으로 보는 것이 타당하다. 다만, 입법론으로는 신청권의 존재는 본안의 문제로 보고 부작위의 요건으로 하지 않는 것도 가능하며 대법원 행정소송법개정안도 신청권을 부작위나 거부처분의 요소로 보지 않는 것으로 하고 있다.

5) 행정소송법 개정안

대법원안은 현행 행정소송법상의 부작위 정의규정을 "행정청이 당사자의 신청에 대하여 상당한 기간 내에 일정한 처분 또는 명령 등을 하지 아니하는 것"으로 변경하여 신청권을 거부처분이나 부작위의 요소로 보지 않는 견해도 해석론으로서 가능한 것으로 하였지만, 정부안은 행정청의 처분의무(달리 말하면 신청인의 신청권)를 부작위의 요소로 규정하고 있는 현행법상의 정의규정을 그대로 유지하고 있다.

(2) 당사자의 처분의 신청

당사자의 처분의 신청이 있어야 한다. 달리 말하면 신청이 있어야 하며 신청의 대상은 처분이어야 한다.

① 신청이 있어야 한다. 입법론으로는 행정처분에 신청을 전제로 하지 않는 경우(예, 사립학교 정상화시 정이사 임명)도 있으므로 신청을 부작위의 요건으로 하지 않는 것이 타당하다.

② 처분에 대한 신청이 아닌 경우에는 부작위위법확인소송의 대상이 되는 부작위가 아니다.

[판례] ① [1] 부작위위법확인소송의 대상이 되는 행정청의 부작위라 함은 행정청이 당사자의 신청에 대하여 상당한 기간 내에 일정한 처분을 할 법률상 의무가 있음에도 불구하고 이를 하지 아

니하는 것을 말하고, 이 소송은 처분의 신청을 한 자가 제기하는 것이므로 이를 통하여 **원고가 구하는 행정청의 응답행위는 행정소송법 제2조 제1항 제1호 소정의 처분에 관한 것이라야 한다.** [2] 폐지된 개간촉진법 제17조의 규정에 따른 **국유개간토지의 매각행위는** 국가가 국민과 대등한 입장에서 국토개간장려의 방편으로 개간지를 개간한 자에게 일정한 대가로 매각하는 것으로서 **사법상의 법률행위나 공법상의 계약관계에 해당한다고 보아야 하므로 이를 항고소송의 대상이 되는 행정처분이라고 할 수 없다**(대판 1991. 11. 08, 90누9391[부작위위법확인]). 〈해설〉 국유개간토지의 매각신청은 국유개간토지의 매각행위가 처분이 아니므로 처분의 신청이 아니다.
② 형사본안사건에서 무죄가 선고되어 확정되었다면 **형사소송법 제332조 규정에 따라 검사가 압수물을** 제출자나 소유자 기타 권리자에게 **환부하여야 할 의무가 당연히 발생한** 것이고, 권리자의 환부신청에 대한 검사의 환부결정 등 어떤 처분에 의하여 비로소 환부의무가 발생하는 것은 아니므로 압수가 해제된 것으로 간주된 압수물에 대하여 피압수자나 기타 권리자가 민사소송으로 그 반환을 구함은 별론으로 하고 **검사가 피압수자의 압수물 환부신청에 대하여 아무런 결정이나 통지도 하지 아니하고 있다고 하더라도 그와 같은 부작위는 현행 행정소송법상의 부작위위법확인소송의 대상이 되지 아니한다**(대판 1995. 03. 10, 94누14018[부작위위법확인]). 〈해설〉 환부신청은 환부결정 또는 그 거부가 처분이 아니므로 처분의 신청이 아니다. 따라서, 그 환부신청에 대한 부작위는 부작위위법확인소송의 대상이 되는 부작위가 아니다.

재결부작위는 처분부작위가 아니므로 부작위위법확인소송의 대상이 되는 부작위가 아니다. 재결부작위의 경우 심판청구인은 원처분에 대한 취소소송을 제기하면 된다. 재결주의의 경우에도 원처분에 대한 취소소송을 제기할 수 있는 것으로 보는 것이 타당하다. 재결주의는 재결이 있는 것을 전제로 원처분이 아니라 재결을 대상으로 항고소송을 제기하도록 하는 원칙을 말한다. 재결부작위는 재결이 없는 경우에 해당하므로 행정심판전치주의의 경우에도 행정심판 제기 후 일정기간이 지나면 행정소송을 제기할 수 있다.

③ 신청이 적법할 것(신청요건을 갖출 것)을 요하지 않는다. 신청권자의 신청이 있는 경우 행정청은 신청요건의 충족 여부와 무관하게 응답의무를 지며 신청요건이 충족되지 않은 경우 행정절차법에 따라 보완을 명하여야 하고 보완을 하지 않는 경우 반려처분(거부처분)을 할 수 있기 때문이다.

후술하는 바와 같이 신청의 적법성은 소송요건의 문제가 아니라 본안의 문제라고 보아야 한다. 신청요건의 결여가 중대하여 처분을 할 수 없을 정도인 경우에 행정청의 부작위는 정당(적법)하다고 보아야 한다.

(3) 상당한 기간의 경과

상당한 기간이라 함은 사회통념상 행정청이 당해 신청에 대한 처분을 하는 데 필요한 합리적인 기간을 말한다.

법령에서 신청에 대한 처리기간을 정하고 있는 경우에 당해 처리기간이 경과하였다고 하여 당연히 부작위가 되지는 않지만 그 처리기간이 경과하면 특별한 사정이 없는 한 상당한 기간이 경과하였다고 보아야 한다. 민원사무처리에 관한 법률 제17조에 근거한 민원사무처리기준표는 민원사무의 처리기간을 규정하고 있다.

그런데, 부작위위법확인소송의 소송요건의 충족 여부는 사실심 변론종결시를 기준으로 판단하므로 사실심의 변론종결시까지 상당한 기간이 경과하였으면 되고, 통상 이때까지는 상당한 기간이 경과할 것이므로 이 요건은 실제에 있어서는 크게 문제되지 않는다.

(4) 처분의 부존재

신청에 대하여 가부(可否)간에 처분이 행해지지 않았어야 한다. 신청에 대해 거부처분을 한 것도 응답의무를 이행한 것이 되며 행정청의 부작위는 성립하지 않는다.

[판례] 당사자의 신청에 대한 행정청의 거부처분이 있는 경우에는 행정청이 당사자의 신청에 대하여 상당한 기간 내에 일정한 처분을 하여야 할 법률상의 응답의무를 이행하지 아니함으로써 야기된 부작위라는 위법상태를 제거하기 위하여 제기하는 **부작위위법확인소송은 허용되지 아니한다**(대판 1991. 11. 08, 90누9391[부작위위법확인]).

법령이 법령에서 정한 일정한 기간이 경과한 경우에는 거부한 것으로 의제하는 규정을 두는 경우가 있는데, 이 경우에 법령에서 정한 기간이 경과하였음에도 실제로 처분이 행해지지 않았으면 거부처분이 있는 것으로 되므로 당해 거부처분에 대하여 취소소송을 제기하여야 하며 부작위위법확인소송을 제기할 수는 없다.

부작위위법확인소송계속 중 거부처분이 있게 되면 부작위위법확인소송은 소의 이익이 상실되며 원고는 거부처분취소소송으로 소의 변경을 신청할 수 있다(후술 소의 변경 참조).

3. 당사자소송의 대상

(1) 일반적 고찰

당사자소송의 대상은 '행정청의 처분 등을 원인으로 하는 법률관계와 그 밖의 공법상의 법률관계'이다(행정소송법 제3조 제2호). 즉, 당사자소송의 대상은 공법상 법률관계이다.

행정소송법 제3조 제2호는 공법상 당사자소송을 "행정청의 처분 등을 원인으로 하는 법률관계에 관한 소송, 그 밖의 공법상의 법률관계에 관한 소송으로서 그 법률관계의 한쪽 당사자를 피고로 하는 소송"이라고 규정하고 있다.

① '행정청의 처분 등을 원인으로 하는 법률관계'라 함은 행정청의 처분 등에 의

하여 발생 · 변경 · 소멸된 공법상의 법률관계를 말한다. 예를 들면, 조세채권존재확인의 소(대판 2020. 03. 02, 2017두41771), 공무원지위확인을 구하는 소송 및 미지급퇴직연금지급청구소송은 당사자소송으로 제기하여야 한다.

② '그 밖의 공법상의 법률관계'라 함은 처분 등을 원인으로 하지 않는 공법이 규율하는 법률관계를 말한다. 예를 들면, 광주민주화운동관련 보상금지급청구권은 공권이고, 동 보상금지급청구소송은 당사자소송으로 제기하여야 한다.

③ 공법상 계약 등 일정한 비권력적인 법적 행위는 공법상 당사자소송의 대상이다. 예를 들면, 전문직공무원채용계약은 공법상 계약이고, 전문직공무원 채용계약의 해지를 다투기 위하여는 그 해지를 처분으로 보아야 할 특별한 사정이 없는 한 동 계약해지의 의사표시의 무효확인을 구하는 당사자소송을 제기하여야 한다.

행정소송규칙 제19조 제4호에 따르면 공법상 계약에 따른 권리 · 의무의 확인 또는 이행청구 소송은 당사자소송의 대상이 된다.

④ 공법상 당사자소송을 비권력적 공행정작용에 대한 일반적 구제수단으로 보거나 사실행위도 공법상 당사자소송의 대상으로 보는 견해도 있다. 그런데, 판례는 이러한 입장을 취하고 있지 않다.

⑤ 행정소송규칙 제19조 제2호에 따르면 그 존부 또는 범위가 구체적으로 확정된 공법상 법률관계 그 자체에 관한 다음 각 목의 소송은 당사자소송의 대상이 된다: 가. 납세의무 존부의 확인, 나. 「부가가치세법」 제59조에 따른 환급청구, 다. 「석탄산업법」 제39조의3 제1항 및 같은 법 시행령 제41조 제4항 제5호에 따른 재해위로금 지급청구, 라. 「5 · 18민주화운동 관련자 보상 등에 관한 법률」 제5조, 제6조 및 제7조에 따른 관련자 또는 유족의 보상금 등 지급청구, 마. 공무원의 보수 · 퇴직금 · 연금 등 지급청구, 바. 공법상 신분 · 지위의 확인.

⑥ 행정소송규칙 제19조 제3호에 따르면 처분에 이르는 절차적 요건의 존부나 효력 유무에 관한 다음 각 목의 소송은 당사자소송의 대상이 된다: 가. 「도시 및 주거환경정비법」 제35조 제5항에 따른 인가 이전 조합설립변경에 대한 총회결의의 효력 등을 다투는 소송, 나. 「도시 및 주거환경정비법」 제50조 제1항에 따른 인가 이전 사업시행계획에 대한 총회결의의 효력 등을 다투는 소송, 다. 「도시 및 주거환경정비법」 제74조 제1항에 따른 인가 이전 관리처분계획에 대한 총회결의의 효력 등을 다투는 소송.

(2) 구체적 사례

1) 항고소송사건인지 당사자소송사건인지가 다투어진 사례

가. 행위의 성질이 기준이 되는 경우 계쟁행위를 하는 주체에게 우월적 지

위가 인정되는 공권력 행사에 해당하는지, 즉 행정처분성을 인정할 수 있는지 아니면 계쟁행위가 비권력적인 공행정작용(예, 공법상 계약)인지 여부에 따라 전자에 대하여는 항고소송을 제기하여야 하고 후자에 대하여는 공법상 당사자소송을 제기하여야 한다.

[판례] ① [1] **행정청이 일방적인 의사표시로 자신과 상대방 사이의 법률관계를 종료시킨 경우, 의사표시가 항고소송의 대상이 되는 행정처분인지 또는 공법상 계약관계의 일방 당사자로서 대등한 지위에서 하는 의사표시인지 판단하는 방법:** 행정청이 자신과 상대방 사이의 법률관계를 일방적인 의사표시로 종료시켰다고 하더라도 곧바로 의사표시가 행정청으로서 공권력을 행사하여 행하는 행정처분이라고 단정할 수는 없고, **관계 법령이 상대방의 법률관계에 관하여 구체적으로 어떻게 규정하고 있는지에 따라** 의사표시가 항고소송의 대상이 되는 **행정처분**에 **해당하는지** 아니면 **공법상 계약관계의 일방 당사자로서 대등한 지위에서 행하는 의사표시인지를 개별적으로 판단**하여야 한다. [2] 중소기업기술정보진흥원장이 甲 주식회사와 중소기업 정보화지원사업 지원대상인 사업의 지원에 관한 협약을 체결하였는데, 협약이 甲 회사에 책임이 있는 사업실패로 해지되었다는 이유로 협약에서 정한 대로 지급받은 정부지원금을 반환할 것을 통보한 사안에서, 중소기업 정보화지원사업에 따른 지원금 출연을 위하여 중소기업청장이 체결하는 협약은 공법상 대등한 당사자 사이의 의사표시의 합치로 성립하는 **공법상 계약에 해당하는 점**, 구 중소기업 기술혁신 촉진법(2010. 3. 31. 법률 제10220호로 개정되기 전의 것) 제32조 제1항은 제10조가 정한 기술혁신사업과 제11조가 정한 산학협력 지원사업에 관하여 출연한 사업비의 환수에 적용될 수 있을 뿐 이와 근거 규정을 달리하는 중소기업 정보화지원사업에 관하여 출연한 지원금에 대하여는 적용될 수 없고 달리 **지원금 환수에 관한 구체적인 법령상 근거가 없는 점 등을 종합하면, 협약의 해지 및 그에 따른 환수통보는** 공법상 계약에 따라 행정청이 대등한 당사자의 지위에서 하는 의사표시로 보아야 하고, 이를 행정청이 우월한 지위에서 행하는 공권력의 행사로서 **행정처분에 해당한다고 볼 수는 없다**고 한 사례(대판 2015. 08. 27, 2015두41449[정보화지원사업참여제한처분무효확인]).

② [1] 공기업·준정부기관의 계약상대방에 대한 입찰참가자격 제한 조치가 법령에 근거한 행정처분인지 계약에 근거한 권리행사인지 판단하는 방법: 공기업·준정부기관이 법령 또는 계약에 근거하여 선택적으로 입찰참가자격 제한 조치를 할 수 있는 경우, **계약상대방에 대한 입찰참가자격 제한 조치가 법령에 근거한 행정처분인지 아니면 계약에 근거한 권리행사인지는 원칙적으로 의사표시의 해석 문제**이다. 이때에는 공기업·준정부기관이 계약상대방에게 통지한 문서의 내용과 해당 조치에 이르기까지의 과정을 객관적·종합적으로 고찰하여 판단하여야 한다. 그럼에도 불구하고 공기업·준정부기관이 법령에 근거를 둔 행정처분으로서의 입찰참가자격 제한 조치를 한 것인지 아니면 계약에 근거한 권리행사로서의 입찰참가자격 제한 조치를 한 것인지 여부가 여전히 **불분명한 경우에는, 그에 대한 불복방법 선택에 중대한 이해관계를 가지는 그 조치 상대방의 인식가능성 내지 예측가능성을 중요하게 고려하여 규범적으로 이를 확정함이 타당하다**(대법원 2018. 10. 25. 선고 2016두33537 판결 참조). [2] **다음과 같은 이유**에서 입찰참가자격 제한 조치가 계약에 근거한 권리행사가 아니라 공공기관의 운영에 관한 법률(이하 '공공기관운영법'이라 한다) **제39조 제2항에 근거한 행정처분**으로 봄이 타당하다고 한 사례: (1) 피고는 입찰참가자격 제한 조치를 하기 전 원고에게 "처분사전통지서(청문실시통지)"라는 제목으로 공기업·준정부기관 계약사무규칙 제16조에 의한 입찰참가자격 제한 처분을 할 계획이라는 취지와 함께 그 법적 근거로 공공기관운영법 제39조와 계약상 근거 규정을 함께 기재한 문서를 교부하였고, 행정절차법에 따른 절차 등을 진행하였

다. (2) 피고는 입찰참가자격 제한 조치를 하면서 원고에게 교부한 통지서에, 제재 근거로 "계약규정 제26조 제1항, 계약규정 시행규칙 제97조 제1항 제8호 및 [별표 2]의 제10호 '나'목"을, 제재기간을 "6월(한수원 한정)"로 각 기재하였다. 그러나 그 이의신청 방법에 대해서는 공기업·준정부기관 계약사무규칙 제15조 제1항과 계약상 근거 규정을 함께 기재하였다. (3) 또한 피고는 위 통지서에 입찰참가자격 제한 조치에 대한 쟁송 방법으로 "행정심판법 제27조 또는 행정소송법 제20조에 따라 소정의 기간 내에 행정심판을 청구하거나 행정소송을 제기할 수 있음을 알려 드립니다. 행정심판 청구 및 행정소송 제기의 제척기간은 다음과 같습니다. 1) 행정심판: 처분이 있음을 알게 된 날로부터 90일 이내에 청구(단, 처분이 있었던 날로부터 180일이 지나면 청구하지 못함) 2) 행정소송: 처분 등이 있음을 안 날로부터 90일 이내에 제기(단, 처분 등이 있는 날로부터 1년을 경과하면 이를 제기하지 못함)"라고 기재하였다. (4) 이처럼 피고가 행정처분과 계약에 근거한 권리행사 중에서 어떠한 수단을 선택하여 입찰참가자격 제한 조치를 취한 것인지 객관적으로 **불분명하나,** 앞서 본 피고의 절차 진행 및 통지 내용 등 여러 사정에 비추어 보면, 원고가 피고의 입찰참가자격 제한 조치를 행정처분이 아니라고 인식하였을 것으로 기대하기는 어려워 보인다(대판 2019. 02. 14, 2016두33292[부정당업자제재처분취소]).

(가) 공법상 당사자소송의 예

[판례] **① 지방전문직공무원 채용계약의 해지**에 대하여는 불이익처분을 받은 지방경력직공무원 등에게 적용되는 소청제도는 물론 행정심판절차에 의한 불복도 허용되지 않고 있는 것으로 해석되고, 이와 같은 법령의 규정 취지와 그 밖에 공무원의 자격, 임용, 보수, 복무, 신분보장, 징계 등에 관한 관계법령의 규정내용에 미루어보면, 현행 실정법이 지방전문직공무원 채용계약 해지 의사표시를 일반공무원에 대한 징계처분과는 달리 항고소송의 대상이 되는 처분 등의 성격을 가진 것으로 인정하지 않고, 지방자치단체가 채용계약관계의 한쪽 당사자로서 대등한 지위에서 행하는 의사표시로 취급하고 있는 것으로 이해되므로 지방전문직공무원 채용계약 해지 의사표시에 대하여는 **항고소송이 아닌 공법상의 당사자소송으로 그 의사표시의 무효확인을 청구할 수 있다고 보아야 할 것이다**(대판 1993. 09. 14, 92누4611). 〈해설〉 징계적 성격의 해촉은 성질상 처분으로 보아야 한다. ② 지방자치법 제9조 제2항 제5호 (라)목 및 (마)목 등의 규정에 의하면, 광주광역시립합창단의 활동은 지방문화 및 예술을 진흥시키고자 하는 광주광역시의 공공적 업무수행의 일환으로 이루어진다고 해석될 뿐 아니라, 그 단원으로 위촉되기 위하여는 공개전형을 거쳐야 하고 지방공무원법 제31조의 규정에 해당하는 자는 단원의 직에서 해촉될 수 있는 등 단원은 일정한 능력요건과 자격요건을 갖추어야 하며, 상임단원은 일반공무원에 준하여 매일 상근하고 단원의 복무규율이 정하여져 있으며, 일정한 해촉사유가 있는 경우에만 해촉되고, 단원의 보수에 대하여 지방공무원의 보수에 관한 규정을 준용하는 **점 등에서는 단원의 지위가 지방공무원과 유사한 면이 있으나,** 한편 단원의 위촉기간이 정하여져 있고 재위촉이 보장되지 아니하며, 단원에 대하여는 지방공무원의 보수에 관한 규정을 준용하는 이외에는 지방공무원법 기타 관계 법령상의 지방공무원의 자격, 임용, 복무, 신분보장, 권익의 보장, 징계 기타 불이익처분에 대한 행정심판 등의 불복절차에 관한 규정이 준용되지도 아니하는 **점 등을 종합하여 보면, 광주광역시문화예술회관장의 단원 위촉은** 광주광역시문화예술회관장이 행정청으로서 공권력을 행사하여 행하는 행정처분이 아니라 공법상의 근무관계의 설정을 목적으로 하여 광주광역시와 단원이 되고자 하는 자 사이에 대등한 지위에서 의사가 합치되어 성립하는 **공법상 근로계약에 해당한다고 보아야 할 것이므로, 시립합창단원으로서 위촉기간이 만료되는 자들의 재위촉 신청에 대하여 광주광역시문화예술회관장이 실기와 근무성적에 대한 평정을 실시하여 재위촉을 하지 아니한 것을 항고소송의 대상이 되는 불합격처분이라고**

할 수는 없고 공법상 당사자소송을 제기하여야 한다(대판 2001. 12. 11, 2001두7794).
③ 국가의 훈기부상 화랑무공훈장을 수여받은 것으로 기재되어 있는 **원고가 태극무공훈장을 수여받은 자임을 확인하라는 소 청구는 항고소송이 아니라 공법상의 법률관계에 관한 당사자소송에 속하는 것**이므로 행정소송법 제30조의 규정에 의하여 국가를 피고로 하여야 할 것이다(대판 1990. 10. 23, 90누4440). 〈해설〉 총무처장관을 피고로 한 소를 각하한 사례이다.
④ 읍·면장에 의한 이장의 임명 및 면직이 행정처분이 아니라 공법상 계약 및 그 계약을 해지하는 의사표시라고 본 사례(대판 2012. 10. 25, 2010두18963).

(나) 항고소송의 예 다음과 같은 이유에서 공법상 계약의 체결 여부(재체결 포함)의 결정 및 제재적 성격이 있는 결정(예, 해촉 등) 등에 대해서는 처분성을 인정하여야 한다. 공법상 계약에는 기본적으로 계약의 자유 등 계약법리가 적용되어 국민의 권리구제가 어려우므로 처분으로 보고 항고소송의 대상으로 봄으로써 재량권의 일탈·남용을 통제할 수 있다.[256)]

[판례] ① **지방계약직공무원에 대한 보수의 삭감은 이를 당하는 공무원의 입장에서는 징계처분의 일종인 감봉과 다를 바 없다**(대판 2008. 06. 12, 2006두16328[전임계약직공무원(나급)재계약거부처분및감봉처분취소]).
② **「사회기반시설에 대한 민간투자법」 제13조 제3항상의 실시협약**(동법에 의하여 주무관청과 민간투자사업을 시행하고자 하는 자간에 사업시행의 조건 등에 관하여 체결하는 계약)은 **공법상 계약**이고, 그 이전에 행해지는 동법 제13조 제2항상의 **행정청의 협상대상자(특별한 사정이 없는 한 사업시행자가 된다) 지정행위는 행정행위의 성질을 갖는 것**으로 보아야 한다. 〈해설〉 행정청에 의한 공법상 계약의 체결 여부 또는 계약상대방의 결정은 행정소송법상 처분에 해당하는 경우가 있고, 이 경우 항고소송의 대상이 된다고 보아야 한다(서울고법 2004. 06. 24, 2003누6483).
③ **재활용자원화시설의 민간위탁대상자 선정행위를 처분으로 본 사례**(대판 2007. 09. 21, 2006두7973[고양시재활용자원화시설민간위탁대상자선정취소처분취소]).
④ 한국환경산업기술원장이 구 국가연구개발사업의 관리 등에 관한 규정(대통령령) 및 환경기술개발사업운영규정(환경부훈령)에 따라 주관연구기관에 대하여 한 **연구개발 중단 조치와 연구비 집행중지 조치**가 항고소송의 대상이 되는 행정처분에 해당한다고 한 사례(대판 2015.12.24, 2015두264[환경기술개발사업중단처분취소]). 〈해설〉 원심은 법령의 근거 없이 협약 당사자 간의 대등한 지위에서 한 의사표시에 불과하여 항고소송의 대상이 되는 행정처분이 아니라고 판단하였다. 대법원은 환경부훈령인 「환경기술개발사업운영규정」을 적법한 해석규칙 내지는 법령보충적 행정규칙으로 보았다. 법령에 근거한 해지이므로 처분으로 보아야 한다.
⑤ **[피고와 택시회사들 사이의 감차합의에 근거하여 한 직권감차명령의 '처분성'이 다투어진 사건]** (1) 피고 행정청과 관내 11개 택시회사들 사이에서 택시공급 과잉 문제를 해결하고자 3년에 걸쳐 업체별로 일정 대수를 감차하기로 약정한 합의는 여객자동차법 제4조 제3항이 정한 '면허조건'을 원고들의 동의하에 사후적으로 부가한 것이다. (2) 일부 택시회사들이 위와 같은 합의를 이행하지 않는다는 이유로 피고 행정청이 그 택시회사들에 대하여 한 **직권감차명령은** 피고가 우월적 지위에서 여객자동차법 제85조 제1항 제38호에 따라 원고들에게 일정한 법적 효과를 발생하게 하는

256) 김대인, "행정계약에 관한 연구," 『서울대학교 박사학위논문』, 2005. 2.

것이므로 항고소송의 대상이 되는 **처분에 해당**한다고 보아야 하고, 단순히 대등한 당사자의 지위에서 형성된 공법상 계약에 근거한 의사표시에 불과한 것으로는 볼 수 없다. (3) 익산시의 택시공급 과잉 문제를 해결하기 위하여, 익산시장이 2012. 9. 19. 관내 11개 택시회사들과 사이에서 법인택시 총 272대(보유대수의 약 40%)를 3년간 순차적으로 감차하고 감차대수에 따라 감차보상금을 지급하기로 합의하였는데, 일부 택시회사들이 3년차인 2014년에 사정변경을 이유로 합의 이행을 거부하자, 익산시장이 그 택시회사들에 대하여 합의 불이행을 이유로 위 합의에서 정한 3년차 감차대수만큼 직권감차명령을 한 사안에서, 원심은 "이 사건 합의가 행정청이 대등한 당사자의 지위에서 체결한 공법상 계약에 해당하므로, 그 합의 불이행을 이유로 한 직권감차명령도 행정청이 공법상 계약에 따라 대등한 당사자의 지위에서 하는 의사표시에 불과하여 처분에 해당하지 않는다"라고 판단하였으나, 대법원은 공법상 계약에 근거한 의사표시라고 하여 항상 그것이 대등한 당사자 지위에서 행해지는 것은 아니며, 개별 행정작용마다 관련법령이 당해 행정주체와 사인간의 관계를 어떻게 규정하고 있는지를 행위형식이나 외관이 아니라 당해 행위의 실질을 기준으로 개별적으로 검토하여야 한다는 취지에서, 원심이 처분 및 부관에 관한 법리를 오해하였음을 지적한 사례(대판 2016. 11. 24, 2016두45028[감차처분취소]).

⑥ 재단법인 한국연구재단이 갑 대학교 총장에게 연구개발비의 부당집행을 이유로 '해양생물유래고부가식품 · 향장 · 한약 기초소재 개발 인력양성사업에 대한 2단계 두뇌한국(BK)21 사업' **협약을 해지하고 연구팀장 을에 대한** 국가연구개발사업의 3년간 **참여제한 등을 명하는 통보**를 하자 을이 통보 취소를 청구한 사안에서, **그 통보의 처분성을 인정하고** 을은 위 협약 해지 통보의 효력을 다툴 법률상 이익이 있다고 한 사례(대판 2014. 12. 11, 2012두28704[2단계BK21사업처분취소]).

⑦ [1] **산업단지관리공단이** 구 산업집적활성화 및 공장설립에 관한 법률 제38조 제2항에 따른 **변경계약을 취소한 것은** 항고소송의 대상이 되는 **행정처분**에 해당한다. [2] 국민에게 일정한 이익과 권리를 취득하게 한 종전 행정처분을 직권으로 취소한 경우 종전 행정처분의 하자나 취소해야 할 필요성에 관한 증명책임은 기존 이익과 권리를 침해하는 처분을 한 행정청에 있다. [3] 신뢰보호와 이익형량의 취지는 구 산업집적활성화 및 공장설립에 관한 법률에 따른 입주계약 또는 변경계약을 취소하는 경우에도 마찬가지로 적용될 수 있다(대판 2017. 06. 15, 2014두46843[입주변경계약취소처분등취소]).

⑧ 사회기반시설에 대한 민간투자법 제45조 제1항에 따라 주무관청이 사업시행자에게 한 감독명령은 처분이다(대판 2019. 03. 28, 2016두43176).

⑨ 육군본부와 맺은 용역계약에 따라 연구개발사업을 시행한 업체의 연구개발확인서 발급신청에 대한 **국방전력발전업무훈령 제113조의5 제1항에 의한 연구개발확인서 발급은 '확인적 행정행위'**로서 공권력의 행사인 **'처분'**에 해당하고, 연구개발확인서 발급 거부는 신청에 따른 처분 발급을 거부하는 '거부처분'에 해당한다(대판 2020. 01. 16, 2019다264700).

⑩ 지방자치단체의 장이 공유재산 및 물품관리법에 근거하여 기부채납 및 사용 · 수익허가 방식으로 민간투자사업을 추진하는 과정에서 사업시행자를 지정하기 위한 전 단계에서 공모제안을 받아 일정한 심사를 거쳐 **우선협상대상자를 선정하는 행위와 이미 선정된 우선협상대상자를 그 지위에서 배제하는 행위는 항고소송의 대상이 되는 행정처분이다**(대판 2020. 04. 29, 2017두31064).

나. 금전급부 등에 관한 소송 공법관계에서 행정청의 거부결정이 공법상 금전지급 전에 행해지는 경우에 금전지급이 거부된 경우에 항고소송으로 다투어야 하는지, 당사자소송으로 다투어야 하는지가 애매한 경우가 있다. 이 경우에는 문제된

권리의 존부 또는 범위가 행정청의 결정에 의하여 비로소 창설되거나 구체적으로 확정되는 경우 및 구체적인 권리의 존부 또는 범위가 법령에 의해 정해져 있지만, 그 존부 또는 범위에 관하여 다툼이 있고 지급결정 또는 거부결정이 이를 공식적으로 확인하는 성질의 확인행위인 경우에는 항고소송을 제기하여야 한다는 것이 판례의 입장이다. **판례**는 금전지급결정의 처분성이 인정되는 경우 항고소송으로 다투도록 하고, 당사자소송을 인정하지 않는다. 생각건대(사견으로는), 행정청의 결정으로 구체적 권리가 창설되거나 확정되는 경우 당사자소송을 인정하는 것은 법원이 구체적 권리를 확정하는 것이 되어 권력분립의 원칙에 반한다. 그렇지만, 행정청의 결정이 입법자가 정한 구체적 권리를 확인하는 것에 그치는 경우에는 처분이기는 하지만 사실관계나 법률관계를 확인하는 것에 그치고, 사실관계나 법률관계를 확인하는 최종적 권한은 법원에 있으므로 항고소송과 함께 당사자소송을 선택적으로 인정하는 것이 타당하다. 권리의 존부 및 범위가 법령 등에 의하여 바로 구체적으로 명확하게 확정되어 있어 금전지급결정 또는 거부결정이 단순한 사실행위에 불과한 경우에는 문제된 권리가 공권이면 당사자소송, 사권이면 민사소송을 제기하여야 한다.

[판례] ① (1) **공법상 각종 급부청구권은** 행정청의 심사·결정의 개입 없이 법령의 규정에 의하여 직접 구체적인 권리가 발생하는 경우와 관할 행정청의 심사·인용결정에 따라 비로소 구체적인 권리가 발생하는 경우로 나눌 수 있다. **이러한 두 가지 유형 중 어느 것인지는** 관계 법령에 구체적인 권리의 존부나 범위가 명확하게 정해져 있는지, 행정청의 거부결정에 대하여 불복절차가 마련되어 있는지 등을 종합하여 정해진다. (2) 그중 사회보장수급권은 법령에서 실체적 요건을 규정하면서 수급권자 여부, 급여액 범위 등에 관하여 행정청이 1차적으로 심사하여 결정하도록 정하고 있는 경우가 일반적이다. 이 사건 육아휴직급여 청구권도 관할 행정청인 직업안정기관의 장이 심사하여 지급결정을 함으로써 비로소 구체적인 수급청구권이 발생하는 경우로 앞서 본 후자의 유형에 해당한다. 대법원 판례도 사회보장수급권에 관하여 구 「광주민주화운동 관련자 보상 등에 관한 법률」(2006. 3. 24. 법률 제7911호로 법률명이 「5·18민주화운동 관련자 보상 등에 관한 법률」로 개정되기 전의 것, 이하 같다)상 보상금(대법원 1992. 12. 24. 선고 92누3335 판결), 석탄산업법상 재해위로금(대법원 1998. 12. 23. 선고 97누5046 판결, 대법원 1999. 1. 26. 선고 98두12598 판결 등)과 같은 몇몇 사례를 제외하고는 대부분 후자의 유형으로 보고 있다. 아래에서는 후자의 유형, 즉 일반적인 경우로 한정하여 살펴본다. (3) **사회보장수급권은** 법령에서 실체적 요건을 규정하면서 수급권자 여부, 급여액 범위등에 관하여 행정청이 1차적으로 심사하여 결정하도록 정하고 있는 경우가 일반적이다. **육아휴직급여 청구권도** 관할 행정청인 직업안정기관의 장이 심사하여 **지급결정을 함으로써 비로소 구체적인 수급청구권이 발생하는 경우에 해당**한다. 위와 같이 **사회보장수급권은 추상적 형태의 권리와 구체적 형태의 권리로 나뉘고, 이들 각각의 권리행사는 그 목적과 방법이 서로 다르다**(대판 전원합의체 2021. 03. 18, 2018두47264[육아휴직급여 부지급 등 처분 취소]). **〈해설〉** 추상적 형태의 권리는 신청을 하여 지급결정을 받아야 구체적 권리가 된다. 이 경우 지급거부결정은 처분으로서 항고소송의 대상이 된다. 구체적 형태의 권리에 따른 신청에 대한 지급결정이나 거부결정은 단순한 사실행위로서 처분이 아니고, 거부결정의 경우 공권이면 공법상 당사자소송으로,

사권이면 민사소송으로 지급청구소송을 제기하여야 한다.
② 사회보장수급권은 관계 법령에서 정한 실체법적 요건을 충족시키는 객관적 사정이 발생하면 추상적인 급부청구권의 형태로 발생하고, 관계 법령에서 정한 절차·방법·기준에 따라 관할 행정청에 지급 신청을 하여 관할 행정청이 지급결정을 하면 그때 비로소 구체적인 수급권으로 전환된다(대법원 2019. 12. 27. 선고 2018두46780 판결 등 참조). 급부를 받으려고 하는 사람은 우선 관계 법령에 따라 행정청에 그 지급을 신청하여 행정청이 거부하거나 일부 금액만 지급하는 결정을 하는 경우 그 결정에 대하여 항고소송을 제기하여 취소 또는 무효확인 판결을 받아 그 기속력에 따른 재처분을 통하여 구체적인 권리를 인정받아야 한다. 따라서 사회보장수급권의 경우 구체적인 권리가 발생하지 않은 상태에서 곧바로 행정청이 속한 국가나 지방자치단체 등을 상대로 한 당사자소송이나 민사소송으로 급부의 지급을 소구하는 것은 허용되지 않는다(대법원 2019. 6. 13. 선고 2017다277986, 277993 판결 등 참조)(대판 전원합의체 2021. 03. 18, 2018두47264).
③ 관계 법령의 해석상 급부를 받을 권리가 법령의 규정에 의하여 직접 발생하는 것이 아니라 급부를 받으려고 하는 자의 신청에 따라 관할 행정청이 지급결정을 함으로써 구체적인 권리가 발생하는 경우에는, 급부를 받으려고 하는 자는 우선 관계 법령에 따라 행정청에 급부지급을 신청하여 행정청이 이를 거부하거나 일부 금액만 인정하는 지급결정을 하는 경우 그 결정을 대상으로 항고소송을 제기하고, 취소·무효확인판결의 기속력에 따른 재처분을 통하여 구체적인 권리를 인정받은 다음 비로소 공법상 당사자소송으로 급부의 지급을 구하여야 하고, 구체적인 권리가 발생하지 않은 상태에서 곧바로 행정청이 속한 국가나 지방자치단체 등을 상대로 한 당사자소송이나 민사소송으로 급부의 지급을 소구하는 것은 허용되지 않는다(대판 2020. 10. 15, 2020다222382[우선협상대상자지정취소로 인한 손해배상]).
④ 요양기관의 국민건강보험공단에 대한 요양급여비용청구권은 요양기관의 청구에 따라 공단이 지급결정을 함으로써 구체적인 권리가 발생하는 것이지, 공단의 결정과 무관하게 국민건강보험법령에 의하여 곧바로 발생한다고 볼 수 없다(대판 2023. 08. 31, 2021다243355).
⑤ 구 산업재해보상보험법(이하 '산재보험법'이라 한다)이 규정한 보험급여의 지급요건에 해당하여 보험급여를 받을 수 있는 자, 이른바 수급권자라고 할지라도 그 요건에 해당하는 것만으로 바로 수급권자에게 구체적인 급여청구권이 발생하는 것이 아니라 수급권자의 보험급여 청구에 따라 근로복지공단이 보험급여에 관한 결정을 행함으로써 비로소 구체적인 급여청구권이 발생한다고 할 것이다. 이와 같이 근로복지공단의 보험급여에 관한 결정은 구체적인 급여청구권의 존부 및 범위를 형성·확정하는 처분이다(대판 2008. 02. 01, 2005두12091).
⑥ 신청 후 일정기간 내에 지급에 관한 결정을 하지 않는 경우에는 바로 소송을 제기할 수 있도록 하고 있는 점 등에 비추어 볼 때 보상심의위원회의 결정을 거치는 것은 보상금 지급에 관한 소송을 제기하기 위한 전치요건에 불과하다 할 것이므로 보상심의위원회의 결정은 항고소송의 대상이 되는 행정처분이라 볼 수 없고, 위 보상금지급에 관한 권리는 동법이 특별히 인정하고 있는 공법상의 권리라 할 것이므로 그에 관한 소송은 당사자소송에 의하여야 할 것이다(대판 1992. 12. 24, 92누3335[광주민주화운동관련 보상청구소송(당사자소송)]).
⑦ 공무원연금법령상 급여를 받으려고 하는 자는 우선 관계 법령에 따라 공무원연금공단에 급여지급을 신청하여 공무원연금공단이 이를 거부하거나 일부 금액만 인정하는 급여지급결정을 하는 경우 그 결정을 대상으로 항고소송을 제기하는 등으로 구체적 권리를 인정받아야 하고, 구체적인 권리가 발생하지 않은 상태에서 곧바로 공무원연금공단을 상대로 한 당사자소송으로 권리의 확인이나 급여의 지급을 소구하는 것은 허용되지 아니한다. 이러한 법리는 구체적인 급여를 받을 권리의 확인을 구하기 위하여 소를 제기하는 경우뿐만 아니라, 구체적인 급여수급권의 전제가 되는 지

위의 확인을 구하는 경우에도 마찬가지로 적용된다(대판 2017. 02. 09, 2014두43264[공무원재직기간합산불승인처분취소]). 〈해설〉 원고들은 **선택적으로**, 공무원연금공단이 원고들에 대하여 한 재직기간합산 불승인처분을 각 취소하라는 **취소소송과** 원고들은 각 공무원재직기간에 상응한 퇴직연금을 받을 권리를 가진 자의 지위에 있음을 확인하라는 **당사자소송을 제기**하였다. 판례는 취소소송의 대상적격 즉 재직기간합산 불승인처분의 처분성은 인정하였지만(전술), 당사자소송 부분은 "원고들이 공무원으로 20년 이상 재직한 후 퇴직하였다고 하더라도 원고들의 사법연수생 재직기간을 공무원 재직기간에 합산하는 공무원연금공단의 승인을 받고, 이와 같이 합산된 공무원 재직기간에 해당하는 퇴직연금을 받을 권리를 안전행정부장관으로부터 인정받지 않은 이상 사법연수생 재직기간을 합산한 공무원 재직기간에 상응하는 퇴직연금을 지급받을 구체적인 권리가 발생하지 않으므로, 피고에 대하여 위와 같은 **권리의 확인을 구할 소의 이익이 없다**. 따라서 원고들의 소 중 각 공무원재직기간에 상응한 퇴직연금을 받을 권리를 가진 자의 지위확인청구 부분은 **부적법하다**."고 하였다(서울행정법원 2014. 04. 03. 선고 2013구합22598 판결[공무원재직기간합산불승인처분취소]). 그러나, 이 사건에서 확인의 이익이 없음을 이유로 해당 당사자소송을 부적법 각하할 것이 아니라 대상적격이 없음을 이유로 각하하는 것이 타당한 것은 아닌지 의문이 든다.

⑧ 공무원연금법 소정의 퇴직연금 등의 급여는 급여를 받을 권리를 가진 자가 당해 공무원이 소속하였던 기관장의 확인을 얻어 신청하는 바에 따라 **공무원연금관리공단이 그 지급결정을 함으로써 그 구체적인 권리가 발생하는 것이므로, 공무원연금관리공단의 급여에 관한 결정은 국민의 권리에 직접 영향을 미치는 것이어서 행정처분에 해당할 것**이지만, **공무원연금관리공단의 인정에 의하여 퇴직연금을 지급받아 오던 중 구 공무원연금법령의 개정 등으로 퇴직연금 중 일부 금액의 지급이 정지된 경우**에는 **당연히 개정된 법령에 따라 퇴직연금이 확정되는 것이고, 공무원연금관리공단의 퇴직연금 결정과 통지에 의하여 비로소 그 금액이 확정되는 것이 아니므로**, 공무원연금관리공단이 퇴직연금 중 일부 금액에 대하여 지급거부의 의사표시를 하였다고 하더라도 그 의사표시는 행정처분이 아니며, **이 경우 미지급퇴직연금에 대한 지급청구권은 공법상 권리로서 그의 지급을 구하는 소송은 공법상의 법률관계에 관한 소송인 공법상 당사자소송에 해당한다**. 퇴직연금 중 일부 금액에 대하여 지급거부의 의사표시에 대한 취소소송이 제기된 경우 그 청구에 미지급 퇴직연금의 직접 지급을 구하는 취지도 포함된 것인지를 석명하여 원고 등으로 하여금 그 취지에 적응한 소변경 등의 절차를 할 기회를 주어야 한다(대판 2004. 07. 08, 2004두244[미지급퇴직연금 지급청구소송(당사자소송)]).

⑨ [1] 구 군인연금법과 같은법시행령의 관계 규정을 종합하면, 같은 법에 의한 퇴역연금 등의 급여를 받을 권리는 법령의 규정에 의하여 직접 발생하는 것이 아니라 각 군 참모총장의 확인을 거쳐 국방부장관이 인정함으로써 비로소 구체적인 권리가 발생하고, 위와 같은 **퇴역연금 등의 급여를 받으려고 하는 자는 우선 관계 법령에 따라 국방부장관에게 그 권리의 인정을 청구하여 국방부장관이 그 인정 청구를 거부하거나 청구 중의 일부만을 인정하는 처분을 하는 경우** 그 처분을 대상으로 **항고소송을 제기**하는 등으로 구체적 권리를 인정받은 다음 비로소 당사자소송으로 그 급여의 지급을 구하여야 할 것이고, 구체적인 권리가 발생하지 않은 상태에서 곧바로 국가를 상대로 **한 당사자소송으로 그 권리의 확인이나 급여의 지급을 소구하는 것은 허용되지 아니한다**. [2] 국방부장관의 인정에 의하여 **퇴역연금을 지급받아 오던 중 군인보수법 및 공무원보수규정에 의한 호봉이나 봉급액의 개정 등으로 퇴역연금액이 변경된 경우**에는 법령의 개정에 따라 당연히 개정규정에 따른 퇴역연금액이 확정되는 것이지 구 군인연금법 제18조 제1항 및 제2항에 정해진 국방부장관의 퇴역연금액 결정과 통지에 의하여 비로소 그 금액이 확정되는 것이 아니므로, **법령의 개정에 따른 국방부장관의 퇴역연금액 감액조치에 대하여** 이의가 있는 퇴역연금수급권자는 **항고소송을 제**

기하는 방법으로 감액조치의 효력을 다툴 것이 아니라 직접 국가를 상대로 정당한 퇴역연금액과 결정, 통지된 퇴역연금액과의 차액의 지급을 구하는 **공법상 당사자소송을 제기하는 방법으로 다툴 수 있다 할 것**이고, 같은 법 제5조 제1조에 그 법에 의한 급여에 관하여 이의가 있는 자는 군인연금급여재심위원회에 그 심사를 청구할 수 있다는 규정이 있다 하여 달리 볼 것은 아니다(대판 2003. 09. 05, 2002두3522).

⑩ 구 의료보호법(1995. 8. 4. 법률 제4974호로 개정되기 전의 것) 제1조, 제4조, 제6조, 제11조, 제21조, 같은 법 시행령 제17조 제1항, 제2항, 제21조, 같은 법 시행규칙 제28조, 제29조에 따른 의료보호의 목적, 의료보호대상자의 선정절차, 기금의 성격과 조성방법 및 운용절차, 보호기관의 심사결정의 내용과 성격, 진료기관의 보호비용의 청구절차 등에 비추어 볼 때, 진료기관의 보호기관에 대한 진료비지급청구권은 계약 등의 법률관계에 의하여 발생하는 사법상의 권리가 아니라 법에 의하여 정책적으로 특별히 인정되는 공법상의 권리라고 할 것이고, **법령의 요건에 해당하는 것만으로 바로 구체적인 진료비지급청구권이 발생하는 것이 아니라 보호기관의 심사결정에 의하여 비로소 구체적인 청구권이 발생한다고 할 것이므로,** 진료기관은 법령이 규정한 요건에 해당하여 진료비를 지급받을 추상적인 권리가 있다 하더라도 **진료기관의 보호비용 청구에 대하여 보호기관이 심사결과 지급을 거부한 경우**에는 곧바로 민사소송은 물론 공법상 당사자소송으로도 지급청구를 할 수는 없고, **지급거부결정의 취소를 구하는 항고소송을 제기하는 방법으로 구제받을 수밖에 없다**(대판 1999. 11. 26, 97다42250[의료보호비용지급거부 취소소송]).

⑪ 「민주화운동관련자 명예회복 및 보상 등에 관한 법률」 제2조 제1호, 제2호 본문, 제4조, 제10조, 제11조, 제13조 규정들의 취지와 내용에 비추어 보면, 같은 법 제2조 제2호 각 목은 민주화운동과 관련한 피해 유형을 추상적으로 규정한 것에 불과하여 제2조 제1호에서 정의하고 있는 민주화운동의 내용을 함께 고려하더라도 그 규정들만으로는 바로 법상의 보상금 등의 지급 대상자가 확정된다고 볼 수 없고, '민주화운동관련자 명예회복 및 보상 심의위원회'에서 심의·결정을 받아야만 비로소 보상금 등의 지급 대상자로 확정될 수 있다. 따라서 그와 같은 **심의위원회**(민주화운동관련자 명예회복 및 보상 심의위원회)**의 결정**은 국민의 권리의무에 직접 영향을 미치는 **행정처분**에 해당하므로, 관련자 등으로서 보상금 등을 지급받고자 하는 신청에 대하여 **심의위원회가 관련자 해당 요건의 전부 또는 일부를 인정하지 아니하여 보상금 등의 지급을 기각하는 결정을 한 경우에는** 신청인은 심의위원회를 상대로 **그 결정의 취소를 구하는 소송을 제기하여 보상금 등의 지급대상자가 될 수 있다**(대판 전원합의체 2008. 04. 17, 2005두16185[민주화운동관련자불인정처분취소]).

〈해설〉 이 다수의견에 대하여는 다음과 같은 **반대의견**이 제시되었다: '민주화운동관련자 명예회복 및 보상 등에 관한 법률' 제17조의 규정은 입법자가 결정전치주의에 관하여 특별한 의미를 부여하고 있는 것으로, 심의위원회의 결정과 같은 사전심사를 거치거나 사전심사를 위한 일정한 기간이 지난 후에는 곧바로 당사자소송의 형태로 권리구제를 받을 수 있도록 하려는 데 그 진정한 뜻이 있는 것이다. 또한, 소송경제나 분쟁의 신속한 해결을 도모한다는 측면에서도 당사자소송에 의하는 것이 국민의 권익침해 해소에 가장 유효하고 적절한 수단이다. 따라서 **보상금 등의 지급신청을 한 사람이 심의위원회의 보상금 등의 지급에 관한 결정을 다투고자 하는 경우에는 곧바로 보상금 등의 지급을 구하는 소송을 제기하여야 하고, 관련자 등이 갖게 되는 보상금 등에 관한 권리는** 위 법이 특별히 인정하고 있는 **공법상 권리이므로** 그 보상금 등의 지급에 관한 소송은 행정소송법 제3조 제2호에 정한 국가를 상대로 하는 **당사자소송에 의하여야 한다.**

⑫ 판례는 「1980년 해직공무원보상 등에 관한 특별조치법」 소정의 보상금지급거부(대판 1990. 09. 25, 90누592), 국방부장관의 퇴직연금의 지급거부 또는 청구 중 일부만의 인정(대판 2003. 09. 05, 2002두3522) 및 하천법상 토지수용위원회의 보상재결(대판 2001. 09. 14, 2001다40879), 산업재해보

상보험법상 근로복지공단의 보험급여에 관한 결정(대판 2008. 02. 01, 2005두12091)을 처분으로 보고 이를 다투기 위하여는 항고소송을 제기하여야 하는 것으로 보았다.

⑬ 특수임무수행자 및 그 유족으로서 보상금 등을 지급받고자 하는 자의 신청에 대하여 위원회(구 특수임무수행자 보상에 관한 법률상의 특수임무수행자 보상심의위원회)가 특수임무수행자에 해당하지 않는다는 이유로 이를 기각하는 결정을 한 경우, 신청인은 위원회를 상대로 그 결정의 취소를 구하는 소송을 제기하여 보상금 등의 지급대상자가 될 수 있다. 이와 달리 신청인이 국가를 상대로 직접 보상금 등의 지급을 구하는 소는 부적법하다(대판 2008. 12. 11, 2008두6554[보상금지급청구기각결정처분취소]).

⑭ 부패방지법 제36조 제2항, 제3항에 따른 보상금지급거부가 처분임을 전제로 본안판결을 한 사례(대판 2008. 11. 13, 2008두12726[보상금지급신청기각결정취소]).

⑮ **명예퇴직수당**은 명예퇴직수당 지급신청자 중에서 일정한 심사를 거쳐 피고가 명예퇴직수당 지급대상자로 결정한 경우에 비로소 지급될 수 있지만, 명예퇴직수당 지급대상자로 결정된 법관에 대하여 지급할 수당액이 명예퇴직수당규칙 제4조 [별표 1]에 산정 기준이 정해져 있으므로, 법관은 위 규정에서 정한 정당한 산정 기준에 따라 산정된 **명예퇴직수당액을 수령할 구체적인 권리를 가진다.** 따라서 법관이 이미 수령한 수당액이 위 규정에서 정한 정당한 명예퇴직수당액에 미치지 못한다고 주장하며 **차액의 지급을 신청함에 대하여 법원행정처장이 거부하는 의사를 표시했더라도,** 그 의사표시는 명예퇴직수당액을 형성·확정하는 행정처분이 아니라 공법상의 법률관계의 한 쪽 당사자로서 지급의무의 존부 및 범위에 관하여 자신의 의견을 밝힌 것에 불과하므로 **행정처분으로 볼 수 없다.** 결국 명예퇴직한 법관이 **미지급 명예퇴직수당액**에 대하여 가지는 권리는 명예퇴직수당 지급대상자 결정 절차를 거쳐 명예퇴직수당규칙에 의하여 확정된 공법상 법률관계에 관한 권리로서, **그 지급을 구하는 소송은 행정소송법의 당사자소송에 해당**하며, 그 법률관계의 당사자인 국가를 상대로 제기하여야 한다(대판 2016. 05. 24, 2013두14863).

⑯ 고용산재보험료징수법의 각 규정에 의하면, 사업주가 당연가입자가 되는 고용보험 및 산재보험에서 보험료 납부의무 부존재확인의 소는 공법상의 법률관계 그 자체를 다투는 소송으로서 공법상 당사자소송이라 할 것이다(대판 2016. 10. 13, 2016다221658).

⑰ **비관리청의 항만시설 무상사용기간의 산정 기준이 되는 총사업비를 관리청이 적법한 기준에 미달하게 산정하여 통보한 경우,** 그 금액과 적법한 기준에 의한 총사업비의 차액에 따른 기간만큼 무상사용기간이 단축되므로, 그 차액에 해당하는 기간에 관하여는 비관리청이 무상사용할 수 없게 된다는 법적 불안·위험이 현존한다고 보아야 하고, 따라서 이를 제거하기 위하여 **국가를 상대로 공법상의 당사자소송으로 권리범위의 확인을 구할 필요나 이익이 있으며, 이러한 방법이 가장 유효·적절한 수단이라고 할 것이나,** 관리청이 총사업비를 산정하여야만 비관리청이 당해 항만시설을 무상사용할 수 있는 것이 아니므로, 관리청이 적법한 기준에 미달하게 총사업비를 산정하여 통보하였다 하더라도 **그 산정통보 자체를 항고소송으로 다툴 수는 없다**(대판 2001. 08. 24, 2001두2485).

⑱ **구 군인연금법상** 선순위 유족이 유족연금수급권을 상실함에 따라 동순위 또는 차순위 유족이 한 **유족연금수급권 이전 청구에 대한 국방부장관의 결정은** 선순위 유족의 수급권 상실로 청구인에게 유족연금수급권 이전이라는 법률효과가 발생하였는지 여부를 **'확인'하는 행정행위**로서 항고소송의 대상인 **처분에 해당**하므로 만약 국방부장관이 **거부결정을 하는 경우 그 거부결정을 대상으로 항고소송을 제기하는 방식으로 불복하여야** 하고, 청구인이 정당한 유족연금수급권자라는 국방부장관의 심사·확인 결정 없이 곧바로 **국가를 상대로 한 당사자소송으로 그 권리의 확인이나 유족연금의 지급을 소구할 수는 없다**(대판 2019. 12. 27, 2018두46780).

2) 당사자소송인지 민사소송인지가 다투어진 사례

가. 당사자소송과 민사소송의 대상 구분

일반적으로 말하면 당사자소송은 공법관계를 대상으로 하고, 민사소송은 사법관계를 대상으로 한다.

나. 구체적 사례

(가) 처분 등을 원인으로 하는 법률관계를 대상으로 하는 소송

가) 소송물 기준설　이 견해는 소송물을 기준으로 그것이 공법관계이면 당사자소송, 사법관계이면 민사소송으로 보는 견해이다.

나) 원인된 법률관계 기준설　이 견해는 계쟁 법률관계의 원인이 되는 법률관계를 기준으로 원인이 된 법률관계가 공법관계이면 당사자소송, 사법관계이면 민사소송으로 보는 견해이다. 이 견해는 행정소송법 제3조 제2호의 규정문언에 충실한 견해이다.

이 견해에 의하면 처분 등 공법행위를 원인으로 하는 법률관계는 모두 당사자소송으로 대상으로 본다.

다) 판　례　판례는 소송물 기준설을 취하고 있다.

라) 결　어　행정소송법은 당사자소송을 공법상 법률관계에 관한 소송으로 규정하고 있으므로 현행 행정소송법상 소송물기준설이 타당하다.

(나) 법률관계의 성질이 기준이 되는 경우　공법상 법률관계(공권)에 관한 소송은 공법상 당사자소송으로 제기되어야 하며 사법상 법률관계(사권)에 관한 소송은 민사소송으로 제기되어야 한다.

가) 금전급부청구소송　공법상 금전급부청구권에 근거한 청구는 공법상 당사자소송으로, 사법상 금전급부청구권에 근거한 청구는 민사소송으로 제기하여야 한다. 판례는 금전급부청구소송을 민사소송으로 보는 경향이 있다. 금전급부청구권이 처분등이 원인이 되어 발생한 경우에도 처분 등에 의해 직접 형성된 경우가 아닌 경우에는 사권으로 보고 민사소송의 대상으로 본다. 그 이유는 당해 금전급부청구권은 원인이 된 행위와는 별개의 것이고 그 금전급부청구권이 사법상의 금전급부청구권과 성질상 다르지 않다고 보기 때문이다.

그러나, 최근 금전급부청구에 관한 소송에 있어서 당사자소송으로 보는 판례가 늘고 있다.

a. 판례가 공법상 당사자소송으로 본 사례

일반적으로 금전급부가 사회보장적 급부의 성격을 가지거나 정책적 지원금의 성격을 가지는 경우에는 공법상 당사자소송의 대상이 되는 것으로 본다.

[판례] ① 석탄가격안정지원금은 석탄의 수요 감소와 열악한 사업환경 등으로 점차 경영이 어려워지고 있는 석탄광업의 안정 및 육성을 위하여 국가정책적 차원에서 지급하는 지원비의 성격을 갖는 것이고, 석탄광업자가 석탄산업합리화사업단에 대하여 가지는 위와 같은 지원금지급청구권은 석탄사업법령에 의하여 정책적으로 당연히 부여되는 공법상의 권리이므로, 석탄광업자가 석탄사업합리화사업단을 상대로 석탄산업법령 및 석탄가격안정지원금 지급요령에 의하여 지원금의 지급을 구하는 소는 민사소송이 아니라 공법상의 법률관계에 관한 소송인 공법상의 당사자소송에 해당한다(대판 1997. 05. 30, 95다28960[석탄가격안정지원금 청구소송]).[257)]

② 광주민주화운동관련자 보상 등에 관한 법률에 의한 보상금청구소송(대판 1992. 12. 24, 92누3335).

③ 퇴직연금 결정 후의 퇴직연금청구소송(대판 2004. 07. 08, 2004두244), 퇴역연금 결정 후의 퇴역연금청구소송(대판 2003. 09. 05, 2002두3522).

④ (1) 지방소방공무원의 보수에 관한 법률관계가 공법상 법률관계인지 여부(적극) 및 지방소방공무원이 소속 지방자치단체를 상대로 초과근무수당의 지급을 구하는 소송을 제기하는 경우, 행정소송법상 당사자소송의 절차에 따라야 하는지 여부(적극): 지방자치단체와 그 소속 경력직 공무원인 지방소방공무원 사이의 관계, 즉 지방소방공무원의 근무관계는 사법상의 근로계약관계가 아닌 공법상의 근무관계에 해당하고, 그 근무관계의 주요한 내용 중 하나인 지방소방공무원의 보수에 관한 법률관계는 공법상의 법률관계라고 보아야 한다. 나아가 지방공무원법 제44조 제4항, 제45조 제1항이 지방공무원의 보수에 관하여 이른바 근무조건 법정주의를 채택하고 있고, 지방공무원 수당 등에 관한 규정 제15조 내지 제17조가 초과근무수당의 지급 대상, 시간당 지급 액수, 근무시간의 한도, 근무시간의 산정 방식에 관하여 구체적이고 직접적인 규정을 두고 있는 등 관계 법령의 내용, 형식 및 체제 등을 종합하여 보면, 지방소방공무원의 초과근무수당 지급청구권은 법령의 규정에 의하여 직접 그 존부나 범위가 정하여지고 법령에 규정된 수당의 지급요건에 해당하는 경우에는 곧바로 발생한다고 할 것이므로, 지방소방공무원이 자신이 소속된 지방자치단체를 상대로 초과근무수당의 지급을 구하는 청구에 관한 소송은 행정소송법 제3조 제2호에 규정된 당사자소송의 절차에 따라야 한다. (2) 피고(서울특별시) 소속 전·현직 소방공무원들인 원고들이 초과근무수당의 지급을 구하는 이 사건 청구가 민사소송의 대상임을 전제로 민사소송절차에 의하여 심리·판단한 제1심판결을 취소하고 이 사건을 행정소송 관할법원인 서울행정법원에 이송한 원심의 조치를 수긍한 사례(대판 2013. 03. 28, 2012다102629).

⑤ 주거환경정비법상 청산금청구권은 공법상 권리이므로 청산금지급청구소송은 공법상 당사자소송에 의해야 한다(대판 2017. 04. 28, 2016두39498).

⑥ 구 도시 및 주거환경정비법 제65조 제2항 후단규정에 따른 정비기반시설의 소유권 귀속에 관한 국가 또는 지방자치단체와 정비사업시행자 사이의 법률관계는 공법상의 법률관계로 보아야 한다. 따라서 위 후단 규정에 따른 정비기반시설의 소유권 귀속에 관한 소송은 공법상의 법률관계에 관한 소송으로서 행정소송법 제3조 제2호에서 규정하는 당사자소송에 해당한다(대판 2018. 07. 26, 2015다221569).

⑦ 폐광대책비의 일환으로 폐광된 광산에서 업무상 재해를 입은 근로자에게 지급되는 재해위로금은, 사회보장적인 차원에서 통상적인 재해보상금에 추가하여 지급되는 위로금의 성격을 갖는다(대판 2019. 07. 25. 선고 2017두69830).

⑧ 산업기술혁신 촉진법상 산업기술개발사업에 관하여 체결된 협약에 따라 집행된 사업비 정산금 반환채무의 존부에 대한 분쟁은 공법상 당사자소송의 대상이다(대판 2023. 06. 29, 2021다250025[채

---

257) 이 판결에 대한 평석으로는 김남진, "공법·사법, 공권·사권의 구별기준 등,"『판례월보』, 제329호, 25면 이하 참조.

무부존재확인의 소]).

b. 판례가 민사소송으로 본 사례 판례는 국가배상청구소송, 공법상 부당이득반환청구소송 등을 민사소송으로 보고 있다. 그러나, 다수설은 공법상 당사자소송으로 보아야 한다고 주장한다.

[판례] ① 조세부과처분의 당연무효를 전제로 하여 이미 납부한 세금의 반환을 청구하는 것은 민사상의 부당이득반환청구로서 민사소송절차에 따라야 한다(대판 1995. 04. 28, 94다55019).
② 구 도시 및 주거환경정비법상 **재개발조합**이 **공법인**이라는 사정만으로 **재개발조합과 조합장 또는 조합임원 사이의 선임 · 해임 등을 둘러싼 법률관계**는 **사법상의 법률관계로서 그 조합장 또는 조합임원의 지위를 다투는 소송은 민사소송에 의하여야 할 것이다**(대결 2009. 09. 24, 2009마168, 169).
③ **재개발조합은 조합원에 대한 법률관계에서** 적어도 특수한 존립목적을 부여받은 특수한 **행정주체로서** 국가의 감독하에 그 존립 목적인 **특정한 공공사무를 행하고 있다고 볼 수 있는 범위 내에서는 공법상의 권리의무 관계에 서 있다.** 따라서 조합을 상대로 한 쟁송에 있어서 강제가입제를 특색으로 한 **조합원의 자격 인정 여부에 관하여 다툼이 있는 경우**에는 그 단계에서는 아직 조합의 어떠한 처분 등이 개입될 여지는 없으므로 **공법상의 당사자소송에 의하여 그 조합원 자격의 확인을 구할 수 있다**(대판 전원합의체 1996. 02. 15, 94다31235).
④ 토지구획정리조합으로부터 **조합원에 대한 구 토지구획정리사업법상의 청산금채권**을 양수한 사람이 행정소송법 제3조 제2호에서 정한 **당사자소송**에 의하여 양수금의 지급을 구할 수 있다(대판 2021. 04. 15, 2019다244980, 244997).

다만, 판례는 부가가치세 환급세액 지급청구를 당사자소송의 대상으로 본다(대판 전원합의체 2013. 03. 21, 2011다95564). 이 판례는 공법상 부당이득반환청구를 당사자소송의 대상으로 본 판례는 아니다(이견 있음). 이 판례는 부가가치세 환급세액의 반환을 부당이득반환으로 보지 않고 민사소송의 대상이 아닌 행정소송의 대상으로 보았다.

c. 손실보상금청구소송

① 행정소송규칙 제19조 제1호에 따르면 다음 각 목의 손실보상금에 관한 소송은 당사자소송의 대상이 된다: 가. 「공익사업을 위한 토지 등의 취득 및 보상에 관한 법률」 제78조 제1항 및 제6항에 따른 이주정착금, 주거이전비 등에 관한 소송. 나. 「공익사업을 위한 토지 등의 취득 및 보상에 관한 법률」 제85조 제2항에 따른 보상금의 증감(增減)에 관한 소송, 다. 「하천편입토지 보상 등에 관한 특별조치법」 제2조에 따른 보상금에 관한 소송.

② 판례는 법령에서 보상금액을 행정청이 일방적으로 결정하도록 규정하면서 불복방법에 대하여는 특별한 규정을 두지 않은 경우(도로법 제79조, 제80조, 수산업법 제79조)에 보상금액을 다투기 위하여는 행정청의 보상금결정처분에 대한 취소 또는 무효확인소송을 제기하여야 한다고 본다. 다만, 행정청에 의해 결정된 보상금의 청구는

공법상 당사자소송에 의한다.

③ 법령에서 전심절차를 거쳐 보상금지급청구의 소를 제기하도록 하는 규정만 두고 있는 경우(징발법 제19조, 제24조의2)에는 공법상 당사자소송으로 보상금지급청구를 하여야 한다.

④ 법령에서 손실보상을 인정하면서 보상금 결정방법 및 불복절차에 관하여 아무런 규정을 두지 않은 경우에 손실보상청구권이 공권인 경우 손실보상금청구는 공법상 당사자소송에 의하여야 하고, 손실보상청구권이 사권인 경우 민사소송으로 손실보상청구를 하여야 한다(자세한 것은 손실보상 참조).

나) 공법상 신분 또는 지위 등의 확인소송(당사자소송)　판례는 공법상 신분 또는 지위, 공법상 의무의 부존재 등의 확인소송, 공법상의 의무의 존부를 다투는 소송을 당사자소송으로 보고 있다.

[판례] ① 공무원(대판 1998. 10. 23, 98두12932) 또는 농지개량조합직원의 지위확인소송(대판 1977. 02. 22, 76다2517), 재개발조합을 상대로 조합원자격 유무에 관한 확인을 구하는 소송(대판 전원합의체 1996. 02. 15, 94다31235), 연금수혜대상자 확인(대판 1991. 01. 25, 90누3041), 훈장종류 확인(대판 1990. 10. 23, 90누4440), 영관생계보조기금권리자 확인(대판 1991. 01. 25, 90누3041), 사업주가 당연가입자가 되는 고용보험 및 산재보험에서 보험료 납부의무 부존재확인(대판 2016. 10. 13, 2016다221658).

② 재개발조합과 조합장 또는 조합임원 사이의 선임·해임 등을 둘러싼 법률관계는 사법상의 법률관계로서 그 조합장 또는 조합임원의 지위를 다투는 소송은 민사소송에 의하여야 할 것이다(대결 2009. 09. 24, 2009마168, 169).

③ 수신료의 법적 성격, 한국방송공사의 수신료 강제징수권의 내용[구 방송법(2008. 2. 29. 법률 제8867호로 개정되기 전의 것) 제66조 제3항] 등에 비추어 보면 **수신료 부과행위는 공권력의 행사에 해당**하므로, **한국전력공사가 한국방송공사로부터 수신료의 징수업무를 위탁받아 자신의 고유업무와 관련된 고지행위와 결합하여 수신료를 징수할 권한이 있는지 여부를 다투는 이 사건 쟁송은** 민사소송이 아니라 공법상의 법률관계를 대상으로 하는 것으로서 행정소송법 제3조 제2호에 규정된 **당사자소송에 의하여야 한다**(대판 2008. 07. 24, 2007다25261[방송수신료통합징수권한부존재확인]).

④ 우정사업본부 산하 우체국장과 우편집배 재택위탁계약을 체결하고 재택위탁집배원으로 근무한 甲 등이 국가를 상대로 근로자지위확인 등을 구하는 소송을 민사소송으로 제기한 사례(대판 2019. 04. 23, 2016다277538).

⑤ 국토의 계획 및 이용에 관한 법률 제130조 제3항에서 정한 토지의 소유자·점유자 또는 관리인(이하 '소유자 등'이라 한다)이 사업시행자의 일시 사용에 대하여 정당한 사유 없이 동의를 거부하는 경우, **사업시행자는 해당 토지의 소유자 등을 상대로 동의의 의사표시를 구하는 소를 제기할 수 있다.** 이와 같은 **토지의 일시 사용에 대한 동의의 의사표시를 할 의무는** '국토의 계획 및 이용에 관한 법률'에서 특별히 인정한 **공법상의 의무**이므로, **그 의무의 존부를 다투는 소송은** '공법상의 법률관계에 관한 소송으로서 그 법률관계의 한쪽 당사자를 피고로 하는 소송', 즉 행정소송법 제3조 제2호에서 규정한 **당사자소송**이라고 보아야 한다(대판 2019. 09. 09, 2016다262550).

⑥ (1) 도시계획시설사업 시행자인 원고가 피고들 소유의 토지를 재료적치장, 임시통로로 일시 사

용하기 위해 국토계획법 제130조 제3항에 따라 피고들을 상대로 동의의 의사표시를 구하는 소송이 공법상 법률관계에 관한 당사자소송이다: 국토의 계획 및 이용에 관한 법률(이하 '국토계획법') 제130조의 체계와 내용, 입법목적과 함께 공익사업의 성격을 종합하면, 도시 · 군계획시설사업의 사업시행자가 사업구역에 인접한 특정 토지를 재료적치장 또는 임시통로 용도로 한시적으로 이용할 필요가 있는 경우, 사업시행자는 위 규정에 따라 해당 토지 소유자 등의 동의를 받아야 하고, 토지 소유자 등은 이를 거부할 정당한 사유가 없는 한 사업시행자의 '일시 사용'을 수인하고 동의할 의무가 있다고 할 것이다. 토지 소유자 등이 사업시행자의 일시 사용에 대하여 정당한 사유 없이 동의를 거부하는 경우, 사업시행자는 해당 토지의 소유자 등을 상대로 동의의 의사표시를 구하는 소를 제기할 수 있다. 이와 같은 **토지의 일시 사용에 대한 동의의 의사표시를 할 의무는 국토계획법에서 특별히 인정한 공법상의 의무이므로, 그 의무의 존부를 다투는 소송은 '공법상의 법률관계에 관한 소송으로서 그 법률관계의 한쪽 당사자를 피고로 하는 소송', 즉 행정소송법 제3조 제2호에서 규정한 당사자소송이라고 보아야 한다.** (2) 군산－새만금 송전선로 건설사업 시행자인 원고가 피고들에 대하여 그들 소유 토지를 임시통로 및 재료적치장으로 일시 사용하는 데 대한 동의의 의사표시를 구한 사건에서, 위 소송은 행정소송법상의 당사자소송에 해당한다는 이유로 이를 민사소송으로 보고 판단한 제1심판결을 전속관할 위반으로 취소하고 사건을 행정소송 관할법원으로 이송한 원심판결이 정당하다고 한 사례(대판 2019. 09. 09, 2016다262550).

(다) 행위의 성질이 기준이 되는 경우　비권력적 행위에 있어서는 행위의 목적이 공익과 밀접한 관련이 있는지를 검토하여야 한다.

행위의 유형과 관련하여서는 사법분야에서와 동일한 행위유형을 채택하고 있는지 아니면 사법분야에서는 찾아보기 어려운 행위유형을 채택하고 있는지를 살펴보아야 할 것이다. 사법분야와 동일한 유형을 행위유형으로 채택하고 있는 경우에는 사법상 법률행위에 관한 규정(계약의 해지, 취소 등)과 다른 별도의 규정을 두고 있는지를 검토하여야 한다.

가) 공법상 계약에 관한 소송(당사자소송)　공법상 계약에 관한 소송은 원칙상 공법상 당사자소송이다. 사법상 계약에 관한 소송은 민사소송이다.

공법상 계약이란 공법적 효과의 발생을 목적으로 하여 대등한 당사자 사이의 의사표시 합치로 성립하는 공법행위를 말한다. **어떠한 계약이 공법상 계약에 해당하는지는** 계약이 공행정 활동의 수행 과정에서 체결된 것인지, 계약이 관계 법령에서 규정하고 있는 공법상 의무 등의 이행을 위해 체결된 것인지, 계약 체결에 계약 당사자의 이익만이 아니라 공공의 이익 또한 고려된 것인지 또는 계약 체결의 효과가 공공의 이익에도 미치는지, 관계 법령에서의 규정 내지 그 해석 등을 통해 공공의 이익을 이유로 한 계약의 변경이 가능한지, 계약이 당사자들에게 부여한 권리와 의무 및 그 밖의 계약 내용 등을 종합적으로 고려하여 판단하여야 한다(대판 2023. 06. 29, 2021다250025).

공법상 계약의 한쪽 당사자가 다른 당사자를 상대로 그 이행을 청구하는 소송 또는 이행의무의 존부에 관한 확인을 구하는 소송은 공법상 법률관계에 관한 분쟁이므로 분쟁의 실질이 공법상 권리·의무의 존부·범위에 관한 다툼이 아니라 손해배상액의 구체적인 산정방법·금액에 국한되는 등의 특별한 사정이 없는 한 공법상 당사자소송으로 제기하여야 한다(대판 2021. 02. 04, 2019다277133 등 참조).

[판례] ① 서울특별시립무용단원이 가지는 지위가 공무원과 유사한 것이라면, 서울특별시립무용단원의 위촉은 공법상의 계약이라고 할 것이고, 따라서 그 단원의 해촉에 대하여는 공법상의 당사자소송으로 그 무효확인을 청구할 수 있다(대판 1995. 12. 22, 95누4636).
② 현행 실정법이 전문직공무원인 공중보건의사의 채용계약 해지의 의사표시는 일반공무원에 대한 징계처분과는 달라서 항고소송의 대상이 되는 처분 등의 성격을 가진 것으로 인정되지 아니하고, 일정한 사유가 있을 때에 관할 도지사가 채용계약 관계의 한쪽 당사자로서 대등한 지위에서 행하는 의사표시로 취급하고 있는 것으로 이해되므로, 공중보건의사 채용계약 해지의 의사표시에 대하여는 대등한 당사자간의 소송형식인 공법상의 당사자소송으로 그 의사표시의 무효확인을 청구할 수 있는 것이지, 이를 항고소송의 대상이 되는 행정처분이라는 전제하에서 그 취소를 구하는 항고소송을 제기할 수는 없다(대판 1996. 05. 31, 95누10617).
③ 민간투자사업 실시협약을 체결한 당사자가 공법상 당사자소송에 의하여 그 민간투자사업 실시협약에 따른 재정지원금의 지급을 구하는 경우에, 수소법원은 단순히 주무관청이 재정지원금액을 산정한 절차 등에 위법이 있는지 여부를 심사하는 데 그쳐서는 아니 되고, 실시협약에 따른 적정한 재정지원금액이 얼마인지를 구체적으로 심리·판단하여야 한다(대판 2019. 01. 31, 2017두46455).
〈해설〉 민간투자사업 실시협약을 공법상 계약으로 본 판례이다.
④ 국립대학 강의전담교수 채용계약은 공법상 계약이고, 국립대학 강의전담교수는 근로자 지위확인소송은 공법상 당사자소송으로 행정법원의 관할에 속하고, 해당 소송을 민사소송으로 서울중앙지법에 제기하여 해당 법원이 본안판결은 한 것은 전속관할 위반이라고 하면서 1심을 취소하고 행정법원으로 이송한 사례(서울고법 2018나2046651).
⑤ [보조사업자인 원고가 보조금수령자인 피고를 상대로 피고의 부정수급을 이유로 이 사건 청년인턴지원협약에 따라 청년인턴지원금의 반환을 청구한 사건] (1) 고용노동부가 시행한 고용정책기본법 제25조, 고용보험법 제25조 제1항에 근거하여 시행하는 청년 미취업자들에게 중소기업체에서 인턴으로 근무할 경험을 제공하는 '청년취업인턴제' 사업의 시행에 필요한 사항을 정하여 공고한 '청년취업인턴제 시행지침'(이하 '이 사건 지침'이라고 한다)에 따라 고용노동부로부터 청년취업인턴제 사업에 관한 업무를 위탁받은 기관(운영기관)과 실시기업 사이에 체결된 청년인턴지원협약(이하 '이 사건 협약'이라고 한다)은 보조금 지원에 관하여 보조사업자인 원고와 보조금수령자인 피고 사이에 체결한 계약으로서 공법적 요소가 일부 포함되어 있다. 즉 그 부분에 있어서는 공법상 계약으로 볼 수 있다. (2) 원고가 고용노동부의 청년취업인턴제시행지침 또는 구 「보조금 관리에 관한 법률」 제33조의2 제1항 제1호에 따라 보조금수령자에 대하여 거짓 신청이나 그 밖의 부정한 방법으로 지급받은 보조금을 반환하도록 요구하는 의사표시는 우월한 지위에서 하는 공권력의 행사로서의 '반환명령'이 아니라, 대등한 당사자의 지위에서 계약에 근거하여 하는 의사표시라고 보아야 한다. 또한 원고의 피고에 대한 이 사건 협약에 따른 지원금 반환청구는 협약에서 정한 의무의 위반을 이유로 채무불이행 책임을 구하는 것에 불과하고, 그 채무의 존부 및 범위에 관한 다툼이 이 사건 협약에 포함된 공법적 요소에 어떤 영향을 받는다고 볼 수도 없으므로 민사소송의 대상이라고 보아야 한다. (3) 이 사건 협약이 지원금의 심사단계에서 거짓 기타 부정한 방법이 개입

되었음이 확인된 경우에는 지원금을 일부라도 지급하지 않아야 한다고 규정한 경우, 부정하게 신청하여 수령한 지원금액 전액이 반환대상이다(대판 2019. 08. 30, 2018다242451). 〈해설〉 **이 사건 협약에 의하면** 피고가 이 사건 지침 및 협약을 위반하여 부당하게 지원금을 지급받은 경우 **지방관서의 반환명령 또는 원고의 요구에 따라 반환해야 한다.** 대법원 판례는 공법상 계약에 관한 분쟁이라도 민사법적 쟁점이 문제된 경우에는 민사소송의 대상이 된다고 보는 것으로 보이는데, 공법상 계약에 관한 분쟁은 모두 공법상 당사자소송의 대상으로 보는 것이 타당하다. 다만, 공법상 계약과 관련된 분쟁이라도 공법상 계약과 분리될 수 있는 분쟁(예, 공법상 계약 체결상의 과실에 따른 손해배상청구)은 민사소송의 대상이 된다고 보아야 한다.

나) 주택재건축정비사업조합 조합총회결의 무효확인소송(당사자소송)

[판례] [1] 도시 및 주거환경정비법상 행정주체인 주택재건축정비사업조합을 상대로 **관리처분계획안에 대한 조합총회결의의 효력 등을 다투는 소송은** 행정처분에 이르는 절차적 요건의 존부나 효력 유무에 관한 소송으로서 그 소송결과에 따라 행정처분의 위법 여부에 직접 영향을 미치는 공법상 법률관계에 관한 것이므로, 이는 **행정소송법상의 당사자소송에** 해당한다. [2] 도시 및 주거환경정비법상 주택재건축정비사업조합이 같은 법 제48조에 따라 수립한 **관리처분계획에 대하여 관할 행정청의 인가 · 고시까지 있게 되면 관리처분계획은 행정처분으로서 효력이 발생하게 되므로, 총회결의의 하자를 이유로 하여 행정처분의 효력을 다투는 항고소송의 방법으로 관리처분계획의 취소 또는 무효확인을 구하여야 하고,** 그와 별도로 행정처분에 이르는 절차적 요건 중 하나에 불과한 **총회결의 부분만을 따로 떼어내어 효력 유무를 다투는 확인의 소를 제기하는 것은 특별한 사정이 없는 한 허용되지 않는다**(대판 전원합의체 2009. 09. 17, 2007다2428[총회결의무효확인]). 〈해설〉 판례는 관리처분계획안에 대한 조합 총회결의의 효력 등을 다투는 소송(조합총회결의무효확인소송)을 당사자소송으로 보면서 당사자소송으로 보는 논거를 다음과 같이 제시하고 있다: ① 피고인 주택재건축정비조합이 행정주체이고, ② "행정처분에 이르는 절차적 요건의 존부나 효력 유무에 관한 소송"이고, ③ 그 소송결과에 따라 행정처분의 위법 여부에 직접 영향을 미치는 공법상 법률관계에 관한 것"이라는 것이다. 그러나, 이 논거는 다소 모호하며 그 효력이 다투어지는 조합총회의 결의가 공법상 합동행위로서 공법상 계약과 같이 비권력적 공행정작용이라는 점을 논거로 드는 것이 타당하다. 행정객체가 제기하는 당사자소송의 피고는 행정주체가 되어야 하므로 총회가 아니라 행정주체인 재건축조합이 조합총회결의무효확인소송의 피고가 되는 것이다. 판례는 관리처분계획에 대하여 관할 행정청의 인가·고시가 있은 후에는 관리처분계획은 행정처분으로서 효력이 발생하게 되고, 관리처분계획안에 대한 조합 총회결의는 행정처분인 관리처분계획에 이르는 절차적 요건 중 하나에 불과하므로, 총회결의의 하자를 다투고자 하는 경우에도 항고소송의 방법으로 관리처분계획의 취소 또는 무효확인을 구하여야 하고, 그와 별도로 관리처분계획안에 대한 조합 총회결의의 효력 등을 다투는 소송(조합총회결의무효확인소송)은 허용되지 않는다고 하였다.

다) 관리처분계획안에 대한 조합 총회결의의 효력을 다투는 소송(당사자소송)

[판례] 도시 및 주거환경정비법(이하 '도시정비법'이라 한다)상 행정주체인 주택재건축정비사업조합을 상대로 관리처분계획안에 대한 조합 총회결의의 효력을 다투는 소송은 행정처분에 이르는 절차적 요건의 존부나 효력 유무에 관한 소송으로서 소송결과에 따라 행정처분의 위법 여부에 직접 영향을 미치는 공법상 법률관계에 관한 것이므로, 이는 행정소송법상 당사자소송에 해당한다(대결 2015. 08. 21, 2015무26[관리처분계획안에대한총회결의효력정지가처분]).

Ⅱ. 소의 이익

1. 항고소송에서의 소의 이익

(1) 의 의

항고소송에서 소(訴)의 이익(利益)이란 개념은 광의로는 ① 원고가 취소소송을 제기할 자격을 갖고 있는가 하는 '원고적격의 문제' 및 ② 구체적 사안에 있어서 계쟁처분에 대하여 취소 또는 무효확인 등 판단을 행할 구체적 현실적 필요성이 있는가 하는 '권리보호의 필요성의 문제'를 포함한다. 그리고 이 중 후자만(②)을 협의의 소의 이익으로 보는 것이 일반적 견해이다.

행정소송법 제12조는 '원고적격'이라는 표제하에 "취소소송은 처분 등의 취소를 구할 법률상 이익이 있는 자가 제기할 수 있다. 처분 등의 효과가 기간의 경과, 처분 등의 집행 그 밖의 사유로 인하여 소멸된 뒤에도 그 처분 등의 취소로 인하여 회복되는 법률상 이익이 있는 자의 경우에는 또한 같다"라고 규정하고 있다. 그러나, 엄밀히 말하면 동조 전단은 취소소송의 원고적격을 규정하고 있고, 후단은 취소소송의 협의의 소의 이익을 규정하고 있다.
행정소송법 제35조는 다음과 같이 무효등확인소송의 원고적격을 규정하고 있다. "무효등확인소송은 처분 등의 효력 유무 또는 존재 여부의 확인을 구할 법률상 이익이 있는 자가 제기할 수 있다."
행정소송법 제36조는 다음과 같이 부작위위법확인소송의 원고적격을 규정하고 있다. "부작위위법확인소송은 처분의 신청을 한 자로서 부작위의 위법의 확인을 구할 법률상 이익이 있는 자만이 제기할 수 있다."

(2) 원고적격

1) 의 의

원고적격(原告適格이란 구체적인 소송에서 원고로서 소송을 수행하여 본안판결을 받을 수 있는 자격을 말한다. 항고소송에서 원고적격의 문제는 구체적인 행정처분에 대하여 누가 원고로서 취소소송 등 항고소송을 제기하여 본안판결을 받을 자격이 있느냐에 관한 문제이다.[258)]

행정소송법 제12조 전단은 "취소소송은 처분 등의 취소를 구할 법률상의 이익이 있는 자가 제기할 수 있다"라고 원고적격을 규정하고 있다.

원고적격이 인정되기 위하여는 그 전제로서 당사자능력이 인정되어야 한다. 그런데, 행정소송법은 행정소송에서의 당사자능력에 관하여 규정하고 있지 않다. 따라서, 행정소송에 있어서의 당사자능력은 민사소송법에 따라야 한다.

권리능력이 있는 자연인 및 법인과 대표자 또는 관리인이 있는 법인이 아닌 사

---

258) 원고적격의 판단시점을 프랑스에서와 같이 소제기시로 한다면 원고적격은 소송을 제기할 수 있는 자격으로 정의할 수 있다.

단 또는 재단에게 당사자능력이 인정된다. 공법인인 국가, 지방자치단체, 영조물법인, 공공조합 등에게 당사자능력이 인정된다.

[판례] (1) 위명으로 난민신청을 한 경우 처분의 상대방은 허무인이 아니라 위명을 사용한 원고이므로, 원고는 이 사건 처분의 취소를 구할 법률상 이익이 있다. (2) 원고가 위명인 명의의 여권으로 대한민국에 입국하였고, 그 명의로 난민 신청을 하였고, 피고는 원고를 직접 면담하여 조사한 후 원고에 대하여 난민불인정 처분을 한 사안(대판 2017. 03. 09, 2013두16852).

국가 등의 기관은 처분청의 경우 피고능력이 있지만, 권리능력이 없으므로 당사자능력이 없고 원칙상 원고가 될 수 있는 능력은 없다. 다만, 다른 기관의 처분에 의해 국가기관이 권리를 침해받거나 의무를 부과받는 등 중대한 불이익을 받았음에도 그 처분을 다툴 별다른 방법이 없고, 그 처분의 취소를 구하는 항고소송을 제기하는 것이 유효·적절한 권익구제수단인 경우에는 국가기관에게 당사자능력과 원고적격을 인정하여야 한다(판례). 이에 대하여 행정기관은 권리능력이 없으므로 소송상 당사자능력이 없고, 기관소송의 당사자는 될 수 있지만 항고소송에서도 당사자능력을 인정할 수 없다는 비판이 있다. 그리고, 행정기관이 아닌 자연인인 공무원에게 원고적격을 인정하는 것이 타당하다는 주목할 만한 견해(정남철, 법률신문 2018. 10. 22, 11면)도 있다.

[판례] **① 관악구 보건소장이 서울대학교 보건진료소에 대해 한 직권폐업처분에 대한 무효확인등 소송에서** 법인격이 있는 **국가에게 당사자능력을 인정하고 원고적격을 인정한 사례**(서울행정법원 2009. 06. 05, 2009구합6391(대판 2010. 03. 11, 2009두23129로 확정)). 〈해설〉 이 사건 당시 서울대학교는 권리능력이 없으므로 서울대학교에 대한 행위의 효과가 귀속되는 권리능력이 있는 국가에게 당사자능력과 원고적격이 있다고 한 판례이다. 현재 서울대학교는 법인이므로 서울대학교에게 당사자능력과 원고적격이 있다.

② [1] 국가기관 등 행정기관(이하 '행정기관 등'이라 한다) 사이에 권한의 존부와 범위에 관하여 다툼이 있는 경우에 이는 통상 내부적 분쟁이라는 성격을 띠고 있어 상급관청의 결정에 따라 해결되거나 법령이 정하는 바에 따라 '기관소송'이나 '권한쟁의심판'으로 다루어진다. 그런데 **법령이 특정한 행정기관 등으로 하여금 다른 행정기관을 상대로 제재적 조치를 취할 수 있도록 하면서, 그에 따르지 않으면 그 행정기관에 대하여 과태료를 부과하거나 형사처벌을 할 수 있도록 정하는 경우**가 있다. 이러한 경우에는 단순히 국가기관이나 행정기관의 내부적 문제라거나 권한 분장에 관한 분쟁으로만 볼 수 없다. 행정기관의 제재적 조치의 내용에 따라 '구체적 사실에 대한 법집행으로서 공권력의 행사'에 해당할 수 있고, 그러한 조치의 상대방인 행정기관이 입게 될 불이익도 명확하다. 그런데도 그러한 제재적 조치를 기관소송이나 권한쟁의심판을 통하여 다툴 수 없다면, 제재적 조치는 그 성격상 단순히 행정기관 등 내부의 권한 행사에 머무는 것이 아니라 상대방에 대한 공권력 행사로서 항고소송을 통한 주관적 구제대상이 될 수 있다고 보아야 한다. 기관소송 법정주의를 취하면서 제한적으로만 이를 인정하고 있는 현행 법령의 체계에 비추어 보면, 이 경우 항고소송을 통한 구제의 길을 열어주는 것이 법치국가 원리에도 부합한다. 따라서 **이러한 권리구제나 권리보호의 필요성이 인정된다면 예외적으로 그 제재적 조치의 상대방인 행정기관 등에게 항고소송 원고로서의 당사자능력과 원고적격을 인정할 수 있다.** [2] **국민권익위원회가 소방청장에게 인사**

와 관련하여 부당한 지시를 한 사실이 인정된다며 이를 취소할 것을 요구하기로 의결하고 그 내용을 통지하자 소방청장이 국민권익위원회 조치요구의 취소를 구하는 소송을 제기한 사안에서, 행정기관인 국민권익위원회가 행정기관의 장에게 일정한 의무를 부과하는 내용의 조치요구를 한 것에 대하여 그 조치요구의 상대방인 행정기관의 장이 다투고자 할 경우에 법률에서 행정기관 사이의 기관소송을 허용하는 규정을 두고 있지 않으므로 이러한 조치요구를 이행할 의무를 부담하는 행정기관의 장으로서는 **기관소송으로 조치요구를 다툴 수 없고**, 위 조치요구에 관하여 정부 조직 내에서 그 처분의 당부에 대한 심사·조정을 할 수 있는 다른 방도도 없으며, 국민권익위원회는 헌법 제111조 제1항 제4호에서 정한 '헌법에 의하여 설치된 국가기관'이라고 할 수 없으므로 그에 관한 **권한쟁의심판도 할 수 없고**, 별도의 법인격이 인정되는 국가기관이 아닌 소방청장은 질서위반행위규제법에 따른 구제를 받을 수도 없는 점, 부패방지 및 국민권익위원회의 설치와 운영에 관한 법률은 소방청장에게 국민권익위원회의 조치요구에 따라야 할 의무를 부담시키는 외에 별도로 그 의무를 이행하지 않을 경우 과태료나 형사처벌까지 정하고 있으므로 위와 같은 조치요구에 불복하고자 하는 '소속기관 등의 장'에게는 조치요구를 다툴 수 있는 소송상의 지위를 인정할 필요가 있는 점에 비추어, **처분성이 인정되는 국민권익위원회의 조치요구에 불복하고자 하는 소방청장으로서는 조치요구의 취소를 구하는 항고소송을 제기하는 것이 유효·적절한 수단으로 볼 수 있으므로 소방청장은 예외적으로 당사자능력과 원고적격을 가진다**고 한 사례(대판 2018. 08. 01, 2014두35379). 〈**해설**〉 관련 법령에서 특정 행정기관이 상대방 행정기관을 상대로 제재적 조치를 취할 수 있도록 하면서 상대방 행정기관이 이에 불응하면 과태료 및 형사처벌의 제재까지 가할 수 있도록 함에도, 상대방 행정기관이 기관소송이나 권한쟁의심판 등을 통해 위 제재적 조치를 다투어 구제받을 수 있는 현실적인 방안이 없는 경우에는 해당 행정기관에 대하여 항고소송의 원고적격을 인정하여 그 권리를 구제해 주는 것이 법치주의의 측면에서 타당하다는 법리를 설시한 사례이다. **③** (1) 갑이 국민권익위원회에 부패방지 및 국민권익위원회의 설치와 운영에 관한 법률(이하 '국민권익위원회법'이라 한다)에 따른 신고와 신분보장조치를 요구하였고, **국민권익위원회가** 갑의 소속기관 장인 을 **시·도선거관리위원회 위원장에게** '갑에 대한 중징계요구를 취소하고 향후 신고로 인한 신분상 불이익처분 및 근무조건상의 차별을 하지 말 것을 요구'하는 내용의 **조치요구를 한 사안**에서, 국가기관 일방의 조치요구에 불응한 상대방 국가기관에 국민권익위원회법상의 **제재규정과 같은 중대한 불이익**을 직접적으로 규정한 다른 법령의 사례를 찾아보기 어려운 점, 그럼에도 **을(경기도선거관리위원회 위원장)이 국민권익위원회의 조치요구를 다툴 별다른 방법이 없는 점** 등에 비추어 보면, 처분성이 인정되는 위 조치요구에 불복하고자 하는 을로서는 조치요구의 **취소를 구하는 항고소송을 제기하는 것이 유효·적절한 수단이므로** 비록 **을(경기도선거관리위원회 위원장)이 국가기관이더라도 당사자능력 및 원고적격을 가진다고 보는 것이 타당**하고, **을이 위 조치요구 후 갑을 파면하였다고 하더라도** 조치요구가 곧바로 실효된다고 할 수 없고 을은 여전히 조치요구를 따라야 할 의무를 부담하므로 **을에게는 위 조치요구의 취소를 구할 법률상 이익**(협의의 소의 이익) **도 있다**고 본 원심판단을 정당하다고 한 사례. (가) 부패방지 및 국민권익위원회의 설치와 운영에 관한 법률(이하 '국민권익위원회법'이라 한다) 제62조, 제90조, 제91조 제1항 제3호, 제62조의 규정에 의하면 피고 위원회의 조치요구의 상대방으로서 조치요구에 따라야 할 의무의 주체는 '소속기관 등의 장'임이 분명하므로, 그러한 조치요구에 불복하고자 하는 '소속기관 등의 장'에게는 조치요구를 다툴 수 있는 소송상의 지위를 인정하여야 할 것이다. (나) 행정소송법은 제45조에서 기관소송 법정주의를 채택하고 있고, 조치요구에 관하여는 국민권익위원회법 등 법률에서 원고에게 기관소송을 허용하는 규정을 두고 있지 아니하므로, 이 사건 조치요구를 이행할 의무를 부담하고 있는 원고로서는 기관소송으로 이 사건 조치요구를 다툴 수는 없다. 또한 이 사건 조치요구는 법률에 근거하여 설립된 행정부 소속의 국무총리 산하 기관인 피고 위원회가 헌법상의 독립기관인 중앙선거관리위원회 산하기관인 원고에 대하여 한 것으로서 정부 조직 내에서 그 처분의 당부에 대한 심사·조정을 할 수 있는 다른 방도가 없을 뿐만 아니라, 피고 위원회는 헌법 제111조 제1항 제4호 소정의 '헌법에 의하여 설치된 국가기관'이라고 할 수 없으므로(헌법재판소 2010. 10. 28. 선고 2009헌라6 전원재판부 결정 참조), 원고와 피고 위원회 사이에 헌법 제111조 및 헌법재판소법 제62조 제1항에서 정한 권한쟁의심판이 가능해 보이지도 아니한다. 결국 앞서 본 바와 같이 국민권익위원회법이 원고에게 피고 위원회의 조치요구에 따라야 할 의무를 부담시키는 외에 별도로 그 의무를 이행하지 아니할 경우 과태료나 형사처벌의 제재까지 규정하고 있는데, 이와 같이 국가기관 일방의 조치요구에 불응한 상대방 국가기관에게 그와 같은 중대한 불이익을 직접적으로 규정한 다른 법령의 사례를 찾기 어려운 점, 그럼에도 **원고가 피고 위원회의 조치요구를 다툴 별다른 방법이 없는 점** 등에 비추어 보면, 피고 위원회의 이 사건 조치요구의 처분성이 인정되는 이 사건에서 이에 불복하고자 하는 **원고로서는 이 사건 조치요구의 취소를 구하는 항고소송을 제기하는 것이 유효 · 적절한 수단이라고 할 것이므로,** 비록 **원고(경기도선거관리위원회 위원장)가 국가기관에 불과하더라도 이 사건에서는 당사자능력 및 원고적격을 가진다고 봄이 상당**하다. (다) **원고가 피고 위원회(국민권익위원회)의 조치요구**(참가인에 대한 중징계요구를 취소하고 향후 신고로 인한 신분상 불이익처분 및 근무조건상의 차별을 하지 말 것을 요구) **후 참가인(갑)에 대하여 파면처분을 하였다고 하더라도** 그로 인하여 이 사건 조치요구가 곧바로 실효된다고 할 수 없고, 원고로서는 이 사건 조치요구를 따라야 할 의무를 여전히 부담한다고 할 것이므로, 원고에게는 **이 사건 조치요구의 취소를 구할 법률상 이익(협의의 소의 이익)도 있다고 할 것**이다. (2) 국민권익위원회법 제63조에 따라 이 사건 신고 후 이 사건 징계요구와 참가인(갑)의 피고 위원회에 대한 신분보장조치 요구가 있어 참가인이 이 사건 신고와 관련하여 이 사건 징계요구라는 불이익을 당한 것으로 추정되었더라도, 이 사건 징계요구가 이 사건 신고로 인한 불이익이 아님이 분명하고 달리 이를 인정할 증거가 없는 이상 그와 같은 추정은 번복되었다고 할 것이므로, 이 사건 징계요구가 이 사건 신고로 인한 불이익임을 전제로 피고 위원회가 이 사건 조치요구 중 '이 사건 징계요구를 취소할 것을 요구'한 부분은 위법하다. 또한, 이 사건 조치요구 중 '향후 신고로 인한 신분상 불이익처분 및 근무조건상의 차별을 하지 말 것을 요구'하는 부분 역시 그 요건을 갖추지 못한 것으로서 **위법하다 할 것**이다(대판 2013. 07. 25, 2011두1214[불이익처분원상회복등요구처분취소]).

국가나 지방자치단체가 행정처분의 상대방인 경우에는 해당 처분을 다툴 원고적격이 있다.

[판례] ① **지방자치단체에게 다른 지방자치단체장의 건축협의 취소처분을 다툴 원고적격이 인정되는지 여부(긍정) 및 구 건축법상 건축협의 취소처분의 처분성 여부(긍정)**: 구 건축법(2011. 5. 30. 법률 제10755호로 개정되어 2011. 12. 1. 시행되기 전의 것, 이하 같다) 제29조 제1항, 제2항, 제11조 제1항 등의 규정 내용에 의하면, **건축협의의 실질은 지방자치단체 등에 대한 건축허가와 다르지 아니하므로,** 지방자치단체 등이 건축물을 건축하려는 경우 등에는 미리 건축물의 소재지를 관할하는 허가권자인 지방자치단체의 장과 건축협의를 하지 아니하면, 지방자치단체라 하더라도 건축물을 건축할 수 없다. 그리고 구 지방자치법 등 관련 법령을 살펴보아도 지방자치단체의 장이 다른 지방자치단체를 상대로 한 건축협의 취소에 관하여 다툼이 있는 경우에 그 법적 분쟁을 실효적으로 해결할 구제수단을 찾기도 어렵다. 따라서 **이 사건 건축협의 취소는** 비록 그 상대방이 다른 지방자치단체 등 행정주체라 하더라도 '행정청이 행하는 구체적 사실에 관한 법집행으로서의 공권력

행사'(행정소송법 제2조 제1항 제1호)로서 **처분에 해당**한다고 볼 수 있고, **지방자치단체인 원고**가 이를 다툴 실효적 해결 수단이 없는 이상, 원고는 피고를 상대로 항고소송을 통해 이 사건 **건축협의 취소의 취소를 구할 수 있다**고 봄이 타당하다(대판 2014. 02. 27, 2012두22980[건축협의 취소처분취소]). **〈해설〉** 행정주체인 지방자치단체 등도 처분의 상대방인 경우에는 행정주체가 아니라 행정객체(행정의 상대방)로 보아야 한다.
"이를 다툴 실효적 해결수단이 없는 이상"이라는 문구(조건)는 적절하지 않다. 건축협의를 건축허가와 동일시하고 그 취소를 처분으로 판단한 것은 문제가 있다는 견해도 있다.
② 지방자치단체장의 건축협의 거부행위에 대하여 국가가 항고소송을 제기할 수 있다고 한 사례(대판 2014. 03. 13, 2013두15934[건축협의불가처분취소]).

처분의 상대방이 **허무인**(존재하지 않는 사람)이 아니라 위명(가명)을 사용한 사람인 경우에도 처분(난민불인정처분)의 취소를 구할 법률상 이익이 있다(대판 2017. 03. 09, 2013두16852).

원고적격은 소송요건의 하나이므로 사실심 변론종결시는 물론 상고심에서도 존속하여야 하고 이를 흠결하면 부적법한 소가 된다(대판 2007. 04. 12, 2004두7924).

2) 원고적격의 요건

'원고적격이 있는 자'가 되기 위하여는 자신의 법률상 이익이 침해되었어야 한다. 즉, ① 법률상 이익이 있는 자이어야 하며, ② 동시에 그 이익이 직접적·구체적으로 침해를 당하였거나 침해될 것이 확실한(보다 정확히 말하면 개연성이 있는) 경우이어야 한다.

판례는 원고적격의 요건으로 "법률상 보호되는 개별적·직접적·구체적 이익의 침해"를 요구하고 있다. 사견에 의하면 직접성·구체성을 침해의 요소로 보는 것이 타당하다고 보는데, 판례는 직접성·구체성을 기본적으로 법률상 이익의 요소로 본다. 다만, 판례도 예외적으로 직접성·구체성을 침해의 요소로 보기도 한다.

가. 법률상 이익이 있을 것 현행 행정소송법상 '법률상 이익(法律上 利益)'의 개념과 관련하여 '법률상 보호되는 이익구제설'과 '보호할 가치 있는 이익구제설'이 대립하고 있다. 그런데, 종래에는 이론상 항고소송에서의 원고적격의 범위와 관련하여 권리구제설, 법률상 보호되는 이익구제설(법적 이익구제설), 보호할 가치 있는 이익구제설, 적법성보장설이 대립하고 있었다.

(가) 권리구제설(권리회복설) 이 견해는 처분 등으로 인하여 권리가 침해된 자만이 항고소송을 제기할 수 있는 원고적격을 갖는다는 견해이다.

이 견해는 항고소송의 목적을 위법한 처분에 의해 침해된 권리의 회복에 있다고 보는 데 **근거**하고 있다.

이 견해에 대하여는 다음과 같은 **비판**이 제기되고 있다. ① 엄격한 의미의 권리가 침해된 자만 항고소송을 제기할 수 있고, 법적으로 보호된 이익을 침해받은 자는 항고소송을 제기할 원고적격이 없다는 것은 재판을 받을 권리가 일반적으로 인정된 오늘날에는 타당하지 않다. ② 권리와 법적 이익을 구별하던 과거에는 이 학설의 존재이유가 있었지만, 오늘날 권리와 법률상 보호된 이익을 동의어로 이해하므로 권리구제설은 법률상 보호된 이익구제설과 동일하다.

(나) 법률상 보호된 이익구제설(법적 이익구제설) 이 견해는 처분 등에 의해 '법적으로 보호된 개인적 이익'을 침해당한 자만이 항고소송의 원고적격이 있는 것으로 본다. 이 견해가 다수견해이다.

이 견해는 항고소송을 법적 이익의 구제수단으로 보고 법에 의해 보호되고 있는 이익이 침해된 자에게는 소송을 통하여 침해된 법적 이익을 구제할 수 있는 길이 주어져야 한다는 데 **근거**한다.

이 견해에 대하여는 다음과 같은 비판이 제기된다. ① 법적으로 보호된 이익이 침해된 자에 한하여 원고적격을 인정하는 것은 항고소송의 원고적격을 부당히 제한하는 것이다. ② 항고소송의 주된 기능을 권리구제로 보는 것은 타당하지 않으며 항고소송은 행정의 적법성을 보장하는 기능, 즉 행정통제기능을 주된 기능으로 하는 소송으로 보는 것이 타당하며 이렇게 본다면 원고적격의 범위를 보다 넓히는 것이 타당하다. ③ 항고소송의 원고적격은 소송법의 문제이므로 항고소송의 원고적격을 소송법적 관점에서 정하는 것이 타당하다.

법적 이익구제설에도 보호규범(保護規範)과 피보호이익(被保護利益)을 어떻게 보는가에 따라 다양한 견해가 존재한다. **보호규범**을 좁게 보는 견해는 처분의 근거법규에 한정하고(제1설), 보다 넓게 보는 견해는 처분의 근거법규뿐만 아니라 관계법규까지 보호규범으로 본다(제2설). 이 보다 더 넓게 보는 견해는 이에 추가하여 헌법규정(자유권 등 구체적 기본권)이 보충적으로 보호규범이 된다고 본다(제3설). 절차규정을 보호규범에 포함시키는 견해도 있다(제4설). 보호규범을 가장 넓게 보는 견해는 이에 추가하여 민법규정도 보호규범에 포함시킨다(제5설). 현재 제2설 내지 제4설이 주로 주장되고 있다.

보호규범에 의해 보호되는 **피보호이익**은 통상 개인(자연인, 법인, 법인격 없는 단체)의 개인적(사적) 이익을 말한다. 그런데, 피보호이익에 공익단체의 존립목적이 되는 이익(단체의 이익)을 포함시키는 견해도 있다. 이 견해에 의하면 현행 행정소송법하에서도 환경단체 등 공익단체의 존립목적인 환경이익 등 공익을 위하여 항고소송을 제기할 수 있는 원고적격을 인정할 수 있다.

(다) 소송상 보호할 가치 있는 이익구제설 이 견해는 실체법을 준거로 하는 것이

아니라 소송법적 관점에서 재판에 의하여 보호할 만한 가치가 있는 이익이 침해된 자는 항고소송의 원고적격이 있다고 본다.

이 견해는 원고적격의 문제는 소송법상의 문제라는 것에 **근거**하고 있다.

이 견해에 대하여는 다음과 같은 **비판**이 가능하다. ① 보호할 가치 있는 이익구제설은 항고소송을 처분에 의해 침해된 권익의 구제제도로 보면서도 원고적격의 범위를 소송법적으로 결정하는 점에서 논리적이지 못하다. ② 또한, 이 견해에서는 원고적격의 인정에 있어서 객관적 기준이 존재하지 않고 법원이 구체적인 사안에 따라 결정하는 점에 문제가 있다.

(라) 적법성보장설 이 견해는 항고소송의 주된 기능을 행정통제에서 찾고, 처분의 위법성을 다툴 적합한 이익을 갖는 자에게 원고적격을 인정하는 견해이다.

이 견해는 항고소송을 행정의 적법성을 통제하는 소송으로 보는 것에 **근거**하고 있다. 이렇게 항고소송을 객관적 소송으로 이해한다면 논리적 귀결로서 누구든지 항고소송을 제기할 수 있도록 하여야 할 것이지만 이렇게 하면 항고소송이 민중소송이 되고 소송이 폭주하여 법원의 재판부담이 과도하게 될 것이기 때문에 원고적격을 일정한 범위로 제한하여야 한다고 본다. 프랑스의 월권소송은 적법성보장설에 근거하고 있는데, 취소를 구할 정당한 이익이 있는 자에게 원고적격을 인정하고 있다.

이 견해에 대하여는 다음과 같은 **비판**이 가능하다. ① 재판은 기본적으로 권익구제에 그 목적이 있는 것이므로 항고소송의 주된 기능을 적법성 보장에 있다고 보는 것은 타당하지 않다. ② 적법성보장설에 의하면 원고적격이 과도하게 확대되어 법원의 업무가 과중하게 된다.

(마) 판 례 판례는 원칙상 '법적 이익구제설'에 입각하고 있다.

판례는 처분의 근거법규 및 관계법규(취지 포함)에 의해 보호되는 직접적이고 구체적인 개인적 이익을 법률상 이이으로 보고 있다. 판례는 처분의 근거법규라는 개념 속에 처분의 관계법규를 포함시켜 사용하기도 한다.

그런데 판례는 법률상 이익의 범위를 점차 넓혀가는 경향이 있다.

[판례] ① **법률상 보호되는 이익이라 함은** 당해 처분의 근거법규 및 관련법규에 의하여 보호되는 개별적·직접적·구체적 이익이 있는 경우를 말하고, 공익보호의 결과로 국민 일반이 공통적으로 가지는 일반적·간접적·추상적 이익이 생기는 경우에는 법률상 보호되는 이익이 있다고 할 수 없다(대판 전원합의체 2006. 03. 16, 2006두330[정부조치계획취소 등][새만금사건]).

② (1) 행정처분의 직접 상대방이 아닌 **제3자**라 하더라도 당해 행정처분으로 인하여 **법률상 보호되는 이익을 침해당한 경우**에는 취소소송을 제기하여 그 당부의 판단을 받을 자격이 있다 할 것이나, 여기에서 말하는 **법률상 보호되는 이익이라 함은** 당해 처분의 근거법규 및 관련법규에 의하여 보호되는 개별적·직접적·구체적 이익이 있는 경우를 말하고, **당해 처분의 근거법규 및 관련법규**

에 의하여 보호되는 법률상 이익이라 함은 당해 처분의 근거법규(근거법규가 다른 법규를 인용함으로 인하여 근거법규가 된 경우까지를 아울러 포함한다)의 명문규정에 의하여 보호받는 법률상 이익, 당해 처분의 근거법규에 의하여 보호되지는 아니하나 당해 처분의 행정목적을 달성하기 위한 일련의 단계적인 관련처분들의 근거법규에 의하여 명시적으로 보호받는 법률상 이익, 당해 처분의 근거법규 또는 관련법규에서 명시적으로 당해 이익을 보호하는 명문의 규정이 없더라도 근거법규 및 관련법규의 합리적 해석상 그 법규에서 행정청을 제약하는 이유가 순수한 공익의 보호만이 아닌 개별적 · 직접적 · 구체적 이익을 보호하는 취지가 포함되어 있다고 해석되는 경우까지를 말한다. (2) 도시계획변경결정에 관하여는 구 도시계획법이, 교통영향평가에 관하여는 구 도시교통정비촉진법(1999. 12. 31. 법률 제6095호로 개정되어 2001. 1. 1.부터 시행되기 전의 것)이 **이 사건 처분의 근거법규**에 해당하지만, 이 사건 부지면적이 57,661㎡에 불과하여 25만㎡ 이상의 면적을 대상사업으로 하는 환경영향평가에 관한 구 환경영향평가법(1999. 12. 31. 개정되어 2001. 1. 1. 시행된 법률 제6095호 환경 · 교통 · 재해등에관한영향평가법에 의하여 폐지되기 전의 것)은 이 사건 처분의 근거법규 또는 관련법규에 해당한다고 할 수 없으며, 한편 **구 도시계획법에서 정한 주민의견청취, 공청회, 도시계획위원회의 자문 등 일련의 절차에 관한 규정들이 이 사건 처분의 대상이 된 사업부지에 인접한 토지의 소유자에 불과한 원고에게까지 절차에 대한 직접적인 이익을 보장하고 있다고 보이지 아니하고,** 달리 이 사건 사업부지 밖의 토지의 소유자 등의 재산상 이익 등에 대하여 위 근거법규에 이들의 개별적 · 구체적 · 직접적 이익으로 보호하려는 내용 및 취지를 가지는 규정들을 두고 있지 아니하며, 나아가 이 사건 처분 전후를 통하여 이 사건 토지는 변함 없이 도시계획시설인 도로로 유지되고 있어 이 사건 처분으로 말미암아 이 사건 토지의 이용에 관하여 새로운 공법상의 제한이 가하여지지 않았음이 분명하여 **이 사건 처분으로 인하여 원고 주장과 같은 재산상의 손실이 발생한다고 가정하더라도 이는 사실적 · 경제적 이익에 불과**할 뿐 구 도시계획법에 의하여 보호되는 개별적 ·구체적 · 직접적 이익이라고는 할 수 없으므로 원고에게는 위와 같은 이익의 침해를 이유로 이 사건 처분의 취소를 구할 원고적격이 없고, 또한 이 사건 처분의 근거법규인 구 도시교통정비촉진법이 개인의 이익을 구체적으로 고려하도록 하는 아무런 규정을 두고 있지 아니하여 **이 사건 사업부지에 인접한 토지의 소유자인 원고의 경제적 이익 내지 교통 편익은 위 근거법규가 보호하는 개별적 · 구체적 · 직접적 이익이라고 할 수 없으므로** 원고에게는 이 사건 처분의 취소를 구할 원고적격이 없다(대판 2004. 08. 16, 2003두2175[주택건설사업계획승인처분 취소]: 주택건설사업계획승인처분의 대상이 된 사업부지 밖의 토지소유자에게는 그 처분의 취소를 구할 원고적격이 없다고 본 사례; 2013. 09. 12, 2011두33044).

③ 사립학교 소속 직원의 호봉산정이나 보수에 관하여 규정하고 있는 **사립학교법 제70조의2 제1항 및 그에 따른 각 사립학교의 정관 등이, 사립학교법 제43조와 함께 이 사건 각 명령의 근거법규 내지 관련 법규**에 해당하고, **구 사립학교법**(2020. 12. 22. 법률 제17659호로 개정되기 전의 것) 제70조의2 제1항이 사립학교 직원들의 보수를 정관으로 정하도록 하고, 원고들이 소속된 **각 학교법인의 정관이 그 직원들의 보수를 공무원의 예에 따르도록 한 것은,** 사립학교 소속 사무직원들의 보수의 안정성 및 예측가능성을 담보하여 사립학교 교육이 공공의 목적에 부합하는 방향으로 원활하게 수행될 수 있도록 하는 한편, 그 사무직원의 경제적 생활안정과 복리향상을 보장하고자 함에 있으므로, **사립학교 사무직원의 이익을 개별적 · 직접적 · 구체적으로 보호하고 있는 규정으로 볼 수 있고,** 나아가 이 사건 각 명령(호봉정정명령 등)으로 인하여 원고들은 급여가 실질적으로 삭감되거나 기지급된 급여를 반환하여야 하는 **직접적이고 구체적인 손해를 입게 되므로,** 원고들은 이 사건 각 명령(호봉정정명령 등)을 다툴 개별적 · 직접적 · 구체적 이해관계가 있다고 볼 수 있으므로 **원고(직원)들이 제3자에 대한 피고 교육감의 학교법인 이사장 및 학교장에 대한 호봉정정 및**

급여환수 명령(이 사건 각 명령)으로 인해 법률상 보호되는 이익을 침해당한 자에 해당한다고 한 사례(대판 2023. 01. 12, 2022두56630[호봉정정명령 등 취소]).

판례는 절차규정도 보호규범에 포함시킨다(대판 2020. 04. 09, 2015다34444). 이해관계인의 절차적 권리(법적 이익)(예, 교수협의회와 학생회의 학교운영참여권)도 법률상 이익으로 본다. 이해관계인이 아닌 주민의 절차적 참가권은 법률상 이익이라고 할 수 없다.

[판례] ① 甲 학교법인의 정상화 과정에서 서울특별시교육감이 임시이사들을 해임하고 정이사를 선임한 사안에서, 사립학교법 제25조의3 제1항이 학교법인을 정상화하기 위하여 임시이사를 해임하고 이사를 선임하는 절차에서 이해관계인(학교직원들로 구성된 전국대학노동조합 乙 대학지부)에게 어떠한 청구권 또는 의견진술권을 부여하고 있지 않으므로, 乙 학교법인이 임시이사 해임 및 이사 선임에 관하여 사립학교법에 의해 보호받는 법률상 이익이 없다고 본 사례(대판 2014. 01. 23, 2012두6629[임시이사해임처분취소등]). 〈해설〉 반대해석을 하면 의견진술권이 있는 이해관계인은 법적 이익이 있다고 할 수 있다.

② (1) 상지대학교 교수협의회 및 총학생회에게 학교법인 정상화 과정에서 이루어진 이사선임처분의 취소를 구할 원고적격을 인정할 수 있는지 여부(적극): 임시이사제도의 취지, 교직원·학생 등의 학교운영에 참여할 기회를 부여하기 위한 개방이사 제도에 관한 법령의 규정 내용과 그 입법취지 등 여러 사정들을 종합하여 보면, 구 사립학교법령 및 상지학원 정관 규정(자치법규)은 헌법 제31조 제4항에 정한 교육의 자주성과 대학의 자율성에 근거한 원고 교수협의회와 원고 총학생회의 학교운영참여권을 구체화하여 이를 보호하고 있다고 해석되므로, 위 원고들은 피고의 이 사건 각 이사선임처분을 다툴 법률상 이익을 가진다고 할 수 있다. (2) 전국대학노동조합 상지대학교지부에게 위와 같은 처분의 취소를 구할 원고적격을 인정할 수 있는지 여부(소극): 고등교육법령은 교육받을 권리나 학문의 자유를 실현하는 수단으로서 학생회와 교수회와는 달리 학교의 직원으로 구성된 노동조합의 성립을 예정하고 있지 아니하고, 노동조합은 근로자가 주체가 되어 자주적으로 단결하여 근로조건의 유지·개선 기타 근로자의 경제적·사회적 지위의 향상을 도모하기 위하여 조직된 단체인 점(노동조합 및 노동관계조정법 제2조 제4호) 등을 고려할 때, 학교의 직원으로 구성된 노동조합이 교육받을 권리나 학문의 자유를 실현하는 수단으로서 직접 기능한다고 볼 수는 없다. 그렇다면 개방이사에 관한 구 사립학교법령 및 상지학원 정관 규정이 학교직원의 법률상 이익을 보호하고 있다고 보더라도, 학교직원들로 구성된 원고 노동조합의 법률상 이익까지 보호하고 있는 것으로 해석할 수는 없다. (3) 사립학교법령에 따른 학교법인 정상화 과정에서 이루어진 이사선임처분에 관하여, 이사선임처분의 근거 법규 및 관련 법규가 학생들의 교육받을 권리, 학생·교직원 등의 학교운영참여권을 보장하기 위한 것이라고 해석하면서, 위 관련 법규들이 헌법 제31조 제4항에 따른 대학 자치나 학문의 자유를 실현하기 위한 수단으로서 기능하는 학생회나 교수회의 법률상 이익을 보호하는 역할도 함께 한다고 판단하여 원고 교수협의회와 총학생회의 원고 적격을 인정한 사안(대판 2015. 07. 23, 2012두19496,19502[이사선임처분취소]). 〈해설〉 공익단체의 설립목적 실현을 위한 이익을 개인적 이익으로 보고, 처분의 근거 내지 관계 법령에 의해 보호되면 법률상 이익으로 본 판례로 볼 수도 있다.

③ 법무사규칙 제37조 제4항이 이의신청 절차를 규정한 것은 채용승인을 신청한 법무사뿐만 아니라 사무원이 되려는 사람의 이익도 보호하려는 취지로 볼 수 있다. 따라서 지방법무사회의 사무원 채용승인 거부처분 또는 채용승인 취소처분에 대해서는 처분 상대방인 법무사뿐만 아니라 그 때문에 사무원이 될 수 없게 된 사람도 이를 다툴 원고적격이 인정되어야 한다(대판 2020. 04. 09, 2015

다34444).

(바) 결 어 현행 행정소송법의 해석론으로는 **법적 이익구제설**이 타당하다. 현행 행정소송법이 항고소송의 주된 기능을 권익구제로 보고 주관소송으로 규정하고 있기 때문이다.

다음과 같은 이유에서 법적 이익구제설 중 **제5설**이 타당하다. ① 항고소송을 권익구제제도로 본다면 현행 행정소송법상의 '법률상 이익'은 그 이익이 개인적 이익이면 보호규범이 실체법이든 절차법이든 법에 의해 보호되는 이익으로 보는 것이 타당하다. ② 헌법이나 기타 일반법질서(민법 포함)에 의해 보호되는 이익이 침해된 자에게도 항고소송의 원고적격을 인정하여야 할 것이다. 헌법상 구체적 기본권이 침해된 자에게는 원고적격을 인정하여야 한다. 그러나, 법률에 의해 구체화되어야 비로소 구체적 기본권이 되는 추상적 기본권이 침해된 것만으로는 원고적격을 인정할 수 없다. ③ 또한, 보호규범에 의해 직접 보호되는 이익에 그치지 않고, 보호규범의 보호범위(고려범위)에 들어가면 피보호이익으로 보는 것이 타당하다.

일반적으로 말하면 항고소송의 주관소송적 성격을 강조하면 원고적격을 좁게 보고, 항고소송의 객관소송적 성격을 강조하면 원고적격을 넓게 본다. **입법론**으로는 적법성보장설이 타당하다. 항고소송의 주된 기능을 권리구제에서 찾는 것은 타당하지 않으며 항고소송은 행정의 적법성보장을 위한 소송으로 구성하는 것이 타당하다.

(사) 행정소송법 개정안 원고적격에 관한 현재의 판례보다 원고적격을 더 넓혀야 한다는 것이 학설의 일반적 견해이다. 대법원안은 항고소송의 원고적격의 범위를 확대하기 위하여 현행법의 '법률상의 이익' 대신 '법적으로 정당한 이익'이라는 개념을 도입하였다. 그러나, 정부안은 원고적격에 관한 현행규정을 유지하였는데, 현행규정의 해석을 통하여도 항고소송의 원고적격을 넓힐 수 있다고 보았기 때문이다.

나. 계쟁처분에 의해 법률상 이익이 직접 침해되었거나 직접 침해될 것이 확실하게 예견되어야 할 것 ① 계쟁처분에 의해 법률상 이익이 현실적으로 침해된 경우(예, 허가 취소)뿐만 아니라 침해가 예상되는 경우(예, 건축허가)에도 원고적격이 인정된다. 다만, 침해가 예상되는 경우에는 그 침해의 발생이 확실하여야 한다.

② 법률상 이익에 대한 침해는 계쟁처분에 의해 직접 침해되었거나 침해될 것이어야 하며 그 침해가 간접적이어서는 안 된다.

③ 권익에 대한 침해가 구체적이어야 한다.

[판례] [1] 법인의 주주는 법인에 대한 행정처분에 관하여 사실상이나 간접적인 이해관계를 가질 뿐이어서 스스로 그 처분의 취소를 구할 **원고적격이 없는 것이 원칙이라고 할 것이지만**, 그 처분으로

인하여 법인이 더 이상 영업 전부를 행할 수 없게 되고, 영업에 대한 인·허가의 취소 등을 거쳐 해산·청산되는 절차 또한 처분 당시 이미 예정되어 있으며, 그 후속절차가 취소되더라도 그 처분의 효력이 유지되는 한 당해 법인이 종전에 행하던 영업을 다시 행할 수 없는 **예외적인 경우에는 주주도** 그 처분에 관하여 직접적이고 구체적인 법률상 이해관계를 가진다고 보아 그 효력을 다툴 **원고적격이 있다.** [2] 부실금융기관의 정비를 목적으로 은행의 영업 관련 자산 중 재산적 가치가 있는 자산 대부분과 부채 등이 타에 이전됨으로써 더 이상 그 영업 전부를 행할 수 없게 되고, 은행업무정지처분 등의 효력이 유지되는 한 은행이 종전에 행하던 영업을 다시 행할 수는 없는 경우, 은행의 주주에게 당해 은행의 업무정지처분 등을 다툴 원고적격이 인정된다고 한 사례(대판 2005. 01. 27, 2002두5313).

3) 판례에서의 원고적격의 요건

판례는 원고적격의 요건으로 "법률(처분의 근거법규 내지 관계법규)상 보호되는 개별적·직접적·구체적 이익의 침해"를 요구하고 있다.

가. 법적 이익(법률상 보호되는 이익) ① 처분의 근거법규 내지 관계법규에 의해 보호되는 이익의 침해가 있어야 한다.

[판례] ① 공익보호의 결과로 국민 일반이 공통적으로 가지는 일반적·간접적·추상적 이익이 생기는 경우에는 법률상 보호되는 이익이 있다고 할 수 없다(대판 전원합의체 2006. 03. 16, 2006두330[새만금사건]).
② **재단법인 한국연구재단이 갑 대학교 총장에게** 연구개발비의 부당집행을 이유로 '해양생물유래고부가식품·향장·한약 기초소재 개발 인력양성사업에 대한 2단계 **두뇌한국(BK)21 사업' 협약을 해지하고 연구팀장 을에 대한 국가연구개발사업의 3년간 참여제한 등을 명하는 통보**를 하자 을(연구팀장)이 통보의 **취소를 청구**한 사안에서, **을(연구팀장)은 위 사업에 관한 협약의 해지 통보의 효력을 다툴 법률상 이익이 있다**고 한 사례(대판 2014. 12. 11, 2012두28704[2단계BK21사업처분취소]).
③ 행정처분의 직접 상대방이 아닌 자로서 처분에 의하여 **자신의 환경상 이익을 침해받거나 침해받을 우려가 있다는 이유로 취소소송을 제기하는 제3자는**, 자신의 환경상 이익이 처분의 근거 법규 또는 관련 법규에 의하여 개별적·직접적·구체적으로 보호되는 (개인적) 이익, 즉 법률상 보호되는 (개인적) 이익임을 증명하여야 원고적격이 인정된다(대판 2018. 07. 12, 2015두3485).
④ 「집합건물의 소유 및 관리에 관한 법률」(이하 '집합건물법'이라 한다)상 집합건물의 공용부분은 구분소유자 전원 또는 일부의 공용에 제공되는 것으로 구분소유자 전원의 각 전유부분 면적비율에 따른 공유에 속하고(집합건물법 제3조, 제10조, 제12조), 각 공유자는 공용부분을 그 용도에 따라 사용할 수 있다(집합건물법 제11조). 건축법은 집합건물의 공용부분을 대수선하려는 자로 하여금 구분소유자 전원을 구성원으로 하는 관리단집회에서 구분소유자 3/4 이상 및 의결권 3/4 이상의 결의로써 그 대수선에 동의하였다는 사정을 증명하여야 대수선에 관한 허가를 받을 수 있도록 규정하고 있다(건축법 제11조 제11항 제5호, 집합건물법 제15조 제1항). **이와 같은 건축법 규정은** 구분소유자들이 공유하고 각자 그 용도에 따라 사용할 수 있는 공용부분의 대수선으로 인하여 그 공용부분의 소유·사용에 제한을 받을 수 있는 **구분소유자의 개별적 이익을 구체적이고 직접적으로 보호하는 규정으로 볼 수 있다.** 따라서 **집합건물 공용부분의 대수선과 관련한 행정청의 허가, 사용승인 등 일련의 처분에 관하여는 그 처분의 직접 상대방 외에 해당 집합건물의 구분소유자에게도 그 취소를 구할 원고적격이 인정된다**고 보는 것이 타당하다(대판 2024. 03. 12, 2021두58998).

그런데 판례는 법률상 이익의 범위를 점차 넓혀가는 경향이 있다. 당해 처분의 근거 법규 및 관련 법규에 의하여 보호되는 법률상 이익은 당해 처분의 근거 법규의 명문 규정에 의하여 보호받는 법률상 이익, 당해 처분의 근거 법규에 의하여 보호되지는 아니하나 당해 처분의 행정목적을 달성하기 위한 일련의 단계적인 관련 처분들의 근거 법규에 의하여 명시적으로 보호받는 법률상 이익, 당해 처분의 근거 법규 또는 관련 법규에서 명시적으로 당해 이익을 보호하는 명문의 규정이 없더라도 근거 법규 및 관련 법규의 합리적 해석상 그 법규에서 행정청을 제약하는 이유가 순수한 공익의 보호만이 아닌 개별적·직접적·구체적 이익을 보호하는 취지가 포함되어 있다고 해석되는 경우까지를 말한다(대판 2024. 03. 12, 2021두58998).

[판례] ① 납골당설치허가처분의 허가조건을 성취하거나 그 처분의 목적을 달성하기 위한 **산림형질변경허가와 환경영향평가의 근거 법규는 납골당설치허가처분에 대한 관련 처분들의 근거 법규이고**, 그 환경영향평가대상지역 안에 거주하는 주민들은 위 처분의 무효확인이나 취소를 구할 원고적격이 있다고 한 사례(대판 2004. 12. 09, 2003두12073[납골당허가처분무효확인]).
② 구 **환경영향평가법** 제1조, 제3조, 제9조, 제16조, 제17조, 제27조 등의 규정 취지는 환경영향평가를 실시하여야 할 사업(이하 '대상사업'이라 한다)이 환경을 해치지 아니하는 방법으로 시행되도록 함으로써 당해 사업과 관련된 **환경공익을 보호하려는 데 그치는 것이 아니라**, 당해 사업으로 인하여 직접적이고 중대한 환경피해를 입으리라고 예상되는 환경영향평가대상지역 안의 주민들이 전과 비교하여 수인한도를 넘는 환경침해를 받지 아니하고 쾌적한 환경에서 생활할 수 있는 **개별적 이익까지도 보호하려는 데에 있는 것이다**(대판 2006. 06. 30, 2005두14363).
③ 이 사건 **의대정원 증원배정 처분의 근거가 된 고등교육법령 및 「대학설립·운영 규정」(대통령령)**은 의과대학의 학생정원 증원의 한계를 규정함으로써 **의과대학에 재학 중인 학생들이 적절하게 교육받을 권리를 개별적·직접적·구체적으로 보호하고 있다**고 볼 여지가 충분하다(대결 2024. 06. 19, 2024무689).

② 사실상 이익 내지 반사적 이익의 침해만으로는 원고적격이 인정되지 않는다. 공익보호의 결과로 국민 일반이 공통적으로 가지는 일반적·간접적·추상적 이익과 같이 사실적·경제적 이해관계를 갖는 데 불과한 경우는 법률상 이익에 포함되지 아니한다(대판 2024. 03. 12, 2021두58998).

[판례] ① 구 담배사업법(2007. 7. 19. 법률 제8518호로 개정되기 전의 것)과 그 시행령 및 시행규칙의 관계 규정들을 종합해 보면, **담배 일반소매인의 지정기준으로서 일반소매인의 영업소 간에 일정한 거리제한을 두고 있는 것**은 담배유통구조의 확립을 통하여 국민의 건강과 관련되고 국가 등의 주요 세원이 되는 담배산업 전반의 건전한 발전 도모 및 국민경제에의 이바지라는 **공익목적을 달성하고자 함과 동시에 일반소매인 간의 과당경쟁으로 인한 불합리한 경영을 방지함으로써 일반소매인의 경영상 이익을 보호하는 데에도 그 목적이 있다고 보이므로, 담배 일반소매인으로 지정되어 영업을 하고 있는 기존업자의 신규 일반소매인에 대한 이익은 단순한 사실상의 반사적 이익이 아니라 법률상 보호되는 이익**으로서 기존 일반소매인이 신규 일반소매인 지정처분의 취소를 구

할 원고적격이 있다고 보아야 할 것이나(대판 2008. 03. 27, 2007두23811 참조), 한편 **구내소매인과 일반소매인 사이에서는** 구내소매인의 영업소와 일반소매인의 영업소 간에 거리제한을 두지 아니할 뿐 아니라 건축물 또는 시설물의 구조·상주인원 및 이용인원 등을 고려하여 동일 시설물 내 2개소 이상의 장소에 구내소매인을 지정할 수 있으며, 이 경우 일반소매인이 지정된 장소가 구내소매인 지정대상이 된 때에는 동일 건축물 또는 시설물 안에 지정된 일반소매인은 구내소매인으로 보고, 구내소매인이 지정된 건축물 등에는 일반소매인을 지정할 수 없으며, 구내소매인은 담배진열장 및 담배소매점 표시판을 건물 또는 시설물의 외부에 설치하여서는 아니 된다고 규정하는 등 **일반소매인의 입장에서 구내소매인과의 과당경쟁으로 인한 경영의 불합리를 방지하는 것을 그 목적으로 할 수 있다고 보기 어려우므로, 담배 일반소매인으로 지정되어 영업을 하고 있는 기존업자의 신규 담배 구내소매인에 대한 이익은 법률상 보호되는 이익이 아니라 단순한 사실상의 반사적 이익이라고 해석함이 상당하므로, 기존 일반소매인은 신규 구내소매인 지정처분의 취소를 구할 원고적격이 없다**(대판 2008. 04. 10, 2008두402[담배소매인지정처분취소]).

② 제주 강정마을 일대가 **절대보전지역**으로 유지됨으로써 **주민들인 원고들이 가지는 주거 및 생활환경상 이익은 그 지역의 경관 등이 보호됨으로써 반사적으로 누리는 것**일 뿐 근거 법규 또는 관련 법규에 의하여 보호되는 개별적·직접적·구체적 이익이라고 할 수 없다고 한 사례(대판 2012. 07. 05, 2011두13187,13194(병합)[절대보전지역변경처분무효확인 등]).

③ 상수원보호구역 설정의 근거가 되는 구 수도법 제5조(현 제7조) 제1항 및 동 시행령 제7조 제1항이 보호하고자 하는 것은 상수원의 확보와 수질보전일 뿐이고, **그 상수원에서 급수를 받고 있는 지역주민들이 가지는 상수원의 오염을 막아 양질의 급수를 받을 이익은** 직접적이고 구체적으로는 보호하고 있지 않음이 명백하여 위 지역주민들이 가지는 이익은 상수원의 확보와 수질보호라는 공공의 이익이 달성됨에 따라 **반사적으로 얻게 되는 이익**에 불과하므로 지역주민들에 불과한 원고들에게는 위 상수원보호구역변경처분의 취소를 구할 법률상의 이익이 없다(대판 1995. 09. 26, 94누14544[상수원보호수역변경처분사건]). 〈해설〉 생각건대 상수원보호구역 설정 및 해제의 근거가 되는 수도법규정이 상수원의 수질보호와 함께 물이용자의 개인적 이익도 직접 보호하는 것을 목적으로 하고 있다고 볼 수도 있고, 현재와 같이 한강수계 상수원수질개선 및 주민지원 등에 관한 법률 및 동법 시행령 제19조에 따라 수도사업자가 물이용부담금을 납부하고(이 물이용부담금은 수도요금에 전가될 것이다) 이 재원으로 상수원보호구역에 재정지원을 하고 있는 점 등을 아울러 고려하면 상수원보호구역을 규율하는 수도법규정으로 인하여 수돗물 이용자가 받는 이익은 법적 이익이라고 볼 수도 있다.

④ 환경부장관이 생태 · 자연도 1등급으로 지정되었던 지역을 2등급 또는 3등급으로 변경하는 내용의 생태 · 자연도 수정 · 보완을 고시하자, 인근 주민 甲이 생태 · 자연도 등급변경처분의 무효 확인을 청구한 사안에서, 생태·자연도의 작성 및 등급변경의 근거가 되는 구 자연환경보전법(2011. 7. 28. 법률 제10977호로 개정되기 전의 것) 제34조 제1항 및 그 시행령 제27조 제1항, 제2항에 의하면, 생태·자연도는 토지이용 및 개발계획의 수립이나 시행에 활용하여 자연환경을 체계적으로 보전·관리하기 위한 것일 뿐, 1등급 권역의 인근 주민들이 가지는 생활상 이익을 직접적이고 구체적으로 보호하기 위한 것이 아님이 명백하고, **1등급 권역의 인근 주민들이 가지는 이익은** 환경보호라는 공공의 이익이 달성됨에 따라 **반사적으로 얻게 되는 이익**에 불과하므로, 인근 주민에 불과한 甲은 생태·자연도 등급권역을 1등급에서 일부는 2등급으로, 일부는 3등급으로 변경한 결정의 무효 확인을 구할 **원고적격이 없다**고 본 원심판단을 수긍한 사례(대판 2014. 02. 21, 2011두29052[생태자연도등급조정처분무효확인]).

⑤ 주택법상 사용검사처분에 관하여 입주예정자들이 그 취소를 구할 법률상 이익이 없다고 한 사

례(대판 2014. 07. 24, 2011두30465[사용승인처분취소]).

③ 헌법상 기본권이 원고적격의 요건인 법률상 이익이 될 수 있는지에 관하여 아직 이를 적극적으로 인정하고 있는 대법원 판례는 없고, 추상적 기본권의 침해만으로는 원고적격을 인정할 수 없다는 대법원 판례가 있을 뿐이다.

[판례] 헌법 제35조 제1항에서 정하고 있는 **환경권에 관한 규정만으로는 그 권리의 주체 · 대상 · 내용 · 행사방법 등이 구체적으로 정립되어 있다고 볼 수 없고**, 환경정책기본법 제6조도 그 규정 내용 등에 비추어 국민에게 구체적인 권리를 부여한 것으로 볼 수 없다는 이유로, 환경영향평가 대상지역 밖에 거주하는 주민에게 **헌법상의 환경권** 또는 환경정책기본법**에 근거하여 공유수면매립면허처분과 농지개량사업 시행인가처분의 무효확인을 구할 원고적격이 없다고 한 사례**(대판 전원합의체 2006. 03. 16, 2006두330[정부조치계획취소등][새만금사건]).

이에 반하여 헌법재판소는 기본권주체의 원고적격을 인정하고 있다.

[판례] 설사 국세청장의 지정행위의 근거규범인 이 사건 조항들이 단지 공익만을 추구할 뿐 청구인 개인의 이익을 보호하려는 것이 아니라는 이유로 **청구인에게 취소소송을 제기할 법률상 이익을 부정한다고 하더라도, 청구인의 기본권인 경쟁의 자유가** (보충적으로) 바로 행정청의 지정행위(납세병마개 제조자지정행위)의 취소를 구할 **법률상 이익이 된다** 할 것이다(헌재 1998. 04. 30, 97헌마141).

나. 개인적 이익(사적 이익) 법에 의해 보호되는 개인적 이익(사적 이익)이 있는 자만이 항고소송을 제기할 원고적격이 있고, 공익의 침해만으로는 원고적격이 인정될 수 없다.

처분 등으로 법인 또는 단체의 개인적 이익(사적 이익)이 침해된 경우에도 그 법인 또는 단체에게 원고적격이 인정된다. 그러나, 구성원의 법률상 이익의 침해를 이유로 원고적격을 인정받을 수는 없다.

[판례] **약제를 제조 · 공급하는 제약회사가** 보건복지부 고시인 '약제급여 · 비급여 목록 및 급여 상한금액표' 중 약제의 상한금액 인하 부분에 대하여 **그 취소를 구할 원고적격이 있다**고 한 사례(대판 2006. 12. 21, 2005두16161[보험약가인하처분취소]).

그런데, 판례는 환경상 이익은 본질적으로 자연인에게 귀속되는 것으로서 법인은 환경상 이익의 침해를 이유로 행정소송을 제기할 수 없다고 보았다.

[판례] 재단법인 甲 수녀원이, 매립목적을 택지조성에서 조선시설용지로 변경하는 내용의 공유수면매립목적 변경 승인처분으로 인하여 법률상 보호되는 환경상 이익을 침해받았다면서 행정청을 상대로 처분의 무효 확인을 구하는 소송을 제기한 사안에서, 공유수면매립목적 변경 승인처분으로 甲 수녀원에 소속된 수녀 등이 쾌적한 환경에서 생활할 수 있는 환경상 이익을 침해받는다고 하더라도 이를 가리켜 곧바로 甲 수녀원의 법률상 이익이 침해된다고 볼 수 없고, **자연인이 아닌**

甲 수녀원은 쾌적한 환경에서 생활할 수 있는 이익을 향수할 수 있는 주체가 아니므로 위 처분으로 위와 같은 생활상의 이익이 직접적으로 침해되는 관계에 있다고 볼 수도 없으며, 위 처분으로 환경에 영향을 주어 甲 수녀원이 운영하는 쨈 공장에 직접적이고 구체적인 재산적 피해가 발생한다거나 甲 수녀원이 폐쇄되고 이전해야 하는 등의 피해를 받거나 받을 우려가 있다는 점 등에 관한 증명도 부족하다는 이유로, **甲 수녀원에 처분의 무효 확인을 구할 원고적격이 없다**고 한 사례(대판 2012. 06. 28, 2010두2005[수정지구공유수면매립목적변경승인처분무효]). 〈해설〉 자연인만이 개인적인 환경상 이익만을 향유한다는 대법원 판례에는 찬동할 수 없다. 단체도 자연인과 같이 법주체로서 환경상 이익을 향유할 수 있다고 보아야 한다.

그리고, 공익단체의 존립목적인 공익이 침해된 경우에 그 공익단체에게 원고적격을 인정할 수 있는지에 관하여 이를 명시적으로 긍정 또는 부정하는 판례는 아직 존재하지 않지만, 현재의 판례는 원고적격의 요소인 보호규범을 처분의 근거 내지 관계법규에 한정하고 있는 점 등에 비추어 이를 부정하고 있는 것으로 보인다.

그런데, 개인의 법적 이익에 개인의 사익뿐만 아니라 단체의 존립목적이 되는 이익(단체의 개별이익)도 포함되는 것으로 보아야 한다는 견해도 있다. 또한 개인의 재산적 이익뿐만 아니라 개인의 인격적 이익, 평온한 생활이익(공익으로서의 평온한 생활이익이 아니라 개인적 이익(사익)으로서의 평온한 생활이익)도 포함되는 것으로 보아야 한다는 견해도 있다. 공익으로서의 평온한 생활이익이 법령에 의해 보호됨으로써 개인이 평온한 생활을 누리는 것은 반사적 이익이다. 평온한 생활이익을 공익으로서 보호할 것인지 아니면 공익뿐만 아니라 개인적 이익(사익)으로서도 보호할 것인지는 입법자의 의사에 따른다(이혜진, 민주주의 발전과 주관적 공권의 확대 경향 – 일본의 '평온생활권'을 글감으로 하여 – , 공법연구 제51집 제3호, 2023.2, 79면 이하 참조).

다. 직접적 · 구체적 이익 처분 등에 의해 침해되는 법적 이익은 직접적 · 구체적 이익이어야 하며 간접적이거나 추상적인 이익이 침해된 자에게는 원고적격이 인정되지 않는다.

[판례] ① **법률상 보호되는 이익이라 함은** 당해 처분의 근거 법규 및 관련 법규에 의하여 보호되는 **개별적 · 직접적 · 구체적 이익이 있는 경우를 말하고, 공익보호의 결과로 국민 일반이 공통적으로 가지는 일반적 · 간접적 · 추상적 이익이 생기는 경우에는 법률상 보호되는 이익이 있다고 할 수 없다**(대판 전원합의체 2006. 03. 16, 2006두330[정부조치계획취소등][새만금사건]). 〈해설〉 판례는 직접성 · 구체성을 법률상 보호되는 이익의 요소로 보고 있지만, 법률상 보호되는 이익인지 여부는 법의 보호범위내에 있는지 여부만으로 결정하고, 직접성, 구체성은 이익의 요소가 아니라 침해의 요소로 보는 것이 타당하다.

② 구 임대주택법(2009. 12. 29. 법률 제9863호로 개정되기 전의 것) 제21조 제5항, 제9항, 제34조, 제35조 규정의 내용과 입법 경위 및 취지 등에 비추어 보면, **임차인대표회의도** 당해 주택에 거주하는 임차인과 마찬가지로 임대주택의 분양전환과 관련하여 그 승인의 근거 법률인 구 임대주택법에 의하여 보호되는 구체적이고 직접적인 이익이 있다고 봄이 상당하다. 따라서 임차인대표회

의는 행정청의 분양전환승인처분이 승인의 요건을 갖추지 못하였음을 주장하여 그 취소소송을 제기할 원고적격이 있다고 보아야 한다(대판 2010. 05. 13, 2009두19168[분양전환승인의취소]).

③ 아파트관리사무소 소장으로 근무하면서 관리사무소를 위하여 종합소득세의 신고 · 납부, 경정청구 등의 업무를 처리하였다는 것만으로는, 위 소장에게 경정청구를 거부한 과세관청의 처분에 대해 취소를 구할 법률상의 이익이 있다고 보기 어렵다고 한 사례(대판 2003. 09. 23, 2002두1267[종합소득세환급경정청구거부처분취소]).

④ 법인의 주주가 법인에 대한 행정처분(운송사업양도 · 양수신고수리처분) 이후의 주식 양수인인 경우에는 특별한 사정이 없는 한 그 처분에 대하여 간접적 · 경제적 이해관계를 가질 뿐 법률상 직접적 · 구체적 이익을 가지는 것은 아니므로 그 처분의 취소를 구할 원고적격이 인정되지 않는다(대판 2010. 05. 13, 2010두2043[운송사업양도 · 양수신고수리처분취소]).

⑤ [1] 법인의 주주가 당해 법인에 대한 행정처분의 취소를 구할 원고적격이 있는 경우: 법인의 주주는 법인에 대한 행정처분에 관하여 사실상이나 간접적인 이해관계를 가질 뿐이어서 스스로 그 처분의 취소를 구할 원고적격이 없는 것이 원칙이라고 할 것이지만, 그 처분으로 인하여 법인이 더 이상 영업 전부를 행할 수 없게 되고, 영업에 대한 인 · 허가의 취소 등을 거쳐 해산 · 청산되는 절차 또한 처분 당시 이미 예정되어 있으며, 그 후속절차가 취소되더라도 그 처분의 효력이 유지되는 한 당해 법인이 종전에 행하던 영업을 다시 행할 수 없는 예외적인 경우에는 주주도 그 처분에 관하여 직접적이고 구체적인 법률상 이해관계를 가진다고 보아 그 효력을 다툴 원고적격이 있다. [2] 부실금융기관의 정비를 목적으로 은행의 영업 관련 자산 중 재산적 가치가 있는 자산 대부분과 부채 등이 타에 이전됨으로써 더 이상 그 영업 전부를 행할 수 없게 되고, 은행업무정지처분 등의 효력이 유지되는 한 은행이 종전에 행하던 영업을 다시 행할 수는 없는 경우, 은행의 주주에게 당해 은행의 업무정지처분 등을 다툴 원고적격이 인정된다고 한 사례(대판 2005. 01. 27, 2002두5313[은행업무정지등처분무효확인]).

⑥ 제약회사가 자신이 공급하는 약제에 관하여 국민건강보험법, 같은 법 시행령, 국민건강보험 요양급여의 기준에 관한 규칙 등 약제상한금액고시의 근거 법령에 의하여 보호되는 직접적이고 구체적인 이익을 향유하는데, 보건복지부 고시인 약제급여 · 비급여목록 및 급여상한금액표로 인하여 자신이 제조 · 공급하는 약제의 상한금액이 인하됨에 따라 위와 같이 보호되는 법률상 이익이 침해당할 경우, 제약회사는 위 고시의 취소를 구할 원고적격이 있다고 한 사례(대판 2006. 09. 22, 2005두2506[보험약가인하처분취소]).

⑦ 채석허가 수허가자의 지위를 양수받아 명의변경신고를 할 수 있는 양수인의 지위는 단순한 반사적 이익이나 사실상의 이익이 아니라 산림법령에 의하여 보호되는 직접적이고 구체적인 이익으로서 법률상 이익이라고 할 것이고, 채석허가가 유효하게 존속하고 있다는 것이 양수인의 명의변경신고의 전제가 된다는 의미에서 관할 행정청이 양도인에 대하여 채석허가를 취소하는 처분을 하였다면 이는 양수인의 지위에 대한 직접적 침해가 된다고 할 것이므로 양수인은 채석허가를 취소하는 처분의 취소를 구할 법률상 이익을 가진다(대판 2003. 07. 11, 2001두6289[채석허가취소처분취소]).

⑧ 도시 및 주거환경정비법 제13조 제1항 및 제2항의 입법 경위와 취지에 비추어 하나의 정비구역 안에서 복수의 조합설립추진위원회에 대한 승인은 허용되지 않는 점, 조합설립추진위원회가 조합을 설립할 경우 같은 법 제15조 제4항에 의하여 조합설립추진위원회가 행한 업무와 관련된 권리와 의무는 조합이 포괄승계하며, 주택재개발사업의 경우 정비구역 내의 토지 등 소유자는 같은 법 제19조 제1항에 의하여 당연히 그 조합원으로 되는 점 등에 비추어 보면, 조합설립추진위원회의 구성에 동의하지 아니한 정비구역 내의 토지 등 소유자도 조합설립추진위원회 설립승인처분에 대하여 같은 법에 의하여 보호되는 직접적이고 구체적인 이익을 향유하므로 그 설립승인처분의

취소소송을 제기할 원고적격이 있다(대판 2007. 01. 25, 2006두12289[추진위원회승인처분취소]).

⑨ 2종 교과용 도서에 대하여 검정신청을 하였다가 불합격결정처분을 받은 자가 **자신이 검정신청한 교과서의 과목과 전혀 관계가 없는 과목의 교과용 도서에 대한 합격결정처분에 대하여는 그 취소를 구할 법률상의 이익이 없다**고 한 사례(대판 1992. 04. 24, 91누6634).

⑩ 학교법인의 임원취임승인신청 반려처분에 대하여, **임원으로 선임된 사람**이 이를 다툴 수 있는 원고적격이 있다고 한 사례(대판 2007. 12. 27, 2005두9651).

⑪ **회사가 정하는 자격기준에 준하는 자로서 입회승인을 받은 회원**은 일정한 입회금을 납부하고 회사가 지정한 시설을 이용할 때에는 회사가 정한 요금을 지불하여야 하며 회사는 회원의 입회금을 5년 후에 상환하도록 정해져 있는 예탁금회원제 골프장에 있어서, 체육시설업자 또는 그 사업계획의 승인을 얻은 자가 회원모집계획서를 제출하면서 허위의 사업시설 설치공정확인서를 첨부하거나 사업계획의 승인을 받을 때 정한 예정인원을 초과하여 회원을 모집하는 내용의 **회원모집계획서를 제출하여 그에 대한 시 · 도지사 등의 검토결과 통보를 받는다면 이는 기존회원의 골프장에 대한 법률상의 지위에 영향을 미치게 되므로**, 이러한 경우 **기존회원은 위와 같은 회원모집계획서에 대한 시 · 도지사의 검토결과 통보의 취소를 구할 법률상의 이익이 있다**고 보아야 한다(대판 2009. 02. 26, 2006두16243[골프장회원권모집계획승인처분취소]). **〈해설〉** 원심은 "원고는 그 주장에 의하더라도 이 사건 골프장 회원권을 보유한 회원으로서 위 골프장의 운영자에 대하여 골프장 시설에 대한 우선적인 이용권 등을 가진다는 것으로서, 이 사건 회원모집계획승인처분의 상대방이 아닌 이상 원고가 이 사건 골프장의 회원으로서 위와 같은 채권적 권리의무를 가진다는 사정만으로는 이 사건 회원모집계획승인처분으로 인하여 권리의 침해나 법률상의 불이익을 받았다고 보기는 어렵고, 다만 이 사건 회원모집계획승인처분의 반사적 효과로서 회원이 증가하게 됨에 따라 발생하는 골프장 우선이용권의 사용횟수의 감소 등과 같은 간접적이거나 사실상의 불이익을 입을 뿐이라고 봄이 상당하므로(만일 이 사건 골프장사업계획을 승계한 참가인이 회원과의 약정에 위반하여 과다하게 회원모집을 함으로써 회원들의 골프장 우선이용권 사용횟수의 감소나 그로 인한 회원권 가격하락 등의 손해를 초래하였다면 그 약정위반으로 인한 손해배상 등을 청구하는 것은 별론으로 하더라도), 원고가 이 사건 회원모집계획승인처분의 취소를 구할 원고적격이 있다고 할 수 없다"고 하였다(대전고법 2006. 09. 21, 2006누93).

⑫ 도시환경정비사업에 대한 사업시행계획에 당연무효인 하자가 있는 경우에는 도시환경정비사업조합은 그 사업시행계획을 새로이 수립하여 관할관청으로부터 인가를 받은 후 다시 분양신청을 받아 관리처분계획을 수립하여야 할 것인바, **분양신청기간 내에 분양신청을 하지 않거나 분양신청을 철회함으로 인해 도시 및 주거환경정비법 제47조 및 조합 정관 규정에 의하여 조합원의 지위를 상실한 토지 등 소유자**도 그때 분양신청을 함으로써 건축물 등을 분양받을 수 있으므로 **관리처분계획의 무효확인 또는 취소를 구할 법률상 이익이 있다고 할 것이다**(대판 2011. 12. 08, 2008두18342[관리처분계획취소]).

⑬ **사단법인 대한의사협회는** 의료법에 의하여 의사들을 회원으로 하여 설립된 사단법인으로서, 국민건강보험법상 요양급여행위, 요양급여비용의 청구 및 지급과 관련하여 직접적인 법률관계를 갖지 않고 있으므로, 보건복지부 고시인 '건강보험요양급여행위 및 그 상대가치점수 개정'으로 인하여 자신의 법률상 이익을 침해당하였다고 할 수 없다는 이유로 **위 고시의 취소를 구할 원고적격이 없다**고 한 사례(대판 2006. 05. 25, 2003두11988).

⑭ (1) 등록관청이 하는 신문의 등록은 신문을 적법하게 발행할 수 있도록 하는 행정처분에 해당한다. (2) 신문사업자의 지위는 신문법상 등록에 따라 보호되는 직접적 · 구체적인 이익이다. (3) **신문사업자**는 신문사업자 지위승계신고 수리와 신문사업변경등록에 대한 무효확인 또는 취소를 구

할 법률상 이익이 있다(대판 2019. 08. 30, 2018두47189).
⑮ [농업에너지이용효율화사업에 관한 보조금 집행을 원활하게 하기 위해 보조사업자(농가)의 계약상대방이 될 수 있는 시공업체를 공모절차를 통해 선정하였는데, 선정되지 아니한 원고들이 자신들에 대한 선정제외를 비롯한 선정 및 선정제외 처분 전체의 취소를 구한 사건] 보조금지원사업 시행기관의 장인 피고가 (선정된 시공업체와 계약을 체결한 경우에만 보조금을 교부하기 위하여) 보조사업자(농가)의 계약상대방이 될 수 있는 시공업체를 공모절차를 통하여 선정한 사안에서, **선정 제외된 원고들이 선정된 업체들을 포함한 선정 및 선정제외 행위 전체의 취소를 구할 원고적격이 인정되는지 여부(소극)**: 불이익처분의 상대방은 직접 개인적 이익의 침해를 받은 자로서 원고적격이 인정된다. 처분의 직접 상대방이 아닌 제3자라 하더라도 이른바 '경원자 관계'나 '경업자 관계'와 같이 처분의 근거 법규 또는 관련 법규에 의하여 개별적 · 직접적 · 구체적으로 보호되는 이익이 있는 경우에는 처분의 취소를 구할 원고적격이 인정되지만, **제3자가 해당 처분과 간접적 · 사실적 · 경제적인 이해관계를 가지는 데 불과한 경우**에는 처분의 취소를 구할 **원고적격이 인정되지 않는다**(대법원 1999. 10. 12. 선고 99두6026 판결, 대법원 2020.4. 9. 선고 2015다34444 판결 등 참조)(대판 2021. 02. 04, 2020두48772[시공업체선정처분취소]).

라. 법률상 이익이 침해되거나 침해될 우려(개연성)가 있을 것 처분 등에 의해 법률상 이익이 현실적으로 침해된 경우(예, 허가취소)뿐만 아니라 침해가 예상되는 경우(예, 건축허가)에도 원고적격이 인정된다. 침해가 예상되는 경우에는 그 침해의 발생이 단순히 가능성이 있는 것만으로는 안 되고 확실하거나 개연성이 있어야 한다. 판례는 "침해의 우려"라는 표현을 쓰고 있는데, 우려는 모호한 개념이며 이 경우의 "우려"는 개연성을 의미한다고 보아야 한다.

[판례] ① 김해시장이 낙동강에 합류하는 하천수 주변의 토지에 구 산업집적활성화 및 공장설립에 관한 법률 제13조에 따라 공장설립을 승인하는 처분을 한 사안에서, **공장설립으로 수질오염 등이 발생할 우려가 있는 취수장에서 물을 공급받는 부산광역시 또는 양산시에 거주하는 주민들도** 위 처분(공장설립을 승인하는 처분)의 근거 법규 및 관련 법규에 의하여 **법률상 보호되는 이익이 침해되거나 침해될 우려가 있는** 주민으로서 **원고적격이 인정된다**고 한 사례(대판 2010. 04. 15, 2007두16127[공장설립승인처분취소]).
② [1] **민간투자사업시행자지정처분 자체로 제3자의 재산권이 침해되지 않고**, 구 민간투자법 제18조에 의한 타인의 토지출입 등, 제20조에 의한 토지 등의 수용 · 사용은 사업실시계획의 승인을 받은 후에야 가능하다. 그러므로 **원고(서울-춘천고속도로건설사업시행지 토지소유자)들의 재산권은 사업실시계획의 승인 단계에서 보호되는 법률상 이익이라고 할 것이므로, 그 이전인 사업시행자지정처분 단계에서는 원고들의 재산권 침해를 이유로 그 취소를 구할 수 없다.** [2] 이 사건 사업에 대한 사전환경성검토협의나 환경영향평가협의는 모두 이 사건 사업시행자지정처분 이후에 이루어져도 적법하고, 반드시 이 사건 **사업시행자지정처분 전에 사전환경성검토협의나 환경영향평가협의의 절차를 거칠 필요는 없다. 그러므로** 환경정책기본법이나 '환경 · 교통 · 재해 등에 관한 영향평가법'에 의해 보호되는 **원고(인근주민)들의 환경이익은** 이 사건 **사업시행자지정처분의 단계에서는 아직 법률에 의하여 보호되는 이익이라고 할 수 없다**(대판 2009. 04. 23, 2008두242[민간투자시설사업시행자지정처분취소]).
③ 인 · 허가 등의 수익적 행정처분을 신청한 수인이 서로 경쟁관계에 있어서 일방에 대한 허가 등

의 처분이 타방에 대한 불허가 등으로 귀결될 수밖에 없는 때 **허가 등의 처분을 받지 못한 자는** 비록 경원자에 대하여 이루어진 허가 등 처분의 상대방이 아니라 하더라도 당해 처분의 취소를 구할 원고 적격이 있다. 다만, **명백한 법적 장애로 인하여 원고 자신의 신청이 인용될 가능성이 처음부터 배제되어 있는 경우에는 당해 처분의 취소를 구할 정당한 이익이 없다**(대판 2009. 12. 10, 2009두8359[로스쿨예비인가처분취소청구사건]).

④ 원천징수의무자에 대한 소득금액변동통지는 원천납세의무의 존부나 범위와 같은 원천납세의무자의 권리나 법률상 지위에 어떠한 영향을 준다고 할 수 없으므로 **소득처분에 따른 소득의 귀속자**는 법인에 대한 소득금액변동통지의 취소를 구할 법률상 이익이 없다(대판 2015. 03. 26, 2013두9267[법인세부과처분및소득금액변동통지취소청구]).

⑤ (1) 공유수면 점용·사용허가로 인하여 인접 토지 소유자 등에게 인접한 토지를 적정하게 이용할 수 없게 되는 등의 피해를 받을 우려가 있는지 여부는, 공유수면법 시행령 제12조 제4항 각 호에서 정한 기준과 아울러 인접 토지 소유자 등이 토지나 인공구조물을 소유 또는 점유하게 된 경위와 그 이용 상황, 공유수면 점용·사용의 기간과 목적, 공유수면 점용·사용이 인접 토지나 인공구조물의 이용에 미치는 영향의 내용과 정도 등을 종합적으로 고려하여 판단해야 한다. (2) 원고가 이 사건 **공유수면에 인접한 토지·인공구조물의 소유자 또는 점유자**에는 해당하나, 이 사건 공유수면 상의 원고 소유 건물이 무허가로 원상회복의 대상에 불과한 점, 원고 소유 토지를 임차한 효명개발 주식회사가 이 사건 공유수면 중 일부에 대해 이미 점용·사용허가를 받아 진출입로를 확보하고 있는 점, 주식회사 홍명환경(이하 '홍명환경'이라 한다)에 대한 허가처분으로 인하여 원고에게 어떠한 피해를 방지하는 시설의 설치와 같은 조치가 필요한 것으로 보이지 아니한 점 등에 비추어 보면, 원고는 홍명환경에 대한 공유수면 점용·사용허가처분으로 인하여 피해를 받을 우려가 있는 권리를 보유한 자에는 해당하지 않으므로, 이 사건 소 중 홍명환경에 대한 허가처분 취소청구 부분은 원고적격이 없는 자가 제기한 것으로 부적법하다(대판 2014. 09. 04, 2014두2164).

법률상 이익의 침해 또는 침해의 우려는 원칙상 원고가 입증하여야 한다. 다만, 환경영향평가대상지역 또는 영향권 내의 주민 등에 대하여는 특단의 사정이 없는 한 환경상 이익에 대한 침해 또는 침해 우려가 있는 것으로 사실상 추정되므로 법률상 이익의 침해 또는 침해의 우려 없음을 피고가 입증하여야 한다.

[판례] ① [1] 행정처분의 근거 법규 또는 관련 법규에 그 처분으로써 이루어지는 행위 등 사업으로 인하여 환경상 침해를 받으리라고 예상되는 **영향권의 범위가 구체적으로 규정되어 있는 경우에는**, 그 **영향권 내의 주민들에 대하여는** 당해 처분으로 인하여 직접적이고 중대한 환경피해를 입으리라고 예상할 수 있고, 이와 같은 환경상의 이익은 주민 개개인에 대하여 개별적으로 보호되는 직접적·구체적 이익으로서 그들에 대하여는 **특단의 사정이 없는 한 환경상 이익에 대한 침해 또는 침해 우려가 있는 것으로 사실상 추정되어 법률상 보호되는 이익으로 인정됨으로써 원고적격이 인정되며**, **그 영향권 밖의 주민들은** 당해 처분으로 인하여 그 **처분 전과 비교하여 수인한도를 넘는 환경피해를 받거나 받을 우려가 있다는 자신의 환경상 이익에 대한 침해 또는 침해 우려가 있음을 증명하여야만** 법률상 보호되는 이익으로 인정되어 **원고적격이 인정된다**. [2] 김해시장이 소감천을 통해 낙동강에 합류하는 하천수 주변의 토지에 구 산업집적활성화 및 공장설립에 관한 법률 제13조에 따라 **공장설립을 승인하는 처분을 한 사안**에서, 상수원인 물금취수장이 소감천이 흘러 내려 낙동강 본류와 합류하는 지점 근처에 위치하고 있는 점, 수돗물은 수도관 등 급수시설에

의해 공급되는 것이어서 거주지역이 물금취수장으로부터 다소 떨어진 곳이라고 하더라도 **수돗물의 수질악화 등으로 주민들이 갖게 되는 환경상 이익의 침해나 그 우려는 그 수돗물을 공급하는 취수시설이 입게 되는 수질오염 등의 피해나 그 우려와 동일하게 평가될 수 있는 점 등에 비추어, 공장설립으로 수질오염 등이 발생할 우려가 있는 물금취수장에서 취수된 물을 공급받는 부산광역시 또는 양산시에 거주하는 주민들도** 위 처분의 근거 법규 및 관련 법규에 의하여 개별적·구체적·직접적으로 보호되는 환경상 이익, **즉 법률상 보호되는 이익이 침해되거나 침해될 우려가 있는 주민으로서 원고적격이 인정된다고 한 사례**(대판 2010. 04. 15, 2007두16127[공장설립승인처분취소]). 〈해설〉 이 사건에서 원고인 수돗물을 공급받는 자는 영향권 밖의 주민이지만, 상수원인 취수장이 영향권 내에 있는 점, 수돗물은 수도관 등 급수시설에 의해 공급되는 것이어서 거주지역이 물금취수장으로부터 다소 떨어진 곳이라고 하더라도 수돗물의 수질악화 등으로 주민들이 갖게 되는 환경상 이익의 침해나 그 우려는 그 수돗물을 공급하는 취수시설이 입게 되는 수질오염 등의 피해나 그 우려와 동일하게 평가될 수 있는 점 등을 고려하여 원고가 갖는 법률상 이익인 환경상 이익의 침해 우려가 있다고 본 사례이다. 이 판례에 의하면 수돗물을 공급받는 자가 영향권 밖에 거주하더라도 취수장이 영향권내에 있으면 원고적격을 인정받을 수 있다는 결과가 된다.
② 환경상 이익에 대한 침해 또는 침해 우려가 있는 것으로 사실상 추정되어 원고적격이 인정되는 사람에는 환경상 침해를 받으리라고 예상되는 영향권 내의 주민들을 비롯하여 **(영향권 밖에 거주하더라도) 그 영향권 내에서 농작물을 경작하는 등 현실적으로 환경상 이익을 향유하는 사람도 포함된다.** 그러나 단지 그 영향권 내의 건물·토지를 소유하거나 환경상 이익을 일시적으로 향유하는 데 그치는 사람은 포함되지 않는다(대판 2009. 09. 24, 2009두2825[개발사업시행승인처분취소]).

4) 구체적 사례

가. 불이익처분의 상대방 불이익처분의 상대방은 직접 개인적 이익의 침해를 받은 자로서 원고적격이 인정된다(대판 2018. 03. 27, 2015두47492).

나. 제3자의 원고적격 행정처분의 상대방이 아닌 제3자라 하더라도 그 처분 등으로 인하여 법률상 보호되는 이익을 침해당한 경우에는 취소소송을 제기하여 그 당부의 판단을 받을 자격이 있다. 위 법률상 보호되는 이익이란 당해 처분의 근거법률에 의하여 보호되는 직접적이고 구체적인 이익을 말하고 간접적이거나 사실적, 경제적 이해관계를 가지는데 불과한 경우는 여기에 해당되지 않는다(판례).

[판례] ① [1] **행정처분의 상대방이 아닌 제3자**라 하더라도 그 처분 등으로 인하여 법률상 보호되는 이익을 침해당한 경우에는 취소소송을 제기하여 그 당부의 판단을 받을 자격이 있는 것이지만, 위 법률상 보호되는 이익이란 당해 처분의 근거법률에 의하여 보호되는 직접적이고 구체적인 이익을 말하고 간접적이거나 사실적, 경제적 이해관계를 가지는데 불과한 경우는 여기에 해당되지 않는다. [2] '자동차운수사업 인·면허사무처리요령'의 법적 성격 및 그 규정에 근거한 기존 사업자의 기대이익이 법률상 보호되는 이익인지 여부(소극): 자동차운송사업자가 운행계통 등 사업계획을 변경하거나 자동차운송사업을 양도·양수할 때에는 관할관청의 인가 등을 받도록 하고 있는데, 행정관청의 인가·면허 등의 처분 기준 및 절차를 규정한 **자동차운수사업인·면허사무처리요령**(1993. 7. 13. 교통부훈령 제988호로 개정된 것)은 행정처분 등에 관한 사무처리기준과 처분절차를 정한 것으로서 그 규정의 형식 및 내용 등에 비추어 볼 때 **행정조직 내부에 있어서의 행정명령의**

성격을 지닐 뿐 대외적으로 국민이나 법원을 구속하는 힘이 없다 할 것이고, 위 사무처리요령에서 당해 운행계통에 대한 연고 등에 따라 운행횟수 증회, 운행계통 신설, 변경 등에 관한 인가나 면허를 하도록 규정하고 있다 하더라도 이러한 규정에 의하여 기존의 자동차운송사업자가 장래 운행횟수의 증회, 운행계통의 신설, 변경 등에 관하여 얻을 수 있는 기대이익은 법률상 보호되는 직접적이고 구체적인 이익이라고 볼 수 없다. [3] 양도사업자인 전주고속과 양수사업자인 호남고속 사이의 시외버스운송사업 양도·양수는 양도사업자인 전주고속이 운행하던 일부 노선에 관한 운행계통, 차량 및 부대시설 등을 일체로 참가인인 양수사업자 호남고속에게 양도한 것이어서, 이로 인하여 종전 노선 및 운행계통이나 그에 따른 차량수 및 운행횟수 등에 변동이 있는 것은 아님을 알 수 있으므로 위 양도 · 양수로 인하여 원고(제3자)인 전북고속의 법률상 이익이 침해된다고 볼 수는 없으므로 원고인 전북고속으로서는 이 사건 시외버스운송사업양도양수인가처분의 취소를 구할 원고적격 내지 소의 이익이 없다고 한 사례(대판 1997. 04. 25, 96누14906[시외버스운송사업양도양수인가처분취소]).

② [신문 등의 진흥에 관한 법률상 등록을 마친 신문사업자의 지위에 관한 사건] (1) 기존사업자와 신규사업자 사이에 명칭 사용 허락과 관련하여 민사상 분쟁이 있는 경우에는 이를 이유로 등록관청이 신규사업자의 신문 등록을 직권으로 취소·철회를 할 수는 없고, 그 다툼에 관한 법원의 판단을 기다려 그에 따라 등록취소 또는 변경등록 등의 행정 조치를 할 수 있을 뿐이며, 법원의 판단이 있기 전까지 신규사업자의 신문법상 지위는 존속한다고 보아야 한다. (2) ㈜제주일보사로부터 명칭 사용을 허용 받아 신문 등의 진흥에 관한 법률상 등록을 하고 제주일보를 발행하고 있던 원고가 피고보조참가인의 ㈜제주일보사 사업 양수가 무효임을 주장하는 사안에서, 이 사건 처분(피고가 피고보조참가인(양수인)에 대하여 한 신문사업자 지위승계신고 수리 및 신문사업변경등록처분)은 원고의 신문법상 지위를 불안정하게 만드는 것이므로 그 처분의 무효확인 또는 취소를 구할 원고적격이 인정된다(대판 2019. 08. 30, 2018두47189).

③ [임차인들이 분양전환가격 산정의 위법을 이유로 임대사업자에 대한 분양전환승인처분의 취소를 구하는 사건] (1) 임대주택법상 분양전환승인 중 분양전환가격을 승인하는 부분은 단순히 분양계약의 효력을 보충하여 그 효력을 완성시켜주는 강학상 '인가'에 해당한다고 볼 수 없다. (2) 임차인들에게는 분양계약을 체결한 이후 분양대금이 강행규정인 임대주택법령에서 정한 산정기준에 의한 분양전환가격을 초과하였음을 이유로 부당이득반환을 구하는 민사소송을 제기하는 것과 별개로, 분양계약을 체결하기 전 또는 체결한 이후라도 항고소송을 통하여 임대사업자에 대한 분양전환승인의 효력을 다툴 법률상 이익(원고적격)이 있다고 보아야 한다. (3) 구 임대주택법의 임대사업자가 여러 세대의 임대주택에 대해 분양전환승인신청을 하여 외형상 하나의 행정처분으로 그 승인을 받았다고 하더라도 이는 승인된 개개 세대에 대한 처분으로 구성되고 각 세대별로 가분될 수 있으므로 임대주택에 대한 분양전환승인처분 중 일부 세대에 대한 부분만 취소하는 것이 가능하다. 따라서 우선 분양전환 대상자인 임차인들이 분양전환승인처분의 취소를 구하는 경우, 특별한 사정이 없는 한 그 취소를 구하는 임차인이 분양전환 받을 세대가 아닌 다른 세대에 대한 부분까지 취소를 구할 법률상 이익(원고적격)은 인정되지 않는다. (4) 분양전환승인처분은 분양전환의 요건을 심사하여 임대주택의 매각을 허용하는 부분과 분양전환가격을 심사하여 이를 승인하는 부분으로 구분하는 것이 가능하다. 따라서 분양전환승인처분 전부에 대하여 취소소송을 제기한 임차인이 해당 임대주택에 관하여 분양전환 요건이 충족되었다는 점 자체는 다투지 않으면서 다만 분양전환가격 산정에 관해서만 다투는 경우에는 분양전환승인처분 중 임대주택의 매각을 허용하는 부분은 실질적인 불복이 없어 그 취소를 구할 법률상 이익(협의의 소의 이익)이 없다고 보아야 한다. (5) 분양전환승인처분 이후 진행된 분양전환절차에서 분양계약을 체결하지 아니한 채 임대주

택에서 퇴거한 임차인은, 분양전환승인처분에 관하여 효력정지결정이 이루어져 임대사업자가 제3자에게 해당 임대주택을 매각하지 않았다는 등의 특별한 사정이 없는 한, 분양전환승인처분의 취소를 구할 법률상 이익(협의의 소의 이익)이 인정되지 않는다고 보아야 한다. (6) 우선분양전환권을 가진 임차인들이 분양전환가격 산정의 위법을 이유로 해당 임대주택 전체 세대에 대한 분양전환승인처분의 취소를 구한 사안에서, 원고들에게 항고소송을 통하여 분양전환승인의 효력을 다툴 법률상 이익(원고 적격)이 있으나, 그 취소를 구하는 임차인이 분양전환받을 세대가 아닌 다른 세대에 대한 부분 및 분양전환승인처분 중 임대주택의 매각을 허용하는 부분의 취소를 구할 법률상 이익이 없고, 분양전환승인일로부터 6개월이 경과하도록 분양계약을 체결하지 아니한 채 임대주택에서 퇴거한 임차인은 분양전환승인처분에 관하여 효력정지결정이 이루어져 임대사업자가 제3자에게 해당 임대주택을 매각하지 않았다는 등의 특별한 사정이 없는 한 분양전환승인처분의 취소를 구할 법률상 이익이 인정되지 않는다고 한 사례(대판 2020. 07. 23, 2015두48129).

④ 보조금 교부조건의 설정을 위한 전제로서 에너지절감시설(다겹 보온커튼)설치 시공업체를 선정한 행위에 대한 취소소송에서 원고들에 대한 선정제외 처분 외에 다른 업체들에 대한 선정 처분 및 선정제외 처분에 대하여는 원고들에게 이를 다툴 법률상 이익이 인정되지 않는다고 한 사례(대판 2021. 02. 04, 2020두48772[시공업체선정처분취소]). 〈해설〉 원심은, 행정청이 보조금 교부조건의 설정을 위하여 에너지절감시설(다겹 보온커튼)설치 시공업체를 미리 선정한 행위에 대하여 선정제외된 원고들이 자신들에 대한 선정제외 처분뿐만 아니라 다른 업체들에 대한 선정 및 선정제외들을 포함한 시공업체 선정행위 전체의 취소를 구할 수 있다고 하였다.

⑤ 집합건물 공용부분의 대수선과 관련한 행정청의 허가, 사용승인 등 일련의 처분에 관하여는 처분의 직접 상대방 외에 해당 집합건물의 구분소유자에게도 취소를 구할 원고적격이 인정된다고 보는 것이 타당하다(대판 2024. 03. 12, 2021두58998).

⑥ 학술지원사업 과제에 관하여 산학협력단을 상대방으로 한 사업비 환수처분 취소소송에서 해당 과제 연구책임자의 원고적격이 인정된다고 한 사례(대판 2025. 02. 13, 2024두57996).

⑦ [신규 약국개설등록처분 취소소송에서 인근 약국개설자의 원고적격이 문제된 사건] (1) 취소소송은 처분 등의 취소를 구할 법률상 이익이 있는 자가 제기할 수 있다(행정소송법 제12조 전문). 행정처분의 직접 상대방이 아닌 제3자라 하더라도 당해 행정처분으로 인하여 '법률상 보호되는 이익'을 침해당한 경우에는 취소소송을 제기하여 그 당부의 판단을 받을 자격이 있고, '법률상 보호되는 이익'은 당해 처분의 근거 법규 및 관련 법규에 의하여 보호되는 개별적 · 직접적 · 구체적 이익을 말한다(대법원 2006. 03. 16. 선고 2006두330 전원합의체 판결, 대법원 2025. 02. 13. 선고 2024두57996 판결 등 참조). (2) 다른 약사에 대한 약국개설등록처분으로 인하여 조제 기회를 전부 또는 일부라도 상실하게 된 기존 약국개설자는 해당 약국개설등록처분의 취소를 구할 법률상 이익이 있는지 여부(원칙적 적극): 약국개설등록과 관련하여 약사법 제20조 제5항 제2호, 제3호, 제4호는 의료기관과 약국 사이에 일정한 장소적 관련성이 있는 경우 약국을 개설하지 못하도록 하고 있다. 이는 약사법 제23조, 제23조의2, 제24조, 제24조의2, 제26조 등 관련 규정의 체계나 내용 등에 비추어, 의료기관과 담합행위를 할 가능성이 큰 약국의 개설을 금지함으로써 의료기관의 처방전에 대한 인근 약국개설자들의 접근 기회가 공정하게 배분되도록 하고, 나아가 인근 약국개설자가 약사법이 정하는 바에 따라 의료기관으로부터 독립하여 조제업무를 수행할 수 있도록 하는 취지도 있다. 따라서 '의료기관의 처방약 조제 기회를 공정하게 배분받을 기존 약국개설자의 이익'은 약국개설등록처분의 근거 법규 및 관련 법규에 의하여 보호되는 개별적 · 직접적 · 구체적 이익이라고 할 수 있다. 그러므로 다른 약사에 대한 약국개설등록처분으로 인하여 조제 기회를 전부 또는 일부라도 상실하게 된 기존 약국개설자는 특별한 사정이 없는 한 해당 처분(다른 약사에 대한 약국개설등

록처분)의 취소를 구할 법률상 이익이 있다. (3) 신규 약국개설등록처분으로 인해 의료기관의 처방약 조제 기회를 공정하게 배분받을 기존 약국개설자의 이익이 침해될 우려가 있는지를 판단하는 기준: 신규 약국개설등록처분으로 인해 의료기관의 처방약 조제 기회를 공정하게 배분받을 **기존 약국개설자의 이익이 침해될 우려가 있는지를 판단함에 있어서는,** 약사법 제20조 제5항 제2호, 제3호, 제4호 위반이 문제되는 개별 의료기관을 기준으로 신설 약국 및 기존 약국의 위치·규모·운영형태, 의료기관과 각 약국 사이의 거리·접근 방법, 인근의 약국 분포 등을 종합적으로 고려하여야 한다. 이때 반드시 기존 약국개설자의 주된 매출이 해당 의료기관이 발행한 처방전에 기초하고 있었다거나 해당 의료기관이 발행한 처방전에 관한 기존 약국개설자의 매출 감소가 상당하여야만, 그와 같은 이익이 침해될 우려가 있다고 볼 것은 아니다. 만약 **기존 약국개설자가 운영하는 약국이, 약사법 제20조 제5항 제2호, 제3호, 제4호 위반이 문제되는 신규 약국개설등록처분 당시를 전후하여 기준이 되는 개별 의료기관이 발행한 처방전에 따라 의약품을 조제한 적이 있다면,** 그 약국은 신규 약국개설등록처분으로 인하여 해당 의료기관이 발행한 처방전에 대한 조제 기회가 감소할 것이라고 충분히 예상할 수 있다. **이러한 경우 기존 약국개설자는 특별한 사정이 없는 한 해당 처분의 취소를 구할 원고적격이 있다**(대판 2025. 09. 11, 2024두34276[약국개설등록처분취소] (사) 파기환송).

학교폭력예방 및 대책에 관한 법률(약칭: 학교폭력예방법)은 교육장이 학교폭력 가해학생에 내린 조치에 대하여 이의가 있는 가해학생 또는 그 보호자뿐만 아니라(제17조의3 제2항) 이의가 있는 피해학생 또는 그 보호자가 행정소송법에 따른 행정소송을 제기할 수 있는 것으로 규정하고 있다(제17조의3 제1항).

다. 경업자소송 경업자소송(競業者訴訟)이라 함은 여러 영업자가 경쟁관계에 있는 경우에 경쟁관계에 있는 영업자에 대한 처분 또는 부작위를 경쟁관계에 있는 다른 영업자가 다투는 소송을 말한다.

(가) 기존업자의 신규업자에 대한 인허가처분의 취소청구 판례는 신규업자에 대한 인허가처분에 의해 침해되는 기존업자(既存業者)의 영업상 이익이 법률상 이익인지 아니면 단순한 경제적·사실상 이익인지를 기준으로 전자의 경우에는 기존업자에게 원고직격을 인정하고 후자의 경우에는 기존업자에게 원고적격을 인정하지 않고 있다.

그런데, 판례는 일반적으로 기존업자가 특허기업인 경우에는 그 기존업자가 그 특허로 인하여 받은 영업상 이익은 법률상 이익이라고 보아 원고적격을 인정하고, 기존업자가 허가를 받아 영업하는 경우에 그 기존업자가 그 허가로 인하여 받는 영업상 이익은 반사적 이익 내지 사실상 이익에 불과한 것으로 보아 원고적격을 부정하는 경향이 있다.

이러한 판례의 태도는 일응 타당하다. 그 이유는 특허는 상대방에게 독점적 경영권 내지 지위를 창설하는 행위이며 허가는 질서유지의 목적상 설정된 금지를 해제하여 자연적 자유를 회복시키는 행위로서 허가를 받은 자의 경제적인 영업상 이익을 보호하는 것을 목적으로 하지 않기 때문이다.

그러나, 이러한 해결은 절대적일 수 없으며 허가의 경우에도 허가요건규정이 공익뿐만 아니라 개인의 이익도 보호하고 있다라고 해석되는 경우에는 기존 허가권자가 당해 허가요건에 위반하는 제3자에 대한 허가를 다툴 원고적격을 가진다고 보아야 한다. 예를 들면, 허가요건 중 거리제한 규정 또는 영업구역규정이 두어지는 경우에는 이 거리제한 규정 또는 영업구역규정에 의해 기존업자가 독점적 이익을 누리고 있는 경우에 그 이익이 법률상 이익에 해당하는 것으로 해석된다.

따라서, 허가와 특허의 구별 없이 처분의 근거 내지 관계법규에 의해 기존업자의 영업상 이익이 직접적·구체적으로 보호되고 있는지 여부, 달리 말하면 기존업자의 영업상 이익이 법적 이익인지 단순한 사실상의 반사적 이익인지 여부를 기준으로 기존업자의 원고적격을 인정하는 것이 타당하다. 이는 오늘날 허가와 특허의 구별이 상대화되고 있는 점에서도 타당하다.

최근 판례는 허가와 특허의 구별 없이 처분의 근거가 되는 법률이 해당 업자들 사이의 과당경쟁으로 인한 경영의 불합리를 방지하는 것도 그 목적으로 하고 있는 경우 취소를 구할 원고적격을 인정하고 있다.

[판례] ① [1] **일반적으로 면허나 인·허가 등의 수익적 행정처분의 근거가 되는 법률이 해당 업자들 사이의 과당경쟁으로 인한 경영의 불합리를 방지하는 것도 그 목적으로 하고 있는 경우**, 다른 업자에 대한 면허나 인·허가 등의 수익적 행정처분에 대하여 미리 같은 종류의 면허나 인·허가 등의 수익적 행정처분을 받아 영업을 하고 있는 **기존의 업자**는 경업자에 대하여 이루어진 면허나 인·허가 등 행정처분의 상대방이 아니라 하더라도 당해 행정처분의 취소를 구할 **원고적격이 있다.** [2] **담배 일반소매인으로 지정되어 영업을 하고 있는 기존업자**의 신규업자에 대한 이익이 '법률상 보호되는 이익'에 해당한다고 한 사례(대판 2006. 07. 28, 2004두6716; 2008. 03. 27, 2007두23811[담배소매인지정처분취소]).

② 구 오수·분뇨 및 축산폐수의 처리에 관한 법률(2002. 12. 26. 법률 제6827호로 개정되기 전의 것)과 같은 법 시행령(2003. 7. 25. 대통령령 제18065호로 개정되기 전의 것)상 **업종을 분뇨와 축산폐수 수집·운반업 및 정화조청소업으로 하여 분뇨 등 관련 영업허가를 받아 영업을 하고 있는 기존 업자의 이익이 법률상 보호되는 이익이라고 보아, 기존 업자**에게 경업자에 대한 영업허가처분의 취소를 구할 원고적격이 있다고 한 사례(대판 2006. 07. 28, 2004두6716[분뇨등관련영업허가처분취소]).

가) 기존업자가 특허기업인 경우 원칙상 원고적격 인정

[판례] ① 구 자동차운수사업법(현행 여객자동차운수사업법) 제6조 제1호에서 당해 사업계획이 당해노선 또는 사업구역의 수송수요와 수송력공급에 적합할 것을 면허의 기준으로 한 것은 주로 자동차운수사업에 관한 질서를 확립하고 자동차운수의 종합적인 발달을 도모하여 공공복리의 증진을 목적으로 하고 있으며, 동시에, 한편으로는 **업자간의 경쟁으로 인한 경영의 불합리를 미리 방지하는 것이 공공의 복리를 위하여 필요하므로 면허조건을 제한하여 기존업자의 경영의 합리화를 보호하자는 데도 그 목적이 있다 할 것이다.** 따라서 이러한 기존업자의 이익은 단순한 사실상의 이익이 아니고, 법에 의하여 보호되는 이익이라고 해석된다. 따라서, 자동차운수사업법 제6조 제1호

에 의한 자동차운송사업의 면허에 대하여 당해 노선에 관한 기존업자는 노선연장인가처분의 취소를 구할 법률상의 이익이 있다(대판 1974. 04. 09, 73누173[신규노선 연장인가처분에 대한 당해 노선의 기존사업자의 취소청구]).

② 동일한 사업구역 내의 동종의 사업용화물자동차면허 대수를 늘리는 보충인가처분에 대한 기존 개별화물자동차운송사업자의 취소청구소송에서 원고적격을 인정한 사례(대판 1992. 07. 10, 91누9107).

③ 기존의 시외버스운송사업자인 을 회사에 다른 시외버스운송사업자 갑 회사에 대한 시외버스운송사업계획변경인가 처분의 취소를 구할 법률상 이익이 있다고 한 사례(대판 2010. 06. 10, 2009두10512[여객자동차운송사업계획변경인가처분취소]).

④ 한정면허를 받은 시외버스운송사업자가 일반면허를 받은 시외버스운송사업자에 대한 사업계획변경 인가처분으로 수익감소가 예상되는 경우, 일반면허 시외버스운송사업자에 대한 사업계획변경인가처분의 취소를 구할 법률상의 이익이 있다(대판 2018. 04. 26, 2015두53824).

나) 기존업자가 허가기업인 경우 원칙상 원고적격 부인

[판례] ① 석탄수급조정에관한임시조치법 소정의 **석탄 가공업에 관한 허가는** 사업 경영의 권리를 설정하는 형성적 행정행위가 아니라 **질서유지와 공공복리를 위한 금지를 해제하는 명령적 행정행위여서 그 허가를 받은 자는 영업의 자유를 회복하는 데 불과하고 독점적 영업권을 부여받는 것이 아니기 때문에** 기존 허가를 받은 원고들이 신규허가로 인하여 영업상 이익이 감소된다고 하더라도 이는 원고들의 **반사적 이익**을 침해하는 것에 지나지 아니하므로 원고들은 신규허가 처분에 대하여 행정소송을 제기할 법률상 이익이 없다(대판 1980. 07. 22, 80누33[석탄가공업에 관한 기존허가업자의 신규허가에 대한 불복]).

② **기타 동지의 판례:** 타인에 대한 양곡가공시설 이설 승인처분 취소처분을 취소한 처분에 대한 기존양곡가공업자의 불복(대판 1990. 11. 13, 89누756), 물품수입허가에 대한 같은 품종의 제조판매업자의 취소청구(대판 1971. 06. 29, 69누91), 숙박업구조변경허가처분에 대한 기존 숙박업자의 취소청구(대판 1990. 08. 14, 89누7900) 등.

다만, 허가요건으로 거리제한 또는 영업허가구역 규정이 있는 경우 당해 규정은 공익뿐만 아니라 기존허가업자의 영업상 개인적 이익을 보호하고 있는 것으로 볼 수 있으므로 기존허가업자에게 신규허가를 다툴 원고적격이 인정될 수 있다.

[판례] 갑이 적법한 **약종상허가**를 받아 **허가지역 내에서 약종상영업을 경영**하고 있음에도 불구하고 행정관청이 구 약사법 시행규칙(1969. 8. 13. 보건사회부령 제344호)을 위배하여 같은 **약종상인 을에게 을의 영업허가지역이 아닌 갑의 영업허가지역 내로 영업소를 이전하도록 허가하였다면 갑으로서는 이로 인하여 기존업자로서의 법률상 이익을 침해받았음이 분명**하므로 갑에게는 행정관청의 영업소이전허가처분의 취소를 구할 법률상 이익이 있다(대판 1988. 06. 14, 87누873).

다) 기 타

[판례] 甲이 2003. 9. 1. 화물자동차운송사업을 경영하는 운송회사인 乙에게 부산○○사 ○○○○호 대우트랙터 특수자동차(이하 '이 사건 차량'이라 한다)를 명의신탁하고 乙과의 사이에 화물자동차운송사업 위수탁계약(이하 위 명의신탁약정과 위수탁계약을 합하여 '이 사건 위수탁계약 등'이라 한다)을

체결한 경우 운송회사인 乙은 甲에게 이 사건 차량을 이용한 화물자동차운송사업을 허가하는 처분의 취소를 구할 법률상 이익이 있다. 그 이유는 이 사건 차량에 관하여 甲이 화물자동차운송사업 허가를 받으면 乙은 이 사건 차량에 관하여 대차를 할 수 없어 결국 허가대수가 감소하는 결과가 초래되어 그 감소하는 차량대수만큼 영업권이 침해되기 때문이다(대판 2009. 02. 12, 2007두23071 [화물자동차운송사업허가수리취소]).

(나) 기존 경업자에 대한 수익처분을 다투는 소송 행정청이 경쟁관계에 있는 기존의 업자에게 보조금의 지급 등 수익적 처분을 하여 다른 경업자에게 불리한 경쟁상황을 야기한 경우에 다른 경업자는 그 수익적 처분을 다툴 원고적격이 있는가.

이 경우에 수익적 처분의 요건법규가 공익뿐만 아니라 경쟁관계에 있는 자의 경제적 이익도 보호하고 있다고 여겨지는 경우는 경업자에게 원고적격이 인정될 수 있다.

그리고 수익적 처분의 근거법규가 없거나 당해 수익적 처분의 근거법규가 처분의 상대방이 아닌 경업관계에 있는 제3자의 이익까지도 보호하고 있다고 해석되기 어려운 경우에도 수익적 처분으로 기존의 경업자에게 불리한 경쟁상황을 야기하는 경우에는 경쟁의 자유를 침해하는 것이 되고 경쟁의 자유는 구체적 기본권인 직업의 자유에 포함되므로 헌법상 기본권을 원고적격의 인정기준이 되는 법률상 이익에 포함되는 것으로 보고 경업자에게 원고적격을 인정하는 것이 타당하다.

(다) 기존 경업자에 대한 규제권 발동의 거부 또는 부작위를 다투는 소송 행정청에 대하여 경쟁관계에 있는 경업자의 불공정행위에 대하여 규제권을 발동할 것을 청구하였음에도 당해 행정청이 규제권을 발동하지 않는 경우(거부 또는 부작위의 경우)에 규제권발동을 청구한 경업자는 거부처분의 취소소송 또는 부작위위법확인소송을 제기할 원고적격을 가지는가.

이 경우에 원고적격은 행정청의 규제권의 근거가 되는 법규가 공정한 경쟁질서의 확보라는 공익 이외에 다른 경업자의 개인적 이익도 보호하고 있는다고 해석되는 경우에 인정된다. 또한, 헌법상 기본권도 보충적으로 원고적격 인정의 근거가 될 수 있다고 본다면 법률상 이익을 보호하는 처분의 근거 내지 관계법규가 없는 경우 경업자의 불공정행위로 불리한 경쟁관계에 놓이게 된 경업자에게는 영업의 자유라는 기본권 침해를 근거로 행정청의 규제권의 불행사를 다툴 원고적격을 가진다고 볼 수 있다. 만일 기본권의 침해만으로 항고소송의 원고적격이 인정되지 않는다면 헌법소원이 가능하다.

라. 경원자소송 경원자소송(競願者訴訟)이라 함은 수인의 신청을 받아 일부에 대하여만 인허가 등의 수익적 행정처분을 할 수 있는 경우에 인허가 등을 받지 못한 자가 인허가처분에 대하여 제기하는 항고소송을 말한다. **배타적 경쟁자소송**이라고도 한다.

경원자관계에 있는 경우에는 각 경원자에 대한 인허가 등이 배타적 관계에 있으므로 자신의 권익을 구제하기 위하여는 타인에 대한 인허가 등을 취소할 법률상 이익이 있다고 보아야 한다. 다만, 명백한 법적 장애로 인하여 원고 자신의 신청이 인용될 가능성이 처음부터 배제되어 있는 경우에는 당해 처분의 취소를 구할 정당한 이익이 없다(대판 2009. 12. 10, 2009두8359[로스쿨예비인가처분취소청구사건]).

[판례] 인·허가 등의 수익적 행정처분을 신청한 수인이 서로 경쟁관계에 있어서 일방에 대한 허가 등의 처분이 타방에 대한 불허가 등으로 귀결될 수밖에 없는 때 허가 등의 처분을 받지 못한 자는 비록 경원자에 대하여 이루어진 허가 등 처분의 상대방이 아니라 하더라도 당해 처분의 취소를 구할 원고적격이 있다. 다만, 명백한 법적 장애로 인하여 원고 자신의 신청이 인용될 가능성이 처음부터 배제되어 있는 경우에는 당해 처분의 취소를 구할 정당한 이익이 없다(대판 2009. 12. 10, 2009두8359[로스쿨예비인가처분취소청구사건]).

② [1] 인·허가 등의 수익적 행정처분을 신청한 수인이 서로 경쟁관계에 있어서 일방에 대한 허가 등의 처분이 타방에 대한 불허가 등으로 귀결될 수밖에 없는 때(이른바 **경원관계(競願關係)**에 있는 경우로서 동일 대상 지역에 대한 공유수면매립면허나 도로점용허가 혹은 일정지역에 있어서의 영업허가 등에 관하여 거리제한규정이나 업소개수제한규정 등이 있는 경우를 그 예로 들 수 있다) 허가 등의 처분을 받지 못한 자는 비록 경원자에 대하여 이루어진 허가 등 처분의 상대방이 아니라 하더라도 당해 처분의 취소를 구할 당사자적격이 있다 할 것이다. [2] 액화석유가스충전사업의 허가기준을 정한 전라남도 고시에 의하여 고흥군 내에는 당시 1개소에 한하여 L. P. G. 충전사업의 신규허가가 가능하였는데, 원고가 한 허가신청은 관계법령과 위 고시에서 정한 허가요건을 갖춘 것이고, 피고보조참가인(이하 참가인이라 부른다)들의 그것은 그 요건을 갖추지 못한 것임에도 피고는 이와 반대로 보아 원고의 허가신청을 반려하는 한편 참가인들에 대하여는 이를 허가하는 이 사건 처분을 하였다는 것인바, 그렇다면 **원고와 참가인들은 경원관계에 있다 할 것이므로 원고에게는 이 사건 처분의 취소를 구할 당사자적격이 있다**고 하여야 함은 물론 나아가 이 사건 처분이 취소된다면 원고가 허가를 받을 수 있는 지위에 있음에 비추어[259] 처분의 취소를 구할 정당한 이익도 있다고 하여야 할 것이다(대판 1992. 05. 08, 91누13274).

또한, 신청에 대한 거부처분의 상대방은 거부처분의 취소를 구할 원고적격이 있으므로 경원자관계에 있는 자는 타인에 대한 허가처분의 취소를 구하거나 자신에 대한 불허가처분(거부처분)의 취소를 구할 수 있고, 또한 양자를 관련청구소송으로 병합하여 제기할 수도 있다.

마. 인인소송(인근주민소송) 인인소송(隣人訴訟)이라 함은 어떠한 시설의 설치를 허가하는 처분에 대하여 당해 시설의 인근주민이 다투는 소송을 말한다.

판례에 의하면 인근주민에게 시설설치허가를 다툴 원고적격이 인정되기 위해서는 다투어진 처분의 근거법규 및 관계법규가 공익뿐만 아니라 인근주민의 개인적 이

---

259) 액화석유가스충전사업의 허가기준을 정한 전라남도 고시에 의하여 고흥군 내에는 당시 1개소에 한하여 L. P. G. 충전사업의 신규허가가 가능하기 때문이다.

익도 보호하고 있고, 그러한 법률상 이익이 침해되었거나 침해될 우려(개연성)가 있음을 입증하여야 한다. 인근주민의 이익이 처분의 근거법규 또는 관계법규에 의해 보호되는 이익이 아니거나(달리 말하면 반사적 이익이거나), 법률상 이익이더라도 침해될 우려가 없을 때에는 그 인근주민에게 원고적격이 인정되지 않는다.

대법원은 시설의 설치를 함에 있어 환경영향평가를 실시하여야 하는 경우에 환경영향평가법도 시설허가처분의 근거법규 내지 관계법규로 보고 환경영향평가 대상지역에 거주하는 주민에게 당해 시설허가처분을 다툴 원고적격을 인정하고 있다.

(가) 허가요건규정의 해석에 의해 원고적격의 인정 여부가 결정된 사례

가) 원고적격이 인정된 사례

[판례] ① 구 도시계획법상 주거지역에 설치할 수 없는 연탄공장 건축허가처분에 대한 지역주민의 원고적격을 인정한 사례(대판 1975. 05. 13, 73누96, 97).
② [1] 도시계획법 제12조 제3항의 위임에 따라 제정된 도시계획시설기준에관한규칙 제125조 제1항이 화장장의 구조 및 설치에 관하여는 매장 및 묘지 등에 관한 법률이 정하는 바에 의한다고 규정하고 있어, 도시계획의 내용이 화장장의 설치에 관한 것일 때에는 도시계획법 제12조뿐만 아니라 매장 및 묘지 등에 관한 법률 및 같은 법 시행령 역시 그 근거 법률이 된다고 보아야 할 것이다. …… 이 법률들이 공설화장장 설치를 금지함에 의하여 보호되는 부근 주민들의 이익은 위 도시계획결정처분의 근거 법률에 의하여 보호되는 법률상 이익이다. [2] 구 도시계획법상의 공설화장장설치를 내용으로 하는 도시계획결정에 대한 지역주민의 원고적격을 인정한 사례(대판 1995. 09. 26, 94누14544). 〈해설〉 계쟁처분의 직접적인 근거법규 이외에 당해 근거법규에서 요건규정으로 원용하고 있는 법규도 당해 계쟁처분의 근거법규로 본 점에 이 판결의 의의가 있다.
③ LPG자동차충전소설치허가처분에 대한 인근주민의 원고적격 인정(대판 1983. 07. 12, 83누59).
④ 광업권설정허가처분과 그에 따른 광산 개발로 인하여 재산상·환경상 이익의 침해를 받거나 받을 우려가 있는 토지나 건축물의 소유자와 점유자 또는 이해관계인 및 주민들로서는 그 처분 전과 비교하여 수인한도를 넘는 재산상 · 환경상 이익의 침해를 받거나 받을 우려가 있다는 것을 증명함으로써 그 처분의 취소를 구할 원고 적격을 인정받을 수 있다(대판 2008. 09. 11, 2006두7577).
⑤ 환경 · 교통 · 재해 등에 관한 영향평가법(이하 '환경영향평가법'이라 한다), 같은 법 시행령, 구 폐기물처리시설 설치촉진 및 주변지역지원 등에 관한 법률(이하 '폐촉법'이라 한다), 같은 법 시행령의 각 관련 규정에 의하면, 폐기물처리시설 설치기관이 1일 처리능력이 100t 이상인 폐기물처리시설을 설치하는 경우에는 폐촉법에 따른 환경상 영향조사 대상에 해당할 뿐만 아니라 환경영향평가법에 따른 환경영향평가 대상사업에도 해당하므로 폐촉법령뿐만 아니라 환경영향평가법령도 위와 같은 폐기물처리시설을 설치하기 위한 폐기물소각시설 설치계획 입지결정 · 고시처분의 근거 법령이 된다고 할 것이고, 따라서 위 폐기물처리시설설치계획입지가 결정 · 고시된 지역 인근에 거주하는 주민들에게 위 처분의 근거 법규인 환경영향평가법 또는 폐촉법에 의하여 보호되는 법률상 이익이 있으면 위 처분의 효력을 다툴 수 있는 원고적격이 있다(대판 2005. 05. 12, 2004두14229).
⑥ 김해시장이 낙동강에 합류하는 하천수 주변의 토지에 구 산업집적활성화 및 공장설립에 관한 법률 제13조에 따라 공장설립을 승인하는 처분을 한 사안에서, 공장설립으로 수질오염 등이 발생할 우려가 있는 취수장에서 물을 공급받는 부산광역시 또는 양산시에 거주하는 주민들도 위 처분의 근거 법규 및 관련 법규에 의하여 법률상 보호되는 이익이 침해되거나 침해될 우려가 있는 주

민으로서 원고적격이 인정된다고 한 사례(대판 2010. 04. 15, 2007두16127[공장설립승인처분취소]).
⑦ 구 산림법(2002. 12. 30. 법률 제6841호로 개정되기 전의 것) 및 그 시행령, 시행규칙들의 규정 취지는 산림의 보호·육성, 임업생산력의 향상 및 산림의 공익기능의 증진을 도모함으로써 그와 관련된 공익을 보호하려는 데에 그치는 것이 아니라 그로 인하여 직접적이고 중대한 생활환경의 피해를 입으리라고 예상되는 토사채취 허가 등 인근 지역의 주민들이 주거·생활환경을 유지할 수 있는 개별적 이익까지도 보호하고 있다고 할 것이므로, **인근 주민들이 토사채취허가와 관련하여 가지게 되는 이익은 위와 같은 추상적, 평균적, 일반적인 이익에 그치는 것이 아니라 처분의 근거 법규 등에 의하여 보호되는 직접적·구체적인 법률상 이익이라고 할 것**이다(대판 1995. 09. 26, 94누14544; 2003. 04. 25, 2003두1240 등 참조). 위 법리 및 기록에 비추어 보면, 원심이 이 사건 **토사채취 허가지의 인근 주민들 및 사찰인 원고들에게 이 사건 처분의 취소를 구할 법률상의 이익이 있다**고 판단한 조치는 정당하다(대판 2007. 06. 15, 2005두9736[사유림내토사채취허가처분취소]).
⑧ 乙 등은 농어촌폐기물 종합처리시설로부터 2km 이내에 거주하고 있으므로 위 시설의 입지 결정 절차 등에 대하여 무효 등의 확인을 구할 원고적격이 있다(광주지법 2018. 05. 31. 선고 2015구합912 판결).
⑨ 구 환경영향평가법에서 환경영향평가에 관한 협의절차 등이 완료되기 전에 대상사업에 관련되는 공사를 시행하는 것을 금지하고 이를 위반할 경우 승인기관의 장에게 사업자에 대하여 공사중지를 명하도록 의무를 지운 규정의 취지는, 환경영향평가를 실시하여야 할 사업이 환경을 해치지 아니하는 방법으로 시행되도록 함으로써 당해 사업과 관련된 환경공익을 보호하려는 데에 그치는 것이 아니라, 당해 사업으로 인하여 직접적이고 중대한 환경피해를 입으리라고 예상되는 환경영향평가대상지역 안의 주민들이 전과 비교하여 수인한도를 넘는 생활환경침해를 받지 아니하고 쾌적한 환경에서 생활할 수 있는 직접적·개별적인 이익까지도 보호하려는 데에 있다(대법원 2006. 06. 30. 선고 2005두14363 판결; 대법원 2014. 02. 27. 선고 2011두25449 판결 등). **〈해설〉** 따라서, 사업자가 환경영향평가 대상사업에 대한 환경영향평가 협의절차를 거치지 아니한 채 그 사업에 관한 공사를 시행함에도 승인기관의 장이 생활환경침해를 받을 우려가 있는 **인근주민들의 공사중지 명령 신청을 거부한 경우,** 해당 거부행위는 처분이고(인근주민에게는 조리상 공사중지명령 신청권)이 있고, **인근주민은** 해당 거부처분의 취소를 구할 원고적격이 있다고 할 수 있다. 그리고, 재량권이 영으로 수축하는 경우 인근주민에게는 행정개입청구권이 인정된다고 할 수 있다.
⑩ 공유수면법 제12조 및 공유수면법 시행령 제12조 제1항, 제4항의 취지는 공유수면 점용·사용허가로 인하여 인접한 토지를 적정하게 이용할 수 없게 되는 등의 피해를 받을 우려가 있는 인접 토지 소유자 등의 개별적·직접적·구체적 이익까지도 보호하려는 것이라고 할 수 있고, 따라서 **공유수면 점용·사용허가로 인하여 인접한 토지를 적정하게 이용할 수 없게 되는 등의 피해를 받을 우려가 있는 인접 토지 소유자 등**은 공유수면 점용·사용허가처분의 취소 또는 무효확인을 구할 원고적격이 인정된다(대판 2014. 09. 04, 2014두2164).

나) 원고적격이 부정된 사례

[판례] ① [1] 일반적으로 도로는 국가나 지방자치단체가 직접 공중의 통행에 제공하는 것으로서 일반국민은 이를 자유로이 이용할 수 있는 것이기는 하나, 그렇다고 하여 그 이용관계로부터 당연히 그 도로에 관하여 특정한 권리나 법령에 의하여 보호되는 이익이 개인에게 부여되는 것이라고까지는 말할 수 없으므로, **일반적인 시민생활에 있어 도로를 이용만하는 사람은 그 용도폐지를 다툴 법률상의 이익이 있다고 말할 수 없지만,**[260] **공공용재산이라고 하여도 당해 공공용재산의 성질상 특정 개인의 생활에 개별성이 강한 직접적이고 구체적인 이익을 부여하고 있어서 그에게 그로**

인한 이익을 가지게 하는 것이 법률적인 관점으로도 이유가 있다고 인정되는 특별한 사정이 있는 경우에는 그와 같은 이익은 법률상 보호되어야 할 것이고, 따라서 도로의 용도폐지처분에 관하여 이러한 직접적인 이해관계를 가지는 사람이 그와 같은 이익을 현실적으로 침해당한 경우에는 그 취소를 구할 법률상의 이익이 있다. [2] 문화재는 문화재의 지정이나 그 보호구역으로 지정이 있음으로써 유적의 보존 관리 등이 법적으로 확보되어 지역주민이나 국민일반 또는 학술연구자가 이를 활용하고 그로 인한 이익을 얻는 것이지만, 그 지정은 문화재를 보존하여 이를 활용함으로써 국민의 문화적 향상을 도모함과 아울러 인류 문화의 발전에 기여한다고 하는 목적을 위하여 행해지는 것이지, 그 이익이 일반국민이나 인근주민의 문화재를 향유할 구체적이고도 법률적인 이익이라고 할 수는 없다. …… 원고가 주장하는 공원경관(公園景觀)에 대한 조망(眺望)의 이익이나 문화재의 매장가능성·문화재 발견에 의한 표창 가능성에 따른 일반 국민으로서의 문화재 보호의 이해관계 역시 직접적이고 구체적인 이익이라고 할 수 없어, 원고는 이 사건 민영주택건설사업계획승인처분을 다툴 법률상의 이익이 없다. [3] 국유도로의 공용폐지처분 및 다른 문화재의 발견을 원천적으로 봉쇄한 피고의 주택건설사업계획승인처분을 다툴 인근주민의 원고적격을 부인한 사례(대판 1992. 09. 22, 91누13212).[261]

② 갑이 을 소유의 도로를 공로에 이르는 유일한 통로로 이용하였으나 갑 소유의 대지에 연접하여 새로운 공로가 개설되어 그 쪽으로 출입문을 내어 바로 새로운 공로에 이를 수 있게 된 경우, 갑이 을 소유의 도로에 대한 도로폐지허가처분의 취소를 구할 법률상 이익이 없다(대판 1999. 12. 07, 97누12556[사도폐지허가처분취소]).

③ 개발제한구역 중 일부 취락을 개발제한구역에서 해제하는 내용의 도시관리계획변경결정에 대하여, 개발제한구역 해제대상에서 누락된 토지의 소유자는 위 결정의 취소를 구할 법률상 이익이 없다고 한 사례(대판 2008. 07. 10, 2007두10242[도시관리계획변경결정취소의소]).

(나) 환경영향평가법을 근거법규 내지 관계법규로 보고 환경영향평가대상 지역주민에게 원고적격을 인정한 사례 판례는 환경영향평가법을 환경영향평가 대상사업에 대한 허가처분의 근거법률 내지 관계법률로 보고, 환경영향평가법령은 공익으로서의 환경상 이익뿐만 아니라 개인적 이익으로서의 환경상 이익도 보호하고 있다고 본다.

환경영향평가 대상지역 안에 있는 주민에게 당연히 원고적격이 인정되는 것은 아니며 환경영향평가의 대상이 되는 개발사업의 승인으로 환경상의 개인적 이익이 직접 구체적으로 침해될 것이 사실상 추정되어 원고적격이 있는 것으로 추정될 뿐이다. 따라서, 환경영향평가 대상지역 안에 있는 주민에게 환경상의 개인적 이익이 직접 구체적으로 침해될 것이 예상되지 않는 경우에는 환경영향평가 대상지역 안에 있는 주민일지라도 원고적격이 인정되지 않는다.

---

260) 이 사건에서는 원고가 거주하는 금강빌라의 주민들에 대하여는 그 빌라의 준공 당시부터 30m 대로에 연결되는 폭 6m의 진입로가 별도로 설치되어 있어 통행에 아무런 불편이 없고, 이 사건 도로는 빌라 뒤쪽 사유지 사이에 위치한 매우 좁은 도로로서 거의 일반통행에는 제공이 되지 않고 위 주민들의 산책로 등으로 가끔 이용될 뿐이었다. 이 판결에서 대법원은 원고가 이 사건 도로를 산책로 등으로 가끔 이용하였던 정도의 이해관계만으로는 이 사건 도로의 용도폐지처분을 다툴 법률상의 이익이 있다고 할 수 없다고 보았다.

261) 백윤기, "도로공용폐지 등을 다툴 원고적격,"『대법원판례해설』, 제18호 참조.

[판례] 공유수면매립면허처분과 농지개량사업 시행인가처분의 근거 법규 또는 관련 법규가 되는 구 공유수면매립법 구 농촌근대화촉진법, 구 환경보전법(폐지), 구 환경보전법 시행령, 구 환경정책기본법, 구 환경정책기본법 시행령의 **각 관련 규정의 취지는**, 공유수면매립과 농지개량사업시행으로 인하여 직접적이고 중대한 환경피해를 입으리라고 예상되는 **환경영향평가 대상지역 안의 주민들이** 전과 비교하여 수인한도를 넘는 환경침해를 받지 아니하고 쾌적한 환경에서 생활할 수 있는 개별적 이익까지도 이를 보호하려는 데에 있다고 할 것이므로, **위 주민들이 공유수면매립면허처분 등과 관련하여 갖고 있는 위와 같은 환경상의 이익은 주민 개개인에 대하여 개별적으로 보호되는 직접적 · 구체적 이익으로서 그들에 대하여는 특단의 사정이 없는 한 환경상의 이익에 대한 침해 또는 침해우려가 있는 것으로 사실상 추정되어** 공유수면매립면허처분 등의 무효확인을 구할 **원고적격이 인정된다**(대판 전원합의체 2006. 03. 16, 2006두330[새만금사건]).

(다) 환경영향평가 대상지역 밖 주민의 원고적격 인정요건 환경영향평가 대상지역 밖의 주민이라 할지라도 처분 등으로 인하여 그 처분 전과 비교하여 수인한도를 넘는 환경피해를 받거나 받을 우려가 있는 경우에는, 처분 등으로 인하여 환경상 이익에 대한 침해 또는 침해우려가 있다는 것을 입증함으로써 그 처분 등의 취소 또는 무효확인을 구할 원고적격을 인정받을 수 있다(대판 전원합의체 2006. 03. 16, 2006두330[새만금사건]).

다만, 환경영향평가 대상지역 밖의 주민이라도 그 환경영향평가 대상지역 내에서 농작물을 경작하는 등 현실적으로 환경상 이익을 향유하는 자는 환경상 이익에 대한 침해 또는 침해 우려가 있는 것으로 사실상 추정되어 원고적격이 인정되는 자에 포함된다. 그렇지만 단지 그 환경영향평가 대상지역 내의 건물 · 토지를 소유하거나 환경상 이익을 일시적으로 향유하는 데 그치는 자는 환경상 이익에 대한 침해 또는 침해 우려가 있는 것으로 사실상 추정되어 원고적격이 인정되는 자에 포함되지 않는다고 할 것이다.

(라) 영향권이 정해진 경우 영향권 내의 주민과 영향권 밖의 주민의 원고적격 인정요건

실정법령상 영향권이 정해진 경우 영향권 내의 주민과 영향권 밖의 주민의 원고적격 인정기준은 환경영향평가 대상지역 내의 주민과 환경영향평가 대상지역 밖의 주민의 원고적격의 인정기준과 동일하다.

[판례] [1] 행정처분의 직접 상대방이 아닌 자로서 그 처분에 의하여 자신의 환경상 이익이 침해받거나 침해받을 우려가 있다는 이유로 취소나 무효확인을 구하는 제3자는, 자신의 환경상 이익이 그 처분의 근거 법규 또는 관련 법규에 의하여 개별적 · 직접적 · 구체적으로 보호되는 이익, 즉 법률상 보호되는 이익임을 입증하여야 원고적격이 인정된다. [2] 다만, 그 행정처분의 근거 법규 또는 관련 법규에 그 처분으로써 이루어지는 행위 등 사업으로 인하여 환경상 침해를 받으리라고 예상되는 영향권의 범위가 구체적으로 규정되어 있는 경우에는, 그 영향권 내의 주민들에 대하여는 당해 처분으로 인하여 직접적이고 중대한 환경피해를 입으리라고 예상할 수 있고, 이와 같은 환경상의 이익은 주민 개개인에 대하여 개별적으로 보호되는 직접적 · 구체적 이익으로서 그들에

대하여는 특단의 사정이 없는 한 환경상 이익에 대한 침해 또는 침해 우려가 있는 것으로 **사실상 추정**되어 법률상 보호되는 이익으로 인정됨으로써 원고적격이 인정되며, **그 영향권 밖의 주민들**은 당해 처분으로 인하여 그 처분 전과 비교하여 수인한도를 넘는 환경피해를 받거나 받을 우려가 있다는 자신의 환경상 이익에 대한 침해 또는 침해 우려가 있음을 **입증하여야만** 법률상 보호되는 이익으로 인정되어 원고적격이 인정된다. [3] **환경상 이익에 대한 침해 또는 침해 우려가 있는 것으로 사실상 추정되어 원고적격이 인정되는 자는** 환경상 침해를 받으리라고 예상되는 영향권 내의 주민들을 비롯하여 그 **영향권 내에서 농작물을 경작하는 등 현실적으로 환경상 이익을 향유하는 자도** 포함된다고 할 것이나, 단지 그 **영향권 내의 건물 · 토지를 소유하거나 환경상 이익을 일시적으로 향유하는데 그치는 자**는 포함되지 않는다고 할 것이다(대판 2009. 09. 24, 2009두2825[개발사업시행승인처분취소; 2005. 03. 11, 2003두13489]).

(마) 거리제한규정이 있는 경우 인근주민의 원고적격

[판례] ① **납골당(봉안당) 설치장소에서 500m 내에 20호 이상의 인가가 밀집한 지역에 거주하는 주민들의 경우, 납골당이 누구에 의하여 설치되는지와 관계없이 납골당 설치에 대하여 환경 이익 침해 또는 침해 우려가 있는 것으로 사실상 추정되어 원고적격이 인정되는지 여부(적극)**: 구 장사법 제14조 제3항, 구 장사 등에 관한 법률 시행령(2008. 5. 26. 대통령령 제20791호로 전부 개정되기 전의 것, 이하 '구 장사법 시행령'이라고 한다) 제13조 제1항 [별표 3]은, 사설납골시설의 경우 납골묘, 납골탑과 납골당 중 가족 또는 종중 · 문중 납골당은 모두 사원 · 묘지 · 화장장 그 밖에 지방자치단체의 조례가 정하는 장소에 설치하여야 한다고 규정하고 있고, **파주시 장사시설의 설치 및 운영조례(2010. 4. 20. 제880호로 개정되기 전의 것) 제6조 본문은 위와 같은 사설납골시설을 설치할 수 있는 장소로 20호 이상의 인가가 밀집한 지역으로부터 500m 이상 떨어진 곳 등을 규정하고 있다.** 이와 같이 구 장사 등에 관한 법률(2007. 5. 25. 법률 제8489호로 전부 개정되기 전의 것) 제14조 제3항, 구 장사 등에 관한 법률 시행령(2008. 5. 26. 대통령령 제20791호로 전부 개정되기 전의 것) 제13조 제1항 [별표 3]에서 납골묘, 납골탑, 가족 또는 종중 · 문중 납골당 등 사설납골시설의 설치장소에 제한을 둔 것은, 이러한 사설납골시설을 인가가 밀집한 지역 인근에 설치하지 못하게 함으로써 주민들의 쾌적한 주거, 경관, 보건위생 등 생활환경상의 개별적 이익을 직접적 · 구체적으로 보호하려는 데 취지가 있으므로, **이러한 납골시설 설치장소에서 500m 내에 20호 이상의 인가가 밀집한 지역에 거주하는 주민들은 납골당 설치에 대하여 환경상 이익 침해를 받거나 받을 우려가 있는 것으로 사실상 추정된다.** 다만 사설납골시설 중 종교단체 및 재단법인이 설치하는 납골당에 대하여는 그와 같은 설치 장소를 제한하는 규정을 명시적으로 두고 있지 않지만, 종교단체나 재단법인이 설치한 납골당이라 하여 납골당으로서 성질이 가족 또는 종중, 문중 납골당과 다르다고 할 수 없고, 인근 주민들이 납골당에 대하여 가지는 쾌적한 주거, 경관, 보건위생 등 생활환경상의 이익에 차이가 난다고 볼 수 없다. 따라서 **납골당 설치장소에서 500m 내에 20호 이상의 인가가 밀집한 지역에 거주하는 주민들에게는 납골당이 누구에 의하여 설치되는지를 따질 필요 없이** 납골당 설치에 대하여 환경 이익 침해 또는 침해 우려가 있는 것으로 사실상 추정되어 원고적격이 인정된다고 보는 것이 타당하다(대판 2011. 09. 08, 2009두6766[납골당설치신고수리처분이행통지취소]).

② (1) 주변영향지역 결정의 **연장 절차에 대한 명시적 규정은 없으나**, 종전 주변영향지역 결정의 유효기간이 만료되고 폐기물처리시설로 인한 환경상 영향에 변동이 있을 경우 최초의 주변영향지역 결정에서와 **마찬가지의 법령상 절차를 거쳐야 한다.** (2) **폐기물매립시설 경계로부터 2km 이내인 간접영향권 지정 가능 범위 내에 거주하는 원고들에게 주변영향지역 결정을 다툴 원고적격이 인정되는지(적극)**: 「폐기물처리시설 설치촉진 및 주변지역지원 등에 관한 법률 시행령」 제18조 제1

항 별표2 제2호 나.목의 취지는, **폐기물매립시설의 부지 경계선으로부터 2킬로미터 이내, 폐기물소각시설의 부지 경계선으로부터 300미터 이내에**는 폐기물처리시설의 설치·운영으로 환경상 영향을 미칠 가능성이 있으므로, 그 범위 안에서 **거주하는 주민**들 중에서 선정한 주민대표로 하여금 지원협의체의 구성원이 되어 환경상 영향조사, 주변영향지역 결정, 주민지원사업의 결정에 참여할 수 있도록 함으로써, 그 주민들이 폐기물처리시설 설치·운영으로 인한 환경상 불이익을 보상받을 수 있도록 하려는 데 있다. 위 범위 안에서 거주하는 주민들이 **폐기물처리시설의 주변영향지역 결정과 관련하여** 갖는 이익은 주민 개개인에 대하여 개별적으로 보호되는 직접적·구체적 이익으로서 그들에 대하여는 **특단의 사정이 없는 한 환경상 이익에 대한 침해 또는 침해 우려가 있는 것으로 사실상 추정되어 원고적격이 인정된다**(대판 2018. 08. 01, 2014두42520).

바. 기본권 주체의 원고적격 법률상 이익을 보호하는 실정법령이 없는 경우 보충적으로 자유권 등 구체적 기본권에 근거하여 원고적격을 인정할 수 있지만, 기본권이 구체적 권리가 아닌 경우에는 기본권에 근거하여 원고적격을 인정할 수 없다고 보는 것이 타당하다(이에 관한 판례는 전술 참조).

사. 환경소송 · 소비자소송 환경소송(環境訴訟)이라 함은 환경상 이익의 보호나 침해된 환경상 이익의 구제를 위하여 제기되는 소송을 총칭한다. 소비자소송이라 함은 소비자의 이익이나 침해된 소비자의 권익을 구제하기 위하여 제기되는 소송을 총칭한다. 그리하여 환경소송이나 소비자소송에는 공법상의 소송인 행정소송도 있고, 사법상의 소송인 민사소송도 있다. 여기에서는 환경행정소송과 소비자행정소송만을 고찰하기로 한다.

그런데, 환경행정소송과 소비자행정소송에는 행정소송법상의 항고소송과 특별법에 의해 인정되는 단체소송이 있다.

(가) 항고소송 공권력 행사에 의해 환경의 이익이나 소비자의 권익이 침해되는 경우가 있다. 이 경우에 환경의 이익이나 소비자의 이익이 개인의 특정된 구체적인 이익이며 그것이 관계법규에 의해 보호되고 있는 이익인 경우에는 그러한 이익은 행정소송법상의 법률상 이익이 되고 그러한 이익을 침해받은 자는 당해 공권력 행사에 대하여 항고소송을 제기할 원고적격을 가진다.

[판례] ① (1) 행정처분의 직접 상대방이 아닌 자로서 그 처분에 의하여 자신의 환경상 이익이 침해받거나 침해받을 우려가 있다는 이유로 취소소송을 제기하는 제3자는, **자신의 환경상 이익이 그 처분의 근거 법규 또는 관련 법규에 의하여 개별적 · 직접적 · 구체적으로 보호되는 이익, 즉 법률상 보호되는 이익임을 증명하여야 원고적격이 인정된다.** 다만 행정처분의 근거 법규 또는 관련 법규에 그 처분으로써 이루어지는 행위 등 사업으로 인하여 환경상 침해를 받으리라고 예상되는 **영향권의 범위가 구체적으로 규정되어 있는 경우에는,** 그 영향권 내의 주민들에 대하여는 당해 처분으로 인하여 직접적이고 중대한 환경피해를 입으리라고 예상할 수 있고, 이와 같은 환경상의 이익은 주민 개개인에 대하여 개별적으로 보호되는 직접적·구체적 이익으로서 그들에 대하여는 특단의 사정이 없는 한 환경상 이익에 대한 침해 또는 침해 우려가 있는 것으로 사실상 추정되어 법률

상 보호되는 이익으로 인정됨으로써 원고적격이 인정되며, 그 영향권 밖의 주민들은 당해 처분으로 인하여 그 처분 전과 비교하여 수인한도를 넘는 환경피해를 받거나 받을 우려가 있다는 자신의 환경상 이익에 대한 침해 또는 침해 우려가 있음을 증명하여야만 법률상 보호되는 이익으로 인정되어 원고적격이 인정된다(대법원 2006. 03. 16. 선고 2006두330 전원합의체 판결, 대법원 2010. 04. 15. 선고 2007두16127 판결 등 참조). (2) 개발행위가 시행될 당해지역이나 주변지역의 주민은 물론, 그 밖에 '개발행위로 위와 같은 자신의 생활환경상의 개별적 이익이 수인한도를 넘어 침해되거나 침해될 우려가 있음을 증명한 자'는 개발행위허가 처분을 다툴 법률상 이익을 인정받을 수 있다(대판 2014. 11. 13, 2013두6824[재결취소]).

② 국방부 민·군 복합형 관광미항(제주해군기지) 사업시행을 위한 해군본부의 요청에 따라 제주특별자치도지사가 절대보존지역이던 서귀포시 강정동 해안변지역에 관하여 절대보존지역을 변경(축소)하고 고시한 사안에서, **절대보존지역의 유지로 지역주민회와 주민들이 가지는 주거 및 생활환경상 이익**은 지역의 경관 등이 보호됨으로써 **반사적으로 누리는 것**일 뿐 근거 법규 또는 관련법규에 의하여 보호되는 개별적·직접적·구체적 이익이라고 할 수 없다는 이유로, 지역주민회 등은 위 처분을 다툴 원고적격이 없다고 본 원심판단을 정당하다고 한 사례(대판 2012. 07. 05, 2011두13187, 13194[절대보전지역변경처분무효확인·절대보전지역변경(해제)처분무효확인등]).

③ 건축법 제53조(일조 등의 확보를 위한 건축물의 높이제한), 동법 시행령 제86조 및 건축물 높이제한에 관한 조례는 **공익뿐만 아니라 인근주민의 사권으로서의 일조권을 보호하고 있다고 보아야 하고, 정북방향에 거주하는 주민 등 일조권을 침해받을 개연성이 있는 인근주민은** 상기 법령규정의 위반을 주장하며 건축허가에 대한 취소소송을 제기할 **원고적격이 있다**고 보아야 한다(서울고법 1998. 04. 12, 97구29266; 대판 2000. 07. 06, 98두8292). 〈해설〉 건축허가의 대상이 된 대지의 정남방향에 있는 주민 등 당해 건축허가로 일조권을 침해당할 가능성이 없는 자는 당해 건축허가를 다툴 원고적격이 없다고 보아야 한다.

환경소송에서는 이를 인정한 판례가 있지만 소비자소송에서는 아직 항고소송이 인정된 판례가 없다. 소비자항고소송의 예로는 버스요금변경인가처분에 대한 버스이용자의 항고소송, 유료도로사업계획승인처분에 대한 당해 도로이용자의 항고소송 등을 들 수 있다.

(나) 단체소송 단체소송(團體訴訟)이라 함은 환경단체나 소비자단체가 당해 단체가 목적으로 하는 일반적 이익(공익) 또는 회원들의 집단적 이익의 보호를 위하여 제기하는 소송을 말한다. 처분에 의해 단체 자체의 법률상 이익(개별적 이익)을 직접 침해받은 경우 해당 단체는 항고소송을 제기할 수 있는데, 이는 단체소송이 아니라 일반 항고소송이다.

[판례] (1) **상지대학교 교수협의회 및 총학생회에게 학교법인 정상화 과정에서 이루어진 이사선임처분의 취소를 구할 원고적격을 인정할 수 있는지 여부(적극)**: 임시이사제도의 취지, 교직원·학생 등의 학교운영에 참여할 기회를 부여하기 위한 개방이사 제도에 관한 법령의 규정 내용과 그 입법취지 등 여러 사정들을 종합하여 보면, **구 사립학교법령 및 상지학원 정관 규정은** 헌법 제31조 제4항에 정한 교육의 자주성과 대학의 자율성에 근거한 **원고 교수협의회와 원고 총학생회의 학교운영참여권을 구체화하여 이를 보호하고 있다고 해석되므로,** 위 원고들은 피고의 이 사건 각 이사

선임처분을 다툴 **법률상 이익을 가진다**고 할 수 있다. (2) **전국대학노동조합 상지대학교지부에게 위와 같은 처분의 취소를 구할 원고적격을 인정할 수 있는지 여부(소극)**: 고등교육법령은 교육받을 권리나 학문의 자유를 실현하는 수단으로서 학생회와 교수회와는 달리 학교의 직원으로 구성된 노동조합의 성립을 예정하고 있지 아니하고, 노동조합은 근로자가 주체가 되어 자주적으로 단결하여 근로조건의 유지·개선 기타 근로자의 경제적·사회적 지위의 향상을 도모하기 위하여 조직된 단체인 점(노동조합 및 노동관계조정법 제2조 제4호) 등을 고려할 때, 학교의 직원으로 구성된 노동조합이 교육받을 권리나 학문의 자유를 실현하는 수단으로서 직접 기능한다고 볼 수는 없다. 그렇다면 **개방이사에 관한 구 사립학교법령 및 상지학원 정관 규정이 학교직원의 법률상 이익을 보호하고 있다고 보더라도, 학교직원들로 구성된 원고 노동조합의 법률상 이익까지 보호하고 있는 것으로 해석할 수는 없다.** (3) 사립학교법령에 따른 학교법인 정상화 과정에서 이루어진 이사선임처분에 관하여, **이사선임처분의 근거 법규 및 관련 법규가** 학생들의 교육받을 권리, 학생·교직원 등의 학교운영참여권을 보장하기 위한 것이라고 해석하면서, 위 관련 법규들이 헌법 제31조 제4항에 따른 대학 자치나 학문의 자유를 실현하기 위한 수단으로서 기능하는 **학생회나 교수회의 법률상 이익을 보호하는 역할도 함께 한다고 판단**하여 원고 **교수협의회와 총학생회의 원고 적격을 인정한 사안**(대판 2015. 07. 23, 2012두19496, 19502[이사선임처분취소]). **〈해설〉** 공익단체의 설립목적 실현을 위한 이익을 개인적 이익으로 보고, 처분의 근거 내지 관계 법령에 의해 보호되면 법률상 이익으로 본 판례로 볼 수도 있다.

선진외국에서는 특별법에 의해(독일) 또는 원고적격의 일반법리에 따라(미국, 프랑스) 환경단체나 소비자단체에게 환경이익이나 소비자 이익을 침해하는 공권력 행사를 다툴 수 있는 자격을 인정하고 있다.

우리나라의 다수설은 단체소송은 특별법에 의해 인정되어야 한다고 본다. 즉, 환경단체는 개인적 이익으로서의 환경상 이익이 아니라 공익으로서의 환경상 이익의 보호를 추구하고 있으므로 환경상 이익의 침해를 이유로 항고소송을 제기할 원고적격이 없다고 보고, 환경단체의 원고적격을 인정하기 위해서는 독일의 입법례와 같이 명문으로 환경단체의 단체소송을 인정하는 규정을 두어야 한다는 것이 다수견해이다.

그러나, 명문의 규정이 없더라도 공익단체의 정관에 정해진 단체의 존립목적인 공익이 침해된 경우 공익단체의 개별적 이익이 침해된 것으로 보고 당해 공익단체에게 항고소송의 원고적격을 인정하는 것이 타당하다.

[행정심판 재결례] 조합원으로 가입한 시멘트가공업자들의 법적 이익을 대변하고 있는 **한국시멘트가공협동조합연합회에게 제3자에 대한 신기술지정처분의 취소를 구할 법률상 이익이 있다**고 본 재결례(국무총리행정심판위원회 2000. 10. 23, 사건 00-6326).

판례는 환경상 이익은 본질적으로 자연인에게 귀속되는 것으로서 단체는 환경상 이익의 침해를 이유로 행정소송을 제기할 수 없다고 본다.

[판례] ① 재단법인 갑 수녀원이, 매립목적을 택지조성에서 조선시설용지로 변경하는 내용의 공유

수면매립목적 변경 승인처분으로 인하여 법률상 보호되는 환경상 이익을 침해받았다면서 행정청을 상대로 처분의 무효 확인을 구하는 소송을 제기한 사안에서, **공유수면매립목적 변경 승인처분으로 갑 수녀원에 소속된 수녀 등이 쾌적한 환경에서 생활할 수 있는 환경상 이익을 침해받는다고 하더라도 이를 가리켜 곧바로 갑 수녀원의 법률상 이익이 침해된다고 볼 수 없고, 자연인이 아닌 갑 수녀원은 쾌적한 환경에서 생활할 수 있는 이익을 향수할 수 있는 주체가 아니므로 위 처분으로 위와 같은 생활상의 이익이 직접적으로 침해되는 관계에 있다고 볼 수도 없으며,** 위 처분으로 환경에 영향을 주어 갑 수녀원이 운영하는 쨈 공장에 직접적이고 구체적인 재산적 피해가 발생한다거나 갑 수녀원이 폐쇄되고 이전해야 하는 등의 피해를 받거나 받을 우려가 있다는 점 등에 관한 증명도 부족하다는 이유로, 갑 수녀원에 처분의 무효 확인을 구할 원고적격이 없다고 한 사례(대법원 2012. 06. 28. 선고 2010두2005 판결).

② 국토이용·개발계획변경결정과 골프장 사업계획변경승인의 직접 상대방이 아닌 지역 어촌계 등의 단체가 위 처분으로 자신의 환경상 이익이 침해되었다는 이유로 취소소송을 제기한 사안에서, 환경상 이익은 주민 개개인에 대하여 개별적·구체적으로 인정되는 것이므로 자연인이 아닌 지역 어촌계 등의 단체는 그 행정처분의 취소를 구할 원고적격이 없다(광주고등법원 2007. 04. 26. 선고 2003누1270 판결).

아. 부작위위법확인소송과 거부처분취소소송에서의 원고적격 부작위위법확인소송과 거부처분 취소소송에서도 원고적격이 인정되기 위하여는 법률상 이익의 침해가 있어야 한다. 다만, 거부처분이나 부작위의 요소로서 신청권을 요구하는지 여부에 따라 원고적격의 판단방식이 다르게 된다.

판례 및 다수설과 같이 거부처분이나 부작위의 요소로서 신청권을 요구하는 입장에 서는 경우 거부처분이나 부작위가 있으면 신청권이 있는 자에게 원고적격이 당연하게 인정된다. 그 이유는 신청권을 갖는 자는 법률상 이익을 당연히 갖고 있고, 거부처분이나 부작위로 당연히 그 법률상 이익이 침해되었기 때문이다.

거부처분이나 부작위의 요소로서 신청권을 요구하지 않는 입장에 서는 경우에는 부작위위법확인소송과 거부처분 취소소송에서 원고적격을 인정하기 위하여는 일반원칙에 따라 법률상 이익의 침해가 있어야 한다.

자. 기 타

[판례] ① 사증발급의 법적 성질, 출입국관리법의 입법 목적, 사증발급 신청인의 대한민국과의 실질적 관련성, 상호주의원칙 등을 고려하면, 우리 출입국관리법의 해석상 **외국인에게는 사증발급 거부처분의 취소를 구할 법률상 이익이 인정되지 않는다**(대판 2018. 05. 15, 2014두42506). 〈해설〉 원심은 대상적격 및 원고적격을 인정하여 본안판단(청구인용)을 하였으나, 대법원은 원고적격을 부정하여 파기자판하면서 소를 각하한 사례.

② **특허출원인으로부터 특허를 받을 수 있는 권리를 양수한 특정승계인은** 특허출원인변경신고를 하지 않은 상태에서는 그 양수의 효력이 발생하지 않아서 특허심판원의 거절결정 불복심판 심결에 대하여 취소의 소를 제기할 수 있는 당사자 등에 해당하지 아니하므로, 그가 제기한 취소의 소는 부적법하다. 특정승계인이 취소의 소를 제기한 후 특허출원인변경신고를 하였더라도, 그 변경신고 시기가 취소의 소 제기기간이 지난 후라면 제기기간 내에 적법한 취소의 소 제기는 없었던

것이므로, 취소의 소가 부적법하기는 마찬가지이다(대판 2017. 11. 23, 2015후321).
③ 주식회사 베스트리드 리미티드 코리아 발행주식 7,767,470주(이하 '이 사건 주식'이라고 한다)의 매각대금 배분에 있어서 **모든 채권자들이 그들의 채권액 전부를 배분받은 것은 아니므로 이 사건 주식의 매각 당시 그 소유자이었던 원고가 이러한 배분의 취소를 구하는 것은** 채권자들이 그들의 채권액 전부를 배분받은 상황에서 채권자들 사이의 배분순위만을 다투는 것이 아니고, 이 사건 주식의 매각대금을 추징금채권보다 우선하여 이 사건 국세채권과 이 사건 지방세채권에 배분할 경우 원고는 가산금 또는 시효에 관하여 법률상 유리한 지위에 있게 되므로, 원고는 이 사건 주식의 매각대금 배분에 대하여 항고소송으로 그 취소를 구할 **법률상 이익이 있다**고 판단한 사례(대판 2016. 11. 25, 2014두5316[공매대금배분처분취소]).

(3) 협의의 소의 이익 : 권리보호의 필요

1) 의 의

협의의 소의 이익이라 함은 원고가 소송상 청구에 대하여 본안판결을 구하는 것을 정당화시킬 수 있는 현실적 이익 내지 필요성을 말한다. 소의 이익을 '권리보호의 필요'라고도 한다.

"이익 없으면 소 없다"라는 법언에서 보듯이 소의 이익은 소송에 내재하는 소송요건이다. 항고소송에서도 소의 이익이 요구된다.

소의 이익을 요하는 이유는 그렇게 함으로써 법원은 본안판결을 필요로 하는 사건에만 그 정력을 집중할 수 있고, 또 불필요한 소송에 응소하지 않으면 안 되는 상대방의 불이익을 배제할 수 있다. 그렇지만, 소의 이익을 과도하게 좁히면 원고의 재판을 받을 권리를 부당하게 박탈하게 된다.[262]

2) 취소소송에서의 협의의 소의 이익

가. 행정소송법 제12조 후문의 해석 현행 행정소송법 제12조 후문(後文)은 "처분 등의 효과가 기간의 경과, 처분 등의 집행 그 밖의 사유로 인하여 소멸된 뒤에도 그 처분 등의 취소로 인하여 회복되는 법률상 이익이 있는 자의 경우에는 또한 같다"라고 규정하고 있다.

(가) 원고적격에 관한 규정인가 협의의 소의 이익에 관한 규정인가

① 다수견해는 동조 전문은 취소소송의 원고적격을 규정하고 있고, 후문은 취소소송에서의 협의의 소의 이익을 규정하고 있다고 보고 있다. 이 견해가 타당하다.

② 이에 대하여 행정소송법 후문도 원고적격에 관한 조항으로 보는 견해가 있다. 즉, 동 조항은 처분이 소멸된 경우에도 권리(법률상 이익)가 침해된 자는 취소소송의 원고적격을 갖는다는 조항으로 본다. 그리고, 협의의 소의 이익(권리보호의 필요)은 판례와 학설에 의해 인정되는 것으로 본다.[263]

---

262) 이시윤, 전게서, 185면.

(나) 입법취지 및 의미　1984년 12월 15일 행정소송법을 전면개정하면서 제12조 후문규정을 도입한 입법취지는 무엇인가. 이에 관하여 다음과 같이 견해가 나뉜다.

① 다수견해는 처분의 효력의 소멸에 의해 당해 처분에 의해 침해된 기본적인 권리 내지 법적 지위가 회복될 수 없는 경우에도 회복될 가능성이 있는 어떠한 법률상 이익이 있는 경우에는 그것이 비록 부수적인 이익일지라도 취소소송을 인정하기 위하여 위 규정이 도입되었다고 해석한다. 그리고, 이 견해는 동 규정은 취소소송에서의 협의의 소의 이익을 규정한 것으로 본다.[264] 이 견해가 타당하다.

② 이에 대하여 처분의 효력이 소멸된 뒤에도 처분이 존재하였다는 것만으로 발생할 법적 불이익에 대한 법적 쟁송을 용이하게 하기 위하여 입법되었다고 보면서 동 규정에 의해 인정되는 소송은 처분의 위법성을 확인하는 소송(독일법상의 계속확인소송)으로 보는 견해가 있다. 그 이유로 행정처분의 효력이 이미 소멸되었기 때문에 취소(효력배제)가 아무런 의미를 가지지 못한다는 것을 들고 있다.[265]

이 견해에 대하여는 다음과 같은 비판이 가능하다. 행정소송법상 소송형식이 취소소송으로 규정된 것과 일치하지 않고, 쟁송취소는 소급적 효력을 가지므로 처분이 소멸된 뒤에도 취소할 위법상태가 존재한다.

나. 소의 이익의 유무의 판단기준: 현실적인 법률상 이익　취소소송(무효확인소송)에서 소의 이익은 계쟁처분의 취소(무효확인)를 구할 현실적 법률상 이익이 있는지 여부를 기준으로 판단된다.

일반적으로 원고적격이 있는 자가 항고소송을 제기한 경우에는 원칙상 협의의 소의 이익(권리보호의 필요)이 있는 것으로 보아야 한다. 그런데, 소송목적이 실현된 경우(처분의 효력이 소멸한 경우, 권익침해가 해소된 경우 등), 원상회복이 불가능한 경우 및 보다 실효적인 권리구제절차가 있는 경우에는 소의 이익이 부정된다. 다만, 이 경우에도 취소를 구할 현실적 이익이 있는 경우에는 소의 이익이 인정된다.

행정소송법 제12조 제2문에서 정한 법률상 이익, 즉 행정처분을 다툴 협의의 소의 이익은 개별·구체적 사정을 고려하여 판단하여야 한다(대판 2020. 12. 24, 2020두30450).

[판례] ① [1] 구체적인 사안에서 권리보호의 필요성 유무를 판단할 때에는 국민의 재판청구권을 보장한 헌법 제27조 제1항의 취지와 행정처분으로 인한 권익침해를 효과적으로 구제하려는 행정소송법의 목적 등에 비추어 행정처분의 존재로 인하여 국민의 권익이 실제로 침해되고 있는 경우

263) 홍정선, 전게서, 960면.
264) 박윤흔·정형근, 전게서, 795면.
265) 김유환, "취소소송에 있어서의 권리보호의 필요," 『고시연구』, 1995. 11, 61면 이하; 홍준형, 전게서, 590면.

는 물론이고 권익침해의 구체적 · 현실적 위험이 있는 경우에도 이를 구제하는 소송이 허용되어야 한다는 요청을 고려하여야 한다. 따라서 처분이 유효하게 존속하는 경우에는 특별한 사정이 없는 한 그 처분의 존재로 인하여 실제로 침해되고 있거나 침해될 수 있는 현실적인 위험을 제거하기 위해 취소소송을 제기할 권리보호의 필요성이 인정된다고 보아야 한다. [2] 구 산업집적활성화 및 공장설립에 관한 법률 제13조 제1항, 제13조의2 제1항 제16호, 제14조, 제50조, 제13조의5 제4호의 규정을 종합하면, 공장설립승인처분이 있고 난 뒤에 또는 그와 동시에 공장건축허가처분을 하는 것이 허용되므로, 공장설립승인처분이 취소된 경우에는 그 승인처분을 기초로 한 공장건축허가처분 역시 취소되어야 하고, 공장설립승인처분에 근거하여 토지의 형질변경이 이루어진 경우에는 원상회복을 해야 함이 원칙이다. 따라서 개발제한구역 안에서의 공장설립을 승인한 처분이 위법하다는 이유로 쟁송취소되었다고 하더라도 그 승인처분에 기초한 공장건축허가처분이 잔존하는 이상, 공장설립승인처분이 취소되었다는 사정만으로 인근 주민들의 환경상 이익이 침해되는 상태나 침해될 위험이 종료되었다거나 이를 시정할 수 있는 단계가 지나버렸다고 단정할 수는 없고, 인근 주민들은 여전히 공장건축허가처분의 취소를 구할 법률상 이익이 있다고 보아야 한다(대판 2018. 07. 12, 2015두3485).

② [1] (가) 비록 취임승인이 취소된 학교법인의 정식이사들에 대하여 (임원승인취소처분 후) 원래 정해져 있던 임기가 만료되고 구 사립학교법(2005. 12. 29. 법률 제7802호로 개정되기 전의 것) 제22조 제2호 소정의 임원결격사유기간(임원취임승인이 취소된 날부터 5년)마저 경과하였다 하더라도, 그 임원취임승인취소처분이 위법하다고 판명되고 나아가 임시이사들의 지위가 부정되어 (임시이사의) 직무권한이 상실되면, 그 정식이사들은 후임이사 선임시까지 민법 제691조의 유추적용에 의하여 직무수행에 관한 긴급처리권을 가지게 되고 이에 터잡아 후임 정식이사들을 선임할 수 있게 되는바, 이는 감사의 경우에도 마찬가지이다. (나) 제소 당시에는 권리보호의 이익을 갖추었는데 제소 후 취소대상 행정처분이 기간의 경과 등으로 그 효과가 소멸한 때, 동일한 소송 당사자 사이에서 동일한 사유로 위법한 처분이 반복될 위험성이 있어 행정처분의 위법성 확인 내지 불분명한 법률문제에 대한 해명이 필요하다고 판단되는 경우, 그리고 선행처분과 후행처분이 단계적인 일련의 절차로 연속하여 행하여져 후행처분이 선행처분의 적법함을 전제로 이루어짐에 따라 선행처분의 하자가 후행처분에 승계된다고 볼 수 있어 이미 소를 제기하여 다투고 있는 선행처분의 위법성을 확인하여 줄 필요가 있는 경우 등에는 행정의 적법성 확보와 그에 대한 사법통제, 국민의 권리구제의 확대 등의 측면에서 여전히 그 처분의 취소를 구할 법률상 이익(소의 이익)이 있다. (다) 임시이사 선임처분에 대하여 취소를 구하는 소송의 계속중 임기만료 등의 사유로 새로운 임시이사들로 교체된 경우, 선행 임시이사 선임처분의 효과가 소멸하였다는 이유로 그 취소를 구할 법률상 이익이 없다고 보게 되면, 원래의 정식이사들로서는 계속중인 소를 취하하고 후행 임시이사 선임처분을 별개의 소로 다툴 수밖에 없게 되며, 그 별소 진행 도중 다시 임시이사가 교체되면 또 새로운 별소를 제기하여야 하는 등 무익한 처분과 소송이 반복될 가능성이 있으므로, 이러한 경우 법원이 선행 임시이사 선임처분의 취소를 구할 법률상 이익을 긍정하여 그 위법성 내지 하자의 존재를 판결로 명확히 해명하고 확인하여 준다면 위와 같은 구체적인 침해의 반복 위험을 방지할 수 있을 뿐 아니라, 후행 임시이사 선임처분의 효력을 다투는 소송에서 기판력에 의하여 최초 내지 선행 임시이사 선임처분의 위법성을 다투지 못하게 함으로써 그 선임처분을 전제로 이루어진 후행 임시이사 선임처분의 효력을 쉽게 배제할 수 있어 국민의 권리구제에 도움이 된다. (라) 그러므로 취임승인이 취소된 학교법인의 정식이사들로서는 그 취임승인취소처분 및 임시이사 선임처분에 대한 각 취소를 구할 법률상 이익이 있고, 나아가 선행 임시이사 선임처분의 취소를 구하는 소송 도중에 선행 임시이사가 후행 임시이사로 교체되었다고 하더라도 여전히 선행 임시이사 선임처분의 취소

를 구할 법률상 이익이 있다. [2] 학교법인 임원취임승인의 취소처분 후 그 임원의 임기가 만료되고 구 사립학교법 제22조 제2호 소정의 임원결격사유기간마저 경과한 경우 또는 위 취소처분에 대한 취소소송 제기 후 임시이사가 교체되어 새로운 임시이사가 선임된 경우, 위 취임승인취소처분 및 당초의 임시이사선임처분의 취소를 구할 소의 이익이 있다고 한 사례(대판 전원합의체 2007. 07. 19, 2006두19297[임원취임승인취소처분][경기학원 임시이사 사건]). 〈해설〉 이 전원합의체 판결은 항고소송에서 소의 이익(권리보호의 필요)을 넓히고 있는 의미있는 판결이다. 즉, "① 제소 당시에는 권리보호의 이익을 갖추었는데 제소 후 취소대상 행정처분이 기간의 경과 등으로 그 효과가 소멸한 때, ② 동일한 소송 당사자 사이에서 동일한 사유로 위법한 처분이 반복될 위험성이 있어 행정처분의 위법성 확인 내지 불분명한 법률문제에 대한 해명이 필요하다고 판단되는 경우, 그리고 ③ 선행처분과 후행처분이 단계적인 일련의 절차로 연속하여 행하여져 후행처분이 선행처분의 적법함을 전제로 이루어짐에 따라 선행처분의 하자가 후행처분에 승계된다고 볼 수 있어 이미 소를 제기하여 다투고 있는 선행처분의 위법성을 확인하여 줄 필요가 있는 경우" 소의 이익이 인정된다고 하고 있다. 이 중 ①은 취소소송의 목적을 적법성 보장이라고 보는 입장(취소소송을 객관소송으로 보는 견해)에서 주장될 수 있는 견해인 점에서 취소소송을 주관소송으로 규정하고 있는 현행법하에서는 주장될 수 없는 입장이다.

③ [동일 항로에서 경쟁관계에 있는 A업체가 기존 노후화된 도선 1척을 신형 선박으로 교체하는 내용의 1차 도선사업변경면허를 받자, 경업자관계에 있는 원고 B업체가 자신의 해운법상 여객선 영업권 침해를 이유로 **경업자소송**을 제기한 사건] 일반적으로 면허나 인허가 등의 수익적 행정처분의 근거가 되는 법률이 **해당 업자들 사이의 과당경쟁으로 인한 경영의 불합리를 방지하는 것도 목적으로 하고 있는 경우**, 다른 업자에 대한 면허나 인허가 등의 수익적 행정처분에 대하여 미리 같은 종류의 면허나 인허가 등의 수익적 행정처분을 받아 영업을 하고 있는 **기존의 업자는 경업자에 대하여 이루어진** 면허나 인허가 등 행정처분의 상대방이 아니라고 하더라도 당해 **행정처분의 무효확인 또는 취소를 구할 이익이 있다(원고적격이 있다)**. 그러나 **경업자에 대한 행정처분이 경업자에게 불리한 내용이라면 그와 경쟁관계에 있는 기존의 업자에게는 특별한 사정이 없는 한 유리할 것이므로 기존의 업자가 그 행정처분의 무효확인 또는 취소를 구할 (협의의 소의) 이익은 없다고** 보아야 한다(대판 2020. 04. 09, 2019두49953). 〈해설〉 A업체에 대한 1차 변경처분에 대한 B업체의 취소소송에서는 원고적격과 협의의 소의 이익이 있다. 그런데, 원고는 원심 계속 중 2차 변경처분(1차 변경처분의 다른 내용은 그대로 유지하면서도 신형 선박의 정원을 종전 504명에서 1차 변경처분이 이루어지기 전의 구형 선박 정원 394명보다 적은 393명으로 감축하는 내용의 도선사업면허 변경처분)에 대하여 주위적으로 무효확인을 예비적으로 취소를 구하는 청구를 추가하였다. 2차 변경처분은 1차 변경처분을 완전히 대체하거나 그 주요 부분을 실질적으로 변경하는 것이 아니라, 다만 신형 선박의 정원 부분만 일부 감축하는 것에 불과하다. 신형 선박의 정원 부분은 성질상 1차 변경처분의 나머지 부분과 불가분적인 것이 아니므로, 1차 변경처분 중 2차 변경처분에 의하여 취소되지 않고 남아 있는 부분은 여전히 항고소송의 대상이 된다. 원심은 원고 B업체가 2차 변경처분을 다툴 소의 이익이 있다는 전제에서, 2차 변경처분에 관하여 본안판단을 하여 청구를 기각하였다. 그러나 대법원은 **2차 변경처분은 A업체가 도선으로 운항하려는 신형 선박의 정원을 일부 감축하는 내용**(1차 변경처분에서 정한 신형 선박의 정원 504명을 1차 변경처분이 있기 전의 종전 도선의 정원 394명보다 적은 393명으로 감축하는 내용)**으로서 A업체에는 불리하고 원고 B업체에게는 유리하므로, 원고 B업체가 2차 변경처분을 다툴 소의 이익이 없다**고 판단하여, 파기자판, 소각하하였다. 원심이 2차 변경처분에 대한 예비적 취소 청구 부분을 제소기간을 도과하였다는 이유로 각하한 것은 수긍할 수 있다. 뿐만 아니라, 설령 제소기간을 준수한 경우라고 하더라도 소의 이익이 없어

각하하였어야 하므로 판결 결과에 영향이 없다.
④ (1) 국민의 정보공개청구권은 법률상 보호되는 구체적인 권리이므로, 공공기관에 대하여 정보의 공개를 청구하였다가 공개거부처분을 받은 청구인은 행정소송을 통하여 그 공개거부처분의 취소를 구할 법률상의 이익이 있고, 그 밖에 추가로 어떤 이익이 있어야 하는 것은 아니다(대법원 2003. 12. 12. 선고 2003두8050 판결, 대법원 2004. 9. 23. 선고 2003두1370 판결 등 참조). 공개청구의 대상이 되는 정보가 이미 공개되어 있다거나 다른 방법으로 손쉽게 알 수 있다는 사정만으로 소의 이익이 없다거나 비공개결정이 정당화될 수 없다(대법원 2007. 7. 13. 선고 2005두8733 판결, 대법원 2010. 12. 23. 선고 2008두13101 판결 등 참조). (2) 감봉 1개월의 징계처분을 받은 원고가 징계위원들의 성명과 직위에 대한 정보공개청구를 하였다가 거부처분을 받은 사안에서, 비록 **징계처분에 대한 항고절차에서 원고가 징계위원회 구성에 절차상 하자가 있다는 점을 알게 되었다거나 징계처분이 취소되었다고 하더라도,** 그와 같은 사정들만으로 위 거부처분의 취소를 구할 법률상 이익이 없다고 볼 수 없고, 피고가 원고의 정보공개청구를 거부한 이상 원고로서는 **여전히 정보공개거부처분의 취소를 구할 법률상 이익을 갖는다**는 이유로 원심판결을 파기한 사례(대판 2022. 05. 26, 2022두34562; 2022. 05. 26, 2022두33439: 견책징계처분 취소사건에서 원고의 청구를 기각하는 판결이 확정된 사례).

행정처분에 있어서 불이익처분의 상대방은 직접 개인적 이익의 침해를 받은 자로서 원고적격이 인정되지만 수익처분의 상대방은 그의 권리나 법률상 보호되는 이익이 침해되었다고 볼 수 없으므로 달리 특별한 사정이 없는 한 취소를 구할 이익이 없다(대판 1995. 08. 22, 94누8129).

[판례] 과세관청이 직권으로 그 상대방에 대한 소득처분을 경정하면서 일부 항목에 대한 증액과 다른 항목에 대한 감액을 동시에 한 결과 전체로서 소득처분금액이 감소된 경우에는 그에 따른 소득금액변동통지가 납세자인 당해 법인에 **불이익을 미치는 처분이 아니므로** 당해 법인은 그 소득금액변동통지의 **취소를 구할 이익이 없다**(대판 2012. 04. 13, 2009두5510[소득금액변동통지처분취소]).

그러나, 수익처분의 취소로 구제할 현실적 이익이 있는 경우 수익처분의 상대방에게도 당해 처분의 취소를 구할 이익이 인정될 수 있다. 예를 들면, 부관부 수익적 행정처분의 상대방은 해당 처분의 취소를 구할 이익이 있다.

(가) 소의 이익에서의 법률상 이익 행정소송법 제12조 후문은 소의 이익으로 "법률상 이익"을 요구하고 있다. 행정소송법 제12조 후문의 '법률상 이익'(法律上 利益)은 취소소송을 통하여 구제되는 기본적인 법률상 이익뿐만 아니라 부수적인 법률상 이익도 포함한다고 보는 점에서 원고적격에서의 법률상 이익 보다 넓은 개념이라는 것이 다수견해이다. 예를 들면, 파면처분을 다투는 중 원고가 정년에 달한 경우 기본적 권리인 공무원의 지위의 회복은 불가능하지만, 봉급청구 등 부수적 이익이 있으므로 당해 파면처분을 취소할 소의 이익이 있다.

그런데, 이 부수적 이익에 어떠한 이익이 포함될 것인지에 관하여는 견해가 나뉘고 있다. 행정소송법 제12조 후문의 '법률상 이익'에는 명예, 신용의 이익은 포함되지 않는다는 견해, 명예나 신용의 이익도 경우에 따라서는 포함된다는 견해가 있다. 경제상 이익, 정신적 이익도 포함된다고 보는 견해도 있다.

생각건대, 다음과 같은 이유에서 명예, 신용 등 가장 넓은 의미의 법률상 이익이 있으면 소의 이익이 있는 것으로 보는 것이 타당하다. i) 행정소송법 제12조 후문은 협의의 소의 이익에 관한 규정이고 동규정이 "법률상 이익"을 요구하고 있으므로 소의 이익은 법적 이익이어야 하며 사실상 이익, 단순한 경제적 이익 또는 단순한 정신적 이익은 이에 포함되지 않는다고 보아야 한다. 명예, 신용도 법(사법 포함)에 의해 보호되는 이익이므로 부수적 이익에 포함되는 것으로 보는 것이 타당하다. ii) 원고적격있는 자가 항고소송을 제기한 경우에는 원칙상 협의의 소의 이익(권리보호의 필요)이 있고 소의 이익이 부인되는 것은 예외적이다. 예외는 엄격히 해석하는 것이 타당하다. iii) 취소소송의 경우 소의 이익이 상실되는 것은 소송진행중인 경우가 적지 않은데, 이 경우에는 원고의 이익의 구제를 위해 소송진행 중 수집된 소송자료를 이용하도록 하는 것이 타당하므로 소의 이익을 좁게 보는 것은 타당하지 않다.

판례는 행정소송법 제12조 소정의 '법률상 이익'을 전문(원고적격)의 그것과 후문(협의의 소의 이익)의 그것을 구별하지 않고 모두 '당해 처분의 근거 법률에 의하여 보호되는 직접적이고 구체적인 이익'이라고 해석하고, 간접적이거나 사실적·경제적 이해관계를 가지는 데 불과한 경우는 여기에 해당되지 아니한다고 보고 있다(대판 전원합의체 1995. 10. 17, 94누14148).

국가배상청구권의 행사를 위하여 필요한 경우에도 취소소송의 소의 이익을 인정하여야 한다는 견해가 있다. 그러나, 국가배상청구는 처분이 위법하다는 것만을 확인하면 되는 것이며 처분을 취소할 필요는 없고, 취소소송에서 위법을 확인하지 않아도 국가배상소송에서 위법성을 확인할 수 있으며 위법 이외에 과실이 인정되어야 하므로 국가배상을 청구하기 위하여 취소판결을 할 이익은 없다고 보아야 한다. 판례 이러한 입장이다.

[판례] 원고가 처분이 위법하다는 점에 대한 판결을 받아 피고에 대한 손해배상청구소송에서 이를 원용할 수 있는 이익은 사실적·경제적 이익에 불과하여 소의 이익에 해당하지 않는다고 본다(대판 2002. 01. 11, 2000두2457).

(나) 소송에 의해 보호될 수 있는 현실적 이익 소송에 의해 보호되는 이익은 현실적 이익이어야 한다. 달리 말하면 소송을 통해 구제될 수 있는 현실적 이익이 있어야 한다. 막연한 이익이나 추상적인 이익 또는 과거의 이익만으로는 소의 이익을 인정할 수 없다. 또한, 보다 실효적인 구제수단이 있는 경우에도 소의 이익이 부정된다.

[판례] ① 甲 주식회사와 乙 주식회사가 공동으로 건축용 판유리 제품 가격을 인상한 후 甲 회사가 1순위로 구 독점규제 및 공정거래에 관한 법률 시행령(2009. 5. 13. 대통령령 제21492호로 개정되기 전의 것) 제35조 등에 따라 부당한 공동행위 자진신고자 등에 대한 시정조치 등 감면신청을 하고 乙 회사가 2순위로 감면신청을 하였으나 공정거래위원회가 甲 회사는 감면요건을 충족하지 못했다는 이유로 감면불인정 통지를 하고 乙 회사에 1순위 조사협조자 지위확인을 해준 사안에서, 乙 회사에 대한 1순위 조사협조자 지위확인이 취소되더라도 甲 회사가 乙 회사의 지위를 승계하는 것이 아니고, 甲 회사에 대한 감면불인정의 위법 여부를 다투어 감면불인정이 번복되는 경우 1순위 조사협조자의 지위를 인정받을 수 있다는 이유로, **甲 회사는 공정거래위원회의 乙 회사에 대한 1순위 조사협조자 지위확인의 취소를 구할 소의 이익이 없다**고 한 사례(대판 2012. 09. 27, 2010두3541[감면불인정처분등취소]). 〈해설〉 이견이 있을 수 있다.

② **구 도시 및 주거환경정비법상 조합설립추진위원회 구성승인처분을 다투는 소송 계속 중 조합설립인가처분이 이루어진 경우 조합설립추진위원회 구성승인처분에 대하여 취소 또는 무효확인을 구할 법률상 이익이 있는지 여부(소극)**: 구 도시 및 주거환경정비법(2009. 2. 6. 법률 제9444호로 개정되기 전의 것, 이하 '구 도시정비법'이라고 한다) 제13조 제 1항, 제2항, 제14조 제1항, 제15조 제4항, 제5항 등 관계 법령의 내용, 형식, 체제 등에 비추어 보면, **조합설립추진위원회**(이하 '추진위원회'라고 한다) **구성승인처분은** 조합의 설립을 위한 주체인 추진위원회의 구성행위를 **보충하여 그 효력을 부여하는 처분**으로서 조합설립이라는 종국적 목적을 달성하기 위한 **중간단계의 처분**에 해당하지만, 그 법률요건이나 효과가 조합설립인가처분의 그것과는 다른 독립적인 처분이기 때문에, **추진위원회 구성승인처분에 대한 취소 또는 무효확인 판결의 확정만으로는 이미 조합설립인가를 받은 조합에 의한 정비사업의 진행을 저지할 수 없다**. 따라서 추진위원회 구성승인처분을 다투는 소송 계속 중에 **조합설립인가처분이 이루어진 경우에는**, 추진위원회 구성승인처분에 위법이 존재하여 조합설립인가 신청행위가 무효라는 점 등을 들어 **직접 조합설립인가처분을 다툼으로써 정비사업의 진행을 저지하여야 하고, 이와는 별도로 추진위원회 구성승인처분에 대하여 취소 또는 무효확인을 구할 법률상의 이익은 없다**고 보아야 한다(대판 2013. 01. 31, 2011두11112, 2011두11129[조합설립추진위원회설립승인무효확인 · 조합설립추진위원회설립승인무효확인]).

③ **(1) 경원관계에 있어 경원자에 대한 수익적 처분의 취소를 구하지 아니하고 자신에 대한 거부처분의 취소만을 구하는 소에 협의의 소의 이익이 인정되는지 여부(적극)**: 인가·허가 등 수익적 행정처분을 신청한 여러 사람이 서로 경원관계에 있어서 한 사람에 대한 허가 등 처분이 다른 사람에 대한 불허가 등으로 귀결될 수밖에 없을 때 허가 등 처분을 받지 못한 사람은 그 신청에 대한 거부처분의 직접 상대방으로서 원칙적으로 자신에 대한 거부처분의 취소를 구할 **원고적격이 있고**, 그 취소판결이 확정되는 경우 그 판결의 직접적인 효과로 경원자에 대한 허가 등 처분이 취소되거나 그 효력이 소멸되는 것은 아니더라도 행정청은 취소판결의 기속력에 따라 그 판결에서 확인된 위법사유를 배제한 상태에서 취소판결의 원고와 경원자의 각 신청에 관하여 처분요건의 구비 여부와 우열을 다시 심사하여야 할 의무가 있으며, 그 재심사 결과 경원자에 대한 수익적 처분이 직권취소되고 취소판결의 원고에게 수익적 처분이 이루어질 가능성을 완전히 배제할 수는 없으므로, 특별한 사정이 없는 한 경원관계에서 허가 등 처분을 받지 못한 사람은 자신에 대한 거부처분의 취소를 구할 **소의 이익이 있다**고 보아야 할 것이다. (2) 주유소 운영사업자 선정에 관하여 경원관계에 있는 소외인과 원고 중 소외인에 대하여 사업자 선정처분이, 원고에 대하여 불선정처분이 내려진 사안에서, 원고에 대한 사업자 불선정처분을 취소하는 판결이 선고·확정되더라도, 경원관계에 있는 소외인에 대한 사업자 선정처분이 취소되지 아니하는 이상, 원고가 주유소 운영사업자로 선정될 수 없다는 이유로 원고에게 그 불선정처분의 취소를 구할 소의 이익이 없다고 판단한

원심을 파기한 사례(대판 2015.10.29, 2013두27517[주유소운영사업자불선정처분취소]).

다. 구체적 사례에서의 소의 이익의 유무 취소소송에서 소의 이익이 있는지의 문제를 ① 처분의 효력이 소멸한 경우, ② 처분 후의 사정변경에 의해 권익침해가 해소된 경우, ③ 원상회복이 불가능한 경우, ④ 보다 실효적인 권리구제절차가 있는 경우 등으로 나누어 다루기로 한다.

(가) 처분의 효력이 소멸한 경우

가) 원 칙 처분의 효력이 소멸한 경우에는 통상 당해 처분의 취소를 통하여 회복할 법률상 이익이 없다. 예를 들면, 허가취소처분을 정지처분으로 변경하면 당초 허가취소처분은 효력이 상실되어 존재하지 않게 되므로 당초 허가취소처분에 대한 취소소송은 소의 이익이 없게 되고, 인·허가처분의 효력을 일정기간 정지하는 처분에 있어서 효력정지기간이 경과하여 처분의 효력이 소멸되면 당해 효력정지처분을 다툴 소의 이익이 없게 되는 것이 원칙이다. 그러나, 기간을 정한 제재적 처분에 대해 집행정지결정이 있는 경우에는 제재기간의 진행이 정지되어 집행정지된 기간만큼 제재기간이 순연되는 데 불과하고 제재적 처분의 효력이 소멸된 것이 아니므로 처분시 표시된 제재적 처분의 기간이 경과하였어도 그 처분의 취소를 구할 소의 이익이 있다(대판 1974. 01. 29, 73누202).

소송 계속 중 처분청이 다툼의 대상이 되는 행정처분을 직권으로 취소하면 그 처분은 효력을 상실하여 더 이상 존재하지 않는 것이므로, 존재하지 않는 처분을 대상으로 한 **항고소송은 원칙적으로 소의 이익이 소멸**하여 **부적법**하다고 보아야 한다. 다만 처분청의 직권취소에도 완전한 원상회복이 이루어지지 않아 무효확인 또는 취소로써 회복할 수 있는 다른 권리나 이익이 남아 있거나 또는 동일한 소송 당사자 사이에서 그 행정처분과 동일한 사유로 위법한 처분이 반복될 위험성이 있어 행정처분의 위법성 확인 내지 불분명한 법률문제에 대한 해명이 필요한 경우 행정의 적법성 확보와 그에 대한 사법통제, 국민의 권리구제의 확대 등의 측면에서 예외적으로 그 처분의 취소를 구할 소의 이익을 인정할 수 있다(대판 2020. 04. 09, 2019두49953). 여기에서 '그 행정처분과 동일한 사유로 위법한 처분이 반복될 위험성이 있는 경우'란 불분명한 법률문제에 대한 해명이 필요한 상황에 대한 대표적인 예시일 뿐이며, 반드시 '해당 사건의 동일한 소송 당사자 사이에서' 반복될 위험이 있는 경우만을 의미하는 것은 아니다(대판 2020. 12. 24, 2020두30450).

[판례] ① (1) 피고는 원고에 소속된 감사팀의 부실감사를 이유로 2017. 4. 5. 원고에 대하여 ① 과징금 16억 원 부과처분 및 ② 업무정지 12개월 처분을 하였음. 원고는 2017. 6. 30. **업무정지 처분에 대해서만 취소소송을 제기**하였는데, 별도로 집행정지 신청을 하지 않아 그 업무정지기간이

2017. 4. 5.부터 개시되어 2018. 4. 4. 만료되었다. (2) 1심은 이 사건 소가 소송요건을 모두 갖추어 적법함을 전제로 본안판단으로 나아가, 업무정지처분은 처분사유는 인정되나 비례의 원칙을 위반한 과중한 처분이라고 판단하여 업무정지처분을 취소하는 판결을 선고하였다. 반면, 원심은, 원고가 감사팀의 잘못을 인정하고 있어 향후 감사업무를 수행하는 과정에서 같은 잘못을 반복할 가능성은 없어 보이고, 원고가 향후 다시 고의 또는 중대한 과실로 같은 잘못을 반복하지만 않는다면 피고가 원고에 대하여 동일한 사유로 업무정지 처분을 반복할 가능성은 없으므로, 원고와 피고 사이에서 동일한 사유로 위법한 처분이 반복될 위험성이 있어 행정처분의 위법성 확인 내지 불분명한 법률문제에 대한 해명이 필요한 경우로는 볼 수 없고, 따라서 이 사건 업무정지 처분의 취소를 구할 소의 이익이 인정되지 않는다고 판단하여 소 각하 판결을 선고하였다. 그러나, 대법원은 다음과 같은 이유에서 협의의 소의 이익을 인정하고 원심이 본안에 관하여 실체판단을 하여야 한다고 보았다: 먼저 이 사건 감사팀의 회계감사기준 위반행위가 인정되고 원고 또한 이를 다투는 것은 아니라고 하더라도, ① 그것을 이유로 이 사건 감사팀이 속한 회계법인 전체에 대하여 업무정지 처분을 하는 것이 근거 법률인 공인회계사법 제39조 제1항 제5호 및 관련 하위 규정들의 해석상 허용되는지 여부에 관하여는 법원의 분명한 판례가 없고 ② 처분사유가 인정되는 경우에도 이 사건 감사팀이 행한 위반행위의 내용과 정도, 이에 대한 원고의 관여 정도, 이 사건 감사팀이 회계법인 내에서 차지하는 비중 등 여러 사정들을 고려하였을 때 과연 이 사건 업무정지 처분이 비례의 원칙을 위반한 과중한 처분인지 여부 또한 다툼의 여지가 있어 보인다. 따라서 만약 이 사건에서 법원이 본안 판단을 하지 않는다면 피고가 이 사건 업무정지 처분을 하면서 채택·적용한 법령해석에 관한 의견이나 처분의 기준을 앞으로도 그대로 반복·적용할 것이 예상된다. 그렇다면 이 사건 업무정지 처분에 따른 업무정지기간이 만료되었다고 하더라도, 이 사건 업무정지 처분의 위법성 확인 내지 불분명한 법률문제의 해명은 여전히 필요하다고 할 것이므로 이 사건 업무정지 처분의 취소를 구할 소의 이익을 인정하는 것이 앞서 본 법리에 부합하여 타당하다(대판 2020. 12. 24, 2020두30450). 〈해설〉 대법원은, 원심이 업무정지기간이 만료된 경우에도 예외적으로 소의 이익이 인정되는 '불분명한 법률문제에 대한 해명이 필요한 경우'에 관한 법리를 오해하였다고 판단하여 파기환송한 사례로서, 원심이 본안에 관하여 실체판단을 하여야 한다는 취지이다.

② 기록에 의하면, 대법원이 이른바 양심적 병역거부가 병역법 제88조 제1항에서 정한 병역의무 불이행의 '정당한 사유'에 해당할 수 있다는 취지로 판례를 변경하자(대법원 2018. 11. 1. 선고 2016도10912 전원합의체 판결 참조), 피고는 위 대법원 판례변경의 취지를 존중하여 이 사건 상고심 계속 중인 2018. 11. 15.경 원고들에 대한 공개결정을 직권으로 취소한 다음, 그 사실을 원고들에게 개별적으로 통보하고 병무청 인터넷 홈페이지에서 게시물을 삭제한 사실을 인정할 수 있다. 따라서 이 사건 소는 이미 소멸하고 없는 처분의 무효확인 또는 취소를 구하는 것으로서 원칙적으로 소의 이익이 소멸하였다고 보아야 한다. 또한, 피고가 양심적 병역거부자인 '여호와의 증인' 신도들에 대하여 대법원의 판례변경의 취지를 존중하여 당초 처분을 직권취소한 것이므로, 동일한 소송당사자 사이에서 당초 처분과 동일한 사유로 위법한 처분이 반복될 위험성이 있어 행정처분의 위법성 확인이나 불분명한 법률문제에 대한 해명이 필요한 경우도 아니어서, 소의 이익을 예외적으로 인정할 필요도 없다. 결국 이 사건 소는 부적법하다고 판단된다(대판 2019. 06. 27, 2018두49130).

③ [1] 행정처분이 취소되면 그 처분은 효력을 상실하여 더 이상 존재하지 않는 것이고, 존재하지 않는 행정처분을 대상으로 한 취소소송은 소의 이익이 없어 부적법하다. [2] 절차상 또는 형식상 하자로 무효인 행정처분에 대하여 행정청이 적법한 절차 또는 형식을 갖추어 다시 동일한 행정처분을 하였다면, 종전의 무효인 행정처분에 대한 무효확인 청구는 과거의 법률관계의 효력을 다투는 것에 불과하므로 무효확인을 구할 법률상 이익이 없다. [3] 지방병무청장이 병역감면요건 구비

여부를 심사하지 않은 채 병역감면신청서 회송처분을 하고 이를 전제로 공익근무요원 소집통지를 하였다가, 병역감면신청을 재검토하기로 하여 신청서를 제출받아 병역감면요건 구비 여부를 심사한 후 다시 병역감면 거부처분을 하고 이를 전제로 다시 공익근무요원 소집통지를 한 경우, 병역감면신청서 회송처분과 종전 공익근무요원 소집처분은 직권으로 취소되었다고 볼 수 있으므로, 그에 대한 무효확인과 취소를 구하는 소는 더 이상 존재하지 않는 행정처분을 대상으로 하거나 과거의 법률관계의 효력을 다투는 것에 불과하므로 소의 이익이 없어 부적법하다고 한 사례(대판 2010. 04. 29, 2009두16879[공익근무요원소집처분취소]).

④ [1] 처분청이 당초의 운전면허 취소처분을 신뢰보호의 원칙과 형평의 원칙에 반하는 너무 무거운 처분으로 보아 이를 철회하고 새로이 265일간의 운전면허 정지처분을 하였다면, 당초의 처분인 운전면허 취소처분은 철회로 인하여 그 효력이 상실되어 더 이상 존재하지 않는 것이고 그 후의 운전면허 정지처분만이 남아 있는 것이라 할 것이며, 한편 존재하지 않는 행정처분(운전면허취소처분)을 대상으로 한 취소소송은 소의 이익이 없어 부적법하다. [2] 운전면허 정지처분에서 정한 정지기간이 상고심 계속 중에 경과한 이후에는 운전면허자에게 그 운전면허 정지처분의 취소를 구할 법률상의 이익이 없다(대판 1997. 09. 26, 96누1931[자동차운전면허취소처분취소]). 〈해설〉 이 판결문에서의 "철회"가 강학상 철회인지는 의문이며 오히려 강학상 직권취소로 보는 것이 타당하다. 이 사건은 운전면허 취소처분을 취소하고 운전면허정지처분을 한 경우이지만, 운전면허취소처분을 운전면허정지처분으로 변경한 경우에도 변경처분은 당초 처분(운전면허 취소처분)의 취소를 포함하므로 동일하게 보아야 할 것이다. 이 사건에서 원고가 운전면허정지처분도 다투고자 한다면 처분 변경으로 인한 소의 변경을 청구할 수 있다.

⑤ [1] 입찰참가자격제한에 대한 취소소송계속중 처분청이 납품업자에 대한 입찰참가자격 제한처분을 직권으로 취소하고 제1심판결의 취지(처분사유는 존재하지만 재량권의 일탈·남용이 있다는 것)에 따라 그 제재기간만을 3개월로 감경하여 입찰참가자격을 제한하는 내용의 새로운 처분을 다시 한 경우, 당초의 입찰참가자격 제한처분은 적법하게 취소되었다고 할 것이어서 그 처분의 취소를 구할 소의 이익이 없다고 한 사례. [2] 원고가 처분사유가 존재하지 않는다는 주장과 함께 재량권의 일탈·남용을 주장한 것에 대하여 제1심법원은 처분사유가 존재하지 않는다는 주장은 받아들이지 아니하는 대신 이 사건 처분이 재량권을 일탈·남용한 처분이라는 주장을 받아들여 이 사건 처분을 취소하는 판결을 선고하였고, 이에 원고는 처분사유의 부존재를 이유로 이 사건 처분의 취소를 명하는 판결을 하여 줄 것을 구하여 항소를 하였고, 원심(항소법원)은 제1심법원이 이 사건 소에 대하여 주장된 위법사유 중 하나를 받아들여 이 사건 처분을 취소(주문상 전부취소)하는 판결을 선고하였다면, 원고는 주문을 표준으로 하여 볼 때 전부 승소한 것이라 할 것이고, 그와 같이 전부 승소한 원고로서는 비록 제1심판결의 이유에 불만이 있다 하더라도 그에 대하여는 항소할 이익이 없고, 제1심판결의 이유상 처분사유가 존재한다고 판단하여 피고가 다시 처분할 여지를 남겼다 하더라도, 원고가 제1심판결의 이유에 기속되어 새로운 처분에 항쟁할 수 없다는 등 어떤 법적 장애가 초래된다고 볼 수 없으므로, 제1심판결의 이유에 대한 불만은 항소의 이익이 있다고 인정하여야 할 사유에 해당한다고 볼 수 없다는 이유로 항소를 각하하는 판결을 선고하였다. 원고는 이에 불복하여 원심판결에 상소의 이익 등에 관한 법리오해가 있다는 이유로 이 사건 상고를 제기하였던 사건이다. 이에 대하여 상고심(대법원)은 "이 사건 소가 원심에 계속중이던 2001. 2. 17. 피고인 처분청이 이 사건 처분을 직권으로 취소하고 제1심판결의 취지에 따라 그 제재기간만을 3개월(2000. 5. 26.부터 2000. 5. 30.까지 및 2001. 2. 22.부터 2001. 5. 16.까지)로 감경하여 원고의 입찰참가자격을 다시 제한하는 내용의 새로운 처분을 한 사실을 알 수 있는바, 이러한 직권취소처분에 어떠한 하자가 있다고 볼 사정도 발견되지 아니하므로, 이 사건 처분은 적법하게 취소되었다 할

것이어서 결국 이 사건 처분의 취소를 구할 소의 이익이 없어졌다고 한 사례(대판 2002. 09. 06, 2001두5200[부정당업자제재등처분취소]).

⑥ 행정청이 공무원에 대하여 새로운 직위해제사유에 기한 직위해제처분을 한 경우 그 이전에 한 직위해제처분은 이를 묵시적으로 철회하였다고 봄이 상당하므로, 그 이전 처분의 취소를 구하는 부분은 존재하지 않는 행정처분을 대상으로 한 것으로서 그 소의 이익이 없다(대판 2003. 10. 10, 2003두5945). 〈**해설**〉 처분사유가 변경되면 종전 처분과 동일한 내용의 처분도 새로운 처분이고, 종전 처분은 철회된 것으로 보아야 한다.

⑦ 보충역편입처분 및 공익근무요원소집처분의 취소를 구하는 소의 계속 중 병역처분변경신청에 따라 제2국민역편입처분으로 병역처분이 변경된 경우, **보충역편입처분은 제2국민역편입처분을 함으로써 취소 또는 철회되어 그 효력이 소멸하였고,** 공익근무요원소집처분의 근거가 된 보충역편입처분이 취소 또는 철회되어 그 효력이 소멸한 이상 **공익근무요원소집처분 또한 그 효력이 소멸하였다는 이유로, 종전 보충역편입처분 및 공익근무요원소집처분의 취소를 구할 소의 이익이 없다고 한 사례**(대판 2005. 12. 09, 2004두6563).

⑧ 甲, 乙 토지에 대한 개발부담금부과처분 취소소송에서 항소심법원이 개발부담금부과처분 중 甲 토지에 대한 개발부담금을 초과하는 부분을 취소하는 판결을 선고한 후, 지방자치단체의 장이 당초의 개발부담금을 甲 토지에 대한 개발부담금으로 감액하는 경정처분을 하고서도 항소심판결의 패소 부분에 대하여 상고를 제기한 경우, **감액경정처분은 당초 처분의 일부(감액된 부분)를 취소하는 효력을 갖는 것이므로 감액된 부분에 대한 부과처분취소청구는 이미 소멸하고 없는 부분에 대한 것으로서 그 소의 이익이 없어 부적법하다는** 이유로, 대법원이 감액된 부분에 대한 개발부담금부과처분 취소청구 부분에 관하여 소를 각하한 사례(대판 2006. 05. 12, 2004두12698).

⑨ 행정청이 영업 허가신청 반려처분의 취소를 구하는 소의 계속 중, 사정변경을 이유로 위 반려처분을 직권취소함과 동시에 위 신청을 재반려하는 내용의 재처분을 한 경우, 당초의 반려처분의 취소를 구하는 소는 취소되어 더 이상 존재하지 않는 행정처분을 대상으로 한 취소소송이 되므로 더 이상 소의 이익이 없게 된다(대판 2006. 09. 28, 2004두5317).

⑩ 타인의 토석채취허가에 대한 취소소송의 계속 중에 토석채취허가기간이 만료하여 동 허가가 실효된 경우에 소의 이익이 상실된다(대판 1993. 07. 27, 93누3899).

⑪ 특허를 무효로 한다는 심결이 확정된 때에는 그 특허권은 처음부터 없었던 것으로 보게 되므로, 무효로 된 특허에 대한 정정의 무효를 구하는 심판은 그 정정의 대상이 없어지게 된 결과 정정 자체의 무효를 구할 이익도 없어진다고 할 것이다(대판 2011. 06. 30, 2011후620).

⑫ 행정청이 과징금 부과처분을 한 후 부과처분의 하자를 이유로 감액처분을 한 경우, 감액된 부분에 대한 부과처분 취소청구가 적법한지 여부(소극): 행정처분을 한 처분청은 처분에 하자가 있는 경우에는 별도의 법적 근거가 없더라도 스스로 이를 취소하거나 변경할 수 있는바, 과징금 부과처분에서 행정청이 납부의무자에 대하여 부과처분을 한 후 **부과처분의 하자를 이유로 과징금의 액수를 감액하는 경우**에 감액처분은 감액된 과징금 부분에 관하여만 법적 효과가 미치는 것으로서 당초 부과처분과 별개 독립의 과징금 부과처분이 아니라 실질은 당초 부과처분의 변경이고, 그에 의하여 과징금의 일부취소라는 납부의무자에게 유리한 결과를 가져오는 처분이므로 당초 부과처분이 전부 실효되는 것은 아니다. 따라서 **감액처분에 의하여 감액된 부분에 대한 부과처분 취소청구는 이미 소멸하고 없는 부분에 대한 것으로서 소의 이익이 없어 부적법하다**(대판 2017. 01. 12, 2015두2352).

그러나, 일부 직권취소 등으로 처분의 효력이 일부만 소멸한 경우에는 취소되고 남은 처분의 취소를 구할 소의 이익이 있다. 예를 들면, 위법한 영업허가처분의 취소처분이 직권취소되면 취소소송의 원고는 영업허가자의 지위를 회복하므로 소의 이익이 없게 되지만, 금전부과처분을 감액하는 처분을 한 경우에는 감액되고 남은 부분에 대한 처분(당초처분)은 효력을 유지하므로 취소를 구할 소의 이익이 존속한다. 그러나, 일부 직권취소의 경우에도 처분사유가 변경되면 종전 처분은 효력을 상실하여 종전 처분을 다툴 소의 이익이 없고, 해당 일부 직권취소가 새로운 처분으로서 취소소송의 대상이 되어야 한다.

당초처분에 대한 취소소송의 계속 중 일부변경처분이 있은 경우 계쟁 당초처분은 일부변경된 채로 효력을 유지하므로 계쟁처분의 취소를 구할 소의 이익이 있다(대판 2012. 10. 25, 2010두25107).

나) 예 외 처분의 효력기간의 경과 등으로 그 행정처분의 효력이 상실된 경우에도 당해 처분을 취소(소급적 취소)할 현실적 이익이 있는 경우 달리 말하면 그 처분이 외형상 잔존함으로 인하여 어떠한 법률상 이익이 침해되고 있다고 볼 만한 특별한 사정이 있는 경우 등에는 그 처분의 취소를 구할 소의 이익이 있다.

[판례] ① 주택재건축사업조합이 새로이 조합설립인가처분을 받는 것과 동일한 요건과 절차를 거쳐 조합설립변경인가처분을 받는 경우 당초 조합설립인가처분의 무효확인을 구할 소의 이익 여부 (한정적 적극): 주택재건축사업조합이 새로이 조합설립인가처분을 받는 것과 동일한 요건과 절차를 거쳐 조합설립변경인가처분을 받는 경우 당초 조합설립인가처분의 유효를 전제로 당해 주택재건축사업조합이 매도청구권 행사, 시공자 선정에 관한 총회 결의, 사업시행계획의 수립, 관리처분계획의 수립 등과 같은 후속 행위를 하였다면 당초 조합설립인가처분이 무효로 확인되거나 취소될 경우 그것이 유효하게 존재하는 것을 전제로 이루어진 위와 같은 후속 행위 역시 소급하여 효력을 상실하게 되므로, 특별한 사정이 없는 한 위와 같은 형태의 조합설립변경인가가 있다고 하여 당초 조합설립인가처분의 무효확인을 구할 소의 이익이 소멸된다고 볼 수는 없다(대판 2012. 10. 25, 2010두25107[조합설립인가처분무효확인]).

② 당초의 주택재건축사업조합 설립인가처분에 대한 무효확인 소송 계속 중 새로운 조합설립인가처분이 이루어졌으나 당초 조합설립인가처분의 효력이 소멸되었음이 객관적으로 확정되지 않은 경우, 조합원에게 당초의 조합설립인가처분에 관한 무효확인을 구할 소의 이익이 있는지 여부(원칙적 적극): 주택재건축사업조합(이하 '조합'이라 한다)이 받은 당초의 조합설립인가처분이 무효이고 새로이 조합설립인가처분을 받는 것과 동일한 요건과 절차를 거친 조합설립변경인가처분이 새로운 조합설립인가처분의 요건을 갖춤에 따라 새로운 조합설립의 효과가 발생하는 경우에, 당초의 조합설립인가처분의 유효를 전제로 하여 이루어진 매도청구권 행사, 시공자 선정 등의 총회 결의, 사업시행계획의 수립, 관리처분계획의 수립 등 조합 또는 조합원의 권리·의무와 관련된 후속 행위는 원칙적으로 소급하여 효력을 상실하게 된다. 따라서 **당초 조합설립인가처분에 대한 무효확인 소송이 적법하게 계속되던 도중에 새로운 조합설립인가처분이 이루어졌다고 하더라도**, 당초 조합설립인가처분이 취소 또는 철회되지 않은 채 조합이 여전히 당초 조합설립인가처분의 유효를 주장하고 있어 **당초 조합설립인가처분의 효력이 소멸되었음이 객관적으로 확정되지 않은 경우**에는, 특별한 사정이 없는 한 조합원으로서 조합설립 시기 및 새로운 조합설립인가처분 전에 이루어진 후속 행위의 효력 등에 영향을 미치는 **당초 조합설립인가처분에 관한 무효확인을 구할 소의 이익**

이 당연히 소멸된다고 볼 수는 없다(대판 2012. 12. 13, 2011두21010[조합설립무효확인]).

③ [1] 조합설립변경인가 후에 다시 변경인가를 받은 경우 당초 조합설립변경인가의 취소를 구할 소의 이익이 있는지 여부: 주택재개발사업조합이 당초 조합설립변경인가 이후 적법한 절차를 거쳐 당초 변경인가를 받은 내용을 모두 포함하여 이를 변경하는 취지의 조합설립변경인가를 받은 경우, 당초 조합설립변경인가는 취소·철회되고 변경된 조합설립변경인가가 새로운 조합설립변경인가가 된다. 이 경우 당초 조합설립변경인가는 더 이상 존재하지 않는 처분이거나 과거의 법률관계가 되므로 특별한 사정이 없는 한 그 취소를 구할 소의 이익이 없다. 다만 당해 주택재개발사업조합이 당초 조합설립변경인가에 기초하여 사업시행계획의 수립 등의 후속 행위를 하였다면 당초 조합설립변경인가가 무효로 확인되거나 취소될 경우 그 유효를 전제로 이루어진 후속 행위 역시 소급하여 효력을 상실하게 되므로, 위와 같은 형태의 변경된 조합설립변경인가가 있다고 하여 당초 조합설립변경인가의 취소를 구할 소의 이익이 소멸된다고 볼 수는 없다. [2] 조합설립인가의 변경에서 행정청이 신고사항을 변경하면서 변경인가 형식으로 처분을 한 경우, 그 처분의 성질 및 적법 여부의 판단 방법: 구 도시 및 주거환경정비법(2011. 9. 16. 법률 제11059호로 개정되기 전의 것) 제16조 제1항은 조합설립인가의 내용을 변경할 때 구 도시 및 주거환경정비법 시행령(2010. 7. 15. 대통령령 제22277호로 개정되기 전의 것) 제27조 각 호에서 정하는 사항의 변경은 신고절차, 그 외 사항의 변경은 변경인가절차를 거치도록 함으로써 '조합설립인가의 변경에 있어서 신고사항'과 '변경인가사항'을 구분하고 있다. 행정청이 위 신고사항을 변경하면서 신고절차가 아닌 변경인가 형식으로 처분을 한 경우, 그 성질은 위 신고사항을 변경하는 내용의 신고를 수리하는 의미에 불과한 것으로 보아야 하므로, 그 적법 여부 역시 변경인가의 절차 및 요건의 구비 여부가 아니라 신고수리에 필요한 절차 및 요건을 구비하였는지 여부에 따라 판단해야 한다(대판 2013. 10. 24, 2012두12853[조합설립변경인가처분취소]). 〈해설〉 조합설립변경신고수리처분의 법적 성질을 강학상 인가로 보는 견해도 있지만, 설권적 처분인 조합설립인가처분의 일부 변경으로서 특허(설권적 처분의 변경)로 보는 것이 타당하다.

④ 주택재건축사업조합이 새로이 조합설립인가 처분을 받는 것과 동일한 요건과 절차를 거쳐 조합설립변경인가 처분을 받는 경우 당초 조합설립인가 처분의 유효를 전제로 해당 주택재건축사업조합이 매도청구권 행사, 시공자 선정에 관한 총회 결의, 사업시행계획의 수립, 관리처분계획의 수립 등과 같은 후속행위를 하였다면, 당초 조합설립인가 처분이 무효로 확인되거나 취소될 경우 그것이 유효하게 존재하는 것을 전제로 이루어진 위와 같은 후속행위 역시 소급하여 효력을 상실하게 되므로, 특별한 사정이 없는 한 위와 같은 형태의 조합설립변경인가가 있다고 하여 당초 조합설립인가 처분의 무효확인을 구할 소의 이익이 소멸된다고 볼 수는 없다(대법원 2012. 10. 25. 선고 2010두25107 판결 등 참조)(대판 2014. 05. 16, 2011두27094[주택조합설립인가및주택조합총회결의무효확인등]).

⑤ 사업시행계획 인가처분의 유효를 전제로 한 일련의 후속행위가 이루어진 경우, 당초 사업시행계획을 실질적으로 변경하는 내용으로 새로운 사업시행계획을 수립하여 시장 · 군수로부터 인가를 받았다고 하여 당초 사업시행계획의 무효확인을 구할 소의 이익이 소멸하는지 여부(소극) 및 그 소의 이익이 존재하는지 판단하는 기준: 사업시행계획의 경우 그 인가처분의 유효를 전제로 분양공고 및 분양신청 절차, 분양신청을 하지 않은 조합원에 대한 수용절차, 관리처분계획의 수립 및 그에 대한 인가 등 후속 행위가 있었다면, 당초 사업시행계획이 무효로 확인되거나 취소될 경우 그것이 유효하게 존재하는 것을 전제로 이루어진 위와 같은 일련의 후속 행위 역시 소급하여 효력을 상실하게 되므로, 당초 사업시행계획을 실질적으로 변경하는 내용으로 새로운 사업시행계획이 수립되어 시장 · 군수로부터 인가를 받았다는 사정만으로 일률적으로 당초 사업시행계획의 무효확인

을 구할 소의 이익이 소멸된다고 볼 수는 없고, 위와 같은 후속 행위로 토지 등 소유자의 권리·의무에 영향을 미칠 정도의 공법상의 법률관계를 형성시키는 외관이 만들어졌는지 또는 존속되고 있는지 등을 개별적으로 따져 보아야 한다(대판 2013. 11. 28, 2011두30199[관리처분계획취소]).

아래에서와 같이 제재처분의 전력(이력)이 장래의 제재처분의 가중요건 또는 전제요건으로 규정되어 있는 경우에도 그러하다.

a. 가중요건이 법적 구속력 있는 법령으로 규정되어 있는 경우(소의 이익 인정) 가중요건이 법률 또는 법규명령의 효력을 갖는 행정입법에 의해 규정되어 있는 경우 등 가중요건을 정하는 법령이 행정청을 법적으로 구속하는 경우에는 가중된 제재처분을 받을 위험(불이익)이 현실적이므로 가중된 제재처분을 받을 위험(불이익)을 제거하기 위하여 정지기간이 지난 정지처분의 취소를 구할 이익이 있다.

[판례] 건축사법 제28조 제1항에 의하면 …… 이 사건 건축사업무정지처분은 이를 연 2회 이상 받게 되고 그 정지기간이 통산하여 12월 이상이 될 경우에는 가중된 제재처분인 건축사사무소등록취소처분을 받게 되어 있는 것이므로 이와 같이 건축사법에서 건축사에 대한 제재적인 행정처분으로서 업무정지명령과 사무소등록취소처분이라는 2단계 조치를 규정하면서 전자의 제재처분을 보다 무거운 후자의 제재처분의 기준요건으로 규정하고 있는 이상 원고로서는 이 사건 건축사업무정지처분에서 정한 기간이 도과되었다하더라도 위 처분을 그대로 방치하여 둠으로써 장래 건축사사무소등록취소라는 가중된 제재처분을 받게 될 우려가 있는 것이므로 건축사로서의 업무를 행할 수 있는 법률상 지위에 대한 위험이나 불안을 제거하기 위하여 이 사건 건축사업무정지처분의 취소를 구할 이익이 있다고 보아야 할 것이다(대판 1991. 08. 27, 91누3512).

다만, 만약 일정기간의 경과 등으로 실제로 가중된 제재처분을 받을 우려가 없어졌다면 다른 특별한 사정이 없는 한 위 처분에서 정한 정지기간이 경과함으로써 그 처분의 취소를 구할 소의 이익은 소멸된다.

[판례] 건축사법 제28조 제1항이 건축사 업무정지처분을 연 2회 이상 받고 그 정지기간이 통산하여 12월 이상이 될 경우에는 가중된 제재처분인 건축사사무소 등록취소처분을 받게 되도록 규정하여 건축사에 대한 제재적인 행정처분인 업무정지명령을 더 무거운 제재처분인 사무소등록취소처분의 기준요건으로 규정하고 있으므로, 건축사 업무정지처분을 받은 건축사로서는 위 처분에서 정한 기간이 경과하였다 하더라도 위 처분을 그대로 방치하여 둠으로써 장래 건축사사무소 등록취소라는 가중된 제재처분을 받을 우려가 있어 건축사로서 업무를 행할 수 있는 법률상 지위에 대한 위험이나 불안을 제거하기 위하여 건축사 업무정지처분의 취소를 구할 이익이 있으나, 업무정지처분을 받은 후 새로운 업무정지처분을 받음이 없이 1년이 경과하여 실제로 가중된 제재처분을 받을 우려가 없어졌다면 위 처분에서 정한 정지기간이 경과한 이상 특별한 사정이 없는 한 그 처분의 취소를 구할 법률상 이익이 없다(대판 2000. 04. 21, 98두10080[건축사업무정지처분취소]).

b. 가중요건이 부령형식의 행정규칙으로 규정되어 있는 경우 제재적 행정처분이 그 처분에서 정한 제재기간의 경과로 인하여 그 효과가 소멸되었으나, 부령인 시행규칙

또는 지방자치단체의 규칙의 형식으로 정한 처분기준에서 제재적 행정처분을 받은 것을 가중사유나 전제요건으로 삼아 장래의 제재적 행정처분을 하도록 정하고 있는 경우에 선행처분인 제재적 행정처분을 받은 상대방이 그 처분에서 정한 제재기간이 경과하였다 하더라도 그 처분의 취소를 구할 소의 이익 있는지 여부가 문제된다.

① 부정설: 이 견해는 부령형식의 행정규칙은 행정규칙에 불과하고 행정청에 대해 법적 구속력을 미치지 않으므로 소의 이익을 인정할 수 없다는 견해이다.

종전의 대법원 판례가 이러한 입장을 취하였다.

[과거의 판례] 가중요건을 정한 시행규칙이 행정규칙이므로 구속력이 없고 따라서 가중적인 제재처분을 받을 불이익은 직접적·구체적·현실적인 것이 아니고, 가중처벌의 위법 여부는 당해 시행규칙이 아니라 처분의 근거법률에 비추어 판단되는 것이므로 당초의 제재처분의 위법 여부는 당초의 제재처분을 가중사유로 고려한 후의 제재처분의 위법 여부를 다투는 경우에 다툴 수 있다(대판 전원합의체 1995. 10. 17, 94누14148).

② 긍정설: 부령형식의 행정규칙을 행정규칙으로 보면서도 소의 이익을 인정하는 견해, 부령형식의 행정규칙의 법규성 여부를 묻지 않고 소의 이익을 인정하는 견해와 부령형식의 행정규칙을 법규명령으로 보면서 소의 이익을 인정하는 견해가 있다.

i) 부령형식의 행정규칙을 행정규칙으로 보면서도 소의 이익을 인정하는 견해: 가중요건이 법규명령형식의 행정규칙으로 정해진 경우에 부령형식의 행정규칙이 행정규칙이라 하더라도 행정청은 통상 행정규칙에 따라 가중된 제재처분을 할 구체적이고 현실적 위험이 있으므로 상대방이 후행처분에서 가중처분을 받을 불이익이 있는 것이므로 상대방에게는 선행처분을 취소하여 그 불이익을 제거할 현실적 필요가 있다.

ii) 부령형식의 행정규칙의 법규성 여부를 묻지 않고 소의 이익을 인정하는 견해: 제재적 행정처분의 가중사유나 전제요건에 관한 규정이 행정규칙의 형식으로 되어 있다고 하더라도, 그러한 규칙이 법령에 근거를 두고 있는 이상 관할 행정청이나 담당공무원은 이를 준수할 의무가 있으므로 이들이 그 규칙에 정해진 바에 따라 행정작용을 할 것이 당연히 예견되어 후행처분의 위험은 구체적이고 현실적인 것이고, 선행 제재처분의 취소를 구하여 후행 가중 제재처분을 막는 것이 보다 실효적인 권리구제이므로 소의 이익을 인정하여야 한다고 본다. 이 견해는 대법원 전원합의체 판결에서 다수견해가 취하는 견해이다.

[판례] [1] 제재적 행정처분이 그 처분에서 정한 제재기간의 경과로 인하여 그 효과가 소멸되었으나, 부령인 시행규칙 또는 지방자치단체의 규칙(이하 이들을 '규칙'이라고 한다)의 형식으로 정한 처분기준에서 제재적 행정처분(이하 '선행처분'이라고 한다)을 받은 것을 가중사유나 전제요건으로 삼아 장래의 제재적 행정처분(이하 '후행처분'이라고 한다)을 하도록 정하고 있는 경우, 제재적 행

정처분의 가중사유나 전제요건에 관한 규정이 법령이 아니라 행정규칙의 형식으로 되어 있다고 하더라도, 그러한 규칙이 법령에 근거를 두고 있는 이상 그 법적 성질이 대외적 · 일반적 구속력을 갖는 법규명령인지 여부와는 상관없이, 관할 행정청이나 담당공무원은 이를 준수할 의무가 있으므로 이들이 그 규칙에 정해진 바에 따라 행정작용을 할 것이 당연히 예견되고, 그 결과 행정작용의 상대방인 국민으로서는 그 규칙의 영향을 받을 수밖에 없다. 따라서 그러한 규칙이 정한 바에 따라 선행처분을 받은 상대방이 그 처분의 존재로 인하여 장래에 받을 불이익, 즉 후행처분의 위험은 구체적이고 현실적인 것이므로, 상대방에게는 선행처분의 취소소송을 통하여 그 불이익을 제거할 필요가 있다. 또한, 나중에 후행처분에 대한 취소소송에서 선행처분의 사실관계나 위법 등을 다툴 수 있는 여지가 남아 있다고 하더라도, 이러한 사정은 후행처분이 이루어지기 전에 이를 방지하기 위하여 직접 선행처분의 위법을 다투는 취소소송을 제기할 필요성을 부정할 이유가 되지 못한다. 그러한 쟁송방법을 막는 것은 여러 가지 불합리한 결과를 초래하여 권리구제의 실효성을 저해할 수 있기 때문이다. 오히려 앞서 본 바와 같이 행정청으로서는 선행처분이 적법함을 전제로 후행처분을 할 것이 당연히 예견되므로, 이러한 선행처분으로 인한 불이익을 선행처분 자체에 대한 소송에서 사전에 제거할 수 있도록 해 주는 것이 상대방의 법률상 지위에 대한 불안을 해소하는 데 가장 유효적절한 수단이 된다고 할 것이고, 또한 그 소송을 통하여 선행처분의 사실관계 및 위법 여부가 조속히 확정됨으로써 이와 관련된 장래의 행정작용의 적법성을 보장함과 동시에 국민생활의 안정을 도모할 수 있다. 이상의 여러 사정과 아울러, 국민의 재판청구권을 보장한 헌법 제27조 제1항의 취지와 행정처분으로 인한 권익침해를 효과적으로 구제하려는 행정소송법의 목적 등에 비추어 행정처분의 존재로 인하여 국민의 권익이 실제로 침해되고 있는 경우는 물론이고 권익침해의 구체적 · 현실적 위험이 있는 경우에도 이를 구제하는 소송이 허용되어야 한다는 요청을 고려하면, 규칙이 정한 바에 따라 선행처분을 가중사유 또는 전제요건으로 하는 후행처분을 받을 우려가 현실적으로 존재하는 경우에는, 선행처분을 받은 상대방은 비록 그 처분에서 정한 제재기간이 경과하였다 하더라도 그 처분의 취소소송을 통하여 그러한 불이익을 제거할 권리보호의 필요성이 충분히 인정된다고 할 것이므로, 선행처분의 취소를 구할 법률상 이익이 있다고 보아야 한다. [2] 환경영향평가대행업무 정지처분을 받은 환경영향평가대행업자가 업무정지처분기간 중 환경영향평가대행계약을 신규로 체결하고 그 대행업무를 한 사안에서, '환경 · 교통 · 재해 등에 관한 영향평가법 시행규칙' 제10조 [별표 2] 2. 개별기준 (11)에서 환경영향평가대행업자가 업무정지처분기간 중 신규계약에 의하여 환경영향평가대행업무를 한 경우 1차 위반시 업무정지 6월을, 2차 위반시 등록취소를 각 명하는 것으로 규정하고 있으므로, 업무정지처분기간 경과 후에도 위 시행규칙의 규정에 따른 후행처분을 받지 않기 위하여 위 업무정지처분의 취소를 구할 법률상 이익이 있다고 한 사례(대판 전원합의체 2006. 06. 22, 2003두1684).

iii) 부령형식의 행정규칙을 법규명령으로 보면서 소의 이익을 인정하는 견해: 이 견해는 부령형식의 행정규칙의 법규성을 인정하면서 이 경우에 가중된 제재처분을 받을 불이익이 현실적이므로 가중된 제재처분을 받을 불이익을 제거하기 위하여 정지기간이 지난 정지처분의 취소를 구할 이익이 있다고 한다. 전원합의체 판결에서 별개의견이 취한 견해이다.

[대판 전원합의체 2006. 06. 22, 2003두1684에서의 별개의견] 다수의견은, 제재적 행정처분의 기준을 정한 부령인 시행규칙의 법적 성질에 대하여는 구체적인 논급을 하지 않은 채, 시행규칙에서

선행처분을 받은 것을 가중사유나 전제요건으로 하여 장래 후행처분을 하도록 규정하고 있는 경우, 선행처분의 상대방이 그 처분의 존재로 인하여 장래에 받을 불이익은 구체적이고 현실적이라는 이유로, 선행처분에서 정한 제재기간이 경과한 후에도 그 처분의 취소를 구할 법률상 이익이 있다고 보고 있는바, 다수의견이 위와 같은 경우 선행처분의 취소를 구할 법률상 이익을 긍정하는 결론에는 찬성하지만, 그 이유에 있어서는 **부령인 제재적 처분기준의 법규성을 인정하는 이론적 기초 위에서 그 법률상 이익을 긍정하는 것이 법리적으로는 더욱 합당하다**고 생각한다. 상위법령의 위임에 따라 제재적 처분기준을 정한 부령인 시행규칙은 헌법 제95조에서 규정하고 있는 위임명령에 해당하고, 그 내용도 실질적으로 국민의 권리의무에 직접 영향을 미치는 사항에 관한 것이므로, 단순히 행정기관 내부의 사무처리준칙에 지나지 않는 것이 아니라 대외적으로 국민이나 법원을 구속하는 법규명령에 해당한다고 보아야 한다.

③ 결어: 담당공무원은 법규명령형식의 행정규칙도 준수하여야 하므로 가중요건이 법규명령형식의 행정규칙에 규정된 경우에도 취소소송을 통해 장래의 불이익을 제거할 현실적 필요성이 있다고 보는 것이 타당하다. 가중요건이 행정규칙의 형식으로 제정된 경우에도 그렇게 볼 수 있다.

c. 가중요건이 행정규칙으로 정해진 경우 가중요건이 행정규칙으로 정해진 경우에도 행정청은 통상 행정규칙에 따라 가중된 제재처분이 행해질 구체적이고 현실적 위험이 있으므로 선행 제재처분을 취소하여 그 위험을 제거할 현실적 필요가 있다고 보아야 한다.

다만, 기간의 경과 등으로 가중요건규정이 적용될 우려가 없게 된 경우에는 선행 제재처분을 취소할 소의 이익이 없다.

판례도 이러한 견해를 취하고 있다.

[판례] [1] 중앙해양안전심판원의 '해양사고관련자 징계양정 지침'에 의하면, 해양사고와 관련하여 징계를 받은 날로부터 1년 이내에 다시 해양사고를 일으킨 경우 징계량의 2배 범위 내에서 징계량을 가중할 수 있고, 또 해양사고방지를 위하여 특히 필요한 경우에는 면허를 취소할 수 있다고 규정하고 있으며(제8조 제1항 제3호, 제2항), 이 사건 징계집행일로부터 1년이 경과하지 않았는바, **이와 같이 제재적 행정처분의 가중사유나 전제요건에 관한 규정이 법령이 아닌 행정규칙의 형식으로 되어 있다 하더라도 관할 행정청이나 담당공무원은 이를 준수할 의무가 있으므로,** 이 사건 재결의 존재로 인해 적어도 이 사건 징계집행일로부터 1년 이내에는 원고가 가중된 징계량을 받을 수 있는 위험이 구체적이고 현실적인 것이라서 **이 사건 재결의 취소를 구할 법률상 이익(소의 이익)이 있다.** [2] 예인선단의 운항을 총지휘한 원고에 대한 업무정지 1개월의 징계재결(원처분)이 있었고, 이미 그 집행이 완료되었더라도 징계집행일로부터 1년이 지나지 않았으므로 가중된 징계처분을 받을 수 있는 위험을 제거하기 위하여 징계재결의 취소를 구할 소의 이익을 인정한 사례(대판 전원합의체 2006. 06. 22, 2003두1684; 2009. 05. 28, 2008추56[중앙해양안전심판원재결취소]).

(나) 처분 후의 사정변경에 의해 권익침해가 해소된 경우인지 여부

① 처분 후의 사정변경에 의하여 권리와 이익의 침해 등이 해소된 경우에는 그

처분의 취소를 구할 소의 이익이 없다.

[판례] ① 공익근무요원 소집해제신청을 거부한 후에 원고가 계속하여 공익근무요원으로 복무함에 따라 복무기간 만료를 이유로 소집해제처분을 한 경우, 원고가 입게 되는 권리와 이익의 침해는 소집해제처분으로 해소되었으므로 위 거부처분의 취소를 구할 소의 이익이 없다(대판 2005. 05. 13, 2004두4369).
② 치과의사국가시험 합격은 치과의사 면허를 부여받을 수 있는 전제요건이 된다고 할 것이나 국가시험에 합격하였다고 하여 위 면허취득의 요건을 갖추게 되는 이외에 그 자체만으로 합격한 자의 법률상 지위가 달라지게 되는 것은 아니므로 불합격처분 이후 새로 실시된 국가시험에 합격한 자들로서는 더 이상 위 불합격처분의 취소를 구할 소의 이익이 없다(대판 1993. 11. 09, 93누6867). 〈해설〉 국가배상청구소송에서 위법성을 주장할 수 있는 이익을 소의 이익으로 보는 견해에 의하면 소의 이익이 있다고 보아야 한다.
③ 사법시험 제2차 시험 불합격처분 이후에 새로이 실시된 제2차와 제3차 시험에 합격한 사람이 불합격처분의 취소를 구할 법률상 이익이 없다(대판 2007. 09. 21, 2007두12057[불합격처분취소]).
④ **교원소청심사위원회의 파면처분 취소결정에 대한 취소소송 계속 중 학교법인이 교원에 대한 징계처분을 파면에서 해임으로 변경한 경우,** 참가인에 대한 징계처분을 파면에서 해임으로 변경함으로써 종전의 파면처분은 소급하여 실효되고 변경된 징계처분인 해임만이 효력을 발생하게 되었으므로, **소급하여 효력을 잃은 종전의 파면처분을 취소한다는 내용의 이 사건 교원소청심사결정은 형식적으로만 존재하고 있을 뿐, 원고(학교법인)에 대하여 아무런 기속력을 가지지 않게 되었다고 할 것**이고, 결국 이 사건 소는 원고에 대하여 아무런 기속력을 가지지 않는 교원소청심사결정의 취소를 구하는 것에 불과하여 **그 취소를 구할 법률상 이익이 있다고 할 수 없다**(대판 2010. 02. 25, 2008두20765[재심결정처분취소]).

② 처분 후에 사정변경이 있더라도 권익침해가 해소되지 않은 경우에는 소의 이익이 있다.

[판례] ① 현역입영대상자가 입영한 후에도 현역입영통지처분이 취소되면 원상회복이 가능하므로 동 처분의 취소를 구할 **소의 이익이 있다**(대판 2003. 12. 26, 2003두1875).
② 퇴학처분을 받은 후 고등학교졸업학력검정고시에 합격하였다 하더라도 고등학교졸업이 대학입학자격이나 학력인정으로서의 의미밖에 없다고 할 수 없고, **고등학교졸업학력검정고시에 합격하였다 하여 고등학교 학생으로서의 신분과 명예가 회복될 수 없는 것이므로 퇴학처분을 받은 자는 퇴학처분의 위법을 주장하여 퇴학처분의 취소를 구할 소송상의 이익이 있다**(대판 1992. 07. 14, 91누4737).
③ 징계에 관한 **일반사면이 있었다고 할지라도 사면의 효과는 소급하지 아니하므로 파면처분으로 이미 상실된 원고의 공무원지위가 회복될 수 없는 것이니** 원고로서는 동 파면처분의 위법을 주장하여 그 취소를 구할 소송상 이익이 있다고 할 것이다(대판 전원합의체 1981. 07. 14, 80누536[파면처분취소]). 〈해설〉 대판 1965. 05. 25, 63누195을 변경한 전원합의체 판결이다.

(다) 원상회복이 불가능한 경우 행정처분의 무효확인 또는 취소를 구하는 소에서, 비록 행정처분의 위법을 이유로 무효확인 또는 취소 판결을 받더라도 처분에 의

하여 발생한 위법상태를 원상으로 회복시키는 것이 불가능한 경우에는 원칙적으로 무효확인 또는 취소를 구할 이익이 없다. 다만 원상회복이 불가능하더라도 무효확인 또는 취소로써 회복할 수 있는 다른 권리나 이익(부수적 이익)이 남아 있는 경우 예외적으로 무효확인 또는 취소를 구할 이익이 인정된다(대판 2016. 06. 10, 2013두1638[조례무효확인]). 또한 원상회복이 불가능하게 보이는 경우라 하더라도, 동일한 소송 당사자 사이에서 그 행정처분과 동일한 사유로 위법한 처분이 반복될 위험성이 있어 행정처분의 위법성 확인 내지 불분명한 법률문제에 대한 해명이 필요하다고 판단되는 경우 등에는 행정의 적법성 확보와 그에 대한 사법통제, 국민의 권리구제 확대 등의 측면에서 여전히 그 처분의 취소를 구할 이익이 있다(대판 2019. 05. 10, 2015두46987).

[판례] ① 피고는 원심(항소심) 계속 중 이 사건 처분(세무조정반지정처분(원고 법무법인은 2017. 11. 28. 피고에게 조정반 지정 신청을 하여 2017. 12. 15. 조정반으로 지정(효력기간 2018. 12. 31.)됨)취소처분)과 관련하여 행정절차상 하자가 있음을 이유로 2019. 7. 9. 직권으로 이 사건 처분을 취소하였고 이 사건 처분의 (직권)취소 대상이었던 원고에 대한 조정반 지정의 효력기간이 경과한 사실을 인정할 수 있지만, 피고는 직권으로 이 사건 처분을 취소한 뒤 다시 이 사건 각 시행령 조항을 근거로 원고에 대한 2018년도 조정반 지정처분을 취소하였고, 이후 원고가 2019년과 2020년에도 조정반 지정 신청을 하였으나 피고는 여전히 원고가 이 사건 각 시행령 조항에서 정한 조정반 대상에 해당하지 않는다는 이유로 원고가 조정반 지정에서 제외됨을 통지한 사실을 알 수 있다. 따라서 이 사건 각 시행령 조항이 존재하는 한 세무사 자격을 가지고 세무조정 업무를 수행할 수 있는 변호사가 구성원이거나 소속된 법무법인이 조정반 지정 신청을 하더라도 이 사건 처분과 동일한 사유의 처분이 반복될 위험성이 있어 이 사건 처분의 위법성을 확인할 필요가 있으므로 원고가 이 사건 처분의 취소를 구할 소의 이익이 인정된다고 한 사례(대판 전원합의체 2021. 09. 09, 2019두53464[조정반지정취소처분취소청구]).

② 세무사 자격 보유 변호사 甲이 관할 지방국세청장에게 조정반 지정 신청을 하였으나 지방국세청장이 '甲의 경우 세무사등록부에 등록되지 않았기 때문에 2015년도 조정반 구성원으로 지정할 수 없다'는 이유로 거부처분을 하자, 甲이 거부처분의 취소를 구하는 소를 제기한 사안에서, '이미 2015년도 조정반 지정의 효력이 지났기 때문에 거부처분을 취소하더라도 원고가 2015년도 조정반에 지정될 수 없고, 헌법불합치결정에 따른 개선입법이 개정시한까지 이루어지지 않음에 따른 근거법률조항의 2020년도 1월 1일 부터의 효력상실로 동일한 거부사유(해당 변호사가 세무사등록부에 등록되지 않았다는 사유)로 조정반 구성원 지정을 거부하는 처분을 반복할 가능성이 없어졌으므로' 위 소는 소의 이익이 없어 부적법하다고 하면서 원심의 원고승소판결을 취소하고 파기자판해 각하한 사례(대판 2020. 02. 27, 2018두67152). 〈해설〉 개선입법이 이루어지기 전까지는 다른 사유(근거법률조항의 공백)로 원고 변호사는 세무조정반 지정을 받을 수 없다. 헌재의 헌법불합치결정에 따른 개선입법이 이루어져야 국세청은 원고 변호사의 지정신청에 대해 가부간의 처분을 할 수 있다.

재결(조세심판원의 각하재결)취소소송의 계속 중에 해당 재결을 전심절차로 하는 과세처분(해당 재결의 대상이 된 과세처분)에 대한 취소를 구하는 본안소송이 원고 패소로 확정된 경우, 재결취소소송의 소의 이익이 인정될 수 없다(대판 2025. 03. 27, 2024두61018[2021서6905결정취소]파기자판(각하)).

[판례] 甲이 자신의 토지 양도에 관한 양도소득세를 신고·납부한 후 양도차익을 산정할 수 없다는 이유로 양도소득세를 환급해 달라는 경정청구를 하였다가 관할 세무서장에게서 이를 거부한다는 통지를 받고, 조세심판원에 심판청구를 하였으나 각하결정을 받자 그 각하재결의 취소를 구하는 소송을 제기하였는데, 소송 계속 중 관할 세무서장을 상대로 위 거부통지의 취소를 구하는 소송을 별도로 제기하였다가 甲의 청구를 기각하는 판결이 확정된 사안에서, 甲이 조세심판원 각하재결을 전심절차로 하는 본안 소송(거부통지의 취소를 구하는 소송)에서 패소하여 판결이 확정된 이상, 조세심판원 각하재결의 취소를 구할 이익이 없어 그 취소를 구하는 소는 부적법하다고 한 사례(대판 2025. 03. 27, 2024두61018[2021서6905결정취소]파기자판(각하)).

가) 처분의 집행 등으로 원상회복이 불가능한 경우인지 여부

[판례] ① 건축허가가 건축법 소정의 이격거리(離隔距離)를 두지 아니하고 건축물을 건축하도록 되어 있어 위법하다 하더라도 건축이 완료된 경우에는 그 건축허가를 받은 대지와 접한 대지의 소유자인 원고가 위 건축허가처분의 취소를 받아 이격거리를 확보할 단계는 지났으며, 민사소송으로 위 건축물등의 철거를 구하는 데 있어서도 위 처분의 취소가 필요한 것이 아니므로 원고로서는 건축허가처분의 취소를 구할 법률상의 이익이 없다(대판 1992. 04. 24, 91누11131).
② 건축법 소정의 이격거리를 두지 아니하고 건축물을 건축한 후 그에 대한 준공검사의 처분이 행해진 경우 준공검사가 취소되어도 위법부분을 시정시키는 효과는 없고 시정명령은 행정청에 의한 별도의 판단에 의해 행해지는 것이므로 인근주민은 일조권의 보호를 위해 준공검사처분의 취소를 구할 소의 이익이 없다(대판 1994. 01. 14, 93누20481). 〈해설〉 이 경우 당사자는 별도의 소송(민사소송)으로 위법부분의 철거 내지 시정을 청구하거나 손해배상을 청구할 수밖에 없다.
③ 현역입영대상자가 입영한 후에도 현역입영통지처분이 취소되면 원상회복이 가능하므로 현역입영통지처분의 취소를 구할 소송상의 이익이 있다(대판 2003. 12. 26, 2003두1875).
④ 보충역편입처분을 취소하고 현역입영대상처분을 한 사건에서 (재신체검사에 따른) 현역병입영대상편입처분은 보충역편입처분취소처분과는 별개의 법률효과를 발생시키는 독립된 행정처분으로서 제소기간이 경과하여 처분의 위법성을 다툴 수 없게 되었을 뿐 아니라 당연 무효라고 볼 수도 없는 이상, 이 사건 보충역편입처분취소처분이 취소되어 확정된다고 하더라도 원고로서는 현역병입영대상편입처분에 터잡은 현역병입영통지처분에 따라 현역병으로 복무하는 것을 피할 수 없고, 따라서 이 사건 보충역편입처분취소처분의 취소를 구할 법률상의 이익이 있다고 할 수 없다(대판 2004. 12. 10, 2003두12257[병역처분취소처분취소]). 〈해설〉 만일 재신체검사 없이 현역입영대상편입처분을 하였다면 보충역편입처분취소처분이 취소되면 동 취소판결의 기속력에 의해 행정청에게 이와 모순되는 현역병입영대상편입처분의 위법상태를 제거할 의무가 있다고 볼 수 있으므로 이 사안에서 소의 이익을 인정하는 것이 타당할 것이다.
⑤ 도시개발사업의 시행에 따른 도시계획변경결정처분과 도시개발구역지정처분 및 도시개발사업실시계획인가처분은 도시개발사업의 시행자에게 단순히 도시개발에 관련된 공사의 시공권한을 부여하는 데 그치지 않고 당해 도시개발사업을 시행할 수 있는 권한을 설정하여 주는 처분으로서 위 각 처분 자체로 그 처분의 목적이 종료되는 것이 아니고 위 각 처분이 유효하게 존재하는 것을 전제로 하여 당해 도시개발사업에 따른 일련의 절차 및 처분이 행해지기 때문에 위 각 처분이 취소된다면 그것이 유효하게 존재하는 것을 전제로 하여 이루어진 토지수용이나 환지 등에 따른 각

종의 처분이나 공공시설의 귀속 등에 관한 법적 효력은 영향을 받게 되므로, 도시개발사업의 공사 등이 완료되고 원상회복이 사회통념상 불가능하게 되었더라도 위 각 처분의 취소를 구할 법률상 이익은 소멸한다고 할 수 없다(대판 2005. 09. 09, 2003두5402, 5419).

건물의 철거명령에 대한 취소소송이 제기된 경우 당해 건물이 代執行의 實行에 의해 이미 철거되어 버렸다면 철거명령이 취소되어도 원상회복이 불가능하므로 철거명령의 취소소송에 있어서 소의 이익이 없다.

나) 기타 원상회복이 불가능한 경우인지 여부

특정일로 예정되어 있는 집회시위운동의 불허가처분의 취소소송 중 그 특정기일이 경과한 경우에도 소의 이익이 존재하지 않는다.

[판례] ① **채석허가취소처분에 대한 취소소송계속 중**에 원고가 이 사건 채석허가기간의 연장허가신청을 하였으나 반려되자 이에 대하여는 불복하지 않은 상태에서 **채석허가기간이 만료된 경우**에는 그 채석허가취소처분이 취소되더라도 원상회복이 불가능하기 때문에 원고에게는 그 채석허가취소처분의 취소를 구할 소의 이익이 없게 되었다고 할 것이다(대판 2006. 01. 26, 2004두2196[채석허가취소처분취소]). 〈해설〉 채석허가기간의 연장허가신청거부에 대해 적법하게 불복하고 있는 경우에는 소의 이익이 있다고 보아야 한다.

② 도시계획시설사업의 시행자가 도시계획시설사업의 실시계획에서 정한 사업시행기간 내에 토지에 대한 수용재결 신청을 하였다면, 그 신청을 기각하는 내용의 이의재결의 취소를 구하던 중 그 사업시행기간이 경과하였다 하더라도, 이의재결이 취소되면 도시계획시설사업 시행자의 신청에 따른 수용재결이 이루어질 수 있어 원상회복이 가능하므로 위 사업시행자로서는 **이의재결의 취소를 구할 소의 이익**이 있다(대판 2007. 01. 11, 2004두8538[토지수용이의재결처분취소]). 〈해설〉 재결주의를 취한 구 토지취득보상법에 따라 기각이의재결에 대해 이의재결을 대상으로 제기한 취소소송의 소의 이익에 대한 판결이다. 원처분주의를 취하는 현행법하에서는 수용재결신청이 기각된 경우 수용재결을 대상으로 취소소송을 제기하여야 한다.

③ **광업권 존속기간의 경과와 채광목적의 토지형질변경허가거부처분 취소소송의 소의 이익**: 행정청이 토지형질변경허가거부처분을 할 당시는 광업권의 존속기간이 만료되지 아니하였을 뿐만 아니라, 광업권자는 상공자원부장관의 허가를 받아 광업권의 존속기간을 연장할 수도 있는 것이므로, 행정청이 위 거부처분을 한 뒤에 광업권의 존속기간이 만료되었다고 하여 위 거부처뷴의 취소를 구할 법률상 이익이 없다고 할 수 없다(대판 1994. 04. 12, 93누21088[토지형질변경허가반려처분취소]).

④ **(1) 이 사건 거부처분(민간공원조성입안제안신청거부처분 = 공원조성계획의 변경신청거부) 이후에 도시공원의 일부분이던 이 사건 부지가 더 이상 도시공원에 포함되지 않는 것으로 도시관리계획이 변경된 사안에서, 위 부지가 도시공원임을 전제로 위 조성계획의 변경을 거부한 피고 거부처분의 취소를 구하는 원고에게 협의의 소익이 있는지 여부(소극)**: ① 도시관리계획으로 결정된 **도시자연공원구역은** 국토계획법 제2조 제17호가 정하는 **"용도구역"에 해당할 뿐**, 공원조성계획의 입안 및 결정의 대상인 **도시계획시설로서의 공원에는 해당되지 않는다**. ② 위 각 법령의 체계와 내용에 비추어 살펴보면, 원고가 이 사건 소를 제기하기 이전인 2011. 10. 20. 이루어진 **이 사건 변경결정에 의하여** 이 사건 제안지를 포함한 공원 부지 전부에 대한 도시계획시설결정이 폐지됨과 동시에 이 사건 제안지가 도시자연공원구역으로 지정됨으로써, **이 사건 제안지가** 더 이상 공원조성계획의 대상이 되는 **도시계획시설인 공원이 아니게 되었고**, 이에 따라 이 사건 제안지에 관한 이 사건 공원

조성계획 역시 폐지되어 존재하지 않게 되었다고 봄이 타당하다. 따라서 이 사건 소는 더 이상 존재하지 않는 이 사건 공원조성계획의 변경을 구하는 이 사건 입안제안을 받아들이지 않은 처분의 위법성을 다투는 것에 불과하여 그 소의 이익이 있다고 할 수 없다. 그리고 이 사건 공원조성계획이 폐지된 이상, 원고가 이 사건 처분을 취소하는 확정판결을 받더라도 피고가 이 사건 제안지에 관한 공원조성계획을 변경할 여지도 없으므로 이 점에서도 원고에게 이 사건 소를 유지할 법률상 이익이 없다고 봄이 상당하다. (2) 구 도시공원법상 도시자연공원에 해당하는 이 사건 부지 위에 골프장을 설치하는 내용의 공원조성계획 변경입안제안을 반려한 거부처분이 있은 후 이 사건 부지에 관한 공원시설결정이 폐지되고 국토계획법상 구역제의 일환인 도시자연공원 구역으로 변경된 사안에서 대법원이 직권으로 소의 이익이 없다고 판단하여 소를 각하한 사건(대판 2015. 12. 10, 2013두14221[민간공원조성입안제안신청반려처분취소]).

⑤ 특허를 무효로 한다는 심결이 확정된 때에는 그 특허권은 처음부터 없었던 것으로 보게 되므로, 무효로 된 특허에 대한 정정의 무효를 구하는 심판은 그 정정의 대상이 없어지게 된 결과 정정 자체의 무효를 구할 이익도 없어진다고 할 것이다(대판 2011. 06. 30, 2011후620).

⑥ ['진주의료원 폐업조치'의 효력을 다투는 사건] (1) 지방의료원의 설립·통합·해산은 지방자치단체의 조례로 결정할 사항이다. (2) 피고 경상남도지사의 이 사건 폐업결정은 행정청이 행하는 구체적 사실에 관한 법집행으로서의 공권력의 행사로서 입원환자들과 소속 직원들의 권리·의무에 직접 영향을 미치는 것이므로 항고소송의 대상에 해당한다. (3) 이 사건 폐업결정 후 진주의료원을 해산한다는 내용의 이 사건 조례가 제정·시행되었고, 이 사건 조례가 무효라고 볼 사정도 없으므로, 진주의료원을 폐업 전의 상태로 되돌리는 원상회복은 불가능하다고 판단된다. 따라서 법원이 피고 경상남도지사의 이 사건 폐업결정을 취소하더라도 그것은 단지 이 사건 폐업결정이 위법함을 확인하는 의미 밖에 없고, 그것만으로는 원고들이 희망하는 진주의료원 재개원이라는 목적을 달성할 수 없으며, 뒤에서 살펴보는 바와 같이 (발생한 손해가 없으므로) 원고들의 국가배상청구도 이유 없다고 판단되므로, 결국 원고들에게 이 사건 폐업결정의 취소로 회복할 수 있는 다른 권리나 이익이 남아있다고 보기도 어렵다. 따라서 피고 경상남도지사의 이 사건 폐업결정은 법적으로 권한 없는 자에 의하여 이루어진 것으로서 위법하다고 하더라도, 그 취소를 구할 소의 이익을 인정하기는 어렵다(대판 2016. 08. 30, 2015두60617[폐업처분 무효확인 등]).

⑦ 원고가 '종전의 먹는샘물 판매사업자 지위를 일정 기한까지 제한'하는 이 사건 조례 부칙조항의 무효확인 판결을 구할 법률상 이익이 인정되는지 여부(소극): (1) 행정처분의 무효확인 또는 취소를 구하는 소에서, 비록 행정처분의 위법을 이유로 무효확인 또는 취소 판결을 받더라도 그 처분에 의하여 발생한 위법상태를 원상으로 회복시키는 것이 불가능한 경우에는 원칙적으로 그 무효확인 또는 취소를 구할 법률상 이익이 없고, 다만 원상회복이 불가능하더라도 그 무효확인 또는 취소로써 회복할 수 있는 다른 권리나 이익이 남아있는 경우 예외적으로 법률상 이익이 인정될 수 있을 뿐이다(대법원 2012. 02. 23. 선고 2011두5001 판결 등 참조). (2) 원고가 제주특별자치도개발공사와 사이에 계약기간의 자동연장조건이 포함된 '제주삼다수 판매협약'을 체결한 상태에서, 피고가 '먹는샘물 판매사업자의 선정을 일반입찰에 의하도록 하되(제20조 제3항), 종전의 사업자는 2012. 3. 14.까지 이 조례에 따른 먹는샘물 국내판매 사업자로 본다(부칙 제2조).”고 정한 조례를 공포하자, 원고가 위 조례 부칙조항의 무효확인을 구한 사안에서, 원고가 위 판매사업자 지위를 상실한 것은 위 조례 부칙조항에 의한 것이 아니라 판매협약상 계약기간의 자동연장조건을 충족하지 못하였기 때문이라고 볼 여지가 충분하다는 이유로, 원고가 '종전의 먹는샘물 판매사업자 지위를 일정 기한까지 제한'하는 이 사건 조례 부칙조항의 무효확인 판결을 구할 법률상 이익이 인정되는 않는다고 한 사례(대판 2016. 06. 10, 2013두1638 조례무효확인[제주삼다수 판매사업자 지위 상실 사건]).

〈해설〉 이 사건 조례 부칙조항의 처분성은 인정된다.
⑧ 갑이 구 도시공원법상 도시계획시설인 공원 부지에 포함되어 있던 처와 자녀들 소유 토지(이하 '제안지'라 한다)에 **골프연습장을 설치할 수 있도록 공원조성계획을 변경하여 달라는 내용의 변경입안제안을 하자 관할 시장이 반려**하였고, 그 후 도시관리계획 변경결정에 따라 공원 전부를 도시자연공원으로 하던 도시계획시설 결정이 폐지되고 구 도시공원 및 녹지 등에 관한 법률에 따라 제안지가 도시자연공원구역으로 변경 · 지정되었는데, **갑이 변경입안제안 반려처분의 취소를 구한 사안**에서, 제안지는 더 이상 공원조성계획의 대상이 되는 도시계획시설인 공원이 아니게 되었고, 제안지에 관한 공원조성계획 역시 폐지되어 존재하지 않게 되었으므로, 반려처분의 취소를 구하는 것은 **더 이상 존재하지 않는 공원조성계획의 변경을 구하는 입안제안을 받아들이지 않은 처분의 위법성을 다투는 것에 불과하여 소의 이익이 없다고 한 사례**(대판 2015. 12. 10, 2013두14221). 〈해설〉 도시자연공원구역은 국토계획법 제2조 제17호가 정하는 '용도구역'에 해당할 뿐, 공원조성계획의 입안 및 결정의 대상인 도시계획시설로서의 공원에는 해당되지 않는다.
⑨ 원고들이 불합격처분의 취소를 구하는 이 사건 **소송계속 중 당해년도의 입학시기가 지났더라도 당해 년도의 합격자로 인정되면 다음년도의 입학시기에 입학할 수도 있다고 할 것**이고, 피고의 위법한 처분이 있게 됨에 따라 당연히 합격하였어야 할 원고들이 불합격처리되고 불합격되었어야 할 자들이 합격한 결과가 되었다면 원고들은 입학정원에 들어가는 자들이라고 하지 않을 수 없다고 할 것이므로 원고들로서는 피고의 불합격처분의 적법여부를 다툴만한 **법률상의 이익이 있다**(대판 1990. 08. 28, 89누8255).
⑩ 개발제한구역 안에서의 공장설립을 승인한 처분이 위법하다는 이유로 쟁송취소되었다고 하더라도 그 **공장설립승인처분에 기초한 공장건축허가처분이 잔존하는 이상**, 공장설립승인처분이 취소되었다는 사정만으로 **인근 주민들의 환경상 이익이 침해되는 상태나 침해될 위험**이 종료되었다거나 이를 시정할 수 있는 단계가 지나버렸다고 단정할 수는 없고, **인근 주민들은 여전히 (환경상 이익의 침해 또는 그 위험을 제거하기 위해) 공장건축허가처분의 취소를 구할 법률상 이익이 있다**고 보아야 한다(대판 2018. 07. 12, 2015두3485).
⑪ 원고들이 시흥중학교를 졸업하여 해당 학교의 학생 신분을 상실하게 됨에 따라 원고들에 대한 **서면사과 조치의** 효력이 더 이상 존속하지 않고, 학교생활기록부에 기재될 여지도 없어졌으므로, 위 조치의 **취소를 구할 법률상 이익이 인정되지 않는다고 판단한 사례**(대판 2024. 05. 30, 2023두44191[조치결정 취소청구의 소]).

다) 기본적인 권리회복은 불가능하나 부수적 이익이 있는 경우(소의 이익 인정) 기본적인 권리회복은 불가능하다 하더라도 판결의 소급효에 의하여 당해 처분이 소급적으로 취소되게 됨으로써 원고의 법률상 이익에 해당하는 부수적인 이익이 구제될 수 있는 경우에는 소의 이익이 인정된다.

[판례] ① **해임처분 무효확인 또는 취소소송** 계속 중 임기가 만료되어 해임처분의 무효확인 또는 취소로 지위를 회복할 수는 없다고 할지라도, 그 무효확인 또는 취소로 해임처분일부터 임기만료일까지 기간에 대한 보수 지급을 구할 수 있는 경우에는 해임처분의 무효확인 또는 취소를 구할 법률상 이익이 있다. 해임권자와 보수지급의무자가 다른 경우에도 마찬가지이다(대판 2012. 02. 23, 2011두5001[해임처분무효]).
② [1] 일반적으로 공장등록이 취소된 후 그 공장 시설물이 어떠한 경위로든 철거되어 다시 복구 등

을 통하여 공장을 운영할 수 없는 상태라면 이는 공장등록의 대상이 되지 아니하므로 외형상 공장등록취소행위가 잔존하고 있다고 하여도 그 처분의 취소를 구할 법률상의 이익이 없다 할 것이나, 위와 같은 경우에도 유효한 공장등록으로 인하여 공장등록에 관한 당해 법률이나 다른 법률에 의하여 보호되는 직접적·구체적 이익이 있다면, 당사자로서는 공장건물의 멸실 여부에 불구하고 그 공장등록취소처분의 취소를 구할 법률상의 이익이 있다. [2] **공장등록이 취소된 후 그 공장시설물이 철거되었고 관계법령상 다시 복구 등을 통하여 공장을 운영할 수 없는 상태**라 하더라도 대도시 안의 공장을 지방으로 이전할 경우 조세특례제한법상의 세액공제 및 소득세 등의 감면혜택이 있고, 공업배치 및 공장설립에 관한 법률상의 간이한 이전절차 및 우선 입주의 혜택이 있는 경우, 그 공장등록취소처분의 취소를 구할 소의 이익이 있다(대판 2002. 01. 11, 2000두3306). 〈해설〉 이 사건에서 공장등록취소처분의 취소로 공장등록이 원상회복되어도 관련 법령상 공장의 복구는 불가능하지만, 공장의 지방이전에 따른 혜택 등의 부수적 이익이 있으므로 소의 이익이 있는 것이다.

③ 지방자치법(2007. 5. 11. 법률 제8423호로 전부 개정되기 전의 것) 제32조 제1항(현행 지방자치법 제33조 제1항 참조)은 지방의회 의원에게 지급하는 비용으로 의정활동비(제1호)와 여비(제2호) 외에 월정수당(제3호)을 규정하고 있는바, 이 규정의 입법연혁과 함께 특히 월정수당(제3호)은 지방의회 의원의 직무활동에 대하여 매월 지급되는 것으로서, 지방의회 의원이 전문성을 가지고 의정활동에 전념할 수 있도록 하는 기틀을 마련하고자 하는 데에 그 입법취지가 있다는 점을 고려해 보면, 지방의회 의원에게 지급되는 비용 중 적어도 월정수당(제3호)은 지방의회 의원의 직무활동에 대한 대가로 지급되는 보수의 일종으로 봄이 상당하다. 따라서 원고가 이 사건 **제명의결 취소소송 계속 중 임기가 만료되어 제명의결의 취소로 지방의회 의원으로서의 지위를 회복할 수는 없다 할지라도**, 그 취소로 인하여 최소한 제명의결시부터 임기만료일까지의 기간에 대해 월정수당의 지급을 구할 수 있는 등 **여전히 그 제명의결의 취소를 구할 법률상 이익은 남아 있다**고 보아야 한다(대판 2009. 01. 30, 2007두13487[본회의개의및본회의제명의결처분취소]).

④ 공공용지의취득및손실보상에관한특례법 제8조 제1항에 의하면 사업시행자는 이주대책의 수립, 실시의무가 있고, 그 의무이행에 따른 **이주대책계획을 수립하여 공고하였다면, 이주대책대상자라고 하면서 선정신청을 한 자에 대해 대상자가 아니라는 이유로 거부한 행정처분에 대하여 그 취소를 구하는 것**은 이주대책대상자라는 확인을 받는 의미도 함께 있는 것이며, 사업시행자가 하는 확인, 결정은 이주대책상의 택지분양권이나 아파트 입주권 등을 받을 수 있는 구체적인 권리를 취득하기 위한 요건에 해당하므로 **현실적으로 이미 수립, 실시한 이주대책업무가 종결되었고, 그 사업을 완료하여 이 사건 사업지구 내에 더 이상 분양할 이주대책용 단독택지가 없다 하더라도 보상금청구권 등의 권리를 확정하는 법률상의 이익은 여전히 남아 있는 것이므로** 그러한 사정만으로 **이 거부처분의 취소를 구할 법률상 이익이 없다고 할 것은 아니다**(대판 1999. 08. 20, 98두17043[단독주택용지조성원가공급거부처분취소]). 〈해설〉 사례에서 법률상 이익은 협의의 소의 이익을 말한다.

⑤ **甲이 자신 명의로 이전등록된 자동차의 등록을 직권말소한 처분에 대한 취소소송 계속 중에 위 자동차에 관하여 종전과 다른 번호로 乙과 공동소유로 다시 신규등록을 한 사안**에서, 신규등록의 내용이 종전 자동차등록번호와 다른 등록번호를 부여받고 소유자도 甲과 乙의 공동소유로 등재되는 등 **甲이 주장하는 당초 소유관계와 소유권 변동내용을 반영하지 못한 채 공시하고 있고**, 정당하게 이전등록을 마쳤다가 직권말소 처분에 의하여 말소된 乙 **소유지분에 관하여 다시 이전등록을 마쳐야 하며 이를 위하여 별도로 취득세 및 등록세를 납부하여야 하는 불이익도 입고 있으므로, 위 직권말소 처분의 취소를 구할 소의 이익이 있다**고 본 원심판단을 정당하다고 한 사례(대판 2013. 05. 09, 2010두28748[자동차등록직권말소처분취소]).

⑥ **근로자를 직위해제한 후 동일한 사유를 이유로 징계처분을 한 경우, 직위해제처분이 효력을 상**

실하는지 여부(적극) 및 근로자가 직위해제처분에 대한 구제를 신청할 이익이 있는지 여부(한정 적극): 직위해제처분은 근로자로서의 지위를 그대로 존속시키면서 다만 그 직위만을 부여하지 아니하는 처분이므로 만일 어떤 사유에 기하여 근로자를 직위해제한 후 그 직위해제 사유와 동일한 사유를 이유로 징계처분을 하였다면 뒤에 이루어진 징계처분에 의하여 그 전에 있었던 직위해제처분은 그 효력을 상실한다. 여기서 직위해제처분이 효력을 상실한다는 것은 직위해제처분이 소급적으로 소멸하여 처음부터 직위해제처분이 없었던 것과 같은 상태로 되는 것이 아니라 사후적으로 그 효력이 소멸한다는 의미이다. 따라서 직위해제처분에 기하여 발생한 효과는 당해 직위해제처분이 실효되더라도 소급하여 소멸하는 것이 아니므로, 인사규정 등에서 직위해제처분에 따른 효과로 승진·승급에 제한을 가하는 등의 법률상 불이익을 규정하고 있는 경우에는 직위해제처분을 받은 근로자는 이러한 법률상 불이익을 제거하기 위하여 그 실효된 직위해제처분에 대한 구제를 신청할 이익이 있다. 〈해설〉 근로자의 직위해제에 관한 판례이지만, 공무원의 직위해제에 대해서도 타당하다고 볼 수 있다(대판 2010. 07. 29, 2007두18406).

⑦ (1) <부당해고구제재심판정의 취소소송 중 정년이 된 경우 소의 이익이 문제 된 사건> 근로자가 부당해고구제재심판정의 취소를 구하는 소를 제기한 후 정년이 된 경우 원직에 복직하는 것이 불가능하지만 해고기간 중의 임금 상당액을 지급받을 필요가 있다면 **임금 상당액 지급의 구제명령을 받을 이익이 유지되므로** 구제신청을 기각한 중앙노동위원회의 재심판정을 다툴 소의 이익이 있다고 보아야 한다(대판 전원합의체 2020. 02. 20, 2019두52386). (2) **[부당해고 구제신청을 하여 해고의 효력을 다투던 중 근로계약기간이 만료한 경우 중앙노동위원회의 재심판정을 다툴 소의 이익이 있는지가 문제된 사안]** 아파트 관리소장으로 근무하던 원고가 공동주택 위수탁관리계약의 상대방이 변경되는 과정에서 고용 승계가 거부되자 아파트입주자대표회의, 변경 전·후의 위수탁관리업체를 상대로 부당해고 구제신청을 제기하고 그 구제신청이 기각되자 중앙노동위원회의 재심판정의 취소를 구하는 소를 제기한 사건에서, 근로계약관계의 종료로 인하여 원직복직이 불가능하게 되었더라도 해고기간 동안의 임금 상당액을 지급받을 필요가 있는 한도에서 재심판정을 다툴 소의 이익이 있다고 하여 파기환송한 사안(대판 2022. 05. 12, 2020두35592[부당해고구제재심판정취소]). 〈참조 판례〉 **근로자가 부당해고 구제신청을 할 당시 이미** 정년에 이르거나 근로계약기간 만료, 폐업 등의 사유로 근로계약관계가 종료하여 **근로자의 지위에서 벗어난 경우**에는 노동위원회의 **구제명령을 받을 이익이 소멸하였다**고 보는 것이 타당하다(대판 2022. 07. 14, 2020두54852[부당해고구제재심판정취소]).

⑧ 파면처분취소소송의 사실심변론종결전에 동원고가 허위공문서등작성 죄로 징역 8월에 2년간 집행유예의 형을 선고받아 확정되었다면 원고는 지방공무원법 제61조의 규정에 따라 위 판결이 확정된 날 당연퇴직되어 그 공무원의 신문을 상실하고, 당연퇴직이나 파면이 퇴직급여에 관한 불이익의 점에 있어 동일하다 하더라도 최소한도 이 사건 **파면처분이 있은 때부터 위 법규정에 의한 당연퇴직일자까지의 기간에 있어서는 파면처분의 취소를 구하여 그로 인해 박탈당한 이익의 회복을 구할 소의 이익(급여청구의 이익)이 있다** 할 것이다(대판 1985. 06. 25, 85누39).

⑨ 교원소청심사제도에 관한 '교원의 지위 향상 및 교육활동 보호를 위한 특별법'의 규정 내용과 목적 및 취지 등을 종합적으로 고려하면, 사립학교 교원이 소청심사청구를 하여 해임처분의 효력을 다투던 중 형사판결 확정 등 당연퇴직사유가 발생하여 **교원의 지위를 회복할 수 없더라도,** 해임처분이 취소되거나 변경되면 해임처분일부터 당연퇴직사유 발생일까지의 기간에 대한 **보수 지급을 구할 수 있는 경우**에는 소청심사청구를 기각한 교원소청심사위원회 결정(행정소송법상 처분)의 **취소를 구할 법률상 이익(협의의 소의 이익)이 있다**(대판 2024. 02. 08, 2022두50571).

(라) 보다 실효적인 권리구제절차가 있는지 여부 당해 취소소송보다 실효적인(직접적인) 권리구제절차가 있는 경우에는 소의 이익이 부정된다. 그렇지만, 다른 권리구제절차가 있는 경우에도 취소를 구할 현실적 이익이 있어 문제의 취소소송이 분쟁해결의 유효적절한 수단이라고 할 수 있는 경우에는 소의 이익이 인정된다.

[판례] ① 행정청이 한 처분 등의 취소를 구하는 소송은 처분에 의하여 발생한 위법 상태를 배제하여 원래 상태로 회복시키고 처분으로 침해된 권리나 이익을 구제하고자 하는 것이다. 따라서 해당 처분 등의 취소를 구하는 것보다 실효적이고 직접적인 구제수단이 있음에도 처분 등의 취소를 구하는 것은 특별한 사정이 없는 한 분쟁해결의 유효적절한 수단이라고 할 수 없어 법률상 이익이 있다고 할 수 없다(대판 2017. 10. 31, 2015두45045).
② 국가인권위원회가 한 징계권고결정에 따라 경찰서장의 불문경고처분을 받은 징계당사자가 제기한 징계권고결정에 대한 취소의 소가 소의 이익이 있는지에 대하여 이미 수사기관 및 국가인권위원회 등의 수사나 조사 등을 통해 구체적인 사실관계가 드러나 있는데다가, 원고가 불문경고처분 자체에 대해 다툴 수 있었는데도 다투지 않은 점 등에 비추어 국가인권위원회의 징계권고결정에 대한 취소를 구할 법률상 이익이 없다고 본 사례(대판 2022. 01. 27, 2021두40256).

가) 인가처분 취소소송에서의 소의 이익 인가는 기본행위의 법률상의 효력을 완성시키는 보충행위로서, 그 기본행위에 하자가 있을 때에는 그에 대한 인가가 있었다 하여도 기본행위가 유효한 것으로 될 수 없으므로 기본행위가 적법 유효하고 보충행위인 인가처분 자체에만 하자가 있다면 그 인가처분의 무효나 취소를 주장할 수 있지만, 인가처분에 하자가 없다면 기본행위에 하자가 있다 하더라도 따로 그 기본행위의 하자를 다투는 것은 별론으로 하고 기본행위의 무효를 내세워 바로 그에 대한 행정청의 인가처분의 취소 또는 무효확인을 소구할 법률상의 이익이 없다(대판 1996. 05. 16, 95누4810). 왜냐하면 기본행위의 하자를 이유로 기본행위를 다투는 소송이 기본행위의 하자를 이유로 인가처분을 다투는 것보다는 더 실효적인 권리구제이기 때문이다.

[판례] ① 사립학교법 제20조 제2항에 의한 학교법인의 임원에 대한 감독청의 취임승인은 학교법인의 임원선임행위를 보충하여 그 법률상의 효력을 완성케 하는 보충적 행정행위(강학상 인가)로서 그 자체만으로는 법률상 아무런 효력도 발생할 수 없는 것인바, 기본행위인 사법상의 임원선임행위에 하자가 있다는 이유로 그 선임행위의 효력에 관하여 다툼이 있는 경우에는 민사쟁송으로 그 선임행위의 무효확인을 구하는 등의 방법으로 분쟁을 해결할 것이지 보충적 행위로서 그 자체만으로는 아무런 효력이 없는 승인처분만의 취소 또는 무효확인을 구하는 것은 특단의 사정이 없는 한 분쟁해결의 유효적절한 수단이라 할 수 없어 소구할 법률상의 이익이 없다고 할 것이다(대판 2005. 12. 23, 2005두4823[학교법인임원취 · 해임승인거부처분취소]; 1987. 08. 18, 86누152; 2002. 05. 24, 2000두3641 등 참조).
② 기본행위인 조합설립에 하자가 있는 경우에는 민사쟁송으로써 따로 그 기본행위의 취소 또는 무효확인 등을 구하는 것은 별론으로 하고 기본행위의 불성립 또는 무효를 내세워 바로 그에 대한

감독청의 인가처분의 취소 또는 무효확인을 소구할 법률상 이익이 있다고 할 수 없다(대판 2000. 09. 05, 99두1854[재건축조합설립인가처분무효확인등]). 〈해설〉 기본행위의 하자를 이유로 기본행위를 다투는 소송이 기본행위의 하자를 이유로 인가처분을 다투는 것보다 더 실효적인 권리구제수단이므로 기본행위의 하자를 이유로 인가처분의 취소나 무효확인을 구할 소의 이익이 없다. 그런데, 현행법상 재건축조합의 설립인가처분은 강학상 인가가 아니라 강학상 특허(또는 강학상 인가의 성질과 함께 강학상 특허의 성질을 가진 것)라는 것이 판례의 입장이고, 조합설립인가처분이 있는 경우에는 조합설립결의의 무효확인을 구할 소의 이익이 없고, 조합설립결의의 하자는 인가처분을 다투면서 주장하여야 한다고 본다(대판 2009. 09. 24, 2008다60568; 2010. 04. 08, 2009다27636).

나) 지위승계신고수리처분의 무효확인을 구할 소의 이익 사업양도양수신고의 수리는 강학상 인가가 아니라 사업허가의 수허가자의 명의변경이라는 변경허가의 실질을 갖는다. 그리고, 사업양도행위의 무효확인을 구하는 민사소송을 제기하는 것이 가능하더라도 사업양도양수신고의 수리를 취소하거나 무효확인을 받으면 영업허가자의 지위를 유지하는 현실적 이익이 있으므로 사업양도행위의 무효를 이유로 사업양도양수신고수리처분의 취소나 무효확인을 구할 소의 이익이 있다고 보아야 한다.

[판례] ① 사업양도·양수에 따른 허가관청의 지위승계신고의 수리는 적법한 사업의 양도·양수가 있었음을 전제로 하는 것이므로 그 수리대상인 사업양도·양수가 존재하지 아니하거나 무효인 때에는 수리를 하였다 하더라도 그 수리는 유효한 대상이 없는 것으로서 당연히 무효라 할 것이고, **사업의 양도행위가 무효라고 주장하는 양도자는** 민사쟁송으로 양도·양수행위의 무효를 구함이 없이 **막바로 허가관청을 상대로 하여 행정소송으로 사업양도·양수에 따른 허가관청의 지위승계신고수리처분의 무효확인을 구할 법률상 이익이 있다**(대판 2005. 12. 23, 2005두3554). 〈해설〉 양도인은 사업양도에 따른 지위승계수리처분의 무효확인을 통해 영업자의 지위를 유지할 현실적 이익이 있다.
② 여객자동차운수사업법에 의하면, 여객자동차운송사업의 면허는 여객자동차운송사업을 합법적으로 영위할 수 있는 자격에 불과하여 여객자동차운송사업의 양도가 이루어지면 그 면허를 포함하여 여객자동차운송사업과 관련한 물적시설 등이 일체로서 이전되는 것이므로 여객자동차운송사업을 떠난 면허만을 법원이 강제집행의 방법으로 압류하여 환가하기에 적합하지 아니한 것은 소론과 같으나, 여객자동차운수사업법 제15조, 동법 시행령 제10조, 동법 시행규칙 제35조 제2항에 의하면, 여객자동차운송사업자는 관할 관청의 허가 없이 그 면허를 포함한 여객자동차운송사업의 전부 또는 일부를 양도할 수 있고(다만, 개인택시운송사업의 양도는 관할 관청의 인가를 받아야 한다), 민사집행법상 여객자동차운송사업의 시설, 기구 등 영업재산이 일괄하여 강제집행될 경우에는 그에 관한 면허 역시 일체로서 환가될 수 있다고 할 것이므로 **채무자가 제3자에게 여객자동차운송사업 면허만을 양도한 계약이 무효인 경우에 채권자는 채권자대위권의 행사로서 면허권자 명의변경을 구할 법률상의 이익이 있다고 할 것이다**(대판 2007. 12. 28, 2005다38843).

다) 거부처분 취소재결의 취소를 구하는 소의 이익(부정)

거부처분취소재결에 따른 후속처분이 아니라 거부처분취소재결의 취소를 구하는 것은 실효적이고 직접적인 권리구제수단이 될 수 없어 분쟁해결의 유효적절한 수단이라고 할 수 없으므로 소의 이익이 없다(대판 2017. 10. 31, 2015두45045). 거부처분취소재결에 따라 후속처분이 행해진 경우 후속처분을 다투는 취소소송을 제기할 수 있다.

(마) 동일한 사유로 위법한 처분이 반복될 위험성이 있는 경우 소의 이익(인정)

행정처분의 무효확인 또는 취소를 구하는 소가 제소 당시에는 소의 이익이 있어 적법하였는데, 소송계속 중 해당 행정처분이 기간의 경과 등으로 그 효과가 소멸한 때에 처분이 취소되어도 원상회복이 불가능하다고 보이는 경우라도, 그 행정처분과 동일한 사유로 위법한 처분이 반복될 위험성이 있어 행정처분의 위법성 확인 내지 불분명한 법률문제에 대한 해명이 필요한 경우에는 행정의 적법성 확보와 그에 대한 사법통제, 국민의 권리구제 확대 등의 측면에서 예외적으로 그 처분의 취소를 구할 소의 이익을 인정할 수 있다. 여기에서 '그 행정처분과 동일한 사유로 위법한 처분이 반복될 위험성이 있는 경우'란 불분명한 법률문제에 대한 해명이 필요한 상황에 관한 대표적인 예시일 뿐이며, 반드시 '해당 사건의 동일한 소송 당사자 사이에서' 반복될 위험이 있는 경우만을 의미하는 것은 아니다. 달리 말하면 다른 사건에서도 또는 당사자(처분 상대방)가 달라도 위법한 처분이 반복될 위험성이 있어 행정처분의 위법성 확인 내지 불분명한 법률문제에 대한 해명이 필요한 경우에는 소의 이익이 인정될 수 있다(대판 2020. 12. 24, 2020두30450; 2024. 04. 16, 2022두57138: 이러한 법리는 행정처분의 일종인 중재재정에 대한 무효확인 또는 취소를 구하는 소의 경우에도 마찬가지로 적용된다고 한 사례).

[판례] ① 피고(교도소장)가 제1심판결 선고 이후 원고를 위 '접견내용 녹음·녹화 및 접견 시 교도관 참여대상자'에서 해제하기는 하였지만 앞으로도 원고에게 '접견내용 녹음·녹화 및 접견 시 교도관 참여대상자' 지정행위(이 사건 처분)와 같은 포괄적 접견제한처분을 할 염려가 있는 것으로 예상되므로 이 사건 소는 여전히 법률상 이익(소의 이익)이 있다고 본 원심판단을 정당한 것으로 수긍한 사례(대판 2014. 02. 13, 2013두20899).

② [기간 도과로 소멸한 집회 및 시위 금지통고 취소청구 사건] 피고가 심각한 교통 불편을 줄 것이 명백하다는 이유로 원고에게 집회 및 시위의 금지 통고를 한 후 기간의 경과로 금지 통고의 효과가 소멸한 경우, 원고와 피고 사이에 위와 같은 사유로 위법한 처분이 반복될 위험성이 있어 그 위법성을 확인하거나 불분명한 법률문제를 해명할 필요가 있다고 보기 어렵다는 이유로 위 금지통고의 취소를 구하는 이 사건 소가 부적법하다는 원심 판단을 정당하다고 본 사례(대판 2018. 04. 12, 2017두67834[옥외집회금지통고처분취소]).

③ 행정처분의 무효확인 또는 취소를 구하는 소가 제소 당시에는 소의 이익이 있어 적법하였더라도, 소송 계속 중 처분청이 다툼의 대상이 되는 행정처분을 직권으로 취소하면 그 처분은 효력을 상실하여 더 이상 존재하지 않는 것이므로, 존재하지 않는 그 처분을 대상으로 한 항고소송은 원칙적으로 소의 이익이 소멸하여 부적법하다. 다만 **처분청의 직권취소에도 불구하고** 완전한 원상회복이 이루어지지 않아 무효확인 또는 취소로써 회복할 수 있는 다른 권리나 이익이 남아 있거나 또는 동일한 소송 당사자 사이에서 그 행정처분과 동일한 사유로 위법한 처분이 반복될 위험성이 있어 행정처분의 위법성 확인 내지 불분명한 법률문제에 대한 해명이 필요한 경우 행정의 적법성 확보와 그에 대한 사법통제, 국민의 권리구제의 확대 등의 측면에서 **예외적으로 그 처분의 취소를**

구할 소의 이익을 인정할 수 있다(대판 2019. 06. 27, 2018두49130).
〈참고논문〉 김후신, 소멸한 처분의 취소를 구할 이익, 행정법연구 제68호, 2022.8, 211면 이하.

(바) 단계적 행정결정 등에서의 소의 이익 선행처분의 효력이 소멸한 경우에도 선행처분과 후행처분이 단계적인 일련의 절차로 연속하여 행하여져 후행처분이 선행처분의 적법함을 전제로 이루어짐에 따라 선행처분의 하자가 후행처분에 승계된다고 볼 수 있어 이미 소를 제기하여 다투고 있는 선행처분의 위법성을 확인하여 줄 필요가 있는 경우 등에는 그 선행 분의 취소를 구할 법률상 이익이 있다(대판 전원합의체 2007. 07. 19, 2006두19297[임원취임승인취소처분][경기학원 임시이사 사건]).

동일한 행정목적을 달성하기 위한 단계적 행정결정에서 종국처분이 난 경우에 사전결정은 종국처분에 흡수되어 그 효력을 상실하므로 선행 행정결정(예, 사전 결정)에 대한 취소소송은 소의 이익을 상실한다고 본 판례가 있다(대판 1998. 09. 04, 97누19588).

[판례] ① 원자로 및 관계시설의 부지사전승인처분은 그 자체로서 건설부지를 확정하고 사전공사를 허용하는 법률효과를 지닌 독립한 행정처분이기는 하지만, 건설허가 전에 신청자의 편의를 위하여 미리 그 건설허가의 일부 요건을 심사하여 행하는 사전적 부분 건설허가처분의 성격을 갖고 있는 것이어서 **나중에 건설허가처분이 있게 되면** 그 건설허가처분에 흡수되어 독립된 존재가치를 상실함으로써 그 건설허가처분만이 쟁송의 대상이 되는 것이므로, **부지사전승인처분의 취소를 구하는 소는 소의 이익을 잃게 되고**, 따라서 부지사전승인처분의 위법성은 나중에 내려진 건설허가처분의 취소를 구하는 소송에서 이를 다투면 된다(대판 1998. 09. 04, 97누19588). **〈해설〉** 부지사전승인처분의 위법사유가 건설허가처분의 위법사유가 되는 경우(예, 부지사전승인처분에 중요한 실체상 하자가 있는 경우 등)에는 부지사전승인처분의 취소를 구할 소의 이익이 있다고 보는 것이 타당하다. 이러한 해결이 경기임시이사사건에서의 대법원 전원합의체판결의 취지에 합치한다. 또한, 선행행위에 대해 이미 취소소송이 제기되어 심리가 진행된 경우에는 최종처분에 대한 소송으로 소를 변경할 경우 사전결정에 대한 소송의 소송자료를 활용할 수 있도록 소의 이익을 인정하여야 할 것이다. 사전결정이 취소되면 종국처분은 실효되므로 소의 이익이 있다고 보는 것이 타당하다. **② 구 도시 및 주거환경정비법상 조합설립추진위원회 구성승인처분을 다투는 소송 계속 중 조합설립인가처분이 이루어진 경우 조합설립추진위원회 구성승인처분에 대하여 취소 또는 무효확인을 구할 법률상 이익이 있는지 여부(소극)**: 구 도시 및 주거환경정비법(2009. 2. 6. 법률 제9444호로 개정되기 전의 것, 이하 '구 도시정비법'이라고 한다) 제13조 제 1항, 제2항, 제14조 제1항, 제15조 제4항, 제5항 등 관계 법령의 내용, 형식, 체제 등에 비추어 보면, **조합설립추진위원회**(이하 '추진위원회'라고 한다) **구성승인처분은** 조합의 설립을 위한 주체인 추진위원회의 구성행위를 보충하여 그 효력을 부여하는 처분으로서 조합설립이라는 종국적 목적을 달성하기 위한 **중간단계의 처분**에 해당하지만, **그 법률요건이나 효과가 조합설립인가처분의 그것과는 다른 독립적인 처분이기 때문에, 추진위원회 구성승인처분에 대한 취소 또는 무효확인 판결의 확정만으로는 이미 조합설립인가를 받은 조합에 의한 정비사업의 진행을 저지할 수 없다.** 따라서 추진위원회 구성승인처분을 다투는 소송 계속 중에 조합설립인가처분이 이루어진 경우에는, 추진위원회 구성승인처분에 위법이 존재하여 조합설립인가 신청행위가 무효라는 점 등을 들어 직접 조합설립인가처분을 다툼으로써 정비사업의 진행을 저지하여야 하고, 이와는 별도로 **추진위원회 구성승인처분에 대하여 취소 또는 무효확

인을 구할 법률상의 이익은 없다고 보아야 한다(대판 2013. 01. 31, 2011두11112, 2011두11129[조합설립추진위원회설립승인무효확인 · 조합설립추진위원회설립승인무효확인]).

종국처분인 농지처분명령의 취소를 구하는 소를 제기하여 원고 패소의 판결이 확정된 이상, 그 전단계인 농지처분의무통지의 취소를 구하는 부분의 소는 더 이상 이를 유지할 이익이 없다(대판 2003. 11. 14, 2001두8742).

(사) 기 타

가) 재결취소소송에서의 소의 이익 　원처분취소소송과 재결취소소송이 함께 제기된 경우에 원처분이 위법하다 하여 취소된 때에는 재결취소소송을 유지할 소의 이익이 없다.

그러나, 이 경우에 원처분이 적법하다고 하여 원처분취소청구가 기각된 경우에는 취소청구의 대상이 된 처분이 재량행위인 경우에는 재결취소소송의 소의 이익이 소멸하는 것은 아니다. 왜냐하면 재결이 취소되면 재결청에 의해 원처분의 부당성에 대한 심판을 다시 받을 이익이 있기 때문이다.

나) 동일한 내용의 후행거부처분 존재시 선행거부처분 취소소송의 소의 이익

[판례] 동일한 내용의 후행거부처분의 존재와 선행거부처분 취소소송의 소의 이익: 행정청의 후행거부처분은 소극적 행정행위로서 현존하는 법률관계에 아무런 변동도 가져오는 것이 아니므로, 그 거부처분이 공정력이 있는 행정행위로서 취소되지 아니하였다고 하더라도, 원고가 그 거부처분의 효력을 직접 부정하는 것이 아닌 한 선행거부처분보다 뒤에 된 동일한 내용의 후행거부처분 때문에 선행거부처분의 취소를 구할 법률상 이익이 없다고 할 수는 없다(대판 1994. 04. 12, 93누21088[토지형질변경허가반려처분취소]).

다) 사용검사처분의 무효확인 또는 취소를 구할 소의 이익

[판례] (1) 구 주택법상 입주자나 입주예정자는 사용검사처분의 무효확인 또는 취소를 구할 법률상 이익(소의 이익)이 없다. (2) 입주자나 입주예정자들은 사용검사처분의 무효확인을 받거나 처분을 취소하지 않고도 민사소송 등을 통하여 분양계약에 따른 법률관계 및 하자 등을 주장 · 증명함으로써 사업주체 등으로부터 하자의 제거 · 보완 등에 관한 권리구제를 받을 수 있다(대판 2015. 01. 29, 2013두24976[사용검사처분취소]).

3) 무효확인소송에서의 소의 이익과 확인의 이익

무효확인소송에서도 취소소송에서 논한 소의 이익이 요구된다. 그런데, 그 이외에 무효확인소송에 있어서 일반 확인소송(민사소송인 확인소송)에서 요구되는 '확인의 이익'이 요구되는지에 관하여 견해가 대립하고 있다.

가. 긍정설(즉시확정이익설, 필요설) 　이 견해는 무효확인소송이 실질적으로 확인소송으로서의 성질을 가지고 있으므로 확인소송에 있어서의 일반적 소송요건인 '확인의 이익'이 요구된다고 한다. 확인소송은 현존하는 원고의 권리 또는 법률상 지위

에 현존하는 불안이나 위험이 있고, 그에 대한 불안이나 위험을 제거하기 위하여 확인판결을 받는 것이 유효적절한 권리구제수단일 때 인정되는 것이다. 달리 말하면 확인소송은 보다 실효적인 구제수단(예, 처분의 무효를 전제로 한 이행소송)이 가능하면 인정되지 않는다. 이를 **확인소송의 보충성**이라 한다. 이행을 청구하는 소를 제기할 수 있는데도 불구하고 확인의 소를 제기하는 것은 분쟁의 종국적인 해결방법이 아니어서 확인의 이익이 없다. 또한 확인의 소에 확인의 이익이 있는지는 직권조사사항이므로 당사자의 주장 여부에 관계없이 법원이 직권으로 판단하여야 한다(대판 2019. 05. 16, 2016다240338).

이 견해에 의하면 무효를 전제로 하는 현재의 법률관계에 관한 소송으로 구제되지 않을 때에만 무효확인소송이 보충적으로 인정된다.

따라서 무효인 행정처분이 집행되지 않은 경우(예, 무효인 조세부과처분에 따라 아직 세금을 납부하지 않은 경우)에는 집행의무를 면하기 위하여 처분의 무효확인을 받을 이익이 있지만, 무효인 행정처분이 이미 집행된 경우(예, 무효인 조세부과처분에 따라 세금이 이미 납부된 경우)에 그에 의해 형성된 위법상태의 제거를 위한 직접적인 소송방법(예, 납부된 조세의 반환을 위한 부당이득반환청구소송)이 있을 때에는, 그 원인인 처분의 무효확인을 구하고 행정청이 그 무효확인판결을 존중하여 그 위법상태를 제거하여 줄 것을 기대하는 것은 간접적인 방법이므로, 행정처분의 무효확인을 독립한 소송으로 구할 소의 이익이 없다고 본다.

나. 부정설(불필요설) 다수학설은 다음과 같은 논거에 의해 무효확인소송에서 취소소송에서와 같이 소의 이익이 요구될 뿐 확인의 이익이 요구되지 않는다고 한다.[266)]

① 행정소송법은 취소판결의 기속력을 무효확인소송에도 준용하고 있고(제38조 제1항), 따라서 무효확인판결 자체만으로 판결의 기속력(원상회복의무)에 의해 판결의 실효성을 확보할 수 있으므로 민사소송에서와 같이 분쟁의 궁극적 해결을 위한 확인의 이익 여부를 논할 이유가 없다.

② 행정소송은 공익을 추구하는 행정작용에 대해 특수한 취급을 하기 위하여 별도로 마련된 소송제도로서 민사소송과는 그 목적과 취지를 달리 하므로 민사소송에서의 확인의 이익론이 행정소송에서 그대로 타당할 수는 없다.

③ 현행 행정소송법이 무효확인소송을 항고소송의 일종으로 규정하고 있는 점을 보아도 무효확인소송은 본질에 있어서 행정청의 처분을 다투는 항고소송인 것이며, 단지 다투는 형식이 확인소송의 형식을 취하고 있을 뿐이다.

---

266) 최송화, “무효등확인소송에서의 소의 이익,” 『고시계』, 1993. 5, 53면 이하.

④ 현행 행정소송법은 일본법과 달리 무효확인소송의 보충성 등 원고적격상의 제한을 두고 있지 않다.

다. 판 례 종래 판례는 긍정설(필요설, 즉시확정이익설)을 취하고 있었다.

[과거의 판례] ① [1] 행정처분에 대한 무효확인의 소에 있어서 확인의 이익은 그 대상인 법률관계에 관하여 당사자 사이에 분쟁이 있고, 그로 인하여 원고의 권리 또는 법률상의 지위에 불안·위험이 있어 판결로써 그 법률관계의 존부를 확정하는 것이 위 불안·위험을 제거하는 데 필요하고도 적절한 경우에 인정된다. [2] 소유자 아닌 다른 사람이 행정청으로부터 건물에 대한 사용승인의 처분을 받아 이를 사용·수익함으로써 소유자의 권리행사가 방해를 받고 있는 경우 사용승인의 처분이 그러한 침해행위까지 정당화하는 것은 아니므로, 건물의 소유자로서는 사용승인처분에 대한 무효확인의 판결을 받을 필요 없이 직접 민사소송을 제기하여 소유권에 기한 방해의 제거나 예방을 청구함으로써 그 소유물에 대한 권리를 보전하려는 목적을 달성할 수가 있으므로 그 사용승인처분에 대하여 무효확인을 구하는 것은 분쟁해결에 직접적이고도 유효·적절한 수단이라 할 수 없어 소의 이익이 없다고 한 사례(대판 2001. 09. 18, 99두11752).
② 무효임을 주장하는 과세처분에 따라 그 부과세액을 납부하여 이미 그 처분의 집행이 종료된 것과 같이 되어 버렸다면 그 과세처분이 존재하고 있는 것과 같은 외관이 남아 있음으로써 장차 이해관계인에게 다가올 법률상의 불안이나 위험은 전혀 없다 할 것이고, 다만 남아 있는 것은 이미 이루어져 있는 위법상태의 제거, 즉 납부효과가 발생한 세금의 반환을 구하는 문제뿐이라고 할 것인바, 이와 같은 위법상태의 제거방법으로서 그 위법상태를 이룬 원인에 관한 처분의 무효확인을 구하는 방법은 과세관청이 그 무효확인판결의 구속력을 존중하여 납부한 세금의 환급을 하여 줄 것을 기대하는 간접적인 방법이라 할 것이므로, 민사소송에 의한 부당이득반환청구의 소로써 직접 그 위법상태의 제거를 구할 수 있는 길이 열려 있는 이상 위와 같은 과세처분의 무효확인의 소는 분쟁해결에 직접적이고도 유효적절한 해결방법이라 할 수 없어 확인을 구할 법률상 이익이 없다(대판 1991. 09. 10, 91누3840).

2008. 3. 20 대법원 전원합의체는 판례를 변경하여 무효확인소송에서 부정설과 같이 행정처분의 근거 법률에 의해 보호되는 직접적이고 구체적인 이익이 있는 경우 이와 별도로 민사소송(확인소송)에서 요구하는 확인의 이익(무효확인소송의 보충성)을 요구하지 않는 것으로 하였다.

[현재의 판례] 행정소송은 행정청의 위법한 처분 등을 취소·변경하거나 그 효력 유무 또는 존재 여부를 확인함으로써 국민의 권리 또는 이익의 침해를 구제하고, 공법상의 권리관계 또는 법적용에 관한 다툼을 적정하게 해결함을 목적으로 하는 것이므로, 대등한 주체 사이의 사법상 생활관계에 관한 분쟁을 심판대상으로 하는 민사소송과는 그 목적, 취지 및 기능 등을 달리한다. 또한, 행정소송법 제4조에서는 무효확인소송을 항고소송의 일종으로 규정하고 있고, 행정소송법 제38조 제1항에서는 처분등을 취소하는 확정판결의 기속력 및 행정청의 재처분 의무에 관한 행정소송법 제30조를 무효확인소송에도 준용하고 있으므로 무효확인판결 자체만으로도 실효성을 확보할 수 있다. 그리고 무효확인소송의 보충성을 규정하고 있는 외국의 일부 입법례와는 달리 우리나라 행정소송법에는 명문의 규정이 없어 이로 인한 명시적 제한이 존재하지 않는다. 이와 같은 사정을 비롯하여 행정에 대한 사법통제, 권익구제의 확대와 같은 행정소송의 기능 등을 종합하여 보면, 행정처

분의 근거 법률에 의하여 보호되는 직접적이고 구체적인 이익이 있는 경우에는 행정소송법 제35조에 규정된 '무효확인을 구할 법률상 이익'이 있다고 보아야 하고, 이와 별도로 무효확인소송의 보충성이 요구되는 것은 아니므로 행정처분의 무효를 전제로 한 이행소송 등과 같은 직접적인 구제수단이 있는지 여부를 따질 필요가 없다고 해석함이 상당하다(대판 전원합의체 2008. 03. 20, 2007두6342[하수도원인자부담금부과처분취소]; 대판 2019. 02. 14, 2017두62587).

이러한 법리는 '무효 등 확인소송'의 유형에 속하는 행정청의 처분 등의 존재 여부를 확인하는 소송에도 마찬가지로 적용된다(대판 2025. 11. 20, 2025두33652).

라. 결어(불필요설) 무효확인판결에는 기속력으로 원상회복의무(위법상태제거의무)가 인정되므로 취소소송에서 요구되는 소의 이익과 별도로 확인의 이익이 추가로 요구되지 않는다고 보는 부정설이 타당하다.

4) 부작위위법확인소송에서의 소의 이익

① 당사자의 신청이 있은 이후 당사자에게 생긴 사정의 변화로 인하여 위 부작위가 위법하다는 확인을 받는다고 하더라도 종국적으로 침해되거나 방해받은 권리와 이익을 보호·구제받는 것이 불가능하게 되었다면 그 부작위가 위법하다는 확인을 구할 이익은 없다(대판 2002. 06. 28, 2000두4750[267]).

② 또한, 변론종결시까지 처분청이 처분(거부처분 포함)을 한 경우에는 부작위상태가 해소되므로 소의 이익이 없게 된다(대판 1990. 09. 25, 89누4758).

2. 공법상 당사자소송에서의 소의 이익

행정소송법은 공법상 당사자소송에 대하여는 원고적격이나 소의 이익에 관한 규정을 두고 있지 않다. 따라서, 공법상 당사자소송의 소의 이익에 관하여는 민사소송법이 준용된다(행정소송법 제8조 제2항).

당사자소송에서 원고적격이 있는 자는 당사자소송을 통하여 주장하는 공법상 법률관계의 주체이다.

당사자소송에서의 협의의 소의 이익은 민사소송의 소의 이익의 법리에 따른다.

공법상 법률관계의 확인을 구하는 당사자소송의 경우 즉, 공법상 당사자소송인 확인소송의 경우에는 항고소송인 무효확인소송에서와 달리 확인의 이익이 요구된다.

[판례] ① 확인의 소에서 확인의 이익은 원고의 권리 또는 법률상 지위에 현존하는 불안·위험이 있고 그 불안·위험을 제거하기 위하여 확인판결을 받는 것이 가장 유효적절한 수단일 때에만 인

---

267) 지방자치단체가 조례를 통하여 노동운동이 허용되는 사실상의 노무에 종사하는 공무원의 구체적 범위를 규정하지 않고 있는 것(행정입법부작위)에 대하여 버스전용차로 통행위반 단속업무에 종사하는 자가 부작위위법확인의 소를 제기하였으나 상고심 계속중에 정년퇴직한 경우, 위 조례를 제정하지 아니한 부작위가 위법하다는 확인을 구할 소의 이익이 상실되었다고 한 사례.

정된다(대판 2011. 09. 08, 2009다67115; 2018. 03. 15, 2016다275679). 〈해설〉 보다 실효적인 구제수단이 있는 경우 확인의 이익이 없다. 즉, 이행청구를 할 수 있는 경우임에도 별도로 그 이행의무의 존재 확인을 구하거나 손해배상청구를 할 수 있는 경우임에도 별도로 그 침해되는 권리의 존재 확인을 구하는 것은 특별한 사정이 없는 한 불안 제거에 별다른 실효성이 없고 소송경제에 비추어 유효·적절한 수단이라 할 수 없어 분쟁의 종국적인 해결 방법이 아니므로 확인의 이익이 없다(대판 2023. 12. 21, 2023다275424).

② 과거의 법률관계에 관하여 확인의 소가 허용되는 경우: 과거의 법률관계라 할지라도 현재의 권리 또는 법률상 지위에 영향을 미치고 있고 현재의 권리 또는 법률상 지위에 대한 위험이나 불안을 제거하기 위하여 그 법률관계에 관한 확인판결을 받는 것이 유효적절한 수단이라고 인정될 때에는 확인의 이익이 있다(대판 2021. 04. 29, 2016두39856[국회의원지위확인]).

③ 지방자치단체와 채용계약에 의하여 채용된 계약직공무원이 그 계약기간 만료 이전에 채용계약 해지 등의 불이익을 받은 후 그 계약기간이 만료된 때에는 그 채용계약 해지의 의사표시가 무효라고 하더라도, 지방공무원법이나 지방계약직공무원규정 등에서 계약기간이 만료되는 계약직공무원에 대한 재계약의무를 부여하는 근거 규정이 없으므로 **계약기간의 만료로 당연히 계약직공무원의 신분을 상실하고 계약직공무원의 신분을 회복할 수 없는 것**이므로, 그 해지의사표시의 무효확인청구는 과거의 법률관계의 확인청구에 지나지 않는다 할 것이고, 한편 과거의 법률관계라 할지라도 현재의 권리 또는 법률상 지위에 영향을 미치고 있고 현재의 권리 또는 법률상 지위에 대한 위험이나 불안을 제거하기 위하여 그 법률관계에 관한 확인판결을 받는 것이 유효 적절한 수단이라고 인정될 때에는 그 법률관계의 확인소송은 즉시확정의 이익이 있다고 보아야 할 것이나, 계약직공무원에 대한 채용계약이 해지된 경우에는 공무원 등으로 임용되는 데에 있어서 법령상의 아무런 제약사유가 되지 않을 뿐만 아니라, 계약기간 만료 전에 채용계약이 해지된 전력이 있는 사람이 공무원 등으로 임용되는 데에 있어서 그러한 전력이 없는 사람보다 사실상 불이익한 장애사유로 작용한다고 하더라도 그것만으로는 법률상의 이익이 침해되었다고 볼 수는 없으므로 그 무효확인을 구할 이익이 없다(대판 2002. 11. 26, 2002두1496 등 참조). 또한, 이 사건과 같이 이미 채용기간이 만료되어 소송 결과에 의해 법률상 그 직위가 회복되지 않는 이상 채용계약 해지의 의사표시의 무효확인만으로는 당해 소송에서 추구하는 권리구제의 기능이 있다고 할 수 없고, **침해된 급료지급청구권이나 사실상의 명예를 회복하는 수단은 바로 급료의 지급을 구하거나 명예훼손을 전제로 한 손해배상을 구하는 등의 이행청구소송으로 직접적인 권리구제방법이 있는 이상 무효확인소송은 적절한 권리구제수단이라 할 수 없어 확인소송의 또 다른 소송요건을 구비하지 못하고 있다 할 것**이며, 위와 같이 직접적인 권리구제의 방법이 있는 이상 무효확인 소송을 허용하지 않는다고 해서 당사자의 권리구제를 봉쇄하는 것도 아니다(대판 2008. 06. 12, 2006두16328[전임계약직공무원(나급)재계약거부처분및감봉처분취소]; 대판 전원합의체 2000. 05. 18, 95재다199 등 참조).

④ 행정청이 도시 및 주거환경정비법 등 관련 법령에 근거하여 행하는 조합설립인가처분은 단순히 사인들의 조합설립행위에 대한 보충행위로서의 성질을 갖는 것에 그치는 것이 아니라 법령상 요건을 갖출 경우 도시 및 주거환경정비법상 주택재건축사업을 시행할 수 있는 권한을 갖는 행정주체(공법인)로서의 지위를 부여하는 일종의 설권적 처분의 성격을 갖는다고 보아야 한다. 그리고 그와 같이 보는 이상 조합설립결의는 조합설립인가처분이라는 행정처분을 하는 데 필요한 요건 중 하나에 불과한 것이어서, **조합설립결의에 하자가 있다면** 그 하자를 이유로 직접 항고소송의 방법으로 조합설립인가처분의 취소 또는 무효확인을 구하여야 하고, 이와는 별도로 **조합설립결의 부분만을 따로 떼어내어 그 효력 유무를 다투는 확인의 소를 제기하는 것**은 원고의 권리 또는 법률상의 지위에 현존하는 불안·위험을 제거하는 데 가장 유효·적절한 수단이라 할 수 없어 특별한

사정이 없는 한 **확인의 이익은 인정되지 아니한다**(대판 2009. 09. 24, 2008다60568[재건축결의부존재확인]). **〈해설〉** 조합설립인가처분 전에는 조합설립결의의 무효확인을 구하는 소송(민사소송)을 제기할 소의 이익이 있다.

⑤ 도시 및 주거환경정비법(이하 '도시정비법'이라고 한다)상 주택재건축정비사업조합이 구 도시정비법 제48조(현 제74조)에 따라 수립한 관리처분계획에 대하여 관할 행정청의 인가·고시가 있게 되면 관리처분계획은 행정처분으로서 효력이 발생하게 되므로, 총회결의의 하자를 이유로 하여 행정처분의 효력을 다투는 항고소송의 방법으로 관리처분계획의 취소 또는 무효확인을 구하여야 하고, 그와 별도로 행정처분에 이르는 절차적 요건 중 하나에 불과한 총회결의 부분만을 따로 떼어내어 효력 유무를 다투는 확인의 소를 제기하는 것은 특별한 사정이 없는 한 허용되지 않는다(대판 전원합의체 2009. 09. 17, 2007다2428; 대판 2012. 03. 29, 2010두7765[조합결의무효확인]).

⑥ [공립어린이집 원장의 정년을 규정한 피고 조례의 효력이 문제된 사건] 원고가 위탁운영기간 만료일까지 공립어린이집의 원장 지위에 있음의 확인을 구하고 있는 사안에서, 공립어린이집 위탁운영기간이 만료되어 이 사건 소의 이익이 없다고 한 사례(대판 2019. 02. 14, 2016두49501[어린이집 원장 지위확인]).

⑦ **[시효중단 목적의 조세채권존재확인의 소(공법상 당사자소송)가 확인의 이익이 있는지 문제된 사건]** (1) **조세채권자는** 세법이 부여한 부과권 및 자력집행권 등에 기하여 조세채권을 실현할 수 있어 **특별한 사정이 없는 한 납세자를 상대로 소를 제기할 이익을 인정하기 어렵다.** 다만 납세의무자가 무자력이거나 소재불명이어서 체납처분 등의 자력집행권을 행사할 수 없는 등 구 국세기본법 제28조 제1항이 규정한 사유들에 의해서는 조세채권의 소멸시효 중단이 불가능하고 조세채권자가 조세채권의 징수를 위하여 가능한 모든 조치를 충실히 취하여 왔음에도 조세채권이 실현되지 않은 채 소멸시효기간의 경과가 임박하는 등의 **특별한 사정이 있는 경우에는, 그 시효중단을 위한 재판상 청구는 예외적으로 소의 이익이 있다**고 봄이 타당하다. (2) 외국법인인 피고에게 국내사업장이 없어 과세관청이 구 법인세법(2007. 12. 31. 법률 제8831호로 개정되기 전의 것) 제97조 제1항, 제60조 제1항에 따라 국내원천소득에 관한 법인세 신고·납부의무가 있는 피고에 대하여 법인세를 부과·고지하였는데, 피고의 재산이 외국에는 있으나 국내에는 없어 압류 등 조치를 취하지 못하였고, 징수위탁을 위한 상호합의 등의 노력을 기울였음에도 그 법인세와 가산금을 징수하지 못하고 소멸시효 완성이 임박한 경우, 그 소멸시효 중단을 위한 이 사건 소는 예외적으로 소의 이익이 있다고 판단한 사례(대판 2020. 03. 02, 2017두41771).

⑧ 산업화약류 제조·판매·수입업 등을 목적으로 하는 甲 주식회사가 총포·화약안전기술협회를 상대로 총포·도검·화약류 등의 안전관리에 관한 법률 제58조 제2항과 같은 법 시행령 제78조 제1항 제3호에 근거한 회비납부의무의 부존재 확인 및 이미 납부한 회비에 대한 부당이득반환을 구한 사안에서, **장래의 회비납부의무의 부존재 확인을 구하는 것은 확인의 이익이 없고,** 이미 납부한 회비가 법률상 원인 없는 이득이라고 할 수 없다고 한 사례(대판 2021. 12. 30, 2018다241458).

3. 기관소송 · 민중소송에서의 소의 이익

민중소송이나 기관소송은 개별법률에 특별한 규정이 있는 경우에 법률에 정한 자에 한하여 제기할 수 있다(행정소송법 제45조). 따라서, 통상 소의 이익은 문제되지 않는다.

다만, 당선인이 사퇴하거나 사망한 때에는 당선무효확인소송을 제기할 소의 이익이 없다.

Ⅲ. 피고적격이 있는 행정청을 피고로 할 것

1. 항고소송의 피고

행정소송법은 항고소송의 피고를 행정주체로 하지 않고 '처분 등을 행한 행정청'으로 하고 있다(제13조). 이렇게 한 것은 처분을 실제로 한 행정청을 피고로 하는 것이 효율적이고, 행정통제기능을 달성하는데 보다 실효적이기 때문이다. 피고인 행정청은 그가 속한 행정주체를 대표하여 소송수행을 하는 것이며 판결의 효력인 기판력은 피고인 행정청이 속한 법주체인 행정주체에게 미치게 된다.

(1) 처분 등을 행한 행정청

취소소송은 다른 법률에 특별한 규정이 없는 한 그 '처분 등을 행한 행정청'을 피고로 한다. 다만, 처분 등이 있은 뒤에 그 처분 등에 관계되는 권한이 다른 행정청에 승계된 때에는 이를 승계한 행정청을 피고로 한다(법 제13조 제1항). 제1항의 규정에 의한 행정청이 없게 된 때에는 그 처분 등에 관한 사무가 귀속되는 국가 또는 공공단체를 피고로 한다(법 제13조 제2항).

[판례] [1] '그 처분 등에 관계되는 권한이 다른 행정청에 승계된 때'라고 함은 처분 등이 있은 뒤에 행정기구의 개혁, 행정주체의 합병·분리 등에 의하여 처분청의 당해 권한이 타 행정청에 승계된 경우뿐만 아니라 처분 등의 상대방인 사인의 지위나 주소의 변경 등에 의하여 변경 전의 처분 등에 관한 행정청의 관할이 이전된 경우 등을 말한다. [2] 종전 임용권자가 행한 호봉획정처분 및 각 승급처분에 대한 정정권한은 현재의 임용권자에게 승계되었다고 본 사례(대판 2000. 11. 14, 99두5481).

'**처분 등을 행한 행정청**'이라 함은 실제로 그의 이름으로 처분을 한 행정기관을 말한다. 정당한 권한을 가진 행정청인지 여부는 불문한다. 처분권한이 있는지 여부는 본안의 문제이다(대판 1994. 08. 12, 94누2763).

"**행정청**"에는 본래의 행정청(국가 또는 지방자치단체의 행정청 및 공공단체) 이외에 법령에 의하여 행정권한의 위임 또는 위탁을 받은 행정기관, 공공단체 및 그 기관 또는 사인이 포함된다(행정소송법 제2조 제2항). 공무수탁사인이 자신의 이름으로 처분을 한 경우에 공무수탁사인이 피고가 된다.

재결이 항고소송의 대상이 되는 경우에는 재결을 한 행정심판기관(행정심판위원회 등) 피고가 된다.

국가공무원법 제75조에 따른 처분(공무원에 대하여 징계처분등, 강임·휴직·직위해제 또는 면직처분) 그 밖에 본인의 의사에 반한 불리한 처분이나 부작위에 관한 행정소송을 제기할 때에는 대통령의 처분 또는 부작위의 경우에는 소속 장관을, 중앙선거관리위원회위원장의 처분 또는 부작위의 경우에는 중앙선거관리위원회사무총장을 각각 피고로 한다(국가공무원법 제16조 제2항).

헌법재판소장이 한 처분에 대한 행정소송의 피고는 헌법재판소 사무처장으로 한다(헌법재판소법 제17조 제4항).

(2) 구체적 사례

1) 처분청과 통지한 자가 다른 경우

처분청과 통지한 자가 다른 경우에는 처분청이 피고가 된다.

[판례] ① 인천광역시장으로부터 환경보전법상의 위법시설에 대한 폐쇄 등 명령권한의 사무처리에 관한 **내부위임을 받은 인천광역시 북구청장이 무허가배출시설에 대한 인천광역시장 명의의 폐쇄명령서를 발부받아 '환경보전법위반사업장고발및폐쇄명령'이란 제목으로 위 폐쇄명령서를 첨부하여 위 무허가배출시설에 대한 폐쇄명령통지를 한 경우 폐쇄명령처분을 한 행정청은 어디까지나 인천광역시장**이고, 인천광역시 북구청장은 인천광역시장의 위 폐쇄명령처분에 관한 사무처리를 대행하면서 이를 통지하였음에 지나지 않으므로, 피고 북구청장을 위 폐쇄명령처분을 한 행정청으로 보고 제기한 이 사건 소는 피고적격이 없는 자를 상대로 한 것이어서 부적법하다(대판 1990. 04. 27, 90누233).

② 건국훈장 독립장이 수여된 망인에 대하여 사후적으로 친일행적이 확인되었다는 이유로 **대통령에 의하여 망인에 대한 서훈취소가 결정된 후**에 그 서훈취소에 따라 훈장 등을 환수조치하여 달라는 당시 행정안전부장관의 요청에 의하여 **피고 국가보훈처장이 망인의 유족에게 '독립유공자 서훈취소결정 통보'(이하 '이 사건 통보'라고 한다)를 한 사건에서, 피고(국가보훈처장)가 행한 이 사건 통보 행위는** 유족으로서 상훈법에 따라 훈장 등을 보관하고 있는 원고들에게 그 반환 요구의 전제로서 **대통령의 서훈취소결정이 있었음을 알리는 것에 불과하고, 위 통보로써 피고가 그 명의로 서훈취소의 처분을 하였다고 볼 것은 아님**에도, 이를 피고의 서훈취소의 처분으로 파악하여 그 처분의 적법 여부를 판단한 원심판단에는 서훈취소 처분의 법적 성격 및 관련 행정행위의 해석에 관한 법리와 피고적격에 관한 법리 등을 오해한 위법이 있다고 한 사안(대판 2014. 09. 26, 2013두2518 [독립유공자서훈취소결정무효확인등]). **〈해실〉** 이 사례에서 **서훈취소처분은 대통령이 한 것이므로 대통령이 피고가 되어야 하고,** 대통령의 처분을 통보한 국가보훈처장을 피고로 한 것은 잘못이다. 유족은 서훈취소처분의 상대방은 아니지만, 서훈취소처분의 취소를 구할 법률상 이익이 있다.

③ 항고소송은 다른 법률에 특별한 규정이 없는 한 원칙적으로 소송의 대상인 행정처분을 외부적으로 행한 행정청을 피고로 하여야 하고(행정소송법 제13조 제1항 본문), 다만 대리기관이 대리관계를 표시하고 피대리 행정청을 대리하여 행정처분을 한 때에는 피대리 행정청이 피고로 되어야 한다(대법원 2006. 02. 23.자 2005부4 결정 참조). **피고 한국농어촌공사가 '피고 농림축산식품부장관의 대행자' 지위에서 위와 같은 납부통지를 하였음**을 분명하게 밝힌 이상, 피고 **농림축산식품부장관이** 이 사건 농지보전부담금 부과처분을 외부적으로 자신의 명의로 행한 **행정청으로서 항고소송의 피고가 되어야 하고, 단순한 대행자에 불과한 피고 한국농어촌공사를 피고로 삼을 수는 없다**(대판 2018. 10. 25, 2018두43095).

2) 권한의 위임(또는 위탁)의 경우

권한의 위임이 있는 경우에는 위임기관은 처분권한을 상실하며 수임기관이 처분권한을 갖게 되므로 수임기관이 처분청이 된다. 이 경우에 수임 행정기관은 행정청일 수도 있고 보조기관일 수도 있다. 권한의 사실상 대행에 불과한 경우에는 피대행기관이 처분청으로서 피고가 된다고 보아야 한다.

[판례] [납세지 관할 세무서장을 상대로 종합소득세 부과처분과 개인지방소득세 부과처분의 취소를 함께 구한 사안] 관련 규정의 문언과 체계, 한시적으로 부칙 조항을 둔 취지 등을 종합해 보면, 피고(납세지 관할 세무서장)가 원고에게 이 사건 종합소득세 부과고지를 하면서 개인지방소득세 부과고지를 함께 한 것은 그에 관한 **처분권한을 위임 · 위탁받아 자기의 권한에 기하여 한 것이 아니**라 구 지방세법 부칙 제13조 제2항 등에 따라 단순히 **그 부과고지 업무만을 대행한 것**에 불과하다. 따라서 **이 사건 개인지방소득세 부과처분의 취소를 구하는 항고소송의 피고는** 원고의 소득세 납세지를 관할하는 **남양주시장이 되어야 할 것**이지만, 특별한 사정이 없는 한 원고로서는 피고를 상대로 한 소송에서 종합소득세 부과처분의 취소판결을 받으면 족하고, 이와 별도로 **개인지방소득세 부과처분의 취소를 구하는 소를 제기할 필요도 없다.** 결국 이 사건 소(납세지 관할 세무서장을 상대로 종합소득세 부과처분과 개인지방소득세 부과처분의 취소를 함께 구한 소) 중 **개인지방소득세 부과처분의 취소를 구하는 부분은 피고적격이 없는 자를 상대로 한 것**이거나 **그 취소를 구할 소의 이익이 없어 부적법**하다(대판 2023. 08. 18, 2023두40588).

내부위임의 경우에는 처분권한이 이전되지는 않는다. 따라서 내부위임의 경우에 처분은 위임청의 이름으로 행해져야 한다. 이 경우에 항고소송의 피고는 처분청인 위임청이 된다. 그런데, 내부위임의 경우에 위법한 것이기는 하지만 수임기관이 자신의 이름으로 처분을 행하는 경우가 있다. 이 경우에 항고소송의 대상이 되는 처분청이라 함은 실제로 처분을 한 행정청을 말하므로 내부위임을 받아 실제로 처분을 한 행정청(수임기관)을 피고로 하여야 한다.

[판례] ① [1] 행정처분의 취소 또는 무효확인을 구하는 행정소송은 다른 법률에 특별한 규정이 없는 한 그 처분을 행한 행정청을 피고로 하여야 하며, **행정처분을 행할 적법한 권한 있는 상급행정청으로부터 내부위임을 받은 데 불과한 하급행정청이 권한 없이 행정처분을 한 경우에도 실제로 그 처분을 행한 하급행정청을 피고로 하여야 할 것**이지 그 처분을 행할 적법한 권한 있는 상급행정청을 피고로 할 것은 아니다. [2] 내부위임을 받은 경찰서장이 한 자동차운전면허정지처분에 대해 지방경찰청장을 피고로 취소소송을 제기한 것은 부적법하다고 한 사례(대판 1994. 08. 12, 94누2763[자동차운전면허정지처분취소등]). 〈해설〉 내부위임을 받은 행정청이 권한 없이 행정처분을 했다는 것은 자신의 이름으로 처분을 한 것을 의미한다.

② (1) 행정처분의 취소 또는 무효확인을 구하는 행정소송은 다른 법률에 특별한 규정이 없는 한 소송의 대상인 행정처분 등을 외부적으로 그의 명의로 행한 행정청을 피고로 하여야 하는 것으로서 **그 행정처분을 하게 된 연유가 상급행정청이나 타행정청의 지시나 통보에 의한 것이라 하여 다르지 않다고 할 것**이며, 권한의 위임이나 위탁을 받아 수임행정청이 정당한 권한에 기하여 그 명의로 한 처분에 대하여는 말할 것도 없고, 내부위임이나 대리권을 수여받은 데 불과하여 원행정청

명의나 대리관계를 밝히지 아니하고는 그의 명의로 처분 등을 할 권한이 없는 행정청이 권한 없이 그의 명의로 한 처분에 대하여도 처분명의자인 행정청이 피고가 되어야 할 것이다(대법원 1995. 12. 22. 선고 95누14688 판결 참조). (2) 오산시장은 경기도지사로부터 이 사건 보조금 지급은 물론 그 환수 처분권한을 위임받았다 할 것이고, 오산시장이 한 2015. 2. 9.자 보조금 반환 통지는 오산시장이 경기도지사로부터 통지받은 내역에 따라 오산시 관리조례 제22조에 근거하여 원고에게 보조금 환수 조치를 한 경우 오산시장에게 이 사건 보조금 환수에 관한 정당한 권한이 있는지 여부를 불문하고, 위 보조금 환수 처분의 취소를 구하는 항고소송의 피고적격이 오산시장에게 있다(위 피고 명의의 통지서에 경기도지사의 2015. 2. 6.자 환수 요청 공문이 첨부되어 있기는 하나, 위 공문의 수신인은 피고 및 화성시장으로 되어 있어 이를 원고에 대한 대외적인 행정처분서로 볼 수는 없고, 피고가 원고에게 보조금 반환을 명함에 있어 그 산정 근거로 첨부한 참고자료에 불과한 것으로 보인다)(서울고등법원 2017. 05. 18. 선고 2016누70651 판결[보조금반환처분취소]).

권한의 위탁을 받은 공공단체 또는 사인도 그의 이름으로 처분을 한 경우에 처분청이 된다.

[판례] ① 성업공사(현재는 한국자산관리공사)가 체납압류된 재산을 공매하는 것은 세무서장의 공매권한 위임에 의한 것으로 보아야 할 것이므로, 성업공사가 한 그 공매처분에 대한 취소 등의 항고소송을 제기함에 있어서는 **수임청으로서 실제로 공매를 행한 성업공사를 피고로 하여야 하고, 위임청인 세무서장은 피고적격이 없다**(대판 1997. 02. 28, 96누1757). 〈해설〉 사례에서 "위임"은 강학상 위탁에 해당한다. 판례는 성업공사(현재의 한국자산관리공사)를 세무서장의 수탁기관으로 보았으나 압류재산 공매는 권력적 성격이 강한 행위이고, 이러한 성격의 행위의 민간에 대한 위탁은 제한하는 것이 타당하다는 점, 국세징수법 제61조 제5항이 한국자산관리공사의 공매는 세무서장이 한 것으로 본다고 규정하고 있는 점 등에 비추어 성업공사를 세무서장의 수탁청이 아니라 대행기관으로 보는 것이 타당하다. 강학상 대행으로 본다면 피대행기관인 세무서장이 피고가 된다.
② 국가는 양재~판교 간의 경부고속국도 구간이 포함되어 있는 경부고속도로를 비롯한 전국의 각종 고속도로에 관한 시설물과 그 관리권 등을 피고 공사(한국도로공사)에 출자한 사실과 구 유료도로법(2001. 1. 29. 법률 제6403호로 전문개정되기 전의 것) 제3조 제1항, 제2조 제3항, 고속국도법 제5조, 한국도로공사법 제6조 제1항의 규정을 종합하면, 피고 공사(한국도로공사)는 국가로부터 유료도로 통행료 징수권이 포함된 유료도로관리권을 출자받아 위 구간의 통행료 징수권을 행사할 권한을 적법하게 가지게 되었고, 이에 따라 **피고 공사(한국도로공사)가** 위 구간 운행에 대한 **체납통행료 부과처분을 한 것**이지 피고 건설교통부장관이 처분을 하였다고 볼 수 없다고 할 것이다(대판 2005. 06. 24, 2003두6641).
③ **에스에이치공사가 택지개발사업 시행자인 서울특별시장으로부터 이주대책 수립권한을 포함한 택지개발사업에 따른 권한을 위임 또는 위탁받은 경우**, 이주대책 대상자들이 에스에이치공사 명의로 이루어진 **이주대책에 관한 처분에 대한 취소소송을** 제기함에 있어 정당한 **피고는 에스에이치공사가 된다**고 한 사례(대판 2007. 08. 23, 2005두3776[입주권확인]).
④ [1] 문화관광부장관으로부터 저작권 등록업무에 관한 권한을 위탁받은 '저작권심의조정위원회'가 저작권 등록업무의 처분청으로서 그 등록처분에 대한 무효확인소송에서 피고적격을 가진다. [2] '저작권심의조정위원회 위원장'을 피고로 저작권 등록처분의 무효확인을 구하는 소는 피고적격이 없는 자를 상대로 한 부적법한 것이고, 피고적격에 관하여 석명에 응할 기회를 충분히 제공하였음에도 피고경정을 하지 않은 사정에 비추어, 부적법하여 각하되어야 한다(대판 2009. 07. 09,

2007두16608[저작권등록무효확인]).

3) 권한의 대리의 경우

대리관계를 밝히고 처분을 한 경우 피대리관청이 처분청으로 피고가 된다.

대리권을 수여받은 행정청이 대리관계를 밝힘이 없이 자신의 명의로 행정처분을 한 경우, 처분명의자인 당해 행정청이 항고소송의 피고가 되어야 하는 것이 원칙이다. 다만, 비록 대리관계를 명시적으로 밝히지는 아니하였다 하더라도 처분명의자가 피대리 행정청 산하의 행정기관으로서 실제로 피대리 행정청으로부터 대리권한을 수여받아 피대리 행정청을 대리한다는 의사로 행정처분을 하였고 처분명의자는 물론 그 상대방도 그 행정처분이 피대리 행정청을 대리하여 한 것임을 알고서 이를 받아들인 예외적인 경우에는 피대리 행정청이 피고가 되어야 한다(대결 2006. 02. 23, 2005부4[268]).

4) 합의제 행정청

합의제 행정청이 처분청인 경우에는 특별한 규정(예, 노동위원회법 제27조)이 없는 한 합의제 행정청이 피고가 된다. 즉, 공정거래위원회, 중앙토지수용위원회, 감사원 등이 피고가 된다. 다만, 노동위원회법은 중앙노동위원회의 처분에 대한 소송의 피고를 중앙노동위원회위원장으로 규정하고 있다(노동위원회법 제27조).

[판례] 저작권 등록처분에 대한 무효확인소송에서 피고적격자는 저작권심의조정위원회이다(대판 2009. 07. 09, 2007두16608[저작권등록무효확인]). **〈해설〉** 합의제행정청에 의한 처분의 경우 원칙상 합의제행정기관 자체가 처분청이다. 합의행정기관의 장이 처분청이 되는 것이 아니다.

5) 지방의회와 지방자치단체의 장

조례가 항고소송의 대상이 되는 경우에는 조례를 공포한 지방자치단체의 장이 피고가 된다. 교육·학예에 관한 조례는 시·도교육감이 피고가 된다.

[판례] **조례에 대한 무효확인소송을 제기함에 있어서 피고적격이 있는 처분 등을 행한 행정청은,** 행정주체인 지방자치단체 또는 지방자치단체의 내부적 의결기관으로서 지방자치단체의 의사를 외부에 표시할 권한이 없는 지방의회가 아니라, 지방자치단체의 집행기관으로서 조례로서의 효력을 발생시키는 공포권이 있는 **지방자치단체의 장**이다. 시·도의 교육·학예에 관한 사무의 집행기관은 시·도 교육감이고 시·도 교육감에게 지방교육에 관한 조례안의 공포권이 있다고 규정되어 있으므로, **교육에 관한 조례의 무효확인소송을 제기함에 있어서는 그 집행기관인 시·도 교육감을 피고로 하여야 한다**(대판 1996. 09. 20, 95누8003).

---

268) 근로복지공단의 이사장으로부터 보험료의 부과 등에 관한 대리권을 수여받은 지역본부장이 대리의 취지를 명시적으로 표시하지 않고서 산재보험료 부과처분을 한 경우, 그러한 관행이 약 10년간 계속되어 왔고, 실무상 근로복지공단을 상대로 산재보험료 부과처분에 대한 항고소송을 제기하여 온 점 등에 비추어 지역본부장은 물론 그 상대방 등도 근로복지공단과 지역본부장의 대리관계를 알고 받아들였다는 이유로, 위 부과처분에 대한 항고소송의 피고적격이 근로복지공단에 있다고 한 사례.

그러나, 지방의회의원에 대한 징계의결이나 지방의회의장선거나 지방의회의장 불신임결의의 처분청은 지방의회이므로 이들 처분에 대한 취소소송의 피고는 지방의회가 된다(대판 1993. 11. 26, 93누7341; 1995. 01. 12, 94누2602).

2. 당사자소송의 피고

당사자소송은 '국가 · 공공단체 그밖의 권리주체'를 피고로 한다(법 제39조). 당사자소송의 피고는 권리주체를 피고로 하는 점에서 처분청을 피고로 하는 항고소송과 다르다.

사인(私人)을 피고로 하는 당사자소송도 가능하다(대판 2019. 09. 09, 2016다262550: 도시 · 군계획시설사업의 사업시행자는 사인인 해당 토지의 소유자 등을 상대로 동의의 의사표시를 구하는 소를 제기할 수 있다고 한 사례).

3. 피고경정

원고가 피고를 잘못 지정한 때에는 법원은 원고의 신청에 의하여 결정으로써 피고의 경정을 허가할 수 있다(법 제14조 제1항). 법원은 제1항의 규정에 의한 결정의 정본(正本)을 새로운 피고에게 송달하여야 한다(법 제14조 제2항). 법 제14조 제1항에 따른 피고경정은 사실심 변론을 종결할 때까지 할 수 있다(행정소송규칙 제6조). 제1항의 규정에 의한 신청을 각하하는 결정에 대하여는 즉시항고할 수 있다(법 제14조 제3항).

행정소송에서 원고가 처분청이 아닌 행정관청을 피고로 잘못 지정하였다면 법원으로서는 석명권을 행사하여 원고로 하여금 피고를 처분청으로 경정하게 하여 소송을 진행케 하여야 할 것이다(대판 1990. 01. 12, 89누1032). 예를 들면, 세무서장의 위임에 의하여 성업공사(현 한국자산관리공사)가 한 공매처분에 대하여 피고 지정을 잘못하여 피고적격이 없는 세무서장을 상대로 그 공매처분의 취소를 구하는 소송이 제기된 경우, 법원으로서는 석명권을 행사하여 피고를 성업공사로 경정하게 하여 소송을 진행하여야 한다(대판 1997. 02. 28, 96누1757).

피고의 경정결정이 있은 때에는 새로운 피고에 대한 소송은 처음에 소를 제기한 때에 제기된 것으로 보고(법 제14조 제4항), 종전의 피고에 대한 소송은 취하된 것으로 본다(법 제14조 제5항).

취소소송이 제기된 후에 제13조 제1항 단서 또는 제13조 제2항에 해당하는 사유가 생긴 때에는 법원은 당사자의 신청 또는 직권에 의하여 피고를 경정한다. 이 경우에는 제4항 및 제5항의 규정을 준용한다(제14조 제6항). 행정소송법 제14조는 무효등확인소송, 부작위위법확인소송 및 당사자소송에 준용되고 있다.

행정소송법은 소의 종류의 변경에 따르는 피고의 경정을 인정하고 있다(제21조 제4항).

[판례] 소위 주관적, 예비적 병합은 행정소송법 제28조 제3항과 같은 예외적 규정이 있는 경우를 제외하고는 원칙적으로 허용되지 않는 것이고, 또 행정소송법상 **소의 종류의 변경에 따른 당사자(피고)의 변경은 교환적 변경에 한 한다**고 봄이 상당하므로 **예비적 청구만이 있는 피고의 추가경정 신청은 허용되지 않는다**(대판 1989. 10. 27, 89두1).

입법론으로는 원고에게 피고를 지정할 것을 요구하지 않고, 법원이 피고를 지정하는 것으로 하는 것을 검토할 필요가 있다.

Ⅳ. 제소기간 내에 제기할 것

1. 항고소송의 제소기간

항고소송에서 제소기간(提訴期間)은 행정의 안정성과 국민의 권리구제를 조화하는 선에서 결정하여야 하며 기본적으로 입법정책에 속하는 문제이다.

취소소송은 처분등이 있음을 안 날부터 90일 이내에 제기하여야 한다. 다만, 제18조 제1항 단서에 규정한 경우와 그 밖에 행정심판청구를 할 수 있는 경우 또는 행정청이 행정심판청구를 할 수 있다고 잘못 알린 경우에 행정심판청구가 있은 때의 기간은 재결서의 정본을 송달받은 날부터 기산한다(제20조 제1항).
취소소송은 처분등이 있은 날부터 1년(제1항 단서의 경우는 재결이 있은 날부터 1년)을 경과하면 이를 제기하지 못한다. 다만, 정당한 사유가 있는 때에는 그러하지 아니하다(제20조 제2항).
제1항의 규정에 의한 기간은 불변기간으로 한다(제20조 제3항).

무효등확인소송을 제기하는 경우에는 제소기간에 제한이 없다(법 제38조 제1항).

행정소송법 제38조 제2항은 부작위위법확인소송에 취소소송의 제소기간에 관한 행정소송법 제20조를 준용하고 있으므로 이 규정을 그대로 적용하면 취소소송에서와 같이 제소기간이 제한되겠지만, 부작위위법확인소송의 특성을 고려하여 부작위위법확인소송의 경우에는 의무이행심판을 거친 경우에도 제소기간의 제한을 받지 않는다고 보아야 할 것인지가 문제된다.

(1) 행정심판을 거친 경우

행정심판을 거쳐 취소소송을 제기하는 경우 취소소송은 재결서의 정본을 송달받은 날부터 90일 이내에 제기하여야 한다(법 제20조 제1항). 토지취득보상법상 이의신청을 거쳐 취소소송을 제기하는 경우에는 이의신청에 대한 재결서를 받은 날부터 30일 이내에 제기하여야 한다(제85조).

행정소송법 제20조 제1항의 행정심판은 행정심판법에 따른 일반행정심판과 행정심판법 제4조에서 정하고 있는 특별행정심판을 의미한다(대판 2014. 04. 24, 2013두10809).

여기에서 '행정심판을 거쳐 취소소송을 제기하는 경우'라 함은 행정심판을 거쳐야 하는 경우와 그 밖에 행정심판청구를 할 수 있는 경우 또는 행정청이 행정심판청구를 할 수 있다고 잘못 알린 경우에 행정심판청구를 한 경우를 말한다(법 제20조 제1항 단서).

행정청이 행정심판청구를 할 수 있다고 잘못 알려 행정심판의 청구를 한 경우에 그 제소기간을 행정심판 재결서의 정본을 송달받은 날부터 기산하여야 하는 것(대판 2006. 09. 08, 2004두947)은 잘못 알릴 당시 불가쟁력이 발생하지 않았어야 한다.

[판례] ① [1] 행정청이 산업재해보상보험법에 의한 보험급여 수급자에 대하여 부당이득 징수결정을 한 후 그 징수결정의 하자를 이유로 징수금 액수를 감액하는 경우에 그 **감액처분은** 감액된 징수금 부분에 관하여만 법적 효과가 미치는 것으로서 **당초 징수결정과 별개 독립의 징수금 결정처분이 아니라** 그 실질은 당초 징수결정의 변경이고, 그에 의하여 **징수금의 일부취소라는 징수의무자에게 유리한 결과를 가져오는 처분이므로 징수의무자에게는 그 취소를 구할 소의 이익이 없다.** 이에 따라 **감액처분으로도 아직 취소되지 않고 남아 있는 부분이 위법하다 하여 다투고자 하는 경우,** 감액처분을 항고소송의 대상으로 할 수는 없고, **당초 징수결정 중 감액처분에 의하여 취소되지 않고 남은 부분을 항고소송의 대상으로** 할 수 있을 뿐이며, **그 결과 제소기간의 준수 여부도** 감액처분이 아닌 **당초 처분을 기준으로 판단하여야 한다. [2] 행정소송법 제20조 제1항의 취지는** 불가쟁력이 발생하지 않아 적법하게 불복청구를 할 수 있었던 처분 상대방에 대하여 행정청이 법령상 행정심판청구가 허용되지 않음에도 행정심판청구를 할 수 있다고 잘못 알린 경우에, 잘못된 안내를 신뢰하여 부적법한 행정심판을 거치느라 본래 제소기간 내에 취소소송을 제기하지 못한 자를 구제하려는 데에 있다. [3] 이와 달리 이미 제소기간이 지남으로써 **불가쟁력이 발생하여 불복청구를 할 수 없었던 경우라면** 그 이후에 **행정청이 행정심판청구를 할 수 있다고 잘못 알렸다고 하더라도** 그 때문에 처분 상대방이 적법한 제소기간 내에 취소소송을 제기할 수 있는 기회를 상실하게 된 것은 아니므로 **이러한 경우에 잘못된 안내에 따라 청구된 행정심판 재결서 정본을 송달받은 날부터 다시 취소소송의 제소기간이 기산되는 것은 아니다.** 불가쟁력이 발생하여 더 이상 불복청구를 할 수 없는 처분에 대하여 행정청의 잘못된 안내가 있었다고 하여 처분 상대방의 불복청구 권리가 새로이 생겨나거나 부활한다고 볼 수는 없기 때문이다(대판 2012. 09. 27, 2011두27247[부당이득금부과처분취소]). 〈해설〉 근로복지공단이 2006. 2. 20. 원고에게 기지급된 휴업급여 및 장해급여액 중 1,080만 원 부분이 부당이득에 해당한다고 판단하여 **부당이득금징수결정(이하 '이 사건 징수결정'이라 한다)을 한 후,** 이 사건 부당이득금징수처분결정에 대한 국민권익위원회에 대한 민원제기와 국민권익위원회의 시정권고에 따라 징수처분결정에 대한 **불복청구기간이 지난 2009. 11. 2.** 부당이득금을 감액하여 부당이득금 납입을 다시 고지하였고(이하 **'이 사건 처분'** = 감액처분 = 일부 취소(소극적 변경)처분), **그 처분 고지서에는 '이의가 있는 경우 고지서를 받은 날부터 90일 이내에 행정심판법 제17조 및 제19조의 규정에 따라 행정심판을 청구하거나 행정소송법 제19조에 따른 행정소송을 제기할 수 있습니다'라고 기재되어** 있었고, 원고는 이에 따라 행정심판을 거쳐 이 사건 부당이득금부과처분 취소의 소를 제기하였다. 1심 및 원심법원은 '행정청이 행정심판청구를 할 수 있다고 잘못 알려 행정심판의 청구를 한 경우 그 제소기간은 재결서의 정본을 송달받은 때

로부터 기산한다고 한 규정은 행정청의 잘못된 안내로 행정심판을 제기하느라 본래의 제소기간 내에 취소소송을 제기하지 못하게 된 경우에 행정청의 잘못된 안내를 신뢰한 자의 이익을 보호하려는 데 그 목적이 있다고 할 것이므로 이미 제소기간이 도과하여 취소소송을 제기할 수 없는 경우에는 그 이후에 행정청이 행정심판에 관하여 잘못 알렸다고 하더라도 취소소송의 제소기간이 행정심판 재결서를 송달받은 날부터 다시 기산한다고 할 수 없다.고 하면서 "피고(근로복지공단)가 2009. 11. 2. 감액된 부당이득금 납입 고지를 하면서 행정심판을 제기할 수 있다고 알린 사실은 인정된다. 그러나 이 사건 취소소송의 대상은 변경된 내용의 당초 처분이므로 제소기간의 준수 여부도 당초 처분을 기준으로 결정하여야 할 것이고, 당초 처분을 기준으로 한 제소기간은 피고가 감액된 부당이득금 납입 고지를 하기 이전에 이미 도과하였으므로 피고가 위 납입 고지를 하면서 행정심판에 관하여 잘못 알렸다고 하더라도 이 사건 취소소송의 제소기간이 행정심판 재결서를 송달받은 날부터 다시 기산한다고 할 수 없다."고 판시하였고(서울고등법원 2011. 10. 7. 선고 2011누9944 판결[부당이득금부과처분취소]), 대법원도 이를 인정하였다. 즉 "피고(근로복지공단)가 이 사건 처분에 관하여 행정심판청구를 할 수 있다고 잘못 알려 행정심판청구를 하였으므로 이 사건 취소소송의 제소기간은 재결서를 송달받은 날로부터 기산되어야 한다고 한 **원고의 주장은 받아들여지지 않았다.** 이 사건에서 감액처분에 대한 취소소송은 소의 이익이 없어 부적법하고, 감액처분에 의해 감액되고 남은 당초 처분(이 사건 처분)에 대한 취소소송은 행정소송법 제21조 제1항 단서에 해당하지 않고, 제소기간을 도과하여 부적법하다. **이 사건 처분은** 당초의 처분인 이 사건 징수결정 전부를 취소하고 **새로운 처분을 한 것이 아니라,** 이 사건 징수 결정 및 이에 따른 납입 고지의 일부 효력을 취소하는 처분**(감액처분)으로 그 취소를 구할 소의 이익이 없고, 그 취소소송의 대상은 변경된 내용의 당초 처분**이므로, **제소기간의 준수 여부도 2006. 2. 20.** 이 사건 징수결정 및 납입고지**(당초 처분)를 기준으로 결정하여야 할 것**이다(서울행정법원 2011. 02. 18, 2010구합37674[부당이득금부과처분취소]).

② 처분이 있음을 안 날부터 90일 내에 행정심판을 청구하지도 않고 취소소송을 제기하지도 않은 경우에는 그 후 제기된 취소소송은 제소기간을 경과한 것으로서 부적법하고, 처분이 있음을 안 날부터 90일을 넘겨 청구한 부적법한 행정심판청구에 대한 재결이 있은 후 그 재결서를 송달받은 날부터 90일 내에 원래의 처분에 대하여 취소소송을 제기하였다고 하여 그 취소소송이 다시 제소기간을 준수한 것으로 되는 것은 아니다(대판 2011. 11. 24, 2011두18786).

재결서의 정본을 송달받지 못한 경우에는 재결이 있은 날부터 1년이 경과하면 취소소송을 제기하지 못한다. 다만, 정당한 사유가 있는 때에는 그러하지 아니하다(법 제20조 제2항).

행정심판전치주의하에서 행정심판 제기 후 60일이 지나도 재결이 없는 경우 언제든지 취소소송을 제기할 수 있다(행정소송법 제18조 제2항 제1호).

(2) 행정심판을 거치지 않고 직접 취소소송을 제기하는 경우

행정심판을 거치지 않고 직접 취소소송을 제기하는 경우 취소소송은 처분등이 있음을 안 날부터 90일 이내에 제기하여야 하고(법 제20조 제1항 본문), 처분등이 있은 날부터 1년을 경과하면 이를 제기하지 못한다. 다만, 정당한 사유가 있는 때에는 그러하지 아니하다(법 제20조 제2항).

1) 처분이 있음을 안 경우

가. 처분이 송달된 경우 판례는 "'처분이 있음을 안 날'을 '당사자가 통지·공고 기타의 방법에 의하여 당해 처분이 있었다는 사실을 현실적으로 안 날'을 의미하는 것으로 보고, '처분에 관한 서류가 당사자의 주소지에 송달되는 등 사회통념상 처분이 있음을 당사자가 알 수 있는 상태에 놓여진 때'에는 반증이 없는 한 그 처분이 있음을 알았다고 추정할 수 있다"고 보고 있다(대판 2017. 03. 09, 2016두60577). 따라서, 당사자는 통지가 도달한 때 도달된 통지를 볼 수 없었다는 반증을 제기할 수 있다.

[판례] 아르바이트 직원이 납부고지서를 수령한 경우, 납부의무자는 그 때 부과처분이 있음을 알았다고 추정할 수 있다(대판 1999. 12. 28, 99두9742).
행정심판(취소소송)제기기간의 계산의 예를 들면, 2000년 3월 5일에 처분이 있음을 알았다면 기간계산의 원칙의 하나인 초일은 산입하지 않는다는 원칙에 따라 3월 6일부터 기산하여 90일(26일+30일+31일+3일)째가 되는 날인 6월 3일의 오후 12시까지 행정심판(취소소송)을 제기할 수 있다.

행정처분은 상대방에게 고지되어야 효력을 발생하게 되므로, 행정처분이 상대방에게 고지되어야 하고, 상대방이 이러한 사실을 인식함으로써 행정처분이 있다는 사실을 현실적으로 알았을 때 행정소송법 제20조 제1항이 정한 제소기간이 진행한다고 보아야 한다(대판 2014. 09. 25, 2014두8254[고엽제후유증전환재심신체검사무변동처분취소]).

[판례] ① (1) 취소소송의 제소기간 기산점으로 행정소송법 제20조 제1항이 정한 **'처분 등이 있음을 안 날'은 유효한** 행정처분이 있음을 안 날을, 같은 조 제2항이 정한 **'처분 등이 있은 날'은 그 행정처분의 효력이 발생한 날을 각 의미**한다. 이러한 법리는 행정심판의 청구기간에 관해서도 마찬가지로 적용된다. (2) 이 사건 처분은 상대방인 원고에게 **고지되어 효력이 발생하였다고 볼 수 없으므로,** 이에 관하여 구 공무원연금법 제80조 제2항에서 정한 심사청구기간이나 행정소송법 제20조 제1항, 제2항에서 정한 취소소송의 **제소기간이 진행한다고 볼 수 없다. (3) 원심은,** 피고가 장해등급 결정서를 작성한 날 및 원고가 피고의 홈페이지에 접속하여 그 결정 내용을 알게 된 날이 각각 '처분 등이 있은 날' 및 '처분 등이 있음을 안 날'에 해당한다고 전제하고, 장해등급 결정의 취소를 구하는 이 사건 소가 제소기간 도과 후 제기되었다고 판단하였지만, **대법원은,** 피고가 인터넷 홈페이지에 장해등급 결정 내용을 게시한 것만으로는 원고에게 행정절차법 제14조에서 정한 바에 따라 송달이 이루어졌다고 볼 수 없고, 원고가 그 홈페이지에 접속하여 결정 내용을 알게 되었다 하더라도 마찬가지이며, 달리 장해등급 결정이 원고에게 송달되었다는 점에 관한 주장·증명도 없으므로, **원심판결에는 '행정처분의 효력발생요건' 및 제소기간의 기산점 등에 관한 법리를 오해한 잘못이 있다**고 보아 원심판결을 파기하였다(대판 2019. 08. 09, 2019두38656).
② 처분서의 송달 전에 정보공개청구를 통하여 처분서를 확인한 경우 그 행정처분에 대한 취소소송의 제소기간이 진행하는지 여부(소극): (1) 행정소송법 제20조 제1항이 정한 제소기간의 기산점인 '처분 등이 있음을 안 날'이란 통지, 공고 기타의 방법에 의하여 당해 처분 등이 있었다는 사실을 현실적으로 안 날을 의미한다. 상대방이 있는 행정처분의 경우에는 특별한 규정이 없는 한 의사표시의 일반적 법리에 따라 그 행정처분이 상대방에게 고지되어야 효력을 발생하게 되므로, 행

정처분이 상대방에게 고지되어 상대방이 이러한 사실을 인식함으로써 행정처분이 있다는 사실을 **현실적으로 알았을 때** 행정소송법 제20조 제1항이 정한 제소기간이 진행한다고 보아야 한다. (2) 원고의 재심신체검사 신청에 따라 재심 서면판정 신체검사가 실시된 다음 원고를 '전(공)상군경 7급' 국가유공자로 판정하는 '고엽제후유증전환 재심신체검사 무변동처분'(이하 '이 사건 처분'이라 한다)을 하는 내용의 통보서가 2012. 8. 27. 원고에게 송달되었으므로, 비록 원고가 자신의 의무기록에 관한 정보공개를 청구한 2012. 5. 29. 이 사건 처분을 하는 내용의 통보서를 비롯한 일체의 관련 서류들을 교부받음으로써 적어도 그 무렵에는 이 사건 처분이 있음을 알았더라도, 이 사건 처분이 2012. 8. 27. 원고에게 고지되어 원고가 이러한 사실을 인식함으로써 이 사건 처분이 있다는 사실을 현실적으로 알았을 때 행정소송법 제20조 제1항이 정한 제소기간이 진행한다고 본 사안(대판 2014. 09. 25, 2014두8254[고엽제후유증전환재심신체검사무변동처분취소]).

나. 제3자의 경우 현행법은 제3자효 행정행위의 경우 이해관계 있는 제3자에 대한 처분의 통지의무를 처분청에 부과하고 있지 않다. 따라서, 제3자효 행정행위의 이해관계 있는 제3자는 복효적 행정처분이 있은 날로부터 180일 이내에 행정심판, 1년 이내에 취소소송을 제기할 수 있다. 그러나, 후술하는 바와 같이 제3자가 어떠한 경위로든 행정처분이 있음을 안 이상 그 처분이 있음을 안 날로부터 90일 이내에 심판청구 또는 취소소송을 제기하여야 한다(대판 1995. 08. 25, 94누12494).

그러나, 처분의 상대방이나 제3자가 간접적으로 처분이 있음을 안 것에 불과한 경우에는 심판청구 또는 취소소송 제기기간의 산정에 있어서의 처분이 있음을 안 것에 해당하지 않는다.

다. 처분이 공고 또는 고시된 경우 처분이 공고 또는 고시의 방법에 의해 통지되는 경우에는 처분의 상대방이 실제로 공고 또는 고시를 보았으면 당해 공고 또는 고시를 본 날이 '처분이 있음을 안 날'이 될 것이다.

문제는 처분의 상대방이 공고 또는 고시를 보지 못한 경우인데 이 경우에 심판청구 또는 취소소송 기간의 계산은 어떻게 되는가. 이에 관하여 견해의 대립이 있다.

① 판례는 고시 또는 공고에 의하여 행정처분을 하는 경우에는 고시일 또는 공고일에 그 행정처분이 있음을 알았던 것으로 보아 기산하여야 한다고 보고 있다. 여기에서 고시일 또는 공고일이라는 것은 실제로 고시 또는 공고가 행해진 날이 아니라 고시 또는 공고의 효력발생일을 말한다(대판 1995. 08. 22, 94누5694; 2006. 04. 14, 2004두3847)(행정행위의 효력발생요건 참조). 공고문서는 그 문서에서 효력발생 시기를 구체적으로 밝히고 있지 않으면 그 고시 또는 공고(개별법상 고시·공고) 등이 있은 날부터 5일이 경과한 때에 효력이 발생한다(행정업무의 운영 및 혁신에 관한 규정 제6조 제3항).

[판례] [1] **통상 고시 또는 공고에 의하여 행정처분을 하는 경우**에는 그 처분의 상대방이 불특정 다수인이고, 그 처분의 효력이 불특정 다수인에게 일률적으로 적용되는 것이므로, 그에 대한 행정심판 청구기간도 그 행정처분에 이해관계를 갖는 자가 고시 또는 공고가 있었다는 사실을 현실적

으로 알았는지 여부에 관계없이 **고시가 효력을 발생하는 날인 고시 또는 공고가 있은 후 5일이 경과한 날에 행정처분이 있음을 알았다고 보아야 한다.** [2] 인터넷 웹사이트에 대하여 구 청소년보호법에 따른 청소년유해매체물 결정 및 고시처분을 한 사안에서, 위 결정은 이해관계인이 고시가 있었음을 알았는지 여부에 관계없이 관보에 고시됨으로써 효력이 발생하고, 그가 **위 결정을 통지받지 못하였다는 것이 제소기간을 준수하지 못한 것에 대한 정당한 사유가 될 수 없다고 한 사례**(대판 2000. 09. 08, 99두11257; 2007. 06. 14, 2004두619[청소년유해매체물결정 및 고시처분무효확인]; 2013. 03. 14, 2010두2623[도시관리계획결정처분취소]).

② 다만, 개별토지가격결정의 경우에 있어서와 같이 처분의 효력이 각 상대방에 대해 개별적으로 발생하는 경우에는 그 처분은 실질에 있어서 개별처분이라고 볼 수 있으므로 공고 또는 고시가 효력을 발생하여도 통지 등으로 실제로 알았거나 알 수 있었던 경우를 제외하고는 처분이 있음을 알았다고 할 수 없고, 처분이 있음을 알지 못한 경우의 불복제기기간(행정심판의 경우 처분이 있은 날로부터 180일 이내, 행정소송의 경우 처분이 있은 날로부터 1년 이내)이 적용되고, 행정심판법 제27조 제3항 단서의 정당한 사유가 적용된다.

[판례] ① 개별 토지가격결정의 효력은 각각의 토지 또는 각각의 소유자에 대하여 각별로 효력을 발생하는 것이므로 개별 토지가격결정의 공고는 공고일로부터 그 효력을 발생하지만 처분 상대방인 토지소유자 및 이해관계인이 공고일에 개별 토지가격결정처분이 있음을 알았다고까지 의제할 수는 없어 특별히 위 처분을 알았다고 볼만한 사정이 없는 한 **개별 토지가격결정에 대한 재조사청구 또는 행정심판청구는 구 행정심판법 제18조 제3항 소정의 처분이 있은 날로부터 180일 이내에 이를 제기하면 된다**(대판 1993. 12. 24, 92누17204). 〈해설〉 현행 부동산가격 공시 및 감정평가에 관한 법률은 시장·군수 또는 구청장은 이의신청의 심사결과를 신청인에게 서면으로 통지하여야 한다고 규정하고 있고(법 제12조 제2항), 동법 시행령은 개별공시지가를 개별토지소유자 등에게 통지할 수 있는 것으로 규정하고 있는데(제20조 제2항), 개별토지소유자에게 통지된 경우에 불복제기기간은 개별공시지가결정이 있음을 안 날로부터 기산한다.
② 개별토지가격결정의 경우에 있어서와 같이 그 처분의 통지가 없는 경우에는 그 개별토지가격결정의 대상 토지 소유자가 심판청구기간 내에 심판청구가 가능하였다는 특별한 사정이 없는 한 행정심판법 제18조 제3항 단서 소정의 정당한 사유가 있는 때에 해당한다(대판 1995. 08. 25, 94누13121).

③ 또한, 특정인에 대한 행정처분을 주소불명 등의 이유로 송달할 수 없어 관보 등에 공고(행정절차법상 공고)한 경우에 상대방이 그 처분이 있음을 안 날은 상대방이 처분 등을 현실적으로 안 날을 말한다.

[판례] 특정인에 대한 행정처분을 **주소불명 등의 이유로 송달할 수 없어 관보·공보·게시판·일간신문 등에 공고한 경우**에는, 공고가 효력을 발생하는 날에 상대방이 그 행정처분이 있음을 알았다고 볼 수는 없고, **상대방이 당해 처분이 있었다는 사실을 현실적으로 안 날에 그 처분이 있음을 알았다고 보아야 한다**(대판 2006. 04. 28, 2005두14851).

④ 이에 대하여 고시 또는 공고에 의하여 행정처분을 하는 경우에도 개별통지 등을 통하여 당사자가 처분이 있은 것을 알지 않는 한 공고가 효력을 발생하는 날을 '처분이 있은 날'로 보아 행정심판의 경우 180일 이내에, 행정소송의 경우에 1년 이내에 행정심판 또는 행정소송을 제기할 수 있다고 보아야 한다는 견해가 있다.[269)]

라. 불변기간과 소송행위의 추완 행정소송법 제20조 제1항에서 말하는 "취소소송은 처분 등이 있음을 안 날부터 90일 이내에 제기하여야 한다"는 제소기간은 불변기간이다(제20조 제3항). 불변기간(不變期間)이라 함은 법정기간으로서 법원 등이 변경할 수 없는 기간을 말한다.

민사소송법 제173조 제1항의 소송행위의 추완(追完)에 관한 규정은 취소소송에도 준용된다.

[판례] [1] **당사자가 책임질 수 없는 사유로 인하여 제소기간을 준수할 수 없었던 경우**에는 같은 법 제8조에 의하여 준용되는 민사소송법 제173조 제1항에 의하여 **그 사유가 없어진 후 2주일 내에 해태된 제소행위를 추완할 수 있다고 할 것**이며, 여기서 **당사자가 책임질 수 없는 사유란** 당사자가 그 소송행위를 하기 위하여 일반적으로 하여야 할 주의를 다하였음에도 불구하고 그 기간을 준수할 수 없었던 사유를 말한다. [2] 당사자가 행정처분시나 그 이후 행정청으로부터 행정심판 제기기간에 관하여 법정 심판청구기간보다 긴 기간으로 잘못 통지받아 행정소송법상 법정 제소기간을 도과하였다고 하더라도, 그것이 당사자가 책임질 수 없는 사유로 인한 것이라고 할 수는 없다고 한 사례(대판 2001. 05. 08, 2000두6916).

마. 불고지 · 오고지의 경우 행정소송법에는 행정소송의 제기에 필요한 사항의 고지의무 및 불고지(不告知) · 오고지(誤告知)의 효과에 관한 규정이 없다. 입법의 불비이다.

판례는 행정청이 법정 심판청구기간보다 긴 기간으로 잘못 알린 경우에 그 잘못 알린 기간 내에 심판청구가 있으면 그 심판청구는 법정 심판청구기간 내에 제기된 것으로 본다는 취지의 행정심판법 제27조 제5항의 규정은 행정심판 제기에 관하여 적용되는 규정이고, 행정소송 제기에 적용되는 규정이 아니라고 한다(대판 2001. 05. 08, 2000두6916).

행정절차법 제26조는 "행정청이 처분을 할 때에는 당사자에게 그 처분에 관하여 행정심판 및 행정소송을 제기할 수 있는지 여부, 그 밖에 불복을 할 수 있는지 여부, 청구절차 및 청구기간, 그 밖에 필요한 사항을 알려야 한다."고 규정하고 있다.

---

269) 김계홍, "행정심판청구기간에 관한 판례의 비판적 고찰," 『법제』, 1999. 1. 33~34면; 同旨: 김용섭, "행정행위의 통지와 권리구제기간," 『고시연구』, 1999. 6, 147~148면. 김용섭 교수는 처분이 있음을 알았다고 의제하기 위해서는 개별법률에 명문의 규정이 있어야 가능하다는 것을 그 이유로 들고 있다.

판례는 이 규정 위반의 하자는 처분의 취소사유가 되지 않는다고 본다.

[판례] 피고가 이 사건 처분을 하면서 원고에게 **행정절차법 제26조**에 정한 바에 따라 행정심판 및 행정소송을 제기할 수 있는지 여부, 청구절차 및 청구기간을 알렸다고 인정할 증거는 없으나, 원고가 제소기간 내에 이 사건 소를 제기하여 이 사건 처분의 적법 여부를 다투고 있는 이상 그 사정만으로는 이 사건 처분을 취소해야 할 정도의 절차상 하자가 있다고 보기 어렵다(대판 2016. 10. 27, 2016두41811).

입법론으로는 행정소송법에도 고지제도를 규정하는 것이 타당하다. 행정소송법 개정안은 오고지에 관한 규정을 신설하였다.

바. 제소기간제한의 적용제외 무효등확인소송의 경우에도 제소기간의 제한이 없다. 다만, 무효선언을 구하는 취소소송의 경우에는 취소소송에서와 같이 제소기간의 제한이 있다(대판 1993. 03. 12, 92누11039).

2) 처분이 있음을 알지 못한 경우

처분이 있음을 알지 못한 경우 취소소송은 처분 등이 있은 날부터 1년(제1항 단서의 경우는 재결이 있은 날부터 1년)을 경과하면 이를 제기하지 못한다. 다만, 정당한 사유가 있는 때에는 그러하지 아니하다(제20조 제2항).

가. 원칙(처분 등이 있은 날부터 1년) 처분 등이 있은 날부터 1년 이내에 취소소송을 제기하여야 한다.

'처분이 있은 날'이라 함은 통지가 있는 처분의 경우 통지가 도달하여 처분의 효력이 발생한 날을 말하고(대판 1990. 07. 13, 90누2284), 통지가 없는 처분의 경우(예, 권력적 사실행위, 서훈취소 등 처분의 상대방이 없는 경우)에는 외부에 표시되어 효력을 발생한 날을 말한다.

나. 예외(정당한 사유가 있는 경우) 취소소송은 처분이 있은 날부터 1년(제1항 단서의 경우는 재결이 있은 날부터 1년)을 경과하면 이를 제기하지 못하지만, 정당한 사유가 있는 때에는 1년이 경과하여도 제기할 수 있다. 어떠한 사유가 정당한 사유에 해당하는가는 건전한 사회통념에 의해 판단하여야 한다.

행정처분의 직접 상대방이 아닌 제3자는 일반적으로 처분이 있는 것을 바로 알 수 없는 처지에 있으므로, 행정소송법 제20조 제2항 본문의 취소소송 제기기간 내에 처분이 있음을 알았거나 쉽게 알 수 있었기 때문에 취소소송을 제기할 수 있었다고 볼 만한 특별한 사정이 없는 한, 행정소송법 제20조 제2항 본문의 취소소송 제기기간을 배제할 동조 단서 소정의 정당한 사유가 있는 때에 해당한다(대판 1992. 07. 28, 91누12844 참조).

3) '처분이 있음을 안 경우'와 '알지 못한 경우'의 관계

이 두 경우 중 어느 하나의 제소기간이 도과하면 원칙상 취소소송을 제기할 수 없다. 다만, 처분이 있은 날로부터 1년 이내에 처분이 있음을 안 때에는 그 때부터 90일 이내에 취소소송을 제기할 수 있다고 보아야 한다.

4) 이의신청을 거쳐 취소소송을 제기하는 경우

행정심판이 아닌 이의신청을 거쳐 행정심판 또는 취소소송을 제기하는 경우 불복기간은 전술한 바와 같다(이의신청 참조).

판례 중에는 행정기본법이 적용되지 않고, 명시적인 규정이 없음에도 이의신청에 관한 관계 개별법령(정보공개법 제18조 등)과 행정소송법규정을 종합하면, 청구인이 공공기관의 정보 비공개결정 등에 대한 이의신청을 해 공공기관으로부터 이의신청에 대한 결과(각하결정)를 통지받고 취소소송을 제기하는 경우 그 제소기간의 기산점은 이의신청에 대한 결과를 통지받은 날이라고 한 사례(대판 2023. 07. 27, 2022두52980)가 있다.

(3) 제소기간의 기산점

행정심판을 거치지 않은 경우에는 처분이 있음을 안 날 또는 처분이 있은 날, 행정심판을 거친 경우에는 재결서 정본을 송달받은 날이 제소기간의 기산점이다.

기타 특수한 경우의 제소기간의 기산점은 아래와 같다.

1) 위헌결정으로 취소소송의 제기가 가능하게 된 경우 제소기간의 기산점

처분 당시에는 취소소송의 제기가 법제상 허용되지 않아 소송을 제기할 수 없다가 위헌결정으로 인하여 비로소 취소소송을 제기할 수 있게 된 경우에는 객관적으로는 '위헌결정이 있은 날', 주관적으로는 '위헌결정이 있음을 안 날' 비로소 취소소송을 제기할 수 있게 되어 이때를 제소기간의 기산점으로 삼아야 한다(대판 2008. 02. 01, 2007두20997[교원소청심사위원회결정취소][270]).

2) 변경명령재결에 따라 변경처분이 있은 경우 제소기간의 기산점

변경처분명령재결에 따른 변경처분의 경우 취소소송의 대상은 변경된 내용의 당초 처분이며 제소기간은 행정심판재결서 정본을 송달받은 날로부터 90일 이내라는 것이 판례의 입장이다.

270) 헌법재판소의 2006. 02. 23. 선고 2005헌가7 결정 등으로, 교원만이 교원소청심사위원회의 결정에 대하여 소송을 제기할 수 있도록 하였던 구 교원지위법 제10조 제3항이 효력을 상실함에 따라 위 위헌결정 후 개정된 법률이 시행되기 전에라도 학교법인 등 심사위원회의 결정에 대하여 그 취소를 구할 법률상 이익이 있는 자는 교원이 아니더라도 행정소송법 제12조에 의하여 취소소송을 제기할 수 있게 된 사례.

[판례] 처분청이 2002. 12. 26. 3월의 영업정지처분이라는 당초처분을 하였고, 이에 대하여 행정심판청구를 하자 재결청이 2003. 3. 6. "처분청이 2002.12.26. 원고에 대하여 한 3월의 영업정지처분을 2월의 영업정지에 갈음하는 과징금부과처분으로 변경하라"는 일부기각(일부인용)의 **이행재결(처분명령재결)을 하였으며**, 2003. 3. 10. **그 재결서 정본이 청구인에게 도달하였고**, 처분청이 위 재결취지에 따라 2003. 3. 13. "3월의 영업정지처분을 과징금 560만 원으로 변경한다"는 취지의 이 사건 후속 변경처분을 하였고, **청구인은 2003. 6. 12. 2003. 3. 13.자 과징금부과처분의 취소를 구하는 소를 제기하였는데**, 대법원은 이 사건 소송에 있어서 위 청구취지는 이 사건 후속 변경처분에 의하여 당초부터 유리하게 변경되어 존속하는 2002. 12. 26.자 과징금부과처분(당초처분)의 취소를 구하고 있는 것으로 보아야 할 것이고, **당초처분의 취소를 구하는 이 사건 소 또한 행정심판 재결서 정본을 송달받은 날로부터 90일 이내 제기되어야 하는데** 원고가 위 재결서의 정본을 송달받은 날로부터 90일이 경과하여 이 사건 소를 제기하였다는 이유로 이 사건 소가 부적법하다고 판단한 원심판결은 정당하고 한 사례(대판 2007. 04. 27, 2004두9302[식품위생법위반과징금부과처분취소]). **〈해설〉** 생각건대, 이 판결에 대하여는 처분명령재결에 따라 변경하는 처분이 내려진 경우에 당해 변경하는 처분이 새로운 처분이 되고 항고소송의 대상이 되며 제소기간도 변경하는 처분(과징금부과처분)을 안 날로부터 90일 이내로 하는 것이 타당하다.

3) 조세심판에서의 재조사결정의 경우 제소기간의 기산점

재조사결정에 따른 처분청의 처분에 대한 행정소송의 제소기간은 재조사결정에 따른 처분청의 처분에 대해 심사청구 또는 심판청구를 거치지 아니하고 제기하는 경우 원칙상 재조사 후 행한 처분청의 처분의 결과 통지를 받은 날부터 90일 이내이다. 다만, 제65조 제5항(제80조의2에서 준용하는 경우를 포함한다)에 따른 처분기간(즉 60일 이내)(제65조 제5항 후단에 따라 조사를 연기하거나 조사기간을 연장하거나 조사를 중지한 경우에는 해당 기간을 포함한다. 이하 이 호에서 같다)에 처분청의 처분 결과 통지를 받지 못하는 경우에는 그 처분기간이 지난 날부터 행정소송을 제기할 수 있다(국세기본법 56조 제4항 제1호). 재조사결정에 따른 처분청의 처분에 대해 심사청구 또는 심판청구를 거쳐 제기하는 경우 원칙상 재조사 후 행한 처분청의 처분에 대하여 제기한 심사청구 또는 심판청구에 대한 결정의 통지를 받은 날부터 90일 이내이다. 다만, 제65조 제2항(제80조의2에서 준용하는 경우를 포함한다)에 따른 결정기간(즉 90일 이내)에 결정의 통지를 받지 못하는 경우에는 그 결정기간이 지난 날부터 행정소송을 제기할 수 있다(국세기본법 56조 제4항 제2호).

4) 직권변경처분에 대한 취소소송에서 제소기간의 기산점

직권에 의한 변경처분을 다투는 소송의 제소기간은 해당 변경처분이 있음을 안 날 또는 있은 때를 기산점으로 한다.

사후부담 부가처분 또는 번경처분의 취소를 구하는 소를 제기하는 경우, 제소기간은 해당 처분이 있음을 안 날 또는 있은 때를 기산점으로 한다.

[판례] 사업시행자가 사업시행인가처분 및 후속 사후부담 부가처분 또는 변경처분에서 특정한 정비기반시설을 무상양도 대상에서 제외한 부분의 취소를 구하는 소를 제기하는 경우, 제소기간은 무상양도 대상에 관한 행정청의 확정적인 제외 의사가 담긴 처분이 있은 때를 기준으로 한다. 그리고 이는 당해 처분서의 이유 기재 등 문언을 통하여 행정청의 의사가 처분의 상대방에게 명확하게 표명되었는지, 그 결과 처분의 상대방이 처분서에 따라 불복의 대상과 범위를 특정할 수 있는지 등 제반 사정을 종합적으로 고려하여 판단해야 한다(대판 2014. 02. 21, 2011두20871[주택재개발정비사업시행인가일부취소]).

(4) 소 제기기간 준수 여부 판단의 기준시점

① 소 제기기간 준수 여부 원칙상 소제기시를 기준으로 한다.

② 소의 변경이 있는 경우 소 제기기간 준수 여부 판단의 기준시점은 다음과 같다.

i) 소의 종류의 변경의 경우에는 새로운 소에 대한 제소기간의 준수는 변경된 처음의 소가 제기된 때를 기준으로 하여야 한다(행정소송법 제21조 제4항).

ii) 청구취지를 교환적으로 변경하여 종전의 소가 취하되고 새로운 소가 제기된 것으로 보게 되는 경우에 새로운 소에 대한 제소기간의 준수 등은 원칙적으로 소의 변경이 있은 때를 기준으로 하여 판단된다(대판 2013. 07. 11, 2011두27544[주택재건축정비사업조합설립인가처분취소]). 그러나 선행처분의 취소를 구하는 소가 그 후속처분의 취소를 구하는 소로 교환적으로 변경되었다가 다시 선행처분의 취소를 구하는 소로 변경된 경우 후속처분의 취소를 구하는 소에 선행처분의 취소를 구하는 취지가 그대로 남아 있었던 것으로 볼 수 있다면 선행처분의 취소를 구하는 소의 제소기간은 최초의 소가 제기된 때를 기준으로 정하여야 한다(대판 2013. 07. 11, 2011두27544[주택재건축정비사업조합설립인가처분취소]).

③ 소의 추가적 병합의 경우에 추가적으로 병합된 소의 제소기간 준수 여부의 기준시점은 다음과 같다.

i) 소의 추가적 병합의 경우에 추가적으로 병합된 소의 제소기간은 원칙상 추가병합신청이 있은 때를 기준으로 하여야 한다.

[판례] 보충역편입처분취소처분의 효력을 다투는 소에 공익근무요원복무중단처분, 현역병입영대상편입처분 및 현역병입영통지처분의 취소를 구하는 청구를 추가적으로 병합한 경우, 공익근무요원복무중단처분, 현역병입영대상편입처분 및 현역병입영통지처분의 취소를 구하는 소의 소제기 기간의 준수 여부는 각 그 청구취지의 추가·변경신청이 있은 때를 기준으로 개별적으로 판단하여야 한다(대판 2004. 12. 10, 2003두12257[병역처분취소처분취소]).

ii) 동일한 행정처분에 대한 무효확인의 소에 그 처분의 취소를 구하는 소를 추가적으로 병합한 경우, 주된 청구인 무효확인의 소가 적법한 취소소송 제소기간 내에 제기되었다면 추가로 병합된 취소청구의 소도 적법하게 제기된 것으로 보아야 한다.

[판례] 하자 있는 행정처분을 놓고 이를 무효로 볼 것인지 아니면 단순히 취소할 수 있는 처분으로 볼 것인지는 동일한 사실관계를 토대로 한 법률적 평가의 문제에 불과하고, 행정처분의 무효확인을 구하는 소에는 특단의 사정이 없는 한 그 취소를 구하는 취지도 포함되어 있다고 보아야 하는 점 등에 비추어 볼 때, 동일한 행정처분에 대하여 무효확인의 소를 제기하였다가 그 후 그 처분의 취소를 구하는 소를 추가적으로 병합한 경우, **주된 청구인 무효확인의 소가 적법한 제소기간 내에 제기되었다면 추가로 병합된 취소청구의 소도 적법하게 제기된 것으로 봄이 상당하다**(대판 2005. 12. 23, 2005두3554).

iii) 청구취지를 추가하는 경우, 청구취지가 추가된 때에 새로운 소를 제기한 것으로 보므로, 추가된 청구취지에 대한 제소기간 준수 등은 원칙적으로 청구취지의 추가 · 변경 신청이 있는 때를 기준으로 판단하여야 한다. 그러나 선행 처분의 취소를 구하는 소를 제기하였다가 이후 후행 처분의 취소를 구하는 청구취지를 추가한 경우에도, 선행 처분이 종국적 처분을 예정하고 있는 일종의 잠정적 처분으로서 후행 처분이 있을 경우 선행 처분은 후행 처분에 흡수되어 소멸되는 관계에 있고, 당초 선행 처분에 존재한다고 주장되는 위법사유가 후행 처분에도 마찬가지로 존재할 수 있는 관계여서 선행 처분의 취소를 구하는 소에 후행 처분의 취소를 구하는 취지도 포함되어 있다고 볼 수 있다면, 후행 처분의 취소를 구하는 소의 제소기간은 선행 처분의 취소를 구하는 최초의 소가 제기된 때를 기준으로 정하여야 한다(대판 2018. 11. 15, 2016두48737).

④ 원고가 민사소송으로 잘못 제기하였다가, 이송결정에 따라 관할법원으로 이송된 뒤 항고소송으로 소 변경한 사안에서 제소기간 준수여부는 처음에 소를 제기한 때(민사소송을 제기한 때)를 기준으로 판단하여야 한다(대판 2022. 11. 17, 2021두44425).

[판례] 「공익사업을 위한 토지 등의 취득 및 보상에 관한 법률」에 따라 공장이주대책용지의 공급대상자로 선정된 원고는 피고로부터 2019. 1. 16.자로 **공장이주대책용지 매매계약을 해제한다는 취지의 행정처분인 이 사건 처분**을 통보받았다. 원고는 2019. 2. 26. 피고의 매매계약 해제가 부적법하다고 주장하면서, 피고를 상대로 매매계약에 따른 소유권이전등기절차의 이행을 구하는 소를 민사소송으로 제기하였다. **이 사건 소가 피고의 매매계약 해제(공장이주대책대상자 선정결정처분의 취소) 통지의 효력을 다투는 취지로서 행정소송에 해당한다**는 이유로 관할법원으로 이송하는 결정이 확정된 다음, 원고는 **주위적으로** 이 사건 **처분의 무효확인을, 예비적으로 이 사건 처분의 취소를 구하는 항고소송으로 소 변경**을 하였다. 대법원은 이와 같이 원고가 행정소송법상 항고소송으로 제기하여야 할 사건을 민사소송으로 잘못 제기하여 사건이 관할법원에 이송된 뒤 항고소송으로 소 변경을 한 경우, 항고소송에 대한 제소기간의 준수 여부는 원칙적으로 처음에 소를 제기한 때를 기준으로 하여야 한다고 보고, 이와 달리 원고의 소 변경 시를 기준으로 제소기간 준수 여부를 판단하여 이 사건 소 중 처분의 취소를 구하는 예비적 청구 부분이 제소기간 도과로 부적법하다고 본 원심판결을 파기 · 환송하였다(대판 2022. 11. 17, 2021두44425). **〈참고〉** 행정소송법 제8조 제2항은 "행정소송에 관하여 이 법에 특별한 규정이 없는 사항에 대하여는 법원조직법과 민사소송법 및 민

사집행법의 규정을 준용한다"라고 규정하고 있고, **민사소송법 제40조 제1항**은 "이송결정이 확정된 때에는 소송은 처음부터 이송받은 법원에 계속된 것으로 본다"라고 규정하고 있다. 한편 **행정소송법 제21조 제1항, 제4항, 제37조, 제42조, 제14조 제4항**은 행정소송 사이의 소 변경이 있는 경우 처음 소를 제기한 때에 변경된 청구에 관한 소송이 제기된 것으로 보도록 규정하고 있다.

(5) 부작위위법확인의 소의 제소기간

부작위는 특정시점에 성립하여 종결되는 것이 아니라 계속되는 것이므로 부작위위법확인소송은 원칙상 제소기간의 제한을 받지 않는다고 보는 것이 타당하다. 의무이행심판을 거친 경우에도 그렇게 보는 것이 타당하다.

그러나, 판례는 행정심판을 거치지 않은 경우에는 부작위위법확인소송의 특성상 제소기간의 제한을 받지 않는다고 보고, 행정심판을 거친 경우에는 행정소송법 제20조가 정한 제소기간 내(재결서의 정본을 송달받은 날로부터 90일 이내)에 부작위위법확인의 소를 제기하여야 한다고 본다.

[판례] [1] **부작위위법확인의 소는 부작위상태가 계속되는 한 그 위법의 확인을 구할 이익이 있다고 보아야 하므로 원칙적으로 제소기간의 제한을 받지 않는다. 그러나** 행정소송법 제38조 제2항이 제소기간을 규정한 같은 법 제20조를 부작위위법확인소송에 준용하고 있는 점에 비추어 보면, **행정심판 등 전심절차를 거친 경우에는 행정소송법 제20조가 정한 제소기간 내에 부작위위법확인의 소를 제기하여야 한다.** [2] 당사자의 법규상 또는 조리상의 권리에 기한 신청에 대하여 행정청이 부작위의 상태에 있는지 아니면 소극적 처분을 하였는지는 동일한 사실관계를 토대로 한 법률적 평가의 문제가 개입되어 분명하지 않은 경우가 있을 수 있고, 부작위위법확인소송의 계속중 소극적 처분이 있게 되면 부작위위법확인의 소는 소의 이익을 잃어 부적법하게 되고 이 경우 소극적 처분에 대한 취소소송을 제기하여야 하는 등 부작위위법확인의 소는 취소소송의 보충적 성격을 지니고 있으며, 부작위위법확인소송의 이러한 보충적 성격에 비추어 **동일한 신청에 대한 거부처분의 취소를 구하는 취소소송에는 특단의 사정이 없는 한 그 신청에 대한 부작위위법의 확인을 구하는 취지도 포함되어 있다고 볼 수 있다. 이러한 사정을 종합하여 보면, 당사자가 동일한 신청에 대하여 부작위위법확인의 소를 제기하였으나 그 후 소극적 처분이 있다고 보아(실제로는 소극적 처분이 없었음) 거부처분취소소송으로 소를 교환적으로 변경한 후 여기에 부작위위법확인의 소를 추가적으로 병합한 경우, 최초의 부작위위법확인의 소가 적법한 제소기간 내에 제기된 이상 그 후 처분취소소송으로의 교환적 변경과 처분취소소송에의 추가적 변경 등의 과정을 거쳤다고 하더라도 여전히 제소기간을 준수한 것으로 봄이 상당하다**(대판 2009. 07. 23, 2008두10560[부작위위법확인의 소]). 〈해설〉 거부처분과 부작위는 서로 배타적 관계에 있으므로 판례가 "부작위위법확인의 소는 취소소송의 보충적 성격을 지니고 있으며, 부작위위법확인소송의 이러한 보충적 성격에 비추어 동일한 신청에 대한 거부처분의 취소를 구하는 취소소송에는 특단의 사정이 없는 한 그 신청에 대한 부작위위법의 확인을 구하는 취지도 포함되어 있다고 볼 수 있다"고 본 것에는 문제가 있다. 부작위위법확인소송은 계속적 성질을 갖는 부작위의 특성상 항상 (행정심판을 거친 경우에도) 제소기간의 제한이 없는 것으로 보는 것이 타당하다.

(6) 기　　타

[판례] 선행 처분에 대하여 제소기간 내에 취소소송이 적법하게 제기되어 계속 중에 행정청이 선행 처분서 문언에 일부 오기가 있어 이를 정정할 수 있음에도 선행 처분을 직권으로 취소하고 실질적으로 동일한 내용의 후행 처분을 함으로써 선행 처분과 후행 처분 사이에 밀접한 관련성이 있고 선행 처분에 존재한다고 주장되는 위법사유가 후행 처분에도 마찬가지로 존재할 수 있는 관계인 경우에는 후행 처분의 취소를 구하는 소변경의 제소기간 준수 여부는 따로 따질 필요가 없다(대판 2019. 07. 04, 2018두58431).

2. 당사자소송의 제소기간

당사자소송에 관하여 법령에 제소기간이 정하여져 있는 경우가 있는데, 이 경우 그 기간은 불변기간으로 한다(법 제41조). 그러나, 행정소송법에는 당사자소송의 제기기간에 관한 제한이 없다.

따라서, 당사자소송의 제기기간에는 원칙상 제한이 없고, 이 경우에는 공법상 권리가 시효 등에 의해 소멸되지 않는 한 당사자소송을 제기할 수 있다.

3. 제소기간 준수 여부의 판단

제소기간의 준수 여부는 소송요건으로서 법원의 직권조사사항이다(대판 1987. 01. 20, 86누490; 2013. 03. 14, 2010두2623). 소송요건인 제소기간의 준수 여부는 취소소송의 대상이 되는 개개의 처분마다 독립적으로 판단하여야 한다(대판 2023. 08. 31, 2023두39939: 징수처분과 독촉처분 취소소송의 제소기간 경과 여부가 문제된 사안).

Ⅴ. 행정심판전치주의가 적용되는 경우 그 요건을 충족할 것

1. 행정심판임의주의 - 예외적 행정심판전치주의

행정소송법은 행정심판을 원칙상 임의적인 구제절차로 규정하고 있다. 즉, 취소소송은 법령의 규정에 의하여 당해 처분에 대한 행정심판을 제기할 수 있는 경우에도 이를 거치지 아니하고 제기할 수 있다. 다만, 다른 법률에 당해 처분에 대한 행정심판의 재결을 거치지 아니하면 취소소송을 제기할 수 없다는 규정이 있는 때에는 그러하지 아니하다(행정소송법 제18조 제1항).

[판례] 행정소송법 제18조 제1항은 행정심판과 취소소송과의 관계에 관하여 규정하면서, 1994. 7. 27. 법률 제4770호로 개정되기 이전에는 법령의 규정에 의하여 당해 처분에 대한 행정심판을 제기할 수 있는 경우에는 그에 대한 재결을 거치지 아니하면 취소소송을 제기할 수 없다고 규정하여 이른바 재결전치주의를 택하고 있었으나, 위 개정 후에는 그와 같은 행정심판의 제기에 관한 근거 규정이 있는 경우에도 달리 그 행정심판의 재결을 거치지 아니하면 취소소송을 제기할 수 없다는

규정을 두고 있지 아니하는 한 그러한 행정심판의 재결을 거치지 아니하고도 취소소송을 제기할 수 있는 것으로 규정함으로써 이른바 자유선택주의로 전환하였으므로, 위 개정 조항이 같은 법 부칙(1994. 7. 27.) 제1조에 의하여 1998. 3. 1.자로 시행된 이후에는 **법령의 규정에서 단지 행정심판의 제기에 관한 근거 규정만을 두고 있는 처분에 있어서는 위 개정 조항에 따라 그에 대한 행정심판 절차는 당연히 임의적 절차로 전환되었다**(대판 1999. 12. 20, 99무42[시정명령등효력정지]).

2. 행정심판전치주의의 인정례

행정심판임의주의에 대한 예외로서의 행정심판전치주의는 개별법의 규정에 의해 인정되고 있다. 예를 들면, 국세기본법 제56조 제2항 및 지방세기본법 제98조 제3항은 조세부과처분에 대하여 행정심판전치주의를 채택하고 있다. 국세기본법상의 행정심판은 임의절차인 이의신청, 필요적 전치절차인 심사청구 또는 심판청구(심사청구와 심판청구 중 하나를 거쳐야 함)의 2심급으로 되어 있다. 다만, 감사원에의 심사청구를 거친 경우에는 국세기본법상의 심사청구나 심판청구를 거친 것으로 본다(국세기본법 제56조 제4항). 따라서, 감사원의 심사청구에 불복하는 경우에는 직접 행정소송을 제기하여야 한다(감사원법 제46조의2).

세무서장 또는 지방국세청장이 재결청인 국세심판을 이의신청이라 하는데 이의신청은 임의적 절차이다. 이의신청에 대한 결정에 불복하는 자는 심사청구 또는 심판청구를 제기하여야 한다. 청구인은 심사청구와 심판청구를 중복하여 제기할 수 없다(국세기본법 제55조). 즉, 심사청구와 심판청구는 선택적 필요전치절차이다.[271] 심사청구라 함은 처분청의 상급행정청인 국세청장이 재결청인 국세심판을 말하며 심판청구라 함은 국세심판원장이 재결청인 국세심판을 말한다. 다만, 국세심판의 심리·의결은 국세심판관회의 또는 국세심판관합동회의가 행한다(국세기본법 제78조).
국세처분을 받은 자는 감사원에 심사청구를 할 수 있는데 이 경우에는 국세기본법에 의한 심사청구 및 심판청구를 제기할 수 없고, 감사원의 심사청구에 불복하는 자는 행정소송을 제기하여야 한다(국세기본법 제56조 제2항, 제56조 제5항).
또한, 공무원의 의사에 반하는 불이익처분이나 부작위에 대한 소청심사청구 및 도로교통법상 처분에 대한 행정심판청구도 행정소송의 의무적 전치절차이다(국가공무원법 제16조 제1항, 교육공무원법 제53조 제1항, 지방공무원법 제20조의2, 도로교통법 제142조).

필요적 전치절차인 행정심판절차가 2단계 이상인 경우에 모든 행정심판절차를 거처야 한다는 명문의 규정이 없는 때에는 명문의 규정으로 당해 절차를 모두 거치도록 규정하고 있는 경우를 제외하고는 그 절차 중 하나만 거치면 행정소송을 제기할 수 있는 것으로 보는 것이 학설의 일반적 견해이다.[272] 그 논거는 1차의 행정심판절차로 행정청에게 반성의 기회를 주고, 행정청의 전문지식을 활용한다는 행정심판전치주의의 취지가 충분히 달성될 수 있고, 명문의 규정이 없음에도 권리구제제도로

271) 2000년 1월 1일 이전까지는 심사청구를 거쳐 심판청구를 제기하도록 규정되어 있었다.
272) 이상규, 전게서, 786면; 김동희, 전게서, 734면 등.

서는 결함이 있는 행정심판절차를 중복적으로 거치게 하는 것은 불필요한 절차를 거치게 하는 것이 되고 나아가 국민의 재판을 받을 권리를 부당히 제한하는 것이 된다는 데 있다.

3. 행정심판전치주의의 적용범위

행정심판전치주의는 취소소송과 부작위위법확인소송에서 인정되며(행정소송법 제18조 제1항, 제38조 제2항) 무효확인소송에는 적용되지 않는다(행정소송법 제38조 제1항).

그런데, 무효선언을 구하는 취소소송에도 행정심판전치주의가 적용되는지에 관하여 학설은 대립하고 있다. 긍정설은 무효선언을 구하는 취소소송은 그 형식이 취소소송이므로 행정심판전치주의가 적용되어야 한다고 본다. 이에 대하여 부정설은 무효선언을 구하는 취소소송은 그 형식은 취소소송이지만 그 실질은 무효확인을 구하는 것이므로 행정심판전치주의를 적용하는 것은 타당하지 않다는 견해이다. 판례는 긍정설을 취하고 있다(대판 전원합의체 1976. 02. 24, 75누128; 1987. 06. 09, 87누219). 행정심판전치주의는 소송요건이고 무효인지 취소사유인지의 판단은 본안에서 심리·판단하는 것이 적절하므로 긍정설이 타당하다.

무효선언을 구하는 취소소송에서 행정심판전치주의의 요건을 충족하지 않은 경우에는 무효확인소송으로 소의 변경을 하면 된다.

주위적 청구가 무효확인소송이라 하더라도 병합 제기된 예비적 청구가 취소소송인 경우 예비적 청구인 취소소송에 필요적 전치주의의 적용이 있다(대판 1994. 04. 29, 93누12626).

4. 행정심판전치주의의 예외

행징소송빕 제18조는 행정심판전치주의의 적용이 세한 보는 배제되는 경우를 규정하고 있다. 즉, 일정한 경우에는 행정심판을 제기하면 행정심판의 재결 없이 행정소송을 제기할 수 있는 것으로 하고, 일정한 경우에는 행정심판을 제기함이 없이 행정소송을 제기할 수 있는 것으로 하고 있다. 행정심판전치주의의 예외가 되는 사유는 원고가 이를 소명하여야 한다(법 제18조 제4항).

행정소송법 제18조에 의한 행정심판전치주의의 예외규정는 개별법에 의해 채택된 행정심판전치주의에 적용된다.

그러나, 개별법률에서 행정심판전치주의를 채택하면서 행정심판전치주의의 예외를 정하고 있는 행정소송법 제18조 제2항과 제3항의 적용을 명시적으로 배제하고 있는 경우에는 그러하지 아니하다.

예를 들면, 국세기본법 제56조 제2항은 국세처분에 대한 취소소송은 "행정소송법 제18조 제1항 본문·제2항 및 제3항의 규정에 불구하고 이 법에 의한 심판청구와 그에 대한 결정을 거치지 아니하면 이를 제기할 수 없다"라고 규정하고 있다. 다만, 제65조 제2항의 규정에 의한 결정기간(90일) 내에 결정의 통지를 받지 못한 경우에는 결정의 통지를 받기 전이라도 그 결정기간이 경과한 날로부터 행정소송을 제기할 수 있고(국세기본법 제56조 제3항), 감사원법의 심사청구를 거친 경우에는 심판청구를 거친 것으로 보므로 심판청구를 거치지 않고 행정소송을 제기할 수 있다(국세기본법 제56조 제5항).

(1) 행정심판의 재결 없이 행정소송을 제기할 수 있는 경우

다음과 같은 사유가 있는 때에는 행정심판의 재결을 거치지 아니하고 취소소송을 제기할 수 있다(법 제18조 제2항).

① 행정심판청구가 있은 날로부터 60일이 지나도 재결이 없는 때: 행정심판청구가 있은 날로부터 60일이 경과하였다는 요건은 원칙상 행정소송을 제기한 날 충족되어야 하지만, 행정소송의 제기시에 이 요건이 충족되지 않았다 하더라도 소송의 변론종결시까지 이 요건이 충족되면 행정심판전치주의에 대한 흠이 치유된다(대판 1986. 07. 08, 86누215).

행정심판청구가 있은 날로부터 60일이 경과하였음에도 재결이 없는 때에는 청구인은 곧 행정소송을 제기할 수도 있고, 재결을 받은 후 행정소송을 제기할 수도 있다.

② 처분의 집행 또는 절차의 속행으로 생길 중대한 손해를 예방하여야 할 긴급한 필요가 있는 때.

③ 법령의 규정에 의한 행정심판기관이 의결 또는 재결을 하지 못할 사유가 있는 때.

④ 그 밖의 정당한 사유가 있는 때.

(2) 행정심판의 제기 없이 행정소송을 제기할 수 있는 경우

다음과 같은 사유가 있는 때에는 행정심판을 제기함이 없이 취소소송을 제기할 수 있다(법 제18조 제3항).

[판례] 조세소송에서 납세의무자가 전심절차를 거치지 않고 과세처분취소청구소송을 제기할 수 있는 경우: 조세행정에 있어서 2개 이상의 같은 목적의 행정처분이 단계적·발전적 과정에서 이루어진 것으로서 서로 내용상 관련이 있다든지, 세무소송 계속 중에 그 대상인 과세처분을 과세관청이 변경하였는데 위법사유가 공통된다든지, 동일한 행정처분에 의하여 수인이 동일한 의무를 부담하게 되는 경우에 선행처분에 대하여 또는 그 납세의무자들 중 1인이 적법한 전심절차를 거친 때와 같이, 과세관청과 국세심판원으로 하여금 기본적 사실관계와 법률문제에 대하여 다시 판단할 수 있는 기회를 부여하였을 뿐더러 납세의무자로 하여금 굳이 또 전심절차를 거치게 하는 것이 가혹하다고 보이는 등 정당한 사유가 있는 때에는 납세의무자가 전심절차를 거치지 아니하고도 과세처분의 취소를 청구하는 행정소송을 제기할 수 있다(대판 2011. 01. 27, 2009두13436[제2차납세의무

지정취소]).

① 동종사건에 관하여 이미 행정심판의 기각재결이 있은 때: 여기에서 동종사건이라 함은 '당해 사건은 물론 당해 사건과 기본적인 점에서 동질성이 인정되는 사건'을 말한다(대판 1993. 09. 28, 93누9132; 1992. 11. 24, 92누8972).

예를 들면, 동일한 행정처분에 의하여 여러 사람이 동일한 의무를 부담하는 경우 그 중 한 사람이 행정심판을 제기하여 기각판결을 받은 경우(대판 1988. 02. 23, 87누704)를 들 수 있다.

② 서로 내용상 관련되는 처분 또는 같은 목적을 위하여 단계적으로 진행되는 처분 중 어느 하나가 이미 행정심판의 재결을 거친 때: 여기에서 '서로 내용상 관련되는 처분'이라 함은 각각 별개의 처분이지만 내용적으로 서로 일련의 상관관계가 있는 복수의 처분을 말한다. 예를 들면, 국세의 납세고지처분과 국세징수법상의 가산금 및 중가산금징수처분(대판 1986. 07. 22, 85누297) 등을 들 수 있다. 하천구역의 무단 점용을 이유로 부당이득금 부과처분과 가산금 징수처분을 받은 사람이 가산금 징수처분에 대하여 행정청이 안내한 전심절차를 밟지 않았다 하더라도 부당이득금 부과처분에 대하여 전심절차를 거친 이상 가산금 징수처분에 대하여도 부당이득금 부과처분과 함께 행정소송으로 다툴 수 있다(대판 2006. 09. 08, 2004두947).

[판례] 원고가 농지의보전및이용에관한법률에 의한 농지 일시전용 허가신청을 하였으나 도지사가 농촌근대화촉진법의 관점에서 이를 불허하자 원고가 소원을 제기하여 그 취소처분의 재결을 받은 후 다시 그 허가신청을 하였으나 도지사가 이번에는 농지의보전및이용에관한법률에 의한 관점에서 불허가하였다면 위 2개의 **행정처분은 각 그 내용을 달리하는 것이고 후행정처분이 선행정처분의 필연적 결과로서 행해졌거나 기타 양 행정처분이 상호 일련의 상관관계가 있다고 할 수 없으므로** 후의 행정처분에 대하여 행정소송을 제기하려면 선 행정처분에 대한 소원과는 별도의 전치절차를 밟아야 한다(대판 전원합의체 1981. 01. 27, 80누447[농지일시전용허가불허가처분취소]). 〈해설〉 동일한 내용의 처분이라도 처분사유가 다르면 다른 처분이 된다.

'같은 목적을 위하여 단계적으로 진행되는 처분'이라 함은 동일한 행정목적을 위하여 행해지는 둘 이상의 서로 연속되는 처분을 말한다.[273] 예를 들면, 대집행계고와 대집행영장에 의한 통지(대판 1979. 07. 24, 79누129), 건물철거명령과 그에 대한 계고처분(대판 1979. 07. 24, 79누129), 체납처분에 있어서의 독촉과 압류 등의 관계가 그러하다.

③ 행정청이 사실심의 변론종결 후 소송의 대상인 처분을 변경하여 당해 변경

---

273) 행정심판전치주의의 예외와 하자의 승계는 제도의 취지가 다르므로 행정심판전치주의의 예외가 되는 '같은 목적을 위하여 단계적으로 진행되는 처분'은 하자의 승계가 인정되는 경우와 반드시 일치한다고 볼 수는 없다.

된 처분에 관하여 소를 제기하는 때.

④ 처분을 행한 행정청이 행정심판을 거칠 필요가 없다고 잘못 알린 때.

[판례] 행정소송법 제18조 제3항 제4호의 규정이 행정청이 행정심판을 거칠 필요가 없다고 잘못 알린 때에는 행정심판을 제기하지 않고도 취소소송을 제기할 수 있도록 행정심판 전치주의에 대한 예외를 두고 있는 것은 행정에 대한 국민의 신뢰를 보호하려는 것이므로, **처분청이 아닌 재결청이 이와 같은 잘못된 고지를 한 경우에도 행정소송법 제18조 제3항 제4호의 규정을 유추적용하여 행정심판을 제기함이 없이 그 취소소송을 제기할 수 있다고 할 것이다**(대판 1996. 08. 23, 96누4671).

5. 행정심판전치주의의 이행 여부의 판단

(1) 적법한 행정심판청구

행정심판전치주의의 요건을 충족하기 위하여는 행정심판이 적법하여야 한다. 행정심판을 제기하였지만 부적법 각하된 때에는 행정청에게 계쟁처분에 대한 실질심사의 기회를 주지 못하였기 때문에 행정심판을 거친 것으로 볼 수 없다.

부적법한 행정심판청구가 있었음에도 행정심판위원회가 과오로 본안에 대하여 재결한 때에도 행정심판을 거친 것으로 볼 수 없다(대판 1991. 06. 25, 90누8091).

적법한 심판청구를 행정심판위원회가 잘못 각하한 경우에는 행정심판전치의 요건을 충족한 것으로 보아야 한다(대판 1990. 10. 12, 90누2383).

(2) 처분 전의 행정심판청구

처분 전에 행해진 행정청의 사전통보 등에 대하여 행정심판청구를 한 경우에 당해 행정심판청구는 부적법한 것이나 행정심판에 대한 재결이 있기 전에 처분이 행해졌다면 당해 행정심판의 하자는 치유되는 것으로 볼 것이다(대판 1984. 01. 24, 83누442; 1989. 10. 10, 88누11292). 따라서, 이 경우에는 처분 전의 행정심판청구에 대한 재결 후 제기한 행정소송은 행정심판전치주의의 요건을 충족한 것이 된다.

(3) 직권조사사항

행정심판의 전치는 항고소송의 소송요건이므로 법원의 직권조사사항에 속한다.

(4) 판단의 기준시

행정심판전치주의의 요건을 충족하였는지의 여부는 사실심 변론종결시를 기준으로 판단하여야 한다(대판 1987. 04. 28, 86누29; 1987. 09. 22, 87누176). 즉, 행정소송 제기시에는 행정심판전치주의의 요건이 충족되지 않았더라도 사실심 변론종결시까지 행정심판전치주의의 요건을 충족하면 된다.

Ⅵ. 관할법원

1. 항고소송의 관할법원

취소소송의 제1심 관할법원(管轄法院)은 피고의 소재지를 관할하는 행정법원으로 한다(제9조 제1항). 다만, ① 중앙행정기관, 중앙행정기관의 부속기관과 합의제행정기관 또는 그 장 또는 ② 국가의 사무를 위임 또는 위탁받은 공공단체 또는 그 장이 피고인 경우 그 피고에 대하여 취소소송을 제기하는 경우에는 해당 중앙행정기관 등의 소재지를 관할하는 행정법원뿐만 아니라 대법원소재지를 관할하는 행정법원에도 제기할 수 있다(제9조 제2항). 국가의 사무를 위임 또는 위탁받은 공공단체 또는 그 장에 대하여 그 지사나 지역본부 등 종된 사무소의 업무와 관련이 있는 소를 제기하는 경우에는 그 종된 사무소의 소재지를 관할하는 행정법원에 제기할 수 있다(행정소송규칙 제5조 제1항).

토지의 수용 기타 부동산 또는 특정의 장소에 관계되는 처분 등에 대한 취소소송은 그 부동산 또는 장소의 소재지를 관할하는 행정법원에 이를 제기할 수 있다(법 제9조 제3항). 법 제9조 제3항의 '기타 부동산 또는 특정의 장소에 관계되는 처분등'이란 부동산에 관한 권리의 설정, 변경 등을 목적으로 하는 처분, 부동산에 관한 권리행사의 강제, 제한, 금지 등을 명령하거나 직접 실현하는 처분, 특정구역에서 일정한 행위를 할 수 있는 권리나 자유를 부여하는 처분, 특정구역을 정하여 일정한 행위의 제한·금지를 하는 처분 등을 말한다(행정소송규칙 제5조 제2항).

행정법원이 설치되지 않은 지역에 있어서의 행정법원의 권한에 속하는 사건은 행정법원이 설치될 때까지 해당 지방법원본원이 관할한다(법원조직법 부칙 제2조). 그런데, 현재 서울에만 행정법원이 설치되었을 뿐이다.

따라서, 행정법원이 설치된 지역(서울지역)에서는 행정법원, 행정법원이 설지되지 않은 지역(서울 이외의 지역)에서는 해당 지방법원 본원이 제1심 관할법원이 된다.

다만, 독점규제 및 공정거래에 관한 법률에 의한 공정거래위원회의 처분에 대한 불복의 소는 제1심은 공정거래위원회의 소재지를 관할하는 서울고등법원의 전속관할이다(독점규제 및 공정거래에 관한 법률 제55조).

특허심판원의 심결(결정)에 불복하는 경우 고등법원급 전문법원인 특허법원에 심결 또는 결정의 취소를 구하는 소를 제기하고, 특허법원의 판결에 불복하고자 하는 자는 대법원에 상고할 수 있다(특허법 제186조).

2. 당사자소송의 관할법원

당사자소송의 관할법원은 취소소송의 경우와 같다. 다만, 국가 또는 공공단체가 피고인 경우에는 관계행정청의 소재지를 피고의 소재지로 본다(행정소송법 제40조). 여기에서 '관계행정청'이라 함은 형식적 당사자소송의 경우에는 당해 법률관계의 원인이 되는 처분을 한 행정청을 말하고, 실질적 당사자소송에서는 당해 공법상 법률관계에 대하여 직접적인 관계가 있는 행정청을 말한다.

3. 행정소송의 관할의 성격: 전속관할

행정소송의 관할은 행정법원의 전속관할(專屬管轄)이다. 행정소송법은 항고소송이나 당사자소송의 토지관할에 대하여 전속관할로 규정하지 아니함으로써 임의관할임을 간접적으로 밝히고 있다고 보는 견해도 있다.

민사법원은 계쟁사건의 관할이 행정법원인 경우 당해 사건을 행정법원으로 이송하여야 한다. 계쟁행정사건의 관할이 행정법원이 아니라 지방법원인 경우에는 그러하지 아니하다.

4. 관할위반의 효력

판례는 민사소송으로 제기할 것을 당사자소송으로 서울행정법원에 제기하여 관할위반이 되었더라도 피고가 관할위반이라고 항변하지 아니하고 본안에 대하여 변론을 한 경우에는 법원에 **변론관할**이 생겼다고 본다(대판 2013. 02. 28, 2010두22368[환매대금 증감]).

또한, 행정사건의 심리절차는 행정소송의 특수성을 감안하여 행정소송법이 정하고 있는 특칙이 적용될 수 있는 점을 제외하면 심리절차 면에서 민사소송 절차와 큰 차이가 없으므로, 특별한 사정이 없는 한 민사사건을 행정소송 절차로 진행한 것 자체는 위법하다고 볼 수 없다(대판 2018. 02. 13, 2014두11328).

이에 반하여 행정소송법상 **항고소송으로 제기하여야 할 사건을 민사소송으로 잘못 제기한 경우**에 **수소법원이 그 항고소송**에 **대한 관할도 동시에 가지고 있다면**, 전심절차를 거치지 않았거나 제소기간을 도과하는 등 항고소송으로서의 소송요건을 갖추지 못했음이 명백하여 항고소송으로 제기되었더라도 어차피 부적법하게 되는 경우가 아닌 이상, 원고로 하여금 항고소송으로 소 변경을 하도록 석명권을 행사하여 행정소송법이 정하는 절차에 따라 심리·판단하여야 한다(대판 2020. 04. 09, 2015다34444). 그리고 항고소송으로 제기하여야 할 사건을 민사소송으로 잘못 제기한 경우에 **수소**

법원이 행정소송에 대한 관할을 가지고 있지 아니하다면 당해 소송이 이미 행정소송으로서의 전심절차와 제소기간을 도과하였거나 행정소송의 대상이 되는 처분 등이 존재하지도 아니한 상태에 있는 등 행정소송으로서 소송요건을 결하고 있음이 명백하여 행정소송으로 제기되었더라도 어차피 부적법하게 되는 경우가 아닌 이상 이를 부적법한 소라고 하여 각하할 것이 아니라 관할법원에 이송하여야 한다(대판 2017. 11. 09, 2015다215526; 2018. 07. 26, 2015다221569).

행정소송으로 서울행정법원에 제기할 것을 민사소송으로 지방법원에 제기하여 판결이 난 경우에는 전속관할 위반이고 행정소송절차에 의하여야 할 것을 민사소송절차에 의한 것이므로 관할위반이라고 항변하지 아니하고 본안에 대하여 변론을 하였더라도 법원에 변론관할이 생겼다고 볼 수 없고, 대법원은 원심판결을 파기하고, 제1심판결을 취소하고 사건을 다시 심리·판단하게 하기 위하여 관할법원인 서울행정법원에 이송하여야 한다.

[판례] ① 원고가 고의 또는 중대한 과실 없이 행정소송으로 제기하여야 할 사건을 민사소송으로 잘못 제기하였으나 행정소송으로서의 소송요건을 결하고 있음이 명백한 경우, 수소법원이 취하여야 할 조치(=각하): 원고가 고의 또는 중대한 과실 없이 행정소송으로 제기하여야 할 사건을 민사소송으로 잘못 제기한 경우, 수소법원으로서는 만약 그 행정소송에 대한 관할도 동시에 가지고 있다면 이를 행정소송으로 심리·판단하여야 하고, 그 행정소송에 대한 관할을 가지고 있지 아니하다면 관할법원에 이송하여야 한다(대판 2021. 02. 04, 2019다277133). 다만 해당 소송이 이미 행정소송으로서의 전심절차 및 제소기간을 도과하였거나 행정소송의 대상이 되는 처분 등이 존재하지도 아니한 상태에 있는 등 행정소송으로서의 소송요건을 결하고 있음이 명백하여 행정소송으로 제기되었더라도 어차피 부적법하게 되는 경우에는 이송할 것이 아니라 각하하여야 한다. 1) 제안자가 민간투자사업기본계획 등에서 정한 제안비용보상금 지급대상자에 해당하는지 여부에 관해서는 주무관청의 일정한 사실조사와 판단이 필요하고 제안비용보상금액의 결정에 관하여 주무관청에게 일정 범위의 재량이 부여되어 있으므로, 민간투자사업기본계획 등에 따른 제안비용보상금을 지급받을 권리는 법령의 규정에 의하여 직접 발생하는 것이 아니라 보상금을 지급받으려는 제안자의 신청에 따라 주무관청이 지급대상자인지 여부를 판단하고 구체적인 보상금액을 산정하는 지급결정을 함으로써 비로소 구체적인 권리가 발생한다고 보아야 한다. 제안비용보상금 지급 신청에 대한 주무관청의 결정은 '민간투자법령을 집행하는 행위로서의 공권력의 행사 또는 그 거부'에 해당하므로 항고소송의 대상인 '처분'이라고 보아야 한다. 2) 원고들은 주무관청인 서울특별시장에게 제안비용보상금 지급을 신청하고 서울특별시장이 거부처분을 하면 그에 대하여 항고소송을 제기하는 등의 절차를 밟지 아니한 채, 곧바로 주무관청이 속한 지방자치단체인 피고를 상대로 한 민사소송으로 제안비용보상금 지급을 청구하였다. 따라서 이 사건 소 중 제2 예비적 청구 부분은 부적법하다. 3) 원고들의 제안비용보상금 지급 청구와 관련하여 항고소송의 대상인 처분이 존재하지도 아니한 상태이어서 항고소송의 소송요건을 결하고 있음이 명백하므로, 이 사건 소 중 제2 예비적 청구 부분은 관할 행정법원으로 이송할 것이 아니라 각하하여야 한다. 4) 그런데도 원심은, 이 사건 소 중 제2 예비적 청구 부분이 부적법하다는 점을 간과한 채, 본안판단으로 나아가 피고가 원고들에게 제안비용보상금을 지급할 의무가 있다고 본 제1심의 판단을 그대로 유지하여 이 부분에 관한

피고의 항소를 기각하였다. 이러한 원심판단에는 항고소송의 대상인 처분과 쟁송 방식에 관한 법리 등을 오해한 잘못이 있다. 그러므로 **원심판결 중 제2 예비적 청구 부분을 파기**하기로 하되, 이 부분 사건은 대법원이 직접 재판하기에 충분하므로 **자판**하기로 하여, **이 부분에 관한 제1심판결을 취소하고, 이 부분 소를 각하**한다(대판 2020. 10. 15, 2020다222382[우선협상대상자지정취소로인한손해배상]). 〈**해설**〉 원고들은 **주위적으로** 불법행위 또는 예약채무불이행에 기한 **손해배상을 구하고**(예약채무불이행에 기한 선택적 청구는 당심에서 추가하였다), **제1예비적으로** 실시협약 중도해지의 경우에 준하는 해지시지급금, **제2예비적으로 우선협상대상자 지정취소에 따른 제안비용보상금의 지급을 구한다**(원고들은 예산 불편성을 이유로 제2예비적 청구가 기각된다면 이는 불법행위이므로 당심에서 그에 대한 예비적 손해배상청구를 추가하였다)(서울고등법원 2020. 2. 6. 선고 2018나2057002 판결). 대법원은 제2예비적 청구를 항고소송으로 보았다.

② 개정 하천법 부칙 제2조 또는 특별조치법 제2조에 의한 손실보상청구를 당사자소송으로 보고, 원심 및 제1심이 원고들의 이 사건 청구가 민사소송의 대상임을 전제로 민사소송절차에 의하여 심리·판단한 것은 특별조치법 제2조 소정의 손실보상청구권의 법적 성질 및 그 소송절차에 관한 법리를 오해한 위법이 있다고 하면서 상고이유에 대한 판단을 생략한 채 직권으로 원심판결을 파기하고, 제1심판결을 취소하며, 사건을 다시 심리·판단하게 하기 위하여 관할법원인 서울행정법원에 이송하기로 한 사례(대판 전원합의체 2006. 05. 18, 2004다6207[보상청구권확인]).

③ [국방연구개발용역을 수행한 원고가 연구개발확인서의 발급을 신청하였다가 거부되자, 민사소송으로 연구개발확인서의 발급절차 이행을 청구한 사건] (1) 국방연구개발발전업무훈령에 따른 연구개발확인서 발급 및 그 거부는 행정소송법상 처분(확인적 행정행위)이다. (2) 국방연구개발용역을 수행한 원고는 전력지원체계 개발을 위한 용역계약에 따라 연구개발사업을 수행한 다음, 육군본부 전력지원체계사업단에 국방전력발전업무훈령에 따른 연구개발확인서 발급을 신청하였으나, 육군본부 전력지원체계사업단장은 이 사건 거부회신을 한 경우 그 **거부처분을 다투는 항고소송을 제기하여야 함에도** 원고는 육군본부 전력지원체계사업단장이 속한 법인격주체인 피고 대한민국을 상대로 이 사건 용역계약에 따른 연구개발확인서 발급절차를 이행하라고 청구는 **민사소송을 제기한 사안**에서 이 사건 **제1심법원 및 원심법원은**, 이 사건 거부회신이 항고소송의 대상인 '거부처분'에 해당한다는 점을 간과한 채, 이 사건 소가 용역계약에 따른 의무 이행을 청구하는 민사소송에 해당한다는 전제에서, 본안판단으로 나아가 피고 대한민국에게 연구개발확인서 발급의무가 없다고 판단하였지만, **대법원은**, 이 사건 **제1심법원인 대전지방법원 합의부와 원심법원인 대전고등법원 합의부는** 이 사건 소가 행정소송법상 **항고소송일 경우의 제1심, 항소심 재판의 관할도 동시에 가지고 있으므로 관할위반의 문제는 발생하지 아니하지만, 원심으로서는** 원고로 하여금 행정소송법상 취소소송으로 소 변경을 하도록 **석명권을 행사하여 행정소송법이 정하는 절차에 따라** 이 사건 거부회신이 **적법한 거부처분인지 여부를 심리·판단하였어야 한다고 보아 파기환송한 사례**(대판 2020. 01. 16, 2019다264700).

④ (1) 지방법무사회의 법무사사무원 채용승인 거부처분 또는 채용승인 취소처분은 행정소송법상 처분이다. (2) **민사법원(1심 및 원심)은** 법무사사무원이 지방법무사회를 상대로 법무사사무원 채용승인 취소처분의 무효확인을 구하는 이 사건 소가 민사소송에 해당한다는 전제에서 본안판단으로 나아가 지방법무사회의 채용승인 취소처분에 절차상·실체상 하자가 없다고 보아 원고의 청구를 기각하였으나 **대법원은** 원심이 항고소송의 대상인 처분과 쟁송방법에 관한 법리를 오해하였다는 이유로 파기환송한 사례임(대판 2020. 04. 09, 2015다34444).

⑤ (1) 이 사건 **신항개발사업의 시행지구 인근 해역에서 허가어업을 영위한 원고가 이 사건 신항개발사업으로 인하여 취득하게 되는 손실보상청구권**은 구 신항만건설촉진법이 준용하는 구 공익사업

법 제76조 및 구 공익사업법 시행규칙 제44조 제4항, 제63조에 직접 근거하여 발생하는 것이므로, 원고는 구 공익사업법 제34조, 제50조 등에 규정된 **재결절차를 거친 다음 그 재결 등에 대하여 불복이 있는 때에** 비로소 **행정소송의 방법으로 손실보상금의 지급을 구할 수 있고,** 구 공익사업법에 의한 손실보상청구권이 인정되는 이상 구 수산업법 등 손실보상 관련 법령의 유추적용에 의하여 손실보상청구권을 인정할 여지는 없다. (2) 다만 이 사건에서 원고의 청구원인을 살펴보아도 손실보상금의 지급을 구하는 권원이 무엇인지 명확하지 않고, 원심은 원고의 주장에 불법행위책임을 묻는 취지도 포함되어 있다고 판단한 것으로 보인다. 피고가 사전 **손실보상의무가 있음에도 이를 이행하지 아니하고 이 사건 신항개발사업을 시행**함으로써 원고의 허가어업에 실질적이고 현실적인 침해를 가하였다면 이는 **불법행위를 구성**하고(대법원 1998. 4. 14. 선고 95다15032, 15049 판결, 대법원 1999. 11. 23. 선고 98다11529 판결 등 참조) 원고로서는 공법상 손실보상청구와는 별개로 **그로 인한 손해배상청구**를 할 수 있을 것이나, 이 때의 권리행사는 **민사소송**에 의하여야 할 것이다. 따라서 **행정소송과 민사소송의 관할을 동시에 가지고 있는 원심으로서는** 원고의 청구원인이 무엇인지를 구체적으로 **석명함으로써 합당한 소송형태를 갖추도록 하여 그에 맞는 소송절차에 따라 심리 · 판단하여야 하고,** 원고의 청구가 피고의 불법행위책임을 묻는 취지라면 피고가 사전 손실보상의무가 있는 공익사업의 시행자에 해당하거나 혹은 그와 함께 손해배상책임을 부담하는 지위에 있는지 여부 등에 유의하여 심리할 필요가 있다(대판 2014. 05. 29, 2013두12478[어업손실보상금]).

당사자소송으로 지방법원에 제기할 것을 민사소송으로 지방법원에 제기하여 판결이 난 경우에는 관할위반은 아니지만 행정소송절차에 의하여야 할 것을 민사소송절차에 의한 것이므로 대법원은 원심판결을 파기하고, 제1심판결을 취소하고 사건을 다시 심리 · 판단하게 하기 위하여 제1심법원인 지방법원에 이송하여야 한다.

따라서, 민사소송의 대상인지 당사자소송의 대상인지가 모호한 경우에는 실무상 당사자소송으로 제기하는 것이 관할위반으로 인한 패소를 피할 수 있다.

제 4 항 행정소송에서의 가구제

Ⅰ. 개 설

가구제라 함은 소송의 실효성을 확보하기 위하여 본안판결 확정 전에 잠정적으로 행해지는 원고의 권리를 보전하기 위한 수단을 말한다.

현행 행정소송법은 가구제로 집행정지만 규정하고 가처분에 관한 규정을 두고 있지 않은데, 민사집행법상의 가처분을 행정소송에도 준용하여 수익적 처분의 신청에 대한 거부처분에 대하여 적극적으로 임시의 지위를 정하는 가처분을 인정할 수 있는지 그리고 예상되는 침해적 처분에 대하여 당해 처분의 잠정적 금지를 구하는 가처분을 인정할 수 있는지에 관하여 논의가 있다. 또한, 당사자소송에 민사집행법상의 가처분이나 가압류가 준용될 수 있는지도 문제된다.

Ⅱ. 행정소송법상의 집행정지

행정소송법상 집행정지라 함은 계쟁 처분등의 효력이나 그 집행 또는 절차의 속행을 잠정적으로 정지하는 법원의 결정을 말한다. 집행정지는 권리구제의 실효성을 보장하기 위해 인정되는데, 반면에 집행정지가 되면 처분의 집행으로 인한 행정목적의 달성이 잠정적으로 중지된다.

집행정지제도는 집행정지를 통한 권리구제의 실효성 보장과 계쟁처분의 집행을 통한 행정목적의 달성(계쟁처분의 실효성 보장)을 조화시키는 제도로 입법되고 운용되어야 한다.

1. 집행부정지의 원칙

취소소송의 제기는 처분 등의 효력이나 그 집행 또는 절차의 속행에 영향을 주지 아니한다(법 제23조 제1항). 이와 같이 위법한 처분 등을 다투는 항고소송이 제기된 경우에도 처분 등의 효력을 잠정적으로나마 정지시키지 않고 처분 등의 후속적인 집행을 인정하는 것을 '집행부정지(執行不停止)의 원칙(原則)'이라 한다. 이와 같이 현행 행정소송법이 집행부정지의 원칙을 채택한 것은 행정목적의 실효적인 달성을 보장하기 위한 것이다.

2. 예외적인 집행정지

집행부정지의 원칙을 엄격히 적용하는 경우에는 행정소송을 제기하여 승소한 경우에도 이미 처분이 집행되는 등의 사정에 의해 회복할 수 없는 손해를 입게 되어 권리구제가 되지 못하는 경우가 있게 되므로 행정소송법은 행정구제의 실효성을 확보하기 위하여 다음과 같이 일정한 요건을 갖춘 경우 예외적으로 집행정지를 인정하고 있다.

취소소송이 제기된 경우에 처분 등이나 그 집행 또는 절차의 속행으로 인하여 생길 회복하기 어려운 손해를 예방하기 위하여 긴급한 필요가 있다고 인정할 때에는 본안이 계속되고 있는 법원은 당사자의 신청 또는 직권에 의하여 처분 등의 효력이나 그 집행 또는 절차의 속행의 전부 또는 일부의 정지(이하 '집행정지'라 한다)를 결정할 수 있다. 다만, 처분의 효력정지는 처분 등의 집행 또는 절차의 속행을 정지함으로써 목적을 달성할 수 있는 경우에는 허용되지 아니한다(법 제23조 제2항).

독일 등에서와 같이 항고소송이 제기되며 자동적으로 집행정지효과가 발생하는 것을 원칙으로 하고, 일정한 요건을 갖춘 경우 예외적으로 즉시집행을 인정하는 입법례도 있다.

개별법규정으로 행정소송법 제23조 제2항의 집행정지규정의 적용을 배제하는 경우(예, 광업법 제34조 제6항)도 있다.

3. 집행정지의 요건

(1) 신청요건

집행정지신청이 신청요건을 결여하여 부적법하면 각하된다.

1) 정지대상인 처분 등의 존재

가. 처 분 행정소송법상의 집행정지는 종전의 상태, 즉 원상을 회복하여 유지시키는 소극적인 것이며 종전의 상태를 변경시키는 적극적인 조치로 활용될 수 없다. 따라서 집행정지는 침해적 처분을 대상으로 하여 인정되며 ① 처분 전이거나 ② 부작위 또는 ③ 처분 소멸 후에는 회복시킬 대상이 없으므로 허용되지 아니한다.

그리하여 집행정지가 허용될 수 있는 본안소송은 취소소송과 무효등확인소송이며 부작위위법확인소송은 제외된다.

나. 거부처분 거부처분에 대하여도 집행정지가 원칙상 인정되지 않지만, 예외적으로 집행정지가 가능한지에 관하여 견해의 대립이 있다.

(가) 부정설 통설은 침해적 처분만이 행정소송법상의 집행정지의 대상이 된다고 보고, 수익적 행정처분의 신청에 대한 거부처분은 집행정지의 대상이 되지 않는다고 본다. 다만, 부정설 중에는 거부처분에 대해 가처분이 가능하다는 견해도 있다.

그 이유는 거부처분 자체는 국민의 권리의무에 구체적 변동을 가져오는 것은 아니고 집행정지는 신청 전의 상태를 그대로 지속시키는 것에 지나지 않는 것이며, 거부처분에 대하여 설령 집행정지가 행하여진다고 하더라도 그것에 의하여 거부처분이 행하여지지 아니한 상태가 회복될 뿐이며 당해 신청이 허가된 것과 동일한 상태가 실현되거나 행정청이 신청에 따르는 처분을 하여야 할 의무를 부담하는 섯이 아니므로(기속력에 관한 행정소송법 제30조 제2항은 집행정지의 결정에 준용되지 아니한다) 거부처분의 집행정지로서는 허가신청이 거부됨으로써 신청인이 입게 될 손해를 피하는 데 아무런 보탬이 되지 않고, 따라서 신청인에게 집행정지 신청의 이익이 없다는 것이다.

대법원도 이러한 입장을 취하고 있다(대결 1991. 05. 02, 91두15).

[판례] 신청에 대한 거부처분의 효력을 정지하더라도 거부처분이 없었던 것과 같은 상태, 즉 거부처분이 있기 전의 신청시의 상태로 되돌아가는 데에 불과하고 행정청에게 신청에 따른 처분을 하여야 할 의무가 생기는 것이 아니므로, 거부처분의 효력정지는 그 거부처분으로 인하여 신청인에게 생길 손해를 방지하는 데 아무런 보탬이 되지 아니하여 그 효력정지를 구할 이익이 없다(대결 1995. 06. 21, 95두26[점검필증교부거부처분효력정지]).

(나) 예외적 긍정설 이 견해는 거부처분의 집행정지에 의하여 거부처분이 행하여지지 아니한 상태로 복귀됨에 따라 신청인에게 어떠한 법적 이익이 있다고 인정되는 경우가 있을 수 있고, 그러한 경우에는 예외적으로 집행정지신청의 이익이 있다고 할 것이며 따라서 집행정지 신청을 인정하여야 한다는 견해이다(서울고법 1991. 10. 10, 91부450).

(다) 긍정설 이 견해는 집행정지결정에는 기속력이 인정되므로 거부처분의 집행정지에 따라 행정청에게 잠정적인 재처분의무가 생긴다고 볼 수 있으므로 거부처분의 집행정지의 이익이 있다고 보는 견해이다.

(라) 결어(예외적 긍정설) 행정소송법상 집행정지결정에는 기속력에 관한 일반규정인 제30조 제1항만이 준용되고, 재처분의무를 정하고 있는 동법 제30조 제2항은 준용되고 있지 않으므로 긍정설은 타당하지 않다. 예외적 긍정설은 현행 집행정지제도가 갖고 있는 기능적 한계를 집행정지신청의 이익에 관한 해석론에 의해 극복하여 권리구제의 실효성을 확보하고자 하는 것이므로 타당하다고 생각된다.

거부처분이라 하더라도 집행정지의 신청의 이익이 있다고 볼 수 있는 경우로는 ① 연장허가신청에 대한 거부처분이 있을 때까지 권리가 존속한다고 법에 특별한 규정이 있는 경우, ② 특별한 규정이 없는 경우에도 인허가 등에 붙여진 기간이 허가조건의 존속기간이라고 볼 수 있는 경우,[274] ③ 1차시험 불합격처분(서울행법 2003. 01. 14, 2003아957) 또는 응시자격이 없다는 것을 이유로 한 원서반려처분(서울행법 2000. 02. 28, 2000아120), ④ 외국인의 체류연장신청거부(이 경우 거부처분이 집행정지되면 강제출국 당하지 않을 이익이 있다) 등이 있다. ③의 경우의 불합격처분을 응시자격을 박탈하는 침익처분으로 볼 수 있다는 견해도 있다.[275]

다. 후행처분 취소소송의 대상이 되는 처분의 집행정지를 구하는 것이 원칙이지만, 후행처분이 선행처분의 절차의 속행이라고 여겨지는 경우에는 선행처분의

274) 예를 들면, 투전기업소허가에 있어서 존속기간을 정하고 그것의 갱신허가제를 채택한 것은 허가의 전제요건을 다시 한번 점검하여 보려는 취지라고 할 것이다. 이러한 경우에 허가의 존속기간 내에 갱신허가신청을 제출하지 아니하여 더 이상 그 사업을 계속하지 아니하려는 의사를 분명히 한 경우에는 그 허가의 효력은 기간만료로 종료되는 것으로 보아야 하겠지만, 허가의 종료 전에 갱신의 허가를 신청한 경우에는 허가청에서 既定條件의 존속 여부를 검토하여 판단이 내려지기까지는 비록 원래의 허가기간이 경과되었더라도 잠정적으로 허가된 행위를 행할 수 있다고 보는 것이 법령의 취지에 맞는다고 할 것이다. 따라서 이러한 경우에는 비록 불허가처분이 행하여졌다 하더라도 상대방이 이에 불복하는 경우에는 불허가처분의 취소소송과 함께 집행정지 신청을 하여 집행정지에 의하여 잠정적으로 허가된 행위를 행하도록 할 수 있다고 보는 것이 갱신허가제를 채택한 법의 취지에 맞다고 할 것이다. 따라서 이러한 경우에는 집행정지 신청의 이익을 인정할 수 있을 것이다. 현행 게임산업진흥에 관한 법률에 의하면 청소년이용불가게임물을 이용하는 게임장은 3년 단위로 허가하도록 하고 있다.

275) 백윤기, 행정판례연구회(2003. 3. 21) 발표문.

취소소송을 본안으로 하여 후행처분의 집행정지를 청구할 수 있다. 선행처분과 후행처분이 동일한 법적 효과를 목표로 하는 경우, 즉 위법성이 승계되는 경우(예, 대집행의 계고와 대집행영장에 의한 통지) 및 후행처분이 선행처분의 집행의 성질을 가지는 경우(예, 과세처분과 체납처분, 철거명령과 대집행의 계고처분)가 이에 해당한다.

라. 부 관 　부관이 본체인 행정행위에 있어 본질적인 것이 아닌 경우에는 부관만이 집행정지의 대상이 될 수 있다.

마. 처분의 일부 　처분이 가분적인 경우에는 처분의 일부에 대한 집행정지가 가능하다. 예를 들면, 압류재산의 일부에 대한 압류의 집행정지, 영업정지처분 중 일정기간에 대한 효력정지, 외국인의 강제퇴거명령 중 수용소수용부분을 제외한 송환부분의 집행정지 등이 있다.

2) 적법한 본안소송의 계속

행정소송법상의 집행정지는 민사소송에서의 가처분과는 달리 본안소송(本案訴訟)이 계속(係屬)중일 것을 요한다.

집행정지의 신청은 원칙상 본안소송의 제기 후 또는 적어도 본안소송의 제기와 동시에 하여야 하지만, 집행정지의 신청이 본안소송보다 먼저 행해진 경우에도 신청에 대한 결정 전에 본안소송이 제기되면 하자가 보완된다. 실무에 있어서는 통상 본안소송의 제기와 집행정지신청이 동시에 행해진다.

계속된 본안소송은 소송요건(행정심판전치, 제소기간 등)을 갖춘 적법한 것이어야 한다(대결 1999. 11. 26, 99부3). 본안소송의 요건은 집행정지의 신청에 대한 결정전에 갖추어지면 된다.

[판례] [1] **집행정지는** 행정처분의 집행부정지원칙의 예외로서 인정되는 것이고, 또 **본안에서 원고가 승소할 수 있는 가능성을 전제로 한 권리보호수단이라는 점에 비추어 보면,** 집행정지사건 자체에 의하여도 **신청인의 본안청구가 적법한 것이어야 한다**는 것을 집행정지의 요건에 포함시키는 것이 옳다. [2] **수도권매립지관리공사가 甲에게 입찰참가자격을 제한하는 내용의 부정당업자제재처분**을 하자, 甲이 제재처분의 무효확인 또는 취소를 구하는 행정소송을 제기하면서 제재처분의 효력정지신청을 한 사안에서, 수도권매립지관리공사는 행정소송법에서 정한 행정청 또는 그 소속기관이거나 그로부터 제재처분의 권한을 위임받은 공공기관에 해당하지 않으므로, 수도권매립지관리공사가 한 위 제재처분은 **행정소송의 대상이 되는 행정처분이 아니라 단지 甲을 자신이 시행하는 입찰에 참가시키지 않겠다는 뜻의 사법상의 효력을 가지는 통지에 불과하**므로, 甲이 수도권매립지관리공사를 상대로 하여 제기한 **위 효력정지신청은 부적법함에도 그 신청을 받아들인 원심결정은 집행정지의 요건에 관한 법리를 오해한 위법이 있다**고 한 사례(대결 2010. 11. 26, 2010무137 [부정당업자제재처분효력정지]).

3) 신청인적격

집행정지를 신청할 수 있는 자는 본안소송의 당사자이다. 신청인은 '법률상 이익'이 있는 자이어야 한다. 집행정지신청요건인 '법률상 이익'은 항고소송의 요건인 '법률상 이익'과 동일하다.

제3자효행정행위에서 소송당사자인 제3자의 집행정지신청도 가능하다고 보는 것이 일반적 견해이며 판례의 입장이다.

[판례] [1] **행정처분에 대한 효력정지신청을 구함에 있어서도 이를 구할 법률상** 이익이 **있어야 하는바,** 이 경우 법률상 이익이라 함은 그 행정처분으로 인하여 발생하거나 확대되는 손해가 당해 처분의 근거법률에 의하여 보호되는 직접적이고 구체적인 이익과 관련된 것을 말하는 것이고 단지 간접적이거나 사실적·경제적 이해관계를 가지는 데 불과한 경우는 여기에 포함되지 않는다. [2] **경쟁 항공회사에 대한 국제항공노선면허처분**으로 인하여 노선의 점유율이 감소됨으로써 경쟁력과 대내외적 신뢰도가 상대적으로 감소되고 연계노선망개발이나 타항공사와의 전략적 제휴의 기회를 얻지 못하게 되는 손해를 입게 되었다고 하더라도 **위 노선에 관한 노선면허를 받지 못하고 있는 한** 그러한 손해는 법률상 보호되는 권리나 이익침해로 인한 손해라고는 볼 수 없으므로 처분의 효력정지를 구할 법률상 이익이 될 수 없다. [3] 경쟁 항공회사에 대한 국제항공노선면허처분이 효력정지되면 행정청으로부터 항공법상의 전세운항계획에 관한 인가를 받아 취항할 수 있게 되는 지위를 가지게 된다고 하더라도, 행정청이 위 인가를 하여 줄 법률상 의무가 발생하는 것이 아니고, 다만 경쟁 항공회사와 함께 인가를 신청할 수 있음에 그치는 것이며, 그 인가 여부는 다시 행정청의 별도의 처분에 맡겨져 있으므로 위와 같은 이익은 처분의 효력정지를 구할 수 있는 법률상 이익이라고 할 수 없다(대결 2000. 10. 10, 2000무17). **〈해설〉** 이 사건에서 신청인은 경원관계에 있지 않다. 즉 신청인은 노선면허신청을 경합한 자도 아니고, 노선면허의 전제가 된 운수권배분을 신청한 자도 아니다.

4) 신청이익

신청이익이라 함은 집행정지결정으로 현실적으로 보호될 수 있는 이익을 말한다. 달리 말하면 집행정지결정의 현실적 필요성을 말하며 본안소송에서 협의의 소의 이익에 대응하는 것이다.

[판례] 미결수용 중 다른 교도소로 이송(안양교도소로부터 진주교도소로 이송)된 피고인이 그 이송처분의 취소를 구하는 행정소송을 제기하고 아울러 그 효력정지를 구하는 신청을 제기한 데 대하여 법원에서 위 이송처분의 효력정지신청을 인용하는 결정을 하였고 이에 따라 **신청인이 다시 이송되어 현재 위 이송처분이 있기 전과 같은 교도소(안양교도소)에 수용중이라 하여도 이는 원심법원의 효력정지 결정에 의한 것이어서** 그로 인하여 효력정지신청이 그 신청의 이익이 없는 부적법한 것으로 되는 것은 아니다(대결 1992. 08. 07, 92두30).

전술한 바와 같이 판례는 거부처분의 경우 집행정지의 이익이 없는 것으로 보고 있지만 허가조건의 존속기간이 붙은 허가의 갱신거부처분 등의 경우에는 집행정지신청의 이익이 있는 것으로 보아야 한다.

(2) 본안요건

집행정지신청이 본안요건을 충족하여 이유있는 경우 인용결정(집행정지결정)을 하고, 본안요건을 충족하지 못하여 이유없는 경우 기각결정을 한다.

1) 회복하기 어려운 손해발생의 우려

회복하기 어려운 손해라 함은 특별한 사정이 없는 한 금전으로 보상할 수 없는 손해를 말하는데, "금전으로 보상할 수 없는 손해"라 함은 금전보상이 불가능한 경우뿐만 아니라 금전보상으로는 사회관념상 행정처분을 받은 당사자가 참고 견딜 수 없거나 또는 참고 견디기가 현저히 곤란한 경우의 유형·무형의 손해를 말한다(대결 1987. 06. 23, 86두18; 2003. 10. 09, 2003무23).

회복하기 어려운 손해는 신청인의 개인적 손해에 한정되고, 공익상 손해 또는 신청인 외에 제3자가 입은 손해는 포함되지 않는다(서울행정법원 2010. 03. 12, 2009아3749).

[판례] ① 예산회계법에 의한 부정사업자 입찰자격정지처분으로 본안소송이 종결될 때까지 입찰참가 불능으로 입은 손해는 쉽사리 금전으로 보상할 수 있는 성질의 것이 아니다(대결 1986. 03. 21, 86누59).

② 상고심에 계속 중인 형사피고인을 안양교도소로부터 진주교도소로 이송하면 회복하기 어려운 손해가 발생할 염려가 있다(대결 1992. 08. 07, 92두30).

③ [1] 항정신병 치료제의 요양급여 인정기준에 관한 보건복지부 고시(처분)의 효력이 계속 유지됨으로 인한 **제약회사의 경제적 손실, 기업 이미지 및 신용의 훼손으로 인한 손해가 금전으로 보상될 수 없어 '회복하기 어려운 손해'에 해당한다고 하기 위해서는** 그 경제적 손실이나 기업 이미지 및 신용의 훼손으로 인하여 사업자의 자금사정이나 경영전반에 미치는 파급효과가 매우 중대하여 **사업자체를 계속할 수 없거나 중대한 경영상의 위기를 맞게 될 것으로 보이는 등의 사정이 존재하여야 한다.** [2] 항정신병 치료제의 요양급여 인정기준에 관한 보건복지부 고시의 효력이 계속 유지됨으로 인한 제약회사의 경제적 손실, 기업 이미지 및 신용의 훼손은 '회복하기 어려운 손해'에 해당하지 않는다고 한 사례(대결 2003. 10. 09, 2003무23).

④ **국토해양부 등에서 발표한 '4대강 살리기 마스터플랜'에 따른 '한강 살리기 사업' 구간 인근에 거주하는 주민들이 각 공구별 사업실시계획승인처분에 대한 효력정지를 신청한 사안**에서, 위 사업구간에 편입되는 팔당지역 농지 대부분이 국가 소유의 하천부지이고, 유기농업에 종사하는 주민들 대부분은 국가로부터 하천점용허가를 받아 경작을 해온 점, 위 점용허가의 부관에 따라 허가를 한 행정청은 공익상 또는 법령이 정하는 것에 따르거나 하천정비사업을 시행하는 경우 허가변경·취소 등을 할 수 있는 점 등에 비추어, 주민들 중 환경영향평가대상지역 및 근접 지역에 거주하거나 소유권 기타 권리를 가지고 있는 사람들이 위 사업으로 인하여 토지 소유권 기타 권리를 수용당하고 이로 인하여 정착지를 떠나 타지로 이주를 해야 하며 더 이상 농사를 지을 수 없게 되고 팔당지역의 유기농업이 사실상 해체될 위기에 처하게 된다고 하더라도, **그러한 손해는 행정소송법 제23조 제2항에서 정하고 있는 효력정지 요건인 금전으로 보상할 수 없거나 사회관념상 금전보상으로는 참고 견디기 어렵거나 현저히 곤란한 경우의 유 · 무형 손해에 해당하지 않는다**고 본 원심판단을 수긍한 사례(대결 전원합의체 2011. 04. 21, 2010무111[4대강(한강)사건]).

세금부과처분 등 금전부과처분에 따라 부과된 금전을 납부함으로 인하여 받는 손해는 본안소송에서 부과처분이 취소되면 그 반환을 청구할 수 있으므로 통상 '회복하기 어려운 손해'라고 볼 수 없지만, 경우에 따라서는 금전납부로 인하여 받는 손해가 '회복하기 어려운 손해'에 해당할 수 있다.

판례는 금전부과처분이 사업자의 자금사정이나 경영전반에 미치는 파급효과가 매우 중대한 경우 그로 인한 손해는 회복하기 어려운 손해에 해당한다고 보았다(대결 2001. 10. 10, 2001무29).

[판례] 사업여건의 악화 및 막대한 부채비율로 인하여 외부자금의 신규차입이 사실상 중단된 상황에서 285억 원 규모의 **과징금**을 납부하기 위하여 무리하게 외부자금을 신규차입하게 되면 주거래은행과의 재무구조개선약정을 지키지 못하게 되어 **사업자가 중대한 경영상의 위기를 맞게 될 것으로 보이는 경우**, 그 과징금납부명령의 처분으로 인한 손해는 효력정지 내지 집행정지의 적극적 요건인 '회복하기 어려운 손해'에 해당한다고 한 사례(대결 2001. 10. 10, 2001무29).

'회복하기 어려운 손해'의 주장·소명책임은 신청인에게 있다(대결 1999. 12. 20, 99무42).

2) 긴급한 필요의 존재

'긴급한 필요'라 함은 회복하기 어려운 손해의 발생이 절박하여 손해를 회피하기 위하여 본안판결을 기다릴 여유가 없는 것을 말한다(대결 1994. 01. 17, 93두79).

판례는 본안청구의 승소가능성은 집행정지의 요건은 아니지만, '긴급한 필요'의 판단에 있어서 고려요소의 하나가 된다고 본다. 이와 관련하여 집행정지가 인용되면 본안판단이 대체되는 결과를 가져오고, 집행정지가 기각되면 본안소송에서 승소하여도 실질적으로 권리구제를 받지 못하는 경우, 즉 이른바 '종국적 성격의 집행정지(만족적 집행정지)'의 경우(예, 한시적 처분(집회 일시가 임박한 집회 금지통고처분, 계절적 입찰시기에 내려진 부정당업자에 대한 입찰참가자격제한처분)의 집행정지)에는 본안소송에서의 승소가능성을 긴급성 요건의 판단에서 보다 적극적으로 고려하여야 한다는 견해(우미형, 행정소송법상 집행정지 절차의 원칙과 예외, 행정법연구, 2022.3, 82-88면)가 유력하게 제기되고 있다.

[판례] ① [1] '**처분 등이나 그 집행 또는 절차의 속행으로 인하여 생길 회복하기 어려운 손해를 예방하기 위하여 긴급한 필요'가 있는지 여부는** 처분의 성질과 태양 및 내용, 처분상대방이 입는 손해의 성질·내용 및 정도, 원상회복·금전배상의 방법 및 난이 등은 물론 본안청구의 승소가능성의 정도 등을 **종합적으로 고려하여 구체적·개별적으로 판단**하여야 한다. [2] **한국문화예술위원회 위원장이 자신의 해임처분의 무효확인을 구하는 소송을 제기한 후 다시 해임처분의 집행정지 신청을 한 사안**에서, 해임처분으로 신청인에게 회복하기 어려운 손해가 발생할 우려가 있어 이를 예방하기 위하여 긴급한 필요가 있다고 볼 수 없을 뿐만 아니라, 그 효력을 정지할 경우 공공복리에 중대한

영향을 미칠 우려가 있다는 이유로 위 효력정지 신청을 기각한 원심의 판단을 긍정한 사례(대결 2010. 05. 14, 2010무48[집행정지]). 〈해설〉 처분의 성질 및 내용상 집행정지가 인용되거나 기각되면 본안판단이 사실상 무의미하게 되는 경우(예, 임기가 얼마 남지 않은 임기제공무원의 해임처분, 집회금지처분 등)에는 본안청구의 승소가능성(본안처분의 적법 여부)이 보다 많이 고려되어야 한다.
② 주무관청이 민법 제38조에 의하여 **비영리법인에 대하여 그 설립허가를 취소한 경우**에 그 처분의 효력을 정지하지 아니할 경우, 재항고인이 제기한 이 사건 처분의 취소를 구하는 소송이 진행되는 사이에 청산절차가 진행 완료되어 재항고인 법인 자체가 소멸할 수도 있고, 그 후 이 사건 처분이 취소되더라도 재항고인은 **회복하기 어려운 손해를 입을 우려가 적지 아니하므로, 이러한 손해를 예방하기 위하여 이 사건 처분의 효력을 정지할 긴급한 필요가 있다**(대판 2014. 01. 23, 2011무178).
③ 시장이 도시환경정비구역을 지정하였다가 해당구역 및 주변지역의 역사·문화적 가치 보전이 필요하다는 이유로 정비구역을 해제하고 개발행위를 제한하는 내용을 고시함에 따라 사업시행예정구역에서 설립 및 사업시행인가를 받았던 甲 도시환경정비사업조합에 대하여 구청장이 조합설립인가를 취소하자, **甲 조합이 정비구역 해제 고시의 무효확인과 인가취소처분의 취소를 구하는 소**를 제기하고 판결 선고 시까지 **각 처분의 효력 정지를 신청**한 사안에서, 정비구역 지정이 취소되고 이에 대하여 불가쟁력이 발생하는 경우 정비사업 시행을 전제로 하는 후속 처분들은 모두 그 의미를 상실하게 되고 甲 조합에 대한 조합설립인가 취소처분은 甲 조합이 적법하게 취득한 공법인의 지위를 甲 조합의 귀책사유 없이 사후적 사정변경을 이유로 박탈하는 것이어서 신중하게 판단해야 하므로 위 각 처분의 위법성에 관하여 甲 조합이 본안소송에서 주장·증명할 기회가 충분히 보장되어야 하는 점, 각 처분의 효력을 정지하지 않을 경우 甲 조합이 정비사업과 관련한 후속 조치를 실행하는 데 사실상, 법률상 장애가 있게 될 뿐 아니라 시장 및 구청장이나 관계 행정청이 정비사업의 진행을 차단하기 위한 각종 불이익 조치를 할 염려가 있는 점 등을 종합하면, 각 처분의 효력을 정지하지 않을 경우 甲 조합에 특별한 귀책사유가 없는데도 정비사업의 진행이 법적으로 불가능해져 甲 조합에 회복하기 어려운 손해가 발생할 우려가 있으므로 이러한 손해를 예방하기 위하여 **각 처분의 효력을 정지할 긴급한 필요가 있다**고 한 사례(대결 2018. 07. 12, 2018무600).

3) 공공복리에 중대한 영향을 미칠 우려가 없을 것

집행정지는 공공복리에 중대한 영향을 미칠 우려가 있을 때에는 허용되지 아니한다(법 제23조 제3항). 이는 구체적인 경우에 있어서 처분의 집행에 의해 신청인이 입을 손해와 처분의 집행정지에 의해 영향을 받을 공공복리(처분의 집행으로 달성하고자 하는 공익)를 비교형량하여 정하여야 한다.

[판례] ① (1) 행정소송법 제23조 제3항이 집행정지의 또 다른 요건으로 '공공복리에 중대한 영향을 미칠 우려가 없을 것'을 규정하고 있는 취지는, 집행정지 여부를 결정함에 있어서 신청인의 손해뿐만 아니라 공공복리에 미칠 영향을 아울러 고려하여야 한다는 데 있고, 따라서 **공공복리에 미칠 영향이 중대한지의 여부는** 절대적 기준에 의하여 판단할 것이 아니라, 신청인의 '회복하기 어려운 손해'와 '공공복리' 양자를 비교·교량하여, 전자를 희생하더라도 후자를 옹호하여야 할 필요가 있는지 여부에 따라 **상대적·개별적으로 판단되어야 한다**(대법원 2010. 5. 14. 자 2010무48 결정 등 참조). (2) 의대정원이 증원되지 않음으로써 발생하게 될 사회적 불이익이 적절한 의대교육을 받지 못하게 되는 의대 재학 중 신청인들의 불이익보다 크다고 보아 공공복리를 보다 중시할 필요가 있다고 본 원심판단은 정당하다(대결 2024. 06. 19, 2024무689). 〈해설〉 피신청인 보건복지부

장관이 의대정원을 2025년부터 2,000명 증원할 것이라는 이 사건 증원발표를 하고, 이후 피신청인 교육부장관이 2025학년도 전체 의대정원을 2,000명 증원하여 각 대학별로 배정하는 이 사건 증원배정을 하자, 의대 교수, 전공의, 의과대학 재학생 및 의과대학 입학 희망 수험생들로 구성된 신청인들이 이 사건 증원발표 및 증원배정처분에 대한 취소를 청구하는 소를 제기하면서 그 처분의 집행정지를 신청한 사안이다.

② 음주운전으로 인한 운전면허취소처분의 취소를 구하는 본안소송을 제기하고 처분의 집행정지를 구한 사안에서, **신청인이 직장에서 운전을 수반하는 업무에 종사하고 있어서 신청인의 운전면허가 취소되면 신청인과 가족의 생계에 큰 영향을 받는다고 하더라도 운전면허 취소의 일반예방적 측면을 고려하여** 이 사건 집행정지신청은 행정소송법 제23조 제3항에서 정하는 바의 **"집행정지가 공공복리에 중대한 영향을 미칠 우려가 있을 때"에 해당한다고 한 사례**(대결 2010. 02. 16, 2009무191).

'공공복리에 중대한 영향을 미칠 우려'의 주장·소명책임은 행정청에게 있다(대판 1999. 12. 20, 99무42).

4) 본안청구가 이유 없음이 명백하지 아니할 것

본안청구가 이유 없음이 명백하지 아니할 것이 행정소송법상 명문으로 집행정지의 요건으로 규정되어 있지는 않지만 집행정지의 요건이 될 것인지에 관하여 학설상 견해의 대립이 있다.

집행정지는 가구제이므로 본안문제인 행정처분 자체의 적법 여부는 그 판단대상이 되지 않는 것이 원칙이지만, 집행정지는 인용판결의 실효성을 확보하기 위하여 인정되는 것이며 행정의 원활한 수행(실효성)을 보장하며 집행정지신청의 남용을 방지할 필요도 있으므로 본안청구가 이유 없음이 명백하지 아니할 것을 집행정지의 소극적 요건으로 하는 것이 타당하다는 것이 일반적 견해이다.

판례도 이러한 입장을 취하고 있다.

[판례] 행정처분의 효력정지나 집행정지를 구하는 신청사건에 있어서는 행정처분 자체의 적법 여부는 원칙적으로는 판단할 것이 아니고 그 행정처분의 효력이나 집행을 정지할 것인가에 대한 행정소송법 제23조 제2항 소정의 요건의 존부만이 판단의 대상이 되나 본안소송에서의 처분의 취소가능성이 없음에도 불구하고 처분의 효력정지나 집행정지를 인정한다는 것은 제도의 취지에 반하므로 집행정지사건 자체에 의하여도 신청인의 본안청구가 이유 없음이 명백할 때에는 행정처분의 효력정지나 집행정지를 명할 수 없다(대결 1992. 08. 07, 92두30).

4. 집행정지결정

집행정지의 요건이 충족된 경우에 본안이 계속되고 있는 법원은 당사자의 신청 또는 직권에 의하여 처분등의 효력이나 그 집행 또는 절차의 속행의 전부 또는 일부의 정지를 결정할 수 있다(법 제23조 제2항).

신청요건을 결여한 경우 각하결정을 내리고, 본안요건이 결여된 경우 기각결정을 내린다. 다만, 부적법하여 각하되어야 할 신청을 원심결정이 기각한 경우에도 원심결정이 신청을 배척한 결론에 있어서는 정당하므로, 그 표현상의 잘못을 들어 원심결정을 파기할 것은 아니다(대결 1995. 06. 21, 95두26).

실무상 집행정지는 심급별로 행해진다. 제1심판결에서 인용판결을 받은 경우 즉시 제1심법원에 집행정지를 신청하고, 이 경우 제1심법원은 집행정지결정을 내려주는 경우가 많다.

5. 집행정지결정의 내용

집행정지결정에는 처분의 효력이나 그 집행 또는 절차의 속행의 전부 또는 일부의 정지가 있다(제23조 제2항).

(1) 처분의 효력정지

처분의 효력정지라 함은 처분의 효력이 존재하지 않는 상태에 놓는 것을 말한다.

처분의 효력정지는 처분 등의 집행 또는 절차의 속행을 정지함으로써 목적을 달성할 수 있는 경우에는 허용되지 아니한다(법 제23조 제2항). 따라서, 효력정지는 통상 허가의 취소와 같이 별도의 집행행위 없이 처분목적이 달성되는 처분에 대하여 행해진다.

(2) 처분의 집행정지

처분의 집행정지라 함은 대집행의 정지와 같이 처분의 집행을 정지하는 것을 말한다.

예를 들면, 출국명령을 다투는 사건에서 강제출국을 위한 행정강제를 할 수 없게 하는 것, 철거명령에 대한 집행정지신청에 대해 대집행을 정지시키는 것이다.

(3) 절차속행의 정지

절차속행의 정지라 함은 여러 단계의 절차를 통하여 행정 목적이 달성되는 경우에 절차의 속행을 정지하는 것을 말한다.

예를 들면, 체납처분의 속행정지, 대집행영장에 의한 통지를 다투는 사건에서 대집행을 정지시키는 것을 들 수 있다.

(4) 처분의 일부에 대한 집행정지

행정소송법은 처분의 일부에 대한 집행정지도 가능하다고 규정하고 있다. 그런데, 계쟁처분이 재량행위인 경우에도 처분의 일부에 대한 집행정지가 처분청의 재량권에 비추어 가능한 것인지 문제된다. 판례는 재량행위인 과징금처분의 일부에 대한 집행정지도 가능한 것으로 보고 있다(대결 2011. 05. 02, 2011무6[276]).

생각건대, 집행정지는 계쟁처분의 효력을 종국적으로 정지시키는 것이 아니라 잠정적으로 집행을 정지하는 것에 그치는 것이므로 처분의 일부에 대한 집행정지가 처분청의 재량권을 침해하는 것은 아닌 것으로 보는 것이 타당하다.

일부효력정지의 하나로 **조건부 효력정지**(예, 집회금지통고의 조건(예, 대통령실등 보호시설로부터 일정 거리 유지)부 효력정지)를 인정할 수 있다.

6. 집행정지기간

집행정지기간은 법원이 그 시기와 종기를 정한다. 법원은 집행정지의 종기를 본안판결 선고일부터 30일 이내의 범위에서 정한다. 다만, 법원은 당사자의 의사, 회복하기 어려운 손해의 내용 및 그 성질, 본안 청구의 승소가능성 등을 고려하여 달리 정할 수 있다(행정소송규칙 제10조). 처분의 효력을 소급하여 정지하는 것은 허용되지 않는다.

종기의 정함이 없으면 본안판결확정시까지 정지의 효력이 존속한다(대결 1962. 03. 09, 62두1). 종기의 결정방식으로는 본안판결선고시, 본안판결확정시 또는 본안판결선고일로부터 30일까지 등의 방식이 있는데, 재판실무에서는 본안판결선고일부터 30일까지를 가장 많이 이용한다.

7. 집행정지의 효력

(1) 형성력

집행정지 중 효력정지는 처분의 효력을 잠정적으로 상실시키는 효력을 갖는다. 효력정지는 장래에 향하여 효력을 가지며 소급효가 없다. 따라서, 국립대학생퇴학처분의 효력이 정지되어도 수업일수는 장래에 향하여서만 계상된다.

처분의 효력을 정지하는 집행정지결정이 있으면 결정 주문에서 정한 정지기간 중에는 처분이 없었던 원래의 상태와 같은 상태가 된다(대판 2007. 03. 29, 2006두17543; 2020. 09. 03, 2020두34070).

[판례] **[1] 행정소송법 제23조 소정의 처분에 대한 집행정지의 취지 및 그 효력의 시적 범위**: 행정소송법 제23조에 정해져 있는 처분에 대한 집행정지는 행정처분의 집행으로 인하여 회복하기 어려운 손해를 예방하기 위하여 긴급한 필요가 있고 달리 공공복리에 중대한 영향을 미치지 아니할 것을 요건으로 하여 본안판결이 있을 때까지 당해 행정처분의 집행을 잠정적으로 정지함으로써 위와

---

276) 과징금처분의 일부에 대해 집행정지를 결정한 서울고법 2010. 12. 27, 2010아165 결정에 대한 공정거래위원회의 재항고에 대해 심리불속행 기각결정을 한 사례.

같은 손해를 예방하고자 함에 그 취지가 있고, 그 **집행정지의 효력 또한 당해 결정의 주문에 표시된 시기까지 존속하다가 그 시기의 도래와 동시에 당연히 소멸한다.** [2] 일정한 납부기한을 정한 과징금부과처분에 대하여…… **집행정지결정이 내려졌다면 그 집행정지기간 동안은 과징금부과처분에서 정한 과징금의 납부기간은 더 이상 진행되지 아니하고** 집행정지결정이 당해 결정의 주문에 표시된 시기의 도래로 인하여 실효되면 그 때부터 당초의 과징금부과처분에서 정한 기간(집행정지결정 당시 이미 일부 진행되었다면 그 나머지 기간)이 다시 진행하는 것으로 보아야 한다. [3] 원고는 1999. 5. 27. 같은 해 8. 3.까지를 납부기한으로 한 이 사건 과징금부과처분을 받고, 같은 해 5. 31. 이를 고지받았으나 서울고등법원으로부터 1999. 7. 2. 이 사건 과징금부과처분에 대하여 본안소송의 판결선고시까지 집행을 정지한다는 내용의 집행정지결정을 받았으므로 과징금의 납부기간은 더 이상 진행하지 아니하고, **본안소송에서 패소한 2001. 6. 21. 이 사건 집행정지결정의 효력이 상실되어 그 때부터 이 사건 과징금부과처분에서 정한 기간 중 이미 진행된 기간을 제외한 그 나머지 기간이 다시 진행하므로** 같은 해 6. 26.에 한 **이 사건 과징금의 납부는 납부기한 내에 납부한 것이 되어 가산금이 발생하지 아니하였으므로 가산금이 발생하였음을 전제로 한 이 사건 징수처분은 그 하자가 중대하고도 명백한 것이어서 무효라 할 것**이다(대판 2003. 07. 11, 2002다48023[부당이득금]).

(2) 기속력

집행정지결정은 취소판결의 기속력(羈束力)에 준하여 당해 사건에 관하여 당사자인 행정청과 관계행정청을 기속한다(법 제23조 제6항).

행정소송법 제23조에 따른 집행정지결정이 있으면 결정 주문에서 정한 정지기간 중에는 처분을 실현하기 위한 조치를 할 수 없다(대판 2003. 07. 11, 2002다48023; 대판 2020. 09. 03, 2020두34070).

[판례] 집행정지결정을 하였다면 행정청에 의하여 과징금부과처분이 집행되거나 행정청·관계행정청 또는 제3자에 의하여 **과징금부과처분의 실현을 위한 조치가 행하여져서는 아니되며,** 따라서 **부수적인 결과인 가산금 등은 발생되지 아니한다**(대판 2003. 07. 11, 2002다48023).

처분의 효력을 정지하는 집행정지결정이 있으면 그 정지기간 중에는 처분이 없었던 것과 같은 상태가 되므로, 행정소송법 제23조 제6항, 제30조 제1항이 정한 집행정지결정의 기속력에 따라 처분청은 그 즉시 원상회복이나 결과제거 조치를 취하여야 한다(대결 2025. 09. 09, 2025무565).

[판례] 학교폭력 관련 처분에 대한 집행정지결정에 따라 그 효력이 정지되어 처분이 없는 상태가 되면, 행정청은 그 즉시 학교생활기록부에 기재된 학교폭력 관련 조치사항을 삭제하여야 한다. 학교생활기록부 기재를 유지한 채 '집행정지 중' 등의 문구만을 부기하는 것은 가해자로 기재된 학생에게 실질적인 불이익이 발생할 가능성이 크고 신청인의 재판청구권을 유명무실하게 할 소지가 있어 삭제에 준하는 조치로 볼 수 없다(대결 2025. 09. 09, 2025무565).

(3) 집행정지 효력의 시적 범위

집행정지결정의 효력은 결정 주문에서 정한 기간까지 존속하다가 그 기간이 만료되면 장래에 향하여 당연히 소멸한다(대판 2020. 09. 03, 2020두34070).

[판례] 일정한 납부기한을 정한 과징금부과처분에 대한 집행정지결정이 내려진 경우 그 **집행정지기간 동안은 과징금부과처분에서 정한 과징금의 납부기간은 더 이상 진행되지 아니하고** 집행정지결정이 당해 결정의 주문에 표시된 시기의 도래로 인하여 실효되면 그 때부터 당초의 과징금부과처분에서 정한 기간(집행정지결정 당시 이미 일부 진행되었다면 그 나머지 기간)이 다시 진행하는 것으로 보아야 한다(대판 2003. 07. 11, 2002다48023[부당이득금]).

효력정지결정이 실효되면 효력정지된 계쟁처분의 효력이 되살아 나고(대판 2017. 07. 11, 2013두25498), 효력정지된 계쟁처분이 금전을 계속적으로 지급하는 금전지급처분 취소처분인 경우 본안소송의 기각판결의 확정에 의해 효력정지결정의 효력이 소멸하고, 금전교부결정 취소처분의 효력이 되살아나면 특별한 사정이 없는 한 행정청으로서는 효력정지기간 동안 교부된 금전의 반환을 명하여야 한다(대판 2017. 07. 11, 2013두25498).

[판례] 보조금 교부결정의 일부를 취소한 행정청의 처분에 대하여 법원이 효력정지결정을 하면서 주문에서 그 법원에 계속 중인 본안소송의 판결 선고 시까지 처분의 효력을 정지한다고 선언하였을 경우, **본안소송의 판결 선고에 의하여 정지결정의 효력은 소멸**하고 이와 동시에 **당초의 보조금 교부결정 취소처분의 효력이 당연히 되살아난다.** 따라서 효력정지결정의 효력이 소멸하여 보조금 교부결정 취소처분의 효력이 되살아난 경우, **특별한 사정이 없는 한 행정청으로서는 보조금법 제31조 제1항에 따라 취소처분에 의하여 취소된 부분의 보조사업에 대하여 효력정지기간 동안 교부된 보조금의 반환을 명하여야 한다**(대판 2017. 07. 11, 2013두25498).

(4) 본안판결과 집행정지결정의 효력

본안에서 계쟁 처분이 최종적으로 **적법한 것으로 확정**되면(기각판결이 확정되면) **집행정지결정이 실효**되고(집행정지결정의 효력이 소급하여 소멸하지 않는다) 처분을 다시 집행할 수 있게 된다. 이 경우 처분청으로서는 당초 집행정지결정이 없었던 경우와 동등한 수준으로 해당 처분이 집행되도록 필요한 조치를 취하여야 한다(대판 2020. 09. 03, 2020두34070). 이렇게 보는 것은 집행정지에 의해 잠정 정지되었던 계쟁처분의 실효적 집행을 통한 행정목적 달성을 보장하기 위해서 필요하다. 또한 집행정지는 인용판결의 실효성을 확보하기 위한 것이므로 기각판결이 확정된 경우에는 집행정지로 인한 직접적 이익을 배제하거나 환수하는 것이 집행정지제도의 본질에 합치한다. 집행정지는 행정쟁송절차에서 실효적 권리구제를 확보하기 위한 잠정적 조치일 뿐이므로, 본안 확정판결로 해당 제재처분이 적법하다는 점이 확인되었다면 제재처분의 상대방이 잠정적 집행정지를 통해 집행정지가 이루어지지 않은 경우와 비교하여 제재를 덜 받게 되는 결과가 초래되도록 해서는 안 된다(대판 2017. 07. 11, 2013두25498; 대판 2020. 09. 03, 2020두34070).

[판례] ① 행정소송법 제23조에 따른 **집행정지결정의 효력**은 결정 주문에서 정한 종기까지 존속하고, 그 종기가 도래하면 당연히 소멸한다. 따라서 효력기간이 정해져 있는 제재적 행정처분에 대한 취소소송에서 법원이 본안소송의 판결 선고 시까지 집행정지결정을 하면, 처분에서 정해 둔 효력기간(집행정지결정 당시 이미 일부 집행되었다면 그 나머지 기간)은 판결 선고 시까지 진행하지 않다가 판결이 선고되면 그때 집행정지결정의 효력이 소멸함과 동시에 처분의 효력이 당연히 부활하여 처분에서 정한 효력기간이 다시 진행한다. 이는 처분에서 효력기간의 시기(始期)와 종기(終期)를 정해 두었는데, 그 시기와 종기가 집행정지기간 중에 모두 경과한 경우에도 특별한 사정이 없는 한 마찬가지이다. 이러한 법리는 행정심판위원회가 행정심판법 제30조에 따라 집행정지결정을 한 경우에도 그대로 적용된다. 행정심판위원회가 행정심판 청구 사건의 재결이 있을 때까지 처분의 집행을 정지한다고 결정한 경우에는, 재결서 정본이 청구인에게 송달된 때 재결의 효력이 발생하므로(행정심판법 제48조 제2항, 제1항 참조) 그때 집행정지결정의 효력이 소멸함과 동시에 처분의 효력이 부활한다(대판 2022. 02. 11, 2021두40720).

② 행정소송법 제23조에 의한 집행정지결정의 효력은 결정주문에서 정한 시기까지 존속하며 그 시기의 도래와 동시에 효력이 당연히 소멸하는 것이므로, 일정기간 동안 영업을 정지할 것을 명한 행정청의 영업정지처분에 대하여 법원이 집행정지결정을 하면서 주문에서 당해 법원에 계속중인 본안소송의 판결선고시까지 처분의 효력을 정지한다고 선언하였을 경우에는 처분에서 정한 영업정지기간의 진행은 그 때까지 저지되는 것이고 본안소송의 판결선고에 의하여 당해 정지결정의 효력은 소멸하고 이와 동시에 당초의 영업정지처분의 효력이 당연히 부활되어 처분에서 정하였던 정지기간(정지결정 당시 이미 일부 진행되었다면 나머지 기간)은 이때부터 다시 진행한다(대판 1999. 02. 23, 98두14471[영업정지처분취소]).

③ 보조금 교부결정의 일부를 취소한 행정청의 처분에 대한 효력정지결정의 효력이 소멸하여 보조금 교부결정 취소처분의 효력이 되살아난 경우, **특별한 사정이 없는 한** 행정청으로서는 구 보조금의 예산 및 관리에 관한 법률 제31조 제1항에 따라 취소처분에 의하여 취소된 부분의 보조사업에 대하여 **효력정지기간 동안 교부된 보조금의 반환을 명하여야** 한다(대판 2017. 07. 11, 2013두25498[부당이득금반환결정처분취소]).

④ [1] 제재처분에 대한 행정쟁송절차에서 처분에 대해 집행정지결정이 이루어졌더라도 본안에서 해당 처분이 최종적으로 적법한 것으로 확정되어 집행정지결정이 실효되고 제재처분을 다시 집행할 수 있게 되면, 처분청으로서는 당초 집행정지결정이 없었던 경우와 동등한 수준으로 해당 제재처분이 집행되도록 필요한 조치를 취하여야 한다. 집행정지는 행정쟁송절차에서 실효적 권리구제를 확보하기 위한 잠정적 조치일 뿐이므로, 본안 확정판결로 해당 제재처분이 적법하다는 점이 확인되었다면 제재처분의 상대방이 잠정적 집행정지를 통해 집행정지가 이루어지지 않은 경우와 비교하여 제재를 덜 받게 되는 결과가 초래되도록 해서는 안 된다. 반대로, 처분상대방이 집행정지결정을 받지 못했으나 본안소송에서 해당 제재처분이 위법하다는 것이 확인되어 취소하는 판결이 확정되면, 처분청은 그 제재처분으로 처분상대방에게 초래된 불이익한 결과를 제거하기 위하여 필요한 조치를 취하여야 한다. [2] 중소기업제품 구매촉진 및 판로지원에 관한 법률에 따른 1차 직접생산확인 취소처분에 대하여 중소기업자가 제기한 취소소송절차에서 집행정지결정이 이루어졌다가 본안소송에서 중소기업자의 패소판결이 확정되어 집행정지가 실효되고 취소처분을 집행할 수 있게 되었으나 1차 취소처분 당시 유효기간이 남아 있었던 직접생산확인의 전부 또는 일부가 집행정지기간 중 유효기간이 모두 만료되고 집행정지기간 중 새로 받은 직접생산확인의 유효기간

이 남아 있는 경우, 관할 행정청이 직접생산확인 취소 대상을 '1차 취소처분 당시' 유효기간이 남아 있었던 모든 제품에서 '1차 취소처분을 집행할 수 있게 된 시점 또는 그와 가까운 시점'을 기준으로 유효기간이 남아 있는 모든 제품으로 변경하는 처분(2차 취소처분)을 할 수 있다. 이러한 변경처분은 중소기업자가 직접생산하지 않은 제품을 납품하였다는 점과 중소기업제품 구매촉진 및 판로지원에 관한 법률 제11조 제3항 중 제2항 제3호에 관한 부분을 각각 궁극적인 '처분하려는 원인이 되는 사실'과 '법적 근거'로 한다는 점에서 1차 취소처분과 동일하고, 제재의 실효성을 확보하기 위하여 직접생산확인 취소 대상만을 변경한 것이다(대판 2020. 09. 03, 2020두34070[직접생산확인취소처분의 취소소송]). 〈해설〉 이 사건 변경처분은 1차 취소처분(제재처분)의 변경처분으로서 1차 취소처분에 대한 효력정지결정에 따라 원고가 제재를 일부 면하여 이익을 얻게 된 것을 그대로 두면 1차 취소처분(제재처분)의 실효성을 확보할 수 없으므로 1차 취소처분(제재처분)의 실효적 집행을 보장하기 위해 1차 취소처분을 변경하는 처분(2차 취소(제재)처분)을 할 수 있다고 판단한 것이다. 통상의 경우에는 동일한 법위반행위에 대해서는 하나의 제재처분만 가능하고, 이중의 제재처분은 인정되지 않는다.

국민건강보험법 제101조의2는 제약사가 약가인하 등 처분에 대하여 집행정지결정을 받은 후 본안 소송에서 패소 확정 재결 또는 판결(행정심판이나 행정소송에 대한 각하 또는 기각(일부 기각을 포함한다) 재결 또는 판결이 확정되거나 청구취하 또는 소취하로 심판 또는 소송이 종결된 경우)을 받으면, 집행정지된 기간 동안 국민건강보험공단에 발생한 손실에 상당하는 금액(집행정지기간 중 국민건강보험공단이 지급한 요양급여비용 차액의 전부 또는 일부)을 약제의 제조업자등에게서 징수할 수 있다고 규정하고 있고(제1항), 그 손실에 상당하는 금액에 대해 시행령이 정하는 이자를 가산하도록 규정하고 있다(제5항).

인용판결이 확정되어도 집행정지결정이 실효된다.

집행정지결정을 하려면 이에 대한 본안소송이 법원에 제기되어 계속 중임을 요건으로 하는 것이므로, 집행정지결정을 한 후에라도 본안소송이 취하되어 소송이 계속하지 아니한 것으로 되면 집행정지결정은 당연히 그 효력이 소멸되는 것이고 별도의 취소조치를 필요로 하는 것이 아니다(대결 2007. 06. 28, 2005무75).

8. 집행정지결정에 대한 불복과 취소

집행정지의 결정 또는 기각의 결정에 대하여는 즉시항고할 수 있다. 민사소송에서 즉시항고의 경우 결정의 집행을 정지하는 효력이 있다. 이 경우 집행정지의 결정에 대한 즉시항고에는 결정의 집행을 정지하는 효력이 없다(법 제23조 제5항).

[판례] 행정소송법 제23조 제2항에서 정한 요건을 결여하였다는 이유로 효력정지 신청을 기각한 결정에 대하여, 행정처분 자체의 적법 여부를 가지고 불복사유로 삼을 수 있는지 여부(소극): [다수의견] 행정처분의 효력정지나 집행정지를 구하는 신청사건에서는 행정처분 자체의 적법 여부를 판단할 것이 아니고 행정처분의 효력이나 집행 등을 정지시킬 필요가 있는지 여부, 즉 행정소송법 제23조 제2항에서 정한 요건의 존부만이 판단대상이 된다. 나아가 '처분 등이나 그 집행 또는 절

차의 속행으로 인한 손해발생의 우려' 등 적극적 요건에 관한 주장·소명 책임은 원칙적으로 신청인 측에 있으며, 이러한 요건을 결여하였다는 이유로 효력정지 신청을 기각한 결정에 대하여 행정처분 자체의 적법 여부를 가지고 불복사유로 삼을 수 없다. **[대법관 박시환, 대법관 김지형, 대법관 이홍훈, 대법관 전수안의 반대의견]** 행정소송법 제8조 제2항에 따라 행정소송에도 준용되는 민사소송법 제442조는 "항고법원·고등법원 또는 항소법원의 결정 및 명령에 대하여는 재판에 영향에 미친 헌법·법률·명령 또는 규칙의 위반을 이유로 드는 때에만 재항고할 수 있다"고 규정하고 있다. 재항고인들이 효력정지 요건의 해석에 관한 원심결정의 법리오해 위법을 반복하여 지적하면서, 특히 여러 가지 측면에서 특수성을 띠고 있는 환경문제가 포함된 이 사건의 규모와 성격, 직·간접적 파급효과 등을 고려할 때 효력정지 요건 충족 여부와 관련하여 '회복하기 어려운 손해' 및 '긴급한 필요'의 의미를 종전과 다르게 해석하여야 한다거나 그렇지 않다고 하더라도 소명책임과 관련된 소명의 정도를 완화하여야 한다는 취지의 주장을 하고 있는데, 이는 법리오해 주장으로서 적법한 재항고 이유이다. 그렇다면 대법원으로서는 재항고 이유의 당부에 관하여 나아가 판단함이 마땅하다(대결 전원합의체 2011. 04. 21.자 2010무111).

집행정지의 결정이 확정된 후 집행정지가 공공복리에 중대한 영향을 미치거나 그 정지사유가 없어진 때에는 당사자의 신청 또는 직권에 의하여 결정으로써 집행정지의 결정을 취소할 수 있다(법 제24조 제1항). 집행정지결정의 취소결정에 대하여는 즉시항고할 수 있다. 취소결정에 대한 즉시항고는 결정의 집행을 정지하는 효력이 없다(법 제24조 제2항).

[판례] [1] **집행정지결정 취소사유의 발생시기 및 '집행정지가 공공복리에 중대한 영향을 미치는 때'의 의미:** 행정소송법 제24조 제1항에서 규정하고 있는 **집행정지 결정의 취소사유는 특별한 사정이 없는 한 집행정지 결정이 확정된 이후에 발생한 것이어야 하고,** 그 중 **'집행정지가 공공복리에 중대한 영향을 미치는 때'라 함은** 일반적·추상적인 공익에 대한 침해의 가능성이 아니라 당해 집행정지 결정과 관련된 **구체적·개별적인 공익에 중대한 해를 입힐 개연성을 말하는 것이다.** [2] 이 사건 "학교환경위생정화구역 내 금지행위 및 시설해제 거부처분"의 취소재결의 집행정지결정으로 인하여 이 사건 극장 건립이 중단됨으로써 지역경제에 좋지 않은 영향을 미치게 된다고 하더라도 이는 간접적·반사적인 이해관계에 불과할 뿐 이 사건 집행정지결정과 관련된 구체적·개별적인 공익에 중대한 해를 입힐 개연성이 있는 경우에 해당한다고 보기 어렵다(대결 2005. 07. 15, 2005무16[집행정지취소]; 2004. 05. 17, 2004무6).

9. 집행정지원칙의 입법론

현행 행정소송법상의 집행부정지원칙을 독일법에서와 같이 집행정지원칙으로 변경하는 것이 헌법원칙에 합치한다는 견해가 있다. 이 견해는 헌법상 법치국가의 원칙 및 재판을 받을 권리의 내용을 이루는 실효적인 권리구제를 위해서는 집행정지원칙의 도입이 요청된다고 한다. 다만, 집행정지원칙을 도입하는 경우에는 그 도입으로 인한 행정 및 재판 부담의 증가, 남소의 우려 등 부작용을 최소화하고, 행정목적(공익)의 실현과 제3자의 권리보호를 담보하기 위한 입법조치가 병행되어야 한다. 그리고, 집행정지원칙론에 대하여는 반론도 존재한다. 우선 권력분립의 원칙 및 행정권에 대한 사법권의 한계론이 다음과 같이 집행정지원칙의 도입에 장애가 될 여지가 없지 않다. 집행정지는 사법작용이지만, 행정작용의 성질도 갖는 것이고, 행정에 대한 책임은 행정권이 지는데, 사법권이 행정목적을 달성하고자 하는 행정권의 행사인 처분의 효력이나 집행을 광범위하게 정지하는 것은 권력분립의 원칙에 합치하지 않고 행정권한 및 책임의 원칙에 맞지 않는 측면이 없지 않다. 행정심판의 경우 행정심판권은 사법권이 아니고, 행정심판위원회는 사법기관이 아니지만, 행정심판은 준사법작용이고, 행정심판위원회는 다툼의 대상이 되는 처분의 담당기관이나 책임기관이 아니므로 과도한 집행정지는 처분 소관 행정기관의 행정권 행사를 직접 책임을 지지 않는 기관인 행정심판위원회가 과도하게 제한하는 문제가 있을 수 있다.

행정기본법에서 인정된 행정행위(처분)의 공정력에 비추어 집행부정지원칙을 채택하여야 한다는 견해가 있다. 그러나, 행정행위의 공정력을 명문화한 행정기본법 제15조는 다음과 같은 이유에서 집행정지원칙을 도입하는 것에 장애가 되지 않는다고 보아야 한다. ① 행정기본법은 기본적으로 실체법이고, 집행정지를 규정하는 법은 소송법(절차법)으로서 행정기본법과 행정소송법은 규율범위가 다르다. ② 행정기본법은 기본법이면서 일반법으로서 타법률에서 행정기본법에 대해 특별한 규정을 두는 것을 금지하고 있지 않다. ③ 공정력은 기본적으로 행정작용법 및 행정실체법상 효력으로서 행정소송법상 효력인 집행정지효와는 다른 효력이다. 집행정지효는 실체법상 효력인 공정력과 달리 소송법상 인정되는 효력이다. ④ 집행정지효가 인정된다고 하여 공정력이 완전히 배제되는 것이 아니다. 즉 집행정지효는 공정력을 전제로 소송중에서만 다툼의 대상이 된 행정행위의 효력을 잠정적으로 그 집행을 정지하는 효력이다. 또한, 집행정지 중 효력정지도 있지만, 행정소송법이나 행정심판법상의 집행정지는 효력정지 보다 절차의 속행정지 또는 처분의 집행의 정지를 우선으로 하고 효력정지는 절차의 속행정지 또는 처분의 집행의 정지를 할 수 없는 경우에 한하여 보충적으로 인정되고 있다.

현재의 다수견해에 따르면 집행정지원칙이나 집행부정지원칙은 입법정책의 문제이고, 집행정지와 집행부정지는 집행정지를 통한 권리구제의 실효성 보장과 계쟁처분의 집행을 통한 행정목적의 달성(계쟁처분의 실효성 보장)을 조화시키는 정도로 인정되어야 한다.

독일의 경우와 같이 실효적인 권리구제를 위해 집행정지원칙을 채택하면서 상당한 정도의 예외(행정청의 즉시집행명령 등)를 인정하면 집행부정지원칙을 채택하고 예외적으로 상당한 정도의 집행정지를 인정하는 경우와 크게 다르지 않을 수도 있다는 견해도 있다. 또한 우리나라의 경우 예외규정은 극히 제한적으로 해석적용하여야 한다는 원칙이 강하게 뿌리내리고 있어, 집행정지원칙을 채택하고, 독일에서와 같이 상당한 정도의 예외(부정지)를 인정하는 입법을 하더라도 실무에서는 과도하게 집행정지가 제한적으로 인정되어 행정목적(공익)의 실현이 저해될 수도 있고, 행정 및 재판 부담의 증가, 남소의 우려 등 부작용도 적지 않을 수 있다는 점도 고려하여야 한다.

그러므로 사견으로는 집행정지의 원칙도 아니고 집행부정지의 원칙도 아니고, 집행정지와 집행부정지를 균형있게 배분하여 인정하는 입법례를 택하는 것이 타당하다고 판단된다.

현행 집행정지제도는 집행정지가 심히 제한적으로 인정되고 있어 실효적인 권리구제상 문제가 있다는 견해가 많고, 이러한 진단은 타당하다. 따라서, 현재와 같이 집행부정지원칙을 채택하더라도 집행정지에 대한 제한을 보다 완화하여 집행정지를 보다 넓게 인정하여야 한다. 즉, 집행정지의 요건으로 "회복하기 어려운 손해발생의 우려"를 요구하는 것은 지나치게 집행정지를 제한하는 것으로서 타당하지 않다. 집행정지의 요건을 '회복하기 어려운 손해'에서 '중대한 손해'로 완화하여, 금전상 손해라 하더라도 손해의 정도가 중대한 경우에는 집행정지가 가능하도록 하여 국민의 권리구제를 보다 실효적으로 보장할 필요가 있다. 이렇게 하면 '중대한 손해'와 '공공복리에 중대한 영향'이 균형을 이루게 될 것이다. "긴급한 필요"도 제한적 표현이므로 완화할 필요가 있다. 판례는 '긴급한 필요'를 '회복하기 어려운 손해의 발생이 절박하여 손해를 회피하기 위하여 본안판결을 기다릴 여유가 없는 것'을 말한다고 보고 있으므로 "긴급한 필요"를 "그 집행을 정지할 필요"로 수정하는 것이 타당하다.

집행정지결정은 본안심리없이 비교적 신속하게 행해지지만, 적지 않은 시간이 걸리므로 프랑스법에서와 같이 중대한 기본권 침해가 있고 신속한 집행정지가 필요한 경우에는 48시간이내에 집행정지를 해주도록 하는 '긴급집행정지제도'를 도입할 필요가 있다.

또한, '본안청구가 이유 없음이 명백하지 아니할 것'이 행정소송법상 명문으로 집행정지의 요건으로 규정되어 있지는 않지만 그것을 집행정지의 소극적 요건으로 요구하는 것이 판례의 입장인데, 이러하다면 처분의 위법성이 명백한 경우에는 집행정지를 해주록 규정하거나 '본안청구가 이유 없음이 명백하지 아니할 것'을 집행정지의 요건으로 하지 않고, 승소가능성을 집행정지판단기준의 하나로 하는 것이 타당하다.

법치주의 및 권력분립의 원칙상 일본 행정사건소송법에서와 같이 집행정지 판단의 기준을 구체화하는 것(형량의 요소를 열거하는 것)도 검토할 필요가 있다.

담보부집행정지제도는 집행정지를 확대하는 데에는 기여할 수 있으나 담보를 제공할 수 있는 자와 담보를 제공할 수 없는 자 사이에 차별을 초래하고, 담보부집행정지를 넓게 인정하면 공익을 훼손할 수 있으므로 공익이 크게 훼손되지 않는 일정한 경우에 한하여 제한적으로만 인정하는 것이 타당하다.

Ⅲ. 가처분의 가부

1. 행정소송법상 가처분의 인정필요성

현행 집행정지제도는 처분 등을 전제로 그 효력 등을 정지시키는 소극적 형성을 내용으로 하는 것이고, 적극적으로 수익적 처분을 받은 것과 동일한 상태를 창출하는 기능 또는 행하여지려고 하는 침해적 처분을 금지시키는 기능을 수행할 수는 없다. 따라서, 행정소송을 통한 국민의 권리구제의 실효성을 높이기 위하여 행정소송에도 가처분(假處分)을 인정할 필요가 있다.

2. 항고소송에서의 가처분의 인정 여부

우리 행정소송법은 행정처분에 대하여는 가처분에 관한 민사집행법상의 규정을 적용하지 아니한다는 것을 명시한 일본의 행정사건소송법(제44조)과는 달리 이에 대하여 명문의 규정을 두고 있지 않다. 그리하여 “행정소송에 관하여 이 법에 특별한 규정이 없는 사항에 대하여는 법원조직법과 민사소송법 및 민사집행법의 규정을 준용한다”라고 규정하고 있는 행정소송법 제8조 제2항의 해석과 관련하여 항고소송에 있어서 민사집행법상의 가처분에 관한 규정을 준용할 수 있다는 견해와 이를 부정하는 견해가 대립되고 있다.

(1) 소극설(부정설)

우리나라의 판례와 통설은 소극설을 취하고 있다. 그 논거는 다음과 같다.

① 행정소송법상 집행정지에 관한 규정은 민사집행법상의 가처분제도에 대한 특별규정이므로 민사집행법상의 가처분을 배제한다는 뜻을 포함하는 것이다.

② 가처분을 인정하면 법원이 일정한 행위를 행정기관에게 명하게 되는 바 이는 사법권의 범위를 벗어나는 것이다.

③ 민사집행법상 가처분을 준용할 필요성이 있는 거부처분에 대하여 행정청의 수익적 처분을 잠정적으로 실현시키는 가처분 등은 본안소송으로서 의무이행소송 등이 인정되어 있음을 전제로 하는 것인데 우리 행정소송법은 의무이행소송을 인정하고 있지 않으므로 소극설을 취할 수밖에 없다.[277)]

277) 박윤흔, 전게서, 954면.

(2) 적극설(긍정설)

적극설의 논거는 다음과 같다.

① 우리 행정소송법은 가처분을 배제하는 규정을 특별히 두고 있지 않으므로 이 문제는 행정소송법 제8조 제2항에 의해 해결되어야 하고, 따라서 가처분에 관한 민사집행법의 규정이 행정소송에 준용되어야 한다.

② 가처분을 통하여 국민의 권리보호를 실효성있게 하는 것은 사법권의 범위에 속하는 것이며 헌법 제27조 제1항이 보장하는 재판을 받을 권리에도 포함된다.

③ 거부처분취소소송을 임시의 지위를 정하는 가처분의 본안소송으로 볼 수 있다.

(3) 제한적 긍정설

행정소송법이 집행정지제도를 인정하고 있으므로 동 제도를 통해 목적을 달성할 수 있는 한 민사집행법상 가처분규정이 적용될 여지는 없지만, 집행정지제도로는 가구제가 안 되는 경우(예, 거부처분)에는 가처분제도를 활용하여 행정처분에 따르는 불이익을 잠정적이나마 배제할 필요가 있다(김남진·김연태, 943면).

(4) 판 례

판례는 소극설을 취하고 있다.

[판례] ① 민사소송법상의 보전처분은 민사판결절차에 의하여 보호받을 수 있는 권리에 관한 것이므로, 민사소송법상의 가처분으로써 행정청의 어떠한 행정행위의 금지를 구하는 것은 허용될 수 없다 할 것이다(대결 1992. 07. 06, 92마54).

② [1] 항고소송의 대상이 되는 행정처분의 효력이나 집행 혹은 절차속행의 정지를 구하는 신청은 행정소송법상 집행정지신청의 방법으로서만 가능할 뿐 민사소송법상의 가처분의 방법으로는 허용될 수 없다. [2] 관할 구청장의 인가 등에 의해 확정된 재건축사업시행계획(행정처분)의 집행정지는 행정소송법상 집행정지신청에 의해야 한다고 한 사례(대결 2009. 11. 12, 2009마596; 1992. 07. 06, 92마54).

③ 민사집행법상의 가처분으로 행정청의 행정행위 금지를 구하는 것은 허용될 수 없다(대결 2011. 04. 18, 2010마1576[자동차사업면허처분금지가처분]).

(5) 결 어

해석론으로는 다음과 같은 이유에서 소극설이 타당하다. 행정소송법이 민사집행법의 가처분과는 다른 가구제제도(집행정지제도)를 마련한 것은 공익과의 관련성 때문에 민사집행법의 가처분을 그대로 적용할 수 없다는 입장에서 민사집행법상의 가처분을 배제하고 특별한 규정을 둔 것이므로 가처분에 관한 민사집행법상의 규정은 행정소송에는 적용되지 않는다고 할 것이다.

그러나 **입법론**으로는 적극설이 타당하다. 행정소송이나 이에 따르는 가구제가 우리 헌법상 사법권에 속하는 것은 당연하며 의무이행소송과 예방적 금지소송을 인정하는 경우 권리구제의 실효성을 위하여 가처분을 인정하여야 한다.

법무부 행정소송법 개정안은 의무이행소송을 인정하고 현상유지를 위한 가처분과 임시의 지위를 정하는 가처분을 규정하고 있다.

만일 해석상 항고소송에 있어서 가처분을 인정한다고 하더라도 부작위위법확인소송을 응답의무의 불이행으로서의 부작위의 위법확인을 구하는 소송으로 보는 견해에 의하면 부작위위법확인소송에서는 임시의 지위를 정하는 가처분을 인정하는 것은 본안소송을 초과하여 가처분을 인정하는 것이 되어 논리상 타당하지 않다.

3. 공법상 당사자소송에서의 가구제

공법상 당사자소송에서는 집행정지는 인정되지 않는다.

공법상 당사자소송에서는 항고소송에서 가처분 인정의 부정적 논거가 되는 가처분의 특례규정인 집행정지 등 가처분에 관한 특례규정이 없고, 당사자소송은 민사소송과 유사하므로 민사집행법상의 가처분이 준용된다는 것이 판례 및 학설의 일반적 견해이다.

[판례] ① 당사자소송에 대하여는 행정소송법 제23조 제2항의 집행정지에 관한 규정이 준용되지 아니하므로(행정소송법 제44조 제1항 참조), 이를 본안으로 하는 가처분에 대하여는 행정소송법 제8조 제2항에 따라 민사집행법상 가처분에 관한 규정이 준용되어야 한다(대결 2015. 08. 21, 2015무26[관리처분계획안에대한총회결의효력정지가처분]).
② **당사자소송에 대하여는** 행정소송법 제8조 제2항에 따라 민사집행법상 **가처분에 관한 규정이 준용**되므로, 도시·군계획시설사업의 사업시행자는 민사집행법 제300조 제2항에 따라 현저한 손해를 피하기 위해 필요한 경우 '임시의 지위를 정하기 위한 가처분'을 통하여 공익사업을 신속하고 원활하게 수행할 수 있다(대판 2019. 09. 09, 2016다262550).

공법상 당사자소송에서는 가압류가 인정된다.

공법상 당사자소송에서 재산권의 청구를 인용하는 판결을 하는 경우, 가집행선고를 할 수 있다.

[판례] 행정소송법 제8조 제2항에 의하면 행정소송에도 민사소송법의 규정이 일반적으로 준용되므로 법원으로서는 공법상 당사자소송에서 재산권의 청구를 인용하는 판결을 하는 경우 가집행선고를 할 수 있다(대판 2000. 11. 28, 99두3416).

행정소송법 제43조는 "국가를 상대로 하는 당사자소송의 경우에는 가집행선고를 할 수 없다."라고 규정하고 있었는데, 이 규정은 피고가 국가인 경우에만 가집행선고를 제한하는 것은 피고가 공공단체인 경우에 비해 이유없는 차별을 하는 것으로 평등원칙 위반으로 위헌(단순위헌)이라는 결정이 내려졌다(헌재 2022. 02. 24, 2020헌가12).

제 5 항 행정소송의 심리

Ⅰ. 개 설

소송(訴訟)의 심리(審理)라 함은 소에 대한 판결을 하기 위하여 그 기초가 될 소송자료를 수집하는 절차를 말한다.

소송의 심리에 관한 원칙으로 당사자주의와 직권주의가 있다.

당사자주의라 함은 소송의 심리에 있어서 소송의 개시, 심판대상의 특정, 증거조사, 소송진행 및 종료 등에 관하여 당사자에게 주도권을 부여하는 소송원칙을 말한다. 당사자주의는 직권주의에 대응하는 소송원칙으로서 민사소송의 기본적인 소송원칙이다.

당사자주의는 처분권주의와 변론주의를 내용으로 한다. **처분권주의**(處分權主義)라 함은 소송의 개시, 심판대상의 특정 및 절차의 종결에 대하여 당사자에게 주도권을 인정하고 그 처분에 맡기는 소송원칙을 말한다. **변론주의**라 함은 재판의 기초가 되는 자료(사실 및 증거)의 수집·제출을 당사자의 권능과 책임으로 하는 소송원칙을 말한다. 처분권주의와 변론주의를 혼동하는 경우가 있지만, 처분권주의는 당사자의 소송물에 대한 처분자유를 뜻하는 것인 반면에 변론주의는 당사자의 소송자료에 대한 수집책임을 뜻하는 것이므로 양자를 구별하는 것이 타당하다.[278]

직권주의(職權主義)라 함은 소송절차에 있어서 법원에게 심판에 관한 여러 권한을 집중시키는 소송원칙을 말한다. 직권주의는 직권탐지주의(또는 직권심리주의) 또는 직권증거조사주의 등을 그 내용으로 한다. 직권심리주의라 함은 소송의 심리에 있어서 법원이 당사자의 사실상의 주장에 근거하지 않거나 그 주장에 구속되지 않고 적극적으로 직권으로 필요한 사실상의 탐지 또는 증거조사를 행하는 소송원칙을 말하는데, 사실의 탐지의 면을 강조할 때 직권탐지주의라고도 한다. 직권심리주의는 변론주의에 대응하는 원칙이다. 직권증거조사주의라 함은 법원이 필요하다고 인정할 때 직권으로 증거조사를 행할 수 있는 소송원칙을 말한다.

민사소송은 당사자주의(처분권주의 및 변론주의)를 기본원칙으로 하고 직권주의는 극히 예외적으로 인정되고 있다. 행정소송에도 당사자주의가 기본적인 소송원칙으로

278) 이시윤, 『민사소송법』, 418면.

적용되는데, 행정소송은 공익과 관련이 있으므로 행정소송의 공익성에 비추어 직권주의가 민사소송에 비하여 보다 널리 적용되고 있다. 즉, 행정소송법은 제26조에서 직권심리주의를 보충적인 소송원칙으로 인정하고 있다.

Ⅱ. 심리의 내용

심리는 그 내용에 따라 요건심리와 본안심리로 나눌 수 있다.

1. 요건심리

요건심리(要件審理)라 함은 제기된 소가 소송요건을 갖춘 것인지의 여부를 심리하는 것을 말한다. 요건심리의 결과 소송요건을 갖추지 않은 것으로 인정될 때에는 당해 소는 부적법한 소가 되고 각하판결이 내려진다.

소송요건으로는 관할권, 제소기간, 처분성, 원고적격, 소의 이익, 전심절차, 당사자능력, 중복소송이 아닐 것, 기판력에 반하지 않을 것 등이 있다.

소송요건은 직권조사사항이다. 따라서, 당사자의 주장이 없다고 하더라도 법원이 직권으로 조사하여야 한다.

[판례] [1] 소송에서 당사자가 누구인가를 법원이 직권으로 확정하여야 하는지 여부(적극): 소송에서 당사자가 누구인가는 당사자능력, 당사자적격 등에 관한 문제와 직결되는 중요한 사항이므로, 사건을 심리·판단하는 법원으로서는 직권으로 소송당사자가 누구인가를 확정하여 심리를 진행하여야 한다. [2] 개인이나 법인이 과세처분에 대하여 심판청구 등을 제기하여 전심절차를 진행하던 중 사망하거나 흡수합병되는 등으로 당사자능력이 소멸하였으나, 전심절차에서 이를 알지 못한 채 사망하거나 합병으로 인해 소멸된 당사자를 청구인으로 표시하여 청구에 관한 결정이 이루어지고, 상속인이나 합병법인이 결정에 불복하여 소를 제기하면서 소장에 착오로 소멸한 당사자를 원고로 기재하였다면, 실제 소를 제기한 당사자는 상속인이나 합병법인이고 다만 그 표시를 잘못한 것에 불과하므로, 법원으로서는 이를 바로잡기 위한 당사자표시정정신청을 받아들인 후 본안에 관하여 심리·판단하여야 한다(대판 2016. 12. 27, 2016두50440).

소송요건의 존부는 변론종결시를 기준으로 판단한다. 따라서, 제소 당시 소송요건이 존재하지 않아도 변론종결시까지 이를 갖추면 된다. 그리고, 제소당시 소송요건을 충족하여도 변론종결시 소송요건이 결여되면 각하판결을 내린다.

또한, 사실심에서 변론종결시까지 당사자가 주장하지 않던 직권조사사항에 해당하는 사항을 비로소 주장하는 경우 그 직권조사사항에 해당하는 사항은 상고심의 심판범위에 해당한다(대판 2004. 12. 24, 2003두15195).

소송요건은 사실심변론종결시는 물론 상고심에서도 존속하여야 한다(대판 2007.

04. 12, 2004두7924). 사실심 변론종결 이후에 소송요건이 흠결되거나 그 흠결이 치유된 경우 상고심에서도 이를 참작하여야 한다(대판 2020. 01. 16, 2019다247385).

해당 처분을 다툴 법률상 이익이 있는지 여부는 직권조사사항으로 이에 관한 당사자의 주장은 직권발동을 촉구하는 의미밖에 없으므로, 원심법원이 이에 관하여 판단하지 않았다고 하여 판단유탈의 상고이유로 삼을 수 없다(대판 2017. 03. 09, 2013두16852).

2. 본안심리

본안심리(本案審理)라 함은 요건심리의 결과 당해 소송이 소송요건을 갖춘 것으로 인정되는 경우 사건의 본안(예, 취소소송에서의 처분의 위법 여부)에 대하여 실체적 심사를 행하는 것을 말한다.

본안심리의 결과 청구가 이유 있다고 인정되면 청구인용판결을 하고, 청구가 이유 없다고 인정되면 청구기각판결을 한다.

Ⅲ. 심리의 범위

1. 불고불리의 원칙

행정소송에도 민사소송에서와 같이 불고불리(不告不理)의 원칙(原則)이 적용된다(법 제8조).[279] 불고불리의 원칙이라 함은 법원은 소송의 제기가 없으면 재판할 수 없고, 소송의 제기가 있는 경우에도 당사자가 신청한 사항에 대하여 신청의 범위내에서 심리·판단하여야 한다는 원칙을 말한다(민사소송법 제203조).

[판례] ① 행정소송에 있어서도 원고의 청구취지, 즉 청구범위·액수 등은 모두 원고가 청구하는 한도를 초월하여 판결할 수 없다(대판 1956. 03. 30, 4289행상18; 1987. 11. 10, 86누491).
② 처분권주의에 관한 민사소송법 제203조가 준용되는 행정소송에서 심판 대상은 원고의 의사에 따라 특정되고, 법원은 당사자가 신청한 사항에 대하여 신청 범위 내에서 판단하여야 한다(대판 2022. 02. 10, 2019두50946).

279) 불고불리의 원칙은 처분권주의의 한 내용을 이룬다. 그런데, 판례는 '구 행정소송법 제14조(현 행법 제8조)는 본법에 특별한 규정이 없는 사항은 법원조직법 및 민사소송법의 정하는 바에 의한다고 하고 있고, 민사소송법 제188조는 법원은 당사자가 주장하지 아니한 사항에 대하여는 판결을 하지 못한다고 규정하였고, 그 사항에 관하여 행정소송법은 동법 제9조(현행법 제26조)로 증거조사에 관하여 규정한 이외에는 별단의 규정이 없으므로 구 민사소송법 제188조(현 제203조)는 행정소송법 제1조가 규정한 소송에도 적용된다'고 하여 처분권주의는 행정소송에도 적용된다고 보았다(대판 1961. 11. 09, 4294행상4).

(1) 취소소송에서의 심판의 범위

취소소송에서의 소송물(소송상 청구)은 처분의 위법성 일반과 계쟁처분의 취소이다. 처분의 동일성 내에서 개개의 위법사유는 심판의 범위에 속한다. 일부취소를 청구하였음에도 처분의 전부를 취소하는 것은 심판의 범위를 벗어나는 것이지만, 전부취소를 청구한 경우 일부취소하는 것은 심판의 범위에 들어간다. 사정판결을 할 것인지의 여부도 심판의 대상에 포함된다.

(2) 무효확인소송에서의 심판의 범위

무효확인소송에서는 처분의 위법 여부와 무효여부가 심판의 대상이 된다. 무효확인청구에는 취소의 청구가 포함되어 있다고 보는 것이 판례의 입장이며 이러한 입장에 서는 경우 계쟁처분의 취소 여부도 심판의 대상이 된다. 무효확인소송에서는 사정판결을 할 것인지 여부는 심판의 대상이 되지 않는다.

(3) 부작위위법확인소송에서의 심판의 범위

부작위위법확인소송에서 심판의 범위가 부작위의 위법 여부만에 그치는 것인지 아니면 부작위의 위법 여부뿐만 아니라 신청에 따른 처분의무가 있는지에도 미치는지에 관하여 견해가 나뉘고 있다.

1) 절차적 심리설

이 견해는 부작위의 위법 여부만이 부작위위법확인소송에서의 심판의 범위에 포함된다는 견해이다. 이 견해의 논거는 다음과 같다. i) 의무이행소송을 도입하지 않고 부작위위법확인소송만을 도입한 입법취지에 비추어 실체적 심리설은 타당하지 않다. ii) 행정소송법 제2조 제1항 제2호의 부작위의 정의규정에 비추어 절차적 심리설이 타당하다. 동규정에서 '일정한 처분을 할 법률상 의무'는 신청에 대한 응답의무라고 해석하는 것이 타당하다. iii) 실체적 심리설을 취하는 경우 행정청의 일차적 처분 없이 법원이 일차적 판단권을 행사하는 결과가 되어 문제가 있다. iv) 실체적 심리설을 취하는 경우 위법판단의 기준 및 판단의 기준시를 어느 시점으로 볼 것인지 문제가 제기된다. v) 실체적 심리설을 취하는 경우 법원이 신청에 따른 처분의 적법 여부를 스스로 판단하여야 하므로 법원의 부담이 너무 커진다.

2) 실체적 심리설

이 견해는 부작위의 위법 여부뿐만 아니라 신청에 따른 처분의무가 있는지도 부작위위법확인소송에서의 심판의 범위에 포함된다는 견해이다. 이 견해의 논거는 다음과 같다. i) 무용한 소송의 반복을 피하기 위하여 신청에 따른 처분의무도 심판의 범위에 포함시키는 것이 타당하다. ii) 부작위위법확인소송이 의무이행소송과 같은 기능을 수행하도록 함으로써 국민의 권리구제의 실효성을 도모할 필요가 있다. iii) 행정소송법 제2조 제1항 제2호에서 '일정한 처분을 할 법률상 의무'는 '신청에 따른 처분을 하여 줄 의무'라고 해석하여야 한다.

3) 판 례

판례는 절차적 심리설을 취하고 있다.

[판례] ① 부작위위법확인의 소는 행정청이 국민의 법규상 또는 조리상의 권리에 기한 신청에 대하여 상당한 기간 내에 그 신청을 인용하는 적극적 처분 또는 각하하거나 기각하는 등의 소극적 처분을 하여야 할 법률상의 응답의무가 있음에도 불구하고 이를 하지 아니하는 경우, 판결(사실심의 구두변론 종결)시를 기준으로 그 부작위의 위법을 확인함으로써 행정청의 응답을 신속하게 하여 부작위 내지 무응답이라고 하는 소극적인 위법상태를 제거하는 것을 목적으로 하는 것이고, 나아가 당해 판결의 구속력에 의하여 행정청에게 처분 등을 하게 하고 다시 당해 처분 등에 대하여 불복이 있는 때에는 그 처분 등을 다투게 함으로써 최종적으로는 국민의 권리이익을 보호하려는 제도이므로, 소제기의 전후를 통하여 판결시까지 행정청이 그 신청에 대하여 적극 또는 소극의 처분을 함으로써 부작위상태가 해소된 때에는 소의 이익을 상실하게 되어 당해 소는 각하를 면할 수가 없는 것이다(대판 1990. 09. 25, 89누4758).
② [1] 행정청이 상대방의 신청에 대하여 아무런 적극적 또는 소극적 처분을 하지 않고 있는 이상 행정청의 부작위는 그 자체로 위법하다고 할 것이고, 구체적으로 그 신청이 인용될 수 있는지 여부는 소극적 처분에 대한 항고소송의 본안에서 판단하여야 할 사항이라고 할 것이다. [2] 행정청이 행한 공사중지명령의 상대방이 그 명령 이후에 그 원인사유가 소멸하였음을 들어 행정청에 대하여 공사중지명령의 철회를 신청하였으나 행정청이 이에 대하여 아무런 응답을 하지 않고 있는 경우, 그러한 행정청의 부작위가 위법하다고 한 사례(대판 2005. 04. 14, 2003두7590[공사중지명령철회신청거부처분위법확인]).

4) 결어(절차적 심리설)

의무이행소송을 인정하지 않고 부작위위법확인소송만을 인정한 입법취지 및 부작위의 정의규정인 행정소송법 제2조 제1항 제2호에 비추어 부작위의 위법 여부만이 부작위위법확인소송에서의 심판의 범위에 포함된다는 견해(절차적 심리설)가 타당하다.

2. 재량문제의 심리

행정청의 재량행위도 행정소송의 대상이 된다.

재량행위도 재량권의 일탈·남용이 있는 경우에는 부당에 그치는 것이 아니라 위법하게 된다.

따라서, 법원은 재량행위에 대하여 취소소송이 제기된 경우에는 각하할 것이 아니라 본안심리를 하여 재량권의 일탈·남용 여부를 판단하여 재량권의 일탈·남용이 있으면 인용판결을 하고 재량권의 일탈·남용이 없으면 기각판결을 하여야 한다. 행정소송법 제27조는 "행정청의 재량에 속하는 처분이라도 재량권의 한계를 넘거나 그

남용이 있는 때에는 법원은 이를 취소할 수 있다"라고 규정하여 법원이 재량권의 일탈·남용 여부에 대하여 심리·판단할 수 있음을 명백히 하였다.

그러나, 법원은 재량권 행사가 부당한 것인지 여부는 심리·판단할 수 없다.

3. 법률문제·사실문제

법원은 소송의 대상이 된 처분 등의 모든 법률문제 및 사실문제에 대하여 처음부터 새롭게 다시(de novo) 심사할 수 있다. 다만, 미국과 같이 특히 전문적·기술적인 지식을 요하는 사항에 관하여는 행정의 전문성 및 통일성(consistency)을 살리기 위하여 법원의 심리범위를 법률문제에 한정시키는 입법례도 있다. 미국 행정법상 판례에 의해 확립된 실질적 증거의 법칙(substantial evidence rule)에 의하면 행정위원회 기타 행정기관에 의한 사실인정은 어느 정도의 증거가 있고 명백히 잘못되거나 자의적인 판단이 아닌 한 법원에 의해 인정되어야 한다.

Ⅳ. 심리의 일반원칙

1. 민사소송법상의 심리절차의 준용

행정소송사건의 심리절차에 관하여 행정소송법에 특별한 규정이 없는 경우에는 법원조직법과 민사소송법 및 민사집행법의 관련규정이 준용되는데(법 제8조 제2항), 행정소송법에 제26조(직권심리) 및 제25조(행정심판기록의 제출명령)를 제외하고는 특별한 규정이 없으므로 민사소송의 심리에 관한 일반원칙인 공개심리주의, 쌍방심리주의, 구술심리주의, 변론주의 등이 행정소송의 심리에도 적용된다.

(1) 공개심리주의

공개심리주의(公開審理主義)라 함은 재판의 심리와 판결의 선고를 일반인이 방청할 수 있는 상태에서 행하는 소송원칙을 말한다(법원조직법 제57조 제1항). 다만, 국가의 안전보장, 안녕질서 또는 선량한 풍속을 해할 염려가 있을 때에는 결정으로 공개를 정지할 수 있으며 이 경우에는 이유를 개시하여야 한다(법원조직법 제57조 제1항, 제2항).

(2) 쌍방심리주의

쌍방심리주의(雙方審理主義)라 함은 소송의 심리에 있어서 당사자 쌍방에게 평등하게 진술할 기회를 주는 소송원칙을 말하는데, 당사자평등의 원칙 또는 무기대등의 원칙이라고도 한다.[280]

---

280) 이시윤, 전게서, 413면.

당사자의 평등을 실질적으로 보장하기 위하여는 당사자의 소송상 지위의 실질적 평등의 실현이 요청된다. 그런데, 행정소송에 있어서는 입증자료가 피고인 행정청에게 편재되어 있는 문제가 있다. 따라서, 행정소송에 있어서는 입증방법의 확보를 통하여 원고의 지위를 보장하기 위하여 원고에게 관계 행정청에 대한 자료의 열람 및 등사청구권을 인정하도록 법을 개정하는 것이 필요하다. 현행 행정소송법은 후술하는 행정심판기록제출명령제도를 두고 있을 뿐이다. 행정소송법개정안은 법원의 직권에 의한 당사자 또는 관계행정청에 대한 자료제출요구제도를 두고 있다.

법원은 석명권의 행사를 통하여 당사자 사이의 증거의 구조적 편재를 시정함으로써 당사자의 소송상 지위의 평등을 실질적으로 보장하도록 하여야 할 것이다.

(3) 구술심리주의

구술심리주의(口述審理主義)라 함은 심리에 있어서 당사자 및 법원의 소송행위, 특히 변론 및 증거조사를 구술로 행하는 원칙으로서 서면심리주의에 대립한다.

구술심리주의와 서면심리주의에는 각각 장점과 단점이 있는데, 현행법은 구술심리주의를 원칙으로 하면서 서면심리주의로써 그 결점을 보완하고 있다.[281] 프랑스와 같이 서면심리주의를 취하는 입법례도 있다.

(4) 변론주의

변론주의(辯論主義)라 함은 재판의 기초가 되는 자료(사실 및 증거)의 수집·제출을 당사자의 권능과 책임으로 하는 소송원칙을 말하며 직권탐지주의에 대응하는 것이다.

행정소송에서도 변론주의가 원칙이다. 다만, 행정소송법은 행정소송의 공익관련성을 고려하여 법원의 직권에 의한 증거조사 및 직권탐지를 보충적으로 인정하고 있다.

[판례] 법원의 석명권 행사는 사안을 해명하기 위하여 당사자에게 그 주장의 모순된 점이나 불완전·불명료한 부분을 지적하여 이를 정정·보충할 수 있는 기회를 주고, 계쟁사실에 대한 증거의 제출을 촉구하는 것을 그 내용으로 하는 것이며, **당사자가 주장하지도 않은 법률효과에 관한 요건사실이나 공격방어방법을 시사하여 그 제출을 권유하는 행위는 변론주의의 원칙에 위배되고 석명권 행사의 한계를 일탈한 것이** 된다(대판 2005. 01. 14, 2002두7234).

2. 행정소송법상의 특수한 소송절차

(1) 직권심리주의

1) 의 의

직권심리주의(職權審理主義)라 함은 소송자료의 수집을 법원이 직권으로 할 수 있는 소송심리원칙을 말한다.

---

281) 상게서, 415면.

행정소송은 공익과 관련이 있으므로 행정소송에 있어서는 당사자의 노력에 의해 실체적 진실이 밝혀지지 않는 경우에는 법원이 적극적으로 개입하여 실체적 진실을 밝혀 내어 적정한 재판이 되도록 하여야 한다. 이를 위하여 행정소송법 제26조는 직권심리주의를 인정하고 있다. 즉, 행정소송법 제26조는 "법원이 필요하다고 인정할 때에는 직권으로 증거조사를 할 수 있고, 당사자가 주장하지 아니한 사실에 대하여 판단할 수 있다"라고 규정하고 있다.

2) 직권탐지 인정 여부

행정소송법 제26조가 법원에게 직권증거조사만을 인정한 것인지 아니면 직권증거조사와 함께 일정한 한도 내에서 직권탐지(職權探知)까지 인정한 것인지에 관하여 학설이 대립하고 있다.

가. 직권증거조사주의설 이 견해는 행정소송법 제26조는 당사자가 주장하는 사실에 대한 당사자의 입증활동이 불충분하여 심증을 얻기 어려운 경우에 당사자의 증거신청에 의하지 아니하고 직권으로 증거조사를 할 수 있음을 의미하는 것으로 본다.[282] 이 견해에 의하면 당사자가 주장하지 않은 사실은 심판의 대상으로 할 수 없다.

그러나, 이 견해는 행정소송의 특수성을 도외시하는 견해이며 행정소송법 제26조 후단이 "당사자가 주장하지 아니한 사실에 대하여 판단할 수 있다"라고 규정하고 있는 것을 무시하는 견해로서 타당하지 않다.

나. 직권탐지주의설 이 견해는 행정소송법 제26조는 당사자가 주장한 사실에 대하여 법원이 보충적으로 증거를 조사할 수 있을 뿐만 아니라, 더 나아가 당사자가 주장하지 않은 사실에 대하여도 직권으로 증거를 조사하여 이를 판단의 자료로 삼는 직권탐지주의까지를 인정하고 있는 것으로 본다. 그 논거로 행정소송법 제26조 후단이 "당사자가 주장하지 아니한 사실에 대하여 판단할 수 있다"라고 규정하고 있는 것을 들고 있다.[283]

직권탐지주의설에는 직권탐지주의를 원칙이라고 보고 당사자의 변론을 보충적인 것으로 보는 견해, 변론주의가 원칙이며 직권탐지주의는 변론주의에 대한 예외로서 보충적으로 인정된다고 보는 견해 또는 그 사이에 여러 입장이 있을 수 있는데, 현재 행정법학자들의 견해는 명백하지는 않지만 변론주의가 원칙이며 직권탐지주의는 보충적인 것으로 보는 것이 다수의 견해[284]이다.

---

282) 이상규, 전게서, 867면.
283) 박윤흔, 전게서, 947~948면.
284) 김남진, 전게서, 810면.

다. 판 례 판례는 행정소송에서 직권탐지를 극히 예외적으로만 인정하고 있다. 판례가 인정하는 직권탐지주의의 범위는 다음과 같다. ① 당사자주의, 변론주의가 원칙이며 직권탐지주의는 예외이다. ② 직권탐지는 소송기록에 나타난 사실에 한정된다. 예를 들면, 증거신청서류에 나타난 사실에 대하여도 당사자가 주장하지 않은 사실의 직권탐지가 가능하다. ③ 직권탐지는 직권증거조사와 함께 직권으로 탐지한 사실을 판결의 기초로 삼을 수 있다는 것을 내용으로 한다. ④ 행정소송에 있어서 직권주의가 가미되었다고 하여서 당사자주의와 변론주의를 기본구조로 하는 이상 주장·입증책임이 전도된 것이라고 할 수 없다(대판 1981. 06. 23, 80누510). ⑤ 청구의 범위 내에서만 직권탐지가 가능하다. ⑥ 기본적 사실관계의 동일성이 없는 사실을 직권으로 심사하는 것은 직권심사주의의 한계를 벗어난 것으로서 위법하다(대판 2013. 08. 22, 2011두26589[국가유공자비해당결정처분취소]). ⑦ 직권탐지는 법원이 필요하다고 인정할 때에 한한다. ⑧ 단순한 법률상의 주장(예, 어떤 권리의 소멸시효기간이 얼마나 되는지에 관한 주장)은 변론주의의 적용 대상이 되지 않으므로 법원이 직권으로 판단할 수 있다(대판 2023. 12. 14, 2023다248903).

[판례] ① 행정소송법 제26조가 '법원은 필요하다고 인정할 때에는 직권으로 증거조사를 할 수 있고, 당사자가 주장하지 아니한 사실에 대하여도 판단할 수 있다'라고 규정하고 있지만, 이는 행정소송의 특수성에 연유하는 **당사자주의, 변론주의에 대한 일부예외 규정일 뿐** 법원이 아무런 제한 없이 당사자가 주장하지 아니한 사실을 판단할 수 있는 것은 아니고, **일건 기록에 현출되어 있는 사항에 관하여서만 직권으로 증거조사를 하고 이를 기초로 하여 판단할 수 있을 따름**이고, 그것도 **법원이 필요하다고 인정할 때에 한하여** 청구의 범위 내에서 증거조사를 하고 판단할 수 있을 뿐이다(대판 1994. 10. 11, 94누4820; 1985. 02. 13, 84누467).

② [1] 직권심리에 관한 행정소송법 제26조의 법의와 법원의 석명권의 한계: 행정소송법 제26조는 법원이 필요하다고 인정할 때에는 직권으로 증거조사를 할 수 있고 당사자가 주장하지 아니한 사실에 대하여 판단할 수 있다고 규정하고 있으나, 이는 행정소송에 있어서 원고의 청구범위를 초월하여 그 이상의 청구를 인용할 수 있다는 뜻이 아니라 **원고의 청구범위를 유지하면서 그 범위 내에서 필요에 따라 주장 외의 사실에 관하여 판단할 수 있다는 뜻이고 또 법원의 석명권은** 당사자의 진술에 모순, 흠결이 있거나 애매하여 그 진술의 취지를 알 수 없을 때 이를 보완하여 명료하게 하거나 입증책임 있는 당사자에게 입증을 촉구하기 위하여 행사하는 것이지 그 정도를 넘어 **당사자에게 새로운 청구를 할 것을 권유하는 것은 석명권의 한계를 넘어서는 것**이다. [2] 국세징수법 제24조 제1항에 의한 압류처분에 대한 무효확인청구와 같은 법 제53조에 의한 압류해제신청을 거부한 처분에 대한 취소청구는 각 별개의 독립된 청구이므로, 참가압류처분무효확인청구의 소송에서 심판의 대상이 되지 아니한 참가압류해제신청에 대한 거부처분에 관하여 직권으로 심리판단하지 아니하거나, 석명권을 행사하여 원고에게 예비적으로 위 거부처분의 취소청구로 갱정하도록 권유하지 아니하였다고 하여 행정소송에 있어서의 직권심리조사의 범위에 관한 법리오해니 석명권 불행사의 위법을 저질렀다고 할 수 없다고 한 사례(대판 1992. 03. 10, 91누6030[참가압류무효확인]).

③ 행정소송에 있어서 처분청의 처분권한 유무는 직권조사사항이 아니다(대판 전원합의체 1997.

06. 19, 95누8669[임원취임승인취소처분등취소]).
④ 같은 국가유공자 비해당결정이라도 그 사유가 공무수행과 상이 사이에 인과관계가 없다는 것과 본인 과실이 경합되어 있어 지원대상자에 해당할 뿐이라는 것은 기본적 사실관계의 동일성이 없다고 보아야 한다. 따라서 처분청이 공무수행과 사이에 인과관계가 없다는 이유로 국가유공자 비해당 결정을 한 데 대하여 법원이 그 인과관계의 존재는 인정하면서 직권으로 본인 과실이 경합된 사유가 있다는 이유로 그 처분이 정당하다고 판단하는 것은 행정소송법이 허용하는 직권심사주의의 한계를 벗어난 것으로서 위법하다(대판 2013. 08. 22, 2011두26589[국가유공자비해당결정처분취소]).
⑤ 명의신탁등기 과징금과 장기미등기 과징금은 위반행위의 태양, 부과 요건, 근거 조항을 달리하므로, 각 과징금 부과처분의 사유는 상호 간에 기본적 사실관계의 동일성이 있다고 할 수 없다. 그러므로 그중 어느 하나의 처분사유에 의한 과징금 부과처분에 대하여 당해 처분사유가 아닌 다른 처분사유가 존재한다는 이유로 적법하다고 판단하는 것은 특별한 사정이 없는 한 행정소송법상 **직권심사주의의 한계**를 넘는 것으로서 허용될 수 없다(대판 2017. 05. 17, 2016두53050).
⑥ 시외버스운송사업계획변경 인가처분에 대한 취소소송에서, 당사자가 그 처분으로 변경된 여객자동차 운수회사 노선이 고속형 시외버스운송사업에 해당하고, 해당 행정청은 처분권한이 없다고 주장하면서 관련 판결문을 제출한 사안에서, 원심으로서는 당사자가 제출한 소송자료 등 기록에 나타난 자료에 의하여 위 처분으로 변경된 노선이 관련 법령이 규정한 고속형 시외버스운송사업에 해당하는지 등을 중심으로 처분의 위법 여부를 판단했어야 한다는 이유로, 이와 달리 판단한 원심판결에 필요한 심리를 다하지 않고 판단을 누락한 위법이 있다고 한 사례(대판 2011. 02. 10, 2010두20980).

라. 결 어 　행정소송은 공익과 사익의 대립을 심판의 대상으로 한다는 점에서 공익과 관련이 있고, 또한 행정소송이 권리구제만을 목적으로 하지 않고 행정의 통제를 통한 법질서의 회복도 그 목적으로 하고 있으므로 실체적 진실의 발견을 위하여 직권탐지주의가 적용되어야 한다. 행정소송법 제26조 후단규정에 비추어도 직권탐지주의설이 타당하다.

직권탐지주의를 어느 정도 도입할 것인가는 입법정책의 문제이다. 실체적 진실 발견과 재판부담을 조화시켜야 한다.

우리나라의 경우에는 행정소송이 기본적으로 권리구제에 중점이 두어진 주관적 소송의 성질을 가지고 있고, 법원의 전문성 및 인적·재정적 여건이 미비하므로 변론주의를 원칙으로 하고 직권탐지주의를 보충적인 것으로 하는 것이 타당하며 행정소송법 제26조도 그렇게 해석하는 것이 타당하다. 그러나, 행정소송을 권리구제뿐만 아니라 행정통제도 목적으로 하는 소송으로 보는 것이 타당하므로 직권탐지주의를 보다 강화하는 것이 바람직하다.

3) 직권탐지의무

현행 행정소송법 제26조는 '…… 할 수 있고,…… 할 수 있다'라고 규정하고 있으므로, 이 규정의 해석에 있어 직권탐지가 법원의 재량에 속한다고 보는 견해[285]도

285) 이시윤, 전게서, 434면.

있으나, 이 규정은 법원의 직권탐지권한을 규정한 것으로 보는 것이 타당하며 직권탐지는 원칙상 법원의 재량에 속하지만 적정한 재판을 위하여 직권탐지가 크게 요청되는 경우에는 직권탐지의무가 있다고 보아야 할 것이다. **판례**는 일정한 요건하에 직권탐지의무를 인정하고 있다.

[판례] **원고는 이 사건 토지를 취득일로부터 10년 이상 보유하다가 양도하였음이 명백하므로 비록 그 공제주장을 한 바가 없더라도 이는 법률상 당연히 공제되어야 할 것이**므로 원심으로서는 그와 같이 확정한 보유기간에 따라 위 법 소정의 특별공제를 하여 정당한 세액을 산출하여야 할 것이다. 그럼에도 불구하고 원심이 이를 간과한 채 이 사건 부과처분이 적법하다고 하여 원고의 청구를 기각하였으니 이는 위 소득세법 및 행정소송의 직권심리사항에 관한 법리를 오해하여 판결에 영향을 미친 위법을 범한 것이라고 할 것이다(대판 1992. 02. 28, 91누6597[양도소득세등부과처분취소]).
〈해설〉 제한적이나마 직권탐지의무를 인정한 것으로 보인다.

4) 당사자소송에의 준용

취소소송의 직권심리주의를 규정하는 행정소송법 제26조는 공법상 당사자소송에 준용된다(법 제44조 제1항).

(2) 행정심판기록제출명령

행정소송법 제25조는 원고의 입증방법의 확보를 위하여 행정심판기록제출명령 제도를 규정하고 있다.

① 행정심판기록의 제출명령은 당사자의 신청에 의해 법원이 재결을 행한 행정청에 대하여 결정으로써 행한다(법 제25조 제1항).

② 제출명령을 받은 재결청은 지체 없이 당해 행정심판에 관한 기록을 법원에 제출하여야 한다(법 제25조 제2항). 제출명령의 대상이 되는 '행정심판기록'은 당해 행정심판에 관한 모든 기록을 가리킨다. 그러므로, 행정심판청구서와 그에 대한 답변서 및 재결서뿐만 아니라, 행정심판위원회의 회의록, 기타 행정심판위원회의 심리를 위하여 제출된 모든 증거와 기타의 자료를 포괄한다고 보아야 한다.[286)]

행정심판기록제출명령을 규정하는 행정소송법 제25조는 공법상 당사자소송에 준용된다(법 제44조 제1항).

Ⅴ. 심리과정의 제문제

1. 관련청구소송의 병합

소의 병합에는 주관적 병합과 객관적 병합이 있다. 소의 주관적 병합(主觀的 併合)

286) 상게서, 948면.

이란 공동소송을 말하고, 소의 객관적 병합(客觀的 併合)이란 청구의 병합이라고도 하는데 동일한 원고가 동일한 피고에 대하여 하나의 소송절차에서 여러 개의 청구를 하는 경우를 말한다.

공동소송(소의 주관적 병합)은 다수당사자간의 관련분쟁을 동일절차 내에서 동시에 심리함으로써, 심판의 중복을 피하게 하여 당사자와 법원의 노력을 절약하게 하는 한편 분쟁의 통일적 해결에 기여할 수 있다. 그러나 공동소송은 때로는 소송을 복잡하게 하고, 따라서 소송지연의 요인이 되기도 한다.[287)]

소의 객관적 병합을 인정하는 것은 소송경제를 도모하고 서로 관련 있는 사건끼리 판결의 모순저촉을 피하자는 데 그 목적이 있다.[288)]

(1) 의 의

행정소송법상 관련청구소송의 병합이라 함은 취소소송, 무효등확인소송 또는 당사자소송(이하 '취소소송 등'이라 한다)에 당해 취소소송 등과 관련이 있는 청구소송(관련청구소송)을 병합하여 제기하는 것을 말한다.

행정소송법은 다음과 같이 관련청구소송의 병합을 인정하고 있다. 취소소송에는 사실심의 변론종결시까지 관련청구소송을 병합하거나 피고외의 자를 상대로 한 관련청구소송을 취소소송이 계속된 법원에 병합하여 제기할 수 있다(제10조 제2항). 이 규정은 무효등확인소송 및 당사자소송에 준용된다(제38조 제1항, 제44조 제2항). 당사자소송에 관련청구소송인 민사소송을 병합할 수 있다. 민사소송에 당사자소송을 병합할 수 있다는 명문의 규정이 없고, 민사소송법상 청구의 병합은 같은 종류의 소송절차에 의하여 심판될 수 있을 것을 요건으로 하고 있으므로(민사소송법 제253조) 민사소송에 당사자소송을 병합할 수는 없다.

관련청구의 병합을 인정하는 것은 소송경제를 도모하고, 서로 관련 있는 사건 사이에 판결의 모순저촉을 피하기 위한 것이다.

(2) 종 류

관련청구소송의 병합에는 계속중인 취소소송 등에 관련청구소송을 병합하는 후발적 병합(後發的 併合)과 취소소송 등과 관련청구소송을 함께 제기하는 원시적 병합(原始的 併合)이 있다.

청구의 병합에는 단순 병합, 선택적 병합과 예비적 병합이 있다.

[판례] 국가유공자 비해당결정처분 취소청구와 보훈보상대상자 비해당결정처분 취소청구의 관

287) 이시윤, 전게서, 187면.
288) 상게서, 375면.

계: 국가유공자 요건 또는 보훈보상대상자 요건에 해당함을 이유로 국가유공자 비해당결정처분과 보훈보상대상자 비해당결정처분의 취소를 청구하는 것은 동시에 인정될 수 없는 양립불가능한 관계에 있다고 보아야 하고, 이러한 두 처분의 취소 청구는 원칙적으로 국가유공자 비해당결정처분 취소청구를 주위적 청구로 하는 주위적·예비적 관계에 있다고 보아야 한다(대판 2016. 08. 17, 2015두48570[국가유공자요건비해당결정취소]; 2016. 07. 27, 2015두46994).

(3) 요 건

1) 취소소송 등에 병합할 것

취소소송 등과 취소소송 등이 아닌 관련청구소송의 병합은 취소소송 등에 병합하여야 한다. 취소소송 등이 주된 소송이다. 취소소송 등 간의 병합은 어느 쪽에든지 병합할 수 있다.

2) 각 청구소송이 적법할 것

주된 취소소송 등과 관련청구소송은 각각 소송요건을 갖추어야 한다.

3) 관련청구소송이 병합될 것

'관련청구소송'이라 함은 주된 취소소송 등의 대상인 처분등과 관련되는 손해배상·부당이득반환·원상회복 등 청구소송 및 취소소송을 말한다(제10조 제1항).

'당해 처분 등과 관련되는 손해배상·부당이득반환·원상회복 등의 청구'란 손해배상청구 등의 청구의 내용 또는 발생원인이 행정소송의 대상인 처분 등과 법률상 또는 사실상 공통되거나, 그 처분의 효력이나 존부 유무가 선결문제로 되는 등의 관계에 있는 청구를 말한다(대판 2000. 10. 27, 99두561).

[판례] [1] 손해배상청구 등의 민사소송이 행정소송에 관련청구로 병합되기 위한 요건: 행정소송법 제10조 제1항 제1호는 행정소송에 병합될 수 있는 관련청구에 관하여 '당해 처분 등과 관련되는 손해배상·부당이득반환·원상회복 등의 청구'라고 규정함으로써 그 **병합요건으로 본래의 행정소송과의 관련성**을 요구하고 있는바, 이는 행정소송에서 계쟁 처분의 효력을 장기간 불확정한 상태에 두는 것은 바람직하지 않다는 관점에서 병합될 수 있는 청구의 범위를 한정함으로써 사건의 심리범위가 확대·복잡화되는 것을 방지하여 그 심판의 신속을 도모하려는 **취지**라 할 것이므로, **손해배상청구 등의 민사소송이 행정소송에 관련청구로 병합되기 위해서는 그 청구의 내용 또는 발생원인이 행정소송의 대상인 처분 등과 법률상 또는 사실상 공통되거나, 그 처분의 효력이나 존부 유무가 선결문제로 되는 등의 관계에 있어야 함이 원칙이다.** [2] 사업인정 전의 사업시행으로 인하여 재산권이 침해되었음을 원인으로 한 손해배상청구가 토지수용사건에 관련청구로서 병합될 수 있는지 여부(적극): 공공사업의 시행을 위한 토지수용사건에 있어서 심리의 대상으로 되는 적법한 수용에 따른 **손실보상청구권**과 당해 공공사업과 관련하여 사업인정 전에 사업을 시행하여 타인의 재산권을 침해하게 됨에 따라 발생하게 된 **손해배상청구권**은 위 각 권리가 적법한 행위에 의하여 발생한 것인가 아닌가의 차이가 날 뿐 그것들이 **하나의 동일한 공공사업의 시행과 관련하여 타인의 재산권을 침해한 사실로 인하여 발생하였다는 점에서 위 각 청구의 발생원인은 법률상 또는 사실상 공통된다** 할 것이고, 토지수용사건에 이러한 손해배상청구사건을 병합하여 함께 심리·판단

함으로써 얻게 되는 당사자의 소송경제와 편의 등의 효용에 비하여 심리범위를 확대·복잡화함으로써 심판의 신속을 해치는 폐단이 통상의 경우보다 크다고 할 수도 없으므로, **이와 같은 경우 토지수용사건에 병합된 손해배상청구는** 행정소송법 제10조 제2항, 제1항 제1호, 제44조 제2항에 따른 **관련청구로서의 병합요건을 갖춘 것**으로 보아야 한다(대판 2000. 10. 27, 99두561[토지수용이의재결처분취소등]).
예를 들면, 처분에 대한 취소소송에 당해 처분으로 인한 손해에 대한 국가배상청구소송을, 조세부과처분취소소송에 조세과오납금환급청구소송을, 압류처분취소소송에 압류등기말소청구소송을 병합하는 것이다.

'처분 등과 관련되는 취소소송'이란 당해 처분 등과 관련되는 재결의 취소청구 또는 재결에 관련되는 처분의 취소청구와 같이 당해 항고소송의 대상이 원인적으로 서로 관련되는 경우를 뜻한다고 보아야 할 것이다.[289]

항고소송에 당사자소송을 병합할 수 있는지 여부도 문제될 수 있으나 양 청구가 상호 관련되는 청구인 경우에는 병합이 가능하다고 보아야 할 것이다(대판 1992. 12. 24, 92누3335).

당사자소송에 항고소송을 병합할 수도 있다(행정소송법 제44조 제1항, 제10조).

[판례] [1] 고용보험 및 산업재해보상보험의 보험료징수 등에 관한 법률 제4조, 제16조의2, 제17조, 제19조, 제23조의 각 규정에 의하면, **사업주가 당연가입자가 되는 고용보험 및 산재보험에서 보험료 납부의무 부존재확인의 소는** 공법상의 법률관계 자체를 다투는 소송으로서 **공법상 당사자소송**이다. [2] 갑에게서 주택 등 신축 공사를 수급한 을이 사업주를 갑으로 기재한 갑 명의의 고용보험·산재보험관계성립신고서를 근로복지공단에 작성·제출하여 갑이 고용·산재보험료 일부를 납부하였고, 국민건강보험공단이 갑에게 나머지 보험료를 납부할 것을 독촉하였는데, 갑이 국민건강보험공단을 상대로 이미 납부한 보험료는 부당이득으로서 반환을 구하고 국민건강보험공단이 납부를 독촉하는 보험료채무는 부존재확인을 구하는 소를 제기한 사안에서, 이는 **행정소송인 공법상 당사자소송과** 행정소송법 제10조 제2항, 제44조 제2항에 규정된 관련청구소송으로서 **부당이득반환을 구하는 민사소송이 병합하여 제기된 경우에 해당**하므로, 원심법원인 인천지방법원 합의부는 항소심으로서 민사소송법 제34조 제1항, 법원조직법 제28조 제1호에 따라 사건을 관할법원인 서울고등법원에 이송했어야 옳다고 한 사례. [3] 고용보험 및 산업재해보상보험의 보험료징수 등에 관한 법률 제4조는 고용보험법 및 산업재해보상보험법에 따른 **보험사업에 관하여 이 법에서 정한 사항은 고용노동부장관으로부터 위탁을 받아 근로복지공단이 수행**하되, **보험료의 체납관리 등의 징수업무는 국민건강보험공단이 고용노동부장관으로부터 위탁을 받아 수행**한다고 규정하고 있다. 따라서 고용·산재보험료의 귀속주체, 즉 사업주가 각 보험료 납부의무를 부담하는 상대방은 근로복지공단이고, 국민건강보험공단은 단지 각 보험료의 징수업무를 수행하는 데에 불과하므로, **고용·산재보험료 납부의무 부존재확인의 소는 (국민건강보험공단이 아니라) 근로복지공단을 피고로 하여 제기하여야 한다.** 그리고 행정소송법상 당사자소송에서 원고가 피고를 잘못 지정한 때에는 법원은 원고의 신청에 의하여 결정으로써 피고의 경정을 허가할 수 있으므로(행정소송법 제44조 제1항, 제14조), **원고가 피고를 잘못 지정한 것으로 보이는 경우 법원으로서는 마땅히 석명권을 행**

---

289) 이상규, 『신행정쟁송법』, 346면 참조.

사하여 원고로 하여금 정당한 피고로 경정하게 하여 소송을 진행하도록 하여야 한다. [4] 건설업에서의 고용·산재보험료와 같이 신고납부 방식으로 징수되는 고용·산재보험료에 있어서는 근로복지공단의 보험료 부과처분 없이 납부의무자의 신고행위에 의하여 보험료 납부의무가 확정되므로 원심에서 추가된 청구취지에서 말하는 피고의 부과처분은 보험료 부과처분이 아닌 보험료 징수처분을 의미하는 것으로 보인다. 그런데 최초 제기된 이 사건 소가 당사자소송과 관련청구소송이 병합된 소송임은 앞서 본 바와 같으므로 여기에 항고소송인 보험료 징수처분의 무효확인을 구하는 청구를 추가하는 것은 행정소송법 제44조 제2항, 제10조에 따라 허용된다고 보아야 한다. 그럼에도 불구하고 원심이 이와 달리 원고의 이러한 청구취지 변경을 판결로써 불허한 것은 잘못이다(대판 2016. 10. 13, 2016다221658).

4) 주된 취소소송이 사실심 계속 중일 것(후발적 병합의 경우)

주된 취소소송이 사실심 변론종결 전이어야 한다.

5) 병합의 형태가 소송법상 허용되어야 한다.

[판례] 행정처분에 대한 무효확인과 취소청구는 서로 양립할 수 없는 청구로서 주위적·예비적 청구로서만 병합이 가능하고 선택적 청구로서의 병합이나 단순 병합은 허용되지 아니한다(대판 1999. 08. 20, 97누6889).

(4) 병합요건의 조사

병합요건의 법원의 직권조사사항이다. 병합요건이 충족되지 않은 경우 변론을 분리하여 별도의 소로 분리심판하여야 하는 것이 원칙이다.[290)]

(5) 병합된 관련청구소송에서의 판결

① 취소소송에 관련청구소송을 병합하여 제기한 후 취소소송이 부적법 각하된 경우에 소송경제상 행정법원이 행정사건과 분리하여 독립적으로 민사사건을 처리할 수 있는 것으로 보아야 한다.[291)] 그러나, 판례는 본래의 '취소소송 등'이 부적법하여 각하되면 그에 병합된 관련청구소송도 소송요건을 흠결하여 부적합하다고 보고, 각하되어야 한다고 한다.

[판례] ① [1] 행정행정소송법 제38조, 제10조에 의한 관련청구소송의 병합은 본래의 항고소송이 적법할 것을 요건으로 하는 것이어서 본래의 항고소송이 부적법하여 각하되면 그에 병합된 관련청구도 소송요건을 흠결한 부적합한 것으로 각하되어야 한다. [2] 도로관리청이 원인자부담금 부과처분에 의한 부과금 징수를 위하여 압류처분을 하고 그에 이어 압류등기를 한 경우, 이해관계인은 그 압류처분에 대한 항고소송 외에 그 압류등기의 말소청구소송을 제기할 수 있고, 그 경우 행정소송법 제38조, 제10조에서 말하는 본래의 항고소송은 원인자부담금 부과처분 또는 압류처분에 대한 항고소송을 모두 포함한다(대판 2001. 11. 27, 2000두697[압류처분무효확인등]).
② [1] 행정소송법 제44조, 제10조에 의한 관련청구소송 병합은 본래의 당사자소송이 적법할 것을

290) 이시윤, 전게서, 578~ 579면.
291) 김상균, "행정소송과 민사소송,"『행정소송실무편람』, 한국사법행정학회, 1998, 56~57면.

요건으로 하는 것이어서 **본래의 당사자소송이 부적법하여 각하되면 그에 병합된 관련청구소송도 소송요건을 흠결하여 부적합하므로 각하되어야 한다.** [2] 택지개발사업지구 내 비닐하우스에서 화훼소매업을 하던 甲과 乙이 재결절차를 거치지 않고 사업시행자를 상대로 주된 청구인 영업손실보상금 청구에 생활대책대상자 선정 관련청구소송을 병합하여 제기한 사안에서, 영업손실보상금청구의 소가 재결절차를 거치지 않아 부적법하여 각하되는 이상, 이에 병합된 생활대책대상자 선정 관련청구소송 역시 소송요건을 흠결하여 부적법하므로 각하되어야 한다고 한 사례(대판 2011. 09. 29, 2009두10963[영업권보상]).

② 행정처분의 취소를 구하는 취소소송에 당해 처분의 취소를 선결문제로 하는 부당이득반환청구가 병합된 경우, 그 청구가 인용되려면 그 소송절차에서 판결에 의해 당해 처분이 취소되면 충분하고 당해 처분의 취소가 확정되어야 하는 것은 아니다.

[판례] [1] 행정소송법 제10조는 처분의 취소를 구하는 취소소송에 당해 처분과 관련되는 부당이득반환소송을 관련 청구로 병합할 수 있다고 규정하고 있는바, 이 조항을 둔 취지에 비추어 보면, 취소소송에 병합할 수 있는 당해 처분과 관련되는 부당이득반환소송에는 당해 처분의 취소를 선결문제로 하는 부당이득반환청구가 포함되고, **이러한 부당이득반환청구가 인용되기 위해서는 그 소송절차에서 판결에 의해 당해 처분이 취소되면 충분하고 그 처분의 취소가 확정되어야 하는 것은 아니라고 보아야 한다.** [2] 보험료부과처분에 대한 취소소송에서 90,946,000원의 보험료부과처분 중 67,194,980원의 보험료부과처분을 취소하면서도, 관련 청구로 병합된 부당이득반환소송에서는 그 처분의 취소를 전제로 인용 여부를 판단하지 않고 처분의 취소가 확정되지 않았다는 이유로 기각한 것은 위법하다고 한 사례(대판 2009. 04. 09, 2008두23153[보험료납부고지처분취소]).

③ 취소소송 등에 당사사소송을 병합청구한 경우 위 취소소송 등이 부적법하다면 법원은 청구의 기초에 변경이 없는 한 당초의 청구가 부적법하다는 이유로 병합된 청구까지 각하할 것이 아니라 병합청구 당시 유효한 소변경청구가 있었던 것으로 받아들여 이를 허가함이 타당하다. 취소소송을 제기하였다가 나중에 당사자 소송으로 변경하는 경우에는 행정소송법 제21조 제4항, 제14조 제4항에 따라 처음부터 당사자 소송을 제기한 것으로 보아야 하므로 당초의 취소소송이 적법한 기간 내에 제기된 경우에는 당사자소송의 제소기간을 준수한 것으로 보아야 할 것이다(대판 1992. 12. 24, 92누3335[보상금지급결정취소]: 광주민주화운동관련자보상심의위원회의 결정(처분이 아님)에 대하여 취소소송 등이 인정됨을 전제로 하여, 당초에 피고 보상심의위원회를 상대로 보상결정의 취소를 구하였다가 여기에 새로이 대한민국을 피고로 하여 보상금 등의 지급을 구하는 당사자소송을 추가적으로 병합한 사례).

2. 소의 변경

(1) 의 의

소(訴)의 변경(變更)이라 함은 청구의 변경을 말한다.

청구의 변경에는 종전의 청구를 새로운 청구로 변경하는 교환적 변경과 종전의 청구에 새로운 청구를 추가시키는 추가적 변경이 있다. 소의 변경은 청구의 변경을 말하고 청구의 변경은 소송물의 변경을 말한다. 소송물의 변경은 청구의 취지와 청구의 원인에 의해 특정되는 것이므로 소의 변경은 청구의 취지와 원인의 변경에 의해 이루어진다.[292] 청구원인의 변경이 단순히 공격방어방법의 변경에 불과한 경우에는 소의 변경이 아니다.

행정소송법은 소의 변경에 관하여 특별한 규정을 두고 있다. 즉, 행정소송법은 소의 종류의 변경에 관한 규정(제21조)과 처분변경에 따른 소의 변경에 관한 규정(제22조)을 두고 있다. 그런데, 행정소송법상 명문으로 인정된 소의 종류의 변경과 처분변경으로 인한 소의 변경 이외에도 민사소송법상의 소의 변경에 관한 규정(제262조 및 제263조)이 행정소송에서도 준용될 수 있다.

광의의 소의 변경은 피고의 변경도 포함하지만, 행정소송법은 피고의 경정을 별도로 규정하고 있다. 통상 소의 변경이라 함은 청구의 변경을 의미하므로 여기에서도 소의 변경을 청구의 변경으로 정의하고자 한다. 다만, 소의 종류의 변경(항고소송과 당사자소송 사이의 소의 변경)의 경우에는 청구의 변경과 함께 피고가 변경되지만, 소의 종류의 변경에서 핵심적인 것은 청구의 변경이고, 여기에서 피고가 국가 또는 지방자치단체와 그에 소속하는 행정청 사이에서 변경되는 것이므로 엄밀한 의미에서의 피고의 변경(독립된 법주체 사이의 피고의 변경)이라고 보기도 어렵다.

1) 청구의 변경과 청구취지 및 청구원인의 변경과의 관계

청구의 변경은 청구취지의 변경과 청구원인의 변경으로 이루어진다. 그런데, 청구취지의 변경은 원칙적으로 소의 변경이 되지만, 청구원인의 변경은 항상 소의 변경이 되는 것은 아니다.

청구의 원인에는 청구를 근거짓는 사실관계와 법적 관점(위법사유)이 있는데, 취소소송의 소송물을 위법성 일반이라고 본다면 청구를 특정하는 사실관계의 변경은 소의 변경이 되지만, 단순한 법적 관점(위법사유)의 변경은 청구의 변경이 되지 않고 단순한 공격방어방법의 변경에 불과한 것이다. 따라서, 청구의 원인의 변경에는 청구의 변경을 가져오는 경우와 그렇지 않은 경우가 있다. 다만, 실무에서 위법사유의 변경도 청구의 변경으로 보는 경향이 있는데 이는 취소소송의 소송물을 위법성 일반으로 보는 것과는 모순되는 태도이다.

청구취지의 변경의 예로는 소의 종류를 변경하는 것(예, 취소소송을 무효확인소송으로 변경하는 것), 청구의 대상을 변경하는 것(예, 처분변경의 경우에 변경된 처분을 대상으로 동일한 취소소송을 제기하는 것) 및 청구의 내용을 변경하는 것(예, 동일한 처분을 대상으로 전부 취소를 일부취소로 변경하는 것)을 들 수 있다. 이 중에서 후자와 같이 처분의 변경을 전제로 하지 않고 소의 종류를 변경하지 않고 청

292) 이시윤, 전게서, 384면.

구의 내용만을 변경하는 것에 대하여는 행정소송법에서 규정하고 있지 않으므로 민사소송법의 소의 변경에 관한 규정을 준용할 수밖에 없다. 항고소송과 민사소송 사이의 소의 변경도 그러하다.

2) 청구의 변경과 청구취지의 정정과의 구별

청구의 변경은 청구취지의 정정과 구별하여야 한다.

청구취지의 정정이라 함은 청구취지의 기재에 착오가 있는 경우 등에 있어서 청구취지를 바로잡는 것을 말한다.

청구취지의 정정의 경우에는 청구가 변경되는 것이 아니므로 전심절차 및 제소기간의 준수는 정정되기 전의 소송의 제기를 기준으로 판단하여야 한다.

[판례] [1] 주택건설사업의 양수인이 사업주체의 변경승인신청을 한 이후에 행정청이 양도인에 대한 사업계획승인을 취소하는 처분을 하면서 양수인에게 그 사실을 통지하고 변경승인신청서를 반려한 것에 대하여 양수인이 행정소송을 제기하면서 청구취지에 처분성이 결여된 위 통지를 소송의 대상으로 기재하였으나 청구원인에 비추어 볼 때 사업계획승인취소처분을 소송의 대상으로 삼았다고 봄이 합리적인 경우, 법원은 석명권을 행사하여 청구취지를 확정한 후 심리하여야 한다고 한 사례. [2] 주택건설사업의 양수인이 사업주체의 변경승인신청을 한 이후에 행정청이 양도인에 대한 사업계획승인을 취소하는 처분을 하면서 양수인에게 그 사실을 통지하고 변경승인신청서를 반려한 것에 대하여 양수인이 행정소송을 제기하면서 청구취지에 처분성이 결여된 **위 통지를 소송의 대상으로 기재하였다가** 청구원인에 비추어 볼 때 소송의 대상으로 삼았다고 봄이 합리적인 **사업계획승인취소처분을 취소하는 것으로 청구취지를 바꾼 경우**, 이는 **청구취지의 정정에 해당**하여 전심절차 및 제소기간을 준수한 것으로 보아야 한다고 한 사례(대판 2000. 09. 26, 99두646[주택건설사업계획승인취소처분취소]).

(2) 행정소송법에 의한 소의 변경

1) 소의 종류의 변경

가. 의 의 행정소송에는 여러 종류가 있는데 권리구제를 위하여 어떠한 소송의 종류를 선택하여야 하는지 명확하지 않은 경우가 적지 않아 소송 종류의 선택을 잘못할 위험이 있다. 따라서, 행정구제의 실효성을 높이기 위하여 행정소송간의 소의 변경을 인정할 필요가 있다. 그리하여 행정소송법은 행정소송간의 소의 변경을 인정하고 있다(제21조, 제37조, 제42조).

법원은 취소소송을 당해 처분 등에 관계되는 사무가 귀속하는 국가 또는 공공단체에 대한 당사자소송 또는 취소소송 외의 항고소송으로 변경하는 것이 상당하다고 인정할 때에는 청구의 기초에 변경이 없는 한 사실심의 변론종결시까지 원고의 신청에 의하여 결정으로써 소의 변경을 허가할 수 있다(법 제21조 제1항).
제21조의 규정은 무효등확인소송이나 부작위위법확인소송을 취소소송 또는 당사자소송으로 변경하는 경우에 준용한다(제37조).
제21조의 규정은 당사자소송을 항고소송으로 변경하는 경우에 준용한다(제42조).

행정소송과 민사소송 사이의 소의 변경(예, 무효확인소송을 처분의 무효를 전제로 하는 부당이득반환청구소송으로 변경)은 행정소송법상 명문으로 인정되고 있지는 않으므로 민사소송법상 소의 변경을 행정소송과 민사소송사이의 소의 변경에 준용하여 행정소송과 민사소송 사이의 소의 변경을 허용할 수 있는지가 문제된다.

나. 종　　류

(가) 항고소송간의 변경　　항고소송간에는 소의 변경이 가능하다. 취소소송을 취소소송 외의 항고소송(무효등확인소송 또는 부작위위법확인소송)으로(제21조 제1항), 무효등확인소송을 취소소송 또는 부작위위법확인소송으로, 부작위위법확인소송을 다른 종류의 항고소송으로 변경하는 것이 가능하다(제37조).

거부처분이 있었음에도 부작위인 줄 알고 부작위위법확인소송을 제기한 경우에 이 규정(제37조)에 의해 부작위위법확인소송을 취소소송으로 변경하는 것이 가능하다.

(나) 항고소송과 당사자소송간의 변경　　취소소송, 무효등확인소송을 당해 처분 등에 관계되는 사무가 귀속되는 국가 또는 공공단체에 대한 당사자소송으로 변경하거나(제21조 제1항, 제37조) 당사자소송을 항고소송으로 변경하는(제42조) 것이 가능하다.

이 경우의 소의 변경에는 당사자(피고)의 변경이 수반된다. 이 점은 민사소송에서의 소의 변경과 다르다. 행정소송법은 소의 종류의 변경에 따르는 피고의 경정을 인정하고 있다(제21조 제4항).

[판례] 취소소송 등을 제기한 당사자가 당해 처분 등에 관계되는 사무가 귀속되는 국가 또는 공공단체에 대한 당사자소송을 행정소송법 제10조 제2항에 의하여 관련청구로서 병합한 경우 위 취소소송 등이 부적법하다면 당사자는 위 당사자소송의 병합청구로서 같은 법 제21조 제1항에 의한 소변경을 할 의사를 아울러 가지고 있었다고 봄이 상당하고, 이러한 경우 법원은 청구의 기초에 변경이 없는 한 당초의 청구가 부적법하다는 이유로 병합된 청구까지 각하할 것이 아니라 병합청구 당시 유효한 소변경청구가 있었던 것으로 받아들여 이를 허가함이 타당하다(대판 1992. 12. 24, 92누3335).

원고가 고의 또는 중대한 과실 없이 당사자소송으로 제기하여야 할 것을 항고소송으로 잘못 제기한 경우에, 당사자소송으로서의 소송요건을 결하고 있음이 명백하여 당사자소송으로 제기되었더라도 어차피 부적법하게 되는 경우가 아닌 이상, 법원으로서는 원고로 하여금 당사자소송으로 소 변경을 하도록 하여 심리·판단하여야 한다(대판 2016. 05. 24, 2013두14863). 또한, 원고가 고의 또는 중대한 과실 없이 항고소송으로 제기해야 할 것을 당사자소송으로 잘못 제기한 경우에, 항고소송의 소송요건을 갖추지 못했음이 명백하여 항고소송으로 제기되었더라도 어차피 부적법하게 되는 경우가 아닌 이상, 법원으로서는 원고가 항고소송으로 소 변경을 하도록 석명권을 행사하여 행정청의 처분이나 부작위가 적법한지 여부를 심리·판단해야 한다(대판 2021. 12. 16, 2019두45944).

[판례] [1] 공법상 법률관계에 관한 당사자소송의 피고적격 및 원고가 고의 또는 중대한 과실 없이 당사자소송으로 제기하여야 할 것을 항고소송으로 잘못 제기한 경우, 법원이 취할 조치: 공법상의 법률관계에 관한 당사자소송에서는 그 법률관계의 한쪽 당사자를 피고로 하여 소송을 제기하여야 한다(행정소송법 제3조 제2호, 제39조). 다만 **원고가 고의 또는 중대한 과실 없이 당사자소송으로 제기하여야 할 것을 항고소송으로 잘못 제기한 경우에**, 당사자소송으로서의 소송요건을 결하고 있음이 명백하여 당사자소송으로 제기되었더라도 어차피 부적법하게 되는 경우가 아닌 이상, **법원으로서는 원고가 당사자소송으로 소 변경을 하도록 하여 심리·판단하여야 한다. [2] 법관이 이미 수령한 명예퇴직수당액이 구 법관 및 법원공무원 명예퇴직수당 등 지급규칙 제4조 [별표 1]에서 정한 정당한 수당액에 미치지 못한다고 주장하며 차액의 지급을 신청한 것에 대하여 법원행정처장이 거부하는 의사를 표시한 경우, 위 의사표시를 행정처분으로 볼 수 있는지 여부(소극) / 명예퇴직한 법관이 미지급 명예퇴직수당액의 지급을 구하는 경우, 소송 형태(=행정소송법의 당사자소송):** 명예퇴직수당 지급대상자의 결정과 수당액 산정 등에 관한 구 국가공무원법(2012. 10. 22. 법률 제11489호로 개정되기 전의 것) 제74조의2 제1항, 제4항, 구 법관 및 법원공무원 명예퇴직수당 등 지급규칙(2011. 1. 31. 대법원규칙 제2320호로 개정되기 전의 것, 이하 '명예퇴직수당규칙'이라 한다) 제3조 제1항, 제2항, 제7조, 제4조 [별표 1]의 내용과 취지 등에 비추어 보면, 명예퇴직수당은 명예퇴직수당 지급신청자 중에서 일정한 심사를 거쳐 피고가 명예퇴직수당 지급대상자로 결정한 경우에 비로소 지급될 수 있지만, **명예퇴직수당 지급대상자로 결정된 법관에 대하여 지급할 수당액은** 명예퇴직수당규칙 제4조 [별표 1]에 산정 기준이 정해져 있으므로, 위 법관은 위 규정에서 정한 정당한 산정 기준에 따라 산정된 명예퇴직수당액을 수령할 구체적인 권리를 가진다. 따라서 위 법관이 이미 수령한 수당액이 위 규정에서 정한 정당한 명예퇴직수당액에 미치지 못한다고 주장하며 **차액의 지급을 신청함에 대하여 법원행정처장이 거부하는 의사를 표시**했더라도, **그 의사표시는 명예퇴직수당액을 형성·확정하는 행정처분이 아니라 공법상의 법률관계의 한쪽 당사자로서 지급의무의 존부 및 범위에 관하여 자신의 의견을 밝힌 것에 불과하므로 행정처분으로 볼 수 없다.** 결국 명예퇴직한 법관이 미지급 명예퇴직수당액에 대하여 가지는 권리는 명예퇴직수당 지급대상자 결정 절차를 거쳐 명예퇴직수당규칙에 의하여 확정된 공법상 법률관계에 관한 권리로서, 그 지급을 구하는 소송은 **행정소송법의 당사자소송에** 해당하며, 그 법률관계의 당사자인 **국가를 상대로** 제기하여야 한다(대판 2016. 05. 24, 2013두14863[명예퇴직수당지급거부처분취소]).

다. 요 건

① 청구의 기초에 변경이 없을 것(청구의 기초가 동일할 것).

② 소를 변경하는 것이 상당하다고 인정될 것.

③ 변경의 대상이 되는 소가 사실심에 계속되어 있고, 사실심 변론종결 전일 것.

④ 새로운 소가 적법할 것.

⑤ 원고의 신청이 있을 것.

[판례] 공무원퇴직연금 중 일부 금액에 대한 **지급거부의 의사표시**를 한 공무원연금관리공단의 회신이 항고소송의 대상인 처분에 해당하는지와 그 처분에 해당되지 않는다고 판단될 경우 그 **처분**

의 취소를 구하는 청구에 미지급 퇴직연금의 직접 지급을 구하는 취지도 포함된 것인지를 석명하여야 한다고 한 사례(대판 2004. 07. 08, 2004두244[연금지급청구서반려처분취소]).

라. 효 과 소의 변경을 허가하는 결정이 확정되면 새로운 소는 제소기간과 관련하여 변경된 소를 제기한 때에 제기된 것으로 보며 변경된 소는 취하된 것으로 본다(제21조 제4항). 예를 들면, 당사자소송을 항고소송으로 변경하는 경우에 당사자소송이 당해 항고소송의 불복기간 내에 제기되었으면 당해 항고소송은 소제기기간을 준수한 것이 된다.

[판례] 취소소송을 제기하였다가 나중에 당사자소송으로 변경하는 경우에는 행정소송법 제21조 제4항, 제14조 제4항에 따라 처음부터 당사자소송을 제기한 것으로 보아야 하므로 당초의 취소소송이 적법한 기간 내에 제기된 경우에는 당사자소송의 제소기간을 준수한 것으로 보아야 할 것이다(대판 1992. 12. 24, 92누3335).

변경된 소의 소송자료는 새로운 소의 소송자료가 된다.

마. 불복방법 소의 변경을 허가하는 결정에 대하여 새로운 소의 피고와 변경된 소의 피고는 즉시항고할 수 있다(제21조 제3항).

불허가결정에 대하여는 독립하여 항고할 수 없고 종국판결에 대한 상소로써만 다툴 수 있다(대판 1992. 09. 25, 92누5096).

2) 처분변경으로 인한 소의 변경

가. 의 의 처분변경으로 인한 소의 변경이라 함은 행정청이 소송의 대상인 처분을 소가 제기된 후 변경한 때에는 원고의 신청에 의하여 법원의 허가를 받아 소를 변경하는 것을 말한다. 행정소송법 제22조가 이를 규정하고 있다.

행정소송이 제기된 뒤에 행정청이 소송의 대상이 된 처분을 변경하면 민사소송법에 의한 소의 변경이 인정되지 않는 경우에는 원고는 종전의 처분에 대한 소송을 취하하고 새로운 처분에 대한 새로운 소송을 제기하여야 권익구제를 받을 수 있게 되는데, 이는 소송경제 및 권익구제기능에 반한다. 따라서, 행정소송법 제22조는 처분변경으로 인한 소의 변경을 인정하였다. 처분변경으로 인한 소의 변경은 취소소송, 무효등확인소송 및 당사자소송에서 인정되고 있다(제22조 제1항, 제38조 제1항, 제44조 제1항).

그런데, 부작위에 대하여 부작위위법확인소송을 제기한 후 행정청의 거부처분이 있는 경우에 행정소송법 제22조(처분변경으로 인한 소의 변경)가 부작위위법확인소송에 준용되고 있지 않으므로 행정소송법 제37조에 의해 거부처분에 대한 취소소송으로 변경하는 것이 가능한지 논란이 있을 수 있다.

제37조의 취지가 행정소송간에 소송의 종류의 선택을 잘못할 위험이 있어 소의 종류의 변경을 인

정한 것이라는 이유로 부작위에서 거부처분으로 발전된 경우에는 부작위위법확인소송을 취소소송으로 변경하는 것을 허용할 수 없다는 견해가 있다(부정설). 그러나, 현행 행정소송법이 처분변경으로 인한 소의 변경을 규정하는 행정소송법 제22조를 부작위위법확인소송에 준용하지 않고 있는 것은 입법의 불비이므로 행정소송법 제37조에 의해 준용되는 소의 종류의 변경을 규정하는 행정소송법 제21조의 文言에 충실한 해석을 하여 부작위에서 거부처분으로 발전한 경우에도 행정소송법 제21조를 적용하여 부작위위법확인소송을 취소소송으로 변경하는 것이 가능하다고 보아 입법의 불비를 해석을 통해 보완하여야 할 것이다(긍정설).

처분변경의 경우 처분변경으로 인한 소의 변경을 하지 않고, 변경된 처분에 대한 별도의 취소소송을 제기하고, 변경 전 처분에 대한 취소소송을 취하할 수도 있다. 이 경우 후소의 제기는 재소금지의 원칙에 위반된다고 할 수 없다(판례).

[판례] 甲 등이 운영하는 병원에서 부당한 방법으로 보험자 등에게 요양급여비용을 부담하게 하였다는 이유로 보건복지부장관이 甲 등에 대하여 구 국민건강보험법(2016. 2. 3. 법률 제13985호로 개정되기 전의 것) 제98조 제1항 제1호에 따라 40일의 요양기관 **업무정지 처분**을 하자, 甲 등이 위 업무정지 처분의 취소를 구하는 소송(전소)을 제기하였다가 패소한 뒤 항소하였는데, 보건복지부장관이 항소심 계속 중 같은 법 제99조 제1항에 따라 **위 업무정지 처분을 과징금 부과처분으로 직권 변경**하자, 甲 등이 **과징금 부과처분의 취소를 구하는 소송(후소)을 제기한 후 업무정지 처분의 취소를 구하는 소를 취하한 사안**에서, 전소는 처분의 변경으로 인해 효력이 소멸한 '업무정지 처분'의 취소를 구하는 것이고, 후소는 후행처분인 '과징금 부과처분'의 취소를 구하는 것이므로 전소와 후소의 소송물이 같다고 볼 수 없고, 전소의 소송물인 '업무정지 처분의 위법성'이 과징금 부과처분의 위법성을 소송물로 하는 후소와의 관계에서 항상 선결적 법률관계 또는 전제에 있다고 보기도 어려워, 결국 甲 등에게 업무정지 처분과는 별도로 과징금 부과처분의 위법성을 소송절차를 통하여 다툴 기회를 부여할 필요가 있으므로, **위 과징금 부과처분의 취소를 구하는 소의 제기는 재소금지 원칙에 위반된다고 할 수 없음**에도 이와 달리 본 원심판결에 법리오해의 잘못이 있다고 한 사례(대판 2023. 03. 16, 2022두58599).

나. 요 건

(가) 처분의 변경이 있을 것 행정청이 소송의 대상인 처분을 소가 제기된 후 변경하였어야 한다. 소송의 대상인 처분이 변경되어야 하며 관련되는 처분이 변경된 경우는 이 요건에 해당하지 않는다.

처분의 변경은 처분청이나 상급감독청의 직권에 의해 행해지거나 취소소송의 계속중 행정심판의 재결에 의해 소송의 대상인 처분이 일부취소되거나 적극적으로 변경됨으로써 행해질 수 있다.

(나) 처분의 변경이 있음을 안 날로부터 60일 이내일 것 원고는 처분의 변경이 있음을 안 날로부터 60일 이내에 소의 변경을 신청하여야 한다(제22조 제2항).

(다) 기타 요건 구소가 계속중이고 사실심변론 종결 전이어야 하고, 변경되는 신소가 적법하여야 한다. 다만, 변경 전의 처분에 대하여 행정심판전치절차를 거쳤으

면 새로운 처분에 대하여 별도의 전심절차를 거치지 않아도 된다(제22조 제3항).

다. 절　차　　처분변경으로 인한 소의 변경은 원고의 신청에 의해 법원의 허가결정에 의해 행해진다(제22조 제1항).

라. 효　과　　처분변경으로 인한 새로운 청구는 행정심판의 전치가 요구되는 경우에도 행정심판전치요건을 갖춘 것으로 본다(제22조 제3항).

(3) 민사소송법에 의한 소의 변경

행정소송법의 소의 변경에 관한 규정은 민사소송법의 소의 변경에 관한 규정에 대한 특칙이라 할 것이고 행정소송법상의 소의 변경에 관한 규정이 민사소송법상의 소의 변경을 배척하는 것이라고 할 수 없으므로 행정소송에 관하여 원칙상 민사소송법에 의한 소의 변경이 가능하다(대판 1999. 11. 26, 99두9407).

행정소송과 관련한 소의 변경에서 행정소송법에 의해 명문으로 인정되는 경우 이외에 소의 변경의 필요성이 있는 경우는 행정소송과 민사소송 사이의 소의 변경과 처분의 변경을 전제로 하지 않고 소의 종류를 변경하지 않고 청구의 내용만을 변경하는 경우를 들 수 있다.

1) 행정소송과 민사소송 사이의 소의 변경

항고소송(특히 무효확인소송)을 처분의 무효를 원인으로 하는 부당이득반환청구소송과 같은 민사소송으로 변경하는 것을 민사소송법의 소의 변경에 관한 규정을 준용하여 인정할 수 있는지 여부에 관하여 검토할 여지가 있다.

가. 부정설　　민사소송법상의 소의 변경은 법원과 당사자의 동일성을 유지하면서 동종의 절차에서 심리될 수 있는 청구 사이에서만 가능한 것이므로 민사소송을 행정소송으로 변경하는 것이나 행정소송을 민사소송으로 변경하는 것은 허용되지 않는다고 보는 견해이다.[293]

예를 들면, 조세부과처분의 무효확인소송을 제기한 원고는 이 소송을 민사소송인 부당이득반환청구소송(租稅過誤納金還給訴訟)으로 변경할 수 없다고 본다.

나. 긍정설　　항고소송을 처분을 원인으로 하는 민사소송으로 변경하는 경우 피고가 처분청에서 국가 등으로 변경되지만 양당사자는 실질에 있어 동일성을 유지하고 있고, 항고소송과 민사소송은 관할법원을 달리하는 문제가 있지만, 행정법원은 일반 사법법원으로부터 독립된 법원이 아니라 사법법원의 하나로서 전문법원에 불과한 것이므로 행정법원이 당해 민사사건을 심판하는 것도 가능하다. 이 경우 행정법원이 소의 변경으로 인한 민사소송의 관할권이 없다고 하더라도 소의 변경을 거쳐

293) 법원행정처, 전게서, 209면; 유명건, 전게서, 200면.

당해 민사소송의 관할법원으로 이송할 수 있을 것이다.

다. 판 례 판례는 당사자의 권리구제나 소송경제의 측면에서 행정소송과 민사소송 간의 소 변경이 가능하다고 보고 있다(대판 2023. 06. 29, 2022두44262[교부청산금 일부 부존재확인의 소]).

2) 처분의 변경을 전제로 하지 않고 소의 종류를 변경하지 않는 청구의 변경

청구의 기초에 변경이 없는 범위 내에서 청구의 변경이 인정된다고 보아야 한다.

예를 들면, 처분의 전부취소소송을 일부취소소송으로 변경하거나 처분의 일부취소소송을 처분의 전부취소소송으로 변경(대판 1999. 11. 26, 99두9407: 하나의 행정처분인 택지초과소유부담금 부과처분 중 일부의 액수에 관하여만 부과처분의 취소를 구하였다가 그 청구취지를 부과처분 전부의 취소를 구하는 것으로 확장할 수 있다고 한 사례)하는 것이 가능하다. 또한, 청구의 기초에 변경이 없는 범위 내에서 청구의 범위를 확장하거나 축소하는 것도 가능하다.

이 경우에 새로운 소의 소제기기간의 준수 여부는 변경된 소송이 제기된 때를 기준으로 판단하여야 한다.

[판례] 조세부과처분 취소소송 계속 중 증액경정처분이 있는 경우 민사소송법상 청구 변경의 가부 등: 당초의 조세부과처분에 대하여 적법한 취소소송이 계속 중에 동일한 과세목적물에 대하여 당초의 부과처분을 증액 변경하는 경정결정 또는 재경정결정이 있는 경우에 당초 부과처분에 존재하고 있다고 주장되는 취소사유(실체상의 위법성)가 경정결정 또는 재경정결정에도 마찬가지로 존재하고 있어 당초 부과처분이 위법하다고 판단되면 경정결정 또는 재경정결정도 위법하다고 하지 않을 수 없는 경우 원고는 경정결정 또는 재경정결정에 대하여 따로 전심절차를 거칠 필요없이 청구취지를 변경하여 경정결정 또는 재경정결정의 취소를 구할 수 있고, 이러한 경우 당초의 소송이 적법한 제소기간 내에 제기된 것이라면 경정결정 또는 재경정결정에 대한 청구취지변경의 제소기간 준수 여부는 따로 따질 필요가 없다(대판 2012. 11. 29, 2010두7796[법인세부과처분취소]).

〈참고논문〉 이윤정, 취소소송에서의 소 변경, 행정법연구 제68호, 2022.8, 179면 이하.

3. 소송의 이송

(1) 이송의 의의

소송의 이송(移送)이라 함은 어느 법원에 일단 계속된 소송을 그 법원의 결정에 의하여 다른 법원으로 이전하는 것을 말한다.

이송은 법원간의 소송의 이전이므로 동일법원 내에서 담당재판부를 달리하는 것은 사무분담의 문제이다. 행정법원의 역할까지 겸하는 지방법원에서 민사사건을 담당하는 재판부와 행정사건을 담당하는 재판부간의 사건의 이전도 사무분담의 문제이다.

(2) 행정소송법에 의한 이송 : 관련청구소송의 이송

1) 의 의

취소소송과 관련청구소송(① 당해 처분 등과 관련되는 손해배상·부당이득반환·원상회복등 청구소송, ② 당해 처분 등과 관련되는 취소소송)이 각각 다른 법원에 계속되고 있는 경우에 관련청구소송이 계속된 법원이 상당하다고 인정하는 때에는 당사자의 신청 또는 직권에 의하여 관련청구소송을 취소소송이 계속된 법원으로 이송할 수 있다(법 제10조 제1항).

행정소송법이 관련청구소송의 이송을 규정한 것은 취소소송과 관련청구소송이 상호 밀접한 관련을 가진 소송임에도 다른 관할법원에서 심리되는 것은 소송경제에도 반하고 취소소송법원의 판결과 관련청구소송법원의 판결이 상호 모순될 우려도 있기 때문에 이들 관련청구소송을 주된 청구소송이 계속된 법원으로 이송하여 병합심리할 수 있도록 하기 위한 것이다.

취소소송에 관한 행정소송법 제10조 제1항은 무효등확인소송, 부작위법확인소송(제38조) 및 당사자소송(법 제44조 제2항)에도 준용된다.

2) 요 건

가. 주된 청구소송과 관련청구소송이 각각 다른 법원에 계속되고 있을 것

관련청구소송이라 함은 ① 당해 처분 등과 관련되는 손해배상·부당이득반환·원상회복 등 청구소송, ② 당해 처분 등과 관련되는 행정소송을 말한다(법 제10조 제1항, 제38조, 제44조 제2항). ①은 청구의 내용 또는 발생원인이 법률상 또는 사실상 공통되어 있는 소송, 행정처분의 효력이나 존부 유무가 선결문제가 되어 있는 소송 등을 말하며 당사자소송일 수도 있고 민사소송일 수도 있다.

예를 들면, 행정처분 취소소송과 당해 행정처분으로 인한 손해에 대한 국가배상청구소송, 조세부과처분취소소송과 조세과오납금환급소송(부당이득반환청구소송)을 들 수 있다.

②는 개방적·보충적 규정으로, 증거관계, 쟁점, 공격·방어방법 등의 상당부분이 공통되어 함께 심리함이 타당한 사건을 말한다.

예를 들면, 수인이 각각 별도로 제기한 동일처분 등의 취소소송(무효확인소송), 경원자에 대한 면허처분의 취소소송(무효확인소송)과 자신에 대한 면허거부처분의 취소소송(무효확인소송), 하자가 승계되는 처분 각각에 대한 취소소송, 원처분취소소송과 재결취소소송 등을 들 수 있다.[294]

취소소송이 제2심에 계속중인 경우에도 제1심에 계류중인 관련청구소송을 이송

294) 법원행정처, 전게서, 26면.

할 수 있으나, 취소소송이 제1심에 계속중인 경우에 제2심에 계류중인 관련청구소송을 제1심으로 이송하는 것은 허용되지 않는다고 보는 것이 일반적 견해이다.

나. 이송함이 상당하다고 인정될 것 주된 청구소송이 계속된 법원이 관련청구소송을 병합하여 심리하는 것이 양 소송의 사안의 내용·성질이라든가 심리의 진전도 등에 비추어 당사자의 편의는 물론 소송경제와 재판의 내용적 모순방지를 위하여 상당하다고 인정하는 경우에 이송할 수 있을 것이다.[295)]

다. 관련청구소송을 주된 청구소송 계속법원에 이송할 것 관련민사사건을 행정사건 계속법원에 이송하여야 하며 행정사건을 민사사건 계속법원에 이송하여서는 안 된다. 항고소송간 또는 항고소송과 당사자소송간에는 어느 소송을 주된 청구로 보아야 할 것인지는 처분의 내용과 위법사유, 심리정도 등을 종합하여 판단하여야 할 것이다.[296)]

3) 이송절차

관련청구소송이 계속된 법원이 당사자의 신청 또는 직권에 의하여 관련청구소송을 주된 청구소송이 계속된 법원으로 이송하는 것을 결정한다(법 제10조 제1항).

4) 이송의 효과

이송결정은 이송을 받은 법원을 기속한다. 이송을 받은 법원은 다시 사건을 다른 법원에 이송하지 못한다(민사소송법 제38조).

[판례] 확정된 이송결정의 기속력이 전속관할 규정을 위배하여 이송한 경우에도 미치는지 여부(원칙적 적극): 이송결정에 대한 불복방법으로 즉시항고가 마련되어 있고 이송의 반복에 의한 소송지연을 피하여야 할 공익적 요청은 전속관할을 위배하여 이송한 경우라고 하여도 예외일 수 없으므로, 당사자가 이송결정에 대하여 즉시항고를 하지 않았거나 즉시항고가 기각되어 확정된 이상 이송결정의 기속력은 원칙적으로 전속관할의 규정을 위배하여 이송한 경우에도 미친다(대판 2023. 08. 31, 2021다243355).

(3) 민사소송법에 의한 이송

1) 관할위반을 이유로 한 이송

행정소송법 제7조는 원고의 고의 또는 중대한 과실 없이 행정소송이 심급을 달리하는 법원에 잘못 제기된 경우에 민사소송법 제34조 제1항을 적용하여 이를 관할법원에 이송하도록 규정하고 있다.

이 규정은 종래 행정소송의 일심법원이 고등법원이었으므로 원고의 잘못으로 지방법원에 제소하는 경우가 있을 수 있는 반면에 관할위반으로 인한 이송을 규정하

---

295) 이상규, 전게서, 846면.
296) 법원행정처, 전게서, 30면.

는 민사소송법 제34조 제1항은 이 경우에는 적용되지 않는다는 견해가 있었기 때문에 이 경우에도 당사자의 권리구제나 소송경제를 고려하여 이송을 허용하기 위하여 두어진 것이다.

그런데, 현재에는 행정소송도 민사소송과 같이 3심제가 되었고, 오늘날의 법원 실무는 민사소송법 제34조 제1항을 지방법원 사건을 고등법원이나 대법원에 제소한 경우 또는 지방법원사건을 가정법원에 제소한 경우에도 적용되는 것으로 넓게 해석하므로 행정소송법 제7조는 불필요하거나 오히려 행정소송의 이송을 다른 경우보다 더 제약하는 규정이 되어 당초의 취지에 반하게 되었다.[297]

행정소송법 제7조가 적용되는 경우(행정소송이 심급을 달리하는 법원에 잘못 제기된 경우) 이외에는 민사소송법 제34조에 의한 이송이 준용된다고 보아야 한다(법 제8조 제2항). 이에 대하여 행정소송법 제7조를 적용하여 이송하여야 한다는 견해[298]가 있다.

판례도 다음과 같이 행정소송과 관련하여 제7조 이외에도 관할 위반으로 인한 이송을 인정하고 있다.

[판례] ① 행정소송법 제7조는 원고의 고의 또는 중대한 과실 없이 행정소송이 심급을 달리하는 법원에 잘못 제기된 경우에 구 민사소송법 제31조 제1항을 적용하여 이를 관할 법원에 이송하도록 규정하고 있을 뿐 아니라, 관할 위반의 소를 부적법하다고 하여 각하하는 것보다 관할 법원에 이송하는 것이 당사자의 권리구제나 소송경제의 측면에서 바람직하므로, **원고가 고의 또는 중대한 과실 없이 행정소송으로 제기하여야 할 사건을 민사소송으로 잘못 제기한 경우, 수소법원으로서는** 만약 그 행정소송에 대한 관할도 동시에 가지고 있다면 이를 행정소송으로 심리·판단하여야 하고, **그 행정소송에 대한 관할을 가지고 있지 아니하다면** 당해 소송이 이미 행정소송으로서의 전심절차 및 제소기간을 도과하였거나 행정소송의 대상이 되는 처분 등이 존재하지도 아니한 상태에 있는 등 **행정소송으로서의 소송요건을 결하고 있음이 명백하여 행정소송으로 제기되었더라도 어차피 부적법하게 되는 경우가 아닌 이상 이를 부적법한 소라고 하여 각하할 것이 아니라 관할 법원에 이송하여야 한다**(대판 1997. 05. 30, 95다28960).

② 도시 및 주거환경정비법상 주택재건축정비사업조합에 대한 행정청의 조합설립인가처분이 있은 후에 조합설립결의의 하자를 이유로 민사소송으로 그 결의의 무효 등 확인을 구한 사안에서, 그 소가 확인의 이익이 없는 부적법한 소에 해당하다고 볼 여지가 있으나, 재건축조합에 관한 설립인가처분을 보충행위로 보았던 종래의 실무관행 등에 비추어 그 소의 실질이 조합설립인가처분의 효력을 다투는 취지라고 못 볼 바 아니고, 여기에 소의 상대방이 행정주체로서의 지위를 갖는 재건축조합이라는 점을 고려하면, 그 **소가 공법상 법률행위에 관한 것으로서 행정소송의 일종인 당사자소송으로 제기된 것으로 봄이 상당하고, 그 소는 이송 후 관할법원의 허가를 얻어 조합설립인가처분에 대한 항고소송으로 변경될 수 있어 관할법원인 행정법원으로 이송함이 마땅하다고 한 사례**(대판 2009. 09. 24, 2008다60568[재건축결의부존재확인]).

---

297) 상게서, 27면.

298) 이시윤, 전게서, 118면.

③ 주택재건축정비사업조합의 관리처분계획에 대하여 그 관리처분계획안에 대한 총회결의의 무효확인을 구하는 소가 관할을 위반하여 민사소송으로 제기된 후에 관할 행정청의 인가 · 고시가 있었던 경우 따로 총회결의의 무효확인만을 구할 수는 없게 되었으나, 이송 후 행정법원의 허가를 얻어 관리처분계획에 대한 취소소송 등으로 변경될 수 있음을 고려하면, 그와 같은 사정만으로 이송 후 그 소가 부적법하게 되어 각하될 것이 명백한 경우에 해당한다고 보기 어려우므로, 위 소는 관할법원인 행정법원으로 이송함이 상당하다고 한 사례(대판 전원합의체 2009. 09. 17, 2007다2428[총회결의무효확인]).

④ 도시 및 주거환경정비법상 주택재건축정비사업조합에 대한 행정청의 조합설립 인가처분이 있은 후에 민사소송으로 조합설립결의에 대한 무효확인을 구한 사안에서, 이미 행정청을 상대로 제기한 조합설립인가처분 무효확인소송의 패소 판결이 확정되었으므로, 이 부분 소를 공법상 법률관계에 관한 것으로서 행정소송의 일종인 당사자소송으로 보고 전속관할 위반을 이유로 서울행정법원에 이송한 후 행정법원의 허가를 받아 항고소송으로 변경한다 하더라도, 서울행정법원으로서는 위 확정판결의 기판력에 의하여 위 판결에 모순 · 저촉되는 판단을 할 수 없을 것이니, 위 소를 관할법원인 행정법원으로 이송할 것이 아니라 각하함이 상당하다고 한 사례(대판 2010. 02. 25, 2007다73598[창립총회결의무효확인]).

⑤ (1) KAI(한국항공우주산업)와 정부가 체결한 '한국형 헬기 개발사업에 대한 물품 · 용역협약'은 공법상 계약이다. (2) KAI(한국항공우주산업)이 대한민국에 '한국형 헬기 개발사업'을 하다 발생한 초과비용 126억원을 청구하는 민사소송을 대법원이 민사재판이 아닌 행정재판으로 다시 하도록 서울행정법원에 이송한 사례(대판 2017. 11. 09, 2015다215526).

〈해설〉 1 · 2심 법원은 사법상 계약으로 보았다. '한국형 헬기 개발사업에 대한 물품 · 용역협약'을 단순한 물품조달계약으로 보면 사법상 계약으로 볼 수 있지만, 연구개발계약으로 본다면 공법상 계약으로 보는 것이 타당하다.

다만 행정소송으로 제기하여야 할 사건을 민사소송으로 잘못 제기한 경우에 당해 소송이 행정소송으로서의 제소기간을 도과한 것이라고 하더라도 소를 각하할 것이 아니라 민사소송을 제기한 시점에 그 제소기간을 준수하였다고 한다면, 행정소송으로서의 제소기간을 준수한 것으로 보아 당해 사건을 관한 법원에 이송하여 심리 · 판단하도록 하는 것이 보다 바람직하다고 할 것이다. 행정사건 중 항고소송으로 다투어야 할 사건을 민사사건으로 오해한 경우에 항고소송의 제소기간의 준수라는 소송요건을 갖출 것을 기대하는 것은 어려울 뿐만 아니라 민사소송을 제기하여 다투었다 하더라도 행정청의 공권력 행사를 다툰 것은 사실이므로 위와 같이 해결하는 것이 당사자로 하여금 권리구제 기회의 상실을 방지할 수 있기 때문이다. 이러한 입장이 법해석론적으로 곤란하다고 하면 입법적으로 해결하여야 할 것이다.

관할 위반으로 인한 이송은 법원이 직권으로 이송하고 당사자의 신청권은 인정되지 않는다. 따라서, 이송을 기각하는 결정이 있더라도 이에 대하여 불복할 수 없다(대결 전원합의체 1993. 12. 06, 93마524).

2) 편의에 의한 이송

행정소송에도 민사소송법 제35조가 준용될 수 있다. 법원은 그 관할에 속한 소송에 관하여 현저한 손해 또는 지연을 피하기 위한 필요가 있는 때에는 직권 또는 당사자의 신청에 의하여 소송의 전부나 일부를 다른 관할법원에 이송할 수 있다. 다만 전속관할이 있는 소는 그러하지 아니하다.

4. 소송참가

소송참가(訴訟參加)라 함은 현재 계속중인 타인간의 소송에 제3자가 자기의 이익을 옹호하기 위하여 참가하는 것을 말한다.

행정소송법은 제3자의 소송참가(법 제16조)와 행정청의 소송참가(법 제17조)를 규정하고 있다. 행정소송법은 취소소송에 관하여 위와 같이 소송참가를 규정하고 이들 규정을 무효등확인소송(법 제38조 제1항), 부작위위법확인소송(법 제38조 제2항), 당사자소송(법 제44조)에 준용하고 있고, 민중소송 및 기관소송에는 그 성질에 반하지 않는 한 준용되는 것으로 하고 있다(법 제46조 제1항). 다만, 제3자에 의한 재심청구에 관한 제31조는 당사자소송에는 준용되지 않는다.

(1) 행정소송법상 제3자의 소송참가

1) 의 의

제3자의 소송참가라 함은 소송의 결과에 의하여 권리 또는 이익의 침해를 받을 제3자가 있는 경우에 당사자 또는 제3자의 신청 또는 직권에 의하여 그 제3자를 소송에 참가시키는 제도를 말한다(법 제16조).

제3자의 소송참가는 제3자의 권익을 보호하기 위하여 인정된 제도이다. 취소소송에 있어서 원고승소판결은 소송당사자가 아닌 제3자에게도 효력을 미친다. 이러한 경우에 제3자를 소송에 참가시켜 제3자에게 공격방어방법을 제출하는 기회를 줌으로써 그의 권익을 보호할 필요가 있다.

제3자의 소송참가가 인정되는 경우는 대체로 제3자효 행정행위에 대한 취소소송의 경우이다.

2) 참가의 요건

가. 타인간의 적법한 취소소송 등의 계속 소송이 어떠한 심급에 있는가는 묻지 않고 인정되지만, 소가 적법하여야 한다.

나. 소송의 결과에 의해 권리 또는 이익의 침해를 받을 제3자일 것 제3자라 함은 소송당사자 이외의 자를 말한다. 국가 또는 지방자치단체가 제3자가 되는 경우도 있을 수 있다. 침해된 권리 또는 이익에 있어서 이익이라 함은 법률상 이익을 말하고 단순한 사실상 이익 내지 경제상 이익은 포함되지 않는다.

[판례] [1] 행정소송법 제16조 소정의 제3자의 소송참가가 허용되기 위하여는 당해 소송의 결과에 따라 제3자의 권리 또는 이익이 침해되어야 하고, 이 때의 이익은 **법률상 이익**을 말하며 단순한 사실상의 이익이나 경제상의 이익은 포함되지 않는다. [2] 신설되는 항만의 명칭결정 등의 취소를 구하는 소송에 대하여 지방자치단체들이 제3자 소송참가신청을 한 사안에서, 그 소송결과에 따라 침해되는 법률상 이익이 없어 위 신청이 부적법하다고 한 사례(대판 2008. 05. 29, 2007두23873[항만명칭결정처분등취소]).

소송의 결과에 의해 권리 또는 이익을 침해받는다라는 것은 판결의 형성력에 의해 권리 또는 이익을 박탈당하는 경우뿐만 아니라 판결의 행정청에 대한 기속력에 따른 행정청의 새로운 처분에 의해 권리 또는 이익의 침해를 받는 경우를 포함한다.

전자의 예로는 수용된 토지의 소유자가 토지수용위원회를 피고로 수용재결의 취소소송을 제기하여 승소한 때에는 사업시행자도 그 취소의 효과를 받게 되어 당해 토지의 소유권을 상실하게 된다. 따라서 사업시행자는 피고가 패소하지 않도록 소송에 참가하여 자신의 이익을 옹호할 필요가 있다. 후자의 예로는 경원관계에 있는 여러 신청인(예, 거리제한이 있는 주유소영업허가 신청인, 경쟁관계에 있는 특허사업허가 신청인) 가운데서 허가를 받지 못한 자가 자신에 대한 거부처분의 취소소송을 제기하여 승소하면 다른 신청인에 대한 허가처분이 당연히 효력을 상실하게 되지는 않지만 판결의 기속력에 의해 처분청은 다른 신청에 대한 허가처분을 취소할 수 있기 때문에 허가처분을 받은 자는 소송참가할 수 있는 제3자가 된다. 만일 이 경우에 허가를 받지 못한 신청인이 허가처분의 취소를 청구한 경우에 이 소송에서 허가처분이 취소되면 허가를 받은 제3자는 판결의 형성력에 의해 허가처분의 효력을 상실하게 되므로 제3자로서 소송참가를 할 수 있는데, 이 경우의 소송참가는 전자의 예에 속한다.

소송의 결과에 대하여 이해관계가 있다는 것만으로는 소송참가가 인정되지 않는다.

3) 참가의 절차

제3자의 소송참가는 당사자 또는 제3자의 신청 또는 직권에 의하여 결정으로써 행한다(법 제16조 제1항).

법원이 제3자의 소송참가를 결정하고자 할 때에는 미리 당사자 및 제3자의 의견을 들어야 한다(법 제16조 제2항).

소송참가 신청을 한 제3자는 그 신청을 각하한 결정에 대하여 즉시항고할 수 있다(법 제16조 제3항).

소송당사자가 제3자의 소송참가를 신청하였지만 그 신청이 각하된 경우에 그 각하결정에 대해 불복할 수 있는지에 대해 다툼이 있을 수 있는데, 제3자의 소송참가는 제3자의 권익을 보호하는 것을 제도의 목적으로 하고 있고, 직권소송참가가 기본이며 당사자의 신청은 직권발동을 촉구하는 것에 지나지 않으므로 소극적으로 해석하여야 한다.

소송참가를 신청한 제3자는 그 신청을 각하하는 결정이 있을 때까지 참가인으로서 소송행위를 할 수 있다. 이 경우에 각하의 결정이 확정될 때에는 그때까지의 제3자의 소송행위는 효력을 상실하지만, 당사자가 그 소송행위를 원용하면 그 소송행위의 효력은 유지된다(민사소송법 제75조).[299]

4) 참가인의 지위

소송참가인에 대해서는 민사소송법 제67조의 규정이 준용되므로(법 제16조 제4항) 참가인은 피참가인과의 사이에 필수적 공동소송에 있어서의 공동소송인에 준하는 지위에 서게 되나, 당사자에 대하여 독자적인 청구를 하는 것이 아니므로 강학상 공동소송적 보조참가인의 지위와 유사한 것으로 보는 것이 통설이다. 소송행위 중 참가인과 피참가인에게 유리한 행위는 1인이 하여도 전원에 대하여 효력이 생기는 반면 불리한 행위는 전원이 함께 하지 않는 한 효력이 없다. 참가인 등 공동소송인 1인에 대한 상대방의 소송행위는 이익·불이익을 불문하고 전원에 대하여 효력이 있다(오진환, 주석행소법). 참가인은 집행정지결정의 취소를 청구할 수 있고, 참가인은 피참가인의 행위와 저촉되는 행위를 할 수 있고, 독립하여 상소할 수 있으며 참가인의 상소기간은 피참가인의 그것과 독립하여 기산된다.

참가인은 현실적으로 소송행위를 하였는지 여부에 관계없이 참가한 소송의 판결의 효력을 받는다.

5) 제3자의 재심청구

처분 등을 취소하는 판결에 의하여 권리 또는 이익의 침해를 받은 제3자는 자기에게 책임 없는 사유로 소송에 참가하지 못함으로써 판결의 결과에 영향을 미칠 공격 또는 방어방법을 제출하지 못한 때에는 이를 이유로 확정된 종국판결에 대하여 재심의 청구를 할 수 있다(제31조 제1항). 제3자에 의한 재심청구는 확정판결이 있음을 안 날로부터 30일 이내, 판결이 확정된 날로부터 1년 이내에 제기하여야 한다(제31조 제2항). 재심청구기간은 불변기간이다(제31조 제3항).

행정소송법 제31조의 해석상 소송참가를 한 제3자는 판결 확정 후 행정소송법 제31조에 의한 재심의 소를 제기할 수 없다.

(2) 행정청의 소송참가

1) 의 의

행정청의 소송참가라 함은 관계행정청이 행정소송에 참가하는 것을 말한다.

법원은 다른 행정청을 소송에 참가시킬 필요가 있다고 인정할 때에는 당사자 또는 당해 행정청의

---

299) 유명건, 전게서, 162면.

신청 또는 직권에 의하여 결정으로써 그 행정청을 소송에 참가시킬 수 있다(법 제17조 제1항).

행정청의 소송참가제도는 공공성이 강한 행정소송에 있어서 관계행정청을 참가시켜 관계행정청이 가지고 있는 공격방어방법을 제출하게 함으로써 소송자료를 풍부하게 하여 적정한 심리·판결을 실현하기 위하여 인정되었다. 또한, 행정처분을 함에 있어서는 관계행정청도 협의, 동의 등을 통하여 관여하는 경우가 있는데, 당해 처분에 대한 소송에서 참가하지 못하는 반면에 판결의 기속력은 관계행정청에 미치므로 문제가 있다. 이러한 점도 행정청의 소송참가제도의 도입이유가 된다고 볼 수 있다.

2) 참가의 요건

가. 타인간의 취소소송 등이 계속되고 있을 것 타인간의 소송의 심급은 묻지 않는다. 제1심, 항소심 및 상고심에서도 가능하다.

나. 다른 행정청일 것 '다른 행정청'이라 함은 전술한 제도의 취지에 비추어 피고 행정청 이외의 행정청으로서 계쟁처분이나 재결에 관계있는 행정청이어야 한다고 보아야 할 것이다.

예를 들면, 처분청의 감독청, 재결이 취소소송의 대상이 되고 있는 경우에 있어서 원처분청 등이 소송참가할 수 있는 행정청이라고 할 수 있다. 계쟁처분 또는 재결에 대해 조사를 담당하거나, 동의 등을 한 협력청이 여기에서의 '다른 행정청'에 해당하는지 논란이 제기될 수 있지만 긍정하는 것이 타당하다.

다. 참가시킬 필요성이 있을 것 '참가시킬 필요가 있을 것'이라는 것은 '제도의 취지에 비추어 적정한 심리·판결을 실현하기 위하여 참가시킬 필요가 있는 것'을 의미한다.

3) 참가의 절차

법원은 당사자 또는 당해 행정청의 신청 또는 직권에 의하여 결정으로써 그 행정청을 소송에 참가시킬 수 있다(법 제17조 제1항). 행정청의 소송참가를 결정하고자 할 때에는 당사자 및 당해 행정청의 의견을 들어야 한다(법 제17조 제2항).

4) 참가행정청의 지위

참가행정청에 대하여는 민사소송법 제76조의 규정을 준용하고 있다(법 제17조 제3항). 따라서, 참가행정청은 보조참가인에 준하는 지위에서 소송수행을 한다. 따라서, 참가행정청은 소송에 관하여 공격, 방어, 이의, 상소 기타 일체의 소송행위를 할 수 있지만 피참가인의 소송행위와 저촉되는 소송행위를 할 수 없다. 참가인의 소송행위가 피참가인의 소송행위와 어긋나는 때에는 그 효력이 없다(민사소송법 제76조).

(3) 민사소송법상 보조참가

행정소송 사건에서 민사소송법상 보조참가의 요건을 갖춘 경우 민사소송법상 보조참가가 허용되고 그 성격은 공동소송적 보조참가이다(판례).

[판례] ① **행정소송 사건에서 참가인이 한 보조참가**가 행정소송법 제16조가 규정한 제3자의 소송참가에 해당하지 않는 경우에도, 판결의 효력이 참가인에게까지 미치는 점 등 행정소송의 성질에 비추어 보면 그 참가는 **민사소송법 제78조에 규정된 공동소송적 보조참가**라고 볼 수 있다. 민사소송법 제78조의 공동소송적 보조참가에는 필수적 공동소송에 관한 민사소송법 제67조 제1항, 즉 "소송목적이 공동소송인 모두에게 합일적으로 확정되어야 할 공동소송의 경우에 공동소송인 가운데 한 사람의 소송행위는 모두의 이익을 위하여서만 효력을 가진다."라고 한 규정이 준용되므로, 피참가인의 소송행위는 모두의 이익을 위하여서만 효력을 가지고, 공동소송적 보조참가인에게 불이익이 되는 것은 효력이 없으므로, **참가인이 상소를 할 경우에 피참가인이 상소취하나 상소포기를 할 수는 없다**. 한편 민사소송법상 보조참가신청에 대하여 당사자가 이의를 신청한 때에는 수소법원은 참가를 허가할 것인지 여부를 결정하여야 하지만, 당사자가 이의를 신청하지 아니한 채 변론하거나 변론준비기일에서 진술을 한 경우에는 이의를 신청할 권리를 잃게 되고(민사소송법 제73조 제1항, 제74조) 수소법원의 보조참가 허가 결정 없이도 계속 소송행위를 할 수 있다(대판 2017. 10. 12, 2015두36836).

② (1) 민사소송법상 보조참가는 소송결과에 이해관계가 있는 자가 할 수 있는데, 여기서 이해관계란 법률상 이해관계를 말하는 것으로, 당해 소송의 판결의 기판력이나 집행력을 당연히 받는 경우 또는 당해 소송의 판결의 효력이 직접 미치지는 아니한다고 하더라도 적어도 그 판결을 전제로 하여 보조참가를 하려는 자의 법률상 지위가 결정되는 관계에 있는 경우를 의미한다(대판 2007. 02. 08, 2006다69653 등 참조). (2) 공정거래위원회가 명한 **시정조치에 대하여 그 취소 등을 구하는 행정소송**에서 당해 시정조치가 사업자의 상대방에 대한 특정행위를 중지·금지시키는 것을 내용으로 하는 경우, 당해 소송의 판결 결과에 따라 해당 사업자가 특정행위를 계속하거나 또는 그 행위를 할 수 없게 되고, 따라서 그 행위의 상대방은 그 판결로 법률상 지위가 결정된다고 볼 수 있으므로 그는 위 행정소송에서 공정거래위원회를 보조하기 위하여 **보조참가를 할 수 있다**(대결 2013. 07. 12, 2012무84[시정명령등취소청구의소]).

행정소송법 제16조에 의한 제3자 참가가 아니라 민사소송법의 준용에 의하여 보조참가를 한 경우에도 피참가인이 공동소송적 보조참가인의 동의 없이 소를 취하하였다 하더라도 이는 유효하다(대판 2013. 03. 28, 2011두13729).

5. 피해자의 의견 청취 등

법원은 필요하다고 인정하는 경우에는 해당 처분의 처분사유와 관련하여 다음 각 호에 해당하는 사람(이하 '피해자'라 한다)으로부터 그 처분에 관한 의견을 기재한 서면을 제출받는 등의 방법으로 피해자의 의견을 청취할 수 있다(행정소송규칙 제13조 제1항).

1. 「성폭력방지 및 피해자보호 등에 관한 법률」 제2조 제3호의 성폭력피해자
2. 「양성평등기본법」 제3조 제2호의 성희롱으로 인하여 피해를 입은 사람
3. 「학교폭력예방 및 대책에 관한 법률」 제2조 제4호의 피해학생 및 그 보호자

당사자와 소송관계인은 제1항에 따라 청취한 피해자의 의견을 이용하여 피해자

의 명예 또는 생활의 평온을 해치는 행위를 하여서는 아니 된다(제2항).

제1항에 따라 청취한 의견은 처분사유의 인정을 위한 증거로 할 수 없다(제3항).

법원은 명령·규칙의 위헌 또는 위법 여부가 쟁점이 된 사건에서 그 명령·규칙 소관 행정청이 피고와 동일하지 아니한 경우에는 해당 명령·규칙의 소관 행정청에 소송계속 사실을 통지할 수 있다(행정소송규칙 제7조 제1항). 제1항에 따른 통지를 받은 행정청은 법원에 해당 명령·규칙의 위헌 또는 위법 여부에 관한 의견서를 제출할 수 있다(행정소송규칙 제7조 제2항).

6. 소송중 처분사유의 추가·변경

(1) 의 의

처분사유(處分事由)라 함은 처분의 적법성을 유지하기 위하여 처분청에 의해 주장되는 처분의 사실적·법적 근거를 말한다. 실무상 징계처분과 제재처분의 경우 징계사유와 제재사유만을 처분사유로 보고, 재량고려사항은 처분사유로 보지 않는다. 이에 반하여 거부처분에서는 재량고려사유를 처분사유로 본다.[300)]

행정청이 다툼의 대상이 되는 처분을 행하면서 처분사유를 밝힌 후 당해 처분에 대한 소송의 계속중 당해 처분의 적법성을 유지하기 위하여 처분 당시 제시된 처분사유를 변경하거나 다른 사유를 추가할 수 있는가 하는 것이 문제되는데, 이를 처분사유의 추가·변경(追加·變更)의 문제라고 한다.

처분사유의 추가·변경은 소송경제 및 분쟁의 일회적 해결, 공익보장 및 실체적 진실의 발견을 위해 인정되는 소송법상의 문제이다. 그러나, 처분사유의 추가·변경은 원고의 방어권, 이유제시제도의 취지를 훼손할 수 있으므로 일정한 한계 내에서 인정되어야 한다.

[판례] **[1] 법무부장관은 귀화신청인이 귀화 요건을 갖추었다 하더라도 귀화를 허가할 것인지 여부에 관하여 재량권을 가진다**고 보는 것이 타당하다. [2] 방문동거(F-1-4) 및 특례고용허가자(E-19) 체류자격, 방문취업(H-2) 체류자격, 기타(G-1) 체류자격으로 대한민국 내에서 계속하여 3년 이상 거주한 외국인의 간이귀화신청에 대하여 법무부장관이 방문취업 체류자격이나 기타 체류자격을 이용하여 귀화신청을 하는 것은 간이귀화요건을 갖춘 것으로 볼 수 없다는 이유로 불허가처분을 한 사안에서, 방문취업 체류자격이나 기타 체류자격으로도 간이귀화의 국내거주요건을 갖출 수 있다는 이유만으로 위 귀화불허가 처분이 위법하다고 한 원심판단에 귀화허가의 법적 성질에 관한 법리를 오해하여 심리를 다하지 않은 위법이 있다고 한 사례(대판 2010. 10. 28, 2010두6496[귀화허가신청불허가처분취소]). **〈해설〉 이 사건에서의 쟁점은 처분사유의 추가변경문제가 아니라 처분사유의 특정문제이었다**. 처분청인 법무부장관의 처분사유는 다음과 같았다. “기타(G-1)

---

300) 박정훈, 484면 등.

체류자격은 소송, 질병발생 등 불가피한 사유로 국내에 임시 체류할 사유가 발생한 경우 부여되는 잠정적인 체류자격이므로 이를 이용하여 귀화신청을 하는 것은 위 체류자격의 성격 및 국적제도의 일반적 취지에 부합하지 않아 간이귀화 요건을 갖추었다고 볼 수 없음"이었다. 원심판결은 처분청의 처분사유가 간이귀화 요건을 충족하지 않았다는 사유만이고, 재량고려사유는 처분사유가 아니라고 보았다. 이에 대하여 대법원은 "이 사건 귀화불허가 처분의 사유는 신청인이 임시적·보충적 성격의 기타(G－1) 체류자격에 기하여 국내에 거주하였다는 것이나, 위 처분사유에는 '기타(G－1) 체류자격으로는 간이귀화의 국내거주요건을 갖추지 못한다'는 의미뿐만 아니라, '위 체류자격으로 간이귀화의 국내거주요건을 갖춘다고 보더라도 귀화허가 여부에 관한 행정청의 재량권 행사로서 위 체류자격의 취지나 성격 등을 고려할 때 귀화허가신청을 불허가한다'는 취지도 함께 있는 것으로 보았다. 따라서, 원심으로서는 기타(G－1) 체류자격으로도 간이귀화의 국내거주요건을 갖출 수 있다고 판단하였다면 이에 그칠 것이 아니라 나아가 피고가 위 체류자격의 내용이나 성격 등을 이유로 이 사건 귀화허가신청을 불허가한 처분이 재량권을 일탈·남용한 것인지 여부에 관하여 판단하였어야 한다는 것이다. 그런데도 원심이 위 판단에까지 나아가지 아니한 채 이 사건 귀화불허가 처분이 위법하다고 판단한 것에는 귀화허가의 법적 성질에 관한 법리를 오해하여 심리를 다하지 아니함으로써 판결 결과에 영향을 미친 위법이 있다고 한 것이다. 처분청의 처분이유로 '위 체류자격의 성격 및 국적제도의 일반적 취지에 부합하지 않는 점'을 들고 있는 점, 요건과 효과의 구분이 밀접히 관련되어 있는 점 및 분쟁의 일회적 해결이라는 측면에서는 대법원의 입장이 타당하지만, 처분이유가 요건의 결여인 점, 재량고려사항이 구체적으로 제시되지 않은 점에서는 원심판결이 타당하다고 할 수 있다. 다만, 원심과 같이 처분청의 처분사유가 간이귀화 요건을 충족하지 않았다는 사유만이라고 본다면, 처분청이 소송계속 중 재량고려사유에 의해 거부한다는 사유를 추가할 수 있는지 여부가 문제될 것이다.

처분사유 자체가 아니라 처분사유의 근거가 되는 기초사실 내지 평가요소에 지나지 않는 사정은 추가로 주장할 수 있다(대판 2018. 12. 13, 2016두31616).

[판례] '처분사유 추가·변경 제한 법리'의 적용과 관련하여 '품행 미단정'을 이유로 한 귀화거부처분에서 **처분사유의 의미 및 그 판단근거와의 구별**: (1) 귀화의 요건인 구 국적법 제5조 각 호 사유 중 일부를 갖추지 못하였다는 이유로 행정청이 귀화 신청을 받아들이지 않는 처분을 한 경우에 '그 각 호 사유 중 일부를 갖추지 못하였다는 판단' 자체가 처분의 사유가 된다고 봄이 타당하다. (2) 피고는 이 사건 처분 당시에 원고의 위와 같은 전력 등을 고려하여 원고가 구 국적법 제5조 제3호의 '품행단정' 요건을 갖추지 못하였다고 판단하여 이 사건 처분을 하였고, 그 처분서에 처분사유로 '품행 미단정'이라고 기재하였으므로, **'품행 미단정'이라는 판단 결과를 이 사건 처분의 처분사유로 보아야 한다**. 그렇다면 **피고가 원심에서 추가로 제시한 불법체류 전력 등의 제반 사정은** 이 사건 처분의 **처분사유 자체가 아니라 그 근거가 되는 기초사실 내지 평가요소에 지나지 않으므로, 피고는 이러한 사정을 추가로 주장할 수 있다**(대판 2018. 12. 13, 2016두31616).

(2) 유사제도와의 관계

1) 하자의 치유와의 구별

하자의 치유와 처분사유의 추가·변경은 처분의 적법성을 인정하는 것과 관련이 있다는 점에서는 유사하지만, 하자의 치유는 처분시의 하자를 사후보완하는 것인 데 반하여 처분사유의 추가·변경은 처분시에 하자있는 처분을 전제로 하지 않으며 처분시에 이미 존재하던 사실이나 법을 주장하는 것인 점에서 하자의 치유와 구별된다. 또한, 하자의 치유는 처분의 하자론이라는 행정작용법의 문제이고, 처분사유의 추가·변경은 소송의 심리에 관한 소송법상의 문제이다.

2) 사정판결사유와의 구별

처분사유는 처분의 적법성을 유지하기 위하여 주장되는 사유인데, 사정판결사유는 처분이 위법함에도 취소할 수 없는 사유라는 점에서 구별된다. 사정판결사유는 처분시 존재하던 사유일 수도 있지만, 처분 이후의 사유일 수도 있다.

3) 위법판단 기준시와의 관계

처분사유의 추가·변경은 위법판단의 기준시에 관하여 처분시설을 취하는 경우에 문제된다. 판결시설 또는 절충설을 취하는 경우에는 피고인 처분청은 소송계속 중 처분 이후의 사실적·법적 상황을 주장할 수 있게 된다. 이것은 엄밀한 의미의 처분사유의 추가·변경은 아니지만, 처분의 정당화사유로 주장된다는 점에서 처분사유의 추가·변경과 유사하다.

4) 이유제시의 하자의 보완과의 구별과 관계

가. 양자의 구별 처분사유의 추가·변경은 이유제시의 하자의 보완과 구별하여야 한다.

이유제시의 하자의 치유는 처분시에 존재하던 하자가 사후에 보완되어 없어지는 것인 데 반하여 행정처분사유의 변경과 추가는 처분시에 이미 존재하였지만, 처분사유로 하지 않았던 사유를 소송계속 중에 처분사유로 주장하는 것이다. 이유제시의 하자의 치유는 처분시에 이유제시의 하자 있는 행위를 이유의 사후 보완으로 절차적 위법성을 치유하는 것인데 반해 처분사유의 변경과 추가는 이유제시의 불충분을 치유하기 위한 것이 아니라 처분의 실체법상의 적법을 주장하기 위하여 기존에 존재하는 처분사유를 추가로 주장하는 소송법상의 행위이다. 이유제시의 하자의 치유는 절차의 하자에 관한 문제라면 처분사유의 추가·변경은 계쟁처분의 실체법상의 적법성의 주장에 관한 소송법상의 문제이다.

나. 양자의 관계 분자는 위와 같이 상호 구별되지만, 서로 밀접한 관계를 갖는다. 처분사유는 처분의 이유를 이루는 것이고, 판례와 같이 처분이유의 사후 제시로 인한 처분의 하자의 치유를 쟁송제기 전으로 제한하는 경우에는 소송계속 중의 처분사유의 추가·변경은 제한적으로 인정될 수밖에 없다. 즉, 이유제시제도는 처분사유의 추가·변경의 제한사유의 하나이다.

5) 처분청 직권에 의한 처분사유의 추가 · 변경

처분청은 언제든지 소송과 무관하게 직권으로 처분의 처분사유를 추가변경할 수 있다. 이 경우 추가변경된 처분사유가 변경전 처분사유와 기본적 사실관계의 동일성이 없으면 처분이 변경된 것이 된다. 이 경우 계쟁처분인 종전 처분은 효력을 상실하므로 법원은 별도의 소의 이익이 없는 한 소 각하판결을 하여야 한다. 처분의 상대방은 처분변경으로 인한 소변경을 신청할 수 있다.

(3) 처분사유의 추가변경의 허용 여부 및 허용 범위

행정소송법에 소송계속 중의 처분사유의 추가·변경에 관한 명문의 규정은 없다. 그러나, 심판의 대상인 소송물을 처분의 위법성 일반으로 보면 처분사유마다 소송물이 달라지는 것이 아니며 처분사유의 변경을 인정하지 않으면 계쟁처분의 취소판결이 나도 처분청은 변경하고자 하는 처분사유를 근거로 동일한 내용의 처분을 하게 되어 소송경제에 반하고 분쟁이 반복되는 문제가 된다. 따라서, 처분사유의 변경으로 소송물의 변경이 없는 한 소송경제, 분쟁의 일회적 해결 및 공익보장 및 실체적 진실발견을 위해 처분사유의 변경을 인정하는 것이 판례 및 학설의 일반적 견해이다. 처분사유의 추가·변경이 인정됨에도 불구하고 가능한 처분사유의 추가·변경을 하지 않았고, 계쟁처분에 대한 취소판결이 확정된 경우에는 기속력에 의해 추가·변경이 가능하였던 처분사유를 들어 다시 동일한 내용의 처분을 할 수 없다.

다만, 처분사유의 추가·변경은 원고의 방어권 및 신뢰를 침해하고, 이유부기제도의 취지를 훼손할 수 있으므로 일정한 한계 내에서 인정되어야 한다.

결국 처분사유의 추가·변경은 판례에 의해 그 인정범위가 결정될 것이다.

(4) 허용범위에 관한 학설 및 판례

1) 학설 및 판례

처분사유의 추가·변경의 허용범위(허용의 기준)에 관하여 분쟁의 일회적 해결 및 소송경제의 요청과 원고의 방어권 보장 및 이유제시의무제도의 취지를 조화하는 선에서 제한적으로 인정되어야 한다는 견해(제한적 허용설)가 판례 및 다수견해이다.

제한적 허용설에는 기본적 사실관계 동일설, 소송물기준설, 개별적 결정설이 있다.

가. 기본적 사실관계 동일설 이 견해는 통상 판례의 입장과 같이 기본적 사실관계의 동일성이 유지되는 한도 내에서 처분사유의 추가·변경을 인정한다.

나. 소송물기준설 심판의 범위는 소송물에 한정되므로 소송물의 변경이 없는 한(처분의 동일성이 유지되는 한) 처분사유의 추가·변경을 인정하는 견해이다.

다. 개별적 결정설 이 견해는 기속행위, 재량행위, 제재처분, 거부행위 등

행위의 유형 및 취소소송, 의무이행소송 등 소송의 유형에 따라 처분사유의 추가·변경의 허용범위를 달리 정하여야 한다는 견해이다(박정훈, 류지태).

라. 판 례 판례는 일반 항고소송의 경우 원칙상 기본적 사실관계의 동일성이 유지되는 한도 내에서 그리고 처분의 동일성이 인정되는 한도 내에서 처분사유의 추가·변경을 인정하고 있다. 행정소송규칙은 행정청은 사실심 변론을 종결할 때까지 당초의 처분사유와 기본적 사실관계가 동일한 범위 내에서 처분사유를 추가 또는 변경할 수 있다(제9조)고 이를 명문화하고 있다.

다만, 판례에 따르면 거부처분에 대한 항고소송절차에서 처분청이 기존 처분사유와 기본적 사실관계의 동일성이 인정되지 않는 내용으로 처분사유를 추가·변경한다고 주장하는 경우, **원고가 그에**(그 실체적 당부에 관하여 해당 소송 과정에서 심리·판단하는 것에) **명시적으로 동의한다면** 법원이 추가·변경된 처분사유의 실체적 당부에 대하여 심리·판단할 수 있고, 법원은 석명권을 행사하여, 처분상대방이 실체적 당부에 관한 법원의 판단을 구하는지에 대한 의견을 진술할 기회를 주어야 하고, 원고의 명시적인 동의 없이는 이를 처분사유로 심리할 수 없다(대판 2024. 11. 28, 2023두61349[건축허가신청반려처분취소]). 이러한 판례는 원고의 방어권을 보장하면서도 분쟁을 일회적으로 해결할 수 있는 점에서 타당하다.

[판례] (1) 법원은, **처분상대방의 명시적 동의에 따라 처분사유의 추가·변경을 허용할 경우, 추가·변경된 거부처분사유가 당초 거부처분사유와 기본적 사실관계의 동일성이 인정되지 않더라도** 처분사유 추가·변경 제한 법리에 따라 처분청의 주장을 형식적으로 배척할 것이 아니라 **추가·변경된 거부처분사유의 실체적 당부에 관하여 심리·판단하여야 한다.** 그 결과 추가·변경된 거부처분사유도 실체적으로 위법하여 처분을 취소하는 판결이 선고·확정되는 경우 **추가·변경된 거부처분사유에 관한 법원의 판단에 대해서까지 취소판결의 기속력이 미친다**고 보아야 한다. 이와 달리 **처분상대방의 명시적인 동의가 없다면**, 법원으로서는 처분사유 추가·변경 제한 법리의 원칙으로 돌아가 처분청의 거부처분사유 추가·변경을 허용하여서는 아니 된다. 따라서 처분청이 거부처분에 대한 항고소송에서 당초 거부처분사유와 기본적 사실관계의 동일성이 인정되지 않는 다른 거부처분사유를 주장한 것에 대하여 처분상대방이 아무런 의견을 밝히지 않고 있다면 **법원은 적절하게 석명권을 행사하여** 처분상대방에게 처분사유 추가·변경 제한 법리의 원칙이 그대로 적용될 것을 주장하는지, 아니면 추가·변경된 거부처분사유의 실체적 당부에 관한 법원의 판단을 구하는지에 관하여 의견을 진술할 수 있도록 기회를 주어야 한다. 그리고 법원이 기본적 사실관계가 동일하지 않은 사유의 실체적 당부에 관한 처분상대방의 명시적인 동의 없이 추가·변경된 거부처분사유를 심리·판단하여 이를 근거로 거부처분이 적법하다고 판단하는 것은 행정소송법상 직권심리주의의 한계를 벗어난 것으로 허용될 수 없다(대법원 2013. 8. 22. 선고 2011두26589 판결, 대법원 2017. 5. 17. 선고 2016두53050 판결 참조). (2) 건설폐기물 수집·운반업 허가를 받은 법인인 **원고는** 피고에게 기존 건축물의 용도를 자원순환관련시설(사무실)로 변경하고, 기존 건축물이 있는 대지에 자원순환관련시설인 임시보관소와 휴게소를 각 신축(이하 3개동을 통틀어 '이 사건 건축물')하겠다는 내용의 **건축물용도변경허가 및 건축허가를 신청**하였고(이하 통틀어 '이 사건 신청'), **피고는** ①

원고는 건설폐기물 수집 · 운반업체인데, 원고의 사업계획서에 의하면 이 사건 건축물에서 건설폐기물을 분리 · 선별 · 파쇄하는 중간처리업을 하겠다는 것이어서 원고의 업무영역이 아니고, ② 인근에 이미 다수의 건설폐기물 중간처리업체가 존재하여 더 이상의 건설폐기물 중간처리업체가 필요하지 않다는 이유(처분사유)로 이 사건 신청을 거부하는 처분(= 이 사건 거부처분)을 하였고, 이에 대하여 원고는 피고를 상대로 이 사건 거부처분의 취소를 청구하였고, 원심에서 원심은 쌍방 당사자에게 대법원 2019두31839 판결의 법리를 검토하여 주장을 정리하라는 내용으로 석명권을 행사하였고, 피고는 건축법상 건축허가절차에서 「국토의 계획 및 이용에 관한 법률」(이하 '국토계획법')상 개발행위허가기준 충족 여부까지 심리 · 판단하여 만약 국토계획법상 개발행위허가를 발급할 수 없다면 건축법상 건축허가도 발급하여서는 아니 된다는 위 대법원 2019두31839 판결의 법리를 근거로, 여러 사정을 종합하면 원고의 사업계획은 국토계획법상 개발행위허가기준을 충족하지 못한다고 봄이 타당하고, 이를 이유로 이 사건 신청을 거부하는 것은 적법하다고 주장하였는데(이러한 처분사유를 추가하였는데), 원심은 ① 피고가 추가로 주장한 처분사유는 이 사건 거부처분의 근거법령을 국토계획법 제58조 제1항 제4호로 추가변경하는 것에 불과하거나 당초 처분사유와 기본적 사실관계가 동일한 사유를 관점만 달리하여 제시하는 것에 불과하므로 허용되는 처분사유의 추가 · 변경에 해당한다고 판단한 다음, ② 피고가 들고 있는 여러 사정들을 종합하여, 이 사건 건축물이 '주변환경과의 조화'나 '환경오염 발생 우려가 없을 것'이라는 국토계획법상 개발행위허가기준을 충족하였다고 보기 어렵다고 보아, 이 사건 거부처분에 재량권을 일탈 · 남용한 위법이 없다고 판단하였는데, 대법원은 위와 같은 법리를 설시하면서, ① 피고가 당초 내세운 거부처분사유와 추가로 주장한 거부처분사유는 그 기초가 되는 사회적 사실관계의 동일성을 인정하기 어렵고, ② 원심이 원고에게 추가로 주장한 거부처분사유의 실체적 당부에 관한 법원의 판단을 구하는지 등 이에 관한 원고의 분명한 의사를 진술하도록 기회를 부여한 것으로 보이지 않으며, ③ 원고가 이 사건 원심 소송절차에서 그 실체적 당부에 관하여 심리 · 판단하는 데 명시적으로 동의하지 않았다고 볼 여지가 큰 점을 종합하면, 피고가 원심 소송절차에서 이 사건 건축물 인근에는 초 · 중 · 고등학교와 대단지 아파트가 존재하여 임시보관장소 설치로 인하여 야기될 수 있는 생활상 · 환경상 피해가 크다는 내용을 이 사건 거부처분의 사유로 추가하는 것은 원고의 방어권을 침해하는 것으로 처분사유 추가변경 제한 법리에 따라 허용된다고 보기 어렵다고 본 사례(대판 2024. 11. 28, 2023두61349[건축허가신청반려처분취소]).

바. 사건(개별석 결정실) 생각건대, 분쟁의 일회적 해결과 소송경제를 위해 소송물의 변경이 없는 한 처분사유의 추가변경을 인정하는 **소송물기준설**이 타당하다. 그런데, 일반 항고소송의 경우 소송물을 '처분의 위법성 일반'으로 보고, 처분사유가 변경되면 처분도 변경된다는 견해를 취하면 '기본적 사실관계의 동일성 기준설'과 '소송물 기준설'은 결과적으로 동일한 결론에 이른다.

그러나, 조세항고소송에서의 소송물은 처분의 위법성이 아니라 '정당한 세액의 객관적 존부'이므로 조세항고소송에서는 소송물의 범위내에서는 기본적 사실관계의 동일성이라는 제한없이 처분사유의 추가변경이 인정된다(판례).

[판례] 과세처분의 무효확인소송에서 처분사유의 교환·변경 가부(한정 적극): 과세처분의 무효확인 소송에서 소송물은 객관적인 조세채무의 존부확인이므로, 과세관청은 소송 중이라도 사실심 변론

종결 시까지 해당 처분에서 인정한 과세표준 또는 세액의 정당성을 뒷받침하기 위하여 **처분의 동일성이 유지되는 범위 내에서 처분사유를 교환 · 변경할 수 있다**(대판 2023. 06. 29, 2020두46073).

이렇게 본다면 판례는 소송물기준설을 택하고 있다고 볼 수도 있다.

[판례] 경정거부처분 취소소송의 소송물은 정당한 세액의 객관적 존부이다. 과세관청으로서는 소송 도중이라도 **사실심 변론종결 시까지는** 해당 처분에서 인정한 과세표준 또는 세액의 정당성을 뒷받침할 수 있는 새로운 자료를 제출하거나 **처분의 동일성이 유지되는 범위에서** 그 사유를 교환 · 변경할 수 있고, **반드시 처분 당시의 자료만으로 처분의 적법 여부를 판단하여야 하거나 당초의 처분사유만을 주장할 수 있는 것은 아니다**(대법원 2002. 9. 24.선고 2000두6657 판결, 대법원 2009. 5. 14. 선고 2006두17390 판결 등 참조). 원고들은 이 사건 사용료에 특허권 이외의 다른 권리의 사용대가는 포함되어 있지 않다는 전제에서 경정청구를 하였고, 이에 대하여 피고는 원심에서 이 사건 사용료에는 국내원천소득으로서 원천징수대상인 저작권, 노하우, 영업상의 비밀 등의 사용대가가 포함되어 있다고 주장함으로써 **처분의 동일성이 유지되는 범위에서 그 사유를 추가 하거나 변경하였다**고 볼 수 있다(대판 2022. 02. 10, 2019두50946).

2) 판례에 따른 허용기준 및 한계의 내용

아래에서는 처분사유 추가 · 변경의 허용기준 및 한계를 판례를 중심으로 살펴보기로 한다.

가. 일반 항고소송의 경우 기본적 사실관계의 동일성이 유지될 것 이유제시제도의 취지 및 행정처분의 상대방인 국민에 대한 신뢰보호 및 행정처분 상대방의 방어권 보장의 관점에서 기본적 사실관계에 있어서의 동일성이 유지되는 한도 내에서만 가능하다.

'기본적인 사실관계의 동일성'은 처분사유를 법률적으로 평가하기 이전의 구체적인 사실에 착안하여 그 기초가 되는 사회적 사실관계가 기본적인 점에서 동일한지 여부에 따라 판단한다(대판 2007. 07. 27, 2006두9641).

[판례] ① 의료보험요양기관 지정취소처분의 당초의 처분사유인 구 의료보험법 제33조 제1항이 정하는 본인부담금 수납대장을 비치하지 아니한 사실과 항고소송에서 새로 주장한 처분사유인 같은 법 제33조 제2항이 정하는 보건복지부장관의 관계서류 제출명령에 위반하였다는 사실은 기본적 사실관계의 동일성이 없다고 한 사례(대판 2001. 03. 23, 99두6392).
② 추가 또는 변경된 사유가 당초의 처분시 그 사유를 명기하지 않았을 뿐 처분시에 이미 존재하고 있었고 당사자도 그 사실을 알고 있었다 하여 당초의 처분사유와 동일성이 있는 것이라 할 수 없다(대판 2003. 12. 11, 2001두8827).

그러나, 처분의 사실관계에 변경이 없는 한 적용법령(처분의 근거규정)만을 추가하거나 변경하는 것은 항상 가능하고,[301] 법원은 추가 · 변경된 법령에 기초하여 처분의

301) 이 경우에 추가하거나 변경하는 적용법령은 처분시설에 따라 처분 당시 존재하던 법령이어야 한다.

적법 여부를 판단할 수 있다(대판 1988. 01. 19, 87누603). 처분의 법적 근거가 변경됨으로써 처분의 사실관계가 변경되고, 사실관계의 기본적 동일성이 인정되지 않는 경우에는 처분의 법적 근거의 변경이 인정될 수 없다.

[판례] ① 자동차운송사업면허취소처분의 취소를 구하는 소송 계속중 헌법재판소의 위헌결정으로 인하여 처분의 당초 근거규정인 구 여객자동차운수사업법(2000. 12. 30. 법률 제6335호로 개정되기 전의 것) 제76조 제1항 단서 중 제8호가 그 효력을 상실하자 처분청이 **명의이용금지**(지입제 경영관행을 근절함으로써 운송사업에 관한 질서를 확립하고, 여객의 원활한 운송과 운송서비스의 개선을 위한 것) **위반의 기본적 사실관계는 변경하지 아니한 채** 효력이 유지되고 있는 같은 법 제76조 제1항 본문 및 제8호로 그 법률상 근거를 적법하게 변경한 경우, 위 처분이 법률의 근거가 없는 위법한 처분이라고 할 수 없다고 한 사례(대판 2005. 03. 10, 2002두9285).

② 처분청이 **처분 당시에 적시한 구체적 사실을 변경하지 아니하는 범위 내에서 단지 그 처분의 근거 법령만을 추가 · 변경하거나 당초의 처분사유를 구체적으로 표시하는 것에 불과한 경우**에는 새로운 처분사유를 추가하거나 변경하는 것이라고 볼 수 없다(대판 2008. 02. 28, 2007두13791, 13807[부정당업자제재처분취소]).

③ [1] **처분청이 처분 당시 적시한 구체적 사실을 변경하지 아니하는 범위 내에서 처분의 근거 법령만을 추가 · 변경하는 것이 허용되는지 여부**(원칙적 적극) **및 처분의 근거 법령 변경이 허용되지 아니하는 경우:** 행정처분이 적법한지는 특별한 사정이 없는 한 처분 당시 사유를 기준으로 판단하면 되고, **처분청이 처분 당시 적시한 구체적 사실을 변경하지 아니하는 범위 내에서 단지 처분의 근거 법령만을 추가 · 변경하는 것은 새로운 처분사유의 추가라고 볼 수 없으므로** 이와 같은 경우에는 처분청이 처분 당시 적시한 구체적 사실에 대하여 처분 후 추가 · 변경한 법령을 적용하여 처분의 적법 여부를 판단하여도 무방하다. 그러나 처분의 근거 법령을 변경하는 것이 종전 처분과 동일성을 인정할 수 없는 별개의 처분을 하는 것과 다름 없는 경우에는 허용될 수 없다. [2] **행정청이 점용허가를 받지 않고 도로를 점용한 사람에 대하여 도로법 제94조에 의한 변상금 부과처분을 하였다가** 처분에 대한 취소소송이 제기된 후 해당 도로가 도로법의 적용을 받는 도로에 해당하지 않을 경우를 대비하여 **처분의 근거 법령을 도로의 소유자가 국가인 부분은 구 국유재산법**(2009. 1. 30. 법률 제9401호로 전부 개정되기 전의 것, 이하 같다) **제51조와 그 시행령 등으로, 소유자가 서울특별시 종로구인 부분은 구 공유재산 및 물품관리법**(2010. 2. 4. 법률 제10006호로 개정되기 전의 것, 이하 같다) **제81조와 그 시행령 등으로 변경하여 주장한 사안**에서, 도로법과 구 국유재산법령 및 구 공유재산 및 물품관리법령의 해당 규정은 별개 법령에 규정되어 입법 취지가 다르고, 해당 규정내용을 비교하여 보면 변상금의 징수목적, 산정 기준금액, 징수 재량 유무, 징수절차 등이 서로 달라 **위와 같이 근거 법령을 변경하는 것은 종전 도로법 제94조에 의한 변상금 부과처분과 동일성을 인정할 수 없는 별개의 처분을 하는 것과 다름 없어 허용될 수 없으므로,** 이와 달리 판단한 원심판결에 법리를 오해한 위법이 있다고 한 사례(대판 2011. 05. 26, 2010두28106[변상금부과처분취소]).

④ (1) 처분사유에 기존 '건축법 제11조 위반'에서 '건축법 제20조 제3항 위반'을 추가하는 것은 당초의 처분사유와 기본적 사실관계가 동일하지 아니한 새로운 처분사유를 추가하는 것으로서 허용되지 않는다. (2) 원고가 부지 지상에 컨테이너를 설치하여 창고임대업을 영위한 것과 관련하여 피고가 '위 컨테이너가 건축법(2019. 4. 23. 법률 제16380호로 개정되기 전의 것) 제2조 제1항 제2호의 건축물에 해당함에도 같은 법 제11조에 따른 건축허가를 받지 아니하고 이를 건축하였다'는 이유로 원상복구 시정명령 및 계고처분을 하였는데, 원심에 이르러 건축법 제20조 제3항 위반을 처분사유로 추가하는 것은 당초의 처분사유와 기본적 사실관계가 동일하지 않아 허용되지 않는

다(대판 2021. 07. 29, 2021두34756).

⑤ 시외버스(공항버스) 운송사업을 하는 甲 주식회사가 **청소년요금 할인에 따른 결손 보조금의 지원 대상이 아님에도 청소년 할인 보조금을 지급받음으로써 '부정한 방법으로 보조금을 지급받은 경우'에 해당한다는 이유**로, 관할 시장이 **보조금을 환수(처분)하고** 구 경기도 여객자동차 운수사업 관리 조례 제18조 제4항을 근거로 **보조금 지원 대상 제외처분**을 하였다가 처분에 대한 취소소송에서 **구 지방재정법 제32조의8 제7항을 처분사유로 추가한 사안**에서, 시장이 **위 처분의 근거 법령을 추가한 것은** 근거법령의 추가를 통하여 위 제외처분의 성질이 기속행위에서 재량행위로 변경되는 점, 그로 인하여 원고의 방어권을 침해하는 것으로 볼 수 있는 점 등에 비추어 **기본적 사실관계의 동일성이 인정되지 않는 별개의 사실을 들어 주장하는 것으로서 처분사유 추가·변경이 허용되지 않는다**고 한 사례(대판 2023. 11. 30, 2019두38465[보조금환수및재정지원제외처분취소]). 〈참고〉 이 사건 소송에 이르러 이 사건 제외처분의 근거 법령을 당초의 기속행위에 관한 규정에서 재량행위에 관한 규정으로 변경하거나 재량행위에 관한 규정을 추가하였다는 사정은 피고 스스로 이 사건 제외처분으로 달성하려는 공익과 그로써 원고가 입게 되는 불이익의 내용과 정도 등을 전혀 비교형량하지 않았다는 것을 의미하고, **이러한 재량권 불행사는 그 자체로 재량권 일탈 · 남용에 해당하여 해당 처분을 취소하여야 할 위법사유가 된다**(대판 2019. 07. 11, 2017두38874 등 참조).
사회적 사실관계의 기본적 동일성이 인정되는 경우라고 하더라도 그에 대한 규범적 평가와 처분의 근거 법령의 변경으로, 예를 들어 **기속행위가 재량행위로 변경되는 경우와 같이, 당초 처분의 내용을 변경할 필요성이 제기되는 경우에는** 해당 처분을 취소한 후 처분청으로 하여금 다시 처분절차를 거쳐 새로운 처분을 하도록 하여야 할 것이지 당초 처분의 내용을 그대로 유지한 채 **근거 법령만 추가 · 변경하는 것은 허용될 수 없다**(대판 2024. 11. 28, 2023두61349).

단지 처분사유를 구체적으로 표시하거나 설명하는 것은 처분사유의 추가변경이 아니다.

[판례] ① 피고는 **처분서에 처분사유로 '과다소각'이라고만 기재**하였을 뿐, 어떤 방법으로 과다소각을 한 경우인지를 구체적으로 기재하지는 않았음. **피고가 소송에서 '원고는 무단 증설하여 과다소각한 경우'라고 주장**하였는데, 원심은 이것이 허용되지 않는 처분사유의 추가 · 변경에 해당한다고 판단하여 곧바로 배척하였음. 그러나 대법원은 관련 수사 결과, 이에 따른 피고의 사전통지와 원고가 제출한 의견서의 내용 등을 종합하면, '원고가 무단 증설하여 과다소각하였다'는 위반행위가 '당초 처분사유'이고 원고는 '당초 처분사유'를 알면서도 처분사유 자체는 시인하고 처분양정이 과중하다는 의견만을 제시하였을 뿐이며 그에 불복하여 방어권을 행사하는 데에 지장은 없었으므로, 피고의 소송상 주장은 허용되지 않는 처분사유의 추가 · 변경이 아니라 **'당초 처분사유'를 구체적으로 설명한 것에 불과**하다고 판단하여 파기환송한 사례(대판 2020. 06. 11, 2019두49359).
② 행정청이 폐기물처리사업계획서 부적합 통보를 하면서 **처분서에** 불확정개념으로 규정된 법령상의 허가기준 등을 충족하지 못하였다는 취지만을 **간략히 기재하였다면**, 부적합 통보에 대한 **취소소송절차에서 행정청은** 그 처분을 하게 된 판단 근거나 자료 등을 제시하여 **구체적 불허가사유를 분명히 하여야 한다**. 이러한 경우 재량행위인 폐기물처리사업계획서 부적합 통보의 효력을 다투는 원고로서는 행정청이 제시한 구체적인 불허가사유에 관한 판단과 근거에 재량권 일탈 · 남용의 위법이 있음을 밝히기 위하여 소송절차에서 추가적인 주장을 하고 자료를 제출할 필요가 있다(대판 2019. 12. 24, 2019두45579).
③ '원고가 2011. 8. 8.부터 2011. 11. 24.까지 폐수처리에 필요하지 아니한 배관을 설치하여 배출

허용기준을 초과한 수질오염물질을 배출하였다'는 사유(이하 '당초 처분사유'라고 한다)로 이 사건 영업정지처분을 한 후 소송절차에서 '원고가 위반행위 기간 중 폭기조에 새로 임시호스와 가지관을 설치하여 폐수를 무단 배출하였다'는 사유(이하 '추가된 처분사유'라고 한다)를 추가로 주장한 사실에서 **추가된 처분사유 중 '새로 임시호스와 가지관을 설치하여'라는 부분은 당초 처분사유 중 '폐수처리에 필요하지 아니한 배관을 설치하여'라는 부분을 구체적으로 표시하는 것에 불과**하고 당초의 처분사유와 기본적 사실관계와 동일성이 없는 별개의 또는 새로운 처분사유를 추가하는 것이라고 할 수 없다고 한 사례(대판 2015. 06. 11, 2015두752).

④ 폐기물 중간처분업체인 甲 주식회사가 소각시설을 허가받은 내용과 달리 설치하거나 증설한 후 허가받은 처분능력의 100분의 30을 초과하여 폐기물을 과다소각하였다는 이유로 한강유역환경청장으로부터 과징금 부과처분을 받았는데, 甲 회사가 이를 취소해 달라고 제기한 소송에서 한강유역환경청장이 '甲 회사는 변경허가를 받지 않은 채 소각시설을 무단 증설하여 과다소각하였으므로 구 폐기물관리법 시행규칙 제29조 제1항 제2호 (마)목 등 위반에 해당한다'고 주장하자 甲 회사가 이는 허용되지 않는 처분사유의 추가·변경에 해당한다고 주장한 사안에서, 한강유역환경청장의 위 주장은 소송에서 새로운 처분사유를 추가로 주장한 것이 아니라, 처분서에 다소 불명확하게 기재하였던 '당초 처분사유'를 좀 더 구체적으로 설명한 것이라고 한 사례(대판 2020. 06. 11, 2019두49359).

나. 추가·변경사유의 기준시 위법판단의 기준시에 관하여 처분시설을 취하는 경우 위법성 판단은 처분시를 기준으로 판단되므로 추가사유나 변경사유는 처분시에 객관적으로 존재하던 사유이어야 한다. 처분 이후에 발생한 새로운 사실적·법적 사유를 추가변경할 수는 없다. 이 경우 처분청은 사정변경을 이유로 계쟁처분을 직권취소하고, 이를 대체하는 새로운 처분을 할 수 있고, 이 경우 계쟁처분은 취소된 것이 되므로 당초의 처분에 대한 취소소송은 소의 이익을 상실하고,[302] 원고는 처분변경으로 인한 소변경을 신청할 수 있다.

위법판단의 기준시에 관하여 판결시설을 취하면 처분청은 소송계속 중 처분 이후에 발생한 새로운 사실적·법적 상황을 주장할 수 있게 된다. 이것은 엄밀한 의미의 처분사유의 추가·변경은 아니지만, 처분의 정당화사유로 주장된다는 점에서 처분사유의 추가·변경과 유사하다.

다. 소송물의 범위 내일 것(처분의 동일성이 유지될 것) 심판의 범위는 소송물에 한정되므로 처분사유의 추가·변경은 취소소송의 소송물의 범위 내에서만 가능하다. 처분사유의 변경으로 처분이 변경됨으로써 소송물이 변경된다면 청구가 변경되는 것이므로 이 경우에는 소의 변경을 하여야 한다. 달리 말하면, 처분사유의 추가·변경은 처분의 동일성이 유지되는 한도 내에서만 인정된다.

---

302) 행정청이 영업 허가신청 반려처분의 취소를 구하는 소의 계속 중, 사정변경을 이유로 위 반려처분을 직권취소함과 동시에 위 신청을 재반려하는 내용의 재처분을 한 경우, 당초의 반려처분의 취소를 구하는 소는 취소되어 더 이상 존재하지 않는 행정처분을 대상으로 한 취소소송이 되므로 더 이상 소의 이익이 없게 된다(대판 2006. 09. 28, 2004두5317).

일반 항고소송의 경우 소송물은 '처분의 위법성 일반'이다. 그리고, 판례는 기본적 사실관계의 동일성이 유지되는 한 처분사유의 추가·변경으로 처분이 변경되는 것으로 보지 않고, 기본적 사실관계의 동일성이 없는 처분사유의 추가·변경은 처분의 변경으로 본다. 그러므로 일반 항고소송에서의 처분사유의 추가·변경에 있어서 '기본적 사실관계의 동일성 기준설'과 '소송물 기준설'은 결과적으로 동일한 결론에 이른다.

① 처분의 사실관계의 동일성이 인정되는 한도 내에서 처분내용의 변경 없이 법적 근거만을 변경하는 것은 처분의 변경이 아니다.
② 징계처분이나 제재처분의 경우에는 징계사유(비위사실)나 제재사유(법위반사실)가 변경되면 내용의 변경이 없어도 처분이 변경되는 것으로 보아야 한다. 다만, 징계사유나 제재사유의 변경 없이 재량고려사항만 추가·변경하는 것은 처분의 변경이 아니라고 보아야 한다. 징계사유나 제재사유의 변경 없이 재량고려사항만 추가·변경하는 것은 처분의 기본적 사실관계에 변경을 가져오지 않기 때문이다. 제재처분의 재량고려사항은 처분사유가 아닌 것으로 보는 것이 판례의 입장이지만, 재량고려사항을 제재처분사유로 보면서 재량고려사항의 추가·변경을 인정하는 견해[303]도 있다.
③ 거부처분의 경우에 거부사유가 변경되어 거부처분의 기본적 사실관계의 동일성이 없어지게 되면 거부처분이 변경되는 것으로 보며 따라서 이 경우에는 처분사유의 추가·변경을 인정하지 않고, 거부사유가 변경되어도 거부처분의 기본적 사실관계의 동일성이 유지되는 경우에는 처분사유의 추가·변경이 가능한 것으로 보는 것이 판례의 입장이다. 이에 반하여 거부처분의 경우에는 거부사유가 변경되어도 처분의 변경은 없는 것으로 보는 것이 분쟁의 일회적 해결을 위하여 타당하다는 견해가 있다. 또한 거부처분에 있어 규율의 핵심은 신청대상인 수익처분의 발급거부에 있고, 그 거부사유들은 그 규율을 위한 수단에 불과하기 때문이라고 한다.[304] 이러한 입장 차이에 따라 거부처분취소판결의 기속력의 객관적 범위에 차이가 있게 된다.

라. 사실심변론종결시 이내일 것 행정청의 처분사유의 추가·변경은 사실심변론종결시까지만 허용된다.

[판례] [1] 행정청은 기본적 사실관계의 동일성이 있다고 인정되는 한도 내에서만 다른 처분사유를 추가, 변경할 수 있다고 할 것이나 이는 **사실심 변론종결시까지만 허용**된다. [2] 원고가 이주대책신청기간이나 소정의 이주대책실시(시행)기간을 모두 도과하여 실기한 이주대책신청을 하였으므로 원고에게는 이주대책을 신청할 권리가 없고, 사업시행자가 이를 받아들여 택지나 아파트공급을 해 줄 법률상 의무를 부담한다고 볼 수 없다는 피고의 상고이유의 주장은 원심에서는 하지 아니한 새로운 주장일 뿐만 아니라 사업지구 내 가옥 소유자가 아니라는 이 사건 처분사유와 기본적 사실관계의 동일성도 없으므로 **적법한 상고이유가 될 수 없다**고 한 사례(대판 1999. 08. 20, 98두17043[단독주택용지조성원가공급거부처분취소]).

(5) 구체적 사례

판례는 당초의 처분사유와 기본적인 사실관계의 동일성이 인정되는 범위 내에

303) 박정훈, 전게서, 482~485면.
304) 상게서, 526면.

서는 처분사유의 추가 또는 변경이 가능하다고 판시하고 있고(대판 1992. 02. 14, 91누3895), 학설도 대체로 이에 찬동하고 있다.

1) 기본적 사실관계의 동일성을 부정한 사례

가. 거부처분사유의 추가 · 변경

[판례] ① 충전소설치허가신청에 대하여 처분청이 첫째로, 충전소설치 예정지의 인근주민들이 충전소설치를 반대하고, 둘째로 위 전라남도 고시에 자연녹지의 경우 충전소의 외벽으로부터 100미터 내에 있는 건물주의 동의를 받도록 되어 있는데 그 설치예정지로부터 80미터에 위치한 전주이씨제각 소유주의 동의가 없다는 이유로 이를 반려하였는데, 처분청이 상고심에서 충전소설치 예정지역 인근도로가 낭떠러지에 접한 S자 커브의 언덕길로 되어 있어서 교통사고로 인한 충전소폭발의 위험이 있어 허가하지 아니하였다는 주장을 하는 것은 피고 처분청이 당초 위 반려처분의 근거로 삼은 사유와는 그 기본적 사실관계에 있어서 동일성이 인정되지 아니하는 별개의 사유라 할 것이므로 이제 와서 이를 들어 원고의 신청이 허가요건을 구비하지 아니하였다고 내세울 수 없다(대판 1992. 05. 08, 91누13274).

② 이주대책대상자 선정신청을 한 자에 대하여 사업지구 내 가옥 소유자가 아니라는 이유로 거부처분을 처분을 한 후에 이주대책 신청기간이나 소정의 이주대책 실시기간을 모두 도과하여 실기한 이주대책신청을 하였으므로 원고에게는 이주대책을 신청할 권리가 없고, 사업시행자가 이를 받아들여 택지나 아파트공급을 해 줄 법률상 의무를 부담한다고 볼 수 없다는 피고(처분청)의 상고이유의 주장은 사업지구 내 가옥 소유자가 아니라는 이 사건 처분사유와 기본적 사실관계의 동일성도 없으므로 적법한 상고이유가 될 수 없다(대판 1999. 08. 20, 98두17043).

③ 온천으로서의 이용가치, 기존의 도시계획 및 공공사업에의 지장 여부 등을 고려하여 이 사건 온천발견신고수리를 거부한 것은 적법하다는 취지의 피고의 주장은 …… 규정온도가 미달되어 온천에 해당하지 않는다는 당초의 이 사건 처분사유와는 기본적 사실관계를 달리하여 …… 이를 거부처분의 사유로 추가할 수는 없다(대판 1992. 11. 24, 92누3052).

④ 석유판매업허가신청에 대하여 관할 군부대장의 동의를 얻지 못하였다는 당초의 불허가 이유에다 소송에서 위 토지가 탄약창에 근접한 지점에 있어 공익적인 측면에서 보아 허가신청을 불허한 것은 적법하다는 것을 불허가사유로 추가할 수 없다고 본 사례(대판 1991. 11. 08, 91누70).

⑤ 당초의 정보공개거부처분사유인 공공기관의 정보공개에 관한 법률 제7조 제1항 제4호 및 제6호의 사유는 새로이 추가된 같은 항 제5호의 사유와 기본적 사실관계의 동일성이 인정되지 않는다고 한 사례(대판 2003. 12. 11, 2001두8827). 당초의 정보공개거부 처분사유인 구 공공기관의 정보공개에 관한 법률 제7조 제1항 제2호, 제4호, 제6호의 사유와 같은 항 제1호의 사유는 기본적 사실관계의 동일성이 인정되지 않으므로, 정보비공개결정 취소소송에서 같은 항 제1호의 처분사유의 추가가 허용되지 않는다고 한 사례(대판 2006. 01. 13, 2004두12629[정보비공개결정취소]).

⑥ 처분사유로 추가한 정보공개법 제7조 제1항 제5호의 사유와 당초의 처분사유인 같은 항 제4호 및 제6호의 사유는 기본적 사실관계가 동일하지 않다(대판 2003. 12. 11, 2001두8827).

⑦ 원고의 건축신고와 관련된 행정심판이 계속 중이므로 그 건축신고 건이 종결되지 않은 상황에서 이 사건 신청을 처리할 수 없다는 당초의 이 사건 처분사유와 원고가 이 사건 건축물을 건축하면서 사전 허가 없이 국토의 이용 및 계획에 관한 법률상의 허가사항인 토지의 형질변경행위를 하였다거나 이 사건 토지가 경상남도의 화포천 유역 종합치수계획에 의하여 화포천 유역의 침수방지를 위한 저류지 부지에 포함되어 하천구역으로 지정 · 고시될 예정이어서 이 사건 신청을 받아들일 수 없다는 취지로 피고가 이 사건 소송에서 새로이 추가한 처분사유들 사이에 그 각 기본적

인 사실관계의 동일성이 인정되지 않는다(대판 2009. 02. 12, 2007두17359[건축물대장기재신청서반려처분취소]).

⑧ 공무원연금법이 정하는 바에 따라 매월 납부하는 기여금이나 부담금을 납부한 사실이 없을 뿐만 아니라 공무원연금법 적용대상자가 아니므로 퇴직급여청구권자가 될 수 없다'는 이유로 한 퇴직금지급거부처분의 처분사유와 원고의 퇴직급여청구권이 공무원연금법 소정의 5년의 소멸시효기간의 경과로 소멸하였다는 사유는 기본적 사실관계가 동일하다고 볼 수 없다(대판 2009. 02. 26, 2006두2572, 2006두2589(중간확인의소)[국가공무원퇴직금지급거부처분무효등 · 부존재확인]).

⑨ 같은 국가유공자 비해당결정이라도 그 사유가 공무수행과 상이 사이에 인과관계가 없다는 것과 본인 과실이 경합되어 있어 지원대상자에 해당할 뿐이라는 것은 기본적 사실관계의 동일성이 없다고 보아야 한다(대판 2013. 08. 22, 2011두26589[국가유공자비해당결정처분취소]).

⑩ 피고가 원고의 **정보공개청구에 대하여 별다른 이유를 제시하지 않은 채 이동통신요금과 관련한 총괄원가액수만을 공개**한 것은, 이 사건 원가 관련 정보에 대하여 비공개결정을 하면서 **비공개이유를 명시하지 않은 경우에 해당하여 위법하다.** 피고가 **이 사건 소송에서 비로소 이 사건 원가 관련 정보가 법인의 영업상 비밀에 해당한다는 비공개사유를 주장하는 것은, 그 기본적 사실관계가 동일하다고 볼 수 없는 사유를 추가하는 것이어서 허용될 수 없다**(대판 2018. 04. 12, 2014두5477).

⑪ 갑이 '사실상의 도로'로서 인근 주민들의 통행로로 이용되고 있는 토지를 매수한 다음 2층 규모의 주택을 신축하겠다는 내용의 건축신고서를 제출하였으나, 구청장이 **'위 토지가 건축법상 도로에 해당하여 건축을 허용할 수 없다'는 사유**로 **건축신고수리 거부처분**을 하자 갑이 처분에 대한 취소를 구하는 소송을 제기하였는데, 1심법원이 위 토지가 건축법상 도로에 해당하지 않는다는 이유로 갑의 청구를 인용하는 판결을 선고하자 구청장이 항소하여 **'위 토지가 인근 주민들의 통행에 제공된 사실상의 도로인데, 주택을 건축하여 주민들의 통행을 막는 것은 사회공동체와 인근 주민들의 이익에 반하므로 갑의 주택 건축을 허용할 수 없다'는 주장**을 추가한 사안에서, **당초 처분사유**와 구청장이 원심에서 **추가로 주장한 처분사유는** 위 토지상의 사실상 도로의 법적 성질에 관한 평가를 다소 달리하는 것일 뿐, **모두 토지의 이용현황이 '도로'이므로 거기에 주택을 신축하는 것은 허용될 수 없다는 것이므로 기본적 사실관계의 동일성이 인정**되고, 위 토지에 건물이 신축됨으로써 인근 주민들의 통행을 막지 않도록 하여야 할 중대한 공익상 필요가 인정되고 이러한 공익적 요청이 갑의 재산권 행사보다 훨씬 중요하므로, 구청장이 원심에서 추가한 처분사유는 정당하여 결과적으로 위 처분이 적법한 것으로 볼 여지가 있음에도 이와 달리 본 원심판단에 법리를 오해한 잘못이 있다고 한 사례(대판 2019. 10. 31, 2017두74320).

⑫ "공사용 가설건축물이 더 이상 공사용으로 사용되지 않고 있다."라는 사유는 "대지에 관한 일부 공유지분권자의 대지사용승낙서가 제출되지 않았다."라는 당초의 처분(가설건축물연장연장신고수리거부처분)사유와 기본적 사실관계에서 동일성이 인정된다고 보기 어렵다. 따라서 피고가 이를 새로운 처분사유로 추가하는 것은 허용되지 않는다(대판 2018. 01. 25, 2015두35116[가설건축물존치기간연장신고반려처분취소등]).

나. 제재처분사유인 법령위반사유의 추가 · 변경

[판례] ① 의료보험요양기관 지정취소처분의 당초의 처분사유인 구 의료보험법 제33조 제1항이 정하는 본인부담금 수납대장을 비치하지 아니한 사실과 항고소송에서 새로 주장한 처분사유인 같은 법 제33조 제2항이 정하는 보건복지부장관의 관계서류 제출명령에 위반하였다는 사실은 기본적 사실관계의 동일성이 없다(대판 2001. 03. 23, 99두6392). 〈해설〉 처분청은 보건복지부장관의 관계서류 제출명령에 위반하였다는 사실을 처분사유로 하여 별개의 새로운 의료보험요양기관 지정

취소(강학상 철회)처분을 할 수 있다.
② '**용도변경허가를 받지 않고** 문화집회시설군에 속하는 **위락시설**[건축법 시행령 제14조 제5항 제4호 (다)목]의 **일종인 무도학원으로 용도변경을 하였다.**'는 건축물의 불법용도 변경에 대한 시정명령의 **당초 처분사유**와 '용도변경허가[일반업무시설(사무실) 부분]를 받거나 신고[교육연구시설(직업훈련소) 부분]하는 절차를 거치지 않고 근린생활시설군에 속하는 **제2종 근린생활시설**[같은 항 제7호 (나)목]의 **일종인 학원으로 용도변경을 하였다.**'는 **추가된 처분사유는** 위반행위의 내용(건축물의 실제 사용 용도)이 다르고 그에 따라 용도변경을 위하여 거쳐야 하는 절차, 변경하려는 용도의 건축기준, 용도변경 허용가능성이 달라지므로 **기본적 사실관계의 동일성이 인정되지 않는다**고 보아야 한다(대판 2020. 12. 24, 2019두55675[학원등록거부처분등취소청구의소]).

다. 징계사유(제재처분사유)의 추가 · 변경 징계처분이나 제재처분의 경우에는 징계사유(비위사실)나 제재사유(법위반사실)가 변경되면 원칙상 내용의 변경이 없어도 처분이 변경되는 것으로 보아야 한다. 다만, 징계처분사유와 동일성을 가지는 범위 내에서는 처분사유의 추가가 인정될 수 있다.

징계사유나 제재사유의 변경 없이 재량고려사항만 추가·변경하는 것은 처분의 변경이 아니라고 보아야 한다. 징계사유나 제재사유의 변경 없이 재량고려사항만 추가·변경하는 것은 처분의 기본적 사실관계에 변경을 가져오지 않기 때문이다.

[판례] 구청위생과 직원인 원고가 이 사건 당구장이 정화구역외인 것처럼 허위표시를 함으로써 정화위원회의심의를 면제하여 허가처분하였다는 당초의 징계사유와 정부문서규정에 위반하여 이미 결제된 당구장허가처분서류의 도면에 상사의 결제를 받음이 없이 거리표시를 기입하였다는 원심 인정의 비위사실과는 기본적 사실관계가 동일하지 않다(대판 1983. 10. 25, 83누396).

라. 침해적 처분사유의 추가 · 변경

[판례] ① 입찰참가자격을 제한시킨 당초의 처분 사유인 정당한 이유 없이 계약을 이행하지 않은 사실과 항고소송에서 새로 주장한 계약의 이행과 관련하여 관계 공무원에게 뇌물을 준 사실은 기본적 사실관계의 동일성이 없다고 한 사례(대판 1999. 03. 09, 98두18565).
② '**용도변경허가를 받지 않고** 문화집회시설군에 속하는 **위락시설**[건축법 시행령 제14조 제5항 제4호 (다)목]의 **일종인 무도학원으로 용도변경을 하였다.**'는 건축물의 불법용도 변경에 대한 **시정명령의 당초 처분사유**와 '용도변경허가[일반업무시설(사무실) 부분]를 받거나 신고[교육연구시설(직업훈련소) 부분]하는 절차를 거치지 않고 근린생활시설군에 속하는 **제2종 근린생활시설**[같은 항 제7호 (나)목]의 **일종인 학원으로 용도변경을 하였다.**'는 **추가된 처분사유는** 위반행위의 내용(건축물의 실제 사용 용도)이 다르고 그에 따라 용도변경을 위하여 거쳐야 하는 절차, 변경하려는 용도의 건축기준, 용도변경 허용가능성이 달라지므로 **기본적 사실관계의 동일성이 인정되지 않는다**고 보아야 한다(대판 2020. 12. 24, 2019두55675[학원등록거부처분등취소청구의소]).

2) 기본적 사실관계의 동일성을 인정한 사례

가. 처분의 사실관계에 변경 없는 처분의 근거법령만의 추가 · 변경

[판례] ① 원고의 택시지입제 경영이 구 여객자동차운수사업법(이하 '법'이라 한다) 제76조 제1항 단

서 중 제8호(필요적 취소사유)의 규정에 의한 명의이용금지를 위반한 때에 해당한다는 이유로 1999. 4. 20.자로 자동차운송사업면허취소처분(이하 '이 사건 처분'이라 한다)을 한 사실, … 위 위헌결정에 의하여 이 사건 처분의 당초 근거규정인 이 사건 법률조항은 그 효력을 상실하였으나, 피고는 **명의이용금지 위반의 기본적 사실관계는 변경하지 아니한 채** 효력이 유지되고 있는 같은 법 제76조 제1항 본문 및 제8호(임의적 취소사유)로 **그 법률상 근거를 적법하게 변경**하였으니 이 사건 처분이 법률의 근거가 없는 위법한 처분이라고 할 수는 없다고 할 것이다(대판 2005. 03. 10, 2002두9285).

② 주취 중 운전으로 교통사고를 내어 개인택시운송사업면허의 기본요건인 원고의 자동차운전면허가 취소되었음을 이유로 원고에 대한 이 사건 **개인택시운송사업면허취소처분을 하면서 처음에는** 그것이 자동차운수사업법 제31조 제1항 제3호 소정의 면허취소사유(공공복리 위반)에 해당한다고 보아 같은 법조를 적용하였다가 그 후 그 구체적 사실은 변경하지 아니한 채 적용법조로 같은 법 제31조와 같은 법 시행규칙 제15조(개인택시운송사업면허요건규정 불비)를 추가하여 원고에게 통고한 사실이 인정되는바, 사실이 위와 같다면 피고가 **이 사건 운송사업면허의 취소사유로 삼은 것은 개인택시운송사업면허의 기본요건인 원고의 자동차운전면허가 취소되었다는 점이고 피고가 처분 후에 적용법조를 추가하여 통고한 것은 단순한 법령적용의 오류를 정정한 것일 뿐 그에 의하여 취소사유를 달리하는 것은 아니라 할 것**이므로 원심으로서는 처분당시에 적시한 구체적 사실인 원고의 자동차운전면허가 취소된 점에 관하여 피고가 처분 후에 추가로 통고한 근거법령을 적용하여 이 사건 취소처분의 적법여부를 판단하여야 할 것이다(대판 1988. 01. 19, 87누603).

나. 법령위반사유의 추가 · 변경

[판례] 지입제 운영행위에 대하여 자동차운송사업면허를 취소한 행정처분에 있어서 당초의 취소근거로 삼은 **구자동차운수사업법 제26조(명의의 유용금지)를 위반하였다는 사유와 직영으로 운영하도록 한 면허조건을 위반하였다는 사유**는 기본적 사실관계에 있어서 동일하다(대판 1992. 10. 09, 92누213). 〈해설〉 명의를 유용했다는 기본적 사실관계는 동일하다.

다. 거부처분사유의 추가 · 변경

[판례] ① 동래구청장은 원고가 제출한 이 사건 허가신청에 대하여 **관계법 및 부산시 고시 동래구 허가기준에 의거 검토한 결과 허가기준에 맞지 않아 허가신청을 반려한다고 하였는** 바 그 취지는 다른 허가기준에는 들어맞으나 소론과 같은 액화석유가스판매업 허가기준 보완시행 안에 정하여진 허가기준에 맞지 아니하여 허가신청을 반려한다는 의미라고 할 수는 없고 위에서 본 모든 허가기준에 의거하여 검토한 결과 그 허가기준(원고에 대하여는 이격거리에 관한 허가기준을 나타내는 것이라 함은 위에서 본 바와 같다)에 맞지 아니하여 반려한다는 것으로 이해되는 바이니 피고가 **이 사건에서 이격거리 기준위배를 반려사유로 주장하는 것은 그 처분의 사유를 구체적으로 표시하는 것**이지 당초의 처분사유와 기본적 사실관계와 동일성이 없는 별개의 또는 새로운 처분사유를 추가하거나 변경하는 것이라고 할 수는 없다(대판 1989. 07. 25, 88누11926).

② 당초의 정보공개거부처분사유인 검찰보존사무규칙 제20조 소정의 신청권자에 해당하지 아니한다는 사유는 새로이 추가된 거부처분사유인 공공기관의정보공개에관한법률 제7조 제1항 제6호의 사유(개인에 관한 정보)와 그 기본적 사실관계의 동일성이 있다(대판 2003. 12. 11, 2003두8395).

③ 피고가 **당초 이 사건 거부처분의 근거와 이유로 삼은 사유는 이 사건 신청이 준농림지역에서의 행위제한사항에 해당한다는 것이고,** 피고가 이 사건 소송에서 **추가로 주장한 사유는 준농림지역의 경우 원칙적으로 일정 규모 이상의 토지이용행위를 제한하여 환경의 보전을 도모하는 지역으로서 부지면적 30,000m2 미만의 개발은 허용된다고 하더라도 환경오염의 우려가 있거나 자연환경의**

보전 및 토지의 합리적인 이용이라는 법의 입법 취지에 부합하는 한도 내에서만 허용된다고 할 것인데, 원고들이 추진하고자 하는 사업은 비교적 대규모의 전원주택의 부지조성사업으로서 위와 같은 법의 취지에 반하여 이를 허용할 수 없다는 것이므로, 그 내용이 모두 이 사건 임야가 준농림지역에 위치하고 있다는 점을 공통으로 하고 있을 뿐 아니라 그 취지 또한 자연환경의 보전을 위하여 개발행위를 제한할 필요가 있어서 산림형질변경을 불허한다는 것으로서 기본적 사실관계의 동일성이 인정된다고 할 것이다(대판 2004. 11. 26, 2004두4482[산림형질변경불허가처분취소]). 〈해설〉 당초의 처분사유와 추가 · 변경한 사유가 일반적 사유와 구체적 사유의 관계에 있는 경우에는 기본적 사실관계의 동일성이 인정된다고 보아야 한다.

④ 석유판매업허가신청에 대하여 "주유소 건축 예정 토지에 관하여 도시계획법 제4조 및 구 토지의 형질변경 등 행위허가기준 등에 관한 규칙에 의거하여 행위제한을 추진하고 있다"는 당초의 불허가처분사유와 항고소송에서 주장한 위 신청이 토지형질변경허가의 요건을 갖추지 못하였다는 사유 및 도심의 환경보전의 공익상 필요라는 사유는 기본적 사실관계의 동일성이 있다고 한 사례(대판 1999. 04. 23, 97누14378).

⑤ 경정거부처분 취소소송에서 과세관청이 당초 거부처분사유 이외의 새로운 사유를 주장할 수 있다(대판 2008. 12. 24, 2006두13497).

⑥ 행정청이 폐기물처리사업계획 부적정 통보처분을 하면서 그 처분사유로 사업예정지에 폐기물처리시설을 설치할 경우 인근 농지의 농업경영과 농어촌 생활유지에 피해를 줄 것이 예상되어 농지법에 의한 농지전용이 불가능하다는 사유 등을 내세웠다가, 위 행정처분의 취소소송에서 사업예정지에 폐기물처리시설을 설치할 경우 인근 주민의 생활이나 주변 농업활동에 피해를 줄 것이 예상되어 폐기물처리시설 부지로 적절하지 않다는 사유를 주장한 경우에, 두 처분사유는 모두 인근 주민의 생활이나 주변 농업활동의 피해를 문제삼는 것이어서 기본적 사실관계가 동일하므로, 행정청은 위 행정처분의 취소소송에서 후자의 처분사유를 추가로 주장할 수 있다고 한 사례(대판 2006. 06. 30, 2005두364[폐기물처리업사업계획부적정통보처분취소]).

Ⅵ. 화해와 조정

1. 민사소송법상 화해의 준용

행정소송법은 재판상(소송상) 화해(소송계속중 양쪽 당사자가 소송물에 관한 주장을 서로 양보하여 소송을 종료시키기로 하는 재판에서의 합의)에 관한 규정을 두고 있지 않다. 그리하여 항고소송에 민사소송법 제220조의 소송상 화해에 관한 규정(화해, 청구의 포기 · 인낙을 변론조서 · 변론준비기일조서에 적은 때에는 그 조서는 확정판결과 같은 효력을 가진다)을 준용할 수 있는지가 문제된다.

종래의 견해는 처분의 일방적 행위의 성질 및 공익목적성에 비추어 사인과의 합의에 의해 처분을 취소 · 변경할 수는 없고, 항고소송에서 소송상 화해를 인정하면 행정의 법률적합성의 원칙이 침해될 가능성이 있다는 등의 이유로 항고소송에서 소송상 화해를 부정하였다(부정설). 그런데, 최근에는 항고소송에서도 처분권주의가 인정되고, 소송상 화해를 인정하는 것이 소송경제에 기여한다는 점 등을 이유로 항고소송에서 소송상 화해를 인정하는 견해(긍정설)가 늘고 있다.

생각건대, 처분의 일방적 행위의 성질 및 공익목적성에 비추어 사인과의 합의에 의해 처분을 취소·변경하는 것을 허용할 수는 없고, 항고소송에서 소송상 화해를 인정하면 항고소송의 공익성 및 행정통제적 기능을 무력화하므로 명문의 규정이 없는 한 **부정**하는 것이 타당하다. 또한, 긍정설은 적극적 변경판결을 인정하지 않는 판례의 입장과도 모순된다. 공익소송인 민중소송이나 기관소송에서는 더욱 그러하다.

당사자소송에서는 민사소송법상 화해에 관한 규정이 준용된다는 것이 지배적 견해이다.

2. 민사조정법상 조정의 준용

항고소송의 공익성에 비추어 항고소송에 민사조정법상의 조정에 관한 규정을 준용하지 않는 것이 지배적 견해이다. 그렇지만, 실무상 **사실상의 조정**이 행해지고 있다. 즉, 재판장은 신속하고 공정한 분쟁 해결과 국민의 권익 구제를 위하여 필요하다고 인정하는 경우에는 소송계속 중인 사건에 대하여 직권으로 소의 취하, 처분등의 취소 또는 변경, 그 밖에 다툼을 적정하게 해결하기 위해 필요한 사항을 서면으로 권고할 수 있다(행정소송규칙 제15조 제1항). 재판장은 제1항의 권고를 할 때에는 권고의 이유나 필요성 등을 기재할 수 있다(제2항). 재판장은 제1항의 권고를 위하여 필요한 경우에는 당사자, 이해관계인, 그 밖의 참고인을 심문할 수 있다(제3항). 예를 들면, 재판장이 행정청에 대하여는 법원이 적절하다고 인정하는 처분으로 변경(영업정지처분을 과징금부과처분으로 변경)할 것을, 원고에 대하여는 행정청이 그와 같이 변경처분을 하면 소를 취하할 것을 권고하는 조정권고를 행하고, 행정청이 변경처분을 하면 원고가 소를 취하하는 방식이다.

Ⅶ. 주장책임과 입증책임

1. 주장책임

(1) 의 의

주장책임(主張責任)라 함은 당사자가 유리한 사실을 주장하지 않으면 그 사실은 없는 것으로 취급되어 불이익한 판단을 받게 되는데, 이 경우에 있어서의 당해 당사자의 불이익을 받는 지위를 말한다.

주장책임은 변론주의하에서는 주요사실은 당사자가 변론에서 주장하지 않으면 판결의 기초로 삼을 수 없다는 점으로부터 나온다.

(2) 직권탐지주의와 주장책임

행정소송법은 직권탐지주의를 인정하고 있지만 행정소송법상의 직권탐지주의는 원고의 청구의 범위 내에서 공익상 필요한 경우에 당사자가 주장하지 아니한 사실에 대하여도 판단할 수 있다는 것을 의미할 뿐이며 원고의 청구의 범위를 넘어 주장 외의 사실을 판단할 수 있다는 것을 의미하는 것은 아니다.

또한 행정소송법상의 직권탐지주의는 원칙상 당사자가 주장하지 아니한 사실을 법원이 판단해야 할 의무가 있다는 것을 그 내용으로 하지 않는다. 따라서, 직권탐지의 대상이 되는 사실에 대하여도 직권탐지가 의무가 아닌 한 주장책임이 문제될 수 있다.

[판례] 행정소송에 있어서 특단의 사정이 있는 경우를 제외하면 당해 행정처분의 적법성에 관하여는 당해 처분청이 이를 주장·입증하여야 하고, 행정소송에 있어서 직권주의가 가미되어 있다고 하여도 여전히 당사자주의, 변론주의를 기본구조로 하는 이상 행정처분의 위법을 들어 그 취소를 청구함에 있어서는 직권조사사항을 제외하고는 그 취소를 구하는 자가 위법된 구체적인 사항을 먼저 주장하여야 한다(대판 1995. 07. 28, 94누12807).

(3) 주장책임의 내용

① 주장책임은 주요사실에 대하여만 인정되며 간접사실과 보조사실은 주장책임의 대상이 되지 않는다. 왜냐하면 변론주의는 주요사실에 대해서만 인정되고 간접사실과 보조사실은 그 적용이 없기 때문이다. 주요사실이라 함은 법률효과를 발생시키는 법규의 직접 요건사실을 말하고, 간접사실이라 함은 주요사실을 확인하는 데 도움이 됨에 그치는 사실을 말한다. 증거능력이나 증거가치에 관한 사실을 보조사실이라 하는 데 간접사실에 준하여 취급된다.[305)]

② 어느 당사자든지 변론에서 주장하였으면 되고 반드시 주장책임을 지는 당사자가 주장하여야 하는 것은 아니다.[306)]

③ 기록상 자료가 나타나 있음에도 당사자가 주장하지 아니하였다는 이유로 판단하지 아니한 것은 위법하다(대판 1992. 02. 28, 91누6597).

④ 어느 당사자가 주장책임을 지는지를 정하는 것을 주장책임의 분배라 하는데, 원칙적으로 주장책임의 분배는 입증책임의 분배와 일치한다고 보는 견해[307)]와 취소소송의 특수성을 고려하여 입증책임의 분배는 주장책임의 분배와 별도로 결정되어야 한다는 견해가 있다. 후자의 논거는 다음과 같다. '자기에 유리한 사실이 심리에 현출되지 않는 한에서 불이익을 받는다는 것과 일정 사실의 진위불명시에 받는 불이익

305) 이시윤, 전게서, 429면.
306) 상게서, 428면.
307) 이상규, 전게서, 869면.

은 논리적으로 항상 동일한 분배기준에 의하여 할 것은 아니라고 한다'.[308] 그러나, 주장책임은 주요사실에 대하여 입증책임을 지는 자가 부담하는 것이 원칙이므로 주장책임의 분배는 원칙적으로 입증책임의 분배와 일치한다고 보아야 한다.

⑤ 항고소송에 있어서 원고는 전심절차에서 주장하지 아니한 공격방어방법을 소송절차에서 주장할 수 있다.

[판례] ① 항고소송에 있어서 원고는 전심절차에서 주장하지 아니한 공격방어방법을 소송절차에서 주장할 수 있고 법원은 이를 심리하여 행정처분의 적법 여부를 판단할 수 있는 것이므로, 원고가 전심절차에서 주장하지 아니한 처분의 위법사유를 소송절차에서 새롭게 주장하였다고 하여 다시 그 처분에 대하여 별도의 전심절차를 거쳐야 하는 것은 아니다(대판 1996. 06. 14, 96누754).
② 행정소송이 전심절차를 거쳤는지 여부를 판단함에 있어서 전심절차에서의 주장과 행정소송에서의 주장이 전혀 별개의 것이 아닌 한 그 주장이 반드시 일치하여야 하는 것은 아니고, 당사자는 전심절차에서 미처 주장하지 아니한 사유를 공격방어방법으로 제출할 수 있다(대판 1999. 11. 26, 99두9407).
③ 전심절차에서 주장하지 아니한 공격방어방법이라 할지라도 항고소송절차에서 주장할 수 있는 것이고, 또 소송당사자는 실기한 공격방법에 해당하지 아니하는 한 변론종결시까지 수시로 공격방어방법을 제출할 수 있는 것이므로, 원심이 전심절차에서 주장된 바 없는 원고의 절차상의 위법주장을 심리판단하였다 하여 허물이 될 수 없다(대판 1985. 08. 20, 84누485).

2. 입증책임(증명책임)

(1) 의 의

입증책임(立證責任)이라 함은 소송상 증명을 요하는 어느 사실의 존부가 확정되지 않은 경우 당해 사실이 존재하지 않는 것으로 취급되어 불리한 법률판단을 받게 되는 당사자 일방의 위험 또는 불이익을 말한다.

입증책임의 문제는 심리의 최종단계에 이르러서도 어떤 사실의 존부에 대하여 법관에게 확신이 서지 않을 때에 누구에게 불이익을 부담하도록 하느냐의 문제이다. 입증책임은 사실에 대한 것이며 법에 대한 것은 아니다. 법에 대한 판단은 법원이 책임을 지고 해야 한다.

직권탐지주의하에서도 어떠한 사실이 입증되지 않는 경우가 있을 수 있으므로 입증책임은 변론주의뿐만 아니라 직권탐지주의에 의한 절차에서도 문제된다.

(2) 입증책임의 분배

입증책임의 분배라 함은 어떤 사실의 존부가 확정되지 않은 경우에 당사자중 누구에게 불이익을 돌릴 것인가의 문제이다. 입증책임을 지는 자가 소송상 증명을 요하는 어느 사실이 입증되지 않는 경우에 불이익을 받게 된다.

---

308) 김동희, 전게서, 756면.

특히 국가배상법상 과실과 같이 입증이 곤란한 사실에 대하여는 누가 입증책임을 부담하는가에 의해 소송의 승패가 좌우되므로 입증책임의 분배는 매우 중요한 문제이다.

예를 들면, 만일 국가배상법상의 과실의 존재를 원고가 입증하여야 한다면 과실이 입증되지 않는 경우에 국가배상책임이 인정되지 않게 되고, 국가배상법상의 과실의 부존재를 피고가 입증하여야 한다면 과실의 부존재가 입증되지 않은 경우 피고가 국가배상책임을 지게 된다.

(3) 행정소송에서의 증명책임

행정소송법은 증명책임에 관한 규정을 두고 있지 않다. 따라서, 민사소송법 규정이 행정소송에서의 증명책임에 준용된다. 그러므로 행정소송에서의 증명책임은 원칙적으로 민사소송 일반원칙에 따라 당사자 간에 분배하면서, 행정소송의 특성을 함께 고려하여야 한다.

[판례] 민사소송법이 준용되는 **행정소송에서 증명책임은 원칙적으로 민사소송의 일반원칙에 따라 당사자 간에 분배**되고, **항고소송은 그 특성에 따라** 해당 처분의 적법성을 주장하는 **피고에게 적법사유에 대한 증명책임**이 있으나(대법원 2017. 6. 19. 선고 2013두17435 판결 등 참조), 예외적으로 행정처분의 당연 무효를 주장하여 무효 확인을 구하는 행정소송에서는 **원고에게 행정처분이 무효인 사유를 주장 · 증명할 책임이 있고**(대법원 2010. 5. 13. 선고 2009두3460 판결 등 참조), 이는 무효 확인을 구하는 뜻에서 행정처분의 취소를 구하는 소송에 있어서도 마찬가지이다(대법원 1976. 1. 13. 선고 75누175 판결 등 참조)(대판 2023. 06. 29, 2020두46073).

1) 취소소송에 있어서의 입증책임

종래 공정력을 적법성을 추정하는 효력으로 보는 견해는 취소소송의 대상이 되는 처분은 공정력에 의해 적법성이 추정되므로 처분의 위법을 주장하는 원고가 그 위법원인에 대한 입증책임을 진다고 보았다(원고책임설). 그러나, 오늘날 공정력은 절차법적 효력으로서 잠정적 통용력에 불과하며 적법성을 추정하는 효력은 아니라고 보고 있다. 따라서, 오늘날의 일반적인 견해는 공정력과 입증책임 사이에는 아무런 관련이 없다고 본다.

오늘날 취소소송에서의 입증책임의 분배에 관하여는 민사소송상의 입증책임의 분배원칙에 의하여야 한다는 견해와 행정소송의 입증책임은 행정소송의 특수성을 고려하여 독자적으로 정하여야 한다는 견해로 나뉜다.

가. 민사소송상 분배설(법률요건분류설 내지 규범수익설) 법률요건분류설은 각 당사자는 자기에게 유리한 법규요건사실의 존부에 대해 입증책임을 지는 것으로 분배시키고 있다.

① 소송요건의 존부는 원고에게 입증책임이 있다. 그 이유는 소송요건이 존재하면 원고에게 유리한 본안판결을 받을 수 있기 때문이다.

② 본안문제에 관하여는 다음과 같이 입증책임을 분배하고 있다.

ⓐ 권리의 존재를 주장하는 자는 권리근거규정의 요건사실(권리발생사실=광의의 청구원인사실)에 대하여 입증책임을 진다.

ⓑ 권리의 존재를 다투는 상대방은 반대규정(권리장애규정, 권리소멸규정 및 권리저지규정)의 요건사실(항변사실)에 대하여 입증책임을 진다. 권리근거규정과 권리장애규정은 원칙과 예외의 관계에 있다. 즉, 법규가 본문·단서의 형식으로 되어 있는 경우에 본문은 권리근거규정이고 예외는 권리장애규정이 된다.

③ 법률요건분류설을 적용하면 취소소송의 입증책임은 다음과 같이 분배된다.

ⓐ 권한근거규정의 요건사실은 처분권한을 주장하는 자가 입증책임을 부담한다. 적극적 처분(예, 허가취소 처분, 시정명령)에 있어서는 피고가 처분권한의 존재를 주장하는 자이므로 권한근거규정의 요건사실의 입증책임을 부담하고, 소극적 처분(거부처분)에 있어서는 원고가 처분권한의 존재를 주장하는 자이므로 원고가 권한근거규정의 요건사실의 입증책임을 부담한다.

ⓑ 권한장애규정의 요건사실은 권한을 부인하는 자에게 입증책임이 있다. 적극적 처분에 있어서는 원고가 권한을 부인하는 자이므로 원고가 권한장애규정의 요건사실(예, 조세부과처분에 있어서 면세자 해당 사실)의 입증책임을 진다. 거부처분에 있어서는 권한을 부인하는 자가 피고이므로 피고가 권한장애규정의 요건사실의 입증책임을 진다. 예를 들면, 정보공개거부처분 취소소송에서 비공개사유의 주장·입증책임은 피고인 국가 등 공공단체에 있다(대판 1999. 09. 21, 97누5114; 1999. 09. 21, 98두3426).

[판례] ① 과세처분의 위법을 이유로 그 취소를 구하는 행정소송에 있어 처분의 적법성 및 과세요건사실의 존재에 관하여는 원칙적으로 과세관청이 그 입증책임을 부담하나, 경험칙상 이례에 속하는 특별한 사정의 존재에 관하여는 납세의무자에게 입증책임 내지는 입증의 필요가 돌아가는 것이다(대판 1996. 04. 26, 96누1627[법인세등부과처분취소]).

② 과세대상이 된 토지가 비과세 혹은 면제대상이라는 점은 이를 주장하는 납세의무자에게 입증책임이 있는 것이다(대판 1996. 04. 26, 94누12708[종합토지세등부과처분취소]).

③ 국민에게 일정한 이득과 권리를 취득하게 한 종전 행정처분을 취소할 수 있는 경우 및 취소해야 할 필요성에 대한 증명책임의 소재(=행정청)(대판 2012. 03. 29, 2011두23375 [공상공무원비해당자결정취소]).

④ 국민건강보험법상 요양급여의 범위와 이에 해당한다는 점에 관한 증명책임의 소재: 국민건강보험을 규율하는 여러 법령(이 사건의 경우에는 2005. 1. 27. 법률 제7347호로 개정되기 전의 구 국민건강보험법 제39조 제2항, 제3항 등)에 의하면, 요양급여 중 법령에서 따로 비급여대상으로 규정한 경우를 제외하고는 원칙적으로 모든 진료행위는 요양급여의 대상에 포섭되고, 요양급여의 구체적인 기준과 방법 및 절차 등은 보건복지부령('국민건강보험 요양급여의 기준에 관한 규칙')과 보건복지부장관의 고시('요양급여의 적용기준 및 방법에 관한 세부사항' 등)에 의하여 정하도록 하고 있다. 따라서 요양기관은 법정 비급여 진료행위가 아닌 한, 요양급여의 인정기준에 관한 법령에서 정한 기준과 절차에 따라 요양급여를 제공하여야 하고, 또한 보험자와 가입자 등으로부터 요양급여비용을 지급받을 때에도 그 산정기준에 관한 법령에서 정한 기준과 절차에 따라야 한다. 그러므로 요양급여비용을 지급받을 수 있는 적정한 요양급여는 법령에서 규정한 인정기준에 부합하는 경우에 한정된다

할 것이고, 건강보험심사평가원(이하 '심사평가원')이 요양기관의 청구비용 중 법령상 기준에 어긋나는 부분이 있다고 하여 일부에 대해서만 적정한 요양급여비용으로 인정하는 처분을 하였다고 하더라도 이는 요양기관이 이미 가지고 있는 급여비용청구권을 제한하거나 삭감하는 처분이 아니라 적정한 요양급여비용의 범위를 확인하는 의미를 가지는 것일 뿐이다. 따라서 요양기관이 국민건강보험공단(보험자)에 대하여 요양급여비용을 청구하기 위하여 심사평가원에 심사청구를 함에 있어 그 요양급여가 법령과 고시 등 법규에서 규정한 요양급여의 기준에 합치한다는 점은 이를 청구하는 요양기관이 증명할 책임을 진다 할 것이다(대판 2012. 11. 29, 2008두21669[보험급여비용 삭감처분]).

민사소송상의 입증책임분배원칙을 그대로 취소소송에 적용하는 데 대하여 여러 비판이 제기되고 있다. ① 민사소송상의 원칙을 그와는 기반을 달리하는 항고소송에 적용하는 것은 타당하지 않다고 비판하는 견해가 있다. 즉, 사법규정은 대등당사자 사이의 이해조정규정인 동시에 재판규범으로서의 성질을 가지는 것이므로 거기에는 입증책임분배의 원리도 포함되어 있다고 볼 수 있으나, 공법규정은 공·사익의 조정을 내용으로 하고, 행정기관에 대한 행위규범으로서의 성격이 강한 반면, 재판규범으로서의 성격은 상대적으로 약하다고 한다.[309] ② 행정법관계에서는 자유의 금지, 금지의 해제, 법률행위의 보충효과, 권리의무의 형성 등 성격을 달리하는 여러 행정처분이 있으므로 처분의 성질에 따라 입증책임의 분배도 달라져야 할 것이며 이 점에서도 오직 요건법규의 형식에 따라 입증책임을 정하는 것은 타당하지 않다는 비판도 있다.[310]

나. 행정법독자분류설(특수성인정설) 행정소송에서의 입증책임의 분배는 행정소송과 민사소송의 목적과 성질의 차이, 행위규범과 재판규범의 차이 등에 비추어 독자적으로 정하여야 한다고 한다.

이러한 입장에서도 행정소송의 특질을 어떻게 해석할 것인가에 의해 다음과 같이 견해가 나뉜다.[311]

(가) 개별검토설 행정실체법은 공익과 사익의 조정을 내용으로 하고, 재판규범으로서의 성질보다는 행위규범으로서의 성질을 가지고 있다. 따라서, 당사자의 공평, 사안의 성질, 입증의 난이도 등을 고려하여 구체적인 사안에 있어서 어느 당사자의 불이익으로 판단할 것인가를 결정하여야 한다는 견해이다.[312]

이 설에 대하여는 입증책임의 소재가 개개의 구체적인 사안마다 다른 것 같은 인상을 주는 것은 입증책임분배법칙의 본질에 비추어 문제이다라는 비판이 가해지고

309) 김동희, 전게서, 761면.
310) 박윤흔, 전게서, 954면.
311) 山村恒年, "主張責任·立證責任,"『現代行政法大系 5』, 199면.
312) 雄川一郎,『行政爭訟法』, 1969, 214면.

있다.

(나) 피고적법사유책임설 법치행정의 원칙에 비추어 보면 행정청은 행정행위의 적법성을 스스로 담보하여야 하므로 취소소송에 있어서는 항상 행정청이 행정행위의 적법사유에 대하여 입증책임을 부담한다는 견해이다.313) 이 설에 의하면 무효확인소송에서도 피고 행정청이 입증책임을 부담하는 것으로 된다.

이 설에 대하여는 무효와 취소를 구별하는 현행 법제의 원칙과 모순되고, 행정행위에는 수익적 행정행위도 있고, 소송상 행정청과 국민은 대등함에도 진위불명의 경우의 위험을 모두 한쪽 당사자(행정청)의 부담으로 하는 것은 타당하지 않다는 비판이 제기된다.314)

(다) 소송유형별분배설(권리제한, 권리확장 구분설) 개인의 자유의 우월을 전제로 하여 국민의 자유를 제한하거나 의무를 부과하는 행정행위의 취소를 구하는 소송에 있어서는 행정청이 그 행위의 적법에 대한 입증책임을 부담하고, 개인이 국가에 대해 자기의 권리영역을 확장시킬 것을 구하는 소송에 있어서는 원고가 그 청구를 뒷받침하는 사실에 대해 입증책임을 부담한다는 견해가 있다.315) 이 견해는 헌법질서설이라 부르기도 한다.

이 견해에 의하면 영업불허가처분에 대해서는 피고가, 특허신청의 거부에 대해서는 원고가 입증책임을 부담하고, 재량처분에 대해서는 일탈·남용에 대해 원고가, 무효확인소송 및 쟁점소송에서는 원고가 입증책임을 부담한다.

이 견해에 대하여는 자유권제한에 있어서 개인의 자유의 우월원칙은 중요한 고려사항이지만 모든 경우에 있어서 구체적인 입증책임의 분배를 결정할 수 있는 기준이라고는 할 수 없고, 생존권보장의 입증책임을 일반적으로 국민에게 부담지울 수 있다라고 보는 것은 문제가 있다는 비판이 제기된다.316) 또한, 자유제한과 권리부여의 구별이 명확하지 않고, 이중효과적 행정행위에 대한 적용의 타당성에 의문이 있으며, 행정행위의 법효과에 따른 기준이 당사자의 공평 및 입증의 곤란 등의 실질적 기준으로부터 당연히 도출될 수 있는 것인가에 대하여도 의문이 있다라는 비판이 제기되고 있다.317)

다. 판 례 판례가 입증책임분배에 관하여 어떠한 입장을 취하고 있는지

---

313) 間根榮鄕, "無效な行政行爲における瑕疵の重大かつ明白性に關する二, 三の問題,"『司法硏修所創立十五周年記念論文集 下卷』, 1963, 47면.

314) 市原 昌三郎, "取消訴訟における立證責任,"『實務民事訴訟講座 8』, 1970, 232면 이하.

315) 高林克巳, "行政訴訟における立證責任,"『講座 3』, 299면.

316) 兼子仁, 『行政爭訟法』, 1973, 248면 이하.

317) 浜川淸, 『遠藤博也 · 阿部泰隆編 · 講義行政法Ⅱ』, 1982, 239면.

는 분명하지 않다.

학설 중에는 판례가 취소소송에서의 입증책임의 분배에 있어서 민사소송상의 분배원칙에 입각하고 있다고 보는 견해도 있고,[318] 행정소송법독자설에 입각하고 있다고 해석하는 견해도 있다.[319] 생각건대, 판례는 행정소송에서의 입증책임도 원칙적으로 민사소송의 일반원칙에 따라 당사자간에 분배되어야 한다고 하면서도 항고소송의 특성도 고려하여야 하는 것으로 본다.

민사소송법의 규정이 준용되는 행정소송에 있어서 입증책임은 원칙적으로 민사소송의 일반원칙에 따라 당사자간에 분배되고 항고소송의 경우에는 그 특성에 따라 당해 처분의 적법을 주장하는 피고에게 그 적법사유에 대한 입증책임이 있다 할 것이므로 당해 처분의 적법성이 합리적으로 수긍할 수 있는 일응의 입증이 있는 경우에는 그 처분은 정당하다고 할 것이며 그와 같은 합리적으로 수긍할 수 있는 증거와 상반되는 주장과 입증은 그 상대방인 원고에게 그 책임이 돌아간다(대판 1984. 07. 24, 84누124). 다만, 사실이 아닌 법적 판단은 법원이 책임지고 해야 하고, 처분의 적법·위법 판단도 법원의 책임이므로 처분의 적법성 자체는 증명책임의 대상이 아니라고 보아야 한다.

처분사유에 대한 증명책임은 피고 행정청에게 있다. 거부처분 취소소송에서도 그 처분사유에 관한 증명책임은 피고 행정청에 있다(대판 2019. 07. 04, 2018두66869).

라. 사견(공평분배설) **변론주의에 따르면** 입증으로 수익을 받는 자에게 증명책임을 지우는 것이 타당하다. 주장책임을 지는 자가 증명책임도 지는 것으로 하는 것도 타당하다. 그런데 **행정소송**은 실체적 진실을 발견하여 법치주의를 실현하는 것을 중요한 기능으로 하므로 입증자료에 접근하기 쉬운 자에게 증명책임을 지우는 것이 타당하다. 그리고 이것이 **공평의 원칙**에도 합치한다. 이러한 점들을 종합적으로 고려하여 증명책임을 개별적으로 공정하고 공평하게 정하여야 할 것이다.

2) 무효확인소송에서의 입증책임의 분배

무효확인소송에서의 입증책임의 분배에 관하여는 크게 두 가지의 견해가 대립하고 있다.

가. 일반원칙설 무효확인소송은 항고소송의 일종으로서, 무효확인소송에서 다투어지는 것은 처분 등의 적법 여부인 점에서 취소소송과 다를 것이 없을 뿐만 아니라, 위법의 중대성은 법해석 내지 경험칙에 의하여 판단될 사항이기 때문에 입증책임의 문제와 직접 관계되지 아니한다고 할 것이므로, 무효등확인소송에 있어서도

318) 이상규, 전게서, 872면; 김동희, 전게서, 674면.
319) 박윤흔, 전게서, 954면.

처분 등의 적법성을 밑받침하는 요건사실에 대하여는 피고인 행정청이 입증책임을 부담하는 것이 타당하다고 본다.[320]

나. 원고책임설 무효확인소송에서 주장되는 하자의 중대·명백성은 예외에 속하는 특별한 하자의 주장이라는 점 등을 이유로 당해 처분 등의 무효원인에 대하여는 원고가 주장·입증하여야 한다고 본다.[321]

다. 판 례 판례는 무효사유에 대한 주장·입증책임은 취소소송의 경우와는 달리 원고가 부담한다고 판시하고 있다(대판 1992. 03. 10, 91누6030; 2010. 05. 13, 2009두3460).

3) 부작위위법확인소송에서의 입증책임

부작위위법확인소송에서 신청사실 및 신청권의 존재는 소송요건에 해당한다. 따라서, 원고에게 입증책임이 있다.

일정한 처분을 하여야 할 법률상의 의무의 존부 및 상당한 기간의 판단은 법률판단의 문제이므로 입증책임의 대상이 되지 아니한다.

처분이 없는 사실의 존재는 부작위를 주장하는 원고에게 입증책임이 있다.

상당한 기간이 경과하였음에도 신청에 따른 처분을 하지 못한 것을 정당화하는 사유에 대하여는 행정청이 주장·입증책임을 진다.

(4) 구체적 사례

1) 소송요건

소송요건은 직권조사사항이지만 존부가 불분명한 경우에는 원고가 불이익을 받게 되므로 원고에게 입증책임이 있다.

2) 권리행사규정의 요건사실(처분사유, 적법사유)

처분의 적법사유에 대한 입증책임은 피고에게 있다(판례). 이는 행정처분의 근거법률은 통상 권한행사규정('…… 한 경우에는 …… 한 처분을 한다'라는 형식의 규정)으로 규정되어 있고 이 경우에 권한행사규정의 요건사실에 대하여는 행정청이 입증책임을 진다는 것을 의미한다.

[판례] ① [폐기된 서류에 관한 구 국민건강보험법상 서류제출명령 위반을 이유로 한 업무정지처분의 취소를 구하는 사건] (1) 항고소송에 있어서 해당 **처분의 적법성에 대한 증명책임은 원칙적으로 처분의 적법을 주장하는 처분청**에 있지만, 처분청이 주장하는 해당 처분의 적법성에 관하여 **합리적으로 수긍할 수 있는 정도로 증명**이 있는 경우에는 그 처분은 정당하고, **이와 상반되는 예외적인 사정에 대한 주장과 증명은 상대방에게 책임이 돌아간다**(대법원 2012. 6. 18. 선고 2010두

---

320) 이상규, 전게서, 874면.

321) 권오봉, "행정소송에 있어서의 주장·입증책임," 『행정소송에 관한 제문제(상)』, 법원행정처, 338면.

27639, 27646 전원합의체 판결 참조). (2) 따라서 급여 관계 서류의 보존행위가 요양기관 등의 지배영역 안에 있고, 요양기관 등이 서류보존의무기간 내에 이를 임의로 폐기하는 것 자체가 이례적이라는 사실에 비추어 볼 때, **요양기관 등이 국민건강보험법상 서류제출명령의 대상인 급여 관계 서류를 생성·작성하였다고 볼 만한 사정에 대해 처분청이 합리적으로 수긍할 수 있는 정도로 증명했다면, 처분청의 서류제출명령과 무관하게 급여 관계 서류가 폐기되었다는 사정**(이 경우 처분청이 요양기관 등에 서류제출명령 불이행을 이유로 제재(업무정지처분취소)를 할 수 없음)**은 이를 주장하는 측인 요양기관 등이 증명하여야 한다**(대판 2023. 12. 21, 2023두42904[업무정지처분 취소]).

② 과세처분의 위법을 이유로 그 취소를 구하는 행정소송에 있어 처분의 적법성 및 과세요건사실의 존재에 관하여는 원칙적으로 과세관청이 그 입증책임을 부담하나, 경험칙상 이례에 속하는 특별한 사정의 존재에 관하여는 납세의무자에게 입증책임 내지는 입증의 필요가 돌아가는 것이다(대판 1996. 04. 26, 96누1627).

③ 일반적으로 세금부과처분 취소소송에서 과세요건사실에 관한 증명책임은 과세권자에게 있다. 그렇지만 구체적인 소송과정에서 경험칙에 비추어 과세요건사실이 추정되는 사실이 밝혀진 경우에는, 납세의무자가 문제로 된 사실이 경험칙을 적용하기에 적절하지 아니하다거나 사건에서 경험칙의 적용을 배제하여야 할 만한 특별한 사정이 있다는 점 등을 증명하지 못하는 한, 과세처분이 과세요건을 충족시키지 못한 위법한 처분이라고 단정할 수 없다(대판 2016. 06. 10, 2015두60341[법인세부과처분취소]).

④ 국가유공자법 제73조의2 제1항이 정한 '불가피한 사유 없이 본인의 과실이나 본인의 과실이 경합된 사유로 사망 또는 상이를 입은 것'은, 재해 또는 상이 발생 가능성이 있음에도 원인된 행위로 나아갈 수밖에 없는 객관적 사정 없이 본인의 부주의로 재해가 발생하거나 그로 인한 상이가 확대된 경우를 의미하고, 이에 관한 증명책임은 처분청에 있다(대판 2016. 08. 24, 2016두32589[지원공상군경요건해당결정통지취소]).

⑤ 수익적 행정처분의 하자나 취소해야 할 필요성에 관한 증명책임은 기존 이익과 권리를 침해하는 처분을 한 행정청에 있다(대판 2014. 11. 27, 2014두9226).

⑥ 구 상속세 및 증여세법(2010. 1. 1. 법률 제9916호로 개정되기 전의 것) 제45조의2 제1항의 명의신탁재산 증여의제규정은 권리의 이전이나 행사에 등기 등을 요하는 재산에 있어서 실제소유자와 명의자가 다른 경우에 적용되는 것이고, 이때 당사자들 사이에 명의신탁 설정에 관한 합의가 존재하여 해당 재산의 명의자가 실제소유자와 다르다는 점은 과세관청이 증명하여야 한다(대판 2017. 05. 30, 2017누31460).

⑦ 징계처분의 당부를 다투는 행정소송에서 징계사유에 대한 증명책임은 그 처분의 적법성을 주장하는 피고에게 있다(대판 2018. 04. 12, 2017두74702; 2019. 11. 28, 2017두57318 등).

⑧ 과세소득의 존재 및 그 귀속사업연도에 관한 증명책임의 소재(=과세관청)(대판 2020. 04. 09, 2018두57490).

⑨ [1] 난민법 시행령 제5조 제1항 제4호에서 '안전한 국가로부터 온 경우'를 난민인정 심사 불회부사유로 규정한 취지 / 위 조항에서 말하는 '안전한 국가로부터 온 경우'의 의미 및 이에 관한 **증명책임의 소재**(=법무부장관 또는 지방출입국·외국인관서의 장). [2] 난민법 시행령 제5조 제1항 제7호에서 정한 난민인정 신청이 '명백히 이유 없는 경우'에 해당하는지 판단하는 방법 및 난민인정 신청이 명백히 이유 없다는 점에 관한 **증명책임의 소재**(=법무부장관 또는 지방출입국·외국인관서의 장)(대판 2025. 06. 26, 2024두64000[난민인정심사불회부결정취소]).

다만, 경험칙상 요건사실이 추정되는 경우 상대방이 경험칙 적용의 대상이 되지 아니하는 사정을 입증하여야 한다(대판 1992. 07. 10, 92누6761).

3) 권한행사장애규정의 요건사실(처분제외사유)

처분제외사유의 증명책임은 원고에게 있다. 예를 들면, 과세대상이 된 토지가 비과세 혹은 면제대상이라는 점은 이를 주장하는 납세의무자에게 입증책임이 있는 것이라고 판시하고 있다(대판 1996. 04. 26, 94누12708).

4) 재량행위의 경우

재량권 일탈 · 남용에 해당하는 사실에 관하여는 행정행위의 효력을 다투는 사람이 주장 · 증명책임을 부담한다(대판 2017. 10. 12, 2017두48956).

[판례] ① **처분이 재량권을 일탈 · 남용하였다는 사정은 처분의 효력을 다투는 자가 주장 · 증명하여야 한다. 행정청이** 폐기물처리사업계획서 부적합 통보를 하면서 처분서에 불확정개념으로 규정된 법령상의 허가기준 등을 충족하지 못하였다는 취지만을 간략히 기재하였다면, 부적합 통보에 대한 **취소소송절차에서 행정청은 처분을 하게 된 판단 근거나 자료 등을 제시하여 구체적 불허가 사유를 분명히 하여야 한다.** 이러한 경우 재량행위인 폐기물처리사업계획서 부적합 통보의 효력을 다투는 **원고로서는** 행정청이 제시한 구체적인 불허가사유에 관한 판단과 근거에 **재량권 일탈 · 남용의 위법이 있음을 밝히기 위하여 소송절차에서 추가적인 주장을 하고 자료를 제출할 필요가 있다**(대판 2020. 07. 23, 2020두36007[폐기물처리사업계획부적합통보처분취소]).
② 행정청의 전문적인 정성적 평가 결과는 그 판단의 기초가 된 사실인정에 중대한 오류가 있거나 그 판단이 사회통념상 현저하게 타당성을 잃어 객관적으로 불합리하다는 등의 특별한 사정이 없는 한 법원이 그 당부를 심사하기에는 적절하지 않으므로 가급적 존중되어야 한다. 여기에 재량권을 일탈 · 남용한 특별한 사정이 있다는 점은 증명책임분배의 일반원칙에 따라 이를 주장하는 자가 증명하여야 한다. 이러한 법리는 임용제청에서 제외된 후보자가 교육부장관의 임용제청 제외처분 또는 대통령의 임용 제외처분에 불복하여 제기한 소송에서도 마찬가지이다. 교육부장관이 총장 후보자에게 총장 임용 부적격사유가 있다고 밝혔다면, 그 후보자는 그러한 판단에 사실오인 등의 잘못이 있음을 주장 · 증명함과 아울러, 임용제청되었거나 임용된 다른 후보자에게 총장 임용 부적격사유가 있다는 등의 특별한 사정까지 주장 · 증명하여야 한다. 이러한 주장 · 증명이 있을 때 비로소 그에 대한 임용제청 제외처분 또는 임용 제외처분이 위법하다고 볼 수 있다. 이러한 이유로 해당 처분을 취소하는 판결이 확정된 경우에는 교육부장관 또는 대통령에게 취소판결의 취지에 따라 두 후보자의 총장 임용 적격성을 다시 심사하여 임용제청 또는 임용을 할 의무가 발생한다(행정소송법 제30조 제1항)(대판 2018. 06. 15, 2016두57564).
③ 구 국민건강보험법 제98조 제1항 제1호에 따른 **업무정지처분을 하려면 행정청은 처분사유,** 즉 요양기관이 요양급여비용을 청구하여 지급받은 어떤 진료행위가 국민건강보험법령과 그 하위 규정들에 따르면 요양급여비용으로 지급받을 수 없는 경우에 해당한다는 객관적 사정을 **증명하는 것으로 족하며, 해당 요양기관이 '속임수'를 사용하지 않았다는 사정은** 행정청의 처분양정 단계에서 그리고 이에 대한 **법원의 재량권 일탈 · 남용 여부 심사 단계에서 고려할 사정이므로** 이를 자신에게 유리한 사정으로 주장하는 **원고가 증명하여야 한다**(대판 2020. 06. 25, 2019두52980).
④ 행정청이 처분서에 불확정개념으로 규정된 법령상의 허가기준 등을 충족하지 못하였다는 취지만 간략히 기재하여 폐기물처리사업계획서 반려 통보를 한 경우, 반려 통보에 대한 취소소송절차에서 행정청이 구체적 불허가사유를 분명히 하여야 하는지 여부(적극) 및 이에 대하여 원고가 재량권

일탈·남용의 위법이 있음을 밝히기 위하여 추가적인 주장 및 자료를 제출할 필요가 있는지 여부(적극): (1) 처분이 재량권을 일탈·남용하였다는 사정은 그 처분의 효력을 다투는 자가 주장·증명하여야 한다(대법원 2016. 10. 27. 선고 2015두41579 판결 등 참조). **행정청**이 폐기물처리사업계획서 반려 내지 부적합 통보를 하면서 그 **처분서에 불확정개념으로 규정된 법령상의 허가기준 등을 충족하지 못하였다는 취지만을 간략히 기재하였다면**, 반려 내지 부적합 통보에 대한 **취소소송절차에서 행정청은** 그 처분을 하게 된 판단 근거나 자료 등을 제시하여 **구체적 불허가사유를 분명히 하여야** 한다. 이러한 경우 재량행위인 폐기물처리사업계획서 반려 내지 부적합 통보의 효력을 다투는 **원고로서는 행정청이 제시한 구체적인 불허가사유에 관한 판단과 근거에 재량권 일탈·남용의 위법이 있음을 밝히기 위하여 소송절차에서 추가적인 주장을 하고 자료를 제출할 필요가 있다**(대법원 2018. 12. 27. 선고 2018두49796 판결, 대법원 2019. 12. 24. 선고 2019두45579 판결 참조). (2) 원고가 폐기물관리법 제25조 제1항에 따라 폐기물처리사업계획서를 제출하였는데, 피고가 **'폐기물관리법 제25조 제7항 및 「영천시 폐기물처리업 등에 관한 인허가 지침」('이 사건 지침') 제3조에 따른 주민 건강 및 주변 환경 영향 여부를 확인하기 위한 주민동의서 미제출'을 처분사유**로 하여 위 계획서를 반려하는 통보를 하자 원고가 위 반려처분의 취소를 구함. **피고는 이 사건 소 계속 중 처분사유로 기재되어 있던 '주민의 건강과 주변 환경에의 영향'이라는 불확정개념을 구체화하였음. 원심은**, 피고가 원고의 폐기물처리사업계획서 제출에 따른 '주민건강 및 주변 환경영향 여부'를 검토·확인한 후 그 검토결과를 이유로 한 처분사유를 제시하지 아니한 채, 오로지 '보완서류(인근 주민들의 동의서) 미제출'이라는 절차적 이유만으로 이 사건 반려처분을 한 것은 재량권을 일탈·남용한 것으로서 위법하다고 판단하였음. **대법원은** 위 법리에 따라, 폐기물처리사업계획서 반려 처분에 대한 취소소송절차에서 **피고가 구체적인 불허가사유를 분명히 하였다면**, 원심으로서는 **원고로 하여금** 원고가 운영하려는 폐기물처리시설 예정지의 자연환경, 기반시설과 인근의 주거시설, 상업시설, 산업시설, 근린생활시설 등의 위치, 규모 및 현황을 확인할 수 있는 자료 및 그 폐기물처리시설이 주민들의 건강과 주변 환경에 어떠한 영향을 주는지에 관한 **주장 및 자료를 제출하게 하여** 원고가 운영하려는 폐기물처리시설로 인한 주민들의 건강이나 주변 환경에의 영향의 유무 및 그 정도를 심리하였어야 한다고 보아, **피고의 반려 통보가 단순히 보완서류 미이행(주민동의서 미제출)만을 처분사유로 하였다는 전제에서 재량권 일탈·남용의 위법이 있다고 단정한 원심판결을 파기·환송함**(대판 2023. 07. 27, 2023두35661[폐기물처리사업계획신청 반려처분취소]).

(5) 관련 확정판결에서의 사실인정의 구속력

행정소송의 수소법원이 관련 확정판결의 사실인정에 구속되는 것은 아니지만, 관련 확정판결에서 인정한 사실은 행정소송에서도 유력한 증거자료가 되므로, 행정소송에서 제출된 다른 증거들에 비추어 관련 확정판결의 사실 판단을 채용하기 어렵다고 인정되는 특별한 사정이 없는 한, 이와 반대되는 사실은 인정할 수 없다(대판 2019. 07. 04, 2018두66869).

[판례] ① 결혼이민(F-6 다.목) 체류자격 거부처분 취소소송에서 관련 이혼확정판결의 증명력: **행정소송의 수소법원이 관련 확정판결의 사실인정에 구속되는 것은 아니지만**, 관련 확정판결에서 인정한 사실은 행정소송에서도 유력한 증거자료가 되므로, 행정소송에서 제출된 다른 증거들에 비추어 **관련 확정판결의 사실 판단을 채용하기 어렵다고 인정되는 특별한 사정이 없는 한, 이와 반대**

되는 사실은 인정할 수 없다. 나아가 '혼인파탄의 주된 귀책사유가 누구에게 있는지'라는 문제는 우리의 사법제도에서 가정법원의 법관들에게 가장 전문적인 판단을 기대할 수 있으므로, 결혼이민(F-6 다.목) 체류자격 부여에 관하여 출입국관리행정청이나 행정소송의 수소법원은 특별한 사정이 없는 한 **가정법원이 이혼확정판결에서 내린 판단을 존중함이 마땅**하다. 이혼소송에서 당사자들이 적극적으로 주장·증명하지 않아 이혼확정판결의 사실인정과 책임판단에서 누락된 사정이 일부 있다고 하더라도 그러한 사정만으로 이혼확정판결의 판단 내용을 함부로 뒤집으려고 하여서는 아니 되며, 이혼확정판결과 다른 내용의 판단을 하는 데에는 매우 신중하여야 한다. 혼인파탄에 관한 주된 귀책사유가 한국인 배우자에게 있다는 이혼확정판결이 있고, 그 판단을 뒤집을 특별한 사정도 없으므로, 원고가 결혼이민(F-6 다.목) 체류자격의 요건을 충족하였다고 판단하여 파기환송한 사례(대판 2019. 07. 04, 2018두66869).

② 동일한 사실관계에 관하여 이미 확정된 형사판결에서 유죄로 인정된 사실이 민사재판에서 갖는 증명력: 원래 민사재판에 있어서는 형사재판의 사실인정에 구속을 받는 것이 아니라고 하더라도 동일한 사실관계에 관하여 이미 확정된 형사판결이 유죄로 인정한 사실은 유력한 증거자료가 된다고 할 것이므로 민사재판에서 제출된 다른 증거들에 비추어 형사재판의 사실판단을 채용하기 어렵다고 인정되는 특별한 사정이 없는 한 이와 반대되는 사실을 인정할 수 없다(대판 2021. 10. 14, 2021다243430).

(6) 사실확인서의 증거가치

행정청이 현장조사를 실시하는 과정에서 조사상대방으로부터 구체적인 위반사실을 자인하는 내용의 확인서를 작성받았고, 그 확인서가 작성자의 의사에 반하여 작성된 것이 아니며, 그 내용의 미비 등으로 인하여 구체적인 사실에 대한 증명자료로 삼기 어려운 것도 아니라면, 그 확인서의 증거가치를 쉽게 부정할 수는 없다(대판 2017. 07. 11, 2015두2864 참조).

[판례] 설령 요양보호사들이 심리적으로 다소 위축된 상황에서 확인서를 작성하였다고 볼 소지가 있더라도, 곧바로 강요에 의하여 강제로 작성된 것으로 단정할 수는 없고, 그 문서가 심리적 위축상태에서 작성되었다 하여 바로 그 내용의 신빙성을 부정할 수는 없다(대판 2017. 07. 11, 2015두2864 참조).

현지조사 또는 세무조사 과정에서 확인서를 징구하는 업무방식은 요양기관 현지조사 지침(보건복지부, 서식 제13호), 조사사무처리규정(국세청훈령) 제41조 제3항[322] 에 근거한 것으로 보인다. 자발적인 확인서 작성을 통하여 처분을 감면받고자 하는 경우도 있겠지만, 그보다는 절차적 보장이 제대로 이루어지지 않아 행정의 투명성과 신뢰성을 약화시키는 경우가 더 많으므로, 이러한 조사관행은 개선될 필요가 있다.

322) 제41조(조사의 진행) 제3항은 '조사공무원은 과세의 근거자료를 확보하여 향후 불복청구 등에 대비하여야 하며, 납세자 또는 관련인 등의 확인이 필요한 사항에 대해서는 확인서(별지 제40호 서식) 또는 진술서(서술형, 문답형)(별지 제41호, 제38호 서식)를 받아야 한다.'고 규정하고 있다.

처분의 상대방으로 하여금 확인서에 서명·날인하도록 할 것이 아니라, 조사자 본인이 조사한 내용에 대한 조사경위서를 작성하고 처분의 상대방이 그와 같은 내용에 대해 조사를 받았다는 정도의 확인만 해 주는 것으로 그쳐야 한다.[323)]

(7) 증명의 정도

판례에 따르면 민사소송이나 행정소송에서 사실의 증명은 추호의 의혹도 없어야 한다는 자연과학적 증명이 아니고, 특별한 사정이 없는 한 경험칙에 비추어 모든 증거를 종합적으로 검토하여 볼 때 어떤 사실이 있었다는 점을 시인할 수 있는 **고도의 개연성을 증명**하는 것이면 충분하다(대판 2018. 04. 12, 2017두74702).

[판례] 민사소송이나 행정소송에서 사실의 증명은 추호의 의혹도 없어야 한다는 자연과학적 증명이 아니고, 특별한 사정이 없는 한 경험칙에 비추어 모든 증거를 종합적으로 검토하여 볼 때 어떤 사실이 있었다는 점을 시인할 수 있는 **고도의 개연성을 증명하는 것**이고, 그 판정은 **통상인이라면 의심을 품지 않을 정도일 것**을 필요로 한다(대판 2019. 11. 28, 2017두57318 등).

(8) 행정청의 비공개 처리정보

피고 또는 관계행정청이 「민사소송법」 제163조 제1항 각 호의 어느 하나에 해당하는 정보 또는 법령에 따라 비공개 대상인 정보가 적혀 있는 서면 또는 증거를 제출·제시하는 경우에는 해당 정보가 공개되지 아니하도록 비실명 또는 공란으로 표시하거나 그 밖의 적절한 방법으로 제3자가 인식하지 못하도록 처리(이하 "비공개 처리"라 한다)할 수 있다(행정소송규칙 제12조 제1항). 법원은 피고 또는 관계행정청이 제1항에 따라 비공개 처리를 한 경우에도 사건의 심리를 위해 필요하다고 인정하는 경우에는 다음 각 호의 어느 하나를 제출·제시할 것을 명할 수 있다(제2항). 1. 비공개 처리된 정보의 내용, 2. 비공개 처리를 하지 않은 서면 또는 증거. 법원은 제2항 각 호의 자료를 다른 사람이 보도록 하여서는 안 된다. 다만, 당사자는 법원에 해당 자료의 열람·복사를 신청할 수 있다(제3항). 제3항의 열람·복사 신청에 관한 결정에 대해서는 즉시항고를 할 수 있다(제4항), 제3항의 신청을 인용하는 결정은 확정되어야 효력을 가진다(제5항).

323) 이동식, "납세자 등의 확인서에 기초한 과세와 근거과세원칙", 조세판례백선2, 박영사, 2016, 52면(과세거래를 가장 잘 아는 납세자의 확인서는 일반적으로는 중요한 과세자료가 될 수 있고, 판례와 같이 일정한 경우에는 확인서에 기초한 과세가 근거과세원칙에 반하는 것으로 평가받을 수 있는 가능성도 있다고 하는바, 이 견해는 판례에 찬성하는 입장인 것으로 선해된다).

제6항 행정소송의 판결

Ⅰ. 판결의 의의

판결이라 함은 법률상 쟁송을 해결하기 위하여 법원이 소송절차를 거쳐 내리는 결정을 말한다.

Ⅱ. 판결의 종류

1. 중간판결과 종국판결

중간판결(中間判決)이라 함은 종국판결을 하기에 앞서 소송진행중 당사자간에 쟁점이 된 사항에 대하여 미리 정리·판단하여 종국판결을 용이하게 하고 이를 준비하는 판결을 말한다.

중간판결사항을 중간판결로 정리하느냐, 종국판결의 이유 속에서 판단하느냐는 법원의 자유재량에 속하는 데 판결서작성의 번거로움 때문에 중간판결은 거의 활용되고 있지 않다.[324) 중간판결의 예를 들면, 취소소송이 불복제기기간을 도과하였다는 피고의 주장을 이유 없다고 하는 판결 등이다.

종국판결(終局判決)이라 함은 소송사건의 전부 또는 일부를 그 심급으로서 완결하는 판결을 말한다. 종국판결에는 전부판결과 일부판결이 있다.

2. 전부판결과 일부판결

전부판결(全部判決)이라 함은 동일소송절차에서 심판되는 사건의 전부를 동시에 완결시키는 종국판결을 말한다.

일부판결(一部判決)은 소송의 일부의 심리를 완료한 때에 그 일부에 대해 내리는 종국판결을 말한다. 병합된 수 개의 청구 중 어느 하나의 청구에 대하여 심리가 완료된 경우 등에 일부판결을 내릴 수 있다. 일부판결을 할 것인가는 법원의 재량에 속하는데(민사소송법 제200조), 선택적 병합, 예비적 병합 등에는 일부판결이 허용되지 않는다. 그런데, 일부판결은 실무상 거의 활용되고 있지 않다.

3. 소송판결과 본안판결

소송판결(訴訟判決)이라 함은 소송요건 또는 상소요건의 흠결이 있는 경우에 소

324) 이시윤, 전게서, 663면.

송을 부적법하다 하여 각하하는 판결을 말한다. 소송요건의 결여는 변론종결시(판결시)를 기준으로 판단한다. 소각하판결은 소송판결이다.

본안판결(本案判決)이라 함은 본안심리의 결과 청구의 전부 또는 일부를 인용하거나 기각하는 종국판결을 말한다. 본안판결은 내용에 따라 인용판결과 기각판결로 나뉜다.

통상 소송요건의 심리 후 소송요건이 하나라도 충족되지 않으면 각하판결을 하고, 소송요건이 모두 충족된 경우에는 본안심리로 이행한다. 그런데, 본안심리 중 소송요건의 결여가 확인된 경우(예, 소송요건의 충족 여부에 대한 판단이 잘못된 경우 또는 계쟁처분의 효력의 소멸 등으로 소의 이익이 없어지게 된 경우 등)에는 소송요건의 충족 여부에 대한 판단을 다시 하여 소송요건의 충족되지 않는 경우에는 변론을 종결하고 각하판결을 한다.

4. 인용판결과 기각판결

(1) 기각판결

기각판결(棄却判決)이라 함은 본안심리의 결과, 원고의 주장이 이유 없다고 하여 그 청구를 배척하는 판결을 말한다. 원고의 청구가 이유 있다고 인정하는 경우에도 그 처분을 취소 또는 변경하는 것이 현저히 공공복리에 적합하지 아니하다고 인정하는 때에는 법원은 원고의 청구를 기각할 수 있는데, 이러한 기각판결을 사정판결이라 한다.

(2) 인용판결

인용판결(認容判決)이라 함은 본안심리의 결과 원고의 주장이 이유 있다고 하여 그 청구의 전부 또는 일부를 인용하는 판결을 말한다. 인용판결은 소의 종류에 따라 이행판결, 확인판결, 형성판결로 나뉜다.

5. 형성판결, 확인판결과 이행판결

(1) 형성판결

형성판결(形成判決)이라 함은 일정한 법률관계를 형성·변경 또는 소멸시키는 것을 내용으로 하는 판결을 말한다. 형성판결의 예로는 취소소송에서의 인용판결(취소판결)을 들 수 있다.

형성판결은 적극적 형성판결과 소극석 형성판길로 나뉜다. 적극적 형성판결은 법률관계를 적극적으로 형성하는 판결을 말하고, 소극적 형성판결은 처분의 전부 또는 일부의 취소와 같이 법률관계를 소극적으로 형성하는 판결을 말한다.

(2) 확인판결

확인판결(確認判決)이라 함은 확인의 소에서 일정한 법률관계나 법률사실의 존부를 확인하는 판결을 말한다.

확인판결의 예로는 무효등확인소송에서의 인용판결, 부작위위법확인소송에서의 인용판결, 법률관계의 확인을 구하는 당사자소송에서의 인용판결을 들 수 있다.

(3) 이행판결

이행판결(履行判決)이라 함은 피고에 대하여 일정한 행위를 명하는 판결을 말한다. 항고소송에서의 의무이행소송이 인정되고 있지 않으므로 항고소송에서는 이행판결이 있을 수 없으나 공법상 당사자소송에서는 국가 또는 공공단체에 대하여 일정한 행위를 명하는 이행판결이 있을 수 있다.

Ⅲ. 항고소송에서의 위법판단의 기준시

처분은 그 당시의 사실상태 및 법률상태를 기초로 하여 행해지게 된다. 그런데, 처분 후 사실상태 또는 법률상태가 변경되는 경우가 있다. 이 경우에 있어서 법원이 본안심리의 결과 처분의 위법 여부를 판단함에 있어서 어느 시점의 법률상태 및 사실상태를 기준으로 하여야 할 것인가 하는 문제가 제기되는데, 이에 관하여 취소소송의 본질을 무엇으로 볼 것인가에 따라 처분시설과 판결시설이 대립하고 있다.

1. 처분시설

처분시설(處分時說)이라 함은 처분의 위법 여부의 판단은 처분시의 사실 및 법률상태를 기준으로 하여 행하여야 한다는 견해를 말한다. 이 설이 통설이다.

처분시설의 주요 논거는 다음과 같다. 취소소송에 있어서 법원의 역할은 처분의 사후심사이며, 법원이 처분 후의 사정에 근거하여 처분의 적법 여부를 판단하는 것(판결시설)은 행정청의 제1차적 판단권을 침해하는 것이 되고 법원이 감독행정청의 역할을 하는 것이 되어 타당하지 않다고 본다.

2. 판결시설

판결시설(判決時說)이라 함은 처분의 위법 여부의 판단은 판결시(구두변론종결시)의 사실 및 법률상태를 기준으로 행하여야 한다는 견해이다.

판결시설의 주요 논거는 다음과 같다. 취소소송의 본질은 처분으로 인하여 형성된 위법상태를 배제하는 데 있으므로 원칙적으로 판결시의 법 및 사실상태를 기준으로 판결하여야 한다고 본다.

3. 절충설

처분시설이 타당하다고 하면서도 예외적으로 계속적 효력을 가진 처분(예, 물건의 압수처분, 통행금지구역의 설정)이나 미집행의 처분(예, 집행되지 않은 철거명령)에 대한 소송에 있어서는 판결시설을 취하는 것이 타당한 경우가 있다고 본다.[325] 이에 추가하여 거부처분취소소송의 경우에도 실질적으로 의무이행소송과 유사한 성격을 갖는다는 점에서 위법판단시점을 판결시로 보는 것이 타당하다는 견해가 있다(정하중).

4. 판　　례

판례는 처분시설을 취하고 있다(대판 1996. 12. 20, 96누9799; 2005. 04. 15, 2004두10883). 즉, 행정처분의 위법 여부는 행정처분이 있을 때의 법령과 사실 상태를 기준으로 판단하여야 한다.

[판례] ① 공정거래위원회가 **과징금 산정 시 위반 횟수 가중의 근거로 삼은 위반행위에 대한 시정조치가 그 후 '위반행위 자체가 존재하지 않는다는 이유로 취소판결이 확정된 경우'** (구 과징금부과 세부기준 등에 관한 고시(2014. 5. 30. 공정거래위원회 고시 제2014-7호로 개정되기 전의 것, 이하 '구 과징금 고시'라 한다) Ⅳ. 2. 나. (2)항은 과거 시정조치의 횟수 산정 시 시정조치의 무효 또는 취소판결이 확정된 건을 제외하도록 규정하고 있고, 행정청으로부터 행정처분을 받았으나 나중에 그 행정처분이 행정쟁송절차에서 취소되었다면, 그 행정처분은 처분 시에 소급하여 효력을 잃게 되고, **위반 횟수 가중에 잘못**이 있으므로) 과징금 부과처분의 상대방은 결과적으로 처분 당시 객관적으로 존재하지 않는 위반행위로 과징금이 가중되므로, **그 처분은 비례 · 평등원칙 및 책임주의 원칙에 위배될 여지가 있다.** 다만 공정거래위원회는 독점규제 및 공정거래에 관한 법령상의 과징금 상한의 범위 내에서 과징금 부과 여부 및 과징금 액수를 정할 재량을 가지고 있다. 또한 재량준칙인 '구 과징금 고시' Ⅳ. 2. 나. (1)항은 위반 횟수와 벌점 누산점수에 따른 과징금 가중비율의 상한만을 규정하고 있다. 따라서 법 위반행위 자체가 존재하지 않아 위반행위에 대한 시정조치에 대하여 취소판결이 확정된 경우에 위반 횟수 가중을 위한 횟수 산정에서 제외하더라도, **그 사유가 과징금 부과처분에 영향을 미치지 아니하여 처분의 정당성이 인정되는 경우에는 그 처분을 위법하다고 할 수 없다**(대판 2019. 07. 25, 2017두55077).

② [1] 행정소송에서 행정처분의 위법 여부는 행정처분이 행하여졌을 때의 법령과 사실상태를 기준으로 하여 판단하여야 하고, 처분 후 법령의 개폐나 사실상태의 변동에 의하여 영향을 받지는 않는다. [2] 공사중지명령 이후에 발생한 사실상태를 이유로 공사중지명령이 재량권을 일탈·남용한 것이라고 본 원심을, 공사중지명령 이후에 발생한 사실상태를 이유로 공사중지명령의 해제 요구 및 그 요구에 대한 거부처분에 대하여 취소청구를 할 수 있음은 별론으로 하고, 적법하였던 공사중지명령이 위법하게 되는 것은 아니라고 하여 파기한 사례(대판 2007. 05. 11, 2007두1811[공사

325) 박윤흔, 전게서, 1013면; 김남진, 전게서, 705면.

중지명령처분취소]).
③ 대판 2008. 07. 24, 2007두3930[난민인정불허가결정취소].
④ 행정청이 수익적 행정처분을 하면서 부가한 부담 역시 처분 당시 법령을 기준으로 위법 여부를 판단하여야 하고, **부담이 처분 당시 법령을 기준으로 적법하다면 처분 후 부담의 전제가 된 주된 행정처분의 근거법령이 개정됨으로써 행정청이 더 이상 부관을 붙일 수 없게 되었다 하더라도 곧바로 위법하게 되거나 그 효력이 소멸하게 되는 것은 아니다**(대판 2009. 02. 12, 2005다65500).
⑤ 공정거래위원회의 시정명령 및 과징금 납부명령이 재량권 일탈·남용으로 위법한지 판단하는 기준 시점: 행정소송에서 행정처분의 위법 여부는 행정처분이 행하여졌을 때의 법령과 사실상태를 기준으로 하여 판단해야 하고, 이는 독점규제 및 공정거래에 관한 법률에 기한 공정거래위원회의 시정명령 및 과징금 납부명령(이하 '과징금 납부명령 등'이라 한다)에서도 마찬가지이다. 따라서 공정거래위원회의 과징금 납부명령 등이 재량권 일탈·남용으로 위법한지는 다른 특별한 사정이 없는 한 **과징금 납부명령 등이 행하여진 '의결일' 당시의 사실상태를 기준으로 판단**하여야 한다(대판 2015. 05. 28, 2015두36256[시정명령및과징금납부명령취소]).
⑥ **교원소청심사위원회가 한 결정의 취소를 구하는 소송에서 결정의 적부를 판단하는 기준 시점(=결정시) 및 판단대상**: 교원소청심사위원회가 한 결정의 취소를 구하는 소송에서 그 결정의 적부는 **결정이 이루어진 시점을 기준으로 판단하여야 하지만**, 그렇다고 하여 소청심사 단계에서 이미 주장된 사유만을 행정소송의 판단대상으로 삼을 것은 아니다. 따라서 **소청심사 결정 후에 생긴 사유가 아닌 이상 소청심사 단계에서 주장하지 아니한 사유도 행정소송에서 주장할 수 있고, 법원도 이에 대하여 심리·판단할 수 있다**(대판 2018. 07. 12, 2017두65821).

이와 같이 행정처분의 위법 여부는 처분시의 법령 및 사실상태를 기준으로 판단하지만, 처분시의 법령 및 사실상태 그리고 사실상태에 대한 법령의 적용에 관한 판단자료는 판결시를 기준으로 한다. 즉, 법원은 행정처분 당시 행정청이 알고 있었던 자료뿐만 아니라 사실심 변론종결 당시까지 제출된 모든 자료를 종합하여 처분 당시 존재하였던 객관적 사실을 확정하고 그 사실에 기초하여 처분의 위법 여부를 판단할 수 있다(대판 2019. 07. 25, 2017두55077).

〈판례〉 항고소송에서 행정처분의 위법 여부는 행정처분이 있을 때의 법령과 사실 상태를 기준으로 판단하여야 하고, 법원은 행정처분 당시 행정청이 알고 있었던 자료뿐만 아니라 사실심 변론종결 당시까지 제출된 모든 자료를 종합하여 처분 당시 존재하였던 객관적 사실을 확정하고 그 사실에 기초하여 처분의 위법 여부를 판단할 수 있다(대판 전원합의체 2024. 07. 18, 2022두43528).

특히 사실관계(안전, 위험, 인과관계 등 포함)의 판단은 판결시의 과학기술 등 증거자료에 의한다. 법령의 해석도 처분시의 법령해석에 구속되지 않고 언제든 자유롭게 할 수 있다.

예를 들면, 산업재해로 인한 사망자의 유족에 대한 '유족급여및장의비부지급처분'에 대한 취소소송에서 업무와 사망 사이의 상당인과관계의 인정에 있어서 처분시의 고시('개정 전 고시')는 행정규칙으로 대외적 구속력이 없으므로(법령이 아니므로) 처분시의 '개정 전 고시'를 적용할 의무는 없고, 해당 불승인처분이 있은 후 '개정된 고시'(「뇌혈관 질병 또는 심장 질병 및 근골격계 질병의 업무상 질병 인정 여부 결정에 필요한 사항」(2017. 12. 29. 고용노동부 고시 제2017-117호))의 규정 내용과 개정 취지를 참작하여 상당인과관계의 존부를 판단할 수 있다고 한 대법원 판례(대판 2020. 12. 24, 2020두39297)가 있다.

[판례] ① 항고소송에서 처분의 위법 여부는 특별한 사정이 없는 한 그 처분 당시의 법령을 기준으로 판단하여야 한다. 이는 신청에 따른 처분의 경우에도 마찬가지이다(대법원 2020. 1. 16. 선고 2019다264700 판결등 참조). 그러나 「뇌혈관 질병 또는 심장 질병 및 근골격계 질병의 업무상 질병 인정 여부 결정에 필요한 사항」(2013. 6. 28. 고용노동부 고시 제2013-32호, 이하 **'개정 전 고시'라고 한다)은 대외적으로 국민과 법원을 구속하는 효력은 없으므로**, 근로복지공단이 처분 당시에 시행된 '개정 전 고시'를 적용하여 산재요양 불승인처분을 한 경우라고 하더라도 해당 불승인처분에 대한 항고소송에서 **법원은 '개정 전 고시'를 적용할 의무는 없고**, 해당 불승인처분이 있은 후 개정된 「뇌혈관 질병 또는 심장 질병 및 근골격계 질병의 업무상 질병 인정 여부 결정에 필요한 사항」(2017. 12. 29. 고용노동부 고시 제2017-117호, 이하 **'개정된 고시'라고 한다)의 규정 내용과 개정 취지를 참작하여 상당인과관계의 존부를 판단할 수 있다. 그 구체적인 이유는 다음과 같다.** 1) 산업재해보상보험법 제37조 제1항 제2호, 제5항, 같은 법 시행령 제34조 제3항 [별표 3]의 규정 내용과 형식, 입법 취지를 종합하면, 같은 법 시행령 [별표 3] '업무상 질병에 대한 구체적인 인정 기준'은 같은 법 제37조 제1항 제2호에서 규정하고 있는 '업무상 질병'에 해당하는 경우를 **예시적으로 규정한 것**이라고 보아야 하고, **그 기준에서 정한 것 외에 업무와 관련하여 발생한 질병을 모두 업무상 질병에서 배제하는 규정으로 볼 수는 없다**(대법원 2014. 6. 12. 선고 2012두24214 판결 참조). 2) 산업재해보상보험법 시행령 [별표 3] '업무상 질병에 대한 구체적인 인정 기준'은 '뇌혈관 질병 또는 심장 질병', '근골격계 질병'의 업무상 질병 인정 여부 결정에 필요한 사항은 고용노동부장관이 정하여 고시하도록 위임하고 있다[제1호 (다)목, 제2호 (마)목]. 위임근거인 산업재해보상보험법 시행령 [별표 3] '업무상 질병에 대한 구체적인 인정 기준'이 예시적 규정에 불과한 이상, **그 위임에 따른 고용노동부 고시가 대외적으로 국민과 법원을 구속하는 효력이 있는 규범이라고 볼 수는 없고**, 상급행정기관이자 감독기관인 고용노동부장관이 그 지도·감독 아래 있는 근로복지공단에 대하여 행정내부적으로 업무처리지침이나 법령의 해석·적용 기준을 정해주는 **'행정규칙'이라고 보아야 한다.** 3) 개정 전 고시에 의하더라도, '만성적인 과중한 업무'에 해당하는지 여부는 업무의 양·시간·강도·책임, 휴일·휴가 등 휴무시간, 교대제 및 야간근로 등 근무형태, 정신적 긴장의 정도, 수면시간, 작업 환경, 그 밖에 그 근로자의 연령, 성별, 건강상태 등을 종합하여 판단하여야 하며[I. 1. (다)목 후단], 업무시간은 업무상 과로 여부를 판단하는 데에서 하나의 고려요소일 뿐, 절대적인 판단 기준은 될 수 없다. 4) **개정된 고시는**, 개정 전 고시의 규정 내용이 지나치게 엄격하였다는 반성적 고려에서, 재해자의 기초질환을 업무관련성 판단의 고려사항으로 보지 않도록 종전에 규정되어 있던 '건강상태'를 삭제하였을 뿐 아니라[I. 1. (다)목 후단], 발병 전 12주 동안 1주 평균 업무시간이 52시간을 초과하는 경우에는 업무시간이 길어질수록 업무와 질병의 관련성이 증가하는 것으로 평가하고, 특히 근로일정 예측이 어려운 업무, 교대제 업무, 육체적 강도가 높은 업무 등의 경우에는 업무와 질병의 관련성이 강하다고 평가하도록 규정하고 있다[I. 1. (다)목 2)](대판 2020. 12. 24, 2020두39297). **〈해설〉** 처분 전 '개정전 고시'가 아니라 처분 후 '개정된 고시'를 적용 내지 참작하여 상당인과관계의 존부를 판단하였지만, 대법원이 '개정된 고시'는 법규명령이 아니라 행

정규칙이라고 보고 있으므로 처분 후의 개정된 법령을 적용하는 것이 아니라 처분시의 법령을 적용하는 것이며 사실관계의 일종이라고 할 수 있는 상당인과관계의 판단을 처분 후의 자료라고 볼 수 있는 '개정된 고시'를 참작하여 판단한 것이므로 위법판단의 기준시점을 판결시로 본 것이 아니라 여전히 처분시로 본 것이다. 다만, 상당인과관계의 존부를 개정된 고시를 참작하여 판단할 수 있다는 표현보다는 '상당인과관계의 존부는 판결시의 과학기술정보 및 경험칙에 의해 판단할 수 있다'라고 판시하는 것이 바람직하였다는 비판은 가능하다. 그리고 문제의 고시는 과학기술정보 및 경험칙의 변경에 따라 개정된 것으로 볼 수 있다. 만일 문제의 고시를 법령보충적 고시라고 본다면 '개정된 고시'는 처분 후의 법령이므로 위법판단의 기준시에 관해 처분시설'을 취하면 '개정된 고시'를 적용할 수는 없다.

② [유족급여 및 장의비 부지급 결정에 대한 취소를 구하는 사건] 근로복지공단이 처분 당시에 시행되고 있던 '개정 전 고시'를 적용하여 유족급여 부지급처분을 한 경우라고 하더라도 이에 대한 취소소송에서 법원은 **처분 후 개정된 고시의 규정 내용과 개정 취지(개정 전 고시의 규정 내용이 지나치게 엄격하였다는 반성적 고려에서 유족급여 인정기준을 일부 완화함)를 참작하여 상당인과관계의 존부를 판단할 수 있다**(산재요양 불승인처분에 관한 대법원 2020. 12. 24. 선고 2020두39297 판결 등 참조)(대판 2022. 02. 11, 2021두45633).

③ 산업재해보상보험법(이하 '산재보험법'이라 한다) 제37조 제1항 제2호, 제5항, 산업재해보상보험법 시행령(이하 '산재보험법 시행령'이라 한다) 제34조 제3항 [별표 3]의 규정 내용·형식·입법 취지를 종합하면, **산재보험법 시행령 [별표 3] '업무상 질병에 대한 구체적인 인정 기준**(이하 '인정 기준'이라 한다)'은 산재보험법 제37조 제1항 제2호에서 정한 '업무상 질병'에 해당하는 경우를 **예시적으로 규정한 것**이고, 그 기준에서 정한 것 외에는 업무와 관련하여 발생한 질병을 모두 업무상 질병에서 배제하는 규정으로 볼 수 없다. **'인정 기준'의 위임에 따른 '뇌혈관 질병 또는 심장 질병 및 근골격계 질병의 업무상 질병 인정 여부 결정에 필요한 사항'(2022. 4. 28. 고용노동부고시 제2022-40호, 이하 '현행 고용노동부고시'라 한다)은 대외적으로 국민과 법원을 구속하는 효력이 있는 규범이라고 볼 수 없고,** 근로복지공단에 대한 내부적인 업무처리지침이나 법령의 해석·적용 기준을 정해주는 **'행정규칙'**이라고 보아야 한다. 따라서 근로복지공단이 처분 당시에 시행된 '고용노동부고시'를 적용하여 산재요양 불승인처분을 하였더라도, 법원은 해당 불승인처분에 대한 항고소송에서 해당 불승인처분이 있은 후 **개정된 '현행 고용노동부고시'의 규정 내용과 개정 취지를 참작하여 상당인과관계의 존부를 판단할 수 있다**(대판 2023. 04. 13, 2022두47391[요양불승인처분취소]).

부당해고 구제신청에 관한 중앙노동위원회의 명령 또는 결정의 취소를 구하는 소송에서 그 명령 또는 결정이 적법한지는 그 명령 또는 결정이 이루어진 시점을 기준으로 판단하여야 하고, 그 명령 또는 결정 후에 생긴 사유를 들어 적법 여부를 판단할 수는 없으나, 그 명령 또는 결정의 기초가 된 사실이 동일하다면 노동위원회에서 주장하지 아니한 사유도 행정소송에서 주장할 수 있다(대판 2021. 07. 29, 2016두64876[부당해고구제재심판정취소]).

5. 결론(처분시설)

취소소송은 행정청이 내린 처분을 다투어 취소를 구하는 소송이므로 처분의 위법판단의 기준시를 원칙상 거부처분취소소송의 문제점을 보완하여 의무이행소송과 유사한 권리구제기능을 수행하게 할 수 있으므로 처분시로 보아야 한다. 다만, 후술하는 바와 같이 거부처분취소소송에서 위법판단의 기준시는 처분시로 보되 취소판결의 기준시는 판결시로 보는 것이 거부처분취소소송의 문제점을 보완하여 의무이행소송과 유사한 권리구제기능을 수행할 수 있으므로 타당하다.

6. 처분시설과 하자의 치유

하자의 치유는 위법판단의 기준시와는 다른 기능을 갖는 별도의 제도이고, 하자가 치유된다는 것은 처분시의 위법이 치유되어 처분이 처분시부터 적법하게 된다는 것이므로 처분시설의 예외라고 할 수는 없다.

7. 행정처분의 위법 여부를 판단하는 기준시점이 처분시라는 의미

행정처분의 위법 여부를 판단하는 기준 시점에 대하여 판결시가 아니라 처분시라고 하는 의미는 처분시 적용할 법령과 행정처분이 있을 때의 사실상태를 기준으로 하여 위법 여부를 판단할 것이며, 처분 후 법령의 개폐나 사실상태의 변동에 영향을 받지 않는다는 뜻이지, 처분 당시 보유하였던 처분자료나 행정청에 제출되었던 자료만으로 위법 여부를 판단한다는 의미는 아니다.

처분의 위법판단의 기준시 문제는 사실심 변론 종결시의 소송자료를 기초로 판결을 내린다는 것과는 별개의 문제이다. 처분 당시의 사실상태 등에 관한 증명은 사실심 변론종결 당시까지 할 수 있고, 법원은 행정처분 당시 행정청이 알고 있었던 자료뿐만 아니라 사실심 변론종결 당시까지 제출된 모든 자료를 종합하여 처분 당시 존재하였던 객관적 사실을 확정하고 그 사실에 기초하여 처분의 위법 여부를 판단할 수 있다(대판 2014. 10. 30, 2012두25125[조합설립인가처분취소]).

[판례] ① 항고소송에서 행정처분의 적법 여부는 특별한 사정이 없는 한 행정처분 당시를 기준으로 판단하여야 한다. 여기서 행정처분의 위법 여부를 판단하는 기준 시점에 관하여 판결시가 아니라 처분 시라고 하는 의미는 행정처분이 있을 때의 법령과 사실상태를 기준으로 하여 위법 여부를 판단하며 처분 후 법령의 개폐나 사실상태의 변동에 영향을 받지 않는다는 뜻이지 처분 당시 존재하였던 자료나 행정청에 제출되었던 자료만으로 위법 여부를 판단한다는 의미는 아니다. 그러므로 처분 당시의 사실상태 등에 관한 증명은 사실심 변론종결 당시까지 할 수 있고, 법원은 행정처분 당시 행정청이 알고 있었던 자료뿐만 아니라 사실심 변론종결 당시까지 제출된 모든 자료를 종합하여 처분 당시 존재하였던 객관적 사실을 확정하고 그 사실에 기초하여 처분의 위법 여부를 판단할 수 있다(대판 2017. 04. 07, 2014두37122; 2018. 06. 28, 2015두58195).
② [사립학교법인이 병원 매출액이 낮은 의대교수에게 불리한 처분을 한 사건] **(1) 교원소청심사위원회가 판단하지 않은 구체적 내부규칙 위반사실의 존부를 법원이 판단하면 위법한지 여부(소극):**

교원소청심사위원회가 한 결정의 취소를 구하는 소송에서 그 결정의 적부는 결정이 이루어진 시점을 기준으로 판단하여야 하지만, 그렇다고 하여 소청심사 단계에서 이미 주장된 사유만을 행정소송의 판단대상으로 삼을 것은 아니다. 따라서 소청심사 결정 후에 생긴 사유가 아닌 이상 소청심사 단계에서 주장하지 아니한 사유도 행정소송에서 주장할 수 있고, 법원도 이에 대하여 심리·판단할 수 있다. **(2) 교원소청심사위원회의 판단 중 관련 내부규칙이 무효라는 판단은 부당하지만 내부규칙 위반사실이 인정되지 않아 처분사유가 인정되지 않는다는 결론은 타당한 경우에도, 법원은 반드시 교원소청심사위원회의 결정을 취소하여야 하는지 여부(소극):** 교원소청심사위원회의 결정은 학교법인 등에 대하여 기속력을 가지고 이는 그 결정의 주문에 포함된 사항뿐 아니라 그 전제가 된 요건사실의 인정과 판단, 즉 불리한 처분 등의 구체적 위법사유에 관한 판단에까지 미친다(대법원 2005. 12. 09. 선고 2003두7705 판결 등 참조). 따라서 교원소청심사위원회가 사립학교 교원의 소청심사청구를 인용하여 불리한 처분 등을 취소한 데 대하여 행정소송이 제기되지 아니하거나 그에 대하여 학교법인 등이 제기한 행정소송에서 법원이 교원소청심사위원회 결정의 취소를 구하는 청구를 기각하여 그 결정이 그대로 확정되면, 결정의 주문과 그 전제가 되는 이유에 관한 판단만이 학교법인 등을 기속하게 되고, 설령 판결 이유에서 교원소청심사위원회의 결정과 달리 판단된 부분이 있더라도 이는 기속력을 가질 수 없다. 그러므로 사립학교 교원이 어떠한 불리한 처분을 받아 교원소청심사위원회에 소청심사청구를 하였고, 이에 대하여 교원소청심사위원회가 그 사유 자체가 인정되지 않는다는 이유로 양정의 당부에 대해서는 나아가 판단하지 않은 채 처분을 취소하는 결정을 한 경우, 그에 대하여 학교법인 등이 제기한 행정소송 절차에서 심리한 결과 처분사유 중 일부 사유는 인정된다고 판단되면 법원으로서는 교원소청심사위원회의 결정을 취소하여야 한다. 법원이 교원소청심사위원회 결정의 결론이 타당하다고 하여 학교법인 등의 청구를 기각하게 되면 결국 행정소송의 대상이 된 교원소청심사위원회의 결정이 유효한 것으로 확정되어 학교법인 등이 이에 기속되므로, 그 결정의 잘못을 바로잡을 길이 없게 되고 학교법인 등도 해당 교원에 대하여 적절한 재처분을 할 수 없게 되기 때문이다(대법원 2013. 07. 25. 선고 2012두12297 판결 참조). 그러나 교원소청심사위원회가 학교법인 등이 교원에 대하여 불리한 처분을 한 근거인 내부규칙이 위법하여 그 효력이 없다는 이유로 학교법인 등의 처분을 취소하는 결정을 하였고 그에 대하여 학교법인 등이 제기한 행정소송 절차에서 심리한 결과 그 내부규칙은 적법하지만 교원이 그 내부규칙을 위반하였다고 볼 증거가 없다고 판단한 경우에는, 비록 교원소청심사위원회가 내린 결정의 전제가 되는 이유와 판결 이유가 다르다 하더라도 법원은 교원소청심사위원회의 결정을 취소할 필요 없이 학교법인 등의 청구를 기각할 수 있다고 보아야 한다. 왜냐하면 교원의 내부규칙 위반사실이 인정되지 않는 이상 학교법인 등이 해당 교원에 대하여 다시 불리한 처분을 하지 못하게 되더라도 이것이 교원소청심사위원회 결정의 기속력으로 인한 부당한 결과라고 볼 수 없기 때문이다. 그리고 행정소송의 대상이 된 교원소청심사위원회의 결정이 유효한 것으로 확정되어 학교법인 등이 이에 기속되더라도 그 기속력은 당해 사건에 관하여 미칠 뿐 다른 사건에 미치지 않으므로, 학교법인 등은 다른 사건에서 문제가 된 내부규칙을 적용할 수 있기 때문에 법원으로서는 이를 이유로 취소할 필요도 없다. (3) '의과대학 부속병원의 임상교수에 대한 평가기준이 매출액 관련 지표 등 병원의 영리활동 및 매출액 증대에만 초점이 맞추어져 있어 과잉진료를 유발하거나 의대생 및 전공의 등에게 의학연구 및 의료윤리 등에 관한 잘못된 인식을 심어주는 등 부작용을 가져올 염려가 있어 위법하다'는 이유로 임상교수의 겸임·겸무 해지를 취소한 교원소청심사위원회의 결정이 정당하다고 인정한 사례(대판 2018. 07. 12, 2017두65821[교원소청심사위원회결정취소]).

③ 「재건축초과이익 환수에 관한 법률」에 따른 재건축부담금 산정 시 공제되는 개발비용에 관한 자

료 제출시한(= 사실심 변론종결 전까지)(대판 2023. 12. 28, 2020두49553[재건축부담금부과처분취소]).

처분시설을 취하는 경우 처분후의 법 및 사실관계의 변경은 사정판결사유가 될 수 있다.

8. 위법판단의 기준시와 구별하여야 하는 문제

시설(예, 원자력시설)의 안전성이 처분의 요건으로 되어 있는 경우에 당해 시설의 안전성을 판단함에 있어서 처분시의 과학수준을 기준으로 하여야 하는가 아니면 판결시의 과학수준을 기준으로 하여야 하는가 하는 문제가 있는데, 이는 위법판단의 기준시의 문제와는 구별되어야 하는 문제이다. 일본 판례는 이 경우에 판결시의 과학 수준을 기준으로 판단하여야 하는 것으로 보고 있다.[326)]

9. 부작위위법확인소송의 위법판단의 기준시

부작위위법확인소송은 아무런 처분을 전제로 하지 않고, 인용판결의 효력(법 제38조 제2항, 법 제30조 제2항)과의 관계에서 볼 때 현재의 법률관계에 있어서의 처분권 행사의 적부에 관한 것이라고 할 수 있기 때문에 판결시설이 타당하다는 것이 통설이며 판례의 입장이다(대판 1990. 09. 25, 89누4758).

10. 거부처분취소소송에서의 위법판단 및 판결의 기준시

거부처분취소소송에서 위법판단 및 판결의 기준시[327)]를 처분시로 보는 견해, 판결시로 보는 견해 및 거부처분의 위법판단의 기준시에 관하여 처분시설을 취하면서도 다투어지고 있는 거부처분의 위법판단의 기준시와 판결의 기준시를 구별하여 보는 견해가 있다.

(1) 처분시설

처분시설은 취소소송에서의 위법판단의 기준시에 관하여 처분시설을 취하고, 거부처분취소소송에서도 동일한 이유로 처분시설이 타당하다고 보는 견해이다. 이 견해가 판례의 입장이다. 처분시설에 의하면 처분시를 기준으로 거부처분의 위법 여부를 판단하고 위법하면 인용판결을, 적법하면 기각판결을 내리는 것이 논리적이라고 본다. 처분시설에 의하면 처분시를 기준으로 거부처분이 위법하면 처분 후 근거법령이 변경되거나 사실관계가 변경된 경우에도 당해 거부처분을 취소하여야 한다.

---

326) 最判 平成4(1992).10.29, 『民集』, 제46권 제7호, 1174면.

327) 거부처분의 위법판단의 기준시라 함은 거부처분의 위법 여부를 판단하는 기준시이고, 판결의 기준시라 함은 소송상 청구의 인용 여부를 결정하는 기준시이다.

그런데, 이러한 입장에 서는 경우에 거부처분 후 확정판결 전에 법령이 개정되거나 사실관계에 변동이 생겨 판결시를 기준으로 판결을 내린다면 기각판결을 내려야 하는 경우에는 인용판결이 내려져도 처분청이 처분 후의 사정변경을 이유로 다시 거부처분을 할 수 있게 되어 인용판결이 권리구제에 기여하지 못하고 인용판결 후의 새로운 거부처분에 대하여 다시 소송이 제기되도록 하여 불필요하게 소송이 반복되는 결과를 가져온다. 또한, 판결의 권위를 떨어뜨리며 판결에 대한 국민의 불신을 야기할 수도 있다.

(2) 위법판단시 · 판결시구별설

이 견해는 소송경제와 신속한 권리구제를 도모하기 위하여 거부처분취소소송에서 거부처분의 위법은 처분시를 기준으로 하되 인용판결은 판결시를 기준으로 하여야 한다는 견해이다.

이 견해에 의하면 거부처분이 당해 거부처분시를 기준으로 적법하면 기각되고, 위법한 경우 사정변경이 없으면 인용판결을 하고, 사정변경이 있으면 판결시를 기준으로 인용하는 것이 타당한 경우 인용을 하고, 판결시를 기준으로 공익을 고려하여 인용하는 것이 타당하지 않은 경우 기각판결을 하게 된다.

(3) 판결시설

판결시설은 거부처분취소소송에서 인용판결은 행정소송법 제30조 제2항과 결부하여 행정청에게 신청에 따른 처분의무를 부과한다는 점에서 실질적으로 의무이행소송과 유사한 성격을 가지므로 이행소송의 일반적인 법리에 따라 거부처분의 위법성 판단시점을 판결시로 하는 것이 타당하다는 견해이다(정하중). 이 견해에 의하면 거부처분시를 기준으로 거부처분이 적법한지 여부를 묻지 않고, 판결시를 기준으로 거부처분이 적법하면 기각판결, 판결시를 기준으로 위법하면 인용판결을 하게 된다. 이 견해에 의하면 거부처분이 거부처분시를 기준으로 적법한 경우에도 사정변경에 의해 판결시를 기준으로 위법하면 인용판결을 하게 된다.

이 견해는 거부처분취소소송이 처분청의 일차적 판단권 행사의 결과인 처분을 사후적으로 취소하는 취소소송이라는 점을 간과하고, 처분권을 대신 행사한다는 점과 거부처분취소소송을 실질적으로 명문의 규정 없이 전형적인 의무이행소송과 같게 보는 점에서 문제가 있다.

(4) 결어(위법판단시 · 판결시구별설)

다음과 같은 이유에서 거부처분취소소송에서 위법판단시와 판결시를 구별하는 견해가 타당하다. ① 항고소송을 통한 위법한 처분의 통제 및 국민의 권리구제라는 항고소송의 기능에 합치한다. ② 행정청의 1차적 판단권의 존중과 분쟁의 일회적 해결의 요청을 조화시키는 견해이다. ③ 의무이행소송이 도입되지 않은 상황하에서 어느 정도 의무이행소송의 권리구제기능을 성취할 수 있다.

(5) 입법론

이러한 문제는 의무이행소송을 도입하면 해결된다. 즉, 의무이행소송에서 판결의 기준시는 판결시가 된다. 다만, 의무이행소송에서도 거부처분의 위법여부를 판단하고 동 거부처분을 취소하여야 하는지, 그리고 거부처분의 위법판단의 기준시를 처분시로 하는 것이 타당한지 판결시로 하는 것이 타당한지에 관하여 견해의 대립이 있다.

Ⅳ. 취소소송의 판결의 종류

1. 각하판결

취소소송의 소송요건을 결여한 부적법한 소에 대하여는 본안심리를 거절하는 각하판결을 내린다. 소송요건의 충족 여부는 변론종결시를 기준으로 판단한다.

2. 기각판결

본안심리의 결과 원고의 취소청구가 이유 없다고 판단되는 경우 기각판결을 내린다. 기각판결은 다음과 같은 경우에 내린다. ① 계쟁처분이 위법하지 아니하고 적법하거나 단순한 부당에 그친 경우, ② 사정판결을 할 경우에도 기각판결을 내린다.

소제기 후에 소의 대상이나 소의 이익이 소멸된 경우에도 기각판결을 하여야 한다는 견해가 있으나 이는 타당하지 않으며 이 경우에도 소송요건이 결여된 것이므로 각하판결을 하여야 한다. 권리보호의 요건을 결여한 경우에는 각하판결을 하여야 한다는 견해와 기각판결을 하여야 한다는 견해가 대립되고 있는데 전자의 견해가 타당하다. 판례도 각하판결을 하여야 한다고 본다(대판 1996. 02. 09, 95누14978 등).

3. 인용판결(취소판결)

(1) 의　　의

취소소송에서 인용판결이라 함은 취소법원이 본안심리의 결과 원고의 취소청구가 이유있다고 인정하는 경우, 당해 처분의 전부 또는 일부를 취소하는 판결을 말한다.

(2) 종　　류

취소소송에서의 인용판결에는 처분이나 재결에 대한 취소판결, 무효선언을 하는 취소판결이 있다. 또한, 계쟁처분에 대한 전부취소판결과 일부취소판결이 있다.

(3) 적극적 변경의 가능성

취소소송의 인용판결로 처분을 적극적으로 변경하는 것이 가능한지에 대하여 견해가 대립되고 있다. 행정소송법 제4조 제1호에서 취소소송을 행정청의 위법한 처분 등을 취소 또는 변경하는 소송으로 정의하고 있는데, 여기에서 '변경'이 소극적 변경(일부취소)을 의미하는지 아니면 적극적 변경을 의미하는지의 문제로 제기된다.

1) 소극적 변경설

행정소송법 제4조 제1호의 '변경'을 소극적 변경(일부취소)으로 보는 견해의 근거는 다음과 같다. 적극적 형성판결은 권력분립의 관점에서는 이행판결에 비하여 보다 문제가 있고, 현행 행정소송법이 의무이행소송을 규정하고 있지 않다는 점을 고려하여 취소소송에 있어서의 '변경'은 소극적 변경으로서의 일부취소로 본다.[328)]

2) 적극적 변경설

행정소송법 제4조 제1호의 '변경'을 적극적 변경으로 보는 견해는 권력분립주의를 실질적으로 이해하면 법원이 위법한 처분을 취소하고 새로운 처분을 내용으로 하는 판결을 하는 것도 가능하다고 본다.[329)]

3) 판 례

판례는 이 '변경'은 소극적 변경, 즉 일부취소를 의미하는 것으로 보고 있다(대판 1964. 05. 19, 63누177).

4) 결어(소극적 변경설)

현행 행정소송법이 권력분립을 고려하여 의무이행소송을 도입하지 않았고, 적극적 변경판결은 법원이 처분권을 행사하는 것과 같은 결과를 가져오므로 명문의 규정이 없는 한 처분내용을 적극적으로 변경하는 취소판결을 인정하지 않는 것이 타당하다.

(4) 일부취소의 가능성(일부취소의 인정기준)

처분의 일부만이 위법한 경우에 위법한 부분만의 일부취소가 가능한지가 문제된다. 처분의 일부취소의 가능성은 일부취소의 대상이 되는 부분의 분리취소가능성에 따라 결정된다.

일부취소되는 부분이 분리가능하고, 당사자가 제출한 자료만으로 일부취소되는 부분을 명확히 확정할 수 있는 경우에는 일부취소가 가능하지만, 일부취소되는 부분

---

328) 김동희, 전게서, 766면.

329) 한견우, 전게서, 829면.

이 분리가능하지 않거나 당사자가 제출한 자료만으로 일부취소되는 부분을 명확히 확정할 수 없는 경우에는 일부취소를 할 수 없다.

[판례] 특허처분은 하나의 특허출원에 대하여 하나의 특허권을 부여하는 단일한 행정행위이므로, 설령 그러한 특허처분에 의하여 수인을 공유자로 하는 특허등록이 이루어졌다고 하더라도, 그 특허처분 자체에 대한 무효를 청구하는 제도인 특허무효심판에서 그 공유자 지분에 따라 특허를 분할하여 일부 지분만의 무효심판을 청구하는 것은 허용할 수 없다(대판 2015. 01. 15, 2012후2432[등록무효(특)]).

(5) 일부취소에 관한 판례

1) 일부취소가 가능한 경우

① 조세부과처분과 같은 금전부과처분이 기속행위인 경우, 부과금액의 산정에 잘못이 있는 경우에 당사자가 제출한 자료에 의해 정당한 부과금액을 산정할 수 있는 경우에는 부과처분 전체를 취소할 것이 아니라 정당한 부과금액을 초과하는 부분만 일부취소하여야 한다.

[판례] ① 과세처분취소소송의 처분의 적법 여부는 과세액이 정당한 세액을 초과하느냐의 여부에 따라 판단되는 것으로서 당사자는 사실심 변론종결시까지 객관적인 조세채무액을 뒷받침하는 주장과 자료를 제출할 수 있고 이러한 자료에 의하여 **적법하게 부과될 정당한 세액이 산출되는 때에는 그 정당한 세액을 초과하는 부분만 취소하여야 할 것**이고 전부를 취소할 것이 아니다(대판 2000. 06. 13, 98두5811). 과세처분 취소소송의 소송물은 정당한 세액의 객관적 존부이므로 사실심 변론종결 시까지 제출된 자료에 의하여 정당한 세액이 산출되는 경우에는 그 정당한 세액을 초과하는 부분만 취소하여야 하고 그 전부를 취소할 것은 아니다(대판 1997. 03. 28, 96누15022; 2024. 12. 12, 2024두49469).
② 개발부담금부과처분 취소소송에 있어 당사자가 제출한 자료에 의하여 적법하게 부과될 정당한 부과금액을 산출할 수 없을 경우에는 부과처분 전부를 취소할 수밖에 없으나, **그렇지 않은 경우에는 그 정당한 금액을 초과하는 부분만 취소하여야 한다**(대판 2004. 07. 22, 2002두868).
③ 일반적으로 금전 부과처분 취소소송에서 부과금액 산출과정의 잘못 때문에 부과처분이 위법한 것으로 판단되더라도 사실심 변론종결 시까지 제출된 자료에 의하여 **적법하게 부과될 정당한 부과금액이 산출되는 때**에는 부과처분 전부를 취소할 것이 아니라 정당한 부과금액을 초과하는 부분만 취소하여야 하지만, **처분청이 처분 시를 기준으로 정당한 부과금액이 얼마인지 주장 · 증명하지 않고 있는 경우**에도 법원이 적극적으로 직권증거조사를 하거나 처분청에게 증명을 촉구하는 등의 방법으로 정당한 부과금액을 산출할 의무까지 부담하는 것은 아니다(대판 2016. 07. 14, 2015두4167[기반시설부담금 부과처분 취소]).
④ 국가유공자 등 예우 및 지원에 관한 법률 제4조 제1항 제6호, 제6조의3 제1항, 제6조의4 등 관련 법령의 해석상, 여러 개의 상이에 대한 국가유공자 요건 비해당결정처분에 대한 취소소송에서 그중 일부 상이에 대해서만 국가유공자 요건이 인정될 경우에는 비해당결정처분 중 요건이 인정되는 상이에 대한 부분만을 취소하여야 하고, 비해당결정처분 전부를 취소할 것은 아니다(대판 2016. 08. 30, 2014두46034[국가유공자비해당결정처분취소]).
⑤ 마을버스 운수업자 갑이 유류사용량을 실제보다 부풀려 유가보조금을 과다 지급받은 데 대

하여 관할 시장이 갑에게 부정수급기간 동안 지급된 유가보조금 전액을 회수하는 내용의 처분을 한 사안에서, 구 여객자동차 운수사업법 제51조 제3항에 따라 국토해양부장관 또는 시·도지사는 여객자동차 운수사업자가 '거짓이나 부정한 방법으로 지급받은 보조금'에 대하여 반환할 것을 명하여야 하고, **'정상적으로 지급받은 보조금'까지 반환하도록 명한 부분은 위법하여 일부 취소하는 것이 타당하다.** 위 환수처분은 국토해양부장관 또는 시·도지사가 지급받은 보조금을 반환할 것을 명하여야 하는 **기속행위이다**(대판 2013. 12. 12, 2011두3388).

② 여러 개의 운전면허를 가진 사람이 음주운전을 한 경우 취소되는 운전면허는 음주운전 당시 운전한 차량의 종류에 따라 그 범위가 달라진다(대판 2004. 12. 23, 2003두3017; 2004. 12. 24, 2004두10159).

[판례] 한 사람이 취득한 여러 종류의 자동차운전면허는 가분성이 있으므로 한 사람이 여러 종류의 자동차운전면허를 취득하는 경우뿐 아니라 이를 취소 또는 정지함에 있어서도 서로 별개의 것으로 취급하는 것이 원칙이다. 제1종 보통, 대형 및 특수 면허를 가지고 있는 자가 **레이카크레인을 음주운전한 행위는 제1종 특수면허의 취소사유에 해당될 뿐 제1종 보통 및 대형 면허의 취소사유는 아니므로, 3종의 면허를 모두 취소한 처분 중 제1종 보통 및 대형 면허에 대한 부분은 위법하므로 이를 이유로 분리하여 취소하면 될 것**이며 제1종 특수면허부분은 재량권의 일탈·남용이 있는 경우에 한하여 취소될 수 있다(대판 전원합의체 1995. 11. 16, 95누8850). **〈해설〉 승용차를 음주운전한 경우에 제1종 보통면허와 함께 대형면허를 취소한 것은 적법하다.** 왜냐하면 제1종 보통면허만 취소하면 대형면허로 승용차를 운전할 수 있으므로 음주운전에 대한 제재로서 운전면허를 취소한 효과가 없기 때문이다. 또한, 음주운전에 대한 면허취소처분은 음주운전을 막아 교통상 위해를 방지한다는 목적을 갖는 경찰조치의 성격도 가지므로 음주운전을 한 자가 보유하는 다른 운전면허도 취소할 필요가 있다. 판례도 이러한 입장을 취하고 있다(대판 1997. 03. 11, 96누15176).

③ 행정청이 여러 개의 위반행위에 대하여 하나의 제재처분을 하였으나, 위반행위별로 제재처분의 내용을 구분하는 것이 가능하고 여러 개의 위반행위 중 일부의 위반행위에 대한 제재처분 부분만이 위법하다면, 법원은 제재처분 중 위법성이 인정되는 부분만 취소하여야 하고 제재처분 전부를 취소하여서는 아니 된다(대판 2020. 05. 14, 2019두63515).

[판례] [1] 여러 처분사유에 관하여 하나의 제재처분을 하였을 때 그중 일부가 인정되지 않는다고 하더라도 나머지 처분사유들만으로도 처분의 정당성이 인정되는 경우에는 그 처분을 위법하다고 보아 취소하여서는 아니 된다. [2] 행정청이 여러 개의 위반행위에 대하여 하나의 제재처분을 하였으나, 위반행위별로 제재처분의 내용을 구분하는 것이 가능하고 여러 개의 위반행위 중 일부의 위반행위에 대한 제재처분 부분만이 위법하다면, 법원은 제재처분 중 위법성이 인정되는 부분만 취소하여야 하고 제재처분 전부를 취소하여서는 아니 된다. [3] 1) **피고는,** 폐기물처리업(종합재활용업)체인 원고에 대하여, 원고가 2018년 4월경부터 2018년 5월경까지 A 업체 등에 폐수처리오니로 생산한 '부숙토'를 판매하여 위 업체들로 하여금 그 부숙토로 '비탈면 녹화토'를 생산하게 함으로써 폐기물관리법 제13조 제1항, 제13조의2에서 정한 폐기물 재활용 기준을 위반하였다는 사유(= **제1처분사유)를 비롯하여 총 세 가지 처분사유로 폐기물관리법 제27조 제2항에 따라 3개월의

영업정지 처분을 하였다. 2) 원심은, 제1처분사유와 관련하여, 원고가 폐수처리오니를 이용하여 폐기물관리법령이 재활용 방법으로는 허용하는 '부숙토'를 생산하였을 뿐 그 부숙토를 폐기물관리법령이 허용하지 않는 방식으로 직접 사용한 것은 아니라는 이유만으로 폐기물관리법령에서 정한 폐기물 재활용 기준 위반에 해당하지 않는다고 보고, 피고는 제1처분사유를 제외하고 제2처분사유, 제3처분사유만 고려하여 제제의 유형과 수위를 다시 결정하여야 하며, 세 가지 처분사유가 모두 인정됨을 전제로 한 이 사건 처분은 그 전부가 재량권을 일탈·남용한 것으로서 위법하다고 판단하여 이 사건 처분 전부를 취소하였다. 3) 그러나 대법원은, 폐기물처리업자가 폐수처리오니에 생물학적 처리과정을 거쳐 일단 매립시설 복토재 또는 토양개량제로 사용할 수 있는 부숙토를 생산하였다고 하더라도 이를 다시 제3자에게 제공하여 그로 하여금 부숙토를 원료로 폐수처리오니의 재활용 용도로 허용되지 않은 생산 품목인 비탈면 녹화토를 최종적으로 생산하게 하였다면, 이것 역시 폐기물처리업자가 폐기물관리법령이 정한 재활용 기준을 위반한 것이라고 보아야 한다는 법리를 설시하고, 제1처분사유 중 A 업체 부분이 인정된다고 판단하였다. 또한 대법원은, 피고는 세 가지 처분사유에 관하여 각각 1개월의 영업정지를 결정한 다음 이를 합산하여 원고에 대하여 3개월의 영업정지를 명하는 이 사건 처분을 하였으므로, 설령 원심의 판단처럼 이 사건 처분 중 제2처분사유, 제3처분사유는 인정되는 반면 제1처분사유가 인정되지 않는다고 하더라도, 이 사건 처분 중 제1처분사유에 관한 1개월 영업정지 부분만 취소하여야 한다고 판단하였다(대판 2020. 05. 14, 2019두63515[영업정지처분취소]).

2) 일부취소가 불가능한 경우

일부취소가 불가능한 경우에는 전부취소를 하여야 하는데, 그 예는 다음과 같다.

① 과징금 부과처분과 같이 재량행위인 경우에는 처분청의 재량권을 존중하여야 하고, 법원이 직접 처분을 하는 것은 인정되지 아니하므로 전부 취소를 하여 처분청이 재량권을 행사하여 다시 적정한 처분을 하도록 하여야 한다. 재량행위의 일부취소는 원칙상 행정청의 재량권을 침해하는 것이므로 인정될 수 없다(대판 1982. 09. 28, 82누2).

[판례] ① 행정청이 영업정지 처분을 함에 있어서 그 정지기간을 어느 정도로 할 것인지는 행정청의 재량권에 속하는 사항인 것이며, 다만 그것이 공익의 원칙이나 평등의 원칙 또는 비례의 원칙 등에 위반하여 재량권의 한계를 벗어난 재량권 남용에 해당하는 경우에만 위법한 처분으로서 사법심사의 대상이 되는 것이나, 법원으로서는 영업정지처분이 재량권 남용이라고 판단될 때에는 위법한 처분으로서 그 처분의 취소를 명할 수 있을 뿐이고, 재량권의 한계 내에서 어느 정도가 적정한 영업정지기간인지를 가리는 일은 사법심사의 범위를 벗어난다(대판 1982. 09. 28, 82누2).
② [1] 자동차운수사업면허조건 등을 위반한 사업자에 대하여 행정청이 행정제재수단으로 사업정지를 명할 것인지, 과징금을 부과할 것인지, 과징금을 부과키로 한다면 그 금액은 얼마로 할 것인지에 관하여 재량권이 부여되었다 할 것이므로 과징금부과처분이 법이 정한 한도액을 초과하여 위법할 경우 법원으로서는 그 전부를 취소할 수밖에 없고, 그 한도액을 초과한 부분이나 법원이 적정하다고 인정되는 부분을 초과한 부분만을 취소할 수 없다(동지 대판 2009. 06. 23, 2007두18062[시정명령등취소]). [2] 금 1,000,000원을 부과한 당해 처분 중 금 100,000원을 초과하는 부분은 재량권 일탈·남용으로 위법하다며 그 일부분만을 취소한 원심판결을 파기한 사례(대판 1998. 04. 10, 98두2270).

그러나, 공정거래위원회가 위반행위에 대한 과징금을 부과하면서 여러 개의 위반행위에 대하여 외형상 하나의 과징금 납부명령을 하였으나 여러 개의 위반행위 중 일부의 위반행위에 대한 과징금 부과만이 위법하고 소송상 그 일부의 위반행위를 기초로 한 과징금액을 산정할 수 있는 자료가 있는 경우에는, 하나의 과징금 납부명령일지라도 그 일부의 위반행위에 대한 과징금액에 해당하는 부분만을 취소하여야 한다(대판 2019. 01. 31, 2013두14726).

② 금전부과처분에서 당사자가 제출한 자료에 의해 적법하게 부과될 부과금액을 산출할 수 없는 경우에는 동 금전부과처분이 기속행위일지라도 법원이 처분청의 역할을 할 수는 없으므로 금전부과처분의 일부취소가 인정되지 않는다.

[판례] ① 개발부담금부과처분 취소소송에 있어 당사자가 제출한 자료에 의하여 적법하게 부과될 정당한 부과금액을 산출할 수 없을 경우에는 부과처분 전부를 취소할 수밖에 없다(대판 2004. 07. 22, 2002두868).
② 수 개의 위반행위에 대하여 하나의 과징금납부명령을 하였으나 수 개의 위반행위 중 일부의 위반행위만이 위법하지만, 소송상 그 일부의 위반행위를 기초로 한 과징금액을 산정할 수 있는 자료가 없는 경우에는 하나의 과징금납부명령 전부를 취소할 수밖에 없다(대판 2004. 10. 14, 2001두2881).
③ 당사자가 사실심 변론종결 시까지 객관적인 과세표준과 세액을 뒷받침하는 주장과 자료를 제출하지 아니하여 적법하게 부과될 정당한 세액을 산출할 수 없는 경우에는 과세처분 전부를 취소할 수밖에 없고, 그 경우 법원이 직권에 의하여 적극적으로 납세의무자에게 귀속될 세액을 찾아내어 부과될 정당한 세액을 계산할 의무까지 지는 것은 아니다(대판 2020. 06. 25, 2017두72935; 2020. 08. 20, 2017두44084).

(6) 일부취소의무

일부취소가 가능한 경우에는 원칙상 전부취소를 하여서는 안 되며 일부취소를 하여야 한다.

[판례] ① 여러 개의 상이에 대한 국가유공자요건비해당처분에 대한 취소소송에서 그 중 일부 상이가 국가유공자요건이 인정되는 상이에 해당하고 나머지 상이는 해당하지 않는 경우, 비해당처분 전부를 취소해야 하는지 여부(소극): 국가유공자 등 예우 및 지원에 관한 법률 제4조 제1항 제6호 등 관련 법령의 내용, 형식 및 입법취지를 비롯하여 국가유공자등록신청 당시 신청인이 여러 개의 상이를 주장함으로써 국가유공자요건의 관련 사실을 확인하는 과정에서 여러 개의 상이가 문제 되는 경우 각각의 상이별로 국가유공자요건에 해당하는지 여부에 대한 심사가 이루어지는 점, 이에 따라 법의 적용대상자로 될 상이를 입은 것이 아닌 사람 또는 국가유공자요건이 인정되지 않은 상이에 대하여는 상이등급의 판정을 위한 신체검사를 실시하지 아니하는 점, 나아가 여러 개의 상이를 주장하면서 국가유공자등록신청을 한 신청인의 의사는 단지 국가유공자로 등록되는 데 그치는 것이 아니라 교육훈련 또는 직무수행 중 입은 각각의 상이의 정도와 그 상이등급에 상응하는 국가유공자로 등록해 줄 것을 구하는 것이라고 봄이 타당한 점, 외형상 하나의 행정처분이라 하더라도 가분성이 있거나 그 처분대상의 일부가 특정될 수 있다면 그 일부만의 취소도 가능하고 그 일부의 취소는 당해 취소부분에 관하여 효력이 생긴다고 할 것인 점 등을 종합하면, **여러 개의 상이에 대한 국가유공자요건비해당처분에 대한 취소소송에서 그 중 일부 상이가 국가유공자요건이 인정되는 상이에 해당**

하더라도 나머지 상이에 대하여 위 요건이 인정되지 아니하는 경우에는 국가유공자요건비해당처분 중 위 요건(국가유공자요건)이 인정되는 상이에 대한 부분만을 취소하여야 할 것이고, 그 비해당처분 전부를 취소할 수는 없다고 할 것이다(대판 2012. 03. 29, 2011두9263[국가유공자요건비해당처분취소]).

② 전술 대판 2020. 05. 14, 2019두63515. 동지 판결: (1) 폐기물처리업 변경허가를 받지 아니하고 폐기물 보관시설을 증설하여 구 폐기물관리법 제25조 제11항, 구 폐기물관리법 시행규칙(2019. 12. 31. 환경부령 제843호로 개정되기 전의 것, 이하 '구 폐기물관리법 시행규칙'이라 한다) 제29조 제1항 제3호 (아)목을 위반하였다는 이유로 **구 폐기물관리법 제27조 제2항 제10호에 따라 영업정지 1개월의 처분을 하고,** (2) 구 비료관리법(2020. 2. 11. 법률 제16980호로 개정되기 전의 것, 이하 '구 비료관리법'이라 한다) 제11조 제1항에 따라 비료생산업 등록을 하지 아니한 채 2019. 1.경부터 2019. 12.경까지 음식물류 폐기물 처리 잔재물을 비료로 재활용하기 위한 시험 · 연구를 진행하면서 그 결과물을 농가에 비료 용도로 무상공급하여 구 폐기물관리법 제13조의2 제1항 제5호, 구 폐기물관리법 시행규칙 제14조의3 제1항[별표 5의3] 제1호 (라)목을 위반하였다는 이유로 **구 폐기물관리법 제27조 제2항 제2호에 따라 영업정지 1개월의 처분을 하고,** (3) 폐기물분석전문기관의 사전 분석·확인을 받지 않고 액상 음식물류 폐기물 처리 잔재물을 비료로 재활용하여 구 폐기물관리법 제25조 제9항 제4호, 구 폐기물관리법 시행규칙 제32조[별표 8] 제4호 (거)목, [별표 4의3] 비고 제3항을 위반하였다는 이유로 **구 폐기물관리법 제27조 제2항 제8호에 따라 영업정지 1개월의 처분을 하면서**(이하 위 순번에 따라 '이 사건 제1, 2, 3 영업정지 처분'이라 한다), **위 처분 내용을 합산하여 하나의 처분서로 영업정지 3개월의 처분을 하였다.** 따라서, 그중 이 사건 **제2 영업정지 처분 부분을 따로 구분할 수 있으므로,** 원심판결 중 이 사건 **제2 영업정지처분 부분만 파기함이 타당하다**(대법원 2020. 5. 14. 선고 2019두63515 판결등 참조)(대판 2022. 01. 14, 2021두37373[영업정지3개월및경고처분취소청구의소]).

③ 하천관리청이 하천점용허가를 받지 않고 무단으로 하천을 점용 · 사용한 자에 대하여 변상금을 부과하면서 **여러 필지 토지에 대하여 외형상 하나의 변상금부과처분**을 하였으나, **여러 필지 토지 중 일부에 대한 변상금 부과만이 위법한 경우**에는 **변상금부과처분 중 위법한 토지에 대한 부분만을 취소하여야** 하고, 그 부과처분 전부를 취소할 수는 없다(대법원 2012. 3. 29. 선고 2011두9263 판결, 대법원 2019. 1. 31. 선고 2013두14726 판결 등 참조)(대판 2024. 07. 25, 2024두38025[원상회복명령 및 변상금부과처분의 취소]).

4. 사정판결

(1) 의 의

사정판결(事情判決)이라 함은 취소소송에 있어서 본안심리 결과, 원고의 청구가 이유 있다고 인정하는 경우(처분이 위법한 것으로 인정되는 경우)에도 공공복리를 위하여 원고의 청구를 기각하는 판결을 말한다.

즉, 행정소송법 제28조 제1항 전단은 "원고의 청구가 이유 있다고 인정되는 경우에도 그 처분이나 재결을 취소 · 변경하는 것이 현저히 공공복리에 적합하지 아니하다고 인정하는 때에는 법원은 원고의 청구를 기각할 수 있다"고 규정하고 있다.

(2) 사정판결의 요건

① 처분이 위법하여야 한다.

② 처분을 취소하는 것이 현저히 공공복리에 적합하지 아니하다고 인정되어야 한다. 이 요건의 인정은 위법한 처분을 취소하여 개인의 권익을 구제할 필요와 그 취소로 인하여 발생할 수 있는 공공복리에 대한 현저한 침해를 비교형량하여 결정하여야 한다(대판 2006. 09. 22, 2005두2506).

공공복리라는 개념은 매우 모호한 개념인데, 공익과 같은 의미로 해석할 수 있을 것이다.

사정판결은 위법한 처분 등을 취소하지 않고 그대로 유지하는 것이기 때문에 법치행정의 원리 및 재판을 통한 국민의 권익보장이라는 헌법이념에 비추어 볼 때 문제가 있는 제도이다.[330] 따라서, 사정판결의 요건은 매우 엄격하고 제한적으로 해석되어야 한다. 판례도 사정판결의 요건을 엄격히 제한적으로 해석하여야 한다고 보고 있다(대판 1995. 06. 13, 94누4660).

[판례] ① (1) 행정소송법 제28조에서 정한 사정판결의 요건에 해당하는지 판단하는 방법과 기준: 행정소송법 제28조에서 정한 사정판결은 행정처분이 위법함에도 불구하고 이를 취소·변경하게 되면 그것이 도리어 현저히 공공의 복리에 적합하지 않은 경우에 극히 예외적으로 할 수 있으므로, 그 요건에 해당하는지는 위법·부당한 행정처분을 취소·변경하여야 할 필요와 취소·변경으로 발생할 수 있는 공공복리에 반하는 사태 등을 비교·교량하여 **엄격하게 판단하되**, 처분에 이르기까지의 경과 및 처분 상대방의 관여 정도, 위법사유의 내용과 발생원인 및 전체 처분에서 위법사유가 관련된 부분이 차지하는 비중, 처분을 취소할 경우 예상되는 결과, 특히 처분을 기초로 새로운 법률관계나 사실상태가 형성되어 다수 이해관계인의 신뢰 보호 등 처분의 효력을 존속시킬 공익적 필요성이 있는지 여부 및 정도, 처분의 위법으로 인해 처분 상대방이 입게 된 손해 등 권익 침해의 내용, 행정청의 보완조치 등으로 위법상태의 해소 및 처분 상대방의 피해 전보가 가능한지 여부, 처분 이후 처분청이 위법상태의 해소를 위해 취한 조치 및 적극성의 정도와 처분 상대방의 태도 등 제반 사정을 종합적으로 고려하여야 한다. (2) 기반시설부담계획의 부분적 위법사유를 이유로 그 전부를 취소하는 것은 현저히 공공복리에 적합하지 아니하여 사정판결을 할 사유가 있다고 볼 여지가 있다고 한 사례(대판 2016. 07. 14, 2015두4167[기반시설부담금 부과처분 취소]).

② 국립공주대학교 학칙 제122조 제3항은 학칙을 개정하고자 할 때에는 그 내용과 사유를 20일 이상 예고하여 구성원의 의견을 청취하도록 규정하고 있음에도, 피고는 정당한 사유 없이 위 예고절차를 거치지 않은 채 2007. 10. 16. 국립공주대학교 학칙의 [별표 2] 모집단위별 입학정원을 원심판결 별지 도표와 같이 개정하였으므로 피고의 위 학칙개정행위는 위법하다고 판단한 후, 나아가 국립공주대학교는 위 개정학칙에 근거하여 이미 2008학년도 수시 2차와 정시 모집을 완료함으로써 다수의 구성원들이 새로운 이해관계를 맺게 되어 위 학칙개정행위가 취소될 경우 공주대학교의 장래 학사운영에 큰 혼란이 야기될 것으로 예상되는 등 위 학칙개정행위를 취소하는 경우 공공복리에 현저히 적합하지 아니한 결과를 초래한다는 이유로 원고들의 청구를 기각하는 사정판결을 한 원심을 인정한 사례(대판 2009. 01. 30, 2008두19550, 2008두19567(병합)[학칙개정처분취소 · 학칙개정처분]).

③ 징계면직된 검사의 복직이 검찰조직의 안정과 인화를 저해할 우려가 있다는 등의 사정은 현저

---

330) 이상규, 전게서, 878면.

히 공공복리에 반하는 사유라고 볼 수 없다(대판 2001. 08. 24, 2000두7704).
④ 관리처분계획의 수정을 위한 조합원총회의 재결의를 위하여 시간과 비용이 많이 소요된다는 등의 사정만으로는 재결의를 거치지 않음으로써 위법한 관리처분계획을 취소하는 것이 현저히 공공복리에 적합하지 아니하다고 볼 수 없다(대결 2001. 10. 12, 2000두4279).

사정판결이 행해진 예로는 다음을 들 수 있다.

[판례] 환지예정지지정처분이 토지평가협의회의 심의를 거치지 아니하고 결정된 토지 등의 가격평가에 터잡은 것으로 그 절차에 하자가 있는 위법한 처분이지만, 환지예정지지정처분의 기초가 된 가격평가의 내용이 일응 적정한 것으로 보일 뿐만 아니라 환지계획으로 인한 환지예정지지정처분을 받은 이해관계인들 중 원고를 제외하고는 아무도 위 처분에 관하여 불복하지 않고 있으므로 원고에 대한 환지예정지지정처분을 위법하다 하여 이를 취소하고 새로운 환지예정지를 지정하기 위하여 환지계획을 변경할 경우 위 처분에 불복하지 않고 기왕의 처분에 의하여 이미 사실관계를 형성하여 온 다수의 다른 이해관계인들에 대한 환지예정지지정처분까지도 변경되어 기존의 사실관계가 뒤엎어지고 새로운 사실관계가 형성되어 혼란이 생길 수도 있게 되는 반면 위 처분으로 원고는 이렇다 할 손해를 입었다고 볼 만한 사정도 엿보이지 않고 가사 손해를 입었다 할지라도 청산금보상 등으로 전보될 수 있는 점 등에 비추어 보면 위 처분이 토지평가협의회의 심의를 거치지 아니하고 결정된 토지 등의 가격평가에 터잡은 것으로 그 절차에 하자가 있다는 사유만으로 이를 취소하는 것은 현저히 공공복리에 적합하지 아니하다고 보여 사정판결을 할 사유가 있다(대판 1992. 02. 14, 90누9032[환지예정지지정처분취소소송]).

③ 사정판결의 경우 처분 등의 위법성은 처분시를 기준으로 판단하고, 처분등을 취소하는 것이 현저히 공공복리에 적합하지 아니한지 여부는 **사실심 변론을 종결할 때를 기준으로** 판단한다(행정소송규칙 제14조).

④ 사정판결에 관하여는 당사자의 명백한 주장이 없는 경우에도 기록에 나타난 여러 사정을 기초로 직권으로 판단할 수 있다(대판 2001. 01. 19, 99두9674).

(3) 사정판결의 절차 등

법원이 사정판결을 함에 있어서는 미리 원고가 그로 인하여 입게 될 손해의 정도와 배상방법 그 밖의 사정을 조사하여야 한다(법 제28조 제2항). 이 규정을 둔 취지는 한편에서는 사정판결로 인한 원고의 손해를 조사하여 사정판결을 통하여 유지하고자 하는 공공복리와 이익형량하도록 하고, 동시에 원고로 하여금 적당한 구제방법의 청구를 당해 취소소송이 제기된 법원에 병합하여 제기하는 등 사정판결에 효과적으로 대처할 수 있도록 하기 위한 것이다. 실무상 사정판결로 원고가 입게 될 손해의 정도 및 그에 대한 배상방법 등은 재판권의 석명권의 행사로 이루어지는 것이 보통이다.[331]

판례는 당사자의 주장이 없더라도 직권으로 사정판결을 할 수 있다고 보고 있다

331) 이상규, 전게서, 880면.

(대판 1992. 02. 14, 90누9032). 물론 사정판결은 피고인 행정청의 청구에 의해 행해질 수도 있다.

사정판결을 하는 경우 법원은 그 판결의 주문에서 그 처분 등이 위법함을 명시하여야 한다.

[판례] 사정판결의 요건을 갖추었다고 판단되는 경우, 법원이 취할 조치: 사정판결은 처분이 위법하나 공익상 필요 등을 고려하여 취소하지 아니하는 것일 뿐 처분이 적법하다고 인정하는 것은 아니므로, 사정판결의 요건을 갖추었다고 판단되는 경우 법원으로서는 행정소송법 제28조 제2항에 따라 원고가 입게 될 손해의 정도와 배상방법, 그 밖의 사정에 관하여 심리하여야 하고, 이 경우 원고는 행정소송법 제28조 제3항에 따라 손해배상, 제해시설의 설치 그 밖에 적당한 구제방법의 청구를 병합하여 제기할 수 있으므로, **당사자가 이를 간과하였음이 분명하다면 적절하게 석명권을 행사하여 그에 관한 의견을 진술할 수 있는 기회를 주어야 한다**(대판 2016. 07. 14, 2015두4167[기반시설부담금 부과처분 취소]).

(4) 효 과

사정판결은 원고의 청구를 기각하는 판결이므로 취소소송의 대상인 처분 등은 당해 처분이 위법함에도 그 효력이 유지된다.

사정판결이 있는 경우 원고의 청구가 이유 있음에도 불구하고 원고가 패소한 것이므로 소송비용은 승소자인 피고가 부담한다.

(5) 원고의 권익구제

사정판결로 해당 처분 등이 적법하게 되는 것은 아니므로 원고가 당해 처분 등으로 손해를 입은 경우 손해배상청구를 할 수 있다.

원고는 피고인 행정청이 속하는 국가 또는 공공단체를 상대로 손해배상, 제해시설(除害施設)의 설치 그 밖에 적당한 구제방법의 청구를 당해 취소소송 등이 계속된 법원에 병합하여 제기할 수 있다(법 제28조 제3항).

(6) 적용범위

행정소송법상 사정판결은 취소소송에서만 인정되고, 무효등확인소송과 부작위위법확인소송에는 준용되고 있지 않다(제38조). 사정판결이 무효등확인소송에도 인정될 수 있는지에 관하여 견해가 대립하고 있다.

1) 부정설

취소소송에는 사정판결을 인정하는 것으로 규정되어 있는 반면에 무효등확인소송에 사정판결을 준용하는 규정이 없고, 무효의 경우에는 애초부터 효력이 없는 것이므로 무효등확인소송에서는 사정판결을 인정하지 않는 것이 다수견해이다.

2) 긍정설

처분의 무효와 취소의 구별이 상대적이고, 무효인 처분에도 공익상 기성사실을 존중할 필요가 있는 경우가 있으므로 무효확인소송에서도 사정판결을 인정하여야 한다고 한다.

3) 판 례

판례는 부정설을 취하고 있다.

[판례] 당연무효의 행정처분을 소송목적물로 하는 행정소송에서는 존치시킬 효력이 있는 행정행위가 없기 때문에 행정소송법 제28조 소정의 사정판결을 할 수 없다(대판 1996. 03. 22, 95누5509).

4) 결어(부정설)

취소소송에는 사정판결을 인정하는 것으로 규정되어 있는 반면에 무효등확인소송에 사정판결을 준용하는 규정이 없고, 법치주의 원칙상 사정판결은 제한적으로 인정되어야 하며 공익의 보장은 철회나 새로운 처분의 방법으로 실현할 수 있는 길이 있으므로 부정설이 타당하다.

Ⅴ. 부작위위법확인소송의 판결의 종류

1. 각하판결

부작위위법확인소송의 소송요건을 결여한 부적법한 소에 대하여는 본안심리를 거절하는 각하판결을 내린다. 부작위 자체가 성립하지 않는 경우(예, 신청권이 없는 경우(이견 있음), 거부처분이 행해졌음에도 부작위로 알고 소송을 제기한 경우) 및 부작위가 성립하였으나 소송계속 중 처분이 내려져 소의 이익이 상실된 경우 각하판결을 내린다.

부작위위법확인소송 계속 중 행정청이 당사자의 신청에 대하여 상당한 기간이 지난 후 처분등을 한 경우 법원은 각하판결을 하면서 소송비용의 전부 또는 일부를 피고가 부담하게 할 수 있다(행정소송규칙 제17조).

2. 기각판결

본안심리의 결과 원고의 부작위위법확인청구가 이유 없다고 판단되는 경우 기각판결을 내린다.

부작위가 존재하는 경우 통상 그 부작위는 위법하므로 인용판결을 한다. 부작위는 그 자체로서 위법하다고 한 판례가 있다(대판 2005. 04. 14, 2003두7590). 그러나, 부작위가 존재하는 경우에도 그 부작위가 정당한(적법한) 경우가 예외적으로 있을 수 있다. 즉, 신청요건이 충족되지 않은 경우 행정청은 행정절차법에 따라 보완을 명하여야 하고 보완을 하지 않는 경우 반려처분(거부처분)을 할 수 있지만, 신청요건의 결여가 중대하여 처분을 할 수 없을 정도인 경우에 행정청의 부작위는 정당(적법)하다고 보고 기각판결을 하여야 한다. 기각판결을 받은 원고는 신청서류를 보완하여 다시 신청을 할 수 있다. 만일 신청요건의 결여가 중대하여 처분을 할 수 없을 정도인 경우에도 부작위가 위법하다고 보고 인용판결을 하면 행정청은 거부처분을 할 수밖에 없고 국민의 권익이 구제되지도 않을뿐더러 무용하게 절차를 반복하게 하는 결과가 된다. 또한, 적법한 신청이라 하더라도 화재 등 재해로 신청서류가 없어진 경우에 그 부작위는 정당(적법)하다고 할 수밖에 없다.

신청권을 소송요건의 문제가 아니라 본안의 문제로 보는 견해에 의하면 신청권이 존재하지 않는 경우 기각판결을 하여야 한다.

실체적 심리설에 따르는 경우 실체법상 신청에 따른 처분을 해주어야 하는 경우 인용판결을 하고 신청에 따른 처분을 해줄 의무가 없는 경우 기각판결을 한다.

3. 인용판결

본안심리의 결과 원고의 부작위위법확인청구가 이유 있다고 인정하는 경우 인용판결(부작위위법확인판결)을 내린다. 절차적 심리설에 의하면 부작위 상태가 계속되는 경우에, 실체적 심리설에 의하면 신청에 따른 처분의무가 있는 경우에 부작위위법확인판결을 내린다.

Ⅵ. 무효등확인소송의 판결의 종류

1. 각하판결

무효등확인소송이 소송요건을 결여한 경우에는 본안심리를 거절하는 각하판결을 내린다.

2. 기각판결

본안심리의 결과 원고의 무효등확인청구가 이유 없다고 판단되는 경우 기각판결을 내린다. 기각판결은 다음과 같은 경우에 내린다. ① 계쟁처분이 적법하거나 위법하지 아니하고 단순한 부당에 그친 경우, ② 계쟁처분이 위법하지만 당해 위법이 중대하거나 명백하지 않은 경우

다만, 계쟁처분의 위법이 취소사유에 불과하나 당해 무효확인소송이 취소소송의

요건을 충족하고 있는 경우에 판례는 무효확인청구에는 취소청구가 포함된 것으로 보고 취소판결을 할 수 있다고 본다. 그러나, 법원은 석명권을 행사하여 원고의 의사를 명확히 하여 원고가 취소청구를 의욕하는 경우에는 무효확인소송을 취소소송으로 정정한 후 취소판결을 하고, 만일 원고가 무효확인청구를 고집하는 경우에는 기각판결을 하여야 하는 것으로 보는 것이 타당하다(소송의 종류 참조).

행정소송법은 취소소송에서의 사정판결에 관한 규정을 무효등확인소송에 준용하고 있지 않다. 그런데, 학설상 무효등확인소송에서도 사정판결이 인정될 수 있는지에 관하여 전술한 바와 같이 견해가 대립되고 있다.

3. 인용판결

본안심리의 결과 원고의 무효등확인청구가 이유 있다고 인정하는 경우(무효인 경우) 인용판결(무효등확인판결)을 내린다.

Ⅶ. 공법상 당사자소송의 판결의 종류

1. 각하판결

당사자소송이 소송요건을 결여한 경우에는 본안심리를 거절하는 각하판결을 내린다.

2. 기각판결

본안심리의 결과 원고의 청구가 이유 없다고 판단되는 경우 기각판결을 내린다.

3. 인용판결

본안심리의 결과 원고의 청구가 이유 있다고 인정하는 경우 인용판결을 내리는데, 당사자소송의 소의 종류에 따라 확인판결을 내리기도 하고(예, 공무원 지위를 확인하는 판결) 이행판결을 내리기도 한다(예, 공법상 금전급부의무의이행을 명하는 판결).

Ⅷ. 취소판결의 효력

확정된 취소판결의 효력에는 형성력, 기속력 및 기판력이 있는데, 형성력과 기속력은 인용판결에 인정되는 효력이고, 기판력은 인용판결뿐만 아니라 기각판결 및 각하판결에도 인정되는 효력이다.

1. 형성력

(1) 의 의

계쟁처분 또는 재결의 취소판결이 확정된 때에는 당해 처분은 처분청의 취소를 기다릴 것 없이 당연히 효력을 상실하는데, 이를 형성력(形成力)이라 한다. 형성력은 위법상태를 시정하여 원상을 회복하는 소송이라는 취소소송의 목적을 달성하도록 하기 위하여 인정되는 효력이다.

취소판결의 형성력을 명시적으로 인정한 규정은 없지만, 행정소송법 제29조 제1항에 의해 인정되는 것으로 해석된다. 취소판결은 계쟁처분을 취소하는 것인데, 취소는 형성력을 갖는 행위이다.

처분개념에 관한 실체법적 개념설에서는 취소를 법적 행위의 효력을 상실시키는 것으로 이해하는데, 쟁송법적 개념설에서는 취소판결에서 취소라 함은 위법상태를 제거한다는 의미를 갖는다. 취소판결에서 취소는 법적 행위에 대하여는 법적 효력을 상실시키는 효력을 갖고(법적 효력을 상실시키는 효력도 위법상태를 배제하는 효력의 하나라고 할 수 있다), 사실행위에 있어서는 위법상태를 배제하는 효력을 갖는다.

(2) 형성력의 내용

취소판결의 형성력은 형성효, 소급효 및 대세효로 이루어진다. 즉 취소판결은 계쟁처분의 효력을 소급적으로 상실시키며 제3자에 대하여도 효력이 있다.

1) 형성효

형성효라 함은 계쟁처분의 효력을 상실(배제)시키는 효력을 말한다. 사실행위의 경우에는 그 지배력을 배제하는 의미를 갖는다.

2) 소급효

가. 의 의 취소판결의 취소의 효과는 처분시에 소급하는데, 이를 취소판결의 소급효(遡及效)라 한다. 소급효에 관한 명문의 규정은 없지만, 법치행정의 원칙를 실현하기 위하여 계쟁처분에 의해 형성된 위법상태를 배제하여 원상을 회복한다는 취소소송제도의 본질상 인정되는 효력이다.

나. 소급효의 제한 일반적 견해는 취소판결의 소급효에 대한 제한을 두지 않고 취소판결은 항상 소급효를 갖는다고 보고 있다. 그러나, 취소판결의 소급효가 법치주의의 내용을 이루는 법적 안정성을 침해하는 경우에는 명문의 규정 또는 판결에 의해 예외적으로 취소판결의 소급효가 제한될 수도 있다고 보는 것이 타당하다. 예를 들면, 대법원 행정소송법개정안은 법규명령의 취소의 경우에는 소급효를 제한하고 있다.

판례는 계정처분 취소의 소급효가 원칙이지만, 취소된 계쟁처분을 전제로 행해진 처분은 특별한 사정이 있는 경우(법적 안정성 보장이 크게 요구되는 경우 등) 그 한도 내에서 예외적으로 소급효가 제한될 수 있는 것으로 본다.

[판례] [1] 도시 및 주거환경정비법(이하 '도시정비법'이라고 한다)상 주택재개발사업조합의 조합설립인가처분이 법원의 재판에 의하여 취소된 경우 **그 조합설립인가처분은 소급하여 효력을 상실하**고, 이에 따라 당해 주택재개발사업조합 역시 조합설립인가처분 당시로 **소급하여** 도시정비법상 주택재개발사업을 시행할 수 있는 행정주체인 공법인으로서의 지위를 **상실**하므로, 당해 주택재개발사업조합이 조합설립인가처분 취소 전에 도시정비법상 적법한 **행정주체 또는 사업시행자로서 한 결의 등 처분은** 달리 **특별한 사정이 없는 한 소급하여 효력을 상실한다**고 보아야 한다. **다만** 그 효력 상실로 인한 잔존사무의 처리와 같은 업무는 여전히 수행되어야 하므로, **종전에 결의 등 처분의 법률효과를 다투는 소송에서의 당사자지위까지 함께 소멸한다고 할 수는 없다**. [2] 갑 주택재개발정비사업조합설립 추진위원회가 주민총회에서 주택재개발정비사업의 시공자로 을 주식회사를 선정하는 결의를 하였고, 조합설립인가처분 후 갑 주택재개발정비사업조합이 조합총회에서 을 회사를 시공자로 선정(추인)하는 결의를 하였는데, 위 각 결의의 무효확인을 구하는 소송 계속 중에 갑 조합에 대한 조합설립인가처분을 취소하는 내용의 대법원판결이 선고된 사안에서, 갑 조합의 조합설립인가처분 취소 전에 이루어진 결의는 소급하여 효력을 상실하였고, **시공자 선정은** 추진위원회 또는 추진위원회가 개최한 주민총회의 권한범위에 속하는 사항이 아니라 **조합총회의 고유권한이므로, 추진위원회의 시공자 선정 결의도 무효**라고 보아, 원심판결을 파기하고 자판한 사례(대판 2012. 03. 29, 2008다95885[주민총회결의무효확인]).

다. 소급효의 결과 소급효가 미치는 결과 취소된 처분을 전제로 형성된 법률관계는 모두 효력을 상실한다. 영업허가취소처분을 취소하는 판결이 확정되면 영업허가취소처분이 소급적으로 소멸하고 영업허가가 원상회복되므로 영업허가취소처분후 행한 영업이 무허가영업이 되지 않는다.

3) 제3자효(대세적 효력, 대세효)

가. 의 의 취소판결의 취소의 효력(형성효 및 소급효)은 소송에 관여하지 않은 제3자에 대하여도 미치는데 이를 취소의 대세적 효력(대세효)라 한다. 행정소송법 제29조 제1항은 이를 명문으로 규정하고 있다.

대세효를 인정한 취지를 승소자의 권리를 확실히 보호하기 위한 것으로 보는 견해가 있는데(홍정선), 대세효를 인정한 취지는 이것보다는 행정상 법률관계를 통일적으로 규율하고자 하는 데 그 기본적인 취지가 있다고 보는 것이 타당하다. 취소판결의 효력이 제3자에게도 미침으로 인하여 제3자가 불측의 손해를 입을 수 있으므로 행정소송법은 제3자의 권리를 보호하기 위하여 제3자의 소송참가제도(제16조)와 제3자의 재심청구제도(제31조)를 인정하고 있다.

나. 제3자의 범위 취소판결의 효력이 미치는 제3자를 소송참가인 및 그 판

결과 법적 이해관계를 맺는 자를 의미하는 것으로 보는 견해가 있는데(홍정선), 행정상 법률관계를 통일적으로 규율하고자 하는 대세효 인정의 취지에 비추어 취소판결의 효력이 미치는 제3자는 모든 제3자를 의미하는 것으로 보는 것이 타당하며 이것이 일반적 견해이다.

다. 취소판결의 제3자효의 내용

(가) 일반원칙 취소판결의 형성력은 제3자에 대하여도 발생하며 제3자는 취소판결의 효력에 대항할 수 없다.

(나) 일반처분의 취소의 제3자효 일반처분의 취소의 효과가 소송을 제기하지 않은 자에게도 미치는가 하는 것인데, 이에 관하여 견해가 대립되고 있다.

가) 상대적 효력설(부정설) 취소소송은 주관적 소송으로서, 그 효력은 원칙적으로 당사자 사이에서만 미치는 것이므로 명시적 규정이 없는 데도 불구하고, 제3자가 그 효력을 적극적으로 향수할 수 있다고 인정하는 데에는 무리가 있다고 본다.[332]

나) 절대적 효력설(긍정설) 일반처분이 불특정 다수인을 대상으로 하는 처분이라는 점, 공법관계의 획일성이 강하게 요청된다는 점 등에 비추어 원칙적으로 제3자의 범위를 한정할 이유는 없다고 한다.[333]

다) 결어(장래효 · 소급효구별설) 일반처분의 취소의 제3자에 대한 효력에 관하여 장래효와 소급효를 구별하는 것이 타당하다. ① 일반처분이 취소되면 일반처분은 장래에 향하여 절대적으로 효력을 상실한다. ② 일반처분의 취소의 소급효는 불가쟁력의 발생 여부에 따라 달라진다고 보는 것이 타당하다. 불가쟁력이 발생한 제3자에 대하여는 법적 안정성을 보장하기 위하여 일반처분의 취소판결이 소급효를 갖지 않는다고 보아야 한다. 달리 말하면 일반처분을 근거로 이미 법률관계가 형성되었고, 취소소송제기기간이 지난 경우에는 일반처분에 근거하여 형성된 기성의 법률관계를 다투면서 일반처분의 취소를 원용할 수 없다. 불가쟁력이 발생하지 않은 제3자에 대해서는 일반처분의 취소의 소급효가 미친다고 보아야 한다.

행정소송법개정안은 명령의 취소판결에 이와 같은 효력을 부여하고 있다.

라. 기타 제3자효의 문제

① 취소판결의 형성효, 소급효와 대세효로 인하여 취소된 처분에 의해 형성된 법률관계는 그 효력을 상실한다. 예를 들면, 환지처분이 취소되면 환지취득자는 환지처분에 의해 취득한 소유권을 상실하고 종전의 토지에 대한 소유권을 취득한다.

② 취소판결의 형성효, 소급효와 대세효로 인하여 취소된 처분을 기초로 하여

332) 김동희, 전게서, 773면.
333) 김철용, 전게서, 656면.

형성된 법률관계도 그 효력을 상실한다. 예를 들면, 공매처분이 취소되면 공매처분을 기초로 하여 체결된 사법상 매매계약은 효력을 상실하며 그에 의해 형성된 경락인의 소유권취득도 그 효력을 상실한다. 따라서, 체납자가 경락인을 상대로 한 소유권이전등기말소청구를 인용하여야 한다.

이 경우 경락인은 공무원에게 고의 또는 과실이 있는 경우 국가배상을 청구할 수 있다.

[판례] 경매 담당 공무원이 이해관계인에 대한 기일통지를 잘못한 것이 원인이 되어 경락허가결정이 취소된 사안에서, 그 사이 경락대금을 완납하고 소유권이전등기를 마친 경락인에 대하여 국가배상책임을 인정한 사례(대판 2008. 07. 10, 2006다23664).

③ 취소된 처분을 전제로 하여 행해진 처분 등 행위는 달리 특별한 사정이 없는 한 소급하여 효력을 상실한다.

[판례] ① [1] **도시 및 주거환경정비법상 주택재개발사업조합의 조합설립인가처분이 법원의 재판에 의하여 취소된 경우, 주택재개발사업조합이 조합설립인가처분 취소 전에 도시 및 주거환경정비법상 적법한 행정주체 또는 사업시행자로서 한 결의 등 처분이 소급하여 효력을 상실하는지 여부(원칙적 적극) 및 이때 종전 결의 등 처분의 법률효과를 다투는 소송의 당사자지위까지 함께 소멸하는지 여부(소극)**: 도시 및 주거환경정비법(이하 '도시정비법'이라고 한다)상 주택재개발사업조합의 조합설립인가처분이 법원의 재판에 의하여 취소된 경우 그 조합설립인가처분은 소급하여 효력을 상실하고, 이에 따라 당해 주택재개발사업조합 역시 조합설립인가처분 당시로 소급하여 도시정비법상 주택재개발사업을 시행할 수 있는 행정주체인 공법인으로서의 지위를 상실하므로, 당해 주택재개발사업조합이 조합설립인가처분 **취소 전에** 도시정비법상 적법한 행정주체 또는 사업시행자로서 **한 결의 등 처분은 달리 특별한 사정이 없는 한 소급하여 효력을 상실한다**고 보아야 한다. 다만 그 효력 상실로 인한 잔존사무의 처리와 같은 업무는 여전히 수행되어야 하므로, 종전에 결의 등 처분의 법률효과를 다투는 소송에서의 당사자지위까지 함께 소멸한다고 할 수는 없다. [2] 甲 주택재개발정비사업조합설립 추진위원회가 주민총회를 개최하여 주택재개발정비사업의 시공자로 乙 주식회사를 선정하는 결의(이하 '제1결의'라고 한다)를 하였고, 조합설립인가처분 후 甲 주택재개발정비사업조합이 조합총회를 개최하여 乙 회사를 시공자로 선정(추인)하는 결의(이하 '제2결의'라고 한다)를 하였는데, 위 각 **결의의 무효확인을 구하는 소송 계속 중에 甲 조합에 대한 조합설립인가처분을 취소하는 내용의 대법원판결이 선고된 사안**에서, 甲 조합에 대한 조합설립인가처분은 법원의 재판에 의한 취소로 소급하여 효력을 상실하였고, 甲 조합 역시 조합설립인가처분 당시로 소급하여 도시 및 주거환경정비법(이하 '도시정비법'이라고 한다)상 주택재개발사업을 시행할 수 있는 행정주체인 공법인으로서 지위를 상실하였으므로, **甲 조합이 조합설립인가처분 취소 전에 도시정비법상 적법한 사업시행자임을 전제로 개최한 조합총회에서 이루어진 제2결의는 소급하여 효력을 상실**하였고, 한편 시공자 선정은 추진위원회 또는 추진위원회가 개최한 주민총회의 권한범위에 속하는 사항이 아니라 조합총회의 고유권한이므로, 추진위원회가 개최한 주민총회에서 주택재개발사업의 시공자를 선정한 제1결의도 무효라고 보아, 원심판결을 파기하고 자판한 사례(대판 2012. 03. 29, 2008다95885[주민총회결의무효확인]). 〈해설〉 행정기관을 구성하는 공무원의 지위상실이 아니라 행정주체 자체가 지위를 상실한 경우이므로 사실상 공무원이론의 적용대상으로 볼 수 없다.

② 원고가 취소를 구하는 취득세에 관한 과소신고 가산세는 무신고·납부불성실 가산세와 마찬가지로 본세의 세액이 유효하게 확정되어 있을 것을 전제로 하는 것으로서 성질상 처분의 기초가 되는 본세가 소송 등에 의해 취소된 이상, 과소신고 가산세 부분 역시 적법하게 유지된다고 볼 수 없다(대판 2025. 08. 14, 2025두33285).

④ 처분의 발령요건 내지 처분사유로 되어 있는 처분이 취소되면 해당 처분은 그 발령요건 내지 처분사유를 상실하게 되어 더 이상 그 효력을 유지할 수 없다.

[판례] [행정청이 동시에 한 학술진흥법에 따른 사업비 환수처분과 학술지원 대상자 선정제외처분 중 사업비 환수처분만을 취소한 원심판결의 당부가 문제된 사건] 구 학술진흥법 제20조 제1항은 "구 학술진흥법 제19조 제1항 각 호 또는 제2항 각 호의 어느 하나에 해당하여 사업비 지급이 중지되거나 지급한 사업비의 전부 또는 일부가 환수된 경우에 학술지원 대상자 선정에서 제외하여야 한다"라고 규정하고 있으므로, 학술지원 대상자 선정제외처분은 학술지원 사업비 환수처분의 존재를 그 발령요건 내지 처분사유로 하고 있다고 해석된다. 따라서 행정청이 학술지원 사업비 환수처분과 아울러 학술지원 대상자 선정제외처분을 하였는데, 사후적으로 학술지원 사업비 환수처분만이 취소된 경우, 학술지원 대상자 선정제외처분은 그 발령요건 내지 처분사유를 상실하게 되어 더 이상 그 효력을 유지할 수 없다. (2) 구 학술진흥법상 학술지원 대상자 선정제외처분은 사업비 환수처분의 존재를 그 발령요건 내지 처분사유로 하고 있으므로, 사업비 환수처분을 취소하면서 학술지원 대상자 선정제외처분을 취소하지 않은 원심판결 중 원고 패소 부분에는 구 학술진흥법 제20조 제1항의 학술지원 대상자 선정제외처분의 발령요건 등에 관한 법리오해로 판결에 영향을 미친 잘못이 있다고 보아, 원심판결 중 원고 패소 부분을 파기·자판하여 학술지원 대상자 선정제외처분을 취소한 사례(대판 2025. 02. 13, 2024두57996).

⑤ 취소된 처분에 의해 형성된 법률관계를 기초로 하여 행해진 사법상 행위에 의하여 권리를 취득한 자는 선의·악의를 불문하고 제3자라도 취소판결의 대세효에 대항할 수 없고 이를 용인하여야 한다.

[판례] [1] 행정처분을 취소하는 확정판결이 제3자에 대하여도 효력이 있다고 하더라도 일반적으로 판결의 효력은 주문에 포함한 것에 한하여 미치는 것이니 그 취소판결 자체의 효력으로써 그 행정처분을 기초로 하여 새로 형성된(새로운 사법상의 매매계약에 의해 형성된) 제3자의 권리까지 당연히 그 행정처분 전의 상태로 환원되는 것이라고는 할 수 없고, 단지 취소판결의 존재와 취소판결에 의하여 형성되는 법률관계를 소송당사자가 아니었던 제3자라 할지라도 이를 용인하지 않으면 아니된다는 것을 의미하는 것에 불과하다 할 것이며, 따라서 취소판결의 확정으로 인하여 당해 행정처분을 기초로 새로 형성된 제3자의 권리관계에 변동을 초래하는 경우가 있다 하더라도 이는 취소판결 자체의 형성력에 기한 것이 아니라 취소판결의 위와 같은 의미에서의 제3자에 대한 효력의 반사적 효과로서 그 취소판결이 제3자의 권리관계에 대하여 그 변동을 초래할 수 있는 새로운 법률요건이 되는 까닭이라 할 것이다. [2] 환지계획변경처분에 의해 취득한 토지를 제3자에게 양도한 후 동 환지계획변경처분이 취소된 경우 취소소송을 제기한 자가 동 취소판결을 근거로 동 토지를 양수한 제3자에 대한 소유권이전등기말소를 청구한 사건(대판 1986. 08. 19, 83다카2022).

5) 기타 제3자효

[판례] [특허가 무효로 확정된 경우 특허발명 실시계약에 미치는 영향이 쟁점이 된 사안] (1) 특허가 무효로 확정되면 특허권은 특허법 제133조 제1항 제4호의 경우를 제외하고는 처음부터 없었던 것으로 간주된다(특허법 제133조 제3항). 그러나 특허발명 실시계약이 체결된 이후에 계약의 대상인 특허권이 무효로 확정된 경우 특허발명 실시계약이 계약 체결 시부터 무효로 되는지는 특허권의 효력과는 별개로 판단하여야 한다. (2) 특허발명 실시계약 체결 이후에 특허가 무효로 확정되었더라도 특허발명 실시계약이 원시적으로 이행불능 상태에 있었다거나 그 밖에 특허발명 실시계약 자체에 별도의 무효사유가 없는 한, 특허권자는 원칙적으로 특허발명 실시계약이 유효하게 존재하는 기간 동안 실시료의 지급을 청구할 수 있다(대판 2019. 04. 25, 2018다287362).

(3) 취소판결의 형성력의 준용

행정소송법 제29조 제1항의 취소판결의 형성력은 집행정지결정 또는 집행정지결정의 취소결정에 준용되고(제29조 제2항), 무효확인소송에도 준용된다(제38조 제1항).

2. 기속력

(1) 의 의

기속력(羈束力)이라 함은 행정청에 대하여 다툼의 대상이 된 사건에 관하여 판결의 취지에 따라 행동하도록 당사자인 행정청과 그 밖의 관계행정청을 구속하는 효력을 말한다. 그리하여 기속력을 구속력이라 부르는 견해도 있다. 행정소송법은 “처분등을 취소하는 확정판결은 그 사건에 관하여 당사자인 행정청과 그 밖의 관계행정청을 기속한다”(법 제30조 제1항)고 규정하고 있다.

기속력은 인용판결이 확정된 경우에 한하여 인정되고 기각판결에는 인정되지 않는다. 따라서, 취소소송의 기각판결이 있은 후에도 처분청은 당해 처분을 직권으로 취소할 수 있다.

(2) 성 질

구속력의 성질을 무엇으로 볼 것인가에 관하여 기판력설과 특수효력설이 대립하고 있다.

1) 기판력설

기판력설은 기속력은 취소판결의 기판력이 행정 측에 미치는 것에 지나지 않으며 그 본질은 기판력과 같다고 보는 견해이다. 프랑스법에서는 반복금지효 및 원상회복의무를 기판력(autorité de la chose jugée)의 한 효과로 보고 있다.

2) 특수효력설

특수효력설은 기속력은 취소판결의 실효성을 확보하기 위하여 행정소송법이 특별히 부여한 효력이며 기판력과는 그 본질을 달리한다고 보는 견해이다.[334] 즉, 기판력은 법적 안정성을 위하여 후소의 재판을 구속하여 모순된 판결을 금하는 소송법상의 효력인 데 반하여 기속력은 판결의 실효성을 확보하기 위하여 판결의 취지에 따라 행동하도록 관계행정청을 구속하는 실체법상의 효과를 발생시키는 효력이므로 양자는 본질을 달리 한다고 한다.

통설은 특수효력설을 취하고 있다.

3) 판 례

판례도 특수효력설을 취하는 것으로 보인다(대판 1957. 02. 06, 4290행상23).[335] 판례는 기속력과 기판력을 아래와 같이 구별하고 있다.

[판례] 행정소송법 제30조 제1항이 규정하는 취소 확정판결의 '기속력'과 같은 법 제8조 제2항에 의하여 행정소송에 준용되는 민사소송법 제216조, 제218조가 규정하는 '기판력'의 의미: 취소 확정판결의 '기속력'은 취소 청구가 인용된 판결에서 인정되는 것으로서 당사자인 행정청과 그 밖의 관계행정청에게 확정판결의 취지에 따라 행동하여야 할 의무를 지우는 작용을 한다. 이에 비하여 행정소송법 제8조 제2항에 의하여 행정소송에 준용되는 민사소송법 제216조, 제218조가 규정하고 있는 '기판력'이란 기판력 있는 전소 판결의 소송물과 동일한 후소를 허용하지 않음과 동시에, 후소의 소송물이 전소의 소송물과 동일하지는 않더라도 전소의 소송물에 관한 판단이 후소의 선결문제가 되거나 모순관계에 있을 때에는 후소에서 전소 판결의 판단과 다른 주장을 하는 것을 허용하지 않는 작용을 한다(대판 2016. 03. 24, 2015두48235[감차명령처분취소등]).

4) 결 어

기판력과 기속력은 그 본질과 기능이 다르다. 그리고, 다음과 같이 그 효력이 다르다. ① 기판력은 법원과 소송당사자 및 이와 동일시할 수 있는 자에 미치는데, 기속력은 처분청 및 관계행정청을 구속한다. ② 기판력은 주문에 포함된 것에 한정되는데, 기속력은 주문 및 이유인 위법사유에 미친다. ③ 기판력은 동일한 처분에 대해서만 미치는데, 기속력은 동일한 처분뿐만 아니라 새로운 처분에도 미친다.

(3) 내 용

기속력은 소극적 효력(반복금지효)과 적극적 효력(원상회복의무, 재처분의무)으로 나뉠 수 있다.

[판례] 어떤 행정처분을 위법하다고 판단하여 **취소하는 판결이 확정되면 행정청은** 취소판결의 기속력에 따라 **그 판결에서 확인된 위법사유를 배제한 상태에서 다시 처분을 하거나 그 밖에 위법한 결과를 제거하는 조치를 할 의무가 있다**(행정소송법 제30조)(대판 2019. 10. 17, 2018두104[도로점용허가처분무효확인등]).

---

334) 상게서, 774면.

335) 관계 행정기관 또는 그 소속기관을 기속하는 것은 행정소송법 절차에 의거한 확정판결에 한하고 민사소송법에 의한 판결은 이러한 기속력이 없다.

취소판결의 기속력에 관한 규정인 행정소송법 제30조 중 제1항은 당사자소송에도 준용되므로 취소판결의 기속력 중 반복금지효와 원상회복의무는 당사자소송에서의 확정인용판결에도 준용된다. 재처분의무에 관한 제30조 제2항은 당사자소송에 준용되지 않는다(행정쟁송법 제44조).

1) 소극적 효력: 반복금지효(저촉금지효)

취소판결이 확정되면 처분청 및 관계행정청은 취소된 처분에서 행한 과오와 동일한 과오를 반복해서는 안 되는 구속을 받는다. 달리 말하면 처분청 및 관계행정청은 판결의 취지에 저촉되는 처분을 하여서는 안 된다.

저촉금지효(반복금지효)는 동일한 행위의 반복을 금지하고, 판결의 취지에 반하는 행위(달리 말하면 동일한 과오를 반복하는 행위)를 금지하는 효력이다.

판결의 취지라 함은 판결의 주문과 판결이유를 말한다. 취소판결의 취지는 취소된 처분이 위법하다는 것과 취소판결의 이유가 된 위법사유를 말한다.

① 취소된 처분과 동일한 처분을 하는 것은 취소판결의 기속력(반복금지효)에 반한다. '동일한 처분'이라 함은 동일 사실관계 아래에서 동일 당사자에 대하여 동일한 내용을 갖는 행위를 말한다.

i) 처분의 사실관계가 동일하지 않으면 취소판결이 확정된 후 동일 당사자에 대하여 동일한 내용의 처분을 하여도 기속력에 반하는 것이 아니다.

처분의 사실관계가 동일한지 동일하지 않은지는 종전 처분에 관하여 위법한 것으로 판결에서 판단된 사유와 기본적 사실관계에 있어 동일성이 인정되는 사유인지 여부에 따라 판단되어야 한다. 따라서, 새로운 처분의 처분사유와 종전 처분에 관하여 위법한 것으로 판결에서 판단된 사유가 기본적 사실관계에 있어 동일성이 없으면, 새로운 처분이 종전 처분에 대한 판결의 기속력에 저촉되지 않는다(대판 2005. 12. 09, 2003두7705 참조).

예를 들면, 어떠한 행정법규 위반을 이유로 한 허가취소처분(철회)이 그에 대한 허가취소판결에 의해 취소되었더라도 행정청은 이제는 다른 행정법규 위반을 이유로 당해 허가를 취소(철회)할 수 있다. 동일한 법규 위반사실에 대하여 법적 근거만을 변경하여 동일 허가 등을 철회할 수는 없다. 또한, 취소된 처분의 징계사유와 다른 징계사유를 내세워 동일한 내용의 징계처분을 할 수 있다.

다만, 법원이 처분상대방의 명시적 동의에 따라 당초 거부처분사유와 기본적 사실관계의 동일성이 인정되지 않는 처분사유의 추가·변경을 허용하였고, 추가·변경된 기본적 사실관계의 동일성이 인정되지 않는 그 거부처분사유도 실체적으로 위법하여 처분을 취소하는 판결이 선고·확정되는 경우 추가·변경된 기본적 사실관계의 동일성이 인정되지 않는 그 거부처분사유에 관한 법원의 판단에 대해서도 취소판결의 기속력이 미친다고 보아야 한다(대판 2024. 11. 28, 2023두61349).

ii) 처분의 기본적 사실관계가 동일하다면 적용법규정을 달리하거나 처분사유를 변경하여 동일한 내용의 처분을 하는 것은 동일한 행위의 반복에 해당한다(대판 1990. 12. 11, 90누3560).

[판례] 피고가 원고의 토지형질변경허가 신청에 대한 이 사건 불허가처분의 근거로 1988. 7. 1.자 서울특별시 예규 제499호의 토지형질변경행위 사무취급요령이 규정하는 규제대상에 해당함을 들고 있으나 이는 결국 도시계획법 제4조 제1항, 같은 법 시행령 제5조의2에 터잡은 토지의 형질변경등행위허가기준등에관한규칙(건설부령 제328호) 제4조 제1항 제1호 및 제2호에 정한 허가기준에 적합하지 않다는 것에 불과한 것이어서 피고가 위 신청에 대한 1차 거부처분의 취소소송에서 이미 주장한 내용과 동일하여 1차 거부처분의 취소를 명한 확정판결의 사실심 변론종결 이후에 생긴 새로운 사유로 볼 수 없으므로 이 사건 불허가처분은 위 확정판결에 저촉되는 것으로서 무효이다(대판 1990. 12. 11, 90누3560).

iii) 취소사유가 절차 또는 형식의 흠인 경우에 행정청이 적법한 절차 또는 형식을 갖추어 행한 동일한 내용의 처분은 새로운 처분으로 취소된 처분과 동일한 처분이 아니다.

② 기속력은 판결의 이유에 제시된 위법사유에 대하여 미치므로 판결의 이유에서 제시된 위법사유를 다시 반복하는 것은 동일한 처분이 아닌 경우에도 동일한 과오를 반복하는 것으로서 기속력에 반한다.

i) 취소판결에서 위법으로 판단된 처분사유를 포함하여 동일한 내용의 또는 다른 내용의 처분을 하는 것은 동일한 과오를 반복하는 것으로서 기속력에 반한다.
ii) 법규 위반을 이유로 내린 영업허가취소처분이 비례의 원칙 위반으로 취소된 경우에 동일한 법규 위반을 이유로 영업정지처분을 내리는 것은 기속력에 반하지 않지만, 법규 위반사실이 없는 것을 이유로 영업허가취소처분이 취소된 경우에 동일한 법규 위반을 이유로 영업정지처분을 내리는 것은 기속력에 반한다.
iii) 또한, 여러 법규 위반을 이유로 한 영업허가취소처분이 처분의 이유로 된 법규 위반 중 일부가 인정되지 않고 나머지 법규 위반으로는 영업허가취소처분이 비례의 원칙에 위반된다고 취소된 경우에 판결에서 인정되지 않은 법규 위반사실을 포함하여 다시 영업정지처분을 내리는 것은 동일한 행위의 반복은 아니지만 판결의 취지에 반한다.

③ 또한, 행정청은 취소된 행위를 기초로 하는 일체의 처분을 하여서는 안 된다.

2) 원상회복의무(위법상태제거의무)

취소판결이 확정되면 행정청은 취소된 처분에 의해 초래된 위법상태를 제거하여 원상회복할 의무를 진다. 이를 취소판결의 원상회복의무(위법상태제거의무)라 한다. 예를 들면, 재산의 압류처분이 취소되면 행정청은 당해 재산을 반환해야 할 의무를 진다. 또한, 파면처분이 취소되면 파면되었던 원고를 복직시켜야 한다. 또한, 병역의무 기피자의 명단공표가 취소되면 그 명단공표를 중단하고, 그 공표된 명단을 삭제하여야 한다. 도로점용허가처분의 취소가 확정되면 처분청은 취소판결의 기속력에 따라 참가인에 대하여 이 사건 도로의 점용을 중지하고 원상회복할 것을 명령하고, 이를 이행하지 않을 경우 행정대집행이나 이행강제금 부과 조치를 하는 등 이 사건 도로점용허가로 인한 위법상태를 제거하여야 한다. 또한, 처분청은 수익적 행정행위의 직권취소 제한에 관한 법리를 준수하는 범위 내에서 일정한 요건 하에 직권으로 이 사건 건축허가의 일부를 취소하거나 변경하는 등의 조치를 할 의무가 있다. 그 이유는 도로점용허가 취소판결의 직접적인 효과로 이 사건 건축허가가 취소되거나 그 효력이 소멸되는 것은 아니지만, 이 사건 도로점용허가가 유효하게 존재함을 전제로 이루어진 이 사건 건축허가는 그 법적·사실적 기초를 일부 상실하게 되기 때문이다.

취소판결의 기속력에 원상회복의무가 당연히 포함되는지에 관하여 명문의 규정은 없지만, 취소소송제도의 본질상 긍정하는 것이 타당하다. 판례도 이러한 입장이다.

[판례] ① 어떤 행정처분을 위법하다고 판단하여 취소하는 판결이 확정되면 행정청은 행정소송법 제30조의 취소판결의 기속력에 따라 그 판결에서 확인된 위법사유를 배제한 상태에서 다시 처분을 하거나 그 밖에 위법한 결과를 제거하는 조치를 할 의무가 있다(대판 2019. 10. 17, 2018두104).
② 훈련과정 인정제한처분과 훈련비용 지원제한처분에 대한 쟁송절차에서 해당 제한처분이 위법한 것으로 판단되어 취소되거나 당연무효로 확인된 경우에는, 예외적으로 사업주가 해당 제한처분 때문에 관계 법령이 정한 기한 내에 하지 못했던 훈련과정 인정신청과 훈련비용 지원신청을 사후적으로 할 수 있는 기회를 주는 것이 취소판결과 무효확인판결의 기속력을 규정한 행정소송법 제30조 제1항, 제2항, 제38조 제1항의 입법 취지와 법치행정 원리에 부합한다(대판 2019. 01. 31, 2016두52019).
③ (1) 이 사건 원심판결 중 '**1차 변경처분**(기존 노후화된 도선 1척을 신형 선박(세종9호)으로 교체하는 내용의 1차 도선사업변경면허) **중 2차 변경처분(세종9호의 정원 부분만을 규율하는 처분)에 의하여 취소되지 않고 남아 있는 부분'을 취소하는 부분이 확정되면** 이 사건 항로에서 세종9호를 도선으로서 운항할 법적 근거가 사라진다. 따라서 **세종9호의 정원 부분만을 규율하는 2차 변경처분**은 그 기초를 상실하여 **실효되는 것**이라고 보아야 한다. 〈해설〉 피고는, 원심이 2차 변경처분에 대한 청구를 기각함으로써 2차 변경처분은 유효하게 존속하는 것이므로, A업체가 2차 변경처분에 근거하여 신형 선박을 도선으로서 계속 운항할 수 있다고 주장하였다. 그러나 대법원은, '**1차 변경처분 중 2차 변경처분에 의하여 취소되지 않고 남아 있는 부분**'이 쟁송대상이 되고, **이것을 취소하는 판결이 확정되면 A업체가 신형 선박을 도선으로서 운항할 법적 근거가 사라지며,** 피고는 취소판결의 기속력에 따라 필요한 조치를 취하여야 한다고 판단하였다. (2) 피고는 취소판결의 기속력에 따라 **위법한 결과를 제거하기 위하여** 「유선 및 도선사업법」 제9조 제1항에 의하여 A업체에 대하여 이 사건 항로에서 **세종9호의 운항을 중단할 것을 명령하는 등의 필요한 조치를 취하여야 한다**(대판 2020. 04. 09, 2019두49953[도선사업면허변경처분 취소]).

취소된 위법한 처분이 없었을 것을 전제로 원상회복을 행하여야 한다. 따라서,

파면처분의 취소에 따른 원상회복은 동일 직급으로 복직시키는 것도 원상회복으로 보는 견해도 있으나 원직에의 복직을 말하며, 경우에 따라서는 승급, 승진도 해 주어야 한다.

[판례] ① 계급정년의 적용을 받는 국가정보원 소속 공무원이 직권면직처분에 의하여 면직되었다가 직권면직처분이 무효임이 확인되거나 취소되어 복귀한 경우, 직권면직처분 때문에 사실상 직무를 수행할 수 없었던 기간 동안 승진 심사를 받을 기회를 실질적으로 보장받지 못하였다고 하더라도 **원칙적으로 직권면직기간은 계급정년기간에 포함될 것이나**, 직권면직처분이 법령상의 직권면직사유 없이 오로지 임명권자의 일방적이고 중대한 귀책사유에 기한 것이고 그러한 직권면직처분으로 인해 줄어든 직무수행기간 때문에 당해 공무원이 상위 계급으로 승진할 수 없었다는 등의 **특별한 사정이 인정되는 경우**에까지 직권면직기간을 계급정년기간에 포함한다면 헌법 제7조 제2항 소정의 공무원 신분보장 규정의 취지를 근본적으로 훼손하게 되므로, 그러한 경우에는 **예외적으로 직권면직기간이 계급정년기간에서 제외된다**(대판 2007. 02. 08, 2005두7273).
② 군인이 임용권자로부터 받은 파면 등 징계, 전역명령 등 신분상 불이익처분이 확정판결에 의하여 위법한 것으로 확인되어 복귀하는 과정에서 진급심사에 필요한 실질적인 직무수행의 기회를 상실한 기간만큼 연령정년이 연장된다고 한 사례(대판 2023. 03. 13, 2020두53545[현역의 지위 확인 등 청구의 소]).

처분상대방이 집행정지결정을 받지 못했으나 본안소송에서 해당 제재처분이 위법하다는 것이 확인되어 취소하는 판결이 확정되면, 처분청은 그 제재처분으로 처분상대방에게 초래된 불이익한 결과를 제거하기 위하여 필요한 조치를 취하여야 한다(대판 2020. 09. 03, 2020두34070).

건축물의 불법용도 변경에 대한 시정명령이 위법하고 이를 기초로 이루어진 이행강제금 부과처분 역시 위법하다는 이유로, 이행강제금 부과처분을 취소하는 판결이 선고·확정된 경우에 처분청은 시정명령의 위법한 결과를 제거하는 조치, 즉 시정명령을 직권으로 취소하는 처분을 할 의무가 있다(대판 2020. 12. 24, 2019두55675[학원등록거부처분등취소청구의소]).

3) 재처분의무

가. 거부처분취소에 따른 재처분의무 판결에 의하여 취소 또는 변경되는 처분이 당사자의 신청을 거부하는 것을 내용으로 하는 경우에는 그 처분을 행한 행정청은 판결의 취지에 따라 다시 이전의 신청에 대한 가부간의 처분을 하여야 한다(법 제30조 제2항).

당사자가 처분을 받기 위해 신청을 다시 할 필요는 없다.

행정청의 재처분의 내용은 '판결의 취지'를 존중하는 것이면 된다. 반드시 원고가 신청한 내용대로 처분해야 하는 것은 아니다.

[판례] [계획재량 영역에서의 취소판결 기속력 범위에 관한 사건] (1) 취소 확정판결의 기속력의 범위에 관한 법리 및 도시관리계획의 입안·결정에 관하여 행정청에게 부여된 재량을 고려하면, 주민 등의 도시관리계획 입안 제안을 거부한 처분을 이익형량에 하자가 있어 위법하다고 판단하여 취소하는 판결이 확정되었더라도 행정청에게 그 입안 제안을 그대로 수용하는 내용의 도시관리계획을 수립할 의무가 있다고는 볼 수 없고, 행정청이 다시 새로운 이익형량을 하여 적극적으로 도시관리계획을 수립하였다면 취소판결의 기속력에 따른 재처분의무를 이행한 것이라고 보아야 한다. (2) 원고가 학교시설로 도시계획시설이 결정되어 있는 부지를 취득한 후 그 지상에 가설건축물 건축허가를 받고 옥외골프연습장을 축조하여 이를 운영하여 오고 있던 중, 피고에게 위 부지에 관하여 도시계획시설(학교)결정을 폐지하고 가설건축물의 건축용도를 유지하는 내용의 지구단위계획안을 입안 제안함. 이에 대하여 피고가 이를 거부하는 처분을 하자, 원고는 피고를 상대로 한 항고소송을 제기하여 위 거부처분의 취소판결을 확정받음. 이후 피고가 새로운 재량고려사유를 들어 도시계획시설(학교)결정을 폐지하고, 위 부지를 특별계획구역으로 지정하는 내용의 도시관리계획결정을 하였는바, 이러한 새로운 내용의 도시관리계획결정이 피고가 원고의 입안 제안을 그대로 수용하지 않은 것이더라도 기존 취소판결의 기속력에 반하지 않는다고 보아, 이를 취소판결의 기속력에 반한다고 판단하여 원고의 청구를 인용한 원심판결을 파기한 사례(대판 2020.06.25, 2019두56135).

재처분의무의 내용은 당해 거부처분의 취소사유에 따라 다르다.

① 거부처분이 형식상 위법(무권한, 형식의 하자, 절차의 하자)을 이유로 취소된 경우: 이 경우에는 적법한 절차를 거치는 등 적법한 형식을 갖추어 신청에 따른 가부간의 처분을 하여야 한다. 행정청은 실체적 요건을 심사하여 신청된 대로 처분을 할 수도 있고 다시 거부처분을 할 수도 있다.

② 거부처분이 실체상 위법을 이유로 취소된 경우: i) 이 경우에 위법판단기준시에 관하여 판례와 같이 처분시설을 취하는 경우 거부처분 이후의 사유(법령의 변경 또는 사실상황의 변경)를 이유로 다시 거부처분을 하는 것은 재처분의무를 이행한 것이다.

[판례] [1] 행정처분의 적법 여부는 그 행정처분이 행하여진 때의 법령과 사실을 기준으로 하여 판단하는 것이므로 거부처분 후에 법령이 개정·시행된 경우에는 개정된 법령 및 허가기준을 새로운 사유로 들어 다시 이전의 신청에 대한 거부처분을 할 수 있으며 그러한 처분도 행정소송법 제30조 제2항에 규정된 재처분에 해당된다. [2] 건축불허가처분을 취소하는 판결이 확정된 후 국토이용관리법 시행령이 준농림지역 안에서의 행위제한에 관하여 지방자치단체의 조례로써 일정 지역에서 숙박업을 영위하기 위한 시설의 설치를 제한할 수 있도록 개정된 경우, 당해 지방자치 단체장이 위 처분 후에 개정된 신법령에서 정한 사유를 들어 새로운 거부처분을 한 것이 행정소송법 제30조 제2항 소정의 확정판결의 취지에 따라 이전의 신청에 대한 처분을 한 경우에 해당한다고 한 사례(대결 1998.01.07, 97두22).

ii) 위법판단의 기준시에 관하여 판결시설(또는 위법판단시·판결시구별설)을 취하면 사실심변론종결시 이전의 사유를 내세워 다시 거부처분을 할 수 없다.

iii) 위법판단기준시 및 판결기준시에 관하여 어느 견해를 취하든지 사실심 변론종결 이후에 발생한 새로운 사유를 근거로 다시 이전의 신청에 대한 거부처분을 할 수 있다(대판 1999. 12. 28, 98두1895).

iv) 거부처분시 이전에 존재하던 다른 사유를 근거로 다시 거부처분을 할 수 있는지가 문제된다. 거부처분사유가 달라지면 거부처분의 동일성이 달라지며 거부처분사유도 기본적 사실관계의 동일성이 인정되는 한도 내에서만 처분사유의 추가변경이 인정된다는 판례의 입장(쟁점주의)을 취하면 거부처분 이전에 존재하던 사유 중 처분사유와 다른 사유(기본적 사실관계에 동일성이 없는 사유)를 근거로 다시 거부처분을 하는 것이 가능하다. 이 경우 동 거부처분은 새로운 처분이 되며 재처분의무를 이행한 것이 된다.

[판례] [1] 종전 확정판결의 행정소송 과정에서 한 주장 중 처분사유가 되지 아니하여 판결의 판단대상에서 제외된 부분을 행정청이 그 후 새로이 행한 처분의 적법성과 관련하여 새로운 소송에서 다시 주장하는 것이 위 확정판결의 기판력에 저촉되지 않는다. [2] 기히 원고의 승소로 확정된 판결은 원고 출원의 광구 내에서의 불석채굴이 공익을 해한다는 이유로 한 피고의 불허가처분에 대하여 그것이 공익을 해한다고는 보기 어렵다는 이유로 이를 취소한 내용으로서 **이 소송과정에서 피고가 원고 출원의 위 불석광은 광업권이 기히 설정된 고령토광과 동일광상에 부존하고 있어 불허가대상이라는 주장도 하였으나 이 주장 부분은 처분사유로 볼 수 없다는 점이 확정되어 판결의 판단대상에서 제외되었다면**, 피고가 그 후 새로이 행한 처분의 적법성과 관련하여 다시 위 주장을 하더라도 위 확정판결의 기판력에 저촉된다고 할 수 없다(대판 1991. 08. 09, 90누7326). **〈해설〉** 이 판결에서 기판력이라는 용어는 기속력이라 보아야 한다.

이러한 문제 때문에 분쟁의 일회적 해결을 위하여 거부처분의 경우에는 거부사유가 변경되어도 처분의 변경은 없는 것으로 보는 것이 타당하다는 견해가 있다(박정훈, 526면). 이 견해에 의하면 거부처분사유의 추가변경은 항상 가능한 것이고, 거부처분취소판결이 난 경우에는 거부처분처분시 이전에 존재하던 다른 처분사유를 들어 다시 거부처분을 하는 것은 동일한 처분을 반복하는 것으로서 기속력에 반한다.

또한, 거부처분이 실체법상 위법을 이유로 취소된 경우에 판결의 취지가 행정청이 상대방의 신청을 인용하지 않는 것이 위법이라는 것이 되므로 사정변경이 없는 한 신청된 대로 처분을 하여야 한다고 하는 견해가 있는데(김동희, 714면), 이는 거부처분사유가 변경되어도 거부처분의 동일성이 유지된다는 입장에 서는 한 타당하지만, 판례와 같이 거부처분사유가 달라지면 다른 거부처분이 된다는 견해에 입각하면 논리적이지 못하다.

[판례] 거부처분에 대한 취소판결이 확정된 경우에는 그 처분을 행한 행정청은 판결의 취지에 따라 다시 처분을 하여야 할 의무를 부담하게 되므로, 취소소송에서 소송의 대상이 된 거부처분을 실체법상의 위법사유에 기하여 취소하는 판결이 확정된 경우에는 당해 거부처분을 한 행정청은

원칙적으로 신청을 인용하는 처분을 하여야 하고, **사실심 변론종결 이전의 사유를 내세워 다시 거부처분을 하는 것은 확정판결의 기속력에 저촉되어 허용되지 아니한다**(대판 2001. 03. 23, 99두5238). 〈해설〉 이 판결은 판결문언대로 이해하면 문제가 있다. 거부처분 후 법령이 개정된 경우에도 개정된 법령에 따라 새로 거부처분을 하는 것이 인정되지 않는다는 취지는 아니다(대판 1998. 01. 07, 97두22). 이 판결문 중 "사실심 변론종결 이전의 사유"를 사실심 변론종결 이전에 주장할 수 있었던 사유로 본다면 이 판결은 논리적이다. 소송당사자는 소송자료를 그 제출이 강한 한 사실심 변론종결 시까지 제출할 수 있고 법원은 사실심 변론종결시까지 제출된 소송자료를 기초로 판결을 한다.

나. 절차상의 위법을 이유로 신청에 따른 인용처분(예, 건축허가)이 취소된 경우의 재처분의무 ① 기속력 일반에 따르면 절차상 위법(넓은 의미의 형식상 위법)을 이유로 처분이 취소된 경우에 재처분의무를 규정한 법령이 있는 경우에는 재처분을 하여야 하고, 재처분의무를 규정한 법령이 없고 처분청이 결정재량권을 갖는 경우에는 재처분을 할 것인지는 처분청의 재량에 속한다. 처분청이 선택재량권을 갖는 경우에는 원래의 처분과 다른 처분을 할 수도 있다. 기속행위의 경우에는 처분요건에 해당하면 재처분의무를 규정한 법령이 없더라도 당연히 법에 따른 재처분을 하여야 한다.

② 행정소송법 제30조 제3항은 신청에 따른 처분이 절차의 위법을 이유로 취소된 경우에는 거부처분취소판결에 있어서의 재처분의무에 관한 제30조 제2항의 규정을 준용하는 것으로 규정하고 있다. 여기에서 '신청에 따른 처분'이라 함은 '신청에 대한 인용처분'을 말한다.

입법취지는 신청에 따른 인용처분에 의해 권익을 침해당한 제3자의 제소에 따라 절차에 위법이 있음을 이유로 취소된 경우에는 판결의 취지에 따른 적법한 절차에 의하여 신청에 대한 가부간의 처분을 다시 하도록 하여 신청인의 권익을 보호하기 위한 것이다.

여기에서 '절차의 위법'은 실체법상(내용상)의 위법에 대응하는 넓은 의미의 형식상의 위법을 말하며 협의의 절차의 위법뿐만 아니라 권한·형식의 위법을 포함하는 것으로 해석하여야 한다.

③ 국가공무원법 제78조의3 제1항 제2호에 따르면 징계처분권자(대통령이 처분권자인 경우에는 처분 제청권자)는 절차상의 흠을 이유로 소청심사위원회 또는 법원에서 징계처분등의 무효 또는 취소(취소명령 포함)의 결정이나 판결을 받은 경우에는 다시 징계 의결 또는 징계부가금 부과 의결(이하 "징계의결등"이라 한다)을 요구하여야 한다.

④ 확정판결에 따라 절차의 하자를 시정하여 한 처분은 취소되거나 무효확인된 종전 처분과 다른 내용의 처분인 경우뿐만 아니라 동일한 내용의 처분이라도 그 종전 처분과 다른 새로운 처분이다.

다. 종전 거부처분 이후 법령 등의 변경과 재처분내용의 문제

(가) 거부처분 가능 여부 재처분은 새로운 처분이므로 재처분시의 법령 및 사실상태를 기초로 하여 행해져야 한다. 따라서, 종전의 거부처분 후 법령 및 사실상태에 변경이 있는 경우에 위법판단의 기준시에 관하여 처분시설에 의하면 처분청은 종전 처분 후 발생한 새로운 사유가 기본적 사실관계의 동일성이 없는 사유인 경우 그 새로운 사유를 내세워 재처분으로 다시 거부처분을 할 수 있고 이 거부처분이 기속력인 재처분의무에 반하지 않지만, 판결시설에 의하면 사실심 변론종결 이전의 법령 및 사실상태의 변경을 이유로 다시 거부처분을 할 수 없다.

[판례] **① 종전 처분 후 발생한 새로운 사유를 내세워 다시 거부처분을 하는 것**이 처분 등을 취소하는 확정판결의 기속력에 위배되는지 여부(소극): [1] 행정처분의 적법 여부는 그 행정처분이 행하여진 때의 법령과 사실을 기준으로 하여 판단하는 것이므로 확정판결의 당사자인 처분 행정청은 종전 처분 후에 발생한 새로운 사유를 내세워 다시 거부처분을 할 수 있고, 그러한 처분도 행정소송법 제30조 제2항 소정의 재처분에 해당한다. 여기에서 **새로운 사유인지는, 종전 처분에 관하여 위법한 것으로 판결에서 판단된 사유와, 기본적 사실관계의 동일성이 인정되는 사유인지 여부에 따라 판단되어야 한다.** [2] 원고가 아파트 건설사업계획승인 신청을 하였으나 미디어밸리의 시가화 예정 지역이라는 이유로 거부되자 그 취소소송에서 처분 사유가 구체적이고 합리적이지 못하여 재량권 남용이라는 이유로 그 처분의 취소판결이 확정된 후 피고가 종전 처분 후이지만 종전 소송의 사실심 변론종결 이전에 발생한 개발제한지역 지정의 새로운 사실을 이유로 한 거부처분이 위 취소 확정판결의 기속력에 반하지 않는다는 원심을 수긍한 사례(대판 2011. 10. 27, 2011두14401[건축불허가처분취소]).
② 판례는 "사실심 변론종결 이전의 사유를 내세워 다시 거부처분을 하는 것은 확정판결의 기속력에 저촉되어 허용되지 아니한다"라고 판시하고 있는데(대판 1990. 12. 11, 90누3560; 2001. 03. 23, 99두5238), 그 의미는 사실심 변론종결 이전에 유효하게 주장할 수 있었던 사유를 내세워 다시 이전의 신청에 대한 거부처분을 할 수 없다는 것일 뿐, 거부처분 후 법령이 개정된 경우에도 개정된 법령에 따른 새로운 거부처분을 할 수 없다는 취지는 아니다(대판 1998. 01. 07, 97두22).

다만, 처분청이 취소판결 이후에 재처분을 부당하게 늦추면서 인위적으로 새로운 사유를 만든 경우 그 새로운 사유를 들어 다시 거부처분을 하는 것은 신의성실의 원칙에 반하고 판결의 기속력을 무력화시키는 행위이므로 인정될 수 없다.

(나) 원고의 신뢰의 보호 처분시의 법령(개정 전 법령)의 존속에 대한 국민의 신뢰이익, 인용판결에 대한 신뢰이익과 거부처분 후 개정된 법령의 적용에 관한 공익 사이의 이익형량의 결과 전자가 후자보다 더 보호가치가 있다고 인정되는 경우에는 그러한 국민의 신뢰를 보호하기 위하여 처분 후의 개정 법령을 적용하지 말고 개정 전 법령을 적용하여야 한다.

라. 거부처분취소에 따른 재처분의무의 실효성 확보: 간접강제

(가) 의 의 행정소송법은 거부처분취소에 따른 재처분의무의 실효성을 확

보하기 위하여 간접강제제도(間接强制制度)를 두고 있다. 즉, 행정청이 거부처분의 취소판결의 취지에 따라 처분을 하지 아니하는 때에는 1심 수소법원은 당사자의 신청에 의하여 결정으로서 상당한 기간을 정하고 행정청이 그 기간 내에 이행하지 아니하는 때에는 그 지연기간에 따라 일정한 배상을 할 것을 명하거나 즉시 손해배상할 것을 명할 수 있다(법 제34조 제1항). 이를 간접강제결정이라고 한다.

(나) 요 건 처분청이 거부처분의 취소판결의 취지에 따라 재처분을 하지 않았어야 한다(재처분의무의 불이행). 재처분을 하지 않았다는 것은 아무런 재처분을 하지 않은 것뿐만 아니라 재처분이 기속력에 반하여 당연무효가 된 것을 포함한다.

[판례] 거부처분에 대한 취소의 확정판결이 있음에도 행정청이 아무런 재처분을 하지 아니하거나, 재처분을 하였다 하더라도 그것이 종전 거부처분에 대한 취소의 확정판결의 기속력에 반하는 등으로 당연무효라면(예를 들면, 종전 거부처분 후 아무런 사정 변경이 없음에도 다시 거부처분을 한 경우) 이는 아무런 재처분을 하지 아니하는 때와 마찬가지라 할 것이므로 이러한 경우에는 간접강제 신청에 필요한 요건을 갖춘 것으로 보아야 한다(대결 2002. 12. 11, 2002무22). 〈해설〉 재처분으로서의 거부처분이 기속력에 반하는 경우는 동일한 행위의 반복에 해당하는 경우이다('동일한 행위'에 관하여는 전술).

이에 대하여 위법판단의 기준시에 관하여 처분시설을 취하는 경우 종전 거부처분 후 발생한 새로운 사유(판결시설을 취하는 경우에는 사실심 변론종결 후의 법령 또는 사실관계의 변경)를 내세워 다시 이전의 신청에 대한 거부처분을 할 수 있고(대결 1998. 01. 07, 97두22), 그러한 처분을 하면 재처분의무를 이행한 것에 해당된다. 거부처분 후의 새로운 사유에 기초하여 내려진 재처분이 무효인 경우에도 그러하다.
그러나, '사실심 변론종결 이전에 주장할 수 있었던 사유'를 내세워 다시 거부처분을 할 수는 없다. 예를 들면, 종전 거부처분 당시에 이미 존재하던 사유로서 종전의 거부처분과 동일성이 있는 범위 내의 사유는 종전의 거부처분 취소소송에서 유효하게 주장할 수 있는 사유이므로 재처분에서 거부사유가 될 수 없고, 그러한 사유를 근거로 한 재처분으로서의 거부처분은 기속력에 저촉되어 무효가 된다.

(다) 절 차 당사자는 제1심수소법원에 간접강제결정을 신청하고, 제1심수소법원의 간접강제의 결정에도 불구하고 당해 행정청이 판결의 취지에 따른 처분을 아니하는 경우에 신청인은 그 간접강제결정을 채무명의로 하여 집행문을 부여받아 이행강제금을 강제집행할 수 있다.

이 경우 행정소송법 제33조와 민사집행법 제262조가 준용되는 것으로 되어 있다(법 제34조 제2항). 따라서, 간접강제결정은 피고 또는 참가인이었던 행정청이 속하는 국가 또는 공공단체에 그 효력을 미친다. 그리고, 간접강제의 결정은 변론 없이 이를 할 수 있으나 결정 전에 채무자를 심문하여야 한다.

실무상 이행강제금 결정에 대해 민사소송법상의 청구이의의 소가 허용되고 있고, 이 청구이의의 소가 제기되면 이행강제금 결정의 집행이 정지되게 되어 있어 실무상 간접강제의 실효성이 크게 제약을 받고 있다. 따라서, 이행강제금결정에는 청구이의의 소를 인정하지 않는 것이 타당하다.

(라) 인정범위　　간접강제제도는 거부처분취소소송에 인정되고 있는데, 부작위위법확인소송에 준용되고 있으나(법 제38조 제2항) 무효확인판결에는 준용되고 있지 않은데, 이는 입법의 불비이다. 대법원 행정소송법개정안은 간접강제제도를 무효확인판결에도 준용하는 것으로 하고 있다.

거부처분의 무효확인판결에 간접강제제도가 허용될 지에 관하여 논란이 있을 수 있는데, 판례는 무효확인판결에는 간접강제가 허용되지 않는다고 보고 있다. 그리고, 그 논거로 취소소송에 관한 규정을 무효확인소송의 경우에 준용하는 행정소송법 제38조가 간접강제를 규정하는 행정소송법 제34조를 준용하고 있지 않다는 것을 들고 있다(대결 1998. 12. 24, 98무37).

(마) 배상금의 성질과 배상금의 추심　　간접강제결정에 기한 배상금은 거부처분취소판결이 확정된 경우 그 처분을 행한 행정청으로 하여금 확정판결의 취지에 따른 재처분의무의 이행을 확실히 담보하기 위한 것으로서, 확정판결의 취지에 따른 재처분의 지연에 대한 제재나 손해배상이 아니고 재처분의 이행에 관한 심리적 강제수단에 불과한 것이다.

따라서, 간접강제결정에서 정한 의무이행기한이 지나 배상금이 발생한 후에라도 확정판결의 취지에 따른 재처분의 이행이 있으면 특별한 사정이 없는 한 배상금을 추심함으로써 심리적 강제를 꾀할 당초의 목적이 상실되어 처분상대방이 더 이상 배상금을 추심하는 것은 허용되지 않는다(대판 2004. 01. 15, 2002두2444; 2010. 12. 23, 2009다37725).

4) 판결의 기속력의 취지에 따른 그 밖의 구제조치

행정청의 계쟁처분에 의해 신청의 기회가 박탈된 경우에 계쟁처분이 소급적으로 취소되면 그 수익적 행정처분의 신청의 기회를 인정하는 것이 취소판결의 기속력의 취지와 법치행정의 원리에 부합하며 그 신청에 대해 취소된 계쟁처분의 효력을 주장하여 거부하는 것은 신의성실의 원칙에 반한다(대판 2019. 01. 31, 2016두52019).

[판례] [1] 직업능력개발훈련과정 인정제한처분에 대한 쟁송절차에서 해당 제한처분이 위법한 것으로 판단되어 취소되거나 당연무효로 확인된 경우, 사업주가 해당 제한처분 때문에 관계 법령이 정한 기한 내에 하지 못했던 훈련과정 인정신청과 훈련비용 지원신청을 사후적으로 할 수 있는 기회를 주어야 하는지 여부(적극): 직업능력개발훈련과정 인정을 받은 사업주가 거짓이나 그 밖의 부정한 방법으로 훈련비용을 지원받은 경우에는 해당 훈련과정의 인정을 취소할 수 있고, 인정이 취소된 사업주에 대하여는 인정취소일부터 5년의 범위에서 구 근로자직업능력 개발법(2012. 2. 1. 법률 제11272호로 개정되기 전의 것, 이하 '직업능력개발법'이라 한다) 제24조 제1항에 의한 직업능력

개발훈련과정 인정을 하지 않을 수 있으며, 1년간 직업능력개발훈련 비용을 지원하지 않을 수 있다[직업능력개발법 제24조 제2항 제2호, 제3항, 제55조 제2항 제1호, 구 근로자직업능력 개발법 시행규칙(2011. 3. 11. 고용노동부령 제20호로 개정되기 전의 것) 제22조[별표 6의2]]. 관할관청이 직업능력개발훈련과정 인정을 받은 사업주에 대하여 거짓이나 그 밖의 부정한 방법으로 훈련비용을 지원받았다고 판단하여 위 규정들에 따라 일정 기간의 훈련과정 인정제한처분과 훈련비용 지원제한처분을 하였다면, **사업주는 제한처분 때문에 해당 제한 기간에는 실시예정인 훈련과정의 인정을 신청할 수 없고, 이미 실시한 훈련과정의 비용지원도 신청할 수 없게 된다**(설령 사업주가 신청을 하더라도, 관할관청은 제한처분이 있음을 이유로 훈련과정 인정이나 훈련비용 지원을 거부할 것이 분명하다). **그런데 그 제한처분에 대한 쟁송절차에서 해당 제한처분이 위법한 것으로 판단되어 취소되거나 당연무효로 확인된 경우**에는, 예외적으로 사업주가 해당 제한처분 때문에 관계 법령이 정한 기한 내에 하지 못했던 **훈련과정 인정신청과 훈련비용 지원신청을 사후적으로 할 수 있는 기회를 주는 것이** 취소판결과 무효확인판결의 **기속력을 규정한 행정소송법 제30조 제1항, 제2항, 제38조 제1항의 입법 취지와 법치행정 원리에 부합한다**. [2] 관할관청이 위법한 직업능력개발훈련과정 인정제한처분을 하여 사업주로 하여금 제때 훈련과정 인정신청을 할 수 없도록 하였음에도, 인정제한처분에 대한 취소판결 확정 후 사업주가 인정제한 기간 내에 실제로 실시하였던 훈련에 관하여 비용지원신청을 한 경우에, 관할관청은 단지 해당 훈련과정에 관하여 사전에 훈련과정 인정을 받지 않았다는 이유만을 들어 훈련비용 지원을 거부할 수는 없음이 원칙이다. **이러한 거부행위는** 위법한 훈련과정 인정제한처분을 함으로써 사업주로 하여금 제때 훈련과정 인정신청을 할 수 없게 한 장애사유를 만든 행정청이 사업주에 대하여 사전에 훈련과정 인정신청을 하지 않았음을 탓하는 것과 다름없으므로 **신의성실의 원칙에 반하여 허용될 수 없다**. [3] 따라서 사업주에 대한 훈련과정 인정제한처분과 훈련비용 지원제한처분이 쟁송절차에서 위법한 것으로 판단되어 취소되거나 당연무효로 확인된 후에 사업주가 인정제한 기간에 실제로 실시한 직업능력개발훈련과정의 비용에 대하여 사후적으로 지원신청을 하는 경우, 관할관청으로서는 사업주가 해당 훈련과정에 대하여 미리 훈련과정 인정을 받아 두지 않았다는 형식적인 이유만으로 훈련비용 지원을 거부하여서는 아니 된다. 관할관청은 사업주가 인정제한 기간에 실제로 실시한 직업능력개발훈련과정이 구 근로자직업능력 개발법 시행령(2011. 12. 30. 대통령령 제23467호로 개정되기 전의 것) 제22조 제1항에서 정한 훈련과정 인정의 실체적 요건들을 모두 충족하였는지, 각 훈련생이 구 사업주에 대한 직업능력개발훈련 지원규정(2011. 12. 30. 고용노동부고시 제2011－73호로 개정되기 전의 것) 제8조 제1항에서 정한 지원금 지급을 위한 수료기준을 충족하였는지 등을 심사하여 훈련비용 지원 여부와 지원금액의 규모를 결정하여야 한다. 나아가 관할관청은 사업주가 사후적인 훈련비용 지원신청서에 위와 같은 심사에 필요한 서류를 제대로 첨부하지 아니한 경우에는 사업주에게 상당한 기간을 정하여 보완을 요구하여야 한다(행정절차법 제17조 제5항)(대판 2019. 01. 31, 2016두52019).

〈해설〉 원심판결(서울고등법원 2016. 8. 30. 선고 2016누40957 판결)은 원고가 취소된 처분인 제1처분에 대해 적절한 시기에 처분의 효력정지 내지 집행정지 결정을 받아 훈련비용 지원을 위한 훈련과정 인정신청을 하고 행정청으로부터 훈련과정 인정을 받아 훈련과정 실시 등을 진행할 수 있었으므로 훈련과정 인정신청 자체가 아예 불가능한 것은 아니었다고 할 것임에도 이러한 조치를 취함이 없이 훈련과정의 인정 없이 자체적으로 훈련과정을 실시하였는바, 훈련과정의 인정신청을 하지 못한 것에 대해 공사 측에 아무런 책임이 없다고 볼 수만은 없다는 등의 이유로 해당 거부처분이 적법하다고 하였다.

(4) 범 위

1) 주관적 범위

기속력은 당사자인 행정청과 그 밖의 관계행정청을 기속한다(법 제30조 제1항). 여기에서 '관계행정청'이라 함은 당해 판결에 의하여 취소된 처분 등에 관계되는 무엇인지의 처분권한을 가지는 행정청, 즉 취소된 처분 등을 기초로 하여 그와 관련되는 처분이나 부수되는 행위를 할 수 있는 행정청을 총칭하는 것이라고 할 것이다.[336)]

2) 객관적 범위

기속력은 판결의 실효성을 확보하기 위하여 인정되는 효력이므로 다툼의 대상이 된 사건("그 사건")에 관하여서만 효력을 미친다(제30조 제1항).

기속력은 **동일한 사건**(기본적 사실관계가 동일한 사건)에 관해서만 미친다. 즉, 당사자가 동일하고, 기본적 사실관계가 동일한 한도내에서만 미친다.

기속력은 '판결의 취지'에 따라 행정청을 구속하는 효력인데, 판결의 취지는 처분이 위법이라는 것을 인정하는 판결의 주문과 판결이유 중에 설시된 개개의 위법사유를 포함한다(대판 2001. 03. 23, 99두5238). 그러나, 판결의 결론과 직접 관계없는 방론(傍論)이나 간접사실에는 미치지 아니한다.

기판력은 후소법원을 구속하는 효력으로서 판결의 주문에 포함된 것에 한하지만, 기속력은 행정청을 구속하는 효력으로서 판결에 설시된 개개의 위법사유를 포함한다.

[판례] ① 재결의 기속력은 재결의 주문 및 그 전제가 된 요건사실의 인정과 판단, 즉 처분 등의 구체적 위법사유에 관한 판단에만 미친다고 할 것이다(대판 2005. 12. 09, 2003두7705).
② 원심판결의 이유는 위법하지만 결론이 정당하다는 이유로 상고기각판결이 선고되어 원심판결이 확정된 경우 '판결의 취지'는 상고심판결의 이유와 원심판결의 결론을 의미한다(대판 2004. 01. 15, 2002두2444).
③ [취소판결의 기속력의 객관적 범위가 문제된 사건] (1) 취소판결의 기속력의 객관적 범위: 특허심판원의 심결을 취소하는 판결이 확정된 경우, **그 취소의 기본이 된 이유는** 그 사건에 대하여 **특허심판원을 기속하는 것**이고, **이 경우의 기속력은 취소의 이유가 된 심결의 사실상 및 법률상 판단이 정당하지 않다는 점에서 발생한다**(대법원 2002. 1. 11. 선고 99후2860 판결, 대법원 2002. 12. 26. 선고 2001후96 판결 등 참조). (2) 이 사건에서 확정된 취소판결은 정정청구가 이 사건 제1항 정정발명뿐만 아니라 이 사건 제3항 내지 제5항 정정발명에도 모두 걸쳐 있다는 이유로 이 사건 제3항 내지 제5항 정정발명에 관한 부분까지 포함하여 이 사건 원심결을 전부 취소하기는 하였으나, **취소의 기본이 된 이유는 이 사건 제1항 정정발명에 관한 원심결의 위법성 부분이라고 할 것이므로,** 확정된 취소판결의 기속력은 이 사건 제1항 정정발명에 관한 원심결의 사실상 및 법률상 판단이 정당하지 않다는 점에서 발생한다. (3) **원심은,** 이 사건 제3항 정정발명이 진보성이 부정되지 않는다고 판단한 이 사건 심결은 확정된 취소판결의 기속력에 따른 것이어서 적법하다고 판단하였는바, 취소판결의

336) 이상규, 전게서, 886면.

기속력과 관련된 원심의 이유 설시에 일부 부적절한 부분이 있지만 결과적으로 원심의 청구범위 해석 및 진보성 판단에는 잘못이 없다고 보아 상고를 기각한 사례(대판 2021. 01. 14, 2017후1830).

취소판결의 기속력은 원칙상 처분에 명시된 처분사유에 한정된다(쟁점주의). 따라서, 행정청은 다른 처분사유(처분의 기본적 사실관계의 동일성이 없는 사유)를 내세워 동일한 처분을 할 수 있다.

[판례] [1] **종전 처분이 재결에 의하여 취소되었다 하더라도** 종전 처분시와는 다른 사유를 들어서 처분을 하는 것은 기속력에 저촉되지 않는다고 할 것이며, 여기에서 동일 사유인지 다른 사유인지는 종전 처분에 관하여 위법한 것으로 재결에서 판단된 사유와 기본적 사실관계에 있어 동일성이 인정되는 사유인지 여부에 따라 판단되어야 한다. [2] (1) 이 사건 **종전 처분(주택건설사업계획승인신청서반려처분)의 처분사유는 이 사건 사업(주택건설사업)이 주변의 환경 · 풍치 · 미관 등을 해할 우려가 있다는 것이고**, 그에 대한 재결은 이 사건 사업이 환경·풍치·미관 등을 정한 1994. 7. 5. 고시와 군산시건축조례에 위반되지 않고, 환경·풍치·미관 등을 유지하여야 하는 공익보다는 이 사건 사업으로 인한 지역경제 승수효과와 도시서민들을 위한 임대주택 공급이라는 또 다른 공익과 재산권행사의 보장이라는 사익까지 더해 보면 결국 종전 처분은 비례의 원칙에 위배되어 재량권을 남용하였다는 것이므로 **종전 처분에 대한 재결의 기속력은** 그 주문과 재결에서 판단된 이와 같은 사유에 대해서만 생긴다고 할 것이고, 한편 **이 사건 처분(새로운 주택건설사업계획승인신청서반려처분)의 처분사유는 공단대로 및 교통여건상 예정 진입도로계획이 불합리하여 대체 진입도로를 확보하도록 한 보완요구를 이행하지 아니하였다는 것 등인 사실을 알 수 있는바**, 그렇다면 **이 사건 처분의 처분사유와 종전 처분에 관하여 위법한 것으로 재결에서 판단된 사유와는 기본적 사실관계에 있어 동일성이 없다고 할 것이므로** 이 사건 처분이 종전 처분에 대한 재결의 기속력에 저촉되는 처분이라고 할 수 없다. (2) 새로운 처분의 처분사유와 종전 처분에 관하여 위법한 것으로 재결에서 판단된 사유가 기본적 사실관계에 있어 동일성이 없으므로 새로운 처분이 종전 처분에 대한 재결의 기속력에 저촉되지 않는다고 한 사례. [3] 원심이 자연환경 등의 손상의 방지와 건강하고 문화적인 생활환경의 유지라는 '공익상 필요'까지도 이 사건 처분의 처분사유의 하나로 본 것은 잘못이라고 할 것이지만, 이 사건 주택건설사업계획상의 예정 진입도로의 설치의무는 원고에게 있는 점, 이 사건 공단도로의 현황 및 교통여건 등에 비추어 예정 진입도로를 공단대로에 직접 연결·설치하는 것은 대형교통사고 발생의 위험을 크게 증가시킬 것으로 예상되는 점, 이 사건 예정 진입도로로는 공단대로에서 우회전하여 진입하는 차량과 우회전하여 진출하는 차량만을 통행하도록 하고, 공단대로의 남쪽에서 북쪽으로 진행하는 차량은 예정 진입도로가 위치한 지점으로부터 약 180m 지점의 동아아파트 앞에 설치되어 있는 신호등 전방에서 유턴(U－turn)하여 예정 진입도로로 우회전하여 진입하도록 하는 대안은 우회전 진입과 우회전 진출시 감속 및 가속을 위한 별도의 가감속 차로 확보를 위한 부지의 확보가 필요하지만 그에 대한 원고의 대책이 없는 점, 한편 군경묘지 쪽 등으로 대체 진입도로를 확보하는 것이 불가능하지 않은 것으로 보이는 점(원고는 피고가 대체도로 예정지의 매도나 사용을 거부하였다는 증거를 제시하지 못하고 있음) 등을 알 수 있는바, 사정이 이러하다면, 주택건설사업계획승인권자인 피고가 주택건설사업계획상의 이 사건 예정 진입도로를 공단대로에 직접 연결·설치하는 경우에 예상되는 교통사고발생 위험을 회피하도록 하기 위하여 예정 진입도로의 설치의무자인 원고에게 대체 진입도로를 확보하도록 보완을 요구하고, 그 보완사항을 이행하지 아니하였음을 이유로 주택건설사업계획승인신청을 거부할 수 있다고 할 것이다(대판 2005. 12. 09, 2003두7705). **〈해설〉** 이 판례는 재결의 기속력에 관한 판례이지만, 판

결의 기속력도 이와 동일하다. 또한 이 판결에서 새로운 처분이 비례의 원칙에 위반하지 않고 적법하다고 판시하였다.

3) 시간적 범위

처분의 위법 여부의 판단시점은 처분시이기 때문에 기속력은 처분 당시까지 존재하던 사유에 대하여만 미치고 그 이후에 생긴 사유에는 미치지 아니한다. 따라서, 취소된 처분 후 새로운 처분사유가 생긴 경우(법 또는 사실상태가 변경된 경우)에는 기본적 사실관계에 동일성이 없는 한 행정청은 동일한 내용의 처분을 다시 할 수도 있다.

[판례] ① [1] 행정소송법 제30조 제2항의 규정에 의하면 행정청의 거부처분을 취소하는 판결이 확정된 때에는 그 처분을 행한 행정청이 판결의 취지에 따라 이전의 신청에 대하여 재처분할 의무가 있으나, 이 때 확정판결의 당사자인 처분 행정청은 그 확정판결에서 적시된 위법사유를 보완하여 새로운 처분을 할 수 있다. [2] 행정처분의 적법 여부는 그 행정처분이 행하여진 때의 법령과 사실을 기준으로 하여 판단하는 것이므로 거부처분 후에 법령이 개정·시행된 경우에는 **개정된 법령 및 허가기준을 새로운 사유로 들어 다시 이전의 신청에 대한 거부처분을 할 수 있으며** 그러한 처분도 행정소송법 제30조 제2항에 규정된 **재처분에 해당된다.** [3] 건축불허가처분을 취소하는 판결이 확정된 후 국토이용관리법시행령이 준농림지역 안에서의 행위제한에 관하여 지방자치단체의 조례로써 일정 지역에서 숙박업을 영위하기 위한 시설의 설치를 제한할 수 있도록 개정된 경우, 당해 지방자치 단체장이 위 처분 후에 개정된 신법령에서 정한 사유를 들어 새로운 거부처분을 한 것이 행정소송법 제30조 제2항 소정의 확정판결의 취지에 따라 이전의 신청에 대한 처분을 한 경우에 해당한다(대판 1998. 01. 07, 97두22[간접강제]).
② 취소 확정판결의 기속력은 판결의 주문 및 전제가 되는 처분 등의 구체적 위법사유에 관한 판단에도 미치나, **종전 처분이 판결에 의하여 취소되었더라도 종전 처분과 다른 사유를 들어서 새로이 처분을 하는 것은 기속력에 저촉되지 않는다.** 여기에서 동일 사유인지 다른 사유인지는 확정판결에서 위법한 것으로 판단된 종전 처분사유와 기본적 사실관계에서 동일성이 인정되는지 여부에 따라 판단되어야 하고, 기본적 사실관계의 동일성 유무는 처분사유를 법률적으로 평가하기 이전의 구체적인 사실에 착안하여 그 기초인 사회적 사실관계가 기본적인 점에서 동일한지에 따라 결정된다. 또한 행정처분의 위법 여부는 행정처분이 행하여진 때의 법령과 사실을 기준으로 판단하므로, 확정판결의 당사자인 처분 행정청은 **종전 처분 후에 발생한 새로운 사유를 내세워 다시 처분을 할 수 있고, 새로운 처분의 처분사유가 종전 처분의 처분사유와 기본적 사실관계에서 동일하지 않은 다른 사유에 해당하는 이상, 처분사유가 종전 처분 당시 이미 존재하고 있었고 당사자가 이를 알고 있었더라도 이를 내세워 새로이 처분을 하는 것은 확정판결의 기속력에 저촉되지 않는다**(대판 2016. 03. 24, 2015두48235[감차명령처분취소등]).

다만, 전술한 바와 같이 거부처분취소판결이 판결시의 법 및 사실상태를 기준으로 내려진다면 행정청은 판결 이전의 사유를 들어 다시 거부처분을 할 수는 없다.

(5) 기속력 위반의 효과

기속력에 위반하여 한 행정청의 행위는 당연무효가 된다(대판 1990. 12. 11, 90누3560).

기속력에 반하는 공권력의 행사 또는 불행사로 손해를 받은 경우 **국가배상**을 청구할 수 있다.

Ⅸ. 무효등확인판결의 효력

무효등확인판결에는 취소판결의 제3자효와 기속력에 관한 규정(제29조, 제30조)이 준용된다(제38조 제1항).

무효등확인판결에는 간접강제에 관한 규정이 준용되지 않는다.

Ⅹ. 부작위위법확인판결의 효력

부작위위법확인판결에는 취소판결의 제3자효와 기속력에 관한 규정(제29조, 제30조) 및 거부처분취소판결의 간접강제에 관한 규정(제34조)이 준용된다(제38조 제2항).

부작위위법확인판결의 기속력은 행정청의 판결의 취지에 따른 재처분의무이다. 그런데, 부작위위법확인소송에서 인용판결의 기속력으로서의 재처분의무는 행정청의 응답의무인가 아니면 신청에 따른 특정한 내용의 처분의무인가에 관하여 견해가 대립하고 있다.

1. 응답의무설

부작위위법확인판결의 기속력으로서의 재처분의무는 행정청의 응답의무라고 보는 견해로 다수견해이며 이 견해가 타당하다. 이 견해에 의하면 행정청은 신청의 대상이 기속행위인 경우에 거부처분을 하여도, 판결의 기속력의 내용인 (재)처분의무를 이행하는 것이 된다.[337)]

이 견해의 **논거**는 다음과 같다. ① 부작위위법확인판결은 부작위가 위법하다는 것을 확인하는 것에 불과하므로 이 재처분의무의 내용은 행정청의 가부간의 응답의무이며 신청에 따른 적극적인 처분을 하여야 할 의무는 아니다. ② 부작위의 성립요건으로서의 법령상, 조리상 신청권은 행정청의 응답을 구하는 권리에 불과하다. 행정소송법 제2조 제1항 제2호는 부작위의 성립요건으로 '일정한 처분을 하여야 할 법률상 의무'를 요구하고 있는데, 여기에서 '일정한 처분'이라 함은 특정내용의 처분을 의미하는 것은 아니며 신청에 대한 가부의 응답을 말한다고 보아야 한다. 따라서, 행정청이 거부처분을 내리는 것도 기속력에 반하지 않는다. ③ 특정처분의무설을 취하는

337) 김동희, 『행정법Ⅰ』, 794면.

경우 법원이 신청에 따른 처분의 적법 여부를 스스로 판단하여야 하는데, 이는 법원이 일차적 판단권을 행사하는 결과가 되어 문제가 있고, 법원의 부담이 너무 커진다. 이는 위법판단의 기준시 및 인용판결의 기준시를 판결시로 보는 경우에 더욱 그러하다. ④ 특정처분의무설을 취하는 경우 부작위위법확인소송은 실질적으로 의무이행소송과 같은 것이 되는데, 이는 부작위위법확인소송만 인정하고 의무이행소송을 인정하지 않은 현행 행정소송법의 입법취지에 반한다.

판례도 이 입장을 취하고 있다:

[판례] 부작위위법확인의 소는 행정청이 국민의 법규상 또는 조리상의 권리에 기한 신청에 대하여 상당한 기간내에 그 신청을 인용하는 적극적 처분 또는 각하하거나 기각하는 등의 소극적 처분을 하여야 할 법률상의 응답의무가 있음에도 불구하고 이를 하지 아니하는 경우, 판결(사실심의 구두변론 종결)시를 기준으로 그 부작위의 위법을 확인함으로써 행정청의 응답을 신속하게 하여 부작위 내지 무응답이라고 하는 소극적인 위법상태를 제거하는 것을 목적으로 하는 것이고, 나아가 당해 판결의 구속력에 의하여 행정청에게 처분 등을 하게 하고 다시 당해 처분 등에 대하여 불복이 있는 때에는 그 처분 등을 다투게 함으로써 최종적으로는 국민의 권리이익을 보호하려는 제도이다(대판 1990. 09. 25, 89누4758).

2. 특정처분의무설

부작위위법확인소송 인용판결의 기속력의 내용으로서의 처분의무는 당초 신청된 특정한 처분을 뜻하는 것으로 보는 견해를 말한다.

이 견해의 논거는 다음과 같다. ① 부작위위법확인소송의 본안에서 부작위의 위법성을 판단하기 위하여 행정청의 처분을 구할 실체법적 권리(청구권)의 유무가 다투어지지 않을 수 없다. ② 행정소송법 제2조 제1항 제2호의 '일정한 처분을 하여 줄 의무'란 '신청에 따른 처분을 하여 줄 의무'라고 보아야 한다. ③ 행정소송법 제30조 제2항이 부작위위법확인소송에 준용된다.[338] ④ 부작위위법확인소송의 기속력을 응답의무로 이해하면 처분청이 다시 거부처분을 하는 것이 가능하다는 결론이 되며 권리구제를 위하여는 그 거부처분에 대하여 다시 취소소송을 제기하여야 하므로 비효율적이고 경제적이지 못하므로 무용한 소송의 계속을 방지하기 위하여 부작위위법확인소송 인용판결에 실질적 기속력을 인정하는 것이 타당하다.[339]

입법론으로는 실효성 있는 권리구제를 위하여 의무이행소송을 도입하여야 한다.

338) 홍준형, 『행정구제법』, 제4판, 724~725면.
339) 김성수, 『일반행정법』, 919면.

XI. 기각판결의 효력

기각판결에는 대세효가 인정되지 않고 당사자 사이에 상대적인 기판력만이 발생한다. 그리고, 처분이 위법하지 않아 기각판결이 난 경우 처분이 적법하다는 것에 기판력이 발생한다는 것이 통설 및 판례의 입장이다.

사정판결의 경우에는 처분의 위법에 대하여 기판력이 발생한다.

XII. 민사판결의 기속력

원칙상 민사판결의 효력은 당해 사건에 한하여 소송당사자 사이에만 미치는 것이고, 처분을 행하는 행정기관을 기속하는 효력을 갖지 못하지만, 동일한 사실인정의 문제가 민사사건과 행정사건에서 동시에 제기되는 경우 민사판결에서 인정된 사실이 행정기관이 처분을 행하거나 행정심판을 행함에 있어서 부정되는 것은 타당한 것이 아니다.

[판례] [1] 보험급여에 관한 근로복지공단의 결정에 대한 산업재해보상보험심사위원회(이하 '산재심사위원회'라고 한다)의 재심사절차는 민사재판절차와는 별개의 절차로서 민사사건 등의 판결에서 인정된 사실에 기속되는 것은 아니라 할지라도 이미 확정된 관련 민사사건에서 인정된 사실은 특별한 사정이 없는 한 유력한 판단자료가 되는 것이므로 합리적 근거 없이 이를 배척할 수 없고, 특히 분쟁의 기초가 된 사실 및 그 청구 목적이 근로복지공단의 처분과 밀접하게 관련된 민사소송에서 확정된 사실이라면 더욱 그러하다. [2] 근로자가 당사자가 되어 진행된 민사사건에서 신체장해의 존부가 다투어지고 신체감정절차를 거쳐 그러한 장해를 인정하지 않는 내용의 판결이 확정되었음에도 산재심사위원회가 특별한 합리적 근거도 없이 객관적으로 확정판결의 내용에 명백히 배치되는 사실인정을 하였다면 이러한 재결은 전문적 판단의 영역에서 행정청에게 허용되는 재량을 넘어 객관적 정당성을 상실한 것으로서 국가배상법 제2조 소정의 국가배상책임의 요건을 충족할 수 있다고 한 사례(대판 2011. 01. 27, 2008다30703).

XIII. 기판력

1. 의 의

기판력(旣判力)은 일단 재판이 확정된 때에는 소송당사자는 동일한 소송물에 대하여는 다시 소를 제기할 수 없고 설령 제기되어도 상대방은 기판사항이라는 항변을 할 수 있으며 법원도 일사부재리의 원칙에 따라 확정판결과 내용적으로 모순되는 판단을 하지 못하는 효력을 말한다.

기판력제도는 국가의 재판기관이 당사자간의 분쟁을 공권적으로 판단한 것에 기초한 법적 안정성에서 유래된 것이다. 달리 말하면 기판력은 분쟁의 종국적인 해결을 위하여 확정판결에 의해 이미 해결된 법적 분쟁에 대하여 다시 소송으로 다투는 것을 막기 위하여 인정된 판결의 효력이다.

행정소송법은 기판력에 관한 명문의 규정을 두고 있지 않다. 행정소송에서의 판결의 기판력은 행정소송법 제8조 제2항에 따라 민사소송법상 기판력규정이 준용되어 인정되는 것이다.

기판력은 **확정된 종국판결**에 인정된다. 인용판결뿐만 아니라 기각판결, 소송판결(각하판결)에도 인정된다.

2. 범 위

기판력이 미치는 범위에는 주관적, 객관적, 시간적 범위가 있다.

(1) 주관적 범위

취소소송의 기판력은 당사자 및 이와 동일시할 수 있는 자에게만 미치며 제3자에게는 미치지 않는다. 소송참가를 한 제3자에게도 기판력이 미치지 않는다.

취소소송의 기판력은 당해 처분이 귀속하는 국가 또는 공공단체에도 미친다. 본래 소송의 대상은 법주체이어야 하며 따라서 취소소송의 피고는 처분의 효과가 귀속되는 국가 또는 공공단체이어야 하는데 소송편의상 처분청을 피고로 한 것이기 때문이다. 따라서, 기판력은 처분청 이외의 다른 행정청에도 미친다고 보아야 한다.

판례는 기판력이 관계 행정청에도 미치는 것으로 보고 있다(대판 1992. 12. 08, 92누6891).

(2) 객관적 범위

일반적으로 기판력은 판결의 주문에 포함된 것에 한하여 인정된다(민사소송법 제216조 제1항). 이유부분은 민사소송에서와 같이 행정소송에서도 판결주문을 해석하기 위한 수단으로서의 의미를 가질 뿐 기판력에 있어서는 의미를 갖지 못한다.

판결의 주문에는 소송물에 관한 판단의 결론이 적시된다. 취소소송의 소송물은 위법성 일반이라고 본다면 취소소송의 기판력은 인용판결의 경우에는 당해 처분이 위법하다는 점에 미친다.

[판례] 취소판결의 기판력은 소송물로 된 행정처분의 위법성 존부에 관한 판단 그 자체에만 미치는 것이므로 전소와 후소가 그 소송물을 달리하는 경우에는 전소 확정판결의 기판력이 후소에 미치지 아니한다(대판 1996. 04. 26, 95누5820[주택건설사업계획승인처분무효]).

기각판결의 경우에는 당해 처분이 적법하다는 점에 미친다. 다만, 사정판결의 경우에는 당해 처분이 위법하다는 점에 기판력이 미친다. 기각판결이 난 경우에는 원고는 다른 위법사유를 들어 당해 처분의 효력을 다툴 수 없다. 취소소송의 소송물이 개개의 위법사유라고 본다면 개개의 위법사유에 관한 판단에 한하여 기판력이 미친다.

무효확인소송의 기판력은 인용판결의 경우에는 당해 처분이 위법하다는 점과 당해 처분이 무효라는 점에 대하여 미치고, 기각판결의 경우에는 당해 처분이 무효가 아니라는 점에 미친다. 따라서, 무효확인소송에서 기각판결이 난 경우에도 취소소송의 요건이 갖추어진 경우에는 취소소송을 제기할 수 있고, 국가배상청구소송도 제기할 수 있다.

소송판결의 기판력은 그 판결에서 확정한 소송요건의 흠결에 관하여 미친다(대판 1996. 11. 15, 96다31406; 2015. 10. 29, 2015두44288).

[판례] ① (1) 원고는 2005. 4. 7. '원고가 1970. 1.경 베트남에서 군인으로서 직무수행 중 부비트랩이 폭발하여 오른쪽 눈 안구에 화상을 입었고, 이로 인하여 오른쪽 눈 중심성 망막염 및 황반변성의 장애와 왼쪽 눈 시력저하의 장애를 입었다'고 주장하면서 위 각 장애를 국가유공자의 상이로 추가인정해 줄 것을 피고에게 신청(이하 '이 사건 신청'이라 한다)한 사실, (2) 피고는 2005. 8. 23. 이 사건 신청을 거부(이하 '이 사건 거부처분'이라 한다)하였고, 이에 원고는 2005. 11. 11. 국가보훈처장에게 이 사건 거부처분의 취소를 구하는 행정심판을 청구한 사실, (3) 국가보훈처장은 2006. 7. 6. 이 사건 거부처분 전체를 취소하는 재결을 하면서 재결 이유에서 오른쪽 눈 중심성 망막염 및 황반변성의 장애가 군인으로서 직무수행 중 발생한 장애로 인정된다는 점만을 판단하였을 뿐 왼쪽 눈 시력저하에 대해서는 명시적인 판단을 하지 않은 사실, (4) 그 후 피고는 위 재결 취지에 따라 오른쪽 눈의 장애에 대하여 국가유공자 상이로 추가 인정하였으나 왼쪽 눈에 대해서는 아무런 처분을 하지 아니하였고, 이에 원고는 2012. 10. 15. 피고를 상대로 서울행정법원 2012구단24606호로 이 사건 신청 중 '왼쪽 눈 시력저하의 상이 추가인정 신청'에 대하여 피고가 아무런 처분을 하지 아니한 부작위가 위법하다는 확인을 구하는 소송(이하 '종전 소송'이라 한다)을 제기한 사실, (5) 서울행정법원은 피고가 이 사건 거부처분을 하였으므로 부작위 자체가 존재하지 않는다는 이유로 2013. 3. 8. 원고의 소를 각하하는 판결을 선고하였고 그 무렵 위 판결이 확정된 사실, (6) 원고는 2013. 11. 15. 다시 피고를 상대로 서울행정법원에 이 사건 신청 중 '왼쪽 눈 시력저하의 상이 추가인정 신청'에 대하여 피고가 아무런 처분을 하지 아니한 부작위가 위법함의 확인을 구하는 이 사건 소송을 제기한 사실 등을 알 수 있다. 〈원심 판결〉 원심은 위와 같은 사실 등을 인정한 다음, 종전 소송의 2013. 3. 8.자 판결은 피고가 2005. 8. 23.자 이 사건 거부처분을 하였기 때문에 부작위가 존재하지 않는다는 내용이므로, 2005. 8. 23.부터 이 사건 거부처분이 취소되기 전인 2006. 7. 5.까지 부작위가 존재하지 않는다는 점에 관해서 기판력이 발생하였음은 별론으로 하고, 위 거부처분이 취소된 2006. 7. 6. 이후에도 부작위가 존재하지 않는다는 점에 관해서까지 기판력이 발생하였다고 할 수는 없다는 이유로 이 사건 소송이 종전 소송에 관한 확정판결의 기판력에 저촉된다는 피고의 주장을 배척한 후 원고의 주위적 청구를 인용하였다. 〈대법원 판결〉 대법원은 다음과 같이 원심과 달리 판단하였다. 종전 소송과 이 사건 소송은 당사자가 서로 동일하고, 종전 소송의 청구취지와 이 사건 소송의 주위적 청구취지도 '원고의 2005. 4. 7.자 왼쪽 눈에 관한 상이

추가인정 신청에 대한 피고의 부작위가 위법함을 확인한다'는 것으로서 서로 동일할 뿐 아니라, 원고가 이 사건 소송에서 피고의 위법한 부작위의 원인으로 주장하는 '2006. 7. 6.자 행정심판 취소 재결에 의하여 이 사건 거부처분이 취소되었다'는 사정은 이미 종전 소송의 변론종결 이전에 발생한 사정으로서 당시 위 소송에서 현출되었음에도 위와 같은 이유로 각하 판결이 선고되었고, 이에 대하여 원고 스스로 항소하지 않아 소 각하 판결이 그대로 확정된 이상, 위 소송에서 판단이 이루어진 '소송요건의 흠결', 즉 '원고의 이 사건 신청에 대한 피고의 부작위가 존재하지 않는다'는 점에 관하여 종전 소송 확정판결의 기판력은 이 사건 소송에 미친다고 할 것이므로, 원고가 이 사건 거부처분이 취소되었다는 동일한 사유를 원인으로 하여 종전 소송 확정판결의 내용에 반하는 주장을 새로이 하는 것은 허용되지 아니한다고 보아야 한다. 따라서 원고의 이 사건 주위적 청구가 종전 소송 확정판결의 기판력에 저촉되지 아니한다는 원심의 판단에는 소송판결의 기판력에 관한 법리를 오해하여 판결에 영향을 미친 위법이 있다. 그러므로 원심판결을 파기하고, 사건을 다시 심리·판단하게 하기 위하여 원심법원에 환송하는 판결을 하였다. 〈평석〉 부작위위법확인소송에서 부작위 여부는 판결시를 기준으로 판단된다. 따라서, 서울행정법원의 판결은 잘못된 판결이다. 즉, 서울행정법원은 피고가 이 사건 거부처분을 하였으므로 부작위 자체가 존재하지 않는다는 이유로 부작위위법확인의 소를 각하하는 판결을 선고하였는데, 이 사건 거부처분이 행정심판의 재결에 의해 소급적으로 취소되었으므로 서울행정법원이 한 판결시에는 거부처분이 존재하지 않고 부작위 상태인 것으로 보는 것이 타당하다.

② (1) 부과처분 취소소송에서 이미 행사하였던 공격방어방법을 그에 대한 경정청구 거부처분 취소소송에서 다시 행사하는 것이 확정된 부과처분 취소소송 판결의 기판력에 반하여 허용될 수 없는지 여부(적극): 통상의 과세처분 취소소송에서와 마찬가지로 감액경정청구에 대한 거부처분 취소소송 역시 그 거부처분의 실체적·절차적 위법 사유를 취소 원인으로 하는 것으로서 그 심판의 대상은 과세표준신고서에 기재된 과세표준 및 세액의 객관적인 존부라 할 것이므로, 그 과세표준 및 세액의 인정이 위법이라고 내세우는 개개의 위법사유는 자기의 청구가 정당하다고 주장하는 공격방어방법에 불과하다(대법원 2004. 8. 16. 선고 2002두9261 판결 참조). (2) 이 사건 각 선행 확정판결의 소송물과 이 사건 소의 소송물은 모두 원고 1, 2, 4, 5의 각 해당 과세기간 귀속 각 이자소득의 과세표준과 세액의 객관적 존부로서 동일하고, 차용인 측의 기망을 이유로 한 각 대여계약의 취소는 이 사건 각 선행 확정판결의 변론종결 이전에 이미 행사하였던 공격방어방법이므로, 위 원고들이 다시 차용인 측의 기망을 이유로 각 대여계약의 취소를 주장하며 피고들을 상대로 이 사건 각 거부처분의 취소를 구하는 것은 이 사건 각 선행 확정판결의 기판력에 저촉되어 허용될 수 없다(대판 2020. 06. 25, 2017두58991[종합소득세경정거부처분취소]).

기판력은 해당 처분에 한하여 미치므로 동일한 처분에는 미치나 새로운 처분에 대하여는 미치지 않는다. 이에 대하여 기속력은 동일한 처분뿐만 아니라 새로운 처분에도 미친다.

기판력이라 함은 기판력 있는 전소판결의 소송물과 동일한 후소를 허용하지 않는 것임은 물론, 후소의 소송물이 전소의 소송물과 동일하지 않다고 하더라도 전소의 소송물에 관한 판단이 후소의 선결문제가 되거나 모순관계에 있을 때에는 후소에서 전소판결의 판단과 다른 주장을 하는 것을 허용하지 않는 작용을 하는 것이다(대판 2001. 01. 16, 2000다41349).

(3) 시간적 범위

기판력은 사실심 변론의 종결시를 기준으로 하여 발생한다. 처분청은 당해 사건의 사실심 변론종결 이전에 주장할 수 있었던 사유를 내세워 확정판결과 저촉되는 처분을 할 수 없고 하여도 무효이다.

확정판결의 기판력은 그 변론종결 후에 새로 발생한 사유가 있을 경우에는 효력이 차단되는데, 여기서 말하는 변론종결 후에 발생한 새로운 사유란 법률관계 사실 자체를 말하는 것이지 기존의 법률관계에 대한 새로운 증거자료를 의미하는 것이 아니다(대판 2001. 01. 16, 2000다41349).

3. 기판력의 적용

기판력은 전소에서 확정된 법적 문제가 후소에서 다시 문제되는 때에 작용하는데 구체적으로는 다음의 세 경우이다. ① 후소의 소송물이 전소의 소송물과 동일하거나(예, 동일한 처분에 대하여 절차의 하자를 이유로 취소소송을 제기하여 기각당한 후 내용상 위법을 이유로 다시 취소소송을 제기한 경우), ② 후소가 기판력에 의하여 확정된 법률효과와 정면으로 모순되는 반대관계를 소송물로 하거나(취소소송에서 기각판결이 확정된 후 무효확인소송을 제기한 경우), ③ 전소의 소송물(또는 소송물과 기판력의 대상이 일치하지 않는다는 견해에 의하면, 기판력의 대상)이 후소의 선결문제로 되는 때(예, 처분에 대한 취소판결 후 동 처분으로 인한 손해에 대해 국가배상청구소송을 제기한 경우, 처분에 대한 무효확인판결 또는 기각판결을 받은 후 부당이득반환청구소송을 제기한 경우)이다.

당사자는 기판력에 저촉되는 주장을 할 수 없고 법원도 기판력에 저촉되는 판단을 할 수 없다.

[판례] 행정청의 공사중지명령에 대한 취소소송에서 명령이 적법한 것으로 확정된 경우, 이후 그 명령의 상대방이 명령의 해제신청을 거부한 처분의 취소를 구하는 소송에서 명령의 적법성을 다툴 수 있는지 여부(소극): 행정청이 관련 법령에 근거하여 행한 공사중지명령의 상대방이 명령의 취소를 구한 소송에서 패소함으로써 그 명령이 적법한 것으로 이미 확정되었다면, 이후 이러한 공사중지명령의 상대방은 그 명령의 해제신청을 거부한 처분의 취소를 구하는 소송에서 그 명령의 적법성을 다툴 수 없다(대판 2014. 11. 27, 2014두37665[공사중지명령해제신청거부처분취소등]). **〈해설〉** 행정청의 공사중지명령에 대한 취소소송에서 기각판결이 확정된 경우(명령이 적법한 것으로 확정된 경우) 그 기각판결의 기판력은 당해 처분이 적법하다는 것에 미치며 그 명령의 상대방이 제기한 명령의 해제신청을 거부한 처분의 취소를 구하는 소송에서 명령의 적법성 판단에 미친다.

(1) 취소소송에서의 기각판결의 무효확인소송에 대한 기판력

취소소송에서 기각판결이 확정되면 계쟁처분이 위법하지 않다는 것이 확정된다.

따라서, 원고는 다시 이를 무효라 하여 그 무효확인을 소구할 수는 없고(대판 1992. 12. 08, 92누6891; 1993. 04. 27, 92누9777), 후에 무효확인소송에 있어서 법원은 취소소송의 기각판결의 기판력에 구속되므로 무효확인판결을 내릴 수 없고, 기각판결을 내려야 한다.

이에 반하여 무효확인소송에서 기각판결이 확정되어도 무효확인소송의 대상이 된 처분의 위법을 주장하면서 취소소송이나 국가배상소송을 제기할 수 있다.

(2) 취소판결의 국가배상청구소송에 대한 기판력

취소소송의 판결의 기판력이 국가배상소송에 대하여 미치는 것은 취소소송의 소송물(위법성)이 후소인 국가배상소송의 선결문제로 되는 경우이다. 취소소송의 소송물(또는 기판력의 대상 즉 위법성)이 국가배상소송에서 선결문제로 되지 않는 무과실책임(위법·적법 여부를 묻지 않는 엄격한 의미의 무과실책임)의 경우에는 취소소송판결의 기판력이 국가배상소송에 미치지 않는다. 과실책임의 경우에는 위법성이 선결문제가 되므로 취소소송의 판결의 기판력이 국가배상소송에 미치는지 여부가 문제된다.

취소판결의 국가배상소송에 대한 기판력의 문제는 취소소송의 소송물을 무엇으로 볼 것인가 하는 것과 취소소송에서의 위법과 국가배상소송에서의 위법을 어떻게 볼 것인가에 따라 다르다.

1) 취소소송의 소송물을 처분의 위법성 일반으로 보는 견해

가. 긍정설 취소소송에서의 위법과 국가배상소송에서의 위법이 동일한 개념이라고 보는 협의의 행위위법설에 의하면 취소판결 및 기각판결의 기판력은 국가배상소송에 미친다.

청구기각판결의 경우에는 후소(국가배상소송)에서 그 처분의 위법성을 주장할 수 없게 되고, 청구인용판결의 경우에는 국가배상청구소송 법원은 처분의 위법성을 인정하여야 한다.

나. 부정설 국가배상법상 위법을 취소소송의 위법과 다른 개념으로 보는 견해(상대적 위법성설 또는 결과위법설)에 의하면 취소판결의 기판력은 국가배상청구소송에 미치지 않는다고 보아야 할 것이다.

다. 인용판결·기각판결구별설 국가배상청구소송의 위법 개념을 취소소송의 위법 개념보다 넓은 개념으로 본다면 항고소송인용판결의 기판력은 국가배상소송에 미치지만, 기각판결의 기판력은 국가배상소송에 미치지 않는다고 보아야 한다.

라. 사견(개별결정설) 광의의 행위위법설을 취하는 사견에 의하면 국가배상소송에서 취소된 처분 자체가 가해행위가 되는 경우 취소소송의 인용판결의 기판력은 국가배상소송에 미친다. 그러나, 취소된 처분 자체가 가해행위가 아니라 처분에

수반되는 손해방지의무 위반이 손해의 원인이 되는 경우에는 위법의 대상이 다르므로 처분의 취소판결의 기판력은 처분에 수반되는 손해방지의무위반으로 인한 손해에 대한 국가배상청구소송에 미치지 않는다.

또한 국가배상법상 위법 개념에 관하여 **상대적 위법성설**을 취하면 항고소송에서의 위법과 국가배상청구소송에서의 위법 개념이 다르므로 취소판결의 기판력은 국가배상소송에 미치지 않는다.

2) 처분의 위법사유마다 취소소송의 소송물이 다르다고 보고 취소소송 판결의 기판력은 개개의 위법사유에 한정된다는 견해

처분의 개개의 위법사유가 취소소송의 소송물이라고 보는 견해에 의하면 취소소송의 판결의 기판력은 개개의 위법사유에 한정된다. 따라서 청구기각판결의 경우에 원고는 후소인 국가배상청구소송에서 전소인 취소소송에서 주장한 것과 다른 위법사유를 주장할 수 있게 된다. 이 견해에 의하면, 취소소송에서 기각판결을 받은 경우에 불복제기기간이 지나 다른 위법사유를 들어 취소소송을 제기할 수 없는 경우에는 다른 위법사유를 들어 국가배상청구소송을 제기할 수 있게 된다.

(3) 국가배상판결의 취소소송에 대한 기판력

국가배상소송에서의 처분의 위법 또는 적법의 판단은 취소소송에 기판력을 미치지 않는다. 왜냐하면 국가배상소송에서의 위법 또는 적법은 기판력이 미치는 소송물이 아니기 때문이다.

제 4 절 행정구제수단으로서의 헌법소송

헌법소송에는 위헌법률심판, 헌법소원, 탄핵심판, 정당해산심판, 권한쟁의심판이 있는데, 행정구제수단으로서 중요한 것은 헌법소원 및 권한쟁의 심판이다.

Ⅰ. 헌법소원

1. 헌법소원과 행정소송

헌법소원(憲法訴願)에는 두 종류가 있다. 하나는 공권력의 행사 또는 불행사로 인하여 기본권이 침해된 경우에 기본권을 침해받은 자가 제기하는 권리구제형 헌법소원(헌법재판소법 제68조 제1항에 의한 헌법소원)이고, 다른 하나는 법원에 위헌법률심판의 제청신청을 하였으나 기각된 경우에 제청신청을 한 당사자가 헌법재판소에 제기하는

위헌심사형 헌법소원(헌법재판소법 제68조 제2항에 의한 헌법소원)이다. 이 중 행정구제수단으로서 중요한 것은 권리구제형 헌법소원이다. 헌법소원에서는 공권력의 행사 또는 불행사가 다투어지는데, 여기에서의 공권력에는 행정권도 포함된다.

권리구제형 헌법소원의 소송요건은 다음과 같다. ① 공권력의 행사 또는 불행사로 자신의 기본권이 침해된 자가 제기할 것. 따라서 기본권의 주체만이 헌법소원을 제기할 수 있다. ② 공권력작용에 의해 자신의 기본권이 현재 그리고 직접 침해를 당했어야 한다. 즉 자기관련성, 현재성 및 직접성이 있어야 한다. ③ 헌법소원은 다른 법률에 구제절차가 있는 경우에는 그 절차를 모두 거친 후에 심판청구를 하여야 한다(헌법재판소법 제68조 제1항 단서). 이를 헌법소원의 보충성 내지 보충성의 원칙이라 한다. ④ 헌법소원심판은 법이 정한 청구기간내에 제기하여야 한다(헌법재판소법 제69조). ⑤ 권리보호이익 내지 심판의 이익이 있어야 한다.

'다른 법률에 의한 구제절차'라 함은 공권력의 행사 또는 불행사를 직접 대상으로 하여 그 효력을 다툴 수 있는 권리구제절차(예, 항고소송)를 의미하고, 사후적·보충적 구제수단(예, 손해배상청구, 손실보상청구)을 뜻하는 것은 아니다(헌재 1989. 04. 17, 88헌마3). 따라서, 항고소송이 가능한 경우(처분인 경우)에는 원칙상 헌법소원이 인정되지 않는다(헌재 2009. 02. 26, 2008헌마370).

[판례] ① (1) 청구인(국립 강원대학교)은 이 사건 모집정지(강원대학교 법학전문대학원의 2015 학년도 및 2016학년도 신입생 각 1명의 모집을 정지한 행위)에 대하여 행정소송을 제기하지 아니한 채 바로 헌법소원심판을 청구하였으나, 법인화되지 않는 국립대학 및 국립대총장은 행정소송의 당사자능력이 인정되지 않는다는 것이 법원의 확립된 판례이므로, **이 사건 심판청구는 보충성의 예외에 해당된다**(헌재 1995. 12. 28, 91헌마80 등 참조). 〈해설〉 이 사건 모집정지의 처분성이 문제된다. 교육부장관의 지휘감독조치로 본다면 내부행위로 볼 수도 있지만, 대학의 기본권인 자율권을 침해하는 것이고, 법학전문대학원 지원자에 대해서도 영향을 미치는 것이므로 처분으로 보는 것이 타당할 것이다. (2) 교육부장관의 지도·감독권에 기하여 이루어진 이 사건 모집정지(강원대학교 법학전문대학원의 2015학년도 및 2016학년도 신입생 각 1명의 모집을 정지한 행위)가 법률유보원칙에 반하여 청구인의 대학의 자율권을 침해한다고 보기는 어렵다. (3) **국립대학도 헌법상 학문의 자유 및 대학의 자율권으로 보호되는 영역에서는 독립된 기본권의 주체가 되므로**, 교육부장관의 공권력 행사가 국립대학의 대학의 자율권을 침해하는 경우에는 해당 기본권이 형해화(形骸化)되는 것을 막기 위하여 **헌법소원심판의 청구인능력이 인정**된다(헌재 2015. 12. 23, 2014헌마1149[강원대학교 법학전문대학원 2015학년 모집정지처분 등 취소]).
② (1) **코로나바이러스감염증-19의 예방을 위하여 음식점 및 PC방 운영자 등에게 영업시간을 제한하거나 이용자 간 거리를 둘 의무를 부여하는 심판대상고시는** 관내 음식점 및 PC방의 관리자·운영자들에게 일정한 방역수칙을 준수할 의무를 부과하는 것으로서 항고소송의 대상인 **행정처분에 해당**한다. 대법원도 심판대상고시와 동일한 규정 형식을 가진 피청구인의 대면예배 제한 고시(서울특별시고시 제2021-414호)가 항고소송의 대상인 행정처분에 해당함을 전제로 판단한 바 있다(대법원 2022. 10. 27.자 2022두48646 판결). (2) 심판대상고시의 효력기간이 경과하여 그 효력이

소멸하였으므로, 이를 취소하더라도 그 원상회복은 불가능하다. 그러나 피청구인은 심판대상고시의 효력이 소멸한 이후에도 2022. 4.경 코로나19 방역조치가 종료될 때까지 심판대상고시와 동일·유사한 방역조치를 시행하여 왔고, 향후 다른 종류의 감염병이 발생할 경우 피청구인은 그 감염병의 확산을 방지하기 위하여 심판대상고시와 동일·유사한 방역조치를 취할 가능성도 있다. 그렇다면 **심판대상고시와 동일·유사한 방역조치가 앞으로도 반복될 가능성이 있고 이에 대한 법률적 해명이 필요한 경우에 해당하므로** 예외적으로 그 처분의 취소를 구할 **소의 이익이 인정되는 경우에 해당한다.** 대법원도 피청구인의 대면예배 제한 고시(서울특별시고시 제2021-414호)에 대한 위 항고소송에서 소의 이익이 인정됨을 전제로 심리불속행으로 상고를 기각한 바 있다(대법원 2022. 10. 27.자 2022두48646 판결). (3) 그렇다면 심판대상고시는 항고소송의 대상이 되는 행정처분에 해당하고 그 취소를 구할 소의 이익이 인정된다. 따라서 이에 대한 다툼은 **우선 행정심판이나 행정소송이라는 구제절차를 거쳤어야 함에도, 이 사건 심판청구는 이러한 구제절차를 거치지 아니하고 제기된 것이므로 보충성 요건을 충족하지 못하였다.** 그러므로 **이 사건 헌법소원심판청구를** 모두 **각하**한다(헌재, 2023. 05. 25, 2021헌마21[코로나바이러스감염증-19의 예방을 위한 방역조치를 명하는 서울특별시고시에 관한 사건]).

다만, 헌법재판소는 이 보충성 요건을 완화하여 해석하면서 헌법소원을 널리 인정하고 있다. 즉, 헌법소원은 기존의 구제절차가 없는 경우뿐만 아니라 '헌법소원심판청구인이 그의 불이익으로 돌릴 수 없는 정당한 이유 있는 착오로 전심절차를 밟지 않은 경우 또는 전심절차로 권리가 구제될 가능성이 거의 없거나 권리구제절차가 허용되는지의 여부가 객관적으로 불확실하여 전심절차이행의 기대가능성이 없을 때'에도 예외적으로 헌법재판소법 제68조 제1항 단서 소정의 전심절차 이행요건은 배제된다(헌재 1989. 09. 04, 88헌마22).

위헌심사형 헌법소원이 인용된 경우에 '당해 헌법소원과 관련된 소송사건'(당해 헌법소원의 전제가 된 당해 소송사건, 2003재다248)이 이미 확정된 때에는 당사자는 재심을 청구할 수 있다(제75조 제7항).

2. 행정권 행사에 대한 헌법소원의 인정범위

(1) 항고소송으로 구제될 수 없거나 현실적으로 구제가 극히 곤란한 경우

헌법소원은 기존의 구제절차가 없는 경우뿐만 아니라 헌법소원심판청구인이 그의 불이익으로 돌릴 수 없는 정당한 이유 있는 착오로 전심절차를 밟지 않은 경우 또는 전심절차로 권리가 구제될 가능성이 거의 없거나 권리구제절차가 허용되는지의 여부가 객관적으로 불확실하여 전심절차이행의 기대가능성이 없을 때에도 인정된다. 이 경우에는 항고소송을 거칠 필요 없이 직접 헌법소원을 제기할 수 있다.

1) 법규명령

법규명령은 원칙상 항고소송의 대상이 되지 않고, 예외적으로 처분성을 갖는 경우는 항고소송의 대상이 된다. 따라서, 처분적 법규명령에 대한 헌법소원은 원칙상 인정될 수 없다.

법규명령이 처분이 아니고 별도의 집행행위를 기다리지 않고 직접 국민의 기본권을 침해하는 경우에는 헌법소원의 대상이 된다.

법령 또는 법령조항 자체가 헌법소원의 대상이 될 수 있으려면, 청구인의 기본권이 구체적인 집행행위를 기다리지 아니하고 그 법령 또는 법령조항에 의하여 직접 침해받아야 한다.

[판례] ① 여기서 말하는 **기본권침해의 직접성**이란 집행행위에 의하지 아니하고 법령 그 자체에 의하여 자유의 제한, 의무의 부과, 법적 지위의 박탈이 발생하는 경우를 말하므로, 당해 법령에 근거한 구체적인 집행행위를 통하여 비로소 기본권 침해의 법률효과가 발생하는 경우에는 직접성의 요건이 결여된다(헌재 1998. 05. 28, 96헌마151).
② 법규범이 집행행위(예, 취소처분)를 예정하고 있더라도 법규범의 내용이 집행행위 이전에 이미 국민의 권리관계를 직접 변동시키거나 국민의 법적 지위를 결정적으로 정하는 것이어서 국민의 권리관계가 집행행위의 유무나 내용에 의하여 좌우될 수 없을 정도로 확정된 상태라면 그 법규범의 권리침해의 직접성이 인정된다(헌재 1997. 07. 16, 97헌마38).

2) 행정규칙

행정규칙은 항고소송의 대상이 되지 않는다. 따라서, 행정규칙이 그 자체로서 직접 국민의 기본권을 침해하는 경우에는 헌법소원의 대상이 된다.

헌법재판소는 인문계열 대학별고사의 제2외국어에 일본어를 제외한 서울대학교 1994년도 대학입시요강이 헌법소원의 대상이 된다고 보았다(헌재 1992. 10. 01, 92헌마68).

법규명령의 효력을 갖는 행정규칙은 법규명령과 같은 요건하에 헌법소원의 대상이 될 수 있다.

3) 조 례

대법원은 조례가 집행행위의 개입 없이도 그 자체로서 직접 국민의 구체적인 권리의무나 법적 이익에 영향을 미치는 등의 법률상 효과를 발생하는 경우 그 조례는 항고소송의 대상이 되는 행정처분에 해당한다고 보았다.

예를 들면, 두밀분교를 폐교하는 경기도의 조례를 항고소송의 대상이 되는 처분으로 보았다(대판 1996. 09. 20, 95누8003).

그러나, 조례의 처분성을 인정한 대법원의 판례는 예외적이므로 조례의 처분성을 인정한 대법원 판례가 조례에 대한 헌법소원을 일반적으로 배제할 이유가 될 수는 없다.

헌법재판소는 "조례 자체로 인하여 직접 그리고 현재 자기의 기본권을 침해받은 자는 그 권리구제의 수단으로서 조례에 대한 헌법소원을 제기할 수 있다"고 본다(헌재 1995. 04. 20, 92헌마264).

4) 행정입법부작위

대법원은 행정입법부작위는 부작위위법확인소송의 대상이 될 수 없다고 보고 있다(대판 1992. 05. 08, 91누11261). 따라서, 행정입법부작위에 대한 헌법소원에 있어서는 보충성 요건이 충족된다(헌재 1998. 07. 16, 96헌마246).

5) 권력적 사실행위

헌법재판소는 권력적 사실행위도 행정심판이나 행정소송의 대상이 되는 처분으로 볼 수 있다고 보고 있다. 즉, 헌법재판소는 "수형자의 서신을 교도소장이 검열하는 행위는 이른바 권력적 사실행위로서 행정심판이나 행정소송의 대상이 되는 행정처분으로 볼 수 있다"고 판시하였다(헌재 1998. 08. 27, 96헌마398).[340]

그러나, 헌법재판소는 권력적 사실행위가 항고소송의 대상이 된다고 단정하기 어려운 경우 또는 그 대상이 된다고 하더라도 이미 종료된 행위로서 소의 이익이 부정될 가능성이 많은 경우에는 헌법소원심판을 청구하는 외에 달리 효과적인 구제방법이 있다고 보기 어려우므로 보충성의 원칙에 대한 예외에 해당한다고 보고 있다(헌재 1995. 07. 21, 92헌마144).

[판례] ① 헌법재판소는 교도소장의 미결수용자의 서신에 대한 발송거부행위에 대하여는 행정소송법 및 행정심판법에 의하여 행정소송이나 행정심판이 가능할 것이므로 이러한 절차를 거치지 아니한 채 제기한 헌법소원심판청구부분은 부적법하다고 보고, 교도소장의 서신검열과 서신의 지연발송 및 지연교부행위는 이른바 권력적 사실행위로서 행정심판이나 행정소송의 대상이 된다고 단정하기도 어려울 뿐 아니라 설사 그 대상이 된다고 하더라도 이미 종료된 행위로서 소의 이익이 부정될 가능성이 많아 헌법소원심판을 청구하는 외에 달리 효과적인 구제방법이 있다고 보기 어려우므로 보충성의 원칙에 대한 예외에 해당한다고 할 것이라고 보았다(헌재 1995. 07. 21, 92헌마144).

② 미결수용자가 구치소 내에서 실시하는 종교행사 등에의 참석을 금지당한 것에 대하여 바로 헌법소원을 제기한 경우 보충성원칙의 예외를 인정할 것인지 여부(적극): 이 사건 종교행사 등 참석불허 처우는 이른바 권력적 사실행위에 해당하므로 행정소송의 대상이 된다고 단정하기 어렵고, 가사 행정소송의 대상이 된다고 하더라도 이미 종료된 행위로서 소의 이익이 부정되어 각하될 가능성이 많은바, 청구인에게 그에 의한 권리구제절차를 밟을 것을 기대하기는 곤란하므로 보충성 원칙의 예외로서 헌법소원의 제기가 가능하다(헌재 2011. 12. 29, 2009헌마527). 〈해설〉 대법원 판례가 행정소송에서 권력적 사실행위의 처분성을 인정하고 있는 점에 비추어 권력적 사실행위에 해당한다는 것만을 이유로 행정소송의 대상이 된다고 단정하기 어렵다고 판시한 것은 문제가 있다.

---

340) 다만, 이 경우에도 위 검열행위가 이미 완료되어 버린 경우에는 행정심판이나 행정소송을 제기하더라도 소의 이익이 부정될 수밖에 없으므로 헌법소원심판을 청구하는 외에 다른 효과적인 구제방법이 있다고 보기 어렵기 때문에 보충성의 원칙에 대한 예외에 해당한다고 보았다.

사실행위는 권력적인 경우에 한하여 헌법소원의 대상이 되는 공권력 행사가 된다. 헌법재판소는 일반적으로 어떤 행정상 사실행위가 권력적 사실행위에 해당하는지 여부는 “당해 행정주체와 상대방과의 관계, 그 사실행위에 대한 상대방의 의사·관여정도·태도, 그 사실행위의 목적·경위, 법령에 의한 명령·강제수단의 발동 가부 등 그 행위가 행하여질 당시의 구체적 사정을 종합적으로 고려하여 개별적으로 판단하여야 한다”라고 보고 있다. 금융기관을 통한 부실기업정리에 대한 행정지도 등을 통한 정부의 개입행위를 권력적 사실행위로 본 사례(헌재 1993. 07. 29, 89헌마31[국제그룹해체사건])와 비권력적 사실행위로 본 사례(헌재 1994. 05. 06, 89헌마35[대한전선주식회사정리사건])가 있다.

6) 처분에 대한 항고소송의 소의 이익이 없지만 헌법소원의 권리보호의 이익이 있는 경우

처분에 대한 항고소송의 소의 이익이 없지만 헌법소원의 권리보호의 이익이 있는 경우에는 헌법소원의 보충성의 요건이 충족된다.

현재성이란 그 법률이 청구인의 기본권을 명백히 구체적으로 현실 침해하였거나 침해가 확실히 예상되는 경우를 의미하므로, 구체적 집행행위를 통하여 비로소 당해 법률 또는 법률조항에 의한 기본권 침해의 법률효과가 발생한 경우이거나 간접적, 사실적 또는 경제적 이해관계가 있을 뿐인 제3자는 이에 해당하지 않는다는 것이 헌법재판소의 확립된 판례이다(헌재 1992. 11. 12, 91헌마192, 판례집 4, 813, 823; 2000. 11. 30, 2000헌마79등, 판례집 12-2, 361, 367 참조). 즉, 헌법재판소는 “헌법소원은 심판청구 당시 권리보호이익이 있다 하더라도 심판계속중에 사실관계 또는 법률관계의 변동으로 기본권의 침해가 종료된 경우에는 부적법한 것이 된다”라고 하면서도 “다만, 권리침해상태가 종료되었더라도 위헌 여부의 해명이 헌법적으로 중요하거나 기본권 침해행위의 반복위험성이 있는 경우에는 예외적으로 심판청구의 이익이 있다”고 보고 있다(헌재 1997. 06. 26, 97헌바4). 여기서 말하는 침해의 반복 위험성이란 단순히 추상적, 이론적인 가능성이 아닌 구체적 실제적인 것이어야 하고 이 점은 청구인이 입증할 책임이 있다.

예를 들면, 수형자의 서신에 대한 검열행위가 종료되고 청구인이 형기만료로 출소한 경우에도 권리보호의 이익이 인정된다고 보았다.

[판례] 수형자의 서신을 교도소장이 검열하는 행위는 이른바 권력적 사실행위로서 행정심판이나 행정소송의 대상이 되는 행정처분으로 볼 수 있으나, 위 검열행위가 이미 완료되어 행정심판이나 행정소송을 제기하더라도 소의 이익이 부정될 수밖에 없으므로 헌법소원심판을 청구하는 외에 다른 효과적인 구제방법이 있다고 보기 어렵기 때문에 보충성의 원칙에 대한 예외에 해당한다. …… 피청구인의 서신검열행위는 이미 종료되었고, 청구인도 형기종료로 출소하였다 하더라도 수형자의 서신에 대한 검열행위는 헌법이 보장하고 있는 통신의 자유, 비밀을 침해받지 아니할 권리 등과의 관계에서 그 위헌 여부가 해명되어야 할 중요한 문제이고, 이러한 검열행위는 행형법의 규정에 의하여 앞으로도 계속 반복될 것으로 보인다. 그런데 ‘미결수’에 대한 서신검열행위의 위헌여부에 대하여는 헌법재판소가 1995. 7. 21.에 선고한 92헌마144 서신검열 등 위헌확인 결정에서 헌법

적 해명을 하였으나, '수형자'에 대하여는 아직 견해를 밝힌 사실이 없으므로 헌법판단의 적격성을 갖추었다고 인정되어 심판청구의 이익이 있다(헌재 1998. 08. 27, 96헌마398).

헌법소원의 권리보호의 이익은 항고소송에서의 소의 이익(권리보호의 이익)보다 넓게 인정되고 있는데, 이는 헌법소원의 성질로부터 유래한다. 즉, 헌법소원의 본질은 개인의 주관적 권리구제뿐만 아니라 객관적인 헌법질서의 보장도 겸하고 있는 것이고(헌재 1995. 07. 21, 92헌마144), 헌법소원의 객관소송적 성격이 항고소송의 객관소송적 성격보다 강하기 때문이다.

[판례] **피청구인 부산광역시 기장군의회 운영행정위원장이 2015. 10. 26. 및 2015. 10. 28. 청구인들에게 한 부산광역시 기장군의회 운영행정위원회 제209회 제1차, 제3차 임시회의 방청불허행위(이하 '이 사건 방청불허행위'라 한다)에 대한 심판청구가 권리보호이익이 인정되는지 여부(소극)**: 이 사건 방청불허행위에서 문제된 운영행정위원회 제209회 제1차, 제3차 **임시회는 모두 종료되었으므로 권리보호이익이 소멸하였다.** 지방의회 위원회 위원장은 특정 방청신청에 대하여 구체적 사정을 고려하여 허가 여부를 결정하고, 위원회 회의는 논의가 속행되지 않는 이상 개별 회의마다 성격이 다르므로 **이 사건 방청불허행위와 동일한 행위가 반복될 위험성은 없다.** 설령 반복 위험성이 있더라도 이 사건에서는 이 사건 방청불허행위가 지방자치법 제60조 제1항의 적법한 요건을 갖추고 있는가에 관한 위법성이 문제될 뿐이므로, **헌법적으로 해명이 중대한 의미를 지니는 경우로 보기 어렵다.** 따라서 이 사건 방청불허행위에 대한 심판청구는 권리보호이익이 없고, 심판청구의 이익도 인정되지 않는다(헌재 2017. 07. 27, 2016헌마53). **〈해설〉** "이 사건 방청불허행위는 재량규정인 지방자치법 제60조 제1항에 따른 공권력행사로서 적법한 행위라는 인식하에 계속적·반복적으로 행해질 수 있고, 지방의회 위원회 위원장이 행하는 방청불허행위의 헌법적 한계를 확정짓고 합헌적 기준을 제시하는 문제는 알 권리 및 의사공개원칙의 범위를 확인하고 방청불허행위의 헌법적 한계를 확정짓는 것이므로 헌법적 해명이 필요하다. 이 사건 방청불허행위에 대한 심판청구는 권리보호이익은 소멸하였으나, 심판청구의 이익을 인정할 수 있다."는 반대의견이 있다.

7) 부작위

행정청의 부작위는 행정소송법상 부작위(처분의 부작위)가 아니고 '공권력의 불행사'에 해당되면 헌법소원의 대상이 된다.

처분의 부작위는 행정소송(부작위위법확인소송)의 대상이 되므로 보충성의 원칙에 의해 헌법소원의 대상이 되지 못한다. 그러나, '공권력의 불행사'가 처분의 부작위가 아니거나 처분의 부작위라도 항고소송의 대상이 되는지 불분명한 경우에는 헌법소원의 대상이 될 수 있다.

공권력의 불행사라 함은 공권력의 행사의무가 있음에도 공권력을 행사하지 않는 것을 말하며 공권력 행사의 의무가 없는 경우의 단순한 공권력의 불행사는 헌법소원의 대상이 되는 '공권력의 불행사'가 아니다.

헌법재판소는 "행정권력의 부작위에 대한 헌법소원은 공권력의 주체에게 헌법에서 유래하는 작위행위가 특별히 구체적으로 규정되어 이에 의거하여 기본권의 주체가 행정행위를 청구할 수 있음에도 공권력의 주체가 그 의무를 해태하는 경우에 허용된다"라고 판시하고 있다(헌재 1996. 11. 28, 92헌마237).

헌법재판소는 사인에 의한 기본권 침해상태에 대한 공권력의 불행사도 헌법소원의 대상이 될 수 있는 것으로 보았다(헌재 1997. 03. 27, 94헌마277[고신대사건]). 헌법재판소는 그 이유를 설시하고 있지 않지만 학설상으로는 행정개입청구권이 인정되고, 이 경우에 행정개입의무의 불이행에 대하여는 부작위위법확인소송이 인정된다고 보고 있지만 아직 행정개입청구권을 인정한 판례가 없고 현재로서는 판례가 그것을 인정할 가능성도 크지 않다고 보았기 때문이라고 생각된다.

[판례] [1] 우리 헌법 제10조, 제2조 제2항 및 전문과 이 사건 협정 제3조의 문언에 비추어 볼 때, 피청구인이 위 제3조에 따라 분쟁해결의 절차로 나아갈 의무는 헌법에서 유래하는 작위의무로서 그것이 법령에 구체적으로 규정되어 있는 경우라고 할 것이고, 청구인들의 재산권 및 인간으로서의 존엄과 가치라는 기본권의 중대한 침해가능성, 구제의 절박성과 가능성 등을 고려할 때, 피청구인에게 이러한 작위의무를 이행하지 않을 재량이 있다고 할 수 없으며, 현재까지 피청구인이 분쟁해결절차의 이행이라는 위 작위의무를 충실히 이행하였다고 볼 수 없으므로, 결국 **피청구인의 이러한 부작위는 헌법에 위반하여 청구인들의 기본권을 침해한다는 것**이다. [2] 청구인들이 일본국에 대하여 가지는 일본군위안부로서의 배상청구권이 '대한민국과 일본국 간의 재산 및 청구권에 관한 문제의 해결과 경제협력에 관한 협정'(이하 '이 사건 협정') 제2조 제1항에 의하여 소멸되었는지 여부에 관한 한·일 양국 간 해석상 분쟁을 위 협정 제3조가 정한 절차에 따라 해결하지 아니하고 있는 피청구인의 부작위는 위헌임을 확인한다고 결정한 사례(헌재 2011. 08. 30, 2006헌마788[대한민국과 일본국간의 재산 및 청구권에 관한 문제의 해결과 경제협력에 관한 협정 제3조 부작위위헌확인]).

8) 통치행위

통치행위는 행정소송의 대상이 되지 않는다.

헌법재판소는 통치행위(금융실명제도를 도입하는 대통령의 긴급재정경제명령)도 국민의 기본권 침해와 직접 관련되는 경우에는 헌법소원의 대상이 된다고 보았다(헌재 1996. 02. 29, 93헌마186).

(2) 처분에 대한 헌법소원

행정소송법상의 처분은 항고소송의 대상이 되므로 원칙적으로 헌법소원의 대상이 되지 않는다. 왜냐하면 헌법재판소법 제68조 제1항 단서는 "다른 법률에 구제절차가 있는 경우에는 그 절차를 모두 거친 후가 아니면 헌법소원심판을 청구할 수 없다"라고 규정하고 있기 때문이다.

문제는 처분에 대하여 항고소송을 거쳤으나 인용되지 않은 경우에 원처분에 대하여 헌법소원을 제기할 수 있는가에 있다. 이에 대하여는 견해가 대립되고 있다.

부정설은 다음과 같은 논거에 근거하고 있다. 헌법재판소법 제68조 제1항에서 재판을 헌법소원의 대상에서 제외하고 있는데, 원처분에 대한 헌법소원을 인정한다면 실질적으로 재판에 대한 헌법소원을 인정하는 결과를 가져온다.

이에 대하여 **긍정설**은 다음과 같은 논거에 근거하고 있다. 헌법재판소법 제68조 제1항 단서의 반대해석에 의하면 기존의 구제절차인 항고소송절차를 거친 후에는 헌법소원심판이 가능하다고 보아야 한다.

헌법재판소는 예외적으로 법원의 재판에 대한 헌법소원이 인정되는 경우에 한하여 원처분에 대한 헌법소원을 인정하고 있다. 즉, 헌법재판소는 우선 재판에 대한 헌법소원에 대하여 헌법재판소의 기속력 있는 위헌결정에 반하여 국민의 기본권을 침해하는 법원의 재판에 대하여는 헌법소원이 인정된다고 다음과 같이 판시하고 있다.

① 법원의 재판을 헌법소원심판의 대상에 포함시켜야 한다는 견해는 기본권보호의 측면에서는 보다 이상적이지만, 이는 헌법재판소의 위헌결정을 통하여 이루어질 문제라기보다 입법자가 해결해야 할 과제이다. 헌법재판소법 제68조 제1항은 국민의 기본권(평등권 및 재판청구권 등)의 관점에서는 입법형성권의 헌법적 한계를 넘는 위헌적인 법률조항이라고 할 수 없다.
② 헌법재판소법 제68조 제1항이 원칙적으로 헌법에 위반되지 아니한다고 하더라도, 법원이 헌법재판소가 위헌으로 결정하여 그 효력을 전부 또는 일부 상실하거나 위헌으로 확인된 법률을 적용함으로써 국민의 기본권을 침해한 경우에도 법원의 재판에 대한 헌법소원이 허용되지 않는 것으로 해석한다면, 위 법률조항은 그러한 한도 내에서 헌법에 위반된다.
③ 모든 국가기관은 헌법의 구속을 받고 헌법에의 기속은 헌법재판을 통하여 사법절차적으로 관철되므로, 헌법재판소가 헌법에서 부여받은 위헌심사권을 행사한 결과인 법률에 대한 위헌결정은 법원을 포함한 모든 국가기관과 지방자치단체를 기속한다. 따라서 헌법재판소가 위헌으로 결정하여 그 효력을 상실한 법률을 적용하여 한 법원의 재판은 헌법재판소 결정의 기속력에 반하는 것일 뿐 아니라, 법률에 대한 위헌심사권을 헌법재판소에 부여한 헌법의 결단(헌법 제107조 및 제111조)에 정면으로 위배된다.
④ 헌법이 법률에 대한 위헌심사권을 헌법재판소에 부여하고 있음에도 법원이 헌법재판소의 위헌결정에 따르지 아니하는 것은 실질적으로 법원 스스로가 '입법작용에 대한 규범통제권'을 행사하는 것을 의미하므로, 헌법은 어떠한 경우이든 헌법재판소의 기속력 있는 위헌결정에 반하여 국민의 기본권을 침해하는 법원의 재판에 대하여는 헌법재판소가 다시 최종적으로 심사함으로써 자신의 손상된 헌법재판권을 회복하고 헌법의 최고규범성을 관철할 것을 요청하고 있다.
⑤ 이 사건 대법원판결은 헌법재판소가 이 사건 법률조항에 대하여 한정위헌결정을 선고함으로써 이미 부분적으로 그 효력이 상실된 법률조항을 적용한 것으로서 위헌결정의 기속력에 반하는 재판임이 분명하므로 이에 대한 헌법소원은 허용된다 할 것이고, 또한 이 사건 대법원판결로 말미암아 청구인의 헌법상 보장된 기본권인 재산권 역시 침해되었다 할 것이다. 따라서 이 사건 대법원판결은 헌법재판소법 제75조 제3항에 따라 취소되어야 마땅하다.
⑥ 행정처분이 헌법에 위반되는 것이라는 이유로 그 취소를 구하는 행정소송을 제기하였으나 법원에 의하여 그 청구가 받아들여지지 아니한 후 다시 원래의 행정처분에 대하여 헌법소원심판을 청구하는 것이 원칙적으로 허용될 수 있는지의 여부에 관계없이, 이 사건의 경우와 같이 행정소송으로 행정처분의 취소를 구한 청구인의 청구를 받아들이지 아니한 법원의 판결에 대한 헌법소원

심판의 청구가 예외적으로 허용되어 그 재판이 헌법재판소법 제75조 제3항에 따라 취소되는 경우에는 원래의 행정처분에 대한 헌법소원심판의 청구도 이를 인용하는 것이 상당하다. 이 사건의 경우와 같이 법원의 판결에 대한 헌법소원이 예외적으로 허용되는 경우에는 달리 그 판결의 대상이 된 행정처분에 대한 헌법소원심판의 청구가 허용되지 아니한다고 볼 여지가 없다고 하겠다. 뿐만 아니라, 법원의 재판과 행정처분이 다 같이 헌법재판소의 위헌결정으로 그 효력을 상실한 법률을 적용함으로써 청구인의 기본권을 침해한 경우에는 그 처분의 위헌성이 명백하므로 원래의 행정처분까지도 취소하여 보다 신속하고 효율적으로 국민의 기본권을 구제하는 한편, 기본권 침해의 위헌상태를 일거에 제거함으로써 합헌적 질서를 분명하게 회복하는 것이 법치주의의 요청에 부응하는 길이기도 하다(헌재 1997. 12. 24, 96헌마172,173).[341)]

그러나, 헌법재판소는 '행정처분이 헌법에 위반된다는 등의 이유로 그 취소를 구하는 행정소송을 제기하였으나 그 청구가 받아들여지지 아니하는 판결이 확정되어 법원의 소송절차에 의하여서는 더 이상 이를 다툴 수 없게 된 경우에, 당해 행정처분 자체의 위헌성 또는 그 근거법규의 위헌성을 주장하면서 그 취소를 구하는 헌법소원심판을 청구하는 것이 허용되지 않는다고 보고 있다. 즉, "행정처분에 대하여 법원에 행정소송을 제기하여 패소판결을 받고 그 판결이 확정된 경우에는 당사자는 그 판결의 기판력에 의한 기속을 받게 되므로, 별도의 절차에 의하여 위 판결의 기판력이 제거되지 아니하는 한, 행정처분의 위법성을 주장하는 것은 확정판결의 기판력에 어긋나므로 원행정처분은 헌법소원심판의 대상이 되지 아니한다고 할 것이며, 뿐만 아니라 원행정처분에 대한 헌법소원심판청구를 허용하는 것은, "명령·규칙 또는 처분이 헌법이나 법률에 위반되는 여부가 재판의 전제가 된 경우에는 대법원은 이를 최종적으로 심사할 권한을 가진다"고 규정한 헌법 제107조 제2항이나, 원칙적으로 헌법소원심판의 대상에서 법원의 재판을 제외하고 있는 헌법재판소법 제68조 제1항의 취지에도 어긋난다"고 보고 있다(헌재 1998. 05. 28, 91헌마98).

Ⅱ. 권한쟁의심판

1. 의 의

권한쟁의심판(權限爭議審判)이라 함은 국가기관 상호간, 국가기관과 지방자치단체

---

341) 이 사건의 개요는 다음과 같다. ① 1995년 11월 30일에 헌법재판소는 양도소득세과세처분의 근거가 된 구 소득세법 제23조 제4항 단서와 제45조 제1항 제1호 단서에 대해 위헌결정(한정위헌결정)을 내렸다. ② 1996년 4월 9일에 대법원은 위 양도소득세부과처분 취소소송에서 위 헌법재판소의 위헌결정에도 불구하고 위 구 소득세법의 규정들이 합헌이라고 보면서 기각판결을 내렸다(대판 1996. 04. 09, 95누11405). ③ 이에 청구인은 1996년 5월 6일에 이 사건 과세처분, 이 사건 대법원판결 및 헌법소원의 대상에서 재판을 제외하고 있는 헌법재판소법 제68조 제1항 본문(이상 헌재 1997. 12. 24, 96헌마172)에 대하여 헌법소원을 제기하였다.

간 및 지방자치단체 상호간에 권한의 존부 또는 범위에 관하여 다툼이 있을 때 당해 국가기관 또는 지방자치단체가 헌법재판소에 제기하는 권한쟁의에 관한 심판을 말한다(헌법재판소법 제2조 4호, 제61조 제1항).

2. 종 류

권한쟁의심판의 종류는 다음과 같다. ① 국가기관 상호간의 권한쟁의심판(국회, 정부, 법원 및 중앙선거관리위원회 상호간의 권한쟁의심판), ② 국가기관과 지방자치단체간의 권한쟁의심판(가. 정부와 특별시·광역시 또는 도간의 권한쟁의심판, 나. 정부와 시·군 또는 지방자치단체인 구(이하 '자치구'라 한다)간의 권한쟁의심판), ③ 지방자치단체 상호간의 권한쟁의심판(가. 특별시·광역시 또는 도 상호간의 권한쟁의심판, 나. 시·군 또는 자치구 상호간의 권한쟁의심판, 다. 특별시·광역시 또는 도와 시·군 또는 자치구간의 권한쟁의심판).

[판례] ① [국가경찰위원회와 행정안전부장관 간의 권한쟁의행정안전부장관의 소속청장 지휘에 관한 규칙(행정안전부령 제348호) 권한쟁의 사건] (1) 헌법은 제111조 제1항 제4호에서 말하는 국가기관의 의미와 권한쟁의심판의 당사자가 될 수 있는 국가기관의 범위는 결국 헌법해석을 통하여 확정되어야 한다. (2) 헌법 제111조 제1항 제4호 소정의 "국가기관"에 해당하는지 아닌지를 판별함에 있어서는 그 국가기관이 헌법에 의하여 설치되고 헌법과 법률에 의하여 독자적인 권한을 부여받고 있는지 여부, 헌법에 의하여 설치된 국가기관 상호간의 권한쟁의를 해결할 수 있는 적당한 기관이나 방법이 있는지 여부 등을 종합적으로 고려하여야 한다. 그런데, 헌법상 국가에 부여된 임무 또는 의무를 수행하고 그 독립성이 보장된 국가기관이라고 하더라도, **오로지 법률에 설치근거를 둔 국가기관이라면** 국회의 입법행위에 의하여 존폐 및 권한범위가 결정될 수 있으므로, 이러한 국가기관은 '**헌법에 의하여 설치되고 헌법과 법률에 의하여 독자적인 권한을 부여받은 국가기관**'이라고 할 수 없다. (3) 국회가 제정한 **경찰법에 의하여 비로소 설립된 청구인**(국가경찰위원회)은 국회의 경찰법 개정행위에 의하여 존폐 및 권한범위 등이 좌우되므로, **헌법 제111조 제1항 제4호 소정의 헌법에 의하여 설치된 국가기관에 해당한다고 할 수 없다.** (4) 권한쟁의심판의 당사자능력은 헌법에 의하여 설치된 국가기관에 한정하여 인정하는 것이 타당하므로, 법률에 의하여 설치된 청구인에게는 권한쟁의심판의 당사자능력이 인정되지 아니한다(헌재 2022. 12. 22, 2022헌라5).
② **국가인권위원회와 대통령 간의 권한쟁의 사건**에서 법률에 의하여 설치된 **국가기관인 국가인권위원회에게** 한쟁의심판을 청구할 **당사자능력을 인정하지 않은 사례**(헌재 2010. 10. 28, 2009헌라6).
③ 문화재청장은 '헌법에 의하여 설치되고 헌법과 법률에 의하여 독자적인 권한을 부여받은 국가기관'이라고 할 수 없다(헌재 2023. 12. 21, 2023헌라1).

3. 청구요건

권한쟁의심판청구는 피청구인의 처분 또는 부작위가 헌법 또는 법률에 의하여 부여받은 청구인의 권한을 침해하였거나 침해할 현저한 위험이 있는 때에 한하여 이를 할 수 있다(제61조 제2항).

헌법재판소법 제61조의 처분은 행정소송법상 처분보다 넓은 개념으로서 행정처분은 물론 법률제정작용, 행정입법과 같은 모든 행정작용 그리고 법원의 재판 및 사법행정작용 등을 포함하는 넓은 의미의 공권력 처분을 의미하는 것이다(헌재 2006. 05. 25, 2005헌라4). 청구인의 법적 지위에 구체적으로 영향을 미칠 가능성이 없는 행위는 '처분'이라 할 수 없지만(헌재 2006. 03. 30, 2005헌라1), 지방자치단체의 권한에 부정적인 영향을 주어서 법적으로 문제되는 경우에는 사실행위나 내부적인 행위도 권한쟁의심판의 대상이 되는 처분에 해당한다(헌재 2006. 03. 30, 2003헌라2: 건설교통부장관이 경부고속철도 제4－1공구 역의 이름을 "천안아산역(온양온천)"으로 결정한 것이 권한쟁의심판의 대상이 되는 처분에 해당한다고 한 사례).

[판례] ① 헌법재판소법 제61조 제2항에서의 처분은 입법행위와 같은 법률의 제정과 관련된 권한의 존부 및 행사상의 다툼, 행정처분은 물론 행정입법과 같은 모든 행정작용 그리고 법원의 재판 및 사법행정작용 등을 포함하는 **넓은 의미의 공권력 처분을 의미하는 것**으로 보아야 할 것이므로, 법률에 대한 권한쟁의심판도 허용된다고 봄이 일반적이나 다만, '법률 그 자체'가 아니라 '법률제정행위'를 그 심판대상으로 하여야 할 것이다(헌재 2006. 05. 25, 2005헌라4)
② 행정심판법 제37조 제2항에 근거한 직접처분을 헌법재판소법 제61조의 처분으로 본 사례(헌재 1999. 07. 22, 98헌라4).
③ 행정자치부장관이 '행정부시장 · 부지사 회의'를 개최하여 행정자치부에서 작성한 표준안대로 복무조례를 개정할 것을 울산광역시 동구 및 북구에 요청한 것은 각 지방자치단체가 참고할 수 있도록 표준안을 제시한 것에 불과하여 단순한 업무협조 요청에 불과하고, 「징계업무처리지침」 및 「병 · 연가불허지시」를 통보한 것도 상호 협력의 차원에서 **조언 · 권고한 것**이거나 **단순히 '업무연락'을 한 것**이지, 각 지방자치단체를 법적으로 규제하는 강제적 · 명령적 조치를 취한 것이라 보기 어려우며, 기자회견을 통해 '총파업가담자에 대한 처벌과 정부의 방침에 소극적으로 대처하는 지방자치단체에 대하여 특별교부세 지원중단 등의 행정적·재정적 불이익 조치를 취할 것'이라는 것을 주된 내용으로 하는 담화문을 발표한 것 또한 단지 파업의 대응방침을 천명한 것으로 **단순한 견해의 표명**에 지나지 않는다 할 것이다. 이러한 행위들은 권한쟁의심판의 대상이 되는 **처분이라 할 수 없다**(헌재 2006. 03. 30, 2005헌라1).
④ (1) **'권한의 침해'란** 피청구인의 처분 또는 부작위로 인한 청구인의 권한침해가 과거에 발생하였거나 현재까지 지속되는 경우를 의미하고, **'권한을 침해할 현저한 위험'이란** 아직 침해라고는 할 수 없으나 조만간 권한침해에 이르게 될 개연성이 상당히 높은 상황, 즉 현재와 같은 상황의 발전이 중단되지 않는다면 조만간에 권한침해가 발생할 것이 거의 확실하게 예상되며, 이미 구체적인 법적 분쟁의 존재를 인정할 수 있을 정도로 권한침해가 그 내용에 있어서나 시간적으로 충분히 구체화된 경우를 말한다. (2) 이 사건 시행령조항 및 모법인 지방교부세법 제11조 제2항은 '지방자치단체가 협의 · 조정을 거치지 않거나 그 결과를 따르지 아니하고 경비를 지출한 경우 지방교부세를 감액하거나 반환하도록 명할 수 있다.'는 것에 불과하므로 **실제로 지방교부세가 감액되거나 반환되지 않는 이상 권한침해가 현실화되었다고 보기는 어렵다**(헌재 2019. 04. 11, 2016헌라3). 〈해설〉 이 사건 결정은 권한쟁의심판의 적법요건인 '권한을 침해할 현저한 위험'의 의미를 명시적으로 밝혔다는 데에 의미가 있다. 특히 법령 개정행위에 대한 권한쟁의심판의 경우 대부분 법령 그 자체로써 일의적이고 확정적으로 권한침해가 발생할 것이나, 이 사건 시행령조항은 그 자체로써 직접 지방교부세를 감액 또는 반환하도록 하고 있지 않고 일련의 조건을 전제로 재량적으로 규정하고

있다는 점이 특징이다. 헌법재판소는 이 사건 결정을 통하여 이러한 경우 일련의 조건이 모두 성립하여 실제로 '교부세의 감액 또는 반환'이라는 결과가 발생하여야 권한쟁의심판을 청구할 수 있고, 그 전에는 조건 성립 자체도 유동적이므로 권한을 침해할 현저한 위험도 인정되기 어렵다고 밝힌 것이다(헌재 2019. 04. 11, 2016헌라3).

⑤ 낙동강의 유지·보수는 원래 국가사무로서 경상남도지사에게 기관위임된 사무에 불과하므로 '청구인의 권한'이라고 할 수 없고, 따라서 피청구인의 이 사건 처분으로 인하여 '청구인의 권한'이 침해될 개연성이 없다. 이 사건 청구는 '권한의 존부와 범위'에 관한 다툼에도 해당하지 않는다(헌재 2011. 08. 30, 2011헌라1).

⑥ (1) 국가기관의 '헌법상 권한'은 국회의 입법행위를 비롯한 다양한 국가기관의 행위로 침해될 수 있다. 그러나 **국가기관의 '법률상 권한'은**, 다른 국가기관의 행위로 침해될 수 있음은 별론으로 하고, **국회의 입법행위로는 침해될 수 없다.** 국가기관의 '법률상 권한'은 국회의 입법행위에 의해 비로소 형성·부여된 권한일 뿐, 역으로 국회의 입법행위를 구속하는 기준이 될 수 없기 때문이다. 따라서 문제 된 침해의 원인이 '국회의 입법행위'인 경우에는 '법률상 권한'을 침해의 대상으로 삼는 심판청구는 권한침해가능성을 인정할 수 없다. (2) 국회의 입법행위로 그 내용과 범위가 형성된 검사의 '법률상권한'(수사권·소추권)이 법률개정행위로 침해될 가능성이 있다고 볼 수 없으므로, 권한침해가능성이 인정되지 아니한다(헌재 2023. 03. 23, 2022헌라4, 공보 318, 619[법무부장관 등과 국회 간의 권한쟁의(검사의 수사권 축소 등에 관한 권한쟁의 사건)]).

4. 결정의 내용

헌법재판소는 심판의 대상이 된 국가기관 또는 지방자치단체의 권한의 유무 또는 범위에 관하여 판단한다(제66조 제1항). 제1항의 경우에 헌법재판소는 권한침해의 원인이 된 피청구인의 처분을 취소하거나 그 무효를 확인할 수 있다(제2항).

5. 결정의 효력

헌법재판소의 권한쟁의심판의 결정은 모든 국가기관과 지방자치단체를 기속한다(제67조 제1항). 국가기관 또는 지방자치단체의 처분을 취소하는 결정은 그 처분의 상대방에 대하여 이미 생긴 효력에 영향을 미치지 아니한다(제2항).

헌법재판소가 부작위에 대한 심판청구를 인용하는 결정을 한 때에는 피청구인은 결정 취지에 따른 처분을 하여야 한다(제66조 제2항).

Ⅲ. 위헌법률심판

법률의 위헌결정은 법원과 그 밖의 국가기관 및 지방자치단체를 기속(羈束)한다(헌법재판소법 제47조 제1항).

헌법재판소가 법률의 위헌 여부를 판단하기 위하여 한 법률해석에 법원은 구속되지 않는다는 것이 대법원 판례의 입장이다.

[판례] 구체적 분쟁사건의 재판에 즈음하여 법률 또는 법률조항의 의미·내용과 적용 범위가 어떠한 것인지를 정하는 권한, 곧 법령의 해석·적용 권한은 사법권의 본질적 내용을 이루는 것이고, 법률이 헌법규범과 조화되도록 해석하는 것은 법령의 해석·적용상 대원칙이다. 따라서 합헌적 법률해석을 포함하는 법령의 해석·적용 권한은 대법원을 최고법원으로 하는 법원에 전속하는 것이며, 헌법재판소가 법률의 위헌 여부를 판단하기 위하여 불가피하게 법원의 최종적인 법률해석에 앞서 법령을 해석하거나 그 적용범위를 판단하더라도 헌법재판소의 법률해석에 대법원이나 각급 법원이 구속되는 것은 아니다(대판 2009. 02. 12, 2004두10289[상속세부과처분무효확인등]).

위헌결정은 원칙상 장래효를 갖지만(헌법재판소법 제47조 제2항), 위헌결정을 위한 계기를 부여한 사건(당해 사건), 위헌결정이 있기 전에 이와 동종의 위헌 여부에 관하여 헌법재판소에 위헌제청을 하였거나 법원에 위헌제청신청을 한 사건(동종사건), 따로 위헌제청신청을 아니하였지만 당해 법률조항이 재판의 전제가 되어 법원에 계속 중인 사건(병행사건)에 대하여 예외적으로 소급효가 인정되고, 위헌결정 이후에 제소된 사건(일반사건)이라도 구체적 타당성의 요청이 현저하고 소급효의 부인이 정의와 형평에 반하는 경우에는 예외적으로 소급효를 인정할 수 있다(헌재 2013. 06. 27, 2010헌마535).

비형벌조항에 대해 잠정적용 헌법불합치결정이 선고되었으나 위헌성이 제거된 개선입법이 이루어지지 않은 채 개정시한이 지남으로써 그 법률조항의 효력이 상실되었다고 하더라도 그 효과는 장래에 향해서만 미칠 뿐이고, 당해 사건이라고 하여 이와 달리 취급할 이유는 없다. 한편 비형벌조항에 대한 적용중지 헌법불합치결정이 선고되었으나 위헌성이 제거된 개선입법이 이루어지지 않은 채 개정시한이 지난 때에는 헌법불합치결정 시점과 법률조항의 효력이 상실되는 시점 사이에 아무런 규율도 존재하지 않는 법적 공백을 방지할 필요가 있으므로, 그 법률조항은 헌법불합치결정이 있었던 때로 소급하여 효력을 상실한다. 비형벌조항에 대해 잠정적용 헌법불합치결정이 선고된 경우라도 해당 법률조항의 잠정적용을 명한 부분의 효력이 미치는 사안이 아니라 적용중지 상태에 있는 부분의 효력이 미치는 사안이라면, 그 법률조항 중 적용중지 상태에 있는 부분은 헌법불합치결정이 있었던 때로 소급하여 효력을 상실한다고 보아야 한다(대판 2020. 01. 30, 2018두49154).

[판례] 세무사 자격을 보유하고 있는 변호사 甲이 국세청장에게 세무대리업무등록 갱신을 신청하였으나 국세청장이 세무사법 제6조 제1항, 제20조 제1항에 따라 甲의 신청을 반려하는 처분을 하자, 甲이 처분의 취소를 구하는 소송 계속 중 위 법률조항에 대하여 위헌법률심판제청을 신청하였고 원심법원이 위헌법률심판제청을 하였는데, 헌법재판소가 위 법률조항이 세무사 자격 보유 변호사의 직업선택 자유를 침해한다며 위 법률조항에 대한 헌법불합치를 선언하면서 2019. 12. 31.을 시한으로 입법자가 개정할 때까지 위 법률조항의 계속 적용을 결정하였으나 국회가 개정시한까지 위 법률조항을 개정하지 않은 사안에서, 헌법재판소가 헌법불합치결정에서 위 법률조항의 계속 적

용을 명한 부분의 효력은 일반 세무사의 세무사등록을 계속 허용하는 근거 규정이라는 점에 미치고 이와 달리 위 **법률조항 가운데 세무사 자격 보유 변호사의 세무대리를 전면적 · 일률적으로 금지한 부분은 여전히 적용이 중지되고 개정시한이 지남으로써 헌법불합치결정이 있었던 때로 소급하여 효력을 상실하였으므로** 헌법불합치결정을 하게 된 해당 사건에 대해서는 위 법률조항이 그대로 적용될 수 없다는 이유로, **위 법률조항이 적용됨을 전제로 甲의 세무대리업무등록 갱신 신청을 반려한 국세청장의 처분이 위법하다**고 한 사례(대판 2020. 01. 30, 2018두49154[세무대리업무등록취소처분취소등]).

제 5 절 대체적 분쟁해결수단

Ⅰ. 의 의

대체적 분쟁해결수단(ADR: Alternative Dispute Resolution)이라 함은 재판에 의하지 않는 분쟁해결수단을 말한다. 분쟁조정제도라고도 하는데, 알선, 조정, 재정 등이 있다.

대체적 분쟁해결수단은 재판을 통한 분쟁해결의 결함(비용과 시간의 과다, 일도양단의 해결, 법만에 의한 해결)을 보충하기 위하여 인정되는 분쟁해결수단이다. 구제의 대상이 되는 권익침해가 크지 않은 경우, 신속한 권리구제가 필요한 경우, 분쟁 당사자간에 자율적인 분쟁해결이 필요한 경우, 분쟁해결기관의 전문·기술성이 요구되는 경우 등에 대체적 분쟁해결이 필요하다.

Ⅱ. 종류와 그 효력

1. 알 선

알선(斡旋)이란 알선위원이 분쟁당사자의 의견을 듣고 사건이 공정하게 해결되도록 주선하여 분쟁당사자간의 화해(합의)를 유도함으로써 분쟁을 해결하는 절차를 말한다(환경분쟁조정법 제27조~제28조).

알선은 분쟁해결절차 중에서 형식성이 가장 약한 약식절차이다.

2. 조 정

조정(調停)은 조정기관이 분쟁당사자의 의견을 들어 직권으로 분쟁해결을 위한 타협방안(조정안)을 마련하여 분쟁당사자에게 수락을 권고하고, 분쟁당사자들이 이를 받아들임으로써 분쟁을 해결하는 방식이다.

조정은 분쟁당사자의 신청 또는 조정기관의 직권에 의해 행해진다. 조정은 조정기관에 따라 법원조정, 행정조정, 민간조정으로 나눌 수 있다.

조정은 양 당사자가 조정안을 받아들여야 성립하고, 일방 당사자라도 조정안을 받아들이지 않으면 성립하지 않는다.

당사자가 조정안을 받아들여 조정조서가 작성되면 통상 당사자간에 조정조서와 동일한 내용의 합의(재판외 화해)가 성립된 것으로 본다(환경분쟁조정법 제33조 제2항, 건축법 제76조의10). 그런데, 현행 의료법상 의료심사조정위원회 조정조서(제54조의7 제3항), 저작권법상 저작권심의위원회 조정조서(제86조 제2항), 소비자보호법상 소비자분쟁조정위원회 조정조서(제45조 제4항) 등에는 재판상화해조서와 같은 효력을 인정되고 있다.

3. 재 정

재정(裁定)은 재정기관이 준사법적 절차에 따라 일방적으로 분쟁해결을 위한 결정을 내리는 것을 말한다. 재정문서는 일정한 요건하에 재정내용과 동일한 합의(재판외의 화해)(환경분쟁조정법 제42조 제2항, 건축법 제76조의13) 또는 재판상 화해와 동일한 효력을 갖는다.

4. 중 재

중재라 함은 당사자의 합의에 의해 선출된 중재인의 중재판정에 의해 분쟁을 해결하는 절차를 말한다. 중재판정은 확정판결과 같은 효력을 갖는다.

5. 재판상 화해와 재판외 화해의 효력

재판상 화해(裁判上 和解)는 재판상 강제력이 있는데, 재판외 화해(裁判外 和解)는 민법상 계약의 구속력이 있지만, 재판상 강제력이 없다. 재판상 화해에는 기판력(민사소송법 제220조)과 강제집행력이 인정되는 것이 보통이지만, 기판력은 인정되지 않고(소송제기를 인정하지 않고), 강제집행력만을 인정하는 것도 이론상 가능하다.

조정조서 또는 재정문서에 재판상 화해의 효력이 인정되기 위하여는 조정절차 또는 재정절차가 재판에 준하는 절차(준사법절차)이어야 한다(헌재 1995. 05. 25, 91헌가7).

Ⅲ. 행정분쟁에서의 화해 · 조정

2018년 5월 1일 시행되는 개정 **행정심판법**은 양 당사자 간의 합의가 가능한 사건의 경우 행정심판위원회가 개입 · 조정하는 절차를 통하여 갈등을 조기에 해결할 수 있도록 행정심판에 조정을 도입하였다. 행정심판위원회는 당사자의 권리 및 권한의 범위에서 **당사자의 동의를 받아** 심판청구의 신속하고 공정한 해결을 위하여 **조정**을 할 수 있다. 다만, 그 조정이 공공복리에 적합하지 아니하거나 해당 처분의 성질에 반하는 경우에는 그러하지 아니하다(제43조의2 제1항). 조정은 당사자가 합의한 사항을 조정서에 기재한 후 당사자가 서명 또는 날인하고 위원회가 이를 확인함으로써 **성립**한다(제43조의2 제3항). 제3항에 따라 성립한 조정에 대하여는 행정심판법 제48조(재결의 송달과 효력 발생), 제49조(재결의 기속력 등), 제50조(위원회의 직접 처분), 제50조의2(위원회의 간접강제), 제51조(행정심판 재청구의 금지)의 규정을 준용한다(제43조의2 제4항).

「부패방지 및 국민권익위원회의 설치와 운영에 관한 법률」(약칭: 부패방지권익위법)에 따르면 **국민권익위원회**는 다수인이 관련되거나 사회적 파급효과가 크다고 인정되는 고충민원의 신속하고 공정한 해결을 위하여 필요하다고 인정하는 경우에는 당사자의 신청 또는 직권에 의하여 **조정**을 할 수 있다(제45조 제1항). 조정은 당사자가 합의한 사항을 조정서에 기재한 후 당사자가 기명날인하거나 서명하고 권익위원회가 이를 확인함으로써 성립한다(제2항). 제2항에 따른 조정은 **「민법」상의 화해와 같은 효력**이 있다.

행정소송법은 조정이나 화해를 인정하는 규정을 두고 있지 않다. **항고소송에는 항고소송의 공익성에 비추어 민사소송법상 화해**(제225조 이하, 제385조 이하)**나 민사조정법상 조정을 준용할 수 없다**. 그렇지만, 실무상 제재적 행정처분사건과 조세사건에서 **사실상의 조정**이 행해지고 있다. 즉, 법원이 행정청에 대하여는 법원이 적절하다고 인정하는 처분으로 변경(예를 들면, 영업허가취소처분을 영업정지처분으로 변경)할 것을, 원고에 대하여는 행정청이 그와 같이 변경처분을 하면 소를 취하할 것을 권고하는 조정권고를 행하고, 행정청이 변경처분을 하면 원고가 소를 취하하는 방식이 그것이다. **당사자소송**에는 민사소송법상 화해나 민사조정법상 조정이 준용될 수 있다.

참고문헌

[국내문헌]

권영성, 『헌법학원론』, 법문사, 2001.

국민권익위원회 중앙행정심판위원회, 『행정심판의 이론과 실무』, 2022.

김기표, 『신행정심판법론』, 한국법제연구원, 2003.

김남진, 『행정법 Ⅰ』, 법문사, 2001.

김남진 · 김연태, 『행정법』, 법문사, 2012.

김남철, 『행정법 강론』, 박영사, 2022.

김도창, 『일반행정법론(상)』, 청운사, 1993.

김동희, 『행정법 Ⅰ』, 박영사, 2020.

김동희 · 최계영, 『행정법 Ⅰ』, 박영사, 2024.

김성수, 『일반행정법』, 법문사, 2010.

김유환, 『현대 행정법』, 박영사, 2024.

김중권, 『김중권의 행정법』, 법문사, 2019.

김중권, 『행정법 기본연구 Ⅰ』, 법문사, 2008.

김중권, 『행정법 기본연구 Ⅱ』, 법문사, 2009.

김중권, 『행정법 기본연구 Ⅲ』, 법문사, 2010.

김중권, 『행정법 기본연구 Ⅳ』, 법문사, 2012.

김철수, 『헌법학개론』, 박영사, 2001.

김철용, 『행정법 Ⅰ』, 박영사, 2009.

류지태, 『행정법신론』, 신영사, 2006.

류지태 · 박종수, 『행정법신론』, 박영사, 2011.

류해웅 · 허강무, 『신수용보상법론』, 부연사, 2016.

박균성, 『행정법강의』, 박영사, 2025.

박송규, 『행정심판법』, 한국법제연구원, 1998.

박수혁, 『행정법요론』, 법문사, 1997.

박수혁 역, 『독일행정법』, 사법발전재단, 2010.

박윤흔, 『최신행정법강의(상)』, 박영사, 2004.

박윤흔 · 정형근, 『최신행정법강의(상)』, 박영사, 2009.

박정훈, 『행정법의 체계와 방법론』, 박영사, 2005.

박정훈, 『행정소송의 구조와 기능』, 박영사, 2006.

배병호, 『일반행정법강의』, 동방문화사, 2019.
법원행정처, 『법원실무제요(행정)』, 1997.
법제처 · 국무총리행정심판위원회, 『행정심판의 이론과 실제』, 1997.
서울고등법원 재판실무개선위원회, 『행정소송실무편람』, 한국사법행정학회, 1998.
서울행정법원 실무연구회, 『행정소송의 이론과 실무』, 사법발전재단, 2013.
서원우 · 오세탁 공역(塩野 宏 著), 『일본행정법론』, 법문사, 1996.
서원우, 『현대행정법론(상)』, 박영사, 1989.
석종현, 『일반행정법(상)』, 삼영사, 2005.
석종현 · 송동수, 『일반행정법(상)』, 삼영사, 2009.
선정원, 『행정법의 작용형식』, 경인문화사, 2019.
성낙인, 『헌법학』, 법문사, 2005.
소순무, 『조세소송』, (주)조세통람사, 2000.
오준근, 『행정절차법』, 삼지원, 1998.
유명건, 『실무행정소송법』, 박영사, 1998.
유상현, 『한국행정법(상)』, 환인출판사, 1996.
이상규, 『신행정법(상)』, 법문사, 1994.
이석선, 『판례행정소송론』, 한국사법행정학회, 1986.
이시윤, 『신민사소송법』, 박영사, 2013.
이 원, 『주해 행정심판법』, 예손, 2020.10.
이일세, 『행정법총론, 법문사, 2020.
이철환, 『행정구제법』, 전남대학교출판부, 2009.
장경원, 『행정법의 기본쟁점』, 신조사, 2018.
정남철, 『한국행정법론, 법문사, 2020.
정남철, 『행정법의 특수문제』, 법문사, 2018.
정하중 · 김광수, 『행정법개론』, 법문사, 2024.
천병태, 『행정법 Ⅰ』, 형설출판사, 1993.
최봉석, 『행정법총론』, 삼원사, 2018.
최선웅, 『재량과 행정쟁송』, 박영사, 2021.
최정일, 『행정법의 정석 Ⅰ』, 박영사, 2009.
하명호, 『행정법』, 박영사, 2024.
한국행정법학회, 『행정기본법 해설서 연구』, 법제처, 2021.
한견우, 『현대행정법 Ⅰ』, 인터벡, 1999.
허 영, 『한국헌법론』, 박영사, 2011.

홍정선, 『행정법원론(상)』, 박영사, 2024.

홍정선, 『행정법특강』, 박영사, 2024.

홍정선, 『행정기본법 해설』, 박영사, 2021.

홍준형, 『행정법총론』, 한울아카데미, 2001.

홍준형, 『행정구제법』, 한울아카데미, 2001.

[외국문헌]

1. 미국문헌

Alfred C. Aman, Jr., William T. Mayton, *ADMINISTRATIVE LAW*, WEST PUBLISHING CO., 1993.

David H. Rosenbloom, Rosemary O'Leary, *Public Administration and Law*, Marcel Dekker, Inc, 1997.

J. BEATSON, M.H. MATTHEWS, *Adiministrative Law Cases and Materials*, Oxford : CLAREDON PRESS, 1989.

RICHARD J.PIERCE, JR., SIDNEY A. SHAPIRO, PAUL R. VERKUIL, *ADMINISTRATIVE LAW AND PROCESS*, THE FOUNDATION PRESS, INC., 1985.

2. 프랑스문헌

André de LAUBADERE/Jean-Claude VENEZIA/Yves GAUDEMET, *Traité de droit administratif*, t. 1, 1983.

Bernard Pacteau, *Contentieux administratif*, puf, 1997.

Charles Debbasch, *Institutions et droit administratifs*, t.2, puf, 1992.

Charles Debbasch, Jean-Claude Ricci, *Contentieux administratif*, PRECIS DALLOZ, 1994.

Georges VEDEL/Pierre DELVOLVE, *DROIT ADMINISTRATIF*, P.U.F, 1984.

Jean-Claude RICCI, *DROIT ADMINISTRATIF*, HACHETTE, 1996.

Jean-Marie AUBY, *DROIT PUBLIC*, t.1, ECONOMICA, 1985.

Jean Rivéro, *droit administratif*, DALLOZ, 1985.

Michel Rougevin-Baville/Renaud Denoix de Saint Marc/Daniel *Labetoulle, Leçons de droit administratif*, HACHETTE, 1989.

M. Long/P. Weil/G. Braibant, *les grands arrêts de la jurisprudence administrative*, sirey, 2008.

René Chapus, *Droit administratif général*, t. 1, MONTCHRESTIEN, 2008.

Xavier PHILIPPE, *DROIT ADMINISTRATIF GENERAL*, PRESSES UNIVERSITAIRES

D'AIX-MARSEILLE, 1996.

Xavier PHILIPPE, *Droit administratif des Liberté*, ECONOMICA, 1998.

Yves Gaudemet/Bernard Stirn/Thierry Dal Farra/Frederic Rolin, *Les grands avis du Conseil d'Etat*, DALLOZ, 1997.

3. 일본문헌

西埜章,『國家賠償法』, 青林書院, 1997.

宇賀克也,『國家補償法』, 有斐閣, 1997.

南 博方,『條解行政事件訴訟法』, 弘文堂, 1993.

宮田三郎,『行政訴訟法』, 信山社, 1998.

雄川一郎 · 塩野宏 · 園部逸夫 編,『行政爭訟 Ⅰ, Ⅱ, 現代行政法大系 4, 5』有斐閣, 1983, 1984.

室井 力 · 芝池義一 · 浜川 清 編著,『行政手續法 · 行政不服審査法』, 日本評論社, 1997.

杉村敏正 · 兼子 仁,『行政手續 · 行政爭訟法』, 筑摩書房, 1973.

4. 독일문헌

Erichsen(Hans-Uwe), *Allgemeines Verwaltungsrecht*, Walter de Gruyter · Berlin · New York, 1995.

ERNST FORSTHOFF, *TRAITE DE DROIT ADMINISTRATIF ALLEMAND*, ETABLISSEMENTS EMILE BRUYLANT, 1969.

Hartmut Maurer(프랑스어판, Michel Fromont 번역), *DROINT ADMINISTRATIF ALLEMAND*, L.G.D.J, 1995.

판례색인

1. 대법원 판례

2. 헌법재판소 결정례

3. 기 타

[고법]

사항색인

[ㅇ]

[ㅈ]

저자약력

서울대학교 법과대학 졸업, 서울대학교 법과대학 법학석사
프랑스 액스-마르세이유대학 법학박사
프랑스 액스-마르세이유대학 초청교수(Professeur invité)
단국대학교 법학대학 교수, 서울대학교 · 사법연수원 강사
한국공법학회 학술장려상 수상(1996. 6), 법의 날 황조근정훈장 수훈(2018. 4. 25)
세계인명사전 마르퀴즈 후즈후 등재(2007. 11), 한국법학교수회 회장
국무총리 행정심판위원회 위원, 중앙행정심판위원회 위원
법원행정처 행정소송법개정위원회 위원, 헌법재판소법 개정위원회 자문위원
한국법제연구원 자문위원, 법제처 행정심판법개정심의위원회 위원
국민권익위원회 자체평가위원, 사법행정자문회의 위원, 법제처 자체평가위원장
법제처 법령해석심의위원회 위원, 감사원 정책자문위원, 법무부 정책위원회 위원
민주화운동관련자 명예회복 및 보상심의위원회 위원(대법원장 추천)
사학분쟁조정위원회 위원(대법원장 추천), 경제인문사회연구회 기획평가위원
한국공법학회 회장, 한국인터넷법학회 회장, 입법이론실무학회 회장
한국토지보상법연구회 회장, 한국토지공법학회 부회장, 중앙토지수용위원회 위원
사법시험, 행정고시, 입법고시, 변호사시험, 승진시험, 외무고시, 변리사, 기술고시, 감정평가사, 관세사, 세무사, 서울시 · 경기도 등 공무원시험 등 시험위원
현, 경희대학교 법학전문대학원 고황명예교수
한국행정법학회 법정이사, 한국공법학회 고문
국가행정법제위원회 민간위원장

저 서

『프랑스행정의 이해』(공역), 박영사, 1997.
『주민참여를 통한 혐오시설 관리운영방안』(공저), 집문당, 1999.
『박균성 교수의 경세치국론』, 박영북스, 2012.
『행정법총론』, 박영사, 2002; 『행정구제법』, 박영사, 2002.
『프랑스 사회와 문화』(공역), 서울대출판부, 2004.
『행정법연습』(제5판), 삼조사, 2015.
『행정법입문』(제12판), 박영사, 2025.
『환경법』(제11판, 공저), 박영사, 2023.
『경찰행정법』(제7판, 공저), 박영사, 2024.
『경찰행정법입문』(제9판, 공저), 박영사, 2025.
『정책, 규제와 입법』(제2판), 박영사, 2025.
『행정법강의』(제23판), 박영사, 2026.
『행정법 기본강의』(제18판), 박영사, 2026.
『행정법론(하)』(제24판), 박영사, 2026.

제25판
행정법론(상)

초판발행 2002년 2월 28일
제25판발행 2026년 1월 20일

지은이 박균성
펴낸이 안종만 · 안상준

편 집 장유나
기획/마케팅 박세기
표지디자인 이수빈
제 작 고철민 · 김원표

펴낸곳 (주) 박영사
서울특별시 금천구 가산디지털2로 53, 210호(가산동, 한라시그마밸리)
등록 1959. 3. 11. 제300-1959-1호(倫)
전 화 02)733-6771
f a x 02)736-4818
e-mail pys@pybook.co.kr
homepage www.pybook.co.kr
ISBN 979-11-303-9872-3 94360
979-11-303-9871-6 (세트)

정 가 80,000원